Brüggemann/Stirnberg · Erbschaftsteuer und Schenkungsteuer

Grüne Reihe   Band 16

Erbschaftsteuer
Schenkungsteuer

Von Professor Dr. Gerd Brüggemann,
   Professor Dr. Martin Stirnberg

9. Auflage
2012

Herausgeber:
Deutsche Steuer-Gewerkschaft

efv Erich Fleischer Verlag, Achim

Bibliografische Information Der Deutschen Bibliothek

Die Deutsche Bibliothek verzeichnet diese Publikation in der Deutschen Nationalbibliografie; detaillierte bibliografische Daten sind im Internet über http://dnb.ddb.de abrufbar.

ISBN 978-3-8168-1169-5

© 2012 Erich Fleischer Verlag, Achim

Ohne Genehmigung des Verlages ist es nicht gestattet, das Buch oder Teile daraus nachzudrucken oder auf fotomechanischem Wege zu vervielfältigen, auch nicht für Unterrichtszwecke. Auswertung durch Datenbanken oder ähnliche Einrichtungen nur mit Genehmigung des Verlages.

Gesamtherstellung: iBK Druck & Service, Scheeßel

Vorwort zur 9. Auflage

Das Erbschaftsteuerrecht hat bewegte Zeiten hinter sich. Auf den Beschluss des BVerfG vom 07.11.2006, mit dem das ErbStG 1974 i. d. F. der Bekanntmachung vom 07.02.1997 für mit dem Grundgesetz unvereinbar befunden und der Gesetzgeber verpflichtet wurde, den verfassungswidrigen Zustand bis zum 31.12.2008 zu beseitigen, hat dieser mit einer umfassenden Reform durch das ErbStRG 2009 reagiert.

Das Schrifttum hat die Reform des ErbStG schon während des Verfahrens beim BVerfG sowie des sich daran anschließenden Gesetzgebungsverfahrens umfassend begleitet. Im Laufe des Gesetzgebungsverfahrens fiel daher die delikate Äußerung, dass es zum reformierten ErbStG mehr Aufsätze als steuerlich relevante Erbfälle geben könnte. Allein die Resonanz, die das reformierte ErbStG in der Literatur gefunden hat, deutet darauf hin, dass sich auch dieses Gesetz einer kritischen Überprüfung wird unterziehen müssen.

Auch wenn ein Teil der Kritik bereits in die Reformüberlegungen aufgenommen worden ist, konnte dies nicht verhindern, dass das verabschiedete ErbStRG zumindest in wesentlichen Teilen kritisch bewertet und auf zahlreiche gesetzgeberische Schwachstellen und Problempunkte, insbesondere zu den umfassenden reformierten §§ 13a und 13b ErbStG, hingewiesen wird.

Der Stand der einschlägigen Gesetze, der Verwaltungsanweisungen und der Rechtsprechung ist bis Ende 2011 berücksichtigt. Hingewiesen sei insbesondere auf Änderungen des Erbrechts durch das Erbrechtsreformgesetz 2010, auf Änderungen des BewG sowie auf das Erbschaftsteuerreformgesetz 2009, das Wachstumsbeschleunigungsgesetz, das Jahressteuergesetz 2010 und die hierzu ergangenen zahlreichen Verwaltungsanweisungen, die mit den ErbStR 2011 einen zumindest vorläufigen Abschluss erfahren haben.

Die inhaltlichen Änderungen insbesondere des BewG und des ErbStG sind bisher kaum Gegenstand gerichtlicher Entscheidungen geworden. Ob die Auslegungen der Finanzverwaltung von den Gerichten in allen Punkten geteilt werden, bleibt daher abzuwarten. Eine erneute verfassungsrechtliche Überprüfung des ErbStG ist nicht auszuschließen und bereits Gegenstand eines Verfahrens beim BFH.

Mit der nun herausgegebenen 9. Auflage wird nicht nur auf die zahlreichen Reformen des Erbrechts, des Bewertungsrechts und des Erbschaftsteuerrechts reagiert, sondern erfolgt gleichzeitig auch ein Autorenwechsel. Aufbauend auf dem fundiert erstellten Werk unseres Vorgängers Burghard Schulz, das als 8. Auflage 2001 erschienen ist, mussten die Verfasser nicht nur die vielschichtigen Reformen, sondern auch die seit dem Erscheinen der letzten Auflage ergangene umfassende Rechtsprechung sowie zahlreiche Verwaltungsanweisungen einarbeiten. Dies hat, verbunden mit dem Wechsel der Autorenschaft zu nicht unerheblichen zeitlichen Verzögerungen für die Erstellung der 9. Auflage geführt.

Für (konstruktive) Anregungen und Kritik sind die Verfasser dankbar. Herrn Burghard Schulz und dem Verlag danken wir für die wertvolle Unterstützung bei der Bearbeitung dieser Auflage.

Münster und Nordkirchen im August 2012

Prof. Dr. Brüggemann   Prof. Dr. Stirnberg

Rechtsgrundlagen:

ErbStG   in der Fassung der Bekanntmachung vom 27.02.1997 (BGBl I S. 378), zuletzt geändert durch das Beitreibungsrichtlinien-Umsetzungsgesetz vom 07.12.2011 (BGBl I S. 2592)

BewG   in der Fassung der Bekanntmachung vom 01.02.1991 (BGBl I S. 230), zuletzt geändert durch das Beitreibungsrichtlinien-Umsetzungsgesetz vom 07.12.2011 (BGBl I S. 2592)

ErbStDV   vom 08.09.1998 (BGBl I S. 2658), zuletzt geändert durch das Jahressteuergesetz 2010 vom 08.12.2010 (BGBl I S. 1768)

Inhaltsübersicht

			Seite
1	**Stellung der Erbschaft- und Schenkungsteuer im Steuersystem**		19
1.1	Entwicklung der Erbschaft- und Schenkungsteuer		19
	1.1.1	Erbschaftsteuer als Erbanfallsteuer	19
	1.1.2	Entwicklung bis zur Gegenwart; Rechtsquellen einschließlich Verwaltungsanweisungen	21
1.2	Gesellschaftspolitische und steuerpolitische Bedeutung der Erbschaft- und Schenkungsteuer		34
	1.2.1	Gesetzgebungskompetenz	34
	1.2.2	Bedeutung der Steuer für Gläubiger (Steueraufkommen) und Schuldner	35
	1.2.3	Verfassungsrechtliche Grenzen einer Erbschaftsbesteuerung	40
	1.2.4	Einordnung der Erbschaft- und Schenkungsteuer	41
1.3	Verhältnis der Erbschaft- und Schenkungsteuer zu anderen Steuern		42
	1.3.1	Verhältnis der Erbschaft- und Schenkungsteuer zur Einkommensteuer	43
	1.3.2	Verhältnis der Erbschaft- und Schenkungsteuer zur Körperschaftsteuer	49
	1.3.3	Verhältnis der Erbschaft- und Schenkungsteuer zur Grunderwerbsteuer	51
	1.3.4	Zusammenfassende Übersicht über das Verhältnis der Erbschaft- und Schenkungsteuer zu anderen Steuern	67
1.4	Erbschaft- und Schenkungsteuer und bürgerliches Recht		68
	1.4.1	Grundsatz	68
	1.4.2	Abweichungen im Erbschaftsteuer- und Schenkungsteuergesetz	70
	1.4.3	Besonderheiten aus den Vorschriften der AO	71
	1.4.3.1	Zurechnung (§ 39 AO)	71
	1.4.3.2	Gesetz- oder sittenwidriges Handeln (§ 40 AO)	77
	1.4.3.3	Unwirksame Rechtsgeschäfte (§ 41 Abs. 1 AO)	77
	1.4.3.4	Erbvergleiche	80
	1.4.3.5	Missbrauch von rechtlichen Gestaltungsmöglichkeiten (§ 42 AO)	81
	1.4.3.6	Verschollenheit (§ 49 AO)	84
2	**Überblick über das Erbrecht**		85
2.1	Erbe und Erblasser, Gesamtrechtsnachfolge und Sondererbfolge		85
	2.1.1	Gesetzliche Erbfolge	95
	2.1.1.1	Das gesetzliche Erbrecht der Verwandten	95
	2.1.1.2	Gesetzliches Erbrecht des Ehegatten (§ 1931 BGB)	99
	2.1.1.3	Gesetzliches Erbrecht des Lebenspartners	104
	2.1.1.4	Gesetzliche Erbfolge bei Beteiligung sog. nichtehelicher Kinder	105
	2.1.1.5	Gesetzliches Erbrecht des Staates	107
	2.1.1.6	Zusammenfassende Übersicht über die gesetzliche Erbfolge	108
	2.1.2	Gewillkürte Erbfolge	109

	2.1.2.1	Testament (Wirksamkeit; Auslegung; Nichtigkeit; Widerruf; Anfechtung; gemeinschaftliches Testament)	109
	2.1.2.2	Erbvertrag	127
	2.1.2.3	Vor- und Nacherbschaft	130
	2.1.2.4	Ausschluss von der Erbfolge	136
	2.1.2.5	Zusammenfassende Übersicht über die gewillkürte Erbfolge	143
	2.1.3	Rechtsstellung des Erben – insbesondere die Erbenhaftung nach bürgerlichem Recht und Steuerrecht	144
	2.1.4	Mehrheit von Erben – die Miterbengemeinschaft	150
	2.1.4.1	Verfügungsrecht	151
	2.1.4.2	Verwaltung des Nachlasses	152
	2.1.4.3	Auseinandersetzung der Erbengemeinschaft	154
	2.1.4.4	Haftung der Miterben	157
	2.1.5	Erbschein	158
2.2		Vermächtnis, Auflage, Pflichtteil	161
	2.2.1	Vermächtnis und Auflage	163
	2.2.2	Pflichtteil	171
	2.2.2.1	Pflichtteilsberechtigte	172
	2.2.2.2	Berechnung des Pflichtteils	174
	2.2.2.3	Auswirkungen des gesetzlichen Güterstands	178
	2.2.2.4	Pflichtteilsrecht und Geschiedenenunterhalt	179
	2.2.2.5	Regelungen zur Verhinderung einer „Aushöhlung" des Pflichtteilsrechts	180
2.3		Rechtsgeschäfte unter Lebenden auf den Todesfall	185
2.4		Testamentsvollstrecker	189
	2.4.1	Rechtsstellung	190
	2.4.2	Aufgabenkreis	194
	2.4.3	Besteuerungsverfahren	197
3		**Systematik und Aufbau des Erbschaft-/Schenkungsteuergesetzes**	201
4		**Steuerpflicht**	203
4.1		Steuerpflichtige Vorgänge (Grundtatbestände) – § 1 ErbStG	203
	4.1.1	Erwerb von Todes wegen – Schenkungen unter Lebenden – Zweckzuwendungen	203
	4.1.2	Vermögen einer (eines) Familienstiftung (-vereins)	205
	4.1.3	Anwendbarkeit der Vorschriften über Erwerbe von Todes wegen auf Schenkungen unter Lebenden	213
	4.1.4	Auslegung bei Erwerben nach ausländischem Recht	215
4.2		Persönliche Steuerpflicht – § 2 ErbStG	217
	4.2.1	Unbeschränkte Steuerpflicht	217
	4.2.2	Einschränkungen der unbeschränkten Steuerpflicht insbesondere durch Doppelbesteuerungsabkommen	222
	4.2.3	Beschränkte Steuerpflicht	224
	4.2.4	Erweiterte beschränkte Steuerpflicht nach dem Außensteuergesetz	230
	4.2.5	Zusammenfassende Übersicht zur persönlichen Steuerpflicht	233

Inhaltsübersicht

4.3	Erwerb von Todes wegen – § 3 ErbStG	234
4.3.1	Erwerb durch Erbanfall, durch Vermächtnis, aufgrund eines geltend gemachten Pflichtteilsanspruchs – § 3 Abs. 1 Nr. 1 ErbStG	235
4.3.1.1	Erwerb durch Erbanfall	235
4.3.1.2	Vermächtnis	252
4.3.1.3	Pflichtteilsanspruch	264
4.3.2	Erwerb durch Schenkung auf den Todesfall – § 3 Abs. 1 Nr. 2 ErbStG	270
4.3.2.1	Schenkung auf den Todesfall – Satz 1	270
4.3.2.2	Anteilsübergang im Gesellschaftsrecht und Einziehung von Geschäftsanteilen	275
4.3.3	Sonstige Erwerbe, auf die die für Vermächtnisse geltenden Vorschriften des bürgerlichen Rechts Anwendung finden – § 3 Abs. 1 Nr. 3 ErbStG	281
4.3.4	Erwerb eines Dritten aufgrund eines vom Erblasser zu seinen Gunsten geschlossenen Vertrags – § 3 Abs. 1 Nr. 4 ErbStG	281
4.3.4.1	Vertrag zugunsten Dritter im bürgerlichen Recht	282
4.3.4.2	Erbschaftsteuerrechtliche Einordnung des Begünstigtenanspruchs	283
4.3.4.3	Bedeutung der Person des Prämienzahlers	286
4.3.4.4	Einzelfragen zu § 3 Abs. 1 Nr. 4 ErbStG	289
4.3.4.5	Versorgungsansprüche	290
4.3.5	Sonderfälle des Erwerbs von Todes wegen – § 3 Abs. 2 ErbStG	297
4.3.5.1	Übergang von Vermögen auf eine Stiftung und einen Trust	298
4.3.5.2	Erwerb bei Auflagenvollziehung oder Bedingungseintritt	300
4.3.5.3	Erwerb durch Dritte bei Genehmigung einer Zuwendung	301
4.3.5.4	Abfindung für Verzicht auf Pflichtteilsanspruch, Ausschlagung einer Erbschaft usw. sowie für Zurückweisung eines Rechts	302
4.3.5.5	Abfindung für Ausschlagung eines aufschiebend bedingten Vermächtnisses	306
4.3.5.6	Übertragung der Nacherbenanwartschaft	307
4.3.5.7	Herausgabeansprüche nach §§ 2287, 2288 Abs. 2 BGB	308
4.4	Fortgesetzte Gütergemeinschaft – § 4 ErbStG	310
4.4.1	Bürgerlich-rechtliche Regelung	310
4.4.2	Erbschaftsteuerrechtliche Regelung	312
4.4.2.1	Steuerpflicht beim Tod des Ehegatten	312
4.4.2.2	Steuerpflicht beim Tod eines Abkömmlings	314
4.4.2.3	Steuerschuldnerschaft und sonstige Erwerbe	314
4.5	Zugewinngemeinschaft – § 5 ErbStG	315
4.5.1	Bürgerlich-rechtliche Regelung	315
4.5.1.1	Zugewinnausgleich beim Tod eines Ehegatten	316
4.5.1.2	Zugewinnausgleich zu Lebzeiten beider Ehegatten	317
4.5.2	Erbschaftsteuerrechtliche Regelung im Fall der erbrechtlichen Abwicklung der Zugewinngemeinschaft (§ 5 Abs. 1 ErbStG)	319
4.5.2.1	Ansatz einer fiktiven Ausgleichsforderung	319
4.5.2.2	Modifizierung der Ausgleichsforderung	320
4.5.2.3	Vermutung des § 1377 Abs. 3 BGB	321

Inhaltsübersicht

	4.5.2.4	Ehevertragliche Vereinbarungen	321
	4.5.2.5	Wertsteigerung des Anfangsvermögens	321
	4.5.2.6	Güterrechtswahl nach Art. 15 Abs. 2 EGBGB	322
	4.5.2.7	Zuwendungen i. S. des § 3 Abs. 1 Nr. 4 ErbStG	322
	4.5.2.8	Zuwendungen i. S. des § 1380 BGB	322
	4.5.2.9	Auswirkungen von Versorgungsansprüchen auf den Ausgleichsanspruch	324
	4.5.3	Erbschaftsteuerrechtliche Regelung im Fall der güterrechtlichen Abwicklung der Zugewinngemeinschaft (§ 5 Abs. 2 ErbStG)	329
	4.5.4	Rückwirkende Vereinbarungen	333
	4.5.4.1	Der überlebende Ehegatte wird nach dem Tod des Erstversterbenden Erbe oder Vermächtnisnehmer	334
	4.5.4.2	Der überlebende Ehegatte wird nach dem Tod des Erstversterbenden weder Erbe noch Vermächtnisnehmer	335
	4.5.4.3	Die rückwirkend vereinbarte Zugewinngemeinschaft wird zu Lebzeiten der Ehegatten beendet	336
	4.5.4.4	Schlussfolgerungen	336
	4.5.5	Modifizierte Zugewinngemeinschaft	336
	4.5.5.1	Zivilrechtliche Einordnung der modifizierten Zugewinngemeinschaft	337
	4.5.5.2	Erbschaftsteuerliche Folgen der modifizierten Zugewinngemeinschaft	337
	4.5.5.3	Verbleibende Abgrenzungsprobleme	339
	4.5.6	Anwendung des § 5 ErbStG auf Lebenspartnerschaften	339
4.6		Vor- und Nacherbschaft – § 6 ErbStG	340
	4.6.1	Besteuerung des Vorerben	341
	4.6.2	Eintritt der Nacherbfolge durch den Tod des Vorerben	342
	4.6.3	Eintritt der Nacherbfolge in anderen Fällen	348
	4.6.4	Nachvermächtnisse und beim Tod des Beschwerten fällige Vermächtnisse oder Auflagen	351
4.7		Schenkungen unter Lebenden – § 7 ErbStG	352
	4.7.1	Freigebige Zuwendung	355
	4.7.1.1	Begriff der freigebigen Zuwendung und Abgrenzung zur bürgerlich-rechtlichen Schenkung	356
	4.7.1.2	Bereicherung	360
	4.7.1.3	Leistungsverpflichtung des Bedachten	362
	4.7.1.4	Bereicherung und Erwerbsnebenkosten bzw. Aufwendungen des Schenkers auf fremden Grund	376
	4.7.1.5	Vorweggenommene Erbfolge	379
	4.7.1.6	Bereicherung beim Erwerb unter Widerrufs- bzw. Nießbrauchsvorbehalt	380
	4.7.1.7	Bereicherung im Fall eines Rechtsanspruchs	382
	4.7.1.8	Bereicherung im Zusammenhang mit Kapitalgesellschaften	382
	4.7.1.9	Preisverleihungen und Vermögensübertragungen von juristischen Personen des öffentlichen Rechts	398

Inhaltsübersicht

4.7.1.10	Kapitalgewährung – Schulderlass – Schuldentilgung – Bürgschaftsübernahme etc.		400
4.7.1.11	Wille zur Freigebigkeit		407
4.7.1.12	Zuwendungsgegenstand		417
4.7.1.13	Zuwendungszeitpunkt		433
4.7.1.14	Zuwendungsbeteiligte		438
4.7.2	Erwerb durch Vollziehung einer Auflage oder Erfüllung einer Bedingung		443
4.7.2.1	Auflagevollziehung		443
4.7.2.2	Bedingungserfüllung		445
4.7.3	Erwerb aufgrund Anordnung der Genehmigungsbehörde		445
4.7.4	Schenkung durch Vereinbarung der Gütergemeinschaft		445
4.7.5	Abfindung für einen Erbverzicht		449
4.7.6	Herausgabe des Vorerben an den Nacherben		452
4.7.7	Stiftung unter Lebenden und Bildung/Ausstattung einer Vermögensmasse ausländischen Rechts		454
4.7.7.1	Lebzeitiger Vermögensübergang aufgrund Stiftungsgeschäfts		454
4.7.7.2	Bildung/Ausstattung einer auf die Bindung von Vermögen gerichteten Vermögensmasse ausländischen Rechts		457
4.7.8	Aufhebung einer Stiftung oder Auflösung eines Vereins, Auflösung einer Vermögensmasse ausländischen Rechts – Formwechsel eines rechtsfähigen „Familien-Vereins" in eine Kapitalgesellschaft		458
4.7.8.1	Stiftungsaufhebung oder Auflösung eines auf die Bindung von Vermögen gerichteten Vereins		458
4.7.8.2	Auflösung einer Vermögensmasse ausländischen Rechts		461
4.7.9	Abfindung für aufschiebend bedingt, betagt oder befristet erworbene Ansprüche		461
4.7.10	Schenkung einer Beteiligung an einer Personengesellschaft, insbesondere Schenkung einer Beteiligung mit sog. Buchwertklausel		462
4.7.10.1	Grundfall (§ 7 Abs. 1 Nr. 1 ErbStG)		462
4.7.10.2	Schenkung einer Beteiligung mit Buchwertabfindungsklausel (§ 7 Abs. 5 ErbStG)		466
4.7.11	Gewinnschenkung (= überhöhte Gewinnbeteiligung)		477
4.7.12	Ausscheiden eines Gesellschafters zu Lebzeiten und hierdurch eintretende Bereicherung der anderen Gesellschafter oder der Gesellschaft		483
4.7.13	Leistungen an eine Kapitalgesellschaft und Leistungen zwischen Kapitalgesellschaften		488
4.7.13.1	Leistungen an eine Kapitalgesellschaft		489
4.7.13.2	Leistungen zwischen Kapitalgesellschaften		502
4.8	Zweckzuwendungen – § 8 ErbStG		504
4.9	Entstehung der Steuer – 9 ErbStG		509
	4.9.1	Vorbemerkung	509
	4.9.2	Erwerb von Todes wegen (Erbanfall, Vermächtnis)	511
	4.9.2.1	Grundsatz	511

Inhaltsübersicht

	4.9.2.2	Bedingter, betagter, befristeter Erwerb	514
	4.9.3	Erwerb von Todes wegen (Pflichtteilsanspruch)	519
	4.9.4	Sonstige Erwerbe von Todes wegen (§ 9 Abs. 1 Nr. 1 Buchst. c bis j ErbStG)	521
	4.9.4.1	Erwerb i. S. des § 3 Abs. 2 Nr. 1 ErbStG	521
	4.9.4.2	Erwerb i. S. des § 3 Abs. 2 Nr. 2 ErbStG	521
	4.9.4.3	Erwerb i. S. des § 3 Abs. 2 Nr. 3 ErbStG	522
	4.9.4.4	Erwerb i. S. des § 3 Abs. 2 Nr. 4 ErbStG	522
	4.9.4.5	Erwerb i. S. des § 3 Abs. 2 Nr. 5 ErbStG	523
	4.9.4.6	Erwerb des Nacherben	523
	4.9.4.7	Erwerb i. S. des § 3 Abs. 2 Nr. 6 ErbStG	523
	4.9.4.8	Erwerb i. S. des § 3 Abs. 2 Nr. 7 ErbStG	523
	4.9.5	Erwerb durch Schenkung	523
	4.9.6	Zweckzuwendung	525
	4.9.7	Erbersatzsteuer	525
	4.9.8	Aussetzung der Versteuerung	525
4.10		Erlöschen der Steuer	527
	4.10.1	Vorbemerkung	527
	4.10.2	Verjährung	527
	4.10.2.1	Festsetzungsverjährung	527
	4.10.2.2	Zahlungsverjährung	533
	4.10.3	Verwirkung	534
5		**Wertermittlung**	**535**
5.1		Steuerpflichtiger Erwerb – § 10 ErbStG	535
	5.1.1	Steuerpflichtiger Erwerb bei Schenkungen	535
	5.1.2	Steuerpflichtiger Erwerb bei Zweckzuwendungen	539
	5.1.3	Steuerpflichtiger Erwerb in Fällen des § 1 Abs. 1 Nr. 4 ErbStG	539
	5.1.4	Steuerpflichtiger Erwerb bei Erwerben von Todes wegen	539
	5.1.4.1	Gesamter Vermögensanfall	541
	5.1.4.2	Sonderregelung für Gesellschaftsanteile in § 10 Abs. 10 ErbStG	546
	5.1.4.3	Abzugsfähige Nachlassverbindlichkeiten	548
	5.1.5	Nichtabzugsfähige Verbindlichkeiten	564
	5.1.5.1	Verwaltungskosten	564
	5.1.5.2	Abzugsverbote nach § 10 Abs. 6 Satz 1 und 3 ErbStG	564
	5.1.5.3	Abzugsverbot nach § 10 Abs. 6 Satz 2 ErbStG	568
	5.1.5.4	Abzugsverbote nach § 10 Abs. 6 Satz 4 und 5 ErbStG	568
	5.1.5.5	Abzugsverbot nach § 10 Abs. 6 Satz 6 ErbStG	572
	5.1.5.6	Abzugsverbot nach § 10 Abs. 7 ErbStG	574
	5.1.5.7	Abzugsverbot nach § 10 Abs. 8 ErbStG	575
	5.1.5.8	Abzugsverbot nach § 10 Abs. 9 ErbStG	575
	5.1.6	Zuwendung der Erbschaftsteuer	575
5.2		Bewertungsstichtag – § 11 ErbStG	579
5.3		Bewertung – § 12 ErbStG	581
	5.3.1	Bewertung nach den allgemeinen Bewertungsvorschriften des Bewertungsgesetzes	583
	5.3.1.1	Wirtschaftliche Einheit	585
	5.3.1.2	Bedingung und Befristung	586

5.3.1.3	Bewertungsgrundsatz, gemeiner Wert	590
5.3.1.4	Teilwert	595
5.3.1.5	Wertpapiere und Schuldbuchforderungen	595
5.3.1.6	Anteile an Kapitalgesellschaften, die nicht unter § 11 Abs. 1 BewG fallen	596
5.3.1.7	Kapitalforderungen und Schulden	597
5.3.1.8	Wiederkehrende bzw. lebenslängliche Nutzungen und Leistungen	600
5.3.2	Feststellungsverfahren für Grundbesitz	605
5.3.2.1	Grundzüge des Feststellungsverfahrens für Grundbesitzwerte	606
5.3.2.2	Feststellungsverfahren für Grundbesitz bei Beteiligungen an vermögensverwaltenden Gesellschaften	612
5.3.2.3	Feststellungsverfahren für Grundbesitz im Betriebsvermögen und von Kapitalgesellschaften	613
5.3.2.4	Feststellungsverfahren bei gemischt genutzten Grundstücken	614
5.3.3	Die Entwicklung der Grundbesitzbewertung im Überblick	615
5.3.4	Die Grundbesitzbewertung für die Jahre 2007 und 2008	618
5.3.4.1	Verhältnisse für die Ermittlung von Grundbesitzwerten	618
5.3.4.2	Nachweis eines niedrigeren Verkehrswerts	619
5.3.4.3	Bewertung unbebauter Grundstücke	619
5.3.4.4	Bewertung bebauter Grundstücke nach § 146 BewG	619
5.3.4.5	Bewertung von Erbbaurechten	621
5.3.5	Die Bewertung der Land- und Forstwirtschaft ab 2009	622
5.3.5.1	Begriff des land- und forstwirtschaftlichen Vermögens	623
5.3.5.2	Abgrenzung land- und forstwirtschaftliches Vermögen zum Betriebsvermögen	623
5.3.5.3	Abgrenzung land- und forstwirtschaftliches Vermögen zum übrigen Vermögen	624
5.3.5.4	Abgrenzung land- und forstwirtschaftliches Vermögen zum Grundvermögen	624
5.3.5.5	Wirtschaftsteil	625
5.3.5.6	Betriebswohnungen	626
5.3.5.7	Wohnteil	626
5.3.5.8	Erbschaftsteuerliche Bedeutung der Abgrenzung	626
5.3.5.9	Bewertung des Wirtschaftsteils	627
5.3.5.10	Bewertung des Wohnteils und der Betriebswohnungen	631
5.3.5.11	Öffnungsklausel für den Wohnteil und die Betriebswohnungen	633
5.3.6	Die Bewertung von Grundstücken im Grundvermögen sowie von Betriebsgrundstücken i. S. des § 99 Abs. 1 Nr. 1 BewG	634
5.3.6.1	Umfang der wirtschaftlichen Einheit	634
5.3.6.2	Unbebaute Grundstücke	635
5.3.6.3	Bebaute Grundstücke	636
5.3.6.4	Bewertungsmethoden für bebaute Grundstücke	637
5.3.6.5	Vergleichswertverfahren	637
5.3.6.6	Ertragswertverfahren	640
5.3.6.7	Sachwertverfahren	646
5.3.6.8	Erbbaurechte und Erbbaugrundstücke (§§ 192 bis 194 BewG)	653

Inhaltsübersicht

5.3.6.9	Gebäude auf fremdem Grund und Boden		663
5.3.6.10	Gebäude im Zustand der Bebauung		665
5.3.6.11	Öffnungsklausel		665
5.3.7	Bodenschätze		667
5.3.8	Bewertung von Betriebsvermögen, Anteilen am Betriebsvermögen und Anteilen an Kapitalgesellschaften		667
5.3.8.1	Vorbemerkung		667
5.3.8.2	Rückblick und Entwicklung zum heutigen Stand der Bewertung		667
5.3.8.3	Rechtsgrundlagen		668
5.3.8.4	Umfang des Betriebsvermögens		669
5.3.8.5	Bewertungsmethoden für Unternehmen		673
5.3.8.6	Feststellungsverfahren		673
5.3.8.7	Börsennotierte Unternehmen		674
5.3.8.8	Ableitung des Unternehmenswertes aus Verkäufen		675
5.3.8.9	Paketzuschlag		677
5.3.8.10	Schätzung des gemeinen Werts		677
5.3.8.11	Ermittlung des Substanzwerts		678
5.3.8.12	Marktübliche Bewertungsmethoden oder Ertragswertverfahren		682
5.3.8.13	Das vereinfachte Ertragswertverfahren		685
5.3.8.14	Berechnungsbeispiel Einzelunternehmen		693
5.3.8.15	Umfang und Aufteilung des Betriebsvermögens bei Kapital- und Personengesellschaften		696
5.3.8.16	Berechnungsbeispiel Kapitalgesellschaft		699
5.3.9	Andere Vermögensgegenstände und Schulden		702
5.3.10	Ausländischer Grundbesitz und ausländisches Betriebsvermögen		702
5.4	Steuerbefreiungen – § 13 ErbStG		703
5.4.1	Hausrat und andere bewegliche körperliche Gegenstände		704
5.4.2	Gegenstände, deren Erhaltung im öffentlichen Interesse liegt		707
5.4.3	Grundbesitz für die Allgemeinheit		708
5.4.4	Dreißigster – § 1969 BGB		708
5.4.5	Familienheim		708
5.4.5.1	Allgemeine Voraussetzungen für die Steuerbefreiung		709
5.4.5.2	Zuwendung des Familienheims unter Lebenden		712
5.4.5.3	Erwerb des Familienheims von Todes wegen		714
5.4.5.4	Nießbrauchsregelungen als problematische Alternative		722
5.4.6	Schuldbefreiung		722
5.4.7	Erwerbe erwerbsunfähiger Eltern und Voreltern		723
5.4.8	Ansprüche nach dem Lastenausgleichsgesetz und ähnlichen Gesetzen		724
5.4.9	Ansprüche nach dem Bundesentschädigungsgesetz		725
5.4.10	Angemessenes Entgelt für Pflege oder Unterhalt		725
5.4.11	Zuwendung bis zur Höhe des gesetzlichen Pflegegeldes		727
5.4.12	Vermögensrückfall an Eltern und Voreltern		728
5.4.13	Verzicht auf den Pflichtteil oder den Erbersatzanspruch		729
5.4.14	Zuwendungen für Unterhalt und Ausbildung		730
5.4.15	Zuwendungen an Pensions- und Unterstützungskassen		731

Inhaltsübersicht

5.4.16	Übliche Gelegenheitsgeschenke	732
5.4.17	Zuwendungen an Gebietskörperschaften	733
5.4.18	Zuwendungen an Religionsgesellschaften und Körperschaften, die kirchlichen, gemeinnützigen oder mildtätigen Zwecken dienen	733
5.4.19	Zuwendungen zu kirchlichen, gemeinnützigen oder mildtätigen Zwecken	735
5.4.20	Zuwendungen an politische Parteien	736
5.5	Ansatz von Betriebsvermögen, von Betrieben der Land- und Forstwirtschaft und von Anteilen an Kapitalgesellschaften	737
5.5.1	Die Begünstigungen im Überblick	741
5.5.1.1	Grundmodell	742
5.5.1.2	Optionsmodell	744
5.5.1.3	Begünstigte Erwerbsvorgänge	745
5.5.2	Begünstigtes Vermögen	747
5.5.2.1	Allgemeine Hinweise	747
5.5.2.2	Begünstigtes land- und forstwirtschaftliches Vermögen	748
5.5.2.3	Begünstigtes Betriebsvermögen	749
5.5.2.4	Begünstigung für Anteile an Kapitalgesellschaften	762
5.5.3	Verwaltungsvermögen	774
5.5.3.1	Grundstücke als Verwaltungsvermögen (§ 13b Abs. 2 Nr. 1 ErbStG)	775
5.5.3.2	Zugehörigkeit von Anteilen an Kapitalgesellschaften zum Verwaltungsvermögen (§ 13b Abs. 2 Nr. 2 ErbStG)	786
5.5.3.3	Zugehörigkeit von sonstigen Beteiligungen zum Verwaltungsvermögen (§ 13b Abs. 2 Nr. 3 ErbStG)	787
5.5.3.4	Zugehörigkeit von Wertpapieren und Forderungen zum Verwaltungsvermögen (§ 13b Abs. 2 Nr. 4 ErbStG)	789
5.5.3.5	Zugehörigkeit von Kunstgegenständen usw. zum Verwaltungsvermögen (§ 13b Abs. 2 Nr. 5 ErbStG)	792
5.5.3.6	Junges Verwaltungsvermögen	792
5.5.4	Ermittlung des Anteils des Verwaltungsvermögens	795
5.5.4.1	Ermittlung des Anteils bei Einzelunternehmen und Kapitalgesellschaften	795
5.5.4.2	Ermittlung des Anteils bei Personengesellschaften	797
5.5.4.3	Übergang mehrerer wirtschaftlicher Einheiten	799
5.5.4.4	Förmliche Feststellungen zum Verwaltungsvermögen	801
5.5.5	Lohnsummenklausel	802
5.5.5.1	Folgen eines Verstoßes	802
5.5.5.2	Ausschluss der Lohnsummenregelung	803
5.5.5.3	Ermittlung der Lohnsumme	804
5.5.5.4	Förmliche Feststellungen zur Lohnsumme	806
5.5.6	Behaltensregelung	806
5.5.6.1	Feststellung eines Verstoßes gegen Behaltensregelung	807
5.5.6.2	Behaltensregelungen für Betriebsvermögen	809
5.5.6.3	Behaltensregelungen für land- und forstwirtschaftliches Vermögen	810

Inhaltsübersicht

	5.5.6.4	Entnahmebegrenzung.	811
	5.5.6.5	Behaltensregelungen für Anteile an Kapitalgesellschaften	814
	5.5.6.6	Wegfall der Verfügungsbeschränkung oder Stimmrechtsbindung	815
	5.5.6.7	Reinvestitionsklausel	816
	5.5.6.8	Durchführung der Nachversteuerung	816
	5.5.6.9	Doppelverstoß gegen § 13a Abs. 5 ErbStG und Lohnsummenbestimmung	820
	5.5.7	Folgen einer Weitergabeverpflichtung bei Einzelunternehmen	821
	5.5.8	Folgen einer Weitergabeverpflichtung bei durch Erbanfall erworbenen GmbH-Anteilen	826
	5.5.9	Nachfolgeklauseln bei Personengesellschaften	828
	5.5.10	Schenkung auf den Todesfall bei Gesellschaftsanteilen	829
5.6		Steuerbefreiung für Wohngrundstücke	832
6		**Berechnung der Steuer**	**837**
6.1		Zusammenrechnung von Erwerben – § 14 ErbStG	837
	6.1.1	Die Vorschrift im Überblick	837
	6.1.2	Sinn und Zweck der Zusammenrechnung	838
	6.1.3	Voraussetzungen und Rechtsfolgen	839
	6.1.3.1	10-Jahres-Frist	839
	6.1.3.2	Identität der Personen	839
	6.1.3.3	Zusammenrechnung der Erwerbe	841
	6.1.3.4	Anrechnung der fiktiven Steuer als Grundsatz	841
	6.1.3.5	Anrechnung der tatsächlichen Steuer als Ausnahme	842
	6.1.3.6	Grenzen der Anrechnung	843
	6.1.3.7	Berechnungsbeispiele und ergänzende Erläuterungen	845
	6.1.4	Besonderheiten bei Nutzungsvorbehalten	849
	6.1.5	Zusammenrechnung mit steuerfreien Erwerben	857
	6.1.6	Schenkungskette über einen Zeitraum von mehr als 10 Jahren	864
	6.1.7	Zusammenrechnung bei Übernahme der Schenkungsteuer	867
	6.1.8	Zusammenrechnung mit steuerlich negativen Zuwendungen	869
	6.1.9	Verfahrensrechtliche Fragen	869
	6.1.10	Höchstbetrag der Steuer	872
6.2		Steuerklassen – § 15 ErbStG	872
	6.2.1	Steuerklasse I	873
	6.2.2	Steuerklasse II	876
	6.2.3	Steuerklasse III	877
	6.2.4	(Familien-)Stiftung	877
	6.2.5	Berliner Testament	880
	6.2.6	Schenkungen durch eine Kapitalgesellschaft	883
6.3		Freibeträge – §§ 16, 17 und 18 ErbStG	884
	6.3.1	Freibeträge nach § 16 ErbStG	885
	6.3.2	Besonderer Versorgungsfreibetrag	886
	6.3.2.1	Versorgungsfreibetrag für Ehegatten/Lebenspartner	888
	6.3.2.2	Versorgungsfreibetrag für Kinder	890
	6.3.3	Mitgliederbeiträge	892

6.4	Steuersätze – § 19 ErbStG		893
	6.4.1	Die Prozentsätze	893
	6.4.2	Härteausgleich	895
	6.4.3	Steuersatz bei Anwendung eines Doppelbesteuerungsabkommens	897
6.5	Tarifbegrenzung nach § 19a ErbStG		899
	6.5.1	Tarifbegünstige Erwerber und tarifbegünstigtes Vermögen	899
	6.5.2	Berechnung des Entlastungsbetrags	900
	6.5.3	Ermittlungsschema bei einem Erwerb von Todes wegen	901
	6.5.4	Berechnungsbeispiel	903
	6.5.5	Behaltensregelung	904
7	**Steuerfestsetzung und Erhebung**		**906**
7.1	Steuerschuldner und Steuerhaftung – § 20 ErbStG		906
	7.1.1	Steuerschuldner	906
	7.1.2	Steuerhaftung	911
	7.1.2.1	Haftung des Nachlasses	912
	7.1.2.2	Haftung des unentgeltlichen Erwerbers	912
	7.1.2.3	Haftung der Versicherungsunternehmen und der Gewahrsamsinhaber	912
	7.1.2.4	Haftung nach der Abgabenordnung	916
7.2	Anrechnung ausländischer Erbschaftsteuer – § 21 ErbStG		917
	7.2.1	Voraussetzungen der Anrechnung	917
	7.2.1.1	Antrag	917
	7.2.1.2	Kein Doppelbesteuerungsabkommen	918
	7.2.1.3	Unbeschränkte Steuerpflicht	918
	7.2.1.4	Auslandsvermögen	919
	7.2.1.5	Ausländische Steuer	920
	7.2.1.6	Festgesetzte, auf den Erwerber entfallende, gezahlte und keinem Ermäßigungsanspruch unterliegende Steuer	922
	7.2.1.7	Auslandsvermögen unterliegt auch der deutschen Erbschaftsteuer	923
	7.2.1.8	Entstehung der deutschen Steuer innerhalb von 5 Jahren seit Entstehung der ausländischen Steuer	923
	7.2.2	Durchführung der Anrechnung	923
	7.2.2.1	Nur Auslandsvermögen	924
	7.2.2.2	Nur zum Teil Auslandsvermögen – Höchstbetrag der anrechenbaren Steuer	925
	7.2.2.3	Auslandsvermögen in verschiedenen ausländischen Staaten belegen – Höchstbetrag der anrechenbaren Steuer	927
	7.2.3	Berücksichtigung von Vorschenkungen bei der Anrechnung	928
7.3	Kleinbetragsgrenze (§ 22 ErbStG)		929
7.4	Besteuerung von Renten, Nutzungen und Leistungen – § 23 ErbStG		930
	7.4.1	Besteuerung nach dem Kapitalwert	931
	7.4.2	Besteuerung nach dem Jahreswert	931
	7.4.3	Übernahme der Schenkungsteuer durch den Schenker	935
	7.4.4	Ablösung der Jahressteuer	935
	7.4.5	Vor- und Nachteile der jährlichen Versteuerung	936

Inhaltsübersicht

7.5	Verrentung der Steuerschuld in den Fällen des § 1 Abs. 1 Nr. 4 ErbStG – § 24 ErbStG		938
7.6	Besteuerung bei Nutzungs- und Rentenlast – § 25 ErbStG i. d. F. vor 2009		939
	7.6.1	Rechtslage bis zum 30.08.1980	940
	7.6.2	Rechtslage ab dem 31.08.1980 bis zum 31.12.2008	942
	7.6.2.1	Anwendungsbereich des § 25 ErbStG a. F.	943
	7.6.2.2	Sofortbesteuerung und Stundung	945
	7.6.3	Bedeutung der Rechtslage vor 2009 für die Rechtslage nach 2008	948
	7.6.3.1	Ablösung der gestundeten Steuer	948
	7.6.3.2	Veräußerung des belasteten Vermögens	950
	7.6.3.3	Verzicht auf das Nutzungsrecht	951
7.7	Ermäßigung der Steuer bei Aufhebung einer Familienstiftung oder Auflösung eines Vereins – § 26 ErbStG		957
7.8	Mehrfacher Erwerb desselben Vermögens – § 27 ErbStG		958
	7.8.1	Voraussetzungen	958
	7.8.1.1	Erwerb von Todes wegen – Zehnjahreszeitraum	958
	7.8.1.2	Personenkreis	959
	7.8.1.3	Übergang desselben Vermögens	959
	7.8.1.4	Versteuerung des früheren Erwerbs	960
	7.8.2	Berechnung der Steuerermäßigung	961
	7.8.2.1	Begrenzung der Ermäßigung	962
	7.8.2.2	Vermögensübergang ohne zusätzliches Vermögen	963
	7.8.2.3	Vermögensübergang mit zusätzlichem Vermögen	963
7.9	Stundung		966
	7.9.1	Stundung gem. § 222 AO	966
	7.9.2	Stundung gem. § 28 Abs. 1 und 2 ErbStG	966
	7.9.3	Stundung gem. § 28 Abs. 3 ErbStG	968
7.10	Erlöschen der Steuer in besonderen Fällen – § 29 ErbStG		969
	7.10.1	Rückforderungsrecht bei Schenkungen	969
	7.10.2	Abwendung der Herausgabe des Geschenks	970
	7.10.3	Anrechnung von Vorschenkungen auf den Zugewinnausgleichsanspruch	971
	7.10.4	Zuwendungen an bestimmte Einrichtungen	972
	7.10.5	Zwischenzeitliche Nutzungen	973
	7.10.6	Verfahrensrechtliche Abwicklung	973
7.11	Anzeige des Erwerbs durch den Erwerber		974
7.12	Weitere Anzeigepflichten – §§ 33 und 34 ErbStG		977
7.13	Steuererklärung – § 31 ErbStG		981
7.14	Bekanntgabe des Steuerbescheids an Vertreter – § 32 ErbStG		984
7.15	Örtliche Zuständigkeit – § 35 ErbStG		987

Abkürzungen	989
Paragraphenschlüssel	993
Stichwortverzeichnis	997
Rabattgutschein „Erbschaftsteuer Professional"	1005

GRUNDLAGEN

1 Stellung der Erbschaft- und Schenkungsteuer im Steuersystem

1.1 Entwicklung der Erbschaft- und Schenkungsteuer

1.1.1 Erbschaftsteuer als Erbanfallsteuer

Die Entwicklung der deutschen Erbschaftsteuer ist – was die Grundtatbestände der Besteuerung und die Besteuerungsform anbetrifft – von dem Reichserbschaftsteuergesetz aus dem Jahr 1906 bis zum heute geltenden Erbschaftsteuer- und Schenkungsteuergesetz relativ konstant verlaufen. Grundtatbestände sind danach der **Erwerb von Todes wegen** und die **Schenkungen unter Lebenden** (§ 1 Abs. 1 Nr. 1 und 2 ErbStG).

Dieses zweiten Tatbestands bedarf es schon deshalb, um sonst mögliche Steuerumgehungen durch Vermögensübertragungen noch zu Lebzeiten zu verhindern. Die Schenkungsteuer ist eine vorweggenommene Erbschaftsteuer, welche die Steuer auf den Erbanfall sinnvollerweise flankiert mit der Folge, dass gem. § 1 Abs. 2 ErbStG die Vorschriften dieses Gesetzes über die Erwerbe von Todes wegen auch für Schenkungen gelten, soweit nicht etwas anderes bestimmt ist.

Eine Erbschaftsteuer kann als **Nachlasssteuer** (sog. „Tote-Hand-Steuer") – sie würde sich als eine, weil insbesondere das Verwandtschaftsverhältnis zwischen Erbe und Erblasser unberücksichtigt lassend, vom Ergebnis her betrachtet letztmalig erhobene Vermögensteuer des Erblassers darstellen und sich damit nach seiner Leistungsfähigkeit bemessen – oder als **Erbanfallsteuer** konzipiert werden. Das deutsche Erbschaftsteuerrecht geht seit jeher vom System der Erbanfallsteuer aus, d. h., die Bereicherung jedes einzelnen Erwerbers – nicht der Gesamtwert des Nachlasses – ist gem. § 10 Abs. 1 ErbStG Grundlage der Besteuerung.[1] Die Steuer erfasst beim Bereicherten Einkommen im weiteren Sinne und könnte daher auch dem Einkommensteuergesetz inkorporiert werden.[2] Dies ist aber vor allem aus praktischen Erwägungen wegen mancher Sonderentwicklungen im Erbschaftsteuerrecht wie Steuerklassen, Freibeträge etc. und wegen der besonderen Grundrechtsrelevanz der Besteuerung der Erwerbe von Todes wegen im Hinblick auf die Art. 6, 14 GG bzw. aus grundsätzlichen Erwägungen heraus nicht geschehen.[3]

---

1 Anders z. B. Großbritannien, USA – s. hierzu Seer, RIW 2001 S. 664, 672 ff. –; nur während weniger Jahre, von 1919 bis 1922, wurde in Deutschland ergänzend in Form eines Zuschlags bis zu 5 % des Nachlasswerts auch eine Nachlasssteuer erhoben.
2 Siehe Hey, JZ 2007 S. 564; Crezelius, FR 2007 S. 616; Röder, ZEV 2008 S. 169.
3 Vgl. Fischer, DB 2003 S. 9, und Steuerreformkommission, BT-Schriftenreihe Heft 17, Rdnr. 155.

1 Stellung der Erbschaft- und Schenkungsteuer

Der Gesetzgeber verfolgt mit der Erbschaftsteuer das Ziel, den durch Erbfall oder Schenkung anfallenden Vermögenszuwachs jeweils gemäß seinem Wert zu erfassen und die daraus resultierende Steigerung der wirtschaftlichen Leistungsfähigkeit des Erwerbers nach Maßgabe des Verwandtschaftsverhältnisses zu besteuern. Beim Übergang des Erblasservermögens auf eine Mehrzahl von Erben hat die Erbanfallsteuer einen Splitting-Effekt, weil sich die Steuer nach dem Wert des jeweiligen Teilerwerbs bemisst. Nur dieses System berücksichtigt das persönliche Verhältnis des einzelnen Erwerbers zum Erblasser. Unter Berücksichtigung der Ausführungen des BVerfG im Beschluss vom 22.06.1995,[4] wonach „die Ausgestaltung und Bemessung der Erbschaftsteuer den grundlegenden Gehalt der Erbrechtsgarantie wahren muss, zu dem die Testierfreiheit und das Prinzip des Verwandtenerbrechts gehört", kann allein eine letzterem Gesichtspunkt Rechnung tragende Erbanfallsteuer verfassungskonform ausgestaltet werden.

Beispiel:
A stirbt. Erben sind B zu 3/4 und C zu 1/4.

Die Höhe des Steuersatzes richtet sich nicht nach dem Gesamtwert des Nachlasses des A, sondern jeweils nach dem Wert des Erwerbs von B und C und nach deren Verwandtschaftsverhältnis zu A. Der jeweilige Vermögenserwerb rechtfertigt als Einkommen im weiteren Sinne die Besteuerung. Dass das übergegangene Vermögen bereits beim Erblasser möglicherweise voll oder teilweise der Einkommensteuer unterlegen hat, ist bei der Besteuerung des Erwerbers nach dessen Leistungsfähigkeit unerheblich. Bei dem leistungslosen Einkommen durch Erbschaft lässt sich eine Besteuerung eher rechtfertigen als etwa bei einem Arbeitseinkommen.

Konsequenterweise erfasst auch die Schenkungsteuer nicht die Entreicherung des Schenkers, sondern die Bereicherung des Erwerbers. Diese Erkenntnis führt schon zu dem Standardbeispiel für Steuerersparnis durch zivilrechtliche Gestaltung.

Beispiele:
a) Vater V schenkt seinem Kind K 800.000 €.

Der Wert des steuerpflichtigen Erwerbs des K beträgt 400.000 € (800.000 € ./. 400.000 € Freibetrag); die zu zahlende Schenkungsteuer 15 % von 400.000 € = 60.000 €.

b) Vater V und Mutter M schenken ihren Kindern K1 und K2 je 200.000 €, insgesamt also 800.000 €.

Der Wert des steuerpflichtigen Erwerbs für die Schenkung V an K1 beträgt 0 € (200.000 € ./. 400.000 € Freibetrag); dasselbe gilt für die Schenkung V an K2.

Der Wert des steuerpflichtigen Erwerbs für die Schenkung M an K1 beträgt ebenfalls 0 € (200.000 € ./. 400.000 € Freibetrag); dasselbe gilt für die Schenkung M an K2.

Es fällt also insgesamt keine Schenkungsteuer an.

---
4 BVerfGE 93 S. 165 = BStBl 1995 II S. 671.

1.1.2 Entwicklung bis zur Gegenwart; Rechtsquellen einschließlich Verwaltungsanweisungen

1) Gesetzliche (im formellen Sinne) Grundlagen

Das ab 01.01.1974 geltende Erbschaftsteuer- und Schenkungsteuergesetz vom 17.04.1974[5] i. d. F. der Bekanntmachung vom 27.02.1997[6] hat das Erbschaftsteuergesetz vom 01.04.1959 abgelöst.[7]

Mit dem **ErbStG 1974** wurde u. a. das Ziel verfolgt, kleinere Vermögen durch die Erhöhung der Freibeträge zu entlasten und größere Vermögen durch höhere Steuersätze stärker zur Erbschaftsteuer heranzuziehen.

Die Bekanntmachung der Neufassung des ErbStG ist im Wesentlichen durch das Jahressteuergesetz 1997 vom 20.12.1996[8] veranlasst worden. Ausgelöst wurden die hierin enthaltenen erbschaftsteuerlichen Änderungen durch die bereits erwähnte BVerfG-Entscheidung vom 22.06.1995. Das JStG 1997 zog insoweit die vom BVerfG in dieser Entscheidung zur Verfassungsmäßigkeit der Besteuerung des Grundbesitzes im Rahmen der Erbschaft- und Schenkungsteuer geforderten Konsequenzen. Der Beschluss sah in der Besteuerung des Grundbesitzes nach den überholten Einheitswerten 1964 trotz des Zuschlags von 40 % ab dem Jahr 1974 bei gleichzeitiger Besteuerung des Kapitalvermögens nach Gegenwartswerten einen Verstoß gegen Art. 3 Abs. 1 GG und begrenzte die Geltung des ErbStG 1974 auf die Zeit bis zum Ablauf des Jahres 1995 verbunden mit der Aufforderung an den Gesetzgeber, bis zum Ablauf des Folgejahres eine verfassungsgerechte Neuregelung zu schaffen.[9]

In der Folgezeit sind – wie im Steuerrecht allgemein üblich geworden – diverse Änderungen vorgenommen worden. Von besonderer Bedeutung ist insoweit das Gesetz zur Reform des Erbschaftsteuer- und Bewertungsrechts (**Erbschaftsteuerreformgesetz – ErbStRG**) vom 24.12.2008,[10] das Gesetz zur Beschleunigung des Wirtschaftswachstums (**Wachstumsbeschleunigungsgesetz**) vom 22.12.2009[11], das Jahressteuergesetz (**JStG**) 2010 vom 08.12.2010[12] und das Gesetz zur Umsetzung der Beitreibungsrichtlinie sowie zur Änderung steuerlicher Vorschriften (**BeitrRLUmsG**) vom 07.12.2011.[13]

---

5 BGBl 1974 I S. 933.
6 BGBl 1997 I S. 378.
7 Zur Entwicklung des Erbschaftsteuerrechts seit Anfang des letzten Jahrhunderts s. Crezelius, FR 2007 S. 613.
8 BGBl 1996 I S. 2049.
9 Zu Einzelheiten der BVerfG-Entscheidung und der hierauf fußenden Reaktion des Gesetzgebers – Ansatz von Grundbesitzwerten gem. §§ 138 ff. BewG anstelle der Einheitswerte, weitgehende Entlastung von Betriebsvermögen und anderen begünstigten Vermögen – siehe Vorauflage S. 16 f.
10 BGBl 2008 I S. 3018.
11 BGBl 2009 I S. 3950.
12 BGBl 2010 I S. 1768.
13 BGBl 2011 I S. 2592.

1 Stellung der Erbschaft- und Schenkungsteuer

a) Mit dem **Erbschaftsteuerreformgesetz** hat der Gesetzgeber auf den Beschluss des BVerfG vom 07.11.2006[14] zum ErbStG 1974 i. d. F. der Bekanntmachung vom 27.02.1997 reagiert, mit dem das Gericht § 19 Abs. 1 ErbStG für unvereinbar mit Art. 3 Abs. 1 GG erklärt hat, weil die Vorschrift einheitliche Steuersätze für alle Fälle des Erwerbs von Todes wegen oder durch Schenkung bestimmte, obwohl die Vorschriften über die Ermittlung des steuerpflichtigen Erwerbs den Anforderungen des Gleichheitssatzes nicht genügten. In nach Zahl der betroffenen Steuerpflichtigen ebenso wie von ihrer wirtschaftlichen Bedeutung her wesentlichen Teilbereichen des Erbschaft- und Schenkungsteuerrechts (Grundvermögen, Betriebsvermögen, Anteile an Kapitalgesellschaften und land- und forstwirtschaftliches Vermögen) wurden die übertragenen Vermögenswerte nicht in Annäherung an den gemeinen Wert erfasst und zudem sowohl innerhalb einzelner als auch im Vergleich verschiedener Vermögensarten in ihrer Relation zueinander nicht realitätsgerecht in der steuerlichen Bemessungsgrundlage abgebildet, sodass die Entscheidung des Gesetzgebers, die durch den Erwerb erhöhte finanzielle Leistungsfähigkeit der Steuerpflichtigen zu belasten, nicht belastungsgleich und nicht folgerichtig umgesetzt war.[15] So führte die Ertragsbewertung des bebauten Grundvermögens nur zu Werten von ca. 50 % bis max. 60 % des Verkehrswerts, die Bewertung des Betriebsteils bei land- und forstwirtschaftlichen Betrieben nur zu ca. 10 % des Verkehrswerts, während der Schuldenabzug jeweils zum Nennwert erfolgte. Auch bei unbebauten Grundstücken kam es zu einer nicht realitätsgerechten Bewertung, bedingt zum einen durch den nach § 145 Abs. 3 Satz 1 BewG vorzunehmenden Abschlag vom Bodenrichtwert, zum anderen durch das große Wertgefälle zwischen Ballungsräumen und ländlichen Gebieten. Die durch den Vermögenszuwachs beim Erwerber entstandene finanzielle Leistungsfähigkeit besteht aber darin, dass er aufgrund des Vermögenstransfers über Geld oder geldwerte, mittels Verkauf realisierbare Wirtschaftsgüter verfügt. Die durch den Erwerb eines nicht in Geld bestehenden Wirtschaftsguts vermittelte finanzielle Leistungsfähigkeit wird durch den bei einer Veräußerung unter objektivierten Bedingungen erzielbaren Preis, mithin durch den gemeinen Wert i. S. des § 9 Abs. 2 BewG bemessen. Nur dieser bildet den durch den Substanzerwerb vermittelten Zuwachs an Leistungsfähigkeit zutreffend ab und ermöglicht eine gleichheitsgerechte Ausgestaltung der Belastungsentscheidung. Selbst bei Wirtschaftsgütern, deren Wert typischerweise durch den regelmäßig anfallenden Ertrag realisiert wird, bedarf es in dem generell am Substanzzugewinn orientierten System der Erbschaft- und Schenkungsteuer zur Erreichung einer belastungsgleichen Besteuerung des Rückgriffs auf den Verkehrswert, auch wenn dieser anhand einer Ermittlungsmethode gewonnen werden mag, die wesentlich durch die Summe der in einer bestimmten Zeiteinheit zu erwarten-

---

14 BVerfGE 117 S. 1 = BStBl 2007 II S. 192.
15 Zu dieser die Verletzungen des Grundsatzes der realitätsgerechten Wertrelation detailliert auflistenden Entscheidung s. Seer, ZEV 2007 S. 101; Crezelius, DStR 2007 S. 415; Hey, JZ 2007 S. 564; Viskorf, FR 2007 S. 624.

1.1 Entwicklung der Erbschaft- und Schenkungsteuer

den Erträge aus dem Wirtschaftsgut bestimmt wird. Bei den weiteren, sich an die Bewertung anschließenden Schritten zur Bestimmung der Steuerbelastung kann der Gesetzgeber – so das BVerfG in der Entscheidung vom 07.11.2006 – auf den zutreffend ermittelten Wert der Bereicherung, weil die transferierten Vermögensbestandteile in ihrer Relation realitätsgerecht abbildend, aufbauen und Lenkungszwecke, etwa in Form steuerlicher Verschonungsnormen, zielgenau und normenklar ausgestalten. Mit dem Erbschaftsteuer- und Schenkungsteuergesetz i. d. F. der Bekanntmachung vom 27.02.1997 hatte der Gesetzgeber aber schon bei der Bewertung der nicht als Geldbetrag vorliegenden Gegenstände auf andere Bewertungsmaßstäbe als dem gemeinen Wert abgestellt, sich damit von seiner Belastungsgrundentscheidung gelöst und strukturell Brüche und Wertungswidersprüche des gesamten Regelsystems angelegt, deren Korrektur in den weiteren Schritten zur Festlegung der Steuerbelastung nicht mehr möglich war. Denn Verschonungsregelungen wie z. B. Freibeträge oder Regelungen über den Steuersatz bauen auf der Bewertungsebene auf und schreiben einen auf dieser Ebene angelegten Verstoß gegen das Gebot der realitätsgerechten Wertermittlung nur fort.

Das BVerfG verpflichtete den Gesetzgeber, den verfassungswidrigen Zustand spätestens bis zum 31.12.2008 zu beseitigen. Es machte insoweit die Vorgabe, auf der Bewertungsebene müsse unabhängig von der Art des Bewertungsgegenstands eine am Verkehrswert – dem gemeinen Wert – orientierte Bewertung erfolgen, zeigte aber die Möglichkeit auf, auf einer zweiten Ebene unter bestimmten Voraussetzungen mittels Verschonungsregelungen den Erwerb bestimmter Vermögensgegenstände zu begünstigen oder mittels differenzierter Steuersätze eine steuerliche Lenkung zu verfolgen. Hierzu einige Aussagen des BVerfG im Wortlaut:

„Zwar ist der Gesetzgeber, sofern er die derzeitige Belastungsgrundentscheidung beibehält, verfassungsrechtlich gehalten, sich auf der Bewertungsebene einheitlich am gemeinen Wert als dem maßgeblichen Bewertungsziel zu orientieren. In der Wahl der Wertermittlungsmethoden für die einzelnen Arten von Vermögensgegenständen ist er jedoch grundsätzlich frei; es muss lediglich gewährleistet sein, dass alle Vermögensgegenstände in einem Annäherungswert an den gemeinen Wert erfasst werden.

Weiterhin ist es dem Gesetzgeber unbenommen, bei Vorliegen ausreichender Gemeinwohlgründe in einem zweiten Schritt der Bemessungsgrundlagenermittlung mittels Verschonungsregelungen den Erwerb bestimmter Vermögensgegenstände – gegebenenfalls auch sehr weitgehend – zu begünstigen. Solche Normen müssen allerdings den allgemein für Regelungen zur außerfiskalischen Lenkung oder Förderung geltenden verfassungsrechtlichen Anforderungen genügen. Insbesondere müssen die Lenkungszwecke von erkennbar gesetzgeberischen Entscheidungen getragen, der Kreis der Begünstigten sachgerecht abgegrenzt und die Lenkungszwecke gleichheitsgerecht ausgestaltet sein. Erforderlich ist deshalb, dass die Begünstigungswirkungen möglichst gleichmäßig eintreten.

1 Stellung der Erbschaft- und Schenkungsteuer

> *Schließlich kann der Gesetzgeber auch mittels Differenzierungen beim Steuersatz eine steuerliche Lenkung verfolgen, für die ebenfalls die verfassungsrechtlichen Vorgaben an außerfiskalische Lenkungs- und Förderungsnormen gelten."*

Zusammenfassend lässt sich festhalten, dass das **BVerfG** zur **Bestimmung der erbschaftsteuerlichen Bemessungsgrundlage** zwischen der **Bewertung des Vermögensanfalls** und der **Kürzung des Bewertungsergebnisses zu Lenkungszwecken trennt**; eine Trennung, die Transparenz schafft, in welchem Ausmaß der Gesetzgeber einzelne Vermögensteile begünstigt.[16] Nur eine Bewertung, die alle Vermögensgegenstände zumindest in einem Annäherungswert an den gemeinen Wert erfasst, weist den Zuwachs an Leistungsfähigkeit als Rechtfertigung für eine Erbanfallsteuer aus; Steuervergünstigungen dürfen nicht im Bewertungsverfahren versteckt werden.[17]

Der Gesetzgeber hat sich mit dem ErbStRG vom 24.12.2008 von der Erwägung leiten lassen, unter Beachtung insbesondere der Vorgabe, die Bewertung des anfallenden Vermögens bei Ermittlung der erbschaft-/schenkungsteuerpflichtigen Bemessungsgrundlage einheitlich am gemeinen Wert auszurichten, die Erbschaft- und Schenkungsteuer zu erhalten, weil in der Besteuerung des durch Erbfall oder Schenkung resultierenden Vermögenszuwachses ein Beitrag zur Erhöhung der Chancengerechtigkeit in der Gesellschaft gesehen wird, das Aufkommen dieser Steuer trotz der mit der Bewertungsausrichtung am gemeinen Wert einhergehenden Verbreiterung der Bemessungsgrundlage aber nicht wesentlich zu verändern.

Eckpunkte der Erbschaftsteuerreform sind neben der Bewertung des Grundvermögens, des Betriebsvermögens, des land- und forstwirtschaftlichen Vermögens und der Anteile an nicht notierten Kapitalgesellschaften mit dem gemeinen Wert[18]

- die Verschonung selbstgenutzter Familienheime bei Erwerben von Todes wegen und Weiterbenutzen durch die Erben/Bedachten (§ 13 Abs. 1 Nr. 4b und 4c ErbStG),
- die Verschonung von zu Wohnzwecken vermieteten Grundstücken durch einen Wertabschlag von 10 % (§ 13c ErbStG),
- die Verschonung von Betriebsvermögen etc. – auch als Produktivvermögen bezeichnet – unter Vorbehalt bestimmter Behaltenspflichten und Sicherung von Arbeitsplätzen (§ 13a und § 13b ErbStG),

---

16 Die Aussage des BVerfG zur Zulässigkeit von Lenkungs- und Verschonungsmaßnahmen als „konturenschwach und orakelhaft" bezeichnend Seer, ZEV 2007 S. 101.

17 Zur Kritik am Grundsatz der Erfassung des gesamten Vermögensanfalls mit einer am Maßstab des gemeinen Werts orientierten Bewertung zwar nicht aus dogmatischer Sicht, aber aus pragmatischen Erwägungen s. Halaczinsky, ZErb 2007 S. 95, und Wälzholz, ZErb 2007 S. 114, u. a. mit dem Hinweis auf den hohen Aufwand und die Streitanfälligkeit einer solchen Bewertung sowie auf den Widerspruch zur immer wieder auch zwecks Akzeptanzerhöhung geforderten Steuerrechtsvereinfachung.

18 Zu einer empirischen Analyse der Grundstücksbewertung nach dem ErbStRG s. Brockelschen/Maiterth, DStR 2009 S. 833.

1.1 Entwicklung der Erbschaft- und Schenkungsteuer

- die – insbesondere für die Personen der Steuerklasse I erhebliche – Anhebung der Freibeträge (§ 16 Abs. 1 ErbStG),

- die weitgehende Gleichstellung von eingetragenen Lebenspartnern und Ehegatten (vgl. z. B. § 4 Abs. 1, § 5 Abs. 1 und 2, § 13 Abs. 1 Nr. 1 sowie Nr. 4a und 4b, § 15 Abs. 3, § 16 Abs. 1, § 17 Abs. 1 ErbStG), allerdings mit Ausnahme der Steuerklasse – die Einordnung der Lebenspartner in die Steuerklasse III konnte man als Kompromiss innerhalb der seinerzeit die Bundesregierung bildenden Koalition aus CDU/CSU und SPD werten, um auch der eine Gleichstellung der Lebenspartnerschaft mit der Ehe ablehnenden Anhängerschaft entgegenzukommen –,

- die Neuregelung der Steuersätze (§ 19 Abs. 1 ErbStG).

Ob es dem Gesetzgeber gelungen ist, mit dem ErbStRG das Erbschaftsteuerrecht auf eine verfassungsrechtlich tragfähige Grundlage zu stellen, wird sich noch zeigen müssen. Zumindest die Schlechterstellung der Lebenspartnerschaft gegenüber Ehegatten hat vor dem BVerfG keine „Gnade gefunden".[19] Das Gericht sieht es als mit dem allgemeinen Gleichheitssatz unvereinbar an, Lebenspartner, die wie Ehegatten in einer auf Dauer angelegten, rechtlich verfestigten Partnerschaft leben und die die Erwartung hätten, den gemeinsamen Lebensstandard nach dem Tod des Partners halten zu können, beim Steuersatz schlechterzustellen. Weder das Schutzgebot der Ehe noch das das Erbschaftsteuerrecht prägende Familienprinzip können insoweit als Rechtfertigung herangezogen werden. Die Behauptung zu wagen, dass das BVerfG sich auch in Zukunft noch wird mit der Frage der Verfassungsmäßigkeit des Erbschaftsteuerrechts beschäftigen müssen, bedarf keiner prophetischen Gabe. In der Literatur finden sich zahlreiche Ansätze, die Verfassungsfestigkeit der Neuregelung in Zweifel zu ziehen. Zwar orientiert sich das Erbschaftsteuerrecht nunmehr auf der Ebene der Bewertung durchgängig am gemeinen Wert und steht damit im Einklang mit der verfassungsgerichtlichen Vorgabe, den Vermögenszuwachs infolge Erbfall oder Schenkung realitätsgerecht abzubilden. Hinterfragen kann man jedoch, ob die Bewertungsverfahren dem Anspruch gerecht werden, alle Vermögensgegenstände in einem Annäherungswert an diesen Wert zu erfassen. So dürfte etwa bei der Bewertung des land- und forstwirtschaftlichen Vermögens der Fortführungswert (§ 165 BewG) – ein aus den Erträgen der letzten Jahre abgeleiteter Ertragswert – vielfach weit hinter dem Sachwert zurückbleiben (nur ca. 5 bis 30 % des Verkehrswerts). Verfassungsrechtlich zumindest als bedenklich können auch die sehr weitgehenden Verschonungsregelungen, besonders der teilweise oder gar vollständige Steuerverzicht auf den Wert von Betriebsvermögen etc. nach § 13a Abs. 1 i. V. m. § 13b Abs. 4 bzw. § 13a Abs. 8 ErbStG angesehen werden. Der Einwand, hiermit

---

[19] Beschluss vom 21.07.2010, NJW 2010 S. 2783 = ZEV 2010 S. 482 zur Rechtslage vor Inkrafttreten des ErbStRG, als Ehegatten und Lebenspartner nicht nur hinsichtlich der Steuerklasse, sondern darüber hinaus auch bzgl. der Freibeträge nach §§ 16 und 17 ErbStG unterschiedlich behandelt wurden – vgl. hierzu auch Wachter, DB 2010 S. 1863, und Messner, DStR 2010 S. 1875 –.

1 Stellung der Erbschaft- und Schenkungsteuer

würden die vorgelagerten Bewertungsregeln wieder ausgehebelt, ist zwar vom Ergebnis her betrachtet zutreffend; diese allein ergebnisorientierte Sichtweise dürfte allerdings noch nicht ausreichen, die Regelungen als nicht verfassungsgemäß anzusehen. Denn das BVerfG hat gerade im Hinblick auf die Möglichkeit der Begünstigung bestimmter Vermögensgegenstände dem Gesetzgeber einen weiten Gestaltungsspielraum zugestanden. Ob aber insoweit die erforderliche verfassungsrechtliche Rechtfertigung – Vorliegen ausreichender Gemeinwohlgründe – dafür gegeben ist, dass etwa Großvermögen in bestimmten Zusammensetzungen völlig oder doch weitgehend ohne Steuerbelastung bleiben, während schon kleine Vermögen in den Steuerklassen II und III ab 20.000 Euro mit einem Eingangssteuersatz von 30 % belegt wurden, mag in Zweifel gezogen werden. Es sollte zwar außer Frage stehen, dass die steuerliche Schonung der Liquidität mittelständischer Unternehmen vor den Auswirkungen einer Erbschaft- und Schenkungsteuer ein legitimes Ziel einer Lenkungsnorm ist, zumal in diesen Unternehmen häufig beträchtliches Kapital gebunden ist. Dem kann nicht entgegengehalten werden, dass aus der Vergangenheit kein Fall bekannt ist, in dem ein Unternehmen aufgrund der Erbschaftsteuerschuld „pleitegegangen" ist. Auch die Intention für die Privilegierung von Betriebsvermögen, wettbewerbsfähige Arbeits- und Ausbildungsplätze zu schaffen, zumindest zu erhalten,[20] dürfte eine Lenkungsnorm legitimieren.[21] Angesichts der gleichheitsrechtlichen Dimension einer jeden Verschonung gilt jedoch: Je weitreichender die Verschonung und damit die Sonderentlastung einer bestimmten Gruppe ist, umso größer sind die Anforderungen an die Gemeinwohlklausel und ihre Rechtfertigung.[22] Auch die Differenzierung in „gutes" und „schlechtes" Betriebsvermögen lässt sich verfassungsrechtlich in Zweifel ziehen. Denn was soll die Verschonung des Betriebsvermögens rechtfertigen, wenn nur 49 % als Verwaltungsvermögen i. S. des § 13b Abs. 2 Satz 2 ErbStG vorhanden sind und mit den übrigen 51 % Betriebsvermögen Produkte hergestellt werden, während bei umgekehrter Wertrelation eine Verschonung insgesamt entfällt. Überzeugend ist darüber hinaus die bei Zugrundelegung der Intention des ErbStRG, den Unternehmenserwerb als „Garanten von Produktivität und Arbeitsplätzen" zu fördern, sich aufdrängende Frage, warum nicht ebenfalls der Erbe von Privatvermögen, der hiermit ein Unternehmen gründet, in den Genuss der Steuerbegünstigung kommt, denn er erhält nicht nur schon bestehende, sondern schafft neue Arbeitsplätze.[23] Keine gesteigerten Anforderun-

---

20 Siehe insoweit BT-Drucksache 16/7918 S. 33; vgl. auch BVerfG vom 22.04.1995, BStBl 1995 II S. 671, wonach die Erbschaftsteuerlast so bemessen sein muss, dass eine Fortführung des Betriebs steuerlich nicht gefährdet wird.
21 Zur Möglichkeit, den gesetzgeberischen Willen, mittels einer Lohnsummenregelung den Erhalt von Arbeitsplätzen abzusichern, durch vorausschauende Planung unterlaufen zu können, s. Dillberger/Fest, DStR 2009 S. 671.
22 So: Seer in Tipke/Lang, § 13 Rdnr. 159, der bei Anlegung dieses Maßstabs das Ausmaß der Begünstigung in Gestalt schon der 85 %igen Befreiung einer ganzen Vermögensart für verfassungsrechtlich überdimensioniert und für Erwerber anderer Vermögensarten diskriminierend erachtet.
23 So: Seer, GmbHR 2009 S. 225; Piltz in Festschrift für Schaumburg 2009 S. 1057.

1.1 Entwicklung der Erbschaft- und Schenkungsteuer

gen an die Rechtfertigungsgründe sollen demgegenüber für den Verschonungsabschlag nach § 13c ErbStG gestellt werden müssen, mit dem der Gesetzgeber anknüpfend an eine Äußerung des BVerfG in dem das ErbStRG auslösenden Beschluss als Lenkungsziel die zukünftige Sicherstellung einer angemessenen Wohnraumversorgung verfolgt.[24] Zur Begründung wird insoweit darauf verwiesen, der 10 %ige Abschlag hätte ggf. auch schon auf der Bewertungsebene als Unsicherheitsabschlag untergebracht werden können, auch sei die Abweichung vom Verkehrswert nicht sehr groß.[25] Kritisch gesehen werden konnten aber auch die Regelungen zu den Freibeträgen und den Steuersätzen. Zwar hatte das ErbStRG vom 24.12.2008 die Steuerklassen II und III bestehen gelassen, die Freibeträge und die Steuersätze wurden jedoch in diesen beiden Steuerklassen vereinheitlicht, sodass man auch von einer De-facto-Abschaffung der Steuerklasse II sprechen konnte. Dies hatte z. B. bei einem Erwerb von Todes wegen durch Geschwister oder Nichten/Neffen des Verstorbenen eine Erbschaftsteuer in derselben Höhe zur Folge wie sie auch beim Erwerb von Todes wegen durch Nichtverwandte entsteht (Problem: Art. 6 Abs. 1 GG). Diese nahen Angehörigen waren – zumal bei vom Gesetzgeber nicht als verschonungswürdig befundenen Erwerben, bei denen das Zusammenwirken des Verkehrswertansatzes und der spürbaren Steuersätze eine gesteigerte Belastung zur Folge hat – „Verlierer" der Erbschaftsteuerreform; sie wurden zu den „wesentlichen Finanzierern" des Erbschaftsteueraufkommens.[26]

Für eine vertiefte Erörterung der Verfassungsmäßigkeit des ErbStRG vom 24.12.2008, bei der es stets gilt, der Versuchung zu widerstehen, die vom eigenen, evtl. auch von politischer Einstellung beeinflussten Standpunkt aus gesehen für verfehlt erachtete gesetzgeberische Entscheidung vorschnell mit dem Stempel der Grundgesetzwidrigkeit zu belegen, ist hier kein Raum. Sie sollte der sich explizit mit dieser Thematik befassenden Literatur und der Gerichtsbarkeit in einem zu erwartenden Vorlagebeschluss vorbehalten bleiben. Dass es zu einer Vorlage nach Art. 100 Abs. 1 Satz 1 GG kommen dürfte, zeigt folgender Umstand: Der BFH hat in einem Revisionsverfahren gegen einen die Besteuerung eines Erbanfalls im Jahre 2009 betreffenden Bescheid mit Beschluss vom 05.10.2011 das BMF gem. § 122 Abs. 2 Satz 3 FGO aufgefordert, dem Verfahren beizutreten.[27] Das Gericht sieht die Frage als klärungsbedürftig an, ob § 19 Abs. 1 i. V. m. §§ 13a und 13b ErbStG i. d. F. des Wachstumsbeschleunigungsgesetzes deshalb verfassungswidrig ist, weil es §§ 13a, 13b ErbStG zulassen, Vermögen jeder Art und jeder Höhe von Todes wegen oder durch Schenkung unter Lebenden ohne Anfall von Erbschaftsteuer oder

---

24 Siehe BR-Drucksache 4/08 S. 57 f.
25 Vgl. Seer, a. a. O., Rdnr. 160.
26 Zur verfassungsrechtlichen Problematik des ErbStRG s. ferner Steiner, ErbStB 2007 S. 78; Schulte, FR 2008 S. 341; Pahlke, NWB Fach 10 S. 1575; Crezelius, ZEV 2009 S. 1; Lang in Festschrift für Schaumburg 2009 S. 45.
27 Vgl. BStBl 2012 II S. 29.

Schenkungsteuer zu erwerben, wenn der Erblasser oder Schenker eine geeignete Gestaltung gewählt hat, ohne dass es auf Gemeinwohlverpflichtung oder Gemeinwohlbindung des erworbenen Vermögens ankommt. Eine verfassungsrechtlich problematische Gestaltungsmöglichkeit wird darin gesehen, dass § 13b Abs. 1 Nr. 2 ErbStG ausdrücklich auch den Erwerb eines Anteils an einer Gesellschaft i. S. des § 15 Abs. 3 EStG, also auch einer gewerblich geprägten Personengesellschaft, in die Vergünstigungen nach §§ 13a, 13b ErbStG einbezieht. Deshalb kann Vermögen, dessen Erwerb im Privatvermögen der vollen Besteuerung unterläge, ohne Anfall von Erbschaftsteuer oder Schenkungsteuer übergehen, wenn es in das Betriebsvermögen einer solchen Personengesellschaft eingelegt wurde und nicht zum Verwaltungsvermögen i. S. des § 13b Abs. 2 Satz 2 ErbStG gehört – Sichteinlagen, Sparanlagen, Festgeldkonten, Forderungen aus Lieferungen und Leistungen nach Auffassung der Finanzverwaltung[28] kein Verwaltungsvermögen –. Auch wird es vom BFH als zu prüfen angesehen, ob die Anknüpfung der Steuerverschonung an den Arbeitsplatzerhalt – § 13a Abs. 1 Satz 2 ff. ErbStG – in einem dem Gleichheitssatz entsprechenden Umfang gewährleistet ist, weil durch entsprechende Gestaltung – z. B. Aufspaltung eines Betriebs bei gleichen Beteiligungsverhältnissen in eine Besitz- und eine Betriebsgesellschaft – vermieden werden kann, dass es im Hinblick auf § 13a Abs. 1 Satz 4 ErbStG auf die Entwicklung der Lohnsumme ankommt.

Unabhängig davon, dass eine Prognose über den Ausgang eines Verfahrens vor dem BVerfG hier nicht abgegeben werden kann – sie wäre auch gewagt, ohne die von Nicht-Juristen bisweilen zu hörende Redewendung „vor Gericht und auf hoher See ist man in Gottes Hand" bemühen zu wollen, und angesichts der vorherigen nur oberflächlichen Problemdarstellung als unseriös zu bezeichnen –, ist eines aber mit an Sicherheit grenzender Wahrscheinlichkeit zu erwarten: Sollte das BVerfG später einmal Regelungen des „neuen" Erbschaft- und Schenkungsteuerrechts, insbesondere die zentrale Tarifvorschrift, für mit dem GG unvereinbar ansehen, wird es voraussichtlich, wie in der Vergangenheit häufig bei das Steuerrecht betreffenden Entscheidungen der Fall, die Neuregelung(en) des ErbStG nur für verfassungswidrig, nicht aber für nichtig erklären und die weitere Anwendung des geltenden Rechts für eine Übergangsfrist zulassen.[29]

---

28 Vgl. H 32 AEErbSt vom 25.06.2009 und H E 13b.17 ErbStH 2011.
29 In diesem Sinne auch FG München vom 05.10.2009, EFG 2010 S. 158, in einem auf ernstliche Zweifel an der Verfassungsmäßigkeit des § 15 Abs. 1 und des § 19 Abs. 1 ErbStG i. d. F. des ErbStRG vom 24.12.2008 mit einem Freibetrag in der Steuerklasse II von 20.000 Euro und einem Steuersatz von 30 % gestützten AdV-Verfahren – zur Zurückweisung der Beschwerde gegen die AdV ablehnende FG-Entscheidung wegen Fehlens eines besonderen Aussetzungsinteresses s. BFH vom 01.04.2010, BStBl 2010 II S. 558 –; vgl. insoweit auch BVerfG vom 07.11.2006, BVerfGE 117 S. 1 zu § 19 Abs. 1 ErbStG i. d. F. der Bekanntmachung vom 27.02.1997: „Weitergeltung ergibt sich für die Vergangenheit aus den Erfordernissen einer verlässlichen Finanz- und Haushaltsplanung und eines gleichmäßigen Verwaltungsvollzugs für Zeiträume einer weitgehend abgeschlossenen Veranlagung. Die Weiteranwendung bis zur Neuregelung ist erforderlich, um für die Übergangszeit einen Zustand der Rechtsunsicherheit, der insbesondere die Regelung der lebzeitigen Vermögensnachfolge während dieser Zeit erschweren könnte, zu vermeiden."

1.1 Entwicklung der Erbschaft- und Schenkungsteuer

Mit Erlass vom 01.02.2011 hat das FinMin Nordrhein-Westfalen (Az: S 3730 – 48 – V A 6) im Einvernehmen mit den obersten Finanzbehörden der anderen Länder sich damit einverstanden erklärt, Einspruchsverfahren zur Verfassungsmäßigkeit des ErbStRG mit Zustimmung des Einspruchsführers aus Zweckmäßigkeitsgründen ruhen zu lassen.

Darüber hinaus hat der Gesetzgeber die vom BVerfG „angestoßene" Erbschaftsteuerreform zum Anlass genommen, die Regelungen europarechtskonform auszugestalten. Zwar verlangt das europäische Recht keine Harmonisierung der Erbschaft- und Schenkungsteuer. Denn die Ausgestaltung der direkten Steuern – zu ihnen gehört die Erbschaft- und Schenkungsteuer sowie das mit ihr verbundene Bewertungsrecht – fällt nach EU-Recht in die Zuständigkeit der Mitgliedstaaten. Der EuGH geht jedoch unter breiter Zustimmung der Fachöffentlichkeit davon aus, dass die europäischen Grundfreiheiten wie die Kapitalverkehrsfreiheit auch für die direkten Steuern gelten.[30] Im ErbStRG vom 24.12.2008 sind deshalb Verschonungen auch für begünstigtes Vermögen in den EU-Mitgliedstaaten und in den Staaten des EWR enthalten (s. hierzu § 13 Abs. 1 Nr. 4a, Nr. 4b, Nr. 4c, § 13a Abs. 4 Satz 4, § 13b Abs. 1, § 13c Abs. 3 ErbStG).

b) Mit dem **Wachstumsbeschleunigungsgesetz** vom 22.12.2009 hat der Gesetzgeber eine „Schwachstelle" des ErbStRG vom 24.12.2008, die völlige Gleichstellung der Steuerklassen II und III, beseitigt. Geschwister und Nichten/Neffen genauso zu behandeln wie nicht mit dem Erblasser verwandte Personen ist nahezu durchgängig auf Unverständnis gestoßen. Derart nahe Angehörige – das BGB stuft sie bei der gesetzlichen Erbfolge immerhin als Erben der 2. Ordnung ein – mit einem Eingangssteuersatz von 30 % wie Nichtverwandte zu belegen, ging am Gerechtigkeitsempfinden großer Bevölkerungsteile vorbei. Dies konnte selbst von denjenigen nur schwerlich gutgeheißen werden, für die in ihrer Umverteilungsideologie neben der Forderung nach Wiedereinführung einer Vermögensteuer die Steuersätze bei der Erbschaft- und Schenkungsteuer gar nicht hoch genug sein können, um eine Aufkommenssteigerung zu erreichen. Geht man davon aus, dass ein Gesetzgeber auch um Akzeptanz seiner Maßnahmen im Volk, von dem ja alle Staatsgewalt ausgeht (Art. 20 Abs. 2 Satz 1 GG), bemüht ist, so konnte diese Regelung im ErbStRG nur als kontraproduktiv bezeichnet werden. In der nunmehr geltenden Fassung des Erbschaftsteuer- und Schenkungsteuergesetzes wird gem. § 37 Abs. 1 ErbStG für Erwerbe, für die die Steuer nach dem 31.12.2009 entstanden ist, hinsichtlich der Steuersätze zwischen den Steuerklassen II (15 % bis 43 %) und III (30 % und 50 %) differenziert.[31] Die neben

---

30 Siehe hierzu Rechtssache „Jäger" in ZEV 2008 S. 87: „Niedrige Bewertung und steuerliche Entlastung nur des inländischen land- und forstwirtschaftlichen Vermögens verstößt gegen Art. 56 Abs. 1 EG-Vertrag"; demgegenüber aber Kritik an der Rechtsprechung des EuGH zum Einfluss der Grundfreiheiten auf direkte Steuern übend Meincke, ZEV 2004 S. 363.
31 Verfassungsrechtlichen Bedenken gegen die Gleichstellung von Personen der Steuerklasse II und III für Steuerentstehungszeitpunkte im Jahr 2009 erhebend z. B. Troll/Gebel/Jülicher, § 19 ErbStG Rdnr. 2; Kapp/Ebeling, § 19 ErbStG Rdnr. 1; Stahl/Fuhrmann, DStZ 2008 S. 13; Crezelius, ZEV 2009 S. 1; Verfassungsmäßigkeit der Gleichstellung demgegenüber bejahend Piltz, DStR 2010 S. 1913.

1 Stellung der Erbschaft- und Schenkungsteuer

dem familiären Näheverhältnis vom Gesetzgeber auch mit der demographischen Entwicklung – diese hätte doch auch schon im Jahr 2008 erkannt werden können – gerechtfertigten niedrigeren, aber im Vergleich zur Rechtslage vor Inkrafttreten des ErbStRG vom 24.12.2008 immer noch deutlich höheren Steuersätze sind auf breite Zustimmung gestoßen, auch wenn große Teile des Wachstumsbeschleunigungsgesetzes heftige Kritik ausgelöst haben.[32] So bezeichnete bereits während des noch laufenden Gesetzgebungsverfahrens der Eigentümerverband Haus & Grund und die Bundesvereinigung Spitzenverbände der Immobilienwirtschaft die Absenkung der Steuersätze in der Steuerklasse II als richtig und notwendig; erbenden Geschwistern und Geschwisterkindern werde es auf diese Weise erleichtert, die geerbte Immobilie zu halten.[33]

Nicht die gleiche positive Resonanz haben die weiteren erbschaftsteuerlichen Regelungen im Wachstumsbeschleunigungsgesetz hervorgerufen. Mit dem Argument, zum Zeitpunkt der Verabschiedung des ErbStRG seien die Folgen der weltweiten Wirtschaftskrise auf die deutsche Wirtschaft und den Arbeitsmarkt noch nicht absehbar gewesen, die Betriebe sollten situationsgerecht auf die jeweiligen Marktlagen reagieren können, um das Ziel des Gesetzes vom 24.12.2008 – Erhaltung der betrieblichen Arbeitsplätze beim Übergang von Unternehmen – noch erreichen zu können, den Unternehmen müsste mehr Flexibilität in Krisenzeiten ermöglicht werden, wurden u. a. folgende Korrekturen an den „betrieblichen" Verschonungsregelungen begründet, und zwar gem. § 37 Abs. 1 Satz 1 ErbStG rückwirkend für Erwerbe, für die die Steuer nach dem 31.12.2008 entstanden ist:

- Reduzierung der Mindestlohnsumme und des Behaltenszeitraums (§ 13a Abs. 1 Satz 2 und Abs. 5 Satz 1 sowie Abs. 8 Nr. 1 und 2 ErbStG),
- Erhöhung der Beschäftigtenzahl für das Absehen von der Lohnsummenregelung (§ 13a Abs. 1 Satz 4 ErbStG).

Die Frage nach der Verfassungsmäßigkeit der Verschonungsregelungen für Betriebsvermögen etc. ist hierdurch nicht hinfällig geworden, sie dürfte sich vielmehr eher stellen, weil nunmehr der Erwerber unter erleichterten Voraussetzungen in den Genuss der Vergünstigung kommt. Dass diese Korrekturen am ErbStRG nach einer von der Gesamtbevölkerung möglichst schnell erhofften Überwindung der Wirtschaftskrise bei – unterstellt – gleich bleibenden politischen Mehrheitsverhältnissen wieder „zurückgedreht" werden, wird man wohl nicht ernsthaft in Betracht ziehen wollen.

c) Mit dem **JStG 2010** vom 08.12.2010 hat der Gesetzgeber durch Änderung von § 15 Abs. 1 Steuerklasse 1 Nr. 1 sowie Steuerklasse II Nr. 7 ErbStG und hieran

---

[32] Siehe Jahresgutachten vom 13.11.2009 des Sachverständigenrats zur Begutachtung der gesamtwirtschaftlichen Entwicklung: „Zu mehr Wachstum dürften die Steuersenkungen für Unternehmen, Erben usw. so gut wie nichts beitragen"; von der Vorsitzenden der Grünen-Fraktion im BT „Klientel-Bedienungsgesetz" genannt.

[33] Siehe FAZ vom 13.11.2009 S. 39.

anknüpfend durch Anpassung von § 16 Abs. 1 ErbStG – Änderung der Nr. 1 und Aufhebung der Nr. 6 – sowie von § 17 Abs. 1 Satz 1 ErbStG nunmehr eine vollständige Gleichstellung von Ehegatten und Lebenspartnern im Bereich der Erbschaft- und Schenkungsteuer erreicht und damit den vom BVerfG[34] festgestellten verfassungswidrigen Zustand beseitigt. Nach § 37 Abs. 5 Nr. 1 ErbStG ist § 15 Abs. 1 ErbStG i. d. F. des JStG 2010, soweit Steuerbescheide für Erwerbe von Lebenspartnern noch nicht bestandskräftig sind, auf Erwerbe anzuwenden, für die Steuer nach dem 31.07.2001 entstanden ist.

d) Mit dem **BeitrRLUmsG** vom 07.12.2011 hat der Gesetzgeber dem Steuerpflichtigen nach § 2 Abs. 3 ErbStG ein Wahlrecht eingeräumt, einen Vermögensanfall, zu dem Inlandsvermögen i. S. des § 121 BewG gehört, insgesamt als unbeschränkt steuerpflichtig zu behandeln, vorausgesetzt, der Erblasser hat zur Zeit seines Todes, der Schenker zur Zeit der Ausführung der Schenkung oder der Erwerber zur Zeit der Steuerentstehung seinen Wohnsitz bzw. gewöhnlichen Aufenthaltsort in einem Mitgliedstaat der Europäischen Union oder in einem Staat des Europäischen Wirtschaftsraums. Folgeregelungen dieser „fiktiven unbeschränkten Steuerpflicht" finden sich in § 16 Abs. 1, § 19 Abs. 2, § 21 Abs. 1, § 35 Abs. 4 ErbStG. Außerdem wurden § 7 Abs. 8 und § 15 Abs. 4 neu in das ErbStG eingefügt. Die Vorschriften befassen sich mit dem Problemkreis der „Schenkung unter Beteiligung von Kapitalgesellschaften" – Werterhöhung von Kapitalgesellschaftsanteilen als Schenkungsfiktion und Steuerklasse bei einer Schenkung durch eine Kapitalgesellschaft nach dem Veranlasserprinzip –.

2) Rechtsverordnungen

Nach § 36 ErbStG – Vorschrift durch das ErbStRG vom 24.12.2008 nicht verändert – ist die Bundesregierung ermächtigt, mit Zustimmung des Bundesrates Rechtsverordnungen zu erlassen, und zwar u. a. über die Abgrenzung der Steuerpflicht, die Steuerfestsetzung, die Anwendung der Tarifvorschriften und die Steuerentrichtung, die Anzeige- und Erklärungspflicht der Steuerpflichtigen, die Anzeige-, Mitteilungs- und Übersendungspflichten der Gerichte, Behörden, Beamten und Notare, der geschäftsmäßigen Verwahrer und Verwalter fremden Vermögens usw.

Von dieser Ermächtigung hat die Bundesregierung Gebrauch gemacht. Ab dem 01.08.1998 gilt die Erbschaftsteuer-Durchführungsverordnung – **ErbStDV** – vom 08.09.1998.[35] Diese wurde zuletzt geändert durch Verordnung vom 02.11.2005[36] und durch das Personenstandsrechtsreformgesetz vom 19.02.2007.[37] Sie enthält insbesondere Regelungen zu den Anzeigepflichten gem. §§ 33, 34 ErbStG.

---
34 Beschluss vom 21.07.2010, NJW 2010 S. 2783 = ZEV 2010 S. 482.
35 BGBl 1998 I S. 2658, BStBl 1998 I S. 1183.
36 BGBl 2005 I S. 3126.
37 BGBl 2007 I S. 122.

1 Stellung der Erbschaft- und Schenkungsteuer

3) Verwaltungsanweisungen und Rechtsprechung
a) Die Bundesregierung hatte gem. Art. 108 Abs. 7 GG eine „Allgemeine Verwaltungsvorschrift zur Anwendung des Erbschaftsteuer- und Schenkungsteuergesetzes" vom 27.02.1997, die Erbschaftsteuer-Richtlinien 2003 – ErbStR 2003 – erlassen.[38] Anzuwenden waren diese ab dem 01.01.2003.

Die ErbStR waren durch Hinweise – ErbStH – ergänzt worden,[39] die insbesondere auf die (allerdings zur Rechtslage vor der ErbSt-Reform) ergangene BFH-Rechtsprechung hinwiesen.

Zu den durch das ErbStRG vom 24.12.2008 geänderten Vorschriften des Erbschaftsteuer- und Schenkungsteuerrechts sowie des Bewertungsrechts – Folge war, dass die ErbStR 2003 in weiten Teilen nicht mehr auf der aktuellen Gesetzeslage fußten – hatten die obersten Finanzbehörden der Länder alsbald nach Inkrafttreten der Reform, auch im Vorgriff auf neue Erbschaftsteuer-Richtlinien, folgende gleichlautende Erlasse herausgegeben:

- vom 30.03.2009 zur Feststellung von Grundbesitzwerten, von Anteilswerten und von Betriebsvermögenswerten – AEBewFestV –[40]
- vom 01.04.2009 zur Bewertung des land- und forstwirtschaftlichen Vermögens nach §§ 158 ff. BewG – AEBewLuF –[41]
- vom 05.05.2009 zur Bewertung des Grundvermögens nach den §§ 176 ff. BewG – AEBewGrV –[42]
- vom 25.06.2009 zur Anwendung der §§ 11, 95 bis 109 und 199 ff. BewG – AEBewAntBV –[43], ersetzt durch Erlass vom 17.05.2011[44]
- vom 25.06.2009 zu den geänderten Vorschriften des ErbStG – AEErbSt –[45], geändert durch gleichlautende Ländererlasse vom 29.10.2010[46]
- vom 20.05.2011 zur Behandlung der gemischten Schenkung sowie der Schenkungen unter Auflage[47]

Am 19.12.2011 wurden von der Bundesregierung gem. Art. 108 Abs. 7 GG als „Allgemeine Verwaltungsvorschrift zur Anwendung des Erbschaftsteuer- und Schenkungsteuerrechts" die Erbschaftsteuer-Richtlinien 2011 – ErbStR 2011 – sowie als

---
38 BStBl 2003 I Sondernummer 1 S. 2.
39 Gleichlautende Ländererlasse vom 17.03.2003 in BStBl 2003 I Sondernummer 1 S. 91.
40 BStBl 2009 I S. 546.
41 BStBl 2009 I S. 552.
42 BStBl 2009 I S. 590.
43 BStBl 2009 I S. 698.
44 BStBl 2011 I S. 606.
45 BStBl 2009 I S. 713.
46 BStBl 2010 I S. 1210.
47 BStBl 2011 I S. 562.

1.1 Entwicklung der Erbschaft- und Schenkungsteuer

gleichlautende Ländererlasse die Hinweise zu diesen Richtlinien – ErbStH 2011 – erlassen.[48] Diese sind nicht nur für Erwerbsvorgänge anzuwenden, für die die Steuer nach dem 02.11.2011 entstanden ist, sondern auch auf alle Erwerbsfälle, für die die Steuer vor dem 03.11.2011 entstanden ist, soweit sie geänderte Vorschriften des ErbStG und des BewG betreffen, die vor diesem Stichtag anzuwenden sind. Die ErbStR 2011 sollen demnach auch für alle noch offenen, schon im Zeitraum vom 01.01.2009 bis zum 02.11.2011 verwirklichten Besteuerungsfälle gelten, ja sogar für solche des Jahres 2008, falls zur Anwendung des neuen Erbschaftsteuerrechts optiert worden sein sollte. Die neuen Richtlinien, die einen schnellen Zugriff auf die maßgeblichen Verwaltungsanweisungen erlauben, indem den Paragrafen Richtlinien mit der Abkürzung **R E** = Richtlinie zum ErbStG bzw. **R B** = Richtlinie zum BewG zugewiesen sind, berücksichtigen die gegenüber dem früheren, vor der ErbSt-Reform geltenden Recht grundlegend geänderten Rechtsvorschriften sowie die aktuelle Rechtsprechung. Die zuvor genannten gleichlautenden Ländererlasse haben weitgehend Eingang in die ErbStR 2011 gefunden. Sie beinhalten aber auch eine Reihe wichtiger Neuregelungen. Zum Teil handelt es sich um verschärfende Klarstellungen hinsichtlich bisher nicht eindeutig geregelter Punkte – vgl. z. B. R E 13b.13 Abs. 3 ErbStR 2011 zum Begriff eines wirtschaftlichen Geschäftsbetriebs bei einem Wohnungsunternehmen oder R E 13a.4 Abs. 6 bis 8 ErbStR 2011 zur Berücksichtigungsfähigkeit von Tochtergesellschaften im Rahmen der Lohnsummenprüfung –. Auch finden sich in den ErbStR 2011 Regelungen, die im Schrifttum als „verwaltungsseitige Änderung der Rechtslage" bezeichnet werden.[49] Soweit die neuen Richtlinien gegenüber den gleichlautenden Ländererlassen, insbesondere AEErbSt vom 25.06.2009 bzw. 29.10.2010 und AEBewAntBV vom 17.05.2011, abweichende Weisungen enthalten, gehen diese im Hinblick auf ihren rückwirkenden zeitlichen Anwendungsbereich vor.[50] Die ErbStR 2011 als Weisungen an die Finanzbehörden zur einheitlichen Anwendung des Erbschaftsteuer- und Schenkungsteuerrechts und der hierfür notwendigen Regelungen des Bewertungsrechts dienen der Rechtssicherheit, aber auch der Vermeidung unbilliger Härten (vgl. Einführung Abs. 1 ErbStR 2011). Will ein Steuerpflichtiger eine andere, von der Verwaltungsmeinung abweichende Rechtsauffassung durchsetzen, wird er den Rechtsweg beschreiten müssen. Die Gerichte sind an die Verwaltungsvorschrift nicht gebunden.

---

48 Siehe BStBl 2011 I Sondernummer 1 S. 2 und S. 117.
49 Siehe Korezkij, DStR 2011 S. 1733 mit Verweis auf R E 13a.4 Abs. 6 und R E 13b.19 Abs. 4 ErbStR 2011 bezüglich Verzicht auf Mindestbeteiligungsquote bei Beteiligungen an Personenunternehmen im Rahmen der Lohnsummenprüfung sowie hinsichtlich Umqualifizierung des jungen Verwaltungsvermögens von Tochterpersonengesellschaften in Verwaltungsvermögen des unmittelbaren Mutterunternehmens.
50 Vgl. hierzu Schmidt/Schwind, NWB 42/2011 S. 3512, die hierin eine Verletzung des Vertrauensschutzes der Steuerpflichtigen sehen, wenn ein Besteuerungsfall bisher noch nicht bestandskräftig beschieden worden ist und die ErbStR 2011 eine nachteiligere Rechtsauslegung der Finanzverwaltung als die bisherigen Erlasse darstellen.

b) Die im BStBl, für das das BMF die redaktionelle Verantwortung hat und das das in der „Steuerfachwelt" am meisten gelesene Publikationsorgan ist, veröffentlichte Rechtsprechung des BFH ist für die Finanzverwaltung verbindlich, soweit nicht ein Nichtanwendungserlass ergangen ist; ein Instrument, mit dem die Verwaltung ihrer Verantwortung nachkommt zu entscheiden, ob sie ein Judikat zu ihrer Verwaltungspraxis macht oder ihm die Gefolgschaft versagt.[51] Nicht im BStBl veröffentlichte Entscheidungen können, soweit sie nicht im Widerspruch zu veröffentlichten Entscheidungen stehen, in gleich gelagerten Fällen herangezogen werden.[52]

1.2 Gesellschaftspolitische und steuerpolitische Bedeutung der Erbschaft- und Schenkungsteuer

1.2.1 Gesetzgebungskompetenz

Der Bund hat nach Art. 105 Abs. 2 GG die konkurrierende Gesetzgebung über die Steuern von Erbschaften und Schenkungen. Da diese Steuern gem. Art. 106 Abs. 2 Nr. 2 GG den Ländern zusteht, hat der Bund das Gesetzgebungsrecht allerdings nur, wenn die Voraussetzungen des Art. 72 Abs. 2 GG vorliegen, also wenn und soweit die Herstellung gleichwertiger Lebensverhältnisse im Bundesgebiet oder die Wahrung der Rechts- und Wirtschaftseinheit im gesamtstaatlichen Interesse eine bundeseinheitliche Regelung erforderlich macht.[53] In der Begründung zum ErbStRG vom 24.12.2008 wird insoweit ausgeführt:

„Unterschiedliche landesrechtliche Regelungen bei der Erbschaftsteuer würden zum einen Rechtsunsicherheit erzeugen und zum anderen, wegen der Streubreite der insbesondere im einzelnen Erbfall begünstigten Personen einerseits und wegen der Gebietshoheit der Länder andererseits, den Abschluss von Abkommen zur Vermeidung von Doppelbesteuerung zwischen den Ländern unabweisbar machen.[54] *Die gesamtwirtschaftlichen Interessen würden bei einer landesrechtlichen Zersplitterung des Erbschaft- und Schenkungsteuerrechts beeinträchtigt werden, weil unterschiedliche Regelungen oder gar das Unterlassen einer Regelung durch einzelne Länder zu einer dem einheitlichen Lebens- und Wirtschaftsraum*

---

51 Zur Problematik derartiger Erlasse s. Lang, StuW 1992 S. 14; Kessler/Eicke, DStR 2006 S. 1913; Spindler, DStR 2007 S. 1061.

52 Die Praxis der Ministerialbürokratie, „fiskalisch missliebige Judikatur mitunter in diesem Veröffentlichungsorgan zu unterdrücken", als rechtsstaatswidrig bezeichnet Lang in Tipke/Lang, § 5 Rdnr. 29.

53 Zu den vom BVerfG aufgestellten hohen Anforderungen an die Erfüllung dieser Merkmale s. BVerfGE 106 S. 62.

54 Anmerkung: Wozu eine „Regionalisierung" der Erbschaftsteuer führen würde – sicher nicht zu der immer wieder geforderten Vereinfachung und Vollziehbarkeit des Steuerrechts –, zeigt eindrucksvoll das Beispiel in Moench/Kien-Hümbert/Weinmann, Einführung ErbStG Rdnr. 34.

1.2 Gesellschaftspolitische und steuerpolitische Bedeutung

widersprechenden Wettbewerbsverzerrung führen würden, die sich nachteilig auf die gesamtwirtschaftliche Situation der Bundesrepublik Deutschland auswirkt."[55]

1.2.2 Bedeutung der Steuer für Gläubiger (Steueraufkommen) und Schuldner

Die Einnahmen aus der Erbschaft- und Schenkungsteuer sind für die Haushalte der einzelnen Länder von eher untergeordneter, wenn auch – die Vergangenheit betrachtet – zunehmender Bedeutung. Die Grunderwerbsteuer (im Jahr 2008: 5.728 Mio. Euro; im Jahr 2010: 5.290 Mio. Euro) und die Kraftfahrzeugsteuer (im Jahr 2008: 8.842 Mio. Euro; im Jahr 2010 8.488 Mio. Euro) bzw. der ab dem 01.07.2009 den Ländern für die Übertragung der Ertragshoheit dieser Steuer auf den Bund gem. Art. 106b GG zustehende Ausgleichsbetrag rangieren insoweit noch deutlich vor der Erbschaft- und Schenkungsteuer. Bezogen auf das Bund, Ländern und Gemeinden zusammen zufließende Steueraufkommen (im Jahr 2008: 561,182 Mrd. Euro) belief sich die Erbschaft- und Schenkungsteuer mit einem Steueraufkommen in diesem letzten Jahr vor Inkrafttreten des ErbStRG vom 24.12.2008 i. H. von 4,771 Mrd. Euro nur auf ca. 0,85 %. Im Jahr 2010 betrug das Aufkommen dieser Steuerart mit 4,404 Mrd. Euro bezogen auf die gesamtstaatlichen Steuereinnahmen von 530, 587 Mrd. Euro ebenfalls nur knapp 0,85 % (s. Globus Infografik vom 17.06.2011, Tb-4305).

Die auf der Grundlage des Gesetzes über Steuerstatistiken[56] zuletzt für das Jahr 2007 vom Statistischen Bundesamt erstellte Erbschaft- und Schenkungsteuerstatistik weist eine festgesetzte Steuer von 4.221.167.000 Euro aus (Erbschaftsteuer: 2.923.231.000 Euro; Schenkungsteuer: 1.297.936.000 Euro). Aussagekräftig ist insoweit aber eher die Entwicklungstendenz. Die vorherige Erbschaft- und Schenkungsteuerstatistik des Statistischen Bundesamtes wies für 2002 eine festgesetzte Steuer i. H. von 2.826.499.000 Euro aus (Erbschaftsteuer: 2.243.613.000 Euro; Schenkungsteuer: 582.886.000 Euro). Vergleicht man einerseits die Steigerung des Steueraufkommens insgesamt in Deutschland und andererseits den Anstieg des Erbschaft- und Schenkungsteueraufkommens zwischen 2002 und 2008, ergibt sich zum einen eine Steigerung um ca. 28 % (von ca. 442 auf ca. 561 Mrd. Euro), zum anderen aber um fast 70 %. Der im Rahmen der Erbschaftsteuerfestsetzung 2007 ermittelte, bei wesentlichen Vermögensgegenständen wie Grundbesitz, Betriebsvermögen etc. nicht auf Verkehrswerten basierende Reinnachlass (Nachlassvermögen abzüglich Nachlassverbindlichkeiten) betrug nach Angaben des Statistischen Bundesamts 19,5 Mrd. Euro und 15,4 Mrd. Euro im Jahr 2002.

---

55 Zweifel an der Gesetzgebungskompetenz des Bundes hingegen äußernd bzw. diese verneinend Wilms/Jochum, Einführung ErbStG Rdnr. 54.1 f.; Wernsman/Spernath, FR 2007 S. 829; Korte, Die konkurrierende Steuergesetzgebung im Bereich der Finanzverfassung, 2008, S. 128 ff.

56 BGBl 1996 I S. 438, 597.

1 Stellung der Erbschaft- und Schenkungsteuer

Es gibt keine umfassenden Datenbanken, die eindeutig Auskunft geben würden über die tatsächliche Vermögenssituation in Deutschland. (Nur) das private Vermögen – also ohne Betriebsvermögen – betrug 1997 ca. 7 Billionen Euro (Statistische Angaben der Deutschen Bundesbank – Globus Infografik Ob-5453), im Jahr 2003 wurde das Vermögen aller privaten Haushalte bereits auf über 9 Billionen Euro geschätzt (Statistische Angaben des Deutschen Instituts für Altersvorsorge – Globus Infografik Ob-8263). Allein das Geldvermögen der privaten Haushalte in Deutschland – Bargeld und Einlagen, festverzinsliche Wertpapiere, Aktien, Ansprüche gegen Versicherungen etc. – ist nach Angabe der Deutschen Bundesbank (s. Globus Infografik vom 11.11.2011 Ob-4609) zur Jahresmitte 2011 auf die Rekordhöhe von ca. 4,75 Billionen Euro gestiegen – zum Vergleich: zum Zeitpunkt der Euro-Einführung betrug dieses ca. 3,60 Billionen Euro –. Diesem Geldvermögen standen Mitte 2011 allerdings auch Schulden i. H. von 1,54 Billionen Euro gegenüber.

Schätzungen gehen dahin, dass in den Jahren zwischen 2006 bis 2015 Vermögen im Gesamtwert von ca. 2.500 Milliarden Euro vererbt wurden bzw. noch werden (Globus Infografik vom 11.06.2007 Ob-1426), was gegenüber dem Vorjahrzehnt eine 75 %ige Steigerung bedeuten würde, wobei allerdings angemerkt werden muss, dass die Auswirkungen der globalen Finanz- und Wirtschaftskrise ab der 2. Hälfte des Jahres 2008 und der spätestens im Jahr 2011 verstärkt ins Bewusstsein gerückten Staatsschuldenkrise einiger Euro-Länder, insbesondere Griechenland, Italien, Spanien, aber diesbezüglich nicht absehbar sind.

Verglichen mit dem jährlich durch Erbschaft oder Schenkung übergehenden Geld-, Grundstücks-, Betriebsvermögen etc. lag die steuerliche Belastung des tatsächlichen Erwerbs früher bei nur etwa 3 %. Hauptursache dafür waren, ohne dass das quantifiziert werden kann, unter Geltung des „alten" Erbschaft- und Schenkungsteuerrechts neben der nie außer Betracht zu lassenden Steuerhinterziehung die Freibetragswirkung und die eklatante Unterbewertung bestimmter Vermögensanfälle, insbesondere von Grundbesitz und Betriebsvermögen. Nur ca. 8 % der Todesfälle wurden besteuert, nur etwa 12 % des übergegangenen Vermögens von der Erbschaftsteuer erfasst.

Beispiel:
Ehemann M1 starb im Jahr 2008. Alleinerbin ist seine Ehefrau F1. Der Nachlass bestand aus Geldvermögen und Wertpapieren mit einem Verkehrswert = Steuerwert i. H. 4.000.000 €.
Ehemann M2 starb ebenfalls im Jahr vor Inkrafttreten der ErbSt-Reform. Alleinerbin war seine Ehefrau F2. Der Nachlass bestand aus Betriebsvermögen mit einem Verkehrswert von 4.000.000 €, aber einem Steuerwert von nur 1.500.000 € (veranlasst durch die steuerliche Unterbewertung z. B. des Grundbesitzes, aufgrund des Stuttgarter Verfahrens, von Betriebsvermögen generell).
Erbschaftsteuer F1: 653.030 € – steuerliche Belastung ca. 16,33 %
Erbschaftsteuer F2: 33.010 € – steuerliche Belastung ca. 0,8 %

1.2 Gesellschaftspolitische und steuerpolitische Bedeutung

Eine vergleichbare Situation ergibt sich auch unter Geltung des „neuen" Erbschaft- und Schenkungsteuerrechts trotz der nunmehr am gemeinen Wert ausgerichteten Bewertung der einzelnen Vermögensanfälle; Grund sind u. a. neben den teils deutlich erhöhten Freibetragsregelungen die Verschonungsvorschriften. Diese sind Ausdruck der gesetzgeberischen Intention, durch die neue Bewertung der Vermögensanfälle das Steueraufkommen nicht wesentlich verändern zu wollen.

Beispiel:
Ehemann M1 stirbt im Jahr 2009. Alleinerbin ist seine Ehefrau F1. Der Nachlass besteht aus Geldvermögen und Wertpapieren mit einem Verkehrswert = Steuerwert i. H. von 4.000.000 €.

Ehemann M2 stirbt ebenfalls im Jahr nach Inkrafttreten der ErbSt-Reform. Alleinerbin ist seine Ehefrau F2. Der Nachlass besteht aus einem von den Eheleuten bewohnten und von der Ehefrau nach dem Tod ihres Mannes weiter bewohnten luxuriösen Familienheim in Kampen auf Sylt/in Rottach-Egern am Tegernsee mit einem Verkehrswert = Steuerwert von 4.000.000 €.

Erbschaftsteuer F1: 485.055 € – steuerliche Belastung ca. 12,13 %
Erbschaftsteuer F2:   0 € – steuerliche Belastung ca. 0 %

Die sich durch das ErbStRG vom 24.12.2008 ergebenden Mehr- und Mindereinnahmen wurden angesetzt für die Neubewertung der Vermögen mit dem gemeinen Wert auf + 1.707 Mio. Euro, für die Freistellung des begünstigten Betriebsvermögens, land- und forstwirtschaftlichen Vermögens und von bestimmten Anteilen an Kapitalgesellschaften auf ./. 2.141 Mio. Euro; für die Freistellung des Familienheims im Fall des Erwerbs von Todes wegen durch den überlebenden Ehegatten oder Kinder auf ./. 55 Mio. Euro, für die Einführung eines Verschonungsabschlags von 10 % für vermietete Wohnimmobilien auf ./. 195 Mio. Euro, für die Erhöhung der persönlichen Freibeträge auf ./. 800 Mio. Euro, für die Glättung der Tarifstufenbeträge des zweistufigen Tarifs in den Steuerklassen II und III auf + 610 Mio. Euro.[57]

Durch das Wachstumsbeschleunigungsgesetz vom 22.12.2009 wurden folgende Mindereinnahmen für die Länderhaushalte prognostiziert: Senkung der Lohnsummenregelung und der Behaltensfrist ./. 50 Mio. Euro, Änderung der Steuersätze in der Steuerklasse II ./. 370 Mio. Euro.

Unabhängig von allen absoluten und relativen Zahlen und Statistiken stand und steht die Erbschaftsteuer mit im Brennpunkt der Diskussion über den Einsatz der Steuer als politisches Instrument, zumal die Bedeutung der Erbschaftsteuer für den Einzelnen oft doch sehr groß sein kann. Der besondere Anlass der Steuerfälle prägt die Erbschaftsteuer; sie greift in besonderer Weise in den als privat empfundenen Bereich der Betroffenen ein. Dies mag eine Ursache sein, dass die Akzeptanz dieser Steuer, die Bereitschaft, den Erwerb mit dem Fiskus zu teilen, nicht besonders ausgeprägt ist (laut Umfrage des Meinungsforschungsinstituts Forsa vom Oktober 2008 für die Stiftung Familienunternehmen lehnen 63 % der Bürger die

---

[57] Zu weiteren Einzelheiten der Mehr- und Mindereinnahmen durch das ErbStRG s. Messerer, Erbschaftsteuerreform 2009, S. 132.

1 Stellung der Erbschaft- und Schenkungsteuer

Erbschaftsteuer ab). Es liegt wohl in der menschlichen Natur begründet, dass man sich ungern von Vermögen trennt, das ohne eigenes Zutun in den Schoß gefallen ist.[58] Auch wenn der Erblasser selbst durch die Erbschaftsteuer nicht mehr belastet ist und auch bei Schenkungen die Schenkungsteuer regelmäßig vom Bedachten erhoben wird, mindert dies erfahrungsgemäß nicht das Bemühen des künftigen Erblassers oder Schenkers, das Vermögen möglichst ohne Teilhabe des Fiskus weiterzugeben. Die Erbschaft- bzw. Schenkungsteuer fordert zur Vorausplanung geradezu heraus.[59]

Als Rechtfertigung der Erbschaftsteuer wird vielfach ihre Umverteilungsfunktion herangezogen.[60] Sie soll helfen, einer als ungerecht empfundenen Ansammlung großer Vermögen entgegenzuwirken. Auch wird angeführt, die Zunahme an wirtschaftlicher Leistungsfähigkeit (Vermögenszuwachs), ohne dass dem eine wirtschaftliche Gegenleistung gegenübersteht, vollziehe sich grundsätzlich ertragsteuerfrei.[61] Ferner wird die Erhebung einer Erbschaftsteuer damit gerechtfertigt, der Staat habe durch seine Einrichtungen die Bildung und Sicherung der Vermögen erst ermöglicht, die im Erbgang übergehen, sodass von ihm dafür auch eine Gegenleistung in Gestalt der Erbschaftsteuer verlangt werden könne. Beim ErbStRG vom 24.12.2008 hat sich der Gesetzgeber u. a. von der Überlegung leiten lassen, dass „das Erbschaft- und Schenkungsteuerrecht auch künftig einen erheblichen Beitrag dazu leisten kann, durch die Besteuerung die Chancengleichheit in der Gesellschaft zu erhöhen". Ob die Erbschaft- und Schenkungsteuer ein brauchbares Instrument in diesem Bereich ist, erscheint zweifelhaft,[62] zumal bei einer allzu starken Ausbildung in dieser Richtung eine nachteilige Beeinflussung des Willens zur Eigentumsbildung nicht auszuschließen ist.

Steuerpolitisch wird die Erbschaftsteuer auch in Zukunft in der Diskussion bleiben. Abhängig vom politischen Standort werden die Forderungen, wie bereits in der Vergangenheit, von einer Ausweitung des Steueraufkommens – sinnvolle, im gesamtgesellschaftlichen Interesse liegende Vorhaben, zu deren Förderung ein gesteigertes ErbSt-Aufkommen einen Beitrag unter dem Gesichtspunkt der Chancengleichheit in der Gesellschaft leisten könnte, wird es zahlreich geben – bis hin zur Reduzierung des Aufkommens oder gar Abschaffung der Steuer reichen – ggf. im Hinblick auf verschiedene Länder, in denen in den vergangenen Jahren diese Steuer teils wegen des Erhebungsaufwands, teils aus Gründen des europäischen Steuerwettbewerbs

---

58 So: Moench/Kien-Hümbert/Weinmann, Einführung ErbStG Rdnr. 49.
59 So: Moench/Kien-Hümbert/Weinmann, Einführung ErbStG Rdnr. 50.
60 In diesem Sinne bereits die Begründung des ErbStG 1974 – BT-Drucksache VI/3419 S. 49.
61 Siehe BVerfG vom 22.06.1995, BStBl 1995 II S. 671.
62 IFSt-Schrift Nr. 344; Ritter, BB 1994 S. 2285; s. hierzu auch Tipke, Steuerrechtsordnung, 1993, S. 749, mit dem Hinweis, dass jede Besteuerung nach dem Leistungsfähigkeitsprinzip schon eine sozialstaatliche, umverteilende Wirkung einbezieht.

1.2 Gesellschaftspolitische und steuerpolitische Bedeutung

abgeschafft worden ist.[63] Auch das ErbStRG vom 24.12.2008 bzw. dessen Änderungen durch das Wachstumsbeschleunigungsgesetz vom 22.12.2009 wird diejenigen, die generell die Erhebung einer Erbschaftsteuer kritisieren, weil diese ihrer Ansicht nach den Leistungswillen der Erblasser schwäche, gestaltungsabhängig sei und deshalb keine Belastungsgleichheit verwirklichen könne, unverhältnismäßige Verwaltungskosten verursache, die Kapitalflucht fördere und also wirtschaftspolitisch verfehlt sei und im internationalen Vergleich zu einem Nachteil für den Wirtschaftsstandort Deutschland führen würde, nicht verstummen lassen.

Unabhängig davon, wie man das „neue" Erbschaft- und Schenkungsteuerrecht rechtspolitisch, nicht unter verfassungsrechtlichen Aspekten, bewertet, ob man hierin eine große Reform sieht[64] oder ob man insbesondere in dem Subventionstatbestand des § 13a ErbStG ein verwaltungstechnisches Monstrum sieht, das Ausdruck eines juristentypischen statischen Denkens ist, das mit der Realität heutiger Unternehmensführung und -entscheidung nichts gemein hat,[65] so findet sich doch in den mit der Erbschaftsteuerreform sich befassenden Beiträgen häufig folgender Hinweis: Der Gesetzgeber hätte seinen Gestaltungsspielraum nutzen sollen, Ausnahmeregelungen abzuschaffen, anstatt die Begünstigung bestimmter Vermögensteile nur aus der Bewertungsebene herauszulösen, und die Steuersätze zu senken, wodurch z. B. der Aufwand für die Überprüfung der Verschonungsvoraussetzungen oder für Streitigkeiten im Zusammenhang mit der Abgrenzung von begünstigtem und nicht begünstigtem Vermögen entfiele.[66] Bei einer Gleichbelastung aller übergehenden Vermögensgegenstände mit einem Niedrigsteuersatz wäre der Weg zu einer Vereinfachung und wegen der dann nicht nur für Steuerrechtler zu erschließenden Materie zur Akzeptanzsteigerung beschritten worden, ohne dass die Länderhaushalte hierunter leiden müssten. Wenn auch überzeichnet, kommt die Kritik an der Erbschaftsteuerreform doch in Folgendem unmissverständlich zum Ausdruck:

„An kaum einer Steuer haben vergangene Regierungen so herumgedoktert wie an der Erbschaftsteuer. Mit dem Segen des Bundesverfassungsgerichts hat die große Koalition die Erbschaftsteuer in ein Glücks- und Geschicklichkeitsspiel umfunktioniert: Unternehmer, denen es für zehn Jahre (Anmerkung: Rechtslage vor dem Wachstumsbeschleunigungsgesetz) gelingt, ihren Betrieb gesund durch die Fährnisse der Konjunkturen zu steuern, winkt der Hauptgewinn vollständiger Steuerfreiheit. Wer unterwegs in die Knie geht und den Betrieb einstellen oder veräußern muss, wird zur Blutspende ins Finanzamt gebeten. Finanziert wird das Aufkom-

---

63 Zur Erbschaftsteuer in anderen Staaten s. Moench/Kien-Hümbert/Weinmann, Einführung ErbStG Rdnr. 37 bis 41; Troll/Gebel/Jülicher, Anhang zu § 21 Rdnr. 91 ff.
64 Siehe Wilms/Jochum, Einführung ErbStG Rdnr. 130.
65 Siehe Seer in Tipke/Lang, § 13 Rdnr. 159; derselbe in Rdnr. 101 die Verschonungsregelungen als extrem-technokratisch und Fehlanreize setzend bezeichnend; Hannes/Onderka, ZEV 2008 S. 18.
66 Siehe Wilms/Jochum, a. a. O.; Seer, a. a. O., Rdnr. 101, 159; derselbe, ZRP 2007 S. 116.

men der Erbschaftsteuer schließlich durch die nicht geringe Zahl privater Inhaber von Wertpapieren und Mietimmobilien, deren volkswirtschaftlicher Beitrag bisher durch keine Pressuregroup gewürdigt worden ist. Hier helfen auch keine Schönheitsoperationen mehr: Die Amputation erscheint unausweichlich, wenn der Gesetzgeber nicht zu einer wirklichen Reform, nämlich eine Gleichbelastung aller Nachlassgegenstände mit einem echten Niedrigsatz, bereit ist".[67]

1.2.3 Verfassungsrechtliche Grenzen einer Erbschaftsbesteuerung

1) Das Besteuerungsrecht durch die Erbschaftsteuer wird insbesondere durch **Art. 14 GG** begrenzt, der neben dem Eigentum auch das Erbrecht schützt. Diese Grenze ist in jedem Fall bei einer **Steuer von konfiskatorischem Charakter** überschritten. Die Erhebung der Erbschaftsteuer nach einem Steuersatz von 62 % hat das BVerfG im Beschluss vom 15.11.1989[68] nicht beanstandet. Es hat insoweit ausgeführt, „weil der Beschwerdeführerin nach Abzug der Erbschaftsteuer ... Mio. verbleiben, könne von einer erdrosselnden Wirkung der Steuer noch nicht gesprochen werden". Auch in der Entscheidung vom 22.06.1995[69] hat sich das Gericht nicht festgelegt, ab welchem (Spitzen-)Steuersatz die Verfassungswidrigkeit der Erbschaftsteuer beginnt; festgestellt hat es lediglich allgemein, Ausgestaltung und Bemessung der Steuer dürften Sinn und Funktion des Erbrechts als Rechtseinrichtung und Individualgrundrecht nicht zunichte- oder wertlos machen. Die Besteuerung darf also das Vererben nicht als ökonomisch sinnlos erscheinen lassen. Auch die Finanzgerichtsbarkeit handelt die Frage nach der Besteuerungsgrenze ein wenig lax ab: „Die Erbschaftsteuer ist so angelegt, dass sie unter normalen Umständen aus dem Erwerb der Bereicherung aufgebracht werden kann ... Selbst bei einer Gesamtbelastung bestehend aus ESt, VSt, GewSt und KiSt von 81,2 % – die der Erbin beträgt nach Berechnung der Klägerin nur 72,7 % – hatte der BFH[70] keine Bedenken ...".[71] „Der sich danach, gemessen am steuerpflichtigen Erwerb, ergebenden Steuerbelastung von knapp 70 % kommt noch keine erdrosselnde Wirkung zu. Der Grundsatz der Verhältnismäßigkeit ist gewahrt".[72] Zwar ist verfassungsrechtlich anerkannt, dass auch bei der Erbschaftsteuer eine Grundrechtsbeeinträch-

---
67 Schön – Max-Planck-Gesellschaft – in FAZ vom 09.10.2009.
68 BStBl 1990 II S. 103.
69 BStBl 1995 II S. 671.
70 Urteil vom 22.12.1976, BStBl 1977 II S. 420.
71 So: FG München, EFG 1991 S. 133.
72 Siehe BFH vom 30.05.2001, BStBl 2001 II S. 606; vgl. in diesem Zusammenhang auch BFH vom 17.02.2010, BStBl 2010 II S. 641, wonach eine sich – vor Wiedereinführung der Anrechnungsregelung in § 35b EStG – aus der kumulativen Belastung mit Erbschaftsteuer und Einkommensteuer etwaig ergebende Übermaßbesteuerung nur im Rahmen der Einkommensteuerfestsetzung geltend gemacht werden kann, weil sich erst mit dieser Steuerfestsetzung das Ausmaß der Doppelbelastung zeigt; ob und in welcher Höhe ein bei der Erbschaftsteuer zu berücksichtigender Forderungsbetrag überhaupt zufließt und dabei Einkommensteuer anfällt, ist aus Sicht des für die Erbschaftsteuer maßgebenden Stichtagsprinzips, weil u. a. von den weiteren Einkünften des Erben abhängig, offen.

1.2 Gesellschaftspolitische und steuerpolitische Bedeutung

tigung aufgrund übermäßiger Steuerbelastung möglich sein kann. Jedoch kann insoweit der vom BVerfG für die Vermögensteuer entwickelte Halbteilungsgrundsatz, nach dem diese Steuer so bemessen sein müsse, dass sie in ihrem Zusammenwirken mit den sonstigen Steuerbelastungen die Substanz des Vermögens unberührt lässt und es möglich sein muss, die Belastung aus den üblicherweise zu erwartenden Erträgen ausgleichen zu können, nicht auf die Erbschaftsteuer übertragen werden.[73] Der Besteuerungsgrund besteht nämlich nicht im Halten von Vermögen, sondern in der Bereicherung durch Erbfall/Schenkung. Dass die 50 %ige Grenze bei der Erbschaftsteuer nicht das Maß aller Dinge ist, konnte der BVerfG-Beschluss vom 18.01.2006[74] zur Gesamtbelastung mit Einkommensteuer und Gewerbeertragsteuer entnommen werden und ist vom BFH[75] unmissverständlich bestätigt worden; Art. 14 Abs. 1 Satz 1 und Abs. 2 GG schreibe keine allgemein verbindliche, absolute Belastungsobergrenze in der Nähe einer hälftigen Teilung vor. Die Gestaltungsbefugnis des Gesetzgebers bei der Erbschaftsteuer ist deshalb besonderes groß, weil sie nicht das Eigentum einschränkt, sondern an den Vermögensübergang anknüpft. Dass der Gesetzgeber mit dem JStG 1997 den Spitzensteuersatz von 70 % auf 50 % gesenkt hatte, war demnach zwar nicht verfassungsrechtlich geboten, kann aber als Ausdruck politischer Vernunft gewertet werden.

2) Erfreulich ist es, dass das BVerfG bei der Erbschaftsteuer den Gesetzgeber – neben Art. 3 GG – insbesondere an die Beachtung des **Art. 6 GG** erinnert. Die rechtliche Würdigung der in diesem Zusammenhang gegebenen Hinweise erscheint sehr viel ergiebiger als die vordergründige Diskussion um die Obergrenze des Steuersatzes.[76] Die insoweit bedeutsamen Punkte sind: Freistellung des persönlichen Gebrauchsvermögens; das Ergebnis der ehelichen Erwerbsgemeinschaft muss verbleiben und eine im Erbrecht angelegte Mitberechtigung der Kinder am Familiengut darf nicht verloren gehen.[77]

1.2.4 Einordnung der Erbschaft- und Schenkungsteuer

Die Einordnung der Erbschaft- und Schenkungsteuer in das deutsche Steuersystem – an die sich allerdings weitgehend keine rechtlichen Folgen knüpfen – ist umstritten. Sie den **Verkehrsteuern** zuzurechnen[78] – Art. 106 Abs. 2 GG kann insoweit nur

---

[73] Siehe Hey, JZ 2007 S. 564; anders hingegen Nachreiner, ZEV 2005 S. 1.
[74] Vgl. BVerfGE 115 S. 97: „Bei einer Gesamtbelastung von ca. 60 % sei nicht erkennbar, dass eine verfassungsrechtliche Obergrenze zumutbarer Belastung erreicht wäre; eine übermäßige Steuerbelastung und damit eine Verletzung der Eigentumsgarantie könne nicht festgestellt werden."
[75] Vgl. BFH vom 27.03.2006 II B. 161/00, BFH/NV 2006 S. 1301, und vom 18.01.2011, BStBl 2011 II S. 680.
[76] Z. B. Felix, ZEV 1996 S. 410.
[77] Siehe BVerfG, ZEV 1997 S. 466; Viskorf, NWB Fach 10 S. 1243, fordert, auf die Besteuerung der Erwerbe von Ehegatten ganz zu verzichten.
[78] So z. B. BFH vom 22.09.1982, BStBl 1983 II S. 179, vom 07.11.2007, BStBl 2008 II S. 258, vom 09.12.2009, BStBl 2010 II S. 363 und 566.

1 Stellung der Erbschaft- und Schenkungsteuer

schwerlich als Begründung herangezogen werden, betrachtet man einerseits Nr. 2 und andererseits Nr. 3 dieser Bestimmung –, lässt sich allenfalls darauf stützen, dass die Steuer an Rechtsvorgänge (= bestimmte zivilrechtlich geprägte Vorgänge des Vermögenstransfers) anknüpft; eine aber nur die formale Ausgestaltung der Steuer, nicht ihren materiellen Gehalt betrachtende Qualifikation. Das BVerfG hat in seinem Beschluss vom 22.06.1995[79] dargelegt, dass Anknüpfungspunkt der Erbschaft- und Schenkungsteuer der „durch den Erbfall beim Erben – gleiches gilt für die Schenkung beim Beschenkten – anfallende Vermögenszuwachs und die dadurch vermittelte finanzielle Leistungsfähigkeit ist".[80] Auch der BFH[81] hat mehrfach deutlich gemacht, dass er die Schenkungsteuer als **Bereicherungssteuer** und nicht als Verkehrsteuer begreift, obwohl sie mit dem Erwerb einen Rechtsvorgang voraussetzt.[82] Die Erbschaft- und Schenkungsteuer ist **keine Sollertragsteuer,** sondern kann – aus der Perspektive des übertragenen Vermögens betrachtet – als **Substanzsteuer** eingeordnet werden; sie belastet einerseits den Übergang von Vermögen, wird andererseits vom Vermögen erhoben.[83] Der Substanzsteuereffekt tritt bei der Erbschaftsteuer nicht planwidrig ungewollt, sondern planmäßig intendiert ein.[84] Folgerichtig betrachtet das BVerfG in seiner Entscheidung vom 07.11.2006[85] auch nicht den Ertragswert, sondern den Verkehrswert als den leitenden Bewertungsmaßstab der Erbschaftsteuer.

Die Erbschaft- und Schenkungsteuer ist im Übrigen eine **Personensteuer,** eine **direkte Steuer** und **keine laufend veranlagte Steuer.**

1.3 Verhältnis der Erbschaft- und Schenkungsteuer zu anderen Steuern

Auf der Hand liegend ist die Verbindung der Erbschaft- und Schenkungsteuer mit dem bürgerlichen Recht. Nicht so offenkundig, aber gleichwohl vorhanden, sind die Wechselbeziehungen zwischen der Erbschaft- und Schenkungsteuer und den übrigen Steuern. Ein prägnantes Beispiel war unter der Geltung des „alten Erb-

---

79 BVerfGE 93 S. 165.
80 In diesem Sinne bereits die Gesetzesbegründung zum ErbStG 1974 – s. BR-Drucksache 140/72 S. 59 –, wonach der Zuwachs an wirtschaftlicher Leistungsfähigkeit für den Erwerber Ziel und Rechtfertigung der Besteuerung ist.
81 Vgl. Entscheidungen vom 27.10.1970, BStBl 1971 II S. 269, vom 18.12.1972, BStBl 1973 II S. 329, 345, und vom 09.08.1983, BStBl 1984 II S. 27.
82 Siehe insoweit ebenfalls Petzoldt, BB 1975 S. 35, Crezelius, BB 1979 S. 1342; Birk, StuW 2005 S. 346; Tipke, Steuerrechtsordnung, Bd. II, 2003, S. 872 f.; Birnbaum, Leistungsfähigkeitsprinzip und ErbSt, S. 42.
83 Vgl. Seer, GmbHR 2002 S. 873; Rose, Die Substanzsteuer, 1991, S. 151; Tipke/Lang, Steuerrecht, 2008, § 13 Rdnr. 104 m. w. N.
84 Siehe Seer, StuW 1997 S. 283.
85 BVerfGE 117 S. 1.

1.3 Verhältnis der Erbschaft- und Schenkungsteuer

schaftsteuerrechts" die sog. **verlängerte Maßgeblichkeit** – die Handelsbilanz ist gem. § 5 Abs. 1 EStG für die Steuerbilanz maßgebend, diese war für die Vermögensaufstellung gem. §§ 95, 103, 109 Abs. 1 BewG a. F. maßgeblich, deren Regeln wiederum nach § 12 Abs. 5 ErbStG a. F. für die Erbschaftsteuer[86]–. Das ErbStRG vom 24.12.2008 mit seiner zumindest an Annäherungswerten an den gemeinen Wert orientierten Bewertung hat die Verbindung zwischen Steuerbilanzwerten und Erbschaftsteuer gekappt; eine Verzahnung, durch die sich für die Steuerberatung im eigentlichen Sinne ein interessantes, aber unter Haftungsgesichtspunkten auch nicht ungefährliches Aufgabenfeld bot.[87]

Wenn man das Verhältnis der Erbschaft- und Schenkungsteuer zu anderen Steuern untersucht, muss man davon ausgehen, dass weder das Grundgesetz noch die Systematik des deutschen Steuerrechts eine **doppelte steuerliche Erfassung eines Sachverhalts** verbietet. Es kommt somit im jeweiligen Einzelfall allein auf die Beantwortung der Frage an, ob der gegebene Sachverhalt neben dem Tatbestand, an den das Gesetz die Erbschaft- und Schenkungsteuerpflicht knüpft, auch den Tatbestand, an den ein anderes Steuergesetz die Steuerpflicht knüpft erfüllt. In der Regel sind die Gesetze jedoch so aufeinander abgestimmt, dass sich für einen Vermögensanfall, der unter das Erbschaftsteuer- und Schenkungsteuergesetz fällt, eine unmittelbare zusätzliche Belastung mit einer anderen Steuer nicht ergibt.

Beispiele:

a) Erbe E (Beschenkter B) wird infolge Eintritts des Erbfalls (infolge der Schenkung) Eigentümer verschiedener Gegenstände.

Es handelt sich um keinen umsatzsteuerbaren Vorgang i. S. des § 1 UStG.

b) E erwirbt ein Grundstück von Todes wegen oder durch Schenkung unter Lebenden im Sinne des Erbschaftsteuer- und Schenkungsteuergesetzes.

Der Vorgang ist nach § 3 Nr. 2 Satz 1 GrEStG von der Grunderwerbsteuer ausgenommen.

1.3.1 Verhältnis der Erbschaft- und Schenkungsteuer zur Einkommensteuer

Der Tod beendet die Einkommensteuerpflicht. Ein einmaliger unentgeltlicher Vermögensanfall infolge Erbschaft – Gleiches gilt für eine Schenkung – fällt i. d. R. beim Erwerber unter keine Einkunftsart des Einkommensteuergesetzes und unterliegt damit nicht der Einkommensteuer. Einkommensteuer und Erbschaftsteuer schließen sich aber dennoch nicht grundsätzlich aus, obwohl die Ziele der beiden Steuern – Erfassung der Bereicherung aus einem Vermögensanfall (Erbschaft-

---

86 Siehe hierzu Weinmann, ZEV 1999 S. 176.
87 Zur Kritik an der Beurteilung, die Steuerbilanz sei „ein Spielzeug, mit dem willkürlich beliebige Ergebnisse zu erzielen seien", s. Wälzholz, ZErb 2007 S. 111.

steuer) und Erfassung des laufenden Einkommens (Einkommensteuer) – völlig verschieden sind.[88]

1) Trennung und Überschneidung beider Steuerarten

Eine klare Trennung ist nur bei der Einkommensteuer gesichert, die noch zu Lebzeiten des Erblassers entstanden ist, denn sie hat, soweit bereits gezahlt, dessen Vermögen vermindert, sie kann, soweit noch vom Erben zu entrichten, als Erblasserschuld abgezogen werden. Dass das mit dem Erbfall übergehende Vermögen regelmäßig aus versteuerten Einkünften entstanden ist und die Erbschaftsbesteuerung insoweit der Einkommensbesteuerung nachfolgt, ist systemimmanent und vom Gesetzgeber so gewollt,[89] ist also nicht Ausdruck einer Konkurrenzsituation zwischen beiden Steuerarten.

Zu einer Überschneidung von Erbschaft- und Einkommensteuer kommt es hingegen, weil latente Einkommensteuerlasten im Gegensatz zu bereits entstandenen Einkommensteuerschulden bei Ermittlung der der Erbschaftsteuer unterliegenden Bereicherung des Erwerbers i. S. von § 10 ErbStG nicht abzugsfähig sind. Das Stichtagsprinzip schließt den Abzug künftiger Verbindlichkeiten aus. Die in der Person des Erben künftig entstehende Einkommensteuerschuld ist von dessen persönlichen Verhältnissen, insbesondere dessen übrigen Einkünften, abhängig.[90] Umgekehrt kann der Erbe die Erbschaftsteuer, die auch den latent mit Einkommensteuer belasteten Vermögensgegenstand erfasst, nicht einkommensmindernd geltend machen, weder als Betriebsausgabe, Werbungskosten, Sonderausgabe[91] – die Belastungsmilderung nach § 35b EStG außer Betracht lassend –. Insbesondere aus der **erbschaftsteuerrechtlichen Nichtabzugsfähigkeit latenter Einkommensteuerlasten** können sich **Härten** ergeben.

---

88 Siehe FG Baden-Württemberg vom 10.11.2003, DStRE 2005 S. 243, und BFH vom 17.02.2010, BStBl 2010 II S. 641, zur Rechtslage vor Inkrafttreten des ErbStRG vom 24.12.2008 – „Gesetzgeber hat eine mögliche Doppelbelastung durch ESt und ErbSt einschließlich der damit verbundenen Härten bewusst in Kauf genommen" –.

89 Siehe BFH vom 09.09.1988, BStBl 1989 II S. 9.

90 Siehe BFH vom 17.02.2010, BStBl 2010 II S. 641, zum Nichtabzug von auf geerbten festverzinslichen Wertpapieren ruhender latenter Einkommensteuerlast des Erben als Nachlassverbindlichkeit, weil Erbschaftsteuer und Einkommensteuer auf verschiedene Steuerobjekte zugreifen und dabei ihrer jeweiligen Sachgerechtigkeit folgen.

91 Ausführlich zur Verneinung eines Abzugs der Erbschaftsteuerzahlung als Sonderausgabe bei Entscheidung entsprechend dem Wahlrecht in § 23 ErbStG für eine jährliche Versteuerung nach dem Jahreswert der Bezüge BFH vom 18.01.2011, BStBl 2011 II S. 680 (Urteil betrifft das Jahr 2004, in dem keine Tarifermäßigung oder sonstige ESt-Vergünstigung griff, wenn bei der Einkommensermittlung, Einkünfte berücksichtigt wurden, die als Erwerb von Todes wegen der Erbschaftsteuer unterlegen haben und diese Steuer in einem Betrag nach dem Kapitalwert des Nießbrauchs berechnet wurde) u. a. mit dem Argument, bei Bejahung des Sonderausgabenabzugs der Jahressteuer läge ein Verstoß gegen Art. 3 Abs. 1 GG vor, denn § 23 ErbStG regele nicht die Entstehung, sondern nur die Zahlungsweise bereits entstandener Erbschaftsteuer, sodass identische erbschaftsteuerrechtliche Sachverhalte je nach Wahl der Sofort- oder Jahresbesteuerung unterschiedlich behandelt worden wären; siehe auch unter 7.4 zu dieser Problematik im Hinblick auf Satz 3 des nunmehr geltenden § 35b EStG, obwohl ein Abzug von dauernden Lasten bereits durch das JStG 2008 entfallen ist (vgl. hierzu auch Herzig/Joister/Vossel, DB 2009 S. 584).

1.3 Verhältnis der Erbschaft- und Schenkungsteuer

Beispiel:
Ein Freiberufler mit Gewinnermittlung nach § 4 Abs. 3 EStG vererbt Honorarforderungen, die dem Erben zufließen.
Diese Honorarforderungen unterliegen nach § 3 Abs. 1 Nr. 1 ErbStG der Erbschaftsteuer und bei Zufluss des Geldes als Betriebseinnahme der Einkommensteuer, entweder als Betriebseinnahme in der fortgeführten freiberuflichen Praxis oder als nachträgliche Betriebseinnahme gem. § 24 Nr. 2 i. V. m. § 18 Abs. 1 Nr. 1 EStG; die von der Erbschaftsteuer erfassten Honorarforderungen sind latent mit Einkommensteuer belastet.

Auch im Rahmen der Überschusseinkünfte können Einkünfte, die der Erbschaftsteuer unterlegen haben, beim Erben anfallen, z. B. Zahlungseingang auf rückständigen Lohn für noch vom Erblasser geleistete Arbeit oder Zahlungseingang auf Mietzinsanspruch, soweit dieser die Gegenleistung für eine noch vom Erblasser bis zu seinem Tode erbrachte Nutzungsüberlassung ist. Gehören zum Nachlass wesentliche Beteiligungen i. S. des § 17 Abs. 1 EStG, sind die Anteile Teil der erbschaftsteuerpflichtigen Bereicherung; ihre Veräußerung durch den Erben kann zu einkommensteuerpflichtigen Einkünften gem. § 17 Abs. 2 EStG führen. Zu einer Doppelbelastung kann es ferner beim Übergang von Betriebsvermögen im Hinblick auf die stillen Reserven kommen, deren Aufdeckung durch Veräußerung oder Entnahme seitens des Erben ertragsteuerliche Relevanz erlangt.[92]

Nicht zu einer Überschneidung von Erbschaft- und Einkommensteuer kommt es bei Vermögensanfällen, die lediglich dem Grunde nach bei beiden Steuerarten zu den steuerpflichtigen Tatbeständen gehören, bei denen eine tatsächliche Doppelbelastung aber nicht eintritt.

Beispiele:
a) Erwerb einer Leibrente durch Erwerb von Todes wegen. Der Erbschaftsteuer unterliegt dieser Erwerb nach § 3 Abs. 1 Nr. 1 ErbStG und der Einkommensteuer nach § 22 Nr. 1 Satz 3 Buchst. a EStG. Eine echte Doppelbelastung ist gleichwohl nicht gegeben, weil die eine Steuer das erfasst, was bei der anderen unerfasst bleibt; es fehlt an der Identität des mit Erbschaftsteuer und Einkommensteuer belasteten Vermögensgegenstandes. Der Erbschaftsteuer unterliegt nur das mit dem Kapitalwert zu erfassende Stammrecht, der Einkommensteuer nur die künftigen Erträge des Stammrechts.
b) Erträge aus einem auf den Erwerber (Erben, Vermächtnisnehmer) übergegangenen Mietwohngrundstück, soweit diese auf die Zeit nach dem Erbfall entfallen; die Erbschaftsteuer erfasst nur den Vermögensgegenstand als solchen.

2) Belastungsmilderung im Einkommensteuerrecht

Die doppelte Belastung, die in ihrer Auswirkung wegen der nunmehr am gemeinen Wert ausgerichteten erbschaftsteuerlichen Bewertung bei den stillen Reserven verstärkt auftritt, bezweckt der mit dem ErbStRG vom 24.12.2008 eingeführte § 35b EStG auszugleichen und damit eine wenigstens annähernde steuerliche Gleichbe-

---
92 Zu Vorstehendem s. auch Drenseck in L. Schmidt, § 35b EStG Rdnr. 6 und 7.

handlung wirtschaftlich weitgehend gleichwertiger Sachverhalte zu gewährleisten. Diese Vorschrift, die früher bereits einen Vorläufer in § 35 EStG 1975 hatte – die Norm wurde seinerzeit als fragmentarisch und unzureichend empfunden und durch das StEntlG 1999/2000/2002 vom 24.03.1999 im Hinblick auf eine Verwaltungsvereinfachung wieder abgeschafft, obwohl die Gesetzesbegründung anerkannte, dass sie eine dem Prinzip der Leistungsfähigkeit widersprechende Doppelbelastung gemindert habe –, substituiert die erbschaftsteuerrechtliche Nichtabziehbarkeit latenter Einkommensteuerlasten durch eine Ermäßigung der Einkommensteuer, die beim Erben aus der Transformation von Vermögensgegenständen in einkommensteuerpflichtiges Einkommen entsteht.[93] Zu keiner Zeit, also auch nicht in dem Zeitraum zwischen der Streichung des § 35 EStG a. F. und der Einführung des § 35b EStG, entsprach es dem Willen des Gesetzgebers, die Doppelbelastung auf der Ebene der Erbschaftsteuer durch Abzug der (latenten) Einkommensteuerlast von der Bereicherung zu beseitigen.

a) Voraussetzungen der Einkommensteuerermäßigung

aa) Die antragsgebundene Einkommensteuerermäßigung ist nur möglich für Einkünfte, die im selben Veranlagungszeitraum, in dem die Einkommensteuerschuld entsteht, oder in den vorangegangenen vier Veranlagungszeiträumen als Erwerb von Todes der Erbschaftsteuer unterlegen haben. Der auf „Einkünfte" abstellende Wortlaut des § 35b EStG ist insoweit ungenau, als Einkünfte im einkommensteuerlichen Sinn nicht der Erbschaftsteuer unterliegen; deren Besteuerungsgegenstand ist die Bereicherung von Todes wegen. Die Vorschrift ist ihrem Sinn entsprechend dahingehend zu verstehen, dass der Begriff der Einkünfte alle Tatbestände umfasst, die der Erbschaftsteuer unterlegen haben und in zukünftigen Perioden zur Realisierung von Einkünften im Sinne des EStG führen.[94] Der BFH[95] hat in diesem Zusammenhang von „Maßgrößen" gesprochen, die einerseits gegenwärtig als Einkünfte der Einkommensteuer unterliegen, andererseits zu einem früheren Zeitpunkt als Bereicherungen der Erbschaftsteuer unterworfen wurden. Nicht begünstigt sind angesichts des klaren, eine analoge Anwendung ausschließenden Wortlauts des § 35b EStG Einkünfte, die als Schenkungen unter Lebenden oder als Zweckzuwendungen der Steuer unterlegen haben.[96]

bb) „Unterlegen" haben die Einkünfte der Erbschaftsteuer insoweit, als sie auch betragsmäßig in die Bemessungsgrundlage eingegangen sind, nicht ausreichend ist

---
93 So Drenseck, a. a. O., Rdnr. 1.
94 Siehe Herzig/Joisten/Vossel, a. a. O.
95 Urteil vom 07.12.1990, BStBl 1991 II S. 350, zu § 35 EStG a. F.
96 Siehe hierzu aber Crezelius, ZEV 2009 S. 1, nach dem das Argument des Gesetzgebers, bei Rechtsgeschäften unter Lebenden könne eine Doppelbelastung durch entsprechende Gestaltungen vermieden werden, nicht trage, unter dem Aspekt der Entscheidungsneutralität sei vielmehr eine Ausweitung des Anwendungsbereichs der Ermäßigungsregelung geboten.

1.3 Verhältnis der Erbschaft- und Schenkungsteuer

die abstrakte erbschaftsteuerliche Belastung der Einkünfte dem Grunde nach.[97] Dies folgt auch dem Zweck der Vorschrift, eine Doppelbelastung zu vermeiden, denn eine solche liegt nur in dem Umfang vor, in dem ein zur Einkommensteuerfestsetzung führender Betrag bereits Erbschaftsteuer ausgelöst hat. Zudem wäre es sachlich nicht gerechtfertigt, eine zu Unrecht nicht erhobene Erbschaftsteuer noch bei der Einkommensteuer anzurechnen. In diesem Zusammenhang ist zu beachten, dass es in vielen Fällen deshalb nicht zu einer Doppelbelastung kommt, weil wegen der Freibeträge gem. §§ 16, 17 ErbStG Erbschaftsteuer nicht anfällt.

Aus § 35b Satz 2 ErbStG, der von „festgesetzter Erbschaftsteuer" spricht, ergibt sich, dass eine Festsetzung dieser Steuer erforderlich ist, wobei der Erbschaftsteuerbescheid jedoch nicht bestandskräftig sein muss; auch einer Zahlung der Erbschaftsteuer bedarf es nicht.[98]

Maßgeblicher Zeitpunkt für die Ermittlung des Betrages, mit dem die Einkünfte der Erbschaftsteuer unterlegen haben, ist der Zeitpunkt, in dem die Erbschaftsteuerschuld rechtlich entstanden ist, beim Erwerb von Todes wegen i. d. R. der Zeitpunkt des Todes des Erblassers. Irrelevant ist der Zeitpunkt der Festsetzung oder Entrichtung der Erbschaftsteuer. Wertveränderungen zwischen dem Zeitpunkt des Erbanfalls und der Realisierung der Einkünfte sind unbeachtlich.

b) Gegenstand und Höhe der Ermäßigung

aa) Gegenstand der Ermäßigung ist die um sonstige Steuerermäßigungen gekürzte tarifliche Einkommensteuer, die auf diese Einkünfte entfällt. Ausgangspunkt der Einkommensteuerermäßigung ist die tarifliche Einkommensteuer, errechnet durch Anwendung der Tarifformel nach § 32a Abs. 1 bzw. Abs. 5 EStG auf das zu versteuernde Einkommen. Diese ist noch um die Steuerermäßigungen gem. § 34c Abs. 1 und 6, § 34f Abs. 1 und 2, §§ 34g, 35, 35a EStG, § 12 AStG zu kürzen.[99] Der verbleibende Steuerbetrag ist analog § 34c Abs. 1 Satz 2 EStG nach dem Verhältnis der begünstigten Einkünfte zur Summe der Einkünfte aufzuteilen.

$$\frac{\text{begünstigte Einkünfte} \times \text{tarifliche Einkommensteuer}}{\text{Summe der Einkünfte}} = \text{Einkommensteuer auf begünstigte Einkünfte}$$

Die gem. § 35b Satz 1 EStG ermittelte Bemessungsgrundlage wird um den in Satz 2 bestimmten Prozentsatz ermäßigt. Dieser ergibt aus dem Verhältnis der festgesetzten Erbschaftsteuer zu dem Betrag, der daraus folgt, dass dem erbschaftsteuerpflichtigen Erwerb die Freibeträge nach §§ 16, 17 ErbStG und der steuerfreie Betrag nach § 5 ErbStG hinzugerechnet werden. Also ist – vereinfacht ausgedrückt – das

---

[97] H. M.; s. BFH vom 07.12.1990, BStBl 1991 II S. 350; Schmidt/Glanegger, § 35 EStG a. F., 18. Aufl., Rdnr. 12; Geck, ZEV 1996 S. 376.

[98] Zur Problematik, ob Erbschaftsteuer auch eine festgesetzte ausländische Erbschaftsteuer ist, vgl. Drenseck, a. a. O., Rdnr. 12.

[99] Vgl. R 2 Abs. 2 EStR 2008.

1 Stellung der Erbschaft- und Schenkungsteuer

Verhältnis der festgesetzten Erbschaftsteuer zur um die Freibeträge erhöhten Erbschaftsteuerbemessungsgrundlage maßgeblich.

$$\frac{\text{Erbschaftsteuer} \times 100}{\text{erbschaftsteuerpflichtiger Erwerb} + \text{Freibeträge}} = \text{Prozentsatz}$$

Beispiel (nach Abschn. 213e EStR 1996):
Ein im Jahr 09 verstorbener Arzt hatte Honorarforderungen i. H. von 100.000 € vererbt, die seiner Witwe als Alleinerbin im Kalenderjahr 10 zugeflossen sind. Die Honorarforderungen sind Teil des erbschaftsteuerpflichtigen Erwerbs (§ 10 Abs. 1 ErbStG) i. H. von insgesamt 750.000 € gewesen. Bei der Veranlagung der Witwe zur Einkommensteuer für das Jahr 10 beträgt die Summe der Einkünfte 150.000 €, in der die Honorare enthalten sind. Das zu versteuernde Einkommen beläuft sich auf 140.000 €.

1. Belastung mit Erbschaftsteuer

erbschaftsteuerpflichtiger Erwerb	750.000 €
+ Freibetrag nach § 16 Abs. 1 Nr. 1 ErbStG	500.000 €
+ Freibetrag nach § 17 Abs. 1 ErbStG	256.000 €
	1.506.000 €
Erbschaftsteuer nach Steuerklasse I	
19 % von 750.000 € =	142.500 €

Verhältnis der Erbschaftsteuer zum Gesamterwerb:

$$\frac{142.500 \, € \times 100 \, \%}{1.506.000 \, €} = 9{,}46 \, \%$$

2. Belastung mit Einkommensteuer

Gesamtbetrag der Einkünfte	150.000 €
zu versteuerndes Einkommen	140.000 €
tarifliche Einkommensteuer nach Splittingtabelle (gültig ab 01.01.2010)	42.452 €
von diesem Betrag entfallen auf die Honorarforderung anteilig	

$$\frac{100.000 \, € \times 42.452 \, €}{150.000 \, €} = 28.301 \, €$$

3. Minderung der Einkommensteuer von

3. Minderung der Einkommensteuer von	42.452 €
9,46 % von 28.301 € =	2.677 €
ergibt eine festzusetzende Einkommensteuer von	39.775 €

Es kommt also wirtschaftlich nur zu einer Teilanrechnung der Erbschaftsteuer auf die anteilige Einkommensteuer. Der tatsächliche Steuersatz nach § 19 ErbStG weicht hiervon ab.[100]

bb) Bei nach einem vom Kalenderjahr abweichenden Wirtschaftsjahr zu ermittelnden betrieblichen Einkünften kann die Steuerermäßigung entfallen, obwohl zwi-

---
100 Siehe in diesem Zusammenhang auch Lüdicke/Fürwentsches, DB 2009 S. 12, 17, die anhand eines Beispiels zum Veräußerungsgewinn aufzeigen, dass zum Zwecke der vollständigen Vermeidung einer Doppelbelastung das errechnete Verhältnis, das der tatsächlichen Erbschaftsteuerbelastung entspricht, auf diesen Gewinn, nicht aber die darauf entfallende Steuer angewandt werden müsste, um sicherzustellen, dass die stillen Reserven nur einmal erfasst werden.

1.3 Verhältnis der Erbschaft- und Schenkungsteuer

schen Erbfall und Gewinnrealisierung weniger als fünf Jahre liegen.[101] Der aus Gründen der Praktikabiltät begrenzte Zeitraum der Berücksichtigung der erbschaftsteuerrechtlichen Vorbelastung stimmt nicht mit der siebenjährigen Behaltefristen für begünstigtes Betriebsvermögen gem. § 13a Abs. 8 ErbStG überein, sodass es durch eine Nachversteuerung im sechsten oder siebten Jahr zu einer – moderaten – Doppelbelastung mit Erbschaftsteuer und Einkommensteuer kommen kann; eine Veräußerung in diesen Jahren führt nämlich nach § 13a Abs. 5 Satz 2 ErbStG nur zu einem anteiligen Wegfall des Verschonungsabschlags und damit nur zur anteiligen Nachversteuerung.

3) Verfahrensfragen

Verfahrensrechtliche Problemstellungen können sich unter folgenden Aspekten ergeben:

- Ein Erbschaftsteuerbescheid, als dessen Folge die Steuerermäßigung nach § 35b EStG gewährt worden ist, wird aufgehoben oder geändert. Der Einkommensteuerbescheid ist gem. § 175 Abs. 1 Satz 1 Nr. 2 AO zu ändern.

- Ein Steuerpflichtiger ist zunächst wegen desselben Sachverhalts (z. B. Zahlung des Onkels an seinen Neffen) zu Unrecht unanfechtbar zur Schenkungsteuer und später zutreffend, weil Entgelt für eine Tätigkeit im Unternehmen des O während dessen krankheitsbedingter Abwesenheit, zur Einkommensteuer herangezogen worden. Der Schenkungsteuerbescheid ist auf Antrag wegen der widerstreitenden Steuerfestsetzung – sog. Objektkollision – nach § 174 Abs. 1 AO zu korrigieren. Ist die Steuerfestsetzung durch Urteil rechtskräftig geworden, bindet das Urteil, § 110 FGO.

1.3.2 Verhältnis der Erbschaft- und Schenkungsteuer zur Körperschaftsteuer

Bei erbschaftsteuerbaren Vermögensanfällen von Todes wegen und Schenkungen ergeben sich zwischen der Behandlung der juristischen Person (Körperschaft) und natürlichen Personen (Einkommensteuer) grundsätzlich keine Unterschiede. Unentgeltliche Zuwendungen unter Lebenden oder Erwerbe von Todes wegen, deren Empfänger eine juristische Person ist, sind erbschaft- und schenkungsteuerrechtlich nämlich bei dieser und nicht bei den Gesellschaftern zu erfassen (§ 2 Abs. 1 Nr. 1 Buchst. d ErbStG).[102]

Fraglich kann also nur sein, ob solche unentgeltlichen Zuwendungen auch der Körperschaftsteuer unterliegen. Das Gesetz geht offenbar davon aus, dass ein echtes

---
101 Siehe Beispiel bei Drenseck, a. a. O., Rdnr. 17.
102 Siehe BFH vom 25.10.1995, BStBl 1996 II S. 160, und vom 17.04.1996, BStBl 1996 II S. 454.

1 Stellung der Erbschaft- und Schenkungsteuer

Nebeneinander von Körperschaftsteuer und Erbschaftsteuer (bei Erwerben von Todes wegen) nicht möglich ist. § 35b EStG ist im Bereich der Körperschaftsteuer unanwendbar;[103] eine entsprechende Vorschrift kennt das KStG nicht. Zu einer doppelten Steuerlast kann es allerdings im Rahmen des § 29 Abs. 1 Nr. 4 ErbStG kommen.[104]

Die Rechtsprechung des BFH zu der Frage, unter welchen Voraussetzungen Erwerbe – und damit auch solche erbschaftsteuerbaren Vermögensanfälle – der Körperschaftsteuer unterliegen, geht dahin, nicht alle Vermögensmehrungen einer juristischen Person als Einkünfte aus Gewerbebetrieb anzusehen.[105] Vielmehr gilt insoweit Folgendes: Die Körperschaftsteuer bemisst sich gem. § 7 Abs. 1 KStG nach dem zu versteuernden Einkommen. Was als Einkommen gilt und wie das Einkommen zu ermitteln ist, bestimmt sich nach § 8 Abs. 1 Satz 1 KStG den Vorschriften des EStG und des KStG. Das bedeutet, dass Schenkungen und Erwerbe von Todes wegen, die einer juristischen Person anfallen, nur dann der Körperschaftsteuer unterliegen, wenn und soweit sie unter eine der sieben Einkunftsarten des § 2 Abs. 1 EStG fallen. Einmalige und unentgeltliche Vermögensanfälle infolge Erbschaft oder Schenkung fallen aber i. d. R. unter keine Einkunftsart des EStG. Das Verhältnis der Erbschaft- und Schenkungsteuer zur Körperschaftsteuer ist somit insoweit notwendigerweise dasselbe wie zur Einkommensteuer. Das bedeutet z. B., dass die freigebige Zuwendung eines Gesellschafters oder einer diesem nahestehenden Person aufgrund letztwilliger Verfügung, die als Einlage an die Kapitalgesellschaft anzusehen ist, nur wegen § 4 Abs. 1 Satz 1 EStG keine Körperschaftsteuer auslösen kann, wohl aber Erbschaftsteuer.[106] Der Erwerb der Kapitalgesellschaft ist zwar ein unentgeltlicher, der aber auf der unternehmerischen Tätigkeit der Kapitalgesellschaft beruht.[107]

Diesem Ergebnis steht die Vorschrift des § 8 Abs. 2 KStG nicht entgegen, wonach bei unbeschränkt Steuerpflichtigen i. S. des § 1 Abs. 1 Nr. 1 bis 3 KStG (Kapitalgesellschaften, Genossenschaften, Versicherungs- und Pensionsfondsvereine auf Gegenseitigkeit) alle Einkünfte als Einkünfte aus Gewerbebetrieb zu behandeln sind. Sie besagt nämlich bei zutreffender Auslegung lediglich, dass alle „Einkünfte" der juristischen Person als Einkünfte aus Gewerbebetrieb zu behandeln sind, nicht dagegen, dass alle Einkünfte der juristischen Person schlechthin, auch dann, wenn sie keiner der in § 2 Abs. 1 EStG genannten sieben Einkunftsarten zugeordnet werden können, als Einkünfte aus Gewerbebetrieb behandelt werden müssen.

---

103 Zur durch das StEntlG 1999/2000/2002 vom 24.03.1999 abgeschafften Vorläufernorm des § 35 EStG vgl. BFH vom 14.09.1994, BStBl 1995 II S. 207.
104 Siehe FG Rheinland-Pfalz vom 27.04.2001, DStRE 2001 S. 872.
105 Siehe Urteil vom 04.03.1970, BStBl 1970 II S. 470; zweifelnd, aber offengelassen im Urteil vom 24.03.1993, BStBl 1993 II S. 799.
106 Siehe BFH vom 18.02.1956, BStBl 1956 III S. 154.
107 Vgl. BFH vom 24.03.1993, BStBl 1993 II S. 799; hierzu Thiel/Eversberg, DStR 1993 S. 1881.

1.3.3 Verhältnis der Erbschaft- und Schenkungsteuer zur Grunderwerbsteuer

1) § 3 Nr. 2 Satz 1 GrEStG
Erbschaft- und Schenkungsteuer und Grunderwerbsteuer schließen sich grundsätzlich gegenseitig aus. Nach § 3 Nr. 2 Satz 1 GrEStG sind nämlich der **Grundstückserwerb von Todes wegen und Grundstücksschenkungen unter Lebenden** im Sinne des Erbschaftsteuer- und Schenkungsteuergesetzes **im Rahmen der Grunderwerbsteuer von der Besteuerung ausgenommen**.[108]

Aufgrund dieses Vorrangs sind bestandskräftige Entscheidungen in Erbschaft- und Schenkungsteuer-Sachen auch für die Grunderwerbsteuerstelle bindend.[109]

Ob ein Grundstückserwerb von Todes wegen vorliegt oder ob eine Grundstücksübertragung als Schenkung anzusehen ist, beurteilt sich ausschließlich nach den Vorschriften der §§ 3 und 7 ErbStG. Liegt danach ein Erwerb von Todes wegen oder eine Schenkung unter Lebenden vor, kommt es nicht mehr darauf an, ob tatsächlich Erbschaft- oder Schenkungsteuer erhoben werden muss.[110]

Diese Befreiung von der Grunderwerbsteuer ist also dort besonders attraktiv, wo auf der steuerlichen Gegenseite keine Erbschaftsteuer droht, etwa weil der Grundstückserwerb von Todes wegen bzw. die Grundstücksschenkung wegen des Freibetrags nach § 16 ErbStG keine Steuer auslöst.

Schenkungsteuer fällt auch nicht an bei Anfällen an Gebietskörperschaften bzw. Zuwendungen an bestimmte Religionsgemeinschaften oder „Institutionen", die nach Satzung, Stiftungsgeschäft bzw. der sonstigen Verfassung und nach ihrer tatsächlichen Geschäftsführung ausschließlich und unmittelbar kirchlichen, gemeinnützigen oder mildtätigen Zwecken dienen (§ 13 Abs. 1 Nr. 15 und 16 ErbStG). Dies hat zur Folge, dass die Beteiligten häufig versuchen, die Schenkungsteuerbarkeit von Grundstücksübertragungen zu begründen. Der BFH hat jedoch die Anwendung von § 3 Nr. 2 GrEStG bei unentgeltlicher Grundstücksübertragung zwischen Trägern der öffentlichen Verwaltung verneint.[111] Denn Träger der öffentlichen Verwaltung handeln in Wahrnehmung der ihnen obliegenden Aufgaben und somit nicht freigebig. Den Vermögensübertragungen steht regelmäßig die Erfüllung der den Trägern öffentlicher Verwaltung obliegenden Aufgaben gegenüber. Ein Anspruch des begünstigten Verwaltungsträgers – insoweit kommt auch eine Kapitalgesellschaft in Betracht[112] – auf eine unentgeltliche Vermögensübertragung ist

---
108 Prävalenz der Erbschaftsteuer; hierzu BVerfG vom 15.05.1984, BStBl 1984 II S. 608.
109 Siehe hierzu BFH vom 07.09.1994 II R 99/91, BFH/NV 1995 S. 433; Kapp/Ebeling, Einführung ErbStG Rdnr. 23.3.
110 Siehe BFH vom 14.06.1995, BStBl 1995 II S. 609.
111 Siehe Urteile vom 01.12.2004, BStBl 2005 II S. 311, vom 29.03.2006, BStBl 2006 II S. 557 und 632.
112 Vgl. BFH vom 29.03.2006, BStBl 2006 II S. 557, zur Grundstücksübertragung eines Landkreises auf eine GmbH, deren alleiniger Gesellschafter dieser ist und deren Zweck die Sicherstellung der Krankenversorgung in Krankenhäusern als öffentliche Aufgabe ist.

nicht erforderlich, um die Freigebigkeit der Zuwendung auszuschließen. Nur die Verknüpfung der Vermögensübertragung mit der Wahrnehmung öffentlicher Aufgaben ist entscheidend. Überschreitet jedoch die übertragende juristische Person des öffentlichen Rechts ausnahmsweise eindeutig den Rahmen ihrer Aufgaben und verstößt damit gegen haushaltsrechtliche Beschränkungen, kommt eine freigebige Zuwendung i. S. des § 7 Abs. 1 Nr. 1 ErbStG und damit die Grunderwerbsteuerbefreiung nach § 3 Nr. 2 GrEStG in Betracht.[113] Demgegenüber sieht der BFH in der unentgeltlichen Grundstücksübertragung einer Kirchengemeinde auf eine kirchliche Einrichtung mit karitativer Zielsetzung eine von der Grunderwerbsteuer befreite Schenkung unter Lebenden.[114] Kirchen und deren Untergliederungen unterliegen nicht dem staatlichen Haushaltsrecht, sondern ordnen und verwalten ihre Angelegenheiten selbständig innerhalb der Schranken der für alle geltenden Gesetze (Art. 140 GG i. V. m. Art. 137 Abs. 3 Satz 1 WRV). Sie sind anders als Träger der öffentlichen Verwaltung nicht durch staatliches Recht gehindert, freigebige Zuwendungen zu erbringen.

Überträgt ein Gesellschafter im Rahmen des Gesellschaftsverhältnisses ein Grundstück auf die Kapitalgesellschaft, dient dies dem Gesellschaftszweck, ist daher als gesellschaftsrechtlicher Vorgang und nicht als freigebige Zuwendung an die Gesellschaft zu werten, sodass § 3 Nr. 2 Satz 1 GrEStG nicht zur Anwendung kommt.[115] Ohne Bedeutung ist insoweit, ob der Gesellschaftszweck auf Gewinnerzielung gerichtet ist oder die Kapitalgesellschaft gemeinnützige Ziele verfolgt. Auch ist nicht maßgebend, ob der Vermögensübertragung eine entsprechende Erhöhung des Werts des Gesellschaftsanteils des übertragenden Gesellschafters gegenübersteht; es fehlt jedenfalls wegen der Förderung des Gesellschaftszwecks an der Unentgeltlichkeit der Vermögensübertragung.

a) Grunderwerbsteuerbefreiung und Übergang von Beteiligungen an Gesellschaften mit Grundbesitz

§ 3 Nr. 2 Satz 1 GrEStG ist nicht dahingehend zu verstehen, dass die Grunderwerbsteuerbefreiung ausschließlich bei einer freigebigen Zuwendung eines Grundstücks eingreift.

aa) Da es Zweck der Vorschrift ist, eine Doppelbelastung mit Grunderwerbsteuer und Erbschaft- bzw. Schenkungsteuer zu vermeiden, ist die Norm auch dann anwendbar, wenn Gegenstand der Schenkung ein Anteil an einer über Grundbesitz verfügenden Personengesellschaft ist; die Befreiung darf nicht an den unterschiedlichen rechtstechnischen Anknüpfungspunkten scheitern.[116]

---

113 Siehe BFH vom 01.12.2004, BStBl 2005 II S. 311.
114 BFH vom 17.05.2006, BStBl 2006 II S. 720.
115 Siehe BFH vom 17.10.2007, BStBl 2008 II S. 381, mit Verweis auf die gesamte erbschaftsteuerrechtliche Kommentar-Literatur.
116 Vgl. BFH vom 13.09.2006, BStBl 2007 II S. 59, zur Steuerbarkeit nach § 1 Abs. 1 Nr. 3 GrEStG, und vom 12.10.2006, BStBl 2007 II S. 409, zur Steuerbarkeit gem. § 1 Abs. 2a GrEStG.

1.3 Verhältnis der Erbschaft- und Schenkungsteuer

Beispiele:
a) Der O – mit seinem Neffen Gesellschafter der O & N OHG, zu deren Gesamthandsvermögen ein Grundstück gehört – will sich altersbedingt aus dem Geschäftsleben zurückziehen und schenkt deshalb dem N seine Gesellschaftsbeteiligung.

Beim Ausscheiden eines Gesellschafters aus einer Personengesellschaft kommt es, sofern dies nicht zur Auflösung der Gesellschaft führt, gem. § 738 Abs. 1 Satz 1 BGB zur Anwachsung, die gesamthänderische Mitberechtigung des Ausscheidenden am Gesellschaftsvermögen fällt den übrigen Gesellschaftern an, im Fall der 2-Mann-Gesellschaft dem Übernehmenden.[117] Gleiches gilt, wenn N seinen Onkel beerbt hätte. Dies hat einen zur Grunderwerbsteuerbarkeit – hier: gem. § 1 Abs. 1 Nr. 3 GrEStG – führenden Rechtsträgerwechsel zur Folge.[118] Rechtsträger des Grundstücks war die O & N OHG und ist nach dem Ausscheiden des O nun der N.

b) Der O, der 95 % der Anteile am Gesellschaftsvermögen der grundbesitzenden O & B OHG hält, schenkt seine Gesellschaftsbeteiligung seinem Neffen, der bisher nicht Gesellschafter war.

Zwar ändern sich die Eigentumsverhältnisse an dem Grundstück nicht – Eigentümer war und bleibt die OHG –; § 1 Abs. 2a GrEStG fingiert aber einen Rechtsträgerwechsel (vgl. Satz 1: „... gilt dies als ein auf die Übereignung eines Grundstücks auf eine neue Personengesellschaft gerichtetes Rechtsgeschäft"). Auf der Ebene des Befreiungstatbestands kann nicht argumentiert werden, dass kein Grundstück, sondern der Anteil am Gesellschaftsvermögen unentgeltlich übertragen wird, wohingegen auf der Ebene des Steuertatbestands mit der Anteilsübertragung i. S. des § 1 Abs. 2a GrEStG eine fiktive Grundstücksübertragung besteuert wird.[119]

Hätte O seine Beteiligung dem N vererbt, würde sich die Frage der Anwendbarkeit von § 3 Nr. 2 Satz 1 GrEStG nicht stellen; im Hinblick auf § 1 Abs. 2a Satz 2 GrEStG wäre bereits der Steuertatbestand zu verneinen.

bb) Vorgänge, die unter § 1 Abs. 3 Nr. 3 oder 4 GrEStG fallen, können ebenfalls nach § 3 Nr. 2 Satz 1 GrEStG steuerbefreit sein.[120] Denn wenn § 1 Abs. 3 GrEStG den Inhaber von mindestens 95 % der Gesellschaftsanteile so behandelt, als gehöre ihm und nicht der Gesellschaft das Grundstück, sind diese Sachverhalte dergestalt anzusehen, als sei der Grundbesitz von einem – mindestens 95%igen – Inhaber der Gesellschaftsanteile auf einen ebensolchen anderen Inhaber übergegangen. Zu beachten ist hierbei aber, dass § 3 Nr. 2 GrEStG nur insoweit Anwendung findet, als eine unentgeltliche Zuwendung vorliegt; bei gemischter Schenkung ergibt sich demnach nur eine anteilsmäßige Freistellung.

---

117 Siehe BGH, NZG 2000 S. 474.
118 Siehe hierzu BFH vom 16.07.1997, BStBl 1997 II S. 663, vom 13.09.2006, BStBl 2007 II S. 59, und vom 26.10.2006, BStBl 2007 II S. 323: „Anzahl der übergegangenen Grundstücke = Anzahl der Rechtsvorgänge im Sinne dieser Vorschrift".
119 So BFH vom 12.10.2006, BStBl 2007 II S. 409; anders noch FinMin Baden-Württemberg vom 28.04.2005 in DStR 2005 S. 1012 mit dem Argument, § 3 Nr. 2 GrEStG privilegiere nicht den unentgeltlichen Übergang von Gesellschaftsanteilen, ein Argument, dass jegliches Normverständnis außer Betracht ließ und nur fiskalisch motiviert war.
120 Siehe FinMin NRW vom 19.11.2007 – S 4505 – 3 – V A 2 – in GrESt-Kartei NRW, § 1 Abs. 3 GrEStG, Karte 4.

1 Stellung der Erbschaft- und Schenkungsteuer

Beispiele:
a) A und B besitzen zu 95 % bzw. 5 % Anteile an einer grundbesitzenden GmbH. Der A verstirbt und wird von seinem Neffen N beerbt.

Ohne ein vorausgehendes schuldrechtliches, auf Übertragung der Anteile gerichtetes Rechtsgeschäft gehen im Wege der Gesamtrechtsnachfolge 95 % der Geschäftsanteile an der GmbH auf den N über. Dieser Vorgang ist steuerbar nach § 1 Abs. 3 Nr. 4 GrEStG, jedoch steuerbefreit nach § 3 Nr. 2 Satz 1 GrEStG, weil es sich bei dem Übergang der Geschäftsanteile i. H. von 95 % um einen fiktiven Rechtsträgerwechsel von Todes wegen handelt. § 3 Nr. 6 Satz 1 GrEStG scheitert schon an fehlender Verwandtschaft in gerader Linie.

b) Hat A seinen Geschäftsanteil an der GmbH an den N verschenkt, ist der Vorgang steuerbar nach § 1 Abs. 3 Nr. 3 GrEStG, jedoch wiederum steuerbefreit nach § 3 Nr. 2 Satz 1 GrEStG. Da der Grundbesitz der Gesellschaft, deren Anteile zu mindestens 95 % in einer Hand vereinigt sind, grunderwerbsteuerrechtlich diesem Gesellschafter zugerechnet wird, ist bei einer Übertragung dieser Anteile davon auszugehen, dass der neue Gesellschafter den Grundbesitz von dem früheren Gesellschafter und nicht von der Gesellschaft erwirbt – hier also der N von seinem Onkel –.

Auch bei einer nach § 1 Abs. 3 Nr. 1 oder 2 GrEStG der Steuer unterliegenden Anteilsvereinigung muss eine Steuerbefreiung gem. § 3 Nr. 2 Satz 1 GrEStG in Betracht kommen können; dies zu verneinen, hieße den Zweck der Befreiungsvorschrift zu ignorieren.[121]

Beispiel:
Die Eheleute M und F besitzen zu 50 % bzw. 45 % Anteile an einer grundbesitzenden GmbH. Beide versterben innerhalb von zwei Wochen und werden von ihrer Tochter T beerbt.

Die T vereinigt als Gesamtrechtsnachfolgerin von M und F zusammen 95 % der Geschäftsanteile der GmbH in ihrer Hand, ohne dass dem ein auf Übertragung der Anteile gerichtetes Rechtsgeschäft vorausgegangen ist. Die Vereinigung der Anteile von 95 % in einer Hand ist steuerbar nach § 1 Abs. 3 Nr. 2 GrEStG. Der Vorgang ist aber steuerbefreit nach § 3 Nr. 2 Satz 1 GrEStG, weil es sich bei der Vereinigung der Geschäftsanteile i. H. von 95 % in einer Hand um einen fingierten Grundstückserwerb seitens der T aufgrund des Todes ihrer Eltern handelt. Dem steht nicht entgegen, dass die T die von § 1 Abs. 3 GrEStG erfasste besondere Herrschaftsmacht über den Grundbesitz der Gesellschaft nicht von den Erblassern im Wege der Rechtsnachfolge erhält, weil diese die Herrschaftsmacht zu Lebzeiten gar nicht innehatten, sondern von der GmbH selbst, also die T so behandelt wird, als habe sie ein Grundstück von der Gesellschaft erworben, deren Anteile sich in ihrer Hand vereinigen. Das FG Köln (a. a. O.) verneint dagegen in einer zu § 1 Abs. 3 Nr. 1 GrEStG ergangenen Entscheidung – Vater als Alleingesellschafter einer GmbH mit inländischen Grundstücken übertrug zunächst einen 41 %igen Geschäftsanteil ohne Gegenleistung auf seinen Sohn, 11 Jahre später den restlichen 59 %igen Geschäftsanteil ebenfalls auf diesen, allerdings gegen die Verpflichtung zu einer lebzeitigen monatlichen Zahlung – die Anwendbarkeit von § 3 Nr. 2 GrEStG, weil der fingierte Grundstückserwerb von der Gesellschaft und nicht durch Schenkung oder von Todes wegen erfolge, auch

---

121 Anderer Auffassung aber BFH vom 08.06.1988, BStBl 1988 II S. 875; ebenso FinMin NRW vom 19.11.2007, a. a. O; Sack in Boruttau, § 3 GrEStG Rdnr. 53; Pahlke in Pahlke/Franz, § 3 GrEStG Rdnr. 12, 13; Hofmann, § 1 GrEStG Rdnr. 175; siehe hierzu auch FG Köln vom 17.02.2010 – 5 K 3962/08, EFG 2010 S. 1151 mit Anmerkung von Fumi.

1.3 Verhältnis der Erbschaft- und Schenkungsteuer

wenn die unterschiedliche Behandlung von § 1 Abs. 3 Nr. 3 und 4 GrEStG einerseits und von § 1 Abs. 3 Nr. 1 und 2 GrEStG andererseits bei wirtschaftlicher Betrachtung für nicht gerechtfertigt gehalten wird, die Beseitigung dieser unterschiedlichen Behandlung durch weitere Auslegung des § 3 Nr. 2 GrEStG dem Gericht aber – weil nicht in seinen Kompetenzbereich fallend – verwehrt sei; es könne nicht unter Überschreitung normierten und durch BFH-Rechtsprechung geprägten Rechts wirtschaftlich sinnvollen Überlegungen Raum verschaffen – gem. § 115 Abs. 2 FGO Zulassung der Revision –.

cc) § 3 Nr. 2 Satz 1 GrEStG erlangt weiterhin Bedeutung im Anwendungsbereich des § 5 Abs. 3 GrEStG, d. h., die (anteilige) Nacherhebung der Steuer ist ausgeschlossen, wenn der Gesamthänder seinen Personengesellschaftsanteil im Wege der Schenkung überträgt. Denn § 5 Abs. 3 GrEStG – Gleiches für § 6 Abs. 3 Satz 2 GrEStG – setzt die objektive Möglichkeit einer Steuerumgehung voraus, sodass die Vorschrift einschränkend dahingehend auszulegen ist, dass – trotz Aufgabe der gesamthänderischen Mitberechtigung oder der Verminderung der vermögensmäßigen Beteiligung des grundstückseinbringenden Gesamthänders – die Vergünstigung nach § 5 Abs. 1 und 2 GrEStG nicht entfällt, wenn die vom Gesetz geforderte Steuerumgehung objektiv ausscheidet. In den in § 3 Nr. 2 GrEStG genannten Fällen fehlt es regelmäßig an einer objektiven Steuerumgehungsmöglichkeit, weil der entsprechende Erwerbsvorgang bei einer unmittelbaren Grundstücksübertragung auf den Erwerber von der Steuer befreit wäre.[122]

Beispiele:

a) Der am Vermögen der A & B OHG zu 50 % beteiligte A hat an diese Gesellschaft im Jahr 01 ein Grundstück zu einem Preis von 100.000 € verkauft. Insoweit kommt § 5 Abs. 2 GrEStG zur Anwendung, sodass für den nach § 1 Abs. 1 Nr. 1 GrEStG steuerbaren Vorgang eine GrESt i. H. von 1.750 € festzusetzen ist. (Steuersatz von 3,5 % nach § 11 Abs. 1 GrEStG zugrunde gelegt – länderspezifische Steuersätze im Hinblick auf Art. 105 Abs. 2a Satz 2 GG beachten –).

Im Jahr 03 verschenkt er seine Beteiligung an seine Lebensgefährtin. Die zunächst nicht erhobene Grunderwerbsteuer ist nicht nachzuerheben.

Durch die Schenkung tritt die L in die Rechtsposition des A ein und übernimmt dessen zeitliche Einschränkung aus dem § 5 Abs. 3 GrEStG in Bezug auf den nach § 3 Nr. 2 GrEStG freigestellten Anteil. Würde sie etwa im Jahr 05 ihren Anteil veräußern oder vermindern, so greift nunmehr § 5 Abs. 3 GrEStG bezüglich dieses Vorgangs ein, ohne dass dem die Anwendung von § 3 Nr. 2 GrEStG bezüglich der Anteilsschenkung entgegenstünde, weil die Nacherhebung nicht wegen der Schenkung erfolgt, sondern allein wegen des Umstands, dass die L innerhalb der Fünfjahresfrist den auf sie im Wege der Schenkung übergegangenen Anteil weiter übertragen hat.

b) Hätte A im Jahr 03 von seiner hälftigen Beteiligung einen 30 %igen Anteil am Vermögen der OHG, dessen Verkehrswert sich auf 200.000 € beläuft, auf die L gegen Zahlung eines Kaufpreises von 100.000 € übertragen, griffe § 5 Abs. 3 GrEStG ein, aber wegen der Anteilsverminderung auf Grundlage einer gemischten Schenkung nur insoweit, als § 3 Nr. 2 GrEStG keine Anwendung findet, also im Rahmen des

---
122 Vgl. BFH vom 07.10.2009, BStBl 2010 II S. 302, m. w. N., und FinMin NRW vom 14.01.2010 – S 4505 – 3 – V A 6 –; anders noch FinMin NRW vom 03.11.2008.

entgeltlichen Erwerbs. Der neuen Steuerberechnung sind folgende Erwägungen zugrunde zu legen:

- A ist weiterhin zu 20 % am Vermögen der OHG beteiligt, also keine Rückgängigmachung der Steuervergünstigung von 1.750 € i. H. von 2/5.
- Seine Beteiligung von 30 % hat A zur Hälfte unentgeltlich übertragen, also wegen § 3 Nr. 2 GrEStG keine Rückgängigmachung i. H. von weiteren 1,5/5.

Es erfolgt also eine Rückgängigmachung der für den Übertragungsvorgang von A auf die OHG gewährten Steuervergünstigung (seinerzeit nicht erhobene Steuer: 1.750 €) lediglich i. H. von 1,5/5 = 30 %, also i. H. von 525 €.

Steuer im Jahr 01: **1.750 €** Steuer im Jahr 03: **2.275 €**

dd) Demgegenüber ist § 3 Nr. 2 GrEStG nicht anwendbar, wenn im Rahmen einer Gesellschaftsgründung ein Gesamthänder einen Beitrag in Form der Einbringung von Grundbesitz zu leisten hat und eine andere Person unentgeltlich an der Gesamthand beteiligt wird. Die Grundstücksübertragung auf die Gesellschaft beruht nicht auf einer Schenkung. Der Fall ist schenkungsteuerlich wie die Schenkung eines bestehenden Gesellschaftsanteils zu beurteilen.[123]

b) Grunderwerbsteuerbefreiung und Grundstücksübertragungen im Zusammenhang mit Pflichtteilsrecht, Kaufrechtsvermächtnis, Vorkaufsrecht als Vermächtnis

aa) Der Pflichtteilsanspruch ist ein Geldanspruch. Wird dieser – Gleiches gilt für den Pflichtteilsergänzungsanspruch – aufgrund einer zwischen Erbe und Pflichtteilsberechtigtem getroffenen Vereinbarung durch Übertragung eines Nachlassgrundstücks an Erfüllungs statt – § 364 Abs. 1 BGB – befriedigt, liegt ein nicht steuerbefreiter Erwerbsvorgang unter Lebenden des Pflichtteilsberechtigten vom Erben vor.[124] Dogmatisch stellt der BFH darauf ab, dass § 3 Nr. 2 Satz 1 GrEStG verlange, dass das Grundstück Gegenstand des Erwerbs von Todes wegen im Sinne des ErbStG sei, woran es aber bei der Hingabe eines Grundstücks an Erfüllungs statt fehle. Von Todes wegen erworben ist ein Geldanspruch. Die Grunderwerbsteuer bemisst sich dann nach dem Wert der Gegenleistung, also gem. § 8 Abs. 1, § 9 Abs. 1 Nr. 3 GrEStG nach dem Nennwert des Pflichtteilsanspruchs. Zu überzeugen vermag die Rechtsprechung, die auch für ein Geldvermächtnis gelten muss, das durch Übertragung eines Nachlassgrundstücks an Erfüllungs statt beglichen wird,[125] zwar bei rein formal-juristischer Betrachtungsweise – Grundstück nicht Gegenstand des Erwerbs von Todes wegen im Sinne des ErbStG –. In ihr kann auch nur auf den ersten Blick ein Widerspruch zu den sich mit dem Verhältnis der Anwachsung als steuerbarem Vorgang nach § 1 Abs. 1 Nr. 3 GrEStG bzw. des die Steuerbarkeit gem. § 1 Abs. 2a GrEStG auslösenden unentgeltlichen Wechsels im Gesellschafterbestand zu § 3 Nr. 2 Satz 1 GrEStG beschäftigenden Entscheidungen gesehen werden. Hier geht es um die Frage, ob ein und derselbe Vorgang – z. B. bei einer 2-Mann-

---

123 Vgl. FG Münster vom 16.05.2002, EFG 2002 S. 1102.
124 Siehe BFH vom 10.07.2002, BStBl 2002 II S. 775; demgegenüber noch § 3 Nr. 2 Satz 1 GrEStG bejahend BFH vom 30.09.1981, BStBl 1982 II S. 76.
125 Siehe Seifried, ZEV 2003 S. 403.

1.3 Verhältnis der Erbschaft- und Schenkungsteuer

Personengesellschaft die Vererbung der Beteiligung an Mitgesellschafter – sowohl Erbschaftsteuer als auch Grunderwerbsteuer auslösen können soll. Bei der „Pflichtteilsproblematik" geht es um die Beurteilung zweier Vorgänge, nämlich dem Erbfall als Entstehungszeitpunkt für den Pflichtteilsanspruch und die spätere Vereinbarung über die Art und Weise der Anspruchserfüllung. Die bei der Leistung eines Grundstücks an Erfüllungs statt § 3 Nr. 2 Satz 1 GrEStG verneinende Ansicht nimmt jedoch eine doppelte Belastung des Pflichtteilsberechtigten in Kauf.

Dieses Ergebnis lässt sich vermeiden, wenn der Pflichtteilsberechtigte auf den entstandenen Anspruch verzichtet und sich als Abfindung hierfür ein Grundstück übertragen lässt. Gemäß § 3 Abs. 2 Nr. 4 GrEStG gilt das Grundstück als vom Erblasser erworben, der Erwerb ist deshalb grunderwerbsteuerbefreit.[126] Diese unterschiedliche Beurteilung vergleichbarer Sachverhalte – der Pflichtteilsberechtigte erhält jeweils statt Geld ein Nachlassgrundstück – wird bei einem steuerrechtlichen Laien nicht unbedingt auf Verständnis stoßen, bietet aber für die Steuerberatung ein Gestaltungsfeld.

bb) Beim Kaufrechtsvermächtnis (s. auch unter 2.2.1) wird dem Vermächtnisnehmer durch Verfügung von Todes wegen das Recht eingeräumt, ein bestimmtes Grundstück aus dem Nachlass zu einem festen, i. d. R. deutlich unter dem Verkehrswert liegenden Preis zu erwerben – zumindest bei unbebauten Grundstücken, Ein- und Zweifamilienhäusern sowie Wohnungseigentum spiegeln nach der Neufassung des Bewertungsrechts für erbschaftsteuerliche Zwecke durch das ErbStRG vom 24.12.2008 Bodenricht- und Vergleichswert das Marktniveau wider, sodass sich insoweit kein Unterschied mehr zwischen Verkehrswert und gemeinem Wert als Steuerwert ergibt –. Erwerbsgegenstand ist bei dem auf ein Grundstück gerichteten Kaufrechtsvermächtnis – wie bei dem „reinen" Sachvermächtnis – nicht das Grundstück, sondern die aufschiebend bedingte Forderung i. S. des § 2174 BGB auf Übertragung des Grundstücks.[127] Da Rechtsgrund für die Übereignungspflicht die Verfügung von Todes wegen ist, liegt ein zur Grunderwerbsteuerbefreiung führender Grundstückserwerb von Todes wegen i. S. des § 3 Abs. 1 Nr. 1 ErbStG vor. Zum selben Ergebnis gelangten Rechtsprechung und Verwaltung auch bereits, als noch davon ausgegangen wurde, der Vermächtnisnehmer erlange beim Kaufrechtsvermächtnis von Todes wegen ein Gestaltungsrecht, das es ihm ermögliche, einen Kaufvertrag mit dem Erben zu den vom Erblasser festgelegten Konditionen abzuschließen.[128] Zur

---

126 Vgl. BFH vom 07.10.1998, BStBl 1999 II S. 23; hierzu Daragan, ZEV 2002 S. 426.
127 Siehe BFH vom 13.08.2008, BStBl 2008 II S. 982 – Aufgabe der Rechtsprechung vom 30.05.2001, BStBl 2001 II S. 606, und vom 01.08.2001 II R 47/00, BFH/NV 2002 S. 788, zum Gestaltungsrecht als Erwerbsgegenstand –; hierzu auch Daragan, ZErb 2008 S. 353, und Kirnberger, ErbStB 2009 S. 15.
128 Siehe BFH vom 21.07.1993, BStBl 1993 II S. 765 – in der Entscheidung lediglich offengelassen, ob § 3 Nr. 2 Satz 1 GrEStG auch gilt, wenn Grundstück ausnahmsweise zum Verkehrswert erworben werden muss –; FinMin Baden-Württemberg vom 23.06.2003, DStR 2003 S. 1169; a. A. noch FinMin Baden-Württemberg vom 20.08.2002, DB 2002 S. 1804.

Begründung wurde seinerzeit angeführt, der bei Annahme eines Gestaltungsrechts als Erwerbsgegenstand bestehende zivilrechtliche Unterschied zwischen Grundstücks- und Kaufrechtsvermächtnis rechtfertige es nicht, die Befreiung nach § 3 Nr. 2 Satz 1 GrEStG zu versagen.[129] Auch komme es bei der Grunderwerbsteuer nicht darauf an, was der Bedachte „durch das Vermächtnis" erworben hat – so § 3 Abs. 1 Nr. 1 ErbStG –, sondern darauf, was er „aufgrund des Vermächtnisses" erworben hat, nämlich das Grundstück in Erfüllung des durch Ausübung des Gestaltungsrechts zustande gekommenen Kaufvertrags. Auch wenn sich also im Hinblick auf die Anwendbarkeit von § 3 Nr. 2 Satz 1 GrEStG vom Ergebnis her betrachtet durch die gewandelte Rechtsprechung zum erbschaftsteuerrechtlichen Erwerbsgegenstand nichts geändert hat, so vermag doch die Auffassung vom Erwerb des aufschiebend bedingten Anspruchs die Grunderwerbsteuerfreiheit beim Kaufrechtsvermächtnis überzeugender zu begründen, weil nunmehr keine Unterschiede zwischen dem erbschaftsteuerrechtlichen und dem grunderwerbsteuerrechtlichen Erwerb mehr bestehen.

cc) Wird vermächtnisweise angeordnet, dass der Erbe dem Bedachten an einem Nachlassgrundstück ein dingliches Vorkaufsrecht zu bestellen hat, und übt der Vorkaufsberechtigte später das Vorkaufsrecht aus, ist der dadurch zustande gekommene Erwerbsvorgang nicht nach § 3 Nr. 2 Satz 1 GrEStG steuerbefreit.[130] Denn anders als beim grundstücksbezogenen Kaufrechtsvermächtnis, bei dem es nicht des Abschlusses eines Kaufvertrages bedarf, um den aufschiebend bedingten Übereignungsanspruch gegen den mit dem Vermächtnis Beschwerten zu begründen, erwirbt der Vermächtnisnehmer hier von Todes wegen lediglich einen Anspruch auf Einräumung eines Vorkaufsrechts. Dieses Recht hat sich im Gegensatz zu dem Grundstück beim Kaufrechtsvermächtnis weder im Vermögen des Erblassers befunden noch ist es mit dessen Tod entstanden; es muss nach dem Erbfall erst von dem Erben als der regelmäßig mit dem Vermächtnis beschwerten Person bestellt werden. Der Erwerb des Vorkaufsrechts erfüllt noch keinen Erwerbsvorgang i. S. des § 1 GrEStG. Das spätere Zustandekommen des Kaufvertrags infolge Ausübung des Vorkaufsrechts – steuerbar gem. § 1 Abs. 1 Nr. 1 GrEStG – stellt keinen Erwerbsvorgang von Todes wegen mehr dar, sondern einen Erwerb unter Lebenden. Auch Sinn und Zweck des § 3 Nr. 2 Satz 1 GrEStG rechtfertigen nicht die Steuerbefreiung. Der Vermächtnisnehmer muss das Grundstück wie ein Dritter zu einem unter Fremden ausgehandelten Preis lediglich mit der Besonderheit kaufen, dass er Zeitpunkt des Kaufs und Vertragsinhalt nicht mitbestimmen konnte. Der Vermächtnisnehmer, dem ein dingliches Vorkaufsrecht zugewandt worden ist, erhält eine gegenüber dem Kaufrechtsvermächtnis schwächere Position, weil er von der Entscheidung des Erben abhängig ist, ob und zu welchen Bedingungen er das Grundstück kaufen kann.

---

129 Kritisch hierzu Hofmann, DStZ 2003 S. 838.
130 Siehe BFH vom 08.10.2008, BStBl 2009 II S. 245.

1.3 Verhältnis der Erbschaft- und Schenkungsteuer

c) Grunderwerbsteuerbefreiung und mittelbare Grundstücksschenkung

Zwar hat die Rechtsfigur der mittelbaren Grundstücksschenkung – eine solche liegt vor, wenn der Schenker dem Beschenkten Geld mit der Maßgabe zuwendet, ein ganz bestimmtes Grundstück zu erwerben, dieser also über das Geld nicht frei verfügen kann, oder indem der Schenker mit einem Dritten einen Grundstückskaufvertrag abschließt mit dem Inhalt, dass dieser das Grundstück dem Bedachten übereignet – durch das ErbStRG vom 24.12.2008 mit dem gemeinen Wert als Bewertungsmaßstab erheblich an Bedeutung verloren.[131] Die Bedeutung der mittelbaren Schenkung ergab sich bis zum ErbStRG vornehmlich daraus, dass nach ständiger Rechtsprechung als Bereicherung nicht der Geldbetrag, sondern der Grundstückswert anzusehen ist. Sie hat jedoch immer noch eine „gewisse" steuerliche Relevanz, wenn auch bezüglich der schenkungsteuerrechtlichen Bereicherung auf deutlich geringerem Niveau als unter Geltung des „alten" Erbschaftsteuerrechts, als der Steuerwert von bebauten Grundstücken oder Wohnungseigentum häufig nur in der Nähe von 50 % des Verkehrswerts, bei unbebauten Grundstücken wegen des Abschlags nach § 145 Abs. 3 BewG a. F. zumindest um 20 % unter diesem Wert lag. Während im Schenkungsteuerrecht das Grundstück als Zuwendungsgegenstand gilt und dessen Steuerwert die Höhe der Steuer bestimmt, nicht aber der gezahlte Geldbetrag – vom Ergebnis der steuerrechtlichen Bereicherung her betrachtet irrelevant, wenn sich der Kaufpreis für das Grundstück mit dessen Steuerwert deckt, was seit der Erbschaftsteuerreform kein Ausnahmefall mehr sein wird –, fragt die Grunderwerbsteuer danach, ob im Verhältnis zwischen Schenker und Beschenktem ein Grunderwerb vorliegt. § 3 Nr. 2 Satz 1 GrEStG steht in systematischem Zusammenhang mit einem der Erwerbsvorgänge nach § 1 GrEStG. Das Rechtsverhältnis zwischen Schenker und Beschenktem erfüllt aber keinen grunderwerbsteuerbaren Tatbestand; es lässt die Rechtsbeziehung zwischen Beschenktem und Veräußerer unberührt.

Beispiel:

S will B ein bestimmtes Grundstück schenken. Zu diesem Zweck überweist er auf das Girokonto des B bei der Spar-Bank 600.000 €. Dieser kauft unmittelbar danach das Grundstück – steuerlicher Wert ebenfalls 600.000 € – von D für diesen Betrag.

Die (mittelbare) Schenkung des Grundstücks von **S an B** unterliegt der Schenkungsteuer mit dessen steuerlichem Wert von 600.000 € (handelt es sich bei dem Grundstück um ein Mietwohngrundstück, für das sich ein im Ertragswertverfahren ermittelter Steuerwert von 560.000 € ergibt, wäre dieser Wert bei Ermittlung der Schenkungsteuer zugrunde zu legen). Der Kauf des Grundstücks durch **B von D** mit einer Bemessungsgrundlage – Kaufpreis gem. § 8 Abs. 1, § 9 Abs. 1 Nr. 1 GrEStG – von 600.000 € unterliegt der Grunderwerbsteuer; der nach § 1 Abs. 1 Nr. 1 GrEStG steuerbare Vorgang ist nicht nach § 3 Nr. 2 Satz 1 GrEStG steuerbefreit.[132]

---

131 Siehe hierzu Seer in Tipke/Lang, § 13 Rdnr. 126: „Nach Vereinheitlichung des Bewertungsmaßstabs kann sie getrost aufgegeben werden."

132 Siehe hierzu Moench/Kien-Hümbert/Weinmann, Einführung ErbStG Rdnr. 54; Wilms/Jochum, Einführung ErbStG Rdnr. 51, jeweils m. w. N.

1 Stellung der Erbschaft- und Schenkungsteuer

Die Rückabwicklung einer mittelbaren Grundstücksschenkung kann im Verhältnis Schenker – Beschenkter Grunderwerbsteuer auslösen.[133]

2) § 3 Nr. 2 Satz 2 GrEStG

Schenkungen (also nicht Erwerbe von Todes wegen) von Grundstücken unter einer Auflage unterliegen nach dieser Vorschrift der Grunderwerbsteuer hinsichtlich des Werts solcher Auflagen, die bei der Schenkungsteuer abziehbar sind. Insoweit können also Grunderwerbsteuer und Schenkungsteuer grundsätzlich nebeneinander entstehen. Die Bereicherung des Beschenkten unterliegt dann jeweils der Schenkungsteuer, während der Wert der Auflage der Grunderwerbsteuer unterliegt.

a) Unter Geltung des „alten" Erbschaftsteuerrechts hing bei Schenkungen unter Nutzungs- oder Duldungsauflagen – diese legen dem Bedachten auf, die Nutzung des Schenkungsgegenstands durch einen anderen zu dulden, wie das beim Nießbrauch oder Wohnrecht geschieht – die grunderwerbsteuerliche Erfassung des Werts der Auflage davon ab, ob § 25 Abs. 1 Satz 1 ErbStG den Abzug der Auflage zuließ oder nicht.[134] Durch das ErbStRG vom 24.12.2008 ist diese ein Abzugsverbot für bestimmte, die Bereicherung mindernde Belastungen enthaltende Bestimmung, nämlich bei einer dem Schenker oder seinem Ehegatten zugutekommenden Nutzungsauflage, aufgehoben worden. § 25 ErbStG hatte seine Ursache in den früheren, vom BVerfG in seiner die Erbschaftsteuerreform auslösenden Entscheidung vom 07.11.2006 „beanstandeten" niedrigen Wertansätze für bestimmtes Vermögen wie u. a. Grundstücke. Mit dem Ansatz des gemeinen Werts für alle Vermögensgegenstände ist diese Ursache entfallen. Auch führte die praktische Anwendung der Vorschrift, insbesondere die in § 25 Abs. 1 Satz 2 und 3 ErbStG vorgesehene Stundung der auf den Kapitalwert der nichtabzugsfähigen Nutzungsauflage entfallenden Steuer und die Möglichkeit von deren jederzeitigen Ablösung mit ihrem Barwert, zur Komplizierung des Besteuerungsverfahrens, sodass man in dem ErbStRG vom 24.12.2008 insoweit – aber auch nur insoweit – einen Beitrag zu einer Steuervereinfachung sehen kann.

Da also nunmehr bei der Schenkungsteuer der Kapitalwert einer Nutzungs- oder Duldungsauflage stets abzugsfähig ist, unterliegen diese Auflagen hinsichtlich ihres Werts der Grunderwerbsbesteuerung. Es kann somit nach der Gesetzessystematik – Nutzungsauflage mindert die Schenkungsteuer, löst aber Grunderwerbsteuer aus – nicht zu einer echten Doppelbesteuerung kommen. Fraglich ist jedoch, ob es nicht dennoch zu einer – wenn auch von der finanziellen Auswirkung her geringen – Doppelbelastung kommt. Dies zeigt sich zum einen bei Anwendung von § 13c ErbStG, könnte sich zum anderen auch durch die unterschiedliche Bewertung der steuerlichen Belastung bei der Grunderwerbsteuer und der Schenkungsteuer ergeben,

---
133 Siehe FG Rheinland-Pfalz vom 06.04.2000, EFG 2000 S. 803.
134 Siehe hierzu die Beispiele auf S. 28 und 29 der Vorauflage.

1.3 Verhältnis der Erbschaft- und Schenkungsteuer

weil gem. § 17 Abs. 3 Satz 2 BewG auf die Grunderwerbsteuer § 16 BewG keine Anwendung findet.
Beispiele:
a) O schenkt seinem Neffen ein zu Wohnzwecken vermietetes Grundstück verbunden mit der Auflage, ihm – 70 Jahre alt – den Nießbrauch daran einzuräumen. Der gemeine Wert des Grundstücks beträgt 400.000 €, der Jahreswert des Nießbrauchs gem. § 15 BewG 15.000 €.
Hieraus ergibt sich nach § 14 Abs. 1 BewG ein Steuerwert des Nießbrauchsrechts i. H. von 145.950 € (zum Vervielfältiger von 9,730 im Hinblick auf die Sterbetafel 2008/2010 des Statistischen Bundesamtes s. die Zusammenstellung der Vervielfältiger für den Kapitalwert einer lebenslänglichen Nutzung oder Leistung für Bewertungsstichtage ab 01.01.2012 durch das BMF in BStBl 2011 I S. 835). Die Begrenzung des Jahreswerts von Nutzungen gem. § 16 BewG kommt nicht zur Anwendung (400.000 € : 18,6 = 21.505 €).
Schenkungsteuer:

90 % – § 13c ErbStG – des Steuerwerts des Grundstücks	360.000 €
90 % – § 10 Abs. 6 Satz 5 ErbStG – des Steuerwerts der Auflage	./. 131.355 €
Freibetrag (§ 16 Abs. 1 Nr. 5 ErbStG)	./. 20.000 €
steuerpflichtiger Erwerb, abgerundet (§ 10 Abs. 1 Satz 6 ErbStG)	208.600 €
Steuersatz: 20 %; Steuer also (kein Fall von § 19 Abs. 3 ErbStG)	**41.720 €**

Grunderwerbsteuer:
Die Auflage unterliegt mit ihrem Wert von 15.000 € × 9,730 = 145.950 € als Bemessungsgrundlage gem. § 8 Abs. 1 GrEStG der Grunderwerbsteuer.

Steuersatz gem. § 11 Abs. 1 GrEStG: 3,5 %; Steuer also (abgerundet)	**5.108 €**

- In Höhe des Differenzbetrags zwischen 131.355 € und 145.950 € = 14.595 € kommt es zu einer Doppelbelastung mit Schenkungsteuer und Grunderwerbsteuer (das Ergebnis ignoriert aber, dass auch der Grundstückswert nur mit 90 % angesetzt wird).

Anmerkung: § 3 Nr. 2 GrEStG steht der Grunderwerbsbesteuerung einer Nutzungs- oder Duldungsauflage im Anwendungsbereich des § 13 Abs. 1 Nr. 4a ErbStG nicht entgegen, auch wenn es wegen der Steuerfreiheit der Zuwendung gem. § 10 Abs. 6 Satz 1 ErbStG nicht zum Abzug der Auflage kommt. Die Grunderwerbsteuerfreiheit der Zuwendung unter Lebenden des Familienheims zwischen Ehegatten folgt aber aus § 3 Nr. 4 GrEStG.

b) O schenkt seinem Neffen ein nicht unter § 13c ErbStG fallendes Grundstück mit der Auflage, ihm – 70 Jahre alt – den Nießbrauch daran einzuräumen. Der im Ertragswertverfahren ermittelte Steuerwert des Grundstücks beträgt 250.000 €, der Jahreswert des Nießbrauchs 15.000 €. Im Hinblick auf § 16 BewG erfolgt eine Begrenzung des Jahreswerts der Nutzungen auf 13.440 €.

Der Kapitalwert der Auflage i. H. von 13.440 € × 9,730 = 130.771 € wirkt sich schenkungsteuerrechtlich bereicherungsmindernd aus, während bei der Grunderwerbsteuer von einer Bemessungsgrundlage von 15.000 € × 9,730 = 145.950 € auszugehen ist, sodass es wiederum i. H. des Differenzbetrags von 15.179 € zu einer Doppelbelastung kommt.

Hingewiesen werden muss insoweit aber darauf, dass § 16 BewG durch das ErbStRG vom 24.12.2008 ganz erheblich an Bedeutung verloren hat, die vorgenannten Werte für Grundstück und Nießbrauchsrecht durchaus als realitätsfern genannt werden können. Zur Zeit des „alten" Erbschaftsteuerrechts mit Steuerwerten, die regelmäßig auch nicht annähernd an die Verkehrswerte heranreichten, kam die Begrenzungsvor-

1 Stellung der Erbschaft- und Schenkungsteuer

schrift nicht selten zur Anwendung. Ohne sie hätte es zu dem Ergebnis kommen können, dass der Wert des genutzten Wirtschaftsguts – etwa eines Grundstücks – niedriger ausfiel als der Wert von dessen Nutzung – z. B. Nießbrauch, Wohnrecht –; ein Ergebnis, das man als Beleg für die Absurdität des Steuerrechts hätte anführen können. Da heute aber durchgängig der gemeine Wert Maßstab der Bewertung ist, wird man seltener noch Anwendungsfälle für § 16 BewG finden. Zu denken ist insoweit z. B. an einen nachgewiesenen niedrigeren gemeinen Wert gegenüber dem nach §§ 182 ff. BewG ermittelten Wert (z. B. trotz beachtlichem Rohertrags verhältnismäßig geringer, durch Sachverständigengutachten nachgewiesener Verkehrswert wegen erheblicher, aber nicht zu Entgeltminderungen berechtigender Sanierungskosten).

Die Doppelbelastung ließe sich vermeiden, wenn der bei der Schenkungsteuer bereicherungsmindernd in Ansatz gebrachte Wert der Auflage (90 % des Steuerwerts) im ersten Beispiel bzw. der unter Anwendung von § 16 BewG sich ergebende Betrag im zweiten Beispiel auch nur bei der Grunderwerbsteuer zugrunde gelegt wird. Meines Erachtens trifft § 3 Nr. 2 Satz 2 GrEStG nur eine Entscheidung dem Grunde, aber nicht der Höhe nach, sodass die Bemessungsgrundlage für die Grunderwerbsteuer-„Gegenleistung" nach grunderwerbsteuerrechtlichen Regeln ermittelt werden muss, d. h. hier ohne die bei der Schenkungsteuer erfolgte Kürzung des Auflagenwerts.[135] Angesichts des eindeutigen Wortlauts des § 3 Nr. 2 Satz 2 GrEStG kann auch eine verfassungskonforme Auslegung[136] zu keinem anderen Ergebnis führen, sodass es insoweit dabei bleibt, dass es zwar nicht zu einer doppelten Besteuerung desselben Vorgangs, wohl aber zu einer Doppelbelastung kommt. Bei einer gesetzgeberischen Abstimmung zwischen Schenkungsteuer und Grunderwerbsteuer könnte folgende Überlegung sinnvoll sein: Die Gegenleistung bei der Grunderwerbsteuer muss (auch wertmäßig) der Minderung der Schenkung entsprechen. Nur so wird erreicht, dass es zu keiner Doppelbelastung kommen kann. Das vorstehende Ergebnis erscheint demgegenüber widersprüchlich und verfassungsrechtlich bedenklich;[137] ob es vom Gesetzgeber wirklich gewollt ist, ist fraglich. Begründen lässt es sich allenfalls damit, dass Bemessungsgrundlage bei der Grunderwerbsteuer grundsätzlich die Gegenleistung ist.

b) Bei Grundstücksschenkungen unter Leistungsauflage – diese verpflichten den Bedachten zu Geld- oder Sachleistungen, z. B. zu Rentenzahlungen oder zur Übernahme von Grundstücksbelastungen wie die Übernahme einer dinglich gesicherten Darlehensschuld – unterliegt der Wert dieser Auflage (= Gegenleistung) der Grunderwerbsteuer. Der Bedachte ist, soweit er eine Leistungsauflage erbringt, nicht i. S. des § 7 Abs. 1 Nr. 1 ErbStG auf Kosten des Zuwendenden bereichert; auch unter Geltung des „alten" Erbschaftsteuerrechts war für die Anwendung von § 25 ErbStG kein Raum.

---

135 A. A. OFD Koblenz vom 20.05.1999 zu § 16 BewG in ZEV 1999 S. 350 unter Hinweis auf BFH vom 29.01.1992, BStBl 1992 II S. 420.
136 Siehe hierzu BVerfG vom 15.05.1984, BStBl 1984 II S. 608.
137 Siehe BVerfG vom 15.05.1984, a. a. O.

1.3 Verhältnis der Erbschaft- und Schenkungsteuer

Insoweit gilt dasselbe wie bei der gemischten Schenkung, bei der Schenkungsteuer und Grunderwerbsteuer grundsätzlich ohne Überschneidung nebeneinanderstehen. Bei einer Vereinbarung, die neben Elementen freigebiger Zuwendung auch Elemente eines Austauschvertrags enthält, ist nur der die Gegenleistung übersteigende Wert der – gemischten – freigebigen Zuwendung schenkungsteuerrechtlich relevant.[138] Das bedeutet – vereinfacht ausgedrückt: Ein Teil des Grundstücks wird geschenkt, der andere wird (in Höhe der Leistungsauflage bzw. der vereinbarten Gegenleistung) entgeltlich zugewendet. Ein solcher Vorgang unterliegt also, soweit Schenkung gegeben, nach § 3 Nr. 2 Satz 1 GrEStG nicht der Grunderwerbsteuer; soweit Entgeltlichkeit gegeben, unterliegt er der Grunderwerbsteuer nach § 1 Abs. 1 Nr. 1 GrEStG. Eine Schenkung im Sinne des SchenkStG liegt insoweit nicht vor; § 3 Nr. 2 Satz 2 GrEStG ist nicht anwendbar.[139]

Die bisherige schenkungsteuerrechtliche Behandlung von gemischten Schenkungen und Schenkungen unter Leistungsauflage,[140] die ihren Ursprung in der nicht selten deutlichen Abweichung der Verkehrswerte von den Steuerwerten hatte und die ergebnisorientiert verhindern sollte, dass sich durch den Abzug der Gegenleistung/ Auflage von einem niedrigen Steuerwert eine negative Bemessungsgrundlage errechnete, obwohl der Erwerber in Wirklichkeit bereichert ist, hat durch das ErbStRG an Relevanz verloren. Denn die Wertunterschiede zwischen Verkehrswert und Steuerwert – wenn überhaupt noch vorhanden, was allenfalls bei im Ertragswertverfahren, im Sachwertverfahren oder als Sonderfall bewerteten Grundstücken der Fall sein kann – dürften eher gering sein; auch die Heranziehung eines evtl. vorhandenen Kaufpreises als Verkehrswert zulasten des Steuerpflichtigen erscheint wegen § 198 BewG bedenklich. Die Systematik des Gesetzes, die nunmehr auf die Findung des gemeinen Werts als Annäherungswert an den Verkehrswert ausgerichtet ist, rechtfertigt es, die früher vorgenommene Aufteilung der Gegenleistung bzw. des Werts der Leistungsauflage im Verhältnis Grundbesitzwert zu Verkehrswert zwecks Ermittlung des bereicherungsmindernd zu berücksichtigenden Betrags und damit des Steuerwerts der freigebigen Zuwendung als obsolet anzusehen.[141] Auch die Verwaltung[142] vertritt nunmehr die Auffassung, dass bei gemischten Schenkungen und Schenkungen unter Auflage die Bereicherung ermittelt wird, indem von

---
138 Siehe BFH vom 12.04.1989, BStBl 1989 II S. 524.
139 Siehe OFD Koblenz vom 20.05.1999, ZEV 1999 S. 350; FG Düsseldorf vom 21.05.2001, EFG 2001 S. 1066.
140 Siehe hierzu u. a. BFH vom 21.10.1981, BStBl 1982 II S. 83, vom 14.07.1982, BStBl 1982 II S. 714, vom 15.04.1989, BStBl 1989 II S. 524, und vom 08.02.2006, BStBl 2006 II S. 475; R 17 ErbStR 2003 und H 17 ErbStH 2003 sowie unter 4.3.5.1 – Gliederungspunkt 3b –.
141 Siehe auch Seer in Tipke/Lang, § 13 Rdnr. 125: „Nach einer konsequenten Ausrichtung der Bemessungsgrundlage an den Verkehrswert bedarf es dieser Krücke nicht mehr"; zum Gegenstand einer gemischten Schenkung in Gestalt eines zur Anwendung des Verschonungsabschlags berechtigenden Vermögensteils vgl. Pach-Hanssenheimb, DStR 2009 S. 466.
142 Siehe R E 7.4 Abs. 1 ErbStR 2011 in Abweichung von R 17 ErbStR 2003 und der von auch noch in Abschn. 1 Abs. 1 AEErbStG vom 25.06.2009 vertretenen Ansicht.

1 Stellung der Erbschaft- und Schenkungsteuer

dem nach § 12 ErbStG zu ermittelnden Steuerwert der Leistung des Schenkers die Gegenleistungen des Beschenkten und die von ihm übernommenen Leistungs-, Nutzungs- und Duldungauflagen mit ihrem nach § 12 ErbStG ermittelten Wert abgezogen werden – dass man für diese Erkenntnis fast 2,5 Jahre nach Inkrafttreten des ErbStRG gebraucht hat, mag erstaunen, aber „besser spät, als gar nicht" –

Beispiel:
B überträgt ein Grundstück mit einem dem Verkehrswert entsprechenden steuerlichen Wert von 2 Mio. € an seine Schwester S verbunden mit einer Leistungsauflage i. H. von 800.000 €.

Schenkungsteuer:
Der Steuerwert der freigebigen Zuwendung beträgt (2.000.000 € ./. 800.000 € =) 1.200.000 €, sodass sich nach Abzug des Freibetrags von 20.000 € ein steuerpflichtiger Erwerb von 1.180.000 € ergibt. Bei einem Steuersatz von 30 % beläuft sich die Schenkungsteuer auf **354.000 €**.

Anmerkung: Kam man vor Inkrafttreten des ErbStRG vom 24.12.2008 bei dem Verkehrswert des Grundstücks von 2 Mio. € nur zu einem steuerlichen Wert von 800.000 €, ergab sich seinerzeit ein Steuerwert der freigebigen Zuwendung von:

$$\frac{800.000 \, € \times 1.200.000 \, €}{2.000.000 \, €} = 480.000 \, €$$

Daraus resultierte bei einem Freibetrag von 10.300 € ein steuerpflichtiger Erwerb von 469.700 €. Dies ergab bei einem Steuersatz von 22 % eine Schenkungsteuer von **103.334 €**.

Grunderwerbsteuer:
Das gem. § 1 Abs. 1 Nr. 1 GrEStG der Grunderwerbsteuer unterliegende Rechtsgeschäft ist nach § 3 Nr. 2 Satz 1 GrEStG nur insoweit von der Steuer ausgenommen, als es sich um eine Schenkung im Sinne des Schenkungsteuergesetzes handelt. Im Übrigen – entgeltlicher Teil – unterliegt es mit dem Wert der Gegenleistung (§ 8 Abs. 1 GrEStG) der Grunderwerbsteuer. Diese beläuft sich einem bei Wert der Gegenleistung i. H. von 800.000 € und einem Steuersatz von 3,5 % auf **28.000 €**.

3) § 3 Nr. 3 GrEStG

a) Von der Grunderwerbsteuer ausdrücklich ausgenommen ist ferner der Erwerb eines zum Nachlass gehörigen Grundstücks durch Miterben zur Nachlassteilung – auch aufgrund einer Teilungsanordnung –. Den Miterben sind deren Ehegatten gleichgestellt.

Die Befreiung nach § 3 Nr. 3 Satz 1 GrEStG, wodurch die Erbauseinandersetzung gefördert und begünstigt werden soll, greift nur ein, soweit ein Grundstück noch zu einem ungeteilten Nachlass gehört. Zum Nachlass gehört ein Grundstück schon dann, wenn es z. B. aufgrund eines nach § 1 Abs. 1 GrEStG verwirklichten Rechtsvorgangs dem Erblasser bereits grunderwerbsteuerrechtlich zuzuordnen war; Gleiches gilt, wenn es als Surrogat erworben wurde.

Die Befreiung hat zur Voraussetzung, dass der Grundstückserwerb der Teilung des Nachlasses durch Auseinandersetzung dient. Diese ist vollzogen, wenn die Nachlassgrundstücke entweder dadurch in das Alleineigentum eines Miterben übergegangen

1.3 Verhältnis der Erbschaft- und Schenkungsteuer

sind, dass er alle Anteile der übrigen Miterben erworben hat, oder ein Miterbe Alleineigentum bzw. mehrere Miterben Bruchteilseigentum erworben haben und die Erbengemeinschaft aufgelöst ist. Auch die Übernahme eines Nachlassanteils durch einen Miterben muss als der teilweisen Erbauseinandersetzung dienlich angesehen und deshalb von Grunderwerbsteuer befreit werden.

In persönlicher Hinsicht verlangt die Grunderwerbsteuerbefreiung, dass der Grundstückserwerber Miterbe oder Ehegatte eines Miterben ist, wobei Miterbe derjenige ist, der kraft Erbfalls am Nachlassvermögen beteiligt ist, infolge Todesfalls eines ursprünglichen Miterben an dem gemeinschaftlichen Vermögen teilhat oder Nacherbe eines ursprünglichen Miterben mit Eintritt des Nacherbfalls ist. Ein Erbteilskäufer ist nicht Miterbe, obwohl er Teilnehmer an der Erbengemeinschaft wird.

Nach Abschluss der Erbauseinandersetzung, z. B. durch Übertragung auf eine aus den Miterben bestehende Bruchteils- oder Gesamthandsgemeinschaft, die nach § 3 Nr. 3 Satz 1 GrEStG ebenfalls befreit ist, kommt eine nochmalige Anwendung der Befreiungsvorschrift nicht in Betracht, wenn nunmehr eine Auseinandersetzung der Gemeinschaft oder Gesamthand erfolgt. Denn ein Vermögensgegenstand gehört bei mehreren Erben nur so lange zum Nachlass, als er den Erben in dieser Eigenschaft in gesamthänderischer Verbundenheit zusteht. Wird die gesamthänderische Bindung z. B. durch Umwandlung in Bruchteilseigentum gelöst, so verliert der Gegenstand seine Eigenschaft als Teil des Nachlasses. Dies gilt auch, wenn er auf eine andere Gesamthand übertragen wird, an der die Erben zwar zu gleichen Anteilen wie am Nachlass beteiligt sind, jedoch in anderer, z. B. gesellschaftsrechtlicher Verbindung, weil es sich hierbei um ein anderes Zurechnungssubjekt handelt als die Erbengemeinschaft.[143]

b) § 3 Nr. 3 Satz 2 GrEStG befreit u. a. die Übertragung eines zum Nachlass des verstorbenen Ehegatten gehörenden Grundstücks in Anrechnung auf die Zugewinnausgleichsforderung nach § 1371 Abs. 2 BGB bzw. im Fall des § 1371 Abs. 3 BGB. Unter „in Anrechnung" ist Leistung an Erfüllungs statt zu verstehen.

Beispiel:
Testamentarische Erben des Erblassers E sind seine Kinder K1 und K2. Die von E getrennt lebende – nicht geschiedene – Frau F und K3 sind nicht Erben. Zum Nachlass gehören vier Grundstücke. F und K3 machen ihre Pflichtteilsansprüche, F zusätzlich einen Zugewinnausgleichsanspruch geltend. Zur Erfüllung dieser Ansprüche erhalten sie aus dem Nachlass jeweils ein Grundstück. K1 und K2 setzen sich in der Weise auseinander, dass jeder eines der beiden verbliebenen Grundstücke erhält.

Der Grundstückserwerb von K1 und K2 (vier Grundstücke) infolge Gesamtrechtsnachfolge ist nach § 3 Nr. 2 Satz 1 GrEStG von der Grunderwerbsteuer ausgenommen.

Der Grundstückserwerb von K3 ist nicht nach § 3 Nr. 2 Satz 1 GrEStG von der Grunderwerbsteuer ausgenommen (str.).

---

143 Siehe BFH vom 07.02.2001 II R 5/99, BFH/NV 2001 S. 938; vgl. auch Schuck, ZEV 2002 S. 102.

1 Stellung der Erbschaft- und Schenkungsteuer

Die Grundstückserwerbe von K1 und K2 im Rahmen der Erbauseinandersetzung sind gem. § 3 Nr. 3 Satz 1 GrEStG von der Grunderwerbsteuer ausgenommen.
Bezüglich des Grundstückserwerbs der Ehefrau ist zu differenzieren: § 3 Nr. 3 Satz 2 GrEStG greift nur insoweit ein, als ihr das Grundstück in Anrechnung auf ihre Zugewinnausgleichsforderung übertragen wird; anderenfalls, also bei Übertragung zur Abgeltung des Pflichtteilsanspruchs, findet weder § 3 Nr. 3 noch Nr. 2 GrEStG Anwendung (aber: § 3 Nr. 6 GrEStG beachten).

Einen Überblick über das – nach Wegfall des § 25 ErbStG durch das ErbStRG vom 24.12.2008 deutlich vereinfachte – Verhältnis zwischen vorrangiger Erbschaft- und Schenkungsteuer und Grunderwerbsteuer beim Übergang von Grundstücken soll das folgende Schaubild geben:

Erbschaft- und Schenkungsteuer	**Grunderwerbsteuer**
1. § 3 Nr. 2 Satz 1 GrEStG: Grundsatz: Erbschaft- und Schenkungsteuer schließt die Grunderwerbsteuer aus. Wird ein von Todes wegen erworbener Geldanspruch durch Übertragung eines Grundstücks an Erfüllungs statt erfüllt, wird die Grunderwerbsteuer nicht ausgeschlossen (str.). Bei der mittelbaren Grundstücksschenkung gilt § 3 Nr. 2 Satz 1 GrEStG nur im Verhältnis Schenker – Beschenkter.	
2. § 3 Nr. 3 GrEStG: Von der Grunderwerbsteuer ausgenommen ist der Erwerb eines zum Nachlass gehörigen Grundstücks durch Miterben zur Teilung des Nachlasses.	
3. § 3 Nr. 2 Satz 2 GrEStG: Schenkungen (nicht also Erwerbe von Todes wegen) eines Grundstücks unter einer Auflage unterliegen der Grunderwerbsteuer hinsichtlich des Werts solcher Auflagen, die bei der Schenkungsteuer abziehbar sind.	
a) Schenkungen unter Leistungsauflage und gemischten Schenkungen:	
Der (unentgeltlich erworbene) Grundstücksteil unterliegt der Schenkungsteuer.	Leistungsauflage bzw. Gegenleistung unterliegen in vollem Umfang der Grunderwerbsteuer.
b) Schenkungen unter Nutzungs- oder Duldungsauflage:	
Vom Steuerwert des Grundstücks wird der Steuerwert der Auflage abgezogen – evtl. § 10 Abs. 6 Satz 5 EStG beachten –.	Nutzungs- oder Duldungsauflage unterliegt in vollem Umfang der Grunderwerbsteuer. – u. U. Problem der Doppelbelastung –

Die verfahrensrechtliche Konsequenz aus der Wechselbeziehung von Schenkungsteuer und Grunderwerbsteuer wird durch § 174 Abs. 1 AO geregelt. Danach ist der

1.3 Verhältnis der Erbschaft- und Schenkungsteuer

fehlerhafte Steuerbescheid auf Antrag aufzuheben oder zu ändern, wenn **ein bestimmter Sachverhalt in mehreren Steuerbescheiden zuungunsten** eines oder mehrerer Steuerpflichtiger **berücksichtigt** worden ist, obwohl er nur **einmal hätte berücksichtigt werden dürfen.**

Beispiel:

Ein Steuerpflichtiger wird wegen desselben Sachverhalts sowohl zur Schenkungsteuer (zu Unrecht) als auch zur Grunderwerbsteuer herangezogen.

Der fehlerhafte Schenkungsteuerbescheid ist auf Antrag nach § 174 Abs. 1 AO zu korrigieren.

In diesem Zusammenhang muss aber die Frage sorgfältig geprüft werden, ob es sich jeweils um **denselben Sachverhalt** handelt. Das ist z. B. bei der steuerlichen Erfassung der gemischten Schenkung und der Auflagenschenkung bei der Grunderwerbsteuer (Erfassung des Werts der Gegenleistung) und der Schenkungsteuer (Erfassung des Werts der Bereicherung) nicht der Fall.

1.3.4 Zusammenfassende Übersicht über das Verhältnis der Erbschaft- und Schenkungsteuer zu anderen Steuern

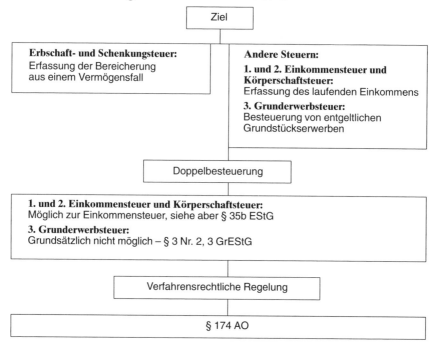

1.4 Erbschaft- und Schenkungsteuer und bürgerliches Recht

1.4.1 Grundsatz

Das Erbschaftsteuerrecht ist auf dem Erbrecht des BGB aufgebaut. Das Erbschaftsteuer- und Schenkungsteuergesetz verwendet – insbesondere bei der Regelung der steuerbegründenden Tatbestände in den §§ 1 bis 7 ErbStG – zahlreiche Begriffe des bürgerlichen Rechts (z. B. Erbanfall, Vermächtnis, Pflichtteilsanspruch, fortgesetzte Gütergemeinschaft, Zugewinngemeinschaft, Vor- und Nacherbschaft), die insbesondere im Erbrecht und Familienrecht des BGB geregelt sind. Erbrecht und Erbschaftsteuerrecht sind von daher eng miteinander verbunden. Soweit im Rahmen der Erbschaftsteuer auf diese Rechtsvorgänge und Begriffe des bürgerlichen Rechts Bezug genommen wird, müssen sie hier auch grundsätzlich so zur Anwendung kommen, wie sie im bürgerlichen Recht ausgelegt werden. Es kommt somit insoweit allein auf den Rechtsanspruch an, wie er bürgerlich-rechtlich entstanden ist; wie die Beteiligten diesen Rechtsanspruch verwirklichen, ist i. d. R. unerheblich. Die „tatsächliche" Durchführung ist nur in Ausnahmefällen von Bedeutung, z. B. wenn die Beteiligten das wirtschaftliche Ergebnis eines nicht wirksamen Vermächtnisses gleichwohl eintreten lassen und dies als Vollzug der Erblasseranordnung identifizierbar ist, so ist es nach § 41 Abs. 1 AO auch der Erbschaftsteuer zugrunde zu legen.[144] Dies gilt auch, wenn die Beteiligten einer mehrdeutigen letztwilligen Verfügung einverständlich einen bestimmten Inhalt unterlegen.[145] Die Anlehnung an das bürgerliche Recht ist ein Grundsatz des Erbschaftsteuerrechts. Eine Bindung kann insoweit angenommen werden, als das Erbschaftsteuerrecht die Steuerfolgen an einen Vermögensanfall knüpft, dessen Voraussetzungen es nicht selbst bestimmt, sondern dem Zivilrecht entnimmt – „Erbschaftsteuerrecht bürgerlich-rechtlich geprägt"–.[146] Eine **Erbschaft im wirtschaftlichen Sinne gibt es nicht.**[147] Man kann in diesem Zusammenhang von einem **Grundsatz der Maßgeblichkeit des bürgerlichen Rechts** sprechen. Dem Gesetzgeber ist es aber unbenommen, das Erbschaftsteuerrecht vom Zivilrecht abzulösen – keine durchgängige Maßgeblichkeit dieses Rechtsgebiets für das Steuerrecht (s. hierzu unter 1.4.2.) –. So geht das ErbStG in Adoptionsfällen von einer Verwandtschaft aus, obwohl eine solche bereits erloschen ist (§ 15 Abs. 1a ErbStG).

Für den Bereich der Schenkungen unter Lebenden gelten die vorstehenden Ausführungen nur eingeschränkt. Die freigebige Zuwendung unter Lebenden (§ 7 Abs. 1

---

144 Siehe BFH vom 12.12.1973, BStBl 1974 II S. 340, vom 15.03.2000, BStBl 2000 II S. 588, und vom 28.03.2007, BStBl 2007 II S. 461.
145 Siehe BFH vom 15.06.1966, BStBl 1966 III S. 507; vgl. zum Erbvergleich auch BFH vom 06.12.2000 II R 28/98, BFH/NV 2001 S. 601; FG München vom 20.09.2006, EFG 2007 S. 270.
146 Siehe BFH vom 26.11.1986, BStBl 1987 II S. 175.
147 So BFH vom 30.06.1960, BStBl 1960 III S. 348, vom 07.04.1976, BStBl 1976 II S. 632, vom 15.10.1997, BStBl 1997 II S. 820; hierzu auch unter 1.4.3.1.

1.4 Erbschaft- und Schenkungsteuer und bürgerliches Recht

Nr. 1 ErbStG) ist nämlich kein Begriff des bürgerlichen Rechts, sondern ein steuerrechtlicher Begriff. Etwas anderes gilt, soweit § 7 ErbStG Tatbestände enthält, die im bürgerlichen Recht geregelt sind (z. B. Abfindung für einen Erbverzicht, § 7 Abs. 1 Nr. 5 ErbStG).

Die Frage, wie ein Vermögensanfall rechtlich einzuordnen ist, konnte im „alten" Erbschaftsteuerrecht insbesondere wegen der unterschiedlichen Bewertung der einzelnen Vermögensanfälle von erheblicher Bedeutung für die Höhe der Erbschaftsteuer sein. Das Problem stellte sich z. B. bei der Abgrenzung zwischen einer Teilungsanordnung gem. § 2048 BGB – im Erbschaftsteuerrecht ohne Bedeutung mit der Folge der Zurechnung des Steuerwerts des Nachlasses bei den Erben nach Maßgabe der Erbanteile[148] – und einem Vermächtnis gem. §§ 2147, 2174 BGB.

Beispiel:
Der Nachlass bestand aus einem Grundstück mit einem Verkehrswert von 1.800.000 € und einem nach Rechtslage vor dem ErbStRG ermittelten Grundbesitzwert von 900.000 €. Der Wille des Erblassers ging dahin, A das Grundstück und B einen Betrag von 900.000 € zukommen zu lassen.

Variante a): A und B sind Erben je zur Hälfte. Durch Teilungsanordnung ist bestimmt, dass A bei der Auseinandersetzung das Grundstück erhalten und dafür dem B 900.000 € zahlen soll.
Für A und B als Erben beläuft sich die Bereicherung i. S. des § 10 Abs. 1 Satz 2 ErbStG – ohne Berücksichtigung von § 10 Abs. 5 Nr. 3 ErbStG – jeweils auf 450.000 € (= 1/2 des steuerlichen Werts des Vermögensanfalls von 900.000 €) –, sodass sich für beide auch nach Abzug des Freibetrags eine Erbschaftsteuer ergibt.

Variante b): A ist Alleinerbe; B hat einen Vermächtnisanspruch i. H. von 900.000 €.
A ist als Erbe nicht steuerpflichtig (Vermögensanfall – Grundstück – i. H. von 900.000 € abzgl. Vermächtnisschuld i. H. von 900.000 € als Nachlassverbindlichkeit gem. § 10 Abs. 5 Nr. 2 ErbStG = 0 € Bereicherung i. S. des § 10 Abs. 1 Satz 2 ErbStG). Hingegen beläuft sich für B die Bereicherung auf 900.000 €, sodass sich für ihn auch nach Abzug des Freibetrags auf jeden Fall eine Erbschaftsteuer ergibt.

Anmerkung: Das ErbStRG vom 24.12.2008 hat vorstehende Problematik zumindest weitgehend entschärft, weil durch die am gemeinen Wert orientierte Bewertung eine derartige Diskrepanz zwischen Steuerwert und Verkehrswert des Grundstücks nicht mehr denkbar ist. Auch kann eine Teilungsanordnung für erbschaftsteuerliche Zwecke nicht mehr generell außer Betracht gelassen werden; dies zeigen die Regelungen in § 13 Abs. 1 Nr. 4b Satz 3, § 13 Abs. 1 Nr. 4c Satz 3, § 13a Abs. 3 Satz 2, § 13c Abs. 2 Satz 2 ErbStG. Zwar gilt der Grundsatz der Unbeachtlichkeit der Erbauseinandersetzung unverändert fort, also keine Änderung der Zuordnung der Erwerbsgegenstände beim einzelnen Erben. Jedoch führen genannte Bestimmungen, nach denen z. B. einem Miterben, der begünstigtes Betriebsvermögen auf einen Miterben zu übertragen hat, der Befreiungsabschlag versagt wird, stattdessen der dieses Vermögen letztlich fortführende Miterbe in den Genuss der Begünstigung kommen soll, diesbezüglich nur zu einer Änderung der Bemessungsgrundlage der Steuerbefreiung

---

148 Siehe BFH vom 10.11.1982, BStBl 1983 II S. 329, vom 01.04.1992, BStBl 1992 II S. 669; R 5 Abs. 1 ErbStR 2003; so auch R E 3.1 Abs. 1 Satz 3 und 4 ErbStR 2011 – zur erbschaftsteuerlichen Unbeachtlichkeit auch für den Sonderfall einer dinglich wirkenden Teilungsanordnung s. R 5 Abs. 3 ErbStR 2003 und R E 3.1 Abs. 3 ErbStR 2011.

1 Stellung der Erbschaft- und Schenkungsteuer

bzw. -entlastung, im Ergebnis damit aber zur Beachtlichkeit der Auseinandersetzung (vgl. z. B. R E 13c Abs. 5 ErbStR 2011 und H E 13c „Weitergabeverpflichtung" ErbStH 2011 zu § 13c ErbStG). Die erste Stufe der Bemessungsgrundlage mit ihren Bewertungsregeln stimmt mit der zweiten Stufe der Verschonung nicht mehr überein – Kollision der Regelungen über den Verschonungsabschlag mit dem Erbanfallprinzip –.[149]

Fraglich kann im Einzelfall auch der Gegenstand der Zuwendung sein.

Beispiel:

S ist Eigentümer eines Grundstücks, auf dem er ein Gebäude errichten will. Für das geplante Bauvorhaben gibt ihm sein Vater 200.000 €.

Gegenstand der Zuwendung kann entweder das Geld oder das (anteilige) Gebäude sein. Im ersten Fall unterliegt der Geldbetrag der Schenkungsteuer, im zweiten Fall der (anteilige) Steuerwert des Grundstücks. Entscheidend ist, was dem Bedachten S nach dem erkennbaren Willen des Zuwendenden V verschafft werden soll (s. hierzu auch unter 4.7.1.12).

Eine uneingeschränkte Anwendung des Grundsatzes der Maßgeblichkeit des bürgerlichen Rechts würde aber in vielen Fällen zu Ergebnissen führen, die den Besonderheiten des Erbschaftsteuerrechts nicht gerecht werden. Aus diesem Grund hat der Gesetzgeber Regelungen getroffen, die als leges speciales dem Grundsatz der Maßgeblichkeit des bürgerlichen Rechts vorgehen. Diese Regelung kann man in zwei große Gruppen unterteilen: zum einen die im Erbschaftsteuer- und Schenkungsteuergesetz selbst vorgesehenen Abweichungen und zum anderen die sich aus den Vorschriften der Abgabenordnung (insbesondere §§ 39 bis 42 und 49 AO) ergebenden Besonderheiten.

1.4.2 Abweichungen im Erbschaftsteuer- und Schenkungsteuergesetz

Das Erbschaftsteuerrecht selbst muss sich in einzelnen Punkten vom bürgerlichen Recht lösen, soweit dies die Besonderheiten des Erbschaftsteuerrechts erfordern, sei es, um die Besteuerung praktikabel zu machen, sei es, um dem Grundsatz der Gleichmäßigkeit der Besteuerung gerecht zu werden, sei es, um eine lückenlose Erfassung jeder Bereicherung zu gewährleisten.

Beispiel:

A stirbt. Vorerbe ist B und Nacherbe C.

Bürgerlich-rechtlich sind Vorerbe B und Nacherbe C beide Erben und damit Rechtsnachfolger des A, zwar nicht nebeneinander, sondern nacheinander, die sich einander in der Erbschaft ablösen.

Erbschaftsteuerlich werden abweichend davon zum einen zwei Erbfälle angenommen, und beim Eintritt der Nacherbfolge hat zum anderen der Nacherbe das anfallende Vermögen als vom Vorerben stammend zu versteuern, wobei hinsichtlich des Verwandtschaftsverhältnisses (also insbesondere Steuerklasse) für den Nacherben ein Wahlrecht besteht, ob er nach dem Verwandtschaftsverhältnis zum Erblasser oder zum Vorerben versteuert (§ 6 Abs. 1 und 2 ErbStG).

---

[149] Siehe Seer, GmbHR 2009 S. 225; a. A. Wälzholz, ZEV 2009 S. 113.

1.4 Erbschaft- und Schenkungsteuer und bürgerliches Recht

Weitere Abweichungen ergeben sich z. B. bei Verträgen zugunsten Dritter (§ 3 Abs. 1 Nr. 4 ErbStG), bei Abfindungen (§ 3 Abs. 2 Nr. 4 ErbStG), bei der fortgesetzten Gütergemeinschaft (§ 4 ErbStG), bei der Zugewinngemeinschaft (§ 5 Abs. 1 ErbStG), im Bereich der Schenkung (§ 7 ErbStG) und bei der infolge des Vermögensanfalls eintretenden Vereinigung von Recht und Verbindlichkeit (§ 10 Abs. 3 ErbStG), die nach den Grundsätzen des bürgerlichen Rechts zum Erlöschen der Verbindlichkeit führt.

1.4.3 Besonderheiten aus den Vorschriften der AO

Während die Anwendung und Auslegung der von den allgemeinen bürgerlich-rechtlichen Vorschriften abweichenden und diesen vorgehenden speziellen Regeln des Erbschaftsteuer- und Schenkungsteuergesetzes selbst aufgrund der entsprechenden gesetzlichen Bestimmungen des Erbschaftsteuergesetzes verhältnismäßig überschaubar sind, ist dies bei den sich aus den Vorschriften der AO ergebenden Besonderheiten keineswegs immer der Fall. Das hat seinen Grund insbesondere darin, dass die AO-Vorschriften – im Gegensatz zu denen des Erbschaftsteuergesetzes – auf das Steuerrecht allgemein abgestimmt und nicht speziell auf das Erbschaftsteuerrecht zugeschnitten sind, sodass jeweils von Fall zu Fall geprüft werden muss, ob und inwieweit diese Sonderregeln auch auf die Erbschaft- und Schenkungsteuer anwendbar sind. Die nachfolgende Übersicht kann somit nur eine beispielhafte Aufzählung sein.

1.4.3.1 Zurechnung (§ 39 AO)

Das Verhältnis von § 39 AO (und der sog. wirtschaftlichen Betrachtungsweise) zur Erbschaftsteuer, insbesondere die Frage der Anwendbarkeit des § 39 AO bei dieser Steuerart, ist umstritten.

Eindeutige Auffassungen sind hierzu in der Literatur kaum zu erkennen.[150]
Das BVerfG[151] formuliert zur Erbschaftsteuer: „Steuergesetze, die die Steuerpflicht an bestimmte wirtschaftliche Lebenssachverhalte knüpfen, müssen der Vielfalt wirtschaftlicher Gestaltungsmöglichkeiten Rechnung tragen können. So werden Erbschaft- und Schenkungsteuer von dem Vermögen erhoben, das bei dem Tod einer natürlichen Person oder bei einer Schenkung auf einen Dritten übergeht . . . Der Gesetzgeber, der den wirtschaftlichen Vorgang des Substanzübergangs besteuern will, kann aber grundsätzlich nicht daran gehindert sein, dieses Anliegen durchzusetzen und entsprechende Regelungen zu treffen, soweit sie mit der Verfassung vereinbar sind." In einem Beschluss zur Grunderwerbsteuer, die ähnlich wie die Erbschaftsteuer an das Zivilrecht geknüpft ist, hat dieses Gericht[152] festgestellt, dass Zivilrecht und Steuerrecht nebengeordnete, gleichrangige Rechtsgebiete seien

---
150 Siehe Moench/Kien-Hümbert/Weinmann, Einführung ErbStG, Rdnr. 74 ff.; Meincke, Einführung ErbStG, Rdnr. 11 f.; Klein, FR 2001 S. 118; Hübner, DStR 2003 S. 4.
151 BVerfG vom 15.05.1984, BStBl 1984 II S. 608.
152 BVerfG vom 27.12.1991, BStBl 1992 II S. 212.

1 Stellung der Erbschaft- und Schenkungsteuer

und es keinen Vorrang und keine Maßgeblichkeit des Zivilrechts gebe, allenfalls eine Vorherigkeit der zivilrechtlichen Interpretation. „Steuerrechtliche Tatbestandsmerkmale sind danach, auch wenn sie einem anderen Rechtsgebiet entnommen sind, nach dem steuerrechtlichen Bedeutungszusammenhang, nach dem Zweck des jeweiligen Steuergesetzes und dem Inhalt der einschlägigen Einzelregelung zu interpretieren. Es besteht weder eine Vermutung für ein übereinstimmendes noch für ein abweichendes Verständnis." Die sog. wirtschaftliche Betrachtungsweise ist nach Auffassung des BVerfG nur eine missverständliche Umschreibung der steuerrechtlichen Beurteilung eines autonom gestalteten Zusammenhangs und ist auch bei zivilrechtlich geprägten Steuerarten zulässig, solange sie nicht eine außerrechtliche wirtschaftliche Beurteilung rechtlicher Sachverhaltsgestaltungen bedeutet.

Eine überzeugend und systematisch begründete Stellungnahme des BFH zu dieser Frage ist ebenfalls nicht bzw. allenfalls in Ansätzen zu erkennen.[153] Immerhin hat er sich zum Erwerb durch Erbanfall gem. § 3 Abs. 1 Nr. 1 ErbStG festgelegt: „Das bürgerlich-rechtlich geprägte Erbschaftsteuerrecht lässt es nicht zu, das Grundstück dem Käufer als wirtschaftlichem Eigentümer zuzurechnen . . . Durch die Verweisung auf § 1922 BGB in § 3 Abs. 1 Nr. 1 ErbStG enthält das Erbschaftsteuergesetz eine ausdrückliche Bezugnahme auf das Zivilrecht, die insoweit eine wirtschaftliche Betrachtungsweise ausschließt."[154] Diese „Begründung" des BFH ist nicht überzeugend. Sie setzt sich weder mit dem eindeutigen Wortlaut der §§ 39 und 1 Abs. 1 AO auseinander, noch genügt sie den oben erwähnten Anforderungen des BVerfG. Im Bereich der Schenkungsteuer, die keine ausdrückliche Bezugnahme auf das Zivilrecht enthält, wird für die Nichtanwendung des § 39 AO – ignoriert man die „überzeugende Begründung", der BFH habe schon immer so entschieden[155] – mit dem Verkehrsteuercharakter der Erbschaft- und Schenkungsteuer argumentiert.[156] Warum wird nur § 39 AO ausgeschlossen, nicht aber die §§ 40 ff. AO?

Die Verwaltung (s. R E 12.2 Abs. 1 und 2 ErbStR 2011) folgt der Auffassung des Bundesfinanzhofs: „Für die Zurechnung eines Grundstücks zum Nachlass bei noch nicht – vollständig – erfüllten Grundstückskaufverträgen ist der Übergang des Eigentums nach dem zivilrechtlichen Eigentumsbegriff entscheidend. Der Über-

---

[153] BFH vom 01.12.1982, BStBl 1983 II S. 118: „. . . im Bereich der Erbschaftsteuer die Geltung des § 39 Abs. 2 Nr. 1 AO eingeschränkt wird, allenfalls begrenzt gelte", vom 22.09.1982, BStBl 1983 II S. 179, und vom 07.11.2007, BStBl 2008 II S. 258: „Die wirtschaftliche Betrachtungsweise ist auf Steuerarten, welche an bürgerlich-rechtliche Vorgänge anknüpfen nicht oder zumindest nur nach Sachlage des Einzelfalls anwendbar"; zu den Konsequenzen der Ablehnung eines wirtschaftlichen Eigentums im Erbschaft- und Schenkungsteuerrecht s. Gebel, BB 2000 S. 537.

[154] So: BFH vom 15.10.1997, BStBl 1997 II S. 820; s. auch FG München, DStRE 2000 S. 225; a. A. anscheinend BFH vom 15.03.2000, BStBl 2000 II S. 588, in den Ausführungen zum – durch das ErbStRG nunmehr in § 10 Abs. 1 Satz 3 geregelten – Ansatz von Steuererstattungsansprüchen.

[155] Siehe ZEV 2001 S. 326.

[156] Siehe BFH vom 29.11.2006, BStBl 2007 II S. 319, und vom 07.11.2007, BStBl 2008 II S. 258: „Für eine freigebige Zuwendung i. S. des § 7 Abs. 1 Nr. 1 ErbStG kommt es nicht darauf an, wem nach wirtschaftlicher Betrachtungsweise Vermögen oder Einkommen zuzurechnen ist."

1.4 Erbschaft- und Schenkungsteuer und bürgerliches Recht

gang des wirtschaftlichen Eigentums i. S. des § 39 Abs. 2 Nr. 1 AO ist nicht maßgebend, insbesondere ist nicht auf den Zeitpunkt des Besitz- und Lastenwechsels abzustellen. . . . Die grundsätzliche Anknüpfung an das Zivilrecht gilt nicht nur hinsichtlich des Erbrechts, sondern auch hinsichtlich der Frage, was zum steuerpflichtigen Erwerb von Todes wegen gehört. Beim Erwerb von Todes wegen ist daher ein Grundstück erbschaftsteuerrechtlich bis zur Eintragung des Eigentumswechsels im Grundbuch bei den Erben nach dem Veräußerer zu erfassen. Außerdem sind die Rechte und Pflichten aus dem Kaufvertrag und den weiteren Willenserklärungen zum Stichtag zu erfassen und zu bewerten." Das sind Behauptungen, keine Begründungen.

Dabei ist die Verwaltung nicht einmal konsequent: „Der Vermächtnisnehmer wird im Fall des Grundbesitzvermächtnisses bei der Erbschaftsteuer so behandelt, als sei auf ihn Grundbesitz mit **dinglicher Wirkung** übergegangen" (s. R 124 Abs. 3 ErbStR 2003; vgl. auch R B 9.1 Abs. 2 ErbStR 2011), obwohl er doch bürgerlich-rechtlich lediglich einen Übereignungsanspruch erwirbt. Die Folgen dieser „bösen Tat" zeigten sich unter Geltung des „alten" Erbschaftsteuerrechts z. B. im Rahmen der Bewertung des Sachvermächtnisses. Mit dem ErbStRG vom 24.12.2008 ist jedoch der Grund entfallen, beim Vermächtnisnehmer nicht – der zivilrechtlichen Rechtslage entsprechend – den Anspruch auf den vermächtnisweise zugewandten Gegenstand zugrunde zu legen, weil nunmehr einheitlich vom gemeinen Wert auszugehen ist, also der Anspruch auf Grundbesitz nicht mehr mit einem anderen – höheren – Wert angesetzt werden kann als der Grundbesitz selbst, dessen steuerrechtlicher Wert früher erheblich hinter dem Verkehrswert zurückblieb (s. hierzu auch unter 2.2).

Inkonsequenterweise wendet man die Vorschrift des § 41 AO – diese zieht auch das wirtschaftliche Ergebnis der formalrechtlichen Beurteilung vor – bei der Erbschaftsteuer uneingeschränkt an, während man ihren Anwendungsbereich bei der Einkommensteuer, z. B. bei nahen Angehörigen, einschränken will.[157] Meines Erachtens ist § 39 AO, mangels einer anderweitigen gesetzlichen Vorschrift, auch im Bereich der Erbschaftsteuer anwendbar.[158] Der Grundsatz der Maßgeblichkeit des bürgerlichen Rechts steht dem nicht entgegen, denn er will besagen, dass insoweit, als das Erbschaftsteuer- und Schenkungsteuergesetz Begriffe des bürgerlichen Rechts ausdrücklich verwendet oder in Bezug nimmt (wie z. B. in § 3 Abs. 1 Nr. 1 ErbStG; anders aber z. B. weitgehend in § 7 ErbStG[159], eine Bindung an das Zivilrecht gegeben ist. Eine solche Bezugnahme ist für die Frage der Zurechnung nicht erfolgt. Es sei hier aber darauf hingewiesen, dass in der Mehrzahl der zu entscheidenden Einzelfälle die unterschiedlichen Meinungen – mit unterschiedlicher

---
157 Siehe BFH vom 08.11.1972, BStBl 1973 II S. 287.
158 Siehe Klarner, Das Bereicherungsprinzip im Erbschaft- und Schenkungsteuerrecht, 1995; so in der Tendenz wohl auch Moench/Kien-Hümbert/Weinmann, Einführung ErbStG, Rdnr. 75 f.
159 Siehe BFH vom 02.03.1994, BStBl 1994 II S. 366.

1 Stellung der Erbschaft- und Schenkungsteuer

Begründung – zum selben wirtschaftlichen Ergebnis wie bei Anwendung des § 39 AO kommen.[160]

Zu § 7 Abs. 1 Nr. 1 ErbStG haben sich der BFH[161] und die Verwaltung (s. R 23 ErbStR 2003) bezogen auf Grundstücke ebenfalls festgelegt: Hier kommt es nicht auf den bürgerlich-rechtlichen Eigentumsübergang an, vielmehr auf den Zeitpunkt, zu dem die Vertragsparteien die für die Eintragung der Rechtsänderung in das Grundbuch erforderlichen Erklärungen in gehöriger Form abgegeben haben und der Beschenkte aufgrund dieser Erklärungen in der Lage ist, beim Grundbuchamt die Eintragung der Rechtsänderung zu bewirken. Entscheidend ist also, wann die Auflassung i. S. des § 925 BGB sowie die Eintragungsbewilligung gem. § 19 GBO vorliegen (s. u. 4.7.1.12). Diese Ausführungen gelten aber nur, wenn die Umschreibung auch tatsächlich nachfolgt.[162] Für die Praxis ist damit für den Bereich von Grundstückserwerben die Frage des Verhältnisses der Erbschaftsteuer zu § 39 AO als entschieden zu betrachten.

In diesem Zusammenhang ist darauf hinzuweisen, dass es bei § 3 Abs. 1 Nr. 1 ErbStG vor Inkrafttreten des ErbStRG letztlich nur um die Frage ging, wem der Vorteil der vom BVerfG im Beschluss vom 07.11.2006 beanstandeten steuerlichen Unterbewertung des Grundbesitzes zugutekam, bei § 7 Abs. 1 Nr. 1 ErbStG sich aber die Frage stellt, wann die Steuer gem. § 9 Abs. 1 Nr. 2 ErbStG entsteht.

Ebenfalls durch das ErbStRG hinfällig geworden ist die Frage nach der Anwendung des § 39 AO im Bereich des Betriebsvermögens. Denn die sich aus § 12 Abs. 5 Satz 2 ErbStG a. F., § 95 Abs. 1 BewG, §§ 15, 5 und 4 EStG ergebende sog. verlängerte Maßgeblichkeit – Bestandsidentität zwischen Steuerbilanz und erbschaftsteuerlicher Vermögensaufstellung[163] – hat der Gesetzgeber mit der Reform des Erbschaftsteuerrechts aufgegeben; nach § 12 Abs. 5 ErbStG n. F. i. V. m. § 199 Abs. 2 BewG ist der gemeine Wert des Betriebsvermögens grundsätzlich nach dem vereinfachten Ertragswertverfahren zu ermitteln.

Dass durch die nunmehr durchgängige Erfassung der Vermögensgegenstände mit dem gemeinen Wert – die typisierten Bewertungsmethoden bezwecken diesen zumindest in einem angenäherten Wert zu bestimmen – die Problematik der Berücksichtigung des wirtschaftlichen Eigentums bei der Erbschaftsteuer an Bedeutung verloren hat, zeigt auch folgendes

Beispiel:
E wird Ende des Jahres 02 wirtschaftlicher Eigentümer eines Grundstücks (Besitz, Gefahr, Nutzungen und Lasten sind übergegangen). Allgemein definiert § 39 Abs. 2 Nr. 1 AO den wirtschaftlichen Eigentümer als den, der, ohne bürgerlich-rechtlicher

---

160 Vgl. z. B. Crezelius, Erbschaft- und Schenkungsteuer in zivilrechtlicher Sicht, 1997, S. 41, 55 f. und 184; s. auch BFH vom 08.02.2000 II R 9/98, DStRE 2000 S. 870.
161 Urteile vom 26.09.1990, BStBl 1991 II S. 320, und vom 24.07.2002, BStBl 2002 II S. 781.
162 So „ergänzend" BFH vom 24.07.2002, BStBl 2002 II S. 781.
163 Siehe hierzu Beispiel in Vorauflage S. 40.

1.4 Erbschaft- und Schenkungsteuer und bürgerliches Recht

Eigentümer zu sein, die tatsächliche Herrschaft über ein Wirtschaftsgut in der Weise ausübt, dass er den bürgerlich-rechtlichen Eigentümer im Regelfall für die gewöhnliche Nutzungsdauer von der Einwirkung auf das Wirtschaftsgut wirtschaftlich ausschließen kann – genannt werden beispielhaft neben den Treuhandverhältnissen das Sicherungseigentum und der Eigenbesitz –. Der Kaufpreis für das Grundstück ist bereits bezahlt. E stirbt Anfang des Jahres 03. Die Umschreibung im Grundbuch – Eintragung des E als neuer Eigentümer – ist an dessen Todestag noch nicht erfolgt.

Bürgerlich-rechtlich war E mangels Eintragung im Grundbuch noch nicht Eigentümer des Grundstücks, sondern „nur" Inhaber eines Rechts, und zwar entweder nur des schuldrechtlichen Anspruchs aus dem Kaufvertrag oder wegen eingetragener Auflassungsvormerkung eines dinglichen Anwartschaftsrechts.

Für Zwecke der Grundsteuer erfolgt auf den 01.01.03 eine Zurechnungsfortschreibung auf E (§ 22 Abs. 2 und 4 BewG, § 39 Abs. 2 Nr. 1 AO).

Nach § 39 AO sind Wirtschaftsgüter dem wirtschaftlichen Eigentümer zuzurechnen. Dies gilt grundsätzlich auch für das Erbschaft- und Schenkungsteuergesetz (§ 1 Abs. 1 AO).

Erbschaftsteuerlich gehört das Grundstück, lässt man insoweit wirtschaftliches Eigentum ausreichen, bereits zum Nachlass. Für Zwecke der Erbschaftsteuer müsste die Bewertungsstelle daher ebenfalls im Rahmen der Feststellungen zum Grundbesitz die entsprechende Zurechnungsfeststellung auf den Erben des E treffen (§ 151 Abs. 1 Satz 1 Nr. 1 i. V. m. Abs. 2 Nr. 2 BewG), die als Grundlagenbescheid für die für die Festsetzung der Erbschaftsteuer zuständige Stelle bindend ist.

Lehnt man hingegen insoweit die Anwendung des § 39 AO ab mit der Folge, dass für die Frage der Zugehörigkeit eines Vermögensgegenstandes zum Nachlass und damit für die Frage, was zum Vermögensanfall gehört, ausschließlich das bürgerlich-rechtliche Eigentum maßgeblich ist,[164] ist erbschaftsteuerlich das erworbene Recht im Nachlass des E zu erfassen.

Bedeutung kam den unterschiedlichen Lösungswegen jedoch nur insoweit zu, als die Bewertung des Grundstücks zu einem anderen Wert führte als die Bewertung des Rechts auf das Grundstück. Die heutige Rechtslage – in beiden Fällen ist der gemeine Wert und damit derselbe Betrag anzusetzen – aber kommt bzgl. der festzusetzenden Erbschaftsteuer grundsätzlich – lässt man den Fall des „§ 13c-Grundstücks" außer Betracht – zum identischen Ergebnis.

Relevanz kommt dem wirtschaftlichen Eigentum auch nach Ansicht der eine wirtschaftliche Betrachtungsweise auf erbschaftsteuerliche Vorgänge grundsätzlich nicht anwendenden Rechtsprechung und Verwaltung hingegen im Rahmen des § 13a Abs. 5 ErbStG zu; Veräußerung im Sinne der Bestimmung ist nämlich die Übertragung des wirtschaftlichen Eigentums.[165]

Wendet man bei der Erbschaftsteuer durchgängig § 39 AO an, auch wenn sich die Zurechnungsproblematik nunmehr wegen des gemeinen Werts als einheitlichem

---

164 H. M.: s. BFH vom 15.10.1997, BStBl 1997 II S. 820, sowie die Verwaltung in R E 12.2 Abs. 1 ErbStR 2011 und H E 12.2 ErbStH 2011; vgl. auch FG Nürnberg, EFG 1998 S. 676; FG München, UVR 1997 S. 296, 399; Moench/Kien-Hümbert/Weinmann, § 10 Rdnr. 8a und b; Klein/Brockmeyer, § 39 AO Rdnr. 4 m. w. N.
165 Siehe BFH vom 03.10.1984, BStBl 1985 II S. 245; H 139 EStH – Auffassung durch Neufassung der Verschonungsregelung durch das ErbStRG nicht überholt –; vgl. auch u. 5.5.4.

1 Stellung der Erbschaft- und Schenkungsteuer

Bewertungsmaßstab weniger vom Ergebnis her betrachtet stellt, so kann man auf den Gesetzestext verweisen und gelangt auch durchaus zu vertretbaren Resultaten.

Beispiele:
a) Vater V schenkt Sohn S ein Grundstück. Am 01.05.01 gilt die Grundstücksschenkung nach den Regeln der BFH-Rechtsprechung und der Verwaltung als ausgeführt. Am 01.07.01 stirbt V. Besitz, Gefahr, Nutzungen und Lasten gehen am 01.09.01 auf S über. Die Eigentumsumschreibung im Grundbuch erfolgt am 01.11.01.
Wendet man § 39 AO an, fällt das Grundstück erbschaftsteuerlich noch in den Nachlass und ist daher ab dem 01.07.01 dem S zuzurechnen.
Die Auffassung des BFH[166] und der Verwaltung (R E 9.1 und R E 12.2 ErbStR 2011) zugrunde gelegt, kommt es zu einer Kollision.[167] Einerseits ist S das Grundstück ab dem 01.05.01 zuzurechnen, andererseits wäre es ihm auch noch einmal ab dem 01.07.01 zuzurechnen. Moench/Kien-Hümbert/Weinmann wollen den Widerspruch in der Weise auflösen, dass die zeitlich frühere Zurechnung Vorrang hat. Das Ergebnis könnte, streng dem bürgerlichen Recht folgend, aber auch umgekehrt sein.

b) Vater V schenkt Tochter T ein Grundstück. Am 01.05.01 gilt die Grundstücksschenkung nach den Regeln der BFH-Rechtsprechung und der Verwaltung als ausgeführt. Besitz, Gefahr, Nutzungen und Lasten gehen am 01.06.01 auf T über. Am 01.07.01 heben V und T den Schenkungsvertrag auf. Besitz, Gefahr, Nutzungen und Lasten gehen mit diesem Tag wieder auf V über. Eine Eigentumsumschreibung im Grundbuch ist noch nicht erfolgt.
Es lässt sich das Vorliegen von zwei Schenkungen vertreten:
- Schenkung von V an T am 01.06.01
- Rückschenkung von T an V am 01.07.01

Nach der „ergänzten" Rechtsprechung des BFH[168] liegt mangels Umschreibung weder am 01.05.01 eine Grundstücksschenkung vor noch – dann folgerichtig – am 01.07.01 eine Rückschenkung.

Der Nachlass steht den Erben nach bürgerlichem Recht zur gesamten Hand zu (§§ 2032 ff. BGB), während § 39 Abs. 2 AO eine anteilige Zurechnung vorschreibt.

Beispiel:
A und B sind Miterben. Der Nachlass wird erbschaftsteuerlich nicht den Erben gesamthänderisch, sondern A und B so zugerechnet, als wären sie an ihm nach Bruchteilen berechtigt.

Dass die Mitglieder einer Erbengemeinschaft zur gesamten Hand am Nachlass berechtigt sind, bedeutet, dass ihre Berechtigung am Nachlass eingeschränkt wird durch die gleiche Berechtigung der anderen Beteiligten. Rechnerische Beteiligungsquoten der Miterben am Nachlass sind daher nicht feststellbar, solange die gesamthänderische Bindung besteht. Diese rechtliche Konstruktion ist aber für das Erbschaftsteuerrecht nicht brauchbar. Daher wird die Gesamthand für die Besteuerung entsprechend der vom Erblasser oder durch das Gesetz bestimmten Erbteile in Bruchteile zerlegt (s. auch § 10 Abs. 1 Satz 4 erster Halbsatz ErbStG). Dementspre-

---
166 BFH vom 26.09.1990, BStBl 1991 II S. 320, und vom 15.10.1997, BStBl 1997 II S. 820.
167 Siehe Moench/Kien-Hümbert/Weinmann, § 10 Rdnr. 19.
168 BFH vom 24.07.2002, BStBl 2002 II S. 781.

1.4 Erbschaft- und Schenkungsteuer und bürgerliches Recht

chend wird die als Erbanfallsteuer konzipierte Steuer nicht von der Gesamthandsgemeinschaft angefordert, sondern unmittelbar von ihren Mitgliedern – nur bei einer Nachlasssteuer könnte die Erbengemeinschaft Steuerschuldner sein –. Dieser Beurteilung steht auch nicht entgegen, dass einer GbR als Gesamthandsgemeinschaft die Fähigkeit zuerkannt wird, Träger von Rechten und Pflichten zu sein, ohne aber den Status einer juristischen Person zu besitzen. Denn trotz der zivilrechtlichen Stellung dieser Gesamthand als Erbin sind für Zwecke der Erbschaftsteuer die Gesamthänder als bereichert anzusehen.[169]

1.4.3.2 Gesetz- oder sittenwidriges Handeln (§ 40 AO)

Rechtsgeschäfte, die gegen ein gesetzliches Verbot oder gegen die guten Sitten verstoßen, sind gem. § 134 BGB bzw. § 138 Abs. 1 BGB nichtig. § 40 AO verhindert, dass diejenigen, denen ein solcher Verstoß vorzuwerfen ist, daraus auch noch steuerliche Vorteile erlangen. Die Vorschrift stellt klar, dass die **Besteuerung wertneutral** ist. Sie nimmt auf rechtliche oder sittliche Sollensnormen keine Rücksicht, sondern stellt stattdessen auf das wirtschaftliche Ergebnis ab.[170]

Beispiel:
Die Nichtigkeit eines Testaments, z. B. weil der Bewohner einer Betreuungseinrichtung einen in dieser Einrichtung Beschäftigten zum Erben eingesetzt hat (s. hierzu auch 2.1.2.1), ist für die Erbschaftsbesteuerung nach § 40 AO unerheblich.
Trotz Nichtigkeit einer Schenkung wegen Unsittlichkeit der Zuwendung entsteht Schenkungsteuer (s. RFH, StuW 23 Nr. 887).

1.4.3.3 Unwirksame Rechtsgeschäfte (§ 41 Abs. 1 AO)

Wenn eine Verfügung von Todes wegen **unwirksam** ist – z. B. wegen mangelnder Testierfähigkeit des Erblassers bei ihrer Abfassung oder wegen nicht formgerechter Errichtung –, fällt **zivilrechtlich** der Nachlass des Erblassers nicht an die darin als Erben benannten Personen, sondern an diejenigen, die durch gesetzliche Erbfolge oder eine wirksame frühere Verfügung des Erblassers als Erben berufen sind oder deren Erbteile sich durch den Wegfall des unwirksam eingesetzten Erben erhöhen. Die tatsächlichen Erben verwirklichen dabei den Tatbestand des Erwerbs durch Erbanfall gem. § 3 Abs. 1 Nr. 1 ErbStG. Soweit aber die tatsächlichen Erben abgestimmt mit den übrigen Beteiligten die Verfügung trotz ihrer Unwirksamkeit so erfüllen, wie dies der Erblasser angeordnet hat, können sie damit zivilrechtlich ihre Stellung als Erben nicht verändern oder aufheben. Dies müsste eigentlich auch eine Festsetzung der Erbschaftsteuer, die sich mit ihren Steuertatbeständen eng an das Zivilrecht anlehnt, allein gegenüber den tatsächlichen Erben zur Folge haben. Soweit diese das Nachlassvermögen ganz oder teilweise an einen unwirksam eingesetzten Erben herausgeben, wären zusätzlich steuerpflichtige freigebige Zuwendungen anzunehmen.

---
169 Siehe insoweit Heil, ZEV 2002 S. 296; Weipert, ZEV 2002 S. 300; hierzu ebenfalls unter 2.1.4.
170 So: amtliche Begründung, BR-Drucksache 23/71 S. 144.

1 Stellung der Erbschaft- und Schenkungsteuer

Das Steuerrecht aber folgt dieser am Zivilrecht orientierten Betrachtung nicht. Nach § 41 Abs. 1 Satz 1 AO ist es für die Besteuerung unerheblich, dass ein Rechtsgeschäft unwirksam ist oder z. B. wegen Eintritts einer auflösenden Bedingung gem. § 158 Abs. 2 BGB unwirksam wird, soweit und solange nur die Beteiligten das wirtschaftliche Ergebnis dieses Rechtsgeschäfts gleichwohl eintreten und bestehen lassen. Im Bereich der Erbschaftsteuer wird die Geltung dieser die zivilrechtliche Rechtslage außer Betracht lassenden und stattdessen auf das Ergebnis des Vollzugs einer unwirksamen Verfügung von Todes wegen abstellenden Vorschrift – anders als die des § 39 AO – merkwürdigerweise nicht bezweifelt.

Beispiel:
Das Testament des Erblassers ist wegen Formmangels – weil z. B. zwar eigenhändig unterschrieben, aber nicht eigenhändig geschrieben – nichtig; der Wille des Erblassers wird aber tatsächlich vollzogen.

Die bürgerlich-rechtlich unwirksame Verfügung von Todes wegen ist der Erbschaftsbesteuerung zugrunde zu legen, weil sie von den Beteiligten erfüllt wird.

Die Regelung des § 41 Abs. 1 AO bezieht sich auf **jegliche Art der Unwirksamkeit,** es sei denn, sie ist darin begründet, dass der Erblasser in anderer Weise verfügt hat, z. B. durch widersprechendes Testament (§ 2258 BGB). Ziel der Regelung ist, ein bürgerlich-rechtlich unwirksames Rechtsgeschäft für die Besteuerung dem formal (voll) wirksamen Rechtsgeschäft gleichzustellen, wenn die Beteiligten – aus welchen Gründen auch immer – den Erfolg eintreten lassen.[171] Entscheidend ist aber, dass eine – wenn auch den Wirksamkeitsvoraussetzungen nicht genügende – Anordnung des Erblassers vorliegt, die dieser im Hinblick auf seinen Tod getroffen hat und die als ernstlicher, letzter Wille angesehen werden kann; auch muss die von den an dem Erbfall Beteiligten getroffene Regelung aufgrund der Anordnung des Erblassers ausgeführt worden sein. „Beteiligte" i. S. des § 41 Abs. 1 AO können auch andere als die unmittelbar am Rechtsgeschäft Beteiligten sein. Bei der Nichtigkeit eines Testaments spielt es daher keine Rolle, ob dieses Testament nur von der gesetzlichen Erbfolge oder auch von einem früheren Testament abweicht und damit diese formgültige letztwillige Verfügung „beiseiteschiebt".[172] Die Rechtsfolgen des § 41 Abs. 1 AO treten auch bei nur **teilweiser Vollziehung** der unwirksamen Verfügung ein.[173] Die Begründung des BFH – Hinweis auf den Wortlaut („soweit") der Vorschrift und ihren Sinn und Zweck – ist überzeugend.

Dieselben Grundsätze gelten z. B. auch dann, wenn der Erbe ein wegen Formmangels der Verfügung von Todes wegen unwirksames Vermächtnis erfüllt. Steuerrechtliche Folgen können aber erst dann und auch nur dann insoweit gezogen werden,

---

171 Siehe BFH vom 07.10.1981, BStBl 1982 II S. 28.
172 Siehe BFH vom 12.12.1973, BStBl 1974 II S. 340.
173 Siehe BFH vom 07.10.1981, a. a. O., und BFH, UVR 1986 S. 6; zur erbschaftsteuerlichen Beachtlichkeit einer nur teilweise ausgeführten unwirksamen Verfügung von Todes wegen vgl. auch BFH vom 22.09.2011 II R 46/09, BFH/NV 2011 S. 261.

1.4 Erbschaft- und Schenkungsteuer und bürgerliches Recht

wenn dem Begünstigten das zugedachte Vermögen übertragen wird, um dadurch den Willen des Erblassers zu vollziehen. Erst zu diesem Zeitpunkt, und damit entgegen § 9 Abs. 1 Nr. 1 Buchst. a ErbStG nicht – auch nicht rückwirkend – mit dem Tod des Erblassers, ist der um § 41 Abs. 1 Satz 1 AO zu ergänzende Erwerbstatbestand des § 3 Abs. 1 Nr. 1 ErbStG verwirklicht.[174] Ist aber gegen den Erfüllenden bereits Erbschaftsteuer ohne Berücksichtigung des Erblasserwillens festgesetzt worden, stellt das Befolgen der unwirksamen Bestimmung ein rückwirkendes Ereignis i. S. des § 175 Abs. 1 Satz 1 Nr. 2 AO mit der Folge des Abzugs einer Nachlassverbindlichkeit dar. Ein formunwirksames Vermächtnis kann hingegen nicht der Besteuerung zugrunde gelegt werden, wenn die Rechtshandlungen in Unkenntnis eines entsprechenden Erblasserwillens erfolgen, die an der Vornahme der Rechtshandlungen beteiligten Personen also nicht das wirtschaftliche Ergebnis des unwirksamen Rechtsgeschäfts eintreten lassen, sondern unabhängig davon sich nach ihren eigenen Vorstellungen richtende Verfügungen treffen.[175] Bei einer mündlichen Verfügung genügt das ernstliche Verlangen des Erblassers, dass nach seinem Tod mit dem Nachlass in dem von ihm gewollten Sinne zu verfahren sei, auch wenn sich der Erblasser der bürgerlich-rechtlichen Unwirksamkeit seiner Verfügung bewusst war. Dass hier der Nachweis des ernstlichen Erblasserwillens Schwierigkeiten bereitet, liegt auf der Hand. Die Feststellungslast etwa für ein mündliches Vermächtnis trifft den Erben, nicht die Finanzbehörde.[176] Nicht ausreichend, um mittels § 41 Abs. 1 AO einer Vermögensübertragung erbschaftsteuerrechtlich Bedeutung beimessen zu können, ist es aber, wenn der Erblasser mit der Erklärung nur einen Wunsch zum Ausdruck brachte, dessen Erfüllung oder Nichterfüllung er dem Belieben des Adressaten überließ,[177] oder wenn das Vermächtnis nicht von den „Beteiligten", sondern von Dritten erfüllt wird.[178]

Die Rechtsprechung zur erbschaftsteuerlichen Beachtung zivilrechtlich unwirksamer, aber erfüllter letztwilliger Verfügungen erlaubt zwar eine vernünftige, das Gerechtigkeitsempfinden befriedigende Besteuerung, lässt aber Fragen offen, insbesondere wenn man bei der Erbschaftsteuer eine wirtschaftliche Betrachtungsweise für unzulässig hält.[179]

---

174 Siehe BFH vom 28.03.2007, BStBl 2007 II S. 461; Gebel, UVR 1995 S. 239.
175 Siehe BFH vom 15.03.2000, BStBl 2000 II S. 588, vom 14.02.2007, BStBl 2009 II S. 957, und vom 28.03.2007, BStBl 2007 II S. 461; hierzu auch bereits Schumann, UVR 1989 S. 230; Engel/Coone, INF 1995 S. 328.
176 Zu Indizien für entsprechenden Erblasserwillen s. Moench/Kien-Hümbert/Weinmann, § 3 Rdnr. 59.
177 Siehe BFH vom 02.12.1969, BStBl 1970 II S. 119; FG München vom 18.12.2000, EFG 2001 S. 641.
178 Siehe FG München, UVR 1992 S. 216.
179 So: Moench/Kien-Hümbert/Weinmann, § 3 Rdnr. 57: „Der Hinweis auf das erbschaftsteuerliche Bereicherungsprinzip überzeugt nicht, weil es nicht verbietet, eine Bereicherung zu erfassen, auf die der Erwerber alsbald aus freien Stücken wieder verzichtet. Der unwirksam eingesetzte, trotzdem aber bedachte Erbe wird mit einer Steuer belastet, für die es in § 3 Abs. 1 ErbStG eigentlich keinen Tatbestand gibt."

Auch bei einem – unwirksamen – Widerruf eines Vertrags zugunsten Dritter auf den Todesfall durch den Testamentsvollstrecker findet § 41 Abs. 1 AO Anwendung.[180] § 41 AO ermöglicht (im Rahmen einer mündlichen Auflage i. S. der §§ 2192 ff. BGB z. B. bezüglich der Verteilung einer Versicherungssumme) nicht nur die Besteuerung eines Erwerbs nach § 3 Abs. 1 Nr. 4 ErbStG, sondern korrespondierend auch den Abzug nach § 10 Abs. 5 Nr. 2 ErbStG.[181]

1.4.3.4 Erbvergleiche

Ebenso wie nichtige, aber von den Erben erfüllte Testamente sind auch **Vergleiche zur Beseitigung von ernstlichen Erbstreitigkeiten,** also die einvernehmliche Bereinigung streitiger Erbrechtsverhältnisse einschließlich bestehender Ungewissheiten über einzelne Erbteile oder über die den Erben zufallenden Beträge, für die Erbschaftsteuer maßgebend, und zwar unabhängig davon, ob das im Vergleich Vereinbarte Inhalt eines Urteils über das streitige Erbrecht sein könnte oder nicht.[182] Dieses Ergebnis, das damit begründet wird, die durch den Vergleich festgelegte Rechtslage habe „ihren Rechtsgrund im Erbrecht",[183] entspricht dem in § 41 Abs. 1 AO zum Ausdruck kommenden Rechtsgedanken. Die erbschaftsteuerliche Anerkennung des Erbvergleichs stellt eine nicht verallgemeinerungsfähige Ausnahme von dem Grundsatz dar, dass weder die Miterben noch sonst an dem Nachlass beteiligte Personen berechtigt sind, den Kreis der steuerpflichtigen Personen oder den Umfang der steuerpflichtigen Bereicherung nach dem Erbfall durch freie Vereinbarung eigenmächtig neu zu bestimmen.[184] Vergleiche aber, die lediglich eine Änderung unzweifelhafter erbrechtlicher Vorgänge bezwecken, denen nur vorgegebene Erbstreitigkeiten zugrunde liegen, mit denen also in Wirklichkeit freigebige Zuwendungen unter den Beteiligten ausgeführt werden, sind erbschaftsteuerlich nicht anzuerkennen.[185]

Das bedeutet, dass im Fall eines Erbvergleichs jeweils die Rechtsfrage zu entscheiden ist, ob über die Auslegung oder über die Frage der Anfechtbarkeit des Testaments Zweifel bestehen oder nicht. Bestehen keine Zweifel, so ist steuerlich das Testament maßgebend, d. h., die Erbschaftsteuer ist so zu erheben, wie es der nicht zweifelhaften Rechtslage entspricht. Eine davon abweichende Regelung der Erben ist unbeachtlich. Die weitere Folge ist, dass die Zuwendungen, die in dem „Erbver-

---

180 Siehe FG Düsseldorf, EFG 1988 S. 581.
181 Siehe FG München vom 18.12.2000, EFG 2001 S. 641.
182 Siehe BFH vom 24.07.1972, BStBl 1972 II S. 886, vom 22.11.1995, BStBl 1996 II S. 242, vom 25.08.1998 II B 45/98, BFH/NV 1999 S. 313, vom 19.09.2000 II B 10/00, BFH/NV 2001 S. 163, und vom 06.12.2000 II R 28/98, BFH/NV 2001 S. 601; zur Thematik auch Hübner, ErbStB 2003 S. 231.
183 Kritisch zu dieser Argumentation Benne, FR 2004 S. 1102.
184 Vgl. BFH vom 01.07.2008, BStBl 2008 II S. 874 m. w. N.
185 Vgl. BFH vom 11.10.1957, BStBl 1957 III S. 447.

1.4 Erbschaft- und Schenkungsteuer und bürgerliches Recht

gleich" vereinbart worden sind, als freigebige Zuwendungen zusätzlich der Schenkungsteuer unterliegen.[186]
Da ein Vergleich für die Erbschaftsbesteuerung nur verbindlich sein kann, wenn er seinen Rechtsgrund noch im Erbrecht hat, können die Grundsätze für die Anerkennung eines Erbvergleichs nicht auf Vereinbarungen der Miterben mit einem nicht am Nachlass beteiligten Dritten übertragen werden, wenn der Vergleich der Beilegung eines Streits über Ansprüche des Erblassers gegen den Dritten bei zweifelhafter Rechtslage dient. Die Bereicherung der Miterben findet ihren Rechtsgrund insoweit nicht mehr im Erbrecht, sondern in dem – behaupteten – schuldrechtlichen Anspruch des Erblassers gegenüber dem Dritten.[187] Ebenfalls nicht auf einen erbrechtlichen Rechtsgrund – Erbanfall nach § 1922 BGB, Vermächtnis nach §§ 2147 ff. BGB, geltend gemachter Pflichtteilsanspruch nach §§ 2303 ff. BGB – zurückgeführt werden kann eine Abfindung, die der in einem widerrufenen Testament als Alleinerbe eingesetzte Erbprätendent aufgrund eines Prozessvergleichs vom rechtswirksam eingesetzten Alleinerben dafür erhält, dass er dessen Erbenstellung nicht mehr bestreitet; die vergleichsweise geleistete Abfindung ist nicht als Erwerb von Todes wegen zu besteuern[188] (auch keine Schenkungsteuerpflicht im Hinblick auf den Verzicht auf die Weiterführung des aus Sicht des rechtswirksam eingesetzten Erben lästigen Prozesses als Gegenleistung).

Nicht anders als der Erbvergleich ist der von der Zivilrechtsprechung anerkannte Auslegungsvertrag zu beurteilen.[189] Dieser Vertrag, der sich inhaltlich an eine mögliche Testamentsauslegung halten muss, soll die Parteien so stellen, als sei die vereinbarte Auslegung zutreffend. Der Auslegungsvertrag dient ebenso wie der Erbvergleich in erster Linie der Vermeidung von Gerichtsstreitigkeiten, eröffnet daneben aber auch einen Gestaltungsspielraum, um nach Eintritt des Erbfalls eine „Feinkorrektur der Erbregelung" vornehmen zu können, ohne damit Schenkungsteuer auszulösen.[190]

1.4.3.5 Missbrauch von rechtlichen Gestaltungsmöglichkeiten (§ 42 AO)

Das Steuerrecht respektiert zwar grundsätzlich die gewählte rechtliche Gestaltung. Jedoch setzt § 42 AO der missbräuchlichen rechtlichen Gestaltung eine Schranke. Ein Missbrauch i. S. des § 42 Abs. 2 AO liegt vor, wenn eine den wirtschaftlichen Vorgängen nicht angemessene rechtliche Gestaltung gewählt wird, diese beim Steu-

---

186 Siehe FG München, UVR 2001 S. 34.
187 Siehe BFH vom 06.02.2008, BStBl 2008 II S. 629, wonach bei Ungewissheit, ob der behauptete Anspruch des Erblassers am Todestag besteht, der rechtlichen Unsicherheit im Rahmen der den Grad der Wahrscheinlichkeit der Durchsetzbarkeit der Forderung berücksichtigenden Bewertung Rechnung zu tragen ist.
188 Vgl. BFH vom 04.05.2011, BStBl 2011 II S. 725, der Entscheidung lässt sich nicht entnehmen, ob die Abfindung beim Zahlenden den steuerpflichtigen Erwerb mindern kann, m. E. nicht.
189 Siehe BGH, NJW 1986 S. 1812.
190 Selbherr, ZErb 2005 S. 10.

1 Stellung der Erbschaft- und Schenkungsteuer

erpflichtigen oder einem Dritten im Vergleich zu einer angemessenen Gestaltung zu einem gesetzlich nicht vorgesehenen Steuervorteil führt und der Steuerpflichtige für die von ihm gewählte Gestaltung keine nach dem Gesamtbild der Verhältnisse beachtlichen außersteuerlichen Gründe nachweist. Folge ist nach § 42 Abs. 1 Satz 3 AO, dass der Steueranspruch bei allen Betroffenen so entsteht, wie dies bei einer den wirtschaftlichen Vorgängen angemessenen rechtlichen Gestaltung der Fall ist.

Das Bestreben, Steuern zu sparen, macht für sich allein eine Gestaltung noch nicht unangemessen. Unangemessen ist eine rechtliche Gestaltung vielmehr nur dann, wenn verständige Parteien in Anbetracht des erstrebten wirtschaftlichen Ziels sie nicht wählen würden, also wenn sie ohne Berücksichtigung der beabsichtigten steuerlichen Effekte unwirtschaftlich, umständlich, gekünstelt, ineffektiv oder widersinnig erscheint, wobei aber die Ungewöhnlichkeit einer Gestaltung allein noch keine Unangemessenheit begründet (s. AEAO zu § 42 Nr. 2.2).

Beispiel:
M ist verwitwet. Der Ehe mit der verstorbenen F entstammt ein Kind, die Tochter T. Diese hat drei Kinder. M will der T (Freibetrag nach § 16 Abs. 1 Nr. 2 ErbStG: 400.000 €) und den Enkelkindern EK1, EK2 und EK3 (Freibetrag nach § 16 Abs. 1 Nr. 3 ErbStG: 200.000 €) jeweils 250.000 € schenken. Um die Steuerpflicht der Zuwendungen an die Enkelkinder zu umgehen, schenkt er zunächst den Enkelkindern jeweils 200.000 € und der Tochter 400.000 € mit der – die T aber nicht bindenden – Bestimmung, an jedes der Enkelkinder 50.000 € weiterzuschenken. Die T macht dies auch.

Zunächst ist im Wege der Auslegung (§ 157 BGB) der jeweilige Vertragsinhalt festzustellen. Denkbar sind zwei Ergebnisse:

• Schon bürgerlich-rechtlich liegt nur eine Schenkung M an T über 250.000 € und je eine Schenkung M an EK1, EK2, EK3 über ebenfalls jeweils 250.000 € vor. Sind die verschiedenen Verträge zeitlich und inhaltlich abgestimmt und verfolgen sie einheitlich wirtschaftlich dieses Ziel (hat insbesondere die T keine eigene Entscheidungsmöglichkeit), so wird man zu diesem Ergebnis kommen.[191]

Im vorliegenden Fall wäre dieses das naheliegende Ergebnis.

• Bürgerlich-rechtlich liegen vor: Schenkung M an T über 400.000 € sowie Schenkungen M an EK1, EK2, EK3 über jeweils 200.000 € und Schenkungen T an EK1, EK2, EK3 über jeweils 50.000 €.

Die Entscheidung könnte nunmehr anhand des § 42 AO zu treffen sein.[192]

Begründen lässt sich das Ergebnis der Zuwendung des M an seine Enkelkinder i. H. von jeweils 250.000 € ohne Rückgriff auf den Gesichtspunkt des Gestaltungsmissbrauchs aber auch wie folgt: Für die Frage, aus wessen Vermögen die Zuwendung stammt und ob der Empfänger darüber tatsächlich und rechtlich frei verfügen kann, ist zwar die Zivilrechtslage maßgeblich, was jedoch nicht ausschließt, dass der Zwischenerwerb schenkungsteuerrechtlich unbeachtlich ist, weil der zwischengeschaltete Dritte insoweit nicht bereichert ist. Im Fall des von Anfang an auf unmittelbare Wei-

---

191 Siehe BFH vom 13.10.1993, BStBl 1994 II S. 128; Fromm, DStR 2000 S. 453.
192 Siehe hierzu aber unter 4.3.5.1 Nr. 14; vgl. insoweit auch FG Münster, EFG 1991 S. 737, wonach für § 42 AO kein Raum sei, soweit das Steuerrecht unmittelbar an das Zivilrecht anknüpft und daher einer ggf. vom Zivilrecht abweichenden Beurteilung nicht zugänglich ist.

1.4 Erbschaft- und Schenkungsteuer und bürgerliches Recht

tergabe angelegten Zwischenerwerbs kommt es nicht zu einer Steigerung der wirtschaftlichen Leistungsfähigkeit des Zwischenerwerbers. Ziel der Schenkungsteuer ist aber, den aus dem Vermögensanfall resultierenden Leistungsfähigkeitszuwachs als Bereicherung zu besteuern.[193]

Die Rechtsprechung zur Problematik des § 42 AO ist zwar sehr umfangreich. Für die Erbschaftsteuer, deren besondere Struktur die Annahme eines Gestaltungsmissbrauchs vom Grundsatz her auch nicht ausschließt, ist das Vorliegen der Voraussetzungen dieser Vorschrift aber bisher fast stets verneint worden, sodass sie im Ergebnis für diese Steuerart weitgehend nur theoretische Bedeutung hat.[194] Wie zurückhaltend die Rechtsprechung mit der Anwendung des § 42 AO bei der Erbschaftsteuer ist, zeigt folgendes Beispiel, das aber durch das ErbStRG vom 24.12.2008 – gemeiner Wert als alleiniger Bewertungsmaßstab – an Relevanz verloren hat:

Beispiel:
Mutter M wollte ihrem Kind K einen bestimmten Geldbetrag verschaffen. Zu diesem Zweck schenkte sie K vor Inkrafttreten des ErbStRG ein Grundstück – seinerzeitiger Grundbesitzwert: 200.000 € –, das K noch am selben Tag zum Verkehrswert von 400.000 € an C verkaufte (nach heutiger Rechtslage eine derartige Wertdifferenz nicht mehr vorstellbar).

Die Steuer auf diese Schenkung konnte nicht deshalb aus dem Verkaufserlös – 400.000 € – statt aus dem deutlich unter dem Verkehrswert liegenden Grundbesitzwert – 200.000 € – errechnet werden, weil der Beschenkte das Grundstück noch am selben Tag weiterverkauft hatte, selbst wenn diese Art der Geldbeschaffung für die M das Motiv ihrer Schenkung war.[195]

Eine mittelbare Geldschenkung wäre nur dann in Betracht gekommen, wenn der Beschenkte zwar das Grundstück erhalten hätte, aber zu einer Weiterveräußerung – rechtlich oder tatsächlich – verpflichtet gewesen wäre.[196]

Auch die zivilrechtlich zulässige auf den Tag der Eheschließung zurückwirkende Vereinbarung des Güterstands der Zugewinngemeinschaft wurde früher mit Blick auf § 5 Abs. 1 ErbStG nicht als unangemessene Gestaltung angesehen,[197] sodass sich der Gesetzgeber veranlasst sah, diese Rechtsprechung durch § 5 Abs. 1 Satz 4 ErbStG – eingefügt durch das StMBG vom 21.12.1993 – „ins Leere gehen zu lassen".

Vielfach erweisen sich die in der Literatur und Praxis als „Geheimtipps" gehandelten Gestaltungsmöglichkeiten bei näherem Hinsehen als hei weitem nicht so raffiniert und steuerlich wirksam wie angekündigt.

---

193 Vgl. FG München vom 25.05.2011, EFG 2011 S. 1733 zur Verneinung einer schenkungsteuerlich beachtlichen Zuwendung im Verhältnis Mutter – Sohn, wenn dieser am selben Tag, als ihm das Wohnungseigentum von der Mutter übertragen wurde, einen hälftigen Miteigentumsanteil an seine Ehefrau unentgeltlich weiter überträgt.
194 Siehe BFH vom 24.05.2000 II B 74/99, BFH/NV 2001 S. 162.
195 Siehe BFH vom 17.04.1974, BStBl 1974 II S. 521.
196 Siehe BFH vom 26.09.1990, BStBl 1991 II S. 320.
197 Siehe BFH vom 28.06.1989, BStBl 1989 II S. 897, und vom 12.05.1993, BStBl 1993 II S. 739.

1.4.3.6 Verschollenheit (§ 49 AO)

Die privatrechtlichen Vorschriften über die Verschollenheit[198] gelten grundsätzlich auch für die Besteuerung. Ein Verschollener kann hiernach im Aufgebotsverfahren für tot erklärt werden. Verschollenheit liegt nach § 1 Abs. 1 VerschG vor, sofern ernstliche Zweifel am Fortleben einer Person bestehen. Eine Person ist dagegen gem. § 1 Abs. 2 VerschG nicht verschollen, wenn nicht ihr Tod, sondern nur der Todeszeitpunkt zweifelhaft ist (s. hierzu auch § 39 VerschG). Die Todeserklärung begründet nach § 9 Abs. 1 VerschG die Vermutung, dass der Verschollene in dem im Beschluss des Amtsgerichts festgestellten Zeitpunkt gestorben ist, und zwar auch dann, wenn vor der Todeserklärung ein anderer Zeitpunkt im Sterberegister eingetragen ist. Als Zeitpunkt des Todes hat das Gericht gem. § 9 Abs. 2 VerschG den Zeitpunkt festzustellen, der nach dem Ergebnis der Ermittlungen der wahrscheinlichste ist. Stellt sich später heraus, dass der Verschollene noch lebt oder über den vermutlichen Todeszeitpunkt hinaus noch gelebt hat (s. hierzu §§ 30, 33a VerschG), so ist die Erbfolge nicht oder erst später eingetreten; die veränderte Rechtslage kann steuerlich nach § 41 Abs. 1 Satz 1 AO berücksichtigt werden.

Bürgerlich-rechtlich geht das Vermögen des Verschollenen mit Rechtskraft des Todeserklärungsbeschlusses rückwirkend von dem Tag an, der als Todestag gilt, auf die Erben über. Das Steuerrecht folgt dieser Rechtskonstruktion des bürgerlichen Rechts nicht, sondern bestimmt in § 49 AO den Tag, mit dessen Ablauf der Todeserklärungsbeschluss rechtskräftig wird, als Todestag (zu den unterschiedlichen Auswirkungen s. Beispiel unter 4.1.1 – Erwerb von Todes wegen –). Dieser Bestimmung liegt die Erwägung zugrunde, dass Vermögenswerte, die Verschollenen gehören, bis zur Rechtskraft der Todeserklärung von den Beteiligten als Vermögen des Verschollenen betrachtet werden und auch betrachtet werden müssen. Steuerlich gesehen sind also das Vermögen (auch die Einkünfte hieraus) bis zur Rechtskraft des Beschlusses als Vermögen (und Einkünfte) des Verschollenen und erst von diesem Zeitpunkt an als Vermögen (und Einkünfte) der Erben zu versteuern. § 49 AO führt damit das Entstehen der Steuer und die tatsächliche Verfügungsmöglichkeit über den Nachlass – hier als Ausformung der wirtschaftlichen Betrachtungsweise in einem Sonderfall – zusammen.

Bei verschollenen Wehrmachtsangehörigen hat die Finanzverwaltung eine Billigkeitsregelung getroffen, wonach Erbschaftsteuerbefreiung eintritt, allerdings beschränkt auf den ersten erbrechtlichen Vermögensübergang, nicht also für Erbeserben.[199]

---

198 Verschollenheitsgesetz – VerschG – vom 15.01.1951, BGBl 1951 I S. 63, i. d. F. vom 19.02.2007, BGBl 2007 I S. 122.
199 Gemeinsamer Ländererlass vom 16.03.1953, BStBl 1953 II S. 43, und FinMin Niedersachsen vom 25.11.1980, FR 1981 S. 44.

2 Überblick über das Erbrecht

Die vorstehenden Ausführungen haben gezeigt, dass im Bereich des Erbschaft- und Schenkungsteuerrechts der Grundsatz der Maßgeblichkeit des bürgerlichen Rechts gilt. Aus diesem Grund erscheint es sinnvoll, zunächst auf das bürgerliche Erbrecht einzugehen – fundierte Kenntnisse, zumindest Grundkenntnisse dieser Rechtsmaterie erleichtern den Zugang zum Erbschaftsteuerrecht –.

Die gesetzlichen Vorschriften über das Erbrecht finden sich im 5. Buch des BGB, in den §§ 1922 ff. Besonderheiten gelten im Hinblick auf Art. 235 EGBGB z. T. hinsichtlich des Erbrechts in den neuen Bundesländern.[1]

Das Erbrecht regelt die Rechtslage betreffend das Vermögen eines verstorbenen Menschen. Es bestimmt insbesondere, wer **Erbe** ist und welche Konsequenzen die **Erbfolge** hat. Die Bestimmung, wer Erbe sein soll, kann entweder der Erblasser treffen **(gewillkürte Erbfolge)**, oder das Gesetz regelt, wer Erbe wird **(gesetzliche Erbfolge)**. Der Erbe tritt in die gesamte vermögensrechtliche Stellung des Erblassers ein **(Gesamtrechtsnachfolge)**. Die Erbschaft kann an mehrere Erben fallen; diese bilden dann eine Erbengemeinschaft **(Gesamthandsgemeinschaft)**. Ausweis über die erbrechtlichen Verhältnisse gibt der **Erbschein**.

Der Übergang des Vermögens auf den Erben vollzieht sich unmittelbar kraft Gesetzes. Demgegenüber begründen **Vermächtnis** und **Pflichtteil** nur einen schuldrechtlichen Anspruch gegen den Erben und die **Auflage** eine Verpflichtung zu einer Leistung.

Der Erblasser kann durch Testament einen **Testamentsvollstrecker** ernennen, § 2197 Abs. 1 BGB. Gemäß § 2203 BGB ist es dessen Aufgabe, die letztwilligen Verfügungen des Verstorbenen zur Ausführung zu bringen.

2.1 Erbe und Erblasser, Gesamtrechtsnachfolge und Sondererbfolge

Nach § 1922 Abs. 1 BGB geht mit dem Tod einer Person (Erbfall) deren Vermögen (Erbschaft) als Ganzes auf eine oder mehrere andere Personen (Erben) über. Ein Erbfall ohne Erbe ist nicht möglich; eine herrenlose Erbschaft gibt es nicht.

1) Erbe und Erblasser

a) Erbe kann grundsätzlich nur der lebende Mensch werden, § 1923 Abs. 1 BGB (Frage der **aktiven Erbfähigkeit**).

Um Erbe zu werden, ist es also erforderlich, dass der Erbe den Erblasser – und sei es nur für eine ganz kurze Zeit – überlebt. Kann nicht festgestellt werden, in welcher Reihenfolge mehrere Personen verstorben sind, besteht die Vermutung gleichzeitigen Todes; vgl. § 11 VerschG.

---

1 Siehe Märker, ZEV 1999 S. 245, m. w. N.; BGH, ZEV 1999 S. 275 mit Anmerkung Grün.

2 Überblick über das Erbrecht

Beispiel:
Das kinderlose, in Zugewinngemeinschaft lebende Ehepaar verstirbt durch einen Verkehrsunfall. Hätte der Mann seine Frau nur kurze Zeit überlebt, hätte er kraft Gesetzes diese zumindest mit einem Erbteil von 3/4 beerbt (s. hierzu unter 2.1.1.2); Gleiches gilt für die Frau, wenn sie etwas länger als ihr Mann gelebt hätte. Nach dem Tod des später versterbenden Ehegatten fällt dessen Vermögen – einschließlich des vom Vorverstorbenen stammenden Erbteils – an seine Verwandtschaft (in Abwandlung bekannten Ausspruchs „Wer zu spät kommt, den ..." gilt hier also: „Wer zu früh stirbt, der bestraft seine Verwandten"). Bei Anwendung von § 11 VerschG hingegen kommt es zur Erbfolge „entlang der Eigentumsverhältnisse". Was dem Mann gehörte, entfällt auf dessen Verwandtschaft; was der Frau gehörte, steht deren Verwandtschaftsseite zu.

Die aktive Erbfähigkeit hat gem. § 1923 Abs. 2 BGB auch – obwohl noch nicht rechtsfähig (§ 1 BGB) – der zur Zeit des Erbfalls bereits Gezeugte (nasciturus), wenn er lebend geboren wird. Ist dies der Fall, stirbt der Säugling aber kurz nach der Geburt, wird er gesetzlich beerbt, im Normalfall von seinen Eltern; zum Vermögen des Säuglings gehört seine Erbenstellung nach dem schon vor seiner Geburt Verstorbenen. Da die Fiktion des § 1923 Abs. 2 BGB nicht im Fall einer Totgeburt gilt, ist § 2094 Abs. 1 BGB zu beachten, wenn der Erblasser mehrere Personen, hierunter einen „nasciturus", als Erben eingesetzt hat. Wegen der Ungewissheit besteht zwischen Erbfall und Geburt ein Schwebezustand; eine Auseinandersetzung unter den Miterben ist in dieser Zeit ausgeschlossen (§ 2043 Abs. 1 BGB).

Außerdem ist auch eine juristische Person – selbstverständlich insoweit auch eine Körperschaft des öffentlichen Rechts wie die römisch-katholische Kirche in Form eines Bistums – erbfähig; dies ergibt sich mittelbar aus der Auslegungsregel des § 2101 Abs. 2 BGB (vgl. auch § 2044 Abs. 2 Satz 3, § 2106 Abs. 2 Satz 2, § 2109 Abs. 2 BGB). Da § 1923 Abs. 2 BGB keine Anwendung findet, muss die juristische Person im Zeitpunkt des Erbfalls bestehen (Sonderregelung für Stiftungen in § 84 BGB).

Erbfähig sind ferner die im Hinblick auf § 124 Abs. 1 HGB rechtlich einer juristischen Person stark angenäherten Personenhandelsgesellschaften (OHG und KG). Gleiches gilt auch für die Partnerschaftsgesellschaft; vgl. § 7 Abs. 2 PartGG. Im Anschluss an die auch der „Außen-Gesellschaft" bürgerlichen Rechts prozessual die Parteifähigkeit gem. § 50 ZPO zuerkennende und damit von deren Rechtsfähigkeit ausgehende Rechtsprechung des BGH,[2] die in der GbR eine besondere Wirkungseinheit, ein Zuordnungsobjekt sieht, das als Personengruppe am Rechtsverkehr teilnehmen und hierdurch eigene Rechte und Pflichten begründen kann, wird nunmehr überwiegend auch die Erbfähigkeit dieser Personengesellschaft bejaht.[3] Für die Erbschaftsteuer sind jedoch die Gesamthänder als vermögensmäßig

---

2 BGH vom 29.01.2001, BGHZ 146 S. 341.
3 Siehe Palandt/Edenhofer, § 1923 Rdnr. 7, und Palandt/Sprau § 705 Rdnr. 24a; Scherer/Feick, ZEV 2003 S. 341.

2.1 Erbe und Erblasser, Gesamtrechtsnachfolge und Sondererbfolge

bereichert anzusehen mit der Folge, dass diese und nicht die Gesamthand Erwerber und damit Steuerschuldner i. S. des § 20 ErbStG sind.[4]
Schließlich kann auch der Fiskus Erbe sein, § 1936 BGB (zur relativen Erbfähigkeit bestimmter Personen vgl. § 2249 Abs. 1 Satz 3 BGB, § 7 BeurkG und § 10 Abs. 1 WTG NRW).

b) Erblasser kann nur ein Mensch sein, § 1922 Abs. 1 BGB (Frage der **passiven Erbfähigkeit**). Juristische Personen und Personengesellschaften sterben nicht und werden nicht beerbt, sondern sie werden abgewickelt (vgl. §§ 47 und 730 BGB, §§ 145 ff. HGB, §§ 262 ff.. AktG, §§ 60 ff. GmbHG).

2) Gesamtrechtsnachfolge und Sondererbfolge

a) Erbschaft ist das auf den Erben im Wege der **Gesamtrechtsnachfolge** (sog. Universalsukzession) übergehende Vermögen des Erblassers.[5] Dieser Vermögensübergang vollzieht sich unmittelbar kraft Gesetzes. Rechtsgeschäftlicher Übertragungsakte bedarf es nicht (sog. **Von-selbst-Erwerb**). Hiermit korrespondiert auch die Regelung über die besitzrechtliche Stellung des Erben (§ 857 BGB).

Da dem Erben der Nachlass – als solchen bezeichnet das Gesetz, z. B. in § 1960 BGB, das Vermögen des Erblassers ohne Bezug zum Erben – ipso iure anfällt, also auch ohne sein Wissen und ggf. gegen seinen Willen, steht ihm das Recht zur Ausschlagung zu (§ 1942 Abs. 1 BGB).

Vermögen i. S. des § 1922 Abs. 1 BGB ist die Gesamtheit der Rechtsverhältnisse des Erblassers; hierzu gehören auch dessen Verbindlichkeiten. Der Begriff „Vermögen" besagt nicht, dass nur Bestandteile geldwerter Natur vererblich sind.[6] Zwar sind vermögensrechtliche Positionen grundsätzlich vererblich, höchstpersönliche Positionen hingegen grundsätzlich nicht. Durchbrechungen dieses Grundsatzes gibt es aber in beiden Fällen (vgl. einerseits die Nichtvererblichkeit trotz vermögensrechtlichen Charakters des Nießbrauchs – § 1061 Satz 1 BGB –, der beschränkt persönlichen Dienstbarkeit – § 1090 Abs. 2 BGB – und von Unterhaltsansprüchen, soweit sie nicht rückständig und fällig sind – §§ 1586, 1615 Abs. 1 BGB –, sowie andererseits die Vererblichkeit der personenbezogenen Urheberrechte – § 28 Abs. 1 UrhG – und sonstiger Schutzrechte wie die nach dem Patentgesetz, Markengesetz, Geschmacksmustergesetz).

Bei Beendigung der Zugewinngemeinschaft durch Tod eines Ehegatten hat allein der überlebende Ehegatte Anspruch auf Ausgleich eines Zugewinns. Ist sein Zugewinn der höhere, kann der Erbe des Verstorbenen von ihm keinen Ausgleich fordern, selbst wenn der Erblasser die Ausgleichsforderung schon in einem Scheidungs-

---

4 Siehe BFH vom 14.09.1994, BStBl 1995 II S. 81.
5 Zur Abgrenzung von Einzel- und Gesamtrechtsnachfolge und den steuerlichen Folgen s. Piltz, DStR 1992 S. 707.
6 Zum Schutz des allgemeinen Persönlichkeitsrechts über den Tod hinaus vgl. BGH, NJW 1996 S. 593; BVerfG, NJW 2001 S. 2957.

2 Überblick über das Erbrecht

verfahren rechtshängig gemacht hatte, aber vor der Scheidung gestorben ist; nur eine vor dem Tod eines Ehegatten entstandene Ausgleichsforderung – § 1378 Abs. 3 BGB – ist vererblich. Ebenso wie auch die fiktive Ausgleichsforderung gem. § 5 Abs. 1 ErbStG als bloße Rechengröße nicht vererblich ist,[7] gehen gem. § 45 Abs. 1 Satz 2 AO Zwangsgelder als steuerliche Nebenleistung nicht auf den Erben über. Dies gilt auch für einen vom Erblasser nicht ausgenutzten Verlustabzug nach § 10d EStG, weil negative Einkünfte, die unlösbar mit der Person des Erblassers verbundene Besteuerungsgrundlagen verkörpern, strikt von seinen im Grundsatz verkehrsfähige Wirtschaftsgüter darstellenden Schulden zu unterscheiden sind und weil aus den für einen interperiodischen Verlustausgleich sprechenden Grundsätzen keine Anhaltspunkte für einen interpersonalen Verlustausgleich gewonnen werden können. Auch liefe es im wirtschaftlichen Ergebnis auf eine unzulässige Abziehbarkeit von Drittaufwand hinaus, wenn der Erbe die aus Aufwandsüberschüssen des Erblassers resultierenden Verlustvorträge bei der Ermittlung seiner eigenen Einkünfte abziehen könnte.[8]

Der das Erbrecht beherrschende Grundsatz der Universalsukzession, als dessen Folge der Erbe grundsätzlich in die gesamte Rechtsstellung des Erblassers, sowie sie bei dessen Tod vorhanden ist, einrückt, bedeutet:

Materiell-rechtlich wird er z. B. Eigentümer der Sachen und Gläubiger der Forderungen des Erblassers z. B. aus einem Kauf-, Miet- oder Darlehensvertrag sowie Schuldner der Verbindlichkeiten des Erblassers. Durch die Gesamtrechtsnachfolge tritt ggf. eine Vereinigung von Forderung und Schuld – Konfusion – und eine Vereinigung von Recht und Belastung ein – zur Konsolidation bei Grundstücken vgl. § 889 BGB – (**Anmerkung:** Für erbschaftsteuerliche Zwecke fingiert § 10 Abs. 3 ErbStG hingegen bei Konfusion/Konsolidation das Nichterlöschen der Rechtsverhältnisse).

Eine erbrechtliche Besonderheit ist der Gesamtanspruch nach §§ 2018 ff. BGB – Erbschaftsanspruch – gegen den Erbschaftsbesitzer.

Verfahrensrechtlich wird der Erbe z. B. Beteiligter eines laufenden Verfahrens.
Beispiel:
A stirbt am 15.09.05. Der E ist Erbe. Die Einkommensteuer 01 ist durch unanfechtbaren Steuerbescheid festgesetzt, aber noch nicht bezahlt. Die Einkommensteuer 02 ist festgesetzt, A hatte aber Einspruch eingelegt, über den noch nicht entschieden ist. Die Einkommensteuer 03 ist am 01.09.05 festgesetzt worden. Die Einkommensteuererklärung 04 liegt dem Finanzamt vor, die Veranlagung ist aber noch nicht erfolgt. E stellt fest, dass A für diesen Veranlagungszeitraum Einkünfte nicht erklärt hat.

---
7 Siehe BFH, ZEV 2001 S. 371.
8 Vgl. BFH vom 17.12.2004 GrS 2/04, BStBl 2008 II S. 608; s. hierzu Witt, BB 2008 S. 1199; Dötsch, DStR 2008 S. 641; Eich, ErbStB 2008 S. 182.

2.1 Erbe und Erblasser, Gesamtrechtsnachfolge und Sondererbfolge

a) materiell-rechtlich:
Die Einkommensteuer 01 bis 05 ist in der Person des A entstanden. Als dessen Erbe wird der E **Schuldner (nicht Haftender** im Sinne des Steuerrechts) der rückständigen Steuern (§ 1922 Abs. 1, § 1967 Abs. 1 BGB; § 45 Abs. 1 AO).

b) verfahrensrechtlich:
Einkommensteuer 01: E ist an den bereits gegenüber dem A wirksam gewordenen Steuerbescheid gebunden. Es ergeht kein Steuerbescheid mehr an ihn. Er muss die Unanfechtbarkeit gegen sich gelten lassen, kann also keinen Einspruch mehr einlegen. Vor einer Vollstreckung gegen E muss diesem jedoch ein Leistungsgebot bekannt gegeben werden, § 254 Abs. 1 Satz 3 AO.

Einkommensteuer 02: E befindet sich im Einspruchsverfahren.

Einkommensteuer 03: Der Steuerbescheid ist E gegenüber wirksam. Dieser kann noch Einspruch einlegen, wobei die noch nicht abgelaufene Einspruchsfrist ihm gegenüber weiterläuft (s. AEAO zu § 122 Nr. 2.12.1 Satz 2 und 3). Bei Fristversäumnis kann gem. § 110 AO Wiedereinsetzung in den vorigen Stand in Betracht kommen.

Einkommensteuer 04: Der Steuerbescheid ist an E als Erbe des A zu richten.[9] Daneben erhält E ggf. noch seinen eigenen Einkommensteuerbescheid für den Veranlagungszeitraum 04.

E ist zur Berichtigung der Erklärung verpflichtet (§ 153 Abs. 1 Satz 2 AO). Durch Verletzung dieser Pflicht kann er sich der Steuerhinterziehung gem. § 370 Abs. 1 Nr. 2 AO schuldig machen.[10]

Einkommensteuer 05: E muss die Einkommensteuererklärung 05 betreffend A einreichen. Das Verfahren des zu erlassenden Steuerbescheids entspricht dem für den Veranlagungszeitraum 04.

b) Wegen des Grundsatzes der Gesamtrechtsnachfolge ist eine Einzelrechtsnachfolge **(Singularsukzession)** in bestimmte, vom sonstigen Nachlass abgesonderte Vermögensteile nur in wenigen Fällen denkbar.

aa) Hierunter fällt der automatische Eintritt in den zwischen dem Erblasser und dem Vermieter geschlossenen **Mietvertrag** durch den Ehegatten/Lebenspartner – § 563 Abs. 1 BGB –, durch andere Familienangehörige – § 563 Abs. 2 BGB – bzw. durch den Partner einer nichtehelichen Lebensgemeinschaft – § 563 BGB analog –.[11] Nur wenn diese Personen nicht vorhanden sind, kommt es gem. § 564 Satz 1 BGB zur Fortsetzung des Wohnraummietverhältnisses mit dem Erben.

Nach Art. 64 EGBGB bleiben die landesrechtlichen Vorschriften über das **Anerbenrecht** in Ansehung **landwirtschaftlicher und forstwirtschaftlicher Grundstücke** unberührt. In diesem Zusammenhang zu beachten ist in den Bundesländern Hamburg, Niedersachsen, Schleswig-Holstein und Nordrhein-Westfalen § 4 **Höfeordnung** i. d. F. der Bekanntmachung vom 26.07.1976 (BGBl 1976 I S. 1933), wonach zwecks Erhaltung der Wirtschaftlichkeit von Bauernhöfen eine Hofaufteilung unter

---
9 BFH vom 17.06.1992, BStBl 1993 II S. 174; vgl. hierzu auch AEAO zu § 122 Nr. 2.12.2. bis 2.12.4.
10 Siehe auch Sauren, ZEV 2002 S. 223.
11 Siehe BGH, NJW 1993 S. 999.

Miterben verhindert werden soll und deshalb der Hof nebst Bestandteilen und Zubehör in das Alleineigentum des Hoferben fällt.[12]

bb) Wichtigster Fall der **Sondererbfolge** ist die **Nachfolge** in die **Beteiligung** des **Gesellschafters** einer **GbR**, einer **OHG** oder des **persönlich haftenden Gesellschafters** einer **KG** oder in die **Beteiligung** an einer **Partnerschaftsgesellschaft.** Wenn ein solcher Gesellschafter stirbt, fällt seine Gesellschaftsbeteiligung nicht ohne weiteres dem bzw. den Erben zu. Was der Gesellschafter-Erblasser vererben kann, sind nur die Rechtspositionen, die ihm nach dem Gesellschaftsrecht bzw. nach dem Gesellschaftsvertrag als vererbbar zustehen – Vorrang der gesellschaftsrechtlichen vor den erbrechtlichen Regelungen –.

Beim Tod eines persönlich haftenden Gesellschafters ist die Vererblichkeit seines Anteils nicht schon von Gesetzes wegen vorgesehen, sondern kann nur durch Vereinbarung der Gesellschafter, durch eine sog. **Nachfolgeklausel,** hergestellt werden. Sind im Gesellschaftsvertrag keine derartigen Vereinbarungen getroffen, sieht das Gesetz folgende Regelungen vor:

GbR: Nach § 727 Abs. 1 BGB wird die Gesellschaft aufgelöst. Sie wird abgewickelt und der Erbe bzw. die Erbengemeinschaft werden Gesellschafter der Liquidationsgesellschaft mit entsprechendem Anspruch auf das Auseinandersetzungsguthaben; der Anteil am Liquidationsvermögen gehört zum Nachlass.

OHG: Nach § 131 Abs. 3 Nr. 1 HGB führt der Tod eines Gesellschafters zu seinem Ausscheiden.[13] Die Gesellschaft wird unter den verbliebenen Gesellschaftern fortgesetzt, denen der Gesellschaftsanteil des Verstorbenen im Verhältnis ihrer bisherigen Anteile gem. § 105 Abs. 3 HGB i. V. m. § 738 Abs. 1 Satz 1 BGB zuwächst. Dessen Erben werden also nicht Gesellschafter, sondern haben nur einen – im Gesellschaftsvertrag jedoch modifizierbaren – Anspruch auf das Abfindungsguthaben gegen die Gesellschafter gem. §§ 738 bis 740 BGB.

KG: Beim Tod eines Komplementärs kommt es wegen der Verweisung auf das Recht der OHG – § 161 Abs. 2 HGB – zur selben Rechtsfolge.

Anders verhält es sich hingegen beim Tod eines Kommanditisten wegen dessen im Vergleich mit der eines Komplementärs unterschiedlichen gesellschaftsrechtlichen Situation – grundsätzlich nur beschränkte Haftung für Gesellschaftsverbindlichkeiten, keine Geschäftsführungsbefugnis und keine organschaftliche Vertretungsmacht –. Der Kommanditanteil ist nach § 177 HGB vererblich, weil ein Ausscheiden aus der Gesellschaft mit der Folge eines Abfindungsanspruchs des Erben i. d. R. dessen Interesse, insbesondere

---

12 Zu Einzelheiten vgl. z. B. Nies, Inf 1983 S. 245; Müller-Feldhammer, ZEV 1995 S. 161; zu den unterschiedlichen Regelungen in den Bundesländern vgl. Palandt/Edenhofer, Art. 64 EGBGB Rdnr. 3 und 4; zum Anerbenrecht als eigenständiges Erbrecht s. auch Ruby, ZEV 2006 S. 351.
13 Kritisch insoweit Marotzke, ZEV 1997 S. 389; hierzu auch K. Schmidt, NJW 1998 S. 2166.

2.1 Erbe und Erblasser, Gesamtrechtsnachfolge und Sondererbfolge

aber auch den Interessen der übrigen Gesellschafter, widerspricht, sodass die Gesellschaft mit dem/den Erben fortgesetzt wird. Mehrere Erben werden nicht in Erbengemeinschaft Kommanditist, vielmehr geht der Kommanditanteil auf die Miterben als Einzelne im Wege der Sondererbfolge in der Weise über, dass sie entsprechend ihrer Erbquoten getrennte Anteile erwerben; der so aufgeteilte Gesellschaftsanteil gehört dennoch zum Nachlass.[14]

Nach § 9 Abs. 1 und Abs. 4 Satz 1 PartGG gilt beim Tod eines Partners dasselbe wie beim Tod eines Gesellschafters einer OHG bzw. eines Komplementärs einer KG.

Durch den Tod eines stillen Gesellschafters wird die Gesellschaft nicht aufgelöst, § 234 Abs. 2 HGB. Als Ausfluss der Universalsukzession tritt der Erbe anstelle des Erblassers in die stille Gesellschaft ein, mehrere Erben als Erbengemeinschaft.

Der Gesellschaftsvertrag kann vorsehen, dass die GbR im Fall des Ablebens eines Gesellschafters unter den verbliebenen Gesellschaftern fortgesetzt wird (sog. **Fortsetzungsklausel**). Einer solchen Klausel, deren Zulässigkeit schon die Regelung des § 736 Abs. 1 BGB zeigt, bedarf es bei den Personenhandelsgesellschaften und der Partnerschaftsgesellschaft nicht. Bei einer Fortsetzung der Gesellschaft unter den überlebenden Gesellschaftern mit der Folge der Anwachsung des Anteils des verstorbenen Gesellschafters – auch bei einer zweigliedrigen Gesellschaft – erlangt der Erbe des Gesellschafter-Erblassers gem. § 738 Abs. 1 Satz 2 BGB einen schuldrechtlichen Anspruch auf Auszahlung einer Abfindung, dessen Höhe i. d. R. im Gesellschaftsvertrag bestimmt ist. Werden hier Buchwertabfindungen vereinbart oder Abfindungen gänzlich ausgeschlossen, so kann das zulässig sein. Der Anspruch der Erben gegen die Gesellschaft beschränkt sich dann also i. d. R. auf den Klauselwert.[15]

Ist im Gesellschaftsvertrag – nicht notwendig bei einem Kommanditanteil und bei einer stillen Gesellschaft – vereinbart, dass die Gesellschaft mit einem, mehreren oder allen Erben fortgeführt werden soll (sog. **erbrechtliche Nachfolgeklausel** – zu unterscheiden von einer rechtsgeschäftlichen Nachfolgeklausel, als deren Folge die Mitgliedschaft des verstorbenen Gesellschafters, für den aufgrund gesellschaftsvertraglicher Vereinbarung bereits zu Lebzeiten eine rechtliche Bindung eingetreten war, auf die benannte Person übergehen soll, ohne dass diese Erbe zu werden braucht –), so werden die betreffenden Erben Nachfolger des verstorbenen Gesellschafters durch „Sonderrechtsnachfolge" (einschränkend aber § 9 Abs. 4 Satz 2 PartGG).

Will der Erbe eines persönlich unbeschränkt haftenden Gesellschafters diese Haftung, insbesondere auch die für Altverbindlichkeiten der Gesellschaft, vermeiden, ohne aber die Erbschaft insgesamt auszuschlagen, so kann er sein Verbleiben in der Gesellschaft davon abhängig machen, dass ihm unter Belassung des bisherigen

---
14 Hierzu Ivo, ZEV 2006 S. 302.
15 Siehe hierzu Reimann, ZEV 1994 S. 7; Mayer, ZEV 2003 S. 355.

2 Überblick über das Erbrecht

Gewinnanteils die Stellung eines Kommanditisten eingeräumt und der auf ihn fallende Teil der Einlage des Erblassers als seine Kommanditeinlage anerkannt wird, § 139 HGB. Ist aber der Erbe Nachfolger des einzigen Komplementärs einer KG und weder er noch ein Kommanditist bereit, die Stellung eines persönlich haftenden Gesellschafters zu übernehmen, hat dies die Auflösung der Gesellschaft zur Folge; insoweit läuft die über § 161 Abs. 2 HGB anwendbare Vorschrift des § 131 Abs. 3 Satz 1 Nr. 1 HGB leer.

Bei der erbrechtlichen Nachfolgeklausel wird üblicherweise zwischen der sog. **einfachen Nachfolgeklausel** (Gesellschaftsanteil geht auf einen Alleinerben oder alle Miterben über) und der sog. **qualifizierten Nachfolgeklausel** (bei mehreren Miterben wird die Gesellschaft nur mit einem oder bestimmten einzelnen Miterben fortgeführt) unterschieden.

Im ersten Fall wird der Alleinerbe anstelle des Erblassers Gesellschafter. Miterben sind zwar grundsätzlich zur gesamten Hand am Nachlass beteiligt; eine Erbengemeinschaft als solche kann jedoch nicht Gesellschafter sein. Dies ist zwingend, um die haftungsrechtliche Kollision zwischen Erbrecht und Gesellschaftsrecht zu lösen, die sich aus der Unvereinbarkeit zwischen der Ausgestaltung der Gesellschafterhaftung – § 128 HGB – einerseits und derjenigen der Erben als dauerhaft auf den Nachlass beschränkbare andererseits ergibt. Ist eine Erbengemeinschaft Nachfolger des Gesellschafter-Erblassers, würde diese im erbrechtlichen Normalfall die Gesellschafterstellung als Gesamthandsgemeinschaft erlangen und bis zur Auseinandersetzung nur mit dem Nachlass haften (§ 2059 BGB). Dieser Konflikt wird dadurch gelöst, dass der Gesellschaftsanteil aus dem übrigen Nachlass ausgegliedert wird und getrennt von diesem übergeht. Der Anteil fällt also getrennt vom übrigen Nachlassvermögen, das bei Miterben gesamthänderisch gebunden bleibt, unmittelbar und endgültig in das Privatvermögen des Gesellschafter-Erben. Nachfolgeberechtigte Miterben erwerben den Gesellschaftsanteil nicht in gesamthänderischer Bindung, sondern teilen sich die ererbte Gesellschafterstellung nach Bruchteilen entsprechend ihrer Nachlassbeteiligung. Sie werden also mit dem Tod des Erblassers automatisch Gesellschafter nach Maßgabe ihres so erworbenen Gesellschaftsanteils, während das übrige Nachlassvermögen bei ihnen gesamthänderisch gebunden ist.[16]

Im Fall, dass die Gesellschafter sich bereits im Gesellschaftsvertrag durch sog. qualifizierte Nachfolgeklausel darauf festgelegt haben, dass nur einer von mehreren Erben oder nur ein Teil der Erben in die Gesellschaft nachfolgen soll,[17] geht der Anteil des verstorbenen Gesellschafters unter Ausschluss der übrigen Miterben allein auf die zur Nachfolge berufenen Miterben über, und zwar unmittelbar, in vollem Umfang (nicht nur in Höhe der Erbquote) und unverändert. Die anderen Miterben werden also nicht Gesellschafter, sie erlangen auch keinen gesellschafts-

---

16 Vgl. BGH, NJW 1999 S. 571; Pietsch, UVR 1992 S. 8; ablehnend Weipert, ZEV 2002 S. 300.
17 Hierzu Reimann, ZEV 2002 S. 487.

2.1 Erbe und Erblasser, Gesamtrechtsnachfolge und Sondererbfolge

rechtlichen Abfindungsanspruch gegen die Gesellschaft, sondern nur einen auf Erbrecht beruhenden Wertausgleichsanspruch gegen den oder die bestimmten Miterben, weil sich ihre quantitative Berechtigung am Nachlass nicht ändert.[18] Der betreffende Gesellschaftsanteil gehört zum Nachlass im weiteren Sinne, nicht aber zum gesamthänderisch gebundenen, der Erbengemeinschaft zuzurechnenden Nachlass.[19]

Durch eine Buchwertklausel im Gesellschaftsvertrag und das dadurch bedingte Auseinanderfallen von vereinbartem und wirklichem Wert des Erblasseranteils kommt es bei der Ermittlung von erbrechtlichen Ansprüchen – z. B. Pflichtteil – zum Konflikt zwischen Erbrecht und Gesellschaftsvertrag, wenn Erben als Gesellschafter nachfolgen, ebenso bei qualifizierter Nachfolgeklausel hinsichtlich der Ausgleichsansprüche nicht beteiligter Miterben gegenüber dem Gesellschafter-Erben. Ein Ansatz des Vollwerts beim Pflichtteilsanspruch bedeutet für den in die Gesellschafterstellung nachfolgenden Erben eine Härte, wenn er selbst seinen Anteil zwecks Pflichtteilsauszahlung nur zum Buchwert realisieren kann; ein Ansatz des Buchwerts auch für den Pflichtteil entzieht dagegen dem Pflichtteilsberechtigten den zum wirklichen Wert fehlenden Vermögensvorteil. Der BGH hat zwar die inhaltlichen Grenzen für die Regelung des Abfindungsanspruchs im Gesellschaftsvertrag geklärt,[20] aber über die erbrechtliche Relevanz von Buchwertklauseln bislang nicht entscheiden.[21]

Bei einer sog. **Eintrittsklausel** (einer oder mehrere Erben sind berechtigt, in die Gesellschaft einzutreten) vollzieht sich der Nachfolgevorgang nicht durch Erbfall, sondern wird durch ein Rechtsgeschäft unter Lebenden bewirkt. Dem betreffenden Erben wird also lediglich der schuldrechtliche Anspruch eingeräumt, von den überlebenden Gesellschaftern die Aufnahme in die Gesellschaft anstelle des verstorbenen Gesellschafters zu verlangen. Die Gesellschaftsbeteiligung des Verstorbenen wächst folglich zunächst den Mitgesellschaftern zu (§ 738 Abs. 1 Satz 1 BGB, § 105 Abs. 3 HGB). Der Eintritt des Berechtigten durch Ausübung seines Eintrittsrechts begründet dann eine neue Mitgliedschaft; auf welche Weise er sich vollzieht, hängt vom Gesellschaftsvertrag ab.

Grundlegend anderes als bei einer nicht ohne weiteres vererbbaren Beteiligung des Erblassers als persönlich haftender Gesellschafter an einer Personengesellschaft gilt im Fall dessen Beteiligung an einer Kapitalgesellschaft.

Ein GmbH-Anteil ist vererblich (§ 15 Abs. 1 GmbHG). Dies kann durch Gesellschaftsvertrag, die Satzung, nicht ausgeschlossen werden, weil bei Unvererblichkeit

---

18 Siehe BGH, BGHZ 68 S. 225; GmbHR 1984 S. 39 und NJW 1986 S. 2431.
19 Söffing, DStR 1991 S. 798.
20 Siehe BGH, NJW 1992 S. 892 und 1993 S. 2101.
21 Zu den in der Literatur zur Konfliktlösung vorgeschlagenen Kompromissen vgl. MünchKomm/Lange, § 2311 Rdnr. 33; Eiselt, NJW 1981 S. 2447; Reimann, ZEV 1994 S. 7; Bratke, ZEV 2000 S. 18.

2 Überblick über das Erbrecht

des Geschäftsanteils seine Zuordnung ungeklärt bliebe. Die Satzung kann aber Bestimmungen enthalten, was mit dem Anteil nach dem Übergang auf den Rechtsnachfolger geschehen soll – z. B. Anteilseinziehung oder Verpflichtung des Erben zur Abtretung.[22] Miterben erwerben den Anteil gesamthänderisch. Eine Sondererbfolge wie bei einer Personengesellschaftsbeteiligung ist nicht möglich, auch nicht über eine qualifizierte Nachfolgeklausel.

Bei Beteiligung des Erblassers an einer AG kann die Vererblichkeit des Aktienrechts ebenfalls nicht ausgeschlossen werden. In der Satzung kann der Gesellschaft aber das Recht vorbehalten sein, beim Eintritt des Erbfalls oder bei Erbfall an bestimmte Personen die davon betroffenen Aktien einzuziehen.[23] Das Mitgliedschaftsrecht des Aktionärs ist unteilbar (§ 8 Abs. 5 AktG). Miterben erben eine Aktie in gesamthänderischer Bindung mit der Folge, dass sie zwecks Ausübung ihrer Rechte aus einer Aktie einen gemeinschaftlichen Vertreter bestellen müssen (§ 69 Abs. 1 AktG), sofern nicht etwa ein Testamentsvollstrecker vorhanden ist.

Die möglichen zivilrechtlichen Variationen beim Tod eines Gesellschafters zeigt zusammenfassend die nachfolgende Übersicht:

Personengesellschaft

1. gesetzliche Regelung

a) GbR: Auflösung der Gesellschaft (§ 727 BGB)
b) OHG: Ausscheiden des Gesellschafters (§ 131 Abs. 3 Nr. 1 HGB)
c) KG: Fortsetzung mit den Erben des Erblasser-Kommanditisten (§ 177 HGB)
d) stille Gesellschaft: keine Auflösung der Gesellschaft (§ 234 Abs. 2 HGB)
e) Partnerschaftsgesellschaft: Ausscheiden des Gesellschafters (§ 9 Abs. 1 PartGG)

2. abweichende Regelung im Gesellschaftsvertrag

a) **Fortsetzungsklausel:** Fortbestehen der Gesellschaft (ohne Erben) – Rechtslage bereits kraft Gesetzes bei Tod eines Gesellschafters einer OHG/Komplementärs einer KG/Partners einer Partnerschaftsgesellschaft –
b) **einfache Nachfolgeklausel:** Fortbestehen der Gesellschaft (mit den Erben)
c) **qualifizierte Nachfolgeklausel:** Fortbestehen der Gesellschaft (mit bestimmten Erben)
d) **Eintrittsklausel:** Fortbestehen der Gesellschaft (mit Eintrittsrecht der Erben)

---

22 Vgl. BFH vom 01.07.1992, BStBl 1992 II S. 912; Lenz, GmbHR 2000 S. 927; Ivo, ZEV 2006 S. 252.
23 Zu Einzelheiten, insbesondere bei einer Familien-AG, s. Schaub, ZEV 1995 S. 82.

2.1 Erbe und Erblasser, Gesamtrechtsnachfolge und Sondererbfolge

---

Kapitalgesellschaft (GmbH)
1. **ausnahmslos:** Übergang durch Gesamtrechtsnachfolge (§ 15 Abs. 1 GmbHG)
2. **„Behaltendürfen"** durch Erben **durch Satzung regelbar:**
   a) **Einziehung** (§ 34 Abs. 2 GmbHG)
   b) **Pflicht** zur **Abtretung**

2.1.1 Gesetzliche Erbfolge

Die Bestimmung des Erben kann der Erblasser durch eine Verfügung von Todes wegen treffen, z. B. durch ein Testament (§ 1937 BGB). Diese gewillkürte Erbfolge hat Vorrang vor der gesetzlichen Erbfolge. Nur soweit gewillkürte Erbfolge nicht eintritt, **gilt hilfsweise** die **gesetzliche Erbfolge;** ca. 75 % der Deutschen hinterlassen kein Testament mit der Konsequenz der gesetzlichen Erbfolge (Quelle: Deutsches Forum für Erbrecht). Als gesetzliche Erben kommen in Betracht: die Verwandten des Erblassers, sein Ehegatte (eingetragener Lebenspartner) und der Staat.

2.1.1.1 Das gesetzliche Erbrecht der Verwandten

Zur Bestimmung der Reihenfolge, in der die Verwandten zum Zuge kommen, werden diese in Ordnungen eingeteilt (§§ 1924 ff. BGB)

1. Ordnung: die Abkömmlinge des Erblassers (§ 1924 Abs. 1 BGB)

2. Ordnung: die Eltern des Erblassers und deren Abkömmlinge (§ 1925 Abs. 1 BGB)

3. Ordnung: die Großeltern des Erblassers und deren Abkömmlinge (§ 1926 Abs. 1 BGB)

4. Ordnung: die Urgroßeltern des Erblassers und deren Abkömmlinge (§ 1928 Abs. 1 BGB)

5. und entferntere Ordnungen: die entfernteren Voreltern des Erblassers und deren Abkömmlinge (§ 1929 Abs. 1 BGB)

1) Abkömmlinge des Erblassers, also die mit ihm in gerader absteigender Linie verwandten Personen, sind seine Kinder und Kindeskinder (= Enkel, Urenkel usw).

a) Eine Person ist Kind der Frau, die es geboren hat (§ 1591 BGB). Diese vom Normalfall ausgehende Vorschrift stellt in Ausnahme von der auf die genetische Abstammung abstellenden Regelung des § 1589 BGB von Gesetzes wegen klar, dass Mutter im Rechtssinn allein die Frau ist, die das Kind geboren hat – trotz Verbots der sog. Ei- oder Embryonenspende in Deutschland durch das EmbryonenschutzG vom 13.12.1990 Klarstellung der Mutterschaft im Zivilrecht für die Fälle des Verstoßes gegen dieses Verbot bzw. bei Eispende im Ausland geboten –.

2 Überblick über das Erbrecht

Die Vaterschaft regelt § 1592 BGB abschließend; andere Tatbestände werden für eine Vater-Kind-Zuordnung nicht anerkannt. Vater eines Kindes ist hiernach der Mann, der zum Zeitpunkt der Geburt mit der Mutter des Kindes verheiratet ist, der die Vaterschaft anerkannt hat oder dessen Vaterschaft nach § 1600d BGB oder § 182 Abs. 1 FamFG gerichtlich festgestellt ist.

Da bei der gesetzlichen Erbfolge nur die rechtlich anerkannte Abstammung zählt, ist auch bei künstlicher Befruchtung das Familienrecht für die Beurteilung der Abstammung maßgeblich.[24]

b) Zu den Abkömmlingen gehören auch sog. nichteheliche Kinder (vgl. hierzu § 1615a BGB) und angenommene Kinder (§§ 1741 ff. BGB).

Bezüglich sog. nichtehelicher Kinder wird die gesetzliche Erbberechtigung durch das zum Zeitpunkt des jeweiligen Erbfalls geltende Familienrecht bestimmt (s. u. 2.1.1.3).

Bei angenommenen Kindern wird zwischen der Annahme Minderjähriger (§§ 1741 bis 1766 BGB) und Volljähriger (§§ 1767 bis 1772 BGB) unterschieden.

aa) Die Rechtswirkungen der Annahme Minderjähriger sind im Wesentlichen folgende (§§ 1754 bis 1756 BGB): Nimmt ein Ehepaar ein minderjähriges Kind oder nimmt ein Ehegatte ein Kind des anderen Ehegatten an, so wird das Kind gemeinschaftliches Kind beider Ehegatten (§ 1754 Abs. 1 BGB). Nimmt nur ein Ehegatte ein Kind an, das nicht Kind des anderen Ehegatten ist, so erlangt es auch nur im Verhältnis zu dem Annehmenden die rechtliche Stellung eines Kindes. Diese Rechtsfolge des § 1754 Abs. 2 BGB gilt außer in der in § 1741 Abs. 2 Satz 4 BGB geregelten Situation auch bei der Annahme als Kind durch eine nicht verheiratete Person. Entsprechend der durch die Adoption entstehenden Verwandtschaft zu dem Annehmenden erlangt das Kind auch das gesetzliche Erbrecht gegenüber dem Annehmenden und dessen Verwandten; das gilt auch umgekehrt im Verhältnis des Annehmenden und dessen Verwandten gegenüber dem Kind und dessen Abkömmlingen. Gemäß § 1755 Abs. 1 Satz 1 BGB geht durch die Annahme andererseits das wechselseitige Erbrecht zwischen den leiblichen Eltern und dessen Verwandten einerseits und dem Kind einschließlich dessen Abkömmlingen andererseits verloren – zur Ausnahme von dem Grundsatz der vollständigen Lösung des angenommenen Kindes aus der leiblichen Familie siehe § 1755 Abs. 2, § 1756 Abs. 1 und 2 BGB – (vgl. in diesem Zusammenhang § 15 Abs. 1a ErbStG, wodurch verhindert wird, dass sich das Erlöschen des bürgerlich-rechtlichen Verwandtschaftsverhältnisses in erbschaftsteuerrechtlicher Hinsicht nachteilig auswirkt).

bb) Bei der Annahme eines Volljährigen entstehen keine so weitreichenden Folgen. Der angenommene Volljährige wird Kind des Annehmenden, seine Kinder werden Abkömmlinge des Annehmenden. Die Wirkung der Annahme erstreckt sich aber

---

24 Vgl. BT-Drucksache 13/4899 S. 52 zur Feststellung der Vaterschaft eines Samenspenders mit hieraus folgenden erbrechtlichen Beziehungen zwischen ihm und dem Kind.

2.1 Erbe und Erblasser, Gesamtrechtsnachfolge und Sondererbfolge

nicht auf die Verwandten des Annehmenden. Das Verwandtschaftsverhältnis zwischen dem Angenommenen und dessen Abkömmlingen zu den leiblichen Verwandten bleibt durch die Annahme unberührt (§ 1770 Abs. 2 BGB). Der Angenommene und seine Abkömmlinge bleiben also gesetzliche Erben gegenüber ihren leiblichen Verwandten aufsteigender Linie und werden zusätzlich gesetzliche Erben gegenüber dem Annehmenden.

Das Hauptmotiv einer Erwachsenen-Adoption muss „familienbezogen" sein, es muss also eine auf Dauer angelegte Bereitschaft zu gegenseitigem Beistand bestehen; im Vordergrund stehende erbschaftsteuerliche Motive berechtigen das Familiengericht, die Annahme nicht auszusprechen.[25]

2) Solange ein Verwandter einer vorhergehenden Ordnung vorhanden ist, sind die Verwandten nachfolgender Ordnungen gem. § 1930 BGB ausgeschlossen, sodass ein dem Verwandtschaftsgrad nach entfernterer Verwandter vor einem dem Grad nach näheren Verwandten Erbe werden kann. Der Grad der Verwandtschaft bestimmt sich gem. § 1589 Satz 3 BGB nach der Zahl der sie vermittelnden Geburten.

> **Beispiel:**
> Der Erblasser hinterlässt seinen Enkel E und seine Eltern V und M.
> E (= Erbe 1. Ordnung) schließt V und M (= Erben 2. Ordnung) von der Erbfolge aus, obwohl der Verwandtschaftsgrad des E (2. Grad) entfernter ist als der der Eltern des Erblassers (1. Grad).

3) Innerhalb der ersten drei Ordnungen werden die zu Erben Berufenen und die Quote des Erbteils **nach Stämmen (1. Ordnung)** beziehungsweise **nach Linien** (väterliche oder mütterliche Linie) **und Stämmen (2. und 3. Ordnung)** ermittelt.

Erbfolge nach Stämmen bedeutet, dass die Nachkommen eines vor dem Erbfall weggefallenen Abkömmlings an seine Stelle treten (§ 1924 Abs. 3 BGB). Jedes Kind des Erblassers bildet einen Stamm; die Kindeskinder = Enkelkinder des Erblassers bilden Unterstämme. Geteilt wird durch die Anzahl der Stämme, wobei nach § 1924 Abs. 4 BGB jeder durch ein Kind des Erblassers gebildete Stamm zu gleichen Teilen erbt.

§ 1924 Abs. 2 BGB bringt das Repräsentationsprinzip zum Ausdruck, nach dem innerhalb eines Stammes ein Erbe die von ihm abstammenden Personen von der Erbfolge ausschließt; auf diesem Prinzip beruhen auch § 1925 Abs. 2, § 1926 Abs. 2 und § 1928 Abs. 2 BGB.

Nach dem innerhalb eines Stammes geltenden Eintrittsprinzip treten an die Stelle eines verstorbenen Stammrepräsentanten dessen Abkömmlinge. Auch wenn in § 1924 Abs. 3 BGB nur von „nicht mehr lebenden Abkömmlingen" die Rede ist, gilt das Eintrittsprinzip auch dann, wenn ein lebender Abkömmling deswegen nicht

---
25 Siehe OLG München vom 19.12.2008, FamRZ 2009 S. 1335 mit Anmerkung Slabon, ErbBStg 2009 S. 93.

gesetzlicher Erbe wird, weil er die Erbschaft ausgeschlagen hat oder für erbunwürdig erklärt worden ist (vgl. §§ 1953 Abs. 2, 2344 Abs. 2 BGB). Ein entfernterer Abkömmling ist auch dann als gesetzlicher Erbe berufen, wenn der nähere Abkömmling durch Verfügung von Todes wegen enterbt wurde (im Fall einer Enterbung des näheren Abkömmlings durch erschöpfende Erbeinsetzung eines Dritten zwar – anders als bei einer Enterbung mittels negativen Verfügung von Todes wegen gem. § 1938 BGB – nicht bedeutsam für die Ermittlung der gesetzlichen Erbfolge, aber doch für die Pflichtteilsberechtigung des entfernteren Abkömmlings). In dieser Konstellation im Hinblick auf das Fehlen einer gesetzlichen Regelung das Eintreten des Abkömmlings nach § 1924 Abs. 3 BGB zu verneinen, hätte einen Wertungswiderspruch zur Folge. Denn die Nachkommen eines lediglich enterbten näheren Abkömmlings würden schlechter stehen, als diejenigen eines näheren Abkömmlings, gegenüber dem das Verdikt der Erbunwürdigkeit ausgesprochen wurde.[26] Linie ist die vom Erblasser aus gesehene Abstammung von einem Eltern- bzw. Großelternteil.

4) Bei mehrfacher Verwandtschaft gesetzlicher Erben der 1. bis 3. Ordnung erhält jeder Erbe den ihm in diesem Stamm zufallenden Anteil (§ 1927 Satz 1 BGB). Denn Heirat unter Verwandten kann dazu führen, dass Abkömmlinge aus dieser Ehe mit den Vorfahren der Eltern in mehreren Stämmen verwandt sind. So gehört, wenn Vetter und Cousine heiraten und nach ihrem beider Tod einen Sohn hinterlassen, dieser beim Tod eines der gemeinsamen Großelternteile von V und C zu dessen gesetzlichen Erben der 1. Ordnung in zwei verschiedenen Stämmen. Dass die aufgrund der mehrfachen Verwandtschaft anfallenden Erbteile gem. § 1927 Satz 2 BGB als besondere Erbteile gelten, hat zur Folge, dass jeder Erbteil gesondert ausgeschlagen werden kann, der Erbe über jeden Erbteil gesondert verfügen kann.

5) Von der 4. Ordnung an gilt anstelle der Erbfolge nach Stämmen bzw. Linien die Erbfolge nach dem Grad der Verwandtschaft. Der mit dem Erblasser gradmäßig nähere Verwandte schließt die entfernteren Verwandten aus (§ 1928 Abs. 3 und § 1929 BGB). Bei gleicher Gradnähe erfolgt Teilung nach Köpfen.

Beispiele zum gesetzlichen Verwandtenerbrecht:
a) E hatte drei Kinder, K1, K2 und K3. Zur Zeit des Erbfalls lebt K1 noch, der seinerseits Kind EK1 hat, während K2 und K3 nicht mehr leben, wohl aber das Kind EK2 des K2. Außerdem lebt noch der Bruder des Erblassers.

Der Bruder (2. Ordnung) scheidet gem. § 1930 BGB als Erbe aus, weil Abkömmlinge des Erblassers (1. Ordnung) vorhanden sind.

Die Abkömmlinge des E erben nach Stämmen. Geteilt wird nach der Anzahl der Stämme, und zwar zu gleichen Teilen (§ 1924 Abs. 4 BGB). Dabei wird ein Stamm aber nur dann berücksichtigt, wenn zum Zeitpunkt des Erbfalls noch ein Abkömmling in ihm vorhanden ist. Da K3 ohne Abkömmlinge vor dem Erbfall gestorben war, verteilt sich das Vermögen des E zu je 1/2 auf die Stämme K1 und K2. Die auf den

---

26 BGH vom 13.04.2011, NJW 2011 S. 1878; ebenso bereits RG vom 19.05.1905, RGZ 61 S. 14, und vom 06.06.1918, RGZ 93 S. 193.

2.1 Erbe und Erblasser, Gesamtrechtsnachfolge und Sondererbfolge

Stamm K1 entfallende Hälfte erhält K1, denn er schließt gem. § 1924 Abs. 2 BGB seinen Abkömmling EK1 aus (Repräsentationsprinzip). Die auf den Stamm K2 entfallende Hälfte erhält EK2, § 1924 Abs. 3 BGB (Eintrittsprinzip).

b) E hinterlässt seine Mutter M, seinen Bruder B1 und N, den Sohn seines verstorbenen Bruders B2.

Da Erben der 1. Ordnung nicht vorhanden sind, sind die Erben der 2. Ordnung berufen, nach § 1925 Abs. 1 BGB die Eltern des Verstorbenen und deren Abkömmlinge. Bei der Erbfolge in der 2. Ordnung ist zunächst auf die Linien abzustellen. Da der Vater nicht mehr lebt, richtet sich die Erbfolge nach § 1925 Abs. 3 und Abs. 2 BGB. Die M (mütterliche Linie) erhält eine Hälfte, die Hälfte des Vaters (väterliche Linie) erben dessen Abkömmlinge nach Stämmen, also erhalten B1 und N jeweils 1/4.

c) E, dessen Eltern bereits verstorben sind, hinterlässt einen Bruder B aus der Ehe seiner Mutter M und seines Vaters V und einen Halbbruder HB, der aus einer Liaison des V mit seiner Sekretärin stammt und dessen Vaterschaft gerichtlich festgestellt ist.

Wegen Fehlens von Erben der 1. Ordnung und weil im Zeitpunkt des Erbfalls weder M noch V leben, treten nach § 1925 Abs. 3 BGB die Stelle deren Abkömmlinge nach den für die Beerbung in der 1. Ordnung geltenden Vorschriften. Die der mütterlichen Linie zufallende Hälfte fällt ihrem Abkömmling B zu, die der väterlichen Linie zufallende Hälfte dessen Abkömmlingen B und HB in Anwendung des § 1924 Abs. 4 jeweils zur Hälfte, mithin beträgt der Erbanteil des B 3/4, der des HB 1/4 („der Halbbürtige erbt nur mit einer Hand").

d) E hinterlässt seine Großmutter väterlicherseits G, seine Tante T (= Schwester seiner Mutter) und einen Halbbruder seiner Mutter H.

Da Erben der 1. und 2. Ordnung nicht vorhanden sind, tritt die Erbfolge nach der 3. Ordnung (§ 1926 BGB) ein. Danach fällt der Nachlass je zu 1/2 in die großelterliche Linie väterlicherseits und die großelterliche Linie mütterlicherseits. Der Anteil von verstorbenen Großeltern vererbt sich in den von diesen ausgehenden Stämmen (§ 1926 Abs. 3 Satz 1 BGB). Wenn keine Abkömmlinge eines verstorbenen Großelternteils vorhanden sind, fällt gem. § 1926 Abs. 3 Satz 2 BGB dessen Anteil an den anderen Großelternteil derselben Linie. Wenn jedoch beide Großeltern einer Linie verstorben sind und von ihnen auch keine Abkömmlinge mehr leben, dann fällt dieser Anteil in die andere Großelternlinie (§ 1926 Abs. 4 BGB). Die G erhält noch das Viertel des Großvaters väterlicherseits, insgesamt also 1/2. Das Viertel des Großvaters mütterlicherseits erhält deren Tochter T und das Viertel der Großmutter mütterlicherseits erhalten je zur Hälfte T und H. Also erhalten insgesamt: G 1/2, T 3/8 und H 1/8.

e) E hinterlässt eine Urgroßmutter mütterlicherseits U, eine Großtante aus der väterlichen Linie G und einen Sohn S einer anderen verstorbenen Großtante.

Da Erben der ersten drei Ordnungen nicht vorhanden sind, wird innerhalb der 4. Ordnung (§ 1928 BGB) vererbt. Danach erbt die noch lebende U allein (§ 1928 Abs. 2 BGB). Wäre die U auch schon verstorben, so würde die G als gradmäßig nächste Verwandte allein erben.

2.1.1.2 Gesetzliches Erbrecht des Ehegatten (§ 1931 BGB)

Der mit dem Erblasser bei dessen Tod rechtsgültig verheiratete, ihn überlebende Ehegatte erhält durch § 1931 BGB ein eigenständiges gesetzliches Erbrecht (keine analoge Anwendung auf eine nichteheliche Lebensgemeinschaft), mit dem er die Verwandten bei der gesetzlichen Erbfolge verdrängt; diesen verbleibt nur der nicht dem Ehegatten zufallende Nachlassanteil. Sterben beide Ehegatten durch dasselbe

Ereignis und ist der jeweilige Todeszeitpunkt nicht zu ermitteln, sodass von ihrem gleichzeitigen Versterben auszugehen ist, kann ein Ehegatte nicht Erbe des anderen sein. Dass der exakte Todeszeitpunkt für die Erbfolge von entscheidender Bedeutung sein kann, mag folgendes Beispiel verdeutlichen:

Beispiel:
Ein Vater starb laut rechtsmedizinischem Gutachten gleichzeitig mit seinem einzigen Kind bei einem Verkehrsunfall. Er hinterließ seine Ehefrau und einen Bruder. Hätte das Kind seinen Vater nur um ganz kurze Zeit überlebt – „im Erbrecht zählen Sekunden" –, wäre es zusammen mit seiner Mutter Erbe des Vaters geworden; nach seinem Tod wäre die Ehefrau (= Mutter) Alleinerbin geworden. So aber erbt nicht nur die F, sondern auch der Bruder des Verstorbenen.

1) Ausschluss des Ehegattenerbrechts

Das Erbrecht des Ehegatten ist an den Bestand der Ehe beim Erbfall gebunden. Er verliert es, wenn die Ehe durch richterliche Entscheidung vorher aufgelöst wurde. Ist es nicht mehr zur Auflösung einer gescheiterten oder fehlerhaft zustande gekommenen Ehe gekommen, obwohl dazu bereits ein gerichtliches Verfahren rechtshängig gemacht war, soll es nicht vom Zufall abhängig sein, ob der Erblasser die Rechtskraft der Entscheidung, mit der die Ehe nach § 1564 Satz 2 BGB aufgelöst ist, noch erlebt. Deshalb bestimmt § 1933 BGB, dass schon die Verfahrenshandlungen des Erblassers Auswirkungen auf das gesetzliche Erbrecht seines Ehepartners haben. Wäre seine Ehe zu scheiden bzw. aufzuheben gewesen, hat sich aber das Scheidungs-/Aufhebungsverfahren durch seinen Tod erledigt und konnte somit eine richterliche Entscheidung nicht mehr ergehen, wird bereits das begründete Verlangen des Erblassers erbrechtlich einer rechtskräftigen richterlichen Entscheidung gleichgestellt. Nach § 1933 Satz 1 und 2 BGB ist das gesetzliche Erbrecht (ebenso der Anspruch auf den Voraus gem. § 1932 BGB und der Pflichtteilsanspruch) ausgeschlossen, wenn zur Zeit des Todes des Erblassers die Voraussetzungen für eine Scheidung vorlagen bzw. der Erblasser zur Beantragung der Eheaufhebung berechtigt war – zu prüfen nach Maßgabe der §§ 1565 ff. BGB, wobei die Beweislast dafür, dass die Ehe geschieden worden wäre, derjenige trägt, der sich darauf beruft, i. d. R. die das Ehegattenerbrecht bestreitenden Verwandten bzw. zu beurteilen anhand der in §§ 1314, 1315 BGB geregelten Aufhebungsgründe.[27] Neben dieser materiellen Voraussetzung ist der Ausschluss des Ehegattenerbrechts, an dessen Stelle dann nach § 1933 Satz 3 BGB ein Unterhaltsanspruch tritt, in formeller Hinsicht davon abhängig, dass der Erblasser noch vor seinem Tod die Scheidung/Aufhebung seiner Ehe beantragt oder einem Scheidungsantrag seines Ehegatten zugestimmt hat – Antragstellung erlangt erbrechtliche Wirkung erst mit Zustellung des entsprechenden Schriftsatzes.[28] Hat dagegen nur der überlebende Ehegatte die Scheidung bean-

---

[27] Siehe hierzu auch BGH vom 02.07.2008, ErbR 2008 S. 397, wonach der überlebende Ehegatte sein gesetzliches Erbrecht behält, wenn ihm der Nachweis gelingt, dass es im obligatorischen Trennungsjahr zu einem ernsthaften Versöhnungsversuch gekommen war.

[28] Zur Verfassungsmäßigkeit von § 1933 Satz 1 zweite Alt. „Zustimmung" BGB vgl. BVerfG, ZEV 1995 S. 183.

2.1 Erbe und Erblasser, Gesamtrechtsnachfolge und Sondererbfolge

trägt, ist es dazu aber wegen Todes des scheidungsunwilligen Ehepartners nicht mehr gekommen, bleibt sein gesetzliches Erbrecht erhalten.[29] Das Ehegattenerbrecht ist darüber hinaus gem. § 1318 Abs. 5 BGB für den Ehegatten ausgeschlossen, der bei Eingehung der Ehe deren Aufhebbarkeit wegen Verstoßes gegen die §§ 1304, 1306, 1307, 1311 BGB oder im Fall des § 1314 Abs. 2 Nr. 1 BGB kannte. Diese Regelung will verhindern, dass der überlebende, von Anfang an bösgläubige Ehegatte besser gestellt ist, als er nach § 1933 Satz 2 BGB stünde, wenn der nunmehr verstorbene Ehegatte noch den Aufhebungsantrag gestellt hätte.

Gestaltungsmöglichkeiten und Formulierungsvorschläge für ein Testament nach der Scheidung zeigt Nieder auf.[30]

2) Umfang des Ehegattenerbrechts

Der Umfang des gesetzlichen Erbrechts des überlebenden Ehegatten hängt von zwei Faktoren ab:
- einerseits davon, ob Verwandte des Erblassers vorhanden sind und welcher Ordnung diese angehören,
- andererseits davon, in welchem Güterstand die Ehegatten im Zeitpunkt des Erbfalls gelebt haben.

Die Erbquote orientiert sich also ausschließlich an der Nähe konkurrierender Verwandter zum Erblasser (§ 1931 Abs. 1 und 2 BGB) und an der Art seines ehelichen Güterstandes (§ 1931 Abs. 3 und 4 BGB).

a) Der Erbteil des Ehegatten ist bei näher Verwandten kleiner als bei entfernteren. Fernere Verwandte als die Großeltern kommen allerdings nicht zum Zuge, weil sie der Ehegatte verdrängt und alleine erbt (§ 1931 Abs. 2 BGB). Im Einzelnen gilt Folgendes: Gemäß § 1931 Abs. 1 Satz 1 BGB erbt der Ehegatte neben Verwandten der 1. Ordnung, also Abkömmlingen des Erblassers, ein Viertel, neben Verwandten der 2. Ordnung, also den Erblasser-Eltern und deren Abkömmlingen, sowie neben den Großeltern erbt er die Hälfte. Treffen mit Großeltern Abkömmlinge eines schon verstorbenen Großelternteils zusammen, erhält der Ehegatte neben seiner Hälfte den Anteil, der nach § 1926 Abs. 3 BGB an sich auf die Abkömmlinge des/der verstorbenen Großeltern übergehen würde (§ 1931 Abs. 1 Satz 2 BGB). Sind dagegen keine Abkömmlinge eines bereits verstorbenen Großelternteils vorhanden, gelten die allgemeinen Regeln, sodass an die Stelle des Weggefallenen die anderen Großeltern nach § 1926 Abs. 3 Satz 2 bzw. Abs. 4 BGB treten, denen der Anteil verbleibt, weil der Ehegatte des Erblassers nur Abkömmlinge der Großeltern ausschließt.

b) Auf die quotenmäßige Beteiligung des Ehegatten am Nachlass wirken sich zusätzlich der gesetzliche Güterstand und der Güterstand der Gütertrennung,

---
29 Zu verfassungsrechtlichen Bedenken im Hinblick auf Art. 3 Abs. 1 und Art. 6 GG gegen diesen einseitigen Erbrechtsausschluss s. Zopfs, ZEV 1995 S. 309.
30 ZEV 1994 S. 156; vgl. hierzu auch Reimann, ZEV 1995 S. 329.

jedoch dieser nur in einem Sonderfall, aus. Der – höchst selten anzutreffende – Güterstand der Gütergemeinschaft beeinflusst das nach § 1931 Abs. 1 und 2 BGB zu bestimmende Ehegattenerbrecht nicht. Bei diesem gehört zum Nachlass gem. § 1482 Satz 1 BGB auch der Erblasseranteil am Gesamtgut. Nur bei ehevertraglich vereinbarter fortgesetzter Gütergemeinschaft ist der Nachlass auf das Sonder- und Vorbehaltsgut des Erblassers beschränkt (§ 1483 Abs. 1 Satz 3 BGB).

> **Beispiel zum Ehegattenerbrecht, wenn keine Zugewinngemeinschaft besteht:**
> E lebte mit seiner Frau F in Gütertrennung. Er hinterlässt neben der F drei Kinder – K1, K2 und K3 – und seine Mutter M.
> Die M (2. Ordnung) scheidet gem. § 1930 BGB als Erbin aus, weil mit K1, K2 und K3 Abkömmlinge des Verstorbenen (1. Ordnung) vorhanden sind. Nach § 1931 Abs. 1 Satz 1 BGB ist der überlebende Ehegatte F neben Verwandten der 1. Ordnung zu einem Viertel als gesetzlicher Erbe berufen. Die restlichen 3/4 fallen gem. § 1924 Abs. 1 und 4 BGB an die Abkömmlinge zu gleichen Teilen. K1, K2 und K3 erhalten somit je 1/4.
>
> **Abwandlung:**
> E hinterlässt nur F und M.
> Da keine Abkömmlinge vorhanden sind, kommt die M als Erbin 2. Ordnung zum Zuge. F erhält neben M 1/2 (§ 1931 Abs. 1 Satz 1 BGB). Die andere Hälfte geht auf M über (§ 1925 Abs. 3 Satz 2 BGB).

Im Fall der Gütertrennung ist noch die Sonderregelung des § 1931 Abs. 4 BGB zu beachten, wonach der überlebende Ehegatte und jedes Kind zu gleichen Teilen erben, wenn neben dem Ehegatten nur ein oder zwei Kinder als gesetzliche Erben berufen sind. Diese im Vergleich zu § 1931 Abs. 1 Satz 1 BGB eine Verbesserung der Rechtsstellung bewirkende Vorschrift stellt sicher, dass der Erbteil des gemeinsam mit Abkömmlingen zum gesetzlichen Erben berufenen Ehegatten nie geringer als der eines Kindes ist. Auch soll der Ehegatte für seine Mitarbeit beim Vermögenserwerb entschädigt und ein Ausgleich dafür geschaffen werden, dass durch § 2057a BGB nur Abkömmlingen ein Ausgleichsanspruch bei bestimmten Leistungen zusteht.

c) Bestand zwischen den Ehegatten der gesetzliche **Güterstand der Zugewinngemeinschaft,** so ist für die Ermittlung des gesetzlichen Erbteils des Ehegatten neben § 1931 Abs. 1 BGB auch die gem. § 1931 Abs. 3 BGB unberührt bleibende Vorschrift des § 1371 BGB zu berücksichtigen.

> **Beispiel:**
> E lebte mit seiner Frau F im gesetzlichen Güterstand (Zugewinngemeinschaft). Er hinterlässt neben F die gemeinsamen Kinder K1 und K2 und seinen Vater V.
> F erbt nach § 1371 Abs. 1 BGB 1/4 und nach § 1931 Abs. 1 Satz 1 BGB ebenfalls 1/4: zusammen also 1/2. K1 und K2 erben nach § 1924 Abs. 1 und Abs. 4 BGB je 1/4. V erbt nicht (§ 1925 Abs. 1, § 1930 BGB).
>
> **Abwandlung:**
> E hinterlässt nur F und V.
> F erbt nach § 1371 Abs. 1 BGB 1/4 und nach § 1931 Abs. 1 Satz 1 BGB 1/2: zusammen also 3/4. V erbt nach § 1925 Abs. 1 und Abs. 3 Satz 2 BGB 1/4.

2.1 Erbe und Erblasser, Gesamtrechtsnachfolge und Sondererbfolge

aa) Nach § 1371 Abs. 1 BGB wird der Zugewinn – unerheblich, ob einer erzielt wurde – pauschal dadurch ausgeglichen, dass sich der gesetzliche Erbteil des überlebenden Ehegatten um 1/4 der Erbschaft erhöht – sog. **erbrechtliche Lösung** –. Dieser pauschalierte Zugewinnausgleich erfolgt sogar dann, wenn der Erblasser, etwa im gedachten Fall einer Ehescheidung, Ausgleich hätte fordern können. Der überlebende Ehegatte erbt also
- neben Verwandten der 1. Ordnung insgesamt 1/2,
- neben Verwandten der 2. Ordnung und neben Großeltern insgesamt 3/4.

Wenn der Ehegatte nach § 1931 Abs. 1 Satz 2 BGB schon 3/4 erbt, wird er bei Zugewinngemeinschaft Alleinerbe. Der durch § 1371 Abs. 1 BGB erhöhte Erbteil ist ein einheitlicher, sodass das zusätzliche Viertel nicht gesondert ausgeschlagen werden kann (§ 1950 BGB). Es ist allerdings gem. § 1371 Abs. 4 BGB mit gesetzlichem Vermächtnis zugunsten „bedürftiger" Stiefkinder belastet.

Hingewiesen sei in diesem Zusammenhang bereits auf die problematische – weil von der bürgerlich-rechtlichen Regelung abweichende – Vorschrift des § 5 Abs. 1 ErbStG. Diese Regelung für die Auflösung der Zugewinngemeinschaft im Todesfall, die nicht ein Viertel des Nachlasses generell von der Steuer freistellt, sondern eine genaue Ermittlung der Ausgleichsforderung notwendig macht, wird den Bedürfnissen der Praxis nicht gerecht. Gleichwohl ist sie unter Hinweis auf die größere Steuergerechtigkeit Gesetz geworden.

bb) Demgegenüber tritt die sog. **güterrechtliche Lösung** ein, entweder wenn der überlebende Ehegatte weder Erbe wird noch mit einem Vermächtnis bedacht ist (§ 1371 Abs. 2 BGB) oder wenn der überlebende Ehegatte die Erbschaft ausschlägt (§ 1371 Abs. 3 BGB). Den Weg nach § 1371 Abs. 3 BGB wird der überlebende Ehegatte möglicherweise dann wählen, wenn in dem Nachlass ein hoher Zugewinn steckt. Er wird ihn dann nicht wählen, wenn der Zugewinn gering, das Vermögen des Erblassers aber groß ist. Bei der güterrechtlichen Lösung wird der überlebende Ehegatte nicht Erbe, sondern er erhält nur den Anspruch auf den Pflichtteil (berechnet nach dem nicht erhöhten Erbteil gem. § 1931 Abs. 1 Satz 1 BGB; sog. kleiner Pflichtteil) und daneben den normalen Zugewinnausgleich nach §§ 1373 ff. BGB. Diese Ausgleichsforderung richtet sich – ebenso wie der Pflichtteilsanspruch, für den Bemessungsgrundlage der um die Ausgleichsforderung gekürzte Nachlass ist – als schuldrechtlicher Anspruch gegen den Erben/die Erbengemeinschaft.

3) Verwandter Ehegatte

Ein mehrfaches Erbrecht des überlebenden Ehegatten gem. § 1934 BGB ist praktisch nur möglich, wenn er mit dem Erblasser in zweiter Ordnung verwandt, also mit Onkel oder Tante verheiratet war. In der umgekehrten Situation – Erblasser war Neffe oder Nichte seines Ehegatten – ist ein mehrfaches Erbrecht im Hinblick auf § 1931 Abs. 1 Satz 2 BGB ausgeschlossen.[31] Dass der dem überlebenden Ehe-

---
31 Siehe MünchKomm/Leipold, § 1934 Rdnr. 1.

gatten aufgrund der Verwandtschaft zufallende Erbteil als besonderer Erbteil gilt, hat zur Folge, dass dieser nicht von § 1933 BGB betroffen wird und bei Ausschlagung des Ehegattenerbrechts dem Verlangen eines güterrechtlichen Zugewinnausgleichs nicht entgegensteht.

4) Weitere Ehegatten-„Rechte"
Unabhängig vom Güterstand erlangt der überlebende Ehegatte als gesetzlicher Erbe nach § 1932 BGB neben seinem Erbteil auch noch einen Anspruch auf den **Voraus** (zum Haushalt gehörende Gegenstände, soweit sie nicht Zubehör eines Grundstücks sind, und Hochzeitsgeschenke). Dieser Anspruch steht dem Ehegatten neben Verwandten der 2. Ordnung oder Großeltern stets zu, neben Abkömmlingen jedoch nur soweit, als der Ehegatte diese Gegenstände zur Führung eines angemessenen Haushalts benötigt. Der Voraus, als dessen Voraussetzung der Ehegatte endgültig gesetzlicher Miterbe geworden sein muss, der ihm mithin nicht zusteht, wenn er durch Verfügung von Todes wegen von der gesetzlichen Erbfolge ausgeschlossen ist, die Erbschaft ausgeschlagen, auf das Erbrecht verzichtet hat oder für erbunwürdig erklärt ist, begründet infolge der nach § 1932 Abs. 2 BGB zur Anwendung kommenden Vermächtnisvorschriften einen Anspruch des Ehegatten gegen die Erbengemeinschaft auf Eigentumsübertragung. Der Anspruch, der häufig als „gesetzliches" Vermächtnis bezeichnet wird, obwohl es Vermächtnisse nur aufgrund Verfügung von Todes wegen gibt und gerade deshalb die Verweisung erforderlich ist, ist Nachlassverbindlichkeit, die bei der Auseinandersetzung vorweg zu berichtigen ist, bei Unzulänglichkeit des Nachlasses oder Nachlassinsolvenzverfahren aber keinen Vorrang hat und wie andere Vermächtnisse auch erst nach den sonstigen Verbindlichkeiten zu erfüllen ist (§ 1991 Abs. 4 BGB, § 327 Abs. 1 Nr. 2 InsO).

Außerdem kann sich noch ein Anspruch auf Unterhalt während der ersten 30 Tage nach dem Erbfall ergeben (sog. **Dreißigster**). Dieser Anspruch – ebenfalls ein sog. gesetzliches Vermächtnis – steht nicht nur dem Ehegatten, sondern allen Familienangehörigen zu, die zum Hausstand gehört und Unterhalt bezogen haben (§ 1969 BGB).

2.1.1.3 Gesetzliches Erbrecht des Lebenspartners
Am 01.08.2001 ist das „Gesetz zur Beendigung der Diskriminierung gleichgeschlechtlicher Gemeinschaften – **Lebenspartnerschaften** –" (LPartG) in Kraft getreten.[32] Damit ist eine rechtliche Anerkennung gleichgeschlechtlicher Partnerschaften unter zivil-, sozialversicherungs-, straf- und ausländerrechtlichen Aspekten erfolgt. Durch das am 01.01.2005 in Kraft getretene „Gesetz zur Überarbeitung des Lebenspartnerschaftsrechts" vom 15.12.2004[33] wird die erbrechtliche Stellung des überlebenden Lebenspartners uneingeschränkt dem gesetzlichen Ehegattenerbrecht angepasst. Die erbrechtlichen Regelungen sollen der Vollständigkeit halber kurz skizziert werden. Auch im Erbschaftsteuerrecht ist nunmehr die eingetragene

---
32 BGBl 2001 I S. 266.
33 BGBl 2004 I S. 3396.

2.1 Erbe und Erblasser, Gesamtrechtsnachfolge und Sondererbfolge

Lebenspartnerschaft in vollem Umfang der Ehe gleichgestellt. Seit dem ErbStRG vom 24.12.2008 wurden Lebenspartner bereits mit Ausnahme der Steuerklasse wie Ehegatten behandelt; den verbliebenen verfassungswidrigen Zustand hat der Gesetzgeber mit dem JStG 2010 vom 08.12.2010 durch Einordnung der Lebenspartner in die Steuerklasse I beseitigt.

Voraussetzung des gesetzlichen Erbrechts des überlebenden Lebenspartners ist das Bestehen einer wirksamen Lebenspartnerschaft im Todeszeitpunkt (s. hierzu § 1 LPartG). Auch darf kein Erbrechtsausschluss eingreifen; § 10 Abs. 3 LPartG entspricht der Regelung für Ehegatten in § 1933 BGB. Der Umfang des gesetzlichen Erbrechts des Lebenspartners ist wie beim Ehegattenerbrecht zunächst davon abhängig, neben Verwandten welcher Ordnung er Erbe wird. § 10 Abs. 1 Satz 1 und 2, Abs. 2 Satz 1 und 2 LPartG entsprechen insoweit vollinhaltlich den Regelungen in § 1931 Abs. 1 Satz 1 und 2, Abs. 2 und Abs. 4 BGB. Dem überlebenden Lebenspartner steht nach § 10 Abs. 1 Satz 3 bis 5 LPartG in Übernahme der Regelung des § 1932 BGB der Voraus zu. Genauso wie das gesetzliche Erbrecht des überlebenden Ehegatten durch den Güterstand beeinflusst wird, kommt auch dem Güterstand, in dem die gleichgeschlechtlichen Lebenspartner beim Erbfall gelebt haben, Bedeutung zu. Nach § 6 Satz 1 LPartG leben die Lebenspartner grundsätzlich im Güterstand der Zugewinngemeinschaft. Nach Satz 2 dieser Bestimmung wird der Überschuss des Zugewinns bei Beendigung des Güterstands ausgeglichen. Dies erfolgt bei Beendigung des Güterstands durch Tod aufgrund der insoweit anwendbaren Regelung des § 1371 BGB entweder durch die sog. erbrechtliche Lösung (Abs. 1) oder durch die sog. güterrechtliche Lösung (Abs. 2 und 3). Nach § 7 Satz 1 LPartG können sie jedoch durch Lebenspartnerschaftsvertrag (Parallele zum Ehevertrag) ihre güterrechtlichen Verhältnisse regeln, z. B. Gütertrennung, Gütergemeinschaft oder auch eine „modifizierte" Zugewinngemeinschaft vereinbaren. Die Möglichkeit, in einem notariellen Lebenspartnerschaftsvertrag den Güterstand der Gütertrennung oder der Gütergemeinschaft vereinbaren zu können, ergibt sich aus dem Verweis in § 7 Satz 2 LPartG auf die §§ 1409 bis 1563 BGB. Haben die Lebenspartner Gütertrennung vereinbart, so bleibt es entsprechend dem gesetzlichen Ehegattenerbrecht bei den allgemeinen erbrechtlichen Grundsätzen.

Lebenspartner können ein gemeinschaftliches Testament errichten (§ 10 Abs. 4 LPartG). Dem Lebenspartner wird auch ein Pflichtteilsrecht zuerkannt (§ 10 Abs. 6 LPartG).

2.1.1.4 Gesetzliche Erbfolge bei Beteiligung sog. nichtehelicher Kinder

Durch das „Kindschaftsrechtsreformgesetz" vom 16.12.1997 (BGBl 1997 I S. 2942) ist ab 01.07.1998 die familienrechtliche Unterscheidung in „eheliche" und „nichteheliche" Kinder entfallen.

Für das Erbrecht des „nichtehelichen" Kindes nach dem Tod seines Vaters – beim Tod der Mutter eines „nichtehelichen" Kindes ergaben sich zu keiner Zeit Probleme; dieses war seit eh und je Erbe der 1. Ordnung – ist zu unterscheiden:

2 Überblick über das Erbrecht

Rechtslage bis 31.03.1998: Es galten die §§ 1934a bis 1934e BGB (s. dazu im Einzelnen 7. Auflage).

Rechtslage ab 01.04.1998: Durch das „Gesetz zur erbrechtlichen Gleichstellung nichtehelicher Kinder" vom 16.12.1997[34] wurden die Vorschriften über den Erbersatzanspruch gem. §§ 1934a bis 1934c BGB und den vorzeitigen Erbausgleich gem. §§ 1934d und 1934e BGB ersatzlos gestrichen. Da seit dem Gesetz über die rechtliche Stellung der nichtehelichen Kinder vom 19.08.1969 – NEhelG –[35] ein nichteheliches Kind Abkömmling seines Vaters – wie selbstverständlich immer schon seiner Mutter – ist, folgt hieraus die Stellung des Kindes als gesetzlicher Erbe und Pflichtteilsberechtigter am Nachlass des Vaters und väterlicher Verwandter sowie umgekehrt. Durch die ersatzlose Streichung der §§ 1934a ff. BGB ist nunmehr die Stellung der nichtehelichen Kinder in jeder Hinsicht identisch mit der der ehelichen Kinder. Es kommt also zu einer gesamthänderischen Beteiligung des nichtehelichen Kindes am Nachlass auch dann, wenn eheliche Abkömmlinge und/oder ein überlebender Ehegatte des Erblassers vorhanden sind.[36]

Folgende Besonderheiten gilt bzw. galt es bezüglich der erbrechtlichen Stellung des nichtehelichen Kindes noch zu beachten:

- Das NEhelG – Art. 12 § 10 Abs. 2 – versagte allen vor dem 01.07.1949 geborenen, d. h. bei Inkrafttreten des Gesetzes bereits volljährigen nichtehelichen Kindern weiterhin das gesetzliche Erbrecht im Verhältnis zum Vater und den väterlichen Verwandten, wenn der Erbfall erst nach dem 01.07.1970 eintrat. Diese durch das ErbGleichG vom 16.12.1997 unangetastet gebliebene zeitliche Schranke hatte zur Folge, dass es in diesen Fällen dabei blieb, dass das uneheliche Kind und sein Vater als nicht verwandt galten.

  Zwar hatte das BVerfG[37] in dieser Regelung keinen Verstoß gegen Art. 6 Abs. 5 i. V. m. Art. 3 Abs. 1 GG gesehen, weil es als vertretbaren sachlichen Grund vor allem das Bestreben erachtete, Schwierigkeiten bei der Vaterschaftsfeststellung zu vermeiden und das Vertrauen auf die Weitergeltung des alten Rechtszustandes in gewissem Maße zu berücksichtigen. Der Europäische Gerichtshof für Menschenrechte sah jedoch in der Entscheidung vom 28.05.2009 in der Versagung des Erbrechts eines vor dem 01.07.1949 geborenen Kindes nach dem Vater eine Verletzung von Art. 14 EMRK (Diskriminierungsverbot) i. V. m. Art. 8 EMRK (Schutz des Familienlebens).[38] Der EGMR betonte, dass angesichts der gesellschaftlichen Entwicklung in Deutschland, der Gleichstellung nichtehelicher und

---

34 BGBl 1997 I S. 2968.
35 BGBl 1969 I S. 1243.
36 **Anmerkung:** Der Wegfall der §§ 1934a ff. BGB hat den Gesetzgeber, weil in Erbfällen ab dem 01.04.1998 ein Erbersatzanspruch nicht mehr entstehen kann, veranlasst, im ErbStRG vom 24.12.2008 § 3 Abs. 1 Nr. 1 ErbStG dahingehend zu ändern, dass dieser Steuertatbestand entfällt.
37 Siehe BVerfGE 44 S. 1.
38 Siehe FamRZ 2009 S. 1293; hierzu näher Leipold, ZEV 2009 S. 488.

2.1 Erbe und Erblasser, Gesamtrechtsnachfolge und Sondererbfolge

ehelicher Kinder durch das ErbGleichG und der erheblichen Verringerung der Beweisschwierigkeiten bei der Vaterschaftsfeststellung die Gründe, die ursprünglich zur Versagung des gesetzlichen Erbrechts geführt hätten, nicht mehr tragfähig seien.

Der Gesetzgeber hat dieser Entscheidung – auch wenn die Fälle im Hinblick auf das Lebensalter zunehmend seltener werden – durch das 2. Gesetz zur Gleichstellung von ehelichen und nichtehelichen Kindern vom 12.04.2011[39] Rechnung getragen, sodass jetzt auch alle vor dem 01.07.1949 geborenen nichtehelichen Kinder bei Anerkennung oder gerichtlicher Feststellung der Vaterschaft gesetzliche Erben ihrer Väter werden; auch steht ihnen ein Pflichtteilsrecht zu, falls sie durch Testament oder Erbvertrag vom Erbe ausgeschlossen wurden. Allerdings erfasst diese Neuregelung nur Erbfälle, die sich ab dem 29.05.2009, der EGMR-Entscheidung, ereignet haben (für frühere Erbfälle aber nach Art. 12 § 10 Abs. 2 NEhelG n. F. Wertersatzpflicht bei Erbschaft des Bundes oder eines Landes gem. § 1936 BGB). Damit soll das Vertrauen derer geschützt werden, die vor der Entscheidung nach der bis dato geltenden Rechtslage Erben geworden sind.

- Nach Art. 227 EGBGB sind die bis zum 01.04.1998 geltenden Vorschriften über das Erbrecht des nichtehelichen Kindes – §§ 1934a bis 1934e BGB – weiter anzuwenden, wenn vor diesem Zeitpunkt entweder der Erblasser gestorben ist oder über den Erbausgleich eine wirksame Vereinbarung getroffen oder der Erbausgleich durch rechtskräftiges Urteil zuerkannt worden ist.

2.1.1.5 Gesetzliches Erbrecht des Staates

Ist zur Zeit des Erbfalls weder ein Verwandter noch ein Ehegatte/Lebenspartner des Erblassers vorhanden, oder haben alle gesetzlichen Erben wirksam ausgeschlagen, erbt gem. § 1936 BGB das Bundesland, in dem der Erblasser zur Zeit des Erbfalls seinen letzten Wohnsitz bzw. seinen gewöhnlichen Aufenthalt hatte; im Übrigen wird der Bund Erbe (zu den Begriffen „Wohnsitz" und „gewöhnlicher Aufenthalt" vgl. § 8 und § 9 AO). Einen Erbfall ohne Erben kann es somit nicht geben, weil der Staat Zwangserbe ist. Er kann nämlich weder auf sein gesetzliches Erbrecht verzichten (nicht in § 2346 BGB erwähnt) noch die ihm angefallene Erbschaft ausschlagen (§ 1942 Abs. 2 BGB). Allerdings folgt aus § 2011 BGB, § 780 Abs. 2 ZPO, dass der Fiskus immer nur mit der Beschränkung auf den Nachlass haftet.[40]

Wird der Fiskus gesetzlicher Erbe und fallen – selbstverständlich nur bei nicht überschuldetem Nachlass – damit Steuergläubigerschaft und Steuerschuldnerschaft zusammen, tritt eine sog. Konfusion ein, die gem. § 47 AO zum Erlöschen des Anspruchs aus dem Steuerschuldverhältnis führt. Es besteht keine verfahrensrechtliche Notwendigkeit mehr, eine Steuerfestsetzung vorzunehmen.[41]

---

39 BGBl. 2011 I S. 615.
40 Zum weiteren Verfahren s. OFD Hannover vom 31.01.2001, ZEV 2001 S. 188.
41 Vgl. hierzu BFH vom 07.03.2006, BStBl 2006 II S. 584 – kein Fall des § 156 Abs. 2 AO –.

2.1.1.6 Zusammenfassende Übersicht über die gesetzliche Erbfolge
Hinweis: Gewillkürte Erbfolge geht stets vor.

Verwandte (§§ 1924 ff. BGB)
1. Reihenfolge richtet sich nach Ordnungen – Bestimmung der Ordnung ergibt sich aus den §§ 1924, 1925, 1926, 1928 und 1929 BGB
   1. Ordnung: Erbfolge nach Stämmen
   2. und 3. Ordnung: Erbfolge nach Linien und Stämmen
   ab 4. Ordnung: Erbfolge nach dem Grad der Verwandtschaft
2. Vorhergehende Ordnung schließt nachfolgende Ordnung aus (§ 1930 BGB)

Ehegatte (§ 1931 BGB)
1. Beim Erbfall bestehende Ehe
2. Bedeutung anderer Verwandter:
   – neben Verwandten der 1. und 2. Ordnung oder Großeltern: Miterbe
   – sonst: Alleinerbe
3. Besonderheiten bei Zugewinngemeinschaft (§ 1371 BGB)
   – erbrechtliche Lösung
   – güterrechtliche Lösung

Lebenspartner (§ 10 Abs. 1 und 2 und § 6 Satz 2 LPartG)
– identisch wie Ehegatte

Staat (§ 1936 BGB)
– Zwangserbschaft,
  falls weder Verwandter noch Ehegatte/Lebenspartner vorhanden

2.1.2 Gewillkürte Erbfolge

Das BGB gibt dem Erblasser – dem allgemeinen Grundsatz der Vertragsfreiheit entsprechend – die Möglichkeit, seinem Willen im Rahmen der Gesetze über den Tod hinaus Geltung zu verschaffen (**Testierfreiheit**). Dies kann vertraglich nicht beschränkt werden (§ 2302 BGB). Die Testierfreiheit ist durch die Gewährleistung des Erbrechts in Art. 14 Abs. 1 Satz 1 GG verfassungsrechtlich abgesichert,[42] findet ihre Grenze aber u. a. im Pflichtteilsrecht.[43]

Das gesetzliche Erbrecht – dieses kann man als einen unverbindlichen Vorschlag des Gesetzgebers für eine vernünftige, aber natürlich nicht allen Erfordernissen und Interessen gerecht werdende Erbregelung ansehen – greift gegenüber der gewillkürten Erbfolge nur ergänzend ein, die gesetzlichen Erben sind also nur insoweit berufen, als nicht der Erblasser durch Verfügung von Todes wegen etwas anderes bestimmt hat.

Die gesetzliche Regelung des BGB über die gewillkürte Erbfolge kann unter systematischen Aspekten nur als suboptimal bezeichnet werden. Die gewillkürte Erbfolge und der Inhalt der Verfügung von Todes wegen werden in den §§ 1937 bis 1941 BGB nur andeutungsweise geregelt. Die Verfügung von Todes wegen (Oberbegriff) kann entweder einseitig – **Testament** (§ 1937 BGB) – oder zweiseitig – **Erbvertrag** (§ 1941 BGB) – sein. Der wesentliche Unterschied zwischen diesen dem Erblasser vom Gesetz zur Gestaltung der Weitergabe seines Vermögens im Rahmen der Testierfreiheit zur Verfügung gestellten Formen liegt in der Widerrufsmöglichkeit. Der mögliche Inhalt der Verfügung von Todes wegen ist in den §§ 1937 bis 1941 BGB nur beispielhaft genannt. Der Erblasser kann insbesondere folgende Punkte regeln:

- Erbeinsetzung (§ 1937 BGB),
- Ausschluss von der gesetzlichen Erbfolge (§ 1938 BGB),
- Vermächtnisse (§ 1939 BGB) und Auflagen (§ 1940 BGB),
- Anordnung einer Vor- und Nacherbschaft (§§ 2100 ff. BGB),
- Bestimmung eines Ersatzerben (§§ 2096 ff. BGB),
- Teilungsanordnungen (§§ 2048 ff. BGB),
- Ernennung eines Testamentsvollstreckers (§§ 2197 ff. BGB),
- Entziehung und Beschränkung des Pflichtteils (§§ 2333, 2338 BGB).

2.1.2.1 Testament (Wirksamkeit; Auslegung; Nichtigkeit; Widerruf; Anfechtung; gemeinschaftliches Testament)

Das Testament – in § 1937 BGB auch als letztwillige Verfügung bezeichnet, weil es unwiderrufen das letzte Wort des Erblassers über seinen Nachlass darstellt – ist ein einseitiges Rechtsgeschäft, dessen Inhalt sowohl erbrechtlicher Art sein kann als

---
42 Vgl. BVerfG, NJW 1996 S. 2624 und 2001 S. 141; s. auch Schiemann, ZEV 1995 S. 197.
43 Siehe BVerfG, NJW 2005 S. 1561 zu Erblasser-Kindern.

auch wegen der keine abschließende Aufzählung enthaltenen §§ 1937 ff. BGB andere Erklärungen beinhalten kann.[44] Die Willenserklärung ist nicht empfangsbedürftig und grundsätzlich jederzeit frei widerruflich.

Das Gesetz sieht verschiedene Testamentsformen vor, nämlich zum einen gem. § 2231 BGB die **ordentlichen Testamente** (eigenhändiges Testament i. S. des § 2247 BGB und öffentliches Testament i. S. des § 2232 BGB) und zum anderen die **außerordentlichen Testamente**, auf die im Folgenden nicht näher eingegangen werden soll, weil ihre praktische Relevanz in der heutigen Zeit äußerst gering ist (Nottestament vor einem Bürgermeister gem. § 2249 BGB oder vor drei Zeugen gem. § 2250 BGB und Seetestament gem. § 2251 BGB).

1) Wirksamkeit von Testamenten

a) Voraussetzung für die Wirksamkeit sind stets, unabhängig von der Testamentform, die **Testierfähigkeit** des Erblassers und die **persönliche Errichtung** des Testaments.

aa) Die Testierfähigkeit ist in § 2229 BGB geregelt.[45]

Danach sind testierfähig Personen nach Vollendung des 16. Lebensjahres, sofern kein Fall von § 2229 Abs. 4 BGB gegeben ist.

Minderjährige – vor Vollendung des 16. Lebensjahres sind diese testierunfähig, auch die gesetzlichen Vertreter können nicht für sie testieren, sodass sie nur im Wege der gesetzlichen Erbfolge beerbt werden können – dürfen aber nur in den Formen testieren, bei denen ihnen eine Amtsperson beratend zur Seite steht, also nur ein öffentliches Testament durch Erklärung gegenüber dem Notar oder Übergabe einer offenen Schrift an den Notar errichten (§ 2233 Abs. 1 und § 2247 Abs. 4 BGB).

Bei einem Volljährigen ist von der Testierfähigkeit auszugehen, es sei denn, es steht fest, dass er unter § 2229 Abs. 4 BGB fällt. Entscheidend ist der Zeitpunkt der Testamentserrichtung. Ein im Zustand mangelnder Einsichtsfähigkeit über die Bedeutung der Willenserklärung infolge krankhafter Störung der Geistestätigkeit, Geistesschwäche oder Bewusstseinsstörung errichtetes Testament wird selbst bei späterem Wiedereintritt der Testierfähigkeit nicht wirksam, sondern muss formgerecht neu errichtet werden. Umgekehrt berührt ein späterer Verlust der Testierfähigkeit die Wirksamkeit eines Testaments nicht. Der Gültigkeit steht eine geistige Erkrankung im Zeitpunkt der Errichtung dann nicht entgegen, wenn es von dieser nicht beeinflusst ist.[46] Eine nach dem Schwierigkeitsgrad des Testaments „abgestufte Testierfähigkeit" gibt es nicht.[47] Von dem Bestehen eines Betreuungsverhält-

---

44 Zu den Anforderungen an den Testierwillen s. BayObIG, ZEV 2000 S. 365 mit Anmerkung von Kroppenberg.
45 Zu ihrer Geltendmachung s. Klingelhöffer, ZEV 1997 S. 92.
46 Vgl. BayObLG, FamRZ 2006 S. 68.
47 Siehe OLG München vom 14.08.2007, FamRZ 2007 S. 2009 zur relevant beeinträchtigten Urteilsfähigkeit eines Alzheimer-Patienten.

2.1 Erbe und Erblasser, Gesamtrechtsnachfolge und Sondererbfolge

nisses – § 1896 BGB – kann nicht generell auf die Testierunfähigkeit geschlossen werden; es ist vielmehr zunächst von der Testierfähigkeit auszugehen und der Maßstab des § 2229 Abs. 4 BGB anzulegen, wobei zum Nachweis ggf. auch auf ein im Betreuungsverfahren eingeholtes Gutachten zurückgegriffen werden kann. Selbst eine Betreuung mit Einwilligungsvorbehalt schränkt die Testierfähigkeit nicht ein, weil sich dieser nicht auf Verfügungen von Todes wegen erstrecken kann (s. § 1903 Abs. 2 BGB).

Die bis zum 31.07.2002 bestehende faktische Testierunfähigkeit bestimmter behinderter Personen, z. B. solcher, die weder sprechen noch schreiben konnten – Gleiches galt in anderen Fällen von Mehrfachbehinderungen –,[48] in der das BVerfG[49] einen Verstoß gegen die Erbrechtsgarantie des Art. 14 Abs. 1 GG, gegen den allgemeinen Gleichheitssatz des Art. 3 Abs. 1 GG und gegen das Benachteiligungsverbot Behinderter gem. Art. 3 Abs. 3 Satz 2 GG gesehen hat, hat der Gesetzgeber mit Wirkung zum 01.08.2002 durch Streichung des Worts „mündlich" in § 2232 Satz 1, § 2233 Abs. 1 und 2 BGB, durch Aufhebung des § 2233 Abs. 3 BGB, nach dem Sprechunfähige ein Testament nur durch Übergabe einer Schrift errichten konnten, sowie durch Änderungen von Vorschriften im BeurkG beseitigt. Seitdem genügt jede Äußerung des Erblassers, die seinen letzten Willen erkennen lässt, sodass auch jede non-verbale Verständigungsmöglichkeit mit einer testierfähigen Person als Grundlage eines notariellen Testaments ausreicht. Es genügen daher auch konkludente Willenserklärungen, die durch Gebärden, Zeichen, allgemein nicht verständliche Laute und Kommunikationshilfen wie Gebärdendolmetscher etc. vermittelt werden.[50]

bb) Die persönliche Errichtung des Testaments (§ 2064 BGB) ist wegen der großen Tragweite der letztwilligen Verfügung vorgeschrieben. Persönliche Errichtung bedeutet, dass sowohl rechtsgeschäftliche als auch gesetzliche Vertretung bei der Testamentserrichtung ausgeschlossen ist, auch bei Minderjährigen. Der Erblasser muss also einen eigenen Willen haben und bekunden. Er kann sich bei der Testamentserrichtung zwar beraten und helfen lassen, sein Wille darf aber nicht beeinträchtigt oder ersetzt werden.

Dieser Grundsatz des § 2064 BGB wird durch die Regelung des § 2065 BGB dahingehend ergänzt, dass der Erblasser die Bestimmung über die Geltung der Verfügung, die Person des Bedachten und den Gegenstand der Zuwendung keinem anderen überlassen darf. Da hierdurch aber nur die Vertretung im Willen verhindert werden soll, ist es zulässig, dass einem Dritten die Bezeichnung des Erben anhand objektiver Kriterien übertragen wird. Ob bei der Überlassung der Bestimmung der Person des Erben ein Verstoß gegen § 2065 Abs. 2 BGB vorliegt, hängt davon ab,

---

48 Zum Problemkreis vgl. Rossak, ZEV 2002 S. 435.
49 ZEV 1999 S. 147.
50 Siehe hierzu Palandt/Edenhofer, § 2232 Rdnr. 2.

ob dem Dritten ein Entscheidungsspielraum zugestanden wird.[51] Im Gegensatz zur Erbeinsetzung kann beim Vermächtnis der Erblasser bestimmen, dass der Beschwerte oder ein Dritter den Bedachten aus einem von ihm bezeichneten Personenkreis auswählt (§§ 2151, 2152 BGB) oder die Anteile bestimmt (§ 2153 BGB). Diese Möglichkeit ist wegen der durch die Rechtsprechung vorgenommenen restriktiven Auslegung des § 2065 BGB von besonderer Bedeutung beim sog. Unternehmenstestament.[52]

b) Je nach der einzelnen Testamentsform ergeben sich unterschiedliche zusätzliche Wirksamkeitsvoraussetzungen.

aa) Das **eigenhändige Testament** nach § 2247 BGB erfordert neben der Eigenhändigkeit **Handschriftlichkeit** und **Unterschrift**. Das bedeutet, dass der Erblasser den gesamten Urkundentext eigenhändig schreiben muss,[53] dass der gesamte Urkundentext handgeschrieben sein muss (Durchschrift mittels Kohlepapier z. B. zulässig, nicht aber Verwendung einer Schreibmaschine, eines PC) und dass eine Unterzeichnung vorhanden sein muss, die zur Feststellung der Urheberschaft des Erblassers und der Ernstlichkeit einer Erklärung ausreicht (Namensunterschrift nicht erforderlich, ausreichen können z. B. Vorname, Kosename, Initialen). Als Abschluss der Urkunde muss die Unterschrift am Schluss des Textes stehen, den Urkundentext also räumlich abschließen, um ihn damit vor nachträglichen Zusätzen zu sichern. Bei mehrseitigem Text ist Unterschrift auf letztem Blatt ausreichend, sofern die Zusammengehörigkeit mehrerer loser Blätter durch fortlaufenden Text, Seitenangabe etc. feststeht.[54] Die Unterzeichnung neben dem Text ist i. d. R. keine Unterschrift, es sei denn, dass für sie auf der Seite unter dem Text kein Raum mehr war und sich deshalb die daneben gesetzte Unterschrift als räumlicher Abschluss darstellt. Eine Unterschrift nur auf einem Umschlag, in dem sich das nicht unterzeichnete Testament befindet, kann nur ausnahmsweise ihrer Abschlussfunktion genügen, weil Umschlag und Inhalt nicht ohne weiteres ein unteilbares Ganzes bilden.[55] Die bloße Selbstbezeichnung des Erblassers im Eingangstext des eigenhändigen Testaments („Ich, Franz Meier, erkläre als meinen letzten Wille") ersetzt keine fehlende Unterschrift, weil sie nicht Abschluss der Verfügung ist und Rechtssicherheit nicht gewährleistet. Die Praxis zeigt, dass gerade an dem Erfordernis der Handschriftlichkeit die Wirksamkeit vieler Testamente scheitert, weil die Erblasser die eigenhändige Unterschrift für ausreichend halten und den übrigen Text z. B. mit einer Schreibmaschine schreiben. Ort und Zeitangabe sowie genaue Namensangabe bei

---

51 Siehe hierzu BGH, BGHZ 15 S. 199; KG Berlin, ZEV 1998 S. 260, und Anmerkung von Wagner, ZEV 1998 S. 255.
52 Vgl. hierzu Brox, Rdnr. 432.
53 Dritte dürfen beim Schreiben unterstützen, nicht aber selbst schreiben; BGH, NJW 1981 S. 1900; zum „Führen der Schreibhand" s. auch OLG Hamm vom 11.09.2001, FamRZ 2002 S. 769.
54 Vgl. LG München I, JuS 2005 S. 267.
55 Vgl. BayObLG, NJW-RR 2002 S. 1520.

2.1 Erbe und Erblasser, Gesamtrechtsnachfolge und Sondererbfolge

der Unterschrift sind lediglich Sollvorschriften, die nur Beweiszwecken dienen, auf die Wirksamkeit des Testaments aber keinen Einfluss haben. Den formalen Anforderungen an ein wirksames eigenhändiges Testament kann, obwohl nicht den üblichen Gepflogenheiten entsprechend, eine Erbenbestimmung in einem „normalen handschriftlichen Brief" genügen; nicht ausreichend ist aber, wenn ein Erblasser zwecks besserer Lesbarkeit den die Erbeneinsetzung beinhaltenden Teil am Computer verfasst hat, der anschließend handschriftlich abgefasste und unterschriebene Teil dann hierauf ausdrücklich Bezug nimmt.[56]

bb) Die Errichtung eines **öffentlichen Testaments zur Niederschrift eines Notars** (§ 2232 BGB) ist auf drei Arten möglich: durch Erklärung oder durch Übergabe einer offenen oder verschlossenen Schrift. Das öffentliche Testament ist erst mit der Beurkundung errichtet. Es hat gegenüber dem eigenhändigen Testament folgende Vorteile: Zum einen besteht wegen der besonderen amtlichen Verwahrung (§ 34 Abs. 1 Satz 4 BeurkG) kein Fälschungsrisiko; das eigenhändige Testament wird nach § 2248 BGB nur auf Verlangen des Erblassers amtlich verwahrt. Zum anderen handelt es sich um eine öffentliche Urkunde, die einen Erbschein ersetzen kann (§ 35 Abs. 1 Satz 2 GBO).

cc) Gemäß § 78 Abs. 2 BNotO führt die Bundesnotarkammer als Registerbehörde ein automatisiertes, elektronisches Register über die Verwahrung erbfolgerelevanter Urkunden. Registerfähig sind nach § 78b Abs. 3 BNotO nur Testamente, Erbverträge und Urkunden mit Erklärungen, welche die Erbfolge beeinflussen können, die öffentlich beurkundet oder in amtliche Verwahrung genommen worden sind. Zweck des Zentralen Testamentsregisters ist es primär, das Auffinden von amtlich verwahrten erbfolgerelevanten Urkunden sicher zu stellen, damit das Nachlassgericht im Sterbefall schnell, vor allem aber richtig entscheiden kann (siehe hierzu § 78c und § 78d BNotO).

2) Auslegung eines Testaments

Wenn im Zusammenhang mit einem Testament von Auslegung die Rede ist, so kann sich das sowohl auf die Frage beziehen, ob überhaupt ein Testament vorliegt (Testamentserrichtungswille), als auch auf die Frage, welchen Inhalt ein – wirksames – Testament nach dem Willen des Erblassers hat. Die erste Frage ist allein mit Hilfe der allgemeinen Auslegungsregel des § 133 BGB – und nicht etwa unter Zugrundelegung der speziellen erbrechtlichen Auslegungsregeln und Ergänzungsvorschriften – zu beantworten, während die zweite Frage sowohl mit Hilfe des § 133 BGB als auch hilfsweise unter Beachtung der speziellen Regeln des Erbrechts (z. B. §§ 2066 ff. BGB) zu entscheiden ist. Nach allgemeinen Grundsätzen **geht die Auslegung der Anfechtung vor.**

---

56 Siehe OLG Hamm vom 10.01.2006, FamRZ 2006 S. 352; anders aber, wenn nur die Überschrift maschinengeschrieben ist und der handschriftliche Teil für sich einen abgeschlossenen Sinn ergibt.

2 Überblick über das Erbrecht

Bei der Auslegung einer testamentarischen Verfügung ist ausschließlich der wirkliche Erblasserwille im Zeitpunkt der Testamentserrichtung zu ermitteln. Auf den sog. Empfängerhorizont gem. § 157 BGB, also wie die Erklärung vom Bedachten verstanden werden darf, kommt es nicht an, weil es sich bei testamentarischen Anordnungen um einseitige, nicht empfangsbedürftige Willenserklärungen handelt. Als Auslegungsmethoden stehen wie sonst auch die erläuternde und die ergänzende Auslegung zur Verfügung. Die erläuternde Auslegung knüpft an den Wortlaut der Erklärung an, die ergänzende Auslegung greift ein, wenn die Erblasserverfügung eine Lücke aufweist, und versucht, den hypothetischen Erblasserwillen zu ermitteln, also was der Erblasser wohl angeordnet hätte, wenn er bei Testamenterrichtung das Problem bedacht hätte. Der Wortlaut der Erklärung setzt der Auslegung keine Grenzen. Auch alle außerhalb des Wortlauts bekannten Umstände müssen berücksichtigt werden, soweit sie in der Testamentsurkunde zumindest Anklang gefunden haben. Die ergänzende Auslegung verfolgt das Ziel, planwidrige Lücken im Testament zu schließen, was u. a. dann von Bedeutung sein kann, wenn sich die für die Verfügung des Erblassers maßgebenden Verhältnisse zwischen Testamentserrichtung und Erbfall wesentlich verändert haben oder der Erblasser Umstände, die bereits bei Testamenterrichtung vorlagen, nicht kannte.

Bleibt der Wille des Erblassers trotz Anwendung dieser Auslegungsgrundsätze mehrdeutig, so ist auf die speziellen Auslegungs- und Ergänzungsregeln des Erbrechts zurückzugreifen (**Vorrang** der **individuellen Testamentsauslegung** vor den **gesetzlichen Regeln**). Als solche kommen insbesondere in Betracht:

1. §§ 2066 ff. BGB: Auslegungs- und Ergänzungsregeln über die Person des Bedachten bei Zuwendungen jeder Art und für bedingte Zuwendungen

Beispiele:

a) Erblasser E bedenkt seine gesetzlichen Erben (§ 2066 BGB), seine Verwandten (§ 2067 BGB), seine Kinder (§ 2068 BGB), die Abkömmlinge eines Dritten (§ 2070 BGB), eine Personengruppe – z. B. seine Arbeiter – (§ 2071 BGB), die Armen (§ 2072 BGB) oder unter Verwendung einer mehrdeutigen Bezeichnung – z. B. seinen Freund Fritz, wobei er mehrere Freunde dieses Namens hat – (§ 2073 BGB).

In allen diesen Fällen kann sich der Kreis der Bedachten nach den §§ 2066 ff. BGB bestimmen.

b) Erblasser E bedenkt von seinen Kindern K1 und K2 das Kind K1. Nach Testamentserrichtung durch E, aber vor dessen Tod stirbt K1 und hinterlässt seinen Sohn S.

Im Zweifel ist S testamentarischer Alleinerbe des E (§ 2069 BGB). Diese Vorschrift kann nicht entsprechenden Anhaltspunkten nicht nur bei Abkömmlingen, sondern auch bei Einsetzung anderer naher Angehöriger angewandt werden.

c) Erblasser E setzt den A zum Erben ein unter der Bedingung, dass dieser auf Lebenszeit die Mutter M des E pflegt.

Grundsätzlich gelten auch bei letztwilligen Verfügungen, die unter einer Bedingung getroffen werden, die allgemeinen Regeln (§§ 158 ff. BGB). Bei dieser Bedingung auf Lebenszeit würde das Zugewendete nicht dem A, sondern seinen Erben zufal-

2.1 Erbe und Erblasser, Gesamtrechtsnachfolge und Sondererbfolge

len. Das entspricht im Zweifel aber nicht dem Willen des Erblassers. Die Zuwendung an A soll daher im Zweifel von der auflösenden Bedingung abhängig sein, dass er die Pflege unterlässt (§ 2075 BGB).

2. §§ 2087 ff. BGB: Spezielle Auslegungsregeln und Ergänzungsvorschriften für die Erbeinsetzung.

Beispiel:
Erblasser E bestimmt in seinem Testament Folgendes: „Meine Frau F und meine Kinder K1 und K2 sollen Erben sein."
Es handelt sich nicht um einen Fall des § 2066 BGB, folglich greift § 2091 BGB ein: F, K1 und K2 sind testamentarische Miterben zu je 1/3.

3. § 2084 BGB: Eine mehrdeutige letztwillige Verfügung soll möglichst so ausgelegt werden, dass sie Erfolg hat – „wohlwollende" Auslegung –. § 2084 BGB greift erst ein, wenn die anderen allgemeinen und besonderen Auslegungsregeln nicht zum Erfolg führen, es also bei der Mehrdeutigkeit verbleibt.

Beispiel:
Erblasser E trifft eine mehrdeutige letztwillige Verfügung, die zwei Auslegungsmöglichkeiten offenlässt, von denen die eine zur Unwirksamkeit der Verfügung führen würde.
Im Zweifel ist die Auslegung vorzuziehen, die zur Wirksamkeit der letztwilligen Verfügung führt.

3) Nichtigkeit eines Testaments

Für die Prüfung der Nichtigkeit gelten weitgehend die allgemeinen Grundsätze. Danach kann diese auf einer **nicht ernst gemeinten Willenserklärung** i. S. des § 118 BGB, auf **Sittenwidrigkeit** (§ 138 Abs. 1 BGB) und auf einem **Gesetzesverstoß** (§ 134 BGB) beruhen.

a) Die Sittenwidrigkeit kann sich daraus ergeben, dass der Inhalt, die Art und Weise des Zustandekommens oder der verfolgte Zweck der Anordnung sittlich anstößig ist.

Übergeht der Erblasser seine Familienangehörigen, so ist Sittenwidrigkeit schon im Hinblick auf das Pflichtteilsrecht regelmäßig zu verneinen.[57] § 138 Abs. 1 BGB kommt dann zur Anwendung, wenn der Erblasser mit seiner Verfügung in unzulässiger Weise auf die freie Willensentscheidung des Bedachten einwirken will, indem er bestimmt, dass die Verfügung nur Bestand haben soll, wenn der Bedachte ein bestimmtes Verhalten an den Tag legt – sich scheiden lässt, einen bestimmten Glauben annimmt etc. –.[58] Wegen der Art und Weise des Zustandekommens der Verfügung kann die Sittenwidrigkeit beim sog. Geliebtentestament gegeben sein. Dabei

---

57 Siehe OLG Hamm, FamRZ 2005 S. 1928.
58 Zur Problematik der Sittenwidrigkeit einer Erbeinsetzung nur für den Fall der Eingehung einer „ebenbürtigen Ehe" vgl. BGH, ZEV 1999 S. 59, und Anmerkung von Muscheler, ZEV 1999 S. 151; BVerfG, NJW 2004 S. 2008, hierzu Staudinger, FamRZ 2004 S. 768, und Gaier, ZEV 2006 S. 2; allgemein zur Gültigkeit von Heiratsklauseln in Verfügungen von Todes wegen Otte, ZEV 2004 S. 393.

gilt im Wesentlichen Folgendes: Die Tatsache allein, dass ein verheirateter Erblasser seine Lebensgefährtin als Erbin einsetzt, macht die Verfügung i. d. R. nicht sittenwidrig. Ausnahmsweise kann die Würdigung der Gesamtumstände zu einem anderen Ergebnis führen. Sittenwidrigkeit wird i. d. R. dann angenommen, wenn Motiv für die Erbeinsetzung ausschließlich ist, den Partner dadurch zur Aufnahme oder Fortsetzung des Geschlechtsverkehrs zu bewegen – die „Hergabe" erfolgt für die „Hingabe" –.[59] Wer sich auf die Unsittlichkeit beruft, ist beweispflichtig.

Beim sog. Behindertentestament, das in der Weise getroffen wird, dass der Nachlass der Eltern im Interesse eines behinderten Kindes so vererbt wird, dass der Sozialhilfeträger keine Möglichkeit hat, wegen der Aufwendungen für das behinderte Kind auf den Nachlass zurückzugreifen (üblicherweise erfolgt Einsetzung des Behinderten als Vorerbe sowie Anordnung einer Testamentsvollstreckung in Form der Dauervollstreckung mit der Verpflichtung des Testamentsvollstreckers, dem Behinderten die Nutzungen des Nachlasses zukommen zu lassen – wegen § 2214 BGB ist während des Bestehens der Testamentsvollstreckung ein Zugriff des Sozialhilfeträgers auf das Vermögen des behinderten Vorerben ausgeschlossen, nach dessen Tod verhindert die angeordnete Nacherbschaft die Inanspruchnahme –), wird trotz des in § 2 Abs. 1 SGB XII, § 9 SGB I normierten Grundsatzes der Nachrangigkeit der Sozialhilfe, wonach diese erst eingreifen soll, wenn anderweitig keine andere Möglichkeit der Bedarfsdeckung besteht, kein Verstoß gegen die guten Sitten gesehen. Dieses Prinzip bezieht sich nämlich nur auf das Vermögen des Leistungsempfängers, sodass sich hieraus keine Pflicht etwa der Eltern herleiten lässt, aus Rücksicht auf die Allgemeinheit so zu testieren, dass der Sozialhilfeträger auf den Nachlass zugreifen kann.[60] Da der Träger der Sozialhilfe nur Ansprüche, nicht aber Gestaltungsrechte gem. § 93 Abs. 1 SGB XII überleiten kann,[61] verbleibt auch das Recht zur Ausschlagung beim Behinderten bzw. bei dessen Betreuer. Wegen der faktisch gleichen Wirkung kann der Sozialhilfeträger seine Leistungen auch nicht gem. § 26 Abs. 1 SGB XII beschränken, wenn der Behinderte bzw. sein Betreuer es trotz Aufforderung unterlässt, auszuschlagen und den Pflichtteil zu verlangen.

Die Erbeinsetzung eines Betreuers ist nur sittenwidrig, wenn er seine gerichtliche Vertrauensstellung und seinen persönlichen Einfluss benutzt hat, einen leicht beeinflussbaren Betreuten zu dieser Verfügung zu bewegen.[62] Gleiches gilt bei Erbeinset-

---

59 Siehe hierzu OLG Düsseldorf, ZEV 1998 S. 28; BayObLG, FamRZ 2002 S. 915; OLG Düsseldorf vom 22.08.2008, FamRZ 2009 S. 545 zur wirksamen, aus einer fast zwei Jahrzehnte andauernden Lebensbeziehung resultierenden Erbeinsetzung einer Prostituierten.
60 Siehe BGH, NJW 1994 S. 248; OLG Frankfurt, ZEV 2004 S. 24; OLG Saarlouis, NotBZ 2006 S. 330; zu den Gestaltungsmöglichkeiten eines Behindertentestaments vgl. Damrau, ZEV 1998 S. 1 und 2001 S. 293; Joussen, NJW 2003 S. 1851; Everts, ZErb 2005 S. 353.
61 Siehe van de Loo, ZEV 2006 S. 473.
62 Siehe OLG Düsseldorf, ZEV 1997 S. 459, und Anmerkung von Rossak, ZEV 1998 S. 34; OLG Oldenburg, FamRZ 2000 S. 1189.

2.1 Erbe und Erblasser, Gesamtrechtsnachfolge und Sondererbfolge

zung einer vom Erblasser mit umfassender Vorsorgevollmacht ausgestatteten Person zum Alleinerben.[63]

b) Eine gegen § 10 Abs. 1 des Gesetzes über das Wohnen mit Assistenz und Pflege in Einrichtungen vom 18.11.2008[64] – Regelung untersagt dem Betreiber, der Leitung, den Beschäftigten oder sonstigen in der Betreuungseinrichtung tätigen Personen, sich von oder zugunsten von Bewohnern Geld oder geldwerte Leistungen über das vertraglich vereinbarte Entgelt hinaus versprechen oder gewähren zu lassen – verstoßende Verfügung ist gem. § 134 BGB nichtig.[65] Am notwendigen Merkmal des „sich gewähren lassen" fehlt es aber beim sog. stillen Testament eines Heimbewohners, von dem der Heimträger etc. bis zum Eintritt des Erbfalles keine Kenntnis hatte. Das Verbot gilt auch, wie der Wortlaut der Regelung „zu Gunsten von Bewohnern" zeigt, für das Versprechen oder Gewähren von dritter Seite, z. B. von Angehörigen des Bewohners.[66] Demgegenüber sollen Angestellte ambulanter Pflegedienste von einem im eigenen Haus Betreuten als Erbe eingesetzt werden können, ohne dass die Einschränkung der Unkenntnis von der Erbeinsetzung bis zum Erbfall von Bedeutung ist, weil kein Abhängigkeitsverhältnis wie in einem Heim bestehe.[67]

c) Mangelnde Testierfähigkeit (§ 2229 BGB) und Formmängel i. S. des § 125 Satz 1 BGB (z. B. §§ 2247, 2232 BGB) führen ebenfalls zur Nichtigkeit.

d) Nach § 2085 BGB hat die Unwirksamkeit einer von mehreren in einem Testament enthaltenen Verfügungen die Unwirksamkeit der übrigen Verfügungen nur zu Folge, wenn anzunehmen ist, dass der Erblasser diese ohne die unwirksame Verfügung nicht getroffen haben würde – also Vermutung für die Gültigkeit des Rests –. § 2085 BGB geht als Sondervorschrift der allgemeinen Vorschrift des § 139 BGB – Vermutung für die Unwirksamkeit des Ganzen – vor.

4) Widerruf eines Testaments

Es liegt im Wesen des Testaments, dass der Erblasser seine **gesamte letztwillige Verfügung** oder **einzelne Verfügungen jederzeit** und **ohne Grund widerrufen** kann (§ 2253 BGB). Es tritt also keine Bindung an die in einem Testament niedergelegten Erklärungen ein, sodass der hiernach bedachte Erbe oder Vermächtnisnehmer noch

---

63 BayObLG, FamRZ 2003 S. 713.
64 GV NRW S. 738.
65 Zu der in NRW durch das WTG ersetzten Vorschrift des § 14 HeimG siehe BayObLG FamRZ 2003 S. 1882 und 2005 S. 142, sowie BGH, NJW 2012 S. 155; zur analogen Anwendung auf Umgehungstatbestände vgl. OLG Düsseldorf vom 18.07.1997, FamRZ 1998 S. 192 bzgl. der Kinder des Heimleiters als Erben eines Heimbewohners –; BayObLG, NJW 2000 S. 1959; OLG Frankfurt, NJW 2001 S. 1504.
66 Vgl. BGH, NJW 2012 S. 155, wonach die Regelung des HeimG zum Schutz der Testierfreiheit verfassungskonform dahin auszulegen ist, dass dem Angehörigen eines Heimbewohners die Erbeinsetzung des Heimträgers in einem Testament, von dieser erst nach dem Tod des Erblassers erfährt, ebenfalls nicht verboten ist.
67 Siehe OLG Düsseldorf, FamRZ 2001 S. 1564.

2 Überblick über das Erbrecht

keine rechtlich gesicherte Position erlangt; das erst mit dem Tod des Erblassers Wirksamkeit entfaltende Testament vermittelt bis zu diesem Zeitpunkt kein Anwartschaftsrecht. Der Bedachte hat nur eine tatsächliche Erwerbsaussicht – „er kann hoffen, später einmal etwas zu bekommen" –. Die Widerrufsfreiheit ist unverzichtbar (§ 2302 BGB). Widerrufsmöglichkeiten sind

- reines Widerrufstestament (§ 2254 BGB)

  Ausreichend, aber auch erforderlich ist, dass der Erblasser in einem formgerechten Testament zum Ausdruck bringt, dass eine einzelne Verfügung oder alle Verfügungen keine Geltung mehr haben sollen, wobei der Begriff „Widerruf" nicht verwandt werden muss. Auch ist nicht geboten, dass das Widerrufstestament in der Form des widerrufenen Testaments errichtet ist.

- Vernichtung der Testamentsurkunde und ähnliche schlüssige Handlungen

  Nicht erforderlich für die Wirksamkeit des Widerrufs durch schlüssige Handlungen, z. B. durch Vernichtung der Testamentsurkunde, ist die Eigenhändigkeit der Handlung, in der der Wille zum Widerruf zum Ausdruck kommt; der Erblasser kann das Testament durch einen Dritten vernichten lassen. Ein an den Rand der Urkunde gesetzter Annullierungsvermerk genügt diesem Widerrufserfordernis, obwohl er zu keiner Veränderung des bisherigen Urkundentextes führt, wie dies etwa beim Durchstreichen einer Textpassage der Fall ist, weil nach dem Zweck der Bestimmung entscheidend ist, ob die Handlung des Erblassers nach der Verkehrsanschauung als Aufhebung der Erklärung angesehen werden kann.[68]

- Rücknahme eines öffentlichen Testaments aus der amtlichen Verwahrung (§ 2256 BGB)

  Die Rücknahme eines nach § 2247 BGB errichteten, bei Gericht hinterlegten Testaments stellt keinen Widerruf dar; nach § 2256 Abs. 3 BGB gelten nur die Vorschriften des § 2256 Abs. 2 BGB.

- späteres widersprechendes Testament (§ 2258 BGB)

  Der Errichtungszeitpunkt – dieser ergibt sich i. d. R. aus der Datierung, bei gleichem oder fehlendem Datum oft aus dem Inhalt oder den Umständen – ist bei Vorliegen mehrerer Testamente von besonderer Bedeutung, weil diese daraufhin zu überprüfen sind, ob sie in ihrer Gesamtheit den Willen des Erblassers wiedergeben, sich also ergänzen, oder ob spätere Verfügungen zu früheren inhaltlich in Widerspruch stehen und diese dann insoweit kraft Gesetzes aufheben, ohne dass es dafür eines entsprechenden Erblasserwillens bedarf. Ein Widerspruch i. S. des § 2258 Abs. 1 BGB liegt vor, wenn mehrere letztwillige Verfügungen sachlich nicht miteinander vereinbar sind, die getroffenen Anordnungen also nicht neben-

---

[68] H. M.; vgl. OLG Stuttgart, NJW-RR 1986 S. 632; Palandt/Edenhofer, § 2255 Rdnr. 6 m. w. N. Die in § 2255 Satz 2 BGB normierte Widerrufsabsicht ist widerlegbar (hierzu BayObLG, FamRZ 1998 S. 258; OLG Hamm, FamRZ 2002 S. 769).

2.1 Erbe und Erblasser, Gesamtrechtsnachfolge und Sondererbfolge

einander Geltung erlangen können, sondern sich gegenseitig ausschließen. Die Aufhebungswirkung reicht nur so weit, als ein Widerspruch besteht. Andere Möglichkeiten des Widerrufs gibt es nicht. Der Widerruf ist selbst letztwillige Verfügung und setzt deshalb grundsätzlich Testierfähigkeit voraus. Ein durch Testament erfolgter Widerruf kann ebenfalls widerrufen werden (§ 2257 BGB), sodass im Zweifel die ursprüngliche Verfügung wieder Geltung erlangt. Ist hingegen ein gegenteiliger Wille des Erblassers feststellbar, so bleibt das frühere Testament widerrufen mit der Folge des Eintritts der gesetzlichen Erbfolge, sofern nicht in dem zweiten Widerruf eine neue Verfügung getroffen wurde.[69] Ein Widerruf, der nach §§ 2255, 2256 BGB erfolgt ist, kann nicht widerrufen werden; das vernichtete oder zurückgenommene Testament bleibt ungültig. Zur Wiederherstellung muss es neu errichtet werden.[70]

5) Anfechtung eines Testaments

Die **Anfechtung** von letztwilligen Verfügungen richtet sich nicht nach den allgemeinen Anfechtungsregeln der §§ 119 ff. BGB, sondern ist in den Vorschriften der §§ 2078 bis 2082 BGB speziell geregelt. Da die Auslegung der Anfechtung immer vorgeht, hat die Prüfung der Anfechtbarkeit grundsätzlich die Klarstellung des Inhalts der letztwilligen Verfügung, ggf. durch Auslegung, zur Voraussetzung. Die Anfechtung letztwilliger Verfügungen wegen Willensmangels ist in weiterem Umfang zugelassen als bei anderen Rechtsgeschäften, weil dem wahren Willen des Erblassers möglichst Geltung verschafft werden soll und ein Vertrauensschutz des Bedachten nicht in Betracht kommt. Das Gesetz sieht folgende drei Anfechtungsgründe vor:

1. § 2078 Abs. 1 BGB: Erklärungs- und Inhaltsirrtum – diese Regelung entspricht § 119 Abs. 1 BGB –.

2. § 2078 Abs. 2 BGB: Hier führt neben der Drohung jede irrige Annahme oder Erwartung im Zeitpunkt der Testamentserrichtung – also jeder Motivirrtum – zur Anfechtbarkeit.[71]

3. § 2079 BGB: Hier liegt ein Sonderfall des Motivirrtums vor, da im Zweifel davon ausgegangen wird, dass der Erblasser bei Kenntnis der Sachlage den Pflichtteilsberechtigten – (z. B. Abkömmling) – nicht übergangen haben würde. Der Anfechtende hat also die Ursächlichkeit zwischen Irrtum und Verfügung – anders als bei den Anfechtungsgründen nach § 2078 BGB – nicht zu beweisen, da sie vermutet wird.

---

69 Siehe OLG Köln, FamRZ 2006 S. 731.
70 Zur Problematik des Widerrufs des Widerrufs im Fall des Zusammenklebens einer zerrissenen Urkunde s. BayObLG, ZEV 1996 S. 271, 275; Hellfeier, ZEV 2003 S. 1.
71 Zu Einzelheiten s. z. B. BayObLG, ZEV 1994 S. 369 mit Anmerkung von Winkler, der zu Recht empfiehlt, mit der Angabe von Motiven in Verfügungen von Todes wegen sparsam umzugehen; s. auch BayObLG, FamRZ 2000 S. 1053.

Beispiel:
Erblasser E hat seiner Freundin F testamentarisch 50.000 € zugewandt und seinen Bekannten F zum Erben eingesetzt. Später heiratet E die F. Eine Anfechtung des Testaments durch die F nach § 2079 BGB scheitert daran, dass diese infolge des Vermächtnisses nicht übergangen worden ist. Allerdings kann hier eine Anfechtung nach § 2078 Abs. 2 BGB in Frage kommen.[72] Diese Vorschrift lässt, wie sich aus dem Merkmal „soweit" ergibt, eine Teilbarkeit der Anfechtung auch hinsichtlich einer einzelnen Verfügung zu. Hätte der E noch eine Schwester als gesetzliche Erbin der 2. Ordnung gehabt, wären bei Zugewinngemeinschaft die F und die S im Verhältnis 3/4 zu 1/4 Miterbinnen, wenn durch die Anfechtung die Erbeinsetzung des B insgesamt vernichtet würde. Da jedoch in dessen Erbeinsetzung gleichzeitig eine irrtumsfreie Enterbung der S lag, würde dieses Ergebnis zum Erblasserwillen im Widerspruch stehen. Der B bleibt testamentarischer Erbe zu 1/4, seine Erbeinsetzung ist nur zu dem Teil anfechtbar, zu dem die F gesetzliche Erbin ist.

Anfechtungsberechtigt ist grundsätzlich derjenige, welchem die Aufhebung der letztwilligen Verfügung unmittelbar zustattenkommen würde (§ 2080 Abs. 1 BGB). Anfechten können also z. B. die nächsten gesetzlichen Erben bei Erbeinsetzung eines Dritten, ein Ersatzerbe gegenüber dem Haupterben, Vor- und Nacherbe wechselseitig, ein Miterbe bezüglich der Einsetzung der übrigen Miterben.

Die Anfechtungserklärung muss der Form des § 2081 BGB genügen – in der Mehrzahl der Fälle also gegenüber dem Nachlassgericht erfolgen. Nur in den nicht unter § 2081 Abs. 1 oder Abs. 3 BGB fallenden Fällen, etwa bei Anfechtung der Anordnung von Vermächtnissen oder von Rechte begründenden Teilungsanordnungen, verbleibt es bei der allgemeinen Regelung des § 143 Abs. 4 BGB. Die Anfechtungserklärung ist dann demjenigen gegenüber abzugeben, der aufgrund der angefochtenen Verfügung unmittelbar einen Vorteil erlangt hat.

Die Anfechtungsfrist beträgt nach § 2082 BGB ein Jahr seit Kenntniserlangung vom Anfechtungsgrund, längstens aber 30 Jahre seit dem Erbfall.[73]

6) Gemeinschaftliches Testament

a) Im gemeinschaftlichen Testament (§§ 2265 bis 2273 BGB) verfügen Ehegatten gemeinschaftlich, aber jeder einseitig, über ihr Vermögen. Es kann gem. § 2265 BGB **nur von Eheleuten** errichtet werden. Auch **Lebenspartner** können gem. § 10 Abs. 4 Satz 1 LPaerG ein gemeinschaftliches Testament errichten.

Gemäß § 2268 Abs. 1 BGB hat die Auflösung der Ehe durch Scheidung – die §§ 2266 bis 2273 BGB gelten gem. § 10 Abs. 4 Satz 2 LPartG entsprechend, sodass vorgenannte Bestimmung auch bei Aufhebung der Lebenspartnerschaft Anwendung findet – die Unwirksamkeit des gesamten gemeinschaftlichen Testaments zur Folge (kein Wiederaufleben bei späterer Wiederheirat der geschiedenen Ehepartner). Gegenteiliges gilt jedoch bei Vorliegen eines sog. Aufrechterhaltungswillens

---

[72] Zu dieser Problematik s. auch BayObLG, ZEV 1994 S. 106; OLG Hamm, ZEV 1994 S. 168; Leipold, ZEV 1995 S. 99.

[73] Zum Beginn der Frist s. OLG Hamm, ZEV 1994 S. 109; Rosemeier, ZEV 1995 S. 124.

2.1 Erbe und Erblasser, Gesamtrechtsnachfolge und Sondererbfolge

(§ 2268 Abs. 2 BGB). Auch wechselbezügliche Verfügungen (hierzu nachfolgende Ausführungen) behalten über den Bestand der Ehe hinaus ihre besonderen Wirkungen, wenn dies dem Willen der Ehegatten entspricht, weil die Regelung nicht zwischen den verschiedenen Verfügungsarten in einem gemeinschaftlichen Testament differenziert.[74]

b) Ein gemeinschaftliches Testament kann in jeder Testamentsform errichtet werden, wobei § 2267 BGB für ein eigenhändiges Testament nach § 2247 BGB insofern eine Erleichterung enthält, als es genügt, wenn einer der Ehegatten das Testament in der dort vorgeschriebenen Form errichtet und der andere Ehegatte die gemeinschaftliche Erklärung nur eigenhändig mit unterzeichnet.

Eine vor der Abfassung des Textes geleistete Blankounterschrift genügt diesem Erfordernis nicht. Nach nunmehr h. M. ist es nicht erforderlich, dass die Verfügungen der beiden Ehegatten in ein und derselben Urkunde niedergelegt werden. Erforderlich ist jedoch, dass jeder Ehegatte ein formgültiges Testament errichtet hat und der Wille beider, gemeinsam zu testieren, aus den verschiedenen Urkunden – nicht aus außerhalb liegenden Umständen – erkennbar ist. Ausreichende Anhaltspunkte dafür können z. B. sein, dass die Ehegatten in ihren selbständigen Verfügungen die Worte „wir" oder „gemeinsam" benutzen oder dass die Einzeltestamente aufeinander Bezug nehmen.[75] Allein der Umstand, dass die Testamente von den Ehegatten am selben Tag und am selben Ort errichtet worden sind und sich im Wortlaut im Wesentlichen gleichen, reicht aber für sich allein nicht aus, um ein gemeinschaftliches Testament annehmen zu können.

Zwar handelt es sich bei einer in der Form des § 2267 BGB errichteten letztwilligen Verfügung eines nicht verheirateten Paares nicht um ein gemeinschaftliches Testament; das Schriftstück kann jedoch als gültiges Einzeltestament desjenigen zu werten sein, der geschrieben und unterschrieben hat, nicht aber der Person, die nur mitunterschrieben hat.

c) Die besondere Bedeutung des gemeinschaftlichen Testaments besteht im Wesentlichen darin, dass gewissen Verfügungen eine bindende Wirkung verliehen wird, sodass sich der jeweils andere Ehegatte darauf verlassen kann, dass sie nicht ohne sein Wissen geändert werden. Das gemeinschaftliche Testament ist kein Vertrag, sondern eine doppelte, wenn auch weitgehend verknüpfte einseitige Verfügung von Todes wegen. Jeder Ehegatte kann das gemeinschaftliche Testament grundsätzlich widerrufen. Auch wechselbezügliche Verfügungen können zu Lebzeiten beider Ehegatten widerrufen werden, allerdings nur durch notariell beurkundete Erklärung gegenüber dem anderen Ehegatten (§ 2271 Abs. 1 BGB). Insbesondere durch das

---

74 Siehe hierzu BGH, NJW 2004 S. 3113, und Keim, ZEV 2004 S. 425.
75 Vgl. hierzu OLG München vom 23.07.2008, FamRZ 2008 S. 2234 zur Annahme eines gemeinschaftlichen Testaments bei gegenseitiger Erbeinsetzung in getrennten Urkunden im Hinblick auf weitere Verfügungen in einer gemeinschaftlich abgefassten, mit „Zusatz zum Testament" bezeichneten Urkunde.

Zugangserfordernis des § 2296 Abs. 2 BGB – Zugang nur einer beglaubigten Kopie der Widerrufserklärung nicht ausreichend – stellt das Gesetz sicher, dass der andere Ehegatte von dem Widerruf einer wechselbezüglichen Verfügung Kenntnis erlangt und dann hinsichtlich seiner eigenen Verfügung entsprechend reagieren kann. Die Bedeutung des § 2271 Abs. 1 Satz 2 BGB erschöpft sich in der Klarstellung, dass ein einseitiger Widerruf ohne Zugangs- und Formerfordernis – anders als beim Widerruf nicht wechselbezüglicher Verfügungen im gemeinschaftlichen Testament – ausgeschlossen ist. Folge des Widerrufs der wechselbezüglichen Verfügung, der nicht in der Weise erfolgen kann, dass der Widerrufende die Anweisung gibt, seinen Widerruf dem anderen Ehegatten erst nach seinem Tod zu übermitteln, ist gem. § 2270 Abs. 1 zweiter Fall BGB die Unwirksamkeit der wechselbezüglichen Verfügung des anderen Ehegatten.

Wechselbezüglich sind von den in § 2270 Abs. 3 BGB genannten Verfügungen diejenigen, die ein Ehegatte nicht ohne die Verfügung des anderen getroffen hätte. Anzunehmen ist dies, wenn zwischen einzelnen Verfügungen aus dem Zusammenhang des Motivs eine innere Abhängigkeit derart besteht, dass die Verfügung des einen Ehegatten gerade deshalb getroffen wurde, weil der andere Ehegatte eine bestimmte andere Verfügung getroffen hat, also nach dem Willen der gemeinschaftlich Testierenden die eine Verfügung mit der anderen stehen und fallen soll. Für die Frage, wann eine wechselbezügliche Verfügung vorliegt, enthält § 2270 Abs. 2 BGB eine Auslegungsregel, die aber nur dann eingreift, wenn die Erforschung des Willens beider Ehegatten durch Auslegung nach allgemeinen Grundsätzen weder die gegenseitige Abhängigkeit noch die gegenseitige Unabhängigkeit ergibt. Sie erfasst zwei Fallgestaltungen, in denen typischerweise Wechselbezüglichkeit anzunehmen ist und die auch miteinander verbunden werden können, nämlich wenn sich die Eheleute gegenseitig bedacht haben oder wenn derjenige Ehegatte, dem vom anderen eine Zuwendung gemacht worden ist, für den Fall seines Überlebens eine Verfügung zugunsten solcher Personen getroffen hat, die mit dem anderen, vorverstorbenen Ehegatten verwandt sind oder ihm nahestanden.[76] Wechselbezüglichkeit in diesem Sinne soll auch bei Einsetzung einer juristischen Person – z. B. Stiftung zur Fortführung des Lebenswerks – als Schlusserbe zu bejahen sein.[77]

Nach dem Tod des Ehegatten, der die wechselbezügliche Verfügung getroffen hat, ist der überlebende Ehegatte grundsätzlich an seine Bezugsverfügung gebunden (§ 2271 Abs. 2 Satz 1 BGB).

Beim Erbvertrag hingegen besteht die Bindung hinsichtlich Verfügungen von Todes wegen schon mit Vertragsabschluss, weil dort vertragsmäßig und grundsätzlich unwiderruflich verfügt wird.[78]

---

[76] Hierzu Palandt/Edenhofer, § 2270 Rdnr. 9.
[77] Siehe LG Stuttgart, ZEV 1999 S. 444 mit Anmerkung von Frisch; OLG München, ZEV 2000 S. 104.
[78] Zu Vor- und Nachteilen von gemeinschaftlichen Testamenten und Erbverträgen s. Meincke, DStR 1981 S. 523.

2.1 Erbe und Erblasser, Gesamtrechtsnachfolge und Sondererbfolge

Der überlebende Ehegatte kann auch dann, wenn er eine wechselbezügliche Verfügung errichtet hatte, entgegen dieser Verfügung und damit abweichend von § 2271 Abs. 2 Satz 1 erster Halbsatz BGB wirksame Anordnungen in einer Verfügung von Todes wegen treffen, wenn

- er einen im gemeinschaftlichen Testament vorbehaltenen Widerruf ausübt,
- er von einer eingeräumten Abänderungsbefugnis Gebrauch macht,[79]
- er das ihm vom vorverstorbenen Ehegatten Zugewandte ausschlägt (§ 2271 Abs. 2 Satz 1 zweiter Halbsatz BGB),
- sich der bedachte Dritte einer in §§ 2294, 2333 BGB umschriebenen Verfehlung schuldig macht (§ 2271 Abs. 2 Satz 2 BGB),
- der bedachte Dritte wegfällt, etwa weil er vorverstorben ist und niemand an seine Stelle tritt.

d) Trotz der erbrechtlichen Bindung hinsichtlich der wechselbezüglichen Verfügung kann der überlebende Ehegatte zu Lebzeiten über sein Vermögen frei verfügen, so dass für einen Dritten, der im gemeinschaftlichen Testament wechselbezüglich bedacht ist, die Gefahr besteht, dass das Vermögen durch lebzeitige Verfügungen geschmälert wird. Es käme zu einer faktischen Aushöhlung der erbrechtlichen Bindung. Wegen der mit der Bindungswirkung vertragsmäßiger Verfügungen in einem Erbvertrag vergleichbaren Situation – Bindungswirkung beim Erbvertrag bezüglich derartiger Verfügungen ab Vertragsschluss, beim gemeinschaftlichen Testament bezüglich wechselbezüglicher Verfügungen erst mit Tod des anderen Ehegatten – werden die §§ 2287, 2288 BGB analog angewandt, sodass der Dritte nach Anfall der Erbschaft Schenkungen, die der überlebende Ehegatte des Erblassers in Benachteiligungsabsicht vorgenommen hat, zurückfordern kann.[80] § 2287 BGB gilt beim gemeinschaftlichen Testament aber nur bezüglich der bindend gewordenen Verfügungen. Keine Bindung tritt ein, wenn die Erblasser lebzeitige Verfügungen des Überlebenden von der Bindung ausdrücklich ausgenommen haben, sodass ein Anspruch hiernach dann nicht besteht, wenn der verstorbene Ehegatte dem Überlebenden das Recht eingeräumt hatte, den Schlusserben beeinträchtigende Verfügungen zu treffen.[81]

e) Ein in der Praxis besonders häufig vorkommendes gemeinschaftliches Testament ist das sog. **Berliner Testament**.[82] Ehegatten verfolgen häufig das Ziel, sicherzustellen, dass nach dem Tod des ersten von ihnen das gemeinsame Vermögen zunächst dem Überlebenden verbleibt und dann nach dessen Ableben auf den bzw. die von

---

79 Zur durch Auslegung zu ermittelnden Abänderungsbefugnis vgl. OLG Hamm, FamRZ 2005 S. 2023.
80 Siehe BGH, BGHZ 82 S. 274 und 87 S. 19 sowie FamRZ 2012 S. 28; zur analogen Anwendung dieser erbvertraglichen Bestimmungen auch bei Beeinträchtigung vor Eintritt der erbrechtlichen Bindungswirkung vgl. v. Dickhut-Harrach FamRZ 2005 S. 322.
81 Siehe OLG Frankfurt vom 29.04.2009, FamRZ 2010 S. 152.
82 Zum Namen vgl. Scheuren-Brandes, Jura 2002 S. 734.

ihnen in einer gemeinsamen letztwilligen Verfügung bestimmten Personen, i. d. R. ihre Abkömmlinge, übergeht. Um dieses Ziel zu erreichen, haben sie grundsätzlich drei Gestaltungsmöglichkeiten mit unterschiedlichen Rechtsfolgen:

- **Voll- und Schlusserbfolge** (sog. **Einheitsprinzip**)
Die Ehegatten setzen sich gegenseitig zu Alleinerben ein und bestimmen bereits einen Erben für den Überlebenden. Dieser Schlusserbe ist dann von jedem Ehegatten als sein Ersatzerbe (§ 2096 BGB) für den Fall berufen, dass der zunächst berufene andere Ehegatte zuerst stirbt und deshalb nicht Erbe wird. Rechtsfolge ist, dass beim Tod des Erstversterbenden der überlebende Ehegatte Vollerbe wird, sich in seiner Person sein eigenes Vermögen mit dem Nachlass des verstorbenen Ehegatten zu einem einheitlichen Vermögen vereinigt, über das er nun unter Lebenden frei verfügen kann und das als Einheit auf den Schlusserben als seinen Erben übergeht, soweit es bei seinem Tod noch vorhanden ist.

Anmerkung: Beim Einheitsprinzip sind die Erwerbe des überlebenden Ehegatten und später des Schlusserben nach den allgemeinen Regeln zu versteuern. Der Schlusserbe erhält nur einen persönlichen Freibetrag, weil nur ein Erwerb von Todes wegen vorliegt, denn der Nachlass des zuerst verstorbenen Ehegatten ist mit dem übrigen Vermögen des anderen Ehegatten „verschmolzen". Die antragsabhängige Sonderregelung des § 15 Abs. 3 ErbStG trägt dem Umstand Rechnung, dass der Erwerb des Schlusserben zum Teil von dem zuerst verstorbenen Ehegatten stammt. Sie führt unter den hierin genannten Voraussetzungen zu einer Entlastung des Schlusserben, weil dieser als Erbe des zuerst verstorbenen Ehegatten behandelt wird, soweit dessen Vermögen sich noch im Nachlass befindet. Er kommt hierdurch in den Genuss der günstigeren Steuerklasse, wenn er zum zuletzt verstorbenen Ehegatten in einem entfernteren Verwandtschaftsverhältnis stand als zu dem vorverstorbenen Ehegatten. Bei mehreren Schlusserben mit unterschiedlichem Verwandtschaftsverhältnis zum zuerst verstorbenen Ehegatten ist der zivilrechtlich als Einheit zu beurteilende Nachlass des zuletzt versterbenden Ehegatten bei der Steuerberechnung personenbezogen in das vom vorverstorbenen Ehegatten stammende, beim Tod des später versterbenden Ehegatten noch vorhandene Vermögen und den übrigen Nachlass aufzuteilen.[83]

- **Vor- und Nacherbfolge** (sog. **Trennungsprinzip**)
Jeder Ehegatte setzt den anderen als seinen Vorerben ein, einen oder mehrere Dritte als Nacherben und diese(n) zugleich für den Fall des eigenen Überlebens als Ersatzerben ein. Rechtsfolge des Umstands, dass beim ersten Erbfall der überlebende Ehegatte nur Vorerbe wird, ist das Entstehen zweier getrennter Vermögensmassen in einer Hand, nämlich das eigene – freie – Vermögen und das von dem Verstorbenen erworbene Vermögen. Mit dem Tod des überlebenden Ehegat-

---

[83] Siehe hierzu BFH vom 27.08.2008, BStBl 2009 II S. 47.

2.1 Erbe und Erblasser, Gesamtrechtsnachfolge und Sondererbfolge

ten erhält der Dritte beide Vermögen getrennt und aus verschiedenen Berufungsgründen, nämlich den Nachlass des zuerst Verstorbenen als dessen Nacherbe und den des Letztverstorbenen als dessen Vollerbe, weil er den an erster Stelle eingesetzten, aber vorverstorbenen Ehegatten ersetzt.

Anmerkung: Die Besteuerung erfolgt nach § 6 ErbStG.

- **Vollerbfolge mit Nießbrauchsvermächtnis**
  Die Ehegatten berufen einen Dritten als Vollerben des zuerst Versterbenden, wenden dem überlebenden Ehegatten aber im Wege des Vermächtnisses den Nießbrauch am Nachlass zu.[84]

§ 2269 Abs. 1 BGB enthält eine Auslegungsregel für den Fall, dass Eheleute ihre gegenseitige Einsetzung zu Alleinerben mit der Bestimmung eines Erben für den Überlebenden verknüpft haben und sich durch Auslegung nicht klären lässt, welche erbrechtliche Stellung diesem Dritten nach dem Willen der Eheleute zukommen soll. Im Zweifel gilt das sog. Einheitsprinzip.

Beispiel:
Eheleute M und F haben sich in einem gemeinschaftlichen Testament gegenseitig zu Erben eingesetzt und bestimmt, dass nach dem Tod des Längstlebenden das gemeinsame Kind K erben soll. Ehemann A stirbt.

Wenn bei der Auslegung Zweifel bleiben, greift § 2269 BGB ein; danach ist die F Vollerbin und nicht nur Vorerbin. Folglich ist K nicht Nacherbe des M. Erst wenn die F stirbt, erhält K aufgrund deren Verfügung als deren Erbe (Ersatzerbe) den gesamten Nachlass.

Beim sog. Einheitsprinzip erhält der im gemeinschaftlichen Testament bedachte Dritte beim Tod des zuerst versterbenden Ehegatten nichts, sodass z. B. ein Kind des Verstorbenen seinen Pflichtteil verlangen kann. Dies führt zu Unbilligkeiten, wenn eines von mehreren Kindern beim Tod des ersten Elternteils den Pflichtteil verlangt hat, weil dieses Kind, das mit seinen Geschwistern Erbe beim Tod des anderen Elternteils wird, zweimal am Vermögen des vorverstorbenen Elternteils partizipiert, denn in dem zusammen mit seinen Geschwistern ererbten Vermögen steckt auch der Nachlass des früher verstorbenen Elternteils, von dem es bereits den Pflichtteil erhalten hat. Um diese Bevorzugung gegenüber den Geschwistern, die seinerzeit keinen Pflichtteilsanspruch geltend gemacht haben, zu verhindern und um möglichst zu erreichen, dass dem überlebenden Ehegatten der Nachlass des verstorbenen Ehepartners ungeschmälert verbleibt, können die Ehegatten beim sog. Einheitsprinzip eine Verwirkungsklausel vereinbaren – Verlust der Schlusserbenstellung für das Kind, das nach dem Tod des zuerst verstorbenen Ehepartners seinen Pflichtteil verlangt –.[85] Auch eine solche Klausel kann aber letztlich nicht ausschlie-

---

84 Bezüglich steuerlicher Überlegungen vgl. Mayer, ZEV 1998 S. 50.
85 Siehe hierzu BayObLG, ZEV 2004 S. 202.

ßen, dass der Pflichtteil verlangt wird und damit dieses Kind vom Vermögen des zuerst verstorbenen Elternteils im Ergebnis zweimal den Pflichtteil erhält, nämlich einmal nach dessen Tod und dann noch einmal beim Tod des anderen Elternteils, in dessen Nachlass das von dem Vorverstorbenen ererbte Vermögen enthalten ist.[86]

Nach dem Tod eines Ehegatten kann der überlebende Ehegatte eigene wechselbezügliche Verfügungen in entsprechender Anwendung der §§ 2281 ff., 2078 und 2079 BGB anfechten (Selbstanfechtung). So kann z. B. der überlebende Ehegatte bei Wiederheirat, falls das gemeinschaftliche Testament für diesen Fall keine besondere Regelung in Form einer Wiederverheiratungsklausel enthält, unter Umständen entsprechend § 2281 BGB anfechten, weil der neue Ehegatte pflichtteilsberechtigt wird (§ 2079 i. V. m. § 2303 BGB).

Wiederverheiratungsklauseln in einem gemeinschaftlichen Testament dienen dazu, den bei Wiederheirat des überlebenden Ehegatten sich ergebenden unterschiedlichen Interessen Rechnung zu tragen: Zum einen will jeder Ehegatte für den Fall, dass er zuerst verstirbt, verhindern, dass sein Vermögen bei Wiederheirat des überlebenden Ehegatten an dessen neuen Ehepartner bzw. an Verwandte des neuen Ehepartners fällt. Zum anderen will jeder Ehegatte für den Fall, dass er den anderen überlebt und später erneut heiratet, sicherstellen, dass seine neue Familie – neuer Ehepartner, Kinder aus der zweiten Ehe usw. – ihn auch beerben kann. Dem steht an sich die erbrechtliche Bindungswirkung der wechselbezüglichen Erbeinsetzung der Abkömmlinge aus der ersten Ehe entgegen. Bestimmen Ehegatten, dass im Fall der Wiederheirat des Überlebenden der Nachlass des Erstverstorbenen vorzeitig auf die eingesetzten Schlusserben übergehen soll, ist der Überlebende bis zu seiner eventuellen Wiederheirat auflösend bedingter Vollerbe, gleichzeitig ist er aufschiebend bedingter – befreiter – Vorerbe, weil er mit seiner Wiederheirat die Rechtsstellung des Vollerben verliert und damit feststeht, dass er bis dahin nur Vorerbe war und nun die Nacherbfolge eintritt, sodass der Nachlass dem/den Nacherben anfällt, an den/die er herauszugeben ist.[87] Hinsichtlich seines eigenen Vermögens gewinnt der Überlebende bei Wiederheirat i. d. R. seine Testierfreiheit zurück, weil die Bindung an seine eigene Verfügung entfällt, soweit er die Beteiligung am Nachlass des verstorbenen Ehepartners verliert. Seine getroffenen Verfügungen kann er widerrufen und abweichende letztwillige Anordnungen über seinen Nachlass frei treffen. Die im gemeinschaftlichen Testament getroffene Verfügung tritt nach h. M. nicht von selbst außer Kraft, was gesetzliche Erbfolge bei fehlender neuer Testierung zur Folge hätte, es sei denn, dass die Ehegatten bestimmt haben, dass die wechselbezüglichen Verfügungen eines Wiederverheirateten automatisch gegenstandslos werden.[88]

---

86 Zur Lösung dieses Problems mit Hilfe der sog. Jastrow'schen Klausel s. Radke, ZEV 2001 S. 136; Thoma, ZEV 2003 S. 278; MünchKomm/Musielak, § 2269 Rdnr. 64 ff.
87 Zur Problematik dieser Konstruktion vgl. Palandt/Edenhofer, § 2269 Rdnr. 17 m. w. N.
88 OLG Hamm, ZEV 1994 S. 365; s. auch Jünemann, ZEV 2000 S. 81.

2.1 Erbe und Erblasser, Gesamtrechtsnachfolge und Sondererbfolge

2.1.2.2 Erbvertrag

Neben dem Testament ist der Erbvertrag (§§ 2274 bis 2300 BGB) die zweite mögliche Art der Verfügung von Todes wegen. Im Unterschied zum Testament erzeugt der Erbvertrag eine erbrechtliche Bindungswirkung, die aus dem Vertragscharakter resultiert und mit dem Vertragsschluss entsteht. Ein Bedürfnis für eine derartige Bindung besteht z. B. dann, wenn jemand noch zu Lebzeiten des Erblassers Leistungen erbringen, dafür diesen dann später beerben soll. Zu solchen Vorleistungen wird er i. d. R. nur bereit sein, falls seine spätere Erbenstellung rechtlich abgesichert ist. Der Erbvertrag beschränkt den vertragsmäßig gebundenen Erblasser also in seiner Testierfreiheit.

1) Wirksamkeit von Erbverträgen

Der sich verpflichtende Erblasser muss – im Gegensatz zum Testament – nicht nur testierfähig, sondern **unbeschränkt geschäftsfähig** sein (§ 2275 Abs. 1 BGB). Eine Ausnahme vom Erfordernis der unbeschränkten Geschäftsfähigkeit besteht für einen Erbvertrag zwischen Ehegatten oder zwischen Verlobten (§ 2275 Abs. 2 und 3 BGB). Der Erbvertrag bedarf gem. § 2276 BGB zu seiner Wirksamkeit – wie ein öffentliches Testament – der **notariellen Form.**

2) Arten der Erbverträge

Begrifflich wird zwischen einseitigen und zweiseitigen sowie zwischen entgeltlichen und unentgeltlichen Erbverträgen unterschieden.

- Beim **einseitigen Erbvertrag** trifft nur ein Vertragspartner vertragsmäßige Verfügungen von Todes wegen, sodass nur ein Vertragserblasser vorhanden ist. Die andere Vertragspartei kann sich darauf beschränken, die Erklärung des Erblassers entgegenzunehmen und damit die erbrechtliche Bindung herbeizuführen, aber sich auch zu einer Leistung unter Lebenden – z. B. Pflege, Unterhalt, Gewährung von Kost und Logis – verpflichten. Beim **zweiseitigen Erbvertrag** existieren zwei Vertragserblasser. Die Unterscheidung zwischen einseitigem und zweiseitigem Erbvertrag hat Bedeutung für § 2298 BGB. Sind von beiden Seiten vertragsmäßig bindende Verfügungen getroffen worden, so hat die Nichtigkeit einer dieser Verfügungen die Nichtigkeit des ganzen Vertrages zur Folge. So fehlt bei einem Ehegattenerbvertrag, in dem die gemeinschaftlichen Kinder als Schlusserben des Überlebenden berufen sind, für den Fall der Scheidung i. d. R. der Wille zur vertraglichen Bindung hinsichtlich dieser Verfügung. Das bedeutet: Wird die Erbeinsetzung des ersten Ehegatten durch die Scheidung gem. § 2279 Abs. 1 und 2, § 2077 Abs. 1 BGB unwirksam, so hat das grundsätzlich nach § 2298 BGB die Nichtigkeit des ganzen Vertrages zur Folge, es sei denn, die Vertragsschließenden wollten etwas anderes.[89] Haben die im Erbvertrag sich gegenseitig als Erben einsetzenden Ehegatten bestimmt, dass nach dem Tod des Letztverster-

---

89 OLG Hamm, ZEV 1994 S. 367; zur Beeinträchtigung der Eheschließungsfreiheit durch Erbvertrag s. BVerfG, NJW 2000 S. 2495.

benden der beiderseitige Nachlass einem Dritten – i. d. R. den Kindern – zufallen soll, so findet § 2269 BGB über § 2280 BGB entsprechende Anwendung, d. h., im Zweifel gilt keine Vor- und Nacherbschaft, sondern das sog. Einheitsprinzip.

- Beim **entgeltlichen Erbvertrag** verpflichtet sich der Vertragspartner des Erblassers zu einer Leistung diesem gegenüber;[90] **beim unentgeltlichen Erbvertrag** wird keine Gegenleistung für die vertragsmäßige Verfügung von Todes wegen geschuldet (Unterscheidung von Bedeutung für § 2295 BGB).

3) Vertragsmäßige Verfügungen

a) Gemäß § 2278 Abs. 2 BGB können nur Erbeinsetzungen, Vermächtnisse und Auflagen vertragsmäßige Verfügungen sein. Sie kann der Erblasser nicht frei widerrufen, § 2289 Abs. 1 Satz 2 BGB. Nach § 2299 Abs. 1 BGB kann jeder Vertragschließende einseitig die Verfügungen treffen, die durch ein Testament angeordnet werden können. Für diese nicht vertragsmäßigen Verfügungen gelten die Testamentsregelungen uneingeschränkt, insbesondere finden gem. § 2299 Abs. 2 BGB die §§ 2253 ff. BGB Anwendung, sodass sie vom Erblasser jederzeit widerrufen werden können. Da Erbeinsetzung, Vermächtnis und Auflage vertragsmäßige Verfügungen sein können, es aber nicht müssen, ist durch Vertragsauslegung für jede Verfügung gesondert zu ermitteln, ob eine vertragsmäßige Verfügung vorliegt, wenn der Erblasser sie nicht ausdrücklich als „vertragsmäßig" bezeichnet hat.[91] Maßgeblich ist, ob die Verfügung die Bindungswirkung i. S. des § 2289 BGB erzeugen soll (i. d. R. der Fall, wenn der Vertragspartner oder ein mit diesem verwandter Dritter Zuwendungsempfänger ist).

b) Die vom Erbvertrag nach § 2289 Abs. 1 BGB bezüglich seiner vertragsmäßigen Verfügungen ausgehende Aufhebungs- und Bindungswirkung bezieht sich auf die das Recht des vertragsmäßig Bedachten beeinträchtigenden Verfügungen. Beeinträchtigung des Rechts des Bedachten liegt vor, wenn zum Zeitpunkt des Erbfalls die anderweitige Verfügung die vertragsmäßige Zuwendung mindern, beschränken oder gegenstandslos machen würde – Beispiele: Zurückstufung des Vertragserben zum Vorerben, Anordnung von Vermächtnissen oder Auflagen, Teilungsanordnung ohne Ausgleichspflicht, Anordnung einer Testamentsvollstreckung –.

c) Der Erblasser ist an die vertragsmäßigen Anordnungen im Erbvertrag insbesondere in folgenden Fällen nicht mehr gebunden:

- im Erbvertrag vorbehaltenes Recht, abweichend von diesem zu testieren, wobei der Vorbehalt nicht als sog. Totalvorbehalt alle Verfügungen oder die einzige vertragsmäßige Verfügung in der Weise erfassen darf, dass der Vertragserblasser zu seiner uneingeschränkten Abänderbarkeit berechtigt ist, weil ein solcher Erbver-

---
90 BStBl 1984 II S. 37.
91 Siehe OLG Hamm, FamRZ 2005 S. 2100.

2.1 Erbe und Erblasser, Gesamtrechtsnachfolge und Sondererbfolge

trag sich nicht mehr vom Testament unterscheiden würde, seines eigentlichen Wesens entkleidet und inhaltslos wäre.[92]

- einverständliche Aufhebung durch die Parteien des Erbvertrags (§§ 2290, 2291 BGB)

  Entgegen dem nur auf Vermächtnisse und Auflagen abstellenden Wortlaut des § 2291 BGB ist anerkannt, dass auch der vertragsmäßig als Erbe Bedachte den Vertragserblasser von seiner Bindung befreien kann.[93]

- Aufhebung eines zwischen Ehegatten/Lebenspartnern geschlossenen Erbvertrags durch Errichtung eines gemeinschaftlichen Testaments (§ 2292 BGB)
- Rücknahme eines nur Verfügungen von Todes wegen, also nicht zusätzlich Rechtsgeschäfte unter Lebenden beinhaltenden Erbvertrags aus amtlicher oder notarieller Verwahrung (§ 2300 Abs. 2 BGB)
- Wegfall des Bedachten, z. B. durch Vorversterben
- Rücktritt vom Erbvertrag

  Ein wirksamer Rücktritt setzt eine Rücktrittserklärung und das Vorliegen eines Rücktrittsgrundes voraus. Nach § 2296 Abs. 2 BGB muss ein in Abwesenheit des anderen Vertragsschließenden erklärter Rücktritt diesem in Urschrift oder Ausfertigung der notariellen Urkunde zugehen, um wirksam zu werden. Der Tod des Vertragsgegners lässt bei einseitigem Erbvertrag zwar das Rücktrittsrecht des Erblassers unberührt, ändert aber die Rücktrittsform; s. insoweit § 2297 BGB. Neben dem im Erbvertrag enthaltenen Rücktrittsvorbehalt (§ 2293 BGB) kommen als Rücktrittsgrund eine schwere Verfehlung des Bedachten (§ 2294 BGB) und die vor dem Tod des Erblassers erfolgte Aufhebung einer rechtsgeschäftlichen Verpflichtung des Bedachten, an den Erblasser wiederkehrende Leistungen zu erbringen (§ 2295 BGB), in Betracht.[94]

- Anfechtung durch den Erblasser (§§ 2281 ff. BGB)

d) Trotz der erbrechtlichen Bindungswirkung, die vertragsmäßige Verfügungen von Todes wegen grundsätzlich erzeugen, bleibt es dem Vertragserblasser gem. § 2286 BGB unbenommen, zu Lebzeiten über sein Vermögen zu verfügen. Überträgt also der erbvertraglich gebundene Erblasser zu seinen Lebzeiten Vermögen an einen Dritten, so ist ein solches Rechtsgeschäft nicht deshalb nichtig, weil dadurch praktisch die Bindungswirkung des Erbvertrags ausgehöhlt und umgangen wird. Der Vertragserbe kann aber über die Vorschrift des § 2287 BGB bei Schenkungen in Benachteiligungsabsicht geschützt sein; auch bei sog. unbenannten Zuwendungen

---

92 Vgl. hierzu Keller, ZEV 2004 S. 93; Keim, ZEV 2005 S. 365; MünchKomm/Musielak, § 2278 Rdnr. 15 ff.
93 Zur Frage, ob es insoweit der Einhaltung einer Form bedarf, s. Ivo, ZEV 2003 S. 58.
94 Zu den Auswirkungen von Nicht- oder Schlechterfüllung der dem Bedachten obliegenden Verpflichtung vgl. Palandt/Edenhofer, § 2295 Rdnr. 5.

kann diese Vorschrift anwendbar sein,[95] ebenso bei gemischten oder verschleierten Schenkungen. Die Benachteiligungsabsicht fehlt bei Schenkungen, die grundsätzlich zu einer objektiven Beeinträchtigung des Vertragserben führen, soweit seine Erberwartung begründet ist, weil keine Gegenleistung in das Vermögen zurückfließt, nur dann, wenn der Erblasser ein anerkennenswertes lebzeitiges Eigeninteresse an der von ihm vorgenommenen Schenkung hat, d. h., wenn die Verfügung in Anbetracht der gegebenen Umstände auch unter Berücksichtigung der erbvertraglichen Bindung als gerechtfertigt erscheint – zu bejahen bei Pflicht- und Anstandsschenkungen etwa zur Unterstützung bedürftiger naher Verwandter oder bei gebräuchlichen Gelegenheitsgeschenken; ebenfalls anzunehmen bei Spenden zu karitativen Zwecken oder wenn es dem Erblasser um seine Versorgung oder Pflege im Alter geht.[96] Die Absicht des Erblassers, durch Rechtsgeschäft unter Lebenden für eine Gleichbehandlung seiner Abkömmlinge zu sorgen, stellt kein schützenswertes Eigeninteresse dar.[97] Beweispflichtig für die Schenkung ohne rechtfertigendes lebzeitiges Eigeninteresse ist der Vertragserbe bzw. im Fall der analogen Anwendung auf das gemeinschaftliche Testament der Schlusserbe. Die Rechtsfolge des § 2287 BGB – Rückforderungsanspruch des Vertragserben gegen den Beschenkten nach Anfall der Erbschaft, sodass die Verfügungsbefugnis des Erblassers zu Lebzeiten nicht angetastet wird – kann durch Vereinbarung im Erbvertrag ausgeschlossen werden.[98]

2.1.2.3 Vor- und Nacherbschaft

Die Nacherbfolge soll zugleich für den Todesfall des Erblassers und für eine spätere Zeit Vorsorge treffen, indem der Erblasser einen Erben (Nacherben) in der Weise einsetzt, dass dieser erst Erbe wird, nachdem zunächst ein anderer Erbe (Vorerbe) geworden ist (§ 2100 BGB). Die Anordnung der Vor- und Nacherbschaft, die sich wegen des Grundsatzes der Universalsukzession auf den gesamten Nachlass, nicht auf Teile hiervon, etwa ein einzelnes Grundstück, bezieht, stellt sicher, dass der Nachlass in seinem Bestand möglichst ungeschmälert bei Eintritt eines bestimmten Ereignisses einem weiteren Erben zufällt. Das Motiv des Erblassers für eine solche Regelung wird regelmäßig darin zu finden sein, sein Vermögen zwar dem Vorerben persönlich, nicht aber dessen gesetzlichen oder gewillkürten Erben zukommen zu lassen.

Die Anordnung einer Vor- und Nacherbschaft bietet sich z. B. an, wenn Eltern verhindern möchten, dass der „ungeliebte" Mann ihrer einzigen Tochter über Umwege

---

95 Vgl. BGH, BGHZ 116 S. 167.
96 Vgl. in diesem Zusammenhang auch BGH, FamRZ 2012 S. 28, wonach ein lebzeitiges Eigeninteresse vorliegen kann, wenn der Beschenkte ohne rechtliche Bindung, bei deren Vorliegen es sich bereits nicht mehr um eine Schenkung i. S. des § 2287 Abs. 1 BGB handeln würde, Leistungen etwa zur Betreuung im weiteren Sinne übernimmt, tatsächlich erbringt und auch in der Zukunft vornehmen will.
97 Siehe BGH, ZEV 2005 S. 479.
98 Siehe OLG Köln, ZEV 2003 S. 76; OLG München, ZEV 2005 S. 61.

2.1 Erbe und Erblasser, Gesamtrechtsnachfolge und Sondererbfolge

ihr Vermögen erbt, etwa wenn ihre Tochter kurz nach ihnen stirbt. Die Einsetzung der Tochter als Vorerbin und der Enkelkinder als Nacherben verhindert, dass dem Schwiegersohn beim Tod seiner Frau Vermögen der Schwiegereltern zufällt. Dieser Konstruktion kommt auch Bedeutung beim „Geschiedenentestament" zu, mit dem der Erblasser seinen früheren Ehepartner unter allen erdenklichen Umständen von der Teilhabe am eigenen Vermögen ausschließen will, also auch in dem seltenen Fall, dass das gemeinsame Kind nach dem Erbfall, aber vor dem ehemaligen Partner stirbt. Die Anordnung einer Nacherbschaft kann ferner dem Ziel dienen, den Vorerben durch Zuwendung des Ertrags zu versorgen und zugleich die Substanz vor dem Zugriff Dritter – z. B. Gläubiger – zu schützen.

Vor- und Nacherbe sind beide Rechtsnachfolger des Erblassers, aber nicht nebeneinander (als Miterben), sondern zeitlich nacheinander. Der Nacherbe leitet sein Recht unmittelbar vom Erblasser als dessen Rechtsnachfolger ab und nicht vom Vorerben. Der Erwerb des Nacherben stammt also ebenso wie der des Vorerben unmittelbar vom Erblasser; ein Zwischenerwerb des Vorerben findet nicht statt (**Anmerkung:** Das Erbschaftsteuerrecht folgt vom Grundsatz her gesehen dieser Konstruktion nicht – vgl. § 6 Abs. 2 Satz 1 ErbStG). Die Nacherbfolge führt dazu, dass der Nachlass zunächst in der Hand des Vorerben ein rechtlich getrenntes Sondervermögen bildet. Kommt es zu der mit der Anordnung der Nacherbschaft einhergehenden Zwischenherrschaft des Vorerben über den Nachlass nicht, z. B. weil der Vorerbe noch vor dem Erbfall wegfällt, tritt auch keine Nacherbfolge ein; der Nacherbe ist gem. § 2102 Abs. 1 BGB im Zweifel als Ersatzerbe eingesetzt und dann Vollerbe.

Zu Nacherben können mehrere Personen zusammen eingesetzt werden – diese bilden zwischen Erbfall und Nacherbfall noch keine Erbengemeinschaft, weil diese ein ihr zugeordnetes gemeinschaftliches Vermögen voraussetzt –, aber auch nacheinander. In diesem Fall der gestuften Nacherbfolge steht der zunächst berufene Nacherbe dem folgenden Nacherben wieder als Vorerbe gegenüber.

Ob Vor- und Nacherbschaft gewollt ist, ist durch Auslegung zu ermitteln. Bei der Auslegung ist entscheidend, ob der Eingesetzte, wenn auch unter Beschränkungen, für einige Zeit Herr des Nachlasses und erst dann ein anderer nach ihm Erbe sein soll. Abgrenzungsschwierigkeiten bei der Auslegung können sich insbesondere zwischen Vor- und Nacherbschaft und Nießbrauchsvermächtnis ergeben.

Beispiel:
Erblasser E trifft folgende letztwillige Verfügung: „Meiner Witwe vermache ich den Nießbrauch an meinem Vermögen und die Verfügung darüber; nach ihrem Tod sollen es die Kinder erben."

Wollte E damit seine Witwe zur Rechtsnachfolgerin in sein Vermögen machen und ihr nur die Beschränkung auferlegen, es lediglich wie ein Nießbraucher zu benutzen, liegt Vor- und Nacherbschaft vor. Wollte E hingegen für seine Witwe nur ein Nutzungsrecht schaffen, ohne ihr die Rechtsstellung eines Eigentümers zuzuwenden, dann liegt keine Vor- und Nacherbschaft vor, sondern nur ein Nießbrauchsvermächtnis. Der Wortlaut lässt beide Möglichkeiten zu. Die Entscheidung ist somit unter Berücksichtigung der besonderen Umstände des einzelnen Falles zu treffen.

Ähnliche Abgrenzungsprobleme können sich zwischen Nachvermächtnis und Nießbrauchsvermächtnis ergeben.[99]

1) Rechtsstellung des Nacherben

Der Erwerb der Nacherbschaft, also der Erbschaft durch den Nacherben, vollzieht sich in zwei Abschnitten:

a) Bereits mit dem Erbfall erwirbt der Nacherbe ein Anwartschaftsrecht, während dem Vorerben die Erbschaft anfällt. Der Vorerbe ist während dieser Zeit berechtigt, die Nutzungen des Nachlasses zu ziehen und über den Nachlass unter Beachtung der gesetzlichen Beschränkungen der §§ 2113 ff. BGB zu verfügen. Er hat, insbesondere in Fällen der Befreiung (§§ 2136, 2137 BGB), eine Vertrauensstellung inne und eine größere Verfügungsmacht als der Nießbraucher.

Das Anwartschaftsrecht des Nacherben kann diesem nicht mehr entzogen werden. Es ist veräußerlich und – bei Tod des Nacherben vor Eintritt des Nacherbfalls – gem. § 2108 Abs. 2 BGB im Zweifel auch vererblich. Der Erblasser kann die Vererblichkeit des Anwartschaftsrechts ganz ausschließen mit der Folge, dass die für den Todesfall des Nacherben berufenen Ersatzerben aufrücken oder dass die Nacherbschaft entfällt und der Vorerbe Vollerbe wird. Er kann die Vererblichkeit auch auf einen bestimmten Personenkreis beschränken, um damit etwa familienfremde Erben des Nacherben fernzuhalten.[100]

Überträgt der Nacherbe sein Recht auf den Vorerben, so wird dieser dadurch unbeschränkter Vollerbe.[101] Das Recht des Nacherben ist seinem Umfang nach durch Beschränkungen des Vorerben (§ 2113 BGB) und durch Befugnisse des Nacherben gegenüber dem Vorerben (z. B. §§ 2116, 2121, 2127, 2128 BGB) gesichert. Hier treten allerdings z. B. Probleme auf, wenn zum (Vorerbschafts-)Vermögen Gesellschaftsanteile gehören.[102]

b) Der Nacherbfall tritt im Zeitpunkt des vom Erblasser hierfür bestimmten Ereignisses ein (z. B. Tod des Vorerben oder Eintritt eines Umstandes in der Person des Nacherben wie Volljährigkeit). Zwar kann der Erblasser jedes Ereignis zum Auslöser des Nacherbfalls bestimmen, damit auch solche, die vom freien Willensentschluss des Vorerben abhängen wie dessen Heirat oder der Abschluss seines Studiums. Er darf jedoch wegen des Gebots der Selbstbestimmung niemals so weit gehen, den Eintritt des Nacherbfalls in das freie Belieben eines Dritten, insbeson-

---

99 Siehe FG München, EFG 1987 S. 254; BFH vom 24.02.1988 II R 38/85, BFH/NV 1989 S. 229.
100 Siehe BGH, FamRZ 2000 S. 63.
101 BFH vom 23.08.1995, BStBl 1996 II S. 137.
102 Siehe Ebeling, BB 1983 S. 1933.

2.1 Erbe und Erblasser, Gesamtrechtsnachfolge und Sondererbfolge

dere des Vorerben, zu stellen. Fehlt eine Bestimmung über den Anfall der Nacherbschaft, tritt gem. § 2106 Abs. 1 BGB der Nacherbfall mit dem Tod des Vorerben ein; Wegfall der Nacherbschaft hingegen in entsprechender Anwendung des § 162 Abs. 2 BGB bei treuwidriger Herbeiführung des Nacherbfalls, etwa durch Tötung des Vorerben. Bei Eintritt des Nacherbfalls erlischt das Recht des Vorerben und zugleich tritt das Recht des Nacherben in Kraft (§ 2139 BGB), d. h., dieser erwirbt die Erbschaft als Gesamtrechtsnachfolger des Erblassers. Stirbt der Vorerbe nach dem Erbfall und löst sein Tod noch nicht den Nacherbfall aus, weil der Erblasser diesen erst für den Fall angeordnet hat, dass der Nacherbe ein bestimmtes Alter erreicht, geht die Rechtsstellung des Vorerben auf seine Erben über und erlischt in deren Person dann beim Eintritt des Nacherbfalls. Auch wenn einer von mehreren gemeinsam eingesetzten Vorerben (wegen der „Auseinandersetzung" dieser Erbengemeinschaft vgl. §§ 101 bis 103 BGB) stirbt und bestimmt ist, dass Nacherbfolge erst mit dem Tod des letzten Vorerben eintreten soll, geht das entstandene Vorerbrecht des Verstorbenen im Zweifel auf dessen Erben über.

Mit Eintritt des Nacherbfalls erhält der Nacherbe gem. § 2130 BGB einen Anspruch auf Herausgabe der Substanz der Erbschaft gegen den Vorerben bzw. dessen Erben, während die gezogenen Nutzungen dem Vorerben verbleiben. Der Nacherbe kann vom Vorerben Schadensersatz verlangen, wenn dieser schuldhaft Pflichten der ordnungsgemäßen Verwaltung verletzt.

Anmerkung: Hat der Nacherbe noch zu Lebzeiten des Vorerben Aufwendungen in Bezug auf einen Nachlassgegenstand, etwa Baumaßnahmen an einem nachlasszugehörigen Grundstück, getätigt – zu dieser Zeit Zustimmung des Vorerben erforderlich –, so ist eine hierdurch eingetretene Werterhöhung später bei der Erbschaftsbesteuerung des Nacherben durch Minderung der Bereicherung um den Betrag auszugleichen, um den seine eigene Maßnahme den Steuerwert erhöht hat.[103]

2) Rechtsstellung des Vorerben

Die Rechtsstellung des Vorerben ist für die Zeit zwischen Erbfall und Nacherbfall die eines Erben. Er kann also grundsätzlich über den Nachlass verfügen (§ 2112 BGB).

Auf der anderen Seite bedarf der Nacherbe eines gewissen Schutzes durch Verfügungsbeschränkungen des Vorerben. Das Gesetz sieht zu diesem Zweck Verfügungsbeschränkungen vor z. B.

- nach § 2113 Abs. 1 BGB für Grundstücksverfügungen, soweit diese das Recht des Nacherben vereiteln oder beeinträchtigen würden.

Da maßgebend ist, ob die Verfügung – Übertragung oder Belastung eines Grundstücks, Aufhebung oder Inhaltsänderung eines Rechts an einem Grundstück – zu

---
103 Vgl. BFH vom 01.07.2008, BStBl 2008 II S. 876.

einer Verschlechterung der Rechtsstellung des Nacherben führt, also wirtschaftliche Gesichtspunkte außer Betracht zu bleiben haben, liegt eine Beeinträchtigung auch dann vor, wenn ein entsprechendes Entgelt für die Verfügung in den Nachlass fällt. Keine Beeinträchtigung oder gar Vereitelung des Nacherbenrechts ist gegeben, wenn der Vorerbe mit der Verfügung eine Verbindlichkeit erfüllt, die ihm vom Erblasser durch letztwillige Verfügung auferlegt ist, oder er das Grundstück in Erfüllung einer bereits vom Erblasser eingegangenen Verpflichtung veräußert oder belastet. Die Unwirksamkeit der beeinträchtigenden Grundstücksverfügung des Vorerben hängt vom Eintritt der Nacherbfolge ab und ist auf diesen Zeitpunkt hinausgeschoben. Die Wirksamkeit ist also nicht berührt, solange die Vorerbschaft besteht. Gutgläubige Dritte, z. B. der Erwerber eines vom Vorerben veräußerten, zum Nachlass gehörenden Grundstücks, werden über § 2113 Abs. 3 BGB geschützt. Der Nacherbe kann einen gutgläubigen Erwerb, von dem auszugehen ist, wenn der Erwerber nicht wusste, dass der über das Grundstück Verfügende als Vorerbe gehandelt hat, und als dessen Folge dem Erwerber sein Recht an dem Grundstück über den Eintritt des Nacherbfalls hinaus verbleibt, durch Eintragung des Nacherbenvermerks im Grundbuch verhindern (§ 51 GBO).

- nach § 2113 Abs. 2 BGB für unentgeltliche Verfügungen oder für zum Zwecke der Erfüllung eines Schenkungsversprechens getroffene Verfügungen über einen Erbschaftsgegenstand

Unentgeltlich ist die Verfügung dann, wenn nach wirtschaftlichen Gesichtspunkten objektiv eine in den Nachlass zu erbringende Gegenleistung fehlt oder dem aus der Erbmasse erbrachten Opfer nicht gleichwertig ist und subjektiv der Vorerbe die Ungleichwertigkeit entweder erkennt oder jedenfalls bei ordnungsgemäßer Verwaltung das Fehlen bzw. die Unzulänglichkeit der Gegenleistung hätte erkennen müssen. Auch diese Beschränkung des Vorerben hat zur Folge, dass die zunächst wirksame Verfügung erst mit Eintritt der Nacherbfolge unwirksam wird. Bei nur teilweiser unentgeltlicher Verfügung ist die ganze Verfügung unwirksam, wobei allerdings hier die Beeinträchtigung lediglich in der Wertdifferenz zwischen dem weggegebenen Nachlassgegenstand und der unzureichenden Gegenleistung liegt. Die Gegenleistung ist in die bei Eintritt des Nacherbfalls gebotene Abwicklung einzubeziehen, sodass der Nacherbe Herausgabe nur Zug um Zug gegen Rückgewähr der Gegenleistung verlangen kann.[104]

§ 2113 BGB steht dem Abschluss von Verpflichtungsverträgen durch den Vorerben nicht entgegen. Eine Haftung des Nachlasses und damit bei Eintritt des Nacherbfalles des Nacherben kommt nur dann in Betracht, wenn der Vorerbe im Rahmen ordnungsgemäßer Verwaltung gehandelt hat.

---

104 Siehe BGH, NJW 1985 S. 382 und FamRZ 1990 S. 1344.

2.1 Erbe und Erblasser, Gesamtrechtsnachfolge und Sondererbfolge

Allerdings kann der Erblasser den Vorerben nach § 2136 BGB – sog. befreite Vorerbschaft – von der Verfügungsbeschränkung hinsichtlich Grundstücken befreien.[105] Das bedeutet, dass er Grundstücke veräußern kann, um sein übriges Vermögen zu schonen.[106] Die Befreiung kann ausdrücklich oder stillschweigend erfolgen. Der Wille zur Befreiung ist anzunehmen, wenn der Erblasser den Nacherben auf dasjenige eingesetzt hat, was von der Erbschaft bei Eintritt der Nacherbfolge übrig sein wird (§ 2137 BGB).

3) zeitliche Dauer der Vorerbschaft

Damit ein Erblasser sein Vermögen nicht übermäßig lange durch Verfügung von Todes wegen binden und dadurch den Erben belasten kann, wird die Wirksamkeit der Anordnung von Vor- und Nacherbschaft gem. § 2109 Abs. 1 Satz 1 BGB grundsätzlich auf 30 Jahre beschränkt mit der Folge, dass nach Fristablauf die Einsetzung des Nacherben unwirksam, der Vorerbe damit zum Vollerben und der Nachlass sein freies Vermögen wird, über das er beliebig verfügen kann. Diese Beschränkung hat jedoch in der Praxis im Hinblick auf die Ausnahmeregelung in § 2109 Abs. 1 Satz 2 Nr. 1 BGB keine große Bedeutung. Hiernach tritt die Nacherbfolge auch dann noch nach Ablauf der 30-Jahres-Frist ein, wenn der Erblasser anordnet, dass der Nacherbfall durch ein bestimmtes Ereignis in der Person des Vorerben oder des Nacherben ausgelöst wird – z. B. Tod des Vorerben als häufigster Fall für den Eintritt der Nacherbfolge – und diese Person beim Erbfall bereits vorhanden ist. Dies gilt auch, wenn der Eintritt des Nacherbfalls nicht ausdrücklich durch testamentarische Anordnung, sondern kraft der Ergänzungsregel des § 2106 Abs. 1 BGB an den Tod des Vorerben geknüpft ist. Ist weitere Nacherbfolge beim Tod des jeweiligen Vorerben über Generationen hinweg angeordnet, endet die Reihe der gebundenen Vorerben mit dem letzten, der den Erbfall erlebt hat.[107]

4) Grundzüge der Besteuerung

Für den gem. § 3 Abs. 1 Nr. 1 ErbStG der Besteuerung unterliegenden Erwerb des Vorerben gelten keine Besonderheiten (vgl. Formulierung des § 6 Abs. 1 ErbStG). Dies gilt unabhängig davon, ob er den gesetzlichen Verfügungsbeschränkungen der §§ 2113 ff. BGB unterliegt oder ob es sich um eine befreite Vorerbschaft handelt. Die Verfügungsbeschränkungen sind als zu den persönlichen Verhältnissen des Vorerben gehörend auch nicht bei der Bewertung des Nachlassvermögens zu berücksichtigen (§ 9 Abs. 2 Satz 3 und Abs. 3 Satz 1 BewG). Der Eintritt der Nacherbfolge hat auf die gegenüber dem Vorerben erfolgte Steuerfestsetzung keinen Einfluss.

Der Nacherbe hat gem. § 6 Abs. 2 Satz 1 ErbStG den Erwerb als vom Vorerben stammend zu versteuern. Auf Antrag ist jedoch nach § 6 Abs. 2 Satz 2 ErbStG der

---
105 Zu weiteren Gestaltungsmöglichkeiten s. Mayer, ZEV 2000 S. 1.
106 BGH, ZEV 1994 S. 45.
107 Siehe hierzu Edenfeld, DNotZ 2003 S. 11.

Versteuerung das Verhältnis zum Nacherben zugrunde zu legen – erbschaftsteuerliche und zivilrechtliche Rechtslage korrespondieren dann miteinander –. Der Antrag lohnt sich regelmäßig, wenn bei der Versteuerung nach dem Verhältnis zum Erblasser eine günstigere Steuerklasse zur Anwendung kommt. Erbt der Nacherbe zusätzlich weiteres, nicht aus der Vorerbschaft stammendes Vermögen und stellt er den Antrag nach § 6 Abs. 2 Satz 2 ErbStG, ist für die Festlegung der Steuerklasse das Verwandtschaftsverhältnis zum Erblasser bezüglich des aus der Vorerbschaft stammenden Vermögens sowie das Verwandtschaftsverhältnis zum Vorerben hinsichtlich dessen eigenen Vermögens maßgebend, wobei zur Ermittlung des Steuersatzes der Wert des gesamten steuerpflichtigen Erwerbs die Wertstufe nach § 19 ErbStG bestimmt. Der Freibetrag, der sich aus dem Verwandtschaftsverhältnis zum Erblasser ergibt, ist zunächst bei dem aus der Vorerbschaft stammenden Vermögen abzuziehen. Ein ggf. dann noch verbleibender Freibetragsteil kann vom Erwerb aus dem eigenen Vermögen des Vorerben abgezogen werden, aber höchstens bis zur Höhe des Freibetrags, der im Verhältnis zwischen Vorerbe und Nacherbe in Betracht kommt.[108]

Wird der Nacherbfall nicht durch den Tod des Vorerben ausgelöst, bestimmt § 6 Abs. 3 Satz 1 ErbStG, dass die Vorerbfolge als auflösend bedingter, die Nacherbfolge als aufschiebend bedingter Erwerb gilt. Abweichend von der Regelung des § 5 Abs. 2 BewG bleibt die Steuerfestsetzung gegenüber dem Vorerben bestehen; dem Nacherben ist gem. § 6 Abs. 3 Satz 2 ErbStG die vom Vorerben entrichtete Steuer abzüglich des Betrags, der seiner tatsächlichen Bereicherung entspricht, anzurechnen. Der Besteuerung des Nacherben ist zwingend sein Verhältnis zum Erblasser zugrunde zu legen, weil es sich um einen Erwerb von diesem, nicht vom Vorerben handelt.

2.1.2.4 Ausschluss von der Erbfolge

Der Ausschluss von der Erbfolge kann erfolgen durch Enterbung, Erbunwürdigkeit, Erbverzicht und Ausschlagung.

1) Enterbung

Die Enterbung erfolgt durch Verfügung von Todes wegen. Entweder kann der Erblasser durch Testament ausdrücklich einen Verwandten, den Ehegatten oder den Lebenspartner von der gesetzlichen Erbfolge ausschließen, ohne gleichzeitig einen Erben zu bestimmen (§ 1938 BGB, sog. Negativtestament), oder er kann testamentarisch einen Erben bestimmen und damit also mittelbar die gesetzliche Erbfolge ausschließen. Falls die testamentarische Bestimmung des Erben unwirksam ist, kann die Enterbung des gesetzlichen Erben als selbständige Verfügung bestehen bleiben – Auslegungsfrage nach § 2085 BGB –. Die Enterbung ohne Erbeinsetzung, die auch in der Zuwendung des Pflichtteils liegen kann, führt zur gesetzlichen Erb-

---

108 Siehe BFH vom 02.12.1998, BStBl 1999 II S. 235.

2.1 Erbe und Erblasser, Gesamtrechtsnachfolge und Sondererbfolge

folge ohne den Ausgeschlossenen, der so zu behandeln ist, wie wenn er beim Erbfall nicht vorhanden wäre. Ist der Ehegatte oder der Lebenspartner ausgeschlossen, erhöhen sich die gesetzlichen Erbteile der Verwandten. Ist ein Verwandter der ersten drei Ordnungen ausgeschlossen, wird er durch seine Abkömmlinge ersetzt (§ 1924 Abs. 3, § 1925 Abs. 3, § 1926 Abs. 3 BGB), es sei denn, durch Auslegung ist ein eindeutiger Wille des Erblassers zur Enterbung des ganzen Stammes feststellbar.

2) Erbunwürdigkeit

Die Erbunwürdigkeit dient dazu, eine durch die Handlung des Unwürdigen ermöglichte Verdunklung des wahren Erblasserwillens abzuwehren. Die Unwürdigkeit tritt jeweils nur gegenüber einem bestimmten Erblasser ein.

a) Die Erbunwürdigkeitsgründe sind in § 2339 BGB erschöpfend aufgezählt, wobei nicht zwischen gesetzlicher und gewillkürter Erbfolge unterschieden wird:

- vorsätzliche Angriffe auf das Leben des Erblassers – nicht gegeben bei vorsätzlicher Körperverletzung mit Todesfolge – und vorsätzliche Herbeiführung der Testierunfähigkeit (Nr. 1)
- vorsätzliche Verhinderung der Errichtung oder Aufhebung einer Verfügung von Todes wegen (Nr. 2)
- zur Errichtung oder Aufhebung einer wirksamen Verfügung von Todes wegen führende arglistige Täuschung oder Drohung (Nr. 3)
  Bei diesem Erbunwürdigkeitsgrund sind zugleich die Voraussetzungen für eine Testamentanfechtung gegeben; diese beseitigt aber nicht die Stellung des Erbunwürdigen als gesetzlicher Erbe.
- Urkundsdelikte (Nr. 4)[109]

Eine strafgerichtliche Verurteilung wegen der in Nr. 1 bis 4 genannten Handlungen ist nicht Voraussetzung für die Erbunwürdigkeit, sodass der Inhalt eines Strafurteils den Zivilrichter nicht bindet und dieser sich seine Überzeugung selbst bilden muss.[110]

b) Der Erbunwürdige erlangt zunächst mit dem Erbfall die Erbenstellung. Diese kann ihm aber durch Anfechtung (§§ 2340 ff. BGB) entzogen werden. Mit Rechtskraft des Urteils, in dem der Erbe für erbunwürdig erklärt wird, fällt die Erbschaft gem. § 2344 Abs. 2 BGB rückwirkend demjenigen an, der berufen sein würde, wenn der Erbunwürdige zur Zeit des Erbfalls nicht gelebt hätte. Dies sind die gesetzlichen Erben, soweit ihnen nicht Ersatzerben vorgehen, zu denen die Abkömmlinge des Täters gehören können. Als weitere Rechtswirkungen verliert der Erbunwürdige auch den Anspruch nach § 1932 BGB und einen etwa bestehenden Pflichtteilsanspruch, den Zugewinnausgleichsanspruch gem. § 1371 Abs. 2 BGB hingegen behält

---

109 Siehe dazu OLG Stuttgart, ZEV 1999 S. 187.
110 Siehe BGH, NJW-RR 2005 S. 1024.

der erbunwürdige Ehegatte – Erfüllung kann bei grober Unbilligkeit gem. § 1381 Abs. 1 BGB verweigert werden -. Einen speziellen Schutz Dritter, etwa im Fall, dass der für erbunwürdig erklärte Erbe vor Rechtskraft des Urteils über einen Nachlassgegenstand verfügt hat, hat der Gesetzgeber für entbehrlich gehalten; insoweit gelten die §§ 932 ff., 892 f., 2366 f. BGB.

c) Anfechtungsberechtigt ist derjenige, dem der Wegfall des Erbunwürdigen zustattenkommt (§ 2341 BGB). Ausreichend ist schon ein mittelbares Interesse des Näherrückenden, damit die Erbunwürdigkeit nicht an der Passivität eines Anfechtungsberechtigten scheitert. Bei Unwürdigkeit des eingesetzten Erben sind also auch die Abkömmlinge des gesetzlichen Erben anfechtungsberechtigt, obwohl die Erbschaft immer nur an den Nächstberufenen fällt. Der angestrebte Vorteil muss sich aber auf die Erbenstellung beziehen, sodass einem Vermächtnisnehmer oder einem Gläubiger des Nächstberufenen kein Anfechtungsrecht zusteht.

Die Anfechtung ist gem. § 2343 BGB ausgeschlossen, wenn der Erblasser dem Erbunwürdigen verziehen hat.

3) Erbverzicht

Der Erbverzicht ist ein Vertrag zwischen dem Erblasser und dem künftigen Erben, durch den dieser auf sein Erbrecht verzichtet. Während der Erbvertrag ein zukünftiges Erbrecht begründet, lässt der Erbverzicht gem. §§ 2346 ff. BGB, § 10 Abs. 7 LPartG ein zukünftiges Erbrecht nicht entstehen. Der Erbverzichtsvertrag ist besonders geeignet, die erbrechtliche Regelung den Besonderheiten des jeweiligen Einzelfalles anzupassen, z. B. Vorwegbedachte als Miterben ausscheiden zu lassen.[111]

Im Gegensatz zum Erbverzicht entfaltet der sog. Erbschaftsvertrag i. S. des § 311b Abs. 5 BGB nur schuldrechtliche Wirkung. Das Vollzugsgeschäft, etwa die Übertragung des Erbanteils, muss nach dem Erbfall durchgeführt werden. Parteien dieses Vertrags sind die zukünftigen gesetzlichen Erben.

Der Erbverzichtsvertrag bezieht sich regelmäßig auf das gesetzliche Erbrecht (§ 2346 Abs. 1 BGB), ist jedoch nicht auf diesen Fall beschränkt. Der sog. Zuwendungsverzicht gem. § 2352 BGB, also z. B. der Verzicht auf die künftige Erbenstellung, die durch Verfügung von Todes wegen eintreten soll, hat insbesondere Bedeutung, wenn der Erblasser die für ihn bindend gewordene Erbeinsetzung nicht mehr einseitig ändern kann.[112]

a) Der Erbverzicht als ein unmittelbar mit dem Erbfall die Änderung der erbrechtlichen Verhältnisse bewirkender Vertrag, also als ein abstraktes erbrechtliches Verfügungsgeschäft, bedarf wegen seiner weitreichenden Bedeutung für beide Vertragsparteien nach § 2348 BGB der notariellen Beurkundung.

---

111 Siehe hierzu Ebenroth/Fuhrmann, BB 1989 S. 2049.
112 Siehe hierzu Mayer, ZEV 1996 S. 127; Edenfeld, ZEV 1997 S. 134.

2.1 Erbe und Erblasser, Gesamtrechtsnachfolge und Sondererbfolge

Für den Erblasser ist der Erbverzichtsvertrag ein höchstpersönliches Rechtsgeschäft, sodass er gem. § 2347 Abs. 2 BGB bei Abgabe der Erklärung nicht vertreten werden kann, es sei denn, er ist geschäftsunfähig. Auf Seiten des Verzichtenden steht eine Stellvertretung der Wirksamkeit des Erbverzichts nicht entgegen.

b) Der auf sein gesetzliches Erbrecht Verzichtende wird nach § 2346 Abs. 1 Satz 2 BGB so behandelt, wie wenn er zur Zeit des Erbfalls nicht mehr lebte. Der Verzicht erstreckt sich – soweit nicht Abweichendes vereinbart ist – auch auf das Pflichtteilsrecht. Der Verzichtsvertrag kann auch ausschließlich das Pflichtteilsrecht zum Gegenstand haben (§ 2346 Abs. 2 BGB – von Bedeutung z. B., um eine Betriebsfortführung durch einen Abkömmling des Erblassers als von diesem testamentarisch eingesetzten Alleinerben zu ermöglichen, ohne dass die Liquidität belastende Pflichtteilsansprüche anderer Abkömmlinge des Verstorbenen bestehen). Der Erbverzicht eines Abkömmlings oder Seitenverwandten erstreckt sich, sofern nicht anderes vereinbart ist, auch auf die Abkömmlinge des Verzichtenden (§ 2349 BGB).

c) Nach § 2351 BGB ist den Vertragsparteien die vertragsmäßige Aufhebung des Erb- oder Pflichtteilsverzichts in Form der notariellen Beurkundung jederzeit möglich. Der Aufhebungsvertrag erfordert weder eine Mitwirkung der Abkömmlinge, auf die sich der Verzicht erstreckte, noch die Zustimmung der durch den Vertrag Begünstigten. Eine Aufhebung des Erbverzichtsvertrags ist nach dem Tod des Verzichtenden durch dessen Erben nicht mehr möglich, weil der Erblasser nicht befugt ist, die durch § 2310 Satz 2 BGB bereits kraft Gesetzes eingetretene Begünstigung anderer Pflichtteilsberechtigter ohne deren Zustimmung wieder rückgängig zu machen.[113]

d) Dem Erbverzichtsvertrag liegt ein Kausalgeschäft zugrunde, das auch in einer Schenkung bestehen kann. Der obligatorische Vertrag bedarf analog § 2348 BGB der notariellen Beurkundung, weil die Warnfunktion dieser Form ins Leere ginge, wenn aufgrund eines formlosen Kausalgeschäfts eine Verpflichtung zum Erbverzicht begründet werden könnte.[114]

Eine Abfindung – erbschaftsteuerpflichtiger Vorgang nach § 7 Abs. 1 Nr. 5 ErbStG[115] – muss nicht mit dem Erbverzicht verbunden sein, wird aber in der Praxis regelmäßig als Gegenleistung für den Verzicht gewährt. Hierbei können sich rechtliche Probleme insbesondere dann ergeben, wenn es im Rahmen des Kausalgeschäfts zu Störungen kommt, weil z. B. die Abfindung nicht gezahlt wird oder das Kausalgeschäft nichtig ist. Die Vertragsparteien können trotz Selbständigkeit beider

---

113 BGH, ZEV 1998 S. 304, und Anmerkung von Siegmann, ZEV 1998 S. 383; Kuchinke, ZEV 2000 S. 169.
114 Hierzu Keller, ZEV 2005 S. 229.
115 Zur Steuerpflicht bei einer Zahlung durch den durch den Verzicht Begünstigten s. BFH vom 25.01.2001, BStBl 2001 II S. 456.

2 Überblick über das Erbrecht

Rechtsgeschäfte durch Vereinbarung einer Bedingung Erbverzicht und Gegenleistung voneinander abhängig machen, sodass bei Nichtzahlung der Abfindung der bedingte Verzicht wirkungslos ist. Sie können die Verträge auch als einheitliches Ganzes gestalten, sodass § 139 BGB – nicht § 2085 BGB – eingreift, wenn der Abfindungsvertrag unwirksam ist, nicht aber bei dessen Nichterfüllung. Umstritten ist die Situation bei Wirksamkeit des Erbverzichts trotz nichtigen Kausalgeschäfts. Zwar kann der Erblasser hier die dann ohne rechtlichen Grund geleistete Abfindung zurückverlangen, für den Verzichtenden bereitet ein Interessenausgleich, weil kein Rückgriff auf §§ 320 ff. BGB möglich ist, aber rechtliche Schwierigkeiten – Lösung denkbar über § 242 BGB, wonach der Verzichtende dem sich auf den wirksamen Verzicht berufenden Erben den Einwand der unzulässigen Rechtsausübung entgegenhalten kann, oder Zubilligung der Berufung auf Wegfall der Geschäftsgrundlage oder eines Bereicherungsanspruchs nach § 812 Abs. 1 Satz 2 BGB –.[116]

4) Ausschlagung
Während der Erbverzicht vor dem Anfall der Erbschaft erfolgt, erfolgt die Ausschlagung gem. §§ 1942 ff. BGB nach dem Anfall der Erbschaft.[117] Mit der Ausschlagung kann sich der zum Erben Berufene gegen einen – aus welchem Grunde auch immer unerwünschten – Anfall der Erbschaft wehren. Mit Rücksicht auf das Ausschlagungsrecht ist der Erbschaftserwerb also zunächst nur vorläufig. Erst die wirkliche oder gem. § 1943 BGB unterstellte Annahme vollendet den Erwerb. Bis dahin besteht ein Schwebezustand, während dessen der Erbe die ihm mit dem Tod des Erblassers angefallene Erbenstellung durch Ausschlagung rückwirkend wieder beseitigen kann (§ 1953 BGB). Da die Erbschaftsteuer in den Fällen der Erbausschlagung dem Zivilrecht folgt, sind die Motive des Ausschlagenden auch steuerlich ohne Belang. Die Ausschlagung kann ein Gestaltungsmittel zur Minderung der Erbschaftsteuer sein (s. hierzu auch unter 4.3.1.1.).

> **Beispiel:**
> Ein Enkel des Erblassers (Freibetrag: 200.000 €) schlägt die Erbschaft zugunsten des Kindes des Erblassers = eigene Mutter (Freibetrag: 400.000 €) aus. Bei späteren Zuwendungen an diesen, etwa einem späteren Erwerb von Todes wegen im Fall des Ablebens der Mutter, gilt dann der höhere Freibetrag für Kinder.
> Steuerlich hat die Ausschlagung zur Folge, dass die zunächst eingetretene Steuerpflicht des Erben (hier: Enkel des Erblassers) entfällt. Der Anfall bei dem nächstberufenen Erben (hier: Tochter des Erblassers) gilt nicht als freigebige Zuwendung seitens des Ausschlagenden. Entschließt sich der Erbe aber erst zum Verzicht auf die Erbschaft, nachdem er diese angenommen hat oder die Ausschlagungsfrist abgelaufen ist, bleibt seine Steuerpflicht unberührt; zusätzlich liegt eine schenkungsteuerpflichtige Zuwendung an den Begünstigten vor.

---

116 Hierzu Palandt/Edenhofer, § 2346 Rdnr. 11; MünchKomm/Strobel, § 2346 Rdnr. 28; Erman/Schlüter, vor § 2346 Rdnr. 5; Edenfeld, ZEV 1997 S. 134.
117 Siehe hierzu auch Troll, BB 1988 S. 2153; BGH, ZEV 1998 S. 22, und Anmerkung von Behrendt, ZEV 1998 S. 67.

2.1 Erbe und Erblasser, Gesamtrechtsnachfolge und Sondererbfolge

Die Ausschlagungserklärung ist nach § 1945 BGB gegenüber dem Nachlassgericht abzugeben, und zwar gem. § 1944 BGB grundsätzlich binnen sechs Wochen von dem Zeitpunkt ab, in welchem der Erbe von dem Anfall und dem Grund der Berufung Kenntnis erlangt. Die Ausschlagungsfrist ist relativ kurz bemessen, um den durch die Möglichkeit der Ausschlagung geschaffenen ungewissen Schwebezustand innerhalb fest bestimmter Zeit zu beenden. Dass der Fristbeginn auch von der Kenntnis des Erben abhängt, aus welchem konkreten erbrechtlichen Tatbestand sich die rechtliche Folge seiner Berufung ergibt – Berufung kraft Gesetzes oder Berufung kraft Verfügung von Todes wegen –, hat Bedeutung für § 1948 BGB.

Für den Schlusserben eines sog. Berliner Testaments tritt der Erbfall mit dem Tod des länger lebenden Ehegatten ein, sodass er erst dann ausschlagen kann. Die schon nach dem Tod des erstverstorbenen Ehegatten erklärte Ausschlagung erfolgt noch zu Lebzeiten seines Erblassers und ist nach § 1946 BGB wirkungslos.[118] Der Nacherbe kann hingegen gem. § 2142 BGB bereits nach dem Tod des Erblassers ausschlagen, weil es nur einen Erbfall gibt, der Vor- und Nacherbschaft zeitlich versetzt auslöst. Der Erbe kann nicht mehr ausschlagen, wenn er vorher angenommen hat (§ 1943 BGB).

Zur Schaffung klarer Verhältnisse sind Annahme und Ausschlagung gem. § 1947 BGB bedingungsfeindlich. So kann die Wirksamkeit der Ausschlagung nicht davon abhängen, dass das für die Ausschlagung erwartete Entgelt gezahlt wird. Auch kann sie nicht zugunsten bestimmter Personen ausgesprochen werden.[119] Unbedenklich ist es hingegen, zugunsten einer Person auszuschlagen, die ohnehin von Gesetzes wegen durch die Ausschlagung begünstigt ist. Eine unwirksame, weil bedingte Ausschlagung zugunsten einer bestimmten Person kann dahingehend ausgelegt werden, dass der Ausschlagende die Erbschaft annimmt, verbunden mit einem Angebot an den Dritten, ihm die Erbschaft zu übertragen;[120] der Erwerb des Erben unterliegt dann der Erbschaftsteuer, die unentgeltliche Übertragung an den Dritten zusätzlich der Schenkungsteuer.

Grundsätzlich sind Annahme und Ausschlagung auch nicht in der Weise teilbar, dass ein Erbteil zu einem Bruchteil angenommen und ausgeschlagen wird (§ 1950 BGB). Besonderheiten ergeben sich insoweit aus § 1951 BGB. Verschiedene Berufungsgründe i. S. des § 1951 Abs. 1 BGB liegen bei gesetzlicher Erbfolge in den Fällen des § 1927 BGB – Zugehörigkeit zu verschiedenen Stämmen – und des § 1934 BGB – Ehegatte als Verwandter – vor. Eine unwirksame Teilausschlagung kann steuerlich auch dann nicht gem. § 41 Abs. 1 AO anerkannt werden, wenn die

---

118 Siehe BGH, NJW 1998 S. 543.
119 Siehe hierzu Specks, ZEV 2007 S. 356 – keine unzulässige Bedingung, wenn der gewollte Erwerb des Dritten nur Motiv für die Ausschlagung war, aber die Wirksamkeit der Erklärung nicht vom Anfall an die Person abhängen soll –.
120 Siehe Palandt/Edenhofer, § 1947 Rdnr. 2.

Beteiligten das damit gewollte Ergebnis eintreten lassen.[121] Das Ziel einer Teilausschlagung lässt sich jedoch durch eine Ausschlagung gegen Teilabfindung erreichen; die Abfindung ist für den Ausschlagenden nach § 3 Abs. 2 Nr. 4 ErbStG zu versteuern, für den begünstigten Erben ist sie als Nachlassverbindlichkeit gem. § 10 Abs. 5 Nr. 3 ErbStG abziehbar.

Infolge der Ausschlagung gelten die Folgen des Erbfalls als nicht eingetreten. An die Stelle des Ausschlagenden tritt nach § 1953 Abs. 2 BGB derjenige, der Erbe sein würde, wenn der Ausschlagende im Zeitpunkt des Erbfalls nicht gelebt hätte. Stirbt der Erbe selbst, während die Ausschlagungsfrist noch läuft, geht das Ausschlagungsrecht gem. § 1952 Abs. 1 BGB durch die Gesamtrechtsnachfolge auf seine Erben über (zur Verlängerung der Ausschlagungsfrist siehe § 1952 Abs. 2 BGB).

Hat ein vorläufiger Erbe zwischen Erbfall und seiner Ausschlagung Nachlassgegenstände an Dritte veräußert, so sind diese Verfügungen nach der Ausschlagung wegen deren Rückwirkung Verfügungen eines Nichtberechtigten – anders aber gem. § 1959 Abs. 2 BGB bei unaufschiebbaren Verfügungen –. Ein Eigentumserwerb des Dritten ist somit nur im Wege des gutgläubigen Erwerbs möglich. Gegenüber dem vorläufigen Erben hat der endgültige Erbe dann Ansprüche aus Geschäftsführung ohne Auftrag, § 1959 Abs. 1 BGB.[122] Fehlvorstellungen des Ausschlagenden über die Rechtsfolgen, etwa über die Person des „nachrückenden" Erben, sind regelmäßig als unbeachtlicher Motivirrtum einzustufen.[123]

Zu den Möglichkeiten der Anfechtung der Erbschaftsannahme wegen Irrtums über verkehrswesentliche Eigenschaften des Nachlasses (z. B. Überschuldung) nach § 119 Abs. 2 BGB s. BayObLG, NJW-RR 1999 S. 590, sowie OLG Düsseldorf, ZEV 2000 S. 64 und 2005 S. 255. Auch die Ausschlagung der Erbschaft kann durch Erklärung gegenüber dem Nachlassgericht angefochten werden (§§ 1954 ff. BGB). Sie kommt insbesondere in Betracht, wenn die Ausschlagung im Hinblick auf eine angenommene Nachlassüberschuldung erfolgt ist, später aber noch Vermögenswerte – etwa Geld auf ausländischen Konten – bekannt werden.

Bis zur Annahme der Erbschaft hat das Nachlassgericht für die Sicherung des Nachlasses zu sorgen, soweit ein Bedürfnis besteht oder wenn der Erbe unbekannt ist, insbesondere kann es einen Nachlasspfleger bestellen (§ 1960 BGB). Ein Sicherungsbedürfnis besteht, wenn ohne Eingreifen des Nachlassgerichts der Bestand des Nachlasses gefährdet wäre.[124]

---

121 Siehe Meincke, § 3 Rdnr. 17; Troll/Gebel/Jülicher, § 3 Rdnr. 24.
122 Siehe auch Sarres, ZEV 1999 S. 216.
123 Siehe hierzu Malitz/Benninghoven, ZEV 1998 S. 415.
124 Siehe hierzu OLG Karlsruhe, FamRZ 2004 S. 222 und 2005 S. 836.

2.1 Erbe und Erblasser, Gesamtrechtsnachfolge und Sondererbfolge

2.1.2.5 Zusammenfassende Übersicht über die gewillkürte Erbfolge
Grundsatz der Testierfreiheit – Art. 14 Abs. 1 GG
Hinweis: Gewillkürte Erbfolge schließt die gesetzliche Erbfolge aus.

Testament (§ 1937 BGB)
Einseitig
Wirksamkeitsvoraussetzungen:
1. Testierfähigkeit
2. persönliche Errichtung
eigenhändiges Testament:
a) Eigenhändigkeit
b) Handschriftlichkeit
c) Unterschrift
öffentliches Testament zur
Niederschrift eines Notars:
a) mündliche Erklärung oder
b) Übergabe einer offenen Schrift
oder
c) Übergabe einer verschlossenen Schrift
Gemeinschaftliches Testament:
– nur von Eheleuten und Lebenspartnern
– Bindung im Rahmen des § 2271 Abs. 2 BGB

Erbvertrag (§ 1941 BGB)
– zweiseitig
– bindend
Wirksamkeitsvoraussetzungen:
1. Testierfähigkeit und
2. Geschäftsfähigkeit des sich verpflichtenden Erblassers
3. notarielle Form
Inhalt:
Vertragsmäßig nur:
a) Erbeinsetzung
b) Vermächtnis
c) Auflage

Auslegung
Inhalt eines wirksamen Testaments
1. allgemeine Regel des § 133 BGB
2. spezielle erbrechtliche Regeln: z. B. §§ 2066 ff. BGB

Nichtigkeit
allgemeine Grundsätze
1. nicht ernst gemeinte Willenserklärung, § 118 BGB
2. Gesetzesverstoß, § 134 BGB
3. Sittenwidrigkeit, § 138 BGB
4. mangelnde Testierfähigkeit
5. Formmangel

Widerruf
unverzichtbare Widerrufsmöglichkeit, §§ 2253 und 2302 BGB
1. Widerrufstestament
2. Vernichtung der Testamentsurkunde
3. Rücknahme
4. widersprechendes Testament

Anfechtung
spezielle Regelung in §§ 2078 bis 2082 BGB
Anfechtungsgründe:
1. Erklärungs- und Inhaltsirrtum, § 2078 Abs. 1 BGB
2. jeder Motivirrtum, § 2078 Abs. 2 BGB
3. besonderer Motivirrtum, § 2079 BGB

2 Überblick über das Erbrecht

Vor- und Nacherbschaft
Erbfall: Vorerbe wird Erbe des Erblassers – Nacherbe erwirbt Anwartschaft
Nacherbfall: Nacherbe wird Erbe des Erblassers – Recht des Vorerben erlischt

Ausschluss von der Erbfolge
1. Enterbung
2. Erbunwürdigkeit
3. Erbverzicht
4. Ausschlagung

2.1.3 Rechtsstellung des Erben – insbesondere die Erbenhaftung nach bürgerlichem Recht und Steuerrecht

Die wesentlichen Punkte aus dem Themenbereich Erbfall/Erbe, nämlich Gesamtrechtsnachfolge unmittelbar kraft Gesetzes, grundsätzliche Vererblichkeit aller vermögensrechtlichen Positionen des Erblassers und Erbfähigkeit, sind bereits angesprochen worden. In diesem Zusammenhang ist noch darauf hinzuweisen, dass die Rechtsstellung des Erben – abgesehen vom Fall der Miterbengemeinschaft (s. u. 2.1.4) – insbesondere im Fall der Vor- und Nacherbschaft (s. o. 2.1.2.3) und im Fall der Anordnung der Testamentsvollstreckung (s. u. 2.4) eingeschränkt ist.

Der Erbe kann seine mit dem Erbfall erworbenen Rechte bei Beeinträchtigungen durch Dritte – z. B. bei Entziehung oder Beschädigung einer zum Nachlass gehörenden Sache – nach den allgemeinen Vorschriften (z. B. §§ 861, 985, 1004, 812 und 823 BGB) schützen.

Besonders geregelt ist in den §§ 2018 ff. BGB das Verhältnis zwischen dem Erben und dem sog. Erbschaftsbesitzer. Dies ist derjenige, der aufgrund eines ihm in Wirklichkeit nicht zustehenden Erbrechts etwas aus der Erbschaft erlangt hat. Ob dieser an das Erbrecht glaubt oder nicht, ist gleichgültig, wenn er es nur für sich in Anspruch nimmt. Der Herausgabeanspruch gem. § 2018 BGB erstreckt sich auf die unmittelbar aus dem Nachlass erlangten Gegenstände und ergänzend nach § 2019 BGB auf die Surrogate. Dieser eine Ausnahme im BGB darstellende Anspruch erleichtert es dem Erben, den Nachlass vollständig zu erlangen, ohne auf eine Vielzahl von Ansprüchen auf Herausgabe der einzelnen zum Nachlass gehörenden Gegenstände angewiesen zu sein. Trotz des Gesamtanspruchs muss der Erbe im Hinblick auf das Erfordernis eines bestimmten Klageantrags gem. § 253 Abs. 2 Nr. 2 ZPO, auch wegen der Vollstreckung, die herausverlangten Nachlassgegenstände aber einzeln bezeichnen. Im Wege der Stufenklage kann der Auskunftsanspruch nach § 2027 BGB und der Herausgabeanspruch verfolgt werden. Gläubiger des Anspruchs ist der Erbe; seine Erbenstellung bestimmt deshalb den Inhalt der Anspruchsberechtigung. So können Miterben vor Auseinandersetzung nur Leistung an alle Miterben verlangen (vgl. § 2039 BGB), bei Vor- und Nacherbschaft ist der

2.1 Erbe und Erblasser, Gesamtrechtsnachfolge und Sondererbfolge

Vorerbe bis zum Nacherbfall, ab diesem Zeitpunkt der Nacherbe anspruchsberechtigt (vgl. § 2139 BGB). Die für den Erbschaftsbesitzer charakteristische Erbrechtsanmaßung liegt vor, wenn dem Besitzer das Erbrecht nicht oder bei Miterben nicht in vollem Umfang zusteht – auch gegeben bei Wegfall der zunächst eingenommenen Erbenstellung infolge von Anfechtung oder Erbunwürdigkeitserklärung –. Kein Erbschaftsbesitz ist dagegen gegeben bei Wegfall der vorläufigen Erbenstellung infolge von Ausschlagung bzw. bei Besitz des den Eintritt der Nacherbfolge zu Unrecht bestreitenden Vorerben. Kein Erbschaftsbesitzer ist auch derjenige, der aufgrund eines vermeintlichen Anspruchs gegen den Erblasser oder auch ohne einen solchen – z. B. der Dieb – den Nachlass ganz oder teilweise an sich genommen hat; dem Erben stehen insoweit die allgemeinen Besitzschutzansprüche, dingliche Herausgabeansprüche und Ansprüche aus Deliktsrecht zu. Gleiches gilt für den Testamentsvollstrecker, weil er kraft seines Amtes, nicht aufgrund angemaßten Erbrechts besitzt.

1) Erbenhaftung nach bürgerlichem Recht

Mit dem Erbfall vereinigen sich zwei bis dahin völlig getrennte Vermögen. Der Erbe rückt in die Stellung des Erblassers ein (§ 1922 Abs. 1 BGB) und haftet somit auch für die Nachlassverbindlichkeiten (§ 1967 Abs. 1 BGB) mit diesem seinem nunmehr einheitlichen Vermögen. Das bedeutet, dass sowohl die ursprünglichen Gläubiger des Erblassers (Nachlassgläubiger) als auch die des Erben sich an dieses Vermögen halten können.

Diese Haftung mit dem nunmehr einheitlichen Vermögen kann sowohl den Erben als auch die Nachlassgläubiger benachteiligen. Wenn der Erbe im Zeitpunkt des Erbfalls überschuldet ist, der Nachlass aber ausreicht, um die Nachlassgläubiger zu befriedigen, dann haben diese ein Interesse daran, dass sie aus dem Nachlass befriedigt werden, die Gläubiger des Erben den Nachlass aber nicht für sich in Anspruch nehmen dürfen. Wenn hingegen der Erbe vermögend ist und seine Verbindlichkeiten tilgen kann, der Nachlass jedoch überschuldet ist, so hat der Erbe ein Interesse daran, dass die Nachlassgläubiger nicht auf sein eigenes (= nicht ererbtes) Vermögen zugreifen können. Um den Interessen der Nachlassgläubiger bzw. des Erben Rechnung tragen zu können, muss eine Trennung des Vermögens dergestalt erfolgen, dass grundsätzlich die Nachlassgläubiger nur auf den Nachlass, die Gläubiger des Erben nur auf dessen eigenes Vermögen Zugriff nehmen können.

a) Das Gesetz hat sich daher insoweit für folgende Lösung entschieden: Der Erbe haftet **vorläufig unbeschränkt.** Seine Haftung ist aber auf den Nachlass **beschränkbar,** indem Nachlassverwaltung angeordnet oder das Nachlassinsolvenzverfahren eröffnet wird (§ 1975 BGB). Nachlassverwaltung bzw. in bestimmten Fällen die Eröffnung des Nachlassinsolvenzverfahrens können der Erbe und jeder Nachlassgläubiger beantragen (zur Nachlassverwaltung s. § 1981 Abs. 1 und 2 BGB, zur Nachlassinsolvenz vgl. § 1980 BGB, §§ 317, 320 InsO). Die ursprünglich getrennten, durch den Erbfall vereinigten Vermögensmassen werden durch die Anordnung/

2 Überblick über das Erbrecht

Eröffnung dieser Verfahren nachträglich rückwirkend auf den Erbfall wieder getrennt. Nach § 1975 BGB haftet der Erbe im Fall der Anordnung der Nachlassverwaltung oder der Eröffnung des Nachlassinsolvenzverfahrens nur mit dem Nachlass, sofern nicht der Ausnahmefall der unbeschränkten Haftung einzelnen oder gar allen Gläubigern gegenüber gegeben ist.

Ist der Nachlass zur Erfüllung der Nachlassverbindlichkeiten unzureichend und deckt die Masse nicht einmal die Kosten einer amtlichen Verwaltung (vgl. § 26 InsO), kann der zunächst unbeschränkt haftende Erbe die Beschränkung seiner Haftung auf den Nachlass über § 1990 BGB mittels Einrede gegenüber den Nachlassgläubigern erreichen, sofern er das Recht zur Beschränkung noch nicht verloren hatte. Bei dieser Dürftigkeitseinrede tritt zwar keine Trennung von Eigenvermögen und Nachlass in dem Sinne ein, dass der Nachlass als Sondervermögen der Verfügung des Erben entzogen und unter Fremdverwaltung gestellt wird. Jedoch werden gem. § 1991 BGB im Verhältnis zwischen dem Erben und den ihn in Anspruch nehmenden Nachlassgläubigern der Nachlass als das allein haftende Vermögen und das Eigenvermögen unterschieden. In der Zwangsvollstreckung gegen den Erben des Schuldners kann sich die Haftungsbeschränkung nur auswirken, wenn sie im Urteil vorbehalten ist (§ 780 Abs. 1 ZPO). Trotz Vorbehalts bleibt aber die Beschränkung der Haftung nach § 781 ZPO so lange unberücksichtigt, bis der Erbe Einwendungen erhebt. Dies geschieht, indem er sich gegen die Vollstreckung in sein Eigenvermögen mit einer Vollstreckungsgegenklage gem. § 784 Abs. 1, §§ 785, 767 ZPO zur Wehr setzt; die sachliche Berechtigung der Einrede wird also erst im Rahmen dieser Klage geprüft.

Dem Erben steht das Beschränkungsrecht nicht zu, er haftet dann einzelnen Nachlassgläubigern gegenüber auch mit seinem Eigenvermögen, wenn er die unbeschränkte Haftung mit einem Nachlassgläubiger vereinbart hat, wenn er es versäumt hat, sich im Urteil die beschränkte Erbenhaftung vorzubehalten, wenn er sich einem Nachlassgläubiger gegenüber weigert, eine eidesstattliche Versicherung zum Nachlass abzugeben (§ 2006 Abs. 3 BGB). Allen Nachlassgläubigern haftet der Erbe unbeschränkt bei Begehung einer Inventaruntreue (§ 2005 BGB) bzw. bei Versäumung der Inventarfrist (§ 1994 Abs. 1 Satz 2 BGB).

Zur Klarstellung sei darauf hingewiesen, dass hinsichtlich der Haftung des Erben aber stets zwei Sachverhalte unterschieden werden müssen: **Vor Annahme der Erbschaft** haftet der Erbe den Nachlassgläubigern **nicht persönlich** (§ 1958 BGB). Nur **nach Annahme der Erbschaft** gilt der vorstehend dargelegte Grundsatz, dass der Erbe zwar **vorläufig unbeschränkt haftet,** aber ein **Beschränkungsrecht** hat.[125]

b) Für die eigenen Schulden des Erben besteht für diesen nicht die Möglichkeit, eine Haftungsbeschränkung etwa dergestalt herbeizuführen, dass seine Gläubiger

---

125 Zu den Möglichkeiten der Haftungsbeschränkung für Nachlassverbindlichkeiten ausführlich Graf, ZEV 2000 S. 125.

2.1 Erbe und Erblasser, Gesamtrechtsnachfolge und Sondererbfolge

Befriedigung für ihre Forderungen nur aus dem nicht ererbten Vermögen suchen können. Hingegen können die Nachlassgläubiger Nachlassverwaltung beantragen, wenn sie verhindern wollen, dass die eigenen Gläubiger des Erben aus dem Nachlass Befriedigung finden.

c) Die Unterscheidung zwischen Eigenverbindlichkeiten des Erben und Nachlassverbindlichkeiten erlangt Bedeutung wegen der Abzugsfähigkeit Letzterer im Rahmen der Ermittlung des steuerpflichtigen Erwerbs; vgl. § 10 Abs. 5 bis 9 ErbStG.

Bei den Nachlassverbindlichkeiten ist einerseits zwischen Erblasserschulden und Erbfallschulden und andererseits zwischen Verbindlichkeiten zu unterscheiden, die sowohl Nachlassverbindlichkeiten als auch Eigenverbindlichkeiten des Erben sind (Nachlasserbenschulden). Aus dem Doppelcharakter der Nachlasserbenschulden folgt, dass der Erbe für sie – im Gegensatz zu den Nachlassverbindlichkeiten – stets und unbeschränkbar auch mit seinem Eigenvermögen haftet.

aa) Erblasserschulden sind gem. § 1967 Abs. 2 BGB die bereits vom Erblasser herrührenden Schulden, also die im Zeitpunkt des Erbfalls schon in dessen Person begründeten vertraglichen oder gesetzlichen Verpflichtungen, wobei es irrelevant ist, ob sie beim Erbfall bereits nach Grund und Höhe bestanden haben oder ob die Verpflichtung vor dem Erbfall gegeben war, sie jedoch erst nach dem Tod des Erblassers durch Hinzukommen weiterer Umstände entstanden ist – z. B. Schadenseintritt nach dem Erbfall infolge eines noch vom Erblasser zurechenbar gesetzten Grundes. Voraussetzung ist jedoch die Vererblichkeit der vom Erblasser herrührenden Schuld. Zu den Erblasserschulden gehört auch die Zugewinnausgleichsforderung, die dem überlebenden Ehegatten/Lebenspartner, der weder Erbe noch Vermächtnisnehmer geworden ist, gem. § 1371 Abs. 2 BGB zum Ausgleich des Zugewinns nach den Vorschriften der §§ 1373 bis 1383, 1390 BGB schon beim Tod des anderen Ehegatten/Lebenspartners zusteht. Sie hat zwar den Erblasser nie selbst getroffen, rührt aber aus einem Dauerrechtsverhältnis her, in dem er zu Lebzeiten stand und das sich im Zeitpunkt seines Todes zur Ausgleichsforderung verengt hat.[126]

bb) Erbfallschulden sind gem. § 1967 Abs. 2 BGB die erst durch den Erbfall entstehenden Schulden, z. B. Verbindlichkeiten aus Pflichtteilen, Vermächtnissen und Auflagen, Beerdigungskosten (§ 1968 BGB), Erbschaftsteuer (s. § 20 Abs. 3 ErbStG), die Verpflichtungen, auf die die Regelungen über Vermächtnisse Anwendung finden (§§ 1932, 1969 BGB). Hierzu gehören auch die Erbverwaltungsschulden. Dies sind zum einen reine Verwaltungskosten – Kosten der Inventarerrichtung –, zum anderen Verpflichtungen, die zu Lasten des Erben entstanden sind, weil ein Dritter den Nachlass verwaltet hat (Nachlasspfleger, Testamentsvollstrecker).

---

126 Siehe BFH vom 01.07.2008, BStBl 2008 II S. 874.

cc) Nachlasserbenschulden entstehen aus Rechtshandlungen des Erben anlässlich des Erbfalls, die also irgendwie mit dem Nachlass oder dem Erfall zu tun haben oder zur Abwicklung des Nachlasses gehören.

2) Erbenhaftung nach Steuerrecht

Der Erbe tritt als Gesamtrechtsnachfolger materiell- und verfahrensrechtlich in die abgabenrechtliche Rechtsstellung des Erblassers ein (s. auch § 45 Abs. 1 Satz 1 AO). Das Steuerschuldverhältnis geht auf den Erben in dem Stand über, in dem es sich im Zeitpunkt des Erbfalls befindet.

a) Bescheide, die bereits vor Eintritt der Gesamtrechtsnachfolge an den Erblasser gerichtet und ihm zugegangen waren, wirken auch gegen den Gesamtrechtsnachfolger. Er kann nur innerhalb der für den Erblasser maßgeblichen Rechtsbehelfsfrist Einspruch einlegen; bei Versäumung ist ggf. auf § 110 AO zurückzugreifen.

Eine Ausnahme von dem Grundsatz des Eintritts in die abgabenrechtliche Rechtsstellung des Erblassers bzw. der Haftung des Erben für die Erblasserschulden enthält § 45 Abs. 1 Satz 2 AO – keine Verpflichtung des Erben zur Zahlung eines Zwangsgeldes –.

Für das Vollstreckungsverfahren aus einem noch dem Erblasser gegenüber wirksam gewordenen Steuerbescheid gegen den Erben als Vollstreckungsschuldner ist gem. § 254 Abs. 1 Satz 3 AO ein Leistungsgebot bekannt zu geben, sofern die Vollstreckung nicht schon vor dem Erbfall begonnen hatte. Im Übrigen darf eine Geldbuße wegen einer Ordnungswidrigkeit nicht in den Nachlass vollstreckt werden (§ 101 OWiG).

b) Die auf den Erben übergegangenen Steuerschulden sind so zu verwirklichen, wie sie gegen den Erblasser hätten verwirklicht werden müssen, also durch Steuerbescheid. Dieser ist an den Erben zu richten. Die Bezeichnung des Erblassers statt des Erben genügt nicht. In den Bescheidkopf ist der Hinweis aufzunehmen, dass der Steuerschuldner als Gesamtrechtsnachfolger des Rechtsvorgängers in Anspruch genommen wird, und zwar auch dann, wenn die Inanspruchnahme des Steuerschuldners sowohl aufgrund eigenen Steuerschuldverhältnisses als auch wegen der Gesamtrechtsnachfolge erfolgt – z. B. zusammengefasster Einkommensteuerbescheid an den überlebenden Ehegatten für den Veranlagungszeitraum, in dem der von ihm allein beerbte andere Ehegatte verstorben ist –.

Bei mehreren Erben ist der Steuerbescheid an die einzelnen Erben zu richten, nicht an die Erbengemeinschaft, weil diese keine eigene Rechtspersönlichkeit hat (s. u. 2.1.4). Das Finanzamt kann gegen die Erben Einzelbescheide nach § 155 Abs. 1 AO oder einen nach § 155 Abs. 3 AO zusammengefassten Steuerbescheid erlassen. Grundsätzlich ist ein zusammengefasster Bescheid zu erlassen, der an die Erben als Gesamtschuldner zu richten und jedem von ihnen bekannt zu geben ist, soweit nicht nach § 122 Abs. 6 AO verfahren werden kann. Es ist jedoch nicht erforderlich, den Steuerbescheid an alle Gesamtrechtsnachfolger zu richten. Der Bescheid, der nur

2.1 Erbe und Erblasser, Gesamtrechtsnachfolge und Sondererbfolge

wirksam ist, wenn die Gesamtrechtsnachfolger, an die er sich richtet, namentlich als Inhaltsadressaten aufgeführt sind,[127] wird denjenigen Erben gegenüber wirksam, denen er bekannt gegeben wird (zu Einzelheiten vgl. AEAO zu § 122 Nr. 2.12.4).

c) Der im bürgerlichen Recht geltende Grundsatz „der Erbe haftet unbeschränkt, aber beschränkbar" gilt entsprechend auch für das Steuerrecht. Nach § 45 Abs. 2 Satz 1 AO haben Erben nämlich für die aus dem Nachlass zu entrichtenden Schulden nach den Vorschriften des bürgerlichen Rechts über die Haftung des Erben für Nachlassverbindlichkeiten einzustehen. § 45 Abs. 2 Satz 1 AO bestimmt den Umfang der Haftung sowohl für die in der Person des Erblassers entstandenen Schulden (§ 45 Abs. 1 AO) als auch für die in der Person des Erben entstandenen Schulden, also für Erblasserschulden und Erbfallschulden. Dem Gläubiger steht bis zur Beschränkung der Haftung der Zugriff auf das Gesamtvermögen des Erben offen. Macht der Erbe aber von seinem Beschränkungsrecht Gebrauch und ist z. B. Nachlassverwaltung angeordnet, können auch Steueransprüche nur gegen den Nachlassverwalter geltend gemacht werden. Die Erhebung der Dürftigkeitseinrede nach § 1990 BGB, wenn der Nachlass zur Befriedigung der Nachlassgläubiger nicht ausreicht, darf auch gegenüber der Finanzbehörde geltend gemacht werden, allerdings allein im Vollstreckungsverfahren. Da § 780 ZPO gem. § 265 AO im Steuerrecht auch nicht entsprechend gilt, braucht dem Erben die Möglichkeit, die Erbenhaftung zu beschränken, im Steuerbescheid nicht vorbehalten zu werden.

Von diesen Rechtsgrundsätzen ausgehend kann auch nach dem Tod eines zusammenveranlagten Ehegatten ein Bedürfnis bestehen, eine Gesamtschuld im Wege der Aufteilung dem Erblasser und dem überlebenden Ehegatten als seinem Erben zuzuordnen. Soweit bei Anordnung der Nachlassverwaltung bzw. bei Eröffnung des Nachlassinsolvenzverfahrens oder ohne diese Maßnahmen mit Erhebung der Dürftigkeitseinrede die Vollstreckung in das Eigenvermögen des den Verstorbenen beerbenden Ehegatten ausgeschlossen ist, bedarf es einer Aufteilung der Gesamtschuld auf Erbe und verstorbenen Ehegatten, weil diese gem. § 278 Abs. 1 AO die Grundlage für das weitere Vollstreckungsverfahren bildet.[128]

Nach § 45 Abs. 2 Satz 2 AO bleiben die Vorschriften, durch die eine steuerrechtliche Haftung des Erben begründet wird, unberührt. Damit sind die Haftungsvorschriften gemeint, die eine eigenständige steuerrechtliche Haftung begründen, die also nicht nach den Vorschriften des BGB beschränkt werden kann. Eine solche steuerrechtliche Haftung des Erben kann sich z. B. aus § 69 AO ergeben, wenn der Erbe bezüglich des Nachlasses Pflichten nach den §§ 34 und 35 AO zu erfüllen hat und dabei eine Pflichtverletzung begeht. Sie kann sich auch aus § 71 AO ergeben, etwa wenn von dem Erben hinsichtlich der rückständigen, dem Erblasser zuzuordnenden Steuer-

---

127 Zur Ermittlung der Inhaltsadressaten durch Bescheidauslegung s. BFH vom 17.11.2005, BStBl 2006 II S. 287.
128 Vgl. BFH vom 17.01.2008, BStBl 2008 II S. 418.

schuld Steuerhinterziehung zur Last fällt. Der Haftungsbescheid nimmt dem Erben die Möglichkeit, sein Eigenvermögen aus der Vollstreckung herauszuhalten.

2.1.4 Mehrheit von Erben – die Miterbengemeinschaft

In der Praxis sind die Fälle einer Mehrheit von Erben häufiger als die des Alleinerben. Gleichwohl sieht das BGB von der Systematik her die Mehrheit von Erben als Ausnahme an, d. h., die besonderen Vorschriften der §§ 2032 ff. BGB über die Miterbengemeinschaft ergänzen lediglich die vorausgehenden allgemeinen Vorschriften des 2. Abschnitts über den Alleinerben.

Sind mehrere Erben vorhanden, so wird der Nachlass Vermögen der Miterben zur gesamten Hand (§ 2032 Abs. 1 BGB). Das Wesen der Gesamthand besteht darin, dass jeder Gesamthänder am ganzen Vermögen berechtigt ist, jedoch beschränkt durch das Recht der anderen. Es wird somit hier der Nachlass als Sondervermögen als Ganzes den Miterben zugeordnet. Wenn im Zusammenhang mit einer Erbengemeinschaft von einem „Anteil" des einzelnen Miterben gesprochen wird, so ist damit also nicht ein ideeller Bruchteil am einzelnen Gegenstand gemeint, sondern nur seine Berechtigungsquote am Gesamtvermögen. Die einzelnen Miterben haben bis zur Auseinandersetzung keine unmittelbare dingliche Berechtigung am einzelnen Nachlassgegenstand, selbst wenn der Nachlass nur aus einer Sache besteht. Nachlasssachen stehen also im Gesamthandseigentum, Forderungen sind Gesamthandsforderungen usw. Die Besitzstellung des Erblassers geht auf die Miterben über, die Mitbesitzer werden. Soll das Gesamthandseigentum in Bruchteilseigentum umgewandelt oder soll Alleineigentum begründet werden, sind dafür besondere Übertragungsakte erforderlich, bei Nachlassgrundstücken also die Auflassung und zur Gültigkeit des schuldrechtlichen Vertrages die Beachtung der Form des § 311b Abs. 1 BGB. Auch die Umschreibung des Eigentums an dem Nachlassgrundstück von der Erbengemeinschaft auf eine von den Miterben gebildete Personengesellschaft erfordert die Auflassung.

Die Besonderheiten der Erbengemeinschaft sind einmal ihre Entstehung kraft Gesetzes und zum anderen ihre Ausrichtung von Anfang an auf die Auseinandersetzung. Der Gesetzgeber hat bei der Regelung in den §§ 2032 ff. BGB verschiedene kollidierende Interessen zum Ausgleich gebracht. Die Erben haben häufig ein Interesse an einer raschen Auseinandersetzung, während die Nachlassgläubiger an der Erhaltung des Nachlasses als Haftungsgrundlage interessiert sein können.

Die Erbengemeinschaft besitzt keine eigene Rechtspersönlichkeit und ist als solche auch sonst nicht rechts- oder parteifähig. Auch die Tatsache, dass der GbR als Außengesellschaft Rechtsfähigkeit zuerkannt wird,[129] hat die Rechtsprechung nicht veranlasst, die Erbengemeinschaft insoweit gleich zu behandeln. Zwar ist sowohl bei der Erbengemeinschaft als auch bei der GbR gesamthänderisch gebundenes

---

129 Vgl. BGH, BGHZ 146 S. 341.

2.1 Erbe und Erblasser, Gesamtrechtsnachfolge und Sondererbfolge

Sondervermögen vorhanden. Die Erbengemeinschaft ist jedoch nicht rechtsgeschäftlich, sondern gesetzlich begründet, sie ist keine werbende Gemeinschaft, weil sie anders als die GbR nicht auf Dauer, sondern auf Auseinandersetzung angelegt ist. Auch ist die Handlungsorganisation bei GbR und Erbengemeinschaft unterschiedlich ausgeprägt.[130]

Grundsätzlich zu trennen ist das Nachlassvermögen einerseits von dem übrigen Vermögen der einzelnen Miterben andererseits. Da der Nachlass Gesamthandsvermögen wird, entsteht ein von dem Eigenvermögen der einzelnen Miterben getrenntes Sondervermögen. Jeder Erbe hat danach zwei getrennt zu betrachtende Vermögen:

- das (übrige, bisherige) Eigenvermögen
- das Sondervermögen (Beteiligung am Nachlass)

Daraus ergeben sich Besonderheiten für die Verfügungsrechte der einzelnen Miterben, für die Verwaltung, für die Auseinandersetzung und für die Haftung.

2.1.4.1 Verfügungsrecht

Abweichend von den gesamthänderischen Grundsätzen (z. B. § 719 BGB) ist nach § 2033 Abs. 1 Satz 1 BGB bei der Erbengemeinschaft die **Verfügung des Miterben über seinen Anteil am Nachlass (seinen Erbteil) zugelassen.** Jeder Miterbe hat entsprechend seiner Erbteilsquote einen Anteil (seinen Erbteil) an dem ungeteilten, der Gesamthand zustehenden Nachlass. Eine Verfügung darüber liegt z. B. vor bei Veräußerung, Bestellung eines Nießbrauchs oder Verpfändung. Nach § 2033 Abs. 1 Satz 2 BGB bedarf der Vertrag, durch den der Miterbe über seinen Anteil verfügt, der notariellen Beurkundung. In der Regel liegt dem Verfügungsgeschäft als Kausalgeschäft ein Kaufvertrag zugrunde. Nach §§ 2034 f. BGB steht den übrigen Miterben beim Anteilsverkauf an einen Dritten ein Vorkaufsrecht zu; hierdurch soll die Erbengemeinschaft vor „Überfremdung" geschützt werden. Durch die Veräußerung eines Anteils am Nachlass durch einen Miterben an einen Dritten tritt dieser zwar in die vermögensrechtliche Stellung des Miterben ein, er wird aber nicht selbst Erbe. Das bedeutet z. B., dass der Erwerber des Anteils auf der einen Seite an der gemeinschaftlichen Verfügung, Verwaltung und Nutzung des Nachlasses teilnimmt, für die Nachlassverbindlichkeiten haftet und insbesondere auch die Auseinandersetzung betreiben kann, auf der anderen Seite aber einen Erbschein auf seinen Namen nicht erhalten kann. Auch findet zugunsten des Anteilserwerbers § 3 Nr. 3 GrEStG keine Anwendung, wenn dieser später ein zum Nachlass gehörendes Grundstück zur Teilung des Nachlasses erwirbt, weil er durch den Anteilserwerb nicht die Miterbenstellung als solche erhält, denn diese kann nicht durch Rechtsgeschäft unter Lebenden erworben werden. Überträgt ein Miterbe seinen Erbteil an die übrigen Mitglieder der Erbengemeinschaft, wächst er den in Gesamthandsgemeinschaft ste-

---

[130] Siehe BGH, NJW 2002 S. 3389, und Anmerkung von Marotzke, ZEV 2002 S. 506; zur kontroversen Diskussion über die Rechtsfähigkeit der Erbengemeinschaft vgl. auch Eberl-Borges, ZEV 2002 S. 125, und Ivo, ZEV 2004 S. 499.

henden Erwerbern gleichfalls zur Gesamthand zu. Aus dem Wesen der Gesamthand folgt, dass die Verfügung über den Nachlass als Ganzes von den Miterben nur gemeinschaftlich getroffen werden kann.

Als Ausfluss der gesamthänderischen Grundsätze wiederum kann der Miterbe im Gegensatz zu § 2033 Abs. 1 Satz 1 BGB nach § 2033 Abs. 2 BGB über **seinen Anteil an den einzelnen Nachlassgegenständen,** auch bei Zustimmung der anderen Miterben, **nicht wirksam verfügen.** Allerdings kann in der nach § 2033 Abs. 2 BGB nichtigen Verfügung unter bestimmten Umständen im Wege der Umdeutung eine Verfügung über den Erbteil selbst zu sehen sein, etwa wenn der Nachlass nur aus diesem Gegenstand besteht. Die Verfügung über einen einzelnen Nachlassgegenstand ist nach § 2040 BGB aber wirksam, wenn die Miterben gemeinschaftlich verfügen.

2.1.4.2 Verwaltung des Nachlasses

Die Verwaltung des Nachlasses steht den Miterben gemeinschaftlich zu (§ 2038 Abs. 1 Satz 1 BGB). Zur Verwaltung des Nachlasses gehören alle Maßnahmen, die auf seine tatsächliche oder rechtliche Erhaltung oder Vermehrung, auf Ziehung der Nutzungen oder Bestreitung der laufenden Verbindlichkeiten gerichtet sind, gleichgültig, ob die Maßnahmen nur im Innenverhältnis oder auch nach außen wirken. Verwaltung kann also Geschäftsführung (Innenverhältnis) und Vertretung (Außenverhältnis) sein.

Für das Innenverhältnis gilt nach § 2038 BGB Folgendes: Zur Erhaltung des Nachlasses notwendige Maßnahmen kann jeder Miterbe ohne Mitwirkung der anderen treffen (§ 2038 Abs. 1 Satz 2 zweiter Halbsatz BGB). Eine notwendige Erhaltungsmaßnahme liegt vor, wenn bei Untätigkeit nach der Lebenserfahrung zu erwarten ist, dass der Nachlassgegenstand untergeht oder verschlechtert wird, und ein wirtschaftlich handelnder Mensch die Maßnahme vornehmen würde. Bei Maßnahmen von größerem finanziellem Ausmaß ist außerdem erforderlich, dass eine Dringlichkeit dergestalt gegeben ist, dass eine Einwilligung der anderen Miterben nicht eingeholt werden kann. Maßnahmen der ordnungsgemäßen Verwaltung können mit der Mehrheit beschlossen werden (§ 2038 Abs. 1 Satz 2, Abs. 2 i. V. m. § 745 BGB).[131] Der notwendige Minderheitenschutz erfolgt durch das Recht, die Auseinandersetzung verlangen zu können. Von ordnungsgemäßer Verwaltung ist auszugehen, wenn die Maßnahme der Beschaffenheit des Gegenstands dient, dem Interesse aller Miterben nach billigem Ermessen entspricht und keine wesentliche Veränderung des Gegenstands darstellt. Mit „Gegenstand" in § 2038 Abs. 2 Satz 1, § 745 Abs. 3 Satz 1 BGB ist nicht der einzelne veränderte Gegenstand, sondern die gesamte Erbschaft gemeint, weil bei Abstellen auf die wesentliche Veränderung des einzelnen Gegenstands in jeder Verfügung über einen Nachlassgegenstand eine wesentliche Veränderung liegen würde, sodass derartige Maßnahmen niemals der ordnungsgemäßen

---

[131] Siehe auch Muscheler, ZEV 1997 S. 169, und Werkmüller, ZEV 1999 S. 218.

2.1 Erbe und Erblasser, Gesamtrechtsnachfolge und Sondererbfolge

Verwaltung unterfielen, was nicht mit der Entstehungsgeschichte der Mitwirkungsregeln vereinbar wäre.[132] Maßnahmen, die über den Rahmen einer ordnungsgemäßen Verwaltung hinausgehen, können nur von allen Miterben gemeinschaftlich getroffen werden (§ 2038 Abs. 1 BGB).

Für Verpflichtungsgeschäfte im Außenverhältnis ist die Vertretung der Erbengemeinschaft nicht besonders geregelt mit der Folge, dass die Miterben die Erbengemeinschaft nach allgemeinen Regeln nur gemeinschaftlich vertreten könnten. Im Interesse einer für den Rechts- und Geschäftsverkehr notwendigen Handlungsfähigkeit der Erbengemeinschaft wird aber die Regelung des § 2038 BGB auch auf die Vertretung im Hinblick auf die Erbengemeinschaft verpflichtende Rechtsgeschäfte angewandt.[133] Folglich kann ein Miterbe einen Werkvertrag zur Durchführung einer notwendigen Erhaltungsmaßnahme – z. B. Reparatur eines Wasserrohrbruchs in einem zum Nachlass gehörenden Haus – im Namen der Erbengemeinschaft schließen und damit sämtliche Miterben verpflichten. Bei Verpflichtungsgeschäften, die zur ordnungsgemäßen Verwaltung gehören, können die die Anteilsmehrheit besitzenden Miterben die übrigen Miterben vertreten, nur bei den den Rahmen ordnungsgemäßer Verwaltung sprengenden Verpflichtungsgeschäften – z. B. Abriss eines zum Nachlass gehörenden älteren Gebäudes, um anschließend einen Neubau mit modernen Eigentumswohnungen errichten zu können – bedarf es der Gesamtvertretung.

Verfügungsgeschäfte im Außenverhältnis müssen hingegen nach § 2040 BGB stets von allen Miterben gemeinschaftlich getroffen werden. Ob die Verfügung, also jede Übertragung, Änderung, Aufhebung oder Belastung eines Rechts, auch dann noch von allen Erben gemeinschaftlich vorgenommen werden muss, wenn das Verfügungsgeschäft zugleich eine Verwaltungsmaßnahme darstellt, die nach § 2038 BGB von der Mehrheit oder sogar von einem Miterben allein durchgeführt werden kann, ist streitig.[134]

Nach den Grundsätzen über die Gesamthand könnten die Miterben Ansprüche, die zum Nachlass gehören, nur gemeinschaftlich geltend machen. Dieser Grundsatz wird durch § 2039 BGB durchbrochen. Danach hat jeder Miterbe ein eigenes Recht, solche Ansprüche geltend zu machen, wobei er allerdings nicht Leistung an sich, sondern nur Leistung an die Erbengemeinschaft verlangen kann. Im Klageverfahren liegt ein Fall der gesetzlichen Prozessstandschaft vor, der Miterbe klagt im eigenen Namen ein fremdes, der Gesamthand zustehendes Recht ein.

§ 2041 BGB ordnet die sog. dingliche Surrogation an, um den Miterben den Nachlass wertmäßig zu erhalten.

---

132 Siehe BGH, ZEV 2006 S. 24 mit Anmerkung von Muscheler.
133 Siehe BGH, NJW 1971 S. 1265; MünchKomm/Heldrich, § 2038 Rdnr. 51.
134 Vgl. hierzu MünchKomm/Heldrich, § 2038 Rdnr. 53, 60; Soergel/Wolf, § 2040 Rdnr. 1 f.

2 Überblick über das Erbrecht

Befindet sich im Nachlass ein Gewerbebetrieb, sind die Erben stets als Mitunternehmer i. S. des § 15 Abs. 1 Satz 1 Nr. 2 EStG zu behandeln.[135]

2.1.4.3 Auseinandersetzung der Erbengemeinschaft

Eine Besonderheit der Erbengemeinschaft besteht darin, dass sie nicht auf Dauer, sondern von Anfang an auf die Auseinandersetzung angelegt ist.[136] Grundsätzlich kann jeder Miterbe gem. § 2042 Abs. 1 BGB jederzeit die Auseinandersetzung verlangen. Die Miterben können allerdings durch Vereinbarung die Auseinandersetzung für immer oder auf Zeit ausschließen. Auch der Erblasser kann durch letztwillige Verfügung die Auseinandersetzung des gesamten Nachlasses oder hinsichtlich einzelner Nachlassgegenstände ausschließen oder von der Einhaltung einer Kündigungsfrist abhängig machen, § 2044 BGB – grundsätzlich aber begrenzt auf einen Zeitraum von 30 Jahren –. Außerdem kommt es unter den in §§ 2043, 2045 BGB normierten Voraussetzungen zum Aufschub der Auseinandersetzung, u. a. soweit die Erbteile wegen der bevorstehenden Geburt eines Miterben noch unbestimmt sind; die Regelung steht im Zusammenhang mit der Erbfähigkeit des nasciturus gem. § 1923 Abs. 2 BGB.

Die Auseinandersetzung der Erbengemeinschaft kann auf unterschiedliche Weise erfolgen:

- unabhängig von den Anordnungen des Erblassers durch einen Auseinandersetzungsvertrag zwischen allen Miterben
- durch Anordnungen des Erblassers
- kraft Gesetzes gem. §§ 2042 ff. BGB
- durch einen Testamentsvollstrecker

1) Die Durchführung der Auseinandersetzung geschieht in erster Linie durch Auseinandersetzungsvertrag zwischen den Miterben, in dem die Verteilung der Nachlassgegenstände nach Tilgung eventueller Nachlassverbindlichkeiten geregelt wird und der für sich formfrei ist, soweit er nicht aus anderen Gründen einer bestimmten Form bedarf.[137] Der Inhalt des Auseinandersetzungsvertrags unterliegt der freien Vereinbarung der Miterben, wobei sie auch eine von Teilungsanordnungen des Erblassers abweichende Nachlassteilung vereinbaren können. So kann die Auseinandersetzung z. B. in der Form erfolgen, dass der gesamte Nachlass einem oder einzelnen Miterben zugewiesen wird, während die übrigen eine Abfindung erhalten.[138]

---

135 BFH vom 05.07.1990 GrS 2/89, BStBl 1990 II S. 837; Geuenich, ZEV 1998 S. 62 m. w. N.
136 Siehe BGH, NJW 2002 S. 3389 und 2006 S. 3715.
137 Zur Formfreiheit des Ausscheidens eines Miterben aus der Erbengemeinschaft gegen Zahlung einer Abfindung, wenn zum Nachlass ein Grundstück gehört, s. BGH, NJW 1998 S. 1557; LG Köln, NJW 2003 S. 2993.
138 Speziell zur sog. Abschichtung s. Damrau, ZEV 1996 S. 361; Reimann, ZEV 1998 S. 213; BGH, ZEV 1998 S. 141.

2.1 Erbe und Erblasser, Gesamtrechtsnachfolge und Sondererbfolge

In Erfüllung der Auseinandersetzungsvereinbarung werden dann dem/den Miterben von der Erbengemeinschaft die einzelnen Gegenstände des Nachlasses übertragen – Nachlassteilung z. B. durch Übereignung beweglicher Sachen gem. §§ 929 ff. BGB und von Grundstücken gem. §§ 873, 925 BGB, durch Abtretung von Forderungen gem. § 398 BGB –. Durch diese wird das Alleineigentum eines jeden Miterben an den im zugewiesenen Vermögensgegenständen begründet und die nach dem Erbfall entstandene Gemeinschaft zur gesamten Hand aufgehoben.[139]

Kommt es vertraglich nur zu einer Teilauseinandersetzung, indem einzelne Miterben die zwischen den übrigen Miterben weiterbestehende Erbengemeinschaft verlassen, wachsen deren Anteile den in der Gesamthand Verbliebenen entsprechend ihrer Anteile an.[140]

2) Nach § 2048 BGB kann aber auch der Erblasser durch letztwillige Verfügung Anordnungen für die Auseinandersetzung treffen. Durch die Teilungsanordnung will der Erblasser erreichen, dass zum einen bestimmte Gegenstände bestimmten Erben zugeteilt werden und zum anderen eine möglicherweise drohende Versilberung des Nachlasses verhindert wird. Diese Anordnungen des Erblassers nach § 2048 BGB wirken allerdings nur schuldrechtlich, dem bedachten Miterben steht gegen die Erbengemeinschaft ein Anspruch auf Übereignung des zugewiesenen Gegenstands unter Anrechnung auf den Erbteil zu. Die Miterben sind jedoch nicht gehindert, eine Vereinbarung zu treffen, die von den Anordnungen des Erblassers in der letztwilligen Verfügung abweicht. Die Rechtsfolgen einer Teilungsanordnung können unterschiedlich sein.

Beispiele:

a) Vater V setzt seine Kinder K1 und K2 als Erben zu je 1/2 ein. Der Nachlass besteht aus zwei Grundstücken G1 und G2; Verkehrswert jeweils 1.000.000 €. V hat bestimmt, dass K1 das Grundstück G1 und K2 das Grundstück G2 erhalten soll.
K1 und K2 werden Eigentümer (Gesamthand) der Grundstücke G1 und G2. K1 kann von der Erbengemeinschaft die Übereignung (Alleineigentum) des Grundstücks G1 und K2 die des Grundstücks G2 verlangen.

b) Vater V setzt seine Kinder K1 und K2 als Erben zu je 1/2 ein. Der Nachlass besteht aus zwei Grundstücken G1 (Verkehrswert 1.000.000 €) und G2 (Verkehrswert 500.000 €). V hat bestimmt, dass K1 das Grundstück G1 und K2 das Grundstück G2 erhalten soll.
K1 und K2 werden Eigentümer (Gesamthand) der Grundstücke G1 und G2. Der K1 kann von der Erbengemeinschaft die Übertragung (Alleineigentum) des Grundstücks G1 und K2 die des Grundstücks G2 verlangen.

---

139 Zu den Kosten der Erbauseinandersetzung, zu denen u. a. gehören die Aufwendungen für die durch einen Sachverständigen vorgenommene Bewertung der Nachlassgegenstände, die auf dieser Grundlage in das Alleineigentum einzelner Miterben übertragen werden sollen, die für die Übertragung von Grundbesitz entstandenen Notariats- und Gerichtskosten und die Aufwendungen für die außergerichtliche und gerichtliche Vertretung der Miterben bei Streit bzgl. der Auseinandersetzung, als abzugsfähige Nachlassverbindlichkeiten gem. § 10 Abs. 5 Nr. 3 ErbStG vgl. BFH vom 09.12.2009, BStBl 2010 II S. 489 m. w. N.
140 Vgl. BGH, NJW 2005 S. 284.

2 Überblick über das Erbrecht

Die Übertragung der Grundstücke aufgrund der Teilungsanordnung erfolgt jedoch in Anrechnung auf den Miterbenanteil. Wertmäßig müssen K1 und K2 also 750.000 € erhalten. K1 muss demnach noch 250.000 € zahlen, die K2 erhält.

c) Vater V hat seinen Kindern K1 und K2 testamentarisch „sein Vermögen vermacht". Es besteht aus den Grundstücken G1 (Verkehrswert 1.000.000 €) und G2 (Verkehrswert 500.000 €). V hat bestimmt, dass K1 das Grundstück G1 und K2 das Grundstück G2 erhalten soll.

K1 und K2 werden Eigentümer (Gesamthand) der Grundstücke G1 und G2. Das Testament wird hier wie folgt auszulegen sein, weil V zugunsten seiner Kinder über sein gesamtes Vermögen verfügt hat und er erkennbar wollte, dass jedes Kind das zugewiesene Grundstück und nicht mehr, aber auch nicht weniger erhalten soll:

Mit der Teilungsanordnung wird konkludent die Erbquote bestimmt, und zwar K1 zu 2/3 und K2 zu 1/3.

K1 kann von der Erbengemeinschaft die Übertragung (Alleineigentum) des Grundstücks G1 verlangen und K2 die des Grundstücks G2.

3) Hat der Erblasser einen Testamentsvollstrecker zur Durchführung der Auseinandersetzung eingesetzt, so hat dieser die Auseinandersetzung zwischen den Miterben zu bewirken. Dabei ist er an etwaige Teilungsanordnungen des Erblassers gebunden (§§ 2203, 2204 Abs. 1 BGB).

4) Erzielen die Miterben keine Einigung über die Auseinandersetzung und liegt auch keine Teilungsanordnung vor, kann gem. § 2042 Abs. 1 BGB jeder Miterbe die Auseinandersetzung verlangen. Diese erfolgt nach § 2042 Abs. 2 i. V. m. §§ 752, 753 BGB bei teilbaren Gegenständen durch Verteilung auf die einzelnen Miterben, unteilbare Gegenstände sind nach den Regeln des Pfandverkaufs zu veräußern und Grundstücke im Wege der Versteigerung zu verwerten. Im Regelfall sind die einzelnen Nachlassgegenstände nicht teilbar, sodass es zu einer „Versilberung" des Nachlasses kommt; der Erlös wird unter den Erben entsprechend der Erbquoten verteilt. Kein Miterbe kann von den anderen die Übertragung eines bestimmten Nachlassgegenstandes verlangen. Die Verwertung der Nachlassgegenstände stellt eine Verfügung über den jeweiligen Gegenstand dar, für die es der Zustimmung aller Erben bedarf (§ 2040 Satz 1 BGB). Bei Weigerung nur eines Miterben, der Verfügung zuzustimmen, muss der die Auseinandersetzung anstrebende Miterbe die Auseinandersetzungsklage erheben. Diese Klage richtet sich auf Zustimmung zur beantragten Auseinandersetzung, d. h., dass der Kläger einen den gesetzlichen Bestimmungen entsprechenden Teilungsplan vorlegen muss.

5) Gemäß §§ 2050, 2052 BGB besteht für Abkömmlinge des Erblassers, die als gesetzliche Erben berufen sind bzw. die bei gewillkürter Erbfolge mit einer Erbquote bedacht sind, die ihrem gesetzlichen Erbteil entspricht, eine Ausgleichspflicht für bestimmte Zuwendungen, die sie zu Lebzeiten des Erblassers erhalten haben. Die Durchführung der Ausgleichung, die nur unter den ausgleichspflichtigen Abkömmlingen, nicht auch mit dem Ehegatten des Erblassers als einer von dessen Erben stattfindet, regelt § 2055 BGB.

2.1 Erbe und Erblasser, Gesamtrechtsnachfolge und Sondererbfolge

6) § 2057a BGB regelt eine Ausgleichungspflicht bei besonderen Leistungen eines Abkömmlings. Das Gesetz zur Änderung des Erb- und Verjährungsrechts vom 24.09.2009 hat insoweit eine bedeutsame Neuerung gebracht. Mussten früher Abkömmlinge des Erblassers Pflegeleistungen untereinander nur ausgleichen, wenn diese während längerer Zeit und unter Verzicht auf eigenes berufliches Einkommen erbracht wurden, müssen nunmehr Pflegeleistungen auch dann ausgeglichen werden, wenn das berufliche Einkommen des Abkömmlings dadurch keine Einbußen erfahren hat.

2.1.4.4 Haftung der Miterben

Wie sich die Haftung für die Nachlassverbindlichkeiten bei Vorhandensein mehrerer Miterben regelt, ist in den §§ 2058 bis 2063 BGB nur ergänzend geregelt. Grundsätzlich gelten die Bestimmungen der §§ 1967 bis 2017 BGB, die die Haftung des Alleinerben regeln, auch für die Miterben. Insbesondere regelt sich danach, ob ein Miterbe beschränkt – also nur mit dem ererbten Vermögen – oder unbeschränkt – also auch mit seinem Eigenvermögen – haftet. Auch der Miterbe kann nicht vor Annahme der Erbschaft in Anspruch genommen werden (§ 1958 BGB).

Grundsatz ist die gesamtschuldnerische Haftung der Miterben für gemeinschaftliche Nachlassverbindlichkeiten. Gemeinschaftlich sind die Nachlassverbindlichkeiten, für die alle Miterben haften. Um nichtgemeinschaftliche Nachlassverbindlichkeiten kann es sich z. B. bei Vermächtnissen oder Auflagen handeln, die nur einzelne Miterben betreffen (s. auch § 2046 Abs. 2 BGB). Die gesamtschuldnerische Haftung, die neben der gesamthänderischen Haftung der Erbengemeinschaft als solcher besteht und völlig losgelöst von der Frage einer Haftungsbeschränkung ist, die nur besagt, mit welcher Masse der einzelne Miterbe haftet, beginnt mit der Erbengemeinschaft und dauert grundsätzlich auch nach der Teilung fort; allerdings enthalten die §§ 2060, 2061 BGB Ausnahmen für die Zeit nach der Teilung.

Für das Vorgehen der Nachlassgläubiger ist hier also zu differenzieren: Die Gesamtschuldklage gem. § 2058 BGB gegen den einzelnen Miterben ist sowohl vor als auch nach der Nachlassteilung möglich. Die Gesamthandsklage nach § 2059 Abs. 2 BGB ist hingegen nur vor der Teilung möglich, weil mit Vollzug der Auseinandersetzung die Gesamthandsgemeinschaft aufgelöst ist. Wann der Nachlass geteilt ist, beurteilt sich nach dem Gesamtbild. Ist ein so erheblicher Teil der Nachlassgegenstände aus der Gesamthand in das Einzelvermögen der Miterben überführt, dass im Nachlass keine für die Berichtigung der Nachlassverbindlichkeiten ausreichenden Gegenstände mehr vorhanden sind, ist die Teilung vollzogen.[141] Bis zur Nachlassteilung hat der Gläubiger also ein Wahlrecht, ob er Gesamtschuldklage gegen die einzelnen Miterben zwecks Vollstreckung gegen sie persönlich oder Gesamthandsklage gegen die Erbengemeinschaft zwecks Zugriffs nur auf den Nachlass erheben will. Wegen

---
141 Siehe Palandt/Edenhofer, § 2059 Rdnr. 3.

§ 2059 Abs. 1 Satz 1 BGB hat die unterschiedliche Vollstreckungsmöglichkeit aber nur geringe praktische Bedeutung.

Der Ausgleich zwischen den Miterben im Innenverhältnis regelt sich nach dem Verhältnis ihrer Erbteile.

2.1.5 Erbschein

1) Bedeutung des Erbscheins

Der Erbe sieht sich in vielen Fällen vor die Notwendigkeit gestellt, sein Erbrecht nachzuweisen, z. B. gegenüber Banken oder gegenüber dem Grundbuchamt. Diesen Nachweis kann der Erbe durch den Erbschein führen (§§ 2253, 2265 BGB). Der Erbe kann den Nachweis seines Erbrechts vielfach auch in anderer Form erbringen. So sind Banken gemäß ihren AGB nach dem Tod eines Kunden auch gegen Vorlage einer beglaubigten Testamentsablichtung mit Eröffnungsprotokoll zur Leistung mit befreiender Wirkung berechtigt, sodass das Verlangen, einen Erbschein vorzulegen, eine Pflichtverletzung darstellen kann.[142] Entbehrlich ist gem. § 35 Abs. 1 Satz 2 GBO der Erbschein für eine Grundbuchberichtigung bei Vorlage eines öffentlichen Testaments oder eines Erbvertrags, auf dem die Erbfolge beruht, sodass das Grundbuchamt dann die darin enthaltenen Verfügungen von Todes wegen selbständig zu prüfen hat. Ermittlungen zur Klärung von bei der Prüfung der vorgelegten Urkunde auftretenden Zweifeln aber sind dem Grundbuchamt entzogen, es muss dann einen Erbschein verlangen.

2) Inhalt des Erbscheins

Der Erbschein ist das amtliche Zeugnis des Nachlassgerichts über erbrechtliche Verhältnisse. Seine Bedeutung ist ähnlich der Eintragung im Grundbuch. Der Erbschein gibt Auskunft darüber, wer Erbe ist (§ 2353 BGB) und welche Anordnungen des Erblassers – Vor- und Nacherbschaft (§ 2363 BGB) oder Testamentsvollstreckung (§ 2364 BGB) – ihn beschränken. Er sagt jedoch nichts aus über andere Belastungen des Erben, wie z. B. Vermächtnisse, Auflagen oder Pflichtteilsansprüche. Auch enthält er keine Angaben zu Teilungsanordnungen und zum Umfang des Nachlasses. Das Nachlassgericht erteilt im Fall eines Alleinerben einen entsprechenden Erbschein nach § 2353 BGB. Bei Miterben kann ein gemeinschaftlicher Erbschein nach § 2357 BGB erteilt werden oder daneben für jeden gesondert ein Teilerbschein nach § 2353 BGB, in dem die Größe des Erbteils angegeben werden muss.

Das den Erbschein auf Antrag – hierin liegt zugleich die konkludente Annahme der Erbschaft gem. § 1943 BGB – erteilende Nachlassgericht hat vor der Erteilung zu prüfen, ob die Voraussetzungen nach den §§ 2353 ff. BGB erfüllt sind. Danach hat

---

142 Siehe BGH, NJW 2005 S. 2779; Werkmüller, ZEV 2005 S. 390.

2.1 Erbe und Erblasser, Gesamtrechtsnachfolge und Sondererbfolge

es insbesondere von Amts wegen zu ermitteln, wer Erbe ist; gem. § 2359 BGB muss es das Erbrecht des Antragstellers für festgestellt erachten.[143]

3) Rechtswirkungen des Erbscheins

Der Erbschein hat eine doppelte Wirkung: Er begründet zum einen die **widerlegbare Rechtsvermutung der Richtigkeit und Vollständigkeit seines Inhalts** für und gegen den in ihm ausgewiesenen Erben (§ 2365 BGB) und er schützt zum anderen – soweit die Vermutung des § 2365 BGB reicht – durch **öffentlichen Glauben** den gutgläubigen Dritten bei einem Erwerb vom Erben (§ 2366 BGB) oder bei einer Leistung an den Erben (§ 2367 BGB). Konsequenz des öffentlichen Glaubens des Erbscheins ist, dass der gutgläubige Erwerber bei den unter §§ 2366, 2367 BGB fallenden Rechtsgeschäften so behandelt wird, als hätte er das Rechtsgeschäft mit dem wirklichen Erben und nicht mit dem Erbscheinserben vorgenommen. Die §§ 892, 893, 932 bis 936 BGB gelten selbständig neben vorgenannten Vorschriften, weil der Erbschein dem Dritten nur die Gewähr für das Erbrecht des darin Ausgewiesenen und das Fehlen von nicht aufgeführten Beschränkungen des als Erbe Bezeichneten bietet, nicht aber dafür, dass der Verfügungsgegenstand zur Erbschaft und damit dem Erben gehört.

Beispiele:

a) In der Wohnung des Erblassers E, der testamentarisch von seiner Lebensgefährtin L beerbt worden ist, befindet sich eine Münzsammlung, die ihm für einige Wochen von seinem Freund F zur Ansicht und Aufbewahrung während dessen Urlaub überlassen worden war. Der Sohn S des Verstorbenen, der den Nachlass in Besitz genommen hatte und dem ein Erbschein als Alleinerbe erteilt worden war, veräußerte die Sammlung an den K.

K erwirbt das Eigentum an der Münzsammlung nach §§ 2366, 929, 932 BGB. § 2366 BGB überwindet nur die fehlende Erbenstellung des S; schädlich wäre lediglich auf Seiten des K positive Kenntnis von der Unrichtigkeit des Erbscheins bzw. von der Anordnung des Nachlassgerichts, diesen zurückzugeben. Dass die Sammlung dem F gehörte, damit nicht in den Nachlass gefallen und deshalb das Eigentum auch nicht im Wege der Gesamtrechtsnachfolge auf die L übergegangen ist, steht dem Eigentumserwerb des K nicht entgegen. Erforderlich ist jedoch, dass dieser hinsichtlich des Eigentums des E gutgläubig ist; gem. § 932 Abs. 2 BGB wäre insoweit bereits grobe Fahrlässigkeit schädlich.

Befand sich die Münzsammlung aber bereits als abhandengekommen beim Erblasser, erwirbt der K trotz Gutgläubigkeit gem. § 935 BGB kein Eigentum.

b) E war Eigentümer eines Grundstücks, das S, ohne als Eigentümer im Grundbuch eingetragen zu sein, an den K veräußert.

Eine Voreintragung ist gem. § 40 GBO für die Veräußerung durch den Erben nicht erforderlich. § 2366 BGB hat zur Folge, dass K so behandelt wird, als habe er gem. §§ 873, 925 BGB von der wahren Erbin L erworben. Wäre der S als Erbscheinserbe

---

[143] Zum Erbscheinsverfahren im Einzelnen s. §§ 342 ff. des Gesetzes über das Verfahren in Familiensachen und in Angelegenheiten der freiwilligen Gerichtsbarkeit – die Problematik streitiger bzw. einander widersprechender Erbscheinsanträge behandelnd durch § 352 FamFG –; zum Verfahren nach ausländischem Recht vgl. Edenfeld, ZEV 2000 S. 482.

bereits als Eigentümer im Grundbuch eingetragen, kämen für den Erwerb des K lediglich die Vorschriften über den öffentlichen Glauben des Grundbuchs – hier: § 892 BGB – zur Anwendung.

c) E hatte einem Bekannten ein Darlehen gewährt. Dieses zahlt B an den Erbscheinerben S zurück.

Gemäß § 2367 BGB wird der gutgläubige Nachlassschuldner bei Leistung an den Erbscheinserben befreit. S haftet der wahren Erbin L gegenüber nach § 816 Abs. 2 BGB.

d) S hatte den aus dem noch von E gewährten Darlehen entstandenen Rückzahlungsanspruch gegen B noch vor Fälligkeit unter Vorlage des Darlehensvertrags an das Finanzamt zur Sicherheit für eine ihm gewährte Stundung abgetreten.

Zwar ist nach §§ 398 ff. BGB ein Forderungserwerb durch Abtretung seitens eines Nichtberechtigten nicht möglich. Hier ist der Fiskus jedoch über § 2366 BGB Inhaber der auf Rückzahlung gerichteten Forderung gegen B geworden. Zugunsten der Behörde, die keine Kenntnis von der Unrichtigkeit des Erbscheins hatte, stellt sich die Rechtslage so dar, als hätte die wahre Erbin L zediert.

Hätte aber die abgetretene Forderung nicht mehr bestanden, weil B das Darlehen bereits kurz vor dem Tod des E vorzeitig an diesen zurückgezahlt hatte, konnte das Finanzamt die Forderung auch nicht gem. § 2366 BGB erwerben, weil die nicht bestehende Forderung auch trotz Gutgläubigkeit nicht von der wahren Erbin L hätte erworben werden können.

4) Unrichtiger Erbschein

Da sich durch die Erteilung des Erbscheins an der Erbfolge sachlich nichts ändert, kennt das Erbscheinverfahren keine materielle Rechtskraft. Stellt sich heraus, dass der erteilte Erbschein unrichtig ist, so bestehen daher zwei Möglichkeiten, dem Inhaber den Erbschein zu entziehen: Einmal hat das Nachlassgericht den Erbschein **von Amts wegen einzuziehen,** notfalls für kraftlos zu erklären (§ 2361 BGB), wobei die Unrichtigkeit nicht nachgewiesen zu sein braucht, sondern es genügt, wenn das bei der Erteilung angenommene Erbrecht nach abschließender Aufklärung nicht mehr feststeht und die nach § 2359 BGB erforderliche Überzeugung des Gerichts erschüttert ist. Zum anderen kann der wirkliche Erbe vom Besitzer eines unrichtigen Erbscheins **im Wege eines ordentlichen Zivilprozesses** die Herausgabe an das Nachlassgericht verlangen (§ 2362 BGB).

5) Erbschein und Erbschaftsteuer

Die widerlegbare Vermutung gem. § 2365 BGB, dass der Erbschein richtig ist, gilt grundsätzlich auch für das Finanzamt. Bei der Prüfung der Frage, was der jeweilige Erbe als Erwerb zu versteuern hat, ist also regelmäßig von dem auszugehen, was im Erbschein hinsichtlich der Erben und ihrer Anteile am Nachlass festgestellt ist. Zwar ist weder die Finanzbehörde noch das Finanzgericht an die rechtliche Beurteilung des Nachlassgerichts gebunden – keine Bindungswirkung des Erbscheins im Sinne eines Grundlagenbescheids –, vielmehr haben sie gem. § 88 AO, § 76 Abs. 1 FGO das Recht und die Pflicht zu selbständiger rechtlicher Prüfung. Sie werden aber nur ausnahmsweise eine letztwillige Verfügung anders auslegen als das Nachlassgericht. In der Regel, und das bestätigt die Praxis, hält sich das Finanzamt also zu Recht an den Erbschein und setzt die Steuer gegen die darin als Erben bezeichneten Personen fest, es sei denn, es sind für die Behörde gewichtige Gründe erkennbar, die gegen die Richtigkeit des Erbscheins sprechen.[144] Eine dann erforderliche selbständige Ermittlung und Entscheidung der Finanzbehörde oder des Finanzgerichts hängt nicht davon ab, dass der Erbschein durch das Nachlassgericht aufgehoben oder ein neuer ausgestellt worden ist. Der Inhalt des Erbscheins hat also zwar die Vermutung der Richtigkeit für sich, eine Bindung an den Inhalt des Erbscheins besteht jedoch weder in rechtlicher noch in tatsächlicher Hinsicht.[145]

Obwohl sich bürgerlich-rechtlich an der Erbfolge durch die Erteilung eines Erbscheins sachlich nichts ändert, wirkt der Erbschein aufgrund seiner Rechtsvermutung nach § 2365 BGB steuerlich auch für die Vergangenheit, weil nunmehr von einer anderen Person als Erbe oder von anderen Erbquoten als bisher angenommen auszugehen und deshalb die bereits festgesetzte Erbschaftsteuer nach § 175 Abs. 1 Satz 1 Nr. 2 AO aufzuheben oder zu ändern ist.[146]

2.2 Vermächtnis, Auflage, Pflichtteil

Der Erbe (Miterbe, Vorerbe, Nacherbe) rückt als Gesamtrechtsnachfolger, ohne dass es rechtsgeschäftlicher Übertragungsakte bedarf, in die Rechtsstellung des Erblassers ein. Er ist am Nachlass **dinglich** berechtigt – ist Eigentümer einer Sache, Inhaber einer Forderung oder eines Rechts –. Das Gesetz sieht demgegenüber aber auch Gestaltungsmöglichkeiten vor, nach denen Dritten lediglich **schuldrechtliche** Ansprüche zugewendet werden oder nach denen lediglich die Pflicht zu einer Leistung auferlegt wird (Vermächtnis, Auflage, Pflichtteil).

Die Unterscheidung zwischen dinglicher Berechtigung und schuldrechtlichem Anspruch war/ist erbschaftsteuerlich u. a. dann von besonderer Bedeutung, als die Sache selbst unterbewertet wurde/bzw. mit einem „Verschonungsabschlag bedacht" wird (z. B. Grundbesitz und Betriebsvermögen unter Geltung des ErbStG in seinen Fassungen vor Inkrafttreten des ErbStRG vom 24.12.2008, aber auch z. B. zu Wohnzwecken vermietete Grundstücke im Hinblick auf § 13c ErbStG i. d. F. des ErbStRG). „Wurzel allen Übels" war unter Geltung des alten Erbschaftsteuerrechts die Unterbewertung bestimmter Nachlassgegenstände.[147] Für die Erbschaftsteuer kann heute – und konnte auch früher – das dogmatisch konsequent (strenge Maßgeblichkeit des bürgerlichen Rechts) nur bedeuten, dass im Rahmen der Wertermittlung lediglich der schuldrechtliche Anspruch zu bewerten ist.

---

144 Vgl. FG Rheinland-Pfalz, UVR 1993 S. 373; BFH vom 22.11.1995, BStBl 1996 II S. 242.
145 Siehe auch FG München, EFG 2001 S. 146.
146 Vgl. hierzu FG München, EFG 1991 S. 5.
147 Vgl. insoweit BVerfG vom 07.11.2006, BStBl 2007 II S. 192, zur Anknüpfung der durch § 19 Abs. 1 ErbStG i. d. F. der Bekanntmachung vom 27.02.1997 angeordneten Erhebung der Erbschaftsteuer an Steuerwerten, die sich auf der Bewertungsebene nicht einheitlich am gemeinen Wert als dem maßgeblichen Bewertungsziel orientierten.

Für den Pflichtteilsanspruch (= Geldanspruch) hatte sich diese Erkenntnis auch schon vor Inkrafttreten des ErbStRG vom 24.12.2008 durchgesetzt.[148]

Beim Vermächtnisanspruch war demgegenüber, zumindest bis zum Inkrafttreten des ErbStRG, vieles unsauber.[149]

Beispiel:
Erblasser E hatte vor Inkrafttreten des ErbStRG zwei Vermächtnisse ausgesetzt: V1 sollte ein Nachlassgrundstück erhalten (Verkehrswert 600.000 €, „alter" erbschaftsteuerlicher Wert 200.000 €). V2 sollte das Einzelunternehmen des E erhalten (Verkehrswert 600.000 €, „alter" erbschaftsteuerlicher Wert 200.000 €).

(1) Der schuldrechtliche Anspruch des V1 auf Übereignung des Grundstücks wäre – streng dem bürgerlichen Recht folgend – erbschaftsteuerlich nach § 12 Abs. 1 ErbStG, § 9 BewG mit dem gemeinen Wert des Anspruchs i. H. von 600.000 € zu bewerten gewesen. BFH[150] und Verwaltung (vgl. R 92 Abs. 2, R 124 Abs. 3 ErbStR) setzten aber bei Ansprüchen aus Sachvermächtnissen den Steuerwert des Gegenstands an, auf dessen Übertragung der Anspruch gerichtet war. Zweifel an dieser nicht den gemeinen Wert heranziehenden Bewertung von Ansprüchen aus Sachvermächtnissen wurden zur früheren Gesetzeslage für Erwerbsvorgänge nach 1995 aber vom BFH bereits in einem Obiter Dictum angedeutet und die vorgenannte Rechtsprechung als überprüfungsbedürftig angesehen.[151]

(2) Der schuldrechtliche Anspruch des V2 auf Übereignung der Gegenstände des Gewerbebetriebs wäre ebenfalls nach § 12 Abs. 1 ErbStG, § 9 BewG mit dem gemeinen Wert der Ansprüche (und Schulden) i. H. von 600.000 € zu bewerten gewesen. Rechtsprechung[152] und Verwaltung (s. R 92 Abs. 2 ErbStR 2003; H 61 Abs. 3 ErbStH 2003) setzten aber nur den Steuerwert von 200.000 € an.

Im Endergebnis ging es hier immer um die Frage, ob die – vom BVerfG in seinem Beschluss vom 07.11.2006 beanstandete – Unterbewertung der Nachlasswerte, die Gegenstand des Vermächtnisses waren, auch dem Vermächtnisnehmer zugutekommen und deshalb dessen Anspruch nicht mit dem gemeinen Wert bewertet werden sollte. Dies wurde zwar nicht im Hinblick auf den Vermächtnisnehmer als Berechtigtem, sondern wegen der Verhältnisse auf Seiten des Erben als Verpflichtetem bejaht. Dem Korrespondenzprinzip – Sachleistungsanspruch auf Seiten des Vermächtnisnehmers einerseits und Sachleistungsverpflichtung auf Seiten des Erben andererseits – wurde dadurch Rechnung getragen, dass auf beiden Seiten auf den unterbewerteten Wert des Substrats abgestellt wurde, denn beim Erben glichen sich per saldo Aktiv- und Passivposten aus, hingegen wäre bei Bewertung der Sachleistungsverpflichtung mit dem gemeinen Wert und des Gegenstands selbst mit dem davon abweichenden Steuerwert bei diesem die Höhe der Bereicherung im Übrigen

---

148 Siehe BFH vom 07.10.1998, BStBl 1999 II S. 23.
149 Vgl. Wälzholz, ZEV 2001 S. 392.
150 BFH vom 25.10.1995, BStBl 1996 II S. 97, vom 15.10.1997, BStBl 1997 II S. 820, und vom 15.03.2000, BStBl 2000 II S. 588.
151 BFH vom 02.07.2004, BStBl 2004 II S. 1039; s. insoweit auch BFH vom 09.04.2008, BStBl 2008 II S. 951.
152 Siehe BFH vom 15.03.2000, BStBl 2000 II S. 588.

2.2 Vermächtnis

beeinflusst, nämlich der übrige Erwerb nicht zu seinem vollen Wert erfasst worden.[153]

Mit der Reform des Bewertungsrechts durch das ErbStRG vom 24.12.2008 hat die Frage, mit welchem Wert der Vermächtnisanspruch anzusetzen ist, weitgehend ihre praktische Bedeutung verloren. Denn wird hierdurch erreicht, das Niveau der Grundbesitzwerte zumindest auf einen dem gemeinen Wert angenäherten Betrag anzuheben, macht es keinen Unterschied, ob für den Anspruch des Vermächtnisnehmers der Grundbesitzwert oder der gemeine Wert des Anspruchs = Verkehrswert des Grundstücks angesetzt wird. Auch wird die Finanzbehörde schon aus verwaltungsökonomischen Gründen keine gesonderte Ermittlung des Verkehrswerts vornehmen, sondern davon ausgehen, dass der für die Besteuerung des Erben ermittelte Grundbesitzwert dem gemeinen Wert des Anspruchs auf das Grundstück entspricht.[154]

2.2.1 Vermächtnis und Auflage

1) Vermächtnis

a) Wesen des Vermächtnisses

Vermächtnis ist die Einzelzuwendung eines Vermögensvorteils von Todes wegen, die nicht Erbeinsetzung ist, sondern **lediglich einen schuldrechtlichen Anspruch für den Bedachten (Vermächtnisnehmer) gegen den Beschwerten** auf Übertragung des Zugewandten begründet. § 2174 BGB als zentrale Norm des Vermächtnisrechts ist die Absage an das Vindikatslegat, also an den unmittelbaren Erwerb des zur Erbschaft gehörenden Vermögensgegenstands durch den Vermächtnisgläubiger, und zwar im Wesentlichen mit Rücksicht auf die Belange der Nachlassgläubiger, die bei der Konstruktion des schuldrechtlichen Anspruchs auf die vermachten Gegenstände zugreifen können, bis sie dem Vermächtnisnehmer übertragen sind.

Soweit eine Rechtsänderung geschuldet wird, muss das erforderliche Verfügungsgeschäft getätigt werden, insbesondere die Übereignung der zugewandten Sache gem. §§ 929 ff. BGB bzw. §§ 873, 925 BGB oder die Abtretung der Forderung bzw. des zugewandten Rechts gem. §§ 398, 413 BGB erfolgen.

Die Vermächtnisverpflichtung ist gem. § 1967 Abs. 2 BGB Nachlassverbindlichkeit, der Vermächtnisnehmer Nachlassgläubiger, der allerdings einigen Sonderregelungen unterliegt. Er hat vielfach hinter anderen Gläubigern zurückzustehen (vgl.

---

153 Siehe insoweit aber den vom BFH vom 02.07.2004, BStBl 2004 II S. 1039, aufgezeigten Lösungsweg über § 10 Abs. 6 ErbStG – laut der im BStBl 2008 II S. 982 veröffentlichten Entscheidung vom 13.08.2008 desselben Senats jedoch Festhalten an der bisherigen Rechtsprechung und Verwaltungspraxis aus Gründen des Vertrauensschutzes bis zur Reform der Erbschaftsteuer –.

154 Vgl. insoweit auch FinMin Bayern vom 21.12.2010, DStR 2011 S. 316, wonach der Vermächtnisnehmer im Fall des Grundbesitzvermächtnisses bei der Erbschaftsteuer so behandelt wird, als sei auf ihn Grundbesitz mit dinglicher Wirkung übergegangen.

§§ 1980, 1991 f., 2318 BGB); das Vermächtnis hat nämlich nur insoweit Geltung, als der Nachlass nach Abzug der Schulden des Erblassers reicht. Insbesondere beim Nachlassinsolvenzverfahren zeigt sich, dass der Vermächtnisanspruch nur eine „Forderung zweiter Klasse" ist (vgl. § 327 Abs. 1 Nr. 2 InsO).

Die gegenseitigen Rechte und Pflichten des Bedachten und des Beschwerten richten sich nach den allgemeinen Vorschriften über Schuldverhältnisse, soweit nicht die besonderen Regeln der §§ 2147 ff. BGB eingreifen. Für Pflichtverletzungen des Beschwerten ist also § 280 BGB Grundtatbestand. Erfüllt der Beschwerte den Vermächtnisanspruch nicht, kann der Vermächtnisnehmer neben dem Erfüllungsanspruch Schadensersatz wegen Verzögerung der Leistung verlangen und nach Verzugseintritt Verzinsung (§ 288 BGB), ggf. Ersatz weiteren Schadens (§ 286 Abs. 4 BGB). Schadensersatz statt der Leistung setzt gem. § 281 Abs. 1 BGB erfolglose Fristsetzung voraus, die in den Fällen des § 281 Abs. 2 BGB entbehrlich ist.

Beschwert ist regelmäßig der Erbe, der den Anspruch des Vermächtnisnehmers erfüllen muss. Aber auch ein Vermächtnisnehmer kann seinerseits mit einem Vermächtnis beschwert sein; vgl. § 2147 BGB (sog. Untervermächtnis). Nicht beschweren mit einem Vermächtnis kann der Erblasser Personen, die am Nachlass nur aufgrund Pflichtteilsrechts beteiligt sind, ferner nicht Dritte, selbst wenn sie vom Erblasser durch Rechtsgeschäft unter Lebenden eine unentgeltliche Zuwendung erhalten haben oder durch Vertrag zugunsten Dritter mit dem Tod des Erblassers das Recht auf eine Leistung erwerben.

Der Erbschaftsteuer unterliegt nicht erst der tatsächliche Erwerb des Vermögensvorteils durch den Vermächtnisnehmer; Erwerb von Todes wegen i. S. des § 3 Abs. 1 Nr. 1 ErbStG ist bereits der Anfall des Forderungsrechts gegen den Beschwerten. Der Erwerb des Vermächtnisanspruchs erfolgt i. d. R. mit dem Erbfall (§ 2176 BGB), kann aber auch, z. B. durch Bedingung oder Befristung, auf einen späteren Zeitpunkt hinausgeschoben werden (§§ 2177 ff. BGB). Hiermit korrespondiert die Regelung über das Entstehen der Erbschaftsteuer in § 9 Abs. 1 Nr. 1 bzw. Nr. 1 Buchst. a ErbStG. Der Anfall des Vermächtnisses erfolgt ohne Annahme, aber mit der Möglichkeit der Ausschlagung, für die eine bestimmte Frist nicht vorgeschrieben ist (s. auch § 2180 BGB). Wertänderungen des vermachten Gegenstands in der Zeit zwischen Anfall und Erfüllung des Vermächtnisses (Erlangen der tatsächlichen Verfügungsmöglichkeit über den vermachten Gegenstand) müssen unberücksichtigt bleiben.[155] Insoweit gilt dasselbe wie bei der Besteuerung eines Erben, wenn zwischen Erbfall und dem Zugriff auf die zum Nachlass gehörenden Aktien einige Zeit vergeht, in der der Börsenkurs der Papiere erheblich gesunken ist.[156] Leistungshindernisse und Erfüllungsrisiken können sich allerdings wie bei jeder Forderungsbewertung auf den Ansatz des Vermächtnisanspruchs auswirken, etwa durch einen

---
155 Siehe BFH vom 28.11.1990 II S 10/90, BFH/NV 1991 S. 243.
156 Siehe Hessisches FG vom 03.04.2007, EFG 2007 S. 1534.

2.2 Vermächtnis

Wertabschlag.[157] Gegebenenfalls kann auch eine Billigkeitsmaßnahme in Betracht kommen, wenn die Stichtagsregelung im konkreten Einzelfall zu einem gesetzlich ungewollten Überhang und damit zu einer erdrosselnd wirkenden Härte führt.[158] Obwohl es Vermächtnisse nur aufgrund von Verfügungen von Todes wegen, also kraft Testament oder Erbvertrag gibt, werden wegen der Verweisung auf die Vermächtnisvorschriften der Voraus des Ehegatten (§ 1932 BGB) und des Lebenspartners (§ 10 Abs. 1 Satz 3 bis 5 LPartG) sowie der Dreißigste (§ 1969 BGB) auch als „gesetzliche" Vermächtnisse bezeichnet.

b) Vermächtnisgegenstand und Berechtigter

aa) Gegenstand eines Vermächtnisses kann alles sein, was als Inhalt der Leistungspflicht eines Schuldners nach § 241 BGB vereinbart werden könnte, sofern nur ein Vermögensvorteil zugewendet wird. Dieser Begriff ist weit auszulegen, sodass es nicht zu einer Bereicherung des Bedachten im Sinne einer Vermögensmehrung kommen muss, sondern nur zu seiner Begünstigung. Als Vermögensvorteil kann deshalb auch das Recht zum entgeltlichen Erwerb eines Gegenstands zugewendet werden.

Möglich ist beim Vermächtnis auch die Zuwendung eines Anspruchs auf Erwerb des ganzen Vermögens oder eines Bruchteils daran (Universalvermächtnis bzw. Quotenvermächtnis) – der Wille des Erblassers geht hier nur auf Zuwendung eines schuldrechtlichen Anspruchs, nicht auf Gesamtrechtsnachfolge –. Ob jemand als Erbe oder Vermächtnisnehmer anzusehen ist, beurteilt sich anhand des auszulegenden Inhalts der ganzen Verfügung. Nach den nicht zwingenden Auslegungsregeln des § 2087 Abs. 1 und 2 BGB ist im Zweifel lediglich ein Vermächtnis anzunehmen, wenn einzelne Gegenstände zugewendet werden, während im Zweifel eine Erbeinsetzung anzunehmen ist, wenn das Vermögen im Ganzen oder ein Bruchteil davon zugewendet wird. Erschöpfen aber die testamentarischen Einzelzuweisungen von Gegenständen an eine oder mehrere Personen den Nachlass, wird regelmäßig davon auszugehen sein, dass diese Verfügungen auch eine Erbeinsetzung enthalten, weil nicht anzunehmen ist, dass der Erblasser überhaupt keinen Erben berufen wollte.[159] Auch die Zuwendung eines einzelnen Gegenstands kann Erbeinsetzung sein, wenn entweder der Nachlass dadurch erschöpft wird oder wenn sein objektiver Wert das übrige Vermögen an Wert so erheblich übertrifft, dass der Erblasser ihn offensichtlich als seinen wesentlichen Nachlass angesehen hat, was vor allem bei Zuwendung der Immobilie des Erblassers der Fall sein wird.

---

157 Siehe Troll/Gebel/Jülicher, § 3 Rdnr. 199.
158 Vgl. BVerfG vom 22.06.1995, BStBl 1995 II S. 671.
159 Zur Verfügung über das Gesamtvermögen bei Zuwendung von Bankkonten als wesentlichem Nachlass trotz Nichterwähnung ausländischer Schwarzgeldkonten s. BayObLG, FamRZ 2003 S. 1779.

bb) Vermächtnisnehmer kann jede Person (natürliche oder juristische) sein. Sie braucht beim Erbfall noch nicht zu existieren (§ 2178 BGB). Bei einem noch nicht gezeugten Bedachten ist der Anfall des Vermächtnisses bis zur Behebung der Ungewissheit hinausgeschoben, wobei die Fristen gem. § 2162 Abs. 2, § 2163 BGB nicht überschritten werden dürfen; eine Rückbeziehung wie bei der Erbeinsetzung – § 1923 Abs. 2 BGB – findet also nicht statt. Ein Vermächtnis ist unwirksam, wenn der Bedachte zur Zeit des Erbfalls nicht mehr lebt (§ 2160 BGB). Diese dem Beschwerten zugutekommende Regelung gilt nicht bei der Anwachsung – § 2158 BGB oder bei der Berufung von Ersatzvermächtnisnehmern nach § 2190 oder § 2069 BGB.

Auch der Erbe kann Vermächtnisnehmer sein – Vorausvermächtnis (§ 2150 BGB) –. Ein Vorausvermächtnis liegt vor, wenn dem Vermächtnisnehmer zusätzlich zu seinem Erbteil ein Vermögenswert zugewendet wird, den er sich – im Gegensatz zur Teilungsanordnung gem. § 2048 BGB – nicht auf seinen Erbteil anrechnen lassen muss. Es ist durch Auslegung zu ermitteln, worauf der Wille des Erblassers gerichtet war, ob auf Begünstigung eines der Erben oder nicht. Hat etwa der Erblasser einem oder einzelnen Miterben bestimmte Gegenstände zugewiesen, deren Wert objektiv höher ist, als dem Miterben seiner Quote nach bei der Auseinandersetzung zukäme, stellt sich die Frage, ob der Erblasser dem so begünstigten Miterben diesen Mehrwert zusätzlich zu dem Erbteil zuwenden wollte. Trifft dies zu, dann handelt es sich – jedenfalls wegen des Mehrwerts – nicht um eine Teilungsanordnung i. S. von § 2048 BGB, sondern um ein Vorausvermächtnis gem. § 2150 BGB (Kombination von Teilungsanordnung und Vorausvermächtnis). Steht hingegen fest, dass der Erblasser dem durch die Anordnung begünstigten Miterben nicht zusätzlich zu seinem Erbteil auch noch den Mehrwert zuwenden wollte, lässt sich die Teilungsanordnung nur aufrechterhalten, wenn eine Wertverschiebung ausgeschlossen ist, der Miterbe den Mehrwert also durch Leistungen aus seinem eigenen Vermögen auszugleichen hat.[160]

Das Vorausvermächtnis belastet den ganzen Nachlass und kann – sofern der Bedachte nicht ausnahmsweise sogar allein der Beschwerte als Alleinerbe oder als alleiniger Vorerbe ist (zu den rechtlichen Vorteilen dieser Konstellation s. §§ 2085, 2110 Abs. 2, § 2373 BGB) – gegen die Erbengemeinschaft durchgesetzt werden. Da der durch die Zuwendung begünstigte Miterbe selbst mit beschwert ist, trifft ihn dies in gleicher Weise wie die übrigen Miterben, nämlich nach dem Verhältnis der Erbteile. Hat der Erblasser hingegen mit dem Vorausvermächtnis nur die anderen Miterben, nicht auch den Vermächtnisnehmer beschwert, gelten die allgemeinen Grundsätze, sodass dann § 2150 BGB ohne besondere Bedeutung ist. Durch seine

---

[160] Siehe BGH, NJW 1985 S. 51, NJW-RR 1992 S. 772, NJW 1998 S. 682; zur Abgrenzung von Teilungsanordnung und Vorausvermächtnis vgl. auch BFH vom 01.04.1991, BStBl 1992 II S. 669, und vom 30.03.2009 II R 12/07, BFH/NV 2009 S. 1653; Gergen, Jura 2005 S. 185; zur Bedeutung der Abgrenzung s. Palandt/Edenhofer, § 2048 Rdnr. 6 und 8.

2.2 Vermächtnis

rechtliche Selbständigkeit ist das Vorausvermächtnis von der Erbenstellung unabhängig, der Vorausbedachte kann also die Erbschaft ausschlagen und das Vermächtnis annehmen wie auch umgekehrt.

Nach den §§ 2151 bis 2153 BGB kann der Erblasser – im Gegensatz zur Erbeinsetzung – beim Vermächtnis bestimmen, dass der Beschwerte oder ein Dritter den Bedachten aus einem vom Erblasser bezeichneten Personenkreis auswählt oder die Anteile bestimmt. Beschwerter wird i. d. R. der Erbe sein.

c) Vermächtnisarten

Nach dem Inhalt des Vermächtnisanspruchs und nach der Stellung des Bedachten unterscheidet das Gesetz verschiedene Vermächtnisarten.[161]

Die wichtigsten ausgehend vom **Vermächtnisinhalt** sind:

- **Stückvermächtnis** oder auch **Sachvermächtnis** (s. hierzu auch § 2169 BGB)

  Vermacht ist ein bestimmter zum Nachlass gehörender Gegenstand. Kann der Beschwerte ein solches Vermächtnis wegen einer von ihm zu vertretenden Unmöglichkeit nicht erfüllen, z. B. weil er die Sache an einen Dritten veräußert hat, haftet er nach §§ 275, 283 BGB; bei nicht zu vertretender Unmöglichkeit, z. B. im Fall einer durch einen Dritten verschuldeten Zerstörung der Sache, besteht gem. § 285 BGB die Verpflichtung zur Herausgabe des Ersatzes bzw. Abtretung eines Ersatzanspruchs. Hat aber der Erblasser nach Anordnung des Vermächtnisses noch den Vermächtnisgegenstand veräußert und den Erlös selbst noch erhalten, ist das Vermächtnis unwirksam, der Erlös tritt grundsätzlich nicht an die Stelle des Vermächtnisgegenstands, denn der Grundsatz des § 2169 Abs. 3 BGB darf nicht zu einem allgemein gültigen Surrogationsprinzip erweitert werden.

- **Verschaffungsvermächtnis** (§ 2170 BGB)

  Dieses Vermächtnis ist auf einen Gegenstand gerichtet, der nicht zum Nachlass gehört. Der Erbe muss sich den Gegenstand erst noch aus Mitteln des Nachlasses besorgen und dann an den Vermächtnisnehmer weiterleiten.

  Hieran anknüpfend entsteht die Erbschaftsteuer bei dieser Vermächtnisart nicht – auch nicht rückwirkend – mit dem Tod des Erblassers, sondern erst mit der Vermächtniserfüllung.[162] Die unter Geltung des „alten" Erbschaftsteuerrechts bedeutsame Frage nach der Bewertung des Erwerbs beim Vermächtnisnehmer – gemeiner Wert wie allgemein bei Sachleistungsansprüchen[163] oder Steuerwert des Gegenstands wie beim Sachvermächtnis im engeren Sinne – hat mit Inkrafttreten des ErbStRG vom 24.12.2008 an Relevanz verloren.

  Als Verschaffungsvermächtnis ist das Vermächtnis anzusehen und die Unwirksamkeitsvermutung des § 2169 Abs. 1 BGB widerlegt, wenn der Erblasser den

---

161 Anschaulich hierzu OLG Bremen, ZEV 2001 S. 401.
162 Siehe BFH vom 28.03.2007, BStBl 2007 II S. 461.
163 So: BFH vom 28.03.2007, a. a. O., und vom 13.08.2008, BStBl 2008 II S. 982.

Gegenstand auch für den Fall der Nichtzugehörigkeit zur Erbschaft zuwenden wollte, was insbesondere dann naheliegt, wenn der Gegenstand zwar nicht rechtlich, aber wirtschaftlich zum Nachlass gehört.[164] Voraussetzung ist beim Erblasser nicht das Bewusstsein der Nichtzugehörigkeit zum Nachlass, sondern sein qualifizierter Zuwendungswille zur Zeit der Vermächtnisanordnung. Gemäß § 2170 Abs. 2 BGB verpflichtet subjektives Unvermögen der Verschaffung, z. B. Weigerung oder übermäßige Preisforderung des Dritten, den Beschwerten zum Wertersatz, bei unverhältnismäßigen Aufwendungen berechtigt sie ihn dazu.

- **Wahlvermächtnis** (§ 2154 BGB)

Der Bedachte soll von mehreren Gegenständen nur den einen oder den anderen erhalten – „einen der drei Rembrand in meinem Arbeitszimmer" –. Da durch diese Vermächtnisart eine Wahlschuld begründet wird, ist in erster Linie der Beschwerte wahlberechtigt (§ 262 BGB).

- **Gattungsvermächtnis** (§ 2155 BGB)

Der vermachte Gegenstand ist nur der Gattung nach bestimmt. Es kann nur auf körperliche Sachen gerichtet sein, aber sowohl auf vertretbare – „100 Flaschen Rotwein" – als auch auf unvertretbare – „ein Bild von Liebermann" –.[165] Ob Sachen der fraglichen Art zum Nachlass gehören, ist irrelevant, weil § 2169 BGB nur das Stückvermächtnis betrifft, es sei denn, der Erblasser hat das Vermächtnis auf eine im Nachlass vorhandene Gattungssache beschränkt – sog. beschränktes Gattungsvermächtnis –. Die Besonderheit gegenüber der „normalen" Gattungsschuld liegt darin, dass nicht, wie von § 243 Abs. 1 BGB gefordert, Sachen mittlerer Art und Güte, sondern eine den Verhältnissen des Bedachten entsprechende Sache zu leisten ist.

Ausgehend von der **Stellung des Bedachten** sind die wichtigsten Vermächtnisarten:

- **Vorausvermächtnis**
- **Ersatzvermächtnis** (§ 2190 BGB)

Der Erblasser hat den Vermächtnisgegenstand für den Fall, dass der zunächst Bedachte das Vermächtnis nicht erwirbt, z. B. weil er ausschlägt, einem anderen Vermächtnisnehmer zugewendet. Der Ersatzberufene braucht nur den Erbfall zu erleben, nicht auch den Wegfall des zunächst bedachten Vermächtnisnehmers.

- **Nachvermächtnis** (§ 2191 BGB)

Der Erblasser hat denselben Gegenstand zeitlich nacheinander verschiedenen Personen in der Weise zugewendet, dass bei Eintritt eines Termins oder einer Bedingung der erste Vermächtnisnehmer den Gegenstand dem zweiten herauszugeben hat. Zwar ähnelt dieses Vermächtnis der Nacherbfolge, führt aber bei Eintritt des Nachvermächtnisfalls nicht – wie § 2139 BGB für den Nacherbfall

---

164 Vgl. BGH, NJW 1984 S. 731; BayObLG, FamRZ 2004 S. 59.
165 In diesem Sinne Palandt/Edenhofer, § 2155 Rdnr. 1.

2.2 Vermächtnis

anordnet – zum Anfall von selbst, sondern gewährt dem Nachvermächtnisnehmer nur einen Anspruch gegen den Vorvermächtnisnehmer. Dieser unterliegt als Eigentümer bzw. Rechtsinhaber nicht den Verfügungsbeschränkungen des Vorerben. Der Nachbedachte hat zwar auch ab dem Erbfall eine Anwartschaft, die aber nicht mit dem Anwartschaftsrecht des Nacherben vergleichbar ist und für die § 2108 BGB nicht gilt.[166]

In der (insbesondere erbschaftsteuerlichen) Praxis sind folgende Vermächtnisarten von besonderer Bedeutung:

- **Kaufrechtsvermächtnis**

Bei diesem Vermächtnis ist Gegenstand nicht ein durch den Erbfall begründetes Gestaltungsrecht, einen Nachlassgegenstand – häufig ein Grundstück oder Wohnungseigentum – vom Erben entgeltlich zu erwerben. Denn die Annahme eines Gestaltungsrechts widerspricht § 2174 BGB, wonach Gegenstand eines Vermächtnisses nur eine – gem. § 2177 BGB auch aufschiebend bedingte – Forderung sein kann. Rechtsgrund der Übereignungspflicht des mit dem Vermächtnis Beschwerten ist die Verfügung von Todes wegen, Rechtsgrund der Zahlungspflicht die Verpflichtungserklärung des Vermächtnisnehmers. Der Übereignungsanspruch wird bereits durch die letztwillige Verfügung – ohne Zwischenschaltung eines Kaufvertrags – begründet.[167]

Unter Geltung des „alten" Erbschaftsteuerrechts konnte die Besteuerung des auf ein Grundstück bezogenen Kaufrechtsvermächtnisses zu dem schwer nachvollziehbaren Ergebnis führen, dass der Vermächtnisnehmer höher zu besteuern war als ein Erwerber, dem das Grundstück ohne Zahlungspflicht zugewandt worden war.[168] Die – zumindest im Grundsatz – durch das ErbStRG vom 24.12.2008 erfolgte Zusammenführung von Verkehrswert und Steuerwert vermeidet diese Ungereimtheit.

Bezieht sich das Kaufrechtsvermächtnis auf nach § 13b Abs. 1 ErbStG grundsätzlich begünstigtes Vermögen, ist die Steuerbefreiung für das Unternehmensvermögen bei Vorliegen der übrigen Voraussetzungen der §§ 13b und 13a ErbStG zu gewähren.[169]

- **Grundstücksvermächtnis**

Der Vermächtnisanspruch (Sach- oder Verschaffungsvermächtnis) richtet sich auf ein Grundstück.

---

166 Siehe Palandt/Edenhofer, § 2191 Rdnr. 2.
167 Siehe BFH vom 13.08.2008, BStBl 2008 II S. 982 – Aufgabe der vom BFH u. a. vom 06.06.2001, BStBl 2001 II S. 605, und vom 12.12.2001, BStBl 2002 II S. 385, noch vertretenen Auffassung vom Gestaltungsrecht als Erwerbsgegenstand –; zu dieser Entscheidung Daragan, ZErb 2008 S. 353; Kirnberger, ErbStB 2009 S. 15.
168 Siehe Beispiel bei Moench/Kien-Hümbert/Weinmann, § 3 Rdnr. 108; hierzu auch unter 4.3.1.1.
169 Siehe FinMin Bayern vom 20.10.2009 in ErbSt-Kartei BY § 33 ErbStG Karte 5.4.

2 Überblick über das Erbrecht

- **Rentenvermächtnis**
  Der Vermächtnisnehmer erhält Anspruch auf Rentenzahlungen.[170]
- **Nießbrauchsvermächtnis**[171]

Die verschiedenen (und etwas verwirrenden) Vermächtnisarten und -begriffe stellt die nachfolgende Übersicht zusammen:

Vermächtnis
1. Nach der **Rechtsgrundlage:** – gesetzliche (§§ 1932 und 1969 BGB) – gewillkürte (§§ 1939 und 1941 BGB)
2. Nach der **Stellung** des Bedachten (und Beschwerten): – Vorausvermächtnis (§ 2150 BGB) – Ersatzvermächtnis (§ 2190 BGB) – Nachvermächtnis (§ 2191 BGB) – Untervermächtnis (§ 2147 BGB)
3. Nach dem **Inhalt:** – Stückvermächtnis/Sachvermächtnis – Verschaffungsvermächtnis (§ 2170 BGB) – Grundstücksvermächtnis – Wahlvermächtnis (§ 2154 BGB) – Gattungsvermächtnis (§ 2155 BGB) – Zweckvermächtnis (§ 2156 BGB) – Universalvermächtnis – Quotenvermächtnis – Kaufrechtsvermächtnis – Rentenvermächtnis – Nießbrauchsvermächtnis

2) Auflage

Das Gesetz unterscheidet zwischen Erbeinsetzung und Vermächtnis einerseits (in § 2279 BGB beide als Zuwendungen bezeichnet) und Auflagen andererseits. **Auflage** ist nach § 1940 BGB eine durch Testament oder Erbvertrag dem **Erben** oder **Vermächtnisnehmer** auferlegte **Verpflichtung, der kein Bedachter gegenübersteht.** Ein ggf. durch die Auflage Begünstigter, der nicht vorhanden sein muss, erhält also – im Gegensatz zum Vermächtnis – keinen Anspruch gegen den Beschwerten.

---

170 Zur Zulässigkeit von Wertsicherungsklauseln s. von Oertzen, ZEV 1994 S. 160.
171 Zum Zivilrecht s. Jesse, DStR 1991 S. 225; zum Erbschaftsteuerrecht s. Piltz, DStR 1991 S. 1108.

2.2 Vermächtnis

Gegenstand der Auflage kann ein Tun oder Unterlassen betreffen, d. h. alles, wozu man sich schuldrechtlich verpflichten kann, wobei dies nicht vermögensrechtlichen Inhalts sein muss – z. B. Bestattung in bestimmter Weise auszurichten; Grabpflege und Grabbesuch; ein Tier zu versorgen; das Unternehmen des Erblassers fortzuführen; bei Vorliegen einer Eintrittsklausel in eine Personengesellschaft einzutreten; Verfügungen über Nachlassgegenstände zu unterlassen, insbesondere Grundbesitz nicht zu veräußern; Verpflichtung, soweit keine Sittenwidrigkeit anzunehmen ist, einen bestimmten Beruf zu ergreifen, Konfession nicht zu wechseln –.[172]

Einen Anspruch auf Vollziehung der Auflage haben die sog. Vollziehungsberechtigten (§ 2194 BGB). Dies ist jeder, dem der Wegfall des Beschwerten unmittelbar zustattenkommen würde, also z. B. der Erbe gegenüber dem beschwerten Vermächtnisnehmer, ein Miterbe gegenüber dem beschwerten Miterben, der gesetzliche Erbe gegenüber dem beschwerten testamentarisch eingesetzten Erben. Ob Berechtigter auch der durch die Auflage Begünstigte sein kann, ist streitig.[173]

2.2.2 Pflichtteil

Die Testierfreiheit erlaubt es dem Erblasser, frei zu bestimmen, an welche Personen sein Vermögen mit dem Erbfall fallen soll. Also kann er in seiner Verfügung von Todes wegen auch seine nächsten Angehörigen übergehen. Die Regelung über den Pflichtteil schränkt die Testierfreiheit jedoch insoweit zugunsten naher Angehöriger ein. Diese erhalten aber nicht einen bestimmten Mindesterbteil (werden also nicht Erben), sondern gem. § 2303 BGB lediglich einen Geldanspruch gegen den Erben, sozusagen als Ausfluss und Ersatz ihres gesetzlichen Erbrechts.

Das Pflichtteilsrecht wird durch die Verfassung geschützt. Insbesondere für das der Kinder hat das BVerfG[174] erneut klargestellt, dass dieses durch die Erbrechtsgarantie des Art. 14 Abs. 1 GG gewährleistet wird und in engem Sinnzusammenhang mit dem durch Art. 6 Abs. 1 GG gewährleisteten Schutz des Verhältnisses zwischen Erblasser und seinen Kindern steht. Auch wenn das geltende Pflichtteilsrecht verfassungsrechtlichen Anforderungen genügt, das GG zwar das Prinzip der zwingenden Mindestteilhabe naher Angehöriger am Nachlass gewährleistet, nicht aber deren konkrete Ausgestaltung, besteht rechtspolitisch Gestaltungsspielraum. Bestandteil der zum 01.01.2010 in Kraft getretenen Reform des Erbrechts ist u. a. eine Änderung der Regelungen über die Pflichtteilsentziehungsgründe, eine Anpassung im Sinne einer abgestuften Regelung bezüglich vor dem Erbfall erfolgter Schenkungen für den Pflichtteilsergänzungsanspruch und die Erweiterung des Anspruchs, Stundung des Pflichtteilsanspruchs verlangen zu können, auf jeden Erben, und dies unter erleichterten Voraussetzungen.

---
172 Zu praktischen Beispielen aus der Rechtsprechung s. Felix, KÖSDI 1991 S. 8689.
173 Siehe insoweit OLG Karlsruhe, NJW-RR 2004 S. 1307.
174 Vgl. NJW 2005 S. 1561; s. hierzu Stüber, NJW 2005 S. 2122, und Mayer, FamRZ 2005 S. 1441.

Der Pflichtteilsanspruch verjährt nach § 195 BGB in 3 Jahren. Die Frist beginnt gem. § 199 Abs. 1 BGB mit dem Schluss des Jahres, in dem der Anspruch entstanden ist (= Erbfall, § 2317 BGB) und der Gläubiger (= Pflichtteilsberechtigte) von den den Anspruch begründenden Umständen (= Erbfall und Ausschluss von der Erbfolge durch Verfügung von Todes wegen) und der Person des Schuldners (= Erbe) Kenntnis erlangt oder ohne grobe Fahrlässigkeit erlangen müsste; nach § 199 Abs. 3a BGB ohne die Kenntnis oder grob fahrlässige Unkenntnis in 30 Jahren ab dem Erbfall.[175]

Der Besteuerung wird der Pflichtteilsanspruch aber gem. § 3 Abs. 1 Nr. 1 vierte Alt. ErbStG erst unterworfen, wenn er **geltend gemacht** wird.[176] Die Geltendmachung ist auch Voraussetzung für den Abzug als Nachlassverbindlichkeit nach § 10 Abs. 5 Nr. 2 ErbStG.

Verzichtet der Pflichtteilsberechtigte auf seinen noch nicht geltend gemachten Anspruch oder macht er ihn nicht bzw. nicht in vollem Umfang geltend, bleibt die hierdurch eintretende Bereicherung des Erben, der von seiner zivilrechtlich bereits mit dem Erbfall entstandenen Verbindlichkeit frei wird, gem. § 13 Abs. 1 Nr. 11 ErbStG steuerfrei. Eine Abfindung für den Verzicht hat der Pflichtteilsberechtigte nach § 3 Abs. 2 Nr. 4 ErbStG zu versteuern.

2.2.2.1 Pflichtteilsberechtigte

a) Der berechtigte Personenkreis ergibt sich aus § 2303 BGB und § 10 Abs. 6 LPartG. Danach kommen als Pflichtteilsberechtigte nur folgende nahe Angehörige des Erblassers in Betracht:

1. die **Abkömmlinge jeglichen Grades** (§ 2303 Abs. 1 BGB), also die mit ihm in gerade absteigender Linie verwandten Personen (Kinder, Enkel, Urenkel usw.). Kinder haben nach ihren Eltern zwei getrennte Pflichtteilsansprüche, auch bei Vorliegen eines sog. Berliner Testaments i. S. des § 2269 BGB.

2. die **Eltern** (§ 2303 Abs. 2 BGB)

3. der **Ehegatte** (§ 2303 Abs. 2 BGB) bzw. der **Lebenspartner** (§ 10 Abs. 6 LPartG)

Ein Ehegatte verliert sein Pflichtteilsrecht mit Verlust des gesetzlichen Erbrechts durch rechtskräftige Scheidung, Aufhebung der Ehe mit dem Erblasser, ggf. sogar bereits durch ein rechtshängiges Scheidungs- oder Aufhebungsverfahren (§ 1933 BGB, entsprechende Regelung in § 10 Abs. 3 LPartG).

Sonstige Verwandte sind also nicht pflichtteilsberechtigt. Das Pflichtteilsrecht ist nicht notwendig wechselseitig; so ist z. B. der Enkel gegenüber den Großeltern pflichtteilsberechtigt, nicht aber umgekehrt.

---

175 Zur Nicht-Hemmung der Verjährung des Pflichtteilsanspruchs vgl. § 2332 Abs. 2 BGB.
176 Hierzu BFH vom 31.03.2010, BStBl 2010 II S. 806 m. w. N.; Meincke, ZErb 2004 S. 1; Wälzholz, ZEV 2007 S. 162.

2.2 Vermächtnis

b) Voraussetzung für den Pflichtteilsanspruch dieser Personen ist aber stets, dass sie infolge einer **Verfügung von Todes wegen von der Erbfolge ausgeschlossen** sind. Ein Ausschluss von der Erbfolge ist auch bei einer Einsetzung nur als Ersatzerbe gegeben, im Zweifel gem. § 2304 BGB auch bei Zuwendung nur des Pflichtteils. Dagegen ist eine Ausschlagung der Erbschaft kein Ausschluss von der Erbfolge durch den Erblasser. Ausnahmen vom Grundsatz des Verlustes des Pflichtteilsrechts durch Erbschaftsausschlagung finden sich in § 2303 Abs. 2 Satz 2 i. V. m. § 1371 Abs. 3 BGB – gemäß dem zweiten Halbsatz dieser Regelung verhilft nach einem mit dem Erblasser noch zu dessen Lebzeiten vereinbarten Verzicht aber auch die Ausschlagung einer letztwillig zugewendeten Erbschaft nicht mehr zum Pflichtteilsrecht – und in § 2306 Abs. 1 BGB. Auch dem Zusatzpflichtteil i. S. des § 2305 BGB steht die Ausschlagung nicht entgegen.

Die Pflichtteilsberechtigung des danach grundsätzlich berechtigten Personenkreises kann gleichwohl insbesondere in folgenden Fällen ausgeschlossen sein (zu Pflichtteilsverwirkungsklauseln und anderen Maßnahmen s. o. 2.1.2.1):

1. § 2309 BGB: bei entfernteren Abkömmlingen und den Eltern des Erblassers insoweit, als ein Abkömmling, der sie im Fall der gesetzlichen Erbfolge ausschließen würde, den Pflichtteil verlangen kann oder das ihm Hinterlassene annimmt.

Normzweck ist, eine Vervielfältigung der Pflichtteilslast zu verhindern und allen Pflichtteilsberechtigten zusammen höchstens die Hälfte dessen zukommen zu lassen, was ihnen bei gesetzlicher Erbfolge zufiele. Die Wirkung des § 2309 BGB auf den einem entfernteren Berechtigten an sich zustehenden Pflichtteil tritt nicht nur ein, wenn ein näher Berechtigter selbst den Pflichtteil verlangen kann – nicht der Fall, wenn dieser den Pflichtteil unberechtigt gefordert und gleichwohl erhalten hat –, sondern auch wenn der näher Berechtigte, ohne den Pflichtteil etwa wegen Verzichts verlangen zu können, eine den Pflichtteil deckende letztwillige Zuwendung angenommen hat.

2. § 2346 BGB: bei Erb- bzw. Pflichtteilsverzicht

Der nach § 2346 Abs. 1 Satz 2 BGB auch das Pflichtteilsrecht erfassende Verzicht auf das gesetzliche Erbrecht erhöht gem. § 2310 Satz 2 BGB das Pflichtteilsrecht anderer Berechtigter; vgl. auch § 2316 Abs. 1 Satz 2 BGB. Demgegenüber erhöht der Pflichtteilsverzicht nach § 2346 Abs. 2 BGB, der auch beschränkt werden kann, etwa auf einen Bruchteil des Pflichtteilsrechts, auf eine feste Summe, auf eine betragsmäßige Obergrenze oder gegenständlich dergestalt, dass bestimmte Gegenstände bei der Nachlassbewertung außer Betracht bleiben, nicht das Pflichtteilsrecht anderer Berechtigter.

3. §§ 2344, 2345 BGB: bei Erb- und Pflichtteilsunwürdigkeit

Im Gegensatz zur Erbunwürdigkeit muss die Pflichtteilsunwürdigkeit nicht durch Klage geltend gemacht werden – in § 2345 Abs. 1 BGB ist § 2342 BGB nicht erwähnt –; es genügt die Erklärung gegenüber dem Unwürdigen, um dessen

Anspruch zu beseitigen. Nach wirksamer Anfechtung können die in § 2309 BGB genannten entfernteren Berechtigten den Pflichtteil verlangen.

4. **§ 2333 BGB:** bei Pflichtteilsentziehung

§ 2233 BGB i. d. F. des Gesetzes zur Änderung des Erbrecht- und Verjährungsrechts – ErbRÄndG – vom 24.09.2009[177] hat die früher in den §§ 2333 bis 2335 BGB differenziert geregelte Entziehung des Pflichtteils von Abkömmlingen, Eltern und Ehegatten beseitigt und den Katalog möglicher Entziehungsgründe erweitert. Von besonderer Bedeutung ist zum einen die in § 2333 Abs. 1 Nr. 2 BGB erfolgte Ausdehnung des Personenkreises, der in diesen Schutzbereich einbezogen ist, zum anderen ist der nicht mehr zeitgemäße Entziehungsgrund des ehrlosen und unsittlichen Lebenswandels entfallen[178] und stattdessen eine Entziehungsmöglichkeit bei einer rechtskräftigen Verurteilung wegen einer vorsätzlichen Straftat zu einer Freiheitsstrafe von mindestens einem Jahr ohne Bewährung eröffnet worden. Die Straftat muss sich nicht gegen den Erblasser oder eine diesem nahestehende Person richten. Voraussetzung ist jedoch, dass deshalb die Teilhabe am Nachlass für den Erblasser unzumutbar ist; die Straftat muss für diesen einen schweren Verstoß gegen seine Wertvorstellungen darstellen.[179]

5. **§ 2307 BGB:** wenn jemand zwar als Erbe ausgeschlossen, aber mit einem Vermächtnis bedacht ist, das wertmäßig die Höhe seines Pflichtteils erreicht, sofern er das Vermächtnis nicht ausschlägt.

2.2.2.2 Berechnung des Pflichtteils

Der Pflichtteilsberechtigte hat einen gem. § 2317 BGB mit dem Erbfall entstehenden **schuldrechtlichen Geldanspruch** gegen den Erben in Höhe der **Hälfte des Werts des gesetzlichen Erbteils** (§ 2303 Abs. 1 Satz 2 BGB und § 10 Abs. 6 LPartG).

1) Pflichtteilsquote

Bei der Feststellung des für die Berechnung des Pflichtteils maßgebenden Erbteils ist § 2310 BGB zu beachten. Danach werden auch diejenigen gesetzlichen Erben mitgezählt, die ebenfalls enterbt, für erbunwürdig erklärt worden sind oder ausgeschlagen haben. Ihr Wegfall soll nicht den Pflichtteil vergrößern, kommt also dem Erben zugute. § 2310 Satz 1 BGB ändert aber für die Berechnung nicht die Grundsätze der Verwandtenerbfolge; wer also den Erbfall nicht erlebt, wird ebenso wenig mitgezählt wie ein Abkömmling, dessen Verwandtschaft zur leiblichen Familie durch Annahme als Kind eines Dritten erloschen ist. Dass bei einem Verzicht auf das gesetzliche Erbrecht der Verzichtende gem. § 2310 Satz 2 BGB nicht mitgezählt wird, sich die Pflichtteile der übrigen Berechtigten hierdurch erhöhen, hat seine

---

[177] BGBl 2009 I S. 3142.
[178] Hierzu noch OLG Hamm vom 22.02.2007, FamRZ 2008 S. 94, wonach eine Veruntreuung von 13.500 Euro aus dem väterlichen Vermögen nicht für eine Pflichtteilsvorenthaltung ausreicht.
[179] Siehe hierzu auch § 2336 Abs. 2 Satz 2 BGB – Grund für die Unzumutbarkeit muss zur Zeit der Errichtung der letztwilligen Verfügung vorliegen und in ihr angegeben werden.

2.2 Vermächtnis

Ursache darin, das mit einem Erbverzicht i. d. R. die Zahlung einer den Nachlass schmälernden Abfindung verbunden ist.

Beispiel:
Der Erblasser hinterlässt Frau F und die Kinder A, B und C. In seinem Testament hat er den A und die F, die mit ihm in Zugewinngemeinschaft gelebt hat, zu gleichen Teilen zu Erben eingesetzt. F schlägt die Erbschaft aus. C hatte wirksam auf seinen Erb- und Pflichtteil verzichtet. B macht nunmehr seinen Pflichtteilsanspruch geltend.

Bei der Bestimmung der Pflichtteilsquote ist gem. § 2310 Satz 1 BGB zu berücksichtigen, dass die F trotz Ausschlagung der Erbschaft mitzuzählen ist. Demgegenüber darf C gem. § 2310 Satz 2 BGB wegen seines Erbverzichts nicht berücksichtigt werden. Deshalb ergibt sich, die gesetzliche Erbfolge unterstellt, Folgendes: Die F wäre bei gesetzlicher Erbfolge nach § 1931 Abs. 1 und 3 i. V. m. § 1371 Abs. 1 BGB zu 1/2 Miterbin, den Kindern A und B als Erben der 1. Ordnung stünde die andere Hälfte zu gleichen Teilen nach § 1924 Abs. 1 und 4 BGB zu, also jeweils 1/4. Demnach beträgt die Pflichtteilsquote des B die Hälfte seines gesetzlichen Erbteils, mithin 1/8.

2) Nachlasswert

Der Pflichtteilsbetrag ergibt sich durch Halbierung des gesetzlichen Erbteilwerts.

Die Ermittlung des der Berechnung des Pflichtteils zugrunde zu legenden Nachlasswerts ergibt sich aus §§ 2311 ff. BGB. Danach ist zunächst der Aktivbestand festzustellen und in Geld umzurechnen. Die ermittelte Summe des Aktivbestands ist um den Betrag der Passiven zu kürzen. Zu den insoweit abzusetzenden Nachlassschulden – nicht identisch mit dem Begriff der Nachlassverbindlichkeiten gem. § 1967 BGB – gehören die zu Lebzeiten des Erblassers begründeten Verbindlichkeiten, deren Grund schon beim Erbfall bestand. Hierzu zählen auch die Zugewinnausgleichsforderung in den Fällen des § 1371 Abs. 2 und 3 BGB, die Beerdigungskosten, Kosten der Nachlasssicherung und Nachlassverwaltung. Nicht abzugsfähig sind – wie sich aus § 1991 Abs. 4 BGB, § 327 Abs. 1 Nr. 2 und 3 InsO ergibt – Verbindlichkeiten aus Vermächtnissen, Auflagen sowie der Anspruch auf den Dreißigsten. Würden Vermächtnisse den Nachlasswert mindern können, gäbe dies dem Erblasser ein Gestaltungsmittel an die Hand, den Pflichtteilsanspruch eines „unliebsamen" Berechtigten, auch ohne dass ein Pflichtteilsentziehungsgrund vorliegt, beliebig zu reduzieren oder gar auf „null zu fahren". Für den Voraus des überlebenden Ehegatten ordnet § 2311 Abs. 2 Satz 2 BGB die Nichtberücksichtigung bei der Pflichtteilsentziehung an, um den Zweck des § 1932 Abs. 1 BGB nicht zu vereiteln. Ebenfalls nicht vom Aktivvermögen abgezogen wird die den Erben treffende Erbschaftsteuer.

Für Bestand und Wert des Nachlasses sind die Verhältnisse zur Zeit des Erbfalls maßgebend. Durch das Stichtagsprinzip bleiben nachträgliche Wertsteigerungen oder Wertminderungen grundsätzlich außer Betracht. Zu ermitteln ist der Verkehrswert der einzelnen Nachlassgegenstände; ein Wert, dessen Feststellung schon immer Probleme aufwarf und streitanfällig war – eine Situation, die mit dem nunmehr durchgängig auf den gemeinen Wert als Bewertungsmaßstab abstellenden ErbStRG vom 24.12.2008 vergleichbar ist –.

2 Überblick über das Erbrecht

Wird eine Personengesellschaft mangels Vererblichkeit des Erblasseranteils nur unter den übrigen Gesellschaftern fortgesetzt, ist auch für den Abfindungsanspruch des Erben gegen die Gesellschafter und folglich auch für Pflichtteilsansprüche eine von den Gesellschaftern im Rahmen ihrer Vertragsfreiheit getroffene Vereinbarung maßgebend, wonach in diesem Fall die Abfindung abweichend vom Verkehrswert zu berechnen oder sogar ganz ausgeschlossen ist, weil dann nur der Buchwert oder gar keine Abfindung in den Nachlass fällt. Bei Nachfolge eines Erben in Erblasseranteile an Personengesellschaften kommt es bei Abfindungsklauseln zum Konflikt zwischen Erbrecht und Gesellschaftsvertrag, wenn der darin vereinbarte Wert und der wirkliche Wert des Erblasseranteils auseinanderfallen, ebenso bei qualifizierter Nachfolgeklausel hinsichtlich des Ausgleichsanspruchs nicht beteiligter Miterben gegen den Gesellschafter-Erben. Der Ansatz des Vollwerts beim Pflichtteilsanspruch bedeutet eine Härte für den Erben, weil er seinen Anteil zwecks Auszahlung des Pflichtteils selbst nur zum Buchwert realisieren kann; bei Ansatz des Buchwerts wird dagegen der überschießende wirkliche Wert dem Pflichtteilsberechtigten entzogen.[180]

3) „Korrekturen" der Anspruchshöhe

Die Höhe des Pflichtteilsanspruchs kann im Übrigen gem. § 2315 BGB durch Anrechnung[181] und gem. § 2316 BGB durch Ausgleichung beeinflusst werden. Durch diese Regelungen soll eine doppelte Beteiligung des Pflichtteilsberechtigten am Vermögen des Erblassers und eine damit verbundene Verkleinerung der übrigen Pflichtteilsansprüche verhindert werden.

a) Anrechnung

Als einseitige empfangsbedürftige Willenserklärung muss die Anrechnungsbestimmung vor oder spätestens mit der Zuwendung dem Empfänger zugehen. Der Erblasser kann die Anrechnungsbestimmung also nicht nachträglich treffen, etwa durch Verfügung von Todes wegen, es sei denn, dass er sie sich vorbehalten hatte oder dass er sie anstelle einer berechtigten Pflichtteilsentziehung erklärt.

> **Beispiel:**
> Der verwitwete Erblasser E hat seine Schwester S zur Alleinerbin eingesetzt. Er hinterlässt seine beiden Kinder K1 und K2. Ein Jahr und drei Monate vor dem Erbfall hatten K1 von E 20.000 € und K2 10.000 € als nach § 2315 BGB anrechnungspflichtigen Vorempfang erhalten (Wert der Zuwendungen im Zeitpunkt ihrer Vornahme zwecks Berücksichtigung des Kaufkraftschwundes auf den Zeitpunkt des Erbfalls umgerechnet). Der Wert des Nachlasses beträgt 140.000 €.
>
> Da K1 und K2 als Abkömmlinge des E ohne die Erbeinsetzung der S gesetzliche Erben zu je 1/2 geworden wären (§ 1924 Abs. 1 und 4 BGB) und durch die letztwillige Verfügung des E von der Erbfolge ausgeschlossen wurden, steht ihnen gem. § 2303

---

180 Zu Einzelheiten der Bewertung der am häufigsten zu einem Nachlass gehörenden Vermögenswerte vgl. Palandt/Edenhofer, § 2311 Rdnr. 6 ff.
181 Zu Einzelheiten s. OLG Düsseldorf, ZEV 1994 S. 173.

2.2 Vermächtnis

Abs. 1 Satz 1 BGB ein Pflichtteilsanspruch gegen die Erbin S zu, und zwar ein Geldanspruch, der nach § 2303 Abs. 1 Satz 2 BGB die Hälfte des Werts des gesetzlichen Erbteils beträgt – hier also jeweils 1/4 des Nachlasswerts von 140.000 € = 35.000 € –.

K1 und K2 müssen sich aber ihre anrechnungspflichtigen Vorempfänge nach § 2315 BGB auf den Pflichtteilsanspruch von 35.000 € anrechnen lassen. Nach § 2315 Abs. 2 BGB ist der Wert der jeweiligen Zuwendung dem Nachlass hinzuzurechnen.

Deshalb ergibt sich für K1 folgender Pflichtteilsanspruch:

$$\frac{140.000 \text{ €} + 20.000 \text{ €}}{4} \not{-} 20.000 \text{ €} = 20.000 \text{ €}$$

Für K 2 ergibt sich folgender Pflichtteilsanspruch:

$$\frac{140.000 \text{ €} + 10.000 \text{ €}}{4} \not{-} 10.000 \text{ €} = 27.500 \text{ €}$$

Zusätzlich bestehen nach §§ 2325, 2327 BGB Pflichtteilsergänzungsansprüche für K1 i. H. von 2.250 € (= 1/4 der Zuwendung von 10.000 € an K2 minus 10 % wegen der mehr als ein Jahr vor dem Erbfall erfolgten Schenkung) und für K2 i. H. von 4.500 € (= 1/4 der Zuwendung von 20.000 € an K1 minus 10 % wegen der ebenfalls mehr als ein Jahr zurückliegenden Schenkung).

b) Ausgleichung

Die Höhe des Pflichtteils kann gem. § 2316 BGB durch Ausgleichspflichten verändert werden. Ausgleichspflichtig und ausgleichsberechtigt sind immer nur die Abkömmlinge untereinander. Die Ausgleichungspflicht muss – anders als die Anrechnungspflicht – vom Erblasser nicht besonders angeordnet werden, andererseits kann dieser die Ausgleichungspflicht einer Zuwendung auch nicht ausschließen.

Beispiel:

Der E hat seine mit ihm im gesetzlichen Güterstand lebende Frau F zur Alleinerbin eingesetzt. Seinem Sohn A hatte er zur Einrichtung einer Steuerberaterpraxis 20.000 € geschenkt. Seiner Tochter B hatte er nach deren Heirat die Wohnzimmereinrichtung für 10.000 € gekauft. Seiner Tochter C hatte er ebenso wie den beiden anderen Kindern das Studium finanziert. Der Wert des Nachlasses beläuft sich auf 300.000 €. Höhe der Ansprüche von A, B und C?

Bei Berechnung der Pflichtteilsansprüche der Kinder gegen die Alleinerbin F sind nach § 2316 BGB Ausgleichspflichten, die unter Abkömmlingen bei gesetzlicher Erbfolge bestehen würden (§ 2050 BGB), zu berücksichtigen. Der gesetzliche Erbteil der Abkömmlinge, dessen Hälfte deren Pflichtteil ist, ist im Fall der Ausgleichspflicht nach § 2055 BGB zu berechnen.

Zunächst ist vom Nachlasswert der Betrag abzuziehen, der bei gesetzlicher Erbfolge auf den nicht an der Ausgleichung beteiligten Ehegatten entfallen würde. Nach § 1931 Abs. 1 und Abs. 3 i. V. m. § 1371 Abs. 1 BGB würde der gesetzliche Erbteil der F (1/2 von 300.000 €) = 150.000 € betragen. Dem Nachlasswert i. S. des § 2311 BGB abzgl. des Betrags, der auf die F entfällt, somit zu dem Betrag von 150.000 €, sind gem. § 2055 Abs. 1 Satz 2 BGB alle ausgleichspflichtigen Beträge hinzuzurechnen. Ausgleichspflichtig nach § 2050 Abs. 1 BGB sind zu Lebzeiten vom Erblasser gewährte Ausstattungen i. S. von § 1624 BGB, damit hier sowohl die 20.000 €, die A erhalten hat, um die Praxis einzurichten, als auch die 10.000 €, die B anlässlich der Heirat für die Wohnzimmereinrichtung bekommen hat. Keine ausgleichungspflichtigen Zuwendungen stellen nach § 2050 Abs. 2 BGB die Berufsausbildungskosten für die Kinder dar, weil diese die Vermögensverhältnisse des Erblassers nicht überstiegen. Folglich ergibt sich für die Berechnung der Pflichtteile der Kinder ein Wert von 180.000 € (300.000 € minus 150.000 € gesetzlicher Erbteil der Frau plus 30.000 € ausgleichungspflichtige Beträge).

Der Betrag von 180.000 € ist auf die drei Kinder gleichmäßig zu verteilen. Von dem Betrag von 60.000 € für jeden Abkömmling haben sich dann die Ausgleichungspflichtigen nach § 2055 Abs. 1 BGB jeweils ihren eigenen Vorempfang abziehen zu lassen. Verbleibt ein Restbetrag, ist dies ihr gesetzlicher Erbteil, die Hälfte hiervon der jeweilige Pflichtteil.

	für A	für B	für C
	60.000 €	60.000 €	60.000 €
Vorempfang	⁒ 20.000 €	⁒ 10.000 €	⁒ 0 €
gesetzlicher Erbteil	40.000 €	50.000 €	60.000 €
Pflichtteil	20.000 €	25.000 €	30.000 €

2.2.2.3 Auswirkungen des gesetzlichen Güterstands

Besonderheiten hinsichtlich des Pflichtteilsrechts ergeben sich aus § 1371 BGB, der nach § 2303 Abs. 2 Satz 2 BGB unberührt bleibt. Überlebt ein Ehegatte, der mit dem Erblasser in Zugewinngemeinschaft gelebt hat, so hat das nach § 1371 BGB Auswirkungen sowohl für den Pflichtteil dieses Ehegatten als auch für die Pflichtteile der übrigen Pflichtteilsberechtigten, weil sie sich entsprechend vermindern oder erhöhen.

Ist der überlebende pflichtteilsberechtigte Ehegatte am Nachlass als Erbe oder Vermächtnisnehmer beteiligt, so bestimmt sich sein Pflichtteil nach dem erhöhten Erbteil des § 1371 Abs. 1 BGB i. V. m. § 1931 BGB (sog. **großer Pflichtteil**). Seine Pflichtteilsquote beträgt neben Abkömmlingen 1/4 (gesetzlicher Erbteil: **1/4** nach **§ 1931 Abs. 1 Satz 1 BGB + 1/4** nach **§ 1371 Abs. 1 BGB = 1/2**) und neben Eltern des Erblassers **3/8** (gesetzlicher Erbteil: **1/2** nach **§ 1931 Abs. 1 Satz 1 BGB + 1/4** nach **§ 1371 Abs. 1 BGB = 3/4**). Die Berechnung nach dem sog. großen Pflichtteil wirkt sich aus zum einen für den überlebenden Ehegatten selbst, nämlich für einen Pflichtteilsrestanspruch nach § 2305 BGB und für einen Pflichtteilsergänzungsanspruch gem. § 2325 BGB, zum anderen für die Pflichtteile anderer Pflichtteilsberechtigter, die entsprechend niedriger ausfallen.

Beispiel:
Erblasser E hinterlässt seine Ehefrau F (gesetzlicher Güterstand) und seine Kinder K1 und K2. Er hat testamentarisch die F zu 1/8 und K1 zu 7/8 als Erben eingesetzt.

Da das der F Zugewandte hinter ihrer sog. großen Pflichtteilsquote von 1/4 (= Hälfte des gesetzlichen Erbteils des überlebenden Ehegatten neben Abkömmlingen des Erblassers i. H. von 1/2) zurückbleibt, hat sie einen Pflichtteilsrestanspruch gegen K1 als Miterben. Als gesetzlicher Erbe neben F und K1 hat K2 einen Erbanteil von 1/4, seine Pflichtteilsquote beläuft sich also auf 1/8. Bezogen auf einen Nachlasswert von 80.000 € steht ihm mithin gegen die aus F und K1 bestehende Erbengemeinschaft ein Anspruch i. H. von 10.000 € zu.

2.2 Vermächtnis

Ist der überlebende Ehegatte weder Erbe noch Vermächtnisnehmer oder schlägt er eine Erbeinsetzung oder ein Vermächtnis aus, so hat er gem. § 1371 Abs. 2 bzw. Abs. 3 BGB den güterrechtlichen Zugewinnausgleichsanspruch und daneben nur den nach dem nicht erhöhten gesetzlichen Ehegattenerbteil nach § 1931 Abs. 1 BGB berechneten sog. **kleinen Pflichtteil.**

Beispiel:
Erblasser E hinterlässt seine Ehefrau F (gesetzlicher Güterstand), seine beiden Kinder K1 und K2 und seinen Vater V. E hat den Dritten D zum Alleinerben eingesetzt.
F kann einmal den güterrechtlichen Ausgleich des Zugewinns verlangen (§ 1371 Abs. 2 BGB). Die entsprechende Forderung richtet sich als Nachlassschuld gegen den Erben D und mindert den Nachlasswert. Neben dieser Ausgleichsforderung hat die F noch – entgegen dem sonst geltenden Grundsatz, dass bei einer Ausschlagung der Pflichtteilsanspruch entfällt – den sog. kleinen Pflichtteil. Da ihr nicht erhöhter Erbteil neben den beiden Kindern nach § 1931 Abs. 1 Satz 1 BGB 1/4 betragen hätte, ist der kleine Pflichtteil 1/8 vom Nachlasswert.
Der Pflichtteilsanspruch der Abkömmlinge K1 und K2 beträgt jeweils 3/16 (gesetzlicher Erbteil: jeweils 3/8 nach § 1931 Abs. 1 i. V. m. § 1924 Abs. 1 und 4 BGB).
V wäre gem. § 1930 BGB nicht gesetzlicher Erbe. Also hat er nach § 2309 BGB auch keinen Pflichtteilsanspruch.

Vergleicht man die Ergebnisse bei Anwendung des sog. großen und des kleinen Pflichtteils miteinander, zeigt sich, dass der überlebende Ehegatte sich bei Ausschlagung der Erbschaft besserstehen kann. Dies ist der Fall, wenn der auszugleichende Zugewinn sehr hoch, die Summe aus Zugewinnausgleich und sog. kleinem Pflichtteil größer ist, als ihm bei Annahme der Erbschaft auch unter Berücksichtigung des sog. großen Pflichtteils zufallen würde.

Ehevertragliche Gestaltungen berühren im Übrigen stets auch den Wert des Pflichtteilsanspruchs der Abkömmlinge.[182]

2.2.2.4 Pflichtteilsrecht und Geschiedenenunterhalt

Eine weitere Besonderheit ergibt sich aus der Regelung des Unterhalts geschiedener Ehegatten. Nach § 1586b Abs. 1 BGB geht mit dem Tod des Verpflichteten als Ersatz für die verloren gegangenen erbrechtlichen Ansprüche des geschiedenen Ehegatten an dem Nachlass ausnahmsweise die Unterhaltspflicht auf den Erben als Nachlassverbindlichkeit über. Hierbei fallen die Beschränkungen nach § 1581 BGB weg. Der Erbe haftet jedoch nicht über den Betrag hinaus, der dem Pflichtteil entspricht, welcher dem geschiedenen Ehegatten zustünde, wenn die Ehe nicht geschieden worden wäre. Da aber der Güterstand auf die Höhe des Unterhaltsanspruchs ohne Einfluss ist, bleiben Besonderheiten aufgrund des Güterstands, in dem die Ehegatten gelebt haben – z. B. § 1371 Abs. 1 und § 1931 Abs. 4 BGB –, nach § 1586b Abs. 2 BGB für die Berechnung des Pflichtteils außer Betracht.

---
182 Siehe Wegmann, ZEV 1996 S. 201.

2 Überblick über das Erbrecht

2.2.2.5 Regelungen zur Verhinderung einer „Aushöhlung" des Pflichtteilsrechts
1) Pflichtteilsrestanspruch und Wegfall von Beschränkungen/Beschwerungen

Das Pflichtteilsrecht setzt voraus, dass diejenigen, die nach § 2303 BGB i. V. m. § 2309 BGB bzw. § 10 Abs. 6 LPartG zum berechtigten Personenkreis gehören, durch Verfügung von Todes wegen von der Erbfolge ausgeschlossen sind. Um zu verhindern, dass der Erblasser die vom Gesetzgeber mit dem Pflichtteilsrecht gewollte wertmäßige Beteiligung dieser Personen am Nachlass dadurch umgeht, dass er sie zwar als Erben einsetzt, den Erbanteil aber niedriger als die Pflichtteilsquote hält, oder den Erbanteil derart beschränkt oder beschwert, dass er im Ergebnis weniger als seinen Pflichtteil erhält, wird der Pflichtteilsberechtigte gegen derartige Maßnahmen des Erblassers zum einen durch den Pflichtteilsrestanspruch nach § 2305 BGB, zum anderen gem. § 2306 BGB durch ein Wahlrecht geschützt.

a) Die Höhe des Pflichtteilsrestanspruchs, der als Geldanspruch bei der Auseinandersetzung geltend zu machen ist und eine Nachlassverbindlichkeit darstellt, für die die Miterben aber nur beschränkt haften (§ 2063 Abs. 2 BGB), bestimmt sich nach der Differenz zwischen dem Wert des angenommenen Erbteils und dem Wert des Pflichtteils, bei Vorliegen von Anrechnungspflichten unter Berücksichtigung derselben. Bei Ausschlagung des ihm zugewendeten Erbteils hat der Pflichtteilsberechtigte mit Ausnahme des Ehegatten/Lebenspartners in Zugewinngemeinschaft keinen vollen Pflichtteilsanspruch; er kann jedoch den Pflichtteilsrestanspruch verlangen.

Beispiel:
Der verwitwete E hat seine drei Kinder testamentarisch zu Erben eingesetzt, und zwar A zu 3/4 und B und C zu jeweils 1/8. Rechtslage bzgl. B und C ohne und nach deren Erbausschlagung?
(1) Wegen des gesetzlichen Erbteils von 1/3 beträgt die Pflichtteilsquote von B und C jeweils 1/6. Da ihnen durch die Erbeinsetzung ihres Vaters weniger zugewandt wurde, sie aber mindestens ihren Pflichtteil erhalten sollen, gewährt ihnen § 2305 BGB einen Pflichtteilsrestanspruch in Höhe der Differenz zwischen Pflichtteil und zugewendetem Erbteil. B und C haben daher einen Anspruch auf Zahlung des Werts von 1/24 der Erbschaft, sodass sie insgesamt je 1/8 und 1/24 = 1/6 erhalten. Der Anspruch richtet sich gegen den A. Ein Miterbe, der selbst pflichtteilsberechtigt ist, kann nach § 2319 BGB die Befriedigung eines anderen insoweit verweigern, dass ihm sein eigener Pflichtteil verbleibt. Aus diesem Grund kann B nicht gegen C vorgehen und umgekehrt. Der Pflichtteil des A wird durch die Pflichtteilsrestansprüche von B und C nicht beeinträchtigt (3/4 ∕ 2 × 1/24 = 2/3).
(2) Schlagen B und C die Erbschaft aus, steht ihnen insoweit, als sie zu Erben berufen waren, auch kein Pflichtteilsanspruch zu, weil sie zu diesem Anteil nicht durch Verfügung von Todes wegen von der Erbfolge ausgeschlossen sind. Sie behalten aber ihren Pflichtteilsrestanspruch gegen A von 1/24, weil sie insoweit durch Verfügung von Todes wegen ausgeschlossen sind; der Anspruch nach § 2305 BGB wird durch die Ausschlagung nicht berührt.

b) Hat der Erblasser den zum Erben berufenen Pflichtteilsberechtigten testamentarisch belastet, will § 2306 BGB verhindern, dass sich dadurch die Nachlassbeteili-

2.2 Vermächtnis

gung dieses Erben unter seinen Pflichtteil mindert. Bei Beschränkung der Erbenstellung durch Einsetzung eines Nacherben, Ernennung eines Testamentsvollstreckers oder durch Teilungsanordnung – Gleiches gilt bei Einsetzung nur als Nacherbe – bzw. bei Beschwerung mit einem Vermächtnis oder einer Auflage hat der Pflichtteilsberechtigte ein Wahlrecht zwischen dem „belasteten" Erbteil und dem Pflichtteil, sodass er damit selbst entscheiden kann, welche der beiden Alternativen er als die für ihn günstigere ansieht – Ausnahme von dem Grundsatz „kein Pflichtteilsrecht für den Ausschlagenden" –. Das ErbRÄndG vom 24.09.2009 hat insoweit auch einen Beitrag zu einer Rechtsvereinfachung geleistet, als nicht mehr nach der Größe des Erbteils unterschieden wird. Nach alter Rechtslage bestand ein komplizierter, fehleranfälliger Regelungsmechanismus, das Wahlrecht war davon abhängig, dass der hinterlassene, aber „belastete" Erbteil größer als die Pflichtteilsquote war. Nicht von § 2306 BGB erfasst sind aber andere als die aufgeführten Beschränkungen. So muss der Pflichtteilsberechtigte z. B. eine Einsetzung nur als Ersatzerbe hinnehmen, kann dafür aber auch sogleich seinen Pflichtteil verlangen, den er sich dann bei tatsächlichem Eintritt der Ersatzerbfolge anrechnen lassen muss.

2) Pflichtteilsergänzungsanspruch

Mindert der Erblasser zu seinen Lebzeiten sein Vermögen durch Schenkungen, so vermindert sich der Nachlasswert und damit auch die Höhe des Pflichtteilsanspruchs. §§ 2325 ff. BGB bestimmen deshalb, dass der Pflichtteilsberechtigte vom Erben, notfalls sogar gegenüber dem Beschenkten, als Ergänzung des Pflichtteils den Betrag verlangen kann, um den sich der Pflichtteil erhöht, wenn der Wert der Schenkung zum Nachlass hinzugerechnet wird (Pflichtteilsergänzungsanspruch).

Pflichtteilsergänzung kann, obwohl dies der Wortlaut des § 2325 BGB nicht hergibt, nach Auffassung des BGH[183] entgegen dem überwiegenden Schrifttum[184] nur verlangen, wer zur Zeit der Vornahme der Schenkung schon pflichtteilsberechtigt ist, sodass hiernach keine Ergänzung beanspruchen kann, wer erst nach der Schenkung durch Eheschließung, Geburt oder Adoption pflichtteilsberechtigt geworden ist.

Voraussetzung des Pflichtteilsergänzungsanspruchs ist eine rechtsgültige Schenkung i. S. des § 516 BGB, die der Erblasser einem anderen gemacht hat, der Erbe, Miterbe, Pflichtteilsberechtigter oder auch ein Dritter sein kann; auf eine etwaige Benachteiligungsabsicht kommt es nicht an.

Bei gemischten Schenkungen ist der unentgeltliche Teil zur Pflichtteilsergänzung heranzuziehen. Sogenannte unbenannte (ehebedingte) Zuwendungen werden bereits bei objektiver Unentgeltlichkeit wie eine Schenkung behandelt, auch wenn die Ehegatten subjektiv nicht von einer solchen ausgegangen sind, um die Umgehung der erbrechtlichen Schutzvorschriften zum Nachteil des Pflichtteilsberechtigten zu verhindern. Entscheidend ist nur, dass die Leistung eines Ehegatten weder

---

183 Vgl. NJW 1973 S. 40 und 1997 S. 2676.
184 Siehe MünchKomm/Lange, § 2325 Rdnr. 7; Siebert, NJW 2006 S. 2948 m. w. N.

unterhaltsrechtlich geschuldet war noch der Alterssicherung oder der Vergütung von Diensten diente noch ihr sonst eine durch sie vergütete konkrete Gegenleistung des anderen Ehegatten gegenüberstand.[185] Errichtet der Erblasser zu Lebzeiten eine Stiftung und stattet diese mit Vermögen aus, ist auf das Stiftungsgeschäft § 2325 BGB analog anzuwenden.[186] Schenkung ist auch eine an eine gemeinnützige Stiftung zur satzungsmäßigen Verwendung erfolgte Spende, weil dies ein endgültiger Vermögenstransfer zum Nachteil des Pflichtteilsberechtigten ist.[187] Wendet der Erblasser zu Lebzeiten einer dritten Person die Ansprüche aus einer auf den Todesfall abgeschlossenen Lebensversicherung mittels einer widerruflichen Bezugsrechtsbestimmung zu, für die er bis zu seinem Ableben die Beiträge gezahlt hat, und stellt sich dies im Valutaverhältnis als Schenkung dar, stellt sich die Frage, welcher Wert als Bemessungsgrundlage für die Pflichtteilsergänzung anzusetzen ist; die Summe der Beträge, die der Erblasser zu Lebzeiten eingezahlt hat (so schon RGZ 128 S. 187), oder die Versicherungssumme. Für Letzteres lässt sich nicht anführen, dass der Bezugsberechtigte gem. § 3 Abs. 1 Nr. 4 ErbStG die erhaltene Versicherungsleistung ganz zu versteuern hat, denn die Besteuerung hat ihre Grundlage im Zufluss von Vermögen, die Pflichtteilsergänzung aber beruht auf dem Abfluss von Vermögen zu Lebzeiten des Erblassers.[188] Der BGH[189] hat nunmehr entschieden, dass es allein auf den Wert ankommt, den der Erblasser aus den Rechten seiner Lebensversicherung in der letzten – juristischen – Sekunde seines Lebens nach objektiven Kriterien für sein Vermögen hätte zugrunde legen können. In der Regel ist deshalb für die Pflichtteilsergänzung auf den Rückkaufswert abzustellen; ein höherer Wert kommt in Betracht, wenn sich im Einzelfall belegen lässt, dass bei einem Verkauf der Ansprüche aus der Lebensversicherung durch den Erblasser an einen gewerblichen Ankäufer ein über dem Rückkaufswert liegender Betrag zu erzielen gewesen wäre.

Anders als § 2325 Abs. 3 BGB in der früheren Fassung, wonach alle im Zeitpunkt des Erbfalls nicht länger als zehn Jahre zurückliegende Schenkungen uneingeschränkt zu berücksichtigen waren (starres „Alles-oder-nichts-Prinzip"), sieht das zum 01.01.2010 in Kraft getretene ErbRÄndG vom 24.09.2009 nunmehr eine abgestufte Regelung vor, nämlich die innerhalb eines Jahres vor dem Erbfall vorgenommenen Schenkungen werden voll berücksichtigt, bei länger zurückliegenden Schenkungen wird für jedes Jahr ein Zehntel weniger berücksichtigt. Das an die Stelle der starren Zehnjahresfrist getretene Abschmelzungsmodell reduziert den Ergänzungsanspruch für jedes seit der Schenkung verstrichene Jahr um 10 %.

---

185 Siehe BGH, BGHZ 116 S. 167; dazu Brambring, ZEV 1996 S. 254.
186 Siehe Rawert/Katschinski, ZEV 1996 S. 161.
187 Siehe BGH, NJW 2004 S. 1382 „Dresdner Frauenkirche", und Anmerkung von Kollhosser, ZEV 2004 S. 117.
188 Siehe OLG Stuttgart vom 13.12.2007, FamRZ 2008 S. 822; zur gegenteiligen Ansicht s. OLG Düsseldorf vom 22.02.2008, ZEV 2008 S. 292; vgl. auch Elfring, ZEV 2004 S. 305 m. w. N.
189 Siehe Urteile vom 28.04.2010, NJW 2010 S. 3232 und ZEV 2010 S. 305.

2.2 Vermächtnis

Beispiel:
Erblasser E hatte fünf Jahre und sechs Monate vor dem Erbfall dem Dritten D eine Schenkung im Wert von 60.000 € gemacht. Der Wert des Nachlasses beträgt 120.000 €. Pflichtteilsberechtigt ist sein einziges Kind K.
Der Pflichtteilsergänzungsanspruch des K beträgt 50 % von 30.000 € = 15.000 €; 120.000 € + (50 % von 60.000 € =) 30.000 € = 150.000 €; 1/2 von 150.000 € = 75.000 €; die Differenz zu 1/2 von 120.000 € = 60.000 € beträgt also 15.000 €; oder einfacher: 1/2 vom nur mit 50 % anzusetzenden Wert der Schenkung i. H. von 60.000 € = 30.000 €

Für den Fristbeginn ist grundsätzlich allein auf den Eintritt des rechtlichen Leistungserfolgs abzustellen, die Frist beginnt also bei einer Grundstücksschenkung mit Umschreibung im Grundbuch, und zwar im Interesse der Rechtsklarheit auch dann, wenn der Übereignungsanspruch durch eine Vormerkung gesichert ist.[190] Hinausgeschoben wird der Fristbeginn, wenn der Erblasser den verschenkten Gegenstand aufgrund vorbehaltenen dinglichen Rechts oder einer schuldrechtlichen Vereinbarung bis zu seinem Tod weiter genutzt hat; der Erblasser hatte den zur Verhinderung von Missbrauch erforderlichen spürbaren Vermögensverlust noch nicht so erlitten, dass er die Folgen selbst über Jahre zu tragen hatte.[191] Bei Schenkungen an den Ehegatten verschiebt § 2325 Abs. 3 Satz 3 BGB den Beginn der Frist auf den Zeitpunkt der Eheauflösung, weil bis dahin das Geschenk wirtschaftlich noch im Vermögen des Schenkers verblieben, dieser die Schenkungsfolge noch nicht wirklich gespürt hat. Ist Eheauflösung der Tod des Erblassers, sind folglich alle von ihm während der Ehe an seinen Ehegatten gemachten Schenkungen, soweit nicht § 2330 BGB eingreift, ergänzungspflichtig.

Der Ergänzungsanspruch ist nach § 2326 BGB auch dann gegeben, wenn ein Anspruch auf den „ordentlichen" Pflichtteil gem. § 2303 BGB bzw. den Pflichtteilsrestanspruch nach § 2305 BGB nicht besteht, weil dem Berechtigten durch Erbeinsetzung oder Vermächtniszuwendung die Hälfte des Erbteils oder sogar mehr hinterlassen worden ist. Wurde dem Pflichtteilsberechtigten mehr als die Hälfte des gesetzlichen Erbteils hinterlassen, ist nach § 2326 Satz 2 BGB der Pflichtteilsergänzungsanspruch um den Wert des mehr Hinterlassenen zu kürzen.

Beispiel:
Der verwitwete Erblasser hinterlässt 60.000 €. Er hatte ein halbes Jahr vor seinem Tod einen Betrag von 70.000 € verschenkt. Erben sind der einzige Abkömmling A zu 2/3 und die beschenkte Schwester des Verstorbenen zu 1/3.
A stünde ein Pflichtteil von 1/2 = 30.000 € und zusätzlich wegen der Schenkung ein Ergänzungsanspruch i. H. von 35.000 € zu. Da aber sein Erbteil mit 40.000 € seinen Pflichtteil um 10.000 € übersteigt, kann er Ergänzung nur i. H. von 35.000 € ./. 10.000 € = 25.000 € verlangen.

---

190 Aber streitig, s. Palandt/Edenhofer, § 2325 Rdnr. 22.
191 Siehe BGH, NJW 1994 S. 1791, und Anmerkung von Meyding, ZEV 1994 S. 202; OLG Düsseldorf, FamRZ 1997 S. 1114.

2 Überblick über das Erbrecht

Schuldner des Pflichtteilsergänzungsanspruchs ist in erster Linie der Erbe und der oder die Miterben, wenn ein Miterbe Anspruchsinhaber ist. Ob der Erbe zur Erfüllung des Pflichtteilsergänzungsanspruchs auch einen dafür ausreichenden Nachlass erhalten hat, ist grundsätzlich unerheblich. Auch und gerade bei „nicht aktivem" Nachlass erfolgt die Pflichtteilsergänzung, weil der „ordentliche" Pflichtteil dann null beträgt. Der Erbe kann aber die Haftung beschränken, sodass der Anspruch gegen ihn praktisch nur durchsetzbar ist, wenn er die Möglichkeit zur Herbeiführung einer Haftungsbeschränkung verloren hat. Ergibt sich allerdings auch durch Hinzurechnung der Schenkungen kein „aktiver" Nachlass, ist für eine Pflichtteilsergänzung kein Raum, weil der Pflichtteilsberechtigte dann auch bei unterbliebener Schenkung leer ausgegangen wäre.

§ 2328 BGB gewährt dem selbst pflichtteilsberechtigten Erben gegen den Ergänzungsanspruch ein Leistungsverweigerungsrecht, denn er soll davor geschützt werden, das erlangte Vermögen zunächst auszukehren und dann bei dem Beschenkten Ersatz suchen zu müssen. Er braucht nur so viel zu zahlen, dass ihm von seinem Erbteil wertmäßig mindestens das verbleibt, was er bei ergänztem Pflichtteil als Pflichtteilsberechtigter hätte.

§ 2329 BGB gewährt dem Pflichtteilsberechtigten, der Ergänzung verlangen kann, subsidiär einen Anspruch gegen den Beschenkten, nämlich soweit der Erbe die Anspruchsbefriedigung verweigern kann.

Zusammenfassend lässt sich festhalten, dass dem Grunde nach jeder seinen Nachlass nach Belieben verteilen kann, es ihm jedoch nahezu unmöglich ist, die Pflichtteilsberechtigten leer ausgehen zu lassen, denn diesem Wunsch eines Erblassers wird durch die Regelungen über den Pflichtteilsrestanspruch, die Pflichtteilsergänzung und die nur begrenzte Möglichkeit der Pflichtteilsentziehung ein Riegel vorgeschoben. Eine Pflichtteilsreduzierung kann der Erblasser aber z. B. dadurch erreichen, dass er Immobilien in Ländern erwirbt, die kein Pflichtteilsrecht kennen – etwa Irland, Australien –, mit der Folge, dass diese nicht in die Berechnung des Anspruchs des Pflichtteilsberechtigten einbezogen werden – Problem: mögliche Doppelbesteuerung.[192]

Zur Pflichtteilslast siehe §§ 2318 bis 2324 BGB: Die Berechnung des Pflichtteils hat nicht nur Bedeutung für die Geltendmachung eines Anspruchs gegen den Erben, sondern auch für die Frage, wer im Innenverhältnis zwischen Miterben bzw. zwischen Erbe und Vermächtnisnehmer die Last eines auszuzahlenden Pflichtteils zu tragen hat. Es gilt, dass einem selbst Pflichtteilsberechtigten so viel verbleiben muss, wie rechnerisch sein eigener Pflichtteil beträgt.

---

192 Vgl. hierzu OLG Celle vom 08.05.2003, FamRZ 2003 S. 1876, wonach sich der Nachlass eines verstorbenen Deutschen, der neben Immobilien in Deutschland auch aus einem Grundstück in Florida bestand, in einen inländischen und einen ausländischen Teil, für den nach dortigem Recht kein Anspruch auf den Pflichtteil gelte, spaltet.

Um zu verhindern, dass die Erfüllung des Pflichtteilsanspruchs zur Aufgabe des Familienheims oder zur Veräußerung eines die wirtschaftliche Lebensgrundlage bildenden Wirtschaftsguts zwingt, gewährt § 2331a Abs. 1 BGB einen Stundungsanspruch (zum Begriff „Familienheim" s. auch Rechtsprechung und Verwaltungsmeinung zu § 13 Nr. 4a bis 4c ErbStG). Nach alter Rechtslage konnte nur derjenige Erbe Stundung verlangen, der selbst zum Kreis der Pflichtteilsberechtigten gehörte. Das ErbRÄndG vom 24.09.2009 hat diese Einschränkung beseitigt; nunmehr steht der Stundungsanspruch jedem Erben bei Vorliegen der gesetzlichen Voraussetzungen zu.

Beispiel:
Setzt der verwitwete Erblasser seine neue Lebensgefährtin zur Alleinerbin ein und macht sein Sohn seinen Pflichtteil geltend, konnte die Erbin früher keine Stundung erhalten, nunmehr ist dies möglich.

Bei der Stundung sind die Interessen des Pflichtteilsberechtigten, der „regelmäßig schnell viel Geld sehen möchte", angemessen zu berücksichtigen – vor Inkrafttreten des ErbRÄndG war noch erforderlich, dass die Stundung ihm bei Abwägung der Interessen beider Teile zugemutet werden konnte –.

Höhe der Pflichtteilsquote:

Güterstand	Pflichtteil des Ehegatten (neben Abkömmlingen)			Pflichtteil des Kindes (wenn der Erblasser verheiratet war)		
	bei 1 Kind	bei 2 Kindern	bei 3 und mehr Kindern	bei 1 Kind	bei 2 Kindern	bei 3 Kindern
Zugewinn-Gemeinschaft	1/4	1/4	1/4	1/4	1/8	1/12
Gütertrennung	1/4	1/6	1/8	1/4	1/6	1/8
Gütergemeinschaft	1/8	1/8	1/8	3/8	3/16	3/24

2.3 Rechtsgeschäfte unter Lebenden auf den Todesfall

Der Erblasser kann grundsätzlich seine Rechtsverhältnisse für den Fall seines Todes auch noch zu seinen Lebzeiten durch Rechtsgeschäfte unter Lebenden selbst regeln. In diesen Fällen taucht insbesondere die Frage auf, ob für solche Rechtsgeschäfte allein die allgemeinen Vorschriften über Rechtsgeschäfte unter Lebenden anzuwenden sind oder ob wegen des besonderen Charakters dieser Rechtsgeschäfte die Vorschriften des Erbrechts beachtet werden müssen.

Falls der Erblasser **die Rechtsgeschäfte zu seinen Lebzeiten abgeschlossen und voll abgewickelt hat,** finden auf sie ausschließlich die Vorschriften über Rechtsgeschäfte unter Lebenden Anwendung. Erbrechtliche Regelungen kommen auch nicht etwa deshalb zum Zuge, weil der Erblasser diese Rechtsgeschäfte im Hinblick auf seinen

2 Überblick über das Erbrecht

zu erwartenden Tod vorgenommen hat. Das ist der Normalfall bei Rechtsgeschäften im Rahmen einer sog. **vorweggenommenen Erbfolge.**

Beispiel:
Der spätere Erblasser überträgt ein Grundstück auf K1, den Anteil an einer KG auf K2, ein Einzelunternehmen auf K3, um bereits zu Lebzeiten die Vermögensregelung für den Fall seines Todes vorzunehmen.

Es handelt sich jeweils um Schenkungen unter Lebenden, §§ 516 ff. BGB und § 7 Abs. 1 Nr. 1 ErbStG – zu beachten sind aber §§ 2050 ff., 2325 ff., 2287 BGB und § 3 Abs. 2 Nr. 7 ErbStG.

Die tatsächlich mögliche enge Verknüpfung zwischen Rechtsgeschäften unter Lebenden und Verfügungen von Todes wegen zeigt sich insbesondere im Erbschaftsteuer- und Schenkungsteuergesetz, das bereits die Schenkung unter Lebenden der Steuer unterwirft, weil anderenfalls der Erbschaftsteueranspruch leicht zu umgehen wäre.

Falls der Erblasser **entgeltliche Rechtsgeschäfte abgeschlossen, aber noch nicht erfüllt hat,** ist der Erbe zur Erfüllung verpflichtet.

Beispiel:
Der spätere Erblasser E verkauft ein Bild an K mit der zusätzlichen Vereinbarung, dass die Übergabe an K erst nach seinem Tod erfolgen soll.
Der Erbe des E muss das Bild an K übereignen (§§ 433 und 1967 BGB).

Auf Schenkungsversprechen von Todes wegen findet grundsätzlich § 2301 BGB Anwendung – wegen weiterer Einzelheiten und zur Abgrenzung s. u. 4.3.1.2.

1) Verträge zugunsten Dritter auf den Todesfall
In der Praxis kommen häufig Verträge zugunsten Dritter auf den Todesfall vor, **deren Rechtsgrund eine Schenkung ist.** Der künftige Erblasser (= Versprechensempfänger) benennt für den Fall seines Todes z. B. einen Verwandten (= Dritter) als Bezugsberechtigten einer Lebensversicherung, als Berechtigten eines Bausparvertrags oder als Gläubiger von Sparguthaben; Versicherungsgesellschaft, Bausparkasse oder Bank werden als Versprechende bezeichnet. Der Vertrag zugunsten Dritter zwischen dem Versprechensempfänger und dem Versprechenden wird als Deckungsverhältnis bezeichnet, während man das Rechtsverhältnis zwischen dem Versprechensempfänger und dem Dritten Valutaverhältnis nennt. Optisch lassen sich die Rechtsbeziehungen der drei Beteiligten wie folgt darstellen:

2.3 Rechtsgeschäfte unter Lebenden auf den Todesfall

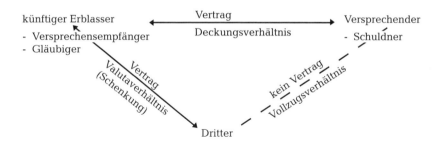

Die zivilrechtliche Behandlung der Verträge zugunsten Dritter auf den Todesfall ist – weil diese Verträge in das Grenzgebiet zwischen Rechtsgeschäften unter Lebenden und Verfügungen von Todes wegen fallen – im Schrifttum umstritten. Der Bundesgerichtshof[193] und auch ein Großteil des Schrifttums vertreten zu diesem Problemkreis folgende Auffassung: Der Vertrag zugunsten eines Dritten unter Lebenden i. S. der §§ 328, 331 BGB, durch den der Dritte einen Anspruch gegen den Versprechenden erst mit dem Tod des Versprechensempfängers erwerben soll, unterliegt selbst dann nicht der Formvorschrift des § 2301 BGB, wenn es sich im Verhältnis zwischen dem Versprechensempfänger und dem Dritten um eine unentgeltliche Zuwendung handelt. Der Dritte erwirbt, vorbehaltlich einer wirksamen Aufhebung seiner Begünstigung,[194] den schuldrechtlichen Anspruch gegen den Versprechenden mit dem Tod des Versprechensempfängers von selbst. Er erwirbt nach § 328 Abs. 1 BGB „unmittelbar" aus dem Vermögen des Versprechenden und nicht aus dem Nachlass; dies ist auch für die Höhe von Pflichtteilsansprüchen von Bedeutung, für die gem. § 2311 Abs. 1 Satz 1 BGB der Wert des Nachlasses zugrunde zu legen ist. Von diesem Deckungsverhältnis ist aber das Valutaverhältnis zu unterscheiden, das seinerseits maßgebend ist für die Ansprüche und Verpflichtungen, die zwischen dem Versprechensempfänger bzw. seinen Erben und dem Dritten bestehen. Nach gefestigter Rechtsprechung und der h. M. in der Literatur[195] beurteilt sich auch die Frage, ob der begünstigte Dritte den erlangten Anspruch auf die Versicherungsleistung, das Sparguthaben etc. behalten darf oder an den Erben nach § 812 Abs. 1 Satz 1 BGB herausgeben muss, also die Frage nach dem rechtlichen Grund im Valutaverhältnis, nicht nach Erbrecht, sondern nach Schuldrecht. Als Valutaverhältnis kommt, weil regelmäßig eine unentgeltliche Zuwendung gewollt ist, nur eine Schenkung in Betracht. Insoweit findet auf dieses Rechtsgeschäft

---

193 Siehe BGH, NJW 1975 S. 382 und BGHZ 157 S. 79, jeweils für Sparguthaben/Sparbriefe; BGH, VersR 1975 S. 706 und 1987 S. 659, sowie Urteil vom 21.05.2008, NJW 2008 S. 2702, jeweils für die Bezugsberechtigung aus einer Lebensversicherung.
194 Siehe hierzu Schmalz-Brüggemann, ZEV 1996 S. 84.
195 Siehe BGH, BGHZ 66 S. 8 und 157 S. 79, sowie BGH vom 21.05.2008, NJW 2008 S. 2707; Palandt/Edenhofer, § 2301 Rdnr. 19; MünchKomm/Musielak, § 2301 Rdnr. 36 m. w. N.

§ 2301 BGB ebenfalls keine Anwendung, weil anders als bei den hiervon erfassten Schenkungen auf den Todesfall der Bedachte im Fall der §§ 328, 331 BGB kein Recht gegen den Erben, sondern ein eigenes Recht gegen den Versprechenden erwirbt; auch die erbrechtliche Anfechtungsregelung in § 2078 BGB ist nicht auf Verträge zugunsten Dritter auf den Todesfall anzuwenden.[196] Zur Wirksamkeit der Schenkung – Rechtsgrund, um die Leistung des Versprechenden im Verhältnis zum Erben des Versprechensempfängers behalten zu dürfen – bedarf es einer Einigung des Begünstigten mit dem Schenker über die Unentgeltlichkeit der Zuwendung gem. § 516 BGB, wobei es ausreicht, wenn diese erst nach dem Tod des Schenkers zustande kommt (§§ 130, 153 BGB). Die Erklärung gegenüber dem Versprechenden – z. B. des Versicherungsnehmers gegenüber dem Versicherer –, es werde einem Dritten eine Bezugsberechtigung für den Todesfall eingeräumt, ist – bezogen auf das Valutaverhältnis – zugleich als Auftrag an den Versprechenden zu verstehen, den begünstigten Dritten das Schenkungsangebot des Versicherungsnehmers zu überbringen. Dieser Auftrag wird i. d. R. durch Auszahlung an den Begünstigten erfüllt, weil darin konkludent das Schenkungsangebot des verstorbenen Versprechensempfängers zum Ausdruck kommt; die Annahme des Angebots ist in der Entgegennahme des Geldes zu sehen.[197] Zwar findet auf dieses Valutaverhältnis die Formvorschrift des § 518 Abs. 1 BGB Anwendung, ein Mangel der Form – regelmäßig der Fall – wird aber gem. § 518 Abs. 2 BGB durch Bewirkung der versprochenen Leistung geheilt. Da Gegenstand der Schenkung die Forderung gegen die Versicherung/Bank und nicht die Auszahlung des Geldes ist, ist die Schenkung in dem Zeitpunkt vollzogen, in dem der Dritte den Anspruch gegen den Versprechenden erlangt, also der Zeitpunkt des Todes des Versprechensempfängers. Eine Heilung des Formmangels tritt auch dadurch ein, dass zwischen Versprechensempfänger und Versprechendem die Unwiderruflichkeit der Bezugsberechtigung des Dritten herbeigeführt wird.[198]

Nach § 3 Abs. 1 Nr. 4 ErbStG werden solche Erwerbe des Dritten erbschaftsteuerlich den Erwerben von Todes wegen zugeordnet, obwohl diese Ansprüche, die der Dritte beim Tod des Versprechensempfängers unmittelbar erwirbt, nicht zum Nachlass des Versprechensempfängers gehören.

2) Vollmacht auf den Tod

Der spätere Erblasser kann eine Vollmacht erteilt haben. Diese wirkt im Zweifel über den Tod hinaus (§§ 168, 672 und 675 BGB).

Hat der Erblasser zu seinen Lebzeiten eine postmortale Vollmacht – sie gelangt erst mit dem Erbfall zur Entstehung – erteilt, stellt dies nur eine Ermächtigung, aber

---

196 Siehe BGH, BGHZ 157 S. 79; in der Literatur aber nicht unbestritten.
197 Zur Möglichkeit des Erben, den Übermittlungsauftrag vor Abgabe des Schenkungsangebots durch den Versicherer zu widerrufen, s. BGH vom 21.05.2008, NJW 2008 S. 2707.
198 Siehe BGH, VersR 1975 S. 706.

keine Verfügung des Erblassers z. B. über sein Bankguthaben dar. Sie ändert daher nach dem Tod des Erblassers nicht die Verteilung des Vermögens, das zum Nachlass gehört, auch wenn es von da an der Verfügungsbefugnis des Bevollmächtigten unterliegt. Der Bevollmächtigte kann innerhalb seiner ihm vom Erblasser eingeräumten Vertretungsmacht handeln, ohne sich darum kümmern zu müssen, ob auch der Erbe mit dem Rechtsgeschäft einverstanden ist.[199] Ein Vertragspartner hat keine Prüfungspflicht, es sei denn bei objektiver Evidenz des Missbrauchs. Eine Bank muss deshalb die ihr vom Bevollmächtigten erteilten Weisungen unverzüglich ausführen und ist nicht berechtigt oder verpflichtet, die Erbenzustimmung abzuwarten oder diesem durch Zuwarten einen Widerruf zu ermöglichen.[200] Die Vollmacht besteht so lange fort, bis sie vom Erben widerrufen wird. Bei einer Erbengemeinschaft ist jeder Miterbe zum Widerruf berechtigt, wobei der Widerruf eines Miterben aber das Vertretungsrecht des Bevollmächtigten hinsichtlich der übrigen Miterben nicht berührt.[201]

2.4 Testamentsvollstrecker

Testamentsvollstreckung kann nur vom Erblasser durch Verfügung von Todes wegen angeordnet werden, wobei der Erblasser die Bestimmung der Person des Testamentsvollstreckers auch einem Dritten überlassen kann (§ 2198 BGB). Sie beruht vornehmlich auf dem Interesse des Erblassers an dem künftigen Schicksal seines Vermögens. Im Normalfall ist für sie kennzeichnend, dass durch ihre Anordnung Inhaberschaft und Ausübung des Rechts auseinanderfallen. Dem Erben ist die Ausübung seiner Rechte verwehrt (§ 2211 BGB), solange und soweit sie dem Testamentsvollstrecker durch Anordnung des Erblassers übertragen ist (§§ 2205, 2208 BGB). Diese Aufspaltung hat die Absonderung des Nachlasses vom Eigenvermögen des Erben zur Folge, berührt aber nicht seine Haftung. Die Testamentsvollstreckung kann auch nur für einen Erbteil, ein Vermächtnis oder einen einzelnen Nachlassgegenstand angeordnet werden.

Zum Testamentsvollstrecker kann jede Person, auch eine juristische (s. § 2210 Satz 3 BGB), ernannt werden, sofern sie nicht nach § 2201 BGB untauglich ist. Testamentsvollstrecker kann auch der jeweilige Träger eines Amts oder Notariats sein, nicht aber eine Behörde als solche, etwa das Nachlassgericht. Die Ernennung des beurkundenden Notars verstößt gegen §§ 7, 27 BeurkG, ebenso gem. § 3 Abs. 1 Nr. 4 BeurkG die Ernennung eines Sozius des Notars im notariellen Testament. Einem Rechtsanwalt ist die Tätigkeit als Testamentsvollstrecker nach § 45 Abs. 2 BRAO untersagt, wenn er zuvor gegen den Träger des zu verwaltenden Vermögens tätig geworden ist. Die Frage, ob z. B. Banken oder Steuerberater geschäftsmäßig Testa-

---
199 Siehe BGH, BGHZ 87 S. 19 und 127 S. 239; Trapp, ZEV 1995 S. 314.
200 Vgl. BGH, NJW 1995 S. 250.
201 Siehe Palandt/Edenhofer, Einf. vor § 2197 Rdnr. 13; nach Madaus, ZEV 2004 S. 448, ist Widerruf dagegen Verwaltungsmaßnahme i. S. des § 2038 BGB.

mentsvollstreckungen erlaubnisfrei übernehmen dürfen, beantwortet nunmehr § 5 Abs. 2 RDG.[202]

2.4.1 Rechtsstellung

1) Partei kraft Amtes

Der Testamentsvollstrecker übt das ihm zugewiesene Amt aus eigenem Recht entsprechend dem letzten Willen des Erblassers und dem Gesetz selbständig aus. Nach außen hin muss er allerdings als Testamentsvollstrecker auftreten, um aus seinen Rechtsgeschäften nicht persönlich haftbar gemacht zu werden. Er ist also nicht Vertreter oder Beauftragter des Erblassers und auch nicht des Nachlasses. Er ist auch nicht Vertreter des Erben, denn er kann auch gegen diesen vorgehen (s. § 2206 Abs. 2, § 2217 BGB). Die Stellung des Testamentsvollstreckers ist aber der eines gesetzlichen Vertreters im weiteren Sinne in gewissen Beziehungen angenähert; eigentlicher Herr des Nachlasses ist der Erbe, der Testamentsvollstrecker sein Verwalter, der im Rahmen dieser Verwaltung Rechte und Pflichten des Erben wahrnimmt und dessen Handlungen in ihren Wirkungen den Erben als solchen treffen, ausgenommen deliktisches Verhalten.[203]

Von der Einsetzung eines Testamentsvollstreckers ist die – zulässige – Bestellung eines Bevollmächtigten über seinen Tod hinaus durch den Erblasser zu unterscheiden. Dieser Bevollmächtigte ist nach dem Tod des Erblassers Vertreter des Erben.[204]

2) Beginn und Ende des Amtes

a) Das Amt des Testamentsvollstreckers beginnt gem. § 2202 Abs. 1 und 2 BGB mit dem Zeitpunkt, in welchem er das Amt annimmt, nicht jedoch vor dem Erbfall; Annahme der Erbschaft oder Testamentseröffnung ist nicht notwendig.[205]

Es steht dem Ernannten frei, das Amt des Testamentsvollstreckers zu übernehmen, auch im Fall des § 2200 BGB. Ein gewisser Zwang zur Übernahme kann allerdings durch eine Zuwendung unter der Bedingung der Amtsübernahme ausgeübt werden, weil dann mit Ablehnung die Zuwendung von selbst entfällt; ggf. kann die Zuwendung bei Ablehnung der Amtsübernahme aber auch nur teilweise unwirksam sein, etwa weil sie teilweise Vergütung des Testamentsvollstreckers sein sollte.[206]

---

202 Siehe insoweit auch BGH, NJW 2005 S. 968, und Anmerkung von Stracke, ZEV 2005 S. 125, noch zu § 1 Abs. 1 RBerG – abgelöst durch das RDG –, wonach die Testamentsvollstreckertätigkeit keine Besorgung fremder Rechtsangelegenheiten im Sinne dieser Vorschrift darstellte.
203 In diesem Sinne Palandt/Edenhofer, Einf. vor § 2197 Rdnr. 2.
204 Vgl. auch Werkmüller, ZEV 2000 S. 305.
205 Zur Situation nach dem Erbfall, aber vor Beginn des Testamentsvollstreckeramts s. Damrau, ZEV 1996 S. 81.
206 Zu der in der Literatur umstrittenen Frage, ob der Ernannte, der sich dem Erblasser gegenüber zur Amtsübernahme verpflichtet hatte, bei Ablehnung des Amtes auf Schadensersatz oder Vertragsstrafe verklagt werden kann, s. Palandt/Edenhofer und Soergel/Damrau zu § 2202 jeweils Rdnr. 2.

2.4 Testamentsvollstrecker

b) Das Amt des Testamentsvollstreckers endet
- mit Erledigung der zugewiesenen Aufgabe (s. auch §§ 2209, 2210 BGB)
- gem. § 2225 BGB mit seinem Tod oder bei Eintritt eines Falles, in welchem die Ernennung nach § 2201 BGB unwirksam sein würde
- bei Kündigung durch den Testamentsvollstrecker (§ 2226 BGB)
  Der Erblasser kann die Kündigung nicht ausschließen, wohl aber eine Zuwendung entsprechend auflösend bedingen.[207] Ob eine Teilkündigung – gesetzlich ebenso wie eine Teilannahme nicht geregelt – überhaupt möglich ist, hängt vom dem Testament zu entnehmenden hypothetischen Willen des Erblassers ab.[208]
- gemäß § 22217 BGB bei Entlassung durch das Nachlassgericht
  Die Entlassung ist nur aus wichtigem Grund möglich, wobei sich dieser auch aus anderen objektiven Gründen als den im Gesetz genannten Gründen ergeben kann. Ein solcher ist z. B. anzunehmen bei erheblicher Gefährdung der Interessen des Erben oder eigennützigem Verhalten oder Bevorzugung einzelner Miterben.[209] Unfähigkeit des Testamentsvollstreckers kann sich aus Untätigkeit ergeben, z. B. bei langjähriger Dauer einer normalen Abwicklungsvollstreckung, wenn Ursache der Verzögerung in seinem Verhalten begründet ist.[210]

3) „Dokumentation" und Kontrolle

a) Die Ernennung des Testamentsvollstreckers ist zum einen im Erbschein anzugeben (§ 2364 Abs. 1 BGB), zum anderen hat ihm das Nachlassgericht auf Antrag ein Testamentsvollstreckerzeugnis zu erteilen (§ 2368 BGB).

Unterliegt ein Nachlassgrundstück der Verwaltung des Testamentsvollstreckers, ist die Testamentsvollstreckung gleichzeitig mit der Eintragung des Erben gem. § 52 GBO im Grundbuch zu vermerken; die Eintragung hat rein negative Wirkung, indem das Grundbuch für Verfügungen des Erben gesperrt wird. Streitig ist, ob ein Testamentsvollstreckungsvermerk im Handelsregister eingetragen werden kann, nicht muss.[211]

b) Das Gesetz kennt keine gerichtliche Dauerkontrolle des Testamentsvollstreckers, auch nicht durch Genehmigungsbedürftigkeit wichtiger Geschäfte. Das Nachlassgericht ist nicht zur Überwachung der Tätigkeit des Testamentsvollstreckers berufen und nicht ermächtigt, in seine Amtsführung einzugreifen; auch der Erblasser kann ihn nicht der Aufsicht des Nachlassgerichts unterstellen. Dieses kann nur in den gesetzlich bestimmten Fällen tätig werden. Neben der Entscheidung über einen

---

207 Zur Einklagbarkeit einer mit dem Erben getroffenen Vereinbarung über die Verpflichtung zur Amtsniederlegung s. Reimann, NJW 2005 S. 789.
208 Siehe Grunsky/Hohmann, ZEV 2005 S. 41.
209 Siehe BayObLG, ZEV 2000 S. 315.
210 Siehe OLG Köln, NJW-RR 2005 S. 94.
211 Siehe hierzu Palandt/Edenhofer, Einf. vor § 2197 Rdnr. 7 m. w. N.

Entlassungsantrag sind seine Befugnisse auf eher fürsorgliche Maßnahmen beschränkt, z. B. Entgegennahme von Erklärungen (§ 2198 Abs. 1 Satz 2, § 2202 Abs. 2 Satz 1 BGB), Außerkraftsetzung letztwilliger Anordnungen (§ 2216 Abs. 2 Satz 2 BGB), Entscheidung bei Meinungsverschiedenheiten (§ 2224 Abs. 1 Satz 1 BGB). Wird ein gesetzlicher Vertreter des Erben – Elternteil, Vormund – zum Testamentsvollstrecker ernannt und führt die Doppelstellung zum Interessengegensatz, der ihn als gesetzlicher Vertreter rechtlich hindert, den Erben in Bezug auf die Wahrung seiner Rechte gegenüber dem Testamentsvollstrecker zu vertreten, ist ein Ergänzungspfleger gem. § 1909 BGB zu bestellen.[212]

4) Vergütung

Das Gesetz gibt dem Testamentsvollstrecker einen Anspruch auf angemessene Vergütung für die Führung seines Amts, falls nicht der Erblasser etwas anderes bestimmt hat (§ 2221 BGB). In erster Linie kann also der Erblasser verbindlich festlegen, ob und in welcher Höhe der Testamentsvollstrecker eine Vergütung erhält, allerdings nur durch eine Verfügung von Todes wegen. Er kann auch durch Verfügung von Todes wegen einen Dritten, nicht aber das Nachlassgericht, mit der Vergütungsfestsetzung betrauen oder sogar den Testamentsvollstrecker ermächtigen, die Höhe seiner Vergütung selbst zu bestimmen, wobei dann die §§ 317, 2156 BGB bzw. § 315 BGB analog gelten. Akzeptiert der Testamentsvollstrecker die Vergütung nicht, kann er das Amt ablehnen oder das schon übernommene Amt kündigen oder mit dem Erben ggf. eine höhere Vergütung aushandeln.

Nur bei Fehlen einer Bestimmung des Erblassers und sofern keine Vereinbarung mit dem Erben getroffen worden ist, steht dem Testamentsvollstrecker **hilfsweise die angemessene Vergütung** zu. Welche Vergütung angemessen ist, hängt von den Umständen des Einzelfalls ab (z. B. Pflichtenkreis, Umfang der Verantwortung, geleistete Arbeit, Schwierigkeit der Aufgabe, Dauer der Abwicklung, Verwertung besonderer Kenntnisse). Bewertungsgrundlage ist der Verkehrswert des Aktivnachlasses; Nachlassverbindlichkeiten werden nicht abgezogen, weil gerade die Schuldenregulierung oft besonders aufwändig und sonst bei Überschuldung keine Vergütung zu gewähren wäre, es sei denn, die Schuldenregulierung fällt nicht in den Aufgabenbereich des Testamentsvollstreckers.[213] Für die Angemessenheit der Vergütung spricht, wenn der Betrag zwischen dem Testamentsvollstrecker und den Erben vereinbart und auch entrichtet wurde – Leistung und Gegenleistung;[214] anders kann es bei nahen Angehörigen sein. Als Richtsätze für die Berechnung einer angemessenen Vergütung war früher die Rheinische Tabelle des Notariatsvereins für Rheinpreußen von 1925 anerkannt, die für Notare bei normaler Abwicklung eine Staffelung von 4 % bis 1 % je Nachlasswert empfahl. Diese wurde

---

212 Siehe Damrau, ZEV 1994 S. 1; Schlüter, ZEV 2002 S. 158.
213 Zur Vergütung als Bruttovergütung, sodass anfallende Umsatzsteuer vom Testamentsvollstrecker nicht hinzugerechnet werden kann, s. OLG Köln, FamRZ 1994 S. 328.
214 Siehe Hessisches FG, EFG 1991 S. 332.

2.4 Testamentsvollstrecker

inzwischen vom deutschen Notarverein überarbeitet, den aktuellen Entwicklungen angepasst und um Vorschläge für vom Normalfall abweichende Abwicklungen ergänzt (s. im Internet unter www.dnotv.de). Eine noch stärkere Differenzierung enthält die sich zwischen 7,5 % und 2,81 % der Aktivmasse bewegende Möhring'sche Tabelle.[215] Für die normal verlaufende Abwicklungsvollstreckung sieht § 2221 BGB auch bei unterschiedlichem Umfang eine einmalig zu zahlende Vergütung vor. Dem Testamentsvollstrecker können allerdings noch Sondervergütungen zustehen. Eine Gebühr für die Konstituierung – hierunter versteht man die Ermittlung und Inbesitznahme der Nachlassgegenstände, die Aufstellung des Nachlassverzeichnisses, die Regelung der Forderungen und der vom Erblasser herrührenden Schulden, die Bezahlung der Beerdigung und der Erbschaftsteuer – kann er verlangen, wenn er zu Beginn der Testamentsvollstreckung eine besonders arbeitsreiche und verantwortungsvolle Tätigkeit hat entfalten müssen. Eine periodische Verwaltungsgebühr kommt in Betracht, wenn sich eine längere Verwaltung anschließt, z. B. bei Unternehmensfortführung, minderjährigen Erben. Sie wird i. d. R. vom Bruttowert des Nachlasses (1/3 % bis 1/2 %) oder vom Jahresbetrag der laufenden Einkünfte (2 % bis 4 %) bemessen und jährlich gezahlt.[216] Eine Auseinandersetzungsgebühr wird für möglich gehalten, wenn auf Konstituierung und lange Verwaltung noch eine Auseinandersetzung folgt, die selbst anspruchsvoll und mit besonderen Schwierigkeiten verbunden war und für die die Arbeitsergebnisse, die schon durch frühere Gebühren abgegolten sind, nicht mehr verwertet werden konnten.[217]

Die Vergütung ist eine Erbfallschuld und aus dem Nachlass zu leisten; Schuldner sind die Erben, wobei sich im Innenverhältnis die Höhe ihrer Beträge nach ihren Erbteilen richtet.[218] Bei einer Vermächtnistestamentsvollstreckung geht die Vergütung auf Rechnung des Vermächtnisnehmers, der aber auch sonst zumindest teilweise mit der Vergütung belastet werden kann, wenn sein Vermächtnis im Verhältnis zu dem den Erben verbleibenden Nachlass unverhältnismäßig hoch ist.[219] Im Nachlassinsolvenzverfahren ist die Vergütung in angemessener Höhe gem. § 324 Abs. 1 Nr. 6 InsO Masseschuld, die darüber hinausgehende zählt nach § 327 Abs. 1 Nr. 2 InsO zu den nachrangigen Ansprüchen.

5) Steuerliche Behandlung der Vergütung

Die Vergütung des Testamentsvollstreckers gehört nur insoweit zu den nach § 10 Abs. 5 Nr. 3 ErbStG abzugfähigen Nachlassverbindlichkeiten, als sie für die Abwicklung und Verteilung, also nicht für die Verwaltung des Nachlasses, zu entrichten ist – Abwicklungsvollstreckung nach § 2203 BGB – (wegen weiterer Einzel-

---

215 Siehe Möhring/Beisswingert/Klingelhöffer, S. 224; zur Kritik an Tabellen und Befürwortung einer Abrechnung nach Zeitaufwand vgl. Zimmermann, ZEV 2001 S. 334.
216 Siehe Haegele/Winkler, Der Testamentsvollstrecker, S. 196.
217 Siehe OLG Köln, FamRZ 1994 S. 328.
218 Siehe BGH, ZEV 2005 S. 22.
219 Siehe Winkler, Rdnr. 641.

heiten zur Abzugsfähigkeit der Testamentsvollstreckerkosten im Rahmen der Ermittlung des steuerpflichtigen Erwerbs s. die Erläuterungen zu § 10 Abs. 5 Nr. 3 ErbStG unter 5.1.4.2).

Soweit der Erblasser eine unangemessen hohe Vergütung für den Testamentsvollstrecker angeordnet hat, stellt sie insoweit ein Vermächtnis dar, bedingt durch die Amtsannahme. Sie unterliegt aber im Umfang der Überschreitung nicht der Erbschaftsteuer, sondern gehört insgesamt zu den Einkünften gem. § 18 Abs. 1 Nr. 3 EStG.[220]

Testamentsvollstreckergebühren sind bei der Einkommensteuer i. d. R. nicht abzugsfähig. Ausnahmsweise sind sie als Werbungskosten oder Betriebsausgaben abzugsfähig, soweit sie sich auf Einkünftetatbestände beziehen, die mit dem Erbanfall auf eine ungeteilte Erbengemeinschaft übergegangen sind.[221]

2.4.2 Aufgabenkreis

Der Aufgabenkreis des Testamentsvollstreckers kann infolge des dem Erblasser durch die §§ 2203 ff. BGB gewährten Spielraums sehr unterschiedlich sein. Im Wesentlichen sind folgende Punkte von Bedeutung:

In erster Linie hat der Testamentsvollstrecker die **letztwilligen Verfügungen des Erblassers zur Ausführung zu bringen** (§ 2203 BGB). Weiterhin hat er bei mehreren Erben gem. § 2204 BGB die Auseinandersetzung zu bewirken, soweit sie ihm nicht nach § 2208 Abs. 1, § 2209 Abs. 1 BGB entzogen ist. Er hat entsprechend den Anordnungen des Erblassers und gemäß dem Gesetz zu teilen, ohne an Weisungen der Erben gebunden zu sein; allerdings kann er einer zwischen diesen getroffenen Vereinbarung entsprechen, sofern ihr nicht etwaige Anordnungen des Erblassers entgegenstehen. Zu unterlassen ist die Auseinandersetzung, wenn alle Erben eine Vereinbarung über die Fortsetzung der Erbengemeinschaft hinsichtlich des ganzen Nachlasses oder eines Teils getroffen haben, weil die Erben zwar ein Recht auf Auseinandersetzung haben, aber nicht verpflichtet sind, diese zu dulden. Einen vom Testamentsvollstrecker aufgestellten Auseinandersetzungsplan, vor dessen Ausführung die Erben zwar nach § 2204 Abs. 2 BGB zu hören sind, der aber weder ihrer Genehmigung noch der des Gerichts bedarf, kann jeder Miterbe wegen Gesetzwidrigkeit oder offenbarer Unbilligkeit durch Klage gegen den Testamentsvollstrecker anfechten.

Zur Erfüllung der ihm obliegenden Aufgaben muss der Testamentsvollstrecker den Nachlass ordnungsgemäß verwalten (§§ 2205, 2216 BGB). Zu diesem Zweck hat er u. a. dem Erben unverzüglich ein Nachlassverzeichnis mitzuteilen (§ 2215 BGB). Soweit es um die Verwaltung geht, werden Rechte und Pflichten des Erben vom Testamentsvollstrecker wahrgenommen und treffen dessen Handlungen in ihren

---

220 Siehe BFH, NJW 2005 S. 1967, und Anmerkung von Billig, ZEV 2005 S. 358.
221 Ebeling, BB 1992 S. 325; s. auch Noll, DStR 1993 S. 1437.

2.4 Testamentsvollstrecker

Wirkungen den Erben als solchen (§§ 2206, 2213 und 2216 bis 2219 BGB). Insoweit steht es allein dem Testamentsvollstrecker zu, die zum Nachlass gehörenden Rechte für den Nachlass als Partei kraft Amtes gerichtlich geltend zu machen (§ 2212 BGB). Das Urteil wirkt dann für und gegen den Erben (§ 327 Abs. 1 ZPO). Prozesse gegen den Nachlass können sowohl gegen den Erben als auch gegen den Testamentsvollstrecker – wenn er zur Verwertung des Nachlasses befugt ist – gerichtet werden (§ 2213 BGB).

Nach § 2211 Abs. 1 BGB sind Verfügungen des Erben über einen der Verwaltung des Testamentsvollstreckers unterliegenden Nachlassgegenstand gegenüber jedermann unwirksam. Die Vorschrift stellt in Ergänzung von § 2205 BGB klar, dass der Testamentsvollstrecker nicht nur die alleinige Verwaltung, sondern auch das ausschließliche Verfügungsrecht über die Nachlassgegenstände hat. Der Entzug des Verfügungsrechts des Erben tritt bereits mit dem Erbfall ein, auch wenn der Testamentsvollstrecker sein Amt noch nicht angenommen hat.[222] Nach § 2211 Abs. 2 BGB wird allerdings derjenige, der vom Erben einen Nachlassgegenstand erwirbt, bei Gutgläubigkeit geschützt, d. h., wenn er bei Rechtsgeschäften mit dem Erben das Bestehen der Testamentsvollstreckung nicht kannte oder berechtigterweise annehmen konnte, dass der Gegenstand nicht zum Nachlass gehört oder der Verwaltung des Testamentsvollstreckers nicht unterliegt. Guter Glaube ist aber regelmäßig ausgeschlossen, wenn die Verwaltungsbefugnis des Testamentsvollstreckers nach außen erkennbar gemacht ist, z. B. bei beweglichen Sachen und Wertpapieren durch Inbesitznahme, bei Grundstücken durch Testamentsvollstreckungsvermerk im Grundbuch. Für Nachlassforderungen gilt diese Bestimmung entsprechend, sodass der gutgläubig an den Erben leistende Schuldner befreit wird.[223]

Wenn der Testamentsvollstrecker bei der Verwaltung des Nachlasses eine Pflichtverletzung begeht, hat der Erbe nach § 2219 BGB gegen ihn Schadensersatzansprüche. So kommt eine Haftung in Betracht bei verzögerter Auseinandersetzung, Geldanlage bei unzuverlässiger Bank, Versteigerung trotz Möglichkeit eines günstigeren freihändigen Verkaufs, „Verschleuderung von Nachlassgegenständen", für Kosten eines verlorenen Rechtsstreits bei erkennbar überflüssiger oder durch eigene Interessen beeinflusster Prozessführung.[224]

Gehört zum verwalteten Nachlass ein Einzelhandelsgeschäft, kann der Testamentsvollstrecker bei Abwicklungsvollstreckung gem. § 2203 BGB veräußern, verpachten, stilllegen oder nach § 2217 BGB es dem Erben überlassen, falls sich aus den für

---

222 Zur Erstreckung der Verfügungsbeschränkung im Fall der Eröffnung des Insolvenzverfahrens über das Vermögen des Erben auf den Insolvenzverwalter vgl. BGH, NJW 2006 S. 2698, und Anmerkung von Siegmann, ZEV 2006 S. 408.
223 Zur Nichtbefreiung einer Bank bei Auszahlung an den Erben des verstorbenen Kontoinhabers, wenn diese Kenntnis von der Testamentsvollstreckung, aber ihre kontoführende Stelle nicht benachrichtigt hatte, s. OLG Bremen, MDR 1964 S. 328.
224 Siehe Palandt/Edenhofer, § 2219 Rdnr. 2.

ihn maßgebenden Anordnungen kein gegenteiliger Wille des Erblassers ergibt. Bei mehreren Erben gibt er das Handelsgeschäft entweder der Erbengemeinschaft frei oder teilt es einem der Miterben zu. Hat der Erblasser eine Dauervollstreckung gem. § 2209 BGB angeordnet, hat der Testamentsvollstrecker das Unternehmen zu erhalten und fortzuführen, weil der Erblasser diese Art der Testamentsvollstreckung regelmäßig angeordnet hat, um den Unternehmensbestand langfristig zu sichern, er dies aber in der Person des Erben zumindest noch nicht als gewährleistet angesehen hat. Der Testamentsvollstrecker verdrängt den Erben als den Inhaber des Geschäfts von der Geschäftsführung, er kann diesen aber nicht mit seinem Eigenvermögen verpflichten, weil er Verbindlichkeiten erbrechtlich nur für den Nachlass eingehen kann. Für die Fortführung des Handelsgeschäfts bestehen wegen dieser Gegensätzlichkeit von Erbrecht und Handelsrecht verschiedene Möglichkeiten, nämlich Fortführung des Handelsgeschäfts im eigenen Namen, damit auch in eigener Haftung, oder als Vertreter des Erben.[225]

Erstreckt sich eine Testamentsvollstreckung auf einen im Wege der Sondererbfolge vererbten Personengesellschaftsanteil, ist die Rechtsposition des Testamentsvollstreckers aus im Gesellschaftsrecht liegenden Gründen begrenzt. Zwar kann er über die mit der Beteiligung verbundenen Vermögensrechte verfügen – Auseinandersetzungs- oder Abfindungsguthaben, nach Erbfall entstehende Gewinnansprüche –. Im Hinblick auf die Besonderheit der von den Gesellschaftern gebildeten Haftungsgemeinschaft ist zu berücksichtigen, dass der Erbe nur im Rahmen des Nachlassvermögens verpflichtet werden kann, während Gesellschafter einer OHG oder GbR unbeschränkt haften. Deshalb beschränkt sich die Testamentsvollstreckung im Wesentlichen auf Wahrnehmung und Erhaltung der Vermögensrechte[226] zwecks Verhinderung der Verfügung des Gesellschafter-Erben über den Anteil und die daraus erwachsenen Vermögensrechte – § 2211 BGB – und zwecks Verhinderung der Vollstreckung von Eigengläubigern des Erben in den Anteil – § 2214 BGB –.[227] Bei einem zum Nachlass gehörenden Kommanditanteil kann der Testamentsvollstrecker grundsätzlich die mit der Beteiligung verbundenen Mitgliedschaftsrechte ausüben; Eingriffe in den sog. Kernbereich der Mitgliedschaft dürfen aber nicht ohne Zustimmung des betreffenden Gesellschafters vorgenommen werden.[228]

Bei einem GmbH-Anteil verwaltet der Testamentsvollstrecker unter Ausschluss des Erben und übt dabei alle aus dem Anteil fließenden Verwaltungs- und Vermögensrechte aus.[229]

---
225 Siehe hierzu Palandt/Edenhofer, § 2205 Rdnr. 8 f.; Winkler, Rdnr. 308 ff.
226 Siehe BGH, NJW 1996 S. 1284, und Anmerkung von Lorz, ZEV 1996 S. 112.
227 Zur Ausübung der Mitgliedschaftsrechte durch den Testamentsvollstrecker s. Faust, DB 2002 S. 189.
228 Siehe OLG Hamm, NJW-RR 2002 S. 729; Ulmer, NJW 1990 S. 74.
229 Siehe Winkler, Rdnr. 393; Mayer, ZEV 2002 S. 209.

2.4 Testamentsvollstrecker

Ein Rechtsanwalt, der als Testamentsvollstrecker tätig wird, handelt regelmäßig in Ausübung seines Berufs i. S. des § 191 Abs. 2 AO.[230] Hinweise für den Steuerberater als Testamentsvollstrecker geben Romanovszky (INF 1989 S. 395) und Streck (DStR 1991 S. 592).

2.4.3 Besteuerungsverfahren

Der Testamentsvollstrecker hat dafür zu sorgen, dass aus dem Nachlassvermögen **die den Erblasser betreffenden Steuerschulden bezahlt werden (§ 34 Abs. 3 AO).** Die gleiche Verpflichtung besteht für ihn nach **§ 32 Abs. 1 Satz 2 ErbStG bezüglich der Erbschaftsteuer** – Vorschrift Lex specialis zu § 34 Abs. 3 AO –.[231]

Außerdem hat er gem. § 31 Abs. 5 ErbStG die Erbschaftsteuererklärung abzugeben. Während nach § 31 Abs. 1 ErbStG die Beteiligen an dem Erbfall nur dann zur Abgabe der Erbschaftsteuererklärung verpflichtet sind, wenn das Finanzamt sie dazu auffordert, fehlt in § 31 Abs. 5 ErbStG eine solche Regelung.[232]

Kommt der Testamentsvollstrecker diesen Verpflichtungen nicht nach, kann es zu einer **Haftung nach § 69 AO** kommen.[233] Die Inanspruchnahme erfolgt gem. § 191 Abs. 1 AO durch Haftungsbescheid gegenüber dem Testamentsvollstrecker.

Erkennt der Testamentsvollstrecker, dass der Erblasser unrichtige Steuererklärungen abgegeben hat, so ist er gem. § 153 Abs. 1 Satz 2 AO dem Finanzamt gegenüber zur Richtigstellung verpflichtet. Durch Verletzung dieser Pflicht kann der Testamentsvollstrecker sich der Steuerhinterziehung nach § 370 Abs. 1 Nr. 2 AO schuldig machen.[234]

Die Befugnisse des Testamentsvollstreckers sind auf den Nachlass beschränkt; darüber hinaus kann er den Erben nicht persönlich verpflichten und hat auch nicht dessen persönliche – öffentlich-rechtliche – Pflichten gegenüber den Finanzbehörden zu erfüllen.[235] Der Erbe bleibt als Steuerpflichtiger zur Erfüllung seiner steuerlichen Pflichten gehalten, auch soweit Nachlassvermögen oder -erträge Teil oder Gegenstand der Pflichten sind. Deswegen ist er zur Abgabe seiner eigenen Einkommensteuererklärungen verpflichtet, auch wenn die Einkünfte überwiegend oder sogar ausschließlich aus dem Nachlass fließen. Auch zur Tilgung steuerlicher Schulden ist der Testamentsvollstrecker in diesen Fällen nicht verpflichtet. Die Finanzbe-

---

230 BFH vom 13.05.1998, BStBl 1998 II S. 760.
231 Siehe BFH vom 18.06.1986, BStBl 1986 II S. 704.
232 Zur Frage, ob die Erklärungspflicht des Testamentsvollstreckers über die der Beteiligten hinausgehen kann, s. BFH vom 16.10.1996, BStBl 1997 II S. 73, und vom 07.12.1999, BStBl 2000 II S. 233; Boecker in H/H/Sp, § 34 AO Rdnr. 91, und Viskorf, FR 2000 S. 404.
233 Siehe Hessisches FG, ZEV 1996 S. 398, wonach es unerheblich ist, ob ein Fall der Abwicklungs- oder der Verwaltungsvollstreckung vorliegt; großzügig FG München vom 25.10.1999, DStRE 2000 S. 372; ausführlich Piltz, ZEV 2001 S. 262.
234 Zu Berichtigungspflichten im Erbfall s. Müller, AO-StB 2004 S. 95.
235 Siehe BFH vom 16.04.1980, BStBl 1980 II S. 605.

hörde kann im Wege der Zwangsvollstreckung nicht unmittelbar in den Nachlass vollstrecken, sondern lediglich den Anspruch des Erben auf Auseinandersetzung bzw. Herausgabe z. B. von Erträgen gegen den Testamentsvollstrecker. Auch die Erklärungen zur gesonderten und einheitlichen Feststellung des nach dem Erbfall erwirtschafteten Gewinns einer Erbengemeinschaft haben deren Mitglieder abzugeben.

Andererseits hat der zur Verwaltung des Nachlasses befugte Testamentsvollstrecker alle bereits in der Person des Erblassers entstandenen Pflichten zu erfüllen, was auch die Abgabe rückständiger Steuererklärungen betrifft. Beziehen sich steuerliche Pflichten vollständig auf den Gegenstand oder ein Geschäft, das vom Testamentsvollstrecker verwaltet wird, so erscheint es auf den ersten Blick als selbstverständlich, dass der Testamentsvollstrecker insoweit auch die steuerlichen Pflichten zu erfüllen hat. Verwaltet er etwa ein zum Nachlass gehörendes Grundstück oder führt er ein Handelsgeschäft des Erblassers weiter, so könnte § 34 Abs. 3 AO z. B. für die Grundsteuer bzw. die betrieblichen Steuern gelten. Für die Letzteren ist jedoch mit der h. M. keine steuerliche Verpflichtung anzunehmen, denn das Weiterführen des Handelsgeschäfts kann nicht allein auf der Testamentsvollstreckung beruhen, weil der Testamentsvollstrecker in dieser Eigenschaft für den Erben keine über den Nachlass hinausreichenden Verbindlichkeiten eingehen kann.[236] Das Argument kann allerdings nicht gelten, wenn der Erbe durch die letztwillige Verfügung eine Bedingung oder Auflage des Inhalts erhalten hat, dem Testamentsvollstrecker im Rahmen der Geschäftsfortführung unbeschränkte Verpflichtungen zu gestatten.[237]

Steuerbescheide über Einkünfte, die dem Erben aus dem Nachlassvermögen zufließen, sind diesem als Inhaltsadressaten bekannt zu geben, und zwar auch dann, wenn der Testamentsvollstrecker ein Unternehmen im eigenen Namen fortführt, es sei denn, der Testamentsvollstrecker ist zugleich Empfangsbevollmächtigter des Erben.[238] Rechtliche Interessen des Testamentsvollstreckers sind durch den dem Erben bekannt gegebenen Bescheid nicht berührt; er ist folglich nicht einspruchs-/klagebefugt.[239] Auch im Fall, dass der Erblasser selbst noch den Steuertatbestand verwirklicht hat, gegen ihn aber kein Steuerbescheid mehr ergangen ist, ist dieser an den Erben als Inhaltsadressaten zu richten und diesem, nicht dem Testamentsvollstrecker, bekannt zu geben.[240]

Ein Erbschaftsteuerbescheid ist nach § 32 Abs. 1 Satz 1 ErbStG dem Testamentsvollstrecker mit Wirkung für und gegen die Erben bekannt zu geben, wenn er die

---
236 Siehe Loose in T/K, § 34 AO Rdnr. 30.
237 Siehe BFH vom 11.10.1990, BStBl 1991 II S. 191; Boecker in H/H/Sp, § 34 AO Rdnr. 78.
238 Siehe AEAO zu § 122 Nr. 2.13.1.2.
239 Siehe BFH vom 29.11.1995, BStBl 1996 II S. 322.
240 Vgl. hierzu AEAO zu § 122 Nr. 2.13.1.1.

2.4 Testamentsvollstrecker

Steuererklärung für die Erben abgegeben hat – anders hingegen für einen Bescheid, mit dem lediglich Erbschaftsteuer aufgrund Erwerbs eines schuldrechtlichen Anspruchs erbrechtlicher Natur, wie Vermächtnis, Pflichtteilsrecht, festgesetzt wird.[241] Der Testamentsvollstrecker kann unter den Voraussetzungen des § 80 AO gegen den Erbschaftsteuerbescheid im Namen des Erben Einspruch einlegen. Wird dieser Bescheid dem Testamentsvollstrecker nach § 32 Abs. 1 Satz 1 i. V. m. § 31 Abs. 5 ErbStG bekannt gegeben, ohne dass er selbst (per Leistungsgebot) in Anspruch genommen wird, ist er nicht betroffen und folglich in seiner Eigenschaft als Testamentsvollstrecker mangels Beschwer i. S. des § 350 AO auch nicht rechtsbehelfsbefugt.[242] Die Einspruchsentscheidung ist nicht ihm, sondern den Erben bekannt zu geben.[243] Daraus ist weiterhin zu folgern, dass der Testamentsvollstrecker insoweit auch kein Rechtsschutzbedürfnis für einen Antrag auf Aussetzung der Vollziehung nach § 361 Abs. 2 AO, § 69 Abs. 2 FGO bzw. § 69 Abs. 3 FGO hat. Für die Praxis empfiehlt es sich, dass die am Erbfall Beteiligten den Testamentsvollstrecker nach § 80 AO zu ihrer Vertretung im Besteuerungsverfahren vor den Finanzbehörden bevollmächtigen. Bekanntgabeverfahren und Einspruchsverfahren sind dann verfahrensrechtlich unproblematisch.[244]

Versäumt der Erbe die Einspruchsfrist gegen den Erbschaftsteuerbescheid – diese wird durch die Bekanntgabe an den Testamentsvollstrecker mit Wirkung für und gegen den Erben in Lauf gesetzt –, weil er vom Testamentsvollstrecker nicht rechtzeitig informiert worden ist, so ist dem Erben innerhalb der Jahresfrist des § 110 Abs. 3 AO Wiedereinsetzung in den vorigen Stand zu gewähren, weil § 110 Abs. 1 Satz 2 AO keine Anwendung findet, denn der Testamentsvollstrecker ist nicht Vertreter des Erben, sein Verschulden kann diesem folglich nicht zugerechnet werden.[245]

Aus der Rechtsstellung des Testamentsvollstreckers folgt weiterhin, dass erbschaftsteuerliche Wahlrechte – z. B. § 23 ErbStG – von ihm nicht selbständig wirksam ausgeübt werden können.[246]

Die Außenprüfung bei dem Testamentsvollstrecker kann nicht auf § 193 Abs. 1 AO gestützt werden, weil er zwar Einkünfte aus selbständiger Arbeit hat, aber nicht freiberuflich tätig ist.[247] Eine Außenprüfung ist also, soweit kein Fall von § 193 Abs. 1 dritte Alt. AO – Summe der positiven Überschusseinkünfte von mehr als

---

241 Siehe AEAO zu § 122 Nr. 2.13.4.1 mit Verweis auf BFH vom 14.11.1990, BStBl 1991 II S. 49 und 52.
242 Siehe BFH vom 14.11.1981, BStBl 1982 II S. 262; zu den Befugnissen des Testamentsvollstreckers im Einspruchs-/Klageverfahren s. Gluth, AO-StB 2002 S. 206.
243 Siehe H 88 ErbStH 2003.
244 Moench/Kien-Hümbert, DStR 1987 S. 38.
245 Vgl. AEAO zu § 122 Nr. 2.13.4.2 mit Verweis auf BFH vom 14.11.1990, BStBl 1991 II S. 52.
246 Thietz-Bartram, DB 1989 S. 798.
247 Siehe BFH vom 05.11.1981, BStBl 1982 II S. 184.

500.000 Euro – vorliegt, nur unter den Voraussetzungen des § 193 Abs. 2 Nr. 2 AO zulässig.

Ist die Erbschaftsteuer aus dem der Testamentsvollstreckung unterliegenden Nachlass bezahlt worden, sind bei Überzahlung zwar die Erben Inhaber des Erstattungsanspruchs. Verfügungsberechtigt und daher empfangszuständig ist jedoch der Testamentsvollstrecker. Eine auf Anweisung des Testamentsvollstreckers erfolgte Zahlung an einen Dritten führt daher zum Erlöschen des Erstattungsanspruchs.[248]

---

248 Siehe BFH vom 18.06.1986, BStBl 1986 II S. 704.

3 Systematik und Aufbau des Erbschaft-/Schenkungsteuergesetzes

Der Staat macht von seinem Recht, Steuern zu erheben, letztmalig mit der Besteuerung des Vermögens verstorbener Steuerpflichtiger Gebrauch. Er beteiligt sich – von § 1936 BGB abgesehen – nicht in Form eines echten Erbanspruchs allgemein und unmittelbar am Nachlass. Er hat vielmehr einer Beteiligung durch Erhebung einer Erbschaftsteuer den Vorzug gegeben, weil dieser Weg praktikabler und besser auf die Besonderheiten des Einzelfalls abstimmbar ist (z. B. Tarifgestaltung, Freibeträge). Obwohl die Erhebung der Erbschaftsteuer somit, wirtschaftlich betrachtet, eine Beteiligung des Staates am Nachlass ist, wird sie gleichwohl nicht als Nachlasssteuer, sondern als Erbanfallsteuer erhoben (s. o. 1.1.1), weil ihre steuerpolitische Begründung in der Erfassung der Zunahme an wirtschaftlicher Leistungsfähigkeit bei dem jeweiligen Vermögenserwerber liegt.

Die reine Erbschaftsteuer muss in jedem Fall notwendig durch eine Schenkungsteuer ergänzt werden, weil sie anderenfalls durch Vermögensübertragungen unter Lebenden ohne weiteres umgangen werden könnte.

Der Aufbau des Erbschaftsteuer- und Schenkungsteuergesetzes vollzieht sich – von den Ermächtigungs- und Schlussvorschriften abgesehen – in vier Abschnitten, deren Reihenfolge sich weitgehend aus steuerrechtslogischen Gesichtspunkten ergibt:

Abschnitt 1 – Steuerpflicht: Dieser Abschnitt bestimmt insbesondere die steuerpflichtigen Vorgänge (Erwerb von Todes wegen; Schenkungen unter Lebenden; Zweckzuwendungen; Vermögen einer Stiftung) und die persönliche Steuerpflicht (unbeschränkt – insbesondere Inländer; beschränkt).

Abschnitt 2 – Wertermittlung: Dieser Abschnitt bestimmt den steuerpflichtigen Erwerb – soweit nicht steuerfrei (Bereicherung des Erwerbers), den Bewertungsstichtag (Zeitpunkt der Entstehung der Steuer) und die Bewertung (grundsätzliche Anwendbarkeit des Ersten Teils des Bewertungsgesetzes).

Abschnitt 3 – Berechnung der Steuer: Dieser Abschnitt regelt insbesondere die Steuerklassen (Steuerklassen I bis III), die Freibeträge (unterschiedlich nach Steuerklassen; Besonderheiten insbesondere für Ehegatten, Kinder, Enkelkinder und eingetragenen Lebenspartner) und die Steuersätze (progressiver Stufentarif mit Härteausgleich nach Steuerklassen und nach der Höhe des Erwerbs sowie einer Tarifbegrenzung in besonderen Fällen).

Um zu vermeiden, dass die Erbschaftsteuer umgangen oder der Steuersatz ungerechtfertigt gemindert wird, sind frühere Erwerbe (zehn Jahre) mit zu berücksichtigen.

Abschnitt 4 – Steuerfestsetzung und Erhebung: Dieser Abschnitt enthält eine Fülle von Einzelregelungen zu diesem Fragenbereich. Hervorzuheben sind folgende

3 Systematik und Aufbau des Erbschaft-/Schenkungsteuergesetzes

Bestimmungen: Steuerschuldner (Erwerber); Anrechnung ausländischer Erbschaftsteuer; Besteuerung von Nutzungen und Leistungen (Wahlrecht zwischen sofortiger und jährlicher Versteuerung); mehrfacher Erwerb desselben Vermögens (Minderung einer ungerechtfertigten steuerlichen Belastung); Stundung; Erlöschen der Steuer mit Wirkung für die Vergangenheit; Anzeigepflicht des Erwerbers und anderer Personen; Steuererklärung.

Einem Prüfungsschema zur Lösung erbschaftsteuerlicher Probleme und Fälle kann i. d. R. der vorstehend dargestellte Aufbau zugrunde gelegt werden, weil er weitgehend sowohl in logischen Schritten vorgeht als auch die tatsächliche zeitliche Reihenfolge der Prüfung bis zur Ermittlung der zu zahlenden Erbschaftsteuer berücksichtigt.

Die Darstellung dieses Lehrbuchs folgt im Übrigen aber auch schon deshalb dem vom Gesetz gewählten Aufbau, um ein rasches Auffinden des jeweils anstehenden Problemkreises zu gewährleisten.

DAS ERBSCHAFTSTEUERRECHT

4 Steuerpflicht

4.1 Steuerpflichtige Vorgänge (Grundtatbestände) – § 1 ErbStG

Grundziel der Erbschaftsteuer ist die **Erfassung** der **Bereicherung,** die jemand von Todes wegen (Erbanfallsteuer) oder durch Schenkung unter Lebenden erfährt. **§ 1 Abs. 1 ErbStG** bestimmt unter Beachtung dieses Besteuerungsziels den **Besteuerungsumfang** im **Grundsätzlichen.** Dabei regelt nur § 1 Abs. 1 Nr. 4 ErbStG den Besteuerungstatbestand abschließend, während § 1 Abs. 1 Nr. 1 bis 3 ErbStG lediglich steuerbare Grundtatbestände darstellen, die durch die Vorschriften der §§ 3, 7 und 8 ErbStG ausgefüllt und konkretisiert werden.

4.1.1 Erwerb von Todes wegen – Schenkungen unter Lebenden – Zweckzuwendungen

1) Erwerb von Todes wegen

Ein Erwerb von Todes wegen (§ 1 Abs. 1 Nr. 1 i. V. m. § 3 ErbStG) setzt voraus, dass infolge des Todes (einer natürlichen Person) Vermögen auf einen anderen übergeht. Der Zeitpunkt des Todes, der in Übereinstimmung mit der medizinischen Wissenschaft bei irreversiblem Ausfall aller Funktionen von Groß- und Kleinhirn sowie Hirnstamm anzunehmen ist (vgl. insoweit auch § 3 Abs. 2 Nr. 2 TPG für Organentnahme), kann sowohl bürgerlich-rechtlich als auch erbschaftsteuerlich von erheblicher Bedeutung sein. Eine exakte Feststellung des Todeszeitpunkts ist allerdings nur erforderlich, wenn geringe Zeitdifferenzen über die Erbfolge entscheiden. Im Regelfall wird dieser eindeutig durch die Eintragung im Sterberegister bewiesen. Nach § 31 Abs. 1 Nr. 3 PStG wird hierin Tag, Stunde und Minute des Todes beurkundet, wobei § 54 Abs. 3 Satz 1 PStG den Nachweis der Unrichtigkeit der beurkundeten Tatsachen zulässt.

In den Fällen, in denen der Tod ausnahmsweise unbekannt ist, greifen die Regelungen des Verschollenheitsgesetzes ein. Diese bürgerlich-rechtlichen Regelungen gelten grundsätzlich auch für die Erbschaftsteuer. So wird nach § 11 VerschG für den Fall, dass nicht bewiesen werden kann, dass von mehreren gestorbenen Menschen der eine den anderen überlebt hat, etwa im Fall eines Flugzeugabsturzes, vermutet, dass sie gleichzeitig gestorben sind; die Vermutung wird durch die standesamtliche Beurkundung der Todeszeit nicht ausgeschlossen.[1] Die Erbschaftsteuer muss sich nach dieser Vermutung richten.[2]

---
1 Siehe BayObLG, NJW-RR 1999 S. 1309.
2 Vgl. FG München, UVR 1995 S. 50.

4 Steuerpflicht

Eine Abweichung von der bürgerlich-rechtlichen Regelung ergibt sich jedoch für das Steuerrecht bei Todeserklärungen im Fall der Verschollenheit:
- einerseits § 9 Abs. 1 VerschG mit der Vermutung, dass der Tod zu dem im Beschluss festgestellten Zeitpunkt eingetreten ist,
- andererseits § 49 AO, wonach der Tag als Todeszeitpunkt gilt, mit dessen Ablauf der Beschluss über die Todeserklärung rechtskräftig geworden ist (s. hierzu auch unter 1.4.3.6) – diese steuerrechtliche Sonderregelung gilt nicht für Fälle, in denen ein Verfahren nach § 39 VerschG lediglich zur Feststellung der Todeszeit einer Person erfolgt –.

Dies bedeutet, dass die Erbfolge unter Zugrundelegung des Todeszeitpunkts nach § 9 Abs. 1 VerschG bestimmt wird, während die Erbschaftsteuer selbst gem. § 9 Abs. 1 Nr. 1 ErbStG mit dem sich aus § 49 AO ergebenden Zeitpunkt entsteht.[3]

Beispiel:
E ist für tot erklärt worden, Rechtskraft des Beschlusses ist am 05.08.07 eingetreten. In dem Beschluss wurde als Todeszeitpunkt der 01.04.03 festgestellt. Alleinerbin des E ist seine Ehefrau F, die ihrerseits am 15.03.07 verstorben und allein von ihrem Neffen N – Sohn ihrer Schwester – beerbt worden ist.

Bürgerlich-rechtlich ist die F Erbin des E geworden, weil insoweit auf den 01.04.03 abzustellen ist. Erbschaftsteuerlich gilt sie aber nicht als Erbin, weil sie vor dem insoweit maßgebenden Zeitpunkt (05.08.07) gestorben ist. Daraus folgt, dass für den N am 15.03.07 die Erbschaftsteuer nach seinem Verwandtschaftsverhältnis zu F entstanden ist und am 05.08.07 nach seinem Verwandtschaftsverhältnis zu E. Würde man hingegen § 49 AO für die Erbschaftsteuer keine Bedeutung beimessen, wäre für N die Steuer ausschließlich nach seinem Verwandtschaftsverhältnis zu F entstanden, wobei zum Vermögensanfall als Grundlage des steuerpflichtigen Erwerbs auch das Vermögen gehörte, das dieser durch den Erbfall am 01.04.03 zugefallen ist.

2) Schenkungen unter Lebenden

Der Begriff der Schenkung unter Lebenden (§ 1 Abs. 1 Nr. 2 i. V. m. § 7 ErbStG) wird im Erbschaft- und Schenkungsteuergesetz umfassender verwendet als der Begriff der Schenkung im Sinne des BGB. Er umfasst insbesondere jede Bereicherung, die jemand auf Kosten eines anderen erhält und nach dessen Willen erhalten sollte. Damit ist die Schenkung im Sinne des BGB lediglich ein Unterfall der Schenkung im Sinne des Erbschaft- und Schenkungsteuergesetzes.

3) Zweckzuwendungen

Die Besteuerung von Zweckzuwendungen (§ 1 Abs. 1 Nr. 3 i. V. m. § 8 ErbStG) ist in der Praxis von geringer Bedeutung. Zweckzuwendungen sind Zuwendungen von Todes wegen oder freigebige Zuwendungen unter Lebenden, die mit der Auflage

---

3 § 49 AO aber für die ErbSt keine Bedeutung beimessend Moench/Kien-Hümbert/Weinmann, § 3 Rdnr. 7 – Ansicht, als deren Folge Vermögensänderungen in der Zeit zwischen dem festgestellten Todestag und dem Tag der Rechtskraft des Beschlusses über die Todeserklärung erbschaftsteuerlich nicht berücksichtigt werden, überzeugend im Hinblick auf den Normzweck, bei periodischen Steuern Änderungen der bis zur Rechtskraft des Beschlusses durchgeführten Veranlagungen entsprechend der bürgerlich-rechtlichen Rechtslage zu vermeiden –.

4.1 Steuerpflichtige Vorgänge (Grundtatbestände) – § 1 ErbStG

verbunden sind, zugunsten eines bestimmten Zwecks verwendet zu werden oder die von der Verwendung zugunsten eines bestimmten Zwecks abhängig sind. Die Eigenart der Zweckzuwendung besteht darin, dass das Zugewandte keiner bestimmten Person, sondern einem objektiven bestimmten Zweck zugutekommen soll.[4]

Beispiel:
S überträgt der Gemeinde G 100.000 € mit der Bestimmung, sie zur Erhaltung der heimischen Vogelwelt zu verwenden.

Es handelt sich um eine Zweckzuwendung nach § 8 ErbStG. Allerdings kommt – wie häufig bei Zweckzuwendungen – eine Befreiung in Betracht, und zwar hier nach § 13 Abs. 1 Nr. 15 ErbStG.

Die Steuerpflicht der Zweckzuwendung soll Entlastungswirkungen bei der steuerpflichtigen Zuwendung neutralisieren.[5] Der Erwerber einer Zuwendung unter Auflage hat den eigenen Erwerb nur abzüglich des zur Erfüllung der Zweckauflage erforderlichen Betrags zu versteuern. Damit dieser insoweit nicht erfasste Betrag der Zuwendung im Ergebnis nicht unversteuert bleibt, wird er als „Zweckzuwendung" der Besteuerung unterworfen.[6]

4.1.2 Vermögen einer (eines) Familienstiftung (-vereins)

Unter Stiftung versteht man einen Vermögensinbegriff, der dem Willen eines Stifters entsprechend selbständig für einen bestimmten Zweck verwaltet wird (eine Legaldefinition fehlt). Die Stiftung existiert also – anders als die Personen- oder Kapitalgesellschaften – völlig autonom von Gesellschaftern oder Anteilseignern. Diese Tatsache macht sie besonders geeignet für Vermögensübertragungen z. B. im Rahmen von (vorweggenommenen) Erbregelungen. Durch eine Familienstiftung lässt sich – anders als durch Testamentsvollstreckung – eine Unternehmensnachfolge über Generationen hinweg regeln und damit den Unternehmensbestand dauerhaft absichern. Die maßgebenden Vorschriften über die rechtsfähigen Stiftungen des Privatrechts, die juristische Personen sind, finden sich in den §§ 80 bis 88 BGB. Im Gegensatz zum Recht der übrigen Gesellschaftsformen ist das Stiftungszivilrecht hier jedoch nur in den Grundzügen bundesgesetzlich geregelt: Errichtung, Geschäftsführung, Beendigung. Das daneben geltende Recht der Bundesländer[7] wird von diesen nicht einheitlich ausgeübt, sodass von Bundesland zu Bundesland unterschiedliche Regelungen gelten können.[8]

---

4 Siehe hierzu BFH vom 05.11.1992, BStBl 1993 II S. 161.
5 Meincke, § 8 Rdnr. 2.
6 Siehe Seer in Tipke/Lang, § 13 Rdnr. 129, der die Rechtfertigung für diesen steuerbaren Tatbestand im Rahmen einer Bereicherungssteuer mangels einer bereicherten Person verneint und in ihm ein „Überbleibsel des schlichten Verkehrsteuergedankens" sieht.
7 Zur Zulässigkeit im Einzelnen s. Schwarz, ZEV 2003 S. 306
8 Eine Übersicht zum Mindeststiftungsvermögen nach dem Recht der Bundesländer geben Damrau/Wehinger, ZEV 1998 S. 178; zur unselbständigen Stiftung s. Schmidt, ZEV 2003 S. 316; zur Familienstiftung & Co. KG s. Nietzer/Stadie, NJW 2000 S. 3457; zum vertraglichen Stiftungsrecht s. Muscheler, ZEV 2003 S. 41; zur letztwilligen Stiftung s. Langenfeld, ZEV 2002 S. 481.

4 Steuerpflicht

Zur Entstehung einer rechtsfähigen Stiftung sind das Stiftungsgeschäft und die Anerkennung durch die zuständige Behörde des Landes erforderlich, in dem die Stiftung ihren Sitz haben soll. Das Stiftungsgeschäft unter Lebenden bedarf der schriftlichen Form. Es muss die verbindliche Erklärung des Stifters enthalten, ein Vermögen zur Erfüllung eines von ihm vorgegebenen Zweckes zu widmen. Durch das Stiftungsgeschäft muss die Stiftung eine Satzung erhalten mit Regelungen über

1. den Namen der Stiftung,
2. den Sitz der Stiftung,
3. den Zweck der Stiftung,
4. das Vermögen der Stiftung,
5. die Bildung des Vorstands der Stiftung.

Liegt ein solches Stiftungsgeschäft vor, erscheint die dauernde und nachhaltige Erfüllung des Stiftungszwecks gesichert, und gefährdet der Stiftungszweck nicht das Gemeinwohl, ist die Stiftung als rechtsfähig anzuerkennen (§§ 80, 81 BGB).

1) Stiftungen im Erbschaft- und Schenkungsteuerrecht

Bei den erbschaftsteuerlichen Fragen in Bezug auf Stiftungen sind insbesondere folgende Komplexe zu unterscheiden:[9]

- Handelt es sich um eine „**normale**" **Stiftung** oder um eine **Familienstiftung** (§ 1 Abs. 1 Nr. 4 ErbStG)?
- Handelt es sich um den Übergang von Vermögen von Todes wegen auf eine vom **Erblasser angeordnete Stiftung** (§ 3 Abs. 2 Nr. 1 ErbStG) oder um den Übergang von Vermögen von Todes wegen auf eine bereits **bestehende Stiftung** (§ 3 Abs. 1 Nr. 1 ErbStG)?
- Handelt es sich um einen Vermögensübergang aufgrund eines **Stiftungsgeschäfts** (§ 7 Abs. 1 Nr. 8 ErbStG) oder um einen Vermögensübergang auf eine bereits **bestehende Stiftung** (§ 7 Abs. 1 Nr. 1 ErbStG) unter Lebenden?[10]
- Handelt es sich um die **Gründung** oder die **Aufhebung** (§ 7 Abs. 1 Nr. 9 ErbStG) einer Stiftung?

§ 1 Abs. 1 Nr. 4 ErbStG betrifft überhaupt **keinen tatsächlichen Übergang von Vermögen,** es erfolgt also tatsächlich keine Bereicherung, sondern die Vorschrift erfasst – **wie eine Vermögensteuer** – lediglich das **Vermögen als solches.** Sie schreibt nämlich für das Vermögen von Familienstiftungen (-vereinen) eine Periodenbesteuerung vor, die in Zeitabständen von je 30 Jahren seit dem in § 9 Abs. 1 Nr. 4 ErbStG bestimmten Zeitpunkt erfolgen soll. Entgegen großen – mit weitgehend überzeugenden Argumenten vorgetragenen – Bedenken im Schrifttum wie den verfassungs-

---

[9] Siehe hierzu Korezkij, ZEV 1999 S. 132; Mainczyk, Stbg 2002 S. 76; Stein/Schindhelm, ErbStB 2003 S. 151; Seer/Versin, SteuerStud 2006 S. 281; Werner, ZEV 2006 S. 539.
[10] Zur Steuerpflicht einer Zustiftung an eine Familienstiftung, wenn der Zuwendende zugleich der einzige Begünstigte der Stiftung ist, s. BFH vom 09.12.2009, BStBl 2010 II S. 363.

4.1 Steuerpflichtige Vorgänge (Grundtatbestände) – § 1 ErbStG

rechtlichen Anforderungen an die Bestimmtheit von Eingriffstatbeständen hat das Bundesverfassungsgericht die Einführung der Regelungen des § 1 Abs. 1 Nr. 4 und § 9 Abs. 1 Nr. 4 Satz 2 ErbStG für mit dem Grundgesetz vereinbar erklärt.[11] Das Vermögen einer Familienstiftung wird damit während der Zeit ihres Bestehens erbschaftsteuerlich nicht unangetastet gelassen, sondern es wird eine in Zeitabständen von 30 Jahren (Generationswechsel wie bei natürlichen Personen, der allerdings im Hinblick auf die durchschnittliche Lebenserwartung zu kurz bemessen ist) erfolgende Erbfolge fingiert. Mit der Einführung dieser Ersatzerbschaftsteuer mit Wirkung zum 01.01.1974 hat der Gesetzgeber das Ziel verfolgt, eine Umgehung der Erbschaftsteuer zu verhindern. Denn nach dem bis Ende 1973 geltenden Recht wurde zwar der Übergang des Vermögens auf eine Stiftung wie ein Erbfall behandelt, die Steuer, die ohne Errichtung einer Stiftung beim Übergang des Vermögens auf die nachfolgende Generation und in weiterer Folge entstanden wäre, konnte aber gespart werden.[12]

a) Begriff der Familienstiftung

Eine Familienstiftung i. S. des § 1 Abs. 1 Nr. 4 ErbStG liegt dann vor, wenn die Stiftung wesentlich im Interesse einer Familie oder bestimmter Familien errichtet ist.

Bei Auslegung des Begriffs „Familie" wird man sich an die in § 15 AO getroffene Definition der Angehörigen anlehnen können.[13]

„Interesse" (qualitativ) bedeutet hier Vermögensinteresse im weitesten Sinne[14] (vgl. auch R E 1.2 Abs. 3 ErbStR 2011):

„Den solchermaßen weit zu fassenden Vermögensinteressen bestimmter Familien dient eine Stiftung dann wesentlich i. S. des § 1 Abs. 1 Nr. 4 ErbStG, wenn nach der Satzung und ggf. dem Stiftungsgeschäft ihr Wesen darin besteht, es den Familien zu ermöglichen, das Stiftungsvermögen, soweit es einer Nutzung zu privaten Zwecken zugänglich ist, zu nutzen und die Stiftungserträge aus dem gebundenen Vermögen an sich zu ziehen. Darunter fallen insbesondere auch die unentgeltliche oder verbilligte Nutzung des Stiftungsvermögens, wie die Nutzung der stiftungseigenen Immobilien zu Wohnzwecken, der Einsatz des Stiftungspersonals für Arbeiten im Rahmen des eigenen Hausstandes, der Vorteil bei einer Stiftung mit Kunstbesitz, von diesem Kunstbesitz umgeben zu sein. Inwieweit von den derartigen Nutzungs- und Zugriffsmöglichkeiten tatsächlich Gebrauch gemacht wird, ist nicht entscheidend. Dass den Familien derartige Nutzungs- und Zugriffsmöglichkeiten offen stehen, kann sich

---

11 Siehe BVerfG vom 08.03.1983, BStBl 1983 II S. 779.
12 In dem Tatbestand des § 1 Abs. 1 Nr. 4 ErbStG hinsichtlich seiner technischen Ausgestaltung insoweit einen Fremdkörper innerhalb des ErbStG sehend, als er nicht an transferiertes Vermögen anknüpft, Seer in Tipke/Lang, § 13 Rdnr. 132.
13 Siehe auch § 15 Abs. 2 AStG; enger hingegen Flämig, DStZ 1986 S. 11: Kernfamilie = Eltern/Kinder.
14 BFH vom 09.12.1997, BStBl 1998 II S. 114.

allein aus der Natur des Stiftungszwecks oder aber in Verbindung mit dem Einfluss der Familie(n) auf die Geschäftsführung ergeben."

Fraglich ist naturgemäß, wann das Merkmal **„wesentlich"** (quantitativ) erfüllt ist. Nahe läge es, dass der Gesetzgeber sich auf die in § 15 Abs. 2 AStG enthaltene Definition der Familienstiftung bezogen hätte: Familienstiftungen sind danach Stiftungen, bei denen der Stifter, seine Angehörigen und deren Abkömmlinge zu mehr als der Hälfte bezugsberechtigt oder anfallsberechtigt sind. Das ist jedoch nicht geschehen. Die Ansichten über das erforderliche Maß der Familienförderung reichen in einer Spannbreite zwischen 25 % (frühere Grenze des § 17 Abs. 1 EStG), über 50 % (Grenze des § 15 Abs. 2 AStG) bis hin zu 75 % bis 90 % an den laufenden Bezügen oder am zurückfallenden Vermögen.[15] Die Finanzverwaltung vertritt hierzu folgende Auffassung (s. R E 1.2 Abs. 2 ErbStR 2011):

„Eine Familienstiftung i. S. des § 1 Abs. 1 Nr. 4 ErbStG ist stets gegeben, wenn nach ihrer Satzung der Stifter, seine Angehörigen und deren Abkömmlinge zu mehr als der Hälfte bezugs- oder anfallsberechtigt (Destinatäre) sind (§ 15 Abs. 2 AStG). Eine Familienstiftung i. S. des § 1 Abs. 1 Nr. 4 ErbStG ist auch dann gegeben, wenn die genannten Destinatäre zu mehr als einem Viertel bezugs- oder anfallsberechtigt sind und zusätzliche Merkmale ein wesentliches Familieninteresse belegen. Dies kann insbesondere dann gegeben sein, wenn die Familie wesentlichen Einfluss auf die Geschäftsführung der Stiftung hat. Bereits die Bezugsberechtigung der in den Satzungen bezeichneten Familienangehörigen prägt das Wesen als Familienstiftung, auch wenn Ausschüttungen bisher nicht vorgenommen worden sind. In welchem Umfang die Stiftung die Erträge thesauriert, ist für die Bezugsberechtigung der Destinatäre ohne Bedeutung."

b) Versteuerung bei Familienstiftungen

aa) Die **persönliche Steuerpflicht** bei einer Familienstiftung tritt ein, wenn sie die Geschäftsleitung oder den Sitz im Inland hat (**§ 2 Abs. 1 Nr. 2 ErbStG**).

Der Besteuerungstatbestand des § 1 Abs. 1 Nr. 4 ErbStG greift nicht bei ausländischen Familienstiftungen mit der Folge, dass das Inlandsvermögen dieser Stiftungen von der deutschen Ersatzerbschaftsteuer freigestellt bleibt.[16]

---

15 Zum Meinungsstand hinsichtlich des wesentlichen Familieninteresses s. Moench/Kien-Hümbert/Weinmann, § 1 Rdnr. 14; Jülicher, StuW 1995 S. 71; zu einer grundlegenden Auseinandersetzung mit dem erbschaftsteuerlichen Begriff der Stiftung vgl. Laule/Heuer, DStZ 1987 S. 495, wonach eine periodische Momentaufnahme der Vermögenszuwendungen an die Stifterfamilie nicht das entscheidende Kriterium sein könne, vielmehr eine umfassende Prüfung erforderlich sei, ob die Stiftung vergleichbar einer juristischen Person des Privatrechts den Familienangehörigen eine Stellung wie einem Anteilseigner einer vermögensverwaltenden juristischen Person einräumt oder ob sie einer verselbständigten Vermögensmasse gleicht, wozu vorrangig zu untersuchen sei, ob der Stiftungszweck im Erhalt der vom Stifter geschaffenen Unternehmen oder Vermögenswerte als Familieneigentum besteht.

16 Zu den steuerlichen Aspekten der ausländischen Familienstiftungen s. Werkmüller, ZEV 1999 S. 138; zur österreichischen Privatstiftung s. Wächter, DStR 2000 S. 474, und Piltz, ZEV 2000 S. 378.

4.1 Steuerpflichtige Vorgänge (Grundtatbestände) – § 1 ErbStG

bb) Nach **§ 9 Abs. 1 Nr. 4 ErbStG** entsteht die Steuer im Fall des § 1 Abs. 1 Nr. 4 ErbStG in Zeitabständen von je 30 Jahren seit dem Zeitpunkt des ersten Übergangs von Vermögen auf die Stiftung – nicht maßgebend ist insoweit der Zeitpunkt der Errichtung –. Ist dieser Zeitpunkt der 01.01.1954 oder ein früherer Zeitpunkt, ist die Steuer erstmals am 01.01.1984 entstanden; insoweit erfolgt dann die nächste Periodenbesteuerung zum 01.01.2014. Liegt dieser Zeitpunkt nach dem 01.01.1954, so entsteht die Steuer entsprechend später.

Zu versteuern ist nach § 10 Abs. 1 Satz 7 ErbStG das Vermögen der Stiftung, wobei Leistungen an die nach der Stiftungsurkunde Berechtigten von dem Wert des Vermögens, das der Besteuerung unterliegt, gem. § 10 Abs. 7 ErbStG nicht abzugsfähig sind. Dafür werden diese Leistungen an den Berechtigten aber nicht als erbschaftsteuerpflichtige Zuwendungen erfasst – außer gem. § 7 Abs. 1 Nr. 9 ErbStG bei der Stiftungsaufhebung –. Die Ermittlung des Vermögens der Stiftung zwecks Festsetzung der Steuer erfolgt nach den allgemeinen Regeln. Bei Stiftungserrichtung begründete Rentenzahlungsverpflichtungen bzw. vorbehaltene Nießbrauchsrechte sind abzugsfähig, weil sie das Stiftungsvermögen mindern.

cc) Entsprechend der Fiktion eines 30-jährigen Generationswechsels wie bei natürlichen Personen erfolgt die Versteuerung in den Fällen des § 1 Abs. 1 Nr. 4 ErbStG bezüglich der Freibeträge, der Steuerklasse und des Steuersatzes so, als ob das Vermögen innerhalb einer Zwei-Kinder-Familie alle 30 Jahre an die Kinder (von einem Elternteil) vererbt wird. Die Steuer ist also gem. **§ 15 Abs. 2 Satz 3 zweiter Halbsatz ErbStG** nach dem Prozentsatz der Steuerklasse I zu berechnen, der für die Hälfte des steuerpflichtigen Vermögens gelten würde, und zwar unter Ansatz des doppelten Freibetrags nach § 16 Abs. 1 Nr. 2 ErbStG (2 × 400.000 Euro = 800.000 Euro). Meines Erachtens schließt die Formulierung „nach dem Prozentsatz der Steuerklasse I, der für die Hälfte des steuerpflichtigen Vermögens gelten würde", nach Sinn und Zweck der steuerlichen Behandlung der Familienstiftung (gedachter Erbanfall an zwei Abkömmlinge) die Anwendung des § 19 Abs. 3 ErbStG nicht aus. Bei der Prüfung der „Härteregelung" ist dann wohl auf den halbierten Wert abzustellen.

Nach § 1 Abs. 1 Nr. 4 ErbStG wird zwar eine Erbfolge fingiert. Ob das aber die Gewährung des Pauschbetrags i. H. von 10.300 Euro nach § 10 Abs. 5 Nr. 3 ErbStG rechtfertigt, erscheint doch, vom Normzweck her betrachtet, sehr zweifelhaft; der BFH will ihn offensichtlich nicht gewähren.[17]

Nach § 13a Abs. 9 ErbStG gelten die Absätze 1 bis 8 im Fall des § 1 Abs. 1 Nr. 4 ErbStG entsprechend; die Vergünstigungen nach § 13a Abs. 1 ErbStG und § 13a Abs. 2 ErbStG kommen auch beim Vermögensübergang aufgrund eines Stiftungsgeschäfts unter Lebenden gem. § 7 Abs. 1 Nr. 8 ErbStG in Betracht[18] Die Vorschrift

---

17 Vgl. BFH vom 28.11.1990 II S 10/90, BFH/NV 1991 S. 243.
18 Vgl. R E 13a.14 ErbStR 2011; s. auch von Oertzen, ZEV 1997 S. 103 zu § 13a Abs. 7 ErbStG i. d. F. vor dem ErbStRG vom 24.12.2008.

dient insoweit der Klarstellung, dass die Verschonungsregelung beim Erwerb von Betriebsvermögen, Betrieben der Land- und Forstwirtschaft und Anteilen an Kapitalgesellschaften auch bei der Berechnung der Ersatzerbschaftsteuer anwendbar ist.

dd) Nach **§ 20 Abs. 1 Satz 1 ErbStG** ist Steuerschuldner im Fall des § 1 Abs. 1 Nr. 4 ErbStG die Stiftung.

Die Familienstiftung hat nach **§ 24 ErbStG** die Möglichkeit, bei dieser alle 30 Jahre anfallenden Erbschaftsteuer eine Zahlungserleichterung in Anspruch zu nehmen und sie bei einem Zinsfuß von 5,5 % in 30 gleiche jährliche Teilbeträge verrenten zu lassen. Die Höhe der jährlich vorschüssig zu zahlenden Teilleistungen wird nach folgender Formel berechnet: **Steuerschuld** geteilt durch **14,933 (Anlage 9a zu § 13 BewG) = Jahresrate**; also beträgt die jährliche Teilleistung 6,7 % der Steuerschuld. § 10 Nr. 2 KStG verbietet den Abzug der verrenteten Erbschaftsteuer bei der Körperschaftsteuer.[19]

ee) Erfolgt die Aufhebung der Familienstiftung innerhalb eines Zeitraums von vier Jahren seit dem Zeitpunkt der zuletzt turnusmäßig erhobenen Erbschaftsteuer, so findet – um eine übermäßige Kumulation zu vermeiden – nach § 26 ErbStG eine teilweise Anrechnung der zuletzt nach § 15 Abs. 2 Satz 3 ErbStG festgesetzten Steuer auf die infolge der Aufhebung zu ermittelnde Steuer (§ 7 Abs. 1 Nr. 9 i. V. m. § 15 Abs. 2 Satz 2 ErbStG) statt, und zwar wird sie auf die insoweit entstehende Steuer mit 50 % angerechnet, wenn nicht mehr als zwei Jahre seit Entstehung der anrechenbaren Steuer vergangen sind, und mit 25 % angerechnet, wenn seit diesem Zeitpunkt zwischen zwei und vier Jahre vergangen sind.

ff) Auch die Erbschaftsteuer kann (**Ermessensentscheidung**) gem. **§ 222 AO** gestundet werden. Darüber hinaus ist die Ersatzerbschaftsteuer nach **§ 28 Abs. 2 ErbStG** der Familienstiftung auf Antrag bis zu 10 Jahren insoweit zu stunden (**Rechtsanspruch**), als dies zu ihrer Erhaltung notwendig ist. Streitig ist, ob die entsprechende Anwendung des § 28 Abs. 1 ErbStG für Familienstiftungen bedeutet, dass der Stundungsantrag sich nur auf Vermögensteile bezieht, die Betriebsvermögen oder land- und forstwirtschaftliches Vermögen darstellen,[20] oder ob hiervon das ganze Vermögen der Familienstiftung erfasst wird.[21] Auch für die Dauer einer Stundung gem. § 28 ErbStG werden nach §§ 234, 238 Abs. 1 AO grundsätzlich Stundungszinsen i. H. von 6 % per anno erhoben. Zwar gilt der Anfall von Stundungszinsen gem. § 28 Abs. 1 Satz 2 zweiter Halbsatz ErbStG nicht bei Erwerben von Todes wegen. Die in § 28 Abs. 2 ErbStG normierte entsprechende Anwendung des Absatzes 1 hat jedoch im Fall des § 1 Abs. 1 Nr. 4 ErbStG keine Zinslosigkeit der Stundung zur Folge, weil es sich hierbei nicht um einen Erwerb von Todes wegen handelt. Dieser formal-juristischen Betrachtungsweise kann nicht entgegengehalten werden, die

---

19 Siehe hierzu auch BFH vom 14.09.1994, BStBl 1995 II S. 207.
20 So: Meincke, § 28 Rdnr. 10; Troll/Gebel/Jülicher, § 28 Rdnr. 12.
21 In diesem Sinne Kapp/Ebeling, § 28 Rdnr. 20.

4.1 Steuerpflichtige Vorgänge (Grundtatbestände) – § 1 ErbStG

Ersatzerbschaftsteuer stehe dem Erwerb von Todes wegen deshalb näher als der Schenkung unter Lebenden, weil das ErbStG fingiere, dass das Stiftungsvermögen im Abstand von 30 Jahren einer nächsten Generation anfällt, also im Ergebnis ein fiktiver Erbfall besteuert wird. Große Bedeutung kommt dieser Stundung für die Ersatzerbschaftsteuer jedoch nicht zu, weil die Verrentung nach § 24 ErbStG insbesondere wegen des niedrigeren Zinssatzes (5,5 %) und der längeren Frist (30 Jahre) i. d. R. bevorzugt wird.

gg) Ob im Fall des § 1 Abs. 1 Nr. 4 ErbStG eine Anzeigepflicht (der Stiftungsorgane) nach § 30 Abs. 1 ErbStG besteht, ist zweifelhaft;[22] m. E. ist dies zu bejahen.

hh) Die für die Steuerpflicht nach § 1 Abs. 1 Nr. 4 ErbStG maßgebliche Voraussetzung, dass die Stiftung wesentlich im Interesse einer Familie errichtet sein muss, hat auch noch an dem für sie maßgebenden Besteuerungszeitpunkt (§ 9 Abs. 1 Nr. 4 ErbStG) erfüllt zu sein. Die Erbschaftsteuerpflicht entfällt somit, wenn eine Familienstiftung vor diesem Zeitpunkt durch Satzungsänderung in eine andere Stiftung – z. B. Unternehmensstiftung – umgewandelt wird (s. R 2 Abs. 1 ErbStR 2003). Fraglich bleibt, ob die Satzungsänderung selbst zu einer Schenkungsteuerpflicht führen kann. Die Literatur[23] ist nahezu einhellig der Ansicht, dieser Vorgang lasse die Identität der juristischen Person bestehen, bedeute also keine Aufhebung der Stiftung und keine anschließende Errichtung einer neuen Stiftung; eine Schenkungsteuerpflicht könne insoweit also nicht in Betracht kommen. Zum selben Ergebnis gelangt auch die Auffassung, nach der selbst grundlegende Satzungsänderungen steuerlich ignoriert werden müssen, solange nur der vom Stifter ursprünglich gesetzte Zweck (Stifterwille) der gleiche bleibt; dieser müsse genauso respektiert werden wie auch sonst im Erbschaftsteuerrecht der Erblasserwille.[24] Die Verwaltung (s. R E 1.2 Abs. 4 ErbStR 2011) vertritt demgegenüber folgende Ansicht:

„Die Änderung des Stiftungscharakters einer Familienstiftung durch Satzungsänderung, gleichgültig, ob sie zu Lebzeiten oder erst nach dem Tode des Stifters erfolgt, gilt erbschaftsteuerrechtlich als Errichtung einer neuen Familienstiftung (§ 7 Abs. 1 Nr. 8 ErbStG). Dies gilt entsprechend, wenn durch die Satzungsänderung lediglich bisher nicht bezugs- oder anfallsberechtigte Familienmitglieder oder Dritte in den Kreis der Destinatäre aufgenommen werden und die Errichtung der Stiftung bei bereits damaliger Zugehörigkeit der neu aufgenommenen Destinatäre schon nach einer ungünstigeren Steuerklasse zu besteuern gewesen wäre. Die durch die Satzungsänderung entstandene „neue" Stiftung gilt als Erwerber des Vermögens der „bisherigen" Stiftung (§ 7 Abs. 1 Nr. 8 ErbStG). Sie ist gem. § 15 Abs. 2 Satz 1 ErbStG nach dem Verwandtschaftsverhältnis des nach der Stiftungsurkunde entferntest Berechtigten zu dem ursprünglichen Stifter (Erblasser oder Schenker) zu besteuern. Die Aufhebung

---

22 Siehe Ebeling, DStR 1990 S. 665.
23 Vgl. Meyer-Arndt, BB 1984 S. 1542; Binz/Sorg, DB 1988 S. 1822; Moench/Kien-Hümbert/Weinmann, § 1 Rdnr. 30; Troll/Gebel/Jülicher, § 15 Rdnr. 128.
24 Siehe Seifart/Pöllath, Handbuch des Stiftungsrechts, § 42 Anm. 45.

der bisherigen Stiftung wird dagegen im Aufhebungszeitpunkt nicht gesondert besteuert. Die bei der Errichtung der bisherigen Stiftung festgesetzte Steuer und die bereits entrichtete Ersatzerbschaftsteuer erlöschen nicht. Die Behandlung der Satzungsänderung als Errichtung einer neuen Stiftung führt dazu, dass die 30-Jahre-Frist für die Entstehung der Ersatzerbschaftsteuer (§ 1 Abs. 1 Nr. 4 i. V. m. § 9 Abs. 1 Nr. 4 ErbStG) bei der bisherigen Stiftung endet und bei der neuen Stiftung neu zu laufen beginnt. Eine Anrechnung der bei Errichtung der bisherigen Stiftung festgesetzten Steuer auf die im Zeitpunkt der Satzungsänderung festzusetzende Erbschaftsteuer kommt nicht in Betracht."

Soweit die Auffassung der Finanzverwaltung auf Zustimmung stößt, wird argumentiert, nur auf diese Weise könne verhindert werden, dass Steuerpflichtige, die eine Vermögensstiftung gründen wollen, das Vermögen zunächst steuergünstig auf eine Familienstiftung übertragen und danach diese Stiftung steuerneutral in eine Unternehmensstiftung umwandeln.[25]

Die Verwaltungsansicht lässt sich m. E. weder mit dem Gesetzeswortlaut in Einklang bringen, weil die entsprechende Satzungsänderung zivilrechtlich eben nicht zu einem Wechsel des Rechtsträgers (Aufhebung – Errichtung) führt, noch kann sie mit dem Sinn und Zweck des Besteuerungstatbestands begründet werden; das wesentliche Familieninteresse bei Stiftungserrichtung wird durch Satzungsänderung nicht beseitigt. Nach der Auffassung der Finanzverwaltung müssten folgerichtig auch zwei Steuerfälle angenommen werden (§ 7 Abs. 1 Nr. 9 und Nr. 8 ErbStG). Das will aber die Verwaltung nicht und beschränkt sich (ziemlich willkürlich) auf § 7 Abs. 1 Nr. 8 ErbStG – die ErbStR 2003 gingen in R 2 Abs. 4 noch von einem steuerpflichtigen Erwerb nach § 7 Abs. 1 Nr. 9 ErbStG mit der Folge der Anwendbarkeit von § 15 Abs. 2 Satz 2 ErbStG aus –. Auch kann die Auffassung der Verwaltung im Einzelfall eine wirtschaftlich sinnvolle Umorganisation zumindest erschweren.[26]

Eine gemeinnützige (Familien-)Stiftung unterliegt der Erbschaftsteuerpflicht nach § 1 Abs. 1 Nr. 4 ErbStG nicht. Wird eine Familienstiftung durch Satzungsänderung in eine gemeinnützige Stiftung umgewandelt, ist deren Erwerb nach § 13 Abs. 1 Nr. 16 Buchst. b ErbStG steuerfrei.[27]

2) Vereine im Erbschaft- und Schenkungsteuerrecht

Vereine, deren Zweck wesentlich im Interesse einer Familie oder bestimmter Familien auf die Bindung von Vermögen gerichtet ist – Familienverein i. S. des § 1 Abs. 1

---

25 Vgl. Viskorf/Glier/Hübner/Knobel/Schuck, § 1 Rdnr. 30; s. auch Meincke, § 1 Rdnr. 21, wonach gegen eine solche Praxis aber schon eine entsprechende Auslegung des § 15 Abs. 2 Satz 1 ErbStG helfe – eine nur vorübergehend den Familieninteressen dienstbare Stiftung sei keine Familienstiftung –, ggf. müsste § 42 AO herangezogen werden.
26 In diesem Sinne Meincke, a. a. O., nach dem die Verwaltungsansicht weit über die gedachten Missbrauchsfälle hinaus wirke und daher auch aus ökonomischer Sicht abzulehnen sei.
27 Siehe R E 1.2 Abs. 5 ErbStR 2011.

Nr. 4 ErbStG –, unterliegen derselben steuerrechtlichen Beurteilung wie Familienstiftungen. Die maßgebenden Vorschriften über Vereine des Privatrechts finden sich in den §§ 21 ff. BGB.

Wird ein rechtsfähiger Verein gem. § 1 Abs. 1 Nr. 4, §§ 272 ff. UmwG formwechselnd in eine Kapitalgesellschaft umgewandelt, stellt dies keine Auflösung des Vereins im bürgerlich-rechtlichen Sinne oder i. S. des § 7 Abs. 1 Nr. 9 Satz 1 ErbStG dar, weil die Eintragung der Kapitalgesellschaft nach § 202 Abs. 1 Nr. 1 UmwG das Weiterbestehen des Vereins in der Rechtsform der Kapitalgesellschaft bewirkt. Anders als bei der Vereinsauflösung kommt es bei dem Formwechsel in eine Kapitalgesellschaft deshalb nicht zum Anfall des Vereinsvermögens bei den Mitgliedern. Nach § 280 Satz 1 UmwG werden die bisherigen Vereinsmitgliedschaften zu im Gegensatz zur Mitgliedschaft in einem rechtsfähigen Verein (§ 38 BGB) übertragbaren und vererblichen Anteilen an der Kapitalgesellschaft. Um zu verhindern, dass infolge der Umwandlung eines Familienvereins die Ersatzerbschaftsteuer entfällt, hat der Gesetzgeber mit dem ErbStRG vom 24.12.2008 dem **§ 7 Abs. 1 Nr. 9 ErbStG** einen **Satz 3** angefügt, als dessen Folge bei einer **formwechselnden Umwandlung** eines **Familienvereins** i. S. des § 1 Abs. 1 Nr. 4 ErbStG in eine **Kapitalgesellschaft** dieselben Rechtsfolgen wie im Fall der **Auflösung** des **Vereins** eintreten.[28]

4.1.3 Anwendbarkeit der Vorschriften über Erwerbe von Todes wegen auf Schenkungen unter Lebenden

Soweit nichts anderes bestimmt ist, gelten im Bereich des Erbschaft- und Schenkungsteuergesetzes nach § 1 Abs. 2 ErbStG die Vorschriften über den Erwerb von Todes wegen auch für Schenkungen und Zweckzuwendungen, die Vorschriften über Schenkungen wiederum auch für Zweckzuwendungen unter Lebenden. Hierin liegt eine sinnvolle Entlastung des Gesetzeswortlauts, gleichzeitig aber auch eine Unsicherheit bei bestimmten Vorschriften im Einzelnen. Umgekehrt sind allerdings die Vorschriften über Schenkungen nicht auf Erwerbe von Todes wegen anwendbar.[29]

§ 1 Abs. 2 ErbStG bringt den Willen des Gesetzgebers zum Ausdruck, dass er die Steuerfolgen aus Erwerben von Todes wegen und aus Schenkungen unter Lebenden im Zweifel gleichbehandelt wissen möchte,[30] wobei Zweifel dort ausgeschlossen sind, wo das Gesetz eine neutrale Formulierung enthält, wie z. B. in § 10 Abs. 3 und 9 ErbStG, oder Sachverhalte regelt, die zweifelsfrei nur anlässlich eines Erbfalls vorkommen können, wie z. B. § 15 Abs. 3 ErbStG. Wegen der Gleichwertigkeit der

---

28 In diesem Sinne bereits vor Inkrafttreten des ErbStRG Auffassung der Verwaltung – vgl. z. B. FinMin Baden-Württemberg vom 07.12.2000, ZEV 2001 S. 67 –, aber diese Ansicht mangels rechtlicher Grundlage für die vom Zivilrecht abweichende erbschaftsteuerliche Behandlung der Umwandlung seinerzeit zumindest bedenklich und nur unter fiskalischen Gesichtspunkten nachvollziehbar.
29 Vgl. zu § 13 Abs. 1 Nr. 10 ErbStG insoweit auch BFH vom 16.04.1986, BStBl 1986 II S. 622.
30 Meincke, § 1 Rdnr. 22.

4 Steuerpflicht

aus erbschaftsteuer- und schenkungsteuerlichen Vorgängen herrührenden Bereicherung soll die Steuerbelastung möglichst gleichwertig sein, sodass Ausnahmen, also die Nichtanwendbarkeit bestimmter Vorschriften über Erwerbe von Todes wegen auf Schenkungen, einer Begründung bedürfen, die aus der Entstehungsgeschichte oder dem systematischen Zusammenhang des Gesetzes herrührt.[31]

„Etwas anderes" i. S. des § 1 Abs. 2 ErbStG ist ausdrücklich bestimmt (zu Einzelheiten s. R E 1.1 Satz 3 ErbStR 2011) z. B. in § 17 ErbStG mit der Folge, dass die Regelung nur bei Erwerben von Todes wegen, nicht aber bei Schenkungen und Zweckzuwendungen angewandt werden kann.[32]

Aber nicht nur, wenn das Gesetz (Erbschaft- und Schenkungsteuergesetz) ausdrücklich etwas anderes bestimme, sondern auch dann, wenn aus Sinn und Zweck der jeweiligen Vorschrift zu entnehmen sei, dass sie nur für Erwerbe von Todes wegen gelte, soll die entsprechende Vorschrift nicht auch für Schenkungen gelten.[33] Ob diese „Auslegung" des § 1 Abs. 2 ErbStG bei seinem eindeutigen Wortlaut haltbar ist, erscheint zweifelhaft. In jedem Fall ergeben sich bei seiner Anwendung aufgrund der verunglückten Gesetzesfassung häufig Schwierigkeiten.[34] Steuerfreiheit nach § 13 Abs. 1 Nr. 10 ErbStG soll nicht für Rückschenkungen unter Lebenden, sondern nur bei einem Rückerwerb von Todes wegen eintreten.[35] Auch die Steuerermäßigung nach § 27 Abs. 1 ErbStG soll nur bei einem „nachfolgenden" Erwerb von Todes wegen in Betracht kommen, bei Rückschenkungen kommt die Bestimmung nicht zur Anwendung.[36]

Der BFH sah es ferner als unproblematisch an, dass die Grundsätze der sog. mittelbaren Grundstücksschenkung – Relevanz infolge der Bewertung von bebauten und unbebauten Grundstücken mit dem gemeinen Wert durch das ErbStRG vom 24.12.2008 und kein Ansatz mehr mit dem vom Verkehrswert häufig stark abweichenden Grundbesitzwert zumindest deutlich eingeschränkt – beim Erwerb von Todes wegen durch Erbanfall, auch wenn dieser auf einem Erbvertrag beruhte, nicht

---

31 Siehe Meincke, § 1 Rdnr. 24.

32 Zur Ausnahmesituation der Gewährung des Versorgungsfreibetrags bei einem steuerbaren Erwerb nach § 7 Abs. 1 Nr. 5 ErbStG siehe R E 1.1 Satz 3 Nr. 6 Satz 2 ErbStR 2011; vgl. in diesem Zusammenhang bereits FG Nürnberg, EFG 1990 S. 65.

33 Siehe hierzu RFH, RStBl 1941 S. 564, in dem der Entscheidung zugrunde liegenden Fall hatte die vorzeitige Erfüllung = Schenkung eines von den Eheleuten durch Erbvertrag ausgesetzten Vermächtnisses durch die Witwe die Anwendung einer schlechteren Steuerklasse zur Folge, als dies bei Einhaltung der im Erbvertrag getroffenen Regelung = Erfüllung des Vermächtnisses erst nach dem Tode der Witwe der Fall gewesen wäre.

34 Siehe z. B. BFH vom 31.05.1989, BStBl 1989 II S. 733 zu § 27 ErbStG; zu weitgehend Felix, DStR 1995 S. 1619; Grube/Kloyer, DStR 1997 S. 228; Hartmann, UVR 1998 S. 112; s. auch Wohlschlegel, DStR 1997 S. 486.

35 Siehe BFH vom 16.04.1986, BStBl 1986 II S. 622.

36 Vgl. BFH vom 16.07.1997, BStBl 1997 II S. 625; R E 1.1 Satz 3 Nr. 8 ErbStR 2011.

4.1 Steuerpflichtige Vorgänge (Grundtatbestände) – § 1 ErbStG

zur Anwendung gelangen konnten.[37] Bemerkenswerterweise taucht hier allerdings nur im erstgenannten Urteil § 1 Abs. 2 ErbStG im Rahmen der Begründung auf. Bei Schenkungen wiederum ist z. B. § 10 Abs. 5 Nr. 3 Satz 2 ErbStG – Pauschbetrag für Beerdigungskosten – nicht anwendbar,[38] während § 10 Abs. 5 Nr. 3 Satz 1 ErbStG – Kosten des Erwerbs – anwendbar sein soll.[39]

Auch § 10 Abs. 1 Satz 2 ErbStG wird im Ergebnis auf – gemischte – Schenkungen und solche unter Leistungsauflage angewandt.[40]

4.1.4 Auslegung bei Erwerben nach ausländischem Recht

Nach Art. 3 Abs. 1 Satz 1 EGBGB bestimmt bei Sachverhalten mit Auslandsberührung das Internationale Privatrecht – IPR – die maßgebende Privatrechtsordnung. Verweisungen auf das Recht eines ausländischen Staates sind grundsätzlich Gesamtverweisungen, die auch dessen IPR umfassen und daher auch zu einer Rück- oder Weiterverweisung führen können (Art. 4 Abs. 1 EGBGB).[41] Das deutsche IPR beruht zu einem erheblichen Teil auf Staatsverträgen. Artikel 3 Abs. 2 Satz 1 EGBGB stellt klar, dass diese den Vorrang vor dem in den folgenden Artikeln geregelten autonomen deutschen Kollisionsrecht besitzen.

Nach Art. 25 Abs. 1 EGBG unterliegt die Rechtsnachfolge von Todes wegen dem Recht des Staates, dem der Erblasser im Zeitpunkt seines Todes angehörte (**Erbstatut**). Wohnsitz oder gewöhnlicher Aufenthalt des Erblassers sowie dessen Staatsangehörigkeit in einem früheren Zeitpunkt werden grundsätlich nicht berücksichtigt. Die Testierfreiheit des Erblassers beinhaltet nicht das Recht zu testamentarischer Bestimmung des Erbstatuts.[42] Das Erbstatut gilt grundsätzlich für den gesamten Nachlass unabhängig von Art und Lage eines einzelnen Nachlassgegenstandes (**Nachlasseinheit**). Ausnahmen können sich aus einer partiellen Rück- oder Weiterverweisung oder aus abweichenden Anknüpfungsregeln des Belegenheitsstaates ergeben. Sieht nämlich das IPR am Lageort von Nachlassgegenständen eine unterschiedliche Anknüpfung für die Erfolge in bewegliches und unbewegliches Vermögen vor, so besitzen diese besonderen Vorschriften des Belegenheitsstaates nach Art. 3 Abs. 3 EGBGB Vorrang vor der Anknüpfung des Erbstatuts nach Art. 25 Abs. 1 EGBGB.

Auch wenn eine Rechtswahl bei der Bestimmung des Erbstatuts grundsätzlich unbeachtlich ist, kann der Erblasser gem. Art. 25 Abs. 2 EGBGB für im Inland belegenes

---

37 Siehe BFH vom 21.10.1981, BStBl 1982 II S. 83, vom 23.01.1991, BStBl 1991 II S. 310, vom 28.06.1995, BStBl 1995 II S. 786, und vom 10.07.1994 II R 32/94, BFH/NV 1997 S. 28.
38 So zu Recht FG Nürnberg, EFG 1993 S. 729; R E 1.1 Satz 3 Nr. 2 ErbStR 2011.
39 Siehe BFH vom 25.01.2001, BStBl 2001 II S. 456 am Ende.
40 Vgl. R E 7.4 Abs. 1 Satz 1 und 2 ErbStR 2011, im Gegensatz hierzu R 17 Abs. 1 ErbStR 2003 und auch noch Abschn. 1 Abs. 1 AEErbSt vom 25.06.2009.
41 Hierzu Süß, ZEV 2000 S. 486.
42 Siehe BGH, NJW 1972 S. 1001.

4 Steuerpflicht

unbewegliches Vermögen – Begriff nach deutschem Recht zu qualifizieren – in der Form einer Verfügung von Todes wegen deutsches Recht wählen (zu den Formerfordernissen der letztwilligen Verfügung vgl. Art. 26 EGBGB). Bei wirksamer Rechtswahl kommt es zur **Nachlassspaltung,** wenn der Erblasser – insbesondere aufgrund seiner Staatsangehörigkeit – hinsichtlich seines sonstigen Vermögens nach einem anderen Rechtssystem beerbt wird.[43] Der durch Spaltung entstandene Nachlassteil ist grundsätzlich als selbständiger Nachlass anzusehen, d. h. nach dem jeweils maßgebenden Erbstatut so abzuhandeln, als ob er der gesamte Nachlass wäre. Daraus folgt, dass eine selbständige Erbeinsetzung hinsichtlich des dem deutschen Recht unterstehenden Nachlassteils möglich und nicht als Einsetzung zu einem Bruchteil mit Teilungsanordnung aufzufassen ist. Für jeden Nachlassteil selbständig nach dem für ihn geltenden Recht sind auch die Wirksamkeit einer Erbausschlagung sowie Auslegung und Gültigkeit eines Testament zu beurteilen. Dasselbe Testament kann also für den einen Teil wirksam, für den anderen unwirksam sein, für den einen kann gesetzliche, für den anderen gewillkürte Erbfolge eintreten.[44]

Auch Erbfälle nach ausländischem Recht können zu steuerpflichtigen Vorgängen i. S. des § 1 Abs. 1 Nr. 1 i. V. m. § 3 ErbStG führen,[45] obwohl der Gesetzeswortlaut hier einiges zu wünschen übrig lässt.[46]

Die Tatbestände des Erbschaftsteuer- und Schenkungsteuergesetzes sind auf die Rechtsbegriffe des deutschen Erbrechts zugeschnitten. Schwierigkeiten können sich folglich – abgesehen von § 2 ErbStG – ergeben, wie Erwerbe nach ausländischem Recht erbschaftsteuerlich zu behandeln sind. Die Besteuerung ist unproblematisch, wenn dem ausländischen Recht ein deutsches Rechtsinstitut entspricht oder sich eine rechtliche Parallele feststellen lässt.[47] Ist das nicht der Fall,[48] so ist der ausländische Rechtsvorgang unter wirtschaftlicher Betrachtungsweise zu würdigen. Im Ergebnis ist also nach Sinn und Zweck des Erbschaftsteuergesetzes zu prüfen, ob der ausländische Rechtsvorgang aufgrund seines wirtschaftlichen Gehalts eine Besteuerung nach deutschem Erbschaftsteuerrecht auslöst.[49]

---

43 Zur Testamentsgestaltung s. Steiner, ZEV 2003 S. 145 und 500.
44 Siehe OLG Celle, FamRZ 2003 S. 1876.
45 Siehe BFH vom 07.05.1986, BStBl 1986 II S. 615; Geck, ZEV 1995 S. 249.
46 Ausführlich Martiny, IStR 1998 S. 56.
47 Siehe z. B. zum türkischen Erbrecht Serozan, ZEV 1997 S. 473.
48 Siehe z. B. zum Trust Siemers/Müller, ZEV 1998 S. 206 und IStR 1998 S. 385.
49 Siehe Klein, FR 2001 S. 118; vgl. hierzu auch FG Niedersachsen, EFG 1992 S. 144, wonach eine Erbeinsetzung nicht deshalb aufschiebend bedingt i. S. des § 9 Abs. 1 Nr. 1 Buchst. a ErbStG ist, weil auf Antrag eines Nachlassbeteiligten Nachlassverwaltung nach schwedischem Recht angeordnet war, denn die mit der Nachlassverwaltung verbundene Verfügungsbeschränkung der Miterben ist in ihren Auswirkungen den Verfügungsbeschränkungen vergleichbar, die im deutschen Erbrecht durch die Anordnung der Testamentsvollstreckung eintreten und demgemäß der Entstehung der Erbschaftsteuer mit dem Tod des Erblassers nicht entgegenstehen.

4.2 Persönliche Steuerpflicht – § 2 ErbStG

Die Begriffe unbeschränkte und beschränkte Erbschaftsteuerpflicht verwendet das Erbschaftsteuer- und Schenkungsteuergesetz zwar erst seit dem BeitrRLUmsG vom 07.12.2011, in der Praxis – einschließlich den ErbStR 2003 – aber war die begriffliche Unterscheidung auch schon früher gebräuchlich. Bei der persönlichen Erbschaftsteuerpflicht unterscheidet das Gesetz zwischen der Steuerpflicht für den gesamten – auch ausländischen – Vermögensanfall (**unbeschränkte Erbschaftsteuerpflicht**) und der Steuer-pflicht nur für den Vermögensanfall, der in Inlandsvermögen i. S. des § 121 BewG oder in einem Nutzungsrecht an solchen Vermögensgegenständen besteht (**beschränkte Erbschaftsteuerpflicht**).

§ 2 Abs. 1 Nr. 1 und Nr. 2 ErbStG regeln die unbeschränkte, § 2 Abs. 1 Nr. 3 ErbStG die beschränkte Steuerpflicht.

Darüber hinaus können **Doppelbesteuerungsabkommen,** die der innerstaatlichen gesetzlichen Regelung vorgehen, die **unbeschränkte Steuerpflicht einschränken.** Auf der anderen Seite kann die beschränkte Steuerpflicht erweitert werden, sog. erweiterte beschränkte Erbschaftsteuerpflicht (§ 4 AStG).

Erwerbe von Todes wegen oder durch Schenkung unter Lebenden, an denen kein Inländer als Erblasser/Schenker oder Erwerber beteiligt ist und die sich auch nicht auf Inlandsvermögen beziehen, werden von der deutschen Erbschaft- und Schenkungsteuer nicht erfasst. Dies gilt auch dann, wenn die an dem Erwerbsvorgang Beteiligten deutsche Staatsangehörige sind, das transferierte Vermögen aus Deutschland stammt oder in Deutschland erwirtschaftet worden ist oder wenn sich die Erwerbsvorgänge nach deutschem Zivilrecht aufgrund von in Deutschland abgeschlossenen Rechtsgeschäften vollziehen.[50]

Zur praktischen Handhabung eines Erbrechtsfalls mit Auslandsberührung siehe die Checkliste bei von Oertzen (ZEV 1995 S. 167).[51]

4.2.1 Unbeschränkte Steuerpflicht

1) Inländereigenschaft

Die unbeschränkte Erbschaftsteuerpflicht nach § **2 Abs. 1 Nr. 1** ErbStG tritt ein, wenn entweder **Erblasser (Schenker**) oder **Erwerber Inländer** ist. Wer in Deutschland lebt und von Todes wegen oder durch Schenkung unter Lebenden Vermögen erwirbt, soll für diesen Erwerb hier Steuern zahlen. Aber auch wer nicht hier lebt, Deutschland weder durch Wohnsitz oder gewöhnlichen Aufenthalt noch durch Staatsangehörigkeit, Herkommen, Sprache, Kultur etc. verbunden ist, soll hier Steu-

---
50 Siehe Meincke, § 2 Rdnr. 1 f. auch zur Zielsetzung des § 2 ErbStG.
51 Im Übrigen vgl. hierzu auch Streck/Schwedhelm/Olbing, DStR 1994 S. 1441; Bader, INF 1995 S. 71; Boochs, UVR 1994 S. 264; Schindhelm, ZEV 1997 S. 8; Wacker, IStR 1998 S. 33; Jülicher, ZEV 1999 S. 466; Kau, UVR 2001 S. 13; Lehmann, ZEV 2007 S. 193; Bachmann, ZEV 2007 S. 198; Daragan, ZEV 2007 S. 2004; weitere Nachweise bei Jülicher in Troll/Gebel/Jülicher, ErbStG, § 2 Rdnr. 150.

ern zahlen, wenn der Schenker/Erblasser hier lebt oder bis zu seinem Tode gelebt hat. Das Gesetz regelt hiermit eine Ausdehnung der beschränkten, auf das Inlandsvermögen bezogenen Steuerpflicht in den Bereich der unbeschränkten Steuerpflicht hinein. Denn die Inländereigenschaft des Schenkers/Erblassers beeinflusst nicht die Stellung des Erwerbers, wohl aber den Charakter des transferierten Vermögens, das wegen der Inlandszugehörigkeit des bisherigen Vermögensträgers mit dem Inland verbunden ist.[52]

Beispiele:

a) Erblasser E hatte seinen Wohnsitz im Ausland. Sein Vermögen ist zum Teil Auslandsvermögen und zum Teil Inlandsvermögen. Der Alleinerbe A ist belgischer Staatsangehöriger, hat seinen Wohnsitz aber im Inland.

A ist nach § 2 Abs. 1 Nr. 1 Buchst. a ErbStG unbeschränkt erbschaftsteuerpflichtig. Die erbschaftsteuerliche Inländereigenschaft hängt nicht von der Staatsangehörigkeit ab. Seine Steuerpflicht tritt also für den gesamten Vermögensanfall (Auslands- und Inlandsvermögen des Erblassers) ein.

b) Erblasser E – belgischer Staatsangehöriger – hatte seinen Wohnsitz im Inland. Sein Nachlass besteht ausschließlich aus Auslandsvermögen. Der Alleinerbe A – ebenfalls belgischer Staatsangehöriger – hat auch seinen Wohnsitz in Belgien.

A ist wiederum nach § 2 Abs. 1 Nr. 1 Buchst. a ErbStG unbeschränkt erbschaftsteuerpflichtig. Der Erwerb unterfällt auch dann der unbeschränkten Steuerpflicht, wenn der Erwerber keinerlei Verbindung zum Inland hat und auch das transferierte Vermögen in keiner Verbindung zum Inland steht. Es genügt, dass der Vermögensgeber – Erblasser E – zum Kreis der Inländer gehört; hier der Fall wegen des Wohnsitzes des E bis zu seinem Tode in Deutschland. Für die unbeschränkte Steuerpflicht im Erbschaftsteuerrecht sind also auch die Verhältnisse anderer Personen als des Steuerschuldners maßgeblich.[53]

Nur wenn alle unmittelbar Beteiligten nicht Inländer sind, tritt die unbeschränkte Steuerpflicht nicht ein. Als **Inländer** gelten insoweit:

- **§ 2 Abs. 1 Nr. 1 Buchst. a ErbStG – natürliche Personen,** die im **Inland** einen **Wohnsitz** oder ihren **gewöhnlichen Aufenthalt** haben –

Inland ist das Staatsgebiet der Bundesrepublik Deutschland. § 2 Abs. 2 ErbStG stellt ergänzend fest, dass der der Bundesrepublik Deutschland zustehende Anteil am vom offenen Meer bedeckten Festlandsockel, soweit dort Naturschätze des Meeresgrundes erforscht oder ausgebeutet werden, zum Inland im Sinne des ErbStG gehört (Regelung wohl in der Vergangenheit ohne praktische Bedeutung).

Die Begriffe „Wohnsitz" und „gewöhnlicher Aufenthalt" sind in den §§ 8 und 9 AO definiert (vgl. hierzu AEAO zu diesen Vorschriften).

Die Begründung eines Wohnsitzes ist im Steuerrecht nicht vom Willen des Steuerpflichtigen abhängig, sondern allein nach den tatsächlichen Umständen zu beurteilen. Dazu ist der ständige Aufenthalt in einer Wohnung nicht erforderlich,

---

52 Siehe Meincke, § 2 Rdnr. 5.
53 Sinnhaftigkeit der Regelung in Zweifel ziehend Meincke, § 2 Rdnr. 5a.

4.2 Persönliche Steuerpflicht – § 2 ErbStG

denn das Steuerrecht geht nicht davon aus, dass eine natürliche Person nur einen Wohnsitz haben kann. Auch der in Abständen immer wieder genutzte Zweitwohnsitz gilt als Wohnsitz i. S. des § 8 AO. Zwar wird der Ort einer nur gelegentlich genutzten Ferienwohnung noch nicht als Wohnsitz angesehen. Doch kann am Ort einer dem Erben gehörenden Doppelhaushälfte schon dann ein Wohnsitz bestehen, wenn dieser sie zweimal jährlich zu bestimmten Zeiten über mehrere Wochen hinweg zu Jagdzwecken nutzt.[54] Auch wenn der Hauptwohnsitz im Ausland liegt, steht dies der Annahme eines weiteren inländischen, zur unbeschränkten Erbschaftsteuerpflicht führenden Wohnsitzes nicht entgegen. Hatte der im Ausland lebende Erblasser im Inland eine möblierte Wohnung gemietet, die ihm als Unterkunft bei Inlandsaufenthalten diente, kann dadurch ein inländischer Wohnsitz begründet sein.[55]

- **§ 2 Abs. 1 Nr. 1 Buchst. b ErbStG – deutsche Staatsangehörige**, die zwar im Inland keinen Wohnsitz, sich aber **nicht länger als 5 Jahre dauernd im Ausland** aufgehalten haben –

Durch diese Regelung[56] soll verhindert werden, dass die deutsche Erbschaftsteuer durch lediglich vorübergehende Aufgabe des inländischen Wohnsitzes umgangen werden kann.

- **§ 2 Abs. 1 Nr. 1 Buchst. c ErbStG – bestimmte deutsche Staatsangehörige**, die im Inland weder einen Wohnsitz noch ihren gewöhnlichen Aufenthalt haben, sowie zu ihrem Haushalt gehörende Angehörige, die aufgrund der **Ausübung ihrer dienstlichen Tätigkeit im Ausland dort nur der beschränkten Steuerpflicht** unterliegen –

Die Begründung des dienstlichen Wohnsitzes im Ausland soll für diese Personen erbschaftsteuerrechtlich keine Vor- oder Nachteile bringen. Gedacht ist bei dieser Regelung vornehmlich an Auslandsbeamte. Sie werden zusammen mit den in ihrem Haushalt lebenden deutschen Angehörigen auch dann als Inländer behandelt, wenn sie sich schon mehr als 5 Jahre dauernd im Ausland aufhalten. Für diese Personen gilt die unbeschränkte Steuerpflicht gem. Satz 2 aber nur dann, wenn sich das Gastland, in dem sie leben, seinerseits auf eine Besteuerung im Umfang des § 2 Abs. 1 Nr. 3 ErbStG beschränkt. Also soll für die Auslandsbediensteten und ihre Angehörigen eine unbeschränkte deutsche Erbschaftsteuerpflicht dann nicht ausgelöst werden, wenn sie für den entsprechenden Erwerb bereits in dem Land, in dem sie leben, der unbeschränkten Steuerpflicht unterliegen. Die Bestimmung macht deutlich, dass jemand zugleich im Ausland und in

---

54 Siehe BFH vom 23.11.1988, BStBl 1989 II S. 182; BVerfG vom 15.11.1989, BStBl 1990 II S. 103.
55 Siehe FG Hamburg, EFG 1988 S. 424; vgl. insoweit auch FG München, UVR 1993 S. 148 zur Inländereigenschaft einer Ausländerin, die im Inland eine Wohnung besitzt, die sie mit gewisser Regelmäßigkeit zum Besuch ihrer Ärzte aufsucht.
56 Als bedenklich angesehen wegen Diskriminierung deutscher Staatsangehöriger im Vergleich zu Ausländern von Schaumburg, RWI 2001 S. 161.

der Bundesrepublik Deutschland als Inländer gelten und hier wie dort der unbeschränkten Steuerpflicht unterliegen kann; im Fall des § 2 Abs. 1 Nr. 1 Buchst. c ErbStG tritt dann die deutsche unbeschränkte Steuerpflicht zurück.[57]

- **§ 2 Abs. 1 Nr. 1 Buchst. d ErbStG – Körperschaften, Personenvereinigungen** und **Vermögensmassen,** die ihre **Geschäftsleitung** oder ihren **Sitz** im **Inland** haben – Die Begriffe „Geschäftsleitung" und „Sitz" sind in den §§ 10 und 11 AO definiert.

Für die erbschaftsteuerliche Behandlung **diplomatischer Vertreter** gilt das Wiener Übereinkommen über die diplomatischen Beziehungen vom 18.04.1961[58] und das Wiener Übereinkommen über konsularische Beziehungen vom 24.04.1963.[59] Danach sind Diplomaten und deren Familienmitglieder, insbesondere Ehegatte, im Haushalt des Diplomaten lebende minderjährige Kinder, auch volljährige, unverheiratete Kinder und Eltern sowie Schwiegereltern bei wirtschaftlicher Abhängigkeit, im Empfangsstaat von allen Steuern mit Ausnahme der Erbschaftsteuer befreit. Aber auch diese wird nicht erhoben vom beweglichen Vermögen des Diplomaten, wenn es sich nur deshalb im Empfangsstaat befindet, weil der Verstorbene dort als Diplomat gelebt hat. Zum beweglichen Vermögen gehört in erster Linie der Hausrat; Kapitalvermögen hingegen gehört im Sinne dieses Abkommens nicht dazu.

Familienstiftungen sind für die Periodenbesteuerung nach § 2 Abs. 1 Nr. 2 ErbStG unbeschränkt steuerpflichtig, wenn sie ihre Geschäftsleitung oder ihren Sitz im Inland haben. Der Ersatzerbschaftsteuer unterliegt dann das gesamte Vermögen, also auch das Auslandsvermögen. Da dieses Ergebnis bereits aus § 2 Abs. 1 Nr. 1 Buchst. d ErbStG folgt, hat § 2 Abs. 1 Nr. 2 ErbStG insoweit lediglich klarstellende Bedeutung. Eine selbständige Bedeutung hat diese Vorschrift aber insofern, als man aus ihrem Wortlaut i. V. m. § 2 Abs. 1 Nr. 3 ErbStG folgern muss, dass die Frage der Steuerpflicht für Familienstiftungen damit wohl abschließend geregelt ist, sodass ausländische Familienstiftungen auch mit ihrem Inlandsvermögen nicht der Ersatzerbschaftsteuer unterliegen.[60] Das bedeutet, dass die Ersatzerbschaftsteuer insgesamt dann vermieden wird, wenn Geschäftsleitung oder Sitz der Stiftung ins Ausland verlegt werden.

Soweit Auslandsvermögen zum Erwerb des unbeschränkt Steuerpflichtigen gehört, kommt zur Vermeidung einer Doppelbesteuerung gem. § 21 ErbStG eine Anrech-

---

57 Siehe Meincke, § 2 Rdnr. 6, der in der Erstreckung der inländischen unbeschränkten Steuerpflicht auf die den Auslandsbeamten zufallenden Erwerbe wegen der in Satz 2 getroffenen Ausnahmeregelung keine größere praktische Bedeutung beimisst.
58 BGBl 1964 II S. 959.
59 BGBl 1969 II S. 1585; s. hierzu auch H E 2.1 ErbStH 2011.
60 In diesem Sinne Moench/Kien-Hümbert/Weinmann, § 2 Rdnr. 19; Meincke, § 2 Rdnr. 9 mit dem Hinweis, gegenteiliges Ergebnis könne auch nicht aus § 2 Abs. 1 Nr. 3 ErbStG hergeleitet werden, obwohl die Vorschrift „alle anderen Fälle" anspricht, denn hiernach soll nur ein „Vermögensanfall" zur beschränkten Steuerpflicht führen, während die Ersatzerbschaftsteuer das Vermögen selbst zum Besteuerungsgegenstand erkläre.

4.2 Persönliche Steuerpflicht – § 2 ErbStG

nung der ausländischen Erbschaftsteuer auf die deutsche Erbschaftsteuer in Betracht.

2) Zeitpunkt für Inländereigenschaft

Der maßgebende Zeitpunkt, zu dem die Inländereigenschaft bestanden haben muss, ist unterschiedlich, je nachdem, ob sich die unbeschränkte Steuerpflicht nach dem Erblasser bzw. Schenker oder nach dem Erwerber bestimmt. Wird die unbeschränkte Steuerpflicht vom Erblasser/Schenker hergeleitet, kommt es insoweit auf die Verhältnisse zur Zeit des Todes des Erblassers bzw. zur Zeit der Ausführung der Zuwendung an. Wird sie hingegen vom Erwerber hergeleitet, so muss dieser im Zeitpunkt der Entstehung der Steuerschuld Inländer sein.

Bei einer Schenkung stimmen der für den Schenker und für den Erwerber geltende Zeitpunkt wegen der Steuerentstehung mit Ausführung der Zuwendung (§ 9 Abs. 1 Nr. 2 ErbStG) stets überein. Auch bei Erwerben von Todes wegen fallen der Zeitpunkt des Todes des Erblassers und der Zeitpunkt der Entstehung der Steuer regelmäßig zusammen (§ 9 Abs. 1 Nr. 1 ErbStG). Jedoch sieht § 9 Abs. 1 Nr. 1 Buchst. a bis i ErbStG auch spätere Entstehungszeitpunkte vor. Dann bleibt die von der Person des Erwerbers abhängige Frage nach dem Eingreifen der unbeschränkten Steuerpflicht zunächst in der Schwebe. Hier kann der Erwerber ggf. noch selbst darauf hinwirken, dass er zum maßgebenden Zeitpunkt die Inländereigenschaft nicht mehr erfüllt.[61]

Streitig ist, ob im Fall der mit dem Tod des Vorerben eintretenden Nacherbfolge der Vorerbe auch dann als Erblasser des Nacherben gilt, wenn der Nacherbe gem. § 6 Abs. 2 Satz 2 ErbStG beantragt, der Besteuerung das Verhältnis zum zivilrechtlichen Erblasser zugrunde zu legen.[62] Bejaht man dies, kommt es, wenn der Nacherbe kein Inländer ist, auf die Inländereigenschaft des Vorerben zur Zeit seines Todes, nicht auf die Inländereigenschaft des Erblassers beim Erbfall an.

3) Folgen der unbeschränkten Steuerpflicht

Die unbeschränkte Steuerpflicht gilt „für den gesamten Vermögensanfall", gleichgültig, wo er sich verwirklicht. Ist der Erblasser Inländer, erfasst die unbeschränkte Steuerpflicht alle Erwerbe von Todes wegen, die § 1 Abs. 1 Nr. 1 i. V. m. § 3 ErbStG auf den Erblasser zurückführt. Ist aber der Erblasser kein Inländer, gilt die unbeschränkte Steuerpflicht nur für den Erwerb der Personen, die gem. § 2 Abs. 1 Nr. 1 ErbStG zu den Inländern gehören. Der „gesamte Vermögensanfall" hat also in beiden Konstellationen unterschiedliche Bedeutung.

Die unbeschränkte Steuerpflicht kennt keine Beschränkungen der Besteuerung und wirkt sich unter diesem Aspekt für den Steuerpflichtigen nachteilhaft aus; mit ihr

---

61 Siehe Meincke, § 2 Rdnr. 7 m. w. N.
62 Bejahend: RFH, RStBl 1929 S. 67; Moench/Kien-Hümbert/Weinmann, § 2 Rdnr. 15; Wilms/Jochum, § 2 Rdnr. 50; Meincke, § 2 Rdnr. 7; Frage hingegen verneinend: Troll/Gebel/Jülicher, § 2 Rdnr. 43; Viskorf/Glier/Hübner/Knobel/Schuck, § 6 Rdnr. 21.

4 Steuerpflicht

sind aber auch keine Beschränkungen der Steuerentlastung verbunden, was für den Steuerpflichtigen günstig sein kann (s. hierzu auch unter 4.2.3.).

Beispiel:
Ein ausländischer Staatsbürger schenkt seinem Sohn ein im Inland gelegenes Grundstück. Aus dem Blickwinkel des deutschen Erbschaft- und Schenkungsteuerrechts ist es für die Besteuerung günstiger, wenn einer der Beteiligten seinen Wohnsitz im Inland hat mit der Folge der unbeschränkten Steuerpflicht, weil dann der Freibetrag von 400.000 € zur Anwendung kommt, bei beschränkter Steuerpflicht hingegen nur ein Freibetrag von 2.000 €.[63]

4.2.2 Einschränkungen der unbeschränkten Steuerpflicht insbesondere durch Doppelbesteuerungsabkommen

Bei unbeschränkter Steuerpflicht erstreckt sich die deutsche Erbschaftsteuer auch auf einen Erwerb, der in Auslandsvermögen besteht. Wird in dem betreffenden ausländischen Staat, in dem sich das Auslandsvermögen befindet, ebenfalls eine Erbschaftsteuer erhoben, so kann dies zu einer doppelten Besteuerung desselben Erwerbs führen.[64] Sofern zur Vermeidung einer solchen Doppelbesteuerung Verträge mit anderen Staaten (Doppelbesteuerungsabkommen) abgeschlossen werden, in denen die vertragschließenden Staaten ihre Besteuerungsrechte gegenseitig abgrenzen, gehen diese, soweit sie unmittelbar anwendbares innerstaatliches Recht geworden sind, dem Erbschaftsteuer- und Schenkungsteuergesetz vor (§ 2 AO).

Die Doppelbesteuerungsabkommen verwenden folgende Grundprinzipien: Sie weisen das Besteuerungsrecht für bestimmtes Auslandsvermögen – sog. Belegenheitsvermögen; z. B. unbewegliches Vermögen, Betriebsstättenvermögen – (auch) dem Belegenheitsstaat zu. Zur **Vermeidung der Doppelbesteuerung** werden im Übrigen zwei Methoden angewandt:

- die **Anrechnungsmethode** – die für das Auslandsvermögen erhobene ausländische Erbschaftsteuer wird auf die deutsche Erbschaftsteuer angerechnet –

- und die **Freistellungsmethode** – das Auslandsvermögen wird von der deutschen Erbschaftsteuer freigestellt –.

Die DBA Schweden, Dänemark, Schweiz und USA verwenden bzw. verwandten die Anrechnungsmethode, die DBA Griechenland, Österreich, zum Teil auch Schweiz die Freistellungsmethode. Allerdings wird die dem Erbschaftsteuergesetz innewohnende Progression nicht beseitigt, weil in diesen Fällen nach § 19 Abs. 2 ErbStG die Steuer nach dem Steuersatz zu erheben ist, die für den gesamten Erwerb (also ein-

---

63 Siehe in diesem Zusammenhang Meincke § 2 Rdnr. 8, wonach es mit dem Charakter der Steuer als einer Bereicherungssteuer nicht zusammen zu stimmen scheint, dass sich der Anwendungsbereich des deutschen Erbschaft- und Schenkungsteuerrechts nach der Inländereigenschaft des Erblassers/ Schenkers richten soll, eine Anknüpfung, die eher überzeugen würde, wenn die Erbschaftsteuer als Nachlasssteuer ausgestaltet wäre oder die Schenkungsteuer die Minderung des Schenkervermögens erfassen würde.

64 Siehe z. B. für Spanien Herzig/Watrin/Walter, ZEV 2000 S. 473; Gebel, IStR 2001 S. 71.

4.2 Persönliche Steuerpflicht – § 2 ErbStG

schließlich des ausländischen) gelten würde. Die von der Bundesrepublik Deutschland abgeschlossenen Doppelbesteuerungsabkommen beziehen sich zum großen Teil nicht auf die Erbschaftsteuer.

Der Stand der Doppelbesteuerungsabkommen auf dem Gebiet der Erbschaftsteuer war am 01.01.2012[65] folgender:

- **Geltende Abkommen:** Dänemark (Abkommen vom 22.11.1995), Griechenland (Abkommen vom 18.11.1910/01.12.1910), Schweden (Abkommen vom 14.07.1992 – Weitergeltung, obwohl Steuer dort zum 01.01.2005 abgeschafft –), Schweiz (Abkommen vom 30.11.1987), USA (Abkommen vom 03.12.1980/14.12.1998). Hinzugekommen ist in jüngerer Vergangenheit das bereits am 12.10.2006 unterzeichnete Doppelbesteuerungsabkommen zwischen Frankreich und Deutschland, das wegen später Ratifizierung auf französischer Seite erst am 03.04.2009 in Kraft getreten ist.[66]

Das Doppelbesteuerungsabkommen mit Österreich ist zum 01.01.2008 außer Kraft getreten, nachdem der österreichische Verfassungsgerichtshof mit Urteil vom 07.03.2007 das österreichische Erbschaftsteuergesetz für verfassungswidrig erklärt hatte und das österreichische Erbschaftsteuergesetz zum 31.07.2008 außer Kraft getreten ist. Durch Abkommen vom 06.11.2008 – in Kraft getreten am 28.09.2009 –[67] zwischen der Bundesrepublik Deutschland und der Republik Österreich zur Vermeidung der Doppelbesteuerung auf dem Gebiet der Erbschaftsteuer bei Erbfällen, in denen der Erblasser nach dem 31.12.2007 und vor dem 01.08.2008 verstorben ist, war vereinbart worden, dass für die im Zeitraum nach dem 31.12.2007 und vor dem 01.08.2008 eingetretenen Erbfälle (noch) die Anwendung der Vorschriften des außer Kraft getretenen ErbSt-DBA 1954 durch beide Staaten zu erfolgen hat(te).

- **Laufende Verhandlungen zu künftigen Abkommen** (Stand: 01.01.2012): mit Finnland und Italien

Die Doppelbesteuerungsabkommen mit den USA, Schweden, Dänemark und Frankreich gelten sowohl für die Schenkungsteuer als auch für die Erbschaftsteuer. Die Doppelbesteuerungsabkommen mit der Schweiz und Griechenland gelten grundsätzlich nur für die Erbschaftsteuer, das DBA Schweiz in Ausnahmefällen auch für die Schenkungsteuer. Es würde den Rahmen dieses Lehrbuchs sprengen, auf den Inhalt der Doppelbesteuerungsabkommen im Einzelnen einzugehen. Es sei hier verwiesen z. B. auf:

- **DBA Österreich:** Schuhmann, DVR 1987 S. 18; Baumgartner/Gassner/Schick, DStR 1989 S. 619; Heinrich/Moritz, ZEV 1995 S. 325, speziell zur Endbesteuerung

---

65 Siehe BStBl 2012 I S. 108/112; vgl. auch H E 2.1 ErbStH 2011.
66 Siehe BGBl 2009 II S. 596.
67 Siehe BGBl 2010 II S. 12.

DBA Schweiz: Jochum, UVR 2001 S. 63
DBA USA: Eimermann, ZEV 2000 S. 496; Schmidt/Dendorfer, IStR 2001 S. 206
DBA Schweden: Krabbe, ZEV 1995 S. 286
DBA Dänemark: Krabbe, ZEV 1997 S. 146
DBA Frankreich: Jülicher, IStR 2007 S. 85; Gottschalk, ZEV 2007 S. 217
zu dem Problembereich insgesamt: Flick/Piltz, Der Internationale Erbfall, 1999; Schindhelm, ZEV 1997 S. 8; Meincke, § 2 Rdnr. 14 ff.; Kippenberg, ZEV 1997 S. 495; sowie die ausführlichen Kommentierungen in Troll/Gebel/Jülicher, § 2 Rdnr. 205 ff.

Käme es an sich zu einer Doppelbesteuerung – sei es, dass mit dem betreffenden ausländischen Staat kein Doppelbesteuerungsabkommen geschlossen ist, sei es, dass es sich um Schenkungen handelt und das Doppelbesteuerungsabkommen nur für Erwerbe von Todes wegen gilt –, so kann nach § 21 Abs. 1 ErbStG zur Vermeidung der Doppelbesteuerung die keinem Ermäßigungsanspruch unterliegende ausländische Steuer insoweit auf die deutsche Steuer angerechnet werden, als das Auslandsvermögen auch der deutschen Besteuerung unterliegt.[68]

4.2.3 Beschränkte Steuerpflicht

Die beschränkte Erbschaftsteuerpflicht nach § 2 Abs. 1 Nr. 3 ErbStG tritt ein, wenn weder der Erblasser zur Zeit seines Todes bzw. der Schenker zur Zeit der Ausführung der Schenkung noch der Erwerber zur Zeit der Entstehung der Steuer (§ 9 ErbStG) ein Inländer ist. Ist an dem Vermögensübergang also kein Inländer i. S. des § 2 Abs. 1 ErbStG beteiligt, so beschränkt sich die Besteuerung nach **§ 2 Abs. 1 Nr. 3 Satz 1 ErbStG** auf den **Vermögensanfall**, der in **Inlandsvermögen i. S. des § 121 BewG** besteht.

1) Begriff des Inlandsvermögens

Zum Inlandsvermögen bei beschränkter Steuerpflicht gehören nur solche Wirtschaftsgüter, die auch bei unbeschränkter Steuerpflicht einem Erwerb zuzurechnen sind. Es werden deshalb auch beim Inlandsvermögen die Wirtschaftsgüter nicht erfasst, die nach den Vorschriften des Erbschaftsteuer- und Schenkungsteuergesetzes oder anderer Gesetze nicht zur Erbschaftsteuer heranzuziehen sind.[69]

Nach § 121 BewG wird nicht das gesamte inländische Vermögen erfasst.[70] Nach der Aufzählung in § 121 BewG umfasst das Inlandsvermögen Wirtschaftsgüter, die eine besonders enge Beziehung zum Inland haben. Diese ergibt sich entweder aus der Belegenheit im Inland, aus der Zugehörigkeit zu einer inländischen Betriebsstätte,

---

[68] Zur Festsetzung und Zahlung der ausländischen Steuer als rückwirkendes Ereignis für den bestandskräftigen deutschen Erbschaftsteuer- bzw. Schenkungsteuer-Bescheid vgl. BFH vom 22.02.2010 II R 54/09.

[69] Vgl. R E 2.2 Abs. 1 ErbStR 2011.

[70] Hierzu Geck, ZEV 1995 S. 249; ausführlich und zum Teil kritisch Groß-Bölting, Probleme der beschränkten Steuerpflicht im Erbschaftsteuerrecht, 1996.

4.2 Persönliche Steuerpflicht – § 2 ErbStG

aus der Bestellung eines ständigen Vertreters im Inland oder aus der Eintragung in ein inländischen Buch oder Register. Durch § 2 Abs. 1 Nr. 3 Satz 2 und 3 ErbStG wird ausgeschlossen, dass Anteile an inländischen Kapitalgesellschaften i. S. des § 121 Nr. 4 BewG durch Aufteilung in kleinere Anteile nach und nach steuerfrei übertragen werden können.[71]

Anteile an inländischen Kapitalgesellschaften, die den in § 121 Nr. 4 BewG genannten Umfang nicht erreichen, Wertpapiere, Bankguthaben, ungesicherte Geldforderungen gegen sonstige inländische Schuldner, Hausrat, Schmuck etc. gelten selbst dann nicht als Inlandsvermögen, wenn sie sich im Inland befinden oder im Inland geltend zu machen sind, sofern sie nicht zum Grundvermögen, zum land- und forstwirtschaftlichen Vermögen oder zum Betriebsvermögen zählen. Das Inlandsvermögen kann also nicht mit dem im Inland befindlichen Vermögen gleichgesetzt werden.

Da ein ungesicherter Geldanspruch nicht zum Inlandsvermögen gehört, wird der Pflichtteilsanspruch eines Ausländers im Fall der Erbfolge nach einem ausländischen Erblasser auch dann nicht besteuert, wenn der Erbe Inländer ist und der Nachlass ausschließlich aus Inlandsvermögen besteht.[72]

2) Schuldenabzug und persönlicher Freibetrag

Welche Schulden und Lasten im Fall des § 2 Abs. 1 Nr. 3 ErbStG abzugsfähig sind, ergibt sich aus § 10 Abs. 6 Satz 2 ErbStG. Danach sind vom steuerpflichtigen Inlandsvermögen nur die mit diesem Vermögen in wirtschaftlichem Zusammenhang stehenden Schulden und Lasten abzugsfähig.[73] Einkommensteuerschulden des Erblassers sind bei Ermittlung des Inlandsvermögens abzuziehen, wenn die Einkommensteuer durch den Besitz des Inlandsvermögens ausgelöst worden ist.

Aus dem Wesen der nur beschränkten Steuerpflicht folgt, dass dem Erwerber die persönlichen Freibeträge nicht gewährt werden, er erhält gem. § 16 Abs. 2 ErbStG lediglich einen Freibetrag von 2.000 Euro.[74] Dass die Freibeträge des § 16 Abs. 1 und des § 17 ErbStG nicht gewährt werden, hängt mit der Vorstellung zusammen, dass der Nichtinländer wegen des Inlandserwerbs einer weiteren Besteuerung im Ausland unterliegen wird, bei der er die deutsche Steuer zur Anrechnung bringen kann. Die Gewährung der vollen Freibeträge würde dann nur das Anrechnungsvo-

---

71 Wegen der Einzelheiten hierzu vgl. R E 2.2 Abs. 3 ErbStR 2011.
72 Siehe Meincke, § 2 Rdnr. 11 auch zu der Frage, ob § 121 Nr. 2 BewG bei einem Grundstücksvermächtnis zur Anwendung kommt – zutreffend verneint von BFH vom 10.10.1958, BStBl 1959 III S. 22; Moench/Kien-Hümbert/Weinmann, § 2 Rdnr. 25; Viskorf/Glier/Hübner/Knobel/Schuck, § 2 Rdnr. 27; Troll/Gebel/Jülicher, § 2 Rdnr. 72, mag man es auch als unbefriedigend empfinden, dass man inländisches Grundvermögen dadurch der beschränkten Steuerpflicht entziehen kann, dass man es zum Gegenstand eines Vermächtnisses macht.
73 Siehe BFH vom 25.10.1995, BStBl 1996 II S. 11; hierzu R E 2.2 Abs. 7 ErbStR 2011; zu insoweit auf dem Inlandsvermögen lastenden Pflichtteilsansprüchen, als die Erbschaft zum Inlandsvermögen gehört, vgl. BFH vom 21.07.1972, BStBl 1973 II S. 3.
74 Kritisch hierzu Groß-Bölting, a. a. O.

4 Steuerpflicht

lumen verkürzen, damit den Heimatstaat, aber nicht den beschränkt Steuerpflichtigen selbst begünstigen. Diese gesetzgeberische Intention läuft allerdings in all den Fällen leer, in denen der Heimatstaat des beschränkt Steuerpflichtigen keine Erbschaftsteuer erhebt.

Beispiel:
Erblasser E hatte seinen Wohnsitz im Ausland. Sein Vermögen bestand aus einem Mietwohngrundstück in Düsseldorf (Grundbesitzwert: 490.000 €), einem Sparguthaben bei einer Bank in Düsseldorf (Nennwert: 150.000 €) und einem Grundstück im Ausland. Der Alleinerbe A hat seinen Wohnsitz ebenfalls im Ausland.
A ist beschränkt erbschaftsteuerpflichtig i. S. des § 2 Abs. 1 Nr. 3 ErbStG. Seine Steuerpflicht tritt also nur für den Vermögensanfall ein, der in Inlandsvermögen i. S. des § 121 BewG besteht. Damit scheidet das Grundstück im Ausland insoweit aus. Auch das Sparguthaben gehört nicht zum Inlandsvermögen i. S. des § 121 BewG. Der Steuerpflicht unterliegt somit nur ein Erwerb von 490.000 € minus Freibetrag von 2.000 € nach § 16 Abs. 2 ErbStG = 488.000 €. Dieser Wert ist auch für den Steuersatz (§ 19 ErbStG) maßgebend. Zwar fehlt ein entsprechender ausdrücklicher Hinweis in § 10 Abs. 1 ErbStG; das Ergebnis kann aber im Wege der Auslegung gefunden werden.

Eine Anrechnungsmöglichkeit der ausländischen Steuer nach § 21 ErbStG besteht bei der beschränkten Steuerpflicht nach dem Wortlaut dieser Vorschrift („in den Fällen des § 2 Abs. 1 Nr. 1") nicht.

Die unterschiedliche Behandlung der nach § 2 Abs. 1 Nr. 3 ErbStG beschränkt Steuerpflichtigen zu den nach § 2 Abs. 1 Nr. 1 ErbStG unbeschränkt Steuerpflichtigen durch den nach § 10 Abs. 6 Satz 2 ErbStG beschränkten Abzug von Nachlassverbindlichkeiten verstößt nach bisheriger Auffassung weder gegen höherrangiges nationales Recht noch gegen Gemeinschaftsrecht.

Auch die Regelung des § 16 Abs. 2 ErbStG, die bei beschränkter Erbschaftsteuerpflicht einen geringeren Freibetrag als bei unbeschränkter Erbschaftsteuerpflicht vorsieht, verstößt nicht gegen Art. 3 Abs. 1 GG. Der BFH[75] hat hinsichtlich der Gewährung der persönlichen Freibeträge zwischen beschränkt und unbeschränkt Erbschaftsteuerpflichtigen im Allgemeinen so erhebliche Unterschiede gesehen, sodass der nationale Gesetzgeber nicht zu einer Gleichbehandlung dieser Personengruppen verpflichtet sei (siehe nunmehr aber § 2 Abs. 3 ErbStG i. d. F. des BeitrRLUmsG vom 07.12.2011). Während nämlich bei unbeschränkt Erbschaftsteuerpflichtigen der gesamte Vermögensanfall der Erbschaftsteuer unterliege, sei die sachliche Steuerpflicht bei beschränkt Steuerpflichtigen beschränkt. Die Bemessungsgrundlage, auf die der Freibetrag anzuwenden sei, unterscheide sich bei unbeschränkter Steuerpflicht im Regelfall erheblich von der bei beschränkter Steuerpflicht sich ergebenden Bemessungsgrundlage.[76] Soweit eine nationale steuer-

---

75 Siehe BFH vom 21.09.2005, BStBl 2005 II S. 875.
76 Siehe aber FG Düsseldorf, EFG 2009 S. 205: das Gericht bezweifelt, ob diese Erwägungen auch für die Schenkungsteuer gelten können, weil hier ausschließlich der zugewendete Vermögensgegenstand einer Besteuerung unterliegt und es somit keine unterschiedliche Bemessungsgrundlage für unbeschränkt und für beschränkt Steuerpflichtige gibt; auch sei als Rechtfertigung kein zwingender Grund des Allgemeininteresses für die unterschiedliche Behandlung ersichtlich.

4.2 Persönliche Steuerpflicht – § 2 ErbStG

gesetzliche Regelung der Berücksichtigung persönlicher Verhältnisse dient, ging der BFH (a. a. O.) in Anlehnung an die Rechtsprechung des EuGH davon aus, dass sich Gebietsansässige und Gebietsfremde insoweit grundsätzlich nicht in einer vergleichbaren Situation befinden. Im Allgemeinen verfüge nur der Wohnsitzstaat über alle erforderlichen Informationen für die Beurteilung der Gesamtsteuerkraft unter Berücksichtigung der persönlichen Lage. Damit scheide in derartigen Fällen mangels Vergleichbarkeit der Situationen von Gebietsansässigen und Gebietsfremden bereits die Annahme einer in dem Anwendungsbereich der Grundfreiheiten fallenden Diskriminierung aus, ohne dass es noch eine Prüfung etwaiger Rechtfertigungsgründe bedürfe. Dies gelte nur dann nicht, wenn dazu die gesamten Einkünfte bzw. Vermögenswerte dem Staat der beschränkten Steuerpflicht zugeordnet sind und der Wohnsitzstaat die persönlichen Verhältnisse daher nicht angemessen berücksichtigen kann.

Auch zur Schenkungsteuer haben verschiedene Finanzgerichte die Differenzierung zwischen unbeschränkt und beschränkt Steuerpflichtigen bezüglich der unterschiedlichen Gestaltung der Freibetragsregelung für gerechtfertigt erachtet; diese könnte allenfalls dann zu einer mittelbaren Diskriminierung im Ausland wohnender EG-Bürger führen, wenn der inländische Erwerb das gesamte oder nahezu das gesamte Vermögen des Schenkers erfasst.[77] In Anlehnung an die Regelung in § 1 Abs. 3 Satz 2 EStG, die aufgrund EuGH-Rechtsprechung getroffen wurde, wird dies nach Ansicht des FG Baden-Württemberg erst ab 90 % des gesamten Vermögens relevant.

Der EuGH[78] hat aber auf ein Vorabentscheidungsersuchen des FG Düsseldorf[79] wie folgt entschieden:

„Art 56 EG i. V. m. Art 58 EG ist dahin auszulegen, dass er der Regelung eines Mitgliedsstaats entgegensteht, die hinsichtlich der Berechnung der Schenkungsteuer vorsieht, dass der Freibetrag auf die Steuerbemessungsgrundlage im Fall der Schenkung eines im Inland belegenen Grundstücks dann, wenn Schenker und Schenkungsempfänger zur Zeit der Ausführung der Schenkung ihren Wohnsitz in einem anderen Mitgliedsstaat haben, niedriger ist als der Freibetrag, der zur Anwendung gekommen wäre, wenn zumindest einer von ihnen zu diesem Zeitpunkt seinen Wohnsitz im erstgenannten Mitgliedsstaat gehabt hätte."

Der EuGH sieht in dem verminderten Freibetrag für beschränkt Steuerpflichtige nach § 16 Abs. 2 ErbStG eine Beschränkung der Kapitalverkehrsfreiheit, weil sie

---

77 Siehe FG Düsseldorf, EFG 1996 S. 1166; FG München, EFG 2004 S. 410; FG Baden-Württemberg, EFG 2009 S. 139.
78 EuGH vom 22.04.2010 Rs. C-510/08 – „Mattner/FA Velbert" –, DStR 2010 S. 861.
79 Siehe FG Düsseldorf vom 14.11.2008, EFG 2009 S. 205 – Klägerin des Rechtsstreits über die Berechnung der Schenkungsteuer ist eine seit 35 Jahren in den Niederlanden wohnende deutsche Staatsangehörige, die von ihrer seit 50 Jahren ebenfalls in den Niederlanden wohnenden, die deutsche Staatsangehörigkeit besitzenden Mutter ein in Deutschland belegenes Grundstück geschenkt bekommen hatte.

den Wert der Schenkung der Immobilie mindert. Eine Rechtfertigung dieser Beschränkung wegen fehlender Vergleichbarkeit des Erwerbs von gebietsansässigen und nicht gebietsansässigen Steuerpflichtigen könne nicht auf Art. 58 EG gestützt werden; insoweit sei die Rechtsprechung des EuGH[80] zu beachten, nach der eine nationale Steuerregelung nur dann mit den Vertragsbestimmungen über den freien Kapitalverkehr vereinbar sein kann, wenn die unterschiedliche Behandlung Situationen betrifft, die objektiv nicht miteinander vergleichbar sind, oder wenn sie durch zwingende Gründe des Allgemeininteresses gerechtfertigt ist. Der Wohnort des Erwerbers stellt nach Auffassung des EuGH keinen objektiven Unterschied dar, der eine Beschränkung rechtfertigen kann. Die Höhe der Schenkungsteuer für eine in Deutschland belegene Immobilie bemesse sich nach deren Wert und nach der zwischen Schenker und Schenkungsempfänger ggf. bestehenden familienrechtlichen Beziehung; zwei Kriterien, die nicht abhängig vom Wohnort des Schenkers oder des Schenkungsempfängers sind. Indem der Gesetzgeber Schenkungen bei unbeschränkter und beschränkter Steuerpflicht – außer in Bezug auf die Höhe des Freibetrags – gleich behandelt, habe er anerkannt, dass im Hinblick auf die Modalitäten und die Voraussetzungen für die Erhebung der Schenkungsteuer kein Unterschied in der objektiven Situation bestehe, der eine unterschiedliche Behandlung rechtfertigen könnte. Eine Rechtfertigung durch einen zwingenden Grund des Allgemeininteresses für die Beschränkung des Kapitalverkehrs verneint der EuGH. Insbesondere sieht der Gerichtshof diese nicht darin, dass Deutschland wegen der beschränkten Steuerpflicht nur das Inlandsvermögen besteuern kann und daher das Auslandsvermögen anders als bei unbeschränkt Steuerpflichtigen unerfasst bleibt. Der verminderte Freibetrag bei nicht Gebietsansässigen sei auch kein geeignetes Mittel zur Verhinderung der Aufspaltung von Schenkungen. Insoweit sei zu bemerken, dass nach § 14 ErbStG, der Umgehungen durch aufgespaltene Schenkungen verhindern soll, bei Schenkungen, an denen ein Gebietsansässiger beteiligt ist – die Gefahr einer Umgehung besteht hier in gleichem Maße wie im Hinblick auf Schenkungen, bei denen die Beteiligten nicht in dem Mitgliedstaat wohnen –, nicht vorgesehen ist, dass der geminderte Freibetrag zur Anwendung kommt, sondern dass allenfalls der für solche Schenkungen vorgesehene unverminderte Freibetrag nur einmal von der sich durch Zusammenrechnung ergebenden Bemessungsgrundlage abgezogen wird.

3) Optionale unbeschränkte Steuerpflicht

§ 2 Abs. 3 ErbStG räumt nunmehr ein Wahlrecht ein („Auf Antrag des Erwerbers"), einen Vermögensanfall, zu dem Inlandsvermögen i. S. des § 121 BewG gehört, **insgesamt** als **unbeschränkt steuerpflichtig** zu behandeln, vorausgesetzt der Erblasser hat zur Zeit seines Todes, der Schenker zur Zeit der Ausführung der Schenkung oder der Erwerber zur Zeit der Steuerentstehung seinen Wohnsitz in einem Mit-

---

[80] EuGH vom 22.04.2004 Rs. C-319/02 – „Manninen" –, DStRE 2004 S. 1220.

4.2 Persönliche Steuerpflicht – § 2 ErbStG

gliedstaat der Europäischen Union oder in einem Staat, auf den das Abkommen über den Europäischen Wirtschaftsraum anwendbar ist. Die mit dem BeitrRLUmsG vom 07.12.2011 eingeführte Regelung[80a] hat eine Parallele in § 1 Abs. 3 und § 1a EStG und geht wie diese Vorschriften auch auf EuGH-Rechtsprechung zurück (hier auf Rs. „Mattner/FA Velbert" zur Frage der Vereinbarkeit unterschiedlicher Freibeträge für in- und ausländische Grundstücke mit der Kapitalverkehrsfreiheit). Das Wahlrecht nach § 2 Abs. 3 ErbStG wird aber anders als bei § 1a EStG nicht von der Staatsangehörigkeit abhängig gemacht, sondern knüpft an die Ansässigkeit in Form des Wohnsitzes in der EU bzw. dem EWR an.[81] Warum für die Möglichkeit der Option nicht auch auf den „gewöhnlichen Aufenthalt" abgestellt wird, erschließt sich nicht.

Folge der Wahl der unbeschränkten Steuerpflicht ist zum einen die Anwendung der Freibeträge nach § 16 Abs. 1 ErbStG und die Anrechnung ausländischer Steuer gem. § 21 Abs. 1 ErbStG, zum anderen wird der gesamte Erwerb, nicht nur der in Inlandsvermögen bestehende Erwerb, der unbeschränkten Steuerpflicht unterworfen. Auch werden nach § 2 Abs. 3 Satz 2 ErbStG mehrere innerhalb von 10 Jahren vor und nach dem Vermögensanfall von derselben Person anfallende Erwerbe als unbeschränkt steuerpflichtig behandelt und nach Maßgabe des § 14 ErbStG zusammengerechnet. § 2 Abs. 3 Satz 2 ErbStG enthält die erforderliche verfahrensrechtliche Anpassung; andererseits könnte die Festsetzungsverjährung entgegenstehen. Mit der Regelung des § 2 Abs. 3 Satz 2 ErbStG soll eine Besserstellung des zur unbeschränkten Steuerpflicht optierenden Steuerpflichtigen vermieden werden.[82]

Ob sich für den Erwerber die Wahl zur unbeschränkten Steuerpflicht lohnt, lässt sich also nur mittels Vergleichs zwischen der Steuer, die sich für den gesamten Vermögensanfall, ggf. unter Berücksichtigung von Vorerwerben und – falls erwartet – von Nacherwerben, nach Maßgabe des § 14 ErbStG trotz „günstigen" Freibetrags nach § 16 Abs. 1 ErbStG ergibt (also auch gewisse „hellseherische Fähigkeiten" erforderlich), und der bei beschränkter Steuerpflicht mit dem nur auf den in Inlandsvermögen i. S. des § 121 BewG bestehenden Vermögensanfall anzuwendenden „ungünstigen" Freibetrag nach § 16 Abs. 2 ErbStG sich ergebenden Steuer feststellen.

Beispiel:
Der in Wien lebende Österreicher E verstirbt und hinterlässt seiner in Salzburg wohnenden Tochter sein gesamtes Vermögen. Der Nachlass besteht aus in Österreich belegenem Grundbesitz und Wertpapieren mit einem steuerlichen Wert von zusammen 1 Mio. € (dort keine Erbschaftsteuer) und einem Mietwohngrundstück in Deutschland mit einem Grundbesitzwert von 400.000 €.

---

81 Vgl. insoweit Billig, UVR 2011 S. 182, und Schulte/Sedemund, BB 2011 S. 2080, nach denen sich die Regelung dann als zu kurz erweise, wenn man darauf abstellt, dass die Kapitalverkehrsfreiheit auch den Kapitalverkehr mit Drittstaaten schütze – siehe hierzu Vorlagebeschluss an den EuGH durch BFH vom 15.12.2010, BStBl 2011 II S. 221 –.
82 Vgl. BT-Drucksache 17/6263 S. 107.

4 Steuerpflicht

Der T muss empfohlen werden, von der Wahlmöglichkeit des § 2 Abs. 3 ErbStG keinen Gebrauch zu machen.

Bei unbeschränkter Steuerpflicht ergäbe sich unter Berücksichtigung von § 13c ErbStG ein steuerpflichtiger Erwerb von 1.360.000 € minus 400.000 € = **960.000 €**, vorausgesetzt der Grundbesitz in Österreich fällt nicht unter § 13 Nr. 4c ErbStG.

Bei beschränkter Steuerpflicht beläuft sich der steuerpflichtige Erwerb nur auf 360.000 € minus 20.000 € = **340.000 €**.

4.2.4 Erweiterte beschränkte Steuerpflicht nach dem Außensteuergesetz

Bei Wohnsitzwechsel in ein Land mit niedriger Erbschaftsbesteuerung (weniger als 30% der deutschen Erbschaftsteuer) kommt nach § 4 i. V. m. § 2 AStG für eine Dauer von zehn Jahren eine sog. erweiterte beschränkte Erbschaftsteuerpflicht in Betracht. Erweiterte beschränkte Erbschaftsteuerpflicht bedeutet, dass Steuerpflicht über den in § 2 Abs. 1 Nr. 3 ErbStG i. V. m. § 121 BewG geregelten Umfang hinaus für weiteres (sog. erweitertes) Inlandsvermögen eintritt. Da aber nach der spezielleren Regelung des § 2 Abs. 1 Nr. 1 Buchst. b ErbStG die unbeschränkte Erbschaftsteuerpflicht auf solche deutsche Staatsangehörige ausgedehnt ist, die sich nicht länger als 5 Jahre dauernd im Ausland (Niedrigbesteuerung spielt keine Rolle) aufgehalten haben, ohne im Inland einen Wohnsitz zu haben, kommt die erweiterte beschränkte Erbschaftsteuerpflicht nur bei Erbfällen und Schenkungen innerhalb der Restzeit des 10-Jahres-Zeitraums zum Zuge.

Beispiel:
Der deutsche Staatsangehörige S verlegt zum 01.02.07 zusammen mit seiner Tochter T (Alleinerbin) seinen Wohnsitz vom Inland nach Liechtenstein (Land mit niedriger Besteuerung).

Alle von S herrührenden Erwerbe (von Todes wegen und Schenkungen), die bis zum 31.01.12 anfallen, unterliegen der unbeschränkten deutschen Steuerpflicht (§ 2 Abs. 1 Nr. 1 Buchst. b ErbStG).

Alle von S herrührenden Erwerbe (von Todes wegen und Schenkungen), die zwischen dem 01.02.12 und dem 31.12.17 anfallen, können der erweiterten beschränkten Steuerpflicht unterliegen (§ 2 i. V. m. § 4 AStG).

Hat der Erblasser/Schenker aber zugleich mit dem Wohnsitzwechsel die deutsche Staatsangehörigkeit aufgegeben, greift § 2 Abs. 1 Nr. 1 Buchst. b ErbStG nicht ein, sodass die erweiterte beschränkte Steuerpflicht des § 4 AStG schon gleich mit dem Wohnsitzwechsel, nicht erst 5 Jahre nach Wohnsitzverlegung zur Anwendung kommt.

Schon vom Begriff her kommt die erweiterte beschränkte Steuerpflicht nur dann in Betracht, wenn die beschränkte Steuerpflicht nach § 2 Abs. 1 Nr. 3 ErbStG gegeben ist.

Im Einzelnen müssen nach § 4 i. V. m. § 2 AStG folgende Voraussetzungen erfüllt sein:

4.2 Persönliche Steuerpflicht – § 2 ErbStG

- Der Erblasser oder Schenker muss in den letzten 10 Jahren vor seiner Auswanderung als Deutscher insgesamt mindestens 5 Jahre unbeschränkt einkommensteuerpflichtig (§ 1 Abs. 1 EStG) gewesen sein.
- Der Erblasser oder Schenker muss in einem ausländischen Gebiet den Wohnsitz haben, in dem er mit seinem Einkommen nur einer niedrigen Besteuerung (§ 2 Abs. 2 AStG) unterliegt, oder in keinem ausländischen Gebiet ansässig sein.
- Der Erblasser oder Schenker muss unmittelbar oder mittelbar wesentliche wirtschaftliche Interessen (§ 2 Abs. 3 und 4 AStG) im Inland haben.
- Es darf nicht nachgewiesen werden, dass die ausländische Erbschaftsteuer 30 % oder mehr der deutschen Erbschaftsteuer beträgt (§ 4 Abs. 2 AStG). Dass den Steuerpflichtigen in diesem Punkt die Feststellungslast trifft, entspricht dem in § 90 Abs. 2 Satz 3 und Abs. 3 AO enthaltenen allgemeinen Rechtsgedanken, wonach für Sachverhalte, die sich auf Vorgänge im Ausland beziehen, dem Steuerpflichtigen eine gesteigerte Mitwirkungspflicht obliegt.

Besteht mit dem betreffenden ausländischen Staat ein Doppelbesteuerungsabkommen, so gehen die Vorschriften dieses Abkommens gem. § 2 AO dem innerdeutschen Recht vor. § 4 AStG (erweiterte beschränkte Steuerpflicht) ist daher in diesen Fällen nur anwendbar, wenn das Doppelbesteuerungsabkommen seine Anwendung zulässt. Dies ist bei den bestehenden Doppelbesteuerungsabkommen (s. o. 4.2.2) grundsätzlich – Besonderheit: Art. 4 Abs. 4 DBA Schweiz – nicht der Fall. Da die Doppelbesteuerungsabkommen aber wiederum i. d. R. nur für Erwerbe von Todes wegen, nicht auch für Schenkungen gelten, ist die erweiterte beschränkte Steuerpflicht insoweit auch nur für Erwerbe von Todes wegen ausgeschlossen.

Liegen die Voraussetzungen der erweiterten beschränkten Erbschaftsteuerpflicht nach § 4 AStG vor, so erstreckt sich die Steuerpflicht über das Inlandsvermögen nach § 121 BewG hinaus auch auf das sog. erweiterte Inlandsvermögen. Dazu gehören alle Wirtschaftsgüter, deren Erträge bei unbeschränkter Einkommensteuerpflicht nicht ausländische Einkünfte i. S. des § 34c Abs. 1 Satz 1 EStG wären (§ 4 Abs. 1 AStG). Also werden folgende Vermögensgegenstände zusätzlich der Besteuerung unterworfen:[83]

- Kapitalforderung gegen Schuldner im Inland
- Spareinlagen und Bankguthaben bei Geldinstituten im Inland
- Aktien und Anteile an Kapitalgesellschaften, Investmentfonds und offenen Immobilienfonds sowie Geschäftsguthaben bei Genossenschaften im Inland, auch wenn sie keine Beteiligung i. S. des § 121 Nr. 4 BewG darstellen
- Ansprüche auf Renten und andere wiederkehrende Leistungen gegen Schuldner im Inland sowie Nießbrauchs- und Nutzungsrechte an Vermögensgegenständen im Inland

---

83 Siehe hierzu BMF-Schreiben zum AStG vom 14.05.2004, BStBl I Sondernummer 1/2004 S. 3, 17.

4 Steuerpflicht

- Erfindungen und Urheberrechte, die im Inland verwertet werden, soweit sie nicht bereits zum Inlandsvermögen i. S. des § 121 BewG gehören
- Versicherungsansprüche gegen Versicherungsunternehmen im Inland
- sämtliche beweglichen Wirtschaftsgüter, die sich im Inland befinden
- Vermögen, dessen Erträge nach § 5 AStG der erweiterten beschränkten Steuerpflicht unterliegen bzw. das nach § 15 AStG dem erweitert beschränkt Steuerpflichtigen zuzurechnen ist

Der eindeutige Wortlaut des § 21 ErbStG – „in den Fällen des § 2 Abs. 1 Nr. 1" – schließt die Möglichkeit einer Anrechnung der ausländischen Erbschaftsteuer auch im Fall der (erweiterten) beschränkten Steuerpflicht wohl aus.

4.2.5 Zusammenfassende Übersicht zur persönlichen Steuerpflicht

	unbeschränkte Steuerpflicht (§ 2 Abs. 1 Nr. 1 und 2 ErbStG)	beschränkte Steuerpflicht (§ 2 Abs. 1 Nr. 3 ErbStG)	erweiterte beschränkte Steuerpflicht (§ 4 AStG)
persönliche Steuerpflicht	**1. a):** Natürliche Personen, die im Inland einen Wohnsitz oder ihren gewöhnlichen Aufenthalt haben **1. b):** Deutsche Staatsangehörige, die sich nicht länger als 5 Jahre dauernd im Ausland aufgehalten haben, ohne im Inland einen Wohnsitz zu haben **1. c):** Bestimmte deutsche Staatsangehörige, die im Inland weder einen Wohnsitz noch ihren gewöhnlichen Aufenthalt haben, sowie zu ihrem Haushalt gehörende Angehörige, die aufgrund der Ausübung ihrer dienstlichen Tätigkeit im Ausland dort nur der beschränkten Steuerpflicht unterliegen **1. d):** Körperschaften, Personenvereinigungen und Vermögensmassen, die ihre Geschäftsleitung oder ihren Sitz im Inland haben **2.:** In den Fällen des § 1 Abs. 1 Nr. 4 ErbStG, wenn die Stiftung die Geschäftsleitung oder ihren Sitz im Inland hat	in allen anderen Fällen	– Erblasser oder Schenker muss in den letzten 10 Jahren vor seiner Auswanderung als Deutscher insgesamt mindestens 5 Jahre unbeschränkt einkommensteuerpflichtig gewesen sein – Erblasser oder Schenker muss in einem ausländischen Gebiet den Wohnsitz haben, in dem er mit seinem Einkommen nur einer niedrigen Steuer unterliegt, oder in keinem ausländischen Gebiet ansässig sein – Erblasser oder Schenker muss unmittelbar oder mittelbar wesentliche wirtschaftliche Interessen im Inland haben Es darf nicht nachgewiesen werden, dass die ausländische Erbschaftsteuer 30 % oder mehr der deutschen Erbschaftsteuer beträgt
Umfang der Steuerpflicht	gesamter Vermögensanfall	Inlandsvermögen i.S. des § 121 BewG	über Inlandsvermögen i.S. des § 121 BewG hinaus auch Vermögensteile, deren Erträge bei unbeschränkter Einkommensteuerpflicht nicht ausländische Einkünfte i.S. des § 34 c Abs. 1 Satz 1 EStG wären
Anrechnung § 21 ErbStG	ja	nein	nein

Ausnahmen: Insbesondere Doppelbesteuerungsabkommen gehen innerdeutschem Recht vor, sie gelten (außer USA, Dänemark und Schweden) nur für die Erbschaftsteuer, nicht für die Schenkungsteuer.

4.3 Erwerb von Todes wegen – § 3 ErbStG

Unter Geltung des „alten" Erbschaftsteuerrechts zeigte die „Wurzel allen Übels" – die zu niedrige Bewertung bestimmter Vermögensgegenstände, insbesondere des Grundbesitzes – ihre „unheilvollen" Auswirkungen auch im Bereich des § 3 ErbStG; genannt seien nur folgende Stichwörter: Sache oder Anspruch; Kaufrechtsvermächtnis; Teilungsanordnung; Leistung an Erfüllungs statt: Gesetzestext und gewünschtes sinnvolles Ergebnis waren häufig nach den herkömmlichen Regeln der juristischen Gesetzesinterpretation nicht in Einklang zu bringen mit der Folge einer nicht unerheblichen Rechtsunsicherheit.

Das ErbStRG vom 24.12.2008 mit dem gemeinen Wert als einheitlichem Bewertungsmaßstab hat etliche der früheren Problemstellungen gegenstandslos werden lassen; so kann der gemeine Wert einer Sache nicht von dem Steuerwert abweichen, mit dem der Anspruch auf diese Sache anzusetzen ist.

Die Aufzählung der steuerpflichtigen Erwerbe von Todes wegen in § 3 ErbStG ist abschließend; das bedeutet, dass andere Sachverhalte nicht als Erwerb von Todes wegen zur Erbschaftsteuer herangezogen werden können.[84] Deshalb wurden Gesetzeslücken, z. B. bei der Besteuerung von Abfindungen oder der Schlusserben eines gemeinschaftlichen Testaments, durch das ErbStRG geschlossen. Da nur die im Katalog des § 3 ErbStG aufgeführten Erwerbsgründe der Erbschaftsteuer unterliegen, reicht es für die Annahme eines Erwerbs von Todes wegen auch nicht aus, dass der Erwerb lediglich im Zusammenhang mit einem Erbfall steht.[85]

§ 3 Abs. 1 ErbStG behandelt Grundfälle des Erwerbs von Todes wegen, nämlich **Erwerbe**, die **unmittelbar** auf **Vermögensübergänge vom Erblasser** zurückgehen, **§ 3 Abs. 2 ErbStG** Erwerbe, die **fiktiv** als **vom Erblasser zugewendet** gelten und deshalb den Erwerben von Todes wegen zugeordnet werden.

Die erbschaftsteuerlichen Grundtatbestände werden ergänzt durch die Vorschriften zur **fortgesetzten Gütergemeinschaft (§ 4 ErbStG)** sowie zur **Vor-** und **Nacherbschaft (§ 6 ErbStG)** und eingeschränkt durch die Regelungen zur **Zugewinngemeinschaft (§ 5 ErbStG)**.

Den Umfang des steuerpflichtigen Erwerbs im Einzelnen regelt § 10 ErbStG.

Ein Erwerb von Todes wegen liegt dann nicht vor, wenn der Zuwendungsempfänger bereits aus einem anderen Rechtsgrund Anspruch auf das Zugewendete hat. Wird also in einem Testament nur ein Erwerb bestätigt, der bereits außerhalb der erbrechtlichen Zuwendung stattgefunden hat, führt das nicht zu einem Erwerb von Todes wegen. Ein solcher Erwerb setzt allerdings nicht voraus, dass die Zuwendung ohne Gegenleistung erfolgt. Deshalb unterliegt der Erwerb eines Erben oder Ver-

---

[84] Vgl. BFH vom 06.03.1991, BStBl 1991 II S. 412, und vom 04.05.2011, BStBl 2011 II S. 725 mit Verweis auf die wesentliche Kommentarliteratur.
[85] Vgl. hierzu BFH vom 04.05.2011, a. a. O.: Erwerb „aufgrund" Erbfalls kein Fall von § 3 Abs. 1 Nr. 1 ErbStG.

4.3 Erwerb von Todes wegen – § 3 ErbStG

mächtnisnehmers auch dann der Besteuerung, wenn vertraglich dafür eine Gegenleistung vereinbart wurde.[86]

4.3.1 Erwerb durch Erbanfall, durch Vermächtnis, aufgrund eines geltend gemachten Pflichtteilsanspruchs – § 3 Abs. 1 Nr. 1 ErbStG

Sämtliche hier in Frage kommenden Erwerbe sind im BGB geregelt und folglich im Überblick über das Erbrecht (s. o. 2) erläutert. Die nachfolgenden Ausführungen fassen insoweit nur noch einmal kurz zusammen und behandeln darüber hinaus einige erbschaftsteuerliche Besonderheiten.

4.3.1.1 Erwerb durch Erbanfall

Als Erwerb von Todes wegen gilt in erster Linie der Erbanfall gem. § 1922 BGB. Mit dem Tode einer Person geht deren Vermögen als Ganzes auf den oder die Erben im Wege der Gesamtrechtsnachfolge über. Der **Vermögensübergang** vollzieht sich **unmittelbar kraft Gesetzes**. Diese **Gesamtrechtsnachfolge** kann aufgrund **gesetzlicher Erbfolge** oder aufgrund **gewillkürter Erbfolge** (Testament oder Erbvertrag) eintreten.

Während bei der Schenkung nicht maßgebend ist, in welcher Gestalt die Vermögensminderung auf Seiten des Schenkers eintritt, sondern wie sich die Vermögensmehrung beim Bedachten darstellt, erbt der Erbe das hinterlassene Vermögen also gewissermaßen „wie es steht und liegt". Er kann – sieht man von dem Fall eines Verschaffungsvermächtnisses i. S. des § 2170 Abs. 1 BGB ab – nicht etwas anderes erwerben, als der Erblasser hatte, und zwar grundsätzlich mit demselben rechtlichen Inhalt und demselben Entwicklungszustand, wie er beim Erbfall gegeben war. Der Erbe setzt die gesamte Rechts- und Pflichtenstellung des Erblassers bezogen auf dessen Vermögen fort. Im Gegensatz zur Schenkung besteht also grundsätzlich **Identität** zwischen dem, was der **Erblasser im Todeszeitpunkt hatte,** und demjenigen, was auf den Erben im Wege der Gesamtrechtsnachfolge **übergeht**.[87] Daraus folgt u. a., dass die Grundsätze der sog. mittelbaren Grundstücksschenkung beim Erwerb von Todes wegen durch Erbanfall – auch wenn dieser auf einem Erbvertrag beruht – nicht anwendbar sind.[88] Das ErbStRG vom 24.12.2008, durch das die eklatante Unterbewertung des Grundbesitzes beseitigt worden ist, hat diese Problematik zwar nicht völlig hinfällig werden lassen, aber die erbschaftsteuerlichen Auswirkungen doch erheblich minimiert.

---

86 Siehe BFH vom 31.10.1984, BStBl 1985 II S. 59.
87 Vgl. BFH vom 23.01.1991, BStBl 1991 II S. 310, vom 28.06.1995, BStBl 1995 II S. 786; BFH, ZEV 1996 S. 438; s. auch Wohlschlegel, ZEV 1997 S. 107.
88 Siehe auch BFH vom 10.07.1996 II R 32/94, BFH/NV 1997 S. 28, und vom 03.07.2003 II B 90/02, BFH/NV 2003 S. 1583 den Fall betreffend, dass der Erblasser ein Grundstück erwerben wollte, hieran aber durch Krankheit und anschließenden Tod gehindert war, und der Erbe dann die Absicht des Erblassers verwirklicht.

4 Steuerpflicht

Beispiel:
Nach dem Tod des E erwirbt dessen Erbe K ein zu Wohnzwecken vermietetes, im Inland gelegenes Grundstück von D. Den Kaufpreis i. H. von 600.000 € – dieser Betrag entspricht dem im Ertragswertverfahren gem. §§ 184 ff. BewG ermittelten gemeinen Wert des Grundstücks – zahlt er aus dem Nachlass. Der Kauf des Grundstücks aus Nachlassmitteln war noch zu Lebzeiten des E zwischen diesem und K abgesprochen worden.

K hat die 600.000 € zu versteuern und nicht den nach Anwendung von § 13c ErbStG sich ergebenden Wert des Grundstücks von (90 % von 600.000 € =) 540.000 €, weil sich das Grundstück im Zeitpunkt des Erbfalls nicht im Vermögen des Erblassers befunden hatte. Während nämlich bei einer Schenkung die Vermögensmehrung des Bedachten in anderer Gestalt erscheinen kann als die Vermögensminderung des Schenkers, besteht beim Erwerb durch Erbanfall grundsätzlich Identität zwischen dem, was der Erblasser beim Erbfall hatte, und demjenigen, was auf den Erben gem. § 1922 BGB übergeht.

Da auf den Erben nur übergehen kann, was auch bereits dem Erblasser zustand, sind die zivilrechtlichen Ansprüche und Verpflichtungen aus einem wirksamen, im Zeitpunkt des Erbfalls aber beiderseits noch nicht erfüllten Grundstückskaufvertrag bei der Festsetzung der Erbschaftsteuer zu berücksichtigen.[89] Der Übergang des wirtschaftlichen Eigentums i. S. des § 39 Abs. 2 Nr. 1 AO, insbesondere der Zeitpunkt des Besitz- und Lastenwechsels, ist nach Ansicht der Rechtsprechung und der Verwaltung sowie der herrschenden Literaturauffassung für die Frage, ob ein Grundstück noch oder schon dem Nachlass zuzurechnen ist, nicht maßgeblich, abzustellen ist auf den Übergang des Eigentums nach zivilrechtlichen Grundsätzen;[90] die Problematik ist jedoch insoweit entschärft, als durch das ErbStRG sowohl Sachleistungsansprüche und Sachleistungsverpflichtungen als auch der Gegenstand, auf den diese sich beziehen, mit dem gemeinen Wert anzusetzen sind.

Über den Grundfall hinaus werden auch einige andere Erwerbe, die nicht direkt in § 1922 Abs. 1 BGB angesprochen sind, als Erwerb durch Erbanfall besteuert, z. B. der Erwerb eines Dritten, der rechtsgeschäftlich das Anwartschaftsrecht eines Nacherben erworben hat und dem im Nacherbfall das der Nacherbschaft unterliegende Vermögen vom Vorerben herauszugeben ist.[91]

1) Nachlasszugehörigkeit

Nicht immer ist die Feststellung, was im Einzelfall zum Nachlass gehört, einfach zu treffen.

Beispiel:
Erblasser E war beihilfeberechtigt. Bei seinem Tod stand ihm aus noch offenen Krankenhausrechnungen ein Beihilfeanspruch i. H. von 50.000 € zu.

---

89 Siehe hierzu R E 12.2 Abs. 2 ErbStR 2011 und Beispiele in H E 12.2 ErbStH 2011 sowie R B 9.1 Abs. 1 ErbStR 2011.
90 Siehe R E 12.2 Abs. 1 ErbStR 2011.
91 Siehe BFH vom 28.02.1992, BStBl 1993 II S. 158.

4.3 Erwerb von Todes wegen – § 3 ErbStG

Der Beihilfeanspruch des E ist höchstpersönlich, erlischt mit seinem Tod und fällt folglich nicht in den Nachlass (die Hinterbliebenen erlangen ggf. einen eigenen Beihilfeanspruch); ein Erwerb der Erben nach § 3 ErbStG kommt also nicht in Betracht. Das FG Düsseldorf[92] ließ den Abzug der Krankheitskosten als Nachlassverbindlichkeit gem. § 10 Abs. 5 Nr. 1 ErbStG nicht zu. Der Nachlass sei zwar formell, nicht aber tatsächlich und wirtschaftlich mit einer Schuld belastet. Diese Begründung kommt mit dem Grundsatz der Maßgeblichkeit des bürgerlichen Rechts für das Erbschaftsteuerrecht in Konflikt.

a) Problematisch kann auch die **Zurechnung** von **Wertpapierkonten** und **Sparguthaben** sein. Die Bezeichnung des Berechtigten und der Besitz sind Indizien für die Berechtigung. Bei der Beurteilung der Frage, wer Eigentümer bzw. Gläubiger eines Wertpapierdepots oder Sparguthabens ist, kommt es aber nicht allein darauf an, auf wessen Namen Depot und Konto errichtet sind (oder wer im Besitz des Sparbuchs ist), sondern auf den wirklichen Willen der Beteiligten, also darauf, wer nach den besonderen Umständen des Einzelfalls erkennbar als materieller Eigentümer bzw. Forderungsberechtigter auftritt.[93] Eine Bindung an die ertragsteuerrechtliche Zurechnung der Einkünfte aus dem Vermögen besteht nicht. Nach der Rechtsprechung der Zivilgerichte,[94] die auch für das Erbschaftsteuerrecht bindend ist, ist maßgebliches Kriterium für die Bestimmung des Inhabers von Bankkonten, wer nach dem für die Bank erkennbaren Willen des die Einzahlung Bewirkenden Gläubiger der Bank werden soll.[95]

Sparbücher werden im familiären Umfeld oft auf den Namen eines Dritten – z. B. Kind, Enkelkind – ausgestellt, während der Einzahlende zunächst im Besitz des Sparbuchs bleibt. Der Besitz des Legitimationspapiers ist nicht entscheidend, wenn die übrigen Umstände es rechtfertigen, das Guthaben dem Dritten zuzurechnen, etwa weil er als Gläubiger der Bank gegenüber benannt worden ist und durch eine längere Kündigungsfrist des Guthabens geschützt wird.[96]

b) In der Praxis tauchen insoweit insbesondere bei Ehegatten Probleme auf. Lautet ein Konto auf den Namen eines Ehegatten alleine, war im Zweifel auch nur dieser Kontoinhaber und damit Inhaber der Wertpapiere oder Gläubiger des ausgewiesenen Bankguthabens.[97] Ein Einzelwertdepot des Erblassers kann auch nicht deshalb dem überlebenden Ehegatten zur Hälfte zugerechnet werden, weil ein wesentlicher Teil des in Wertpapieren angelegten Geldes aus dem Verkauf eines im gemeinsamen Eigentums stehenden Grundstücks stammt.[98]

---

92 Siehe EFG 1993 S. 391.
93 Siehe BFH, HFR 1964 S. 82.
94 Siehe BGH, ZEV 1994 S. 184.
95 Siehe FG München, UVR 1992 S. 295; Niedersächsisches FG, EFG 1992 S. 143.
96 Siehe Niedersächsisches FG, a. a. O.
97 Siehe FG München, EFG 2001 S. 406.
98 Siehe FG München, EFG 2001 S. 406.

4 Steuerpflicht

Bei den **Gemeinschaftskonten** von **Ehegatten** handelt es sich entweder um sog. „**Und**"**-Konten** – die Ehegatten können nur gemeinsam verfügen – oder um sog. „**Oder**"**-Konten** – beide Ehegatten können getrennt voneinander verfügen –. Diese Konten und auch Gemeinschaftsdepots von Ehegatten (gilt wohl auch für Lebenspartner) werden nach der Verwaltungspraxis dem Nachlass des zuerst verstorbenen Ehegatten nach §§ 430, 742 BGB zur Hälfte zugerechnet, wenn dieses Beteiligungsverhältnis nach den Steuerakten oder aufgrund sonstiger Unterlagen als zutreffend angesehen werden kann; anderenfalls ist von einem abweichenden Beteiligungsverhältnis auszugehen.[99] Die Bestimmung eines abweichenden Beteiligungsverhältnisses ist streitig.[100] Während das Hessische FG[101] darauf abstellt, aus wessen Vermögensbereich die Zuflüsse stammen, wollen das FG Düsseldorf,[102] das FG München[103] und das FG Rheinland-Pfalz[104] unabhängig von der Herkunft des Geldes grundsätzlich jeweils zur Hälfte zurechnen. Nur eine abweichende und entsprechend durchgeführte Vereinbarung der Beteiligten – Indiz hierfür konnte vor Einführung der Abgeltungsteuer die Behandlung der Zinseinkünfte bei der Einkommensbesteuerung sein – soll einen anderen Aufteilungsmaßstab rechtfertigen. Da eine Vereinbarung auch konkludent erfolgen kann,[105] kann man i. d. R. mit beiden Auffassungen zu sinnvollen Ergebnissen kommen.[106] Wenn von dem überlebenden Ehegatten geltend gemacht wird, dass ihm bereits ein von hälftigem Verhältnis abweichender größerer Anteil an dem Gemeinschaftsvermögen gehört habe, soll nach Auffassung der Finanzverwaltung unterstellt werden, dass in Höhe des Unterschiedsbetrags der Schenkungsteuer als Vorschenkungen unterliegende Zuwendungen des verstorbenen an den überlebenden Ehegatten erfolgt sind.[107]

c) Zur Vererblichkeit des Zugewinnausgleichsanspruchs s. BGH.[108] Die erbschaftsteuerliche Behandlung von Ansprüchen nach dem Gesetz zur Regelung offener

---

99 Siehe BGH, ZEV 1997 S. 159, wonach für die Eigentumslage depotverwahrter Wertpapiere auf einem „Oder"-Depot § 1006 BGB eine Vermutung und § 742 BGB eine schwach ausgeprägte Auslegungsregel für gleiche Anteile der Depotinhaber aufstelle, während die besonderen Umstände bei Errichtung des Depots keinen Aufschluss über die Eigentumslage gäben; vgl. auch OFD Koblenz, ZEV 1998 S. 21; zur besonderen Problematik im Rahmen der Zugewinngemeinschaft s. Müllereisert, DVR 1980 S. 82.
100 Siehe auch Werkmüller, ZEV 2000 S. 440.
101 EFG 1992 S. 142.
102 EFG 1996 S. 242.
103 UVR 1997 S. 335.
104 EFG 1995 S. 125.
105 Siehe Niedersächsisches FG vom 14.11.2001, EFG 2002 S. 480; a. A. aber FG Düsseldorf, EFG 1996 S. 242.
106 Vgl. auch Niehues/Kränke, DB 1996 S. 1158.
107 Siehe OFD Koblenz, ZEV 2002 S. 189; vgl. auch Hessisches FG vom 26.07.2001, EFG 2002 S. 34 mit Anmerkung Neu, und Moench/Kien-Hümbert/Weinmann § 10 Rdnr. 14; kritisch dazu Billig, ZEV 2002 S. 475, und Götz, ZEV 2003 S. 65.
108 BGH, ZEV 1995 S. 262.

4.3 Erwerb von Todes wegen – § 3 ErbStG

Vermögensfragen i. d. F. der Bekanntmachung vom 21.12.1998[109] wird ausführlich in R E 10.2 ErbStR 2011 dargestellt.

d) Bei einer **Lebensversicherung** richtet sich das Bezugsrecht allein nach den dafür im Versicherungsvertrag getroffenen Vereinbarungen.[110] Nur wenn der Erblasser keinen Bezugsberechtigten benannt hat, ist der Anspruch aus seiner Lebensversicherung auf den Todesfall Teil seines Nachlasses und steht deshalb den Erben zu. Dagegen wird durch Bestimmung eines Bezugsberechtigten[111] die Versicherung zur Leistung an diesen verpflichtet; entsprechend der Auslegungsregel des § 330 BGB ist von einem echten Vertrag zugunsten Dritter auszugehen. Der Anspruch auf die Versicherungssumme entsteht damit originär in der Person des Dritten und fällt auch nicht durchgangsweise in den Nachlass[112]– Folge: nicht § 3 Abs. 1 Nr. 1 ErbStG, sondern § 3 Abs. 1 Nr. 4 ErbStG ist anwendbar. Ist im Versicherungsvertrag Zahlung „an die Erben" ausbedungen, ist bei einer Kapitallebensversicherung nach § 160 Abs. 2 VVG im Zweifel anzunehmen, dass diese den Anspruch auf die Versicherungssumme ebenfalls nicht kraft Erbrechts, sondern als Bezugsberechtigte erwerben sollen und dass diejenigen bezugsberechtigt sind, die infolge des Todes zu Erben berufen sind, selbst wenn sie die Erbschaft ausschlagen.

Bei der **Autoinsassen-Unfallversicherung** fällt der Anspruch auf Auskehrung der vom Versicherungsnehmer eingezogenen Versicherungssumme grundsätzlich in den Nachlass des tödlich verunglückten Insassen – also kein eigener Anspruch des Erben des versicherten Insassen – mit der Folge, dass sie der Erbe des Verunglückten durch Erbanfall erwirbt.[113] Dies gilt aber nicht, wenn der Versicherungsnehmer die Versicherung auf die Person des verunglückten Insassen mit dessen schriftlicher Einwilligung für eigene Rechnung genommen hat und sie dann an die Erben des getöteten Insassen auszahlt – dann entweder Erwerb i. S. des § 3 Abs. 1 Nr. 4 ErbStG (falls Vertrag zugunsten Dritter) oder Erwerb gem. § 7 Abs. 1 Nr. 1 ErbStG –.

e) Gehört zum Nachlass ein **Unternehmen (Anteil** an einer **Kapitalgesellschaft),** ergeben sich vom Grundsatz her weder bürgerlich-rechtlich noch erbschaftsteuerlich Besonderheiten (wegen der Verschonungen/Begünstigungen gem. §§ 13a, 19a ErbStG s. u. 5.5 und 6.5).

Beispiele:
a) Erblasser E ist Inhaber eines **Einzelunternehmens** bzw. **Gesellschafter einer GmbH.** Alleinerbe ist sein Kind K.
Als Erwerb von Todes wegen (§ 3 Abs. 1 Nr. 1 ErbStG) unterliegt das Einzelunternehmen bzw. der nach § 15 Abs. 1 GmbHG vererbliche GmbH-Anteil mit seinem

---
109 BStBl 1998 I S. 4026.
110 Siehe BGH, NJW 1995 S. 1082.
111 Dazu LG München I, FamRZ 2005 S. 134.
112 Siehe BGH, BGHZ 130 S. 381; OLG Naumburg, WM 2004 S. 830.
113 Siehe BFH vom 28.09.1993, BStBl 1994 II S. 36.

4 Steuerpflicht

steuerlichen Wert nach § 12 Abs. 2 bzw. Abs. 5 ErbStG i. V. m. § 11 Abs. 2, § 109 (§§ 199 ff.) BewG der Erbschaftsteuer.

b) Erblasser E ist Gesellschafter einer OHG, Alleinerbe sein Kind K.

E kann nur die ihm zustehende Rechtsposition vererben. Welche das ist, richtet sich nach dem Gesellschaftsrecht bzw. nach den gesellschaftsvertraglichen Vereinbarungen. Diese Regelungen gehen nämlich den erbrechtlichen vor. Je nach Vereinbarung unter den Gesellschaftern können bei K als Erwerb von Todes wegen durch Erbanfall vorliegen: Anteil am Liquidationsvermögen – nur, aber in der Praxis nahezu auszuschließen, falls im Gesellschaftsvertrag abweichend von § 131 Abs. 3 HGB für den Fall des Todes eines Gesellschafters die Auflösung der OHG vereinbart worden ist –, Gesellschaftsanteil, Abfindungsanspruch (s. o. 2.1). Bei den verbleibenden Gesellschaftern kann ein Erwerb nach § 3 Abs. 1 Nr. 2 Satz 2 ErbStG in Betracht kommen.

Vergleichbar dem Abfindungsanspruch fällt auch der Ausgleichsanspruch eines Handelsvertreters nach § 89b HGB in den Nachlass, weil er mit dessen Tod entsteht und damit auf die Erben übergeht.[114]

Obwohl vom Grundsatz her also bei der Unternehmensnachfolge erbschaftsteuerlich keine Besonderheiten gelten, finden sich in der Literatur insbesondere auf diesem Gebiet viele Gestaltungsvorschläge.[115] Das hängt wohl zum einen damit zusammen, dass die Problematik der Unternehmensnachfolge in der Praxis der Steuerberatung sehr großen Raum einnimmt, und zum anderen damit, dass sich erbschaftsteuerliche Aspekte mit anderen steuerrechtlichen, etwa ertragsteuerlichen,[116] familienrechtlichen, gesellschaftsrechtlichen und betriebswirtschaftlichen in besonders starkem Maße mischen. Als allgemeine Regel kann man mit aller Vorsicht festhalten: Schenkung unter Lebenden (vorweggenommene Erbfolge) ermöglicht im Regelfall eine bessere Gestaltung der Unternehmensnachfolge.[117] Testamentarische Regelungen sind besser als die gesetzlichen. Das Testament sollte aber in regelmäßigen Abständen überprüft und ggf. angepasst werden (familiäre, handelsrechtliche, steuerrechtliche, gesellschaftsrechtliche, betriebswirtschaftliche Änderungen). Sinnvoll kann die Einsetzung eines Testamentsvollstreckers sein.

2) Erbschaftsausschlagung

Mit der Ausschlagung der Erbschaft kann sich der zum Erben Berufene gegen einen (unerwünschten) Anfall der Erbschaft wehren. Die Ausschlagung kann bürgerlich-rechtlich begründet sein (Haftung für Nachlassverbindlichkeiten bei überschuldetem Nachlass) oder auch erbschaftsteuerrechtlich, weil mit der Ausschlagung die zu zahlende Erbschaftsteuer geringer ist oder die Erbschaftsteuerpflicht für den Ausschlagenden entfällt, oder auch einkommensteuerrechtlich.[118] Die Aus-

---

114 Siehe BFH vom 27.04.1962, BStBl 1962 III S. 335.
115 Z. B. Gebel, Gesellschafternachfolge im Schenkung- und Erbschaftsteuerrecht, 1997; Sistermann, ZEV 1998 S. 166 – Freiberufler-Gesellschaften; Lieber/Steffens, ZEV 2000 S. 132 – Vorweggenommene Erfolge von Gesellschaftsanteilen unter Vorbehalt von Versorgungsleistungen.
116 Siehe z. B. BFH vom 27.07.1993, BStBl 1994 II S. 625.
117 Schild, Erbschaftsteuer und Erbschaftsteuerpolitik bei der Unternehmensnachfolge, 1980, S. 229 ff.
118 Siehe Flick, DStR 2000 S. 1816.

4.3 Erwerb von Todes wegen – § 3 ErbStG

schlagung kann aus erbschaftsteuerlichen Gründen zweckmäßig sein, wenn der Ersatzerbe, der an die Stelle des Ausschlagenden tritt, im Verhältnis zum Erblasser zu einer günstigeren Steuerklasse gehört oder wenn danach die Erbschaft auf mehrere Ersatzerben verteilt wird.[119]

Beispiel:
Erblasser E (Nachlasswert: 6.500.000 €) hinterlässt seine Ehefrau F und die beiden Kinder K1 und K2. Die F (Nachlasswert: 13.000.000 € einschließlich 6.500.000 € von E) stirbt zwei Tage nach dem Tod des E. Die Eheleute hatten sich in einem gemeinschaftlichen Testament gegenseitig zu Alleinerben eingesetzt. Sie lebten im Güterstand der Gütertrennung. Pflichtteilsansprüche werden nicht geltend gemacht.

Alternative 1 (keine Ausschlagung bzgl. des Erbrechts der F nach dem E):
F ist Alleinerbin des E geworden. K1 und K2 sind zwei Tage später Erben der F geworden. Die F hat somit den gesamten Vermögensanfall von E (6.500.000 €) zu versteuern. K1 und K2 haben ihrerseits den gesamten Vermögensanfall von F (13.000.000 € – jeweils zur Hälfte = 6.500.000 €) zu versteuern. § 27 ErbStG ist zu beachten.

Alternative 2 (Ausschlagung bzgl. des Erbrechts der F nach dem E durch K1 und K2 als gesetzliche Erben der F):
K1 und K2 sind Alleinerben des E und der F; es liegen insoweit für sie zwei Erwerbsvorgänge vor (Gesamtwert: 13.000.000 €. K1 und K2 erhalten einen Teil ihres Vermögensanfalls als Erben des E (6.500.000 € – jeweils 3.250.000 €) und einen weiteren Teil (6.500.000 € – ebenfalls jeweils 3.250.000 €) als Erben der F. Die beiden Kinder erhalten somit – im Gegensatz zur Alternative 1 – die Freibeträge nach §§ 16 und 17 ErbStG zweimal, und der Wert des Nachlasses beträgt 6.500.000 € – also jeweils 3.250.000 € – von E und 6.500.000 € – also jeweils 3.250.000 € – von F. Das führt im Hinblick auf § 19 ErbStG (Progression) zu einer geringeren Steuer als ein Erwerb von 13.000.000 € – also jeweils 6.500.000 €.

Ein Missbrauch von Gestaltungsmöglichkeiten des Rechts – § 42 AO – wird in der Ausschlagung durch K1 und K2 mangels Unangemessenheit nicht zu sehen sein.[120]

Die Ausschlagung einer Erbschaft (wegen der Steuerpflicht einer hierfür gewährten Abfindung s. § 3 Abs. 2 Nr. 4 ErbStG) und der damit verbundene Anfall bei dem oder den nächstberufenen Erben gilt nicht als freigebige Zuwendung seitens des Ausschlagenden, weil nach § 517 BGB keine Schenkung vorliegt, wenn jemand zum Vorteil eines anderen einen Vermögenserwerb unterlässt oder auf ein angefallenes, noch nicht endgültig erworbenes Recht verzichtet. Ist die Ausschlagung aber unwirksam, z. B. wegen Versäumung der Ausschlagungsfrist, kann entsprechend dem Grundsatz der Maßgeblichkeit des bürgerlichen Rechts sowohl Erbschaftsteuer – wegen Unbeachtlichkeit der unwirksamen Ausschlagung – als auch Schenkungsteuer – wegen Zuwendung an den durch die „Ausschlagung" Begünstigten – erhoben werden.[121]

---

119 Zum ErbStG 1974 vgl. Troll, BB 1988 S. 2153 mit Beispielen.
120 Siehe FG Düsseldorf, EFG 1965 S. 183.
121 Siehe auch RFH, RStBl 1931 S. 560; FG München, UVR 2000 S. 397; a. A. für den Fall der Unwirksamkeit wegen Verstoßes gegen die Bedingungsfeindlichkeit der Ausschlagung nach § 1947 BGB Kapp, BB 1980 S. 117; insgesamt a. A. – Lösung über § 41 AO – Troll, BB 1988 S. 2153.

3) Teilungsanordnung

Der Erblasser kann auf die Erbauseinandersetzung durch Teilungsanordnung Einfluss nehmen, auch wenn diese Anordnung keine dingliche Wirkung hat, die Erben vielmehr nur schuldrechtlich verpflichtet sind, den Nachlass entsprechend dem Erblasserwillen aufzuteilen, sie also in gegenseitigem Einvernehmen mit dem Nachlass auch in anderer Weise verfahren können. Im **Idealfall** ist die **Teilungsanordnung** so ausgestaltet, dass jeder **Erbe** nach **Verkehrswerten** den Teil des Nachlasses erhält, der seinem **Erbteil** entspricht (zur sog. erbquotenbestimmenden Teilungsanordnung s. unten).

Die Zuweisung eines bestimmten Nachlassgegenstands an einen Miterben kann bürgerlich-rechtlich eine bloße Teilungsanordnung i. S. des § 2048 BGB oder in Verbindung damit zugleich ein Vorausvermächtnis i. S. des § 2150 BGB sein, durch das dem Begünstigten zusätzlich zu seinem Erbteil ein Vermögensvorteil zugewendet wird der Erblasser will regelmäßig einen weiteren unabhängigen Geltungsgrund für die Zuwendung eines einzelnen Nachlassgegenstandes schaffen. Es muss durch Auslegung im Einzelfall ermittelt werden, worauf der Wille des Erblassers gerichtet war.[122] Die zivilrechtliche Bedeutung der Abgrenzung zeigt sich neben der Ausgleichungspflicht u. a. daran, dass das Vorausvermächtnis ausgeschlagen werden kann,[123] dass der Vermächtnisnehmer mit seiner Forderung einen besseren Rang hat,[124] dass bei einem gemeinschaftlichen Testament eine Teilungsanordnung vom Überlebenden jederzeit einseitig widerrufen werden kann,[125] dem mit einem Vorausvermächtnis Bedachten schon vor dem Erbfall die Bindungswirkung zugutekommt.[126] Die Grenze ist, wenn die Auslegung im Einzelfall zu keinem anderen Ergebnis führt, i. d. R. derart zu ziehen, dass ein Vermächtnis dann vorliegt, wenn die letztwillige Verfügung feste Erbquoten bestimmt und über diese hinaus, aber ohne Anrechnung auf den Erbteil, einem der Erben einen Vermögensgegenstand zuspricht – vom Erblasser gewollte Zuwendung des Mehrwerts –, während eine reine Teilungsanordnung nur dann gegeben ist, wenn ein solcher Begünstigungswille fehlt – keine Wertverschiebung, weil der Bedachte hinsichtlich des Mehrwerts den anderen Miterben Wertausgleich aus seinem Vermögen zahlen muss.

Die Abgrenzung lässt sich vereinfacht wie folgt darstellen: **Teilungsanordnung = lediglich technische Durchführung** der **Erbauseinandersetzung** und **(Voraus-)Vermächtnis = wertmäßige Gewichtsverteilung** und -verschiebung. Für die Abgrenzung

---

122 Zur Abgrenzung „Teilungsanordnung – Vorausvermächtnis" vgl. RGZ 170 S. 163; BGHZ 36 S. 115; BGH, NJW 1985 S. 51, 1995 S. 721, 1998 S. 682; BFH vom 01.04.1992, BStBl 1992 II S. 669, und vom 06.06.2001, BStBl 2001 II S. 605; s. hierzu auch Gergen, Jura 2005 S. 185 und ZErb 2006 S. 362.
123 Vgl. § 2180 BGB.
124 Vgl. § 1991 Abs. 4 BGB mit § 327 InsO.
125 Vgl. § 2270 Abs. 3 BGB.
126 Siehe ferner Palandt/Edenhofer, § 2048 Rdnr. 8.

4.3 Erwerb von Todes wegen – § 3 ErbStG

sind also Begünstigungswille und Vermögensvorteil die beiden wesentlichen Kriterien, die vom Erblasser gewollte wertmäßige Verteilung des Nachlasses der wichtigste Gesichtspunkt.

a) In der erbschaftsteuerrechtlichen Behandlung der Teilungsanordnung war die Rechtsprechung des BFH in der Vergangenheit schwankend:
- keine Berücksichtigung der Teilungsanordnung [127]
- Berücksichtigung der – verbindlichen – Teilungsanordnung[128]
- keine Berücksichtigung der Teilungsanordnung[129]

Der BFH[130] begründete seine Entscheidung, mit dem er die gegenteilige Rechtsauffassung[131] ausdrücklich aufgab – hierauf hatte die Finanzverwaltung in einem abgestimmten Ländererlass[132] dergestalt reagiert, dass sie den Miterben ein Wahlrecht einräumte, ob diese die Teilungsanordnung berücksichtigt haben wollten oder nicht –, im Wesentlichen wie folgt: Sowie eine unter den Miterben frei vereinbarte Auseinandersetzung für die Besteuerung ohne Bedeutung sei, müsse das auch für die Teilung aufgrund einer Teilungsanordnung gelten. Die Teilungsanordnung mit ihrer lediglich schuldrechtlichen Wirkung habe als solche nicht die Wirkung, dass ein Miterbe mehr oder weniger als seinen Erbteil erhalte. Der Erwerb i. S. des § 3 Abs. 1 Nr. 1 ErbStG durch Erbanfall sei allein der durch Erbfolge eingetretene (dingliche) Vermögenszuwachs. Soweit ein Anspruch eines Miterben auf Übereignung von bestimmten Nachlassgegenständen nicht auf einem (Voraus-)Vermächtnis beruhe, müsse er erbschaftsteuerrechtlich außer Betracht bleiben. Denn Steuertatbestand sei der Erwerb durch „Erbanfall" und nicht der Erwerb „aufgrund" eines Erbfalls.[133]

Diese auch erbschaftsteuerrechtlich zwischen Teilungsanordnung und Vorausvermächtnis – für dessen Behandlung gelten die allgemeinen Regeln für Vermächtnisse[134] – unterscheidende Auffassung korrespondiert mit der erbrechtlichen Sichtweise, nach der der Erwerb aufgrund einer Teilungsanordnung ein integraler Bestandteil des Erwerbs durch Erbanfall ist, während der Erwerb durch Vorausvermächtnis einen eigenständigen Erwerbsgrund darstellt.[135]

---

127 Siehe BFH vom 30.06.1960, BStBl 1960 III S. 348.
128 Siehe BFH vom 16.03.1977, BStBl 1977 II S. 640.
129 Siehe BFH vom 10.11.1982, BStBl 1983 II S. 329, vom 01.04.1992, BStBl 1992 II S. 669, vom 05.02.1992 II R 7/89, BFH/NV 1993 S. 100, vom 18.08.2005, BStBl 2005 II S. 830, und vom 06.10.2010 II R 29/09, BFH/NV 2011 S. 603; laut FG München, UVR 1994 S. 56, ebenfalls der Fall, wenn es um die Besteuerung des Erbschaftserwerbs eines Alleinerben geht, zu dessen Erwerb ein in den Nachlass fallender Miterbenanteil des Erblassers mit Teilungsanordnung gehört.
130 BFH vom 10.11.1982, BStBl 1983 II S. 329.
131 BFH vom 16.03.1977, BStBl 1977 II S. 640.
132 Siehe DB 1978 S. 819.
133 So im Ergebnis auch früher R 5 Abs. 1 ErbStR 2003 und nunmehr R E 3.1 Abs. 1 ErbStR 2011.
134 Vgl. R E 3.1 Abs. 4 ErbStR 2011.
135 Siehe Meincke, § 3 Rdnr. 24.

4 Steuerpflicht

b) Die Bedeutung der die Teilungsanordnung für unbeachtlich erachtenden Rechtsprechung lag vor Inkrafttreten des ErbStRG vom 24.12.2008 in der erheblichen Unterbewertung bestimmter Vermögensgegenstände – Steuerwert und Verkehrswert von Grundvermögen, Betriebs- und Anteilsvermögen trennten häufig „Welten" –.[136]

Beispiel:
Erben des im Jahr 2007 verstorbenen Erblassers E waren seine Kinder T und S je zur Hälfte. Der Nachlass bestand aus einem Grundstück mit einem Verkehrswert von 800.000 €, dessen Grundbesitzwert sich aber nur auf 400.000 € belief. Mittels Teilungsanordnung war bestimmt, dass die T bei der Auseinandersetzung das Grundstück erhalten und dafür an S 400.000 € zahlen sollte.

1) Ergebnis bei Berücksichtigung der Teilungsanordnung:
T ist nicht steuerpflichtig: 400.000 €
abzgl. Zahlungsverpflichtung ⁒ 400.000 €
0 €

steuerpflichtiger Erwerb des S: 400.000 €
damaliger Freibetrag für Kinder ⁒ 205.000 €
195.000 €

damaliger Steuersatz in der Steuerklasse I = 11 %; Steuer also **21.450 €**

2) Ergebnis bei Nichtberücksichtigung der Teilungsanordnung:
gesamter Vermögensanfall für T und S jeweils 200.000 €
nach Abzug des Freibetrags von jeweils ⁒ 205.000 €
verblieb also bei beiden Erben kein steuerpflichtiger Erwerb

aa) Vor der **Reform des Bewertungsrechts** durch das ErbStRG führte die eine Berücksichtigung der Teilungsanordnung ablehnende Judikatur zu einer **gerechteren Verteilung der Steuerlast auf die Miterben;** die gegenteilige Ansicht hätte zur Folge gehabt, dass der Vorteil eines niedrigeren Steuerwerts allein dem Erben zugutegekommen wäre, der nach der Teilungsanordnung das unterbewertete Vermögen erhielt.

Nunmehr hat sich diese **Problematik** – lässt man das weiterhin unterbewertete land- und forstwirtschaftliche Vermögen und des unter § 13 Abs. 1 Nr. 1 bis 3 ErbStG fallende Vermögen außer Betracht und ignoriert man, dass im Bereich des Betriebsvermögens mit dem vereinfachten Bewertungsverfahren nach §§ 199 ff. BewG, bei dem eine Bewertung aus Vergangenheitszahlen erfolgt, und den zukunftsorientierten betriebswirtschaftlich üblichen Bewertungsverfahren, wie sie z. B. dem IDW S1-Standard zugrunde liegen, erhebliche Wertunterschiede angelegt sind – durch den einheitlichen Bewertungsmaßstab „gemeiner Wert" und die dem (= Verkehrs-)Wert im Idealfall zumindest nahekommende Bewertung auf der Bewertungsebene erledigt, jedenfalls aber **entschärft.**

---

136 Zur seinerzeitigen erbschaftsteuerrechtlichen Behandlung s. auch Sommer, ZEV 2004 S. 13.

4.3 Erwerb von Todes wegen – § 3 ErbStG

Beispiel:
Der verwitwete Erblasser hat seine beiden Kinder testamentarisch zu Miterben mit hälftiger Erbquote eingesetzt. Sein Nachlass besteht aus einem Geschäftsgrundstück mit einem Verkehrswert von 1.000.000 € sowie Bundesschatzbriefen und weiteren Kapitalanlagen mit einem ebensolchen Wert. Mittels Teilungsanordnung hat er verfügt, dass der Sohn das Grundstück, die Tochter das Kapitalvermögen erhalten soll.

Geht man davon aus, dass der im Ertragswertverfahren gem. § 177 i. V. m. § 182 Abs. 3, §§ 184 ff. BewG ermittelte gemeine Wert des Grundstücks dessen Verkehrswert und damit dem Wert des der T zugewiesenen Kapitalvermögens entspricht, ergibt sich für beide Kinder eine identische Steuerlast ungeachtet dessen, ob man die Teilungsanordnung für beachtlich ansieht oder nicht.

Der Grundsatz der Unbeachtlichkeit der Teilungsanordnung erlangt hier selbstverständlich Bedeutung, wenn der Steuerwert des Grundstücks unterhalb des Verkehrswerts liegt (der Finanzverwaltung ist es verwehrt, der Besteuerung einen höheren als den nach §§ 184 ff. BewG ermittelten Wert zugrunde zu legen).

bb) Bedeutung erlangt die **Teilungsanordnung** jedoch im Rahmen der durch das ErbStRG geschaffenen **Verschonungsregelungen** für den Erwerb eines Familienheims von Todes wegen durch den überlebenden Ehegatten/Lebenspartner oder durch Kinder bzw. Kinder verstorbener Kinder (§ 13 Abs. 1 Nr. 4b und 4c ErbStG), für Betriebsvermögen, Betriebe der Land- und Forstwirtschaft und Anteile an Kapitalgesellschaften (§§ 13a, 13b ErbStG) und für den Erwerb von zu Wohnzwecken vermietete Grundstücke (§ 13c ErbStG) sowie bei der Steuerentlastung gem. § 19a ErbStG. Zwar kommt es auch in diesen Bereichen nicht zu einer Änderung der Zuordnung der Erwerbsgegenstände beim einzelnen Erben; es ergibt sich aber eine Änderung der Bemessungsgrundlage der Steuerbefreiung bzw. Steuerentlastung. So kommt etwa § 13 Abs. 1 Nr. 4c ErbStG nur bei dem Miterben zur Anwendung, der das Familienheim erwirbt und zu Wohnzwecken nutzt.[137] Denn durch Satz 3 wird sichergestellt, dass die Steuerbefreiung, wenn Miterben aufgrund einer Teilungsanordnung verpflichtet sind, im Rahmen der Nachlassteilung das Familienheim auf einen Miterben zu übertragen und diese Anordnung auch tatsächlich vollziehen, demjenigen zugute kommt, der das Familienheim letztlich erhält. Die übertragenden Miterben können die Befreiung nicht in Anspruch nehmen – gleichlautende Regelung findet sich in § 13 Abs. 1 Nr. 4b Satz 3, § 13a Abs. 3 Satz 2, § 13c Abs. 2 Satz 2 ErbStG sowie für die Tarifbegrenzung in § 19a Abs. 2 Satz 3 ErbStG –.[138]

Beispiel:
Der verwitwete Erblasser hat testamentarisch seine beiden Kinder zu Miterben mit gleicher Erbquote eingesetzt und mittels Teilungsanordnung verfügt, dass seine 35 Jahre alte Tochter T das von ihm bis zu seinem Tod bewohnte Einfamilienhaus (Grundbesitzwert: 800.000 €; Wohnfläche: unter 200 m^2) und eine in den Nachlass

---
137 Siehe hierzu Moench/Kien-Hümbert/Weinmann, § 3 Rdnr. 68a; Meincke, § 3 Rdnr. 24a, 29.
138 Siehe hierzu R E 13.4 Abs. 5 Satz 4 ff. und R E 13a.3 Abs. 1 Satz 4 f. sowie R E 13c Abs. 5 Satz 4 ff. ErbStR 2011.

fallende Lebensversicherung im Wert von 500.000 €, sein Sohn S – ebenfalls zu alt für die Anwendung von § 17 Abs. 2 ErbStG – das Bankdepot im Wert von 1.300.000 € erhalten soll. T erfüllt die Voraussetzungen der vorgenannten Steuerbefreiungsnorm.

Da der Erblasser mehrere Erben hinterlassen hat, wird der Nachlass (Gesamtwert = Vermögensanfall: 2.600.000 €) gemeinschaftliches Vermögen von T und S. Gehört begünstigtes Vermögen – hier: Familienheim – zum Nachlass, erwirbt jeder Miterbe einen Anteil daran. Kommt es zur Auseinandersetzung der Erbengemeinschaft entsprechend der vom Erblasser verfügten Teilungsanordnung, so erwerben T und S eine zusätzliche Berechtigung an den ihnen zugewiesenen Nachlassgegenständen; T wird u. a. Alleineigentümerin des Einfamilienhauses. Im Gegenzug gibt sie aber ihre Berechtigung an dem Bankdepot zugunsten des S auf. An diesen Vorgang der Nachlassteilung knüpft § 13 Abs. 1 Nr. 4c Satz 4 ErbStG an – entsprechende Regelung in § 13 Abs. 1 Nr. 4b Satz 4, § 13b Abs. 3 Satz 1, § 13c Abs. 2 Satz 3 ErbStG –. Der Umfang der Berechtigung der T an dem begünstigten Grundstück wird durch die Übertragung erhöht, jedoch im Verhältnis zu dem übertragenden Erben S entgeltlich, weil sie, um das Alleineigentum an dem Grundstück zu erhalten, ihrerseits auf die Mitberechtigung an dem Bankdepot verzichten muss. Durch die Hingabe vom Erblasser erworbenen, nicht begünstigten Vermögens – hier: Mitberechtigung an dem Bankdepot – erhöht sich der Wert des begünstigten Vermögens für die T um den Wert des hingegebenen Vermögens, höchstens aber um den Wert des übertragenen Vermögens – hier: hälftiger Wert des Grundstücks i. H. von 400.000 €, nicht hälftiger Wert des Bankdepots, weil hiermit auch der Anteil des S an der Lebensversicherung ausgeglichen wird – (vgl. zur Berechnung der Steuerbefreiung bei Übernahme der hälftigen Mitberechtigung an einem Familienheim gegen Ausgleichszahlung aus dem Nachlass und Schuldübernahme H E 13.4 Beispiel 3 ErbStH 2011).

a) Die ErbSt der T beläuft sich – § 10 Abs. 5 Nr. 3 ErbStG hier außer Betracht lassend – bei einem steuerpflichtigen Erwerb von 100.000 € (hälftiger Vermögensanfall von 2.600.000 € = 1.300.000 € minus Steuerbefreiung nach § 13 Abs. 1 Nr. 4c ErbStG i. H. von 800.000 € minus persönlicher Freibetrag i. H. von 400.000 €) und einem Steuersatz von 11 % auf **11.000 €**.

b) Die ErbSt des S beläuft sich – § 10 Abs. 5 Nr. 3 ErbStG ebenfalls ignorierend – bei einem steuerpflichtigen Erwerb von 900.000 € (hälftiger Vermögensanfall von 2.600.000 € = 1.300.000 € minus persönlicher Freibetrag i. H. von 400.000 €) und einem Steuersatz von 19 % auf **171.000 €** (zumindest missverständlich Meincke, § 13 Rdnr. 24a, 29, § 13a Rdnr. 18, § 13b Rdnr. 23, wonach der Wegfall der Vergünstigung den weichenden Miterben nicht beeinträchtige, weil er den Grundstückserwerb wie im Fall der Vermächtnisanordnung durch eine gleich hohe Verbindlichkeit für sich neutralisieren könne).

Sind nach dem Gesellschaftsvertrag einer Personengesellschaft nur einzelne Miterben zur Nachfolge in den Gesellschaftsanteil vorgesehen – **qualifizierte Nachfolgeklausel** –, geht der Anteil des verstorbenen Gesellschafters unter Ausschluss der übrigen allein auf die zur Nachfolge berufenen Erben über,[139] was zur Folge haben müsste, dass der Gesellschaftsanteil den ausgeschlossenen Erben erbschaftsteuerrechtlich auch nicht anteilig zugerechnet werden dürfte. Da der Wert des Aus-

---

139 Siehe BGH, BGHZ 22 S. 186 und 68 S. 225 – Sondererbfolge in den Gesellschaftsanteil ähnlich einer dinglich wirkenden Teilungsanordnung –.

4.3 Erwerb von Todes wegen – § 3 ErbStG

gleichsanspruchs unter Geltung des alten Bewertungsrechts den anteiligen (unterbewerteten) Steuerwert des Gesellschaftsanteils deutlich übersteigen konnte, barg diese Lösung die Gefahr einer steuerlichen Benachteiligung der ausgleichsberechtigten Erben in sich. Der BFH[140] schloss diese jedoch aus, indem er den Fall der **qualifizierten Nachfolge** in einen Personengesellschaftsanteil als **Unterfall** einer bloßen **Teilungsanordnung** – und damit für die Erbschaftsbesteuerung bedeutungslos – ansah mit der Folge der Zurechnung des Gesellschaftsanteils bei sämtlichen Miterben entsprechend ihrer Erbquote (zur erbschaftsteuerrechtlichen Unbeachtlichkeit, falls bei Auslegung der Willenserklärungen des Erblassers die Sondererbfolge zu keiner Erbquotenverschiebung führt, vgl. nunmehr R E 3.1 Abs. 3 Satz 2 ErbStR 2011); ein Widerspruch zu der ansonsten vom BFH vertretenen These einer strengen Anknüpfung der Erbschaftsteuer an das Zivilrecht.[141]

Die Grundsätze zur qualifizierten Nachfolgeklausel hat das Gericht[142] auf den Fall der Sondererbfolge gem. § 4 Satz 1 HöfeO übertragen; auch wenn der Hof bei entsprechender Anordnung des Erblassers ohne Durchgangserwerb der Erbengemeinschaft im Wege der Sondererbfolge allein dem Hoferben zufalle, so sei er zum Nachlass zu zählen. In der Hoferbfolge wird ebenfalls eine Teil-Auseinandersetzung gesehen, die sich kraft Gesetzes sogleich mit dem – oder genauer: eine juristische Sekunde nach dem – Erbfall vollziehe; auch sie sei als „gleichsam dinglich wirkende Teilungsanordnung" zu verstehen. Dies hatte vor Inkrafttreten des ErbStRG vom 24.12.2008 u. a. zur Folge, dass die nicht zur Hoferbfolge berufenen Erben Anteil an den im Vergleich zum Verkehrswert extrem niedrigen Grundbesitzwert des Betriebs der Land- und Forstwirtschaft hatten; er war quotenmäßig auf die Miterben aufzuteilen.

Die Bedeutung der Auffassung von der Behandlung der qualifizierten Nachfolgeklausel bzw. Sondererbfolge im Höferecht als Fall einer Teilungsanordnung hat sich jedoch nunmehr auf der Ebene der Ermittlung des Vermögensanfalls durch die am gemeinen Wert ausgerichtete Bewertung erledigt, zumindest erheblich minimiert, wobei aber natürlich wiederum zu beachten ist, dass die mit dem ErbStRG eingeführte Verschonungsregelung des § 13a ErbStG zu einer ungleichen Verteilung der Steuerlast unter den Miterben führt, weil die Steuerbefreiung nur bei dem dem Verstorbenen nachfolgenden Miterben eintritt (vgl. insoweit R E 3.1 Abs. 3 Satz 3 i. V. m. Abs. 1 Satz 5 ErbStR 2011).

---

140 BFH von 10.11.1982, BStBl 1983 II S. 329; s. auch R 5 Abs. 3 und R 55 Abs. 3 ErbStR 2003.
141 Zur dogmatischen Anfechtbarkeit der BFH-Lösung s. auch Meincke, § 3 Rdnr. 19; Hübner, ZErb 2004 S. 34; Moench/Kien-Hümbert/Weinmann, § 3 Rdnr. 77: „Es erscheint absurd, dass bei der Erbschaftsteuer der wirtschaftliche Gehalt der qualifizierten Nachfolgeklausel maßgeblich sein soll, während bei der Einkommensteuer, bei der die wirtschaftliche Betrachtungsweise im Vordergrund steht, ein Direkterwerb des zur Nachfolge berufenen Erben angenommen wird".
142 Siehe BFH vom 01.04.1992, BStBl 1992 II S. 669.

4 Steuerpflicht

cc) Die Rechtsprechung hatte aber nur solche Teilungsanordnungen als für die Erbschaftsteuer nicht berücksichtigungsfähig erachtet, die zu keiner Verschiebung der Erbteile führen, also bereicherungsneutral sind.[143]

Ob eine Teilungsanordnung zu einer Verschiebung der Erbquoten führen kann, erscheint fraglich.[144] Legt der Erblasser nämlich – unmittelbar – keine Erbquoten fest, wendet er den Bedachten vielmehr einzelne Gegenstände zu und greift die allgemeine Auslegungsregel des § 2087 Abs. 2 BGB nicht, so liegt eine Teilungsanordnung vor, die selbst – mittelbar – die Erbquoten festlegt und der damit auch für die erbschaftsteuerrechtliche Beurteilung Bedeutung zukommt (sog. **erbquotenbestimmende Teilungsanordnung** – i. d. R. anzunehmen, wenn die verteilten Gegenstände den Nachlass erschöpfen oder zur Zeit der Testamentserrichtung das wesentliche Erblasservermögen darstellten und kein Wertausgleich zwischen den Erben vorgesehen ist –). Eine derartige Teilungsanordnung kann folglich auch nicht gleichzeitig als Vorausvermächtnis gewertet werden.[145] Diese Teilungsanordnung kann begrifflich keine Erbquoten verschieben, weil sie sie gerade erstmalig festlegt.[146] Liegen andererseits nach der Auslegung der letztwilligen Verfügung die Erbquoten bereits fest, können also begrifflich auch hier nicht verschoben werden, so kann einem Miterben ein darüber hinausgehender Vermögensvorteil nur durch Vorausvermächtnis, nicht durch eine sog. wertverschiebende Teilungsanordnung zugewendet werden.[147] Von Moench[148] wird folgendes Beispiel genannt: „Eine Verschiebung der Erbteile läge dagegen vor, wenn diese vorab festgelegt wären – etwa, dass die Kinder zu gleichen Teilen erben –, die verbindliche Teilungsanordnung dann aber zu einer ganz anderen Beteiligung am Nachlass führen würde."[149] Meines Erachtens würde hier aber die Auslegung ohnehin im Zweifel zu einer Quotierung entsprechend der Teilungsanordnung führen oder zu einem Vorausvermächtnis, je nachdem, ob der Erblasser Begünstigungswillen hatte oder nicht.[150]

dd) Soweit sich für die Erbschaftsteuer Konsequenzen aus der Einordnung einer Erblasserverfügung als Teilungsanordnung bzw. Vorausvermächtnis ergeben, wird die steuerliche Behandlung durch die (häufig schwierige) bürgerlich-rechtliche Aus-

---

143 Siehe Niedersächsisches FG, EFG 1989 S. 464 und 2000 S. 960.
144 Dies ablehnend BGH, NJW-RR 1990 S. 1220; s. auch Staudinger/Otte, § 2150 Rdnr. 14; Palandt/Edenhofer, § 2048 Rdnr. 1; Sommer/Kerschbaumer, ZEV 2004 S. 13.
145 Siehe FG München, EFG 1991 S. 28 und UVR 1998 S. 440 sowie EFG 2007 S. 1534; Moench, DStR 1991 S. 169.
146 Siehe auch R E 3.1 Abs. 2 ErbStR 2011.
147 Siehe Meincke, § 3 Rdnr. 25; vgl. auch R E 3.1 Abs. 4 ErbStR 2011 und H E 3.1 Abs. 4 ErbStH 2011.
148 Siehe DStR 1991 S. 173.
149 So möglicherweise auch Niedersächsisches FG, EFG 1989 S. 464.
150 Zur Abgrenzung von Vorausvermächtnis und Teilungsanordnung, insbesondere bei Zuweisung von Gegenständen an einen Miterben, die wertvoller sind, als es seinem Erbteil entspricht, vgl. BFH vom 06.10.2010 II R 29/09, BFH/NV 2011 S. 603.

4.3 Erwerb von Todes wegen – § 3 ErbStG

legung des Testaments präjudiziert – Grundsatz der Maßgeblichkeit des bürgerlichen Rechts für das Erbschaftsteuerrecht. Im Anwendungsbereich der Verschonungsregelungen gem. § 13 Abs. 1 Nr. 4b bzw. Nr. 4c und §§ 13a ff. ErbStG kommt einem Erben die Vergünstigung – etwa der nur 90 %ige Wertansatz für ein zu Wohnzwecken vermietetes Grundstück – nicht zugute, ungeachtet dessen, ob er das Grundstück aufgrund Vermächtnisses auf einen Dritten übertragen muss oder ob das Grundstück infolge einer Teilungsanordnung auf einen Miterben übertragen wird. Bedeutung erlangt die Einordnung aber z. B. dann, wenn der steuerliche Wert des nicht begünstigten Grundbesitzes auch nach Inkrafttreten der Erbschaftsteuerreform – idealiter weicht der Grundbesitzwert nicht mehr vom Verkehrswert ab – unterhalb dieses Wertes liegen sollte; früher der Normalfall.

Beispiel:
Vater V hat seine Kinder K1 und K2 testamentarisch „zu gleichen Teilen" als Erben eingesetzt. Der Nachlass besteht aus den Geschäftsgrundstücken G1 mit einem Verkehrswert von 1.000.000 € und G2 mit einem Verkehrswert von 500.000 €. V hat bestimmt, dass K1 das Grundstück G1 ohne Wertausgleichszahlung an K2 und dieser das Grundstück G2 erhalten soll.

K1 und K2 werden Eigentümer (Gesamthandseigentum) der Grundstücke G1 und G2. Für die Auslegung des Testaments sind insbesondere folgende Möglichkeiten in Betracht zu ziehen:

1) Mit der Teilungsanordnung wird konkludent die Erbquote der Kinder – abweichend von der im Testament enthaltenen Formulierung „zu gleichen Teilen" – bestimmt: K1 zu 2/3 und K2 zu 1/3.

Die Bedeutung der Teilungsanordnung erschöpft sich in der Festlegung der Erbquoten mit der Folge, dass die Kinder wegen der erbschaftsteuerlichen Unbeachtlichkeit dieser Anordnung mit diesen Quoten an dem steuerlichen Wert des gesamten Nachlasses beteiligt sind.

Geht man davon aus, dass der im Ertragswertverfahren ermittelte gemeine Wert des Grundstücks G1 nur 900.000 € beträgt, der Steuerwert des Grundstücks G2 aber sich mit dessen Verkehrswert deckt – mit dem ErbStRG vom 24.12.2008 angestrebter „Idealzustand" –, so sind K1 mit 933.333 € und K2 mit 466.667 € am steuerlichen Wert des Gesamtnachlasses beteiligt.

2) Gewollt ist ein Vorausvermächtnis zugunsten des K1; dieser soll nach dem Willen des Erblassers einen Vermögensvorteil gegenüber dem Miterben K2 erhalten. Die erforderliche weitere Auslegung ergibt dann, dass dieses Vorausvermächtnis sich aber nicht auf das ganze Grundstück G1 bezieht, sondern lediglich auf 1/2. Der Erblasser hat hier nämlich nach der Teilungsanordnung einerseits K2 das Grundstück G2 (Verkehrswert: 500.000 €) insgesamt zukommen lassen, andererseits K1 begünstigen wollen. Das bedeutet, dass das Vorausvermächtnis sich nicht auf das ganze Grundstück G1 bezieht (denn dann würde K1 auch noch 1/2 des Grundstücks G2 zukommen, was der Erblasser offensichtlich nicht wollte), sondern nur auf 1/2.

Erbschaftsteuerlich führt das zu folgendem Ergebnis:

Steuerwert des Nachlasses	1.400.000 €
Steuerwert des Vorausvermächtnisses an K1	./. 450.000 €
	950.000 €
Erwerb des K2 = 1/2	= **475.000 €**

4 Steuerpflicht

Erwerb des K1 = 1/2	=	475.000 €
Vorausvermächtnis	+	450.000 €
		925.000 €

Dieses erbschaftsteuerliche Ergebnis zeigt Folgendes: Die Teilungsanordnung selbst ist ohne Bedeutung, sonst würde für K1 ErbSt ausgehend von einer Bereicherung von 900.000 € und für K2 von 500.000 € anfallen. K2 nimmt im Ergebnis daran teil, dass der nach §§ 184 ff. BewG ermittelte Wert des Grundstücks G1 niedriger ist als dessen Verkehrswert (s. in diesem Zusammenhang auch H 5 (4) ErbStH 2003 – Zahlen des Beispiels spiegeln die vor der Erbschaftsteuerreform nicht seltene deutliche Unterbewertung des Grundbesitzes wider –).

4) Erbauseinandersetzung

Die – frei vereinbarte – Erbauseinandersetzung hat auf die Erbschaftsbesteuerung regelmäßig keinen Einfluss, weil durch nachträgliche Vereinbarungen der kraft Gesetzes oder letztwilliger Verfügung eingetretene Vermögenserwerb nicht mit steuerlicher Wirkung geändert werden kann. Die steuerlichen Probleme liegen hier vielmehr im Wesentlichen bei den Ertragsteuern.[151]

Dass die Erbauseinandersetzung die Erbschaftsbesteuerung der einzelnen Miterben unberührt lässt, trifft aber im Anwendungsbereich der mit dem ErbStRG vom 24.12.2008 geschaffenen Verschonungsregelungen (§ 13 Abs. 1 Nr. 4b und 4c, §§ 13a, 13c ErbStG) nicht zu. Zwar ist die Erbauseinandersetzung steuerrechtlich unbeachtlich, jedoch kommt diesem Grundsatz für die Ermittlung des jeweiligen Vermögensanfalls, zumindest insoweit, als mit den Bewertungsvorschriften des ErbStRG z. B. für Grundvermögen eine steuerliche Unterbewertung vermieden wird, keine Bedeutung zu. Anders verhält es sich jedoch in den von vorgenannten Bestimmungen betroffenen, für die Praxis des Erbschaftsteuerrechts wichtigen Fällen der Erbauseinandersetzung bei der Ermittlung der steuerpflichtigen Erwerbe – Veränderung der Bemessungsgrundlage für die Steuerbefreiung/-entlastung –. Verständigen sich nämlich Miterben etwa darauf, im Rahmen der Nachlassteilung das begünstigte Familienheim auf einen Miterben zu übertragen und vollziehen dies auch zeitnah – i. d. R. anzuerkennen mit der Folge der steuerlichen Rückwirkung auf den Zeitpunkt des Erbfalls bei Auseinandersetzungsvereinbarung innerhalb von 6 Monaten (vgl. H E 13.4 ErbStH 2011) –, können die übertragenden Miterben die Befreiung nicht in Anspruch nehmen.[152]

Bei der **Erbauseinandersetzung** wird regelmäßig darauf geachtet, dass der **Verkehrswert** der den **einzelnen Erben** überlassenen **Nachlassgegenstände** ihren **Erbanteilen** entspricht. Wertunterschiede werden üblicherweise durch Ausgleichszahlungen egalisiert. Geringfügige Abweichungen zwischen rechnerischem Erbteil und Verkehrswert der überlassenen Vermögensgegenstände sind unbedenklich. Erhält ein

---

151 Siehe BFH vom 05.03.1990 GrS 2/89, BStBl 1990 II S. 837; zur Verwaltungsauffassung vgl. BMF vom 14.03.2006, BStBl 2006 I S. 253.
152 Vgl. R E 13.4 Abs. 5 ErbStR 2011; s. auch R E 13a.3 Abs. 1 und R E 13c Abs. 5 ErbStR 2011.

4.3 Erwerb von Todes wegen – § 3 ErbStG

einzelner Miterbe bei der Auseinandersetzung nicht nur geringfügig mehr, als ihm nach seiner Erbquote zusteht, so kann darin noch ein weiterer selbständiger schenkungsteuerpflichtiger Vorgang liegen.[153] Etwas anderes gilt nur dann, wenn die durchgeführte Erbauseinandersetzung als Vergleich zur Beseitigung von ernstlichen Erbstreitigkeiten anzusehen ist; dann ist diese Auseinandersetzung ausnahmsweise für die Besteuerung maßgebend. Ein solcher Vergleich führt bei den – möglichen – Erben zu einem Erwerb vom Erblasser, bei den – möglichen – Erbeserben zu einem Erwerb von dem Vorverstorbenen.[154] Dasselbe wie für den Erbvergleich gilt entsprechend § 41 Abs. 1 AO, wenn das Testament nach § 2078 BGB mit Erfolg hätte angefochten werden können und die Beteiligten ohne die förmliche Anfechtung einverständlich die Nachlassverteilung so vornehmen, wie es bei durchgeführter Anfechtung hätte geschehen müssen.[155]

Der für die Zurechnung der Nachlassgegenstände an die Miterben maßgebende Teilungsanteil wird bei der Erbengemeinschaft unter den Voraussetzungen der §§ 2050 ff. BGB durch die Regeln über die **Miterbenausgleichung** modifiziert. Die Regelungen über die Ausgleichung – anwendbar primär bei der Auseinandersetzung unter den nach gesetzlicher Erbfolge zu Erben berufenen Abkömmlingen, u. a. wenn der Erblasser für eines seiner Kinder übermäßige Aufwendungen für die Berufsausbildung übernommen oder Zuwendungen mit der Anordnung erbracht hat, dass der Vorempfang beim Erbfall ausgeglichen werden soll – begründen nicht Leistungspflichten unter den Miterben, sondern führen zu von den Erbanteilen abweichenden Teilungsanteilen. Diese sind bei der Zurechnung des Nachlasses auf die Miterben maßgebend.[156] Zunächst ist also die Quote nach § 2055 BGB zu ermitteln und dann entsprechend dieser Quote der steuerliche Wert zu verteilen.[157] § 14 ErbStG ist zu beachten.[158]

Beispiel:
Erblasser E hinterlässt als gesetzliche Erben seine Witwe W (Zugewinngemeinschaft) und seine Kinder K1 und K2. Der Wert des Nachlasses beträgt nach bürgerlich-rechtlichen Bewertungsmaßstäben 1.200.000 €, sein steuerlicher Wert 1.100.000 €. K2 hat nach § 2050 BGB 40.000 € auszugleichen – Zuwendung außerhalb von 10 Jahren –.

Bürgerlich-rechtlich (§ 2055 BGB) wird die W Miterbin mit einem Erbanteil von 1/2 = **600.000 €**. Für K1 und K2 beträgt der rechnerische Nachlass 600.000 € + 40.000 € = 640.000 €; davon entfällt auf K1 die Hälfte = **320.000 €** und auf K2 **280.000 €** (320.000 € ./. 40.000 €).

Erbschaftsteuerrechtlich beträgt der Wert der Bereicherung der W – § 10 Abs. 5 Nr. 3 ErbStG außer Betracht lassend – die Hälfte von 1.100.000 € = **550.000 €**. Der für K1

---

153 Siehe RFH, RStBl 1937 S. 6; BFH vom 14.07.1982, BStBl 1982 II S. 714; Vogel, UVR 1994 S. 238.
154 Siehe FG München, EFG 1989 S. 641.
155 Siehe RFH, RStBl 1939 S. 935; vgl. auch Moench, DStR 1985 S. 551.
156 Vgl. R E 3.1 Abs. 5 ErbStR 2011.
157 Siehe auch Meincke, § Rdnr. 21 f.; Holland, DStZ 2000 S. 481.
158 Siehe Troll/Gebel/Jülicher, § 3 Rdnr. 126; vgl. auch H E 3.1 Abs. 5 ErbStH 2011.

anzusetzende Wert beläuft sich auf 8/30 (320.000 € zu 1.200.000 €) von 1.100.000 € = **293.333 €**, der für K2 anzusetzende Wert auf 7/30 (280.000 € zu 1.200.000 €) von 1.100.000 € = **256.667 €**.

5) Erbschaftsanspruch

In §§ 2018 ff. BGB wird dem Erben, der als „Herr des Nachlasses" bezüglich der Nachlassgegenstände gegen Dritte alle Einzelansprüche des Eigentümers oder Besitzers hat, zusätzlich ein Gesamtanspruch gegen den **Erbschaftsbesitzer** gewährt, also gegen denjenigen, der aufgrund eines beanspruchten, ihm aber tatsächlich nicht zustehenden Erbrechts etwas aus dem Nachlass erlangt hat.[159] Der Erbschaftsanspruch umfasst primär die Ansprüche auf Herausgabe der Nachlassgegenstände (§ 2018 BGB), ihrer Surrogate (§ 2019 BGB) und der Nutzungen (§ 2020 BGB). Der Erbschaftsbesitzer hat tatsächlich nicht durch Erbanfall erworben, ein ihm gegenüber ergangener Erbschaftsteuerbescheid ist daher nach § 173 Abs. 1 Nr. 2 AO aufzuheben; in Betracht kommt auch § 174 Abs. 1 AO als Korrekturnorm, wenn ein weiterer Bescheid gegenüber dem wahren Erben ergangen ist.[160]

4.3.1.2 Vermächtnis

Als Erwerb von Todes wegen gilt gem. § 3 Abs. 1 Nr. 1 ErbStG auch der Erwerb durch Vermächtnis (§§ 2147 ff. BGB).

Vermächtnisnehmerin kann eine natürliche Person oder auch eine juristische Person sein. Ist eine Kapitalgesellschaft Vermächtnisnehmerin, ist diese Erwerberin nach § 3 Abs. 1 Nr. 1 ErbStG und nicht die Gesellschafter.[161] Die durch die Zuwendung des Vermögensvorteils an die Kapitalgesellschaft eintretende Erhöhung des Werts ihrer Anteile kann die Bereicherung der Gesellschaft nicht berühren. Vermächtnis ist nicht Erbeinsetzung, sondern Einzelzuwendung eines Vermögensvorteils mit der Folge, dass der Vermächtnisnehmer einen schuldrechtlichen Anspruch gem. § 2174 BGB gegen den Beschwerten auf Übertragung des Zugewandten erhält.

Schuldner des Vermächtnisses ist gem. § 2147 Satz 2 BGB im Zweifel der Erbe, beschwert sein kann aber auch ein Vermächtnisnehmer – § 2186 BGB: Untervermächtnis; § 2191 BGB: Nachvermächtnis –. Ist der Erbe beschwert, so ist im Zweifel ein Gegenstand aus dem Nachlass zu leisten.

Zwar erfordert die zivilrechtliche Wirksamkeit des Vermächtnisses eine den Formvorschriften der §§ 2232, 2247, 2276 BGB genügende Anordnung des Erblassers im Testament oder Erbvertrag. Erbschaftsteuerlich kann jedoch auch eine formunwirksame Vermächtnisanordnung nach § 41 Abs. 1 AO der Besteuerung zugrunde gelegt

---

159 Zur Erbschaftsbesitzerstellung eines ein Nachlassgrundstück allein in Besitz nehmenden Miterben s. BGH, FamRZ 2004 S. 537.
160 Zu weiteren Einzelheiten s. Theysohn-Wadle, ZEV 2002 S. 358.
161 Siehe BFH vom 17.04.1996, BStBl 1996 II S. 454; vgl. auch BFH vom 07.11.2007, BStBl 2008 II S. 258, und vom 09.12.2009, BStBl 2010 II S. 566 zur Problematik der schenkungsteuerrechtlichen Einordnung von Zuwendungen an eine Kapitalgesellschaft bezüglich Rechtslage vor dem BeitrRLUmsG vom 07.12.2011.

4.3 Erwerb von Todes wegen – § 3 ErbStG

werden, wenn der Beschwerte den zugedachten Gegenstand tatsächlich überträgt.[162]

Für die Ausschlagung eines Vermächtnisses – durch formlose Erklärung gegenüber dem Beschwerten möglich, aber, obwohl nicht fristgebunden, gem. § 2180 Abs. 1 BGB ausgeschlossen, wenn der Vermächtnisnehmer das Vermächtnis angenommen hat, sei es auch nur durch schlüssiges Verhalten – gelten erbschaftsteuerlich dieselben Grundsätze wie bei der Ausschlagung der Erbschaft. Mit wirksamer Ausschlagung gilt der Anfall des Vermächtnisses als nicht erfolgt; die Steuerpflicht entfällt mit Rückwirkung.

Der Erwerb eines Vermächtnisses durch Erbvertrag zwischen Ehegatten ist auch dann erbschaftsteuerpflichtig, wenn mit dem Vermächtnis die Scheidungsbereitschaft des bedachten Ehegatten abgegolten werden soll und die Ehe dann geschieden wird.[163] Der Erwerb von Todes wegen setzt nämlich nicht voraus, dass die Zuwendung ohne Gegenleistung geschieht und zumindest der Zuwendende sich dessen bewusst ist; anders kann es z. B. dann sein, wenn der Vermächtnisnehmer bereits aus einem anderen Rechtsgrund Anspruch auf das Zugewendete hat (**deklaratorisches Vermächtnis**).

1) Geldvermächtnis

Da das Vermächtnis dem Begünstigten nur eine Forderung verschafft, nicht, wie der Erwerb durch Erbfolge, eine dingliche Beteiligung am Nachlass, muss sich die erbschaftsteuerliche Bewertung nach dem Inhalt dieses schuldrechtlichen Anspruchs richten. Dies folgt schon aus dem Grundsatz der Maßgeblichkeit des bürgerlichen Rechts für das Erbschaftsteuerrecht.

Das bedeutet z. B., dass ein Geldvermächtnis stets nach § 12 Abs. 1 ErbStG mit dem Wert nach § 12 Abs. 1 BewG (i. d. R. also Nennwert) zu bewerten ist. Das gilt auch dann, wenn das **Geldvermächtnis** durch **Übertragung** eines **Grundstücks** an „Erfüllungs statt" erfüllt wird.[164] Maßgeblich ist, was der Bedachte „durch Vermächtnis" – § 3 Abs. 1 Nr. 1 ErbStG – mit dem Tod des Erblassers erworben hat, nicht dasjenige, was er „aufgrund" des Vermächtnisses letztlich erhält. Dies muss erst recht gelten, wenn der Vermächtnisnehmer vom Erben ein zum Nachlass gehörendes Grundstück in der Weise erwirbt, dass er einen Teilbetrag der Kaufpreisforderung durch Aufrechnung mit seiner Vermächtnisforderung tilgt.[165] Diese zur Rechtslage vor Inkrafttreten des ErbStRG – geprägt durch regelmäßig deutliche Unterbewertung des Grundbesitzes – ergangene Rechtsprechung hat trotz der nunmehrigen Bewer-

---

162 Siehe BFH vom 15.03.2000, BStBl 2000 II S. 588, und vom 14.02.2007, BStBl 2009 II S. 957; vgl. auch 1.4.3.3.
163 Siehe BFH vom 31.10.1984, BStBl 1985 II S. 59.
164 Siehe BFH vom 25.10.1995, BStBl 1996 II S. 97; OFD Hannover vom 13.04.1999, DStZ 1999 S. 584; Gebel, UVR 1994 S. 74; a. A. Jestädt, ZEV 1994 S. 161.
165 Siehe BFH vom 21.06.1995, BStBl 1995 II S. 783.

tung des Grundbesitzes mit dem gemeinen Wert zumindest noch insoweit Bedeutung, als dessen Steuerwert unterhalb des mit dem Nennwert anzusetzenden Werts des Geldvermächtnisses liegt.

Bei einer Abgeltung des Geldvermächtnisses kommen dem Vermächtnisnehmer die mit der Erbschaftsteuerreform eingeführten grundstücksbezogenen Verschonungsregelungen nicht zugute. Dieser erwirbt das privilegierte Grundstück nicht von Todes wegen. Anders als die Familienheim-Steuerbefreiung geht aber die Steuerbefreiung nach § 13c ErbStG in dieser „Abgeltungssituation" nicht „auf beiden Seiten verloren", denn dem Erben obliegt weder eine Verpflichtung zur Übertragung des Grundstücks aufgrund einer Verfügung des Erblassers noch liegt eine Übertragung auf einen Miterben im Rahmen der Nachlassteilung vor (§ 13c Abs. 2 Satz 1 und 2 ErbStG). Der Erbe überträgt das zu Wohnzwecken vermietete Grundstück zur Erfüllung einer Vereinbarung mit dem Begünstigten eines Geldvermächtnisses; ein Vorgang, der der Teil-Befreiung des Grundstücks bei Ermittlung des steuerpflichtigen Erwerbs des Gesamtrechtsnachfolgers ebenso wenig entgegensteht wie eine Grundstücksübertragung zwecks Erfüllung eines von diesem nach dem Erbfall geschlossenen Kaufvertrags mit irgendeinem Käufer. § 13c ErbStG enthält keinen Nachversteuerungsvorbehalt, der beim Erwerb eines Familienheims von Todes wegen nach § 13 Abs. 1 Nr. 4b Satz 5 und Nr. 4c Satz 5 ErbStG zur Folge hat, dass die Befreiung vollständig mit Wirkung für die Vergangenheit bei Aufgabe der Selbstnutzung durch Verkauf, Vermietung etc. innerhalb von 10 Jahren nach dem Erwerb von Todes wegen entfällt.[166]

Soweit trotz des gemeinen Werts als nunmehr anzuwendender Bewertungsmaßstab das Grundstücksvermächtnis steuerliche Vorteile gegenüber dem Geldvermächtnis bringen sollte, kann das gewünschte Ergebnis (Ansatz des Grundstückswerts) dadurch erreicht werden, dass das **Geldvermächtnis ausgeschlagen** wird und der Vermächtnisnehmer sich als **Abfindung** für die Ausschlagung von dem Erben das **Grundstück übereignen** lässt; Gegenstand des Erwerbs nach § 3 Abs. 2 Nr. 4 ErbStG ist dann das zur Abfindung übertragene Grundstück.[167]

Beispiel:
Der verwitwete Erblasser setzt seine Tochter zur Alleinerbin ein, seinem Sohn – 27. Lebensjahr bereits vollendet – wendet er als Vermächtnis einen Betrag von 500.000 € zu.
Für S ergibt sich eine Erbschaftsteuer i. H. von **11.000 €** (11 % von 500.000 € minus 400.000 € nach § 16 Abs. 1 Nr. 2 ErbStG).
Für die T ist die Vermächtnisverbindlichkeit i. H. von 500.000 € nach § 10 Abs. 5 Nr. 2 ErbStG abzugsfähig.
a) Einigen sich T und S dahingehend, dass dieser anstelle des Geldes das zum Nachlass gehörende, vom Erblasser bis zum Erbfall bewohnte Einfamilienhaus mit einem gemeinen Wert gem. § 177 BewG von ebenfalls 500.000 € erhält, versteuert er das

---
166 Siehe hierzu R E 13.4 Abs. 6 ErbStR 2011.
167 Siehe BFH vom 25.10.1995, BStBl 1996 II S. 97; vgl. auch Meincke, § 3 Rdnr. 43.

4.3 Erwerb von Todes wegen – § 3 ErbStG

Geldvermächtnis, auch wenn er das Grundstück nunmehr selbst zu Wohnzwecken nutzt. Auch T kommt – trotz Erwerbs von Todes wegen – die Steuerbefreiung des Familienheims im Hinblick auf § 13 Abs. 1 Nr. 4c Satz 5 ErbStG nicht zugute (ob das Ergebnis normzweckkonform ist – könnte deshalb bezweifelt werden, weil das Familienheim bei einem Kind des Erblassers zur Selbstnutzung verbleibt – oder ob von einer planwidrigen Gesetzeslücke ausgegangen werden kann, was angesichts der dem Gesetzgeber bekannten Rechtsprechung zur Behandlung eines durch Leistung eines steuerlich unterbewerteten Grundstücks abgegoltenen Geldanspruchs nicht zweifelsfrei sein dürfte, sei hier dahingestellt).

b) Um S aber – ohne das Risiko eines Rechtsstreits – in den Genuss der Steuerbefreiung nach § 13 Abs. 1 Nr. 4c ErbStG gelangen zu lassen (= keine Erbschaftsteuer, obwohl in identischer Höhe bereichert wie vom Erblasser mit der Vermächtnisanordnung gewollt), bedarf es der Ausschlagung des Geldvermächtnisses und der Vereinbarung einer Abfindung hierfür durch Übertragung des Familienheims.

Hatte früher die Gestaltung „Grundstücksabfindung für Geldvermächtnisausschlagung" anstelle der „Grundstücksübertragung als Leistung an Erfüllungs statt" die Ursache in dem regelmäßig (deutlich) niedrigeren Grundbesitzwert, so ist diese durch die Erbschaftsteuerreform selbst dann nicht hinfällig geworden, wenn der gemeine Wert des übertragenen Grundstücks dem Nennwert des Geldvermächtnisses entspricht; Bedeutung nicht auf der Bewertungsebene, sondern Verlagerung auf die Ebene der Verschonungsregelungen.

Zahlt der Erbe ein Geldvermächtnis höher aus als vom Erblasser verfügt und geschieht dies zu Lasten der von ihm angeordneten Auflage, das restliche Geld für mildtätige Zwecke zu spenden, so kann der Erbe das Vermächtnis nur in der angeordneten Höhe und die Auflage nur insoweit, als sie ihn wirtschaftlich belastet hat, als Nachlassverbindlichkeit abziehen.[168] Das – überhöhte – Geldvermächtnis ist weder durch den Willen des Erblassers gedeckt noch kann es der Auflage zugeordnet werden.

2) Sachvermächtnis

Nach der zur Rechtslage vor Inkrafttreten des ErbStRG vom 24.12.2008 ergangenen BFH-Rechtsprechung[169] sind der Anspruch des Vermächtnisnehmers aus einem Sachvermächtnis und die entsprechende Verpflichtung des Beschwerten, also regelmäßig des Erben, mit dem Steuerwert des Gegenstandes anzusetzen, auf dessen Übertragung der Anspruch bzw. die Verpflichtung gerichtet ist. Diese Rechtsprechung insbesondere zum Grundstücksvermächtnis stellte eine Ausnahme von dem sich aus § 12 Abs. 1 ErbStG i. V. m. § 9 Abs. 1 BewG ergebenden Grundsatz dar – Bewertung des Vermächtnisanspruchs und der Verbindlichkeit mit dem gemeinen Wert – und erfolgte nicht im Hinblick auf den Vermächtnisnehmer, dessen auf den vom Erblasser zugewandten Gegenstand bezogener Anspruch nicht anders bewertet werden sollte als die korrespondierende Verpflichtung, sondern wegen der Verhältnisse auf Seiten des Erben. Dieser erwirbt neben der Verpflichtung zur Übertragung des vermachten Gegenstandes diesen Gegenstand selbst. Wären aber

---

168 Siehe FG München, EFG 1991 S. 547.
169 Siehe BFH vom 25.10.1995, BStBl 1996 II S. 97, vom 15.10.1997, BStBl 1997 II S. 820, und vom 15.03.2000, BStBl 2000 II S. 588; vgl. auch R 92 Abs. 2 ErbStR 2003.

der Gegenstand und die ihn treffende Übertragungsverpflichtung unterschiedlich bewertet worden, nämlich die Verpflichtung mit dem gemeinen Wert und der Gegenstand selbst – insbesondere ein Grundstück – mit dem regelmäßig niedrigeren Grundbesitzwert, so beeinflusste der vom gemeinen Wert abweichende Steuerwert auf Seiten des Erben die Höhe der Bereicherung im Übrigen. Vom Ergebnis her betrachtet, rechtsdogmatische Bedenken aus dem Grundsatz der Maßgeblichkeit des bürgerlichen Rechts außer Acht lassend (zivilrechtlich erwirbt der Vermächtnisnehmer nun einmal nur einen schuldrechtlichen Anspruch auf Übereignung und nicht das Eigentum an dem Grundstück), konnte man der Auffassung, beim Grundstücksvermächtnis sei der Steuerwert des Grundstücks zugrunde zu legen, zustimmen. Sie gewährleistete, dass der Vorteil der steuerlichen Unterbewertung des Grundbesitzes dem Vermächtnisnehmer zukam (der nach dem Willen des Erblassers das Grundstück aus dem Nachlass erhält) und nicht dem Erben (der das Grundstück belastet mit der Herausgabeverpflichtung erwirbt).

An vorstehender Ausnahme im Hinblick auf das sog. **Korrespondenzprinzip** von dem Ansatz von Ansprüchen mit dem gemeinen Wert hat der II. BFH-Senat aber bereits im Jahr 2004 in einem obiter dictum dezidierte Zweifel geäußert und angedeutet, zukünftig die Ansätze für das Grundstück und die Sachleistungsverpflichtung bei dem Erben dadurch auszugleichen, dass die Vermächtnisverpflichtung als eine mit dem Grundstück zusammenhängende Last angesehen wird, die gem. § 10 Abs. 6 Satz 3 ErbStG nur mit dem dem steuerpflichtigen Teil entsprechenden Betrag abzugsfähig ist.[170] Dies hätte bereits zu Zeiten des u. a. von der steuerlichen Unterbewertung des Grundbesitzes geprägten „alten" Erbschaftsteuerrechts zur Folge gehabt, dass auch auf Seiten des Vermächtnisnehmers kein Grund mehr bestanden hätte, dessen Sachleistungsanspruch anders zu bewerten als mit dem gemeinen Wert. Im Jahr 2008 hat das Gericht[171] jedoch angesichts der vom BVerfG festgestellten Verfassungswidrigkeit der Grundbesitzbewertung zu erkennen gegeben, aus Gründen des Vertrauensschutzes von einem Ansatz des gemeinen Werts des Vermächtnisanspruchs absehen zu wollen.

Das ErbStRG vom 24.12.2008 hat die Problematik der Grundstücksvermächtnisbewertung obsolet werden lassen. Denn für die Steuerbelastung des Vermächtnisnehmers bleibt es nunmehr ohne Bedeutung, ob man den Steuerwert des Grundstücks als des Gegenstandes, auf dessen Übertragung der Anspruch nach § 2174 BGB gerichtet ist, der Besteuerung zugrunde legt[172] oder ob man der Regelungstechnik

---

170 Siehe BFH vom 02.07.2004, BStBl 2004 II S. 1039, und Anmerkung Crezelius, ZEV 2004 S. 476; vgl. auch BFH vom 13.08.2008, BStBl 2008 II S. 982.
171 Siehe BFH vom 09.04.2008, BStBl 2008 II S. 951.
172 In diesem Sinne FinMin Bayern vom 21.12.2010, DStR 2011 S. 316 – Ansicht aufbauend auf der nicht begründeten, auch aus § 3 ErbStG nicht herzuleitenden Prämisse, bei der „Erbschaftsteuer werde der Vermächtnisnehmer im Fall des Grundbesitzvermächtnisses so behandelt, als sei auf ihn Grundbesitz mit dinglicher Wirkung übergegangen", konsequent –; vgl. hierzu auch R B 151.2 Abs. 2 Nr. 4 Satz 2 ErbStR 2011.

4.3 Erwerb von Todes wegen – § 3 ErbStG

des BGB entsprechend den von Todes wegen erworbenen, mit dem gemeinen Wert zu bewertenden Sachleistungsanspruch in Ansatz bringt.[173] Dieser Wert muss sich mit dem Grundbesitzwert decken – nach § 177 BewG ist den Bewertungen des Grundvermögens der gemeine Wert (§ 9 BewG) zugrunde zu legen –.

Beispiel:
Erblasser hinterlässt zwei Kinder. Laut Testament ist K1 Erbe, K2 Vermächtnisnehmer eines Geschäftsgrundstücks mit einem entweder gem. § 182 Abs. 3 Nr. 2 i. V. m. §§ 185 ff. BewG oder gem. § 182 Abs. 4 Nr. 2 i. V. m. §§ 189 ff. BewG ermittelten gemeinen Wert von 1.000.000 €.

Der Wert des Übertragungsanspruchs gem. § 12 Abs. 1 ErbStG i. V. m. § 9 BewG und damit korrespondierend die Nachlassverbindlichkeit von K1 kann nicht mit einem von 1.000.000 € abweichenden Betrag in Ansatz gebracht werden. Selbst wenn man unterstellen würde, dass der – bürgerlich-rechtliche – Verkehrswert höher als 1.000.000 € sein sollte, ändert sich an der Erbschaftsbesteuerung von K1 und K2 nichts.

Handelt es sich bei dem im Wege eines Vermächtnisses zugewandten Grundstück um ein solches, das von einer der mit dem ErbStRG eingeführten Verschonungsregelungen erfasst wird, so entfällt für K1 die in § 13 Abs. 1 Nr. 4c, § 13c ErbStG vorgesehene Begünstigung – siehe: „Ein Erwerber kann die Steuerbefreiung bzw. den verminderten Wertansatz nicht in Anspruch nehmen, soweit er das begünstigte Vermögen bzw. erworbene Grundstücke aufgrund einer letztwilligen Verfügung des Erblassers auf einen Dritten übertragen muss" –. Der Wegfall der Steuerbefreiung wirkt sich für K1 im Ergebnis jedoch nicht aus, weil er den Wert seines Erwerbs durch Abzug der Vermächtnisverbindlichkeit neutralisieren kann.

Die Steuerfreiheit des Familienheims bzw. die § 13c-Befreiung geht aber nicht verloren, sie kommt dem Vermächtnisnehmer zugute, bzgl. des Familienheims selbstverständlich nur bei zehnjähriger Nutzung zu Wohnzwecken durch K2. Dem kann nicht entgegengehalten werden, dass K2 nicht unmittelbar mit dem Erbfall das Eigentum an dem Grundstück erworben hat, sondern ihm dieses durch K1 zwecks Erfüllung des Vermächtnisanspruchs nach §§ 873, 925 BGB übertragen werden musste. Die grundstücksbezogenen Verschonungsvorschriften sind auch auf den Erwerb begünstigten Vermögens im Wege eines Sachvermächtnisses anwendbar, wie sich daraus ergibt, dass für das Familienheim allgemein der Erwerb solchen Vermögens von Todes wegen begünstigt ist und § 13c ErbStG allgemein den Erwerber bestimmter Grundstücke entlastet – nach § 3 Abs. 1 Nr. 1 ErbStG gilt als Erwerb von Todes wegen auch der Erwerb durch Vermächtnis –.[174]

Ist ein auf ein Grundstück gerichtetes Vermächtnis dem Grunde nach unstreitig, der Höhe nach aber nicht, und wird deshalb im Wege eines Vergleichs Geld gezahlt – kein Fall des § 3 Abs. 2 Nr. 4 ErbStG, sondern des § 3 Abs. 1 Nr. 1 ErbStG –, so ist auch hier der Besteuerung das Grundstück mit den sich hieraus ergebenden Konse-

---

173 Zur Ablehnung der Auffassung, § 3 Abs. 1 Nr. 1 ErbStG lasse erkennen, dass die in § 2174 BGB zum Ausdruck kommende Absage an den unmittelbaren Erwerb des Nachlassgegenstandes durch den Vermächtnisnehmer mit der materiellen Konzeption des ErbStG nichts zu tun habe, vgl. Viskorf, FR 2001 S. 966.

174 Vgl. insoweit auch BFH vom 13.08.2008, BStBl 2008 II S. 982 m. w. N. zur vergleichbaren Problematik im Zusammenhang mit § 13a ErbStG i. d. F. bis 31.12.2008.

quenzen – gemeiner Wert und ggf. grundstücksbezogene Verschonungsvorschrift –, nicht der gezahlte Betrag zugrunde zu legen.[175]

3) Kaufrechtsvermächtnis

Bei einem Kaufrechtsvermächtnis (hierzu auch unter 1.3.3), das dem Vermächtnisnehmer den Anspruch auf einen Nachlassgegenstand – häufig ein Nachlassgrundstück – gegen Zahlung eines unter dem Verkehrswert liegenden Geldbetrags zuweist, kann die Zuwendung an **einen** von **mehreren Erben** erfolgen (Vorausvermächtnis in Abgrenzung zur Teilungsanordnung dahingehend, ob nach dem Willen des Erblassers ein über die Miterbenstellung hinausgehender Vermögensvorteil zugewendet werden soll), wobei zu beachten ist, dass diesem der Nachlassgegenstand bereits zu einem Anteil in Höhe seiner Erbquote „gehört" und ihm zu diesem Anteil auch der Erwerbspreis gebührt.[176] Vermächtnisnehmer kann auch eine Person sein, die **nicht Miterbe** ist. Der Bedachte ist i. S. von § 10 Abs. 1 Satz 1 ErbStG bereichert, weil ihm im Hinblick auf den Wertunterschied zwischen Anspruch auf Übertragung des Gegenstandes und Zahlungsverpflichtung ein wirtschaftlicher Vorteil zugewachsen ist.

Unabhängig davon, ob man als Gegenstand eines Kaufrechtsvermächtnisses ein durch den Erbfall begründetes Gestaltungsrecht ansah, den Gegenstand zu erwerben,[177] oder ob man die Annahme eines Gestaltungsrechts als zivilrechtlich verfehlt und § 2174 BGB, wonach Gegenstand eines Vermächtnisses nur eine Forderung sein kann, widersprechend betrachtet und deshalb die aufschiebend bedingte Forderung des Vermächtnisnehmers als Erwerbsgegenstand ansieht,[178] so bestand doch hinsichtlich der Bewertung Einigkeit. Die aufgegebene Rechtsprechung vom durch den Erbfall begründeten Gestaltungsrecht bewertete dieses mit dem gemeinen Wert – mangels anderer Wertmaßstäbe nach dem Verkehrswert des Gegenstandes zu schätzen, auf den es sich bezieht –, also genauso wie der schuldrechtliche Anspruch auf Leistung des vermachten Gegenstandes zu bewerten ist. Die Auffassung, dass anders als beim reinen Grundstücksvermächtnis nicht der u. a. das Erbschaftsteuerrecht vor 2009 prägende niedrigere Grundbesitzwert, sondern der gemeine Wert des Anspruchsgegenstandes den Wert des Vermächtniserwerbs bestimmen sollte, führte zu nur auf wenig Verständnis stoßenden Ergebnissen (am Beispiel der steuerlichen Behandlung von Grundstücksvermächtnissen in Form eines Sach- oder eines Kaufrechtsvermächtnisses die aus der steuerlichen Unterbewertung des Grund-

---

175 Siehe FG München, ZEV 1998 S. 157 zum „alten" ErbSt-Recht mit der diese Rechtslage prägenden Grundbesitzunterbewertung.
176 Siehe BFH vom 21.08.2001 II R 47/00, BFH/NV 2002 S. 788.
177 So z. B. BFH vom 16.03.1977, BStBl 1977 II S. 640, vom 06.06.2001, BStBl 2001 II S. 605, und vom 21.08.2001 II R 47/00, BFH/NV 2002 S. 788.
178 In diesem Sinne nunmehr BFH vom 13.08.2008, BStBl 2008 II S. 982, insbesondere im Hinblick auf BGH vom 30.09.1959, BGHZ 31 S. 13: „Rechtsgrund der Übereignungspflicht ist die Verfügung von Todes wegen, und zwar ohne Zwischenschaltung eines Kaufvertrags, und Rechtsgrund der Zahlungspflicht die Verpflichtungserklärung des Vermächtnisnehmers".

4.3 Erwerb von Todes wegen – § 3 ErbStG

besitzes vor der Erbschaftsteuerreform resultierende Misere aufzeigend Vorauflage S. 138 ff., Beispiele b und d).

Beispiel:
Bei einem Grundbesitzwert von 200.000 €, einem aus dem Verkehrswert des Grundstücks abgeleiteten gemeinen Wert des Vermächtnisanspruchs von 400.000 € – eine vor der Erbschaftsteuerreform nicht ungewöhnliche Diskrepanz – und einem Entgelt von 100.000 € hatte der Vermächtnisnehmer 300.000 € abzgl. Freibetrag zu versteuern.

Wäre dem Vermächtnisnehmer das Grundstück ohne Entgeltverpflichtung zugewandt worden, hätte sich sein steuerpflichtiger Erwerb nur auf 200.000 € minus Freibetrag belaufen.

Zu Recht stellt Meincke (s. § 3 Rdnr. 44) die Frage, wie man eine derartige Unterscheidung einem Außenstehenden hätte verständlich machen sollen – derjenige, dessen Vermögen infolge des Vermächtnisses mehr stieg (reines Grundstücksvermächtnis), zahlte weniger Steuer als derjenige, dessen Vermögenszuwachs geringer ausfiel (Kaufrechtsvermächtnis) –.

Auch auf Seiten des Erben führte die „Wurzel allen Übels" des Erbschaftsteuerrechts vor 2009, die Unterbewertung des Grundbesitzes, dazu, dass beim Kaufrechtsvermächtnis dessen Erwerb nicht mit seiner Vermächtnisverbindlichkeit übereinstimmte mit der Folge des wenig nachvollziehbaren Ergebnisses, die Verbindlichkeit trotz geringerem Steuerwert des Grundstücks als Vermögensanfall in Höhe des Verkehrswerts minus Entgelt abziehen zu können.[179]

Durch die mit dem ErbStRG erfolgte bewertungsrechtliche Neukonzeption stimmen nunmehr der Grundbesitzwert (= gemeiner Wert) und der gemeine Wert eines Grundstücksübertragungsanspruchs überein,[180] die früheren „Ungereimtheiten" in der Behandlung von reinem Grundstücksvermächtnis und Kaufrechtsvermächtnis sind beseitigt. Ausgehend vom Zivilrecht ist der Besteuerung der gemeine Wert des schuldrechtlichen Anspruchs des Vermächtnisnehmers zu unterwerfen, beim Kaufrechtsvermächtnis abzüglich des zu entrichtenden Kaufpreises. Korrespondierend ist bei der Erbenbesteuerung eine gleich hohe Nachlassverbindlichkeit anzusetzen. Sollte der vom Erblasser angeordnete Kaufpreis höher als der Grundbesitzwert liegen und damit zum einen als die deckungsgleiche, für die Besteuerung maßgebliche Forderung des Vermächtnisnehmers (= keine Erbschaftsteuer für diesen) und zum anderen als die entsprechende Nachlassverbindlichkeit – eine nach der Erbschaftsteuerreform nur als theoretisch zu bezeichnende Situation, früher aber angesichts der den Verkehrswert häufig deutlich unterschreitenden Grundbesitzwerte nicht selten –, so fällt der übersteigende Entgeltanteil dem Erben ohne steuerliche Belastung zu. Zum selben Ergebnis gelangt man auch, wenn es dem nicht mit einem Vermächtnis beschwerten Erben gelingen sollte, ein Nachlassgrundstück unmittel-

---

179 Zu Versuchen, dieses aus der früheren bewertungsrechtlichen Situation folgende Ergebnis zu korrigieren, vgl. FG Düsseldorf vom 20.07.2001, EFG 2001 S. 1387 m. w N.; s. auch Hofmann, DStR 2002 S. 1519; Billig, UVR 2002 S. 42; Seifried, ZEV 2003 S. 403.
180 Nicht nur „einander angeglichen" – so Meincke, § 3 Rdnr. 40.

4 Steuerpflicht

bar nach dem Erbfall zu einem über dem anhand der bewertungsrechtlichen Vorschriften ermittelten Grundbesitzwert liegenden Kaufpreis zu verkaufen – Kaufpreis kann nicht zum Anlass genommen werden, von einem höheren als dem sich aus §§ 179, 182 ff. BewG ergebenden gemeinen Wert auszugehen –. Auch hier steckt sich der Erbe den „überschießenden Kaufpreisanteil unversteuert in die Tasche".

Dem mit einem Kaufrechtsvermächtnis Bedachten stehen die grundstücksbezogenen Begünstigungen (z. B. § 13c ErbStG) ebenso zu wie bei einem reinen Sachvermächtnis.[181]

4) Verschaffungsvermächtnis

Bei einem Verschaffungsvermächtnis hat der Erbe den Gegenstand des Vermächtnisanspruchs nicht aus dem Nachlass zu leisten, er erhält vielmehr durch **Erbanfall** nur die **Mittel**, um den **vermachten Gegenstand** zu „besorgen", und zwar um entweder diesen selbst zu erwerben und dann an den Vermächtnisnehmer zu übertragen oder um den Gegenstand vom Veräußerer unmittelbar an den Vermächtnisnehmer übertragen zu lassen. Hinterlässt der Erblasser Bankguthaben, um hiermit dem Vermächtnisnehmer ein Grundstück zu verschaffen, besteht der Erwerb des Erben in Geld, seine Nachlassverbindlichkeit bemisst sich nach der Kaufpreisverbindlichkeit – insoweit neutralisieren sich Vermögensanfall und Vermächtnisverbindlichkeit –.

Der Besteuerung des Vermächtnisnehmers ist der mit dem gemeinen Wert anzusetzende Anspruch auf das Grundstück zugrunde zu legen. Auch wenn gemeiner Wert der Forderung und gemeiner Wert des Gegenstandes, auf den diese gerichtet ist, übereinstimmen – beim reinen Grundstücksvermächtnis der Vermächtnisanspruch also mit dem Wert anzusetzen ist, der nach § 12 Abs. 3 ErbStG i. V. m. § 151 Abs. 1 Satz 1 Nr. 1 BewG für das Nachlassgrundstück festgestellt worden ist –, so stellt sich beim (Grundstücks-)Verschaffungsvermächtnis die Frage, ob ein Grundbesitzwert für das nicht zum Nachlass gehörende Grundstück gesondert festzustellen ist; m. E. zweifelhaft, wenn man argumentiert, dass für die Erbschaftsteuer nicht der Grundbesitzwert, sondern der Steuerwert des schuldrechtlichen Anspruchs des Vermächtnisnehmers von Bedeutung ist (diese vom Zivilrecht geprägte Sichtweise, die als formalistisch bezeichnet werden mag, hätte zur Folge, dass der gemeine Wert des Vermächtnisanspruchs „freihändig" – dem Kaufpreis aber indizielle Wirkung beimessend – bestimmt werden muss oder ein nicht förmlich festzustellender Grundbesitzwert als gemeiner Wert herangezogen wird).[182]

Handelt es sich bei dem Gegenstand des Verschaffungsvermächtnisses um ein § 13c-Grundstück, kommt der Vermächtnisnehmer dennoch nicht in den Genuss der Vergünstigung. Betrachtet man die Gesetzesbegründung,[183] wonach die Förderung des Erwerbs vermieteter Wohnimmobilien u. a. damit gerechtfertigt wird, die Verer-

---
181 Siehe BFH vom 13.08.2008, BStBl 2008 II S. 982 zu § 13a ErbStG a. F.
182 Siehe hierzu aber FinMin Bayern vom 21.12.2010, DStR 2011 S. 316.
183 Siehe BT-Drucksache 16/7918 S. 36.

4.3 Erwerb von Todes wegen – § 3 ErbStG

bung solcher Grundstücke führe dazu, ein Marktungleichgewicht durch Marktkonzentration bei institutionellen Anbietern zu verhindern, legt dies den Schluss nahe, dass die Immobilie zum Nachlass gehört haben muss. Hiergegen kann nicht eingewandt werden, § 13c ErbStG wäre zur Anwendung gekommen, wenn der Erblasser selbst das Grundstück noch erworben hätte und dann ein auf diese vermietete Wohnimmobilie bezogenes reines Sachvermächtnis verfügt hätte; ein nicht gegebener Sachverhalt ist für die Besteuerung ohne Bedeutung.

5) Nießbrauchsvermächtnis

Beim Nießbrauchsvermächtnis hat der Vermächtnisnehmer den **Kapitalwert** des Nießbrauchsrechts zu versteuern. Dies gilt auch, wenn der Erwerber gem. § 23 ErbStG die Versteuerung jährlich im Voraus vom Jahreswert der Nutzungen wählt.

Der Erbe, der durch das Vermächtnis nur vorübergehend belastet wird – nach § 1061 Satz 1 BGB Erlöschen des Nießbrauchs mit dem Tod des Nießbrauchers –, kann als Nachlassverbindlichkeit den Kapitalwert des Nutzungsrechts von seinem Erwerb in Abzug bringen (die den Abzug für den Fall, dass der Ehegatte des Erblassers Vermächtnisnehmer ist, ausschließende Vorschrift des § 25 ErbStG wurde durch das ErbStRG aufgehoben).

Fraglich ist, ob dem Vermächtnisnehmer die Steuerbefreiung für das Familienheim – § 13 Abs. 1 Nr. 4b bzw. Nr. 4c ErbStG – zugutekommen kann.

Beispiel:
Erblasser hat bis zu seinem Tod mit seiner zweiten Ehefrau in einem ihm allein gehörenden Einfamilienhaus in Köln gewohnt. Testamentarisch hat E, neben dieser Immobilie über weiteres Vermögen in erheblichem Umfang verfügte, seine berufsbedingt in München lebende Tochter – einziger Abkömmling aus der Ehe mit seiner ersten, verstorbenen Ehefrau, die zweite Ehe ist kinderlos geblieben – zur Alleinerbin bestimmt, seiner Witwe als Vermächtnis das Nießbrauchsrecht an dem Einfamilienhaus zugewandt.
Begünstigt wird nach § 13 Abs. 1 Nr. 4b ErbStG der Erwerb von Todes wegen des Eigentums eines Familienheims. Von Todes wegen – durch Erbanfall oder durch Vermächtnis – erwirbt die Witwe aber kein Eigentum an der Immobilie. Überträgt man die in R E 13c Abs. 6 Satz 5 ErbStR 2011 zu § 13c ErbStG von der Verwaltung vertretene Auffassung, wonach der Erwerb des Nutzungsrechts nicht begünstigt ist, weil kein begünstigtes Vermögen in seiner Substanz an den Nießbraucher übertragen wird, auf die Steuerbefreiung nach § 13 Abs. 1 Nr. 4b und Nr. 4c ErbStG, so gelangt man zu dem Ergebnis, dass weder der die Immobilie weiter zu Wohnzwecken nutzenden Witwe die Befreiung nach § 13 Abs. 1 Nr. 4b ErbStG noch der Tochter, die diese Immobilie nicht bewohnen kann, die Befreiung nach § 13 Abs. 1 Nr. 4c ErbStG zugutekommt. Anders als im Anwendungsbereich des § 13c ErbStG – hier kann der Erwerber des begünstigten Vermögens den Befreiungsabschlag in Anspruch nehmen, wenn im Zusammenhang mit dem Vermögenserwerb an diesem einem Dritten ein Nießbrauchsrecht zugewendet wird (s. R E 13c Abs. 6 Satz 1 ErbStR 2011) – geht die Verschonungsregelung „auf beiden Seiten verloren". Betrachtet man hingegen das gesetzgeberische Motiv für die Förderung des Erwerbs von Todes wegen eines Familienheims durch den Ehegatten/Lebenspartner bzw. Kinder/Kinder verstorbener Kinder des Erblassers, sollte man eine Anwendung von § 13 Abs. 1 Nr. 4b ErbStG in Betracht ziehen können. Die Befreiungen für das Familienheim bezwecken, den

gemeinsamen familiären Lebensraum zu schützen. Die wesentlichen Befreiungsgesichtspunkte – Erwerb von Todes wegen und Nutzung zu eigenen Wohnzwecken durch den privilegierten Personenkreis (= Ehegatte und Kind des Verstorbenen) – sind auch hier gegeben, wenn auch nicht in einer Person. Der Witwe die Steuerbefreiung zu versagen, ist zwar vom Gesetzeswortlaut gedeckt (Erblasser hätte sein Ziel, für seine Frau das lebenslängliche Wohnen in der Immobilie zu sichern, auch mittels einer erbschaftsteuerrechtlich weniger risikobehafteten Verfügung erreichen können), ob aber auch normzweckentsprechend und vom Willen des Gesetzgebers umfasst, soll hier nicht vertieft werden.

6) Wahlvermächtnis

Nach § 2154 Abs. 1 Satz 1 BGB kann der Erblasser ein Vermächtnis in der Art anordnen, dass der Bedachte von mehreren Gegenständen nur den einen oder den anderen erhalten soll. Das Wahlvermächtnis richtet sich vom Erbfall an ausschließlich auf den Gegenstand, für den sich der Bedachte entscheidet; allein dieser ist nach dem Wertverhältnis im Zeitpunkt des Erbfalls gem. § 12 ErbStG zu bewerten.[184]

7) Arbeitnehmer-Arbeitgeber-Verhältnis

Erhält ein Arbeitnehmer aufgrund eines Vermächtnisses Leistungen des Erblassers, der zugleich sein Arbeitgeber war, so können diese Leistungen entweder **Arbeitslohn** darstellen oder **unentgeltliche private Zuwendungen**. Im ersten Fall unterliegen sie der Einkommensteuer gem. § 19 Abs. 1 EStG (Lohnsteuer), im zweiten Fall der Erbschaftsteuer nach § 3 Abs. 1 Nr. 1 ErbStG. Welche Einordnung steuerlich günstiger ist, lässt sich nicht generell beantworten, sondern hängt von der Höhe des im Einzelfall anzuwendenden Steuersatzes ab (§ 32a EStG bzw. § 19 ErbStG). Die Abgrenzung zwischen den beiden Möglichkeiten wäre einfach zu treffen, wenn man formal-rechtlich lediglich auf die bürgerlich-rechtlich gewählte Gestaltung abstellt: Der Erwerb erfolgt aufgrund eines Vermächtnisses, also Erwerb von Todes wegen nach § 3 Abs. 1 Nr. 1 ErbStG. Dies entsprach immerhin der Rechtsauffassung des RFH.[185] Der BFH hat diese Rechsprechung in einem wesentlichen Punkt modifiziert:[186]

„Die Erwähnung im Testament braucht aber nicht unbedingt ein Vermächtnis zu sein in dem Sinne, dass dadurch erst der Versorgungsanspruch gegen die Erben begründet wird. Die Erwähnung im Testament kann vielmehr auch die Anweisung an die Erben sein, den schon außerhalb des Testaments bestehenden und durch das Arbeitsverhältnis begründeten Ruhegehaltsanspruch zu erfüllen. Welche dieser Möglichkeiten vorliegt, ist im Einzelfall unter Berücksichtigung aller Umstände festzustellen."

---

184 Siehe BFH vom 06.06.2001, BStBl 2001 II S. 725 – überholt die Ausführungen zum Gestaltungsrecht beim Kaufrechtsvermächtnis –.
185 Siehe RFH, StuW 1930 Nr. 513 und RFHE 28 S. 62.
186 Siehe BFH vom 28.08.1965, BStBl 1965 III S. 706.

4.3 Erwerb von Todes wegen – § 3 ErbStG

Dieser nicht am Buchstaben der Testamentsformulierungen und des Gesetzeswortlauts klebenden Rechtsauslegung des BFH ist m. E. grundsätzlich zu folgen. Die Entscheidung muss nach Sinn und Zweck der gesetzlichen Abgrenzung zwischen Arbeitslohn und Erwerb von Todes wegen unter Berücksichtigung der Veranlassung der Testamentsformulierungen getroffen werden. Die Abgrenzung zwischen Arbeitslohn und Erwerb von Todes wegen ist also danach vorzunehmen, was (letztlich) Rechtsgrund der Leistung ist: Ist es das Arbeitsverhältnis oder ist es das Vermächtnis? Einfacher ausgedrückt: Handelt es sich um eine **Entlohnung** oder um eine **Belohnung?**[187] Bei Entscheidung dieser Frage im Einzelfall wird man im Rahmen der Beweiswürdigung die Bezeichnung der Zuwendung im Testament als Vermächtnis sicherlich als Indiz dafür ansehen können, dass es sich nicht um Arbeitslohn, sondern um einen Erwerb von Todes wegen handelt. Es wäre dann Sache desjenigen, der sich auf Arbeitslohn beruft, nachzuweisen, dass ausnahmsweise unter besonderen Umständen kein Erwerb von Todes wegen vorliegt. Der Arbeitgeber kann nämlich in seinem Testament lediglich noch einmal einen aufgrund eines Arbeitsverhältnisses begründeten Anspruch bestätigen (sog. **deklaratorisches Vermächtnis**). Dem Erwerber wird also letztwillig etwas zugesprochen, worauf er bereits ohne das Vermächtnis aus dem Arbeitsvertrag einen rechtlichen Anspruch hatte. Gelingt dieser Nachweis im Einzelfall nicht, muss es bei der Zuordnung als Erwerb von Todes wegen bleiben.[188]

Zur Verdeutlichung der Problematik mögen folgende Varianten dienen:[189]

- Hat der Arbeitgeber einer schon lange vor seinem Tod aus dem Betrieb ausgeschiedenen Arbeitnehmerin ein Vermächtnis ausgesetzt, mag dieses zwar seine Ursache in dem Betrieb haben, der Zusammenhang mit dem Betrieb ist aber allein wegen des zeitlichen Abstands so entfernt, dass man das Vermächtnis als in die Privatsphäre fallend ansehen muss. Die Zuwendung der Lohnsteuer zu unterwerfen, müsste auf völliges Unverständnis stoßen.

- Hat demgegenüber ein Arbeitgeber einer in seinem Unternehmen bereits seit Jahrzehnten tätigen Angestellten in seinem Testament eine Geldzuwendung gemacht, kann wegen des engen Zusammenhangs mit der betrieblichen Tätigkeit kein Zweifel daran bestehen, dass es sich um eine lohnsteuerpflichtige Zuwendung handelt und der Erbe des Arbeitgeber-Erblassers zum Abzug der Zuwendung als Betriebsausgabe berechtigt ist. Abzulehnen ist diesbezüglich die Auffassung, der Erblasser hätte mit der gewählten zivilrechtlichen Gestaltung – Vermächtnis – deutlich gemacht, dass er die Zuwendung aus dem betrieblichen Bereich mit seinem Austauschverhältnis von Leistung und Gegenleistung in den

---

187 Siehe auch BFH vom 15.06.1988, BStBl 1988 II S. 1006; FG München, UVR 1993 S. 27; FG Rheinland-Pfalz, DStRE 2003 S. 551.
188 Siehe BFH vom 24.10.1984, BStBl 1985 II S. 137; ZEV 1999 S. 199; kritisch Gebel, UVR 1995 S. 105.
189 Vgl. Kapp/Ebeling, § 3 Rdnr. 338 ff. und 477.2.

4 Steuerpflicht

privaten Bereich freigebiger Vermögensverfügung verlegt habe.[190] Im Hinblick auf das Arbeitsverhältnis als Motiv der Zuwendung kann der Vermächtnisanordnung nur deklaratorische Bedeutung beigemessen werden.

Zusammenfassend ist für die Praxis festzustellen: Soll ein „Vermächtnis" steuerlich ausnahmsweise als Arbeitslohn eingeordnet werden, bedarf es eines entsprechenden eindeutigen Nachweises.

Verfahrensrechtlich bleibt anzumerken, dass das Ertragsteuerverfahren und das Erbschaftsteuerverfahren selbständig und voneinander unabhängig sind. Werden die Leistungen aufgrund der letztwilligen Verfügung des Arbeitgeber-Erblassers aber sowohl als Arbeitslohn der Lohnsteuer als auch als Erwerb von Todes wegen der Erbschaftsteuer unterworfen, so liegt ein Fall widerstreitender Steuerfestsetzungen vor. Nach § 174 Abs. 1 Satz 1 AO ist der im Einzelfall fehlerhafte Steuerbescheid auf Antrag aufzuheben oder zu ändern. Die Berücksichtigung der Leistung sowohl als Arbeitslohn als auch als Erwerb von Todes wegen stellt wegen des wechselseitigen Ausschließlichkeitsverhältnisses einen Fall gesetzeswidriger Doppelerfassung dar. Durch § 174 Abs. 1 Satz 2 AO wird sichergestellt, dass bei doppelter Berücksichtigung einer belastenden Tatsache auch eine Steuerfestsetzung korrigiert werden kann, für die die Festsetzungsfrist an sich abgelaufen ist.

4.3.1.3 Pflichtteilsanspruch

Als Erwerb von Todes wegen gilt schließlich gem. § 3 Abs. 1 Nr. 1 ErbStG auch der Erwerb aufgrund eines **geltend gemachten Pflichtteilsanspruchs** nach §§ 2303 ff. BGB. Falls der Erblasser bei seiner Verfügung von Todes wegen, also in seinem Testament oder in einem Erbvertrag, bestimmte nächste Angehörige übergeht, haben diese einen schuldrechtlichen, auf einen Geldbetrag gerichteten Anspruch gegen den Erben bzw. die Erbengemeinschaft in Höhe der Hälfte des Werts des gesetzlichen Erbteils.

1) Anspruchs- und Verbindlichkeitsermittlung

a) Die **Höhe dieses Geldanspruchs** bestimmt sich auch für erbschaftsteuerliche Zwecke nach den sich mit der Bewertung befassenden **Vorschriften der §§ 2311 bis 2313 BGB**. Der Nachlasswert ist als Reinnachlass zu ermitteln. Zu den Nachlassaktiva gehören alle im Wege der Universalsukzession auf den Erben übergegangenen Vermögensposten. Für die Berechnung des Pflichtteils sind auch die von der Erbschaftsteuer befreiten oder für beschränkt steuerpflichtige Erben von der Besteuerung ausgenommenen Vermögensgegenstände zu berücksichtigen. Umstritten sind in diesem Zusammenhang die Grundsätze, die für die Bewertung von Beteiligungen mit Abfindungsklauseln gelten sollen – Ansatz des sog. Vollwerts, der die Abfindungsklausel unberücksichtigt lässt, oder nur Ansatz des Abfindungswerts –.[191] Ver-

---
190 In diesem Sinne BFH vom 15.05.1986, BStBl 1986 II S. 609.
191 Siehe hierzu Meincke, § 3 Rdnr. 51 m. w. N.

4.3 Erwerb von Todes wegen – § 3 ErbStG

steht man das Pflichtteilsrecht als Teilhabe an dem Vermögen, das der Erbe infolge des Erbfalls erlangt, also an dem Geldbetrag, der sich in der Hand des Erben realisieren ließe, wenn der Nachlass zum Erbfallzeitpunkt in Geld umgesetzt würde, kann der Pflichtteilsberechtigte keinen Anteil an Vermögenswerten beanspruchen, die für den Erben nicht realisierbar sind.[192]

Der nach bürgerlich-rechtlichen Grundsätzen ermittelte Wert der Forderung des Pflichtteilsberechtigten ist gem. § 12 Abs. 1 ErbStG i. V. m. § 12 BewG der Erbschaftsbesteuerung zugrunde zu legen (= Vermögensanfall). Der Hinweis, dass zur Festlegung des Werts des Nachlasses zur Zeit des Erbfalls nicht auf die Vorschriften des Zweiten Teils, Sechster Abschnitt des BewG zurückgegriffen werden darf, ist zwar zutreffend, weil das BewG nicht die Funktion hat, die Höhe des Anspruchs des Pflichtteilsberechtigten gegenüber dem Erben zu bestimmen; er hat aber infolge der mit dem ErbStRG vom 24.12.2008 geänderten Rechtslage – gemeiner Wert als maßgebliches Bewertungsziel für alle Vermögensgegenstände – an Relevanz eingebüßt. Soweit etwa der Verkehrswert eines Grundstücks dem gemeinen Wert entspricht (jedenfalls war es das gesetzgeberische Ziel, wenigstens annäherungsweise die Wertgleichheit zu erreichen), ist es, wenn ein an Erfüllungs statt hingegebenes Grundstück einen Verkehrswert in Höhe der abgegoltenen Geldforderung hat, im Ergebnis – wenn auch vom dogmatischen Ansatz her verfehlt – ohne Bedeutung, ob anstelle der mit dem Nennwert anzusetzenden Forderung der Steuerwert des Grundstücks zugrunde gelegt wird.

b) Als Pflichtteil wird der Geldbetrag besteuert, der sich als Anteil des Pflichtteilsgläubigers aus einer Nachlassbewertung ergibt, die z. B. aufgrund der Einbeziehung auch von steuerbefreiten und von der Besteuerung ausgenommenen Nachlassposten den Steuerwert des Nachlasses nicht selten übersteigt, sodass sich für den Pflichtteilsberechtigten eine gegenüber der Erbenbesteuerung erhöhte Steuerbelastung ergeben kann; ein Ergebnis, das man unter dem Gesichtspunkt des Pflichtteilsrechts als eine von der Verfassung garantierte Mindestteilhabe am Nachlass als nicht unproblematisch ansehen kann.[193] Da auch die Abzugsfähigkeit der Pflichtteilsverbindlichkeit – Geldschuld auf Seiten des Erben – nach § 10 Abs. 6 ErbStG begrenzt sein kann, könnte man die Frage aufwerfen, ob damit auch der Ansatz des Pflichtteilsanspruchs entsprechend begrenzt werden muss. Dies ist m. E. jedoch zu verneinen, zumal dem ErbStG kein Anhaltspunkt für ein derartiges Korrespondenzprinzip zu entnehmen ist.[194] Korrespondierend hat nur die Bewertung von Anspruch auf der einen Seite und Verpflichtung auf der anderen Seite zu erfolgen, eine Anforderung, die auch im Hinblick auf § 12 Abs. 1 BewG erfüllt ist. § 10 Abs. 6

---

192 Siehe hierzu Meincke, Das Recht der Nachlassbewertung im BGB, 1973.
193 Siehe Pentz, ZEV 1998 S. 449; Haas, ZEV 2000 S. 248.
194 Vgl. in diesem Zusammenhang BFH vom 02.07.2004, BStBl 2004 II S. 1039 – Ausführungen zur Bewertung beim Grundstücksvermächtnis unter Geltung des ErbStG und des BewG i. d. F. bis 31.12.2008.

ErbStG will lediglich verhindern, dass der Umstand, dass der Gesetzgeber bei der Ermittlung der Bemessungsgrundlage für die Erbschaftsteuer mittels Verschonungsregelungen den Erwerb bestimmter Vermögensgegenstände begünstigt hat – § 13 Abs. 1 Nr. 4b und 4c, §§ 13a, 13c ErbStG –, dazu führt, dass es hierdurch zu einer übermäßigen Entlastung bei der Ermittlung des steuerpflichtigen Erwerbs kommt. Dies wäre der Fall, wenn mit – teilweise – befreitem Vermögen in wirtschaftlichem Zusammenhang stehende Schulden keinem begrenzten Abzug unterlägen. Außerdem hätte ein mit § 10 Abs. 6 ErbStG – de lege ferenda – korrespondierende Begrenzung des Ansatzes des Pflichtteilsberechtigten im Ergebnis zur Folge, dass auch dem Pflichtteilsberechtigten mittelbar die Verschonungsregelungen zugutekämen, obwohl in seiner Person die (Gemeinwohl-)Gründe nicht verwirklicht sind, die den Gesetzgeber zur Einführung genannter Befreiungen veranlasst haben. Exemplarisch sei insoweit nur auf § 13 Abs. 1 Nr. 4b ErbStG hingewiesen. Die Steuerbefreiung beim Familienheim soll dem überlebenden Ehegatten zugutekommen, natürlich nicht auch im Wege einer Anspruchsbegrenzung z. B. einem enterbten und deshalb pflichtteilsberechtigten Abkömmling.

c) Wird einem Pflichtteilsberechtigten ein **Grundstück** an **Erfüllungs statt** zur **Befriedigung** des **geltend gemachten Pflichtteilsanspruchs** übertragen, war nach Auffassung des BFH auch schon vor Inkrafttreten des ErbStRG vom 24.12.2008 beim Erwerb von Todes wegen des Pflichtteilsberechtigten der Nennwert dessen Geldforderung zugrunde zu legen.[195] Eine Erfüllungsabrede – Grundstücksübertragung zur Abgeltung des Anspruchs des Pflichtteilsberechtigten – bringt das ursprüngliche Schuldverhältnis zwar zum Erlöschen, verändert dessen für die Erbschaftsteuer maßgeblichen Inhalt, den Geldanspruch, aber nicht.[196] Dieses vor Inkrafttreten des ErbStRG für den Pflichtteilsberechtigten ungünstige Ergebnis konnte dieser seinerzeit dadurch vermeiden, dass er auf den entstandenen Pflichtteilsanspruch verzichtete und sich als Abfindung hierfür vom Erben ein Grundstück übertragen ließ; Bemessungsgrundlage für diesen Erwerb nach § 3 Abs. 2 Nr. 4 ErbStG war der früher regelmäßig deutlich unter dem Verkehrswert des Grundstücks liegende Grundbesitzwert.[197] Da nunmehr die Grundstücksbewertung am gemeinen Wert ausgerichtet ist, bringt diese Gestaltung – Verzicht auf den Pflichtteil gegen Abfindung durch ein wertmäßig entsprechendes Grundstück, was aber

---

195 Vgl. BFH vom 07.10.1998, BStBl 1999 II S. 23 zum Abzug der Pflichtteilsverbindlichkeit; anders noch BFH vom 17.02.1982, BStBl 1982 II S. 350, und vom 21.06.1989, BStBl 1989 II S. 731, wonach sich aus einer Zusammenschau von § 3 Abs. 1 Nr. 1 und Abs. 2 Nr. 4 ErbStG ergeben sollte, dass für die Besteuerung der Grundbesitzwert maßgeblich sei.

196 Zur Folge für die Grunderwerbsteuer, dass die Grundstückshingabe an Erfüllungs statt nicht nach § 3 Nr. 2 GrEStG von der Besteuerung ausgenommen ist, weil diese Vorschrift voraussetzt, dass das Grundstück Gegenstand des Erwerbs von Todes wegen ist, s. BFH vom 10.07.2002, BStBl 2002 II S. 775; Bemessungsgrundlage für die Grunderwerbsteuer ist nach § 9 Abs. 1 Nr. 3 GrEStG der Nennwert des Pflichtteilsanspruchs.

197 Siehe BFH vom 07.10.1998, BStBl 1999 II S. 23; FG Köln, DStRE 2001 S. 813; Crezelius, BB 2000 S. 2333 – zu Vorstehendem vgl. auch bereits unter 1.3.3 –.

4.3 Erwerb von Todes wegen – § 3 ErbStG

für den Erben seinerzeit insoweit nachteilhaft war, als dieser gem. § 10 Abs. 5 Nr. 3 ErbStG als Nachlassverbindlichkeit früher ebenfalls nur den niedrigen steuerlichen Wert der Abfindung ansetzen konnte – unter erbschaftsteuerlichem Gesichtspunkt auch für den Pflichtteilsberechtigten keinen Vorteil mehr. Sie hat nur weiterhin den Vorteil der Grunderwerbsteuerbefreiung nach § 3 Nr. 2 GrEStG. Insoweit kann es auch heute noch erforderlich sein, die im Einzelfall durchaus schwierige Frage beantworten zu müssen, ob der Pflichtteilsberechtigte das Grundstück als Leistung an Erfüllungs statt oder als Abfindung für den Verzicht auf seinen Anspruch erhalten hat.[198]

d) Zu klären bleibt im Hinblick auf eine Grundstücksübertragung zwecks Erfüllung des Pflichtteilsanspruchs noch, wie die Sachverhalte zu beurteilen sind, bei denen ein grobes Missverhältnis zwischen Verkehrswert des an Erfüllungs statt hingegebenen Grundstücks und Wert des Pflichtteilsanspruchs besteht.

Beispiele:

a) Erblasser A setzt E zum Erben ein. P hat einen Pflichtteilsanspruch i. H. von 500.000 €. E überträgt dem P an Erfüllungs statt ein Grundstück (Grundbesitzwert = Verkehrswert: 300.000 €).

In Höhe von 300.000 € liegt ein Erwerb des P nach § 3 Abs. 1 Nr. 1 ErbStG vor. In Höhe von 200.000 € liegt eine freigebige Zuwendung des P an E vor.

b) Wie a), jedoch Grundbesitz- und Verkehrswert i. H. von 1.000.000 €.

In Höhe von 500.000 € liegt ein Erwerb des P nach § 3 Abs. 1 Nr. 1 ErbStG von A vor. In Höhe von weiteren 500.000 € liegt eine freigebige Zuwendung des halben Grundstücks des E an P vor.[199] Würde E dem P ein Grundstück (Verkehrswert und Grundbesitzwert i. H. von 1.000.000 €) gegen Zahlung von 500.000 € zuwenden, würde P ebenfalls 500.000 € als Erwerb von A zu versteuern haben.

c) Wie b), jedoch beträgt der Grundbesitzwert 990.000 € (Verkehrswert laut Gutachten eines von E und P zur Beilegung einer Meinungsverschiedenheit über die Höhe des Pflichtteilsanspruchs eingeschalteten Bausachverständigen: 1.000.000 €) und P zahlt als Wertausgleich an E 500.000 €.

Wäre das Grundstück Erwerbsgegenstand, läge ein Erwerb des P nach § 3 Abs. 1 Nr. 1 ErbStG i. H. von 495.000 € vor.[200] Es liegt vielmehr ein Erwerb des P nach § 3 Abs. 1 Nr. 1 ErbStG i. H. von 500.000 € vor.

d) Wie a), jedoch leistet E eine Zuzahlung von 200.000 €.

Es liegt ein Erwerb des P nach § 3 Abs. 1 Nr. 1 ErbStG i. H. von 500.000 € von A vor.

2) Anspruchsgeltendmachung

a) Der **Pflichtteilsanspruch entsteht** zwar nach **§ 2317 BGB** mit dem **Erbfall,** das **Erbschaftsteuerrecht** beachtet den Anspruch aber erst mit seiner **Geltendmachung.**

---

198 Vgl. hierzu z. B. FG Köln vom 28.11.2000, EFG 2001 S. 765.
199 So auch Crezelius, BB 2000 S. 2333.
200 So auch BFH vom 21.06.1989, BStBl 1989 II S. 731 – allerdings von BFH vom 07.10.1998, BStBl 1999 II S. 23, ausdrücklich aufgegeben –.

4 Steuerpflicht

Denn steuerpflichtiger Vorgang ist gem. § 3 Abs. 1 Nr. 1 ErbStG nur der geltend gemachte Pflichtteilsanspruch. Diesbezüglich knüpft § 9 Abs. 1 Nr. 1 Buchst. b ErbStG für die Steuerentstehung ebenfalls an die Geltendmachung an. Das zeitliche Hinausschieben der erbschaftsteuerrechtlichen Folgen eines Pflichtteilsschuldverhältnisses auf den Zeitpunkt, in dem der Berechtigte seinen Anspruch geltend macht, ist im Interesse des Berechtigten geschehen und soll ausschließen, dass bei ihm auch dann Erbschaftsteuer anfällt, wenn er seinen Anspruch zunächst oder dauerhaft nicht erhebt.[201] Würde allein das zivilrechtliche Entstehen schon Erbschaftsteuer auslösen, könnte der Pflichtteilsberechtigte „gezwungen" sein, seinen Anspruch geltend zu machen, um Geld für die Begleichung der Steuerschuld zu erhalten.

Hiermit korrespondiert die Abzugsregelung des § 10 Abs. 5 Nr. 2 ErbStG auf Seiten des Erben als Pflichtteilsschuldner. Da also der Erbe vom Wert des gesamten Vermögensanfalls auch hier nur die Verbindlichkeit aus geltend gemachten Pflichtteilen abziehen kann, ist das bloße Bestehen von Pflichtteilsverbindlichkeiten insoweit auch ohne steuerrechtliche Bedeutung.

Dass das Erbschaftsteuerrecht auf die Geltendmachung des Pflichtteilsanspruchs abstellt, entspricht insoweit auch der zivilrechtlichen Rechtslage, als die Gläubiger des Pflichtteilsberechtigten – sieht man vom Ausnahmefall der Anspruchsüberleitung auf den Sozialhilfeträger ab – den Anspruch nicht vor Eintritt der Voraussetzungen des § 852 Abs. 1 ZPO zu ihrer Befriedigung verwerten können, weil es allein der Entscheidung des Pflichtteilsberechtigten vorbehalten ist, ob der Anspruch gegen den Erben durchgesetzt werden soll.

b) Der Pflichtteilsanspruch wird dann **geltend gemacht,** wenn der Pflichtteilsberechtigte seinen **Entschluss,** die **Erfüllung** des Anspruchs zu **verlangen,** in **geeigneter Weise,** sei es ausdrücklich – regelmäßig schriftlich – oder durch schlüssiges Verhalten, **erkennbar macht,** wobei er die Höhe des Anspruchs nicht zu beziffern braucht.[202] Eine Bezifferung ist dem Pflichtteilsberechtigten, der nicht Erbe ist, regelmäßig erst nach Erteilung der in § 2314 Abs. 1 Satz 1 BGB vorgesehenen Auskunft durch den Erben möglich.

Der Pflichtteilsanspruch ist dann noch nicht „geltend gemacht", wenn der Pflichtteilsberechtigte unter Hinweis auf seine Rechte Auskunft über den Bestand des Nachlasses verlangt oder mit dem Erben in Verhandlungen über die Höhe und die Art der Erfüllung des Anspruchs tritt.[203] Nicht ausreichend für das „Geltendmachen" und damit für das Entstehen der Erbschaftsteuer ist auch der bloße Umstand, dass der Berechtigte sich von dem Erben für seinen Pflichtteilsanspruch abfinden

---

201 Siehe BFH vom 07.10.1998, BStBl 1999 II S. 23, vom 19.07.2006, BStBl 2006 II S. 718, und vom 31.10.2010, BStBl 2010 II S. 806.
202 Siehe RFH, RStBl 1936 S. 1131; BFH vom 19.07.2006, BStBl 2006 II S. 718 m. w. N.; zur Geltendmachung vgl. auch Muscheler, ZEV 2001 S. 377; Meincke, ZErb 2004 S. 1; Wälzholz, ZEV 2007 S. 162.
203 Siehe BFH vom 19.07.2006, BStBl 2006 II S. 718.

4.3 Erwerb von Todes wegen – § 3 ErbStG

lässt, weil anderenfalls der Tatbestand des § 3 Abs. 2 Nr. 4 ErbStG inhaltslos wäre.[204]

Ein – teilweises – Geltendmachen eines Pflichtteilsanspruchs kann in Abgrenzung zum entgeltlichen Verzicht i. S. des § 3 Abs. 2 Nr. 4 ErbStG nur angenommen werden, wenn der Pflichtteilsberechtigte von dem Verpflichteten keine Sachwerte, sondern die Auszahlung eines Geldbetrags verlangt.[205]

Wird ein Pflichtteilsanspruch abgetreten, so ist der Anspruch damit ebenfalls noch nicht geltend gemacht. Eine Geltendmachung liegt jedoch vor, wenn der neue Gläubiger den Anspruch gegen den Erben einklagt. Dabei entsteht die Steuerschuld in der Person des ursprünglichen Anspruchsinhabers.[206]

3) Unterschied zwischen Verzicht auf/nach Geltendmachung

Wird der Pflichtteilsanspruch – ganz oder zum Teil –[207] nicht geltend gemacht (Unterlassen der Geltendmachung oder Verzicht auf Geltendmachung), so löst das allein keine Steuer aus. Der **Verzicht** auf die **Geltendmachung** des Pflichtteilsanspruchs stellt zwar eine Schenkung unter Lebenden i. S. des § 7 Abs. 1 Nr. 1 ErbStG dar, der Vorgang bleibt aber nach **§ 13 Abs. 1 Nr. 11 ErbStG** steuerfrei. Demgegenüber ist der **Verzicht** auf einen bereits **geltend gemachten Pflichtteilsanspruch** nicht steuerfrei, es liegt eine **schenkungsteuerpflichtige Zuwendung** des Pflichtteilsberechtigten an den Erben vor. Wenn der Berechtigte den Pflichtteil nicht in voller Höhe erhält, kann es im Einzelfall zweifelhaft sein, ob und in welcher Höhe erbschaftsteuerpflichtige Erwerbe vorliegen. Es ist in diesen Fällen je nach Sachverhalt zu unterscheiden, ob es sich um eine Abfindung für den Verzicht auf einen entstandenen, aber nicht geltend gemachten Pflichtteilsanspruch handelt (§ 3 Abs. 2 Nr. 4 ErbStG – Besteuerungsgrundlage ist die Abfindung) oder ob der Berechtigte durch den Verzicht auf die vollständige Begleichung des geltend gemachten Anspruchs (§ 3 Abs. 1 Nr. 1 ErbStG – Besteuerungsgrundlage ist der geltend gemachte Pflichtteilsanspruch) eine zusätzliche Zuwendung in Höhe des nicht ausgezahlten Betrags an den Belasteten bewirkt (§ 7 Abs. 1 Nr. 1 ErbStG). Im Einzelfall kann es einer solchen Zuwendung allerdings an der Freigebigkeit fehlen.[208]

4) Pflichtteilsergänzung

Wird neben dem Pflichtteilsanspruch ein Pflichtteilsergänzungsanspruch nach §§ 2325 ff. BGB (s. hierzu unter 2.2.2.5) geltend gemacht, ergeben sich i. d. R. keine Besonderheiten.

---

204 Zur Problematik, ob die Stundung eines Pflichtteilsanspruchs nach dessen Entstehen die Geltendmachung voraussetzt, vgl. Troll/Gebel/Jülicher, § 3 Rdnr. 228.
205 Siehe FG Köln vom 28.11.2000, EFG 2001 S. 765.
206 Siehe Hessisches FG, EFG 1990 S. 587.
207 Siehe BFH vom 18.07.1973, BStBl 1973 II S. 798.
208 Siehe RFH, RStBl 1940 S. 3; BFH vom 18.07.1973, BStBl 1973 II S. 798.

4 Steuerpflicht

Beispiel:
Der verwitwete Erblasser E hatte vier Jahre und zehn Monate vor seinem Tod seiner Freundin F (Steuerklasse III) eine Schenkung im steuerlichen Wert = Verkehrswert von 200.000 € gemacht. Der steuerliche Wert = Verkehrswert des Nachlasses beträgt 820.000 €. Alleinerbin ist die F. Pflichtteilsberechtigt ist sein einziges Kind K im Alter von 30 Jahren, das seine Ansprüche auch geltend macht.

1) bürgerlich-rechtliche Rechtslage:
K hat einen Pflichtteilsanspruch i. H. von 410.000 € gem. § 2303 Abs. 1 Satz 2 BGB und einen Pflichtteilsergänzungsanspruch i. H. von 60.000 € gem. § 2325 Abs. 1 und 3 BGB (Bemessungsgrundlage für den Ergänzungsanspruch: 60 % von 200.000 €).

2) Erbschaftsteuer für K:
Erwerb nach § 3 Abs. 1 Nr. 1 ErbStG (dazu gehört auch der Pflichtteilsergänzungsanspruch) i. H. von 470.000 € abzgl. 400.000 € Freibetrag nach § 16 Abs. 1 Nr. 2 ErbStG = 70.000 € steuerpflichtiger Erwerb; Steuersatz von 7 % in der Steuerklasse I; Steuer also **4.900 €**.

3) Erbschaftsteuer für F:

Vermögensanfall (§ 3 Abs. 1 Nr. 1 ErbStG)	820.000 €
Nachlassverbindlichkeit gem. § 10 Abs. 5 Nr. 2 ErbStG – 410.000 € plus 60.000 € –	./. 470.000 €
Nachlassverbindlichkeit gem. § 10 Abs. 5 Nr. 3 Satz 2 ErbStG	./. 10.300 €
Vorschenkung nach § 14 Abs. 1 Satz 1 ErbStG	+ 200.000 €
Freibetrag gem. § 16 Abs. 1 Nr. 7 ErbStG	./. 20.000 €
steuerpflichtiger Erwerb	519.700 €
Steuersatz (30 %)	155.910 €
Steuerabzug nach § 14 Abs. 1 Satz 2 ErbStG für die Vorschenkung (200.000 € abzgl. 20.000 € Freibetrag = 180.000 € × 30 % Steuersatz)	./. 54.000 €
verbleibende Steuer für den Erwerb von Todes wegen	**101.910 €**

(§ 14 Abs. 1 Satz 4 ErbStG ohne Bedeutung, weil kein Unterschreiten der sich für den letzten Erwerb ohne Zusammenrechnung mit früherem Erwerb ergebenden Steuer)

4.3.2 Erwerb durch Schenkung auf den Todesfall – § 3 Abs. 1 Nr. 2 ErbStG

Als Erwerb von Todes wegen gilt nach § 3 Abs. 1 Nr. 2 Satz 1 ErbStG auch der Erwerb durch Schenkung auf den Todesfall gem. § 2301 BGB bzw. das, was der Gesetzgeber nach § 3 Abs. 1 Nr. 2 Satz 2 und 3 ErbStG als Schenkung auf den Todesfall behandelt.

4.3.2.1 Schenkung auf den Todesfall – Satz 1

Die Schenkung auf den Todesfall stellt rechtlich ein **Schenkungsversprechen** unter der **aufschiebenden Bedingung** dar, dass der **Beschenkte** den **Schenker überlebt**. Hierauf finden nach § 2301 Abs. 1 Satz 1 BGB die Vorschriften über Verfügungen von Todes wegen Anwendung, sofern das Schenkungsversprechen nicht bis zum Tod des Schenkers vollzogen wird. Vollzieht der Schenker die versprochene Schenkung

4.3 Erwerb von Todes wegen – § 3 ErbStG

durch Leistung des zugewendeten Gegenstandes schon zu seinen Lebzeiten, so sind hierauf nach § 2301 Abs. 2 BGB die Vorschriften über Schenkungen unter Lebenden anzuwenden. Zweck des § 2301 Abs. 1 BGB ist es, Umgehungsgeschäfte unter Lebenden zur Erreichung erbrechtlicher Wirkungen zu verhindern. Abzugrenzen ist die Schenkung von Todes wegen von Schenkungsverträgen, deren Besonderheit darin besteht, dass die Erfüllung der Schenkung auf den Todesfall hinausgeschoben werden soll, was zur Folge hat, dass der Erbe des Beschenkten Anspruchsinhaber wird, falls dieser den Schenker nicht überlebt. Diesbezüglich gilt nicht die in § 2301 BGB getroffene Regelung, sondern es gelten die §§ 516 ff. BGB.

In der zivilrechtlichen Literatur umstritten ist, ob § 2301 Abs. 1 BGB nur auf die Vorschriften des Erbvertrags und damit auf § 2276 BGB verweist oder ob es sich um eine Verweisung auf sämtliche Verfügungen von Todes wegen handelt, also auch auf das Testament, sodass die in § 2247 BGB normierte Form ausreicht.[209]

§ 2301 Abs. 1 Satz 1 BGB ist restriktiv auszulegen, sodass bei Schenkungen, die zwar nicht unter der Überlebensbedingung erteilt werden, aber dennoch eine der Verfügung von Todes wegen ähnliche Wirkung haben, die §§ 516 ff. BGB und nicht die erbrechtlichen Regelungen anzuwenden sind.[210]

1) Bedeutung des Schenkungsvollzugs

Ob auf das Schenkungsversprechen unter der Überlebensbedingung die Vorschriften über die Verfügung von Todes wegen Anwendung finden oder ob dieses Schenkungsversprechen gem. § 2301 Abs. 2 BGB den Vorschriften der Schenkung unter Lebenden unterliegt, hängt davon ab, wann der Schenker die Schenkung durch Leistung des zugewandten Gegenstandes vollzogen hat – noch zu seinen Lebzeiten (dann: § 2301 Abs. 2 BGB) oder noch nicht zu Lebzeiten (dann: § 2301 Abs. 1 BGB). Unstreitig ist, dass für eine Vollziehung der Schenkung von Todes wegen i. S. des § 2301 Abs. 2 BGB einerseits den Vollzug lediglich vorbereitende Maßnahmen nicht ausreichend sein können, andererseits eine völlig vollendete Übertragung zu Lebzeiten des Erblassers auch nicht gefordert werden kann, weil § 2301 Abs. 2 BGB eine Ausnahme zu Abs. 1 darstellt und bei voll wirksamer Übertragung zu Lebzeiten schon ein Rechtsgeschäft unter Lebenden vorläge, mithin § 2301 Abs. 1 BGB ohnehin nicht zur Anwendung gelangen würde. **Vollzug** i. S. des § 2301 Abs. 2 BGB erfordert, dass der **Schenker** sein Vermögen „sofort und unmittelbar" mindert, also **selbst** ein **gegenwärtiges Opfer** erbringt, weil eine Verfügung von Todes wegen durch das Fehlen eines Vermögensopfers zu Lebzeiten des Erblassers gekennzeichnet sei,[211] bzw. dass der **Schenker** seinen Zuwendungswillen bereits in entsprechendem Umfang umgesetzt und schon zu **Lebzeiten** alles getan hat, was von **seiner Seite** zur **Vermögensverschie-**

---
209 Siehe insoweit Palandt/Edenhofer, § 2301 Rdnr. 6; MünchKomm/Musielak, § 2301 Rdnr. 13.
210 Vgl. hierzu MünchKomm/Koch, § 516 Rdnr. 86.
211 So Brox/Walker, Erbrecht Rdnr. 744.

4 Steuerpflicht

bung erforderlich ist, sodass diese ohne sein weiteres Zutun eintreten kann.[212] Eine vollzogene Schenkung ist z. B. anzunehmen,

- wenn der Erblasser ein Oder-Konto eingerichtet hat und damit sicherstellen wollte, dass der Überlebende problemlos das gesamte Guthaben erhält[213]
- wenn der Erblasser einen Geldbetrag schenkweise durch Erteilung eines Bankauftrags zur Auszahlung nach seinem Tod zuwendet;[214] der Auftrag kann allerdings vom Erben widerrufen werden, sofern ihm der Erblasser dies nicht durch letztwillige Verfügung untersagt hat.[215]

Beispiel:
Erblasser E ist Eigentümer eines Brillantrings. Noch zu seinen Lebzeiten vereinbart er mit seiner Bekannten G:

Variante **a)**: „Wenn ich sterbe, sollst Du den Ring erhalten." Diese Aussage fiel anlässlich eines Telefonats.

Variante **b)**: Unter Beachtung der Form des § 2276 BGB: „Ich schenke Dir den Ring unter der Bedingung, dass Du mich überlebst. Nach meinem Tod kannst Du ihn an Dich nehmen."

Variante **c)**: „Ich schenke Dir den Ring. Du kannst ihn nach meinem Tod behalten." Dabei steckt E der G den Ring an ihren Finger.

Bei der Variante **a)** ist lediglich der Erwerb in Aussicht gestellt, ohne den – auch nur bedingten – Willen, sich zu binden, ein Schenkungsversprechen also noch nicht geschlossen. Ein wirksames Vermächtnis scheitert an der erforderlichen Form.

Bei der Variante **b)** handelt es sich um einen Fall des § 2301 BGB. Das noch nicht vollzogene Schenkungsversprechen ist eine Schenkung auf den Todesfall i. S. des § 2301 Abs. 1 BGB. Von einem Vollzug ist deshalb nicht auszugehen, weil E selbst kein gegenwärtiges Vermögensopfer erbracht, sein Vermögen noch nicht vermindert hatte, denn er behielt den Ring unverändert in seinem Besitz und Eigentum; auch konnte sich der Rechtserwerb der G nicht von selbst vollenden, weil sie den Ring noch an sich nehmen musste, um die Übergabe zu vollziehen.

Bei der Variante **c)** ist die Schenkung auf den Todesfall noch zu Lebzeiten des E vollzogen, es finden somit nach § 2301 Abs. 2 BGB die Vorschriften über Schenkungen unter Lebenden Anwendung. § 7 ErbStG ist einschlägig. Im Gegensatz zu Variante b) ist die Ringübergabe erfolgt, der Schuldner hat bereits ein Vermögensopfer erbracht und der Erwerber eine sichere Rechtsposition erlangt.

Die Problematik, wann eine Schenkung von Todes wegen vollzogen ist, würde sich unter steuerrechtlichen Gesichtspunkten nicht stellen, wenn die Fälle des § 2301 BGB einheitlich als Erwerb von Todes wegen im Sinne des Erbschaftsteuerrechts zu behandeln wären, ein Lösungsweg, für den der keine Differenzierung vornehmende

---

212 So BGH, BGHZ 87 S. 19; zu dieser Problematik siehe schon den in der Juristenausbildung zur Pflichtlektüre gewordenen, von der Lösung aber bedenklichen „Bonifatius-Fall" in RGZ 83 S. 223.
213 Das für Vollzug erforderliche lebzeitige Vermögensopfer liegt bereits in der Einräumung der Mitverfügungsbefugnis, s. BGH, FamRZ 1986 S. 982.
214 Vgl. BGH, NJW 1975 – hierzu s. auch Harder, FamRZ 1976 S. 1727.
215 Zu weiteren von der Rechtsprechung entschiedenen Konstellationen vgl. Palandt/Edenhofer, § 2301 Rdnr. 11 ff.

4.3 Erwerb von Todes wegen – § 3 ErbStG

Wortlaut des § 3 Abs. 1 Nr. 2 Satz 1 ErbStG angeführt werden kann. Auch lässt sich insoweit darauf verweisen, dass die Unterscheidung, die § 2301 BGB in seinen beiden Absätzen trifft, sich nur auf die Qualifikation des Rechtsgeschäfts als Schenkung oder als Verfügung von Todes wegen bezieht, während es hier um die steuerrechtliche Einordnung des Erwerbs als solchen durch Schenkung oder von Todes wegen mit unterschiedlichen Steuerfolgen geht. Ausgehend vom grundsätzlichen Primat des Zivilrechts für das Erbschaft-/Schenkungsteuerrecht könnte man jedoch auch die Unterscheidung in § 2301 Abs. 1 und Abs. 2 BGB zum Anlass nehmen, zwischen einem Erwerb nach § 3 Abs. 1 Nr. 2 Satz 1 ErbStG einerseits und § 7 ErbStG andererseits zu trennen.[216]

2) Subjektives Element und Bereicherungsermittlung

a) Während die Rechtsprechung früher davon ausgegangen ist, durch § 2301 Abs. 1 BGB werde die Schenkung auf den Todesfall einer Erbeinsetzung oder einem Vermächtnis gleichgestellt, was zur Folge hatte, dass ein Wille zur Unentgeltlichkeit nicht für erforderlich gehalten wurde,[217] vertritt der BFH nunmehr die Auffassung, die Schenkung auf den Todesfall i. S. des **§ 3 Abs. 1 Nr. 2 Satz 1** ErbStG setze trotz der Zuordnung zu den Erwerben von Todes wegen das Vorliegen der **Tatbestandsmerkmale** einer **freigebigen Zuwendung** voraus.[218] Erforderlich ist eine Zuwendung, die zu einer nach bürgerlich-rechtlichen Maßstäben zu beurteilenden Bereicherung führt, sowie auf Seiten des Zuwendenden der Wille zur Unentgeltlichkeit. Der Zuwendende muss also in dem Bewusstsein handeln, dass die Zuwendung weder in rechtlichem Zusammenhang mit einer Gegenleistung steht noch zur Erfüllung einer bestehenden Verbindlichkeit erfolgt.

Im Gegensatz hierzu gehört das subjektive Tatbestandsmerkmal des Bewusstseins der Unentgeltlichkeit nicht zum gesetzlichen Tatbestand des § 3 Abs. 1 Nr. 2 **Satz 2** ErbStG.[219] Begründung: Während § 3 Abs. 1 Nr. 2 Satz 1 ErbStG die Schenkung auf den Todesfall lediglich erbschaftsteuerrechtlich den Erwerben von Todes wegen zuordnet, ohne die Voraussetzungen eigenständig zu bestimmen, und bürgerlich-rechtlich insoweit das Bewusstsein der Unentgeltlichkeit erforderlich ist, wird in § 3 Abs. 1 Nr. 2 Satz 2 ErbStG nur angeordnet, dass die Rechtsfolge der in § 3 Abs. 1 Nr. 2 Satz 1 ErbStG erfassten Schenkung auf den Todesfall auch für den in Satz 2

---

216 Vgl. hierzu aber BFH vom 05.12.1990, BStBl 1991 II S. 181, wonach § 3 Abs. 1 Nr. 2 Satz 1 ErbStG dann gegeben ist, wenn sich der Erwerb des Bedachten mit dem Tod des Erblassers ipso iure vollzieht, dagegen § 7 ErbStG einschlägig ist, wenn der Rechtsübergang noch zu Lebzeiten des Erblassers bewirkt wurde, aber unter der auflösenden Bedingung des Vorversterbens des Bedachten gestellt wurde; s. auch FG Hamburg vom 29.11.2004, EFG 2005 S. 793 zum Vorrang der in § 3 ErbStG normierten Erwerbstatbestände; vgl. hierzu auch Meincke, § 3 Rdnr. 55 ff.
217 Siehe RFH, RStBl 1931 S. 559; BFH vom 22.02.1961, BStBl 1961 III S. 234.
218 Vgl. BFH vom 05.12.1990, BStBl 1991 II S. 181; s. auch FG Düsseldorf vom 14.06.2006, EFG 2006 S. 1447.
219 Siehe BFH vom 01.07.1992 II R 20/90, BStBl 1992 II S. 912, und II R 103/90, BFH/NV 1993 S. 101; vgl. auch R E 3.3 Satz 1 und R E 3.4 Abs. 1 Satz 3 ErbStR 2011.

4 Steuerpflicht

beschriebenen Tatbestand gilt; eine Tatbestandsverweisung auf § 2301 BGB enthält die Vorschrift aber nicht; es handelt sich vielmehr um eine gesetzliche Fiktion.[220]

b) Erhebliche Bedeutung kam früher der Frage zu, ob die Grundsätze über die Bereicherungsermittlung bei gemischten Schenkungen und solchen unter Leistungsauflage auch im Rahmen des § 3 Abs. 1 Nr. 2 Satz 1 ErbStG Anwendung finden.[221] Die Verwaltung[222] wollte – i. d. R. zugunsten des Steuerpflichtigen – diese Grundsätze, obwohl sie einheitlich für alle Schenkungen und damit auch für den Sonderfall der Schenkung auf den Todesfall hätten gelten müssen, nicht anwenden und deshalb eine vom Erwerber übernommene Verbindlichkeit nach § 10 Abs. 1 Satz 2 ErbStG vom steuerlichen Wert des Erwerbsgegenstandes abziehen. Die Auswirkung unter Geltung des „alten" Erbschaftsteuerrechts, die ihre Ursache in der seinerzeit bewertungsrechtlich vorgegebenen Differenzierung zwischen dem Steuerwert und dem Verkehrswert einzelner Vermögensgegenstände hatte, zeigt folgendes

Beispiel:

B erwarb mit dem Tod des E im Jahr 2008 ein zum Nachlass gehörendes Grundstück durch Schenkung auf den Todesfall gegen Übernahme einer darauf lastenden Schuld i. H. von 250.000 €. Der Verkehrswert des Grundstücks betrug 800.000 €, sein damals nach § 146 BewG ermittelter Grundbesitzwert 500.000 €.

Wert des Erwerbs des B durch Schenkung auf den Todesfall:

a) Lösung der Verwaltung (s. R 6 ErbStR 2003 und H 6 ErbStH):

Steuerwert des Grundstücks	500.000 €
Verbindlichkeiten	./. 250.000 €
Bereicherung	250.000 €

b) Lösung nach den Regeln der Auflagenschenkung – Bereicherung wie folgt zu ermitteln (s. R 17 Abs. 2 ErbStR 2003) –:

$$\frac{500.000\ € \times 550.000\ €}{800.000\ €} = 343.750\ €$$

Durch das ErbStRG vom 24.12.2008 ist diese Problemstellung wenn nicht hinfällig, so doch der Unterschied in der steuerlichen Auswirkung jedenfalls derart minimiert worden, dass schon aus Praktikabilitätsgesichtspunkten der Lösung über § 10 Abs. 1 Satz 2 ErbStG gefolgt werden kann. Die mit der ErbSt-Reform geänderten bewertungsrechtlichen Vorschriften bezwecken, einen Steuerwert zu ermitteln, der dem Verkehrswert entspricht, zumindest einen Annäherungswert darstellt. Damit sollte die weitreichende Differenz zwischen Steuer- und Verkehrswert, auf der die

---

220 Kritisch diese Rechtsprechung betrachtend Meincke, § 3 Rdnr. 68 ff.: „Zweifellos hat das Gericht mit seiner Auffassung, das Merkmal des Bewusstseins der Unentgeltlichkeit gehöre nicht zum Tatbestand des § 3 Abs. 1 Nr. 2 Satz 2 ErbStG, einen klaren und einfachen Weg zur Handhabung der Regelung gefunden. Die Frage bleibt nur, ob denn auch die Richtung dieses einfachen und klaren Weges stimmt".
221 Bejahend: M. R., DStR 1991 S. 377; Troll/Gebel/Jülicher, § 3 Rdnr. 245; dies aber verneinend unter Hinweis auf § 10 Abs. 1 Satz 2 ErbStG Moench/Kien-Hümbert/Weinmann, § 3 Rdnr. 132.
222 Siehe R 6 ErbStR 2003.

4.3 Erwerb von Todes wegen – § 3 ErbStG

Behandlung von gemischter Schenkung und Auflagenschenkung im „alten" Erbschaftsteuerrecht beruhte (s. hierzu unter 4.7.1.3), beseitigt werden. Insoweit konnte man es als nur schwer nachvollziehbar bezeichnen, dass die Verwaltung im AEErbSt vom 25.06.2009 (s. A 1 Abs. 1 AEErbSt) noch die Auffassung vertreten hatte, auch nach der Neuregelung der Vermögensbewertung für erbschaftsteuerrechtliche Zwecke ab dem 01.01.2009 seien die Grundsätze der gemischten Schenkung weiterhin anzuwenden. Mit Erlass vom 20.05.2011[223] hat die Verwaltung diese Rechtsansicht aufgegeben. Auch sie ermittelt nunmehr bei gemischter Schenkung bzw. Auflagenschenkung die Bereicherung durch Abzug der Gegenleistung des Beschenkten bzw. des Werts der von diesem übernommenen Leistungs-, Nutzungs- und Duldungsauflagen von der Leistung des Schenkers.

4.3.2.2 Anteilsübergang im Gesellschaftsrecht und Einziehung von Geschäftsanteilen

1) Anteilsübergang – Satz 2

Im Hinblick auf eine Erleichterung bei der Unternehmensnachfolge in eine Personengesellschaft sind häufig nach Gesellschaftsvertrag Gesellschaftsanteile vorgesehen, die bei der Abfindung nicht an den stillen Reserven beteiligt sind, sondern nur zum Buchwert des Kapitalanteils abgefunden werden (sog. **Buchwertklausel**). Nach § 3 Abs. 1 Nr. 2 Satz 2 ErbStG gilt als Schenkung auf den Todesfall auch der auf dem **Ausscheiden** eines **Gesellschafters** beruhende **Übergang** des **Anteils** oder des Teils eines Anteils eines Gesellschafters einer Personengesellschaft (Kapitalgesellschaft) bei dessen Tod auf die **anderen Gesellschafter** oder die **Gesellschaft** – also kein Übergang kraft Erbfolge auf den Erben (§ 3 Abs. 1 Nr. 1 ErbStG) –, soweit der Wert, der sich für seinen Anteil zur Zeit seines Todes nach § 12 ErbStG ergibt, Abfindungsansprüche Dritter übersteigt.

a) Dass in dieser Vorschrift, die sich nicht mit der Besteuerung des Abfindungserwerbs befasst, sondern die Besteuerung des wegen der nicht vollwertigen Abfindung Begünstigen regelt, seit dem StEntlG 1999/2000/2002 vom 24.03.1999 nur noch auf das Ausscheiden eines Gesellschafters abgestellt wird – zuvor war von einem „auf einem Gesellschaftsvertrag" beruhenden Anteilsübergang die Rede –, ist eine Reaktion auf die durch das HRefG vom 22.06.1998 erfolgte Änderung des § 131 HGB. Nach Abs. 3 führt das Ausscheiden eines Gesellschafters aus einer Personenhandelsgesellschaft nicht mehr zu deren Auflösung; vielmehr wächst sein Anteil den verbleibenden Gesellschaftern auch ohne besondere gesellschaftsvertragliche Regelung zu. Bei der Gesellschaft bürgerlichen Rechts ist aber weiterhin eine gesellschaftsvertragliche Fortsetzungsklausel notwendig, soll der Tod eines Gesellschafters nicht zur Auflösung der Gesellschaft gem. § 727 BGB führen.

---

223 Siehe BStBl 2011 I S. 562; vgl. auch R E 7.4 Abs. 1 ErbStR 2011.

4 Steuerpflicht

Der Gesetzeswortlaut des § 3 Abs. 1 Nr. 2 Satz 2 ErbStG ist insoweit irreführend, als die Personengesellschaft keine eigenen Anteile erwerben kann und auch die Gesellschafter nicht durch Übergang erwerben, sondern durch Anwachsung.[224]

Der Übergang des Gesamthandseigentums in das Alleineigentum des übernehmenden Gesellschafters bei einer **zweigliedrigen Personengesellschaft** fällt ebenfalls unter § 3 Abs. 1 Nr. 2 Satz 2 ErbStG, obwohl der Wortlaut Zweifel lässt (Vorschrift trifft eine Regelung für den Anteilsübergang auf Gesellschafter, scheint also mit dem Fortbestehen der Gesellschaft zu rechnen; auch kommt es nicht zu einem Erwerb durch die „anderen Gesellschafter". Eine Rechtfertigung für eine Differenzierung zwischen mehr- und zweigliedriger Personengesellschaft ist jedoch nicht ersichtlich; in beiden Konstellationen vollzieht sich die Vermögensverschiebung durch Anwachsung.[225]

b) Zum besseren Verständnis dieses Tatbestands soll ein kurzer Hinweis auf den Hintergrund beim Entstehen dieser Regelung gegeben werden: Nach der Rechtsprechung des BFH[226] konnte die im Gesellschaftsvertrag einer Personengesellschaft getroffene Bestimmung, dass der Anteil eines ausscheidenden Gesellschafters an den offenen und stillen Reserven der Gesellschaft auf die verbleibenden Gesellschafter übergeht, auch dann nicht als Schenkung auf den Todesfall angesehen werden, wenn der Übergang dieses Anteils infolge des Todes eines Gesellschafters eintrat. Eine derartige gesellschaftsvertragliche Bestimmung könne nicht, je nachdem, ob ein Gesellschafter durch Tod oder schon zu Lebzeiten ausscheidet, im einen Fall als Schenkung auf den Todesfall, im anderen aber als Schenkung unter Lebenden angesehen werden, sondern müsse vielmehr einheitlich beurteilt werden. Gelte die betreffende gesellschaftsvertragliche Bestimmung für das Ableben eines jeden Gesellschafters, so bedeute sie für den einzelnen Gesellschafter grundsätzlich die Übernahme des Wagnisses, das den Willen zur Unentgeltlichkeit bei dem jeweils als Zuwendenden in Frage kommenden Gesellschafter ausschließe. Das Ergebnis dieser Rechtsprechung hielt der Gesetzgeber für unbefriedigend. Da solche gesellschaftsvertraglichen Vereinbarungen wie Schenkungsversprechen auf den Todesfall wirkten – sie hätten nämlich gemeinsam, dass der tatsächliche Vermögensanfall erst beim Tod einer Person erfolgte –, erschien es aus Gründen der Steuergerechtigkeit geboten, diese durch den Tod eines Gesellschafters eintretende objektive Bereicherung den Erwerben durch Schenkung auf den Todesfall zuzuordnen.[227]

---

224 Siehe BFH vom 01.07.1992, BStBl 1992 II S. 912; BFH, ZEV 1996 S. 355.
225 Siehe BFH vom 01.07.1992, BStBl 1992 II S. 925 zu der Parallelvorschrift des § 7 Abs. 7 ErbStG; R E 3.4 Abs. 2 ErbStR 2011; dies aber kritisierend Meincke, § 7 Rdnr. 143 mit dem Argument, die Rechtsfigur der Anwachsung bilde nicht das entscheidende Merkmal für die Anknüpfung der Steuerpflicht und der Sache nach werde eine im Zivilrecht unbedenkliche Analogie ohne zwingende Begründung zur Ausweitung des Steuertatbestands eingesetzt.
226 Siehe BFH vom 15.05.1953, BStBl 1953 III S. 199.
227 Siehe Begründung zum Regierungsentwurf des ErbStG vom 17.04.1974 in BT-Drucksache VI/3418.

4.3 Erwerb von Todes wegen – § 3 ErbStG

§ 3 Abs. 1 Nr. 2 Satz 2 ErbStG soll also den Vermögenserwerb erfassen, der sich beim Tod eines Gesellschafters dadurch ergibt, dass aufgrund des Ausscheidens sein Anteil am Gesellschaftsvermögen nicht auf seine Erben, sondern auf die verbleibenden Gesellschafter bzw. die Gesellschaft übergeht und die Abfindung, die diese dafür zu leisten haben, geringer ist als der Steuerwert des Anteils. Dabei gehört das subjektive Merkmal des Willens zur Unentgeltlichkeit des verstorbenen Gesellschafters nicht zum gesetzlichen Tatbestand des § 3 Abs. 1 Nr. 2 Satz 2 ErbStG.[228] Ein anderes Ergebnis würde zumindest in der Praxis auch wieder dazu führen, dass eine Besteuerung nach § 3 Abs. 1 Nr. 2 Satz 2 ErbStG – zumindest unter Fremden – kaum zur Anwendung käme („Wagnis").

Der Annahme einer objektiven Bereicherung der verbleibenden Gesellschafter steht nicht entgegen, dass der verstorbene Gesellschafter bei der Gesellschaftsgründung bereits zu Buchwerten eingetreten ist.[229]

c) Die Regelung des § 3 Abs. 1 Nr. 2 Satz 2 ErbStG gilt auch für die Beteiligung an einer Kapitalgesellschaft. Zwar ist bei dieser eine Anwachsung der Geschäftsanteile auf die verbleibenden Gesellschafter oder ein direkter Übergang auf die Gesellschaft nicht möglich, auch kann eine Vererblichkeit des Geschäftsanteils nicht durch Gesellschaftsvertrag abbedungen werden (vgl. § 15 Abs. 1 GmbHG). Im Recht der GmbH geht der Geschäftsanteil des Gesellschafters bei dessen Tod zunächst auf den/die Erben über. § 3 Abs. 1 Nr. 2 Satz 2 ErbStG betrifft deshalb bei Kapitalgesellschaften solche gesellschaftsvertraglichen Vereinbarungen, durch die der Erbe verpflichtet wird, den durch Erbanfall erworbenen Geschäftsanteil auf die Gesellschafter oder die Gesellschaft gegen eine unter dem Steuerwert des Anteils liegende Abfindung zu übertragen.

d) Erwerber beim als Schenkung auf den Todesfall geltenden Anteilsübergang infolge Ausscheidens eines Gesellschafters sind die verbleibenden Gesellschafter oder die Gesellschaft im Falle des Übergangs auf sie selbst.

War der Erblasser zu mehr als 25 % am Nennkapital einer Kapitalgesellschaft beteiligt (§ 13b Abs. 1 Nr. 3 ErbStG), so ist der Erwerb der Gesellschafter nach § 13a und § 19a ErbStG begünstigt; zum Anteil an einer Gesellschaft i. S. des § 15 Abs. 1 Satz 1 Nr. 2 und Abs. 3 EStG als begünstigtes Vermögen, ohne dass es hier auf eine Beteiligungshöhe ankommt, siehe § 13b Abs. 1 Nr. 2 ErbStG. Ist die Kapitalgesellschaft als Erwerberin anzusehen, ist § 19a ErbStG – weil nur den Erwerb durch natürliche Personen erfassend – nicht anwendbar.[230]

---

228 Siehe zuvor; vgl. BFH vom 01.07.1992, BStBl 1992 II S. 912; R E 3.4 Abs. 1 Satz 3 ErbStR 2011.
229 Siehe BFH, ZEV 1996 S. 356.
230 Siehe R E 3.4 Abs. 3 Satz 5 und 6 ErbStR 2011.

4 Steuerpflicht

Beispiele:
a) Im Gesellschaftsvertrag der X-OHG (Gesellschafter A, B und C zu gleichen Teilen, die nicht miteinander verwandt sind) ist vereinbart, dass beim Tod eines Gesellschafters dessen Erben zum Buchwert abgefunden werden. A stirbt. Erbe ist sein Sohn S. Der Buchwert des Anteils des S beträgt 500.000 €, der Steuerwert des Anteils 2.000.000 €.

S hat den Abfindungsanspruch i. H. von 500.000 € nach § 3 Abs. 1 Nr. 1 ErbStG zu versteuern (Steuerklasse I).

B und C haben je zur Hälfte die Differenz zwischen dem Anteilswert nach § 12 ErbStG – hier: 2.000.000 € – und dem Abfindungsanspruch – hier: 500.000 € –, also 1/2 von 1.500.000 € = 750.000 € nach § 3 Abs. 1 Nr. 2 Satz 2 ErbStG zu versteuern (Steuerklasse III unter Beachtung der Regelung des § 19a ErbStG). Erwerber ist nicht die OHG als solche, ihr Vermögen erhöht sich nicht, sondern die verbleibenden Gesamthänder B und C (s. R E 3.4 Abs. 2 Satz 2 ErbStR 20011 und H E 3.4 Abs. 2 ErbStH 2011).

Für die Besteuerung von B und C ergibt sich: je 750.000 € abzgl. Verschonungsabschlag i. H. von 85 % (§ 13b Abs. 4 ErbStG = 637.500 €) = **112.500 €**.

b) Im Gesellschaftsvertrag der X-GmbH (Gesellschafter Vater V und seine Kinder K1 und K2) ist vereinbart, dass mit dem Tod eines Gesellschafters dessen Anteil gegen Zahlung einer Abfindung in Höhe des Nominalwerts an dessen Erben an die GmbH abzutreten ist. V stirbt. Erbe ist K1. Der Nominalwert des Anteils des V beträgt zum Zeitpunkt des Todes 50.000 €, der gemeine Wert 200.000 €.

K1 hat den Betrag von 50.000 € nach § 3 Abs. 1 Nr. 4 ErbStG zu versteuern (Steuerklasse I).

Die X-GmbH – und nicht K1 und K2 – hat die Differenz zwischen dem Anteilswert – hier: 200.000 € – und dem Abfindungsanspruch des K1 – hier: 50.000 € –, also 150.000 €, nach § 3 Abs. 1 Nr. 2 Satz 2 ErbStG zu versteuern. Die Verschonungsregelung gem. § 13a ErbStG kommt in Betracht, nicht aber die Tarifbegrenzung nach § 19a ErbStG, weil die Erwerberin keine natürliche Person ist. Es gilt die Steuerklasse III (s. auch R E 3.4 Abs. 3 Satz 4 ErbStR 2011).

Die ungünstige Steuerklasse III ließe sich hier dadurch verhindern, dass nach dem Gesellschaftsvertrag die überlebenden Gesellschafter (K1 und K2) berechtigt sind, den Anteil des verstorbenen Gesellschafters gegen Zahlung einer Abfindung in Höhe des Nominalwerts an dessen Erben zu übernehmen.

2) Einziehung von Geschäftsanteilen – Satz 3

Erfolgt bei Tod eines GmbH-Gesellschafters keine Abtretung des Geschäftsanteils seitens des Erben an den bzw. die Mitgesellschafter, sondern wird der Geschäftsanteil des verstorbenen Gesellschafters nach § 34 GmbHG eingezogen, so bewirkt die Einziehung den Untergang des Geschäftsanteils, sodass ein Übergang auf die Gesellschaft nicht stattfindet, diese mithin nicht als bereichert angesehen werden kann.[231] Offengelassen hatte der BFH die Frage, ob insoweit auch ein Erwerb der Mitgesellschafter ausscheidet. Diese Frage hat der Gesetzgeber (bei Erwerben ab dem 05.03.1999) durch die Anfügung des Satzes 3 geklärt: „Wird aufgrund einer Regelung im Gesellschaftsvertrag einer Gesellschaft mit beschränkter Haftung der

---
231 Siehe BFH vom 01.07.1992, BStBl 1992 II S. 912.

4.3 Erwerb von Todes wegen – § 3 ErbStG

Geschäftsanteil eines Gesellschafters bei dessen Tod eingezogen und übersteigt der sich nach § 12 ergebende Wert seines Anteils zur Zeit seines Todes Abfindungsansprüche Dritter, gilt die insoweit bewirkte Werterhöhung der Geschäftsanteile der verbleibenden Gesellschafter als Schenkung auf den Todesfall." Diese Regelung ist konsequent, weil der Untergang des Geschäftsanteils zur Folge hat, dass der Wert der Anteile der verbleibenden Gesellschafter erhöht wird. Es gilt unberechtigte Steuervorteile bei diesen zu verhindern. Wenn § 3 Abs. 1 Nr. 2 Satz 3 ErbStG die Folgen der Einziehung eines Geschäftsanteils einer GmbH regelt, so nimmt das Gesetz zwangsläufig die Folgen der Einziehung von Aktien aus, obwohl auch die Satzung einer AG die Einziehung von Aktien regeln kann – § 237 Abs. 1 AktG – (Möglichkeit der Vermeidung der Tatbestandsverwirklichung durch formwechselnde Umwandlung der GmbH).

Kommt es zur Einziehung des GmbH-Anteils des verstorbenen Gesellschafters, ist die fiktive Schenkung auf den Todesfall nicht nach §§ 13a, 19a ErbStG begünstigt, weil die verbleibenden Gesellschafter bzw. die Gesellschaft selbst keine Anteile erwerben;[232] ein bedenkliches Ergebnis, weil ihr Vermögen genauso wie bei Satz 2 gesteigert wird. Der Erwerb des Abfindungsanspruchs fällt ebenfalls nicht unter diese Verschonungsregelung/Tarifbegrenzung.[233]

3) Bedeutungswandel der Abfindungsbeschränkung

§ 3 Abs. 1 Nr. 2 Satz 2 ErbStG setzt voraus, dass der erbschaftsteuerliche Wert des Gesellschaftsanteils höher ist als der Abfindungsanspruch. Gleiches gilt im Fall des Satzes 3 – Einziehung des Geschäftsanteils des verstorbenen Gesellschafters –. Auch wenn die Regelung vom Bestehen von Abfindungsansprüchen ausgeht, wird ihre Anwendung ferner für den Fall bejaht, dass der Gesellschaftsvertrag eine Abfindung ganz ausschließen sollte.

Unter Geltung des „alten" Erbschaftsteuerrechts sollte nicht die ganze Wertdifferenz zwischen Anteilswert und Abfindungsanspruch erfasst werden; der Gesetzgeber ging vielmehr davon aus, dass der Steuerwert des Anteils deutlich unter dessen Verkehrswert liegt. Deshalb konnten Abfindungen zum Buchwert, wie sie in der Praxis häufig gewählt werden, diesen Besteuerungstatbestand vielfach nicht auslösen, wohl aber – in Gesellschaftsverträgen selten vereinbarte – Abfindungen unter Buchwert. Denn für Erwerbe nach dem 31.12.1992 war eine Abweichung zwischen Steuerwert und Abfindungsbetrag, soweit der Grundsatz der Identität – Maßgeblichkeit – zwischen Steuerbilanz und erbschaftsteuerlichem Wert zum Zuge kam (vgl. § 12 Abs. 5 ErbStG und §§ 95, 109 Abs. 1 BewG i. d. F. bis 31.12.2008), nicht möglich. Wirtschaftsgüter des Betriebsvermögens wurden überwiegend nach den Werten der Steuerbilanz bewertet. Differenzen zwischen Steuerwert und Abfindungsbetrag konnten sich lediglich im Hinblick auf Grundbesitz und nicht börsen-

---
232 Siehe R E 3.4 Abs. 3 Satz 7 ErbStR 2011.
233 Siehe R E 3.4 Abs. 3 Satz 9 ErbStR 2011.

4 Steuerpflicht

notierte Anteile an Kapitalgesellschaften, wo der Grundsatz der Maßgeblichkeit nicht galt, ergeben. So deckten sich der für erbschaftsteuerliche Zwecke festgestellte Grundbesitzwert und der in der Steuerbilanz ausgewiesene Wert des Grundstücks regelmäßig nicht.[234] Durch die mit dem ErbStRG vom 24.12.2008 vorgenommene Neuregelung der Bewertung von Personenunternehmen und Kapitalgesellschaften kommt nunmehr dem Besteuerungstatbestand nach § 3 Abs. 1 Nr. 2 Satz 2 und 3 ErbStG wieder größere Bedeutung zu. Denn für Personengesellschaften kommt über § 12 Abs. 5 ErbStG und für im Privatvermögen gehaltene Beteiligungen an Kapitalgesellschaften über § 12 Abs. 2 ErbStG der nach § 151 Abs. 1 Satz 1 Nr. 2 bzw. Nr. 3 BewG festgestellte Wert zur Anwendung, der nach §§ 109, 11 Abs. 2 BewG ermittelt wird. Der Ansatz mit dem gemeinen Wert, der entweder aus Verkäufen unter fremden Dritten oder einem anerkannten Verfahren zur Unternehmensbewertung abzuleiten ist, wird – regelmäßig sogar deutlich – über dem Buchwert der Beteiligung als der häufig in Gesellschaftsverträgen gewählten Bezugsgröße für den Abfindungsanspruch liegen.

Sinn und Zweck einer Abfindungsklausel, insbesondere unter nicht miteinander verwandten Gesellschaftern, nämlich der gegenseitige Schutz der Gesellschafter und der Gesellschaft selbst vor einem plötzlichen Kapitalabfluss und damit einer Liquiditätsgefährdung, werden von der erbschaftsteuerlichen Regelung nicht berücksichtigt. Vielmehr führt § 3 Abs. 1 Nr. 2 Satz 2 ErbStG dazu, dass die – niedrige – Abfindung bei dem weichenden Erben mit einer günstigen Steuerklassen besteuert wird, wohingegen die Differenz zwischen Abfindung und dem höheren Steuerwert des Gesellschaftsanteils den in aller Regel nicht verwandten Mitgesellschaftern in der Steuerklasse III zufließt – Ergebnismilderung jedoch durch Verschonungsabschlag nach § 13a ErbStG und durch Tarifbegrenzung gem. § 19a ErbStG –.

Durch das ErbStRG an Bedeutung verloren haben – oder wohl zutreffender: bedeutungslos geworden sind – zwei Fragestellungen, die sich ergeben können, wenn der Steuerwert des Anteils unter dem Wert der Abfindung liegen sollte, also ein negativer Wert verbleibt. Angesichts der Bewertung mit dem gemeinen, dem Verkehrswert entsprechenden, zumindest einen Annäherungswert an diesen darstellenden Wert ist es wohl kaum vorstellbar, dass für den Ausscheidensfall eine Abfindung vereinbart wird, die über dem bei einer Anteilsveräußerung im gewöhnlichen Geschäftsverkehr erzielbaren Betrag liegt.

- Ist der Gesellschafter, der nach § 3 Abs. 1 Nr. 2 Satz 2 ErbStG steuerpflichtig ist, zugleich auch Erbe des verstorbenen Gesellschafters, kommt eine Verrechnung des Differenzbetrags aus Abfindung und Anteilswert nach § 12 Abs. 2 bzw. 5 ErbStG mit dem sonstigen Nachlasserwerb nicht in Betracht (vgl. den Wortlaut des § 3 Abs. 1 Nr. 2 Satz 2 ErbStG „soweit").

---

234 Zu nichtnotierten Anteilen an Kapitalgesellschaften vgl. Moench/Kien-Hümbert/Weinmann, § 3 Rdnr. 138; Kapp/Ebeling, § 43 Rdnr. 240.1.

4.3 Erwerb von Todes wegen – § 3 ErbStG

- Ob der Erbe eines Gesellschafters den Steuerwert des Anteils oder den höheren Wert der Abfindung zu versteuern hat, hängt davon ab, ob der Gesellschaftsanteil zunächst auf ihn übergegangen ist; ist dies wegen einer Nachfolgeklausel der Fall, ist der Anteilswert maßgebend, anderenfalls – etwa bei Fortsetzung der Gesellschaft unter den übrigen Gesellschaftern – unterliegt der Abfindungsanspruch der Besteuerung.[235]

4.3.3 Sonstige Erwerbe, auf die die für Vermächtnisse geltenden Vorschriften des bürgerlichen Rechts Anwendung finden – § 3 Abs. 1 Nr. 3 ErbStG

Dieser Tatbestand, der Erwerbe erfasst, die üblicherweise als „gesetzliche Vermächtnisse" bezeichnet werden (s. o. 2.1.1.2), spielt in der Praxis nur eine untergeordnete Rolle. Als Erwerbe i. S. des § 3 Abs. 1 Nr. 3 ErbStG kommen in Betracht:

- der Voraus des Ehegatten (§ 1932 BGB) bzw. des Lebenspartners (§ 10 Abs. 1 Satz 3 ff. LPartG) – i. d. R. aber steuerfrei nach § 13 Abs. 1 Nr. 1 ErbStG –

- der Dreißigste (§ 1969 BGB) – aber steuerfrei nach § 13 Abs. 1 Nr. 4 ErbStG –

- Zuwendungen nach § 1514 BGB – ein Ehegatte kann danach, falls es mit seinem Tod zur fortgesetzten Gütergemeinschaft kommt, Ansprüche der beteiligten Abkömmlinge am Gesamtgut bei Beendigung dieses Güterstandes kürzen oder sogar vollständig entziehen (§§ 1512, 1513 BGB) und einem Dritten durch letztwillige Verfügung zuwenden –

- der Abfindungsergänzungsanspruch gem. § 13 Abs. 1 HöfO eines Miterben gegen den Hoferben, der den Hof innerhalb von 20 Jahren nach dem Erwerb durch Erbfolge veräußert[236]

Der Abfindungsanspruch selbst, der im Höferecht den weichenden, von der Hoferbfolge ausgeschlossenen Erben zusteht, wird dagegen nicht als selbständiger steuerpflichtiger Erwerb beurteilt.[237]

Kein „gesetzliches Vermächtnis" und damit kein Anwendungsfall des § 3 Abs. 1 Nr. 3 ErbStG ist der Anspruch auf Ausbildungsmittel, der den durch den Zugewinnausgleich benachteiligten Stiefabkömmlingen nach § 1371 Abs. 4 BGB zusteht; diese Regelung verweist nicht auf die Vermächtnisrechtsnormen.

4.3.4 Erwerb eines Dritten aufgrund eines vom Erblasser zu seinen Gunsten geschlossenen Vertrags – § 3 Abs. 1 Nr. 4 ErbStG

Als Erwerb von Todes wegen gilt nach § 3 Abs. 1 Nr. 4 ErbStG schließlich auch jeder Vermögensvorteil, der aufgrund eines vom Erblasser geschlossenen Vertrags

---
235 Siehe Kapp/Ebeling, § 3 Rdnr. 246.
236 Durch BFH vom 28.04.1976, BStBl 1977 II S. 79, als gesetzliches Vermächtnis qualifiziert.
237 Siehe BFH vom 01.04.1992, BStBl 1992 II S. 669.

bei dessen Tod von einem Dritten unmittelbar erworben wird. Als Vermögensvorteil ist dem Wortlaut nach jedes Wirtschaftsgut steuerpflichtig, das unter den Voraussetzungen dieser Regelung an den Erwerber gelangt. Bedeutung kommt § 3 Abs. 1 Nr. 4 ErbStG insbesondere im Hinblick auf Ansprüche aus Verträgen zugunsten Dritter gem. §§ 328 ff. BGB zu (hierzu auch unter 2.3).

4.3.4.1 Vertrag zugunsten Dritter im bürgerlichen Recht

Der Vertrag zugunsten Dritter ist dadurch gekennzeichnet, dass an **den** entstehenden Rechtsbeziehungen drei Personen beteiligt sind: zwei Personen, zwischen denen der Vertrag geschlossen wird, und eine Person, an die eine Leistung gelangen soll. Zu unterscheiden ist einerseits das **Rechtsverhältnis** zwischen dem **Versprechensempfänger** – z. B. Versicherungsnehmer – und dem **Versprechenden** – z. B. Versicherungsunternehmen – (als **Deckungsverhältnis** bezeichnet) und andererseits das **Rechtsverhältnis** zwischen dem **Versprechensempfänger** und dem **Dritten,** dem **Begünstigten** (als **Valutaverhältnis** bezeichnet). Das Besondere dieses Vertragstypus besteht darin, dass der Dritte einen eigenen Anspruch auf die Leistung erhält. Diesen erwirbt er nicht als Rechtsnachfolger des Versprechensempfängers, sondern er entsteht in der Person des Dritten als eigenes Recht.[238]

Nach § 331 BGB ist ein Vertrag zugunsten Dritter auf den Todesfall des Versprechensempfängers zulässig. Diese Vorschrift begründet als Auslegungsregel eine Vermutung für den Zeitpunkt des Rechtserwerbs. Aus ihr ergibt sich zugleich, dass dem Dritten ohne Einhaltung erbrechtlicher Formvorschriften mit dem Tod des Versprechensempfängers ein schuldrechtlicher Anspruch zugewendet werden kann. Von § 331 BGB werden insbesondere erfasst

- Lebensversicherungsvertrag auf den Todesfall (s. § 330 BGB und §§ 150 ff. VVG – zum Unterschied zwischen widerruflicher und unwiderruflicher Bezugsberechtigung vgl. § 159 Abs. 2 und 3 VVG –),
- Bausparvertrag mit Drittbegünstigung auf den Todesfall,
- Witwenversorgung im Rahmen der betrieblichen Altersversorgung,
- Vereinbarung, dass die bei einer Bank deponierten Wertpapiere nach dem Tod des Depotinhabers einem Dritten auszuhändigen sind,
- Vereinbarungen im Rahmen von Gesellschaftsverträgen.

Der Anspruch, den der Dritte mit dem Tod des Versprechensempfängers erwirbt, gehört bürgerlich-rechtlich nicht zum Nachlass des Versprechensempfängers.[239] Im Verhältnis zum Erben des Versprechensempfängers ist der Rechtserwerb aber nur gesichert, wenn das Valutaverhältnis wirksam ist; anderenfalls kann der Erbe die Forderung nach § 812 Abs. 1 Satz 1 BGB kondizieren. Der Forderungserwerb des

---

238 Siehe im Einzelnen Gebel, ZEV 2000 S. 173.
239 Zu den Konsequenzen für das Pflichtteilsrecht s. Klinghöffer, ZEV 1995 S. 180.

4.3 Erwerb von Todes wegen – § 3 ErbStG

Dritten z. B. gegen das Versicherungsunternehmen stellt sich, wenn mit ihm keine Verpflichtung zu einer Gegenleistung korrespondiert, als Schenkung dar. § 2301 BGB findet hierauf keine Anwendung. Das den Vorschriften der §§ 328, 331 BGB zugrunde liegende Rechtsgeschäft ist ein solches unter Lebenden, nicht ein Rechtsgeschäft auf den Todesfall, sodass das Schenkungsversprechen beurkundungspflichtig ist; ein Formmangel wird durch das Bewirken der Leistung – Entstehen des Anspruchs gegen den Versprechenden mit dem Tod des Versprechensempfängers – nach § 518 Abs. 2 BGB geheilt.[240] Ist eine Schenkungsvereinbarung zu Lebzeiten des Versprechensempfängers nicht zustande gekommen, kann eine wirksame Schenkung auch noch nach dessen Tod erfolgen, etwa bei auftragsgemäßer Übermittlung der Begünstigungserklärung durch den Versprechenden an den Dritten, die dieser gem. § 130 Abs. 2, §§ 153, 151 BGB stillschweigend annehmen kann.[241]

Fehlt es infolge wirksamen Widerrufs an einem Rechtsgrund für den Erwerb des Dritten und kommt dieser seiner Herausgabepflicht nach, kann man in Frage stellen, ob überhaupt eine Steuer zur Entstehung gelangt ist, jedenfalls würde diese gem. § 29 Abs. 1 Nr. 1 ErbStG rückwirkend erlöschen.[242]

Der Erblasser kann auch dadurch auf die Gestaltung der Rechtsverhältnisse nach seinem Tod Einfluss nehmen, dass er einem Dritten eine Vollmacht zur Vornahme von Rechtsgeschäften erteilt, die noch **nach seinem Tod fortwirkt** (s. auch unter 2.3). Ob der Erblasser die Vollmacht ausdrücklich als „solche über den Tod hinaus" erteilt hat, ist ohne Bedeutung, weil der Tod des Erblassers gem. §§ 168, 672, 675 BGB im Zweifel nicht zum Erlöschen der Vollmacht führt. Die Vollmacht kann aber auch als „solche auf den Todesfall" erteilt werden, also mit der Maßgabe, dass sie erst mit dem Tod des Vollmachtgebers wirksam werden soll. Bei Handeln im Rahmen der Vertretungsmacht braucht der Bevollmächtigte nicht zu prüfen, ob auch der Erbe mit dem Rechtsgeschäft einverstanden ist, weil die Bevollmächtigung durch den Erblasser bis zum Widerruf seitens des Erben fortwirkt.[243] Die über den Tod hinaus fortwirkende oder auf den Tod erteilte Vollmacht berührt also die Erbfolge nicht.

4.3.4.2 Erbschaftsteuerrechtliche Einordnung des Begünstigtenanspruchs

1) Auch wenn es sich bei dem Anspruch des durch den Vertrag zugunsten Dritter i. S. der §§ 328, 331 BGB[244] Begünstigten vom Typus her um eine freigebige Zuwendung des Versprechensempfängers handelt, wird er durch die Regelung des § 3 Abs. 1 Nr. 4 ErbStG dem Erwerb von Todes wegen zugeordnet. Dies beruht auf

---

240 Vgl. BGH, NJW 1984 S. 480 und 2004 S. 767; MünchKomm/Musielak, § 2301 Rdnr. 36.
241 Siehe hierzu BGH, BGHZ 91 S. 291 und NJW 1984 S. 481; zur Möglichkeit des Erben, den Vertragsabschluss durch Widerruf des Angebots zu verhindern, s. OLG Hamm, NJW-RR 2005 S. 465.
242 Siehe Meincke, § 3 Rdnr. 82.
243 Siehe BGH, BGHZ 87 S. 19 und 127 S. 239.
244 Hierzu Vorwold, ErbStB 2006 S. 22.

dem Umstand, dass der Forderungserwerb und damit, weil ihm keine Gegenleistung gegenübersteht, die Bereicherung erst beim Tod des Versprechensempfängers (= Zuwendenden) eintritt. Daraus folgt, dass in den Fällen, in denen ein Bezugsberechtigter nicht benannt ist, ein Vertrag zugunsten Dritter also nicht vorliegt, der Anspruch nicht nur bürgerlich-rechtlich in den Nachlass fällt, sondern auch erbschaftsteuerrechtlich und somit als dessen Bestandteil nach den allgemeinen Grundsätzen zu versteuern ist. § 3 Abs. 1 Nr. 1 ErbStG schließt also Nr. 4 aus.

Beispiel:
Erblasser E schließt mit dem Versicherer V einen Lebensversicherungsvertrag auf den Todesfall.[245] Alleinerbe ist A.

Variante **a)**: Ein Bezugsberechtigter ist nicht benannt.

Variante **b)**: A ist ausdrücklich als Bezugsberechtigter benannt oder als bezugsberechtigt bezeichnet ist der jeweilige Erbe ohne Namensnennung.

Die durch den Tod des E anfallende Lebensversicherung unterliegt in beiden Fällen der Erbschaftsteuer.

Bei der Variante **a)** fällt die Versicherungssumme in den Nachlass und ist somit als dessen Bestandteil von A nach § 3 Abs. 1 Nr. 1 ErbStG zu versteuern. Schlägt A die Erbschaft aus, verliert er damit auch den Anspruch auf die Versicherungssumme.

Bei der Variante **b)** fällt die Versicherungssumme zwar nicht in den Nachlass, aber A hat sie gleichwohl als Erwerb von Todes wegen nach § 3 Abs. 1 Nr. 4 ErbStG zu versteuern. Schlägt A die Erbschaft aus, verliert er jedoch dadurch den Anspruch auf die Versicherungssumme nicht.

Ebenfalls nach § 3 Abs. 1 Nr. 1 ErbStG und nicht nach Nr. 4 richtet sich die Besteuerung dann, wenn der Anspruch auf Auskehrung der vom Versicherungsnehmer eingezogenen Versicherungssumme in der Kfz-Insassen-Unfallversicherung, die dadurch gekennzeichnet ist, dass sich die Person des Versicherten erst beim Eintritt des Versicherungsfalls ergibt, in den Nachlass des Verunglückten fällt[246] oder wenn der Erbe eines Handelsvertreters mit dessen Tod einen Ausgleichsanspruch gegen den Unternehmer gem. § 89 HGB erlangt.[247]

Abgrenzungsschwierigkeiten zwischen § 3 Abs. 1 Nr. 1 einerseits und Nr. 4 ErbStG andererseits sowie § 7 ErbStG können sich z. B. auch ergeben bei der Anlegung eines Sparbuchs durch den Erblasser auf einen fremden Namen.

Beispiel:
Erblasser E hat Kind K zum Alleinerben eingesetzt. E hatte auf den Namen seiner Nichte N ein Sparbuch angelegt und 300.000 € darauf eingezahlt.

Die Ansprüche aus dem Sparbuch können entweder dem E als Gläubiger zugestanden haben und damit bei dessen Tod in den Nachlass gefallen sein (§ 3 Abs. 1 Nr. 1 ErbStG) oder – falls Vertrag zugunsten Dritter – der N bereits bei Anlegung des

---

245 Zu Lebensversicherungen und Erbschaftsteuer s. Geck, ZEV 1995 S. 140; Halaczinsky, ZErb 2002 S. 306; Lehmann, ZEV 2004 S. 398.
246 Siehe BFH vom 28.09.1993, BStBl 1994 II S. 36; vgl. hierzu auch Kapp/Ebeling, § 3 Rdnr. 271.
247 Siehe BFH vom 27.04.1962, BStBl 1962 III S. 335.

4.3 Erwerb von Todes wegen – § 3 ErbStG

Sparbuchs (§ 7 ErbStG) oder – falls Vertrag zugunsten Dritter auf den Todesfall (§ 331 BGB) – der N erst beim Tod des E (§ 3 Abs. 1 Nr. 4 ErbStG. Bei der Anlegung eines Sparbuchs besteht die Besonderheit, dass es maßgeblich auf den Willen des Einzahlenden ankommt, wem die Forderung zustehen soll. Die Anlegung eines Sparbuchs auf den Namen eines Dritten zwingt nicht zu der Annahme eines Vertrags zugunsten dieses Dritten. Der im Sparbuch angegebene Name ist lediglich ein Indiz, zu dem weitere Gesichtspunkte in Richtung Vertrag zugunsten des Dritten (z. B. wer hat das Sparbuch im Besitz; wer hat bisher über das Konto verfügt; wer ist der Bank gegenüber als Berechtigter aufgetreten?) hinzukommen müssen. Legt ein naher Angehöriger ein Sparbuch auf den Namen eines Kindes an, ohne das Sparbuch aus der Hand zu geben, so ist aus diesem Verhalten i. d. R. zu schließen, dass er sich die Verfügung über das Sparguthaben bis zu seinem Tode vorbehalten will.[248] Aus der Anlegung des Sparbuchs auf den Namen der N wird man also i. d. R. keinen Vertrag zu deren Gunsten bei der Anlegung selbst herleiten können (§ 7 ErbStG), wohl aber einen Vertrag zugunsten der N auf den Todesfall des E – also Steuerpflicht der N nach § 3 Abs. 1 Nr. 4 ErbStG –.

Leistungen aus der Unfallpflichtversicherung von Luftfahrtunternehmen gem. § 50 LuftVG – Haftpflichtversicherung begründet nach § 115 VVG einen Direktanspruch Dritter gegen den Versicherer – gehören nicht zu dem der Erbschaftsteuer unterliegenden Erwerb von Todes wegen, weil die Leistung als zur Abgeltung von – nicht der Erbschaftsteuer unterliegenden – (eigenen) Schadensersatzansprüchen der Leistungsempfänger erhalten gilt.[249]

2) Weist der aus einem Vertrag zugunsten Dritter Begünstigte das erworbene Recht gegenüber dem Versprechenden zurück, so gilt das Recht gem. § 333 BGB als nicht erworben. Die Vorschrift stellt sicher, dass niemandem gegen seinen Willen ein endgültiger Rechtserwerb aufgezwungen werden kann (vergleichbare Vorschriften: § 516 Abs. 2, § 1942 BGB). Die Rechtsfolgen der Zurückweisung des Rechts für das Deckungsverhältnis zwischen Versprechendem und Versprechensempfänger ergeben sich aus einer Auslegung des zwischen diesen geschlossenen Vertrags. In Betracht kommen insbesondere folgende Möglichkeiten:

- Das Recht steht nunmehr dem Erben des Versprechensempfängers zu.

- Der Versprechensempfänger kann für diesen Fall einen anderen Berechtigten bestimmen bzw. den Begünstigten ermächtigen, für den Fall der Zurückweisung selbst einen anderen Berechtigten zu bestimmen.

Benennt der ursprünglich Berechtigte im Zuge der Zurückweisung einen neuen Berechtigten, so kann das rechtlich zweierlei bedeuten: zunächst Erwerb durch den ursprünglich Berechtigten nach § 3 Abs. 1 Nr. 4 ErbStG und dann nachträglich eigene Verfügung über das bereits erworbene Recht mit der Folge, dass bei dem von dem vertraglich begünstigten Dritten bestimmten Zuwendungsempfänger Steuer nach § 7 Abs. 1 Nr. 1 ErbStG ausgelöst wird, oder von Anfang an kein Erwerb

---

248 Siehe BGH, ZEV 2005 S. 259.
249 Siehe BFH vom 11.10.1978, BStBl 1979 II S. 115, und vom 28.09.1993, BStBl 1994 II S. 36.

durch den ursprünglich Berechtigten, sondern durch den neuen Berechtigten, ggf. Zuordnung zum Nachlass.[250] Welche Variante anzunehmen ist, ist eine Frage der Auslegung. In der Benennung eines neuen Berechtigten lediglich ein rechtlich unbeachtliches Motiv für die Zurückweisung zu sehen, kommt insbesondere dann in Betracht, wenn diese Person als Folge der Zurückweisung ohnehin als Erbe des Versprechensempfängers in die Rechtsstellung des Erwerbers einrückt. Um Auslegungsprobleme zu vermeiden, empfiehlt es sich, in den Fällen, in denen der neue Berechtigte der Erbe sein soll, auf die ausdrückliche Benennung des Berechtigten zu verzichten.[251]

Liegt ein Erwerb nach § 3 Abs. 1 Nr. 4 ErbStG vor, erwirbt der Begünstigte also außerhalb der Erbfolge, liegt in der Weitergabe ohne rechtliche Verpflichtung an den Erben oder Miterben regelmäßig eine Schenkung, es sei denn, der Vertrag wird vom Begünstigten nach § 333 BGB zurückgewiesen.[252]

3) Während es sonst bei Erwerben von Todes wegen für die Erbschaftsteuerpflicht einer Bereicherungsabsicht nicht bedarf, wird bei § 3 Abs. 1 Nr. 4 ErbStG ausnahmsweise – mit Rücksicht darauf, dass der Erwerb des Dritten auf einem Vertrag unter Lebenden beruht – gefordert, dass die Zuwendung an den Dritten im Verhältnis zum Erblasser (Valutaverhältnis) alle **objektiven** und **subjektiven Merkmale** einer **freigebigen Zuwendung** aufweist. Der Erwerb i. S. des § 3 Abs. 1 Nr. 4 ErbStG verlangt eine objektive Bereicherung des Dritten, auch muss das Bewusstsein der Freigebigkeit vorhanden sein.[253] Ein steuerpflichtiger Erwerb liegt daher mangels Bereicherung nicht vor, wenn es sich bei dem aus dem Vertrag Begünstigten um einen Gläubiger des Erblassers handelt und der Erblasser den Vertrag nur zu dem Zweck abgeschlossen hat, den Gläubiger auf diese Weise zu befriedigen. Er ist mangels Willens zur Freigebigkeit auch dann zu verneinen, wenn der Erblasser zugunsten einer unterhaltspflichtigen Person eine Lebensversicherung abgeschlossen hat, um damit über den Tod hinaus weiterbestehende Unterhaltsansprüche zu erfüllen.

4.3.4.3 Bedeutung der Person des Prämienzahlers

Fraglich ist, ob der Bezug der Versicherungssumme nach dem Tod des Versicherungsnehmers (= Versprechensempfänger) auch dann in voller Höhe gem. § 3 Abs. 1 Nr. 4 ErbStG der Steuer unterliegt, wenn der **Bezugsberechtigte** die **Versicherungsprämien** ganz oder zumindest teilweise **selbst gezahlt** hat, wobei es für die Beurteilung ohne Bedeutung ist, ob der Begünstigte direkt an den Versicherer geleistet oder dem Versicherungsnehmer dessen Zahlungen erstattet hat.

---

250 Siehe BFH vom 17.01.1990, BStBl 1990 II S. 467; Niedersächsisches FG vom 07.07.1999, EFG 2000 S. 387.
251 Siehe App, UVR 1991 S. 77.
252 Vgl. R E 3.7 Abs. 1 Satz 3 ErbStR 2011; a. A. Gebel, ZEV 2000 S. 173.
253 Vgl. BFH vom 24.10.2001, BStBl 2002 II S. 153, und vom 17.10.2007 II R 8/07, BFH/NV 2008 S. 572.

4.3 Erwerb von Todes wegen – § 3 ErbStG

Nach früherer Auffassung der Finanzverwaltung sollte die Steuerpflicht grundsätzlich nicht dadurch entfallen, dass der Bezugsberechtigte die Prämien anstelle des Versicherungsnehmers ganz oder teilweise gezahlt hat. Es sei anhand der Vereinbarungen im Valutaverhältnis zu prüfen, ob der Bezugsberechtigte im Innenverhältnis bei wirtschaftlicher Betrachtung die Stellung des Versicherungsnehmers innehatte und deshalb Prämienzahlung und Versicherungsleistung von vornherein seiner Vermögenssphäre zuzurechnen seien; dies sollte regelmäßig nur dann angenommen werden, wenn der Prämienzahler sowohl für den Erlebens- als auch für den Todesfall unwiderruflich bezugsberechtigt war[254]

Vorzugswürdig ist demgegenüber die Ansicht, eine Besteuerung nach § 3 Abs. 1 Nr. 4 ErbStG sei zu verneinen, wenn der Erblasser zwar zugunsten eines Dritten einen Versicherungsvertrag abgeschlossen, der begünstigte Dritte aber selbst die Prämien gezahlt hat; bei nur teilweiser Prämienzahlung durch diesen habe eine Aufteilung der Versicherungssumme in einen steuerbaren und einen nicht steuerbaren Betrag zu erfolgen.[255] Weil es sich bei den in § 3 Abs. 1 Nr. 4 ErbStG geregelten Vorgängen um Sonderformen freigebiger Zuwendungen handelt, muss der Dritte auf Kosten des Versprechensempfängers als Zuwendenden bereichert sein, was nicht oder jedenfalls nur teilweise der Fall ist, soweit sich die nach dem Tod des Versicherungsnehmers ausgezahlte Versicherungssumme als Ergebnis der eigenen Prämienzahlungen des aus dem Vertrag zugunsten Dritter Begünstigten darstellt; dieser erfährt keine Bereicherung auf Kosten des Versicherungsnehmers.

Zwar trägt grundsätzlich das Finanzamt die Feststellungslast für sämtliche Merkmale eines schenkungsteuerlichen Zuwendungstatbestands, was auch für den Sonderfall des § 3 Abs. 1 Nr. 4 ErbStG in Bezug auf die notwendige Unentgeltlichkeit der Zuwendung im Valutaverhältnis gilt. Beruft sich der Bezugsberechtigte auf einen seine Bereicherung auf Kosten des Versprechensempfängers ausschließenden Sachverhalt, etwa darauf, die Versicherungsbeiträge selbst getragen zu haben, so trifft ihn insoweit die Feststellungslast.[256] Dies gilt auch, wenn er geltend macht, den Vermögensvorteil in Form der Bezugsberechtigung als Gegenleistung für eine eigene Leistung an den Versprechensempfänger erhalten zu haben.[257] Hatte der Bezugsberechtigte für den zu seinen Gunsten geschlossenen Vertrag gegenüber dem Versprechensempfänger Gegenleistungen zu erbringen oder war der Vertragsab-

---

254 Siehe R 10 Abs. 2 Satz 2 bis 4 ErbStR 2003; Niedersächsisches FG, EFG 1989 S. 1141: „§ 3 Abs. 1 Nr. 4 ErbStG ist nur bei einem kraft eigener Prämienzahlung entgeltlich erworbenen Rechtsanspruch auf Auszahlung der Versicherungssumme ausgeschlossen".
255 Siehe FG Rheinland-Pfalz, EFG 1994 S. 665; FG München vom 26.07.2006, EFG 2006 S. 1921; Troll/Gebel/Jülicher, § 3 Rdnr. 293 f.; Moench/Kien-Hümbert/Weinmann, § 3 Rdnr. 163a; Brüggemann/Classen, S. 38; Gebel, UVR 1993 S. 141; in diesem Sinne auch bereits die gleichlautenden Ländererlasse vom 23.02.2010, BStBl 2010 I S. 194; ebenso nunmehr R E 3.7 Abs. 2 Satz 2 ErbStR 2011.
256 Siehe R E 3.7 Abs. 2 Satz 3 ErbStR 2011.
257 Siehe Niedersächsisches FG, EFG 1999 S. 1141.

4 Steuerpflicht

schluss an Leistungsauflagen geknüpft, so unterliegt der Vermögensanfall nur in dem Verhältnis der Besteuerung nach § 3 Abs. 1 Nr. 4 ErbStG, als der Wert seiner Leistungen hinter dem Wert der Leistungen des Versprechensempfängers zurückbleibt; nur insoweit kann von einer freigebigen Zuwendung ausgegangen werden.

Kein Vertrag zugunsten Dritter und damit kein Erwerbstatbestand i. S. des § 3 ErbStG liegt hingegen vor, wenn Versicherungsnehmer und Bezugsberechtigter identisch sind und eine andere Person die versicherte Person ist, bei deren Ableben die Versicherungssumme fällig wird.[258]

Bei Versicherungssummen aus einer verbundenen Lebensversicherung, d. h. aus einer auf das Leben des zuerst versterbenden Mitversicherungsnehmers – zumeist Ehegatten – abgeschlossenen Lebensversicherung, vertritt die Finanzverwaltung[259] folgende Auffassung:

„Da das Versicherungsvertragsrecht keine Sonderbestimmungen für den Fall enthält, dass an einem Versicherungsvertrag mehrere Versicherungsteilnehmer beteiligt sind, gilt neben den Parteivereinbarungen das allgemeine bürgerliche Recht. Die Versicherungsnehmer sind grundsätzlich Teilhaber einer untereinander bestehenden Gemeinschaft (§ 741 BGB). Sie haften regelmäßig gesamtschuldnerisch für die Versicherungsprämie (§ 427 BGB). Dies schlägt sich auch in der Behandlung des Anspruchs auf die Versicherungsleistung nieder. Die auf Grund des Todes des Erstversterbenden oder im Erlebensfall fällige Versicherungsleistung fällt im Ergebnis zugunsten der Gemeinschaft an. Erfolgt die Leistung ausschließlich an einen (überlebenden) Versicherungsnehmer, erhält dieser die Leistung nur anteilig – entsprechend seinem Anteil an der Gemeinschaft – in seiner Eigenschaft als Versicherungsnehmer und insoweit nicht als unter das ErbStG fallenden Erwerb. Im Übrigen ist die Versicherungssumme nach § 3 Abs. 1 Nr. 4 oder § 7 Abs. 1 Nr. 1 ErbStG zu erfassen. Der Anteil an der Gemeinschaft bemisst sich dabei nach der im Innenverhältnis vereinbarten Prämienzahlungspflicht. Im Zweifel ist anzunehmen, dass Teilhabern gleiche Anteile zustehen (§ 742 BGB).

Bei Ehegatten/Lebenspartnern ist wegen der engen persönlichen Bindungen untereinander und auf Grund gleichberechtigter Interessenlage grundsätzlich von einer im Innenverhältnis vereinbarten hälftigen Zahlungsverpflichtung auszugehen. Dabei kann unterstellt werden, dass persönliche und wirtschaftliche Leistungen eines Ehegatten/Lebenspartners nicht gegeneinander oder untereinander abgerechnet werden, sondern ersatzlos von demjenigen erbracht werden sollen, der hierzu in der Lage ist."

---

[258] Siehe Geck, ZEV 1995 S. 140; Kapp/Ebeling, § 3 Rdnr. 261, 269.1; vgl. auch R 9 Abs. 1 ErbStR 2003; allerdings kann ein Gestaltungsmissbrauch zu prüfen sein, wenn der Versicherte dem Versicherungsnehmer die Mittel zur Prämienzahlung zur Verfügung stellt – unter Ehegatten eine solche Gestaltung nicht beanstanden Meincke, § 3 Rdnr. 75, soweit sie sich im Rahmen einer unterhaltsrechtlich geschuldeten angemessenen Vorsorge hält.

[259] Siehe R E 3.6 Abs. 2 und 3 ErbStR 2011.

4.3 Erwerb von Todes wegen – § 3 ErbStG

4.3.4.4 Einzelfragen zu § 3 Abs. 1 Nr. 4 ErbStG

1) Wird im Deckungsverhältnis eine Geldforderung zugunsten des Dritten vereinbart, soll im Valutaverhältnis die Rechtsfigur der mittelbaren Grundstücksschenkung, deren Bedeutung gegenüber dem „alten" Erbschaftsteuerrecht nunmehr aber wegen des am gemeinen Wert orientierten Ansatzes von Grundstücken erheblich reduziert ist, nicht zur Anwendung gelangen können.[260]

Beispiel:
Erblasserin E schloss mit der Sparkasse einen Vertrag zugunsten ihres Neffen ab, wonach ein Wertpapierdepot i. H. von 800.000 € mit ihrem Tod auf den N übergehen sollte. Zwischen E und N war vereinbart worden, dass dieser den Betrag für den Erwerb eines Mietwohngrundstücks verwenden musste; dessen im Ertragswertverfahren ermittelter Wert beläuft sich auf 750.000 €.
Gegenstand des Erwerbs von Todes wegen des N nach § 3 Abs. 1 Nr. 4 ErbStG ist nicht das Grundstück mit einem Steuerwert von 750.000 € abzgl. der Befreiung gem. § 13c ErbStG, sondern der Nennwert des Depotguthabens i. H. von 800.000 €. Dies gründet sich darauf, dass es der Erwerb von Todes wegen grundsätzlich ausschließt, dass der Erwerber etwas anderes erwirbt, als der Erblasser hatte. Diesen zum Erwerb von Todes wegen durch Erbanfall (§ 3 Abs. 1 Nr. 1 ErbStG) entwickelten Gedanken, also ein Grundstück, das der Erbe einem gemeinsamen Plan mit dem Erblasser folgend mit ererbtem Kapitalvermögen erworben hat, nicht als Besteuerungsgegenstand heranzuziehen, weil sich das Grundstück im Zeitpunkt des Erbfalls nicht im Vermögen des Erblassers befunden hatte, beim Erwerb durch Erbanfall aber grundsätzlich Identität zwischen dem, was der Erblasser im Todeszeitpunkt hatte, und demjenigen, was auf den Erben im Wege der Gesamtrechtsnachfolge übergeht,[261] auf den Erwerber nach § 3 Abs. 1 Nr. 4 ErbStG zu übertragen, ist auch bedenklich. Denn bei diesen Erwerben handelt es sich vom Typus her um freigebige Zuwendungen, bei denen die Vermögensmehrung des Bedachten in anderer Gestalt erscheinen kann als die Vermögensminderung des Schenkers.

2) Um einen Erwerb von Todes wegen und nicht um eine Schenkung handelt es sich auch dann, wenn der Bezugsberechtigte bereits zu Lebzeiten des Erblassers einen unentziehbaren Anspruch auf die Versicherungssumme erlangt, denn § 3 Abs. 1 Nr. 4 ErbStG stellt für eine Todesfallversicherung eine Sondervorschrift dar, die für die Anwendung des § 7 Abs. 1 Nr. 1 ErbStG auf die unwiderrufliche Begünstigung eines Dritten keinen Raum lässt. Dem Bezugsberechtigten fällt erst mit dem Tod des Versicherungsnehmers der Erwerb an, und zwar dann folglich in Gestalt des vollen Werts der Versicherungssumme.[262] Weitere Konsequenz hieraus ist, dass in den Fällen, in denen bei einer sog. abgekürzten gemischten Lebensversicherung die Versicherungssumme noch zu Lebzeiten des Versicherungsnehmers auf den Bezugsberechtigten übergeht – also freigebige Zuwendung unter Lebenden[263] –, der Erwerb des unwiderruflich Begünstigten nicht schon mit dem Zeitpunkt der unwi-

---

260 Siehe FG Rheinland-Pfalz, ZEV 1996 S. 276.
261 Siehe BFH vom 10.07.1996 II R 32/94, BFH/NV 1997 S. 28.
262 Siehe BFH vom 10.07.1952, BStBl 1952 III S. 240; BFH, DStRE 2000 S. 36.
263 Siehe auch R E 3.6 Abs. 1 Satz 2 ErbStR 2011.

derruflichen Begünstigung vollzogen wird, sondern erst, und zwar wiederum in Gestalt des vollen Werts der Versicherungssumme, mit dem Zeitpunkt des Versicherungsfalls eintritt. Dasselbe gilt, wenn der Versicherungsnehmer zu seinen Lebzeiten die Rechte aus dem Versicherungsvertrag an den Begünstigten abtritt, aber durch eigene Prämienzahlungen weiterhin dafür sorgt, dass dem Begünstigten beim Eintritt des Versicherungsfalls die ganze Versicherungssumme zufällt.[264]

3) Das bürgerliche Recht behandelt den Lebensversicherungsvertrag zugunsten eines Dritten stets als einen Vertrag unter Lebenden, bei dem dann die Zuwendung des Versicherungsnehmers in den einzelnen Prämienzahlungen bestehen soll, während das Erbschaftsteuerrecht davon ausgeht, dass der steuerpflichtige Empfang des Begünstigten in der gesamten Versicherungssumme besteht, die beim Tod des Versicherungsnehmers ausgezahlt wird. Dass zivilrechtlich die vom Versicherungsnehmer gezahlten Prämien als Schenkungen angesehen werden, beruht darauf, dass die Entreicherung des Nachlasses ggf. durch einen Pflichtteilsergänzungsanspruch ausgeglichen werden soll. Denn während die aufgrund Vertrags zugunsten Dritter ausgezahlte Versicherungssumme bzw. der hierauf gerichtete Anspruch nicht zum Nachlass gehört und für eine Berechnung von Pflichtteilsansprüchen nicht mit zu berücksichtigen ist, haben die vom Erblasser entrichteten Versicherungsprämien den Nachlass geschmälert. Da als steuerpflichtiger Erwerb die Bereicherung des Erwerbers (§ 10 ErbStG) gilt, ist es für die Steuerpflicht des Begünstigten ohne Bedeutung, ob sein Vermögensanfall den vom Erblasser hierfür erbrachten Leistungen entspricht oder nicht, weil es insoweit auf die Leistung des Erblassers nicht ankommt.

4.3.4.5 Versorgungsansprüche

1) § 3 Abs. 1 Nr. 4 ErbStG erfasst nach seinem Wortlaut nur Vermögensvorteile aufgrund vom Erblasser geschlossener Verträge. Damit unterliegen solche **Vermögensvorteile,** die den **Hinterbliebenen des Erblassers** aus Anlass seines Todes **kraft Gesetzes** zustehen, **nicht der Erbschaftsteuer.** Hinterbliebene sind in Anknüpfung an die Begriffsbestimmungen des Rentenversicherungsrechts (§§ 46, 48 SGB VI) nur der mit dem Erblasser bei dessen Tod rechtsgültig verheiratete Ehegatte/eingetragene Lebenspartner und die Kinder des Verstorbenen.[265]

Zu den **gesetzlichen** und damit **nicht steuerpflichtigen Versorgungsansprüchen** (s. R E 3.5 Abs. 1 Satz 3 ErbStR 2011) gehören

- Versorgungsansprüche der Hinterbliebenen von Beamten aufgrund der Beamtengesetze des Bundes und der Länder,

- Versorgungsbezüge, die den Hinterbliebenen aus der gesetzlichen Rentenversicherung zustehen, auch in Fällen freiwilliger Weiter- und Höherversicherung,

---

264 Siehe BFH vom 12.06.1953, BStBl 1953 III S. 247.
265 Siehe FG Münster, EFG 1987 S. 570; R E 3.5 Abs. 1 Satz 2 ErbStR 2011.

4.3 Erwerb von Todes wegen – § 3 ErbStG

- Versorgungsbezüge der Hinterbliebenen von Angehörigen der freien Berufe aus einer Pflichtversicherung bei einer berufsständischen Versorgungseinrichtung – Versorgungswerke der Rechtsanwälte, Steuerberater usw. –,[266]
- Versorgungsbezüge der Hinterbliebenen von Abgeordneten aufgrund der Diätengesetze des Bundes und der Länder.

Bei diesen Versorgungsansprüchen steht es nicht in der Macht des Erblassers, ob und in welchem Umfang seine Hinterbliebenen versorgt werden sollen. Diese erwerben einen eigenen Anspruch kraft Gesetzes; der Erblasser wendet ihnen nichts zu.

2) Die Leistungen von Selbsthilfeeinrichtungen – z. B. der Ärzte – an die Hinterbliebenen eines Mitglieds sind dagegen steuerpflichtig.[267]

3) Der Erwerb aus einer vom Erblasser zur Befreiung von der Pflichtversicherung in der gesetzlichen Rentenversicherung abgeschlossenen Lebensversicherung – sog. **befreiende Lebensversicherung** – unterliegt nach Auffassung des BFH[268] gem. § 3 Abs. 1 Nr. 4 ErbStG der Erbschaftsteuer; diese unterscheide sich in keiner Beziehung von jedem anderen unter diese Bestimmung fallenden Lebensversicherungsvertrag.[269] Auch der Versicherungsnehmer einer befreienden Lebensversicherung hat aufgrund der vertraglichen Rechtsbeziehungen zum Versicherer die uneingeschränkte Dispositionsbefugnis bezüglich der Fortdauer des Vertrags und der sich daraus ergebenden Ansprüche. Er unterliegt – anders als der in der Rentenversicherung versicherte Arbeitnehmer – keinen gesetzlichen Beschränkungen, sondern kann den Versicherungsvertrag kündigen und den Rückkaufswert beanspruchen, die Ansprüche beleihen, die Einsetzung der Hinterbliebenen als Bezugsberechtigte ändern, ohne dass dies im Hinblick auf die einmal erfolgte Befreiung von der Mitgliedschaft in der Rentenversicherung Folgen hätte. Deshalb kann es sich bei den Leistungen aus einer befreienden Lebensversicherung auch nicht um ein Surrogat der gesetzlichen Rentenversicherung handeln, das erbschaftsteuerlich wie diese zu behandeln wäre. Der Versorgungsgedanke soll nach Auffassung des BFH nicht genügen, einen Erwerb, der den Tatbestand des § 3 Abs. 1 Nr. 4 ErbStG erfüllt, steuerfrei zu belassen; dies folge auch bereits aus der Freibetragsregelung in § 17 ErbStG, die ansonsten bedeutungslos wäre. Auch wird in der Verpflichtung für den erwerbstätigen Ehegatten, aufgrund der §§ 1360, 1360a BGB entsprechend seinen wirtschaftlichen Verhältnissen nicht nur für den gegenwärtigen, sondern ebenfalls für die Sicherung des zukünftigen Unterhalts des anderen Ehegatten zu sorgen, kein Grund gesehen, die Steuerpflicht zu verneinen. Denn ein konkreter Leistungs-

---
266 Siehe hierzu auch R E 3.5 Abs. 1 Nr. 3 Satz 2 ErbStR 2011.
267 Senatsverwaltung für Finanzen Berlin vom 24.01.1995, UVR 1995 S. 126.
268 Siehe BFH vom 24.10.2001 II R 10/00, BStBl 2002 II S. 153, und II R 11/00, BFH/NV 2002 S. 648.
269 A. A. aber Niedersächsisches FG vom 29.09.1999, EFG 2000 S. 509 bzw. S. 507 als Vorinstanz mit dem Hinweis, die befreiende Lebensversicherung habe lediglich eine Unterhaltsersatzfunktion, wie sie der Hinterbliebenenversorgung in der gesetzlichen Rentenversicherung zu eigen ist.

anspruch gegen den unterhaltsverpflichteten Ehegatten – dieser schlösse das für eine lebzeitige freigebige Zuwendung erforderliche subjektive Moment aus – ergibt sich aus diesen familienrechtlichen Bestimmungen nicht; dieser bleibt im Verhältnis zum anderen Ehegatten in der Art und Weise der Unterhaltssicherung frei.[270]

4) Private Hinterbliebenenbezüge können erbschaftsteuerfrei oder nach § 3 Abs. 1 Nr. 4 ErbStG steuerpflichtig sein. Die Steuerfreiheit kann auch nachteilhaft sein. Denn bei der Zugewinngemeinschaft werden diese Witwenbezüge nicht bei der Berechnung der fiktiven Zugewinnausgleichsforderung gem. § 5 Abs. 1 ErbStG zum Endvermögen des Erblassers gerechnet (vgl. R E 5.1 Abs. 4 ErbStR 2011). Auch ist vom Versorgungsfreibetrag nach § 17 ErbStG der Kapitalwert der Hinterbliebenenbezüge abzuziehen.[271]

Der Steuerpflichtigkeit eines Erwerbs i. S. des § 3 Abs. 1 Nr. 4 ErbStG lässt sich nicht entgegenhalten, dass die Hinterbliebenenbezüge nachträgliches Entgelt des Erblassers für Leistungen des überlebenden Ehegatten seien, z. B. für dessen Arbeit im Haushalt und bei der Kindererziehung oder im Betrieb, weil der erwerbstätige Ehegatte weitgehend frei ist, wie er die Vorsorge für den Fall seines Todes trifft.[272]

a) Der Gleichheitsgrundsatz gebietet, bei der Besteuerung der Hinterbliebenenbezüge nicht danach zu unterscheiden, ob diese auf Gesetz, einem Tarifvertrag, einer Betriebsvereinbarung oder auf einer betrieblichen Übung beruhen.[273] Derartige Hinterbliebenenbezüge fallen ebenso wie der auf einem Dienstvertrag des Erblassers mit seinem Arbeitgeber beruhende Erwerb einer Witwenrente als Ergebnis einer teleologischen Reduktion nicht unter § 3 Abs. 1 Nr. 4 ErbStG. In R E 3.5 Abs. 2 Satz 2 ff. ErbStR 2011 wird hierzu ausgeführt:

„Zu diesen Hinterbliebenenbezügen gehören alle Bezüge, die auf ein Dienstverhältnis (§ 1 Abs. 1 LStDV) des Erblassers zurückzuführen sind. Ob ein Dienstverhältnis gegeben war, ist im Einzelfall danach zu unterscheiden, wie die Aktivenbezüge des Erblassers bei der Einkommen- bzw. Lohnsteuer behandelt worden sind. War dort ein Arbeitnehmer-Verhältnis angenommen worden, gilt dies auch für die Erbschaftsteuer. In der Regel werden dann auch die Hinterbliebenenbezüge der Lohnsteuer unterliegen (§ 19 Abs. 2 EStG). Es ist aber auch möglich, dass diese Bezüge, wenn sie von einer Pensionskasse oder von der Sozialversicherung gezahlt werden, einkommensteuerlich nach § 22 Nr. 1 EStG als wiederkehrende Bezüge oder als Leibrente zu behandeln sind. Für die Erbschaftsteuer ist diese unterschiedliche ertragsteuerliche Behandlung unerheblich.

---

270 Zur Kritik an der Auffassung des BFH, die Pflicht des Erblassers für die Alterssicherung des überlebenden Ehegatten zu sorgen, schließe die Unentgeltlichkeit nicht aus, s. Wilms, UVR 2000 S. 249; Gebel, ZEV 2002 S. 120; Billig, UVR 2003 S. 57; ausführlich zur Problematik der befreienden Lebensversicherung auch Pahlke, NWB-Fach 10 S. 927.
271 Siehe BFH vom 20.05.1981, BStBl 1982 II S. 27; R E 17 Abs. 1 ErbStR 2011.
272 Siehe BFH vom 27.11.1985, BStBl 1986 II S. 265, und vom 02.03.1994, BStBl 1994 II S. 366.
273 Siehe BFH vom 27.11.1974, BStBl 1975 II S. 539, und vom 20.05.1981, BStBl 1981 II S. 715.

4.3 Erwerb von Todes wegen – § 3 ErbStG

Steht fest, dass die Versorgungsbezüge auf ein Dienstverhältnis zurückzuführen sind, ist es erbschaftsteuerlich ohne Bedeutung, ob sie vom Arbeitgeber auf Grund einer Pensionszusage, von einer Pensions- oder Unterstützungskasse oder einem Pensionsfonds, auf Grund einer Direktversicherung des Arbeitgebers oder auf Grund einer anderen Rechtsgrundlage gezahlt werden."

(Anmerkung: Wurde anstelle einer Arbeitgeber-Direktversicherung die Versicherung durch den Arbeitnehmer selbst zugunsten seiner Hinterbliebenen abgeschlossen und zahlt der Arbeitgeber die Versicherungsbeiträge, so ist die Zahlung der Beiträge unter Umständen zusätzlicher Arbeitslohn, die Versicherungssumme aber bei den Hinterbliebenen nach § 3 Abs. 1 Nr. 4 ErbStG steuerpflichtig).

In einschränkender Auslegung des § 3 Abs. 1 Nr. 4 ErbStG unterliegt auch der auf einem Einzelvertrag – i. d. R. Dienstvertrag – des Erblassers mit seinem Arbeitgeber beruhende Erwerb einer Witwenrente nicht der Erbschaftsteuer.[274] Voraussetzung ist allerdings deren Angemessenheit, wobei als „angemessen" Bezüge anzusehen sind, die 45 % des Brutto-Arbeitslohns des verstorbenen Ehegatten nicht übersteigen.[275]

b) Hinterbliebenenbezüge nach dem Altersvermögensgesetz – z. B. sog. Riester-Rente – beruhen nicht auf einem Arbeitnehmer-Verhältnis des Erblassers, könnten also nach § 3 Abs. 1 Nr. 4 ErbStG der Erbschaftsteuer unterliegen.[276]

c) Streitig war die Behandlung der Versorgungsbezüge von Gesellschafter-Witwen. Für sie galt zunächst Folgendes: Die Versorgung der Witwe eines Gesellschafter-Geschäftsführers einer GmbH blieb steuerfrei, sofern sich die Rente im Rahmen des Angemessenen hielt, also 45 % des Brutto-Arbeitslohns nicht überstieg.[277] Die Versorgung der Witwe eines OHG-Gesellschafters,[278] eines KG-Komplementärs[279] und eines Freiberuflers einer GbR-Sozietät[280] sollte demgegenüber steuerpflichtig nach § 3 Abs. 1 Nr. 4 ErbStG sein.

Das BVerfG[281] hat aber durch Beschluss auf eine Verfassungsbeschwerde gegen das BFH-Urteil betreffend die Witwe eines KG-Komplementärs entschieden, dass dieses Urteil gegen Art. 3 Abs. 1 GG verstößt – eine Unterscheidung, die rein schematisch auf die Gesellschaftsform abstellt ohne Rücksicht darauf, welche rechtliche Stellung der Erblasser hatte und welcher Art die Dienste waren, die den Versor-

---

274 Siehe BFH vom 24.05.2005 II R 40/04, BFH/NV 2005 S. 1571, und vom 05.05.2010, BStBl 2010 II S. 923 m. w. N.
275 Siehe R E 3.5 Abs. 3 Satz 2 ErbStR 2011.
276 Siehe Halaczinsky, ZEV 2002 S. 306; vgl. auch H E 3.5 ErbStH 2011.
277 Siehe BFH vom 20.05.1981, BStBl 1981 II S. 715.
278 Siehe BFH vom 21.09.1983, BStBl 1983 II S. 775.
279 Siehe BFH vom 27.11.1985, BStBl 1986 II S. 265.
280 Siehe BFH vom 17.04.1985 II R 147/82, BFH/NV 1985 S. 96.
281 Siehe BVerfG vom 09.11.1988, BStBl 1989 II S. 938.

4 Steuerpflicht

gungsanspruch begründet haben, wurde als mit dem Gleichheitsgrundsatz nicht vereinbar betrachtet.

Der BFH ist daraufhin unter Berücksichtigung der Ausführungen des Verfassungsgerichts zu folgendem Ergebnis gelangt: Ist die Stellung des Gesellschafter-Erblassers der Stellung eines Angestellten in der Gesellschaft angenähert,[282] sind die Witwenbezüge von der Besteuerung nach § 3 Abs. 1 Nr. 4 ErbStG ausgenommen, denn vertragliche Versorgungsansprüche von Hinterbliebenen eines Arbeitnehmers sind nicht zur Erbschaftsteuer heranzuziehen. Anderenfalls, also wenn diese **Bezüge nicht** auf ein **Arbeitnehmer-Verhältnis** des **Erblassers** zurückgehen, sind sie grundsätzlich **steuerpflichtig**.[283] Für die Entscheidung dieser Frage kommt es insbesondere auf eine Gesamtwürdigung des Gesellschaftsvertrags an. Das gilt grundsätzlich sowohl für den Gesellschafter-Geschäftsführer einer GmbH[284] als auch für den Gesellschafter einer GbR und für den persönlich haftenden Gesellschafter einer Kommanditgesellschaft.[285]

Beim Gesellschafter einer GbR wird es danach wohl stets zur Steuerpflicht kommen, beim persönlich haftenden Gesellschafter einer Personenhandelsgesellschaft i. d. R.; nur in Ausnahmefällen wird eine arbeitnehmerähnliche Stellung des Gesellschafters anzunehmen sein, z. B. dann, wenn der persönlich haftende Gesellschafter im Innenverhältnis wie ein Angestellter gegenüber den die Gesellschaft beherrschenden Kommanditisten gebunden ist.[286]

Beim Gesellschafter-Geschäftsführer einer GmbH wird von Fall zu Fall zu entscheiden sein. Nur wenn er wie ein Nichtgesellschafter als abhängiger Geschäftsführer anzusehen ist, tritt Steuerfreiheit ein. Ist der Gesellschafter-Geschäftsführer aber kraft seiner Beteiligung an der GmbH ein herrschender Geschäftsführer, tritt Steuerpflicht ein.[287] Diese vom BFH aufgestellten Grundsätze zur Abgrenzung zwischen nicht steuerbarer erdienter Versorgung und steuerpflichtiger Eigenvorsorge sind vom BVerfG bestätigt worden.[288] Zu der Abgrenzung **abhängiger Geschäftsführer –**

---

282 Siehe hierzu auch BFH vom 16.12.1992, BStBl 1993 II S. 270 zur Vermögensteuer.
283 Siehe insoweit auch R E 3.5 Abs. 4 ErbStR 2011.
284 Siehe BFH vom 13.12.1989 II R 23/85, BStBl 1990 II S. 322.
285 Siehe BFH vom 13.12.1989 II R 211/85 und II R 31/89, BStBl 1990 II S. 325; zu den erbschaftsteuerrechtlichen Folgen einer Pensionszusage an die Witwe des persönlich haftenden Gesellschafters einer KG vgl. ebenfalls BFH vom 05.05.2010, BStBl 2010 II S. 923 – insbesondere zur ertragsteuerrechtlichen Eigenschaft des Pensionsanspruchs als Sonderbetriebsvermögen mit der Folge des Verschonungsabschlags nach § 13a ErbStG, wenn die Witwe den Anspruch zusammen mit einem Anteil an der Personengesellschaft, damit bei Vorliegen der übrigen Voraussetzungen begünstigtes Vermögen i. S. des § 13b Abs. 1 Nr. 2 ErbStG erwirbt, und zur Zugewinnausgleichsberechnung unter Berücksichtigung von § 1587 Abs. 3 BGB a. F. als Vorgängernorm von § 2 Abs. 4 VersAusglG im Hinblick auf § 5 Abs. 1 ErbStG –.
286 Siehe R E 3.5 ErbStR 2011.
287 Siehe BFH vom 13.12.1989, BStBl 1990 II S. 322; FG Münster vom 31.01.2002, EFG 2002 S. 627.
288 BFH vom 05.01.1994, BStBl 1994 II S. 547; s. auch R E 3.5 Abs. 3 Satz 3 und 4 ErbStR 2011.

4.3 Erwerb von Todes wegen – § 3 ErbStG

herrschender Geschäftsführer vertritt die Finanzverwaltung folgende Auffassung (s. H E 3.5 ErbStH 2011):

„*Für die Annahme einer herrschenden Stellung des Geschäftsführers genügt es bereits, wenn ihm ein so maßgeblicher Einfluss eingeräumt ist, dass die Organe der Kapitalgesellschaft Beschlüsse ohne sein Mitwirkung nicht fassen können. Für die Beurteilung sind die tatsächlichen Verhältnisse in der Kapitalgesellschaft und insbesondere in der Geschäftsführung in dem Zeitpunkt maßgebend, in dem die Hinterbliebenenversorgung vereinbart wurde. Ein herrschender Gesellschafter-Geschäftsführer ist insbesondere anzunehmen, wenn folgende Voraussetzungen vorliegen:*

1. Kapitalanteil mindestens 50 % oder Sperrminorität bei besonderer Vereinbarung im Gesellschaftsvertrag. Unmittelbare und mittelbare Beteiligungen sind zusammenzurechnen. Neben den Anteilen, die dem Steuerpflichtigen selbst gehören, sind auch die Anteile zu berücksichtigen, bei denen ihm die Ausübung der Gesellschaftsrechte ganz oder teilweise vorbehalten ist. Dazu rechnen auch von Mitgesellschaftern treuhänderisch für den Gesellschafter gehaltene Anteile. Die Anteile des Ehegatten oder von Kindern sind ebenfalls zu berücksichtigen.

2. Kapitalanteil weniger als 50 %, aber mehr als 10 %, und der Gesellschafter-Geschäftsführer verfügt zusammen mit einem oder mehreren anderen Gesellschafter-Geschäftsführern über die Mehrheit, von den anderen aber keiner allein.

3. Unabhängig von einer Kapitalbeteiligung des Geschäftsführers ist eine faktische Beherrschung gegeben, z. B. weil

a) das Selbstkontrahierungsverbot nach § 181 BGB abbedungen ist;

b) der Geschäftsführer als einziger über die notwendigen Branchenkenntnisse zur Führung des Betriebs verfügt;

c) oder der Gesellschafter Großgläubiger der Gesellschaft ist."[289]

Die Diskussion um die erbschaftsteuerliche Behandlung der Hinterbliebenenversorgung wird man grundsätzlich als abgeschlossen betrachten können. Es bleibt also auch in Zukunft dabei, dass sie erbschaftsteuerfrei oder erbschaftsteuerpflichtig sein kann.[290] Übersehen werden darf allerdings nicht, dass die Probleme in der Praxis bleiben – wann hat der Erblasser eine arbeitnehmerähnliche Stellung im Einzelfall gehabt? Gelten die Ausführungen des BFH zur Witwe des Komplementärs einer KG auch für die Witwe eines geschäftsführenden Gesellschafters einer OHG? Eine „gerechtere" Einzelfallentscheidung unter Beachtung des Gleichheitssatzes gegenüber der „einfacheren" rein schematischen Unterscheidung nach der Gesellschaftsform muss aber zwangsläufig diese Konsequenz haben.

---

[289] Kritisch hierzu Gail/Jöst, DB 1991 S. 987 – insbesondere zu Nr. 3; und Schuhmann, UVR 1993 S. 104 – insgesamt – auch mit der Forderung nach einer eindeutigen gesetzlichen Regelung.

[290] Art. 6 Abs. 1 GG steht dem nicht entgegen, s. BVerfG vom 09.11.1988, BStBl 1989 II S. 938.

4 Steuerpflicht

Die gesamte Problematik der Behandlung von Hinterbliebenenbezügen soll zusammenfassend nachfolgend gezeigt werden:

Beispiel:
Die kinderlosen Witwen A (63 Jahre alt), B (58 Jahre alt), C (64 Jahre alt) und D (65 Jahre alt) lebten im Güterstand der Zugewinngemeinschaft. Sie wurden von ihren verstorbenen Ehemännern zu Alleinerbinnen eingesetzt.

A: Der Nachlass hat einen Verkehrswert = Steuerwert von 1.200.000 €. Der Erblasser war Beamter. Der A steht deshalb eine Pension i. H. von jährlich 50.000 € (brutto) zu. Die – fiktive – Zugewinnausgleichsforderung der A nach § 1371 Abs. 2 BGB beträgt 60.000 €.

B: Der Nachlass hat einen Verkehrswert = Steuerwert von 2.220.000 €. Der Erblasser hatte einen Lebensversicherungsvertrag auf den Todesfall über 180.000 € abgeschlossen; ein Bezugsberechtigter ist nicht benannt. Die B erhält aufgrund einer Ruhegehaltsvereinbarung des Erblassers mit seinem Arbeitgeber eine Witwenrente i. H. von jährlich 50.000 € (brutto); das sind 45 % der Bruttobezüge des Erblassers. Die (fiktive) Ausgleichsforderung der B beträgt – ohne Berücksichtigung der Witwenrente – 20.000 €.

C: Der Nachlass hat einen Verkehrswert = Steuerwert von 1.890.000 €. Der Erblasser hatte einen Lebensversicherungsvertrag auf den Todesfall über 300.000 € abgeschlossen; die C ist bezugsberechtigt. Der Erblasser war Komplementär einer KG (kein „angestellter Komplementär"). Aufgrund des Gesellschaftsvertrags erwirbt C einen Anspruch auf Ruhegeld i. H. von jährlich 180.000 € (brutto) = 50 % des Geschäftsführergehalts ihres verstorbenen Ehemannes. Im Gesellschaftsvertrag der KG ist für den Fall des Todes eines Gesellschafters die Fortsetzung unter den übrigen Gesellschaftern vereinbart. Der Abfindungsanspruch beträgt 660.000 €. Der nach § 12 Abs. 5 ErbStG auf den Todeszeitpunkt ermittelte Wert des KG-Anteils des Erblassers beträgt ebenfalls 660.000 €. Die – fiktive – Ausgleichsforderung der C beträgt, ohne Berücksichtigung der Lebensversicherung und des Ruhegeldanspruchs, 80.000 €. (**Anmerkung:** Unterliegen Pensionsansprüche oder Pensionsanwartschaften dem Versorgungsausgleich, verbleibt es bei dem gesetzlichen Ausschluss des Zugewinnausgleichs nach § 2 Abs. 4 VersAusglG auch dann, wenn es im Einzelfall nicht zu einem Ausgleich der Versorgungsansprüche kommt. Zivilrechtlich sind die Versorgungsanwartschaften und Versorgungsansprüche rechnerisch in der Weise aus dem Zugewinn herauszurechnen, dass sie dem Anfangsvermögen hinzugerechnet werden.[291] Dies ist auch erbschaftsteuerrechtlich für die Ermittlung der fiktiven, nach § 5 Abs. 1 ErbStG steuerfreien Ausgleichsforderung zu beachten. Im Fall des Ablebens eines Ehegatten sind also bei Berechnung der fiktiven Ausgleichsforderung Pensionsansprüche des überlebenden Ehegatten, auch solche durch einen Vertrag des Erblassers begründete, sowohl beim Anfangs- als auch beim Endvermögen des Erblassers hinzuzurechnen, obwohl ein Versorgungsausgleich tatsächlich nicht stattfindet.[292])

D: Der Nachlass hat einen Verkehrswert = Steuerwert von 1.200.000 €. Der Ehemann der D war außerdem (herrschender) Gesellschafter-Geschäftsführer der X-GmbH, an der er zu 20 % beteiligt war; Verkehrswert seines Anteils 500.000 €, steuerlich maßgebender Wert ebenfalls 500.000 €. Aufgrund eines Vertrags mit der GmbH

---

291 Siehe BGH, NJW 1995 S. 523.
292 Siehe BFH vom 20.05.1981, BStBl 1982 II S. 27, und vom 05.05.2010, BStBl 2010 II S. 923; a. A. aber Meincke, § 5 Rdnr. 21; Kapp/Ebeling, § 5 Rdnr. 71.

4.3 Erwerb von Todes wegen – § 3 ErbStG

erhält D eine Witwenrente i. H. von jährlich 70.000 € (brutto); das sind 45 % der Bruttobezüge des Erblassers. Die (fiktive) Ausgleichsforderung der D beträgt – ohne Berücksichtigung der Witwenrente – 50.000 €.

Erbschaftsteuerliches Ergebnis bei A: Die auf Gesetz beruhende Witwenpension unterliegt nicht der Erbschaftsteuer. Der Wert des steuerpflichtigen Erwerbs wird wie folgt berechnet:

Reinnachlass i. H. von 1.200.000 € minus steuerfreier Betrag nach § 5 Abs. 1 ErbStG von 60.000 € minus Freibetrag nach § 16 ErbStG von 500.000 € (weiterer Freibetrag nach § 17 ErbStG kommt nicht in Betracht, weil die steuerfreie Witwenpension zu hoch ist) = 640.000 €.

Erbschaftsteuerliches Ergebnis bei B: Die angemessene Witwenrente aufgrund des Arbeitsverhältnisses unterliegt nicht der Erbschaftsteuer. Der Wert des steuerpflichtigen Erwerbs wird wie folgt berechnet:

Reinnachlass i. H. von 2.400.000 € (einschl. der Lebensversicherungssumme) minus steuerfreier Betrag nach § 5 Abs. 1 ErbStG von 20.000 € minus Freibetrag nach § 16 ErbStG von 500.000 € (Versorgungsfreibetrag nach § 17 ErbStG nicht einschlägig, weil die Witwenrente zu hoch ist) = 1.880.000 €.

Erbschaftsteuerliches Ergebnis bei C: Der Ruhegeldanspruch und der Anspruch aus dem Lebensversicherungsvertrag unterliegen der Erbschaftsteuer nach § 3 Abs. 1 Nr. 4 ErbStG.

Reinwert des Nachlasses i. H. von 1.890.000 € plus Abfindungsanspruch KG 660.000 € (§ 3 Abs. 1 Nr. 1 ErbStG) plus 300.000 € (Lebensversicherung) plus 2.291.760 € (Ruhegeldanspruch: 180.000 € × 12,732) = 5.141.760 €. Der nach § 5 Abs. 1 ErbStG steuerfreie Betrag beträgt 80.000 €. Der Wert des steuerpflichtigen Erwerbs wird wie folgt berechnet:

Reinnachlass i. H. von 5.141.760 € minus steuerfreier Betrag nach § 5 Abs. 1 ErbStG i. H. von 80.000 € minus Freibeträge nach §§ 16, 17 ErbStG i. H. von 756.000 € = (abgerundet) 4.305.700 €.

Erbschaftsteuerliches Ergebnis bei D: Reinnachlass i. H. von 1.200.000 € plus GmbH-Beteiligung gem. § 3 Abs. 1 Nr. 1 ErbStG i. H. von 500.000 € (keine Anwendung von §§ 13a, 13b ErbStG, weil Anteil nur 20 %) plus Witwenrente nach § 3 Abs. 1 Nr. 4 ErbStG (70.000 € × 12,455 =) i. H. von 871.850 € = 2.571.850 €. Nach § 5 Abs. 1 ErbStG beträgt der steuerfreie Betrag 50.000 €. Der Wert des steuerpflichtigen Erwerbs wird wie folgt berechnet:

Reinnachlass i. H. von 2.571.850 € minus steuerfreier Betrag nach § 5 Abs. 1 ErbStG i. H. von 50.000 € minus Freibeträge nach § 16 und § 17 ErbStG i. H. von 756.000 € = (abgerundet) 1.765.800 €.

4.3.5 Sonderfälle des Erwerbs von Todes wegen – § 3 Abs. 2 ErbStG

In § 3 Abs. 1 ErbStG sind die Tatbestände geregelt, die man als Regeltatbestände des Erwerbs von Todes wegen bezeichnen kann. § 3 Abs. 2 ErbStG bestimmt, um Lücken in der Besteuerung zu schließen oder um Zweifel zu beseitigen, für weitere einzelne Vermögensübergänge, dass sie als vom Erblasser zugewendet und damit als Erwerb von Todes wegen gelten.

4 Steuerpflicht

4.3.5.1 Übergang von Vermögen auf eine Stiftung und einen Trust

1) Nach § 3 Abs. 2 Nr. 1 Satz 1 ErbStG gilt auch der Übergang von Vermögen auf eine vom Erblasser angeordnete Stiftung als vom Erblasser zugewendet.

Die Vorschrift bezieht sich **nicht** auf den Übergang von Vermögen auf eine **bereits bestehende Stiftung** – Fall von § 3 Abs. 1 Nr. 1 ErbStG –, ebenfalls **nicht** darauf, dass **einer Stiftung unter Lebenden** etwas zugewendet wird – Fall von § 7 Abs. 1 Nr. 1 bzw. Nr. 8 ErbStG –.

Eine Stiftung kann durch Testament, Erbvertrag oder Vermächtnis errichtet werden (s. auch § 83 BGB). § 3 Abs. 2 Nr. 1 ErbStG scheint keine selbständige Bedeutung zu haben, soweit in der Vorschrift der Übergang von Vermögen auf eine vom Erblasser von Todes wegen errichtete Stiftung für steuerpflichtig erklärt wird. Die Vermögensausstattung einer solchermaßen errichteten Stiftung erfolgt aufgrund Erbeinsetzung, Vermächtnis oder Auflage, ist also eigentlich schon nach § 3 Abs. 1 Nr. 1 oder Abs. 2 Nr. 2 ErbStG steuerpflichtig. Der BFH[293] sieht jedoch in § 3 Abs. 2 Nr. 1 ErbStG eine alle Fälle des Vermögensübergangs auf eine vom Erblasser angeordnete oder errichtete Stiftung erfassende Sondervorschrift. Als eine vom Erblasser angeordnete Stiftung ist auch die Stiftung zu verstehen, die ein Erbe oder Vermächtnisnehmer durch Stiftungsgeschäft unter Lebenden aufgrund einer testamentarischen Anordnung des Erblassers vornimmt.[294]

§ 3 Abs. 2 Nr. 1 ErbStG erfasst nur die rechtsfähigen Stiftungen (§ 80 BGB). Bei Vermögensübergang auf eine nichtrechtsfähige Vermögensmasse kann eine Zweckzuwendung gem. § 8 ErbStG vorliegen.

Die Entstehung der Stiftung bedarf der staatlichen Anerkennung; der zivilrechtlichen Rückwirkungsfiktion nach § 84 BGB kommt erbschaftsteuerrechtlich keine Bedeutung zu (zu § 9 Abs. 1 Nr. 1 Buchst. c ErbStG s. unter 4.9).

Stiftungen dienen vielfach gemeinnützigen, mildtätigen oder kirchlichen Zwecken – Vermögenserwerb insoweit nach § 13 Abs. 1 Nr. 16 Buchst. b ErbStG steuerfrei. Handelt es sich um eine Familienstiftung, so kann es zu einer Begünstigung des Vermögensübergangs kommen. Denn nach § 15 Abs. 2 Satz 1 ErbStG ist der Besteuerung das Verwandtschaftsverhältnis des nach der Stiftungsurkunde entferntest Berechtigten zum Erblasser zugrunde zu legen, mithin ist häufig die Steuerklasse I, jedenfalls regelmäßig nicht die Steuerklasse III anwendbar.

---

293 Siehe BFH vom 25.10.1995, BStBl 1996 II S. 99.
294 Siehe Troll/Gebel/Jülicher, § 3 Rdnr. 320; Meincke, § 3 Rdnr. 95, nach dem die Bedeutung des § 3 Abs. 2 Nr. 1 ErbStG darin liegt, dass sie das auf Anordnung des Erblassers vorgenommene Stiftungsgeschäft unter Lebenden aus der Schenkungsbesteuerung gem. § 7 Abs. 1 Nr. 8 ErbStG in die Erbschaftsbesteuerung verlegt und die Vermögensausstattung der Stiftung als Zuwendung des Erblassers behandelt.

4.3 Erwerb von Todes wegen – § 3 ErbStG

2) Die Erbeinsetzung mit Zwischenschaltung einer Trustverwaltung hatte der BFH[295] als aufschiebend bedingt eingestuft. Daraus ergaben sich steuerliche Spar- und Verzögerungsmöglichkeiten. Nach früherem Rechtsverständnis löste weder die Übertragung von Vermögen auf den Trust noch der Tod des Errichters Erbschaftsteuer aus. Die Begünstigten erwarben eine bedingte Anwartschaft auf das ihnen zustehende Vermögen des Trusts; erst mit dessen Beendigung entstand die Steuer. Um dies zu verhindern, werden seit den Änderungen des Erbschaftsteuerrechts durch das StEntlG 1999/2000/2002 vom 24.03.1999 Vermögensmassen ausländischen Rechts – Trusts –, deren Zweck auf die Bindung von Vermögen gerichtet ist, im Rahmen von § 3 Abs. 2 Nr. 1 Satz 2 ErbStG (vgl. auch § 7 Abs. 1 Nr. 8 Satz 2 und Nr. 9 Satz 2 sowie § 9 Abs. 1 Nr. 1 Buchst. c zweite Alternative und § 20 Abs. 1 Satz 2 ErbStG) den Stiftungen gleichgestellt. Dadurch soll der Vermögensübergang auf den Trust bei seiner Errichtung und auf den Anfallsberechtigten bei seiner Auflösung zeitnah der Besteuerung unterworfen werden.

Das Tatbestandsmerkmal des § 3 Abs. 2 Nr. 1 Satz 2 ErbStG und der als Schenkung unter Lebenden geltenden Vorgänge lautet also: „Eine Vermögensmasse ausländischen Rechts, deren Zweck auf die Bindung von Vermögen gerichtet ist." Nicht entscheidend ist, dass die Vermögensmasse ihren Sitz oder ihre Geschäftsleitung im Ausland hat.

Eine „Vermögensmasse" setzt Selbständigkeit – Sondervermögen – voraus, also keine Zurechnung zu einem anderen Rechtssubjekt (s. auch § 2 Abs. 1 Nr. 1 Buchst. d ErbStG). „Ausländisches Recht" soll wohl auf Rechtsinstitute hinweisen, die das deutsche Recht nicht kennt, also insbesondere auf den Trust, einem Rechtsinstitut des anglo-amerikanischen Rechtskreises. „Zweck auf die Bindung von Vermögen gerichtet" korrespondiert mit der Selbständigkeit der Vermögensmasse und ist zu bejahen, wenn ein anderes Rechtssubjekt nicht uneingeschränkt über das Vermögen verfügen kann.[296]

Beim Trust überträgt ein Vermögensgeber (settlor) auf einen Vermögensverwalter (trustee), der bestimmungsgemäß zugunsten der Begünstigten (beneficiaries) verwendet. Ist aber ein rechtlicher Übergang nicht feststellbar, wird der trustee nach dem in seinem Land geltenden Recht also nicht Eigentümer des Trustvermögens, z. B. bei Übertragung nur der Verwaltungsmacht auf eine ausländische Vermögensmasse, bleibt der betreffende Inländer Inhaber seines Vermögens; die Trust-Besteuerung kommt nicht zur Anwendung.

„Bildung oder Ausstattung" umfasst nicht nur die Erstausstattung, sondern auch weitere Zuwendungen.[297]

---
295 Siehe BFH vom 07.05.1986, BStBl 1986 II S. 615; diese Entscheidung erläuternd Meincke, § 3 Rdnr. 95 a.
296 Ausführlich zur Trust-Besteuerung Söffing/Kirsten, DB 1999 S. 1626; Schindhelm/Stein, FR 1999 S. 880; Klein, IStR 1999 S. 377; Habammer, DStR 2002 S. 425; von Oertzen, DStR 2002 S. 433.
297 Siehe Söffing/Kirsten, DB 1999 S. 1626; Jülicher, IStR 1999 S. 202.

4.3.5.2 Erwerb bei Auflagenvollziehung oder Bedingungseintritt

Nach **§ 3 Abs. 2 Nr. 2 ErbStG** gilt als vom Erblasser zugewendet auch, was jemand infolge Vollziehung einer vom Erblasser angeordneten Auflage oder infolge einer vom Erblasser gesetzten Bedingung erwirbt, es sei denn, dass eine einheitliche Zweckzuwendung vorliegt.

1) Auflage ist gem. § 1940 BGB eine durch Testament oder Erbvertrag dem Erben oder Vermächtnisnehmer auferlegte Verpflichtung. Sie unterscheidet sich vom Vermächtnis dadurch, dass ein Begünstigter durch die Auflage keinen Anspruch auf die ihm zugedachte Leistung erlangt, dieser also nicht schon mit dem Erbfall durch einen Anspruchserwerb, sondern erst infolge der Vollziehung der Auflage bereichert wird. Hieran knüpft auch die Regelung über die Steuerentstehung an.

Beispiele:

a) Erblasser E hat dem Erben A die Verpflichtung in Form einer Auflage auferlegt, dem B 400.000 € zu zahlen.

Zwar hat der Begünstigte B keinen Anspruch auf die 400.000 €. Erhält er aber von A in Erfüllung der Auflage diesen Betrag, so liegt ein unter § 3 Abs. 2 Nr. 2 ErbStG fallender Erwerb des B von E vor. Die Steuerschuld des B entsteht gem. § 9 Abs. 1 Nr. 1 Buchst. d ErbStG erst mit Vollziehung der Auflage. Die Auflage mindert den Erwerb des A.

b) Ebenfalls um eine Auflage handelt es sich bei einem mit einem Verkaufsverbot belasteten Grundstücksvermächtnis. Zahlt der Vermächtnisnehmer an den durch die Auflage begünstigten Erben eine Abfindung zwecks Befreiung von der Auflage, so stellt diese Zahlung hingegen keinen erbschaftsteuerpflichtigen Vorgang dar.[298]

Da Voraussetzung für die Anwendung von § 3 Abs. 2 Nr. 2 ErbStG ist, dass der Erwerb von Todes wegen erfolgt, bewirkt die vorzeitige Erfüllung einer vom Erblasser angeordneten Auflage noch zu dessen Lebzeiten nicht, dass der Erwerb aus der Vollziehung nachträglich infolge Fortbestehens der Auflage beim Tod des Erblassers als von diesem zugewendet anzusehen ist.[299] Auch scheidet § 3 Abs. 2 Nr. 2 ErbStG aus, wenn die Auflage den Beschwerten selbst begünstigt (s. auch § 10 Abs. 9 ErbStG).

Falls die Auflage einem unbestimmten Personenkreis oder einem sachlichen Zweck zugutekommen soll, z. B. den Bedürftigen der Gemeinde (im Wege eines Vermächtnisses nicht möglich), kommt eine Zweckzuwendung gem. § 8 ErbStG in Betracht und ebenfalls nicht die Steuerpflicht nach § 3 Abs. 2 Nr. 2 ErbStG, weil es an einem Begünstigten fehlt, der infolge der Auflagenvollziehung erwirbt.

§ 3 Abs. 2 Nr. 2 ErbStG erfasst als Auflage nur die für den Erben oder Vermächtnisnehmer verbindliche Anordnung des Erblassers; zu unterscheiden von unverbindlichen Wünschen des Erblassers.[300] Handelt der Erbe nicht in Erfüllung einer

---

298 Siehe FG Münster, DStRE 2006 S. 88.
299 Siehe Kapp/Ebeling, § 3 Rdnr. 290.
300 Zu Abgrenzungsproblemen s. BFH vom 05.11.1992, BStBl 1993 II S. 161.

4.3 Erwerb von Todes wegen – § 3 ErbStG

Auflage, sondern in Erfüllung eines Wunsches des Erblassers, so kommt eine Steuerpflicht nach § 3 Abs. 2 Nr. 2 ErbStG nicht in Betracht, wohl aber eine Zuwendung des Erben an den Dritten gem. § 7 Abs. 1 Nr. 1 ErbStG.

2) Bedingung ist die rechtsgeschäftliche Bestimmung, durch die die Wirkungen des Rechtsgeschäfts von einem zukünftigen ungewissen Ereignis abhängig gemacht werden. Soweit es sich um eine aufschiebende Bedingung handelt, entsteht die Steuer erst mit Erfüllung der Bedingung. Der Erwerb „infolge Erfüllung einer vom Erblasser gesetzten Bedingung" ist von dem Erwerb zu unterscheiden, der dem unter einer Bedingung zum Erben oder Vermächtnisnehmer Eingesetzten zufällt.

Beispiele:
a) Erblasser E hat den A testamentarisch unter der Bedingung zum Erben eingesetzt, dass er der B 400.000 € zahlt (s. hierzu § 2074 BGB).
A ist zur Zahlung nicht verpflichtet. Falls er, um die Bedingung zu erfüllen und dadurch die Erbschaft zu erlangen, an die B die 400.000 € zahlt, gilt der Erwerb der B nach § 3 Abs. 2 Nr. 2 ErbStG als von E zugewendet. Die Steuerschuld der B entsteht gem. § 9 Abs. 1 Nr. 1 Buchst. d ErbStG erst mit dem Eintritt der Bedingung = Zahlung. Der Erwerb des A mindert sich dann um die 400.000 €.

b) Erblasser E hat dem A testamentarisch „sein ganzes Vermögen unter der Voraussetzung zugewandt", dass er sein Studium mit Erfolg abschließt.
Die Steuerpflicht des A richtet sich nach § 3 Abs. 1 Nr. 1 ErbStG und entsteht mit Bedingungseintritt gem. § 9 Abs. 1 Nr. 1 Buchst. a ErbStG.

Handelt es sich um eine auflösende Bedingung, wird der Erwerb nach § 5 Abs. 1 BewG wie ein unbedingter Erwerb behandelt.

Beispiel:
Erblasser hat seine Ehefrau mit der Maßgabe als Erbin eingesetzt, dass im Fall ihrer erneuten Heirat eine andere Person erben soll. Bei Wiederheirat ist die Festsetzung der Erbschaftsteuer nach § 5 Abs. 2 BewG auf Antrag, der bis zum Ablauf des auf den Bedingungseintritt folgenden Jahres zu stellen ist, nach dem tatsächlichen Wert des Erwerbs zu berichtigen.[301]

§ 3 Abs. 2 Nr. 2 ErbStG erfasst die Fälle, in denen der Erblasser eine Zuwendung von der aufschiebenden Bedingung abhängig gemacht hat, dass der Bedachte seinerseits eine Leistung an einen Dritten erbringt. Es wird nicht die Steuerpflicht des Bedachten, sondern des Dritten geregelt, der nicht Erbe oder Vermächtnisnehmer ist; nicht diesem obliegt die Erfüllung der Bedingung, sondern dem unter der Bedingung bedachten Erben oder Vermächtnisnehmer.

4.3.5.3 Erwerb durch Dritte bei Genehmigung einer Zuwendung

Nach **§ 3 Abs. 2 Nr. 3 ErbStG** gilt als vom Erblasser zugewendet auch, was jemand dadurch erlangt, dass bei Genehmigung einer Zuwendung des Erblassers Leistungen an andere Personen angeordnet oder zur Erlangung der Genehmigung freiwillig übernommen werden. Die betreffenden Leistungen mindern den steuer-

---
301 Zu Wiederverheiratungsklauseln, bedingter Erbeinsetzung und Vor- und Nacherbfolge vgl. Wilhelm, NJW 1990 S. 2857.

pflichtigen Erwerb bei dem, dem die Genehmigung erteilt wird. Anwendungsfälle dieser Vorschrift, die davon ausgeht, dass Zuwendungen des Erblassers zu ihrer Wirksamkeit der behördlichen Genehmigung bedürfen, sind nicht bekannt. Die Regelung knüpfte an die durch Art. 86 EGBGB bis zu dessen Neufassung durch Gesetz vom 23.07.1998 (BGBl 1998 I S. 1886) fortgeführten Genehmigungsvorbehalte einzelner Bundesländer an. Die nunmehr nach Art. 86 Satz 2 EGBGB mögliche, den Erwerb von Rechten durch Ausländer oder ausländische juristische Personen von einer Genehmigung abhängig machende Rechtsverordnung ist bislang nicht erlassen worden.

4.3.5.4 Abfindung für Verzicht auf Pflichtteilsanspruch, Ausschlagung einer Erbschaft usw. sowie für Zurückweisung eines Rechts

1) Verzicht und Ausschlagung gegen Abfindung

Nach § 3 Abs. 2 Nr. 4 ErbStG gilt als vom Erblasser zugewendet auch, was als Abfindung für einen Verzicht auf den entstandenen Pflichtteilsanspruch (Erlassvertrag nach § 397 BGB mit dem Erben) oder für die Ausschlagung einer Erbschaft (§ 1942 BGB), eines Erbersatzanspruchs oder Vermächtnisses (§ 2176 BGB) gewährt wird.

Zu einer Besteuerung kommt es hiernach aber nur, wenn eine Abfindung für Verzicht oder Ausschlagung gewährt wird. Ohne Abfindung sind der Verzicht auf den entstandenen Pflichtteilsanspruch oder die Erbschafts- bzw. Vermächtnisausschlagung als solche nicht erbschaftsteuerpflichtig. Für Erbschaft und Vermächtnis folgt dies bereits aus der Regelung der §§ 1953 und 2180 Abs. 3 BGB, auch fehlt es auf Seiten des Ausschlagenden an der für die Besteuerung erforderlichen Bereicherung (s. insoweit auch § 517 BGB, woraus folgt, dass die abfindungslose Ausschlagung für den Erben als den hierdurch Begünstigten nicht als Schenkung unter Lebenden zur Versteuerung führt). Dies gilt selbstverständlich auch für den unentgeltlichen Verzicht auf Pflichtteils- und Erbersatzanspruch (zur Steuerfreiheit des Verzichts auf die Geltendmachung dieser Ansprüche für den Erben s. § 13 Abs. 1 Nr. 11 ErbStG).

a) Die keine Steuerpflicht auslösende Ausschlagung einer Erbschaft etc. hat zur Folge, dass sich der steuerpflichtige Erwerb derjenigen erweitert, denen die Ausschlagung zugutekommt, sodass kein Teil des vom Erblasser stammenden Vermögens unversteuert bleibt.

Wird aber für die Ausschlagung eine Abfindung gewährt, wollte der Gesetzgeber auf eine Steuerpflicht des die Erbschaft usw. Ausschlagenden nicht verzichten – Abfindung als Surrogat des ausgeschlagenen Erwerbs –. Da also § 3 Abs. 2 Nr. 4 ErbStG der Gedanke zugrunde liegt, dass die Abfindung an die Stelle der erbrechtlichen Ansprüche tritt, wird sie folglich erbschaftsteuerlich – im Gegensatz zum bürgerlichen Recht – wie ein Erwerb angesehen, der aus dem Nachlass des Erblassers stammt. Ohne diese Regelung müssten entsprechende Erwerbe als freigebige Zuwendung zwischen dem Abfindenden und dem Erwerber der Schenkungsbe-

4.3 Erwerb von Todes wegen – § 3 ErbStG

steuerung zugewiesen werden, was regelmäßig zur Folge hätte, dass der Erwerb aufgrund des Verhältnisses zum Abfindenden aus einer ungünstigeren Steuerklasse zu versteuern wäre, als dies bei der durch § 3 Abs. 2 Nr. 4 ErbStG angeordneten Erbschaftsbesteuerung der Fall ist; hier wird die Steuerklasse durch das Verhältnis zwischen Erblasser und Abfindungsempfänger bestimmt. Für den Abfindenden hat dies den Vorteil, dass er den Abfindungsbetrag als Kosten zur Erlangung seines Erwerbs gem. § 10 Abs. 5 Nr. 3 ErbStG abziehen kann.

Mit der Ausschlagung gegen Abfindung kann im Interesse einer steuergünstigen Gestaltung der Zeitpunkt des Erwerbs hinausgeschoben werden, wenn an die Stelle des schon zum Erbfall steuerpflichtigen Vermächtnisanspruchs erst später die Abfindungsleistung tritt – bedeutsam z. B. für Anwendbarkeit von § 14 ErbStG, bei Änderung der gesetzlichen Grundlagen –. Dass diese Gestaltung primär beim Vermächtnis in Betracht kommt, hat seine Ursache darin, dass hier – anders als bei der Erbschaft – das Ausschlagungsrecht nicht zeitlich befristet ist. Zu beachten ist jedoch, dass der Vermächtnisnehmer nach § 2180 Abs. 1 BGB das Vermächtnis nicht mehr ausschlagen kann, wenn er es angenommen hat. Folglich muss, wer sich das Ausschlagungsrecht erhalten will, um später die Ausschlagung gegen Abfindung zu vollziehen, alles unterlassen, worin eine Vermächtnisannahme zu sehen ist – keine Vermächtnisannahme durch Zahlung der Erbschaftsteuer, weil Vermächtnisnehmer hierzu ohne Rücksicht auf die Annahme der Zuwendung verpflichtet ist –.[302] Wird die Abfindungsvereinbarung erst nach Annahme des Vermächtnisses geschlossen, bleibt die Steuerpflicht des primären Erwerbs bestehen; die Abfindung unterliegt in diesem Fall nicht der Erbschaftsteuer.

Gewährt nicht der Erbe, sondern ein Dritter die Abfindung, kann entweder beim Erben das Nachlassvermögen ohne Abzugsmöglichkeit als Erwerb gem. § 3 Abs. 1 Nr. 1 ErbStG zu versteuern sein[303] oder bei diesem das Nachlassvermögen abzüglich Abfindung als Erwerb zu behandeln, jedoch dann zusätzlich in Höhe der Abfindung eine Schenkung nach § 7 Abs. 1 Nr. 1 ErbStG im Verhältnis zu dem die Abfindung gewährenden Dritten anzunehmen sein.[304] Bei der Versteuerung des Abfindungsempfängers kommt § 3 Abs. 2 Nr. 4 ErbStG oder § 7 Abs. 1 Nr. 1 ErbStG im Verhältnis zu dem die Abfindung Leistenden in Betracht.

Beispiel:[305]
Der Erblasser setzt seine Söhne A und B zu Miterben je zur Hälfte ein. B schlägt die Erbschaft aus. In diesem Zusammenhang leistet die Schwester des Verstorbenen, die mit dem Nachlassvermögen ihres Bruders weder Rechte noch Pflichten verbinden, dem B eine Abfindung als Gegenleistung für die Erbausschlagung.

---
302 Siehe Meincke, § 3 Rdnr. 98.
303 Siehe Meincke, § 3 Rdnr. 99; Petzoldt, § 3 Rdnr. 183.
304 Siehe RFH, RStBl 1931 S. 971; Moench/Kien-Hümbert/Weinmann, § 3 Rdnr. 212; Troll/Gebel/Jülicher, § 3 Rdnr. 339.
305 Siehe Kapp/Ebeling, § 3 Rdnr. 305; vergleichbar Meincke, a. a. O.

4 Steuerpflicht

Ob bei der Versteuerung der Abfindung § 3 Abs. 2 Nr. 4 ErbStG oder § 7 Abs. 1 Nr. 1 ErbStG zur Anwendung kommt, hat Bedeutung für die Steuerklasse sowie Freibetrag und Steuersatz, darüber hinaus etwa auch im Hinblick auf § 14 ErbStG. Vorzugswürdig ist es, die Abfindung als Schenkung durch die Tante des B zu besteuern.[306] Die Abfindungsleistung bei A weder als Abzugsposten noch als Erwerb zu berücksichtigen, scheint gerechtfertigt, zumal die zivilrechtliche Einordnung der Abfindungszahlung als Schenkung der die Abfindung Leistenden an den durch die Ausschlagung Begünstigten als zweifelhaft angesehen werden kann. § 3 Abs. 2 Nr. 4 ErbStG ist auf die Fälle zu beschränken, in denen die Abfindung von demjenigen geleistet wird, dem der Verzicht auf den entstandenen Pflichtteilsanspruch, die Erbausschlagung, zugutekommt. Nur dann steht die Abfindung wirtschaftlich im Zusammenhang mit dem Nachlass und kann daher auch als Erwerb vom Erblasser behandelt werden.

Dass der Gesetzgeber das ErbStRG vom 24.12.2008 nicht zum Anlass genommen hat, in § 3 Abs. 2 Nr. 4 ErbStG – im Gegensatz zu § 3 Abs. 1 Nr. 1 ErbStG – das Tatbestandsmerkmal „Erbersatzanspruch" zu streichen, ist darin begründet, dass in Erbfällen ab dem Inkrafttreten des Erbrechtsgleichstellungsgesetzes vom 16.12.1997 zwar ein Erbersatzanspruch des nichtehelichen Kindes nicht mehr entstehen kann, Abfindungen im Zusammenhang mit einem Erbersatzanspruch aber immer noch steuerrechtliche Wirkungen entfalten können, z. B. Rentenabfindungen bei Wahl der Jahreswertbesteuerung.

b) § 3 Abs. 2 Nr. 4 ErbStG unterwirft auch die Abfindung für den Verzicht auf den entstandenen Pflichtteilsanspruch der Besteuerung. „Verzicht auf den entstandenen Pflichtteilsanspruch" meint das Rechtsgeschäft, durch das der Pflichtteilsberechtigte **nach dem Erbfall**, aber **vor der Geltendmachung** seines Anspruchs dem Erben die Schuld erlässt. § 3 Abs. 2 Nr. 4 ErbStG ist bezüglich des Pflichtteilsverzichts also abzugrenzen gegenüber der Schenkungsteuerpflicht nach § 7 Abs. 1 Nr. 5 bzw. Nr. 1 ErbStG. Erfolgt der Verzicht bereits vor Eintritt des Erbfalls und erhält der Verzichtende hierfür vom Erblasser eine Abfindung, ist diese nach § 7 Abs. 1 Nr. 5 ErbStG schenkungsteuerpflichtig. Erhält er die Abfindung von dem künftigen Erben, ergibt sich die Steuerpflicht aus § 7 Abs. 1 Nr. 1 ErbStG.[307]

Fraglich ist, ob § 3 Abs. 2 Nr. 4 ErbStG nur den Verzicht auf den mit dem Erbfall entstandenen Pflichtteilsanspruch vor dessen Geltendmachung erfasst, damit der Gesetzgeber den Pflichtteilsverzicht gegen Abfindung nach dem Geltendmachen des Anspruchs ungeregelt lässt,[308] oder ob es für die Anwendung dieser Vorschrift ohne Bedeutung ist, zu welchem Zeitpunkt der Pflichtteilsberechtigte auf den entstandenen Anspruch gegen Gewährung einer Abfindung verzichtet.[309] Für Ersteres lässt sich anführen, dass die mit dem Geltendmachen des Anspruchs entstandene Steuerpflicht nicht nachträglich wieder durch einen Schulderlass des Pflichtteils-

---

306 In diesem Sinne, aber mit bedenklicher Begründung Kapp/Ebeling, a. a. O.
307 Siehe BFH vom 25.01.2001, BStBl 2001 II S. 456.
308 So Meincke, § 3 Rdnr. 101.
309 In diesem Sinne Viskorf, FR 1999 S. 664 mit dem Argument, weder Wortlaut noch Normzweck sei zu entnehmen, dass dieser Steuertatbestand bei geltend gemachtem Anspruch ausscheide.

4.3 Erwerb von Todes wegen – § 3 ErbStG

gläubigers erlischt.³¹⁰ Die Abfindung für den Verzicht auf den bereits geltend gemachten Pflichtteil tritt steuerlich nicht an die Stelle des ursprünglichen Anspruchs, sodass auch kein Anlass besteht, die Abfindung als Erwerb von Todes wegen zu besteuern.³¹¹

Zahlt der Erbe für den Verzicht auf den entstandenen Pflichtteilsanspruch eine Abfindung, kann er sie von seinem Erwerb abziehen. Soll die Abfindungsleistung aber erst beim Tod des Erben fällig werden, verneint die Rechtsprechung³¹² die Abzugsmöglichkeit, weil die Zahlungsverpflichtung für den Erben keine wirtschaftliche Belastung darstelle.³¹³

Bei Zahlung der Abfindung für den Verzicht auf den entstandenen Pflichtteilsanspruch durch einen Dritten soll der Erbe den Abfindungsbetrag ebenfalls zum Abzug bringen können, vorausgesetzt man sieht in der Zahlung eine Schenkung des Dritten an den Erben; zivilrechtlich sei dies näherliegend, als die Zahlung an einen hierdurch zur Ausschlagung veranlassten Miterben als Schenkung zu betrachten.³¹⁴

Unter Geltung des „alten" Erbschaftsteuerrechts kam § 3 Abs. 2 Nr. 4 ErbStG für die gestaltende Praxis erhebliche Bedeutung zu. Denn die Rechtsprechung,³¹⁵ nach der die geltend gemachte Pflichtteilsforderung beim Erben auch dann mit dem Nennwert als Nachlassverbindlichkeit abzuziehen ist, wenn sie durch Übertragung eines Nachlassgrundstücks an Erfüllungs statt erfüllt wird, bedeutet, dass dann auf Seiten des Pflichtteilsberechtigten auch der Nennwert der Geldforderung, nicht der Steuerwert des übertragenen Grundstücks der Besteuerung zugrunde zu legen ist. Dieses für den Pflichtteilsberechtigten ungünstige Ergebnis – der Steuerwert des Grundstücks lag früher, auch wenn es wirtschaftlich dem Wert seines Pflichtteilsanspruchs entsprach, deutlich niedriger als der gemeine Wert dieses Anspruchs (regelmäßige Unterbewertung als ein Charakteristikum der „alten Erbschaftsbesteuerung") – ließ sich vermeiden, indem für den Verzicht auf den Pflichtteilsanspruch ein Nachlassgrundstück als Abfindung vereinbart wurde, sodass dessen – niedriger – Steuerwert der Besteuerung nach § 3 Abs. 2 Nr. 4 ErbStG zugrunde zu legen war, natürlich auch mit der Folge, dass als Nachlassverbindlichkeit dann nur dieser Wert in Ansatz gebracht werden konnte. Wegen der steuerlichen Unterbewertung bestimmter Nachlassgegenstände konnte seinerzeit auch eine Erbschaftsausschla-

---

310 Siehe FG München vom 24.08.2005, EFG 2005 S. 1887.
311 Siehe Meincke, a. a. O., wonach der Verzicht auf das Geltendmachen des Anspruchs gegen Abfindung nicht deshalb unmöglich ist, weil in dem Aushandeln der Abfindung stets schon ein Geltendmachen des Pflichtteils liegt.
312 Siehe BFH vom 27.06.2007, BStBl 2007 II S. 651.
313 A. A. Meincke, § 3 Rdnr. 101 mit dem Argument, bei einem Vermögensstatus müsste sie auch unter entsprechender Abzinsung berücksichtigt werden.
314 So Meincke, a. a. O., der in der Ausschlagung keine Leistung an den Erben sieht, dem diese zugutekommt, beim Verzicht auf den Pflichtteilsanspruch aber eine Leistung sieht, die beim Erben zu einer Schuldbefreiung führt; die Abzugsmöglichkeit hingegen in Zweifel ziehend Petzoldt, § 3 Rdnr. 183.
315 Siehe BFH vom 07.10.1998, BStBl 1999 II S. 23; hierzu auch unter 1.3.3 und 4.3.1.1.

gung gegen Abfindung interessant sein, etwa wenn der Ausschlagende den Freibetrag bei Annahme der Erbschaft nicht ausschöpfen konnte. Das ErbStRG vom 24.12.2008 hat diese Überlegungen wegen der sich nunmehr durchgängig am gemeinen Wert orientierenden Bewertung zumindest weitgehend hinfällig werden lassen (der Besteuerung zugrunde zu legender Wert regelmäßig – abgesehen vom Fall des § 13c ErbStG – identisch mit dem Wert des Pflichtteilsanspruchs oder ein Annäherungswert hieran). Relevanz kann § 3 Abs. 2 Nr. 4 ErbStG jedoch nach wie vor im Zusammenhang mit dem Grunderwerbsteuerrecht zukommen. Denn eine Grundstücksübertragung zur Erfüllung eines Pflichtteilsanspruchs als Leistung an Erfüllungs statt ist nicht nach § 3 Nr. 2 Satz 1 GrEStG steuerbefreit, während dies bei Grundstückshingabe als Abfindung für den Verzicht auf den entstandenen Pflichtteilsanspruch der Fall ist.

2) Zurückweisung eines Rechts

Durch das ErbStRG ist § 3 Abs. 2 Nr. 4 ErbStG dahingehend erweitert worden, dass als vom Erblasser zugewendet auch gilt, was als Abfindung für die Zurückweisung eines Rechts aus einem Vertrag des Erblassers zugunsten Dritter auf den Todesfall oder anstelle eines anderen in § 3 Abs. 1 ErbStG genannten Erwerbs gewährt wird. Wenn bei einem Vertrag zugunsten Dritter der Dritte das aus dem Vertrag erworbene Recht zurückweist, gilt das Recht gem. § 333 BGB rückwirkend als nicht erworben. Erhält er für die Zurückweisung eine Abfindung, so kam es nach früherer Rechtslage zu einer Besteuerungslücke, weil anders als in den Abfindungsfällen beim Pflichtteilsrecht, bei Erbschafts- und Vermächtnisausschlagung Abfindungen hier nicht als vom Versprechensempfänger erworben behandelt wurden.[316] Außerdem werden nunmehr auch alle anderen Abfindungen als steuerbar behandelt, die einem Erwerber anstelle eines ausgeschlagenen oder zurückgewiesenen, nach § 3 Abs. 1 Nr. 2 oder Nr. 3 ErbStG steuerbaren Erwerbs, z. B. einer Schenkung auf den Todesfall, gewährt werden.

4.3.5.5 Abfindung für Ausschlagung eines aufschiebend bedingten Vermächtnisses

Nach § 3 Abs. 2 Nr. 5 ErbStG gilt als vom Erblasser zugewendet auch, was als Abfindung für ein aufschiebend bedingtes, betagtes oder befristetes Vermächtnis, für das die Ausschlagungsfrist abgelaufen ist, vor dem Zeitpunkt des Eintritts der Bedingung oder des Ereignisses gewährt wird.

Diese Regelung stellt einen Sonderfall des § 7 Abs. 1 Nr. 10 ErbStG dar und enthält hinsichtlich bestimmter Vermächtnisse eine klarstellende Ergänzung zu § 3 Abs. 2 Nr. 4 ErbStG. Sie soll die Abfindung für den Verzicht auf ein – im Gegensatz zu § 3 Abs. 2 Nr. 4 ErbStG – zwar angenommenes und nicht mehr ausschlagbares, aber noch nicht wirksam gewordenes Vermächtnis der Erbschaftsteuer unterwerfen. Da nach den Regeln des BGB eine Ausschlagungsfrist bei Vermächtnissen nicht vorge-

---

316 Zur Rechtslage vor der Neufassung des § 3 Abs. 2 Nr. 4 ErbStG s. BFH vom 17.01.1990, BStBl 1990 II S. 467.

4.3 Erwerb von Todes wegen – § 3 ErbStG

sehen ist, meint § 3 Abs. 2 Nr. 5 ErbStG wohl die Fälle, in denen diese Vermächtnisse angenommen worden sind und folglich nach § 2180 Abs. 1 BGB nicht mehr ausgeschlagen werden können.

Wird das aufschiebend bedingte, betagte oder befristete Vermächtnis angenommen, so liegt ein Erwerb nach § 3 Abs. 1 Nr. 1 ErbStG vor.

4.3.5.6 Übertragung der Nacherbenanwartschaft

Nach § 3 Abs. 2 Nr. 6 ErbStG gilt als vom Erblasser zugewendet auch, was als Entgelt für die Übertragung der Anwartschaft eines Nacherben gewährt wird. Das BGB erwähnt zwar in § 2108 Abs. 2 BGB ausdrücklich nur die Vererblichkeit der Anwartschaft des Nacherben. Bürgerlich-rechtlich wird aber auch die Zulässigkeit der Übertragung dieses Rechts zwischen Erbfall und Nacherbfall anerkannt,[317] wobei allerdings die Formvorschrift des § 2033 BGB zu beachten ist.

§ 3 Abs. 2 Nr. 6 ErbStG kann auch dadurch erfüllt werden, dass der Nacherbe das Anwartschaftsrecht statt auf einen am Erbfall nicht beteiligten Dritten auf den Vorerben überträgt, sodass dieser dadurch Vollerbe wird.[318] Folge dessen ist, dass der vormalige Vorerbe nicht mehr den Beschränkungen gem. §§ 2113 ff. BGB unterliegt.

Entsprechendes gilt nach § 6 Abs. 4 ErbStG für das Verhältnis des Nachvermächtnisnehmers zum Vorvermächtnisnehmer,[319] wenn der Nachvermächtnisnehmer dem Verkauf des Vermächtnisgegenstands gegen Zahlung eines Teils des Veräußerungserlöses zustimmt.

Für die Versteuerung ist das Verhältnis des Nacherben zum Erblasser zugrunde zu legen, denn das Entgelt, das der Nacherbe für die Übertragung des Anwartschaftsrechts erhält, gilt als vom Erblasser zugewendet und ist sofort zu versteuern.[320] Beim späteren Eintritt der Nacherbfolge ist in Anwendung von § 6 Abs. 2 ErbStG das Verhältnis des Anwartschaftserwerbers zum Vorerben oder auf Antrag zum Erblasser zugrunde zu legen, nicht aber nach dem Verhältnis des Nacherben zu dem Vorerben bzw. zu dem Erblasser.[321] Diese Lösung, der entgegengehalten werden könnte, dass die für den Erwerb der Nacherbschaft maßgeblichen steuerlichen Merkmale durch die Weiterveräußerung nicht beeinflusst werden können, folgt der Zivilrechtslage, wonach mit der Übertragung des Anwartschaftsrechts der Erwerber mit dem Eintritt des Nacherbfalls die Erbschaft als Gesamtrechtsnachfolger des Erblassers erwirbt, also ohne Durchgangserwerb des Nacherben.

---

317 Siehe bereits RGZ 101 S. 185.
318 So BFH vom 23.08.1995, BStBl 1996 II S. 137; BFH, HFR 2001 S. 1080.
319 Siehe BFH vom 19.04.1989, BStBl 1989 II S. 623.
320 Siehe auch Kapp/Ebeling, § 3 Rdnr. 315 mit dem Argument, die veräußerliche Stellung des Nacherben beruhe auf dem Willen des Erblassers.
321 Siehe BFH vom 28.10.1992, BStBl 1993 II S. 158, und vom 20.10.2005 II B 32/05, BFH/NV 2006 S. 304.

Der entgeltliche Erwerber des Nacherbenanwartschaftsrechts kann das für den Erwerb aufgewendete und von dem Nacherben gem. § 3 Abs. 2 Nr. 6 ErbStG versteuerte Entgelt nach § 10 Abs. 5 Nr. 3 ErbStG von seinem Erwerb absetzen.[322] Die Möglichkeit des Abzugs des für die Übertragung der Anwartschaft vom Nacherben auf den Vorerben von diesem gezahlten Entgelts wird jedoch verneint.[323] Die Abzugsfähigkeit besteht nur bei Aufwendungen, die sich unmittelbar auf den steuerpflichtigen Erwerb – Umwandlung der Vor- in Vollerbschaft nicht steuerpflichtig – beziehen, nicht für Aufwendungen im Hinblick auf die Erweiterung der durch Erbfall erworbenen Erbenstellung.

4.3.5.7 Herausgabeansprüche nach §§ 2287, 2288 Abs. 2 BGB

1) Der durch Erbvertrag eingesetzte Erbe ist Vertragserbe. Seine Rechtsposition kann ihm der Erblasser zu Lebzeiten nicht mehr einseitig entziehen – Ausnahme: §§ 2293 ff. BGB –. Allerdings erhält der Vertragserbe beim Tod des Erblassers nur das, was von dessen Vermögen noch vorhanden ist. Denn der Erblasser bleibt gem. § 2286 BGB zu Lebzeiten frei, über sein Vermögen zu verfügen. Hat der Erblasser aber in der Absicht, den Vertragserben zu beeinträchtigen, eine Schenkung gemacht, so kann der Vertragserbe, sobald ihm die Erbschaft angefallen ist, von dem Beschenkten gem. § 2287 Abs. 1 BGB die Herausgabe des Geschenks nach den Vorschriften über die Herausgabe einer ungerechtfertigten Bereicherung fordern. Dieser Anspruch gehört allerdings nicht zum Nachlass, sondern er entsteht in der Person des Vertragserben bereits aufgrund der Schenkung des Erblassers. Gibt der Beschenkte das Geschenk heraus, so liegt also kein Erwerb des Vertragserben i. S. des § 3 Abs. 1 Nr. 1 ErbStG vor – kein Erwerb durch Erbanfall –.[324]

Hat der Erblasser den Gegenstand eines vertragsmäßig angeordneten Vermächtnisses in der Absicht, den Bedachten zu beeinträchtigen, veräußert oder belastet, so ist der Erbe nach § 2288 Abs. 2 Satz 1 BGB verpflichtet, dem Vermächtnisnehmer den Gegenstand zu verschaffen oder die Belastung zu beseitigen. Ist hierbei die Veräußerung oder die Belastung schenkweise erfolgt, so steht dem Bedachten, soweit er von dem Erben keinen Ersatz verlangen kann, nach § 2288 Abs. 2 Satz 2 BGB der Bereicherungsanspruch gem. § 2287 BGB gegen den Beschenkten zu. Von dem Erben kann Ersatz nicht verlangt werden, wenn dieser die beschränkte Erbenhaftung i. S. der §§ 1975 ff. BGB erklärt hat oder wenn er zahlungsunfähig oder aus sonstigen Gründen nicht in der Lage ist, Ersatz zu beschaffen. In diesen Fällen kann sich der Anspruchsberechtigte an den vom Erblasser Beschenkten halten.

Der Herausgabeanspruch nach §§ 2287, 2288 BGB setzt voraus, dass der Erblasser die Schenkung – sog. unbenannte Zuwendungen sind i. d. R. objektiv unentgeltlich

---
322 Siehe Hessisches FG vom 06.12.2004, EFG 2005 S. 965.
323 Siehe BFH vom 23.08.1995, BStBl 1996 II S. 137.
324 Vgl. BFH vom 06.03.1991, BStBl 1991 II S. 412.

4.3 Erwerb von Todes wegen – § 3 ErbStG

und im Erbrecht grundsätzlich wie eine Schenkung zu behandeln –[325] in Benachteiligungsabsicht durchgeführt hat. Dies muss allerdings weder das einzige noch das treibende Motiv für die Schenkung gewesen sein. Die Absicht des Erblassers, den Beschenkten zu begünstigen, steht meist in untrennbarem Zusammenhang mit seinem Wissen, dass die aus dem Erbvertrag oder aus dem gemeinschaftlichen Testament Bedachten infolge Durchführung der Schenkung zwangsläufig benachteiligt werden. Daher wird für die Anerkennung einer Schenkung ein lebzeitiges Eigeninteresse des Erblassers gefordert, dass darin zu sehen ist, dass die Schenkung einer sittlichen Verpflichtung entspricht oder sich aus besonderen Leistungen, Opfern oder Versorgungszusagen ergibt, die der Beschenkte für den Erblasser erbracht hat oder zu erbringen verspricht. Sobald dieses Eigeninteresse des Erblassers von einem Fremdinteresse des Beschenkten überlagert wird, ist der Herausgabeanspruch berechtigt.[326]

2) Gemäß **§ 3 Abs. 2 Nr. 7 ErbStG** gilt als vom Erblasser zugewendet auch dasjenige, was ein Vertragserbe aufgrund beeinträchtigender Schenkungen des Erblassers von dem Beschenkten nach den Vorschriften über die ungerechtfertigte Bereicherung erlangt. Aufgrund des ausdrücklichen Hinweises nur auf die Vorschrift des § 2287 BGB in § 3 Abs. 2 Nr. 7 ErbStG i. d. F. vor dem ErbStRG vom 24.12.2008 war strittig, ob der Gesetzgeber den entsprechenden Anspruch des vertraglich eingesetzten Vermächtnisnehmers gem. § 2288 Abs. 2 Satz 2 BGB und die zivilrechtlich anerkannte analoge Anwendung des § 2287 BGB auf den Schlusserben beim sog. Berliner Testament[327] von der Erbschaftsbesteuerung ausnehmen wollte.[328] Mit der Neufassung des § 3 Abs. 2 Nr. 7 ErbStG durch das ErbStRG hat der Gesetzgeber die Zivilrechtslage gem. §§ 2287, 2288 Abs. 2 BGB nachvollzogen. Tatbestandsmäßig ist nunmehr jeglicher Erwerb, den der Vertragserbe oder der Schlusserbe eines gemeinschaftlichen Testaments oder der erbvertragliche Vermächtnisnehmer wegen beeinträchtigender Schenkungen von dem Beschenkten gem. §§ 812 ff. BGB erlangt.[329]

Der Anspruch ist auf Herausgabe des Geschenks in Natur, hilfsweise nach § 818 Abs. 2 BGB auf Geldausgleich gerichtet. Da das vom Beschenkten Erlangte gem. § 3 Abs. 2 Nr. 7 ErbStG als vom Erblasser zugewendet gilt, richtet sich die Besteuerung des Erben/Vermächtnisnehmers nach dem Verhältnis zum Erblasser, nicht zum Beschenkten.

---
325 Siehe BGH, BGHZ 116 S. 167.
326 Siehe hierzu OLG Celle Nds., Rechtspfleger 2006 S. 344.
327 Siehe hierzu BGH, BGHZ 82 S. 274.
328 Vgl. insoweit die Nachweise bei Kapp/Ebeling, § 3 Rdnr. 318.
329 Bereits BFH vom 08.08.2000, BStBl 2000 II S. 587, und FG München vom 30.11.2006, EFG 2007 S. 370, hatten den Herausgabeanspruch des Schlusserben als von § 3 Abs. 2 Nr. 7 ErbStG, obwohl seinerzeit hierin noch nicht erwähnt, erfasst erachtet und hierin keine Erweiterung des Steuerzugriffs durch Analogie, sondern eine Interpretation der auf § 2287 BGB verweisenden Steuernorm im Sinne des durch die Zivilrechtsprechung festgelegten Anwendungsbereichs gesehen.

4 Steuerpflicht

Gibt der Beschenkte an den Vertragserben/Schlusserben heraus, erlischt die Schenkungsteuer für die Schenkung des Erblassers an den Beschenkten gem. § 29 Abs. 1 Nr. 1 ErbStG.[330] Der gegenüber dem Beschenkten ergangene Steuerbescheid ist nach § 175 Abs. 1 Satz 1 Nr. 2 AO zu ändern, wegen § 29 Abs. 2 ErbStG regelmäßig nicht aufzuheben.

4.4 Fortgesetzte Gütergemeinschaft – § 4 ErbStG

Ehegatten leben im Güterstand der Zugewinngemeinschaft, wenn sie nicht durch Ehevertrag etwas anderes vereinbaren (§ 1363 Abs. 1 und § 1408 BGB). Nach § 6 Satz 1 LPartG gilt dies auch für Lebenspartner.

Das BGB unterscheidet somit hinsichtlich der ehelichen Güterstände zwischen dem **gesetzlichen Güterstand (Zugewinngemeinschaft** nach **§§ 1363 ff. BGB)** und den **vertraglichen Güterständen (Gütertrennung** gem. **§ 1414 BGB** und **Gütergemeinschaft** nach **§§ 1415 ff. BGB** mit dem Sonderfall der fortgesetzten Gütergemeinschaft – §§ 1483 ff. BGB). Auch Lebenspartner können ihre güterrechtlichen Verhältnisse gem. § 7 Satz 1 LPartG vertraglich regeln. Der in § 7 Satz 2 LPartG enthaltene Verweis auf die §§ 1409 bis 1563 BGB zeigt, dass sie ebenfalls Gütertrennung und Gütergemeinschaft, auch fortgesetzte Gütergemeinschaft vereinbaren können – Letztere deshalb, weil § 9 Abs. 7 LPartG den Lebenspartnern die Stiefkindadoption ermöglicht mit der Folge, dass dieses dadurch die rechtliche Stellung eines gemeinschaftlichen Kindes erlangt –.

Der Grundsatz der Maßgeblichkeit des bürgerlichen Rechts gilt auch im Bereich des ehelichen bzw. lebenspartnerschaftlichen Güterrechts. Die uneingeschränkte Anwendung des Grundsatzes der Maßgeblichkeit des bürgerlichen Rechts würde nach Auffassung des Gesetzgebers im Bereich des ehelichen Güterrechts bzw. des Güterrechts der Lebenspartner aber bei der fortgesetzten Gütergemeinschaft (§ 4 ErbStG) und der Zugewinngemeinschaft (§ 5 ErbStG) in einigen Fällen zu Ergebnissen führen, die den Besonderheiten des Erbschaftsteuerrechts nicht gerecht werden. Für den Sonderfall der fortgesetzten Gütergemeinschaft hat das Erbschaftsteuer- und Schenkungsteuergesetz in § 4 ErbStG daher eine spezielle erbschaftsteuerrechtliche Regelung – abweichend von den bürgerlich-rechtlichen Regelungen in § 1483 Abs. 1 Satz 3 und § 1490 Satz 1 BGB – getroffen, um dem Grundsatz der Gleichmäßigkeit der Besteuerung gerecht zu werden.

4.4.1 Bürgerlich-rechtliche Regelung
1) Gütergemeinschaftliche Vermögensmassen

Die Ehegatten/Lebenspartner können durch Ehevertrag bzw. Lebenspartnerschaftsvertrag Gütergemeinschaft vereinbaren mit der Folge, dass das Vermögen der Ehe-

---

330 Siehe insoweit aber Meincke, ZEV 2004 S. 126, wonach der das Geschenk Herausgebende sich nicht auf diese Vorschrift berufen, aber seine Leistung nach § 10 Abs. 5 i. V. m. § 1 Abs. 2 ErbStG noch nachträglich bei der Besteuerung der Schenkung erwerbsmindernd geltend machen könne.

4.4 Fortgesetzte Gütergemeinschaft – § 4 ErbStG

gatten/Lebenspartner gemeinschaftliches Vermögen (= Gesamthandsvermögen) beider Ehegatten bzw. Lebenspartner wird (**Gesamtgut**). Zum Gesamtgut gehört auch das Vermögen, das der Mann oder die Frau während der Gütergemeinschaft erwirbt (§§ 1415, 1416 und 1419 BGB).

Von diesem Gesamtgut ist nach § 1417 BGB das **Sondergut** der Ehegatten/Lebenspartner ausgeschlossen. Das Sondergut umfasst die Gegenstände, die nicht durch Rechtsgeschäft übertragen werden können, z. B. das Nießbrauchsrecht, die persönliche Dienstbarkeit, das Urheberrecht, unpfändbare Gehalts-, Unterhalts- und Rentenansprüche, den Anteil an der OHG bzw. an der KG als persönlich haftender Gesellschafter,[331] sodass steuerrechtlich der andere Ehegatte an Einkünften daraus nicht beteiligt ist – nicht zum Vorbehaltsgut gehören hingegen Rechte, die nicht ihrem Wesen nach, sondern nur kraft Parteivereinbarung unübertragbar sind –.

Vom Gesamtgut ist nach § 1418 BGB ferner das **Vorbehaltsgut** der Ehegatten/Lebenspartner ausgeschlossen. Darunter fallen Gegenstände, die durch Ehe- bzw. Lebenspartnerschaftsvertrag hierzu erklärt sind, die ein Ehegatte/Lebenspartner von Todes wegen oder durch unentgeltliche Zuwendung Dritter mit der ausdrücklichen Bestimmung erwirbt, dass sie in das Vorbehaltsgut fallen sollen, ferner kraft dinglicher Surrogation Ersatzstücke für einen Gegenstand, der Vorbehaltsgut war (§ 1418 Abs. 2 BGB).

2) Beendigung des Güterstandes

a) Wird die Ehe/Lebenspartnerschaft durch den Tod eines Partners aufgelöst, so führt das grundsätzlich zur Beendigung der Gütergemeinschaft und der Anteil des Verstorbenen am Gesamtgut gehört zum Nachlass; der Verstorbene wird nach den allgemeinen Vorschriften beerbt (§ 1482 BGB). Um dieses Ergebnis zu verhindern, der überlebende Ehegatte/Lebenspartner also den gemeinschaftlichen Abkömmlingen nicht sofort ihren Anteil am Gesamtgut herausgeben muss, können die Ehegatten bzw. Lebenspartner neben der Gütergemeinschaft durch Vertrag zusätzlich vereinbaren, dass die Gütergemeinschaft nach dem Tod eines der Partner zwischen dem überlebenden Ehegatten/Lebenspartner und den gemeinschaftlichen Abkömmlingen fortgesetzt wird (§ 1483 Abs. 1 Satz 1 BGB), soweit der überlebende Ehegatte/Lebenspartner die Fortsetzung der Gütergemeinschaft nicht ablehnt (§ 1484 BGB). Der Anteil des Verstorbenen am Gesamtgut gehört dann folglich nicht zum Nachlass (§ 1483 Abs. 1 Satz 3 BGB). Im Übrigen allerdings, d. h., soweit es sich nicht um das Gesamtgut handelt, erfolgt die Beerbung des Ehegatten/Lebenspartners nach den allgemeinen Vorschriften. Der überlebende Ehegatte bzw. Lebenspartner hat die rechtliche Stellung des Ehegatten, der das Gesamtgut allein verwaltet (§§ 1422 ff. BGB), die anteilsberechtigten Abkömmlinge haben die rechtliche Stellung des anderen Ehegatten/Lebenspartners (§ 1487 Abs. 1 BGB).

---

331 Siehe BGH, BGHZ 57 S. 128.

b) Stirbt nunmehr ein anteilsberechtigter Abkömmling, so gehört auch sein Anteil an dem Gesamtgut nicht zu seinem Nachlass (§ 1490 Satz 1 BGB). Die fortgesetzte Gütergemeinschaft wird vielmehr mit denjenigen seiner Abkömmlinge, die anteilsberechtigt sein würden, wenn der nunmehr Verstorbene den verstorbenen Ehegatten/Lebenspartner nicht überlebt hätte, fortgesetzt (§ 1490 Satz 2 BGB). Sind solche Personen nicht vorhanden, so wächst der Anteil des Verstorbenen den übrigen Abkömmlingen entsprechend ihrem gesetzlichen Erbrecht nach dem verstorbenen Ehegatten (§ 1503 BGB) an. Erst der Anteil des letzten Abkömmlings wächst dem überlebenden Ehegatten/Lebenspartner an (§ 1490 Satz 3 BGB). Stirbt auch dieser, so endet die fortgesetzte Gütergemeinschaft (§ 1494 BGB). Durch diese – nach § 1518 BGB zwingende – familienrechtliche Regelung werden die Erwerbe von Gesamtgutanteilen, die tatsächlich von Todes wegen anfallen, bürgerlich-rechtlich nicht als Erbanfall eingeordnet. Dadurch wird erreicht, dass das Gesamtgut als Familienvermögen den Familienmitgliedern erhalten bleibt.

4.4.2 Erbschaftsteuerrechtliche Regelung

4.4.2.1 Steuerpflicht beim Tod des Ehegatten

1) Anteilsübergang als Erwerb von Todes wegen

a) Während mit der Vereinbarung der Fortsetzung der Gütergemeinschaft über den Tod eines der Ehegatten/Lebenspartner hinaus der Anteil des Erstversterbenden am Gesamtgut gem. § 1483 Abs. 1 Satz 3 BGB nicht vererblich gestellt wird, die beim Tod dieses Partners an dessen Stelle in die Gütergemeinschaft eintretenden gemeinschaftlichen Abkömmlinge den Anteil also nicht im Wege der Erbfolge, sondern kraft Güterrechts erwerben, stellt § 4 Abs. 1 ErbStG demgegenüber klar, dass der Erwerb der Abkömmlinge für Zwecke der Besteuerung zum Erwerb von Todes wegen zählt. Die Vorschrift schafft die Möglichkeit, dass die in dem Erwerb von Gesamtgutanteilen liegende Bereicherung, die ja tatsächlich von Todes wegen erfolgt, auch erbschaftsteuerrechtlich erfasst wird[332] und dadurch dem Grundsatz der Gleichmäßigkeit der Besteuerung Genüge getan wird, denn auch die übrigen Bereicherungen im Bereich der Gütergemeinschaft werden erbschaftsteuerlich erfasst. Als Schenkung unter Lebenden gilt die Bereicherung, die ein Ehegatte bei Vereinbarung der Gütergemeinschaft erfährt (§ 7 Abs. 1 Nr. 4 ErbStG). Endet die Gütergemeinschaft durch den Tod eines Ehegatten/Lebenspartner, so gehört sein Anteil am Gesamtgut zum Nachlass und der Verstorbene wird gem. § 1482 BGB nach den allgemeinen Vorschriften beerbt. Der Vermögensanfall des Erben unterliegt also als Erwerb von Todes wegen nach § 3 ErbStG der Erbschaftsteuer. Die durch die Fortsetzung der Gütergemeinschaft mit den Abkömmlingen bei dieser eintretende Bereicherung hat für sie aber letztlich dieselbe Wirkung wie eine Bereicherung durch Erbanfall.

---

[332] Siehe BFH vom 26.03.1954, BStBl 1954 III S. 159.

4.4 Fortgesetzte Gütergemeinschaft – § 4 ErbStG

Beispiel:
Eheleute M und F leben in Gütergemeinschaft mit der Vereinbarung nach § 1483 BGB. Sie haben die gemeinschaftlichen Abkömmlinge K1 und K2. Das Gesamtgut hat einen Wert von 6.000.000 €. Der M stirbt. Unmittelbar darauf stirbt K1 und hinterlässt seine Ehefrau E und die Kinder EK1 und EK2.
K1 und K2 haben gem. § 4 Abs. 1 ErbStG nach dem M in der Steuerklasse I je 1.500.000 € (1/2 von 6.000.000 € = 3.000.000 €, davon 1/2 = 1.500.000 €) zu versteuern. EK1 und EK2 – nicht auch die E – haben gem. § 4 Abs. 2 ErbStG i. V. m. § 1490 Satz 2 BGB nach dem K1 ebenfalls in der Steuerklasse I je 750.000 € (1/2 von 1.500.000 €) zu versteuern. Würde hingegen nicht K1, sondern der kinderlose K2 sterben, so hätte K1 nach K2 (Steuerklasse II) 1.500.000 € zu versteuern (§ 4 Abs. 2 ErbStG i. V. m. § 1490 Satz 3 BGB).

b) Der Erwerb der Abkömmlinge nach § 4 ErbStG ist ohne Rücksicht auf das dem überlebenden Ehegatten/Lebenspartner zustehende Verwaltungsrecht (§ 1487 Abs. 1 BGB – s. § 9 Abs. 2 BewG) sofort zu versteuern. Daraus, dass der auf die gemeinschaftlichen Abkömmlinge übergehende Gesamtgutanteil die Hälfte des gemeinschaftlichen Vermögens der Eheleute bzw. Lebenspartner umfasst, folgerte der RFH, dass auch die Beerdigungskosten nur zur Hälfte als Nachlassverbindlichkeiten abzuziehen seien.[333] Dieser Schluss ist aber nicht zwingend. Denn die Bestattungskosten trägt nach § 1968 BGB der Erbe. § 4 Abs. 1 ErbStG macht die Abkömmlinge jedoch nicht zu Erben im Sinne dieser bürgerlich-rechtlichen Vorschrift. Als Anteilserwerber haben die Abkömmlinge die Bestattungskosten daher überhaupt nicht zu tragen. Sind sie aber als Erwerber des sonstigen Vermögens Erbe des Verstorbenen, wird insoweit das Gesamtgut nicht belastet; die Pflicht zur Kostentragung trifft die Abkömmlinge dann in vollem Umfang und nicht nur zur Hälfte.[334]

c) Die Beendigung der fortgesetzten Gütergemeinschaft und die dann folgende Auseinandersetzung ist, soweit jeder nur das ihm nach §§ 1497 ff. BGB Zustehende erhält, erbschaftsteuerlich ohne Bedeutung. Endet sie durch den Tod des überlebenden Ehegatten/Lebenspartners, dann ist allerdings der Übergang seines Anteils am Gesamtgut auf seine Erben nach den allgemeinen Regeln (§ 3 Abs. 1 Nr. 1 ErbStG) steuerpflichtig.

d) Da der Erwerb von Gesamtgutanteilen bürgerlich-rechtlich nicht als Erbfall eingeordnet wird, sind folglich Vorempfänge anteilsberechtigter Abkömmlinge aus dem Gesamtgut bürgerlich-rechtlich nicht schon zu diesem Zeitpunkt, sondern erst bei Beendigung der fortgesetzten Gütergemeinschaft auszugleichen (§ 1503 Abs. 2 i. V. m. §§ 2050 ff. BGB). Da diese spätere Auseinandersetzung erbschaftsteuerlich aber ohne Bedeutung ist, müssen diese Vorempfänge bereits bei der Besteuerung

---
333 Siehe RFH, RStBl 1929 S. 515.
334 Zum Abzug „ganz oder gar nicht" nach § 10 Abs. 5 Nr. 3 ErbStG s. Meincke, § 4 Rdnr. 4; zur Kritik an der RFH-Entscheidung ebenfalls Moench/Kien-Hümbert/Weinmann, § 4 Rdnr. 13; zur Bestattungskostenproblematik auch BFH vom 28.11.1990 II S 10/90, BFH/NV 1991 S. 243.

4 Steuerpflicht

nach § 4 Abs. 1 ErbStG berücksichtigt werden.[335] Sind die Vorempfänge aus dem Gesamtgut bewirkt, so gilt nur die Hälfte des Vorempfangs als ausgleichspflichtige Zuwendung des Verstorbenen.[336]

2) Nichtgemeinschaftliche Abkömmlinge

Problematisch ist das Verhältnis der gemeinschaftlichen Abkömmlinge zu den nichtgemeinschaftlichen Abkömmlingen des Verstorbenen (z. B. dessen Kindern aus erster Ehe), wenn die nichtgemeinschaftlichen Abkömmlinge zu den Erben des Verstorbenen gehören. § 1483 BGB trifft für diesen Fall zwei im Grunde miteinander unvereinbare Aussagen. Zum einen wird festgelegt, dass den Gesamtgutanteil nur die gemeinschaftlichen Abkömmlinge übernehmen. Zum anderen wird bestimmt, dass die Rechtsstellung der nichtgemeinschaftlichen Abkömmlinge so beurteilt werden soll, als wäre fortgesetzte Gütergemeinschaft nicht eingetreten, der Gesamtgutanteil also allen Abkömmlingen zugefallen. Die nichtgemeinschaftlichen Abkömmlinge können von den Anteilserwerbern zumindest einen Wertausgleich verlangen, der sie so stellt, als wäre der Anteil auch ihnen zugefallen (vergleichbar der früheren Rechtslage für das Erbrecht der nichtehelichen Kinder nach §§ 1934a ff. BGB a. F.). Bei der Berechnung des Anteilswerts, den die gemeinschaftlichen Abkömmlinge erwerben, sind daher die Beteiligungsrechte der nichtgemeinschaftlichen Abkömmlinge zu beachten – für diese steuerpflichtiger Erwerb nach § 3 Abs. 1 Nr. 1 ErbStG –.

4.4.2.2 Steuerpflicht beim Tod eines Abkömmlings

Ebenso wie § 4 Abs. 1 ErbStG bei der Beurteilung des Anteilsübergangs vom erstversterbenden Ehegatten/Lebenspartner auf die gemeinschaftlichen Abkömmlinge von der Rechtslage des Zivilrechts abweicht, wird diese Linie in § 4 Abs. 2 ErbStG fortgeführt und in Abweichung von § 1490 Satz 1 BGB bestimmt, dass beim Tod eines Abkömmlings dessen Anteil am Gesamtgut zu seinem Nachlass gerechnet werden soll. Dies bedeutet, dass der Erwerb des Anteils vom Abkömmling als ein Erwerb durch Erbanfall i. S. des § 3 Abs. 1 Nr. 1 ErbStG zu versteuern ist.

4.4.2.3 Steuerschuldnerschaft und sonstige Erwerbe

1) Steuerschuldner

Im Fall des § 4 ErbStG sind gem. § 20 Abs. 2 ErbStG die Abkömmlinge im Verhältnis der auf sie entfallenden Anteile, der überlebende Ehegatte/Lebenspartner hingegen für den gesamten Steuerbetrag Steuerschuldner. Diese Steuerschuldnerschaft des überlebenden Partners hat ihren Grund in seinem Verwaltungsrecht. Auch soll die Zugriffsmöglichkeit auf das Gesamtgut sichergestellt werden. Denn nach § 1488 BGB haftet das Gesamtgut für die Verbindlichkeiten des überlebenden Ehegatten bzw. Lebenspartners.

---

335 Siehe RFH, RStBl 1932 S. 855.
336 Siehe RFH, RStBl 1933 S. 1342.

Eine weitere Folge davon ist die Regelung des § 31 Abs. 3 ErbStG, wonach das Finanzamt die Steuererklärung allein von dem überlebenden Ehegatten/Lebenspartner verlangen kann.[337]

2) Sonstige Erwerbe

§ 4 ErbStG betrifft nur die Besteuerung der Erwerber, denen beim Tod des erstversterbenden Ehegatten/Lebenspartners oder beim Tod eines die Gütergemeinschaft fortsetzenden Abkömmlings ein Anteil am Gesamtgut zufällt. Der Erwerb, der den anteilsberechtigten und nichtanteilsberechtigten Abkömmlingen, dem überlebenden Ehegatten/Lebenspartner oder sonstigen Personen kraft Erbrechts aus dem nicht zum Gesamtgut gehörenden Vermögen des Erblassers (= Sondergut bzw. Vorbehaltsgut) zufällt, erfolgt nach den allgemeinen Regeln des § 3 ErbStG. Der überlebende Ehegatte/Lebenspartner haftet daher nach § 20 Abs. 2 ErbStG nicht für die Schuld der Abkömmlinge, die solche nicht aus dem Gesamtgut stammenden Erwerbe betrifft. Umgekehrt können auch die anteilsberechtigten Abkömmlinge nicht für die Erwerbe als Steuerschuldner herangezogen werden, die dem überlebenden Ehegatten/Lebenspartner aus dem gesamtgutfreien Vermögen des erstversterbenden Partners zukommen.

Der Erwerb, der den anteilsberechtigten Abkömmlingen, dem überlebenden Ehegatten/Lebenspartner oder dessen Erben in der Auseinandersetzung der fortgesetzten Gütergemeinschaft gem. §§ 1492 ff. BGB zufällt, bewirkt im Zweifel keine selbständige Bereicherung und unterliegt damit nicht der Steuerpflicht.

4.5 Zugewinngemeinschaft – § 5 ErbStG

4.5.1 Bürgerlich-rechtliche Regelung

Die Eheleute leben im Güterstand der Zugewinngemeinschaft, wenn sie nicht durch Ehevertrag etwas anderes vereinbaren (§ 1363 Abs. 1 BGB). Dies gilt gleichermaßen für Lebenspartner nach dem LPartG (§ 6 LPartG). Aus Vereinfachungs- und Darstellungsgründen soll es aber im Folgenden bei der Bezeichnung Ehegatten verbleiben. Der gesetzliche Güterstand der Zugewinngemeinschaft (§§ 1363 bis 1390 BGB) – treffender wäre die Bezeichnung: Gütertrennung mit Zugewinnausgleich – ist durch folgende drei Prinzipien gekennzeichnet:

1. Grundsätzliche Gütertrennung: Das Vermögen des Mannes und das Vermögen der Frau (eingebrachtes und später erworbenes) werden nicht kraft Gesetzes gemeinschaftliches Vermögen der Ehegatten (§ 1363 Abs. 2 Satz 1 BGB). Gemeinschaftliches Vermögen durch Vereinbarung zwischen den Ehegatten ist natürlich möglich (z. B. gemeinsam errichtetes Einfamilienhaus).

---

[337] Zur Frage, ob die Erklärung nur von diesem verlangt werden kann oder ob dem Finanzamt eine Wahlmöglichkeit zugebilligt werden soll, die Erklärung auch von allen Beteiligten zu verlangen, s. Meincke, § 31 Rdnr. 10.

4 Steuerpflicht

2. Teilweise Verfügungsbeschränkungen: Jeder Ehegatte verwaltet sein Vermögen selbständig, unterliegt jedoch gewissen Verfügungsbeschränkungen (§§ 1364 ff. BGB) – Verpflichtungen, über das Vermögen im Ganzen zu verfügen, und Verfügung über Haushaltsgegenstände.

3. Zugewinnausgleich: Der Zugewinn – das ist der Betrag, um den das Endvermögen eines Ehegatten das Anfangsvermögen übersteigt (§§ 1373 ff. BGB) –, den die Ehegatten in der Ehe erzielen, wird ausgeglichen, wenn die Zugewinngemeinschaft endet (§ 1363 Abs. 2 Satz 2 BGB).

Für die Durchführung des Zugewinnausgleichs sieht das Gesetz zwei völlig verschiedene Wege vor (s. o. 2.1.1.2):

1. Die erbrechtliche Lösung nach § 1371 Abs. 1 BGB – der überlebende Ehegatte erhält neben seinem gesetzlichen Erbanspruch (§ 1931 BGB) einen fiktiven Zugewinnausgleichsanspruch gem. § 1371 Abs. 1 BGB; diese Vereinfachungsregelung erspart eine Berechnung des Zugewinns.

2. Die güterrechtliche Lösung nach §§ 1372 ff. BGB – Ausgleich des Teils des Zugewinns, den ein Ehegatte mehr als der andere erzielt hat. Dieser schuldrechtliche Ausgleichsanspruch ist auf Geld gerichtet.

In welcher Form der Zugewinnausgleich im Einzelfall durchzuführen ist, bestimmt sich nach der Art und Weise der Beendigung der Zugewinngemeinschaft.

4.5.1.1 Zugewinnausgleich beim Tod eines Ehegatten

Es bestehen drei Möglichkeiten:

a) Wenn der überlebende Ehegatte Erbe oder Vermächtnisnehmer wird, so gilt nur die erbrechtliche Regelung des § 1371 Abs. 1 BGB. Der Zugewinn wird – unerheblich, ob einer erzielt wurde – pauschal dadurch ausgeglichen, dass sich der gesetzliche Erbteil des überlebenden Ehegatten um 1/4 der Erbschaft erhöht; der Überlebende wird also insoweit – im Gegensatz zu §§ 1372 und 1378 BGB – am Nachlass dinglich beteiligt. Der Pflichtteilsanspruch wird nach dem erhöhten gesetzlichen Erbteil errechnet (= großer Pflichtteil).

b) Wenn der überlebende Ehegatte die Erbschaft ausgeschlagen hat oder er nicht bedacht ist, so erhält er gem. § 1371 Abs. 2 und 3 BGB den güterrechtlichen Ausgleichsanspruch (wie sonst beim Zugewinnausgleich zu Lebzeiten beider Ehegatten) plus den Pflichtteil, der nur nach § 1931 BGB ohne die Erhöhung gem. § 1371 Abs. 1 BGB errechnet wird (= kleiner Pflichtteil). Die Ausgleichsforderung des überlebenden Ehegatten ist dabei eine Nachlassverbindlichkeit, die also bei der Berechnung des Pflichtteils abzusetzen ist.

c) Wenn der überlebende Ehegatte durch Vertrag mit dem Erblasser auf sein gesetzliches Erbrecht verzichtet hat (§ 2346 BGB) oder wenn er durch Urteil für erbunwürdig erklärt worden ist (§§ 2339 ff. und 2345 BGB) oder wenn ihm mit

4.5 Zugewinngemeinschaft – § 5 ErbStG

Recht der Pflichtteil entzogen worden ist (§ 2333 BGB), so hat er nur den güterrechtlichen Ausgleichsanspruch (§ 1371 Abs. 2 BGB).

4.5.1.2 Zugewinnausgleich zu Lebzeiten beider Ehegatten

Wird die Zugewinngemeinschaft nicht durch den Tod eines Ehegatten beendet, sondern z. B. durch Scheidung der Ehe oder durch Ehevertrag, so erfolgt der Zugewinnausgleich nach §§ 1372 ff. BGB. Nach § 1378 BGB besteht im Güterstand der Zugewinngemeinschaft ein Zugewinnausgleichsanspruch in Höhe der Hälfte des Überschusses, soweit der Zugewinn des einen Ehegatten den Zugewinn des anderen Ehegatten übersteigt. Zugewinn ist nach § 1373 BGB der Betrag, um den das Anfangsvermögen das Endvermögen eines Ehegatten übersteigt. Was zum Anfangsvermögen gehört, ergibt sich aus § 1374 BGB. Was zum Endvermögen gehört, ergibt sich aus § 1375 BGB. Seit Inkrafttreten des Gesetzes zur Änderung des Zugewinnausgleichs- und Vormundschaftsrechts zum 01.09.2009 (BGBl 2009 I S. 1996) ist zu beachten, dass sowohl das Anfangsvermögen (§ 1374 Abs. 3 BGB) als auch das Endvermögen (§ 1375 Abs. 1 Satz 2 BGB) negativ sein können.

Beispiel:
Die Ehe von M und F wird geschieden. F hatte bei Eheschließung ein Anfangsvermögen von 40.000 €, bei Rechtshängigkeit des Scheidungsantrags ein Endvermögen von 100.000 €. M war zu Beginn der Ehe mit 20.000 € verschuldet. Sein Endvermögen beträgt 40.000 €. 20.000 € hat er aufgrund einer Erbschaft erhalten. Es erfolgt ein Zugewinnausgleich unter Lebenden (§ 1372 BGB).
Berechnung

	M	F
Endvermögen (§ 1375 BGB)	40.000 €	100.000 €
abzgl. Anfangsvermögen (§ 1374 Abs. 1 und 3 BGB)	./. 20.000 €	./. 40.000 €
unter Hinzurechnung der Erbschaft (§ 1374 Abs. 2 BGB)	+ 20.000 €	
Zugewinn (§ 1373 BGB)	40.000 €	60.000 €

Da der Zugewinn der F den Zugewinn des M um 20.000 € übersteigt, hat M gem. § 1378 Abs. 1 BGB einen Zugewinnausgleichsanspruch gegenüber F i. H. von 20.000 € : 2 = 10.000 €.

Die Wertermittlung des Anfangs- und Endvermögens richtet sich nach § 1376 BGB. Maßgebend ist danach i. d. R. der Verkehrswert zum jeweiligen Bewertungszeitpunkt (i. d. R. Eintritt bzw. Beendigung des Güterstandes). Dabei ist die allein durch den Kaufkraftschwund des Geldes eingetretene nominale Wertsteigerung des Anfangsvermögens nur unechter Zugewinn, der nicht auszugleichen ist.[338] Zur Berücksichtigung des Kaufkraftschwundes ist das gesamte Anfangsvermögen unter Heranziehung des vom Statistischen Bundesamt ermittelten Lebenshaltungskostenindex umzurechnen. Formel für das abzuziehende Anfangsvermögen:

---
338 BGH, NJW 1974 S. 137.

4 Steuerpflicht

$$\frac{\text{Wert des Anfangsvermögens bei Beginn des Güterstandes} \times \text{Lebenshaltungskostenindex zum Zeitpunkt der Beendigung des Güterstandes}}{\text{Lebenshaltungskostenindex zum Zeitpunkt des Beginns des Güterstandes}}$$

Da seit Beginn des Güterstandes in der Mehrzahl der Fälle eine längere Zeit verstrichen sein wird, erleichtert § 1377 BGB die Feststellung des Ausgangspunktes für die Berechnung des Zugewinns, indem er Beweiserleichterungen an die Aufstellung eines Inventars knüpft. Die Aufstellung eines solchen Inventars bewirkt, dass im Verhältnis der Ehegatten zueinander seine Richtigkeit bis zum Beweis des Gegenteils durch den bestreitenden Ehegatten vermutet wird (§ 1377 Abs. 1 BGB). Ist kein Verzeichnis aufgenommen, so wird, solange der Gegenbeweis nicht geführt ist, vermutet, dass ein Anfangsvermögen nicht vorhanden war, das gesamte Endvermögen eines Ehegatten also sein Zugewinn ist (§ 1377 Abs. 3 BGB). Nach § 1380 Abs. 1 BGB sind im Zweifel unentgeltliche Zuwendungen, die ein Ehegatte dem anderen gemacht hat und die den Wert von Gelegenheitsgeschenken übersteigen, als Vorausempfänge auf die Ausgleichsforderung anzurechnen.

Beispiel:
Die Ehe von M und F ist geschieden worden. Das Anfangsvermögen des M betrug 60.000 €, sein Endvermögen 90.000 €. Das Anfangsvermögen der F betrug 30.000 €, ihr Endvermögen 36.000 €. Nach § 1380 Abs. 1 BGB anzurechnende Zuwendung von M an F 10.000 €.

Zugewinn des M: 90.000 € ./. 60.000 € + Zuwendung 10.000 € (§ 1380 Abs. 2 BGB) = 40.000 €.

Zugewinn der F: 6.000 €.

Ausgleichsforderung der F: 40.000 € ./. 6.000 € = 34.000 €; 1/2 von 34.000 € = 17.000 €.

17.000 € ./. 10.000 € (§ 1380 Abs. 1 BGB) = 7.000 €.

Bei dem güterrechtlichen Zugewinnausgleich im Fall der Scheidung sind die Regeln über den Versorgungsausgleich (§§ 1587 ff. BGB) vorrangig, d. h., **der Versorgungsausgleich verdrängt das eheliche Güterrecht** (§ 1587 Abs. 3 BGB). Die Rechte, die vom Versorgungsausgleich erfasst werden, sind also beim Zugewinnausgleich nicht zu berücksichtigen (R E 5.1 Abs. 4 Satz 3 ErbStR 2011). Der Versorgungsausgleich gilt im Übrigen unabhängig vom Güterstand. Er wird wie folgt durchgeführt: Die in der Ehezeit von den Ehegatten erworbenen Anwartschaften und Aussichten auf eine Versorgung für den Fall des Alters oder der Berufs- oder Erwerbsunfähigkeit werden einander gegenübergestellt. Übersteigen die Anwartschaften und Aussichten eines Ehegatten die des anderen, so steht diesem die Hälfte des Wertunterschieds zu, sodass beide Ehegatten für die Ehezeit in ihrer Versorgung gleichgestellt sind.

4.5.2 Erbschaftsteuerrechtliche Regelung im Fall der erbrechtlichen Abwicklung der Zugewinngemeinschaft (§ 5 Abs. 1 ErbStG)

Der Schematismus der erbrechtlichen Lösung (§ 1371 Abs. 1 BGB) lässt unberücksichtigt, ob tatsächlich ein Zugewinn erzielt oder dieser sogar auf Seiten des Längerlebenden entstanden ist. Der Gesetzgeber des BGB hat diese pauschale „ungerechte" Lösung bewusst gewählt, um im Interesse des Familienfriedens die Schwierigkeiten, die sich bei Ermittlung des Werts des Anfangs- und Endvermögens, insbesondere bei langjähriger Ehe, ergeben können, auszuschalten. Der Gesetzgeber des Erbschaftsteuer- und Schenkungsteuergesetzes hat demgegenüber bei der Abwägung zwischen – etwas vereinfacht ausgedrückt – Gerechtigkeit und Vereinfachung der Gerechtigkeit den Vorzug gegeben, denn seine Regelung, die bei Auflösung der Zugewinngemeinschaft im Todesfall nicht entsprechend der bürgerlich-rechtlichen Lösung 1/4 des Endvermögens generell von der Steuer freistellt, sondern eine genaue Ermittlung der Ausgleichsforderung notwendig macht, entspricht weitgehend der Forderung nach einer gerechten Besteuerung. Die Übernahme der bürgerlich-rechtlichen Regelung für die Erbschaftsteuer würde sich nämlich in all den Fällen, in denen der pauschale 1/4- – und damit steuerfreie – Betrag höher ist als die Ausgleichsforderung, die dem überlebenden Ehegatten bei güterrechtlicher Abwicklung der Zugewinngemeinschaft zustehen würde, wie ein Freibetrag auswirken, der wegen seiner Abhängigkeit von der Höhe des Nachlasses bei großen Vermögen um ein Vielfaches höher sein kann als der normale Ehegattenfreibetrag von 500.000 Euro. Auf der anderen Seite würde durch die entsprechende Übernahme der Vereinfachungsregelung des § 1371 Abs. 1 BGB dem Gedanken, dass beim überlebenden Ehegatten sein Anspruch auf Ausgleich des Zugewinns erbschaftsteuerfrei bleiben soll, in den Fällen nicht ausreichend Rechnung getragen, in denen dem überlebenden Ehegatten im Falle einer güterrechtlichen Abwicklung eine über 1/4 des reinen Nachlasswerts hinausgehende Ausgleichsforderung zustehen würde.[339]

4.5.2.1 Ansatz einer fiktiven Ausgleichsforderung

Nach § 5 Abs. 1 Satz 1 ErbStG soll – anstelle des pauschalen 1/4-Werts – somit letztlich jeweils der Betrag steuerfrei bleiben, den der überlebende Ehegatte bei güterrechtlicher Abwicklung der Zugewinngemeinschaft (§ 1371 Abs. 2 BGB) als (fiktive) Ausgleichsforderung geltend machen könnte (s. R E 5.1 Abs. 1 ErbStR 2011).

Diese (fiktive) Ausgleichsforderung ist lediglich eine steuerliche Rechengröße und daher nicht vererblich.[340]

---

339 Begründung zum Regierungsentwurf des Erbschaftsteuer- und Schenkungsteuergesetzes vom 17.04.1974; BT-Drucksache VI/3418.
340 BFH, ZEV 2001 S. 371.

4 Steuerpflicht

Beispiel:
M und F lebten im Güterstand der Zugewinngemeinschaft. M stirbt und hinterlässt neben F die gemeinsamen Kinder K1 und K2. Der Verkehrswert (= Steuerwert) des Nachlasses beträgt 8.000.000 €. Die fiktive Ausgleichsforderung der F beträgt 500.000 €.

Bürgerlich-rechtliches Ergebnis:
F erbt nach § 1371 Abs. 1 BGB 1/4 (= 2.000.000 €) und nach § 1931 Abs. 1 BGB 1/4 (= 2.000.000 €): zusammen also 1/2 = 4.000.000 €.

Erbschaftsteuerrechtliches Ergebnis:
Von den 4.000.000 € bleiben – abgesehen von den Freibeträgen – nicht 2.000.000 €, sondern nur 500.000 € steuerfrei nach § 5 Abs. 1 Satz 1 ErbStG.

4.5.2.2 Modifizierung der Ausgleichsforderung

Der Verweis in § 5 Abs. 1 Satz 1 ErbStG auf § 1371 Abs. 2 BGB wirft die Frage auf, ob die in § 1371 Abs. 2 BGB in Bezug genommenen Vorschriften erbschaftsteuerlich als abschließende Regeln gewollt sind oder ob sie im Fall einer bürgerlich-rechtlich zulässigen vertraglichen Modifizierung (sog. modifizierte Zugewinngemeinschaft) in dieser vertraglich modifizierten Ausgestaltung der Erbschaftsteuer zugrunde gelegt werden sollen.

Diese lange Zeit streitige Frage[341] hat der Gesetzgeber zumindest ab 01.01.1994[342] eindeutig entschieden (siehe auch unter 4.5.5).

Bei der Berechnung der erbschaftsteuerfreien (fiktiven) Ausgleichsforderung bleiben danach nämlich nach § 5 Abs. 1 Satz 2 ErbStG von den Vorschriften der §§ 1373 bis 1383 und 1390 BGB abweichende güterrechtliche Vereinbarungen unberücksichtigt. Allein die gesetzliche Regelung nach dem BGB soll insoweit also die erbschaftsteuerfreie Ausgleichsforderung bestimmen. Demgegenüber sollen ehevertragliche Vereinbarungen über die Berechnungsgrößen des fiktiven Zugewinnausgleichs, die – zivilrechtlich zulässig – von den im BGB festgelegten Berechnungsregeln abweichen und dadurch eine Erhöhung der nur für steuerliche Zwecke zu ermittelnden fiktiven steuerfreien Ausgleichsforderung bewirken, für die Erbschaftsteuer unbeachtlich sein. Im Ergebnis bedeutet dies, dass für jeden Ehegatten das Anfangs- und Endvermögen nach Verkehrswerten gegenüberzustellen ist. Die Zu- und Abrechnungen nach §§ 1374 ff. BGB sind dabei zu beachten. Spätere erbschaftsteuerliche Auswirkungen beim Tod eines Ehegatten, z. B. bei früheren Schenkungen an gemeinsame Kinder, sind nicht auszuschließen.[343] Die Vermutung des § 1377 Abs. 1 BGB ist für das Finanzamt widerlegbar.[344]

---

341 Siehe z. B. einerseits BFH vom 28.06.1989, BStBl 1989 II S. 897, und vom 12.05.1993, BStBl 1993 II S. 739; andererseits die gleichlautenden Ländererlasse vom 10.11.1989, BStBl 1989 I S. 429, und vom 07.09.1993, BStBl 1993 I S. 804.
342 StMBG vom 21.12.1993, BGBl I S. 2310.
343 Vgl. Piltz, ZEV 1995 S. 139.
344 BFH vom 08.02.1984, BStBl 1984 II S. 438.

4.5 Zugewinngemeinschaft – § 5 ErbStG

4.5.2.3 Vermutung des § 1377 Abs. 3 BGB

Die Vermutung des § 1377 Abs. 3 BGB, wonach beim Fehlen eines Verzeichnisses des Anfangsvermögens vermutet wird, dass das Endvermögen der Zugewinn ist, findet erbschaftsteuerlich allerdings bei der Berechnung des Zugewinns gem. § 5 Abs. 1 ErbStG (anders als bei der Berechnung nach § 5 Abs. 2 ErbStG) keine Anwendung (§ 5 Abs. 1 Satz 3 ErbStG). Im Ergebnis bedeutet dies, dass im Besteuerungsverfahren stets das richtige Anfangsvermögen zu ermitteln ist.

4.5.2.4 Ehevertragliche Vereinbarungen

Ehegatten leben gem. § 1363 BGB ab Eheschließung im Güterstand der Zugewinngemeinschaft, wenn sie nicht durch Ehevertrag etwas anderes vereinbaren (s. auch R E 5.1 Abs. 3 ErbStR 2011). Das Anfangsvermögen bestimmt sich in diesen Fällen nach dem Datum der Eheschließung (§ 1374 Abs. 1 BGB). Beginnt der Güterstand der Zugewinngemeinschaft nicht mit der Eheschließung, sondern wird er erst später durch Ehevertrag vereinbart, kann im Rahmen dieses Vertrags auch der Zeitpunkt für das maßgebende Anfangsvermögen – abweichend von § 1374 Abs. 1 BGB – auf den Zeitpunkt der Eheschließung zurückverlegt werden. Erbschaftsteuerlich gilt demgegenüber im letzteren Fall nach § 5 Abs. 1 Satz 4 ErbStG als Zeitpunkt des Eintritts des Güterstandes (§ 1374 Abs. 1 BGB) der Tag des Vertragsabschlusses, d. h., er ist stets für die Bestimmung des Anfangsvermögens maßgebend. Eine (zulässige) anderweitige zivilrechtliche Vereinbarung bleibt also erbschaftsteuerlich unbeachtlich.

Zu den Auswirkungen rückwirkender Vereinbarungen im Fall der Anwendung des § 5 ErbStG siehe die Ausführungen unter 4.5.4 zu § 5 Abs. 1 und 2 ErbStG.

4.5.2.5 Wertsteigerung des Anfangsvermögens

Die allein durch die Geldentwertung eingetretene nominale Wertsteigerung des Anfangsvermögens ist nach der Rechtsprechung der Zivilgerichte bei der Berechnung des Zugewinnausgleichs nach §§ 1372 ff. (§ 1376) BGB als unechter Zugewinn nicht auszugleichen (s. o. 4.5.1). Nach R E 5.1 Abs. 2 Satz 4 ErbStR 2011 gilt das zu Recht auch im Rahmen des § 5 ErbStG.

Das Anfangsvermögen der Ehegatten ist mit dem Lebenshaltungskostenindex zur Zeit der Beendigung des Güterstandes zu multiplizieren und durch die für den Zeitpunkt des Beginns des Güterstandes geltende Indexzahl zu dividieren (H E 5.1 ErbStH 2011). Die maßgeblichen Vervielfältiger werden kontinuierlich im BStBl veröffentlicht.[345]

Beispiel:[346]
Das Anfangsvermögen des M bei Eheschließung 1964 betrug umgerechnet 180.000 €. Im Januar 2008 stirbt M, Endvermögen 2.000.000 €. Alleinerbin ist seine Ehefrau F. Das Anfangs- und Endvermögen der F beträgt 0 €.

---

345 Vgl. z. B. BMF vom 08.03.2008, BStBl 2008 I S. 499.
346 Nach BMF vom 08.03.2008, BStBl 2008 I S. 499.

Ermittlung des steuerfreien Betrags nach § 5 Abs. 1 ErbStG:

	F	M
Endvermögen	0 €	2.000.000 €
abzgl. Anfangsvermögen F	0 €	
abzgl. Anfangsvermögen M	$\frac{180.000\ €\ \times\ 105{,}3}{30{,}1}$	∕. 629.700 €
Zugewinn	0 €	1.370.300 €
Zugewinnausgleichsforderung (F) : (1.370.300 € ∕. 0 €) : 2 =		685.150 €

4.5.2.6 Güterrechtswahl nach Art. 15 Abs. 2 EGBGB

Nach Verwaltungsauffassung (H E 5.1 (3) ErbStH 2011) sind § 5 Abs. 1 Sätze 2 bis 4 ErbStG auch dann anzuwenden, wenn Ehegatten nach Art. 15 Abs. 2 EGBGB für die güterrechtlichen Wirkungen ihrer Ehe deutsches Recht wählen und dann für sie die Zugewinngemeinschaft gilt, also Tag dieser notariell beurkundeten Erklärung gleich Zeitpunkt des Eintritts in diesen Güterstand ist.

4.5.2.7 Zuwendungen i. S. des § 3 Abs. 1 Nr. 4 ErbStG

Der Wortlaut des § 5 Abs. 1 Satz 1 ErbStG lässt nicht deutlich erkennen, ob Zuwendungen i. S. des § 3 Abs. 1 Nr. 4 ErbStG bei der fiktiven Berechnung des Anspruchs auf Zugewinnausgleich dem Endvermögen des Erblassers hinzuzurechnen sind oder nicht. Diese Bezüge i. S. des § 3 Abs. 1 Nr. 4 ErbStG gehören bürgerlich-rechtlich nicht zum Nachlass und somit auch nicht zum Endvermögen des verstorbenen Ehegatten. Eine Einbeziehung in die Zugewinnberechnung käme also – außer über die Konstruktion des § 1380 BGB – nicht in Betracht. Abweichend davon **lässt die Finanzverwaltung eine Hinzurechnung dieser Bezüge zum Endvermögen des verstorbenen Ehegatten bei der Ermittlung der fiktiven Ausgleichsforderung nach § 5 Abs. 1 ErbStG grundsätzlich zu** (R E 5.1 Abs. 4 ErbStR 2011).[347] Dieses Ergebnis kann auf die im Rahmen des § 5 Abs. 1 ErbStG zu beachtenden steuerrechtlichen Besonderheiten gestützt werden. **Die Vorschrift des § 17 ErbStG wird durch die Einbeziehung dieser Bezüge in die Berechnung der fiktiven Zugewinnausgleichsforderung nicht berührt.** Der Versorgungsfreibetrag ist deshalb auch nicht um den Teil der Versorgungsbezüge zu kürzen, der als Zugewinnausgleich im Ergebnis erbschaftsteuerfrei bleibt (H E 5.1 (4) ErbStH 2011). Die Vorschrift in § 17 Abs. 1 Satz 2 ErbStG ist insoweit nicht anzuwenden. **Eine solche Lösung kann aber nur für steuerpflichtige, nicht für erbschaftsteuerfreie Bezüge gelten.**[348]

4.5.2.8 Zuwendungen i. S. des § 1380 BGB

Erfolgen Zuwendungen nach § 1380 BGB unter Anrechnung auf die Ausgleichsforderung, handelt es sich hierbei um zunächst steuerpflichtige Schenkungen unter Ehegatten, weil der Güterstand der Zugewinngemeinschaft nicht beendet wird.[349]

---

347 Siehe auch BFH vom 22.12.1976, BStBl 1977 II S. 420, und vom 12.04.1978, BStBl 1978 II S. 400; FG Rheinland-Pfalz, UVR 1995 S. 186.
348 BFH, BStBl 1982 II S. 27; s. o. 4.3.4.
349 BFH vom 28.06.2007, BStBl 2007 II S. 785.

4.5 Zugewinngemeinschaft – § 5 ErbStG

Fraglich ist, ob bei einer späteren Beendigung des Güterstandes der Zugewinngemeinschaft z. B. durch Scheidung, durch Tod oder durch Vereinbarung des Güterstandes der Gütertrennung die Anrechnung gem. § 1380 BGB auf einen Zugewinnausgleichsanspruch des anderen Ehegatten dazu führt, dass die schenkungsteuerlichen Folgen deswegen im Nachhinein rückgängig zu machen sind (§ 29 Abs. 1 Nr. 3 ErbStG).

Seinem Wortlaut nach griff § 29 Abs. 1 Nr. 3 ErbStG in der vor 2009 geltenden Fassung nur ein, soweit in **den Fällen des § 5 Abs. 2 ErbStG** Zuwendungen auf die Ausgleichsforderung angerechnet worden sind.

Ob die Korrekturvorschrift nur beim unter § 5 Abs. 2 ErbStG fallenden güterrechtlichen Zugewinnausgleich oder auch beim fiktiven Zugewinnausgleich nach § 5 Abs. 1 ErbStG zur Anwendung kommt, war hingegen nicht zweifelsfrei. Nach m. E. zutreffender Auffassung der Finanzverwaltung (R 11 Abs. 6 Satz 1 und 2 ErbStR 2003, H 11 Abs. 5 ErbStH 2003) und Stimmen in der Literatur[350] sowie der Rechtsprechung[351] ist für eine unterschiedliche Beurteilung der beiden Fallgruppen kein ausreichender Grund gegeben und § 29 Abs. 1 Nr. 3 ErbStG auch bei der erbrechtlichen Ausgleichsregelung des § 5 Abs. 1 ErbStG anzuwenden. Durch das ErbStRG 2009 ist in § 29 Abs. 1 Nr. 3 ErbStG daher auch ausdrücklich klargestellt worden, dass eine Korrektur eines Schenkungsteuerbescheides für unentgeltliche Zuwendungen an den Ehegatten auch dann erfolgt, wenn unentgeltliche Zuwendungen bei der Berechnung des nach **§ 5 Abs. 1 ErbStG** steuerfreien Betrags berücksichtigt werden (s. auch R E 5.1 Abs. 6 ErbStR 2011).

Nach § 1380 Abs. 1 Satz 2 BGB ist im Zweifel von einer Anrechnungsbestimmung auszugehen, wenn der Wert der Zuwendung den Wert der nach den Lebensverhältnissen üblichen Gelegenheitsgeschenke übersteigt. In entsprechenden Fallkonstellationen können sich daraus erhebliche Vorteile ergeben.

Beispiel:
Anlässlich einer Großbetriebsprüfung wird festgestellt, dass der in Zugewinngemeinschaft lebende Ehemann M im Jahr 2003 seiner Ehefrau F ein Aktienpaket im Kurswert (= Steuerwert) von 1.800.000 € zugewendet hat. Eine ausdrückliche Anrechnung der von der Betriebsprüfung als Schenkung beurteilten Zuwendung auf einen etwaigen Zugewinnausgleichsanspruch ist nicht erfolgt. Aufgrund der festgestellten Schenkung 2003 ist vom Finanzamt nach Abzug des Freibetrags von 307.000 € und bei einem Steuersatz von 19 % eine Schenkungsteuer von 321.670 € festgesetzt worden.

Beim Tod von M im Jahr 2009 wird der Erwerb von F unter Anwendung des § 5 Abs. 1 ErbStG besteuert.

Wird für diesen Fall angenommen, dass die Vermutungsregel des § 1380 Abs. 1 Satz 2 BGB auf die Zuwendung der Wertpapiere anwendbar ist, weil es sich nicht um ein nach den Lebensverhältnissen der Ehegatten übliches Gelegenheitsgeschenk gehan-

---
350 Vgl. Moench, § 29 Rdnr. 14; Meincke, § 5 Rdnr. 18 und § 29 Rdnr. 10.
351 FG Hamburg, EFG 1987 S. 191 (193).

4 Steuerpflicht

delt hat, und ist für die Ehefrau ein (fiktiver) Anspruch auf Ausgleich des Zugewinns (§ 1371 Abs. 2 BGB) i. H. von 2.200.000 € zu ermitteln, erlischt die für den Vorerwerb gezahlte Schenkungsteuer gem. § 29 Abs. 1 Nr. 3 ErbStG mit Wirkung für die Vergangenheit. Rechtsfolgen:

- Die fiktive Zugewinnausgleichsforderung ist zu einem Teilbetrag von 1.800.000 € mit dem Kurswert der Aktien zu verrechnen und die festgesetzte und gezahlte Schenkungsteuer i. H. von 321.670 € zu erstatten.
- Eine Zusammenrechnung der Zuwendung 2003 mit dem Erwerb 2009 gem. § 14 ErbStG erfolgt nicht, da die Zuwendung ihren Charakter als Schenkung wegen der Anrechnung auf den Zugewinnausgleichsanspruch verloren hat.
- Der persönliche Freibetrag gem. § 16 ErbStG lebt wieder auf.
- Eventuell gezogene Nutzungen des Vermögens müssen nicht gem. § 29 Abs. 2 ErbStG nach den Regeln des Nießbrauchs versteuert werden (R E 5.1 Abs. 6 Satz 3 ErbStR 2011).
- Für den Erwerb von Todes wegen kann von den ermittelten 900.000 € der (erhöhte) Freibetrag von 500.000 € sowie der restliche Zugewinnausgleichsanspruch von 400.000 € abgezogen werden, sodass auch für den Erwerb von Todes wegen keine Steuer anfällt.

Die beschriebenen Rechtsfolgen sind von der Annahme einer Anrechnungsbestimmung i. S. des § 1380 Abs. 1 Satz 2 BGB abhängig. Nicht auszuschließen ist, dass es im Einzelfall zwischen Finanzverwaltung und Steuerpflichtigem zum Streit darüber kommt, ob die Vermutungsregel des § 1380 Abs. 1 Satz 2 BGB greift. Meines Erachtens ist diese Frage – ggf. im Wege der Auslegung – ausschließlich nach zivilrechtlichen Vorgaben zu entscheiden. Eine ausdrückliche Anordnung würde diese Beurteilung natürlich erheblich erleichtern, wird aber sicherlich nicht bei jeder Schenkung vorliegen.

4.5.2.9 Auswirkungen von Versorgungsansprüchen auf den Ausgleichsanspruch

Bei der Berechnung des Ausgleichsanspruches tauchen zwei weitere Fragen auf, soweit sich aus dem Endvermögen des Erblassers Versorgungsleistungen/-ansprüche ergeben, deren Erwerb nach § 3 Abs. 1 Nr. 4 ErbStG zu versteuern ist:

- Zum einen die Frage der Anwendbarkeit der Sperrvorschrift des § 1587 Abs. 3 BGB (Versorgungsausgleich) im Rahmen des § 5 Abs. 1 ErbStG. Das Problem wird von Meincke (§ 5 Rdnr. 21) behandelt, der – m. E. zu Recht – die Sperrvorschrift für die Zugewinnausgleichsberechnung im Todesfall nicht gelten lassen will.[352]
- Zum anderen die Frage, ob der Kapitalwert steuerpflichtiger Versorgungsleistungen nur zur Hälfte oder in vollem Umfang dem Endvermögen hinzuzurechnen ist.[353] Meines Erachtens ist der Beurteilung des BFH und der Finanzverwaltung

---

352 Zweifelhaft ist allerdings die Bedeutung des Zitats des § 1587 Abs. 3 BGB in den Entscheidungsgründen des BFH-Urteils vom 20.05.1981, BStBl 1982 II S. 27, das einen Fall des § 5 Abs. 1 ErbStG betrifft.
353 So BFH vom 20.05.1981, BStBl II 1982 S. 27, und R E 5.1 Abs. 4 ErbStR 2011.

4.5 Zugewinngemeinschaft – § 5 ErbStG

zu folgen. Daraus ergibt sich im Ergebnis, dass sich die steuerfreie Ausgleichsforderung um die Hälfte des Kapitalwertes erhöht.[354] Wird davon ausgegangen, dass es sich bei dem vom überlebenden Ehegatten während der Ehe vom verstorbenen Ehegatten erworbenen Rentenstammrecht dem Grunde nach um eine nach § 1380 Abs. 1 BGB zu beurteilende Zuwendung handelt, wird diese Auffassung m. E. durch die mit Wirkung ab 2009 geänderte Fassung des § 29 Abs. 1 Nr. 3 Satz 2 ErbStG bestätigt. Danach sind lebzeitige Zuwendungen i. S. des § 1380 Abs. 1 BGB auch im Rahmen des § 5 Abs. 1 ErbStG zu berücksichtigen.[355]

Die Ermittlung der fiktiven Ausgleichsforderung erübrigt sich, wenn von vornherein abzusehen ist, dass der Erwerb des überlebenden Ehegatten einschließlich etwaiger Vorschenkungen (§ 14 ErbStG) die persönlichen Freibeträge nicht überschreiten wird.

Auch der beschränkt erbschaftsteuerpflichtige Ehegatte kann den vollen fiktiven Zugewinnausgleichsanspruch nach § 5 Abs. 1 ErbStG geltend machen.[356]

Berechnung des steuerfreien Ausgleichsanspruchs

Soweit der Nachlass des Erblassers bei der Ermittlung des als Ausgleichsforderung steuerfreien Betrags mit einem höheren Wert als dem nach den steuerlichen Bewertungsgrundsätzen maßgebenden Wert anzusetzen war, galt nach § 5 Abs. 1 Satz 5 ErbStG in der vor 2009 geltenden Fassung höchstens der dem Steuerwert des Nachlasses entsprechende Betrag nicht als Erwerb i. S. des § 3 ErbStG.

Diese bis 2008 geltende Formulierung des Gesetzes führte unter zwei Aspekten zu Auslegungsproblemen:

1. Zum einen stellte sich die Frage, ob für die Berechnung der steuerfreien Ausgleichsforderung nach § 5 Abs. 1 Satz 5 ErbStG das Verhältnis Steuerwert und Verkehrswert des Endvermögens des Erblassers oder – entsprechend dem Wortlaut – das Verhältnis Steuerwert und Verkehrswert des Nachlasses des Erblassers maßgebend ist.

2. Zum anderen stellte sich die Frage, ob sich die Höhe der Steuerbefreiung gem. § 5 Abs. 1 ErbStG allein nach dem Umfang der Ausgleichsforderung richtet, höchstens jedoch der dem Steuerwert des Nachlasses entsprechende Betrag steuerfrei bleibt oder ob das Verhältnis des Steuerwertes zum Verkehrswert des Nachlasses maßgeblich ist. Im ersteren Fall wäre die Steuerbefreiung nur der

---

354 So Meincke, § 5 Rdnr. 23; Kapp/Ebeling, § 5 Rdnr. 69 ff.
355 Siehe auch Meincke, § 29 Rdnr. 10; Kapp/Ebeling, § 29 Rdnr. 57.
356 Schaumburg, DB 1986 S. 1948; nach M/K-H/W, § 5 Rdnr. 15 nur anteilmäßig; ausführlich zu nahezu allen auftauchenden Fragen im Zusammenhang mit dem fiktiven Zugewinnausgleich nach § 5 Abs. 1 ErbStG bei grenzüberschreitendem Sachverhalt, von Oertzen, ZEV 1994 S. 93, der zu dem Ergebnis kommt, dass die Vergünstigung des § 5 Abs. 1 ErbStG weitgehend unmittelbar oder entsprechend zu gewähren ist.

Höhe nach auf den Steuerwert des Nachlasses begrenzt; im zweiten Fall wäre eine Verhältnisrechnung entsprechend dem Verhältnis des Steuerwertes zum Verkehrswert erforderlich.

Zur ersten Auslegungsproblematik hatte der BFH[357] zu Recht entschieden, dass im Rahmen der Ermittlung des nach § 5 Abs. 1 ErbStG steuerfreien fiktiven Zugewinnausgleichs für die Umrechnung der fiktiven Ausgleichsforderung in den steuerfreien Betrag der Nachlass maßgeblich ist und dieser nicht um die Beträge zu erhöhen ist, die gem. § 1375 Abs. 2 Nr. 1 BGB infolge unentgeltlicher Zuwendungen bei der Ermittlung der Zugewinnausgleichsforderung dem Endvermögen des Erblassers hinzuzurechnen sind. Mit der ab 2009 geltenden Neufassung des § 5 Abs. 1 Satz 5 ErbStG hat sich diese Auslegungsproblematik allerdings erledigt und ist die Rechtsprechung des BFH als überholt anzusehen, da für die Berechnung der Ausgleichsforderung gem. § 5 Abs. 1 Satz 5 ErbStG i. d. F. des ErbStRG nicht mehr der Nachlass, sondern das Endvermögen maßgeblich ist. Da der Zugewinn eines Ehegatten nach zivilrechtlichen Grundsätzen als Unterschiedsbetrag zwischen dem Endvermögen und dem Anfangsvermögen ermittelt wird, sieht es der Gesetzgeber als folgerichtig an, bei der Umrechnung der Zugewinnausgleichsforderung für Zwecke der Erbschaftsteuer auf das Endvermögen einschließlich der Hinzurechnungen nach § 1375 Abs. 2 BGB abzustellen.

Hinsichtlich der zweiten Auslegungsproblematik hat die Finanzverwaltung aufgrund der Formulierung „der dem Steuerwert des Nachlasses (jetzt Endvermögen) entsprechende Betrag" hinsichtlich der Ermittlung der fiktiven Ausgleichsforderung entgegen Stimmen in der Literatur[358] eine Verhältnisrechnung gefordert (s. auch R E 5.1 Abs. 5 ErbStR 2011). Der BFH ist dem zumindest dem Grunde nach gefolgt. Werde das zum Nachlass gehörende Endvermögen des Erblassers bei der Berechnung der fiktiven Ausgleichsforderung (§ 5 Abs. 1 Satz 1 ErbStG) nach zivilrechtlichen Grundsätzen mit höheren Werten angesetzt als bei der nach steuerlichen Vorschriften erfolgenden Bewertung des Nachlasses, so sei im Wege der Auslegung des Gesetzes doch davon auszugehen, dass zur Ermittlung des Abzugsbetrags die Ausgleichsforderung entsprechend dem Verhältnis des Steuerwerts des zum Nachlass gehörenden Endvermögens zu dessen höherem Wert zu kürzen sei.[359] Der steuerfreie Betrag der fiktiven Ausgleichsforderung ist demnach nicht lediglich auf den Steuerwert des Nachlasses begrenzt. Zudem sind Gegenstände des Endvermögens, die von der Erbschaftsteuer befreit sind, nach Auffassung des BFH in die Berechnung einzubeziehen. Den Erben belastende Vermächtnisse bleiben allerdings unberücksichtigt.[360]

---

357 BFH vom 29.06.2005, BStBl 2005 II S. 873.
358 Vgl. Meincke, DStR 1986 S. 135 und ZEV 1997 S. 52; Götz, Inf. 2001 S. 417.
359 BFH vom 10.03.1993, BStBl 1993 II S. 510.
360 BFH, ZEV 1997 S. 36.

4.5 Zugewinngemeinschaft – § 5 ErbStG

Wird die Auffassung der Finanzverwaltung und des BFH zugrunde gelegt, wäre der Zugewinn gem. § 5 Abs. 1 Satz 5 ErbStG n. F. nach dem Verhältnis des Steuerwertes des Endvermögens (statt vorher Nachlass) zum Verkehrswert des Endvermögens (statt vorher Nachlass) zu kürzen. Es gilt dann die Formel:

$$\frac{\text{Ausgleichsforderung} \times \text{Steuerwert des Endvermögens}}{\text{Verkehrswert des Endvermögens}} = \text{steuerfreier Betrag}$$

Aufgrund des ErbStRG 2009 dürfte die zweite Auslegungsproblematik an Bedeutung verloren haben, denn die Beibehaltung der Verhältnisrechnung erscheint – ebenso wie bei den gemischten Schenkungen (siehe auch die Ausführungen unter 4.7 zu den Schenkungen unter Lebenden) – nicht zwingend. Aufgrund der Heranführung der bisher günstig bewerteten Grundstücke sowie der ebenso günstig bewerteten freiberuflich, gewerblich oder land- und forstwirtschaftlich tätigen Einzelunternehmen, Personen- und Kapitalgesellschaften an die Verkehrswerte wird nämlich ein Unterschied zwischen dem Steuerwert und dem Verkehrswert des Endvermögens seltener bestehen.[361] **Die Argumentation der Finanzverwaltung dürfte nach den neuen Bewertungsregeln in jedem Fall in diese Richtung gehen und müsste m. E. nach den Regeln des Anscheinsbeweises vom Steuerpflichtigen widerlegt werden.**

Beispiel 1:[362]
Die Ehefrau wird Alleinerbin ihres verstorbenen Ehemannes. Das maßgebliche Anfangsvermögen des verstorbenen Ehemannes bei Beginn des Güterstandes betrug 2.500.000 €, das der Ehefrau 160.000 €. Der Nachlass des verstorbenen Ehemannes hatte einen Verkehrswert von 4.400.000 € und einen Steuerwert von 2.800.000 €. Der Steuerwert 2009 soll 4.400.000 € betragen. Das Endvermögen der Ehefrau hat einen Verkehrswert von 450.000 €. Aufgrund eines Vertrags zugunsten Dritter erhält die Ehefrau als Begünstigte aus einer Lebensversicherung 390.000 €. Der verstorbene Ehemann hatte im Jahr 2003 400.000 € verschenkt; mit dieser Schenkung war die Ehefrau nicht einverstanden (§ 1375 Abs. 2 BGB).

Der Zugewinn wird wie folgt ermittelt:

	beim verstorbenen Ehemann	bei der Ehefrau
Nachlass/Endvermögen	4.400.000 €	450.000 €
zzgl. steuerpflichtige Versicherungsleistung	390.000 €	
Zwischenwert	4.790.000 €	
zzgl. Hinzurechnung gem. § 1375 Abs. 2 BGB	400.000 €	0 €
maßgebendes Endvermögen	5.190.000 €	450.000 €
abzgl. maßgebendes Anfangsvermögen	./. 2.500.000 €	./. 160.000 €
Zugewinn	2.690.000 €	290.000 €

---
361 Vgl. Brüggemann, ErbfBest 2009 S. 155 ff.
362 Siehe hierzu R 11 Abs. 5 ErbStR 2003 und die aufgrund eines Urteils des BFH vom 29.06.2005, BStBl 2005 II S. 873, hierzu ergangenen und R 11 Abs. 5 korrigierenden gleichlautenden Länder lasse, z. B. FinMin Bayern vom 25.09.2006, DStR 2006 S. 1985. FinMin Baden-Württemberg vom 26.02.2009, DStR 2009 S. 802 sowie FinMin Bayern vom 25.09.2006, DStR 2006 S. 1985.

Die fiktive Ausgleichsforderung der Ehefrau beträgt 1/2 von (2.690.000 € – 290.000) = 1.200.000 €.
Tritt der Erbfall vor 2009 ein, ist diese nach § 5 Abs. 1 Satz 5 ErbStG a. F. entsprechend dem Verhältnis des Steuerwerts des um die steuerpflichtige Versicherungsleistung erhöhten Nachlasses des Erblassers (2.800.000 € + 390.000 € = 3.190.000 €) zu dessen Verkehrswert steuerfrei:[363]

$$\frac{1.200.000\ € \times 3.190.000\ €}{4.790.000\ €} = 799.165\ €$$

Tritt der Erbfall nach 2008 ein, ist der steuerfreie Betrag nach § 5 Abs. 1 Satz 5 ErbStG entsprechend dem Verhältnis des Steuerwerts des um die steuerpflichtige Versicherungsleistung und die Schenkung erhöhten Endvermögens des Erblassers zu dessen Verkehrswert steuerfrei, wobei allerdings zu beachten ist, dass der Steuerwert des Endvermögens in diesem Fall dem Verkehrswert entspricht (4.400.000 € + 390.000 € + 400.000 € = 5.190.000 €):

$$\frac{1.200.000\ € \times 5.190.000\ €}{5.190.000\ €} = 1.200.000\ €$$

Die Steuerbefreiung fällt somit aufgrund der höheren Steuerwerte deutlich höher aus.

Beispiel 2:

	verstorbener Ehemann	Ehefrau
Endvermögen	2.000.000 €	220.000 €
abzgl. indiziertes Anfangsvermögen	⁄. 400.000 €	⁄. 20.000 €
Zugewinn	1.600.000 €	200.000 €
Ausgleichsforderung der Ehefrau (1.600.000 € abzgl. 200.000 €) : 2		700.000 €

Die Ehefrau ist Alleinerbin. Das Endvermögen des verstorbenen Ehemannes setzt sich aus den nachstehend aufgeführten Vermögensgegenständen zusammen:

	Verkehrswert Endvermögen	Steuerwert Endvermögen	steuerpflichtiger Erwerb vor Abzug der persönlichen Freibeträge
GmbH-Anteil (20 %)	1.300.000 €	1.300.000 €	1.300.000 €
Grundbesitz in der Schweiz	280.000 €	280.000 €	
Grundbesitz im Inland	300.000 €	300.000 €	300.000 €
Kunstgegenstände	100.000 €	100.000 €	88.000 €
Kapitalwert steuerpflichtiger Versorgungsbezüge der Ehefrau	120.000 €	120.000 €	120.000 €
Verbindlichkeiten	⁄. 100.000 €	⁄. 100.000 €	⁄. 110.300 €
	2.000.000 €	2.000.000 €	1.697.700 €

---

[363] FinMin Bayern vom 25.09.2006, DStR 2006 S. 1985.

4.5 Zugewinngemeinschaft – § 5 ErbStG

Erläuterungen: Beim steuerpflichtigen Erwerb ist der GmbH-Anteil nicht nach §§ 13a, 13b ErbStG begünstigt, der Grundbesitz in der Schweiz bleibt nach dem Doppelbesteuerungsabkommen mit der Schweiz außer Ansatz, der Grundbesitz in Deutschland ist nicht steuerbefreit nach § 13 Abs. 1 Nr. 4a, 4b oder § 13c ErbStG; von den Kunstgegenständen bleiben nach § 13 Abs. 1 Nr. 1 Buchst. b ErbStG 12.000 € steuerfrei und bei den Verbindlichkeiten ist der Pauschbetrag nach § 10 Abs. 5 Nr. 3 Satz 2 ErbStG berücksichtigt.

Entsprechend dem Verhältnis Steuerwert/Verkehrswert des Endvermögens ist die Ausgleichsforderung mit

$$\frac{700.000 \text{ €} \times 2.000.000 \text{ €}}{2.000.000 \text{ €}} = 700.000 \text{ €}$$

gem. § 5 Abs. 1 Satz 1 und Satz 5 ErbStG steuerfrei. Der steuerpflichtige Erwerb der Ehefrau beträgt, wenn der Versorgungsfreibetrag durch den Kapitalwert steuerfreier Versorgungsbezüge verbraucht ist, 1.697.700 € abzgl. persönlicher Freibetrag 500.000 € und abzgl. steuerfreier Zugewinnausgleich 700.000 € = 497.700 €.

Wäre der Verkehrswert des Endvermögens 2.100.000 € und der Ausgleichsanspruch daher 750.000 €, würde sich nach Auffassung des BFH und der Finanzverwaltung ein steuerfreier Betrag von

$$\frac{750.000 \text{ €} \times 2.000.000 \text{ €}}{2.100.000 \text{ €}} = 714.286 \text{ €}$$

ergeben.

Das Beispiel lässt erkennen, wie kompliziert die Berechnungen im Bereich des § 5 ErbStG im Einzelfall sein können. Sie verlangen dem Grunde nach eine Ermittlung des Anfangs- und Endvermögens beider Ehegatten wie im Fall einer Scheidung der Ehegatten. Zudem wird sich insbesondere für die Finanzverwaltung die Frage stellen, ob nicht davon ausgegangen werden kann, dass der Steuerwert des Endvermögens dem Verkehrswert entspricht (so auch das Beispiel in H E 5.1 (5) ErbStH 2011). Es wird dann dem Steuerpflichtigen überlassen, zu seinen Gunsten einen höheren Wert des Endvermögens nachzuweisen.

Die in § 5 Abs. 1 Satz 5 ErbStG vorgesehene Verhältnisrechnung für die Ermittlung des nicht als Erwerb von Todes wegen geltenden Abzugsbetrages ist nach Ansicht des BFH auch dann durchzuführen, wenn der Steuerwert des Nachlasses negativ ist.[364]

4.5.3 Erbschaftsteuerrechtliche Regelung im Fall der güterrechtlichen Abwicklung der Zugewinngemeinschaft (§ 5 Abs. 2 ErbStG)

§ 5 Abs. 2 ErbStG stellt nur klar, dass in den Fällen, in denen es tatsächlich zu einer güterrechtlichen Abwicklung der Zugewinngemeinschaft kommt, die dabei entstehende Ausgleichsforderung nicht steuerbar ist.

---

364 BFH, ZEV 1997 S. 36 mit kritischer Anmerkung von Meincke.

4 Steuerpflicht

Beispiel:
M und F lebten im Güterstand der Zugewinngemeinschaft. M stirbt und hinterlässt neben F die gemeinsamen Kinder K1 und K2. Der Verkehrswert (= Steuerwert) des Nachlasses beträgt 8.400.000 €. Die Ausgleichsforderung der F beträgt 400.000 €. F schlägt die Erbschaft aus.

F erhält gem. § 1371 Abs. 2 und 3 BGB den güterrechtlichen Ausgleichsanspruch (400.000 €) und den kleinen Pflichtteil – berechnet nur nach dem nicht erhöhten Erbteil gem. § 1931 Abs. 1 Satz 1 BGB – (hier: 1/4 von 8.000.000 € = 2.000.000 €; 1/2 von 2.000.000 € = 1.000.000 €), zusammen also 1.400.000 €. Von diesem Erwerb der F sind die 400.000 € wegen § 5 Abs. 2 ErbStG nicht steuerbar.

Die Zugewinnausgleichsforderung nach §§ 1372 ff. BGB ist eine Geldforderung und daher grundsätzlich mit dem Nennwert zu bewerten. Wird diese Forderung von dem Verpflichteten abfindungshalber einvernehmlich mit dem Berechtigten durch Übereignung von Grundstücken erfüllt, so soll der Abzug der Zugewinnausgleichsschuld als Erblasserschuld (§ 10 Abs. 5 Nr. 1 ErbStG) gleichwohl mit dem Nennwert erfolgen.[365]

§ 5 Abs. 2 ErbStG verlangt in jedem Fall eine Beendigung der Zugewinngemeinschaft. Vereinbaren die Ehegatten freiwillig einen vorzeitigen Ausgleich des bisher erzielten Zugewinns, ohne den gesetzlichen Güterstand zu beenden, ist die dadurch begründete Ausgleichsforderung als steuerbare unentgeltliche Zuwendung gem. § 7 Abs. 1 Nr. 1 ErbStG zu erfassen. Den sog. „fliegenden Zugewinnausgleich", also den Ausgleich des Zugewinns mit der ausdrücklichen Vereinbarung, dass es beim Güterstand der Zugewinngemeinschaft verbleiben soll, hat der BFH[366] in Anlehnung an die Auffassung der Finanzverwaltung (R E 5.2 Abs. 3 ErbStR 2011) ausdrücklich abgelehnt. Der BFH betont insoweit, dass es sich um einen (objektiv) unentgeltlichen Vorgang und um eine freigebige Zuwendung i. S. des § 7 Abs. 1 Nr. 1 ErbStG handelt, wenn Wirtschaftsgüter zur Abgeltung eines rechtsgeschäftlich begründeten Anspruch, übertragen werden und damit – bei fortbestehender Zugewinngemeinschaft – der sich bis dahin ergebende Zugewinn ausgeglichen werden soll.[367]

Darüber hinaus hat der BFH in dem zuletzt genannten Urteil entschieden, dass der Verzicht auf eine im Zeitpunkt des Vertragsabschlusses **noch nicht entstandene, möglicherweise erst zukünftig entstehende Ausgleichsforderung** keinen in Geld bewertbaren Vermögenswert darstellt, sondern allenfalls eine bloße Erwerbschance, die nicht in Geld veranschlagt werden kann, verkörpert und deshalb nach § 7 Abs. 3 ErbStG bei der Feststellung, ob eine Bereicherung vorliegt, nicht zu berücksichtigen ist.[368] Im Ergebnis bedeutet dies, dass der Verzicht keine Gegenleistung bei der Ermittlung der schenkungsteuerlichen Bereicherung darstellt.

---

365 BFH vom 10.03.1993, BStBl 1993 II S. 368, und vom 01.07.2008, BStBl 2008 II S. 874.
366 BFH vom 24.08.2005 II R 28/02, BFH/NV 2006 S. 63, und vom 28.06.2007, BStBl 2007 II S. 785.
367 BFH vom 28.06.2007, BStBl 2007 II S. 785, kritisch Münch, DStR 2008 S. 26 ff. und StB 2003 S. 130.
368 BFH vom 28.06.2007, BStBl 2007 II S. 785.

4.5 Zugewinngemeinschaft – § 5 ErbStG

Verzichtet der berechtigte Ehegatte hingegen auf die ihm **bereits zustehende Ausgleichsforderung,** so kann, sofern Bereicherung und Bereicherungswille gegeben sind, darin eine Schenkung unter Lebenden an den verpflichteten Ehegatten zu sehen sein.[369] Erfolgt der Verzicht gegen eine Abfindung, so tritt diese an die Stelle der Ausgleichsforderung und ist damit ebenfalls steuerfrei. Dasselbe gilt auch für die Übertragung von Gegenständen unter Anrechnung auf die Ausgleichsforderung gem. § 1383 Abs. 1 BGB (R E 5.2 Abs. 1 Satz 4 ErbStR 2011). Entsprechendes muss gelten, wenn ein Grundstück in Anrechnung auf die Ausgleichsforderung (§§ 1378 und 1380 BGB) übertragen wird, wobei allerdings Grunderwerbsteuerpflicht bestehen kann.[370]

Auch die durch ehevertragliche Beendigung des Güterstandes der Zugewinngemeinschaft entstehende Zugewinnausgleichsforderung unterliegt gem. § 5 Abs. 2 ErbStG von vornherein nicht der Schenkungsteuer, wenn es tatsächlich zu einer güterrechtlichen Abwicklung der Zugewinngemeinschaft kommt.

Nach Auffassung des BFH liegt eine Schenkung selbst dann nicht vor, wenn im unmittelbaren Anschluss an eine per notariellen Ehevertrag beendete und tatsächlich güterrechtlich abgewickelte Zugewinngemeinschaft erneut der Güterstand der Zugewinngemeinschaft begründet wird.[371]

Die Entscheidungsbegründung verdeutlicht, dass der BFH die Berücksichtigung der bürgerlich-rechtlichen Gestaltungsfreiheit beim ehelichen Güterrecht im Erbschaftsteuerrecht ausdrücklich anerkennt. Nach seiner Ansicht ist die Grenze der Gestaltungsfreiheit erst dann überschritten, wenn einem Ehepartner außerhalb der zivilrechtlichen Vorschriften eine überhöhte Ausgleichsforderung verschafft wird, die über den Rahmen einer güterechtlichten Vereinbarung hinausgeht (so auch R E 5.2 Abs. 2 ErbStR 2011).

Soweit in den Fällen des § 5 Abs. 2 ErbStG unentgeltliche Zuwendungen auf die Ausgleichsforderung nach § 1380 Abs. 1 BGB angerechnet worden sind, erlischt die Steuer mit Wirkung für die Vergangenheit (§ 29 Abs. 1 Nr. 3 ErbStG), d. h., die Festsetzung der Steuer für frühere Schenkungen an den überlebenden Ehegatten ist insoweit zu ändern und die Steuer zu erstatten. Die Frage, ob es erbschaftsteuerlich günstig ist, eine Schenkung auf die Ausgleichsforderung anrechnen zu lassen, ist eine Frage des Einzelfalls.[372] Immerhin besteht hier eine Möglichkeit, das Problem der Schenkungsteuerpflicht „unbenannter" Zuwendungen in seiner restriktiven Handhabung zumindest im Endergebnis zu entschärfen.[373]

---

369 Moench, DStR 1989 S. 299.
370 BFH vom 18.03.1977, BStBl 1977 II S. 648.
371 Sog. Güterstandsschaukel, vgl. BFH vom 12.07.2005, BStBl 2005 II S. 843, und hierzu Ponath, ZEV 2006 S. 49.
372 Eckert, DStR 1989 S. 347.
373 Siehe hierzu auch Götz, DStR 2001 S. 417.

4 Steuerpflicht

Bei Erwerben von Todes wegen kommt § 5 Abs. 2 ErbStG zur Anwendung, wenn der überlebende Ehegatte weder Erbe noch Vermächtnisnehmer wird und deshalb gem. § 1371 Abs. 2 BGB die güterrechtliche Lösung zur Anwendung kommt. Zudem besteht bei Erwerben von Todes wegen für den überlebenden Ehegatten die Möglichkeit, die Erbschaft (oder das Vermächtnis) auszuschlagen und damit die güterrechtliche Lösung (§ 1371 Abs. 2 BGB) zu wählen. Auch in diesem Fall gilt § 5 Abs. 2 ErbStG. Die Entscheidung, die der überlebende Ehegatte nach § 1371 Abs. 3 BGB zu treffen hat, wird nicht nur von bürgerlich-rechtlichen, sondern auch von erbschaftsteuerrechtlichen Überlegungen beeinflusst werden.[374] Die bessere Lösung lässt sich nicht allgemein, sondern nur unter Beachtung der besonderen Verhältnisse jedes einzelnen Falles finden. Bürgerlich-rechtlich kann die erbrechtliche Lösung z. B. dann nachteilig sein, wenn im Nachlass ein hoher Zugewinn steckt. Auf der anderen Seite ist aber zu beachten, dass die erbrechtliche Lösung zu einer dinglichen Beteiligung am Nachlass führt, während die güterrechtliche Lösung demgegenüber lediglich einen schuldrechtlichen Anspruch gibt. Erbschaftsteuerrechtlich sind z. B. die Fragen von Bedeutung, ob der überlebende Ehegatte bei güterrechtlicher Abwicklung überhaupt eine Ausgleichsforderung geltend machen kann und wie sich der Verkehrswert des Nachlasses zu seinem Steuerwert verhält.

Beispiel:
Ehemann M hinterlässt die Ehefrau F, mit der er in Zugewinngemeinschaft lebte, und das Kind K. Das Endvermögen hat einen Verkehrswert von 8.000.000 € und einen Steuerwert von 8.000.000 €. Es stellt zugleich den auszugleichenden Zugewinn dar. Ermittelt werden soll die Erbschaftsteuer für F und K,

a) wenn gesetzliche Erbfolge eintritt,

b) wenn K Alleinerbe wird, weil F die Erbschaft ausschlägt und den Zugewinnausgleich sowie den Pflichtteil von K verlangt,

c) wenn K testamentarisch bestimmter Alleinerbe wird und F den Zugewinnausgleich sowie den Pflichtteil von K verlangt.

Variante a (erbrechtliche Lösung):
F und K werden Erben zu 1/2 (§ 1931 Abs. 1, § 1371 Abs. 1, § 1924 BGB) und erhalten jeweils 4.000.000 €.

Erbschaftsteuer F:

Nachlass (Steuerwert = Verkehrswert) : 2	4.000.000 €
./. steuerfreie Ausgleichsforderung (§ 5 Abs. 1 ErbStG)	
$\frac{4.000.000 \, € \times 8.000.000 \, €}{8.000.000 \, €}$	./. 4.000.000 €
steuerpflichtiger Erwerb	0 €

---

374 Siehe dazu Bader, INF 1998 S. 44.

4.5 Zugewinngemeinschaft – § 5 ErbStG

Erbschaftsteuer K:

Nachlass (Steuerwert = Verkehrswert) : 2	4.000.000 €
abzgl. Freibetrag (§ 16 Abs. 1 Nr. 2 ErbStG)	./. 400.000 €
steuerpflichtiger Erwerb	3.600.000 €
Steuer bei Steuersatz 19 % (§ 19 Abs. 1 ErbStG)	684.000 €

Varianten b und c (güterrechtliche Lösung):
K wird Alleinerbe. F erhält als güterrechtlichen Ausgleich des Zugewinns 4.000.000 € (§ 1371 Abs. 2 bzw. 3, § 1378 BGB). Der Anspruch unterliegt gem. § 5 Abs. 2 ErbStG nicht der Erbschaftsteuer. Der Besteuerung gem. § 3 Abs. 1 Nr. 1 ErbStG unterliegt aber der geltend gemachte Pflichtteilsanspruch (§§ 2303 ff. BGB). Der Pflichtteil der F beträgt gem. §§ 1931, 2303 BGB die Hälfte des gesetzlichen Erbteils, also 1/8. Die Zugewinnausgleichsforderung ist für die Berechnung des Pflichtteils als Nachlassverbindlichkeit abzuziehen. Damit erhält F statt 4.000.000 € nunmehr 4.500.000 €. Die Zugewinnausgleichsforderung ist Nachlassverbindlichkeit in der Form einer Erblasserschuld, die gem. § 10 Abs. 5 Nr. 1 ErbStG als Nachlassverbindlichkeit auch dann mit dem Nennwert abgezogen werden kann, wenn Erfüllungsabreden getroffen werden.[375]

Erbschaftsteuer F:

Pflichtteil = 1/8 von 4.000.000 €	500.000 €
abzgl. Freibetrag (§ 16 Abs. 1 Nr. 1 ErbStG)	./. 500.000 €
steuerpflichtiger Erwerb	0 €

Erbschaftsteuer K:

Vermögensanfall K	8.000.000 €
abzgl. Ausgleichsforderung F (§ 10 Abs. 5 Nr. 1 ErbStG)	./. 4.000.000 €
abzgl. Pflichtteilsanspruch F (§ 10 Abs. 5 Nr. 2 ErbStG)	./. 500.000 €
abzgl. Freibetrag (§ 16 Abs. 1 Nr. 2 ErbStG)	./. 400.000 €
steuerpflichtiger Erwerb	3.100.000 €
Steuer bei Steuersatz 19 % (§ 19 Abs. 1 ErbStG)	589.000 €

4.5.4 Rückwirkende Vereinbarungen

Leben Ehegatten im Güterstand der Gütertrennung (oder Gütergemeinschaft), kommt die Steuerbefreiung des § 5 ErbStG nur zum Zuge, wenn die Ehegatten den ehevertraglich begründeten Güterstand aufheben, um (erstmalig oder wieder) in den gesetzlichen Güterstand der Zugewinngemeinschaft einzutreten. Werden anlässlich des Aufhebungsvertrages keine weiteren Vereinbarungen getroffen, treten die Wirkungen des Güterstandes der Zugewinngemeinschaft allerdings erst im Zeitpunkt des Aufhebungsvertrages ein. Eine gestalterische Überlegung kann es daher im Einzelfall sein, die Aufhebung der Gütertrennung aus erbschaftsteuerlichen Gründen mit der Vereinbarung der Zugewinngemeinschaft von Beginn der Ehe an zu verbinden.

Zivilrechtlich ist eine anlässlich der Aufhebung eines Gütertrennungsvertrages getroffene Vereinbarung der Zugewinngemeinschaft von Beginn der Ehe an (im

---
375 BFH vom 01.07.2008, BStBl 2008 II S. 874.

folgenden „rückwirkend vereinbarte Zugewinngemeinschaft") zulässig. Aus steuerlicher Sicht fragt sich allerdings, ob und in welchen Fällen sie auch erbschaftsteuerlich zu dem gewünschten Erfolg, nämlich der Steuerbefreiung für den von Beginn der Ehe an erzielten Zugewinn, führt. Hier sind verschiedene Varianten zu unterscheiden.[376]

4.5.4.1 Der überlebende Ehegatte wird nach dem Tod des Erstversterbenden Erbe oder Vermächtnisnehmer

Endet die Zugewinngemeinschaft durch den Tod des Ehegatten und wird der überlebende Ehegatte kraft Testaments bzw. Erbvertrags oder kraft gesetzlicher Erbfolge Erbe oder Vermächtnisnehmer, kommt § 5 Abs. 1 ErbStG zur Anwendung. Nach § 5 Abs. 1 Satz 4 ErbStG gilt für Fälle, in denen der Güterstand der Zugewinngemeinschaft nicht mit der Eheschließung eintritt, sondern erst während der Ehe durch Ehevertrag vereinbart wird, als Zeitpunkt des Eintritts des Güterstands der Tag des Vertragsabschlusses. Diese Regelung ist durch das Steuermißbrauchsbekämpfungsgesetz 1993 mit Wirkung zum 01.01.1994 in das ErbStG eingefügt worden und nach Auffassung des BFH verfassungsrechtlich auch dann nicht zu beanstanden, wenn der Vertrag über die „rückwirkend vereinbarte Zugewinngemeinschaft" bereits vor 1994 geschlossen worden ist, der erstversterbende und ausgleichsverpflichtete Ehegatte aber erst nach dem 31.12.1993 gestorben ist.[377]

Beispiel:[378]
Die Eheleute waren seit 1961 verheiratet. Den zunächst vereinbarten Güterstand der Gütertrennung beendeten die Eheleute durch Vertrag vom 16.12.1981 und vereinbarten zunächst von diesem Zeitpunkt an den Güterstand der Zugewinngemeinschaft. Durch Vertrag vom 03.12.1989 bestimmten sie, dass der Güterstand der Zugewinngemeinschaft bereits seit dem Tag der Eheschließung gelten solle („rückwirkend vereinbarte Zugewinngemeinschaft"). Der Ehemann verstirbt 2009 und wird **von seiner Ehefrau** beerbt. Der Ausgleichsanspruch der Ehefrau beträgt (nach Indexierung) für die Zeit von der Eheschließung bis zum 16.12.1981 1.600.000 €, für die Zeit vom 16.12.1981 bis zum 03.12.1989 900.000 € und für die Zeit danach 1.000.000 €. Die Ehefrau verweist auf die bestehende Zugewinngemeinschaft und will den Zugewinnausgleichsanspruch von Beginn der Ehe an mit 3.500.000 € berechnen.

Wird der Ehegatte nach dem Tod des Erstversterbenden Erbe oder Vermächtnisnehmer, gilt § 5 **Abs. 1** ErbStG. Der BFH hat die rückwirkend vereinbarte Zugewinngemeinschaft zwar auch erbschaftsteuerlich anerkannt; diese von der Finanzverwaltung nicht akzeptierte Rechtsprechung hat jedoch zur Einführung der Regelung des § 5 Abs. 1 Satz 4 ErbStG geführt. Danach gilt die Zugewinngemeinschaft für alle Todesfälle nach 1993 erst vom Vertragsschluss an, sodass der Ehefrau eine Steuerbefeiung nur für den sich seit dem 16.12.1981 errechneten Zugewinnausgleichsanspruch von 1.900.000 € zusteht.

---

376 Vgl. Gebel in T/G/J, § 5 Rdnr. 60; Keller/Schrenck, NWB-EV 2010 S. 86 (90, 91); Schlünder/Geißler, FamRZ 2005 S. 149 (155); Brüggemann, ErbfBest 2008 S. 182 ff.
377 BFH vom 18.01.2006 II R 64/08, BFH/NV 2006 S. 948; siehe auch bereits BFH vom 13.04.2005 II R 46/03, BFH/NV 2005 S. 1814.
378 Nach BFH vom 18.01.2006 II R 64/08, BFH/NV 2006 S. 948.

4.5 Zugewinngemeinschaft – § 5 ErbStG

4.5.4.2 Der überlebende Ehegatte wird nach dem Tod des Erstversterbenden weder Erbe noch Vermächtnisnehmer

Wird der Ehegatte nach dem Tod des Erstversterbenden weder Erbe noch Vermächtnisnehmer, gilt § 5 **Abs. 2** ErbStG. Die Einschränkung des § 5 Abs. 1 Satz 4 ErbStG gilt hier ausweislich des Wortlautes des § 5 **Abs. 2** ErbStG nicht. Im Fall der Enterbung des Ehegatten im Testament oder Erbvertrag oder im Fall der fristgerechten Ausschlagung der Erbschaft ist der Zugewinnausgleich damit gem. § 5 Abs. 2 ErbStG steuerfrei. Steuerfrei bleibt auch eine für den Verzicht auf die Ausgleichsforderung gezahlte Abfindung (R E 5.2 Abs. 1 Satz 3 ErbStR 2011).

Werden allerdings ehevertragliche Vereinbarungen über den Zugewinnausgleich getroffen, die zu einer **überhöhten güterrechtlichen Ausgleichsforderung** führen, liegt nach Auffassung der Finanzverwaltung eine steuerpflichtige Schenkung auf den Todesfall (§ 3 Abs. 2 Nr. 1 ErbStG) oder eine Schenkung unter Lebenden (§ 7 Abs. 1 Nr. 1 ErbStG) vor, wenn mit der Vereinbarung in erster Linie nicht güterrechtliche, sondern erbrechtliche Wirkungen herbeigeführt werden sollen (R E 5.2 Abs. 2 Satz 2 ErbStR 2011). Eine überhöhte Ausgleichsforderung soll nach Auffassung der Finanzverwaltung insbesondere anzunehmen sein, soweit die tatsächliche Ausgleichsforderung, z. B. **durch Vereinbarung eines vor dem Zeitpunkt des Vertragsschlusses liegenden Beginns des Güterstandes** oder eines abweichenden Anfangsvermögens, die sich nach §§ 1373 bis 1383 und 1390 BGB ohne Modifizierung ergebende Ausgleichsforderung übersteigt, wobei sich allerdings aus der rückwirkenden Vereinbarung der Zugewinngemeinschaft allein keine erhöhte güterrechtliche Ausgleichsforderung ergeben soll (R E 5.2 Abs. 2 Satz 3 und 4 ErbStR 2011, anders noch R 12 Abs. 2 ErbStR 2003).

Die Finanzverwaltung folgt damit im Grundsatz einem Urteil des FG Düsseldorf.[379]

Abwandlung des Beispiels:[380]
Die Eheleute waren seit 1961 verheiratet. Den zunächst vereinbarten Güterstand der Gütertrennung beendeten die Eheleute durch Vertrag vom 16.12.1981 und vereinbarten zunächst von diesem Zeitpunkt an den Güterstand der Zugewinngemeinschaft. Durch Vertrag vom 03.12.1989 bestimmten sie, dass der Güterstand der Zugewinngemeinschaft bereits seit dem Tag der Eheschließung gelten soll („rückwirkend vereinbarte Zugewinngemeinschaft"). Der Ehemann verstirbt 2009 und wird anders als im Ausgangsbeispiel von seinen Kindern beerbt. Der Ausgleichsanspruch der Ehefrau beträgt (nach Indexierung) für die Zeit von der Eheschließung bis zum 16.12.1981 1.900.000 € und für die Zeit danach 1.600.000 €. Die Ehefrau verweist auf die bestehende Zugewinngemeinschaft und will den güterrechtlichen Zugewinnausgleichsanspruch (§ 1371 Abs. 2 BGB) von Beginn der Ehe an mit 3.500.000 € berechnen.

Das FG Düsseldorf ist der Ansicht, dass keine Schenkung auf den Todesfall vorliegt, da die zivilrechtlich zulässige rückwirkende Vereinbarung der Zugewinngemeinschaft auch erbschaftsteuerlich anzuerkennen ist. Entgegen R 12 Abs. 2 Satz 3 ErbStR 2003

---
379 FG Düsseldorf vom 14.06.2006, DStRE 2006 S. 1470; vgl. hierzu Geck/Messner, ZEV 2006 S. 523.
380 Nach FG Düsseldorf vom 14.06.2006, DStRE 2006 S. 1470.

4 Steuerpflicht

handele es sich beim güterrechtlichen Zugewinnausgleich nach § 1371 Abs. 2 BGB, sofern dem überlebenden Ehegatten die Ausgleichsforderung durch die rückwirkende Vereinbarung des Güterstands der Zugewinngemeinschaft auf den Zeitpunkt des Beginns der Ehe verschafft wurde, nicht um eine steuerpflichtige erhöhte güterrechtliche Ausgleichsforderung.

4.5.4.3 Die rückwirkend vereinbarte Zugewinngemeinschaft wird zu Lebzeiten der Ehegatten beendet

Aus der Sicht der Ehegatten dürfte es oftmals problematisch sein, den überlebenden Ehegatten zur Erreichung der Steuerbefreiung für den Zugewinnausgleich eine fristgerechte Ausschlagung der Erbschaft zuzumuten oder ihn von vornherein testamentarisch oder erbvertraglich zu enterben. Wenn der BFH verschiedene Möglichkeiten sieht, den güterrechtlichen Zugewinnausgleich durchzuführen und so die Schenkungsteuerfreiheit auch für die von den Regelungen des BGB abweichenden Vereinbarungen einschließlich der abweichenden (rückwirkenden) Bestimmung des Anfangsvermögens zu erreichen, so kann ein den Ausführungen unter b) entsprechendes Ergebnis m. E. auch mit einer lebzeitigen Beendigung der rückwirkend vereinbarten Zugewinngemeinschaft erreicht werden. Denn die Anerkennung der bürgerlich-rechtlichen Gestaltungsfreiheit beim ehelichen Güterrecht führt auch bei einem lebzeitigen Ausgleich zu dem Ergebnis, dass mit der rückwirkenden Vereinbarung der Zugewinngemeinschaft die Grenze der Gestaltungsfreiheit nicht überschritten ist. Auch in diesem Fall wird dem Ehepartner im Einklang mit den zivilrechtlichen Vorschriften eine Ausgleichsforderung verschafft.

4.5.4.4 Schlussfolgerungen

Rückwirkende Vereinbarungen aufgrund der gesetzlichen Regelung des § 5 Abs. 1 Satz 4 ErbStG bleiben bedeutungslos, wenn der überlebende Ehegatte Erbe oder Vermächtnisnehmer wird. Am ratsamsten für den ausgleichsberechtigten Ehegatten erscheint der Ausgleich des Zugewinns unter Lebenden, weil er im Todesfall zur Sicherung der Steuerfreiheit des Zugewinnausgleichs nach dem Tod des Erstversterbenden von der Erbfolge ausgeschlossen werden oder er die Erbschaft fristgerecht ausschlagen muss. Ob unter dem Gesichtspunkt des in § 42 AO geregelten Gestaltungsmissbrauchs lebzeitige Vereinbarungen aufgegriffen werden können, erscheint im Hinblick auf die sich am Zivilrecht orientierende Rechtsprechung des BFH nahezu ausgeschlossen.

4.5.5 Modifizierte Zugewinngemeinschaft

Ziel der Modifizierung des Güterstandes der Zugewinngemeinschaft ist ein Interessenausgleich unter den Ehegatten, indem der Zugewinnausgleich durch ehevertragliche Vereinbarung den individuellen Verhältnissen der Ehegatten angepasst wird.

4.5 Zugewinngemeinschaft – § 5 ErbStG

4.5.5.1 Zivilrechtliche Einordnung der modifizierten Zugewinngemeinschaft

Obwohl die modifizierte Zugewinngemeinschaft gesetzlich nicht geregelt ist, bestehen gegen ihre grundsätzliche Anerkennung keine Bedenken, zumal die Auswirkungen einer Modifizierung des gesetzlichen Güterstandes in der Gesamtbetrachtung hinter denen einer vereinbarten Gütertrennung zurückbleiben.[381] Die modifizierte Zugewinngemeinschaft ist gleichermaßen ein „Zwischending" zwischen vereinbarter Gütertrennung und dem gesetzlichen Güterstand der Zugewinngemeinschaft. Die inhaltliche Ausgestaltung des Ehevertrages, für die notarielle Beurkundung erforderlich ist, bedarf allerdings einer sorgfältigen Regelung, die den Interessen beider Ehegatten hinreichend gerecht wird.

Die Modifizierungen können auf unterschiedlichste Art und Weise erfolgen, so kann zum Beispiel geregelt werden,

- dass ein Zugewinnausgleich nur im Fall der Scheidung, nicht aber für den Fall des Todes des Erblassers ausgeschlossen wird,
- dass ein Einzelunternehmen oder ein Gesellschaftsanteil eines Gewerbetreibenden oder Freiberuflers im Fall der Scheidung bei der Berechnung des Zugewinnausgleichs nicht berücksichtigt oder Modalitäten für die Berechnung des Zugewinnausgleichs aus diesen Vermögenswerten vorgegeben werden,
- dass das Anfangs- und/oder Endvermögen gegenständlich oder der Höhe nach festgelegt werden.

4.5.5.2 Erbschaftsteuerliche Folgen der modifizierten Zugewinngemeinschaft

Die erbschaftsteuerlichen Folgen richten sich auch bei der modifizierten Zugewinngemeinschaft danach, ob der Güterstand durch Tod eines Ehegatten oder unter lebenden Ehegatten beendet wird. Bei Beendigung durch Tod eines Ehegatten ist weiter zu unterscheiden, ob der überlebende Ehegatte nach dem Tod des Erstversterbenden Erbe oder Vermächtnisnehmer wird oder nicht.[382]

a) Der überlebende Ehegatte wird nach dem Tod des Erstversterbenden Erbe oder Vermächtnisnehmer

Endet die modifizierte Zugewinngemeinschaft durch den Tod des Ehegatten und wird der überlebende Ehegatte kraft Testaments bzw. Erbvertrags oder kraft gesetzlicher Erbfolge Erbe oder Vermächtnisnehmer (erbrechtliche Lösung), kommt § 5 Abs. 1 ErbStG zur Anwendung. Da nach § 5 Abs. 1 Satz 2 und 3 ErbStG bei der Berechnung des Ausgleichsbetrags von den Vorschriften der §§ 1373 bis 1383 und 1390 BGB abweichende güterrechtliche Vereinbarungen unberücksichtigt bleiben und die Vermutung des § 1377 Abs. 3 BGB keine Anwendung findet, ist für die Berechnung des steuerfreien Ausgleichsanspruchs nach dem Wortlaut des Gesetzes

---

381 Zur zivilrechtlichen Anerkennung siehe auch Langenfeld, Handbuch der Eheverträge, Rdnr. 469 m. w. N.; Götz, NWB 2007 S. 3157 ff.; Fach 10 S. 1599 ff.
382 Vgl. Brüggemann, ErbfBest 2009 S. 207 ff.; Keller/Schrenck, NWB-EV 2010 S. 86 (89).

nicht der sich aus der Vereinbarung ergebenden modifizierte Ausgleichsanspruch zu berücksichtigen, sondern der Ausgleichsanspruch, der sich (fiktiv) im Fall des gesetzlichen Güterstandes der Zugewinngemeinschaft nach § 1371 Abs. 2 BGB ergeben würde. Dies bedeutet im Ergebnis, dass die vereinbarte Modifizierung erbschaftsteuerrechtlich unberücksichtigt bleibt.

Beispiel:
Aufgrund der vereinbarten modifizierten Zugewinngemeinschaft ergibt sich beim Tod des Erstversterbenden für den überlebenden Ehegatten ein Ausgleichsanspruch von 1.000.000 €. Ohne Modifizierung der Zugewinngemeinschaft hätte sich ein Ausgleichsanspruch von 1.500.000 € ergeben. Für die Berechnung des steuerfreien Ausgleichsanspruchs ist wegen § 5 Abs. 1 Satz 2 ErbStG von einem Ausgleichsanspruch von 1.500.000 € auszugehen, der allerdings noch nach § 5 Abs. 1 Satz 5 ErbStG für Zwecke der Erbschaftsteuer in einen Steuerwert umzurechnen ist.

Es sei aber darauf hingewiesen, dass die Rechtsprechung sich bisher mit solchen Fallkonstellationen, die – wie im Beispiel – zugunsten des überlebenden Ehegatten wirken, noch nicht zu befassen hatte.

b) Der überlebende Ehegatte wird nach dem Tod des Erstversterbenden weder Erbe noch Vermächtnisnehmer

Wird der Ehegatte nach dem Tod des Erstversterbenden weder Erbe noch Vermächtnisnehmer, gilt für den Zugewinnausgleich § 5 Abs. 2 ErbStG. Da § 5 Abs. 2 ErbStG die Einschränkungen des § 5 Abs. 1 Satz 2 und 3 ErbStG nicht enthält, ist folglich der zivilrechtlich auszugleichende Zugewinn nicht steuerbar. Ist der Güterstand der Zugewinngemeinschaft vertraglich modifiziert worden und verändert sich aufgrund der vertraglich vereinbarten Modifizierungen die Höhe des Zugewinnausgleichsanspruchs, ist dies auch erbschaftsteuerlich zu beachten.

Beispiel:
Aufgrund der vereinbarten modifizierten Zugewinngemeinschaft ergibt sich nach dem Tod des Ehegatten, der seine Tochter zur Alleinerbin eingesetzt hat, für die Ehefrau ein Ausgleichsanspruch von 1.000.000 €. Ohne Modifizierung der Zugewinngemeinschaft hätte sich ein Ausgleichsanspruch von 1.500.000 € ergeben. Da die Ehefrau aufgrund der ehevertraglichen Vereinbarungen nur einen Ausgleichsanspruch von 1.000.000 € hat, bleibt auch nur dieser Betrag gem. § 5 Abs. 2 ErbStG nicht steuerbar.

Soweit allerdings ehevertragliche Vereinbarungen über den Zugewinnausgleich zu einer **überhöhten güterrechtlichen Ausgleichsforderung** führen, dürfte nach heutigem Kenntnisstand auch von der Finanzverwaltung eine steuerpflichtige Schenkung auf den Todesfall (§ 3 Abs. 2 Nr. 1 ErbStG) oder eine Schenkung unter Lebenden (§ 7 Abs. 1 Nr. 1 ErbStG) nicht mehr angenommen werden (siehe die Ausführungen unter 4.5.4.2).

c) Der Güterstand der modifizierten Zugewinngemeinschaft wird zu Lebzeiten der Ehegatten beendet

Wird der Güterstand der modifizierten Zugewinngemeinschaft z. B. aufgrund vertraglicher Vereinbarungen oder durch Scheidung unter Lebenden beendet, bleibt

4.5 Zugewinngemeinschaft – § 5 ErbStG

die vom ausgleichspflichtigen Ehegatten geleistete Zahlung beim empfangenden Ehegatten nach § 5 Abs. 2 ErbStG steuerfrei, wenn sie der Höhe nach dem zivilrechtlichen Ausgleichsanspruch entspricht.

4.5.5.3 Verbleibende Abgrenzungsprobleme

Aufgrund der zivilrechtlich konkret vereinbarten Modifizierungen können sich aus erbschaftsteuerlicher und schenkungsteuerlicher Sicht immer noch Abgrenzungsprobleme ergeben. Eine gewisse Vorsicht in der zivilrechtlichen Ausgestaltung der Verträge ist aus erbschaftsteuerlicher Sicht schon deswegen geboten, weil der BFH bisher zur modifizierten Zugewinngemeinschaft noch nicht hat Stellung nehmen müssen. Auch die Literatur äußert sich zu sehr weitgehenden ehevertraglichen Modifizierungen teilweise zurückhaltend.

So wird z. B. hinterfragt, ob es im Hinblick auf § 5 ErbStG möglich ist, den Zugewinnausgleich im Fall der Scheidung völlig auszuschließen und ihn für den Fall des Todes zu beschränken.[383]

Besonders problematisch erscheint die Ansicht, dass der Zugewinn sowohl bei Scheidung als auch bei Tod nicht nur betragsmäßig beschränkt, sondern gänzlich ausgeschlossen wird. Auch in diesem Fall soll nach einer in der Literatur vertretenen Auffassung § 5 Abs. 1 ErbStG zur Anwendung kommen. Ausschlaggebend sei, dass zivilrechtlich der Güterstand der Zugewinngemeinschaft auch dann noch besteht, wenn einzelne Merkmale (z. B. der Zugewinnausgleich) vertraglich ausgeschlossen sind, andere Merkmale der Zugewinngemeinschaft (wie z. B. Verfügungsbeschränkungen oder der Versorgungsausgleich) aber noch bestehen bleiben.[384]

Ob diese Auffassung in entsprechenden Fällen von der Finanzverwaltung und der Rechtsprechung geteilt werden, ist zumindest ungewiss. Nicht auszuschließen ist, dass sehr weit gehende Formulierungen zur Modifizierung der Zugewinngemeinschaft wirtschaftlich einer Gütertrennung gleichzustellen sind. Der BFH hat sich in seiner jüngeren Rechtsprechung zum Zugewinnausgleich zwar sehr deutlich am Zivilrecht orientiert und die bürgerlich-rechtliche Gestaltungsfreiheit beim ehelichen Güterrecht im Erbschaftsteuerrecht anerkannt.[385] Dies lässt m. E. aber nicht den sicheren Schluss zu, dass er auch in den zuletzt geschilderten Fällen davon ausgehen wird, dass die Grenze der Gestaltungsfreiheit aus erbschaftsteuerlicher Sicht nicht überschritten ist.

4.5.6 Anwendung des § 5 ErbStG auf Lebenspartnerschaften
Für Lebenspartner ist **seit dem 01.01.2005 die Zugewinngemeinschaft gesetzlicher Güterstand,** der den Vermögensstand der Ausgleichsgemeinschaft ablöst, soweit die Lebenspartner nichts anderes vereinbart haben.

---
383 Wohl befürwortend Götz, NWB 2007 S. 3157 (3164); Fach 10 S. 1599 (1606 m. w. N.).
384 So Götz, NWB 2007 S. 3164; Fach 10 S. 1599 (1606 m. w. N.).
385 BFH vom 12.07.2005, BStBl 2005 II S. 843.

/ 4 Steuerpflicht

Hierzu vertrat die Finanzverwaltung bezüglich der bis zum 31.12.2008 bestehenden Rechtslage aus erbschaftsteuerlicher Sicht, dass eine Gleichstellung der Lebenspartner mit den Ehegatten bei der Anwendung des § 5 ErbStG nicht geboten sei.[386] Endete demgemäß die Zugewinngemeinschaft mit dem Tod eines Lebenspartners und wurde der überlebende Lebenspartner Erbe, kam eine fiktive steuerfreie Ausgleichsforderung, wie sie § 5 Abs. 1 Satz 1 ErbStG für Ehegatten im Güterstand der Zugewinngemeinschaft vorsieht, nicht in Betracht. Endete die Zugewinngemeinschaft mit dem Tod eines Lebenspartners und wurde der überlebende Lebenspartner weder Erbe noch stand ihm ein Vermächtnis zu, konnte der überlebende Lebenspartner neben dem Pflichtteil einen Zugewinnausgleich geltend machen, der nicht unter das ErbStG fiel. Auch wenn die Zugewinngemeinschaft zu Lebzeiten der Lebenspartner beendet wurde, erfüllte die Ausgleichsforderung **nicht** den Tatbestand einer freigebigen Zuwendung und wurde steuerlich nicht erfasst. In der Konsequenz bedeutete dies, dass ein Lebenspartner, der die erbschaftsteuerlichen Privilegien des § 5 ErbStG in Anspruch nehmen wollte, nicht Erbe werden durfte. Auch der BFH sah es – zumindest im Hinblick auf die Freibeträge des § 16 ErbStG – verfassungsrechtlich (Art. 3 Abs. 1 und 3 sowie Art. 14 Abs. 1 GG) für nicht erforderlich an, Lebenspartner erbschaftsteuerlich den Ehegatten gleichzustellen.[387]
Die Beurteilung des BFH und der Finanzverwaltung ist im Hinblick auf § 5 Abs. 1 ErbStG durch das ErbStRG 2009 allerdings mit Wirkung ab 2009 hinfällig geworden. Leben die Lebenspartner im gesetzlichen Güterstand der Zugewinngemeinschaft (§ 6 LPartG) und wird der Güterstand beendet, bleibt ein entstehender Ausgleichsanspruch gem. **§ 5 Abs. 1 ErbStG** in demselben Umfang steuerfrei, wie er im Fall der Zugewinngemeinschaft unter Ehegatten steuerfrei bleibt. Zudem ist in § 5 Abs. 2 ErbStG i. d. F. 2009 für die Fälle des güterrechtlichen Zugewinnausgleichs nach § 1371 Abs. 2, § 1373 BGB klargestellt worden, dass der Zugewinnausgleich von Lebenspartnern im gesetzlichen Güterstand der Zugewinngemeinschaft nicht steuerbar ist.
Für die Zeit vor dem Inkrafttreten des ErbStRG 2009 hat zudem das BVerfG[388] entschieden, dass Lebenspartner im Sinne des LPartG den Ehegatten erbschaft- und schenkungsteuerlich gleichzustellen sind.

4.6 Vor- und Nacherbschaft – § 6 ErbStG

Vor- und Nacherbe sind bürgerlich-rechtlich (§ 2100 BGB) beide Rechtsnachfolger des Erblassers, aber nicht nebeneinander (als Miterben), sondern zeitlich nacheinander (im Einzelnen s. o. 2.1.2.3). Die Konsequenzen aus dieser bürgerlich-rechtlichen Regelung der Vor- und Nacherbschaft – zwei selbständige Ver-

---
386 FinMin Baden-Württemberg vom 15.09.2005, DStR 2005 S. 1646, und vom 23.07.2003, DStR 2003 S. 1486.
387 BFH vom 20.06.2007, BStBl 2007 II S. 649.
388 BVerfG vom 21.07.2010, DStR 2010 S. 1721.

4.6 Vor- und Nacherbschaft – § 6 ErbStG

mögensanfälle – wollte der Gesetzgeber des Erbschaftsteuer- und Schenkungsteuergesetzes für seinen Bereich nicht in vollem Umfang ziehen. Er hat deshalb in § 6 ErbStG eine erbschaftsteuerrechtliche Sonderregelung getroffen, um den Besonderheiten bei der Erbschaftsteuer gerecht zu werden. Die Steuer für den Erwerb des Nacherben entsteht dabei sowohl im Falle des § 6 Abs. 2 als auch des Abs. 3 ErbStG nach § 9 Abs. 1 Nr. 1 Buchst. h ErbStG mit dem Zeitpunkt des Eintritts der Nacherbfolge. Im Übrigen ist Besteuerungstatbestand sowohl für den Vermögensübergang auf den Vorerben als auch für den auf den Nacherben § 3 Abs. 1 Nr. 1 ErbStG.

Von der Regelung des § 6 ErbStG werden folgende Fälle **nicht** erfasst:

- Der Vorerbe gibt die Vorerbschaftsmasse vor Eintritt der Nacherbfolge an den Nacherben unentgeltlich heraus. **Folge:** Schenkung (§ 7 Abs. 1 Nr. 7 ErbStG).

- Der Nacherbe veräußert sein Anwartschaftsrecht. **Folge:** Das Entgelt gilt bei ihm als Erwerb von Todes wegen (§ 3 Abs. 2 Nr. 6 ErbStG) mit der weiteren Folge, dass beim Eintritt des Nacherbschaftsfalls bei ihm kein steuerbarer Vorgang mehr gegeben ist.

- Der Nacherbe stirbt vor dem Nacherbfall und seine Anwartschaft geht auf seinen Erben über. **Folge:** Die Anwartschaft gehört nicht zu seinem Nachlass (§ 10 Abs. 4 ErbStG), im Nacherbfall tritt dann aber der Erbe des Nacherben an dessen Stelle und wird also mit der auf ihn übergehenden Nacherbschaft nach § 6 ErbStG steuerpflichtig.

4.6.1 Besteuerung des Vorerben

Die Formulierung in § 6 Abs. 1 ErbStG, wonach der Vorerbe als Erbe gilt, ist insoweit unpräzise, als er es auch nach den bürgerlich-rechtlichen Vorschriften tatsächlich ist. Mit dieser Regelung soll zum Ausdruck gebracht werden,

- dass der Vorerbe erbschaftsteuerlich nicht als Nießbraucher zu behandeln ist,

- dass der Vorerbe erbschaftsteuerlich so zu behandeln ist, als wenn er ein „normaler" Erbe wäre mit der Folge, dass der Nacherbe als Rechtsnachfolger des Vorerben – und nicht, wie im bürgerlichen Recht, des Erblassers – anzusehen ist,

- dass die nach der bürgerlich-rechtlichen Regelung bestehenden Beschränkungen des Vorerben erbschaftsteuerlich nicht berücksichtigt werden, den Wert des Erwerbs also nicht mindern (s. auch § 9 Abs. 3 BewG). Für die Besteuerung des Vorerben ist der Umfang seines bürgerlich-rechtlichen Verfügungsrechts (§§ 2112 ff. BGB) also ohne Bedeutung. Das gilt unabhängig davon, ob die Nacherbschaft mit seinem Tod oder zu einem anderen Zeitpunkt eintritt.

Diese Besteuerung des Vorerben wie die eines Vollerben ist nicht verfassungswidrig.[389]

Im Einzelfall kann es schwierig sein, Vor- und Nacherbschaft insbesondere vom Nießbrauchsvermächtnis abzugrenzen. Im Hinblick auf den mit dem ErbStRG 2009 aufgehobenen § 25 ErbStG a. F., der die erbschaftsteuerlichen Vorteile beim Nießbrauchsvermächtnis weitgehend ausgeschlossen hatte, hat diese Abgrenzungsfrage entgegen der Rechtslage vor 2009[390] wieder an Bedeutung gewonnen und muss anhand des Einzelfalls und entsprechenden Vergleichsberechnungen geklärt werden. Die Frage, ob ein Erblasser seine Ehefrau als Vorerbin oder nur als Nießbrauchsvermächtnisnehmerin eingesetzt hat, ist durch Auslegung der letztwilligen Verfügung gem. § 2084 BGB zu klären, hierbei ist nicht nach wirtschaftlichen, sondern nach rechtlichen Gesichtspunkten zu entscheiden. Der Umstand, dass der Erblasser seine Ehefrau nicht von den Beschränkungen der Vorerbschaft nach §§ 2112 ff. BGB befreit und zudem eine Dauerverwaltungstestamentsvollstreckung (§ 2209 BGB) angeordnet hat, rechtfertigt noch keine Auslegung der Anordnung als Nießbrauchsvermächtnis.[391]

Der Vorerbe ist Steuerschuldner i. S. des § 20 Abs. 1 ErbStG. Nach § 10 Abs. 4 ErbStG ist er befugt, die durch die Vorerbschaft veranlasste Steuer zu Lasten des Nacherben aus den Mitteln der Vorerbschaft zu entrichten. Hat er die Steuer bis zu seinem Tod nicht bezahlt, so geht sie als Nachlassverbindlichkeit (§ 10 Abs. 5 Nr. 1 ErbStG) auf seinen Erben über.[392]

4.6.2 Eintritt der Nacherbfolge durch den Tod des Vorerben

Mit dem Tod des Erblassers erhält der Vorerbe die Erbschaft und der Nacherbe als Vermögenswert ein veräußerliches und vererbliches Anwartschaftsrecht. Gleichwohl wird dieser Vermögenserwerb erbschaftsteuerlich noch nicht mit dem Vorerbfall erfasst. Erst bei Eintritt der Nacherbfolge durch den Tod des Vorerben hat der Nacherbe (bzw. sein Erbe) entsprechend der Regelung für den Vorerben in § 6 Abs. 1 ErbStG und also abweichend vom bürgerlichen Recht den Erwerb als vom Vorerben – und nicht vom Erblasser – stammend zu versteuern (§ 6 Abs. 2 Satz 1 ErbStG).

Auf Antrag ist jedoch der Versteuerung das Verhältnis des Nacherben zum Erblasser zugrunde zu legen (§ 6 Abs. 2 Satz 2 ErbStG), wobei § 6 Abs. 2 Sätze 3 bis 5 ErbStG zu beachten sind. Eine Parallelregelung zu § 6 Abs. 2 Satz 2 ErbStG enthält § 7 Abs. 2 ErbStG für den Fall einer vorzeitigen Schenkung des Vorerbschafts-

---

[389] BFH, ZEV 2001 S. 327; BFH vom 06.05.2003 II B 73/02, BFH/NV 2003 S. 1185, und vom 06.11.2006 II B 37/06, BFH/NV 2007 S. 242.
[390] Vgl. hierzu FG München, EFG 1987 S. 254; BFH vom 04.07.1989 IX R 192/85, BFH/NV 1990 S. 229.
[391] FG München vom 24.11.1999 4 K 72/97 (nv).
[392] A.A. Meincke, § 6 Rdnr. 6.

4.6 Vor- und Nacherbschaft – § 6 ErbStG

vermögens an den Nacherben. Auch hier finden § 6 Abs. 2 Sätze 3 bis 5 ErbStG auf die Schenkung entsprechende Anwendung.

Beispiel:
Erblasser E setzt seine Schwester S zur Vorerbin und sein Kind K zum Nacherben ein. Durch den Tod der S ist die Nacherbfolge eingetreten.
Stellt K keinen Antrag, wird sein Erwerb nach Steuerklasse II versteuert. Der Freibetrag nach § 16 Abs. 1 Nr. 5 ErbStG beträgt 20.000 €. Stellt K den Antrag nach § 6 Abs. 2 Satz 2 ErbstG, wird sein Erwerb nach Steuerklasse I versteuert. Der Freibetrag nach § 16 Abs. 1 Nr. 2 ErbStG beträgt 400.000 €.

Sowohl für § 6 Abs. 2 Satz 2 ErbStG als auch für § 7 Abs. 2 ErbStG ist allerdings unklar, wie weit die gesetzliche Formulierung „ist der Versteuerung das Verhältnis des Nacherben zum Erblasser zugrunde zu legen" zu verstehen ist.

Wird darunter allein eine Bezugnahme auf die Steuerklasse gesehen,[393] hat der Antrag nur Auswirkung auf die Steuerklasse. Für eine solche enge Auslegung spricht zum einen, dass der Erwerb des Nacherben als Erwerb vom Vorerben gilt, zum anderen aber insbesondere der Wortlaut des § 6 Abs. 2 Satz 3 bis 5 ErbStG. Wird die Steuerklasse nach dem Verhältnis zum Erblasser zugrunde gelegt, so dürften hieraus die Folgerungen allerdings nicht nur für die Steuerklasse selbst, sondern auch für die Vorschriften zu ziehen sein, in denen die Steuerklasse von Bedeutung ist,[394] also z. B. die persönlichen Freibeträge (§ 16 und auch wohl § 17 ErbStG), aber auch für die sachlichen Steuerbefreiungen (§ 13 ErbStG), die Steuerermäßigung bei mehrfachem Erwerb desselben Vermögens (§ 27 ErbStG) sowie für den Steuersatz (§§ 19 und 19a ErbStG). Auf andere – steuerklassenunabhängige – Vorschriften wie z. B. über die Steuerpflicht (§ 2 ErbStG), die Zusammenrechnung mit früheren Erwerben (§ 14 ErbStG) und die Anrechnung ausländischer Erbschaftsteuer (§ 21 ErbStG) sowie auf die Anwendung von Doppelbesteuerungsabkommen hat der Antrag nach § 6 Abs. 2 Satz 2 ErbStG danach keine Auswirkung.[395]

Die Rechtsprechung des BFH[396] legt den Schluss nahe, dass der Antrag nach § 6 Abs. 2 Satz 2 ErbStG nur die Steuerklasse betrifft. Aus § 6 Abs. 2 Satz 3 ErbStG ergibt sich für den BFH nämlich nur, dass beide Vermögensanfälle hinsichtlich der Steuerklasse getrennt zu behandeln sind. Im Übrigen gehe das Gesetz aber – m. E. zu Recht – davon aus, dass ein einheitlicher Erwerb (vom Vorerben) vorliegt. Dies werde durch die Regelung des § 6 Abs. 2 Satz 5 ErbStG bestätigt, wonach die Steuer für jeden (Teil-)Erwerb nach dem Steuersatz zu erheben ist, der für den gesamten Erwerb gelten würde.[397]

---
393 Vgl. Meincke, § 6 Rdnr. 13.
394 Vgl. Meincke, a. a. O.
395 So auch Meincke, § 6 Rdnr. 13, § 14 Rdnr. 7; Moench/Weinmann, § 6 Rdnr. 17; § 14 Rdnr. 36; a .A. Gebel in T/G/J, § 6 Rdnr. 35; Jülicher in T/G/J, § 14 Rdnr. 35; Hübner in V/G/H/K/S, § 6 Rdnr. 21 f.
396 BFH vom 30.06.1976, BFHE 119 S. 492; siehe auch BFH vom 02.12.1998, BStBl 1999 II S. 235.
397 BFH vom 02.12.1998, BStBl 1999 II S. 235.

4 Steuerpflicht

Diese Sichtweise hat der BFH nunmehr für den vergleichbaren Fall einer vorzeitigen Übertragung des Vorerbschaftsvermögens auf den Nacherben und eines späteren Erwerbs von Todes wegen durch den Nacherben ausdrücklich bestätigt. Überträgt danach ein Vorerbe mit Rücksicht auf die angeordnete Nacherbschaft Vermögen auf den Nacherben, handelt es sich nach Auffassung des BFH nämlich auch dann um einen gem. § 14 Abs. 1 ErbStG mit einem späteren Erwerb des Nacherben vom Vorerben zusammenzurechnenden Erwerb vom Vorerben, wenn der Nacherbe nach § 7 Abs. 2 Satz 1 ErbStG beantragt, der Versteuerung der Vermögensübertragung sein Verhältnis zum Erblasser zugrunde zulegen. Bei der Versteuerung des späteren Erwerbs des Nacherben vom Vorerben ist in diesem Fall § 7 Abs. 2 Satz 2 i. V. m. § 6 Abs. 2 Satz 3 bis 5 ErbStG entsprechend anzuwenden.[398]

Beispiel:[399]
Der verstorbene Großvater G hatte Nacherbfolge angeordnet und u. a. die Mutter M des Enkels E und deren Schwester S als Vorerbinnen eingesetzt. Nacherbe sowohl von M als auch von S (beide Töchter des G) war E. Aufgrund der Nacherbenstellung des E übertrug die Vorerbin S ihren Anteil am Nachlass des Erblassers im Wege vorweggenommener Erbfolge auf E. S verstarb kurze Zeit später und wurde – unter anderem – von E beerbt. E stellt den Antrag gem. § 7 Abs. 2 i. V. m. § 6 Abs. 2 Satz 2 ErbStG.
Der Erwerb des Vorerbschaftsvermögens fällt unter § 7 Abs. 1 Nr. 7 ErbStG. Es handelt sich nicht um einen Erwerb i. S. des § 6 Abs. 3 ErbStG, da es sich um eine **vorzeitige Herausgabe** der Nacherbschaft handelt und der von § 6 Abs. 3 ErbStG vorausgesetzte Eintritt des Nacherbfalls zu diesem Zeitpunkt noch nicht vorliegt. Gemäß § 7 Abs. 1 Nr. 7 ErbStG gilt als Schenkung unter Lebenden, was ein Vorerbe dem Nacherben mit Rücksicht auf die angeordnete Nacherbschaft vor ihrem Eintritt herausgibt. Grundsätzlich ist dieser Erwerb nach Steuerklasse II (§ 15 Abs. 1 II Nr. 3 i. V. m. § 16 Abs. 1 Nr. 5 ErbStG) zu versteuern, da E im Verhältnis zur Vorerbin S ein Abkömmling ersten Grades von Geschwistern (Neffe) ist. Gemäß § 7 Abs. 2 Satz 1 ErbStG kann E der Versteuerung aber auf Antrag das Verhältnis zum Erblasser, seinem Großvater, zugrunde legen. Der Erwerb ist im Fall eines Antrags nach Steuerklasse I (§ 15 Abs. 1 I Nr. 3 i. V. m. § 16 Abs. 1 Nr. 2 ErbStG) zu versteuern, da E im Verhältnis zum Erblasser ein Abkömmling des Kindes M des Großvaters ist. Der Freibetrag beträgt gem. § 16 Abs. 1 Nr. 2 ErbStG 400.000 €, da M im Zeitpunkt des Todes des Erblassers bereits vorverstorben war.
Der spätere Erwerb des E von S ist nach Auffassung des BFH mit dem Vorerwerb von S zusammenzurechnen. Der von E gestellte Antrag, der Besteuerung des Anteilserwerbs sein Verhältnis zu G zugrunde zu legen (§ 7 Abs. 2 Satz 1 ErbStG), hat nach Auffassung des BFH nicht zur Folge, dass es sich um einen Erwerb von G und nicht von V handelt.[400]

Stellt der Nacherbe den Antrag nach § 7 Abs. 2 Satz 1 ErbStG, wirkt sich dies nur auf die Steuerberechnung aus. Der Antrag führt nicht dazu, dass es sich bei dem Erwerb nach § 7 Abs. 1 Nr. 7 ErbStG nicht um einen solchen vom Vorerben, son-

---

398 BFH vom 03.11.2010, BStBl 2011 II S. 123; hierzu Brüggemann, ErbBstg 2011 S. 44.
399 Vereinfacht nach BFH vom 03.11.2010, BStBl 2011 II S. 123.
400 So auch Gebel in T/G/J, ErbStG § 6 Rdnr. 35; Jülicher in T/G/J, ErbStG § 14 Rdnr. 35; Hübner in V/G/H/K/S, ErbStG § 6 Rdnr. 21 f.

4.6 Vor- und Nacherbschaft – § 6 ErbStG

dern vom ursprünglichen Erblasser handelt. Dies ergibt sich für den BFH aus der in § 7 Abs. 2 Satz 2 ErbStG vorgesehenen Verweisung auf § 6 Abs. 2 Satz 3 bis 5 ErbStG. Diese Verweisung ist dann von Bedeutung, wenn der Vorerbe über eine mit Rücksicht auf die angeordnete Nacherbschaft erfolgende Vermögensübertragung hinaus zugleich an den Nacherben eine freigebige Zuwendung aus eigenem Vermögen ausführt. In einem solchen Fall liegen auch dann, wenn der Bedachte den Antrag nach § 7 Abs. 2 Satz 1 ErbStG stellt, nicht zwei getrennt zu besteuernde Erwerbe vor, nämlich ein Erwerb vom ursprünglichen Erblasser und ein Erwerb vom Vorerben. Vielmehr handelt es sich um zwei Vermögensanfälle vom Vorerben, die lediglich hinsichtlich der Steuerklasse getrennt zu behandeln sind (§ 7 Abs. 2 Satz 2 i. V. m. § 6 Abs. 2 Satz 3 ErbStG). Anders als bei einer getrennten Besteuerung, wie sie bei einem Erwerb von verschiedenen Personen (Erblasser und Vorerbe) vorzunehmen wäre, kann für das dem Nacherben zugewendete eigene Vermögen des Vorerben nach § 7 Abs. 2 Satz 2 i. V. m. § 6 Abs. 2 Satz 4 ErbStG ein Freibetrag nur gewährt werden, soweit der Freibetrag nicht bereits für das gem. § 7 Abs. 1 Nr. 7 ErbStG übertragene Vermögen verbraucht ist.[401] Zudem ist die Steuer für jeden Erwerb jeweils nach dem Steuersatz zu erheben, der für den gesamten Erwerb gelten würde. Auch dies wäre bei der getrennten Besteuerung von zwei Erwerben von verschiedenen Personen nicht der Fall. In die Zusammenrechnung nach § 14 Abs. 1 Satz 1 ErbStG sind danach auch dann, wenn der Nacherbe den Antrag nach § 6 Abs. 2 Satz 2 oder § 7 Abs. 2 Satz 1 ErbStG stellt, nur Erwerbe des Nacherben vom Vorerben, nicht aber solche vom ursprünglichen Erblasser einzubeziehen.[402]

Überträgt der Nacherbe nach Eintritt des (Vor-)Erbfalls, aber vor Eintritt der Nacherbfolge sein Nacherbenanwartschaftsrecht unentgeltlich (also kein Fall des § 3 Abs. 2 Nr. 6 ErbStG) auf einen Dritten, so unterliegt der Erwerb des Anwartschaftsrechts nicht der Erbschaftsteuer, während der Erwerb des Dritten bei Eintritt des Nacherbfalls gem. § 3 Abs. 1 Nr. 1 ErbStG i.V. m. §§ 1922 und 2139 BGB der Erbschaftsteuer unterliegt. Steuerklasse, Steuersatz und Höhe des persönlichen Freibetrags nach § 16 ErbStG richten sich in diesem Fall nach dem Verhältnis des Dritten (= Erwerber) zum Vorerben (§ 6 Abs. 2 Satz 1 ErbStG) bzw. zum Erblasser (§ 6 Abs. 2 Satz 2 ErbStG), nicht hingegen nach dem Verhältnis des Nacherben zu den genannten Personen.[403] „Nacherbe" i. S. des § 6 Abs. 2 Satz 2 ErbStG bedeutet insoweit also „Erwerber". Das bedeutet, dass es zum selben steuerlichen Ergebnis kommt, unabhängig davon, ob der Anfall der Nacherbschaft beim Nacherben selbst oder bei dessen (entgeltlichem oder unentgeltlichem Einzel- oder Gesamt-)Rechtsnachfolger eintritt.

---

401 So bereits BFH vom 02.12.1998, BStBl 1999 II S. 235.
402 So auch Meincke, § 6 Rdnr. 12 f., § 7 Rdnr. 111, 117, § 14 Rdnr. 7; Weinmann in Moench/Weinmann, § 6 Rdnr. 17 f., § 14 Rdnr. 36; Moench in Moench/Weinmann, § 7 Rdnr. 220.
403 BFH vom 28.10.1992, BStBl 1993 II S. 158 mit weiteren Hinweisen auf die zustimmende Literaturmeinung.

Infolge der Möglichkeit des Antrags nach § 6 Abs. 2 Satz 2 ErbStG kann somit für den Nacherben die Regelung des § 6 Abs. 2 Satz 1 ErbStG, wonach er als Erbe des Vorerben gilt, immer dann keinen Nachteil bringen – soweit der Antrag wirkt –, wenn ihm kein eigenes Vermögen des Vorerben anfällt. Wenn dem Nacherben aber außer dem Nacherbschaftsvermögen auch noch eigenes Vermögen des Vorerben anfällt, so machen beide Vermögen zusammen den vom Vorerben stammenden einheitlichen Gesamterwerb aus, mit der Folge eines entsprechenden Progressionsnachteils (§ 6 Abs. 2 Satz 5 ErbStG). Falls der Nacherbe in diesen Fällen den Antrag nach § 6 Abs. 2 Satz 2 ErbStG nicht stellt, sind das Nacherbschaftsvermögen und das daneben vom Vorerben ererbte Vermögen grundsätzlich zusammenzurechnen und einheitlich vom Nacherben als vom Vorerben stammend zu versteuern. Etwas komplizierter wird es in diesen Fällen dann, wenn der Nacherbe den Antrag nach § 6 Abs. 2 Satz 2 ErbStG stellt, da sich dieser Antrag nur auf das Nacherbschaftsverhältnis beziehen kann, dieses jedoch zusammen mit dem eigenen Vermögen des Vorerben einen einheitlichen Erwerb von Todes wegen darstellt. Wie diese beiden Vermögensteile des Gesamterwerbs hinsichtlich der Gewährung der Freibeträge zu behandeln sind und nach welchem Steuersatz die Besteuerung zu erfolgen hat, regeln die Vorschriften des § 6 Abs. 2 Satz 3 bis 5 ErbStG. Danach sind zunächst die beiden Vermögensmassen des Gesamterwerbs nach ihrer Herkunft zu trennen. Auf jede dieser Vermögensmassen ist dann die ihrer Herkunft entsprechende Steuerklasse anzuwenden. Damit sich hieraus für den Nacherben jedoch keine ungerechtfertigten Vorteile hinsichtlich des Freibetrags ergeben, bestimmt § 6 Abs. 2 Satz 4 ErbStG, dass dem Nacherben nicht für jede Vermögensmasse des Gesamterwerbs gesondert ein Freibetrag zusteht, sondern ihm insgesamt nur der Freibetrag zu gewähren ist, der für sein günstigeres Verwandtschaftsverhältnis zum Erblasser maßgebend ist. Für das ihm zusätzlich anfallende Vermögen des Vorerben soll ihm der für diese Steuerklasse maßgebende Freibetrag nur noch gewährt werden, wenn und soweit der höhere, nach dem Verwandtschaftsverhältnis zum Erblasser maßgebende Freibetrag durch den Anfall des Nacherbschaftsvermögens nicht verbraucht ist. Ob hier der Freibetrag nach dem Verhältnis zum Vorerben gewährt wird, begrenzt durch die Höhe des unverbrauchten Freibetragsanteils, oder ob der unverbrauchte Freibetragsanteil voll vom Vermögen des Vorerben abgezogen werden kann, ist streitig. Nach Auffassung des BFH[404] ist der nicht verbrauchte Teilbetrag nur bis (maximal) zur Höhe des Freibetrags abzugsfähig, der für den Erwerb des Vorerben-Vermögens vorgesehen ist.[405] Damit die Aufgliederung des Gesamtvermögens in zwei Vermögensteile für den Nacherben keinen Progressionsvorteil zur Folge hat, wird in § 6 Abs. 2

---

404 401 BFH vom 02.12.1998, BStBl 1999 II S. 235.
405 Siehe dazu Ebeling, ZEV 1999 S. 238 m. w. N.

4.6 Vor- und Nacherbschaft – § 6 ErbStG

Satz 5 ErbStG weiter bestimmt, dass die Steuer für jeden Vermögensteil nach dem Steuersatz zu erheben ist, der für den gesamten Erwerb gelten würde.[406]

Beispiele:

a) Erblasser E setzt seine Schwester S zur Vorerbin und sein Kind K zum Nacherben ein. Durch den Tod der S ist die Nacherbfolge eingetreten. K ist Alleinerbe der S. S hinterlässt aus der Vorerbschaft 800.000 € und an eigenem Vermögen 1.600.000 €.

Variante a): K stellt den Antrag nach § 6 Abs. 2 Satz 2 ErbStG nicht.
Variante b): K stellt den Antrag nach § 6 Abs. 2 Satz 2 ErbStG.

Variante a): K hat den Gesamterwerb i. H. von 2.400.000 € nach seiner Tante S (Steuerklasse II) zu versteuern: 2.400.000 € ./. 20.000 € (§ 16 Abs. 1 Nr. 4 ErbStG) = 2.380.000 €; davon 30 % (§ 19 Abs. 1 ErbStG) = **714.000 € Steuer.**

Variante b): Die beiden Vermögensmassen des Gesamterwerbs sind nach ihrer Herkunft zu trennen. Auf 800.000 € ist Steuerklasse I, auf 1.600.000 € ist Steuerklasse II anzuwenden. Nur ein Freibetrag von 400.000 € (§ 16 Abs. 1 Nr. 2 ErbStG) kann K insgesamt gewährt werden. Da die 400.000 € Freibetrag verbraucht sind, steht K ein Freibetrag (20.000 €) auf das von S anfallende eigene Vermögen von 1.600.000 € nicht mehr zu. K hat somit zu versteuern:

Nacherbschaftsvermögen: 800.000 € ./. Freibetrag 400.000 € = 400.000 € (die Steuer – nach Steuerklasse I – ist für diesen Erwerb nach dem Steuersatz zu erheben, der für den gesamten Erwerb gelten würde). Steuersatz 19 % – Steuer also 76.000 €.

Eigenes Vermögen der S: 1.600.000 €; Steuersatz (Steuerklasse II) 30 % = 480.000 € **Steuer.** Insgesamt also: 76.000 € + 480.000 € = **556.000 €.**

b) Erblasser E setzt seine Schwester S zur Vorerbin und sein Kind K zum Nacherben ein. Durch den Tod der S ist die Nacherbfolge eingetreten. K ist Alleinerbe der S. S hinterlässt aus der Vorerbschaft 100.000 € und an eigenem Vermögen 500.000 €.

Variante a): K stellt den Antrag nach § 6 Abs. 2 Satz 2 ErbStG nicht.
Variante b): K stellt den Antrag nach § 6 Abs. 2 Satz 2 ErbStG.

Variante a): K hat den Gesamterwerb i. H. von 600.000 € nach seiner Tante S (Steuerklasse II) zu versteuern:

600.000 € ./. 20.000 € = 580.000 €; davon 30 % = **174.000 € Steuer.**

Variante b): Auf 100.000 € ist Steuerklasse I, auf 500.000 € ist Steuerklasse II anzuwenden. Von dem Freibetrag nach Steuerklasse I i. H. von 400.000 € sind 300.000 € noch nicht verbraucht. Für den Erwerb des Vorerben-Vermögens ist ein Freibetrag von 20.000 € vorgesehen.

Die nicht verbrauchten 300.000 € sind nach Auffassung des BFH[407] aber nicht vollständig, sondern nur bis 20.000 € abzugsfähig.

K hat somit zu versteuern:

Nacherbschaftsvermögen: 100.000 € ./. Freibetrag 400.000 € = keine Steuer

Eigenes Vermögen der S: 500.000 € ./. Freibetrag 20.000 € = 480.000 €; Steuersatz 25 %; **Steuer = 120.000 €.**

Wie die Berechnung der Steuer bei Anwendung der Härteausgleichsregelung (§ 19 Abs. 3 ErbStG) im Rahmen des § 6 Abs. 2 Satz 5 ErbStG erfolgen soll, sagt das

---

406 Begründung der Regierungsvorlage zum Entwurf des 2. Steuerreformgesetzes, BR-Drucksache 140/72.
407 BFH vom 02.12.1998, BStBl 1999 II S. 235.

4 Steuerpflicht

Gesetz ausdrücklich nicht. Zur hinsichtlich der Problematik gleichgelagerten Regelung des § 15 Abs. 3 ErbStG hat der BFH entschieden, dass der Härteausgleich nach § 19 Abs. 3 ErbStG nur zu gewähren ist, soweit der Wert des gesamten Erwerbs eine der in § 19 Abs. 1 ErbStG bestimmten Wertgrenzen überschreitet.[408]

Beispiel:
Nacherbe N erbt Barvermögen und hat nach Abzug des Freibetrags vom Erblasser E (Steuerklasse I) einen steuerpflichtige Erwerb von 375.000 € und vom Vorerben V (Steuerklasse II) einen von 255.000 €. N stellt den Antrag nach § 6 Abs. 2 ErbStG.
Der Steuersatz für den Gesamterwerb (§ 6 Abs. 2 Satz 5 ErbStG) i. H. von 630.000 € ist wie folgt zu ermitteln:
In Steuerklasse I beträgt die Steuer vor Härteausgleich 630.000 € × 19 % = 119.700 €.
Nach Härteausgleich (§ 19 Abs. 3 ErbStG) ergibt sich:

600.000 € × 15 %   90.000 €
30.000 € × 50 %   15.000 €
                     105.000 €

105.000 € bezogen auf 630.000 € entsprechen einem Steuersatz von ca. 16,67 %.
In Steuerklasse II beträgt die Steuer vor Härteausgleich 630.000 € × 30 % = 189.000 €.
Nach Härteausgleich (§ 19 Abs. 3 ErbStG) ergibt sich:

600.000 € × 25 %   150.000 €
30.000 € × 50 %   15.000 €
                     165.000 €

165.000 € bezogen auf 630.000 € entsprechen einem Steuersatz von ca. 26,19 %.
Das sinnvolle Ergebnis für die Besteuerung des N muss also lauten:

375.000 € × 16,67 %   62.512 €   oder 105.000 € × 375/630 =   62.500 €
255.000 € × 26,19 %   66.784 €   oder 165.000 € × 255/630 =   66.785 €
                      129.296 €   129.285 €

Die vorstehend geschilderte Lösung ist insofern bemerkenswert, als sie einen Steuersatz anwendet, der so in § 19 ErbStG nicht vorgesehen ist.[409]
Die Steuerermäßigungsvorschrift des § 27 ErbStG ist bei § 6 Abs. 2 ErbStG anwendbar.

4.6.3 Eintritt der Nacherbfolge in anderen Fällen

Tritt die Nacherbfolge nicht durch den Tod des Vorerben ein, sondern z. B. im Fall seiner Wiederverheiratung oder bei Volljährigkeit des Nacherben, so gilt die Vorerbfolge als auflösend bedingter, die Nacherbfolge als aufschiebend bedingter Anfall (§ 6 Abs. 3 ErbStG). Es liegt hier somit – im Gegensatz zur Regelung des § 6 Abs. 2 ErbStG, die von zwei Erbfällen ausgeht – ein Erbfall (nach dem Erblasser) mit zwei Erwerbern (Vorerbe und Nacherbe) vor. Daraus folgt, dass einerseits der Vorerbe auch hier erbschaftsteuerlich als „normaler"

---

[408] BFH vom 09.07.2009 II R 42/07, BFH/NV 2009 S. 1994; ebenso Moench/Weinmann, § 6 Rdnr. 29; Gebel in T/G/J, § 6 Rdnr. 40.
[409] Ausführlich zu dieser Problematik Kirschstein, ZEV 2001 S. 347.

4.6 Vor- und Nacherbschaft – § 6 ErbStG

Erbe gilt (§ 6 Abs. 1 ErbStG), andererseits für die Besteuerung des Nacherben – abweichend von § 6 Abs. 2 ErbStG – ausschließlich dessen Verwandtschaftsverhältnis zum Erblasser maßgebend ist. Daraus würde weiterhin folgen, dass zunächst der Vorerbe die volle Steuer zu zahlen hat, § 5 Abs. 1 BewG, bei Eintritt der Nacherbfolge dann der Nacherbe ebenfalls (§ 4 BewG), wobei die ursprüngliche Steuerfestsetzung für den Vorerben auf Antrag nach dem tatsächlichen Wert des Erwerbs zu berichtigen wäre (§ 5 Abs. 2 BewG) – der Ausgleich also beim Vorerben stattfinden würde. Diese Rechtsfolge hat der Gesetzgeber aber durch die Sonderregelung in § 6 Abs. 3 Satz 2 ErbStG ausgeschlossen, nach der bei Eintritt der Nacherbfolge dem Nacherben die vom Vorerben entrichtete Steuer abzüglich desjenigen Steuerbetrags anzurechnen ist, welcher der tatsächlichen Bereicherung des Vorerben entspricht – der Ausgleich also beim Nacherben stattfindet. Die gegen den Vorerben als Erben voll festgesetzte Steuer wird also mit anderen Worten bei der Besteuerung des Nacherben insoweit rückgängig gemacht, als der Vorerbe tatsächlich nicht bereichert wurde. Was als „tatsächliche Bereicherung" anzusehen ist, erscheint zweifelhaft. Man kann hierunter entweder nur die dem Vorerben verbleibenden Teile der Substanz verstehen, da im Wert des Eigentums an einem Wirtschaftsgut der Wert der Nutzungen mit enthalten ist, oder darüber hinaus auch den (kapitalisierten) Wert der Erträge, die ihm während der Dauer seiner Berechtigungszeit zugeflossen sind. – Ein ganz ähnliches Problem taucht auch bei § 5 Abs. 2 BewG auf. – Da der Vorerbe grundsätzlich an der Substanz nicht berechtigt ist, wird man wohl die zweite Lösung vorziehen müssen. Weiter ist der Bewertungsstichtag problematisch. § 6 Abs. 3 Satz 2 ErbStG lässt den Stichtag des § 11 ErbStG – hier also Tod des Erblassers – wohl unberührt, wobei aber für die Frage der tatsächlichen Bereicherung der Zeitraum bis zum Zeitpunkt des Eintritts des Nacherbfalls mitberücksichtigt werden muss. Daraus folgt, auch im Hinblick auf den Sinn und Zweck der Regelung des § 6 Abs. 3 Satz 2 ErbStG, dass nicht die bürgerlich-rechtliche Rechtsposition des Vorerben beim Tod des Erblassers allein entscheidend sein kann – bei der Nacherbeneinsetzung auf den Überrest i.S. des § 2137 BGB würde das nämlich bedeuten, dass die tatsächliche Bereicherung des Vorerben stets identisch ist mit dem auflösend bedingten Anfall –, sondern sein tatsächliches Verhalten im Hinblick auf die Vorerbschaft ausschlaggebend ist. Bei Steuerfreiheit des Nacherben kann eine Anrechnung nicht stattfinden. Auch in diesen Fällen wird jedoch die Anwendbarkeit des § 5 Abs. 2 BewG, mit der Folge einer Erstattung an den Vorerben, abzulehnen sein, da § 6 Abs. 3 Satz 2 ErbStG wohl als Sondervorschrift anzusehen ist, die insoweit eine abschließende Regelung trifft.[410] Im Übrigen ist § 6 Abs. 3 Satz 2 ErbStG allein eine Vorschrift für die Berechnung der vom Nacherben geschuldeten Steuer. Sie erzeugt keinen außerhalb der Besteuerung des Nacherben möglichen „Anspruch" auf Anrechnung

---

410 A. A. Seifert, BB 1965 S. 200.

4 Steuerpflicht

der Steuer des Vorerben. Ein Anspruch setzt nämlich einen Gläubiger voraus, an dem es hier aber fehlt. Der Vorteil, den § 6 Abs. 3 Satz 2 ErbStG dem Nacherben gewährt, fällt ihm weder vom Erblasser noch vom Vorerben zu. Er ist kein „Erwerb" der in § 3 ErbStG beschriebenen Art, sondern ein reiner Steuervorteil.[411]

Beispiel:
Erblasser E hat seine ledige Schwester S zur Vorerbin und sein Kind K zum Nacherben eingesetzt für den Fall der Heirat der S. E stirbt. Der Steuerwert des Nachlasses beträgt 850.000 €. S entnimmt sogleich 50.000 € und verbraucht sie. Drei Jahre nach dem Tod des E heiratet S.

Besteuerung der S:
850.000 € ⁄ 20.000 € (Freibetrag nach § 16 Abs. 1 Nr. 5 ErbStG)   830.000 €
Steuer bei Steuersatz 30 % (§ 19 Abs. 1 ErbStG)   249.000 €

Besteuerung des K:
1. Steuer des K „an sich": 551.000 € (800.000 € ⁄ 249.000 € entrichtete Erbschaftsteuer; siehe § 20 Abs. 4 ErbStG) ⁄ 400.000 € (Freibetrag nach § 16 Abs. 1 Nr. 2 ErbStG) = 151.000 €, Steuer bei Steuersatz (Steuerklasse I) 11 %: 16.610 €.

2. Steuer der Vorerbin S: 249.000 €

3. Steuer der Vorerbin S, die auf ihre tatsächliche Bereicherung entfällt:

   entnommener Betrag   50.000 €
   zzgl. Nießbrauch am Kapital
   551.000 € (800.000 € Rest ⁄ 249.000 € entrichtete Erbschaftsteuer;
   § 20 Abs. 4 ErbStG) für drei Jahre (§§ 13, 15 und 16 BewG):
   Jahreswert (5,5 % von 551.000 € =) 30.305 € × 2,772 =   84.005 €
   insgesamt also   134.005 €
   abzgl. Freibetrag (§ 16 Abs. 1 Nr. 5 ErbStG)   ⁄ 20.000 €
                                                                  114.005 €
   Abrundung (§ 10 Abs. 1 Satz 6 ErbStG)   114.000 €
   Steuersatz 20 % = Steuer   22.800 €

4. Differenz zwischen 2. und 3.:   249.000 €
                                                               ⁄   22.800 €
                                                                  226.200 €

5. Differenz zwischen 1. und 4.:   16.610 €
                                                               ⁄ 226.200 €
                                                               ⁄ 209.590 €

Ergebnis: K hat keine Steuer zu zahlen. Eine Erstattung der 209.590 € an S kommt wohl nicht in Betracht.

Die Steuerermäßigungsvorschrift des § 27 ErbStG ist bei § 6 Abs. 3 ErbStG nicht anwendbar, da der Erwerb nicht zweimal, sondern wegen der Anrechnung nur einmal der Erbschaftsteuer unterliegt.

---

411 BFH vom 10.05.1972, BStBl 1972 II S. 765.

4.6.4 Nachvermächtnisse und beim Tod des Beschwerten fällige Vermächtnisse oder Auflagen

Ein Nachvermächtnis (§ 2191 BGB) liegt vor, wenn zu einem gewissen Zeitpunkt nach Anfall des Vermächtnisses an den zunächst Bedachten dieser den vermachten Gegenstand an einen anderen zu übertragen hat (s. o. 2.2.1). Steht dem Bedachten hingegen nur ein zwischenzeitliches Nutzungsrecht zu, so handelt es sich um ein Nießbrauchsvermächtnis (s. o. 4.6.1). Ein solches Nachvermächtnis steht nach § 6 Abs. 4 ErbStG der Nacherbschaft gleich. Dasselbe gilt für ein erst mit dem Tod des Beschwerten (Erbe oder Vermächtnisnehmer) fälliges Vermächtnis. Die Versteuerung erfolgt in diesen Fällen also unter Beachtung des § 6 Abs. 1 bis 3 ErbStG.[412] Das hat nach Auffassung der Verwaltung (R 13 ErbStR) u. a. folgende Konsequenzen: Wenn die Ehegatten in einem gemeinschaftlichen Testament mit gegenseitiger Erbeinsetzung bestimmen, dass ihren ansonsten zu Schlusserben eingesetzten Kindern beim Tod des erstversterbenden Elternteils Vermächtnisse zufallen sollen, die erst beim Tod des überlebenden Elternteils fällig werden, die Vermächtnisse als Erwerb vom überlebenden Elternteil zu versteuern sind. Folglich liegt insoweit weder beim Tod des erstversterbenden noch beim Tod des überlebenden Ehegatten eine die jeweilige Bereicherung durch Erbanfall mindernde Vermächtnislast vor. Entsprechendes gilt auch, wenn in einem sog. Berliner Testament (§ 2269 BGB) – um nach dem Tod des erstversterbenden Ehegatten die Geltendmachung von Pflichtteilsansprüchen durch die zu Schlusserben eingesetzten gemeinschaftlichen Kinder zu verhindern – bestimmt wird, dass den Kindern, die den Pflichtteil nicht fordern, als Erwerb vom erstversterbenden Elternteil ein Vermächtnis im Wert des Pflichtteils zufallen soll, das erst mit dem Tod des überlebenden Elternteils fällig wird (sog. Jastrowsche Klausel).[413] Von § 6 Abs. 4 ErbStG werden aufschiebend bedingte Vermächtnisse, die nicht mit dem Tod des Beschwerten entstehen, sondern von einem anderen Ereignis abhängen, nicht erfasst. Sie sind vielmehr Erwerbe, deren Besteuerung sich nach § 3 Abs. 2 Nr. 2 und § 9 Abs. 1 Nr. 1 Buchst. a ErbStG und §§ 4 ff. BewG richtet. Das bedeutet, dass der Erwerb hier allein steuerpflichtig ist im Verhältnis zum Erblasser und dass der Nachvermächtnisnehmer keinen Anspruch auf Anrechnung der vom Vorvermächtnisnehmer zu viel gezahlten Steuer nach § 5 Abs. 2 BewG haben kann.

Mit dem ErbStRG 2009 sind **Auflagen** (§ 1940 BGB) den beim Tod des Beschwerten fälligen Vermächtnissen gleichgestellt worden. Damit sollen Gestaltungen, mit denen durch Anordnung von Auflagen statt Vermächtnissen die Anwendung des § 6 Abs. 4 ErbStG verhindert werden soll,[414] der Boden entzogen werden.

---
412 Siehe auch Erlass FinMin Saarland vom 20.08.1998, DStR 1998 S. 1472.
413 Ausführlich zu diesen Fragen auch Mayer, ZEV 1998 S. 50; Daragan, DStR 1999 S. 393; Ebeling, ZEV 2000 S. 87.
414 Vgl. Daragan, DStR 1999 S. 393.

4 Steuerpflicht

Beispiel:
Erblasser E setzt seine Ehefrau F zur alleinigen Erbin ein. Seiner Tochter T setzt er ein Vermächtnis i. H. von 400.000 € aus. Das Vermächtnis soll aber erst im Zeitpunkt des Todes der F fällig werden.

Zivilrechtlich stammt das Vermächtnis aus dem Nachlass des Erstversterbenden. Es ist mit dessen Tod entstanden, soll aber erst mit dem Tod des Längerlebenden fällig werden. Hängt die Fälligkeit von einem Ereignis ab, das zwar eintreten wird, bei dem der Zeitpunkt des Eintritts aber unbestimmt ist, handelt es sich nach Auffassung des BFH um einen betagten Anspruch[415] mit der Folge, dass die Steuer für dieses Vermächtnis entgegen dem Zivilrecht erst mit dem Tod des überlebenden Ehegatten entsteht (§ 9 Abs. 1 Nr. 1 Buchst. a ErbStG).

Zudem ergibt sich für beim Tod des Beschwerten fällige Vermächtnisse aus § 6 Abs. 4 ErbStG, dass ein solches Vermächtnis wie die Anordnung einer Vor- und Nacherbschaft behandelt wird. Danach gilt das Vermächtnis als Erwerb vom überlebenden Ehegatten und nicht als Erwerb vom Erstversterbenden (R E 6 Satz 3 ErbStR 2011). Folglich liegt insoweit weder beim Tod des erstversterbenden noch beim Tod des überlebenden Ehegatten eine Vermächtnislast nach § 10 Abs. 5 Nr. 2 ErbStG vor. Beim Tod des überlebenden Ehegatten ist – zur Vermeidung einer Doppelbelastung – lediglich eine Erblasserschuld nach § 10 Abs. 5 Nr. 1 ErbStG abzugsfähig (R E 6 Satz 4 und 5 ErbStR 2011). Der Freibetrag für das Kind kommt nur einmal zur Anwendung.

Würde der Ehegatte im Testament durch eine entsprechende Auflage verpflichtet werden, träten nach neuer Rechtslage dieselben Rechtsfolgen ein.

Ein Vergleich der Vor- und Nacherbschaft mit anderen Erbregelungen (gesetzliche Erbfolge, gemeinschaftliches Testament);[416] oder mit Weiterleitungsklauseln zugunsten Dritter in Schenkungsverträgen kann von Interesse sein.[417]

4.7 Schenkungen unter Lebenden – § 7 ErbStG

Nach **§ 1 Abs. 1 Nr. 2 ErbStG** unterliegen der Schenkungsteuer die **Schenkungen unter Lebenden.** In § 7 Abs. 1 Nr. 1 bis 10 ErbStG wird erläutert, welche Tatbestände als Schenkungen unter Lebenden gelten sollen; weitere Fälle der Schenkung unter Lebenden werden in den Absätzen 6 und 7 aufgeführt, die Absätze 2 bis 5 enthalten ergänzende Bestimmungen, wobei die Schenkungsteuerpflicht bereits vorausgesetzt wird.

1) Bei den steuerrechtlich relevanten Tatbeständen im Bereich des Erwerbs von Todes wegen hat der Gesetzgeber grundsätzlich eine sehr enge Verknüpfung zum bürgerlichen Recht hergestellt. Demgegenüber ist eine solche Verknüpfung bei den Schenkungen unter Lebenden in wesentlichen Tatbeständen (z. B. § 7 Abs. 1 Nr. 1,

---

415 BFH vom 27.08.2003, BStBl 2003 II S. 921; vgl. auch Hessisches FG, EFG 1990 S. 67 und EFG 1998 S. 1347; FG Sachsen-Anhalt, EFG 2001 S. 1509; Hild, DB 1990 S. 153; Kaeser, ZEV 1998 S. 210; differenzierend T/G/J, § 9 Rdnr. 42 und § 3 Rdnr. 187 ff.
416 Siehe auch M/K-H/W, § 6 Rdnr. 42 ff.; P/S/Z, Fall 20.
417 Siehe Jülicher, ZEV 2003 S. 350.

4.7 Schenkungen unter Lebenden – § 7 ErbStG

Abs. 5 und Abs. 7 ErbStG) nicht vorgenommen worden. Während also für die erbschaftsteuerrechtliche Behandlung des Erwerbs von Todes wegen die §§ 1922 ff. BGB die Grundlage bilden, spielen die §§ 516 ff. BGB im Bereich der Schenkungen unter Lebenden – entgegen weit verbreiteter Meinung – von der Gesetzessystematik her keine Rolle. Dabei darf allerdings nicht übersehen werden, dass in der Praxis die Fälle des § 7 Abs. 1 Nr. 1 ErbStG tatsächlich fast nur Fälle des § 516 BGB sind.[418] Der in diesem Zusammenhang häufig auftauchende Hinweis, dass die freigebige Zuwendung unter Lebenden i. S. des § 7 Abs. 1 Nr. 1 ErbStG, soweit der Bedachte durch sie auf Kosten des Zuwendenden bereichert wird, die Schenkung im Sinne des bürgerlichen Rechts bereits einschließe, ist zwar zutreffend, verführt aber leicht dazu, dem bürgerlichen Recht auch in diesem Bereich eine Bedeutung zuzumessen, die ihm nach dem ausdrücklichen Wortlaut des Gesetzes nicht zukommt.

Vereinfacht kann man das Verhältnis der Schenkung im Sinne des BGB zur Schenkung unter Lebenden im Sinne des ErbStG so ausdrücken: Jede Schenkung im Sinne des BGB ist eine Schenkung unter Lebenden im Sinne des ErbStG, aber nicht jede Schenkung unter Lebenden im Sinne des ErbStG ist eine Schenkung im Sinne des BGB.

Beispiele:
a) A übereignet dem B 100.000 €.
Bei der Entscheidung der Frage, ob dieser Sachverhalt der Schenkungsteuer nach § 7 Abs. 1 Nr. 1 ErbStG unterliegt, kommt es allein darauf an, ob es sich insoweit um eine freigebige Zuwendung des A an den B handelt, durch die B auf Kosten des A bereichert wird. Die Klärung der Frage, ob ein Schenkungsvertrag i. S. des § 516 Abs. 1 BGB zwischen A und B abgeschlossen wurde (z. B. Einigung über die Unentgeltlichkeit), ist hingegen hierfür überflüssig (s. auch R E 7.1 Abs. 1 ErbStR 2011).
b) Ehemann M wendet seiner Ehefrau F 1.000.000 € zum Erwerb von Wertpapieren zu, um sie angemessen an den Früchten des ehelichen Lebens zu beteiligen.
Es liegt eine sog. unbenannte Zuwendung vor, die die Zivilrechtsprechung nicht als Schenkung i. S. der §§ 516 ff. BGB einstuft,[419] denn solche ehebezogenen Zuwendungen werden nicht zum Zweck der Vorteilsgewährung, also nicht um der Bereicherung willen, sondern um der Ehe willen als Beitrag zur Verwirklichung oder Ausgestaltung bzw. Sicherung der ehelichen Lebensgemeinschaft erbracht und stützen sich damit nicht auf eine schenkungsrechtliche, sondern eine familienrechtliche Causa. Dennoch kann aber eine freigebige Zuwendung i. S. des § 7 Abs. 1 Nr. 1 ErbStG vorliegen.[420]

Gleichwohl kommt dem bürgerlichen Recht auch im Bereich des § 7 ErbStG Bedeutung zu, etwa bei der Frage, ob eine Bereicherung dem Grunde nach vorliegt, bei der Frage nach dem Bereicherungswillen und nach dem Gegenstand der Schenkung.

---

418 Siehe Meincke, § 7 Rdnr. 3: „Nach wie vor hat die Schenkung im Sinne des BGB als Grundmodell der Schenkung unter Lebenden i. S. des § 7 ErbStG zu gelten".
419 Siehe BGH, BGHZ 87 S. 145.
420 Siehe BFH vom 02.03.1994, BStBl 1994 II S. 366.

4 Steuerpflicht

Die verschiedenen Tatbestände des § 7 ErbStG lassen sich in zwei Gruppen unterteilen:

- zum einen in die Gruppe der freigebigen Zuwendungen – § 7 Abs. 1 Nr. 1 ErbStG als Grundtatbestand und § 7 Abs. 1 Nr. 2, 3, 4, 8, 9 sowie Abs. 6, 7 und 8 ErbStG als besonders geregelte Unterfälle –,

- zum anderen in die Gruppe, bei der die Zuwendung jeweils eine Rechtsposition ablöst, die ansonsten später nach anderen Vorschriften zur Erbschaftsteuer geführt hätte (§ 7 Abs. 1 Nr. 5, 7 und 10 ErbStG).

Die Steuerpflicht hat hier also insbesondere den Zweck, Steuerumgehung zu verhindern, die durch die Ablösung der entsprechenden Rechtspositionen vor Eintritt der Steuerbarkeit nach den anderen Vorschriften ansonsten möglich wäre.

Von der rechtlichen Problematik her lässt sich § 7 ErbStG als abschließende Regelung der Tatbestände, die als steuerpflichtige Schenkungen unter Lebenden in Betracht kommen, in Schwerpunkte aufteilen: Schenkungen im Zusammenhang mit Grundbesitz, Schenkungen im Zusammenhang mit Gesellschaftsanteilen, Schenkungen unter Auflage, unmittelbare/mittelbare Schenkungen. Anzumerken ist allerdings, dass das ErbStRG vom 24.12.2008 diesen Thematiken zumindest einen nicht unerheblichen Teil ihrer früheren Relevanz genommen hat.

2) § 7 Abs. 4 ErbStG bestimmt, dass die Steuerpflicht einer Schenkung i. S. des § 7 ErbStG nicht dadurch ausgeschlossen wird, dass sie zur Belohnung oder unter einer Auflage gemacht oder in die Form eines lästigen Vertrages gekleidet wird. Diese Regelung besagt im Grunde nichts anderes als – vereinfacht ausgedrückt – „Schenkung ist Schenkung", unabhängig von den Motiven und gewählten Formulierungen. Dieser Fragenbereich hat seine gesetzliche Regelung aber bereits weitgehend in § 41 Abs. 2 und § 42 AO gefunden, sodass § 7 Abs. 4 ErbStG insoweit lediglich der Klarstellung dient. Die Bedeutung dieser Vorschrift kann man nur darin sehen, dass ihr entnommen werden kann, dass der Belohnungswille mit dem bei einer freigebigen Zuwendung vorausgesetzten Willen zur Freigebigkeit vereinbar sein kann und dass es für die Annahme einer freigebigen Zuwendung nicht auf die Form, sondern nur auf den Inhalt des betroffenen Geschäfts ankommen soll.[421]

Eine Schenkung wird zur Belohnung gemacht, wenn sie lediglich aus Dankbarkeit erfolgt. Abzugrenzen ist die Belohnung von der Entlohnung, bei der nach der Vorstellung der Beteiligten Leistung und Gegenleistung sich gegenüberstehen und auf die ein rechtlicher Anspruch besteht.[422] Bei der Entlohnung liegt also keine Schenkung vor. Zuwendungen an Arbeitnehmer stellen i. d. R. Entlohnung für geleistete Dienste dar, unterliegen also nach § 19 EStG der Einkommensteuer (Lohnsteuer) und nicht der Schenkungsteuer. Nur wenn diese Zuwendungen nicht mehr als

---
421 Siehe RFH, RStBl 1931 S. 971.
422 Siehe FG Rheinland-Pfalz vom 22.11.2002, DStRE 2003 S. 551.

4.7 Schenkungen unter Lebenden – § 7 ErbStG

Gegenleistung für geleistete Dienste anzusehen sind, kommt die Festsetzung von Schenkungsteuer in Betracht.[423] Die Heranziehung zur Schenkungsteuer kann im Einzelfall – je nach der Höhe des Betrags und der Steuerklasse – zu einer erheblich anderen (höheren oder niedrigeren) steuerlichen Belastung führen als die Heranziehung zur Einkommensteuer.

Die Schenkung unter **Auflage** ist eine unentgeltliche Zuwendung mit einer den **Beschenkten verpflichtenden Zweckbindung,** wobei die Auflage zumindest i. d. R. auf der Grundlage und aus dem Wert der Zuwendung zu erbringen sein wird. Sie ist also dem Grunde nach als Schenkung i. S. des § 7 ErbStG anzusehen, wie schon die §§ 525 ff. BGB erkennen lassen. Aus dem Umstand, dass eine Schenkung auch unter einer Auflage erfolgen kann, folgt, dass die Einigung über die Unentgeltlichkeit i. S. des § 516 Abs. 1 BGB weder die freie Verfügbarkeit für den Zuwendungsempfänger über den zugewandten Gegenstand noch dessen einseitige Begünstigung voraussetzt. Bei der Ermittlung des steuerpflichtigen Erwerbs kann die Auflage in Abzug gebracht werden (s. aber nachstehend die Ausführungen zur Leistungsauflage), es sei denn, dass sie dem Beschwerten selbst zugutekommt (§ 10 Abs. 9 ErbStG).

Hiervon zu unterscheiden ist die Zweckschenkung, bei der nach dem Inhalt des Rechtsgeschäfts oder dessen Geschäftsgrundlage ein über die Zuwendung hinausgehender Zweck verfolgt wird, aber kein Anspruch auf dessen Vollziehung besteht.[424]

3) Beim **lästigen** – d. h. entgeltlichen – **Vertrag** stehen sich Leistung und Gegenleistung gegenüber,[425] sodass regelmäßig eine Schenkung i. S. des § 7 ErbStG nicht vorliegt. Bei diesem Vertrag muss der Nachweis für das (ausnahmsweise) Vorliegen einer Schenkung vom Finanzamt erbracht werden. Wenn Leistung und Gegenleistung aber objektiv in einem krassen Missverhältnis stehen, dreht sich m. E. die Beweislast um, d. h. den Steuerpflichtigen trifft die Beweislast für den fehlenden Bereicherungswillen.[426]

4.7.1 Freigebige Zuwendung

Als Schenkung unter Lebenden gilt nach § 7 Abs. 1 Nr. 1 ErbStG jede freigebige Zuwendung unter Lebenden, soweit der Bedachte durch sie auf Kosten des Zuwendenden bereichert wird. Die Vorschrift nennt als Grundform der Schenkung unter Lebenden nicht die Schenkung im Sinne des BGB, sondern die freigebige Zuwendung, um damit neben der bürgerlich-rechtlichen Schenkung noch weitere schen-

---

423 Siehe BFH vom 23.07.1999, BStBl 1999 II S. 684; FG Rheinland-Pfalz, ZEV 2000 S. 247; vgl. hierzu aber Hartmann FR 2000 S. 1014, der die Gewährung von Aktienoptionen – auch – der Einkommensteuer unterwerfen will.
424 Siehe Palandt/Weidenkaff, § 525 BGB Rdnr. 11.
425 Siehe RFH, RStBl 1931 S. 283.
426 Vgl. auch BFH vom 10.09.1986, BStBl 1987 II S. 80.

kungsähnliche Zuwendungen der Steuerpflicht zu unterwerfen. Erforderlich ist eine **Vermögensverschiebung,** d. h. eine **Vermögensminderung** auf der **einen** und eine **Vermögensmehrung** auf der **anderen Seite.**[427]

Wird dem Bedachten der Schenkungsgegenstand nicht unmittelbar von dessen ursprünglichem Inhaber zugewendet, sondern noch ein Dritter zwischengeschaltet, kommt es für die Bestimmung der Person des Zuwendenden und damit der Personen, zwischen denen das zur Steuerpflicht nach obiger Vorschrift führende Zuwendungsverhältnis besteht, darauf an, ob der Dritte über eine eigene Entscheidungsmöglichkeit der Verwendung des Schenkungsgegenstands verfügte.[428]

4.7.1.1 Begriff der freigebigen Zuwendung und Abgrenzung zur bürgerlich-rechtlichen Schenkung

Nach ständiger Rechtsprechung kann eine freigebige Zuwendung nur dann bejaht werden, wenn **(objektiv)** eine Bereicherung und **(subjektiv)** auf Seiten des Zuwendenden der Wille zur Freigebigkeit – Unentgeltlichkeit – vorliegen.[429]

1) In objektiver Hinsicht sind die Voraussetzungen der Schenkung des bürgerlichen Rechts und der weiteren, durch § 7 Abs. 1 Nr. 1 ErbStG erfassten freigebigen Zuwendungen im Wesentlichen gleich.[430]

Dass § 7 Abs. 1 Nr. 1 ErbStG davon spricht, die Zuwendung müsse „auf Kosten" des Zuwendenden erfolgen, während nach § 516 Abs. 1 BGB der Schenker den Beschenkten „aus seinem Vermögen" bereichern muss, bringt zum Ausdruck, ohne hiermit einen Unterschied zur Schenkung im Sinne des BGB festzuschreiben, dass auch Zuwendungen zum steuerpflichtigen Vorgang gehören, bei denen das Zuwendungsobjekt nicht unmittelbar „aus dem Vermögen des Zuwendenden" stammt.[431] Der Gegenstand, um den der Beschenkte bereichert wird, muss sich nicht vorher in derselben Gestalt im Vermögen des Schenkers befunden haben und wesensgleich übergehen (**Identität** von **„Entreicherungsgegenstand"** und **„Bereicherungsgegen-**

---

427 Siehe BFH vom 06.03.1985, BStBl 1985 II S. 382, vom 09.12.2009, BStBl 2010 II S. 363 und 566, sowie vom 31.03.2010, BStBl 2010 II S. 806 m. w. N.
428 Siehe BFH vom 13.10.1993, BStBl 1994 II S. 128, und vom 10.03.2004, BStBl 2005 II S. 412; vgl. in diesem Zusammenhang auch FG München vom 25.05.2011, EFG 2011 S. 1733, wonach der Zwischenerwerber schenkungsteuerrechtlich grundsätzlich nicht bereichert ist, wenn er den Gegenstand sogleich weiterschenkt, weil keine Steigerung der wirtschaftlichen Leistungsfähigkeit, deren Besteuerung das Ziel der Schenkungsteuer ist, eintritt.
429 Siehe BFH vom 26.03.1953, BStBl 1953 III S. 308, vom 02.10.1957, BStBl 1957 III S. 449, vom 14.07.1982, BStBl 1982 II S. 714, vom 27.04.1988 II R 53/82, BFH/NV 1989 S. 168; vgl. auch BFH vom 05.03.1980, BStBl 1980 II S. 402, vom 29.10.1997, BStBl 1997 II S. 832, und vom 17.10.2007, BStBl 2008 II S. 256 m. w. N.
430 Siehe insoweit BFH vom 07.11.2007, BStBl 2008 II S. 258: „Für eine freigebige Zuwendung kommt es ausschließlich auf die Zivilrechtslage .... an"; zur zivilrechtlichen Prägung des Schenkungsteuerrechts vgl. auch BFH vom 09.12.2009, BStBl 2010 II S. 363 und 566.
431 Siehe Meincke, § 7 Rdnr. 10.

4.7 Schenkungen unter Lebenden – § 7 ErbStG

stand" nicht zwingend.)[432] Weil die Bereicherung auf Kosten des Zuwendenden geschehen muss, müssen Bereicherung und Entreicherung zwar dem Grunde nach zwischen beiden vorliegen, brauchen sich aber der Höhe nach nicht zu decken. In der Mehrzahl der Fälle wird dieses Tatbestandsmerkmal nicht zweifelhaft und mit der Bereicherung des Bedachten gleichzeitig zu bejahen sein. Die Bereicherung des Bedachten erfolgt aber dann nicht auf Kosten des Zuwendenden, wenn der Bereicherung des Bedachten keine entsprechende Entreicherung des Zuwendenden gegenübersteht. Das kann z. B. der Fall sein, wenn eine objektiv nicht vermietbare Wohnung unentgeltlich überlassen wird.[433]

2) In subjektiver Hinsicht lässt § 7 Abs. 1 Nr. 1 ErbStG im Gegensatz zu § 516 Abs. 1 BGB, wonach eine Einigung der Vertragspartner über die Unentgeltlichkeit der Zuwendung erforderlich ist, den **einseitigen Willen des Zuwendenden** genügen, dem Empfänger den Zuwendungsgegenstand unentgeltlich zu verschaffen. Er muss in dem **Bewusstsein** handeln, zu der **Vermögenshingabe weder rechtlich verpflichtet** zu sein noch dafür eine mit seiner **Leistung** in einem **synallagmatischen, konditionalen** oder **kausalen Zusammenhang** stehende – gleichwertige – **Gegenleistung** zu erhalten.[434] Auf den Willen des Empfängers, die bereichernde Zuwendung unentgeltlich zu erhalten, kommt es nicht an.[435] Die praktische Bedeutung der Reduzierung der Anforderungen an die Freigebigkeit der Zuwendung gegenüber der Schenkung im Bürgerlichen Recht ist allerdings eher zu vernachlässigen. Regelmäßig wird der Wille zur Unentgeltlichkeit beim Zuwendenden und Zuwendungsempfänger korrespondieren (vgl. insoweit auch §§ 151, 516 Abs. 2 BGB). Allerdings zeigt die Rechtsprechung zur Steuerpflicht der sog. unbenannten Zuwendung eine Verminderung der Anforderungen an die subjektive Seite der freigebigen Zuwendung im Verhältnis zur bürgerlich-rechtlichen Schenkung.[436]

Für die Verwirklichung des subjektiven Tatbestands genügt es, wenn sich der Zuwendende der (Teil-)Unentgeltlichkeit seiner Leistung bewusst ist. Der Zuwendende muss lediglich die Tatsachen und Umstände kennen, aufgrund derer eine Zuwendung als objektiv unentgeltlich qualifiziert werden kann. Ein auf die Bereicherung des Empfängers gerichteter Wille im Sinne einer **Bereicherungsabsicht** – „animus donandi" – ist **nicht erforderlich.**[437] Bei nicht ausgewogenen gegenseitigen

---

432 BFH vom 12.12.1970, BStBl 1980 II S. 260, vom 10.11.2004, BStBl 2005 II S. 188, vom 07.11.2007, BStBl 2008 II S. 258, und vom 22.06.2010, BStBl 2010 II S. 843.
433 Siehe RFH, Mrozek-Kartei ErbStG 1925 § 3 Abs. 1 Nr. 2 R 62.
434 Siehe BFH vom 24.05.2005 II R 28/02, BFH/NV 2006 S. 63, und vom 15.03.2007, BStBl 2007 II S. 472 m. w. N.
435 Vgl. hierzu R E 7.1 Abs. 1 ErbStR 2011.
436 Hierin eine bedenkliche Ausdehnung des Anwendungsbereichs des § 7 Abs. 1 Nr. 1 ErbStG und eine Überführung des Steuertatbestands in eine Besteuerung von objektiv ermittelten Bereicherungen sehend Meincke, § 7 Rdnr. 11, 85 f.
437 Siehe BFH vom 29.10.1997, BStBl 1997 II S. 832, und vom 12.05.2005, BStBl 2005 II S. 845; vgl. auch R E 7.1 Abs. 3 ErbStR 2011.

4 Steuerpflicht

Verträgen reicht regelmäßig das Bewusstsein des benachteiligten Vertragspartners über den Mehrwert seiner Leistung – Kenntnis von dessen Ausmaß ohne Bedeutung –.[438] Der subjektive Tatbestand des § 7 Abs. 1 Nr. 1 ErbStG ist nicht erfüllt, wenn der Zuwendende – wenn auch irrtümlich – annimmt, zu seiner Leistung rechtlich verpflichtet zu sein oder dafür eine Gegenleistung zu erhalten oder einen rechtlichen Zusammenhang seiner Leistung mit einem Gemeinschaftszweck als gegeben ansieht.

3) Aus dem rechtsgeschäftlichen Charakter der freigebigen Zuwendung folgt, dass in den Fällen, in denen das Vorliegen dieser beiden Voraussetzungen zweifelhaft ist, die Frage der Bereicherung und des Willens zur Freigebigkeit (§ 7 ErbStG) nicht nach dem Verhältnis der Steuerwerte der gegenseitig übertragenen Gegenstände geprüft wird; vielmehr kommen die Steuerwerte erst für die Berechnung der Höhe der Steuer zum Zuge (§ 10 ErbStG). Die grundsätzliche Vorfrage der Voraussetzungen der Steuerpflicht, d. h. des Vorliegens der Bereicherung und des Willens zur Unentgeltlichkeit, richtet sich nach bürgerlich-rechtlichen Grundsätzen, weil es sich bei freigebigen Zuwendungen um privatrechtliche Verfügungen handelt und deren Auslegung nach anderen als bürgerlich-rechtlichen Grundsätzen zu einer Verschiebung der Grenzlinien zwischen entgeltlichen und unentgeltlichen Rechtsgeschäften und damit zu unrichtigen Ergebnissen führen kann. Der rechtsgeschäftliche Wille der Beteiligten hat gemeinhin die Verkehrswerte, nicht die Steuerwerte – sollten diese (ausnahmsweise) hiervon abweichen – zum Gegenstand. Deshalb kann auch über die Frage der Bereicherung und des Willens zur Unentgeltlichkeit nur im Rahmen des rechtsgeschäftlichen Willens, d. h. nach den von den Beteiligten zugrunde gelegten Werten, entschieden werden.[439]

Beispiel:
S überträgt B ein Grundstück gegen Zahlung von 500.000 €. Der Verkehrswert des Grundstücks beläuft sich ebenfalls auf 500.000 €, der für Zwecke der Besteuerung zugrunde zu legende Wert auf 450.000 €.

Eine Bereicherung i. S. des § 7 Abs. 1 Nr. 1 ErbStG (dem Grunde nach) liegt weder bei B noch bei S vor, weil Leistung (Grundstück) und Gegenleistung (Geld) nach bürgerlich-rechtlichen Grundsätzen zu bewerten sind und sich hier wertmäßig ausgleichen.

Auf die Frage der Bereicherung der Höhe nach – der Maßstab, anhand dessen die Bereicherung i. S. des § 10 ErbStG ermittelt werden muss, folgt aus § 12 ErbStG (maßgebend: die Steuerwerte) – ist folglich nicht mehr einzugehen. Denn nur wenn die Prüfung des § 7 ErbStG einen steuerbaren Vorgang im Sinne dieser Bestimmung ergibt, ist im nächsten Prüfungsschritt zu untersuchen, ob sich hieraus ein steuerpflichtiger Erwerb i. S. des § 10 ErbStG (= nicht steuerfreie Bereicherung des Erwerbers) ergibt.

---

438 Siehe BFH vom 12.07.2005, BStBl 2005 II S. 845; vgl. hierzu auch BFH vom 10.09.1986, BStBl 1987 II S. 80, wonach bei einem auffallenden Missverhältnis von Leistung und Gegenleistung derjenige, der behauptet, dass zumindest dem Zuwendenden das Missverhältnis nicht bekannt gewesen sei, dies durch konkreten Vortrag untermauern muss.

439 Siehe BFH vom 25.09.1953, BStBl 1953 III S. 308; vgl. auch R E 7.1 Abs. 2 ErbStR 2011.

4.7 Schenkungen unter Lebenden – § 7 ErbStG

4) Ob Gegenansprüche, die die Bereicherung mindern, vorliegen (z. B. bei Einbauten auf fremdem Grund und Boden, Reparaturaufwendungen an fremden Gebäude), richtet sich auch nach bürgerlichem Recht.[440] Gegenleistungen des Empfängers einer freigebigen Zuwendung sind alle Leistungen, die mit der Zuwendung in einem rechtlichen Zusammenhang stehen (synallagmatische, konditionale oder kausale Verknüpfung. Gegenleistungen können aber – wie auch beim Abzug von Nachlassverbindlichkeiten – nur dann berücksichtigt werden, wenn sie den damit Beschwerten tatsächlich (und nicht nur formalrechtlich) belasten.[441] Unausgesprochen wird damit auch im Erbschaftsteuerrecht die wirtschaftliche Betrachtungsweise anerkannt. Wird z. B. ein Grundstück zugewendet und werden vom Erwerber Grundpfandrechte übernommen, ohne dass dieser aber die abgesicherten Darlehensverbindlichkeiten übernimmt – zur Darlehensrückzahlung einschließlich der Zinsen bleibt allein der Zuwendende verpflichtet –, liegt keine gemischte, sondern eine „reine" Schenkung vor. Der Grundstückserwerber übernimmt eine aufschiebend bedingte Last, die nach § 12 Abs. 1 ErbStG i. V. m. § 6 Abs. 1 BewG bei der Ermittlung der Bereicherung nicht zu berücksichtigen ist (Hinweis auf § 6 Abs. 2 i. V. m. § 5 Abs. 2 BewG, wenn der Gläubiger der Grundpfandrechte den dinglichen Anspruch auf Befriedigung aus dem Grundstück geltend macht – Abzinsung des tatsächlich übernommenen Schuldbetrags auf den Stichtag der Steuerentstehung –). Entsprechendes gilt, wenn der Beschenkte auch die persönliche Haftung für auf dem Grundstück dinglich abgesicherte Verbindlichkeiten übernommen hat, jedoch mit dem Schenker vereinbart ist, dass dieser weiterhin die Zins- und Tilgungsleistungen zu tragen hat.[442]

5) Die Feststellung, dass eine Schenkung nicht vorliegt, soweit eine Gegenleistung gewährt wird, schließt gegenseitige Schenkungen nicht schlechthin aus. Voraussetzung dafür ist aber, dass die Leistung des einen nicht von der Leistung des anderen abhängig ist und abhängig sein soll. „Schenkt" z. B. eine Ehefrau ihrem Ehemann ein Grundstück von beträchtlichem Wert, kurz nachdem der Mann die hohen auf dem Grundstück lastenden Verbindlichkeiten abgelöst hatte, so spricht der erste Anschein nicht für eine Schenkung und eine Gegenschenkung, sondern für ein einheitliches entgeltliches Geschäft – Kauf oder gemischte Schenkung.[443]

Die Frage, ob bei der Schenkung verschiedener Gegenstände mehrere selbständige Schenkungen vorliegen oder ob es sich um eine einheitliche Schenkung handelt, hat Bedeutung im Hinblick auf die in § 14 Abs. 1 Satz 5 ErbStG getroffene Regelung, wonach Erwerbe unberücksichtigt bleiben, für die sich nach den steuerlichen

---
440 Siehe Hessisches FG, EFG 1989 S. 643; FG München, UVR 1993 S. 85.
441 Siehe FG München, UVR 1992 S. 118.
442 Vgl. BFH vom 17.10.2001, BStBl 2002 II S. 165; s. hierzu auch Daragan, ZEV 2002 S. 122; ausführlich zu bestehen bleibenden Grundpfandrechten bei Zuwendung eines Grundstücks H E 7 4 (1) ErbStH 2011.
443 Siehe BFH vom 12.12.1968, BStBl 1969 II S. 173.

4 Steuerpflicht

Bewertungsgrundsätzen kein positiver Wert ergeben hat.[444] Ob eine einheitliche Zuwendung vorliegt, entscheidet sich nicht in erster Linie nach den äußeren Umständen (z. B. ob der gesamte Vorgang in einer Vertragsurkunde oder in mehreren enthalten ist), sondern nach dem Willen der Beteiligten und nach dem Zeitpunkt der Entstehung der Steuerschuld für die einzelnen Teile des Erwerbs – bei zeitlichem Auseinanderfallen keine einheitliche Zuwendung –.[445]

Die Prüfung der objektiven und subjektiven Voraussetzungen einer freigebigen Zuwendung umfasst zwangsläufig auch Feststellungen über den Gegenstand der Schenkung – dieser richtet sich nach bürgerlichem Recht –,[446] den Zeitpunkt der Ausführung der Zuwendung sowie darüber, wer bereichert worden, also Bedachter ist, und wer diese Bereicherung gewollt hat, also Zuwendender ist.

4.7.1.2 Bereicherung

1) Bereicherung bedeutet eine in **Geld** zu **bewertende Vermögensmehrung;** auch gegeben bei Minderung von Schulden oder Belastungen.[447] Die Bereicherung des Bedachten und die Entreicherung des Zuwendenden brauchen sich der Höhe nach nicht zu decken. Die Wertermittlung des steuerpflichtigen Erwerbs nach § 10 ErbStG richtet sich also allein nach dem Wert der Bereicherung und nicht nach dem der Entreicherung. Eine Bereicherung ist insoweit nicht gegeben, als der Empfänger das Erhaltene rechtlich beanspruchen konnte, z. B. infolge einer entsprechenden Forderung, oder für die Zuwendung eine entsprechende Gegenleistung zu erbringen ist.[448]

2) Gegenleistungen, die **nicht** in **Geld** veranschlagt werden können, werden nach § 7 Abs. 3 ErbStG bei der Feststellung, ob eine Bereicherung vorliegt, nicht berücksichtigt. Die Vorschrift bringt zum Ausdruck, dass auch entgeltliche Leistungen der Steuerpflicht unterliegen sollen, wenn die Gegenleistung nicht in Geld veranschlagt werden kann.[449] Sie ist auch anwendbar, wenn der Bedachte als „Gegenleistung" für eine Zuwendung auf Ansprüche verzichtet, die ihm möglicherweise in Zukunft gegen den Zuwendenden zustehen werden und die bei Vollzug der freigebigen Zuwendung nicht bewertet werden können; dies gilt, wenn der Erwerb nach seinem Eintreten selbst der Erbschaft- oder Schenkungsteuer unterliegen würde und auch dann, wenn auf die Chance verzichtet wird, nicht zum Erwerb i. S. der §§ 3 und 7 ErbStG gehörende Vermögenswerte zu erlangen. § 7 Abs. 3 ErbStG ist einschlägig:

---

444 Siehe z. B. BFH vom 16.12.1992 II R 114/89, BFH/NV 1993 S. 298.
445 Siehe auch Gebel, ZEV 2001 S. 213.
446 Vgl. BFH vom 25.11.2008 II R 38/06, BFH/NV 2009 S. 772.
447 Siehe z. B. BFH vom 17.03.2004, BStBl 2004 II S. 429, und vom 23.06.2010 II B 32/10, BFH/NV 2010 S. 2075 zum unentgeltlichen Verzicht auf vorbehaltenes Nießbrauchsrecht bzw. dingliches Wohnrecht.
448 Zur Behandlung der Zuwendungen von Sponsoren und Mäzenen s. H E 7.1 ErbStH 2011.
449 In diesem Sinne BFH vom 25.01.2001, BStBl 2001 II S. 456, und vom 28.06.2007, BStBl 2007 II S. 785.

4.7 Schenkungen unter Lebenden – § 7 ErbStG

- beim Verzicht auf eine im Zeitpunkt des Vertragsabschlusses noch nicht entstandene, möglicherweise erst zukünftig entstehende Zugewinnausgleichsforderung[450]
- beim Verzicht auf zukünftigen nachehelichen Unterhalt[451] und auf Unterhaltsansprüche eines Kindes gegen seine Mutter[452]
- bei Übernahme der dinglichen Haftung für die auf einem Grundstück lastende Grundschuld[453]
- bei Einräumung eines Vorkaufsrechts für ein Grundstück[454]

3) Ist der **Wert** der **Zuwendung höher** als der **Wert** der **Gegenleistung,** so ist der Bedachte nur insoweit bzw. **anteilig bereichert** (gemischte freigebige Zuwendung). Dabei ist für die Frage der Bereicherung dem Grunde nach (§ 7 ErbStG) auf die Bewertungsgrundsätze des bürgerlichen Rechts abzustellen, während für die Frage der Bereicherung der Höhe nach (§ 10 ErbStG) auf die Steuerwerte abzustellen ist;[455] eine Differenzierung, deren Bedeutung durch das ErbStRG vom 24.12.2008 mit seiner am gemeinen Wert ausgerichteten, die früher eklatante Unterbewertung z. B. von Grundbesitz beseitigenden Bewertung zumindest erheblich reduziert ist.

4) Bei Prüfung der Frage, ob der Bedachte durch eine Zuwendung objektiv bereichert wird, kommt es auf die Verhältnisse am Stichtag an. Bei der Bestimmung des Verkehrswerts einer lebenslänglichen Leistung auf einen bestimmten Stichtag ist die der Ermittlung des Steuerwerts einer lebenslänglichen Nutzung oder Leistung dienende Vorschrift des § 14 BewG, die inhaltlich den ebenfalls bewertungsrechtliche Sonderregelungen darstellenden § 5 Abs. 2 und § 7 Abs. 2 BewG über auflösend bedingte Erwerbe und Lasten entspricht, nicht zu beachten. Entscheidend ist insoweit allein die konkrete Lebenserwartung der betreffenden Person am Stichtag.[456] Dabei ist grundsätzlich von der durchschnittlichen statistischen Lebenserwartung auszugehen. Ausnahmsweise ist aber dann nicht diese allgemeine Lebenserwartung zugrunde zu legen, wenn am Stichtag objektiv mit an Sicherheit grenzender Wahrscheinlichkeit vorauszusehen ist, dass die Lebenserwartung der betreffenden Person geringer ist als die statistische. Ergibt die Prüfung unter Zugrundelegung dieses

---

450 Siehe BFH vom 28.06.2007, BStBl 2007 II S. 785; kritisch hierzu aber Meincke, § 7 Rdnr. 119a für den Fall, dass nicht zu Beginn, sondern kurz vor dem Ende der Ehe auf den zukünftigen Ausgleich verzichtet wird.
451 Siehe BFH vom 17.10.2007, BStBl 2008 II S. 256 auch mit dem Argument, der Berücksichtigung des Verzichts als Gegenleistung stehe schenkungsteuerrechtlich ebenfalls § 4 BewG entgegen.
452 Siehe FG München vom 29.03.2006, EFG 2006 S. 1082.
453 Siehe FG Nürnberg vom 26.04.2007, EFG 2007 S. 1185.
454 Siehe FG Düsseldorf vom 30.10.2002, EFG 2004 S. 1164; zu weiteren von der Rechtsprechung entschiedenen Fällen vgl. Meincke, a. a. O.
455 Siehe R E 7.1 Abs. 2 und 4 ErbStR 2011.
456 Siehe BFH vom 15.06.1956, BStBl 1956 III S. 252, und vom 17.10.2001, BStBl 2002 II S. 25 – Anmerkung Reiff, ZEV 2002 S. 123 –; kritisch Ebeling, DStR 2002 S. 533.

Maßstabs keine Bereicherung am Stichtag, so steht damit endgültig fest, dass eine freigebige Zuwendung nach § 7 Abs. 1 Nr. 1 ErbStG nicht vorliegt. Dieses Ergebnis kann dann keineswegs – etwa unter Hinweis auf § 14 Abs. 2 BewG bei vorzeitigem Wegfall der Belastung infolge früheren Eintretens des Todes der betreffenden Person – später korrigiert werden; der tatsächlichen Dauer der Rentenzahlung kann insoweit keine Bedeutung zukommen.[457]

Ist auch der Bedachte zu einer Leistung verpflichtet, schließt das also weder eine Bereicherung im Sinne des bürgerlichen Rechts noch folglich eine solche i. S. des § 7 Abs. 1 Nr. 1 ErbStG aus. Verpflichtet sich der Bedachte zu aufschiebend bedingten Leistungen, so können diese vor Eintritt der Bedingung die Bereicherung des Bedachten allerdings nicht schmälern. Bei Eintritt der Bedingung kann nach § 175 Abs. 1 Satz 1 Nr. 2 AO – § 12 Abs. 1 ErbStG i. V. m. §§ 6 und 5 Abs. 2 BewG – korrigiert werden.[458]

4.7.1.3 Leistungsverpflichtung des Bedachten

1) Das bürgerliche Recht unterscheidet insoweit zwischen der sog. **gemischten Schenkung** (§ 516 BGB) und der **Schenkung unter Auflage** (§ 525 BGB).

a) Die **gemischte Schenkung** ist ein **einheitlicher Vertrag**, bei dem der Wert der Leistung des einen Vertragspartners dem Wert der Leistung des anderen nur zu einem Teil entspricht, die Vertragsparteien dies wissen und übereinstimmend wollen, dass der überschießende Wert unentgeltlich gegeben wird. Es muss also eine auffällige Ungleichwertigkeit zwischen Leistung und Gegenleistung bestehen, wobei aber das objektive Missverhältnis allein nicht genügt, wenn auch oft ein ausreichendes Indiz ist.[459] Die höherwertige Leistung darf nicht in zwei selbständige Leistungen aufteilbar sein; neben Elementen der freigebigen Zuwendung sind in dem einen Vertrag also auch Elemente eines Austauschvertrags enthalten.[460] Die Verpflichtung zur Leistung wird für die Zuwendung (sozusagen als Vorbedingung) eingegangen. Hinsichtlich des subjektiven Tatbestands der freigebigen Zuwendungen i. S. des § 7 Abs. 1 Nr. 1 ErbStG reicht bei Unausgewogenheit gegenseitiger Verträge regelmäßig das Bewusstsein des einseitig benachteiligten Vertragspartners über den Mehrwert sei-

---

457 Siehe auch KÖSDI 1992 S. 8839.
458 Siehe BFH vom 07.06.1989, BStBl 1989 II S. 814; vgl. auch OFD Koblenz vom 28.02.1996, ZEV 1996 S. 141.
459 Eine Wertdifferenz von 51 % als auffällig ansehend FG München vom 05.02.2001, EFG 2001 S. 701; von einem derartigen Missverhältnis bereits bei einer die übliche angemessene Gegenleistung um 20 % bis 25 % unterschreitenden tatsächlichen Gegenleistung ausgehend Kapp/Ebeling, § 7 Rdnr. 51.1 m. w. N.; s. hierzu auch BFH vom 10.09.1986, BStBl 1987 II S. 80, und vom 05.12.1990, BStBl 1991 II S. 181; FG München vom 29.03.2006, EFG 2006 S. 1082, wonach aus der Lebenserfahrung abgeleitet werden kann, das auffällige Missverhältnis dürfte dem Zuwendenden bekannt gewesen sein, eine Vermutung, die aber durch weitere Feststellungen auf konkreten Vortrag des Steuerpflichtigen entkräftet werden könne.
460 Siehe BFH vom 29.10.1997, BStBl 1997 II S. 832; vgl. auch BFH vom 15.12.2010, BStBl 2011 II S. 363 zum Nießbrauchsverzicht gegen Übernahme einer vom Verkehrswert her erheblich geringeren – mehr als 60 % – dauernden Last.

4.7 Schenkungen unter Lebenden – § 7 ErbStG

ner Leistung aus; auf die Kenntnis des genauen Ausmaßes des Wertunterschieds kommt es nicht an.[461]

b) Eine **Schenkung unter Auflage** liegt demgegenüber dann vor, wenn der Schenkung eine **zusätzliche Nebenabrede** (Beschwerung) beigefügt wird (folgt), wonach der Beschenkte zu einer Leistung – gleichgültig, ob diese Vermögenswert hat oder nicht, ob sie im Interesse des Schenkers, des Beschenkten oder eines Dritten liegt – verpflichtet sein soll, wenn er in den Genuss des Gegenstandes der Zuwendung kommt. Die Auflagenschenkung ist Vollschenkung – also gibt es keine echte Gegenleistung.[462]

c) Die – häufig schwierige – Abgrenzung, ob im Einzelfall Schenkung unter Auflage oder gemischte Schenkung vorliegt, hat nach dem Parteiwillen zu erfolgen. Maßgebend ist, ob danach Leistung und „Gegenleistung" in dem Verhältnis stehen sollen, dass die „Gegenleistung" nur Einschränkung der Leistung ist (Schenkung unter Auflage), oder ob die Parteien Leistung und Gegenleistung im Sinne eines teilweisen Ausgleichs einander gleichstellen und hinsichtlich des Mehrwertes Schenkung gewollt ist.[463]

2) Die schenkungsteuerliche Behandlung von **gemischter Schenkung** und **Auflagenschenkung** stand **vor Inkrafttreten des ErbStRG** vom 24.12.2008 unter dem Einfluss der seinerzeit **deutlichen Unterbewertung wesentlicher Vermögensgegenstände.** Ursprünglich vertrat die Rechtsprechung[464] die Auffassung, vom gesamten Steuerwert des Gegenstandes sei der Steuerwert der Gegenleistung/Auflage abzuziehen – sog. **Saldomethode,** auch **Einheitstheorie** genannt –, im Fall einer gemischten Grundstücksschenkung bzw. einer solchen Schenkung unter Auflage sei mithin das gesamte Grundstück als Zuwendungsobjekt anzusehen und die Gegenleistung/Auflage erst im Rahmen der Wertermittlung als Abzugsposten zu erfassen. Schenkung und Erwerb von Todes wegen wurden insoweit also gleich behandelt.

a) Diese Ansicht aufgebend hat dann aber der BFH[465] für die gemischte Schenkung § 10 Abs. 1 Satz 2 ErbStG für nicht anwendbar erklärt und, weil mangels besonderer Regelung für die Ermittlung der Bereicherung aus einer Schenkung unter Lebenden diese unmittelbar aus § 7 Abs. 1 Nr. 1 ErbStG herzuleiten sei, wie folgt entschieden: Besteuerungstatbestand ist die bürgerlich-rechtliche Bereicherung des Bedachten, die mit dem anteiligen Steuerwert des Schenkungsgegenstandes anzusetzen ist – Abzug der Gegenleistung also nicht zulässig (sog. **Wertermittlungsmethode,** auch als **Trennungstheorie** bezeichnet).

---

461 Siehe BFH vom 12.07.2005, BStBl 2005 II S. 845.
462 Siehe im Einzelnen BFH vom 21.10.1981, BStBl 1982 II S. 83.
463 Gemischte Schenkung – s. auch BGH, ZEV 1996 S. 197.
464 Siehe BFH, HFR 1965 S. 269.
465 Siehe BStBl 1982 II S. 83, vom 14.07.1987, BStBl 1987 II S. 714, vom 12.04.1989, BStBl 1989 II S. 523, vom 23.10.2002, BStBl 2003 II S. 162, und vom 08.02.2006, BStBl 2006 II S. 475.

4 Steuerpflicht

Den Gegenstand der Zuwendung bildet hiernach bei gemischter Grundstücksschenkung ein Grundstücksteil, der sich aus dem Vergleich des Verkehrswerts des Grundstücks zum Wert der Gegenleistung ergibt. Zur Begründung dieser „Aufteilung" wurde darauf verwiesen, dass nach § 7 Abs. 1 Nr. 1 ErbStG eine freigebige Zuwendung nur dann steuerpflichtig ist, „soweit" der Bedachte durch sie auf Kosten des Zuwendenden bereichert ist. Würde das Grundstück mit seinem – steuerlichen – Wert abzüglich Gegenleistung angesetzt, konnte sich im Extremfall trotz Vorliegens einer bürgerlich-rechtlichen Bereicherung ein die Besteuerung ausschließender Wert ergeben, weil unter Geltung des „alten" Erbschaftsteuerrechts u. a. Grundbesitz mit einem deutlich unterhalb des Verkehrswerts liegenden Wert der Besteuerung zugrunde gelegt wurde. Dieses Ergebnis wurde dadurch vermieden, dass ein aus dem Verhältnis des Verkehrswerts des Grundstücks zur Gegenleistung ermittelter, gegenleistungsfrei erworbener Grundstücksteil den steuerpflichtigen Erwerb bildete.[466]

b) Eine Ausdehnung der Grundsätze zur Behandlung der gemischten Schenkung auf die Schenkung unter Auflage hatte der BFH[467] zunächst abgelehnt und sich damit an die zivilrechtliche Sicht der Auflagenschenkung angelehnt, nach der diese in vollem Umfang Schenkung ist und nicht in einen unentgeltlichen und einen entgeltlichen Teil zerlegt werden kann.

Später korrigierte das Gericht seine Auffassung zur Behandlung der Auflagenschenkung und nahm eine **Differenzierung** zwischen sog. **Leistungsauflage** und sog. **Nutzungs-** oder Duldungsauflage vor,[468] wobei aber anzumerken ist, dass auch diese Rechtsprechung zu Zeiten erging, als das Erbschaftsteuerrecht wesentlich durch krasse Unterbewertung bestimmter Vermögensgegenstände geprägt war. Auflagen sollten insoweit wie Gegenleistungen bei der gemischten Schenkung zu behandeln sein, als sie in Leistungen des Empfängers der Schenkung bestehen, die diesem Aufwendungen im Sinne von Geld- oder Sachleistungen verursachen, die ggf. auch aus dem sonstigen Vermögen des Bedachten zu erbringen sind, z. B. Renten- oder Gleichstellungszahlungen.[469] Bei Zuwendungen unter Leistungsauflage war hier-

---

466 Siehe BFH vom 17.10.2001, BStBl 2002 II S. 25, und vom 22.05.2002, BStBl 2002 II S. 598 zur Begrenzung des Abzugs der Gegenleistung als Zweck der sog. Wertermittlungsmethode, um den „überproportionalen Verrechnungseffekt" zu verhindern, zu dem es bei Saldierung des niedrigen Steuerwerts des Zuwendungsobjekts mit dem Nennwert der Verbindlichkeit mit Beschenkten kam; vgl. auch Fumi, EFG 2003 S. 554, wonach die Zerlegung des gemischten Vertrags in seine Elemente dem Ergebnis geschuldet ist, dass die Gegenleistung „nur zu dem Prozentsatz abgezogen werden darf, der dem Verhältnis des Steuerwerts zum Verkehrwert des zugewandten Wirtschaftsguts entspricht"

467 Siehe BFH vom 21.10.1981, BStBl 1982 II S. 82.

468 Siehe BFH vom 12.04.1989, BStBl 1989 II S. 524; vgl. auch BFH vom 05.04.1989 II R 45/86, BFH/NV 1990 S. 506, vom 16.12.1992 II R 114/89, BFH/NV 1993 S. 298, und vom 17.12.1993 III R 29/91, BFH/NV 1994 S. 371.

469 Siehe BFH vom 16.12.1992 II R 114/89, BFH/NV 1993 S. 298; zur Übernahme der außergewöhnlichen Unterhaltslasten nach dem Denkmalschutzgesetz – Überlast – bei schenkweiser Übertragung von Grundbesitz als Leistungsauflage vgl. R E 7.4 Abs. 1 Satz 4 ErbStR 2011.

4.7 Schenkungen unter Lebenden – § 7 ErbStG

nach als Zuwendungsobjekt wiederum nur von einem Teil des auf den Beschenkten übertragenen Gegenstands entsprechend dem Verhältnis der Verkehrswerte der Zuwendung mit und ohne Abzug des Werts der Auflage auszugehen.

c) Bei **gemischter Schenkung** und **Schenkung** unter **Leistungsauflage** war der **Steuerwert der Bereicherung** des Bedachten demnach wie folgt zu ermitteln (s. R 17 Abs. 2 ErbStR 2003 und H 17 (2) ErbStH 2003):

$$\frac{\text{Steuerwert der Leistung des Schenkers} \times (\text{Verkehrswert der Bereicherung des Beschenkten} = \text{Verkehrswert der Leistung des Schenkers} \div \text{Verkehrswert der Leistung des Beschenkten})}{\text{Verkehrswert der Leistung des Schenkers}} = \text{Steuerwert der freigebigen Zuwendung}$$

Die vorgenannte Auffassung zur steuerlichen Behandlung von gemischter Schenkung und Schenkung unter Leistungsauflage hatte unter Geltung des „alten" Erbschaft- und Schenkungsteuerrechts zur Folge, dass „vererben besser als verschenken" war.

Beispiel:
Der vor Inkrafttreten des ErbStRG nach § 146 BewG ermittelte Wert eines Grundstücks beträgt 490.000 €, der Verkehrswert des Grundstücks 700.000 €. Die Verbindlichkeiten aus der Finanzierung des Objekts belaufen sich im Besteuerungszeitpunkt auf 300.000 €.

1) Das Grundstück und die Verbindlichkeiten gingen im Jahr 2008 durch Erbanfall auf den Erben X über. Die Bereicherung (§ 10 Abs. 1 Satz 1 und 2 ErbStG) war wie folgt zu ermitteln:
Vermögensanfall 490.000 €
Verbindlichkeiten (§ 10 Abs. 5 Nr. 1 ErbStG) ./. 300.000 €
Bereicherung (ohne Abzug von Nachlassverbindlichkeit nach § 10 Abs. 5 Nr. 3 ErbStG) **190.000 €**

2) Das Grundstück und die Verbindlichkeiten gingen im Jahr 2008 durch Schenkung auf den Beschenkten X über. Die Bereicherung für die Schenkung unter Lebenden (§ 7 Abs. 1 Nr. 1 ErbStG) war nach den vorgenannten Grundsätzen wie folgt zu ermitteln:
Steuerwert der Leistung des Schenkers multipliziert mit dem Verkehrswert der Bereicherung des Beschenkten und dieses Ergebnis dividiert durch den Verkehrswert der Leistung des Schenkers, also

$$\frac{490.000\ € \times 400.000\ €}{700.000\ €} = \mathbf{280.000\ €}\ (4/7)$$

Die Differenz zwischen Steuerwert und Verkehrswert des Grundstücks – die eklatante Unterbewertung bestimmter Vermögensgegenstände hatte das BVerfG[470] zum Anlass genommen, § 19 Abs. 1 ErbStG mit seinen einheitlichen Steuersätzen für alle Fälle des Erwerbs wegen oder durch Schenkungen für unvereinbar mit Art. 3 Abs. 1 GG zu erklären – und die Auffassung von Rechtsprechung und Verwaltung, nach der Gegenstand der Zuwendung i. S. des § 7 Abs. 1 Nr. 1 ErbStG in Fällen

---
470 Siehe BVerfG vom 07.11.2006, BStBl 2007 II S. 192.

der gemischten Schenkung/Leistungsauflagenschenkung nur ein Teil des Grundstücks ist, hatten zur Folge, dass die – bürgerlich-rechtlich und unter wirtschaftlichem Gesichtspunkt identische – Bereicherung bei der Schenkungsteuer mit 280.000 € deutlich höher als beim Erwerb von Todes wegen mit 190.000 € ausfiel.

d) Soweit es sich aber um **Nutzungs-** oder **Duldungsauflagen** handelt, sollte insgesamt von einer einheitlichen freigebigen Zuwendung auszugehen und die durch diese Zuwendung vermittelte Bereicherung als Saldo aus Bruttowert des Geschenks abzüglich des Werts der vom Beschenkten zu tragenden Nutzungs-/Duldungseinschränkung zu berechnen sein,[471] sofern dem Abzug nicht die mit dem ErbStRG aufgehobene Vorschrift des § 25 ErbStG entgegenstand, die die Belastung des geschenkten/vererbten Vermögens mit einem Nießbrauch, einer Rentenverpflichtung oder sonstigen wiederkehrenden Leistungen für den Schenker selbst oder den Ehegatten des Schenkers/Erblassers regelte.

Von derartigen Auflagen ist der BFH ausgegangen, wenn der Schenkung Nebenabreden beigefügt sind, wonach der Bedachte zwar um das Eigentum am Zuwendungsgegenstand bzw. um das zugewendete Recht bereichert ist, ihm aber die Nutzungen (§ 100 BGB) der Sache oder des Rechts nicht sofort gebühren sollen. Dies ist z. B. der Fall, wenn der Bedachte zur Bestellung eines Nießbrauchsrechts gem. §§ 1030 ff. BGB[472] oder eines Wohnrechts als beschränkte persönliche Dienstbarkeit am zugewendeten Grundstück gem. §§ 1090 ff. BGB[473] oder kraft schuldrechtlicher Vereinbarung zur Auskehr der Früchte oder zur Überlassung des Gebrauchs der Sache verpflichtet ist – obligatorisches Nutzungsrecht im Gegensatz zu zuvor genannten Nutzungsrechten mit dinglicher Wirkung –. In einem solchen Fall bewirkt die Nebenabrede nur ein Hinausschieben des mit dem Eigentumsübergang bzw. der Rechtsübertragung grundsätzlich verbundenen vollen Nutzungsrechts auf Zeit.

e) Bei Schenkungen, die sowohl Elemente der gemischten Schenkung und/oder Schenkung unter Leistungsauflage als auch der Schenkung unter Nutzungsauflage enthalten, wurde der maßgebende Besteuerungswert dadurch ermittelt, dass von dem unter Berücksichtigung der Gegenleistung ermittelten Steuerwert der freigebigen Zuwendung (= Anwendung der Verhältnisrechnung) der anteilig auf den freigebigen Teil der Zuwendung entfallende Kapitalwert der Nutzungs- oder Duldungsauflage – §§ 13 bis 16 BewG – als Last in Abzug gebracht wird, soweit der seit 2009 aufgehobene § 25 Abs. 1 ErbStG dem nicht entgegenstand.[474]

---

471 Siehe R 17 Abs. 1 Satz 8 ff. ErbStR 2003.
472 Siehe BFH vom 07.06.1989, BStBl 1989 II S. 814, und vom 06.03.1990 II R 165/87, BFH/NV 1990 S. 809.
473 Siehe BFH vom 16.12.1992 II R 114/89, BFH/NV 1993 S. 298.
474 Siehe BFH vom 31.05.1995, BStBl 1996 II S. 243, und vom 17.10.2001, BStBl 2002 II S. 25; vgl. auch R 17 Abs. 4 ErbStR 2003 und H 17 (4) ErbStH 2003.

4.7 Schenkungen unter Lebenden – § 7 ErbStG

Die **Gleichbehandlung** von **gemischter Schenkung** und **Schenkung unter Leistungsauflage**,[475] die die teilweise diffizile Unterscheidung zwischen den beiden Formen der Schenkung entbehrlich machte,[476] hatte zur Folge, dass unter Geltung der Rechtslage vor Inkrafttreten des ErbStRG vom 24.12.2008 Bedeutung lediglich der Zuordnung von Auflagen zukam.

f) Ob nach Inkrafttreten des ErbStRG vom 24.12.2008 die **Unterscheidung** zwischen **gemischter Schenkung/Leistungsauflagenschenkung** und **Schenkung unter Nutzungsauflage** für die Ermittlung der schenkungsteuerrechtlichen Bereicherung überhaupt noch erforderlich ist, muss schon deshalb in Zweifel gezogen werden, weil sich nunmehr die Bewertung aller Vermögensgegenstände am gemeinen Wert orientiert (Grundsatz: Es gibt – auf der Bewertungsebene – keine „günstigen" Steuerwerte mehr). Für Grundstücke und für land- und forstwirtschaftliches Vermögen kommt über § 12 Abs. 3 ErbStG der nach § 151 Abs. 1 Satz 1 Nr. 1 BewG festgestellte Wert zur Anwendung. Insoweit bestimmt § 177 BewG für Grundstücke bzw. § 162 BewG für den Wirtschaftswert (Land- und Forstwirtschaft), dass der Bewertung der gemeine Wert gem. § 9 BewG zugrunde zu legen ist. Auch für Personenunternehmen kommt über § 12 Abs. 5 ErbStG und für im Privatvermögen gehaltene Kapitalgesellschaftsbeteiligungen über § 12 Abs. 2 ErbStG der nach § 151 Abs. 1 Satz 1 Nr. 2 und 3 BewG festgestellte Wert, dessen Ansatz mit dem aus Verkäufen unter fremden Dritten oder aus einem anerkannten Verfahren zur Unternehmensbewertung abzuleitenden gemeinen Wert zu erfolgen hat, zur Anwendung. Für Zwecke der Erbschafts- und Schenkungsbesteuerung werden nunmehr – im Gegensatz zur früheren Rechtslage – auch Grundvermögen, Personenunternehmen, Beteiligungen an Kapitalgesellschaften sowie land- und forstwirtschaftliches Vermögen mit dem gemeinen Wert angesetzt, sodass die **Steuerwerte** idealiter dem **Verkehrswert** entsprechen, **zumindest** einen **Annäherungswert** an diesen Wert darstellen. Auch das BVerfG[477] hat einen Annäherungswert an den Verkehrswert für gerechtfertigt erachtet, weil sich für Grundbesitz, Personenunternehmen etc. kein absoluter und sicher realisierbarer Marktwert ermitteln lässt, sondern allenfalls ein Marktwertniveau, auf dem sich mit mehr oder weniger großen Abweichungen in einer Streubreite von plus/minus 20 % der Verkaufspreise vertretbare Verkehrswerte bilden. Für den Regelfall wird man davon ausgehen dürfen, dass es einen Unterschied zwischen dem gemeinen Wert als Steuerwert und dem Verkehrswert nicht mehr gibt, zumindest sollte es ihn nach der Vorstellung des BVerfG und der

---

475 In diesem Sinne auch die Finanzverwaltung seit den gleichlautenden Ländererlassen vom 09.11.1989, BStBl 1989 I S. 445; s. auch R 17 Abs. 1 Satz 5 und Abs. 2 ErbStR 2003.
476 Siehe insoweit zur Einstufung bei Übernahme von Verbindlichkeiten des Zuwendenden BFH vom 07.06.1989, BStBl 1989 II S. 814, bzw. vom 19.10.2007 II B 107/06, BFH/NV 2008 S. 573. Zur Abgrenzung dieser Auflagenarten vgl. auch BFH vom 13.04.2011, BStBl 2011 II S. 730 den Fall betreffend, das Gesellschaftsanteile gegen Einräumung eines Gewinnbezugsrechts zugunsten eines vom Schenker bestimmten Dritten übertragen werden.
477 Siehe BVerfG vom 07.11.2006, BStBl 2007 II S. 192.

durch dessen Entscheidung vom 07.11.2006 initiierten Neukonzeption des Bewertungsrechts für erbschaftsteuerrechtliche Zwecke nicht mehr geben. Dies unterstellt, erübrigt sich regelmäßig die von Rechtsprechung und Verwaltung vorgenommene Aufteilung des Zuwendungsgegenstandes in einen voll unentgeltlichen und einen voll entgeltlichen Teil als eine durch die frühere steuerliche Unterbewertung bestimmter Vermögensgegenstände geprägte, für einen juristischen Laien aber schwer nachvollziehbare Vorstellung. Bei Personenunternehmen und Beteiligungen an Kapitalgesellschaften lässt sich dies schon damit begründen, dass der gemeine Wert nach dem vereinfachten Ertragswertverfahren oder einer anderen im gewöhnlichen Geschäftsverkehr für nichtsteuerliche Zwecke üblichen Methode zu ermitteln ist. Bei unbebauten Grundstücken (§ 179 BewG) spiegelt sich im Ansatz des aktuellen Bodenrichtwerts ohne Abschlag der Verkehrswert, zumindest das Marktwertniveau und damit ein Annäherungswert an den Verkehrswert wider. Dies gilt ebenso für die Heranziehung des Vergleichswerts für Ein- und Zweifamilienhäuser, Wohn- und Teileigentum gem. § 183 BewG, weil diesem Wert der Kaufpreis vergleichbarer Grundstücke zugrunde liegt. Allenfalls das Ertragswert- und Sachwertverfahren sowie die Bewertungsverfahren in Sonderfällen können aufgrund der in §§ 184 bis 195 BewG vorgesehenen Pauschalierungen zu einer Abweichung des ermittelten gemeinen Werts vom Verkehrswert führen. Da auch diese Wertermittlungsmethoden aber der Findung eines Annäherungswerts an den Verkehrswert dienen, muss gerade für diese Fälle die Aussage des BVerfG gelten, dass sich allenfalls ein Marktwertniveau ermitteln lässt, auf dem sich mit mehr oder weniger großen Abweichungen vertretbare Verkehrswerte bilden. Geht man demnach zumindest im Regelfall von einer Identität von Steuerwert und Verkehrswert aus, benötigt man für diesen Fall zur Ermittlung der schenkungsteuerrechtlichen Bereicherung die Verhältnisrechnung nicht (mehr); dasselbe Ergebnis wird mit der in § 10 Abs. 1 Satz 2 ErbStG zum Ausdruck kommenden sog. Einheitstheorie erreicht, nach der Leistung und Gegenleistung/Wert der Auflage saldiert werden.

Beispiel:
A schenkt B im Jahr 2009 ein Geschäftsgrundstück (also kein Fall von § 13c ErbStG), dessen Steuer- und Verkehrswert sich auf 700.000 € beläuft. Die Verbindlichkeiten aus der Finanzierung des Objekts betragen im Besteuerungszeitpunkt noch 300.000 € und werden von B übernommen.

B ist – wie beim Übergang von Grundstück und Verbindlichkeiten durch Erbanfall, ignoriert man insoweit § 10 Abs. 5 Nr. 3 ErbStG – um 400.000 € bereichert. Dieses Ergebnis ergibt sich durch Saldierung, aber auch bei Anwendung der von Rechtsprechung und Verwaltung aufgestellten Grundsätze für die Bereicherungsermittlung bei gemischter Schenkung bzw. Leistungsauflagenschenkung (Steuerwert der Leistung des A = 700.000 € multipliziert mit Verkehrswert der Bereicherung des B = 400.000 € dividiert durch Verkehrswert der Leistung des A = 700.000 €).

aa) Wenn aber Gegenstand einer gemischten Schenkung bzw. Leistungsauflagenschenkung ein zur Anwendung eines **Verschonungsabschlags berechtigender Vermögensgegenstand** oder ein **teilweiser befreiter Vermögensgegenstand** ist, könnte

4.7 Schenkungen unter Lebenden – § 7 ErbStG

man in Betracht ziehen, weiterhin an der unter Geltung des von der Unterbewertung wesentlicher Vermögensteile geprägten „alten" Erbschaftsteuerrechts entwickelten Auffassung von der Aufteilung der gemischten Schenkung bzw. der Leistungsauflagenschenkung in einen voll unentgeltlichen und einen voll entgeltlichen Teil festzuhalten. Denn bei vollem, ungekürztem Abzug der Gegenleistung bzw. des Auflagenwerts käme es wie vor Inkrafttreten des ErbStRG erneut zu einer überproportionalen Verrechnung. Dasselbe steuerliche Ergebnis lässt sich aber auch erreichen, indem im Hinblick auf die Anordnung in § 1 Abs. 2 ErbStG über § 10 Abs. 6 Satz 3 bis 5 ErbStG der Wert der Gegenleistung/der Auflagenwert prozentual in Höhe des Verschonungsabschlags für den zugewendeten Vermögensgegenstand bzw. in Höhe des nicht steuerpflichtigen Teils nicht in Abzug gebracht wird. Gegen diesen nunmehr auch von der Finanzverwaltung vertretenen Lösungsweg[478] einzuwenden, die Anwendbarkeit von § 10 Abs. 6 ErbStG ergebe sich aus § 10 Abs. 1 Satz 2 ErbStG, der BFH aber habe diese Bestimmung bereits im Urteil vom 21.10.1981[479] bei gemischten Schenkungen für unanwendbar erklärt und diese Auffassung in späteren Entscheidungen bestätigt, vermag schon deshalb nicht durchzugreifen, weil die Grundlage der Ansicht, nach der abzulehnen ist, die Bereicherung bei einer gemischten Schenkung/Leistungsauflagenschenkung entsprechend § 10 Abs. 1 Satz 2 ErbStG zu ermitteln, mit dem ErbStRG entfallen ist – gemeiner Wert als einheitlicher Bewertungsmaßstab –.

Beispiele:

a) A überträgt B im Jahr 2009 ein zu Wohnzwecken vermietetes, nicht zum begünstigten Vermögen gehörendes Grundstück, dessen Grundbesitz- und Verkehrswert sich auf 700.000 € beläuft, gegen Zahlung eines Betrags von 300.000 € bzw. gegen Übernahme der aus der Finanzierung des Objekts im Besteuerungszeitpunkt noch bestehenden Verbindlichkeiten in derselben Höhe bzw. gegen Zahlung einer Rente an die Lebensgefährtin des A mit einem kapitalisierten Wert in dieser Höhe.

Der Steuerwert der freigebigen Zuwendung könnte durch Aufteilung des Vorgangs in einen voll entgeltlichen und voll unentgeltlichen Teil ermittelt werden (sog. Trennungstheorie, Wertermittlungsmethode). Hiernach wird das Grundstück zu 4/7 unentgeltlich und zu 3/7 entgeltlich erworben. Der unentgeltliche Teil i. H. von 400.000 € ist nach § 13c Abs. 1 ErbStG nur mit 90 % (= 360.000 €) anzusetzen, oder Ermittlung wie folgt:

630.000 € (= Steuerwert der Leistung des A) × 400.000 € (= Verkehrswert der Bereicherung des B) : 700.000 € (= Verkehrswert der Leistung des A)

Hätte B den A beerbt, wäre er – § 10 Abs. 5 Nr. 3 ErbStG außer Betracht lassend – ebenfalls um 360.000 € nach § 10 Abs. 1 Satz 2 i. V. m. Abs. 6 Satz 5 ErbStG bereichert. Für das Grundstück ergibt sich in entsprechender Anwendung dieser Vorschriften bei der gemischten Schenkung/Auflagenschenkung unter Berücksichtigung des Verschonungsabschlags gem. § 13c Abs. 1 ErbStG ein Ansatz von (90 % von 700.000 € =) 630.000 €, von dem der Wert der Gegenleistung/Auflage auch nur i. H. von (90 % von 300.000 € =) 270.000 € abzugsfähig ist.

---

[478] Vgl. gleichlautende Ländererlasse vom 20.05.2011, BStBl 2011 I S. 562; siehe numehr auch R E 7.4 Abs. 1 Satz 1 und 2 sowie Abs. 2 ErbStR 2011.

[479] Vgl. BStBl 1982 II S. 83.

b) A, der am Nennkapital einer GmbH mit Sitz im Inland zu 30 % beteiligt ist, schenkt B im Wege der vorweggenommenen Erbfolge seinen Geschäftsanteil, dessen gemeiner Wert (= Verkehrswert) 2 Mio. € beträgt; damit hängen noch Schulden i. H. von 200.000 € zusammen, die B übernimmt.

Die Bereicherung des B könnte wie folgt ermittelt werden:

2 Mio. € ./. 1,7 Mio. € (= 85 % gem. § 13a Abs. 1 i. V. m. § 13b Abs. 4 ErbStG) ./. 75.000 € (= „gleitender" Abzugsbetrag nach § 13a Abs. 2 ErbStG) = 225.000 € als zu berücksichtigender steuerlicher Wert des Kapitalgesellschaftsanteils

1,8 Mio. € als Verkehrswert der Bereicherung des B und 2 Mio. € als Verkehrswert der Leistung des A

$$\frac{225.000 \text{ €} \times 1.800.000 \text{ €}}{2.000.000 \text{ €}} = \mathbf{202.500 \text{ €}}$$

Hätte B den Geschäftsanteil durch Erbanfall erworben, wäre er – wiederum § 10 Abs. 5 Nr. 3 ErbStG außer Betracht lassend – ebenfalls um **202.500 €** nach § 10 Abs. 1 Satz 2 i. V. m. Abs. 6 Satz 4 ErbStG bereichert. Für den Gesellschaftsanteil ergibt sich demnach bei entsprechender Anwendung von § 10 Abs. 1 Satz 2 EbStG unter Berücksichtigung des Verschonungsabschlags gem. § 13a Abs. 1 i. V. m. § 13b Abs. 4 und § 13a Abs. 2 ErbStG ein Ansatz von 300.000 € (15 % von 2 Mio. €) ./. 75.000 € = 225.000 €, von dem der Wert der übernommenen Schulden von 200.000 € auch nur i. H. von 11,25 % = 22.500 € abzugsfähig ist.

c) A überträgt B eine Kunstsammlung mit einem gemeinen Wert (= Verkehrswert) von 3.000.000 € – Fall von § 13 Abs. 1 Nr. 2 Buchst. a ErbStG –. B muss den noch offenen Betrag von 600.000 €, resultierend aus der Finanzierung beim Kauf einiger die Sammlung komplettierender Exponate, übernehmen. Die schenkungsteuerpflichtige Bereicherung beträgt

$$\frac{1.200.000 \text{ €} \ (= 40 \text{ \% von } 3.000.000 \text{ €}) \times 2.400.000 \text{ €}}{3.000.000 \text{ €}} = \mathbf{960.000 \text{ €}}$$

Derselbe Betrag der Bereicherung ergibt sich bei entsprechender Anwendung von § 10 Abs. 1 Satz 2 i. V. m. Abs. 6 Satz 3 ErbStG.

bb) Der unmittelbare oder mittelbare **Erwerb** einer **Beteiligung** an einer **Personengesellschaft** oder einer **anderen Gesamthandsgemeinschaft,** die nicht unter § 97 Abs. 1 Nr. 5 BewG fällt, gilt nach § 10 Abs. 1 Satz 4 ErbStG als Erwerb der anteiligen Wirtschaftsgüter und die dabei übergehenden Schulden und Lasten sind bei der Ermittlung der Bereicherung des Erwerbers wie eine Gegenleistung zu behandeln. Der zweite Halbsatz der Vorschrift – der erste Halbsatz entspricht § 10 Abs. 1 Satz 3 ErbStG i. d. F. vor Inkrafttreten des ErbStRG vom 24.12.2008 – stellt entsprechend dem bisherigen Verständnis der Finanzverwaltung (s. R 26 Abs. 2 Satz 5 ff. ErbStR 2003) klar, dass beim Erwerb von Beteiligungen an vermögensverwaltenden, insbesondere grundstücksverwaltenden Personengesellschaften und anderen Gesamthandsgemeinschaften, z. B. einer ungeteilten Erbengemeinschaft, die Grundsätze der gemischten Schenkung anzuwenden sind, also die vom Beteiligungserwerber anteilig zu tragenden Schulden der Gesellschaft nicht als negative Elemente des einheitlich gedachten Anteils ungekürzt in die Bewertung der Beteiligung einfließen (keine Berücksichtigung der Verpflichtung des Erwerbers, für die Gesellschaftsschulden einzustehen, durch Abzug vom Wert der Besitzposten. Das mit dem

4.7 Schenkungen unter Lebenden – § 7 ErbStG

ErbStRG geschaffene neue Bewertungsrecht für erbschaft- und schenkungsteuerrechtliche Zwecke lässt aber die Regelung des § 10 Abs. 1 Satz 4 ErbStG im Ergebnis leerlaufen, denn durch den gemeinen Wert (= Verkehrswert) als Bewertungsmaßstab sind die früheren Bewertungsunterschiede von Sachgütern und Verbindlichkeiten und die mit ihnen bestehenden überproportionalen Verrechnungsmöglichkeiten entfallen.[480]

Beispiel:
A ist an der A & B-GbR beteiligt. Zum 01.07.2008 (Abwandlung: 01.07.2009) überträgt er seinen hälftigen Gesellschaftsanteil unentgeltlich auf seinen Sohn S. Das Aktivvermögen der allein grundstücksverwaltenden GbR besteht im Schenkungszeitpunkt im Juli 2008 aus Grundstücken mit einem Verkehrswert von 3.000.000 € und einem Steuerwert von 1.500.000 € (Abwandlung: Steuerwert von 3.000.000 € im Juli 2009) sowie Bankbeständen im Nennwert gem. § 11 BewG i. H. von 300.000 €. Die Gesellschaftsschulden, resultierend aus der Anschaffung eines Grundstücks, belaufen sich auf 1.200.000 €.

Für die Schenkung im Jahr 2008 war die Bereicherung des S unter Anwendung von § 10 Abs. 1 Satz 3 ErbStG a. F. wie folgt zu ermitteln:

$$\frac{900.000 \; € \times (1.650.000 \; € \not\!\!/ \; 600.000 \; €)}{1.650.000 \; €} = \mathbf{572.000 \; €} \text{ (abgerundet)}$$

Hätte S den A im Jahr 2008 beerbt, hätte sich für ihn – § 10 Abs. 5 Nr. 3 ErbStG außer Betracht lassend – eine Bereicherung von 900.000 € $\not\!\!/$ 600.000 € = **300.000 €** ergeben.

In der Abwandlung – Schenkung erfolgt im Juli 2009 – kann die Bereicherung des S unter Anwendung von § 10 Abs. 1 Satz 4 ErbStG wie folgt ermittelt werden:

$$\frac{1.650.000 \; € \times (1.650.000 \; € \not\!\!/ \; 600.000 \; €)}{1.650.000 \; €} = \mathbf{1.050.000 \; €}$$

Hätte S den A im Jahr 2009 beerbt, ergäbe sich für ihn – wiederum § 10 Abs. 5 Nr. 3 ErbStG ignorierend – ebenfalls eine Bereicherung von 1.650.000 € $\not\!\!/$ 600.000 € = **1.050.000 €**; zum selben Ergebnis gelangt man im Schenkungsfall, indem von dem nach § 12 ErbStG zu ermittelnden Steuerwert der Leistung des Schenkers die Gegenleistungen des Beschenkten und die von ihm übernommenen Auflagen mit dem aus § 12 ErbStG sich ergebenden Wert abgezogen werden.

cc) Bedeutung könnte dem von der Verwaltung zunächst auch noch zum „neuen" Erbschaftsteuerrecht in den gleichlautenden Ländererlassen vom 25.06.2009[481] vertretenen Lösungsweg – **Aufteilung** in einen **voll unentgeltlichen** und einen **voll entgeltlichen Teil** – aber trotz der nunmehr durchgängig am gemeinen Wert orientierten Bewertung noch zukommen, wenn der nach den Vorgaben des BewG festgestellte gemeine Wert vom Verkehrswert abweichen sollte, also der bewertungsrechtlich ermittelte Wert sich nicht mit dem Betrag deckt, der im gewöhn-

---

480 Siehe hierzu Meincke, § 10 Rdnr. 21a, der es als schwer zu verstehen ansieht, dass der Gesetzgeber auf die Fortführung und Ergänzung der in § 10 Abs. 1 Satz 3 ErbStG a. F. enthaltenen Regelung Gewicht gelegt hat.
481 Vgl. Abschn. 1 Abs. 1 AEErbSt: „Da auch nach der Neuregelung der Vermögensbewertung für erbschaftsteuerrechtliche Zwecke die Grundsätze der gemischten Schenkung weiterhin anzuwenden sind, . . .".

4 Steuerpflicht

lichen Geschäftsverkehr nach der Beschaffenheit des Wirtschaftsgutes bei einer Veräußerung zu erzielen wäre (gemeiner Wert gem. § 9 Abs. 2 Satz 1 BewG identisch mit dem nicht-steuerlichen Begriff des Verkehrswerts). In Bezug auf Grundbesitz dürfte es sich um eine Ausnahmesituation handeln, die m. E. nur bei im Ertragswert-, im Sachwertverfahren oder als Sonderfall bewerteten Grundstücken denkbar sein kann (die auch nach der Erbschaftsteuerreform weiterhin bestehende Unterbewertung des land- und forstwirtschaftlichen Vermögens sollte ebenso wenig zweifelhaft sein wie der Umstand, dass im Bereich des Betriebsvermögens zwischen dem vereinfachten Bewertungsverfahren gem. §§ 199 ff. BewG und den zukunftsgerichteten betriebswirtschaftlich üblichen Bewertungsverfahren deutliche Wertunterschiede angelegt sind). Den Nachweis eines im Verhältnis zu dem nach §§ 184 ff. BewG ermittelten Grundbesitzwert „beachtlich" höheren Verkehrswerts zu erbringen, obläge allgemeinen Beweislastregeln folgend der Finanzbehörde. Die bewertungsrechtlichen Vorschriften schließen die Möglichkeit nicht aus, einen abweichenden Verkehrswert nachzuweisen. Die Behörde kann lediglich der Steuerfestsetzung keinen höheren gemeinen Wert als dem z. B. nach §§ 184 ff. BewG ermittelten Wert zugrunde legen – § 198 BewG erlaubt nur dem Steuerpflichtigen den Nachweis des niedrigeren gemeinen Werts –. Einen abweichenden Verkehrswert zugrunde zu legen, könnte man aber allenfalls ausnahmsweise – weil die Bewertungsmethoden nunmehr auf die Findung eines Steuerwerts zumindest als Annäherungswert an den Verkehrswert ausgerichtet sind – in Betracht ziehen, wenn objektive Anhaltspunkte (z. B. Verkauf des zugewandten Grundstücks kurz nach dem Bewertungsstichtag, wobei allerdings anzumerken bleibt, dass der vereinbarte Kaufpreis den Verkehrswert widerspiegeln kann, aber nicht muss) dafür vorliegen, dass der nach dem BewG festgestellte gemeine Wert sich nicht mehr im Rahmen vertretbarer Verkehrswerte hält.

Beispiel:
A schenkt B ein Geschäftsgrundstück gegen Übernahme der noch bestehenden Verbindlichkeiten aus der Finanzierung des Objekts i. H. von 400.000 €. Der im Sachwertverfahren ermittelte Wert beträgt 1.000.000 €. Noch vor Festsetzung der Schenkungsteuer veräußert B das Grundstück an C zum Preis von 1.300.000 €.

Hier könnte man davon ausgehen, dass Grundbesitzwert und Verkehrswert voneinander abweichen (m. E. nicht der Fall z. B. bei einem Kaufpreis von 1.100.000 €, weil der steuerliche Wert sich noch im Rahmen eines Marktwertniveaus hält), auch wenn dies nicht mit Sicherheit unterstellt werden kann, weil der gezahlte Kaufpreis einen „Liebhaber- oder Unerfahrenheitszuschlag" – C könnte bei den Vertragsverhandlungen von B „über den Tisch gezogen" worden sein – enthalten könnte, den ein anderer Käufer nicht zu zahlen bereit gewesen wäre.

Festhalten kann man, dass es nach der Neuregelung der Bewertung durch das ErbStRG die früher mit gemischter Schenkung/Leistungsauflagenschenkung verbundene Problematik der überproportionalen Verrechnungsmöglichkeit regelmäßig nicht mehr gibt. Zwar hat es der Gesetzgeber unterlassen, das ErbStRG zum Anlass zu nehmen, etwa durch eine klarstellende Änderung von § 10 Abs. 1 Satz 2 ErbStG deutlich zu machen, dass die Bereicherung bei Erwerben von Todes wegen und

4.7 Schenkungen unter Lebenden – § 7 ErbStG

Schenkungen unter Lebenden auf identische Weise zu ermitteln ist; m. E. naheliegend, weil mit Umsetzung der Vorgaben des BVerfG – Beseitigung der früheren Bewertungsvergünstigungen – die Rechtfertigung für die Begrenzung des Abzugs der Gegenleistung/Leistungsauflage bei gemischt freigebigen Zuwendungen entfallen ist. Die Finanzverwaltung[482] regelt die Bereichungsermittlung bei gemischten Schenkungen bzw. Auflagenschenkungen nunmehr dahingehend, dass von dem nach § 12 ErbStG zu ermittelnden Steuerwert der Leistung des Schenkers die Gegenleistungen des Beschenkten und die von ihm übernommenen Auflagen mit ihrem nach § 12 ErbStG ermittelten Wert abgezogen werden. Diese Auffassung, die man im AEErbSt vom 25.06.2009 auch bereits hätte erwarten dürfen, nimmt den mit der Festsetzung von Schenkungsteuer befassten Finanzbehörden die Möglichkeit, von einer Divergenz zwischen dem nach den Vorgen des BewG festgestellten Wert und dem Verkehrswert ausgehen zu können. Den mit den gleichlautenden Ländererlassen vom 20.05.2011 erfolgten Abschied von dem unter dem „alten" Erbschaftsteuerrecht vertretenen Lösungsweg zur Bereicherungsermittlung bei gemischten Schenkungen/Leistungsauflagenschenkungen kann man als im Einklang mit der mit dem ErbStRG vom 24.12.2008 verfolgten Intention stehend ansehen. Auch wird kein Steuerpflichtiger die Ermittlung der Bereicherung entsprechend § 10 Abs. 1 Satz 2 ErbStG „bedauern". Im Beispiel zuvor ergibt sich eine Bereicherung von (1.000.000 Euro ./. 400.000 Euro =) 600.000 Euro. Demgegenüber beliefe sich diese unter Berücksichtigung der früheren Auffassung zur Behandlung der gemischten Schenkung – Aufteilung in einen unentgeltlichen und einen entgeltlichen Teil – auf (1.000.000 Euro × 900.000 Euro : 1.300.000 Euro =) 692.308 Euro. Schließlich darf nicht außer Betracht gelassen werden, dass der nunmehr von der Verwaltung vertretene Weg der Bereicherungsermittlung entsprechend § 10 Abs. 1 Satz 2 ErbStG geeignet ist, Rechtsstreitigkeiten zu vermeiden, die vorhersehbar wären, nähme die Behörde deshalb keinen uneingeschränkten Abzug der Gegenleistung bzw. des Werts der Leistungsauflage vor, weil sie von einem Verkehrswert ausgeht, der über dem nach den Vorgaben des BewG ermittelten Grundbesitzwert liegen soll.

dd) Dass es nicht zu einem uneingeschränkten Abzug der Gegenleistungen bzw. des Werts der Auflagen kommen kann, soweit der Gegenstand nach §§ 13, 13a oder 13c ErbStG befreit ist, folgt aus entsprechender Anwendung von § 10 Abs. 6 i. V. m. § 10 Abs. 1 Satz 2 ErbStG. Die Gegenleistungen, Leistung-, Nutzungs- oder Duldungsauflagen sind entsprechend ihrem wirtschaftlichen Zusammenhang den einzelnen geschenkten Vermögensgegenständen zuzurechnen – bedeutsam wegen der Kürzung entsprechend § 10 Abs. 6 ErbStG –. Besteht ein Zusammenhang mit allen Vermögensgegenständen, ohne dass eine wirtschaftliche Zuordnung zu einzelnen Vermögensgegenständen erfolgen kann, ist die Gegenleistung/Auflage auf die ein-

---
[482] Vgl. R E 7.4 Abs. 1 Satz 2 ErbStR 2011; so bereits die gleichlautenden Ländererlasse vom 20.05.2011, BStBl 2011 I S. 562.

4 Steuerpflicht

zelnen Vermögensgegenstände nach dem Verhältnis der Steuerwerte aufzuteilen.[483] Ein wirtschaftlicher Zusammenhang von Schulden, die der Beschenkte im Rahmen der Schenkung übernimmt, mit einem Vermögensgegenstand setzt voraus, dass die Entstehung der Schuld ursächlich und unmittelbar auf Vorgängen beruht, die diesen Vermögensgegenstand betreffen und die Schuld den Vermögensgegenstand wirtschaftlich belastet.[484] Bei einer Grundstücksbelastung muss die Schuldaufnahme dem Erwerb, der Herstellung, der Erhaltung oder Verbesserung des belasteten Grundstücks gedient haben, wobei die hypothekarische Sicherung der Schuld an einem Grundstück eine widerlegbare Vermutung für einen solchen wirtschaftlichen Zusammenhang begründet. Der wirtschaftliche Zusammenhang mit dem Vermögensgegenstand muss bereits im Zeitpunkt der Ausführung der Zuwendung bestanden haben.[485]

Zur Ermittlung der Bemessungsgrundlage bei gemischter Schenkung bzw. Schenkung unter Auflage in Mischfällen und Inanspruchnahme von Steuerbefreiungen sollen die folgenden, den Hinweisen zu den Erbschaftsteuer-Richtlinien 2011 vom 19.12.2011 entnommenen Beispiele dienen.[486]

Beispiel 1:
A überträgt im August 2011 B ein Mietwohngrundstück mit einem Grundbesitzwert von 750.000 €. Aus der Anschaffung resultiert noch eine Verbindlichkeit i. H. von 150.000 €, die B übernimmt. A behält sich den Nießbrauch an den Erträgen vor. Der Kapitalwert des Nießbrauchs unter Berücksichtigung der Begrenzung nach § 16 BewG beträgt 100.000 €.

Grundbesitzwert		750.000 €
Befreiung § 13c ErbStG 10 % von 750.000 €		⁄. 75.000 €
Verbleiben		675.000 €
Gegenleistung in wirtschaftlichem Zusammenhang mit dem Grundstück	150.000 €	
Nießbrauch	+ 100.000 €	
Summe	250.000 €	
Nicht abzugsfähig 10 % von 250.000 € =	⁄. 25.000 €	
Abzugsfähig	225.000 €	⁄. 225.000 €
Bereicherung		450.000 €

Beispiel 2:
A überträgt im August 2011 B ein Mietwohngrundstück mit einem Grundbesitzwert von 750.000 € und Aktien im Streubesitz mit einem gemeinen Wert von 500.000 €. Aus der Anschaffung des Grundstücks resultiert noch eine Verbindlichkeit i. H. von 150.000 €, die B übernimmt. A behält sich den Nießbrauch an den Erträgen des Grundstücks vor. Der Kapitalwert des Nießbrauchs unter Berücksichtigung der

---
483 Vgl. R E 7.4 Abs. 3 Satz 4 ErbStR 2011.
484 Vgl. BFH vom 21.07.1972, BStBl 1973 II S. 3, und vom 19.05.1967, BStBl 1967 III S. 596.
485 Vgl. zu weiteren Einzelheiten zu wirtschaftlichen Zusammenhang von Gegenleistungen, Leistungs- bzw. Nutzungs- und Duldungsauflagen mit der Schenkerleistung H E 7.4 (3) ErbStH 2011.
486 Vgl. H E 7.4 (2) und (3) ErbStH 2011.

4.7 Schenkungen unter Lebenden – § 7 ErbStG

Begrenzung nach § 16 BewG beträgt 100.000 €. Aus der Anschaffung der Aktien resultiert noch eine Verbindlichkeit in Höhe von 120.000 €, die B ebenfalls übernimmt.

Grundbesitzwert		750.000 €
Aktien		+ 500.000 €
Gesamtwert		1.250.000 €
Befreiung § 13c ErbStG 10 % von 750.000 EUR		./. 75.000 €
Verbleiben		1.175.000 €
Gegenleistung in wirtschaftlichem Zusammenhang mit dem Grundstück	150.000 €	
Nießbrauch	+ 100.000 €	
Summe	250.000 €	
Nicht abzugsfähig 10 % von 250.000 € =	./. 25.000 €	
Abzugsfähig	225.000 €	./. 225.000 €
Gegenleistung in wirtschaftlichem Zusammenhang mit dem Aktien (keine Kürzung)		./. 120.000 €
Bereicherung		830.000 €

Beispiel 3:
A überträgt im August 2011 B ein Mietwohngrundstück mit einem Grundbesitzwert von 750.000 € und Aktien im Streubesitz mit einem gemeinen Wert von 500.000 €. Aus der Anschaffung des Grundstücks resultiert noch eine Verbindlichkeit i. H. von 150.000 €, die B übernimmt. Aus der Anschaffung der Aktien resultiert noch eine Verbindlichkeit in Höhe von 120.000 €, die B ebenfalls übernimmt. Zusätzlich hat sich A ausbedungen, dass B ihm eine lebenslange Rente zahlt, deren Kapitalwert 100.000 € beträgt.

Grundbesitzwert		750.000 €
Aktien		+ 500.000 €
Gesamtwert		1.250.000 €
Befreiung § 13c ErbStG 10 % von 750.000 €		./. 75.000 €
Verbleiben		1.175.000 €
Gegenleistung in wirtschaftlichem Zusammenhang mit dem Grundstück	150.000 €	
Teil der Leistungsaufnahme, die auf das Grundstück entfällt		
750.000 € : 1.250.000 € × 100.000 €	+ 60.000 €	
Summe	210.000 €	
Nicht abzugsfähig 10 % von 210.000 € =	./. 21.000 €	
Abzugsfähig	189.000 €	./. 189.000 €
Gegenleistung in wirtschaftlichem Zusammenhang mit den Aktien	120.000 €	
Teil der Leistungsauflage, die auf die Aktien entfällt		
500.000 € : 1.250.000 € × 100.000 €	+ 40.000 €	
Summe (keine Kürzung)	160.000 €	./. 160.000 €
Bereicherung		826.000 €

4.7.1.4 Bereicherung und Erwerbsnebenkosten bzw. Aufwendungen des Schenkers auf fremden Grund

1) Fraglich ist, wie Nebenkosten einer Schenkung (z. B. Kosten für den Notar, das Grundbuchamt oder Handelsregister, den Steuerberater für die Erstellung der Schenkungsteuer- und der Feststellungserklärung, Gutachterkosten für die Ermittlung des gemeinen Werts von Grundbesitz, Betriebsvermögen etc.) bei der Schenkungsteuer zu behandeln sind. Während die Behandlung von Kosten, die dem Erwerber im Zusammenhang mit der Erlangung des Erwerbs von Todes wegen entstehen, als Nachlassverbindlichkeiten in § 10 Abs. 1 Satz 2 i. V. m. Abs. 5 Nr. 3 ErbStG geregelt ist, fehlt es für „Schenkungsverbindlichkeiten"[487] an einer expliziten Regelung.[488]

Bereits mit Erlass vom 20.06.1994 hatte sich das Finanzministerium des Saarlands dieser Materie mit für den Steuerpflichtigen weitgehend günstigen Ergebnissen angenommen.[489] In den Erbschaftsteuer-Richtlinien 2011 wird nunmehr die Auffassung vertreten, dass die im Zusammenhang mit der Ausführung der Schenkung anfallenden Erwerbsnebenkosten ebenso wie die Steuerberatungskosten für die Schenkungsteuererklärung und die Feststellungserklärung nach § 157 i. V. m. § 151 BewG – zwar stehen Letztere nicht unmittelbar im Zusammenhang mit dem schenkweise zugewendeten Vermögen, sie fallen jedoch wegen der in § 31 ErbStG bzw. § 153 BewG normierten Verpflichtung der Beteiligten zur Abgabe der Steuer- bzw. Feststellungserklärung an – aus **Vereinfachungsgründen** in **vollem Umfang** bereicherungsmindernd zu berücksichtigen sind.[490] Auch wenn zum Erwerb Vermögensgegenstände gehören, für die eine Steuerbefreiung nach §§ 13, 13a oder 13c ErbStG zur Anwendung kommt, unterliegen diese Erwerbsnebenkosten nicht der Kürzung nach § 10 Abs. 6 ErbStG. Steuer- und Rechtsberatungskosten im **Vorfeld** einer **Schenkung** sind dagegen nicht abzugsfähig. Dies gilt auch für die in einem außergerichtlichen und gerichtlichen Rechtsbehelfsverfahren gegen die Steuerfestsetzung bzw. die Wertfeststellung anfallenden Kosten, die in einem Verfahren zur Änderung der Steuerfestsetzung oder der Feststellung entstehenden Kosten und die Kosten eines Gutachtens für die Ermittlung des gemeinen Werts des Grundbesitzes, Betriebsvermögens etc., sofern diese erst in einem sich an die Wertfeststellung anschließenden Rechtsbehelfs- oder Korrekturverfahren entstehen. Es handelt sich insoweit um unter das **Abzugsverbot** des **§ 10 Abs. 8 ErbStG** fallende **Rechtsverfol-**

---

[487] Zu diesem Begriff siehe Moench, DStR 1994 S. 967.
[488] Vgl. auch R 1 Satz 3 Nr. 1 und R 17 Abs. 1 Satz 1 und 2 ErbStR 2003.
[489] Vgl. DStR 1994 S. 975.
[490] Vgl. R E 7.4 Abs. 4 ErbStR 2011; siehe zur Behandlung von Erwerbsnebenkosten sowie Steuer- und Rechtsberatungskosten im Zusammenhang mit einer Schenkung auch die gleichlautenden Ländererlasse vom 16.03.2012, BStBl 2012 I S. 338 – auch mit Ausführungen zur mittelbaren und anteiligen mittelbaren Schenkung –; zur Problematik vgl. auch Meincke, § 10 Rdnr. 30 ff.

4.7 Schenkungen unter Lebenden – § 7 ErbStG

gungskosten zur Abwehr der Entrichtung der eigenen Schenkungsteuer[491] – demgegenüber sind aber im Rahmen der Verpflichtung zur Abgabe der Feststellung anfallende Kosten eines Gutachtens in vollem Umfang abzugsfähig –. Soweit bei einer gemischten Schenkung/Auflagenschenkung Grunderwerbsteuer anfällt, ist deren Abzug bei der Ermittlung des Werts des steuerpflichtigen Erwerbs – weil nur den entgeltlichen Teil der Zuwendung betreffend – ebenfalls ausgeschlossen. Die bei mittelbarer Grundstücksschenkung für den Erwerb des Grundstücks durch den Beschenkten anfallende Grunderwerbsteuer – kein Fall von § 3 Nr. 2 GrEStG, weil das Rechtsverhältnis zwischen Schenker und Beschenkten keinen grunderwerbsteuerbaren Tatbestand erfüllt, die Rechtsbeziehungen zwischen Beschenkten und Veräußerer unberührt lässt – ist hingegen in voller Höhe abzugsfähig, bei befreitem Vermögen aber nur mit dem Teil, der dem Anteil des mittelbar zugewendeten Gegenstandes entspricht.[492]

Beispiel:[493]
A überträgt im August 2011 dem Neffen B ein Mietwohngrundstück mit einem Grundbesitzwert von 750.000 €. Aus der Anschaffung resultiert noch eine Verbindlichkeit i. H. von 150.000 €, die B übernimmt. A behält sich den Nießbrauch an den Erträgen vor. Der Kapitalwert des Nießbrauchs unter Berücksichtigung der Begrenzung nach § 16 BewG beträgt 100.000 €. Die Erwerbsnebenkosten (für Notar, Grundbuch) belaufen sich auf 5.500 €, die Grunderwerbsteuer auf 8.750 €. An Steuerberatungskosten sind 2.000 € angefallen.

Grundbesitzwert		750.000 €
Befreiung § 13c ErbStG 10 % von 750.000 €		./. 75.000 €
Verbleiben		675.000 €
Gegenleistung in wirtschaftlichem Zusammenhang mit dem Grundstück	150.000 €	
Nießbrauch	+ 100.000 €	
Summe	250.000 €	
Nicht abzugsfähig 10 % von 250.000 € =	./. 25.000 €	
Abzugsfähig	225.000 €	./. 225.000 €
verbleiben		450.000 €
Abzugsfähige Erwerbsnebenkosten (ohne Grunderwerbsteuer)	5.500 €	
Steuerberatungskosten	+ 2.000 €	
Summe (keine Kürzung)	7.500 €	./. 7.500 €
Bereicherung		442.500 €

Trägt der Schenker die Erwerbsnebenkosten, sei es durch Zuwendung eines Geldbetrages in deren Höhe an den Beschenkten oder sei es in Abkürzung des Zahlungsweges durch Begleichung dieser Kosten seitens des Schenkers selbst, liegt eine die

---
491 Vgl. hierzu BFH vom 20.06.2007, BStBl 2007 II S. 722.
492 Vgl. gleichlautende Erlasse vom 16.03.2012, a. a. O., Tz. 3.1.2 und 3.1.3.
493 Vgl. H E 7.4 (4) ErbStH 2011.

4 Steuerpflicht

Bereicherung des Beschenkten entsprechend erhöhende zusätzliche Schenkung vor. Dem steht jedoch eine Entreicherung durch die Folgekosten der Schenkung gegenüber.

Beispiel:[494]
Der Schenker übereignet dem Beschenkten ein zu gewerblichen Zwecken vermietetes Grundstück mit einem Grundbesitzwert von 500.000 € und übernimmt die Nebenkosten i. H. von 8.000 €. Der Beschenkte zahlt eine Gegenleistung von 100.000 €. Der Beschenkte hat – persönlichen Freibetrag außer Betracht lassend – (500.000 € ⁄ 100.000 € =) 400.000 € zzgl. der erhaltenen Nebenkosten von 8.000 € zu versteuern und kann die Nebenkosten in voller Höhe abziehen. Die Bereicherung des Beschenkten beträgt (408.000 € ⁄ 8.000 € =) **400.000 €**.

2) Errichtet jemand ein Gebäude auf einem Grundstück, das einem anderen gehört, in Erwartung einer geplanten künftigen Schenkung dieses Grundstücks und wird das Grundstück nach Fertigstellung des Gebäudes tatsächlich geschenkt, stellt sich ebenfalls die Frage nach den „Schenkungsverbindlichkeiten", nämlich ob und in welcher Höhe die Baukosten des Beschenkten seine Bereicherung mindern. Die Verwaltung[495] wollte die Bereicherung des Beschenkten hier nach den Grundsätzen der gemischten Schenkung ermitteln, wobei der infolge der Schenkung nicht zu leistende Aufwendungsersatzanspruch nach § 951 Abs. 1 i. V. m. § 812 Abs. 1 BGB als Gegenleistung angesetzt werden sollte. Zu beachten ist aber insoweit, dass für denjenigen, der in der begründeten Erwartung künftigen Eigentumserwerbs auf einem fremden Grundstück Bauarbeiten durchführt, ein Vergütungsanspruch erst dann entsteht, wenn feststeht, dass die Eigentumsübertragung nicht eintritt.[496] In Übertragung der Grundsätze eines zur Nacherbschaft ergangenen BFH-Urteils[497] auf die Schenkung eines bebauten Grundstücks nach der Gebäudeerrichtung durch den Beschenkten geht die Verwaltung nunmehr davon aus, dass bei der Ermittlung der Bereicherung des Beschenkten der Grundbesitzwert des bebauten Grundstücks anzusetzen und um den Differenzbetrag zwischen diesem und dem Grundbesitzwert für das unbebaute Grundstück zu mindern ist.[498]

Den unterschiedlichen Lösungswegen konnte jedoch nur dann Bedeutung zukommen, wenn man – wie vor der Erbschaftsteuerreform der Fall – von einer Divergenz zwischen dem nach den Vorgaben des BewG ermittelten Wert und dem Verkehrswert ausgehen durfte und musste.

---

494 Vgl. die gleichlautenden Erlasse vom 16.03.2012, a. a. O., Tz. 1.2.2.
495 Siehe H 17 (1) ErbStH 2003; vgl. auch FG Rheinland-Pfalz vom 17.04.2003, DStRE 2003 S. 995; den Lösungsansatz aber bereits weitgehend ablehnend Hartmann, DStR 2001 S. 1545.
496 Siehe BGH, BGHZ 108 S. 256.
497 Siehe BFH vom 01.07.2008, BStBl 2008 II S. 876: „Die durch Baumaßnahmen des Nacherben zu Lebzeiten des Vorerben eingetretene Werterhöhung eines nachlasszugehörigen Grundstücks unterliegt nicht der Besteuerung, die Bereicherung des Nacherben mindert sich um den Betrag, um den die Baumaßnahmen den Grundbesitzwert erhöht haben".
498 Siehe FinMin Baden-Württemberg vom 31.07.2009, DStR 2009 S. 1808; vgl. auch H E 7.1 ErbStH 2011.

4.7 Schenkungen unter Lebenden – § 7 ErbStG

Beispiel:

Sohn S errichtete im Jahr 2008 auf dem Grundstück der Mutter (Grundbesitzwert: 50.000 €) ein Gebäude mit Herstellungskosten von 300.000 €. Nach Fertigstellung des Hauses ist eine Schenkung des bebauten Grundstücks von M an S geplant. Die Schenkung des bebauten Grundstücks erfolgte noch Ende des Jahres 2008 (Verkehrswert des bebauten Grundstücks 600.000 €; Grundbesitzwert: 300.000 €).

Die Bereicherung des S belief sich – vorgenannten Erlass des FinMin Baden-Württemberg zugrunde gelegt – auf 250.000 € (Differenz der beiden Grundbesitzwerte).

Unter Berücksichtigung der aufgegebenen früheren Verwaltungsauffassung hätte sich folgende Bereicherung ergeben:

$$\frac{300.000 \text{ €} \times (600.000 \text{ €} \div 300.000 \text{ €} =) 300.000 \text{ €}}{600.000 \text{ €}} = 150.000 \text{ €}$$

4.7.1.5 Vorweggenommene Erbfolge

Die steuerlichen Fragen, die mit der gemischten Schenkung bzw. Auflagenschenkung zusammenhängen, können auch bei den Ertragsteuern eine Rolle spielen; Stichwort: vorweggenommene Erbfolge.[499]

Unter vorweggenommener Erbfolge (vgl. § 593a BGB) sind dabei Vermögensübertragungen unter Lebenden mit Rücksicht auf die künftige Erbfolge zu verstehen. Der Begriff bezeichnet keinen selbständigen Vertragstyp, der als solcher die Grundlage für einen steuerpflichtigen Vorgang i. S. von § 1 ErbStG bilden könnte, sondern stellt nur den Versuch dar, den Zweckzusammenhang einer vertraglichen Übergaberegelung deutlich zu machen, die als Schenkung, gemischte Schenkung oder Schenkung unter (Leistungs-)Auflage einzuordnen ist und der Besteuerung nach § 7 Abs. 1 Nr. 1 oder 2 ErbStG unterliegt. Der Übernehmer soll nach dem Willen der Beteiligten wenigstens teilweise eine unentgeltliche Zuwendung erhalten.[500] Dass der Erwerber, der eine Leistung im Wege der vorweggenommenen Erbfolge erhält, damit zugleich seine Aussicht auf späteren Erwerb aus dem Nachlass schmälert, beeinflusst den Schenkungscharakter der Zuwendung nicht. Das auf vorweggenommene Erbfolge gerichtete Rechtsgeschäft – der Vermögensübergang tritt hier nicht kraft Gesetzes, sondern aufgrund einzelvertraglicher Regelungen ein – muss nach Auffassung des BFH[501] einem Erbschaftserwerb „materiell vergleichbar" sein, sollte daher auf eine endgültige Entäußerung der fortgegebenen Vermögenswerte aus der Sphäre des bisherigen Vermögensinhabers abzielen und keine Modalitäten eines Vermögensrückfalls enthalten.[502] Auf die ertragsteuerlichen Fragen im Zusammenhang mit vorweggenommener Erbfolge, bei denen es insbesondere darum geht,

---

499 Vgl. BFH vom 05.07.1990 GrS 4-6/89, BStBl 1990 II S. 847; zur Anwendung dieses Beschlusses s. auch BMF vom 13.01.1993, BStBl 1993 I S. 80, und vom 26.02.2007, BStBl 2007 I S. 269.
500 So: BFH vom 08.12.1993 II R 61/89, BFH/NV 1994 S. 373.
501 Siehe BFH vom 25.01.2001, BStBl 2001 II S. 414.
502 So Meincke, § 7 Rdnr. 3a.

inweit es sich bei derartigen Übertragungen um entgeltliche Veräußerungs- und Anschaffungsgeschäfte handelt, die dem Vermögensübernehmer nicht lediglich das Einrücken in die einkommensteuerliche Position seines Rechtsvorgängers ermöglichen, sondern in seiner Person originäre Anschaffungskosten entstehen lassen, die sich in Form von Absetzungen für Abnutzung einkünftemindernd auswirken können, kann im Rahmen dieses Lehrbuchs nicht ausführlich eingegangen werden. Hingewiesen sei lediglich darauf, dass die Kriterien, nach denen der Große Senat die ertragsteuerliche Thematik der vorweggenommenen Erbfolge behandelt, Parallelen, aber auch Unterschiede zur schenkungsteuerlichen Rechtsprechung des für diesen Bereich zuständigen BFH-Senats aufweisen.[503] Schenkungsteuerlich regelt sich der gesamte Fragenkomplex nach den zuvor dargestellten allgemeinen Grundsätzen.[504]

Beispiel:
Vater V überträgt im Wege der vorweggenommenen Erbfolge ein Mietwohngrundstück (Grundbesitzwert = Verkehrswert i. H. von 2.000.000 €; Ansatz nach § 13c Abs. 1 ErbStG i. H. von 90 %) auf sein Kind K1. Dieses verpflichtet sich, eine aus der Anschaffung resultierende, im Grundbuch abgesicherte Darlehensschuld i. H. von 200.000 € zu übernehmen und K2 (Bruder) ein Gleichstellungsgeld i. H. von 900.000 € zu zahlen.
Die Frage, ob und inwieweit es sich um eine gemischte Schenkung (200.000 €) oder um eine Schenkung unter Leistungsauflage (900.000 €) handelt, kann dahingestellt bleiben.
a) Schenkungsteuer für K1 (§ 7 Abs. 1 Nr. 1 ErbStG) unter entsprechender Anwendung von § 10 Abs. 1 Satz 2 i. V. m. Abs. 6 Satz 5 ErbStG zwecks Ermittlung der Bereicherung:
2.000.000 € abzgl. Befreiung nach § 13c ErbStG = 1.800.000 € erbschaftsteuerlicher Wert des Grundstücks, dieser vermindert um 90 % der Darlehensschuld und des Gleichstellungsgeldes von 1.100.000 € = 990.000 € = 810.000 €.
(810.000 € ∕ 400.000 € – § 16 Abs. 1 Nr. 2 ErbStG – =) 410.000 € × 15 % (§ 19 Abs. 1 ErbStG) = **61.500 € Steuer**
b) Schenkungsteuer für K2 (§ 7 Abs. 1 Nr. 1 ErbStG –):[505]
Schenker auch im Verhältnis zu K2 ist der V.[506]
(900.000 € ∕ 400.000 € – § 16 Abs. 1 Nr. 2 ErbStG – =) 500.000 € × 15 % (§ 19 Abs. 1 ErbStG) = **75.000 € Steuer**

4.7.1.6 Bereicherung beim Erwerb unter Widerrufs- bzw. Nießbrauchsvorbehalt

1) Steht eine (vollzogene) Schenkung unter freiem Widerrufsvorbehalt, so ist die Bereicherung gleichwohl bereits eingetreten, die Möglichkeit des späteren Wegfalls ist zunächst unbeachtlich. Eine bürgerlich-rechtlich vollzogene Schenkung – sofern

---

503 Siehe hierzu Pietsch, UVR 1991 S. 199; Meincke, § 7 Rdnr. 43 f.
504 Vgl. z. B. Felix, BB 1995 S. 2449; Noll, DStR 2003 S. 968.
505 So wohl auch BFH vom 22.10.1980, BStBl 1981 II S. 78, und FG Rheinland-Pfalz, EFG 1992 S. 469; a. A. wohl Gebel, UVR 1992 S. 179, der § 7 Abs. 1 Nr. 2 ErbStG anwenden will.
506 Siehe BFH vom 17.02.1993, BStBl 1993 II S. 523.

4.7 Schenkungen unter Lebenden – § 7 ErbStG

ernst gemeint, also kein Scheingeschäft gem. § 117 BGB – bringt die Schenkungsteuer mithin auch dann nach § 7 Abs. 1 Nr. 1 i. V. m. § 9 Abs. 1 Nr. 2 ErbStG zur Entstehung, wenn sie unter freiem Widerrufsvorbehalt steht.[507] Die gegenteilige, in der Zuwendung unter freiem Widerrufsvorbehalt keinen der Schenkungsteuer unterliegenden Vorgang sehende Auffassung[508] führt zu einem merkwürdigen Ergebnis, weil die Besteuerung einer freigebigen Zuwendung durch Vereinbarung eines bloßen Widerrufsvorbehalts ausgeschlossen werden könnte. Dass das Widerrufsrecht der Bereicherung nicht entgegensteht, zeigt sich z. B. bei einer Sachschenkung daran, dass es dem Beschenkten freisteht, über sein Eigentum zu verfügen.

Bei Schenkung einer Beteiligung an einer Personengesellschaft unter freiem Widerrufsvorbehalt – der Beschenkte wird ertragsteuerlich nicht Mitunternehmer – hat die Verwaltung die Anwendung des § 13a ErbStG a. F. abgelehnt;[509] die Verneinung des Erwerbs von Betriebsvermögen – Zuwendungsgegenstand ist ein Gesellschaftsanteil an einer vermögensverwaltenden Personengesellschaft – steht auch der Gewährung des Verschonungsabschlags gem. § 13a ErbStG i. d. F. des ErbStRG entgegen.[510]

2) Ebenso wie durch Vereinbarung eines Widerrufsvorbehalts werden die Merkmale einer freigebigen Zuwendung auch nicht schon dadurch ausgeschlossen, dass sich der Schenker bei der Eigentumsübertragung den Nießbrauch – und damit das wirtschaftliche Eigentum – an dem verschenkten Gegenstand vorbehält, auch nicht bei Kopplung mit einer Widerrufsklausel.[511] Erlischt der Nießbrauch beim Tod des Nießbrauchers oder zu dem sonst vorgesehenen Ereignis/Termin und geht damit nach dem rechtlichen auch das wirtschaftliche Eigentum auf den Bedachten über, so liegt darin keine erneute bereichernde Zuwendung unter Lebenden oder von Todes wegen. Mit dem Wegfall der dinglichen Belastung verwirklicht sich lediglich eine in früheren Zuwendung bereits angelegte Vervollständigung der Rechtsposition des Beschenkten, die noch zum Inhalt der früheren Zuwendung gehört. Verzichtet aber der Nießbraucher vorzeitig unentgeltlich auf sein Recht, so erfüllt dies die Merkmale der freigebigen Zuwendung, weil der Nießbraucher mit dem vorzeitigen Erlöschen seines Rechts dem Eigentümer eine Bereicherung vermittelt, die in

---

507 Siehe BFH vom 13.09.1989, BStBl 1989 II S. 1034, und vom 28.06.2007, BStBl 2007 II S. 669 den Fall betreffend, dass dem Schenker eine unwiderrufliche Vollmacht zur dinglichen Rückübertragung des zugewendeten Gegenstands eingeräumt war.
508 Siehe Knobbe-Keuk, Festschrift Flume II – 1978 – S. 149, 155; in diese Richtung auch noch tendierend BFH vom 28.11.1984, BStBl 1985 II S. 159; FG Rheinland-Pfalz, EFG 1986 S. 456.
509 Siehe H 51 (1) ErbStH 2003; vgl. auch BFH vom 25.01.2001, BStBl 2001 II S. 414; a. A. Ebeling, DB 1999 S. 611.
510 Vgl. H E 13b.5 ErbStH 2011.
511 Siehe BFH vom 22.09.1982, BStBl 1983 II S. 179; vgl. hierzu auch FinMin Bayern vom 11.10.1995, BB 1995 S. 2254 mit Anmerkung von Söffing; Spiegelberger, DStR 1995 S. 1702; Moench/Kien-Hümbert/Weinmann, § 9 Rdnr. 34; nur zur zivilrechtlichen Sicht s. Weser, ZEV 1995 S. 353; zur Versagung der Steuerbegünstigung nach § 13a ErbStG a. F. bei Schenkung einer Gesellschaftsbeteiligung unter Nießbrauchsvorbehalt vgl. BFH vom 10.12.2008 II R 32/07, BFH/NV 2009 S. 774.

4 Steuerpflicht

dessen Rechtsposition in dieser Form nicht angelegt war.[512] Ein selbständiges Bereicherungsobjekt können auch die dem Nießbraucher zustehenden Nutzungen bilden, z. B. bei Zuwendung der dem Vorbehaltsnießbraucher gebührenden Nutzungen an den Eigentümer oder Rechtsinhaber unter Lebenden.[513]

4.7.1.7 Bereicherung im Fall eines Rechtsanspruchs

Eine Bereicherung liegt dann nicht vor, wenn der Bedachte durch die Zuwendung nur das erhält, worauf er einen Rechtsanspruch hat, weil in diesem Fall keine **Vermögensmehrung** – sondern nur eine **Vermögensumschichtung** – eintritt.

So führen z. B. Zuwendungen aufgrund gesetzlicher Unterhaltsverpflichtung gem. §§ 1360, 1361, 1569 ff. und 1601 ff. BGB nicht zu einer Bereicherung, soweit lediglich der angemessene Unterhalt gewährt wird.[514] Was über den angemessenen Unterhalt hinaus gewährt wird, führt aber zu einer Bereicherung und unterliegt grundsätzlich der Schenkungsteuer.[515] Unterhaltszuwendungen, die ohne rechtliche Verpflichtung gegeben werden, unterliegen ebenfalls der Schenkungsteuer. Die Frage ihrer Steuerfreiheit beantwortet sich danach, ob sie zum Zwecke des angemessenen Unterhalts erfolgen oder nicht (§ 13 Abs. 1 Nr. 12 ErbStG).

Zuschüsse/Subventionen aus öffentlichen Kassen unterliegen hingegen – mangels Freigebigkeit – nicht der Schenkungsteuer; die öffentliche Hand handelt in Erfüllung ihr obliegender Aufgaben.

Von einem (objektiv) unentgeltlichen Vorgang und damit (objektiv) einer Bereicherung ist dagegen auszugehen, wenn Wirtschaftsgüter zur Abgeltung eines rechtsgeschäftlich begründeten Anspruchs, mit dem bei fortbestehender Zugewinngemeinschaft der sich bis dahin ergebende Zugewinn ausgeglichen werden soll, übertragen werden, weil der leistende Ehegatte/Lebenspartner mangels Beendigung des gesetzlichen Güterstands rechtlich nicht zum Ausgleich eines Zugewinns verpflichtet ist.[516]

4.7.1.8 Bereicherung im Zusammenhang mit Kapitalgesellschaften

Die Frage nach dem Vorliegen einer Schenkungsteuer auslösenden Bereicherung, auch die Frage nach deren Höhe und die Frage, zwischen welchen Personen ein Zuwendungsverhältnis besteht, kann sich bei Beteiligung von Kapitalgesellschaften in diversen Situationen stellen, u. a.

---

512 Siehe BFH vom 17.03.2004, BStBl 2004 II S. 429.
513 Siehe BFH vom 12.04.1989 II R 46/86, BFH/NV 1990 S. 373.
514 Siehe H E 7.2 ErbStH 2011.
515 Siehe RFH, RStBl 1933 S. 796, 1089; vgl. aber § 1360b BGB – Vorschrift, die auch nach § 1361 Abs. 4 Satz 4 BGB bei getrennt lebenden Ehegatten gilt, erweitert den Unterhaltsbegriff auf Leistungen, die zwar das geschuldete Maß übersteigen, sich aber ihrem Charakter nach als Beitrag zum Familienunterhalt darstellen; freigebige Mehrleistung keine Schenkung.
516 Siehe BFH vom 28.06.2007, BStBl 2007 II S. 785; zur Zugewinnausgleichsforderung, auf die ein Rechtsanspruch besteht, vgl. § 5 ErbStG – hierzu unter 4.5.

4.7 Schenkungen unter Lebenden – § 7 ErbStG

- bei der Neugründung sowie bei einer Kapitalerhöhung,
- bei einem Ausscheiden aus der Gesellschaft,
- bei einer Leistung an die Gesellschaft durch Gesellschafter oder gesellschaftsfremde Dritte,
- bei einer Zuwendung der Kapitalgesellschaft an Gesellschafter oder an diesen nahestehende Personen,
- bei Verschmelzungen von Kapitalgesellschaften und bei Leistungen zwischen Kapitalgesellschaften.[517]

1) Neugründung (mit Vergleich zu Personengesellschaften) und Kapitalerhöhung
Die **Einlagen** von Gesellschaftern in das Vermögen einer Kapitalgesellschaft anlässlich deren Neugründung erfolgen **regelmäßig** im **Verhältnis** der **Beteiligungen** zueinander. Damit wird eine **gleichmäßige Teilhabe** der **Gesellschafter** am **Vermögen** der **Gesellschaft** und ihrer wirtschaftlichen Entwicklung entsprechend der Höhe der einzelnen Beteiligungen erreicht. Zivilrechtlich handelt es sich bei **kongruenten** Einlagen – solche werden es im Regelfall bei Gesellschaftern sein, die zueinander nicht in einem Angehörigen- oder vergleichbaren Näheverhältnis stehen – um im Gesellschaftsverhältnis begründete, im Stamm- oder Grundkapital oder in der Kapitalrücklage gem. § 272 Abs. 2 Nr. 4 HGB zu erfassende Zuwendungen der Gesellschafter an die Gesellschaft. Ohne Bedeutung ist, ob die Zuwendung ursprünglich im Gesellschaftsvertrag oder durch Änderung desselben vereinbart ist. Im unmittelbaren Verhältnis zwischen Gesellschaftern und Gesellschaft erfolgt die Leistung im Hinblick auf die Förderung des Gesellschaftszwecks, was der Zuwendung zivilrechtlich den Charakter eines unentgeltlichen Geschäfts nimmt, die §§ 516 ff. BGB mithin nicht zur Anwendung kommen.[518]

Beispiel:
A und B gründen eine GmbH und übernehmen jeweils einen Geschäftsanteil i. H. von 50.000 €. Die im Gesellschaftsvertrag vereinbarten Einlagen werden bar oder mittels angemessener Sacheinlagen erbracht.
Schenkungsteuerrechtliche Folgen lösen die Einlagen, die bei Einzahlung auf das Nennkapital im Stammkapital der Gesellschaft oder, soweit sie nicht in das Nennkapital erfolgen, im steuerlichen Einlagekonto gem. § 27 Abs. 1 Satz 1 KStG erfasst werden und die auf der Ebene der Gesellschafter zu Anschaffungskosten auf die

---

517 Ausführlich zur Thematik der „Schenkungen unter Beteiligung von Kapitalgesellschaften" die gleichlautenden Erlasse der obersten Finanzbehörden der Länder vom 20.10.2010, BStBl 2010 I S. 1207, sowie die auch die durch das BeitrRLUmsG vom 07.12.2011, BStBl 2011 I S. 2592, eingefügten § 7 Abs. 8 und § 15 Abs. 4 ErbStG berücksichtigenden Erlasse vom 14.03.2012, BStBl 2012 I S. 331; aus dem Schrifttum siehe u. a. Wälzholz, GmbH-StB 2011 S. 340; Birnbaum, DStR 2011 S. 252; Binnewies, GmbHR 2011 S. 1022; Schulte/Sedemund, BB 2011 S. 2080; Neufang/Merz, BB 2011 S. 2397; Christ, JbFSt 2011/2012 S. 712; van Lishaut/Ebber/Schmitz, Ubg 2012 S. 1, und Crezelius, Ubg 2012 S. 190 jeweils mit ausführlicher Erörterung der Querbeziehungen zum Ertragsteuerrecht; Höne, UVR 2012 S. 10; Milatz/Herbst, ZEV 2012 S. 21; Korezkij, DStR 2012 S. 163; Potsch/Urbach, KÖSDI 2012 S. 17747; Fischer, ZEV 2012 S. 77; Hartmann, ErbStB 2012 S. 84.
518 Vgl. Groh, DStR 1999 S. 1050 m. w. N.

Beteiligung führen, nicht aus. Die Gesellschafter erfüllen mit ihren Einlagen eine Rechtspflicht gegenüber der Gesellschaft und erhalten im Gegenzug Geschäftsanteile. Weder im Verhältnis zur Gesellschaft noch zwischen den Gesellschaftern ist es zu einer freigebigen Vermögensverschiebung gekommen.

a) Erbringt aber ein Gesellschafter bei Gründung einer GmbH seine **Stammeinlage, ohne** dafür eine **gleichwertige Kapitalbeteiligung** zu erhalten, bspw. bei Einbringung eines Einzelunternehmens in die Gesellschaft zu Buchwerten, ohne dass der Mitgesellschafter ein an den stillen Reserven des Einzelunternehmens orientiertes Aufgeld zahlen muss, erhält dieser seinen Geschäftsanteil mit dem gemeinen Wert nach der Unternehmenseinbringung in die Gesellschaft vom einbringenden Gesellschafter geschenkt. Die von dem **Mitgesellschafter** als **Beschenktem geleistete Einlage** stellt **Erwerbsaufwand** i. S. des § 1 Abs. 2 i. V. m. § 10 Abs. 5 Nr. 3 ErbStG dar und ist von dem gemeinen Wert des gewährten Anteils abzuziehen.[519]

Übernimmt ein Gesellschafter eine Einlageverpflichtung eines Mitgesellschafters, ist dieser in Höhe des gemeinen Werts der Einlageverpflichtung bereichert mit der Folge, dass dieser Vorgang bei Vorliegen des – regelmäßig gegebenen – Willens zur Unentgeltlichkeit als subjektives Erfordernis der freigebigen Zuwendung[520] der Schenkungsteuer unterliegt.

Wird demgegenüber im Zuge der **Gründung** einer aus zwei Gesellschaftern bestehenden KG dem **Kommanditisten** eine **Beteiligung** eingeräumt, deren Wert seine **Einlage übersteigt,** liegt darin eine **gemischte Schenkung** durch den **persönlich haftenden Gesellschafter** mit der **Gegenleistung** in Höhe des auf diesen entfallenden **Anteils** an der **Einlage** des **Kommanditisten.** Denn hier tritt eine Bereicherung unmittelbar in seinem Vermögen in Höhe des auf ihn entfallenden Anteils an der Kommanditisteneinlage ein, weil anders als bei einer Kapitalgesellschaft, der das Gesellschaftsvermögen zuzurechnen ist, bei einer Personengesellschaft die einzelnen Gesellschafter Inhaber des gesamthänderisch gebundenen Vermögens sind.[521] Anzumerken ist in diesem Zusammenhang, dass diese rechtsformbedingte Unterscheidung – einerseits keine gemischte Schenkung, sondern Erwerbsaufwand, weil Einlage in das Vermögen der Kapitalgesellschaft gelangt, andererseits gemischte Schenkung, weil Einlage sich unmittelbar im Gesamthandsvermögen der Gesellschafter niederschlägt – seine schenkungsteuerrechtliche Relevanz durch die ErbSt-Reform weitgehend eingebüßt hat. War nämlich früher bei gemischter Schenkung die Bereicherung anhand einer Verhältnisrechnung zu ermitteln – der im Verhältnis

---

519 Vgl. BFH vom 12.07.2005, BStBl 2005 II S. 845, wonach bei zweistufiger Vorgehensweise der Beteiligten, Bargründung und Sachkapitalerhöhung am selben Tag, die Vereinbarungen ein einheitliches Rechtsgeschäft – Gesamtplan – bilden und der Schenkung nicht entgegensteht, dass der Mitgesellschafter den Anteil mit Eintragung der GmbH in das Handelsregister originär erwirbt; siehe hierzu auch die Anmerkungen von Viskorf, Information StW 2005 S. 848; Slabon, ErbBStG 2005 S. 276; Hartmann, ErbStB 2006 S. 5; Wälzholz, MittBayNot 2006 S. 274.
520 Siehe hierzu unter 4.7.1.11.
521 Vgl. BFH vom 30.05.2001 II R 6/98, BFH/NV 2002 S. 26 – hierzu auch Albrecht, HFR 2002 S. 130; Gebel, DStR 2003 S. 622; Bauer, StJB 2003/2004 S. 101.

4.7 Schenkungen unter Lebenden – § 7 ErbStG

des Verkehrswerts der Leistung zum Verkehrswert der Gegenleistung sich ergebende Teil des Steuerwerts der Leistung –,[522] so hat das ErbStRG vom 24.12.2008 mit dem dem Verkehrswert entsprechenden gemeinen Wert als Bewertungsmaßstab dazu geführt, dass die Bereicherung ermittelt wird, indem von dem nach § 12 ErbStG zu ermittelnden Steuerwert der Leistung des Schenkers die Gegenleistung des Beschenkten mit ihrem nach § 12 ErbStG ermittelten Wert abgezogen wird.[523]

Wird im Zuge der Gründung einer OHG jemand ohne Verpflichtung zur Leistung eigenen Vermögens als Teilhaber aufgenommen, so wächst ihm zwar eine Beteiligung am Gesellschaftsvermögen zu, er wird aber auch mit der persönlichen Haftung für die Gesellschaftsschulden belastet (§ 128 HGB). Gleiches gilt für den Komplementär einer KG. Während der RFH[524] das Haftungsrisiko durch die Gewinnbeteiligung als abgegolten ansah, sodass eine Bereicherung in Höhe des Betrages vorliegen sollte, den der Gesellschafter bei einer gleich nach dem Beitritt vollzogenen Auflösung der Gesellschaft aus dem Gesellschaftsvermögen zu beanspruchen hätte, hat der BFH[525] zwischen der Aufnahme in eine Gesellschaft, durch die für den Beitretenden die gesellschaftsrechtlichen Pflichten und Risiken begründet werden, und der Übertragung des Kapitalanteils an den bereits aufgenommenen Gesellschafter, die ohne Gegenleistung erfolgt und daher zu einer Bereicherung führt, unterschieden.[526] Dass der Gesetzgeber unzweifelhaft von der Möglichkeit der Schenkung einer OHG-Beteiligung ausgegangen ist, zeigt § 7 Abs. 5 ErbStG, eine gerade auch für OHG-Anteile aufgenommene Bestimmung.[527]

b) Erwirbt ein **Gesellschafter** im Rahmen einer **Kapitalerhöhung neue Anteile** an einer Kapitalgesellschaft gegen eine nach Maßgabe der Wertverhältnisse zu **geringe Einlage** und ohne weitere Verpflichtungen eingehen zu müssen, ist er mit der Handelsregistereintragung auf **Kosten** der **Altgesellschafter bereichert,** wobei seine **Einlage Erwerbsaufwand** darstellt und von dem gemeinen Wert der gewährten Anteile abzuziehen ist.[528]

---

522 Vgl. BFH vom 14.07.1982, BStBl 1982 II S. 714; siehe insoweit auch unter 4.7.1.3.
523 Siehe R E 7.4 Abs. 1 Satz 2 ErbStR 2011.
524 Siehe RFH, RStBl 1941 S. 854.
525 Siehe BFH, HFR 1964 S. 120; vergleichbar auch BFH vom 01.01.1992, BStBl 1992 II S. 923, und vom 14.12.1995, BStBl 1996 II S. 546.
526 Gegen eine grundsätzliche, sondern für eine an den Umständen des Einzelfalls ausgerichtete Entscheidung der Bereicherungsfrage vgl. Meincke, § 7 Rdnr. 71: „Bei einer mit geringem Vermögen ausgestatteten, arbeits- und haftungsintensiven OHG kann die Geschäftsführungspflicht und das Haftungsrisiko die Bereicherung ausschließen, in anderen Fällen kann es dagegen trotz Geschäftsführungspflicht und Haftungsrisiko an einer Bereicherung fehlen. Doch wird auch in diesen Fällen nur eine gemischte freigebige Zuwendung vorliegen, bei der der Wille zur freigebigen Zuwendung angesichts einer unbeschränkten Haftung, der Tragung des Verlustrisikos sowie der Verpflichtung zur betrieblichen Tätigkeit des Beschenkten einer besonders vorsichtigen Prüfung bedarf".
527 Siehe Meincke, a. a. O.
528 Vgl. BFH vom 20.12.2000, BStBl 2001 II S. 454; siehe hierzu Binnewies, GmbHR 2001 S. 634; Hucke, BB 2001 S. 1932; Albrecht, ZEV 2001 S. 375; ebenso BFH vom 30.05.2001 II R 6/98, BFH/NV 2002 S. 26.

4 Steuerpflicht

Beispiel:
S und M sind Gesellschafter der S-GmbH mit einem Geschäftsanteil jeweils i. H. von 25.000 € (nominal). Sie beschließen eine Kapitalerhöhung von 200.000 € und lassen ihre beiden Ehefrauen zur Übernahme der neuen Geschäftsanteile gegen eine Einlage von jeweils 50.000 € zu. Zum Besteuerungszeitpunkt haben die Anteile einen gemeinen Wert von 2.000 € je 100 € des Stammkapitals.

Die auf Kosten der Altgesellschafter, deren Geschäftsanteil als Folge der Entstehung neuer Anteile eine geringere quotale Beteiligung vermittelt und eine Wertminderung dadurch erfährt, dass die neuen Geschäftsanteile proportional am bisherigen Vermögen der GmbH teilhaben, ohne dass dies durch deren ebenfalls proportionalen Anteil an dem eingezahlten frischen Kapital der GmbH ausgeglichen wird, erfolgte Bereicherung der Ehefrauen von S und M beläuft sich jeweils auf: Geschäftsanteil i. H. von 100.000 € : 100 × 2.000 € = 2.000.000 €; 2.000.000 € − 50.000 € Einlage = **1.950.000 €**.[529]

Die von den Geschäftsanteilen der Altgesellschafter abgespaltenen und auf deren Ehefrauen übergegangenen Vermögensteile können zwar nicht als solche Gegenstand eines zivilrechtlichen Übertragungsgeschäfts sein. Die Vorschriften des GmbHG über die Kapitalerhöhung – insoweit mehrstufiges Verfahren gem. §§ 55 ff. GmbHG – bewirken aber einen derartigen Vermögensübergang. Nach außen gegenüber den Neugesellschaftern tritt dabei nur die GmbH auf, und zwar beim Abschluss des Übernahmevertrages, durch den für die Neugesellschafter die Verpflichtung zur Leistung der übernommenen Einlagen und für die Gesellschaft die Verpflichtung zur Herbeiführung der Handelsregistereintragung der Kapitalerhöhung begründet wird. Soweit die Gesellschaft damit über Vermögen disponiert, betrifft dies nicht ihr eigenes Vermögen, sondern das der Altgesellschafter. Hierzu ist sie von diesen durch den Zulassungsbeschluss ermächtigt, der als Teilschritt des mehrstufigen Verfahrens dem Abschluss des Übernahmevertrages vorauszugehen hat. Durch den Zulassungsbeschluss haben die Altgesellschafter zum einen ihren Willen zum Ausdruck gebracht, dass die Ehefrauen als Neugesellschafter Empfänger der bei ihren Geschäftsanteilen abgespaltenen Vermögensteile werden sollen, zum anderen die Gesellschaft befugt, diesen Willen mittels Übernahmevertrages zu ihren Lasten umzusetzen. Damit beruht die Bereicherung der Ehefrauen auf einer – freigebigen – Zuwendung von S und M. Auch der Wille zur Unentgeltlichkeit ist erfüllt, weil die Altgesellschafter wussten, dass die Geschäftsanteile der Ehefrauen an der GmbH einen über die Einlagen hinausgehenden Wert hatten und sie zu den Vermögensübertragungen nicht verpflichtet waren. Unerheblich ist, welche konkreten Motive insoweit ausschlaggebend waren.

Erwirbt dagegen ein Gesellschafter im Rahmen einer **Kapitalerhöhung neue Anteile** gegen eine den **Wert** der **Anteile übersteigende Einlage,** kommt eine Steuerbarkeit gem. **§ 7 Abs. 8 Satz 1 ErbStG** in Betracht. Für Erwerbe, für die die Steuer vor dem 14.12.2011 entstanden war, findet gem. § 37 Abs. 7 Satz 1 ErbStG diese mit dem BeitrRLUmsG vom 07.12.2011 eingeführte, eine Schenkung zwischen dem an die Kapitalgesellschaft Leistenden und dem bzw. den anderen Gesellschafter(n), deren Anteile durch die Leistung im gemeinen Wert steigen, fingierenden Regelung

---

[529] Zur Ausführung der Zuwendung i. S. des § 9 Abs. 1 Nr. 2 ErbStG bei Schenkung eines im Zuge der Kapitalerhöhung neu entstehenden Geschäftsanteils siehe BFH vom 20.01.2010, BStBl 2010 II S. 463 m. w. N. – „nicht im Zeitpunkt der Beantragung, sondern erst mit Handelsregistereintragung der Kapitalerhöhung" –.

386

4.7 Schenkungen unter Lebenden – § 7 ErbStG

keine Anwendung. Eine steuerbare Zuwendung i. S. des § 7 Abs. 1 Nr. 1 ErbStG an den/die Mitgesellschafter war regelmäßig nicht anzunehmen.[530] Bei wirtschaftlicher Betrachtung wird deutlich, dass beide Sachverhalte – neue Anteile gegen zu niedrige bzw. überhöhte Einlage – eine unentgeltliche Vermögensverschiebung zwischen den Gesellschaftern bewirken. Der Unterschied besteht lediglich formal darin, dass im Neugründungsfall wie auch bei der Ausgabe von überproportional vielen Anteilen im Rahmen einer Kapitalerhöhung nicht nur eine Werterhöhung von Anteilen bewirkt wird, sondern tatsächlich ein Übergang von „Substanz" vorliegt.[531]

c) Erfolgt eine **Kapitalerhöhung** aus **Gesellschaftsmitteln,** erwerben die Gesellschafter die neuen Anteile gem. § 57j GmbHG, § 212 AktG zwingend im Verhältnis ihrer bisherigen Geschäftsanteile bzw. ihrer Anteile am bisherigen Grundkapital. Der **„Verzicht"** eines **Gesellschafters** auf dieses **Bezugsrecht** führt zu einer Bereicherung der anderen Gesellschafter – Zuwendung i. S. des § 7 Abs. 1 Nr. 1 ErbStG der neu entstandenen Anteile an der Gesellschaft –.

Nimmt an einer **Kapitalerhöhung** gegen **Einlage** ein Gesellschafter nicht in vollem Umfang des ihm zustehenden Bezugsrechts teil und lässt er dieses **Bezugsrecht** insoweit **verfallen,** kann in diesem Verzicht eine steuerbare Zuwendung i. S. des § 7 Abs. 1 Nr. 1 ErbStG an den an der Kapitalerhöhung Teilnehmenden zu sehen sein, wenn diesem durch die Kapitalerhöhung eine Wertsteigerung zufließt, die den Wert einer von ihm zu erbringenden Einlage übersteigt – Kapitalerhöhung gegen zu geringes Aufgeld –.

2) Ausscheiden aus der Kapitalgesellschaft

Scheidet ein Gesellschafter aus einer Kapitalgesellschaft aus, kann es zum Übergang seines Anteils auf die anderen Gesellschafter oder die Gesellschaft kommen. Die dem **Ausscheidenden** beim **Anteilsübergang** auf die **Gesellschaft** zustehende **Abfindungsleistung** kann

- dem **gemeinen Wert** des **Anteils entsprechen (keine** schenkungsteuerrechtlichen **Konsequenzen** mangels Bereicherung weder auf Seiten des Ausscheidenden noch auf Seiten der eigene Anteile erwerbenden Gesellschaft),

- **niedriger** als der **gemeine Wert** des **Anteils** sein (nach § 7 Abs. 7 Satz 1 ErbStG steuerpflichtige Bereicherung der Gesellschaft; siehe hierzu auch unter 4.7.12),
  Beispiel:[532]
  A und sein Sohn sind Gesellschafter einer GmbH. Beide halten jeweils einen Geschäftsanteil i. H. von 50.000 € (nominal). Im Gesellschaftsvermögen sind erhebliche stille Reserven gebunden. A veräußert seinen Anteil an die GmbH zum Nennwert.

---
530 Vgl. BFH vom 09.12.2009, BStBl 2010 II S. 566.
531 So Birnbaum, DStR 2011 S. 252.
532 Vgl. gleichlautende Ländererlasse vom 14.03.2012, BStBl 2012 I S. 331, Tz. 2.4.

4 Steuerpflicht

Die Besteuerung richtet sich nach dem Steuerwert des übertragenen Anteils abzgl. der Abfindungsleistung.

- **höher** als der **gemeine Wert** des **Anteils** sein (Bereicherung des Ausgeschiedenen in Höhe der Differenz und damit freigebige Zuwendung gem. § **7 Abs. 1 Nr. 1 ErbStG** der Gesellschaft).

Bei einer den Anteilswert übersteigenden Abfindungsleistung – Schenkung von der Kapitalgesellschaft ist gem. § 37 Abs. 7 Satz 1 ErbStG auf Erwerbe, für die die Steuer nach dem 13.12.2011 entstanden ist, § **15 Abs. 4 ErbStG** anzuwenden.[533] Diese ebenfalls mit dem BeitrRLUmsG vom 07.12.2011 eingeführte Vorschrift regelt „lediglich" die **Rechtsfolgen** der **Schenkung**. Die Kapitalgesellschaft bleibt Zuwendende, sodass sich hinsichtlich der persönlichen Steuerpflicht (§ 2 ErbStG) und der Steuerschuldnerschaft (§ 20 ErbStG) keine Veränderungen ergeben. Ohne diese Regelung, also für Steuerentstehungszeitpunkt vor dem 14.12.2011, fiele der Erwerber im Verhältnis zur Kapitalgesellschaft in die Steuerklasse III. Als Folge der in § 15 Abs. 4 Satz 1 ErbStG angeordneten Zuordnung der Schenkung zu dem diese veranlassenden Gesellschafter wird vielfach, wenn nicht sogar regelmäßig die Steuerklasse I mit dem Vorteil eines erheblich höheren Freibetrages und eines moderaten Steuersatzes zur Anwendung kommen.

3) Offene und verdeckte Einlagen

Über Leistungsbeziehungen mit einer Kapitalgesellschaft können Vermögensverschiebungen zwischen den Gesellschaftern bewirkt werden. Auch Leistungen gesellschaftsfremder Dritter an die Kapitalgesellschaft können schenkungsteuerrechtlich relevant sein. Dies betrifft u. a. die Konstellation der sog. **disquotalen Einlage,** weil sich der **Wert** der **Gesellschaft** insgesamt **erhöht,** wenn ein Gesellschafter der Gesellschaft einen einlagefähigen Vermögensvorteil zuwendet. Die Werterhöhung kommt nicht nur dem Einlegenden, sondern auch den übrigen Gesellschaftern zugute, deren Anteile ebenfalls im Wert steigen. Die **Einlage** kann **offen,** z. B. durch Zahlung eines Geldbetrages in die Kapitalrücklage, ohne eine Gegenleistung zu erhalten, oder verdeckt erfolgen, z. B. durch Abschluss eines Austauschvertrages, bei dem ein Missverhältnis der gegenseitigen Leistungspflichten besteht. Eine entsprechende Situation ergibt sich auch bei Leistungen eines Nichtgesellschafters, wenn diesen keine oder nur eine unterwertige Gegenleistung gegenübersteht – Erhöhung des Gesellschaftsvermögens und damit Steigerung des Werts der Anteile aller Gesellschafter –. Mit der **Werterhöhung** von **Anteilen** an einer Kapitalgesellschaft, die eine an der Gesellschaft unmittelbar oder mittelbar beteiligte natürliche Person (oder Stiftung) durch die Leistung einer anderen Person an die Gesellschaft erlangt, beschäftigt sich § **7 Abs. 8 Satz 1 ErbStG**.[534]

---

533 Siehe hierzu auch unter 6.2.6.

534 Ausführlich hierzu, auch zum Hintergrund der Einführung der Vorschrift durch das BeitrRLUmsG und zum Verhältnis zu § 7 Abs. 1 Nr. 1 ErbStG, unter 4.7.13.

4.7 Schenkungen unter Lebenden – § 7 ErbStG

4) Zuwendungen von Kapitalgesellschaften

Bei Kapitalgesellschaften sind **Leistungen** aus dem **Gesellschaftsvermögen** an **Gesellschafter,** soweit es sich nicht um Kapitalrückzahlungen handelt, im Regelfall **offene** oder **verdeckte Gewinnausschüttungen.**[535]

Bei Ersteren kann es zur Schenkungsteuerbarkeit kommen, wenn ein Gesellschafter zugunsten eines Mitgesellschafters oder eines Dritten auf einen bereits **entstandenen Gewinnanspruch verzichtet.** Es liegt regelmäßig, also wenn eine zivilrechtliche Causa fehlt, eine freigebige Zuwendung i. S. des § 7 Abs. 1 Nr. 1 ErbStG im Verhältnis des Verzichtenden zum Mitgesellschafter/Dritten vor, denn mit der Beschlussfassung entsteht in der Person des Gesellschafters ein seinem Vermögen zuzurechnender Anspruch – Situation schenkungsteuerrechtlich nicht anders, als hätte ein Gesellschafter den an ihn laut Gewinnverwendungsbeschluss ausgeschütteten Gewinnanteil an einen Mitgesellschafter/Dritten weiterüberwiesen –. Entsprechend kann auch die Situation einer nicht leistungsbezogen bestimmten disquotalen Gewinnausschüttung zu behandeln sein.[536]

Eine **verdeckte Gewinnausschüttung** (vGA), die dadurch gekennzeichnet ist, dass die Kapitalgesellschaft ihrem Gesellschafter außerhalb des gesellschaftsrechtlich wirksamen Gewinnverwendungsbeschlusses einen Vermögensvorteil zuwendet und diese Zuwendung ihren Anlass oder zumindest ihre Mitveranlassung im Gesellschaftsverhältnis hat – zu **bejahen,** wenn ein **ordentlicher** und **gewissenhafter Geschäftsführer** den **Vorteil** einem **Nichtgesellschafter nicht zugewendet hätte** –, kann auch ohne **tatsächlichen Zufluss** beim **Gesellschafter** gegeben sein. Dies ist der Fall, wenn der Vorteil dem Gesellschafter mittelbar in der Weise zugewendet wird, dass eine ihm nahestehende Person aus der Vermögensverlagerung Nutzen zieht, wobei es ohne Bedeutung ist, ob auch der Gesellschafter selbst ein vermögenswertes Interesse an der Zuwendung hat, soweit andere Ursachen für die Zuwendung als das Nahestehen des Empfängers zu dem Gesellschafter auszuschließen sind.[537] Liegt ertragsteuerlich eine vGA vor, ist die Zuwendung zu Lasten der Kapitalgesellschaft regelmäßig so zu beurteilen, als hätte der Gesellschafter den Vorteil erhalten – Fiktion des Zuflusses der Leistung und damit Zurechnung als Einnahme – und diesen an die nahestehende Person weitergegeben – einkommensteuerrechtlich unbeachtliche Einkommensverwendung –.[538]

Bei einer vGA stellt sich neben ertragsteuerlichen Auswirkungen die Frage, ob sich schenkungsteuerrechtliche Konsequenzen ergeben.

---

535 Zur ertragsteuerlichen Behandlung vgl. Weber-Grellet in L. Schmidt, 30. Aufl., § 20 EStG Rdnr. 41.
536 Vgl. hierzu die gleichlautenden Ländererlasse vom 14.03.2012, a. a. O., Tz. 2.6.4.
537 Siehe BFH vom 19.06.2007, BStBl 2007 II S. 830 m. w. N.
538 Vgl. BFH vom 22.02.2005 VIII R 24/03, BFH/NV 2005 S. 1266, und vom 06.12.2005 VIII R 70/04, BFH/NV 2006 S. 722; zur Situation einer vGA i. S. des § 8 Abs. 3 Satz 2 KStG auf der Ebene der Gesellschaft, aber ohne dass die Zurechnung einer Einnahme nach § 20 Abs. 1 Nr. 1 Satz 2 EStG beim Gesellschafter in Betracht kommt, vgl. BFH vom 19.06.2007, BStBl 2007 II S. 830.

4 Steuerpflicht

a) Zuwendungen an nahestehende Personen

Dass die vGA einer Kapitalgesellschaft an eine ihrem Gesellschafter nahestehende Person[539] der Schenkungsteuer unterliegt, wird zumindest von Seiten der Finanzverwaltung nicht in Zweifel gezogen, eine Auffassung, die auch den Gesetzgeber zur Ergänzung des § 15 ErbStG um den Absatz 4 durch das BeitrRLUmsG vom 07.12.2011 veranlasst hat.

Beispiele:
a) S ist Alleingesellschafter und Geschäftsführer der S-GmbH, bei der seine Ehefrau halbtags als Assistentin der Leiterin der Personalabteilung beschäftigt ist. Für ihre Tätigkeit erhält sie von der GmbH ein Gehalt, das deutlich über dem der vollzeit beschäftigten Personalchefin liegt.

b) V ist der Vater des an der S&Y-GmbH eine Beteiligung von 60 % haltenden S. Die GmbH übernimmt für den V – dieser hat außer der Verwandtschaft zum Mehrheitsgesellschafter und Geschäftsführer keine „Beziehung" zur Gesellschaft, ist auch nicht für diese tätig – Mietzahlungen und Renovierungskosten für die von diesem genutzte Wohnung und behandelt die Zahlungen als Betriebsausgaben.

aa) Zu klären ist, ob von einer freigebigen Zuwendung i. S. des § 7 Abs. 1 Nr. 1 ErbStG im Verhältnis des Gesellschafters S oder der GmbH zu der Ehefrau bzw. zu dem V als nahestehenden Person auszugehen ist.

Die Rechtsprechung[540] sieht die auf einer wirtschaftlichen Betrachtungsweise in Form einer Fiktion beruhende ertragsteuerliche Betrachtungsweise für die freigebige Zuwendung nicht als übertragbar an und **verneint** im Hinblick auf die **Maßgeblichkeit der Zivilrechtslage** eine freigebige **Zuwendung des Gesellschafters** an die **nahestehende Person** – im Gegensatz hierzu die früher von der Verwaltung in R 18 Abs. 8 ErbStR 2003 vertretene Auffassung –. Eine Bereicherung der nahestehenden Person auf Kosten des Gesellschafters könne auch nicht damit begründet werden, dass sich durch die Gewährung des Vermögensvorteils der Wert seines Geschäftsanteils vermindert habe, denn diese Wertminderung sei eine bloße Folge der Verringerung des Gesellschaftsvermögens und daher schenkungsteuerrechtlich unbeachtlich – Folge: keine Schenkungsteuerpflicht im Verhältnis des S als Zuwendender zu seiner Ehefrau bzw. seinem Vater als Zuwendungsempfänger(in) durch die Zahlung des überhöhten Gehalts bzw. der Miete und der Renovierungskosten für die Wohnung –. Der BFH hat jedoch in dem Urteil vom 07.11.2007 nicht nur die Frage nach dem Vorliegen eines Zuwendungsverhältnisses zwischen Gesellschafter und nahestehender Person verneint, sondern in einem **obiter dictum** auch angemerkt, dass stattdessen von einer gemischt freigebigen Zuwendung der Gesellschaft an die dem Gesellschafter nahestehende Person auszugehen sein könne.

Die Verwaltung hat sodann ihre frühere Ansicht von einem Zuwendungsverhältnis zwischen Gesellschafter und nahestehender Person aufgebend dieser Sichtweise der

---
539 Zu diesem Personenkreis siehe H 36 III KStH 2008.
540 Vgl. BFH vom 07.11.2007, BStBl 2008 II S. 258; siehe auch Hessisches FG vom 10.06.2008, ErbStB 2008 S. 289, und FG Düsseldorf vom 19.08.2009, EFG 2011 S. 1994 mit Anmerkung von Fumi.

4.7 Schenkungen unter Lebenden – § 7 ErbStG

Rechtsprechung Rechnung getragen und ordnet die Zahlung überhöhter Vergütungen von einer Kapitalgesellschaft auf Veranlassung eines Gesellschafters an eine diesem nahestehende Person, die nicht Gesellschafter ist, bzw. den Verzicht auf eine gegenüber einer solchen Person bestehenden Forderung nunmehr ebenfalls als – gemischt – **freigebige Zuwendung** im **Verhältnis** der **Gesellschaft** zur **nahestehenden Person** ein.[541] Hinsichtlich des subjektiven Tatbestands der freigebigen Zuwendung wird bei Unausgewogenheit gegenseitiger Verträge auf das Bewusstsein der für die Kapitalgesellschaft Handelnden über den Mehrwert der Leistung der Gesellschaft abgestellt. Etwaige Ersatzansprüche der Gesellschaft gegen die handelnden Organe oder den veranlassenden Gesellschafter sollen die Freigebigkeit nicht ausschließen.

bb) Mit der Einführung des § 15 Abs. 4 ErbStG durch das BeitrRLUmsG vom 07.12.2011 hat der Gesetzgeber das Ziel verfolgt, die Folgerungen abzumildern, die sich aus der von der Verwaltung im Anschluss an die BFH-Entscheidung vom 07.11.2007 vertretenen Auffassung von einem Zuwendungsverhältnis zwischen Kapitalgesellschaft und nahestehender Person bei Zahlung überhöhter Vergütungen ergeben.[542] Zu dieser Regelung sah sich der Gesetzgeber veranlasst, weil er davon ausgeht, der BFH habe die Schenkungsteuerbarkeit von Vermögensverschiebungen zwischen diesen Personen im Rahmen einer gefestigten Rechtsprechung anerkannt;[543] in der genannten Entscheidung hat das Gericht in dem obiter dictum jedoch nur die Möglichkeit einer diesbezüglichen Steuerbarkeit angedeutet. Die Neuregelung ist auch von der Überlegung getragen, dass mangels substanziellen Vermögensübergangs zwischen dem ertragsteuerlichem Empfänger der vGA und dem tatsächlichen Zuwendungsempfänger § 7 Abs. 1 Nr. 1 ErbStG nur im Verhältnis der Gesellschaft zu Letzterem angenommen werden könne.[544] Indem bei Zuwendungen an nahestehende Personen von einer Schenkung der Gesellschaft ausgegangen wird, werden gleichwohl, aber nur für Steuerentstehungszeitpunkte nach dem 13.12.2011, Freibetrag und Tarif nicht nach der Steuerklasse III, sondern so angewendet, als wäre eine Schenkung zwischen dem die Zuwendung veranlassenden Gesellschafter und der nahestehenden Person gegeben – Rechtslage insoweit, aber nicht bezüglich persönlicher Steuerpflicht und Steuerschuldnerschaft, weil von

---

541 Vgl. die gleichlautenden Ländererlasse vom 14.03.2011, a. a. O., Tz. 2.6.1; ebenso bereits die gleichlautenden Ländererlasse vom 20.10.2010, a. a. O., Tz. 6.1.
542 Vgl. BT-Drucksache 17/7524 S. 26 f.
543 Vgl. die Gesetzesbegründung in BT-Drucksache 17/7524 S. 25: „Grundsätze der Rechtsprechung".
544 Siehe auch van Lishaut/Ebber/Schmitz, Ubg 2012 S. 1; ebenfalls in § 15 Abs. 4 Satz 1 ErbStG einen Hinweis für die Ansicht des Gesetzgebers von der generellen Steuerpflicht einer vGA an eine nahestehende Person sehend z. B. Schulte/Sedemund, BB 2011 S. 2080; Korezkij, DStR 2012 S. 163; kritisch zu diesem Befund aber Crezelius, ZEV 2011 S. 393 und Ubg 2012 S. 190, der es rechtsmethodologisch erstaunlich hält, dass der Steuergesetzgeber aus einer beiläufig geäußerten, z. B. keiner Divergenzanrufung nach § 11 FGO zugänglichen Ansicht des II. Senats einen gleichsam subsumtionsfähigen Obersatz ableitet, und es als steuersystematisch stimmig ansieht, die vGA als entgeltlichen Vorgang zu der Kapitalgesellschaft und einen unentgeltlichen Vorgang im Verhältnis zu dem tatsächlich Begünstigten zu werten, sodass § 7 Abs. 1 Nr. 1 ErbStG hier ansetzen müsse.

4 Steuerpflicht

der Gesellschaft und nicht dem die überhöhten Vergütungen veranlassenden Gesellschafter als Zuwendende ausgehend, identisch mit der früher in R 18 Abs. 8 ErbStR 2003 vertretenen Verwaltungsansicht. Dass in der Literatur auch die Ansicht geäußert wird, Zuwendungen im Rahmen einer vGA an eine nahestehende Person seien aufgrund ihrer Veranlassung durch das Gesellschaftsverhältnis nicht als freigebige Zuwendungen der Kapitalgesellschaft an die nahestehende Person einzustufen, es bedürfe vielmehr, um die Schenkungsteuerbarkeit derartiger Vorgänge herbeizuführen, einer – bislang nicht existierenden – gesetzlichen Regelung, sodass ohne eine solche § 15 Abs. 4 ErbStG leerlaufe,[545] soll nicht ignoriert werden. Jedoch steht es außer Zweifel, dass es in den eingangs beispielhaft geschilderten vGA-Situationen seitens der Verwaltung wegen der diese bindenden Erlassregelung vom 14.03.2012 zu einer Schenkungsteuerfestsetzung kommt, ein Überschreiten des Freibetrags der Ehefrau von 500.000 Euro bzw. des Vaters von 20.000 Euro im Hinblick auf die Regelung des § 15 Abs. 4 Satz 1 ErbStG vorausgesetzt – ein dem Willen des Gesetzgebers entsprechendes Ergebnis, mag man auch „bedauern", dass er das BeitrRLUmsG nicht zum Anlass genommen hat, die Schenkungsteuerbarkeit der vGA an eine nahestehende Person zumindest klarstellend in § 7 ErbStG zu normieren –.

Die Anwendung von § 15 Abs. 4 Satz 1 ErbStG auf die Zuwendung der Kapitalgesellschaft an die nahestehende Person wirft insoweit keine Probleme auf, als für Zwecke der Besteuerung nur zwei Personen beteiligt sind – wie im ersten Beispiel Alleingesellschafter S und seine Ehefrau –. Sind aber mehrere Personen Gesellschafter der bereichernden Gesellschaft, ist die Schenkung für Zwecke der Besteuerung „aufzuteilen". Nach § 15 Abs. 4 Satz 1 ErbStG braucht man die „veranlassenden Gesellschafter" zur Feststellung besteuerungsrelevanter Merkmale. Die Verwaltung[546] vertritt zur Feststellung, auf wessen Veranlassung die Zuwendung zurückzuführen ist, einen pragmatischen, keinen Ermittlungsaufwand bezüglich der Veranlassung auslösenden und auch regelmäßig im Interesse des Zuwendungsempfängers als Steuerschuldner liegenden Lösungsansatz. Es ist eine **quotale Mitveranlassung aller Beteiligten** anzunehmen, jedoch kann konkret dargelegt werden, welche Person die Zuwendung veranlasst hat – eine Öffnungsklausel, die es der Steuerberatung ermöglichen sollte, einen steuergünstigen Weg zu beschreiten –.

---

545 Vgl. Potsch/Urbach, KÖSDI 2012 S. 17747, mit Verweis auf Viskorf, Handelsblatt online, Steuerboard vom 06.07.2011; siehe auch Daragan, DStR 2011 S. 2079, wonach solche Vorteilszuwendungen der GmbH entgeltlich seien, denn diese erfülle damit einen Entnahmeanspruch des Gesellschafters, sodass dieser als Schenker anzusehen sei, weil die Leistung an die nahestehende Person wegen dieses Anspruchs aus seinem Vermögen erfolge; Binnewies GmbHR 2011 S. 1022, der ebenfalls – aber im Widerspruch zur BFH-Rechtsprechung – bei vGA an nahestehende Personen von einer Auskehrung an den Gesellschafter und Vermögenszuwendung an die nahestehende Person ausgeht und es als inkonsequent erachtet, die Kapitalgesellschaft als Schenkerin anzusehen, die Steuerberechnung aber wie bei einer Schenkung durch den Gesellschafter vorzunehmen; ähnlich Staats, BB 2008 S. 1551, und Demuth, KÖSDI 2011 S. 17386, wonach der übertauerte Vertrag zivilrechtlich eine „gemischte Gewinnausschüttung", erfüllt im abgekürzten Zahlungsweg, darstelle, welche mangels Unentgeltlichkeit nicht als freigebige Zuwendung einzuordnen sei.

546 Siehe gleichlautende Ländererlasse vom 14.03.2012, a. a. O., Tz. 6.4.

4.7 Schenkungen unter Lebenden – § 7 ErbStG

Nicht überzeugend ist die Auffassung, die Rechtsfolge des § 15 Abs. 4 ErbStG greife eigentlich nur, wenn ein Gesellschafter gleichzeitig Geschäftsführer/Vorstand der Kapitalgesellschaft ist, nicht vertretungsberechtigter Gesellschafter seien ungeeignet.[547] Sie läuft der gesetzgeberischen Intention, die Besteuerung abzumildern, in den Fällen, in denen ein Fremdgeschäftsführer die Gesellschaft vertritt,[548] zuwider und lässt außer Betracht, dass eine solche Person nur dann überhöhte Zahlungen leisten wird, wenn der „Anstoß" (= Veranlassung) von den Kapitaleignern kommt – anderenfalls drohen arbeitsrechtliche, ggf. strafrechtliche Konsequenzen und Schadensersatz –.

Beispiel:[549]
Gesellschafter der VMS-GmbH sind der Vater, die Mutter und die Schwester des in der Gesellschaft als Arbeitnehmer tätigen B. Die Beteiligungsquoten sind wie folgt: V = 40 %, M = 40 % und S = 20 %. B erhält im Jahr nach Inkrafttreten des BeitrRLUmsG erstmals ein um 1.100.000 € überhöhtes Gehalt. In der Vergangenheit hat er weder von seinen Eltern noch von seiner Schwester Schenkungen erhalten.

Die „Aufteilung der Schenkung" – GmbH an den B – für Zwecke der Ermittlung der Steuer führt zu folgendem Ergebnis, wobei mangels anderweitig dargelegter Umstände von einer quotalen Mitveranlassung von V, M und S für das überhöhte Gehalt ausgegangen wird:

	Vater	**Mutter**	**Schwester**
steuerbar	440.000 €	440.000 €	220.000 €
persönlicher Freibetrag	400.000 €	400.000 €	20.000 €
steuerpflichtig	40.000 €	40.000 €	200.000 €
Steuerklasse und -satz	I und 7 %	I und 7 %	II und 20 %
Steuer	**2.800 €**	**2.800 €**	**40.000 €**

Die festzusetzende Schenkungsteuer – für Zwecke des § 14 ErbStG ist hinsichtlich etwaiger späterer Schenkungen zu beachten, dass die persönlichen Freibeträge ausgeschöpft sind – beläuft sich auf **45.600 €**. Steuerschuldner gem. § 20 Abs. 1 Satz 1 ErbStG sind trotz der „Beteiligung" von V, M und S an der Zuwendung ausschließlich der B und die GmbH; nur diese können Inhaltsadressaten von Steuerbescheiden sein.[550]

Vergleicht man dieses Ergebnis mit dem, das sich ergäbe, wenn V, M und S an der VMS-OHG beteiligt sind und der B von dieser Personengesellschaft unentgeltlich eine Zuwendung von 1.100.000 € erhält, so zeigt sich, dass die Besteuerung grundsätzlich der bei der Schenkung unter Beteiligung der Kapitalgesellschaft entspricht,

---

547 Siehe Hartmann, ErbStB 2012 S. 84, auch mit der – im Hinblick auf die Verwaltungssicht von der quotalen Mitveranlassung überzogenen – Bemerkung, an dem Merkmal der Veranlassung werde sich die Praxis die Zähne ausbeißen.
548 Hierin keinen Fall von § 15 Abs. 4 ErbStG sehend Korezkij, DStR 2012 S. 163.
549 Vgl. Höne, UVR 2012 S. 10.
550 In diesem Zusammenhang auch Höne, a. a. O., zur „hinreichenden inhaltlichen Bestimmtheit" eines Schenkungsteuerbescheids in Fällen einer Besteuerung nach § 15 Abs. 4 ErbStG; diese auch mit dem Hinweis auf die Schwierigkeit, wenn zwecks Anwendung von § 14 ErbStG frühere Zuwendungen der an der Schenkung „beteiligten" Personen in die Besteuerung einzubeziehen sind.

die nach § 15 Abs. 4 ErbStG durchzuführen ist. Zu beachten ist allerdings, dass nach steuerlichen Kriterien die hinter der Gesamthandsgemeinschaft stehenden Personen schenken,[551] mag man dies auch zivilrechtlich anders sehen, sodass der B jeweils Einzelzuwendungen von V i. H. von 440.000 €, von M ebenfalls i. H. von 440.000 € und von S i. H. von 220.000 € erhält, also Steuerschuldner nach § 20 Abs. 1 Satz 1 ErbStG der B für jede der drei Schenkungen als Erwerber und V, M und S als jeweilige Schenker sind. § 15 Abs. 4 ErbStG vermeidet also – vom Regelfall der quotalen Mitveranlassung aller Beteiligten ausgehend –, dass sich hier je nach Gesellschaftsform in der Summe für den B eine unterschiedlich hohe Steuerbelastung ergibt. Nicht vermieden wird allerdings, dass bei Beteiligung der Kapitalgesellschaft nicht die „hinter dieser stehenden Personen", sondern die Gesellschaft selbst Steuersubjekt einer Zuwendung und damit auch Steuerschuldner ist.[552]

b) Zuwendungen an Gesellschafter

Überhöhte Leistungen der **Gesellschaft** an einen **Gesellschafter** bzw. ein diesem gegenüber erklärter Forderungsverzicht sollen nach Auffassung der Verwaltung, soweit das **Verteilte** bzw. der Verzicht über die **gesellschaftsrechtliche Beteiligungsquote** hinausgeht, zu einer **Bereicherung** des **Gesellschafters** auf **Kosten** der **Gesellschaft** führen.[553] Die Zuwendung an den Gesellschafter sei durch das Gesellschaftsverhältnis (mit-)veranlasst – keine Überlagerung in voller Höhe –. Jedoch soll die über die Beteiligungsquote hinausgehende Leistung nicht in Erfüllung eines gesellschaftszwecks erfolgen – deshalb gemischt freigebige Zuwendung im Verhältnis der Kapitalgesellschaft zum Gesellschafter –. Diese auf die **gesellschaftsrechtliche Beteiligungsquote** abstellende Verwaltungsansicht – der BFH hat die Frage nach einer Schenkung bei einer vGA im direkten Verhältnis zwischen Gesellschaft und Gesellschafter noch nicht entschieden[554] – hat zur Folge, dass im Fall einer 100 %igen Beteiligung keine Schenkung an den Gesellschafter gegeben sein kann. Dem Zufluss bei diesem steht eine entsprechende Wertminderung seines Gesellschaftsanteils gegenüber – faktisch reine Vermögensumschichtung –.[555]

Beispiele:[556]

a) A und B sind mit Geschäftsanteilen im Betrag von je 25.000 € Gesellschafter einer GmbH. A erhält mit Duldung des B von der Gesellschaft einen PKW zu einem um 100.000 € unangemessen zu niedrigen Kaufpreis.
In Höhe von (50 % von 100.000 € =) 50.000 € liegt eine freigebige Zuwendung der GmbH an A vor.

---

551 Vgl. BFH vom 15.07.1998, BStBl 1998 II S. 630.
552 So Höne, a. a. O.: „Unterschied der Diktion des BFH geschuldet".
553 Vgl. die gleichlautenden Ländererlasse vom 14.03.2012, a. a. O., Tz. 2.6.2 und Tz. 6.6; siehe auch bereits Tz. 6.2 der gleichlautenden Erlasse vom 20.10.2010, a. a. O.
554 Vgl. Schulte in Erle/Sauter, 3. Aufl., § 8 KStG Rdnr. 173 f.
555 Ergebnis bei wirtschaftlicher Betrachtung als zutreffend, jedoch von der Systematik als inkonsequent ansehend, Birnbaum, DStR 2011 S. 252, weil bei Abstellen auf das zivilrechtliche Zuwendungsverhältnis von der Gesellschaft an den Gesellschafter die Beteiligung an der Gesellschaft keine Rolle spiele; a. A aber Hartmann, ErbStB 2012 S. 84, der Zuwendungen an Alleingesellschafter nach Steuerklasse III besteuern will.
556 Vgl. die gleichlautenden Ländererlasse vom 14.03.2012, a. a. O.

4.7 Schenkungen unter Lebenden – § 7 ErbStG

In Höhe der Beteiligungsquote handelt es sich „lediglich" um eine vGA i. S. von § 8 Abs. 3 Satz 2 KStG, § 20 Abs. 1 Nr. 1 Satz 2 EStG.[557] Die seiner Beteiligungsquote entsprechende Leistung stellt keine freigebige Zuwendung dar; insoweit hat A über das mit der Mitgliedschaft verbundene Gewinnbezugsrecht am wirtschaftlichen Erfolg der Gesellschaft teil.

b) Sachverhalt wie zuvor: In zeitlichem und sachlichem Zusammenhang erhält auch B mit Duldung des A von der GmbH einen PKW zu einem im Verhältnis zum Verkehrswert um 100.000 € zu niedrigen Kaufpreis.

In diesem Fall liegt weder an A noch an B eine freigebige Zuwendung der GmbH vor.

Beträgt der Vorteil für B jedoch nicht 100.000 €, sondern nur 60.000 €, liegt eine freigebige Zuwendung der GmbH an den A i. H. von 50 % von (100.000 € – 60.000 €) = 20.000 € vor.

Die vorstehend dargestellte Auffassung der Verwaltung zur Bereicherung des Gesellschafters auf Kosten der Gesellschaft im Umfang des über die Beteiligungsquote hinaus Verteilten ist in der Literatur auch auf Ablehnung gestoßen.[558] Der Gesellschafter einer Kapitalgesellschaft erhalte Ausschüttungen, gleichgültig ob offen, verdeckt, kongruent oder inkongruent, aus gesellschaftsrechtlichen Gründen, weil er der Gesellschaft sein Kapital als Stammkapital überlassen hat. Dies sei die Gegenleistung, um derentwillen er die Ausschüttung erhalte; die Gesellschaft vollziehe insoweit keine „freigebige Zuwendung". Ein Wille zur Unentgeltlichkeit sei im Verhältnis der Gesellschaft zum Gesellschafter nicht erkennbar. Zudem wird darauf verwiesen, der Zweck der Kapitalgesellschaft bestehe – von Ausnahmen, z. B. Gemeinnützigkeit, abgesehen – im Streben nach wirtschaftlichem Erfolg, womit freigebige Zuwendungen nicht vereinbar seien.[559] Zu berücksichtigen ist aber, dass die vGA zwar durch das Gesellschaftsverhältnis veranlasst bzw. motiviert ist, jedoch regelmäßig nicht der Förderung eines Gemeinschaftszwecks dient.

Auch bei Zuwendungen der Kapitalgesellschaft an einen Gesellschafter etwa in Form überhöhter Vergütungen, bei denen es sich unter **Berücksichtigung** der **Verwaltungsauffassung** im Umfang des über die Beteiligungsquote hinaus Verteilten bei Vorliegen des erforderlichen subjektiven Tatbestands um eine gemischt freigebige Zuwendung handelt, soll für Steuerentstehungszeitpunkte nach dem 13.12.2011 § 15 Abs. 4 Satz 1 ErbStG zur Anwendung kommen, der Besteuerung also regelmäßig nicht die Steuerklasse III zugrunde zu legen sein.[560] Die in den gleichlautenden

---

557 Zur ertragsteuerlichen Frage, gegenüber wem von einer vGA auszugehen ist, wenn die Vorteilszuwendung an einen Minderheitsgesellschafter von dem Mehrheitsgesellschafter veranlasst ist vgl. BFH vom 22.12.2008 I B 161/08, BFH/NV 2009 S. 969; Breier/Sejdija, GmbHR 2011 S. 290.
558 Vgl. z. B. Binnewies, GmbHR 2011 S. 1022; Potsch/Urbach, KÖSDI 2012 S. 17747.
559 Vgl. Riedel, ZErb 2008 S. 227.
560 Siehe insoweit aber Korezkij, DStR 2012 S. 163, mit dem aus Steuerberatungssicht verständlichen Hinweis, die Begründung einer freigebigen Zuwendung falle dem Rechtsanwender bei Veranlassung der vGA durch den beherrschenden Gesellschafter an sich selbst schwer, sodass das einzig vertretbare Ergebnis die Nichtversteuerung der Zuwendung sei, wenn der veranlassende, ggf. beherrschende auch der begünstigte Gesellschafter ist.

Ländererlassen vom 14.03.2012[561] niedergelegte Auffassung von der Schenkungsteuerbarkeit der Leistung der Kapitalgesellschaft im Umfang des über die Beteiligungsquote Hinausgehenden und den mit der Einführung des § 15 Abs. 4 ErbStG vom Gesetzgeber verfolgten Zweck berücksichtigend sollte auch hier von einer quotalen Mitveranlassung aller Beteiligten und damit auch des bereicherten Gesellschafters selbst mit der Folge auszugehen sein, dass für den insoweit „aufgeteilten Schenkungsteil" die Steuerklasse I zur Anwendung käme. Einzuräumen ist zwar, dass es Erstaunen hervorrufen muss, im Fall der Personenidentität von (mit)veranlassendem und begünstigtem Gesellschafter eine Steuerklasseneinteilung vorzunehmen – Ergebnis aber der nicht unbedenklichen Ansicht von der Schenkungsteuer auslösenden Zahlung überhöhter Vergütungen an einen von mehreren Gesellschaftern geschuldet; Zuordnung zur Steuerklasse III nicht weniger problematisch –.

c) Verhältnis von freigebiger Zuwendung und Einkommensteuer

aa) Der gleichlautende Ländererlass vom 14.03.2012 äußert sich nicht zu der Frage, ob die Einordnung der Zahlung überhöhter Vergütungen als gemischt freigebige Zuwendungen Einfluss auf deren ertragsteuerliche Behandlung hat, ob also die Leistung der Gesellschaft **gleichzeitig vGA** und **Schenkung** sein kann.[562] Unter Hinweis auf § 8 Abs. 3 Satz 2 KStG und § 20 Abs. 1 Nr. 1 Satz 2 EStG, wonach Vermögensverschiebungen zwischen einer Körperschaft und ihrem Anteilseigner bzw. einer diesem nahestehenden Person als vGA dem Einkommen der Körperschaft und des Anteilseigners zuzurechnen sind, wird argumentiert, es würde der Wertung des Gesetzgebers widersprechen, den selben Vorgang für Zwecke der Schenkungsteuer als unentgeltlich anzusehen; die Gesellschaft erbringe ihre Leistung entweder entgeltlich oder unentgeltlich. Dem lässt sich aber – jedenfalls soweit es um den Fall der vGA in Gestalt der Zahlung überhöhter Vergütung auf Veranlassung eines Gesellschafters an eine diesem nahestehende Person geht – entgegenhalten, die „Doppelbelastung" mit Ertrag- und Schenkungsteuer sei systemimmanent, der Vorgang sei vergleichbar, als wenn der Gesellschafter von der Gesellschaft ausgeschütteten Gewinn an eine ihm nahestehende Person weiter geschenkt hätte[563] – hier Steuerschuldner gem. § 20 Abs. 1 Satz 1 ErbStG neben dem Erwerber jedoch der Gesellschafter, nicht die Gesellschaft –. Auch wenn in dieser vGA-Konstellation mithin formal-rechtlich nur ein einziger Sachverhalt vorliegt, lässt es doch die in § 15 Abs. 4 Satz 1 ErbStG zum Ausdruck kommende wirtschaftliche Betrachtungsweise gerechtfertigt erscheinen, die Zuordnung der Zuwendung an die nahestehende Person unter ertrag- und schenkungsteuerrechtlichen Aspekten nicht als

---

561 Siehe Tz. 2.6.2 und 6.6.
562 Siehe hierzu u. a. Kapp/Ebeling, § 7 Rdnr. 212.1; Crezelius, ZEV 2008 S. 268 und Ubg 2012 S. 190; Wälzholz, ZEV 2008 S. 273 und GmbH-StB 2011 S. 340; Birnbaum, ZEV 2009 S. 125 und DStR 2011 S. 252; Christ, ZEV 2011 S. 10; Potsch/Urbach, KÖSDI 2012 S. 17747; van Lishaut/Ebber/ Schmitz, Ubg 2012 S. 1.
563 Vgl. in diesem Zusammenhang FG Nürnberg vom 29.07.2010, EFG 2011 S. 361.

4.7 Schenkungen unter Lebenden – § 7 ErbStG

steuersystematisch ausgeschlossen anzusehen. Von einer Übermaßbesteuerung kann nicht ausgegangen werden, weil die nahestehende Person „nur" mit Schenkungsteuer belastet wird, ertragsteuerliche Folgen im Verhältnis der Gesellschaft, die im Regelfall nicht gesamtschuldnerisch zur Schenkungsteuer herangezogen wird, und zum Gesellschafter zu ziehen sind. Auch zu der Zeit, als die Verwaltung in den ErbStR 2003 die Zahlung der Gesellschaft noch als Zuwendung des Gesellschafters an die ihm nahestehende Person mittels abgekürzten Leistungsweges angesehen hat – § 15 Abs. 4 ErbStG führt lediglich auf die Steuerlast abstellend zu keinem anderen Ergebnis – wurde die Erfassung der vGA unter ertrag- und schenkungsteuerrechtlichen Aspekten zu Recht auch nicht als hinterfragenswürdig angesehen.

bb) Nicht unbedenklich – kann man auch negativer ausdrücken – ist es aber, die Zahlung überhöhter Vergütungen an einen Gesellschafter, soweit das Verteilte über die gesellschaftsrechtliche Beteiligungsquote hinausgeht, sowohl als Einkünfte aus Kapitalvermögen als auch schenkungsteuerrechtlich zu erfassen. Grundsätzlich ist es tatbestandlich ausgeschlossen, dass ein und derselbe Lebenssachverhalt – vorstehende Betrachtungsweise zur Zuwendung an nahestehende Person hier nicht übertragbar – tatbestandlich sowohl der Einkommen- als auch der Schenkungsteuer unterfällt; eine Zuwendung kann dieselbe Person nicht gleichzeitig „erwirtschaften" und geschenkt erhalten.[564] Folgerichtig ist deshalb die Auffassung, dass bei der Einkommensteuer eine Lösung gefunden werden müsse, wenn man die schenkungsteuerrechtliche Sichtweise des Erlasses – gemischt freigebige Zuwendung im Verhältnis der Kapitalgesellschaft zum Gesellschafter – beibehalten will.[565] In Betracht ziehen ließe sich z. B. eine § 35b EStG vergleichbare – wenn auch die sowohl ertrag- als auch schenkungsteuerrechtliche Erfassung desselben Vorgangs dann nur abmildernde – Steuerermäßigungsregelung.

5) Verschmelzung von und Leistungen zwischen Kapitalgesellschaften

a) Erhalten im Fall der Verschmelzung einer Kapitalgesellschaft auf eine andere Kapitalgesellschaft die **Gesellschafter** der **übertragenden Gesellschaft** von der übernehmenden Gesellschaft eine den **Wert** der **übertragenden Gesellschaft übersteigende Beteiligung,** sind diese auf Kosten der Gesellschafter der übernehmenden Gesellschaft in Höhe des übersteigenden Werts bereichert – Schenkung i. S. des § 7

---

564 Vgl. hierzu BFH vom 12.09.2011 V B 70/09, ZEV S. 58 = ErbStB 2012 S. 32 mit Anmerkung Hartmann: „In einem solchen Fall hat bei summarischer Prüfung (Beschluss in einem Aussetzungsverfahren ergangen) die Ertragsbesteuerung zurückzutreten"; kritisch sich zu einer möglichen Doppelbelastung und der Auffassung von van Lishaut/Ebber/Schmitz, Ubg 2012 S. 1, äußernd auch Crezelius, Ubg 2012 S. 190.

565 In diesem Sinne Birnbaum, DStR 2011 S. 252, auch mit der Praxisempfehlung, künftig bei allen Leistungsbeziehungen zwischen Gesellschaft und Gesellschafter zu dokumentieren, dass zwecks Widerlegen der Kenntnis von einem Ungleichgewicht in der Leistungsbeziehung Erwägungen über Angemessenheit und Fremdüblichkeit der Leistung angestellt wurden; das Verhältnis zur ertragsteuerlichen Behandlung der vGA heranziehend, um die schenkungsteuerrechtliche Sicht der Verwaltung zur vGA der Gesellschaft an ihren Gesellschafter abzulehnen, Potsch/Urbach, a. a. O.

4 Steuerpflicht

Abs. 1 Nr. 1 ErbStG im Verhältnis der Gesellschafter der übernehmenden zu den der übertragenden Gesellschaft –. Im Ergebnis entspricht dies der Konstellation der Gewährung neuer Anteile im Rahmen einer Kapitalerhöhung, bei der ein Gesellschafter neue Anteile gegen eine zu geringe Einlage erwirbt.

Für die gegensätzlich gelagerte Konstellation, also den Wert der übertragenden Gesellschaft unterschreitender Wert der gewährten Beteiligung, ohne dass die begünstigten Gesellschafter der übernehmenden Gesellschaft bereits vorab als Gesellschafter zusätzliche Anteile erhaben haben, ergibt sich durch die Regelung des § 7 Abs. 8 Satz 1 ErbStG für Übertragungen mit einer Steuerentstehung nach dem 13.12.2011 eine Steuerpflicht. Für vorangegangene Übertragungen scheidet eine Besteuerung aus.

b) Vermögensverschiebungen zwischen Kapitalgesellschaften können zu freigebigen Zuwendungen führen.

Beispiel:[566]
V ist zu 100 % Gesellschafter der T1-GmbH und zu 40 % Gesellschafter der T2-GmbH; die weiteren 60 % der T2-GmbH gehören dem S, Sohn des V. Die T1-GmbH verkauft auf Veranlassung des V ein Grundstück verbilligt an die T2-GmbH. Der Vorgang ist schenkungsteuerbar gem. § 7 Abs. 8 Satz 1 ErbStG im Verhältnis zwischen der T1-GmbH und S, den Willen des V vorausgesetzt, den S zu bereichern. Zuwendungsgegenstand ist die durch die Vermögenszuwendung im Umfang von 60 % des Vermögensvorteils bewirkte Werterhöhung der Anteile des S. Für die Berechnung der Steuer ist der Vorgang nach § 15 Abs. 4 Satz 1 ErbStG so zu behandeln, als sei der V der Schenker.

§ 7 Abs. 8 Satz 2 ErbStG, eingeführt durch das BeitrRLUmsG vom 07.12.2011, soll der Gesetzesbegründung zufolge[567] – vor dem Hintergrund der Befürchtung schenkungsteuerrechtlicher Vorgänge innerhalb von Konzernen aufgrund der zivilrechtlichen Betrachtungsweise der Rechtsprechung – klarstellen, dass Vermögensverschiebungen zwischen Kapitalgesellschaften, auch verdeckte Gewinnausschüttungen im Konzern, nur in definierten Ausnahmefällen als Schenkung behandelt werden können.

4.7.1.9 Preisverleihungen und Vermögensübertragungen von juristischen Personen des öffentlichen Rechts

1) Literatur-, Film- und ähnliche Preise können wohl grundsätzlich zu einer Bereicherung des Bedachten i. S. des § 7 Abs. 1 Nr. 1 ErbStG führen. Soweit diese Preise von einer öffentlich-rechtlichen Körperschaft unmittelbar aus öffentlichen Mitteln verliehen werden, werden sie allerdings aus Billigkeitsgründen generell von der Schenkungsteuer freigestellt, wenn sie zu dem Zweck bewilligt werden, die Erziehung, Ausbildung, Wissenschaft oder Kunst zu fördern, oder wenn sie Personen wegen ihrer Verdienste auf diesen Gebieten, z. B. für ihre Gesamtleistung als

---

566 Vgl. gleichlautende Ländererlasse vom 14.03.2012, a. a. O., Tz. 4.1.
567 Siehe BT-Drucksache 17/7524 S. 21; zu dieser Vorschrift auch unter 4.7.13.

4.7 Schenkungen unter Lebenden – § 7 ErbStG

Schriftsteller, Komponist, Schauspieler, auszeichnen.[568] Der Steuerbefreiung bedarf es dann nicht, wenn man diese Preisverleihungen nicht in den Kreis der Zuwendungen nach § 7 Abs. 1 Nr. 1 ErbStG einbezieht, wofür deren öffentliche Zweckbindung spricht.

Bei Preisen, die von Vereinen, Verbänden und sonstigen privaten Einrichtungen verliehen werden, soll unter Beachtung der Umstände des einzelnen Falls jeweils geprüft werden, ob ihre Befreiung von der Schenkungsteuer gem. § 163 AO gerechtfertigt ist.[569]

Diese Verwaltungsauffassungen waren von der Erwartung getragen, dass eine entsprechende Befreiungsvorschrift in das seinerzeit neu zu fassende Erbschaftsteuer- und Schenkungsteuergesetz aufgenommen würde. Da dies nicht der Fall gewesen ist, haben sie ihre Bedeutung wohl weiterhin behalten. Im Allgemeinen werden diese Preise jedoch von einer Stiftung verteilt. Hier ergeben sich keine Probleme, denn von einer Stiftung satzungsgemäß ausgezahlte Beträge unterliegen nicht der Schenkungsteuer, weil insoweit ein eine Bereicherung ausschließender Rechtsanspruch besteht.

2) Unentgeltliche Vermögensübertragungen durch Träger öffentlicher Verwaltung fallen im Regelfall nicht unter § 7 Abs. 1 Nr. 1 ErbStG. Aufgrund der Bindung der vollziehenden Gewalt an Gesetz und Recht (Art. 20 Abs. 3 GG), darunter auch an die jeweiligen haushaltsrechtlichen Vorschriften, ist regelmäßig anzunehmen, dass Träger öffentlicher Verwaltung in Wahrnehmung der ihnen obliegenden Aufgaben und somit nicht freigebig handeln. Unentgeltlichen Vermögensübertragungen durch solche Verwaltungsträger steht i. d. R. die Erfüllung der ihnen zugewiesenen Aufgaben gegenüber, sodass eine freigebige Zuwendung i. S. des § 7 Abs. 1 Nr. 1 ErbStG nur in Betracht kommt, wenn die juristische Person des öffentlichen Rechts den Aufgabenrahmen eindeutig überschreitet und damit gegen alle haushaltsrechtlichen Beschränkungen verstößt.[570]

Diese Grundsätze lassen sich aber nicht auf Vermögensübertragungen durch Kirchen oder deren Untergliederungen übertragen, weil diese nicht dem staatlichen Haushaltsrecht unterliegen und im Gegensatz zu Trägern öffentlicher Verwaltung nicht durch staatliches Recht an der Erbringung freigebiger Zuwendungen gehindert sind.[571]

---

568 Siehe BMF vom 02.08.1956, BB 1956 S. 745.
569 Siehe FinMin Nordrhein-Westfalen vom 19.07.1961, DB 1961 S. 1051.
570 Siehe BFH vom 29.03.2005, BStBl 2006 II S. 557 zu der Frage, ob eine unentgeltliche Grundstücksübertragung von einer juristischen Person des öffentlichen Rechts zur Anwendbarkeit von § 3 Nr. 2 GrEStG führt.
571 Siehe BFH vom 17.05.2006, BStBl 2006 II S. 720 zur Bejahung von § 3 Nr. 2 GrEStG im Fall der Bestellung eines Erbbaurechts durch eine Kirchengemeinde an einem mit einem Altenheim bebauten Grundstück zugunsten einer kirchlichen Einrichtung mit karitativer Zielsetzung in der Rechtsform des eingetragenen Vereins, die den Erbbauzins während der Dauer des Heimbetriebs nicht zahlen muss.

4.7.1.10 Kapitalgewährung – Schulderlass – Schuldentilgung – Bürgschaftsübernahme etc.

1) Kapitalüberlassung
a) Verzichtet ein **Darlehensgeber** später auf die ursprünglich **vereinbarte Verzinsung** des Darlehens, so liegt darin eine Bereicherung des Schuldners auf Kosten des Gläubigers. Auch bei **Gewährung** eines von Anfang an **zinslosen** oder **niedrig verzinsten**[572] **Darlehens** wird i. d. R. in der Ersparung der Zinsen eine Bereicherung des Darlehensnehmers und eine dementsprechende Vermögensminderung beim Gläubiger in der Nichtforderung der angemessenen Zinsen liegen.[573] Diesem Ergebnis steht nicht entgegen, dass zivilrechtlich in der bloßen Gebrauchsüberlassung einer Sache regelmäßig keine das Vermögen mindernde Zuwendung liegt, wie sie für eine Schenkung gem. § 516 Abs. 1 BGB erforderlich ist – diese setzt eine Zuwendung voraus, durch die der Schenker die Substanz seines Vermögens vermindert und das Vermögen des Bedachten entsprechend vermehrt –.[574] Der Begriff der freigebigen Zuwendung ist weiter als derjenige einer Schenkung im zivilrechtlichen Sinne. Bei der Nichtforderung von Zinsen verzichtet der Darlehensgeber zwar nicht auf ein ihm bürgerlich-rechtlich bereits zustehendes Recht (anders in den Fällen der §§ 353, 354 HGB), sondern nur auf eine Möglichkeit. Jedoch sind bei der Frage der Bereicherung die von den Beteiligten zugrunde gelegten bürgerlich-rechtlichen Werte zu vergleichen – hier also Hingabe von Geld im Nennwert X zu einem bestimmten Zeitpunkt und dessen Rückgabe im Nennwert X zu einem späteren Zeitpunkt –, sodass auch nach bürgerlich-rechtlichen Wertvorstellungen i. d. R. nach einem solchen Rechtsgeschäft die Vermögenssituation des Schuldners günstiger beurteilt wird als vorher, mithin insoweit bei diesem eine Vermögensmehrung zu bejahen ist. Gegen eine steuerbare Zuwendung lässt sich auch nicht einwenden, dass man das unverzinsliche Darlehen nicht dem Schenkungsrecht zuordnen könne, weil das BGB das zinslose Darlehen als besonderen, neben der Schenkung stehenden Vertragstyp ausgestaltet hat, denn an diese Wertung ist das Steuerrecht nicht gebunden.

Dieser Fragenbereich ist – zumindest für die Praxis – durch die Rechtsprechung des BFH[575] weitgehend geklärt. Danach unterliegt die **unentgeltliche Überlassung** einer **Kapitalsumme auf Zeit,** durch die sich der Darlehensgeber einer Einnahmemöglichkeit begibt, die verkehrsüblicherweise[576] genutzt wird, der Schenkungsteuer. Der

---

572 Siehe hierzu BFH, ZEV 2001 S. 414.
573 Siehe RFH, RStBl 1943 S. 419.
574 Vgl. BGH, BGHZ 82 S. 354, BGHZ 101 S. 229, ZEV 2008 S. 192.
575 Grundlegend BFH vom 12.07.1979, BStBl 1979 II S. 631; vgl. auch BFH vom 07.10.1998, BStBl 1999 II S. 25, vom 04.12.2002, BStBl 2003 II S. 273, vom 29.06.2005, BStBl 2005 II S. 800, vom 27.10.2010, BStBl 2011 II S. 134, vom 20.09.2010 II B 7/10, BFH/NV 2010 S. 2280, und vom 12.09.2011 VIII B 70/09, BFH/NV 2012 S. 229.
576 Auch zu bejahen, wenn dem Gläubiger nach islamischem Recht das Zinseinnehmen verboten ist – s. FG Berlin, EFG 1992 S. 285; FG Münster, EFG 1992 S. 468 – oder wenn das Erheben von Zinsen in den Kreisen, zu denen Darlehensgeber und Darlehensnehmer gehören, nicht üblich ist – s. BFH vom 30.03.1994 II R 105/93, BFH/NV 1995 S. 70 zum Darlehen unter Ehegatten –.

4.7 Schenkungen unter Lebenden – § 7 ErbStG

Gegenstand der freigebigen Zuwendung muss nicht (identisch) aus dem Vermögen des Zuwendenden stammen. Bei unverzinslicher Überlassung einer Kapitalsumme sieht die Rechtsprechung den Zuwendungsgegenstand nicht in einem konkreten Ertrag, der dem Zuwendenden entgeht; Gegenstand der Schenkung ist die dem Verzicht auf die eigene Nutzungsmöglichkeit seitens des Zuwendenden korrespondierende Gewährung der Nutzungsmöglichkeit durch den Zuwendungsempfänger, wobei für die Einordnung als freigebige Zuwendung i. S. des § 7 Abs. 1 Nr. 1 ErbStG unerheblich ist, dass die Überlassung von Kapital zivilrechtlich keine Schenkung ist.[577] Wenn man den Gegenstand der freigebigen Zuwendung auf diese Weise bestimmt, muss die Bereicherung (der Höhe nach) folgerichtig nach § 12 ErbStG i. V. m. §§ 13 ff. BewG ermittelt werden. Der Jahreswert der Nutzungsmöglichkeit ist gewöhnlich mit 5,5 % anzunehmen (§ 12 Abs. 1 ErbStG i. V. m. § 15 Abs. 1 BewG).[578] Ist das Darlehen auf unbestimmte Zeit hingegeben – in der Praxis gerade bei zinslosen Darlehen unter nahen Angehörigen nicht selten –, soll der Kapitalwert mit dem 9,3-Fachen des Jahreswerts anzusetzen sein (§ 12 Abs. 1 ErbStG i. V. m. § 13 Abs. 2 zweite Alternative BewG).

Beispiel:
Die S gewährt bei Vollendung ihres 72. Lebensjahres ihrem Bruder B ein zinsloses Darlehen i. H. von 300.000 €; die Rückzahlung des Geldes hat beim Tod der S an deren Erben zu erfolgen.

Es liegt eine freigebige Zuwendung (dem Grunde nach) der S an den B gem. § 7 Abs. 1 Nr. 1 ErbStG vor.

Der schenkungsteuerliche Wert wird wie folgt berechnet:

Jahreswert nach § 15 Abs. 1 BewG i. H. von 16.500 € (= 5,5 % von 300.000 €) × 10,201 (durchschnittliche Lebenserwartung der Darlehensgeberin noch von 14,75 Jahren) = **168.316 €** Kapitalwert der Nutzungsmöglichkeit der 300.000 €.

Bei einem nicht zinslos, sondern mit einem niedrigen Zinssatz gewährten Darlehen ist der Jahreswert des Nutzungsvorteils mit 5,5 % abzgl. des vereinbarten Zinssatzes zu berechnen, wenn kein anderer Wert feststeht.[579]

Eine später erfolgende Kündigung (§ 488 Abs. 3 BGB) des zinslosen Darlehens ist ein Ereignis mit steuerlicher Wirkung für die Vergangenheit und hat folglich nach § 175 Abs. 1 Satz 1 Nr. 2 AO eine Korrektur der ursprünglichen Steuerfestsetzung zur Folge. Dieses verfahrensrechtliche Korrektiv ermöglicht es, im Einzelfall der Sache nach gerechte Ergebnisse zu erzielen.[580]

---

577 Zur Kritik an der Nutzungsmöglichkeit als Zuwendungsgegenstand s. Meincke, § 7 Rdnr. 51; kritisch insgesamt Gebel, DStZ 1992 S. 577.
578 Siehe auch BFH vom 04.12.2002, BStBl 2003 II S. 273, und vom 27.10.2010, BStBl 2011 II S. 134, sowie FinMin Baden-Württemberg vom 20.01.2000, ZEV 2000 S. 102.
579 Siehe BFH vom 15.03.2001 II B 171/99, BFH/NV 2001 S. 1122.
580 Hierin eine zugunsten des Bereicherungsprinzips entschiedene Kollision zwischen diesem Prinzip und dem Stichtagsprinzip sehend Kapp, BB 1979 S. 1621.

4 Steuerpflicht

Wird ein **Darlehen** zunächst **unverzinslich hingegeben** und dann **später** auf die **Rückzahlung** des Darlehens **verzichtet**,[581] so liegen zwei steuerpflichtige Zuwendungen vor; der Erlass ist unter Abzinsung der Rückzahlungsforderung zu bewerten. Auch aus § 14 ErbStG ergibt sich nicht, dass die beiden Erwerbsvorgänge „wie ein Erwerb zu behandeln sind". Bei der Zusammenrechnung der Erwerbe sind diese also mit den ihnen jeweils zukommenden Werten auch dann anzusetzen, wenn die Summe der Werte höher ist als der Wert des Gegenstandes, hier z. B. des Darlehensbetrags.[582]

Wird die unentgeltliche Zuwendung eines Geldbetrags an einen Angehörigen davon abhängig gemacht, dass der Empfänger den Betrag als Darlehen wieder zurückgeben muss, so erhält dieser nicht die alleinige und unbeschränkte Verfügungsmacht über die Geldmittel.[583] Die Vereinbarungen zwischen den Angehörigen sind dahingehend zu beurteilen, dass die Ausführung der Schenkung bis zur Rückzahlung des sog. Darlehens aufgeschoben und der Umfang der Schenkung durch die Zahlung der sog. Darlehenszinsen erweitert ist.

Wird ein **Darlehensanspruch** mit einer **überdurchschnittlich hohen Verzinsung** ausgestattet, mit deren Verwirklichung der Gläubiger über längere Zeit zuverlässig rechnen kann,[584] so kann der Bereicherungsgegenstand in dem die übliche Verzinsung übersteigenden Betrag der Zinsforderung liegen.

b) Auch in einer verkehrsunüblichen **zinslosen Stundung** eines **Kaufpreises** kann eine Schenkung i. S. des § 7 Abs. 1 Nr. 1 ErbStG zu sehen sein. Ob sie es im Einzelfall tatsächlich ist, kann nur anhand einer Gegenüberstellung, Bewertung und Saldierung aller vertraglichen Leistungspflichten ermittelt werden.[585]

Ebenso kann bei **zinsloser Stundung** einer **Zugewinnausgleichsforderung** von einer freigebigen Zuwendung auszugehen sein; die Unentgeltlichkeit einer Kapitalüberlassung zwischen Ehegatten wird nicht dadurch ausgeschlossen, dass der Verzicht auf Zinsen sich als ehebedingte unbenannte Zuwendung darstellt. Da nach der Rechtsprechung des BFH[586] bei Rückzahlung einer länger als ein Jahr gestundeten Forderung auch dann einkommensteuerbare Zinsen zufließen, wenn die Unverzins-

---

581 Zur Korrektur der ursprünglichen Steuerfestsetzung im Hinblick auf die zinslose Darlehensgewährung wegen rückwirkenden Ereignisses s. BFH vom 12.07.1979, BStBl 1979 II S. 631, und vom 27.10.2010, BStBl 2011 II S. 134.
582 Siehe BFH vom 07.10.1998, BStBl 1999 II S. 25 – Aufgabe der vom BFH vom 12.07.1979, 1979 II S. 740, vertretenen Auffassung, dass bei Addition von Zinsschenkung und Forderungserlass kein höherer Betrag zum Ansatz gelangen dürfe, als wenn von vornherein das ganze Kapital schenkweise erworben worden wäre.
583 Zur ertragsteuerlichen Behandlung vgl. BMF vom 23.12.2010, BStBl 2011 I S. 37.
584 Nach Meincke, § 7 Rdnr. 50, „mindestens vier Jahre".
585 Siehe BFH vom 30.03.1994, BStBl 1994 II S. 580: „Allein aus dem Umstand der vorübergehenden zinslosen Stundung des Kaufpreisanspruchs aber regelmäßig keine freigebige Zuwendung ableitbar".
586 Vgl. Beschluss vom 08.01.1998 VIII B 76/96, BFH/NV 1998 S. 963 m. w. N.

4.7 Schenkungen unter Lebenden – § 7 ErbStG

lichkeit der Forderung explizit vereinbart wurde, der Rückzahlungsbetrag in einen nicht steuerbaren Tilgungs- und einen steuerbaren Zinsanteil gem. § 12 Abs. 3 BewG aufzuteilen ist,[587] unterfällt dieser Lebenssachverhalt tatbestandlich sowohl der Einkommen- als auch der Schenkungsteuer. Grundsätzlich ist es aber tatbestandlich ausgeschlossen, mit derselben Handlung sowohl eine freigebige Zuwendung zu verwirklichen als auch wirtschaftlich am Markt teilzunehmen, sodass die Ertragsbesteuerung zurückzutreten hat, weil es an einer auf Einkünfteerzielung am Markt, also auf Hinzuerwerb von Einkommen, ausgerichteten Erwerbshandlung fehlt, wenn jemand einer anderen Person etwas schenken möchte.[588]

Demgegenüber unterliegt die **zinslose Stundung** eines **nicht geltend gemachten Pflichtteilsanspruchs** nicht der Schenkungsteuer. Es wäre mit den § 3 Abs. 1 Nr. 1 und § 10 Abs. 5 Nr. 2 ErbStG, nach denen dem nicht geltend gemachten Pflichtteilsanspruch keine erbschaft- und schenkungsteuerliche Bedeutung zukommt, nicht vereinbar, in dem Umstand, das vorübergehende Nichtgeltendmachen des Anspruchs nicht von einer Verzinsung abhängig zu machen, eine freigebige Zuwendung des Pflichtteilsberechtigten an den Verpflichteten zu sehen.[589]

2) Schulderlass

a) Ein Schulderlass bewirkt i. d. R. eine Bereicherung des Schuldners und eine Minderung des Vermögens des Gläubigers.[590] Der Erlass einer Schuld ist aber unter den Voraussetzungen des § 13 Abs. 1 Nr. 5 ErbStG steuerfrei. In Weiterentwicklung des in dieser Vorschrift zum Ausdruck kommenden Gedankens kann bei Erlass einer Forderung aus Sanierungszwecken entweder eine Bereicherung des Schuldners verneint werden, weil die Forderung wertlos war, oder eine Bereicherung auf Kosten des Gläubigers, weil aus dessen Vermögen im Hinblick auf die Wertlosigkeit der Forderung nichts abgeflossen ist. Befreit ist aber nur der Erlass einer Schuld durch den Gläubiger, nicht auch eine Zuwendung zur Beseitigung einer Überschuldung – nur dann keine Schenkungsteuer auslösend, soweit keine freigebige Zuwendung i. S. des § 7 Abs. 1 Nr. 1 ErbStG gegeben ist,[591] was unter Fremden im Regelfall zutreffen dürfte –.

b) Eine Schuldübernahme kann eine freigebige Zuwendung sein, wenn sie ohne Gegenleistung erfolgt.[592]

---

587 Vgl. BFH vom 17.03.2010, BStBl 2011 II S. 622 m. w. N.
588 Vgl. hierzu in einem Aussetzungsverfahren BFH vom 12.09.2011 VIII B 70/09, BFH/NV 2012 S. 229, mit Verweis auf Kirchhof in Kirchhof/Söhn/Mellinghoff, § 2 EStG Rdnr. A 117; siehe zu diesem sich mit der Konkurrenz von Einkommen- und Schenkungsteuer befassenden Beschluss die Anmerkung von Hartmann, ErbStB 2012 S. 32.
589 Siehe BFH vom 31.03.2010, BStBl 2010 II S. 806: zu der nicht entscheidungsrelevanten Frage, welche Folge sich bei unverzinslicher Stundung eines bereits geltend gemachten Pflichtteilsanspruchs ergibt, vgl. Moench/Kien-Hümbert/Weinmann, § 3 Rdnr. 121a; Troll/Gebel/Jülicher, § 3 Rdnr. 229).
590 Siehe RFH, RStBl 1938 S. 749; Hessisches FG, EFG 1995 S. 77.
591 Siehe RFH, RStBl 1928 S. 101 und 1942 S. 803.
592 Siehe FG München vom 11.09.2000, EFG 2001 S. 450.

4 Steuerpflicht

Auch in der Einräumung einer Gesamtgläubigerstellung – z. B. Leibrente – kann bereits eine Bereicherung liegen.[593]

3) Tilgung bzw. Absicherung fremder Schulden

a) Die Schuldentilgung durch einen Dritten führt dann durch ein freigebiges Handeln zu einer Vermögensmehrung beim Schuldner, wenn zwar infolge der Schuldentilgung die Forderung gegen den Schuldner auf den Leistenden übergeht, dessen daraus entstehende Regressforderung jedoch entweder bereits im Zeitpunkt der Schuldentilgung wertlos war oder von diesem nicht geltend gemacht wird und auch nicht geltend gemacht werden soll.[594]

b) Die Übernahme einer Bürgschaft als solche stellt noch keine freigebige Zuwendung des Bürgen an den Schuldner dar; es fehlt an dessen Bereicherung. Gleiches gilt für Leistungen des Bürgen an den Gläubiger aufgrund der Bürgschaftsverpflichtung. Die Forderung gegen den Schuldner erlischt nicht; sie geht nach § 774 Abs. 1 BGB auf den Bürgen über. Eine Bereicherung ist nur ausnahmsweise zu bejahen, wenn der Schuldner durch die Leistung des Bürgen endgültig von seiner Verbindlichkeit befreit werden sollte[595] oder der Bürge später auf sein Rückgriffsrecht verzichtet, nicht aber allein bei Wertlosigkeit des Regressanspruchs infolge Zahlungsunfähigkeit des Schuldners.

4) Wertpapier- und Geschäftsanteilsübertragung

a) Werden Wertpapiere schenkweise übertragen, so bilden neben den Papieren die beim Schenker bereits angefallenen, aber noch nicht fälligen Zinsen – Stückzinsen – den Gegenstand einer freigebigen Zuwendung des alten an den neuen Gläubiger.[596]

b) Fraglich ist, wie bei geschenkten GmbH-Anteilen der Anspruch auf Gewinn (vor der Übertragung erwirtschaftet, aber noch kein Ausschüttungsbeschluss) schenkungsteuerrechtlich zu erfassen ist. Es kommen gedanklich folgende Möglichkeiten in Betracht:

- Im steuerlichen Wert des GmbH-Anteils (§ 11 Abs. 2 BewG) ist dieser Anspruch bereits berücksichtigt – kein zusätzlicher Ansatz –.

- Im steuerlichen Wert des GmbH-Anteils ist dieser Anspruch nicht berücksichtigt

  (1) entsprechende Erhöhung des Anteilswerts – werterhöhender Umstand;

---

593 Siehe FG München vom 20.11.2002, EFG 2003 S. 551; vgl. hierzu auch BFH vom 22.08.2007, BStBl 2008 II S. 28.
594 Siehe Troll/Gebel/Jülicher, § 7 Rdnr. 71.
595 Siehe BFH vom 12.07.2000, BStBl 2000 II S. 596; Viskorf, FR 2000 S. 1288; Hartmann, UVR 2000 S. 448.
596 Siehe BFH vom 03.10.1984, BStBl 1985 II S. 73.

4.7 Schenkungen unter Lebenden – § 7 ErbStG

(2) gesonderter Ansatz neben dem Anteilswert – zusätzliche zweite Schenkung –[597] Lösungsansatz würde voraussetzen, dass ein Gewinnanspruch des Schenkers für das laufende Jahr, auf den verzichtet werden konnte, überhaupt bestand.[598]

- Im steuerlichen Wert des GmbH-Anteils ist dieser Anspruch zum Teil berücksichtigt

    (1) entsprechende Erhöhung des Anteilswerts um den Differenzbetrag;

    (2) gesonderter Ansatz in Höhe der Differenz.

Da sowohl der BFH[599] als auch Teile der Literatur[600] die erste Lösung vertreten, soll ihr auch im Rahmen dieses Lehrbuchs gefolgt werden. Die Verwaltung hat die Ausgangsüberlegung des FG München aufgegriffen und wendet § 101 Nr. 2 zweiter Halbsatz BGB, obwohl vom Wortlaut her nicht auf noch nicht festgestellte Gewinne des laufenden Geschäftsjahres zugeschnitten, auf Gewinne des Jahres an, in das die Schenkung fällt; sie äußert sich wie folgt (vgl. R E 12.3 Abs. 1 bis 3 ErbStR 2011):

„Bei einem der Erbschaftsteuer unterliegenden Erwerb von GmbH-Anteilen sind Ansprüche auf erwirtschaftete, aber noch nicht ausgeschüttete Gewinne der GmbH beim Erwerb der Beteiligung von Todes wegen gesondert als Kapitalforderung des Erben zu erfassen, wenn der Gewinnverwendungsbeschluss bereits vor dem Zeitpunkt der Steuerentstehung gefasst worden ist. Das Vermögen der Gesellschaft ist bereits entsprechend gemindert. Beim Erwerb durch Schenkung unter Lebenden erfolgt eine gesonderte Erfassung nur, wenn der Gewinnanspruch gesondert abgetreten wird, da er sonst weiterhin dem Schenker zusteht.

Wird der Beschluss über die Gewinnverwendung erst nach dem Zeitpunkt der Steuerentstehung gefasst, kann der Anspruch auf den Gewinn nicht gesondert neben dem gemeinen Wert der Anteile auf den Stichtag erfasst werden, da der vor dem Stichtag erwirtschaftete Gewinn bereits bei der Bewertung der Anteile an der Kapitalgesellschaft berücksichtigt wurde.

Beim Erwerb von GmbH-Geschäftsanteilen durch Schenkung unter Lebenden sind die Gewinne des Wirtschaftsjahres, in das die Schenkung fällt, nach § 101 Nr. 2 zweiter Halbsatz BGB im Innenverhältnis zeitanteilig zwischen Schenker und Beschenktem aufzuteilen. Erfüllt der Beschenkte den zivilrechtlichen Ausgleichsanspruch des Schenkers, ist der Ausgleichsbetrag vom Wert des zugewendeten GmbH-Geschäftsanteils abzuziehen. Treffen die Beteiligten eine davon abweichende Vereinbarung, verzichtet etwa der Schenker ganz oder teilweise auf seinen Anspruch nach § 101 Nr. 2 BGB, entfällt insoweit ein Abzug. Der ersparte Ausgleichsbetrag ist nicht neben dem Wert der übertragenen Anteile zu erfassen."

---

597 Siehe hierzu FG München, EFG 1991 S. 546 und UVR 1992 S. 116.
598 Siehe dazu Meincke, StBKR 1991 S. 49, 59 ff.
599 Siehe BFH vom 16.10.1991 II R 84/07, BFH/NV 1992 S. 250, entgegen FG München, a. a. O.
600 Vgl. Geck, GmbHR 1994 S. 449; Moench, ZEV 1994 S. 23.

4 Steuerpflicht

Beispiele:
a) E stirbt am 01.08.02. Sein Erbe ist K. Im Nachlass befindet sich ein Anteil an der X-GmbH (Wirtschaftsjahr = Kalenderjahr). Der auf den Anteil entfallende Gewinnanspruch für das Jahr 01 beträgt 100.000 €, der für das Jahr 02 (bis zum 31.07.) 60.000 €.
Ein Gewinnverwendungsbeschluss für das Jahr 01 liegt am 01.08.02
Variante 1): bereits vor (noch nicht ausgeschüttet),
Variante 2): noch nicht vor.
Lösung Variante 1): Anzusetzen ist der erbschaftsteuerliche Wert des Anteils an der X-GmbH zum 01.08.02 (bei dessen Wertermittlung die Gewinnauszahlungsverpflichtung vermögensmindernd berücksichtigt ist).
Anzusetzen ist folglich weiterhin eine Kapitalforderung i. H. von 100.000 €.
Lösung Variante 2): Anzusetzen ist (nur) der erbschaftsteuerliche Wert des Anteils an der X-GmbH zum 01.08.02.
Die 100.000 € und die 60.000 € sind nicht gesondert zu erfassen, weil sie mit dem Ansatz des GmbH-Anteils mit dem erbschaftsteuerlichen Wert (allerdings nicht wertgleich) abgegolten sind.
b) S schenkt B am 01.08.02 einen Anteil an der X-GmbH (Wirtschaftsjahr = Kalenderjahr). Der auf den Anteil entfallende Gewinnanspruch für das Jahr 01 beträgt 100.000 €, der für das Jahr 02 (bis 31.07.) 60.000 €.
Ein Gewinnverwendungsbeschluss für das Jahr 01 liegt am 01.08.02
Variante 1): bereits vor (noch nicht ausgeschüttet),
Variante 2): noch nicht vor.
Lösung Variante 1): Anzusetzen ist der erbschaftsteuerliche Wert des Anteils an der X-GmbH zum 01.08.02.
Eine gesonderte Erfassung des Gewinnanspruchs 01 i. H. von 100.000 € unterbleibt, weil er (weiterhin) S zusteht.
Der zeitanteilige Gewinnanspruch 02 i. H. von 60.000 € steht im Innenverhältnis, weil nicht ein anderes i. S. des § 101 Nr. 2 zweiter Halbsatz BGB vereinbart ist, ebenfalls S zu. Zahlt B also die 60.000 € an S, kann er sie vom Wert des GmbH-Anteils abziehen.
Lösung Variante 2): Anzusetzen ist der erbschaftsteuerliche Wert des Anteils an der X-GmbH zum 01.08.02.
Der Gewinnanspruch 01 i. H. von 100.000 € ist nicht gesondert anzusetzen, weil er mit dem Ansatz des GmbH-Anteils mit dem erbschaftsteuerlichen Wert abgegolten ist. Zahlt B die 60.000 € (02) an S, kann er sie vom Wert des GmbH-Anteils abziehen.

Noch nicht erfüllte Gewinnansprüche aus einem Nießbrauch an GmbH-Geschäftsanteilen stehen nach dem Tod des Berechtigten dessen Erben zu (s. § 101 BGB) und sind als Erwerb von Todes wegen auch dann zu erfassen, wenn am Besteuerungszeitpunkt die Bilanz der GmbH noch nicht erstellt oder der Gewinnverwendungsbeschluss noch nicht gefasst ist.[601]

Der unentgeltlich zugewendete Anspruch auf die anteiligen Erträgnisse an GmbH-Anteilen und der nachfolgende Anspruch auf den Veräußerungserlös der GmbH-Anteile bilden zwei selbständige Schenkungen (§ 14 ErbStG), wenn der Anspruch

---
[601] Vgl. hierzu R E 12.3 Abs. 4 ErbStR 2011.

4.7 Schenkungen unter Lebenden – § 7 ErbStG

auf die Erträgnisse unter der auflösenden Bedingung der Veräußerung der Anteile stand. § 10 Abs 3 ErbStG kommt insoweit nicht zum Zuge.[602]

4.7.1.11 Wille zur Freigebigkeit
1) Vorbemerkung

a) Für die Erfüllung des Tatbestandes des § 7 Abs. 1 Nr. 1 ErbStG – „freigebig" – muss neben dem **objektiven Merkmal** der Bereicherung des Bedachten auf Kosten des Zuwendenden dieser auch den entsprechenden Willen **(subjektives Merkmal)** haben.

Der Bereicherungswille wurde im ErbStG 1919 noch ausdrücklich erwähnt. In § 40 Abs. 1 dieses Gesetzes hieß es: „*Schenkungen stehen gleich freigebige Zuwendungen unter Lebenden, soweit der Bedachte durch sie auf Kosten des Zuwendenden mit dessen Willen bereichert wird.*" Zwar fehlt seit 1922 ein ausdrücklicher Hinweis auf den Willen des Zuwendenden im ErbStG, doch hat bereits der RFH[603] darauf hingewiesen, dass das Erfordernis des Bereicherungswillens des Zuwendenden schon aus dem Begriff der freigebigen Zuwendung abzuleiten sei. Um die Steuerpflicht auszulösen, muss also die bereichernde Zuwendung vom Bewusstsein und Willen des Zuwendenden umfasst sein.

Die Feststellungs-/Beweislast hinsichtlich der – freigebigen – Bereicherung obliegt i. d. R. dem Finanzamt.[604] Nach der Rechtsprechung des BFH soll ein auf Bereicherung gerichteter Wille im Sinne einer Bereicherungsabsicht nicht erforderlich sein, nur ein Wille zur Freigebigkeit = Unentgeltlichkeit **(objektivierende Betrachtungsweise)**. „*Wenngleich die freigebige Zuwendung neben dem Willen zur Freigebigkeit zwar objektiv eine Bereicherung des Beschenkten voraussetzt, so setzt sie einen auf die Bereicherung gerichteten Willen des Zuwendenden dagegen nicht voraus. Der Wille zur Freigebigkeit wird aufgrund der dem Zuwendenden und dem Zuwendungsempfänger bekannten Umstände nach den Maßstäben des allgemein Verkehrsüblichen bestimmt.*"[605] Diese Formulierung scheint zu meinen, dass – im Rahmen der Frage nach der Beweislast – das subjektive Merkmal der freigebigen Zuwendung auf der Grundlage der dem Zuwendenden bekannten Umstände nach den Maßstäben des allgemein Verkehrsüblichen bestimmbar ist.[606] Eine individuelle, konkrete Prüfung des Willens zur Freigebigkeit und ein entsprechender Nachweis sind danach

---

602 Siehe BFH, ZEV 2001 S. 411 mit Anmerkung Lohse.
603 Siehe RFHE 29 S. 137, 148.
604 Siehe BFH vom 10.04.1991 II R 127/87, BFH/NV 1991 S. 777; FG München, UVR 1991 S. 245; FG Rheinland-Pfalz, UVR 1995 S. 24.
605 Siehe BFH vom 14.07.1982, BStBl 1982 II S. 714, vom 10.09.1986, BStBl 1987 II S. 80, vom 05.12.1990, BStBl 1991 II S. 181, vom 01.07.1992, BStBl 1992 II S. 921, vom 29.10.1997, BStBl 1997 II S. 832, und 12.07.2005, BStBl 2005 II S. 845; vgl. auch R E 7.1 Abs. 3 ErbStR 2011.
606 Siehe Schulze-Osterloh, StuW 1977 S. 122.

nicht erforderlich.[607] Das gilt insbesondere für Zuwendungen unter Fremden.[608] Im Gegensatz zur Schenkung i. S. des § 516 Abs. 1 BGB, die ein Einigsein beider Teile über die Unentgeltlichkeit der Zuwendung erfordert, reicht es für § 7 Abs. 1 Nr. 1 ErbStG aus, wenn lediglich der Zuwendende den Willen hat, den Bedachten auf seine Kosten zu bereichern. Zentrales Kriterium hierfür bildet der Wille zur Unentgeltlichkeit.[609]

b) Der **Wille** zur **Unentgeltlichkeit** soll immer dann vorliegen, wenn der Zuwendende in dem **Bewusstsein** handelt, zu der **Vermögenshingabe rechtlich nicht verpflichtet** zu sein, also seine Leistung ohne rechtlichen Zusammenhang mit einer Gegenleistung zu erbringen, und wenn auch der **Zusammenhang** mit einem **Gemeinschaftszweck fehlt.**[610] Gegenleistungen ohne Geldeswert berücksichtigt der BFH bei Prüfung des Willens zur Unentgeltlichkeit unter Verweis auf § 7 Abs. 3 ErbStG nicht.[611]

Am Willen zur Unentgeltlichkeit fehlt es z. B. dann, wenn der Zuwendende ernsthaft glaubte, zu der Zuwendung rechtlich – also nicht lediglich sittlich-moralisch – verpflichtet zu sein,[612] mag er auch nur irrtümlich von einer solchen rechtlichen Verpflichtung ausgegangen sein. Nicht um einen lediglich als unbeachtlich zu wertenden Subsumtionsirrtum[613] handelt es sich aber nur dann, wenn die Verpflichtung, zu deren Erfüllung der Zuwendende zu handeln glaubte, nicht seinerseits freigebig – schenkweise – eingegangen worden war. Denn wäre die Verpflichtung schenkweise eingegangen, stellt deren Erfüllung eine freigebige Zuwendung i. S. des § 7 Abs. 1 Nr. 1 ErbStG dar, also Schenkungsversprechen und sein Vollzug als einheitlicher Vorgang zu betrachten – ein in die Prüfung des Willens zur Unentgeltlichkeit nach den Maßstäben des allgemein verkehrsüblichen einzubeziehender Umstand[614]–. Am subjektiven Merkmal der freigebigen Zuwendung kann es weiterhin dann fehlen, wenn der Gläubiger eine Schuld erlässt, an deren rechtlichem Bestehen er

---

607 So auch BFH vom 29.10.1997, BStBl 1997 II S. 832, und vom 12.07.2005, BStBl 2005 II S. 845: „Die Kenntnis des Zuwendenden hinsichtlich der Umstände, aus denen sich die objektive Bereicherung des Zuwendungsempfängers ergibt, ist dabei regelmäßig prima facie zu unterstellen"; diese These des BFH geht m. E. in ihrer Allgemeinheit zu weit (kritisch auch Meincke, ZEV 1994 S. 17).
608 Siehe FG Düsseldorf, EFG 1989 S. 642.
609 Siehe BFH vom 05.03.1980, BStBl 1980 II S. 402.
610 Siehe BFH vom 12.07.1979, BStBl 1979 II S. 631, vom 01.07.1992, BStBl 1992 II S. 921, vom 02.03.1994, BStBl 1994 II S. 366, vom 05.02.2004, BStBl 2004 II S. 366, vom 15.03.2007, BStBl 2007 II S. 472, und vom 17.10.2007, BStBl 2008 II S. 381; vgl. auch R E 7.1 Abs. 3 Satz 1 ErbStR 2011.
611 Siehe BFH vom 28.06.2007, BStBl 2007 II S. 785; kritisch insoweit Meincke, § 7 Rdnr. 79, mit dem Argument, diese Bestimmung schließe ihrem Wortlaut nach Gegenleistungen ohne Geldeswert nur bei Feststellung der Bereicherung aus, nicht aber bei Feststellung des Willens zur Unentgeltlichkeit.
612 Siehe BFH vom 02.10.1957, BStBl 1957 III S. 449.
613 Vgl. hierzu BFH vom 02.03.1994, BStBl 1994 II S. 366.
614 Siehe BFH vom 20.12.2000, BStBl 2001 II S. 454.

4.7 Schenkungen unter Lebenden – § 7 ErbStG

ernsthafte Zweifel hatte.[615] Dies gilt ebenfalls bei Abschluss eines Vergleichs (§ 779 BGB).[616] Auch das Sponsoren- und Mäzenatentum beruht auf dem Prinzip von vereinbarter Leistung und Gegenleistung (z. B. Werbeverträge). Bei einer Gleichwertigkeit von Leistung und Gegenleistung liegt also keine freigebige Zuwendung i. S. des § 7 Abs. 1 Nr. 1 ErbStG vor.[617]

c) Falls der Leistung des Zuwendenden eine Gegenleistung des Bedachten gegenübersteht, muss im Zeitpunkt des Vertragsschlusses das Bewusstsein vorhanden sein, dass Leistung und Gegenleistung sich nicht gleichwertig gegenüberstehen. Die Besteuerung kann also nur so weit reichen, wie dieses Bewusstsein vorhanden ist. Für die Wertvorstellungen kommt es in diesem Zusammenhang auf die bürgerlichrechtlichen Bewertungsgrundsätze an, wobei willkürliche Wertbemessungen der Beteiligten unbeachtlich sind. Bei einem sich danach ergebenden **groben Missverhältnis** von **Leistung** und **Gegenleistung** spricht zunächst eine **tatsächliche Vermutung** dafür, dass die Beteiligten dies auch erkannt haben.[618] Folglich muss derjenige, der behauptet, dass zumindest dem Zuwendenden das Missverhältnis nicht bekannt gewesen sei, dies durch entsprechend substantiierten Vortrag „untermauern".[619] Dies schließt nicht aus, dass auch bei einem groben Missverhältnis von Leistung und Gegenleistung im Einzelfall der „Bereicherungswille" fehlen kann, wenn nämlich der Zuwendende glaubt, dass er für seine Leistung eine angemessene Gegenleistung erhält. Während bei der Ermittlung des objektiven gemeinen Werts (Bereicherung) persönliche Verhältnisse und Liebhaberwerte außer Acht zu lassen sind, vielmehr insoweit der Preis maßgebend ist, der im gewöhnlichen Geschäftsverkehr nach der Beschaffenheit des Gegenstandes bei einer Veräußerung zu erzielen wäre, kann das Bewusstsein von dem besonderen Wert der Gegenleistung für die Frage des „Bereicherungswillens" durchaus wesentlich sein. Wer ein objektiv wertvolleres Wirtschaftsgut gegen ein geringwertigeres hingibt, wendet der Gegenpartei nichts zu, wenn das eingetauschte Wirtschaftsgut für ihn aus irgendeinem Grund einen dem hingegebenen gleichen Wert hat. Schon der Gedanke an einen hohen Wert der Gegenleistung, selbst wenn er sich diesbezüglich geirrt haben sollte, genügt, um den Willen zur Unentgeltlichkeit auszuschließen. Ebenso fehlt es hieran, wenn ein Käufer, getäuscht durch den Verkäufer, den Kaufgegenstand viel zu hoch bewertet und deshalb entsprechend überbezahlt.[620]

---

615 Siehe RFH, RStBl 1938 S. 5.
616 Siehe BFH vom 25.09.1953, BStBl 1953 III S. 308; vgl. auch BFH vom 11.06.1980, BStBl 1980 II S. 607.
617 Siehe H E 7.1 „Zuwendungen von Sponsoren und Mäzenen" Abs. 2 ErbStH 2011.
618 Siehe BGH, NJW 1972 S. 1709 und 1981 S. 1956.
619 Siehe BFH vom 10.09.1986, BStBl 1987 II S. 80; FG Rheinland-Pfalz, EFG 2000 S. 1020; H E 7.1 „Missverhältnis von Leistung und Gegenleistung" ErbStH 2011.
620 Siehe BFH vom 25.09.1953, BStBl 1953 III S. 308.

4 Steuerpflicht

d) Meincke[621] ordnet die erforderlichen Teilaspekte beim Willen zur Freigebigkeit in folgende drei Unterpunkte:

- Wille zur Bereicherung – wirtschaftlicher Vorteil beim Erwerber
- Wille zur Unentgeltlichkeit – ohne Gegenleistung und ohne rechtliche Verpflichtung
- Wille zur schenkweisen Zuwendung –[622] keine Regelung arbeits-, familien- oder gesellschaftsrechtlicher Beziehungen

Die Prüfung kann unter dem Gesichtspunkt des „Bereicherungswillens" nur zwei denkbare Resultate haben: entweder insgesamt (gemischte oder Auflagen-)Schenkung gem. § 7 Abs. 1 Nr. 1 ErbStG oder insgesamt nicht.

Bei allen Formulierungskünsten[623] wird in der Praxis die Entscheidung in diesem Punkt stets auf eine Nachweisfrage im Einzelfall hinauslaufen.

Beispiel:
Kommanditist K überträgt seinen Anteil an D. Die tatsächlich vereinbarte Abfindung (300.000 €) liegt unter der, die nach dem Gesellschaftsvertrag zu zahlen wäre (500.000 €). K beruft sich zur Erklärung des Minderentgelts darauf, dass er das Geld dringend benötigt habe.
Ob in diesem Fall der Wille zur Freigebigkeit i. S. des § 7 Abs. 1 Nr. 1 ErbStG bei K gegeben – und auch nachzuweisen – ist, ist eine Sachverhaltsfrage. Der BFH[624] formuliert: *„Zu prüfen ist, ob eine Bereicherung bei D eingetreten ist (nach bürgerlich-rechtlichen Bewertungsgrundsätzen) – das ist hier zu bejahen – und ob auf der Grundlage der K bekannten Umstände nach den Maßstäben des allgemein Verkehrsüblichen die Zuwendung der KG-Beteiligung zur Abgeltung der Leistungen des D erbracht worden ist. Bei einem auffallenden Missverhältnis von Leistung des K und Gegenleistung des D ist jedenfalls davon auszugehen, dass die Zuwendung unentgeltlich war (wohl gemischte Schenkung)."*
Maßgebend bei dieser Prüfung sind insgesamt die Verhältnisse im Zeitpunkt des Rechtsgeschäfts.

e) Das subjektive Erfordernis des Willens zur Freigebigkeit kann bei Schenkungen unter Lebenden – also nicht bei Erwerben von Todes wegen – auch den Höchstwert der Bereicherung festlegen. Ob eine Bereicherung vorliegt, ist nach bürgerlich-rechtlichen Bewertungsgrundsätzen zu ermitteln. Nur wenn danach eine Bereicherung vorliegt, ist ihr steuerpflichtiger Wert (§ 10 ErbStG) nach den steuerlichen Bewertungsgrundsätzen zu ermitteln. Das subjektive Element ist aber stets anhand der bürgerlich-rechtlichen Wertvorstellungen festzustellen. Das bedeutet, dass in den Fällen, in denen der Steuerwert höher sein sollte als der nach bürgerlichem Recht ermittelte Wert, Letzterer die obere Grenze der Bereicherung bildet, weil

---

621 Siehe § 7 Rdnr. 81 ff.
622 Siehe auch Klein-Blenkers, Die Bedeutung subjektiver Merkmale im Erbschaftsteuer- und Schenkungsteuerrecht, 1992.
623 Siehe das Musterbeispiel BFH vom 20.12.2000, BStBl 2001 II S. 454 unter 1. c) bb).
624 Siehe BFH vom 01.07.1992, BStBl 1992 II S. 921.

4.7 Schenkungen unter Lebenden – § 7 ErbStG

nur insoweit ein entsprechender Wille gegeben ist. Diese Überlegungen gehen im Wesentlichen auf Gedankengänge der BFH-Rechtsprechung zurück.[625] In diesem Zusammenhang können im Einzelfall Probleme auftauchen.

Beispiel:
Der A wendet B ein Grundstück zu, dessen Verkehrswert dem Grundbesitzwert entspricht. Im Gegenzug räumt B dem C ein lebenslängliches Wohnrecht an dem Grundstück ein. C verunglückt ein halbes Jahr später tödlich.

Die Frage der objektiven Bereicherung des B ist nach bürgerlich-rechtlichen Grundsätzen zu entscheiden. Es ist somit für die Wertermittlung des Wohnrechts – falls kein anderweitiger Barwert ermittelt ist – auf die durchschnittliche Lebenserwartung des C abzustellen. Dabei kann i. d. R. von der sich nach der Sterbetafel des Statistischen Bundesamtes ergebenden durchschnittlichen Lebenserwartung ausgegangen werden. Das gilt ausnahmsweise dann nicht, wenn am Stichtag objektiv mit einer an Sicherheit grenzenden Wahrscheinlichkeit vorauszusehen ist, dass die Lebenserwartung des Berechtigten geringer ist als die allgemeine statistische Lebenserwartung. Zur Ermittlung des Gegenwartswerts des Wohnrechts ist bei dieser bürgerlich-rechtlichen Betrachtungsweise § 16 BewG nicht zu prüfen. Ebenfalls kommt der – sich nachträglich ergebenden – tatsächlichen Dauer des Wohnrechts wegen des Stichtagsprinzips keine Bedeutung zu; § 14 Abs. 2 BewG ist hier nicht anwendbar.[626]

Nach Bejahung der Bereicherung dem Grunde nach im Hinblick auf bürgerlich-rechtliche Grundsätze ist die Bereicherung der Höhe nach zu ermitteln. Hierbei ist bezogen auf den Zeitpunkt der Ausführung der Zuwendung vom Steuerwert des Grundstücks der nach § 14 Abs. 1 BewG kapitalisierte Wert des Wohnrechts – hinsichtlich dessen Jahreswerts ist § 16 BewG zu beachten – in Abzug zu bringen. Zusätzlich ist nun allerdings beim Tod des C noch die steuerrechtliche Sondervorschrift des § 14 Abs. 2 BewG zu beachten. Die durch den vorzeitigen Wegfall des Wohnrechts infolge des Todes des C bei B tatsächlich eingetretene zusätzliche Bereicherung der Höhe nach ist nach Maßgabe dieser Vorschrift grundsätzlich zu erfassen. Da sich der Bereicherungswille aber wiederum allein nach bürgerlich-rechtlichen Bewertungsgrundsätzen richtet, bildet die nach bürgerlich-rechtlichen Grundsätzen ermittelte Bereicherung die obere Grenze für die Ermittlung der Schenkungsteuer.

Vor Inkrafttreten des ErbStRG vom 24.12.2008 erlangte diese Begrenzung regelmäßig keine Bedeutung, weil wegen der Unterbewertung des Grundbesitzes die nach steuerlichen Grundsätzen ermittelte Bereicherung trotz Berücksichtigung der zusätzlichen Bereicherung infolge des Todes des Wohnrechtsinhabers geringer ausfiel als der nach bürgerlich-rechtlichen Grundsätzen ermittelte, vom Bereicherungswillen umfasste Wert.

2) Zuwendungen unter Ehegatten, Lebenspartnern und nicht-ehelichen Partnern

Zuwendungen unter Ehegatten – Gleiches gilt für eingetragene Lebenspartner – können wie Zuwendungen zwischen Fremden den Tatbestand des § 7 Abs. 1 Nr. 1 ErbStG erfüllen, dann unterliegen sie der Schenkungsteuer. Es kann aber auch das objektive oder/und subjektive Tatbestandsmerkmal der Steuerpflicht fehlen, dann unterliegen sie nicht der Schenkungsteuer.

---
625 Siehe BFH vom 15.06.1956, BStBl 1956 III S. 252.
626 Siehe BFH vom 15.06.1956, a. a. O.

4 Steuerpflicht

a) Zivilrechtliche und schenkungsteuerrechtliche Probleme ergeben sich hier dann, wenn eine sog. **unbenannte Zuwendung** vorliegt, also eine, die ehebezogen, nicht ausdrücklich als entgeltlich oder als Schenkung bezeichnet ist (im engeren, ursprünglichen Sinne). Hierbei werden Zuwendungen in Form der Übertragung von Vermögenssubstanz nicht zum Zwecke der Vorteilsgewährung, also auch nicht um der Bereicherung willen, sondern vom zuwendenden Ehegatten mit der Vorstellung oder Erwartung des Bestands der Ehe oder (sonst) um der Ehe willen als Beitrag zur Verwirklichung oder Ausgestaltung, Erhaltung oder Sicherung der ehelichen Lebensgemeinschaft erbracht. Sie stützen sich damit **nicht** auf eine **schenkungsrechtliche**, sondern eine **familienrechtliche Causa**.[627] Dies gilt unabhängig davon, ob die Zuwendung von den Eheleuten ausdrücklich als Schenkung bezeichnet ist oder nicht. Zivilrechtlich liegt hier i. d. R. keine Schenkung i. S. des § 516 BGB vor,[628] allenfalls kann der Vorgang im Verhältnis zu Dritten, z. B. im Rahmen des § 2287 BGB, wie eine Schenkung behandelt werden.[629] Eine Schenkung ist bei unbenannten Zuwendungen unter Ehegatten regelmäßig deshalb zu verneinen, weil der zuwendende Ehegatte die Vorstellung hat, der zugewendete Gegenstand werde ihm letztlich nicht verloren gehen, sondern der ehelichen Lebensgemeinschaft und damit auch ihm selbst zugutekommen.[630]

Schenkungsteuerrechtlich waren die Meinungen unterschiedlich und wechselhaft.

- Hingewiesen sei zunächst nur auf: BFH vom 05.03.1980, BStBl 1980 II S. 402, vom 11.06.1980, BStBl 1980 II S. 607, und vom 28.11.1984, BStBl 1985 II S. 159 – hierin wurden der Zivil-Rechtsprechung folgend, nach der ehebezogene Zuwendungen i. d. R. keine Schenkungen sind, diese auch nicht als freigebige Zuwendungen eingestuft – ; vgl. hierzu ebenfalls gleichlautende Ländererlasse vom 10.11.1988, BStBl 1988 I S. 513.

- Von dieser Linie hat sich der BFH[631] alsbald wieder abgewandt, ohne sich allerdings mit der bisherigen familienrechtsbezogenen Rechtsprechung auseinanderzusetzen, und wie folgt entschieden: *„Die Schenkungsteuerpflicht unbenannter Zuwendungen beurteilt sich – nicht anders als bei sonstigen Zuwendungen – nach*

---

627 Siehe BGH, NJW 1992 S. 564, 1999 S. 2962 – grundlegend auch zur Abgrenzung zwischen ehebezogener Zuwendung und Ehegatteninnengesellschaft im Hinblick auf Ausgleichsansprüche im Falle des Scheiterns der Ehe – und 2006 S. 2330.
628 Vgl. BGH, FamRZ 1990 S. 600 und BGHZ 87 S. 145.
629 Siehe BGH, NJW 1992 S. 564.
630 Demgegenüber Zuwendungen der Eltern, die um der Ehe ihres Kindes willen an das Schwiegerkind erfolgen, nicht mehr als unbenannte Zuwendung (so noch BGH, BGHZ 129 S. 259 und FamRZ 2006 S. 394), sondern als Schenkung qualifizieren, weil die Schwiegereltern den Gegenstand regelmäßig in dem Bewusstsein übertragen, künftig hieran nicht selbst zu partizipieren, also die Zuwendung eine dauerhafte Verminderung des eigenen Vermögens zur Folge hat (BGH, BGHZ 184 S. 190); zur hierbei auftauchenden Frage nach einem schenkungsteuerrechtlich beachtlichen Durchgangserwerb des Kindes vgl. BFH vom 10.03.2005, BStBl 2005 II S. 412.
631 Siehe BFH vom 02.03.1994, BStBl 1994 II S. 366; vgl. auch BVerfG, UVR 1998 S. 57 zur verfassungsrechtlichen Unbedenklichkeit dieser Rechtsprechung.

4.7 Schenkungen unter Lebenden – § 7 ErbStG

§ 7 Abs. 1 Nr. 1 ErbStG. Die zivilrechtliche Verneinung einer Schenkung gem. § 516 BGB in diesen Fällen ist hier ohne Bedeutung. Ehebezogene Motive (Ausgleich für geleistete Mitarbeit, angemessene Beteiligung an den Früchten des ehelichen Zusammenwirkens) schließen die Unentgeltlichkeit (und den Willen zur Unentgeltlichkeit) nicht aus – also in der Regel Schenkungsteuerpflicht."[632]

Nach § **13 Abs. 1 Nr. 4a ErbStG** (s. u. 5.4.4) bleiben Zuwendungen unter Lebenden **steuerfrei**, mit denen ein Ehegatte dem anderen Ehegatten Eigentum oder Miteigentum an einem im Inland oder in einem Mitgliedstaat der Europäischen Union oder in einem Staat des Europäischen Wirtschaftsraums belegenen bebauten Grundstück verschafft, soweit darin eine Wohnung zu eigenen Wohnzwecken genutzt wird (Familienheim), oder mit denen er den anderen Ehegatten von eingegangenen Verpflichtungen im Zusammenhang mit der Anschaffung oder Herstellung des Familienheims freistellt. Für Zuwendungen, die ein Familienheim zum Gegenstand hatten, galt bis zum 30.05.1994 eine vergleichbare Befreiungsregelung durch gleichlautende Ländererlasse.[633] Als der BFH seine Rechtsprechung, nach der Zuwendungen unter Ehegatten, die dem Ziel dienten, das gemeinsam Erarbeitete angemessen unter ihnen zu verteilen, nicht als steuerpflichtig angesehen worden waren,[634] änderte und Ausgleichszuwendungen als uneingeschränkt steuerpflichtige Zuwendungen ansah,[635] hielt die Finanzverwaltung an ihrer Linie fest und erreichte durch das JStG 1996 mit Rückwirkung zum vorgenannten Datum für die bisher im Erlasswege angeordnete Befreiungsregelung eine gesetzliche Grundlage. Mit § 13 Abs. 1 Nr. 4a ErbStG – das ErbStRG vom 24.12.2008 hat die Bestimmung im Wesentlichen unverändert gelassen (Ausnahme: keine Beschränkung mehr auf inländische Familienheime; Steuerbefreiung auch bei nur teilweise zu eigenen Wohnzwecken genutzten Immobilien) – hat der Gesetzgeber die Rechtsprechung des BFH zu Zuwendungen unter Ehegatten grundsätzlich bestätigt. Die Befreiungsegelung für das Familienheim betreffende Zuwendungen als den typischen Fall unbenannter Zuwendungen zeigt, dass alle übrigen ehebedingten Zuwendungen Schenkungsteuer auslösen können.

Obwohl also insoweit – betrachtet man vorgenannte gesetzliche Regelung und die Rechtsprechung des BFH – die „Würfel als gefallen" angesehen werden können, sind letztlich nicht alle Zweifel ausgeräumt. Dem wirtschaftlich schwächeren Ehegatten ist m. E. schon während der Ehe – und nicht erst nach ihrer Beendigung – ein von der Rechtsordnung anerkannter Anspruch (schenkungsteuerfrei) auf angemessene ehebezogene Zuwendungen zuzuerkennen (s. auch Art. 6 Abs. 1 GG). Die

---

632 In diesem Sinne auch BFH vom 10.11.2004, BStBl 2005 II S. 188, und vom 17.10.2007, BStBl 2008 II S. 256; R E 7.2 ErbStR 2011.
633 Siehe gleichlautende Ländererlasse vom 10.11.1988, BStBl 1988 I S. 513, und vom 26.04.1994, BStBl 1994 I S. 297.
634 Siehe BFH vom 28.11.1984, BStBl 1985 II S. 159 betreffend Zuwendung zum Erwerb eines Familienheims.
635 Siehe BFH vom 02.03.1994, BStBl 1994 II S. 366.

4 Steuerpflicht

konsequente Anwendung der Grundsätze der BFH-Rechtsprechung wird von vielen Beteiligten nicht als gerecht empfunden werden. Bezeichnend ist, dass von sieben ähnlichen Fallgestaltungen, über die das Gericht zu entscheiden hatte,[636] die Finanzgerichte in sechs Fällen eine Schenkungsteuerpflicht verneint hatten. Auch in der Literatur äußerte sich unmittelbar im Anschluss an den Rechtsprechungswandel, durch den ehebezogene Zuwendungen als steuerpflichtig erklärt wurden, „Unbehagen". Felix[637] prophezeite, es würden Ausweichgestaltungen provoziert, z. B. gütervertragliche Modifizierungen der Zugewinngemeinschaft oder gar Beendigung der Zugewinngemeinschaft mit anschließender Wiederbegründung bzw. Darlehensvereinbarungen. Auch Söffing/Schmalz[638] haben ebenfalls auf die Möglichkeit der Aufhebung der Zugewinngemeinschaft und späterer Rückkehr in den gesetzlichen Güterstand sowie auf die Möglichkeit der Begründung von Darlehensverbindlichkeiten hingewiesen. Im Wesentlichen in die gleiche Richtung gehen auch die kritischen Überlegungen von Lamminger/Traxel[639] und Schwedhelm/Olbing.[640] Hingewiesen sei in diesem Zusammenhang auf die Rechtsprechung, wonach Eheleute von der Zugewinngemeinschaft auf die Gütertrennung übergehen und den Ausgleich steuerfrei vollziehen können, auch wenn sie anschließend alsbald zur Zugewinngemeinschaft zurückkehren wollen.[641] Ohne Wechsel des Güterstandes während fortbestehender Zugewinngemeinschaft hat demgegenüber der Ausgleich als freigebige Zuwendung zu gelten, weil eine gesetzliche Pflicht zur Ausgleichsleistung vor Beendigung des Güterstandes nicht besteht und der Bezug der Ausgleichsleistung im Hinblick auf den Gemeinschaftszweck der Ehe zum Ausschluss der Freigebigkeit nicht ausreichen soll.[642] Goertzen[643] verwies auf § 1360 BGB und sieht im Rahmen von angemessenen Unterhaltsleistungen die Möglichkeit von steuerfreien Zuwendungen. Grundlegend ist schließlich die m. E. überzeugende Kritik von Meincke[644]

---

636 Vgl. die Sachverhaltsschilderungen bei Albrecht, ZEV 1994 S. 149; s. auch BFH vom 02.03.1994 II R 47/92, BFH/NV 1994 S. 907.
637 Siehe BB 1994 S. 1342.
638 Siehe DStR 1994 S. 1185; ähnlich Brambring, ZEV 1996 S. 248.
639 Siehe DB 1995 S. 486.
640 Siehe BB 1995 S. 1717.
641 Siehe BFH vom 12.07.2005, BStBl 2005 II S. 843 mit dem Argument, die in § 1408 Abs. 1 BGB statuierte bürgerlich-rechtliche Gestaltungsfreiheit müsse auch das Schenkungsteuerrecht anerkennen, wenn es tatsächlich zu einer güterrechtlichen Abwicklung kommt; aus § 5 Abs. 2 ErbStG lasse sich eine Einschränkung, die zivilrechtliche Beendigung des gesetzlichen Güterstandes sei steuerlich nur bei einer endgültigen Beendigung anzuerkennen, nicht entnehmen.
642 Siehe BFH vom 24.08.2005 II R 28/02, BFH/NV 2006 S. 63, und vom 28.06.2007, BStBl 2007 II S. 785; in diesem Sinne auch die Auffassung der Verwaltung in R E 5.2 Abs. 3 ErbStR 2011 und H E 5.2 „Vorzeitiger Ausgleich bei fortbestehnder Zugewinngemeinschaft" ErbStH 2011. § 5 Abs. 2 ErbStG konstitutive Bedeutung zukomme und diese Bestimmung auf den „fliegenden" Zugewinnausgleich nicht anwendbar sei; zur gegenteiligen, eine Schenkungsteuerpflicht beim vorzeitigen Zugewinnausgleich verneinenden Ansicht ausführlich Hüttemann, DB 1999 S. 248.
643 DB 1994 S. 1792.
644 Siehe § 7 Rdnr. 85 ff. und ZEV 1994 S. 17.

4.7 Schenkungen unter Lebenden – § 7 ErbStG

sowie von Klein-Blenkers.[645] Die Rechtsprechung des BFH, die den familienrechtlichen Charakter der ehebezogenen Zuwendungen verneint, sie vielmehr in den Bereich der Freigebigkeit verlagert und damit den Ausgleich des gemeinsam Erarbeiteten in der Ehe steuerlich belastet, widerspreche dem ehelichen Partnerschaftsgedanken und könne deshalb nicht überzeugen. Auch lasse sie den Einwand unberücksichtigt, dass bei ehebezogenen Zuwendungen Bedenken bereits gegen das Merkmal des Willens zur Unentgeltlichkeit bestehen, weil dieser Wille nur dann vorliegen soll, wenn sich der Zuwendende bewusst ist, dass seine Leistung ohne rechtlichen Zusammenhang mit einem Gemeinschaftszweck erfolgt; bei ehebezogenen Zuwendungen stehe aber der Gemeinschaftszweck der Ehe eindeutig im Vordergrund. Gebel[646] zeigt als Freiräume für steuerfreie Vermögensverschiebungen bei intakter Ehe auf: neben Zuwendungen, die der Altersvorsorge oder einer gemeinsamen Ersparnis- und Rücklagenbildung aus Unterhaltsbeiträgen dienen, insbesondere solche, die zum Zweck der gemeinsamen Vermögensbildung im Rahmen einer Ehegatteninnengesellschaft vollzogen werden,[647] oder Ausgleichsansprüche, die bei Auflösung entstehen.

Zum Abschluss dieses Problemkreises – Schenkungsteuer bei unbenannten Zuwendungen – das nachfolgende

Beispiel:
Eheleute M und F leben im Güterstand der Zugewinngemeinschaft. F ist Hausfrau und führt den Haushalt auch selbst. Eigene Einkünfte hat sie nicht. Aus der Ehe sind drei Kinder hervorgegangen, die im gemeinsamen Haushalt der Eheleute aufwachsen und weitgehend von der F erzogen werden.

M und F erwerben im Laufe der Ehe als Miteigentümer zu je 1/2 ein Einfamilienhaus für eigene Wohnzwecke. Die Finanzierung erfolgt aus Mitteln des M. (Schriftliche) Vereinbarungen unter den Ehegatten hinsichtlich dieses Erwerbs bestehen nicht.

Weiterhin erwirbt M aus seinen Mitteln Wertpapiere zur gemeinsamen Alterssicherung. Aus diesem Grund überträgt er seiner Ehefrau die Hälfte der Wertpapiere. Weitere (schriftliche) Vereinbarungen unter den Ehegatten bestehen insoweit nicht.

Die Freistellung der F von der anteiligen Anschaffungsverbindlichkeit durch M unterliegt nach § 13 Abs. 1 Nr. 4a ErbStG nicht der Schenkungsteuer.

Der Erwerb der Wertpapiere durch F stellt nach Auffassung des BFH[648] und der Verwaltung[649] eine freigebige Zuwendung i. S. des § 7 Abs. 1 Nr. 1 ErbStG dar.

b) Richtet ein Ehegatte mit seinem Geldvermögen zu Gunsten seines Ehepartners ein sog. **Oderkonto** ein, so stellt dies i. H. von 50 % des Kontoguthabens eine freigebige Zuwendung i. S. des § 7 Abs. 1 Nr. 1 ErbStG dar.[650] Bei diesen Konten

---

645 Siehe ZEV 1994 S. 221.
646 Siehe BB 2000 S. 2017.
647 Siehe hierzu BGH, NJW 1999 S. 2962.
648 Siehe BFH vom 02.03.1994, BStBl 1994 II S. 366.
649 Vgl. R E 7.2 ErbStR 2011.
650 Siehe Hessisches FG vom 26.07.2001, EFG 2002 S. 34 mit Anmerkung Neu.

kann jeder Inhaber, weil im Verhältnis zur Bank Gesamtgläubiger i. S. von § 428 BGB, allein über das auf dem Konto ausgewiesene Guthaben verfügen. Von der Rechtsinhaberschaft gegenüber der Bank zu unterscheiden ist der für den Umfang der freigebigen Zuwendung relevante Guthabenanteil, der den einzelnen Gesamtgläubigern im Innenverhältnis zusteht. Ist ein Gesamtgläubiger im Innenverhältnis zur vollständigen oder teilweisen Weitergabe der erhaltenen Gelder verpflichtet, ist er letztlich nur in Höhe des verbleibenden Differenzbetrags bereichert. Nach § 430 BGB sind Gesamtgläubiger zueinander zu gleichen Teilen berechtigt. Von dieser Auslegungsregelung kann nur bei Vereinbarung eines anderen Teilungsmaßstabs als der vom Gesetz vermuteten hälftigen Beteiligung abgewichen werden.[651]

c) Verwendet ein Ehegatte **Vorbehaltsgut in das Gesamtgut,** liegt darin keine Schenkung an den anderen, mit ihm im Güterstand der Gütergemeinschaft lebenden Ehegatten, weil ihm nach § 1467 Abs. 2 BGB ein Ersatzanspruch gegen das Gesamtgut zusteht. Nur bei Verzicht auf diesen Ersatzanspruch kann ggf. eine Schenkung angenommen werden.[652]

Ob die Wahl zur Zusammenveranlagung (§ 26 EStG) zu einem Anspruch gegen den Ehegatten, der von der Zusammenveranlagung profitiert, führt, ist strittig.[653]

d) Ob und inwieweit **Leistungen** im Rahmen einer **eheähnlich geführten Lebensgemeinschaft** Schenkungsteuer auslösen, kann nach Auffassung der Verwaltung nur nach den allgemeinen Grundsätzen der freigebigen Zuwendung nach den Verhältnissen des Einzelfalls beurteilt werden.[654] Zivilrechtlich – aber ohne dass dem wie bei ehebezogenen Zuwendungen auch Bedeutung für die Beantwortung der Frage nach der Schenkungsteuerpflicht zukommt – ist entscheidend auf den Zweck der Zuwendung abzustellen. Nur wenn diese ausschließlich dem Partner zugutekommen soll, kommt eine Schenkung in Betracht. Die bei Ehegatten getroffene Unterscheidung zwischen Schenkung und unbenannter Zuwendung hat die Zivil-Rechtsprechung auf die Rechtsbeziehungen zwischen nichtehelichen Lebenspartner übertragen. In beiden Konstellationen erfolgen die Zuwendungen aufgrund der per-

---

651 Siehe in diesem Zusammenhang auch FG Rheinland-Pfalz, EFG 1995 S. 125, und FG Düsseldorf, EFG 1996 S. 242, wonach beim Erwerb durch Erbanfall das Guthaben auf „Oder"-Konten unabhängig davon, aus welchem Vermögensbereich das Guthaben ursprünglich stammte, bei Berechnung des steuerpflichtigen Erwerbs des überlebenden, mitberechtigten Ehegatten regelmäßig nur zur Hälfte zu berücksichtigen ist – erbschaftsteuerliche Konsequenz: der überlebende (Mit-)Kontoinhaber hat als Erbe selbst dann das halbe Guthaben zu versteuern, wenn die Mittel auf dem Gemeinschaftskonto aus seinem Vermögensbereich stammen –.
652 Siehe FG Münster, EFG 1993 S. 589.
653 Bejahend Niedersächsisches FG, EFG 1987 S. 571; verneinend FG Rheinland-Pfalz, DStRE 2002 S. 35.
654 Siehe BMF vom 03.01.1984, DB 1984 S. 327; vgl. auch List, DStR 1997 S. 1101, und FG Baden-Württemberg, EFG 1997 S. 1121.

4.7 Schenkungen unter Lebenden – § 7 ErbStG

sönlichen Beziehungen und Bindungen und sollen der Lebensgemeinschaft und damit auch dem Zuwendenden selbst zugutekommen.[655]

e) Bei Einzahlungen auf Sparkonten minderjähriger Kinder spricht eine – allerdings widerlegbare – Vermutung für das Vorliegen des Willens zur freigebigen Zuwendung.[656]

4.7.1.12 Zuwendungsgegenstand

Mit der Untersuchung des „Bereicherungswillens" ist auch die Frage nach dem Gegenstand der freigebigen Zuwendung verknüpft. Diese Frage ist insbesondere deshalb von Bedeutung, weil von ihrer Beantwortung die Entscheidung über den Bewertungsmaßstab abhängt.

Beispiel:
S übereignete im Jahr 2007 dem B 120.000 €. Mit diesem Geld erwarb dieser ein Grundstück; Grundbesitzwert vor der Erbschaftsteuerreform 60.000 €, Verkehrswert 120.000 €.
Ist hier der Geldbetrag Gegenstand der Schenkung, betrug der schenkungsteuerliche Wert 120.000 €. Ist hingegen das Grundstück Gegenstand der Schenkung, belief sich seinerzeit der schenkungsteuerliche Wert lediglich auf 60.000 €.

1) Vorbemerkung

In der Regel will der Zuwendende den Gegenstand zuwenden, den er dem Bedachten tatsächlich unmittelbar überträgt. Insbesondere aber dann, wenn **unmittelbar Geld** übertragen wird und der Bedachte mit dem **Geld (mittelbar)** einen **anderen Vermögensgegenstand** erwirbt, kann es im Einzelfall zweifelhaft sein, ob das Geld oder der hiermit erworbene Gegenstand Gegenstand der Schenkung ist. Von einer **unmittelbaren Schenkung** spricht man dabei, wenn der zugewendete Vermögensgegenstand (identisch) vom Schenker auf den Beschenkten übergeht, von einer **mittelbaren Schenkung** hingegen, wenn der vom Schenker dem Beschenkten zunächst zugewendete Vermögensgegenstand mit dem, der ihm nach dem Willen des Schenkers letztlich zugewendet werden soll, nicht identisch ist.

Beispiele:
a) S will B ein Grundstück schenken. Zu diesem Zweck übereignet S dem B ein ihm (= S) gehörendes Grundstück.
Es liegt eine unmittelbare Schenkung des Grundstücks vor.
b) S will B ein bestimmtes Grundstück schenken. Zu diesem Zweck übereignet S dem B 100.000 €. B erwirbt mit diesem Geld das Grundstück.
Es liegt eine mittelbare Schenkung des Grundstücks vor.

Die Entscheidung der Frage nach dem Gegenstand der Schenkung ist aufgrund der Umstände des Einzelfalls danach zu treffen, wie sich die Vermögensmehrung im

---
655 Siehe BGH, BGHZ 177 S. 193 auch zum bereicherungsrechtlichen Ausgleich bei Scheitern der Beziehung; vgl. hierzu auch OLG Düsseldorf, FamRZ 2009 S. 1219.
656 Siehe RFH, Mrozek-Kartei ErbStG 1925, § 3 R 12.

4 Steuerpflicht

Zeitpunkt der Ausführung der Schenkung beim Bedachten darstellt, d. h., worüber dieser im Verhältnis zum Zuwendenden tatsächlich und rechtlich endgültig frei verfügen kann.[657]

Danach gilt Folgendes: Ist Besteuerungsgrund eine Schenkung im Sinne des bürgerlichen Rechts, dann richtet sich ihr Gegenstand nach bürgerlichem Recht. Werden z. B. festverzinsliche Wertpapiere verschenkt, so sind folglich unter Beachtung des bürgerlichen Rechts neben den Wertpapieren auch die angefallenen, aber noch nicht fälligen Zinsen, die sog. Stückzinsen, mitverschenkt.[658] Nach dem bürgerlichen Recht kann bei Hingabe eines Geldbetrags zum Erwerb eines Gegenstandes entweder dieser oder der Geldbetrag Gegenstand der Zuwendung sein. Dabei ist die Zuwendung nicht notwendig eine unmittelbare Verfügung des Schenkers an den Beschenkten; sie kann z. B. in den Fällen des § 328 Abs. 1 BGB oder des § 267 Abs. 1 BGB durch Vermittlung (mittelbar) eines – im eigenen Namen handelnden – Dritten erfolgen. Auch das Erfordernis der Bereicherung aus dem Vermögen des Schenkers setzt nicht voraus, dass der Gegenstand, um den der Beschenkte bereichert wird, sich vorher in derselben Gestalt in dem Vermögen des Schenkers befunden hat und wesensgleich übergeht; Entreicherungs- und Bereicherungsgegenstand müssen nicht identisch sein. Die Bereicherung aus dem Vermögen des Schenkers kann auch darin liegen, dass dieser einem anderen mit seinen Mitteln einen Gegenstand von einem Dritten verschafft, ohne dass der Schenker selbst zunächst Eigentümer geworden zu sein braucht. Denn es kann keinen rechtlichen Unterschied bedeuten, ob jemand einen fremden Gegenstand, den er verschenken will, sich zunächst selbst übertragen lässt und ihn dann an den Beschenkten weitergibt oder ob er ihn dem Beschenkten dadurch verschafft, dass er den Berechtigten aufgrund der mit diesem getroffenen Vereinbarungen veranlasst, den zu schenkenden Gegenstand (für Rechnung des Schenkers) unmittelbar an den Beschenkten zu übertragen. Dabei setzt eine bereichernde Zuwendung aus dem Vermögen eines anderen gem. § 516 Abs. 1 BGB nicht voraus, dass die Rechtsposition, um die der Beschenkte bereichert wird, zu den abtretbaren Vermögensrechten gehört. Es gibt keinen rechtlichen Grund für die Auffassung, dass stets der Gegenstand selbst geschenkt sein müsse, wenn die gesamten Anschaffungskosten vom Schenker kommen, umgekehrt aber nur eine Geldsumme geschenkt sein könne, wenn nur ein Teil des Anschaffungspreises zu Lasten des Schenkers geht.

Zur Lösung der Frage nach dem Gegenstand der Schenkung im Einzelfall ist die Ansicht, es komme allein darauf an, was der Beschenkte nach dem Willen des Schenkers schließlich erhalte, und nicht darauf, ob und wie es ihm der Schenker ver-

---

[657] Siehe BFH vom 26.09.1990, BStBl 1991 II S. 32, vom 09.11.1994, BStBl 1995 II S. 83, vom 13.03.1996, BStBl 1996 II S. 548, vom 04.12.2002, BStBl 2003 II S. 273, und vom 10.12.2004, BStBl 2005 II S. 188 m. w. N.; vgl. auch BGH, NJW 1972 S. 247.
[658] Siehe BFH vom 03.10.1984, BStBl 1985 II S. 73.

4.7 Schenkungen unter Lebenden – § 7 ErbStG

schaffe, in dieser Allgemeinheit zu weitgehend.[659] Auch die gemischte Schenkung ist im Umfang der Unentgeltlichkeit eine Schenkung. Eine der Schenkung beigefügte Auflage beeinflusst den Gegenstand der Schenkung nicht; erst die Ausführung der Schenkung berechtigt den Schenker, die Vollziehung der Auflage zu verlangen (§ 525 Abs. 1 BGB). Die Konsequenzen zeigt folgendes

Beispiel:
Die T kauft eine Eigentumswohnung für 430.000 €. In Anrechnung auf den Kaufpreis übernimmt sie durch Grundpfandrechte abgesicherte (Darlehens-)Verbindlichkeiten i. H. von 190.000 €. Den Kaufpreisrest von 240.000 € zahlt ihr Vater V für sie.
Dass nicht die gesamten Anschaffungskosten von 430.000 €, sondern nur ein Teilbetrag i. H. von 240.000 € von dem V stammt, ist unbeachtlich. Entscheidend kommt es allein darauf an, was nach dem Willen der T und des V als zugewendet gelten sollte; die Befreiung der T von ihrer durch Barzahlung zu tilgenden Teil der Kaufpreisschuld (§ 362 Abs. 1 BGB und § 267 Abs. 1 Satz 1 BGB) oder die Eigentumswohnung zu einem entsprechenden Teil.[660]

Naturgemäß spielte die Frage nach dem Gegenstand der Schenkung in der Praxis vor Inkrafttreten des ErbStRG vom 24.12.2008 insbesondere beim Grundbesitz (und beim Betriebsvermögen) eine erhebliche Rolle, weil seinerzeit die Höhe der Steuer im Hinblick auf die teilweise eklatante steuerliche Unterbewertung dieser Vermögensgegenstände – so erreichte der nach § 146 BewG ermittelte Grundbesitzwert von bebauten Grundstücken häufig nicht 50 % des Verkehrswerts, auch bei unbebauten Grundstücken lag der steuerliche Wert wegen des Abschlags nach § 145 Abs. 3 BewG ebenfalls deutlich unter dem von den Vertragsparteien bei Aushandeln eines Kaufpreises regelmäßig als Maßstab zugrunde gelegten Bodenrichtwert – je nach Schenkungsgegenstand sehr unterschiedlich sein konnte. Die Tendenz der Rechtsprechung des BFH wurde im Laufe der Zeit immer großzügiger, was die Annahme einer (mittelbaren) Grundstücksschenkung anbetrifft. Der entscheidende Wendepunkt war dabei die Erkenntnis, dass schenkungsteuerrechtlich, im Gegensatz zum bürgerlichen Recht, eine mittelbare Grundstücksschenkung auch dann vorliegen kann, wenn die Bebauung des dem Beschenkten bereits gehörenden Grundstücks durch den Schenker finanziert wird.[661] Die Finanzverwaltung hat die – für den Beschenkten als Steuerpflichtigen günstigen – Grundsätze der BFH-Rechtsprechung in R 16 ErbStR 2003/H 16 ErbStH 2003 bzw. nunmehr R E 7.3 ErbStR 2011/HE 7.3 ErbStH 2011 übernommen. Die dort niedergelegte Auffassung ist weitgehend unbestritten.

Zwar hat die Erbschaftsteuerreform durch die am gemeinen Wert orientierte Grundstücksbewertung (§ 177 BewG) der Abgrenzung zwischen mittelbarer Grundstücksschenkung und Geldschenkung erheblich an Bedeutung genommen. Die Rechtsfigur der mittelbaren Grundstücksschenkung hat jedoch weiterhin, wenn

---
659 Siehe BFH vom 09.11.1994, BStBl 1995 II S. 83.
660 Siehe BFH vom 13.04.1977, BStBl 1977 II S. 663.
661 Siehe BFH vom 03.08.1988, BStBl 1988 II S. 1025.

auch gegenüber dem früheren Rechtszustand auf deutlich geringerem Niveau, steuerliche Relevanz behalten. Dies ist z. B. dann der Fall, wenn der für den Grundbesitz der Besteuerung zugrunde zu legende Wert trotz der Ausrichtung der Grundbesitzwerte am gemeinen – dem Verkehrswert (Marktwert) nach § 194 BauGB entsprechenden – Wert gem. § 9 BewG niedriger als der transferierte Geldbetrag für die Grundstücksanschaffung oder Gebäudeerrichtung liegen sollte (z. B. Kaufpreis für unbebautes Grundstück höher als der entsprechende Bodenrichtwert; im Ertragswertverfahren ermittelter Wert bebauter Grundstücke niedriger als die Anschaffungskosten; Abschlag auf den nach BewG ermittelten Wert gem. § 13c ErbStG). Auch wirkt sich die unterschiedliche Einordnung einer Zuwendung als Grundstücks- oder Geldschenkung auf den Steuerentstehungszeitpunkt aus, denn die Geldschenkung gilt mit der Geldhingabe als ausgeführt (zur Grundstücksschenkung vgl. nachfolgend unter „Zuwendungszeitpunkt") – Unterscheidung kann Bedeutung erlangen im Hinblick auf § 14 ErbStG oder bei zwischenzeitlichen gesetzlichen Änderungen etwa der Freibeträge, Steuersätze –.

2) Schenkung des Geldbetrags unter einer Auflage

In der Hingabe von Geld zum Erwerb eines Grundstücks – sei es in Höhe der vollen oder eines Teils der Anschaffungskosten – ist eine Geldschenkung unter einer Auflage zu sehen, wenn der Schenker dem Beschenkten gegenüber lediglich zum Ausdruck bringt, dass dieser für den zugewendeten Geldbetrag im eigenen Namen und für eigene Rechnung **ein Grundstück** erwerben soll, ohne dass dabei schon feststeht, **um welches Grundstück** es sich genau handelt. Entsprechendes gilt, wenn der Schenker den Beschenkten lediglich verpflichtet, auf einem diesem gehörenden Grundstück nach eigenen Vorstellungen ein Gebäude zu errichten bzw. den Geldbetrag für die Errichtung eines solchen Gebäudes mit zu verwenden (= Baukostenzuschuss), ohne dass bereits bei Ausführung der Zuwendung ein konkretes Bauvorhaben besteht.[662]

Werden dem Beschenkten für den Ausbau des Grundstücks eines Dritten Geldmittel zugewendet und erhält der Beschenkte hierfür ein Dauerwohnrecht, ist Gegenstand der Schenkung der Geldbetrag, also keine mittelbare Schenkung des Grundstücks oder des Wohnrechts.[663]

Bei einer Geldschenkung z. B. unter der Auflage des Erwerbs eines nicht näher konkretisierten Grundstücks unterliegt der volle Geldbetrag der Besteuerung. Die dem Beschenkten selbst zugutekommende Auflage ist nach § 10 Abs. 9 ErbStG nicht abzugsfähig.

---

[662] Vgl. R E 7.3 Abs. 2 ErbStR 2011.
[663] Siehe BFH, ZEV 1998 S. 392.

4.7 Schenkungen unter Lebenden – § 7 ErbStG

3) Mittelbare Schenkung eines Grundstücks
a) Geldhingabe zum Erwerb eines Grundstücks

aa) Wird eine Schenkung in der Weise ausgeführt, dass der **Schenker** für die **Anschaffung eines genau bestimmten Grundstücks** den dafür erforderlichen **vollen Kaufpreis aufbringt,** sei es, dass er den Kaufpreis selbst an den Verkäufer zahlt oder dass er dem Beschenkten (= Käufer) die zur Begleichung der Kaufpreisschuld erforderlichen Mittel zur Verfügung stellt, so ist das Grundstück als zugewendet anzusehen und mit seinem steuerlich maßgebenden Wert der Besteuerung zugrunde zu legen. Kann nämlich der Beschenkte im Verhältnis zum Schenker nicht über das ihm ggf. übergebene Geld, sondern erst über das Grundstück frei verfügen, ist er auch nicht um die Geldsumme, sondern um das hiermit erworbene Grundstück bereichert.

Wesentlich für die **Anerkennung** einer **Grundstücksschenkung** ist es danach, dass in der Schenkungsabrede ein **bestimmtes Objekt** als Gegenstand der Zuwendung festgehalten wird. Ohne Bedeutung für die Einordnung der Zuwendung als Grundstücksschenkung ist es, ob im Vorfeld des Zuwendungsvorgangs der Schenker oder der Beschenkte die Auswahl des betreffenden Grundstücks getroffen hat.[664] Auch soll es für die Annahme einer mittelbaren Grundstücksschenkung ausreichen, wenn Mittel zum Erwerb eines Grundstücks aus einem abgegrenzten Kreis von Objekten gegeben werden.[665] Gegen das Grundstück als Zuwendungsgegenstand kann aber ein erheblicher zeitlicher Abstand zwischen Überlassung der Geldmittel und dem Erwerb des Grundstücks sprechen.[666] Um eine mittelbare Grundstücksschenkung annehmen zu können, muss der Geldbetrag vom Schenker grundsätzlich bereits bis zum Zeitpunkt des Erwerbs des Grundstücks zugesagt sein, wobei die Zusage zwar nicht der in § 518 Abs. 1 BGB bestimmten Form bedarf, aber nachweisbar sein muss; die Zahlung des vereinbarten Geldbetrags kann auch nach Übergang des Eigentums an dem Grundstück zwecks Tilgung der Kaufpreisschuld erfolgen. Werden die Geldmittel aber erst nach dem Grundstückserwerb zugesagt oder erhält sie der Bedachte erst nach Bezahlung des Kaufpreises, stellt sich die Vermögensmehrung im Zeitpunkt der Ausführung der Schenkung beim Bedachten als Geldzuwendung dar.[667] Ebenfalls zu verneinen ist eine mittelbare Grundstücksschenkung, wenn der Schenker dem Beschenkten Zinsvorteile aus der Gewährung eines unverzinslichen Darlehens zwecks Erwerbs eines konkreten Grundstücks zukommen lässt.[668]

---

664 Siehe Troll/Gebel/Jülicher, § 7 Rdnr. 97.
665 Zur Bestimmbarkeit s. Moench/Kien-Hümbert/Weinmann, § 7 Rdnr. 33; Crezelius, NWB Fach 10 S. 613.
666 Siehe BFH vom 28.11.1984, BStBl 1985 II S. 159; vgl. auch R E 7.3 Abs. 1 Satz 6 ErbStR 2011.
667 Siehe BFH vom 10.11.2004, BStBl 2005 II S. 188; Hessisches FG vom 22.01.2007, EFG 2007 S. 862; vgl. auch R E 7.3 Abs. 1 Satz 4 und 5 ErbStR 2011.
668 Siehe BFH vom 29.06.2005, BStBl 2005 II S. 800; hierzu auch Meincke, ZEV 2005 S. 492.

4 Steuerpflicht

Die Frage, ob von einer mittelbaren Grundstücksschenkung auch ausgegangen werden kann, wenn der Schenker einen von ihm erworbenen Grundstücksübereignungsanspruch an den Beschenkten abtritt,[669] dürfte sich nach der Erbschaftsteuerreform nicht mehr stellen, weil durch die Erfassung mit dem gemeinen Wert sowohl des Grundstücks als auch des Anspruchs auf Übereignung man zu einem identischen Zuwendungswert gelangt.

Übernimmt der Schenker die Kosten für den Erwerb eines bestimmten Grundstücks mit einem Gebäude im Zustand der Bebauung (z. B. einem Rohbau), ohne auch die Kosten für die endgültige Fertigstellung des Gebäudes zu tragen, so ist die Zuwendung mit dem Steuerwert für ein Grundstück im Zustand der Bebauung anzusetzen (§ 196 BewG; § 12 Abs. 3 ErbStG).[670]

bb) Will der **Schenker** dem Beschenkten nur **einen Teil eines bestimmten Grundstücks zuwenden** und wird die Schenkung in der Weise ausgeführt, dass der **Schenker nur einen Teil** des im Übrigen vom Beschenkten aus eigenen Mitteln aufzubringenden **Kaufpreises für dieses Grundstück übernimmt**, so gilt der Teil des Grundstücks als zugewendet, der dem Verhältnis des zugewendeten Geldbetrags zum Gesamtkaufpreis entspricht.[671] Stellt der Schenker dem Beschenkten für die Anschaffung eines mit Hypotheken oder Grundschulden belasteten Grundstücks den Restkaufpreis zur Verfügung, während die durch Hypothek bzw. Grundschuld gesicherten (Darlehens-)Verbindlichkeiten vom Beschenkten übernommen werden, so gilt der dem Restkaufpreis entsprechende Teil des Grundstücks als zugewendet.[672]

Beispiel:
B kaufte im Jahr 2007 von V ein Grundstück für 400.000 € (Grundbesitzwert: 200.000 €), das mit valutierenden Grundpfandrechten i. H. von 100.000 € belastet war, die B einschließlich der abgesicherten Verbindlichkeiten übernahm. Den restlichen Kaufpreis von 300.000 € zahlte der S; irrelevant insoweit, ob durch unmittelbare Überweisung des Geldes an den V oder durch Überweisung des Geldes an den B, der nach Zahlungseingang seine Restkaufpreisschuld gegenüber V erfüllt.

Wert der Zuwendung:

$$\frac{300.000\ \text{€} \times 100.000\ \text{€}}{400.000\ \text{€}}\ (= 75\ \%)\ \text{von}\ 200.000\ \text{€} = \mathbf{150.000\ \text{€}}$$

---

669 Bejahend: BFH vom 10.11.2004, BStBl 2005 II S. 188; ebenso bereits FG Münster, UVR 1998 S. 205; a. A. aber FG Baden-Württemberg vom 18.09.1998, EFG 2001 S. 376; s. hierzu auch BFH vom 21.05.2001 II R 10/99, BFH/NV 2001 S. 1401, wonach sich der Beschenkte verpflichtet haben muss, den Anspruch geltend zu machen und über ihn nicht anderweitig zu verfügen.
670 Siehe H E 7.3 „Mittelbare Grundstücksschenkung – Einzelfälle" Nr. 1 ErbStH 2011.
671 Zur Ermittlung des Gesamtkaufpreises etwa bei vom Erwerber getragenen Nebenkosten vgl. Meincke, § 7 Rdnr. 20.
672 Zu Vorstehendem vgl. H E 7.3 „Mittelbare Grundstücksschenkung – Einzelfälle" Nr. 2 Satz 1 und 2 ErbStH 2011.

4.7 Schenkungen unter Lebenden – § 7 ErbStG

Das Ergebnis änderte sich nicht, wenn anstelle der Übernahme der Grundpfandrechte der B einen Teil des Kaufpreises (= 100.000 €) selbst bezahlte oder wenn das Grundstück dem S gehörte und für 100.000 € von diesem an B übertragen wurde.

Verlagert man den Sachverhalt in das Jahr 2011 und geht man davon aus, dass der Steuerwert des Grundstücks sich mit dem Kaufpreis deckt – durch den mit dem ErbStRG eingeführten gemeinen Wert als Bewertungsmaßstab keine realitätsferne Annahme –, kommt man beim Wert der Zuwendung zum selben Ergebnis (= 300.000 €), ob man von einer mittelbaren Grundstücksschenkung ausgeht oder den Geldbetrag als Zuwendungsgegenstand ansehen würde.

cc) Trägt der **Schenker** aber nur einen **unbedeutenden Teil** des im Übrigen vom Beschenkten aufgebrachten Kaufpreises, so ist nach allgemeiner Lebenserfahrung i. d. R. davon auszugehen, dass der Schenker lediglich einen Geldzuschuss zu einem vom Beschenkten in vollem Umfang für eigene Rechnung erworbenen Grundstück geleistet hat. Was als unbedeutender Teil des Kaufpreises anzusehen ist, ist nach den Umständen des Einzelfalls zu entscheiden. Es bestehen jedoch keine Bedenken, bis etwa 10 % des im Übrigen vom Beschenkten aufgebrachten Kaufpreises als unbedeutend anzusehen.[673] Anzumerken ist aber, dass die Beseitigung der gravierenden Unterbewertung des Grundbesitzes auch dieser Streitfrage im Ergebnis (fast) jegliche Relevanz genommen hat.

dd) Die vorherigen Ausführungen gelten entsprechend, wenn mehrere Schenker gemeinsam Geld für die Anschaffung eines bestimmten Grundstücks zur Verfügung stellen. Soweit eine Grundstücksschenkung anzunehmen ist, gilt jeweils von dem einzelnen Schenker der Teil des Grundbesitzwerts des Grundstücks als zugewendet, der dem Verhältnis des von ihm zugewendeten Geldbetrags zum Gesamtkaufpreis entspricht.

Beispiel:
Der Kaufpreis des Grundstücks belief sich auf 500.000 €, der Grundbesitzwert vor Inkrafttreten der Erbschaftsteuerreform 200.000 €. S1 übernahm von dem Kaufpreis 150.000 €, S2 250.000 €.

Steuerwert der Zuwendung des S1: 30 % (= 150.000 € von 500.000 €) von 200.000 € = **60.000 €**.

Steuerwert der Zuwendung des S2: 50 % (= 250.000 € von 500.000 €) von 200.000 € = **100.000 €**.

b) Geldhingabe zur Errichtung eines Gebäudes

aa) Wenn der **Schenker** die **Kosten** des **Erwerbs** eines **bestimmten unbebauten Grundstücks und der im Anschluss** daran auf diesem **Grundstück erfolgenden Errichtung** des **Gebäudes übernimmt,** so liegt eine einheitliche Zuwendung eines bebauten Grundstücks vor; maßgebend ist dessen Grundbesitzwert. Das Gleiche

---

[673] Vgl. R E 7.3 Abs. 3 ErbStR 2011 und H E 7.3 „Mittelbare Grundstücksschenkung – Einzelfälle" Nr. 2 Satz 5 und 6 ErbStH 2011; zur Ablehnung dieser Bagatellgrenze s. Hessisches FG, UVR 1994 S. 248, und FG Rheinland-Pfalz, ZEV 1996 S. 356; zustimmend aber FG München vom 30.07.2003, DStRE 2003 S. 1462.

gilt, wenn der Schenker die Kosten des Erwerbs eines Grundstücks im Zustand der Bebauung und die Restkosten für die Fertigstellung des Gebäudes übernimmt.

Übernimmt der Schenker zwar die vollen Kosten des Erwerbs eines Grundstücks, aber nur einen Teil der Kosten der Errichtung bzw. Fertigstellung des Gebäudes, so ist vom Grundbesitzwert des bebauten Grundstücks der Teil anzusetzen, der dem Verhältnis des insgesamt hingegebenen Geldbetrags zu den Gesamtkosten für Grundstückserwerb und Gebäudeerrichtung entspricht.[674]

bb) Als mittelbare Grundstücksschenkung einzuordnen ist auch der Fall, dass der **Schenker** die **Kosten** der **Errichtung** eines **Gebäudes** auf einem dem **Beschenkten** bereits **gehörenden**[675] oder **von ihm noch zu erwerbenden Grundstück**[676] **übernimmt.** Wenn der Schenker die Finanzierung eines Haubaus auf dem Grundstück des Beschenkten übernimmt, dann wendet er ihm einen Grundstücksteil zu, dessen Wert sich aus der Differenz zwischen dem Wert des bebauten und des unbebauten Grundstücks ergibt – zumindest bei der Bewertung im Vergleichswertverfahren wird dieser Wert sich mit den Finanzierungskosten decken oder sich ihnen jedenfalls annähern –.[677]

Den Herstellungsaufwand übersteigende Finanzierungskosten bilden eine – zusätzliche – Geldschenkung.[678] Es empfiehlt sich daher, um das Risiko einer zusätzlichen Geldschenkung auszuschalten, ein entsprechendes Rückforderungsrecht vertraglich vorzusehen (§ 29 Abs. 1 Nr. 1 ErbStG). Soweit der Bedachte zum Vorsteuerabzug berechtigt ist, sind die Herstellungskosten mit den Nettobeträgen anzusetzen.

cc) Stellt der Schenker dem Bedachten den Betrag in Höhe der maßgeblichen Herstellungskosten vor deren Fälligkeit zinslos zur Verfügung, liegt darin eine weitere freigebige Zuwendung: Möglichkeit der Kapitalnutzung, die unter Berücksichtigung der Fälligkeit der Herstellungskosten nach § 12 Abs. 1 ErbStG i. V. m. § 15 Abs. 1 BewG zu bewerten ist.[679]

---

674 Zu Vorstehendem H E 7.3 „Mittelbare Grundstücksschenkung – Einzelfälle" Nr. 4 ErbStH 2011.
675 Siehe BFH vom 03.08.1988, BStBl 1988 II S. 1025 – anders noch BFH vom 27.04.1977, BStBl 1977 II S. 731.
676 Siehe BFH vom 06.03.1985, BStBl 1985 II S. 382; vgl. auch H E 7.3 „Mittelbare Grundstücksschenkung – Einzelfälle" Nr. 5 ErbStH 2011.
677 Zur Möglichkeit, unter Geltung des „alten" Erbschaftsteuerrechts bei Ermittlung des Gebäudewerts nach § 146 BewG „günstige", aber auch die frühere bewertungsrechtliche „Absurdität" zeigende Ergebnisse erreichen zu können, s. Reich, ZEV 2003 S. 349, und Vorauflage S. 238.
678 Siehe BFH vom 04.12.2002, BStBl 2003 II S. 273, wonach der Umfang der überschießenden Geldschenkung erst mit der Bezugsfertigkeit des Gebäudes nach Abzug etwa erzielter Kapitalerträge, Kursgewinne feststeht, sodass ausnahmsweise ein einheitliches Steuerentstehungsdatum für beide Zuwendungen anzunehmen ist.
679 Siehe BFH vom 04.12.2002, BStBl 2003 II S. 273; vgl. hierzu auch FG Baden-Württemberg vom 24.09.2003, DStRE 2004 S. 474, wonach der Vorteil aus der vorzeitigen zinslosen Kapitalüberlassung auch trotz Einkalkulierung in die Finanzierungskosten des Hausbaus nicht als mittelbare Grundstücksschenkung gewertet werden kann.

4.7 Schenkungen unter Lebenden – § 7 ErbStG

dd) Auch der spätere Erlass eines entsprechend zweckgebundenen Darlehens kann anteilige Grundstücksschenkung sein,[680] zumindest wenn der Erlass vor Erlangung des Eigentums am Grundstück erfolgt und nicht nur in Aussicht gestellt wird. Geldschenkung aber wurde bei Erlass eines für Grundstückserwerbszwecke gewährten Darlehens nach Grundstückserwerb angenommen – was dem Beschenkten gehört, kann ihm nicht mehr geschenkt werden –.[681]

Nimmt der Beschenkte (Bauherr) zunächst ein (Fremd-)Darlehen auf und wird dieses nach Fertigstellung des Gebäudes durch den Schenker aufgrund eines vor der Gebäudeerrichtung abgegebenen Schenkungsversprechens getilgt, so liegt keine (mittelbare) Grundstücksschenkung vor. Der auf Finanzierung des Gebäudes gerichtete Parteiwille ändert hier nichts daran, dass in dem für die Bestimmung des Schenkungsgegenstandes maßgebenden Zeitpunkt der Zuwendung (§ 9 Abs. 1 Nr. 2 ErbStG) sich die Vermögensverschiebung im Vermögen des Beschenkten nicht durch den Erwerb eines Gebäudes auswirkt, sondern tatsächlich und endgültig durch Tilgung der Darlehensschuld und folglich entsprechende Minderung der Verbindlichkeit.[682]

ee) Den vorstehenden Grundsätzen entsprechend ist zu verfahren, wenn vom Schenker die Kosten der Errichtung eines Gebäudes auf dem Grundstück eines Dritten übernommen werden, das nach Fertigstellung des Gebäudes auf den Beschenkten übertragen werden soll und tatsächlich übertragen wird.[683] Unterbleibt die Grundstücksübertragung, so ist Gegenstand der Schenkung ein Gebäude auf fremdem Grund und Boden (§ 195 BewG).

Bei nur teilweiser Übernahme der Baukosten durch den Schenker bzw. bei Übernahme der Baukosten durch mehrere Schenker gilt dasselbe wie bei „Übernahme eines Teils des Kaufpreises für das Grundstück durch den Schenker" bzw. bei „Übernahme des Kaufpreises für das Grundstück durch mehrere Schenker".

c) Geldhingabe für An-, Aus-, Umbauten etc.

Nachdem die Verwaltung[684] ursprünglich bei Übernahme der Kosten für An-, Aus- oder Umbauten sowie Reparaturmaßnahmen nur dann von einer mittelbaren Grundstücksschenkung ausgehen wollte, wenn dies mit der Zuwendung des Grundstücks oder des Gebäudes insgesamt einhergeht, ist der BFH auch in diesem Bereich seiner großzügigen Linie gefolgt; die Grundsätze der mittelbaren Grund-

---

680 Siehe FG Düsseldorf, EFG 1988 S. 314; ähnlich Niedersächsisches FG, EFG 1989 S. 187.
681 Vgl. FG München, UVR 1991 S. 214; Hessisches FG, EFG 1995 S. 77; Begründung deshalb nicht überzeugend, weil die Rechtsprechung z. B. bei Geldgewährung für die Errichtung eines Gebäudes auf einem dem Beschenkten bereits gehörenden Grundstück eine Grundstücksschenkung für möglich erachtet – s. auch Hartmann, UVR 2003 S. 19 –.
682 Siehe BFH vom 09.11.1994, BStBl 1995 II S. 83; vgl. auch FG München vom 15.09.1999, DStRE 2000 S. 256.
683 Siehe BFH vom 06.03.1985, BStBl 1985 II S. 382.
684 Siehe gleichlautende Ländererlasse vom 02.11.1989, BStBl 1989 I S. 443 Rdnr. 3.

stücksschenkung sind danach auf grundstücksbezogene Verwendungen, wie die vollständige oder nur teilweise Finanzierung eines Anbaus, anwendbar.[685] Zumindest dann, wenn die Baumaßnahme etwas Neues schafft – bei Aus-, Anbauten regelmäßig der Fall – und unter einkommensteuerrechtlichen Gesichtspunkten als Herstellungsaufwand einzuordnen ist, kann in der Übernahme der entsprechende Kosten durch den Schenker eine mittelbare Sachzuwendung liegen. Der Wert der Zuwendung liegt in der Erhöhung des für die Besteuerung relevanten Werts des Grundstücks nach Durchführung der Anbau- oder Ausbaumaßnahme. Die Verwaltung hat sich der Auffassung des Gerichts angeschlossen[686] und damit eine Abkehr von ihrem früheren restriktiven Standpunkt vollzogen.

Wenn der Schenker die Kosten für Maßnahmen zur Reparatur, Modernisierung, Renovierung an einem Gebäude übernimmt, ist eine mittelbare Grundstücksschenkung nur dann anzunehmen, wenn diese Zuwendung in wirtschaftlichem Zusammenhang mit der Zuwendung eines bestimmten Grundstücks oder Gebäudes erfolgt und somit ein einheitliches Rechtsgeschäft angenommen werden kann.[687] Maßgebend ist auch insoweit die Werterhöhung im Steuerwert des Grundstücks nach Durchführung der genannten Maßnahmen.[688]

Als zusammenfassenden Überblick zu diesem Thema siehe nachfolgende Zusammenstellung:[689]

---

685 Siehe BFH vom 13.03.1996, BStBl 1996 II S. 548.
686 Siehe bereits H 16 „Mittelbare Grundstücksschenkung – Einzelfälle" Nr. 7 ErbStH 2003 und nunmehr H E 7.3 „Mittelbare Grundstücksschenkung – Einzelfälle" Nr. 7 ErbStH 2011.
687 Siehe BFH vom 05.02.1986, BStBl 1986 II S. 460.
688 Siehe FG Düsseldorf vom 08.11.2000, EFG 2001 S. 150.
689 Vgl. Moench, DStR 1990 S. 336; zur Problematik von mittelbarer Grundstücksschenkung oder Geldschenkung – noch zur Rechtslage vor der ErbSt-Reform – s. auch Söffing, ZErb 2004 S. 39; Hartmann, ErbStB 2005 S. 224; Weinhardt, INF 2005 S. 67.

4.7 Schenkungen unter Lebenden – § 7 ErbStG

Steuerliche Variationen der mittelbaren Grundstücksschenkung	
Der Schenker übernimmt	Bemessungsgrundlage der Schenkungsteuer
1. – den gesamten Kaufpreis des zu erwerbenden Grundstücks	– Steuerwert des Grundstücks
2. – mehr als den Kaufpreis	– Ansatz des überschießenden Geldbetrags neben dem Steuerwert des Grundstücks
3. – einen Teil des Kaufpreises (mehr als 10 %)	– der Anteil des Steuerwerts, der dem Anteil des Geldbetrags am Gesamtkaufpreis entspricht
4. – einen unbedeutenden Teil des Kaufpreises	– Ansatz des zugewendeten Geldbetrags, strittig
5. – den Kaufpreis eines Grundstücks im Zustand der Bebauung	– Ansatz des speziellen Steuerwerts nach § 12 Abs. 3 ErbStG i. V. m. § 196 BewG
6. – den Kaufpreis eines Baugrundstücks und die vollen Baukosten	– Steuerwert des fertig bebauten Grundstücks (Annahme einer einheitlichen Schenkung)
7. – den Kaufpreis eines Baugrundstücks und einen Teil der Baukosten	– der Anteil des Steuerwerts des bebauten Grundstücks, der dem Verhältnis des zugewendeten Geldbetrags zu den Gesamtkosten für Erwerb und Bebauung des Grundstücks entspricht
8. – die Kosten eines Gebäudes, das auf dem Grundstück des Beschenkten errichtet wird	– Ansatz des Teils des Steuerwerts des bebauten Grundstücks, der auf das Gebäude entfällt
9. – die Kosten eines Gebäudes, das zunächst auf dem Grundstück eines Dritten errichtet wird	
10. – die Kosten für Um-, Aus- oder Anbauten oder Reparaturmaßnahmen u. Ä.	– Werterhöhung im Steuerwert des Grundstücks

d) Zusammenfassung

In der Praxis dürften jedenfalls die Fälle, die in den ErbStR 2011 bzw. ErbStH 2011 geregelt sind, problemlos sein. Abschließend ist diese – für die Verwaltung

4 Steuerpflicht

bindende – Anweisung jedoch naturgemäß nicht, sodass darüber hinausgehende Sachverhalte in Zukunft noch die Rechtsprechung beschäftigen können, auch wenn die früher häufig als Steuersparmodell bezeichnete Rechtsfigur der mittelbaren Grundstücksschenkung durch die mit der Erbschaftsteuerreform angestrebte und regelmäßig erreichte Heranführung der Grundbesitzwerte zumindest in die Nähe der Verkehrswerte weitgehend an Attraktivität verloren hat.

So soll z. B. in dem Eintritt des einen Ehegatten in einen Grundstückskaufvertrag des anderen Ehegatten eine Schenkung des anderen Ehegatten über den halben Grundstücksanteil liegen.[690] In der Schenkung des Sachleistungsanspruchs auf Verschaffung des Eigentums an gekauften Wohnungen durch den Käufer soll (erst recht) eine mittelbare Grundstücksschenkung an den Bedachten liegen.[691]

Umgekehrt ist Gegenstand der Schenkung nicht der mit dem Grundbesitzwert zu bewertende Miteigentumsanteil am Grundstück, sondern der Anteil an der mit dem Nennwert zu bewertenden Kaufpreisforderung, wenn durch formgültigen Vertrag schenkweise ein Miteigentumsanteil an einem Grundstück versprochen, das Grundstück gleichzeitig an einen Dritten veräußert und dabei vereinbart wird, dass der Beschenkte von dem Erwerber des Grundstücks einen seinem Miteigentumsanteil entsprechenden Anteil am Kaufpreis erhalten soll,[692] weil der Wille der Parteien zur Grundstücksschenkung hier mangels tatsächlicher Ausführung unbeachtlich bleiben muss. Eine Geldschenkung ist ebenfalls anzunehmen, weil der Beschenkte zu keiner Zeit das Eigentum oder die im Rahmen des § 9 Abs. 1 Nr. 2 ErbStG dem Eigentumserwerb gleichgestellte Position eines Erwerbsberechtigten am Grundstück erlangt hatte,[693] wenn anlässlich des Verkaufs eines Grundstücks einer der bisherigen Miteigentümer dem anderen seinen Erlösanteil überlässt, selbst wenn die Schenkungsabrede sich vom Wortlaut her auf den Miteigentumsanteil bezogen haben sollte. Der wirkliche, durch die anderslautende Abrede nur verdeckte Parteiwille ist auf die Zuwendung des Erlösanteils gerichtet.[694]

Als Quintessenz bleibt festzuhalten: „Missglückte" Grundstücksschenkungen, also solche, bei denen nicht der Grundbesitzwert, sondern der Geldbetrag für die Besteuerung maßgebend ist, dürften bei sorgfältiger Planung nicht mehr unterlaufen, auch wenn die Erbschaftsteuerreform dazu geführt hat, dass es vom steuerlichen Ergebnis her betrachtet vielfach bedeutungslos ist, ob eine Grundstücks-

---

690 Siehe FG Berlin, EFG 1988 S. 34.
691 Siehe FG München, UVR 1998 S. 205.
692 Siehe BFH vom 06.03.1985, BStBl 1985 II S. 380; vgl. auch Hessisches FG vom 12.12.2002, EFG 2003 S. 870.
693 In diesem Sinne Hessisches FG vom 12.12.2002, EFG 2003 S. 870.
694 Siehe BFH vom 26.09.1990, BStBl 1991 II S. 32; vgl. auch BFH vom 09.11.1994, BStBl 1995 II S. 83.

4.7 Schenkungen unter Lebenden – § 7 ErbStG

oder Geldschenkung anzunehmen ist, zumindest lassen sich „missglückte" Grundstücksschenkungen heute viel eher „verschmerzen".[695] Unter Zugrundelegung der vorstehend dargestellten Kriterien wird umgekehrt also eine Grundstücksschenkung – nach dem Willen des Zuwendenden ist Gegenstand der Schenkung ein Grundstück – nicht dadurch zu einer Geldschenkung, dass der Beschenkte das Grundstück noch am Tage der Schenkung veräußert[696] und diese Möglichkeit der Geldbeschaffung Motiv der Schenkung ist (Frage des Gestaltungsmissbrauchs gem. § 42 AO durch Beseitigung der Unterbewertung von Grundbesitz nunmehr eher vernachlässigenswert). War der Beschenkte in einem solchen Fall allerdings im Verhältnis zum Schenker rechtlich verpflichtet, das Grundstück an einen bestimmten Dritten zu veräußern, oder konnte er sich der Veräußerung infolge einer tatsächlichen Zwangssituation nicht entziehen, so kann im Wege der Auslegung Geld- und nicht Grundstücksschenkung anzunehmen sein.[697] Eine Grundstücksübertragung zum Zweck der Geldbeschaffung ist immer dann Geldschenkung, wenn nach dem Willen des Zuwendenden das Geld Schenkungsgegenstand ist, was in der Praxis – nach der Erbschaftsteuerreform mit ihrer durchgängig am gemeinen Wert ausgerichteten Bewertung wird Annahme von Geldschenkung zwar häufig nicht mehr wie früher erheblich nachteilhaft, aber auch nicht vorteilhaft sein – wohl kaum vorkommen wird.

4) Erwerb von Todes wegen

Beim Erwerb von Todes wegen finden die Grundsätze der mittelbaren Grundstücksschenkung keine Anwendung.[698] Während bei einer Schenkung die Vermögensmehrung des Bedachten in anderer Gestalt erscheinen kann als die Vermögensminderung des Schenkers, besteht beim **Erwerb durch Erbanfall** – auch wenn dieser auf einem Erbvertrag beruht – grundsätzlich **Identität** zwischen dem, was der Erblasser im Todeszeitpunkt hatte, und demjenigen, was auf den Erben im Wege der Gesamtrechtsnachfolge übergeht. Deshalb kann ein Grundstück nicht Gegenstand des Erwerbs von Todes wegen und damit nicht Besteuerungsgegenstand sein, wenn es der Erbe erst unter Einsatz von ererbtem Geld erwirbt, auch wenn er damit einen Plan des Erblassers umsetzt.

5) Gesellschaftsanteil als Zuwendungsobjekt

R E 7.3 ErbStR 2011 behandelt zwar ausdrücklich nur Zuwendungen von Geld oder Grundstücken. Aber in der **Hingabe** eines **jeden Vermögensgegenstandes** kann **mittelbar** die **Schenkung** eines **anderen Vermögensgegenstandes** gesehen werden,

---

695 Welche „Blüten" das früher treiben konnte, zeigt das Urteil des FG Rheinland-Pfalz vom 06.04.2000, DStRE 2000 S. 758.
696 Siehe BFH vom 12.12.1973, BStBl 1974 II S. 251.
697 Siehe BFH vom 26.09.1990, BStBl 1991 II S. 320; vgl. auch BFH vom 09.06.1993 II B 11/93, BFH/NV 1994 S. 102.
698 Siehe BFH vom 23.01.1991, BStBl 1991 II S. 310, vom 28.06.1995, BStBl 1995 II S. 786, und vom 10.07.1996 II R 32/94, BFH/NV 1997 S. 28.

4 Steuerpflicht

vorausgesetzt der Beschenkte kann im Verhältnis zum Schenker nicht über das ihm unmittelbar Zugewendete, sondern (erst) über das Surrogat desselben verfügen. Der Frage nach dem Gegenstand der Schenkung kommt daher auch bei Schenkungen im Bereich des Gesellschaftsrechts Bedeutung zu. Soweit sich Abgrenzungsschwierigkeiten in der Richtung ergeben, ob im Einzelfall Geld oder hiermit z. B. die Beteiligung an einer Personengesellschaft oder Kapitalgesellschaft geschenkt ist, gelten auch hier in vollem Umfang die vorstehend dargestellten Grundsätze.[699] Entscheidend ist, was der Beschenkte durch die Zuwendung erhält, nicht, was er sich unter Einsatz der Zuwendung anschließend verschafft.[700] Bedeutung kommt der mittelbaren Schenkung von Anteilen an einer Personen- oder Kapitalgesellschaft insbesondere im Hinblick auf §§ 13a, 13b ErbStG zu. Die Verwaltung sieht eine Übertragung von Vermögen dann als begünstigt an, wenn der Schenker dem Beschenkten einen Geldbetrag mit der Auflage zuwendet, dass der Erwerber vom Schenker unmittelbar gehaltene Gesellschaftsanteile erwirbt (nicht alltägliche Vorgehensweise regelmäßig ertragsteuerrechtlich motiviert), die mittelbare Schenkung wird aber dann nicht begünstigt, wenn die Beteiligung am Vermögen eines Dritten erfolgen soll, weil insoweit kein begünstigtes Vermögen vom Schenker auf den Erwerber übergeht.[701] Diese Differenzierung wirft die Frage auf, warum die Rechtsfigur der mittelbaren Schenkung zwar für die Bestimmung des Zuwendungsgegenstands heranzuziehen, für die Anwendbarkeit der Steuervergünstigung aber zu ignorieren sein soll. Dass begünstigtes Vermögen vom Schenker auf den Erwerber übergehen muss, also der Gegenstand der Bereicherung und der der Entreicherung identisch sein müssen, lässt sich dem Gesetzeswortlaut der Steuerbefreiungsvorschriften für Betriebsvermögen etc. nicht entnehmen. Aber auch bei Verneinung der Begünstigung der mittelbaren Schenkung, wenn die Zuwendung eines Geldbetrages mit der Auflage erfolgt, z. B. von einem Dritten gehaltene Gesellschaftsanteile zu erwerben, lässt sich durch entsprechende Gestaltung erreichen, in den Genuss der Steuerbefreiung zu kommen – keine Zuwendung eines Geldbetrages unter Auflage des Beteiligungserwerbs von einem Dritten, sondern Erwerb der

---

699 Siehe BFH vom 18.12.1972, BStBl 1973 II S. 329, vom 04.04.1976, BStBl 1976 II S. 632, und BVerfG vom 10.02.1976, BStBl 1976 II S. 311, sowie BFH, ZEV 2002 S. 427 zu Personengesellschaftsanteilen; bezüglich Kapitalgesellschaftsanteilen vgl. BFH vom 04.07.1984, BStBl 1984 II S. 772, und vom 19.06.1996, BStBl 1996 II S. 616, wo allerdings im konkreten Fall eine mittelbare Schenkung verneint wurde, sowie vom 16.02.2005, BStBl 2005 II S. 411; FG Münster vom 12.12.2000, EFG 2002 S. 338; zur mittelbaren Schenkung von Gesellschaftsanteilen s. auch Michel, DStR 1985 S. 588; Gebel, DStR 1992 S. 1341; zum Gesellschaftsanteil als Zuwendungsobjekt vgl. ferner Meincke, § 7 Rdnr. 18, und Moench/Kien-Hümbert/Weinmann, § 7 Rdnr. 24.

700 Siehe BFH vom 04.07.1984, BStBl 1984 II S. 772 zu GmbH-Anteilen als Zuwendungsobjekt, auch wenn die Gesellschafter nach Erhalt der Anteile von ihrem Vater noch am selben Tag die Umwandlung der Kapitalgesellschaft in eine GbR beschließen; vgl. hierzu auch Hessisches FG, EFG 1990 S. 433, wonach Einfluss auf das Zuwendungsobjekt nur eine rechtlich verbindliche Vorgabe des Schenkers für die Weiterverwendung des zunächst überlassenen Gegenstandes haben kann.

701 Vgl. R E 13b.2 Abs. 2 ErbStR 2011; ebenso bereits R 56 Abs. 2 ErbStR 2003 zu § 13a ErbStG a. F.; siehe hierzu auch Gebel, DStR 2003 S. 662.

4.7 Schenkungen unter Lebenden – § 7 ErbStG

Beteiligung mit dem Geld und dann Zuwendung des begünstigten Vermögens (einen Vermögensgegenstand selbst zu erwerben, um ihn dann zu verschenken, anstatt Geld für den Erwerb des Gegenstandes zuzuwenden, lässt sich keinesfalls mit § 42 AO begegnen) –.

Bezüglich Anerkennung einer Schenkung von Anteilen an Personengesellschaften, mitunternehmerischen Unterbeteiligungen an minderjährige Kinder s. insbesondere BFH vom 10.11.1987, BStBl 1989 II S. 758, und vom 27.01.1994, BStBl 1994 II S. 635; BayObLG, ZEV 1998 S. 107 mit Anmerkung von Hettler/Götz; Damrau, ZEV 2000 S. 209; zur Aufnahme in eine GbR vgl. LG München, ZEV 2000 S. 370; Lohsel/Triebel, ZEV 2000 S. 337.

6) Nießbrauch als Zuwendungsobjekt

Ist ein Nießbrauch Gegenstand der Zuwendung, so ergeben sich – neben einkommensteuerrechtlichen Fragen –[702] auch schenkungsteuerlich mehrere Problemkreise.[703] Man unterscheidet insoweit zwischen dem **Zuwendungsnießbrauch** (Nießbrauch selbst ist Gegenstand der Zuwendung), dem **Vorbehaltsnießbrauch** (mit Nießbrauch belastetes Vermögen ist Gegenstand der Zuwendung) und dem **Vermächtnisnießbrauch** (Gegenstand des Erwerbs von Todes wegen gem. § 3 Abs. 1 Nr. 1 ErbStG ist beim Vermächtnisnehmer der Nießbrauch, beim Erben das nießbrauchsbelastete Vermögen).

Die Bewertung des Nießbrauchs richtet sich nach den §§ 13 ff. BewG.

Die freigebige Zuwendung des **(Zuwendungs-)Nießbrauchs** fällt unter § 7 Abs. 1 Nr. 1 ErbStG (s. auch § 23 ErbStG). Erbringt der Bedachte eine Gegenleistung, wird es sich regelmäßig um eine gemischte Schenkung handeln. Die freigebige Zuwendung des **(Vorbehalts-)Nießbrauchs** fällt ebenfalls unter § 7 Abs. 1 Nr. 1 ErbStG – als Auflagenschenkung (Duldungsauflage) zu behandeln –, sodass vor der Erbschaftsteuerreform die mit Gesetz vom 24.12.2008 abgeschaffte Regelung des § 25 ErbStG anwendbar war.[704] Weitere schenkungsteuerrechtliche Sonderfragen ergeben sich beim Zuwendungsnießbrauch mit nachfolgendem Erwerb des Substanzvermögens (§ 14 ErbStG; s. u. 6.1.4) und beim Nießbrauchsvorbehalt mit nachfolgendem Verzicht auf den Nießbrauch,[705] beim Ende des Nießbrauchs generell –

---

702 Siehe hierzu „Nießbrauch-Erlass" vom 24.07.1998, BStBl 1998 I S. 914, geändert durch BMF vom 09.02.2001, BStBl 2001 I S. 171, und vom 29.05.2006, BStBl 2006 I S. 392.

703 Zum Teil die aus dem Zivilrecht und Steuerrecht auch sonst allgemein bekannten, zum Teil aber auch spezielle; vgl. Reift, Die Dogmatik der Schenkung unter Nießbrauchsvorbehalt und ihre Auswirkungen auf die Ergänzung des Pflichtteils und die Schenkungsteuer, 1989, insbesondere S. 298 ff.

704 Zur Unternehmensnachfolge durch Schenkungen von Gesellschaftsanteilen an Personengesellschaften unter Nießbrauchsvorbehalt s. Weber, DStZ 1991 S. 530.

705 Zur Tatbestandsmäßigkeit des § 7 Abs. 1 Nr. 1 ErbStG und zum Verhältnis zu § 25 Abs. 1 ErbStG a. F. vgl. BFH vom 17.03.2004, BStBl 2004 II S. 429; s. auch unter 7.4.2 und 7.6.2.2.

durch Zeitablauf oder Tod des Berechtigten, beim Eintritt einer auflösenden Bedingung, durch Konsolidation, durch Verzicht, durch Ablösung;[706] beim Nießbrauch an Grundbesitz.[707]

7) Zuwendungsobjekt im Zusammenhang mit Renten, Lebensversicherungen

Ferner spielt die Frage nach dem Gegenstand der Schenkung z. B. bei Rentenschenkungen eine Rolle. Abzugrenzen ist hier, ob **Gegenstand der Schenkung** das **Rentenstammrecht** ist, als dessen Erträge sich die einzelnen Rentenbezüge darstellen, oder ob es die **einzelnen Rentenleistungen** sind. Bei Schenkung des Rentenstammrechts entsteht die Steuerpflicht mit dem Zeitpunkt, in dem der Rentenbestellungsvertrag rechtliche Wirkung erlangt, und die Steuer ist nach dem Wert des Rentenstammrechts (§§ 13, 14 BewG) zu berechnen. Bei Schenkung der einzelnen Rentenleistungen entsteht demgegenüber die Steuerpflicht bezüglich jeder Rentenzahlung mit dem Zeitpunkt der Zahlung und die Steuer ist unter Beachtung des § 14 ErbStG zu berechnen.[708] Die Entscheidung dieser Frage hängt insbesondere davon ab, ob äußerlich erkennbar ein Dauerzustand geschaffen worden ist – dann Rentenstammrecht – oder nicht – dann einzelne Rentenleistungen –.[709]

Die Frage nach dem Gegenstand der Schenkung kann sich auch bei der „Zuwendung einer Kapitallebensversicherung" stellen (bedeutsam insbesondere für Bewertung und Stichtag). Abzugrenzen ist zwischen der **Zuwendung des Vertrages** (Bewertung nach § 12 Abs. 4 BewG mit dem Rückkaufswert) und der **Zuwendung der Versicherungssumme** (Bewertung nach § 12 Abs. 1 BewG mit dem Nennwert). Die – auch unwiderrufliche – Übertragung des Bezugsrechts aus einer Kapitallebensversicherung ist als solche nicht Gegenstand der freigebigen Zuwendung, sondern vielmehr (erst) die zur Auszahlung gelangende Versicherungsleistung, also Bewertung nicht nach § 12 Abs. 4, sondern Abs. 1 BewG. Denn hierdurch geht die Stellung als Versicherungsnehmer nicht verloren, sodass bis zum Ablauf der Versicherung das Dispositionsrecht über den Vertrag bei dem das Bezugsrecht Übertragenden verbleibt. Er kann den Vertrag weiterhin kündigen oder beitragsfrei stellen lassen und damit letztlich auch die Höhe der Versicherungsleistung beeinflussen. Anders als im Fall der Übertragung aller Rechte und Pflichten aus dem Versicherungsvertragsverhältnis beruht ein Wertzuwachs zwischen der Einräumung des Bezugsrechts und der Fälligkeit der Versicherungsleistung ausschließlich auf einer nur dem Versicherungsnehmer zuzurechnenden Vermögensposition.[710]

---

706 Siehe dazu Troll, BB 1985 S. 2099.
707 Vgl. dazu Troll, BB 1984 S. 1288; Winkeljohann, DB 1987 S. 353; Spiegelberger, ZEV 1994 S. 214, der den Vorbehaltsnießbrauch an privaten Grundstücken umfassend erläutert.
708 Siehe RFH, RStBl 1921 S. 157.
709 Siehe RFH, RStBl 1930 S. 819.
710 Siehe BFH vom 30.06.1999, BStBl 1999 II S. 742 mit Verweis auf BFH vom 11.07.1952, BStBl 1952 III S. 240, und vom 12.06.1953, BStBl 1953 III S. 247; vgl. hierzu auch Fiedler, DStR 2000 S. 533; Horlemann, DStZ 2000 S. 845; Hartmann, UVR 2001 S. 93.

4.7 Schenkungen unter Lebenden – § 7 ErbStG

4.7.1.13 Zuwendungszeitpunkt

1) Vorbemerkung

Für die schenkungsteuerliche Behandlung einer freigebigen Zuwendung ist weiterhin der Zeitpunkt der Zuwendung von Bedeutung. Gemäß § 11 ErbStG ist nämlich für die Wertermittlung der Zeitpunkt der Entstehung der Steuer maßgebend. Die Steuer entsteht nach § 9 Abs. 1 Nr. 2 ErbStG mit dem Zeitpunkt der Ausführung der Zuwendung. Durch die Verbindung der Steuerpflicht mit der Ausführung der Zuwendung wird zum Ausdruck gebracht, dass das Versprechen einer Zuwendung noch nicht als steuerpflichtiger Vorgang gilt. Der RFH[711] hatte den Sinn der Freistellung des Schenkungsversprechens von der Steuer darin gesehen, dass „in nicht seltenen Fällen eine Vollziehung der Schenkung unterbleibt, wodurch insofern einstweilen eine gewisse Unsicherheit hinsichtlich der wirtschaftlichen Lage des Schenkungsgläubigers entsteht". Entscheidend ist hiernach trotz des Forderungserwerbs die zunächst noch wenig gefestigte Stellung des Erwerbers. Für den Zeitpunkt der Zuwendung soll auch nicht stets auf den bürgerlich-rechtlichen Eigentumswechsel abzustellen sein.[712]

Vom BFH[713] und auch in der Literatur[714] wird die in § 9 Abs. 1 Nr. 2 ErbStG enthaltene Formulierung als gleichbedeutend mit „Bewirkung der versprochenen Leistung" in § 518 Abs. 2 BGB angesehen. Dieser Ausgangspunkt ist m. E. unzutreffend.[715] Das Bemühen, in den Tatbestand des § 7 Abs. 1 Nr. 1 ErbStG (§ 9 Abs. 1 Nr. 2 ErbStG) generell bürgerlich-rechtliche Grundsätze einzubeziehen, ist nach der Gesetzesformulierung, in der der Begriff „Schenkung im Sinne des bürgerlichen Rechts" nicht mehr auftaucht, vom Ansatz her nicht unbedenklich und führt, z. B. auch bei der gemischten Schenkung, zu unnötigen Problemen. Die **Zuwendung** ist vielmehr dann **ausgeführt,** wenn der Bedachte über das betreffende Wirtschaftsgut die **tatsächliche Herrschaft** in der Weise ausüben kann, dass er andere im Regelfall für die gewöhnliche Nutzungsdauer von der Einwirkung auf das Wirtschaftsgut wirtschaftlich ausschließen kann (§ 39 Abs. 2 Nr. 1 AO).[716] In der Mehrzahl der Fälle wird allerdings der Zeitpunkt, in dem diese Voraussetzungen erstmals vorliegen, mit dem bürgerlich-rechtlichen Eigentumswechsel identisch sein. Ausnahmen, die § 39

---

711 Siehe RFH, RFHE 9 S. 276, RStBl 1936 S. 1218.
712 Vgl. BFH vom 14.02.1962, BStBl 1962 III S. 204; s. aber BFH vom 14.03.1979, BStBl 1979 II S. 642, und Gebel, BB 2000 S. 537.
713 Siehe BFH vom 14.03.1979, BStBl 1979 II S. 642, und vom 20.02.1980, BStBl 1980 II S. 307.
714 Z. B. Crezelius, Erbschaft- und Schenkungsteuer in zivilrechtlicher Sicht, 1979, S. 180.
715 Zur Kritik an der Anknüpfung an § 518 Abs. 2 BGB s. auch Meincke, § 9 Rdnr. 47, wonach sich dies aus dem Zweck des § 9 Abs. 1 Nr. 2 ErbStG nicht ausreichend legitimieren lasse, weil die zivilrechtliche Bestimmung den Zeitpunkt des Wirksamwerdens eines zunächst formunwirksamen Schenkungsversprechens regelt, im Zusammenhang mit der Steuerentstehung die Formwirksamkeit oder Formunwirksamkeit des Schenkungsversprechens aber keine Rolle spielt.
716 Vgl. hierzu aber Meincke, § 9 Rdnr. 46.

Abs. 2 Nr. 1 Satz 2 AO ausdrücklich erwähnt, kommen bei Treuhandverhältnissen, bei Sicherungseigentum und bei Eigenbesitz vor. Nach diesen Grundsätzen ist z. B. ein Grundstück – unabhängig von der Grundbucheintragung – in dem Zeitpunkt zugewendet, in dem Besitz, Gefahr, Nutzungen und Lasten auf den Bedachten übergehen.[717]

2) Grundstücksschenkung

a) Die Rechtsprechung sieht bei der Grundstücksschenkung, obwohl auch bei dieser nach dem natürlichen Wortsinn eine Ausführung der Zuwendung dann anzunehmen ist, wenn der Bedachte das erhalten hat, was ihm nach dem Willen des Zuwendenden verschafft werden soll, er also Eigentümer des geschenkten Grundstücks geworden ist, die **Zuwendung** bereits dann als **ausgeführt** an, wenn die **Vertragspartner** die für die Eintragung der **Rechtsänderung** erforderlichen **Erklärungen in gehöriger Form abgegeben** haben und der **Beschenkte** aufgrund dieser Erklärungen in der Lage ist, beim **Grundbuchamt** die **Eintragung** der **Rechtsänderung zu beantragen**.[718] Dass die Ausführung der Zuwendung bei der Grundstücksschenkung schon vor dem Eigentumswechsel zum Abschluss gelangt, wird damit gerechtfertigt, dass es für den Eintritt des Leistungserfolgs der Mitwirkung des Grundbuchamtes bedarf, die Parteien nur begrenzten Einfluss auf den Fortgang von dessen Tätigkeit haben und für zivilrechtlich abgeschlossene Vorgänge ein unter dem Gesichtspunkt der §§ 11, 14 oder 37 ErbStG sinnvoller Ausführungszeitpunkt bestimmt werden soll.

Erforderlich ist zunächst eine **wirksame Auflassung**; die Erteilung von Vollmachten zur Vornahme der Auflassung reicht nicht aus. Keine Bedeutung für den Ausführungszeitpunkt kommt einer im Grundbuch eingetragenen Auflassungsvormerkung zu, weil schenkungsteuerlich relevant nicht das hierdurch begründete Anwartschaftsrecht, sondern allein der Vollrechtserwerb ist, mit dem dem Erwerber die den Gegenstand der Schenkung bildende Rechtsposition zuwächst.[719]

Zusätzlich zur Auflassung muss der Schenker die **Eintragung** der **Rechtsänderung** im Grundbuch gem. **§ 19 GBO bewilligt** haben, sodass der Beschenkte jederzeit seine Eintragung als Eigentümer beantragen kann.[720] Nicht erforderlich ist, dass der Beschenkte durch Stellung des Eintragungsantrags die schützende Wirkung des § 17

---

717 So im Ergebnis auch BFH vom 08.02.2000 II R 9/98, DStRE 2000 S. 870.
718 Siehe BFH vom 14.07.1982, BStBl 1983 II S. 19, vom 18.05.1988, BStBl 1988 II S. 741, vom 06.03.1990, BStBl 1990 II S. 504, vom 26.09.1990, BStBl 1991 II S. 320, vom 24.07.2002, BStBl 2002 II S. 781, vom 02.02.2005, BStBl 2005 II S. 312, und vom 23.08.2006, BStBl 2006 II S. 786.
719 Siehe BFH vom 02.02.2005, BStBl 2005 II S. 312; vgl. auch BFH vom 21.05.2001 II R 48/99, BFH/NV 2001 S. 1407 zur schenkungsteuerlichen Irrelevanz der Erlangung einer abtretbaren, vererbbaren und verpfändbaren Rechtsposition durch den Erwerber.
720 Aber noch keine Ausführung der Zuwendung bei Verpflichtung des Beschenkten, von der Eintragungsbewilligung erst zu einem späteren Zeitpunkt Gebrauch zu machen – s. BFH vom 08.02.2000 II R 9/98, BFH/NV 2000 S. 1095, und Niedersächsisches FG vom 27.10.1999, EFG 2000 S. 386, sowie Hessisches FG vom 16.05.2002, EFG 2002 S. 1464 den Fall betreffend, dass die Grundbuchumschreibung die Vorlage der Sterbeurkunde des Schenkers voraussetzt, sodass zu dessen Lebzeiten der Beschenkte noch keinen Umschreibungsantrag stellen konnte –.

4.7 Schenkungen unter Lebenden – § 7 ErbStG

GBO – Vorrang dieses Antrags vor später eingehenden Anträgen – erlangt hat.[721] Den Eintragungsantrag für nicht notwendig zu halten,[722] damit das Ausführungsdatum der Zuwendung im Ablauf der Eigentumsübertragung nach vorne zu verlegen, ist vor dem Hintergrund von Entscheidungen zu verstehen, die sich mit vor dem Eigentumswechsel in Kraft getretenen Besteuerungsverschärfungen beschäftigten und dem Steuerpflichtigen durch Vorverlegung des Steuerentstehungszeitpunkts den Vorteil einer bisher günstigeren Besteuerung zu erhalten beabsichtigten.[723]

Sofern die Vertragspartner einen Dritten bevollmächtigt haben, die für die Rechtsänderung erforderlichen Erklärungen abzugeben und entgegenzunehmen, soll die Schenkung (erst) ausgeführt sein, wenn mit der Auflassung auch das wirtschaftliche Eigentum übergeht.[724]

Wird ein vom Schenker noch zu renovierendes Grundstück geschenkt, soll die Steuer – unabhängig von den vorstehend aufgestellten allgemeinen Regeln – erst entstehen, wenn die Renovierung beendet ist.[725] Ebenfalls unabhängig von den allgemeinen Regeln soll eine Grundstücksschenkung jedoch dann noch nicht ausgeführt sein, wenn die Übertragung des Grundstücks erst zu einem – von den Beteiligten ausdrücklich bestimmten – späteren Zeitpunkt erfolgen soll. Dabei soll es nicht darauf ankommen, ob die Zeitbestimmung die Auflassung, das zugrunde liegende schuldrechtliche Geschäft oder lediglich dessen Vollzug betrifft.[726]

b) Die vorstehend dargestellte Auffassung zum Zeitpunkt, in dem von einer Ausführung der Grundstückszuwendung auszugehen ist, hätte dahingehend verstanden werden können, dass der nachfolgenden Umschreibung dann keine schenkungsteuerliche Bedeutung mehr zukommt, was insbesondere bei Aufhebung der Schenkungsabrede vor Umschreibung bzw. Tod des Schenkers vor Umschreibung zu „unglücklichen Ergebnissen" führen würde. Dem ist der BFH aber mit einer „Ergänzung" seiner Rechtsprechung begegnet:[727] *„Diese Rechtsprechung, wonach eine Grundstücksschenkung ausgeführt ist, sobald die Auflassung beurkundet und die Eintragungsbewilligung erteilt ist, hat zur Voraussetzung, dass die Umschreibung im*

---

721 Siehe BFH vom 26.09.1990, BStBl 1991 II S. 320; FG München vom 15.11.1999, DStR 2000 S. 416; Bolz, UVR 1991 S. 182; anders aber Klein-Blenkers, DStR 1991 S. 1549, wonach eine Vormerkung zugunsten des Beschenkten im Grundbuch und die Stellung des Eintragungsantrags beim Grundbuchamt durch dessen vorliegen müsse; sich kritisch mit der BFH-Rechtsprechung zur Ausführung einer Grundstücksschenkung auseinandersetzend auch FG Rheinland-Pfalz, ZEV 1998 S. 279.
722 In diesem Sinne auch R E 9.1 Abs. 1 Satz 5 ErbStR 2011.
723 Siehe Meincke, § 9 Rdnr. 48 mit dem Hinweis, dass diese Interpretation des § 9 Abs. 1 Nr. 2 ErbStG aber auch zu Benachteiligungen von Steuerpflichtigen führen könne.
724 Vgl. R E 9.1 Abs. 1 Satz 6 ErbStR 2011.
725 Vgl. FG Düsseldorf vom 08.11.2000, EFG 2001 S. 150 mit Anmerkung Neu; R E 9.1 Abs. 2 Satz 4 f. ErbStR 2011.
726 Vgl. auch Hessisches FG vom 16.05.2002, DStRE 2003 S. 299, und R E 9.1 Abs. 1 Satz 7 ErbStR 2011.
727 Siehe BFH vom 24.07.2002, BStBl 2002 II S. 781 mit zustimmender Anmerkung von Kollhosser, ZEV 2002 S. 518.

4 Steuerpflicht

Grundbuch und damit der Eigentumswechsel auf den Beschenkten oder ggf. dessen Erben nachfolgt oder nur deshalb unterbleibt, weil der Beschenkte bzw. dessen Erbe die unmittelbare Umschreibung vom Schenker auf einen Dritten – etwa nach Abtretung des Anspruchs oder Übertragung des Anwartschaftsrechts – veranlasst hat. Unterbleibt aber die Umschreibung, weil die Schenkungsabrede zuvor aufgehoben wird, liegt in der Aufhebung (dann natürlich folgerichtig) keine Rückschenkung des Grundstücks."[728] Warum der BFH dann nicht insgesamt auf einen anderen – späteren – Entstehenszeitpunkt abstellt (wirtschaftliches oder bürgerlich-rechtliches Eigentum), ist nicht einsichtig.[729] Die Steuer entsteht vor Tatbestandsverwirklichung. Wie verträgt sich das mit § 38 AO?

Beispiel:
Vater V verpflichtet sich durch notariell beurkundeten Vertrag vom 01.05.02, seiner Tochter T ein Grundstück zu schenken. Auflassungserklärung und Eintragungsbewilligung erfolgen ebenfalls am 01.05.02, auch Gefahr, Nutzen und Lasten gehen zu diesem Zeitpunkt über. Das Finanzamt besteuert eine Grundstücksschenkung von V an T zum 01.05.02.

Vor der Umschreibung im Grundbuch heben V und T den Vertrag am 01.11.02 auf und nehmen den Antrag auf Umschreibung zurück. Das Finanzamt besteuert eine Grundstücksrückschenkung von T an V zum 01.11.02.

Nach der zuvor erwähnten „ergänzten" Rechtsprechung ist aber wie folgt zu lösen: Zwar sind am 01.05.02 die Auflassung beurkundet und die Eintragungsbewilligung erklärt worden, die Umschreibung ist aber nicht nachgefolgt. Die Schenkung ist also nicht ausgeführt, die Schenkungsteuer nicht entstanden (§ 9 Abs. 1 Nr. 2 ErbStG). Der Schenkungsteuerbescheid ist folglich nach § 173 Abs. 1 Nr. 2 AO aufzuheben.

In der Aufhebung der Schenkungsabrede am 01.11.03 liegt – dann folgerichtig – weder eine Rückschenkung des Grundstücks noch eine anderweitige Zuwendung (Anwartschaftsrecht) seitens des ursprünglich Bedachten. Auch der zweite Schenkungsteuerbescheid ist aufzuheben.

c) Bei **Grundstücksschenkungen,** die von einer **behördlichen** oder **privatrechtlichen Genehmigung** abhängig sind, tritt die zivilrechtliche Wirksamkeit des schuldrechtlichen Vertrags und der Auflassung erst mit der Erteilung der Genehmigung ein. Die Genehmigung wirkt zivilrechtlich nach § 184 BGB auf den Tag des Vertragsschlusses zurück. Fraglich ist, ob diese zivilrechtliche Wirkung einer Genehmigung auch schenkungsteuerlich zu beachten ist. Die sonst propagierte strenge Bindung an das Zivilrecht spräche dafür. Die Verwaltung[730] und die Rechtsprechung[731] sehen

---

[728] In diesem Sinne ebenfalls BFH vom 27.05.2005, BStBl 2005 II S. 892, wonach die Steuer auch dann rückwirkend wegfällt, wenn der Beschenkte aus anderen Gründen aufgrund der Eintragungsbewilligung die Umschreibung auf ihn selbst oder einen Dritten nicht mehr herbeiführen kann, z. B. weil der Schenker über das Grundstück dem Beschenkten gegenüber wirksam anderweitig verfügt hat.

[729] Siehe auch Hartmann, UVR 2003 S. 98.

[730] Siehe R E 9.1 Abs. 3 Satz 3 ErbStR 2011.

[731] Siehe bereits FG Rheinland-Pfalz, ZEV 1998 S. 279; ebenso BFH vom 27.04.2005, BStBl 2005 II S. 892, und vom 23.08.2006, 2006 II S. 786; so auch zur Grunderwerbsteuer BFH vom 08.02.2002, BStBl 2000 II S. 318 mit Anmerkung Wächter in ZEV 2000 S. 290.

4.7 Schenkungen unter Lebenden – § 7 ErbStG

demgegenüber die zivilrechtliche Rückwirkung der Genehmigung als schenkungsteuerrechtlich unbeachtlich an. Der Zeitpunkt der Ausführung der genehmigungspflichtigen Grundstücksschenkung wird vielmehr wie folgt gesehen:[732] Bei behördlicher Genehmigung soll der Zeitpunkt entscheidend sein, in dem die Beteiligten alles getan haben, um die Genehmigung herbeizuführen, insbesondere die erforderlichen Erklärungen in gehöriger Form abgegeben haben. Bei Abhängigkeit des schuldrechtlichen Vertrags oder der Auflassung von einer privatrechtlichen Genehmigung soll es demgegenüber auf den Zeitpunkt der Genehmigung ankommen, weil erst mit dieser die für die Ausführung der Schenkung erforderliche Bindung aller Vertragsparteien zueinander eintritt.

d) Für den Zeitpunkt der **Zuwendung** bei einer **mittelbaren Grundstücksschenkung** gilt Folgendes: Da Zuwendungsobjekt nach dem Willen der Parteien ebenso wie bei der unmittelbaren Grundstücksschenkung das Grundstück selbst ist, muss sich auch der Zuwendungszeitpunkt nach der Zuwendung dieses Objekts richten. Auch eine mittelbare Grundstücksschenkung ist bereits dann, aber auch erst dann ausgeführt, wenn die Auflassung erklärt, die Eintragungsbewilligung erteilt worden ist und der Beschenkte jederzeit den Eintritt der dinglichen Rechtsänderung herbeiführen kann. Das kann aber im Einzelfall problematisch sein.[733] Je länger nämlich der Zeitraum zwischen Geldhingabe und Erwerb des Grundstücks bzw. Herstellung des Gebäudes ist, umso deutlicher wird, dass dieses Ergebnis nicht befriedigend ist.[734] Die Lösung muss ggf. in der Erfassung einer selbständigen weiteren Schenkung – Zuwendung der Nutzungsmöglichkeit des Kapitals – liegen.[735] In R E 9.1 Abs. 2 ErbStR 2011 wird wie folgt differenziert: *„Die Grundsätze zur Ausführung von Grundstücksschenkungen gelten auch bei mittelbaren Grundstücksschenkungen. Bei Zuwendung eines Geldbetrags für den Erwerb eines unbebauten oder bebauten Grundstücks ist Absatz 1 entsprechend anzuwenden (also kommt es auf die Auflassung und Eintragungsbewilligung an). Bei Hingabe eines Geldbetrags zur Errichtung eines Gebäudes ist die mittelbare Grundstücksschenkung im Zeitpunkt der Bezugsfertigkeit des Gebäudes ausgeführt."*[736] Dass die für Grundstücksschenkungen entwickelte Ausnahme von dem Grundsatz des Eintritts des Leistungserfolgs als Zeitpunkt der Ausführung der Zuwendung sich nicht auf die mittelbare Schenkung eines Grundstücks mit noch zu errichtendem Gebäude übertragen lässt, beruht

---

732 Vgl. R E 9.1 Abs. 3 Satz 4 und 5 ErbStR 2011.
733 Vgl. insoweit Troll/Gebel/Jülicher, § 9 Rdnr. 100; s. auch BFH vom 09.11.1994, BStBl 1995 II S. 83, vom 04.12.2002, BStBl 2003 II S. 273, und 23.08.2006, BStBl 2006 II S. 786.
734 Zu § 13 Abs. 1 Nr. 4a ErbStG a. F. vgl. z. B. Geck, ZEV 1996 S. 107.
735 So auch BFH vom 04.12.2002, BStBl 2003 II S. 273.
736 Siehe hierzu einerseits BFH vom 04.12.2002, BStBl 2003 II S. 273, und vom 05.06.2003 II B 74/02, BFH/NV 2003 S. 1425, den Fall der Zurverfügungstellung von Geld für die Errichtung eines Gebäudes auf einem dem Beschenkten bereits gehörenden oder ihm gleichzeitig vom Schenker geschenkten Grundstücks betreffend, und andererseits BFH vom 23.08.2006, BStBl 2006 II S. 786, den Fall betreffend, dass Gegenstand der mittelbaren Schenkung ein Grundstück mit noch zu errichtendem Gebäude ist; vgl. auch Billig, ZEV 2003 S. 407.

darauf, dass die freigebige Zuwendung vor Entstehung des zugewendeten Gegenstandes nicht ausgeführt sein kann, hier vielmehr der Eintritt des Leistungserfolgs maßgebend bleiben muss.[737] Das Gleiche gilt, wenn der Schenker die Kosten für Um-, Aus- oder Anbauten an einem Gebäude trägt.[738] Der Zeitpunkt der Bezugsfertigkeit ist gleichzeitig auch Stichtag für die Bewertung des Gebäudes.

Die Schenkung eines Grundstücks unter Vorbehalt des Nießbrauchs und mit Widerrufsklausel ist nicht erst mit dem Erlöschen dieser Rechte ausgeführt.[739]

e) Quintessenz zum Zeitpunkt einer Grundstücksschenkung: Die Anwendung des § 39 Abs. 2 Nr. 1 AO führt zu eindeutigen Ergebnissen und dient damit der Rechtssicherheit. Die Anwendung der Regeln der Rechtsprechung und der Verwaltung führt demgegenüber zu einer Fülle nur schwer nachzuvollziehender Einzelfallentscheidungen; ein dogmatisches System ist nicht erkennbar.

3) Sparbuchanlegung

Wird ein Sparbuch auf den Namen eines Dritten angelegt, kommt es zivilrechtlich für die Frage, wer Gläubiger ist, allein auf den Willen des das Konto Eröffnenden und Einzahlenden an, wie dieser für die Bank erkennbar geworden ist. Das kann im Einzelfall dazu führen, dass die Schenkung i. S. des § 7 Abs. 1 Nr. 1 ErbStG an den Dritten insoweit schon ausgeführt ist, obwohl er noch gar nicht im Besitz des Sparbuchs ist.[740] Bei der Errichtung von Sparguthaben durch die Eltern auf den Namen ihrer Kinder werden die Eltern im Allgemeinen die Verfügungsberechtigung behalten wollen, sodass eine Schenkung (noch) nicht vorliegt. Etwas anderes gilt aber dann, wenn die Eltern den wirtschaftlichen Eigentumsübergang auf die Kinder in einer jeden Zweifel ausschließenden Weise nach außen erkennbar gemacht haben.[741]

4.7.1.14 Zuwendungsbeteiligte

Für die Frage der Steuerklasse (§ 15 ErbStG) und der Steuerschuldnerschaft (§ 20 ErbStG) ist von Bedeutung, wer **Zuwendender** und wer **Bedachter** ist.

1) Zuwendender

Zuwendender ist der, der auf seine Kosten einen anderen bereichert. Als Zuwendende kommen rechtsfähige – natürliche und juristische – Personen in Betracht. Bei einem schenkweisen Erwerb von einer Gesamthandsgemeinschaft ist schenkungsteuerrechtlich der Bedachte auf Kosten der Gesamthänder bereichert, sodass

---

737 Siehe in diesem Zusammenhang zum Zeitpunkt der Ausführung der Zuwendung anderer erst künftig entstehender Gegenstände BFH vom 30.06.1999, BStBl 1999 II S. 742 betreffend künftig entstehenden Anspruch aus einer Lebensversicherung, und vom 20.01.2010, BStBl 2010 II S. 463 m. w. N. betreffend Schenkung eines im Zuge einer Kapitalerhöhung neu entstehenden GmbH-Anteils.
738 Vgl. FG Düsseldorf vom 07.11.2000, EFG 2001 S. 150; R E 9.1 Abs. 2 Satz 6 ErbStR 2011.
739 Siehe BFH vom 13.09.1989, BStBl 1989 II S. 1034; FinMin Bayern vom 14.07.1995, BB 1995 S. 2254 mit Anmerkung von Söffing.
740 Siehe Niedersächsisches FG, EFG 1992 S. 143.
741 Siehe RFH, RStBl 1942 S. 933.

4.7 Schenkungen unter Lebenden – § 7 ErbStG

Zuwendende und damit – neben dem Bedachten – Steuerschuldner i. S. des § 20 Abs. 1 ErbStG die durch die Zuwendung allein vermögensmäßig entreicherten Gesamthänder sind.[742] Bei Schenkungen von Eltern, die Miteigentümer oder Gesamthandsberechtigte sind, an ihre Kinder kann davon ausgegangen werden, dass jeder Elternteil jedem Kind eine Zuwendung macht.

Entspricht es dem Willen des Schenkers, dass der Beschenkte seinen Erwerb oder Teile hiervon unmittelbar nach Erhalt oder nach Ablauf einer gewissen Zeit an einen Dritten weiterleitet, kann er unverbindliche Erwartungen, Wünsche äußern oder eine für den Beschenkten verbindliche Anordnung treffen.

a) Wird der **Beschenkte** zur vollständigen oder teilweisen **Weiterleitung** alsbald nach seinem Erwerb an einen Dritten **verpflichtet,** beruht der Erwerb des Dritten nicht auf einer freigebigen Zuwendung des Beschenkten, sondern auf der Anordnung des Schenkers. So ist bei Schenkung z. B. einer Großmutter an ihre Tochter (= Erstbedachte), die mit der Verpflichtung zur Weiterleitung an deren Kind (= Enkelkind = Zweitbedachter), ggf. auch erst nach Eintritt einer festgelegten Bedingung bzw. Befristung, verbunden ist, für die schenkungsteuerrechtliche Beurteilung des Erwerbs des Zweitbedachten (= Enkelkind) gem. § 7 Abs. 1 Nr. 1 bzw. Nr. 2 ErbStG dessen Verhältnis zum ursprünglichen Schenker (= Großmutter) maßgeblich. Zuwendender für die Zuwendung an das Enkelkind ist also nicht dessen Mutter (= Erstbedachte). Das gilt auch dann, wenn die Erstbedachte die Verpflichtung, sollte diese vom Eintritt einer Bedingung abhängig gemacht sein, vor Eintritt der Bedingung erfüllt.[743] Wird eine Schenkung erst nach dem Tod des Schenkers ausgeführt, so bleibt für die Festsetzung der Schenkungsteuer gleichwohl das Verhältnis des Schenkers zum Beschenkten maßgebend.[744] Soll das Geschenk nach dem Willen des Schenkers dem Beschenkten bis zum Tod verbleiben, dann jedoch nicht an seine Erben übergehen, sondern ist es an einen vom Schenker bestimmten Dritten weiterzugeben – Schenkung mit Vererbungsklausel –, so kann dies durch eine auflösende Bedingung derart ausgestaltet werden, dass der Beschenkte den Zuwendungsgegenstand verliert, wenn er ihn nicht als eigene Zuwendung durch Verfügung von Todes wegen an den vom Schenker bestimmten Dritten weitergibt. Auch kann mittels auflösender Befristung erreicht werden, dass das Geschenk beim Tod des Beschenkten aus seinem Vermögen ausscheidet und an den vom Schenker bestimmten Dritten aufgrund dessen Zuwendung herausgegeben werden muss.

b) Hat der **Schenker keine verbindliche Anordnung** hinsichtlich der **Weiterleitung** des Geschenks getroffen, so mag die vollständige oder teilweise Weiterleitung mit der Erwartung oder geäußerten Wünschen des Schenkers übereinstimmen, sie

---

742 Vgl. BFH vom 15.07.1998, BStBl 1998 II S. 630; hierzu Daragon, ZEV 1998 S. 367, 395.
743 Siehe BFH vom 17.02.1993, BStBl 1993 II S. 523; kritisch Jülicher, DStR 1994 S. 926.
744 Siehe BFH vom 14.07.1982, BStBl 1983 II S. 19.

beruht aber nicht auf dessen Entscheidung, sondern auf einem Entschluss des Beschenkten.[745]

c) Wendet der Bedachte den Gegenstand der Zuwendung nach dem Erwerb einem Dritten zu, stellt sich mithin die Frage nach der Person des Zuwendenden.

Beispiel:
Mutter M schenkt Tochter T 440.000 € für den Kauf eines konkret bestimmten Mietwohngrundstücks (Grundbesitzwert ebenfalls 440.000 €). Nach Erwerb des Mietwohngrundstücks überträgt T einen hälftigen Miteigentumsanteil auf ihren Ehemann S.

(1) Geht man von einer (mittelbaren) Grundstücksschenkung von M an T aus, fällt insoweit keine Schenkungsteuer an:

Grundbesitzwert	440.000 €
hiervon anzusetzen nach § 13c ErbStG	396.000 €
Freibetrag nach § 16 Abs. 1 Nr. 2 ErbStG	./. 400.000 €

Bei der Schenkung von T an S fällt ebenfalls keine Schenkungsteuer an:

hälftiger Grundbesitzwert unter Berücksichtigung von § 13c ErbStG	198.000 €
Freibetrag nach § 16 Abs. 1 Nr. 1 ErbStG	./. 500.000 €

(2) Geht man hingegen von zwei Schenkungen der M aus – eine an T (198.000 €) und eine weitere an S (198.000 €) –, fällt durch die Schenkung der M an ihren Schwiegersohn S (Steuerklasse II Nr. 6) Schenkungsteuer an:

Freibetrag nach § 16 Abs. 1 Nr. 5 ErbStG	./. 20.000 €
	178.000 €
Steuersatz 20 %; Steuer also	35.600 €

Laut BFH[746] ist der „Umweg" (über T an S) dann nicht anzuerkennen, wenn T mit der Weitergabe einer Verpflichtung nachkommt. Die fehlende eigene Entscheidungsmöglichkeit hinsichtlich der Verwendung des Schenkungsgegenstands – maßgeblich sind die Ausgestaltung der Verträge und die erkennbar angestreben Ziele der Parteien – schließt die Bereicherung eines Zwischenerwerbers aus. Wenn eine Weitergabeverpflichtung nicht vereinbart ist, kann sie sich auch aus den Umständen ergeben, etwa wenn die verschiedenen Teil-Verträge zeitlich und inhaltlich aufeinander abgestimmt sind. Aber auch wenn der Erstempfänger vom Schenker so festgelegt wird, dass er sich trotz fehlender rechtlich bindender Verpflichtung der Weitergabe faktisch nicht entziehen kann, so liegen keine zwei aufeinander folgende Schenkungen – Kette von Schenkungen – vor. Der Erstbedachte wird vielmehr nur als Durchgangsperson eingesetzt, weil ihm keine eigene, zu seiner Disposition verbleibende Bereicherung zugewandt ist.

Bleibt T hingegen ein eigener Entscheidungsspielraum bzgl. der Weitergabe, ist der „Umweg" anzuerkennen, die eigene Dispositionsmöglichkeit rechtfertigt es, an der

---

745 Nur diesen Fall im Hinblick auf die aufeinander folgenden Zuwendungen als Kettenschenkungen bezeichnend Meincke, § 7 Rdnr. 67; s. demgegenüber aber BFH vom 06.06.2007, BStBl 2008 II S. 46, wo von Kettenschenkungen auch in der Situation die Rede ist, dass eine Verpflichtung zur Weitergabe des Erlangten besteht, der Erstbedachte also im Umfang dessen, was weitergeleitet werden muss, gar nicht bereichert ist.
746 Siehe BFH vom 13.10.1993, BStBl 1994 II S. 128; vgl. auch BFH vom 10.03.2005, BStBl 2005 II S. 412.

4.7 Schenkungen unter Lebenden – § 7 ErbStG

getrennten Besteuerung der aufeinander folgenden Schenkungen festzuhalten, sodass also insgesamt keine Schenkungsteuer anfällt.[747]

Eine Heranziehung von § 42 AO ist zumindest in den Fällen, in denen der Bedachte den Gegenstand der Zuwendung nach dem Erwerb einem Dritten überträgt, dann bedenklich, wenn man für die Beurteilung, wer im Verhältnis zu dem Dritten als Zuwendender anzusehen ist, von wem dieser also im Ergebnis bereichert ist, darauf abstellt, ob dem Erstbedachten eine Weiterleitungsverpflichtung auferlegt oder dies nicht der Fall ist. Hat der Schenker den Beschenkten nicht zur Weitergabe geschenkter Beträge an einen Dritten verpflichtet, kann die vollständige oder teilweise Weiterleitung nicht als Gestaltungsmissbrauch angesehen werden. Bloßes Wissen, selbst Einverständnis des Schenkers damit, dass der Beschenkte seinerseits mit Mitteln der Schenkung eine Zuwendung ausführen wird, genügt nicht, weil der Schenker nämlich die Bereicherung des Dritten aus seinem Vermögen wollen muss, sie hier aber aufgrund eigenen – wenn auch evtl. den Vorstellungen des Schenkers entsprechenden – Entschlusses aus dem Vermögen des Beschenkten erfolgt.

2) Bedachter

Bedachter ist i. d. R. der, der den **Gegenstand** der Schenkung **tatsächlich erhält**. Soweit hier im Einzelfall Zweifel bestehen, z. B. ob eine Zuwendung den Schwiegerkindern oder den leiblichen Kindern zugedacht ist, kommt es darauf an, wen der Zuwendende bereichern wollte. Im Übrigen kommen als Bedachte – ebenso wie als Zuwendende – nur rechtsfähige Personen in Betracht. Auch wenn eine Personengesellschaft zivilrechtlich als Beschenkte am Schenkungsvorgang beteiligt ist,[748] sind dennoch die Gesamthänder, nicht die Gesamthand, durch die freigebige Zuwendung schenkungsteuerrechtlich als bereichert, also als Bedachte anzusehen.[749] Dies folgt aus der Regelung in § 718 BGB, wonach das Gesellschaftsvermögen gemeinschaftliches Vermögen der Gesellschafter und nicht Vermögen der Gesellschaft ist; die Gesellschafter selbst sind Träger der gesamthänderischen Rechte und Pflichten und deshalb allein durch den schenkweise erfolgten Vermögensübergang bereichert.

Prüfungsschema bei einer freigebigen Zuwendung (§ 7 Abs. 1 Nr. 1 ErbStG)

1. **Bereicherung** (objektiv) = Vermögensmehrung

 – ausgeschlossen bei entsprechender Gegenleistung oder bei Rechtsanspruch

 – Bereicherung dem Grunde nach entscheidet sich nach den bürgerlich-rechtlichen Bewertungsgrundsätzen (§ 7 ErbStG)

---

747 Siehe zur Bereicherung des Zwischenerwerbers bei Kettenschenkung auch FG Rheinland-Pfalz, EFG 1999 S. 618; Hessisches FG vom 16.09.2003, EFG 2004 S. 148, und vom 24.10.2007, EFG 2008 S. 472; FG München vom 25.05.2011, EFG 2011 S. 1733; vgl. zu dieser Problematik auch Fromm, DStR 2000 S. 453.
748 Zur Rechtsfähigkeit einer GbR s. BGH, BGHZ 146 S. 341.
749 Vgl. BFH vom 14.09.1994, BStBl 1995 II S. 81.

- Bereicherung der Höhe nach entscheidet sich nach den Steuerwerten (§ 10 ErbStG)
2. **auf Kosten des Zuwendenden** = Bereicherung des Bedachten steht eine Entreicherung des Zuwendenden gegenüber
3. **Bereicherungswille – Wille zur Freigebigkeit** (subjektiv) = Bewusstsein über das Vorliegen aller objektiven Merkmale der freigebigen Zuwendung, insbesondere der Unentgeltlichkeit beim Zuwendenden; a. A. BFH: sog. objektivierende Betrachtungsweise
   - liegt nicht vor bei (angenommener) rechtlicher Verpflichtung (Ausnahme: Vollzug eines Schenkungsversprechens)
   - Bereicherungswille richtet sich nach bürgerlich-rechtlichen Bewertungsgrundsätzen
   - legt also insoweit den Höchstwert der Bereicherung fest; subjektive Vorstellungen beachtlich
4. **Gegenstand der Schenkung** = Entscheidung ist nach den Umständen des Einzelfalls zu treffen, wobei in Zweifelsfällen auf den Willen des Zuwendenden abgestellt werden muss
   - vorstehender Grundsatz gilt auch bei der unmittelbaren Zuwendung von Geld und nachfolgender Anschaffung anderer Gegenstände damit durch den Bedachten – ob die gesamten Anschaffungskosten oder nur ein Teil zugewendet worden sind, ist insoweit unerheblich
   - die Abgrenzung zwischen der Schenkung mehrerer Gegenstände und einer einheitlichen Schenkung erfolgt ebenfalls nach dem Willen der Beteiligten und danach, ob die Entstehung der Steuerschuld für die einzelnen Teile des Erwerbs zeitlich auseinanderfällt oder nicht
5. **Zeitpunkt der Zuwendung** = richtet sich nach der Regelung des § 9 Abs. 1 Nr. 2 ErbStG i. V. m. § 39 AO

   BFH und Verwaltung bei Grundstücken: Auflassung und Eintragungsbewilligung
6. **Zuwendender** = der auf seine Kosten einen anderen bereichert
   - nur rechtsfähige Personen
   - wird über eine Mittelsperson geschenkt, kann eine Schenkung des Zuwendenden an den Dritten vorliegen, oder es können zwei Schenkungen – des Zuwendenden an die Mittelsperson und der Mittelsperson an den Dritten – gegeben sein; entscheidend ist die Rechtsposition der Mittelsperson (Weitergabeverpflichtung oder nicht)
7. **Bedachter** = der den Gegenstand der Zuwendung erhält; in Zweifelsfällen derjenige, den der Zuwendende bereichern wollte

4.7 Schenkungen unter Lebenden – § 7 ErbStG

4.7.2 Erwerb durch Vollziehung einer Auflage oder Erfüllung einer Bedingung

Als Schenkung unter Lebenden gilt nach **§ 7 Abs. 1 Nr. 2 ErbStG** auch, was infolge Vollziehung einer von dem Schenker angeordneten Auflage (s. dazu § 525 BGB) oder infolge Erfüllung einer einem Rechtsgeschäft unter Lebenden beigefügten Bedingung ohne entsprechende Gegenleistung erlangt wird, es sei denn, dass eine einheitliche Zweckzuwendung vorliegt. Falls die Auflage oder Bedingung des Schenkers eine einheitliche Zweckzuwendung darstellt, kommt es zu einer Besteuerung insgesamt nach **§ 8 ErbStG**.

Die Vorschrift des § 7 Abs. 1 Nr. 2 ErbStG hat ihr Gegenstück im Bereich der Erwerbe von Todes wegen in der Bestimmung des § 3 Abs. 2 Nr. 2 ErbStG.

4.7.2.1 Auflagevollziehung

Der unter der Auflage Beschenkte selbst ist nach § 7 Abs. 1 Nr. 1 ErbStG steuerpflichtig, wobei der Wert der Auflage allerdings bei der Ermittlung seiner Bereicherung zu berücksichtigen ist. Nur der, dem die Auflage zugutekommt, ist nach § 7 Abs. 1 Nr. 2 ErbStG steuerpflichtig.

Der BFH[750] hat den Anwendungsbereich dieser Bestimmung zugunsten von § 7 Abs. 1 Nr. 1 ErbStG stark eingeschränkt. Hiernach soll sich die Steuerpflicht nur dann aus § 7 Abs. 1 Nr. 2 ErbStG ergeben, wenn der auflagebegünstigte Dritte aus der Auflageanordnung nicht unmittelbar berechtigt wird, der Dritte z. B. aus einem Vertrag zugunsten Dritter keinen frei verfügbaren, sondern nur einen aufschiebend bedingten Anspruch auf eine bestimmte Leistung erlangt. Dies hat zur Folge, dass in Verbindung mit § 9 Abs. 1 Nr. 2 ErbStG die Steuerpflicht erst mit dem Erwerb der versprochenen Leistung, also mit Vollziehung der Auflage durch Zuwendung des in der Anordnung bezeichneten Gegenstands an den Dritten, entsteht. Die Steuerpflicht des Dritten soll sich hingegen bereits aus § 7 Abs. 1 Nr. 1 ErbStG ergeben, wenn er aus der Anordnung des Schenkers einen frei verfügbaren Anspruch auf Vollzug der Auflage gegen den Beschenkten erlangt (vgl. § 330 Satz 2 BGB). Hier entsteht die Steuerpflicht schon im Zeitpunkt der Ausführung der Erstschenkung (Zuwendung der Forderung = Verschaffung der Gläubigerstellung), nicht erst mit dem Erwerb der versprochenen Leistung durch den Dritten.[751] Begründet wird dieses mit dem Wortlaut des § 7 Abs. 1 Nr. 1 und 2 ErbStG nur schwer zu vereinbarende Ergebnis mit einer engen Auslegung der Nr. 2, die aus einem Vergleich mit den Erwerben von Todes wegen (§ 3 Abs. 2 Nr. 2 ErbStG) hergeleitet wird.

---
750 Siehe BFH vom 23.10.2002, BStBl 2003 II S. 162, und vom 20.01.2005, BStBl 2005 II S. 408 m. w. N.
751 Vgl. hierzu BFH vom 20.01.2005, BStBl 2005 II S. 408, wonach zur Ausführung der freigebigen Zuwendung, wenn deren Gegenstand das auf Eigentumsverschaffung gerichtete Forderungsrecht ist, nicht die Auflassung und die Eintragungsbewilligung vorliegen müssen, die Schenkung eines Forderungsrechts bereits mit dessen Abtretung oder Neubestellung in der Person des Zuwendungsempfängers ausgeführt ist.

4 Steuerpflicht

Unabhängig davon, ob man nun für die Besteuerung des auflagebegünstigten Dritten § 7 Abs. 1 Nr. 1 oder Nr. 2 ErbStG zur Anwendung gelangen lässt, ist dabei das Verhältnis zum Schenker, der die Auflage angeordnet hat, zugrunde zu legen.[752] Der Beschenkte der Erstschenkung handelt auf verbindliche Weisung des Schenkers, was diesen als den eigentlichen Urheber der Zuwendung an den Dritten ausweist. Sieht man den Erwerb des Dritten bereits mit dem Forderungserwerb gegen den Beschenkten der Erstschenkung als verwirklicht an, ist es der Schenker, der dem auflagebegünstigten Dritten die Stellung als Forderungsinhaber verschafft.[753]

Die Besteuerung der nach § 7 Abs. 1 Nr. 2 ErbStG steuerpflichtigen Erwerbe, die in Vollzug einer Auflage des Schenkers anfallen (z. B. eine Barabfindung, die der Beschenkte anderen Erbberechtigten zu zahlen hat), wird durch die Besteuerung der Schenkung, durch die sie veranlasst sind, nicht berührt. Diese Erwerbe unterliegen mit dem Wert der Besteuerung, der sich für sie nach § 12 ErbStG ergibt. Daraus folgt, dass Planung und Sachverhaltsgestaltung sorgfältig bedacht werden müssen, um steuerlich ungünstige Ergebnisse zu vermeiden.[754]

Beispiel:
S übertrug im Jahr 2007 auf den Neffen N1 im Wege vorweggenommener Erbfolge das Grundstück G1 (Verkehrswert 600.000 € und Grundbesitzwert vor der Erbschaftsteuerreform 300.000 €) mit der Auflage, N2 (Bruder des N1) ein Gleichstellungsgeld i. H. von 300.000 € zu zahlen.

S übertrug im Jahr 2008 auf den Neffen N2 im Wege vorweggenommener Erbfolge das Grundstück G2 (ebenfalls Verkehrswert 600.000 € und Grundbesitzwert 300.000 €) mit der Auflage, N 1 ein Gleichstellungsgeld i. H. von 300.000 € zu zahlen.

Die Verträge zwischen S und N1 bzw. zwischen S und N2 stehen nicht in einem Gegenseitigkeitsverhältnis. Die Zuwendungen der Grundstücke in 2007 und 2008 stellen jeweils Schenkungen unter Auflage dar, bei den Zuwendungen der Gleichstellungsgelder handelt es sich um Geldforderungsschenkungen. Schenker ist jeweils der S.

Die Bereicherung betrug für die Grundstücksschenkungen (unter Auflage) jeweils

$$\frac{300.000\ \text{€} \times (600.000\ \text{€} \not\!\!/\ 300.000\ \text{€} =)\ 300.000\ \text{€}}{600.000\ \text{€}} = \mathbf{150.000\ \text{€}}$$

Die Bereicherung beträgt für die (Geldforderungs-)Schenkungen von S an N1 und N2 jeweils 300.000 €.

Hätte S sowohl N1 als auch N2 das jeweilige Grundstück ohne die Auflagen übertragen, ein Gleichstellungsgeld an den anderen Neffen zu zahlen, läge bei jedem insgesamt nur eine Bereicherung von 300.000 € vor.

Verlagert man den Sachverhalt in die Zeit nach Inkrafttreten des ErbStRG, wird die Bereicherung unabhängig von der Sachverhaltsgestaltung dann nicht differieren, wenn sich der Grundstücksverkehrswert mit dem steuerlich anzusetzenden Wert des Grundstücks deckt – das ist z. B. dann nicht der Fall, wenn es sich bei den Grundstücken G1 und G2 um Grundstücke i. S. des § 13c ErbStG handelt –.

---

752 Siehe BFH vom 17.02.1993, BStBl 1993 II S. 523.
753 Siehe Meincke, § 7 Rdnr. 96.
754 Vgl. insoweit BFH vom 23.10.2002, BStBl 2003 II S. 162.

4.7 Schenkungen unter Lebenden – § 7 ErbStG

4.7.2.2 Bedingungserfüllung

Im Unterschied zur Auflagenschenkung wird beim Erwerb infolge Erfüllung einer Bedingung im Verhältnis zwischen dem Schenker und dem Geschäftspartner keine Schenkung, sondern nur irgendein Rechtsgeschäft unter Lebenden vorausgesetzt. Auch wird der Geschäftspartner des Schenkers zur Leistung an den Dritten nicht verpflichtet. Doch ist sein Erwerb von der Leistung an den Dritten abhängig gemacht, sodass im wirtschaftlichen Ergebnis eine Zuwendung des Schenkers an den Dritten auch in diesem Fall besteht. Ist auch das von der Bedingung abhängig gemachte Rechtsgeschäft zwischen dem Schenker und dessen Geschäftspartner eine Schenkung, dann richtet sich die Besteuerung dieses Geschäfts wiederum nach § 7 Abs. 1 Nr. 1 ErbStG – i. d. R. gemischte Schenkung, weil die durch die Bedingung geschaffene Verknüpfung zwischen der Leistung des Schenkers an den Geschäftspartner und dessen Leistung an den Dritten eine (Teil-)Entgeltlichkeitsbeziehung darstellt –.[755]

Beim Erwerb infolge Erfüllung einer Bedingung ist bei Beurteilung der Schenkung an den Dritten nach § 7 Abs. 1 Nr. 1 bzw. Nr. 2 ErbStG das Verhältnis zum Schenker auch dann zugrunde zu legen, wenn der Geschäftspartner die Verpflichtung bereits vor Eintritt der Bedingung erfüllt hat.[756]

4.7.3 Erwerb aufgrund Anordnung der Genehmigungsbehörde

Nach **§ 7 Abs. 1 Nr. 3 ErbStG** gilt als Schenkung unter Lebenden weiterhin, was jemand dadurch erlangt, dass bei Genehmigung einer Schenkung Leistungen an andere Personen angeordnet oder zur Erlangung der Genehmigung freiwillig übernommen werden. Es handelt sich hierbei um die Parallelvorschrift zu § 3 Abs. 2 Nr. 3 ErbStG. Die Erläuterungen zu dieser Vorschrift gelten daher hier entsprechend.

4.7.4 Schenkung durch Vereinbarung der Gütergemeinschaft
1) Vorbemerkung

Ehegatten können durch **Ehevertrag Gütergemeinschaft** vereinbaren mit der Folge, dass das **Vermögen** der **Ehegatten** gem. § 1416 BGB **gemeinschaftliches Vermögen** (**Gesamtgut** = Gesamthandsvermögen) beider Ehegatten wird. Vom Gesamtgut ausgeschlossen sind aber gem. § 1417 Abs. 1 BGB das Sondergut und gem. § 1418 Abs. 1 BGB das Vorbehaltsgut eines jeden Ehegatten – zu den hierzu gehörenden Gegenständen vgl. jeweils Abs. 2 dieser Bestimmungen –.

Wenn Ehegatten mit unterschiedlich hohem Vermögen Gütergemeinschaft vereinbaren, so wird derjenige Ehegatte, der kein oder das geringere Vermögen besitzt, auf Kosten des anderen Ehegatten objektiv bereichert, weil er nunmehr zur Hälfte

---
755 Siehe Meincke, § 7 Rdnr. 97.
756 Siehe BFH vom 17.02.1993, BStBl 1993 II S. 523.

an dem neuen Gesamtgut beteiligt ist. Zur Ermittlung der Bereicherung ist der Wert des Vermögens der Ehegatten vor Vereinbarung der Gütergemeinschaft dem Wert des Anteils eines jeden Ehegatten an dem Gesamtgut gegenüberzustellen. Es erscheint folgerichtig, diese Bereicherung, wie jede andere Bereicherung unter Ehegatten, zur Schenkungsteuer heranzuziehen. Dafür würde aber schon § 7 Abs. 1 Nr. 1 ErbStG ausreichen.

2) Bedeutung des § 7 Abs. 1 Nr. 4 ErbStG

a) Die **Bereicherung,** die ein **Ehegatte** – seit dem ErbStRG vom 24.12.2008 wird diesem **der Lebenspartner gleichgestellt** – bei **Vereinbarung der Gütergemeinschaft erfährt,** gilt nach § 7 Abs. 1 Nr. 4 ErbStG stets als **Schenkung unter Lebenden.** Es kommt nicht darauf an, ob die Vereinbarung der Gütergemeinschaft unmittelbar mit der Eheschließung/Begründung der Lebenspartnerschaft oder erst nachträglich getroffen worden ist. Vom Gesetz wird – wohl bewusst gegen die Ausführungen der früheren Rechtsprechung –[757] unterstellt, dass die Bereicherung des weniger vermögenden Ehegatten **stets subjektiv unentgeltlich** erfolgt, sodass der Wille, die Bereicherung um der Bereicherung wegen zu verschaffen, also im Gegensatz zu § 7 Abs. 1 Nr. 1 ErbStG, nicht mehr gesondert festgestellt werden muss, weil andernfalls die Vereinbarung nicht getroffen worden wäre. Auf das Motiv der Vereinbarung kommt es also nicht an.[758] Die Besteuerung ist daher unabhängig von der Überlegung durchzuführen, ob die Eheleute/Lebenspartner mit der Vereinbarung in erster Linie güterrechtliche Wirkungen herbeiführen wollten.[759]

b) Bei Prüfung der Frage, ob und in welcher Höhe ein Ehegatte objektiv eine Bereicherung auf Kosten des anderen Ehegatten erfährt, gelten die allgemeinen Grundsätze der freigebigen Zuwendung. Danach ist zunächst festzustellen, welches Vermögen jeder Ehegatte in das Gesamtgut eingebracht hat. Bei einem Wechsel vom Güterstand der Zugewinngemeinschaft zum Güterstand der Gütergemeinschaft ist grundsätzlich davon auszugehen, dass der ausgleichsberechtigte Ehegatte seine Ausgleichsforderung in das Gesamtgut einbringt.[760] Dabei sind die jeweiligen Vermögenswerte mit den Verkehrswerten anzusetzen. Nur wenn der Vergleich dieser Vermögenswerte ergibt, dass sich das Vermögen eines Ehegatten vermehrt hat, liegt eine Bereicherung dem Grunde nach vor. Für den Partner, der Vermögen von geringerem Wert in das Gesamtgut eingebracht hat, kann sich hiernach eine Bereicherung bis zur Höhe der Hälfte des vom anderen Partner eingebrachten Mehrwerts

---

757 Siehe BFH vom 25.05.1966, BStBl 1966 III S. 521.
758 Siehe R E 7.6 Abs. 1 ErbStR 2011; vgl. insoweit auch Petzoldt, § 7 Rdnr. 116 unter Hinweis auf die Gesetzesmaterialien (BT-Drucksache 6/3418, 64); kritisch zu der Vorschrift insgesamt Felix, Steuerkongressreport 1974, S. 368, und Berger, DVR 1986 S. 34.
759 Für diesen Fall hatte die Rechtsprechung – s. BFH vom 29.01.1964, BStBl 1964 III S. 202, und vom 25.05.1966, BStBl 1966 III S. 521 – früher die Anwendbarkeit des Schenkungsteuerrechts verneint, was den Gesetzgeber, weil die Praxis überfordernd und für sachlich nicht gerechtfertigt erachtend, zur Einführung von § 7 Abs. 1 Nr. 4 durch das ErbStG 1974 veranlasste.
760 Siehe R E 7.6 Abs. 2 ErbStR 2011.

4.7 Schenkungen unter Lebenden – § 7 ErbStG

ergeben. Nunmehr sind für die jeweiligen Vermögenswerte die für schenkungsteuerliche Zwecke anzusetzenden Werte unter Ausscheiden der steuerbefreiten Posten zu ermitteln, um die Bereicherung der Höhe nach festzustellen. Nur soweit ein Vergleich dieser Werte ergibt, dass sich das Vermögen eines Ehegatten vermehrt hat (regelmäßig der Fall durch die durchgängig am gemeinen Wert orientierte Bewertung und damit durch die mit der Erbschaftsteuerreform erreichte Beseitigung der früheren eklatanten Unterbewertung bestimmter Vermögensgegenstände), kann Schenkungsteuer anfallen. Der steuerpflichtige Erwerb i. S. des § 10 ErbStG findet in der zivilrechtlich festgestellten Bereicherung seine Obergrenze.[761]

Beispiel:
Ehemann M ist Eigentümer eines landwirtschaftlichen Betriebs, dessen Grundbesitzwert 400.000 € und dessen Verkehrswert 500.000 € beträgt. Seine Ehefrau F ist Eigentümerin eines zu Wohnzwecken vermieteten bebauten Grundstücks mit einem Verkehrswert = gemeinen Wert von 1.550.000 €, das nach § 13c ErbStG für steuerliche Zwecke mit einem Wert von 1.395.000 € anzusetzen ist. M und F vereinbaren Gütergemeinschaft und bringen das vorstehend genannte Vermögen in das Gesamtgut ein.

Nach bürgerlich-rechtlichen Bewertungsgrundsätzen wird M um 525.000 € bereichert (1.550.000 € ./. 500.000 € = 1.050.000 €; davon 1/2; oder: 1.550.000 € + 500.000 € = 2.050.000 €; davon 1/2 = 1.025.000 €; abzgl. 500.000 €. Es liegt somit eine Bereicherung des M nach § 7 Abs. 1 Nr. 4 ErbStG dem Grunde nach vor.

Für diese Bereicherung ergibt sich jedoch nur ein Steuerwert von 497.500 € (1.395.000 € ./. 400.000 € = 995.000 €; davon 1/2 oder: 400.000 € + 1.395.000 € = 1.795.000 €; davon 1/2 = 897.500 €; abzgl. 400.000 €). Schenkungsteuer fällt also unter Berücksichtigung des Ehegattenfreibetrags von 500.000 € gem. § 16 Abs. 1 Nr. 1 ErbStG nicht an.

Das vorstehende Beispiel macht deutlich, dass Schenkungsteuer in den Fällen des § 7 Abs. 1 Nr. 4 ErbStG mit Rücksicht auf den Ehegattenfreibetrag des § 16 ErbStG also nur dann anfallen kann, wenn der Vermögensunterschied nach den für erbschaft-/schenkungsteuerliche Zwecke zugrunde zu legenden Werten mehr als 1.000.000 € beträgt. Bei einem Steuerwert des landwirtschaftlichen Betriebs von nur 300.000 € ergäbe sich ein Steuerwert der Bereicherung des M i. H. von 547.500 €, die zivilrechtliche Bereicherung bildet aber die Obergrenze, sodass sich unter Berücksichtigung des Ehegattenfreibetrags die Schenkungsteuer auf 7 % von 25.000 € = 1.750 € beliefe.

c) Ist eingebrachtes Vermögen mit Schulden belastet, die nunmehr Gesamtgutsverbindlichkeiten werden, so liegt dies in der Konsequenz der in § 1416 BGB angeordneten Gesamtrechtsnachfolge und kann nicht als Gegenleistung für die Einbringung angesehen werden.[762]

d) Wirkt sich die „Vergemeinschaftung" des Vermögens lediglich dahingehend aus, dass dem Ehe-/Lebenspartner eine **Mitberechtigung** am **Familienheim** zufällt, ist

---
761 Siehe Meincke, § 7 Rdnr. 103 m. w. N. und einem Beispiel von Bopp in FamRZ 1975 S. 245.
762 Siehe Petzoldt, § 7 Rdnr. 119; Moench/Kien-Hümbert/Weinmann, § 7 Rdnr. 207.

4 Steuerpflicht

§ 13 Abs. 1 Nr. 4a ErbStG zu beachten; der Vermögenszuwachs bleibt insgesamt steuerfrei.[763]

3) Nachträgliche Vermögensanfälle

Die Vorschrift des § 7 Abs. 1 Nr. 4 ErbStG betrifft vom **Wortlaut** her **nur die Bereicherung, die ein Ehegatte/Lebenspartner bei Vereinbarung der Gütergemeinschaft erfährt.** Offen bleibt danach die Frage, wie zu entscheiden ist, wenn einem Ehegatten nach Vereinbarung der Gütergemeinschaft weiteres Vermögen durch Erwerb von Todes wegen oder Schenkung unter Lebenden anfällt (kein Vorbehaltsgut). Diese nachträglichen Vermögensanfälle verändern nämlich die ursprüngliche Bereicherung eines Ehegatten. Nach – wohl zutreffender – Verwaltungsauffassung[764] besteht keine Vermutung dafür, dass Zuwendungen, die von Todes wegen oder unter Lebenden nur dem einen Ehegatten/Lebenspartner gemacht werden, gleichzeitig auch für den anderen Partner mitbestimmt sind. Das gilt auch dann, wenn die Ehegatten/Lebenspartner in Gütergemeinschaft leben und die Zuwendung in das Gesamtgut fällt. Dass hier der Erblasser oder Schenker die Möglichkeit hat, die Zuwendung zum Vorbehaltsgut (§ 1418 Abs. 2 BGB) zu bestimmen, ändert nichts an dieser Beurteilung. Der andere Ehegatte/Lebenspartner erwirbt aufgrund einer gesetzlichen Vorschrift (§ 1416 BGB), sodass insoweit auch zwischen den Partnern keine Schenkung vorliegt.

Auch Änderungen der Vermögensverteilung unter den Ehegatten/Lebenspartnern während bestehender Gütergemeinschaft durch Überführung von Vorbehaltsgut eines Partners in das gemeinschaftliche Vermögen oder Überführung von Vermögensgegenständen aus dem Gesamtgut in das Vorbehaltsgut eines Partners können zwar einen Vermögenszuwachs und damit eine Bereicherung eines Partners bewirken, lösen aber keine Steuerpflicht nach § 7 Abs. 1 Nr. 4 ErbStG aus, sondern sind nur unter den Voraussetzungen des § 7 Abs. 1 Nr. 1 ErbStG steuerbar.[765]

4) Auswirkung der Ehescheidung

Nach § 1478 BGB kann jeder Ehegatte im Rahmen der Auseinandersetzung des Gesamtguts nach Scheidung der Ehe verlangen, dass ihm der Wert dessen erstattet wird, was er in die Gütergemeinschaft eingebracht hat. Damit geht einem Ehegatten die bei Begründung der Gütergemeinschaft erlangte Bereicherung wieder verloren. Folglich muss die Steuer insoweit – zumindest entsprechend § 29 Abs. 1 Nr. 1 ErbStG – mit Wirkung für die Vergangenheit erlöschen.[766]

---

763 Zur Auswirkung auf die durch die Vereinbarung der Gütergemeinschaft vermittelte Bereicherung, wenn Eheleute/Lebenspartner zunächst im gesetzlichen Güterstand gelebt haben und der Partner, der den geringeren Zugewinn erzielt hat, seine nach § 5 Abs. 2 ErbStG steuerfreie Ausgleichsforderung in das Gesamtgut einbringt, vgl. FG Münster, EFG 1993 S. 587.

764 Siehe R E 7.6 Abs. 3 ErbStR 2011.

765 Vgl. FG München vom 21.06.2006, EFG 2007 S. 54; Meincke, § 7 Rdnr. 100.

766 Siehe Meincke, DStR 1977 S. 366; Moench, DStR 1989 S. 344, der § 29 Abs. 1 Nr. 3 ErbStG anführt.

4.7.5 Abfindung für einen Erbverzicht
1) Vorbemerkung
Der Erbverzicht gem. §§ 2346 ff. BGB ist ein Vertrag zwischen dem Erblasser und dem künftigen Erben, durch den dieser auf sein Erbrecht verzichtet. Hierbei kann es sich um das gesetzliche Erbrecht (vgl. § 2346 Abs. 1 BGB), aber auch um die durch Testament oder Erbvertrag begründete Erbenstellung (vgl. § 2352 BGB) handeln. Der Verzicht kann sich auch (nur) auf das Pflichtteilsrecht (s. § 2346 Abs. 2 BGB) oder ein Vermächtnis (s. § 2352 BGB) beziehen.

Der Verzicht als solcher ist weder ein Vermögensanfall anlässlich eines Erbfalls noch eine Schenkung. Eine Schenkung ist er auch dann nicht, wenn er unentgeltlich ausgesprochen wird.

2) Bedeutung des § 7 Abs. 1 Nr. 5 ErbStG
Eine Abfindung muss zwar nicht mit dem Erbverzicht verbunden sein, wird aber in der Praxis regelmäßig als Gegenleistung für den Verzicht gewährt. Was als Abfindung für den Erbverzicht (§§ 2346 und 2352 BGB) gewährt wird, gilt nach § 7 Abs. 1 Nr. 5 ErbStG als Schenkung unter Lebenden. Das Gesetz lässt die Abfindung an die Stelle der ausgefallenen Erwerbsaussicht treten, unterwirft sie aber nicht erst mit dem Erbfall, sondern schon im Zeitpunkt ihrer Gewährung der Steuerpflicht. Der Verzichtende wird bei Entgeltgewährung so gestellt, wie wenn ihm das, worauf er verzichtet, angefallen und dieser Vermögenswert von ihm veräußert worden wäre. Der Verzichtende wird durch das Entgelt in gleicher Weise bereichert, als wäre er Erbe, Pflichtteilsberechtigter oder Vermächtnisnehmer geworden.[767]

Auch die Abfindung des künftigen Erblassers für einen Pflichtteilsverzicht fällt, obwohl § 7 Abs. 1 Nr. 5 ErbStG vom Erbverzicht spricht, unter diese Vorschrift – die in Bezug genommene Vorschrift des § 2346 BGB lässt in Abs. 2 die Beschränkung auf das Pflichtteilsrecht zu –.[768]

Eine als Abfindung geleistete Zuwendung ist jedoch insoweit nicht steuerpflichtig, als der Empfänger diese bereits unabhängig von der Abfindungsvereinbarung aus einem anderen Rechtsgrund beanspruchen konnte. Aus der unterhaltsrechtlichen Verpflichtung unter Ehegatten soll sich aber kein konkreter Rechtsanspruch in diesem Sinne ergeben, weil der unterhaltsverpflichtete Ehegatte in der Ausgestaltung dieser Vorsorge frei ist.[769] Gewährt daher der Erblasser seinem Ehegatten in einem Erbverzicht eine zugleich dessen Alterssicherung dienende Rente, so bleibt die Zuwendung nach § 7 Abs. 1 Nr. 5 ErbStG steuerbar. Der Versorgungsfreibetrag nach § 17 ErbStG kann ausnahmsweise beim Erwerb nach § 7 Abs. 1 Nr. 5 ErbStG als Abfindung für den Erbverzicht und aufschiebend bedingt bis zum Tod des ande-

---
767 Siehe BFH vom 25.05.1977, BStBl 1977 II S. 733.
768 Siehe aber FG Baden-Württemberg vom 13.12.1998, EFG 2000 S. 1396 – Fall von § 7 Abs. 1 Nr. 1 ErbStG –.
769 Siehe FG Nürnberg, EFG 1990 S. 65, im Anschluss an BFH vom 27.11.1985, BStBl 1986 II S. 265.

ren Ehegatten/Lebenspartners erworbenen Leibrentenstammrechts gewährt werden.[770]

Als Schenkung unter Lebenden nach § 7 Abs. 1 Nr. 5 ErbStG anzusehende Abfindungsleistungen für einen Erbverzicht bleiben unter den Voraussetzungen des § 13 Abs. 1 Nr. 4a ErbStG steuerfrei, weil es sich bei den hierin angesprochenen „Zuwendungen unter Lebenden", mit denen ein Ehegatte den anderen Ehegatten z. B. von eingegangenen Verpflichtungen im Zusammenhang mit der Anschaffung eines Familienheims freistellt, nicht um eine freigebige Zuwendung nach § 7 Abs. 1 Nr. 1 ErbStG handeln muss.[771]

Bei der Besteuerung der Abfindung für einen Erbverzicht nach § 7 Abs. 1 Nr. 5 ErbStG kann der Wert des Erbverzichts von der Abfindung nicht abgezogen werden.[772] Die Steuerpflicht der Abfindung entsteht nämlich nach dem eindeutigen Wortlaut und dem Sinn des Gesetzes in der Höhe, in der sie gewährt wird. Würde man von der Abfindung den Wert des Verzichts auf das Erbrecht absetzen, dann würde das dazu führen, dass die Abfindung, die vor Ableben des Erblassers in das Vermögen des Verzichtenden übergeht, steuerfrei bliebe, soweit sich der Wert der Abfindung und der Wert des Verzichts decken. Damit würde die Bestimmung des § 7 Abs. 1 Nr. 5 ErbStG gegenstandslos. Davon zu unterscheiden ist die Frage des Abzugs der Abfindung bei dem, der die Abfindung gibt.

3) Dritter als Abfindender

Wird die Abfindung für den Erbverzicht nicht von dem künftigen Erblasser, sondern von einem Dritten gewährt, so bestimmt sich die Steuerklasse nicht nach dem Verhältnis des Verzichtenden zu dem Abfindenden, sondern vielmehr nach dem Verhältnis des Verzichtenden zum künftigen Erblasser.[773] Der BFH begründet seine Auffassung im Wesentlichen wie folgt: *„Der Erbverzicht ist ein Vertrag zwischen dem (künftigen) Erblasser und dem Verzichtenden. Der Verzicht bewirkt den Wegfall des gesetzlichen Erbrechts dessen, der den Verzicht erklärt, und gibt dem künftigen Erblasser die entsprechende Testier- und Schenkungsfreiheit. Im Verhältnis zwischen dem künftigen Erblasser und dem Verzichtenden wird die „Abfindung für den Erbverzicht" stets von dem künftigen Erblasser „gewährt", unabhängig davon, ob sie von dem künftigen Erblasser selbst oder von demjenigen geleistet wird, der durch den Verzicht begünstigt wird. Es ist letztlich kein Grund ersichtlich, Abfindungen vor und nach dem Eintritt des Erbfalls unterschiedlich zu behandeln."*

Wird der Dritte später Erbe, so kann er die geleistete Abfindung von seinem Erwerb abziehen (§ 10 Abs. 5 Nr. 3 ErbStG).

---
770 Siehe FG Nürnberg, a. a. O.; R E 1.1 Satz 3 Nr. 6 Satz 2 ErbStR 2011.
771 Siehe BFH vom 27.10.2010, BStBl 2011 II S. 134.
772 Siehe BFH vom 16.01.1953, BStBl 1953 III S. 59.
773 Siehe BFH vom 25.05.1977, BStBl 1977 II S. 733; anders noch BFH vom 16.01.1953, BStBl 1953 III S. 59.

4.7 Schenkungen unter Lebenden – § 7 ErbStG

4) Weitere „Verzichtssituationen"

§ 7 Abs. 1 Nr. 5 ErbStG regelt nicht, wie ein Verzicht des Erben auf den Anspruch aus § 2287 BGB zu behandeln ist, wenn er vor dem Erbfall gegen Abfindung erfolgt. Auch die Abfindung, die auf der Grundlage eines Verzichtsvertrages geschuldet wird, der unter künftigen gesetzlichen Erben über den gesetzlichen Erbteil oder den Pflichtteil gem. § 311b Abs. 5 BGB geschlossen worden ist, wird nicht von § 7 Abs. 1 Nr. 5 ErbStG erfasst. Erfüllt ist vielmehr der Grundtatbestand des § 7 Abs. 1 Nr. 1 ErbStG. Die Zahlung erfolgt nicht auf eine Forderung hin, also „freigebig", weil dem Verzichtenden im Zeitpunkt des Vertragsschlusses ein Anspruch gegen den Vertragspartner als ebenfalls künftigen gesetzlichen Erben nicht zusteht. An der „Freigebigkeit" vermag auch die möglicherweise zukünftig einmal entstehende Forderung, z. B. der evtl. später entstehende Pflichtteils(ergänzungs)anspruch, nichts zu ändern, denn dieser verkörpert allenfalls eine bloße Erwerbschance, die kein Gegenstand einer die Freigebigkeit ausschließenden Gegenleistung sein kann.[774] Die Steuerklasse soll sich hierbei nicht nach dem Verhältnis zum Vertragspartner, sondern nach dem Verhältnis des Zuwendungsempfängers (Verzichtenden) zum künftigen Erblasser richten. Zur Begründung wird angeführt, der Verzicht gegenüber einem anderen gesetzlichen Erben könne diesbezüglich nicht anders behandelt werden als nach Eintritt des Erbfalls, weil es beide Male um die wertmäßige Teilhabe des Verzichtenden am Vermögen des Erblassers gehe, nach Eintritt des Erbfalls aber der Verzicht auf noch nicht geltend gemachte Pflichtteilsansprüche gegen Abfindung gem. § 3 Abs. 2 Nr. 4 ErbStG nach der Steuerklasse zu bestimmen ist, die im Verhältnis zum Erblasser gilt. Der BFH „heilt" damit die tatsächlich gewählte rechtliche Gestaltung, die m. E. eine isolierte Schenkung (nur) unter den künftigen gesetzlichen Erben darstellen kann und somit nach dem Gesetzeswortlaut die Steuerklasse nach dem Verhältnis der Vertragspartner erfordert.[775] Der Zuwendende soll die Abfindung, sollte diese im Nachgang einer Schenkung an einen der künftigen gesetzlichen Erben vereinbart sein, gem. § 10 Abs. 5 Nr. 3 i. V. m. § 1 Abs. 2 ErbStG als Erwerbskosten bei der vorausgegangenen freigebigen Zuwendung des künftigen Erblassers geltend machen können (§ 175 Abs. 1 Satz 1 Nr. 2 AO) und nicht beim späteren Erwerb vom Erblasser.

Beispiel:
Mutter M überträgt ihr gesamtes Vermögen mit einem Steuerwert von 2.000.000 € auf Kind K1, an das ein entsprechender Schenkungsteuerbescheid ergeht.
K1 und das Kind K2 (Bruder des K1) schließen anschließend – noch zu Lebzeiten von M – folgenden Vertrag:

---

[774] Siehe BFH vom 25.01.2001, BStBl 2001 II S. 456 – ähnlich für den Anspruch auf Zugewinnausgleich: BFH vom 02.03.1994, BStBl 1994 II S. 366 –; hierzu auch Kobor, FR 2002 S. 489.

[775] Ebenfalls kritisch Hartmann, UVR 2001 S. 255, und Daragan, DB 2001 S. 848, der die Entscheidung vom Ergebnis her für falsch und für unzulänglich begründet hält; vgl. auch Moench/Kien-Hümbert/Weinmann, § 7 Rdnr. 214a – Begründung vorgenannter Entscheidung „zweifelhaft" –.

K2 verzichtet gegenüber K1 auf die Geltendmachung sämtlicher Pflichtteils- oder Pflichtteilergänzungsansprüche. K1 verpflichtet sich, bei Vertragsschluss 250.000 € an K 2 zu zahlen und weitere 250.000 € nach dem Tod der M. K1 zahlt die ersten 250.000 € an K2. M stirbt ein Jahr später. K1 ist Alleinerbe und zahlt die zweiten 250.000 € an K2.

Es liegen zwei – selbständige – Schenkungen vor: M an K1 und K1 an K2. Der BFH (a. a. O.) stuft zwar die Abfindungen des K1 an K2, die vor dem Erbfall und die nach dem Erbfall, als freigebige Zuwendung i. S. des § 7 Abs. 1 Nr. 1 ErbStG (also nicht Nr. 5 oder Nr. 10 oder § 3 Abs. 2 Nr. 4 ErbStG) ein, bestimmt die Steuerklasse aber unter Hinweis auf die vorgenannten, nicht angewendeten Vorschriften für diese Zuwendung nicht nach dem Verhältnis von K1 zu K2, sondern nach dem Verhältnis von K2 zu M.

K1 soll die 2 × 250.000 € als Erwerbskosten i. S. des § 10 Abs. 5 Nr. 3 i. V. m. § 1 Abs. 2 ErbStG nachträglich bei der Steuerfestsetzung für die Schenkung von M (2.000.000 €) geltend machen können, was zu einer Änderung des ihm gegenüber ergangenen Schenkungsteuerbescheids nach § 175 Abs. 1 Satz 1 Nr. 2 AO führt.

4.7.6 Herausgabe des Vorerben an den Nacherben

1) Vorbemerkung

Bei Anordnung von Vor- und Nacherbschaft geht der Nachlass zivilrechtlich zunächst vom Erblasser auf den Vorerben und dann beim Nacherbfall vom Erblasser auf den Nacherben über. Der Zeitpunkt des Nacherbfalls richtet sich nach der Anordnung des Erblassers. Fehlt ein solche, tritt er gem. § 2106 Abs. 1 BGB mit dem Tod des Vorerben ein. Zwar kann der Vorerbe nicht nach eigenem Belieben den Zeitpunkt des Eintritts des Nacherbfalls bestimmen. Es ist ihm jedoch nicht verwehrt, das der Vor- und Nacherbschaft unterliegende Vermögen schon vor Eintritt des Nacherbfalls ganz oder teilweise an den Nacherben zu übertragen.

2) Schenkungsteuerliche Folge der Herausgabe

Nach **§ 7 Abs. 1 Nr. 7 ErbStG** gilt als Schenkung unter Lebenden auch, was ein Vorerbe dem Nacherben mit Rücksicht auf die angeordnete Nacherbschaft vor ihrem Eintritt herausgibt.

Als Gegenstand der Schenkung ist der Wert der dem Nacherben vorzeitig überlassenen Substanz anzunehmen. Die vorzeitige Übertragung des Nachlasses oder eines Teils davon auf den Nacherben wird also wirtschaftlich und daher auch steuerlich dem Eintritt der Nacherbfolge gleichgestellt, obwohl der Vorerbe in diesem Fall bürgerlich-rechtlich dem Nacherben nur die Nutzungen der Zwischenzeit schenkt, weil dieser auf die Substanz ohnehin einen unentziehbaren Anspruch hat.[776]

---

[776] A. A. Meincke, § 7 Rdnr. 111, nach dem der Vorerbe, weil vor Eintritt des Nacherbfalls Vermögensträger und nicht Nutzungsberechtigter an fremdem Vermögen, den Nacherben um die vorzeitig zugewendete Vermögenssubstanz bereichere, sodass die Zuwendung ohne die gesonderte Anordnung der Steuerpflicht in Nr. 7 schon nach Abs. 1 Nr. 1 steuerpflichtig wäre; offengelassen in BFH vom 06.03.1990, BStBl 1990 II S. 504.

4.7 Schenkungen unter Lebenden – § 7 ErbStG

Die vorzeitige Übertragung eines Teils des der Vor- und Nacherbschaft unterliegenden Vermögens kann unter Ausnutzung der Frist des § 14 ErbStG zu einem für den Nacherben steuerlich günstigen Ergebnis führen.

Verzichtet der Nacherbe anlässlich der Herausgabe des Vorerben auf sein Anwartschaftsrecht, stellt dies keine Gegenleistung für die Leistung des Vorerben an ihn dar.[777] Für § 7 Abs. 1 Nr. 7 ErbStG wird nach seinem Wortlaut und Normzweck das Bewusstsein der Unentgeltlichkeit nicht zu fordern sein. Da diese Vorschrift nur die unentgeltliche Herausgabe von Nachlassgegenständen steuerpflichtig machen will, liegt im Fall einer geringerwertigen Gegenleistung eine gemischte Schenkung vor.[778]

3) Bedeutung von § 7 Abs. 2 ErbStG

Nach Satz 1 dieser Bestimmung – Regelung entspricht § 6 Abs. 2 Satz 2 ErbStG – ist auf Antrag der Versteuerung nicht das Verhältnis des Nacherben zum Vorerben, sondern das Verhältnis des Nacherben zum Erblasser zugrunde zu legen. Stellt der Nacherbe den Antrag nach § 7 Abs. 2 Satz 1 ErbStG, wirkt sich dieser nur auf die Steuerberechnung aus, führt aber nicht dazu, dass es sich bei dem Erwerb nach § 7 Abs. 1 Nr. 7 ErbStG nicht um einen Erwerb vom Vorerben, sondern vom Erblasser handelt. Dies wird aus der in § 7 Abs. 2 Satz 2 ErbStG enthaltenen Verweisung auf § 6 Abs. 2 Satz 3 bis 5 ErbStG deutlich, die dann von Bedeutung ist, wenn der Vorerbe über eine mit Rücksicht auf die angeordnete Nacherbschaft erfolgende Vermögensübertragung hinaus an den Nacherben eine freigebige Zuwendung aus eigenem Vermögen ausführt oder dem Nacherben später das eigene Vermögen des Vorerben durch Erwerb von Todes wegen anfällt. Die Steuer ist für jeden Erwerb jeweils nach dem Steuersatz zu erheben, der für den gesamten Erwerb gelten würde, was bei der getrennten Besteuerung von zwei Erwerben von verschiedenen Personen nicht der Fall wäre. In die Zusammenrechnung nach § 14 Abs. 1 ErbStG sind deshalb auch dann, wenn der Nacherbe den Antrag nach § 7 Abs. 2 Satz 1 ErbStG stellt – Gleiches gilt auch beim Antrag gem. § 6 Abs. 2 Satz 2 ErbStG –, nur Erwerbe vom Vorerben, nicht aber solche vom Erblasser einzubeziehen.[779] Wird dem Nacherben das der Nacherbschaft unterliegende Vermögen in mehreren Teilakten übertragen, so kann der Nacherbe also nicht dadurch die Zusammenrechnung nach § 14 ErbStG ausschließen, dass er für einzelne der Übertragungen den Antrag nach Abs. 2 stellt, für andere dagegen nicht. Der Antrag des Nacherben, der Besteuerung das Verhält-

---

[777] Siehe FG München vom 06.11.2002, EFG 2003 S. 552.
[778] Siehe FG Nürnberg vom 20.09.2002, EFG 2003 S. 55.
[779] So BFH vom 03.11.2010, BStBl 2011 II S. 123 mit Verweis u. a. auf Meincke, § 6 Rdnr. 12 f. und § 7 Rdnr. 111, 117 sowie § 14 Rdnr. 7; Moench/Kien-Hümbert/Weinmann, § 6 Rdnr. 17 f. und § 7 Rdnr. 220 sowie § 14 Rdnr. 36; Gürsching/Stenger, § 6 Rdnr. 52, 65; Wilms/Jochum, § 6 Rdnr. 25; zur gegenteiligen Auffassung vgl. u. a. Troll/Gebel/Jülicher, § 6 Rdnr. 31, 35 und § 14 Rdnr. 35; Viskorf/Knobel/Schuck, § 6 Rdnr. 22, 28 und § 14 Rdnr. 49; Kapp/Ebeling, § 6 Rdnr. 28, 32, 42 und § 7 Rdnr. 157 sowie § 14 Rdnr. 43; Noll, DStR 2004 S. 257.

nis zum Erblasser zugrunde zu legen, muss aber auch im Rahmen der Zusammenrechnung nach § 14 Abs. 1 ErbStG berücksichtigt werden, die Zusammenrechnung ist so vorzunehmen, dass der Steuervorteil aus dem Antrag nicht wieder verloren geht. Die Steuerberechnung für den Letzterwerb hat in entsprechender Anwendung des § 7 Abs. 2 Satz 2 i. V. m. § 6 Abs. 2 Satz 3 ff. ErbStG zu erfolgen. Hierdurch bleibt der Steuervorteil aus dem Antrag nach § 7 Abs. 2 Satz 1 ErbStG erhalten und es wird zugleich vermieden, dass aufgrund des Vorliegens mehrerer Erwerbe von derselben Person innerhalb von zehn Jahren ein Freibetrag wiederholt gewährt wird und Progressionsvorteile erzielt werden.[780]

Nach dem eindeutigen Wortlaut des § 7 Abs. 2 Satz 2 ErbStG kann eine Anrechnung der vom Vorerben gezahlten Steuer auf die des Nacherben – entsprechend der Regelung in § 6 Abs. 3 Satz 2 ErbStG – nicht erfolgen. Der Nacherbe, dem der Nachlass vorzeitig herausgegeben wird, muss also die Erbschaftsteuer von der gesamten ihm vorzeitig herausgegebenen Substanz ohne Anrechnung entrichten.

4.7.7 Stiftung unter Lebenden und Bildung/Ausstattung einer Vermögensmasse ausländischen Rechts

4.7.7.1 Lebzeitiger Vermögensübergang aufgrund Stiftungsgeschäfts

Errichtet ein Stifter eine Stiftung bereits zu seinen Lebzeiten, so gilt nach **§ 7 Abs. 1 Nr. 8 ErbStG** der Übergang von Vermögen auf die Stiftung aufgrund des Stiftungsgeschäfts als Schenkung des Stifters an die Stiftung – bei Übergang von Vermögen auf eine vom Erblasser angeordnete Stiftung gilt § 3 Abs. 2 Nr. 1 ErbStG –. Stifter kann sowohl eine lebende natürliche als auch eine juristische Person – damit auch eine rechtsfähige Stiftung – sein. Die Verwendung des Begriffs „Stiftungsgeschäft unter Lebenden" dient lediglich der Abgrenzung zu dem nach § 3 Abs. 2 Nr. 1 Satz 1 ErbStG der Steuer unterliegenden Übergang von Vermögen auf eine vom Erblasser angeordnete Stiftung. Diese Abgrenzung entspricht auch dem Verständnis des Begriffs „Schenkung unter Lebenden" in § 1 Abs. 1 Nr. 2 und § 7 Abs. 1 Einleitung ErbStG. Eine Schenkung unter Lebenden setzt nicht voraus, dass an dem Zuwendungsvorgang natürliche Personen als Zuwendender und Bedachter beteiligt sind.[781]

Die maßgebenden Vorschriften über die rechtsfähigen Stiftungen des Privatrechts, die selbständige juristische Personen sind, finden sich in den §§ 80 bis 88 BGB. § 7

---

[780] Siehe hierzu BFH vom 03.11.2010, BStBl 2011 II S. 123.
[781] Vgl. BFH vom 13.04.2011, BStBl 2011 II S. 732 zur Steuerbarkeit der Übertragung von Vermögen einer rechtsfähigen Stiftung auf eine von ihr gegründete rechtsfähige Stiftung – hier mit dem Hinweis auf die unterschiedliche schenkungsteuerrechtliche Behandlung von Kapitalgesellschaften und rechtsfähigen Stiftungen und auf die Nichtübertragbarkeit der eine freigebige Zuwendung bei unentgeltlichen Vermögensübertragungen von Trägern der öffentlichen Verwaltung in Wahrnehmung der ihnen obliegenden Aufgaben verneinenden BFH-Rechtsprechung auf privatrechtliche Stiftungen –.

4.7 Schenkungen unter Lebenden – § 7 ErbStG

Abs. 1 Nr. 8 ErbStG erfasst – wie auch § 3 Abs. 2 Nr. 1 ErbStG – nur die rechtsfähigen Stiftungen. Bei einem Vermögensübergang auf eine nichtrechtsfähige Vermögensmasse kann eine Zweckzuwendung i. S. des § 8 ErbStG vorliegen.

§ 7 Abs. 1 Nr. 8 ErbStG unterscheidet nicht zwischen gemeinnützigen und nicht gemeinnützigen Stiftungen. § 13 Abs. 1 Nr. 16 Buchst. b ErbStG stellt aber Zuwendungen an ausschließlich gemeinnützige, mildtätige oder kirchliche Zwecke dienende Stiftungen von der Steuerpflicht frei,[782] sodass sich aus § 7 Abs. 1 Nr. 8 i. V. m. § 10 Abs. 1 Satz 1 ErbStG ein steuerpflichtiger Erwerb nur für die nicht als gemeinnützig anerkannten Stiftungen ergibt.

1) Abgrenzung von § 7 Abs. 1 Nr. 1 zu Nr. 8 ErbStG

Die Voraussetzungen der Steuerbarkeit sind bei beiden Vorschriften dieselben; erforderlich ist jeweils eine Vermögensübertragung, die weder synallagmatisch noch konditional oder kausal mit einer Gegenleistung verknüpft ist.[783]

§ 7 Abs. 1 Nr. 8 ErbStG betrifft die **Erstausstattung der Stiftung,** die auch als ausländische Stiftung errichtet sein kann.[784] Ebenso wie eine freigebige Zuwendung i. S. des § 7 Abs. 1 Nr. 1 ErbStG erfordert, dass der Empfänger über das Zugewendete im Verhältnis zum Leistenden tatsächlich und rechtlich frei verfügen kann – anderenfalls keine Bereicherung des Bedachten auf Kosten des Zuwendenden –, setzt auch § 7 Abs. 1 Nr. 8 ErbStG voraus, dass die Stiftung berechtigt ist, über das auf sie übergegangene Vermögen im Verhältnis zum Stifter uneingeschränkt zu verfügen. Die Vorschrift erfasst nicht die Übertragung von Vermögen auf die Stiftung, wenn dem Übertragenden umfassende Herrschaftsbefugnisse über das Stiftungsvermögen zustehen.[785]

Die unter § 7 Abs. 1 Nr. 8 ErbStG fallende Erstausstattung ist von der **Zustiftung,** also der freigebigen Zuwendung unter Lebenden an die bereits bestehende Stiftung gem. § 7 Abs. 1 Nr. 1 ErbStG zu unterscheiden. Die Zustiftung ist auch dann steuerbar, wenn der Zuwendende zugleich alleiniger Begünstigter der Stiftung ist. Gegenteiliges anzunehmen wäre mit der rechtlichen Selbständigkeit der Stiftung nicht zu vereinbaren und hätte die – aber im Hinblick auf die zivilrechtliche Prägung des Schenkungsteuerrechts abzulehnende – Konsequenz, dass unter Missachtung des Zuwachses zum Stiftungsvermögen stets eine Zuwendung des Stifters direkt an die Destinatäre anzunehmen wäre.[786] Hat der Stifter aber bereits im Stiftungsgeschäft die ausreichend konkretisierte Verpflichtung zu weiteren Zuwendungen an die Stif-

---

782 Siehe auch BFH, ZEV 1998 S. 151.
783 Vgl. BFH vom 13.04.2011, BStBl 2011 II S. 732.
784 Siehe FG Rheinland-Pfalz, EFG 1998 S. 1021.
785 Siehe BFH vom 28.06.2007, BStBl 2007 II S. 669 zu einer im liechtensteinischen Stiftungsrecht häufig anzutreffenden, dem Ziel dienenden Vertragsgestaltung, dem ausländischen Kapitalgeber die Beherrschung der Stiftung zu sichern.
786 Siehe BFH vom 09.12.2009, BStBl 2010 II S. 363.

4 Steuerpflicht

tung übernommen, so handelt es sich bei der Erfüllung dieser Verpflichtung noch um einen Erwerbsvorgang i. S. des § 7 Abs. 1 Nr. 8 ErbStG – bedeutsam vor allem bei Familienstiftungen im Rahmen des § 15 Abs. 2 ErbStG für die Einordnung in die Steuerklasse III oder in eine günstigere Steuerklasse –.[787]

Der Übergang des Vermögens auf eine Stiftung muss deshalb besonders als Steuertatbestand ausgewiesen werden, weil das Erbschaftsteuer- und Schenkungsteuergesetz nicht bereits das die Freigebigkeit enthaltende Stiftungsgeschäft, sondern erst den tatsächlichen Übergang des Vermögens auf die Stiftung besteuern will. Für diesen Vermögensübergang muss es nun die Steuerpflicht besonders anordnen, weil der Stifter nach Anerkennung der Stiftung gem. § 82 Satz 1 BGB rechtlich verpflichtet ist, das in dem Stiftungsgeschäft zugesicherte Vermögen auf die Stiftung zu übertragen, er also insoweit nicht mehr „freigebig" handelt.

Bei dem Übergang von Vermögen auf einen Verein bedarf es demgegenüber keiner entsprechenden besonderen gesetzlichen Bestimmung, weil die Übertragung des Vermögens auf den Verein stets nur im Wege der freigebigen Zuwendung vorgenommen werden kann und sich hierfür die Steuerpflicht bereits aus § 7 Abs. 1 Nr. 1 ErbStG ergibt.[788]

2) Verwendung durch Stiftung

Die Verpflichtung der Stiftung, die ihr gemachte Zuwendung satzungsgemäß zu verwenden, kann bei der Ermittlung des steuerlichen Werts des übergehenden Stiftungsvermögens nicht als Verbindlichkeit berücksichtigt werden. Dabei kann dahingestellt bleiben, ob die Bereicherungsminderung daran scheitert, dass in der satzungsmäßigen Verwendung schon keine Auflage zu sehen ist, weil sie sich aus der Stiftungssatzung und nicht aus der Zuwendung selbst ergibt,[789] oder dass der Abzug der Verwendung des zugewendeten Kapitals durch § 10 Abs. 9 ErbStG ausgeschlossen wird, weil die Auflage der Stiftung selbst zugutekommt, indem sie die Zuwendung für eigene satzungsmäßige Zwecke verwendet.[790] Ebenso wie die satzungsgemäßen Leistungen nicht durch einen Schuldposten berücksichtigt werden können, sind sie auch beim Empfänger nicht als steuerpflichtiger Erwerb zu erfassen. Zahlt also die Stiftung Beträge satzungsgemäß aus, so unterliegt das nicht der Schenkungsteuer, weil eine freigebige Zuwendung nicht vorliegt, soweit die Stiftung satzungsgemäß handelt.

3) Änderung des Stiftungscharakters einer Familienstiftung

Erfolgt durch Satzungsänderung die Änderung des Stiftungscharakters einer Familienstiftung, sei es zu Lebzeiten oder erst nach dem Tod des Stifters, gilt dieser Vor-

---

787 Siehe Meincke, § 7 Rdnr. 112.
788 Begründung zum Regierungsentwurf des ErbStG vom 17.04.1974, BT-Drucksache VI/3418.
789 So RFH, RStBl 1931 S. 539.
790 So BFH vom 16.01.2002, BStBl 2002 II S. 303.

4.7 Schenkungen unter Lebenden – § 7 ErbStG

gang erbschaftsteuerrechtlich als Errichtung einer neuen Familienstiftung. Entsprechendes gilt, wenn durch die Satzungsänderung lediglich bisher nicht bezugs- oder anfallsberechtigte Familienmitglieder oder Dritte in den Kreis der Destinatäre aufgenommen werden und die Errichtung der Stiftung bei bereits damaliger Zugehörigkeit der neu aufgenommenen Destinatäre seinerzeit nach einer ungünstigeren Steuerklasse zu versteuern gewesen wäre.[791] Die durch Satzungsänderung entstandene „neue" Stiftung gilt als Erwerber des Vermögens der „bisherigen" Stiftung (§ 7 Abs. 1 Nr. 8 ErbStG), die Aufhebung der „bisherigen" Stiftung wird im Aufhebungszeitpunkt nicht gesondert besteuert.[792] Auch wenn in dieser Situation die Tatbestände des § 7 Abs. 1 Nr. 8 und 9 ErbStG in einem Vorgang zusammentreffen – keine (fiktive) Errichtung einer neuen ohne (fiktive) Aufhebung der bisherigen Stiftung –, so kann dies selbstverständlich keine doppelte Steuerpflicht auslösen. Bedeutung erlangt die Entscheidung zwischen den beiden Tatbeständen der Schenkung unter Lebenden für die Besteuerung gem. § 15 Abs. 2 Satz 1 oder Satz 2 ErbStG.

4) Steuerklasse und Steuerentstehung

Zuwendungen an eine Stiftung als einer juristischen Person unterliegen nach § 15 Abs. 1 letzter Satz ErbStG der Steuerklasse III. Bei Familienstiftungen i. S. des § 1 Abs. 1 Nr. 4 ErbStG greift allerdings § 15 Abs. 2 Satz 1 ErbStG ein. Danach ist der Besteuerung das Verwandtschaftsverhältnis des nach der Stiftungsurkunde entferntest Berechtigten zu dem Schenker zugrunde zu legen. Diese Vergünstigung gilt allerdings nach dem eindeutigen Wortlaut der Vorschrift nur für die Fälle einer Zuwendung aufgrund eines Stiftungsgeschäfts (§ 7 Abs. 1 Nr. 8 ErbStG), nicht also für die Fälle von Zuwendungen, die einer bereits bestehenden Stiftung gemacht werden (§ 7 Abs. 1 Nr. 1 ErbStG; s. auch R E 15.2 Abs. 3 ErbStR 2011).

In den Fällen des § 7 Abs. 1 Nr. 8 ErbStG entsteht die Steuer, anders als bei der Stiftungserrichtung von Todes wegen, nicht schon mit der staatlichen Anerkennung, sondern erst mit der Ausführung der Zuwendung (s. auch unter 4.8).

4.7.7.2 Bildung/Ausstattung einer auf die Bindung von Vermögen gerichteten Vermögensmasse ausländischen Rechts

§ 7 Abs. 1 Nr. 8 Satz 2 ErbStG erweitert den Anwendungsbereich auf Vermögensmassen ausländischen Rechts – Vorschrift dient der Ergänzung von § 3 Abs. 2 Nr. 1

---

791 Vgl. R E 1.2 Abs. 4 Satz 1 und 2 ErbStR 2011.
792 Siehe R E 1.2 Abs. 4 Satz 3 ff. ErbStR 2011; vgl. insoweit aber noch R 2 Abs. 4 Satz 1 und 7 ErbStR 2003, wonach bei Änderung des Stiftungscharakters von Aufhebung der Familienstiftung und Errichtung einer neuen Stiftung ausgegangen werden sollte mit der Folge der Anwendbarkeit von § 7 Abs. 1 Nr. 9 ErbStG – problematisch dann jedoch die Aussage in Satz 5 der früheren Richtlinie zur Nicht-Besteuerung der Aufhebung der bisherigen Stiftung im Aufhebungszeitpunkt; siehe hierzu auch Meincke, § 7 Rdnr. 115, der § 7 Abs. 1 Nr. 9 ErbStG nur bei einem Rechtsträgerwechsel hinsichtlich des Stiftungsvermögens zur Anwendung gelangen lassen will, an dem es aber fehle, wenn die Stiftung trotz Satzungsänderung identisch bleibt.

Satz 2 ErbStG. Gedacht ist an einen Trust nach angloamerikanischem Recht, der gem. § 20 Abs. 1 Satz 2 erster Halbsatz ErbStG selbst Erwerber und Steuerschuldner ist, und zwar im Hinblick auf den zweiten Halbsatz dieser Vorschrift gesamtschuldnerisch mit demjenigen, der die Vermögensmasse gebildet/ausgestattet hat; vgl. § 44 Abs. 1 AO – „Personen, die nebeneinander dieselbe Leistung aus dem Steuerschuldverhältnis schulden, sind Gesamtschuldner" –.

4.7.8 Aufhebung einer Stiftung oder Auflösung eines Vereins, Auflösung einer Vermögensmasse ausländischen Rechts – Formwechsel eines rechtsfähigen „Familien-Vereins" in eine Kapitalgesellschaft

4.7.8.1 Stiftungsaufhebung oder Auflösung eines auf die Bindung von Vermögen gerichteten Vereins

1) Vorbemerkung

Während Beträge, die von einer Stiftung satzungsgemäß ausgezahlt werden, keine freigebige Zuwendung darstellen, gilt nach **§ 7 Abs. 1 Nr. 9 ErbStG** als Schenkung unter Lebenden, was bei Aufhebung einer Stiftung oder bei Auflösung eines Vereins, dessen Zweck auf die Bindung von Vermögen gerichtet ist (also nicht etwa Vereine grundsätzlich), erworben wird.

Stiftungen können durch Zeitablauf, Zweckerreichung, Eintritt einer auflösenden Bedingung des Stiftungsgeschäfts, gem. § 86 Satz 1 i. V. m. § 42 Abs. 1 Satz 1 BGB durch Eröffnung des Insolvenzverfahrens, durch Beschluss der zuständigen Stiftungsorgane oder nach § 87 Abs. 1 BGB durch Aufhebung seitens der zuständigen Behörde erlöschen. Auch wenn § 7 Abs. 1 Nr. 9 ErbStG seinem Wortlaut nach nur den bei Aufhebung einer Stiftung anfallenden Erwerb regelt, muss damit jeder Fall des Erlöschens der Stiftung als erfasst angesehen werden.

Die Einbeziehung von Vereinen, deren Zweck auf die Bindung von Vermögen gerichtet ist, in die Steuerpflicht war aus Gründen der Steuergerechtigkeit – zur Vermeidung von Steuerumgehungen – erforderlich. Daraus folgt, dass nur ein Erwerb durch Vereinsmitglieder (sei es nach § 45 Abs. 1 oder Abs. 3 BGB) nach § 7 Abs. 1 Nr. 9 ErbStG besteuert werden kann, während ein Erwerb durch Nichtmitglieder § 7 Abs. 1 Nr. 1 ErbStG zuzuordnen ist.[793] Ob sich der Zweck eines Vereins auf die Bindung von Vermögen richtet, ist in erster Linie nach den Bestimmungen seiner Satzung zu beurteilen. Im Übrigen kommt es auf die tatsächlichen Gegebenheiten im Einzelfall an. Auch wenn das Vereinsvermögen bestimmungsgemäß den Vereinsmitgliedern im Umfang ihrer Vereinsbeteiligung zufällt, ist die für den Vermögenserwerb durch die Mitglieder bewirkte Einbuße ihrer Anteile am Vereinsvermögen

---
[793] Siehe BFH vom 14.06.1995, BStBl 1995 II S. 609.

4.7 Schenkungen unter Lebenden – § 7 ErbStG

zu ignorieren. Wegen der vom Gesetzgeber intendierten Gleichstellung des Vereins mit einer Stiftung ist der in der Vereinsmitgliedschaft liegende Vermögenswert außer Betracht zu lassen.[794]

§ 7 Abs. 1 Nr. 9 ErbStG findet nur dann Anwendung, wenn die Stiftung oder der Verein in **vollem Umfang aufgehoben** wird. Schüttet die Stiftung nur Teile ihres Vermögens aus, kommt eine Schenkung nach § 7 Abs. 1 Nr. 1 ErbStG in Betracht.[795] Das hat z. B. zur Folge, dass § 15 Abs. 2 Satz 2 ErbStG in diesen Fällen nicht anwendbar, sondern eine Besteuerung nach Steuerklasse III in Betracht zu ziehen ist – zum Fiskus als Anfallberechtigtem siehe § 13 Abs. 1 Nr. 15 ErbStG –.

2) Formwechsel eines „Familien-Vereins"

Nach § 190 Abs. 1 UmwG kann ein Rechtsträger durch Formwechsel eine andere Rechtsform erhalten. Formwechselnde Rechtsträger können gem. § 191 Abs. 1 Nr. 4 UmwG rechtsfähige Vereine sein, Rechtsträger neuer Rechtsform nach Abs. 2 Nr. 3 Kapitalgesellschaften – zur Möglichkeit des Formwechsels eines rechtsfähigen Vereins s. auch § 272 Abs. 1 UmwG –. Die Eintragung der neuen Rechtsform in das Handelsregister hat zur Folge, dass der formwechselnde Rechtsträger in der in dem Umwandlungsbeschluss bestimmten Rechtsform weiterbesteht (§ 202 Abs. 1 Nr. 1 UmwG) und dass die Anteilsinhaber des formwechselnden Rechtsträgers grundsätzlich an dem Rechtsträger nach den für die neue Rechtsform geltenden Vorschriften beteiligt sind. Anders als bei der Auflösung eines Vereins kommt es bei dessen Formwechsel in eine Kapitalgesellschaft somit nicht zum Anfall von dessen Vermögen bei den Mitgliedern. Durch den Formwechsel werden aber die bisherigen Mitgliedschaften in dem Verein nach § 280 Satz 1 UmwG zu Anteilen an der Kapitalgesellschaft, die im Gegensatz zur Mitgliedschaft in einem rechtsfähigen Verein übertragbar und vererblich sind.

Nach **§ 7 Abs. 1 Nr. 9 Satz 3 ErbStG** wird der Formwechsel eines rechtsfähigen Vereins, dessen Zweck wesentlich im Interesse einer Familie oder bestimmter Familien auf die Bindung von Vermögen gerichtet ist (sog. Familien-Verein; s. auch § 1 Abs. 1 Nr. 4 ErbStG), in eine Kapitalgesellschaft wie eine Auflösung des Vereins behandelt. Mit dieser die Steuerbarkeit bei einer identitätswahrenden Umwandlung eines „Familien-Vereins" in eine GmbH oder AG begründenden, durch das ErbStRG vom 24.12.2008 geschaffenen Vorschrift hat der Gesetzgeber die frühere, unter Geltung der alten Gesetzeslage von der Verwaltung vertretene Auffassung[796] bestätigt

---

[794] Siehe Moench/Kien-Hümbert/Weinmann, § 7 Rdnr. 223; kritisch Meincke, § 7 Rdnr. 114 – „Nach dem Zusammenhang des Gesetzes dürfte als Erwerb nur der Vermögensanfall anzusehen sein, der bei einer Bewertung nach bürgerlich-rechtlichen Bewertungsgrundsätzen zu einer Bereicherung des Erwerbers führt, sodass der Vermögenstransfer des Vereinsvermögens auf die Mitglieder zumindest nicht in vollem Umfang eine Bereicherung bewirkt" –.
[795] Siehe RFH, RStBl 1939 S. 789.
[796] Siehe FinMin Baden-Württemberg vom 07.12.2000, ZEV 2001 S. 67.

und auf insoweit negative Rechtsprechung reagiert.[797] Durch § 7 Abs. 1 Nr. 9 Satz 3 ErbStG wird insbesondere verhindert, dass „Familien-Vereine" durch Umwandlung die alle 30 Jahre zu erhebende Erbersatzsteuer vermeiden.

3) Steuerklasse und Steuerermäßigung

a) Nach **§ 15 Abs. 2 Satz 2 ErbStG** gilt in den Fällen des § 7 Abs. 1 Nr. 9 Satz 1 ErbStG als Schenker der Stifter oder derjenige, der das Vermögen auf den Verein übertragen hat. Auf den ersten Blick scheint diese Regelung klar und eindeutig. In der Literatur[798] findet sich die Auffassung, § 15 Abs. 2 Satz 2 ErbStG fingiere ein anderes Zuwender-Empfänger-Verhältnis und enthalte damit auch eine Neubestimmung der am steuerpflichtigen Vermögensübergang beteiligten Personen. Der BFH aber sieht mit überzeugender Begründung unter Berücksichtigung der Stellung dieser Vorschrift in Abschnitt III des ErbStG und im Hinblick auf entsprechende Gesetzesbegründung hierin nur eine **Steuerberechnungsvorschrift.** § 15 Abs. 2 Satz 2 ErbStG betrifft nicht die – in Abschnitt I des Gesetzes geregelte – Steuerpflicht und enthält keine von § 7 Abs. 1 Nr. 9 Satz 1 ErbStG abweichende Bestimmung der Person des Zuwendenden.[799] Ohne diese Regelung wäre auf den Erwerb der Anfallberechtigten stets die ungünstige Steuerklasse III anzuwenden, was dadurch verhindert wird, dass ausschließlich für die Steuerberechnung auf das Verhältnis des Destinatärs zum Stifter verwiesen wird. Von diesem Regelungsinhalt geht ersichtlich auch § 26 ErbStG aus. Schenker (= Zuwendender) im Sinne des 1. Abschnitts (Steuerpflicht) bleibt also hier die Stiftung. Für die Bestimmung der Steuerklasse und damit für die Berechnung der Schenkungsteuer ist aber nicht das Verhältnis des Erwerbers (des Anfallberechtigten) zum Zuwendenden (zur Stiftung) maßgebend.

Der BFH neigt im Übrigen dann folgerichtig dazu, bei Rückfall des Vermögens an den Stifter keine Steuerfreiheit (Identität Schenker – Beschenkter) anzunehmen,[800] sondern nach § 7 Abs. 1 Nr. 9 und § 15 Abs. 1 ErbStG Steuerklasse III anzuwenden.

b) Bei Auflösung einer von mehreren Stiftern errichteten Stiftung ist gem. § 15 Abs. 2 Satz 2 ErbStG für die Bestimmung der Steuerklasse auf das jeweilige Verhältnis des Anfallberechtigten zu den Stiftern abzustellen, sodass auch unterschiedliche Steuerklassen anzuwenden sein können. Für eine Aufteilung des Erwerbs entsprechend der Herkunft des Stiftungsvermögens von den Stiftern bietet diese Vorschrift keine Rechtsgrundlage. Auch bei mehreren Stiftern liegt schenkungsteuerlich nur eine

---

[797] Siehe BFH vom 14.02.2007, BStBl 2007 II S. 621, wonach die Steuerbarkeit in diesen Umwandlungsfällen vor der Erbschaftsteuerreform mangels Rechtsgrundlage zu verneinen, die Verwaltungsauffassung als contra legem anzusehen war.

[798] Siehe Troll/Gebel/Jülicher, § 15 Rdnr. 120; Viskorf/Knobel/Schuck, § 15 Rdnr. 53; Meincke, § 7 Rdnr. 113.

[799] Siehe BFH vom 25.11.1992, BStBl 1993 II S. 238, und vom 30.11.2009, BStBl 2010 II S. 237.

[800] A. A. Troll/Gebel/Jülicher, § 15 Rdnr. 121; Binz/Sorg, DStR 1994 S. 229; offengelassen von Meincke, § 15 Rdnr. 24.

4.7 Schenkungen unter Lebenden – § 7 ErbStG

einheitliche Zuwendung der Stiftung, nicht aber eine Mehrheit von Zuwendungen entsprechend der Anzahl der Stifter vor.[801]

c) Handelt es sich in den Fällen des § 7 Abs. 1 Nr. 9 ErbStG um eine Familienstiftung bzw. einen Familienverein, so hat der Gesetzgeber in § 26 ErbStG für die Auflösung besondere Vergünstigungen geschaffen.

4.7.8.2 Auflösung einer Vermögensmasse ausländischen Rechts

Nach **§ 7 Abs. 1 Nr. 9 Satz 2 ErbStG** wird dem Erwerb bei Aufhebung einer Stiftung gleichgestellt der Erwerb bei Auflösung einer Vermögensmasse ausländischen Rechts, deren Zweck auf die Bindung von Vermögen gerichtet ist, sowie der Erwerb durch Zwischenberechtigte während des Bestehens der Vermögensmasse. Diese Bestimmung bildet die Folgeregelung zu § 3 Abs. 2 Nr. 1 Satz 2 und zu § 7 Abs. 1 Nr. 8 Satz 2 ErbStG, die die Zuführung von Vermögen in einen Trust für steuerpflichtig erklären, wobei die Steuerpflicht nur bei einem auf die Bindung von Vermögen gerichteten Trust besteht.[802]

Als Zwischenberechtigte, deren Erwerb ausdrücklich der Besteuerung unterworfen wird,[803] hat der BFH in einer vor Einfügung des Satzes 2 in § 7 Abs. 1 Nr. 9 ErbStG durch das StEntlG 1999/2000/2002 ergangenen Entscheidung die Personen bezeichnet, denen sog. life interests oder future interests zustanden und die wie Nutzungsberechtigte zu behandeln waren.[804]

4.7.9 Abfindung für aufschiebend bedingt, betagt oder befristet erworbene Ansprüche

Als Schenkung unter Lebenden gilt schließlich nach **§ 7 Abs. 1 Nr. 10 ErbStG** auch, was als Abfindung für aufschiebend bedingt, betagt oder befristet erworbene Ansprüche aus einem Rechtsgeschäft unter Lebenden vor dem Zeitpunkt des Eintritts der Bedingung oder des Ereignisses gewährt wird. Bei dieser Vorschrift handelt es sich um eine Parallelvorschrift zu § 3 Abs. 2 Nr. 5 ErbStG (Ansprüche von Todes wegen), deren Anwendung hier daher auch ausdrücklich ausgeschlossen ist. Da erst der Erwerb des unbedingten, unbetagten oder unbefristeten Anspruchs besteuert wird, hat es der Erwerber in der Hand, durch Verzicht auf seine Forderung zu verhindern, dass es jemals zum Erwerb des unbedingten, unbetagten oder unbefristeten Anspruchs kommt. § 7 Abs. 1 Nr. 10 ErbStG, der anstelle des Anspruchs

---
801 Siehe BFH vom 30.11.2009, BStBl 2010 II S. 237.
802 Zum sog. revocable trust s. Habammer, DStR 2002 S. 425.
803 Kritisch hierzu Jülicher, IStR 1999 S. 202; s. auch IStR 2001 S. 178.
804 Siehe BFH vom 07.05.1986, BStBl 1986 II S. 615; vgl. in diesem Zusammenhang auch Meincke, § 7 Rdnr. 115a, nach dem es Aufgabe der Gesetzesinterpretation sei, die Erwerbe des Trusts, des Zwischenberechtigten und des Enderwerbers in ein angemessenes Verhältnis zueinander zu bringen, denn indem das Gesetz schon den Trust selbst als Erwerber behandelt, wolle es die Steuerpflicht nicht bis zur Übernahme des Vermögens durch den Enderwerber offenhalten, Ziel sei es jedoch nicht, den einheitlichen Vermögensübergang mehrfach zu erfassen.

4 Steuerpflicht

die Abfindung für steuerbar erklärt, verhindert, dass der Erwerber den Wert seines Rechts durch Verzicht gegen Abfindungsleistung steuerfrei in sein Vermögen überführen kann.

Fraglich kann in den Fällen des § 7 Abs. 1 Nr. 10 ErbStG sein, wer als Schenker anzusehen ist und welche Folgen sich für den die Abfindung Leistenden ergeben.

Beispiel:
Vater V überträgt seinem Sohn S im Jahr 07 eine landwirtschaftlich genutzte Fläche und verpflichtet ihn, der Tochter T des V dann 100.000 € zu zahlen, wenn diese Fläche Bauland wird. Im Jahr 09 – die Fläche ist noch nicht Bauland geworden – verzichtet T auf ihren Anspruch, wofür S ihr eine Abfindung von 40.000 € zahlt.

Bezüglich der 40.000 € liegt wohl eine Schenkung von V – und nicht von S – an die T nach § 7 Abs. 1 Nr. 10 ErbStG vor. Das wird man m. E. insbesondere auch aus einer entsprechenden Weiterentwicklung der Rechtsprechung des BFH zu § 7 Abs. 1 Nr. 5 ErbStG[805] folgern müssen.

Die Schenkungsteuerveranlagung des S bzgl. der Übertragung der landwirtschaftlich genutzten Fläche kann in entsprechender Anwendung des § 6 Abs. 2 BewG berichtigt werden (abzgl. 40.000 €), sodass dieser auf Antrag Schenkungsteuer zurückbekommen kann. Eine unmittelbare Anwendung der Vorschrift scheitert daran, dass die Bedingung (Fläche wird Bauland) noch nicht eingetreten war.

Der BFH[806] folgert aus § 7 Abs. 1 Nr. 10 ErbStG – Besteuerung erst bei Verzicht gegen Abfindung, also bei Realisierung des Anwartschaftsrechts –, dass bei aufschiebend bedingten Ansprüchen schenkungsteuerlich relevant erst der nachfolgende Erwerb des Vollrechts ist (zur Bezugsrechtseinräumung aus einer Kapitallebensversicherung s. unter 4.7.1.12 Nr. 7).

4.7.10 Schenkung einer Beteiligung an einer Personengesellschaft, insbesondere Schenkung einer Beteiligung mit sog. Buchwertklausel

Die Gegenstände einer freigebigen Zuwendung unter Lebenden (Schenkung i. S. des § 7 Abs. 1 Nr. 1 ErbStG) können sehr verschiedenartig sein. Als solche kommen auch Beteiligungen an Personengesellschaften in Betracht,[807] weil sie einen Vermögenswert darstellen (Bereicherung = Vermögensmehrung) und übertragbar sind (auf Kosten des Zuwendenden). Zuwendende können je nach Vertragsinhalt alle Gesellschafter, einzelne Gesellschafter und – bei mittelbarer Schenkung – Nichtgesellschafter (mit Zustimmung aller Gesellschafter) sein.

4.7.10.1 Grundfall (§ 7 Abs. 1 Nr. 1 ErbStG)

Der Beschenkte ist vorbehaltlos auch an den **stillen Reserven** beteiligt und es liegt eine **angemessene Gewinnbeteiligung** vor. Dieser Fall wird nach den allgemeinen Regeln für freigebige Zuwendungen entschieden, i. d. R. ist also § 7 Abs. 1 Nr. 1

---
805 Siehe BFH vom 25.05.1977, BStBl 1977 II S. 733, und vom 25.01.2001, BStBl 2001 II S. 456.
806 Siehe BFH vom 30.06.1999, BStBl 1999 II S. 742.
807 Siehe BFH vom 01.07.1992, BStBl 1992 II S. 921 m. w. N.

4.7 Schenkungen unter Lebenden – § 7 ErbStG

ErbStG einschlägig. Ob die Zuwendung dem Grunde nach zu einer Bereicherung des Empfängers geführt hat, ist nach bürgerlich-rechtlichen Bewertungsgrundsätzen zu beurteilen. Für die Frage der Bereicherung der Höhe nach gem. § 10 ErbStG ist auf die Steuerwerte nach § 12 Abs. 5 ErbStG abzustellen.

Beispiel:
Vater V schenkte im Jahr 2008 seinem Kind K eine Beteiligung an einer Personengesellschaft. Nach bürgerlich-rechtlichen Bewertungsgrundsätzen ergab sich ein Wert von 2.000.000 €, der Nennwert des Kapitalkontos betrug 1.800.000 € und der Steuerwert der Beteiligung 1.500.000 € – vor Inkrafttreten des ErbStRG vom 24.12.2008 erhebliche Unterbewertung des Betriebsvermögens durch nahezu vollständige Übernahme der Steuerbilanzwerte in die für die Erbschaftsteuer bedeutsame Vermögensaufstellung –.
Es handelte sich um eine freigebige Zuwendung i. S. des § 7 Abs. 1 Nr. 1 ErbStG von V an K. Die Bewertung erfolgte nach § 12 Abs. 5 ErbStG mit einem Ansatz von 1.500.000 €.[808]

Im Bereich der Schenkung einer Beteiligung an einer Personengesellschaft treten Probleme schon im Bereich dieses Grundfalls auf. Im Nachfolgenden wird nur auf drei Fragen etwas näher eingegangen.

1) Bereicherung und „Bereicherungswille"

Jede freigebige Zuwendung i. S. des § 7 Abs. 1 Nr. 1 ErbStG setzt u. a. eine Bereicherung (objektiv) = Vermögensmehrung des Bedachten voraus. Die Beteiligung an einer Personengesellschaft muss also zunächst einen Vermögenswert darstellen. Das ist im Hinblick auf den Gesetzeswortlaut des § 7 Abs. 5 ErbStG wohl als selbstverständlich zu bejahen. Eine Bereicherung setzt aber voraus, dass der Bedachte keine entsprechende Gegenleistung erbringt. Der Gesellschafter z. B. einer OHG ist jedoch nach § 114 HGB, sofern im Gesellschaftsvertrag nichts anderes vereinbart ist, zur Geschäftsführung verpflichtet, er trägt gem. §§ 120, 121 HGB das Verlustrisiko und er haftet nach §§ 128, 130 HGB für die Verbindlichkeiten der Gesellschaft deren Gläubigern persönlich.

Insoweit ist nach der Ansicht des BFH zu unterscheiden zwischen

- dem durch den **Gesellschaftsvertrag begründeten Rechtsverhältnis** – die die Aufnahme des Gesellschafters beschließende Gesamtheit der Gesellschafter – und

- dem durch die **Schenkungsabrede begründeten Rechtsverhältnis** – die den Kapitalanteil zuwendende Person –.

Die vorstehend genannten Verpflichtungen (Einsatz der Arbeitskraft, Verlustrisiko, Haftung) beruhen auf dem durch den Gesellschaftsvertrag begründeten Gesellschaftsverhältnis, also auf einem anderen Rechtsgrund als die Zuwendung. Die Übernahme der mit der Gesellschafterstellung verbundenen Verpflichtungen steht mit der Übertragung des Anteils am Gesellschaftsvermögen – des Kapitalanteils –

---

[808] Siehe BFH vom 01.07.1992, BStBl 1992 II S. 923.

durch den abtretenden Gesellschafter auf den neuen Gesellschafter nicht in einem Gegenleistungsverhältnis.[809]

Auch in der Zivilrechtsprechung wird insoweit unterschieden zwischen

- der Aufnahme von Gesellschaftern **ohne** (damit verbundener) **Übertragung** von **Kapitalanteilen** – i. d. R. keine Schenkung – und

- der Aufnahme von Gesellschaftern **mit** (damit verbundener) **Übertragung** von **Gesellschaftsvermögen** (Kapitalbeteiligung) – Schenkung möglich –.[810]

Das bedeutet für § 7 Abs. 1 Nr. 1 ErbStG Folgendes: Sowohl die unentgeltliche Übertragung des Anteils am Gesellschaftsvermögen einer OHG[811] als auch die Übertragung des Anteils am Gesellschaftsvermögen durch den Komplementär einer KG[812] – auch wenn der Eintretende die Stellung eines Kommanditisten erhält[813] – als auch (erst recht) die Übertragung des Gesellschaftsvermögensanteils durch den Kommanditisten[814] kann eine freigebige Zuwendung i. S. des § 7 Abs. 1 Nr. 1 ErbStG darstellen.

Die abschließende Entscheidung hängt davon ab, ob die Tatbestandsvoraussetzungen des § 7 Abs. 1 Nr. 1 ErbStG – insbesondere Bereicherung (objektiv) und Wille zur Unentgeltlichkeit (subjektiv) – im Einzelfall erfüllt sind. Der vorstehend geschilderten Differenzierung durch den BFH und den sich daran anschließenden Rechtsfolgen im Bereich des § 7 ErbStG wird man folgen können. Sie stellt eine mögliche Gesetzesauslegung dar, die vertretbare Lösungen zulässt. Das Problem in der steuerlichen Praxis (und der Streitpunkt) wird insbesondere sein festzustellen, wann der Wille zur Unentgeltlichkeit im Einzelfall zu bejahen ist und wann nicht.

2) Gegenstand der Schenkung (mittelbare Schenkung)

Wird bei Einräumung der Beteiligung an einer Personengesellschaft in der Weise vorgegangen, dass zunächst Geld geschenkt wird, das vom Bedachten dann als Einlage verwendet werden soll, ist fraglich, ob Gegenstand der Schenkung das Geld oder die Beteiligung ist. Die Frage ist nach den allgemeinen Regeln über den Gegenstand einer Schenkung zu lösen (s. o. 4.3.5.1).

3) Bewertung

Wirtschaftsgüter, die Personengesellschaften gehören, bei denen die Gesellschafter als Unternehmer (Mitunternehmer) anzusehen sind (§ 15 Abs. 3 EStG), bilden gem. § 97 Abs. 1 Nr. 5 Satz 1 BewG einen Gewerbebetrieb. Gleichgestellt ist nach § 96

---

809 Siehe BFH vom 01.07.1992, BStBl 1992 II S. 923.
810 Siehe die Nachweise in BFH vom 01.07.1992, BStBl 1992 II S. 923; Schmidt, BB 1990 S. 1992.
811 Siehe BFH vom 16.10.1963, HFR 1964 S. 120.
812 Siehe BFH vom 01.07.1992, BStBl 1992 II S. 923.
813 Hierzu BFH vom 01.07.1992 II R 107/88, BFH/NV 1993 S. 54.
814 Siehe BFH vom 01.07.1992, BStBl 1992 II S. 921; zur Unterbeteiligung vgl. BFH vom 27.01.1994, BStBl 1994 II S. 635.

4.7 Schenkungen unter Lebenden – § 7 ErbStG

BewG die Ausübung eines freien Berufs i. S. des § 18 Abs. 1 Nr. 1 EStG. Die schenkungsteuerliche Wertermittlung erfolgt nach § 12 Abs. 5 ErbStG – Regelung auch für Anteile am Betriebsvermögen heranzuziehen, obwohl hierin nicht ausdrücklich genannt –, vereinfacht ausgedrückt, nach denselben Grundsätzen wie im Bewertungsrecht, und zwar auf den Zeitpunkt der Entstehung der Schenkungsteuer.

Dieser Steuerwert war vor Inkrafttreten des ErbStRG vom 24.12.2008 ein Substanzwert, der die Ertragsaussichten außer Acht ließ. Risiken, die der Beteiligung innewohnen, waren also bei der Bewertung nicht zu berücksichtigen.[815] Es handelt sich um einen einheitlichen Übertragungsgegenstand; es kann also keine gemischte Schenkung vorliegen. Folglich war bei der Bewertung die sog. Saldierungsmethode anzuwenden, also bereits im Anteilswert (= Nettowert) die Schulden mindernd zu berücksichtigen.[816] Die mit dem StÄndG 1992 eingeführte Übernahme der Steuerbilanzwerte – Ziel war eine Vereinfachung des Steuerrechts[817] sowie eine Herabsetzung der Bemessungsgrundlage für die Erbschaftsteuer/Schenkungsteuer, soweit sie den Erwerb von Betriebsvermögen erfasste – führte zu keiner zielgerichteten und gleichmäßig wirkenden Steuerentlastung, sondern zu einem von Zufallsmomenten abhängigen und damit willkürlich eintretenden Begünstigungseffekt. Sie war keine vereinfachte Bewertung, sondern stellte den Verzicht auf eine Bewertung an sich dar. Die erbschaftsteuerliche Bewertung hat sich durchgehend am gemeinen Wert zu orientieren, was jedoch durch die Übernahme der **Steuerbilanzwerte** strukturell verhindert wurde, weil diesen der Grundsatz der **Einzelbewertung** zugrunde liegt, der **gemeine Wert** aber üblicherweise auf der Grundlage einer **Gesamtbewertung** ermittelt wird.[818]

Durch das ErbStRG vom 24.12.2008 hat der Gesetzgeber auf die BVerfG-Entscheidung reagiert. Aus § 157 Abs. 5 Satz 2 BewG folgt, dass der Betriebsvermögenswert unter Anwendung von § 109 i. V. m. § 11 Abs. 2 BewG zu ermitteln, also das Betriebsvermögen nunmehr mit dem gemeinen Wert anzusetzen ist. Dieser ist nicht mehr aus der Summe der einzelnen Wirtschaftsgüter abzüglich der Schulden und damit aus einer Einzelbewertung abzuleiten; vielmehr soll er durch eine Gesamtbewertung des Vermögens entwickelt werden. Bei der **Gesamtbewertung** soll es **nicht** um die **Ermittlung** des **Substanzwerts,** sondern um den Ertragswert des Unternehmens gehen (s. §§ 200 ff. BewG).

---

815 Siehe BFH vom 01.07.1992, BStBl 1992 II S. 923, und vom 01.07.1992 II R 107/88, BFH/NV 1993 S. 54.
816 Siehe BFH vom 14.12.1995, BStBl 1996 II S. 546; Gebel, DB 1994 S. 2417.
817 Siehe BT-Drucksache 12/1108, 72.
818 Vgl. hierzu BVerfG vom 07.11.2006, BStBl 2007 II S. 192 u. a. mit dem Hinweis, dass wegen der Anknüpfung an das Steuerbilanzrecht der Steuerwert von ertragstarken Unternehmen weit hinter dem gemeinen Wert zurückblieb und die erbschaft-/schenkungsteuerliche Bemessungsgrundlage davon abhängig war, ob und in welchem Umfang der Erblasser oder Schenker bilanzpolitische Maßnahmen ergriffen hatte.

§ 151 Abs. 1 Satz 1 Nr. 2 BewG regelt eine gesonderte Feststellung (§ 179 AO) des Werts des Betriebsvermögens oder des Anteils am Betriebsvermögen, wenn die Werte für die Erbschaftsteuer von Bedeutung sind – Grundlagenbescheid für den Erbschaftsteuer- bzw. Schenkungsteuerbescheid.

Steht ein Wirtschaftsgut (eine wirtschaftliche Einheit) mehreren Personen zu, wie das bei Personengesellschaften der Fall ist, so ist der Wert im Ganzen zu ermitteln und dann auf die Beteiligten nach dem Verhältnis ihrer Anteile zu verteilen (§ 3 BewG). Das Gesellschaftsvermögen steht allen Gesellschaftern zur gesamten Hand zu. Nach § 39 Abs. 2 Nr. 2 AO ist steuerlich anteilig zuzurechnen. Ihnen gebührt daher anteilig auch der Ertragswert des Betriebsvermögens. Für die Bestimmung des dem jeweiligen Gesellschafter zukommenden Teils des Betriebsvermögenswerts sieht § 97 Abs. 1a BewG eine spezielle Verteilungsregelung vor (zu den Einzelheiten s. u. 5.3.5).

4.7.10.2 Schenkung einer Beteiligung mit Buchwertabfindungsklausel (§ 7 Abs. 5 ErbStG)

1) Vorbemerkung

Im Hinblick auf eine Erleichterung bei der Unternehmensnachfolge in eine Personengesellschaft sind häufig nach Gesellschaftsvertrag Gesellschaftsanteile vorgesehen, die bei der Abfindung nicht an den stillen Reserven und dem Firmenwert beteiligt sind, sondern nur zum Buchwert des Kapitalanteils abgefunden werden (sog. Buchwertklausel). Ein nach dem tatsächlichen Unternehmenswert zu bemessender Abfindungsanspruch im Fall des Ausscheidens eines Gesellschafters sowie die hiermit verbundenen Schwierigkeiten und Kosten einer Wertermittlung könnte für die unter den übrigen Gesellschaftern fortbestehende Gesellschaft eine erhebliche Belastung darstellen.

Eine Buchwertklausel ist – zumindest für den Fall der Auflösung – nur dann sinnvoll, wenn sie für einzelne, nicht aber für alle Gesellschafter vereinbart wird. Bei der Auflösung würde sonst Gesellschaftsvermögen übrig bleiben, das dann doch nach den allgemeinen Regeln zu verteilen wäre.

Ohne eine spezialgesetzliche Regelung wären, unter Anwendung der allgemeinen Regeln, folgende schenkungsteuerrechtliche Behandlungen des Sachverhalts denkbar: Dem Grunde nach liegt in jedem Fall eine Schenkung nach § 7 Abs. 1 Nr. 1 ErbStG vor. Fraglich kann nur die Bereicherung (Bewertung) sein. Entweder erfasst man den Steuerwert nach § 12 Abs. 5 ErbStG oder nur den Buchwert der Beteiligung. Die schenkungsteuerrechtliche Rechtsprechung des BFH kam vor Einfügung des § 7 Abs. 5 in das ErbStG insoweit zu folgendem Ergebnis: War im Gesellschaftsvertrag die Abfindung zum Buchwert nur für den Fall des Ausscheidens des Gesellschafters vereinbart, so war nicht der Buchwert, sondern der Steuerwert der Beteiligung maßgebend.[819] War hingegen die Abfindung zum Buchwert in jedem

---

819 Siehe BFH vom 29.01.1959, BStBl 1959 III S. 155.

4.7 Schenkungen unter Lebenden – § 7 ErbStG

Fall der Beendigung vereinbart, also (auch) bei der Auflösung der Gesellschaft, so war der Buchwert maßgebend.[820] Der Wert des Betriebsvermögens von Personengesellschaften ist stets nach § 12 Abs. 5 ErbStG und § 97 Abs. 1a BewG aufzuteilen. Eine Buchwertabfindungsklausel findet dabei keine Berücksichtigung. § 7 Abs. 5 ErbStG schafft insoweit durch die Berichtigungsmöglichkeit also eine Vergünstigung.

2) Normzweck

Wird eine Beteiligung an einer Personengesellschaft geschenkt und ist im Gesellschaftsvertrag bestimmt, dass der neue Gesellschafter bei Auflösung der Gesellschaft oder im Fall eines vorherigen Ausscheidens nur den Buchwert seines Kapitalanteils erhält, so gilt nach § 7 ErbStG Folgendes:

Die Zuwendung unterliegt nach § 7 Abs. 1 Nr. 1 ErbStG der Schenkungsteuer (dem Grunde nach). Bei der **Feststellung** der **Bereicherung** (der Höhe nach) bleibt nach § 7 Abs. 5 Satz 1 ErbStG diese **Buchwertabfindungsklausel zunächst unberücksichtigt**; d. h., dieser Sachverhalt wird zunächst so behandelt wie der Grundfall. § 7 Abs. 5 ErbStG kann man innerhalb des ErbStG als fehlerhaft platziert ansehen, weil er nicht die Steuerpflicht regelt, mit der sich das Gesetz in den §§ 1 bis 9 befasst, sondern die Wertermittlung, die in den Zusammenhang der §§ 10 ff. gehört – Vorschrift geht von dem Vorliegen einer Schenkung unter Lebenden aus, sodass die hier angesprochene Feststellung der Bereicherung nur die von der Schenkung ausgelösten Steuerfolgen betreffen kann –.[821]

Die den **Buchwert** der **Beteiligung übersteigende Bereicherung** gilt nach Satz 2 dieser Bestimmung als **auflösend bedingt** erworben. Diese Regelung soll ausschließen, dass bei der Schenkung von Gesellschaftsanteilen an Personengesellschaften die offenen oder stillen Reserven auf einem schenkungsteuerlich nicht erfassbaren Umweg auf den Beschenkten – in der Praxis häufig gleichzeitig Erbe des Schenkers – übertragen werden. Das wäre ohne diese Regelung wohl in der Art möglich, dass der Beschenkte nach der vertraglichen Vereinbarung bei seinem Ausscheiden oder im Falle der Auflösung der Gesellschaft nur den Buchwert seines Kapitalanteils erhalten soll, zunächst also nicht an den stillen Reserven beteiligt wird, dass diese dann jedoch in der den der Zuwendung folgenden Jahren nach und nach aufgelöst werden mit der Folge, dass sie dem Beschenkten über seine Gewinnbeteiligung anteilmäßig zufließen.[822]

Eine solche Vertragsgestaltung könnte sich z. B. insbesondere bei der Aufnahme von Kindern in den Betrieb der Eltern im Rahmen vorweggenommener Erbfolge anbieten.

---
820 Siehe BFH vom 25.04.1952, BStBl 1952 III S. 176.
821 Siehe Meincke, § 7 Rdnr. 121.
822 Siehe Begründung zum Regierungsentwurf des ErbStG 1974, BT-Drucksache VI/3418 S. 65.

4 Steuerpflicht

Beispiel (ohne die Regelung des § 7 Abs. 5 ErbStG):
Vater V schenkt Kind K im Jahr 01 eine Beteiligung an einer Personengesellschaft, in deren Gesellschaftsvertrag bestimmt ist, dass der neue Gesellschafter bei Auflösung der Gesellschaft nur den Buchwert seines Kapitalanteils erhält. Der Buchwert beträgt 500.000 €, der Steuerwert 1.000.000 €. In den nächsten Jahren werden durch Veräußerung im laufenden Geschäftsgang stille Reserven aufgelöst. Der Anteil des K an den aus der Auflösung stiller Reserven resultierenden laufenden Gewinnen beträgt 500.000 €.

Im Jahr 01 liegt eine Schenkung des V an K nach § 7 Abs. 1 Nr. 1 ErbStG vor. Bei der Wertermittlung ist vom Buchwert auszugehen; danach wird K also mit 500.000 € abzgl. Freibetrag zur Schenkungsteuer herangezogen. Der anteilige Zufluss der stillen Reserven i. H. von 500.000 € in den nächsten Jahren kann schenkungsteuerlich nicht erfasst werden.

§ 7 Abs. 5 ErbStG verhindert die Möglichkeit der steuerfreien Übertragung der offenen und stillen Reserven teilweise dadurch, dass die Buchwertklausel bei der Feststellung der Bereicherung zunächst ignoriert wird, der Erwerber so behandelt wird, als wäre ihm nicht nur der Buchwert, sondern (bis zum Eintritt des Gegenteils) der Steuerwert der Beteiligung geschenkt worden.

Kam vor Inkrafttreten der Erbschaftsteuerreform zum 01.01.2009 dieser Regelung nur eine fast zu vernachlässigende praktische Bedeutung zu, weil der Gesetzgeber durch § 109 BewG a. F. den steuerlichen Anteilswert zumindest nahe an den Buchwert herangeführt hatte – früher Maßgeblichkeit der Steuerbilanz für die Vermögensaufstellung für Erbschaftsteuerzwecke –, so hat sich dies durch die Neukonzeption des Bewertungsrechts, durch den Ansatz des Betriebsvermögens und Anteilen hiervon mit dem gemeinen Wert gem. § 157 Abs. 5 i. V. m. § 109 Abs. 1, § 11 Abs. 2 BewG geändert. § 7 Abs. 5 ErbStG hat zur Folge, dass die auf die geschenkte Beteiligung entfallenden offenen und stillen Reserven zumindest teilweise – über den Ansatz des gemeinen Werts der Beteiligung – zunächst, und zwar auflösend bedingt, mit zur Schenkungsteuer herangezogen werden.

Beispiel (Anwendung der Regelung des § 7 Abs. 5 ErbStG:)
Vater V schenkt Kind K im Jahr 01 eine Beteiligung an einer Personengesellschaft, in deren Gesellschaftsvertrag bestimmt ist, dass der neue Gesellschafter bei Auflösung der Gesellschaft nur den Buchwert seines Kapitalanteils erhält. Der Buchwert beträgt 2.000.000 €, der Steuerwert 3.000.000 €. Bei Auflösung der Gesellschaft im Jahr 04 beträgt der Buchwert weiterhin 2.000.000 €, der Steuerwert nun aber 3.500.000 €.

Im Jahr 01 liegt eine Schenkung des V an K nach § 7 Abs. 1 Nr. 1 ErbStG vor. Bei der Wertermittlung ist § 7 Abs. 5 Satz 1 ErbStG zu beachten; danach wird K mit 3.000.000 € – nicht mit nur 2.000.000 € – zur Schenkungsteuer herangezogen. § 13a ErbStG ist anwendbar.

Auf Antrag des K, der bis zum Ablauf des Jahres zu stellen ist, das auf den Eintritt der Bedingung folgt, ist nach Auflösung der Gesellschaft im Jahr 04, falls dieser tatsächlich entsprechend der gesellschaftsvertraglichen Buchwertklausel „abgefunden" wird, die ursprüngliche Schenkungsteuerveranlagung nach § 7 Abs. 5 Satz 2 ErbStG i. V. m. § 5 Abs. 2 BewG nach dem tatsächlichen Wert des Erwerbs zu berichtigen.

4.7 Schenkungen unter Lebenden – § 7 ErbStG

Danach ist die Steuer, die auf den Unterschiedsbetrag zwischen Steuerwert und Buchwert des Anteils im Zeitpunkt der Schenkung entfällt – hier also 1.000.000 € abzgl. § 13a ErbStG –, zu erstatten.

3) Zivilrechtliche Zulässigkeit der Buchwertabfindungsklausel

Die Frage nach der zivilrechtlichen Zulässigkeit der gesellschaftsvertraglichen Vereinbarung der Buchwertabfindungsklausel zu stellen (mit der Möglichkeit einer generell negativen Antwort), erscheint – im Hinblick auf den Wortlaut des § 7 Abs. 5 ErbStG – schon auf den ersten Blick widersinnig. Jedoch hat der BGH[823] – zumindest bei der **Ausschließung** eines Gesellschafters **ohne wichtigen Grund** – die Buchwertklausel grundsätzlich als rechtlich unzulässig angesehen (§ 138 BGB). Dieses Urteil hat in der Literatur ein umfangreiches Echo gefunden.[824] Eine erschöpfende Aufzählung und kritische Würdigung der Argumente pro und contra kann im Rahmen dieses Lehrbuchs nicht vorgenommen werden. Als Quintessenz lässt sich aber vielleicht Folgendes festhalten:

(1) **Vertragliche Abfindungsbeschränkungen,** auch in Form einer Abfindungsregelung nach dem Buchwert, die den Bestand des Unternehmens durch Einschränkung des Kapitalabflusses sichern und die Berechnung des Abfindungsanspruchs vereinfachen sollen, sind im Hinblick auf den dispositiven Charakter des § 738 Abs. 1 Satz 2 BGB **grundsätzlich zulässig**.[825]

Nach § 723 Abs. 3 BGB sind Vereinbarungen nichtig, die das Kündigungsrecht eines Gesellschafters den vorherigen Absätzen zuwider beschränken. Buchwertklauseln können deshalb unzulässig sein, wenn sie wegen eines erheblichen Missverhältnisses zwischen Buchwert und wirklichem Wert die Freiheit des Gesellschafters, sich zu einer Kündigung zu entschließen, unvertretbar einengen.[826] Bei der Prüfung sind aber die gesamten Umstände zu berücksichtigen, neben der Frage des Missverhältnisses z. B. die Dauer der Mitgliedschaft des Ausgeschiedenen, sein Anteil am Aufbau und Erfolg des Unternehmens – hier kann auch der Umstand zu berücksichtigen sein, dass Beteiligung geschenkt, nicht „erkauft" ist – und der Anlass des Ausscheidens – wichtiger, in der Person des Ausscheidenden liegender Grund oder von den oder einem Mitgesellschafter veranlasster wichtiger Grund –.

(2) Bei Buchwertklauseln für den Fall der Ausschließung eines Gesellschafters ohne wichtigen Grund gehen die Meinungen auseinander:

---

823 Siehe BGH, NJW 1979 S. 104.
824 Siehe z. B. Ulmer, NJW 1979 S. 81; Flume, NJW 1979 S. 902 und DB 1986 S. 629; Gamon, Buchwertklauseln beim Ausscheiden aus OHG und KG, 1988, S. 150 ff.
825 Siehe insoweit aber BGH, NJW 1989 S. 2685 zur Sittenwidrigkeit einer den Abfindungsanspruch von vornherein auf den halben Buchwert beschränkenden Klausel.
826 Siehe BGH, BGHZ 116 S. 359, allerdings zur GmbH; BGH, NJW 1985 S. 192 und 1993 S. 2101; MünchKomm/Ulmer/Schäfer, § 738 Rdnr. 49.

4 Steuerpflicht

- Der BGH[827] sieht unter Abstellen auf den Zeitpunkt des Abschlusses des Gesellschaftsvertrags diese grundsätzlich im Hinblick auf § 138 Abs. 1 BGB als rechtlich unzulässig an – Folge: gesetzliche Regelung.

- In der Literatur[828] wird unter Abstellen auf den Zeitpunkt der Ausschließung die Buchwertabfindung im Einzelfall als unzulässig erachtet mit dem Argument der unzulässigen Rechtsausübung (§ 242 BGB), Änderung der Geschäftsgrundlage bzw. analoge Anwendung des § 723 Abs. 3 BGB und § 133 Abs. 3 HGB – Folge: i. d. R. richterliche Vertragsergänzung bzw. ergänzende Vertragsauslegung, wobei sich die Korrektur am Maßstab eines auf redlichen Interessenausgleich bedachten Gesellschafters zu orientieren hat –.[829]

Die Kritik der Literatur an dem vorgenannten Urteil des BGH ist m. E. im Ergebnis berechtigt. Selbst wenn man dem obersten Gericht in Zivilsachen beim ersten Schritt im Ergebnis noch folgt (Unzulässigkeit der Buchwertabfindung), so kann die Anwendung der gesetzlichen Vorschriften (§ 738 Abs. 1 Satz 2 BGB, also Abfindung nach dem wirklichen Wert) aber auf keinen Fall befriedigen, weil die Gesellschafter bei Vertragsschluss doch gerade das nicht gewollt haben.

Der BGH hat dieser Kritik Rechnung getragen.[830] Eine zum Zeitpunkt der Vereinbarung rechtswirksame Abfindungsklausel (Buchwertklausel) wird danach nicht dadurch nichtig, dass sich – insbesondere bei wirtschaftlich erfolgreichen Unternehmen – Abfindungsanspruch und tatsächlicher Anteilswert im Laufe der Jahre immer weiter voneinander entfernen. Die vertragliche Regelung bleibt vielmehr als solche wirksam. Die Frage ist nur, welchen Inhalt sie unter Berücksichtigung der Grundsätze von Treu und Glauben hat und ob sie ggf. im Hinblick auf die geänderten Verhältnisse zu ergänzen ist. Buchwertklauseln sind danach also nach den Grundsätzen von Treu und Glauben im Wege der ergänzenden Vertragsauslegung so anzupassen, dass den Interessen des Kündigenden und der Gesellschaft Rechnung getragen wird. War die Klausel allerdings bereits bei ihrer Vereinbarung wegen Sittenwidrigkeit nichtig, bleibt es dabei. Eine (heilende) Vertragsauslegung ist nicht möglich.[831]

Der BFH[832] lässt die Frage nach der zivilrechtlichen Zulässigkeit von Abfindungsklauseln zu Recht unter Hinweis auf § 41 Abs. 1 Satz 1 AO dann dahingestellt, wenn die Gesellschafter das Ergebnis ihrer Vereinbarung haben eintreten lassen.

---

827 BGH, NJW 1979 S. 104.
828 Z. B. Ulmer, NJW 1979 S. 89; Esch, NJW 1979 S. 1390; Rasner, NJW 1983 S. 2910, 2911.
829 Siehe OLG München, DB 2004 S. 2207.
830 Siehe BGH, GmbHR 1993 S. 505 und 806.
831 Zu Folgerungen aus dieser Rechtsprechung vgl. z. B. Mecklenbrauch, BB 2000 S. 2001; Hülsmann, GmbHR 2001 S. 409; ausführlich zu Beschränkungen des Abfindungsanspruchs Wangler, DB 2001 S. 1763.
832 Siehe BFH vom 01.07.1992, BStBl 1992 II S. 925.

4.7 Schenkungen unter Lebenden – § 7 ErbStG

4) Einzelfragen zu § 7 Abs. 5 Satz 1 ErbStG

a) § 7 Abs. 5 Satz 1 ErbStG spricht von **Schenkung** einer Beteiligung. Aus dem Gesamtzusammenhang des Gesetzeswortlauts ergibt sich, dass hier keine Schenkung i. S. des § 516 BGB, sondern Schenkung unter Lebenden i. S. des § 7 Abs. 1 ErbStG gemeint ist, mithin alle Fälle der Nr. 1 bis 10.[833] Entgeltliche Zuwendungen fallen also nicht unter § 7 Abs. 5 ErbStG. Wenn Geld zur Leistung der Einlage geschenkt wird, hängt die schenkungsteuerrechtliche Behandlung – Anwendung des § 7 Abs. 5 ErbStG oder nicht – m. E. allein davon ab, ob nach den allgemeinen Grundsätzen über den Gegenstand der Schenkung (mittelbare Schenkung) eine Geldschenkung oder eine Beteiligungsschenkung anzunehmen ist.[834]

b) § 7 Abs. 5 ErbStG spricht von Klauseln, nach denen der neue Gesellschafter bei Auflösung der Gesellschaft **oder** im Fall seines vorherigen Ausscheidens nur den Buchwert seines Kapitalanteils erhält, weil der Gesellschafter nur auf die eine oder die andere Weise den Gesellschafterverband verlassen kann. Die Klausel kann jedoch beide Fälle bedenken; § 7 Abs. 5 ErbStG ist gerade auch auf Klauseln anwendbar, die für den Fall den Ausscheidens **und** der Auflösung vorgesehen sind.

Die Klausel muss als Abfindungsbetrag für den ausscheidenden Gesellschafter den Buchwert seines Kapitalanteils bestimmen. Als Buchwert des Kapitalanteils gilt der Betrag, der dem Gesellschafter nach dem Verhältnis der Einlagehöhe (dem Kapitalanteil) in den Büchern der Gesellschaft nach Handelsrecht gutzuschreiben ist oder wäre, kämen die Buchführungsvorschriften des Handelsrechts zur Anwendung. Da Buchwert also der anteilige Handelsbilanzwert ist, der insbesondere die stillen Reserven und einen selbst geschaffenen Firmen- bzw. Geschäftswert nicht erfasst, beschränkt eine **Buchwertklausel** den ausscheidenden Gesellschafter auf seinen **Kapitalanteil,** seine **stehen gebliebenen Gewinne** und seinen **Anteil** an den **offenen Rücklagen.**[835]

c) Die Vorschrift des § 7 Abs. 5 ErbStG gilt **nicht** für **Erwerbe von Todes wegen** einschließlich des Erwerbs durch **Schenkung auf den Todesfall,** weil § 1 Abs. 2 ErbStG lediglich bestimmt, dass die Vorschriften über die Erwerbe von Todes wegen, soweit nichts anderes bestimmt ist, auch für Schenkungen unter Lebenden gelten, nicht aber, dass die Vorschriften über Schenkungen auch für Erwerbe von Todes wegen gelten. Auch der Kontext der Vorschrift als Teilregelung des § 7 ErBStG unter der Überschrift, die auf die Schenkungen unter Lebenden verweist, und der Zusammenhang mit anderen, eindeutig nur für Schenkungen unter Lebenden geltenden

---

833 Zur Frage, ob auch der Fall als Schenkung i. S. des § 7 Abs. 5 ErbStG zu werten ist, der nach § 7 Abs. 7 ErbStG als Schenkung gilt, s. Meincke, § 7 Rdnr. 123, wonach dies u. a. deshalb zu verneinen sei, weil Abs. 7 anders als Abs. 5 von der endgültigen Zuweisung der stillen Reserven an die verbleibenden Gesellschafter ausgeht.

834 Siehe Schmidt, BB 1990 S. 1922; a. A. Beinert, StbJb 1974/75 S. 212 und 213.

835 Siehe Kellermann, StbJb 1986/87 S. 403.

4 Steuerpflicht

Bestimmungen sprechen für die Einschränkung. Diese kann im Bereich des § 7 Abs. 5 Satz 2 ErbStG und § 5 Abs. 2 BewG zu Problemen führen.

Beispiel:
V schenkt K im Jahr 01 eine Beteiligung an einer Personengesellschaft, nach deren Gesellschaftsvertrag die Buchwertabfindungsklausel gilt. Der Buchwert beträgt 200.000 €, der Steuerwert 300.000 €. Im Jahr 03 stirbt K. Sein Anteil geht unverändert auf E über. Bei Auflösung der Gesellschaft im Jahr 04 (oder Ausscheiden des E) beträgt der Buchwert weiterhin 200.000 €, der Steuerwert 350.000 €.

Beim Tod des K wird E mit seinem Erwerb von Todes wegen (§ 3 ErbStG) ohne Besonderheiten veranlagt. Eine Berichtigung der ursprünglichen Veranlagung des K nach § 7 Abs. 5 Satz 2 ErbStG i. V. m. § 5 Abs. 2 BewG ist zu diesem Zeitpunkt nicht möglich, weil die Bedingung nicht eingetreten ist. Bei der Auflösung der Gesellschaft im Jahr 04 (Ausscheiden des E) ist eine Berichtigung für den Erwerb des E ebenfalls nicht möglich, denn E hat von Todes wegen und nicht unter Lebenden erworben.

Eine Berichtigung der ursprünglichen Veranlagung des K – auf Antrag seines Erben – ist aber im Zeitpunkt der Auflösung der Gesellschaft im Jahr 04 (Ausscheiden des E) möglich, weil der Wortlaut des Gesetzes eine solche Lösungsmöglichkeit zulässt (Konstruktion über Gesamtrechtsnachfolge, § 1922 BGB – übergegangene Berichtigungsmöglichkeit) und der Sinn und Zweck der Vorschrift – lediglich Verhinderung der Steuerumgehung – dieses Ergebnis nahelegt.[836]

d) Nach seinem insoweit eindeutigen Wortlaut erfasst § 7 Abs. 5 ErbStG **nicht Beteiligungen** an **Kapitalgesellschaften.** Der Streit darüber, ob das sinnvoll ist oder nicht, ist somit „de lege lata" müßig. Auch für die typisch stille Gesellschaft wird man die Vorschrift nicht zur Anwendung gelassen können, weil diese den stillen Gesellschafter schon von Gesetzes wegen auf die Rückforderung des Einlagebuchwertes beschränkt (§ 235 Abs. 1 HGB);[837] bewertungsrechtlich also wie eine Kapitalforderung zu behandeln.

e) § 7 Abs. 5 ErbStG greift ein, wenn der Gesellschafter nach den vertraglichen Bestimmungen nur den Buchwert seines Kapitalanteils erhält. An die Gesetzesformulierung **nur den Buchwert erhält** knüpft sich die Frage, ob § 7 Abs. 5 ErbStG ausschließlich dann anwendbar ist, wenn eine „reine" Buchwertabfindung vereinbart wird, oder auch in den Fällen, in denen diese modifiziert wird (z. B. Buchwert plus oder minus x Prozent oder plus oder minus y Euro) oder – im Extremfall – eine Abfindung gänzlich ausgeschlossen ist, soweit dies zivilrechtlich überhaupt zulässig ist. Die ganz überwiegende Meinung hält § 7 Abs. 5 ErbStG auch bei der modifizierten Buchwertabfindung für anwendbar.[838] Diese Meinung kann sich auf den Sinn und Zweck der Regelung berufen. Die § 7 Abs. 5 ErbStG in solchen Fällen für nicht

---

836 Siehe Knobbe-Keuk, StbJb 1978/79 S. 426.
837 Siehe Meincke, § 7 Rdnr. 127; vgl. auch OFD München vom 21.02.1995, DStR 1995 S. 645.
838 Z. B. Moench/Kien-Hümbert/Weinmann, § 7 Rdnr. 232; Petzoldt, § 7 Rdnr. 185.

4.7 Schenkungen unter Lebenden – § 7 ErbStG

anwendbar haltende Auffassung[839] kann sich auf den Wortlaut der Vorschrift berufen. Nach allgemeinen Auslegungsgrundsätzen kann nur dort ausgelegt werden, wo der Wortlaut unklar (auslegungsfähig) ist. Das bedeutet hier: Der Wortlaut ist eindeutig insoweit, als er „nur" die obere Grenze bezeichnet – Gesetzgeber hat sich insoweit, sei dies bewusst oder unbewusst geschehen, festgelegt –. Der Gesetzeswortlaut ist hingegen nicht eindeutig, soweit die Abfindung unter dem Buchwert liegt. Abfindungen über dem Buchwert werden m. E. also durch § 7 Abs. 5 ErbStG nicht erfasst. Abfindungen unter dem Buchwert (bis 0 Euro) werden aber „erst recht" erfasst.[840]

f) Vom Wortlaut her erfasst § 7 Abs. 5 ErbStG auch den Fall, dass im Gesellschaftsvertrag vereinbart ist, dass der neue Gesellschafter **erst** an den **nach seinem Eintritt gebildeten stillen Reserven** beteiligt sein soll, an den bereits vorhandenen auch bei Aufdeckung im normalen Geschäftsgang jedoch nicht – sicherlich nicht einfach zu praktizierende Regelung –.[841] Richtig ist zunächst, dass der Wille des Gesetzgebers auf die Erfassung dieses Sachverhalts nicht gerichtet war.[842] Ein solcher Wille muss aber – damit er berücksichtigt werden kann – im Gesetzestext irgendwie seinen Niederschlag gefunden haben. Das ist m. E. auch der Fall, und zwar in § 7 Abs. 5 Satz 2 ErbStG. Eine „auflösend" bedingt erworbene Bereicherung setzt nämlich sinnvollerweise voraus, dass etwas zunächst Erworbenes später möglicherweise wieder wegfällt. Da im Zeitpunkt der Schenkung infolge der Vereinbarung stille Reserven aber nicht erworben werden, kann die Bereicherung insoweit später auch nicht wegfallen. § 7 Abs. 5 ErbStG ist somit nicht anwendbar.

g) Auch für die **Feststellung** des **Anteilswerts** (an der Personengesellschaft) zum schenkungsteuerrechtlichen Stichtag (§§ 11, 12 Abs. 5 ErbStG) gelten die allgemeinen bewertungsrechtlichen Regeln. Danach ist der für das Betriebsvermögen einer Personengesellschaft festgestellte Wert auf die einzelnen Gesellschafter nach § 97 Abs. 1a BewG zu verteilen.

Das bedeutet, die Bereicherung entspricht dem nach § 12 Abs. 5 ErbStG und § 97 Abs. 1a BewG festzustellenden Wert des Gesellschaftsanteils.

---

839 Siehe Troll/Gebel/Jülicher, § 7 Rdnr. 381; Meincke, § 7 Rdnr. 127 – dieser will allenfalls in Erwägung ziehen, Klauseln, die ausgehend vom Buchwert den Abfindungsbetrag mit Hilfe eines Zu- oder Abschlags bestimmen, noch als Buchwertklauseln gelten zu lassen, keinesfalls aber Klauseln, die den Abfindungsbetrag aus ganz anderen Berechnungsgrundlagen ableiten –.

840 Vgl. insoweit Schulz in Schlutius (Festschriftherausgeber), Gesellschaften und Gesellschafter im Steuerrecht, FHF Nordkirchen, 1986, S. 221.

841 Schulze zur Wiesche (DStR 1974 S. 699) und Knobbe-Keuk (StbJb 1978/79 S. 427) verneinen die Anwendbarkeit unter Hinweis auf den Sinn und Zweck der Vorschrift – Verhinderung der Übertragung der stillen Reserven ohne schenkungsteuerliche Erfassung –.

842 Siehe Begründung zum Regierungsentwurf des ErbStG 1974, BT-Drucksache VI/3418.

4 Steuerpflicht

5) Einzelfragen zu § 7 Abs. 5 Satz 2 ErbStG

a) Der Streit über die rechtlich unterschiedliche Einordnung der Buchwertklausel, je nachdem, für welchen Fall sie vorgesehen ist (nur für den Fall des Ausscheidens oder nur für den Fall der Auflösung oder in jedem Fall), ist durch § 7 Abs. 5 Satz 2 ErbStG auch insofern gegenstandslos geworden, als die den Buchwert des Kapitalanteils übersteigende Bereicherung als auflösend bedingt erworben „gilt". Die Entscheidung der Frage, ob im Einzelfall ohnehin ein auflösend bedingter Erwerb zu bejahen wäre oder nicht, ist also irrelevant. Die Bedeutung des § 7 Abs. 5 Satz 2 ErbStG liegt darin, dass die Vorschrift als Korrektiv die vorläufige „ungerechte" Entscheidung des § 7 Abs. 5 Satz 1 ErbStG einer letztlich „gerechten" Lösung (Besteuerung der tatsächlichen Bereicherung) zuführen soll. Vereinfacht ausgedrückt: Die **Aussicht** auf **Bereicherung** wird **sofort besteuert**; wenn und soweit sich die **Aussicht nicht realisiert,** wird **erstattet.** Die Fiktion einer auflösend bedingt erworbenen Bereicherung bedeutet nämlich: Nach § 12 Abs. 1 ErbStG i. V. m. § 5 Abs. 1 BewG wird sie zunächst als Teil der geschenkten Beteiligung zur Schenkungsteuer herangezogen. Sofern sich beim späteren Eintritt der Bedingung herausstellt, dass die Bereicherung nicht erfolgt ist (weggefallen ist), können der Beschenkte oder seine Erben, auf die die Berichtigungsmöglichkeit als Gesamtrechtsnachfolger übergeht, eine Berichtigung der Veranlagung nach § 5 Abs. 2 BewG beantragen. Die Schenkungsteuer ist in diesem Fall nach dem tatsächlichen Wert des Erwerbs neu festzusetzen. Ein überbezahlter Betrag wird dem Beschenkten bzw. seinen Erben erstattet.

b) Bereicherung i. S. des § 7 Abs. 5 ErbStG ist der Steuerwert (ermittelt ohne Berücksichtigung der Buchwertklausel) im Zeitpunkt der Schenkung. Entspräche dieser Steuerwert dem Buchwert – durch die mit dem ErbStRG vom 24.12.2008 eingeführte Bewertung des Betriebsvermögens mit dem gemeinen Wert nunmehr eine eher seltene Konstellation –, so wäre ein späterer Bedingungseintritt nicht möglich, die Regelung des § 7 Abs. 5 Satz 2 ErbStG also gegenstandslos.

c) Die (auflösende) **Bedingung** tritt ein, wenn im Zeitpunkt der Auflösung der Gesellschaft oder eines vorherigen Ausscheidens des Gesellschafters die Abfindung (der Buchwert) unter dem Steuerwert (ermittelt ohne Berücksichtigung der Buchwertklausel) liegt. Die genaue Festlegung des Zeitpunkts des Bedingungseintritts ist u. a. für den nach § 5 Abs. 2 Satz 1 BewG erforderlichen Antrag auf Berichtigung von Bedeutung. Dieser ist nämlich nach § 5 Abs. 2 Satz 2 BewG bis zum Ablauf des Jahres zu stellen, das auf den Eintritt der Bedingung folgt.

Veräußert der Gesellschafter seine Beteiligung in vertraglich zugelassener Weise, so verlässt er damit zwar den fortbestehenden Gesellschafterverband. Dieser Vorgang kann jedoch nicht zur Anwendung von § 7 Abs. 5 Satz 2 ErbStG führen, weil ein Gesellschafter, der seinen Anteil verkauft oder gar verschenkt, damit über die stillen Reserven als Teil seines Vermögens verfügt und sich daher nicht auf den Stand-

4.7 Schenkungen unter Lebenden – § 7 ErbStG

punkt stellen kann, dass er diese Reserven tatsächlich nicht erworben habe, sodass ihm der hierauf entfallende Steuerbetrag erstattet werden müsste.[843]

d) Die gesetzliche Formulierung in § 5 Abs. 2 Satz 2 BewG **nach dem tatsächlichen Wert des Erwerbs** ist insofern verblüffend, als das Bewertungsgesetz – und andere Steuergesetze – alle möglichen Werte kennt bzw. vor Inkrafttreten der Erbschaftsteuerreform kannte (z. B. gemeiner Wert in § 9 BewG; Teilwert in § 10 BewG; Kurswert in § 11 BewG; Nennwert in § 12 BewG; Steuerbilanzwert in § 109 Abs. 1 BewG a. F.), aber keinen „tatsächlichen" Wert. Folgerichtig ergeben sich bei der Ermittlung dieses „tatsächlichen" Werts auch (und erst recht) im Zusammenhang mit § 7 Abs. 5 ErbStG Streitpunkte. Das sei an folgenden Beispielen (H E 7.7 ErbStH 2011) demonstriert:

Beispiel 1:

a) Buchwert des Anteils zur Zeit der Schenkung	1,0 Mio. €
Steuerwert des Anteils zur Zeit der Schenkung	1,2 Mio. €
Unterschiedsbetrag	0,2 Mio. €
b) Buchwert des Anteils zur Zeit des Ausscheidens (Abfindung)	1,5 Mio. €
Steuerwert des Anteils zur Zeit des Ausscheidens	2,0 Mio. €
Unterschiedsbetrag	0,5 Mio. €

Der „tatsächliche Wert des Erwerbs" entspricht dem Buchwert des Anteils zur Zeit der Schenkung. Es kann also die Steuer erstattet werden, die auf die Differenz zwischen Steuerwert (der ursprünglichen Schenkungsteuerfestsetzung zugrunde gelegt) und Buchwert zur Zeit der Schenkung – hier also 200.000 € – entfällt.

Beispiel 2:

a) Buchwert des Anteils zur Zeit der Schenkung	1,0 Mio. €
Steuerwert des Anteils zur Zeit der Schenkung	1,2 Mio. €
Unterschiedsbetrag	0,2 Mio. €
b) Buchwert des Anteils zur Zeit des Ausscheidens (Abfindung)	1,00 Mio. €
Steuerwert des Anteils zur Zeit des Ausscheidens	1,12 Mio. €
Unterschiedsbetrag	0,12 Mio. €

Folgende Lösungsmöglichkeiten kommen ohne Berücksichtigung der Betriebsvermögensbefreiung in Betracht:

1. Der „tatsächliche Wert des Erwerbs" entspricht dem Buchwert des Anteils zur Zeit der Schenkung. Es kann also die Steuer erstattet werden, die auf die Differenz zwischen Steuerwert und Buchwert zur Zeit der Schenkung – hier also 200.000 € – entfällt.[844]

2. Der „tatsächliche Wert des Erwerbs" setzt sich zusammen aus dem Buchwert des Anteils zur Zeit der Schenkung zzgl. des Anteils an den stillen Reserven, der dem Beschenkten bis zum Ausscheiden (Auflösung) über die Gewinnbeteiligung zugeflossen ist. Der Wert dieser stillen Reserven ist konkret zu ermitteln. Da dies nicht möglich ist, insbesondere da der Gesetzgeber kein plausibles Verfahren zur Ermittlung der über die Gewinnverteilung zugewandten stillen Reserven geregelt hat, hilft sich

---

843 So: Meincke, § 7 Rdnr. 130.
844 Siehe Knobbe-Keuk, StbJb 1978/79 S. 425.

4 Steuerpflicht

die Verwaltung[845] mit einer Berechnungsweise, die den auf anderen Gründen beruhenden Aufbau und Abbau von stillen Reserven während der Zeit der Beteiligung des Gesellschafters ignoriert und unterstellt, dass diese dem Gesellschafter über die Gewinnbeteiligung zugeflossen sein werden, soweit der Steuerwert der Beteiligung zur Zeit des Ausscheidens bzw. der Auflösung unter dem Steuerwert zur Zeit der Schenkung liegt. Die Verwaltung geht also davon aus, dass beim Ausscheiden nicht mehr vorhandene Reserven, die beim Eintritt vorhanden waren, auch zugunsten des ausgeschiedenen Gesellschafters aufgelöst worden sind. Folglich wird hier der Wert der stillen Reserven i. H. von 80.000 € (Differenz zwischen dem Steuerwert zur Zeit der Schenkung und des Ausscheidens: 1,2 Mio. € ./. 1,12 Mio. €) unterstellt. Es kann also nur die Steuer erstattet werden, die auf die Differenz zwischen Steuerwert (zur Zeit der Schenkung) einerseits und Buchwert (zur Zeit der Schenkung) plus 80.000 € zugeflossene stille Reserven andererseits – hier also 120.000 € – entfällt.

In H E 7.7 ErbStH 2011 heißt es zur Begründung (der 2. Lösung): *„Der auflösend bedingte Teil des Erwerbs entspricht dem Steuerwert des bei der Schenkung angesetzten Anteils abzüglich des Buchwerts im Zeitpunkt der Schenkung. Auf Antrag ist in diesem Fall die Steuer zu erstatten, die auf diesen Unterschiedsbetrag entfällt, höchstens jedoch die Steuer, die auf den Unterschiedsbetrag zwischen der Abfindung und dem höheren Steuerwert vom Zeitpunkt des Ausscheidens entfällt. Auf die Identität zwischen den stillen Reserven vom Zeitpunkt der Schenkung und den stillen Reserven vom Zeitpunkt des Ausscheidens des Beschenkten kommt es nicht an."*

Diese 2. Lösung kann sich zu ihrer Rechtfertigung auf den Sinn und Zweck der Regelung berufen – schenkungsteuerliche Erfassung der dem Beschenkten nach der Schenkung über den Gewinn anteilmäßig zufließenden stillen Reserven –.

Entgegenzuhalten ist ihr aber Folgendes: Das vom Gesetzgeber verfolgte Ziel der zusätzlichen Erfassung der nach der Schenkung über den Gewinn anteilmäßig zufließenden stillen Reserven hat so – wie die h. M. es sieht – im Gesetzestext keinen Niederschlag gefunden.[846] Aus dem Wortlaut des § 7 Abs. 5 ErbStG lässt sich insoweit nichts herleiten. Lediglich § 5 Abs. 2 BewG spricht von dem „tatsächlichen Wert des Erwerbs"; darunter könnte man dann mit der h. M. den Buchwert plus (Kapital-)Wert der zugeflossenen stillen Reserven verstehen. Dabei bliebe aber unberücksichtigt, dass § 5 Abs. 2 BewG den schenkungsteuerrechtlichen Stichtag (§ 11 ErbStG) unberührt lässt, d. h., der „tatsächliche Wert des Erwerbs" ist auf den Zeitpunkt der Schenkung und nicht auf den des Ausscheidens zu ermitteln, wobei natürlich der tatsächliche Ablauf des Sachverhalts bis zum Ausscheiden (Eintritt der auflösenden Bedingung) zu berücksichtigen ist. Die h. M. dürfte also allenfalls den Kapitalwert (§§ 13 ff. BewG) des zugeflossenen Gewinns, auf den Zeitpunkt der Schenkung berechnet, zugrunde legen. Der „tatsächliche Wert des Erwerbs" i. S. des § 5 Abs. 2 BewG ist aber wiederum nicht isoliert aus dieser Vorschrift he-

---

845 Vgl. auch Moench/Kien-Hümbert/Weinmann, § 7 Rdnr. 234.
846 Anders z. B. Meincke, § 7 Rdnr. 131 mit der nicht belegten Behauptung, der Gesetzgeber wolle auch die vor Bedingungseintritt über die Gewinnbeteiligung zugeflossenen stillen Reserven besteuern.

4.7 Schenkungen unter Lebenden – § 7 ErbStG

raus zu ermitteln, sondern es ist auf die Verweisungsvorschrift des § 7 Abs. 5 ErbStG zurückzugreifen. § 7 Abs. 5 Satz 1 ErbStG bestimmt ausdrücklich, dass als Bereicherung der Steuerwert angesehen werden soll. Diese Vorschrift geht also davon aus (sonst hätte es dieser Regelung gar nicht bedurft), dass die „tatsächliche Bereicherung" nur im Buchwert besteht.

Aus der Zusammenschau von § 5 Abs. 2 BewG (§ 11 ErbStG) und § 7 Abs. 5 ErbStG ergibt sich m. E. somit folgende Lösung: Ist die auflösende Bedingung eingetreten – die Abfindung im Zeitpunkt des Ausscheidens liegt unter dem Steuerwert (insoweit wird also der Zeitraum bis zum Ausscheiden berücksichtigt) –, so ist nach dem „tatsächlichen Wert" zum Zeitpunkt der Schenkung (also stets die Differenz zwischen Buchwert und Steuerwert zum Zeitpunkt der Schenkung) zu berichtigen. Im oben aufgeführten zweiten Beispiel ist also entsprechend der 1. Lösungsmöglichkeit die Steuer zu erstatten, die auf 200.000 Euro, und nicht nur 120.000 Euro, entfällt. Hätte der Gesetzgeber diese einfachere Lösung nicht gewollt, sondern die von der h. M. vertretene kompliziertere, so hätte er das im Gesetzestext deutlich zum Ausdruck bringen müssen. Das ist aber (in Erkenntnis der praktischen Schwierigkeiten möglicherweise bewusst) nicht geschehen.

§ 13a ErbStG kann, wie bei § 7 Abs. 5 Satz 1 ErbStG, auch im Rahmen des § 7 Abs. 5 Satz 2 ErbStG zur Anwendung kommen.

4.7.11 Gewinnschenkung (= überhöhte Gewinnbeteiligung)

Neben der Zuwendung des Gesellschaftsvermögens liegt in der **Zuwendung** der **Gewinnbeteiligung** grundsätzlich **keine gesonderte Bereicherung** – das Eigentumsrecht an einem Wirtschaftsgut schließt auch das Nutzungsrecht mit ein. Etwas anderes wird dann gelten müssen, wenn – was insbesondere bei Familiengesellschaften vorkommen kann – die **Gewinnbeteiligung überhöht** ist, weil anderenfalls Steuerumgehungen möglich wären.

Die Erfassung der in dem Gewinnübermaß liegenden zusätzlichen Bereicherung ist von der Systematik her insbesondere auf zwei Arten denkbar:

- Sie ist bei der Bewertung der Vermögensbeteiligung als deren Bestandteil werterhöhend mit zu erfassen (nur eine Schenkung, sodass die steuerliche Erfassung also im Rahmen der Bewertung erfolgt – der Höhe nach).

oder

- Es werden steuerlich zwei Schenkungen angenommen (dem Grunde nach), nämlich die der Vermögensbeteiligung mit angemessener Gewinnbeteiligung und die des Übermaßes an Gewinnbeteiligung.

Der Gesetzgeber hat sich mit der Regelung des **§ 7 Abs. 6 ErbStG** für die zweite Art entschieden. Seiner Meinung nach wird dadurch eine genauere und damit gerechtere Erfassung der in der weiteren Vermögensbildungsmöglichkeit liegenden zusätzlichen Bereicherung ermöglicht. Außerdem entspreche dieser Weg der ertragsteuerlichen Behandlung des Übermaßes an Gewinnbeteiligung, das dort als Einkommensverwendung des Schenkers gelte.[847]

Ganz konsequent verfolgt der Gesetzgeber dieses Ziel jedoch nicht, denn auch im Rahmen der Ermittlung des Anteilswerts (§ 97 Abs. 1a Nr. 3 BewG) wirkt sich die (überhöhte) Gewinnbeteiligung mittelbar aus. Abhilfe wäre in der Form möglich, dass statt der überhöhten hier die angemessene Gewinnbeteiligung zugrunde gelegt wird.

Das Gesetz enthält also in § 7 Abs. 6 ErbStG neben den in § 7 Abs. 1 ErbStG aufgeführten Schenkungstatbeständen einen weiteren selbständigen Schenkungstatbestand. Wird eine Beteiligung an einer Personengesellschaft (nicht also Kapitalgesellschaft, bei der das Gewinnübermaß im Rahmen der Anteilsbewertung berücksichtigt werden kann) mit einer überhöhten Gewinnbeteiligung ausgestattet, so gilt das Übermaß an Gewinnbeteiligung als selbständige Schenkung, die mit dem Kapitalwert (insoweit handelt es sich um eine spezielle Bewertungsvorschrift) anzusetzen ist. Zuwendungen, die nicht gesellschaftsvertraglich als Gewinnverteilung, sondern in Form überhöhter Sondervergütungen – z. B. Gehalt, Darlehens-, Mietzinsen – gewährt werden, sind bereits unabhängig von § 7 Abs. 6 ErbStG als im Verhältnis zur Beteiligungszuwendung selbständige Schenkungen anzusehen. Diese Regelung wirft insbesondere drei Fragen auf:

1. Was bedeutet „Ausstattung" mit einer Gewinnbeteiligung?

2. Wann ist die Gewinnbeteiligung „überhöht"?

3. Wie ist der „Kapitalwert" im Einzelnen zu ermitteln?

Zu 1.: Das Problem der überhöhten Gewinnbeteiligung wird im Bereich der Schenkungsteuer i. d. R. im Zusammenhang mit der Schenkung eines Gesellschaftsanteils angesprochen. Demgegenüber spricht § 7 Abs. 6 ErbStG von der **Ausstattung** mit einer überhöhten Gewinnbeteiligung. Die Formulierung, nach der das Übermaß der Gewinnbeteiligung als selbständige Schenkung gilt, wenn die Beteiligung an einer Personengesellschaft mit einer übermäßigen Gewinnbeteiligung ausgestattet wird, lässt nicht klar erkennen, welcher Vorgang als Schenkung gewertet werden soll. Bei dieser unklaren Formulierung wird man die Regelung des § 7 Abs. 6 ErbStG weit auslegen müssen, also nicht nur dann anwenden, wenn ein Anteil mit der **überhöhten Gewinnbeteiligung neu gegründet** wird, sondern auch dann, wenn ein schon **bestehender Anteil,** der bereits mit einer **solchen Gewinnbeteiligung** ausgestattet ist, **übertragen** wird, als auch dann, wenn ein **Anteil,** ohne übertragen zu werden,

---

[847] Siehe Begründung zum ErbStG 1974, BT-Drucksache VI/3418 S. 65; vgl. hierzu aber Meincke, § 7 Rdnr. 133, nach dem diese Bestimmung ein Beispiel einer wenig geglückten Gesetzesreform sei, weil sie, statt durch eine einfache Regelung die Steuergerechtigkeit zu fördern, eine praktisch wenig bedeutsame Änderung mit einer komplizierten Regelung zu verwirklichen versuche.

4.7 Schenkungen unter Lebenden – § 7 ErbStG

erst **nachträglich mit einer überhöhten Gewinnbeteiligung** ausgestattet wird oder eine an sich schon **überhöhte Gewinnbeteiligung** noch **weiter erhöht** wird.[848]

Zu 2.: Nach der Umschreibung des § 7 Abs. 6 ErbStG ist eine **Gewinnbeteiligung** überhöht, die insbesondere der **Kapitaleinlage,** der **Arbeits-** oder der **sonstigen Leistung** des **Gesellschafters** für die **Gesellschaft nicht entspricht** oder die einem **fremden Dritten** üblicherweise **nicht eingeräumt** würde. Die Regelung – sie zeigt, dass aus der Sicht des Gesetzgebers übermäßige Gewinnanteile wirksam vereinbart werden können – denkt dabei nicht an eine Beteiligung, aus der dem Gesellschafter besonders hohe, im Verhältnis zum statistischen Durchschnittsverdiener übermäßige Gewinne zufließen, sondern an eine Beteiligung, die dem Gesellschafter im Verhältnis zu den anderen Partnern seiner Gesellschaft übermäßige Gewinne verschafft und ihm durch die erhöhte Gewinnbeteiligung zu Lasten des sie gewährenden Gesellschafters eine bevorzugte Kapitalbildung ermöglicht.[849] Es kommt also auf den für den Gesellschafter besonders günstigen Gewinnverteilungsschlüssel, nicht auf die absolute Höhe der ihm zufallenden Gewinne an.

Die von der Rechtsprechung[850] zur Ermittlung des Gewinnübermaßes bei der Einkommensteuer entwickelten Kriterien sind mit den in § 7 Abs. 6 ErbStG enthaltenen Vorgaben zur Feststellung, ob ein Übermaß an Gewinn vermittelnder Verteilungsschlüssel anzunehmen ist, nicht in vollem Umfang identisch. In der Literatur wird deshalb einerseits vertreten, § 7 Abs. 6 ErbStG sei aus sich selbst heraus auszulegen und die ertragsteuerlichen Grundsätze und Entscheidungen seien nicht zu berücksichtigen,[851] andererseits will man dann, wenn ertragsteuerlich eine Entscheidung über das Vorliegen und den Umfang eines überhöhten Gewinnanteils getroffen worden ist,[852] diese Entscheidung auch für die Schenkungsteuer übernehmen.[853] Dieser Lösung ist m. E. schon im Interesse der Rechtseinheit der Vorzug zu geben, zumal auch die Entstehungsgeschichte für dieses Ergebnis spricht.[854] Ist

---

848 Siehe R E 7.8 Abs. 2 ErbStR 2011; a. A. Schulze-Osterloh, StuW 1977 S. 138 f., der mit Ausnahme der „Neugründung" § 7 Abs. 1 Nr. 1 ErbStG anwenden will; ebenfalls nachträgliche Änderungen des Gewinnverteilungsschlüssels oder Änderung der Beteiligung nicht anhand von § 7 Abs. 6 ErbStG prüfend Meincke, § 7 Rdnr. 137, mit dem Argument, die gegenteilige, auch von der Finanzverwaltung vertretene Auffassung werte den Wortlaut der Vorschrift, nach dem man eine andere Schenkung voraussetzen müsse, mit der die schenkweise Zuwendung des überhöhten Gewinnbezugsrechts verbunden ist, nicht sorgfältig genug aus.
849 Siehe BT-Drucksache VI/3418 S. 60.
850 Siehe BFH vom 29.05.1972 GrS 4/71, BStBl 1973 II S. 5, vom 08.12.1976, BStBl 1977 II S. 409, und vom 09.02.1977, BStBl 1977 II S. 412, sowie BFH, ZEV 2002 S. 37 mit Anmerkung Daragan.
851 Z. B. Knobbe-Keuk, StbJb 1978/79 S. 428.
852 Siehe hierzu BFH vom 29.05.1972 GrS 4/71, BStBl 1973 II S. 5, wonach eine Gewinnbeteiligung, die ein Vater seinem nicht mitarbeitenden Kind bei der Schenkung einer Gesellschaftsbeteiligung gewährt, insoweit als übermäßig gilt, als sie auf längere Sicht zu einer Verzinsung von mehr als 15 % des gemeinen Werts des Gesellschaftsanteils führt.
853 Vgl. z. B. Moench/Kien-Hümbert/Weinmann, § 7 Rdnr. 240; Meincke, § 7 Rdnr. 135; in diesem Sinne für den Regelfall auch die Verwaltung in R E 7.8 Abs. 1 Satz 1 ErbStR 2011.
854 Siehe BT-Drucksache VI/3418.

4 Steuerpflicht

jedoch ertragsteuerlich keine Entscheidung getroffen, ist der Jahreswert des überhöhten Gewinnanteils selbständig zu ermitteln. Dabei ist dann folgerichtig ebenfalls nach den für die Einkommensteuer maßgeblichen Kriterien zu entscheiden, weil auf die Einheitlichkeit des Beurteilungsmaßstabs nicht verzichtet werden kann. Die Finanzverwaltung[855] will dabei, soweit keine Änderung der Ertragsaussichten bei der Gesellschaft zu erwarten ist, auf den durchschnittlichen Gewinn der letzten drei Wirtschaftsjahre vor der Schenkung abstellen – vgl. insoweit nunmehr auch § 201 Abs. 2 Satz 1 BewG zur Ermittlung des Durchschnittsertrags als Beurteilungsgrundlage für den zukünftig nachhaltig erzielbaren Jahresertrag –.

Zu 3.: Wie der **Kapitalwert** im Einzelnen zu ermitteln ist – insbesondere also, von welcher **Laufzeit** auszugehen ist –, ist vom Gesetzgeber nicht speziell geregelt. Damit ist auf die allgemeinen Vorschriften des Bewertungsgesetzes (§§ 13 ff.) zurückzugreifen. Danach kommt es auf die jeweiligen vertraglichen Vereinbarungen an, welche Laufzeit zugrunde zu legen ist. In Betracht kommen i. d. R. entweder § 13 Abs. 2 BewG (unbestimmte Dauer) oder § 14 BewG.

Da dieses Ergebnis aber wohl kaum dem Willen des Gesetzgebers und den wirtschaftlichen Gegebenheiten entspricht, werden abweichend hiervon Lösungen vorgeschlagen, die davon ausgehen, dass die Zeitdauer, während der der überhöhte Gewinn dem Gesellschafter zufließt, kürzer ist. Die Vorschläge, die jeweils die Laufzeit und nicht, wie Knobbe-Keuk[856] meint, den Vervielfältiger beinhalten, reichen von drei Jahren[857] über vier Jahre[858] bis zu **fünf Jahren**.[859] Die Verwaltung hat aber ihre Auffassung zwischenzeitlich verschärft (s. R E 7.8 Abs. 1 Satz 4 ErbStR 2011). Sie geht grundsätzlich von der Annahme aus, dass der überhöhte Gewinnanteil dem Bedachten auf **unbestimmte Zeit** in gleicher Höhe zufließen wird, und leitet daraus unter Bezugnahme auf § 13 Abs. 2 BewG einen **Kapitalwert** in Höhe des **9,3-Fachen** des **Jahreswerts** ab. Zwingend ist keine der vorgeschlagenen Lösungen. Für die Fünf-Jahre-Lösung kann m. E. immerhin die ertragsteuerrechtliche Rechtsprechung herangezogen werden, die für die Beurteilung der Angemessenheit der Gewinnbeteiligung auch von einem Zeitraum von fünf Jahren ausgeht.[860]

Obwohl im folgenden Beispiel schon fast alle Probleme durch entsprechende Sachverhaltsangaben aufgelöst sind, lässt sich vielleicht dennoch an ihm die umfangreiche Problematik des § 7 Abs. 6 ErbStG erkennen:

---

855 Siehe R E 7.8 Abs. 1 Satz 3 ErbStR 2011.
856 Siehe StbJb 1978/79 S. 429.
857 Vgl. Schulze zur Wiesche, DStR 1974 S. 700.
858 Siehe Tillmann, St Kongr Rep 1975 S. 345.
859 So früher die koordinierten Ländererlasse in BStBl 1976 I S. 145.
860 Siehe BFH vom 29.05.1972 GrS 4/71, BStBl 1973 II S. 5.

4.7 Schenkungen unter Lebenden – § 7 ErbStG

Beispiel:
Vater V gründet mit seinen minderjährigen Kindern K1 und K2 (drei und sechs Jahre alt) wirksam eine KG zum 01.01.05. V ist Komplementär, die (nicht mitarbeitenden) Kinder sind Kommanditisten. V hat als Gesellschafterbeitrag sein bisheriges Einzelunternehmen mit einem Kapital von 1 Mio. € in die Gesellschaft eingebracht. Die Kinder haben sich verpflichtet, je 100.000 € als Gesellschafterbeitrag zu leisten. V schenkt ihnen zu diesem Zweck zu Lasten seines Kapitalkontos im Wege der vorweggenommenen Erbfolge einen Kapitalanteil (Gesellschaftsanteil) i. H. von je 100.000 €.

Nach dem Gesellschaftsvertrag sind die Gesellschafter an den offenen und stillen Reserven entsprechend ihren Kapitalanteilen beteiligt. Als Gewinnverteilung ist vereinbart:

V erhält eine Vorabvergütung für seine Tätigkeit und Haftung von 50.000 € jährlich. Der Restgewinn wird wie folgt verteilt: V 40 %, die beiden Kinder jeweils 30 %.

Die Gewinne des Einzelunternehmens haben in den letzten drei Wirtschaftsjahren durchschnittlich 250.000 € betragen. Der im vereinfachten Ertragswertverfahren ermittelte Wert des Betriebsvermögens der KG (§ 12 Abs. 5 ErbStG) zum 01.01.05 beträgt 2.600.000 € – nachhaltig erzielbarer Jahresertrag (ermittelt nach §§ 201, 202 BewG) multipliziert mit dem Kapitalisierungsfaktor gem. § 203 BewG –. Die Anteile der Kinder betragen je 260.000 €.

Die Kinder haben jeweils zu versteuern:

1. Schenkung der Beteiligung an der KG selbst gem. **§ 7 Abs. 1 Nr. 1 ErbStG:** 260.000 € minus Betriebsvermögensbefreiung nach § 13a Abs. 1, § 13b Abs. 4 ErbStG i. H. von 85 % und minus Abzugsbetrag i. H. von 39.000 € nach § 13a Abs. 2 ErbStG =   **0 €**

2. Überhöhte Gewinnbeteiligung gem. **§ 7 Abs. 6 ErbStG:**
   a) tatsächlicher Wert des Gesellschaftsanteils: **260.000 €** (10 % – Kapitalanteil – vom Wert des gesamten Betriebsvermögens i. H. von 2.600.000 €)
   b) 15 %[861] von 260.000 €:   **39.000 €**
   c) nachhaltig zu erwartender jährlicher Gewinn: **200.000 €**
   (250.000 € minus angemessener Unternehmerlohn i. H. von 50.000 €)
   d) steuerlich höchstmöglicher Gewinnanteil:
   $$\frac{39.000 \text{ €} \times 100\,\%}{200.000 \text{ €}} = \mathbf{19{,}5\,\%}$$
   e) Gewinnübermaß-Berechnung:
   - bilanzmäßig gutgeschriebener (vereinbarter) Gewinnanteil (**30 % von 200.000 €**)   60.000 €
   - ./. angemessener Gewinnanteil (**19,5 % von 200.000 €**)   39.000 €
   = **Gewinnübermaß (jährlich):**   **21.000 €**

   Anmerkung: Die einkommensteuerliche Nichtanerkennung führt dazu, dass der Schenker die Einkommensteuer auf die Einkünfte des Beschenkten zahlen muss. Die Steuerzahlung

---
861 Siehe BFH vom 29.05.1972, BStBl 1973 II S. 5.

4 Steuerpflicht

durch den Schenker kann weder bei der Besteuerung nach § 7 Abs. 6 ErbStG berücksichtigt werden, noch bildet sie den Gegenstand einer freigebigen Zuwendung nach § 7 Abs. 1 Nr. 1 ErbStG.[862] Dem Schenker steht kein Ausgleichsanspruch gegen den Beschenkten wegen der ertragsteuerlichen Auswirkungen zu, dessen Nichtrealisierung als freigebige Zuwendung gewertet werden könnte.[863]

f) **Kapitalwert:** Jahreswert **21.000 €** (die Beschränkung des Jahreswerts auf 1/18,6 des Werts des genutzten Wirtschaftsguts nach § 16 BewG, hier 1/18,6 von 260.000 € = 13.978 €, kann schon deshalb nicht zur Anwendung kommen, weil den Kindern auch die Beteiligung selbst steuerlich zuzurechnen ist, also nicht fremdes Vermögen genutzt wird)

aa) Vervielfältiger bei einer Laufzeit von **fünf Jahren:** **4,388** (Anlage 9a zum BewG) =	92.148 €
bb) Vervielfältiger nach Verwaltungsauffassung **(unbestimmte Zeit): 9,3** =	195.300 €

Meines Erachtens ist § 13a ErbStG nach seinem Sinn und Zweck auf § 7 Abs. 6 ErbStG nicht anwendbar (selbständige Schenkung einer „Kapitalforderung"; keine Schenkung von Betriebsvermögenssubstanz).

Abschließend sei noch bemerkt, worauf u. a. Sudhoff[864] zutreffend hinweist, dass die Frage der überhöhten Gewinnbeteiligung sich in der Praxis naturgemäß auf den Bereich der Familiengesellschaften konzentriert. Dass auch der Gesetzgeber bei § 7 Abs. 6 ErbStG die Familiengesellschaften „im Blick" hatte, lässt sich daran erkennen, dass im Hinblick auf die Übermaß-Schenkung von Konditionen die Rede ist, die einem fremden Dritten nicht eingeräumt würden. Bei Familiengesellschaften wird jedoch die Gewinnbeteiligung – um ertragsteuerliche Nachteile zu vermeiden – i. d. R. so vereinbart, dass sie insoweit nicht als überhöht anzusehen ist mit der Folge, dass die Regelung des § 7 Abs. 6 ErbStG weitgehend ins Leere läuft.[865]

Bei Beantwortung der unter dem Gesichtspunkt der Steuergestaltung sich stellenden Frage, ob die Schenkung eines größeren Gesellschaftsanteils der Zuwendung eines Gewinnübermaßes vorzuziehen ist, sind neben den ertragsteuerlichen Folgewirkungen auch zivilrechtliche Implikationen bezüglich Stimmrechte und Auseinandersetzungsguthaben einzubeziehen.[866]

---

862 Siehe Moench/Kien-Hümbert/Weinmann, § 7 Rdnr. 242.
863 So: Meincke, § 7 Rdnr. 140; a. A. aber z. B. Crezelius, BB 1980 S. 1481: Anspruch aus § 812 BGB; Felix/Streck, DB 1975 S. 2213, und Kapp, FR 1988 S. 352: Anspruch wegen Wegfalls der Geschäftsgrundlage.
864 Siehe NJW 1975 S. 1676.
865 Siehe Moench, DStR 1989 S. 594; Troll, BB 1990 S. 674.
866 Siehe Petzoldt, § 7 Rdnr. 208 ff.

4.7.12 Ausscheiden eines Gesellschafters zu Lebzeiten und hierdurch eintretende Bereicherung der anderen Gesellschafter oder der Gesellschaft

Nach § 7 Abs. 7 Satz 1 ErbStG gilt als Schenkung auch der auf dem Ausscheiden eines Gesellschafters beruhende Übergang des Anteils oder des Teils eines Anteils eines Gesellschafters einer Personengesellschaft oder Kapitalgesellschaft auf die anderen Gesellschafter oder die Gesellschaft, soweit der Wert, der sich für seinen Anteil zur Zeit seines Ausscheidens nach § 12 ErbStG ergibt, den Abfindungsanspruch übersteigt.

1) Vorbemerkung

§ 7 Abs. 7 Satz 1 ErbStG ist im Zusammenhang mit § 3 Abs. 1 Nr. 2 Satz 2 ErbStG zu sehen, sodass ein Vergleich dieser Bestimmungen ergibt, dass hier das Ausscheiden eines Gesellschafters aus **anderen Gründen als durch Tod** erfasst wird. Zum Anteilsübergang beim Tod ist auch der Fall zu rechnen, dass der Anteil zunächst im Wege der Erbfolge auf den Erben übergeht, von diesem aber sodann aufgrund einer durch den Gesellschaftsvertrag begründeten Verpflichtung an die Gesellschafter oder an die Gesellschaft übertragen werden muss.

Die Bedeutung der im Jahr 1974 eingeführten Vorschrift gegenüber § 7 Abs. 1 Nr. 1 ErbStG – zuvor wurde die Buchwertabfindungsklausel von der Rechtsprechung[867] im Rahmen einer Schenkung unter Lebenden geprüft und dahingehend ausgelegt, dass sie grundsätzlich den Willen zur Unentgeltlichkeit ausschließe, soweit ein entsprechendes „Wagnis" von allen Gesellschaftern übernommen werde – liegt darin, dass mit ihrer Hilfe das **Problem** der **Feststellung** des **Bereicherungswillens** insoweit **ausgeschaltet** wird. Die gesellschaftsvertragliche Einbettung der mit dem Ausscheiden einhergehenden Vermögensumschichtung sollte also kein Argument gegen die Steuerpflicht sein; deshalb die Formulierung „als Schenkung **gilt**".[868]

Dadurch, dass § 7 Abs. 7 ErbStG die Bereicherung, die den anderen Gesellschaftern oder der Gesellschaft beim Ausscheiden eines Gesellschafters gegen eine nicht vollwertige Abfindung zufällt, zum Erwerb durch Schenkung unter Lebenden rechnet, geht es im Wesentlichen um die teilweise schenkungsteuerliche Erfassung der „Zuwendung" der stillen Reserven des ausscheidenden an die verbleibenden Gesellschafter oder die Gesellschaft.

---

867 Siehe BFH vom 15.05.1953, BStBl 1953 III S. 199.

868 Vgl. hierzu H E 7.9 ErbStH 2011; s. auch BFH vom 04.07.1992, BStBl 1992 II S. 925, wonach unter Hinweis auf die Fiktion „gilt" das subjektive Merkmal des Bewusstseins der Unentgeltlichkeit nicht zum gesetzlichen Tatbestand gehört; vgl. demgegenüber aber Meincke, § 7 Rdnr. 151, der es, weil über die Entgeltlichkeit oder Unentgeltlichkeit des Anteilsübergangs nicht ohne Berücksichtigung der zugrunde liegenden Vertragsgestaltungen und damit nicht ohne Rücksicht auf den Willen der Vertragspartner entschieden werden könne, als naheliegend ansieht, auch das Bewusstsein und den Willen des ausscheidenden Gesellschafters zu einer Bereicherung der verbleibenden Gesellschafter vorauszusetzen.

4 Steuerpflicht

Beispiel:
Im Gesellschaftsvertrag der A-KG (nicht miteinander verwandte Gesellschafter A, B und C) ist vereinbart, dass beim Ausscheiden eines Gesellschafters dieser nur Anspruch auf Abfindung zum Buchwert des Kapitalkontos hat. C scheidet aus. Sein Kapitalkonto beträgt 1.000.000 €, sein Anteil an den stillen Reserven 6.000.000 € und sein Anteil am im vereinfachten Ertragswertverfahren ermittelten Betriebsvermögenswert 5.000.000 €.

Scheidet ein Gesellschafter aus dieser Gesellschaft aus, so wächst sein Anteil am Gesellschaftsvermögen kraft Gesetzes (§ 161 Abs. 2 i. V. m. § 105 Abs. 3 HGB i. V. m. § 738 Abs. 1 Satz 1 BGB) den übrigen Gesellschaftern zu.

Für A und B (und nicht die Personengesellschaft als solche, ihr Vermögen erhöht sich nicht) ergibt sich durch die als steuerpflichtiger Vorgang von C anzusehende Schenkung gem. § 7 Abs. 7 Satz 1 ErbStG eine Bereicherung jeweils in Höhe der Hälfte der Differenz zwischen dem Anteilswert nach § 12 ErbStG (5.000.000 €) und dem Abfindungsanspruch (1.000.000 €), also 1/2 von 4.000.000 € = 2.000.000 €.

§ 13a (ggf. § 19a) ErbStG ist anwendbar (s. R E 13b.2 Abs. 1 Satz 2 Nr. 7 ErbStR 2011).

Durch das ErbStRG vom 24.12.2008 ist der Anwendungsbereich des § 7 Abs. 7 ErbStG deutlich erweitert worden. Denn früher war seit der mit dem StÄndG 1992 erfolgten Anpassung der steuerlichen Regelungen für die Betriebsvermögensbewertung an die handelsrechtlichen Grundsätze der Steuerwert der Beteiligung erheblich abgesenkt und auf die Höhe der bilanzsteuerlichen Buchwerte gebracht. Dies hatte zur Folge, dass nur noch Klauseln, die den Abfindungsbetrag unterhalb des Buchwerts der Beteiligung ansetzten, zur Anwendung der Vorschrift führen konnten. Die Erbschaftsteuerreform hat den Steuerwert der Beteiligung (zumindest) in die Nähe des Verkehrswerts der Beteiligung angehoben.

2) Ausscheiden eines Gesellschafters

§ 7 Abs. 7 ErbStG setzt das Bestehen einer Personen- oder Kapitalgesellschaft voraus, deren Gesellschaftsvertrag es zulässt – bzw. nicht ausschließt –, dass ein Gesellschafter gegen Abfindung ausscheiden kann.

Zwar wird in den Gesetzesmaterialien[869] die Parallelität von Anteilsübergang beim Tod und dem beim sonstigen Ausscheiden hervorgehoben. Hieraus folgt aber nicht zwingend, dass § 7 Abs. 7 ErbStG nur bei einem dem Ausscheiden infolge Todes vergleichbaren unfreiwilligen (zwangsweisen) Verlassen der Gesellschaft durch Kündigung oder Ausschlussklage der Mitgesellschafter anzuwenden ist. Die Vorschrift greift auch bei einem freiwilligen Ausscheiden des Gesellschafters ein.[870]

a) Fraglich ist, ob unter dem Begriff „Ausscheiden eines Gesellschafters" nur das **Verlassen** der im Übrigen **fortbestehenden Gesellschaft** zu verstehen ist, das Ausscheiden also im Gegensatz zu der die Beendigung des Gesellschafterverbandes

---
869 Siehe BT-Drucksache VI/3418 S. 65.
870 Siehe H E 7.9 Satz 3 ErbStH 2011; FG München vom 16.05.2001, EFG 2001 S. 1615 mit Anmerkung Neu; Moench/Kien-Hümbert/Weinmann, § 7 Rdnr. 249.

4.7 Schenkungen unter Lebenden – § 7 ErbStG

bewirkenden Auflösung der Gesellschaft steht. Diese Auffassung, für die die Verwendung der beiden Begriffe in § 7 Abs. 5 ErbStG sprechen könnte, hätte zur Folge, dass § 7 Abs. 7 ErbStG auf zweigliedrige Personengesellschaften oder auf Ein-Mann-Kapitalgesellschaften nicht anwendbar wäre. Bei diesen Gesellschaften kann niemand ausscheiden, ohne zugleich den Gesellschafterverband aufzuheben.

Der BFH[871] wendet aber § 7 Abs. 7 ErbStG – obwohl einräumend, dass die Vorschrift in erster Linie auf den Fall der Anwachsung nach § 738 Abs. 1 Satz 1 BGB als Folge des Ausscheidens eines Gesellschafters abzielt und diese Bestimmung vom Regelfall des Fortbestehens der Gesellschaft, nicht von deren Beendigung ausgeht – auch im **Fall** einer **zweigliedrigen Personengesellschaft** an, wenn eine **Übernahmeklausel** vereinbart worden ist, nach der das Gesellschaftsvermögen einem der bisherigen Gesellschafter anwächst. Eine Differenzierung zwischen mehr- und zweigliedrigen Personengesellschaften sei nicht gerechtfertigt, weil auch bei einer aus zwei Gesellschaftern bestehenden Personengesellschaft der Übergang des ausscheidenden auf den anderen Gesellschafter nach den gleichen Regeln wie bei der mehrgliedrigen Personengesellschaft erfolgt (Vermögensverschiebung durch Anwachsung analog § 142 HGB, § 738 Abs. 1 Satz 1 BGB).

Zwar ist die gesetzliche Formulierung auf die zweigliedrige Personengesellschaft mit gesellschaftsvertraglicher Übernahmeklausel offensichtlich nicht zugeschnitten. Da aber der Wortlaut diese Auslegung noch zulässt und sie auch dem Sinn und Zweck der Regelung gerecht wird (Erfassung der „Zuwendung" der stillen Reserven des Ausscheidenden), kann man ihr zustimmen.[872]

Übernimmt der Verbleibende auch das Sonderbetriebsvermögen des Ausscheidenden, so ist schenkungsteuerlich zwar die Übernahme des Gesamthandsvermögens nach § 7 Abs. 7 ErbStG zu beurteilen, die Übernahme des Sonderbetriebsvermögens jedoch nach § 7 Abs. 1 Nr. 1 ErbStG.[873] Die Schenkungsteuer, die der Verbleibende nach § 7 Abs. 7 ErbStG gezahlt hat, kann nicht im Wege der AfA gewinnmindernd berücksichtigt werden.[874]

b) Zu der Frage, ob § 7 Abs. 7 Satz 1 ErbStG auch in den Fällen anwendbar ist, in denen ein Gesellschaftsanteil, ohne dass der Gesellschafter die Gesellschaft verlässt, zugunsten der anderen Gesellschafter oder der Gesellschaft gegen Zahlung einer Abfindung vermindert wird, vertritt die Finanzverwaltung[875] folgende Auffassung:

---

871 Siehe BFH vom 01.07.2001, BStBl 1992 II S. 925.
872 Kritisch Meincke, § 7 Rdnr. 143, der in vorgenannter Rechtsprechung mittels einer im Zivilrecht unbedenklichen Analogie eine Ausweitung des Steuertatbestands sieht, zumal die Rechtsfigur der Anwachsung nicht das entscheidende Merkmal für die Anknüpfung der Steuerpflicht bilde.
873 Siehe FG Rheinland-Pfalz, UVR 1994 S. 213.
874 Vgl. FG Münster, EFG 1994 S. 1037.
875 Siehe FinMin Saarland vom 27.01.1987, DStR 1987 S. 205; ebenso Moench/Kien-Hümbert/Weinmann, § 7 Rdnr. 250 im Hinblick darauf, dass die Vorschrift auch vom Übergang des „Teils eines Anteils" spricht.

4 Steuerpflicht

„*§ 7 Abs. 7 ErbStG ist auch in diesen Fällen anwendbar, sofern der Teil, um den die Beteiligung gemindert wird, den verbleibenden Gesellschaftern oder der Gesellschaft zuwächst.*"[876] Durch diese – dem Sinn der Vorschrift entsprechende – Auslegung wird vermieden, dass die Steuerpflicht nach § 7 Abs. 7 ErbStG durch sukzessive Herabsetzung einer Beteiligung umgangen wird. Mit dem Wortlaut ist sie aber nur schwer vereinbar.

c) Der **Anteilsübergang** muss auf **Gesetz** oder auf dem **Gesellschaftsvertrag** beruhen, auch wenn der Gesetzeswortlaut diese Einschränkung nicht deutlich zum Ausdruck bringt.[877] Deshalb fällt die **zugunsten** eines **bestimmten anderen Gesellschafters** oder eines **neu eintretenden Gesellschafters** separat **vereinbarte** Anteilsübertragung/Anteilsreduzierung als **Folge** eines sog. **Unterwertverkaufs nicht** unter § 7 Abs. 7 ErbStG.[878] Der BFH argumentiert, die zur Anteilsübertragung erforderliche Zustimmung der Gesellschafter lasse nicht die Beurteilung zu, sofern es sich nicht um einen „besonders gelagerten Fall" handele (was auch immer hierunter zu verstehen ist!), dass die den Gesellschafterwechsel begründenden Rechtsbeziehungen zwischen Anteilsveräußerer und Anteilserwerber gesellschaftsvertraglicher Art seien oder auf dem Gesellschaftsvertrag i. S. des § 7 Abs. 7 ErbStG beruhen; dies habe auch dann zu gelten, wenn die Zustimmung bereits im Gesellschaftsvertrag erteilt worden ist. Auch ist zu beachten, dass § 7 Abs. 7 ErbStG Lücken schließen soll, die sich bei Vermögensverschiebungen durch Gesetz oder Gesellschaftsvertrag ergeben. Der „Unterwertverkauf" kann als gemischte Schenkung aber bereits von § 7 Abs. 1 Nr. 1 ErbStG erfasst werden. Ließe man § 7 Abs. 7 ErbStG auch zur Anwendung kommen, wenn der Übertragende aufgrund Anteilsverkaufs ausscheidet, damit im Gegensatz zu § 7 Abs. 1 Nr. 1 ErbStG der Wille zur Freigebigkeit nicht erforderlich ist, könnte die Steuerbarkeit auch in Situationen ohne Schenkungscharakter ausgelöst werden.[879] Betrachtet man aber die gleichlautenden Ländererlasse vom 14.03.2012 zu Schenkungen unter Beteiligung von Kapitalgesellschaften,[880] so scheint der Verdacht nicht aus der „Luft gegriffen" zu sein, die Finanzverwaltung gedenke § 7 Abs. 7 ErbStG weit auszulegen, also die Vorschrift auf einen Fall des sog. Unterwertverkaufs zu erstrecken.[881]

---

876 A. A. Klaas, WPg 1991 S. 537; kritisch auch Troll, BB 1990 S. 674; Meincke, § 7 Rdnr. 144 m. w. N.
877 So Moench/Kien-Hümbert/Weinmann, § 7 Rdnr. 249; für eine derartige Beschränkung auch Gebel, § 7 Rdnr. 404, 407; Kapp/Ebeling, § 7 Rdnr. 193; Viskorf/Knobel/Schuck, § 7 Rdnr. 255 ff.
878 Siehe hierzu auch BFH vom 15.11.1989 II R 146/88, BFH/NV 1990 S. 675, und vom 01.07.1992, BStBl 1992 II S. 921.
879 Vgl. Birnbaum (DStR 2011 S. 252) mit dem Beispiel des „Gesellschafters auf Zeit", der im Rahmen eines Managementbeteiligungsprogramms Anteile zu einem niedrigen Preis erwerben darf, aber im Fall seines Ausscheidens die Anteile zum nach derselben Methode ermittelten Wert wieder abgeben muss, der Gesellschafter also bei wirtschaftlicher Betrachtung zum selben Preis ein- wie aussteige, damit keiner seiner Seite eine Bereicherung verbunden sei.
880 Siehe BStBl 2012 I S. 331 – hier: Beispiel unter Tz. 2.4.1.
881 In diesem Sinne Birnbaum (a. a. O.) noch unter Bezug auf Tz. 4.1 der gleichlautenden Ländererlasse vom 20.10.2010, BStBl 2010 I S. 1207.

4.7 Schenkungen unter Lebenden – § 7 ErbStG

3) Ausscheiden gegen nicht vollwertige Abfindung

Der Umfang der Bereicherung ergibt sich nach dem Wortlaut des § 7 Abs. 7 Satz 1 ErbStG aus der Differenz zwischen dem Abfindungsanspruch des Gesellschafters und dem Steuerwert des anteiligen Gesellschaftsanteils. § 7 Abs. 7 ErbStG geht also von der Konzeption aus, nach der der Steuerwert eines Anteils über dem Betrag der hierfür vereinbarten Abfindung liegen kann. Nach der durch das ErbStRG vom 24.12.2008 geänderten Rechtslage mit seiner Heranführung des Steuerwerts an den Verkehrswert des Anteils werden dies vornehmlich Klauseln sein, die die Abfindung statt mit dem vollen Wert des Anteils mit dessen niedrigeren Buchwert verbinden.

Auch wenn § 7 Abs. 7 ErbStG vom Bestehen eines Abfindungsanspruchs ausgeht, erscheint es gerechtfertigt, die Bestimmung auch für den Fall des vertraglichen Ausschlusses jeglichen Abfindungsanspruchs eingreifen zu lassen.[882]

4) Anteilsübergang bei Kapitalgesellschaft

a) § 7 Abs. 7 Satz 1 ErbStG geht offensichtlich davon aus, dass der Anteilsübergang eines Gesellschafters bei dessen Ausscheiden aus einer Kapitalgesellschaft sowohl auf die anderen Gesellschafter als auch auf die Kapitalgesellschaft selbst stattfinden kann. Der Anteilsübergang an die Gesellschaft selbst ist schenkungsteuerrechtlich regelmäßig ungünstiger als der auf die anderen Gesellschafter. Für die Gesellschaft gilt immer Steuerklasse III (§ 15 Abs. 1 ErbStG), eine Progressionsminderung kann – da nur ein Erwerb – nicht stattfinden. Ist im Gesellschaftsvertrag die Abtretung an die anderen Gesellschafter vorgesehen, ergeben sich keine besonderen Probleme.

b) Ist im Gesellschaftsvertrag einer GmbH für den Fall des Ausscheidens die **Einziehung** seines Geschäftsanteils vorgesehen (§ 34 GmbHG) und ist diese mit einer unter dem Steuerwert des Anteils liegenden Abfindung verbunden, konnte sich bis zu der mit dem StEntlG 1999/2000/2002 erfolgten Einfügung des **§ 7 Abs. 7 Satz 2 ErbStG** die Frage stellen, wer als Schenker und wer als Beschenkter zu gelten hat. Die Bestimmung stellt (bei Erwerben ab 05.03.1999) mit Hilfe einer Fiktion klar, dass von einer Schenkung des ausgeschiedenen Gesellschafters an die verbliebenen Gesellschafter, nicht an die Gesellschaft auszugehen ist mit entsprechenden Konsequenzen z. B. für die Steuerklasse „... gilt die insoweit bewirkte Werterhöhung der verbleibenden Gesellschafter als Schenkung des ausgeschiedenen Gesellschafters".

Beispiel:[883]
A und B sind mit Geschäftsanteilen im Betrag von jeweils 50.000 € Gesellschafter einer GmbH. Der Gesellschaftsvertrag lässt die Einziehung der Geschäftsanteile zu.

---

882 Vorschrift hingegen nicht für anwendbar erachtend, soweit schon kraft Gesetzes kein Abfindungsanspruch besteht (vgl. § 21 GmbHG, § 64 AktG): Meincke, § 7 Rdnr. 148.
883 Vgl. gleichlautende Ländererlasse vom 14.03.2012, BStBl 2012 I S. 331, Tz. 2.5.

Die Gesellschafterversammlung beschließt, dass der Anteil des B ohne Abfindung (oder alternativ: gegen eine Abfindung in Höhe des anteiligen Buchwerts des Betriebsvermögens) eingezogen wird. B stimmt der Einziehung zu.
Durch die Einziehung geht der Anteil des B unter; dieser scheidet aus der Gesellschaft aus. Folge der Anteilseinziehung ist, dass das Gesellschaftsvermögen in den nach der Einziehung verbleibenden Geschäftsanteilen verkörpert ist. Deren Wert erhöht sich deshalb, sofern die Abfindung nicht dem gemeinen Wert des auf den eingezogenen Anteil entfallenden Gesellschaftsvermögens entspricht.

5) Erwerb bei Anteilsübertragung i. S. des § 10 Abs. 10 ErbStG

§ 7 Abs. 7 Satz 3 ErbStG beschäftigt sich wie § 10 Abs. 10 ErbStG – beide Vorschriften eingefügt durch das ErbStRG vom 24.12.2008 – mit der Rechtslage, wenn ein unterwertiger Abfindungsanspruch an die Stelle einer Gesellschaftsbeteiligung tritt. Obwohl der Abfindungsberechtigte nach den in § 10 Abs. 10 ErbStG genannten Voraussetzungen – Übergang des Mitgliedschaftsrechts an einer Personengesellschaft bzw. eines GmbH-Geschäftsanteils auf ihn als Gesamtrechtsnachfolger – zunächst eine Gesellschaftsbeteiligung erwirbt, wird ihm nur der niedrigere Abfindungsanspruch zugerechnet. Diese Regelung bedarf einer Ergänzung im Hinblick auf diejenigen, die die Abfindung zu leisten haben und dafür die höherwertige Gesellschaftsbeteiligung erwerben. Ihnen wird die Wertdifferenz zwischen Abfindungsanspruch und Gesellschaftsbeteiligung als steuerpflichtiger Vermögensanfall zugerechnet. Durch die in § 7 Abs. 7 Satz 3 ErbStG angeordnete sinngemäße Anwendung der Sätze 1 und 2 wird eine Besteuerungslücke verhindert. Ebenso wie im Anwendungsbereich des § 7 Abs. 7 Satz 1 ErbStG von der Rechtsprechung vertreten, wird man auch hier das subjektive Merkmal des Bewusstseins der Unentgeltlichkeit nicht zu den Tatbestandsmerkmalen des Satzes 3 rechnen können.

4.7.13 Leistungen an eine Kapitalgesellschaft und Leistungen zwischen Kapitalgesellschaften

§ 7 Abs. 8 Satz 1 ErbStG fingiert als Schenkung auch die Werterhöhung von Anteilen an einer Kapitalgesellschaft, die eine an der Gesellschaft unmittelbar oder mittelbar beteiligte Person durch die Leistung einer anderen Person an die Gesellschaft erlangt. § 7 Abs. 8 **Satz 2** ErbStG befasst sich mit der Freigebigkeit von Vermögensverschiebungen zwischen Kapitalgesellschaften, soweit sie nicht betrieblich veranlasst und soweit an diesen Gesellschaften nicht unmittelbar oder mittelbar dieselben Gesellschafter zu gleichen Anteilen beteiligt sind. Da auch bei Genossenschaften Vermögensverschiebungen zwischen den Genossenschaftsmitgliedern möglich sind, regelt § 7 Abs. 8 **Satz 3** ErbStG insoweit die Anwendbarkeit der Sätze 1 und 2.

4.7 Schenkungen unter Lebenden – § 7 ErbStG

4.7.13.1 Leistungen an eine Kapitalgesellschaft

1) Entstehungsgeschichte der Schenkungsfiktion

Hintergrund der mit dem BeitrRLUmsG vom 07.12.2011 eingeführten, in einer in bestimmter Weise bewirkten Werterhöhung von Kapitalgesellschaftsanteilen eine Schenkung sehenden Regelung – § 7 Abs. 8 Satz 1 ErbStG anzuwenden gem. § 37 Abs. 7 Satz 1 ErbStG auf Erwerbe mit einem Steuerentstehungszeitpunkt nach dem 13.12.2011 – ist die Rechtsprechung des BFH[884] zur **disquotalen Einlage,** sei diese offen oder verdeckt erfolgt.

Beispiel 1:
An einer GmbH hält V einen 60 %igen Geschäftsanteil und sein Sohn einen Geschäftsanteil i. H. von 40 %. S hatte seine Beteiligung bereits vor einigen Jahren von V im Wege vorweggenommener Erbfolge erworben (Fall von § 7 Abs. 1 Nr. 1 ErbStG). Die GmbH benötigt Kapital, um eine größere Investition zu tätigen. Deshalb zahlt V 500.000 € in die Kapitalrücklage ein. Vater und Sohn sind sich einig, dass S keine der Höhe seines Geschäftsanteils entsprechende Zahlung an die Gesellschaft zu leisten braucht.[885]

Keine Änderung des schenkungsteuerrechtlichen Ergebnisses ergebe sich, wenn V statt mittels offener Einlage der Gesellschaft das erforderliche Kapital – verdeckt – z. B. dergestalt zuführen würde, dass er von dieser ein Grundstück mit einem Verkehrswert von X € zu einem erheblich darüber liegenden Kaufpreis erwirbt.

Beispiel 2:
An der GmbH 1 mit einem Stammkapital von 300.000 € waren u. a. die F mit einem Anteil von 75.000 € und ihr Ehemann beteiligt. Zur Übernahme neuer Stammeinlagen i. H. von jeweils 50.000 € zwecks Erreichung der beschlossenen Erhöhung des Stammkapitals um 100.000 € wurden der M und ein weiterer Gesellschafter zugelassen. Die Stammeinlagen wurden durch Einbringung der Geschäftsanteile an der GmbH 2 erbracht, an der diese beiden Gesellschafter hälftig beteiligt waren. Als Folge der Einbringung erhöhte sich der Wert der Beteiligungen an der GmbH 1 um 500 € je 100 € des Stammkapitals, also der Wert der Beteiligung der F um 375.000 € (Sachverhalt nach BFH vom 09.12.2009, a. a. O.).

Zur Klärung, zwischen welchen Personen ein – möglicherweise schenkungsteuerrechtlich relevantes – Zuwendungsverhältnis bestehe, ließen sich folgende Gesichtspunkte heranziehen: Unmittelbar ist eine Zuwendung nur zwischen V und der GmbH (im 1. Beispiel) bzw. zwischen M sowie dem anderen Gesellschafter der GmbH 2 und GmbH 1 (im 2. Beispiel) erfolgt.

Als Folge der Veränderung des Betriebsvermögens der GmbH durch die Einlagen der Gesellschafter ist es zu einer Werterhöhung des Geschäftsanteils des Mit-Gesellschafters (S in Beispiel 1 und F in Beispiel 2) gekommen; Werterhöhung des Geschäftsanteils gewissermaßen als „Reflexwirkung" der Veränderung des Gesellschaftsvermögens. Diese kann beabsichtigt sein, um dem anderen Gesellschafter auf diesem Wege einen Vorteil zukommen zu lassen (zumindest im 1. Beispiel naheliegend). Sie kann aber auch nur notgedrungen in Kauf genommen worden sein, etwa bei Leistungen zu Sanierungszwecken, die nur ein Gesellschafter finanziell erbringen kann.

---
884 Siehe insbesondere Urteil vom 09.12.2009, BStBl 2010 II S. 566.
885 Zu vergleichbarem Sachverhalt siehe die gleichlautenden Ländererlasse vom 14.03.2012, BStBl 2012 I S. 331, Tz. 3.1.

4 Steuerpflicht

a) Während die Verwaltung früher[886] in der Leistung eines Gesellschafters an eine Kapitalgesellschaft die Möglichkeit einer freigebigen Zuwendung an den/die anderen Gesellschafter sah, wenn der Leistende mit seiner Zuwendung das Ziel verfolgte, diese(n) durch die Werterhöhung der Gesellschaftsrechte unentgeltlich zu bereichern, wobei für die Annahme eines solchen Beweggrundes erforderlich sein sollte, dass er mit seiner Leistung nicht nur die Förderung des Gesellschaftszwecks beabsichtigt hatte – bei Angehörigen- oder ähnlichen Näheverhältnissen zu vermuten –, verneinte die **Rechtsprechung** im Fall der **disquotalen Einlage** eine **Schenkung zwischen** den **Gesellschaftern.** Als Empfänger der Zuwendung wurde – anders als bei Personengesellschaften mit ihrem gesamthänderisch gebundenen Vermögen, die man als „schenkungsteuerrechtlich transparent" bezeichnen kann – die Kapitalgesellschaft selbst angesehen.[887] Argumentiert wurde, dass es für die Frage, wer an einer freigebigen Zuwendung i. S. des § 7 Abs. 1 Nr. 1 ErbStG beteiligt ist, nicht darauf ankomme, wem nach wirtschaftlicher Betrachtungsweise Vermögen zuzurechnen ist;[888] einer freigebigen Zuwendung des einbringenden Gesellschafters an den/die anderen Gesellschafter stehe vielmehr die rechtliche Selbständigkeit des Vermögens der Kapitalgesellschaft entgegen. Auch wenn sich die Werterhöhung des Gesellschaftsvermögens in einer Erhöhung des Werts der Gesellschaftsanteile widerspiegele, seien die Mit-Gesellschafter insoweit nicht „auf Kosten des Zuwendenden" bereichert, wie es § 7 Abs. 1 Nr. 1 ErbStG erfordere. Rechtsgrund der Bereicherung der Gesellschafter sei allein ihre im Geschäftsanteil verkörperte Mitgliedschaft, die ihnen die Teilhabe am Gesellschaftsvermögen vermittelt. Im Ergebnis interpretierte der BFH das Tatbestandsmerkmal des § 7 Abs. 1 Nr. 1 ErbStG im Sinne eines **strengen Unmittelbarkeitserfordernisses,** verlangt wird hiernach für eine freigebige Zuwendung eine **substanzielle Vermögensverschiebung.**

Diese Sichtweise, der sich dann auch die Verwaltung mit den gleichlautenden Ländererlassen vom 20.10.2010[889] anschloss – vermutlich weniger aus Überzeugung als eher der Einsicht folgend, die vorbezeichnete Rechtsprechungslinie zu § 7 Abs. 1 Nr. 1 ErbStG als unverrückbar ansehen zu müssen – hatte zur Folge, dass die Zahlung des V (Beispiel 1) bzw. die Einbringung der Anteile an der GmbH 2 in die GmbH 1 (Beispiel 2) keine freigebige Zuwendung des V an den Mitgesellschafter S bzw. der die Geschäftsanteile einbringenden Gesellschafter an die F darstellte.

---

886 Vgl. die im Oktober 2010 aufgehobene R 18 Abs. 3 ErbStR 2003.
887 Vgl. BFH vom 09.12.2009, a. a. O.; siehe auch BFH vom 25.10.1995, BStBl 1996 II S. 160, und vom 19.06.1996, BStBl 1996 II S. 616 mit Anmerkung Klein-Blenkers in DStR 1996 S. 1563.
888 Vgl. insoweit auch BFH vom 07.11.2007, BStBl 2008 II S. 258 den umgekehrten Fall der Zahlung überhöhter Vergütung an eine einem Gesellschafter nahestehende Person betreffend: „Die wirtschaftliche Betrachtungsweise ist auf Steuerarten, welche an bürgerlich-rechtliche Vorgänge anknüpfen, nicht oder zumindest nur nach Sachlage des Einzelfalls anwendbar. Für eine freigebige Zuwendung unter Lebenden kommt es ausschließlich auf die Zivilrechtslage an."
889 Vgl. BStBl 2010 I S. 1207, Tz. 1.1 und 1.3.

4.7 Schenkungen unter Lebenden – § 7 ErbStG

b) Die disquotale, zur Erhöhung des Werts der Gesellschaft führende Einlage (im Beispiel 1 die Zahlung des V in die Kapitalrücklage) stellt sich zwar im **Verhältnis des Gesellschafters zur Gesellschaft** als **substanzielle Vermögensverschiebung** dar, löst aber ebenfalls insoweit keine Schenkungsteuer aus, auch wenn die durch die Zuwendung an die Gesellschaft als mittelbare Folge bewirkte Erhöhung des Werts der Geschäftsanteile die Bereicherung der Kapitalgesellschaft nicht aufhebt oder mindert. Die Annahme einer **schenkungsteuerbaren Zuwendung** ist **ausgeschlossen**, wenn die zu beurteilende Leistung in einem rechtlichen **Zusammenhang** mit einem **Gemeinschaftszweck** steht.[890] Als Gemeinschaftszweck ist insbesondere der gesellschaftsvertraglich bestimmte Zweck einer Kapitalgesellschaft zu verstehen, zu dessen Erreichung sich die Gesellschafter zusammengeschlossen haben (Zuwendung eines Gesellschafters zwecks Erhöhung des Vermögens der Kapitalgesellschaft dient Gesellschaftszweck und hat Rechtsgrund in allgemeiner mitgliedschaftsrechtlicher Zweckförderungspflicht). Für die Beurteilung, dass eine Vermögensübertragung von einem Gesellschafter auf die Kapitalgesellschaft nicht als freigebige Zuwendung an diese zu qualifizieren ist,[891] ist es ohne Bedeutung, ob der Gesellschaftszweck auf Gewinnerzielung gerichtet ist oder ob die Gesellschaft gemeinnützige Zwecke verfolgt.

Nicht im Widerspruch hierzu steht die Beurteilung des BFH[892] in den Fällen der Neugründung einer Kapitalgesellschaft – Annahme einer Schenkung, wenn einer der Gesellschafter seine Stammeinlage erbringt, ohne dafür eine gleichwertige Beteiligung zu erhalten –, denn anders als im Fall der reinen Werterhöhung bereits bestehender Anteile findet hier eine substanzielle Vermögensverschiebung statt; Frage, ob Schenkungsteuer gem. § 7 Abs. 1 Nr. 1 ErbStG ausgelöst wird, also durch die zeitliche Abfolge bestimmt.

Auch steht die eine Steuerbarkeit im Verhältnis des Gesellschafters zur Gesellschaft verneinende Ansicht nicht im Widerspruch zur steuerlichen Behandlung von „außerordentlichen", d. h. nicht satzungsmäßig oder allen Mitgliedern durch entsprechenden Beschluss auferlegten Beiträgen an einen Verein, der einer satzungsmäßigen

---

[890] Ständige Rechtsprechung; siehe BFH vom 01.07.1992, BStBl 1992 II S. 921, vom 24.08.2005 II R 28/02, BFH/NV 2006 S. 63, vom 19.06.1996, BStBl 1996 II S. 616, vom 15.03.2007, BStBl 2007 II S. 472 mit Anmerkung Viskorf in DStR 2007 S. 799; vom 17.10.2007, BStBl 2008 II S. 381 mit Anmerkung Crezelius in DStR 2008 S. 146; vgl. auch Moench/Kien-Hümbert/Weinmann, § 7 Rdnr. 176; Troll/Gebel/Jülicher, § 7 Rdnr. 182; Meincke, § 7 Rdnr. 72 ff.

[891] Vgl. auch BFH vom 17.04.1996, BStBl 1996 II S. 454: „Rechtlicher Zusammenhang zwischen Zuwendung und dem Gesellschafter verbindenden Zweck nur ausnahmsweise zu verneinen, z. B. wenn Gesellschafterleistung einer Vermächtnisanordnung dient, was zu einem Erwerb der Gesellschaft von Todes wegen führt"; siehe ferner BFH vom 17.10.2007, BStBl 2008 II S. 381 mit Verweis auf die gesamte Erbschaftsteuer-Kommentar-Literatur und dem Hinweis, dass es an einer freigebigen Zuwendung auch dann fehlt, wenn keine „Gemeinschaft" vorliegt, sondern die Gesellschaft nur einen Gesellschafter hat und dieser Vermögen auf die Gesellschaft überträgt; zur Verneinung einer Schenkung i. S. des § 7 Abs. 1 Nr. 1 ErbStG bei verdeckter Einlage eines Alleingesellschafters siehe bereits OFD München vom 30.07.1996, KÖSDI 1997 S. 10990.

[892] Vgl. Urteil vom 12.07.2005, BStBl 2005 II S. 845.

4 Steuerpflicht

Vermögensbindung unterliegt. Im Gegensatz zu Kapitalgesellschaften, bei denen die Gesellschafter Anspruch auf die laufenden Gewinne und auf die anteilige Zuweisung des Vermögens im Rahmen der Liquidation haben, kann mit einer „außerordentlichen" Zuwendung an einen solchen Verein nicht die Hoffnung auf eine mittelbare Verbesserung der durch das Mitgliedschaftsverhältnis vermittelten eigenen Vermögenslage verbunden sein; es findet wirtschaftlich ein endgültiger Wertetransfer des leistenden Mitglieds an den Verein statt.[893]

c) Als Folge der zuvor dargestellten, nicht auf eine wirtschaftliche Betrachtungsweise abstellenden Auffassung konnte demnach die **finanzielle Leistungsfähigkeit eines Gesellschafters gestärkt** werden, ohne dass Schenkungsteuer anfiel. Denn die im Fall der disquotalen Einlage bewirkte Erhöhung des Anteils eines Mitgesellschafters – häufig ein naher Angehöriger – kann diesem wirtschaftlich durch Ausschüttungen, Beteiligungsveräußerung etc. in vergleichbarer Weise zugutekommen als wenn ihm dieser Wert unmittelbar – anstelle der Einlage in die GmbH – zugewandt worden wäre.

Zwar wurde bei einer offenen oder verdeckten **Ausschüttung** in **zeitlichem Zusammenhang** mit einer **Einlage** davon ausgegangen, dass regelmäßig der an die anderen Gesellschafter ausgeschüttete Betrag Gegenstand einer Zuwendung des Einlegenden an diese im Sinne einer Weiterleitung des eingelegten Vermögens an den jeweiligen Beschenkten und damit eine steuerbare Zuwendung i. S. des § 7 Abs. 1 Nr. 1 ErbStG ist.[894]

Von dieser – auch mit Hilfe von § 42 AO in den Griff zu bekommenden, aber wegen des erforderlichen zeitlichen Zusammenhangs für die Steuerpflichtigen regelmäßig vermeidbaren – Ausnahmesituation abgesehen, ermöglichte es die Auffassung, wonach die Werterhöhung der Beteiligungsrechte von anderen Gesellschaftern keine steuerbare Zuwendung an diese darstellen sollte und auch die im zivilrechtlichen Sinne eingetretene Bereicherung der Kapitalgesellschaft mangels Unentgeltlichkeit keine Schenkungsteuer gem. § 7 Abs. 1 Nr. 1 ErbStG auslöst, erbschaft- und schenkungsteuerfrei Vermögen an die nächste Generation zu transferieren.[895]

Beispiel:
Im Rahmen einer vorweggenommenen Erbfolge beteiligten sich der Unternehmer U zu 1 % und seine Kinder mit insgesamt 99 % an einer neu zu gründenden GmbH. Nach Errichtung der Gesellschaft bringt U im Wege einer disquotalen Einlage erhebliche Vermögenswerte in die GmbH ein.

---

893 Vgl. zu Zahlungen an einen Fußballverein BFH vom 15.03.2007, BStBl 2007 II S. 472 mit dem Hinweis, auch § 18 ErbStG spreche für den gesetzgeberischen Willen, Beiträge an Vereine, die nicht nur die Förderung ihrer Mitglieder zum Zweck haben, als schenkungsteuerbar zu behandeln; siehe auch BFH vom 09.06.2007, BStBl 2008 II S. 46.
894 Vgl. bereits Tz. 1.1 der gleichlautenden Ländererlasse vom 20.10.2010, a. a. O., mit Verweis auf BFH vom 19.06.1996, BStBl 1996 II S. 616).
895 Siehe z. B. Milatz/Herbst, ZEV 2012 S. 21: „Gestaltungspraxis verfügte bis vor kurzem über ein höchst interessantes Modell für die steuerbegünstigte Übertragung von Vermögen."

4.7 Schenkungen unter Lebenden – § 7 ErbStG

Diese Einlage stellte entsprechend der unter a) und b) dargestellten Rechtslage weder eine Schenkung an die Gesellschaft noch an die Kinder des U dar. Die damit im Regelfall nicht mehr zur Schenkungsteuerbarkeit führende disquotale Einlage musste den Gesetzgeber zum Handeln veranlassen. Regelungsziel des § 7 Abs. 8 Satz 1 ErbStG ist es, Besteuerungslücken als Folge des Erfordernisses der substanziellen Vermögensverschiebung für die Anwendbarkeit von § 7 Abs. 1 Nr. 1 ErbStG zu schließen.[896]

Dass die Vorschrift des § 7 Abs. 8 Satz 1 ErbStG in der Literatur, insbesondere von Strategien der Steuervermeidung konzipierenden Angehörigen der steuerberatenden Berufe, aber auch in der Steuerrechtswissenschaft Kritik hervorrufen würde, konnte nicht erstaunen. Eingewandt wird u. a. Folgendes:[897] Zwar sei das Regelungsziel nachvollziehbar; die Vorschrift „schieße" jedoch aus Sorge, auch alle bestehenden Besteuerungslücken zu schließen, über das Ziel hinaus. § 7 Abs. 8 Satz 1 ErbStG erfasse jeden Fall der Werterhöhung aufgrund einer disquotalen Einlage, greife also auch dann ein, wenn es sich bei den beteiligten Gesellschaftern um fremde Dritte handelt – Werterhöhung von Anteilen der (Mit-)Gesellschafter nicht beabsichtigte Nebenfolge –. Mag der Gesetzgeber auch Fallkonstellationen „vor Augen gehabt" haben, in denen der disquotal einlegende Gesellschafter und der wirtschaftlich bereicherte Mitgesellschafter in einem Näheverhältnis stehen, so lasse der Wortlaut eine Eingrenzung nicht erkennen.[898] Im Ergebnis wird man der Auffassung von van Lishaut/Ebber/Schmitz (a. a. O.) zustimmen können, dass unter fremden Dritten grundsätzlich keine Leistungen erbracht werden, die auf eine Bereicherung des Mitgesellschafters abzielen, dass auch in Sanierungskonstellationen ein Kapitalgesellschafter unter fremdüblichen Bedingungen grundsätzlich keine einseitigen Sanierungsleistungen erbringen wird.[899]

---

896 Deshalb auch von Korezkij, DStR 2012 S. 163 als „Nichtanwendungsgesetz in Bezug auf das BFH-Urteil vom 09.12.2009" bezeichnet.

897 Vgl. Milatz/Herbst, a. a. O.; Crezelius, Ubg 2012 S. 190; Fischer, ZEV 2012 S. 77; Potsch/Urbach, KÖSDI 2012 S. 17747; Riedel, NZI 2011 S. 577; sich ebenfalls ausführlich mit der Regelung des § 7 Abs. 8 ErbStG befassend z. B. Wilferth, ErbStg 2011 S. 254; Binnewies, GmbHR 2011 S. 1022; Schulte/Sedemund, BB 2011 S. 2080; Höne, UVR 2012 S. 10; van Lishaut/Ebber/Schmitz, Ubg 2012 S. 1; Hartmann, ErbStB 2012 S. 84; Karrenbrock, SteuStud 2012 S. 289; Horst, StBW 2012 S. 369.

898 Vgl. in diesem Zusammenhang van Lishaut/Ebber/Schmitz, a. a. O., die dem Argument, zur Erfassung von Sachverhalten, in denen keine Verhältnisse wie unter fremden Dritten gegeben sind, hätte es keines entsprechenden Tatbestandes bedurft, es würde hier der Anwendung von § 42 AO naheliegen, entgegenhalten, dass ein disquotal Einlegender vielfach wirtschaftliche Gründe werde anführen können, um die Rücklagendotierung zu rechtfertigen.

899 Siehe insoweit aber Crezelius, a. a. O., der meint, die gesellschaftsvertragliche Praxis zeige, dass auch unter fremden Dritten zur Gewährleistung der Liquidität nicht beteiligungskongruente Einlagen vorkämen, für diese die Einlage kein Instrument zur Steuerumgehung darstellende Situation den Weg der sog. schuldrechtlich gebundenen Kapitalrücklage als Gestaltungsmöglichkeit vorschlägt – Vereinbarung, dass bei Auflösung der Rücklage der Betrag an den Gesellschafter ausgekehrt wird, der sie erbracht hat, sodass mangels Werterhöhung in der Beteiligung des Mitgesellschafters § 7 Abs. 8 Satz 1 ErbStG vom Wortlaut nicht einschlägig sei.

Anmerken lässt sich aber, dass bei der Zuwendung eines Personengesellschafters in das Gesamthandsvermögen ebenfalls von der h. M. kein Erwerb der Gesamthandsgemeinschaft als solcher angenommen wird, Erwerber und Steuerschuldner vielmehr die einzelnen Gesellschafter sind, es deshalb einer **rechtsformneutralen Besteuerung** entspricht, dass aufgrund der eine Schenkung fingierenden Regelung auch im Bereich der Kapitalgesellschaften ein Schenkungsteuertatbestand anzunehmen ist.[900]

2) Tatbestandliche Voraussetzungen der Schenkungsfiktion

Steuerauslösendes Ereignis ist die **Leistung** einer **Person** an eine **Kapitalgesellschaft**, wenn sich hierdurch der **Anteilswert** einer **anderen** an der **Gesellschaft beteiligten Person** oder **Stiftung erhöht**.

a) Leistung an die Kapitalgesellschaft

Leistungen i. S. des § 7 Abs. 8 Satz 1 ErbStG sind insbesondere – also nicht abschließend – **Sacheinlagen** und **Nutzungseinlagen**.[901] Dass der Gesetzestext nicht den Begriff der Einlage verwendet, hat seinen Grund nicht nur in dem Umstand, dass auch Leistungen von Nichtgesellschaftern erfasst werden sollen. Für § 7 Abs. 8 Satz 1 ErbStG soll es nicht entscheidend darauf ankommen, ob dem Gesellschaftsvermögen ein einlagefähiges Wirtschaftsgut zugeführt wird. Als Leistung im Sinne dieser Vorschrift kommen demnach auch die unentgeltliche Überlassung von Wirtschaftsgütern oder die Gewährung unverzinslicher Darlehen in Betracht.[902]

Da nur Leistungen zur Steuerbarkeit führen, die eine Werterhöhung von Kapitalgesellschaftsanteilen anderer an der Gesellschaft beteiligten natürlichen Personen/ Stiftungen bewirken, greift § 7 Abs. 8 Satz 1 ErbStG nicht ein,[903]

- sofern auch die anderen Gesellschafter in zeitlichem und sachlichem Zusammenhang Leistungen an die Gesellschaft erbringen, die insgesamt zu einer den Beteiligungsverhältnissen entsprechenden Werterhöhung der Anteile aller Gesellschafter führen,

Beispiel:
Vater und Sohn sind hälftig an der V&S-GmbH beteiligt und haben bei Gründung der Gesellschaft jeweils 50.000 € eingezahlt. Legt nun später V weitere 200.000 € in die Gesellschaft ein, erhöht sich der Wert der Beteiligung des S von 50.000 € auf 1/2 × (50.000 € + 50.000 € + 200.000 €) = 150.000 € mit der Konsequenz des Vorliegens einer steuerbaren Schenkung des Einlegenden an seinen Sohn.

---

900 In diesem Sinne van Lishaut/Ebber/Schmitz, a. a. O.
901 Vgl. die gleichlautenden Ländererlasse vom 14.03.2012, BStBl 2012 I S. 331, Tz. 3.3.1.
902 Siehe Potsch/Urbach, KÖSDI 2012 S. 17747; van Lishaut/Ebber/Schmitz, Ubg 2012 S. 1; a. A. Korezkij, DStR 2012 S. 163, der unter Hinweis auf die zwischen Nutzungen und Leistungen unterscheidende Vorschrift des § 23 ErbStG den Leistungsbegriff einschränken will; siehe hierzu auch Fischer, ZEV 2012 S. 77.
903 Vgl. hierzu die gleichlautenden Ländererlasse vom 14.03.2012, a. a. O., Tz. 3.3.2 ff.

4.7 Schenkungen unter Lebenden – § 7 ErbStG

Leistet aber auch der S eine Einlage von 200.000 € in die V&S-GmbH, erhöht sich der Wert der Gesellschaft auf (50.000 € + 50.000 € + 200.000 € + 200.000 € =) 500.000 €, der Wert der Anteile des S auf 250.000 €. Diese Wertsteigerung ist hier durch eigene Einlagen erzielt – Umschichtung im Vermögen des S (entsprechende Minderung des eigenen, übrigen Vermögens) –, beruht also insoweit nicht auf einer nach § 7 Abs. 8 Satz 1 ErbStG steuerbaren Leistung des V.

Erfolgt die ein angemessenes Äquivalent für die Werterhöhung der Anteile darstellende Gegenleistung an die Gesellschaft, ist die Sacheinlagefähigkeit nach den Grundsätzen des Kapitalaufbringungsrechts nicht von Bedeutung, entscheidend ist schenkungsteuerrechtlich, dass diese in Geld veranschlagt werden kann (§ 7 Abs. 3 ErbStG). Für die Beurteilung der Ausgewogenheit der Gesellschafterbeiträge sind die Erkenntnismöglichkeiten und Wertvorstellungen der Gesellschafter in dem Zeitpunkt maßgebend, in dem die Leistung bewirkt wird. Die Ausgewogenheit ist aber regelmäßig nicht zu belegen bei einem offensichtlichen Missverhältnis zwischen den Leistungen – laut Tz. 3.4.3 der gleichlautenden Ländererlasse vom 14.03.2012 allgemein bei einer Wertdifferenz von mindestens 20 % der Fall –.

- sofern die durch die Leistung an die Gesellschaft ausgelöste Anteilswerterhöhung durch Leistungen der Gesellschafter untereinander ausgeglichen wird,

  Beispiel:
  An einer GmbH sind A und B zu gleichen Geschäftsanteilen beteiligt. A zahlt einen Betrag von X € in die Kapitalrücklage ein, wodurch sich der Wert des Anteils des B erhöht. Dieser veräußert im Gegenzug dem A ein Grundstück zu einem reduzierten Kaufpreis – Differenz zum Verkehrswert des Grundstücks entspricht Steigerung des Werts des Anteils des B an der GmbH –.

- soweit der Leistende als Gegenleistung zusätzliche Rechte in der Gesellschaft erlangt, z. B. zusätzliche Anteile an der Gesellschaft oder eine von den Geschäftsanteilen abweichende Verteilung des Vermögens bei späterer Liquidation.

Kein steuerbarer Vorgang i. S. des § 7 Abs. 8 Satz 1 ErbStG ist ferner bei einem Forderungsverzicht eines Gesellschafters unter Besserungsvorbehalt gegeben – anders bei Verzicht auf eine werthaltige Forderung –. Zwar bessert dieser auflösend bedingte Verzicht die Vermögens- und Ertragslage der Gesellschaft zumindest vorübergehend, seiner Zwecksetzung nach auch auf Dauer, bewirkt also eine Werterhöhung der Anteile sowohl des Verzichtenden als auch der Mitgesellschafter. Weil aber der Gläubiger einer wertlosen Forderung nichts aus seinem Vermögen hergibt, mangelt es an einer Vermögensverschiebung von dem Verzichtenden auf die Mitgesellschafter.[904] Gegenteiliges anzunehmen würde den Normzweck des § 7 Abs. 8 Satz 1 ErbStG unterlaufen. Es wird ein Zuwendungsverhältnis zwischen Personen fingiert, zwischen denen es nicht unmittelbar zu einer substanziellen Verschiebung von Vermögen gekommen ist. Es soll jedoch nicht ein Vorgang der Schenkungsteuer unterworfen werden, der auf der einen Seite nicht zu einer Vermögensminderung geführt hat; der Verzicht auf eine wertlose Forderung „macht den Verzichtenden nicht ärmer" – keine Entreicherung.

---

904 Vgl. hierzu die gleichlautenden Ländererlasse vom 14.03.2012, a. a. O., Tz. 3.3.7.

b) Zuwendender und Bedachter

aa) Als **Bedachte** (= Zuwendungsempfänger) und damit letztendlich Begünstigte, deren Anteilswerterhöhungen besteuert werden, kommen nur **natürliche Personen** oder **Stiftungen** in Betracht, wobei es ausreicht, wenn diese mittelbar an der Kapitalgesellschaft, an die die Leistung erfolgt, beteiligt sind. Eine bestimmte Beteiligungshöhe wird nicht gefordert. Bei mittelbarer Beteiligung kann eine andere Kapitalgesellschaft, aber auch eine Personengesellschaft zwischengeschaltet sein.[905]

bb) Der an die Gesellschaft **Leistende** (= Zuwendender) kann eine **natürliche Person** oder eine **juristische Person**, also z. B. auch eine Kapitalgesellschaft sein. § 7 Abs. 8 Satz 1 ErbStG spricht insoweit, ohne dies einzuschränken, nur von „Person", so dass die Vorschrift auch einschlägig sein kann, wenn z. B die GmbH 1 an die GmbH 2 eine Leistung erbringt, als deren Folge es zur Werterhöhung der Anteile von den an der GmbH 2 unmittelbar oder mittelbar beteiligten natürlichen Personen kommt – siehe hierzu aber § 7 Abs. 8 Satz 2 ErbStG. Bei der Person des Zuwendenden kann es sich auch um eine Tochtergesellschaft der bereicherten Kapitalgesellschaft handeln. Leistungen einer Personengesellschaft sind den hinter der Gesellschaft stehenden Gesellschaftern, regelmäßig natürlichen Personen, zuzurechnen.

Da das Gesetz an die Person des Zuwendenden keine besonderen Anforderungen stellt, insbesondere nicht voraussetzt, dass der Leistende selbst Gesellschafter ist, können auch **Leistungen gesellschaftsfremder Dritter** an die **Kapitalgesellschaft** – ebenfalls häufig bei einem Verwandtschafts- oder vergleichbarem Näheverhältnis zu dem/den Gesellschafter(n) der Fall – den Tatbestand des § 7 Abs. 8 Satz 1 ErbStG erfüllen.[906]

Beispiel:
Die V&S-GmbH ist bedingt durch die Insolvenz eines wichtigen Kunden in Zahlungsschwierigkeiten geraten. Die zu gleichen Anteilen an der Gesellschaft beteiligten Gesellschafter ersuchen die F (Ehefrau von V und Mutter von S), die aufgrund einer Erbschaft über erhebliches Vermögen verfügt, um Kapitalhilfe. Diese überweist daraufhin der GmbH das benötigte Geld, ohne hierfür eine Gesellschaftsbeteiligung zu erhalten und ohne dass es sich um ein Darlehensverhältnis handelt.

Dass ein fremder, nicht in einem entsprechendem Verhältnis zu dem/den Gesellschafter(n) stehender Dritter der Gesellschaft eine Leistung zukommen lässt, damit das Gesellschaftsvermögen und als „Reflexwirkung" der Wert der Gesellschaftsanteile erhöht wird, dürfte, vom Fall des die Anwendbarkeit von § 7 Abs. 8 Satz 1 ErbStG

---

905 Zur Frage, auf wen abzustellen ist, wenn eine natürliche Person mittelbar über eine andere natürliche Person als Treuhänder beteiligt ist, siehe Potsch/Urbach, KÖSDI 2012 S. 17747: „Treugeber im Hinblick auf die Absicht des Gesetzgebers, die zivilrechtliche Betrachtungsweise zugunsten einer wirtschaftlichen zurückzudrängen, als Bedachter anzusehen."
906 Vgl. die gleichlautenden Ländererlasse vom 14.03.2012, a. a. O., Tz. 3.2.

4.7 Schenkungen unter Lebenden – § 7 ErbStG

ohnehin nicht begründenden Verzichts auf eine schon als wertlos einzustufende Forderung abgesehen, eine Ausnahmekonstellation darstellen.[907]

c) Verhältnis zu § 7 Abs. 1 Nr. 1 ErbStG und Freigebigkeitswille

In der gegenleistungslosen Leistung eines Dritten an eine Kapitalgesellschaft – im Beispiel zuvor: Zahlung der F – konnte schon vor der Erweiterung des § 7 ErbStG um den Absatz 8 durch das BeitrRLUmsG vom 07.12.2011 ein steuerbarer Vorgang gesehen werden, und zwar freigebige Zuwendung gem. Abs. 1 Nr. 1 im Verhältnis des Leistenden zu der Gesellschaft – hier: F zur V&S-GmbH – mit der Konsequenz der Versteuerung nach der Steuerklasse III.[908] Anders als im Fall der disquotalen Einlage eines Gesellschafters kommt bei der Leistung eines gesellschaftsfremden Dritten eine Vermögenszuführung societatis causa zur Förderung des Gesellschaftszwecks nicht in Betracht.[909] Dass die Annahme einer (mittelbaren) freigebigen Zuwendung i. S. des § 7 Abs. 1 Nr. 1 ErbStG an die Gesellschafter abgelehnt wurde, ist darin begründet, dass diese nicht „auf Kosten" des Zuwendenden bereichert seien, weil die mit der Zuwendung einhergehende Erhöhung des Werts der Geschäftsanteile ihren Rechtsgrund allein in der im Geschäftsanteil verkörperten Mitgliedschaft in der Gesellschaft habe, die Eigenständigkeit des Gesellschaftsvermögens auch hier die für § 7 Abs. 1 Nr. 1 ErbStG erforderliche substanzielle Vermögensverschiebung ausschließe.

Da seit dem Inkrafttreten des BeitrRLUmsG Leistungen gesellschaftsfremder Dritter den Tatbestand des § 7 Abs. 8 Satz 1 ErbStG erfüllen können, ist das Verhältnis von § 7 Abs. 1 Nr. 1 ErbStG zu dieser Vorschrift, also die Frage zu klären, ob eine „fiktive Schenkung" zu dem/den Gesellschafter(n) auch dann vorliegen kann, wenn sich der Vorgang bereits als Schenkung an die Kapitalgesellschaft selbst erweist. Eine „Doppelbesteuerung" (im Beispielsfall Steuerpflicht der V&S-GmbH als tatsächliche Empfängerin der Zuwendung nach § 7 Abs. 1 Nr. 1 ErbStG und von V und S als durch die Leistung fiktiv Beschenkte nach § 7 Abs. 8 Satz 1 ErbStG) kann nicht in Erwägung gezogen werden. Die zweifache Besteuerung derselben Zuwendung widerspricht dem Zweck des § 7 Abs. 8 Satz 1 ErbStG, der lediglich die ein-

---

907 Siehe hierzu Korezkij, DStR 2012 S. 163; Fischer, ZEV 2012 S. 77, wonach Zuwendender auch eine Bank sein kann, die der Kapitalgesellschaft ein Darlehen erlässt – wohl nicht, wenn Rückzahlung gesichert wäre –.
908 Vgl. hierzu die gleichlautenden Ländererlasse vom 20.10.2010, Tz. 1.6 mit Verweis auf BFH vom 07.11.2007, BStBl 2008 II S. 258; siehe in diesem Zusammenhang auch FG Nürnberg vom 29.07.2010, EFG 2011 S. 361, wonach der Umstand, dass die Zuwendung bereits als Betriebseinnahme der KSt unterworfen wurde, der Schenkungsteuerpflicht der Zuwendung nicht entgegenstehe – Entscheidung behandelt den ungewöhnlichen Fall der Zuwendung eines Dritten mit der ausdrücklichen Bestimmung der Unterstützung des (nicht gemeinnützigen) Gesellschaftszwecks –.
909 Eine Schenkung an die Gesellschaft aber verneinend Binnewies, GmbHR 2011 S. 1022 mit dem Argument, die Zuwendung könne schenkungsteuerlich nicht als nicht betrieblich veranlasst angesehen werden, wenn ertragsteuerlich von einer betrieblichen Veranlassung ausgegangen wird.

gangs dargestellte Besteuerungslücke schließen sollte.[910] Legt man die Gesetzesbegründung[911] zugrunde, in der es heißt, „Satz 1 erfasst als lex specialis auch Fälle, in denen der Zuwendende nicht Gesellschafter der Kapitalgesellschaft ist und seine Zuwendung nicht auf eine originäre Bereicherung der Kapitalgesellschaft, sondern auf eine mittelbare Bereicherung der Gesellschafter abzielt", kommt es auf die Zielrichtung des Leistenden an. Steht dieser zu dem/den Gesellschafter(n) in einem verwandtschaftlichen oder vergleichbar gelagertem Verhältnis, kann davon ausgegangen werden, dass Zweck der Leistung zumindest auch eine Bereicherung des Gesellschafters ist, die Werterhöhung des Gesellschaftsanteils sich für ihn nicht nur als unvermeidbare Nebenfolge der Bereicherung der Gesellschaft darstellt. Zielt die Leistung aber auf eine unmittelbare Bereicherung der Kapitalgesellschaft ab, soll eine steuerbare Zuwendung i. S. des § 7 Abs. 1 Nr. 1 ErbStG an die Kapitalgesellschaft selbst vorliegen, nicht der Tatbestand des § 7 Abs. 8 Satz 1 ErbStG erfüllt sein.[912] Dass Ziel der Leistung eine unmittelbare Bereicherung der Gesellschaft ist, kann vermutet werden, wenn der Leistende die einzelnen Gesellschafter überhaupt nicht kennt.[913] Aber auch wenn der Leistende den/die Gesellschafter kennen sollte, kann Bezugspunkt für diesen die Kapitalgesellschaft sein, die Absicht, dem/den Gesellschafter(n) etwas zuwenden zu wollen, deshalb zweifelhaft sein.[914] Ist hier aber trotz objektiver Unentgeltlichkeit eine Steuerbarkeit nach § 7 Abs. 1 Nr. 1 ErbStG nicht anzunehmen, weil das subjektive Erfordernis des Willens zur Unentgeltlichkeit nicht erfüllt ist, wenn der Zuwendende nachweist, dass die Bereicherung der Förderung des Geschäfts des Zuwendenden dient, also eigenen geschäftlichen Interessen zugeordnet werden kann,[915] stellt sich die Frage nach der Anwendbarkeit von § 7 Abs. 8 Satz 1 ErbStG. Der Gesetzeswortlaut verzichtet auf das Erfordernis des Freigebigkeitswillens. Eine fiktive Schenkung unabhängig vom Vorliegen des subjektiven Merkmals zu bejahen, ist zumindest im Fall der Leistung eines zu dem/den Gesellschafter(n) in keinem durch Verwandtschaft etc. geprägten Verhältnis stehenden Dritten bedenklich. Dies gilt auch für die disquotale, eigennützigen Zielen dienende Einlage eines Gesellschafters.

---

910 Vgl. Milatz/Herbst, ZEV 2012 S. 21 auch mit dem Argument der Systematik des Schenkungsteuerrechts, deren Maßstab die Zivilrechtslage sei, nach der immer nur eine Person durch ein und dieselbe Zuwendung bereichert werden könne.
911 Vgl. BT-Drucksache 17/7524 S. 25 f.
912 Vgl. die gleichlautenden Ländererlasse vom 14.03.2012, a. a. O., Tz. 3.2: „stattdessen"; siehe hierzu aber die Aussage in Tz. 1.4 zum Vorrang von § 7 Abs. 8 Satz 1 ErbStG gegenüber Abs. 1 Nr. 1, wenn ein Erwerb zugleich die Voraussetzungen beider Normen erfüllt – wann anzunehmen bei Abstellen auf die Zielrichtung der Leistung, bleibt offen –.
913 Siehe Fischer, ZEV 2012 S. 77 mit dem Beispiel einer börsennotierten AG.
914 Vgl. Fischer, a. a. O., die Situation erwähnend, dass eine Bank einer GmbH einen Teil ihrer Forderungen zum Zwecke der Sanierung erlässt.
915 Vgl. insoweit BFH vom 29.10.1997, BStBl 1997 II S. 832.

4.7 Schenkungen unter Lebenden – § 7 ErbStG

Beispiel:

Gesellschafter A leistet an die sich in Zahlungsschwierigkeiten befindliche A&B-GmbH, während B sich an der Überwindung der Liquiditätsprobleme nicht beteiligen kann. A will seine Beteiligung retten, den Vermögensvorteil des B nimmt er als unvermeidbare Nebenfolge hin, sodass es am Willen zur Freigebigkeit mangelt.[916]

Betrachtet man die Gesetzesbegründung,[917] so will der Gesetzgeber § 7 Abs. 8 Satz 1 ErbStG auf Sanierungsfälle nicht angewendet wissen, bei Zuwendungen von Nichtgesellschaftern soll die Steuerbarkeit vom Willen zur Freigebigkeit abhängen; im Gesetz hat dies jedoch keinen Niederschlag gefunden.[918] Als Lösung findet sich deshalb im Schrifttum eine einschränkende Auslegung, die § 7 Abs. 8 Satz 1 ErbStG als „Annexvorschrift" zu § 7 Abs. 1 Nr. 1 ErbStG ansieht, sodass sich der Zweck der Vorschrift darin erschöpfe, unter Zurückdrängung der zivilrechtlichen Betrachtungsweise ein Zuwendungsverhältnis zu dem/den Gesellschafter(n) zu fingieren, die allgemeinen Voraussetzungen einschließlich Freigebigkeitswille weiterhin gegeben sein müssten.[919] In diese Richtung geht auch die Argumentation von Fischer (a. a. O.). Dieser sieht in § 7 Abs. 8 Satz 1 ErbStG „eine Ausnahmevorschrift, die wegen der bewussten Abkehr von der Orientierung an der Zivilrechtslage einen dogmatischen Fremdkörper im System des Schenkungsteuerrechts darstellt und deswegen eng interpretiert werden muss." Der Normzweck werde dadurch erfüllt, dass die vom Gesetzgeber ausgemachte Lücke durch die Fiktion der wirtschaftlichen Werterhöhung der Anteile als ein geeigneter Zuwendungsgegenstand für die freigebige Zuwendung zwischen dem Leistenden und dem (anderen) Gesellschafter fingiert werde. Eine weitergehende Fiktion aufgrund des Wortlauts „eine Schenkung" im Hinblick auf den objektiven und subjektiven Tatbestand der freigebigen Zuwendung wäre normzwecküberschießend und vor dem Hintergrund des systemwidrigen Ausnahmecharakters der Vorschrift abzulehnen. Laut Fischer (a. a. O.) muss auch im Anwendungsbereich des § 7 Abs. 8 Satz 1 ErbStG die Festlegung der Beteiligten des Zuwendungsvorgangs durch eine zivilrechtliche Abrede zwischen dem Leistenden und dem Bedachten erfolgen. Würde man auf die Notwendigkeit einer Abrede mit dem (Mit-)Gesellschafter verzichten, müsste der zielgerichtet Bedachte nicht einmal Kenntnis vom Vorgang haben und könnte durch die Absicht des an die Gesellschaft Leistenden ohne sein Zutun mit Schenkungsteuer belastet werden.

Abzuwarten bleibt, wie die Finanzverwaltung – und ggf. die Rechtsprechung – mit vorgenannten Fallgestaltungen umgehen wird. Aus der Aussage, „im Rahmen des § 7 Abs. 8 Satz 1 ErbStG kommt es nicht auf den Willen zur Unentgeltlichkeit

---

916 Vgl. Potsch/Urbach, KÖSDI 2012 S. 17747 m. w. N.
917 Vgl. BT-Drucksache 17/7524 S. 8, 26.
918 Zu Gestaltungsmöglichkeiten, ausgehend von der Prämisse, dass die Steuerpflicht nicht mit dem Hinweis auf den fehlenden Willen zur Freigebigkeit vermeidbar sei, die Schenkungsteuer dennoch bei Sanierungsmaßnahmen zu verhindern, vgl. van Lishaut/Ebber/Schmitz, Ubg 2012 S. 1 m. w. N.
919 Siehe Potsch/Urbach, a. a. O.

4 Steuerpflicht

an",[920] den Schluss zu ziehen, es werden hier der objektive und subjektive Tatbestand einer „Schenkung" fingiert, also auch bei anteilswerterhöhender Leistung eines gesellschaftsfremden Dritten stets einen steuerbaren Vorgang zu dem/den Gesellschafter(n) annehmen zu wollen, dürfte zu weit gehen. Betrachtet man die Beispiele in den gleichlautenden Ländererlassen vom 14.03.2012, so wird deutlich, dass Situationen im Vordergrund stehen, in denen der leistende und der begünstigte Gesellschafter nahe Angehörige sind, in denen bei disquotalen Leistungen regelmäßig von einer privaten freigebigen Veranlassung ausgegangen werden kann – Sichtweise erinnert an die aufgehobene R 18 ErbStR 2003.[921]

3) Rechtsfolgen der Fiktion

a) Als Zuwendungsgegenstand gilt die Werterhöhung der Gesellschaftsanteile. Da zur Ermittlung der sich nach der Erhöhung des gemeinen Werts der Anteile an der Kapitalgesellschaft richtenden Bereicherung die allgemeinen Regelungen für die Bewertung nicht notierter Anteile (§ 11 Abs. 2 BewG, ggf. i. V. m. §§ 199 ff. BewG) maßgeblich sind, kann die Werterhöhung damit auch durch eine Verbesserung der Ertragsaussichten bewirkt werden, die durch die Leistung des Zuwendenden verursacht ist.[922] Zwischen Leistung und Anteilswerterhöhung muss Kausalität bestehen. Die Werterhöhung der Anteile kann nicht höher sein als der gemeine Wert der bewirkten Leistung des Zuwendenden. Mit der Leistung an die Kapitalgesellschaft ggf. verbundene Effekte, die zusätzlich zum Substanzwert die Ertragskraft steigern, wollte der Gesetzgeber nicht erfassen.

Beispiel:[923]

An der A&B-GmbH sind Vater A zu 40 % und Tochter B zu 60 % beteiligt. A verkauft der Gesellschaft ein Grundstück mit einem gemeinen Wert von 300.000 € zu einem Preis von 200.000 €. Als Folge der günstigen Lage des Grundstücks erhöht sich der Ertragswert der GmbH um 400.000 €.

Die Werterhöhung der Anteile der B kann den Betrag von (300.000 € ./. 200.000 € =) 100.000 € × 60 % = **60.000 €** nicht übersteigen.

Da die Absicht des Gesetzgebers in der Herstellung einer „gleichheitsgerechten" Besteuerung bestand, bei der die unmittelbare Zuwendung an den Begünstigten den Vergleichsmaßstab bildet, stellt der gemeine Wert der Leistung auch die Unter-

---

920 Vgl. die gleichlautenden Ländererlasse vom 14.03.2012, a. a. O., Tz. 3.1 und Tz. 4.2.
921 Vgl. Schulte/Sedemund, BB 2011 S. 2080: „Bei nahen Angehörigen wird der Wille zur freigebigen Zuwendung im Rahmen einer Beweislastumkehr antizipiert."
922 Vgl. die gleichlautenden Ländererlasse vom 14.03.2012, a. a. O., Tz. 3.4.1 auch mit Verweis auf § 200 Abs. 4 BewG.
923 Vgl. die gleichlautenden Ländererlasse vom 14.03.2012, a. a. O., Tz. 3.4.2.

4.7 Schenkungen unter Lebenden – § 7 ErbStG

grenze dar.[924] Die Bereicherung anhand des Werts der überquotalen Leistung zu ermitteln,[925] hat den „Charme", dass die Wertermittlung relativ einfach erfolgen kann. Nicht in Abrede gestellt werden kann aber, dass die Wertdifferenz auch niedriger als der Wert der Leistung sein kann.[926] Hier muss dem Bereicherten der Nachweis einer vom gemeinen Wert der Leistung des Zuwendenden abweichenden Anteilswerterhöhung offenstehen.[927]

Mit dem Argument der Erhöhung des Unternehmenswerts, orientiert an der Erhöhung des Substanzwerts, bei der Kapitalgesellschaft als Voraussetzung für die Werterhöhung der Gesellschaftsanteile wird in Fällen der unentgeltlichen Überlassung von Vermögensgegenständen, der Leistung von Diensten ohne Gegenleistung oder der zinslosen Kapitalgewährung eine für die Steuerbarkeit erforderliche Anteilswerterhöhung verneint. In der mit der Ersparnis von Aufwendungen verbundenen „verhinderten" Vermögensminderung liege keine substanzielle Vermögensmehrung.[928]

b) Da Gegenstand der Steuerbefreiung nach §§ 13a, 13b Abs. 1 Nr. 3 ErbStG der Erwerb von Anteilen an Kapitalgesellschaften ist, im Fall des § 7 Abs. 8 Satz 1 ErbStG aber **kein Anteilsübergang** erfolgt, sondern eine Wertsteigerung zugewendet wird, ist die **Steuerbefreiung nicht zu gewähren.**[929] Im Schrifttum wird die Nichtgewährung der steuerlichen Begünstigung – weil disquotale Einlage wirtschaftlich einer Anteilsübertragung vergleichbar – kritisiert. Es sei inkonsequent, einerseits eine wirtschaftliche Betrachtungsweise im Rahmen einer Fiktion zu etablieren, andererseits bei der Gewährung von korrespondierenden steuerlichen Begünstigungen dann eine rein formalistische Sichtweise einzunehmen.[930]

---

924 Vgl. Höne, UVR 2012 S. 10: „Es zeigt sich, dass Bewertungen vor und nach der Vermögenszuwendung verzichtbar sind, da davon auszugehen ist, dass in der Höhe der überquotalen Einlage eine zu versteuernde Bereicherung gegeben ist"; Potsch/Urbach, KÖSDI 2012 S. 17747: „Denkbar erscheint so zu bewerten, als ob der disquotal einlegende Gesellschafter den Einlagegegenstand vorab den Mitgesellschaftern anteilig zugewendet und sodann alle Gesellschafter quotal eingelegt hätten"; kritisch hierzu Hartmann, ErbStB 2012 S. 84, der es für zweifelhaft hält, ob die besteuerungswürdige Werterhöhung der Beteiligung ohne Änderung von § 12 ErbStG überhaupt greifbar wäre, denn die derzeitigen Bewertungsregeln erlaubten keine Anteilsbewertung auf Momente vor und nach Ausführung der Leistung, sondern nur auf diesen dadurch fixierten Steuerentstehungszeitpunkt.

925 Siehe auch van Lishaut/Ebber/Schmitz, Ubg 2012 S. 1.

926 Vgl. das Beispiel von Wälzholz, GmbH-StB 2011 S. 340: Die gegenteilige Konstellation mag man ignorieren, weil Begrenzung nach oben auf diesen Wert zugunsten des Bedachten.

927 Siehe auch Korezkij, DStR 2012 S. 163, wonach Lösung akzeptiert werden kann, wenn Anteilswertsteigerung mindestens dem Wert der überquotal erbrachten Leistung entspricht.

928 Vgl. Fischer, ZEV 2012 S. 77, wonach auch bei einer in einem Forderungserlass zwecks Überschuldungsbeseitigung liegenden Leistung keine Substanzwerterhöhung vorliegt, weil diese voraussetze, dass der Vermögenswert nicht negativ sei; siehe ebenfalls Korezkij, DStR 2012 S. 163.

929 Vgl. die gleichlautenden Ländererlasse vom 14.03.2012, a. a. O., Tz. 3.5; siehe auch Riedel, NZI 2011 S. 577; Crezelius, ZEV 2011 S. 393.

930 Vgl. Schulte/Sedemund, BB 2012 S. 2080, und Milatz/Herbst, ZEV 2012 S. 21, die eine Klarstellung durch den Gesetzgeber für wünschenswert halten; siehe auch Korezkij, DStR 2012 S. 163; Potsch/Urbach, KÖSDI 2012 S. 17747.

c) Im Anwendungsbereich des § 7 Abs. 8 Satz 1 ErbStG könnte es zu einer Doppelbelastung von Schenkungsteuer und Einkommensteuer kommen.

Beispiel:[931]
Mutter und Tochter halten jeweils einen Geschäftsanteil von 100 an einer GmbH. Nunmehr leistet die M eine disquotale Einlage in die Kapitalrücklage, die im Anteil der T zu einer Werterhöhung von 50 führt.
Diese Leistung bewirkt zunächst einmal die Steuerbarkeit nach § 7 Abs. 8 Satz 1 ErbStG. Veräußert die T später ihre Beteiligung unter den Voraussetzungen der § 17 Abs. 1 Satz 1, Abs. 2 und § 3 Nr. 40 Buchst. c EStG und sind die historischen Anschaffungskosten maßgebend, ist die Werterhöhung von 50 sowohl mit Schenkungsteuer als auch mit Einkommensteuer belastet.

Die doppelte Belastung der Werterhöhung wird jedoch insoweit vermieden, als es durch die Einlage zu Anschaffungskosten der Leistenden in Höhe ihrer Beteiligungsquote und auch zu Anschaffungskosten der Mitgesellschafterin in Höhe von deren Beteiligungsquote aufgrund der ihr „mittelbar zugewendeten Mittel" kommt.[932]

4.7.13.2 Leistungen zwischen Kapitalgesellschaften

Da § 7 Abs. 8 Satz 1 ErbStG seinem Wortlaut nach sämtliche Fälle von Leistungen an eine Kapitalgesellschaft erfasst, also auch Leistungen von einer Kapitalgesellschaft, begründet **§ 7 Abs. 8 Satz 2 ErbStG,** der „Zuwendungen zwischen Kapitalgesellschaften" anspricht, keine gesonderte Steuerbarkeit.[933] Sähe man dagegen in § 7 Abs. 8 Satz 2 ErbStG einen gesonderten Tatbestand neben dem des § 7 Abs. 8 Satz 1 ErbStG, würde dies dazu führen, dass ein Vorgang, z. B. eine mit Bereicherungsabsicht vorgenommene verdeckte Einlage durch die GmbH 1 in die GmbH 2, an der sie zu 40 % beteiligt ist, gleichzeitig zwei Schenkungen auslösen würde: Eine – fiktive – Schenkung der GmbH 1 an die übrigen Gesellschafter der GmbH 2 gem. § 7 Abs. 8 Satz 1 ErbStG in Form der Anteilswertsteigerungen bei diesen Gesellschaftern und zusätzlich eine – anteilige (60 %) – Schenkung der GmbH 2 gem. § 7 Abs. 8 Satz 2 ErbStG; ein offensichtlich unzutreffendes, der Intention des Gesetzgebers zuwiderlaufendes Ergebnis.

§ 7 Abs. 8 Satz 2 ErbStG stellt faktisch eine Einschränkung von Satz 1 dar.[934] Die Einschränkung besteht darin, dass die – unmittelbare oder mittelbare – **Gesellschafteridentität** der beiden am Vorgang beteiligten Kapitalgesellschaften die **Steuerbarkeit ausschließt.**

---

931 Vgl. Crezelius, Ubg 2012 S. 190; zur Problematik siehe auch Karrenbrock, SteuStud 2012 S. 289.
932 Vgl. van Lishaut/Ebber/Schmitz, Ubg 2012 S. 1; siehe auch Wilferth, ErbBstg 2011 S. 254; hierzu aber Crezelius, Ubg 2012 S. 190, der § 7 Abs. 8 Satz 1 ErbStG dann eigentlich für überflüssig hält, wenn Anschaffungskosten beim Mitgesellschafter vorliegen, und zwar aufgrund „mittelbarer Zuwendung".
933 Vgl. die gleichlautenden Ländererlasse vom 14.03.2012, a. a. O., Tz. 4.2.
934 Siehe Korezkij, DStR 2012 S. 163; im Ergebnis ebenso van Lishaut/Ebber/Schmitz, Ubg 2012 S. 1; Wälzholz, GmbH-StB 2011 S. 340.

4.7 Schenkungen unter Lebenden – § 7 ErbStG

Auch wird bei Zuwendungen zwischen Kapitalgesellschaften die Bereicherungsabsicht bezüglich der Gesellschafter verlangt;[935] die Feststellungslast muss insoweit beim Finanzamt liegen.[936] Dass § 7 Abs. 8 Satz 2 ErbStG im Gegensatz zu Satz 1 auf die Absicht zur Gesellschafterbereicherung abstellt, mag man als Begründung heranziehen, dass es für den steuerbaren Vorgang der Anteilswerterhöhung nicht auf das subjektive Merkmal einer freigebigen Zuwendung ankommt, wird aber die zuvor erwähnte Kritik hieran, insbesondere im Fall des aus eigennützigen, geschäftlichen Interessen an die Kapitalgesellschaft Leistenden, nicht „verstummen" lassen.

Hintergrund der mit dem BeitrRLUmsG eingeführten Vorschrift des § 7 Abs. 8 Satz 2 ErbStG war die – vornehmlich in der Praxis im Hinblick auf die Entscheidung des BFH vom 07.11.2007,[937] in der das Gericht es für möglich erachtete, dass im Fall einer verdeckten Gewinnausschüttung im Verhältnis zwischen der Kapitalgesellschaft und dem Dritten eine freigebige Zuwendung i. S. des § 7 Abs. 1 Nr. 1 ErbStG gegeben sei, anzutreffende – Sorge, dass auch eine verdeckte Gewinnausschüttung im Konzern als schenkungsteuerbar angesehen werden könnte,[938] nämlich dann, wenn der Dritte eine konzernzugehörige Kapitalgesellschaft ist. Die Regelung stellt klar, dass verdeckte Gewinnausschüttung und verdeckte Einlage zwischen verbundenen Unternehmen nur in den dort definierten Ausnahmefällen als Schenkung behandelt werden können.

Beispiele:[939]

a) Die M-AG ist zu 100 % Gesellschafterin der T1-GmbH und der T2-GmbH. Die AG veranlasst die T1-GmbH, der T2-GmbH ein Grundstück zu einem Preis deutlich unter dem Verkehrswert zu verkaufen.
Der Vorgang – ertragsteuerlich als verdeckte Gewinnausschüttung der T1-GmbH an die M-AG sowie als verdeckte Einlage der M-AG in die T2-GmbH zu werten – unterliegt schon deshalb nicht der Schenkungsteuer nach § 7 Abs. 1 Nr. 1 bzw. Abs. 8 Satz 1 ErbStG, weil die Beteiligungsverhältnisse an beiden Gesellschaften gleich sind (Gesellschafter jeweils nur die M-AG).

b) Vater V ist alleiniger Gesellschafter der T1-GmbH und zu 40 % Gesellschafter der T2-GmbH; die weiteren 60 % Beteiligung an der T2-GmbH gehören dem Sohn S. V veranlasst die T1-GmbH, der T2-GmbH ein Grundstück zu einem deutlich unter dem Verkehrswert liegenden Preis zu verkaufen.
Der Vorgang ist im Verhältnis zwischen der T1-GmbH und dem S nach § 7 Abs. 8 Satz 1 ErbStG schenkungsteuerbar, wenn die Veräußerung von dem Willen des V

---

935 Die Frage, wer mit dem Willen zur Bereicherung der Gesellschafter handeln muss, wird von Korezkij, DStR 2012 S. 163, als unklar angesehen – gemeint sein kann im Hinblick auf § 15 Abs. 4 ErbStG nur die Zuwendung Veranlassende.
936 Siehe hierzu die gleichlautenden Ländererlasse vom 14.03.2012, a. a. O., Tz. 4.1, wonach bei einem Angehörigenverhältnis zwischen veranlassendem und begünstigtem Gesellschafter bei disquotalen Leistungen regelmäßig von einer privaten freigebigen Zuwendung auszugehen sei; demgegenüber aber davon, dass eine betriebliche Veranlassung vom Steuerpflichtigen nachzuweisen sei; Horst, StBW 2012 S. 369.
937 Vgl. BStBl 2008 II S. 258.
938 Vgl. BT-Drucksache 17/7524 S. 26.
939 Vgl. die gleichlautenden Ländererlasse vom 14.03.2012, a. a. O., Tz. 4.1.

getragen ist, den S zu bereichern (vgl. § 7 Abs. 8 Satz 2 ErbStG). Zuwendungsgegenstand ist die durch die Vermögenszuwendung im Umfang von 60 % des Vermögensvorteils bewirkte Werterhöhung der Anteile des S. Gemäß § 15 Abs. 4 Satz 1 ErbStG ist der Vorgang so zu behandeln, als sei der V – dieser hat die Schenkung der T1-GmbH als ihr alleiniger Gesellschafter veranlasst – der Schenker, also Versteuerung nach der Steuerklasse I.

Eine Schenkung im Verhältnis zwischen der T1-GmbH und dem V liegt nicht vor. Zwar ist der Wert seiner Anteile (40 %) an der T2-GmbH als Folge der Leistung der T1-GmbH im Wert gestiegen, im Gegenzug ist allerdings der Wert seiner Anteile an der T1-GmbH (100 %) gesunken, und zwar sogar in einem höheren Umfang (Vorgang hat den V nicht „reicher, sondern ärmer" werden lassen).

4.8 Zweckzuwendungen – § 8 ErbStG

Der Erbschaftsteuer (Schenkungsteuer) unterliegen nach § 1 Abs. 1 Nr. 3 ErbStG die Zweckzuwendungen. Dies sind nach § 8 ErbStG Zuwendungen von Todes wegen oder freigebige Zuwendungen unter Lebenden, die mit der Auflage verbunden sind, zugunsten eines bestimmten **Zwecks** verwendet zu werden oder die von der **Verwendung zugunsten** eines **bestimmten Zwecks** abhängig sind, soweit hierdurch die **Bereicherung des Erwerbers gemindert** wird.

1) Vorbemerkung

Auf Schwierigkeiten stößt die **theoretische Begründung** der Zweckzuwendungsbesteuerung. Denn fehlt eine bestimmte Person als Erwerber, kann auch nicht von einer Bereicherung gesprochen werden, die aber – wie § 10 Abs. 1 Satz 1 ErbStG zeigt – Voraussetzung der Besteuerung ist.[940] Der Gesetzgeber lässt deshalb insoweit in § 10 Abs. 1 Satz 5 ErbStG an die Stelle des Vermögensanfalls die Verpflichtung des Beschwerten treten. Der RFH[941] hat den Zweck als bereichert angesehen (Grundlage der die Besteuerung bildenden Zunahme an Leistungsfähigkeit hierauf beziehbar?).

Das Institut der Zweckzuwendung verfolgt das Ziel, Entlastungswirkungen bei der steuerpflichtigen Zuwendung zu neutralisieren. Denn ist eine Zuwendung mit der Auflage verbunden, den Erwerb oder einen Teil zugunsten eines bestimmten, mit den Erwerberinteressen nicht identischen Zwecks zu verwenden, ist die Bereicherung des Erwerbers insoweit gemindert, als ihm die Zuwendung in Höhe des zur Zweckerfüllung erforderlichen Betrags nicht zugutekommt.

§ 8 ErbStG stellt Zweckzuwendungen, die mit einer Verfügung von Todes wegen verbunden sind, solchen gegenüber, die eine freigebige Zuwendung einschränken. Ferner wird zwischen Zweckbestimmungen, die als Auflage eine Verpflichtung des Bedachten begründen, und solchen, die den Erwerb des Beschwerten von einer Bedingung abhängig machen, unterschieden.

---

940 Siehe Tipke/Lang, Steuerrecht, § 13 Rdnr. 129, wonach dieser Tatbestand ein „Überbleibsel des schlichten Verkehrsteuergedankens" ist.
941 Siehe RFH, RFHE 11 S. 257.

4.8 Zweckzuwendungen – § 8 ErbStG

2) Tatbestandsaufbau

Verständlich wird die Zweckzuwendung gem. § 8 ErbStG erst, wenn man unterscheidet:

1. die Zuwendung nach § 1 Abs. 1 Nr. 1 oder Nr. 2 ErbStG – Besteuerung nach den normalen Regeln für Erwerbe von Todes wegen oder Schenkungen unter Lebenden –,
2. die Zweckzuwendung (zusätzlich) nach § 1 Abs. 1 Nr. 3 i. V. m. § 8 ErbStG – Besteuerung nach Steuerklasse III –,
3. die Verbindlichkeit aus der Auflage (Betrag wie 2.) – abzugsfähig bei der Zuwendung unter 1. nach § 10 Abs. 5 Nr. 2 ErbStG oder durch entsprechende Minderung der Bereicherung –.

Kennzeichnend für die Zweckzuwendung ist also der zweistufige Aufbau des Steuertatbestands. Nur Zuwendungen, die selbst einen steuerpflichtigen Vorgang gem. § 1 Nr. 1 oder Nr. 2 ErbStG begründen, können bei Verbindung mit einer Zweckauflage die Steuerpflicht nach § 1 Nr. 3 i. V. m. § 8 ErbStG auslösen. Deshalb liegt keine Zweckzuwendung vor,

- wenn der Erblasser einen Dritten mittels Geschäftsbesorgungsvertrag zu einer geldwerten Leistung verpflichtet,[942]
- wenn die Grabpflege freiwillig ohne Belastung durch eine Erwerbsbedingung erfolgt,[943]
- wenn eine Geldleistung an denjenigen versprochen wird, der die lebenslange Pflege einer Katze übernimmt.[944]

3) Auflage ohne Adressat

Da der Tatbestand der **Zweckzuwendung** eine **Besteuerungslücke schließen** soll, die sich ergibt, bliebe der dem Zweck gewidmete Teil der Zuwendung unversteuert, greift § 8 ErbStG nicht ein, wenn der dem Zweck gewidmete Betrag schon unabhängig von dieser Vorschrift steuerpflichtig ist. Dies ist nach § 3 Abs. 2 Nr. 2 bzw. § 7 Abs. 1 Nr. 2 ErbStG der Fall, wenn mit der Zweckwidmung bestimmte Personen begünstigt werden, die als Erwerber des von der Zweckwidmung erfassten Vermögens angesehen werden können.[945]

---

942 Siehe insoweit BFH vom 30.09.1987, BStBl 1987 II S. 861 zum Erhalt eines Sparbuchs, um die zu Lebzeiten mit dem Erblasser vereinbarte Pflege des Grabes zu erledigen; vgl. zur Grabpflegethematik auch H E 10.7 „Behandlung von Grabpflegekosten" Tz. 4 und 5 ErbStH 2011.

943 Siehe FG Hamburg, EFG 1988 S. 584 – bereits Fehlen einer Auflage –.

944 Siehe FG Düsseldorf, EFG 1998 S. 1274 – nicht steuerbare Auslobung –.

945 Siehe hierzu Meincke, § 8 Rdnr. 4 mit Verweis auf die Gesetzesmaterialien zum ErbStG 1922 (RT-Drucksache I/4856 S. 13) – „Immer muss durch den Zweck nicht eine bestimmte Person, sondern ein unbestimmter Personenkreis oder etwas Unpersönliches begünstigt werden"–, und BFH vom 20.12.1957, BStBl 1958 III S. 79; vgl. aber auch RFH, RStBl 1923 S. 212, wonach eine Zweckzuwendung vorliegt, obwohl das zugewendete Vermögen für bestimmte Personen verwendet werden soll, wenn mit der Zuwendung eine längere Verwaltungstätigkeit verbunden ist.

4 Steuerpflicht

Die Vermögenszuwendung i. S. des § 8 ErbStG muss also mit der Verpflichtung verbunden sein, sie nicht für eigene Zwecke und auch nicht für eine oder mehrere bestimmte Personen, sondern für einen **unbestimmten Personenkreis** zu verwenden.[946] Die steuerliche Erfassung derjenigen Personen, denen die Zweckzuwendung letztlich zugutekommt, wird häufig schon an den praktischen Schwierigkeiten scheitern. Das Gesetz konstruiert deshalb, dass sich eine steuerlich selbständige nichtrechtsfähige Vermögensmasse (nichtrechtsfähige Stiftung) bildet, auf die der Betrag der Zuwendung übergeht. Zweckzuwendungen,[947] die tatsächlich zur Erhebung von Erbschaftsteuer führen, sind in der Praxis im Hinblick auf die Steuerbefreiungen nach § 13 Abs. 1 Nr. 15 ff. ErbStG selten. Die Frage der Steuerbefreiung nach den angesprochenen Vorschriften ist nach dem Zweck der Zweckzuwendung selbst und nicht nach dem Zweck der Mittelsperson zu entscheiden.[948]

Eine Zweckzuwendung liegt weiterhin dann nicht vor, wenn der Zweck der Zuwendung nicht einen Gegenstand betrifft, der für den mit der Ausführung der Zuwendung Beauftragten fremd ist.[949] Hier kommt vielmehr eine Zuwendung an den mit der Ausführung Beauftragten selbst nach § 3 oder § 7 ErbStG in Betracht, der allerdings ggf. nach § 13 Abs. 1 Nr. 16 ErbStG steuerfrei sein kann. Eine Zweckzuwendung liegt des Weiteren nicht vor, wenn der Schenker von der Erfüllung der Auflage einen geldwerten Vorteil hat; hier kommt eine gemischte Schenkung in Betracht.

Die Ausführung der Zweckzuwendung kann grundsätzlich keine Steuerpflicht mehr auslösen, weil die in Erfüllung des Zuwendungszwecks gewährten Leistungen aufgrund der Verpflichtung des Beschwerten erfolgen, also nicht freigebig sind.

Da die Zuwendung nicht einer bestimmten Person zugutekommen darf, soll eine Zweckzuwendung i. S. des § 8 ErbStG auch dann nicht vorliegen, wenn die Zuwendung aus der Sicht des Zuwendenden unmittelbar seiner Person selbst zugutekommen soll, und zwar auch für den Fall, dass es sich insoweit um lediglich immaterielle Belange handelt (z. B. das Seelenheil des Zuwendenden oder die Pflege seines Grabes). Das bloße Interesse des Zuwendenden an der Zweckerfüllung (z. B. lebenslängliche Pflege eines Hundes) kann der Annahme einer Zweckzuwendung aber schon deshalb nicht entgegenstehen, weil die Vorschrift dann praktisch leerlaufen würde, denn niemand wird eine Zweckauflage vorsehen, wenn ihm nicht an deren

---

946 Siehe bereits RFH, RStBl 1923 S. 130; vgl. zu dieser Zielsetzung auch BFH vom 30.09.1987, BStBl 1987 II S. 861, und vom 05.11.1992, BStBl 1993 II S. 161.
947 Nach Ansicht der Finanzverwaltung (s. FinMin Hessen vom 10.12.1985, BB 1986 S. 250) im Fall einer Zuwendung für politische Zwecke gegeben; s. hierzu auch Moench/Kien-Hümbert/Weinmann, § 7 Rdnr. 160.
948 Siehe RFH, RStBl 1941 S. 892.
949 Z. B. Verein zur Bekämpfung des Alkohols erhält Geld mit der Auflage, es zum Kampf gegen den Alkohol zu verwenden, s. RFH, StuW 1936 Nr. 331.

4.8 Zweckzuwendungen – § 8 ErbStG

Erfüllung liegt.[950] Ob aber weiter gehend eine Zuwendung mit der Auflage, einen **ausschließlich im Interesse des Gebers** liegenden Zweck zu erfüllen, einen Anwendungsfall von § 8 ErbStG bildet, ist damit noch nicht entschieden. Geht man von dem Zweck der Vorschrift aus, müsste eigentlich jede die Besteuerung der Zuwendung kürzende und nicht bei einem bestimmten Erwerber steuerpflichtige Auflage hierunter einzuordnen sein.[951] Der BFH[952] verneint jedoch im Fall der Auflage zur Grabpflege, die nach § 10 Abs. 5 Nr. 2 ErbStG beim Auflageverpflichteten abzugsfähig ist und die nur im Interesse des Erblassers selbst liegt, das Vorliegen einer Zweckzuwendung. Es wird in Kauf genommen, dass der zur Auflageerfüllung bestimmte Betrag im Ergebnis unversteuert bleibt.

4) Minderung der Bereicherung

a) Eine Zweckzuwendung ist nur gegeben, wenn die **Zweckbindung** zu einer **Minderung** der **Bereicherung** des Erwerbers führt. Hieran fehlt es, wenn die Auflage den Bedachten mangels verbindlicher Anordnung nicht wirtschaftlich fühlbar beschwert[953] oder wenn die **Zweckerfüllung** im **eigenen Interesse** des **Beschwerten** liegt, weil § 10 Abs. 9 ErbStG der Abzugsfähigkeit einer dem Beschwerten selbst zugutekommenden Auflage entgegensteht. Also mindert die Auflage gegenüber einer Stiftung, das Zugewandte satzungsgemäß zu verwenden, die Bereicherung der Stiftung nicht.[954]

b) Wie eine **Auflage ohne steuerpflichtigen Erwerb** zu behandeln ist, ist streitig. Vertritt man die Auffassung, eine Minderung der Bereicherung des Erwerbers sei auch dann nicht gegeben, wenn die Zuwendung, falls sie dem Bedachten verbliebe, ohnehin im Hinblick auf § 16 ErbStG steuerfrei sei, dann kann sich der Abzug der Auflage nicht mehr bereicherungsmindernd auswirken. § 8 ErbStG käme hiernach nicht zur Anwendung, weil wegen des Abzugs der Auflage kein Betrag steuerfrei bliebe, der durch die Zweckzuwendung erfasst werden müsste.[955]

---

950 Siehe BFH vom 05.11.1992, BStBl 1993 II S. 161; vgl. in diesem Zusammenhang auch FG Düsseldorf, EFG 1998 S. 1274, wonach die Verpflichtung des Beschwerten auch dann der Besteuerung unterliegt, wenn der zugewendete Betrag z. B. zur Versorgung und Pflege des hinterlassenen Haustieres nicht ausreicht.
951 In diesem Sinne Meincke, § 8 Rdnr. 6, nach dem Gründe dafür, die ausschließlich zugunsten des Gebers wirkende Auflage aus der Besteuerung auszunehmen, nur schwer erkennbar seien.
952 Siehe BFH vom 05.11.1992, BStBl 1993 II S. 161; ebenso H 10.7 „Behandlung von Grabpflegekosten" Tz. 4 ErbStH 2011.
953 Siehe hierzu BFH vom 05.11.1992, BStBl 1993 II S. 161.
954 Siehe BFH vom 16.01.2002, BStBl 2002 II S. 303 – Zweckzuwendung aber zu bejahen bei Mittelzuwendung an eine Stiftung zwecks Verwendung zu satzungsfremden Zwecken –; zur Zuwendung an einen Berufsverband vgl. FG Köln vom 30.05.2000, EFG 2000 S. 1260.
955 In diesem Sinne Meincke, § 8 Rdnr. 8; a. A. aber Troll/Gebel/Jülicher, § 8 Rdnr. 12; Moench/Kien-Hümbert/Weinmann, § 8 Rdnr. 10.

4 Steuerpflicht

5) „Auslöser" der Zweckzuwendung

Zweckzuwendungen können von Todes wegen oder unter Lebenden erfolgen. Eine Zweckzuwendung von Todes wegen kann **nicht** in Form einer **Erbeinsetzung** oder eines **Vermächtnisses** erfolgen, weil beide bestimmte Personen als Erwerber voraussetzen, sondern nur in Form einer Auflage (§§ 1940 und 2193 BGB). Eine solche Auflage setzt die rechtliche Verpflichtung des Empfängers der Zuwendung voraus, das Zugewendete für den von dem Zuwendenden bestimmten Zweck zu verwenden (z. B. lebenslängliche Pflege eines Hundes). § 8 ErbStG schließt nicht aus, dass außer Personen auch Sachen bzw. wie diese zu behandelnde Gegenstände (§§ 90, 90a BGB) begünstigt sein können. Die rechtliche Verpflichtung muss nicht ausdrücklich angeordnet sein, sie kann sich vielmehr auch aus einer entsprechenden Auslegung ergeben. Die mit einem zugewendeten Gegenstand einhergehenden Lasten – z. B. Pflege eines Hundes – stellen für sich keine Auflage dar.[956]

Eine schenkungsteuerpflichtige Zweckzuwendung unter Lebenden setzt ebenso die Übertragung von Vermögen auf eine andere Person mit der Auflage (§ 525 BGB) voraus, das Vermögen in bestimmter Weise zu verwenden.[957] Wenn der Schenker die Zuwendung selbst unmittelbar für einen bestimmten Zweck zur Verfügung stellt, ohne einen Dritten zu der Zuwendung zu verpflichten, liegt also keine Zweckzuwendung vor (z. B. der „Schenker" stellt Ruhebänke selbst auf oder lässt sie durch einen Unternehmer aufstellen).

6) Steuerschuldner, Steuerklasse etc.

Nach § 20 Abs. 1 ErbStG ist Steuerschuldner bei einer Zweckzuwendung der mit der **Ausführung der Zuwendung Beschwerte,** obwohl er gar nicht bereichert ist. Entsprechend der Regelung in § 20 Abs. 4 ErbStG muss er dann aber wohl auch berechtigt sein, die **Steuer aus der Zweckzuwendung** zu entnehmen. Hat der Zuwendende demgegenüber die Übernahme der Steuer (aus dem weiteren übertragenen Vermögen) ausdrücklich angeordnet, so wird nach § 10 Abs. 2 ErbStG die Steuer von dem um die Normalsteuer erhöhten Zuwendungsbetrag zu berechnen sein;[958] die abzugsfähige Verbindlichkeit muss sich dann entsprechend erhöhen.

Die Zweckzuwendung unterliegt einheitlich der **Steuerklasse III,** § 15 Abs. 1 letzter Satz ErbStG. Folglich ist nach § 16 Abs. 1 Nr. 7 ErbStG ein Freibetrag von 20.000 Euro zu gewähren.

---

956 Siehe BFH vom 05.11.1992, BStBl 1993 II S. 161.
957 Siehe BFH vom 13.03.1953, BStBl 1953 III S. 144.
958 Siehe Troll/Gebel/Jülicher, § 8 Rdnr. 3; Moench/Kien-Hümbert/Weinmann, § 8 Rdnr. 16; s. aber Meincke, § 8 Rdnr. 10, der diese Auffassung angesichts der nicht auf Zweckzuwendungen zugeschnittenen Fassung des § 10 Abs. 2 ErbStG bezweifelt.

Die Steuer entsteht gem. § 9 Abs. 1 Nr. 3 ErbStG mit dem Zeitpunkt des **Eintritts der Verpflichtung** des **Beschwerten**.[959] Als steuerpflichtiger Erwerb gilt nach § 10 Abs. 1 Satz 5 ErbStG die Verpflichtung des Beschwerten.

Beispiel:
Erblasser E hat in seinem Testament bestimmt, dass der Erbe N (Neffe) 50.000 € für die Pflege seines vielfach preisgekrönten Reitpferdes und seines Lieblingshundes verwenden soll. Der Wert des gesamten, im Wesentlichen aus Wertpapieren bestehenden Nachlasses beträgt 400.000 € (keine Berücksichtigung von § 13 ErbStG).

Es handelt sich um eine Zweckzuwendung von Todes wegen nach § 1 Abs. 1 Nr. 3 i. V. m. § 8 ErbStG.

a) N hat zu versteuern nach § 3 Abs. 1 Nr. 1 ErbStG: 400.000 € minus 50.000 € (§ 10 Abs. 5 Nr. 2 ErbStG) minus 10.300 € (§ 10 Abs. 5 Nr. 3 Satz 2 ErbStG) minus 20.000 € (Freibetrag nach § 16 Abs. 1 Nr. 5 ErbStG) = **steuerpflichtiger Erwerb** i. H. von **319.700 €**.

b) N hat weiterhin zu versteuern nach § 8 ErbStG (Steuerschuldner ist ebenfalls N): 50.000 € minus 20.000 € (Freibetrag nach § 16 Abs. 1 Nr. 7 ErbStG) = **steuerpflichtiger Erwerb** i. H. von **30.000 €**. Der Steuersatz beträgt gem. § 19 Abs. 1 ErbStG in der Steuerklasse III 30 %, die Erbschaftsteuer **9.000 €**. N ist berechtigt, diesen Betrag von den 50.000 € zu nehmen.

4.9 Entstehung der Steuer – § 9 ErbStG

4.9.1 Vorbemerkung

Die Abgabenordnung unterscheidet zwischen Entstehen und Fälligkeit von Ansprüchen aus dem Steuerschuldverhältnis; „Prototyp" eines solchen Anspruchs ist gem. § 37 Abs. 1 AO der Steueranspruch.

Schon mit dessen Entstehen wird die Steuerschuld dem Grunde und der Höhe nach fixiert. Der **spätere Steuerbescheid** hat, soweit in ihm die **materiell-rechtlich zutreffende Steuer** festgesetzt wird, nur **deklaratorischen Charakter** – konstitutiver Natur hingegen bei Festsetzung einer vom materiellen Recht nicht gedeckten, zu hohen Steuer –.[960]

Die Fälligkeit der Steuerschuld, die sich gem. § 220 Abs. 1 AO nach den Vorschriften der Steuergesetze richtet, bei Fehlen einer besonderen gesetzlichen Fälligkeitsregelung nach § 220 Abs. 2 Satz 2 AO jedenfalls nicht vor Bekanntgabe des Steuerbescheids eintritt, bestimmt, ab wann die Schuld von der Finanzbehörde gefordert werden kann und bis wann sie vom Steuerschuldner bezahlt werden muss, um Rechtsnachteile zu vermeiden.

---

959 Zum Entstehungszeitpunkt, soweit die Zweckzuwendung keine Verpflichtung des Beschwerten kennt, s. Meincke, § 9 Rdnr. 55 m. w. N.

960 Siehe insoweit AEAO zu § 218 Nr. 1 Satz 2, wonach auch der materiell-rechtlich unrichtige Verwaltungsakt zwar nicht die materielle Höhe des Anspruchs beeinflusst, aber festlegt, ob und in welcher Höhe der Anspruch durchgesetzt werden kann.

4 Steuerpflicht

Der Zeitpunkt der Entstehung der Erbschaftsteuer ist in vielerlei Hinsicht von Bedeutung, z. B. für

- die Entscheidung über die persönliche Steuerpflicht (§ 2 ErbStG),
- die Wertermittlung (§§ 11, 12 ErbStG),
- die Fristberechnungen (§§ 13a, 19a ErbStG),
- die Zusammenrechnung mehrerer Zuwendungen (§ 14 ErbStG),
- die Beurteilung der Steuerklasse (§ 15 ErbStG) und daran anknüpfend für die Höhe des Freibetrags (§ 16 ErbStG),
- die Anrechnung ausländischer Steuer (§ 21 Abs. 1 ErbStG),
- die Vergünstigung bei mehrfachem Erwerb desselben Vermögens (§ 27 ErbStG),
- den Beginn der Frist zur Übertragung von Vermögen auf eine Stiftung (§ 29 Abs. 1 Nr. 4 ErbStG),
- die Anwendung des Erbschaftsteuer- und Schenkungsteuergesetzes – z. B. bei Gesetzesänderungen – (§ 37 ErbStG),
- die Ermittlung des Eintritts der Festsetzungsverjährung (§ 170 AO).

Da der **Entstehungszeitpunkt** der **Steuerschuld** dem **Grunde** und der **Höhe** nach festliegt, sind sämtliche für die Steuerberechnung bedeutsamen Merkmale aus der Sicht dieses Zeitpunkts zu beurteilen, soweit das Gesetz nicht ausnahmsweise nachträglich vom Steuerpflichtigen getroffenen Entscheidungen Einfluss auf die Steuerberechnung zumisst (vgl. z. B. § 6 Abs. 2 Satz 2 und § 7 Abs. 2 Satz 1 sowie § 23 ErbStG).

Ansprüche aus dem Steuerschuldverhältnis, und damit auch der Erbschaftsteueranspruch, entstehen nach der allgemeinen Vorschrift des § 38 AO, sobald der Tatbestand verwirklicht ist, an den das Gesetz die Leistungspflicht knüpft. Maßgeblich ist folglich das Datum der Erfüllung des gesetzlichen Tatbestands, nicht der Zeitpunkt der Beurteilung des Tatbestands und der Festsetzung der Steuer. Diese entsteht bei Verwirklichung des gesetzlichen Tatbestands unabhängig von der Kenntnis der Beteiligten, sofern nicht das Gesetz selbst die Kenntnis zur Voraussetzung der Steuerentstehung macht.

Die spezielle Vorschrift des **§ 9 ErbStG** erläutert zum Teil nur den Grundsatz des § 38 AO, stellt damit lediglich klar, wann die Voraussetzungen der §§ 1 bis 8 i. V. m. § 10 ErbStG im Sinne dieser AO-Vorschrift „verwirklicht" sind, zum Teil trifft sie abweichende Sonderregelungen. Der Grundgedanke des § 9 ErbStG ist, die Erbschaft- und Schenkungsteuer erst dann entstehen zu lassen, wenn die **Bereicherung** des Erwerbers **tatsächlich (wirtschaftlich) eingetreten** ist, und nicht schon dann, wenn lediglich eine Aussicht oder Anwartschaft auf eine künftige Bereicherung gegeben ist.

4.9 Entstehung der Steuer – § 9 ErbStG

Bei Verknüpfung eines steuerpflichtigen Vorgangs mit zwei Personen dergestalt, dass er für die eine Person einen Erwerb, für die andere einen Abzugsposten darstellt (Erblasser hat den Alleinerben A mit einem Vermächtnis in Gestalt einer zum Nachlass gehörenden Eigentumswohnung zugunsten der C beschwert), ist der Vorgang auf beiden Seiten regelmäßig auf denselben Zeitpunkt zu beurteilen. Stimmen die Zeitpunkte für die Steuerentstehung aber nicht überein (Geltendmachung des Pflichtteilsanspruchs erst erhebliche Zeit nach dem Erbfall), sind unterschiedliche Stichtage zugrunde zu legen.[961] Auch bei verschiedenen Teilen eines Erwerbs können unterschiedliche Stichtage gelten.[962]

4.9.2 Erwerb von Todes wegen (Erbanfall, Vermächtnis)

4.9.2.1 Grundsatz

1) Nach **§ 9 Abs. 1 Nr. 1 ErbStG** entsteht die Steuer bei Erwerben von Todes wegen grundsätzlich mit dem **Tod des Erblassers.** Nach § 1922 Abs. 1 BGB geht mit diesem Zeitpunkt sein Vermögen (Erbschaft) auch bürgerlich-rechtlich als Ganzes auf den Erben über, ohne dass noch weitere Umstände hinzukommen müssen; insbesondere Kenntnis und Billigung des Erwerbs durch den Erwerber wird regelmäßig nicht vorausgesetzt. Andererseits kann der Erwerber durch Ausschlagung des Erwerbs gem. §§ 1942 ff., 2180 BGB die bereits entstandene Steuerschuld „abwenden" – bei bereits erfolgter Festsetzung Aufhebung des Bescheids nach § 175 Abs. 1 Satz 1 Nr. 2 AO –.

Als Todeszeitpunkt ist in Übereinstimmung mit der medizinischen Wissenschaft und entsprechend den Regelungen für die Organentnahme nach dem Transplantationsgesetz der Eintritt des Gesamthirntods anzusehen, also der vollständige, irreversible Ausfall der Funktionen des Großhirns, Kleinhirns und des Hirnstamms.[963] Inwieweit der medizinische Fortschritt die Gültigkeit dieser Aussage in Frage stellt, soll hier dahingestellt bleiben, weil in der Praxis die Angaben zum Todeszeitpunkt, die in den Anzeigen über die Sterbefälle von den entsprechenden Behörden gem. § 34 ErbStG i. V. m. den §§ 4 bis 11 ErbStDV gemacht werden (insbesondere standesamtliche Sterbeurkunde), die wiederum auf den Feststellungen des Arztes beruhen, ohne weiteres zugrunde gelegt werden.

Bei **Verschollenheit** gilt nach § 49 AO – abweichend vom bürgerlichen Recht – für die Besteuerung (also auch für die Erbschaftsteuer) der Tag als Todestag, mit dessen Ablauf der **Beschluss** über die **Todeserklärung** des **Verschollenen rechtskräftig** wird.

2) Das Vermächtnis begründet für den Bedachten nach § 2174 BGB eine Forderung gegen den Beschwerten, die gem. § 2176 BGB mit dem Tod des Erblassers entsteht und die nach § 271 Abs. 1 BGB im Zweifel sofort fällig ist. Also ist es folgerichtig,

---
961 Siehe FG Hamburg, EFG 1977 S. 269; vgl. auch BFH vom 08.10.2003, BStBl 2004 II S. 234.
962 Siehe BFH vom 16.01.2008, BStBl 2008 II S. 626.
963 Siehe OLG Frankfurt, NJW 1997 S. 3099 m. w. N.

4 Steuerpflicht

dass beim Vermächtnis die Steuer ebenfalls mit dem Tod des Erblassers entsteht, auch wenn der Anspruchserwerb noch nicht garantiert, dass der Vermächtnisnehmer den ihm vom Erblasser zugedachten Gegenstand auch tatsächlich erhält. Die Steuerschuld entsteht mit dem Erbfall selbst dann, wenn der Beschwerte sich zunächst weigert, das Vermächtnis zu erfüllen,[964] oder wenn der Vermächtnisnehmer den zugewandten Gegenstand wegen einer vom Beschwerten nicht zu vertretenden Unmöglichkeit der Erfüllung nicht erhält (§ 275 Abs. 1 BGB).[965]

Das Stichtagsprinzip bleibt maßgebend, die Steuer entsteht im Fall eines Rentenvermächtnisses auch dann im Zeitpunkt des Todes des Erblassers, wenn der Steuerpflichtige nach § 23 ErbStG die Entrichtung der Steuer von dem Jahreswert der Rente anstatt von ihrem Kapitalwert wählt, weil die Gestaltung der Steuerentrichtung zwar Einfluss auf die Fälligkeit, nicht aber auf das Entstehen der Steuer haben kann.[966] Auf diesen Zeitpunkt ist auch abzustellen, wenn der Schuldner des Vermächtnisanspruchs nachträglich von besonderen Kürzungsmöglichkeiten Gebrauch macht (s. z. B. §§ 1990 ff., 2187, 2318 BGB); diese Kürzungsbefugnisse haben ihre Grundlage in den Verhältnissen zum Erbfallzeitpunkt, können also bei der Steuerberechnung berücksichtigt werden.

3) Kapp[967] will demgegenüber stets – also auch bei Erwerben von Todes wegen und damit auch beim Erwerb durch Erbanfall bzw. Vermächtnis – auf den Zeitpunkt der **tatsächlichen Verfügungsmöglichkeit** abstellen. Dies ist aber wohl eher ein Vorschlag an den Gesetzgeber, das geltende Recht lässt bei seinem eindeutigen Wortlaut eine solche Lösung nicht zu.[968]

Zwar ist dieser Auffassung, die dem Bereicherungsprinzip Vorrang vor dem Stichtagsprinzip einräumt, aber im Widerspruch zu dem auch vom Erbschaftsteuerrecht befolgten zivilrechtlichen Grundsatz des Von-selbst-Erwerbs beim Erwerb durch Erbanfall steht, zu konzedieren, dass der Erbe nicht immer gleich mit dem Erbfall die uneingeschränkte rechtliche Verfügungsmacht erlangt, etwa im Fall der Testamentsvollstreckung, im Hinblick auf die zum Schutz des Nacherben bestehende Verfügungsbeschränkung über Nachlassgrundstücke oder bei Vorliegen einer Erbengemeinschaft. Dies kann jedoch als Argument gegen das Stichtagsprinzip vernachlässigt werden. Denn ein Testamentsvollstrecker hat gem. § 32 Abs. 1 Satz 2 ErbStG dafür zu sorgen, dass die Steuerschuld des Erben aus dem Nachlass erfüllt wird; auch der Vorerbe darf nach § 20 Abs. 4 ErbStG die durch die Vorerbschaft ausgelöste Erbschaftsteuer aus den Mitteln der Vorschrift entrichten und zu diesem

---

964 Siehe BFH vom 28.11.1990 II S 10/90, BFH/NV 1991 S. 243.
965 Nach Meincke, § 9 Rdnr. 13, sollte die Abzugsmöglichkeit der Vermächtnisverbindlichkeit beim Beschwerten auch dann erhalten bleiben, wenn die mit dem Erbfall entstandene Steuerschuld des Vermächtnisnehmers im Billigkeitswege erlassen werden sollte.
966 Siehe BFH vom 06.06.1951, BStBl 1951 III S. 142, und vom 08.06.1977, BStBl 1979 II S. 562.
967 Siehe DStZ 1991 S. 556 und StuW 1993 S. 67.
968 Zu Überlegungen in diese Richtung de lege ferenda s. auch Klein-Blenkers, DStR 1991 S. 1549.

4.9 Entstehung der Steuer – § 9 ErbStG

Zweck erforderlichenfalls sogar gem. § 2120 BGB vom Nacherben die Zustimmung zur Verfügung über ein Nachlassgrundstück verlangen. Ein Miterbe kann jederzeit die Auseinandersetzung der Gemeinschaft betreiben, selbst für den Ausnahmefall des Ausschlusses der Auseinandersetzung (§ 2044 Abs. 1 BGB) kann er verlangen, dass die auf ihn entfallende Erbschaftsteuer unter Anrechnung auf seinen Erbteil aus dem Nachlass beglichen wird (§ 2046 Abs. 2 BGB). Dem Stichtagsprinzip folgend ist auch der zwischen (möglichen) Miterben nachträglich geschlossene Vergleich wegen der gesetzlichen Verbindung der Steuerentstehung mit dem Erbfall auf diesen Zeitpunkt zurückzubeziehen.[969] Gewichtiger aber als etwaige rechtliche Hindernisse ist jedoch, dass **tatsächliche Hindernisse** einer Verfügung über die zugefallenen Nachlassgegenstände entgegenstehen können, was bei konsequenter Beachtung des Stichtagsprinzips zu Ergebnissen führen kann, die nicht jedem Steuerpflichtigen als sachgerecht „einleuchten" werden, z. B. wenn der Erbe – etwa im Fall einer verspäteten Erbscheinserteilung, beim rückwirkenden Erwerb nach Testamentsanfechtung, nach einer Erbunwürdigkeitserklärung – sich zum Erbfall Werte anrechnen lassen muss, die er wegen einer ungünstigen Entwicklung gleich nach dem Erbfall niemals realisieren konnte. Exemplarisch hingewiesen sei hier nur auf die drastischen Kurseinbrüche an der Börse im Jahr 2008 – Verlust der im DAX notierten Aktien allein in den ersten beiden Oktoberwochen fast 30 %, wobei das Minus nur wegen des exorbitanten Anstiegs der VW-Stammaktien innerhalb weniger Tage um ca. 1.000 % nicht noch deutlicher ausfiel –. Das BVerfG[970] hat sich im Fall der Besteuerung eines Vermächtnisnehmers, dessen ihm zugewandte Aktien zwischen Erbfall und dem Zeitpunkt der tatsächlichen Verfügungsmöglichkeit sehr stark gefallen waren, mit dem Stichtagsprinzip beschäftigt und den Beschwerdeführer auf den Weg des Billigkeitserlasses gem. § 163 AO verwiesen, der später aber vom FG Köln abgelehnt wurde.[971] Allgemein ist insoweit anzumerken, dass ein Billigkeitserlass sicherlich nicht in Betracht kommt, wenn der Vermächtnisnehmer schon ab dem Erbfall ausreichende Einwirkungsmöglichkeiten auf den Erben gehabt hätte, um die ungünstige Kursentwicklung zu verhindern, oder bei schuldhaft verzögerter Vermächtniserfüllung Schadensersatz verlangen könnte.

Von dem Grundsatz des § 9 Abs. 1 Nr. 1 ErbStG – **Tod des Erblassers** als **Stichtag** für die Steuerentstehung – sieht das Gesetz entsprechend seinem Grundgedanken **Ausnahmen** in § 9 Abs. 1 Nr. 1 Buchst. a bis i ErbStG dann vor, wenn die **wirtschaftliche Bereicherung** erst zu einem **späteren Zeitpunkt** eintritt.

---

969 Siehe BFH vom 01.02.1961, BStBl 1961 III S. 133; FG München, EFG 1988 S. 32.
970 Siehe BVerfG vom 22.06.1995, BStBl 1995 II S. 671.
971 Siehe FG Köln, EFG 1998 S. 1603; ausführlich zu dieser Entscheidung Michel, UVR 2000 S. 49; zur Problematik „Stichtagsprinzip und Billigkeitsmaßnahme" s. auch Meincke, DStR 2004 S. 573.

4.9.2.2 Bedingter, betagter, befristeter Erwerb

Erfolgt der Erwerb von Todes wegen unter einer aufschiebenden Bedingung, einer Betagung oder Befristung (§ 3 Abs. 2 Nr. 2 ErbStG), entsteht die Steuerschuld mit dem **Zeitpunkt** des **Eintritts** der **Bedingung** oder des **Ereignisses**. Das gilt auch dann, wenn der Erwerb selbst nicht bedingt, betagt oder befristet ist, wenn aber zu dem erworbenen Vermögen bedingte, betagte oder befristete Ansprüche gehören, für diese Ansprüche, **§ 9 Abs. 1 Nr. 1 Buchst. a ErbStG**.

1) Die Bedingung bzw. Befristung hat aufschiebende Wirkung, wenn der Erwerb erst mit dem Eintritt eines zukünftigen ungewissen bzw. eines zukünftig gewiss eintretenden Ereignisses wirksam werden soll (§ 158 Abs. 1, § 163 BGB). Bei § 9 Abs. 1 Nr. 1 Buchst. a ErbStG handelt es sich um eine die §§ 4, 8 BewG ergänzende Regelung. Hiernach wird der aufschiebend bedingte oder befristete Erwerb bewertungsrechtlich erst mit dem Eintritt des Ereignisses erfasst, von dem die Bedingung oder Befristung abhängt, was aber nichts über den Zeitpunkt der Entstehung der Steuer sagt. Würde die Steuer auch für diese Erwerbe schon mit dem Erbfall entstehen, so könnte sie doch erst beim späteren Ereigniseintritt berechnet werden, wäre dann aber noch auf die Verhältnisse und die gesetzlichen Grundlagen zum Zeitpunkt des Erbfalls zurückzubeziehen. Die Regelung des § 9 Abs. 1 Nr. 1 Buchst. a ErbStG hat zur Folge, dass bei Eintritt der Bedingung oder des Ereignisses keine Berichtigung der ursprünglichen Steuerfestsetzung zu erfolgen hat, sondern eine selbständige Steuerfestsetzung vorzunehmen ist.[972] Allerdings hat hierbei ggf. eine Zusammenrechnung mit dem anderen Teil des Erwerbs nach § 14 ErbStG zu erfolgen.[973] Die Behandlung auflösend bedingter Erwerbe richtet sich demgegenüber nach § 5 BewG.

Die zum Teil schwierige Abgrenzung[974] bestimmt sich nach § 158 BGB im Wege der Auslegung (§ 133 BGB).

Beispiel:
Erblasser E (Handelsvertreter) hinterlässt seinem Erben S im Jahr 01 neben den übrigen Nachlassgegenständen Provisionsansprüche aus vermittelten, aber noch nicht ausgeführten Geschäften. Im Jahr 02 werden die vermittelten Geschäfte vom Unternehmer ausgeführt. Im Jahr 03 stellt sich heraus, dass der Dritte nicht leistet.

Im Jahr 01 ist die Steuer nur bzgl. der übrigen Nachlassgegenstände nach § 9 Abs. 1 Nr. 1 ErbStG entstanden; S wird insoweit zur Erbschaftsteuer veranlagt. Die Provisionsansprüche sind – mangels abweichender Vereinbarung – aufschiebend bedingt (§ 87a Abs. 1 HGB).

Im Jahr 02 tritt durch die Ausführung der Geschäfte durch den Unternehmer die aufschiebende Bedingung ein. Es erfolgt bzgl. dieser Provisionsansprüche eine 2. selb-

---
[972] Z. B. bei Stock Options; s. auch Kolmann, ZEV 2002 S. 216.
[973] Siehe hierzu BFH vom 16.01.2008, BStBl 2008 II S. 626 mit dem Hinweis, dass beim Erwerb eines aufschiebend bedingten Anspruchs nicht der Erwerbszeitpunkt, sondern nur der Zeitpunkt der Steuerentstehung verschoben wird.
[974] Vgl. z. B. FG Rheinland-Pfalz, EFG 1996 S. 1079.

4.9 Entstehung der Steuer – § 9 ErbStG

ständige Veranlagung des S, bei der allerdings § 14 ErbStG hinsichtlich der übrigen Nachlassgegenstände zu beachten ist.

Im Jahr 03 entfällt nach § 87a Abs. 2 HGB der Anspruch auf die Provision und bereits empfangene Beträge sind zurückzugewähren, weil feststeht, dass der Dritte nicht leistet; die auflösende Bedingung ist eingetreten. Die Behandlung auflösend bedingter Erwerbe richtet sich nach § 5 BewG. Danach war der Erwerb im Jahr 02 zunächst wie ein unbedingter zu behandeln. Bei Eintritt der auflösenden Bedingung im Jahr 03 ist die Steuerfestsetzung aus dem Jahr 02 auf Antrag des S nach dem tatsächlichen Wert des Erwerbs zu berichtigen.

2) Nach dem Gesetzeswortlaut gilt § 9 Abs. 1 Nr. 1 Buchst. a ErbStG nicht nur für aufschiebend bedingte und befristete Ansprüche, sondern auch für betagte. Mit der Aufnahme der betagten Erwerbe/Ansprüche in diese Vorschrift ist dem Gesetzgeber vermutlich ein Fehler unterlaufen. Gesetzeswortlaut und Gesetzessystematik sind nicht in Einklang zu bringen. Meines Erachtens ist dem Gesichtspunkt der Gesetzessystematik hier der Vorrang einzuräumen.

Betagte Ansprüche sind **zivilrechtlich** solche, die **bereits entstanden** sind, deren **Fälligkeit** aber **hinausgeschoben** ist – auf einen gewissen oder ungewissen Zeitpunkt –.[975] Das Fälligkeitsdatum – z. B. Ende der Stundung – kann beim Erbfall feststehen oder noch unbestimmt sein. Nach den allgemeinen erbschaftsteuerlichen (bewertungsrechtlichen) Regeln sind betagte Ansprüche also dem Grunde nach zu erfassen, die spätere Fälligkeit kann lediglich bei der Bewertung zu berücksichtigen sein. Bei wörtlicher Zugrundelegung dieser Entstehensregelung wären demgegenüber solche Erwerbe/Ansprüche beim Tod des Erblassers (noch) nicht zu erfassen, während die entsprechenden Verbindlichkeiten nach den allgemeinen Regeln ggf. bereits beim Tod des Erblassers zu berücksichtigen wären.

Beispiel:
E hat bei seinem Freund G privat ein normal verzinsliches Darlehen über 50.000 € aufgenommen, das beim Tod der Ehefrau F des G zurückgezahlt werden soll. G stirbt. Die F ist seine Erbin.

Die Regelung des § 9 Abs. 1 Nr. 1 Buchst. a ErbStG zugrunde gelegt, ist die Darlehensforderung erbschaftsteuerlich noch nicht beim Tod des G, sondern erst beim Tod der F zu berücksichtigen.[976] Das Ergebnis ist unbefriedigend.

Der RFH[977] und die Verwaltung[978] hatten die Auffassung vertreten, der Forderungserwerb sei schon mit dem Erbfall zu besteuern, weil nicht angenommen werden könne, dass der Gesetzgeber den Besteuerungszeitpunkt für bereits entstandene Ansprüche vom Erbfall auf das Fälligkeitsdatum habe verschieben wollen – also: besonderer erbschaftsteuerrechtlicher Begriff der Betagung, der die bereits entstandene, aber noch nicht fällige Forderung abweichend vom Zivilrecht nicht umfasste –.

---

975 Siehe Palandt/Ellenberger, § 163 Rdnr. 2; vgl. insoweit auch § 813 Abs. 2 BGB.
976 Siehe Hessisches FG, EFG 1990 S. 67 und 1998 S. 1347; Kaeser, ZEV 1998 S. 210; vgl. die Zusammenstellung bei Geck/Messner, ZEV 1998 S. 427.
977 Siehe RFH, RStBl 1931 S. 895.
978 Siehe FinMin Saarland vom 20.08.1998, DStR 1998 S. 1472.

4 Steuerpflicht

Der BFH[979] differenziert demgegenüber unter Hinweis auf § 12 Abs. 3 BewG wie folgt: Bei Ansprüchen, die zu einem bestimmten – feststehenden – Zeitpunkt fällig werden, bleibt es bei der Regel des § 9 Abs. 1 Nr. 1 ErbStG (= Tod des Erblassers). Wenn aber das Ereignis, das die Fälligkeit herbeiführt, zum Erbfall zeitlich noch nicht klar fixiert, also unbestimmt ist, bleibt es bei der Sonderregelung des § 9 Abs. 1 Nr. 1 Buchst. a ErbStG (= Eintritt des Ereignisses). Das dieser Rechtsprechung zugrunde liegende, vom Zivilrecht abweichende Verständnis der Betagung wird mit der § 9 Abs. 1 Nr. 1 Buchst. a ErbStG zugrunde liegenden Erwägung gerechtfertigt, dass in diesen Fällen eine wirtschaftliche Bereicherung um das von Todes wegen Erworbene noch nicht im Zeitpunkt des Todes des Erblassers erfolge, hingegen bei Bestimmtheit des Zeitpunkts des Eintritts des zur Fälligkeit führenden Ereignisses die Bereicherung schon mit dem Tode des Erblassers eintrete.[980]

Beim Anfall einer betagten Schuld ergibt sich das vorstehend dargestellte Problem m. E. nicht.

Beispiel:

E hat bei seinem Freund G ein unverzinsliches Darlehen über 50.000 € aus privaten Gründen aufgenommen, das beim Tod des G zurückgezahlt werden soll. E stirbt. F ist Erbin. G ist 52 Jahre alt.

Die Rückzahlungsverpflichtung aus dem Darlehensvertrag ist bereits entstanden, nur die Fälligkeit ist bis zum Tod des G hinausgeschoben. Die Schuld ist bei der Erbschaftsteuerveranlagung der F nach § 10 Abs. 5 Nr. 1 ErbStG abzugsfähig. Die Bewertung richtet sich nach § 12 Abs. 3 BewG, wobei der Gegenwartswert einer unverzinslichen Kapitalforderung oder Kapitalschuld, die bis zum Tod einer bestimmten Person läuft, nach der mittleren Lebenserwartung errechnet wird (hier: 27,65 Jahre laut am 04.11.2010 veröffentlichter Sterbetafel 2007/2009 des Statistischen Bundesamtes). Der Vervielfältiger für die Abzinsung einer unverzinslichen, nach einer bestimmten Zeit in einem Betrag fälligen Forderung/Schuld beträgt 0,230 als Zwischenwert zwischen dem Vervielfältiger für eine Laufzeit von 27 und von 28 Jahren.[981] Folglich ist die Rückzahlungsverpflichtung mit 50.000 € × 0,230 = 11.500 € anzusetzen.

Ob der Erwerb unter § 3 Abs. 1 Nr. 1 oder Nr. 4 ErbStG fällt, kann m. E. für das Ergebnis nicht von Bedeutung sein.

Beispiel:

M stirbt 05. F schlägt die Erbschaft aus. Als Bezugsberechtigte erwirbt sie 50.000 € aus einer Lebensversicherung des M. Die Versicherung zahlt erst 06 nach Prüfung der Leistungspflicht aus.

Der BFH[982] kommt zur Anwendung von § 9 Abs. 1 Nr. 1 Buchst. a ErbStG für den Erwerb der F. Die Steuer entsteht also erst 06.

---

979 Siehe BFH vom 27.08.2003, BStBl 2003 II S. 921, vom 16.01.2008, BStBl 2008 II S. 626, und vom 07.10.2009 II R 27/07, BFH/NV 2010 S. 891 m. w. N.

980 Siehe insoweit auch Meincke, § 9 Rdnr. 23, der zur Begründung auf das Wort „Ereignis" verweist und die Auffassung vertritt, bei einem von vornherein festliegenden Fälligkeitsdatum sei die Fälligkeit nicht von einem „Ereignis" abhängig gemacht.

981 Siehe gleichlautende Ländererlasse vom 10.10.2010, BStBl 2010 I S. 810.

982 Siehe BFH vom 16.01.2008, BStBl 2008 II S. 626, und vom 07.10.2009 II R 27/07, BFH/NV 2010 S. 891.

4.9 Entstehung der Steuer – § 9 ErbStG

Das Ergebnis und die Begründung sind unbefriedigend. F hat mit dem Tod des M einen Vermögensvorteil (§ 3 Abs. 1 Nr. 4 ErbStG) erworben. Sie ist rechtlich und (m. E. entgegen der Auffassung des BFH) auch wirtschaftlich bereichert, denn eine entstandene Forderung ist verwertbar, kann z. B. abgetreten werden. Das Problem der Bewertung (§ 12 Abs. 1 BewG) kann – wie auch sonst in vergleichbaren Fällen – durch Schätzung der Laufzeit gelöst werden.[983]

Wie schwierig die Abgrenzung in diesem Bereich sein kann, mag auch folgendes Beispiel zeigen.

Beispiel:
Eheleute M und F haben sich durch gemeinschaftliches Testament gegenseitig zu Erben eingesetzt. Weiterhin ist bestimmt, dass das Kind, das den Pflichtteil nicht verlangt, aus dem Nachlass des Erstversterbenden ein Vermächtnis in Höhe des Geldbetrags erhalten soll, welcher dem Wert seines gesetzlichen Erbteils entspricht. Das Vermächtnis soll sofort bei dem Tod des Erstversterbenden anfallen, aber erst bei dem Tod des Letztlebenden ausgezahlt werden. Kind K verzichtet nach dem Tod des erstversterbenden M auf seinen Pflichtteil.
Lösung unter Zugrundelegung der Auffassung des RFH[984] und des FinMin Saarland vom 20.08.1998:[985]
Der Vermächtnisanspruch des K ist nicht betagt i. S. des § 9 Abs. 1 Nr. 1 Buchst. a ErbStG. K hat ihn also bereits beim Tod des M, allerdings abgezinst auf diesen Zeitpunkt, zu versteuern. Entsprechend ist die Verbindlichkeit beim Erwerb der F zu berücksichtigen.
Lösung unter Zugrundelegung der Auffassung des Hessischen FG:[986]
Der Vermächtnisanspruch des K ist betagt i. S. des § 9 Abs. 1 Nr. 1 Buchst. a ErbStG. K hat ihn also erst beim Tod der F zu versteuern. Die Verbindlichkeit (abgezinst auf den Tod des M) ist allerdings mangels entsprechender gesetzlicher Regelung für die Schuld bereits beim Erwerb der F zu berücksichtigen.

3) Auch wenn § 9 Abs. 1 Nr. 1 Buchst. a ErbStG vom Wortlaut her jeden aufschiebend, betagten oder befristeten Erwerb von Todes wegen erfasst, kommt die Vorschrift für inländische Erbeinsetzungen nicht zum Tragen. Der Erwerb durch Erbanfall ist keine Forderungsbegründung, sondern Rechtsnachfolge und kann daher nicht betagt erfolgen. Die aufschiebend bedingte oder befristete Erbeinsetzung stellt die Anordnung einer Vor- und Nacherbschaft i. S. der §§ 2100 ff. BGB dar; diese führt § 9 Abs. 1 Nr. 1 Buchst. h ErbStG gesondert auf.

Nach ausländischem Recht kann eine Erbeinsetzung aufschiebend bedingt oder befristet erfolgen, ohne dass für die Zeit zwischen Erbfall und Bedingungs- bzw. Befristungseintritt jemand Vorerbe ist, der aufschiebend bedingt/befristet eingesetzte Erbe auch nicht die Position eines – einem Vorerben – nachfolgenden Nacherben erhält.[987] Bei Auslandserwerben mag also § 9 Abs. 1 Nr. 1 Buchst. a ErbStG zur

---
983 Siehe hierzu BFH vom 22.02.1974, BStBl 1974 II S. 330.
984 Siehe RFH, RStBl 1931 S. 895.
985 Siehe DStR 1998 S. 1472.
986 Siehe EFG 1990 S. 67 und 1998 S. 1347.
987 Siehe hierzu BFH vom 07.05.1986, BStBl 1986 II S. 615.

4 Steuerpflicht

Anwendung kommen. Zu beachten ist aber, dass die Rechtsprechung[988] bei Auslandserwerben nicht einer strikt dem Zivilrecht entsprechenden Beurteilung gefolgt ist, sondern die Entscheidung, ob ein aufschiebend bedingter/befristeter Erwerb anzunehmen ist, von einer den wirtschaftlichen Gegebenheiten entsprechenden Betrachtungsweise unter Berücksichtigung des Grundsatzes der Besteuerungsgleichmäßigkeit abhängig gemacht hat.

In der Praxis von besonderer Bedeutung sind in diesem Bereich die erbrechtlichen Rechtsformen nach dem Recht der USA. Einen aufschiebend bedingten Erwerb hatte der RFH (a. a. O.) in der Konstellation angenommen, dass das von einem US-Amerikaner hinterlassene Vermögen zunächst einem Trust zufiel, aus dem der Sohn Zinsen erhielt, während das gebundene Vermögen erst nach dessen Tod aufzulösen und an die dann vorhandenen gesetzlichen Erben auszuzahlen war. Der BFH (a. a. O.) urteilte später verallgemeinernd, die Erbeinsetzung mit Zwischenschaltung eines Trustee nach amerikanischem Recht sei aufschiebend bedingt.[989] Diese Annahme eines bedingten Erwerbs hatte seinerzeit eine Besteuerungslücke zur Folge, denn in dem Zeitraum zwischen Erbfall und Bedingungseintritt blieb der Nachlass unversteuert, weil das Trust-Recht einen vorläufigen Rechtsträger, vergleichbar dem Vorerben des BGB, nicht kennt. Diese Lücke hat der Gesetzgeber mit § 3 Abs. 2 Nr. 1 Satz 2 ErbStG geschlossen. Hieraus i. V. m. § 7 Abs. 1 Nr. 9 Satz 2 und § 20 Abs. 1 Satz 2 ErbStG ergibt sich, dass jetzt schon der Anfall an den Trust als unbedingter Erwerb von Todes wegen, die Weiterleitung des Vermögens aus dem Trust an den endgültigen Erben bei diesem nicht mehr als Bedingungseintritt für den Erwerb von Todes wegen, sondern als unbedingter Erwerb unter Lebenden gilt. Im Fall der Erbeinsetzung unter Bestellung eines Administrators, dessen Aufgabe nach US-Recht darin besteht, den Nachlass unter Aufsicht und Kontrolle des Gerichts so rasch wie möglich abzuwickeln – ähnlich einer Nachlasspflegschaft oder Nachlassverwaltung –, ist die Rechtsprechung stets von einem unbedingten/unbefristeten Erwerb ausgegangen.[990]

Eine Erbeinsetzung ist nicht aufschiebend bedingt, wenn auf Antrag eines Nachlassbeteiligten Nachlassverwaltung nach schwedischem Recht angeordnet ist.[991]

---

988 Siehe RFH, RStBl 1935 S. 1366; BFH vom 31.05.1961, BStBl 1961 III S. 312.

989 I. d. S. auch BFH vom 28.02.1979, BStBl 1979 II S. 438, vom 07.05.1986, BStBl 1986 II S. 615, und vom 07.06.1989 II B 4/89, BFH/NV 1990 S. 235; vgl. weiterhin BFH vom 20.12.1957, BStBl 1958 III S. 79 zum trustee eines englischen Nachlasses; s. in diesem Zusammenhang auch Siemers/Müller, IStR, 1998 S. 385.

990 Siehe BFH vom 29.03.1957, BStBl 1957 III S. 211, und vom 02.02.1977, BStBl 1977 II S. 425; zur Erbeinsetzung unter Zwischenschaltung eines nach amerikanischem Recht bestellten Executors als regelmäßig unbedingter Erwerb von Todes wegen auch bei testamentarisch eingeräumten erweiterten Befugnissen vgl. BFH vom 08.06.1988, BStBl 1988 II S. 808 – hingegen noch bedingten Erwerb annehmen mit der Folge, dass die Steuer erst mit Beendigung des Trust, und zwar mit dem Tag des rechtskräftigen Verteilungsbeschlusses des Trust-Vermögens entstand, BFH vom 15.05.1964, BStBl 1964 III S. 408 im Fall einer dem Executor für die Zeit der Testamentsvollstreckung erteilten unbeschränkten Verfügungsmacht –.

991 Siehe Niedersächsisches FG, EFG 1992 S. 144.

4.9 Entstehung der Steuer – § 9 ErbStG

4) Beim Vermächtnis kann ein aufschiebend bedingter/befristeter Erwerb mit einem unbedingten Erwerb zusammentreffen, sodass der eine mit dem Erbfall, der andere beim Bedingungs-/Befristungseintritt steuerpflichtig wird und § 14 ErbStG zu beachten ist.[992]

Beim Kaufrechtsvermächtnis handelt es sich um den Erwerb eines bedingten Anspruchs; die Steuer entsteht mit dem Zeitpunkt des Bedingungseintritts, also wenn der Vermächtnisnehmer das vom Erblasser vorgesehene Entgelt zahlt oder sich zumindest zur Zahlung bereit erklärt.[993]

4.9.3 Erwerb von Todes wegen (Pflichtteilsanspruch)

Ein Pflichtteilsanspruch entsteht nach § 2317 BGB zwar bürgerlich-rechtlich mit dem Erbfall, das Erbschaftsteuerrecht beachtet den Anspruch aber erst mit seiner Geltendmachung (§ 3 Abs. 1 Nr. 1 ErbStG). Dementsprechend entsteht die Steuer in diesem Fall auch erst mit dem Zeitpunkt der **Geltendmachung (§ 9 Abs. 1 Nr. 1 Buchst. b ErbStG)**. Dadurch, dass auf die Geltendmachung des Pflichtteilsanspruchs abgestellt wird, dem bloßen zivilrechtlichen Entstehen also erbschaftsteuerrechtlich keine Bedeutung zukommt, respektiert das Gesetz die Gründe, die den Pflichtteilsberechtigten im Interesse des Erben und aus Pietät gegenüber dem Erblasserwillen veranlassen können, den Anspruch (vorerst) nicht einzufordern. Das zeitliche Hinausschieben der erbschaftsteuerrechtlichen Folgen eines Pflichtteilsanspruchs soll ausschließen, dass bei dem Berechtigten auch dann Steuer anfällt, wenn er seinen Anspruch zunächst oder dauerhaft nicht erhebt – korrespondierend § 10 Abs. 1 Satz 2 i. V. m. Abs. 5 Nr. 2 ErbStG zur steuerrechtlichen Irrelevanz des bloßen Bestehens der Pflichtteilsschuld –.

Zwar wird die Steuerentstehung mit der Geltendmachung durch den Pflichtteilsberechtigten verknüpft, weil der Anspruch regelmäßig nur erfüllt wird, wenn dieser es verlangt. Geht aber die Initiative zur Anspruchserfüllung ausnahmsweise vom Erben aus, dann kommt es mit der Leistungserbringung auch ohne besonderes Verlangen des Gläubigers zum steuerpflichtigen Erwerb – abzugsfähige Verbindlichkeit nach § 10 Abs. 5 Nr. 2 ErbStG hier mit dem Zeitpunkt der Leistungserbringung –.[994]

Der Pflichtteil ist geltend gemacht, sobald der Pflichtteilsberechtigte zu erkennen gibt (ausdrücklich oder konkludent), dass er aus seinem Anspruch Rechte herleiten will. Erforderlich ist, dass für den **Erben erkennbar** ist, dass der **Pflichtteilsberechtigte ernstlich** auf der **Erfüllung** seines **Anspruchs besteht**. Denn das Geltendma-

---

992 Siehe hierzu RFH, RStBl 1941 S. 438 – Vermächtnisnehmer sind zunächst Zahlungen aus einem Kapital, bei Ereigniseintritt das Kapital selbst zugewandt worden –; BFH vom 18.05.1966, BStBl 1966 III S. 593 – vermacht ist zunächst Nießbrauch am hälftigen Nachlass und für den Fall des Eintritts der Bedingung die Auskehrung des halben Nachlasswerts unter Wegfall des Nießbrauchs –.

993 Siehe BFH vom 13.08.2008, BStBl 2008 II S. 982 – Aufgabe der noch im Urteil vom 06.06.2001, BStBl 2001 II S. 605, vertretenen Auffassung vom Erwerb eines Gestaltungsrechts als dessen Folge die Steuerentstehung nach § 9 Abs. 1 Nr. 1 Buchst. b ErbStG zu beurteilen war –.

994 Siehe BFH vom 24.01.1958, BStBl 1958 III S. 134.

4 Steuerpflicht

chen hat zur Folge, dass die Steuerpflicht begründet wird und dass ein späterer Verzicht auf das Einfordern des Anspruchs unter dem Gesichtspunkt der freigebigen Zuwendung eine weitere Steuerpflicht auslöst – kein Fall von § 13 Abs. 1 Nr. 11 ErbStG –.

Die Geltendmachung verlangt nicht die Einleitung gerichtlicher Schritte, wie dies gem. § 852 Abs. 1 ZPO für die Herbeiführung der Pfändbarkeit des Pflichtteils oder gem. § 204 BGB für die Hemmung der Verjährung erforderlich ist. Sie kann aber auf einen Teil des Pflichtteilsanspruchs beschränkt werden, sodass die Steuer dann der „Höhe nach begrenzt" entsteht.[995]

Aus der Möglichkeit der Geltendmachung eines Teilanspruchs kann nicht gefolgert werden, dass für das Geltendmachen des Pflichtteils die Bezifferung der Anspruchshöhe erforderlich ist.[996] Eine Bezifferung ist dem Pflichtteilsberechtigten, der nicht Erbe ist, regelmäßig erst nach Erteilung der in § 2314 Abs. 1 Satz 1 BGB vorgesehenen Auskunft durch den Erben möglich. Unter Geltendmachung des Pflichtteils nur die Erhebung eines bezifferten Anspruchs zu verstehen, ist eine mit dem Gesetzeswortlaut nicht zu vereinbarende Auslegung und auch zur Wahrung der berechtigten Interessen der Beteiligten nicht erforderlich.[997] Der Pflichtteilsberechtigte kann sich, um die Steuer zunächst nicht entstehen zu lassen, darauf beschränken, vom Erben erst nur Auskunft zu verlangen, und sich die Geltendmachung des Pflichtteils vorbehalten.[998]

Zur Frage, ob die Stundung eines Pflichtteilsanspruchs durch den Gläubiger nach dessen bürgerlich-rechtlichem Entstehen die Geltendmachung voraussetzt oder nicht, vgl. Troll/Gebel/Jülicher, § 3 Rdnr. 228; Viskorf/Knobel/Schuck, § 3 Rdnr. 144 m. w. N.; zur Stundung durch das Nachlassgericht nach § 2331a BGB s. Meincke, § 9 Rdnr. 33, der mit dem Geltendmachen nur den Erwerb eines betagten Anspruchs sieht und es für nahe liegend hält, unter Hinweis auf § 9 Abs. 1 Nr. 1 Buchst. a ErbStG das Datum der Steuerentstehung auf den Ablauf der Stundungsfrist zu verschieben.

Die Abtretung des Pflichtteilsanspruchs, insbesondere die zur Besicherung vorgenommene stille Zession, sollte noch nicht als Geltendmachung angesehen, vielmehr hiervon erst dann ausgegangen werden, wenn der Zessionar vom Erben Zahlung verlangt, wobei die Steuerpflicht aber den Zedenten trifft.[999]

---

995 Siehe BFH vom 18.07.1973, BStBl 1973 II S. 798.
996 Siehe BFH vom 19.07.2006, BStBl 2006 II S. 718 mit Verweis auf FG-Rechtsprechung; ebenso Troll/Gebel/Jülicher, § 3 Rdnr. 226; Kapp/Ebeling, § 3 Rdnr. 212, 213; Viskorf//Knobel/Schuck, § 3 Rdnr. 140 und § 9 Rdnr. 30; eine Bezifferung der Höhe des Anspruchs hingegen verlangend Meincke, § 9 Rdnr. 32 und ZErb 2004 S. 1; Moench/Kien-Hümbert/Weinmann, § 3 Rdnr. 119a.
997 So: BFH vom 19.07.2006, BStBl 2006 II S. 718.
998 Vgl. von Oertzen/Cornelius, ErbStB 2006 S. 49.
999 Siehe hierzu Hessisches FG, EFG 1990 S. 587.

4.9 Entstehung der Steuer – § 9 ErbStG

Nicht mehr geltend gemacht werden kann der Pflichtteil, wenn der Gläubiger Erbe des Pflichtteilsschuldners geworden ist – § 10 Abs. 3 ErbStG ist zu beachten –.[1000]

4.9.4 Sonstige Erwerbe von Todes wegen
(§ 9 Abs. 1 Nr. 1 Buchst. c bis j ErbStG)

4.9.4.1 Erwerb i. S. des § 3 Abs. 2 Nr. 1 ErbStG

Im Fall des nach § 3 Abs. 2 Nr. 1 Satz 1 ErbStG als Zuwendung vom Erblasser geltenden Übergangs von Vermögen auf eine von diesem von Todes wegen angeordnete Stiftung entsteht die Steuer gem. **§ 9 Abs. 1 Nr. 1 Buchst. c ErbStG** nicht schon mit dem Erbfall, sondern erst mit dem **Zeitpunkt** der **Anerkennung** – maßgebend ist wohl der Zeitpunkt der Bekanntgabe –[1001] der **Stiftung als rechtsfähig**.[1002] Zwar gilt die Stiftung, wenn sie nach dem Tode des Stifters als rechtsfähig anerkannt wird, gem. § 84 BGB für die Zuwendungen des Stifters als schon vor dessen Tod entstanden, sodass die Steuerpflicht auch bereits zum Erbfall entstehen könnte. Das ErbStG berücksichtigt hier aber mit dem Eintritt der Steuerpflicht erst mit dem Zeitpunkt der Anerkennung, dass die zivilrechtliche Rückwirkung nicht auch die wirtschaftliche Bereicherung zurückverlegt. „Übergegangenes Vermögen" ist deshalb das, das der Stiftung im Zeitpunkt der Anerkennung ex nunc zufällt. Daraus folgt im Hinblick auf § 11 ErbStG, dass zwischen dem Erbfall und der Anerkennung der Stiftung eingetretene wert- oder bestandsmäßige Veränderungen im Nachlass berücksichtigt werden müssen.[1003]

Die Steuerentstehung des Vermögensübergangs auf einen Trust von Todes wegen ist in § 9 Abs. 1 Nr. 1 Buchst. c ErbStG auf den Zeitpunkt der Bildung oder Ausstattung der betreffenden Vermögensmasse festgelegt.[1004]

4.9.4.2 Erwerb i. S. des § 3 Abs. 2 Nr. 2 ErbStG

Da § 9 ErbStG das Entstehen der Steuer grundsätzlich erst an die wirtschaftliche Bereicherung anknüpft, entsteht die Steuer nach **§ 9 Abs. 1 Nr. 1 Buchst. d ErbStG** in den Fällen des § 3 Abs. 2 Nr. 2 ErbStG erst mit dem **Zeitpunkt** der **Vollziehung** der **Auflage** oder **Erfüllung** der **Bedingung**. Gemeinsam ist beiden Fällen dieses erbschaftsteuerpflichtigen Tatbestands, dass der Dritte aus der Bedingung oder Auflage ein Recht auf die Leistung gegen den Bedachten nicht erhält. Mit dem Tod des

---

[1000] Siehe FG München EFG 1991 S. 199; UVR 1993 S. 55; vgl. hierzu aber Muscheler ZEV 2001 S. 377.
[1001] Siehe BFH vom 23.04.1952, BStBl 1952 III S. 157 zur GrESt.
[1002] Siehe BFH vom 25.10.1995, BStBl 1996 II S. 99; H E 9.3 ErbStH 2011.
[1003] Siehe BFH vom 25.10.1995, BStBl 1996 II S. 99; Moench/Kien-Hümbert/Weinmann, § 11 Rdnr. 4; Troll/Gebel/Jülicher, § 3 Rdnr. 320 und § 9 Rdnr. 56; zur gegenteiligen Auffassung und zu Gestaltungshinweisen s. Ebeling, ZEV 2000 S. 80; Gebel, BB 2001 S. 2554; Wachter, ZEV 2003 S. 445.
[1004] Für Meincke – vgl. § 9 Rdnr. 34 – nicht eindeutig, „inwieweit hiermit wirklich ein vom Zeitpunkt des Todes abweichender Steuerentstehungszeitpunkt beschrieben werden soll".

Erblassers erlangt er nur eine Erwerbschance, aus der eine Bereicherung erst durch den Auflagevollzug oder die Bedingungserfüllung wird.

4.9.4.3 Erwerb i. S. des § 3 Abs. 2 Nr. 3 ErbStG

Nach § 9 Abs. 1 Nr. 1 Buchst. e ErbStG entsteht die Steuer in den in der Praxis bisher weitgehend bedeutungslos gebliebenen Fällen des § 3 Abs. 2 Nr. 3 ErbStG mit dem **Zeitpunkt** der **Genehmigung** (wohl Bekanntgabe der Genehmigung). Dies soll auch dann gelten, wenn die Leistung an den Dritten im Hinblick auf die erwartete Genehmigung schon vor der behördlichen Entscheidung ausgeführt wird – bei späterer Nichterteilung der Genehmigung bereicherungsrechtlicher Anspruch wegen Zweckverfehlung –.

4.9.4.4 Erwerb i. S. des § 3 Abs. 2 Nr. 4 ErbStG

Nach § 9 Abs. 1 Nr. 1 Buchst. f ErbStG entsteht die Steuer bei Gewährung einer Abfindung für den Verzicht auf den entstandenen (aber nicht geltend gemachten) Pflichtteilsanspruch mit dem **Zeitpunkt** des **Verzichts,** bei Abfindungen für die Ausschlagung einer Erbschaft, eines Vermächtnisses entsteht sie mit dem **Zeitpunkt** der **Ausschlagung.** Zu beachten ist insoweit, dass Verzicht bzw. Ausschlagung gegen Abfindung regelmäßig eine entsprechende Abfindungsvereinbarung vorausgeht, der Verzichtende/Ausschlagende aber häufig die Abfindung bei Abgabe der Verzichts- bzw. Ausschlagungserklärung noch nicht erhalten hat, die Vereinbarung also von der anderen Seite noch nicht ausgeführt sein wird. Obwohl § 3 Abs. 2 Nr. 4 ErbStG nicht den Anspruch auf die Abfindung, sondern die „Abfindung selbst" der Steuerpflicht unterwirft, kommt es für die Steuerentstehung jedoch nicht auf den Zeitpunkt der Entrichtung des Abfindungsbetrags an.[1005]

§ 9 Abs. 1 Nr. 1 Buchst. f ErbStG knüpft an § 3 Abs. 2 Nr. 4 ErbStG an und sieht einen Steuerentstehungszeitpunkt für die dort geregelten Erwerbe vor. Mit dem ErbStRG vom 24.12.2008 hat der Gesetzgeber den Anwendungsbereich dieser den Erwerb von Todes wegen betreffenden Bestimmung auf die Abfindung „für die Zurückweisung eines Rechts aus einem Vertrag des Erblassers zugunsten Dritter auf den Todesfall oder anstelle eines anderen in Absatz 1 genannten Erwerbs" erweitert. Eine Anpassung der Regelung über die Steuerentstehung ist jedoch bislang, obwohl das ErbStG seitdem bereits mehrfach geändert worden ist – u. a. durch das Wachstumsbeschleunigungsgesetz vom 22.12.2009 und das Jahressteuergesetz 2010 vom 08.12.2010 –, aus nicht nachvollziehbaren Gründen unterblieben (oder vielleicht einfach: vergessen worden). Folge: **erweiternde Auslegung** von § 9 Abs. 1 Nr. 1 Buchst. f ErbStG dahingehend, dass die Steuer entsteht mit dem Zeitpunkt des „Verzichts, der Ausschlagung, der **Zurückweisung**".

[1005] Siehe in diesem Zusammenhang deshalb Gürsching/Stenger/Daragan, § 9 Rdnr. 48, wonach der Steuerentstehungstatbestand „dahin zu reduzieren sei, dass die Steuer erst entsteht, wenn die Abfindung dem Verzichtenden oder Ausschlagenden zugeflossen ist" – mit dem Gesetzeswortlaut, der die Steuerentstehung mit Verzicht/Ausschlagung und nicht mit dem Abfindungserwerb verknüpft, kaum vereinbar –.

4.9 Entstehung der Steuer – § 9 ErbStG

4.9.4.5 Erwerb i. S. des § 3 Abs. 2 Nr. 5 ErbStG

Bei Abfindungen nach § 3 Abs. 2 Nr. 5 ErbStG entsteht die Steuer mit dem **Zeitpunkt** der **Vereinbarung** über die **Abfindung** (**§ 9 Abs. 1 Nr. 1 Buchst. g ErbStG**).

4.9.4.6 Erwerb des Nacherben

Vor- und Nacherbe sind bürgerlich-rechtlich beide Rechtsnachfolger des Erblassers. Der Nacherbe erwirbt nach bürgerlichem Recht bereits mit dem Tod des Erblassers eine Anwartschaft auf die Nacherbfolge. Die Steuer für seinen Erwerb entsteht aber nach **§ 9 Abs. 1 Nr. 1 Buchst. h** ErbStG – entsprechend der Regelung in § 6 ErbStG – erst mit dem **Zeitpunkt** des **Eintritts** der **Nacherbfolge**.

4.9.4.7 Erwerb i. S. des § 3 Abs. 2 Nr. 6 ErbStG

Wird die Anwartschaft des Nacherben zwischen Erbfall und Nacherbfall entgeltlich übertragen – steuerpflichtiger Vorgang gem. § 3 Abs. 2 Nr. 6 ErbStG –, so entsteht die Steuer nach **§ 9 Abs. 1 Nr. 1 Buchst. i** ErbStG bereits mit dem **Zeitpunkt** der **Übertragung,** nicht erst mit dem Zeitpunkt der Zahlung des Entgelts. Im Fall des Eintritts der Nacherbfolge trifft dann anstelle des Veräußerers den Erwerber des Anwartschaftsrechts die Steuerpflicht auf den Erwerb durch Erbanfall.

4.9.4.8 Erwerb i. S. des § 3 Abs. 2 Nr. 7 ErbStG

Bei einem Erwerb nach § 3 Abs. 2 Nr. 7 ErbStG entsteht die Steuer nach **§ 9 Abs. 1 Nr. 1 Buchst. j** ErbStG mit dem **Zeitpunkt** der **Geltendmachung** des Anspruchs des Vertragserben, der Schlusserben eines gemeinschaftlichen Testaments oder des Vermächtnisnehmers wegen beeinträchtigender Schenkungen des Erblassers gegen den Beschenkten nach §§ 8122 ff. BGB – zum Begriff der Geltendmachung gelten die Grundsätze zum Pflichtteilsanspruch –.

4.9.5 Erwerb durch Schenkung

Bei den in § 7 ErbStG näher umschriebenen Schenkungen unter Lebenden entsteht die Steuer nach **§ 9 Abs. 1 Nr. 2 ErbStG** mit dem **Zeitpunkt** der **Ausführung der Zuwendung.** Die Verbindung der Steuerpflicht mit der Ausführung der Zuwendung bringt zum Ausdruck, dass das Versprechen der Zuwendung schenkungsteuerlich noch ohne Bedeutung ist – kein Entstehen der Steuerpflicht mit Abschluss des ein Schenkungsversprechen beinhaltenden Vertrages –.[1006]

Die Begriffe „Ausführung der Zuwendung" und „Bewirkung der Leistung" (§ 518 Abs. 2 BGB) können m. E. nicht gleichgesetzt werden (im Einzelnen s. o. 4.3.5.1). Hätte der Gesetzgeber dies gewollt, hätte er bei der Neufassung des Gesetzes eine entsprechend wortgleiche Formulierung verwenden können. Das Schenkungsteuerrecht legt vielmehr entscheidendes Gewicht auf den Eintritt der wirtschaftlichen

---

1006 Siehe BFH vom 28.11.1967, BStBl 1968 II S. 239, und vom 23.06.1971, BStBl 1972 II S. 43.

Bereicherung. Die Zuwendung ist dann ausgeführt, wenn der Bedachte über das betreffende Wirtschaftsgut die tatsächliche Herrschaft in der Weise ausüben kann, dass er andere im Regelfall für die gewöhnliche Nutzungsdauer von der Einwirkung auf das Wirtschaftsgut wirtschaftlich ausschließen kann (§ 39 Abs. 2 Nr. 1 AO). Insbesondere muss der Empfänger über das Zugewendete im Verhältnis zum Leistenden tatsächlich und rechtlich frei verfügen können – Zivilrechtslage als Maßstab –.[1007] Von einer Ausführung der Zuwendung ist jedenfalls auszugehen, wenn der Beschenkte bei einer Sachschenkung das Eigentum, bei der Schenkung eines beschränkt dinglichen Rechts die Berechtigung, bei einer Forderungsschenkung die Gläubigerstellung, bei der unentgeltlichen Kapitalüberlassung das Kapital erlangt hat. Entscheidend ist, dass der Beschenkte erhalten hat, was ihm nach der Schenkungsabrede verschafft werden soll.

Zu der Frage, welcher Zeitpunkt im Einzelfall als Zeitpunkt der Ausführung der Zuwendung gilt, vgl. auch unter 4.7.1.13 mit Hinweis auf die Besonderheiten bei Grundstücksschenkungen.

Wird eine Kommanditbeteiligung geschenkt, ist diese nur dann im Zeitpunkt des Abschlusses des Schenkungsvertrages ausgeführt, wenn der Beschenkte in unmittelbarem Zusammenhang mit dem Vertragabschluss oder rückwirkend in die Gesellschaft eintritt.[1008] Steht die Schenkung aber dinglich unter der aufschiebenden Bedingung der Eintragung als Kommanditist in das Handelsregister, ist sie schenkungsteuerlich bis zum Bedingungseintritt nicht zu berücksichtigen. Eine zunächst – mit Abschluss des Schenkungsvertrages – nur schuldrechtliche Beteiligung des Bedachten stellt lediglich eine keine Schenkungsteuer auslösende Vorstufe der Zuwendung dar.[1009]

Die eigenständige Regelung der Steuerentstehung bei Schenkungen unter Lebenden in § 9 Abs. 1 Nr. 2 ErbStG besagt nicht, dass ihr die Bedeutung einer Lex specialis gegenüber § 9 Abs. 1 Nr. 1 Buchst. a ErbStG zukommt. Bei Schenkungen können sich dieselben Problemlagen ergeben, wie sie in dieser Vorschrift angesprochen sind; hierfür enthält § 9 Abs. 1 Nr. 1 Buchst. a ErbStG die speziellere, i. V. m. § 1 Abs. 2 ErbStG der Vorschrift des § 9 Abs. 1 Nr. 2 ErbStG vorgehende Regelung.[1010]

Ist eine Zuwendung einmal ausgeführt, so kann die entstandene Steuer nicht dadurch beseitigt werden, dass der zugewendete Gegenstand zurückgeschenkt wird,

---

1007 Siehe BFH vom 22.08.2007, BStBl 2008 II S. 28, und vom 16.01.2008, BStBl 2008 II S. 631.
1008 Siehe BFH vom 30.11.2009 II R 70/06, BFH/NV 2010 S. 900 mit Verweis auf Viskorf/Knobel/Schuck, § 9 Rdnr. 60.
1009 Siehe BFH vom 30.11.2009, a. a. O., wonach evtl. aufgrund der schuldrechtlichen Beteiligung erlangte Vermögensvorteile als gesonderte freigebige Zuwendungen zu behandeln sind.
1010 Siehe BFH vom 21.04.2009, BStBl 2009 II S. 606 zur Schenkung einer Forderung mit Besserungsabrede, die erst mit dem Eintritt des Besserungsfalls ausgeführt ist.

weil die wirtschaftliche Bereicherung bereits eingetreten war.[1011] Für eine solche Rückschenkung kann vielmehr erneut Schenkungsteuerpflicht entstehen. Auch der nachträgliche Abschluss eines Kaufvertrages über den geschenkten Gegenstand kann die entstandene Steuer nicht beseitigen.[1012] Das FG Rheinland-Pfalz[1013] will allerdings im Fall des Irrtums über die Schenkungsteuerbelastung der freigebigen Zuwendung über Anwendung der Grundsätze des Fehlens bzw. Wegfalls der Geschäftsgrundlage zu einer steuerneutralen Rückabwicklung über § 29 Abs. 1 Nr. 1 ErbStG kommen (s. u. 7.10.1).

4.9.6 Zweckzuwendung

Bei Zweckzuwendungen entsteht die Steuer bereits mit dem **Zeitpunkt** des **Eintritts** der **Verpflichtung** des **Beschwerten** (§ 9 Abs. 1 **Nr.** 3 ErbStG) und nicht erst mit der Ausführung der Auflage durch den Beschwerten zugunsten des Zwecks.

4.9.7 Erbersatzsteuer

In den Fällen des § 1 Abs. 1 Nr. 4 ErbStG (Familienstiftung, Familienverein) entsteht die Steuer nach § **9 Abs. 1 Nr. 4 ErbStG** in Zeitabständen von je 30 Jahren seit dem Zeitpunkt des ersten Übergangs von Vermögen auf die Stiftung oder den Verein. Um ältere Familienstiftungen nicht alsbald zu stark zu belasten, wurde eine Übergangsregelung geschaffen. War der Zeitpunkt des ersten Übergangs von Vermögen der 01.01.1954 oder ein früherer Zeitpunkt, so entstand die Steuer erstmals am 01.01.1984 (nächste Periodenbesteuerung insoweit also zum 01.01.2014). Liegt der Zeitpunkt des ersten Übergangs nach dem 01.01.1954, so entsteht die Steuer entsprechend später.

Besteuert wird das Vermögen der Familienstiftung/des Familienvereins in der Zusammensetzung, die es am Stichtag hat. Dies konnte unter Geltung der nicht durchgängig am gemeinen Wert als Bewertungsmaßstab ausgerichteten Bewertungsvorschriften vor Inkrafttreten des ErbStRG vom 24.12.2008 durch Umschichtung von Vermögen zur Steuergestaltung ausgenutzt werden – z. B. Geld gegen unterbewerteten Grundbesitz vor dem Datum der Steuerentstehung tauschen und späterer Rücktausch –.

4.9.8 Aussetzung der Versteuerung

Beim Erwerb von Vermögen, dessen Nutzungen einem anderen als dem Erwerber zustehen oder das mit einer Rentenverpflichtung oder mit der Verpflichtung zu einer sonstigen Leistung belastet ist, hatte der Erwerber nach § 25 Abs. 1 Buchst. a

---

1011 Siehe RFH, RStBl 1928 S. 270; FG München, DStRE 1999 S. 234.
1012 Siehe RFH, RStBl 1932 S. 855.
1013 Siehe FG Rheinland-Pfalz vom 23.03.2001, DStR 2001 S. 765 im Anschluss an Kapp, FR 1988 S. 352; anders aber FG Münster, EFG 1978 S. 602.

4 Steuerpflicht

ErbStG i. d. F. des Gesetzes vom 17.04.1974 (BGBl 1974 I S. 933) folgende Wahlmöglichkeit: Aussetzung der Versteuerung bis zum Erlöschen der Belastung, höchstens jedoch zu dem Prozentsatz, zu dem der Jahresertrag des Vermögens durch die Belastung gemindert ist (zur Weitergeltung vgl. § 37 Abs. 2 Satz 1 ErbStG; s. auch u. 7.6.1). In diesem Fall gilt die Steuer für den Erwerb des belasteten Vermögens nach § **9 Abs. 2 ErbStG** als mit dem **Zeitpunkt** des **Erlöschens** der **Belastung** entstanden. Dieser Zeitpunkt ist also auch maßgebend für die Wertermittlung (§ 11 ErbStG).

Beispiel:

A wendete B am 01.01.01 (vor dem 31.08.1980) ein Mietwohngrundstück zu; Verkehrswert 400.000 €, Steuerwert 140.000 € und Jahresertrag des Mietwohngrundstücks 7.000 €. Die Übertragung war verbunden mit der Auflage, dass B dem A lebenslänglich jährlich 6.000 € aus dem Ertrag des Mietwohngrundstücks zahlt. B wählte die Versteuerung nach § 25 Abs. 1 Buchst. a ErbStG (in der alten Fassung). A war 54 Jahre alt. Im Jahr 09 (nach dem 30.08.1980) stirbt A. Der Steuerwert des Grundstücks hat sich nicht geändert.

Es liegen zwei selbständige Steuerfälle vor, einer im Jahr 01 und ein weiterer im Jahr 09.

(1) Sofortversteuerung von 20.000 € (= 1/7 von 140.000 €); die Steuer entsteht insoweit nach § 9 Abs. 1 Nr. 2 ErbStG am 01.01.01. Die auf den übrigen Teil des Vermögens (= 6/7) entfallende Versteuerung wird bis zum Erlöschen der Belastung (Tod des A) ausgesetzt.

(2) Im Jahr 09 erlischt die Belastung; soweit die Versteuerung zunächst ausgesetzt worden ist, ist sie nunmehr mit dem Wert im Zeitpunkt des Erlöschens durchzuführen: 6/7 von 140.000 € = 120.000 € - § 14 ErbStG ist zu beachten. Es handelt sich insoweit um einen selbständigen Steuerfall, für den die Steuer nach § 9 Abs. 2 ErbStG mit dem Zeitpunkt des Erlöschens der Belastung im Jahr 09 entsteht. Handelt es sich bei dem Jahr 09 um ein Jahr nach Inkrafttreten des ErbStRG vom 24.12.2008, kann als Steuerwert realitätsgerecht nicht mehr von einem Betrag von 140.000 € ausgegangen werden; besser: Verkehrswert = Grundbesitzwert als gemeiner Wert = 400.000 €; der Besteuerung nach § 13c ErbStG zugrunde zu legender Wert von 360.000 €.

§ 9 Abs. 2 ErbStG ist insofern eine Gesetzesrarität, als er sich auf eine Vorschrift bezieht, die in dieser Form im geltenden Gesetz gar nicht mehr existiert. Denn mit Gesetz vom 18.08.1980 (BGBl 1980 I S. 1537) wurde das Recht zur Wahl der Aussetzung der Versteuerung zum 30.08.1980 wegen des aus Sicht der Verwaltung im Hinblick auf die unter Umständen Jahrzehnte währende Überwachung von Einzelfällen nicht vertretbaren Arbeitsaufwands durch eine Neufassung von § 25 ErbStG wieder abgeschafft (Vorschrift durch das ErbStRG aber ebenfalls aufgehoben).

4.10 Erlöschen der Steuer

4.10.1 Vorbemerkung

Das Erbschaftsteuer- und Schenkungsteuergesetz enthält – außer der Vorschrift des § 29 ErbStG – keine spezielle Regelung über das Erlöschen des Steueranspruchs. Daraus folgt, dass die entsprechenden Regeln der Abgabenordnung in vollem Umfang Anwendung finden. Nach § 47 AO erlöschen die Ansprüche aus dem Steuerschuldverhältnis – hierzu gehören auch die Erstattungsansprüche des Steuerpflichtigen (§ 37 AO) – insbesondere durch **Zahlung** (§§ 224 und 225 AO), **Aufrechnung** (§ 226 AO), **Erlass** (§§ 163 und 227 AO) und **Verjährung** (§§ 169 bis 171 und §§ 228 bis 232 AO). Die ersten drei Erlöschenstatbestände werden i. d. R. in der Praxis keine großen Probleme aufwerfen.

Aufgrund des § 224a AO kann bei der Erbschaftsteuer durch öffentlich-rechtlichen Vertrag zugelassen werden, dass an Zahlungs statt das Eigentum an Kunstgegenständen usw. auf das jeweilige Land übertragen wird, wenn an deren Erwerb wegen ihrer Bedeutung für Kunst, Geschichte oder Wissenschaft ein öffentliches Interesse besteht. Diese Vorschrift soll verhindern, dass Kunstgegenstände ins Ausland veräußert werden, um deren Erlös für die Bezahlung von Erbschaftsteuer verwenden zu können.[1014]

4.10.2 Verjährung

Die Abgabenordnung unterscheidet zwischen der Verjährung der noch nicht festgesetzten Steuer (**Festsetzungsverjährung,** §§ 169 bis 171 AO) und der Verjährung des Zahlungsanspruchs (**Zahlungsverjährung,** §§ 228 bis 232 AO).

4.10.2.1 Festsetzungsverjährung

1) Die Festsetzungsfrist beginnt gem. § 170 Abs. 1 erste Alternative AO grundsätzlich mit Ablauf des Kalenderjahres, in dem die Steuer entstanden ist. Wann die Erbschaft- und Schenkungsteuer entsteht, ergibt sich aus § 9 ErbStG. Abweichend von § 170 Abs. 1 AO beginnt gem. § 170 Abs. 2 Satz 1 Nr. 1 AO die Festsetzungsfrist dann, wenn eine Steuererklärung oder eine Steueranmeldung einzureichen oder eine Anzeige zu erstatten ist, mit Ablauf des Kalenderjahres, in dem die Erklärung, die Anmeldung oder die Anzeige eingereicht bzw. erstattet wird, spätestens jedoch mit Ablauf des dritten Kalenderjahres, das auf das Kalenderjahr folgt, in dem die Steuer entstanden ist. Diese Vorschrift soll verhindern, dass durch eine späte Einreichung der Steuererklärung, Steueranmeldung oder Anzeige die der Finanzbehörde zur Verfügung stehende Bearbeitungszeit – ggf. gezielt – verkürzt wird.[1015] Nach § 170 Abs. 2 Satz 1 Nr. 1 AO wird die Anlaufhemmung alternativ

---

[1014] Zu den Rechtsfolgen bei späterer Aufhebung des Erbschaftsteuerbescheids bzw. wesentlicher Herabsetzung der Steuerschuld oder im Fall des Vorliegens eines Sach- oder Rechtsmangels des Kunstgegenstandes vgl. Klein/Rüsken, § 224a Rdnr. 7; Tipke/Kruse, § 224a Rdnr. 9 f.

[1015] Siehe BFH vom 29.01.2003, BStBl 2003 II S. 687, und vom 06.06.2007, BStBl 2007 II S. 954.

durch die Einreichung der Steuererklärung oder durch die Erstattung der Anzeige beendet.

Keinen Einfluss auf den Anlauf der Festsetzungsfrist hat insbesondere die Anzeige nach § 34 Abs. 2 Nr. 2 bzw. Nr. 3 ErbStG.[1016] Die Anzeigepflicht der Gerichte, Notare etc. lässt nach § 30 Abs. 3 ErbStG lediglich die des Erwerbers selbst gem. § 30 Abs. 1 ErbStG bzw. auch des Zuwendenden beim Erwerb durch Rechtsgeschäft unter Lebenden gem. § 30 Abs. 2 ErbStG entfallen. Der Anlauf der Festsetzungsfrist wird bei bestehender Anzeigepflicht nur durch die Anzeige des Steuerpflichtigen selbst, eines Vertreters oder einer für ihn handelnden Person ausgelöst.[1017] Ebenfalls nicht anwendbar ist § 170 Abs. 2 Satz 1 Nr. 1 AO deshalb auch auf die Anzeige nach § 33 ErbStG,[1018] ferner nicht auf die Berichtigung nach § 153 AO.[1019]

2) Im Bereich der Erbschaft- und Schenkungsteuer ergibt sich die Verpflichtung zur Abgabe einer Steuererklärung – anders als z. B. im Bereich der Einkommensteuer (s. § 25 Abs. 3 EStG) und der Umsatzsteuer (s. § 18 Abs. 1 Satz 1, Abs. 3 UStG) – nicht unmittelbar aufgrund gesetzlicher Vorschrift. Sie hängt vielmehr davon ab, dass das Finanzamt nach § 31 Abs. 1 Satz 1 ErbStG zur Abgabe einer Erklärung auffordert. Fordert das Finanzamt nach erfolgter Anzeigeerstattung gem. § 30 Abs. 1 und 2 ErbStG zur Einreichung einer Steuererklärung auf, endet die Anlaufhemmung gem. § 170 Abs. 2 Satz 1 Nr. 1 AO erst mit Ablauf des Kalenderjahres, in dem die Steuererklärung eingereicht wird, spätestens aber mit Ablauf des dritten Kalenderjahres nach dem Steuerentstehungsjahr. Die weitere Anlaufhemmung rechtfertigt sich aus den unterschiedlichen Zwecksetzungen der Anzeige nach § 30 Abs. 1 und 2 ErbStG einerseits und der auf Anforderung hin eingereichten Steuererklärung nach § 31 ErbStG andererseits. Die Anzeigepflicht dient in erster Linie dazu, der Finanzbehörde die Prüfung zu erleichtern, ob und wenn sie im Einzelfall zur Abgabe einer Steuererklärung aufzufordern hat. Demgegenüber hat die Steuererklärung die in § 31 Abs. 2 ErbStG genannten Angaben zu enthalten und soll so die Erbschaft- bzw. Schenkungsteuerfestsetzung ermöglichen. Diesen unterschiedlichen Zielsetzungen ist dadurch Rechnung zu tragen, dass bei einer ordnungsgemäßen Anzeigeerstattung erst die dem Finanzamt nachfolgend durch die Einreichung der angeforderten Steuererklärung vermittelte Kenntnis zur endgültigen Beendigung der Anlaufhemmung führt.[1020] Eine zeitliche Grenze für die Aufforderung als das die Erklärungspflicht konkretisierende Ereignis ergibt sich weder aus § 31 Abs. 1 ErbStG noch aus § 149 Abs. 1 Satz 2 AO oder aus § 170 Abs. 2 Satz 1 Nr. 1 AO; sie ergibt sich nur aus § 169 Abs. 1 Satz 1 i. V. m. Abs. 2 AO. Die Aufforderung muss

---

1016 Vgl. BFH vom 26.10.2006 II R 16/05, BFH/NV 2007 S. 852.
1017 Siehe BFH vom 26.10.2006, a. a. O.
1018 Siehe FG Hamburg, EFG 1987 S. 572; Niedersächsisches FG, EFG 1992 S. 112.
1019 Vgl. BFH vom 22.01.1997, BStBl 1997 II S. 266.
1020 Siehe BFH vom 27.08.2008, BStBl 2009 II S. 232; Moench/Kien-Hümbert/Weinmann, § 30 Rdnr. 15.

4.10 Erlöschen der Steuer

also vor Ablauf der Festsetzungsfrist ergehen, soll sie eine anlaufhemmende Wirkung entfalten.[1021]

Gibt der Erbe seine Steuererklärung ab, befreit das z. B. den Pflichtteilsberechtigten nicht von seiner aus § 30 Abs. 1 ErbStG resultierenden Anzeigepflicht. Allerdings können in einem solchen Fall die Angaben in der Steuererklärung des Erben über den Erwerb des Pflichtteilsberechtigten genügen, um die Anlaufhemmung des § 170 Abs. 2 Satz 1 Nr. 1 AO zu beenden.[1022]

3) Außerdem wollte der Gesetzgeber bei der Erbschaft- und Schenkungsteuer vermeiden, dass die Festsetzungsfrist abläuft, bevor der Erbfall dem Erben oder die Schenkung dem Finanzamt bekannt geworden ist. In § 170 Abs. 5 AO ist daher insoweit eine Regelung getroffen, die zusätzlich diese sich aus der besonderen Natur der Erbschaftsteuer ergebenden Besonderheiten berücksichtigt – grundsätzlich bleibt es aber bei der allgemeinen Regelung nach § 170 Abs. 1 bzw. Abs. 2 AO.

a) Nach § 170 Abs. 5 Nr. 1 AO beginnt die Festsetzungsfrist bei einem Erwerb von Todes wegen nicht vor Ablauf des Kalenderjahres, in dem der Erwerber Kenntnis von dem Erwerb erlangt hat (z. B. Testamentseröffnung[1023] oder späteres Auffinden des Testaments). Die Festsetzungsfrist beginnt danach, wenn der Erbe seine Anzeige nach § 30 Abs. 1 ErbStG abgibt, mit Ablauf des betreffenden Jahres; wenn er dies trotz Kenntnis von seinem Erwerb nicht tut, drei Jahre nach Kenntniserlangung des Erben.

Kenntnis von dem Erwerb i. S. des § 170 Abs. 5 Nr. 1 AO hat der Erwerber erlangt, wenn er mit einer solchen Zuverlässigkeit und Gewissheit von seinem unangefochtenen Erbschaftserwerb erfahren hat, dass er in der Lage ist und von ihm deshalb auch erwartet werden kann, seine Anzeigepflicht zu erfüllen.[1024] Dies wird, weil immer möglich ist, dass der Erblasser noch „in letzter Minute" testiert oder ein Testament geändert oder widerrufen hat, regelmäßig erst mit der förmlichen Eröffnung des Testaments durch das Nachlassgericht der Fall sein.[1025] Bei völlig unklaren Verhältnissen im Rahmen gesetzlicher Erbfolge kann im Einzelfall Kenntnis erst mit der Erteilung des Erbscheins vorliegen.[1026] Die Kenntnis der objektiv die Erb-

---

1021 Siehe BFH vom 09.06.1999, BStBl 1999 II S. 529, und vom 18.10.2000, BStBl 2001 II S. 14 mit dem Hinweis, dass der Ablauf der Festsetzungsfrist insoweit nicht weiter hinausgeschoben wird als bei einer sich unmittelbar aus dem Gesetz ergebenden Verpflichtung zur Abgabe der Steuererklärung, sodass die Festsetzungsfrist im Fall des § 169 Abs. 2 Satz 1 Nr. 2 AO – vorbehaltlich anderweitiger An- oder Ablaufhemmung – spätestens nach sieben Jahren endet.
1022 Siehe Jung, UVR 1998 S. 143; vgl. in diesem Zusammenhang auch BFH vom 30.10.1996, BStBl 1997 II S. 11, wonach es einer Anzeige gem. § 30 ErbStG gleichsteht, wenn das für die Verwaltung der Steuer zuständige Finanzamt anderweitig Kenntnis von einer Schenkung erlangt, die ihm ohne weitere Ermittlungen der Prüfung ermöglicht, ob ein schenkungsteuerpflichtiger Vorgang vorliegt.
1023 Siehe BFH vom 27.11.1981, BStBl 1982 II S. 276.
1024 Siehe FG München vom 18.07.2001, EFG 2002 S. 5.
1025 Siehe Niedersächsisches FG, EFG 1986 S. 27 unter Hinweis auf BFH vom 27.11.1981, BStBl 1982 II S. 276; a. A. mit beachtlichen Gründen Tipke/Kruse, § 170 Rdnr. 23.
1026 Siehe BFH vom 08.03.1989 II R 63/86, BFH/NV 1990 S. 444.

4 Steuerpflicht

folge bestimmenden Umstände soll dann nicht ausreichend sein, wenn ernstlich zweifelhaft ist, ob die Erbeinsetzung mit dem daraus folgenden Vermögensübergang Bestand haben wird.[1027] Ist der Erbe jedoch aufgrund fehlerhafter Würdigung der Rechtslage der Auffassung, nicht erworben zu haben, hat er keine Kenntnis von dem Erwerb, sodass die Frist gem. § 170 Abs. 5 AO gehemmt bleibt. Dieses Ergebnis ist jedoch entgegen dem Gesetzeswortlaut nicht hinzunehmen, wenn das Finanzamt von dem Erwerb weiß, ohne den Erben zur Abgabe der Steuererklärung aufzufordern.[1028] Die Frist beginnt hier, sobald der Behörde alle Umstände bekannt geworden sind, die sie für die Prüfung benötigt, ob ein steuerbarer Vorgang vorliegt. Bei einem Erbvergleich beginnt die Verjährungsfrist erst mit Abschluss des Vergleichs.[1029] Beim verspäteten Auftauchen des wahren Erben entstehen nicht nur Verjährungsfragen, sondern auch steuerliche Korrekturprobleme hinsichtlich der bis dahin ergangenen Steuerbescheide.[1030]

b) Schenkungen unter Lebenden gelangen häufig nicht zur Kenntnis des Finanzamts. Deshalb beginnt die Festsetzungsfrist nach § 170 Abs. 5 Nr. 2 AO nicht vor Ablauf des Kalenderjahres, in dem der Schenker gestorben ist oder – abweichend hiervon – das Finanzamt von der Schenkung positive Kenntnis erlangt hat z. B. durch Einreichung der Schenkungsteuererklärung.[1031] Durch diese Vorschrift wird bei einer nach § 30 ErbStG bestehenden Anzeigepflicht die in § 170 Abs. 2 Satz 1 Nr. 1 AO enthaltene 3-Jahres-Frist, bis zu der der Anlauf der Festsetzungsfrist längstens gehemmt ist, außer Kraft gesetzt und bei einer lediglich für Gerichte und Notare bestehenden Anzeigepflicht nach § 34 ErbStG der Anlauf der sonst nach § 170 Abs. 1 AO beginnenden Festsetzungsfrist gehemmt.

Das organisatorisch zuständige Finanzamt bzw. die organisatorisch für die Schenkungsteuer zuständige Stelle innerhalb eines Finanzamts muss die Kenntnis von der Schenkung erlangen, denn bereits aus dem Wortlaut des § 30 Abs. 1 ErbStG ergibt sich, dass die Kenntnis anderer Finanzbehörden als des für die Verwaltung der Erbschaftsteuer zuständigen Finanzamts nicht ausreicht.[1032] Wodurch die Finanzbehörde Kenntnis erlangt, ist ohne Bedeutung; es reicht aber nicht aus, dass die Behörde aufgrund der ihr bekannten Tatsachen bei weiteren Nachforschungen hätte erkennen können oder gar müssen, dass ein schenkungsteuerpflichtiger Vorgang vorliegt. Sie muss zumindest Name und Adresse des Schenkers und des Bedachten sowie den Rechtsgrund für den Erwerb kennen. Die Kenntnis des zuständigen

---

1027 Siehe BFH vom 27.04.1988, BStBl 1988 II S. 818 für einen zu Unrecht des Mordes angeklagten Erben; ähnliches Problem würde sich z. B. bei von Dritten bestrittener Testierfähigkeit des Erblassers ergeben – s. hierzu aber Schwarz/Frotscher, § 170 Rdnr. 23 –.
1028 Siehe BFH vom 30.11.1996, BStBl 1997 II S. 11.
1029 Siehe FG München, EFG 1988 S. 32.
1030 Siehe dazu OFD Hannover vom 31.01.2001, ZEV 2001 S. 188.
1031 Siehe BFH vom 06.05.1981, BStBl 1981 II S. 688.
1032 Siehe BFH vom 05.02.2003, BStBl 2003 II S. 502, wonach dies gleichermaßen für das Erlangen der Kenntnis auf andere Weise als durch die Anzeige gilt.

4.10 Erlöschen der Steuer

Finanzamts schlechthin, also die Kenntnis irgendeiner Dienststelle dieser Behörde, reicht nicht,[1033] es sei denn, dem Finanzamt ist der Vorgang ausdrücklich zur Prüfung der Schenkungsteuerpflicht bekannt gegeben worden. In diesem Fall ist es Sache der Behörde, so organisiert zu sein und entsprechend zu handeln, dass der Vorgang unverzüglich an die zur Prüfung der Schenkungsteuerpflicht organisatorisch berufenen Dienststelle gelangt.

Hat das Finanzamt den Erwerber nach Kenntniserlangung gem. § 31 Abs. 1 ErbStG zur Abgabe einer Steuererklärung aufgefordert, tritt keine erneute Anlaufhemmung ein; es bleibt vielmehr dabei, dass die Frist mit Ablauf des Jahres der Kenntniserlangung des Finanzamts begonnen hat.[1034] Soweit nach dem Wortlaut des § 170 Abs. 5 Nr. 2 AO unter Berücksichtigung seines Eingangssatzes die Festsetzungsfrist nach § 170 Abs. 2 AO „nicht vor" Ablauf des Kalenderjahres beginnt, in dem das Finanzamt von der vollzogenen Schenkung Kenntnis erlangt hat, erschöpft sich diese Regelung lediglich in der Anordnung eines späteren Beginns der Festsetzungsfrist. Erlangt das Finanzamt erst mehr als drei Jahre nach der Steuerentstehung Kenntnis von der vollzogenen Schenkung, beginnt die Festsetzungsfrist mit Ablauf des Jahres der Kenntniserlangung. Soweit daher das Finanzamt erst im vierten Jahr nach der Steuerentstehung Kenntnis von der vollzogenen Schenkung erlangt und sodann noch im selben Jahr eine Steuererklärung beim Erwerber anfordert, ist die Fristhemmung nach § 170 Abs. 2 Satz 1 Nr. 1 AO mit Ablauf des dritten Jahres verbraucht.

4) Nach § 170 Abs. 5 Nr. 3 AO beginnt die Festsetzungsfrist schließlich bei einer Zweckzuwendung unter Lebenden nicht vor Ablauf des Kalenderjahres, in dem die Verpflichtung erfüllt worden ist. Diese Regelung berücksichtigt, dass eine solche Zweckzuwendung häufig erst bei Erfüllung der Verpflichtung bekannt wird.

5) Einen zusammenfassenden Überblick insbesondere über den Beginn der Festsetzungsfrist gibt die Verfügung der OFD Magdeburg vom 04.09.1996 (UVR 1997 S. 102); zum Beginn der Festsetzungsfrist s. auch Theml (DStR 1998 S. 1118); zur Problematik der Festsetzungsverjährung im Erbschaft- und Schenkungsteuerrecht vgl. ferner Stegmaier (DStZ 1996 S. 83) und Jung (UVR 1993 S. 234 und 1998 S. 143).

6) Die Festsetzungsfrist beträgt nach § 169 Abs. 2 Satz 1 Nr. 2 AO vier Jahre. Soweit aber – also Teilfestsetzungsverjährung möglich – eine Steuer hinterzogen worden ist (§ 370 AO), beträgt die Festsetzungsfrist zehn Jahre; soweit leichtfertige Steuerverkürzung (§ 378 AO) vorliegt, beträgt sie fünf Jahre.

7) Der Ablauf der Festsetzungsfrist kann durch eine Vielzahl von Ablaufhemmungen nach § 171 AO gehemmt sein. Von Bedeutung sind insoweit insbesondere die Absätze 3, 3a, 4, 8, 9, 10 (zu gesonderten Feststellungen als Grundlagenbescheid vgl.

[1033] Siehe BFH vom 05.02.2003, BStBl 2003 II S. 502, und vom 26.08.2004 II B 149/03, BFH/NV 2004 S. 1626.
[1034] Siehe BFH vom 06.06.2007, BStBl 2007 II S. 954.

§ 151 Abs. 1 BewG; zur Zulässigkeit einer Außenprüfung bei am Feststellungsverfahren Beteiligten siehe § 156 BewG). Zu beachten ist auch Abs. 12 der Vorschrift, nach dem die Festsetzungsfrist nicht vor dem Ablauf von sechs Monaten nach dem Zeitpunkt endet, in dem die Erbschaft von dem Erben angenommen oder das Insolvenzverfahren über den Nachlass eröffnet wird oder von dem an die Steuer gegen einen Vertreter festgesetzt werden kann, wenn sich die Steuer gegen einen Nachlass richtet. Das ist nach § 20 Abs. 3 ErbStG für die Steuer der am Erbfall Beteiligten bis zur Auseinandersetzung des Nachlasses der Fall.

8) Zur Fristwahrung genügt es nach § 169 Abs. 1 Satz 3 Nr. 1 AO, dass die Steuerfestsetzung vor Ablauf der Frist den Bereich der für die Steuerfestsetzung zuständigen Finanzbehörde verlassen hat – hierzu zählen auch die für die Finanzbehörden arbeitenden Rechenzentren (§ 2 Abs. 2, § 17 Abs. 3 FVG), wenn sie die Absendung an den Steuerpflichtigen vornehmen.

Allein die Absendung eines Steuerbescheids genügt aber nicht, die wirksame Bekanntgabe des Bescheids wird durch die Vorschrift nicht ersetzt, sondern von ihr vorausgesetzt. Dass die Bescheidausfertigung, die zum Versand gegeben worden ist, den Adressaten – wenn auch erst nach Ablauf der Festsetzungsfrist – auch tatsächlich erreichen muss, damit die Frist gewahrt wird, hat der Große Senat des BFH[1035] wie folgt begründet: „*Die Festsetzungsfrist ist gewahrt, wenn vor ihrem Ablauf der Steuerbescheid den Bereich der Finanzbehörde verlassen hat. Steuerbescheid ist jedoch nach § 155 Abs. 1 Satz 2 AO nur ein nach § 122 Abs. 1 AO bekannt gegebener Verwaltungsakt, während vor der Bekanntgabe ein bloßes Internum existiert, das kein Verwaltungsakt, sondern ein Nichtakt ist und ohne weiteres aufgehoben oder geändert werden kann.*" Das Risiko der Unerweislichkeit des Zugangs bleibt bei der Finanzbehörde. Die Festsetzungsfrist ist trotz fristgerechter Absendung dann nicht gewahrt, wenn nicht alle Voraussetzungen eingehalten werden, die für den Erlass eines wirksamen Steuerbescheids vorgeschrieben sind, und der zur Post gegebene Bescheid so, wie von der Finanzbehörde beabsichtigt, gar nicht hätte wirksam werden können und erst auf andere Weise als vorgesehen bekannt wird. Für die Fristwahrung genügt daher nicht, dass der Steuerbescheid dem Adressaten bekannt wird, weil ein Dritter den falsch adressierten Bescheid weiterleitet. Der vor Ablauf der Festsetzungsfrist zur Post gegebene Bescheid wahrt hingegen dann die Festsetzungsfrist, wenn er trotz fehlerhafter Angabe der Postleitzahl zugestellt[1036] oder zu Unrecht dem Steuerpflichtigen selbst bekannt gegeben wird, dieser ihn jedoch ggf. auch erst nach Fristablauf an seinen Bevollmächtigten weiterleitet.[1037]

9) Der Ablauf der Festsetzungsfrist führt nach § 169 Abs. 1 Satz 1 AO dazu, dass eine Steuerfestsetzung sowie ihre Aufhebung oder Änderung nicht mehr zulässig

---

1035 Siehe BFH vom 25.11.2002 GrS 2/01, BStBl 2003 II S. 548; vgl. auch AEAO zu § 169 Nr. 1; anders noch BFH vom 19.03.1998, BStBl 1998 II S. 556, und vom 28.09.2000, BStBl 2001 II S. 211.
1036 Siehe BFH vom 28.01.2004 II R 21/01, BFH/NV 2004 S. 761.
1037 Siehe BFH vom 01.07.2003 VIII R 29/02, BFH/NV 2003 S. 1397.

4.10 Erlöschen der Steuer

sind. Die Frage der Festsetzungsverjährung ist von Amts wegen zu beachten. Eine Festsetzung, die nach Eintritt der Festsetzungsverjährung erfolgt, ist **nicht nichtig** (§ 125 Abs. 1 AO), sondern nur anfechtbar.[1038] Das bedeutet, sie kann in Bestandskraft erwachsen und dann folglich auch Grundlage der Zwangsvollstreckung sein. Mit Ablauf der Festsetzungsfrist sind Ansprüche des Steuergläubigers, aber auch Ansprüche des Erstattungsberechtigten erloschen.

Beispiel:
Erblasser E stirbt im Jahr 02. Alleinerbe A reicht die Anzeige nach § 30 ErbStG im Jahr 03 ein. Die Festsetzung der Erbschaftsteuer erfolgt im Jahr 08.

Die Festsetzungsfrist beginnt hier nach § 170 Abs. 2 Satz 1 Nr. 1 AO mit Ablauf des Jahres 03. Die Festsetzungsfrist beträgt nach § 169 Abs. 2 Satz 1 Nr. 2 AO vier Jahre.

Da hier Ablaufhemmungen nach § 171 AO nicht in Betracht kommen, endet die Festsetzungsfrist also mit Ablauf des Jahres 07. Die Steuerfestsetzung hat den Bereich des Finanzamts erst nach dem Ablauf dieser Frist (im Jahr 08) verlassen. Sie war also nach § 169 Abs. 1 Satz 1 AO nicht mehr zulässig; der Steueranspruch ist insoweit bereits erloschen. Die unzulässigerweise erfolgte Steuerfestsetzung im Jahr 08 ist aber nicht nichtig, sondern nur anfechtbar. Wird sie nicht angefochten, wird sie bestandskräftig und A schuldet die festgesetzte Steuer. Es kann vollstreckt werden.

4.10.2.2 Zahlungsverjährung

Die Festsetzungsverjährung nach den §§ 169 ff. AO ist zu unterscheiden von der Zahlungsverjährung gem. §§ 228 ff. AO. Die Vorschriften über die Zahlungsverjährung sind Teil des Erhebungsverfahrens. Sie regeln, in welchem Zeitraum festgesetzte Ansprüche aus dem Steuerschuldverhältnis (also auch Erstattungsansprüche des Steuerpflichtigen) vom Finanzamt erhoben werden können.

1) Die Verjährung beginnt nach § 229 Abs. 1 Satz 1 AO i. d. R. mit Ablauf des Kalenderjahres, in dem der Anspruch erstmals fällig geworden ist. Die Verjährungsfrist beträgt nach § 228 Satz 2 AO einheitlich fünf Jahre. Eine nach § 230 AO mögliche Hemmung der Verjährung wird in der Praxis wohl kaum eine Rolle spielen.

2) Die Verjährung wird nach § 231 Abs. 1 Satz 1 AO unterbrochen z. B. durch schriftliche Geltendmachung des Anspruchs (ist der entsprechende Steuerbescheid unwirksam, hat auch das beigefügte Leistungsgebot keine verjährungsunterbrechende Wirkung)[1039], durch Stundung, durch Aussetzung der Vollziehung, durch eine Vollstreckungsmaßnahme und durch Ermittlungen des Finanzamts nach dem Wohnsitz oder dem Aufenthaltsort des Zahlungspflichtigen. Die Verjährung wird nach § 231 Abs. 4 AO nur in Höhe des Betrags unterbrochen, auf den sich die Unterbrechungshandlung bezieht. Gemäß § 231 Abs. 3 AO beginnt mit Ablauf des Kalenderjahres, in dem die Unterbrechung geendet hat, eine neue Verjährungsfrist.

1038 Vgl. AEAO Vor §§ 169 bis 171 Nr. 3.
1039 Siehe BFH vom 27.11.1981, BStBl 1982 II S. 276.

3) Die Zahlungsverjährung führt zum Erlöschen des Anspruchs (§§ 47 und 232 AO). Das Finanzamt darf nicht mehr vollstrecken. Zahlt der Steuerpflichtige auf einen verjährten Zahlungsanspruch, hat er ohne rechtlichen Grund gezahlt und hat nach § 37 Abs. 2 AO einen Erstattungsanspruch.

Beispiel:
S schenkt B im Jahr 02 einen Betrag von 50.000 €. Die Festsetzung der Schenkungsteuer i. H. von 5.000 € erfolgt im Jahr 03, fällig nach dem Leistungsgebot ebenfalls im Jahr 03. Auf Antrag des B wird dann ein Teil der Schenkungsteuer (3.000 €) bis in das Jahr 04 gestundet.

Die Verjährung beginnt hier nach § 229 Abs. 1 AO mit Ablauf des Jahres 03. Die Verjährungsfrist beträgt fünf Jahre. Durch die Stundung wird die Verjährung in Höhe des Teilbetrags von 2.500 € (§ 231 Abs. 4 AO) unterbrochen mit der Folge, dass insoweit mit Ablauf des Jahres 04 eine neue Verjährungsfrist beginnt (§ 231 Abs. 2 und 3 AO). Die Zahlungsverjährung für den Teilbetrag von 2.000 € tritt somit ein mit Ablauf des Jahres 08 und für den weiteren Teilbetrag von 3.000 € mit Ablauf des Jahres 09.

4.10.3 Verwirkung

Von dem – allein „zeitbestimmten" – Rechtsinstitut der Verjährung ist die Verwirkung eines Anspruchs zu unterscheiden. Die Verwirkung ist ein Anwendungsfall der **Grundsätze** von **Treu und Glauben**. Verwirkung lässt den Anspruch nicht erlöschen, sie steht nur der Geltendmachung des Anspruchs entgegen.

Neben dem Ablauf einer längeren Zeit zwischen dem Entstehen des Anspruchs und dessen Geltendmachung (Verwirkung kein Ersatz für Verjährung, sodass i. d. R. der Steueranspruch nicht allein durch jahrelanges Untätigbleiben der Finanzbehörde verwirkt wird[1040]) muss zusätzlich ein Verhalten des Gläubigers treten, aus dem der Schuldner Folgerungen ziehen kann und muss, die die – spätere – Geltendmachung des Anspruchs als eine Verletzung des Verbots der unzulässigen Rechtsausübung und als eine Verletzung des allgemeinen Rechtsempfindens erscheinen lassen. Ein solches Verhalten kann auch in dem Untätigbleiben des Gläubigers liegen, wenn daraus entnommen werden kann, dass diese Untätigkeit endgültig sein und ein Anspruch nicht mehr geltend gemacht werden soll. Auch muss der Verpflichtete sich auf die Nichtgeltendmachung des Anspruchs eingerichtet – entsprechend disponiert – haben. Ob danach die Voraussetzungen der Verwirkung erfüllt sind, kann jeweils nur unter Berücksichtigung der besonderen Umstände des Einzelfalls entschieden werden.[1041] Festzuhalten bleibt, dass es sich bei der Verwirkung um ein außergewöhnliches Gegenrecht handelt, dass nur in Ausnahmefällen Platz greifen und nicht zu einer „Aufweichung" der Schuldnerverpflichtung führen darf.

1040 Siehe BFH vom 20.07.1988 I R 81/84, BFH/NV 1989 S. 78, vom 21.07.1988 V R 97/83, BFH/NV 1989 S. 356, und vom 15.01.1996 III B 120/94, BFH/NV 1996 S. 524.
1041 Siehe BFH vom 14.09.1977, BStBl 1978 II S. 168, und vom 13.05.1987, BStBl 1988 II S. 188.

5 Wertermittlung

Der Fragenbereich der Wertermittlung ist in der Praxis i. d. R. der schwierigste Teil sowohl bei der Abfassung der Erbschaftsteuererklärung als auch bei der Erbschaftsteuerveranlagung, wobei die Schwierigkeiten häufig nicht so sehr im rechtlichen Bereich, sondern im tatsächlichen Bereich der Sachverhaltsermittlung liegen. Insbesondere hier wird das Finanzamt häufig von der Möglichkeit der Schätzung der Besteuerungsgrundlagen (§ 162 AO) Gebrauch machen müssen. Nach Abschluss der Wertermittlung des steuerpflichtigen Erwerbs sind die Weichen für die zu zahlende Steuer weitgehend gestellt, der Rest ist zum Großteil nur noch ein – mehr oder weniger komplizierter – Rechenvorgang. Bei der Wertermittlung werden insbesondere folgende Fragen zu klären sein: **Was** ist zu bewerten (§ 10 ErbStG)? **Auf welchen Zeitpunkt** ist zu bewerten (§ 11 ErbStG)? **Wie** ist zu bewerten (§ 12 ErbStG)?

5.1 Steuerpflichtiger Erwerb – § 10 ErbStG

Das Erbschaftsteuer- und Schenkungsteuergesetz hat sich für eine Besteuerung in der Form der Erbanfallsteuer entschieden, d. h., die Bereicherung des Erwerbers ist Grundlage der Besteuerung. Folglich muss als steuerpflichtiger Erwerb grundsätzlich **die Bereicherung** des Erwerbers gelten, soweit das Gesetz nicht Steuerfreiheit vorsieht (§ 10 Abs. 1 ErbStG). Aus Vereinfachungsgründen wird der ermittelte steuerpflichtige Erwerb auf volle 100 Euro nach unten abgerundet; diese Regelung findet sich – vom Gesetzesaufbau her ein wenig unglücklich – in § 10 Abs. 1 Satz 6 ErbStG. Auch bei jährlicher Versteuerung nach § 23 ErbStG liegt ein einheitlicher Steuerfall vor; die Steuer entsteht insgesamt mit dem Anfall des Stammrechts. Folglich stellt die Summe der Jahreswerte für wiederkehrende Nutzungen und Leistungen den steuerpflichtigen Erwerb dar. Demnach ist bei jährlicher Versteuerung lediglich der in dem Kapitalwert der Rente, Nutzung oder sonstigen Leistung bestehende steuerpflichtige Erwerb abzurunden und nicht der einzelne Jahreswert, da er nur ein Teil des steuerpflichtigen Erwerbs ist.[1]

5.1.1 Steuerpflichtiger Erwerb bei Schenkungen

Nach dem Grundsatz des § 10 Abs. 1 Satz 1 ErbStG gilt als steuerpflichtiger Erwerb die Bereicherung des Erwerbers, soweit sie nicht nach § 5 ErbStG (Zugewinnausgleich), §§ 13, 13a, 13c ErbStG (Steuerbefreiung aus sachlichen Gründen), § 16 ErbStG (persönlicher Freibetrag), § 17 ErbStG (besonderer Versorgungsfreibetrag) und § 18 ErbStG (Mitgliederbeiträge) steuerfrei ist. § 10 Abs. 1 Sätze 2, 3, 5 und 7 ErbStG treffen Sonderregelungen für Erwerbe von Todes wegen

---

1 FinMin Bayern vom 07.04.1977 – 33 – S 3843 – 7/4 – 30 053/76.

5 Wertermittlung

(§ 1 Abs. 1 Nr. 1 ErbStG), für die Zweckzuwendungen (§ 1 Abs. 1 Nr. 3 ErbStG) und für das Vermögen einer Stiftung (§ 1 Abs. 1 Nr. 4 ErbStG).

§ 10 Abs. 1 Satz 1 und 2 ErbStG finden nach geänderter Auffassung der Finanzverwaltung auch bei der gemischten Schenkung oder Schenkung unter einer Auflage entsprechende Anwendung (R E 7.4 Abs. 1 Satz 1 ErbStR 2011). Die Bereicherung wird ermittelt, indem von dem nach § 12 ErbStG zu ermittelnden Steuerwert der Leistung des Schenkers die Gegenleistungen des Beschenkten und die von ihm übernommenen Auflagen mit ihrem nach § 12 ErbStG ermittelten Wert abgezogen werden (R E 7.4 Abs. 1 Satz 2 ErbStR 2011). In § 10 Abs. 1 Satz 3 ErbStG ist mit dem ErbStRG 2009 neu aufgenommen worden, dass Steuererstattungsansprüche des Erblassers zu berücksichtigen sind, wenn sie rechtlich entstanden sind (§ 37 Abs. 2 AO). Die Änderung soll klarstellen, dass ein Steuererstattungsanspruch ungeachtet seiner Festsetzung als Forderung bereits anzusetzen ist, wenn er im Zeitpunkt der Entstehung der Erbschaftsteuer materiell-rechtlich entstanden war, d. h., wenn eine Leistung des Erblassers den Anspruch aus dem Steuerschuldverhältnis übersteigt (zu Einzelheiten siehe unter 5.1.4.1).

Nach § 10 Abs. 1 Satz 4 ErbStG gilt (seit 01.01.1996) der unmittelbare oder mittelbare Erwerb einer Beteiligung an einer Personengesellschaft, die nicht unter § 97 Abs. 1 Satz 1 Nr. 5 BewG fällt, als Erwerb der anteiligen Wirtschaftsgüter. Diese Regelung gilt – auch wenn der Wortlaut nicht eindeutig ist – m. E. nur für Schenkungen unter Lebenden („mittelbarer Erwerb"), nicht für Erwerbe von Todes wegen. Der Inhalt des Nachlasses und damit der des Erwerbs von Todes wegen kann sich stets nur nach bürgerlichem Recht bestimmen. Auch die Entstehungsgeschichte spricht für die beschränkte Anwendung nur auf Schenkungen.

Mit dem ErbStRG 2009 ist die Gesetzesformulierung „die nicht nach § 12 Abs. 5 ErbStG zu bewerten ist" durch die Formulierung „die nicht unter § 97 Abs. 1 Nr. 5 BewG fällt" ersetzt worden.

Die Ergänzung soll entsprechend dem bisherigen Verständnis des Gesetzgebers klarstellen, dass beim Erwerb von Beteiligungen an vermögensverwaltenden – insbesondere grundstücksverwaltenden – Personengesellschaften und anderen Gesamthandsgemeinschaften, z. B. einer ungeteilten Erbengemeinschaft, die Grundsätze der gemischten Schenkung anzuwenden sind (siehe auch R E 10.4 ErbStR 2011).

§ 10 Abs. 1 Satz 7 ErbStG entspricht indes nicht der Auffassung des BFH. Dieser hatte entschieden, dass bei der Schenkung eines Anteils an einer vermögensverwaltenden Personengesellschaft Erwerbsgegenstand der Gesellschaftsanteil als solcher ist und dieser mit dem anteiligen Gesamtsteuerwert des Gesellschaftsvermögens als Saldo aus den Steuerwerten der Besitzposten und der Gesellschaftsschulden zu bewerten ist. Die anteilige Belastung mit den Gesellschaftsschulden ist nach seiner Ansicht kein Entgelt für die Übertragung der Gesellschaftsanteile; sodass eine

5.1 Steuerpflichtiger Erwerb – § 10 ErbStG

gemischte Schenkung insoweit nicht vorliegt.[2] Der BFH lehnte damit die Verwaltungsauffassung, die eine gemischte Schenkung annahm, ausdrücklich ab.[3]
Die Verwaltung reagierte mit einem Nichtanwendungserlass.[4] Bei einem schenkweisen Erwerb eines Gesellschaftsanteils an einer vermögensverwaltenden Personengesellschaft könnten die Besitzposten und Gesellschaftsschulden nicht zu einer wirtschaftlichen Einheit zusammengefasst werden. Eine solche Zusammenfassung sei nur in den gesetzlich ausdrücklich geregelten Fällen möglich (§ 12 Abs. 1 und 5 ErbStG i. V. m. §§ 3 und 97 BewG), während im Übrigen die einzelnen Wirtschaftsgüter des Gesamthandsvermögens den Beteiligten zuzurechnen seien. Der Übergang der Gesellschaftsschulden auf den Erwerber erfolge unabhängig von dem Erwerb der Anteile an den „Besitzposten" des Gesellschaftsvermögens und habe stets Gegenleistungscharakter. Die schenkungsteuerliche Behandlung der Übertragung eines Anteils an einer „vermögensverwaltenden Personengesellschaft" richte sich also weiterhin nach den Grundsätzen zur Behandlung der gemischten Schenkungen und Auflagenschenkungen.

Nachdem der BFH seine bisherige Auffassung bestätigte,[5] folgt ihr die Verwaltung für alle Fälle, bei denen die Übertragung vor dem 01.01.1996 erfolgte.[6]

Mit Wirkung ab 01.01.1996 hat sie aber ihre Auffassung in § 10 Abs. 1 Satz 3 ErbStG (jetzt Satz 4) Gesetz werden lassen.

Im Ergebnis führt die Regelung in § 10 Abs. 1 Satz 4 ErbStG dazu, dass bei freigebigen Zuwendungen unter Lebenden die Verpflichtung des Beschenkten, gesellschaftsintern die anteiligen Schulden der Gesellschaft gegen sich gelten zu lassen, als Gegenleistung des Beschenkten behandelt werden muss.

Aufgrund der Heranführung der bisher günstig bewerteten Grundstücke an die Verkehrswerte durch das ErbStRG 2009 erscheint die Regelung allerdings nicht mehr überzeugend. Da die Finanzverwaltung in R E 7.4 Abs. 1 Satz 2 ErbStR 2011 davon ausgeht, dass auch bei gemischten Schenkungen die Bereicherung ermittelt wird, indem von dem nach § 12 ErbStG zu ermittelnden Steuerwert der Leistung des Schenkers die Gegenleistung des Beschenkten und die von ihm übernommenen Auflagen abgezogen werden, läuft § 10 Abs. 1 Satz 4 ErbStG m. E. im Ergebnis leer und führt bei Schenkungen und Erwerben von Todes wegen zu gleichen Ergebnissen. Der Vorschrift kommt m. E. lediglich eine klarstellende Bedeutung zu. Dies gilt grundsätzlich auf für die Ausführungen in R E 10.4 Abs. 1 und 2 ErbStR 2011. Hervorhebenswert ist allerdings, dass dort für eine gewerblich geprägte Personengesellschaft ausdrücklich betont wird, das die gewerbliche Prägung erst mit der Eintra-

---
2 BFH vom 14.12.1995, BStBl 1996 II S. 546.
3 Z. B. FinMin Nordrhein-Westfalen vom 25.02.1985, BB 1985 S. 717.
4 Gleichlautender Ländererlass vom 09.09.1996, BStBl 1996 I S. 1172.
5 BFH vom 17.02.1999, BStBl 1999 II S. 476.
6 FinMin Saarland vom 03.08.1999, DStR 1999 S. 1359.

… gung im Handelsregister erfolgt, auch wenn ertragsteuerlich rückwirkend von einer gewerblichen Prägung ausgegangen wird.

Beispiel:
Gesellschafter V der A-GbR überträgt seinen Gesellschaftsanteil von 30 % auf sein Kind K. Das Aktivvermögen der allein grundstücksverwaltend tätigen GbR besteht aus Grundbesitz im Verkehrswert von 6.000.000 €, dieser entspricht dem festgestellten Grundbesitzwert von 6.000.000 €. Bis 2009 betrug der Grundbesitzwert noch 4.500.000 €. Die Gesellschaftsschulden betragen 2.400.000 €.

Gesellschaftsanteile an Personengesellschaften, die nicht unter § 97 Abs. 1 Nr. 5 BewG fallen, sind nach § 10 Abs. 1 Satz 4 ErbStG als Erwerb der anteiligen Wirtschaftsgüter zu behandeln. Auch ohne diese gesetzliche Regelung ergibt sich dies schon aus dem veränderten Verständnis der Finanzverwaltung zur gemischten Schenkung und Schenkung unter Leistungsauflage, denn die Bereicherung i. S. des § 7 Abs. 1 Nr. 1 ErbStG wird ermittelt, indem von dem nach § 12 ErbStG zu ermittelnden Steuerwert der Leistung des Schenkers die Gegenleistung des Beschenkten und die von ihm übernommenen Auflagen abgezogen werden.

Rechtslage vor 2009 im Fall der Schenkung:
Für die Ermittlung der Bereicherung gem. § 7 Abs. 1 Nr. 1 ErbStG gilt folgende Formel:

$$\frac{\text{Steuerwert der Leistung des Schenkers} \times \text{Verkehrswert der Bereicherung des Beschenkten}}{\text{Verkehrswert der Leistung des Schenkers}} = \text{Bereicherung}$$

$$\frac{1.350.000\ € \times (1.800.000\ € ⁒ 720.000\ €)}{1.800.000\ €} = 810.000\ €$$

Rechtslage ab 2009 im Fall der Schenkung:
Bereicherung: 1.800.000 € ⁒ 720.000 €) = 1.080.000 €

Abwandlung 1: K erwirbt durch Erwerb von Todes wegen.

Rechtslage vor 2009 im Erbfall:
Bereicherung: 1.350.000 € ⁒ 720.0000 € = 630.000 €

Rechtslage ab 2009 im Erbfall:
Bereicherung: 1.800.000 € ⁒ 720.0000 € = 1.080.000 €

Abwandlung 2: Es handelt sich um eine nicht gewerblich tätige (aber gewerblich geprägte) Personengesellschaft. Der nach § 151 Abs. 1 Satz 1 Nr. 2 BewG festgestellte steuerliche Wert des Anteils beträgt 1.080.000 €. Bis 2009 betrug der Wert noch 630.000 €.

Sowohl bei einer Schenkung als auch bei einem Erwerb von Todes wegen ist der Wert nach § 12 Abs. 5 ErbStG mit dem nach § 151 Abs. 1 Satz 1 Nr. 2 BewG festgestellten Wert anzusetzen. Der Erwerb war vor 2009 nach §§ 13a, 19a ErbStG a. F. begünstigt. Nach 2008 handelt es sich zwar weiterhin um begünstigtes Vermögen (§ 13b Abs. 1 Nr. 2 ErbStG). Die Begünstigung kommt aber in den Fällen einer grundstücksverwaltenden Personengesellschaft nicht zum Tragen, wenn das Verwaltungsvermögen i. S. des § 13b Abs. 2 ErbStG überwiegt.

5.1.2 Steuerpflichtiger Erwerb bei Zweckzuwendungen

Bei der Zweckzuwendung besteht der steuerpflichtige Erwerb in der Verpflichtung des Beschwerten abzüglich der abzugsfähigen Verbindlichkeiten (§ 10 Abs. 1 Satz 4 ErbStG).

5.1.3 Steuerpflichtiger Erwerb in Fällen des § 1 Abs. 1 Nr. 4 ErbStG

In diesen Fällen besteht der steuerpflichtige Erwerb im Vermögen der Stiftung oder des Vereins abzüglich der abzugsfähigen Verbindlichkeiten (§ 10 Abs. 1 Satz 7 ErbStG). § 10 Abs. 7 ErbStG enthält eine Sonderregelung über die Nichtabzugsfähigkeit der dort genannten Verbindlichkeiten.

5.1.4 Steuerpflichtiger Erwerb bei Erwerben von Todes wegen

Als steuerpflichtiger Erwerb gilt nach § 10 Abs. 1 Satz 1 ErbstG die Bereicherung des Erwerbers, soweit sie nicht steuerfrei ist (§§ 5, 13, 13a, 13c, 16, 17 und 18 ErbStG).

Nach § 10 Abs. 1 Satz 2 ErbStG gilt als Bereicherung bei Erwerben von Todes wegen der Betrag, der sich ergibt, wenn von dem nach § 12 ErbStG zu ermittelnden Wert des gesamten Vermögensanfalls, soweit er der Besteuerung nach dem Erbschaftsteuer- und Schenkungsteuergesetz unterliegt (also z. B. nicht Versorgungsbezüge, auf die die Hinterbliebenen von Beamten kraft Gesetzes einen Anspruch haben), die abzugsfähigen Nachlassverbindlichkeiten mit ihrem ebenfalls nach § 12 ErbStG zu ermittelnden Wert abgezogen werden. Diese Regelung entspricht also ebenfalls dem dem Erbschaftsteuerrecht zugrunde liegenden Bereicherungsgrundsatz.

Für die Ermittlung des steuerpflichtigen Erwerbs wird in R E 10.1 ErbStR 2011 in Anlehnung an § 10 Abs. 1 Satz 1 und 2 ErbStG folgendes Schema zugrunde gelegt, das bei Schenkungen entsprechend angewendet werden kann:

Ermittlung des steuerpflichtigen Erwerbs und der Erbschaftsteuer

(1) Der steuerpflichtige Erwerb ist grundsätzlich wie folgt zu ermitteln:

1. Steuerwert des Wirtschaftsteils des land- und forstwirtschaftlichen Vermögens
   ./. Befreiungen nach § 13 Abs. 1 Nr. 2 und 3 ErbStG
   + Steuerwert des Betriebsvermögens
   ./. Befreiungen nach § 13 Abs. 1 Nr. 2 und 3 ErbStG
   + Steuerwert der Anteile an Kapitalgesellschaften

= Zwischensumme

5 Wertermittlung

./. Befreiungen nach § 13a ErbStG
+ Steuerwert des Wohnteils und der Betriebswohnungen des land- und forstwirtschaftlichen Vermögens
./. Befreiungen nach § 13 Abs. 1 Nr. 2, 3 und 4a bis 4c ErbStG
./. Befreiung nach § 13c ErbStG
+ Steuerwert des Grundvermögens
./. Befreiungen nach § 13 Abs. 1 Nr. 2, 3 und 4a bis 4c ErbStG
./. Befreiung nach § 13c ErbStG
+ Steuerwert des übrigen Vermögens
./. Befreiungen nach § 13 Abs. 1 Nr. 1 und 2 ErbStG

= **Vermögensanfall nach Steuerwerten**

2. Steuerwert der Nachlassverbindlichkeiten, soweit nicht vom Abzug ausgeschlossen (§ 10 Abs. 3 bis 10 ErbStG)
   - Erblasserschulden (§ 10 Abs. 5 Nr. 1 ErbStG)
   - Erbfallschulden (§ 10 Abs. 5 Nr. 2 ErbStG)
   - sonstige Nachlassverbindlichkeiten (§ 10 Abs. 5 Nr. 3 Satz 1 ErbStG)
   mindestens Pauschbetrag für Erbfallkosten (einmal je Erbfall)

= **abzugsfähige Nachlassverbindlichkeiten**

3. Vermögensanfall nach Steuerwerten (1.)
   ./. abzugsfähige Nachlassverbindlichkeiten (2.)
   ./. weitere Befreiungen nach § 13 ErbStG

= **Bereicherung des Erwerbers**

4. Bereicherung des Erwerbers (3.)
   ./. ggf. steuerfreier Zugewinnausgleich (§ 5 Abs. 1 ErbStG)
   + ggf. hinzuzurechnende Vorerwerbe (§ 14 ErbStG)
   ./. persönlicher Freibetrag (§ 16 ErbStG)
   ./. besonderer Versorgungsfreibetrag (§ 17 ErbStG)

= **steuerpflichtiger Erwerb** (abzurunden auf volle 100 €)

(2) Die festzusetzende Erbschaftsteuer ist wie folgt zu ermitteln:

tarifliche Erbschaftsteuer nach § 19 Abs. 1 ErbStG
(unter Beachtung des Progressionsvorbehalts gem. § 19 Abs. 2 ErbStG und des Härteausgleichs gem. § 19 Abs. 3 ErbStG)
./. abzugsfähige Steuer nach § 14 Abs. 1 ErbStG
./. Entlastungsbetrag nach § 19a ErbStG

= **Summe 1**

5.1 Steuerpflichtiger Erwerb – § 10 ErbStG

./. Ermäßigung nach § 27 ErbStG (wobei Steuer lt. Summe 1 nach § 27 Abs. 2 ErbStG aufzuteilen ist und zusätzlich die Kappungsgrenze nach § 27 Abs. 3 ErbStG zu beachten ist)
./. anrechenbare Steuer nach § 6 Abs. 3 ErbStG

= **Summe 2**
./. anrechenbare Steuer nach § 21 ErbStG (wobei Steuer lt. Summe 2 nach § 21 Abs. 1 Satz 2 aufzuteilen ist)

= **Summe 3**
mindestens Steuer nach § 14 Abs. 1 Satz 4 ErbStG
höchstens nach § 14 Abs. 3 ErbStG begrenzte Steuer (Hälfte des Werts des weiteren Erwerbs)
= festzusetzende Erbschaftsteuer (unter Beachtung der Kleinbetragsgrenze von 50 € nach § 22 ErbStG)

5.1.4.1 Gesamter Vermögensanfall

Gesamter Vermögensanfall ist alles, was anlässlich des Erbfalls auf den Erwerber übergeht (s. o. 4.3.1). Vom Erblasser übergehen in diesem Sinne können grundsätzlich nur solche Wirtschaftsgüter (und nur in dem Umfang), die auch dem Erblasser (nach § 39 AO) zuzurechnen waren.[7]

Das schließt allerdings nicht aus, dass ein Wirtschaftsgut als übergehendes Vermögen erbschaftsteuerlich erfasst wird, das beim Erblasser noch nicht als Vermögen erfasst worden ist, wie z. B. der Ausgleichsanspruch des Handelsvertreters nach § 89b HGB, da dieser mit der durch den Tod des Handelsvertreters herbeigeführten Beendigung des Vertragsverhältnisses in der Person des Handelsvertreters entsteht und somit auf dessen Erben übergeht.[8]

Ist es im Einzelfall zweifelhaft, ob und in welcher Höhe ein Spar-, Bank- oder Wertpapierkonto zum Nachlass und damit zum Vermögensanfall gehört, ist insoweit allein entscheidend, wer nach dem wirklichen, erkennbaren Willen der Beteiligten Gläubiger der Bank werden sollte. Die Kontobezeichnung oder der Besitz des Sparbuchs werden dabei wichtige Indizien für die Ermittlung des Parteiwillens sein.

Zur Bereicherung i. S. des § 10 Abs. 1 Satz 2 ErbStG gehören auch die laufenden Gewinnansprüche eines Erblassers aus einem Gesellschaftsverhältnis mit dem auf seine Lebenszeit entfallenden Teil – nach Abzug der dafür von den Erben zu zahlenden Einkommensteuer für den Erblasser.[9] Das gilt auch dann, wenn die Gewinnverteilungsbeschlüsse erst nach dem Erbfall gefasst werden. Die Gewinnansprüche

---
[7] RFH, RStBl 1932 S. 852; siehe aber auch BFH vom 10.11.1982, BStBl 1983 II S. 116, und vom 22.09.1982, BStBl 1983 II S. 179; s. o. 1.4.3.1.
[8] BFH vom 27.04.1962, BStBl 1962 III S. 335.
[9] RFH, RStBl 1943 S. 851; BFH vom 12.04.1989 II R 46/86, BFH/NV 1990 S. 373.

sind dann insoweit aufschiebend bedingt (§ 9 Abs. 1 Nr. 1 Buchst. a ErbStG).[10] Bei Mitunternehmerschaften sind die Gewinnansprüche aber bereits bei der Ermittlung des steuerlichen Anteilswerts zu berücksichtigen.

Steuererstattungsansprüche bilden zum Erbschaftsteuerstichtag, soweit sie in der Person des Erblassers entstanden sind, jeweils ein mit dem Nennwert zu bewertendes Wirtschaftsgut in Form einer Kapitalforderung, die als erbschaftsteuerlicher Erwerb anzusetzen ist (§ 10 Abs. 1 Satz 3 ErbStG).

Einkommensteuererstattungsansprüche aus Veranlagungszeiträumen, die vor dem Todeszeitpunkt des Erblassers endeten, sind mit Ablauf des jeweiligen Kalenderjahres entstanden. Sie gehören mit dem materiell-rechtlich zutreffenden Wert zum steuerpflichtigen Erwerb nach § 10 Abs. 1 ErbStG, ohne dass es auf ihre Durchsetzbarkeit (Festsetzung in einem Steuerbescheid) zum Todeszeitpunkt ankommt. Die Überzahlungen, die zu den Steuererstattungsansprüchen geführt haben, muss noch der Erblasser geleistet haben. Einkommensteuererstattungsansprüche aus dem Veranlagungszeitraum, in den der Todeszeitpunkt des Erblassers fällt, entstehen erst mit Ablauf des Kalenderjahres. Sie gehören daher nicht zum steuerpflichtigen Erwerb nach § 10 Abs. 1 ErbStG.[11]

Die Ansprüche müssen bereits beim Tod des Erblassers ein bewertbares Wirtschaftsgut darstellen. Soweit die Finanzverwaltung in der Vergangenheit von der Vererblichkeit von Verlusten ausgegangen ist und es zugelassen hat, dass der Erbe bei seiner Einkommensteuerveranlagung den vom Erblasser nicht verwertbaren übergegangenen Verlust geltend machen kann,[12] liegt im Zeitpunkt des Todes des Erblassers noch kein bewertbares Wirtschaftsgut vor. Es entscheidet sich erst in der Person des Erben, ob und inwieweit dem Anspruch ein Wert zukommt; § 11 ErbStG verbietet es aber, solche künftigen Wertfaktoren bereits bei der Wertermittlung des Vermögensanfalls nach § 10 ErbStG zu berücksichtigen.[13] Zudem hat der Große Senat des BFH entschieden, dass der Erbe einen vom Erblasser nicht ausgenutzten Verlustvortrag nach § 10d EStG nicht mehr zur Minderung seiner eigenen Einkommensteuer geltend machen kann.[14] Damit ist erst recht kein bewertbares Wirtschaftsgut gegeben.

§ 10 Abs. 1 Satz 1 ErbStG schließt beim Nacherben die steuerliche Erfassung von Vermögenswerten aus, die er selbst durch Baumaßnahmen auf einem nachlasszugehörigen Grundstück zu Lebzeiten des Vorerben in Erwartung der Nacherbfolge geschaffen hat. Die Bereicherung des Nacherben mindert sich um den Betrag, um

---

10 FG Hamburg, EFG 1991 S. 544.
11 BFH vom 16.01.2008, BStBl 2008 II S. 626; R E 10.3 ErbStR 2011.
12 R 115 EStR 2007 und H 115 EStH 2007; BFH vom 16.05.2001, BStBl 2002 II S. 487, und BMF vom 26.07.2002, BStBl 2002 I S. 667.
13 FinMin Nordrhein-Westfalen vom 30.01.1978 – S 3802 – 13 – V A 2.
14 BFH vom 17.12.2007 GrS 2/04, BStBl 2008 II S. 608; BMF vom 24.07.2008, BStBl 2008 I S. 809.

5.1 Steuerpflichtiger Erwerb – § 10 ErbStG

den die von ihm durchgeführten Baumaßnahmen den Grundbesitzwert erhöht haben.[15]

Aus dieser Entscheidung hat die Finanzverwaltung den Schluss gezogen, dass diese Rechtsgrundsätze, abweichend von R 10 Abs. 2 Satz 2 ff. ErbStR 2003, auch anzuwenden sind, wenn der Bezugsberechtigte eines Lebensversicherungsvertrags die Prämien ganz oder teilweise gezahlt hat. Die Versicherungsleistung ist nach dem Verhältnis der vom Versicherungsnehmer/Erblasser gezahlten Versicherungsbeiträge zu den insgesamt gezahlten Versicherungsbeiträgen aufzuteilen; nur dieser Teil unterliegt der Erbschaftsteuer. Der Bezugsberechtigte trägt die Beweislast hinsichtlich der von ihm gezahlten Versicherungsbeiträge. Diese Grundsätze gelten in gleicher Weise, wenn ein Anspruch aus einer noch nicht fälligen Lebensversicherung übertragen wird, bei der der Erwerber die Versicherungsbeiträge bisher ganz oder teilweise gezahlt hat.[16]

Wegen der erbschaftsteuerlichen Behandlung von schwebenden und teilerfüllten Geschäften, insbesondere Grundstücksgeschäften siehe R B 9.1 Abs. 1 ErbStR 2011.

Wegen der Behandlung von Ansprüchen nach dem VermG siehe R E 10.2 ErbStR 2011.

Hat der Erblasser einen Werkvertrag, der ein Grundstück betrifft, abgeschlossen, der im Todeszeitpunkt vom Unternehmer (zum Teil) noch nicht erfüllt ist, so ist der zum Nachlass gehörende, auf Herstellung des versprochenen Werkes gerichtete Anspruch stets mit dem gemeinen Wert zu bewerten; die Werklohnverpflichtung, soweit sie noch besteht, ist nach allgemeinen Grundsätzen abzugsfähig.[17]

Der Anspruch eines Landwirts auf Lieferung stehender oder umlaufender Betriebsmittel (z. B. eines Mähdreschers) ist nicht im Grundbesitzwert des landwirtschaftlichen Betriebs abgegolten, wie ein Umkehrschluss aus § 33 Abs. 3 BewG nahelegen könnte; die Erfassung dort scheitert bereits an § 33 Abs. 1 BewG („dauernd" zu dienen bestimmt). Dieser Anspruch ist also gesondert zu erfassen.[18]

Durch etwaige Vereinigung von Recht und Verbindlichkeit oder von Recht und Belastung in der Person des Erben erlischt nach bürgerlichem Recht grundsätzlich das betreffende Schuldverhältnis ohne weiteres (z. B. §§ 425, 429, 1063, 1173 und 1256 BGB). Um dem Bereicherungsgrundsatz gerecht zu werden, bestimmt demgegenüber **§ 10 Abs. 3 ErbStG,** dass die infolge des Vermögensanfalls durch

---
15 BFH vom 01.07.2008, BStBl 2008 II S. 876.
16 R E 3.7 Abs. 2 ErbStR 2011; zuvor bereits gleichlautende Ländererlasse vom 23.02.2010, BStBl 2010 I S. 194.
17 BFH vom 28.11.1991, BStBl 1992 II S. 298.
18 BFH vom 23.10.1991, BStBl 1992 II S. 248.

Vereinigung von Recht und Verbindlichkeit oder von Recht und Belastung erloschenen Rechtsverhältnisse erbschaftsteuerrechtlich als nicht erloschen gelten.[19]

Beispiel:
E hat eine Forderung i. H. von 25.000 € gegen S. E stirbt. Alleinerbe ist S.
Nach den Vorschriften des bürgerlichen Rechts ist diese Forderung mit dem Tod des E und der dadurch eintretenden Personenidentität zwischen Gläubiger und Schuldner erloschen.
Nach § 10 Abs. 3 ErbStG gilt die Forderung als nicht erloschen mit der Folge, dass der Vermögensanfall des S auch diese 25.000 € erfasst. Dieses Ergebnis ist dadurch gerechtfertigt, dass der S tatsächlich – da er die Schuld von 25.000 € nicht mehr tilgen muss – um diese 25.000 € bereichert ist.

Ob eine erbschaftsteuerlich als Vermögensanfall zu erfassende Forderung des Erblassers an den Erben bestanden hatte, ist ausschließlich nach bürgerlichem Recht zu beantworten.[20] Die Vorschrift des § 10 Abs. 3 ErbStG ist auch in den Fällen anzuwenden, in denen der bürgerlich-rechtliche Vermögensübergang infolge des Todes des Erblassers formal vollwertig, wirtschaftlich aber beeinträchtigt ist; wenn z. B. dem Erben ein Gegenstand des Erblassers anfällt, an dem ihm ein Nießbrauchsrecht zusteht, und dieses Nießbrauchsrecht durch den Tod des Erblassers erlischt, so gilt es erbschaftsteuerlich als fortbestehend,[21] d. h., die Besteuerung des Erben war bis 2009 nach § 25 ErbStG durchzuführen. Nach Wegfall des § 25 ErbStG durch das ErbStRG 2009 mindert der Nießbrauch nunmehr den Vermögensanfall. § 10 Abs. 3 ErbStG ist auch auf freigebige Zuwendungen anwendbar.[22] § 10 Abs. 3 ErbStG ist aber nach Wortlaut und Sinn und Zweck dann nicht anwendbar, wenn die Forderung des Erblassers schon durch den Tod an sich und nicht erst durch die Vereinigung von Recht und Verbindlichkeit erlischt; z. B.: Der Erblasser hat Anspruch auf lebenslängliche Rente gegen den Erben.

Fraglich ist, ob § 10 Abs. 3 ErbStG bei Rückforderungsrechten (analog) anwendbar ist.[23]

Der Nacherbe erwirbt nach bürgerlichem Recht bereits mit dem Erbfall ein vermögenswertes, unentziehbares Anwartschaftsrecht, das veräußerlich und insbesondere – bei Tod des Nacherben vor Eintritt des Nacherbfalls – im Zweifel auch vererblich ist (§ 2108 Abs. 2 BGB). Das Erbschaftsteuer- und Schenkungsteuergesetz geht demgegenüber davon aus, dass die wirtschaftliche Bereicherung des Nacherben sich i. d. R. erst beim Eintritt der Nacherbfolge vollzieht. Folglich entsteht die Steuer für den Nacherben nach § 9 Abs. 1 Nr. 1 Buchst. h ErbStG erst mit dem Zeitpunkt des Eintritts der Nacherbfolge. Diese Regelung entspricht der in

---

19 Siehe auch BFH vom 07.10.1998, BStBl 1999 II S. 25.
20 BFH vom 19.10.1977, BStBl 1978 II S. 217; BFH, ZEV 2001 S. 411.
21 RFH, RStBl 1930 S. 383.
22 M/K-H/W, § 10 Rdnr. 43.
23 Siehe Holland, ZEV 2000 S. 356.

5.1 Steuerpflichtiger Erwerb – § 10 ErbStG

§ 6 ErbStG. Folgerichtig bestimmt auch § **10 Abs. 4 ErbStG,** dass die Anwartschaft des Nacherben nicht zu seinem Nachlass gehört. Das bedeutet aber nicht, dass der Erwerb des Anwartschaftsrechts durch den Erben des Nacherben erbschaftsteuerlich bedeutungslos ist. Im Nacherbfall tritt nämlich der Erbe des Nacherben an dessen Stelle und wird also mit der auf ihn übergehenden Nacherbschaft, und zwar insoweit nach § 6 ErbStG, steuerpflichtig. – Veräußert der Nacherbe aber sein Anwartschaftsrecht, gilt das Entgelt bei ihm als Erwerb von Todes wegen (§ 3 Abs. 2 Nr. 6 ErbStG).

Sind an einem Erwerb von Todes wegen **mehrere Miterben** beteiligt, so kommt es für den Umfang des steuerpflichtigen Erwerbs des einzelnen Miterben darauf an, was ihm aufgrund der letztwilligen Verfügung des Erblassers oder nach der gesetzlichen Erbfolge zusteht. Der Erwerb des einzelnen Miterben wird dabei grundsätzlich wie folgt ermittelt: Der Erwerb wird insgesamt einheitlich ermittelt. Den Miterben wird ihre Beteiligung nach § 39 Abs. 2 Nr. 2 AO so zugerechnet, als ob sie nach Bruchteilen beteiligt wären. Die Höhe des Bruchteils richtet sich dabei nach der Berechtigungsquote des jeweiligen Miterben am Gesamtvermögen. Besteuerungsgrundlage bleibt aber letztlich nach den erbschaftsteuerrechtlichen Grundsätzen jeweils nur der Vermögensanfall an den einzelnen Miterben (§ 10 Abs. 1 ErbStG), nicht dagegen ein bestimmter Prozentsatz des gesamten Nachlasses. Die tatsächliche Erbauseinandersetzung ist insoweit i. d. R. ohne Bedeutung, da maßgebend allein der Anspruch ist, wie er mit dem Tod des Erblassers entstanden ist;[24] (s. o. 1.4.3.3). Bedeutung erlangen kann sie aber im Hinblick auf die Gewährung von Steuerbefreiungen (§ 13 Abs. 1 Nr. 4a und 4b, § 13a, 13c ErbStG).

Beispiel:
E stirbt. Erben sind seine Kinder K1 und K2 zu je 1/2. Einziger Nachlassgegenstand ist ein zu gewerblichen Zwecken vermietetes Grundstück; Verkehrswert 3.000.000 €, Grundbesitzwert ebenfalls 3.000.000 €. K2 übernimmt das Grundstück gegen Zahlung von 1.500.000 € an K1.

Der Vermögensanfall insgesamt beträgt 3.000.000 €. Davon entfallen auf K1 und K2 je 1/2 = 1.500.000 € anteiliger Grundstückswert. Die tatsächliche Durchführung der Auseinandersetzung ist demgegenüber ohne Bedeutung; insbesonders hat K2 nicht die Ausgleichszahlung von (ebenfalls) 1.500.000 € zu versteuern.

Eine Teilungsanordnung des Erblassers ist erbschaftsteuerlich grundsätzlich nicht zu berücksichtigen, kann aber ebenso wie eine freie Erbauseinandersetzung bei der Gewährung von Steuerbefreiungen (§ 13 Abs. 1 Nr. 4a und 4b, §§ 13a, 13c EStG) von Bedeutung sein (siehe hierzu unter 5.5.7, 5.5.8, 5.4.5.3 und 5.6).

Die tatsächliche Durchführung der Auseinandersetzung ist demgegenüber ausnahmsweise z. B. dann von Bedeutung, wenn es sich um einen Vergleich zur Beseitigung von ernstlichen Erbstreitigkeiten handelt.

---

24 BFH vom 11.05.1966, BStBl 1966 III S. 507.

5 Wertermittlung

Soweit ein Erbe ein Vorausvermächtnis erhält, ist es bei der Ermittlung des Erwerbs auszugleichen.

Beispiel:
Vater V stirbt. Erben zu je 1/3 sind die Kinder K1, K2 und K3. Der Steuerwert des Reinnachlasses (ohne Abzug des Vermächtnisses nach § 10 Abs. 5 Nr. 2 ErbStG, nach Abzug des Pauschbetrags nach § 10 Abs. 5 Nr. 3 ErbStG) beträgt 2.400.000 €. K1 erhält ein Vorausvermächtnis von 600.000 €.

Die rechnerische Ermittlung der Bereicherung des einzelnen Miterben ist auf zweierlei Weise denkbar,[25] je nachdem, ob man die Erbengemeinschaft insgesamt (also einschl. des durch das Vorausvermächtnis Begünstigten) als mit dem Vorausvermächtnis belastet ansieht oder nur die nicht begünstigten Miterben. Das (rechnerische) Ergebnis ist gleich:

Nachlasswert insgesamt	2.400.000 €
Abzüglich Vorausvermächtnis	600.000 €
	1.800.000 €
Anteil K2 und K3 je 1/3 = 2/3 =	1.200.000 €
Anteil K1 1/3 =	600.000 €
+ Vorausvermächtnis =	600.000 €
	2.400.000 €

Meines Erachtens folgt diese Berechnungsmethode dem bürgerlichen Recht – die Vermächtnisverpflichtung richtet sich gegen die (gesamte) Erbengemeinschaft.
Der BFH[26] rechnet:

Nachlasswert insgesamt	2.400.000 €
Anteil K2, K3 je 1/3 =	800.000 €
Abzüglich Vorausvermächtnis bei K2 und K3 (anteilig von 400.000 €) je 1/2 =	200.000 €
Bereicherung K2 und K3 je 600.000 × 2 =	1.200.000 €
Anteil K1 am Nachlass 1/3 – darin 1/3 des Vorausvermächtnisses = 200.000 € bereits enthalten	800.000 €
+ Vorausvermächtnis – soweit nicht durch Erbanfall bereits erworben = 2/3 von 600.000 €	400.000 €
	2.400.000 €

5.1.4.2 Sonderregelung für Gesellschaftsanteile in § 10 Abs. 10 ErbStG

Da die Mitgliedschaftsrechte an Personengesellschaften gesellschaftsvertraglich vererblich gestellt werden können, kann der Gesellschaftsvertrag vorsehen, dass Erben aus bestimmten darin festgelegten Gründen (z. B. Nichtzugehörigkeit zum gesellschaftsvertraglich umschriebenen Familienzweig oder fehlende Qualifikation) ihren Anteil unverzüglich an Mitgesellschafter zu übertragen haben und die Erben dabei nur den Anspruch realisieren können, der ihnen bei ihrem Ausscheiden (Abfindungsanspruch) zustehen würde.

---
25 OFD München vom 24.04.2002, DStR 2002 S. 1221.
26 BFH vom 01.08.2001 II R 47/00, BFH/NV 2002 S. 788.

5.1 Steuerpflichtiger Erwerb – § 10 ErbStG

Ist im Gesellschaftsvertrag im Fall der Übertragung von Mitgliedschaftsrechten bzw. Anteilen an einer Personengesellschaft oder einer GmbH nach dem Erbfall eine Abfindung vorgesehen, die unter dem gemeinen Wert des Abfindungsanspruchs liegt, erhält der Erbe tatsächlich und ausschließlich nur den Abfindungsanspruch, obwohl sich die Mitgliedschaftsrechte bzw. Anteile an einer GmbH zunächst im Nachlass befinden. In einem neu angefügten § 10 Abs. 10 ErbStG will der Gesetzgeber für diesen Fall sicherstellen, dass nur der Wert des Abfindungsanspruchs der Besteuerung zugrunde zu legen ist, wenn die Übertragung **„unverzüglich"** nach dem Erwerb erfolgt. Dasselbe gilt auch im Fall der Einziehung eines vererbten Geschäftsanteils einer GmbH (§ 10 Abs. 10 Satz 1 und 2 ErbStG).

Im Fall des Ausscheidens eines Gesellschafters gilt dies entsprechend. Die in solchen Fällen eintretende Bereicherung der Mitgesellschafter gilt gem. § 7 Abs. 7 Satz 3 ErbStG als Schenkung unter Lebenden i. S. des § 7 Abs. 7 ErbStG. Auf die Absicht des ausscheidenden Gesellschafters, die verbleibenden Gesellschafter oder die Gesellschaft zu bereichern (Bereicherungswille), kommt es hierbei nicht an.

§ 10 Abs. 10 ErbStG ist von anderen – vorrangig zur Anwendung kommenden – Erwerbstatbeständen abzugrenzen. Die Norm findet daher keine Anwendung, wenn ein Personengesellschaftsanteil nicht vererblich ist (siehe auch R E 10.13 Abs. 1 ErbStR 2011), wie dies beim Erwerb aufgrund einer Fortsetzungsklausel, bei dem es sich um einen eigenständigen Erwerbstatbestand i. S. des § 3 Abs. 1 Nr. 2 Satz 2 oder Satz 3 ErbStG bzw. § 7 Abs. 7 Satz 1 oder Satz 2 ErbStG handelt, der Fall ist.

Ebenso wird § 10 Abs. 10 ErbStG nicht für den Fall einer qualifizierten Nachfolgeklausel, die wie eine vom Erblasser angeordnete Erbauseinandersetzung nach §§ 13a Abs. 3, 13b Abs. 3 ErbStG behandelt wird, gelten (R E 3.1 Abs. 3; 13a.3, 13b.1 Abs. 2 ErbStR 2011).[27]

Damit gilt § 10 Abs. 10 ErbStG nur noch für die Fälle, in denen ein Gesellschaftsanteil zunächst übergeht und unverzüglich nach dem Erwerb aufgrund einer im Todeszeitpunkt bereits geltenden Regelung im Gesellschaftsvertrag an einen Mitgesellschafter oder die Gesellschaft selbst zu übertragen ist. Hiervon sind also solche Einziehungs- als auch Abtretungsverpflichtungen erfasst, die nicht bereits unter § 3 Abs. 1 Nr. 2 oder unter § 7 Abs. 7 Satz 1 und 2 ErbStG fallen. Eine genaue Definition der Unverzüglichkeit fehlt bisher. Als Rechtsfolge dieser Bestimmung hat der Erwerber lediglich den Abfindungsanspruch zu versteuern, sofern dieser niedriger ist als der Wert des Gesellschaftsanteils nach § 12 ErbStG.

Die Bereicherung der Mitgesellschafter gilt als Erwerb nach § 7 Abs. 7 ErbStG, wobei die Finanzverwaltung ausdrücklich klarstellt, dass es sich insoweit um eine Fiktion handelt, bei der es auf einen Bereicherungswillen nicht weiter ankommt (R E 10.13. Abs. 3 ErbStR 2011). Folge ist, dass die Mitgesellschafter die Differenz

---
27 Siehe auch Riedel, ZErb 2009 S. 2; Wälzholz, ZEV 2009 S. 113 und DStZ 2009 S. 591 m. w. N.

5 Wertermittlung

zwischen dem Steuerwert des Anteils (gemeiner Wert) und der Abfindung versteuern müssen.

Fraglich ist allerdings die Anwendbarkeit der §§ 13a, 13b, 19a ErbStG auf § 7 Abs. 7 Satz 3 ErbStG, d. h. auf die Bereicherung der übrigen Gesellschafter. Meines Erachtens ist es folgerichtig, wenn den übrigen Gesellschaftern, die ja tatsächlich die Unternehmensbeteiligung des Erben erhalten, der Verschonungsabschlag für ihren Erwerb dem Grunde nach gewährt wird, sofern die weiteren Voraussetzungen vorliegen.[28]

Die Finanzverwaltung wendet §§ 13a, 13b, 19a ErbStG bei denjenigen, die das begünstigte Betriebsvermögen übernehmen, an (R E 10.13 Abs. 3 Satz 4 ErbStR 2011). Im Fall der Einziehungsklausel gehen die GmbH-Anteile nach Auffassung der Finanzverwaltung allerdings unter. Da sie aber zu einer Werterhöhung der Anteile der verbleibenden Gesellschafter führen, soll die Differenz zwischen dem gemeinen Wert der Anteile und der Abfindung gleichwohl der Erbschaftsteuer unterliegen, werden aber nicht durch §§ 13a, 13b ErbStG sowie § 19a ErbStG entlastet, sodass sie mit dem aufgrund des reformierten Bewertungsgesetzes erhöhten bewertungsrechtlichen Unternehmenswert versteuert werden müssen (R E 3.4 Abs. 3 Satz 9; R E 10.13 Abs. 3 Satz 4 ErbStR 2011). Umso wichtiger ist es für die Gestaltung von GmbH-Satzungen, anstelle einer Einziehungsklausel auch die Zwangsabtretung vorzusehen und von dieser im Todesfall Gebrauch zu machen.[29]

5.1.4.3 Abzugsfähige Nachlassverbindlichkeiten

Zur Ermittlung der Bereicherung bei den Erwerben von Todes wegen sind von dem gesamten Vermögensanfall die nach § 10 Abs. 3 bis 9 ErbStG abzugsfähigen Nachlassverbindlichkeiten abzuziehen.

Welche Nachlassverbindlichkeiten vom Erwerb abzugsfähig sind, ist in **§ 10 Abs. 5 ErbStG abschließend**[30] geregelt. Dabei ist noch die Regelung des § 10 Abs. 3 ErbStG zu beachten, nach der Schulden des Erblassers dem Erben gegenüber, die nach dem bürgerlichen Recht mit dem Erbfall erlöschen, erbschaftsteuerrechtlich als nicht erloschen gelten.

Beispiel:
E schuldet S 25.000 €. E stirbt. Alleinerbe ist S.

Nach den Vorschriften des bürgerlichen Rechts ist diese Schuld mit dem Tode des E erloschen.

Nach § 10 Abs. 3 ErbStG gilt die Schuld als nicht erloschen mit der Folge, dass S bei der Ermittlung der Bereicherung diese 25.000 € als Nachlassverbindlichkeit abziehen kann.

---

28 Siehe auch Thonemann, DB 2008 S. 2816 (2820); Lüdicke/Fürwentsches, DB 2009 S. 12 (15); zum alten Recht siehe auch R 55 Abs. 2 ErbStR 2003.
29 Vgl. Meister/Klöcker, in Münchner Vertragshandbuch, 6. Aufl. 2005, Muster IV. 20, § 24.
30 A. A. Meincke, § 10 Rdnr. 31; FG Münster, EFG 1987 S. 309; Moench, DStR 1992 S. 1185, lässt die Frage offen.

5.1 Steuerpflichtiger Erwerb – § 10 ErbStG

Stirbt der Nacherbe vor dem Nacherbfall, geht das Anwartschaftsrecht auf seinen Erben über, soweit es vererblich ist. Dieser Erwerb kann nicht der Steuer unterliegen, da auch der (ursprüngliche) Erwerb des Anwartschaftsrechts durch den (Erblasser-)Nacherben nicht der Erbschaftsteuer unterlag (§ 10 Abs. 4 ErbStG).

Inwieweit in diesem Rahmen (abzugsfähige Nachlassverbindlichkeiten) die Vorschrift des § 10 Abs. 4 ErbStG eine Rolle spielen soll, ist schwer einzusehen. Gemeint ist wohl der Fall, dass das Anwartschaftsrecht des Nacherben einen negativen Wert hat. Für diesen Fall besagt § 10 Abs. 4 ErbStG, dass insoweit ein Abzug nicht zulässig ist. § 10 Abs. 4 ErbStG gilt über § 1 Abs. 2 ErbStG auch für freigebige Zuwendungen unter Lebenden.[31]

Die nach § 10 Abs. 5 ErbStG abzugsfähigen Nachlassverbindlichkeiten (= Oberbegriff) lassen sich – ähnlich der Regelung in § 1967 Abs. 2 BGB – in zwei große Gruppen aufteilen: 1. die Schulden des Erblassers; 2. die Schulden, die sich für den Erben aus Anlass des Erbfalls ergeben. Diese zweite Gruppe kann ihrerseits wieder unterteilt werden in Schulden, die dem Erben durch den Erblasser oder durch das Gesetz auferlegt werden, und Schulden, die dem Erben durch den Erbfall entstanden sind. Zu unterscheiden sind also:

- Erblasserschulden
  (§ 10 Abs. 5 Nr. 1 ErbStG)

- Erbfallschulden
  (§ 10 Abs. 5 Nr. 2 ErbStG)

- Erbschaftsabwicklungskosten oder „sonstige" Nachlassverbindlichkeiten
  (§ 10 Abs. 5 Nr. 3 ErbStG)

a) Erblasserschulden

Nach **§ 10 Abs. 5 Nr. 1 ErbStG** sind die vom Erblasser herrührenden Schulden (also z. B. kein Abzug von Erblasserschulden bei Erwerben nach § 3 Abs. 1 Nr. 4 ErbStG,[32] von dem Erwerb als Nachlassverbindlichkeiten abzuziehen. Das gilt nicht, soweit sie mit einem zum Erwerb gehörenden Gewerbebetrieb oder Anteil an einem Gewerbebetrieb in wirtschaftlichem Zusammenhang stehen und folglich bereits nach § 12 Abs. 5 und 6 ErbStG berücksichtigt worden sind. Solche Betriebsschulden des Erblassers sind also zwar abzugsfähig, aber nicht – noch einmal – an dieser Stelle, sondern bereits unmittelbar bei der Bewertung des Betriebsvermögens. Vom Erblasser herrührend sind solche Schulden, die im Zeitpunkt des Erbfalls bereits gegen den Erblasser – zumindest dem Grunde nach – vorhanden waren. Liegt diese Voraussetzung vor, ist die Schuld – gleich, welcher Art – stets abzugsfähig. Eine Einschränkung sieht das Gesetz nicht vor. Erbschaftsteuerlich gelten also die einkommensteuerrechtlichen Grundsätze des sog. Fremdvergleichs bei

---
31 BFH vom 28.10.1992, BStBl 1993 II S. 158.
32 BFH vom 17.05.2000 II B 72/99, BFH/NV 2001 S. 39.

Darlehensverträgen zwischen nahen Angehörigen nicht. Bürgerlich-rechtlich bestehende Schulden sind also abziehbar.[33] Wegen der erbschaftsteuerlichen Behandlung von sog. Überlasten (Instandhaltungskosten bei denkmalgeschützten Gebäuden) s. R E 10.6 ErbStR 2011.

Eine nach § 10 Abs. 5 Nr. 1 ErbStG abzugsfähige Schuld kann auch eine vom Erwerber als Nachlassverbindlichkeit geltend gemachte eigene Lohnforderung gegenüber dem Erblasser sein, wenn ein entsprechender Arbeitsvertrag vorgelegen hat. Allerdings reicht die tatsächliche Erbringung von Dienstleistungen allein, etwa aufgrund einer Lebensgemeinschaft, nicht aus, eine berücksichtigungsfähige Erblasserschuld zu begründen; es muss vielmehr ausdrücklich ein Austauschverhältnis vereinbart worden sein.[34] Falls bürgerlich-rechtlich anzuerkennende Dienstleistungsvergütungsschulden wegen der Pflege des Erblassers vorhanden sind (§ 1967 Abs. 2 1. Alternative BGB), sind sie nach § 10 Abs. 5 Nr. 1 – nicht Nr. 3 – ErbStG, der § 13 Abs. 1 Nr. 9 ErbStG vorrangig ist, abzugsfähig.[35] Für die Praxis empfiehlt es sich, wie die Urteile zeigen, insoweit nachweisbare Vereinbarungen zu treffen.[36] Eine vom Erblasser in einem Schuldanerkenntnis auf den Todesfall anerkannte Verbindlichkeit gegenüber seinem Erben für dessen Betreuungskosten ist keine Nachlassverbindlichkeit, da sie nicht bereits im Zeitpunkt des Erbfalls als Schuld des Erblassers begründet (entstanden) war.[37] Entstanden ist eine als Erblasserschuld abzugsfähige Nachlassverbindlichkeit vielmehr nur dann, wenn die letztwillige Zuwendung ganz oder zum Teil als Entgelt für eine aufgrund eines nachgewiesenen Dienstleistungsverhältnisses (§ 611 BGB) vertraglich geschuldete und erbrachte Dienstleistung anzusehen ist. Fehlt es bei einem solchen Dienstverhältnis an einer rechtlich bindenden Einigung über die Höhe der Vergütung, wird die Verwaltung als Nachlassverbindlichkeit eine Erblasserschuld nach § 612 BGB in Höhe der taxmäßigen oder üblichen Vergütung ansetzen (R E 13.5 Abs. 2 ErbStR 2011). Zur Bewertung übernommener Pflegeleistungen orientiert sich die Finanzverwaltung an § 15 SGB XI.[38]

Auslagen im Zusammenhang mit Pflege- oder Unterhaltsleistungen, die einen Ersatzanspruch begründen (§§ 675 und 670 BGB), sind nach § 10 Abs. 5 Nr. 1 ErbStG abzugsfähig (R E 13.5 Abs. 6 ErbStR 2011).

---

33 BFH vom 25.10.1995, BStBl 1996 II S. 11.
34 BFH vom 15.06.1988, BStBl 1988 II S. 1006; FG München, UVR 1991 S. 244 und S. 337, 1995 S. 116 sowie EFG 1993 S. 241; Niedersächsisches FG, EFG 1993 S. 242; zusammenfassend Moench, DStR 1992 S. 1185; ablehnend Kapp, DStZ 1989 S. 166.
35 BFH vom 09.11.1994, BStBl 1995 II S. 62, vom 28.06.1995, BStBl 1995 II S. 784, und vom 09.11.1994 II R 111/91, BFH/NV 1995 S. 598; M/K-H/W, § 13 Rdnr. 54; Albrecht, ZEV 1995 S. 199; kritisch Gebel, UVR 1995 S. 105; s. auch FG Rheinland-Pfalz, ZEV 1997 S. 81.
36 Siehe z. B. FG München vom 25.10.1999, DStR 2000 S. 371.
37 FG München, EFG 1990 S. 69.
38 H E 7.4 (1) „Übernommene Pflegeleistung" ErbStH 2011 und zuvor FinMin Baden-Württemberg vom 09.09.2008, DStR 2008 S. 1964.

5.1 Steuerpflichtiger Erwerb – § 10 ErbStG

Der Pflichtteilsanspruch kann grundsätzlich auch noch nach der 3-jährigen Verjährungsfrist (§ 2332 BGB) mit erbschaftsteuerlicher Wirkung geltend gemacht werden, wenn die Verjährungseinrede nicht erhoben wird. Der Erbe, der eine verjährte Pflichtteilsforderung erfüllt und die Leistung nicht verweigert (§ 222 BGB), kann demnach diese als Nachlassverbindlichkeit abziehen.[39] **Diese Grundsätze kommen aber nur zur Anwendung, wenn auch eine wirtschaftliche Belastung der Erben gegeben ist.**

Machen Erben bei der Erbschaftsteuererklärung als Nachlassverbindlichkeit geltend, sie würden nun **als Rechtsnachfolger der verstorbenen Mutter** ihren aus dem Erbfall des Vaters herrührenden Pflichtteilsanspruch gegen die Mutter als dessen Alleinerbin gegenüber sich selbst wegen § 10 Abs. 3 ErbStG (Vereinigung von Recht und Verbindlichkeit) geltend machen, so fehlt es nach Auffassung des BFH **an der wirtschaftlichen Belastung,** wenn bei objektiver Würdigung der Verhältnisse angenommen werden kann, dass der Gläubiger seine Forderung nicht geltend machen wird.[40] Dass sich dieses Gebot nicht aus dem Wortlaut des § 10 Abs. 3 ErbStG ergibt, ist danach unschädlich. Im Gegensatz zum Zivilrecht gelte im Erbschaftsteuergesetz das Gebot wirtschaftlicher Belastung.

Haben Eheleute ihre Kinder im Wege eines Berliner Testaments zu Schlusserben eingesetzt und vereinbaren diese mit dem überlebenden Ehegatten, jeweils gegen Zahlung einer erst mit dessen Tod fälligen Abfindung auf die Geltendmachung der Pflichtteile nach dem erstverstorbenen Ehegatten zu verzichten, können die Kinder beim Tod des überlebenden Ehegatten keine Nachlassverbindlichkeiten i. S. des § 10 Abs. 5 Nr. 1 ErbStG aus dieser Vereinbarung abziehen. Die Abfindungsverpflichtungen stellten für den überlebenden Ehegatten keine wirtschaftliche Belastung dar.[41]

Wird eine Teilgeltendmachung eines Pflichtteilsanspruches anerkannt,[42] kann auch nur der geltend gemachte Teil als Nachlassverbindlichkeit abgezogen werden.

Bei Nichtangabe von Erblasserschulden (z. B. Verpflichtung zur Zahlung von Erbbauzinsen) in der Erbschaftsteuererklärung kann grobes Verschulden gem. § 173 Abs. 1 Nr. 2 AO vorliegen mit der Folge, dass eine (nachträgliche) Berücksichtigung der Schulden ausgeschlossen ist.[43]

Abzugsfähig sind auch Steuerschulden des Erblassers. Bei der Einkommensteuer können dabei Schwierigkeiten insofern auftreten, als die auf den Erblasser ent-

---
39 Vgl. auch Moench, DStR 1987 S. 139.
40 BFH vom 27.06.2007, BStBl 2007 II S. 651; siehe auch FG München, UVR 1993 S. 55; FG München vom 30.11.2006 4 V 4323/06 rk; a. A. wohl Muscheler, ZEV 2001 S. 377.
41 BFH vom 27.06.2007, BStBl 2007 II S. 651.
42 Kritisch hierzu Seer, ZEV 2010 S. 57 (61 ff.) m. w. N.
43 FG München, EFG 1993 S. 28.

fallende Einkommensteuerschuld festzustellen ist, denn nur diese ist abzugsfähig. Mit dem Tod des Erblassers erlischt seine Einkommensteuerpflicht. Findet eine Zusammenveranlagung (§§ 26 und 26b EStG) statt, ist die gesamte Einkommensteuer in dem Verhältnis aufzuteilen, in dem das Einkommen der Ehegatten zueinander steht; nur der danach auf den Erblasser entfallende Anteil ist abzugsfähig. Eheleute, die zusammen zur Einkommensteuer veranlagt werden, sind nach § 44 Abs. 1 Satz 1 AO Gesamtschuldner der dabei festgesetzten Steuer. Erfüllt ein Ehegatte allein die Schuld, hat er nach § 426 Abs. 1 Satz 1 BGB gegen den anderen einen Ausgleichsanspruch in Höhe der Hälfte des Schuldbetrags, soweit nicht etwas anderes bestimmt ist. Hat der überlebende Ehegatte jahrelang allein gezahlt, hat er damit konkludent zum Ausdruck gebracht, von dem Ausgleich nach § 426 BGB absehen zu wollen – eine entsprechende Nachlassverbindlichkeit (Ausgleichsverpflichtung) entfällt damit. Widerspricht er diesem Schluss, trägt er die Beweislast.[44] Für die Abzugsfähigkeit von Schulden, also auch von Steuerschulden, reicht es aus, wenn sie am Stichtag entstanden sind. Also können Steuerschulden auch dann abgezogen werden, wenn sie am Stichtag noch nicht festgesetzt sind (siehe auch R E 10.8 Abs. 3 ErbStR 2011). Einkommensteuerschulden des Todesjahres sind nicht als Nachlassverbindlichkeiten abzugsfähig (R E 10.8 Abs. 3 ErbStR 2011).[45] Eine spätere Festsetzung oder Nichtfestsetzung ist insoweit ohne Bedeutung. Die Abzugsfähigkeit soll jedoch nur gegeben sein, wenn sie auch eine wirtschaftliche Last darstellen.[46] Das ist im Hinblick auf die ansonsten betonte Maßgeblichkeit des Zivilrechts (Ablehnung einer wirtschaftlichen Betrachtungsweise) zumindest widersprüchlich. Vom Erblasser hinterzogene Steuern können – nach Auffassung der Verwaltung – als Nachlassverbindlichkeiten nach § 10 Abs. 5 Nr. 1 ErbStG berücksichtigt werden, wenn sie tatsächlich festgesetzt worden sind oder werden.[47] Das soll auch dann gelten, wenn die Steuerhinterziehung erst nach dem Tod des Erblassers, z. B. durch den Erben, aufgedeckt wird. Zinsen nach §§ 233a und 235 AO sind danach als Nachlassverbindlichkeiten abzugsfähig, soweit sie auf den Zeitraum vom Beginn des Zinslaufs bis zum Todestag des Erblassers entfallen.

Ausländische „Einkommensteuer"-Schulden (z. B. kanadische „capital gains tax") sind nach dem Umrechnungswert am Todestag abzugsfähig.[48]

Nicht als Erblasserschuld abzugsfähig ist eine latente Ertragsteuerbelastung, die sich daraus ergibt, dass der Erblasser in seinen Steuerbilanzen stille Reserven oder steuerfreie Rücklagen gebildet hatte, die bei ihrer Auflösung den zukünftigen

---

44 BFH vom 15.01.2003, BStBl 2003 II S. 267; kritisch hierzu Götz, ZEV 2003 S. 215.
45 BFH vom 15.01.2003, BStBl 2003 II S. 267, und vom 14.11.2007 II R 3/06 BFH/NV 2008 S. 574; Niedersächsisches FG vom 03.02.2011, DStRE 2011 S. 1264 (Revision BFH Az: II R 19/11).
46 BFH, ZEV 1999 S. 503; FG Düsseldorf, ZEV 2003 S. 168.
47 FinMin Nordrhein-Westfalen vom 14.11.2002, ZEV 2003 S. 25.
48 BFH vom 26.04.1995, BStBl 1995 II S. 540.

5.1 Steuerpflichtiger Erwerb – § 10 ErbStG

Gewinn erhöhen können, da die später entstehende Steuer insbesondere deshalb nicht als vom Erblasser begründet anzusehen ist, weil sie sich allein nach den für den Erben geltenden Merkmalen richtet.[49] Dasselbe gilt für latente Ertragsteuerbelastung des Nachlasses, soweit sie die Einkommensteuer des Erben für nach Eintritt des Erbfalls eingezogene Honorarforderungen des Erblassers betrifft.[50]

Ein Abzug ist auch im Rahmen der Bewertung des zum Nachlass gehörigen Betriebsvermögens (§ 12 Abs. 5 ErbStG) nicht zulässig. Das gilt i. d. R. auch bei der bis zur ErbStR 2009 noch möglichen Schätzung des gemeinen Werts (sog. Stuttgarter Verfahren) von Anteilen an Kapitalgesellschaften.[51] An dieser Beurteilung hat sich aufgrund der durch das ErbStRG geänderten Bewertung von Unternehmen nichts geändert (§§ 109, 11 Abs. 2 BewG).

Einen Abzug der auf geerbte Forderungen ruhenden latenten Einkommensteuerlast des Erben als Nachlassverbindlichkeit lehnt der BFH auch ab, wenn zum erbschaftsteuerlichen Erwerb festverzinsliche Wertpapiere gehören und darin bis zum Tod des Erblassers angefallene, aber noch nicht fällige Zinsansprüche (sog. Stückzinsen) enthalten sind. Diese sind mit ihrem Nennwert ohne Abzug der Kapitalertragsteuer anzusetzen.[52]

Auch andere „latente" öffentlich-rechtliche Verpflichtungen (z. B. Kanalisationsanschluss, Gebäudereparatur) können nicht abgezogen werden; es sei denn, diese Verpflichtungen hätten bereits im Todeszeitpunkt bestanden.[53]

Leistet ein Vermächtnisnehmer, der das Vermächtnis nicht erwirbt, Zahlungen für seine Einsetzung an den Erblasser, so können diese durch einen Ersatzvermächtnisnehmer, der Erbe des Vermächtnisnehmers wird, nicht nach § 10 Abs. 5 Nr. 1 ErbStG abgezogen werden.[54] Der Unterhaltsanspruch eines Ehegatten nach der Scheidung erlischt mit dem Tod des Verpflichteten nicht (anders beim Tod des Berechtigten, § 1586 BGB), sondern geht auf den Erben als Nachlassverbindlichkeit über.[55] Der Abzug einer Zugewinnausgleichsschuld im Rahmen des § 10 Abs. 5 Nr. 1 ErbStG erfolgt stets mit dem Nennwert. Das gilt auch dann, wenn die entsprechende Forderung von dem Verpflichteten einverständlich mit dem Berechtigten durch Übereignung eines Grundstücks erfüllt wird.[56]

---

49 BFH vom 05.07.1978, BStBl 1979 II S. 23; erneut bestätigt durch BFH vom 06.12.1989 II B 70/89, BFH/NV 1990 S. 643.
50 Hessisches FG, EFG 1989 S. 355.
51 BFH vom 02.10.1981, BStBl 1982 II S. 8; s. aber auch BFH vom 20.10.1978, BStBl 1979 II S. 34, und unter 5.3.2.
52 BFH vom 17.02.2010, BStBl 2010 II S. 641.
53 BFH vom 11.07.1990 II R 153/87, BFH/NV 1991 S. 97; FG München, EFG 1989 S. 188.
54 BFH vom 05.06.1991 II R 77/88, BFH/NV 1991 S. 746.
55 Frenz, ZEV 1997 S. 450.
56 BFH vom 10.03.1993, BStBl 1993 II S. 368, und vom 01.07.2008, BStBl 2008 II S. 874.

§ 10 Abs. 5 Nr. 1 ErbStG ist bei einem Erwerb nach § 3 Abs. 1 Nr. 4 ErbStG nicht anwendbar.[57]

b) Erbfallschulden

Vom Erwerb sind nach **§ 10 Abs. 5 Nr. 2 ErbStG** weiterhin als Nachlassverbindlichkeiten abzugsfähig Verbindlichkeiten aus Vermächtnissen, Auflagen und geltend gemachten Pflichtteilen[58] und Erbersatzansprüchen (s. o. 2.1.1.3). Nach dieser Regelung entspricht das, was der Erbe als Nachlassverbindlichkeit von seinem Erwerb abziehen kann, i. d. R. dem, was bei dem Berechtigten als Erwerb von Todes wegen der Besteuerung unterliegt (s. aber § 10 Abs. 6 ErbStG). Zahlt der Erbe allerdings Geldvermächtnisse höher aus als vom Erblasser angeordnet und geschieht dies zu Lasten einer Auflage, das restliche Geld für bestimmte mildtätige Zwecke zu spenden, so kann der Erbe die Vermächtnisse nur in der angeordneten Höhe und die Auflage nur mit dem tatsächlich verbleibenden Rest abziehen.[59]

Zahlt der Vorerbe dem Nacherben eine Abfindung für den Verzicht auf die Geltendmachung des Pflichtteilsanspruchs (Erwerb nach § 3 Abs. 2 Nr. 4 ErbStG), so gehört die Abfindung zu den Verbindlichkeiten, die bei der Ermittlung des Vermögensanfalls aufgrund des Eintritts der Vorerbfolge entsprechend § 10 Abs. 5 Nr. 2 ErbStG abzuziehen sind.[60] Der BFH hat dieses Ergebnis im Wege der Auslegung dem § 10 Abs. 5 Nr. 2 ErbStG entnommen. Der Grundsatz, dass § 10 Abs. 5 ErbStG eine abschließende Regelung enthält, wird m. E. deshalb dadurch nicht berührt.

Wird der Pflichtteil zunächst nicht geltend gemacht, ist er entsprechend bei der Veranlagung des Erben zunächst auch nicht abzugsfähig. Wird der Pflichtteil dann aber später (nach Bestandskraft des Erbschaftsteuerbescheids gegen den Erben) geltend gemacht, so ist die ursprüngliche Erbschaftsteuerveranlagung des Erben nach § 175 Abs. 1 Nr. 2 AO zu berichtigen und dabei der geltend gemachte Pflichtteil abzuziehen. Hatte der Erbe gegen den Erblasser einen Pflichtteilsanspruch (aus einem anderen Erbfall) bis zum Tod des Erblassers noch nicht geltend gemacht, so kann er im Rahmen seines Erwerbs insoweit keine Nachlassverbindlichkeit (§ 10 Abs. 5 Nr. 2 ErbStG) abziehen. Auch § 10 Abs. 3 ErbStG lässt diesen Abzug nicht zu. Ein zivilrechtlich durch Konfusion erloschener Anspruch kann nicht mehr geltend gemacht werden.[61] § 10 Abs. 5 Nr. 3 Satz 2 ErbStG (Pauschbetrag) ist Lex specialis zu § 10 Abs. 5 Nr. 2 ErbStG (Auflage) – ein zusätzlicher Abzug neben dem Pauschbetrag kommt also nicht in Betracht.[62]

---

57 BFH vom 17.05.2000 II B 72/99, BFH/NV 2001 S. 39.
58 Zu den Pflichtteilsergänzungsansprüchen s. Jülicher, ZEV 2001 S. 428.
59 FG München, EFG 1991 S. 547.
60 BFH vom 18.03.1981, BStBl 1981 II S. 473.
61 FG München, EFG 1991 S. 199; Moench, DStR 1992 S. 1185; a. A. Muscheler, ZEV 2001 S. 377.
62 FG Nürnberg, ZEV 1999 S. 460.

5.1 Steuerpflichtiger Erwerb – § 10 ErbStG

Pflichtteilsansprüche sind gem. § 10 Abs. 1 Satz 2 i. V. m. Abs. 5 Nr. 2 ErbStG nur in der Höhe anzusetzen, wie sie aufgrund eines geschlossenen Vergleichs erfüllt wurden. Nach der Rechtsprechung des BFH können die Pflichtteilsberechtigten in einem solchen Fall nur aus dem vergleichsweise vereinbarten, niedrigeren Wert besteuert werden.[63] Korrespondierend hiermit können beim verpflichteten Erben die entsprechenden Pflichtteilsverbindlichkeiten auch nur mit diesem niedrigeren Wert berücksichtigt werden.[64]

c) Erbschaftsabwicklungskosten

Nach **§ 10 Abs. 5 Nr. 3 ErbStG** können schließlich bestimmte den Erben im Zusammenhang mit dem Erbfall treffende – also erst nach dem Erbfall entstehende – Verbindlichkeiten abgezogen werden. – Diese Verbindlichkeiten wären, da sie im Zeitpunkt der Entstehung der Steuer noch nicht entstanden sind, nach der Regel des § 11 ErbStG nicht abzugsfähig; § 10 Abs. 5 Nr. 3 ErbStG bestimmt insoweit aber etwas anderes.

aa) Bestattungskosten

Abzugsfähig sind die Kosten der Bestattung des Erblassers – einschließlich der mit der Bestattung unmittelbar zusammenhängenden Aufwendungen – wie z. B. Kosten des Erwerbs der Grabstätte, Todesanzeigen, Überführungskosten, Kosten für die Trauerfeier. Während der Erbe nach § 1968 BGB nur die Kosten der standesgemäßen Beerdigung des Erblassers zu tragen hat, sind die Bestattungskosten erbschaftsteuerlich – ohne Einschränkung – in der tatsächlich entstandenen Höhe abzugsfähig.

bb) Kosten des Grabdenkmals

Abzugsfähig sind die Kosten für ein angemessenes Grabdenkmal. Die Frage der Angemessenheit wird sich wohl insbesondere nach der Lebensstellung des Erblassers und nach der Höhe des Nachlasses richten. Die Frage nach der Angemessenheit des Grabdenkmals spielt für die Abzugsfähigkeit der betreffenden Kosten dann keine Rolle, wenn der Erblasser insoweit besondere Bestimmungen in der Form einer Auflage getroffen hat (§ 10 Abs. 5 Nr. 2 ErbStG).

cc) Kosten der Grabpflege

Nach der gesetzlichen Regelung sind die Kosten für die übliche **Grabpflege** mit ihrem Kapitalwert für eine unbestimmte Dauer – nach § 13 Abs. 2 BewG also Jahreswert × 9,3 – anzusetzen. Das gilt unabhängig davon, welche Verpflichtung der Erbe im Einzelfall eingegangen ist.[65] Als Jahreswert einer „üblichen Grabpflege" wird, entsprechend § 15 Abs. 2 BewG, der übliche Mittelpreis eines Friedhofsgärtners am Ort anzusetzen sein. Die Regelung in § 10 Abs. 5 Nr. 3 ErbStG (übliche Grabpflege) gilt nur für freiwillig übernommene Kosten. Entstehen diese

---

63 BFH vom 18.07.1973, BStBl 1973 II S. 798, und 19.07.2006, BStBl 2006 II S. 718.
64 BFH vom 01.07.2008, BStBl 2008 II S. 874.
65 FG Hamburg, EFG 1988 S. 584.

Kosten durch eine Auflage (§ 1940 BGB), sind sie dagegen stets mit ihrem tatsächlichen Wert abzugsfähig. Die erbschaftsteuerliche Behandlung von Grabpflegekosten spielt in der Praxis eine große Rolle. Insbesondere auch die gesetzlich nicht sauber abgestimmte Wechselwirkung zwischen Auflagen-Verpflichtung und Auflagen-Erwerb bzw. Zweckzuwendung führt häufig zu Streitigkeiten.[66] Aus diesem Grund ist die Zusammenstellung der Verwaltungsauffassung in H E 10.7 „Behandlung von Grabpflegekosten" ErbStH 2011, die der vorliegenden Rechtsprechung folgt, für die Praxis ein wertvolles Hilfsmittel. Danach werden folgende Sachverhalte unterschieden:

„1. Der Erblasser hat mit einer (Friedhofs-)Gärtnerei einen Grabpflegevertrag geschlossen, der Art, Umfang und Kosten der Pflegemaßnahmen bestimmt.

1.1 Wurden die Grabpflegekosten bereits vom Erblasser zu Lebzeiten bezahlt, gehört zu seinem Nachlass ein Sachleistungsanspruch in gleicher Höhe. Dieser Sachleistungsanspruch hat jedoch für die Erben keine Bereicherung zur Folge, weil diese zur Grabpflege bürgerlich-rechtlich nicht verpflichtet sind. Für den Sachleistungsanspruch ist daher kein Wert anzusetzen. Andererseits fallen bei den Erben Grabpflegekosten i. S. des § 10 Abs. 5 Nr. 3 Satz 1 ErbStG nicht an. Die Erben können daher über dem Pauschbetrag von 10.300 Euro liegende Kosten nur geltend machen, wenn die übrigen Kosten – ohne die vom Erblasser gezahlten Grabpflegekosten – den Pauschbetrag überschreiten (§ 10 Abs. 5 Nr. 3 Satz 2 ErbStG).

1.2 Sind die Grabpflegekosten erst nach dem Tod des Erblassers zu entrichten, haben die Erben insoweit eine abzugsfähige Nachlassverbindlichkeit i. S. des § 10 Abs. 5 Nr. 1 ErbStG. Erfolgt die Bezahlung der Grabpflegekosten entsprechend den jeweiligen laufenden Pflegeleistungen, sind sie mit dem Kapitalwert (§§ 13 und 15 BewG) abzugsfähig. Bei der Ermittlung des Kapitalwerts sind künftige Preissteigerungen nicht zu berücksichtigen; kann der Grabpflegevertrag von den Erben ersatzlos gekündigt werden, ist – anstelle der vereinbarten – von einer unbestimmten Pflegedauer auszugehen. Bei den Erben fallen – wie im Fall der Zahlung durch den Erblasser – Grabpflegekosten i. S. des § 10 Abs. 5 Nr. 3 Satz 1 ErbStG nicht an; § 10 Abs. 5 Nr. 3 Satz 2 ErbStG bleibt unberührt.

1.3 Hat der Erblasser zur Bestreitung der Grabpflegekosten ein Sparguthaben angelegt und mit dem Geldinstitut vereinbart, dass dieses oder ein Dritter während der Pflegedauer über das Guthaben verfügungsberechtigt ist, gehört das Guthaben zum Nachlass und damit zum Erwerb des Erben. Die Verfügungsbeschränkung der Erben ist für die Besteuerung ohne Bedeutung (§ 9 Abs. 3 BewG).

1.3.1 Soll ein nach Ablauf der Pflegezeit bestehendes Guthaben den Erben verbleiben, ist ihr Erwerb nur mit der aus dem Vertrag des Erblassers sich erge-

---

[66] Michel, DStR 1984 S. 296; Martin, DStR 1988 S. 697.

5.1 Steuerpflichtiger Erwerb – § 10 ErbStG

benden, gem. § 10 Abs. 5 Nr. 1 ErbStG abzugsfähigen Schuld belastet. Für die Ermittlung des Kapitalwerts der Schuld gelten Nr. 1.2 Sätze 2, 3 und 4 entsprechend. Bei den Erben fallen Grabpflegekosten i. S. des § 10 Abs. 5 Nr. 3 Satz 1 ErbStG nicht an; § 10 Abs. 5 Nr. 3 Satz 2 ErbStG bleibt unberührt.

1.3.2 Soll ein nach Ablauf der Pflegezeit bestehendes Guthaben einem vom Erblasser bestimmten Dritten zustehen oder für einen bestimmten Zweck verwendet werden, ist bei den Erben eine Gesamtverpflichtung in Höhe des Sparguthabens abzugsfähig (§ 10 Abs. 5 Nr. 1 ErbStG). Nr. 1.3.1 Satz 3 gilt entsprechend.

1.3.3 Der Erwerb des berechtigten Dritten (§ 3 Abs. 1 Nr. 4 ErbStG) bzw. die Zweckzuwendung (§ 8 ErbStG) ist aufschiebend bedingt und – soweit erforderlich – zu überwachen.

2. Der Erblasser hat einen entgeltlichen Geschäftsbesorgungsvertrag geschlossen, der den Geschäftsbesorger verpflichtet, für die Pflege des Grabes des Erblassers durch Vergabe eines entsprechenden Auftrags an eine bestimmte Gärtnerei und für die Überwachung der Ausführung zu sorgen.

2.1 Hat der Erblasser als Geschäftsherr zur Deckung der entsprechenden Kosten vereinbarungsgemäß ein Sparkonto errichtet, das bei seinem Ableben dem Geschäftsbesorger zur Verfügung stehen soll, liegt in dessen Person grundsätzlich kein Erwerb von Todes wegen vor.[67]

2.2 Soweit die auf dem Sparbuch vorhandenen Beträge lediglich das Entgelt für die Übernahme der Geschäftsbesorgung und (oder) den Ersatz der Aufwendungen darstellen, die dem Geschäftsbesorger bei Durchführung des Geschäftsbesorgungsvertrags entstehen werden, ist nach Auffassung des BFH[68] auch keine Zweckzuwendung (§ 8 ErbStG) anzunehmen.

2.3 Den Erben steht gegen den Geschäftsbesorger ein Anspruch auf Herausgabe des Sparguthabens zu, vgl. § 667 1. Alternative BGB i. V. m. § 675 BGB. Dieser Herausgabeanspruch ist mit dem gemeinen Wert im Zeitpunkt des Todes des Erblassers zu bewerten. Als gemeiner Wert des Herausgabeanspruchs ist der Nennwert des Sparguthabens anzusetzen. Die Verfügungsbeschränkung der Erben ist für die Besteuerung ohne Bedeutung (§ 9 Abs. 3 BewG). Die durch die Geschäftsbesorgung veranlassten, das Sparguthaben mindernden Aufwendungen für die Grabpflege sind bei den Erben nach Maßgabe des § 10 Abs. 5 Nr. 3 ErbStG zu berücksichtigen.

2.4 Übersteigen die auf dem Sparkonto vorhandenen Beträge jedoch die zur Ausführung des Auftrags erforderlichen Aufwendungen und (oder) ein für die Geschäftsbesorgung vereinbartes angemessenes Entgelt und soll dieses verbleibende Guthaben einem vom Erblasser bestimmten Dritten zustehen oder für

---

[67] BFH vom 30.09.1987, BStBl 1987 II S. 861.
[68] Vgl. BFH vom 30.09.1987, BStBl 1987 II S. 861.

einen bestimmten Zweck verwendet werden, ist bei den Erben eine Gesamtverpflichtung in Höhe des Sparguthabens abzugsfähig. Der Erwerb des berechtigten Dritten (§ 3 Abs. 1 Nr. 4 ErbStG) bzw. die Zweckzuwendung (§ 8 ErbStG) ist aufschiebend bedingt und – soweit erforderlich – zu überwachen.

2.5 Nr. 2.4 Satz 1 gilt entsprechend, wenn das verbleibende Guthaben nach dem Willen des Erblassers dem Geschäftsbesorger zustehen soll. Vorbehaltlich einer Erfassung dieser Zuwendung als (zusätzliche) einkommensteuerpflichtige Einnahme (Entgelt) ist der Erwerb des Geschäftsbesorgers (§ 3 Abs. 1 Nr. 2 ErbStG) aufschiebend bedingt und – soweit erforderlich – zu überwachen.

3. Der Erblasser hat einem Dritten (z. B. Testamentsvollstrecker) den Auftrag erteilt, dafür zu sorgen, dass die Grabpflege sichergestellt sei, wobei die dafür erforderlichen Mittel aus dem Nachlass zu entnehmen sind. Eine Zweckzuwendung liegt nicht vor.[69]

Die Grabpflegekosten sind bei den Erben als Nachlassverbindlichkeiten i. S. des § 10 Abs. 5 Nr. 1 ErbStG abzugsfähig. Nr. 1.2 gilt entsprechend.

4. Der Erblasser hat einem Dritten (z. B. auch Stadtverwaltung, Kirche) eine konkrete, getrennte Vermögensmasse (z. B. Sparguthaben) durch Vermächtnis mit der Auflage zugewendet, davon die Grabpflege für einen bestimmten Zeitraum zu bestreiten.

4.1 Die Zuwendung des Erblassers unter der Auflage der Grabpflege ist keine Zweckzuwendung.[70] Bei der Ermittlung des Erwerbs eines steuerpflichtigen Vermächtnisnehmers ist die Auflage der Grabpflege nach § 10 Abs. 5 Nr. 2 ErbStG abzugsfähig. Für die Ermittlung des Kapitalwerts der Schuld gelten Nr. 1.2 Sätze 2, 3 und 4 und für die Behandlung eines nach Ablauf der Pflegezeit bestehenden Guthabens Nr. 1.3.1 bis 1.3.3 entsprechend.

5. Der Erblasser hat in einer Verfügung von Todes wegen bestimmt, dass ein genau bezeichneter Geldbetrag für die Dauerpflege seines Grabes zu verwenden ist. Es liegt keine Zweckzuwendung vor. Der für die Grabpflege bestimmte Geldbetrag ist bei den Erben als Nachlassverbindlichkeit i. S. des § 10 Abs. 5 Nr. 2 ErbStG abzugsfähig. Soweit ein verdecktes Vermächtnis vorliegt, weil der Geldbetrag offensichtlich die Grabpflegeaufwendungen übersteigt, ist der Bedachte damit nach § 3 Abs. 1 Nr. 1 ErbStG steuerpflichtig. Obwohl bei den Erben Grabpflegekosten i. S. des § 10 Abs. 5 Nr. 3 Satz 1 ErbStG nicht anfallen, bleibt § 10 Abs. 5 Nr. 3 Satz 2 ErbStG (Pauschbetrag 10.300 Euro) unberührt."[71]

---

[69] FG Düsseldorf vom 12.07.1989 – 4 K 285/84 Erb.
[70] BFH vom 30.09.1987, BStBl 1987 II S. 861, und vom 05.11.1992, BStBl 1993 II S. 161.
[71] Zur Kritik in einzelnen Punkten s. Petzoldt, NWB Fach 10 S. 631.

5.1 Steuerpflichtiger Erwerb – § 10 ErbStG

dd) Kosten der Abwicklung, Regelung und Verteilung des Nachlasses

Abzugsfähig sind auch Kosten, die dem Erwerber unmittelbar im Zusammenhang mit der Abwicklung, Regelung oder Verteilung des Nachlasses oder mit der Erlangung des Erwerbs entstehen.

Der Begriff „Kosten, die dem Erwerber unmittelbar im Zusammenhang mit der Erlangung des Erwerbs entstehen" führt häufig zu Abgrenzungsschwierigkeiten. Unbestritten fallen hierunter z. B. die Kosten eines Prozesses, der um die Erlangung des Erwerbs geführt wird.[72] Auch die Kosten für gewerbliche Erbenermittlungsbüros sind in der tatsächlich gezahlten Höhe[73] abzugsfähig, ohne dass eine Angemessenheitsprüfung stattfindet.[74]

Zahlungen des Vorerben zur Ablösung des Nacherbenrechts sind dagegen nicht bei dem Erwerb des Vorerben von Todes wegen (§ 3 Abs. 1 Nr. 1 ErbStG) abzugsfähig. Sie sind nicht unmittelbar im Zusammenhang mit der Erlangung dieses Erwerbs entstanden und sind nicht durch den konkreten Vermögensanfall des Erben ausgelöst.[75]

Unter den Begriff „Kosten für die Abwicklung, Regelung oder Verteilung des Nachlasses" fallen z. B. die Kosten für die Erteilung eines Erbscheins, die Kosten einer Erbauseinandersetzung und die Kosten für die grundbuchliche Umschreibung.[76] Speziell für die Erbauseinandersetzung hat der BFH betont, dass zu den nach § 10 Abs. 5 Nr. 3 Satz 1 ErbStG abziehbaren **Kosten der Verteilung des Nachlasses** die unmittelbar im Zusammenhang mit der Auseinandersetzung der Erbengemeinschaft entstandenen Aufwendungen gehören. Dazu zählen die Aufwendungen für die Bewertung der im Nachlass befindlichen Grundstücke oder anderer Nachlassgegenstände, wenn diese bei einer Erbauseinandersetzung auf der Grundlage der Bewertung in das Alleineigentum einzelner Miterben übertragen werden sollen. Ferner die für die Übertragung der Nachlassgegenstände, insbesondere von Grundbesitz, auf die Miterben entstandenen Notariats- und Gerichtskosten, die Aufwendungen für die anwaltliche Beratung und außergerichtliche und gerichtliche Vertretung der Miterben bei der Erbauseinandersetzung sowie die bei einem etwaigen Rechtsstreit der Miterben über die Auseinandersetzung angefallenen Gerichtskosten.

Der Abziehbarkeit der Sachverständigenkosten für die Ermittlung der Grundstückswerte steht nach Ansicht des BFH nicht entgegen, dass die Bewertung der Grundstücke nicht nur der Vorbereitung der Erbauseinandersetzung, sondern auch der Abgabe der Erbschaftsteuererklärung dient. Zum einen ändere diese weitere Zwecksetzung nichts am unmittelbaren Zusammenhang der Kosten mit der Vertei-

---
72 Siehe aber FG Nürnberg, EFG 1999 S. 661.
73 Siehe hierzu BGH, ZEV 2000 S. 33; OLG Celle, ZEV 1999 S. 449.
74 FinMin Nordrhein-Westfalen vom 01.02.1993, DB 1993 S. 1011.
75 BFH vom 23.08.1995, BStBl 1996 II S. 137; s. auch Meincke, ZEV 2000 S. 214.
76 BFH vom 11.01.1961, BStBl 1961 II S. 102.

lung des Nachlasses; zum anderen zählen auch die Kosten der Erstellung der Erbschaftsteuererklärung zu den nach § 10 Abs. 5 Nr. 3 ErbStG abziehbaren Kosten.[77] Kosten, die dem Erben im Zusammenhang mit der Erfüllung eines vom Erblasser angeordneten Vermächtnisses entstehen, sind ebenfalls nach § 10 Abs. 5 Nr. 3 ErbStG abzugsfähig.[78] Entsprechend der zivilrechtlichen Beurteilung als Kosten, die den Beschwerten aufgrund des vom Erblasser angeordneten Vermächtnisses – zusätzlich zur Erfüllung des Vermächtnisanspruches selbst – treffen, handelt es sich i. S. des § 10 Abs. 5 Nr. 3 ErbStG um abzugsfähige Nachlassverbindlichkeiten, denn sie entstehen dem mit dem Vermächtnis belasteten Erwerber unmittelbar im Zusammenhang mit der durch den Erblasser angeordneten Regelung des Nachlasses.

Unmittelbarkeit bedeutet nach Auffassung des BFH nicht, dass nur die unmittelbar **mit der Erfüllung des Erblasserwillens** zusammenhängenden und daher nicht auf einem eigenen Willensentschluss des oder der Erben beruhenden Kosten nach § 10 Abs. 5 Nr. 3 ErbStG abziehbar sind. Daher hat der BFH auch die dem Alleinerben entstandenen Gutachterkosten für die Ermittlung des Verkehrswerts eines zum Nachlass gehörenden Grundstücks nach § 10 Abs. 5 Nr. 3 ErbStG als abzugsfähig anerkannt, wenn diese in einem zivilrechtlichen Klageverfahren eines Pflichtteilsberechtigten gegen den Erben angefallen sind. Dass der Zivilprozess nicht unmittelbar auf dem Willen des Erblassers beruhte, hat der BFH nicht als entscheidend angesehen und die Kosten daher als unmittelbar im Zusammenhang mit der Abwicklung, Regelung oder Verteilung des Nachlasses stehend anerkannt.[79]

Für die Abziehbarkeit der unmittelbar mit der Auseinandersetzung der Erbengemeinschaft im Zusammenhang stehenden Kosten nach § 10 Abs. 5 Nr. 3 Satz 1 ErbStG spielt es zudem keine Rolle, ob die Erbengemeinschaft aufgrund gesetzlicher Erbfolge oder der Einsetzung mehrerer Erben durch den Erblasser entstanden ist und ob der Erblasser nach § 2048 BGB Teilungsanordnungen verfügt hat oder ob die Erbauseinandersetzung auf einer Vereinbarung oder dem Ergebnis eines Rechtsstreits der Miterben beruht.[80]

Steuerberatungsgebühren für die von den Erben in Auftrag gegebene Erstellung der Erbschaftsteuererklärung werden von der Verwaltung unter Hinweis auf die den Erben unmittelbar durch den Erbfall treffende öffentlich-rechtliche Verpflichtung zur Abgabe einer Erbschaftsteuererklärung ohne Einschränkung als Nachlassregelungskosten zum Abzug zugelassen (H E 10.7 „Steuerberatungskosten" ErbStH 2011).

---
77 BFH vom 09.12.2009, BStBl 2010 II S. 489; ebenso H 29 ErbStH 2003; Noll, DStR 1993 S. 1437.
78 BFH vom 28.06.1995, BStBl 1995 II S. 786.
79 BFH vom 01.07.2008, BStBl 2008 II S. 874.
80 BFH vom 09.12.2009, BStBl 2010 II S. 489.

5.1 Steuerpflichtiger Erwerb – § 10 ErbStG

In Abgrenzung hierzu sind die vom Erben aufgewendeten Kosten für einen Rechtsstreit, der die von ihm zu tragende eigene Erbschaftsteuer betrifft, gem. § 10 Abs. 8 ErbStG nicht gem. § 10 Abs. 5 Nr. 3 ErbStG abzugsfähig.[81] Dies gilt auch für die von dem Erben aufgewendeten Kosten für seine Vertretung im Einspruchs- oder Klageverfahren eines Vermächtnisnehmers, zu denen der Erbe hinzugezogen bzw. beigeladen wurde. Nach der dem § 10 Abs. 8 ErbStG zugrunde liegenden Wertung erstreckt sich das Abzugsverbot nämlich auch auf die einem Erwerber entstehenden Rechtsverfolgungskosten, die er zur Abwehr der von ihm zu entrichtenden eigenen Erbschaftsteuer aufgewendet hat.[82] Dies gilt auch für die Rechtsverfolgungskosten, die mit gesonderten Feststellungen der Grundbesitzwerte des zum Nachlass gehörenden Grundvermögens zusammenhängen. Denn derartige Aufwendungen haben einen unmittelbaren Bezug zu der vom Erben zu entrichtenden Erbschaftsteuer.[83]

Nicht unmittelbar und damit nicht abzugsfähig sind auch die dem Erben durch die Veräußerung eines Nachlassgrundstücks entstehenden Aufwendungen, z. B. Maklerprovision.[84]

Kosten der Testamentsvollstreckung sind abzugsfähig, soweit sie nicht Nachlassverwaltungskosten sind. Um Kosten lediglich der Verwaltung des Nachlasses wird es sich i. d. R. bei einer langfristigen Testamentsvollstreckung (§ 2209 BGB) handeln.[85] Die Frage, ob es sich im Einzelfall um eine sog. Abwicklungs- oder Auseinandersetzungsvollstreckung (abziehbar) oder um eine Dauer- oder Verwaltungsvollstreckung (nicht abziehbar) handelt, ist in erster Linie anhand der Auslegung des Testaments zu entscheiden.

ee) Pflegeleistungen

Pflegeleistungen sind (nur) dann als Kosten zur Erlangung des Erwerbs nach § 10 Abs. 5 Nr. 3 ErbStG abzugsfähig, wenn der Erbe dazu gegenüber dem Erblasser erbvertraglich verpflichtet war.[86] Ob hier auch mündliche, und damit zivilrechtlich unwirksame, Vereinbarungen ausreichen, ist zweifelhaft, wird aber überwiegend bejaht.[87]

Meines Erachtens muss in Zweifelsfällen bei dem unklaren Wortlaut des § 10 Abs. 5 Nr. 3 Satz 1 ErbStG der Bereicherungsgrundsatz den Ausschlag für die Abzugsfä-

---

81 Kritisch Billig, UVR 2007 S. 158.
82 BFH vom 20.06.2007, BStBl 2007 II S. 722; ebenso H E 10.7 „Steuerberatungskosten" ErbStH 2011.
83 Vgl. FG Nürnberg vom 21.11.2002, EFG 2003 S. 633; BFH vom 01.07.2008, BStBl 2008 II S. 874; ebenso Gebel in Troll/Gebel/Jülicher, § 10 Rdnr. 220.
84 Niedersächsisches FG, EFG 1992 S. 141.
85 BFH vom 22.04.1966, BStBl 1966 III S. 362.
86 BFH vom 13.07.1983, BStBl 1984 II S. 37; s. auch BFH vom 09.11.1994, BStBl 1995 II S. 62, und vom 28.06.1995, BStBl 1995 II S. 784; FG München, UVR 1992 S. 119 und 295, 1995 S. 116 und EFG 1993 S. 241; s. auch Moench, DStR 1992 S. 1185; kritisch Gebel, UVR 1995 S. 105.
87 FG München, UVR 1995 S. 116; FG Nürnberg, EFG 1995 S. 127.

higkeit geben. Zu diesem Ergebnis kommt auch der BFH.[88] Hinzuweisen ist in diesem Zusammenhang insbesondere auch darauf, dass durch diese Entscheidung die durch § 13 Abs. 1 Nr. 9 ErbStG getroffene Einschränkung praktisch bedeutungslos geworden ist, da die Prüfung des § 10 ErbStG der des § 13 ErbStG vorgeht.[89] Es ist nämlich möglich, durch einen Vertrag zwischen dem Betreuer und dem Betreuten (Erblasser) die Pflege oder den Unterhalt als Gegenleistung für die erbrechtliche Zuwendung zu vereinbaren und damit diese Aufwendungen in voller Höhe – und nicht nur durch § 13 Abs. 1 Nr. 9 ErbStG auf 20.000 Euro beschränkt – abzugsfähig zu machen.[90] Michel hingegen (Inf 1984 S. 319) und FG Nürnberg (EFG 1995 S. 127) wollen diesen Schluss nicht ziehen, da als „Kosten" in diesem Sinn nur Zuwendungen des Erben, also Geld- oder Sachleistungen desselben, nicht auch Dienstleistungen anzusehen seien.[91]

Hinsichtlich der Bewertung übernommener Pflegeleistungen orientiert sich die Finanzverwaltung an § 15 SGB XI.[92]

ff) Pauschbetrag

Für die nach § 10 Abs. 5 Nr. 3 Satz 1 ErbStG abzugsfähigen Kosten wird nach § 10 Abs. 5 Nr. 3 Satz 2 ErbStG insgesamt ein Betrag von 10.300 Euro ohne Nachweis abgezogen. Es handelt sich insoweit um einen Pauschbetrag; sofern höhere Kosten angefallen sind, müssen sie, damit sie abgezogen werden können, nachgewiesen werden. Zu dieser Regelung gibt die Verwaltung (R E 10.9 ErbStR 2011) folgende Erläuterung:

*„(2) Abweichend von § 1968 BGB, wonach die Kosten der standesgemäßen Beerdigung des Erblassers nur den Erben treffen, unterscheidet § 10 ErbStG bei der Ermittlung des steuerpflichtigen Erwerbs nicht zwischen Erwerben durch Erbanfall und anderen Erwerben. Deshalb besteht grundsätzlich für jeden Erwerber, also z. B. auch für den Vermächtnisnehmer oder Pflichtteilsberechtigten, die Möglichkeit, die genannten Kosten steuermindernd geltend zu machen. Voraussetzung für den Abzug beim einzelnen Erwerber ist allerdings, dass eine **Verpflichtung zur Kostenübernahme** besteht, wobei neben einer rechtlichen auch eine sittliche Verpflichtung ausreichend ist.*

(3) Der Pauschbetrag bezieht sich auf den gesamten Erbfall und kann demzufolge auch von mehreren Beteiligten insgesamt nur einmal in Anspruch genommen wer-

---

88 BFH vom 13.07.1983, BStBl 1984 II S. 37.
89 BFH vom 09.11.1994, BStBl 1995 II S. 62, vom 28.06.1995, BStBl 1995 II S. 784, und vom 09.11.1994 II R 111/91, BFH/NV 1995 S. 598.
90 Moench/Kien-Hümbert, DVR 1987 S. 130.
91 A. A. wiederum FG München, EFG 1988 S. 585; FG Rheinland-Pfalz, EFG 1990 S. 479; FG München, EFG 1993 S. 241.
92 Siehe insbesondere H E 7.4 Abs. 1 „Übernommene Pflegeleistung" ErbStH 2011 und zuvor FinMin Baden-Württemberg vom 09.09.2008, DStR 2008 S. 1964; Brüggemann, ErbfBest 2009, 279.

5.1 Steuerpflichtiger Erwerb – § 10 ErbStG

den.⁹³ Dies gilt auch dann, wenn einzelne oder mehrere der am Erbfall beteiligten Erwerber die in § 10 Abs. 5 Nr. 3 ErbStG angeführten Nachlassverbindlichkeiten zu erfüllen haben. Soweit die Nachlassverbindlichkeiten den Pauschbetrag nicht übersteigen, sind sie damit abgegolten.⁹⁴ Die einzelnen Erwerbe sind in diesen Fällen in geeigneter Weise, z. B. entsprechend einem gemeinsamen Antrag der Erwerber, an der Pauschbetragsregelung zu beteiligen. Sollen höhere Kosten abgezogen werden, sind sie insgesamt für alle Erwerber nachzuweisen.

*(4) Hatte ein **Erwerber Aufwendungen**, die sich allein auf die Erlangung seines Erwerbs beziehen und nicht den Nachlass belasten, können diese neben dem Pauschbetrag selbständig abgezogen werden, soweit sie nachgewiesen werden."*

Das Gesetz regelt nicht, wie bei mehreren Erwerbern der Pauschbetrag zu verteilen ist. Treffen die Kosten nur Erben, ist der Pauschbetrag vom Nachlass abzuziehen und verteilt sich somit entsprechend der Erbquote. Im Übrigen ist der Pauschbetrag auf die Beteiligten im Zweifel entsprechend den übernommenen Kosten aufzuteilen.⁹⁵

Beispiel:
Der Alleinerbe trägt Kosten für die Grabstelle i. H. von 2.500 €. Der Vermächtnisnehmer übernimmt aus sittlicher Verpflichtung Kosten für den Grabstein i. H. von 4.000 €. Das ergibt eine Summe der nachgewiesenen Aufwendungen i. H. von 6.500 €. Abzugsfähig sind beim Vermächtnisnehmer 4.000 €; beim Erben (10.300 € – 4.000 €) 6.300 €; insgesamt also 10.300 €.⁹⁶ Vertretbar auch (m. E. vorzuziehen): abzugsfähig beim Vermächtnisnehmer 6.338 € (40/65 von 10.300 €); abzugsfähig beim Erben 3.962 € (25/65 von 10.300 €).

Der Betrag von 10.300 Euro soll nur abgezogen werden können, wenn dem Erwerber dem Grunde nach Kosten i. S. des § 10 Abs. 5 Nr. 3 Satz 1 ErbStG entstanden sind, ihre Höhe aber nicht nachgewiesen ist; die Vorschrift gewähre keinen „Pauschbetrag für Nachlassverbindlichkeiten".⁹⁷ Die eng am Wortlaut argumentierende Auslegung des BFH ist abzulehnen. Der Sinn und Zweck der Vorschrift gebietet ihre Anwendung gerade, ohne in jedem Einzelfall zu prüfen, ob Aufwendungen dem Grunde nach entstanden sind.⁹⁸

Bei einer Schenkung unter Lebenden kann der Pauschbetrag nach § 10 Abs. 5 Nr. 3 Satz 2 ErbStG nicht abgezogen werden, s. auch § 1 Abs. 2 ErbStG.⁹⁹

---

93 BFH vom 09.12.2009, BStBl 2010 II S. 491.
94 Siehe auch FG Nürnberg, ZEV 1999 S. 460.
95 Wegen weiterer Einzelheiten s. Michel, Inf 1980 S. 481; H 30 ErbStH 2003.
96 H 30 ErbStH 2003; FG Nürnberg, EFG 1998 S. 1419.
97 BFH vom 28.11.1990 II S 10/90, BFH/ NV 1991 S. 243; a. A. Meincke, § 10 Rdnr. 42.
98 Wegen der erbschaftsteuerlichen Behandlung der Sterbegelder (mögliche Minderung der Erbfallkosten – im Ergebnis bereichungsneutral) nach § 203 RVO im Hinblick auf § 10 Abs. 5 Nr. 3 ErbStG siehe FinMin Nordrhein-Westfalen vom 16.08.1983, DStR 1983 S. 652; Moench, DVR 1988 S. 164 und DStR 1992 S. 1185.
99 FG Nürnberg, EFG 1993 S. 729.

5 Wertermittlung

5.1.5 Nichtabzugsfähige Verbindlichkeiten

5.1.5.1 Verwaltungskosten

Kosten für die Verwaltung des Nachlasses sind nicht abzugsfähig (§ **10 Abs. 5 Nr. 3 Satz 3 ErbStG**). Da § 10 Abs. 5 ErbStG die abzugsfähigen Nachlassverbindlichkeiten abschließend aufzählt, die Kosten der Verwaltung des Nachlasses dabei aber nicht erwähnt, hat diese Vorschrift insoweit nur klarstellende Bedeutung. Der Begriff „Verwaltung des Nachlasses" ist im Gesetz nicht definiert.

Er wird einerseits negativ zur Abwicklung, Regelung oder Verteilung des Nachlasses abzugrenzen sein und andererseits positiv – ähnlich wie im bürgerlichen Recht zu § 2038 BGB – zu umschreiben sein: alle Handlungen, die der Erhaltung, Nutzung und Mehrung des Nachlasses dienen (z. B. Baumaßnahmen auf einem Nachlassgrundstück).

5.1.5.2 Abzugsverbote nach § 10 Abs. 6 Satz 1 und 3 ErbStG

Nicht abzugsfähig sind nach § **10 Abs. 6 Satz 1 und 3 ErbStG** Schulden und Lasten, soweit sie in wirtschaftlichem Zusammenhang mit Vermögensgegenständen stehen, die – zum einen in vollem Umfang – nicht der Besteuerung nach dem Erbschaftsteuer- und Schenkungsteuergesetz unterliegen.

Beispiel:
Erblasser E hinterlässt Grundbesitz i. S. des § 13 Abs. 1 Nr. 2 Buchst. b ErbStG, für dessen Anschaffung er ein Darlehen aufgenommen hat, das z. Z. des Erbfalls noch nicht zurückgezahlt ist.
Der Grundbesitz ist nach § 13 Abs. 1 Nr. 2 Buchst. b ErbStG in vollem Umfang steuerbefreit; also ist nach § 10 Abs. 6 Satz 1 ErbStG auch die damit wirtschaftlich zusammenhängende Darlehensschuld nicht abzugsfähig.

Schulden und Lasten, die mit – zum anderen teilweise – befreiten Vermögensgegenständen in wirtschaftlichem Zusammenhang stehen, sind nur mit dem Betrag abzugsfähig, der dem steuerpflichtigen Teil entspricht.

Beispiel:
Erblasser E hinterlässt Grundbesitz i. S. des § 13 Abs. 1 Nr. 2 Buchst. a ErbStG mit einem Steuerwert von 200.000 € und einer damit wirtschaftlich zusammenhängenden Schuld i. H. von 100.000 €.
Der Grundbesitz ist nach § 13 Abs. 1 Nr. 2 Buchst. a ErbStG zu 85 % steuerbefreit; also ist nach § 10 Abs. 6 Satz 3 ErbStG auch die Schuld nur i. H. von 15 % = 15.000 € abzugsfähig.

Diese erbschaftsteuerliche Regelung erschien dem Gesetzgeber unbefriedigend, soweit die Schulden (Nennwert) den Grundbesitz (Grundbesitzwert) wertmäßig übersteigen. Nach § **13 Abs. 3 Satz 2 ErbStG** wurde dem Erwerber daher in den Fällen des § 13 Abs. 1 Nr. 2 und 3 ErbStG die Möglichkeit eingeräumt, auf die Steuerbefreiung zu verzichten und somit den Schuldenabzug zu erreichen. Durch die Annäherung des Grundbesitzwerts an den gemeinen Wert durch das ErbStRG 2009 wird diese Option allerdings erheblich an Bedeutung verlieren.

5.1 Steuerpflichtiger Erwerb – § 10 ErbStG

Werden im Rahmen eines einheitlichen Erwerbs mehrere befreite Gegenstände erworben und besteht nur bei einem oder einigen ein Schuldenüberhang, kann der Verzicht auf die Steuerbefreiung auch gegenstandsbezogen erklärt werden (R E 13.11 ErbStR 2011).

Bei der Ermittlung des steuerpflichtigen Erwerbs sind außergewöhnliche Unterhaltungskosten (sog. Überlast) nach dem Denkmalschutzgesetz mit den Pauschsätzen auch bei der Erbschaftsteuer zu berücksichtigen (R E 10.6 Abs. 1 und 2 ErbStR 2011; H E 10.6 ErbStH 2011). Auch bei Schenkungen unter Leistungsauflage oder gemischten Schenkungen kann die Überlast – entgegen früherer Rechtsprechung[100] – abgezogen werden (R E 7.4 ErbStR 2011).

Zweifelhaft ist der Schuldenabzug dann, wenn der Gegenstand, mit dem die Schuld in wirtschaftlichem Zusammenhang steht, ganz oder teilweise steuerfrei bleibt, weil für ihn der Freibetrag nach § 13 Abs. 1 Nr. 1 ErbStG anzuwenden ist (z. B. Hausrat auf Kredit). Nach der – wohl zutreffenden – Auffassung der Verwaltung (R E 10.10 Abs. 3 ErbStR 2011) ist der Schuldenabzug hier in vollem Umfang zulässig. Ein nur beschränkter Schuldenabzug sei deshalb nicht gerechtfertigt, weil die in § 13 Abs. 1 Nr. 1 ErbStG genannten Gegenstände zunächst voll der Besteuerung unterlägen und lediglich im Rahmen der Wertermittlung ein pauschaler Betrag abgezogen werde. Schuld und Vermögensgegenstand stehen dann in wirtschaftlichem Zusammenhang, wenn die Entstehung der Schuld ursächlich und unmittelbar auf Vorgängen beruht, die den Vermögensgegenstand selbst betreffen,[101] und die Schuld den Vermögensgegenstand wirtschaftlich belastet.

Bei Pflichtteilsansprüchen besteht ein wirtschaftlicher Zusammenhang mit allen erworbenen Vermögensgegenständen unabhängig davon, inwieweit sie steuerbar oder steuerbefreit sind. Die Pflichtteilsverbindlichkeit ist deshalb ggf. zur Ermittlung des abzugsfähigen Teils aufzuteilen.[102]

Für nach § 13a ErbStG a. F. teilweise steuerbefreite Anteile an Kapitalgesellschaften hatte das FG Rheinland-Pfalz[103] im Einklang mit der Auffassung der Finanzverwaltung entschieden, dass die Pflichtteilsschuld gem. § 10 Abs. 6 Satz 5 ErbStG a. F. um den Betrag zu kürzen ist, der auf den steuerbefreiten Teil entfällt. Allerdings wich das FG zu Recht von der Auffassung der Finanzverwaltung insoweit ab, als es den Pflichtteil entsprechend dem Verhältnis des Verkehrswerts vor Steuerbefreiung und des Verkehrswerts nach Abzug der Steuerbefreiung kürzte.[104] Da die Steuerwerte der Unternehmen aufgrund des ErbStRG 2009 im Regelfall den Verkehrs-

---
100 FG Münster, EFG 1992 S. 467; FG München, UVR 1992 S. 216; FinMin Niedersachsen vom 03.11.1992, UVR 1993 S. 95.
101 RFH, RStBl 1935 S. 1465.
102 Siehe dazu Stempel, UVR 2001 S. 136; a. A. wohl BFH, ZEV 2002 S. 372 unter II. 5. b.
103 FG Rheinland-Pfalz vom 03.06.2004, DStRE 2004 S. 1157.
104 Siehe auch Stempel, UVR 2001 S. 136.

5 Wertermittlung

werten entsprechen werden, ergibt sich diese Schlussfolgerung m. E. ab 2009 schon aus der Systematik des Gesetzes selbst.

Zur Verdeutlichung der Problematik ist zudem darauf hinzuweisen, dass in § 10 Abs. 6 Satz 4 und 5 ErbStG durch das ErbStRG 2009 klargestellt worden ist, dass „Schulden und Lasten, die mit nach § 13a bzw. § 13c befreitem Vermögen in wirtschaftlichem Zusammenhang stehen", nur mit dem Betrag abzugsfähig sind, der dem Verhältnis des nach Anwendung des § 13a bzw. § 13c ErbStG anzusetzenden Werts dieses Vermögens zu dem Wert vor Anwendung des § 13a bzw. § 13c ErbStG entspricht.

Die geänderten Sätze 4 und 5 regeln die Abzugsfähigkeit von Schulden und Lasten, die in wirtschaftlichem Zusammenhang mit steuerbefreitem Betriebsvermögen, land- und forstwirtschaftlichem Vermögen und steuerbefreiten Anteilen an Kapitalgesellschaften (§ 13a ErbStG) und steuerbefreiten zu Wohnzwecken vermieteten Grundstücken (§ 13c ErbStG) stehen. Dem Grundsatz des Satzes 3 der Vorschrift entsprechend ist der Abzug auf den Teil begrenzt, der dem steuerpflichtig verbleibenden Teil des genannten Vermögens entspricht.

Beispiel 1:
Es bestehen Verbindlichkeiten i. H. von 2.000.000 € aus einem geltend gemachten Pflichtteilsanspruch, der im Zusammenhang mit steuerbefreitem Vermögen (§ 13b Abs. 1 Nr. 2 ErbStG) steht. Der Erbe erhält den Verschonungsabschlag von 85 %.

Steuerwert des Personengesellschaftsanteils	8.000.000 €
abzgl. Verschonungsabschlag 85 % (§ 13a Abs. 1, § 13b Abs. 4 ErbStG)	− 6.800.000 €
steuerpflichtig 15 %	1.200.000 €
abzgl. Pflichtteilsverbindlichkeit (§ 10 Abs. 5 Nr. 2 ErbStG) abzugsfähig 15 % von 2.000.000 € (§ 10 Abs. 6 Satz 4 ErbStG)	− 300.000 €
Bereicherung	900.000 €

Beispiel 2:
Erblasser E hat sein Kind K1 zum Alleinerben eingesetzt. Kind K2 macht seinen Pflichtteilsanspruch geltend. Der Nachlass, dessen Steuerwert dem Verkehrswert entspricht, setzt sich wie folgt zusammen:

Grundbesitz (begünstigt nach § 13 Abs. 1 Nr. 2 Buchst. a ErbStG mit 85 %)	4.000.000 €
30 %ige GmbH-Beteiligung (begünstigt nach § 13b Abs. 1 Nr. 3 ErbStG)	2.000.000 €
Wertpapiere	3.000.000 €
	9.000.000 €
Darlehensschuld Grundbesitz	− 250.000 €
Darlehensschuld GmbH-Beteiligung	− 120.000 €
Schulden Wertpapiere	− 530.000 €
Einkommensteuerschulden	− 100.000 €
Wert des Reinnachlasses	8.000.000 €

Der geltend gemachte Pflichtteilsanspruch des K2 wird als Erwerb von Todes wegen nach § 3 Abs. 1 Nr. 1 ErbStG erfasst und beträgt 1/4 von 8.000.000 € = 2.000.000 €. Nach § 10 Abs. 5 Nr. 2 ErbStG kann K1 die Verbindlichkeit aus dem geltend gemach-

5.1 Steuerpflichtiger Erwerb – § 10 ErbStG

ten Pflichtteil als Nachlassverbindlichkeit (dem Grunde nach) abziehen. Bei der Ermittlung des abzugsfähigen Betrags (der Höhe nach) ist jedoch die Abzugsbegrenzung nach § 10 Abs. 6 ErbStG zu beachten. Es ist wie folgt vorzugehen (siehe auch H E 10.10; „Pflichtteilskürzungen" ErbStH 2011:

Abzug der unmittelbar zuzuordnenden Schulden (hier alle außer der Einkommensteuerschuld):

Nettowert des Grundbesitzes	3.750.000 €
Nettowert GmbH-Anteil	1.880.000 €
Nettowert des anderen Vermögens	2.470.000 €
	8.100.000 €

Abzug der nicht unmittelbar zuzuordnenden Einkommensteuerschuld:

Dem begünstigten Grundbesitz ist zuzurechnen:

$$100.000 \text{ €} \times \frac{3.750.000 \text{ €}}{8.100.000 \text{ €}} = 46.297 \text{ €}$$

Bereinigter Nettowert: 3.750.000 € – 46.297 € =   3.703.703 €

Dem begünstigten GmbH-Anteil ist zuzurechnen:

$$100.000 \text{ €} \times \frac{1.880.000 \text{ €}}{8.100.000 \text{ €}} = 23.209 \text{ €}$$

Bereinigter Nettowert: 1.880.000 € – 23.209 € =   1.856.791 €

Dem anderen Vermögen ist zuzurechnen:

$$100.000 \text{ €} \times \frac{2.470.000 \text{ €}}{8.100.000 \text{ €}} = 30.494 \text{ €}$$

Bereinigter Nettowert: 2.470.000 € – 30.494 € =   2.439.506 €

Wert nach Abzug aller Schulden:

Bereinigter Nettowert des Grundbesitzes	3.703.703 €
Bereinigter Nettowert GmbH-Anteil	1.856.791 €
Bereinigter Nettowert des anderen Vermögens	2.439.506 €
	8.000.000 €

Aufteilung des Pflichtteilsanspruchs:

Der Pflichtteilsanspruch von 2.000.000 € entfällt
auf begünstigten Grundbesitz

$$2.000.000 \text{ €} \times \frac{3.703.703 \text{ €}}{8.000.000 \text{ €}} = \qquad 925.926 \text{ €}$$

auf begünstigte GmbH-Anteile

$$2.000.000 \text{ €} \times \frac{1.856.791 \text{ €}}{8.000.000 \text{ €}} = \qquad 464.198 \text{ €}$$

auf das andere Vermögen mit

$$2.000.000 \text{ €} \times \frac{2.439.506 \text{ €}}{8.000.000 \text{ €}} = \qquad 609.876 \text{ €}$$

Abzugsbegrenzung: Der wirtschaftlich dem gem. § 13 Abs. 1 Nr. 2 Buchst. a, § 13a ErbStG begünstigten Vermögen zuzurechnende Teilbetrag ist nach § 10 Abs. 6 Satz 3 und 5 ErbStG zu kürzen.

Grundbesitz:	
925.926 € – 85 % Steuerbefreiung =	138.889 €
GmbH-Anteile:	
464.198 € – 85 % Verschonungsabschlag – 69.630 € Abzugsbetrag	0 €
Der wirtschaftlich dem anderen Vermögen zuzurechnende Teilbetrag ist ungekürzt abzugsfähig	609.876 €
Insgesamt abzugsfähiger Pflichtteilsanspruch	748.765 €

Bei anderen allgemeinen Nachlassverbindlichkeiten besteht dagegen kein wirtschaftlicher Zusammenhang mit einzelnen erworbenen Vermögensgegenständen (R E 10.10 Abs. 3 ErbStR 2011). Durch Verpfändung eines Vermögensgegenstandes allein wird z. B. zwar ein rechtlicher, aber noch kein wirtschaftlicher Zusammenhang begründet.[105] Schulden sind nach § 10 Abs. 6 ErbStG auch dann nicht abzugsfähig, wenn und soweit sie höher sind als der Wert des betreffenden Vermögensgegenstandes.[106]

5.1.5.3 Abzugsverbot nach § 10 Abs. 6 Satz 2 ErbStG

Beschränkt sich die Besteuerung auf einzelne Vermögensgegenstände (§ 2 Abs. 1 Nr. 3 ErbStG – beschränkte Steuerpflicht, § 19 Abs. 2 ErbStG – eingeschränkte Steuerpflicht aufgrund eines Doppelbesteuerungsabkommens), so sind nur die damit in wirtschaftlichem Zusammenhang stehenden Schulden und Lasten abzugsfähig, § 10 Abs. 6 Satz 2 ErbStG.[107] Das hat z. B. zur Folge, dass von dem inländischen Erwerb eines beschränkt Steuerpflichtigen allgemeine Nachlassverbindlichkeiten nicht abgezogen werden können; das gilt auch dann, wenn diese allgemeinen Nachlassverbindlichkeiten höher sind als das der Besteuerung nicht unterliegende Vermögen.[108] Bei der eingeschränkten Steuerpflicht aufgrund eines Doppelbesteuerungsabkommens gilt § 10 Abs. 6 Satz 2 ErbStG allerdings nur, soweit das jeweilige Doppelbesteuerungsabkommen keine andere Regelung enthält. In der Regel enthalten die Doppelbesteuerungsabkommen aber eine besondere Regelung des Schuldenabzugs.

5.1.5.4 Abzugsverbote nach § 10 Abs. 6 Satz 4 und 5 ErbStG

§ 10 Abs. 6 Sätze 4 und 5 ErbStG sind durch das ErbStRG 2009 mit Wirkung ab 2009 neu gefasst worden. § 10 Abs. 6 Sätze 4 und 5 ErbStG (a. F.) finden sich nunmehr in geänderter Form in § 10 Abs. 6 Satz 4 ErbStG wieder. Zu den zahlreichen Abgrenzungsfragen zu § 10 Abs. 6 Sätze 4 und 5 ErbStG (a. F.) wird auf die Vorauf-

---
105 BFH vom 17.12.1965, BStBl 1966 II S. 483.
106 RFH, RStBl 1943 S. 567; s. auch § 13 Abs. 3 Satz 2 ErbStG.
107 BFH vom 25.10.1995, BStBl 1996 II S. 11.
108 BFH vom 09.05.1958, BStBl 1959 III S. 271.

5.1 Steuerpflichtiger Erwerb – § 10 ErbStG

lage (Seiten 322 ff.) verwiesen. Aufgrund der mit dem ErbStRG 2009 eingeführten Steuerbefreiung gem. § 13c ErbStG ist § 10 Abs. 6 Satz 5 ErbStG neu hinzugekommen.

Die geänderten Sätze 4 und 5 regeln die Abzugsfähigkeit von Schulden und Lasten, die in wirtschaftlichem Zusammenhang mit steuerbefreitem Betriebsvermögen, land- und forstwirtschaftlichem Vermögen und steuerbefreiten Anteilen an Kapitalgesellschaften (§ 13a ErbStG) und steuerbefreiten zu Wohnzwecken vermieteten Grundstücken (§ 13c ErbStG) stehen. Dem Grundsatz des Satzes 3 der Vorschrift entsprechend ist der Abzug auf den Teil begrenzt, der dem steuerpflichtig verbleibenden Teil des genannten Vermögens entspricht (siehe auch R E 10.10 Abs. 4 und 5 ErbStR 2011).

§ 10 Abs. 6 Sätze 4 und 5 ErbStG bestimmen insoweit, dass „Schulden und Lasten, die mit nach § 13a bzw. § 13c ErbStG befreitem Vermögen in wirtschaftlichem Zusammenhang stehen", nur mit dem Betrag abzugsfähig sind, der dem Verhältnis des nach Anwendung des § 13a bzw. § 13c ErbStG anzusetzenden Werts dieses Vermögens zu dem Wert vor Anwendung des § 13a bzw. § 13c ErbStG entspricht.

Ein Verweis auf § 13 Abs. 1 Nr. 4a, 4b und 4c ErbStG (vollständige Steuerbefreiung für die eigengenutzte Wohnung) erfolgt nicht, da sich die Nichtberücksichtigung der Schulden m. E. insoweit schon aus § 10 Abs. 1 Satz 1 ErbStG ergibt.

Beispiel:
V stirbt. Alleinerbe ist sein Sohn S. Im Nachlass befindet sich ein landwirtschaftlicher Betrieb. Der gemeine Wert beträgt 2.000.000 €; davon entfallen 200.000 € auf zu Wohnzwecken vermietete Betriebswohnungen und 300.000 € auf den vom Erblasser und vom Erben S zu eigenen Wohnzwecken genutzten Wohnteil (190 m^2). Außerdem sind ein Überbestand an umlaufenden Betriebsmitteln im steuerlichen Wert von 50.000 € und Geldforderungen i. H. von 80.000 € vorhanden. Weiterhin sind Schulden i. H. von 300.000 € vorhanden; 200.000 € entfallen auf den Betriebsteil, 40.000 € auf die zu Wohnzwecken vermieteten Betriebswohnungen und 60.000 € auf den Wohnteil.

Berechnung S:
Die Betriebswohnungen und der Wohnteil des landwirtschaftlichen Betriebs sind nicht nach § 13b Abs. 1 Nr. 1 ErbStG begünstigt. Sie erhalten aber m. E. die Steuerbefreiungen nach § 13 Abs. 1 Nr. 4b und § 13c ErbStG, während der Wirtschaftsteil nach § 13a ErbStG entlastet wird.

Begünstigter Steuerwert des Wirtschaftsteils	1.500.000 €	
Verschonungsabschlag 85 % (§ 13a ErbStG)	– 1.275.000 €	
steuerpflichtig 15 %	225.000 €	225.000 €
Betriebswohnungen	200.000 €	
Steuerbefreiung 10 % (§ 13c ErbStG)	– 20.000 €	180.000 €
Wohnteil	300.000 €	
Steuerbefreiung 100 % (§ 13 Abs. 1 Nr. 4c ErbStG)	– 300.000 €	0 €
Überbestand		50.000 €

5 Wertermittlung

Geldforderungen		80.000 €
		535.000 €
abzgl. Schulden Betriebsteil:		
15 % von 200.000 € (§ 10 Abs. 6 Satz 4 ErbStG)	−	30.000 €
abzgl. Schulden Betriebswohnungen:		
90 % von 40.000 € (§ 10 Abs. 6 Satz 5 ErbStG)	−	36.000 €
abzgl. Schulden Wohnteil: Abzugsverbot (§ 10 Abs. 6 Satz 1 ErbStG)	−	0 €
		469.000 €

Es können in § 10 Abs. 6 Satz 4 und 5 ErbStG nur solche Verbindlichkeiten gemeint sein, die noch nicht bei der Bewertung der wirtschaftlichen Einheit berücksichtigt worden sind (siehe auch § 10 Abs. 5 Nr. 1 ErbStG). Zudem ist hervorzuheben, dass die Finanzverwaltung entgegen ihrer ursprünglichen Auffassung (Abschn. 1 Abs. 1 AEErbSt) § 10 Abs. 6 ErbStG auch auf Schulden und Lasten anwendet, die im Rahmen der Ermittlung des Besteuerungswerts einer gemischten Schenkung als Gegenleistung oder als Leistungsauflage berücksichtigt worden sind (R E 7.4 Abs. 2 ErbStR 2011).

Beispiel 1:
Es bestehen Verbindlichkeiten i. H. von 300.000 € aus der Finanzierung eines im Privatvermögen gehaltenen und zu Wohnzwecken vermieten Mietwohngrundstücks i. S. des § 13c ErbStG. Der Verkehrswert/Steuerwert des Grundstücks beträgt 700.000 €. Der Erbe erhält die Steuerbefreiung von 10 % (§ 13c ErbStG).

Berechnung Erbfall:

Steuerwert des Mietwohngrundstücks		700.000 €
abzgl. Steuerbefreiung 10 % (§ 13c ErbStG)		− 70.000 €
steuerpflichtig 90 %		630.000 €
abzgl. Verbindlichkeit aus der Finanzierung der Anteile	300.000 €	
abzugsfähig 90 % von 300.000 € (§ 10 Abs. 6 Satz 5 ErbStG)	270.000 €	− 270.000 €
Bereicherung		360.000 €

Berechnung Schenkung:
Die Berechnung wird wie im Erbfall ermittelt.

Die Möglichkeit bei einem Überhang der Verbindlichkeiten auf die Steuerbefreiung zu verzichten, ist in § 13c ErbStG nicht vorgesehen.

Beispiel 2:
Es bestehen Verbindlichkeiten i. H. von 500.000 € aus der Finanzierung eines im Privatvermögen gehaltenen GmbH-Anteils mit einem Steuerwert/Verkehrswert von 4.000.000 €. Der Erbe erhält den Verschonungsabschlag von 85 % (§ 13a ErbStG).

Berechnung Erbfall:

Steuerwert/Verkehrswert der GmbH-Anteile		4.000.000 €
abzgl. Verschonungsabschlag 85 % (§ 13a ErbStG)		− 3.400.000 €
steuerpflichtig 15 %		600.000 €
abzgl. Verbindlichkeit aus der Finanzierung der Anteile	500.000 €	
abzugsfähig 15 % von 500.000 € (§ 10 Abs. 6 Satz 4 ErbStG)	75.000 €	− 75.000 €
Bereicherung		525.000 €

5.1 Steuerpflichtiger Erwerb – § 10 ErbStG

Berechnung Schenkung:
Die Berechnung wird wie im Erbfall ermittelt.
Sollte gegen die Lohnsummenklausel (§ 13a Abs. 1 und 4 ErbStG) oder die Behaltensregelung (§ 13a Abs. 5 ErbStG) verstoßen werden und es zu einer Nachversteuerung kommen (siehe hierzu die Ausführungen zu § 13a ErbStG), lebt die Verbindlichkeit m. E. sowohl bei Erwerben von Todes wegen als auch bei Schenkungen in dem Umfang wieder auf, in dem sich der Verschonungsabschlag verringert.

Die Möglichkeit, bei einem Überhang der Verbindlichkeiten auf die Steuerbefreiung zu verzichten, ist auch in §§ 13a, 13b ErbStG nicht vorgesehen.

Die durch das ErbStRG 2009 geänderte Fassung des § 10 Abs. 6 Satz 4 ErbStG entspricht bei Anteilen an einer Kapitalgesellschaft und land- und forstwirtschaftlichem Vermögen dem Grunde nach der Rechtslage vor 2009, führt aber zu **Verschärfungen bei Personengesellschaften gegenüber der Rechtslage vor 2009.** Für nach § 13a ErbStG (a. F.) teilweise steuerbefreite Anteile an Kapitalgesellschaften hatte das FG Rheinland-Pfalz[109] im Einklang mit der Auffassung der Finanzverwaltung entschieden, dass die Pflichtteilsschuld gem. § 10 Abs. 6 Satz 5 ErbStG a. F. um den Betrag zu kürzen ist, der auf den steuerbefreiten Teil der Kapitalgesellschaft entfällt. Aus der Urteilsbegründung ergibt sich aber, dass aufgrund des Wortlauts des § 10 Abs. 6 Satz 4 ErbStG a. F. Pflichtteilsschulden in voller Höhe als Nachlassverbindlichkeiten abgezogen werden können, wenn zum Nachlass nach § 13a ErbStG teilweise steuerbefreites Betriebsvermögen gehört.[110] Diese Wertung ist aufgrund der Neufassung des § 10 Abs. 6 Satz 4 ErbStG jedoch ab 2009 überholt.

Beispiel 3:
Es bestehen Verbindlichkeiten i. H. von 2.000.000 € aus einem geltend gemachten Pflichtteilsanspruch, der sich aus einem Anteil an einer gewerblich tätigen Personengesellschaft errechnet. Der Erbe erhält den Verschonungsabschlag von 85 % (§ 13a ErbStG).

Berechnung Erbfall:

Steuerwert des Personengesellschaftsanteils	8.000.000 €
abzgl. Verschonungsabschlag 85 % (§ 13a ErbStG)	– 6.800.000 €
steuerpflichtig 15 %	1.200.000 €
abzgl. Pflichtteilsverbindlichkeit (§ 10 Abs. 5 Nr. 2 ErbStG)	
errechnet aus dem Anteil 2.000.000 €	
abzugsfähig 15 % von 2.000.000 € (§ 10 Abs. 6 Satz 4 ErbStG)	– 300.000 €
Bereicherung	900.000 €

Zu den nicht mehr bestehenden Belastungsunterschieden zwischen Erbfall und Schenkung sowie zu den Folgen eines Verstoßes gegen die Lohnsummenklausel oder die Behaltensregelung siehe Beispiel 1. Die Möglichkeit, bei einem Überhang der Verbindlichkeiten auf die Steuerbefreiung zu verzichten, ist in §§ 13a, 13b ErbStG auch für diesen Fall nicht vorgesehen.

---

109 FG Rheinland-Pfalz vom 03.06.2004, DStRE 2004 S. 1157.
110 Siehe zur alten Rechtslage die Vorauflage S. 322 ff.

5 Wertermittlung

Aufgrund des Wegfalls des § 25 ErbStG ergeben sich auch bei einer Schenkung unter Nießbrauchsvorbehalt und einem Nießbrauchsvermächtnis mit dem gleichen Kapitalwert keine Unterschiede bei der Ermittlung der Bereicherung im Erbfall und im Fall der Schenkung (siehe R E 7.4 Abs. 1 ErbStR 2011).

Beispiel:
Mit notariellem Vertrag überträgt der Vater seiner Tochter ein nach §§ 13a, 13b ErbStG begünstigtes Aktienpaket unter Nießbrauchsvorbehalt. Der Wert der Aktien beträgt zum Stichtag 5.632.205 €. Der Kapitalwert des eingeräumten Nießbrauchs ermittelt sich mit 3.079.844 €.

Die Berechnung ist nach § 10 Abs. 6 Satz 4 ErbStG wie folgt vorzunehmen:[111]

AG-Anteil	5.632.205 €
abzgl. Verschonungsabschlag (§ 13a ErbStG)	− 4.787.374 €
verbleiben	844.831 €
abzgl. Nießbrauch (§ 10 Abs. 6 Satz 4 ErbStG)	
$\dfrac{3.079.844\ € \times 844.831\ €}{5.632.205\ €}$	− 461.976 €
verbleiben	382.855 €

Bei einem wertmäßig entsprechenden Nießbrauchsvermächtnis würde sich dieselbe Lösung ergeben.

5.1.5.5 Abzugsverbot nach § 10 Abs. 6 Satz 6 ErbStG

Haben sich Nutzungsrechte als Grundstücksbelastungen bei der Ermittlung des gemeinen Werts von Anteilen eines Grundstücks ausgewirkt, wird deren Abzug bei der Erbschaftsteuer in § 10 Abs. 6 Satz 6 ErbStG ausgeschlossen. Damit wird verhindert, dass Nutzungsrechte an einem Grundstück, die bereits beim vom Steuerpflichtigen nachgewiesenen Verkehrswert des Grundstücks berücksichtigt wurden, zusätzlich als Nachlassverbindlichkeit oder Duldungslast abgezogen werden.

Die Vorschrift ist im Zusammenhang mit dem Wegfall des § 25 ErbStG durch das ErbStRG 2009 und insbesondere mit § 198 BewG zu sehen.

Da § 25 ErbStG a. F. durch das ErbStRG 2009 aufgehoben worden ist, ist der volle Abzug des Nutzungsrechts (Nießbrauch oder Wohnrecht) mit dem Kapitalwert auch dann zugelassen, wenn sich der Schenker oder Erblasser das Nutzungsrecht für sich selbst oder für seinen Ehegatten vorbehält.

Soweit der Steuerpflichtige gegenüber dem Finanzamt nachweisen kann, dass der tatsächliche Grundstückswert im Besteuerungszeitpunkt niedriger ist als der nach den Bewertungsvorschriften ermittelte Grundbesitzwert (§ 198 BewG), sind für den Nachweis des niedrigeren gemeinen Werts grundsätzlich die aufgrund des § 199 Abs. 1 BauGB erlassenen Vorschriften maßgeblich. Nach der Gesetzesbegründung zum ErbStRG 2009 (siehe auch R E 10.10 Abs. 6 ErbStR 2011) bedeutet dies, dass

---
111 Vgl. BFH vom 06.07.2005, BStBl 2005 II S. 797.

5.1 Steuerpflichtiger Erwerb – § 10 ErbStG

der Steuerpflichtige hiermit im Wege des Nachweises des niedrigeren gemeinen Werts auf der Grundlage der Wertermittlungsverordnung und den hierzu ergänzenden Regelungen in den Wertermittlungsrichtlinien die Möglichkeit erhält, sämtliche wertbeeinflussenden Umstände bei der Ermittlung des gemeinen Werts geltend zu machen. **Hierzu gehören auch die den Wert beeinflussenden Belastungen privatrechtlicher und öffentlich-rechtlicher Art, wie z. B. Grunddienstbarkeiten und persönliche Nutzungsrechte.**

Nach Auffassung der Finanzverwaltung konnte auch vor 2009[112] bei der Vorlage eines Verkehrswertgutachtens für ein Grundstück das Nutzungsrecht (in der Praxis Nießbrauchsrecht oder Wohnrecht) als Belastung bei der Wertermittlung nach den Wertermittlungsrichtlinien abgezogen werden. Soweit das Nutzungsrecht bereits den Grundstückswert gemindert hatte, konnte das Nutzungsrecht deshalb nicht zusätzlich als bereicherungsmindernder Posten im Rahmen der Erbschaftsteuerveranlagung oder Schenkungsteuerveranlagung geltend gemacht werden **(so jetzt auch ausdrücklich § 10 Abs. 6 Satz 6 ErbStG).** Der BFH hat diese Auffassung zwar abgelehnt.[113] Aufgrund eines Nichtanwendungserlasses wandte die Finanzverwaltung dieses Urteil aber über den entschiedenen Einzelfall hinaus nicht an.[114] Der BFH hat allerdings erneut zur Rechtslage vor 2009 entschieden, dass die Auffassung der Finanzverwaltung nicht zutreffend ist.[115]

Für die Rechtslage vor 2009 dürfte es m. E. aufgrund des durch den Nichtanwendungserlass der Finanzverwaltung gesetzten Vertrauensschutzes nicht zur Anwendung der Rechtsprechung des BFH kommen, zumal das Urteil erst in 2009 im BStBl veröffentlicht worden ist. Demgemäß hat die Finanzverwaltung mit gleichlautenden Ländererlassen vom 23.12.2008[116] den Nichtanwendungserlass vom 01.03.2004 auf den Zeitpunkt der amtlichen Veröffentlichung des Urteils aufgehoben. Laut OFD Münster gilt die Aufhebung für alle noch offenen Fälle, in denen der Nachweis des niedrigeren gemeinen Werts nach dem 27.02.2009 geführt worden ist.[117]

Seit 2009 allerdings stehen der Rechtsprechung des BFH die neu eingeführten § 198 BewG und § 10 Abs. 6 Satz 6 ErbStG entgegen.

Beispiel (Schenkung 2010):
Steuerwert/Verkehrswert Grundstück (keine Wohnimmobilie)   1.500.000 €
Jahreswert lebenslänglicher Nießbrauch   90.000 €
Begrenzung Jahreswert nach § 16 BewG
Steuerwert 1.500.000 € : 18,6   80.645 €

---

112 FinMin Nordrhein-Westfalen vom 07.12.2000 – S 3806 – 3 – V A 2.
113 BFH vom 16.10.2002, BStBl 2003 II S. 179.
114 Gleichlautende Ländererlasse vom 01.03.2004, BStBl 2004 I S. 272.
115 BFH vom 11.06.2008, BStBl 2009 II S. 132.
116 Z. B. FinMin Baden-Württemberg vom 23.12.2008, BStBl 2009 I S. 344.
117 OFD Münster vom 22.04.2009 – S 3014 b – 64 – St 24 – 35.

5 Wertermittlung

unterstellter Vervielfältiger auf den Jahreswert für einen Mann 60 Jahre nach Sterbetafel 2006/2008 Lebenserwartung 20,93 Jahre = Vervielfältiger	12,590

Ermittlung des Verkehrswerts des Grundstücks unter Berücksichtigung des Nießbrauchsrechts durch Sachverständigengutachten (§ 198 BewG)

Lagefinanzamt:

Verkehrswert Grundstück		1.500.000 €
Jahreswert lebenslänglicher Nießbrauch 90.000 € × 12,590		− 1.133.100 €
Gutachterwert als festgestellter Grundbesitzwert (§ 151 BewG)		366.900 €
Erbschaftsteuerfinanzamt:		
Grundbesitzwert (§ 12 Abs. 3 ErbStG)		366.900 €
Freibetrag (bei unterstellter Steuerklasse II, z. B. Nichte)		− 20.000 €
steuerpflichtiger Erwerb (§ 10 Abs. 1 Satz 1 ErbStG)		346.900 €
Steuer 25 % (§ 19 Abs. 1 ErbStG)		
Härteausgleich (§ 19 Abs. 3 ErbStG)	300.000 € × 20 % = 60.000 €	
	46.900 € × 50 % = 23.450 €	
Steuer	83.450 €	83.450 €

Ermittlung des Grundbesitzwerts ohne Sachverständigengutachten und Abzug des Nießbrauchs bei der Ermittlung der Schenkungsteuer

Lagefinanzamt:

Festgestellter Steuerwert Grundstück (z. B. im Ertragswertverfahren)	1.500.000 €
Erbschaftsteuerfinanzamt:	
Begrenzung Jahreswert nach § 16 BewG Steuerwert 1.500.000 € : 18,6 = 80.645 € × 12,590	− 1.015.320 €
Bereicherung	484.680 €
Freibetrag (bei unterstellter Steuerklasse II, z. B. Nichte)	− 20.000 €
steuerpflichtiger Erwerb (§ 10 Abs. 1 Satz 1 ErbStG)	464.680 €
abgerundet (§ 10 Abs. 1 Satz 6 ErbStG)	464.600 €
Steuer bei Steuersatz 25 % (§ 19 Abs. 1 ErbStG)	116.150 €

5.1.5.6 Abzugsverbot nach § 10 Abs. 7 ErbStG

In den Fällen des § 1 Abs. 1 Nr. 4 ErbStG (Familienstiftung) sind Leistungen an die nach der Stiftungsurkunde oder nach der Vereinssatzung Berechtigten nicht abzugsfähig (**§ 10 Abs. 7 ErbStG**). Diese Vorschrift muss des besseren Verständnisses wegen im Zusammenhang mit § 10 Abs. 1 Satz 7 ErbStG und der Tatsache gesehen werden, dass die Bezüge aus der Stiftung bei den Berechtigten keinen unter das Erbschaftsteuer- und Schenkungsteuergesetz fallenden Erwerb darstellen. Bei der turnusmäßigen Besteuerung der Familienstiftung gilt nach § 10 Abs. 1 Satz 6 ErbStG der Reinwert des Vermögens als steuerpflichtiger Erwerb. Der Gesetzgeber hatte nunmehr die Möglichkeit, bei der Ermittlung des Reinwerts des Vermögens die Leistungen an die Berechtigten zum Abzug zuzulassen und dementsprechend die Empfänge bei den Berechtigten zur Erbschaftsteuer heranzuziehen oder den Abzug auszuschließen und dementsprechend die Emp-

5.1 Steuerpflichtiger Erwerb – § 10 ErbStG

fänge freizustellen. Er hat sich für die zweite Lösung entschieden. Danach schränkt § 10 Abs. 7 ErbStG die Regelung des § 10 Abs. 1 Satz 7 ErbStG insoweit ein, als danach satzungsmäßige Leistungen an die Berechtigten bei der Ermittlung des Reinwerts des Vermögens (am Stichtag) nicht als Verbindlichkeit abzugsfähig sind. Diese Regelung findet wiederum die ihr entsprechende Ergänzung darin, dass eine Steuerpflicht dieser Leistungen bei den Berechtigten nicht gegeben ist. Hinsichtlich der Abzugsfähigkeit von anderen Verbindlichkeiten bleibt es bei den allgemeinen Regeln.

5.1.5.7 Abzugsverbot nach § 10 Abs. 8 ErbStG

Die von dem Erwerber zu entrichtende eigene Erbschaftsteuer ist nach **§ 10 Abs. 8 ErbStG** nicht abzugsfähig. Der Gesetzgeber ist wohl davon ausgegangen, dass die Erbschaftsteuer unter § 10 Abs. 5 Nr. 3 ErbStG fällt und damit eine abzugsfähige Nachlassverbindlichkeit wäre. Dieses Ergebnis würde aber dem Sinn der Steuer – die Bereicherung des Erwerbers um ihren Betrag zu mindern – widersprechen, sodass der Gesetzgeber in § 10 Abs. 8 ErbStG diese Sonderregelung getroffen hat. Erbschaftsteuerschulden des Erblassers und fremde Erbschaftsteuer (§ 10 Abs. 2 ErbStG) fallen nicht unter das Abzugsverbot.

5.1.5.8 Abzugsverbot nach § 10 Abs. 9 ErbStG

Schließlich sind auch Auflagen, die dem Beschwerten selbst zugutekommen, nach **§ 10 Abs. 9 ErbStG** nicht abzugsfähig.

Beispiel:
Erblasser E hat V ein Grundstück vermacht und 50.000 € mit der Auflage, diesen Betrag für einen Ausbau des Grundstücks zu verwenden.
Die 50.000 € gehören zum Vermögensanfall, sind aber bei der Ermittlung des steuerpflichtigen Erwerbs nach § 10 Abs. 9 ErbStG nicht abzugsfähig.[118]

Ohne die Sonderregelung des § 10 Abs. 9 ErbStG wären auch diese Auflagen nach § 10 Abs. 5 Nr. 2 ErbStG abzugsfähig. Dieses Ergebnis würde aber dem Bereicherungsgrundsatz widersprechen.

5.1.6 Zuwendung der Erbschaftsteuer

Steuerschuldner der Erbschaftsteuer ist nach § 20 Abs. 1 ErbStG der Erwerber. Ist die Steuerschuld letztlich von einem anderen zu tragen, so führt diese „Schuldübernahme" im Innenverhältnis – wie eine Schuldübernahme auch sonst – zu einer zusätzlichen Bereicherung des Erwerbers (Steuerschuldners), die steuerpflichtig ist. Die Zuwendung ist insoweit ausgeführt i. S. des § 9 Abs. 1 Nr. 2 ErbStG, wenn die Schenkung der Hauptsache vollzogen ist. Die Erfassung dieser zusätzlichen Bereicherung ist rechnerisch nicht ganz einfach, da die Höhe der für die Zuwendung plus Erbschaftsteuer zu entrichtenden Steuer zunächst noch unbekannt ist. § 10 Abs. 2 ErbStG regelt das mathematisch vereinfachend und

---
118 BFH vom 28.06.1995, BStBl 1995 II S. 786; s. auch FG München, UVR 1997 S. 23.

5 Wertermittlung

ungenau folgendermaßen: Hat der Erblasser die Entrichtung der von dem Erwerber geschuldeten Steuer einem anderen auferlegt oder hat der Schenker die Entrichtung der vom Beschenkten geschuldeten Steuer selbst übernommen oder einem anderen auferlegt, so gilt als Erwerb der Betrag, der sich bei einer Zusammenrechnung des Erwerbs nach § 10 Abs. 1 ErbStG mit der aus ihm errechneten Steuer ergibt. Das Ergebnis ist ähnlich wie bei Anwendung des § 14 ErbStG. Der andere, dem der Erblasser die Entrichtung der Steuer auferlegt hat, kann die von ihm zu übernehmende Steuer gegebenenfalls nach § 10 Abs. 5 Nr. 2 ErbStG von seinem Erwerb abziehen.

Beispiel:
Erblasser E hat sein Kind K zum Alleinerben eingesetzt. Der Reinnachlass beträgt 620.000 €. V (Steuerklasse III) ist Vermächtnisnehmer bzgl. eines Geldanspruchs i. H. von 40.000 €. Die darauf entfallende Erbschaftsteuer soll K tragen.

Steuerschuldner sind nach § 20 Abs. 1 ErbStG K und V für ihren jeweiligen Erwerb.

Die Steuer für V ist wie folgt zu berechnen:

Erwerb (§ 3 Abs. 1 Nr. 1)	40.000 €
zzgl. daraus zu errechnender Steuer (§ 10 Abs. 2 ErbStG)	
40.000 € – Freibetrag 20.000 € (§ 16 Abs. 1 Nr. 7 ErbStG)	
Steuer bei Steuersatz 30 % (§ 19 ErbStG)	6.000 €
Gesamterwerb	46.000 €
abzgl. Freibetrag (§ 16 Abs. 1 Nr. 7 ErbStG)	– 20.000 €
steuerpflichtiger Erwerb	26.000 €
Steuer bei Steuersatz 30 % (§ 19 Abs. 1 ErbStG)	7.800 €

Lediglich im Innenverhältnis ist K zur Entrichtung dieses Betrags verpflichtet.

Die Steuer für K ist wie folgt zu berechnen:

Erwerb (§ 3 Abs. 1 Nr. 1)	620.000 €
abzgl. Vermächtnis (§ 10 Abs. 5 Nr. 2 ErbStG)	– 40.000 €
abzgl. Auflage zu übernehmende Steuer (§ 10 Abs. 5 Nr. 2 ErbStG)	– 7.800 €
abzgl. Pauschbetrag (§ 10 Abs. 5 Nr. 3 ErbStG)	– 10.300 €
	561.900 €
abzgl. Freibetrag (§ 16 Abs. 1 Nr. 2 ErbStG)	– 400.000 €
steuerpflichtiger Erwerb	161.900 €
Steuer bei Steuersatz 11 % (§ 19 Abs. 1 ErbStG)	17.809 €

Bei größeren Zuwendungen, die nach einer ungünstigen Steuerklasse besteuert werden, kann bei Übernahme der Schenkungsteuer durch den Schenker infolge der gesetzlichen Vereinfachung in § 10 Abs. 2 ErbStG, die darin besteht, dass die Steuer für die Steuer beim Beschenkten nur einmal als Erwerb erfasst wird, eine erhebliche Steuerersparnis erreicht werden.[119]

---

[119] Korezkij, DStR 1998 S. 784 m. w. N.; Meyer, StuW 2003 S. 259, der deshalb auch für eine ersatzlose Streichung des § 10 Abs. 2 ErbStG plädiert.

5.1 Steuerpflichtiger Erwerb – § 10 ErbStG

Beispiel:
A will seiner Freundin F 384.000 € zukommen lassen, die ihr – nach Steuern – verbleiben sollen.
Möglichkeit 1: A wendet F 540.000 € zu und F trägt die Schenkungsteuer:

Erwerb (§ 7 Abs. 1 Nr. 1 ErbStG)	540.000 €
abzgl. Freibetrag (§ 16 Abs. 1 Nr. 7 ErbStG)	− 20.000 €
steuerpflichtiger Erwerb	520.000 €
Steuer bei Steuersatz 30 % (§ 19 Abs. 1 ErbStG)	156.000 €
Bei einem Aufwand von 540.000 € verbleiben bei F	384.000 €

Möglichkeit 2: A wendet F 384.000 € zu und übernimmt die Schenkungsteuer:

Erwerb (§ 7 Abs. 1 Nr. 1 ErbStG)	384.000 €
zzgl. daraus zu errechnender Steuer (§ 10 Abs. 2 ErbStG):	
384.000 € abzgl. 20.000 € Freibetrag × 30 % (§ 19 Abs. 1 ErbStG)	− 109.200 €
	493.200 €
abzgl. Freibetrag (§ 16 Abs. 1 Nr. 7 ErbStG)	− 20.000 €
steuerpflichtiger Erwerb	473.200 €
Steuer bei Steuersatz 30 % (§ 19 Abs. 1 ErbStG)	141.960 €
Bei einem Aufwand von nur noch 525.960 € verbleiben bei F	384.000 €
Steuerersparnis durch Möglichkeit 2:	14.040 €

Diese steuerlich günstigere Gestaltung unter Ausnutzung des § 10 Abs. 2 ErbStG ist nicht auf Zuwendungen unter Lebenden beschränkt, sondern auch in Erbfällen möglich, wenn z. B. der Erbe im Verhältnis zum Vermächtnisnehmer zur Übernahme der Erbschaftsteuer verpflichtet ist.

Beispiel:
Vater V stirbt. Alleinerbe ist sein Kind K. A (Steuerklasse III) ist mit einem „Vermächtnis" i. H. von 290.000 € bedacht, B (Steuerklasse III) mit einem i. H. von 225.000 €. Für das Vermächtnis zugunsten B hat V dem K die von B geschuldete Erbschaftsteuer auferlegt. Der Wert des Reinnachlasses (ohne Berücksichtigung der Vermächtnisverpflichtungen) beträgt 1.160.000 €.

Steuerschuldner sind nach § 20 Abs. 1 ErbStG K, A und B für ihren jeweiligen Erwerb. Lediglich im Innenverhältnis ist K zur Entrichtung der Steuer für B verpflichtet.

Die Steuer für A ist wie folgt zu berechnen:

Erwerb (§ 3 Abs. 1 Nr. 1 ErbStG)	290.000 €
abzgl. Freibetrag (§ 16 Abs. 1 Nr. 7 ErbStG)	− 20.000 €
steuerpflichtiger Erwerb	270.000 €
Steuer bei Steuersatz 30 % (§ 19 Abs. 1 ErbStG)	81.000 €

A erhält netto 209.000 €, während B netto 225.000 € erhält.

Das Vermächtnis zugunsten des A belastet K mit	290.000 €
Das Vermächtnis zugunsten des B belastet K wie folgt:	
Erwerb (§ 3 Abs. 1 Nr. 1 ErbStG)	225.000 €
zzgl. daraus zu errechnender Steuer (§ 10 Abs. 2 ErbStG)	
(225.000 € − 20.000 € Freibetrag) × 30 % (§ 19 Abs. 1 ErbStG)	61.500 €
	286.500 €

5 Wertermittlung

Die Steuer für K ist wie folgt zu berechnen:

Erwerb	1.160.000 €
abzgl. Vermächtnis A (§ 10 Abs. 5 Nr. 2 ErbStG)	− 290.000 €
abzgl. Vermächtnis B (§ 10 Abs. 5 Nr. 2 ErbStG)	− 225.000 €
abzgl. Auflage zu übernehmende Steuer (§ 10 Abs. 5 Nr. 2 ErbStG)	− 61.500 €
abzgl. Pauschbetrag (§ 10 Abs. 5 Nr. 3 ErbStG)	− 10.300 €
	573.200 €
abzgl. Freibetrag (§ 16 Abs. 1 Nr. 2 ErbStG)	− 400.000 €
steuerpflichtiger Erwerb	173.200 €
Steuer bei Steuersatz 11 % (§ 19 Abs. 1 ErbStG)	19.052 €

Die von K insgesamt zu tragende Erbschaftsteuer beträgt also 80.552 €, nämlich 19.052 € als Steuerschuldner und 61.500 € im Innenverhältnis für B.

Bei einem Vermächtnis zugunsten des B auch i. H. von 290.000 € würde B 16.000 € weniger erhalten, nämlich statt 225.000 € nur noch (wie A) 209.000 €.

Für K würde sich dann ergeben:

Erwerb (§ 3 Abs. 1 Nr. 1 ErbStG)	1.160.000 €
abzgl. Vermächtnis A (§ 10 Abs. 5 Nr. 2 ErbStG)	− 290.000 €
abzgl. Vermächtnis B (§ 10 Abs. 5 Nr. 2 ErbStG)	− 290.000 €
abzgl. Pauschbetrag (§ 10 Abs. 5 Nr. 3 ErbStG)	− 10.300 €
	569.700 €
abzgl. Freibetrag (§ 16 Abs. 1 Nr. 2 ErbStG)	− 400.000 €
steuerpflichtiger Erwerb	169.700 €
Steuer bei Steuersatz 11 % (§ 19 ErbStG)	18.667 €

Für K wäre die Steuerlast damit um die Differenz von 385 € (18.667 € statt 19.052 €) zzgl. der übernommenen Steuer von 61.500 € = 61.885 € niedriger, dafür allerdings die Vermächtnisverpflichtung um 65.000 € höher, sodass sich für K wirtschaftlich betrachtet ein Nachteil von 3.115 € zzgl. des Nachteils für A von 16.000 € ergibt. Eine Übernahme der Erbschaftsteuer im Erbfall kann damit durchaus von Interesse sein, auch wenn zuzugeben ist, dass die steuerlichen Folgen im Erbfall weniger planbar sind als bei Schenkungen.

§ 10 Abs. 2 ErbStG ist – obwohl der Wortlaut („geschuldete Steuer") das so nicht abdeckt – (erst recht) auch dann anwendbar, wenn die Steuer teilweise übernommen wird.[120]

§ 10 Abs. 2 ErbStG ist dann nicht anwendbar, wenn ein Dritter von sich aus – ohne Verpflichtung – die Steuer entrichtet. Eine Zusammenrechnung kommt also nicht in Betracht. Hier wird es sich vielmehr i. d. R. um eine eigene Schenkung des Dritten nach § 7 ErbStG handeln. Sowohl bei der Berechnung der fiktiven Steuer nach § 10 Abs. 2 ErbStG als auch bei der darauf aufbauenden Berechnung der endgültigen Steuer ist die begünstigende Vorschrift des § 27 ErbStG zu beachten, wenn und soweit die Voraussetzungen hierfür jeweils erfüllt sind.[121]

---

120 Zu Einzelheiten s. Heinrich, ZEV 2002 S. 98.
121 BFH, DVR 1967 S. 136.

5.2 Bewertungsstichtag – § 11 ErbStG

Entsprechend der in § 10 Abs. 2 ErbStG getroffenen Regelung ist auch bei Ablösung der nach § 25 Abs. 1 ErbStG a. F. zinslos gestundeten Steuer zu verfahren. In den Fällen der nach § 25 ErbStG a. F. zinslos gestundeten Steuer ist bei Anwendung des § 10 Abs. 2 ErbStG der Steuerwert der Zuwendung nicht um die Steuer, die ohne die Ablösung insgesamt festzusetzen wäre (also Steuer einschließlich des zinslos zu stundenden Betrages), sondern lediglich um die sofort zu zahlende Steuer zuzüglich des Ablösungsbetrages (§ 25 Abs. 1 Satz 3 ErbStG a. F.) der zinslos gestundeten Steuer zu erhöhen.[122] Die Verwaltung[123] wollte demgegenüber laut H 27 ErbStH 2003 den Steuerwert der Zuwendung um die Steuer erhöhen, die ohne die Ablösung insgesamt festzusetzen wäre, und nicht lediglich um die sofort zu zahlende Steuer zuzüglich des Ablösungsbetrags der zinslos gestundeten Steuer. Anscheinend war es aber doch nur ein Redaktionsversehen; H 27 ErbStH 2003 ist durch entsprechendes Ergänzungsblatt der Auffassung des BFH[124] angepasst worden.

5.2 Bewertungsstichtag – § 11 ErbStG

Für die Wertermittlung – Bestand und Bewertung – ist, soweit das Erbschaftsteuer- und Schenkungsteuergesetz selbst nichts anderes bestimmt, der Zeitpunkt der Entstehung der Steuer maßgebend. § 175 Abs. 1 Satz 1 Nr. 2 AO ist deshalb im Bereich der Erbschaft- und Schenkungsteuer nicht anwendbar (z. B. bei Ausfall einer zum Nachlass gehörenden Forderung aufgrund von Umständen, die erst nach dem Todestag des Erblassers eintreten). Etwas anderes gilt nur, wenn der Gesetzgeber – wie in den Fällen des § 29 Abs. 1 ErbStG – vorsieht, dass einem nach der Entstehung der Steuer eintretenden Ereignis Wirkung für die Vergangenheit zukommt.[125] Der Zeitpunkt der Entstehung der Steuer ergibt sich aus § 9 ErbStG. Damit sollen der Zeitpunkt des Eintritts der Bereicherung und der der Wertermittlung i. d. R. übereinstimmen. Aus diesem Grundsatz folgt, dass spätere wertbeeinflussende Ereignisse (z. B. Kursschwankungen von erworbenen Wertpapieren zwischen Stichtag und Veranlagung) erbschaftsteuerlich unbeachtlich sind. Wie stark solche Schwankungen in der Praxis sein können, zeigt der dem Beschluss des BVerfG[126] zugrunde liegende Sachverhalt: Wert am Todestag: 479.863 Euro – Wert nach einem Jahr: 255.237 Euro. Eine abweichende Steuerfestsetzung oder ein Erlass, §§ 163 und 227 AO (z. B. bei Kursverlusten), wird hier nur in besonders gela-

---

[122] BFH vom 16.01.2002, BStBl 2002 II S. 314 mit einem instruktiven Zahlenbeispiel; zustimmend Ebeling, ZEV 2002 S. 206; H 85 Abs. 3 2. Beispiel ErbStH 2003; M/K-H/W, § 10 Rdnr. 40, § 25 Rdnr. 37; T/G/J, § 25 Rdnr. 61; s. u. 7.6.2.3.

[123] H 27 in Widerspruch zu H 85 Abs. 3 2. Beispiel ErbStH 2003 und in Widerspruch zu den gleichlautenden Ländererlassen vom 31.07. 2002, BStBl 2002 I S. 668.

[124] BFH vom 16.01.2002, BStBl 2002 II S. 314.

[125] BFH, ZVE 2001 S. 208.

[126] BVerfG vom 22.06.1995, BStBl 1995 II S. 671.

gerten Ausnahmefällen in Betracht kommen.[127] Als Faustregel für einen möglichen Erlass bei fehlender Verfügungsmöglichkeit wird vorgeschlagen:[128]

- die Erbschaftsteuer ist höher als die Hälfte des verbleibenden Vermögens[129]
- die Erbschaftsteuer führt – bezogen auf das verbleibende Vermögen – zu einer Quote, die den Höchststeuersatz der anzuwendenden Steuerklasse oder den Steuersatz der nächsthöheren Steuerklasse übersteigt.[130]

Aus dem in § 11 ErbStG zum Ausdruck kommenden Grundsatz folgt weiterhin, dass z. B. Rückdatierungen in Schenkungsverträgen oder eine nachträgliche Veränderung der Gegenleistung bei einer gemischten Schenkung in der Regel erbschaftsteuerlich ohne Bedeutung sind.[131]

Wird nach dem Tod eines Erblassers bzw. nach Ausführung einer Schenkung unter Lebenden eine Umwandlung einer Personengesellschaft in eine Kapitalgesellschaft oder umgekehrt mit steuerlicher Rückwirkung auf einen Übertragungszeitpunkt (vgl. § 2 Abs. 1 UmwStG) beschlossen, der vor dem Zeitpunkt der Steuerentstehung liegt, berührt die ertragsteuerliche Rückwirkung nicht die nach bürgerlich-rechtlichen Grundsätzen zu entscheidende Frage, welches Vermögen zum Nachlass eines Erblassers gehörte bzw. was Gegenstand einer unentgeltlichen Zuwendung war. Sie ist vielmehr ausschließlich nach den tatsächlichen Verhältnissen zum Zeitpunkt der Steuerentstehung zu beurteilen (R E !!, R E 10.4 Abs. 1 Satz 4 ErbStR 2011). Die Versuche, in Einzelfällen durch entsprechende „Gesetzesauslegung" vom Stichtagsprinzip des § 11 ErbStG abzurücken[132] und dadurch zu höherer Einzelfallgerechtigkeit zu kommen, können m. E. de lege lata nicht erfolgreich sein.[133] So bleibt es in Erbfällen beim Todestag als Bewertungsstichtag, auch wenn der Erbe die Verfügungsmöglichkeit erst später erlangt.[134] Die Rechtsprechung des BFH[135] zur Schenkungsteuer – Zeitpunkt der Ausführung der Schenkung – ist auf den Erwerb von Todes wegen nicht übertragbar.[136]

---

127 FG München, ZEV 2003 S. 127; BFH, ZEV 1998 S. 397; Michel, UVR 2000 S. 49; OFD Hannover vom 07.03.2003, ZEV 2003 S. 161; Naujok, ZEV 2003 S. 94.
128 Schuhmann, UVR 2000 S. 450.
129 FG Köln, EFG 1998 S. 1603.
130 Moench/Kien-Humbert/Weinmann, § 11 Rdnr. 7.
131 BFH vom 24.07.1963, BStBl 1963 III S. 442; FG München, UVR 1994 S. 333.
132 Kapp, DStR 1985 S. 174 und 405.
133 So auch Michel, DStR 1985 S. 402; Klein-Blenkers, DStR 1991 S. 1549.
134 BFH vom 22.09.1999 II B 130/97, BFH/NV 2000 S. 320; Kemmling/Delp, BB 2002 S. 655; Neu, UVR 2000 S. 113; Schuhmann, UVR 2000 S. 450; a. A. für Vermächtniserwerb Landsittel, ZEV 2003 S. 221.
135 BFH vom 06.03.1985, BStBl 1985 II S. 382, und vom 05.02.1986, BStBl 1986 II S. 460.
136 BFH vom 06.12.1989 II B 70/89, BFH/NV 1990 S. 643, und vom 28.11.1990 II S 10/90, BFH/NV 1991 S. 243; a. A. Kapp, DStZ 1989 S. 146, 1991 S. 556 und StuW 1993 S. 67.

5.3 Bewertung – § 12 ErbStG

Aus den verschiedensten Gründen kann es nach den gesetzlichen Vorschriften erforderlich werden, den Wert von Gegenständen in Geld (zahlenmäßig) umzurechnen. Zum Beispiel besteht der Pflichtteilsanspruch, eine Geldforderung, in der Hälfte des Werts des gesetzlichen Erbteils (§ 2303 Abs. 1 Satz 2 BGB). Zur Ermittlung dieser Geldforderung ist also der Wert des Nachlasses zu ermitteln, d. h. in Geld auszudrücken. Steuern sind nach § 3 Abs. 1 AO Geldleistungen. Also muss auch die Bemessungsgrundlage auf einen Geldbetrag lauten. Bewerten heißt also, den Wert von Gütern in Geld umzurechnen.

Im bürgerlichen Recht ist eine Wertermittlung insbesondere dann erforderlich, wenn eine Vermögensauseinandersetzung (-verteilung) zu erfolgen hat, also z. B. beim Zugewinnausgleich (§§ 1376 ff. BGB), bei der Auseinandersetzung von Miterben (§ 2055 BGB) und bei der Berechnung des Pflichtteils (§§ 2311 ff. BGB). Dabei äußert sich das BGB – für den Praktiker einigermaßen überraschend und ärgerlich – so gut wie gar nicht zur Bewertung von Gegenständen. Die Aufgabe, Maßstäbe zu finden, an denen der Wert festgestellt werden kann, bleibt also Theorie und Praxis (mit Bindung an allgemeine Rechtsgrundsätze) überlassen.[137] Soweit im BGB von „Wert" die Rede ist, soll i. d. R. der aktuelle sog. Verkehrswert („voller", „wahrer", „wirklicher", „gemeiner" Wert; „Marktwert") gemeint sein – Ausnahme z. B. § 2049 BGB, Ertragswert bei einem Landgut.[138] Mit Verkehrswert ist der im gewöhnlichen Geschäftsverkehr erzielbare Verkaufspreis gemeint. Das entspricht der Definition des gemeinen Werts in § 9 BewG. – Das BGB, das den Bewertungsfragen keine große Aufmerksamkeit zuwendet, insbesondere kein geschlossenes Bewertungssystem kennt, ist insoweit sicherlich praxisfremd – man denke nur, neben den bereits genannten familien- und erbrechtlichen Vermögensauseinandersetzungsfällen, an den großen Bereich der gesellschaftsrechtlichen Auseinandersetzung (§ 738 BGB). Traditionell betrachtet könnte dies auch mit dem juristischen Motto „judex non calcalat" zu erklären sein.

Im Handelsrecht taucht die Frage nach der Bewertung von Vermögensgegenständen und Schulden insbesondere im Zusammenhang mit der Aufstellung der Bilanz auf. Die dazugehörigen allgemein gültigen Bewertungsvorschriften finden sich – auch für Kapitalgesellschaften – im HGB. Damit sind Bewertungsfragen im Zivilrecht zusammenhängend geregelt und haben somit eine schon lange überfällige, angemessene Berücksichtigung im Gesetz selbst gefunden. Vermögensgegenstände sind danach i. d. R. mit den Anschaffungs- oder Herstellungskosten, vermindert um Abschreibungen, anzusetzen, Verbindlichkeiten zu ihrem Rückzahlungsbetrag.

---
137 Münchener Kommentar zum BGB, § 1376 Rdnr. 3.
138 Siehe hierzu BVerfG, NJW 1995 S. 2979; Weidlich, ZEV 1996 S. 380.

5 Wertermittlung

Steuern sind nach § 3 Abs. 1 AO Geldleistungen. Also muss auch die Bemessungsgrundlage (z. B. der Wert des steuerpflichtigen Erwerbs, §§ 10 und 19 ErbStG), von der die Steuer zu berechnen ist, auf einen Geldbetrag lauten. Daraus folgt, dass die Bewertung der Wirtschaftsgüter (= Umrechnung in Geld) im Steuerrecht eine hervorragende Rolle spielen muss. Das wird dann auch nach außen hin schon insbesondere dadurch deutlich, dass dem Steuerrecht – im Gegensatz zum Zivilrecht – für die Bewertung ein eigenes Gesetz zur Verfügung steht: das Bewertungsgesetz.

Vereinfacht ausgedrückt vollzieht sich die Lösung einer materiellen Aufgabe im Steuerrecht stets in zwei Stufen:

1. Was (dem Grunde nach) unterliegt der Steuer?

2. Wie (der Höhe nach) sind die betreffenden Wirtschaftsgüter zu bewerten?

Der Gesetzgeber des **Erbschaftsteuer- und Schenkungsteuergesetzes** hatte für die Regelung der Bewertung zwei Möglichkeiten: zum einen Ermittlung der Verkehrswerte ohne besondere steuerliche Bewertungsvorschriften, zum anderen Übernahme der vorhandenen steuerlichen Bewertungsvorschriften auch für die Erbschaftsteuer. Der Gesetzgeber hat sich in § 12 ErbStG insbesondere aus Gründen der Praktikabilität (Rationalisierung und Gleichmäßigkeit der Besteuerung) für die zweite Möglichkeit entschieden. Damit ergeben sich aber auch notwendigerweise die Reibungspunkte im Bereich der erbschaftsteuerrechtlichen Bewertung, nämlich die gerechte Ermittlung der Bereicherung im Einzelfall und der Ansatz von besonderen Steuerwerten, die i. d. R. erheblich vom Verkehrswert abweichen. Nach dem dem ErbStRG 2009 vorausgegangenen Beschluss des BVerfG[139] müssen die Bewertungsmethoden ab 2009 allerdings gewährleisten, dass alle Vermögensgegenstände in einem Annäherungswert an den gemeinen Wert erfasst werden. Insoweit verweist das BVerfG darauf, dass der über § 12 Abs. 1 ErbStG anwendbare § 9 Abs. 1 BewG den gemeinen Wert als Regelwert vorgibt und dieser dem Verkehrswert gleichzusetzen ist. Neben dem von § 9 Abs. 2 Satz 1 BewG angeordneten Maßstab des Preises, der im gewöhnlichen Geschäftsverkehr nach der Beschaffenheit des Wirtschaftsguts bei der Veräußerung zu erzielen wäre, findet sich nach Ansicht des BVerfG der dem Verkehrswert gleichzusetzende gemeine Wert in modifizierter und typisierter Form auch als Teilwert (§ 10 BewG), Kurswert (§ 11 Abs. 1 BewG), Rücknahmepreis (§ 11 Abs. 4 BewG), Nennwert (§ 12 Abs. 1 BewG), Rückkaufswert (§ 12 Abs. 4 BewG) oder Jahreswert (§§ 13 ff. BewG) wieder. Abweichungen des Steuerwerts vom Verkehrswert hat es im Zusammenhang mit diesen Werten auch in der Praxis nicht gegeben, weil der nach den genannten Vorschriften ermittelte gemeine Wert dem Verkehrswert entsprach.

Bei der Wertermittlung von Grundstücken, Personenunternehmen, Beteiligungen an Kapitalgesellschaften sowie land- und forstwirtschaftlichem Vermögen war der

---
139 BVerfG vom 07.11.2006, BStBl 2007 II S. 192.

5.3 Bewertung – § 12 ErbStG

Gesetzgeber nach den Vorgaben des BVerfG verfassungsrechtlich aber ebenfalls gehalten, sich auf der Bewertungsebene einheitlich am gemeinen Wert als dem maßgeblichen Bewertungsziel zu orientieren. In der Wahl der Wertermittlungsmethoden für die einzelnen Arten von Vermögensgegenständen ist er nach Ansicht des BVerfG aber grundsätzlich frei, solange gewährleistet ist, dass alle Vermögensgegenstände in einem **Annäherungswert an den gemeinen Wert** erfasst werden.

Ein Annäherungswert ist nach Ansicht des BVerfG gerechtfertigt, weil sich für Grundvermögen ebenso wie für Personenunternehmen, Beteiligungen an Kapitalgesellschaften sowie land- und forstwirtschaftlichem Vermögen kein absoluter und sicher realisierbarer Marktwert ermitteln lässt, sondern allenfalls ein Marktwertniveau, auf dem sich mit mehr oder weniger großen Abweichungen vertretbare Verkehrswerte bilden, wobei das BVerfG unter Hinweis auf das Schrifttum von einer Streubreite von plus/minus 20 % der Verkaufspreise für ein und dasselbe Objekt ausgeht, innerhalb derer „**ein festgestellter Verkehrswert**" als noch vertretbar angesehen wird.[140]

Meines Erachtens ist das BVerfG so zu verstehen, dass z. B. ein nach den erbschaftsteuerlich maßgeblichen Bewertungsvorschriften ermittelter Grundbesitzwert nur daraufhin überprüft werden kann, ob er sich **noch innerhalb des Korridors vertretbarer Verkehrswerte** bewegt oder außerhalb dieses Bereichs liegt.

Lediglich dann, wenn ein Verkauf erfolgt, schließt das BVerfG die Möglichkeit eines „**punktgenauen**" Vergleichs zwischen dem tatsächlichen Verkaufspreis als vertretbarem Verkehrswert und dem Steuerwert des Grundstücks nicht aus.

§ 12 ErbStG sagt – vereinfacht ausgedrückt –, dass sich die Bewertung im Rahmen des Erbschaftsteuer- und Schenkungsteuergesetzes nach dem Bewertungsgesetz richtet. Die Regelungen des Bewertungsgesetzes spielen somit eine zentrale Rolle im Erbschaftsteuerrecht. Im Rahmen dieser Darstellung der Erbschaftsteuer und Schenkungsteuer wird auf die Einzelheiten des Bewertungsgesetzes nicht eingegangen. Nachfolgend sollen daher nur Grundzüge des Bewertungsrechts aufgezeigt und die sich aus § 12 ErbStG selbst ergebenden Besonderheiten dargestellt werden.

5.3.1 Bewertung nach den allgemeinen Bewertungsvorschriften des Bewertungsgesetzes

Die erbschaftsteuerrechtliche Bewertung richtet sich, soweit in § 12 Abs. 2 bis 7 ErbStG nichts anderes bestimmt ist, grundsätzlich nach den Vorschriften des Ersten Teils des Bewertungsgesetzes (Allgemeine Bewertungsvorschriften – §§ 1 bis 16 BewG), § 12 Abs. 1 ErbStG. Da gesetzliche Vorschriften in erster Linie nach dem in ihnen zum Ausdruck gekommenen objektiven Willen des Gesetzgebers auszulegen sind, so wie er sich aus dem Wortlaut und aus dem Sinnzusammenhang ergibt, in den

---
140 BVerfG, a. a. O. unter C. II. 2 der Begründung.

5 Wertermittlung

sie hineingestellt sind, werden Rechtsprechung und Verwaltungsanweisungen zum Bewertungsgesetz i. d. R. auch im Rahmen des § 12 ErbStG zu übernehmen sein, wobei im Einzelfall allerdings Abweichungen im Hinblick auf die Besonderheiten des Erbschaftsteuer- und Schenkungsteuergesetzes denkbar sind.

Verfahrensrechtlich ist die Wertermittlung ein Teil der Feststellung der Besteuerungsgrundlagen. Die Feststellung der Besteuerungsgrundlagen bildet aber nach § 157 Abs. 2 AO einen mit Rechtsbehelfen nicht selbständig anfechtbaren Teil des Erbschaftsteuerbescheids, soweit die Besteuerungsgrundlagen nicht gesondert festgestellt werden (§§ 179 ff. AO).[141] Eine gesonderte Feststellung (§ 179 Abs. 1 AO) war zunächst nur für Grundstücke vorgesehen; die gesonderten Feststellungen sind aber durch das JStG 2007 deutlich ausgeweitet worden. Die mit Wirkung ab 2007 neu eingefügten §§ 151 bis 156 BewG (Fünfter Abschnitt „Gesonderte Feststellungen") gelten auch nach der Reform des BewG durch das ErbStRG 2009 unverändert weiter und sind lediglich redaktionell an das reformierte ErbStG und BewG angepasst worden.

Mit gleichlautenden Ländererlassen vom 02.04.2007 (BStBl 2007 I S. 314) hatte die Finanzverwaltung in den Tz. 72 bis 80 zu den Feststellungsverfahren bereits Stellung bezogen. Die Änderungen durch das ErbStRG 2009 machten jedoch eine Überarbeitung erforderlich, die sich nun in R B 151 bis 156 ErbStR 2011 wiederfindet.

Nach § 151 Abs. 1 Satz 1 Nr. 1 bis 4 BewG sind im Bedarfsfall gesondert festzustellen

1. Grundbesitzwerte i. S. des § 157 BewG,
2. der Wert des Betriebsvermögens bei Gewerbebetrieben (§ 95 BewG),
3. der Wert des Betriebsvermögens bei freiberuflich Tätigen (§ 96 BewG),
4. der Wert des Anteils am Betriebsvermögen von Personengesellschaften (§ 97 Abs. 1a BewG),
5. der Wert von Anteilen an Kapitalgesellschaften i. S. des § 11 Abs. 2 BewG

sowie

6. der Wert von anderen (nicht in § 151 Abs. 1 Satz 1 Nr. 1 bis 3 BewG genannten) Vermögensgegenständen und von Schulden, die mehreren Personen zustehen.

Voraussetzung hierfür ist, dass die Werte für die Erbschaftsteuer oder eine andere Feststellung im Sinne dieser Vorschrift von Bedeutung sind. Die Entscheidung über eine Bedeutung für die Besteuerung trifft das für die Festsetzung der Erbschaftsteuer oder die Feststellung zuständige Finanzamt (Betriebsfinanzamt gem. § 18 Abs. 1 Nr. 2 AO).

---
141 BFH vom 29.03.2000 II B 53/99, BFH/NV 2001 S. 38.

5.3 Bewertung – § 12 ErbStG

Die Feststellungsbescheide sind Grundlagenbescheide. Daraus ergeben sich Folgerungen

- für die Anfechtung (§ 351 Abs. 2 AO): Entscheidungen in einem Grundlagenbescheid können nur durch Anfechtung dieses Bescheids, nicht auch durch Anfechtung des Folgebescheids angegriffen werden,
- für die Bindung (§ 182 Abs. 1 AO): Feststellungsbescheide sind, auch wenn sie noch nicht unanfechtbar sind, für andere Feststellungsbescheide und für Folgebescheide bindend,
- für die Berichtigung (§ 175 Abs. 1 Nr. 1 AO): Ein Steuerbescheid ist zu erlassen, aufzuheben oder zu ändern, soweit ein Grundlagenbescheid, dem Bindungswirkung für diesen Steuerbescheid zukommt, erlassen, aufgehoben oder geändert wird.

Im Einvernehmen mit den Verfahrensbeteiligten kann darauf verzichtet werden, ein Feststellungsverfahren durchzuführen, wenn es sich um einen **Fall von geringer Bedeutung** handelt. Ein Fall von geringer Bedeutung liegt insbesondere vor, wenn der Verwaltungsaufwand der Beteiligten außer Verhältnis zur steuerlichen Auswirkung steht und der festzustellende Wert unbestritten ist (R B 151.1 Abs. 3 ErbStR 2011).

Einzelheiten zu den insbesondere bei vielschichtigen Unternehmensbeteiligungen sehr komplexen Feststellungsverfahren ergeben sich aus R B 151 bis 156 ErbStR 2011 sowie aus den Ausführungen unter 5.3.2.

5.3.1.1 Wirtschaftliche Einheit

§ 2 BewG bestimmt den Bewertungsgegenstand. Soweit das Bewertungsgesetz nicht ausnahmsweise eine Bewertung der einzelnen Wirtschaftsgüter (Einzelbewertung) vorschreibt, ist nach dem Grundsatz des § 2 Abs. 1 BewG eine Bewertung jeder wirtschaftlichen Einheit im Ganzen (Gesamtbewertung) vorzunehmen.

Die Voraussetzungen für die Zusammenfassung mehrerer Wirtschaftsgüter zu einer wirtschaftlichen Einheit gem. § 2 BewG waren für die bis 2009 geltende Rechtslage folgende:

- die Verkehrsanschauung fasst die Wirtschaftsgüter als wirtschaftliche Einheit zusammen;
- die Wirtschaftsgüter gehören demselben Eigentümer;
- die Wirtschaftsgüter gehören zur selben Vermögensart.[142]

Von den Tatbestandsmerkmalen besonders umstritten war das ungeschriebene Merkmal der Zugehörigkeit zur selben Vermögensart, das seine praktische Bedeutung bei der Bewertung von Grundbesitz erlangte. Nach R 158 Abs. 2 ErbStR 2003

---

142 Ungeschriebenes Tatbestandsmerkmal nach BFH vom 15.10.1954, BStBl 1955 III S. 2, vom 19.12.1975, BStBl 1976 II S. 283, und vom 04.02.1987, BStBl 1987 II S. 326.

5 Wertermittlung

kann Grundbesitz nur zu einer wirtschaftlichen Einheit zusammengefasst werden, wenn er zu derselben Vermögensart (entweder als Betriebsgrundstück i. S. des § 99 Abs. 2 BewG (a. F.) ausschließlich zur Vermögensart Betriebsvermögen oder ausschließlich zur Vermögensart Grundvermögen) gehört. Der BFH[143] formulierte hierzu: „Eine wirtschaftliche Einheit kann sich immer nur auf eine einzige Vermögensart erstrecken. Von diesem Grundsatz gibt es keine Ausnahme."

Schon in den Vorauflagen wurde die Auffassung vertreten, dass beide Aussagen unzutreffend sind.[144] Das in § 2 BewG nicht genannte Tatbestandsmerkmal kann vielmehr nur dann eine Rolle spielen, wenn eine Zusammenfassung in einer wirtschaftlichen Einheit deshalb nicht möglich ist, weil für die betreffenden Wirtschaftsgüter bei Zuordnung zu unterschiedlichen Vermögensarten eine einheitliche Bewertung nicht durchführbar ist (wie z. B. bei Grundvermögen und land- und forstwirtschaftlichem Vermögen). Ist hingegen eine einheitliche Bewertung durchführbar (z. B. bei Betriebsgrundstücken und Grundstücken des Grundvermögens), steht der Annahme einer wirtschaftlichen Einheit dann nichts entgegen, wenn die übrigen Merkmale des § 2 BewG erfüllt sind.

Aufgrund des ErbStRG 2009 ist dies für die ab 2009 geltende Rechtslage aufgrund des Wegfalls des § 99 Abs. 2 BewG a. F. nunmehr auch gesetzlich vorgegeben.

R B 151.2 Abs. 1 Satz 2 ErbStR 2011 formuliert hierzu, dass sich die Zugehörigkeit von Wirtschaftsgütern zum Betriebsvermögen oder zum Grundvermögen nach ertragsteuerlichen Grundsätzen richtet. Aus H B 99 ErbStH 2011 ergibt sich, dass der Grundbesitzwert für das gesamte Grundstück festzustellen und nach ertragsteuerlichen Grundsätzen vom Betriebsfinanzamt aufzuteilen ist (siehe hierzu auch die Ausführungen unter 5.3.2.6).

5.3.1.2 Bedingung und Befristung

Bedingte (befristete) Erwerbe nehmen schon nach dem Wortlaut des Erbschaftsteuer- und Schenkungsteuergesetzes einen breiteren Raum ein (z. B. § 3 Abs. 2 Nr. 2 und Nr. 5, § 6 Abs. 3, § 7 Abs. 1 Nr. 2 und Nr. 10, Abs. 5, § 9 Abs. 1 Nr. 1 Buchst. a ErbStG). Auf sie soll deshalb ausführlicher eingegangen werden (s. auch R 91 ErbStR 2003).

Wenn die Wirkungen eines Rechtsgeschäfts erst später eintreten sollen oder später wegfallen sollen, so hat der Gesetzgeber für die Bewertung zwei Möglichkeiten: einmal eine Bewertung unter Berücksichtigung der Wahrscheinlichkeit des Eintritts des Ereignisses im Einzelfall oder zum anderen Bewertung danach, ob am Stichtag die Wirkungen eingetreten sind oder nicht. Der Gesetzgeber hat sich in den §§ 4 ff. BewG für die zweite Möglichkeit entschieden.

---

143 BFH vom 15.10.1954, BStBl 1955 III S. 2, vom 19.12.1975, BStBl 1976 II S. 283, und vom 04.02.1987, BStBl 1987 II S. 326.
144 Siehe Schulz, 8. Auflage, unter 5.3.1.1 S. 336.

5.3 Bewertung – § 12 ErbStG

Nach § 4 BewG werden Wirtschaftsgüter, deren Erwerb vom Eintritt einer **aufschiebenden Bedingung** abhängt, erst berücksichtigt, wenn die Bedingung eingetreten ist. Bedingung bedeutet (§ 158 BGB): Die Wirkung des Rechtsgeschäfts wird von einem zukünftigen, ungewissen Ereignis abhängig gemacht. Die Wirkung der Bedingung ist also, dass das Rechtsgeschäft zwar voll gültig ist, nur die Wirkungen bedingt sind. Aufschiebend bedeutet: Die Wirkung entsteht mit dem Eintritt der Bedingung. – Die Entstehung der Steuer ist in § 9 Abs. 1 Nr. 1 Buchst. a ErbStG dementsprechend auf den Zeitpunkt des Eintritts der Bedingung gelegt. – Entsprechend dieser Regelung für den aufschiebend bedingten Erwerb bestimmt § 6 Abs. 1 BewG, dass Lasten, deren Entstehung vom Eintritt einer aufschiebenden Bedingung abhängt, nicht berücksichtigt werden.[145]

Wirtschaftsgüter, die unter einer **auflösenden Bedingung** erworben sind, werden wie unbedingt erworbene behandelt, § 5 Abs. 1 BewG.[146] Auflösend bedeutet: Die Wirkung hört mit dem Eintritt der Bedingung auf. Entsprechend dieser Regelung für den auflösend bedingten Erwerb bestimmt § 7 Abs. 1 BewG, dass Lasten, deren Fortdauer auflösend bedingt ist, wie unbedingte abgezogen werden. – Ausnahmen gelten für die in § 13 Abs. 2 und 3, §§ 14, 15 Abs. 3 BewG geregelten Fälle.

Beispiel:
Erblasser E hat seinem Kind K1 seinen Gewerbebetrieb vermacht. Falls K1 bis Ende des Jahres 09 die Meisterprüfung nicht ablegt, muss er den Betrieb auf K2 übertragen.

Der Erwerb des Gewerbebetriebs durch K1 ist auflösend bedingt (§ 5 Abs. 1 BewG). Der Anspruch des K2 auf Übertragung des Gewerbebetriebs ist aufschiebend bedingt (§ 4 BewG). Die Verpflichtung des K1 zur Übertragung des Gewerbebetriebs ist ebenfalls aufschiebend bedingt (§ 6 Abs. 1 BewG). Anspruch und Verbindlichkeit werden nicht berücksichtigt.

Da die Erbschaftsteuer aber letztlich die wirtschaftliche Bereicherung des Erwerbers erfassen soll, müssen bei dem auflösend bedingten Erwerb, bei den auflösend bedingten Lasten und bei den aufschiebend bedingten Lasten Regelungen für den Fall getroffen werden, dass die Bedingung eintritt, da dadurch die Bereicherung ausgelöst wird. Diese Berichtigungsregelungen sind, da sie nicht alle Steuergebiete betreffen, nicht in der AO, sondern im Zusammenhang mit dem Bewertungsgesetz getroffen. Sie betreffen nur die nicht laufend veranlagten Steuern (also insbesondere die Erbschaftsteuer).

Ist der Erwerb auflösend bedingt und tritt die Bedingung ein, so ist die Erbschaftsteuer nach § 5 Abs. 2 BewG auf Antrag nach dem tatsächlichen Wert des Erwerbs berichtigen. Ist die auflösende Bedingung bereits vor der Steuerfestsetzung eingetreten, so ist wohl sinnvollerweise gleich der tatsächliche Wert des Erwerbs

---
[145] Siehe z. B. BFH vom 06.12.2000 II B 161/99, BFH/NV 2001 S. 781; hinsichtlich Verpflegung zur Pflege im Bedarfsfall s. OFD München, DB 2003 S. 692.
[146] BFH vom 26.11.1986, BStBl 1987 II S. 175.

5 Wertermittlung

Bemessungsgrundlage.[147] Was als „tatsächlicher Wert des Erwerbs" anzusehen ist, erscheint zweifelhaft. Hierunter können entweder nur die dem Erwerber verbleibenden Teile der Substanz verstanden werden, da im Wert des Eigentums an einem Wirtschaftsgut der Wert der Nutzungen mit enthalten ist,[148] oder darüber hinaus auch der (kapitalisierte) Wert der Erträge, die ihm während der Dauer seiner Berechtigungszeit zugeflossen sind.[149] Die erste Auffassung – nach der der Erwerber nur die Differenz des Werts der ursprünglich erworbenen Substanz und der bei Bedingungseintritt noch vorhandenen Substanz zu versteuern hat – hat den Vorteil, dass sie eine mögliche Doppelbelastung mit Einkommensteuer und Erbschaftsteuer vermeidet. Die zweite Auffassung entspricht aber wohl eher dem Wortlaut des § 5 Abs. 2 BewG; darüber hinaus hat der Gesetzgeber in § 29 Abs. 2 ErbStG für einen ähnlichen Fall eine entsprechende Lösung gewählt. Der zweiten Auffassung wird daher wohl zu folgen sein. – Der Antrag ist bis zum Ablauf des Jahres zu stellen, das auf den Eintritt der Bedingung folgt. Bei aufschiebend bedingten Lasten gilt nach § 6 Abs. 2 BewG § 5 Abs. 2 BewG bei Eintritt der Bedingung entsprechend.[150] Wird eine Veranlagung nach § 6 Abs. 2 BewG berichtigt, weil durch Eintritt der Bedingung eine Last wirksam geworden ist, so ist diese Last (nicht der entsprechende Anspruch; dessen Bewertung richtet sich nach § 9 Abs. 1 Nr. 1 Buchst. a i. V. m. § 12 ErbStG und auch nach § 4 BewG nach den Verhältnissen im Zeitpunkt des Eintritts der Bedingung) bei dem Verpflichteten nach der Grundregel des § 9 Abs. 1 Nr. 1 i. V. m. § 11 ErbStG auf den Todestag des Erblassers und nicht auf den Tag des Eintritts der Bedingung zu bewerten,[151] da die Vorschriften des § 6 BewG und des § 11 ErbStG entsprechend ihrer Zielrichtung im Bereich der Erbschaftsteuer als einer einmaligen Steuer für Fälle der vorliegenden Art nicht den Bewertungsstichtag verschieben. Bei auflösend bedingten Lasten ist bei Eintritt der Bedingung die Festsetzung der Erbschaftsteuer entsprechend zu berichtigen (§ 7 Abs. 2 BewG).

Beispiele:
a) S schenkt Sohn B am 01.01.01 ein zu 5 % verzinsliches Wertpapier über 600.000 € unter der auflösenden Bedingung, dass es an Sohn D bei dessen Heirat fällt. D heiratet am 31.12.05.

B hat für den Erwerb am 01.01.01 zu zahlen:	600.000 €
	– 400.000 €
	200.000 €
Steuersatz 11 % =	22.000 €

D hat für den Erwerb am 31.12.05 ebenfalls 22.000 € Schenkungsteuer zu zahlen.

---

147 FG München, EFG 1987 S. 308.
148 Meyer-Arndt, DB 1968 S. 55; DVR 1968 S. 161.
149 H. M.; Troll/Gebel/Jülicher, § 12 Rdnr. 39.
150 Siehe z. B. die Behandlung der Übertragung von Bodenreformgrundstücken, FinMin Nordrhein-Westfalen vom 23.11.1998 – S 3806 – 25 – VA 2.
151 BFH vom 06.10.1976, BStBl 1977 II S. 211.

5.3 Bewertung – § 12 ErbStG

Die für B festgesetzte Steuer ist auf seinen Antrag zu berichtigen: Kapitalwert der Zinsen am 01.01.01: 30.000 € × 4,388 = 131.640 €; nach Abzug des Freibetrags verbleibt kein steuerpflichtiger Erwerb.

Die 22.000 € sind B im Fall eines Antrags zu erstatten.

b) E erbt im Jahr 01 einen Gewerbebetrieb. E muss ihn allerdings auf seinen Sohn S übertragen, wenn dieser heiratet. S heiratet im Jahr 09.

Der Erwerb des E im Jahr 01 ist auflösend bedingt, wird also wie unbedingt erworben mit dem Wert nach § 12 Abs. 5 ErbStG zur Erbschaftsteuer herangezogen (§ 5 Abs. 1 BewG). Der Erwerb des S im Jahr 01 aufschiebend bedingt, wird also zunächst erbschaftsteuerlich nicht erfasst (§ 4 BewG). Die Verpflichtung des E zur Übertragung im Falle der Heirat des S ist aufschiebend bedingt, wird also nicht berücksichtigt (§ 6 Abs. 1 BewG).

Bei Eintritt der Bedingung im Jahr 09 wird S mit dem Wert nach § 12 Abs. 5 ErbStG zur Erbschaftsteuer herangezogen (§ 4 BewG). Die Erbschaftsteuerveranlagung des E ist auf Antrag nach dem tatsächlichen Wert seines Erwerbs zu berichtigen (§ 5 Abs. 2 BewG). Das ist, neben der verbrauchten Vermögenssubstanz, wohl der nach § 13 BewG kapitalisierte Wert der Erträge für die Zeit von 01 bis 09 – unter Beachtung des § 16 BewG. Für die Frage der Festsetzungsverjährung muss m. E. in diesen Fällen § 175 Abs. 1 Satz 2 AO entsprechend gelten.

Die §§ 4 bis 7 BewG gelten auch, wenn der Erwerb des Wirtschaftsguts oder die Entstehung oder der Wegfall der Last von einem Ereignis abhängt, bei dem nur der Zeitpunkt ungewiss ist **(Befristung)** – Wirkung des Rechtsgeschäfts tritt z. B. beim Tod einer Person (Eintritt des Ereignisses ist gewiss, nur Zeitpunkt ist ungewiss) ein. Die Unterscheidung zwischen Bedingung und Befristung ist, da die Rechtsfolgen dieselben sind, steuerlich unerheblich.

Abzugrenzen bleiben Bedingung und Befristung lediglich gegenüber der sog. Betagung (z. B. § 813 Abs. 2, § 2217 Abs. 2 BGB). Bei der **Betagung** sind Anspruch oder Verpflichtung bereits entstanden, nur die Fälligkeit ist hinausgeschoben.[152] Hier geht die Frage nicht dahin, ob bewertet wird, sondern wie (mit welchem Wert) Anspruch oder Verpflichtung anzusetzen sind. Nach Auffassung des BFH[153] betrifft die Regelung in § 9 Abs. 1 Nr. 1 Buchst. a ErbStG jedoch nicht alle Ansprüche, die zivilrechtlich als betagt anzusehen sind. Vielmehr folgt aus der bewertungsrechtlichen (§ 12 Abs. 1 ErbStG i. V. m. § 12 Abs. 3 BewG) Behandlung noch nicht fälliger Forderungen, dass die Erbschaftsteuer für solche Ansprüche, die zu einem bestimmten (feststehenden) Zeitpunkt fällig werden, dem Regelfall des § 9 Abs. 1 Nr. 1 ErbStG entsprechend bereits im Zeitpunkt des Todes des Erblassers entsteht und dass diese Ansprüche ggf. mit ihrem abgezinsten Wert anzusetzen sind.

Anders sind jedoch diejenigen betagten Ansprüche zu behandeln, bei denen der Zeitpunkt des Eintritts des zur Fälligkeit führenden Ereignisses unbestimmt ist. Hier versagt § 12 Abs. 3 BewG, weil es an einem bestimmten Zeitpunkt für den Eintritt der Fälligkeit fehlt und weil damit die Berechnungs- oder Schätzungsgrund-

---
152 Siehe FG Rheinland-Pfalz, EFG 1996 S. 1079; Hessisches FG, EFG 1998 S. 1347.
153 BFH vom 27.08.2003, BStBl 2003 II S. 921.

lagen für eine Abzinsung oder den Ansatz eines niedrigeren Werts als des Nennwerts (§ 12 Abs. 1 BewG) fehlen. In diesen Fällen entsteht die Steuer gem. § 9 Abs. 1 Nr. 1 Buchst. a ErbStG – wie bei einer aufschiebend bedingten oder befristeten Forderung – erst mit dem Eintritt des Ereignisses, welches zur Fälligkeit des Anspruchs führt.[154]

Beispiel:
E hat bei seinem Freund G ein normal verzinsliches Darlehen über 50.000 € aus privaten Gründen aufgenommen, das beim Tod des G zurückgezahlt werden soll. E stirbt. Erbe ist S. G ist 60 Jahre alt.
Die Rückzahlungsverpflichtung aus dem Darlehensvertrag ist bereits entstanden, nur die Fälligkeit ist bis zum Tod des G, also auf unbestimmte Zeit, hinausgeschoben. Die Schuld ist bei der Erbschaftsteuerveranlagung des S nach § 10 Abs. 5 Nr. 1 ErbStG abzugsfähig. Die Bewertung richtet sich nach § 12 Abs. 1 BewG. Die Schuld ist danach mit dem Nennwert von 50.000 € abzugsfähig.[155]

5.3.1.3 Bewertungsgrundsatz, gemeiner Wert

Nach § 9 BewG ist bei Bewertungen, soweit nichts anderes vorgeschrieben ist, der gemeine Wert zugrunde zu legen. Nach § 9 BewG bewertet werden danach also z. B. bewegliche körperliche Gegenstände. Der gemeine Wert wird durch den Preis bestimmt, der im gewöhnlichen Geschäftsverkehr nach der Beschaffenheit des Wirtschaftsguts bei einer Veräußerung zu erzielen wäre, also nicht unbedingt der tatsächlich einmal bezahlte. Dabei sind alle Umstände, die den Preis beeinflussen, zu berücksichtigen, allerdings nicht ungewöhnliche oder persönliche Verhältnisse – z. B. Notverkauf, Liebhaberpreis – (§ 9 Abs. 2 BewG). Als solche persönlichen Verhältnisse sind nach § 9 Abs. 3 BewG auch Verfügungsbeschränkungen anzusehen, die in der Person des Steuerpflichtigen oder eines Rechtsvorgängers begründet sind.[156] Das gilt insbesondere für Verfügungsbeschränkungen, die auf letztwilligen Anordnungen beruhen.[157]

Zur Bewertung von Erfindungen und Urheberrechten mit dem gemeinen Wert s. R B 9.2 ErbStR 2011.

Für die Ermittlung des gemeinen Werts eines Kunstgegenstandes ist ein auf den Stichtag fingierter Verkauf maßgebend. Beim Fehlen brauchbarer Verkaufsfälle ist der gemeine Wert zu schätzen. Hat das Finanzamt (oder das Finanzgericht) keine Kenntnisse über den einschlägigen Kunstmarkt, ist ein Sachverständigengutachten einzuholen.[158]

---

154 BFH vom 27.08.2003, a. a. O.
155 Hessisches FG, EFG 1990 S. 67.
156 Z. B. Eröffnung des Insolvenzverfahrens, §§ 11 ff. InsO; Verpfändung; Entsprechendes gilt für eine Beeinträchtigung der Belastbarkeit eines Grundstücks, FG Hamburg, EFG 1989 S. 298.
157 Z. B. Einsetzung eines Testamentsvollstreckers, §§ 2205 ff. BGB – s. BFH vom 28.06.1995, BStBl 1995 II S. 786; Einsetzung eines Nacherben.
158 BFH vom 06.06.2001 II R 7/98, BFH/NV 2002 S. 28; FG München vom 08.10.1998, DStRE 1999 S. 876 mit zustimmender Anmerkung Heuer, DStR 1999 S. 1389; FG Münster vom 18.10.2001, DStRE 2002 S. 845; von Oertzen, ZEV 1999 S. 422; Wächter, ZEV 2002 S. 333; s. auch R 94 ErbStR 2003.

5.3 Bewertung – § 12 ErbStG

Nach dem Grundsatz des § 9 BewG sind auch die sog. Sachleistungsansprüche und Sachleistungsverpflichtungen mit ihrem gemeinen Wert – und nicht z. B. mit dem Grundbesitzwert des Grundstücks – zu bewerten, da insoweit nichts anderes vorgeschrieben ist (§ 19 BewG enthält eine abschließende Regelung). Zu diesem Ergebnis sind Rechtsprechung[159] und Finanzverwaltung (R B 9.1 und R E 12.2 Abs. 2 ErbStR 2011; H E 12.2 ErbStH 2011) nach langen Irrwegen zurückgekehrt.[160]

Aufgrund der Heranführung der bisher günstig bewerteten Grundstücke und Unternehmen an die Verkehrswerte durch das ErbStRG 2009 hat sich diese Problematik aber deutlich entschärft, wenn davon ausgegangen wird, dass ein Unterschied zwischen dem „gemeinen Wert" im Sinne des BewG und dem Verkehrswert kaum noch bestehen wird (siehe auch die Ausführungen unter 4.7 zu den Schenkungen unter Lebenden). Gerade bei den Sachleistungsansprüchen und -verpflichtungen ist es aber weiterhin denkbar, dass der konkret vereinbarte Kaufpreis und der – z. B. im Ertragswertverfahren – festgestellte Grundbesitzwert voneinander abweichen.

Der BFH scheint ebenfalls davon auszugehen, dass die Problematik an Bedeutung verliert. Hatte er in einem Obiter Dictum zur Rechtslage vor 2009 noch offen gelassen, ob bei einem Grundstücksvermächtnis an der Bewertung mit dem Grundbesitzwert festgehalten werden kann oder der Erwerber den Erwerb wie einen nicht mit dem Steuerwert (Bedarfswert) des Grundstücks, sondern mit dem gemeinen Wert anzusetzenden Sachleistungsanspruch behandeln muss,[161] hat er später – im Hinblick auf die durch das BVerfG festgestellte Verfassungswidrigkeit der Grundbesitzbewertung – zu erkennen gegeben, dass er aus Vertrauensschutzgründen von einem Ansatz des gemeinen Werts absehen wolle.[162]

Hinsichtlich der Problematiken wegen der Divergenz zwischen Grundbesitz- und Unternehmenswerten zu den Verkehrswerten in Bezug auf die vor 2009 geltende Rechtslage und der hierzu ergangenen Kritik wird auf die Vorauflage und die dort dargestellten Berechnungen verwiesen.[163] Da sich an der rechtlichen Wertung der Sachleistungsansprüche allerdings durch die Erbschaftsteuerreform nichts geändert hat, wird die Thematik im Folgenden ausschließlich gemäß der ab 2009 maßgeblichen Rechtslage behandelt.

Die Bewertung von Sachleistungsansprüchen (-verpflichtungen) mit ihrem gemeinen Wert gilt unabhängig davon, ob

a) der Käufer den Kaufpreis insgesamt noch nicht gezahlt hat;

---

159 BFH vom 06.12.1989, BStBl 1990 II S. 434, vom 06.03.1990, BStBl 1990 II S. 504, vom 10.04.1991, BStBl 1991 II S. 620, vom 26.06.1991, BStBl 1991 II S. 749, vom 23.10.1991, BStBl 1992 II S. 248, und vom 27.11.1991, BStBl 1992 II S. 298; FG München vom 15.09.1999, DStRE 2000 S. 255, siehe auch BFH vom 02.07.2004, BStBl 2004 II S. 1039, und 09.04.2008, BStBl 2008 II S. 951.
160 A. A. FG Baden-Württemberg vom 10.05.1999, EFG 2000 S. 1019.
161 BFH vom 02.07.2004, BStBl 2004 II S. 1039; siehe auch BFH vom 13.08.2008, BStBl 2008 II S. 982.
162 BFH vom 09.04.2008, BStBl 2008 II S. 951.
163 Siehe Schulz, 8. Auflage, unter 5.3.1.3 S. 340 ff.

5 Wertermittlung

b) der Käufer den Kaufpreis teilweise gezahlt hat;

c) der Käufer den Kaufpreis insgesamt gezahlt hat.[164]

Wickelt sich der Vorgang im Betriebsvermögen ab, gilt dem Grunde nach das Gleiche.[165]

Zu a) Das insgesamt schwebende Geschäft bleibt unberücksichtigt; rechtssystematisch erfolgt der Ansatz von Sachleistungsanspruch (beim Käufer) und Sachleistungsverpflichtung (beim Verkäufer) mit dem – gleichen – gemeinen Wert (§ 9 BewG) und Kaufpreisschuld beim Käufer und Kaufpreisforderung beim Verkäufer (§ 12 Abs. 1 BewG) mit dem Nennwert, sodass sich jeweils ein Saldo von 0 Euro ergibt.

Zu b) Beim Verkäufer werden die Sachleistungsverpflichtung und die Restkaufpreisforderung, beim Käufer der Sachleistungsanspruch und die Restkaufpreisschuld mit dem gemeinen Wert (§ 9 BewG) bzw. mit dem Nennwert (§ 12 Abs. 1 BewG) erfasst.

Zu c) Beim Verkäufer werden die Sachleistungsverpflichtung und beim Käufer der Sachleistungsanspruch mit dem gemeinen Wert (§ 9 BewG) erfasst.

Die nachfolgenden Beispiele zeigen, dass aufgrund des Wertansatzes von Grundstücken und Unternehmen mit dem gemeinen Wert diese Beurteilung an praktischer Bedeutung verloren hat.

Beispiel 1:
Erblasser E hat ein Grundstück verkauft. Der Grundbesitzwert beträgt 380.000 €, der Verkaufspreis 400.000 €. Beim Tod des E ist das Eigentum an dem Grundstück noch nicht auf den Käufer übergegangen. Der Kaufpreis ist insgesamt noch nicht gezahlt.

Erbschaftsteuerlich ist im Nachlass das Grundstück mit dem Grundbesitzwert von 380.000 € zu erfassen. Außerdem die Kaufpreisforderung mit dem Nennwert (§ 12 Abs. 1 BewG) von 400.0000 € und eine Sachleistungsverpflichtung von 400.000 € mit dem gemeinen Wert (§ 9 BewG), sodass letztlich der Grundbesitzwert von 380.000 € zum Ansatz kommt.

Wäre der Erblasser Käufer, wäre die Beurteilung für ihn von Nachteil. Erbschaftsteuerlich ist im Nachlass dann nämlich der Sachleistungsanspruch von 400.000 € und die Kaufpreisverbindlichkeit von ebenfalls 400.000 € zu erfassen, sodass insgesamt 0 € anzusetzen wären. Könnte er statt dessen Sachleistungsanspruchs den Grundbesitzwert von 380.000 € ansetzen und die Kaufpreisverbindlichkeit von 400.000 €, ergäbe sich ein negativer Saldo von – 20.000 €.

Beispiel 2:
Wie Beispiel 1, aber der Kaufpreis ist zum Teil (100.000 €) gezahlt.

---
164 BFH vom 15.10.1997, BStBl 1997 II S. 820.
165 Siehe auch BFH vom 15.10.1997, a. a. O.

5.3 Bewertung – § 12 ErbStG

Erbschaftsteuerlich ist im Nachlass das Grundstück mit dem Grundbesitzwert von 380.000 € zu erfassen, außerdem die bereits erhaltenen 100.000 € (soweit noch vorhanden), die Restkaufpreisforderung mit 300.0000 € und eine Sachleistungsverpflichtung von 400.000 €.

Beispiel 3:
Wie Beispiel 1, aber der Kaufpreis ist gezahlt.

Erbschaftsteuerlich ist im Nachlass das Grundstück mit dem Grundbesitzwert von 380.000 € zu erfassen, außerdem die bereits erhaltenen 400.000 € (soweit noch vorhanden) und eine Sachleistungsverpflichtung von 400.000 € (§ 9 BewG).

Soweit der BFH[166] die Sachleistungsverpflichtung mit dem Grundbesitzwert bewerten will (?), wenn sich die schuldrechtlichen Beziehungen zwischen dem Gläubiger und dem Schuldner nur (noch) auf die Sachleistungsverpflichtung beschränken, ist diese Beurteilung aufgrund einer späteren Entscheidung wohl als überholt anzusehen[167] und auch in diesem Fall eine Bewertung mit dem gemeinen Wert vorzunehmen.

Die Lösungen der Beispielsfälle entsprechen, zumindest was die Bewertung der Sachleistungsansprüche und -verpflichtungen selbst anbetrifft, dem Gesetz. In der bisherigen Rechtsprechung des BFH wurde allerdings bisher eine konsequente Linie in der Wertung der Fälle nicht immer eingehalten, sondern bei Bedarf insbesondere durch das Argument, dass der Ansatz des Grundstücks selbst wertmäßig mit der Übertragungspflicht korrespondieren müsse, ersetzt.

Die nachfolgende Zusammenstellung versucht einen Überblick über die aktuell gültige erbschaftsteuerliche Bewertung von Ansprüchen auf Übereignung (Verpflichtung zur Übereignung) von Grundstücken zu geben (siehe auch die Ausführungen zu den Vermächtnissen unter 4.3.1):

1. Sachleistungsanspruch aus nicht (vollständig) erfülltem Kaufvertrag: gemeiner Wert – nicht Grundbesitzwert.[168]

2. Sachvermächtnis: Grundbesitzwert.[169]

3. Übernahme- oder Kaufrechtsvermächtnisses: gemeiner Wert.[170]

4. Verschaffungsvermächtnis: gemeiner Wert.[171]

5. Vom Erblasser noch nicht erfülltes Schenkungsversprechen:
noch nicht entschieden – Tendenz des BFH: Grundbesitzwert.[172]

---

166 BFH vom 06.12.1989, BStBl 1990 II S. 434.
167 BFH vom 15.10.1997, BStBl 1997 II S. 820.
168 BFH vom 06.12.1989, BStBl 1990 II S. 434, vom 24.10.2001, BStBl 2001 II S. 834; R 36 Abs. 2, R 92 ErbStR 2003.
169 BFH vom 15.10.1997, BStBl 1997 II S. 820; R 92 Abs. 2 ErbStR 2003; siehe auch BFH vom 02.07.2004, BStBl 2004 II S. 1039, und vom 13.08.2008, BStBl 2008 II S. 982.
170 BFH vom 06.06.2001, BStBl 2001 II S. 605, und vom 13.08.2008, BStBl 2008 II S. 982; FinMin Baden-Württemberg vom 20.08.2002, DB 2002 S. 1804.
171 BFH vom 28.03.2007, BStBl 2007 II S. 461.
172 BFH vom 06.12.1989, BStBl 1990 II S. 434.

5 Wertermittlung

6. Erfüllung einer Geldforderung durch Übereignung eines Grundstücks an Erfüllungs statt: Nennwert sowohl bei Pflichtteil,[173] als auch beim Geldvermächtnis und wohl auch Erbersatzanspruch[174] als auch beim Zugewinnausgleich.[175]

7. Abfindung (§ 3 Abs. 2 Nr. 4 ErbStG): Bewertung richtet sich nach dem Gegenstand der Abfindung: Abfindung mit Grundstück = Grundbesitzwert; Abfindung mit Geldforderung = Nennwert.[176]

Auf die vom BFH in einem Obiter Dictum zur Rechtslage vor 2009 angesprochene Frage, ob bei einem Grundstücksvermächtnis an der Bewertung mit dem Grundbesitzwert festgehalten werden kann oder der Erwerber den Erwerb wie einen nicht mit dem Steuerwert (Bedarfswert) des Grundstücks, sondern mit dem gemeinen Wert anzusetzenden Sachleistungsanspruch behandeln muss,[177] wurde bereits hingewiesen. Die dadurch hervorgerufenen Irritationen wurden verstärkt durch ein zu Kaufrechtsvermächtnissen ergangenens Urteil.[178] Dort heißt es: *„Der erkennende Senat hat bereits mit Entscheidung vom 02.07.2004 (BStBl 2004 II S. 1039 unter II. 2. b) Zweifel daran angedeutet, ob an der Ausnahme für die Bewertung von Ansprüchen und Verpflichtungen aus Sachvermächtnissen bei Erwerbsvorgängen nach 1995 unter der Geltung des § 12 Abs. 3 ErbStG i. V. m. den §§ 138 ff. BewG über die Bewertung von Grundbesitz noch festzuhalten ist. Die Zweifel wurden damit begründet, dass die gemäß § 138 Abs. 5 BewG gesondert festzustellenden Grundbesitzwerte i. S. der Abs. 2 und 3 der Vorschrift anders als die bisherigen und für die Grundsteuer noch fortgeltenden Einheitswerte nicht mehr auf einen (typisierten) gemeinen Wert gerichtet, sondern typisierende Werte sind, die ausdrücklich von den jeweiligen gemeinen Werten abweichen sollen. Als solche stellen sie in den Fällen, in denen sie tatsächlich die gemeinen Werte unterschreiten, bewusste Begünstigungen dar, die einer teilweisen Steuerbefreiung gleichkommen. Von daher erschien es dem Senat nicht ausgeschlossen, bei den Erben die vermächtnisweise Verpflichtung zur Herausgabe des Grundstücks als eine mit diesem wirtschaftlich zusammenhängende Last anzusehen, die gemäß § 10 Abs. 6 Satz 3 ErbStG nur mit dem Betrag abzugsfähig ist, der dem steuerpflichtigen Teil entspricht. Dadurch würden sich die Ansätze für das Grundstück und die Sachleistungsverpflichtung bei den Erben ohnehin vollständig ausgleichen, sodass auf Seiten des Vermächtnisnehmers kein Grund mehr bestünde, den Sachleistungsanspruch ausnahmsweise anders zu bewerten als mit dem gemeinen Wert. Mit Urteil vom 09.04.2008 II R 24/06 (BFH/NV 2008 S. 1379) hat der Senat allerdings entschieden, aus Gründen des Vertrauensschutzes für die Dauer der Fortgeltung des*

---

173 BFH vom 07.10.1998, BStBl 1999 II S. 23.
174 BFH vom 25.10.1995, BStBl 1996 II S. 97.
175 BFH vom 10.03.1993, BStBl 1993 II S. 368.
176 BFH vom 25.10.1995, BStBl 1996 II S. 97.
177 BFH vom 02.07.2004, BStBl 2004 II S. 1039.
178 BFH vom 13.08.2008, BStBl 2008 II S. 982.

5.3 Bewertung – § 12 ErbStG

ErbStG in allen seinen Fassungen, die es bis zum Beschluss des Bundesverfassungsgerichts vom 07.11.2006 1 BvL 10/02 (BVerfGE 117 S. 1) erfahren hat, von einer Änderung seiner Rechtsprechung zu den Sachvermächtnissen abzusehen." Bei Kaufrechtsvermächtnissen sowie bei Übernahmevermächtnissen allerdings hält er einen derartigen Vertrauensschutz nicht für geboten, weil auch schon bislang auf Seiten der Vermächtnisnehmer keine Bewertung mit dem Steuerwert der Sache, sondern wegen der Annahme eines Gestaltungsrechts als Erwerbsgegenstand eine Bewertung mit dem gemeinen Wert – also mit dem Verkehrswert der Sache – erfolgte bzw. (bei einem Übernahmevermächtnis) hätte erfolgen müssen. Bei Übernahme- und Kaufrechtsvermächtnissen ist daher in jedem Fall der Sachleistungsanspruch des Vermächtnisnehmers mit dem gemeinen Wert zu bewerten.[179]

5.3.1.4 Teilwert
Über § 12 Abs. 5 ErbStG a. F. und § 109 Abs. 1 und insbesondere 2 BewG a. F. war der Teilwert (§ 10 BewG) auch bei der Bewertung im Bereich des Erbschaftsteuerrechts speziell für das Betriebsvermögen noch von Bedeutung; dürfte aber aufgrund der Änderung von § 12 Abs. 5 ErbStG und § 109 BewG durch das ErbStRG kaum noch praktische Bedeutung haben.

5.3.1.5 Wertpapiere und Schuldbuchforderungen
Bei der Bewertung von Wertpapieren und Schuldbuchforderungen ist nach § 11 Abs. 1 BewG der Kurswert anzusetzen.

Wertpapiere und Schuldbuchforderungen, die am Stichtag an einer deutschen Börse zum amtlichen Handel zugelassen sind, werden nach § 11 Abs. 1 BewG mit dem niedrigsten am Stichtag (§ 11 ErbStG, also z. B. Todestag des Erblassers) für sie im amtlichen Handel notierten **Kurs**[180] angesetzt. Liegt am Stichtag eine Notierung nicht vor, so ist der letzte innerhalb von 30 Tagen vor dem Stichtag im amtlichen Handel notierte Kurs maßgebend. Der im amtlichen Handel notierte Kurs der Wertpapiere ist nach dem Willen des Gesetzgebers als deren gemeiner Wert anzusehen. Daraus folgt, dass entsprechend § 9 Abs. 2 Satz 3 BewG bei der Bewertung auch nach § 11 Abs. 1 BewG ungewöhnliche oder persönliche Verhältnisse grundsätzlich nicht zu berücksichtigen sind. Der Kurswert ist aber der gemeine Wert mit der Besonderheit, dass er ausschließlich nach den börsenrechtlichen Vorschriften zu ermitteln ist. Folglich ist eine Abweichung vom Kurswert nur dann zulässig, wenn diese börsenrechtlichen Vorschriften das ermöglichen; nur dann kann das Vorliegen ungewöhnlicher oder persönlicher Verhältnisse i. S. des § 9 Abs. 2 Satz 3 BewG bejaht werden.[181] Das bedeutet im Ergebnis, dass der Kurswert nur

---
179 BFH vom 02.07.2004, BStBl 2004 II S. 1039, und vom 13.08.2008, BStBl 2008 II S. 982 (985).
180 BFH vom 21.02.1990, BStBl 1990 II S. 490.
181 BFH vom 26.07.1974, BStBl 1974 II S. 656 zum Bewertungsgesetz.

dann für die Festsetzung der Erbschaftsteuer unbeachtlich ist, wenn im Hinblick auf § 29 Abs. 3 des Börsengesetzes – danach ist als Kurswert der Preis festzusetzen, welcher der wirklichen Geschäftslage des Verkehrs an der Börse entspricht – die Voraussetzungen für eine Streichung des Kurses vorgelegen haben.[182] Der BFH hat in diesem Urteil – im Gegensatz zu der vorstehend zitierten Entscheidung zum Bewertungsgesetz – ausdrücklich offengelassen, ob dies auch dann gilt, wenn der Börsenkurs zwar nicht gestrichen worden ist, die Voraussetzungen für eine Streichung aber vorgelegen haben.

Entsprechend der Regelung nach § 11 Abs. 1 Sätze 1 und 2 BewG sind die Wertpapiere zu bewerten, die nur in den geregelten Freiverkehr einbezogen sind (§ 11 Abs. 1 Satz 3 BewG).

Bei börsennotierten **Zero-Bonds** ist der Kurs nach § 11 Abs. 1 BewG anzusetzen. Nicht notierte Zero-Bonds sind in Anlehnung an die Kursnotierungen von in Ausstattung und Laufzeit vergleichbaren Anleihen zu bewerten; können keine Vergleichskurse festgestellt werden, mit dem Rückzahlungswert (§ 12 BewG) – s. im Einzelnen R B 12.3 ErbStR 2011.

5.3.1.6 Anteile an Kapitalgesellschaften, die nicht unter § 11 Abs. 1 BewG fallen

Anteile an Kapitalgesellschaften, die nicht unter § 11 Abs. 1 BewG fallen, also insbesondere Anteile an nicht börsennotierten Aktiengesellschaften und GmbH-Anteile, sind nach § 11 Abs. 2 BewG mit dem gemeinen Wert anzusetzen. Der Wert für die Anteile ist grundsätzlich gem. § 151 Abs. 1 Satz 1 Nr. 3 BewG festzustellen. Gemäß § 12 Abs. 2 ErbStG sind die Anteile daher mit dem auf den Bewertungsstichtag (§ 11 BewG) festgestellten Wert anzusetzen.

Die Wertfeststellungen erfolgen nach den Regeln, die auch für gewerblich oder freiberuflich tätige Einzelunternehmen oder Personengesellschaften gelten und für die ein Wert nach § 151 Abs. 1 Satz 1 Nr. 2 BewG festzustellen ist. Hierzu bestimmt § 12 Abs. 5 ErbStG, dass sie ebenfalls mit dem auf den Bewertungsstichtag (§ 11 BewG) festgestellten Wert anzusetzen sind.

Da somit Anteile an Kapitalgesellschaften, die nicht unter § 11 Abs. 1 BewG fallen, und gewerblich oder freiberuflich tätige Einzelunternehmen oder Personengesellschaften nach denselben Regeln bewertet werden, werden sie zum Gegenstand einer einheitlichen Darstellung der Unternehmensbewertung gemacht (siehe hierzu die Ausführungen unter 5.3.8).

Zur Schätzung des gemeinen Werts von Anteilen an einer Kapitalgesellschaft nach § 12 Abs. 2 ErbStG a. F. i. V. m. § 11 Abs. 2 BewG a. F. (sog. „Stuttgarter Verfahren") wird auf die Vorauflage (Schulz, 8. Auflage, unter 5.3.2 S. 354 ff.) verwiesen.

---

[182] BFH vom 23.02.1977, BStBl 1977 II S. 427.

5.3 Bewertung – § 12 ErbStG

5.3.1.7 Kapitalforderungen und Schulden

Kapitalforderungen, die nicht im § 11 BewG bezeichnet sind, und Schulden (gemeint sind wohl auch Kapitalschulden) sind i. d. R. mit dem Nennwert anzusetzen (§ 12 Abs. 1 BewG). Das gilt auch für Wertpapiere, soweit sie Forderungsrechte verbriefen. Kapitalforderungen sind Forderungen, die auf Zahlung von Geld (nicht auf Übereignung anderer Sachen) gerichtet sind (z. B. Kaufpreisforderung). Nennwert ist der Betrag, den der Schuldner dem Gläubiger bei Fälligkeit zu zahlen hat. Kapitalforderungen und -schulden, die auf eine ausländische Währung lauten, sind nach dem Umrechnungskurs im Besteuerungszeitpunkt umzurechnen.[183] Kapitalforderungen und -schulden sind aber nur dann mit dem Nennwert anzusetzen, wenn nicht besondere Umstände einen höheren oder geringeren Wert begründen. Als solche besonderen Umstände kommen in Betracht:[184]

a) Zweifelhafte Forderungen – Ansatz mit dem dem Grad der Zweifelhaftigkeit entsprechenden Schätzwert;[185] ein Verzicht auf eine solche Forderung soll um den Nennwert der Forderung bereichern.[186]

b) Uneinbringliche Forderungen – sie bleiben außer Ansatz (§ 12 Abs. 2 BewG). Uneinbringliche Schulden hingegen sollen – was schwer nachvollziehbar ist – anzusetzen sein.[187] Meines Erachtens kann man über § 12 Abs. 1 Satz 1 BewG (besondere Umstände) auch durchaus gesetzeskonform zu einem anderen, einleuchtenderen Ergebnis kommen.

c) Niedrigverzinsliche Forderungen (Verzinsung unter 3 %) und Realisierbarkeit am Bewertungsstichtag für längere Zeit (mindestens vier Jahre) eingeschränkt oder ausgeschlossen – Nennwert der Forderung ist um den Kapitalwert des jährlichen Zinsverlustes zu kürzen.[188]

Der jeweilige Zinsverlust entspricht dem Differenzbetrag zwischen dem Zinssatz von 3 % und dem tatsächlich darunter liegenden Zinssatz. Der Kapitalwert ist nach der Anlage 9a zum BewG zu ermitteln (§ 12 Abs. 1 Satz 2 BewG).

Beispiel:
Eine Darlehensforderung des Erblassers i. H. von 50.000 € ist mit 2 % verzinst und frühestens Ende August 13 kündbar. Der Erblasser stirbt am 01.09.03.
Der Nennwert der Forderung (50.000 €) ist um den Kapitalwert des jährlichen Zinsverlustes (500 € × 7,745 – Anlage 9a = 3.873 €) zu kürzen; Gegenwartswert also 46.127 €.

---

183 R 109 Abs. 5 ErbStR 2003; FinMin Baden-Württemberg vom 26.07.1999, ZEV 1999 S. 484.
184 R 109 ErbStR 2003 und gleichlautende Ländererlasse vom 07.12.2001, BStBl 2001 I S. 1041.
185 BFH vom 11.03.1992 II R 149/87, BFH/NV 1993 S. 354, vom 28.09.1993, BStBl 1994 II S. 36; s. aber BFH vom 13.12.1997 II R 52/94, BFH/NV 1997 S. 550.
186 FG Rheinland-Pfalz, ZEV 1999 S. 412 mit Anmerkung Daragan in ZEV 2000 S. 124.
187 BFH vom 26.02.2003, BStBl 2003 II S. 561.
188 BFH vom 17.10.1980, BStBl 1981 II S. 247.

5 Wertermittlung

Eine Bewertung unter dem Nennwert kommt allerdings in diesen Fällen dann nicht in Betracht, wenn der niedrigen Verzinsung andere wirtschaftliche Vorteile gegenüberstehen.[189] – Ein Abweichen vom Nennwert bei hochverzinslichen Forderungen (Verzinsung über 9 %) scheitert nicht allein an der formellen Kündigungsmöglichkeit nach § 489 BGB; maßgebend ist, ob der Gläubiger nach den Umständen des Falles für eine längere Laufzeit (mindestens vier Jahre) mit den erhöhten Zinsen rechnen kann;[190] die Ermittlung des Gegenwartswerts erfolgt entsprechend der Ermittlung bei niedrigverzinslichen Forderungen.

d) Unverzinsliche Forderungen, deren Laufzeit am Stichtag mehr als ein Jahr beträgt – mit dem Betrag anzusetzen, der nach Abzug von Zwischenzinsen unter Berücksichtigung von Zinseszinsen verbleibt.

Dabei ist von einem Zinssatz von 5,5 % auszugehen.[191]

Beispiele:
a) Der Erblasser ist Inhaber einer unverzinslichen Kapitalforderung von 100.000 €. Diese 100.000 € sind fünf Jahre nach seinem Tod in einer Summe fällig.
Gegenwartswert zum Todeszeitpunkt: 100.000 € × 0,765 (Tabelle 1) = 76.500 €.

b) D hatte dem Erblasser ein unverzinsliches Darlehen von 20.000 € gegeben. Der Erblasser E war verpflichtet, den Erben des D bei dessen Tod diese 20.000 € zurückzuzahlen. Im Zeitpunkt des Todes des E ist D 52 Jahre alt.
Gegenwartswert zum Todeszeitpunkt des E: Da D noch eine mittlere Lebenserwartung von 23 Jahren hat (Tabelle 6), beträgt der Gegenwartswert also 20.000 € × 0,292 (Tabelle 1) = 5.840 €.

c) Der Erblasser ist Inhaber einer unverzinslichen Kapitalforderung von 100.000 €. Diese 100.000 € sind in 10 gleichen Jahresraten, beginnend ein Jahr nach dem Tod des Erblassers und dann jedes weitere Jahr, zurückzuzahlen.
Gegenwartswert zum Todeszeitpunkt: 10.000 € × 7,745 (Tabelle 2 – entspricht Anlage 9a, s. § 12 Abs. 1 Satz 2 BewG) = 77.450 €.

Die Tatsache, dass bestimmte Forderungen bei ihrer Auszahlung einem Steuerabzug (Lohnsteuer, Kapitalertragsteuer) unterliegen, sind z. B. keine Umstände, die eine Abweichung vom Nennwert rechtfertigen. Auch eine mit der Entschädigungsforderung gegen den Brandversicherer verbundene Wiederaufbauklausel erfordert regelmäßig keinen Ansatz unter dem Nennwert der Forderung.[192]

Bei Wertpapieren, die ein Forderungsrecht verbriefen, sind vom Nennwert abweichende Kursnotierungen für vergleichbare oder ähnlich ausgestattete festverzinsliche Wertpapiere als besonderer Umstand anzusehen, der einen vom Nennwert abweichenden Wertansatz rechtfertigt (R B 11.1 Abs. 2 ErbStR 2011).

---
189 Siehe auch BFH vom 11.07.1980, BStBl 1980 II S. 559, und vom 09.07.1982, BStBl 1982 II S. 639.
190 BFH vom 10.02.1982, BStBl 1982 II S. 351.
191 Zu den Einzelheiten s. gleichlautende Ländererlasse vom 07.12.2001, BStBl 2001 I S. 1041 mit den nachfolgend verwendeten Tabellen.
192 FG Nürnberg, EFG 1998 S. 1022.

5.3 Bewertung – § 12 ErbStG

Bundesschatzbriefe A sind mit ihrem Nennwert, B mit ihrem Rückzahlungswert anzusetzen (R B 12.2 Abs. 1 ErbStR 2011). Wegen der Wertermittlung bei **Finanzierungsschätzen** des Bundes und bei **Sparbriefen** s. R B 12.2 Abs. 2 und 3 ErbStR 2011.

Die Einlage des **typischen stillen Gesellschafters** wird bewertungsrechtlich wie eine Kapitalforderung behandelt, also im Privatvermögen nach § 12 BewG oder im Betriebsvermögen nach § 109 Abs. 1 BewG (Steuerbilanzwert). Im Übrigen ergeben sich einige Ungereimtheiten. Die Verpflichtung des Unternehmers ist mit dem Steuerbilanzwert (Nennwert) anzusetzen. Die Einlage des typischen stillen Gesellschafters (kein Betriebsvermögen) soll hingegen zwar grundsätzlich mit dem Nennwert anzusetzen sein, falls aber die Kündbarkeit am Bewertungsstichtag für mehr als fünf Jahre ausgeschlossen ist und der Durchschnittsertrag über 9 % oder unter 3 % liegt, nach R B 12.4 ErbStR 2011 (abweichend vom Nennwert) bewertet werden.

Beispiel:
P ist am Gewerbebetrieb des G als typischer stiller Gesellschafter beteiligt. Seine Einlage beträgt 150.000 €, der vereinbarte Gewinnanteil 15 %. Die Einlage ist frühestens kündbar in 10 Jahren.

In den letzten drei Jahren erhielt P folgende Gewinnanteile (brutto): 01: 23.500 €, 02: 18.500 €, 03: 21.000 €.

Die Kündbarkeit ist für längere Zeit (mehr als 5 Jahre) ausgeschlossen, und der Durchschnittsertrag liegt über 9 %, also ist die stille Beteiligung des P (Privatvermögen) nach R B 12.4 ErbStR 2011 zu bewerten:

Nennwert der Einlage	150.000 €
Durchschnittsertrag	21.000 €
„Verzinsung" der Einlage	= 14 %

Wert der stillen Beteiligung = 100 % + 5 × (14 ./. 9) % = 125 %

Bezogen auf den Nennwert der Einlage (125 % von 150.000 €) 187.500 €.

Der Wert eines sog. partiarischen (gewinnabhängigen) Darlehens ist i. d. R. in gleicher Weise zu ermitteln.[193]

Noch nicht fällige Ansprüche aus Lebens-, Kapital- oder Rentenversicherungen werden nach § 12 Abs. 4 BewG ab 2009 nicht mehr mit zwei Dritteln des eingezahlten Betrags bewertet (Wegfall des Bewertungsprivilegs), sondern nur noch mit dem nachgewiesenen (i. d. R. höheren) Rückkaufswert.[194]

---

[193] Zur Abgrenzung der typischen stillen Gesellschaft vom partiarischen Darlehen s. BFH 10.02.1978, BStBl 1978 II S. 256; zur Behandlung einer atypischen Unterbeteiligung an einem KG-Anteil bei ertragsteuerlich nicht anerkannter Mitunternehmerschaft des Unterbeteiligten s. OFD München vom 21.02.1995, DStR 1995 S. 645.

[194] Siehe auch BFH vom 30.06.1999, BStBl 1999 II S. 742 – Bemessungsgrundlage nach § 12 Abs. 1 BewG ca. das Vierfache von § 12 Abs. 4 BewG; Fiedler, DStR 2000 S. 533; Horlemann, DStR 2000 S. 845.

5.3.1.8 Wiederkehrende bzw. lebenslängliche Nutzungen und Leistungen

Dieser Themenbereich hat besondere praktische Bedeutung und wird daher ausführlicher behandelt.[195]

Die Höhe des Kapitalwerts von wiederkehrenden bzw. lebenslänglichen Nutzungen und Leistungen hängt stets von zwei Faktoren ab: zum einen von der Höhe des Jahreswerts (§ 15 BewG) und zum anderen von der Höhe des Vervielfältigers, der seinerseits abhängig ist von der Laufzeit (§§ 13 und 14 BewG). Nutzungen i. S. der §§ 13 ff. BewG sind wiederkehrende geldwerte Vorteile, die dem Steuerpflichtigen aufgrund eines einheitlichen Rechts aus ihm steuerlich nicht zuzurechnendem Vermögen zufließen. Das Recht kann sowohl dinglich als auch obligatorisch sein (z. B. Renten, Altenteile, Nießbrauch). Leistung i. S. der §§ 13 ff. BewG ist alles, was der Gläubiger vom Schuldner kraft eines Schuldverhältnisses (§ 241 BGB) fordern kann und das nicht aus einem eigenen Nutzungsrecht fließt (z. B. Ansprüche aus Gewinnbeteiligungen, freiwillige Unterhaltszahlungen). Die §§ 13 und 14 BewG unterscheiden zwischen vier Laufzeiten:

a) Bestimmte Zeit, § 13 Abs. 1 BewG; das Ende liegt kalendermäßig fest (z. B. Zeitrente). Der Kapitalwert ist mit dem aus Anlage 9a zu entnehmenden Vielfachen des Jahreswerts anzusetzen. Der Kapitalwert kann nicht unter Zugrundelegung eines anderen als des in § 13 Abs. 1 und 3 BewG i. V. m. Anlage 9a verwendeten Zinssatzes von 5,5 % ermittelt werden.[196]

Beispiel:
Der Erblasser E hat den Erben K verpflichtet, dem D oder dessen Erben vom Todeszeitpunkt des E an 20 Jahre lang jeweils zu Beginn eines Jahres 6.000 € zu zahlen.

Der Kapitalwert dieser Zeitrente beträgt zum Zeitpunkt des Todes des E 73.674 € (6.000 € × 12,279 – Anlage 9a).

Sobald auch die Lebenszeit natürlicher Personen von Bedeutung ist (sog. Höchstzeitrente), darf der nach § 14 BewG ermittelte Kapitalwert nicht überschritten werden (§ 13 Abs. 1 Satz 2 BewG). Bei sog. Mindestzeitrenten hingegen (im Fall des Todes innerhalb der Mindestzeit wird an die Erben weitergezahlt) gilt der höhere der beiden nach § 13 Abs. 1 bzw. § 14 Abs. 1 BewG ermittelten Kapitalwerte.

b) Immerwährende Nutzungen oder Leistungen, § 13 Abs. 2 BewG; das Ende ist überhaupt nicht abzusehen (z. B. während des Bestehens einer juristischen Person). Bewertung: Jahreswert × 18,6.

c) Nutzungen und Leistungen von unbestimmter Dauer, § 13 Abs. 2 BewG; das Ende ist in absehbarer Zeit sicher, aber der genaue Zeitpunkt ist unbestimmt

---
195 Siehe auch gleichlautende Ländererlasse vom 07.12.2001, BStBl 2001 II S. 1041.
196 BFH vom 27.05.1992, BStBl 1992 II S. 990.

5.3 Bewertung – § 12 ErbStG

(z. B. Unterhaltsverpflichtung bis zum Ende der Berufsausbildung). Bewertung: Jahreswert × 9,3, vorbehaltlich des § 14 BewG.

d) Lebenslängliche Nutzungen und Leistungen, § 14 BewG; das Ende ist vom Leben natürlicher Personen abhängig, also Spezialfall zu c), z. B. Leibrente. Der Kapitalwert von lebenslänglichen Nutzungen und Leistungen war bis 2009 nach den Vervielfältigern der Anlage 9 BewG auf der Basis der Sterbetafel 1986/88 zu ermitteln. Aufgrund der Divergenz zu der seitdem deutlich erhöhten Lebenserwartung hatten aber die Rechtsprechung und die Finanzverwaltung auch aktuellere Vervielfältiger akzeptiert.[197] Der Gesetzgeber hat hierauf reagiert und die Anlage 9 BewG durch das ErbStRG 2009 aufgehoben. Die Vervielfältiger richten sich nunmehr nach der vor dem Kalenderjahr des Besteuerungszeitpunktes zuletzt veröffentlichten Sterbetafel des Statistischen Bundesamtes, werden von der Finanzverwaltung nach Lebensalter und Geschlecht der Berechtigten in einer Tabelle zusammengestellt und jährlich im Bundessteuerblatt veröffentlicht (§ 14 Abs. 1 BewG). Für Bewertungsstichtage ab 01.01.2009 richtet sich der Kapitalwert einer lebenslänglichen Nutzung oder Leistung nach der Sterbetafel 2005/2007 (BStBl 2009 I S. 270); bei Bewertungsstichtagen ab 01.01.2010 nach der Sterbetafel 2006/2008 (BStBl 2009 I S. 1168) und bei Bewertungsstichtagen ab 01.01.2011 nach der Sterbetafel 2007/2009 (BStBl 2010 I S. 1288).

Die obersten Finanzbehörden der Länder haben zudem neue gleichlautende Erlasse zur Berechnung des Ablösungsbetrags nach § 25 Abs. 1 Satz 3 ErbStG herausgegeben. Abweichend von Abschn. II Tz. 2.1.3 der gleichlautenden Ländererlasse vom 07.12.2001 (BStBl 2001 I S. 1041) ist zur Berechnung der Laufzeit von der mittleren Lebenserwartung der betreffenden Person auszugehen.

Diese ergibt sich aus der maßgebenden Sterbetafel des Statistischen Bundesamtes. Die jeweilige Sterbetafel ist für Bewertungen ab dem 1. Januar des auf die Veröffentlichung der Sterbetafel durch das Statistische Bundesamt folgenden Kalenderjahres anzuwenden.[198]

Die Länder geben ergänzend zu den Erlassen vom 18.11.2008 jährlich die Vervielfältiger für die Abzinsung bekannt. Für Stichtage ab 01.01.2010 gelten die Vervielfältiger gemäß Sterbetafel 2006/2008.[199]

Beispiel:
Der 56jährige Vermächtnisnehmer V erwirbt 2009 einen Rentenanspruch bis zu seinem Tod i. H. von jährlich 12.000 €.
Der Kapitalwert dieser Leibrente beträgt 162.096 € (12.000 € × 13,508).

---

197 Vgl. FG München vom 10.12.2003, EFG 2004 S. 663; FinMin Baden-Württemberg vom 05.06.2007, DStR 2007 S. 1397.
198 Vgl. Tz. 1.2.1 und 2.1.3 sowie gleichlautende Ländererlasse vom 09.06.2008 (BStBl 2008 I S. 646) und vom 18.11.2008 (BStBl 2008 I S. 989).
199 Gleichlautende Ländererlasse vom 25.01.2010, BStBl 2010 I S. 158.

5 Wertermittlung

Davon zu unterscheiden ist der Fall, dass eine unverzinsliche Kapitalforderung/-schuld bis zum Tod einer bestimmten Person befristet ist – s. o. 5.3.1.7 unter d) Beispiel b). Während Anlage 9 zu § 14 BewG Leibrenten betrifft, ist hier der Gegenwartswert einer Kapitalforderung/-schuld nach § 12 Abs. 3 BewG zu ermitteln. Dabei ist die Laufzeit nach der mittleren Lebenserwartung zu schätzen.

Die Bewertung von lebenslänglichen Nutzungen und Leistungen mit dem Kapitalwert nach § 14 Abs. 1 BewG kann aus der Sicht der Betroffenen zu Vorteilen oder Härten führen, wenn sich nachträglich herausstellt, dass die wirkliche Dauer wesentlich kürzer war als die bei der Ermittlung des Vervielfältigers angenommene voraussichtliche Lebensdauer. Durch § 14 Abs. 2 BewG wird deshalb aus Billigkeitsgründen bei nicht laufend veranlagten Steuern (insbesondere also der Erbschaftsteuer) unter bestimmten Voraussetzungen eine Berichtigung der Steuerfestsetzung nach der wirklichen Dauer zugelassen. Es ist dabei aber zu beachten, dass eine solche Berichtigung bei dem Berechtigten dann wohl nicht in Betracht kommt, wenn die Erbschaftsteuer nach § 23 ErbStG jeweils im Voraus vom Jahreswert entrichtet worden ist.

Für Rentenvereinbarungen hat der BFH entschieden, dass sich der nach der allgemeinen Lebenserwartung kapitalisierte Wert der Rentenverpflichtung bei einer gemischten Schenkung nicht nach § 14 Abs. 2 BewG ändert, wenn der Versorgungsberechtigte früher als erwartet verstirbt, es sei denn, schon bei Vertragsabschluss war bei „objektiver Betrachtung" mit an Sicherheit grenzender Wahrscheinlichkeit vorauszusehen, dass die Lebenserwartung des Berechtigten niedriger sein wird.[200] Zu dieser Auffassung konnte der BFH allerdings nur aufgrund der Grundsätze der gemischten Schenkung und der damit verbundenen Unterscheidung zwischen der bürgerlich-rechtlichen Bereicherung und der steuerlichen Bereicherung gelangen. Er ließ eine Korrektur des Kapitalwerts der Rente nach § 14 Abs. 2 BewG nicht zu, weil der Kapitalwert der Rente bei der Ermittlung der bürgerlich-rechtlichen Bereicherung vom Verkehrswert eines Grundstücks und nicht wie das Nutzungsrecht vom Steuerwert des Grundstücks abgezogen wurde. Wörtlich heißt es in der Begründung: *„Bei § 14 BewG handelt es sich um eine Vorschrift zur Ermittlung des Steuerwerts einer lebenslänglichen Nutzung oder Leistung. Sie enthält keinen Rechtsgedanken, der auch bei der Bestimmung des Verkehrswerts einer lebenslänglichen Leistung auf einen bestimmten Stichtag zu beachten wäre."* Diese Begründung ist m. E. aber hinfällig, nachdem die Finanzverwaltung die Leistungsauflagen wie die Duldungsauflagen behandelt und sie ebenfalls mit ihrem Kapitalwert vom Steuerwert abzieht (R E 7.4 ErbStR 2011). Es ist daher davon auszugehen, dass der BFH an dieser Auffassung nicht festhalten wird. Auf Rentenvermächtnisse, die als Nachlassverbindlichkeiten gem. § 10 Abs. 5 Nr. 2 ErbStG abgezogen werden, lässt sich diese Rechtsprechung ohnehin nicht übertragen.

---

200 BFH vom 17.10.2001, BStBl 2002 II S. 25; insoweit steht m. E. auch nicht das einschränkende Urteil des BFH vom 08.02.2006, BStBl 2006 II S. 475, entgegen.

5.3 Bewertung – § 12 ErbStG

Beispiel:
Erblasser E hat K zum Erben eingesetzt. Der 56-jährige Vermächtnisnehmer V erwirbt einen Rentenanspruch bis zu seinem Tod i. H. von jährlich 12.000 € vorschüssig. Er stirbt nach zwei Jahren.

Die Erbschaftsteuerveranlagung des K ist – ohne Antrag – zu berichtigen. Die Schuld ist nunmehr statt mit 162.096 € nur mit 22.764 € (12.000 € × 1,897 – Anlage 9a BewG) zu berechnen.

Die Erbschaftsteuerveranlagung des V ist ebenfalls (falls keine Versteuerung im Voraus vom Jahreswert nach § 23 ErbStG gewählt wurde) nach § 14 Abs. 2 BewG – allerdings auf Antrag der Erben – entsprechend zu berichtigen. Für die Frage der Festsetzungsverjährung muss m. E. in diesen Fällen § 175 Abs. 1 Satz 2 AO entsprechend gelten.

§ 14 Abs. 2 BewG ist nicht anwendbar, wenn der Berechtigte auf sein Recht vorzeitig verzichtet.[201]

Hängt die Dauer der Nutzung oder Leistung von der Lebenszeit mehrerer Personen ab, so gilt die Regelung des § 14 Abs. 3 BewG. Die Vorschrift regelt aber nur den Fall, dass die Berechtigung gleichzeitig nebeneinander besteht. Besteht sie nacheinander, löst also eine Rente die andere ab, so ist für den Erwerb der weiteren Person von einem aufschiebend bedingten Erwerb auszugehen.

Ob der Wegfall der Ausgleichspflicht (§ 430 BGB) durch den Tod eines Gesamtgläubigers Erbschaftsteuerpflicht bei einem überlebenden Gesamtgläubiger auslösen kann, ist zweifelhaft.[202]

Stehen einem Ehepaar zu Lebzeiten beider Ehegatten Ansprüche auf Renten oder andere wiederkehrende Nutzungen und Leistungen zu und vermindern sich diese nach dem Tod des Erstversterbenden, sind die Ansprüche mit den Vervielfältigern nach § 14 Abs. 1 BewG zu bewerten. Solange beide Ehegatten leben, ist davon auszugehen, dass jedem Ehegatten die Hälfte der gemeinsamen Rente zusteht, es sei denn, aus der Entstehung des Rentenanspruchs ergibt sich ein anderer Aufteilungsmaßstab. Auf diese Jahreswerte ist der niedrigere der beiden Vervielfältiger für die Ehegatten anzuwenden. Die dem überlebenden Ehegatten allein zustehende geminderte Rente ist mit der Differenz der Vervielfältiger anzusetzen.

Beispiele:
a) Erblasser E hat K zum Erben eingesetzt und den Ehegatten M (58 Jahre alt) und F (50 Jahre alt) eine lebenslängliche Rente vermacht; Jahreswert der Rente zu Lebzeiten beider Ehegatten 40.000 €, Rente nach dem Tod des Erstversterbenden 30.000 €, Erbfall 2009.

Der Kapitalwert der Rentenlast (bei K nach § 10 Abs. 5 Nr. 2 ErbStG abzugsfähig) beträgt:

---
201 BFH vom 28.06.1989, BStBl 1989 II S. 896.
202 BFH vom 07.02.2001, BStBl 2001 II S. 245.

5 Wertermittlung

Rentenanspruch Ehemann 20.000 € × 13,033 =   260.660 €
Rentenanspruch Ehefrau 20.000 € × 13,033 =   260.660 €
30.000 € × (15,591 − 13,033 =) 2,558 =   76.740 €
                                              598.060 €

M hat einen Anteil i. H. von 260.660 € und F i. H. von 337.400 € zu versteuern.

b) Erblasser E hat K zum Erben eingesetzt und dem Ehepaar M (58 Jahre alt) und F (50 Jahre alt) eine lebenslängliche Rente von 7.200 € jährlich vermacht, die mit dem Tod des zuerst Sterbenden erlöschen soll, Erbfall 2008.

Der Kapitalwert der Rentenlast beträgt 93.837 € (7.200 € × 13,033).
Die Rentenlast ist bei K abzugsfähig.

M und F haben einen Anspruch von jeweils 46.918 € (= 1/2 von 93.837 €) zu versteuern.

Eine Konkurrenz der Bewertungsvorschriften der §§ 13 und 14 BewG kann bei den verschiedensten Mischformen der wiederkehrenden Nutzungen und Leistungen auftreten. Maßgeblich ist im Ergebnis stets der wahrscheinlichere, i. d. R. niedrigere gemeine Wert (§ 13 Abs. 3 und § 14 Abs. 4 Satz 1 BewG). Bei verlängerten Leibrenten (lebenslänglich, aber garantierte Mindestlaufzeit) ist allerdings jeweils der höhere Vervielfältiger anzuwenden.[203] Der Ansatz eines geringeren oder höheren steuerlichen Werts kann jedoch nicht darauf gestützt werden, dass mit einer kürzeren oder längeren Lebensdauer (z. B. Krankheit), mit einem anderen Zinssatz oder mit einer anderen Zahlungsweise zu rechnen ist, als sie der Tabelle zu § 14 Abs. 1 BewG zugrunde liegt.[204]

Der Jahreswert von Nutzungen und Leistungen ist unter Beachtung des § 15 BewG zu ermitteln. Schwierigkeiten wird die Ermittlung des Jahreswerts i. d. R. nur dann machen, wenn die Nutzungen oder Leistungen ungewiss sind oder schwanken (z. B. Nießbrauch). Nach § 15 Abs. 3 BewG ist in einem solchen Fall als Jahreswert der Betrag zugrunde zu legen, der in Zukunft im Durchschnitt der Jahre voraussichtlich erzielt werden wird. Bei dieser Schätzung kann der Durchschnittsertrag der letzten drei Jahre Anhaltspunkt für die zukünftige Entwicklung sein. Bei unverzinslichen und niedrigverzinslichen Darlehen beträgt der Jahreswert der Nutzung 5,5 % (§ 15 Abs. 1 BewG), wenn kein niedrigerer marktüblicher Zinssatz nachgewiesen wird.[205]

Das Eigentumsrecht an einem Wirtschaftsgut schließt grundsätzlich auch das Nutzungsrecht mit ein. Das − sachbezogene − Nutzungsrecht soll für sich allein deshalb nicht höher bewertet werden als das Wirtschaftsgut selbst. § 16 BewG bestimmt deshalb, dass bei der Ermittlung des Kapitalwerts der − dinglichen oder obligatorischen − Nutzungen (nicht also bei Leistungen) eines Wirtschaftsguts der Jahreswert dieser Nutzungen höchstens den Wert betragen kann, der sich

---

[203] BFH vom 02.10.1981, BStBl 1982 II S. 11.
[204] Siehe auch BFH, ZEV 1998 S. 195.
[205] FinMin Baden-Württemberg vom 20.01.2000, ZEV 2000 S. 102.

5.3 Bewertung – § 12 ErbStG

ergibt, wenn der für das genutzte Wirtschaftsgut anzusetzende Steuerwert durch 18,6 geteilt wird.[206] Die Begrenzung tritt also nur ein, wenn der Jahreswert höher ist als 1/18,6 des Werts des genutzten Wirtschaftsguts. Die Regelung des § 16 BewG gilt z. B. für Nießbrauch[207] und dingliches Wohnrecht, nicht z. B. für Renten. Aufgrund der Annäherung der Grundbesitzwerte an den Verkehrswert durch das ErStRG 2009 dürfte § 16 BewG an Bedeutung verloren haben.

Beispiel:
Erblasser E vermacht dem V (40 Jahre alt) das lebenslängliche Nießbrauchsrecht an einem Grundstück; Grundbesitzwert 126.000 €. Der Jahreswert des Nießbrauchs nach § 15 Abs. 3 BewG beträgt 8.000 €.

Der Jahreswert ist hier durch § 16 BewG auf 1/18,6 von 126.000 € = 6.774 € beschränkt. Der Kapitalwert des Nießbrauchs beträgt 110.179 € (6.774 € × 16,265).

Übernimmt der Schenker weitere Leistungen (z. B. bei Einräumung eines Wohnrechts auch die Nebenkosten), so sind diese zusätzlich zu dem begrenzten Jahreswert zu erfassen.[208]

Die Begrenzung des Jahreswerts nach § 16 BewG kommt nur dann in Betracht, wenn sich der Anspruch des Nutzungsberechtigten auf die Erträge des Wirtschaftsguts beschränkt. Das ist nicht der Fall, wenn der Anspruch unabhängig davon besteht, ob das Wirtschaftsgut den erwarteten oder keinen Nutzen erbringt.[209]

Aus dem Wortlaut und dem Sinnzusammenhang der gesetzlichen Regelung ergibt sich, dass die Begrenzung des § 16 BewG nicht nur beim Nutzungsberechtigten (Anspruch), sondern auch beim Nutzungsverpflichteten (Schuld) zu beachten ist.[210]

5.3.2 Feststellungsverfahren für Grundbesitz

Grundbesitz im Sinne des Erbschaftsteuergesetzes umfasst (§ 19 Abs. 1 BewG):

- Betriebe der Land- und Forstwirtschaft,
- (private) Grundstücke des Grundvermögens,
- Betriebsgrundstücke i. S. des § 99 BewG.

Der Grundbesitzwert ist gem. § 151 Abs. 1 Satz 1 Nr. 1, § 157 Abs. 1 BewG festzustellen, wenn der Wert für die Erbschaftsteuer oder eine andere Feststellung von Bedeutung ist. Nach § 151 Abs. 2 Nr. 1 und 2 BewG sind dabei auch Feststellungen über die Art und die Zurechnung zu treffen.

---

206 Schuldenabzug hier nicht möglich, BFH vom 23.07.1980, BStBl 1980 II S. 748.
207 BFH vom 14.10.1981, BStBl 1982 II S. 163, und vom 27.07.1983, BStBl 1983 II S. 740.
208 FG Nürnberg, EFG 1995 S. 655.
209 BFH vom 07.09.1994 II R 127/91, BFH/NV 1995 S. 342.
210 BFH vom 20.01.1978, BStBl 1978 II S. 257, und vom 19.06.1980, BStBl 1980 II S. 631.

Beispiel:
Eine andere Feststellung ist z. B. von Bedeutung, wenn der Grundbesitzwert für die Feststellung des Werts eines Einzelunternehmens oder einer Beteiligung durch das Betriebsfinanzamt benötigt wird.

Die schon 2007 ausgeweiteten Feststellungsverfahren sind durch das ErbStRG überarbeitet worden. Die Finanzverwaltung hat auf die mit dem ErbStRG 2009 überarbeiteten Regeln für das Feststellungsverfahren mit den gleichlautenden Ländererlassen vom 30.03.2009 zur Feststellung von Grundbesitzwerten, von Anteilswerten und von Betriebsvermögenswerten – AEBewFestV (BStBl 2009 I S. 546)[211] reagiert und nunmehr in die Richtlinien (R B 151 bis 156 ErbStR 2011) übernommen.

5.3.2.1 Grundzüge des Feststellungsverfahrens für Grundbesitzwerte

Die Rechtsgrundlagen für die Ermittlung der Grundbesitzwerte für Zwecke der Erbschaftsteuer ergeben sich wie folgt:

- Für die **wirtschaftlichen Einheiten des land- und forstwirtschaftlichen Vermögens** und für Betriebsgrundstücke i. S. des § 99 Abs. 1 Nr. 2 BewG sind die Grundbesitzwerte gem. § 157 Abs. 2 BewG unter Anwendung der §§ 158 bis 175 BewG sowie Anlagen 14 bis 20 zum BewG zu ermitteln (**Wertermittlung land- und forstwirtschaftliches Vermögen**).

- Für die **wirtschaftlichen Einheiten des Grundvermögens** und für Betriebsgrundstücke i. S. des § 99 Abs. 1 Nr. 1 BewG ist der Grundbesitzwert gem. § 157 Abs. 3 BewG unter Anwendung der §§ 159 und 176 bis 198 BewG sowie Anlagen 21 bis 26 zum BewG zu ermitteln (**Wertermittlung Grundvermögen**).

a) Wertfeststellung

Gemäß § 12 Abs. 3 ErbStG ist der Grundbesitz mit dem auf den Bewertungsstichtag (§ 11 BewG) festgestellten Wert anzusetzen. Hierzu bestimmt § 157 Abs. 1 BewG, dass Grundbesitzwerte unter Berücksichtigung der tatsächlichen Verhältnisse und der Wertverhältnisse zum Bewertungsstichtag festgestellt werden (siehe hierzu die Ausführungen unter 5.3.1). Zuständig ist gem. § 152 Nr. 1 BewG die Bewertungsstelle des Lagefinanzamts. Da die Grundbesitzbewertung damit nur „bei Bedarf" erfolgt, hat sich auch die Bezeichnung **„Bedarfsbewertung"** etabliert.

Hervorzuheben ist, dass das Lagefinanzamt – offenkundig zur Erleichterung der erbschaftsteuerlichen Handhabung – bei der Wertermittlung von Grundvermögen u. a. folgende Angaben in den Feststellungsbescheid nachrichtlich aufnehmen soll (H B 151.2 ErbStH 2011):

---

211 Siehe hierzu auch Höne, NWB-EV 2009 S. 214.

5.3 Bewertung – § 12 ErbStG

Erforderliche Angaben	Grund für die Angaben
Gesamte Wohn- und Nutzfläche des/der Gebäude/s	Die Angabe wird als Ausgangsgröße zur Berechnung des Flächenverhältnisses benötigt.
Wohnfläche einer bisher vom Rechtsvorgänger selbst genutzten Wohnung	Die Angabe wird zur Anwendung des § 13 Abs. 1 Nr. 4a bis 4c ErbStG (Familienwohnheim) benötigt.
Gesamte Wohnfläche der zu Wohnzwecken vermieteten Gebäude oder Gebäudeteile	Die Angabe wird zur Anwendung des § 13c ErbStG benötigt.
Gesamte zum ertragsteuerlichen Betriebsvermögen des Rechtsvorgängers gehörende Wohn-/Nutzfläche des/der Gebäude/s	Die Angaben werden • zur Bestimmung des dem Betriebsvermögen zuzurechnenden Anteils des Grundbesitzwerts und • zur Bestimmung des Verwaltungsvermögens i. S. des § 13b Abs. 2 ErbStG benötigt.
Gesamte der vom Rechtsvorgänger zu eigenen betrieblichen Zwecke genutzten Wohn-/Nutzfläche des/des Gebäude/s	
Art und Höhe einer im Rahmen des § 198 BewG abgezogenen Belastung (Wohnrecht, Nießbrauchsrecht)	Die Angabe wird zur Vermeidung der Doppelberücksichtigung der Belastung benötigt (§ 10 Abs. 6 Satz 6 ErbStG).

Im Einvernehmen mit den Verfahrensbeteiligten kann darauf verzichtet werden, ein Feststellungsverfahren durchzuführen, wenn es sich um einen **Fall von geringer Bedeutung** handelt (§ 151 Abs. 1 Satz 1 und 2 BewG). Ein Fall von geringer Bedeutung liegt insbesondere vor, wenn der Verwaltungsaufwand der Beteiligten außer Verhältnis zur steuerlichen Auswirkung steht und der festzustellende Wert unbestritten ist (R B 151.1 Abs. 3 ErbStR 2011).

Beispiel:
Auf eine Bewertung auf den Besteuerungsstichtag kann zunächst verzichtet werden, wenn bei einer **Grundstücksschenkung** absehbar ist, dass der Steuerwert der freigebigen Zuwendung unter dem persönlichen Freibetrag des Erwerbers liegt und auch eine Zusammenrechnung mit früheren Zuwendungen von derselben Person (§ 14 ErbStG) nicht zu einer Steuerfestsetzung führt. Die Feststellung ist aber auf den Zeitpunkt der Ausführung der Grundstücksschenkung nachzuholen, wenn im Verlauf der folgenden 10 Jahre die Grundstücksschenkung in die Zusammenrechnung mit einem weiteren Erwerb von derselben Person (§ 14 ErbStG) einzubeziehen ist.

Ob ein Fall von geringer Bedeutung vorliegt, kann m. E. die Finanzverwaltung nicht einseitig, sondern nur einvernehmlich mit dem Steuerpflichtigen entscheiden (so auch ausdrücklich R B 151.1 Abs. 3 Satz 1 ErbStR 2011). So dürfte bei einer Grundstücksschenkung ein Feststellungsinteresse des Steuerpflichtigen bereits bestehen, wenn er den Wert der Grundstücksschenkung verbindlich festgestellt wissen will, um den nach der Schenkung noch verbleibenden Freibetrag für weitere Schenkungen in die Steuerplanung einbeziehen zu können.

Ein Feststellungsinteresse könnte m. E. auch damit begründet werden, dass eine spätere Schätzung der Besteuerungsgrundlagen zu befürchten ist, weil z. B. die tatsächlich erzielte oder die übliche Miete für die nachträgliche Feststellung des

Grundbesitzwerts nicht mehr ermittelt werden kann (Abschn. 2 Abs. 4 AEBew-FestV).

Erfolgt keine Feststellung, ist zu beachten, dass eine nach § 181 Abs. 5 Satz 1 AO gesonderte Feststellung des Grundbesitzwerts auch nach Ablauf der für sie geltenden Feststellungsfrist insoweit erfolgen kann, als der Grundbesitzwert für eine Steuerfestsetzung von Bedeutung ist, für die die Festsetzungsfrist im Zeitpunkt der gesonderten bzw. gesonderten und einheitlichen Feststellung noch nicht abgelaufen ist und § 171 Abs. 10 AO hierbei außer Betracht bleibt.

Hierauf ist nach § 180 Abs. 5 Satz 2 AO allerdings ausdrücklich hinzuweisen. Ist ein Feststellungsbescheid nach Ablauf der für ihn geltenden Feststellungsfrist ohne den Hinweis nach § 181 Abs. 5 Satz 2 AO ergangen und bestandskräftig geworden, entfaltet der (rechtswidrige) Bescheid im Rahmen seiner Bestandskraft nach Auffassung des BFH aber gleichwohl uneingeschränkte Bindungswirkung. Ist nach einer freigebigen Zuwendung von Grundbesitz eine Feststellung des Grundbesitzwerts zunächst unterblieben und wird die Feststellung zum Zwecke der Zusammenrechnung des Werts dieses Erwerbs mit einem späteren Erwerb nach § 14 Abs. 1 Satz 1 ErbStG erforderlich, beginnt nach Auffassung des BFH zudem **keine neue Feststellungsfrist.**[212]

Beispiel:[213]

S hatte von seiner Mutter M am 11.07.1996 ein Erbbaurecht geschenkt erhalten. Der Aufforderung zur Abgabe einer Schenkungsteuererklärung durch das Finanzamt war S nachgekommen. Das Finanzamt hat die Schenkungsteuer mit Bescheid vom 23.08.2000 auf 0 € festgesetzt, ohne eine Bedarfswertfeststellung angefordert zu haben.

M verstarb am 01.11.2000 und wurde von S beerbt. Das Finanzamt stellte am 11.12.2002 den Grundstückswert für das Erbbaurecht „für Zwecke der Erbschaftsteuer" mit 2.319.000 DM fest.

Aufgrund des Feststellungsbescheids änderte das Finanzamt den Schenkungsteuerbescheid gem. § 175 Abs. 1 Satz 1 Nr. 1 AO und setzte für die Schenkung an S Schenkungsteuer i. H. von 186.422 € fest.

Nach Auffassung des BFH ist der Schenkungsteuerbescheid rechtswidrig. Er kann weder auf § 175 Abs. 1 Satz 1 Nr. 1 AO noch auf eine Änderungsvorschrift gestützt werden. Der Feststellungsbescheid stellt nach Auffassung des BFH keinen Grundlagenbescheid **für die Schenkungsteuer** dar. Der Bindungswirkung dieses Bescheids steht zwar seine Rechtswidrigkeit nicht entgegen. Er könne aber nicht dahingehend ausgelegt werden, dass er Bindungswirkung auch für die Schenkungsteuer entfalten sollte. Der BFH weist allerdings darauf hin, dass der (rechtswidrige) Feststellungsbescheid Bedeutung für die Zusammenrechnung bei der Erbschaftsteuer behält.

---
212 BFH vom 25.11.2008, BStBl 2009 II S. 287.
213 Nach BFH vom 25.11.2008, BStBl 2009 II S. 287.

5.3 Bewertung – § 12 ErbStG

Auch wenn ein Grundstückserwerb von Todes wegen erfolgt, kann zunächst auf die Feststellung des Grundbesitzwerts verzichtet werden (R B 151.2 Abs. 5 ErbStR 2011).

Beispiel 1:
Ein Grundstück bleibt nach § 13 Abs. 1 Nr. 4b oder 4c ErbStG **vollständig steuerfrei**. Hier sind die jeweiligen Feststellungen erst bei einem nachträglichen Wegfall der Steuerbefreiungen nachzuholen, wenn die (vollständige) Steuerpflicht des Grundstücks zu einem Überschreiten der persönlichen Freibeträge führt.

Beispiel 2:
Auf die Anforderung der Feststellung eines Grundbesitzwerts, der nach § 13 Abs. 1 Nr. 4c ErbStG wegen Überschreitens der Wohnungsgrößengrenze nur **teilweise steuerfrei** ist, kann ebenfalls verzichtet werden, wenn der steuerpflichtige Anteil zusammen mit etwaigen anderen Zuwendungen vom Erblasser – auch unter Berücksichtigung etwaiger Vorerwerbe – den persönlichen Freibetrag des Erben nicht überschreitet.

b) Artfeststellung und Zurechnungsfeststellung

In den Feststellungsbescheid sind nach § 151 Abs. 2 BewG auch Feststellungen zu treffen

- über die Art der wirtschaftlichen Einheit (§ 151 Abs. 2 Nr. 1 BewG),

- über die Zurechnung der wirtschaftlichen Einheit auf den/die Erwerber (§ 151 Abs. 2 Nr. 2 Halbsatz 1 BewG) und bei mehreren Beteiligten über die Höhe des Anteils, der für die Besteuerung oder eine andere Feststellung von Bedeutung ist, wobei beim Erwerb durch eine Erbengemeinschaft die Zurechnung in Vertretung der Miterben auf die Erbengemeinschaft erfolgt.

Da die Feststellungsbescheide für den Grundbesitz Grundlagenbescheide sind, folgt daraus m. E. eine absolute Bindung der Erbschaftsteuerstellen an die Ergebnisse der Feststellungen zu Wert und Art. Für die **Zurechnung der wirtschaftlichen Einheit** nach § 138 Abs. 5 Satz 2 Nr. 2 BewG hat der BFH allerdings entschieden, dass ihr **keine Bindungswirkung** für den Folgebescheid zukommt. Die Rechtswirkung der gem. § 138 Abs. 5 Satz 2 Nr. 2 BewG in dem Feststellungsbescheid über den Grundbesitzwert zu treffenden Feststellungen über die Zurechnung der wirtschaftlichen Einheit beschränkt sich auf die Bestimmung des Inhaltsadressaten des Feststellungsbescheids.[214] Diese Beurteilung dürfte sich durch das ErbStRG 2009 nicht geändert haben und für § 151 Abs. 2 Nr. 1 und 2 BewG ebenfalls gelten.

Grundstücksart sind zum einen die **unbebauten Grundstücke** (§§ 178, 179 BewG, Abschn. 4 bis 7 AEBewGrV).

Die bebauten Grundstücke werden in § 181 Abs. 1 und 2 BewG ihrer Art nach (siehe auch Abschn. 9 und 10 AEBewGrV) aufgeführt:

- Ein- und Zweifamilienhäuser (§ 181 Abs. 1 Nr. 1, Abs. 2 BewG)

---
214 BFH vom 29.11.2006, BStBl 2007 II S. 319.

5 Wertermittlung

- Mietwohngrundstücke (§ 181 Abs. 1 Nr. 2, Abs. 3 BewG)
- Wohnungs- und Teileigentum (§ 181 Abs. 1 Nr. 3, Abs. 4 und 5 BewG)
- Geschäftsgrundstücke (§ 181 Abs. 1 Nr. 4, Abs. 6 BewG)
- Gemischt genutzte Grundstücke (§ 181 Abs. 1 Nr. 5, Abs. 7 BewG)
- Sonstige bebaute Grundstücke (§ 181 Abs. 1 Nr. 6, Abs. 8 BewG)

Für die gem. § 151 Abs. 2 Nr. 1 BewG vorzunehmenden Feststellungen über die Art der wirtschaftlichen Einheit sind nach Auffassung des BFH die Verhältnisse beim Erblasser oder Schenker maßgebend. Ob die erworbene wirtschaftliche Einheit beim Erwerber Betriebsgrundstück geblieben ist, ist im Rahmen der Steuerfestsetzung zu prüfen.[215]

Eine Änderung der Bedarfsbewertung zieht die Änderung des Erbschaftsteuerbescheids nach sich (§ 175 Abs. 1 Satz 1 Nr. 1 AO). Eine Anfechtung des Erbschaftsteuerbescheids mit dem Argument, die Bedarfsbewertung sei falsch, kann wegen § 351 Abs. 2 AO keinen Erfolg haben.[216]

Beispiel 1:
Der Grundbesitzwert für das Grundstück des E ist auf 300.000 € festgestellt worden. Dieser Wert ist falsch, richtig müsste er auf 350.000 € lauten. Für die Erbschaftsteuerveranlagung ist der (falsche) festgestellte Wert zugrunde zu legen (§ 182 Abs. 1 AO).

Beispiel 2:
Das Erbschaftsteuerfinanzamt hat im Beispiel 1 die Erbschaftsteuerveranlagung unter Zugrundelegung des (falsch) festgestellten Werts über 300.000 € durchgeführt. Später wird der Grundbesitzwert auf 350.000 € geändert. Der Erbschaftsteuerbescheid ist nunmehr so weit zu ändern (also bei der Ermittlung der Bereicherung 350.000 € statt 300.000 €), wie der Grundlagenbescheid geändert worden ist (§ 175 Abs. 1 Satz 1 Nr. 1 AO).

Beispiel 3:
Nach Erhalt des Erbschaftsteuerbescheids legt der Erbe innerhalb der Monatsfrist Einspruch gegen den Erbschaftsteuerbescheid ein mit der (zutreffenden) Begründung, die Bedarfsbewertung sei falsch. Der Einspruch kann keinen Erfolg haben (§ 351 Abs. 2 AO).

Hinsichtlich der Zurechnung gilt nach Auffassung der Finanzverwaltung Folgendes (R B 151.2 Abs. 2 ErbStR 2011):

1. War der **Erblasser Alleineigentümer** einer wirtschaftlichen Einheit des Grundbesitzes und geht sein Eigentum daran im Weg des Erwerbs durch Erbanfall nur **auf einen Erben** als Gesamtrechtsnachfolger über, ist der gesamte Wert der wirtschaftlichen Einheit gesondert festzustellen und dem Erwerber allein zuzurechnen.

---
215 BFH vom 14.02.2007, BStBl 2007 II S. 443 zu § 138 Abs. 5 Satz 2 Nr. 1 BewG.
216 FG Baden-Württemberg vom 01.12.1999, EFG 2000 S. 1084; für die Art „Betriebsgrundstück" s. R 51 Abs. 2 ErbStR 2003 und Niedersächsisches FG vom 27.04.2001, EFG 2001 S. 1105; FG Nürnberg, DStRE 2002 S. 576.

5.3 Bewertung – § 12 ErbStG

2. War der **Erblasser Alleineigentümer** einer wirtschaftlichen Einheit des Grundbesitzes und geht sein Eigentum daran im Weg des Erwerbs durch Erbanfall **auf mehrere Erben** als Gesamtrechtsnachfolger über, ist der Wert der wirtschaftlichen Einheit der Erbengemeinschaft gegenüber gesondert und einheitlich festzustellen und der Erbengemeinschaft zuzurechnen. Die Feststellung ist erforderlich, wenn sich bei mindestens einem Miterben eine „materielle" Steuerpflicht ergibt. Die Ermittlung der Erbquote obliegt dem Erbschaftsteuer-Finanzamt.

3. War der **Erblasser Miteigentümer** einer wirtschaftlichen Einheit des Grundbesitzes und geht sein Miteigentumsanteil daran im Weg des Erwerbs durch **Erbanfall nur auf einen Erben oder auf mehrere Erben** als Gesamtrechtsnachfolger über, ist der gesamte Wert der wirtschaftlichen Einheit sowie der Wert des vererbten Miteigentumsanteils nach Nr. 1 oder 2 festzustellen und dem Erben oder der Erbengemeinschaft zuzurechnen. Die übrigen Miteigentümer sind nicht am Verfahren zu beteiligen.

4. Wird eine wirtschaftliche Einheit des Grundbesitzes oder ein Miteigentumsanteil daran durch **Vermächtnis** zugewandt, ist der Wert der wirtschaftlichen Einheit oder des Miteigentumsanteils gesondert festzustellen und dem Erben oder der Erbengemeinschaft (in Vertretung der Miterben) zuzurechnen. Eine eigenständige Feststellung erfolgt auch gegenüber dem Vermächtnisnehmer.

5. Geht eine wirtschaftliche Einheit des Grundbesitzes oder ein Miteigentumsanteil daran im Wege der Schenkung unter Lebenden über, ist für jeden Erwerber der Wert des von ihm erworbenen (Mit-)Eigentumsanteils am Grundbesitz gesondert festzustellen.

Die verfahrensrechtliche Vorgabe der Verwaltung für das Vermächtnis ist nunmehr folgerichtig (anders noch R 124 Abs. 3 ErbStR 2003) und entspricht der bürgerlich-rechtlichen Betrachtungsweise. Der Vermächtnisnehmer wird im Fall des Grundbesitzvermächtnisses bei der Erbschaftsteuer so behandelt, als sei auf ihn Grundbesitz mit dinglicher Wirkung übergegangen.

Hinsichtlich der gesonderten Feststellung von Grundbesitzwerten für das land- und forstwirtschaftliche Vermögen gilt nach Auffassung der Finanzverwaltung – offenkundig zur Erleichterung der erbschaftsteuerlichen Handhabung – Folgendes (R B 151.2 Abs. 3 ErbStR 2011):

1. Der nach den Vorschriften des § 168 BewG zu ermittelnde Grundbesitzwert für das land- und forstwirtschaftliche Vermögen ist nach § 151 Abs. 1 Satz 1 Nr. 1 BewG gesondert festzustellen. Dabei sind die Werte für den Wirtschaftsteil, für die Betriebswohnungen und für den Wohnteil jeweils nachrichtlich im Feststellungsbescheid auszuweisen. Das gilt auch bei der Aufteilung nach § 168 Abs. 3 BewG.

2. Im Rahmen der gesonderten Feststellung werden keine Aussagen zum Liquidationswert (§ 166 BewG) getroffen. Kommt es zu einer Nachbewertung und zum

Ansatz des Liquidationswerts, ist der erteilte Feststellungsbescheid nach § 175 Abs. 1 Satz 1 Nr. 2 AO zu ändern. Der jeweilige Liquidationswert i. S. des § 166 BewG wird dabei zum Gegenstand des Feststellungsverfahrens.

3. In den Fällen des Nachbewertungsvorbehalts (§ 162 Abs. 3 und 4 BewG) fordert die Erbschaftsteuerstelle vom Lagefinanzamt die Feststellung des Werts für den Wirtschaftsteil unter Berücksichtigung des Liquidationswerts an, wenn dies für die Besteuerung von Bedeutung ist.

In den Fällen der mittelbaren Grundstücksschenkung – siehe hierzu die Ausführungen unter 4.7 – sind gesonderte Feststellungen des Grundbesitzwerts durchzuführen. Entsprechendes gilt, wenn der Jahreswert der Nutzungen eines Grundstücks nach § 16 BewG zu begrenzen ist. Dabei ist der Grundbesitzwert auch dann für das Grundstück insgesamt festzustellen, wenn sich das Nutzungsrecht nur auf einen Teil des Grundstücks bezieht (R B 151.2 Abs. 7 ErbStR 2011).

5.3.2.2 Feststellungsverfahren für Grundbesitz bei Beteiligungen an vermögensverwaltenden Gesellschaften

Nach § 151 Abs. 1 Satz 1 Nr. 4 BewG ist im Bedarfsfall auch der Wert von anderen (nicht in § 151 Abs. 1 Satz 1 Nr. 1 bis 3 BewG genannten) Vermögensgegenständen und von Schulden, die mehreren Personen zustehen, gesondert festzustellen. Gemeint sind damit insbesondere vermögensverwaltende Gesellschaften.

Grundbesitzwerte und Werte von nicht notierten Anteilen an Kapitalgesellschaften (§ 151 Abs. 1 Satz 1 Nr. 1 und 3 BewG) sind nicht in diese Feststellung nach § 151 Abs. 1 Satz 1 Nr. 4 BewG einzubeziehen, sondern gesondert festzustellen (R B 151.6 ErbStR 2011).

Bei **mehrmaligem Erwerb** einer wirtschaftlichen Einheit **innerhalb eines Jahres** hat das jeweilige Lagefinanzamt der Wertmittlung einen bereits festgestellten Grundbesitzwert (sog. Basiswert) zugrunde zu legen, wenn innerhalb dieses Jahres keine wesentlichen Änderungen eingetreten sind (§ 151 Abs. 3 BewG). Der Basiswert ist der für den ersten Erwerbsfall auf den jeweiligen Besteuerungszeitpunkt ermittelte Grundbesitzwert. Dieser Basiswert gilt ab diesem Zeitpunkt für einen Zeitraum von einem Jahr. Nach Ablauf der Jahresfrist ist für den jeweils nächsten Erwerbsfall eine Bewertung nach den Verhältnissen vom Besteuerungszeitpunkt durchzuführen und damit zugleich ein neuer Basiswert zu ermitteln. Der Erklärungspflichtige kann eine von dem Basiswert abweichende Feststellung des Grundbesitzwerts nach den Verhältnissen im Besteuerungszeitpunkt durch Abgabe einer Feststellungserklärung mit den dafür erforderlichen stichtagsbezogenen Grundstücksdaten beantragen. Sofern der festgestellte Grundbesitzwert innerhalb einer Jahresfrist als Basiswert einer weiteren Feststellung zugrunde gelegt wird, verlängert sich hierdurch die Jahresfrist des § 151 Abs. 3 BewG nicht.

5.3 Bewertung – § 12 ErbStG

5.3.2.3 Feststellungsverfahren für Grundbesitz im Betriebsvermögen und von Kapitalgesellschaften

Das Betriebsfinanzamt verzichtet zunächst auf die Anforderung eines Grundbesitzwerts gem. § 151 Abs. 1 Satz 1 Nr. 1 BewG, wenn

1. der Substanzwert (§ 11 Abs. 2 BewG) offensichtlich nicht zum Ansatz kommt,
2. es sich bei dem Grundstück um betriebsnotwendiges Vermögen handelt (kein Vermögen i. S. des § 200 Abs. 2 BewG),
3. es sich nicht um Verwaltungsvermögen handelt (§ 13b Abs. 2 ErbStG) und
4. kein junges Betriebsvermögen i. S. des § 200 Abs. 4 BewG vorliegt.

Soweit der Verschonungsabschlag und der Abzugsbetrag mit Wirkung für die Vergangenheit wegfallen (§ 13a Abs. 5 ErbStG), sind die Feststellungen nachzuholen, wenn sie für die Besteuerung von Bedeutung sind (R B 151.2 Abs. 6 ErbStR 2011).

Umgekehrt ist beim Erwerb von **Betriebsvermögen** (§§ 95, 96 BewG) für Betriebsgrundstücke der Grundbesitzwert gesondert bzw. gesondert und einheitlich festzustellen, wenn er für die Feststellung des Werts des Betriebsvermögens erforderlich ist. Das ist nach Ansicht der Finanzverwaltung (R B 151.2 Abs. 8 ErbStR 2011) – quasi im Umkehrschluss – stets der Fall, wenn

1. der Substanzwert (§ 11 Abs. 2 BewG) zu ermitteln ist,
2. es sich bei dem Grundstück um nicht betriebsnotwendiges Vermögen handelt (§ 200 Abs. 2 BewG),
3. es sich um Verwaltungsvermögen handelt (§ 13b Abs. 2 ErbStG) **oder**
4. junges Betriebsvermögen i. S. des § 200 Abs. 4 BewG vorliegt.

Der Verzicht auf die Feststellungen soll an sich der Verwaltungsvereinfachung dienen. Fraglich erscheint indes, ob die Finanzverwaltung nicht in vielen Fällen beispielsweise vorsorglich den Substanzwert ermitteln will, um ihn mit dem Ertragswert zu vergleichen.

Beim Erwerb eines **Anteils am Betriebsvermögen** i. S. des § 97 Abs. 1a BewG ist für Grundbesitz, der zum Gesamthandsvermögen der Gesellschaft gehört, der Grundbesitzwert gesondert festzustellen, wenn er für die Feststellung des Werts des Anteils erforderlich ist. Für Grundbesitz, der zum Sonderbetriebsvermögen gehört und Gegenstand des Erwerbs ist, gilt dies entsprechend. Im Feststellungsbescheid ist auch anzugeben, wem der Grundbesitz zuzurechnen ist (zivilrechtlicher Eigentümer). Dabei ist Folgendes zu beachten (R B 151.2 Abs. 9 ErbStR 2011):

1. Gehört der Grundbesitz in vollem Umfang der Gesellschaft, ist der Grundbesitzwert der Gesellschaft zuzurechnen.
2. Gehört der Grundbesitz nur zum Teil der Gesellschaft, ist neben dem gesamten Grundbesitzwert auch der auf die Gesellschaft entfallende Wertanteil festzustel-

len und der Gesellschaft zuzurechnen. Die übrigen Miteigentümer sind nicht am Verfahren zu beteiligen.

3. Bei Grundstücken des Sonderbetriebsvermögens gilt dies entsprechend. Der nach diesen Grundsätzen gesondert bzw. gesondert und einheitlich festgestellte Grundbesitzwert bzw. anteilige Grundbesitzwert geht in die Ermittlung der erworbenen Beteiligung an der Personengesellschaft ein.

Beim Erwerb eines **Anteils an einer Kapitalgesellschaft** ist für Grundbesitz, der zum Vermögen der Gesellschaft gehört, der Grundbesitzwert gesondert festzustellen, wenn er für die Feststellung des Werts des Anteils erforderlich ist (R B 151.2 Abs. 10 ErbStR 2011).

5.3.2.4 Feststellungsverfahren bei gemischt genutzten Grundstücken

Da die bisherige Abgrenzung der Betriebsgrundstücke vom Grundvermögen gem. § 99 Abs. 2 BewG a. F. mit dem ErbStRG 2009 aufgegeben worden ist, ist ab 2009 als Betriebsgrundstück im Sinne des BewG nunmehr gem. § 99 Abs. 1 Nr. 1 BewG der zu einem Gewerbebetrieb gehörende Grundbesitz anzusehen, soweit er losgelöst von seiner Zugehörigkeit zum Gewerbebetrieb zum Grundvermögen gehören würde. Da nach § 95 Abs. 1 BewG das Betriebsvermögen alle Teile eines Gewerbebetriebs i. S. des § 15 Abs. 1 und 2 EStG umfasst, die **ertragsteuerlich** als Betriebsvermögen anzusehen sind, bedeutet dies, dass nur noch der ertragsteuerlich zum Betriebsvermögen gehörende Teil beim Wert des Betriebsvermögens berücksichtigt wird.

Nach § 12 Abs. 3 ErbStG, § 157 Abs. 3, § 151 Abs. 1 Nr. 1 BewG sind Grundbesitzwerte für Betriebsgrundstücke i. S. des § 99 Abs. 1 Nr. 1 BewG allerdings weiterhin nach den für Grundvermögen geltenden Bewertungsvorschriften festzustellen. Dies bedeutet, dass bei einem ertragsteuerlich gemischt genutzten Grundstück, das ertragsteuerlich teilweise zum Betriebsvermögen und teilweise zum Privatvermögen gehört, der Wert der wirtschaftlichen Einheit insgesamt festzustellen ist und nach ertragsteuerlichen Grundsätzen vom Betriebsfinanzamt aufzuteilen ist (H B 99 ErbStH 2011). Damit wird von dem bisher geltenden Grundsatz abgewichen, dass eine wirtschaftliche Einheit nur zu einer Vermögensart gehören kann.[217]

Ein hiernach dem Grundvermögen zuzuordnender Anteil ist vom Betriebsfinanzamt dem zuständigen Erbschaft- und Schenkungsteuerfinanzamt nachrichtlich mitzuteilen (H B 99 ErbStH 2011).

Beispiel:
Ein Grundstück dient, gerechnet nach Wohn- und Nutzflächen, zu 55 % eigenen betrieblichen Zwecken (notwendiges/gewillkürtes Betriebsvermögen) und zu 45 % zu Wohnzwecken. Die anteiligen Mieten belaufen sich für den betrieblichen Teil auf 65 % und für den zu Wohnzwecken genutzten Teil auf 35 %. Der Betrieb, zu dem das Grundstück ertragsteuerlich zu 55 % gehört, wird durch Schenkung übertragen.

---
217 BFH vom 15.10.1954, BStBl 1955 III S. 2.

5.3 Bewertung – § 12 ErbStG

Der nach §§ 184 ff. BewG ermittelte und festgestellte Grundbesitzwert beträgt 1.400.000 €.

Rechtsfolgen:
Der Grundbesitzwert (1.400.000 €) wird von der zuständigen Bewertungsstelle (Lagefinanzamt gem. § 152 Nr. 1 BewG) festgestellt (§ 151 Abs. 1 Nr. 1 BewG). Die Artfeststellung (§ 151 Abs. 2 Nr. 1 BewG) lautet „gemischt genutztes Grundstück" (§ 181 Abs. 1 Nr. 5, Abs. 7 BewG), da das Grundstück gerechnet nach Wohn- und Nutzflächen zu 55 % gewerblichen und zu 45 % zu Wohnzwecken dient.

Vom Betriebsfinanzamt ist sodann der **Wert** der wirtschaftlichen Einheit Gewerbebetrieb festzustellen (§ 151 Abs. 1 Nr. 2 BewG). Lediglich **nachrichtlich** teilt das Betriebsfinanzamt dem Erbschaftsteuerfinanzamt mit, in welchem Umfang das Grundstück zum Betriebsvermögen gehört. Wird der Aufteilung nach Wohn- und Nutzflächen gefolgt, wären dies 55 % und somit 770.000 €. Denkbar wäre es m. E. aber auch, die anteiligen Mieten als Aufteilungsmaßstab zu nehmen, dies wäre ein Anteil von 65 % und somit 910.000 €.

Das Erbschaftsteuerfinanzamt muss nun entscheiden, in welchem Umfang das Grundstück als Grundvermögen zum Vermögensanfall gehört. Hat das Betriebsfinanzamt eine Aufteilung nach anteiligen Wohn- und Nutzflächen vorgenommen, wird es m. E. die Aufteilung übernehmen. Der zum Grundvermögen gehörende Teil wird dann mit **45 % von 1.400.000 € = 630.000 €** angesetzt. Hätte das Betriebsfinanzamt nach anteiligen Mieten aufgeteilt, würde sich nach anteiligen Mieten für die private Nutzung nur ein Anteil von 35 % ergeben, sodass m. E. beim Grundvermögen nur 490.000 € anzusetzen wären.

Für den zum Betriebsvermögen gehörenden Teil des Grundstücks kommt grundsätzlich die Steuerentlastung der §§ 13a, 13b, 19a ErbStG infrage. Wird der Wert des Unternehmens im Ertragswertverfahren ermittelt, geht der anteilige Wert des Grundstücks im Ertragswert des Unternehmens auf. Wird das Unternehmen bei der Erbschaftsteuer hingegen mit dem Mindestwert angesetzt, wird der Wert des zum Betriebsvermögen gehörenden Anteils des Grundstücks mit dem anteiligen Grundbesitzwert erfasst (zu Einzelheiten siehe die Ausführungen zur Unternehmensbewertung).

Für die gem. § 151 Abs. 2 Nr. 1 BewG vorzunehmenden Feststellungen über die Art der wirtschaftlichen Einheit sind nach Auffassung des BFH die Verhältnisse beim Erblasser oder Schenker maßgebend. Beim Erwerber ist im Rahmen der Steuerfestsetzung zu prüfen, ob die erworbene wirtschaftliche Einheit bei ihm Betriebsgrundstück geblieben ist und er damit die Voraussetzungen für die Steuerentlastungen des § 13a ErbStG erfüllt.[218]

5.3.3 Die Entwicklung der Grundbesitzbewertung im Überblick

Ein klassisches Problem bei der Ermittlung der Bereicherung nach der vor 2009 geltenden Rechtslage war die bewertungsrechtlich vorgegebene Differenzierung zwischen dem Steuerwert und dem Verkehrswert eines Vermögensgegenstandes, die unter anderem bei der Bewertung von Grundstücken und land- und forstwirtschaftlichem Vermögen auftreten konnte.

---
[218] BFH vom 14.02.2007, BStBl 2007 II S. 443 zu § 138 Abs. 5 Satz 2 Nr. 1 BewG.

5 Wertermittlung

Nach § 12 Abs. 2 ErbStG in der bis zum 31.12.1995 geltenden Fassung war dieser Grundbesitz mit den Einheitswerten (in den alten Bundesländern auf der Basis der Wertverhältnisse 1964, in den neuen Bundesländer auf der Basis der Wertverhältnisse 1935) anzusetzen. Das übrige Vermögen war mit zeitnahen Werten anzusetzen. Das hatte deutliche Wertverzerrungen und Belastungsungleichheiten zur Folge. Das BVerfG[219] hat deshalb hierin einen Verstoß gegen den Gleichheitssatz gesehen und die Unvereinbarkeit dieser Regelung mit dem Grundgesetz (Art. 3 Abs. 1 GG) festgestellt. Die gleichmäßige Belastung der Steuerpflichtigen setze Bewertungsmethoden voraus, die entweder zum Bewertungsstichtag die jeweiligen Werte in ihrer Relation realitätsgerecht ermitteln oder dementsprechend in der Vergangenheit festgestellte Werte entwicklungsbegleitend fortschreiben. Sei diese Relation nicht mehr gegeben, müsse der Gesetzgeber einschreiten. Dabei lasse der Gleichheitssatz dem Steuergesetzgeber eine weitreichende Gestaltungsbefugnis, die ihn insbesondere berechtige, sich bei seinen Regelungen auch von finanzpolitischen, volkswirtschaftlichen oder sozialpolitischen Erwägungen leiten zu lassen. Seine Gestaltungsbefugnis ende erst dort, wo ein sachlicher Grund für die Gleichbehandlung oder Ungleichbehandlung fehle.

Der Gesetzgeber hat auf diese Entscheidung des BVerfG mit dem JStG 1997 reagiert und die Grundbesitzbewertung geändert. Ob die Änderungen den Vorgaben des BVerfG genügen und vor seinen Augen „Gnade" finden würden, war allerdings von Beginn an umstritten. Der BFH[220] hatte in einem Vorlagebeschluss an das BVerfG hinsichtlich der geäußerten Zweifel die Auffassung vertreten, dass er unter anderem § 12 ErbStG i. V. m. den in dieser Vorschrift in Bezug genommenen Vorschriften des BewG wegen Verstoßes gegen den Gleichheitssatz (Art. 3 Abs. 1 GG) für verfassungswidrig hält, weil die Vorschriften zur Ermittlung der Steuerbemessungsgrundlage beim Grundbesitz (einschließlich des land- und forstwirtschaftlichen Vermögens) gleichheitswidrig ausgestaltet seien.

Nach Auffassung des BVerfG[221] müssen die Bewertungsmethoden gewährleisten, dass alle Vermögensgegenstände in einem Annäherungswert an den gemeinen Wert erfasst werden. Insoweit verweist das BVerfG darauf, dass der über § 12 Abs. 1 ErbStG anwendbare § 9 Abs. 1 BewG den gemeinen Wert als Regelwert vorgibt und dieser dem Verkehrswert gleichzusetzen ist.

Bei der Wertermittlung von Grundbesitz sowie land- und forstwirtschaftlichem Vermögen ist der Gesetzgeber nach Ansicht des BVerfG verfassungsrechtlich daher gehalten, sich auf der Bewertungsebene einheitlich am gemeinen Wert als dem maßgeblichen Bewertungsziel zu orientieren. In der Wahl der Wertermittlungsmethoden für die einzelnen Arten von Vermögensgegenständen ist er nach Ansicht des

---
219 BVerfG vom 22.06.1995, BStBl 1995 II S. 671.
220 BFH vom 22.05.2002, BStBl 2002 II S. 598 mit zahlreichen Nachweisen zum Meinungsstand.
221 BVerfG vom 07.11.2006 1 BvL 10/02, BStBl 2007 II S. 192.

5.3 Bewertung – § 12 ErbStG

BVerfG aber grundsätzlich frei, solange gewährleistet ist, dass alle Vermögensgegenstände in einem Annäherungswert an den gemeinen Wert erfasst werden. Ein Annäherungswert ist nach Ansicht des BVerfG beim Grundbesitz gerechtfertigt, weil sich für Grundbesitz kein absoluter und sicher realisierbarer Marktwert ermitteln lässt, sondern allenfalls ein Marktwertniveau, auf dem sich mit mehr oder weniger großen Abweichungen vertretbare Verkehrswerte bilden, wobei das BVerfG unter Hinweis auf das Schrifttum von einer Streubreite von plus/minus 20 % der Verkaufspreise für ein und dasselbe Objekt ausgeht, innerhalb derer „**ein festgestellter Verkehrswert**" als noch vertretbar angesehen wird (BVerfG, a. a. O. unter C. II. 2 der Begründung).

Der Gesetzgeber musste daher die Bewertung von Grundvermögen sowie land- und forstwirtschaftlichem Vermögen ebenso wie von Betriebsvermögen oder Anteilen daran sowie von Anteilen an Kapitalgesellschaften im Hinblick auf die verfassungsrechtlichen Vorgaben des BVerfG neu regeln. Dem ist er durch das ErbStRG 2009 nachgekommen, nachdem er mit dem JStG 2007 – m. E. zu diesem Zeitpunkt unnötigerweise, eher aktionistisch und, zumindest was die Bewertung der Erbbaurechte betrifft, auch wenig überzeugend – eine „kleine Reform" vorangeschickt hatte, die aber nicht als Reaktion auf die verfassungsrechtlichen Streitigkeiten verstanden werden sollte.[222]

Die Finanzverwaltung hat auf die mit dem ErbStRG 2009 überarbeiteten Regeln für die Grundbesitzbewertung mit den gleichlautenden Ländererlassen

- vom 01.04.2009 zur Bewertung des land- und forstwirtschaftlichen Vermögens nach dem 6. Abschnitt des 2. Teils des BewG – AEBewLuF – (BStBl 2009 I S. 552),

- vom 05.05.2009 zur Bewertung des Grundvermögens nach dem 6. Abschnitt des 2. Teils des BewG – AEBewGrV – (BStBl 2009 I S. 590)

reagiert und ihre Auffassung zur Neuregelung kundgetan. An deren Stelle sind nunmehr die ErbStR 2011 getreten. Erörtert wird im Folgenden nur noch die zum Teil schon durch das JStG 2007, insbesondere aber durch das ErbStRG 2009 geschaffene Rechtslage 2009. Zur Bewertung von Grundbesitz nach der bis 2006 geltenden Rechtslage wird auf die Vorauflage (Schulz, 8. Auflage, unter 5.3.3 S. 363 ff.) verwiesen. Zu den durch das JStG 2007 geschaffenen Änderungen bei der Grundbesitzbewertung, die – soweit sie nicht bei der ErbStR 2009 übernommen wurden – nur für die Jahre 2007 und 2008 von Bedeutung sind, wird – in Ergänzung zur Vorauflage – ein kurzer Überblick gegeben (siehe unter 5.3.4).

---

222 Siehe hierzu gleichlautende Ländererlasse vom 02.04.2007, BStBl 2007 I S. 314.

5.3.4 Die Grundbesitzbewertung für die Jahre 2007 und 2008

Zunächst durch das JStG 2007 sind im Vierten Abschnitt des Zweiten Teils Änderungen für die Bewertung von Grundbesitz vorgenommen worden.[223] Daneben wurden im Fünften Abschnitt des Zweiten Teils die gesonderten Feststellungen geregelt. Die Änderung der Vorschriften zur Grundbesitzbewertung wurden für erforderlich gehalten, weil die Bindung an die Wertverhältnisse zum 01.01.1996, die in § 138 Abs. 1 Satz 2 BewG (a. F.) vorgeschrieben war, nach § 138 Abs. 4 BewG (a. F.) bis zum 31.12.2006 befristet war. Eine grundsätzliche Neuausrichtung der Ermittlung der Grundbesitzwerte sollte nach der Gesetzesbegründung wegen der zum damaligen Zeitpunkt noch ausstehenden Entscheidung des BVerfG nicht erfolgen.

Die Änderungen des Fünften Abschnittes haben weiterhin Bestand und sind bereits unter 5.3.2 erörtert. Die Änderungen des Vierten Abschnittes werden im Folgenden nur in Kurzform erläutert. Die Grundbesitzbewertung für Zwecke der Erbschaft- und Schenkungsteuer für die Jahre 2007 und 2008 beurteilt sich weiterhin nach den gleichlautenden Ländererlassen vom 02.04.2007 (BStBl 2007 I S. 314), die ihrerseits für die Jahre 2007 und 2008 an die Stelle der ErbStR 2003 treten.

Bedeutung behält der Erlass vom 02.04.2007 (a. a. O.) für die Grunderwerbsteuer, die sich bezüglich der Grundbesitzbewertung für Zwecke der Grunderwerbsteuer weiterhin nach §§ 138 ff. BewG richtet, wobei allerdings anzumerken ist, dass der BFH in konsequenter Fortsetzung seines Vorlagebeschlusses zur Erbschaft- und Schenkungsteuer nunmehr auch die Bedarfsbewertung für Zwecke der Grunderwerbsteuer möglicherweise für verfassungswidrig hält und das BMF aufgefordert hat, dem Verfahren beizutreten, um zu der Frage Stellung zu nehmen, ob die in § 8 Abs. 2 GrEStG angeordnete Heranziehung der Grundbesitzwerte i. S. des § 138 BewG als Bemessungsgrundlage der Grunderwerbsteuer verfassungsgemäß ist.[224]

5.3.4.1 Verhältnisse für die Ermittlung von Grundbesitzwerten

Bei der Ermittlung der Grundbesitzwerte werden nicht nur die tatsächlichen Verhältnisse vom Besteuerungszeitpunkt, sondern stets auch die Wertverhältnisse von diesem Zeitpunkt zugrunde gelegt (§ 138 Abs. 1 Satz 1 BewG).

Damit wird bei der Ermittlung des Werts des Grund und Bodens für Stichtage ab dem 01.01.2007 nicht mehr an den Bodenrichtwert vom 01.01.1996 angeknüpft, sondern an den aktuellen Bodenrichtwert, der von den Gutachterausschüssen für den letzten Stichtag vor dem Besteuerungszeitpunkt festgestellt worden ist. Der Wert des Grund- und Bodens hat insbesondere Bedeutung

- für die Wertermittlung unbebauter Grundstücke (§ 145 Abs. 3 BewG),

---

[223] Siehe hierzu Eisele, ZEV 2007 S. 166 und DStR 2007 S. 1023; Halaczinsky, DStR 2007 S. 326; Kussmaul/Hilmer, StB 2007 S. 381; Mannek, NWB 2007 S. 2881; Moench, ZEV 2007 S. 12; Stöckel, NWB 2007 S. 2907.

[224] BFH vom 27.05.2009, BStBl 2009 II S. 856.

5.3 Bewertung – § 12 ErbStG

- für die Mindestbewertung bei bebauten Grundstücken im Ertragswertverfahren (§ 146 Abs. 6 BewG),
- für die Wertermittlung des Grund und Bodens bebauter Grundstücke, für die ein Sonderwert nach § 147 BewG anzusetzen ist (§ 147 Abs. 2 Satz 1 BewG).

5.3.4.2 Nachweis eines niedrigeren Verkehrswerts

Damit sich die vereinfachte Grundstücksbewertung für den Steuerpflichtigen, insbesondere bei der Erbschaftsteuer, nicht zu seinem Nachteil auswirkt, kann der Steuerpflichtige gegenüber dem Finanzamt nachweisen, dass der tatsächliche Grundstückswert im Besteuerungszeitpunkt niedriger ist als der nach den Bewertungsvorschriften ermittelte Grundbesitzwert (§ 138 Abs. 4 BewG). In diesem Fall ist der tatsächliche Grundstückswert als steuerlicher Grundstückswert anzusetzen (siehe hierzu die Ausführungen unter 5.3.6.11). Dies gilt – entgegen der vor 2007 geltenden Gesetzeslage – auch

- für Gebäude bei der Bewertung nach § 147 BewG,
- in Erbbaurechtsfällen (§ 148 BewG) sowie
- in Fällen mit Gebäuden auf fremdem Grund und Boden (§ 148a BewG).

5.3.4.3 Bewertung unbebauter Grundstücke

Ausgangsgröße für die Ermittlung der Bodenwerte sind die aktuellen Bodenrichtwerte, die von den Gutachterausschüssen aus den von ihnen zu führenden Kaufpreissammlungen abgeleitet wurden (§ 193 Abs. 3 i. V. m. § 196 Abs. 1 BauGB). Die Bodenrichtwerte werden nach den Bestimmungen des Baugesetzbuchs und hierzu ergangener landesrechtlicher Ausführungsvorschriften regelmäßig im Abstand von zwei Jahren von den Gutachterausschüssen ermittelt. **Es erfolgt für die Jahre 2007 und 2008 weiterhin ein Abschlag von 20 %.**

Müssen für Flächen keine Bodenrichtwerte ermittelt werden, ist der Bodenwert aus den Werten vergleichbarer Flächen abzuleiten und um 20 % zu ermäßigen (§ 145 Abs. 3 Satz 4 BewG). Eine solche Wertableitung dürfte z. B. für Flächen gelten, die nicht Bauland sind.

5.3.4.4 Bewertung bebauter Grundstücke nach § 146 BewG

§ 146 Abs. 2 BewG stellt bisher auf die durchschnittliche Jahresmiete der letzten drei Jahre vor dem Besteuerungszeitraum ab. Das Gesetz legt in § 146 Abs. 2 BewG nunmehr die zum Besteuerungszeitraum vereinbarte Jahresmiete zugrunde. Die Regelung zur Anwendung der üblichen Miete wurde in Anlehnung an § 79 Abs. 2 BewG neu gefasst. Angehörigen- oder Arbeitnehmerverhältnisse sind für den Ansatz zukünftig ohne Bedeutung. Die übliche Miete ist anzusetzen für Grundstücke oder Grundstücksteile

- die eigengenutzt, ungenutzt, zu vorübergehendem Gebrauch oder unentgeltlich überlassen sind,

5 Wertermittlung

- die der Eigentümer dem Mieter zu einer um mehr als 20 % (nach oben oder nach unten) von der üblichen Miete abweichenden tatsächlichen Miete überlassen hat.

Die bisherige Möglichkeit, gegenüber dem Finanzamt nachzuweisen, dass der tatsächliche Grundstückswert im Besteuerungszeitpunkt niedriger als der nach den Bewertungsvorschriften ermittelte Grundbesitzwert ist, wurde in § 138 Abs. 4 BewG übernommen.

Da diese Regelungen durch das ErbStRG für das Ertragswertverfahren übernommen worden sind, wird auf die dortigen Ausführungen verwiesen (siehe unter 5.3.6.6).

Nach Auffassung des BFH[225] ist der typisierenden Bedarfsbewertung (§ 146 BewG) bebauter Grundstücke auch in Fällen entgeltlicher Überlassung im Rahmen einer Betriebsaufspaltung die vertraglich vereinbarte Miete zugrunde zu legen; ein Ansatz der üblichen Miete oder auch die Anwendung des § 147 ErbStG komme nicht in Betracht. Der BFH hat seine Auffassung unter anderem damit begründet, dass bei einer Betriebsaufspaltung keine Vermietung an Angehörige i. S. des § 146 Abs. 3 BewG a. F. vorliegt und dass § 147 BewG z. B. dann noch in Betracht komme, wenn sich im Fall einer unentgeltlichen Überlassung einer Immobilie eine übliche Miete nicht ermitteln lässt.

Diese Beurteilung ist m. E. aufgrund der Neuregelung des § 146 BewG ab 2007 fragwürdig geworden. Wird eine Immobilie im Rahmen der Betriebsaufspaltung tatsächlich vermietet und lässt sich eine übliche Miete nicht ermitteln, kommt es m. E. im Einklang mit der Rechtsprechung des BFH auch nach der Neuregelung nicht zur Bewertung nach § 147 BewG, sondern bleibt es beim Ansatz der tatsächlich vereinbarten Miete.

Die Wertung des BFH ist m. E. aufgrund der Neuregelung ab 2007 aber in den Fällen hinfällig, in denen eine übliche Miete ermittelt werden kann und die tatsächliche Miete um mehr als 20 % (nach oben oder nach unten) von der üblichen Miete abweicht. Meines Erachtens kommt es hier nicht zum Ansatz der tatsächlichen Miete, sondern zum Ansatz der – ggf. niedrigeren – üblichen Miete anstelle der tatsächlichen Miete. Weicht aber die angesetzte (übliche) Pacht von der tatsächlich vereinbarten Pacht ab, kann in Höhe der Differenz ggf. eine verdeckte Gewinnausschüttung des Betriebsunternehmens vorliegen.[226]

Nach Auffassung des BFH wird der Grundbesitzwert abweichend von § 146 BewG nach § 147 BewG ermittelt, wenn sich bei der Vermietung des Bewertungsobjekts an Angehörige die übliche Miete nicht anhand von Vergleichskriterien ermitteln lässt. Bei Hotels und Restaurationsbetrieben lasse sich die übliche Miete nicht nach dem für die Branche üblichen Anknüpfungspunkt für die Bestimmung der Pacht-

---
225 BFH vom 02.02.2005, BStBl 2005 II S. 426.
226 OFD Rheinland vom 04.05.2006; OFD Münster vom 04.05.2006, DStR 2006 S. 1551.

höhe (erzielter Umsatz/Nutzfläche in m^2) ermitteln.[227] Im entschiedenen Fall führte die Anwendung des § 147 BewG zu einer Reduzierung des Grundbesitzwerts von etwa 900.000 € auf 350.000 €.

5.3.4.5 Bewertung von Erbbaurechten

Die bisherige Regelung des § 148 BewG für die Bewertung von Erbbaurechten unter Zugrundelegung des gezahlten Erbbauzinses und eines einheitlichen Vervielfältigers von 18,6 für die gesamte Laufzeit des Erbbaurechts führte insbesondere bei kurzen Restlaufzeiten zu nicht vertretbaren Bewertungsergebnissen. Sie ist daher durch eine Regelung in §§ 148 (für Erbbaurechte) und 148a BewG (für Gebäude auf fremdem Grund und Boden) ersetzt worden, wonach dem Eigentümer des Grund und Bodens (Erbbauverpflichteter) grundsätzlich dessen Wert und dem Erbbauberechtigten grundsätzlich der Wert des Gebäudes zugerechnet wird. Ist das Grundstück mit einem Erbbaurecht belastet, ist bei der Ermittlung der Grundbesitzwerte für die wirtschaftliche Einheit des belasteten Grundstücks und für die wirtschaftliche Einheit des Erbbaurechts von dem Gesamtwert auszugehen, der sich für den Grund und Boden einschließlich der Gebäude vor Anwendung des § 139 ergäbe, wenn die Belastung nicht bestünde.

a) Wert des belasteten Grundstücks (Erbbaugrundstück)

Der Wert des Grund und Bodens entfällt auf die wirtschaftliche Einheit des belasteten Grundstücks.

Ein nach § 146 BewG für ein bebautes Grundstück zu ermittelnder Wert wird zu 80 % des Werts nach § 146 Abs. 2 bis 5 BewG auf das Gebäude und der restliche Wert auf den Grund und Boden verteilt.

Gesamtwert des Grundstücks (eventuell Mindestwert nach § 146 Abs. 6 BewG)
− 80 % des Ertragswerts nach § 146 Abs. 2 bis 5 BewG (nicht des Mindestwerts!)
= Wert des Grund und Bodens

In den Sonderfällen des – unverändert gebliebenen – § 147 BewG wird der Grund und Boden mit dem um 30 % ermäßigten Bodenrichtwert angesetzt und das Gebäude mit dem ertragsteuerlichen Wert (vgl. § 147 Abs. 2 BewG).

Grundstücksfläche × aktueller Bodenrichtwert
− 30 % dieses Werts
= Wert des Grund und Bodens

b) Wert des Erbbaurechts

Der Gebäudewert entfällt allein auf die wirtschaftliche Einheit des Erbbaurechts, wenn die Dauer dieses Rechts im Besteuerungszeitpunkt mindestens 40 Jahre beträgt oder der Eigentümer des belasteten Grundstücks bei Erlöschen des Erbbaurechts durch Zeitablauf eine dem Wert des Gebäudes entsprechende Entschädigung zu leisten hat.

---

227 BFH vom 16.01.2008 II R 68/06, BFH/NV 2008 S. 1120.

5 Wertermittlung

In Fällen, in denen die Laufzeit des Erbbaurechts weniger als 40 Jahre beträgt und das Gebäude nach Ablauf des Erbbaurechts entschädigungslos auf den Erbbauverpflichteten übergeht, ist der Gebäudewert dem Erbbauberechtigten gem. § 148 Abs. 3 BewG nur noch anteilig zuzurechnen.

Auf die wirtschaftliche Einheit des belasteten Grundstücks entfällt der verbleibende Teil des Gebäudewerts. Beträgt die Entschädigung für das Gebäude beim Übergang nur einen Teil des gemeinen Werts, ist der dem Eigentümer des belasteten Grundstücks entschädigungslos zufallende Anteil entsprechend zu verteilen. Eine in der Höhe des Erbbauzinses zum Ausdruck kommende Entschädigung für den gemeinen Wert des Gebäudes bleibt außer Betracht.[228]

c) Nachweis der Mieten durch den Eigentümer des Erbbaugrundstücks

Nicht geregelt ist, dass der Eigentümer die tatsächliche oder übliche Miete vom Erbbauberechtigten mitgeteilt bekommt. Meines Erachtens muss diese das Finanzamt ermitteln und dem Eigentümer die Berechnung zur Prüfung offenlegen.[229]

d) Recht auf den Erbbauzins/Verpflichtung zur Zahlung des Erbbauzinses

Das Recht auf den Erbbauzins und die Verpflichtung zur Zahlung des Erbbauzinses sind nicht gesondert anzusetzen (§ 148 Abs. 6 BewG).

e) Gebäude auf fremdem Grund und Boden

Bei Gebäuden auf fremdem Grund und Boden wird entsprechend der Bewertung der Erbbaurechte verfahren.

5.3.5 Die Bewertung der Land- und Forstwirtschaft ab 2009

Der Begriff der wirtschaftlichen Einheit und der Umfang des land- und forstwirtschaftlichen Vermögens richten sich für Zwecke der Erbschaft- und Schenkungsteuer nach § 158 BewG, der im Kern dem für die Einheitsbewertung geltenden § 33 BewG entspricht.[230]

Der Grundbesitzwert des Betriebs der Land- und Forstwirtschaft setzt sich gem. § 160 Abs. 1, § 168 BewG (siehe auch Abschn. 36 AEBewLuF) zusammen aus

- dem Wert des Wirtschaftsteils (§ 160 Abs. 2 BewG);
- dem Wert der Betriebswohnungen, abzüglich der damit in unmittelbarem Zusammenhang stehenden Verbindlichkeiten (§ 160 Abs. 8 BewG);
- dem Wert des Wohnteils abzüglich der damit in unmittelbarem Zusammenhang stehenden Verbindlichkeiten (§ 160 Abs. 9 BewG).

---

228 Siehe hierzu die Beispiele 1 bis 3 unter Hinweis 182 zu Tz. 61 der gleichlautenden Ländererlasse vom 02.04.2007 (BStBl 2007 I S. 314).
229 Mit Wirkung ab 01.07.2011 regelt dies nunmehr § 153 Abs. 2 BewG.
230 Siehe hierzu Eisele, NWB 2009 S. 3997; Krause/Grootens, NWB-EV 2010 S. 180 und S. 203; Wiegand, StW 2010 S. 56.

5.3 Bewertung – § 12 ErbStG

5.3.5.1 Begriff des land- und forstwirtschaftlichen Vermögens

Die wirtschaftliche Einheit des land- und forstwirtschaftlichen Vermögens umfasst nach § 158 Abs. 1 BewG alle Wirtschaftsgüter, die objektiv einem Betrieb der Land- und Forstwirtschaft dauernd zu dienen bestimmt sind.
Hierzu gehören gem. § 158 Abs. 3 BewG insbesondere:
1. der Grund und Boden,
2. die Wirtschaftsgebäude,
3. die stehenden Betriebsmittel,
4. der normale Bestand an umlaufenden Betriebsmitteln,
5. die immateriellen Wirtschaftsgüter,
6. die Wohngebäude und der dazugehörende Grund- und Boden.

Grund und Boden sowie Gebäude, die einem Betrieb der Land- und Forstwirtschaft dauernd zu dienen bestimmt sind, gehören auch dann zum land- und forstwirtschaftlichen Vermögen, wenn der Betrieb ganz oder in Teilen auf bestimmte oder unbestimmte Zeit nicht bewirtschaftet wird. Das ist der Fall, wenn sie keine Zweckbestimmung erhalten haben, die zu einer zwingenden Zuordnung zum Grund- oder Betriebsvermögen führen.

Beispiele:
1. Grund und Boden, der auf bestimmte oder unbestimmte Zeit nicht land- und forstwirtschaftlich genutzt wird, z. B. stillgelegte Flächen;
2. der Wohnteil, der wegen Änderung der Anzahl der zum Haushalt des Betriebsinhabers gehörenden Familienangehörigen oder der Altenteiler nicht oder nicht voll genutzt wird;
3. Wirtschaftsgebäude, die vorübergehend oder dauernd teilweise oder ganz leer stehen, z. B. gehört der leer stehende Rindviehstall eines Betriebs, dessen Inhaber wegen Wirtschaftsumstellung das Rindvieh abgeschafft hat, zum land- und forstwirtschaftlichen Vermögen.

Zu den **Betriebsmitteln** eines Betriebs der Land- und Forstwirtschaft gehören außer den Pflanzenbeständen und Vorräten, den Maschinen und Geräten auch die Tierbestände nach Maßgabe der §§ 169 und 175 BewG.[231]

5.3.5.2 Abgrenzung land- und forstwirtschaftliches Vermögen zum Betriebsvermögen

Das land- und forstwirtschaftliche Vermögen ist vom **Betriebsvermögen vorrangig** nach R 15.5 EStR abzugrenzen. Wirtschaftsgüter, die außer im eigenen Betrieb der Land- und Forstwirtschaft auch in einem demselben Inhaber gehörenden Gewerbebetrieb verwendet werden, gehören grundsätzlich nur insoweit zum land- und forstwirtschaftlichen Vermögen, als sie nicht nach § 95 BewG dem Betriebsvermögen zuzuordnen sind.[232]

---
231 Zu weiteren Einzelfragen siehe R B 158.1 ErbStR 2011.
232 Zu weiteren Einzelfragen siehe R B 158.1 ErbStR 2011

5 Wertermittlung

5.3.5.3 Abgrenzung land- und forstwirtschaftliches Vermögen zum übrigen Vermögen

Geschäftsguthaben, Wertpapiere und Beteiligungen (§ 158 Abs. 4 Nr. 3 BewG) gehören nicht zum land- und forstwirtschaftlichen Vermögen. Zu den Beteiligungen gehören insbesondere die Anteile an anderen Personengesellschaften bzw. -gemeinschaften oder Anteile an Kapitalgesellschaften, für die jeweils ein eigenständiger Wert zu ermitteln ist.

Auch **bewegliche Wirtschaftsgüter,** die einem Betrieb der Land- und Forstwirtschaft zu dienen bestimmt sind, tatsächlich aber am Bewertungsstichtag einem derartigen Betrieb des Eigentümers nicht dienen, gehören nicht zum land- und forstwirtschaftlichen Vermögen, sondern zum übrigen Vermögen.

Der **Überbestand an umlaufenden Betriebsmitteln** eines Betriebs der Land- und Forstwirtschaft zählt nicht zum land- und forstwirtschaftlichen Vermögen (§ 158 Abs. 4 Nr. 4 BewG), sondern zum übrigen Vermögen. Der Überbestand wird in der Weise ermittelt, dass vom gesamten Wert aller umlaufenden Betriebsmittel der gesamte Wert des Normalbestands an umlaufenden Betriebsmitteln abgezogen wird; dabei ist nach Nutzungen vorzugehen.

Auch Geldforderungen und Zahlungsmittel (§ 158 Abs. 4 Nr. 6 BewG) gehören nicht zum land- und forstwirtschaftlichen Vermögen.

Pensionsverpflichtungen gehören nach § 158 Abs. 4 Nr. 7 BewG ebenfalls nicht zum land- und forstwirtschaftlichen Vermögen, sondern sind bei der Ermittlung des steuerpflichtigen Erwerbs im Erbfall als Nachlassverbindlichkeiten i. S. des § 10 Abs. 5 ErbStG und im Schenkungsfall bei der Ermittlung des Steuerwerts der freigebigen Zuwendung (§ 7 Abs. 1 ErbStG) zu berücksichtigen.

5.3.5.4 Abgrenzung land- und forstwirtschaftliches Vermögen zum Grundvermögen

Zu den Wirtschaftsgütern, die zwischen dem land- und forstwirtschaftlichen Vermögen und dem Grundvermögen abzugrenzen sind, gehören insbesondere der **Grund und Boden sowie die Wohn- und Wirtschaftsgebäude** (§ 158 Abs. 4 Nr. 1 BewG). Die Abgrenzung erfolgt gem. § 159 BewG.[233]

Die Abgrenzung des Grundvermögens gegenüber **der vorrangigen Vermögensart** land- und forstwirtschaftliches Vermögen und **die damit gem. § 157 Abs. 2 BewG verbundene Anwendung besonderer Vorschriften** (§§ 158 bis 175 BewG) wirkt sich auf verschiedene Gesichtspunkte der Besteuerung aus, nämlich

- auf die Bewertungsmethode (§§ 158 bis 175 BewG),
- auf die Höhe des Grundbesitzwerts (§§ 158 bis 175 BewG),
- auf die Steuerbelastung (Anwendung der §§ 13a, 13b, 19a ErbStG).

---

233 Siehe zur wortgleichen Vorgängerregelung des § 69 BewG BFH vom 13.08.2003, BStBl 2003 II S. 908.

5.3 Bewertung – § 12 ErbStG

Zum land- und forstwirtschaftlichen Vermögen gehören grundsätzlich die Flächen, die land- oder forstwirtschaftlich genutzt werden. Eine Zuordnung zum Grundvermögen trotz land- und forstwirtschaftlicher Nutzung kann **ausnahmsweise** gegeben sein. **Die Abgrenzungsmerkmale ergeben sich aus § 159 Abs. 1 bis 3 BewG, wobei § 159 Abs. 2 und 3 BewG Sonderregelungen gegenüber § 159 Abs. 1 BewG darstellen.** Der BFH[234] grenzt wie folgt ab: „Landwirtschaftlich genutzte Flächen, die dem Betriebsinhaber selbst gehören, aber von ihm nicht selbst bewirtschaftet, sondern verpachtet werden, fallen nicht unter die Sonderregelung des § 69 Abs. 2 BewG **(jetzt § 159 Abs. 2 BewG)**. Die bloße Verpachtung eines Grundstücks stellt keine ordnungsgemäße und nachhaltige Bewirtschaftung im Sinne dieser Vorschrift dar." Folge dieser Beurteilung ist die Ablehnung der Voraussetzungen des § 69 Abs. 2 BewG **(jetzt § 159 Abs. 2 BewG)** und folglich die Anwendung des § 69 Abs. 1 BewG **(jetzt § 159 Abs. 1 BewG)** mit der Folge der Zuordnung zum Grundvermögen **(also voraussichtlich höhere Bewertung und – mangels Selbstbewirtschaftung – kein begünstigtes Vermögen i. S. des § 13b Abs. 1 Nr. 1 ErbStG).**

Hervorzuheben ist auch der gegenüber § 159 Abs. 1 und 2 BewG als Sonderregelung zu verstehende **§ 159 Abs. 3 Satz 1 BewG**.[235] Danach sind Flächen stets dem Grundvermögen zuzurechnen, wenn sie

- in einem Bebauungsplan als Bauland festgesetzt sind **und**
- ihre sofortige Bebauung möglich ist **und**
- die Bebauung innerhalb des Plangebiets in benachbarten Bereichen begonnen hat oder schon durchgeführt ist.

Alle drei Voraussetzungen müssen kumulativ vorliegen. Die Einschränkung nach § 159 Abs. 3 Satz 2 BewG ist zu beachten.

5.3.5.5 Wirtschaftsteil

Der Wirtschaftsteil umfasst die in § 160 Abs. 2 BewG aufgeführten Nutzungen, Nebenbetriebe einschließlich der dazugehörigen Wirtschaftsgebäude, Betriebsmittel und immateriellen Wirtschaftsgüter sowie die Wirtschaftsgüter Abbauland, Geringstland und Unland. Die Gesamtfläche des Wirtschaftsteils gliedert sich in

1. die landwirtschaftlich genutzten Flächen,
2. die forstwirtschaftlich genutzten Flächen,
3. die weinbaulich genutzten Flächen,
4. die gärtnerisch genutzten Flächen,
5. die sonstigen Flächen (z. B. Geringstland, Unland, Abbauland, fischereiwirtschaftlich genutzte Wasserflächen),

---

234 BFH vom 13.08.2003, BStBl 2003 II S. 908.
235 Siehe auch FG Düsseldorf vom 12.05.2005, EFG 2005 S. 1164.

5 Wertermittlung

6. die Hof- und Wirtschaftsgebäudeflächen, soweit sie nicht zu den Betriebswohnungen oder zum Wohnteil gehören.

Zu Einzelfragen siehe R B 160.1 bis 160.22 ErbStR 2011.

Besonders hervorzuheben sind die Stückländereien (§ 168 Abs. 2 BewG), die wegen § 13b Abs. 1 Nr. 1 ErbStG nicht nach §§ 13a, 19a ErbStG begünstigt sind. Stückländereien bilden eine wirtschaftliche Einheit für sich (§ 160 Abs. 7 BewG). Dabei handelt es sich regelmäßig um einzelne land- und forstwirtschaftlich genutzte Flächen, die einem anderen Betrieb der Land- und Forstwirtschaft aufgrund einer Nutzungsüberlassung dauernd zu dienen bestimmt sind. Unter den Begriff der Stückländereien fallen auch die Flächen, die aus einem vollständigen Betrieb heraus, zu dem auch Gebäude und Betriebsmittel gehören, überlassen werden, da die Wirtschaftsgebäude oder die Betriebsmittel oder beide Arten von Wirtschaftsgütern, die der Bewirtschaftung dieser Fläche dienen, nicht dem Eigentümer des Grund und Bodens gehören.

Voraussetzung für eine gesonderte Bewertung als Stückländerei ist, dass die Nutzungsüberlassung am Bewertungsstichtag noch mindestens 15 Jahre beträgt. Dies gilt unabhängig von der Art der Nutzungsüberlassung und den damit verbundenen Möglichkeiten einer Vertragsverlängerung. Mehrere Stückländereien in der Hand eines Eigentümers können zu einer wirtschaftlichen Einheit zusammengefasst werden.

5.3.5.6 Betriebswohnungen

Gebäude oder Gebäudeteile des Betriebs, die dessen Arbeitnehmern und deren Familienangehörigen zu Wohnzwecken zur Verfügung gestellt werden, sind Betriebswohnungen (§ 160 Abs. 9 BewG; zu Einzelfragen siehe R B 160.21 ErbStR 2011).

5.3.5.7 Wohnteil

Gebäude oder Gebäudeteile, die dem Inhaber eines Betriebs der Land- und Forstwirtschaft und den zu seinem Haushalt gehörenden Familienangehörigen **zu Wohnzwecken dienen,** sind dem Wohnteil (§ 160 Abs. 9 BewG) zuzurechnen, wenn der Betriebsinhaber oder mindestens einer der zu seinem Haushalt gehörenden Familienangehörigen durch eine mehr als nur gelegentliche Tätigkeit in dem Betrieb an ihn gebunden ist. Gebäude oder Gebäudeteile, die Altenteilern zu Wohnzwecken dienen, gehören zum Wohnteil, wenn die Nutzung der Wohnung in einem Altenteilvertrag geregelt ist. Werden dem Hauspersonal nur einzelne zu Wohnzwecken dienende Räume überlassen, rechnen diese zum Wohnteil des Betriebs der Land- und Forstwirtschaft (zu Einzelfragen siehe R B 160.22 ErbStR 2011).

5.3.5.8 Erbschaftsteuerliche Bedeutung der Abgrenzung

Die Abgrenzung zwischen Wirtschaftsteil, Stückländereien, Betriebswohnungen und Wohnteil hat auch im Hinblick auf §§ 13a, 13b, 19a und 10 Abs. 1 Satz 4 ErbStG

5.3 Bewertung – § 12 ErbStG

Bedeutung. Begünstigt ist nur der Wirtschaftsteil, allerdings mit Ausnahme der Stückländereien, auch nicht begünstigt sind die Betriebswohnungen und der Wohnteil.

5.3.5.9 Bewertung des Wirtschaftsteils

Für die Bewertung des Wirtschaftsteils ist der gemeine Wert zugrunde zu legen. Dabei ist davon auszugehen, dass der Erwerber den Betrieb der Land- und Forstwirtschaft fortführt. Als Wert für den Wirtschaftsteil kommen in Betracht

- der Wirtschaftswert (§ 163 BewG),
- der Mindestwert (§ 164 BewG),
- der Fortführungswert (§ 165 BewG),
- der Liquidationswert (§ 166 BewG).

a) Wirtschaftswert (§ 163 BewG)

Die Bewertung des Wirtschaftsteils erfolgt auf der Basis des sog. **Fortführungswerts** (§ 162 Abs. 1 BewG). Dies ist der Wert, der den einzelnen Nutzungen, Nebenbetrieben und übrigen Wirtschaftsgütern in einem Betrieb der Land- und Forstwirtschaft unter objektiven ökonomischen Bedingungen im Rahmen einer Betriebsfortführung beizumessen ist (zu Einzelfragen siehe R B 162 und 163 ErbStR 2011).

Zur Ermittlung des Wirtschaftswerts ist für die land- und forstwirtschaftlichen Nutzungen, Nebenbetriebe und Wirtschaftsgüter **jeweils gesondert ein Reingewinn** zu ermitteln, der die nachhaltige Ertragsfähigkeit bei ordnungsmäßiger Selbstbewirtschaftung gemeinhin zum Ausdruck bringt. Zur Berücksichtigung der nachhaltigen Ertragsfähigkeit ist der **durchschnittliche Reingewinn der letzten fünf Wirtschaftsjahre** heranzuziehen. Dabei ist nicht auf Muster- oder Spitzenbetriebe abzustellen, sondern auf Betriebsergebnisse objektiv vergleichbarer Betriebe. Eine ordnungsmäßige Selbstbewirtschaftung liegt vor, wenn bei der Bewirtschaftung nur der betriebsnotwendige Arbeitskräfte- und Inventarbesatz vorhanden ist. Mit dem jeweiligen Reingewinn werden alle Wirtschaftsgüter i. S. des § 158 Abs. 3 und 5 BewG abgegolten. Der **Reingewinn** berücksichtigt die betriebswirtschaftliche Ausrichtung einer Nutzung und ist mit dem Faktor 18,6 zu kapitalisieren Die kapitalisierten Reingewinne einer Nutzung bzw. bei abweichenden Ertragsverhältnissen die jeweils kapitalisierten Reingewinne sind mit den jeweiligen Eigentumsflächen bzw. Flächenanteilen zu multiplizieren (zu Einzelfragen siehe R B 162 und 163 ErbStR 2011).

Beispiel (H B 163 (3) ErbStH 2011):
Ermittlung des Wirtschaftswerts für einen Landwirtschaftsbetrieb im Regierungsbezirk Münster mit folgenden Betriebsverhältnissen: Ackerbau 50 ha Eigentum und 55 ha Zupachtflächen, betriebliche Verbindlichkeiten 57.000 €.
Die Ermittlung des Werts des Wirtschaftsteils vollzieht sich in folgenden Schritten:

5 Wertermittlung

1. Ermittlung des Gesamtstandarddeckungsbeitrags für die landwirtschaftliche Nutzung

Standarddeckungsbeitrag/ha		Anbauflächen/ha	Betrag €
Weizen	598 €	30,0	17.940
Kartoffeln	2.327 €	40,0	93.080
Raps	584 €	30,0	17.520
Roggen	402 €	2,5	1.005
Gerste	516 €	2,5	1.290
Gesamtstandarddeckungsbeitrag des Betriebs			130.835

2. Ermittlung der Nutzungsart bzw. Betriebsform für die landwirtschaftliche Nutzung

Da die Standarddeckungsbeiträge der pflanzlichen Nutzung entsprechend R B 163 Abs. 1 Satz 1 Nr. 1 Satz 3 i. V. m. Anlage 1 ErbStR 2011 alle dem Ackerbau zuzuordnen sind, ist das Klassifizierungsmerkmal größer 2/3 erfüllt. Es liegt ein reiner Ackerbaubetrieb vor.

3. Ermittlung der Betriebsgröße für die landwirtschaftliche Nutzung
Gesamtstandarddeckungsbeitrag 130.835 : 1.200 = 109,03 EGE = Großbetrieb

4. Bewertungsparameter Anlage 14 zum BewG
Reingewinn/ha – Münster, Großbetrieb, Ackerbau   113,00 €

5. Bewertung des Betriebs

Nutzungsart	Wert €/ha	Kapitalisierungsfaktor	Jeweilige Eigentumsfläche	Wirtschaftswert
Ackerbau > 100 EGE	113	18,6	50 ha	105.090 €
Wirtschaftswert landwirtschaftliche Nutzung				**105.090 €**

Die betrieblichen Verbindlichkeiten sind mit dem Ansatz des Reingewinns von 113 €/ha berücksichtigt.

b) Mindestwert (§ 164 BewG)

Der Mindestwert umfasst den Wert des Grund und Bodens sowie den Wert der sonstigen Wirtschaftsgüter (Besatzkapital). Der Wert des Grund und Bodens wird durch Kapitalisierung eines Pachtpreises unter Berücksichtigung der **Eigentumsfläche** des Betriebs ermittelt. Das Besatzkapital wird durch Kapitalisierung des Werts der Wirtschaftsgüter unter Berücksichtigung der **selbst bewirtschafteten Flächen** ermittelt.

Der Pachtpreis bestimmt sich nach der jeweiligen Nutzung, ggf. dem Nutzungsteil und der Nutzungsart des Grund und Bodens und ergibt sich aus den Anlagen 14 bis 18 zum BewG. Bei der landwirtschaftlichen Nutzung ist zur Bestimmung des maß-

5.3 Bewertung – § 12 ErbStG

gebenden Pachtpreises entsprechend den gesetzlichen Vorgaben zusätzlich die Betriebsgröße zu berücksichtigen. Der jeweilige Pachtpreis ist mit den jeweiligen **Eigentumsflächen** bzw. **Flächenanteilen** des Betriebs am Bewertungsstichtag zu multiplizieren. Der hieraus errechnete Wert ist mit dem Faktor 18,6 zu kapitalisieren.

Zu Besonderheiten für die sonstigen land- und forstwirtschaftlichen Nutzungen, das Abbauland und das Geringstland siehe R B 164 Abs. 3 bis 5 ErbStR 2011.

Der Wert des Besatzkapitals bestimmt sich nach der jeweiligen Nutzung, ggf. dem Nutzungsteil und der Nutzungsart in Abhängigkeit des Grund und Bodens und ergibt sich ebenfalls aus den Anlagen 14 bis 18 zum BewG. Bei der landwirtschaftlichen Nutzung ist zur Bestimmung des maßgebenden Werts entsprechend den gesetzlichen Vorgaben zusätzlich die Betriebsgröße zu berücksichtigen. Der jeweilige Wert des Besatzkapitals ist mit den jeweiligen **selbst bewirtschafteten Flächen** des Betriebs am Bewertungsstichtag zu multiplizieren. Der hieraus errechnete Wert ist mit dem Faktor 18,6 zu kapitalisieren.

Die Summe aus dem kapitalisierten Wert für den Grund und Boden sowie dem Wert für das Besatzkapital ist um die damit in unmittelbarem wirtschaftlichem Zusammenhang stehenden Verbindlichkeiten zu mindern. Der sich hieraus ergebende Mindestwert darf nicht weniger als 0 Euro betragen (R B 164 Abs. 8 ErbStR 2011).

Die Bewertung von Stückländereien erfolgt aus Vereinfachungsgründen und mangels Selbstbewirtschaftung unmittelbar mit dem Mindestwert nach § 164 BewG (siehe auch R B 164 Abs. 9 ErbStR 2011).

> **Fortsetzung des Beispiels** (H B 164 (1) ErbStH 2011):
>
> Die Ermittlung des Mindestwerts des Wirtschaftsteils vollzieht sich in folgenden Schritten:
>
> **1. Ermittlung des Gesamtstandarddeckungsbeitrags für die landwirtschaftliche Nutzung**
>
> Siehe oben: 130.835 €
>
> **2. Ermittlung der Nutzungsart bzw. Betriebsform für die landwirtschaftliche Nutzung**
>
> Siehe oben: Ackerbaubetrieb
>
> **3. Ermittlung der Betriebsgröße für die landwirtschaftliche Nutzung**
>
> Siehe oben: Großbetrieb
>
> **4. Bewertungsparameter Anlage 14 zum BewG**
>
> Pachtpreis/ha – Münster, Großbetrieb, Ackerbau   309,00 €
> Besatzkapital/ha – Münster, Großbetrieb, Ackerbau   70,00 €

5. Bewertung des Betriebs

Nutzungsart	Wert €/ha	Kapitali-sierungs-faktor	Jeweilige Eigentumsfläche	Wirtschafts-wert
Grund und Boden Ackerbau > 100 EGE	309	18,6	50 ha	287.370 €
Besatzkapital Ackerbau > 100 EGE	70	18,6	105 ha	136.710 €
Verbindlichkeiten				57.000 €
Mindestwert des Wirtschaftsteils				**367.080 €**

c) Fortführungswert und Öffnungsklausel für den Wirtschaftsteil

Die Summe der einzelnen Wirtschaftswerte gem. R B 163 ErbStR 2011 bildet den Wert des Wirtschaftsteils als Fortführungswert. Ist der nach R B 164 ErbStR 2011 ermittelte Mindestwert höher als der nach Absatz 1 ermittelte Wert des Wirtschaftsteils, so ist der Mindestwert als Fortführungswert anzusetzen.

Für den Wirtschaftsteil des Betriebs der Land- und Forstwirtschaft kann abweichend von der Wertermittlung nach den §§ 163, 164 BewG der niedrigere gemeine Wert **(Verkehrswert/Marktwert)** am Bewertungsstichtag angesetzt werden, wenn der Steuerpflichtige diesen nachweist (§ 165 Abs. 3 BewG). Der Nachweis eines niedrigeren gemeinen Werts kann nicht durch ein Einzelertragswertverfahren für den Wirtschaftsteil erbracht werden, da die Grundsätze zur Ermittlung eines Liquidationswerts zu beachten sind.

Den Steuerpflichtigen trifft die Nachweislast für einen niedrigeren gemeinen Wert und nicht eine bloße Darlegungslast. Als Nachweis ist regelmäßig ein Gutachten eines Sachverständigen für Bewertungsfragen in der Landwirtschaft erforderlich. Das Gutachten ist nicht bindend, sondern unterliegt der Beweiswürdigung durch das Finanzamt. Enthält das Gutachten Mängel (z. B. methodische Mängel oder unzutreffende Wertansätze), ist es zurückzuweisen; ein Gegengutachten durch das Finanzamt hält die Finanzverwaltung für nicht erforderlich.

Von dem ermittelten **Verkehrswert** sind die unmittelbar in wirtschaftlichem Zusammenhang stehenden **Verbindlichkeiten abzuziehen,** sodass ggf. ein **negativer** Wert des Wirtschaftsteils in den Grundbesitzwert einfließt.

Fortsetzung des Beispiels (H B 165 (2) ErbStH 2011):
Wirtschaftswert der landwirtschaftlichen Nutzung 105.090 €
Mindestwert der landwirtschaftlichen Nutzung 367.080 €
Der Wert des Wirtschaftsteils beträgt 367.080 €, da der Mindestwert höher ist als der Wirtschaftswert.

5.3 Bewertung – § 12 ErbStG

d) Liquidationswert

Im Fall der **Veräußerung eines ganzen Betriebs oder eines Anteils** i. S. des § 158 Abs. 2 Satz 2 BewG **innerhalb einer Frist von 15 Jahren** erfolgt aufgrund eines Nachbewertungsvorbehalts der **Ansatz eines Liquidationswerts**.[236] Der **Ansatz eines Liquidationswerts** entfällt, wenn der gesamte Veräußerungserlös im Wege der **Reinvestition** ausschließlich zum Erwerb eines anderen Betriebs der Land- und Forstwirtschaft oder eines Anteils i. S. des § 158 Abs. 2 Satz 2 BewG innerhalb von sechs Monaten verwendet wird (R B 162 Abs. 5 ErbStR 2011).

Die dem Grunde nach für einen Betrieb der Land- und Forstwirtschaft **wesentlichen Wirtschaftsgüter Grund und Boden, Wirtschaftsgebäude, stehende Betriebsmittel und immaterielle Wirtschaftsgüter** unterliegen nach § 162 Abs. 4 BewG ebenfalls dem Nachbewertungsvorbehalt. Werden wesentliche Wirtschaftsgüter veräußert oder entfällt deren objektive Zweckbestimmung für den Betrieb der Land- und Forstwirtschaft innerhalb der Frist von 15 Jahren, erfolgt ebenfalls der Ansatz eines Liquidationswerts. Wesentliche Wirtschaftsgüter sind bei stehenden Betriebsmitteln nur dann anzunehmen, wenn der gemeine Wert des einzelnen Wirtschaftsguts oder einer Sachgesamtheit von Wirtschaftsgütern (z. B. Tierbestände, Feldinventar, Büroausstattung, Werkzeug) am Bewertungsstichtag mindestens 50.000 Euro beträgt.[237]

Der Ansatz des Liquidationswerts kommt nicht in Betracht, wenn der Veräußerungserlös innerhalb von sechs Monaten im betrieblichen Interesse verwendet wird (Reinvestitionsklausel). Eine Verwendung im betrieblichen Interesse liegt vor, wenn anstelle des veräußerten (wesentlichen) Wirtschaftsguts eine Reinvestition in die Wirtschaftsgüter Grund und Boden, Wirtschaftsgebäude, stehende Betriebsmittel von mindestens 50.000 Euro bzw. einer Sachgesamtheit von Wirtschaftsgütern (z. B. Tierbestände, Feldinventar, Büroausstattung, Werkzeug) von mindestens 50.000 Euro oder immaterielle Wirtschaftsgüter erfolgt. Gleiches gilt für den Fall, dass ein wesentliches Wirtschaftsgut einem Betrieb der Land- und Forstwirtschaft nicht mehr dauernd zu dienen bestimmt ist. An die Stelle des Veräußerungserlöses tritt der gemeine Wert des einzelnen Wirtschaftsguts. Eine Verwendung im betrieblichen Interesse ist auch dann anzunehmen, wenn ein Veräußerungserlös zur Tilgung betrieblicher Verbindlichkeiten i. S. des § 158 Abs. 5 BewG eingesetzt wird.

5.3.5.10 Bewertung des Wohnteils und der Betriebswohnungen

Die beim Grundvermögen für die Bewertung von Wohngrundstücken geltenden §§ 182 bis 196 BewG sind gem. § 167 Abs. 1 BewG bei der Ermittlung des Werts der Betriebswohnungen und des Wohnteils anzuwenden (wegen der Zugehörigkeit von Gebäuden und Gebäudeteilen eines Betriebs der Land- und Forstwirtschaft zu den

---

[236] Zur Berechnung des Liquidationswerts siehe R B 166 ErbStR 2011, H B 166 ErbStH 2011.
[237] Zur Berechnung des Liquidationswerts siehe R B 166 ErbStR 2011.

5 Wertermittlung

Betriebswohnungen und zum Wohnteil siehe R B 160.21 und R B 160.22 ErbStR 2011).

Für **Betriebswohnungen und den Wohnteil** ist der zugehörige Grund und Boden (R B 160.21 Abs. 1, R B 160.22 Abs. 6 ErbStR 2011) jeweils gesondert zu ermitteln. Für die Betriebswohnungen und den Wohnteil richtet sich die Abgrenzung vom Wirtschaftsteil nach der Verkehrsauffassung. Es können die ertragsteuerrechtlich getroffenen Entscheidungen zugrunde gelegt werden. Der Grund und Boden wird auf das Fünffache der bebauten Fläche der jeweils zu bewertenden Wohngebäude begrenzt.

Beispiel:

Ein vom Betriebsleiter genutztes eingeschossiges Einfamilienhaus mittleren Ausstattungsstandards befindet sich auf einer 10.000 m² großen Hofstelle. Das Haus (Baujahr 1984) verfügt über einen Keller und ein nicht ausgebautes Dachgeschoss. Die Brutto-Grundfläche beträgt 100 m² je Geschoss. Der zuletzt vor dem Bewertungsstichtag ermittelte Bodenrichtwert beträgt für das maßgebliche Grundstück 175 €/m². Zum 31.12.1998 wurden das Haus und der Hausgarten mit insgesamt 1.140 m² steuerfrei aus dem ertragsteuerlichen Betriebsvermögen entnommen. Vom Gutachterausschuss stehen weder geeignete Vergleichswerte noch örtliche Sachwertfaktoren zur Verfügung. Der Erbfall tritt am 03.01.2009 ein.

Das im Sachwertverfahren zu bewertende Einfamilienhaus des Betriebsleiters gehört zum Wohnteil des Betriebs der Land- und Forstwirtschaft. Zur Abgrenzung des Wohnteils vom Wirtschaftsteil ist die Verkehrsanschauung heranzuziehen. Der Flächenansatz ist auf das Fünffache der bebauten Fläche zu begrenzen (§ 167 Abs. 2 BewG).

1. Berechnung der maßgeblichen Fläche für den Wohnteil

Prüfung der Höchstgrenze

1. Bebaute Fläche des Grundstücks lt. Kataster	100 m²
2. Hausgarten	1.040 m²
Summe	1.140 m²
maximal das Fünffache der bebauten Fläche	500 m²

2. Berechnung des Sachwerts für den Wohnteil

Für die wirtschaftlichen Einheiten des land- und forstwirtschaftlichen Vermögens, wozu auch der Wohnteil gehört (§ 168 Abs. 1 Nr. 3 BewG), ist der Grundbesitzwert gem. § 151 Abs. 1 Nr. 1, § 157 Abs. 1 BewG festzustellen und gem. § 157 Abs. 2 i. V. m. § 167 BewG unter Anwendung der §§ 182 bis 197 BewG zu ermitteln. Nach § 151 Abs. 2 Nr. 1 und 2 BewG sind dabei auch Feststellungen über die Art und die Zurechnung zu treffen.

Bodenwert inkl. Außenanlagen (§§ 179, 189 Abs. 2 BewG):

Bodenrichtwert:	175 €/m²	
× maßgebliche Grundstücksfläche	500 m²	
Bodenwert		87.500 €

Gebäudesachwert (§ 190 Abs. 1 und 2 BewG):

Flächenpreis Regelherstellungskosten 2007 lt. Anlage 24 BewG:	690 €/m²

5.3 Bewertung – § 12 ErbStG

Brutto-Grundfläche: (Keller, Erdgeschoss, Dachgeschoss je 100 m²) davon Alterswertminderung: Verhältnis der tatsächlichen Nutzungsdauer zur Gesamtnutzungsdauer = 25 Jahre/80 Jahre	× 300 m² 31,25 %	207.000 € − 64.688 €
Gebäudesachwert		142.312 €
Vorläufiger Sachwert (§ 189 Abs. 3 BewG):		
Bodenwert		87.500 €
Gebäudesachwert		142.312 €
vorläufiger Sachwert		229.812 €
Sachwert		
vorläufiger Sachwert		229.812 €
Wertzahl lt. Anlage 25 zum BewG ×	0,9	
Sachwert		206.831 €

Zur Bewertung der Betriebswohnungen siehe auch R B 160.21 ErbStR 2011, zu Ermäßigungen für Besonderheiten (§ 167 Abs. 3 BewG) siehe R B 167.2 ErbStR 2011.

5.3.5.11 Öffnungsklausel für den Wohnteil und die Betriebswohnungen

Für die Betriebswohnungen oder den Wohnteil des Betriebs der Land- und Forstwirtschaft kann abweichend von der Wertermittlung nach den §§ 179 und 182 bis 196 BewG der niedrigere gemeine Wert (Verkehrswert/Marktwert) am Bewertungsstichtag angesetzt werden, wenn der Steuerpflichtige diesen nachweist (§ 167 Abs. 4 BewG). Siehe hierzu die Ausführungen zum Wirtschaftsteil.

Als Nachweis ist regelmäßig ein Gutachten des örtlich zuständigen Gutachterausschusses oder eines Sachverständigen für die Bewertung von Grundstücken erforderlich. Das Gutachten ist für die Feststellung des Grundbesitzwerts nicht bindend, sondern unterliegt der Beweiswürdigung durch das Finanzamt. Enthält das Gutachten Mängel (z. B. methodische Mängel oder unzutreffende Wertansätze), ist es zurückzuweisen; ein Gegengutachten durch das Finanzamt ist nicht erforderlich (siehe auch schon 5.3.3.9 unter Buchstabe c).

Für den Nachweis des niedrigeren gemeinen Werts gelten grundsätzlich die aufgrund des § 199 Abs. 1 des BauGB erlassenen Vorschriften. Nach Maßgabe dieser Vorschriften besteht insoweit die Möglichkeit, **sämtliche wertbeeinflussenden Umstände** zur Ermittlung des gemeinen Werts (Verkehrswerts) von Grundstücken zu berücksichtigen. Hierzu gehören auch die den Wert beeinflussenden Rechte und Belastungen privatrechtlicher und öffentlich-rechtlicher Art, wie z. B. Grunddienstbarkeiten und persönliche Nutzungsrechte. Ein Einzelnachweis zu Bewertungsgrundlagen nach §§ 179 und 182 bis 196 BewG, z. B. hinsichtlich der Bewirtschaftungskosten, kommt nicht in Betracht.

Ein im gewöhnlichen Geschäftsverkehr innerhalb eines Jahres vor oder nach dem Bewertungsstichtag zustande gekommener **Kaufpreis** über den entsprechenden Teil der wirtschaftlichen Einheit kann als Nachweis dienen. Ist ein Kaufpreis außerhalb dieses Zeitraums im gewöhnlichen Geschäftsverkehr zustande gekommen und sind die maßgeblichen Verhältnisse hierfür gegenüber den Verhältnissen zum Bewertungsstichtag unverändert geblieben, so kann auch dieser als Nachweis des niedrigeren gemeinen Werts dienen. Es bestehen keine Bedenken, diesen Wert regelmäßig ohne Wertkorrekturen zu übernehmen.

5.3.6 Die Bewertung von Grundstücken im Grundvermögen sowie von Betriebsgrundstücken i. S. des § 99 Abs. 1 Nr. 1 BewG

5.3.6.1 Umfang der wirtschaftlichen Einheit

Die gesetzlichen Regeln zur Ermittlung der für die Erbschaftsteuer nach § 12 Abs. 3 ErbStG maßgebenden Grundstückswerte gelten in gleicher Weise für alle Grundstücke, unabhängig davon, ob es sich um private Grundstücke des Grundvermögens handelt oder Betriebsgrundstücke i. S. des § 99 Abs. 1 Nr. 1 BewG.[238]

Die wirtschaftliche Einheit bei der Bedarfsbewertung ist das Grundstück. Der Begriff „Grundstück" ist dabei nicht identisch mit dem Begriff Grundstück im Sinne des bürgerlichen Rechts. Maßgebend ist nach § 2 Abs. 1 BewG, was als wirtschaftliche Einheit nach den Anschauungen des Verkehrs anzusehen ist.

Nach § 2 Abs. 2 BewG kann zu einer wirtschaftlichen Einheit nur Grundbesitz zusammengefasst werden, der demselben Eigentümer (denselben Eigentümern) gehört (R B 176.2 Abs. 1 ErbStR 2011).

Was mit dem Ansatz des Grundbesitzwerts erfasst und abgegolten ist, ergibt sich aus § 176 BewG. Das sind:[239]

- Grund und Boden,
- Gebäude,
- sonstige Bestandteile (z. B. Außenanlagen[240]) und das
- Zubehör.

Nicht dazu gehören die Betriebsvorrichtungen (§ 176 Abs. 2 Nr. 2 BewG), die also erbschaftsteuerlich neben dem Wirtschaftsgut Grundstück (Grundbesitzwert) gesondert zu erfassen sind.[241]

---

238 Siehe hierzu auch Broekschen/Maiterth, StuW 2010 S. 33; Brüggemann, ErbBstg 2009 S. 210; Drosdzol, DStR 2009 S. 1405; Eisele, NWB 2009 S. 4087 und StW 2009 S. 211; Halaczinsky, ErbStB 2009 S. 303, Hecht/von Cölln, BB 2009 S. 1667; Krause/Grootens, NWB-EV 2010 S. 56, S. 278 und S. 304 sowie NWB-EV 2010 S. 239 und 295; Siegmund/Zipfel, BB 2009 S. 2454; Siegmund/Ungemach, DStZ 2009 S. 475; Szymborski, Stbg 2009 S. 547; Tremel, ZEV 2009 S. 445.
239 Siehe auch R B 176.1 und 176.2 ErbStR 2011.
240 BFH vom 09.04.1997, BStBl 1997 II S. 452.
241 Vgl. zur Abgrenzung gleichlautende Ländererlasse vom 15.03.2006, BStBl 2006 I S. 314.

5.3 Bewertung – § 12 ErbStG

Bei der Bewertung des Grundvermögens ist gem. § 177 BewG der gemeine Wert nach § 9 BewG zugrunde zu legen. Die Finanzverwaltung geht davon aus, dass dieser nunmehr inhaltlich dem Verkehrswert (Marktwert) nach § 194 BauGB entspricht (R B 177 ErbStR 2011), gleichwohl bleibt abzuwarten, ob sie diesem Grundsatz auch konsequent folgen wird, wenn für Grundstücke im Verhältnis zum festgestellten Grundbesitzwert deutlich höhere Kaufpreise realisiert werden.

Eine Abrundung des ermittelten Werts erfolgt lediglich auf volle Euro zugunsten des Steuerpflichtigen (R B 179.3 Abs. 1 Satz 2 ErbStR 2011).

5.3.6.2 Unbebaute Grundstücke

Unbebaute Grundstücke (§§ 178, 179 BewG) sind

- Grundstücke, auf denen sich keine (benutzbaren) Gebäude befinden;
- Grundstücke, auf denen zur Nutzung vorgesehene Gebäude im Bau befindlich sind;
- Grundstücke mit Gebäuden, die keiner oder nur einer unbedeutenden Nutzung zugeführt werden können – unbedeutend: Jahresmiete (übliche Miete) weniger als 1 % des normalen Werts für ein unbebautes Grundstück (s. nachstehend).

Zu Einzelfragen siehe R B 178 ErbStR 2011. Unbebaute Grundstücke werden gem. § 179 BewG – soweit möglich – mit dem zuletzt vor dem Besteuerungszeitpunkt zu ermittelnden Bodenrichtwert angesetzt, die von den Gutachterausschüssen aus den von ihnen zu führenden Kaufpreissammlungen abgeleitet werden (§ 193 Abs. 3 i. V. m. § 196 Abs. 1 BauGB). Maßgeblich ist also der Bodenrichtwert, dessen turnusmäßige Ermittlung dem Bewertungsstichtag vorausging.[242]

Die Bodenrichtwerte werden nach den Bestimmungen des Baugesetzbuchs und hierzu ergangener landesrechtlicher Ausführungsvorschriften **weiterhin** regelmäßig im Abstand von zwei Jahren von den Gutachterausschüssen ermittelt. Die Länder sind allerdings ermächtigt zu bestimmen, dass die Bodenrichtwerte häufiger (z. B. jährlich) ermittelt werden.

§ 196 Abs. 1 BauGB sieht vor, dass zukünftig aufgrund der Kaufpreissammlung flächendeckend Bodenrichtwerte zu ermitteln sind, insbesondere auch für baureifes Land und land- und forstwirtschaftlich genutzte Flächen. Für Bauerwartungsland und Rohbauland ist zumindest zu gewährleisten, dass die Bodenrichtwerte deduktiv ermittelbar sind.

Der bis 2009 gewährte Abschlag von 20 % ist durch das ErbStRG 2009 entfallen.

Beispiel:
Bodenrichtwert/m^2 300 €
× Fläche   1.000 m^2
Grundbesitzwert 300 €/m^2 × 1.000 m^2 =   300.000 €

---

242 Zu Einzelheiten – insbesondere wertbeeinflussende Maßnahmen wie z. B. abweichende Geschossflächenzahlen – siehe R B 179.2 ErbStR 2011.

5 Wertermittlung

Können für Flächen keine Bodenrichtwerte ermittelt werden, ist der Bodenwert aus den Werten vergleichbarer Flächen abzuleiten (§ 179 Satz 2 BewG und R B 179.3 Abs. 2 ErbStR 2011).

5.3.6.3 Bebaute Grundstücke

Die bebauten Grundstücke werden in § 181 Abs. 1 und 2 BewG (siehe R B 181.1 und 181.2 ErbStR 2011) wie folgt unterschieden:

Grundstücksart	Voraussetzungen
1. Ein- und Zweifamilienhäuser	– Wohngrundstücke mit bis zu zwei Wohnungen; – Mitbenutzung zu anderen als Wohnzwecken, also zu betrieblichen oder öffentlichen Zwecken zu **weniger als 50 %** – berechnet nach der **Wohn- oder Nutzfläche** – ist unschädlich, soweit dadurch nicht die Eigenart als Ein- oder Zweifamilienhaus wesentlich beeinträchtigt wird; kein Wohnungseigentum nach Nr. 3.
2. Mietwohngrundstücke	– Grundstücke, die zu mehr als 80 % – berechnet nach der Wohn- oder Nutzfläche – Wohnzwecken dienen und nicht Ein- und Zweifamilienhäuser i. S. der Nr. 1 oder Wohnungseigentum nach Nr. 3 sind.
3. Wohnungs- und Teileigentum	– Wohnungseigentum ist das Sondereigentum an einer Wohnung in Verbindung mit dem Miteigentumsanteil an dem gemeinschaftlichen Eigentum, zu dem es gehört (§ 1 Abs. 2 WEG). – Teileigentum ist das Sondereigentum an nicht zu Wohnzwecken dienenden Räumen eines Gebäudes in Verbindung mit dem Miteigentum an dem gemeinschaftlichen Eigentum, zu dem es gehört (§ 1 Abs. 3 WEG).
4. Geschäftsgrundstücke	– Grundstücke, die zu mehr als 80 % – berechnet nach der Wohn- oder Nutzfläche – eigenen oder fremden betrieblichen oder öffentlichen Zwecken dienen und nicht Teileigentum nach Nr. 3 sind.
5. Gemischt genutzte Grundstücke	– Grundstücke, die teils Wohnzwecken, teils eigenen oder fremden betrieblichen oder öffentlichen Zwecken dienen und keine Grundstücke i. S. der Nr. 1 bis 4 sind.
6. Sonstige bebaute Grundstücke	– Grundstücke, die nicht unter die Nr. 1 bis 5 fallen.

Die Abgrenzung der Grundstücksarten ist nach dem **Verhältnis der Wohn- und Nutzfläche** vorzunehmen. Maßgeblich ist die Wohnfläche nach der Wohnflächenverordnung (WoFlV). Ist die Wohnfläche bis zum 31.12.2003 nach der II. Berechnungsverordnung (II. BV) berechnet worden, bleibt es bei dieser Berechnung (§ 5 WoFlV). Abzustellen ist auf die tatsächliche Nutzung am Bewertungsstichtag.

5.3 Bewertung – § 12 ErbStG

5.3.6.4 Bewertungsmethoden für bebaute Grundstücke
Der Wert der bebauten Grundstücke ist gem. § 182 Abs. 1 BewG nach
- dem Vergleichswertverfahren (§ 182 Abs. 2 und § 183 BewG),
- dem Ertragswertverfahren (§ 182 Abs. 3 und §§ 184 bis 188 BewG) oder
- dem Sachwertverfahren (§ 182 Abs. 4 und §§ 189 bis 191 BewG)

zu ermitteln.

5.3.6.5 Vergleichswertverfahren
Das Vergleichswertverfahren (§ 182 BewG) kommt bei der Ermittlung des gemeinen Werts von bebauten Grundstücken nur bei Grundstücken in Betracht, die mit weitgehend gleichartigen Gebäuden bebaut sind und bei denen sich der Grundstücksmarkt an Vergleichswerten orientiert. Das Vergleichswertverfahren ist daher regelmäßig für

- Wohnungseigentum,
- Teileigentum sowie
- Ein- und Zweifamilienhäuser

anzuwenden. Grundlage sind vorrangig die von den Gutachterausschüssen mitgeteilten Vergleichspreise (§ 183 Abs. 2 BewG). Es können auch von den Gutachterausschüssen zu ermittelnde Vergleichsfaktoren herangezogen werden (§ 183 Abs. 3 BewG).

Beim Vergleichspreisverfahren wird der Kaufpreis von anderen Grundstücken herangezogen, die hinsichtlich der ihren Wert beeinflussenden Merkmale (z. B. Lage, Nutzung, Bodenbeschaffenheit, Zuschnitt) hinreichend mit dem zu vergleichenden Grundstück übereinstimmen (§ 183 Abs. 1 BewG). Besonderheiten, insbesondere die den Wert beeinflussende Belastungen privatrechtlicher und öffentlich-rechtlicher Art, werden nicht berücksichtigt. Dies geht nur über ein Sachverständigengutachten (siehe 5.3.6.11).

Anstelle von Vergleichspreisen können auch Vergleichsfaktoren herangezogen werden, die vom örtlichen Gutachterausschuss für Grundstückswerte für geeignete Bezugseinheiten, z. B. die Wohnfläche (Gebäudefaktor) oder den erzielbaren jährlichen Ertrag (Ertragsfaktor), ermittelt und mitgeteilt werden (§ 183 Abs. 2 BewG).

Beispiel 1:[243]
Ein freistehendes Einfamilienhaus inklusive Garage ist auf den 01.04.2009 für Zwecke der Erbschaftsteuer zu bewerten.
Bisher wurde es vom Erblasser ausschließlich zu eigenen Wohnzwecken genutzt. Es weist eine Wohnfläche von 120 m^2 auf und wurde 1991 fertig gestellt.
Das Grundstück ist 500 m^2 groß. Der zuletzt festgestellte Bodenrichtwert beträgt 270 € pro m^2. Die ortsübliche Miete für ein vergleichbares Objekt beläuft sich laut Mietspiegel auf 7,50 € pro m^2 Wohnfläche (inklusive der Garagenmiete).

---
243 Vgl. Krause, Ingo/Grootens, Mathias, BBEV 2008 S. 168 ff.

5 Wertermittlung

Der zuständigen Gutachterausschuss hat in seinem aktuellen Grundstücksmarktbericht folgende Angaben zu bebauten Grundstücken gemacht (Auszug):

Alter	Vergleichspreise für freistehende Ein- und Zweifamilienhäuser (Vergleichswerte je m² Wohnfläche)			
	Bodenrichtwerte €/m²			
	150 bis 199	200 bis 249	250 bis 299	ab 300
bis 10 Jahre	2.080 €	2.320 €	2.570 €	2.810 €
11 – 20 Jahre	1.960 €	2.200 €	**2.440 €**	2.680 €
21 – 30 Jahre	1.790 €	2.030 €	2.270 €	2.520 €
31 – 40 Jahre	1.720 €	1.960 €	2.210 €	2.450 €
41 – 50 Jahre	1.570 €	1.810 €	2.050 €	2.300 €

Die Vergleichspreise beinhalten den Wert der baulichen Anlagen und des Grund und Bodens, bezogen auf ein freistehendes Ein- und Zweifamilienhaus mit den folgenden Eigenschaften (typisches Vergleichsobjekt): Bezugsjahr 2006; Wohnfläche 140 m²; Grundstücksfläche 600 m². Für den Fall, dass das einzelne Grundstück von dem typischen Vergleichsobjekt abweicht, hat der Gutachterausschuss die nachfolgenden Anpassungstabellen vorgegeben:

Tabelle 1: Abweichungen in Bezug auf die **Wohnfläche** im Vergleich zum typischen Vergleichsobjekt. Der Zu-/Abschlag bezieht sich auf den Vergleichspreis je m² Wohnfläche.

Abweichung	Folge	Abweichung	Folge
– 10 m²	+ 50 €/m²	+ 10 m²	– 50 €/m²
– 20 m²	+ 100 €/m²	+ 20 m²	– 110 €/m²
– 30 m²	+ 140 €/m²	+ 30 m²	– 180 €/m²
– 40 m²	+ 180 €/m²	+ 40 m²	– 240 €/m²
– 50 m²	+ 215 €/m²	+ 50 m²	– 315 €/m²

Tabelle 2: Abweichungen in Bezug auf die **Grundstücksfläche** im Vergleich zum typischen Vergleichsobjekt. Der Zu-/Abschlag bezieht sich auf den Vergleichspreis je m² Wohnfläche.

Abweichung	Folge	Abweichung	Folge
– 50 m²	– 30 €/m²	+ 50 m²	+ 30 €/m²
– 100 m²	– 60 €/m²	+ 100 m²	+ 60 €/m²
– 150 m²	– 90 €/m²	+ 150 m²	+ 90 €/m²
– 200 m²	– 120 €/m²	+ 200 m²	+ 120 €/m²
– 250 m²	– 150 €/m²	+ 250 m²	+ 150 €/m²

5.3 Bewertung – § 12 ErbStG

Berechnung

Vergleichspreis laut Gutachterausschuss in Abhängigkeit des Alters und des Bodenrichtwertes vor Zu- und Abschlägen	2.440 €/m^2
Zuzüglich Zuschlag für die Abweichung bei der Wohnfläche laut Anpassungstabelle 1; Differenz zwischen Einfamilienhaus und typisiertem Vergleichsobjekt: – 20 m^2	+ 100 €/m^2
Abzüglich Abschlag für die Abweichung bei der Grundstücksfläche laut Anpassungstabelle 2; Differenz zwischen Einfamilienhaus und typisiertem Vergleichsobjekt: – 100 m^2	– 60 €/m^2
Maßgeblicher Vergleichspreis je m^2 Wohnfläche für das Einfamilienhaus	2.480 €/m^2
Grundbesitzwert: Wohnfläche × Vergleichspreis = 120 m^2 × 2.480 €/m^2	297.600 €

Beispiel 2 (H B 183 (4) ErbStH 2011):
Der Grundstücksmarktbericht des örtlichen Gutachterausschusses für Grundstückswerte enthält im Zusammenhang mit der Darstellung von Vergleichsfaktoren für Wohnungseigentum u. a. folgende Angaben:

1. Definition der Musterwohnung:

- Größe (Wohnfläche): 80 m^2
- Geschosslage: 1. Obergeschoss
- Ausstattung: durchschnittlich (mittel)
- Unterhaltungszustand: baujahrtypisch
- Vermietung: unvermietet
- Garage/Stellplatz: nicht enthalten

2. Vergleichsfaktoren je Quadratmeter Wohnfläche

Die Werte sind umgerechnet auf die definierte Musterwohnung.		Baujahrsklasse	
		1920 bis 1944	1945 bis 1960
Stadtbezirk	Wohnlage	€/m^2 Wohnfläche	
A	gut	1.700	1.800
	mittel	1.500	1.600
	einfach	1.350	1.500
B	gut	1.900	1.850
	mittel	1.700	1.650
	einfach	1.500	1.550
Garagen und Stellplätze sind bei diesen Werten nicht berücksichtigt.			

5 Wertermittlung

3. Anwendung der Vergleichsfaktoren

Liegt z. B. eine im Jahr 1950 errichtete Eigentumswohnung (Wohnungseigentum) mit einer Wohnfläche von 70 m^2 im Stadtbezirk A in guter Wohnlage, weicht sie im Vergleich zur Musterwohnung mit einer Differenz von 10 m^2 geringfügig ab (Abweichung nicht mehr als 20 % von 80 m^2). Deshalb kann der Vergleichswert (Grundbesitzwert) unmittelbar durch Anwendung des Vergleichsfaktors ermittelt werden:

70 m^2 Wohnfläche × 1.800 €/m^2 = 126.000 €

Würde die Wohnfläche der zu bewertenden Eigentumswohnung (Wohnungseigentum) nur 60 m^2 betragen (Abweichung im Vergleich zur Musterwohnung über 20 % von 80 m^2), wäre eine Anwendung des Vergleichsfaktors nur möglich, wenn der Gutachterausschuss zusätzlich entsprechende Umrechnungskoeffizienten hinsichtlich unterschiedlicher Wohnflächen ermittelt und mitgeteilt hat.

5.3.6.6 Ertragswertverfahren

Beim Ertragswertverfahren (§§ 184 bis 188 BewG) wird der Wert von bebauten Grundstücken auf der Grundlage des für diese Grundstücke nachhaltig erzielbaren Ertrags ermittelt. Das Ertragswertverfahren kommt insbesondere bei bebauten Grundstücken in Betracht, bei denen der nachhaltig erzielbare Ertrag für die Werteinschätzung am Grundstücksmarkt im Vordergrund steht (typische Renditeobjekte). Das Ertragswertverfahren ist daher regelmäßig für Mietwohngrundstücke sowie Geschäftsgrundstücke und gemischt genutzte Grundstücke, für die sich auf dem örtlichen Grundstücksmarkt eine übliche Miete ermitteln lässt, anzuwenden. Der Ertragswert ist gem. § 184 BewG der Bodenwert und der Gebäudeertragswert.

a) Überblick über das Verfahren

Rohertrag (Jahresmiete bzw. übliche Miete) (§ 185 Abs. 1, § 186 BewG)

./.

Bewirtschaftungskosten (§ 185 Abs. 1, § 187 BewG)

=

Reinertrag des Grundstücks (§ 185 Abs. 1 BewG)

./.

Bodenwertverzinsung / Bodenwert × Liegenschaftszinssatz (§ 179, § 185 Abs. 2, § 188 BewG)

=

Bodenrichtwert (ggf. angepasster Bodenwert)	Gebäudereinertrag (≥ 0 Euro) (§ 185 Abs. 2 BewG)
×	×

5.3 Bewertung – § 12 ErbStG

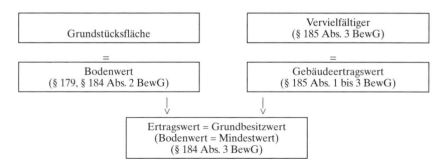

b) Berechnungsbeispiel

Das Verfahren sei an einem Berechnungsbeispiel verdeutlicht, bevor auf Einzelfragen eingegangen wird.

Beispiel:
Ein Mietwohngrundstück mit 4 Wohnungen und einer bezogen auf das Gebäude angemessenen Größe von 1.000 m^2, Bodenwert 400 €/m^2, Jahresnettokaltmiete 48.000 €, Baujahr 1979 wird an das Kind S vererbt. Der Erbfall tritt am 14. Februar ein.

Lösung:
Für die wirtschaftlichen Einheiten des Grundvermögens ist der Grundbesitzwert gem. § 151 Abs. 1 Nr. 1, § 157 Abs. 1 BewG festzustellen. Nach § 151 Abs. 2 Nr. 1 und 2 BewG sind dabei auch Feststellungen über die Art und die Zurechnung zu treffen. Gemäß § 12 Abs. 3 ErbStG ist der Wert mit dem auf den Bewertungsstichtag festzustellenden Wert anzusetzen. Bewertungsstichtag ist gem. §§ 11, 9 Abs. 1 Nr. 1 BewG der 14.02.2009. Die wirtschaftliche Einheit umfasst den Grund und Boden, die Gebäude, die sonstigen Bestandteile und das Zubehör (§ 176 Abs. 1 BewG). Der Wertermittlung ist gem. § 177 BewG der gemeine Wert zugrunde zu legen und gem. § 157 Abs. 3 BewG unter Anwendung der §§ 159 und 176 bis 198 BewG zu ermitteln. Für die Ermittlung der Restnutzungsdauer des Gebäudes ist zu beachten, dass die Finanzverwaltung davon ausgeht, dass als Zeitpunkt der Bezugsfertigkeit des Gebäudes stets der 1. Januar des Jahres der Bezugsfertigkeit anzunehmen ist (Abschn. 23 Abs. 1 Satz 2 AEBewGrV).

Bodenwert (§ 184 Abs. 2, § 179 BewG):
Bodenwert = Fläche × Bodenrichtwert/m^2 400.000 €

Gebäudeertragswert (§§ 185 bis 188 BewG):
Rohertrag (§ 186 Abs. 1 BewG) = Jahresnettokaltmiete   48.000 €
⁒ Bewirtschaftungskosten (§ 187 Abs. 1 und 2 BewG)
Pauschalierung nach Anlagen 23 und 22 zum BewG,
Grundstücksart: Mietwohngrundstück
Bezugsfertigkeit des Gebäudes: 1979
Alter des Gebäudes: 30 Jahre
Gesamtnutzungsdauer: 80 Jahre
Restnutzungsdauer 50 Jahre =   Ansatz mit 23 %

(Die Mindest-Restnutzungsdauer – § 185 Abs. 3 Satz 5 BewG – ist
niedriger, denn sie beträgt 30 % von 80 Jahren = 24 Jahre)   – 11.040 €

5 Wertermittlung

Reinertrag (§ 185 Abs. 1 BewG)	36.960 €
∕. Verzinsung des Bodenwerts (§ 188 BewG) = Liegenschaftszinssatz (§ 188 Abs. 2 Satz 2 Nr. 1 BewG) 5 % × 400.000 €	− 20.000 €
Gebäudereinertrag (§ 185 Abs. 2 BewG)	16.960 €
Kapitalisierungsfaktor (Vervielfältiger) gem. Anlage 21 BewG 18,26	
Gebäudeertragswert (§ 185 Abs. 3 BewG)	309.689 €
Ertragswert des Grundstücks (§ 184 BewG):	
Bodenwert	400.000 €
Gebäudeertragswert	309.689 €
Ertragswert	709.689 €

Art und Zurechnung:
Der Art nach handelt es sich hier um ein Mietwohngrundstück (§ 181 Abs. 1 Nr. 2, § 181 Abs. 3 BewG). Die Zurechnung erfolgt auf den Erben S (R B 151.2 Abs. 2 Nr. 1 ErbStR 2011).

Feststellungen:
Gemäß § 12 Abs. 3 ErbStG i. V. m. § 151 Abs. 1 Nr. 1 und Abs. 2, § 157 Abs. 1 BewG sind folgende Feststellungen zu treffen:

Wert:	709.689 €
Art:	Mietwohngrundstück
Zurechnung:	S

c) Rohertrag (§ 186 Abs. 1 BewG)

Rohertrag ist das **Entgelt, das der Mieter oder Pächter für die Benutzung des bebauten Grundstücks** nach den am Bewertungsstichtag geltenden vertraglichen Vereinbarungen, **umgerechnet auf zwölf Monate, zu zahlen hat.** Unter Jahresmiete ist nicht die tatsächlich vereinnahmte, sondern die vertraglich vereinbarte Miete zu verstehen. Mietausfälle mindern die Jahresmiete daher nicht.

Die Jahresmiete ist das Gesamtentgelt für die Nutzung des Grundstücks. Es sind daher auch Mieteinnahmen für Stellplätze und Nebengebäude (z. B. Garagen) zu erfassen.

Einnahmen für die Überlassung von Betriebsvorrichtungen und Einrichtungsgegenständen gehören dagegen nicht zur Jahresmiete **(zu Einzelfragen siehe** R B 186.1 ErbStR 2011). Das gilt auch für **gewerblich, freiberuflich oder öffentlich genutzte Grundstücke oder Grundstücksteile** (R B 186.3 ErbStR 2011).

d) Betriebskosten

Nicht zum Entgelt gehören die als Umlage gezahlten **Betriebskosten** i. S. des § 27 II. BV oder § 2 BetrKV, die neben der Miete mit dem Mieter abgerechnet werden können (umlagefähige Betriebskosten). Sind die Betriebskosten ganz oder teilweise in der vereinbarten Miete enthalten, sind sie herauszurechnen. Werden Betriebskosten pauschal erhoben und nicht mit dem Mieter abgerechnet, sind sie im Entgelt zu erfassen; die tatsächlich angefallenen Betriebskosten sind davon abzuziehen.

5.3 Bewertung – § 12 ErbStG

Instandsetzungs- und Verwaltungskosten sowie das Mietausfallwagnis (nicht umlagefähige Bewirtschaftungskosten) werden erst im Rahmen des § 187 BewG berücksichtigt.

Werden **Instandsetzungs- und Instandhaltungskosten** jedoch vom Mieter getragen (Triple-Net-Vereinbarungen), sind diese Kosten – ggf. mit einem pauschalen Zuschlag – in die Jahresmiete einzurechnen. Dies gilt nicht für die üblichen Schönheitsreparaturen bei Wohnraum (R B 186.2 Abs. 2 ErbStR 2011).

e) Übliche Miete (§ 186 Abs. 2 BewG)

Die übliche Miete ist anzusetzen für Grundstücke oder Grundstücksteile

- die eigengenutzt, ungenutzt (Leerstand, Modernisierung), zum vorübergehenden Gebrauch (Ferienwohnung) oder unentgeltlich überlassen sind,
- die der Eigentümer dem Mieter zu einer um mehr als 20 % (sowohl nach unten als auch nach oben) von der üblichen Miete abweichenden tatsächlichen Miete überlassen hat.

Von der 20 %-Regel werden nicht nur die Fälle der Vermietung an Angehörige, sondern auch häufig Vermietungen von natürlichen Personen an eine Personen- oder Kapitalgesellschaft, an der sie – teils maßgeblich – beteiligt sind, betroffen sein (zu den Folgen der Vermietung zu einem erhöhten Mietzins in Fällen der Betriebsaufspaltung siehe R B 186.1 Abs. 2 ErbStR 2011 und H B 186.1 ErbStH 2011).

Die Ermittlung der üblichen Miete erfolgt aus Vergleichsmieten, Mietspiegeln, Mietdatenbanken oder Mietgutachten (R B 186.4 Abs. 3 ErbStR 2011; H B 186.5 ErbStH 2011).

Beispiel 1:
In einem Mietwohngrundstück befinden sich vier vergleichbare Wohnungen. Drei Wohnungen sind vermietet, zu 5,50 €, 9,00 € und 10 €/m^2 Wohnfläche. Eine Wohnung ist selbstgenutzt. Die übliche Miete für vergleichbare Wohnungen beträgt nach dem Mietspiegel 12 €/m^2.

Wohnung	Vereinbarte Nettokaltmiete	Übliche Miete falls < 9,60 €	Anzusetzende Vergleichsmiete
Wohneinheit 1	5,50 €	12 €	12 €
Wohneinheit 2	9,00 €	12 €	12 €
Wohneinheit 3	11,00 €		11 €
Wohneinheit 4	—	12 €	12 €

5 Wertermittlung

Beispiel 2:
V besitzt eine Ferienwohnung, die zum vorübergehenden Gebrauch dauernd wechselnden Mietern überlassen wird.

Zeitraum	Miete pro Woche	Anzahl der Wochen der jeweiligen Saison	Durchschnittliche Auslastung des Objekts	Übliche Miete (Spalte 2 × 3 × 4)
1	2	3	4	5
Vor-/und Nachsaision	500,00 €	14	50 %	3.500,00 €
Hauptsaison	900,00 €	14	80 %	10.080,00 €
Nebensaison	350,00 €	24	20 %	1.680,00 €
Summe		52		15.260,00 €

Als übliche Miete im Besteuerungszeitpunkt für den Zeitraum von 12 Monaten ist ein Betrag von 15.260 € anzusetzen.

f) Bewirtschaftungskosten (§ 187 BewG)

Die im Rahmen des Ertragswertverfahrens anzusetzenden Bewirtschaftungskosten sind die bei gewöhnlicher Bewirtschaftung nachhaltig entstehenden **Verwaltungskosten, Betriebskosten, Instandhaltungskosten und das Mietausfallwagnis**; durch Umlagen gedeckte Betriebskosten bleiben – wie bei der Ermittlung des Rohertrags – unberücksichtigt. Zinsen für Hypothekendarlehen und Grundschulden oder sonstige Zahlungen für auf dem Grundstück lastende privatrechtliche Verpflichtungen bleiben ebenfalls außer Ansatz.

(2) Die Bewirtschaftungskosten sind pauschal nach **Erfahrungssätzen** anzusetzen; eine Berücksichtigung in tatsächlich entstandener Höhe kommt nicht in Betracht. Sofern vom örtlichen Gutachterausschuss geeignete Erfahrungssätze vorliegen, sind diese zugrunde zu legen. Stehen diese nicht zur Verfügung, ist von den pauschalierten Bewirtschaftungskosten nach Anlage 23 BewG auszugehen. Maßgebend für die Anwendung der Anlage 23 BewG sind die Grundstücksart und die Restnutzungsdauer des Gebäudes. Die Mindest-Restnutzungsdauer nach § 185 Abs. 3 Satz 5 BewG ist hierbei zu berücksichtigen.

g) Bodenwertverzinsung

Zur Ermittlung des Gebäudereinertrags ist vom Reinertrag des Grundstücks die Bodenwertverzinsung abzuziehen. Hierzu ist der Bodenwert mit dem angemessenen und nutzungstypischen Liegenschaftszinssatz zu multiplizieren.

Ist das Grundstück wesentlich größer, als es einer den Gebäuden angemessenen Nutzung entspricht, und ist eine zusätzliche Nutzung oder Verwertung der Teilfläche **(selbständig verwertbare Teilfläche)** zulässig und möglich, ohne dass mehrere wirtschaftliche Einheiten vorliegen, ist diese Teilfläche bei der Berechnung des Bodenwertverzinsungsbetrags nicht zu berücksichtigen (§ 185 Abs. 2 Satz 3 BewG).

5.3 Bewertung – § 12 ErbStG

Beispiel:
Wäre im Ausgangsbeispiel das Grundstück statt 1.000 m^2 1.500 m^2 groß, müsste der Bodenwert mit 600.000 € angesetzt, die Bodenwertverzinsung aber weiterhin mit 20.000 € erfolgen, wenn folgende Voraussetzungen erfüllt sind:
- bei dem Grundstück handelt es sich um eine wirtschaftliche Einheit,
- das Grundstück ist wesentlich größer, als es einer den Gebäuden angemessenen Nutzung entspricht, und
- eine zusätzliche Nutzung oder Verwertung der Teilfläche (**selbständig verwertbare Teilfläche**) ist zulässig.

Mithin ist bei der Ermittlung des Betrags der Bodenwertverzinsung nur die der jeweiligen Bebauung zurechenbare Grundstücksfläche anzusetzen. Diese zurechenbare Grundstücksfläche entspricht regelmäßig der bebauten Fläche einschließlich der sog. Umgriffsfläche. **Dabei ist nach – wahrscheinlich nicht widerspruchslos bleibender – Auffassung der Finanzverwaltung (R B 185.1 Abs. 3 ErbStR 2011; siehe auch R B 180 Abs. 4 ErbStR 2011) nicht entscheidend, ob die selbständig nutzbaren Teilflächen baulich nutzbar sind. Vielmehr wird unter einer selbständig nutzbaren Teilfläche jede sinnvolle Nutzung verstanden (Lagerfläche, Abstellfläche, Gartenfläche, Schrebergarten usw.).** Die selbständig nutzbare Teilfläche muss hinreichend groß und so gestaltet sein, dass eine entsprechende Nutzung möglich ist.

Verbleibt nach Abzug der Bodenwertverzinsung kein oder ein negativer Betrag, ist der Gebäudereinertrag mit 0 Euro anzusetzen. Ertragswert des Grundstücks ist somit in diesen Fällen nach § 184 Abs. 3 Satz 2 BewG ausschließlich der Bodenwert (**Mindestwert**).

h) Vervielfältiger

Der Vervielfältiger, mit dem der Gebäudereinertrag kapitalisiert wird, ergibt sich in Abhängigkeit vom Liegenschaftszinssatz (§ 188 BewG, Abschn. 22 AEBewGrV) und der Restnutzungsdauer (R B 185.3 ErbStR 2011). Die Vervielfältiger sind in der Anlage 21 BewG dargestellt.

i) Liegenschaftszinssatz (§ 188 BewG)

Der Liegenschaftszinssatz ist der Zinssatz, mit dem sich das im Verkehrswert des Grundstücks gebundene Kapital verzinst, wobei sich der Zinssatz nach dem aus der Liegenschaft marktüblich erzielbaren Reinertrag im Verhältnis zum Verkehrswert bemisst.

Mit dem Liegenschaftszinssatz werden die allgemein vom Grundstücksmarkt erwarteten künftigen Entwicklungen, insbesondere der Ertrags- und Wertverhältnisse sowie der üblichen steuerlichen Rahmenbedingungen, berücksichtigt.

Der angemessene und nutzungstypische Liegenschaftszinssatz ist nach der Grundstücksart (§ 181 BewG) und der Lage auf dem Grundstücksmarkt zu bestimmen. Dabei ist vorrangig auf den für diese Grundstücksart vom örtlichen Gutachterausschuss für Grundstückswerte ermittelten und veröffentlichten Liegenschaftszinssatz zurückzugreifen. Werden durch den Gutachterausschuss keine geeigneten Liegenschaftszinssätze ermittelt, so sind die **typisierten Liegenschaftszinssätze des § 188 BewG** anzuwenden.

j) Restnutzungsdauer

Die Restnutzungsdauer wird grundsätzlich aus dem **Unterschiedsbetrag zwischen der typisierten wirtschaftlichen Gesamtnutzungsdauer und dem Alter des Gebäudes** am Bewertungsstichtag ermittelt. Als Zeitpunkt der Bezugsfertigkeit kann stets des 01.01. des Jahres zugrunde gelegt werden. Die **typisierte wirtschaftliche Gesamtnutzungsdauer** eines Grundstücks ist der Anlage 22 BewG zu entnehmen (zu weiteren Einzelfragen siehe R B 185.3 ErbStR 2011).

Die Restnutzungsdauer eines noch nutzbaren Gebäudes beträgt nach § 185 Abs. 3 Satz 5 BewG regelmäßig noch **mindestens 30 % der wirtschaftlichen Gesamtnutzungsdauer.** Die Regelung unterstellt einen durchschnittlichen Erhaltungszustand und soll insbesondere bei älteren Gebäuden die Prüfung entbehrlich machen, ob die restliche Lebensdauer infolge baulicher Maßnahmen verlängert wurde. In besonderen Fallgestaltungen, wie z. B. bei bestehender vertraglicher Abbruchverpflichtung für das Gebäude, kann die Mindestrestnutzungsdauer jedoch unterschritten werden.

k) Mehrere Gebäude oder Gebäudeteile

Zu Grundstücken mit mehreren Gebäuden oder Gebäudeteilen siehe R B 185.4 ErbStR 2011.

5.3.6.7 Sachwertverfahren

Beim Sachwertverfahren (§§ 189 bis 191 BewG) wird der Wert von bebauten Grundstücken auf der Grundlage des Substanzwerts – Summe aus Bodenwert und Gebäudesachwert – ermittelt. Sonstige bauliche Anlagen, insbesondere Außenanlagen, und der Wert der sonstigen Anlagen sind regelmäßig mit dem Gebäudewert und dem Bodenwert abgegolten. Das Sachwertverfahren kommt insbesondere bei den bebauten Grundstücken in Betracht, bei denen es für die Werteinschätzung am Grundstücksmarkt nicht in erster Linie auf den Ertrag ankommt, sondern die Herstellungskosten im gewöhnlichen Geschäftsverkehr wertbestimmend sind. Im Sachwertverfahren sind daher

- Wohnungseigentum, Teileigentum sowie Ein- und Zweifamilienhäuser, **soweit ein Vergleichswert nicht vorliegt,**
- Geschäftsgrundstücke und gemischt genutzte Grundstücke, für die sich auf dem örtlichen Grundstücksmarkt keine übliche Miete ermitteln lässt, sowie
- sonstige bebaute Grundstücke

zu bewerten.

Befinden sich auf einem Grundstück nicht nur Gebäude oder Gebäudeteile, die im Ertragswertverfahren zu bewerten sind (Mischfälle), erfolgt die Wertermittlung für die gesamte wirtschaftliche Einheit einheitlich nach dem Sachwertverfahren.

5.3 Bewertung – § 12 ErbStG

Lässt sich für Geschäftsgrundstücke und gemischt genutzte Grundstücke keine übliche Miete ermitteln, kommt es zur Anwendung des Sachwertverfahrens in jedem Fall, wenn eine tatsächliche Vermietung nicht erfolgt ist, weil die Grundstücke eigengenutzt werden, ungenutzt sind oder unentgeltlich überlassen werden und sich eine übliche Miete für diese Grundstücke nicht schätzen lässt, weil es keine Räume gleicher oder ähnlicher Art, Lage und Ausstattung gibt.[244]

Fraglich ist allerdings, ob dies auch gilt, wenn eine tatsächliche Vermietung erfolgt ist. Meines Erachtens ist im Fall der tatsächlichen Vermietung die übliche Miete nur dann anzusetzen, wenn die Überlassung zu einer um mehr als 20 % von der üblichen Miete abweichenden tatsächlichen Miete erfolgt.

Die Finanzverwaltung hat zu dieser Frage in R B 186.1 Abs. 1 ErbStR 2011 ausgeführt, dass in den Fällen der **Betriebsaufspaltung** vorbehaltlich des § 186 Abs. 2 Satz 1 Nr. 2 BewG von der zwischen dem Besitzunternehmen und dem Betriebsunternehmen vertraglich vereinbarten Miete auszugehen ist. Ist das Grundstück oder ein Teil davon am Bewertungsstichtag nicht vermietet (z. B. Leerstand bei Mieterwechsel oder wegen Modernisierung), ist die **übliche Miete** anzusetzen.

Beispiel:
U vermietet als Eigentümer ein Geschäftsgrundstück an die U-GmbH zur Ausübung ihrer gewerblichen Tätigkeit (tatsächliche Miete 20 €/m² Nutzfläche). U ist Alleingesellschafter der U-GmbH. Aufgrund der personellen und sachlichen Verflechtung liegt eine Betriebsaufspaltung vor. Am 15.01.2009 stirbt U, Erbe ist S. Die übliche Miete beträgt 14 €/m².

Da die zwischen Besitz- und Betriebsunternehmen vereinbarte Miete um mehr als 20 % von der üblichen Miete abweicht (Abweichung rd. 43 %), ist die übliche Miete nach § 186 Abs. 2 Satz 1 Nr. 2 BewG zum Bewertungsstichtag anzusetzen (und, was in den ErbStR nicht erwähnt wird, eine verdeckte Gewinnausschüttung zu prüfen).

Lässt sich also eine übliche Miete ermitteln, bestimmt sich die anzusetzende Miete nach dieser Vergleichsrechnung und scheidet das Sachwertverfahren aus. Lässt sich hingegen eine übliche Miete nicht ermitteln, gilt auch dann das Sachwertverfahren.

Beispiel:
Im Rahmen einer Betriebsaufspaltung wird ein zum Betriebsvermögen der Besitzgesellschaft gehörendes Fabrikgrundstück an die Betriebsgesellschaft oder es wird ein zum Sonderbetriebsvermögen eines Gesellschafters gehörendes Fabrikgrundstück einer Personengesellschaft vermietet, für das es keinerlei Vergleichsobjekt gibt.

Davon geht jetzt offensichtlich auch die Finanzverwaltung aus. In einem Beispiel (H B 182.4 ErbStH 2011) heißt es nämlich, dass im Rahmen einer Betriebsaufspaltung das Sachwertverfahren anzuwenden ist, wenn das Besitzunternehmen ein Ge-

---

244 Siehe auch BFH vom 16.01.2008 II R 68/06, BFH/NV 2008 S. 1120.

5 Wertermittlung

schäftsgrundstück an ein Betriebsunternehmen überlässt und eine ortsübliche Miete nicht ermittelbar ist.[245]

a) Überblick über das Verfahren:

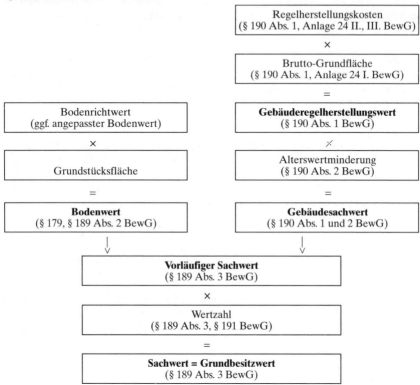

b) Regelherstellungskosten

Die **Regelherstellungskosten** (RHK 2007) i. S. des § 190 Abs. 1 BewG sind nicht die tatsächlichen, sondern die gewöhnlichen Herstellungskosten je Quadratmeter Brutto-Grundfläche. Sie werden unterteilt nach Grundstücksarten, Gebäudeklassen, Baujahrsgruppen und Ausstattungsstandards, wie sie in der Anlage 24 – Teil II und III – BewG dargestellt sind (zu weiteren Einzelfragen siehe R B 190.1 ErbStR 2011).

---

245 Siehe zur Problematik auch Brüggemann, ErbBstg 2008 S. 311 und ErbBstg 2009 S. 74 f.; siehe auch die Ausführungen unter 5.3.4.4 zur Rechtslage 2007/2008 und BFH vom 16.01.2008 II R 68/06, BFH/NV 2008 S. 1120.

5.3 Bewertung – § 12 ErbStG

c) Gebäudeklasse

Ist ein Gebäude zu mehr als 50 % der bebauten Fläche unterkellert, ist von einem **Gebäude mit Keller** auszugehen. Entsprechend ist von einem **Gebäude** mit **ausgebautem Dachgeschoss** auszugehen, wenn dies zu mehr als 50 % ausgebaut ist (R B 190.2 Abs. 3 ErbStR 2011).

d) Ausstattungsstandard

Zur Feststellung des Ausstattungsstandards eines Gebäudes oder eines Gebäudeteils ist der **Ausstattungsbogen in Anlage 24 – III – BewG** zu verwenden (R B 190.4 ErbStR 2011 und H B 190.4 ErbStH 2011).

e) Besonders werthaltige Außenanlagen

Außenanlagen und sonstige Anlagen sind regelmäßig mit dem Gebäudewert und dem Bodenwert abgegolten. Nur in Einzelfällen mit **besonders werthaltigen Außenanlagen** und sonstigen Anlagen werden hierfür gesonderte Wertansätze nach durchschnittlichen Herstellungskosten erforderlich (R B 190.5 ErbStR 2011 mit Tabelle).

f) Brutto-Grundfläche

Die Brutto-Grundfläche ist die **Summe der Grundflächen aller Grundrissebenen** eines Bauwerks mit Nutzungen nach DIN 277-2:2005-02 und deren konstruktive Umschließungen (siehe hierzu Anlage 24 I. BewG und R B 190.6 ErbStR 2011).

g) Alterswertminderung

Vom Gebäuderegelherstellungswert ist eine Alterswertminderung abzuziehen. Diese wird regelmäßig nach dem **Verhältnis des Alters des Gebäudes am Bewertungsstichtag zur typisierten wirtschaftlichen Gesamtnutzungsdauer nach Anlage 22 BewG** bestimmt. Hinsichtlich der Ermittlung der wirtschaftlichen Gesamtnutzungsdauer gelten die Grundsätze des Ertragswertverfahrens entsprechend (R B 190.7 ErbStR 2011). Es bestehen darüber hinaus keine Bedenken, auch hier als Zeitpunkt der Bezugsfertigkeit stets den 01.01. des Jahres der Bezugsfertigkeit anzunehmen (zu Einzelfragen siehe R B 190.7 ErbStR 2011).

Sind nach Bezugsfertigkeit des Gebäudes **Veränderungen** eingetreten, die die **wirtschaftliche Gesamtnutzungsdauer des Gebäudes verlängert oder verkürzt** haben, ist bei der Ermittlung der Alterswertminderung von einem entsprechenden früheren oder späteren Baujahr auszugehen (§ 190 Abs. 2 Satz 3 BewG).

h) Mehrere Gebäude oder Gebäudeteile

Zu Grundstücken mit mehreren Gebäuden oder Gebäudeteilen siehe R B 190.8 ErbStR 2011.

5 Wertermittlung

i) Wertzahlen

Als Wertzahlen sind vorrangig die vom örtlichen Gutachterausschuss ermittelten **Sachwertfaktoren (Marktanpassungsfaktoren)** zur Angleichung an den gemeinen Wert anzuwenden. Stehen keine geeigneten Sachwertfaktoren zur Verfügung, sind die in der Anlage 25 BewG dargestellten Wertzahlen zu verwenden (zu Einzelfragen siehe R B 191 ErbStR 2011).

j) Berechnungsbeispiele

Die Umsetzung des Sachwertverfahrens sei anhand einiger konkreter Berechnungsbeispiele verdeutlicht.

Beispiel 1:
Zu bewerten ist ein Industriegrundstück mit Büro und Sozialtrakt in einer Größe von 5.000 m^2, Bodenwert 200 €/m^2, Bruttogrundfläche 3.000 m^2, Baujahr 1991, wirtschaftliche Gesamtnutzungsdauer 50 Jahre, Gebäude in mittlerer Ausstattung. Eine übliche Miete ist nicht zu ermitteln. Der Erbfall tritt am 15.01.2011 ein. Erben sind die Kinder S und T.

Lösung:
Für die wirtschaftlichen Einheiten des Grundvermögens ist der Grundbesitzwert gem. § 151 Abs. 1 Nr. 1, § 157 Abs. 1 BewG festzustellen. Nach § 151 Abs. 2 Nr. 1 und 2 BewG sind dabei auch Feststellungen über die Art und die Zurechnung zu treffen. Gemäß § 12 Abs. 3 ErbStG ist der Wert mit dem auf den Bewertungsstichtag festzustellenden Wert anzusetzen. Bewertungsstichtag ist gem. §§ 11, 9 Abs. 1 Nr. 1 BewG der 15.01.2011. Die wirtschaftliche Einheit umfasst den Grund und Boden, die Gebäude, die sonstigen Bestandteile und das Zubehör (§ 176 Abs. 1 BewG). Der Wertermittlung ist gem. § 177 BewG der gemeine Wert zugrunde zu legen und gem. § 157 Abs. 3 BewG unter Anwendung der §§ 159 und 176 bis 198 BewG zu ermitteln.

Art und Zurechnung:
Der Art nach handelt es sich hier um ein Geschäftsgrundstück (§ 181 Abs. 1 Nr. 4, Abs. 6 BewG). Die Zurechnung erfolgt auf die Erbengemeinschaft S und T (R B 151.2 Abs. 2 Nr. 2 ErbStR 2011).

Wertermittlung:
Hinweis: Für die Alterswertminderung ist zu beachten, dass die Finanzverwaltung davon ausgeht, dass als Zeitpunkt der Bezugsfertigkeit des Gebäudes stets der 01.01. des Jahres der Bezugsfertigkeit anzunehmen ist (R B 190.7 Abs. 1 Satz 3 ErbStR 2011).

Bodenwert (§ 189 Abs. 2, § 179 BewG):
Grundstücksfläche × Bodenrichtwert (5.000 m^2 × 200 €/m^2)   1.000.000 €

Gebäudesachwert (§ 190 BewG):
Regelherstellungskosten gem. § 190 Abs. 1 i. V. m.
Anlage 24 BewG für Industriegrundstück (GKL 3.382)
Ausstattungsstandard mittel, Bezugsfertigkeit **1991**:   1.040 €/m^2
× Brutto-Grundfläche 3.000 m^2 =
Gebäuderegelherstellungswert (§ 190 Abs. 1 BewG)   3.120.000 €
./. Alterswertminderung (§ 190 Abs. 2 BewG):
   Grundstücksart: Geschäftsgrundstück
   Bezugsfertigkeit des Gebäudes: 1991

5.3 Bewertung – § 12 ErbStG

Alter des Gebäudes:	20 Jahre	
Gesamtnutzungsdauer (Anlage 22):	50 Jahre	
20 Jahre × 2 % = 40 %		− 1.248.000 €
= Gebäudesachwert		1.872.000 €

Kein Ansatz Mindestwert (§ 190 Abs. 2 Satz 4 BewG), da 40 % des Gebäuderegelherstellungswerts von 3.120.000 € nur 1.248.000 € betragen.

Vorläufiger Sachwert (§ 189 Abs. 3 Satz 1 BewG):

Bodenwert	1.000.000 €
Gebäudesachwert	1.872.000 €
Vorläufiger Sachwert	2.872.000 €

Grundbesitzwert/gemeiner Wert (§ 189 Abs. 3 Satz 2 BewG):

Vorläufiger Sachwert	2.872.000 €
× Wertzahl (§ 191 BewG und Anlage 25 zum BewG) = 0,8	
= Grundbesitzwert/gemeiner Wert	2.297.600 €

Feststellungen:

Gemäß § 12 Abs. 3 ErbStG i. V. m. § 151 Abs. 1 Nr. 1 und Abs. 2, § 157 Abs. 1 BewG sind folgende Feststellungen zu treffen:

Wert:	2.297.600 €
Art:	Geschäftsgrundstück
Zurechnung:	S und T in Erbengemeinschaft

Beispiel 2:
Ein mit einem vermieteten Einfamilienhaus (Baujahr 1982, mit Keller, Dachgeschoss ausgebaut, mittlerer Ausstattungsstandard) bebautes Grundstück ist zum 01.02.2011 (Bewertungsstichtag) zu bewerten. Die Brutto-Grundfläche des Gebäudes beträgt 220 m². An das Haus grenzt eine nicht überdachte Terrasse (Baujahr 2002, Bruchsteinplatten mit Unterbeton) mit einer Fläche von 30 m² an. Auf dem Grundstück befinden sich außerdem eine freistehende Garage mit einer Brutto-Grundfläche von 23 m² (Baujahr 1992) und ein Außenschwimmbecken (Baujahr 2002, normale Ausführung) mit einer Fläche von 32 m². Das Grundstück hat eine Fläche von 700 m² und der Bodenrichtwert beträgt 200 €/m². Vom Gutachterausschuss stehen keine Vergleichspreise, Vergleichsfaktoren und örtliche Sachwertfaktoren für das Grundstück zur Verfügung. Erbin ist die Tochter T.

Lösung:
Für die wirtschaftlichen Einheiten des Grundvermögens ist der Grundbesitzwert gem. § 151 Abs. 1 Nr. 1, § 157 Abs. 1 BewG festzustellen. Nach § 151 Abs. 2 Nr. 1 und 2 BewG sind auch Feststellungen über die Art und die Zurechnung zu treffen. Gemäß § 12 Abs. 3 ErbStG ist der Wert mit dem auf den Bewertungsstichtag festzustellenden Wert anzusetzen. Bewertungsstichtag ist gem. §§ 11, 9 Abs. 1 Nr. 1 BewG der 01.02.2011. Die wirtschaftliche Einheit umfasst den Grund und Boden, die Gebäude, die sonstigen Bestandteile und das Zubehör (§ 176 Abs. 1 BewG). Der Wertermittlung ist gem. § 177 BewG der gemeine Wert zugrunde zu legen und gem. § 157 Abs. 3 BewG unter Anwendung der §§ 159 und 176 bis 198 BewG zu ermitteln.

Art und Zurechnung:
Der Art nach handelt es sich hier um ein Einfamilienhaus (§ 181 Abs. 1 Nr. 1, Abs. 2 BewG). Die Zurechnung erfolgt auf die Tochter T (R E 151.2 Abs. 2 Nr. 1 ErbStR 2011).

5 Wertermittlung

Wertermittlung:
Hinweis: Für die Alterswertminderung ist zu beachten, dass die Finanzverwaltung davon ausgeht, dass als Zeitpunkt der Bezugsfertigkeit des Gebäudes stets der 01.01. des Jahres der Bezugsfertigkeit anzunehmen ist (R B 190.7 Abs. 1 Satz 3 ErbStR 2011).

Bodenwert (§ 189 Abs. 2, § 179 BewG):
Grundstücksfläche × Bodenrichtwert (700 m² × 200 €/m²)   140.000 €
Gebäudesachwert (§ 190 BewG) Einfamilienhaus:
Regelherstellungskosten gem. § 190 Abs. 1 i. V. m. Anlage 24 BewG für unterkellertes Einfamilienhaus mit ausgebautem Dachgeschoss (GKL 1.11),
Ausstattungsstandard mittel, Bezugsfertigkeit 1982 = 770 €/m²
× Bruttogrundfläche 220 m² =
Gebäuderegelherstellungswert (§ 190 Abs. 1 BewG)   169.400 €
./. Alterswertminderung: (§ 190 Abs. 2 BewG)
   Grundstücksart: Einfamilienhaus
   Bezugsfertigkeit des Gebäudes: 1980
   Alter des Gebäudes: 29 Jahre
   Gesamtnutzungsdauer (Anlage 22 BewG):   80 Jahre
   29 Jahre × 1,25 % = 36,25 %   − 61.408 €
Gebäudesachwert (Einfamilienhaus)   107.992 €
Kein Ansatz Mindestwert (§ 190 Abs. 2 Satz 4 BewG), da 40 % des Gebäuderegelherstellungswerts von 169.400 € nur 67.760 € betragen.
Gebäudesachwert (§ 190 BewG) Garage:
Regelherstellungskosten gem. § 190 Abs. 1 i. V. m.
Anlage 24 BewG (GKL 4.11) = 290 €/m²
× Bruttogrundfläche 23 m² =
Gebäuderegelherstellungswert (§ 190 Abs. 1 BewG)   6.670 €
./. Alterswertminderung: (§ 190 Abs. 2 BewG)
   Bezugsfertigkeit der Garage: 1992
   Alter der Garage: 19 Jahre
   Gesamtnutzungsdauer (Anlage 22 BewG):   50 Jahre
   19 Jahre × 2 % = 38 %   − 2.535 €
Gebäudesachwert (Garage)   4.135 €
Kein Ansatz Mindestwert (§ 190 Abs. 2 Satz 4 BewG), da 40 % des Gebäuderegelherstellungswerts von 6.670 € nur 2.668 € betragen.
Gebäudesachwert (§ 190 BewG) Einfamilienhaus und Garage   **112.127 €**
Prüfung besonders werthaltige Außenanlagen:
Die **Terrasse** ist besonders werthaltig gem. R B 190.5 Satz 3 ErbStR 2011.
Regelherstellungskosten für Wege- und Platzbefestigungen
(Tabelle zu R B 190.5 ErbStR 2011: Bruchsteinplatten mit Unterbeton) = 55 €/m²
× Fläche 30 m² =
Regelherstellungswert   1.650 €
./. Alterswertminderung: (§ 190 Abs. 2 BewG)
   Terrasse, Fertigstellung: 2002
   Alter der Terrasse: 9 Jahre
   Gesamtnutzungsdauer (Tabelle zu R B 190.5 ErbStR 2011):   40 Jahre
   9 Jahre × 2,5 % = 22,5 %   − 372 €
Sachwert (Terrasse)   1.278 €

5.3 Bewertung – § 12 ErbStG

Das **Schwimmbecken** ist nicht besonders werthaltig gem. R B 190.5 Satz 3 ErbStR 2011, da die Fläche nicht mehr als 50 m² beträgt. Zu prüfen bleibt aber, ob die Außenanlagen gem. R B 190.5 Satz 4 ErbStR 2011 in der Summe mehr als 10 % des Gebäudesachwerts übersteigen.

Regelherstellungskosten für Schwimmbecken, normale Ausführung (R B 190.5 ErbStR 2011) = 500 €/m² × Fläche 32 m² =		
Regelherstellungswert		16.000 €
⁄ Alterswertminderung: (§ 190 Abs. 2 BewG)		
Schwimmbecken, Fertigstellung	2002	
Alter des Schwimmbeckens	9 Jahre	
Gesamtnutzungsdauer (R B 190.5 ErbStR 2011)	30 Jahre	
9 Jahre × 3,33 % = 30 %		− 4.800 €
Sachwert (Schwimmbecken)		11.200 €
Sachwert der besonders werthaltigen Außenanlagen Terrasse und Schwimmbecken		**12.478 €**

Der Sachwert übersteigt 10 % des Gebäudesachwerts.
(10 % des Gebäudesachwerts i. H. von 112.127 € = 11.213 €)

Vorläufiger Sachwert (§ 189 Abs. 3 Satz 1 BewG):

Bodenwert	140.000 €
Gebäudesachwert	112.127 €
Sachwert Außenanlagen	12.478 €
Vorläufiger Sachwert	264.605 €

Grundbesitzwert/gemeiner Wert (§ 189 Abs. 3 Satz 2 BewG):

Vorläufiger Sachwert	264.605 €
× Wertzahl (§ 191 BewG und Anlage 25 zum BewG)	× 0,9
= Grundbesitzwert/gemeiner Wert	238.144 €

Feststellungen:

Gemäß § 12 Abs. 3 ErbStG i. V. m. § 151 Abs. 1 Nr. 1 und Abs. 2, § 157 Abs. 1 BewG sind folgende Feststellungen zu treffen:

Wert:	238.144 €
Art:	Einfamilienhaus
Zurechnung:	T

5.3.6.8 Erbbaurechte und Erbbaugrundstücke (§§ 192 bis 194 BewG)

Bei Grundstücken, die mit einem Erbbaurecht belastet sind, bilden das Erbbaurecht und das belastete Grundstück gem. § 176 Abs. 1 Nr. 2, § 192 BewG je eine selbständige wirtschaftliche Einheit.[246]

Die Werte für die wirtschaftliche Einheit des Erbbaurechts (§ 193 BewG) und für die wirtschaftliche Einheit des belasteten Grundstücks/Erbbaugrundstücks (§ 194 BewG) sind gesondert zu ermitteln.

---

246 Zu Einzelfragen siehe R B 192.1 ErbStR 2011 und insbesondere das ErbbauRG vom 15.01.1919, zuletzt geändert durch Art. 57 des Gesetzes vom 17.12.2008, BGBl 2008 I S. 2586.

5 Wertermittlung

Das Erbbaurecht gehört zum Grundvermögen gem. § 176 Abs. 1 Nr. 2 BewG; das Erbbaugrundstück gehört zum Grundvermögen gem. § 176 Abs. 1 Nr. 1 BewG.

a) Bewertung im Vergleichswertverfahren

Grundsätzlich ist für die wirtschaftliche Einheit Erbbaurecht und die wirtschaftliche Einheit belastetes Grundstück gem. §§ 192, 193 Abs. 1 und § 194 Abs. 1 BewG ein Vergleichswert anzusetzen (R B 193 Abs. 1 ErbStR 2011).

Es ist allerdings fraglich, ob sich Kaufpreise als Vergleichswerte in der Praxis überhaupt ermitteln lassen.

b) Bewertung des Erbbaurechts ohne Vergleichswert

Ist die Findung eines Vergleichswerts nicht möglich, ist bei der Wertermittlung neben dem Bodenwert und dem Gebäudewert bei bebauten Grundstücken die Höhe des Erbbauzinses, die Restlaufzeit des Erbbaurechts und die Höhe einer Entschädigung für das Gebäude angemessen zu berücksichtigen (**§ 193 Abs. 2 bis 5 BewG).**

Der **Bodenwertanteil** ergibt sich aus dem kapitalisierten Unterschiedsbetrag zwischen dem angemessenen Verzinsungsbetrag des Bodenwerts des unbelasteten Grundstücks und dem vertraglich vereinbarten jährlichen Erbbauzins am Bewertungsstichtag.

Ist das mit dem Erbbaurecht belastete **Grundstück unbebaut,** besteht der Grundbesitzwert des Erbbaurechts allein im Bodenwertanteil.

Der **angemessene Verzinsungsbetrag** ergibt sich aus der Multiplikation des Bodenwerts für das Grundstück nach § 179 BewG und des Liegenschaftszinssatzes. Dabei ist vorrangig auf die Liegenschaftszinssätze der Gutachterausschüsse abzustellen. Stehen diese nicht zur Verfügung, ist auf **die Zinssätze nach § 193 Abs. 4 Satz 2 BewG** zurückzugreifen.

Maßgebender Erbbauzins ist nach § 193 Abs. 3 Satz 1 Nr. 2 BewG der am Bewertungsstichtag zu zahlende Erbbauzins, umgerechnet auf einen Jahresbetrag. Dabei ist stets auf die vertraglichen Vereinbarungen abzustellen; auf den gezahlten Erbbauzins kommt es nicht an. Sind Erbbauzinsen während der Laufzeit des Erbbaurechts in unterschiedlicher Höhe vereinbart (z. B. bei Einmalzahlungen, Vorauszahlungen oder gestaffeltem Erbbauzins), ist ein Durchschnittswert aus den insgesamt nach dem Bewertungsstichtag zu leistenden Erbbauzinsen, verteilt auf die Restlaufzeit, zu ermitteln.

Die **künftigen Anpassungen aufgrund von Wertsicherungsklauseln (z. B. Anknüpfung der Erbbauzinsen an den Lebenshaltungskostenindex) sind nicht zu berücksichtigen.** Ist kein Erbbauzins zu zahlen, stellt der angemessene Verzinsungsbetrag des Bodenwerts gleichzeitig den Unterschiedsbetrag dar. Der Unterschiedsbetrag ist der weiteren Berechnung auch zugrunde zu legen, wenn er negativ ist.

5.3 Bewertung – § 12 ErbStG

Durch das Beitreibungsrichtlinie-Umsetzungsgesetz ist allerdings mit Wirkung ab Verkündung des Gesetzes geregelt worden, dass der ermittelte Grundbesitzwert nicht weniger als 0 Euro betragen darf (§ 192 Satz 2 BewG).

Der **Unterschiedsbetrag ist über die Restlaufzeit des Erbbaurechts** mit dem sich aus **Anlage 21 BewG** ergebenden Vervielfältiger **zu kapitalisieren.** Der Vervielfältiger ist abhängig vom maßgebenden Liegenschaftszinssatz und der **auf volle Jahre abgerundeten Restlaufzeit des Erbbaurechts.** Beträgt die Restlaufzeit des Erbbaurechts weniger als ein Jahr, ist der Vervielfältiger mit einem Wert von 0 zu berücksichtigen. Damit ergibt sich in diesen Fällen ein Bodenwertanteil von 0 Euro. Gibt der Gutachterausschuss andere Liegenschaftszinssätze als die in der Anlage 21 BewG aufgeführten vor, ist der Vervielfältiger nach der dort angegebenen Formel zu berechnen.

Der **Gebäudewertanteil** des Erbbaurechts ist der Gebäudeertragswert nach § 185 BewG bei im Ertragswertverfahren bzw. der Gebäudesachwert nach § 190 BewG bei im Sachwertverfahren zu bewertenden Grundstücken.

Befindet sich das Erbbaurecht im Zustand der Bebauung, stellen die am Bewertungsstichtag entstandenen Herstellungskosten nach § 196 BewG für die sich im Bau befindlichen Gebäude bzw. Gebäudeteile den Gebäudewertanteil dar.

Ist bei Ablauf des Erbbaurechts der verbleibende Gebäudewert **nicht oder nur teilweise zu entschädigen,** ist der Gebäudewertanteil des Erbbaurechts um den Gebäudewertanteil des Erbbaugrundstücks gem. § 194 Abs. 4 BewG zu mindern (Abschn. 37 Abs. 5 und 6 AEBewGrV).

Eine Berücksichtigung weiterer wertbeeinflussender Umstände, beispielsweise von Marktanpassungsfaktoren, vom Üblichen abweichende Auswirkungen vertraglicher Vereinbarungen (insbesondere fehlende Wertsicherungsklauseln oder der Ausschluss einer Anpassung des Erbbaurechtsvertrags), kommt nicht in Betracht.

c) Beteiligte des Feststellungsverfahrens

In § 153 Abs. 2 BewG ist durch das Steuervereinfachungsgesetz ergänzt worden, dass das Finanzamt in Erbbaurechtsfällen die Abgabe einer Feststellungserklärung vom Erbbauberechtigten und vom Erbbauverpflichteten verlangen kann. Hintergrund dieser Änderung ist vor allem, dass im Rahmen der Bewertung des Erbbaugrundstücks bei der Ermittlung des Gebäudewertanteils auf Berechnungen zurückgegriffen werden muss, die i. d. R. nur dem Eigentümer des Erbbaurechts, nicht aber dem Erbbaurechtsverpflichteten möglich sind.

Beispiel:
Der Eigentümer des Erbbaugrundstücks muss das Gebäude des Erbbauberechtigten bei Beendigung des Erbbaurechts nur zu 2/3 entschädigen. Muss das Erbbaugrundstück im Fall des Todes oder einer Schenkung des Eigentümers des Erbbaugrundstücks bewertet werden, muss auch der Wert des Gebäudes ermittelt und in die Feststellung einbezogen werden. Dafür müssen z. B. im Ertrags- oder Sachwertverfahren Nutzungsentgelte, die Bruttogrundfläche, Nutzung und Ausstattung des

655

5 Wertermittlung

Gebäudes bekannt sein. Für den Rechtsnachfolger des Eigentümers des Erbbaugrundstücks bestehen aber erhebliche Schwierigkeiten, in seiner Feststellungserklärung die zur Bewertung erforderlichen Angaben zu machen, wenn der Erbbauberechtigte ihm mit Auskünften nicht behilflich ist. In § 153 Abs. 2 BewG ist daher vorgesehen, dass der Erbbauberechtigte im Besteuerungsverfahren des Erbbaurechtsverpflichteten erklärungspflichtig und damit auch Beteiligter nach § 154 BewG ist.

Dasselbe soll gelten, wenn im Rahmen der Bewertung des Erbbaurechts vom Erbbauverpflichteten Angaben benötigt werden.

d) Die Wertermittlung des Erbbaurechts im Überblick

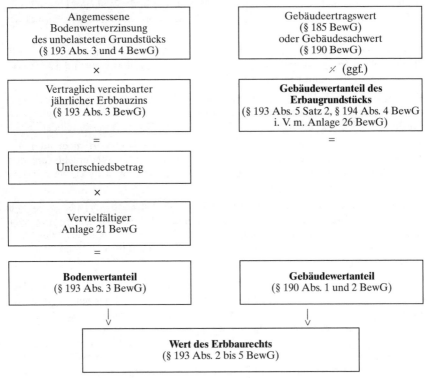

e) Berechnungsbeispiele zum Erbbaurecht

Die Umsetzung der Bewertung von Erbbaurechten sei anhand konkreter Berechnungsbeispiele verdeutlicht.

5.3 Bewertung – § 12 ErbStG

Beispiel:
Ein Mietwohngrundstück mit 4 Wohnungen und einer bezogen auf das Gebäude angemessenen Größe von 1.000 m^2, Bodenwert 400 €/m^2, Jahresnettokaltmiete 48.000 €, Bezugsfertigkeit 1979 ist in Ausübung eines Erbbaurechts errichtet worden. Jährlicher Erbbauzins 12.000 €. Vom Gutachterausschuss ermittelte Liegenschaftszinssätze liegen nicht vor. Bei Ablauf des Erbbaurechts soll das Gebäude voll entschädigt werden. Der Erbfall tritt am 15.04.2009 ein. Erbe ist das Kind K. Ablauf des Erbbaurechtes am 01.01.2042.

Lösung:
Gemäß § 12 Abs. 3 ErbStG ist das Erbbaurecht mit dem auf den Bewertungsstichtag festzustellenden Wert anzusetzen. Bewertungsstichtag ist gem. § 11 i. V. m. § 9 Abs. 1 Nr. 1 BewG der 15.04.2009.

Der Wert ist gem. § 151 Abs. 1 Nr. 1, § 157 Abs. 1 BewG festzustellen. Dabei sind auch Feststellungen über die Art und die Zurechnung der wirtschaftlichen Einheit vorzunehmen (§ 151 Abs. 2 Nr. 1 und 2 BewG).

Die wirtschaftliche Einheit umfasst hier das Erbbaurecht (§ 176 Abs. 1 **Nr. 2** BewG).

Der Wertermittlung ist gem. § 177 BewG der gemeine Wert zugrunde zu legen und gem. § 157 Abs. 3 BewG unter Anwendung der §§ 159 und 176 bis 198 BewG zu ermitteln.

Es handelt sich laut Sachverhalt der Art nach um ein Mietwohngrundstück (§ 181 Abs. 1 Nr. 2, Abs. 3 BewG).

Die Zurechnung erfolgt auf das Kind K (R B 151.2 Abs. 2 Nr. 1 ErbStR 2011).

Bodenwertanteil (§ 193 Abs. 3 und 4 BewG):

Angemessener Verzinsungsbetrag des Bodenwerts Liegenschaftszins (§ 193 Abs. 4 Satz 2 Nr. 2 BewG) = 5 % 5 % von 400.000 € (1.000 m^2 × 400 €/m^2) =		20.000 €
./. vertraglich vereinbarter jährlicher Erbbauzins		– 12.000 €
Unterschiedsbetrag		8.000 €
× Vervielfältiger nach **Anlage 21 BewG** bei		
Liegenschaftszins	5 %,	
Bewertungsstichtag	15.04.2009	
Restlaufzeit des Erbbaurechts	15.04.2009 bis 01.01.2042	
abgerundete Restlaufzeit =	32 Jahre	
= Vervielfältiger	15,80	
Bodenwertanteil (15,80 × 8.000 €)		126.400 €

Gebäudeertragswert (§ 193 Abs. 5 i. V. m. § 185 BewG):

Rohertrag (§ 186 Abs. 1 BewG) = Jahresnettokaltmiete		48.000 €
./. Bewirtschaftungskosten (§ 187 Abs. 1 und 2 BewG) Pauschalierung nach Anlagen 23 und 22 BewG,		
Grundstücksart:	Mietwohngrundstück	
Bezugsfertigkeit des Gebäudes (R B 185.3 Abs. 1 ErbStR 2011):	1979	
Alter des Gebäudes:	30 Jahre	
Gesamtnutzungsdauer:	80 Jahre	
Restnutzungsdauer 50 Jahre =	Ansatz mit 23 %	

5 Wertermittlung

(Die Mindestrestnutzungsdauer (§ 185 Abs. 3 Satz 5 BewG) ist niedriger, denn sie beträgt 30 % von 80 Jahren = 24 Jahre)	− 11.040 €
Reinertrag (§ 185 Abs. 1 BewG)	36.960 €
⁄. Verzinsung des Bodenwerts (§ 188 BewG) = Liegenschaftszinssatz 5 % × 400.000 €	− 20.000 €
Gebäudereinertrag (§ 185 Abs. 2 BewG)	16.960 €
Vervielfältiger gem. Anlage 21 BewG (18,26)	
Gebäudeertragswert (§ 185 Abs. 3 BewG)	309.689 €

Grundbesitzwert des Erbbaurechts (§ 193 BewG)

Bodenwertanteil	126.400 €
Gebäudewertanteil	309.689 €
Grundbesitzwert des Erbbaurechts	436.089 €

Feststellungen:

Gemäß § 12 Abs. 3 ErbStG i. V. m. § 151 Abs. 1 Nr. 1, Abs. 2 Nr. 1 und 2, § 157 Abs. 1 BewG sind folgende Feststellungen zu treffen:

Wert:	436.089 €
Art:	Mietwohngrundstück (im Erbbaurecht)
Zurechnung:	K

Ist bei Ablauf des Erbbaurechts der verbleibende Gebäudewert **nicht oder nur teilweise zu entschädigen,** ist der Gebäudewertanteil des Erbbaurechts um den Gebäudewertanteil des Erbbaugrundstücks gem. § 194 Abs. 4 BewG zu mindern (R B 193 Abs. 7 Satz 3 ErbStR 2011).

Abwandlung:

Das Gebäude ist bei Ablauf des Erbbaurechts nicht zu entschädigen:

Bodenwertanteil (§ 193 Abs. 3 und 4 BewG) (s. o.)	**126.400 €**

Gebäudeertragswert am Bewertungsstichtag (§ 193 Abs. 5 i. V. m. § 185 BewG):

Rohertrag (§ 186 BewG) = Jahresnettokaltmiete		48.000 €
⁄. Bewirtschaftungskosten (§ 187 BewG) Pauschalierung nach Anlagen 23 und 22 BewG,		
Grundstücksart:	Mietwohngrundstück	
Bezugsfertigkeit des Gebäudes:	1979	
Alter des Gebäudes:	30 Jahre	
Gesamtnutzungsdauer:	80 Jahre	
Restnutzungsdauer 50 Jahre =	Ansatz mit 23 %	− 11.040 €
Reinertrag		36.960 €
⁄. Verzinsung des Bodenwerts (§ 188 BewG) = Liegenschaftszinssatz 5 % × 400.000 €		− 20.000 €
Gebäudereinertrag		16.960 €
Vervielfältiger gem. Anlage 21 BewG (18, 26)		
Gebäudeertragswert am Bewertungsstichtag		309.689 €

5.3 Bewertung – § 12 ErbStG

**Gebäudeertragswert bei Ablauf des Erbbaurechts
(§ 193 Abs. 5 Satz 2 i. V. m. § 194 Abs. 4 BewG):**

Rohertrag (§ 186 BewG) = Jahresnettokaltmiete		48.000 €
./. Bewirtschaftungskosten (§ 187 BewG)		
Pauschalierung nach Anlagen 23 und 22 BewG,		
Grundstücksart:	Mietwohngrundstück	
Bezugsfertigkeit des Gebäudes:	1979	
Ablauf des Erbbaurechts:	01.01.2042	
Alter des Gebäudes bei Ablauf des Erbbaurechts:	63 Jahre	
Gesamtnutzungsdauer:	80 Jahre	
Restnutzungsdauer bei Ablauf Erbaurecht:	17 Jahre	
Die Mindestrestnutzungsdauer beträgt gem. § 185 Abs. 3 Satz 5 BewG 30 % von 80 Jahren = 24 Jahre und ist somit höher;		
pauschalisierte Bewirtschaftungskosten (27 %)		– 12.960 €
Reinertrag (§ 185 Abs. 1 BewG)		35.040 €
./. Verzinsung des Bodenwerts (§ 188 Abs. 1 und Abs. 2 Satz 2 Nr. 1 BewG) Liegenschaftszinssatz 5 % × 400.000 €		– 20.000 €
Gebäudereinertrag (§ 185 Abs. 2 BewG)		15.040 €
Kapitalisierungsfaktor (Vervielfältiger) gem. Anlage 21 BewG Restnutzungsdauer bei Ablauf des Erbbaurechts 17 Jahre Die Mindestrestnutzungsdauer beträgt **nach § 185 Abs. 3 Satz 5 BewG mindestens 30 % von 80 Jahren = 24 Jahre und ist gem. R B 194 Abs. 5 Satz 6 ErbStR 2011 anzusetzen (× 13,80)**		
Gebäudeertragswert bei Ablauf des Erbbaurechts		207.552 €
Gebäudewertanteil nach § 193 Abs. 5 Satz 2 i. V. m. § 194 Abs. 4 BewG		
Gebäudeertragswert am Bewertungsstichtag (siehe oben)		309.689 €
Dieser ist zu mindern um den abgezinsten Gebäudeertragswert bei Ablauf des Erbbaurechts: Entschädigungsloser Anteil des Gebäudeertragswerts bei Ablauf des Erbbaurechts (100 %)	207.562 €	
× Abzinsungsfaktor (aus Anlage 26 BewG)		
Bewertungsstichtag:	15.04.2009	
Ablauf des Erbbaurechts:	01.01.2042	
Abgerundete Restlaufzeit des Erbbaurechts:	32 Jahre	
Liegenschaftszinssatz (§ 193 Abs. 4 Satz 2 Nr. 2 BewG):	5 %	
Abzinsungsfaktor 0,2099 × 207.552 € =		– 43.565 €
Gebäudewertanteil		**266.124 €**
Grundbesitzwert des Erbbaurechts nach § 193 BewG		
Bodenwertanteil nach § 193 Abs. 3 BewG		126.400 €
Gebäudewertanteil nach § 193 Abs. 5 i. V. m. § 194 Abs. 4 BewG		266.124 €
Grundbesitzwert		392.524 €

659

5 Wertermittlung

f) Bewertung des Erbbaugrundstücks (§ 194 BewG) ohne Vergleichswert

Ist die Findung eines Vergleichswerts nicht möglich, ist bei der Wertermittlung der Bodenwert gem. § 179 BewG anzusetzen und um einen Gebäudewertanteil zu erhöhen, wenn der Wert des Gebäudes vom Eigentümer des Erbbaugrundstücks nicht oder nur teilweise zu entschädigen ist (§ 194 Abs. 2 BewG).

Der **Bodenwertanteil** ergibt sich aus dem abgezinsten Bodenwert und dem kapitalisierten vertraglich vereinbarten jährlichen Erbbauzins. Die **Abzinsung des Bodenwerts** (§ 194 Abs. 3 Satz 2, § 193 Abs. 4 BewG i. V. m. **Anlage 26 BewG**) und die Kapitalisierung des Erbbauzinses (§ 194 Abs. 3 Satz 3 BewG i. V. m. Anlage 21 BewG) erfolgen in Abhängigkeit von der Restlaufzeit des Erbbaurechts. Der Abzinsungsfaktor nach Anlage 26 BewG ist abhängig vom maßgebenden Liegenschaftszinssatz und der **auf volle Jahre abgerundeten Restlaufzeit** des Erbbaurechts. Dabei ist vorrangig auf die Liegenschaftszinssätze der Gutachterausschüsse abzustellen. Stehen diese nicht zur Verfügung, ist auf die Zinssätze nach § 193 Abs. 4 Satz 2 BewG zurückzugreifen. Beträgt die Restlaufzeit des Erbbaurechts weniger als ein Jahr, ist der Abzinsungsfaktor 1 anzuwenden.

Dem abgezinsten Bodenwert ist der **kapitalisierte Erbbauzins** hinzuzurechnen. Maßgebender Erbbauzins ist nach § 194 Abs. 3 Satz 3 BewG der am Bewertungsstichtag zu zahlende Erbbauzins, umgerechnet auf einen Jahresbetrag. Dabei ist stets auf die vertraglichen Vereinbarungen abzustellen; auf den gezahlten Erbbauzins kommt es nicht an. Sind Erbbauzinsen während der Laufzeit des Erbbaurechts in unterschiedlicher Höhe vereinbart (z. B. bei Einmalzahlungen, Vorauszahlungen oder gestaffeltem Erbbauzins), ist ein Durchschnittswert aus den insgesamt nach dem Bewertungsstichtag zu leistenden Erbbauzinsen, verteilt auf die Restlaufzeit, zu ermitteln. Die künftigen Anpassungen aufgrund von Wertsicherungsklauseln (z. B. Anknüpfung der Erbbauzinsen an den Lebenshaltungskostenindex) sind nicht zu berücksichtigen. Ist kein Erbbauzins zu zahlen, stellt der abgezinste Bodenwert den Bodenwertanteil dar.

Zur Kapitalisierung des Erbbauzinses ist der **Vervielfältiger** in Abhängigkeit der auf **volle Jahre** abgerundeten Restlaufzeit und des Liegenschaftszinssatzes der **Anlage 21 BewG** zu entnehmen. Beträgt die Restlaufzeit des Erbbaurechts weniger als ein Jahr, ist der Vervielfältiger mit einem Wert von 0 zu berücksichtigen. Gibt der Gutachterausschuss andere Liegenschaftszinssätze als die in der Anlage 21 BewG aufgeführten vor, ist der Vervielfältiger nach der dort angegebenen Formel zu berechnen.

Ein **Gebäudewertanteil** des Erbbaugrundstücks ergibt sich nur dann, wenn bei Beendigung des Erbbaurechts durch Zeitablauf der verbleibende Gebäudewert **nicht oder nur teilweise zu entschädigen** ist. Dieser entspricht dem nach Anlage 26 BewG abgezinsten ggf. anteiligen Gebäudeertrags- bzw. Gebäudesachwert, der dem Eigentümer des Erbbaugrundstücks bei Beendigung des Erbbaurechts durch Zeitablauf **entschädigungslos** zufällt. Es ist dementsprechend eine Berechnung des

5.3 Bewertung – § 12 ErbStG

Gebäudeertrags- bzw. Gebäudesachwerts auf den Zeitpunkt des Ablaufs des Erbbaurechts durchzuführen. Bei dieser Berechnung ist hinsichtlich des Rohertrags gem. § 186 BewG vom gleichen Betrag wie am Bewertungsstichtag auszugehen. Auch beim Ansatz der pauschalierten Bewirtschaftungskosten gem. § 187 BewG (Anlage 23 BewG) im Ertragswertverfahren und der Ermittlung der Alterswertminderung im Rahmen der Gebäudesachwertermittlung gem. § 190 Abs. 2 BewG ist auf den Zeitpunkt des Ablaufs des Erbbaurechts abzustellen. Bei der Ermittlung des Gebäudeertrags- bzw. Gebäudesachwerts gem. § 194 Abs. 4 BewG ist der Mindestansatz gem. § 185 Abs. 3 Satz 5 BewG bzw. § 190 Abs. 2 Satz 4 BewG zu beachten. Bei am Bewertungsstichtag sich im Zustand der Bebauung befindlichen Grundstücken wird der Gebäudeertrags- bzw. Gebäudesachwert im Zeitpunkt des Ablaufs des Erbbaurechts ebenfalls nach § 185 bzw. § 190 BewG ermittelt.

Der gem. § 194 Abs. 4 BewG anzuwendende **Abzinsungsfaktor** ergibt sich aus Anlage 26 BewG; er ist abhängig vom angewandten Liegenschaftszinssatz gem. § 193 Abs. 4 BewG und der **auf volle Jahre abgerundeten Restlaufzeit** des Erbbaurechts. Beträgt die Restlaufzeit des Erbbaurechts weniger als ein Jahr, ist der Abzinsungsfaktor 1 anzuwenden. Gibt der Gutachterausschuss andere Zinssätze als die in der Anlage 26 BewG aufgeführten vor, ist der Abzinsungsfaktor nach der dort angegebenen Formel zu berechnen.

Eine Berücksichtigung weiterer wertbeeinflussender Umstände – beispielsweise von Marktanpassungsfaktoren bzw. vom Üblichen abweichenden Auswirkungen vertraglicher Vereinbarungen, insbesondere die Berücksichtigung von fehlenden Wertsicherungsklauseln oder der Ausschluss einer Anpassung des Erbbaurechtsvertrags – kommt nicht in Betracht.

g) Die Wertermittlung des Erbbaugrundstücks im Überblick

Abgezinster Bodenwert
des unbelasteten Grundstücks
(Bodenwertverzinsung)
(§ 194 Abs. 3 i. V. m. Anlage 26 BewG)

+

Über die Restlaufzeit kapitalisierter vertraglich vereinbarter jährlicher Erbbauzins (§ 194 Abs. 3 i. V. m. Anlage 21 BewG)	**ggf.** **abgezinster Gebäudewertanteil** **bei nicht vollständiger Entschädigung** **zum Ablauf des Erbbaurechts** (§ 194 Abs. 4 i. V. m. Anlage 26 BewG)
=	=
Bodenwertanteil (§ 193 Abs. 3 BewG)	Gebäudewertanteil (§ 190 Abs. 1 und 2 BewG)

↓ ↓

Wert des Erbbaugrundstücks
(§ 194 Abs. 2 bis 4 BewG)

5 Wertermittlung

h) Berechnungsbeispiel zum Erbbaugrundstück

Fortführung des Beispiels für das Erbbaugrundstück:
Abgezinster Bodenwert des unbelasteten Grundstücks
gemäß § 194 Abs. 3 BewG i. V. m. **Anlage 26 BewG**

Bewertungsstichtag:	15.04.2009	
Restlaufzeit des Erbbaurechts:	15.04.2009 bis 01.01.2042	
abgerundete Restlaufzeit =	32 Jahre	
bei Restlaufzeit 32 Jahre und Liegenschaftszinssatz 5 %		
= 0,2099 × 400.000 €		83.960 €

+ kapitalisierter vereinbarter Erbbauzins gem.
Vervielfältiger nach **Anlage 21 BewG**

Liegenschaftszins:	5 %	
Bewertungsstichtag:	15.04.2009	
Restlaufzeit des Erbbaurechts:	15.04.2009 bis 01.01.2042	
abgerundete Restlaufzeit =	32 Jahre = Vervielfältiger 15,80	
= 15,80 × 12.000 €		189.600 €

Bodenwertanteil 273.560 €

Erhöhung um Gebäudewertanteil entfällt

Feststellungen:
Gemäß § 12 Abs. 3 ErbStG i. V. m. § 151 Abs. 1 Nr. 1 und Abs. 2, § 157 Abs. 1 BewG
sind folgende Feststellungen zu treffen:

Wert: 273.560 €
Art: Mietwohngrundstück (Erbbaugrundstück)
Zurechnung: K

Fortführung der Abwandlung zum Ausgangsbeispiel:

Bodenwertanteil (siehe oben) 273.560 €

Gebäudewert bei Ablauf des Erbbaurechts (§ 194 Abs. 4 BewG):
Rohertrag (§ 186 BewG) = Jahresnettokaltmiete 48.000 €
./. Bewirtschaftungskosten (§ 187 BewG) = Pauschalierung
nach Anlagen 23 und 22 zum BewG, die bei einem
Mietwohngrundstück mit einer Gesamtnutzungsdauer
von 80 Jahren und einer bei Ablauf des Erbbaurechts
verbleibenden Mindestrestnutzungsdauer von 24 Jahren
mit 27 % erfolgt − 12.960 €

Reinertrag (§ 186 Abs. 1 BewG) 35.040 €
./. Verzinsung des Bodenwerts gem. Liegenschaftszinssatz
hier gem. § 188 BewG: 5 % × 400.000 € − 20.000 €

Gebäudereinertrag (§ 186 Abs. 2 BewG) 15.040 €

Kapitalisierungsfaktor (Vervielfältiger) gem. Anlage 21 BewG
Restnutzungsdauer bei Ablauf des Erbbaurechts 17 Jahre,
nach § 185 Abs. 3 Satz 5 BewG (R B 194 Abs. 5 Satz 6 ErbStR 2011)
mindestens 30 % von 80 Jahren = 24 Jahre = 13,80
Gebäudeertragswert (§ 186 Abs. 3 BewG) 207.552 €

**Gebäudeertragswert bei Ablauf des Erbbaurechts nach
§ 194 Abs. 4 BewG abgezinst auf den Bewertungsstichtag**

5.3 Bewertung – § 12 ErbStG

abgezinster Gebäudeertragswert bei Ablauf des Erbbaurechts		
Entschädigungsloser Anteil des Gebäudeertragswerts		
bei Ablauf des Erbbaurechts (100 %)	207.562 €	
× Abzinsungsfaktor (aus Anlage 26)		
Bewertungsstichtag:	15.04.2009	
Ablauf des Erbbaurechts:	01.01.2042	
abgerundete Restlaufzeit des Erbbaurechts:	32 Jahre	
Liegenschaftszinssatz		
(§ 193 Abs. 4 Satz 2 Nr. 2 BewG):	5 %	
Abzinsungsfaktor 0,2099 × 207.552 € =		– 43.565 €
Grundbesitzwert des Erbbaurechts nach § 193 BewG		
Bodenwertanteil nach § 193 Abs. 3 BewG		273.560 €
Gebäudewertanteil nach § 193 Abs. 5 i. V. m. § 194 Abs. 4 BewG		43.565 €
Grundbesitzwert		**317.125 €**

Feststellungen:
Gemäß § 12 Abs. 3 ErbStG i. V. m. § 151 Abs. 1 Nr. 1 und Abs. 2, § 157 Abs. 1 BewG sind folgende Feststellungen zu treffen:
Wert: 317.125 €
Art: Mietwohngrundstück (Erbbaugrundstück)
Zurechnung: K

5.3.6.9 Gebäude auf fremdem Grund und Boden

In Fällen mit Gebäuden auf fremdem Grund und Boden (**§ 195 BewG**) sind die Werte für die wirtschaftliche Einheit des Gebäudes auf fremdem Grund und Boden und die wirtschaftliche Einheit des belasteten Grundstücks gesondert als selbständige wirtschaftliche Einheiten zu ermitteln. Bei der Wertermittlung sind neben dem Bodenwert und dem Gebäudewert die Höhe des Pachtzinses und die Restlaufzeit des Nutzungsrechts angemessen zu berücksichtigen.

Ein Gebäude auf fremdem Grund und Boden liegt vor, wenn ein anderer als der Eigentümer des Grund und Bodens darauf ein Gebäude errichtet hat und ihm das Gebäude zuzurechnen ist (zu Einzelheiten siehe R B 195.1/2 ErbStR 2011).

Die Bewertung von Gebäuden auf fremdem Grund und Boden richtet sich nach § 195 Abs. 2 BewG.

Der Grundbesitzwert ergibt sich bei der Bewertung im **Ertragswertverfahren** aus dem Gebäudeertragswert. Ist der Nutzer verpflichtet, das Gebäude bei Ablauf des Nutzungsrechts zu beseitigen, ist der Vervielfältiger nach Anlage 21 BewG anzuwenden, der sich für die am Bewertungsstichtag verbleibende Nutzungsdauer ergibt. Die Regelung zur Mindestrestnutzungsdauer nach § 185 Abs. 3 Satz 5 BewG ist in diesen Fällen nicht anzuwenden.

Bei der Bewertung des Gebäudes auf fremdem Grund und Boden im **Sachwertverfahren** ergibt sich der Grundbesitzwert aus dem Gebäudesachwert. **Ist der Nutzer verpflichtet, das Gebäude bei Ablauf des Nutzungsrechts zu beseitigen, bemisst sich die Alterswertminderung (§ 190 Abs. 2 Satz 1 bis 3 BewG) nach dem Alter des Gebäudes am Bewertungsstichtag und der tatsächlichen Gesamtnutzungsdauer.** Die

5 Wertermittlung

Regelung zum Mindestrestwert nach § 190 Abs. 2 Satz 4 BewG ist in diesen Fällen nicht anzuwenden. Ein Bodenwertanteil ist bei Gebäuden auf fremdem Grund und Boden nicht zu berücksichtigen.

Beispiel:
Ein Gebäude auf fremdem Grund und Boden (Industriegebäude/Werkstattgebäude mit Büro- und Sozialtrakt und teilweiser Spezialnutzung; zu eigenen betrieblichen Zwecken genutzt; Baujahr 1988; einfache Ausstattung; keine übliche Miete ermittelbar) ist für Zwecke der Erbschaftsteuer auf den 15.04.2009 zu bewerten. Die Restlaufzeit des Nutzungsrechts beträgt am Bewertungsstichtag noch 4 Jahre (bis 2013). Das Gebäude ist bei Beendigung des Nutzungsrechts zu beseitigen. Die Brutto-Grundfläche des Gebäudes beträgt 3.100 m².

Das Industriegebäude/Werkstattgebäude mit Büro- und Sozialtrakt stellt ein Geschäftsgrundstück dar (Nutzung ausschließlich zu eigenen gewerblichen Zwecken). Für das Geschäftsgrundstück lässt sich aufgrund der Spezialnutzung keine übliche Miete ermitteln, sodass die Bewertung des Gebäudes auf fremdem Grund und Boden nach dem Sachwertverfahren erfolgt. Bedingt durch den bei Beendigung des Pachtverhältnisses notwendigen Abriss des Gebäudes ergibt sich eine verkürzte Nutzungsdauer für das Industriegebäude/Werkstattgebäude (Gebäudeklasse 3.382 der Anlage 24 II BewG). Die tatsächliche Nutzungsdauer des Gebäudes beträgt insgesamt 25 Jahre (1988 bis 2013), am Besteuerungsstichtag ist es 21 Jahre alt.

Die wirtschaftliche Gesamtnutzungsdauer von 50 Jahren nach Anlage 22 BewG ist aufgrund der Abrissverpflichtung ebenso unbeachtlich wie der Mindestrestwert i. H. von 40 % der Regelherstellungskosten.

Gebäudesachwert
Regelherstellungswert (RHK 780 €/m² × 3.100 m²)   2.418.000 €
Alterswertminderung (21 Jahre × 1/25 × 2.418.000 €)   − 2.031.120 €
Grundbesitzwert   **386.880 €**

Eine Anpassung an den gemeinen Wert durch Wertzahl erfolgt nicht.

Die Bewertung von mit fremden Gebäuden **belasteten Grundstücken** richtet sich nach § 195 Abs. 3 BewG. Die Abzinsung des Bodenwerts (§ 195 Abs. 3 Satz 2, § 193 Abs. 4 i. V. m. Anlage 26 BewG) und die Kapitalisierung des Nutzungsentgelts (§ 195 Abs. 3 Satz 3 BewG i. V. m. Anlage 21 BewG) erfolgt in Anhängigkeit der Restlaufzeit des Nutzungsrechts. Die Restlaufzeit ist auf volle Jahre abzurunden. Ein Gebäudewertanteil ist nicht zu berücksichtigen.

Beispiel:
Ein mit einem fremden Gebäude bebautes Grundstück ist aufgrund einer Schenkung zum 20.03.2009 zu bewerten. Das Grundstück ist 1.450 m² groß; der Bodenrichtwert beträgt 130 €/m². Die Restlaufzeit des Nutzungsrechts beträgt am Bewertungsstichtag noch 22 Jahre. Der vereinbarte Pachtzins beträgt jährlich 12.000 €. Der Gutachterausschuss gibt einen üblichen Liegenschaftszinssatz von 5,5 % vor.

Grundbesitzwert
abgezinster Bodenwert
(1.450 m² × Bodenrichtwert 130 €/m² × 0,3079)
(§ 195 Abs. 3 Satz 2 i. V. m. § 193 Abs. 4 und Anlage 26 BewG)   58.039 €

5.3 Bewertung – § 12 ErbStG

kapitalisierter Pachtzins (12.000 € × 12,58) (§ 195 Abs. 3 Satz 3 i. V. m. Anlage 21 BewG)	150.960 €
Grundbesitzwert	**208.999 €**

5.3.6.10 Gebäude im Zustand der Bebauung

Die **Gebäude oder Gebäudeteile im Zustand der Bebauung (§ 196 BewG)** sind mit den bereits im Besteuerungszeitpunkt entstandenen Herstellungskosten dem Wert des bislang unbebauten oder bereits bebauten Grundstücks hinzuzurechnen (siehe hierzu R B 196.1/2 ErbStR 2011).

5.3.6.11 Öffnungsklausel

Abweichend von der Wertermittlung nach den §§ 179 und 182 bis 196 BewG ist der niedrigere gemeine Wert (Verkehrswert/Marktwert) am Bewertungsstichtag festzustellen, wenn der Steuerpflichtige diesen nachweist (§ 198 BewG). Den Steuerpflichtigen trifft die Nachweislast für einen niedrigeren gemeinen Wert und nicht eine bloße Darlegungslast. Der Nachweis des niedrigeren gemeinen Werts kann für die nach §§ 179, 182 bis 196 BewG **bewerteten wirtschaftlichen Einheiten** geführt werden, wobei der Nachweis die jeweils **gesamte** wirtschaftliche Einheit umfassen muss. Bei Grundstücken im Zustand der Bebauung ist der Verkehrswertnachweis für die gesamte wirtschaftliche Einheit unter Berücksichtigung der baulichen Gegebenheiten zulässig.

Als Nachweis ist regelmäßig ein **Gutachten des örtlich zuständigen Gutachterausschusses oder eines Sachverständigen für die Bewertung von Grundstücken** erforderlich.[247] Das Gutachten ist für die Feststellung des Grundbesitzwerts nicht bindend, sondern unterliegt der Beweiswürdigung durch das Finanzamt. Enthält das Gutachten Mängel (z. B. methodische Mängel oder unzutreffende Wertansätze), kann das Finanzamt es zurückzuweisen; ein Gegengutachten durch das Finanzamt ist nicht erforderlich. Für den Nachweis des niedrigeren gemeinen Werts **gelten grundsätzlich die aufgrund des § 199 Abs. 1 BauGB erlassenen Vorschriften.** Nach Maßgabe dieser Vorschriften besteht insoweit die Möglichkeit, **sämtliche wertbeeinflussenden Umstände** zur Ermittlung des gemeinen Werts (Verkehrswerts) von Grundstücken zu berücksichtigen. Hierzu gehören auch die den Wert beeinflussenden Rechte und Belastungen privatrechtlicher und öffentlich-rechtlicher Art, wie z. B. Grunddienstbarkeiten und persönliche Nutzungsrechte.[248]

Damit wird m. E. die Rechtsprechung des BFH zumindest für die Rechtslage ab 2009 kassiert. Schon nach Auffassung der Finanzverwaltung zur Rechtslage vor

---

247 Siehe auch BFH vom 10.11.2004, BStBl 2005 II S. 259; OFD Münster vom 14.02.2011, DStR 2012 S. 970.
248 Siehe auch von Cölln/Behrend, BB 2010 S. 1444; Eisele/Schmitt, NWB 2010 S. 232; OFD Münster vom 17.02.2012, DStR 2012 S. 971.

5 Wertermittlung

2009[249] konnte bei der Vorlage eines Verkehrswertgutachtens für ein Grundstück das Nutzungsrecht (in der Praxis Nießbrauchsrecht oder Wohnrecht) als Belastung bei der Wertermittlung nach den Wertermittlungsrichtlinien abgezogen werden. Soweit das Nutzungsrecht bereits den Grundstückswert gemindert hatte, konnte das Nutzungsrecht deshalb nicht zusätzlich als bereicherungsmindernder Posten im Rahmen der Erbschaftsteuerveranlagung oder Schenkungsteuerveranlagung geltend gemacht werden (so jetzt auch ausdrücklich § 10 Abs. 6 Satz 6 ErbStG). Der BFH hat diese Auffassung zwar abgelehnt.[250] Aufgrund eines Nichtanwendungserlasses wandte die Finanzverwaltung dieses Urteil aber über den entschiedenen Einzelfall hinaus nicht an.[251] Der BFH hat allerdings erneut zur Rechtslage vor 2009 entschieden, dass die Auffassung der Finanzverwaltung nicht zutreffend sei.[252] Der Rechtsprechung des BFH stehen jedoch seit 2009 § 198 BewG und § 10 Abs. 6 Satz 6 ErbStG entgegen. Für die Rechtslage vor 2009 dürfte es m. E. aufgrund des durch den Nichtanwendungserlass der Finanzverwaltung gesetzten Vertrauensschutzes nicht zur Anwendung der Rechtsprechung des BFH kommen, zumal das Urteil vom 11.06.2008 erst in 2009 im BStBl veröffentlicht worden ist.

Ein Einzelnachweis zu Bewertungsgrundlagen nach §§ 179 und 182 bis 196 BewG, z. B. hinsichtlich der Bewirtschaftungskosten, kommt nicht in Betracht.

Ein im gewöhnlichen Geschäftsverkehr innerhalb eines Jahres vor oder nach dem Bewertungsstichtag zustande gekommener **Kaufpreis über das zu bewertende Grundstück** kann als Nachweis dienen (R B 198 Abs. 4 ErbStR 2011). Ist ein Kaufpreis außerhalb dieses Zeitraums im gewöhnlichen Geschäftsverkehr zustande gekommen und sind die maßgeblichen Verhältnisse hierfür gegenüber den Verhältnissen zum Bewertungsstichtag unverändert geblieben, so kann auch dieser als Nachweis des niedrigeren gemeinen Werts dienen.[253] Kommt ein solcher Kaufpreis nach dem Erlass eines Feststellungsbescheids zustande, liegt nach Auffassung der OFD Magdeburg[254] eine wertaufhellende Tatsache bzw. ein Beweismittel in Bezug auf den am Bewertungsstichtag bestehenden Verkehrswert vor, sodass der Bescheid nach § 173 Abs. 1 Nr. 2 AO geändert werden kann. Wird das Grundstück vor dem Erlass des Bescheids verkauft, scheitert eine Änderung des Bescheids nach § 173 Abs. 1 Nr. 2 AO regelmäßig am groben Verschulden des Steuerpflichtigen an dem nachträglichen Bekanntwerden, weil dieser in der Erklärung zur Feststellung des Bedarfswerts nach einem niedrigeren gemeinen Wert mittels Kaufpreisnachweis befragt wird.

---

249 FinMin Nordrhein-Westfalen vom 07.12.2000 – S 3806 – 3 – V A 2.
250 BFH vom 16.02.2002, BStBl 2003 II S. 179.
251 Gleichlautende Ländererlasse vom 01.03.2004, BStBl 2004 I S. 272.
252 BFH vom 11.06.2008, BStBl 2009 II S. 132.
253 Siehe auch BFH, BStBl 2004 II S. 703.
254 OFD Magdeburg vom 06.09.2010, DStR 2010 S. 2637.

5.3 Bewertung – § 12 ErbStG

5.3.7 Bodenschätze

Bodenschätze gehören i. d. R. zum Betriebsvermögen (§ 12 Abs. 5 ErbStG). Bodenschätze (früher Mineralgewinnungsrechte, ab 01.01.1993 aber keine Einheitswertfeststellungen mehr), die nicht zum Betriebsvermögen gehören, werden angesetzt, wenn für sie Absetzungen für Substanzverringerung bei der Einkunftsermittlung vorzunehmen sind; sie werden mit ihren ertragsteuerlichen Werten angesetzt (§ 12 Abs. 4 ErbStG).

5.3.8 Bewertung von Betriebsvermögen, Anteilen am Betriebsvermögen und Anteilen an Kapitalgesellschaften

5.3.8.1 Vorbemerkung

Erörtert wird im Folgenden nur noch die ab 2009 durch das ErbStRG 2009 geschaffene Rechtslage. Zur Schätzung des gemeinen Werts von Anteilen an einer Kapitalgesellschaft nach § 12 Abs. 2 ErbStG a. F. i. V. m. § 11 Abs. 2 BewG a. F. und zur Bewertung von Betriebsvermögen oder Anteilen am Betriebsvermögen wird auf die Vorauflage (Schulz, 8. Auflage, unter 5.3.2 S. 354 ff. und unter 5.3.5 S. 388 ff.) verwiesen.

5.3.8.2 Rückblick und Entwicklung zum heutigen Stand der Bewertung

Ein klassisches Problem bei der Ermittlung der Bereicherung nach der vor 2009 geltenden Rechtslage war die bewertungsrechtlich vorgegebene Differenzierung zwischen dem Steuerwert und dem Verkehrswert eines Vermögensgegenstandes, die unter anderem bei der Bewertung von Betriebsvermögen und Anteilen am Betriebsvermögen (Personengesellschaften) sowie bei der Bewertung von Kapitalgesellschaften auftreten konnte.

Der BFH[255] hatte im Hinblick auf die an der Verfassungsmäßigkeit der unterschiedlichen Bewertung geäußerten Zweifel unter anderem entschieden, dass er § 12 ErbStG i. V. m. den in dieser Vorschrift in Bezug genommenen Vorschriften des BewG wegen Verstoßes gegen den Gleichheitssatz (Art. 3 Abs. 1 GG) für verfassungswidrig hält, weil die Vorschriften zur Ermittlung der Steuerbemessungsgrundlage beim Betriebsvermögen, bei den Anteilen an Kapitalgesellschaften sowie beim Grundbesitz (einschließlich des land- und forstwirtschaftlichen Vermögens) gleichheitswidrig ausgestaltet sind.

Das BVerfG[256] hat aufgrund des Vorlagebeschlusses des BFH sodann entschieden, dass die Bewertungsmethoden gewährleisten müssen, dass alle Vermögensgegenstände in einem Annäherungswert an den gemeinen Wert erfasst werden. Insoweit verweist das BVerfG darauf, dass der über § 12 Abs. 1 ErbStG anwendbare § 9

---

255 BFH vom 22.05.2002, BStBl 2002 II S. 598 mit zahlreichen Nachweisen zum Meinungsstand.
256 BVerfG vom 07.11.2006 1 BvL 10/02, BStBl 2007 II S. 192.

/ 5 Wertermittlung

Abs. 1 BewG den gemeinen Wert als Regelwert vorgibt und dieser dem Verkehrswert gleichzusetzen ist.

Bei der Wertermittlung von Betriebsvermögen und Anteilen am Betriebsvermögen (Personengesellschaften) sowie bei der Bewertung von Kapitalgesellschaften ist der Gesetzgeber nach Ansicht des BVerfG verfassungsrechtlich nunmehr ebenfalls gehalten, sich auf der Bewertungsebene einheitlich am gemeinen Wert als dem maßgeblichen Bewertungsziel zu orientieren. In der Wahl der Wertermittlungsmethoden für die einzelnen Arten von Vermögensgegenständen ist er nach Ansicht des BVerfG aber grundsätzlich frei, solange gewährleistet ist, dass alle Vermögensgegenstände in einem Annäherungswert an den gemeinen Wert erfasst werden.

Ein Annäherungswert ist nach Ansicht des BVerfG gerechtfertigt, weil sich auch für Betriebsvermögen und Anteilen am Betriebsvermögen (Personengesellschaften) sowie bei der Bewertung von Kapitalgesellschaften kein absoluter und sicher realisierbarer Marktwert ermitteln lässt, sondern allenfalls ein Marktwertniveau, auf dem sich mit mehr oder weniger großen Abweichungen vertretbare Verkehrswerte bilden.

Der Gesetzgeber musste daher – wenn er denn das ErbStG nicht abschaffen wollte – die Bewertung von Betriebsvermögen und Anteilen am Betriebsvermögen (Personengesellschaften) sowie die Bewertung von Kapitalgesellschaften im Hinblick auf die verfassungsrechtlichen Vorgaben neu regeln. Dem ist er durch das ErbStRG 2009 nachgekommen.

Wünschenswerter wäre es gewesen, wenn das BVerfG bei der Unternehmensbewertung wegen der mit der Findung des gemeinen Werts verbundenen Probleme einen größeren Bewertungsspielraum eröffnet hätte. Zu befürchten ist, dass es zu zahlreichen Streitigkeiten über das richtige Bewertungsverfahren zur Ermittlung des „wirklichen Werts" eines Unternehmens kommen wird. Die Entwicklungen an der Börse sind ein m. E. signifikantes Beispiel dafür, welchen Wertschwankungen Unternehmen unterliegen können.

5.3.8.3 Rechtsgrundlagen

Die Rechtsgrundlagen für die Bewertung von Anteilen an Kapitalgesellschaften sowie von Betriebsvermögen oder Anteilen am Betriebsvermögen ergeben sich aus § 12 Abs. 2 und 5 ErbStG, aus §§ 109 und 11 Abs. 2 BewG sowie aus §§ 199 bis 203 BewG.

Der Wert von Anteilen an Kapitalgesellschaften ist grundsätzlich gem. § 151 Abs. 1 Satz 1 Nr. 3 BewG festzustellen. Gemäß § 12 Abs. 2 ErbStG sind die Anteile daher mit dem auf den Bewertungsstichtag (§ 11 ErbStG) festgestellten Wert anzusetzen. Hierzu bestimmt § 157 Abs. 4 BewG, dass der Wert von Anteilen an Kapitalgesellschaften i. S. des § 11 Abs. 2 Satz 2 BewG (Anteilswert) unter Berücksichtigung der tatsächlichen Verhältnisse und der Wertverhältnisse zum Bewertungsstichtag festgestellt wird und der Anteilswert unter Anwendung des § 11 Abs. 2 BewG zu ermitteln ist.

Der Wert des Betriebsvermögens oder des Anteils am Betriebsvermögen (§§ 95, 96, 97 BewG) ist nach § 151 Abs. 1 Satz 1 Nr. 2 BewG festzustellen. Gemäß § 12 Abs. 5 ErbStG ist der Wert des Betriebsvermögens daher ebenfalls mit dem auf den Bewertungsstichtag (§ 11 ErbStG) festgestellten Wert anzusetzen. Hierzu bestimmt § 157 Abs. 5 BewG, dass der Wert von Betriebsvermögen oder des Anteils am Betriebsvermögen i. S. der §§ 95, 96, 97 BewG (Betriebsvermögenswert) unter Berücksichtigung der tatsächlichen Verhältnisse und der Wertverhältnisse zum Bewertungsstichtag festgestellt wird und der Betriebsvermögenswert unter Anwendung des § 109 Abs. 1 und 2 BewG i. V. m. § 11 Abs. 2 BewG zu ermitteln ist.

Nach § 109 Abs. 1 Satz 1 BewG ist das Betriebsvermögen von Gewerbebetrieben i. S. des § 95 BewG und freiberuflich Tätigen i. S. des § 96 BewG mit dem gemeinen Wert anzusetzen. Gleiches gilt nach § 109 Abs. 2 Satz 1 BewG für den Wert des Anteils am Betriebsvermögen einer in § 97 BewG genannten Körperschaft, Personenvereinigung oder Vermögensmasse. Für die Ermittlung des gemeinen Werts gilt § 11 Abs. 2 BewG entsprechend.

Im Ergebnis führen die zahlreichen Verweise im ErbStG und im BewG für die Unternehmensbewertung letztlich zu § 11 Abs. 2 BewG und zu der Konsequenz, dass ab 2009 Anteile an Kapitalgesellschaften, die nicht unter § 11 Abs. 1 BewG fallen, und gewerblich oder freiberuflich tätige Einzelunternehmen oder Personengesellschaften nach denselben Regeln bewertet werden.

Die Finanzverwaltung hat zunächst durch gleichlautende Ländererlasse vom 25.06.2009 zur Anwendung der §§ 11, 95 bis 109 und 199 ff. BewG – AEBewAntBV – Stellung bezogen[257] und diese sodann durch gleichlautende Erlasse vom 17.05.2011 (BStBl 2011 I S. 606) ersetzt. An deren Stelle treten nun die ErbStR 2011.

5.3.8.4 Umfang des Betriebsvermögens

Der **Wert von Anteilen an Kapitalgesellschaften** oder der **Wert des Betriebsvermögens oder des Anteils am Betriebsvermögen** umfasst das Betriebsvermögen des Unternehmens. Es ist daher zunächst zu klären, was überhaupt zum Betriebsvermögen gehört. Hierzu enthalten die ErbStR 2011 sich teils wiederholende und ergänzende Aussagen in verschiedenen Abschnitten.

---

257 BStBl 2009 I S. 698; auch die Literatur hat sich zu den Neuregelungen vielfach geäußert, vgl. nur Bäuml, GmbHR 2009 S. 1135; Brüggemann, ErbBStg 2009 S. 220; Eisele, StW 2009 S. 163; Hecht/von Cölln, BB 2010 S. 795 und 1084; Keller, NWB-EV 2009 S. 207; Knief/Weippert, Stbg 2010 S. 1; Kohl, ZEV 2009 S. 554; Krause, NWB-EV 2010 S. 94; Krause/Höne, NWB-EV 2009 S. 330 und 352; Mannek, ErbStB 2009 S. 312; Möllmann, BB 2010 S. 407; Neufang, BB 2009 S. 2004; Olbrich/Hares/Pauly, DStR 2010 S. 1250; Piltz, DStR 2009 S. 1829; Riedel, GmbHR 2009 S. 743; Schiffers, GmbH-StB 2010 S. 36 und DStZ 2010 S. 548; Siegmund/Zipfel, BB 2009 S. 2678; Stamm/Blum, StuB 2009 S. 763; Stalleiken/Theissen, DStR 2010 S. 21; Viskorf, ZEV 2009 S. 591; Wälzholz, DStR 2009 S. 1602; Warlich/Kühne, DB 2009 S. 2062; Wassermann, DStR 2010 S. 183, jeweils m. w. N.

5 Wertermittlung

- **Beachte:**
Im Ergebnis bedeutet die Zuordnung zum Betriebsvermögen, dass alles, was zum Betriebsvermögen gerechnet wird, im gemeinen Wert des Unternehmens (z. B. Ertragswert oder Substanzwert) erfasst ist und somit nicht als zusätzlicher Gegenstand des Erwerbs angesetzt werden kann.

Der Umfang des Betriebsvermögens richtet sich **bei Einzelunternehmen, Personen- und Kapitalgesellschaften** i. S. der §§ 95 bis 97 BewG (anwendbar über § 157 BewG) nach der Zugehörigkeit der Wirtschaftsgüter zum ertragsteuerlichen Betriebsvermögen am Bewertungsstichtag (R B 11.3, 95, 97.1 bis 97.3, 99, 103.1 bis 103.3 ErbStR 2011).

Dabei sind die Schulden und sonstigen passiven Ansätze dem Grunde nach zu berücksichtigen (§ 103 Abs. 1 und § 109 BewG). **Schulden,** die mit einem **Betriebsgrundstück** (R B 99 ErbStR 2011) in wirtschaftlichem Zusammenhang stehen, sind abzuziehen, soweit sie bei der steuerlichen Gewinnermittlung zum Betriebsvermögen gehören (R B 103.3 ErbStR 2011).

Bei **bilanzierenden Gewerbetreibenden und freiberuflich Tätigen** (§ 5 oder § 4 Abs. 1 EStG) führt die Anknüpfung an die Grundsätze der steuerlichen Gewinnermittlung regelmäßig zu einer **Identität zwischen der Steuerbilanz** auf den Bewertungsstichtag oder – im Fall der Anwendung der **Vereinfachungsregelung (R B 109.2 Abs. 2 und 3 ErbStR 2011)** – den Schluss des letzten vor dem Bewertungsstichtag endenden Wirtschaftsjahrs und dem bewertungsrechtlichen Betriebsvermögen.

Hervorzuheben ist, das aktive und passive Wirtschaftsgüter auch dann dem Grunde nach zum ertragsteuerlichen Betriebsvermögen gehören, wenn für sie ein steuerliches Aktivierungs- oder Passivierungsverbot besteht (R B 11.3 Abs. 3, RB 109.1 ErbStR 2011).

Beispiel:
Eine handelsrechtlich gebotene Drohverlustrückstellung, die steuerlich nicht passiviert werden darf (§ 5 Abs. 4a EStG), ist bei der Ermittlung des Substanzwerts gleichwohl anzusetzen.

Zum Betriebsvermögen gehören auch selbst geschaffene oder entgeltlich erworbene **immaterielle Wirtschaftsgüter.**
Beispiele (R B 11.3 Abs. 3 Satz 4 und R B 109.1 ErbStR 2011):
Patente, Lizenzen, Warenzeichen, Markenrechte, Konzessionen, Bierlieferrechte.

Entgegen ursprünglicher Auffassung im AEBewAntBV vom 25.06.2009 sollen nach Auffassung der Finanzverwaltung auch geschäftswert-, firmenwert- oder praxiswertbildende Faktoren, denen ein eigenständiger Wert zugewiesen werden kann (z. B. Kundenstamm, Know-How), bei der Ermittlung des Substanzwerts einzubeziehen sein, unabhängig davon, ob sie selbstgeschaffen oder entgeltlich erworben wurden (R B 11.3 Abs. 3, 109.1 ErbStR 2011).

5.3 Bewertung – § 12 ErbStG

Rücklagen und Ausgleichsposten mit Rücklagencharakter gehören ebenfalls zum Betriebsvermögen; sind aber nicht abzugsfähig, weil sie Eigenkapitalcharakter haben (vgl. § 103 Abs. 3 BewG).

Beispiel: Rücklage nach § 6b EStG

Entsprechendes gilt für **Ausgleichsposten** nach § 14 KStG, § 4g EStG sowie die Luftposten nach § 20 UmwStG (R B 103.1 Abs. 2 ErbStR 2011).

Der Grundsatz der Identität wird darüber hinaus durchbrochen bei Gewinnansprüchen gegen eine beherrschte Gesellschaft als sonstigem Abzug bei der beherrschten Gesellschaft (§ 103 Abs. 2 BewG).

Bei **nicht bilanzierenden Gewerbetreibenden und freiberuflich Tätigen** (R B 95 Abs. 3, R B 103.2 ErbStR 2011) gehören alle Wirtschaftsgüter, die ausschließlich und unmittelbar für eigenbetriebliche Zwecke genutzt werden, zum Betriebsvermögen (notwendiges Betriebsvermögen). Bewegliche Wirtschaftsgüter, die zu mehr als 50 % eigenbetrieblich genutzt werden, sind in vollem Umfang notwendiges Betriebsvermögen. Grundstücke, die teilweise betrieblich und teilweise privat genutzt werden, sind nach ertragsteuerrechtlichen Grundsätzen aufzuteilen (siehe unter 5.3.2.6). Gewillkürtes Betriebsvermögen ist zu berücksichtigen, wenn die Bildung ertragsteuerrechtlich zulässig und das Wirtschaftsgut tatsächlich dem gewillkürten Betriebsvermögen zugeordnet worden ist.

Forderungen und Verbindlichkeiten, die mit dem Betrieb in wirtschaftlichem Zusammenhang stehen, gehören zum Betriebsvermögen, ebenso Bargeld und Bankguthaben, die aus gewerblichen oder freiberuflichen Tätigkeiten herrühren. Bei freiberuflich Tätigen sind Honoraransprüche, die bis zum Bewertungsstichtag entstanden sind, als Forderung zu erfassen. Sie sind in dem Zeitpunkt entstanden, in dem die zu erbringenden Leistungen vollendet waren. Honoraransprüche für Teilleistungen sind insoweit entstanden, als auf ihre Vergütung nach einer Gebührenordnung oder aufgrund von Sondervereinbarungen zwischen den Beteiligten ein Anspruch besteht.

Schulden, die mit einem **Betriebsgrundstück** in wirtschaftlichem Zusammenhang stehen, sind abzuziehen, soweit sie bei der steuerlichen Gewinnermittlung zum Betriebsvermögen gehören.

Abzugsfähig sind neben den auflösend bedingten auch die aufschiebend bedingten Verbindlichkeiten. Eine Schuld ist nur abzuziehen, wenn sie zum Bewertungsstichtag bereits entstanden und noch nicht erloschen ist. Die Fälligkeit der Schuld ist nicht Voraussetzung für ihre Abzugsfähigkeit. Die Schuld muss eine wirtschaftliche Belastung darstellen, d. h., es darf nicht nur eine rechtliche Verpflichtung zu ihrer Erfüllung bestehen, sondern es muss auch ernstlich damit gerechnet werden, dass der Gläubiger Erfüllung verlangt. Schulden, die zwar formell rechtsgültig bestehen,

5 Wertermittlung

sind nicht abzugsfähig, wenn sie zum Bewertungsstichtag keine ernstzunehmende Belastung darstellen; dies ist besonders bei Darlehensschulden und anderen Verbindlichkeiten innerhalb des Kreises naher Verwandter zu prüfen.

Eine Darlehensschuld, die zur **Errichtung eines Gewerbebetriebs** aufgenommen wurde und zu deren Sicherung auf einem Privatgrundstück eine Hypothek bestellt ist, wird wegen des wirtschaftlichen Zusammenhangs mit dem Betriebsvermögen als Schuld abgezogen.

Durch die **Verpfändung eines Wirtschaftsguts** allein wird noch kein wirtschaftlicher Zusammenhang zwischen der Schuld und dem verpfändeten Wirtschaftsgut begründet. Das gilt auch für die Belastung eines Grundstücks mit einem Grundpfandrecht. An dem erforderlichen wirtschaftlichen Zusammenhang fehlt es ebenso bei außerbetrieblich begründeten Verpflichtungen.

Ungewisse Verbindlichkeiten können abgezogen werden, soweit sie zum Bewertungsstichtag eine wirtschaftliche Belastung darstellen.

Die Verpflichtung aufgrund einer typischen stillen Beteiligung an einem Gewerbebetrieb ist grundsätzlich mit dem Nennwert der Vermögenseinlage des stillen Gesellschafters anzusetzen (R B 12.4 ErbStR 2011). Die Verpflichtung zur Zahlung des jährlichen Gewinnanteils, dessen Höhe von dem Ergebnis des Wirtschaftsjahres des Gewerbebetriebs abhängt, kann regelmäßig abgezogen werden, wenn ernsthaft mit der Inanspruchnahme des Unternehmens zu rechnen ist. Der Abzug ist auch dann zulässig, wenn die Höhe der Schuld am Stichtag noch nicht endgültig feststeht, z. B. weil der maßgebende Gewinn oder Umsatz des Geschäftsjahres erst noch ermittelt werden muss.

Sachleistungsansprüche und **Sachleistungsverpflichtungen** sind bereits ab dem Zeitpunkt des Vertragsabschlusses anzusetzen. Ihr Wert entspricht dem Wert des Gegenstandes, auf den die Leistung gerichtet ist. Bei Geschäften, die auf die Übertragung von Grundbesitz gerichtet sind, kommt eine Bewertung der Ansprüche und Verpflichtungen mit dem Grundbesitzwert (§§ 176 ff. BewG) nicht in Betracht. Solange noch von keiner Vertragspartei mit der Erfüllung des Vertrags begonnen worden ist, brauchen aus Vereinfachungsgründen die gegenseitigen Rechte und Pflichten nicht berücksichtigt zu werden.

Steuerschulden, die in wirtschaftlichem Zusammenhang mit dem Betrieb stehen, können abgezogen werden. Dies können vor allem Umsatzsteuer-, Gewerbesteuer- und Grundsteuerschulden sein. Dagegen sind die außerbetrieblichen Steuerschulden (z. B. Einkommensteuerschulden) bei der Ermittlung des Betriebsvermögens nicht abzugsfähig.

5.3.8.5 Bewertungsmethoden für Unternehmen

Für die Ermittlung des gemeinen Werts von Unternehmen oder Unternehmensbeteiligungen ergeben sich folgende Möglichkeiten und folgende Prüfungsreihenfolge:[258]

1. Der gemeine Wert ist vorrangig aus Börsenkursen abzuleiten (§ 11 Abs. 1 BewG).
2. Soweit diese nicht vorliegen, ist der gemeine Wert in erster Linie aus Verkäufen unter fremden Dritten abzuleiten, die weniger als ein Jahr vor dem Besteuerungszeitpunkt zurückliegen (§ 11 Abs. 2 Satz 2 Halbsatz 1 BewG).
3. Soweit auch derartige zeitnahe Verkäufe fehlen, ist der gemeine Wert unter Berücksichtigung der Ertragsaussichten oder einer anderen anerkannten – auch im gewöhnlichen Geschäftsverkehr für nichtsteuerliche Zwecke üblichen – Methode zu schätzen, wobei die Methode anzuwenden ist, die ein Erwerber der Bemessung des Kaufpreises zugrunde legen würde (§ 11 Abs. 2 Satz 2 Halbsatz 2 BewG) und wobei die §§ 199 bis 203 zu berücksichtigen sind (§ 11 Abs. 2 Satz 4 BewG).
4. Die Summe der gemeinen Werte der zum Betriebsvermögen gehörenden Wirtschaftsgüter und sonstigen aktiven Ansätze abzüglich der zum Betriebsvermögen gehörenden Schulden und sonstigen Abzüge (Substanzwert oder Mindestwert) darf durch den nach § 11 Abs. 2 Satz 2 Halbsatz 2 BewG (siehe Nr. 3) ermittelten Wert nicht unterschritten werden (§ 11 Abs. 2 Satz 3 BewG).

5.3.8.6 Feststellungsverfahren

Der Wert von Anteilen an Kapitalgesellschaften ist grundsätzlich gem. § 151 Abs. 1 Satz 1 Nr. 3 BewG festzustellen. Gemäß § 12 Abs. 2 ErbStG sind die Anteile daher mit dem auf den Bewertungsstichtag (§ 11 BewG) festgestellten Wert anzusetzen (siehe oben).

Der Wert des Betriebsvermögens oder des Anteils am Betriebsvermögen (§§ 95, 96, 97 BewG) ist nach § 151 Abs. 1 Satz 1 Nr. 2 BewG festzustellen. Gemäß § 12 Abs. 5 ErbStG ist der Wert des Betriebsvermögens daher ebenfalls mit dem auf den Bewertungsstichtag (§ 11 BewG) festgestellten Wert anzusetzen (siehe oben).

Gemäß § 151 Abs. 1 Satz 1 BewG erfolgt eine Feststellung nur, wenn der Wert für die Erbschaftsteuer oder eine andere Feststellung von Bedeutung ist.

Gegenstand der Feststellung ist der Wert des Unternehmens und die Zurechnung (§ 151 Abs. 2 Nr. 2 Satz 2 BewG; R B 151.4 Abs. 1 i. V. m. R B 151.2 Abs. 2 ErbStR 2011). Für die Wertfindung kann auf einen Basiswert zurückgegriffen werden (§ 151 Abs. 3 BewG und R B 151.4 Abs. 3 ErbStR 2011)

Außerdem hat das für die Bewertung der wirtschaftlichen Einheit örtlich zuständige Finanzamt (§ 152 Nr. 1 bis 3 BewG) **für Bewertungsstichtage ab 01.07.2011** die **Aus-**

---
258 Siehe auch Piltz, DStR 2009 S. 1830; Stamm/Blum, StuB 2009 S. 763 (764), und kritisch Viskorf, ZEV 2009 S. 593.

gangslohnsumme, die **Anzahl der Beschäftigten und die Summe der maßgebenden jährlichen Lohnsummen** gesondert festzustellen, wenn diese Angaben für die Erbschaftsteuer oder eine andere Feststellung im Sinne dieser Vorschrift von Bedeutung sind. Die Entscheidung über die Bedeutung trifft das Finanzamt, das für die Festsetzung der Erbschaftsteuer oder die Feststellung nach § 151 Abs. 1 Satz 1 Nr. 1 bis 3 BewG zuständig ist (§ 13a Abs. 1a ErbStG; R E 13a.4 Abs. 11 ErbStR 2011).

Des Weiteren hat das für die Bewertung der wirtschaftlichen Einheit örtlich zuständige Finanzamt (§ 152 Nr. 1 bis 3 BewG) für **Bewertungsstichtage ab 01.07.2011** das **Verwaltungsvermögen und das junge Verwaltungsvermögen** nach den allgemeinen Vorschriften der AO (§§ 179 ff. AO) und unter Beachtung der bestehenden Verfahrensvorschriften des BewG (§§ 151 bis 156 BewG) gesondert festzustellen, wenn der gemeine Wert des Betriebs der Land- und Forstwirtschaft, des Betriebsvermögens oder des Anteils am Betriebsvermögen oder von Anteilen an Kapitalgesellschaften nach § 151 Abs. 1 Satz 1 Nr. 1 bis 3 BewG gesondert festgestellt wird (§ 13b Abs. 2a ErbStG; R E 13b.8 ErbStR 2011). Zuvor war im Abschn. 7 AE-BewAntBV lediglich eine nachrichtliche Mitteilung dieser Werte vorgesehen.

Beispiel:
Ein Unternehmen (100 Arbeitnehmer) wird zum 01.01.2011 übertragen unter Inanspruchnahme der Steuerbefreiung i. H. von 100 %. Damit besteht eine Verpflichtung zur Einhaltung der Lohnsummenklausel für die Jahre 2011 bis 2017. Ein endgültiger Vergleich der Lohnsumme mit der Ausgangslohnsumme (Durchschnittslohnsumme der Jahre 2006 bis 2010) ist erst möglich im Jahr 2018. Um im Jahr 2018 Streitigkeiten über die Richtigkeit der Ausgangslohnsumme und die Lohnsummen der Folgejahre zu vermeiden, müssen nunmehr zeitnah ein Feststellungsbescheid für die Ausgangslohnsumme und Feststellungsbescheide über die Lohnsummen der Jahre 2011 bis 2017 ergehen.

Die Ausweitung der Feststellungen sind – unter Außerachtlassung des damit verbundenen bürokratischen Aufwands – im Ergebnis begrüßenswert, da sie eine zeitnahe Überprüfung der Feststellungen zur Lohnsumme und zum Wert und Umfang des Verwaltungsvermögens ermöglichen. Liegen der Feststellungsbescheid für den Unternehmenswert und für den Wert des Verwaltungsvermögens vor, kann aus den Feststellungsbescheiden der Anteil des Verwaltungsvermögens abgeleitet und damit geprüft werden, ob der gem. § 13b Abs. 2 ErbStG erforderliche Verwaltungsvermögenstest bestanden wird. Ist das nicht der Fall, kann der Feststellungsbescheid zum Verwaltungsvermögen mit dem Ziel angegriffen werden, diesen Wert zu reduzieren; es kann aber auch der Feststellungsbescheid über den Unternehmenswert mit dem Ziel angegriffen werden, diesen Wert zu erhöhen.

5.3.8.7 Börsennotierte Unternehmen

Bei börsennotierten Unternehmen ist der gemeine Wert (wie bisher) gem. § 11 Abs. 1 BewG aus Börsenkursen abzuleiten (R B 11.1 ErbStR 2011). Andere Bewertungsverfahren kommen hier von vornherein nicht in Betracht.

5.3 Bewertung – § 12 ErbStG

5.3.8.8 Ableitung des Unternehmenswertes aus Verkäufen

Eine Ableitung des Unternehmenswerts aus Verkäufen ist für Anteile an Kapitalgesellschaften, Betriebsvermögen und Anteilen am Betriebsvermögen (§ 109 BewG) (R B 11.2 Abs. 1, R B 109.1 ErbStR 2011) vorzunehmen, wenn
1. zumindest ein Verkauf vorliegt,
2. dieser weniger als ein Jahr zurückliegt (vom Stichtag nach § 11 ErbStG aus gerechnet) und
3. der Verkauf unter fremden Dritten erzielt worden ist.

a) Zahl der Verkäufe

Entscheidend für die Ableitung des gemeinen Werts ist nach dem Sinn und Zweck der Vorschrift nicht die Zahl der Verkaufsfälle, sondern der Umfang des Verkaufs. Eine Mehrzahl zeitlich auseinanderliegender Verkaufsfälle während der Jahresfrist ist also nicht erforderlich. Der gemeine Wert kann vielmehr auch aus einem einzigen Verkauf abgeleitet werden, wenn Gegenstand des Verkaufs nicht nur ein Zwerganteil ist.[259] Ein in dem Kaufpreis enthaltener Zuschlag für den Beteiligungscharakter ist auszuscheiden.

Eine Ableitung aus mehreren Verkäufen ist rechnerisch auf verschiedene Weise möglich. So kann eine reine Durchschnittsrechnung (Verhältnis Nennkapital zum Kaufpreis) erfolgen, eine Durchschnittsrechnung unabhängig vom Umfang der verkauften Anteile oder ein Schwergewicht bei den Verkäufen gebildet werden, die näher zum Bewertungsstichtag liegen. Welchen Weg man einschlägt, wird jeweils nur – unter Berücksichtigung von Sinn und Zweck des § 11 Abs. 2 BewG: gemeiner Wert am Stichtag – unter Beachtung aller Umstände des Einzelfalls zu entscheiden sein.[260]

Beispiel:
Im abgelaufenen Jahr wurden an A-GmbH-Anteilen verkauft:

15.04.:	Nennwert	60.000 €	Kaufpreis	180.000 €
20.06.:	Nennwert	50.000 €	Kaufpreis	160.000 €
09.11.:	Nennwert	100.000 €	Kaufpreis	340.000 €

Denkbare „Ableitungen" des gemeinen Werts zum Stichtag wären:
1. Nennwert insgesamt 210.000 €
   Kaufpreis insgesamt 680.000 € = gemeiner Wert von 323,81 %
2. Nennwert zu Kaufpreis 1. Verkauf: 300 %
   Nennwert zu Kaufpreis 2. Verkauf: 320 %
   Nennwert zu Kaufpreis 3. Verkauf: 340 %
                                          960 %
   960 % : 3 = gemeiner Wert von   320 %
3. Schließlich könnte man dem letzten Verkauf eine erhöhte Bedeutung zukommen lassen. Der gemeine Wert läge dann näher an 340 %.

---

259 Eine 25 %-Beteiligung ist zumindest kein Zwerganteil: BFH vom 05.03.1986, BStBl 1986 II S. 591.
260 Siehe auch Bormann, INF 1984 S. 512.

b) Zeitpunkt der Verkäufe

Käufe, die erst nach dem Stichtag zustande gekommen sind, bleiben außer Betracht. Eine Einigung über den Kaufpreis eines kurz nach dem Stichtag abgeschlossenen Verkaufs von Geschäftsanteilen an einer GmbH ist auch dann vor dem Stichtag zustande gekommen, wenn sich die Verhandlungen durch Festlegung eines Preisrahmens so weit verdichtet haben, dass der Kaufpreis durch den Kaufvertrag nur noch dokumentiert wird.[261]

c) Verkauf unter fremden Dritten

Für diese Voraussetzung dürften die bisherigen Anforderungen an einen Verkauf im gewöhnlichen Geschäftsverkehr sinngemäß zur Anwendung kommen. Nach § 11 Abs. 2 BewG ist der gemeine Wert anzusetzen. Gemäß § 9 Abs. 2 BewG wird der gemeine Wert durch den Preis bestimmt, der im gewöhnlichen Geschäftsverkehr nach der Beschaffenheit der Anteile an der Kapitalgesellschaft (Vermögen und Ertragsaussichten) zu erzielen wäre. Im Hinblick auf den für die Preisbildung nach § 9 Abs. 2 BewG maßgeblichen gewöhnlichen Geschäftsverkehr scheiden insbesondere solche Preise aus, die unter ungewöhnlichen Verhältnissen zustande gekommen sind, bei denen die persönlichen Verhältnisse der Beteiligten von entscheidender Bedeutung gewesen sind oder wertbildende Faktoren in den Preis Eingang gefunden haben, die mit der Beschaffenheit der Anteile selbst nichts zu tun haben.[262] Dazu gehören z. B. auch die von den Gesellschaftern einer Kapitalgesellschaft bezüglich ihrer Geschäftsanteile vereinbarten Veräußerungs- und Vererbungsbeschränkungen.[263]

Die ursprüngliche Praxis der Finanzverwaltung,[264] bei der Ableitung des gemeinen Werts von Stammaktien aus dem Börsenkurs von Vorzugsaktien und umgekehrt mit pauschalen Zu- oder Abschlägen zu arbeiten, hat der BFH[265] verworfen. Die Verwaltung hat sich der Auffassung des BFH angeschlossen.[266]

Die Summe der Werte der einzelnen Anteile muss nicht immer gleich dem gemeinen Wert der Beteiligung sein. Ist der gemeine Wert einer Anzahl von Anteilen an einer Kapitalgesellschaft, die einer Person gehören, infolge besonderer Umstände (z. B., weil die Höhe der Beteiligung die Beherrschung der Kapitalgesellschaft ermöglicht) höher als der Wert, der sich aufgrund der Kurswerte (§ 11 Abs. 1 BewG) oder der gemeinen Werte, abgeleitet aus Verkäufen (§ 11 Abs. 2 BewG) für die einzelnen Anteile, insgesamt ergibt, so ist nach § 11 Abs. 3 BewG der gemeine Wert der Beteiligung maßgebend.

---

261 BFH vom 02.11.1998, BStBl 1989 II S. 80; ZEV 1999 S. 239.
262 BFH vom 28.11.1980, BStBl 1981 II S. 353.
263 BFH vom 30.03.1994, BStBl 1994 II S. 503.
264 R 95 Abs. 5 Satz 3 ErbStR 2003.
265 BFH vom 21.04.1999, BStBl 1999 II S. 810.
266 FinMin Schleswig-Holstein vom 15.02.2000, ZEV 2000 S. 194.

5.3 Bewertung – § 12 ErbStG

5.3.8.9 Paketzuschlag

Ein **Paketzuschlag** (R B 11.6 ErbStR 2011) ist vorzunehmen, wenn ein **Gesellschafter mehr als 25 %** der Anteile an einer Kapitalgesellschaft auf einen oder mehrere Erwerber überträgt.[267] Als Paketzuschlag kann, je nach Umfang der zu bewertenden Beteiligung, im Allgemeinen ein Zuschlag bis zu 25 % in Betracht kommen. Höhere Zuschläge sind im Einzelfall möglich.[268]

Die ErbStR 2011 enthalten weitergehende Erläuterungen zum Paketzuschlag

- beim Erwerb durch **mehrere Erben,**
- beim Erwerb durch **Vermächtnisnehmer,**
- bei **Schenkungen** unter Lebenden,
- bei der **Vereinigung von zugewendeten Anteilen** mit bereits vorhandenen **eigenen Anteilen** des Erwerbers
- sowie für den Fall, dass **nacheinander von derselben Person mehrere Anteile** zugewendet werden, die unter den Voraussetzungen des § 14 ErbStG zusammengerechnet dem Erwerber eine Beteiligung von mehr als 25 % verschaffen.

Ein **Paketzuschlag** kommt **nur für Anteile an Kapitalgesellschaften** in Betracht, denn R B 11.6 ErbStR 2011 (regelt den Paketzuschlag) gehört zur Bewertung von Anteilen an Kapitalgesellschaften und R B 95 ff. ErbStR 2011 (die für Betriebsvermögen gelten), insbesondere R B 109 ErbStR 2011, enthalten keinen Hinweis auf eine entsprechende Anwendung für Beteiligungen an Personengesellschaften.

5.3.8.10 Schätzung des gemeinen Werts

Für die zahlenmäßig weitaus meisten Bewertungsfälle, in denen mangels stichtagsnaher Verkäufe eine Wertableitung aus tatsächlich erzielten Verkaufspreisen ausscheidet, ordnet die gesetzliche Neuregelung eine Schätzung des gemeinen Werts an.

Anders als bei § 11 Abs. 1, Abs. 2 Satz 1 BewG sieht das Gesetz hier eine Methodenvielfalt vor. Denn nach § 11 Abs. 2 Satz 2 i. V. m. § 109 Abs. 1 Satz 2 und Abs. 2 Satz 2 BewG ist der gemeine Wert von Betriebsvermögen „unter Berücksichtigung der Ertragsaussichten oder einer anderen anerkannten, auch im gewöhnlichen Geschäftsverkehr für nichtsteuerliche Zwecke üblichen Methode zu ermitteln". Sowohl hinter der Alternative „Wertermittlung unter Berücksichtigung der Ertragsaussichten" wie auch hinter der Alternative „Wertermittlung nach einer anderen für nicht steuerliche Zwecke üblichen Methode" verbirgt sich eine Vielfalt weiterer Bewertungsverfahren. Bei der ersten Alternative kommen neben dem gesetzlich fixierten vereinfachten Ertragswertverfahren (§§ 199 ff. BewG) theoretisch alle

---

267 BFH vom 01.03.2000 II B 70/99, BFH/NV 2000 S. 1077.
268 Siehe auch Stamm/Blum, StuB 2009 S. 811; Siegmund/Zipfel, BB 2009 S. 2678 (2682).

5 Wertermittlung

Schätzungsverfahren in Betracht, die die Ertragsaussichten des Betriebs „berücksichtigen". Hierzu zählen nicht nur die reinen Ertragswertverfahren, sondern auch die durchaus verbreiteten Mittelwert- und Übergewinnmethoden.[269] Hinter der zweiten Alternative verbergen sich verschiedene branchenspezifische Bewertungsmethoden, die an andere Parameter anknüpfen als an die Ertragsaussichten, z. B. Umsatz, Produktionsmenge, Kundenstamm, Vertragsbestand etc.

Das Gesetz enthält in § 11 Abs. 2 BewG hierzu verschiedene Konkurrenzregelungen, auf die im Folgenden einzugehen sein wird (zur Hierarchie der Bewertungsmethoden siehe bereits unter 5.3.7.4).

5.3.8.11 Ermittlung des Substanzwerts

Der Substanzwert ist als Mindestwert nur anzusetzen, wenn der gemeine Wert nach einem Ertragswertverfahren oder mit einer marktüblichen Methode ermittelt wird. Wird der gemeine Wert aus tatsächlichen Verkäufen unter fremden Dritten im gewöhnlichen Geschäftsverkehr abgeleitet, ist der Ansatz des Substanzwerts als Mindestwert ausgeschlossen. Ist das Substanzwertverfahren insoweit nicht ausgeschlossen, enthält § 11 Abs. 2 Satz 3 BewG ein negatives Ausschlusskriterium. Danach sind solche in § 11 Abs. 2 Satz 2 BewG angesprochene und grundsätzlich in Betracht kommende Bewertungsverfahren von der Anwendung ausgeschlossen, die den Substanzwert nicht erreichen. Dem trägt die unter 5.3.8.5 bereits aufgezeigte Hierarchie der Bewertungsverfahren Rechnung (siehe oben).

Der Substanzwert als Mindestwert ermittelt sich aus der Summe der gemeinen Werte der zum Betriebsvermögen gehörenden Wirtschaftsgüter und sonstigen aktiven Ansätze abzüglich der zum Betriebsvermögen gehörenden Schulden und sonstigen Abzüge unter Anwendung der §§ 99 und 103 BewG (siehe auch R B 11.3 Abs. 5 und R B 109.1 ErbStR 2011).

Der Ansatz der Wirtschaftsgüter erfolgt bei Einzelunternehmen, Personen- und Kapitalgesellschaften durchgängig mit dem gemeinen Wert (§ 11 Abs. 2 Satz 3 BewG). Soweit für Grundbesitz, Betriebsvermögen und Anteile an Kapitalgesellschaften, die sich im Betriebsvermögen befinden, ein (gemeiner) Wert festzustellen ist (§ 151 Abs. 1 Nr. 1 bis 3 BewG), ist der festgestellte Wert anzusetzen (R B 11.3 Abs. 5 und R B 109.1 ErbStR 2011).

§ 157 Abs. 3 BewG verweist für Betriebsgrundstücke auf § 99 Abs. 1 Nr. 1 BewG. Als Betriebsgrundstück im Sinne des BewG ist gem. § 99 Abs. 1 Nr. 1 BewG der zu einem Gewerbebetrieb gehörende Grundbesitz anzusehen, soweit er losgelöst von seiner Zugehörigkeit zum Gewerbebetrieb zum Grundvermögen gehören würde. Da nach § 95 Abs. 1 BewG das Betriebsvermögen alle Teile eines Gewerbebetriebs i. S. des § 15 Abs. 1 und 2 EStG umfasst, die **ertragsteuerlich** als Betriebsvermögen anzusehen sind, gehört ein Grundstück zum bewertungsrechtlichen Betriebsvermö-

---
269 Vgl. Piltz, Ubg 2009 S. 13, 15 f.

5.3 Bewertung – § 12 ErbStG

gen, soweit es auch ertragsteuerlich zum Betriebsvermögen gehört **(R B 99 Abs. 1 ErbStR 2011)**. Nach § 12 Abs. 3 ErbStG, § 157 Abs. 3, § 151 Abs. 1 Nr. 1 BewG sind Grundbesitzwerte für Betriebsgrundstücke i. S. des § 99 Abs. 1 **Nr.** 1 BewG nach den für Grundvermögen geltenden Bewertungsvorschriften festzustellen. Dies bedeutet, dass

- bei einem vollumfänglich privat genutzten Grundstück,
- bei einem vollumfänglich betrieblich genutzten Grundstück,
- aber auch bei einem gemischt genutzten Grundstück, das ertragsteuerlich teilweise zum Betriebsvermögen und teilweise zum Privatvermögen gehört,

der Wert der wirtschaftlichen Einheit insgesamt vom Lagefinanzamt festzustellen ist.

Ist bei der Ermittlung des gemeinen Werts des Betriebsvermögens der Grundbesitzwert berücksichtigt worden, erfolgt kein gesonderter Ansatz. Wenn das Grundstück oder der Grundstücksteil gesondert anzusetzen ist (Substanzwertverfahren, Ansatz als Sonderbetriebsvermögen oder junges Betriebsvermögen), ist der gemeine Wert zu berücksichtigen, soweit er auf den betrieblichen Teil entfällt. Dies ist nach ertragsteuerrechtlichen Grundsätzen zu entscheiden **(R B 99 Abs. 2 ErbStR 2011)**.

Im Ergebnis wird die wirtschaftliche Einheit Grundstück also anteilig verschiedenen Vermögensarten zugeordnet. Das Erbschaftsteuerfinanzamt entscheidet sodann, in welchem Umfang das Grundstück als Grundvermögen zum Vermögensanfall gehört.

Beispiel:
Ein Grundstück dient – gerechnet nach Wohn- und Nutzflächen – zu 55 % eigenen betrieblichen Zwecken (notwendiges/gewillkürtes Betriebsvermögen) und zu 45 % Wohnzwecken. Die anteiligen Mieten belaufen sich für den betrieblichen Teil auf 65 % und für den zu Wohnzwecken genutzten Teil auf 35 %.
Der Betrieb, zu dem das Grundstück ertragsteuerlich zu 55 % gehört, wird durch Schenkung übertragen.
Der nach §§ 184 ff. BewG ermittelte und festgestellte Grundbesitzwert beträgt 1.400.000 €, der festgestellte Unternehmenswert (Ertragswertverfahren) soll mit 2.000.000 € angenommen werden.

Lösung:
Die einkommensteuerlichen und bewertungsrechtlichen Zuordnungen kann wie folgt dargestellt werden:

5 Wertermittlung

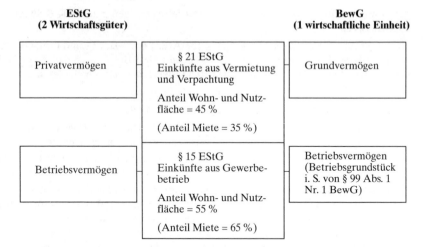

Bewertungsrechtlich ergeben sich folgende Verfahrensabläufe und Feststellungen:

Lagefinanzamt:
Der Grundbesitzwert (1.400.000 €) wird von der zuständigen Bewertungsstelle (Lagefinanzamt gem. § 152 Nr. 1 BewG) festgestellt (§ 151 Abs. 1 Nr. 1 BewG). Die Artfeststellung (§ 151 Abs. 2 Nr. 1 BewG) lautet „gemischt genutztes Grundstück" (§ 181 Abs. 1 Nr. 5, Abs. 7 BewG), da das Grundstück gerechnet nach Wohn- und Nutzflächen zu 55 % gewerblichen und zu 45 % zu Wohnzwecken dient.

Betriebsfinanzamt:
Vom Betriebsfinanzamt ist sodann der Wert der wirtschaftlichen Einheit Gewerbebetrieb unter Einbeziehung des zum Betriebsvermögen gehörenden Grundstücksteils festzustellen (§ 151 Abs. 1 Nr. 2 BewG). Das heißt, in dem im Ertragswertverfahren festgestellten Unternehmenswert von 2.000.000 € ist der zum Betriebsvermögen gehörende Grundstücksteil enthalten.

Das Betriebsfinanzamt soll dem Erbschaftsteuerfinanzamt nachrichtlich mitteilen (H B 99 ErbStH 2011), in welchem Umfang das Grundstück **zum Grundvermögen** gehört. Hat das Betriebsfinanzamt die Aufteilung nach Wohn- und Nutzflächen vorgenommen, wären dies 45 % und somit 630.000 €.

Vertretbar wäre es m. E. aber auch, die anteiligen Mieten als Aufteilungsmaßstab zu nehmen, dies wäre ein Anteil von 35 % und somit 490.000 €.

Erbschaftsteuerfinanzamt:
Das Erbschaftsteuerfinanzamt wird für den nach § 13b Abs. 1 Nr. 2 ErbStG begünstigten Unternehmenswert von 2.000.000 € grundsätzlich den Verschonungsabschlag von 85 % gem. § 13a Abs. 1 i. V. m. § 13b Abs. 4 ErbStG und den Abzugsbetrag gem. § 13a Abs. 2 ErbStG gewähren.

Das Erbschaftsteuerfinanzamt muss zudem entscheiden, in welchem Umfang das Grundstück als Grundvermögen zum Vermögensanfall gehört. Hat das Betriebsfinanzamt eine Aufteilung nach anteiligen Wohn- und Nutzflächen vorgenommen, wird es m. E. die Aufteilung übernehmen. Der zum Grundvermögen gehörende Teil

5.3 Bewertung – § 12 ErbStG

wird dann mit 45 % von 1.400.000 € = 630.000 € angesetzt. Dieser Teil erhält den Verschonungsabschlag nicht, da es sich nicht um begünstigtes Vermögen i. S. des § 13b Abs. 1 Nr. 2 ErbStG handelt.

Würde das Betriebsfinanzamt nach anteiligen Mieten aufteilen, würde sich nach anteiligen Mieten ein Anteil von nur 35 % ergeben, in diesem Fall wären beim Grundvermögen nur 490.000 € anzusetzen.

Schulden und sonstigen passiven Ansätze sind dem Grunde nach zu berücksichtigen (§ 103 Abs. 1 und § 109 BewG). **Schulden,** die mit einem **Betriebsgrundstück** (R B 99 ErbStR 2011) in wirtschaftlichem Zusammenhang stehen, sind (bei Anwendung des Substanzwertverfahrens) abzuziehen, soweit sie bei der steuerlichen Gewinnermittlung zum Betriebsvermögen gehören (R B 103.3 ErbStR 2011).

Sonderregelungen enthalten die Richtlinien für die Ermittlung des gemeinen Werts von entgeltlich vergebenen Erfindungen oder Urheberrechten, die mit dem Kapitalwert angesetzt werden (R B 11.3 Abs. 6, R B 109.1 ErbStR 2011).

Wirtschaftsgüter des beweglichen abnutzbaren Anlagevermögens können aus Vereinfachungsgründen mit 30 % der Anschaffungs- oder Herstellungskosten angesetzt werden, wenn dies nicht zu unzutreffenden Ergebnissen führt (R B 11.3 Abs. 7, R B 109.1 ErbStR 2011).

Wirtschaftsgüter des Umlaufvermögens sind mit ihren Wiederbeschaffungs- oder Wiederherstellungskosten zum Bewertungsstichtag anzusetzen oder mit dem retrogard ermittelten Wert (R B 11.3 Abs. 8, R B 109.1 ErbStR 2011).

Hervorzuheben ist (siehe auch 5.3.8.4), dass aktive und passive Wirtschaftsgüter auch dann dem Grunde nach zum ertragsteuerlichen Betriebsvermögen gehören, wenn für sie ein steuerliches Aktivierungs- oder Passivierungsverbot besteht (R B 11.3 Abs. 3, R B 109.1 ErbStR 2011).

Beispiel:
Eine handelsrechtlich gebotene Drohverlustrückstellung, die steuerlich nicht passiviert werden darf (§ 5 Abs. 4a EStG), ist bei der Ermittlung des Substanzwertes gleichwohl anzusetzen.

Zum beim Substanzwert anzusetzenden Betriebsvermögen gehören auch selbst geschaffene oder entgeltlich erworbene **immaterielle Wirtschaftsgüter.**

Beispiele (R B 11.3 Abs. 3, R B 109.1 ErbStR 2011):
Patente, Lizenzen, Warenzeichen, Markenrechte, Konzessionen, Bierlieferrechte.

Entgegen ursprünglicher Auffassung vertritt die Finanzverwaltung nun die Ansicht, dass auch **geschäftswert-, firmenwert- oder praxiswertbildende Faktoren, denen ein eigenständiger Wert zugewiesen werden kann (z. B. Kundenstamm, Know-How) bei der Ermittlung des Substanzwerts einzubeziehen sind,** unabhängig davon, ob sie selbst geschaffen oder entgeltlich erworben wurden (R B 11.3 Abs. 3, R B 109.1 ErbStR 2011). Dies vermag nicht zu überzeugen, da diese Faktoren durch den Ertragswert ausgedrückt werden. Es erscheint auch fraglich, wie z. B. der Wert des Kundenstamms im Substanzwertverfahren ermittelt werden soll.

5 Wertermittlung

Rücklagen und Ausgleichsposten mit Rücklagencharakter sind nicht abzugsfähig, weil sie Eigenkapitalcharakter haben (vgl. § 103 Abs. 3 BewG).

Beispiel:
Rücklage nach § 6b EStG

Bei **nicht bilanzierenden Gewerbetreibenden und freiberuflich Tätigen** gehören alle Wirtschaftsgüter, die ausschließlich und unmittelbar für eigenbetriebliche Zwecke genutzt werden, zum (notwendigen) Betriebsvermögen. Gewillkürtes Betriebsvermögen ist zu berücksichtigen, wenn die Bildung ertragsteuerrechtlich zulässig und das Wirtschaftsgut tatsächlich dem gewillkürten Betriebsvermögen zugeordnet worden ist (zu Einzelheiten bei nicht bilanzierenden Gewerbetreibenden und Freiberuflern siehe R B 95 Abs. 3 sowie R B 103.2 ErbStR 2011).

Die Richtlinien enthalten für alle Unternehmensformen eine **Vereinfachungsregelung,** wonach der Wert des Vermögens zum Bewertungsstichtag aus dem Wert des Vermögens zum Bewertungsstichtag aus der auf den Schluss des letzten vor dem Bewertungsstichtag endenden Wirtschaftsjahres erstellten Vermögensaufstellung abgeleitet werden kann (R B 11.4 Abs. 3, R B 109.2 Abs. 3 ErbStR).

5.3.8.12 Marktübliche Bewertungsmethoden oder Ertragswertverfahren

Die ErbStR 2011 drücken sich zu den anwendbaren Bewertungsverfahren an einigen Stellen eher unklar aus. In **R B 11.2 Abs. 2 Satz 2 und 3 ErbStR 2011** heißt es **für Kapitalgesellschaften,** dass der Steuerpflichtige den gemeinen Wert durch Vorlage eines methodisch nicht zu beanstandenden Gutachtens, dass auf den für die Verwendung in einem solchen Verfahren üblichen Daten der betreffenden Kapitalgesellschaft aufbaut, erklären kann. Anhaltspunkte dafür, dass ein Erwerber neben den ertragswert- oder zahlungsstromorientierten Verfahren bei der Bemessung des Kaufpreises eine andere übliche Methode zugrunde legen würde, sollen sich insbesondere aus **branchenspezifischen Verlautbarungen ergeben, z. B. bei Kammerberufen aus Veröffentlichungen der Kammern.** Gemäß R B 109.1 ErbStR 2011 gilt dies für die **Bewertung von Betriebsvermögen von Einzelunternehmen und Personengesellschaften** entsprechend.

Nicht deutlich zum Ausdruck gebracht wird damit, ob ein nicht nur ertragswertorientiertes Verfahren Vorrang vor den Ertragswertverfahren haben soll oder – wahlweise – statt eines Ertragswertverfahrens zur Anwendung kommen kann. Da die Kammermethoden auf die spezifischen Besonderheiten der Kammerberufe ausgerichtet sind, spricht vieles dafür, diesen Verfahren den Vorrang einzuräumen und ggf. innerhalb dieses Verfahrens über Einzelfragen der Bewertung zu „verhandeln", sollten die Werte zu fragwürdigen Ergebnissen führen.

Gesichert ist diese Annahme allerdings nicht, denn in **R B 199.1 Abs. 1 Satz 2 und 3 ErbStR 2011** wird für alle Unternehmensformen darauf hingewiesen, dass das vereinfachte Ertragswertverfahren nicht anzuwenden ist, wenn branchentypisch ertragswertorientierte Verfahren ausgeschlossen sind, weil zum Beispiel Multiplika-

5.3 Bewertung – § 12 ErbStG

torenverfahren oder Substanzwertverfahren zur Anwendung kommen. Kammermethoden hätten demnach nur Vorrang, wenn die Methode ertragswertorientierte Ansätze ausschließt.

Sind hingegen branchentypisch auch ertragswertorientierte Verfahren anzuwenden, ist eine Bewertung nach dem vereinfachten Ertragswertverfahren nur möglich, soweit dies nicht zu einem offensichtlich unzutreffenden Ergebnis führt (§ 199 Abs. 1 und 2 BewG). Die ErbStR 2011 führen folgende Fälle an, aus denen sich „Erkenntnisse für eine offensichtlich unzutreffenden Wertermittlung des gemeinen Wertes im vereinfachten Ertragswertverfahren" ableiten lassen **(R B 199.1 Abs. 5 ErbStR 2011):**

- Vorliegen zeitnaher Verkäufe, wenn diese nach den Bewertungsstichtag oder mehr als ein Jahr vor den Bewertungsstichtag liegen

  Beispiel:
  Der Vater V schenkt im März 2011 seinem Sohn S die 100 %igen Anteile einer GmbH und im Juni 2011 veräußert der Sohn S die 100 %igen Anteile an der GmbH zu einem Kaufpreis von 8 Mio. €. Der Wert nach § 200 BewG führt zu einem Wert von 10 Mio. €.

  Wenn in dem Zeitraum von März 2011 bis Juni 2011 keine wertbeeinflussenden Marktveränderungen eingetreten sind, kann daraus die Erkenntnis abgeleitet werden, dass der im Juni 2011 erzielte Kaufpreis von 8 Mio. € den im Schenkungszeitpunkt maßgeblichen Wert indiziert und das vereinfachte Ertragswertverfahren zu offensichtlich unzutreffenden Ergebnissen führt. Dies bedeutet allerdings nicht, dass damit der Kaufpreis als maßgeblicher Wert herangezogen werden kann. § 11 Abs. 2 Satz 2 BewG erlaubt die Ableitung aus Verkäufen nur, wenn der Verkauf innerhalb eines Jahres vor dem Bewertungsstichtag liegt. Ist das vereinfachte Ertragswertverfahren offensichtlich unzutreffend, muss der Unternehmenswert also nach einer anderen in § 11 Abs. 2 BewG vorgesehenen Bewertungsmethode ermittelt werden. Dies könnte m. E. auch ein Gutachten sein, dass der Findung des Kaufpreises von 8 Mio. € zugrundegelegt worden ist.

- Erbauseinandersetzungen, bei denen die Verteilung der Erbmasse Rückschlüsse auf den gemeinen Wert zulässt

  Beispiel:
  Der Vater V vererbt sein Vermögen an seinen Sohn S und seine Tochter T zu gleichen Teilen. Das Vermögen besteht aus einer 50 %igen Beteiligung an einer GmbH und Wertpapiervermögen von 5 Mio. €. Der Sohn S erhält im Rahmen der Erbauseinandersetzung die 50 %ige Beteiligung an der GmbH und die Tochter T das Wertpapiervermögen von 5 Mio. €. Die Wertermittlung im vereinfachten Ertragswertverfahren führt zu einem Wert von 7 Mio. € für die 50 %ige Beteiligung an der GmbH.

  Wird davon ausgegangen, dass die Erben im Rahmen der Erbauseinandersetzung (Realteilung) eine gleichwertige Aufteilung der Vermögenswerte gewollt haben, wäre ein Unternehmenswert von 5 Mio. € für die GmbH-Anteile anzunehmen. Der Unternehmenswert muss dann ebenfalls nach einer anderen in § 11 Abs. 2 BewG vorgesehenen Bewertungsmethode ermittelt werden. Sollte ein überzeugender Nachweis nicht gelingen und ein Gutachten für die Wertfindung nicht vorliegen, könnte sich aus der Sicht der Finanzverwaltung die Frage stellen, ob die Erbauseinandersetzung

5 Wertermittlung

nicht zu einer Schenkung unter den Erben geführt hat. Dieser Annahme werden aber zumindest die Erben entgegenhalten, dass sie in ihren subjektiven Vorstellungen von einer Gleichwertigkeit der Wirtschaftsgüter ausgegangen sind.

Nach § 199 Abs. 1 und 2 BewG besteht **für den Steuerpflichtigen** ein **echtes Wahlrecht** zwischen dem vereinfachten Ertragswertverfahren und einem anderen nach § 11 Abs. 2 BewG anzuerkennendes Verfahren.[270] Dem folgt jetzt auch **R B 199.1 Abs. 4 Satz 1 ErbStR 2011.**

- Wählt der Steuerpflichtige demnach ein anderes nach § 11 Abs. 2 BewG anzuerkennendes Unternehmensbewertungsverfahren, kommt das vereinfachte Ertragswertverfahren nicht zur Anwendung. Es bedarf also keiner Prüfung, ob das vereinfachte Ertragswertverfahren zu einem offensichtlich unzutreffenden Ergebnis führt oder nicht. Im Abschn. 19 Abs. 7 AEBewAntBV vom 25.06.2009 hieß es für diesen Fall noch, dass der Steuerpflichtige die Feststellungslast für die Ermittlung eines abweichenden Werts trägt, wenn er von dem im vereinfachten Ertragswertverfahren ermittelten Wert abweichen will.

Will der Steuerpflichtige das vereinfachte Ertragswertverfahren wählen, ist dies nicht möglich, wenn es zu offensichtlich unzutreffenden Ergebnissen führt. Dies bedeutet nach **R B 199.1 Abs. 4 Satz 2 bis 6 ErbStR 2011:**

- Hat **das Finanzamt** an der Anwendbarkeit des vereinfachten Ertragswertverfahrens Zweifel (siehe hierzu R B 199.1 Abs. 6 ErbStR 2011) und will es von einem offensichtlich unzutreffenden Ergebnis ausgehen, sind die Zweifel vom Finanzamt substantiiert darzulegen und dem Steuerpflichtigen ist Gelegenheit zu geben, die Bedenken des Finanzamts auszuräumen.

- Will **der Steuerpflichtige** in einem solchen Fall gleichwohl das vereinfachte Ertragswertverfahren, hat er substantiiert darzulegen, warum das vereinfachte Ertragswertverfahren nicht zu einem offensichtlich unzutreffenden Ergebnis führt. Kommt der Steuerpflichtige dieser Mitwirkungspflicht nicht nach, kann davon ausgegangen werden, dass die gesetzlichen Voraussetzungen für die Ausübung des Wahlrechts nicht vorliegen und die Bewertung ist nach allgemeinen Grundsätzen vorzunehmen.

Das vereinfachte Ertragswertverfahren führt gem. R B 199.1 Abs. 6 ErbStR 2011 – neben den in R B 199.1 Abs. 5 ErbStR 2011 genannten und bereits erläuterten Fallgruppen – insbesondere in folgenden Fällen zu begründeten Zweifeln:
1. komplexe Strukturen von verbundenen Unternehmen;
2. neu gegründete Unternehmen, bei denen der künftige Jahresertrag noch nicht aus den Vergangenheitserträgen abgeleitet werden kann, insbesondere bei Grün-

---

[270] A. A. wohl Viskorf, ZEV 2009 S. 591; siehe auch Demuth, KÖSDI 2011 S. 17386 (17388); Drosdzol, DStR 2011 S. 1258 (1260). Siehe zur Bewertung auch Piltz, Ubg 2009 S. 13; Hübner, Erbschaftsteuerreform 2009, S. 483; Hörn in Fischer/Jüptner/Pahlke/Wachter, ErbStG, 2. Auflage, § 12 Rz. 292.

5.3 Bewertung – § 12 ErbStG

dungen innerhalb eines Jahres vor dem Bewertungsstichtag, da es hier regelmäßig, z. B. wegen hoher Gründungs- und Ingangsetzungsaufwendungen, zu offensichtlich unzutreffenden Ergebnissen führt;

3. Branchenwechsel eines Unternehmens, bei dem deshalb der künftige Jahresertrag noch nicht aus den Vergangenheitserträgen abgeleitet werden kann;
4. andere Fälle, in denen aufgrund der besonderen Umstände der künftige Jahresertrag nicht aus den Vergangenheitserträgen abgeleitet werden kann. Hierzu gehören zum Beispiel Wachstumsunternehmen, branchenbezogene oder allgemeine Krisensituationen oder absehbare Änderungen des künftigen wirtschaftlichen Umfelds;
5. grenzüberschreitende Sachverhalte, zum Beispiel nach § 1 AStG, § 4 Abs. 1 Satz 3 EStG oder § 12 Abs. 1 KStG, bei denen nicht davon ausgegangen werden kann, dass der jeweils andere Staat die Ergebnisse des vereinfachten Ertragswertverfahrens seiner Besteuerung zugrunde legt.

Die Finanzverwaltung hat – wohl aus Vereinfachungsgründen und wegen des der Unternehmensbewertung innewohnenden Streitpotentials – keine Bedenken, in den Fällen der Nummern 2 und 3 den **Substanzwert als Mindestwert** (§ 11 Abs. 2 Satz 3 BewG) anzusetzen, allerdings nur „sofern dies nicht zu unzutreffenden Ergebnissen führt".

Abschließend bleibt festzustellen, dass die Bewertung grundsätzlich nach folgenden **Bewertungsmaßstäben** zu erfolgen hat:

1. § 11 Abs. 2 Satz 2 BewG: Ableitung des gemeinen Werts **aus Verkäufen** unter fremden Dritten innerhalb eines Jahres vor dem Bewertungsstichtag (primärer Wertmaßstab);
2. § 11 Abs. 2 Satz 2 und Satz 4 BewG:
   – andere anerkannte und im gewöhnlichen Geschäftsverkehr für nichtsteuerliche Zwecke anerkannte Methode (Multiplikatormethode, z. B. Ebit-Multiples),

   Berücksichtigung der Ertragsaussichten = jede Bewertungsmethode, die (auch) die Ertragsaussichten einbezieht, ist anwendbar,
   – normales Ertragswertverfahren (z. B. IDW S 1),
   – vereinfachtes Ertragswertverfahren (§§ 199 bis 203 BewG);
3. § 11 Abs. 2 Satz 3 BewG: **Substanzwert** aus Summe der Einzelwirtschaftsgüter unter Fortführungsgesichtspunkten als **Mindestwert (= Vorrang gegenüber 2).**

5.3.8.13 Das vereinfachte Ertragswertverfahren

Einzelheiten des mangels Börsenkurses oder Verkaufspreises aus dem letzten Jahr anzuwendenden Ertragswertverfahrens sind in §§ 199 bis 203 BewG geregelt.

5 Wertermittlung

Ist der **gemeine Wert von Anteilen an einer Kapitalgesellschaft** nach § 11 Abs. 2 Satz 2 BewG unter Berücksichtigung der Ertragsaussichten der Kapitalgesellschaft zu ermitteln, **kann gem.** § **199 Abs. 1 BewG** das vereinfachte Ertragswertverfahren (§ 200) angewendet werden, wenn dieses nicht zu offensichtlich unzutreffenden Ergebnissen führt.

Ist der **gemeine Wert des Betriebsvermögens oder eines Anteils am Betriebsvermögen** nach § 109 Abs. 1 und 2 i. V. m. § 11 Abs. 2 Satz 2 BewG unter Berücksichtigung der Ertragsaussichten des Gewerbebetriebs oder der Gesellschaft zu ermitteln, kann gem. § **199 Abs. 1 BewG** das vereinfachte Ertragswertverfahren (§ 200) angewendet werden, wenn dieses nicht zu offensichtlich unzutreffenden Ergebnissen führt.

Das Verfahren soll **die Möglichkeit** bieten, ohne hohen Ermittlungsaufwand oder Kosten für einen Gutachter einen objektivierten Unternehmens- bzw. Anteilswert auf der Grundlage der Ertragsaussichten nach § 11 Abs. 2 Satz 2 BewG zu ermitteln.

Zur Ermittlung des Ertragswerts ist vorbehaltlich § 200 Abs. 2 bis 4 BewG der zukünftig nachhaltig erzielbare Jahresertrag (§§ 201 und 202 BewG) mit dem Kapitalisierungsfaktor (§ 203 BewG) zu multiplizieren.

Der voraussichtlich zukünftige nachhaltig erzielbare Jahresertrag wird aus den Jahreserträgen der Vergangenheit abgeleitet, ohne dass zukünftige Planbilanzen erstellt werden. Regelmäßig ist dabei von den Ergebnissen der letzten drei abgelaufenen Wirtschaftsjahre auszugehen, wobei das Ergebnis des laufenden Jahres herangezogen werden kann, wenn dieses für die Herleitung der Zukunftswerte von Bedeutung ist.

Die ehemalige Gewichtung der Jahre in dem modifizierten Stuttgarter Verfahren wurde aufgegeben, weil die Zukunftsbezogenheit bei einem Dreijahreszeitraum nicht wesentlich durch die Gewichtung erhöht wurde, jedoch das letzte Jahr mit dem Faktor drei zumeist bilanzpolitischen Entscheidungen mit Jahresabschlussstellung nach dem Bewertungsstichtag zugänglich waren. Die Summe der Betriebsergebnisse ist durch 3 zu dividieren und ergibt den Durchschnittsertrag. Das Ergebnis stellt den Jahresertrag dar.

Die ErbStR 2011 geben unter R B 199.1 bis R B 203 im Wesentlichen das in §§ 200 bis 202 BewG geregelte Verfahren wieder. Zur **Ermittlung des Ertragswerts** (Jahresertrag und Betriebsergebnis) wird auf R B 200 und 201 ErbStR 2011 verwiesen. Die Betriebsergebnisse der maßgeblichen drei Jahre sind für jedes der drei Jahre gemäß dem nachfolgenden Ermittlungsschema zu ermitteln.

5.3 Bewertung – § 12 ErbStG

Gewinn gem. § 4 Abs. 1 Satz 1 EStG oder Überschuss gem. § 4 Abs. 3 EStG, aber ohne Ergebnisse aus den Sonderbilanzen und Ergänzungsbilanzen (§ 202 Abs. 1 und 2 BewG)	- - - - - - - -	- - - - - - - -	- - - - - - - -
Hinzurechnungen			
§ 202 Abs. 1 Nr. 1 Buchst. a BewG: Investitionsabzugsbeträge	+ - - - - - - - -	+ - - - - - - - -	+ - - - - - - - -
§ 202 Abs. 1 Nr. 1 Buchst. a BewG: Sonderabschreibungen oder erhöhte AfA Beachte: Degressive AfA ist keine erhöhte AfA.	+ - - - - - - - -	+ - - - - - - - -	+ - - - - - - - -
§ 202 Abs. 1 Nr. 1 Buchst. a BewG: Zuführungen zu steuerfreien Rücklagen	+ - - - - - - - -	+ - - - - - - - -	+ - - - - - - - -
§ 202 Abs. 1 Nr. 1 Buchst. a BewG: Teilwertabschreibungen	+ - - - - - - - -	+ - - - - - - - -	+ - - - - - - - -
§ 202 Abs. 1 Nr. 1 Buchst. b BewG: Absetzungen auf den Geschäfts- oder Firmenwert oder auf firmenwertähnliche Wirtschaftsgüter	+ - - - - - - - -	+ - - - - - - - -	+ - - - - - - - -
§ 202 Abs. 1 Nr. 1 Buchst. c BewG: Einmalige Veräußerungsverluste sowie außerordentliche Aufwendungen	+ - - - - - - - -	+ - - - - - - - -	+ - - - - - - - -
§ 202 Abs. 1 Nr. 1 Buchst. d BewG: Im Gewinn nicht enthaltene Investitionszulagen, soweit in Zukunft mit weiteren zulagebegünstigten Investitionen in gleichem Umfang gerechnet werden kann	+ - - - - - - - -	+ - - - - - - - -	+ - - - - - - - -
§ 202 Abs. 1 Nr. 1 Buchst. e BewG: Ertragsteueraufwand (KSt, Zuschlagsteuern, GewSt)	+ - - - - - - - -	+ - - - - - - - -	+ - - - - - - - -
§ 202 Abs. 1 Nr. 1 Buchst. f BewG: Aufwendungen, die im Zusammenhang stehen mit nicht betriebsnotwendigem Vermögen (§ 200 Abs. 2 BewG) und innerhalb von zwei Jahren vor dem Bewertungsstichtag eingelegter Wirtschaftsgüter (§ 200 Abs. 4 BewG)			
Beachte: § 200 Abs. 2 und 4 BewG	+ - - - - - - - -	+ - - - - - - - -	+ - - - - - - - -
§ 202 Abs. 1 Nr. 1 Buchst. f BewG: Übernommene Verluste aus Beteiligungen i. S. des § 200 Abs. 2 bis 4 BewG	+ - - - - - - - -	+ - - - - - - - -	+ - - - - - - - -
Kürzungen			
§ 202 Abs. 1 Nr. 2 Buchst. a BewG: Gewinnerhöhende Auflösungsbeträge steuerfreier Rücklagen sowie Teilwertzuschreibungen	./. - - - - - - -	./. - - - - - - -	./. - - - - - - -

5 Wertermittlung

§ 202 Abs. 1 Nr. 2 Buchst. b BewG: Einmalige Veräußerungsgewinne sowie außerordentliche Erträge	./. --------	./. --------	./. --------
§ 202 Abs. 1 Nr. 2 Buchst. c BewG: Im Gewinn enthaltene Investitionszulagen, soweit in Zukunft nicht mit weiteren zulagebegünstigten Investitionen in gleichem Umfang gerechnet werden kann	./. --------	./. --------	./. --------
§ 202 Abs. 1 Nr. 2 Buchst. d BewG: Ein angemessener Unternehmerlohn, soweit in der bisherigen Ergebnisrechnung kein solcher berücksichtigt worden ist. Die Höhe des Unternehmerlohns wird nach der Vergütung bestimmt, die eine nicht beteiligte Geschäftsführung erhalten würde. Neben dem Unternehmerlohn kann fiktiver Lohnaufwand für bislang unentgeltlich tätige Familienangehörige des Eigentümers berücksichtigt werden.	./. --------	./. --------	./. --------
§ 202 Abs. 1 Nr. 2 Buchst. e BewG: Erträge aus der Erstattung von Ertragsteuern (Körperschaftsteuer, Zuschlagsteuern, Gewerbesteuer)	./. --------	./. --------	./. --------
§ 202 Abs. 1 Nr. 2 Buchst. f BewG: Erträge, die im Zusammenhang stehen mit nicht betriebsnotwendigem Vermögen (§ 200 Abs. 2 BewG), mit Beteiligungsbesitz (§ 200 Abs. 3 BewG) und mit innerhalb von zwei Jahren vor dem Bewertungsstichtag eingelegter Wirtschaftsgüter (§ 200 Abs. 4 BewG) **Beachte: § 200 Abs. 2 bis 4 BewG**	./. --------	./. --------	./. --------
Hinzuzurechnen oder abzuziehen sind auch sonstige wirtschaftlich nicht begründete Vermögensminderungen oder -erhöhungen mit Einfluss auf den zukünftig nachhaltig erzielbaren Jahresertrag und gesellschaftsrechtlichem Bezug (verdeckte Gewinnausschüttungen, verdeckte Einlagen), soweit sie noch nicht berücksichtigt worden sind.*	--------	--------	--------
Betriebsergebnis (§ 202 BewG)	--------	--------	--------
Zur Abgeltung **des Ertragsteueraufwands** ist ein positives Betriebsergebnis um 30 % zu mindern (§ 202 Abs. 3 BewG).	./. --------	./. --------	./. --------
Jahresertrag des jeweiligen Jahres	==========	==========	==========
Aus der Summe der Jahreserträge der drei maßgeblichen Jahre ergibt sich nach Division durch 3 der Durchschnittsertrag des Unternehmens.			----------------

5.3 Bewertung – § 12 ErbStG

*Beispiel:

Die GmbH zahlt für die Überlassung eines Grundstücks an ihren alleinigen Gesellschafter eine jährliche Miete von 500.000 €, wobei die angemessene Miete sich auf 200.000 € beläuft. Die Betriebsergebnisse sind um den überhöhten Aufwand von 300.000 € zu bereinigen. Der Sachverhalt begründet dem Grunde nach eine sonstige Gewinnausschüttung i. S. des § 8 Abs. 3 KStG, weshalb im Rahmen der Bewertung nach dem BewG die Einkommensermittlung der Kapitalgesellschaft weiterhin von Bedeutung ist.

Der Durchschnittsertrag ist nach § 200 Abs. 1 BewG mit dem Kapitalisierungsfaktor zu multiplizieren.

Dem Kapitalisierungsfaktor liegt der Kapitalisierungszinssatz zugrunde, der sich gem. § 203 Abs. 2 BewG aus einem Basiszins und einem Zuschlag von 4,5 % zusammensetzt.

Der Basiszins ist aus der langfristig erzielbaren Rendite öffentlicher Anleihen abzuleiten. Dabei ist auf den Zinssatz abzustellen, den die Deutsche Bundesbank anhand der Zinsstrukturdaten jeweils auf den ersten Börsentag des Jahres errechnet.

Dieser Zinssatz ist für alle Wertermittlungen auf Bewertungsstichtage in diesem Jahr anzuwenden und wird im BStBl veröffentlicht.

- Für **2010** hat die Deutsche Bundesbank auf den 04.01.2010 anhand der Zinsstrukturdaten einen **Wert von 3,98 %** errechnet, der im BStBl veröffentlicht wird und zu einem Kapitalisierungsfaktor von **11,79** führt.[271]

- Für **2011** hat die Deutsche Bundesbank auf den 03.01.2011 anhand der Zinsstrukturdaten einen **Wert von 3,43 %** errechnet, der im BStBl veröffentlicht wird und zu einem Kapitalisierungsfaktor von **12,61** führt.[272]

- Für **2012** hat die Deutsche Bundesbank auf den 02.01.2012 anhand der Zinsstrukturdaten einen **Wert von 2,4 %** errechnet, der im BStBl veröffentlicht wird und zu einem Kapitalisierungsfaktor von **14,49** führt.[273]

Der Unternehmenswert setzt sich im vereinfachten Ertragswertverfahren aus folgenden Einzelwerten zusammen.

---

271 BMF vom 05.01.2010, BStBl 2010 I S. 14.
272 BMF vom 05.01.2011, BStBl 2011 I S. 5.
273 BMF vom 02.01.2012, BStBl 2012 I S. 13.

5 Wertermittlung

Ertragswert (2010) = 11,33 × Durchschnittsertrag	- - - - - - - -
+ Nettowert nicht betriebsnotwendigen Vermögen (§ 200 Abs. 2 BewG)	+ - - - - - - - -
+ Wert Beteiligungen an anderen Gesellschaften (§ 200 Abs. 3 BewG)	+ - - - - - - - -
+ Nettowert des jungen Betriebsvermögens (§ 200 Abs. 4 BewG)	+ - - - - - - - -
= Unternehmenswert	=========

Im Folgenden werden einige Besonderheiten des Ländererlasses herausgestellt, die sich nicht unmittelbar aus dem Gesetz ableiten lassen.

- Bei der Bewertung ausländischer Unternehmen sind die Regelungen des vereinfachten Ertragswertverfahrens entsprechend, insbesondere hinsichtlich der Ermittlung des nachhaltig erzielbaren Jahresertrags, anzuwenden, soweit sie nicht zu offensichtlich unzutreffenden Ergebnissen führen (R B 199.1 Abs. 2 ErbStR 2011).

- Hat sich im Dreijahreszeitraum der Charakter des Unternehmens nach dem Gesamtbild der Verhältnisse nachhaltig verändert oder ist das Unternehmen neu entstanden, ist von einem entsprechend verkürzten Ermittlungszeitraum auszugehen.

  Beispiel:
  Die X-GmbH wird im Oktober 04 verschenkt. Die Ergebnisse der Vorjahre beliefen sich auf einen Verlust von 500.000 € im Jahr 01, das Ergebnis 02 war ausgeglichen, das Jahr 03 schloss mit einem Gewinn von 300.000 € und der betriebswirtschaftlichen Auswertung im Oktober 04 war ein vorläufiger Gewinn von 500.000 € zu entnehmen. Die X-GmbH nahm in den Jahren 01 und 02 erhebliche Umstrukturierungsmaßnahmen vor, durch Umstellung der Produktpalette und Rationalisierungsmaßnahmen, weshalb die Ergebnisse der Jahre 01 und 02 unberücksichtigt bleiben. Aus der betriebswirtschaftlichen Auswertung Oktober 04 kann ein nachhaltiges Jahresergebnis von 600.000 € abgeleitet werden, das nach Umstrukturierung für das Ergebnis der Zukunft von Bedeutung ist. Der durchschnittliche Jahresertrag wäre durch den Mittelwert der Jahre 03 und 04 mit 450.000 € zu ermitteln.

- Bei Unternehmen, die durch Umwandlung, durch Einbringung von Betrieben oder Teilbetrieben oder durch Umstrukturierungen entstanden sind, ist bei der Ermittlung des Durchschnittsertrags von den früheren Betriebsergebnissen des Gewerbebetriebs oder der Gesellschaft auszugehen. Das Konzept der Rechtsformneutralität des vereinfachten Ertragswertverfahrens führt dazu, dass hier keine großen Probleme vorliegen (siehe auch R B 201 Abs. 3 ErbStR 2011).

- Zum nicht betriebsnotwendigen Vermögen gehören diejenigen Wirtschaftsgüter, die sich ohne Beeinträchtigung der eigentlichen Unternehmenstätigkeit aus dem

5.3 Bewertung – § 12 ErbStG

Unternehmen herauslösen lassen, ohne dass die operative Geschäftstätigkeit eingeschränkt wird. Dies können – je nach Unternehmenszweck – z. B. Grundstücke, Gebäude, Kunstgegenstände, Beteiligungen, Wertpapiere oder auch Geldbestände sein (R B 200 Abs. 2 ErbStR 2011). Es liegt durch die Betriebsbezogenheit keine zwingende Deckungsgleichheit mit dem ertragsteuerlich gewillkürten Betriebsvermögen bzw. mit Verwaltungsvermögen i. S. des § 13b Abs. 2 ErbStG vor.

Beispiel:
Die X-GmbH erzielt einen nachhaltigen Jahresertrag von 100.000 €, der bei einem Kapitalisierungszinsfuß von 10 % zu einem Ertragswert von 1.000.000 € führt. Die GmbH besitzt ein unbebautes Grundstück im Wert von 500.000 €, das keiner betrieblichen Nutzung unterliegt.

Die X-GmbH könnte das Grundstück ohne Einfluss auf den Jahresertrag der Gesellschaft veräußern und den Erlös von 500.000 € an den Gesellschafter ausschütten, und der Ertragswert der Gesellschaft würde nach Ausschüttung unverändert sich auf 1.000.000 € belaufen. Der Unternehmenswert der X-GmbH beläuft sich deshalb auf (etwa) 1.500.000 €. Die Aufwendungen und die Erträge im Zusammenhang mit dem nicht betriebsnotwendigen Vermögen sind beim nachhaltigen Jahresertrag zu berichtigen (§ 202 Abs. 1 Nr. 1 bzw. 2 Buchst. f BewG).

- Hält ein zu bewertendes Unternehmen Beteiligungen an anderen Gesellschaften, **die nicht unter § 200 Abs. 2 BewG fallen,** also betriebsnotwendig sind, so werden diese Beteiligungen neben dem Ertragswert mit dem eigenständig zu ermittelnden gemeinen Wert angesetzt (**§ 200 Abs. 3 BewG**). Auf eine Mindestbeteiligungsquote kommt es laut Erlass nicht an (R B 200 Abs. 3 ErbStR 2011).

§ 200 Abs. 2 BewG hat Bedeutung für die Bewertung von Holdinggesellschaften und die Erfassung von Tochtergesellschaften. Bei Beteiligungsverhältnissen ist die Doppelerfassung von Ertragspotenzialen sowohl bei der Tochtergesellschaft als bei der Muttergesellschaft zu vermeiden. Die Tochtergesellschaften werden deshalb mit einem eigenständig zu ermittelnden gemeinen Wert angesetzt und bei der Muttergesellschaft erfolgt eine Berichtigung um die Erträge der Tochtergesellschaft oder um Verlustübernahmen aus Ergebnisabführungsverträgen (§ 202 Abs. 1 Nr. 1 Buchst. f bzw. Nr. 2 Buchst. f BewG).

Die mit den Anteilen an einer Kapitalgesellschaft in wirtschaftlichem Zusammenhang stehenden Schulden werden nicht gesondert berücksichtigt, da die mit diesen im Zusammenhang stehenden Aufwendungen beim nachhaltigen Jahresertrag mindernd erfasst sind. Im Ergebnis bedeutet dies, dass nach § 202 Abs. 1 Nr. 2 Buchst. f BewG keine Hinzurechnung der Finanzierungsaufwendungen erfolgt. In § 202 Abs. 1 Nr. 2 Buchst. f BewG ist § 200 Abs. 3 BewG (anders als § 200 Abs. 2 und 4 BewG) im Bezug auf die Aufwendungen nicht erfasst (R B 200 Abs. 3 Satz 8 und 9 ErbStR 2011).

Bei einer Beteiligung an einer Personengesellschaft sind die mit dieser in wirtschaftlichem Zusammenhang stehenden Schulden bereits über das Sonderbetriebsvermögen im Wert der Beteiligung enthalten (§ 97 Abs. 1a BewG), sodass insoweit ebenfalls keine Korrektur erfolgen muss (R B 200 Abs. 3 Satz 10 ErbStR 2011).

Unverständlich ist allerdings, warum nach R B 200 Abs. 3 Satz 11 ErbStR 2011 Finanzierungsaufwendungen im Zusammenhang mit diesen Schulden zusammen mit anderen Aufwendungen und Erträgen im Zusammenhang mit dieser Beteiligung nach § 202 Abs. 1 Satz 2 BewG zu korrigieren sein sollen (R B 200 Abs. 3 Satz 10 und 11 ErbStR 2011). Zumindest im Regelfall stellen diese Aufwendungen Sonderbetriebsausgaben dar, die dem Sonderbetriebsvermögen zuzuordnen sind. Da gem. § 202 bei der Ermittlung des Betriebsergebnisses nur das Gesamthandsvermögen (siehe auch § 97 Abs. 1a Nr. 1 BewG) erfasst wird und die Ergebnisse aus den Sonderbilanzen unberücksichtigt bleiben, kann m. E. eine Korrektur gar nicht erfolgen:

– im Gesamthandsbereich nicht, weil dort die Aufwendungen bei der Gewinnermittlung nicht berücksichtigt wurden;

– im Sonderbereich nicht, weil die Wirtschaftsgüter des Sonderbetriebsvermögens gem. § 97 Abs. 1a Nr. 2 BewG mit dem gemeinen Wert erfasst werden.

Die Anwendung des vereinfachten Ertragswertverfahrens für die Bewertung einer Obergesellschaft bedeutet nicht, dass auch die Beteiligungen im vereinfachten Ertragswertverfahren bewertet werden müssen.

- Innerhalb von zwei Jahren vor dem Bewertungsstichtag eingelegte Wirtschaftsgüter (sog. **junges Betriebsvermögen**), die nicht unter § 200 Abs. 2 und 3 BewG fallen, und mit diesen im wirtschaftlichen Zusammenhang stehende Schulden werden neben dem Ertragswert mit dem eigenständig zu ermittelnden gemeinen Wert angesetzt, wenn sie am Bewertungsstichtag ihrem Wert nach noch vorhanden und nicht wieder entnommen oder ausgeschüttet wurden (§ 200 Abs. 4 BewG). Zur Vermeidung von Gestaltungen sind sie zusätzlich zu dem Ertragswert mit einem eigenständig ermittelten gemeinen Wert anzusetzen (R B 200 Abs. 4 ErbStR 2011). Entsprechend erfolgen die entsprechenden Berichtigungen der Betriebsergebnisse (§ 202 Abs. 1 Nr. 1 bzw. 2 Buchst. f BewG).

Beispiel 1:

Bis zum Jahr 01 bestand eine Betriebsaufspaltung. Im Jahr 02 wird das Betriebsgrundstück der Besitzgesellschaft in die Betriebsgesellschaft eingelegt. Im Jahr 03 werden die Anteile an der ehemaligen Betriebsgesellschaft übertragen und die Anteile sind zu bewerten. Das Betriebsgrundstück ist als junges Betriebsvermögen zu behandeln.

Beispiel 2:

Im Jahr vor der Zuwendung des Betriebs wird ein Grundstück eingelegt, das als Parkplatz für den betrieblichen Fuhrpark genutzt wird. Das Betriebsgrundstück ist als junges Betriebsvermögen zu behandeln.

5.3 Bewertung – § 12 ErbStG

5.3.8.14 Berechnungsbeispiel Einzelunternehmen

Die Umsetzuung des vereinfachten Ertragswertverfahrens sei an dem nachfolgenden Berechnungsbeispiel erläutert.

Beispiel:

Der Einzelunternehmer Albert Alt (AA) verstirbt am 31.03.2010. Bis zu seinem Tod leitete er seinen Betrieb zur Herstellung von Solaranlagen in Herne. Für diese Tätigkeit könnte ein angemessener Unternehmerlohn von 120.000 € jährlich angesetzt werden. Zur Erbmasse der Alleinerbin Nicole Neu (NN), seiner Tochter, gehört auch das o. g. bilanzierende Einzelunternehmen. Die Gewinne lt. G+V betrugen 480.000 € für das Jahr 2007, 540.000 € für 2008 und 500.000 € für 2009.

Der gebuchte Gewerbesteueraufwand betrug 36.480 € für 2007, 41.040 € für 2008 und 38.000 € für 2009. Der Steuerberater hat auf den Bewertungsstichtag folgende zutreffende Bilanz erstellt und dazu folgende Erläuterung gemacht: Der Kurswert der 5%igen Beteiligung an der Solar AG, Sitz Bochum, die zum notwendigen Betriebsvermögen gehört, beträgt zum Bewertungszeitpunkt 220.000 € (Anschaffungskosten 180.000 € einschl. Nebenkosten von 5.000 €). Die Erträge aus dieser Beteiligung betrugen jährlich jeweils 4.000 €. Zum gewillkürten Betriebsvermögen gehört ein zu Wohnzwecken vermietetes Mehrfamilienhaus. Die Mieterträge betragen jährlich 35.000 € und die in diesem Zusammenhang entstandenen Aufwendungen jährlich 22.000 €. Das zuständige Lagefinanzamt hat gem. § 182 Abs. 3 i. V. m. §§ 184 bis 188 BewG für das Mehrfamilienhaus einen gesondert festgestellten Grundbesitzwert von 720.000 € und für das Fabrikationsgrundstück gem. § 182 Abs. 4 i. V. m. §§ 189 bis 191 BewG einen Grundbesitzwert von 312.000 € ermittelt; entsprechende Mitteilungen liegen bereits vor. Die Verkehrswerte der anderen Bilanzansätze entsprechen den jeweiligen Buchwerten.

Aktiva	Bilanz 31.12.07	Passiva	
Grund + Boden (Fabrikation)	150.000 €	Kapital	1.069.700 €
Grund + Boden Mehrfamilienhaus	215.500 €	Rücklage § 6b	10.000 €
Gebäude (Fabrikation)	68.400 €	GewSt-Rückstellung	12.000 €
Gebäude (Mehrfamilienhaus)	200.300 €	Hypothek (Mehrfamilienhaus)	65.000 €
Fuhrpark	12.800 €	Verbindlichkeiten aus	
Betriebs-, Geschäftsausstattung	45.700 €	Lieferungen und Leistungen	65.000 €
Beteiligung Solar-AG	180.000 €		
Forderungen	315.000 €		
Bank	34.000 €		
	1.221.700 €		**1.221.700 €**

Zu ermitteln ist der erbschaftsteuerliche Wert des Betriebsvermögens.

Lösungshinweis:

Der **Wert des Betriebsvermögens** eines Einzelunternehmens (§ 95 BewG) ist nach § 151 Abs. 1 Satz 1 Nr. 2 BewG festzustellen. Gemäß § 12 Abs. 5 ErbStG ist der Wert des Betriebsvermögens mit dem auf den Bewertungsstichtag (§ 11 ErbStG) festgestellten Wert anzusetzen. Bewertungsstichtag ist gem. §§ 11, 9 Abs. 1 Nr. 1 ErbStG der 31.03.2010.

5 Wertermittlung

Gemäß § 157 Abs. 5 BewG ist der Wert von Betriebsvermögen i. S. der §§ 95, 96, 97 BewG (Betriebsvermögenswert) unter Berücksichtigung der tatsächlichen Verhältnisse und der Wertverhältnisse zum Bewertungsstichtag festzustellen und der Betriebsvermögenswert unter Anwendung des § 109 Abs. 1 und 2 BewG i. V. m. § 11 Abs. 2 BewG zu ermitteln.

Die Zurechnung erfolgt auf die Alleinerbin NN (R B 151.2 Abs. 2 Nr. 1, R B 151.4 Abs. 1 ErbStR 2011).

Da weder Börsenkurse noch Verkäufe innerhalb des letzten Jahres vor dem Bewertungsstichtag vorliegen und davon ausgegangen wird, dass keine marktüblichen Bewertungsmethoden zur Anwendung kommen und das vereinfachte Ertragswertverfahren nicht zu offensichtlich unzutreffenden Ergebnissen führt, ist der gemeine Wert gem. § 11 Abs. 2 Satz 2 BewG im vereinfachten Ertragswertverfahren zu ermitteln, wobei die §§ 199 bis 203 BewG zu berücksichtigen sind (§ 11 Abs. 2 Satz 4 BewG). Zu beachten ist, dass dabei unter Anwendung der §§ 99 und 103 BewG die Summe der gemeinen Werte der zum Betriebsvermögen gehörenden Wirtschaftsgüter und sonstigen aktiven Ansätze abzgl. der zum Betriebsvermögen gehörenden Schulden und sonstigen Abzüge (Substanzwert oder Mindestwert) nicht unterschritten werden darf (§ 11 Abs. 2 Satz 3 BewG).

Zur Ermittlung des Ertragswerts ist vorbehaltlich § 200 Abs. 2 bis 4 BewG der zukünftig nachhaltig erzielbare Jahresertrag (§§ 201 und 202 BewG) mit dem Kapitalisierungsfaktor nach § 203 BewG zu multiplizieren. Dabei ist gem. § 201 Abs. 1 und 2 BewG der Jahresertrag regelmäßig aus den Betriebsergebnissen der letzten drei vor dem Bewertungsstichtag abgelaufenen Wirtschaftsjahre abzuleiten.

Es ergibt sich folgende Ermittlung:

	2007 €	2008 €	2009 €
Gewinn § 202 Abs. 1 Satz 1 BewG	480.000	540.000	500.000
Gewerbesteueraufwand § 202 Abs. 1 Satz 2 Nr. 1 Buchst. e BewG	36.480	41.040	38.000
Aufwendungen Mietwohngrundstück § 202 Abs. 1 Satz 2 Nr. 1 Buchst. f BewG	22.000	22.000	22.000
Unternehmerlohn § 202 Abs. 1 Satz 2 Nr. 2 Buchst. d BewG	./. 120.000	./. 120.000	./. 120.000
Erträge Mietwohngrundstück § 202 Abs. 1 Satz 2 Nr. 2 Buchst. f BewG	./. 35.000	./. 35.000	./. 35.000
Erträge Aktien § 202 Abs. 1 Satz 2 Nr. 2 Buchst. f BewG	./. 4.000	./. 4.000	./. 4.000
Betriebsergebnis vor Ertragsteueraufwand	**379.480**	**444.040**	**401.000**

5.3 Bewertung – § 12 ErbStG

30 % Abgeltung Ertragsteueraufwand § 202 Abs. 3 BewG	./. 113.844	./. 133.212	./. 120.300
Betriebsergebnis	**265.636**	**310.828**	**280.700**
Summe			857.164
Durchschnittsertrag			285.721
× Kapitalisierungsfaktor für **2010**			**11,79**
Zwischenwert			**3.368.650**
nicht betriebsnotwendiges Vermögen § 200 Abs. 2 BewG Mietwohngrundstück = Betriebsgrundstück i. S. des § 99 Abs. 1 Nr. 1 BewG			720.000
nicht betriebsnotwendiges Vermögen § 200 Abs. 2 BewG Hypothek			./. 65.000
betriebsnotwendige Aktien § 200 Abs. 3 BewG			220.000
Ertragswert des Unternehmens			**4.243.650**

Prüfung Mindestwert (§ 11 Abs. 2 Satz 3 BewG):

Der Mindestwert (Substanzwert) ist die Summe der gemeinen Werte der zum Betriebsvermögen gehörenden Wirtschaftsgüter und sonstigen aktiven Ansätze abzgl. der zum Betriebsvermögen gehörenden Schulden und sonstigen Abzüge (§ 109 Abs. 1, § 11 Abs. 2 BewG).

	€
Bebautes Grundstück (Fabrikation) Betriebsgrundstück § 11 Abs. 2 Satz 3 2. Halbsatz i. V. m. § 99 Abs. 1 Nr. 1 BewG, Ansatz Bedarfswert	312.000
Bebautes Grundstück (Mietwohngrundstück) Betriebsgrundstück § 11 Abs. 2 Satz 3 2. Halbsatz i. V. m. § 99 Abs. 1 Nr. 1 BewG, Ansatz Bedarfswert	720.000
Fuhrpark	12.800
Betriebs- und Geschäftsausstattung	45.700
Aktien (Ansatz Kurswert § 11 Abs. 1 Satz 1 BewG)	220.000
Forderungen aus Lieferungen und Leistungen	315.000
Bankguthaben	34.000
Rücklage § 6b EStG, kein Ansatz § 11 Abs. 2 Satz 3 BewG i. V. m. § 103 Abs. 3 BewG	
GewSt-Rückstellung	– 12.000
Hypothek	– 65.000
Verbindlichkeiten aus Lieferungen und Leistungen	– 65.000
Mindestwert	**1.517.500**

Da der Mindestwert den Ertragswert unterschreitet, ist der Ertragswert mit **4.243.650 €** festzustellen und NN zuzurechnen.

5.3.8.15 Umfang und Aufteilung des Betriebsvermögens bei Kapital- und Personengesellschaften

a) Beteiligung an einer Kapitalgesellschaft (R B 11.5 ErbStR 2011)

Der gemeine Wert eines nicht notierten Anteils an einer Kapitalgesellschaft bestimmt sich nach dem Verhältnis des Anteils am **Nennkapital** (Grund- oder Stammkapital) der Gesellschaft zum gemeinen Wert des Betriebsvermögens der Kapitalgesellschaft zum Bewertungsstichtag (§ 97 Abs. 1b BewG); **soweit die Gesellschaft eigene Anteile hält, mindern sie das Nennkapital** (siehe auch § 11 und § 60 AktG sowie § 29 Abs. 2 und § 72 GmbHG).

Diese Aufteilung erfolgt auch, wenn das Nennkapital noch nicht vollständig eingezahlt ist, und zwar unabhängig davon, ob noch mit der Einzahlung des Restkapitals zu rechnen ist oder nicht.

b) Beteiligung an einer Personengesellschaft (R B 97.1 bis 97.3 ErbStR 2011)

Wirtschaftsgüter, die mehreren zur gesamten Hand zustehen **(Gesamthandsvermögen)**, werden den Gesellschaftern anteilig zugerechnet (§ 39 Abs. 2 Nr. 2 AO, § 3 BewG).

Für Zwecke der Erbschaft- oder Schenkungsteuer muss nur der Gesellschaftsanteil bewertet werden, der Gegenstand des Erwerbs ist.

Der Wert des Gesamthandsvermögens (§ 109 Abs. 2 i. V. m. § 11 Abs. 2 BewG) ist zu diesem Zweck – **unabhängig von seiner Ermittlung** – wie folgt aufzuteilen (§ 97 Abs. 1a BewG):

1. Die Kapitalkonten aus der Gesamthandsbilanz sind dem jeweiligen Gesellschafter vorweg zuzurechnen. Zum Kapitalkonto rechnen unter anderem neben dem Festkapital auch der Anteil an einer gesamthänderischen Rücklage und die variablen Kapitalkonten, soweit es sich dabei ertragsteuerrechtlich um Eigenkapital der Gesellschaft handelt.
2. Der verbleibende Wert ist nach dem Gewinnverteilungsschlüssel auf die Gesellschafter aufzuteilen. Vorabgewinne sind nicht zu berücksichtigen.

Die Wirtschaftsgüter und Schulden des Sonderbetriebsvermögens sind bei dem jeweiligen Gesellschafter mit dem gemeinen Wert anzusetzen.

Die gem. § 97 Abs. 1 Satz 1 Nr. 5 Satz 2 BewG vorrangige Zuordnung zum Sonderbetriebsvermögen bedingt für Grundstücke folgende Konsequenzen:

- Das einem Gesellschafter oder mehreren Gesellschaftern gehörende Grundstück, das den betrieblichen Zwecken der Personengesellschaft dient, ist nicht Grundvermögen des Gesellschafters bzw. der Gesellschafter, sondern gehört als Betriebsgrundstück zum Sonderbetriebsvermögen der Personengesellschaft (§ 97 Abs. 1 Nr. 5 Satz 2 BewG).
- Ein einem Gesellschafter oder mehreren Gesellschaftern gehörendes Grundstück ist bei teilweiser Nutzung zu betrieblichen Zwecken der Personengesellschaft entsprechend den ertragsteuerlichen Grundsätzen aufzuteilen.

5.3 Bewertung – § 12 ErbStG

- Ein zum Gesamthandsvermögen gehörendes Grundstück kann dann nicht Betriebsvermögen sein, wenn es ausschließlich oder fast ausschließlich der privaten Lebensführung eines, mehrerer oder aller Gesellschafter dient (H 4.2 (11) EStH).

Forderungen und Schulden der Gesellschafter gegenüber der Personengesellschaft sind einzubeziehen, soweit sie bei der steuerlichen Gewinnermittlung zum Betriebsvermögen der Gesellschaft gehören.

Steht einer **Forderung der Personengesellschaft an einen Gesellschafter,** die in der Gesamthandsbilanz auszuweisen ist, kein entsprechender Schuldposten in einer Sonderbilanz dieses Gesellschafters gegenüber, kann bei der Ermittlung des Werts des Betriebsvermögens die entsprechende Schuld nicht berücksichtigt werden.

Forderungen und Schulden zwischen Personengesellschaft und Gesellschafter sind, soweit sie bei der steuerlichen Gewinnermittlung nicht zum Betriebsvermögen der Gesellschaft gehören, als gesamthänderisch gehaltene Forderungen im Privatvermögen aller Gesellschafter bzw. private Schulden des jeweiligen Gesellschafters zu behandeln.

Beispiel:

Gemeiner Wert des Betriebsvermögens der Personengesellschaft zum Bewertungsstichtag	10.000.000 €
Kapitalkonten lt. Gesamthandsbilanz	7.000.000 €
Davon entfallen	
auf A	2.300.000 €
auf B	3.500.000 €
und auf C	1.200.000 €

Die Gewinn- und Verlustverteilung zwischen A, B und C erfolgt zu je 1/3. Gesellschafter A hat von der Personengesellschaft ein nicht betrieblich veranlasstes Darlehen zu nicht fremdüblichen Konditionen i. H. von 600.000 € erhalten, das in dieser Höhe noch valutiert. Die Kapitalkonten der Gesellschafter sind insoweit zu gleichen Teilen gemindert worden.

		A	B/C
gemeiner Wert des Betriebsvermögens	10.000.000 €		
abzgl. Kapitalkonten lt. Gesamthandsbilanz § 97 Abs. 1a Nr. 1 Buchst. a BewG	– 7.000.000 €	2.300.000 €	4.700.000 €
Unterschiedsbetrag § 97 Abs. 1a Nr. 1 Buchst. b BewG	– 3.000.000 €	1.000.000 €	2.000.000 €
Anteil am Wert des Betriebsvermögens		3.300.000 €	6.700.000 €

5 Wertermittlung

Im Erbfall ist im Nachlass des A neben dem Anteil am Wert des Betriebsvermögens die gesamthänderisch gehaltene Darlehensforderung im Privatvermögen anteilig i. H. von (600.000 € : 3 =) 200.000 € und eine Nachlassverbindlichkeit i. H. von 600.000 € zu berücksichtigen. Im Schenkungsfall ist neben dem Anteil am Wert des Betriebsvermögens die anteilige Darlehensforderung i. H. von (600.000 € : 3 =) 200.000 € erworben. Muss der Erwerber die Darlehensverbindlichkeit i. H. von 600.000 € übernehmen, ist sie im Rahmen einer gemischten Schenkung als Gegenleistung zu berücksichtigen.

Für die Wirtschaftsgüter und Schulden des Sonderbetriebsvermögens eines Gesellschafters ist der gemeine Wert im Rahmen einer Einzelbewertung zu ermitteln (§ 97 Abs. 1a Nr. 2 BewG). Grundbesitz, Betriebsvermögen und Anteile an Kapitalgesellschaften, für die ein Wert nach § 151 Abs. 1 Satz 1 Nr. 1 bis 3 BewG festzustellen ist, sind mit dem auf den Bewertungsstichtag festgestellten Wert anzusetzen. Die **Basiswertregelung** in § 151 Abs. 3 BewG ist hierbei zu beachten. Das gilt unabhängig davon, wie der Wert des Gesamthandsvermögens ermittelt wird (marktübliches Verfahren, vereinfachtes Ertragswertverfahren oder Substanzwert).

Der Wert des Anteils eines Gesellschafters ergibt sich als Summe aus dem Anteil am Gesamthandsvermögen (Abs. 2) und dem Wert des Sonderbetriebsvermögens (Abs. 3). Ist für die Ermittlung des gemeinen Werts eines Anteils das Betriebsvermögen nach § 109 Abs. 2 i. V. m. § 11 Abs. 2 Satz 3 BewG mit dem Substanzwert anzusetzen, ist dieser nach § 97 Abs. 1a BewG aufzuteilen.

Beispiel:

Der Wert des Gesamthandsvermögens (ermittelt nach dem vereinfachten Ertragsverfahren oder alternativ nach dem Substanzwertverfahren) zum Bewertungsstichtag beträgt 6.000.000 €. Die Kapitalkonten lt. Gesamthandsbilanz der Personengesellschaft betragen 4.500.000 €.

Davon entfallen
auf A   2.500.000 €
auf B   500.000 €
und auf C   1.500.000 €

Gewinn- und Verlustverteilung A, B und C je 1/3. Der Gesellschafter A verpachtet an die Personengesellschaft ein Grundstück mit dem gemeinen Wert von 2.000.000 €. Zu bewerten ist der Anteil des Gesellschafters A.

		A	B/C
Wert des Gesamthandsvermögens	6.000.000 €		
abzgl. Kapitalkonten lt. Gesamthandsbilanz § 97 Abs. 1a Nr. 1 Buchst. a BewG	– 4.500.000 €	2.500.000 €	2.000.000 €
Unterschiedsbetrag § 97 Abs. 1a Nr. 1 Buchst. b BewG	– 1.500.000 €	500.000 €	1.000.000 €

5.3 Bewertung – § 12 ErbStG

Anteil am Wert des Gesamthandsvermögens		3.000.000 €	3.000.000 €
zzgl. Wert des Sonderbetriebsvermögens		2.000.000 €	
Anteil am Wert des Betriebsvermögens		5.000.000 €	

5.3.8.16 Berechnungsbeispiel Kapitalgesellschaft

Die Umsetzung des vereinfachten Ertragswertverfahrens für eine Kapitalgesellschaft sei an dem nachfolgenden Berechnungsbeispiel erläutert.

Beispiel:
An der ImpEx GmbH (I-GmbH), einem Großhandelsunternehmen im Bereich von Videospielen und Software mit Sitz in Bottrop mit einem Stammkapital von insgesamt 420.000 €, ist der Privatmann Peter Soft (PS) mit 63.000 € beteiligt. PS verstirbt am 14.06.2010, alleinige Erbin ist seine Ehefrau Petra Soft-Dry (PSD). Zum Betriebsvermögen der I-GmbH gehört ein zu Wohnzwecken vermietetes Grundstück (MWG) in Gladbeck mit einem gesondert festgestellten Bedarfswert von 720.000 €. Am 15. Oktober 2009 erwarb die GmbH einen 100 %-Anteil an der W-Motion GmbH (Tochterunternehmen) für 450.000 €. Der Mindestwert der I-GmbH i. S. des § 11 Abs. 2 Satz 3 BewG beträgt 845.080 €. Folgende Werte sind aus den vorliegenden Gewinnermittlungen der I-GmbH für die drei Wirtschaftsjahre vor dem Besteuerungszeitpunkt zu entnehmen:

	01 €	02 €	03 €
Gewinn	280.000	60.000	340.000
Aufwendungen Mietwohngrundstück	32.000	32.000	32.000
Sonderabschreibungen		15.000	
Gewerbesteueraufwand	90.000	15.000	100.000
Erstattung Gewerbesteuer	2.500		
Körperschaftsteueraufwand	90.000	15.000	100.000
Gehalt Geschäftsführer Xaver Box (Gesellschafter); angemessen wären jährlich 600.000 €	800.000	800.000	800.000
Gewinnausschüttung W-GmbH			320.500
Erträge Mietwohngrundstück	36.000	36.000	36.000

Zu ermitteln ist der erbschaftsteuerliche Wert für den Anteil des PS an der Impex-GmbH.

5 Wertermittlung

Lösungshinweis:
Der Wert von Anteilen an Kapitalgesellschaften ist grundsätzlich gem. § 151 Abs. 1 Satz 1 Nr. 3 BewG festzustellen.

Gemäß § 12 Abs. 2 ErbStG sind die Anteile daher mit dem auf den Bewertungsstichtag (§ 11 ErbStG) festgestellten Wert anzusetzen. Bewertungsstichtag ist gem. §§ 11, 9 Abs. 1 Nr. 1 ErbStG der 06.01.2009.

Gemäß § 157 Abs. 4 BewG ist der Wert von Anteilen an Kapitalgesellschaften i. S. des § 11 Abs. 2 Satz 2 BewG (Anteilswert) unter Berücksichtigung der tatsächlichen Verhältnisse und der Wertverhältnisse zum Bewertungsstichtag festzustellen und der Anteilswert unter Anwendung des § 11 Abs. 2 BewG zu ermitteln.

Die Zurechnung erfolgt auf die Alleinerbin PSD (R B 151.2 Abs. 2 Nr. 1, R B 151.4 Abs. 1 ErbStR 2011).

Da weder Börsenkurse noch Verkäufe innerhalb des letzten Jahres vor dem Bewertungsstichtag vorliegen und davon ausgegangen wird, dass auch keine marktüblichen Bewertungsmethoden zur Anwendung kommen und das vereinfachte Ertragswertverfahren nicht zu offensichtlich unzutreffenden Ergebnissen führt, ist der gemeine Wert gem. § 11 Abs. 2 Satz 2 BewG im vereinfachten Ertragswertverfahren zu ermitteln, wobei die §§ 199 bis 203 BewG zu berücksichtigen sind (§ 11 Abs. 2 Satz 4 BewG). Zu beachten ist, dass dabei die Summe der gemeinen Werte der zum Betriebsvermögen gehörenden Wirtschaftsgüter und sonstigen aktiven Ansätze abzgl. der zum Betriebsvermögen gehörenden Schulden und sonstigen Abzüge (Substanzwert oder Mindestwert) nicht unterschritten werden darf (§ 11 Abs. 2 Satz 3 BewG).

Zur Ermittlung des Ertragswertes ist vorbehaltlich § 200 Abs. 2 bis 4 BewG der zukünftig nachhaltig erzielbare Jahresertrag (§§ 201 und 202 BewG) mit dem Kapitalisierungsfaktor nach § 203 BewG zu multiplizieren. Dabei ist gem. § 201 Abs. 1 und 2 BewG der Jahresertrag regelmäßig aus den Betriebsergebnissen der letzten drei vor dem Bewertungsstichtag abgelaufenen Wirtschaftsjahre abzuleiten. Es ergibt sich folgende Ermittlung:

	06 €	07 €	08 €
Gewinn § 202 Abs. 1 Satz 1 BewG	280.000	60.000	340.000
Sonderabschreibung § 202 Abs. 1 Satz 2 Nr. 1 Buchst. a BewG		15.000	
Gewerbesteueraufwand § 202 Abs. 1 Satz 2 Nr. 1 Buchst. e BewG	90.000	15.000	100.000
Körperschaftsteueraufwand § 202 Abs. 1 Satz 2 Nr. 1 Buchst. e BewG	90.000	15.000	100.000
Aufwendungen Mietwohngrundstück § 202 Abs. 1 Satz 2 Nr. 1 Buchst. f BewG	32.000	32.000	32.000

5.3 Bewertung – § 12 ErbStG

(angemessener) Unternehmerlohn durch Gehalt Geschäftsführer erfasst § 202 Abs. 1 Satz 2 Nr. 2 Buchst. d BewG	--------	--------	--------
Erstattung Gewerbesteuer § 202 Abs. 1 Satz 2 Nr. 2 Buchst. e BewG	– 2.500		
Erträge Mietwohngrundstück § 202 Abs. 1 Satz 2 Nr. 2 Buchst. f BewG	– 36.000	– 36.000	– 36.000
Gewinnausschüttung W-GmbH § 202 Abs. 1 Satz 2 Nr. 2 Buchst. f BewG			– 320.000
überhöhtes Geschäftsführergehalt (verdeckte Gewinnausschüttung) § 202 Abs. 1 Satz 2 Nr. 3 BewG	200.000	200.000	200.000
Betriebsergebnis vor Ertragsteueraufwand	**653.500**	**301.000**	**415.500**
30 % Abgeltung Ertragsteueraufwand § 202 Abs. 3 BewG	– 196.050	– 90.300	– 124.650
Betriebsergebnis	457.450	210.700	290.850
Summe			959.000
Durchschnittsertrag			319.666
× Kapitalisierungsfaktor 2009			**11,79**
Zwischenwert			**3.768.862**
nicht betriebsnotwendiges Vermögen § 200 Abs. 2 BewG: MWG = Betriebsgrundstück (§ 99 Abs. 1 Nr. 1 BewG)			720.000
Betriebsnotwendige Beteiligung WM-GmbH § 200 Abs. 3 BewG i. V. m. § 11 Abs. 2 Satz 2 Alternative 1 BewG			450.000
Ertragswert des Unternehmens			**4.938.862**
Mindestwert § 11 Abs. 2 Satz 3 BewG			845.080
gemeiner Wert der ImpEx-GmbH			**4.938.862**

Der gemeine Wert des Anteils bestimmt sich nach dem Verhältnis des Anteils am Nennkapital:
4.938.862 € × 15 % (63.000 €/420.000 €) = 740.829 €.

5.3.9 Andere Vermögensgegenstände und Schulden

Nach § 151 Abs. 1 Satz 1 Nr. 4 BewG ist im Bedarfsfall auch der Wert von anderen (nicht in § 151 Abs. 1 Satz 1 Nr. 1 bis 3 BewG genannten) Vermögensgegenständen und von Schulden, die mehreren Personen zustehen, gesondert festzustellen. Gemeint sind damit insbesondere vermögensverwaltende Gesellschaften. Hierzu wird auf die Ausführungen zum Feststellungsverfahren verwiesen (siehe unter 5.3.2.4). Bewertungsrechtliche Besonderheiten bei der Wertfindung bestehen insoweit nicht.

5.3.10 Ausländischer Grundbesitz und ausländisches Betriebsvermögen

Ausländisches Vermögen unterliegt nicht der gesonderten Feststellung (§ 151 Abs. 4 BewG). Gemäß § 12 Abs. 7 ErbStG sowie § 31 BewG ist bei ausländischem land- und forstwirtschaftlichem Vermögen, bei Grundvermögen und bei Betriebsvermögen für die Ermittlung der Erbschaft- und Schenkungsteuer stets der gemeine Wert als Bemessungsgrundlage anzusetzen. § 31 verweist hierzu auf den **1. Teil** des BewG.

Fraglich ist allerdings, mit welchen Bewertungsmethoden das ausländische Vermögen ermittelt wird. Da aufgrund der Erbschaftsteuerreform ab 2009 nicht nur Anteile an Kapitalgesellschaften, sondern auch Betriebsvermögen nach § 11 BewG (= **1. Teil** des BewG) zu bewerten sind, ergeben sich m. E. hinsichtlich der Bewertung von Inlands- und Auslandsvermögen keine grundsätzlichen Unterschiede mehr.

Auch bei der Bewertung von Anteilen an ausländischen Kapitalgesellschaften oder ausländischem Betriebsvermögen kann daher das vereinfachte Ertragswertverfahren oder ein Gutachterwert (Ertragswertverfahren oder andere im gewöhnlichen Geschäftsverkehr für nichtsteuerliche Zwecke übliche Methode) oder Substanzwert angewendet werden (vgl. R B 199.1 Abs. 2 ErbStR 2011).

Die Ermittlung der Bewertungsgrundlagen hat nach Ansicht der Finanzverwaltung in der jeweiligen Landeswährung zu erfolgen, der in dieser Währung ermittelte Ertragswert ist mit dem für den Bewertungsstichtag festgestellten Devisenkurs in Euro umzurechnen. Der Gewinnermittlung können die im jeweiligen Land geltenden Gewinnermittlungsvorschriften zugrunde gelegt werden, wenn sie eine dem § 202 Abs. 1 Satz 2 BewG entsprechende Korrektur zulassen. Der nach § 203 BewG maßgebende Kapitalisierungsfaktor ist anzuwenden, wenn dies nicht zu offensichtlich unzutreffenden Ergebnissen führt.

Die Bewertung des land- und forstwirtschaftlichen Vermögens sowie des Grundvermögens erfolgt für inländisches Vermögen hingegen nach dem 6. Teil des BewG (§§ 157 ff. BewG). Da auch diese Bewertungsregeln der Findung des gemeinen Werts dienen sollen (siehe ausdrücklich §§ 162, 177 BewG), fragt es sich, ob der Verweis in § 31 BewG auf den 1. Teil des BewG insoweit noch überzeugt.[274]

---

[274] Zur Bewertung ausländischen Grundbesitzes siehe Hecht/von Cölln, BB 2009 S. 1212.

5.4 Steuerbefreiungen – § 13 ErbStG

Nach **Auffassung des EuGH**[275] zum Vorlagebeschluss des BFH[276] bzw. des FG Hamburg (FG Hamburg vom 11.08.2006, EFG 2006 S.1646) zur Rechtslage vor 2009 liegt ein Verstoß gegen die Kapitalverkehrsfreiheit nach Art. 73b Abs. 1 des EG-Vertrages (jetzt Art. 56 EG) vor, wenn Vermögen aus anderen EU-Staaten **bei der Festsetzung der deutschen Erbschaftsteuer** mit dem gemeinen Wert nach § 31 BewG angesetzt wird, während für gleichartigen inländischen Besitz ein anderes Bewertungsverfahren gilt. Die **Finanzverwaltung**[277] wendet die Grundsätze des erstgenannten Urteils des EuGH nicht nur auf das im Streit befindliche und in einem anderen Mitgliedstaat belegene land- und forstwirtschaftliche Vermögen an, sondern auch auf Grundvermögen sowie auf Betriebsvermögen und auf Anteile an nicht börsennotierten Kapitalgesellschaften mit Sitz in anderen Mitgliedstaaten. Somit waren auch schon vor dem ErbStRG 2009 land- und forstwirtschaftliche Vermögen und Grundvermögen in EU-Staaten mit dem vergleichbaren Wert, der sich nach den Bewertungsvorschriften für Inlandsvermögen ergibt, anzusetzen. Bei fehlender Datenlage (Bodenrichtwerte, Ertragsmesszahl u. Ä.) soll der Steuerwert im Wege einer sachgerechten Schätzung unter Berücksichtigung der Vermögensart und der individuellen Verhältnisse des Einzelfalls ermittelt werden.[278]

Da dem auch für das reformierte Recht zu folgen ist, würde § 12 Abs. 7 ErbStG für die Bewertung des land- und forstwirtschaftlichen Vermögens sowie des Grundvermögens nur noch im Verhältnis zu Drittstaaten Bedeutung haben, dort aber die Bewertung nach denselben Grundsätzen zu erfolgen haben.

Unabhängig von der Frage nach dem bewertungsrechtlichen Ansatz dürfte weiterhin gelten, dass bei der Bewertung von ausländischem Grundbesitz Bestandteile und Zubehör zu berücksichtigen sind, ausländische Zahlungsmittel, Geldforderungen, Wertpapiere und Geldschulden gem. § 31 Abs. 2 Satz 2 BewG aber nicht einzubeziehen sind.

5.4 Steuerbefreiungen – § 13 ErbStG

Als steuerpflichtiger Erwerb gilt die Bereicherung des Erwerbers, soweit sie nicht steuerfrei ist. Die Steuerfreiheit kann sich aus verschiedenen Vorschriften und aus verschiedenen Gründen ergeben. § 13 ErbStG regelt die Steuerbefreiung in den Fällen, in denen sie ihren Grund aus in der Sache des Erwerbs liegenden Gründen findet. Jede der in § 13 ErbStG vorgesehenen Befreiungsvorschriften ist für sich anzuwenden, § 13 Abs. 3 Satz 1 ErbStG. Dieser Grundsatz gilt aber nicht nur für die einzelnen Befreiungsvorschriften des § 13 ErbStG, sondern für sämtliche Befreiungsvorschriften.

---
275 EuGH vom 17.01.2008, DStRE 2008 S. 174, und vom 02.10.2008, DStRE 2009 S. 1501.
276 BFH vom 11.04.2006, BStBl 2006 II S. 627.
277 FinMin Baden-Württemberg vom 16.07.2008, DB 2008 S. 1660.
278 Siehe hierzu auch Hecht/von Cölln, BB 2009 S. 1212.

Beispiel:
Vater V schenkt Tochter T Hausrat (Wert 41.000 €), eine Armbanduhr (Wert 20.000 €) und Wertpapiere (Wert 400.000 €); die Bereicherung beträgt also insgesamt 461.000 €.
Der Erwerb ist insgesamt steuerfrei, und zwar der Hausrat nach § 13 Abs. 1 Nr. 1 Buchst. a ErbStG, die Armbanduhr nach § 13 Abs. 1 Nr. 1 Buchst. b ErbStG oder § 13 Abs. 1 Nr. 14 ErbStG und die verbleibenden Wertpapiere nach § 16 Abs. 1 Nr. 2 ErbStG.

Nach § 13 Abs. 3 Satz 2 ErbStG wird dem Erwerber in den Fällen des § 13 Abs. 1 Nr. 2 und 3 ErbStG die Möglichkeit eingeräumt, auf die Steuerbefreiung zu verzichten und somit den Schuldenabzug (insbesondere wenn er wertmäßig höher ist als der Grundbesitz) zu erreichen.

5.4.1 Hausrat und andere bewegliche körperliche Gegenstände

Für Hausrat (einschließlich Wäsche und Kleidungsstücke) sieht § 13 Abs. 1 Nr. 1 Buchst. a ErbStG beim Erwerb durch Personen der Steuerklasse I einen Freibetrag (nicht Freigrenze) von 41.000 Euro pro Erwerber vor. **Hausrat** ist die gesamte Wohnungseinrichtung einschließlich aller Haushaltsgegenstände; dazu gehören z. B. Geschirr, Radio, Fernseher; dazu gehören z. B. nicht Gebrauchsgegenstände, die auch außerhalb eines Haushalts Verwendung finden (z. B. Fotoapparat, Armbanduhr, PKW, Schmuck). Als Hausrat i. S. des § 13 Abs. 1 Nr. 1 Buchst. a ErbStG sollen nach Sinn und Zweck der Vorschrift nur Gegenstände gelten, die im Haushalt des Erblassers oder Schenkers bereits gebraucht worden sind, also bisher zu seinem Hausrat gehörten. Gegenstände, die erst beschafft werden, um sie dann dem Bedachten zuzuwenden (z. B. anlässlich einer Hochzeit), sollen danach also nicht Hausrat im Sinne dieser Vorschrift sein.[279] Mit Rücksicht auf den eindeutigen Wortlaut der gesetzlichen Regelung, die eine solche Einschränkung nicht vorsieht, ist diese Auffassung wohl nicht zutreffend,[280] sodass auch die mittelbare Schenkung von Hausrat begünstigt ist.

Nach § 13 Abs. 1 Nr. 1 Buchst. b ErbStG bleiben **andere** (als Hausrat) **bewegliche körperliche Gegenstände** beim Erwerb durch Personen der Steuerklasse I steuerfrei, soweit der Wert insgesamt 12.000 Euro nicht übersteigt. Andere bewegliche körperliche Gegenstände i. S. des § 13 Abs. 1 Nr. 1 Buchst. b (und c) ErbStG sind alle, die nicht Hausrat (einschließlich Wäsche und Kleidungsstücke) sind oder unter § 13 Abs. 1 Nr. 1 Satz 2 ErbStG fallen. Hierzu gehören also z. B.

– Gebrauchsgegenstände, die auch außerhalb eines Haushalts Verwendung finden (s. o.),

– Kunstgegenstände (soweit nicht § 13 Abs. 1 Nr. 2 ErbStG),

– Sammlungen (soweit nicht § 13 Abs. 1 Nr. 2 ErbStG).

---

279 RFH, RStBl 1929 S. 601.
280 So auch Jülicher, ZEV 2000 S. 94.

5.4 Steuerbefreiungen – § 13 ErbStG

Kunstgegenstände sind nur die Werke der reinen Kunst (Gemälde, Plastik). Wesensmerkmal der Sammlung ist das Zusammentragen und Ordnen bestimmter Gegenstände nach bestimmten Kriterien. Unwesentlich ist die Verwendung der gesammelten Gegenstände.[281] Sammlungen können also auch Erzeugnisse des Kunstgewerbes (z. B. Vasen) und sonstige Gegenstände umfassen, die keinen unmittelbaren Nutzen gewähren, z. B. Briefmarken-, Waffen-, Porzellansammlungen.

Hausrat (einschließlich Wäsche und Kleidungsstücke) und andere bewegliche körperliche Gegenstände – also die Gegenstände nach § 13 Abs. 1 Nr. 1 Buchst. a und b ErbStG zusammengefasst – bleiben nach § 13 Abs. 1 Nr. 1 Buchst. c ErbStG beim Erwerb durch Personen der Steuerklassen II und III steuerfrei, soweit der Wert insgesamt 12.000 Euro nicht übersteigt.

Die Freibeträge nach § 13 Abs. 1 Nr. 1 ErbStG gelten pro Erwerb(-er), da die Erbschaftsteuer eine Erbanfall- und keine Nachlasssteuer ist.

Beispiel:
Mutter M stirbt. Testamentarische Erben zu gleichen Teilen sind die Kinder K1 und K2 sowie Nichten N1 und N2.

Im Nachlass befinden sich:
Hausrat, gemeiner Wert 100.000 €
Schmuck, gemeiner Wert 50.000 €
Segeljacht, gemeiner Wert 150.000 €
Münzsammlung, gemeiner Wert 400.000 €

Der Erwerb des Hausrats ist für K1 und K2 insgesamt steuerfrei (§ 13 Abs. 1 Nr. 1 Buchst. a ErbStG):
Erwerb je 25.000 €
Freibetrag je 41.000 €

Der Erwerb des Schmucks und der Segeljacht ist für K1 und K2 zum Teil steuerfrei (§ 13 Abs. 1 Nr. 1 Buchst. b ErbStG):
Erwerb je 50.000 €
Freibetrag je 12.000 €

Der Erwerb des Hausrats, des Schmucks und der Segeljacht ist für N1 und N2 zum Teil steuerfrei (§ 13 Abs. 1 Nr. 1 Buchst. c ErbStG):
Erwerb je 75.000 €
Freibetrag je 12.000 €

Die Münzsammlung ist bei allen Erwerbern nicht steuerfrei (§ 13 Abs. 1 Nr. 1 Satz 2 ErbStG).

Schulden, die mit nach § 13 Abs. 1 Nr. 1 ErbStG befreiten Gegenständen wirtschaftlich zusammenhängen, sind in vollem Umfang abzugsfähig (s. o. 5.1.4.2).

Beispiel:
Vater V stirbt. Alleinerbin ist Tochter T. Im Nachlass befinden sich u.a.: Hausrat (Wert 40.000 €) – damit zusammenhängende Darlehensschuld 30.000 € –, eine Armbanduhr (Wert 10.000 €) – damit zusammenhängende Darlehensschuld 8.000 € – und Wertpapiere (Wert 50.000 €) – damit zusammenhängende Darlehensschuld 12.000 €.

---
281 BFH vom 09.03.1990, BStBl 1990 II S. 711.

Der Hausrat und die Armbanduhr sind steuerfrei: § 13 Abs. 1 Nr. 1 Buchst. a und b ErbStG; die Wertpapiere sind mit 50.000 € anzusetzen.
Die Schulden sind insgesamt nach § 10 Abs. 5 Nr. 1 ErbStG zu berücksichtigen: 50.000 € (siehe auch R E 10.10 Abs. 3 ErbStR 2011).
Die Befreiung nach § 13 Abs. 1 Nr. 1 ErbStG soll sich – entgegen dem Wortlaut der Vorschrift – entsprechend einem Erlass des RdF vom 22.02.1921 (DVR 1921 S. 45) aus Billigkeitsgründen auch auf den Erwerb des Nießbrauchs an den steuerbefreiten Gegenständen erstrecken.[282]

Fraglich ist,[283] wie bei Sachvermächtnissen von nach § 13 Abs. 1 Nr. 1 ErbStG befreiten Gegenständen zu entscheiden ist.

Beispiel:
Mutter M hat ihre Kinder K1 und K2 zu Erben eingesetzt. Im Nachlass befinden sich u. a. ein Gemälde (gemeiner Wert 200.000 €) und Schmuck (gemeiner Wert 100.000 €). Das Gemälde hat M ihrer Nichte N1 vermacht, den Schmuck ihrer Nichte N2.

Nach dem Wortlaut des Gesetzes (und nach dem Grundsatz der Maßgeblichkeit des bürgerlichen Rechts für die Erbschaftsteuer) ist wie folgt zu lösen:
Erwerb je Erbe 150.000 €
Freibetrag je Erbe (nach § 13 Abs. 1 Nr. 1 Buchst. b ErbstG): 12.000 €
Verbindlichkeit je Erbe nach § 10 Abs. 5 Nr. 2 ErbStG: 150.000 €

Ein Freibetrag nach § 13 Abs. 1 Nr. 1 Buchst. c ErbStG für die Vermächtnisnehmer N1 und N2 scheidet aus, da sie keine körperlichen Gegenstände erworben haben, sondern Ansprüche. § 13 Abs. 1 Nr. 1 Buchst. c ErbStG enthält – anders als § 13 Abs. 1 Nr. 4b ErbStG – auch keine Regelung, dass im Fall einer Weitergabeverpflichtung die Steuerbefreiung auf den Erwerber (hier Vermächtnisnehmer) übergeht.
Im Ergebnis kommt die Begünstigung also denjenigen zu, die die Gegenstände nach dem letzten Willen des Erblassers gar nicht endgültig erhalten sollten.
Es dürfte daher – nach dem Sinn und Zweck der Regelung des § 13 Abs. 1 Nr. 1 ErbStG – folgende Lösung richtig sein:
Erwerb von K1 und K2 im Saldo jeweils 0 €:
Erwerb je 150.000 €
Verbindlichkeit je 150.000 €
Erwerb von N1 200.000 € – Freibetrag nach § 13 Abs. 1 Nr. 1 Buchst. c ErbStG 12.000 €
Erwerb von N2 100.000 € – Freibetrag nach § 13 Abs. 1 Nr. 1 Buchst. c ErbStG 12.000 €

Die Steuerbefreiungen nach § 13 Abs. 1 Nr. 1 Buchst. a, b und c ErbStG gelten nicht für Gegenstände, die zum land- und forstwirtschaftlichen Vermögen, zum Grundvermögen oder zum Betriebsvermögen gehören; weiterhin gelten sie nicht für Zahlungsmittel, Wertpapiere (sind wohl ohnehin nicht körperliche Gegenstände), Münzen (also auch Münzsammlungen), Edelmetalle (unverarbeitet), Edelsteine (also auch Edelsteinsammlungen) und Perlen (ungefasst). Da in § 13 Abs. 1

---
282 Jülicher, ZEV 2000 S. 94.
283 Siehe auch FG München, EFG 1987 S. 410.

5.4 Steuerbefreiungen – § 13 ErbStG

Nr. 1 ErbStG eine dem § 13 Abs. 1 Nr. 2 Satz 2 ErbStG entsprechende Regelung fehlt, lässt die spätere Veräußerung der steuerbefreiten Gegenstände die einmal erfolgte Befreiung unberührt.

5.4.2 Gegenstände, deren Erhaltung im öffentlichen Interesse liegt

Nach § 13 Abs. 1 Nr. 2 Buchst. a ErbStG sind Grundbesitz, Kunstgegenstände, Kunstsammlungen, wissenschaftliche Sammlungen, Bibliotheken und Archive zu 85 % (vor 2009: 60 %) ihres Werts steuerfrei, wenn die Erhaltung dieser Gegenstände wegen ihrer Bedeutung für Kunst, Geschichte oder Wissenschaft im öffentlichen Interesse liegt, die jährlichen Kosten i. d. R. die erzielten Einnahmen übersteigen und die Gegenstände in einem den Verhältnissen entsprechenden Umfang den Zwecken der Forschung oder der Volksbildung nutzbar gemacht sind oder werden. Hinsichtlich der nach § 13 Abs. 1 Nr. 2 Buchst. a ErbStG nicht steuerbefreiten 15 % (vor 2009: 40 %) kommt gegebenenfalls eine Steuerbefreiung nach § 13 Abs. 1 Nr. 1 Buchst. b oder c ErbStG in Betracht. Die Steuerbefreiung für die aufgeführten Gegenstände tritt nach § 13 Abs. 1 Nr. 2 Buchst. b ErbStG dann in vollem Umfang ein, wenn zusätzlich zwei weitere Voraussetzungen erfüllt sind: Der Steuerpflichtige ist bereit, die Gegenstände den geltenden Bestimmungen der Denkmalspflege zu unterstellen, und die Gegenstände befinden sich seit mindestens 20 Jahren im Besitz der Familie[284] oder sind in dem Verzeichnis national wertvollen Kulturguts oder national wertvoller Archive nach dem Gesetz zum Schutz deutschen Kulturguts gegen Abwanderung vom 06.08.1955 (BGBl I S. 501) eingetragen (siehe auch R E 13.2 ErbStR 2011).

Bei Schenkungen im Rahmen des § 13 Abs. 1 Nr. 2 ErbStG ist eine sog. Denkmalschutzlast (Überlast) grundsätzlich abzugsfähig sein (§ 13 Abs. 3 Satz 2 ErbStG). Insoweit liegt eine Leistungsauflage vor, die nach den allgemeinen Grundsätzen zur gemischten Schenkung zu berücksichtigen ist.[285]

Die Steuerbefreiung nach § 13 Abs. 1 Nr. 2 ErbStG fällt mit Wirkung für die Vergangenheit weg, wenn die Gegenstände innerhalb von 10 Jahren nach dem Erwerb veräußert werden – auch dann, wenn nicht der Erwerber, sondern z. B. der Erbeserbe in diesem Zeitraum veräußert – oder die Voraussetzungen für die Steuerbefreiung innerhalb dieses Zeitraums entfallen. Die Berichtigung des ursprünglichen Erbschaftsteuerbescheids erfolgt nach § 175 Abs. 1 Nr. 2 AO; dabei ist die Steuer nach dem seinerzeitigen Wert nachzuerheben, sodass zwischenzeitliche Wertveränderungen unberücksichtigt bleiben. – Ähnliche Befreiungen finden sich auch bei der Grundsteuer (§ 32 GrStG).

---
284 BFH vom 06.06.2001 II R 7/98, BFH/NV 2002 S. 28; Heuer, DStR 2002 S. 845; ausführlich Leisner, ZEV 2003 S. 436.
285 FG Münster, EFG 1992 S. 467; FG München, UVR 1992 S. 216; R 28 Abs. 4 ErbStR 2003. Die Urteile beziehen sich allerdings auf die Rechtslage vor 2009.

5.4.3 Grundbesitz für die Allgemeinheit

Grundbesitz, der für Zwecke der Volkswohlfahrt der Allgemeinheit ohne gesetzliche Verpflichtung zur Benutzung zugänglich gemacht ist und dessen Erhaltung im öffentlichen Interesse liegt, ist nach § 13 Abs. 1 Nr. 3 ErbStG in vollem Umfang steuerbefreit, wenn die jährlichen Kosten i. d. R. die erzielten Einnahmen übersteigen (R E 13.2 Abs. 5 ErbStR 2011). Begünstigt sind danach insbesondere Park- und Gartenanlagen. Soweit die Voraussetzungen des § 13 Abs. 1 Nr. 3 ErbStG nicht erfüllt sind, weil z. B. der Grundbesitz nicht in vollem Umfang der Allgemeinheit zur Benutzung zugänglich gemacht ist, kann eine Teilbefreiung nach § 13 Abs. 1 Nr. 2 Buchst. a ErbStG in Betracht kommen. Auch bei § 13 Abs. 1 Nr. 3 ErbStG fällt bei nachträglicher Veräußerung innerhalb von 10 Jahren oder bei Wegfall der Voraussetzungen die Steuerbefreiung rückwirkend weg.

5.4.4 Dreißigster – § 1969 BGB

§ 1969 BGB verpflichtet den Erben in Form eines gesetzlichen Vermächtnisses, den Familienangehörigen des Erblassers, die z. Z. seines Todes zu seinem Hausstand gehört und von ihm Unterhalt bezogen haben, in den ersten 30 Tagen nach dem Eintritt des Erbfalls in demselben Umfang Unterhalt zu gewähren, wie der Erblasser es getan hat, und ihnen die Benutzung der Wohnung und der Haushaltsgegenstände zu gestatten (sog. Dreißigster). Dieser an sich nach § 3 Abs. 1 Nr. 3 ErbStG steuerpflichtige Erwerb ist nach § 13 Abs. 1 Nr. 4 ErbStG steuerfrei. Der Erbe kann die erfüllte Verpflichtung aus § 1969 BGB nach § 10 Abs. 5 Nr. 2 ErbStG abziehen.

5.4.5 Familienheim

Zuwendungen unter Lebenden zwischen Ehegatten können – wie Zuwendungen zwischen Fremden – den Tatbestand des § 7 Abs. 1 Nr. 1 ErbStG erfüllen, dann unterliegen sie der Schenkungsteuer. Es kann aber auch ein objektives oder/und das subjektive Tatbestandsmerkmal einer Schenkung fehlen, dann unterliegen sie nicht der Schenkungsteuer.

Problematisch sind in diesem Zusammenhang die sog. unbenannten Zuwendungen zwischen Ehegatten. Nach Auffassung des BFH[286] ist die Schenkungsteuerpflicht unbenannter Zuwendungen – nicht anders als bei sonstigen Zuwendungen – nach § 7 Abs. 1 Nr. 1 ErbStG zu beurteilen. Die zivilrechtliche Verneinung einer Schenkung (§ 516 BGB) in diesen Fällen ist hier ohne Bedeutung. Ehebezogene Motive (Ausgleich für geleistete Mitarbeit, angemessene Beteiligung an den Früchten des ehelichen Zusammenwirkens) schließen die Unentgeltlichkeit (und den Willen zur Unentgeltlichkeit) nicht aus, sodass nach Ansicht des BFH i. d. R. Schenkungsteuerpflicht besteht.

---

286 BFH vom 02.03.1994, BStBl 1994 II S. 366.

5.4 Steuerbefreiungen – § 13 ErbStG

Weil der Gesetzgeber eine aus dieser Rechtsprechung des BFH resultierende, aber von der Finanzverwaltung bis dahin nicht angenommene Schenkungsteuerpflicht für die Zuwendung des Familienwohnheims (seit 2009: Familienheim) unter Ehegatten vermeiden wollte, hat er § 13 Abs. 1 Nr. 4a ErbStG in das ErbStG eingefügt und damit aus der von der Finanzverwaltung bis dahin angenommenen unbenannten Zuwendung eine steuerbare, aber steuerbefreite Zuwendung gemacht.

Nach § 13 Abs. 1 Nr. 4a ErbStG (a. F.) blieben Zuwendungen unter Lebenden, mit denen ein Ehegatte dem anderen Ehegatten Eigentum oder Miteigentum an einem im Inland belegenen, zu eigenen Wohnzwecken genutzten Haus oder einer im Inland belegenen, zu eigenen Wohnzwecken genutzten Eigentumswohnung (Familienwohnheim) verschaffte oder den anderen Ehegatten von eingegangenen Verpflichtungen im Zusammenhang mit der Anschaffung oder der Herstellung des Familienwohnheims freistellte, steuerfrei. Entsprechendes galt, wenn ein Ehegatte nachträglichen Herstellungs- oder Erhaltungsaufwand für ein Familienwohnheim trägt, das im gemeinsamen Eigentum der Ehegatten oder im Eigentum des anderen Ehegatten steht. Auch mittelbare Schenkungen können befreit sein.[287]

Damit hatte der Gesetzgeber zwar die Steuerfreiheit für Zuwendungen unter Ehegatten im Zusammenhang mit einem Familienwohnheim gesichert, gleichzeitig aber auch die Rechtsprechung des BFH[288] zur Steuerbarkeit grundsätzlich bestätigt. Es ist daher – im Umkehrschluss – davon auszugehen, dass andere ehebedingte (unbenannte) Zuwendungen, soweit sie sich nicht als Unterhalt darstellen, der Schenkungsteuer unterliegen können.

Im Zusammenhang mit der Erbschaftsteuerreform 2009 sah sich der Gesetzgeber – insbesondere bedingt durch die geänderten Bewertungsregeln für Grundstücke – veranlasst, die Steuerbefreiung hinsichtlich des begünstigten Personenkreises deutlich auszuweiten (insbesondere Lebenspartner und Kinder) und zudem auch für Erwerbe von Todes wegen eine Steuerbefreiung zu gewähren (§ 13 Abs. 1 Nr. 4b und 4c ErbStG). Den nachfolgenden Ausführungen liegt insoweit die ab 2009 geltende Gesetzesfassung zugrunde.

5.4.5.1 Allgemeine Voraussetzungen für die Steuerbefreiung

Als Familienheim gilt ein bebautes Grundstück, soweit darin eine Wohnung gemeinsam zu eigenen Wohnzwecken genutzt wird.[289]

Hinsichtlich des Begriffes der Wohnung (§ 181 Abs. 9 BewG) verweisen § 13 Abs. 1 Nr. 4a, 4b und 4c ErbStG auf § 181 Abs. 1 Nr. 1 bis 5 BewG. Damit sind nicht nur eigengenutztes Wohnungseigentum und komplett eigengenutzte Häuser (insbesondere Einfamilienhaus oder Zweifamilienhaus) steuerbefreit, sondern auch eigenge-

---
287 Geck, ZEV 1996 S. 107; R 43 Abs. 2 Nr. 3 ErbStR 2003.
288 BFH vom 02.03.1994, BStBl 1994 II S. 366.
289 Siehe hierzu auch Reimann, ZEV 2010 S. 174; Steiner, ErbStB 2010 S. 179.

nutzte Wohnungen in einem Zweifamilienhaus, Mietwohngrundstück, Geschäftsgrundstück oder gemischt genutztem Grundstück oder in einem Gebäude, das im Erbbaurecht errichtet worden ist.

Entgegen der früheren Auffassung zumindest der Finanzverwaltung (siehe R 43 ErbStR 2003) ist es für die Steuerbefreiung somit nicht schädlich, wenn Teile eines Hauses vermietet werden, solange eine Wohnung oder mehrere Wohnungen die Voraussetzungen der Eigennutzung erfüllen. Der Gesetzgeber ist insoweit der Rechtsprechung des BFH gefolgt, der die Begünstigung einer Wohnung in einem Mehrfamilienhaus auch für § 13 Abs. 1 Nr. 4a ErbStG a. F. anerkannt hat.[290]

Der Wohnungsbegriff des Familienheims bestimmt sich nach der tatsächlichen Nutzung. In der Wohnung muss sich der Mittelpunkt des familiären Lebens befinden. Die Befreiung eines Erwerbs ist deshalb nach Auffassung der Finanzverwaltung nicht möglich, wenn die Wohnung nur als Ferien- oder Wochenendwohnung genutzt wird oder für einen Berufspendler nur die Zweitwohnung darstellt. Entscheidend ist die Nutzung zu eigenen Wohnzwecken der Eheleute oder Lebenspartner und der zur Familie gehörenden Kinder; eine Mitbenutzung der Wohnung durch Enkelkinder, Eltern oder eine Hausgehilfin ist unschädlich (R E 13.3 Abs. 2 ErbStR 2011).

Eine Nutzung des Familienheims zu anderen als Wohnzwecken ist ebenfalls unschädlich, wenn sie von untergeordneter Bedeutung ist. Das Vorhandensein eines Arbeitszimmers steht der Begünstigung daher grundsätzlich nicht entgegen (R E 13.3 Abs. 2 Satz 9 ErbStR 2011). In einem solchen Fall dürfte auch die Fläche des Arbeitszimmers begünstigt sein, weil das beruflich genutzte häusliche Arbeitszimmer der Ehegatten der Wohnnutzung zuzurechnen ist, soweit es im Wohnbereich belegen ist.[291]

Auch die unentgeltliche gewerbliche oder freiberufliche Mitbenutzung der Wohnung ist nach Ansicht der Finanzverwaltung grundsätzlich unschädlich, wenn die Wohnnutzung überwiegt (R E 13.3 Abs. 2 Satz 10 ErbStR 2011). Insoweit dürfte allerdings wie folgt zu differenzieren sein:

- Ist die gewerbliche oder freiberufliche Mitbenutzung – anders als bei einem Arbeitszimmer – nicht räumlich abgrenzbar, ist die volle Steuerbefreiung zu gewähren, wenn die Wohnnutzung überwiegt.
- Besteht die Möglichkeit einer räumlichen Abgrenzung, erscheint es hingegen zweifelhaft, ob es für eine vollständige Steuerbefreiung der Wohnung ausreicht, dass die Wohnnutzung überwiegt. Würde dies angenommen, wäre eine unentgeltliche gewerbliche oder freiberufliche Mitbenutzung von z. B. 49 % der Wohn- und Nutzfläche für die Steuerbefreiung unschädlich. Nach Auffassung des BFH ist aber eine Aufteilung des zivilrechtlich einheitlichen Eigentums nach dem Nutzungs- und Funktionszusammenhang geboten. Der BFH will die Steuerbefreiung

---

290 BFH vom 26.02.2009, BStBl 2009 II S. 480.
291 BFH vom 26.02.2009, BStBl 2009 II S. 480.

5.4 Steuerbefreiungen – § 13 ErbStG

für die von den Ehegatten zu eigenen Wohnzwecken genutzten Räume anteilig gewähren, sie aber für die anders genutzten Flächen unabhängig von Art und Umfang dieser Nutzung versagen. Ob diese Abgrenzung nur gilt, wenn es sich bei den zu eigenen Wohnzwecken genutzten Räumen um eine vollständige, abgeschlossene Wohnung in einem auch noch gewerblich oder freiberuflich genutzten Objekt handelt oder ob dies auch im Fall einer unentgeltlichen gewerblichen oder freiberuflichen Mitbenutzung einer Wohnung gilt, hat der BFH dabei offengelassen.[292] Vorsorglich sollte daher davon ausgegangen werden, dass nur für die zu Wohnzwecken genutzten Flächen, nicht hingegen für die unentgeltlich gewerblich oder freiberuflich mitbenutzten Flächen eine Steuerbefreiung zu gewähren ist. Eine vollständige Steuerbefreiung wäre allenfalls denkbar, wenn die unentgeltlich gewerblich oder freiberuflich mitbenutzte Fläche von untergeordneter Bedeutung ist, wobei die Grenze jedenfalls deutlich unter 49 % zu liegen hätte.

Bei einer entgeltlichen gewerblichen oder freiberuflichen Mitbenutzung der Wohnung ist die Befreiung in jedem Fall auf den eigenen Wohnzwecken dienenden Teil der Wohnung begrenzt (R E 13.3 Abs. 2 Satz 11 ErbStR 2011). Die räumlich abgrenzbaren Teile, die gewerblich oder freiberuflich mitbenutzt werden, sind – im Einklang mit der Rechtsprechung des BFH[293] – von der Begünstigung ausgenommen.

Eine gewerbliche oder freiberufliche Nutzung (z. B. durch eine Arztpraxis) außerhalb der eigenen Wohnung, eine Fremdvermietung oder die unentgeltliche Überlassung weiterer, in dem Grundstück vorhandener Wohnungen an Kinder oder Eltern ist nicht begünstigt.

Die Aufteilung eines Objekts, das neben der eigenen Wohnnutzung noch weitere Nutzungen aufweist, erfolgt nicht nach anteiligen Mieten, sondern nach der Wohn- und Nutzfläche (R E 13.3 Abs. 2 Satz 14 ErbStR 2011). Da die Mieten für gewerbliche oder freiberufliche Nutzungen im Regelfall höher sein werden als die Mieten für die eigene Wohnnutzung, ergibt sich hieraus ein für die Steuerbefreiung günstiger Aufteilungsmaßstab. Auch der BFH geht – jedenfalls für die Vorgängerregelung – von diesem Aufteilungsmaßstab aus.[294]

Als Familienheim gilt auch der Wohnteil des Betriebsinhabers eines Betriebs der Land- und Forstwirtschaft (§ 160 Abs. 1 Nr. 3, Abs. 9 BewG).

Ein begünstigtes Familienheim kann nach der ab 2009 geltenden Gesetzesfassung nicht nur im Inland, sondern auch in einem Staat der Europäischen Union oder des Europäischen Wirtschaftsraums (EU zzgl. Island, Norwegen, Liechtenstein, nicht hingegen die Schweiz) belegen sein. Bei Belegenheit in einem Mitgliedstaat der Europäischen Union oder einem Staat des Europäischen Wirtschaftsraums ist die

---
292 BFH vom 26.02.2009, BStBl 2009 II S. 480.
293 BFH vom 26.02.2009, BStBl 2009 II S. 480.
294 BFH vom 26.02.2009, BStBl 2009 II S. 480.

5 Wertermittlung

Steuerbefreiung allerdings nur von Bedeutung, wenn die Ehegatten in Deutschland zwar noch einen Wohnsitz haben, an diesem aber nicht der Lebensmittelpunkt besteht (Zweitwohnsitz), oder wenn die Ehegatten als Deutsche der erweiterten beschränkten Steuerpflicht nach § 2 Abs. 1 Nr. 1 Buchst. b ErbStG (5-Jahres-Frist) unterliegen.

5.4.5.2 Zuwendung des Familienheims unter Lebenden

Nach § 13 Abs. 1 Nr. 4a ErbStG **in der ab 2009 geltenden Fassung sind Zuwendungen unter Lebenden** im Sinne des Absatzes 4, die ein **Ehegatte dem anderen Ehegatten** oder ein **Lebenspartner dem anderen Lebenspartner** im Zusammenhang mit einem Familienheim macht, von der Steuer befreit. Obwohl der Wortlaut von § 13 Abs. 1 Nr. 4a Satz 3 und Nr. 4b Satz 1 ErbStG dies nicht eindeutig wiedergibt, dürften Lebenspartner im Sinne der Vorschrift wohl nur Lebenspartner einer eingetragenen Lebenspartnerschaft sein (so auch Abschn. 3 Abs. 1 Satz 2 AEErbSt).

Die Zuwendung unter Lebenden im Zusammenhang mit einem Familienheim ist – wie auch schon vor der Erbschaftsteuerreform – bei folgenden Gestaltungen steuerfrei (R E 13.3 Abs. 4 ErbStR 2011):

1. Übertragung des Alleineigentums oder Miteigentums an dem einem Ehegatten oder Lebenspartner bereits gehörenden Grundstück,
2. Kauf oder Herstellung aus den Mitteln eines Ehegatten oder Lebenspartners unter Einräumung einer Miteigentümerstellung des anderen Ehegatten oder Lebenspartners,
3. Anschaffung oder Herstellung (ganz oder teilweise) durch einen Ehegatten oder Lebenspartner aus Mitteln, die allein oder überwiegend vom anderen, zuwendenden Ehegatten oder Lebenspartner stammen (mittelbare Grundstückszuwendung),
4. Tilgung eines im Zusammenhang mit dem Kauf oder der Herstellung des Familienheims von einem oder beiden Ehegatten oder Lebenspartnern aufgenommenen Darlehens aus Mitteln des zuwendenden Ehegatten oder Lebenspartners,
5. Begleichung nachträglicher Herstellungs- oder Erhaltungsaufwendungen am Familienheim aus Mitteln eines Ehegatten oder Lebenspartners, wenn der andere Ehegatte oder Lebenspartner Eigentümer oder Miteigentümer ist.

Die Steuerbefreiung kann für Ehegatten/Lebenspartner von besonderer Bedeutung sein, wenn andere Steuerbefreiungen wie z. B. der persönliche Freibetrag von 500.000 Euro oder die Steuerbefreiung für den Zugewinn nicht mehr in Betracht kommen. Denn für die Steuerbefreiung ist nach R E 13.3 Abs. 5 ErbStR 2011 der Güterstand der Ehegatten oder Lebenspartner ohne Bedeutung, die Befreiung wertmäßig nicht begrenzt, eine Prüfung der Angemessenheit nicht erforderlich und eine Inanspruchnahme der Steuerbefreiung auch für Zuwendungen im Zusammenhang mit dem gegenwärtigen Familienheim möglich, wenn der Empfänger schon

5.4 Steuerbefreiungen – § 13 ErbStG

früher eine steuerbegünstigte Zuwendung im Zusammenhang mit einem – inzwischen aufgegebenen – Familienheim (z. B. für ein Familienwohnheim nach § 13 Abs. 1 Nr. 4a ErbStG a. F.) erhalten hatte.

Beispiel:
Die in Gütertrennung lebende Ehefrau/Lebenspartnerin hat durch Zuwendung anderen Vermögens ihren persönlichen Freibetrag bereits aufgebraucht. Der sehr vermögende Ehemann/Lebenspartner erwirbt zur Eigennutzung eine Villa im Wert von 1.000.000 € und wendet diese der Ehefrau/Lebenspartnerin zu.

Eine lebzeitige Übertragung ist aus schenkungsteuerlichen Gründen allerdings nicht geboten, wenn der Erwerb des Familienheims ohnehin keine steuerlichen Belastungen auslöst, weil der Freibetrag nach § 16 ErbStG, der Versorgungsfreibetrag nach § 17 ErbStG oder die Steuerbefreiung für den Zugewinnausgleich für eine hinreichende Entlastung des Erwerbs sorgen.

Hervorzuheben ist als Vorteil gegenüber einem ebenfalls steuerbefreiten Erwerb von Todes wegen (siehe unten), dass für das begünstigt erworbene Grundstück keine Behaltenspflicht besteht. Nach Ansicht der Finanzverwaltung ist die spätere Veräußerung oder eine Nutzungsänderung allerdings nur unbeachtlich, sofern kein Missbrauch von Gestaltungsmöglichkeiten nach § 42 AO vorliegt (R E 13.3 Abs. 5 Satz 6 ErbStR 2011). Wann dies der Fall sein könnte, offenbaren die ErbStR allerdings nicht. Da die Schenkung auf den Todesfall kein Erwerb unter Lebenden ist (siehe § 3 Abs. 1 Nr. 2 ErbStG), dürfte in einem solchen Fall die Behaltenspflicht zu beachten sein.

Werden anlässlich einer steuerbefreiten Schenkung des Familienheims Verbindlichkeiten übernommen, handelt es sich um eine gemischte Schenkung. Nach geänderter Auffassung der Finanzverwaltung zur gemischten Schenkung (R E 7.4 ErbStR 2011) führt die Steuerbefreiung zur Nichtabzugsfähigkeit der Verbindlichkeit (§ 10 Abs. 6 Satz 1 ErbStG).

Halten Ehegatten das Familienheim als BGB-Gesellschaft/GbR (**„Hamburger Modell"**). ist bereits fraglich, ob die Beteiligung eines Ehegatten am Familienheim, das bisher im Alleineigentum des anderen Ehegatten stand, gem. § 13 Abs. 1 Nr. 4a ErbStG begünstigt ist, wenn beide Ehegatten das Familienheim dann künftig als GbR halten. Auch wenn der BGH die GbR für teilrechtsfähig hält,[295] gilt bei Zuwendungen an BGB-Gesellschaften erbschaftsteuerlich allerdings immer noch § 39 Abs. 2 Nr. 2 AO, sodass die Befreiung des § 13 Abs. 1 Nr. 4a ErbStG trotz der Einräumung eines Gesellschaftsanteils zur Anwendung kommen müsste.[296] Rechtssicherer dürfte es sein, wenn dem Ehegatten zunächst ein Miteigentumsanteil am Familienheim zugewendet und dieser dann in eine GbR eingebracht wird.[297]

---
295 BGH, NJW 2001 S. 1056, NJW 2002 S. 368, NJW 2008 S. 1378; vgl. auch § 899a BGB.
296 Siehe auch BFH vom 14.09.1994, BStBl 1995 II S. 81.
297 Vgl. Reimann, ZEV 2010 S. 174 (176).

5 Wertermittlung

Auch wenn keine Behaltenspflicht besteht, sollte im Fall der Schenkung vorsorglich für den Fall des Vorversterbens des beschenkten Ehegatten/Lebenspartners ein **Rückforderungsrecht vereinbart** werden.[298] Wird ein Rücktrittsrecht ausgeübt, führt dies erbschaftsteuerlich gem. § 29 Abs. 1 Nr. 1 ErbStG dazu, dass die Steuer für die Schenkung mit Wirkung für die Vergangenheit erlischt, also die Schenkung als nicht ausgeführt gilt.

Bei der Ausgestaltung des Rückforderungsrechts ist deutlich zu machen, ob bei Vorversterben des Erwerbers die schuldrechtliche Grundlage im Sinne einer auflösenden Bedingung entfällt und der Rückforderungsanspruch automatisch entsteht oder ob er innerhalb einer zu bestimmenden Frist durch Erklärung geltend gemacht werden muss.

Haben sich die Beteiligten gegenseitig zu Erben eingesetzt oder ist dies zu erwarten (z. B. bei kinderlosen Ehegatten), stellt sich die Frage, ob das Rückforderungsrecht vom Schenker nach dem Tod des Beschenkten gegenüber sich selbst als Alleinerben überhaupt noch durch Erklärung mit steuerlicher Wirkung ausgeübt werden kann. Wird die Ausübungsmöglichkeit aufgrund der Konfusion von Gläubiger und Schuldner des Rückforderungsanspruchs verneint, ist der Rückfall an den Schenker seinerseits steuerpflichtig und nur unter den einschränkenden Voraussetzungen des § 13 Abs. 1 Nr. 4b ErbStG steuerbefreit, also dann mit Behaltensfrist. Vorgeschlagen wird daher, dass für diesen Fall nicht nur ein Gestaltungsrecht vorgesehen wird, sondern die im Vertrag anzugebende schuldrechtliche Grundlage der Übertragung (regelmäßig ehebedingte Zuwendung) im Sinne einer **auflösenden Bedingung** automatisch wegfällt, sodass das Objekt gem. § 812 BGB zurückzugewähren ist. Bei der Regelung zum Rückforderungsrecht wäre demnach zu formulieren, dass bei Vorversterben des Erwerbers die schuldrechtliche Grundlage im Sinne einer auflösenden Bedingung entfällt und der Rückforderungsanspruch automatisch entsteht, wohingegen er in den übrigen Fällen innerhalb einer zu bestimmenden Frist geltend gemacht werden muss.[299]

Ist dagegen keine Vererbung beim Tod des Beschenkten an den Schenker gewollt (weil das Objekt zum Beispiel bei Tod des Beschenkten sofort an die Kinder fallen soll), kann das Rückforderungsrecht als Gestaltungsrecht ausformuliert werden.

5.4.5.3 Erwerb des Familienheims von Todes wegen

Durch das ErbStRG 2009 neu eingefügt worden sind § 13 Abs. 1 Nr. 4b und Nr. 4c ErbStG. Das Familienheim bleibt bei einem Erwerb von Todes wegen durch Ehegatten und Lebenspartner (§ 13 Abs. 1 Nr. 4b ErbStG) oder durch Kinder im Sinne der Steuerklasse I Nr. 2 und Kinder verstorbener Kinder im Sinne der Steuerklasse I

---

[298] Vgl. Mayer, ZEV 2009 S. 439, und Hardt, ZEV 2004 S. 411, jeweils m. w. N.
[299] Mayer, a. a. O.; Hardt, a. a. O.

5.4 Steuerbefreiungen – § 13 ErbStG

Nr. 2 (§ 13 Abs. 1 Nr. 4c ErbStG) ebenfalls steuerfrei, wenn folgende Voraussetzungen erfüllt sind:

- Wohnung auf einem Grundstück i. S. des § 181 Abs. 1 Nr. 1 bis 5 BewG im Inland, in einem Mitgliedstaat der Europäischen Union oder einem Staat des Europäischen Wirtschaftsraums (siehe oben);
- Nutzung zu eigenen Wohnzwecken durch den Erblasser bis zum Erbfall, falls er nicht aus „zwingenden Gründen" an einer Selbstnutzung gehindert ist;
- unverzügliche Bestimmung zur Selbstnutzung durch den Erwerber;
- Nutzung des Familienheims durch den Erwerber für mindestens 10 Jahre nach dem Erwerb, es sei denn, der Erwerber ist aus „zwingenden Gründen" an einer Selbstnutzung zu eigenen Wohnzwecken gehindert **(Behaltenspflicht);**
- Begrenzung der Steuerbefreiung für Kinder und Kinder verstorbener Kinder auf eine Wohnfläche der Wohnung von 200 m^2.

Grundsätzliche Voraussetzung ist somit zunächst, dass der Erblasser bis zu seinem Tod in einem bebauten Grundstück **eine Wohnung** zu eigenen Wohnzwecken genutzt hat. Allerdings ist es unschädlich, wenn der Erblasser aus objektiv zwingenden Gründen an einer Selbstnutzung gehindert war. Nach Auffassung der Finanzverwaltung (R E 13.4 Abs. 2 ErbStR 2011) liegen objektiv zwingende Gründe nur im Fall einer Pflegebedürftigkeit vor, die die Führung eines eigenen Haushalts nicht mehr zulässt, nicht dagegen z. B. bei einer beruflichen Versetzung. Diese einengende Auslegung des Wortlautes wird m. E. nicht unwidersprochen bleiben. Zum einen stellt sich die Frage, was unter Führung eines eigenen Haushalts überhaupt zu verstehen ist; zum anderen, ob tatsächlich nur der Fall der Pflegebedürftigkeit erfasst ist.

Soweit erforderlich ist, dass der überlebende Ehegatte oder Lebenspartner bzw. Kinder im Sinne des Gesetzes in der erworbenen Wohnung unverzüglich, d. h. ohne schuldhaftes Zögern, die Nutzung zu eigenen Wohnzwecken aufnehmen müssen, ist ebenfalls nicht eindeutig, welche Anforderungen daran zu stellen sind.

Beispiel 1:
Eine Renovierung des Hauses vor dem Bezug durch das Kind dürfte unschädlich sein, auch wenn sich diese über einen längeren Zeitraum erstreckt.

Beispiel 2:
Eine Vermietung nach dem Erwerb wäre m. E. auch dann schädlich, wenn sie nur vorübergehend erfolgt, um danach eine Eigennutzung vorzunehmen.

Die Steuerbefreiung ist auch zu gewähren bzw. beizubehalten, wenn der überlebende Ehegatte, der Lebenspartner oder das Kind aus objektiv zwingenden Gründen (siehe oben) bereits im Zeitpunkt des Erwerbs an der Nutzung des Objekts zu eigenen Wohnzwecken gehindert war oder aus zwingenden Gründen die Behaltenspflicht nicht einhalten kann. Wann zwingende Gründe gegeben sind, wird sich im Einzelfall nur schwer entscheiden lassen.

5 Wertermittlung

Beispiel 1:
Beim Tod des Ehemannes ist die Ehefrau 70 Jahre alt und erbt ein eigengenutztes Einfamilienhaus auf einem 1.000 m² großen Grundstück. Kochen und Bügeln sind ihr noch möglich, nicht hingegen die Pflege des Hauses und des Gartens. Außerdem fühlt sie sich in dem Haus allein nicht mehr wohl, sieht sich zudem permanent an ihren verstorbenen Ehemann erinnert und leidet daher unter Depressionen. Sie zieht in ein Seniorenheim und verkauft das Haus. Für einen solchen Fall dürfte fraglich sein, ob die Steuerbefreiung wegen des Vorliegens eines zwingenden Grundes entfällt oder nicht.

Beispiel 2:
Ein Kind, das zunächst die Voraussetzungen für die Steuerbefreiung erfüllt, wird von seinem Arbeitgeber für drei Jahre ins Ausland versetzt. Nach Beendigung des Auslandsaufenthalts bezieht es wieder das Haus, welches es für die Zwischenzeit an eine andere Person vermietet hat. Auch hier ist fraglich, ob die Steuerbefreiung verloren gegangen ist oder aber ein zwingender Grund für das Verlassen der Immobilie vorliegt.

Entfallen Hinderungsgründe innerhalb des Zehnjahreszeitraums nach dem Erwerb, ist die Nutzung zu eigenen Wohnzwecken nach Auffassung der Finanzverwaltung unverzüglich aufzunehmen (R E 13.4 Abs. 2 ErbStR 2011). Stirbt der Erwerber innerhalb der Frist von 10 Jahren, wird keine Erbschaftsteuer nachträglich fällig.

Für Kinder und Kinder verstorbener Kinder gilt die Steuerbefreiung, soweit die Wohnfläche der Wohnung 200 m² nicht übersteigt.

Kommt die Steuerbefreiung nicht in Betracht, kann es überlegenswert sein, das Familienheim durch Zuwendung unter Lebenden mit Wohnrechts- oder Nießbrauchsvorbehalt auf ein Kind zu übertragen. Dies kann z. B. der Fall sein, wenn der Erwerb von Todes wegen nicht nach § 13 Abs. 1 Nr. 4c ErbStG steuerbefreit ist. Der kapitalisierte Wert des Wohn-/Nießbrauchsrechts kann nach dem durch das ErbStRG entfallenen § 25 ErbStG a. F. in voller Höhe vom Grundbesitzwert des Familienheims abgezogen werden. Zu beachten ist allerdings, dass die Weitergabe unter Nutzungsvorbehalt, von der Finanzverwaltung als Verstoß gegen die Behaltensregelung angesehen wird (R E 13.4 Abs. 6 Satz 2 ErbStR 2011).

Bei der Flächenberechnung zählen Nutzflächen (z. B. Keller, Garagen) nicht mit. Wenn das Kind (oder Kind eines verstorbenen Kindes) eine größere Fläche erwirbt, muss die Wohnung anteilig versteuert werden, kann aber insoweit der persönliche Freibetrag genutzt werden.

Nicht eindeutig ist, ob sich die Wohnungsgröße nach dem Erblasser oder nach dem Erwerber richtet. Nach nicht unbestrittener Ansicht der Finanzverwaltung ist die Begrenzung nach der Person des Erblassers zu beurteilen.

Beispiel 1:
Erblasser E hinterlässt seinen Kindern A und B je zur Hälfte ein bis dahin von ihm selbstgenutztes Einfamilienhaus mit einem Grundbesitzwert von 450.000 € und einer Wohnfläche von 300 m². Beide Kinder nutzen das Haus nach seinem Tod mehr als 10 Jahre.

5.4 Steuerbefreiungen – § 13 ErbStG

Da auf die Wohnung des Erblassers abzustellen ist, sind nach Ansicht der Finanzverwaltung insgesamt nur 200 m^2 Wohnfläche gem. § 13 Abs. 1 Nr. 4c ErbStG steuerbefreit (das entspricht 2/3 der Gesamtwohnfläche von 300 m^2). Bei jedem Kind sind mithin von dem hälftigen Grundbesitzwert von 225.000 € nur 2/3 (= 150.000 €) befreit. Nach anderer Ansicht bekommen die Kinder die volle Steuerbefreiung, da das Gesetz sich nicht eindeutig auf den Erblasser bezieht.[300]

Beispiel 2 (§ 13 Abs. 1 Nr. 4b in Kombination mit Nr. 4c ErbStG):

Erblasser E vererbt seiner Ehefrau F und seiner Tochter T je zur Hälfte ein bis dahin selbstgenutztes Einfamilienhaus mit einem Grundbesitzwert von 600.000 € und einer Wohnfläche von 300 m^2. Beide nutzen das Haus nach seinem Tod mehr als 10 Jahre.

Der hälftige Erwerb der F ist in voller Höhe gem. § 13 Abs. 1 Nr. 4b ErbStG befreit (300.000 €), der insoweit keine Wohnflächenbegrenzung vorsieht. Der hälftige Erwerb der T (300.000 €) ist nur zu 2/3 (200.000 €) gem. § 13 Abs. 1 Nr. 4c ErbStG befreit, da diese Steuerbefreiung nach Ansicht der Finanzverwaltung auf eine Wohnfläche von 200 m^2 (das entspricht 2/3 der Gesamtfläche von 300 m^2) begrenzt ist.

Weitere Folge der Steuerbefreiung bei Erwerben von Todes wegen ist, dass der Erwerber die damit in wirtschaftlichem Zusammenhang stehenden Verbindlichkeiten nicht abziehen kann, soweit die Immobilie steuerbefreit ist (§ 10 Abs. 6 Satz 1 ErbStG). Bei einer anteiligen Steuerbefreiung kommt es zum anteiligen Abzug der Verbindlichkeiten.

Beispiel:

Erblasser E hinterlässt seinem Kind S ein bis dahin von ihm selbstgenutztes Einfamilienhaus mit einem Grundbesitzwert von 380.000 € und einer Wohnfläche von 300 m^2. Außerdem gehen mit dem Haus in wirtschaftlichem Zusammenhang stehende Verbindlichkeiten i. H. von 120.000 € über. S nutzt das Haus nach seinem Tod mehr als 10 Jahre.

Da die Wohnung 300 m^2 groß ist, aber nur 200 m^2 bei S steuerbefreit sind, können von den Verbindlichkeiten nur 1/3, also 40.000 €, als Nachlassverbindlichkeiten gem. § 10 Abs. 5 Nr. 1 i. V. m. Abs. 6 Satz 1 ErbStG abgezogen werden.

Sind mehrere Erwerber vorhanden, ist Voraussetzung für die Gewährung der Steuerbefreiung, dass der Erwerber das erworbene Vermögen nicht aufgrund letztwilliger Verfügung (z. B. Vermächtnisse, Vorausvermächtnisse und Auflagen) oder rechtsgeschäftlicher Verfügung (z. B. Schenkungen auf den Todesfall oder Erbvertrag) des Erblassers auf einen Dritten übertragen muss (§ 13 Abs. 1 Nr. 4b Satz 2, Nr. 4c Satz 2 ErbStG).

Ein Übergang der Steuerbefreiung kann auch im Rahmen der Erbauseinandersetzung erfolgen, wenn die Wohnung auf einen Miterben übertragen wird. Dies gilt insbesondere auch, wenn sich die Erben aufgrund einer vom Erblasser verfügten Teilungsanordnung in entsprechender Weise auseinandersetzen (§ 13 Abs. 1 Nr. 4b Satz 3, Nr. 4c Satz 3 ErbStG). Sind Miterben aufgrund einer Teilungsanordnung des Erblassers also verpflichtet oder verständigen sie sich darauf, im Rahmen der Nachlassteilung das begünstigte Familienheim auf einen Miterben zu übertragen, und

---

300 Vgl. Schumann, DStR 2009 S. 197.

5 Wertermittlung

vollziehen sie dies auch tatsächlich, können die übertragenden Miterben die Befreiung nicht in Anspruch nehmen. Den übernehmenden Erwerber oder Miterben, der die Begünstigung in Anspruch nehmen kann, trifft damit natürlich auch die Pflicht zur Einhaltung der Befreiungsvoraussetzungen (zehnjährige Selbstnutzung); er allein hat die steuerlichen Folgen eines Verstoßes hiergegen zu tragen.

Überträgt ein Erbe erworbenes begünstigtes Vermögen im Rahmen der Teilung des Nachlasses auf einen Dritten und gibt der Dritte dabei diesem Erwerber nicht begünstigtes Vermögen hin, das er vom Erblasser erworben hat, erhöht sich insoweit der Wert des begünstigten Vermögens des Dritten um den Wert des hingegebenen Vermögens, höchstens jedoch um den Wert des übertragenen Vermögens (§ 13 Abs. 1 Nr. 4b Satz 4, Nr. 4c Satz 4 ErbStG). Wer mit Dritter gemeint ist, lässt sich dem Gesetz nicht klar entnehmen. Dritte sind sicherlich (Voraus-)Vermächtnisnehmer oder Auflagenbegünstigte. Mit Dritter dürfte nach dem Sinn und Zweck des Gesetzes allerdings auch ein Miterbe gemeint sein, zumal dieser auch in § 13 Abs. 1 Nr. 4b Satz 3, Nr. 4c Satz 3 ErbStG genannt wird. Für diese Annahme spricht auch, dass der Gesetzgeber mit diesen Regelungen erreichen will, dass derjenige die Steuerbefreiung erhält, der die Wohnung tatsächlich bewohnt und damit für die Einhaltung der 10-Jahres-Frist verantwortlich ist (siehe auch R E 13.4 Abs. 5 ErbStR 2011).

Durch die nicht erbanfall-, sondern personenbezogene Steuerbefreiung können sich erhebliche Unterschiede in der Steuerbelastung für die Erben ergeben, die – zur Vermeidung von Erbstreitigkeiten – ggf. testamentarisch oder erbvertraglich aufgefangen werden müssen. Für die Höhe der Steuerbefreiung ist zudem zu beachten, dass nach Ansicht der Finanzverwaltung als hingegebenes Vermögen nicht die Übernahme von Nachlassverbindlichkeiten gilt, die mit dem begünstigten Vermögen oder Teilen davon in wirtschaftlichem Zusammenhang stehen. Außerdem ist hervorzuheben, dass durch diese Regelungen lediglich die Bemessungsgrundlage für die Steuerbefreiung verändert wird und sie nicht zu einer Veränderung der Zurechnung der Erwerbsgegenstände führen. Der Grundsatz, dass die Erbauseinandersetzung unbeachtlich ist (R E 3.1 ErbStR 2011), gilt also unverändert fort (siehe auch die Ausführungen zu den Erwerben durch Erbanfall nach § 3 Abs. 1 Nr. 1 ErbStG).

Beispiel 1:
Die Tochter bekommt aufgrund einer Teilungsanordnung im Testament das Einfamilienhaus mit einer Wohnfläche von 195 m^2 und einem Steuerwert von 800.000 € sowie Wertpapiere im Wert von 400.000 € und der Sohn Wertpapiere im Steuerwert von 1.200.000 €, sodass wertmäßig beide gleichgestellt sind. Anderes Vermögen und Verbindlichkeiten sollen aus Vereinfachungsgründen vernachlässigt werden. Die Tochter zieht in das Haus ein. Es ergibt sich folgende Steuerberechnung (siehe auch H E 13.4 „Steuerbefreiung" Beispiel 3 ErbStH 2011).

Anteil am Reinnachlass:	Tochter	Sohn
Haus (§ 3 Abs. 1 Nr. 1 ErbStG)	400.000 €	400.000 €
Wertpapiere (§ 3 Abs. 1 Nr. 1 ErbStG)	800.000 €	800.000 €

5.4 Steuerbefreiungen – § 13 ErbStG

Berechnung des Erwerbs:	Tochter	Sohn
Haus	800.000 €	
Steuerbefreiung (§ 13 Abs. 1 Nr. 4c ErbStG)	– 800.000 €	
verbleiben	0 €	
Wertpapiere	400.000 €	1.200.000 €
Freibetrag (§ 16 Abs. 1 Nr. 2 ErbStG)	– 400.000 €	– 400.000 €
steuerpflichtiger Erwerb	0 €	800.000 €
Steuer 19 %		152.000 €

Beispiel 2:
Erblasser E wird von seiner Tochter und seinem Sohn zur Hälfte beerbt. Zum Nachlass gehört ein Grundstück mit einer bis dahin vom Erblasser selbst genutzten Wohnung von 195 m^2 und einem Grundbesitzwert von 800.000 €. Das Familienheim ist mit einer Grundschuld von 150.000 € belastet. Zum Nachlass gehören außerdem Wertpapiere im Wert von 1.200.000 €.

Im Wege der Erbauseinandersetzung übernimmt die Tochter auch die andere Hälfte des Grundstücks gegen eine Ausgleichszahlung aus dem Nachlass von 325.000 € und eine Schuldübernahme von 75.000 €. Die Tochter zieht in das Haus ein. Es ergibt sich folgende Steuerberechnung:

Wert des Reinnachlasses:	T	S
Steuerwert des Grundstücks (§ 3 Abs. 1 Nr. 1 ErbStG)	400.000 €	400.000 €
Wertpapiere (§ 3 Abs. 1 Nr. 1 ErbStG)	600.000 €	600.000 €
Vermögensanfall	1.000.000 €	1.000.000 €
Nachlassverbindlichkeiten (§ 10 Abs. 5 Nr. 1 ErbStG)	– 75.000 €	– 75.000 €
Erbfallkostenpauschale (§ 10 Abs. 5 Nr. 3 ErbStG)	– 5.150 €	– 5.150 €
Wert des Reinnachlasses	919.850 €	919.850 €

Nach Auffassung der Finanzverwaltung soll die Übernahme von Nachlassverbindlichkeiten, die mit dem begünstigten Vermögen oder Teilen davon in wirtschaftlichem Zusammenhang stehen, nicht als hingegebenes Vermögen gelten.

Berechnung des Erwerbs:	T	S
Steuerwert des Grundstücks zu 1/2	400.000 €	
Werterhöhung durch Ausgleichszahlung (aber ohne Schuldübernahme)	325.000 €	75.000 €
Steuerbefreiung (§ 13 Abs. 1 Nr. 4c ErbStG)	– 725.000 €	
Wertpapiere	275.000 €	925.000 €
Vermögensanfall	275.000 €	1.000.000 €
Nachlassverbindlichkeiten (§ 10 Abs. 5 Nr. 1 ErbStG)	– 75.000 €	– 75.000 €
Abzugsverbot (§ 10 Abs. 6 Satz 1 ErbStG)	+ 75.000 €	
Erbfallkostenpauschale (§ 10 Abs. 5 Nr. 3 ErbStG)	– 5.150 €	– 5.150 €
Bereicherung	269.850 €	919.850 €
Freibetrag (§ 16 Abs. 1 Nr. 2 ErbStG)	400.000 €	400.000 €
verbleiben (abgerundet; § 10 Abs. 1 Satz 6 ErbStG)	0 €	519.800 €
Erbschaftsteuer 15 %		77.970 €

Ob nicht auch die Übernahme der Verbindlichkeit – entgegen dem Wortlaut, aber nach Sinn und Zweck des Gesetzes – zu einer Werterhöhung führt, da die Übernahme der Verbindlichkeit der Hingabe von Vermögen zumindest wirtschaftlich

5 Wertermittlung

gleichzustellen ist, erscheint fraglich. Es dürfte keinen Unterschied machen, ob zusätzlich Wertpapiere im Wert von 75.000 € hingegeben werden oder stattdessen eine Verbindlichkeit übernommen wird. Da aber auch für eine komplett übernommene Verbindlichkeit § 10 Abs. 6 Satz 1 ErbStG zu beachten wäre, würde sich die Höhe des Erwerbs für beide Erwerber nicht ändern.

Natürlich könnte überlegt werden, die einseitig begünstigende Steuerbefreiung im Testament aufzugreifen und für eine „gerechte Verteilung" des Nachlasses nach Steuern Sorge zu tragen. Denkbar wäre hier eine Steuerklausel, wonach etwaige Erbschaftsteuerbelastungen von den Erben im Innenverhältnis jeweils zur Hälfte zu tragen und entsprechend auszugleichen sind. Da der Sohn gegenüber dem Finanzamt gleichwohl Steuerschuldner der 77.970 € bleibt, hat der Erblasser mit einer solchen Anordnung die Entrichtung der von dem Sohn geschuldeten Steuer zur Hälfte einer anderen Person, nämlich der Tochter, auferlegt. Gemäß § 10 Abs. 2 ErbStG führt dies für den Sohn zu einem zusätzlichen Erwerb **vom Erblasser** i. H. von 38.985 €, sodass sich für einen Erwerb von 558.785 € beim Sohn eine um 5.847 € höhere Erbschaftsteuer von 83.817 € ergibt, die aber von beiden zur Hälfte zu tragen ist und von der die Tochter ihren hälftigen Anteil als Nachlassverbindlichkeit gem. § 10 Abs. 5 Nr. 2 ErbStG abziehen kann.[301]

Reicht die neben dem Haus vorhandene Vermögensmasse nicht aus, um eine wertmäßige Zuordnung der Immobilie an den Eigennutzer entsprechend seiner Erbquote zu erreichen, führt dies zu einer anteiligen Versteuerung der Immobilie.[302]

Beispiel:

Das Eigenheim mit einer Wohnfläche von 400 m^2 und einem Steuerwert/Verkehrswert von 1.200.000 € wird neben 600.000 € Wertpapiervermögen testamentarisch an die Ehefrau und die nicht vor Ort wohnenden Kinder vererbt. Die Erbquoten lt. Testament betragen 1/2 für die Ehefrau und 1/4 für die beiden Kinder. Im Weg der Erbauseinandersetzung übernimmt die Ehefrau auch die andere Hälfte des Grundstücks gegen Hingabe von Wertpapieren im Wert von 300.000 €. Ein weiterer Ausgleich erfolgt nicht. Das Testament enthält allerdings die Anordnung, dass eine etwaige Erbschaftsteuer von allen Erben entsprechend ihrer Erbquote getragen werden soll. Die Ehefrau, die schon vor dem Erbfall mit ihrem Ehemann gemeinsam in dem Haus gewohnt hatte, bleibt auch nach dem Tod ihres Mannes in dem Haus. Im Grundbuch wird sie aufgrund des Erbauseinandersetzungsvertrags als Alleineigentümerin des Hauses eingetragen.

Erbschaftsteuerlich handelt es sich um einen Erwerb nach § 3 Abs. 1 Nr. 1 ErbStG durch Erbanfall.

Wert des Reinnachlasses:	Ehefrau (1/2)	Tochter (1/4)	Sohn (1/4)
Wertpapiere (§ 3 Abs. 1 Nr. 1 ErbStG)	300.000 €	150.000 €	150.000 €
Haus (§ 3 Abs. 1 Nr. 1 ErbStG)	600.000 €	300.000 €	300.000 €

Berechnung der Steuer:

Tochter und Sohn erhalten die Steuerbefreiung für das Familienheim gem. § 13 Abs. 1 Nr. 4c ErbStG nicht, da sie das Familienheim im Weg der Erbauseinandersetzung an die Ehefrau weitergeben (§ 13 Abs. 1 Nr. 4c Satz 3 ErbStG) bzw. nicht selbst nutzen (§ 13 Abs. 1 Nr. 4c Satz 1 ErbStG).

---

301 Siehe auch Weinmann in Moench-Weinmann, § 10 Rdnr. 34.
302 Schumann, DStR 2009 S. 197.

5.4 Steuerbefreiungen – § 13 ErbStG

Die Ehefrau erhält die Steuerbefreiung für das Familienheim gem. § 13 Abs. 1 Nr. 4b ErbStG auf ihren Erbanteil und soweit der Sohn und die Tochter das Familienheim als begünstigtes Vermögen im Rahmen der Teilung des Nachlasses auf die Ehefrau übertragen und die Ehefrau mit den Wertpapieren nicht nach § 13 Abs. 1 Nr. 4b ErbStG begünstigtes Vermögen, das sie vom Erblasser erworben hat, hingibt.

Hierdurch erhöht sich der Wert des begünstigten Vermögens der Ehefrau nur um den Wert der hingegebenen Wertpapiere, nicht aber, soweit der Wert des übertragenen Familienheims den Wert der hingegebenen Wertpapiere übersteigt (§ 13 Abs. 1 Nr. 4b Satz 4 ErbStG).

Es ergibt sich folgende Steuerberechnung:

	Ehefrau (1/2)	Tochter (1/4)	Sohn (1/4)
Wertpapiere		300.000 €	300.000 €
Haus	900.000 €	150.000 €	150.000 €
Steuerbefreiung (§ 13 Abs. 1 Nr. 4b ErbStG)	– 900.000 €		
Bereicherung	0 €	450.000 €	450.000 €
Bestattungskosten (§ 10 Abs. 5 Nr. 3 ErbStG)		– 5.150 €	– 5.150 €
Freibetrag (§ 16 Abs. 1 Nr. 2 ErbStG)	0 €	– 400.000 €	– 400.000 €
steuerpflichtiger Erwerb	0 €	44.850 €	44.850 €
abgerundet (§ 10 Abs. 1 Satz 6 ErbStG)	0 €	44.800 €	44.800 €
Steuer gem. § 19 Abs. 1 ErbStG (7 %) kein Härteausgleich		3.136 €	3.136 €
steuerpflichtiger Erwerb (vor Abrundung) durch Auflage zu übernehmende Steuer (§ 10 Abs. 2 ErbStG) 1/2 von 6.272 € = 3.136 € zu je 1/2 zu übernehmen für Tochter und Sohn	0 €	44.850 € 1.568 €	44.850 € 1.568 €
steuerpflichtiger Erwerb	0 €	46.418 €	46.418 €
abgerundet (§ 10 Abs. 1 Satz 6 ErbStG)	0 €	46.400 €	46.400 €
Steuer gem. § 19 Abs. 1 ErbStG (7 %)		3.248 €	3.248 €

Im Innenverhältnis hat die Ehefrau von der Steuer des Sohnes und der Tochter gem. der Auflage jeweils die Hälfte, also 2 × 1.624 € = 3.248 €, und die Kinder je 1.624 € zu tragen.

Außerdem liegt eine Schenkung eines Grundstücksanteils von je 150.000 € der Kinder an die Mutter vor. Zu besteuern nach Steuerklasse II (§ 15 Abs. 1 ErbStG), also von beiden Kindern ein Erwerb von jeweils 150.000 € – 20.000 € (Freibetrag: § 16 Abs. 1 Nr. 5 ErbStG) × 20 % (§ 19 Abs. 1 ErbStG) = 26.000 €. Hätte der Erblasser seine Ehefrau zur Alleinerbin eigesetzt und den Kindern die Wertpapiere im Weg eines Vermächtnisses zugewiesen, wäre die Immobilie vollumfänglich steuerbefreit, eine Erbschaftsteuer auch bei den Kindern nicht entstanden und auch eine Besteuerung der Schenkung der Kinder an die Mutter nicht erfolgt.

Oftmals wird das Familienheim zunächst auf den länger lebenden Ehegatten als Alleinerben übergehen und erst beim Tod des länger lebenden Ehegatten auf die gemeinsamen Abkömmlinge als Schlusserben übertragen. Ist absehbar, welches Kind das Familienheim zu eigenen Wohnzwecken nutzen wird, und soll dies durch

Verfügung von Todes wegen geregelt werden, kann dies sowohl durch Teilungsanordnung als auch durch (Voraus-)Vermächtnis erfolgen.

Solange keine Erbauseinandersetzung erfolgt, ist die die Immobilie nutzende Person wohl nur in Höhe ihrer Erbquote begünstigt. Die Auseinandersetzung stellt m. E. aber ein rückwirkendes Ereignis i. S. des § 175 Abs. 1 Nr. 2 AO dar, durch das der Erbschaftsteuerbescheid geändert werden muss. Die 10-Jahres-Frist bezüglich der Selbstnutzung dürfte auch in einem solchen Fall bereits mit dem Erbfall beginnen.

Beispiel:
Sohn S und Tochter T beerben ihre Mutter M. Zum Nachlass zählt die von M selbst genutzte Immobilie mit einem Wert von 1 Mio. €, in die unmittelbar nach dem Todesfall S einzieht, sowie Geldvermögen im Wert von ebenfalls 1 Mio. €. Aufgrund Streitigkeiten erfolgt die Erbauseinandersetzung erst 5 Jahre nach dem Erbfall. 10 Jahre nach dem Tod der M gibt S die Selbstnutzung auf. Meines Erachtens bleibt die Steuerbefreiung bestehen.

5.4.5.4 Nießbrauchsregelungen als problematische Alternative

Problematisch sind Nießbrauchsregelungen im Zusammenhang mit dem Familienheim.[303] Denkbar wäre insoweit

- ein Vermächtnis bezüglich der Immobilie zugunsten der Kinder mit Vorbehaltsnießbrauch für den Längerlebenden,
- Erbeinsetzung der Kinder, verbunden mit Nießbrauchsvermächtnis zugunsten des länger lebenden Ehegatten bezüglich der selbstgenutzten Immobilie,
- vermächtnisweise Zuwendung der Immobilie an die Kinder mit Nießbrauch zugunsten des Ehegatten durch Untervermächtnis.

Alle Fälle sind in Bezug auf die Steuerbefreiung bedenklich (siehe auch R E 13.4 Abs. 6 Satz 2 ErbStR 2011). Die Kinder haben zwar das Eigentum am Objekt erworben, nutzen es aber nicht aufgrund einer eigenen Rechtsstellung. Der Ehegatte erwirbt lediglich den Nießbrauch und nicht das Eigentum am Objekt. Ob der Wortlaut des Gesetzes („zu eigenen Wohnzwecken") die Nutzung in Ausübung eines Wohnrechts umfasst, erscheint fraglich. Nach dem Sinn und Zweck des Gesetzes, die Eigennutzung der Immobilie zu begünstigen, ist es aber letztlich überzeugender, die Steuerbefreiung für ein entsprechendes Wohnrechtsvermächtnis auf den kapitalisierten Wert des Wohnrechts zu gewähren (siehe auch die Ausführungen zu den Erwerben durch Erbanfall nach § 3 Abs. 1 Nr. 1 ErbStG).

5.4.6 Schuldbefreiung

Werden Zahlungen für angemessenen Unterhalt oder Ausbildung ohne Rückzahlungsverpflichtung geleistet, so sind diese Zuwendungen steuerfrei nach § 13 Abs. 1 Nr. 12 ErbStG. Es soll aber auch der spätere Erlass einer auf solchen

---

303 Siehe hierzu auch Reimann, ZEV 2010 S. 174, und Steiner, ErbStB 2010 S. 179, jeweils m. w. N.

5.4 Steuerbefreiungen – § 13 ErbStG

Zahlungen beruhenden Schuld nicht anders behandelt werden. Wird jemand von einer (Darlehens-)Schuld gegenüber dem Erblasser befreit, so ist der darin liegende Erwerb nach § 13 Abs. 1 Nr. 5 ErbStG steuerfrei, wenn die Schuld entweder

a) durch Gewährung von Mitteln zum Zweck des angemessenen **Unterhalts** oder

b) zur **Ausbildung** des Bedachten begründet worden ist oder

c) wenn die Schuld aus anderen Gründen entstanden ist und vom Erblasser erlassen wird, weil sich der Schuldner (natürliche oder juristische Person) in einer **Notlage** befindet, die selbst durch den Erlass der Schuld nicht beseitigt wird.

In welche Steuerklasse der Erwerber fällt, spielt für die Befreiung keine Rolle. Im Falle a) muss der Unterhalt angemessen sein. **Angemessen** in diesem Sinn ist eine Zuwendung, die den Vermögensverhältnissen und der Lebensstellung des Bedachten entspricht. Eine dieses Maß übersteigende Zuwendung ist nicht nur mit dem übersteigenden Teil, sondern in vollem Umfang steuerpflichtig (§ 13 Abs. 2 ErbStG). Bei Ausbildungsschulden (Fall b) spielt die Frage der Angemessenheit keine Rolle. Im Fall c) muss die Beseitigung der Notlage des Schuldners das Motiv für den Schulderlass sein. Die Befreiung nach § 13 Abs. 1 Nr. 5 ErbStG findet nach § 1 Abs. 2 ErbStG auch auf Schulderlasse unter Lebenden Anwendung.

Die Steuerbefreiung nach § 13 Abs. 1 Nr. 5 ErbStG entfällt, soweit die Erbschaftsteuer aus der Hälfte einer neben der erlassenen Schuld dem Bedachten anfallenden Zuwendung gedeckt werden kann.

Beispiel:
Erblasser E erlässt seinem Bruder B ein Ausbildungsdarlehen von 25.000 € und vermacht ihm außerdem noch 5.000 €.
B hat 2.500 € (= 1/2 von 5.000 €) Erbschaftsteuer zu zahlen. Die Erbschaftsteuer für den gesamten Erwerb würde 3.000 € betragen (25.000 € + 5.000 € – 20.000 € Freibetrag = 10.000 €; Steuersatz in Steuerklasse II: 30 %).

5.4.7 Erwerbe erwerbsunfähiger Eltern und Voreltern

Ein Erwerb, der Eltern (auch Adoptiv- und Stiefeltern) oder Großeltern des Erblassers anfällt, bleibt nach § 13 Abs. 1 Nr. 6 ErbStG steuerfrei, wenn folgende Voraussetzungen erfüllt sind:

a) Der Erwerber ist infolge körperlicher oder geistiger Gebrechen (Ursache kann z. B. auch Altersschwäche sein) und unter Berücksichtigung seiner bisherigen Lebensstellung als erwerbsunfähig anzusehen oder er ist durch die Führung eines gemeinsamen Hausstands mit erwerbsunfähigen oder in der Ausbildung befindlichen Abkömmlingen an der Ausübung einer Erwerbstätigkeit gehindert. Die Erwerbsunfähigkeit muss nicht Motiv der Zuwendung sein.

5 Wertermittlung

b) Der Erwerb übersteigt zusammen mit dem übrigen Vermögen des Erwerbers nicht 41.000 Euro. Fraglich ist, ob hier nur der steuerpflichtige Erwerb und das steuerpflichtige Vermögen gemeint sind. Zwar würde der Sinn und Zweck der Vorschrift eine großzügige Auslegung nahe legen, der eindeutige Wortlaut der Regelung lässt aber eine solch einschränkende Auslegung wohl nicht zu.

Ist die Voraussetzung b) nicht erfüllt, ist zwar der Erwerb in vollem Umfang steuerpflichtig, die Steuer wird aber nur insoweit erhoben, als sie aus der Hälfte des die Wertgrenze übersteigenden Betrags gedeckt werden kann.

Beispiel:
S schenkt seiner erwerbsunfähigen vermögenslosen Mutter M 45.000 €.
M hat 2.000 € (= 1/2 von 4.000 €) Erbschaftsteuer zu zahlen. Die Erbschaftsteuer für den gesamten Erwerb würde 7.500 € betragen (45.000 € − 20.000 € Freibetrag = 25.000 €; Steuersatz in Steuerklasse II = 30 %).

5.4.8 Ansprüche nach dem Lastenausgleichsgesetz und ähnlichen Gesetzen

Im Hinblick auf den Zeitablauf hatte die Befreiungsvorschrift des § 13 Abs. 1 Nr. 7, insbesondere Buchst. a und b ErbStG (Lastenausgleichsgesetz und sonstige Entschädigungsgesetze aus Anlass des Krieges; s. im Einzelnen den Gesetzeswortlaut), an Bedeutung verloren. Sie betrifft neuerdings darüber hinaus

- Buchst. c: Ansprüche nach dem Häftlingshilfegesetz,

- Buchst. d: durch Freiheitsentziehung entstandene Ansprüche auf soziale Ausgleichsleistungen nach dem Strafrechtlichen Rehabilitierungsgesetz,

- Buchst. e: Ansprüche nach dem Bundesvertriebenengesetz
  (Hilfen für Spätaussiedler),

- Buchst. f: Ansprüche nach dem Vertriebenenzuwendungsgesetz
  (einmalig 4000 Euro),

- Buchst. g: Ansprüche nach dem Verwaltungsrechtlichen und Beruflichen Rehabilitierungsgesetz.

Bei § 13 Abs. 1 Nr. 7 ErbStG soll nach Auffassung der Verwaltung[304] − streng nach dem Wortlaut − nur der Übergang der entsprechenden Ansprüche selbst (im verfahrensrechtlichen Sinn) bis zu ihrer Erfüllung steuerfrei sein, nicht dagegen auch der Übergang von Forderungen, die aufgrund ordnungsgemäß festgestellter Ansprüche entstanden und zur Auszahlung freigegeben sind, oder der Übergang der bereits ausgezahlten oder gutgeschriebenen Barbeträge.[305]

---

304 FinMin Nordrhein-Westfalen vom 13.07.1961 − S 3804 − 1 − V C 2.
305 So auch BFH vom 01.12.1982, BStBl 1983 II S. 118 und 226.

5.4 Steuerbefreiungen – § 13 ErbStG

5.4.9 Ansprüche nach dem Bundesentschädigungsgesetz

Steuerfrei sind nach § 13 Abs. 1 Nr. 8 ErbStG auch Ansprüche auf Entschädigungsleistungen nach dem Bundesentschädigungsgesetz vom 29.06.1956 (BGBl I S. 559) in der jeweils geltenden Fassung und nach dem Gesetz über Entschädigungen für Opfer des Nationalsozialismus im Beitrittsgebiet.

Die Befreiung erfasst auch hier nur die Ansprüche selbst, nicht jedoch aus Erfüllung dieser Ansprüche herrührendes Kapitalvermögen oder erworbene Wertpapiere.[306] Damit vertritt der BFH bei der Behandlung steuerfreier Ansprüche zumindest eine einheitliche Linie.

Zuwendungen aufgrund des Gesetzes zur Errichtung einer Stiftung „Erinnerung, Verantwortung und Zukunft" vom 02.08.2000 (BGBl 2000 I S. 1263) sind nach § 3 Abs. 4 Satz 3 dieses Gesetzes ebenso von der Erbschaft- und Schenkungsteuer befreit wie Leistungen der Stiftung an Leistungsberechtigte (§ 11 Abs. 4 dieses Gesetzes).

5.4.10 Angemessenes Entgelt für Pflege oder Unterhalt

Nach § 13 Abs. 1 Nr. 9 ErbStG bleibt ein steuerpflichtiger Erwerb bis zu 20.000 Euro steuerfrei, der Personen anfällt, die dem Erblasser unentgeltlich oder gegen unzureichendes Entgelt Pflege oder Unterhalt gewährt haben, soweit das Zugewendete als angemessenes Entgelt anzusehen ist. Die Regelung gilt sowohl für Erwerbe von Todes wegen als auch für Erwerbe unter Lebenden (R E 13.5 Abs. 1 ErbStR 2011). Der Betrag ist durch das ErbStRG 2009 von 5.200 Euro auf 20.000 Euro angehoben worden. Das Beibehalten einer Obergrenze ist laut Gesetzesbegründung notwendig und auch verfassungsgemäß,[307] weil sich mit ihr die Möglichkeiten einer missbräuchlichen Ausnutzung der Befreiung durch Beantragung überhöhter Beträge für nicht nur bedingt nachprüfbare Pflege- oder Unterhaltsleistungen auf ein vernünftiges, akzeptables Maß beschränken lässt. Geht man mit dem Wortlaut der Vorschrift davon aus, dass es sich bei den 20.000 Euro um eine Freigrenze (und nicht um einen Freibetrag) handelt, wird sie in der Praxis kaum eine Rolle spielen. Allgemein werden die 20.000 Euro allerdings ohne weiteres als Freibetrag angesehen.[308] Unter Pflege ist außer der Krankenpflege auch jede anderweitige notwendige Fürsorge für das körperliche oder seelische Wohlbefinden des Erblassers zu verstehen.[309] Unterhalt ist die Leistung von Mitteln (in Geld oder Sachwerten) für Unterkunft, Verpflegung und Bekleidung. § 13 Abs. 1 Nr. 9 ErbStG greift nicht ein, wenn der Unterhalt oder die Pflege aufgrund gesetzlicher Unterhaltspflicht (z. B. §§ 1353, 1360 und 1601 BGB) oder familiärer Bindung gewährt

---

306 BFH vom 17.04.1996, BStBl 1996 II S. 456, und vom 09.12.1976, BStBl 1977 II S. 289.
307 BVerfG vom 26.03.1984, HFR 1984 S. 346.
308 BFH vom 28.06.1995, BStBl 1995 II S. 784; R E 13.5 ErbStR 2011; Meincke, § 13 Rdnr. 31.
309 RFH, RStBl 1931 S. 268.

wird.[310] – Entgelte unterliegen in diesem Fall auch nicht der Einkommensteuer.[311] Ein geleistetes Entgelt ist unzureichend, wenn es niedriger gewesen ist als sonst für solche Dienste oder Leistungen üblich.[312] Die Steuerfreiheit gilt nur, soweit das Zugewendete als angemessenes Entgelt anzusehen ist; d. h., der übersteigende Betrag ist als steuerpflichtiger Erwerb anzusehen. Bei der Frage der Angemessenheit kommt es darauf an, ob die Zuwendung als vertragliches Entgelt (das, was der Erblasser erspart hat) angemessen gewesen wäre. Dabei ist zunächst auf der Grundlage der wahren Werte festzustellen, in welchem prozentualen Ausmaß die Pflege oder der Unterhalt angemessenes Entgelt für das letztwillig Zugewendete ist. In diesem Ausmaß ist der nach den Vorschriften des Bewertungsgesetzes bewertete Erwerb steuerfrei.

Soweit der Steuerwert des Erwerbs niedriger als der Verkehrswert war, musste die Leistung des Erwerbers für Pflege in demselben Verhältnis gekürzt werden.[313] Diese Rechtsprechung dürfte aufgrund der Annäherung der Steuerwerte an die Verkehrswerte allerdings an Bedeutung verloren haben.

Beispiel:
J lebte mit F in einer nichtehelichen Lebensgemeinschaft. Als J zum Pflegefall wurde, übernahm F unentgeltlich seine Pflege (Gesamtwert der Pflegeleistung 18.000 €). J stirbt und F ist Erbin. Der Steuerwert ihres Erwerbs beträgt 450.000 €, der Verkehrswert wird vom Finanzamt ebenfalls mit 450.000 € angenommen.

Man kann entweder rechnen: 18.000 € = 4 % von 450.000 € (Verkehrswert), also Steuerbefreiung auf 4 % des Steuerwerts (450.000 €) = 18.000 € begrenzt.

Oder man rechnet in der Formel:
$$\frac{18.000 \text{ €} \times 450.000 \text{ €}}{450.000 \text{ €}} = 18.000 \text{ €}$$

Der Freibetrag von 20.000 € kann also hier in voller Höhe abgezogen werden.

Auslagen im Zusammenhang mit Pflege- oder Unterhaltsleistungen sind bei einem Erwerb von Todes wegen mit dem Freibetrag nach § 13 Abs. 1 Nr. 9 ErbStG abgegolten. Etwas anderes gilt nur, wenn die Auslagen aufgrund eines nachgewiesenen entgeltlichen Geschäftsbesorgungsvertrags (§ 675 BGB) erfolgten und insoweit ein Anspruch auf Ersatz (§ 670 BGB) besteht (R E 13.5 Abs. 6 ErbStR 2011; s. aber auch o. 5.1.4.3).

Falls bürgerlich-rechtlich anzuerkennende Dienstleistungsvergütungsschulden (entgeltlich) wegen der Pflege des Erblassers vorhanden sind, sind sie nach **§ 10 Abs. 5 Nr. 1 ErbStG, der § 13 Abs. 1 Nr. 9 ErbStG** (unentgeltlich) **vorrangig ist,** abzugs-

---

310 RFH, RStBl 1931 S. 675; FG München, UVR 1992 S. 295.
311 BFH vom 14.09.1999, BStBl 1999 II S. 776.
312 Siehe hierzu Kues, ZEV 2000 S. 434.
313 BFH vom 10.12.1980, BStBl 1981 II S. 270.

5.4 Steuerbefreiungen – § 13 ErbStG

fähig.[314] Pflegeleistungen sind (nur) dann als Kosten zur Erlangung des Erwerbs nach § 10 Abs. 5 Nr. 3 ErbStG abzugsfähig, wenn der Erbe dazu dem Erblasser gegenüber erbvertraglich verpflichtet war.[315] Das bedeutet, dass die Anwendung des § 13 Abs. 1 Nr. 9 ErbStG stets erst dann zu prüfen ist, wenn die Abzugsfähigkeit nach § 10 Abs. 5 (Nr. 1 oder Nr. 3) ErbStG verneint worden ist (R E 13.5 Abs. 2 ErbStR 2011).

Da § 13 Abs. 1 Nr. 9 ErbStG auch auf Zuwendungen unter Lebenden anwendbar ist (§ 1 Abs. 2 ErbStG), gelten insoweit die vorstehenden Ausführungen entsprechend mit folgenden Besonderheiten (R E 13.5 Abs. 3 und 4 ErbStR 2011): „Ist das Zugewendete ganz oder zum Teil vertragliches Entgelt für die geschuldete Dienstleistung, liegt insoweit ein Austauschverhältnis (Gegenleistung) vor, das die Annahme einer unentgeltlichen Zuwendung ausschließt. Bei Teilentgeltlichkeit bestimmt sich die schenkungsteuerliche Bereicherung nach den Grundsätzen der gemischten Schenkung".

Soll die vereinbarte Verpflichtung zur **Dienstleistung** (z. B. Pflege) **erst künftig** bei Eintritt einer aufschiebenden Bedingung (z. B. Pflegebedürftigkeit) entstehen, ist zunächst weder ein Freibetrag nach § 13 Abs. 1 Nr. 9 ErbStG zu gewähren noch eine Gegenleistung zu berücksichtigen. Tritt die Bedingung später ein, ist der Schenkungsteuerbescheid nach § 175 Abs. 1 Satz 1 Nr. 2 AO zu ändern (nachträgliche Gewährung des Freibetrags nach § 13 Abs. 1 Nr. 9 ErbStG oder Berücksichtigung eines Leistungsentgelts als Gegenleistung).[316]

Wird für Pflege- und Unterhaltsleistungen bei einem Erwerb von Todes wegen eine Nachlassverbindlichkeit (Erblasserschuld – s. o. 5.1.4.2) oder bei einem Erwerb unter Lebenden eine Gegenleistung berücksichtigt, unterliegt der Erwerb, soweit er als Leistungsentgelt anzusehen ist, grundsätzlich der Einkommensteuer (R E 13.5 Abs. 4 ErbStR 2011).

5.4.11 Zuwendung bis zur Höhe des gesetzlichen Pflegegeldes

Nach § 37 SGB XI können pflegebedürftige Personen ein Pflegegeld erhalten, wenn sie die erforderliche Betreuung durch eine Pflegeperson selbst sicherstellen. Die Höhe des Pflegegeldes ist abhängig vom Grad der Pflegebedürftigkeit. Geldzuwendungen unter Lebenden, die eine Pflegeperson für Leistungen zur Grundpflege oder hauswirtschaftlichen Versorgung von der pflegebedürftigen Person erhält, sind nach § 13 Abs. 1 Nr. 9a ErbStG bis zur Höhe dieses gesetzlichen Pflegegeldes schenkungsteuerfrei. Dasselbe gilt für ein entsprechendes Pflegegeld aus privaten Versicherungsverträgen (private Pflegeversicherung) oder für eine Pauschalbeihilfe

---

314 BFH vom 09.11.1994, BStBl 1995 II S. 62, vom 28.06.1995, BStBl 1995 II S. 784, und vom 09.11.1994 II R 111/97, BFH/NV 1995 S. 598; kritisch Gebel, UVR 1995 S. 105.
315 BFH vom 13.07.1983, BStBl 1984 II S. 37.
316 Zur Bewertung übernommener Pflegeleistungen (§ 15 SGB XI) s. z. B. OFD München, DB 2003 S. 692.

nach den Beihilfevorschriften. Die Leistungen der Pflegeperson dürfen nicht entgeltlich erfolgen. Erhält die Pflegeperson mehr als das gesetzliche Pflegegeld, kommt insoweit Steuerfreiheit nach § 13 Abs. 1 Nr. 9 ErbStG in Betracht.[317]

5.4.12 Vermögensrückfall an Eltern und Voreltern

Schenken Eltern einem ihrer Kinder Vermögensgegenstände, gehen diese dann infolge Todes dieses Kindes wieder auf die Eltern über und bei deren Tod wiederum auf ein weiteres Kind, so würde bei diesem Sachverhalt – der durchaus vorkommt – ohne eine Sonderregelung eine untragbare dreifache Besteuerung derselben Vermögensgegenstände erfolgen. Vermögensgegenstände, die Eltern oder Voreltern ihren Abkömmlingen durch Schenkung oder Übergabevertrag zugewendet hatten und die an den jeweiligen Schenker von Todes wegen – Rückschenkungen werden also nicht erfasst[318] – zurückfallen, bleiben daher nach der Sonderregelung des § 13 Abs. 1 Nr. 10 ErbStG für diesen steuerfrei. Die Befreiung greift nur soweit ein, als Personenidentität zwischen den ursprünglich Zuwendenden und denjenigen, an die die Vermögensgegenstände zurückfallen, besteht.

Darüber hinaus setzt die Steuerbefreiung nach der Auffassung des BFH Identität des Zugewendeten mit den zurückfallenden Vermögensgegenständen voraus. Es muss sich danach – grundsätzlich – um denselben (identischen) Vermögensgegenstand handeln. Der Begriff „Vermögensgegenstand" im Sinne des Erbschaftsteuer- und Schenkungsteuergesetzes meint danach – anders als der Begriff „Vermögen" – die einzelnen konkreten Gegenstände. Es genügt nicht ein Zurückfließen des Werts, sondern der konkrete Gegenstand muss zurückfallen. Ein Surrogat reicht insoweit nicht. Ausgeschlossen ist damit grundsätzlich die Begünstigung des Erwerbs von Vermögensgegenständen, die im Austausch der zugewendeten Gegenstände in das Vermögen des Beschenkten gelangt waren (z. B. Enteignungsentschädigung für ein Grundstück). Etwas anderes gilt nur, wenn zwischen dem zugewendeten und dem zurückfallenden Vermögensgegenstand bei objektiver Betrachtung Art- und Funktionsgleichheit besteht, z. B., wenn bei einer Geldforderung nur der Schuldner wechselt.[319] Eine „wirtschaftliche Identität" reicht nach Ansicht des BFH dafür nicht aus. Auch die vom Erblasser bezogenen Früchte (z. B. erzielte Gewinne) eines ihm zuvor vom Erben zugewendeten Vermögensgegenstandes und die aus diesen Früchten vom Erblasser erworbenen Vermögensgegenstände sind mit dem zugewendeten Vermögensgegenstand nicht identisch.[320]

---

317 Weinmann, ZEV 1995 S. 321.
318 BFH vom 16.04.1986, BStBl 1986 II S. 622; R 45 ErbStR 2003.
319 BFH vom 22.06.1994, BStBl 1994 II S. 656.
320 BFH vom 22.06.1994, BStBl 1994 II S. 759, bestätigt durch Urteil des BVerfG vom 10.08.1995 1 BvR 1644/94, ZEV 1997 S. 466 mit Anmerkung von Spitzbart in ZEV 1998 S. 35; s. auch R 45 Abs. 2 ErbStR 2003.

5.4 Steuerbefreiungen – § 13 ErbStG

Diese Rechtsprechung des BFH kann nicht in allen Fällen zu befriedigenden Ergebnissen führen.[321] Wird – entgegen der Rechtsprechung des BFH und der Verwaltung (R E 13.6 Abs. 2 ErbStR 2011) – für die Steuerbefreiung nach § 13 Abs. 1 Nr. 10 ErbStG an eine „wirtschaftliche Identität" angeknüpft, führt das m. E. ungezwungener und leichter zu Ergebnissen, die dem Sinn und Zweck der Steuerbefreiung (Billigkeitsregelung zur Befreiung des unfreiwilligen Vermögensrückfalls an die Eltern oder Voreltern) entsprechen, als die Anknüpfung an eine „Art- und Funktionsgleichheit".

Wertsteigerungen der geschenkten Vermögensgegenstände, die ausschließlich auf der wirtschaftlichen Entwicklung beruhen, stehen der Steuerfreiheit des Rückfalls nicht entgegen. Hat aber der Bedachte den Wert der zugewendeten Vermögensgegenstände durch Einsatz von Kapital oder Arbeit erhöht, so ist der hierdurch entstandene Mehrwert allerdings steuerpflichtig.[322]

Beispiel:
Vater V schenkt seinem Sohn S ein Grundstück (Grundbesitzwert 700.000 €) und Aktien (Kurswert 1.500.000 €). S stirbt. Alleinerbe ist V. Da S einen Anbau errichtet hatte, war der Grundbesitzwert auf 900.000 € gestiegen. Der Kurswert der Aktien betrug zum Zeitpunkt des Todes des S infolge von Kurssteigerungen 2.200.000 €. Bezüglich der Wertsteigerung des Grundstücks ist der Mehrwert von 200.000 € (900.000 € – 700.000 €) steuerpflichtig, da er durch Einsatz von Kapital oder Arbeit des S verursacht ist. Die Wertsteigerung der Aktien hingegen steht der Steuerfreiheit des Rückfalls nach § 13 Abs. 1 Nr. 10 ErbStG nicht entgegen, da sie lediglich auf der wirtschaftlichen Entwicklung beruht.

5.4.13 Verzicht auf den Pflichtteil oder den Erbersatzanspruch

Nach dem bürgerlichen Recht entstehen der Anspruch auf den Pflichtteil und der Erbersatzanspruch mit dem Tod des Erblassers (§§ 2317 und 1934a BGB – wegen der Streichung des § 1934a BGB s. o. 2.1.1.3). Abweichend davon entsteht für beide Ansprüche nach § 9 Abs. 1 Nr. 1 Buchst. b ErbStG die Erbschaftsteuer erst mit ihrer Geltendmachung, die entsprechenden Verbindlichkeiten sind erst dann abzugsfähig (§ 10 Abs. 5 Nr. 2 ErbStG). Die Steuerbefreiung nach § 13 Abs. 1 Nr. 11 ErbStG, wonach der Verzicht auf die Geltendmachung dieser Ansprüche steuerfrei ist, dient insoweit also lediglich der Klarstellung, da es keinen Unterschied machen kann, ob auf die Geltendmachung ausdrücklich verzichtet wird oder ob die Geltendmachung lediglich unterlassen wird. Nicht steuerfrei sind der Verzicht auf den bereits geltend gemachten Pflichtteil (§ 7 Abs. 1 Nr. 1 ErbStG) und eine Abfindung für den Verzicht (§ 3 Abs. 2 Nr. 4 ErbStG).

---

321 Zu Einzelheiten s. Jülicher, ZEV 1995 S. 212 und 242.
322 R 45 Abs. 2 ErbStR 2003; offengelassen vom BFH vom 22.06.1994, BStBl 1994 II S. 759.

5.4.14 Zuwendungen für Unterhalt und Ausbildung

Wenn und soweit (z. B. § 1602 BGB) Zuwendungen für Unterhalt oder Ausbildung aufgrund gesetzlicher Verpflichtung (z. B. §§ 1360 ff., 1569 ff. und 1601 ff. BGB) gewährt werden, kommt eine Befreiung nicht in Betracht, da dann kein unter das Erbschaftsteuer- und Schenkungsteuergesetz fallender Tatbestand gegeben ist. Die Befreiungsvorschrift des § 13 Abs. 1 Nr. 12 ErbStG hat somit nur für die freiwilligen Zuwendungen von Unterhalt oder Ausbildung Bedeutung. Allerdings kommt Steuerfreiheit hier nur in Betracht, wenn ein begründeter Anlass für die Zuwendung besteht, weil der Bedachte der Zuwendung bedarf, also nicht selbst – ggf. durch Inanspruchnahme eines gesetzlich Unterhaltsverpflichteten – für seinen Unterhalt sorgen kann.[323] § 13 Abs. 1 Nr. 12 ErbStG findet nur auf Zuwendungen unter Lebenden – nicht also von Todes wegen – Anwendung.[324] Daraus folgt, dass Steuerfreiheit nach § 13 Abs. 1 Nr. 12 ErbStG dann nicht eintreten kann, wenn die als Unterhalt oder Ausbildung bezeichnete Zuwendung tatsächlich eine teilweise Vorwegnahme der Erbfolge darstellt.

Unterhaltszuwendungen (wegen des Begriffs „Unterhalt" s. o. 5.4.9) sind nur steuerfrei, wenn sie angemessen sind. Angemessen sind sie dann, wenn sie den Vermögensverhältnissen und der Lebensstellung des Bedachten entsprechen (§ 13 Abs. 2 ErbStG). Die Zuwendung einer lebenslänglichen Rente z. B. wird i. d. R. dieses Maß überschreiten.[325] Sind die Unterhaltszuwendungen nicht angemessen, sind sie in vollem Umfang steuerpflichtig. Die Zuwendung muss unmittelbar für Unterhaltszwecke dienen.[326] So ist z. B. die Zuwendung von Geld zur Finanzierung einer Eigentumswohnung nicht nach § 13 Abs. 1 Nr. 12 ErbStG befreit.

Ausbildungszuwendungen sind hingegen stets steuerfrei, unabhängig von ihrer Angemessenheit. Zwar ist der Begriff „Ausbildung" vom Wortlaut her weiter als „Berufsausbildung", gleichwohl sind wohl kaum Fälle denkbar, in denen Berufsausbildung zu verneinen, Ausbildung aber zu bejahen ist. Als Berufsausbildung ist die Ausbildung für einen künftigen Beruf anzusehen, z. B. die Ausbildung für einen handwerklichen, kaufmännischen, technischen oder wissenschaftlichen Beruf sowie die Ausbildung in der Hauswirtschaft aufgrund eines Lehrvertrags oder an einer Lehranstalt, z. B. Haushaltsschule, Berufsfachschule.[327]

§ 13 Abs. 1 Nr. 12 ErbStG erfasst nur laufende Zuwendungen.[328]

---

323 RFH, RStBl 1933 S. 796.
324 BFH 13.02.1985, BStBl 1985 II S. 333.
325 BFH 13.08.1954, BStBl 1954 III S. 282.
326 RFH, RStBl 1929 S. 601.
327 Siehe im Einzelnen R 10.9 und 32.5 EStR sowie H 10.9 und 32.5 EStH.
328 BFH vom 13.02.1985, BStBl 1985 II S. 333.

Steuerfreie Zuwendungen nach § 13 Abs. 1 Nr. 12 ErbStG scheiden nach Sinn und Zweck des § 14 ErbStG für eine Zusammenrechnung im Rahmen dieser Vorschrift aus.

5.4.15 Zuwendungen an Pensions- und Unterstützungskassen

Zuwendungen an Pensions- und Unterstützungskassen i. S. des § 5 Abs. 1 Nr. 3 KStG, wenn sie die für eine Befreiung von der Körperschaftsteuer erforderlichen Voraussetzungen erfüllen, sind nach § 13 Abs. 1 Nr. 13 ErbStG auch im Rahmen der Erbschaftsteuer steuerfrei. Pensions- und Unterstützungskassen sind nicht (mehr) uneingeschränkt steuerfrei, sondern nur teilweise (partiell), wenn ihr Vermögen bestimmte Höchstgrenzen übersteigt (sog. Überdotierung). Diese Höchstgrenzen sind für Pensionskassen in § 5 Abs. 1 Nr. 3 Buchst. d KStG und für Unterstützungskassen in § 5 Abs. 1 Nr. 3 KStG geregelt. Werden diese Grenzen überschritten, so besteht insoweit Steuerpflicht (§ 6 KStG). Ist eine Kasse nach § 6 KStG teilweise steuerpflichtig, ist auch die Zuwendung nach § 13 Abs. 1 Nr. 13 Satz 2 ErbStG im gleichen Verhältnis steuerpflichtig. Dabei ist es gleichgültig, ob die Überdotierung gerade durch die Zuwendung oder aus anderen Gründen eingetreten ist (R E 13.7 Abs. 1 ErbStR 2011). Maßgebend ist nach dem eindeutigen Gesetzeswortlaut allein, ob die Überdotierung am erbschaftsteuerlichen Stichtag (§ 9 Abs. 1 Nr. 1 ErbStG) vorgelegen hat.[329]

Zuwendungen des Trägerunternehmens an die Pensions- oder Unterstützungskasse, die als Betriebsausgabe abzugsfähig sind, fallen weder unter § 7 Abs. 1 ErbStG noch unter § 13 Abs. 1 Nr. 13 ErbStG. Führt die Kapitalzuführung durch das Trägerunternehmen zu einer Überdotierung und wird es daher insoweit auf das Trägerunternehmen zurückübertragen, so unterliegt diese Rückübertragung nicht der Erbschaftsteuer, da davon ausgegangen werden kann, dass die Kapitalzuführung insoweit von vornherein unter der auflösenden Bedingung der Rückübertragung stand. Die Steuerfreiheit nach § 13 Abs. 1 Nr. 13 ErbStG hat somit nur Bedeutung für Zuwendungen, die vom Unternehmer von Todes wegen oder von Dritten unter Lebenden oder von Todes wegen gemacht werden (R E 13.7 Abs. 1 ErbStR 2011).

Die Befreiung nach § 13 Abs. 1 Nr. 13 ErbStG fällt mit Wirkung für die Vergangenheit weg, wenn die Voraussetzungen des § 5 Abs. 1 Nr. 3 KStG innerhalb von 10 Jahren nach der Zuwendung entfallen. Diese Einschränkung erschien dem Gesetzgeber erforderlich, damit die Erbschaftsteuer nicht dadurch umgangen werden kann, dass eine Pensions- oder Unterstützungskasse nur zur Erlangung der Steuerfreiheit gegründet und kurze Zeit später aufgelöst oder umgewandelt wird. Kommt es im Fall der Überdotierung zur partiellen Körperschaftsteuerpflicht innerhalb des 10-Jahres-Zeitraums, so fällt auch die Erbschaftsteuerbefreiung in dem entsprechenden Verhältnis mit Wirkung für die

---
329 BFH 11.09.1996, BStBl 1997 II S. 70; ablehnend Neuhoff, DB 1997 S. 74.

Vergangenheit weg, sodass eine entsprechende Berichtigung des Erbschaftsteuerbescheids (§ 175 Abs. 1 Nr. 2 AO) durchzuführen ist.

5.4.16 Übliche Gelegenheitsgeschenke

Steuerfrei sind auch die üblichen Gelegenheitsgeschenke (§ 13 Abs. 1 Nr. 14 ErbStG). Gelegenheitsgeschenke liegen vor, wenn ein Anlass vorhanden ist, bei dem üblicherweise Geschenke gemacht werden (z. B. Taufe, Konfirmation, Erstkommunion, Verlobung, Hochzeit, Geburtstag, Weihnachten, bestandenes Examen). Der Streit in der Praxis entzündet sich regelmäßig an der Frage, ob ein Gelegenheitsgeschenk dem Wert nach üblich ist, da insoweit keine festen betragsmäßigen Grenzen bestehen. Diese Frage ist nicht nur nach dem reinen Geldwert, sondern nach dem Gesamtbild aller Umstände des jeweiligen Falls zu entscheiden.[330] Dabei soll insbesondere das Verhältnis des Geldwerts zur Leistungsfähigkeit des Schenkers berücksichtigt werden, sodass ein Gelegenheitsgeschenk mit demselben Wert dem Wert nach üblich oder unüblich sein könnte, je nachdem, ob der Schenker reich oder arm ist. Ob diese Relativierung heute noch zulässig ist, erscheint zweifelhaft, denn die Frage der Üblichkeit ist nach dem allgemeinen Volksempfinden zu entscheiden,[331] und dieses hat sich in diesem Punkt wohl dahin gewandelt, dass die Leistungsfähigkeit des Schenkers nicht mehr als ein entscheidendes Kriterium anzusehen ist. In jedem Fall kann auch die Relativierung nach der Leistungsfähigkeit des Schenkers nicht dazu führen, dass absolut sehr hohe Geschenke noch als üblich angesehen werden, weil sie etwa nur einen geringen Prozentsatz des Vermögens des Schenkers ausmachen.[332]

Gelegenheitsgeschenke, deren Wert das übliche Maß überschreitet, sind in vollem Umfang steuerpflichtig.[333] Nach Auffassung des Hessischen FG handelt es sich bei Geldzuwendungen von (umgerechnet) etwa 40.000 Euro für Hausrenovierungen und von etwa 36.500 Euro für die Anschaffung eines PKW nicht (mehr) um übliche Gelegenheitsgeschenke.[334]

Zuwendungen an Arbeitnehmer aus besonderem Anlass (z. B. Jubiläumsgeschenke, Urlaubsgeld, Weihnachtsgeld) können Arbeitslohn sein[335] oder Schenkung. Handelt es sich um Arbeitslohn, greift das Erbschaftsteuer- und Schenkungsteuergesetz nicht ein, vielmehr richtet sich die steuerliche Behandlung nur nach den Vorschriften des Einkommensteuerrechts. Handelt es sich – ausnahmsweise – um ein Geschenk, ist es nach § 13 Abs. 1 Nr. 14 ErbStG steuerfrei, wenn es sich von der

---

330 Schuhmann, UVR 1991 S. 328.
331 RFH, RStBl 1930 S. 765.
332 RFH, RStBl 1929 S. 497.
333 FG Köln, StEd 2001 S. 440.
334 Hessisches FG vom 24.02.2005, EFG 2006 S. 1146.
335 Siehe BFH vom 08.08.1980, BStBl 1980 II S. 705.

5.4 Steuerbefreiungen – § 13 ErbStG

Höhe her im Rahmen des Üblichen bewegt; anderenfalls ist es in vollem Umfang schenkungsteuerpflichtig.[336]

5.4.17 Zuwendungen an Gebietskörperschaften

Ohne Rücksicht auf den Wert sind steuerfrei nach § 13 Abs. 1 Nr. 15 ErbStG Anfälle unmittelbar an den Bund, ein Land oder eine inländische Gemeinde (Gemeindeverband) sowie solche Zuwendungen, die zwar unmittelbar einer anderen Person anfallen, die aber ausschließlich Zwecken des Bundes, eines Landes oder einer inländischen Gemeinde (Gemeindeverband) dienen, z. B. Zweckzuwendungen. Überträgt ein Land z. B. Grundbesitz auf eine öffentlich-rechtliche Stiftung, so kann diese Zuwendung unter § 7 Abs. 1 Nr. 1 ErbStG allen – also Grunderwerbsteuerfreiheit nach § 3 Nr. 2 GrEStG –, aber nach § 13 Abs. 1 Nr. 15 ErbStG schenkungsteuerfrei sein.[337]

5.4.18 Zuwendungen an Religionsgesellschaften und Körperschaften, die kirchlichen, gemeinnützigen oder mildtätigen Zwecken dienen

Steuerfrei sind nach § 13 Abs. 1 Nr. 16 Buchst. a ErbStG Zuwendungen an inländische Religionsgesellschaften des öffentlichen Rechts (z. B. evangelische Kirchen, katholische Kirche) oder an inländische jüdische Kultusgemeinden. Der Kreis der übrigen öffentlich-rechtlichen Religionsgesellschaften ergibt sich nach dem jeweiligen Landesrecht.

Steuerfrei sind weiterhin nach § 13 Abs. 1 Nr. 16 Buchst. b ErbStG Zuwendungen an inländische[338] Körperschaften, Personenvereinigungen und Vermögensmassen, die nach der Satzung (§ 60 AO), dem Stiftungsgeschäft oder der sonstigen Verfassung und nach ihrer tatsächlichen Geschäftsführung (§ 63 AO) ausschließlich und unmittelbar (§§ 56 und 57 AO) kirchlichen, gemeinnützigen oder mildtätigen (§§ 52 ff. AO) Zwecken dienen. Unter welchen Voraussetzungen Körperschaften usw. diese hier geforderten Voraussetzungen erfüllen, ergibt sich aus den §§ 51 bis 68 AO.[339] Will der Zuwendende sich Gewissheit verschaffen, ob der Zuwendungsempfänger steuerbegünstigt ist, kann er sich beim Zuwendungsempfänger erkundigen und sich die positive Antwort vom Finanzamt bestätigen lassen. Ein Vermögensanfall an eine nicht begünstigte Kapitalgesellschaft ist auch dann nicht steuerbefreit, wenn sie mit einer begünstigten eng verflochten ist. Ein „Durchgriff" ist insoweit vom Gesetz nicht vorgesehen.[340]

---

336 Siehe hierzu auch Horn, Inf 1984 S. 291.
337 FinMin Brandenburg vom 17.07.1995 – 32 – S 4505 – 2/95, DB 1995 S. 1540.
338 BFH vom 03.08.1983, BStBl 1984 II S. 9.
339 Siehe auch BFH, ZEV 1998 S. 151.
340 OFD Koblenz vom 16.04.1986, DStZ/E 1987 S. 12.

Zuwendungen i. S. des § 13 Abs. 1 Nr. 16 Buchst. b ErbStG sind bei Vorliegen der übrigen Voraussetzungen von der Erbschaftsteuer befreit, wenn die Körperschaften usw. ausschließlich steuerbegünstigten Zwecken dienen. Das Unterhalten eines Zweckbetriebs allein schließt die erbschaftsteuerliche Steuerbefreiung jedoch nicht aus (R E 13.8 Abs. 2 ErbStR 2011). Das gilt auch für Zuwendungen, die zur Verwendung in einem Zweckbetrieb bestimmt sind.

Unterhält die Körperschaft einen steuerpflichtigen wirtschaftlichen Geschäftsbetrieb, ist dies ebenfalls für die Steuerfreiheit einer Zuwendung unschädlich, solange die Körperschaft nicht in erster Linie eigenwirtschaftliche Zwecke verfolgt (so R E 13.8 Abs. 2 ErbStR 2011). Bei Zuwendungen, die einem steuerpflichtigen wirtschaftlichen Geschäftsbetrieb der Körperschaft zugutekommen, ist die Steuerbefreiung danach allerdings stets ausgeschlossen. Wird einer begünstigten Körperschaft ein wirtschaftlicher Geschäftsbetrieb zugewendet, bleiben die Voraussetzungen für die Steuerbefreiung für diese und weitere Zuwendungen an die Körperschaft grundsätzlich erhalten. Führt die gemeinnützige Körperschaft den Betrieb fort, ist Voraussetzung, dass der wirtschaftliche Geschäftsbetrieb verpflichtet ist, seine Überschüsse an den ideellen Bereich abzugeben, und diese Verpflichtung auch tatsächlich erfüllt.[341]

Die Bedeutung der Leistungen von Sponsoren und Mäzenen hat in den vergangenen Jahren zugenommen. Zu ihrer schenkungsteuerlichen Behandlung hat die Verwaltung Stellung genommen (H E 7.1 ErbStH 2011). Sie weist zu Recht darauf hin, dass bei Zuwendungen an den Begünstigten unmittelbar i. d. R. davon auszugehen ist, dass Gleichwertigkeit von Leistung und Gegenleistung (Werbeverträge) gegeben ist, also keine freigebige Zuwendung (§ 7 Abs. 1 Nr. 1 ErbStG; s. o. 4.3.5.1) vorliegt. Auf eine Steuerbefreiung (z. B. nach § 13 ErbStG) kommt es insoweit nicht mehr an.

Die Befreiung nach § 13 Abs. 1 Nr. 16 Buchst. b (nicht Buchst. a) ErbStG fällt mit Wirkung für die Vergangenheit weg, wenn die Voraussetzungen für die Anerkennung als steuerbegünstigt innerhalb von 10 Jahren nach der Zuwendung entfallen und das Vermögen nicht begünstigten Zwecken zugeführt wird. Die Finanzämter werden diese Vorgänge wohl nur in zweifelhaften Einzelfällen durch Rückfrage bei dem zuständigen Körperschaftsteuerfinanzamt überwachen. Will der Zuwendende sich vor einer nach § 20 Abs. 1 ErbStG möglichen Inanspruchnahme bei dieser Nachversteuerung schützen – da die Zuwendung in Steuerklasse III fällt, kann die nachzuerhebende Steuer beträchtlich sein –, kann er die Zuwendung (einschließlich der Nutzungen) unter der auflösenden Bedingung bei Wegfall der Steuerbegünstigung innerhalb von 10 Jahren nach der Zuwendung machen.

Nach § 13 Abs. 1 Nr. 16 Buchst. c ErbStG bleiben Zuwendungen an ausländische Religionsgesellschaften, Körperschaften, Personenvereinigungen und Vermögens-

---

341 Siehe auch FG Nürnberg, EFG 1998 S. 121; Schauhoff, ZEV 1995 S. 439.

5.4 Steuerbefreiungen – § 13 ErbStG

massen der in § 13 Abs. 1 Nr. 16 Buchst. a und b ErbStG bezeichneten Art unter der Voraussetzung, dass der ausländische Staat für Zuwendungen an deutsche Rechtsträger der in § 13 Abs. 1 Nr. 16 Buchst. a und b ErbStG bezeichneten Art eine entsprechende Steuerbefreiung gewährt und das Bundesministerium der Finanzen dies durch förmlichen Austausch entsprechender Erklärungen mit dem ausländischen Staat feststellt, steuerfrei (zu Einzelheiten s. auch R E 13.9 ErbStR 2011, H E 13.9 ErbStH 2011). Damit ist die Entscheidung des BFH,[342] wonach die Steuerbefreiung nicht von einer förmlichen Gegenseitigkeitserklärung zwischen der Bundesrepublik und dem ausländischen Staat abhängig sei, sondern es lediglich auf die Gesetzeslage in dem ausländischen Staat ankomme, überholt. Die Vorschrift ist praktikabel; komplizierte Ermittlungen zur Gesetzeslage in einem ausländischen Staat sind nicht erforderlich.

5.4.19 Zuwendungen zu kirchlichen, gemeinnützigen oder mildtätigen Zwecken

Auch wenn die Zuwendung nicht unmittelbar einer steuerbegünstigten Körperschaft usw. i. S. des § 13 Abs. 1 Nr. 16 ErbStG gemacht wird, sondern einer anderen Person, kann sie gleichwohl dann nach § 13 Abs. 1 Nr. 17 ErbStG steuerfrei sein, wenn sie ausschließlich kirchlichen, gemeinnützigen oder mildtätigen Zwecken (§§ 52 ff. AO) gewidmet ist, sofern die Verwendung zu dem bestimmten Zweck gesichert ist. § 16 Abs. 1 Nr. 16 Buchst. c ErbStG geht als speziellere Norm § 13 Abs. 1 Nr. 17 ErbStG vor.[343] Widmung bedeutet, dass der Zuwendende rechtsverbindlich den entsprechenden Verwendungszweck festgelegt hat. Der begünstigte Verwendungszweck kann satzungseigen oder -fremd sein. Die Verwendung kann neben dem Vermögensstamm auch die Erträgnisse betreffen,[344] selbst wenn ein Teil der Erträgnisse thesauriert werden soll. Unterlässt der Zuwendende die ausdrückliche Widmung, so tritt keine Steuerfreiheit ein. Diese Widmung muss vom Zuwendenden auch dann angegeben sein, wenn die Zuwendung einer ausländischen kirchlichen, gemeinnützigen oder mildtätigen Einrichtung gewährt wird. Das ist auch dann erforderlich, wenn der Empfänger ein Staat ist.[345] Die Verwendung zu dem bestimmten Zweck ist ohne weiteres dann als gesichert anzusehen, wenn sie durch eine öffentliche Dienststelle oder eine kirchliche Stelle – auch ausländische – erfolgt oder beaufsichtigt wird. In anderen Fällen wird i. d. R. ein entsprechender Einzelnachweis erforderlich sein.[346]

---

342 BFH vom 29.11.1995, BStBl 1996 II S. 102 – zur vorherigen Gesetzesfassung.
343 BFH vom 29.11.1995, BStBl 1996 II S. 102.
344 BFH vom 16.01.2002, BStBl 2002 II S. 303.
345 BFH vom 24.11.1976, BStBl 1977 II S. 213; s. aber auch BFH, ZEV 1997 S. 80, und FG München, EFG 1998 S. 492 und ZEV 2003 S. 169.
346 Siehe z. B. FG München, UVR 1997 S. 401; BFH vom 16.01.2002, BStBl 2002 II S. 303.

Der Anwendungsbereich des § 13 Abs. 1 Nr. 17 ErbStG ist nicht auf Zweckzuwendungen i. S. des § 8 ErbStG beschränkt (s. aber R E 13.10 Abs. 2 ErbStR 2011). Es genügt z. B. auch bei einer selbst steuerbegünstigte Zwecke verfolgenden ausländischen Körperschaft, dass die Zuwendung zu satzungseigenen Zwecken verwendet werden soll. Nicht ausreichend ist dagegen, wenn das zugewendete Vermögen zweckfreies Eigenvermögen wird, weil sich sonst die zweckgerechte Verwendung der zugewendeten Mittel nicht überprüfen lässt (R E 13.10 Abs. 2 ErbStR 2011). Aus der Vorschrift lässt sich nicht entnehmen, dass ausländische Empfänger nicht oder nur bei Gegenseitigkeit begünstigt sein sollen.[347]

5.4.20 Zuwendungen an politische Parteien

Steuerfrei sind schließlich nach § 13 Abs. 1 Nr. 18 ErbStG Zuwendungen an politische Parteien i. S. des § 2 des Parteiengesetzes. Unter diese Befreiungsvorschrift fallen also nicht politische Vereine und ausländische politische Parteien, wohl aber Zuwendungen an sog. Fördergesellschaften, wenn sie mit der Auflage verbunden sind, sie an eine politische Partei weiterzuleiten, da die Zuwendung nach § 13 Abs. 1 Nr. 18 ErbStG nicht unmittelbar der Partei gemacht werden muss. Zuwendungen an natürliche Personen (Parteimitglieder, Abgeordnete), die nicht an die Partei weitergeleitet werden, sind nicht steuerfrei, auch dann nicht, wenn sie für die Partei verwendet werden.[348]

Das BVerfG[349] hat entschieden, dass es das Recht auf Chancengleichheit (Art. 3 Abs. 1 i. V. m. Art. 9 Abs. 1 und Art. 28 Abs. 1 Satz 2 GG) verletzt, wenn Zuwendungen an politische Parteien i. S. des § 2 des Parteiengesetzes steuerfrei gestellt sind, Zuwendungen an kommunale Wählervereinigungen und ihre Dachverbände dagegen nicht. Mit einer Änderung des § 13 Abs. 1 Nr. 18 ErbStG ist der Gesetzgeber dieser Rechtsprechung gefolgt und hat – mit Wirkung ab 2009 – auch Zuwendungen an Wählervereinigungen von der Erbschaft- und Schenkungsteuer befreit.

Nimmt die Wählervereinigung tatsächlich an der jeweils nächsten Wahl nach der Zuwendung nicht teil, sieht es der Gesetzgeber allerdings als gerechtfertigt an, die Steuerbefreiung rückwirkend entfallen zu lassen. Das soll jedoch dann nicht gelten, wenn eine Teilnahme aus objektiven Gründen nicht möglich war, z. B. weil die für die Einreichung eines Wahlvorschlags benötigte Zahl der Unterschriften nicht erreicht werden konnte, die Wählervereinigung sich aber ernsthaft um eine Teilnahme bemüht hat.

Die Finanzverwaltung hat in einem Erlass[350] die Grundsätze für die schenkungsteuerliche Behandlung von Wahlkampfspenden zusammenfassend dargestellt.

---

347 BFH, ZEV 1997 S. 80; R 49 Abs. 3 ErbStR 2003.
348 FG Berlin, EFG 1989 S. 415.
349 BVerfG vom 17.04.2008 2 BvL 4/05, HFR 2008 S. 854.
350 FinMin Nordrhein-Westfalen vom 14.11.1985, DStZ/E 1985 S. 377.

5.5 Ansatz von Betriebsvermögen, von Betrieben der Land- und Forstwirtschaft und von Anteilen an Kapitalgesellschaften

Die Begünstigungsregeln für den Ansatz von Betriebsvermögen, Betrieben der Land- und Forstwirtschaft sowie von Anteilen an Kapitalgesellschaften sind durch das ErbStRG 2009 erheblich modifiziert worden.

Zum bis einschließlich 2008 geltenden Recht wird dem Grunde nach auf die Vorauflage verwiesen; lediglich die Hintergründe und die Entwicklung zum heute geltenden Recht sollen zum besseren Verständnis der Begünstigungen in Anlehnung an die Vorauflage aufgezeigt werden.

Bei der Bemessung der Erbschaftsteuer für Betriebsvermögen war nach dem Beschluss des BVerfG[351] zu berücksichtigen, dass Erwerber dieses Vermögens aufgrund der Sozialgebundenheit im Vergleich zu Erwerbern anderer Vermögen vermindert finanziell leistungsfähig sind. Die Erbschaftsteuerlast musste danach so bemessen werden, dass die Fortführung des Betriebs nicht gefährdet wird. Die Verpflichtung, eine verminderte finanzielle Leistungsfähigkeit erbschaftsteuerlich zu berücksichtigen, sollte dabei unabhängig von der verwandtschaftlichen Nähe zwischen Erblasser und Erwerber erfolgen.

Der Gesetzgeber hatte diesen Vorgaben bereits mit der Einführung eines Freibetrags von 500.000 DM (256.000 Euro) ab 1994 und eines Bewertungsabschlags von 25 % bei gleichzeitiger Erstreckung dieser Entlastungsmaßnahmen auf Anteile an sog. familienbezogenen Kapitalgesellschaften ab 1996 (JStG 1996) Rechnung getragen.

Durch das **JStG 1997** wurde diese Steuerentlastung aufgrund der Entscheidung des BVerfG **ab 1996** noch weiter verbessert: Die Regelung des § 13a Abs. 1 Nr. 1 ErbStG wurde nicht mehr auf Erbanfälle (§ 1922 BGB) beschränkt, sondern auf alle steuerpflichtigen Erwerbsfälle von Todes wegen ausgedehnt und sollte die bisher unbefriedigenden Ergebnisse vor allem bei Vorausvermächtnissen und Vermächtnissen[352] vermeiden. Der Bewertungsabschlag wurde auf 40 % erhöht. Weiterhin hat der Gesetzgeber[353] § 13a Abs. 1 Nr. 2 ErbStG rückwirkend auf den **01.01.1996** geändert und die Wörter „im Wege der vorweggenommenen Erbfolge" durch die Wörter „durch Schenkung unter Lebenden" ersetzt.[354] Nach § 13a Abs. 3 ErbStG folgen die Steuerentlastungen grundsätzlich dem – vom Erblasser bestimmten – Übergang des Betriebsvermögens auf den Letzterwerber (Begründung zum 2. ErbStG-Reformgesetz-Entwurf). Die Steuerentlastung wurde zudem erweitert

---
351 BVerfG vom 22.06.1995 2 BvR 552/91, BStBl 1995 II S. 671.
352 Siehe zur alten Rechtslage BFH vom 10.12.1997, BStBl 1998 II S. 117.
353 Steueränderungsgesetz 2001, BGBl 2001 I S. 3794.
354 Zum Ärger des BFH; vgl. BFH vom 25.01.2001, BStBl 2001 II S. 414.

auf Erwerbe land- und forstwirtschaftlichen Vermögens (§ 13a Abs. 4 Nr. 2 ErbStG) und sollte auch dort die Generationenfolge erleichtern.

Mit Wirkung ab 01.01.2004 wurde die Begünstigung aus haushaltspolitischen Erwägungen eingeschränkt: Der Freibetrag verminderte sich von 256.000 Euro auf 225.000 Euro, der Bewertungsabschlag von 40 % auf 35 %.[355]

Dieser punktuell wirkenden erbschaftsteuerliche Begünstigung nach § 13a ErbStG a. F. wurden von vornherein verfassungsrechtliche Bedenken (Art. 3 GG) entgegengehalten, da sie zumindest einem durchgängigen konsequenten Gerechtigkeitskonzept widersprach.[356]

In seinem Beschluss vom 07.11.2006, 1 BvL 10/02 (BStBl 2007 II S. 192) zur Verfassungsmäßigkeit des ErbStG hat das BVerfG diese Kritik nicht uneingeschränkt übernommen. Das BVerfG verlangt zwar bei der Ausgestaltung des steuerrechtlichen Ausgangstatbestands, dass der Gesetzgeber die einmal getroffene Belastungsentscheidung folgerichtig im Sinne einer Belastungsgleichheit umzusetzen hat und damit auch bei der Bewertung von Betriebsvermögen, Betrieben der Land- und Forstwirtschaft sowie Anteilen an Kapitalgesellschaften eine Annäherung der Bewertung an den gemeinen Wert zu erfolgen hat.

Anderseits betont das BVerfG in Anlehnung an frühere Entscheidungen, dass es dem Gesetzgeber unbenommen sei, außerfiskalische Förderungs- und Lenkungsziele zu verfolgen und nicht nur durch Ge- und Verbote, sondern ebenso durch mittelbare Verhaltenssteuerung auf Wirtschaft und Gesellschaft gestaltend Einfluss zu nehmen. Der Bürger wird dann nicht rechtsverbindlich zu einem bestimmten Verhalten verpflichtet, erhält aber durch Sonderbelastung eines unerwünschten oder durch steuerliche Verschonung eines erwünschten Verhaltens ein finanzwirtschaftliches Motiv, sich für ein bestimmtes Tun oder Unterlassen zu entscheiden. Wörtlich heißt es:

„Führt ein Steuergesetz zu einer steuerlichen Verschonung, die einer gleichmäßigen Belastung der jeweiligen Steuergegenstände innerhalb einer Steuerart widerspricht, so kann eine solche Steuerentlastung vor dem Gleichheitssatz gerechtfertigt sein, wenn der Gesetzgeber das Verhalten des Steuerpflichtigen aus Gründen des Gemeinwohls fördern oder lenken will. Bei Vorliegen ausreichender Gemeinwohlgründe kann die Entlastung dabei im Ausnahmefall in verfassungsrechtlich zulässiger Weise sogar dazu führen, dass bestimmte Steuergegenstände vollständig von der Besteuerung ausgenommen werden.

Die Lenkung mit Hilfe des Steuerrechts nimmt in Kauf, dass das Lenkungsziel nicht in jedem Fall erreicht wird. Sie ist ein Instrument zur Annäherung an ein Ziel. In der Entscheidung darüber, welche Personen oder Unternehmen gefördert werden sollen,

---

355 Art. 13 Haushaltsbegleitgesetz 2004, BGBl 2003 I S. 3076.
356 Siehe nur Moench, DStR 1996 S. 725; Bareis/Elser, DStR 1997 S. 558; BFH vom 22.05.2002, BStBl 2002 II S. 598 m. w. N.

5.5 Ansatz von Betriebsvermögen

ist der Gesetzgeber weitgehend frei. Zwar bleibt er auch hier an den Gleichheitssatz gebunden. Das bedeutet aber nur, dass er seine Leistungen nicht nach unsachlichen Gesichtspunkten, also nicht willkürlich verteilen darf. Sachbezogene Gesichtspunkte stehen ihm in weitem Umfang zu Gebote, solange die Regelung sich nicht auf eine der Lebenserfahrung geradezu widersprechende Würdigung der jeweiligen Lebenssachverhalte stützt, insbesondere der Kreis der von der Maßnahme Begünstigten sachgerecht abgegrenzt ist.

Außerdem muss der Lenkungszweck von einer erkennbaren gesetzgeberischen Entscheidung getragen und seinerseits wiederum gleichheitsgerecht ausgestaltet sein. Die Begünstigungswirkung muss den Begünstigungsadressaten daher möglichst gleichmäßig zugute kommen. Sie darf nicht von Zufälligkeiten abhängen und deshalb willkürlich eintreten, sondern muss sich direkt von der Entlastungsentscheidung des Gesetzgebers ableiten lassen. Erforderlich ist schließlich auch ein Mindestmaß an zweckgerechter Ausgestaltung des Vergünstigungstatbestands."

Aufbauend auf einer Bewertung mit dem gemeinen Wert ist es dem Gesetzgeber nach Auffassung des BVerfG daher auch im Erbschaftsteuerrecht unbenommen, in einem zweiten Schritt – also nicht mehr auf der Ebene des BewG, sondern auf der Ebene des ErbStG – bei der Ermittlung der Bemessungsgrundlage steuerliche Lenkungsziele zu verwirklichen. Mittels Belastungs- und Verschonungsregelungen, die den dargestellten Anforderungen an Lenkungsnormen genügen, kann er bei Vorliegen ausreichender Rechtfertigungsgründe die Bemessungsgrundlage zielgenau modifizieren (siehe hierzu auch unter 1.2).

Derartige Bestimmungen sah das BVerfG etwa in § 13a ErbStG a. F. Werde der Lenkungszweck dieser Norm im Einzelfall verfehlt, könne dem über Nachversteuerungsvorbehalte wie beispielsweise in § 13a Abs. 5 ErbStG a. F. Rechnung getragen und die durch die steuerliche Lenkung nicht mehr gerechtfertigte Ungleichbehandlung rückgängig gemacht werden.

Meines Erachtens hat das BVerfG mit diesen Gründen zum Ausdruck gebracht, dass Steuerverschonungen für Unternehmen durchaus zulässig sind. Eine verfassungsrechtliche Wertung des § 13a ErbStG a. F. hat das BVerfG allerdings nicht vorgenommen und auch nicht vornehmen müssen, da die Verfassungswidrigkeit des ErbStG schon auf der bewertungsrechtlichen Ebene festgestellt werden konnte.

Aller Voraussicht nach wird es sich aber auch mit dieser Frage zu beschäftigen haben. Das zum 01.01.2009 in Kraft getretene ErbStRG 2009 steht nämlich beim BFH erneut zur verfassungsrechtlichen Überprüfung an. Nachdem das BVerfG[357] drei Verfassungsbeschwerden, mit denen die Beschwerdeführer sich auf ihre Testierfreiheit beriefen und geltend machten, durch die Regelungen der § 13 Abs. 1 Nr. 4b und 4c, § 13a Abs. 1 Satz 2 und 5, § 16 Abs. 1 und § 19 Abs. 1 ErbStG in mehreren Grundrechten (Art. 2 Abs. 1, Art. 3 Abs. 1, Art. 6 Abs. 1, Art. 12 Abs. 1 und Art. 14

---

357 BVerfG vom 30.10.2010 1 BvR 3196/09, 1 BvR 3197/09, 1 BvR 3198/09, DStR 2010 S. 2508.

GG) verletzt zu sein, gar nicht erst zur Entscheidung angenommen hat, könnte es demnächst erneut zu einer Vorlage durch den BFH kommen.

Um die Erfolgsaussichten eines Normenkontrollverfahrens nach Art. 100 GG zu klären, hat der BFH im Verfahren II R 9/11 in einem ersten Schritt mit Beschluss vom 05.10.2011 das BMF zum Verfahrensbeitritt aufgefordert und gleichzeitig um Mitteilung gebeten, ob und gegebenenfalls welche praktischen Erfahrungen im Besteuerungsverfahren oder bei Anträgen auf verbindliche Auskunft es zu im Beschluss aufgezeigten Gestaltungsmöglichkeiten bisher gibt.[358] Sollte die Prüfung der angesprochenen Verfassungsfragen einen Verstoß gegen Art. 3 Abs. 1 und/oder Art. 6 Abs. 1 GG ergeben, will der BFH das Verfahren nach Art. 100 Abs. 1 Satz 1 GG aussetzen und eine Entscheidung des BVerfG einholen.

Auslöser des Beschlusses ist ein Urteil des FG Düsseldorf.[359] Thematisch gleich gelagert sind zwei weitere Verfahren, in denen es aber bisher nur um die beantragte – aber nicht gewährte – Aussetzung der Vollziehung ging.[360] Dem BFH geht es in seinem Beschluss im Hinblick auf die vom Kläger gerügten Art. 3 und 6 GG vornehmlich um zwei Fragestellungen:

- Ist die auf Steuerentstehungszeitpunkte im Jahr 2009 beschränkte Gleichstellung von Personen der Steuerklasse II (u. a. Geschwister, Neffen und Nichten) mit Personen der Steuerklasse III (fremde Dritte) verfassungsgemäß?
- Verstößt § 19 Abs. 1 i. V. m. §§ 13a und 13b ErbStG gegen den allgemeinen Gleichheitssatz, weil die §§ 13a und 13b ErbStG es ermöglichen, durch bloße Wahl bestimmter Gestaltungen die Steuerfreiheit des Erwerbs von Vermögen gleich welcher Art und unabhängig von dessen Zusammensetzung und Bedeutung für das Gemeinwohl zu erreichen.

Kommt es zu einem Vorlagebeschluss, erscheint es nicht ausgeschlossen, dass sich das BVerfG auf die Beantwortung der Frage der Verfassungsmäßigkeit der Steuersätze in der Steuerklasse II für 2009 beschränkt.

Teilt das BVerfG hingegen auch die verfassungsrechtliche Kritik an §§ 13a, 13b ErbStG, würde es – wenn es seiner Linie treu bleibt – die Bestimmungen in der ab 2009 geltenden Fassung voraussichtlich wohl nicht für nichtig erklären, sondern – wie in den vergangenen verfassungsrechtlichen Entscheidungen zum ErbStG auch – zur Vermeidung einer Steuerpause deren Unvereinbarkeit mit der Verfassung feststellen und den Gesetzgeber zu einer (erneuten) Reform binnen einer bestimmten Frist auffordern. Dieser wäre dann vor die Wahl gestellt, die Erbschaftsteuer abzuschaffen oder sie unter Beachtung der Rechtsauffassung des BVerfG erneut zu reformieren.

---

358 BFH vom 05.10.2011 II R 9/11, BStBl 2011 II S. 29; siehe hierzu auch Wachter, DStR 2011 S. 331.
359 FG Düsseldorf vom 12.01.2011 – 4 K 2574/10 Erb, EFG 2011 S. 1079.
360 FG Köln vom 13.10.2010 – 9 V 2566/10, EFG 2011 S. 261; BFH vom 01.04.2010 II B 168/09, BStBl 2010 II S. 558.

5.5 Ansatz von Betriebsvermögen

Auf die im Beschluss aufgeworfenen Fragen soll nicht an dieser Stelle, sondern im Zusammenhang mit der Darstellung der §§ 13a, 13b ErbStG eingegangen werden.

Der Gesetzgeber hatte sich – schon im Vorfeld der Entscheidung des BVerfG – mit Reformüberlegungen befasst und sich – sowohl vor als auch nach der Entscheidung des BVerfG – insbesondere mit der Reformierung des § 13a ErbStG a. F. sehr schwergetan. Dies wird nicht zuletzt auch deutlich durch die der Reform vorangegangenen zahlreichen Äußerungen im Schrifttum:

Beiträge zur Erbschaftsteuerreform allgemein: Balle/Gress, BB 2007 S. 2660; Bäuml, ZEV 2006 S. 525; Brüggemann, ErbBest 2007 S. 102, 2007 S. 257 und 2008, S. 15; Crezelius, DStR 2007 S. 415 und S. 2277; Eisele, NWB 2007 S. 55, 2007 S. 4701, 2006 S. 3693; Feick/Henn, DStR 2008 S. 1905; Geck, DStR 2007 S. 427; Hannes, DStR 2006 S. 2058; Hegemann, GStB 2007 S. 427; Herbach/Kühnhold, DStZ 2008 S. 20 und DB 2008 S. 86; Hübner, DStR 2007 S. 1013; Kessler/Märkle/Offerhaus, DB 2007 S. 1155; Korezkij, DStR 2007 S. 68; Lang, StUW 2008 S. 189; Lüdicke, DB 2007 S. 1271; Müller-Gatermann, FR 2008 S. 353; Neufang, StB 2008 S. 13; Pach-Hanssenheimb, DStR 2008 S. 957; Pahlke, NWB 2007 S. 1575; Piltz, DStR 2008 S. 745; Raupach, DStR 2007 S. 2037; Rödder/Zehnpfennig/Schönfeld, DStR 2007 S. 1010; Schiffers, DStZ 2007 S. 35; Schleifenbaum, DStR 2008 S. 477; Schmidt, WPg 2008 S. 239; Schmidt/Schwind, NWB 2007 S. 4229; Schwedhelm/Fraedrich, GmbHStB 2008 S. 110; Schulze zur Wiesche, UVR 2007 S. 26; Seer, ZEV 2007 S. 101; Stahl, KÖSDI 2007 S. 15820; Stahl/Fuhrmann, KÖSDI 2008 S. 16056; Stahl, KÖSDI 2006 S. 15354 und 2008 S. 18069; Tappe, DB 2008 S. 2267; Thonemann, DB 2008 S. 2616; Viskorf/Hemler, DB 2008 S. 2507; Wachter, BB 2007 S. 577 und StBg 2006 S. 565; Werner, BBEV 2008 S. 164; Zipfel, BB 2006 S. 2718.

Beiträge zur Grundbesitzbewertung: Broekelschen/Maiterth, FR 2008 S. 698; Brüggemann, ErbBStg 2008 S. 93; Drosdzol, ZEV 2008 S. 10; Krause/Grootens, BBEV 2008 S. 80, 132 und 168; Rave/Kühnhold, DStZ 2008 S. 240; Szymborski, Stbg 2008 S. 239; Tremel, DStR 2008 S. 753; Wiegand, ZEV 2008 S. 129.

Beiträge zur Unternehmensbewertung: Eisele, NWB 2008 S. 761, ZEV 2007 S. 166, Inf 2007 S. 376 und NWB 2007 S. 2869; Hannes/Onderka, ZEV 2008 S. 16 und 173; Halaczinsky, ErbStB 2007 S. 84; Krause, BBEV 2008 S. 301; Kühnold/Mannweiler, DStZ 2008 S. 167; Kussmaul/Pfirmann/Hell/Meyering, BB 2008 S. 472; Mannek, DB 2008 S. 423; Rohde/Gemeinhardt, StuB 2008 S. 224 und 338; Schulz/Althof/Markl, BB 2008 S. 528; Schulze zur Wiesche, UVR 2008 S. 79; Wachter, DB 2007 S. 821.

Beiträge zur Land- und Forstwirtschaft: Eisele, NWB 2008 S. 895; Hutmacher, ZEV 2008 S. 22 und 182.

Beiträge zum ErbStG: Brüggemann, ErbBest 2008 S. 59 und 295; Casper/Altgen, DStR 2008 S. 2319; Griesel/Mertes, ErbBstg 2008 S. 202; Jülicher, ErbBstg S. 177; Piltz, ZEV 2008 S. 229; Siegmund/Ungemach, DStZ 2008 S. 251 und 453; Wehrheim/Rupp, DB 2008 S. 1455.

5.5.1 Die Begünstigungen im Überblick

§§ 13a, 13b ErbStG regeln die ab 01.01.2009 zu gewährenden Verschonungen beim Erwerb von begünstigtem Betriebsvermögen, land- und forstwirtschaftlichem Vermögen oder Anteilen an Kapitalgesellschaften. Die Regelverschonung beträgt im Grundmodell 85 % (§ 13b Abs. 4 i. V. m. § 13a Abs. 1 ErbStG) mit einem zusätzlichen gleitenden Abzugsbetrag von höchstens 150.000 Euro (§ 13a Abs. 2 ErbStG).

5 Wertermittlung

Auf Antrag (Optionsmodell) wird statt der Regelverschonung eine Befreiung zu 100 % gewährt (§ 13a Abs. 8 ErbStG). Die Steuerbefreiung nach § 13a ErbStG ist nicht anzuwenden, wenn das begünstigte Vermögen vor dem 01.01.2011 von Todes wegen oder durch Schenkung unter Lebenden erworben wird, bereits Gegenstand einer vor dem 01.01.2007 ausgeführten Schenkung desselben Schenkers an dieselbe Person war und wegen eines vertraglichen Rückforderungsrechts nach dem 11.11.2005 herausgegeben werden musste (§ 37 Abs. 3 ErbStG).

5.5.1.1 Grundmodell

Im Grundmodell werden als „Regelverschonung" ein Verschonungsabschlag von 85 % und ein „gleitender" Abzugsbetrag von bis zu 150.000 Euro gewährt (§ 13a Abs. 1 und 2 ErbStG). Darüber hinaus wird bei Erwerbern der Steuerklassen II und III ein Entlastungsbetrag nach § 19a ErbStG berücksichtigt. Folgende Voraussetzungen und Rechtsfolgen ergeben sich für diese Modelle im Überblick:

Überblick Grundmodell	
Voraussetzungen	**Rechtsgrundlagen**
Begünstigtes Vermögen und begünstigter Erwerbsvorgang	§ 13a Abs. 1 Satz 1 i. V. m. § 13b Abs. 1 Nr. 1 bis 3 und Abs. 4 ErbStG
Anteil des Verwaltungsvermögens nicht > 50 % (Verwaltungsvermögenstest)	§ 13b Abs. 2 Satz 1 und 2 Nr. 1 bis 5 und Satz 3 bis 5 ErbStG
Ausschluss der Verschonung für „junges Betriebsvermögen"	§ 13b Abs. 2 Satz 3 ErbStG
Keine Weitergabe des begünstigten Vermögens	§ 13a Abs. 3 ErbStG § 13b Abs. 3 ErbStG
Einhaltung der Mindestlohnsumme von 400 % der Ausgangslohnsumme in der Lohnsummenfrist von 5 Jahren	§ 13a Abs. 1 Satz 2 bis 5 i. V. m. § 13a Abs. 4 ErbStG, bei Nichteinhaltung Anzeigepflicht gem. § 13a Abs. 6 Satz 1 und 3 bis 6 ErbStG
Einhaltung der Behaltensregelung von 5 Jahren	§ 13a Abs. 5 ErbStG, bei Nichteinhaltung Anzeigepflicht gem. § 13a Abs. 6 Satz 2 bis 6 ErbStG
Nachweisverpflichtung für nicht inländisches Vermögen	§ 13a Abs. 7 ErbStG

Rechtsfolgen	**Rechtsgrundlagen**
Verschonungsabschlag von 85 % auf den Wert des begünstigten Vermögens	§ 13a Abs. 1 Satz 1 i. V. m. § 13b Abs. 4 ErbStG
Abzugsbetrag von max. 150.000 Euro	§ 13a Abs. 2 ErbStG
Entlastungsbetrag für Erwerber der Steuerklassen II und III	§ 19a ErbStG

5.5 Ansatz von Betriebsvermögen

Der Abzugsbetrag von maximal 150.000 Euro gem. § 13a Abs. 2 Satz 1 ErbStG kommt nur im Grundmodell in Betracht. Er wird gewährt für den nicht unter § 13b Abs. 4 ErbStG fallenden Teil des Vermögens, wenn der Wert dieses Vermögens 150.000 Euro nicht übersteigt.

Übersteigt der Wert „dieses" Vermögens die Grenze von 150.000 Euro, verringert sich der Abzugsbetrag um 50 % des die Wertgrenze von 150.000 Euro übersteigenden Betrags. Ein vollständiger Wegfall des Abzugsbetrags tritt somit erst ab einem gemeinen Wert des Betriebsvermögens von 3 Mio. Euro ein.[361]

Beispiel:

	Variante 1	Variante 2	Variante 3
Wert des begünstigten Vermögens	3.000.000 €	2.000.000 €	1.000.000 €
begünstigt (85 %)	2.550.000 €	1.700.000 €	850.000 €
nicht begünstigt (15 %)	450.000 €	300.000 €	150.000 €
vorläufiger Abzugsbetrag	150.000 €	150.000 €	150.000 €
Kürzung			
50 % von 300.000 €	− 150.000 €		
50 % von 150.000 €		− 75.000 €	
50 % von 0 €			− 0 €
verbleibender Abzugsbetrag	0 €	75.000 €	150.000 €
Ermittlung des Erwerbs nach Abzugsbetrag:			
nicht begünstigt (15 %)	450.000 €	300.000 €	150.000 €
verbleibender Abzugsbetrag	− 0 €	− 75.000 €	− 150.000 €
steuerpflichtig sind	**450.000 €**	**225.000 €**	**0 €**

Warum neben dem Verschonungsabschlag von 85 % noch ein zusätzlicher Abzugsbetrag gewährt werden soll, ist nicht nachvollziehbar. Laut Gesetzesbegründung[362] soll er der Steuervereinfachung dienen. Die Berechnung zeigt, dass dies wohl nicht der Fall ist, da insbesondere kleinere Unternehmen zwar voll entlastet werden, aber gleichwohl Lohnsummenklausel und Behaltensregelungen zu beachten haben.

Gemäß § 13a Abs. 2 Satz 3 ErbStG kann der Abzugsbetrag innerhalb von 10 Jahren für von derselben Person anfallende Erwerbe nur einmal berücksichtigt werden. Fraglich ist, ob bereits der anteilige Abzug zum kompletten Verbrauch innerhalb von 10 Jahren führt. Dies ist zumindest nach Ansicht der Finanzverwaltung der Fall (R E 13a.2 Abs. 2 ErbStR 2011). Diese Auffassung überzeugt nicht, da der Abzugsbetrag keinen Antrag voraussetzt und der Steuerpflichtige somit nicht wählen kann, für welche Übertragung er den Abzugsbetrag in Anspruch nehmen will oder nicht.

Die **Nutzung des Freibetrags nach § 13a Abs. 1 ErbStG a. F. bis zum 31. 12. 2008** steht der Inanspruchnahme des Abzugsbetrags nach § 13a Abs. 2 ErbStG ab dem 01.01.2009 nicht entgegen. Es fehlt nämlich jede Bestimmung, nach der der alte

---

361 H E 13a.2 ErbStH 2011; Stahl, KÖSDI 2007 S. 15827.
362 BR-Drucksache 4/08 S. 53.

5 Wertermittlung

Freibetrag auf den neuen Abzugsbetrag anzurechnen ist oder diesen sperrt (so auch R E 13a.2 Abs. 2 ErbStR 2011.[363] Der Abzugsbetrag entfällt bei einem Verstoß gegen die Lohnsummenklausel dem Wortlaut des Gesetzes nach nicht (siehe die Ausführungen zur Lohnsummenklausel).

5.5.1.2 Optionsmodell

Im Optionsmodell wird ein Verschonungsabschlag von 100 % gewährt (§ 13a Abs. 8 Nr. 4 ErbStG). Ein Entlastungsbetrag nach § 19a ErbStG kommt dann zwangsläufig nicht zur Anwendung.

Folgende Voraussetzungen und Rechtsfolgen ergeben sich für diese Modelle im Überblick:

Überblick Optionsmodell	
Voraussetzungen	**Rechtsgrundlagen**
Begünstigtes Vermögen und begünstigter Erwerbsvorgang	§ 13a Abs. 1 Satz 1 i. V. m. § 13b Abs. 1 Nr. 1 bis 3 und Abs. 4 ErbStG
Anteil des Verwaltungsvermögens grundsätzlich nicht > 10 %	§ 13a Abs. 8 Nr. 3 ErbStG § 13b Abs. 2 Satz 1 ErbStG
Bei Beteiligungen (§ 13b Abs. 2 Satz 2 ErbStG) nicht > 50 % (Verwaltungsvermögenstest)	**Beachte:** kein Verweis auf § 13b Abs. 2 Satz 2 ErbStG
Ausschluss der Verschonung für „junges Betriebsvermögen"	§ 13b Abs. 2 Satz 3 ErbStG
Keine Weitergabe des begünstigten Vermögens	§ 13a Abs. 3 ErbStG § 13b Abs. 3 ErbStG
Einhaltung der Mindestlohnsumme von 700 % der Ausgangslohnsumme in der Lohnsummenfrist von 7 Jahren	§ 13a Abs. 1 Satz 2 bis 5 i. V. m. § 13a Abs. 4 und Abs. 8 Nr. 1 ErbStG bei Nichteinhaltung Anzeigepflicht gem. § 13a Abs. 6 Satz 1 und 3 bis 6 ErbStG
Einhaltung der Behaltensregelung von 7 Jahren	§ 13a Abs. 5 i. V. m. Abs. 8 Nr. 2 ErbStG bei Nichteinhaltung Anzeigepflicht gem. § 13a Abs. 6 Satz 2 bis 6 ErbStG
Nachweisverpflichtung für nicht inländisches Vermögen	§ 13a Abs. 7 ErbStG

Rechtsfolgen	**Rechtsgrundlagen**
Verschonungsabschlag von 100 % auf den Wert des begünstigten Vermögens	§ 13a Abs. 1 Satz 1, § 13b Abs. 4 i. V. m. § 13a Abs. 8 Nr. 4 ErbStG

Der Erwerber muss **unwiderruflich** erklären, dass die Steuerbefreiung nach § 13a Abs. 1 bis 7 i. V. m. § 13b ErbStG zu 100 % erfolgt (§ 13a Abs. 8 Nr. 4 ErbStG).

---

363 Perwein, DStR 2008 S. 1080.

5.5 Ansatz von Betriebsvermögen

Nach Auffassung der Finanzverwaltung (R E 13a.13 Abs. 2 ErbStR 2011) kann die Erklärung noch bis zur materiellen Bestandskraft des Steuerbescheids erfolgen und sollte daher aus der Sicht des Steuerpflichtigen so spät wie möglich – aber noch vor Eintritt der materiellen Bestandskraft des Erbschaftsteuerbescheids – abgegeben werden.

Der Antrag kann nur dann „unwiderruflich" gestellt werden, wenn der „verschärfte" Verwaltungsvermögenstest bestanden wird (10 %-Grenze gem. § 13b Abs. 2 i. V. m. § 13a Abs. 8 Nr. 3 ErbStG). Wird dieser Test (u. U. erst aufgrund der Feststellungen einer Betriebsprüfung) nicht bestanden, fragt sich, ob der einmal gestellte Antrag auf Anwendung des Optionsmodells als hinfällig bzw. als nicht gestellt zu betrachten ist und der Erwerber in das Grundmodell kommen kann, wenn das Verwaltungsvermögen die 50 %-Grenze nicht überschreitet.[364] Die Formulierung den ErbStR lässt den Schluss zu, dass die Finanzverwaltung den Verschonungsabschlag von 85 % gewähren will (R E 13a.13 Abs. 3 ErbStR 2011).

Anders ist die Rechtsfolge allerdings, wenn das Optionsmodell antragsgemäß Anwendung findet und es später zu einer Nachversteuerung nach § 13a Abs. 1 Satz 5 ErbStG (Lohnsummenverstoß) oder § 13a Abs. 5 ErbStG (Behaltensregelungen) kommt. Hier bleibt der Erwerber an das Optionsmodell gebunden. Gerade diese Gefahr zwingt dazu, das Risiko der Nachversteuerung nach dem jeweiligen Modell noch vor einer Antragstellung umfassend zu bewerten.

5.5.1.3 Begünstigte Erwerbsvorgänge

In den ErbStR 2011 erfolgt eine im AEErbSt vom 25.06.2009 noch nicht vorgenommene Aufzählung der nach § 13b Abs. 1 ErbStG begünstigten Erwerbe von Todes wegen (R E 13b.1 ErbStR 2011) und der begünstigten Erwerbe durch Schenkung unter Lebenden (R E 13b.2 ErbStR 2011). Dies ist hilfreich, denn für die Steuerverschonungen nach §§ 13a, 13b ErbStG muss – ebenso wie für die Steuerbefreiungen nach § 13 Abs. 1 Nr. 4b, 4c und § 13c ErbStG – im Vorfeld nicht nur geklärt werden, **ob begünstigtes Vermögen i. S. des § 13b Abs. 1 und 2 ErbStG** vorliegt, sondern auch, ob es sich um einen begünstigten Erwerbsvorgang handelt.

Begünstigter Erwerb von Todes wegen ist insbesondere der Erwerb durch Erbanfall (§ 3 Abs. 1 Nr. 1 ErbStG, § 1922 BGB) nach gesetzlicher oder gewillkürter Erbfolge. Ein begünstigter Erwerb durch Erbanfall liegt auch vor, wenn das begünstigte Vermögen Gegenstand einer Vorerbschaft (§ 6 ErbStG) ist. Der spätere Eintritt des Nacherbfalls ist ein weiterer begünstigter Erwerb. Wird das Nacherbschaftsvermö-

---

[364] Bejahend Scholten/Korezkij, DStR 2009 S. 991 (992); Geck, ZEV 2008 S. 557 (563); Schulte/Bimbaum/Hinzers, BB 2009 S. 300 (304); Brey/Merz/Neufang, BB 2009 S. 692, (699); ausdrücklich offengelassen bei Seer, FR 2009 S. 225 (235). Nach Ansicht von Hübner, a. a. O., S. 431 und 444, kommt es bei Überschreitung der 10 %-Grenze zu keinem Rückfall auf das Grundmodell mit der Folge, dass das Vermögen ohne Anwendung der §§ 13a und 19a ErbStG versteuert wird. So auch wohl Hannes/Onderka, ZEV 2009 S. 10 (15); Stahl/Fuhrmann, KÖSDI 2009 S. 16402 (16407).

gen allerdings vorzeitig an den Nacherben übertragen,[365] handelt es sich um eine ebenfalls begünstigte Schenkung unter Lebenden gem. § 7 Abs. 1 Nr. 7 ErbStG (R E 13b.2 Abs. 1 Nr. 4 ErbStR 2011). Als weitere begünstigte Erwerbe von Todes wegen werden aufgeführt:

1. der Erwerb durch Vermächtnis (Vorausvermächtnis), wenn der Vermächtnisnehmer begünstigtes Vermögen erhält (§ 3 Abs. 1 Nr. 1 ErbStG),

2. der Erwerb durch Schenkung auf den Todesfall (§ 3 Abs. 1 Nr. 2 Satz 1 ErbStG),

3. der Erwerb durch Übergang des Anteils an einer Personengesellschaft auf die überlebenden Mitgesellschafter (Anwachsungserwerb) oder der Erwerb begünstigter Anteile an einer Kapitalgesellschaft aufgrund gesellschaftsvertraglicher Übertragungsverpflichtung (§ 3 Abs. 1 Nr. 2 Satz 2 ErbStG),

4. der Erwerb durch Vertrag zugunsten Dritter (§ 3 Abs. 1 Nr. 4 ErbStG),

5. der Übergang von Vermögen auf eine vom Erblasser angeordnete Stiftung (§ 3 Abs. 2 Nr. 1 ErbStG),

6. der Erwerb infolge Vollziehung einer vom Erblasser angeordneten Auflage oder infolge Erfüllung einer vom Erblasser gesetzten Bedingung (§ 3 Abs. 2 Nr. 2 ErbStG) oder

7. der Erwerb infolge Abfindung für einen Verzicht auf den entstandenen Pflichtteilsanspruch oder für die Ausschlagung einer Erbschaft, eines Erbersatzanspruchs oder eines Vermächtnisses oder für die Zurückweisung eines Rechts aus einem Vertrag zugunsten Dritter auf den Todesfall oder anstelle eines anderen in § 3 Abs. 1 ErbStG genannten Erwerbs (§ 3 Abs. 2 Nr. 4 ErbStG).

Die aufgeführten Erwerbstatbestände von Todes wegen stellen unzweifelhaft begünstigte Erwerbe i. S. der §§ 13a, 13b ErbStG dar.

Abgrenzend hierzu wird in R E 13b.1 Abs. 4 ErbStR 2011 richtigerweise betont, dass der Erblasser selbst von ihm stammendes begünstigtes Vermögen dem Erwerber zugewiesen haben muss, weshalb die Erwerbe nicht begünstigt sind, die ursprünglich – wie z. B. im Fall des Pflichtteilsanspruchs oder eines Geldvermächtnisses – auf eine Geldleistung gerichtet sind, auch wenn an Erfüllungs statt begünstigtes Vermögen übertragen wird. Auch ein Verschaffungsvermächtnis (§ 2170 BGB) ist danach nicht begünstigt, weil das erworbene Vermögen nicht vom Erblasser stammt.

Hinzuweisen ist aber darauf, dass die erbschaftsteuerliche Begünstigung nicht darüber entscheidet, ob es einkommensteuerlich durch den Erbfall zur Aufdeckung stiller Reserven kommt. Neben den im Erbauseinandersetzungserlass[366] abgehandelten einkommensteuerrelevanten Fällen gilt dies insbesondere auch für die unter Nr. 7 aufgeführten Abfindungen.

---
365 Siehe hierzu BFH vom 03.11.2010 II R 65/09, BStBl 2011 II S. 123.
366 Siehe grundsätzlich BMF vom 14.03.2006, BStBl 2006 I S. 253.

5.5 Ansatz von Betriebsvermögen

Die erbschaftsteuerliche Abgrenzung zwischen begünstigten Abfindungen und den nach R E 13b.1 Abs. 4 ErbStR 2011 aufgeführten nicht begünstigten Erwerben verleitet dazu, gestalterisch den Weg der begünstigten Abfindung nach § 3 Abs. 2 Nr. 4 ErbStG zu gehen, negiert aber die auch damit verbundenen einkommensteuerlichen Risiken. Werden nämlich Pflichtteilsansprüche[367] oder Zugewinnausgleichsansprüche[368] durch Hingabe von Wirtschaftsgütern (Grundstücke, Beteiligungen) erfüllt, handelt es sich einkommensteuerrechtlich um ein entgeltliches Rechtsgeschäft. Die Entscheidung des BFH zum Pflichtteil betrifft zwar den Fall eines geltend gemachten Pflichtteilsanspruches; aus der Urteilsbegründung ergibt sich aber m. E., dass auch der Fall der Zahlung einer Abfindung für einen bereits entstandenen, aber nicht geltend gemachten Pflichtteilsanspruch einkommensteuerlich nicht anders beurteilt wird.

Beispiel 1:
Der Pflichtteilsberechtigte A erhält als Abfindung für den geltend gemachten Pflichtteil einen Anteil an einer GmbH von 30 %. Anschaffungskosten 100.000 € und gemeiner Wert/Verkehrswert 500.000 €. Erbschaftsteuerlich ist der Erwerb durch geltend gemachten Pflichtteil gem. § 3 Abs. 1 Nr. 1 ErbStG nicht begünstigt. Die Abfindung ist einkommensteuerlich zudem als Leistung an Erfüllungs Statt anzusehen und führt beim Erben zu einem im Teileinkünfteverfahren zu versteuernden Veräußerungsgewinn gem. § 17 EStG i. H. von 400.000 € × 60 % = 240.000 €.

Beispiel 2:
Der Pflichtteilsberechtigte A erhält als Abfindung für den entstandenen Pflichtteil einen Anteil an einer GmbH von 30 % und verzichtet im Gegenzug auf seinen Pflichtteilsanspruch. Erbschaftsteuerlich ist der Erwerb durch Abfindung gem. § 3 Abs. 2 Nr. 4 ErbStG begünstigt. Die Abfindung führt einkommensteuerlich aber auch in diesem Fall beim Erben zu einem im Teileinkünfteverfahren zu versteuernden Veräußerungsgewinn gem. § 17 EStG i. H. von 400.000 € × 60 % = 240.000 €.

Auch die Ausschlagung der Erbschaft gegen eine Abfindung steht zumindest nach Auffassung der Finanzverwaltung der entgeltlichen Veräußerung des Erbteils gleich.[369] In solchen Fällen dürften also den erbschaftsteuerlich begünstigten Abfindungen die einkommensteuerlichen Folgen i. d. R. entgegenstehen.

Eine ähnliche Aufzählung begünstigter Erwerbe enthält R E 13b.2 ErbStR 2011 für die Schenkungen unter Lebenden.

5.5.2 Begünstigtes Vermögen

5.5.2.1 Allgemeine Hinweise

Die Zugehörigkeit von Vermögensgegenständen zu einer wirtschaftlichen Einheit wird bereits im Rahmen der Bewertung dieser wirtschaftlichen Einheiten bestimmt

---
367 BFH vom 16.12.2004 III R 38/00, BStBl 2005 II S. 554.
368 BFH vom 21.03.2002 IV R 1/01, BStBl 2002 II S. 519.
369 BMF vom 14.03.2006, a. a. O., Tz. 37 unter Hinweis auf BFH-Urteil vom 20.04.2004, BStBl 2004 II S. 987.

und festgestellt. Da die Vermögensart und der festgestellte Wert Gegenstand des Feststellungsbescheids (§ 182 Abs. 1 Satz 1 AO) sind, werden diese Feststellungen vom Erbschaftsteuerfinanzamt übernommen. Der bewertungsrechtlichen Bestimmung der Vermögensart folgend sind nach § 13b Abs. 1 ErbStG drei Vermögensgruppen begünstigt:

1. Land- und forstwirtschaftliches Vermögen (Abs. 4 Nr. 1),
2. Betriebsvermögen (Abs. 4 Nr. 2),
3. Anteile an Kapitalgesellschaften (Abs. 4 Nr. 3).

Für diese Vermögensgruppen hat das Erbschaftsteuerfinanzamt auf der Basis der Feststellungsbescheide zu entscheiden, ob begünstigtes Vermögen vorliegt.

5.5.2.2 Begünstigtes land- und forstwirtschaftliches Vermögen

Begünstigt ist gem. § 13b Abs. 1 Nr. 1 ErbStG der inländische Wirtschaftsteil des land- und forstwirtschaftlichen Vermögens, allerdings **mit Ausnahme der Stückländereien** (§ 168 Abs. 2 BewG). Da der Wohnteil und die Betriebswohnungen nicht zum Wirtschaftsteil der Land- und Forstwirtschaft gehören, scheiden diese ebenfalls aus.

Begünstigt sind darüber hinaus auch selbst bewirtschaftete Grundstücke i. S. des § 159 BewG. Damit gilt die Begünstigung auch für land- und forstwirtschaftliche Flächen, die aufgrund der Vorschriften des § 159 BewG als **Grundvermögen** bewertet werden. Die Begünstigung wird gewährt, da die Flächen dennoch land- und forstwirtschaftlichen Zwecken dienen (R E 13b.4 Abs. 2 und 3 ErbStR 2011). Voraussetzung ist allerdings eine Eigenbewirtschaftung, sodass dem Grundvermögen zugewiesene verpachtete Flächen von der Begünstigung nicht erfasst werden.

Beispiel:
V übereignet S einen landwirtschaftlichen Betrieb. Der Grundbesitzwert beträgt 660.000 €. Er setzt sich wie folgt zusammen:

Betriebswert (§ 160 Abs. 1 Nr. 1, § 163 BewG)	600.000 €
Wert der Betriebswohnung (§ 160 Abs. 1 Nr. 2, § 167 BewG)	270.000 €
Wert des Wohnteils (§ 160 Abs. 1 Nr. 3, § 167 BewG)	340.000 €
§ 13b Abs. 1 Nr. 1 ErbStG erfasst nur den Betriebsteil, also	600.000 €

Das begünstigte land- und forstwirtschaftliche Vermögen muss im Zeitpunkt der Steuerentstehung als solches vom Erblasser oder Schenker auf den Erwerber übergehen und in der Hand des Erwerbers entweder land- und forstwirtschaftliches Vermögen oder selbst bewirtschaftete Grundstücke i. S. des § 159 BewG bleiben.

In Anlehnung an schon zu § 13a ErbStG a. F. ergangene Rechtsprechung des EuGH[370] ist zudem entsprechendes land- und forstwirtschaftliches Vermögen, das einer Betriebsstätte in einem Mitgliedstaat der Europäischen Union oder des Euro-

---

370 EuGH vom 17.01.2008 Rs. C-256/06, DStRE 2008 S. 174 = HFR 2008 S. 405, und vom 02.10.2008 Rs. C-360/06, HFR 2008 S. 1299; FinMin Baden-Württemberg vom 16.07.2008, DStR 2008 S. 1537; siehe auch Thömmes, IWB 2008 Fach 11A Rechtsprechung S. 1199, Ribbrock, BB 2009 S. 372.

päischen Wirtschaftsraums (EU plus Norwegen, Island, Liechtenstein) dient, von der Begünstigung erfasst.

5.5.2.3 Begünstigtes Betriebsvermögen

§ 13a Abs. 1 i. V. m. § 13b Abs. 1 Nr. 2 ErbStG begünstigt **inländisches Betriebsvermögen i. S. der §§ 95 bis 97 BewG** beim

- Erwerb eines ganzen Gewerbebetriebs,
- eines Teilbetriebs,
- eines Anteils an einer Gesellschaft i. S. des § 15 Abs. 1 Nr. 2 und Abs. 3 oder § 18 Abs. 4 EStG oder eines Anteils daran
- sowie eines Anteils eines persönlich haftenden Gesellschafters einer KGaA oder eines Anteils daran.

In Anlehnung an schon zu § 13a ErbStG a. F. ergangene Rechtsprechung des EuGH (siehe die Ausführungen zur Land- und Forstwirtschaft) ist auch entsprechendes Betriebsvermögen, das einer Betriebsstätte in einem Mitgliedstaat der Europäischen Union oder des Europäischen Wirtschaftsraums (EU plus Norwegen, Island, Liechtenstein) dient, von der Begünstigung erfasst.

Nicht begünstigt ist der Erwerb ausländischen Betriebsvermögens in Drittstaaten. Hierzu gehört auch das Betriebsvermögen von Gewerbebetrieben, deren wirtschaftliche Einheit sich ausschließlich auf Drittstaaten erstreckt, und das Vermögen einer in einem Drittstaat belegenen Betriebsstätte eines inländischen Gewerbebetriebs. Begünstigt ist dagegen ausländisches Betriebsvermögen in Drittstaaten, wenn es Teil einer inländischen wirtschaftlichen Einheit oder einer wirtschaftlichen Einheit des Betriebsvermögens in einem Mitgliedstaat der Europäischen Union oder in einem Staat des Europäischen Wirtschaftsraums ist (R E 13b.5 Abs. 4 ErbStR 2011 und H E 13b.5, 13b.6 ErbStH 2011).

a) Erwerb von Betriebsvermögen

Begünstigt ist der Erwerb von inländischem Betriebsvermögen i. S. des § 12 Abs. 5 ErbStG, welches im Zeitpunkt der Steuerentstehung als solches vom Erblasser oder Schenker auf den Erwerber übergeht und in der Hand des Erwerbers inländisches Betriebsvermögen bleibt.[371] Diese Aussage dürfte zwar dem Sinn des Gesetzes entsprechen, ist aber ungenau, weil sie die Voraussetzungen des § 13b Abs. 1 und des § 13a Abs. 5 ErbStG vermengt.[372] Der Gesetzeswortlaut („beim Erwerb") legt es vielmehr nahe, von vornherein auf den Schenkungsgegenstand in der Hand des Erwerbers abzustellen.[373] Für die Ansicht der Finanzverwaltung könnte letztlich

---

371 Abschn. 20 Abs. 1 AEErbSt; siehe auch FG Nürnberg, DStRE 2002 S. 576; Scholten/Korezkij, DStR 2009 S. 73 ff.
372 So schon zur alten Fassung Münch, ZEV 1998 S. 8; DStR 2002 S. 1025.
373 So auch Messner, ZEV 2002 S. 50; insgesamt kritisch Hübner, DStR 2003 S. 4.

5 Wertermittlung

sprechen, dass ausgehend von den bewertungsrechtlichen Feststellungen zunächst von begünstigtem Vermögen auszugehen ist und nach dem Erwerb Behaltensregelung und Lohnsummenklausel zu prüfen sind.[374] Die Betriebsvermögenseigenschaft wird nach ertragsteuerlichen Gesichtspunkten beurteilt. Zum Betriebsvermögen gehört insbesondere das einem Gewerbebetrieb dienende Vermögen (§ 95 BewG) und das dem Gewerbebetrieb gleichstehende Vermögen, das der Ausübung eines freien Berufs dient (§ 96 BewG), unter der Voraussetzung, dass dieses Vermögen bei der steuerlichen Gewinnermittlung zum Betriebsvermögen gehört.

Grundstücke oder Grundstücksteile sind daher Teil des begünstigten Betriebsvermögens, soweit sie bei der Bewertung des Betriebsvermögens zum Umfang der wirtschaftlichen Einheit gehören und diese Eigenschaft auf den Erwerber übergeht. Grundbesitz der in § 97 Abs. 1 Satz 1 Nr. 5 BewG bezeichneten inländischen Körperschaften, Personenvereinigungen und Vermögensmassen gehört grundsätzlich kraft Rechtsform zum Betriebsvermögen.

Ein zum Gesamthandsvermögen einer Personengesellschaft i. S. des § 97 Abs. 1 Satz 1 Nr. 5 BewG gehörendes Grundstück kann nach § 99 BewG allerdings nicht Betriebsvermögen sein, wenn es ausschließlich oder fast ausschließlich der privaten Lebensführung eines, mehrerer oder aller Gesellschafter dient.

Trotz der Orientierung des § 13b Abs. 1 ErbStG am Ertragsteuerrecht dürfte im Einzelfall allerdings immer noch zweifelhaft sein, ob die Begriffe „ganzer Gewerbebetrieb", „Teilbetrieb" oder „Beteiligung an einer Personengesellschaft" nach ertragsteuerlichen Grundsätzen abzugrenzen sind (so R E 13b.5 Abs. 1 ErbStR 2011) oder erbschaftsteuerlich unter Berücksichtigung des Zweckes der Fortführung von Betrieben abweichend vom Ertragsteuerrecht weiter zu verstehen sind. Irritierend wirken hier insbesondere zwei Urteile des BFH.[375] In den Entscheidungsgründen des Urteils lässt der BFH erkennen, dass die aus seiner Sicht gebotene Vergleichbarkeit des Erwerbs im Weg einer vorweggenommenen Erbfolge mit einem Erbfall beinhaltet, **dass das begünstigte Vermögen insgesamt übertragen werden muss.**[376]

Aufgrund dieser Interpretation wurde sogar hinterfragt, ob die Formulierung „... oder eines Anteils daran" sich nur auf die Anteile eines persönlich haftenden Gesellschafters einer KGaA oder auf alle Mitunternehmeranteile bezieht.[377]

---

374 So auch wohl BFH vom 27.05.2009, BStBl 2009 II S. 852; siehe hierzu auch die Ausführungen unter f.
375 BFH vom 25.01.2001, BStBl 2001 II S. 414, und vom 20.03.2002, BStBl 2002 II S. 441.
376 Vgl. Viskorf, ZEV 2001 S. 166; Möslang, DStR 2001 S. 575.
377 Für Letzteres m. E. überzeugend Daragan, DB 2001 S. 1000; Geck, DStR 2002 S. 41; und wie selbstverständlich die Verwaltung in R 51 Abs. 3 Satz 3 ErbStR 2003; H 51 Abs. 3 Satz 2 ErbStH 2003.

5.5 Ansatz von Betriebsvermögen

Anzumerken ist allerdings, dass diese Rechtsprechung zu einem Zeitpunkt ergangen ist, in dem § 13a Abs. 1 ErbStG a. F. die „vorweggenommene Erbfolge" begünstigt hat, dieser Begriff danach und nicht zuletzt wegen der irritierenden Rechtsprechung des BFH vom Gesetzgeber durch den Begriff „Schenkung unter Lebenden" ersetzt worden ist und die Vorschrift dann durch das ErbStRG 2009 erneut reformiert worden ist. Es dürfte daher anzunehmen sein, dass die Rechtsprechung des BFH aufgrund der Gesetzesänderungen als überholt anzusehen ist.

In Anlehnung an den Wortlaut des § 136 Abs. 1 Nr. 2 ErbStG dürfte es eine Reihe von Fällen geben, in denen die Begünstigung unstreitig zu gewähren ist.

Beispiele:
- V übereignet S ein Einzelunternehmen. Er überträgt sämtliche Wirtschaftsgüter mit Ausnahme eines Computers (stille Reserven 1.000 €). Der zurückbehaltene Computer stellt keine wesentliche Betriebsgrundlage dar – also Erwerb eines ganzen Gewerbebetriebs durch S.
- V übereignet S ein Einzelunternehmen. Das für die Betriebsfortführung wichtige Betriebsgrundstück überträgt V nicht, sondern vermietet es an S. Das zurückbehaltene Grundstück ist eine wesentliche Betriebsgrundlage – also kein Erwerb eines ganzen Gewerbebetriebs durch S.
- V übereignet S eine Filiale mit einem eigenständigen Kundenkreis. Es handelt sich um den Erwerb eines Teilbetriebs.
- V und S sind Gesellschafter der V und S OHG. V übereignet S ein Grundstück, das an die OHG verpachtet ist. Es handelt sich nicht um den Erwerb eines Mitunternehmeranteils, sondern (nur) um den Erwerb von Sonderbetriebsvermögen.

Bei einem Übernahme- oder Kaufrechtsvermächtnis geht der BFH entgegen seiner früheren Rechtsprechung davon aus, dass Erwerbsgegenstand die aufschiebend bedingte Forderung des Vermächtnisnehmers gem. § 2174 BGB gegen den Beschwerten ist (Aufgabe der Rechtsprechung vom Gestaltungsrecht als Erwerbsgegenstand). Folge hieraus ist, dass die Forderung aus Übernahme- oder Kaufrechtsvermächtnissen nicht mit dem Steuerwert des vermachten Gegenstands zu bewerten ist, sondern mit dem gemeinen Wert. Ist gem. § 13a ErbStG begünstigtes Vermögen vermacht, stehen dem Vermächtnisnehmer die dort vorgesehenen Vergünstigungen aber auch bei einem Übernahme- oder Kaufrechtsvermächtnis zu.[378]

b) Einzelfragen zum Übergang eines Mitunternehmeranteils

Nach Ansicht der Finanzverwaltung (R E 13b.5 Abs. 6 ErbStR 2011) liegt – m. E. in Anlehnung an § 6 Abs. 3 EStG – ein begünstigter Anteil an einer Personengesellschaft i. S. des § 13a ErbStG vor, wenn

- eine Person in ein bestehendes Einzelunternehmen aufgenommen wird,
- ein Teil der Beteiligung an einer Personengesellschaft übertragen wird,
- der Schenker zusammen mit einem Teil seiner Beteiligung in entsprechendem quotalem Umfang sein Sonderbetriebsvermögen überträgt,

---
378 BFH vom 13.08.2008, BStBl 2008 II S. 982.

5 Wertermittlung

- der Schenker sein Sonderbetriebsvermögen in geringerem Umfang überträgt oder es insgesamt zurückbehält und das zurückbehaltene Sonderbetriebsvermögen weiterhin zum Betriebsvermögen derselben Personengesellschaft gehört
- sowie auch dann, wenn er es in größerem Umfang überträgt.

Andere Teilübertragungen eines Gewerbebetriebs oder die Übertragung einzelner Wirtschaftsgüter eines Betriebsvermögens sind nach Ansicht der Finanzverwaltung nicht begünstigt. Dies gilt insbesondere, wenn der Schenker wesentliche Betriebsgrundlagen zurückbehält oder auf andere Erwerber überträgt, wobei auch hier davon auszugehen sein dürfte, dass der Begriff der Wesentlichkeit den ertragsteuerlichen Wertungen zu § 6 Abs. 3 EStG entspricht.

Auch nach Ansicht des BFH ist der Erwerb einzelner Wirtschaftsgüter aus dem Sonderbetriebsvermögen des Gesellschafters einer Personengesellschaft nur begünstigt, wenn er unmittelbar mit dem Erwerb einer Gesellschaftsbeteiligung verbunden ist.[379]

Da sich die Finanzverwaltung mit ihrer Wertung in R E 13b.5 Abs. 3 ErbStR 2011 am Wortlaut des § 6 Abs. 3 EStG orientiert, könnte daraus zu folgern sein, dass sich die beschriebenen Fälle an einer unentgeltlichen Betriebsübertragung i. S. des § 6 Abs. 3 EStG orientieren.

Die sich daraus ergebende Abgrenzungsproblematik zwischen Ertragsteuerrecht und Erbschaftsteuerrecht lässt sich am Fall einer zeitgleichen Schenkung des Gesellschaftsanteils und der Überführung des Sonderbetriebsvermögens in eine Schwestergesellschaft aufzeigen. In einem Revisionsverfahren hat der BFH ertragsteuerlich zur Frage der Buchwertverknüpfung nach § 6 Abs. 3 EStG zu befinden, wenn das Sonderbetriebsvermögen nicht ebenfalls an den Erwerber übertragen wird. Das FG Schleswig-Holstein als Vorinstanz vertritt hierzu die Auffassung, dass die unentgeltliche Übertragung eines Mitunternehmeranteils im Wege der vorweggenommenen Erbfolge zeitgleich mit der Überführung von Sonderbetriebsvermögen in ein anderes Betriebsvermögen zum Buchwert nicht die Voraussetzungen des § 7 Abs. 1 EStDV a. F. bzw. des § 6 Abs. 3 EStG i. d. F. des StEntlG 1999/2000/2002 erfüllt.[380]

Auch nach Ansicht der Finanzverwaltung kommt es in einem solchen Fall einkommensteuerlich zu einer Aufdeckung der stillen Reserven. Insoweit sei auf Tz. 6, 7 des BMF-Schreibens vom 03.03.2005 verwiesen;[381] in Tz. 7 heißt es dort:

---

379 BFH vom 20.03.2002, BStBl 2002 II S. 441; FG München vom 20.11.2002, EFG 2003 S. 475; a. A. Götz, ZEV 2003 S. 346.
380 BFH vom 06.05.2010, BStBl 2011 II S. 261.
381 BMF vom 03.03.2005, BStBl 2005 I S. 458; vgl. zu Einzelfragen bereits vorher Strahl, KÖSDI 2002 S. 13168; Brandenberg, NWB 2002 Fach 3 S. 12037 ff.; Förster, FR 2002 S. 654; Brandenberg, DB 2003 S. 2593; Märkle, DStR 2001 S. 685, 689; siehe auch OFD Rheinland vom 18.12.2007, Kurzinformation ESt Nr. 001/2008.

5.5 Ansatz von Betriebsvermögen

"Wird im zeitlichen und sachlichen Zusammenhang mit der Übertragung des Mitunternehmeranteils (sog. Gesamtplanrechtsprechung)[382] funktional wesentliches Sonderbetriebsvermögen entnommen oder (z. B. nach § 6 Abs. 5 EStG) zum Buchwert in ein anderes Betriebsvermögen überführt oder übertragen, kann der Anteil am Gesamthandsvermögen nicht nach § 6 Abs. 3 EStG zum Buchwert übertragen werden. Die in dem Mitunternehmeranteil enthaltenen stillen Reserven sind in den Fällen, in denen das Sonderbetriebsvermögen zum Buchwert überführt oder übertragen wird, als laufender Gewinn zu versteuern, soweit ein Buchwertansatz nicht in Betracht kommt.

Beispiel:
Vater V ist Kommanditist bei der X-KG, an die er ein Grundstück (wesentliche Betriebsgrundlage) vermietet hatte. V überträgt im Juli 2009 seinen Kommanditanteil unentgeltlich auf seinen Sohn S. Bereits im März 2009 hat V das Grundstück nach § 6 Abs. 5 Satz 3 Nr. 2 EStG zum Buchwert auf die von ihm neu gegründete gewerblich geprägte Y-GmbH & Co. KG übertragen.

Die Buchwertübertragung des Grundstücks ist nach der sog. Gesamtplanrechtsprechung im Zusammenhang mit der Übertragung des Kommanditanteils nach § 6 Abs. 3 EStG zu beurteilen. Die Voraussetzungen für eine Buchwertübertragung nach § 6 Abs. 3 EStG liegen danach nicht vor, weil das Grundstück (wesentliche Betriebsgrundlage im Sonderbetriebsvermögen) nicht an den Sohn übertragen wurde. Ein Anwendungsfall von § 6 Abs. 3 Satz 2 EStG (unschädliches Zurückbehalten einer wesentlichen Betriebsgrundlage) liegt nicht vor, weil das Grundstück nicht mehr Sonderbetriebsvermögen der X-KG ist, sondern zum Betriebsvermögen der Y-GmbH & Co. KG gehört. V muss deshalb die stillen Reserven in seinem Kommanditanteil im Jahr 2003 als laufenden Gewinn versteuern. Der (zwingende) Buchwertansatz für das auf die GmbH & Co. KG übertragene Grundstück wird hiervon nicht berührt."

Wird auch für die erbschaftsteuerliche Wertung an § 6 Abs. 3 EStG angeknüpft, bedeutet dies, dass §§ 13a, 13b ErbStG für den Erwerb des Gesellschaftsanteils ebenfalls nicht in Betracht kommen. Dieser ist nicht gem. § 6 Abs. 3 EStG zu Buchwerten übergegangen, weil der Schenker wesentliche Betriebsgrundlagen „auf einen anderen Erwerber übertragen" hat. Da nicht auszuschließen ist, dass die Gesamtplanrechtsprechung des BFH auch im Erbschaftsteuerrecht gilt,[383] dürfte die zeitliche Trennung auch erbschaftsteuerlich ohne Bedeutung sein. Würde der Argumentation gefolgt, dass die erbschaftsteuerliche Wertung unter Berücksichtigung des Zweckes der Fortführung von Betrieben abweichend vom Ertragsteuerrecht zu verstehen ist, könnte hier im Einzelfall allerdings auch ein anderes Ergebnis vertreten werden.

Ausgehend von dem BMF-Schreiben zu Zweifelsfragen zu § 6 Abs. 3 EStG ergeben sich für die Anwendung der §§ 13a, 13b ErbStG im Fall einer Übernahme der ertragsteuerlichen Wertungen m. E. folgende Konsequenzen:

---
382 377 BFH-Urteil vom 06.09.2000, BStBl 2001 II S. 229.
383 Vgl. Hessisches FG vom 15.01.2008 – 1 K 3128/05 nv.

5 Wertermittlung

- Ein Gesellschaftsanteil von 40 % wird zu 100 % unentgeltlich übertragen und das Sonderbetriebsvermögen ebenfalls zu 100 %. **Rechtsfolgen:** Einkommensteuerrechtlich kommt § 6 Abs. 3 EStG und erbschaftsteuerrechtlich kommen §§ 13a, 13b ErbStG zur Anwendung.

- Ein Gesellschaftsanteil von 40 % wird zu 100 % unentgeltlich übertragen und das Sonderbetriebsvermögen (wesentliche Betriebsgrundlage) entnommen (Überführung in das Privatvermögen). **Rechtsfolgen:** Einkommensteuerrechtlich kommt § 6 Abs. 3 EStG nicht zur Anwendung, da nicht alle wesentlichen Betriebsgrundlagen auf einen Erwerber unentgeltlich übertragen und auch nicht unschädlich zurückbehalten werden. Es handelt sich vielmehr um eine Betriebsaufgabe gem. § 16 Abs. 3 EStG. Erbschaftsteuerrechtlich kommen §§ 13a, 13b ErbStG wegen des Vorliegens einer Betriebsaufgabe m. E. ebenfalls nicht zur Anwendung. Würde allerdings der Argumentation gefolgt, dass die erbschaftsteuerliche Wertung unter Berücksichtigung des Zweckes der Fortführung von Betrieben abweichend vom Ertragsteuerrecht zu verstehen ist, könnte hier allerdings auch ein anderes Ergebnis vertreten werden.

- Ein Gesellschaftsanteil von 40 % wird zu 100 % unentgeltlich übertragen und das Sonderbetriebsvermögen (wesentliche Betriebsgrundlage) nach § 6 Abs. 5 Satz 1 bis 3 EStG in ein anderes Betriebsvermögen überführt. **Rechtsfolgen:** Einkommensteuerrechtlich kommt § 6 Abs. 3 EStG nicht zur Anwendung, da nicht alle wesentlichen Betriebsgrundlagen auf einen Erwerber unentgeltlich übertragen bzw. nicht unschädlich zurückbehalten werden. Es handelt sich auch nicht um eine Betriebsaufgabe gem. § 16 Abs. 3 EStG, da nicht alle stille Reserven aufgedeckt werden. Die Übertragung des Gesellschaftsanteils führt daher zu laufendem Gewinn. Erbschaftsteuerrechtlich dürften §§ 13a, 13b ErbStG m. E. auch in diesem Fall nicht zur Anwendung kommen. Würde allerdings der Argumentation gefolgt, dass die erbschaftsteuerliche Wertung unter Berücksichtigung des Zweckes der Fortführung von Betrieben abweichend vom Ertragsteuerrecht zu verstehen ist, könnte allerdings auch in diesem Fall ein anderes Ergebnis vertreten werden.

- Ein Gesellschaftsanteil von 40 % wird zu 100 % unentgeltlich übertragen und das Sonderbetriebsvermögen (unwesentliche Betriebsgrundlage) entnommen (Überführung in das Privatvermögen). **Rechtsfolgen:** Einkommensteuerrechtlich kommt § 6 Abs. 3 EStG zur Anwendung, da alle wesentlichen Betriebsgrundlagen auf einen Erwerber unentgeltlich übertragen werden. Erbschaftsteuerrechtlich kommen §§ 13a, 13b ErbStG für das übertragene Vermögen zur Anwendung.

- Ein Gesellschaftsanteil von 40 % wird zu 100 % unentgeltlich übertragen und das Sonderbetriebsvermögen (unwesentliche Betriebsgrundlage) nach § 6 Abs. 5 Satz 1 bis 3 EStG in ein anderes Betriebsvermögen überführt. **Rechtsfolgen:** Einkommensteuerrechtlich kommt für das übertragene Vermögen § 6 Abs. 3 EStG zur Anwendung, da alle wesentlichen Betriebsgrundlagen auf einen Erwerber

5.5 Ansatz von Betriebsvermögen

unentgeltlich übertragen werden. Auch erbschaftsteuerrechtlich kommen §§ 13a, 13b ErbStG für das übertragene Vermögen zur Anwendung.

- Ein Gesellschaftsanteil von 40 % wird zu 50 % unentgeltlich übertragen und das wesentliche Sonderbetriebsvermögen ebenfalls zu 50 %. **Rechtsfolgen:** Einkommensteuerrechtlich kommt § 6 Abs. 3 EStG und erbschaftsteuerrechtlich kommen §§ 13a, 13b ErbStG zur Anwendung, wenn das restliche Sonderbetriebsvermögen beim Gesellschaftsanteil des Übertragenden verbleibt.

- Ein Gesellschaftsanteil von 40 % wird zu 50 % unentgeltlich übertragen und das wesentliche Sonderbetriebsvermögen ebenfalls zu 50 %. **Rechtsfolgen:** Einkommensteuerrechtlich kommt § 6 Abs. 3 EStG (mit Sperrfrist von 5 Jahren für übernommenen Mitunternehmeranteil) und erbschaftsteuerrechtlich kommen §§ 13a, 13b ErbStG zur Anwendung, zumindest dann, wenn das restliche Sonderbetriebsvermögen beim Gesellschaftsanteil des Übertragenden verbleibt.

- Ein Gesellschaftsanteil von 40 % wird zu 50 % unentgeltlich übertragen und das wesentliche Sonderbetriebsvermögen zu 100 %. **Rechtsfolgen:** Einkommensteuerrechtlich kommt § 6 Abs. 3 EStG für den Gesellschaftsanteil und für 50 % des Sonderbetriebsvermögens (mit Sperrfrist von 5 Jahren) zur Anwendung. Für die weiteren 50 % des Sonderbetriebsvermögens gilt Buchwertfortführung nach § 6 Abs. 5 Satz 3 Nr. 3 EStG (mit Sperrfrist von 3 Jahren nur, wenn insoweit keine Verbindlichkeiten übernommen werden. Erbschaftsteuerrechtlich kommen §§ 13a, 13b ErbStG m. E. zur Anwendung, da es sich dann um die Übertragung eines Mitunternehmeranteils handelt. Soweit Verbindlichkeiten übernommen werden, ändert sich m. E. an dieser Beurteilung nichts, da die Verbindlichkeiten als Gegenleistung/Leistungsauflage abgezogen werden.

- Ein Gesellschaftsanteil von 40 % wird nicht übertragen, sondern nur das wesentliche Sonderbetriebsvermögen zu 100 %. **Rechtsfolgen:** Einkommensteuerrechtlich kommt § 6 Abs. 3 EStG nicht zur Anwendung. Denkbar wäre eine Buchwertübertragung nach § 6 Abs. 5 Satz 3 EStG, wenn der Erwerber bereits Mitunternehmer war (Sperrfrist = 3 Jahre). Ist dies nicht der Fall, führt die Entnahme zu einem laufenden Entnahmegewinn im Sonderbetriebsvermögen. Erbschaftsteuerrechtlich kommen §§ 13a, 13b ErbStG nicht zur Anwendung, da es sich nur um die Übertragung eines einzelnen Wirtschaftsguts handelt.

Wird eine Beteiligung an einer Personengesellschaft unter freiem Widerrufsvorbehalt geschenkt, wird nach den Grundsätzen des Ertragsteuerrechts der Beschenkte wegen des Widerrufsvorbehalts nicht Mitunternehmer der Personengesellschaft. Wird diesen Grundsätzen auch für die Erbschaftsteuer gefolgt, erwirbt der Beschenkte nach Ansicht der Finanzverwaltung kein Betriebsvermögen, sodass folgerichtig § 13a ErbStG nicht anwendbar ist (so auch H E 13b.5 ErbStH 2011).

Auch die Rechtsprechung des BFH (zu § 13a ErbStG a. F.) verlangt, dass für die Gewährung der Vergünstigungen für die Übertragung von Betriebsvermögen die

5 Wertermittlung

Voraussetzungen einer Mitunternehmerschaft erfüllt sein müssen und dies grundsätzlich auch bei Schenkung eines Anteils an einer gewerblich geprägten Personengesellschaft in der Person des Beschenkten gilt. Kein privilegiertes Betriebsvermögen wird daher übertragen, wenn der Beschenkte weder Mitunternehmerinitiative entwickelt noch Mitunternehmerrisiko trägt. Dies ist nach Ansicht des BFH jedenfalls dann der Fall, wenn sich der Schenker bei Übertragung des Kommanditanteils und eines entsprechenden Anteils am variablen Kapitalkonto ein Nießbrauchsrecht sowie ein unbegrenztes Entnahmerecht vorbehält, das Stimmrecht des Beschenkten weitgehend eingeschränkt ist und dem Schenker vorsorglich Stimmrechtsvollmacht erteilt wird.[384] Nach Ansicht des BFH kann es auf sich beruhen, ob und inwieweit ein Nießbrauch, mit dem der Anteil an einer Personengesellschaft belastet ist und dessen Ausgestaltung nicht von den inhaltlichen Vorgaben des BGB abweicht, überhaupt dazu berechtigt, die Mitverwaltungsrechte und das Stimmrecht des Gesellschafters wahrzunehmen; denn ein nach den Vorgaben des BGB ausgestalteter Nießbrauch lasse jedenfalls die Mitunternehmerinitiative des Nießbrauchsbestellers nicht entfallen.[385] Wenn die Vertragspartner jedoch über die Vorgaben des BGB hinaus bestimmen, dass die Gesellschafterrechte von den Eltern als Nießbraucher wahrgenommen werden und die Eltern sich deren Ausübung vorbehalten bzw. „vorsorglich" über eine Stimmrechtsvollmacht absichern, sieht er die Position der Kinder in der KG als so geschwächt an, dass von einer Mitunternehmerschaft nicht mehr gesprochen werden kann.

Daher ist auch der Ansicht des FG Köln zuzustimmen, wonach § 13a ErbStG bei einer Schenkung unter Lebenden auch bei Einräumung eines Nießbrauchs zugunsten des Schenkers zu gewähren ist, wenn der Nießbrauch so gestaltet ist, dass dem Beschenkten Mitunternehmerinitiative verbleibt.[386] Die Tatsache, dass sich der Schenker das Nießbrauchsrecht an übertragenen Gesellschaftsanteilen vorbehalten hat, hält das FG für begünstigungsunschädlich, da die Beschenkten Mitunternehmerinitiative hätten. Diese Voraussetzung sei erfüllt, wenn der Beschenkte (Nießbrauchsbesteller) – ggf. auch neben dem Nießbraucher – ertragsteuerlich Mitunternehmer ist und der Nießbrauch nicht so extrem ausgestaltet wird, dass dem Beschenkten keine Mitunternehmerinitiative mehr verbleibt.

Die Voraussetzungen für eine Übertragung von erbschaft- und schenkungsteuerlich privilegiertem Betriebsvermögen nach § 13a ErbStG liegen auch nicht vor, wenn ein bisher im Alleineigentum des Schenkers stehendes und zum Sonderbetriebsvermögen einer KG gehörendes Betriebsgrundstück im Rahmen einer Schenkung unter Lebenden übertragen und gleichzeitig die vom Schenker in der KG bisher eingenom-

---
384 BFH vom 10.12.2008 II R 32/08, BFH/NV 2009 S. 774.
385 So BFH vom 06.09.1994, BStBl 1995 II S. 241 (245).
386 FG Köln vom 07.04.2003 – 9 K 3558/98; vgl. auch FinMin Baden-Württemberg vom 04.01.2000, DStR 2000 S. 248; siehe auch H 61 Abs. 1 und H 63 ErbStH 2003.

5.5 Ansatz von Betriebsvermögen

mene Stellung als persönlich haftender Gesellschafter durch eine vom Beschenkten neu gegründete und von diesem allein beherrschte GmbH übernommen wird.[387]

Die Betriebsvermögensprivilegien nach § 13a Abs. 1 und 2 ErbStG sind nach Auffassung des BFH auch nicht auf den Erwerb einzelner Wirtschaftsgüter wie Kapitalkonten oder Forderungsrechte anwendbar. Die Aufzählung für begünstigtes Betriebsvermögen in § 13a Abs. 4 Nr. 1 ErbStG a. F. ist abschließend und insbesondere nicht auf den Erwerb einzelner Wirtschaftsgüter des Betriebsvermögens anwendbar. Dies gilt auch für die Kapitalkonten einer Personengesellschaft, und zwar unabhängig davon, ob sie gesellschaftsrechtlich Forderungs- und Schuldcharakter oder Einlagencharakter haben.[388]

§ 13a ErbStG kommt schließlich auch nicht zum Zuge, wenn eine in Gründung befindliche GmbH & Co. KG, an der eine natürliche Person beteiligt ist und die kein Handelsgewerbe betreibt, vor ihrer Eintragung in das Handelsregister als gewerblich geprägte Personengesellschaft übertragen wird.[389] Der BFH teilt damit die Ansicht der Finanzverwaltung, die ebenfalls davon ausgeht, dass im Fall der Gründung einer vermögensverwaltenden GmbH & Co. KG, an der auch natürliche Personen als Kommanditisten beteiligt werden und bei der ausschließlich eine oder mehrere Kapitalgesellschaften persönlich haftende Gesellschafter sind und nur diese oder Personen, die nicht Gesellschafter sind, zur Geschäftsführung befugt sind, die Rechtsfolgen des § 15 Abs. 3 Nr. 2 EStG („gewerbliche Prägung") erst mit der Eintragung der KG in das Handelsregister eintreten. Verwiesen wird insoweit auf § 161 Abs. 2 HGB, der bestimmt, dass die für die OHG geltenden Vorschriften auf die KG Anwendung finden, soweit nichts anderes vorgeschrieben ist. Die §§ 105 bis 108 HGB über die Errichtung der Gesellschaft gelten mithin gleichermaßen für die KG. Gemäß § 105 Abs. 2 HGB ist eine Personengesellschaft, die ausschließlich eigenes Vermögen verwaltet, erst mit Eintragung in das Handelsregister als Personenhandelsgesellschaft anzusehen (vgl. § 176 Abs. 1 Satz 2 HGB). Bis zur Eintragung handelt es sich um eine Gesellschaft i. S. des § 705 BGB, bei der alle Gesellschafter unbeschränkt haften und die Voraussetzungen des § 15 Abs. 3 Nr. 2 EStG mithin noch nicht erfüllt sind. Wird ein solcher Kommanditanteil von einer natürlichen Person vor ihrer Eintragung in das Handelsregister verschenkt oder vererbt, handelt es sich nicht um begünstigtes Betriebsvermögen i. S. des § 13a Abs. 4 Nr. 1 ErbStG.[390]

---

387 FG Münster, DStRE 2008 S. 365.
388 BFH vom 15.03.2006 II R 74/04, BFH/NV 2006 S. 1663.
389 BFH vom 04.02.2009, BStBl 2009 II S. 600.
390 FinMin Baden-Württemberg, vom 11.07.2008, DStR 2008 S. 1537; siehe auch Baumbach/Hopt, HGB, 26. Aufl. 2006, § 105 Rdnr. 12.

5 Wertermittlung

c) Mitunternehmerstellung bei Treuhandverhältnisse und stillen Beteiligungen

In einem koordinierten Ländererlass vom 28.06.2005[391] geht die Finanzverwaltung für den Fall der Übertragung eines treuhänderisch gehaltenen Vermögensgegenstands davon aus, dass hier

- Zuwendungsgegenstand der Herausgabeanspruch des Treugebers nach § 667 BGB gegen den Treuhänder auf Übereignung des Treugutes ist,

- dieser Herausgabeanspruch als Sachleistungsanspruch aus einem gegenseitigen Vertrag (Treuhandvertrag) mit dem gemeinen Wert zu bewerten ist und

- der Herausgabeanspruch nicht als begünstigtes Vermögen i. S. des § 13a Abs. 4 Nr. 1 und § 19a Abs. 2 Satz 1 Nr. 1 ErbStG zu behandeln ist.[392]

Im Zusammenhang mit dieser Erlassregelung waren weitere Fragen aufgetreten, die die Finanzverwaltung zu ergänzenden Stellungnahmen veranlasste. Für den Fall der Übertragung eines treuhänderisch gehaltenen Vermögensgegenstands ist danach zu beachten:[393]

- Ist im Treuhandvertrag und im Gesellschaftsvertrag festgelegt, dass die Treuhandschaft beim Tod des Treugebers bzw. bei Abtretung des Anspruchs aus dem Treuhandvertrag endet und der Erbe bzw. Beschenkte unmittelbar in die Gesellschafterstellung des (dann ehemaligen) Treuhänders eintritt, ist Zuwendungsgegenstand nicht der Herausgabeanspruch des Erwerbers gegen den Treuhänder gem. § 667 BGB, sondern die Gesellschaftsbeteiligung unmittelbar.

- Der auf eine Beteiligung an einer inländischen KG gerichtete Herausgabeanspruch des Erwerbers gegen den Treuhänder gem. § 667 BGB gehört stets zum inländischen Vermögen, unabhängig davon, ob sich das Vermögen der KG, z. B. ein Grundstück, im Inland oder Ausland befindet.

- Die im Treuhanderlass vom 28.06.2005 festgelegten Grundsätze sind auch auf Treuhandverhältnisse anzuwenden, bei denen der Treuhänder bei Abschluss des Treuhandvertrags die vermögensrechtlichen Ansprüche aus der treuhänderisch gehaltenen Beteiligung an den Treugeber abgetreten hat und der Treugeber jederzeit verlangen kann, dass die Beteiligung auf ihn übertragen wird.

Ergänzend hierzu – und im Zusammenhang mit treuhänderisch gehaltenen Vermögensgegenständen eher überraschend – nahm die Finanzverwaltung sodann auch zu der Frage Stellung, ob atypische Unterbeteiligungen an Personenunternehmen, bei denen der Unterbeteiligte ertragsteuerlich als Mitunternehmer angesehen wird,

---

391 Siehe FinMin Baden-Württemberg vom 27.06.2005, DB 2005 S. 1493.
392 Geändert durch Erlass vom 02.11.2010 – 3 – S 3806/51.
393 Vgl. OFD Münster und Rheinland vom 30.03.2007, Kurzinformation Sonstige Besitz- und Verkehrsteuern Nr. 001/2007, DStR 2007 S. 1125; FinMin Baden-Württemberg vom 16.02.2007, DStR 2007 S. 627.

5.5 Ansatz von Betriebsvermögen

begünstigtes Vermögen i. S. des § 13a Abs. 4 Nr. 1 ErbStG a. F. darstellen. Dabei wird davon ausgegangen,[394]

- dass die Unterbeteiligung bürgerlich-rechtlich eine Innengesellschaft (GbR) in der Form einer mittelbaren Beteiligung an einer Personengesellschaft ist, bei der der Unterbeteiligte sich nicht direkt an der Hauptgesellschaft, sondern nur am Anteil eines Gesellschafters beteiligt, und

- dass ertragsteuerrechtlich bei einer atypischen Unterbeteiligung der Beteiligte nicht nur am Gewinn-/Verlustanteil des Hauptbeteiligten, sondern auch an dessen Anteil an den Vermögenswerten der Hauptgesellschaft beteiligt ist, er somit ertragsteuerlich als Mitunternehmer anzusehen ist und seine Gewinn-/Verlustanteile zur gleichen Einkunftsart wie die des Hauptbeteiligten gehören.[395]

Für die Frage, wie die atypische Unterbeteiligung für Zwecke der Erbschaft- und Schenkungsteuer zu bewerten ist, geht die Finanzverwaltung zu Recht davon aus, dass hierfür auf die Hauptgesellschaft abgestellt werden muss. Da deren Vermögen bei Beteiligungen an gewerblich tätigen oder geprägten Personengesellschaften regelmäßig Betriebsvermögen ist, gilt für die Bewertung § 12 Abs. 5 ErbStG.

Trotz dieser Einordnung wollte die Finanzverwaltung allerdings sowohl bei der Übertragung einer atypischen Unterbeteiligung als auch bei der Übertragung einer atypisch stillen Beteiligung kein begünstigtes Vermögen i. S. des § 13a ErbStG a. F. annehmen, weil es sich hier nicht um eine Beteiligung an einer Gesellschaft, sondern um eine Beteiligung an einem Anteil an Vermögenswerten handele und daher nur eine nicht hinreichende mittelbare Beteiligung am Gesellschaftsvermögen der Hauptgesellschaft vorliege, die zur Anwendung der Grundsätze der Übertragung von Einzelwirtschaftsgütern führe. Eine entsprechende Klarstellung zu R 51 Abs. 1 ErbStR 2003 war bereits vorgesehen.

Diese Beurteilung stieß zu Recht auf erhebliche Kritik.[396] Sie stand auch im Widerspruch zur Rechtsprechung des BFH, der – wenn auch nicht entscheidungserheblich – davon ausgeht, dass die atypische Unterbeteiligung Gegenstand einer Schenkung sein kann.[397]

Die Finanzverwaltung ist von ihrer Auffassung ebenso überraschend wieder abgerückt und erkennt die Steuervergünstigung für Betriebsvermögen nach §§ 13a, 19a ErbStG a. F. für mitunternehmerische stille Beteiligungen und Unterbeteiligungen nun wieder an.[398] Dies gilt damit auch für die Neufassung der §§ 13a und 13b ErbStG. Sowohl bei atypisch stillen Beteiligungen als auch bei atypisch stillen

---

394 OFD Münster und Rheinland vom 30.03.2007, Kurzinformation Sonstige Besitz- und Verkehrsteuern Nr. 001/2007, DStR 2007 S. 1125.
395 OFD Münster vom 30.03.2007, a. a. O.
396 Vgl. Wälzholz, ZEV 2007 S. 369.
397 BFH vom 16.01.2008, BStBl 2008 II S. 631.
398 FinMin Bayern vom 23.03.2009, DStR 2009 S. 908.

5 Wertermittlung

Unterbeteiligungen kann es sich damit bei Vorliegen der ertragsteuerlichen Voraussetzungen um erbschaftsteuerlich begünstigtes Vermögen i. S. von §§ 13a, 13b, 19a ErbStG a. F. und n. F. handeln. Auch das FinMin Baden-Württemberg geht nunmehr davon aus, dass es sich beim Treugut um nach § 13b ErStG begüngstigtes Vermögen handeln kann.[399]

Nach Ansicht des FG Köln[400] sind die Begriffe „Gewerbebetrieb", „Teilbetrieb" und „Anteil an einer Gesellschaft i. S. des § 15 Abs. 1 Nr. 2 und Abs. 3 EStG" – wie sich bereits aus der Verweisung des § 13a Abs. 4 Nr. 1 ErbStG a. F. auf die Vorschriften des EStG ergibt – nach ertragsteuerrechtlichen Grundsätzen abzugrenzen und auszulegen.[401] Das FG Köln hat die Revision wegen grundsätzlicher Bedeutung der in der Rechtsprechung offengebliebenen und in der Literatur umstrittenen Rechtsfrage, ob die Annahme einer zur Mitunternehmerschaft führenden atypisch stillen Beteiligung zwingend voraussetzt, dass neben einer Teilhabe des stillen Gesellschafters an den stillen Reserven einschließlich des Firmenwerts im Fall der Beendigung der Gesellschaft zusätzlich eine Beteiligung an deren laufendem Gewinn vereinbart ist, zugelassen.

Im Revisionsverfahren hat der BFH diese Frage allerdings nicht entscheiden müssen, da er in der freigebige Zuwendung des Kommanditanteils eine Schenkung unter der aufschiebenden Bedingung der Eintragung des Beschenkten als Kommanditist in das Handelsregister sah, die schenkungsteuerlich bis zum Bedingungseintritt nicht zu berücksichtigen ist.[402]

Darüber hinaus ist zu beachten, dass dann, wenn das Mitunternehmerrisiko des stillen Gesellschafters in signifikantem Umfang beschränkt wird (z. B. keine Teilhabe am Verlust), seine Mitunternehmerqualifikation voraussetzt, dass seine Initiativbefugnisse in besonderem Maße ausgeprägt sind.[403]

d) Gewillkürtes Betriebsvermögen

Auch gewillkürtes Betriebsvermögen ist begünstigt. Insoweit kann gestalterisch zu erwägen sein, das Betriebsvermögen durch Einlage von Wirtschaftsgütern zu erweitern, für die bis zum Ende der Behaltenszeit keine oder nur geringe Wertsteigerungen zu erwarten sind oder die ohnehin bereits ertragsteuerrechtlich steuerverstrickt sind, wie etwa eine Beteiligung an einer Kapitalgesellschaft i. S. des § 17 EStG von nicht mehr als 25 % (kein § 13a ErbStG), aber mindestens 1 % (Anwendung des § 17 EStG im Privatvermögen), wobei allerdings zu bedenken ist, dass Beteiligun-

---

399 FinMin Baden-Württemberg vom 02.11.2011 – 3 – S 3806/51.
400 FG Köln vom 14.11.2006 – 9 K 2612/04, EFG 2007 S. 273.
401 Siehe auch FG München vom 30.07.2003 – 4 K 1388/02, EFG 2004 S. 129; FG Münster vom 14.10.2004 – 3 K 6104/02, EFG 2005 S. 290 mit Anmerkung Wefers in ErbStB 2005 S. 35, sowie R E 13b.5 Abs. 1 ErbStR 2011.
402 BFH vom 30.11.2009 II R 70/06, BFH/NV 2010 S. 900.
403 BFH vom 07.11.2006 VIII R 5/04, BFH/NV 2007 S. 906.

5.5 Ansatz von Betriebsvermögen

gen im Betriebsvermögen von nicht mehr als 25 % nach § 13b Abs. 2 Nr. 2 ErbStG zum Verwaltungsvermögen gehören (siehe unten). Nach Auffassung des BFH können auch Freiberufler gewillkürtes Betriebsvermögen bilden[404] und demnach von dieser Gestaltungsmöglichkeit Gebrauch machen.

e) Mittelbarer Erwerb von Betriebsvermögen

Nach Auffassung der Finanzverwaltung und der wohl überwiegenden Auffassung im Schrifttum ist es erforderlich, dass der zu übertragende Gegenstand durchgehend sowohl beim Schenker/Erblasser als auch beim Erwerber Betriebsvermögen darstellt. Ein auch nur zeitweiliger Wechsel der Vermögensart in das Privatvermögen gilt als schädlich (R E 13b.5 Abs. 1 ErbStR 2011).

Bei der mittelbaren Schenkung von Betriebsvermögen ist Zuwendungsgegenstand nicht der vom Schenker gegebene Geldbetrag, sondern das damit erworbene Betriebsvermögen. Folgerichtig müsste § 13a ErbStG anwendbar sein. Zu § 13a ErbStG a. F. gingen die Meinungen hierzu jedoch auseinander. Die Anwendung des § 13a ErbStG a. F. konnte nämlich scheitern, weil nicht Betriebsvermögen aus der Hand des Schenkers erworben wird. Die Verwaltung (R 56 Abs. 2 ErbStR 2003) hatte differenziert: Die mittelbare Schenkung war danach nicht begünstigt, wenn die Beteiligung am Vermögen eines Dritten erfolgen soll.[405] Sie sollte demgegenüber begünstigt sein, wenn der Beschenkte sich am Vermögen des Schenkers beteiligen soll. Wird insoweit auf den Schenkungsgegenstand in der Hand des Erwerbers abgestellt, ist § 13a ErbStG grundsätzlich anwendbar.[406] Diese Überlegungen gelten aber nicht mehr ab 2009. Nunmehr heißt es nämlich in R E 13b.2 Abs. 2 ErbStR 2011, dass nur der unmittelbare Übergang von Betriebsvermögen begünstigt ist. Notwendig ist daher der Erwerb durch den Schenker selbst und die anschließende Schenkung an den Erwerber.

f) Betriebsvermögenseigenschaft bei freiberuflicher Tätigkeit

Die Eigenschaft als Betriebsvermögen geht nach Auffassung des BFH nicht allein deshalb verloren, weil die künstlerische Tätigkeit aufgrund ihrer höchstpersönlichen Natur von den Erben nicht fortgesetzt werden kann.[407]

Beispiel (nach BFH):
K ist Alleinerbin ihres Vaters V, eines freiberuflich tätigen Kunstmalers. Der Nachlass des V umfasste auch sein Betriebsvermögen, zu dem u. a. von V angefertigte Ölbilder, Arbeiten auf Papier und Radierungen gehörten.
Der BFH führt aus, das nur solches Betriebsvermögen begünstigt ist, das diese Eigenschaft durchgehend sowohl beim bisherigen Rechtsträger als auch beim neuen Rechtsträger (Erwerber) aufweist. Dies ergibt sich für die Erwerberseite bereits aus

---

404 BFH vom 02.10.2003, BStBl 2004 II S. 985.
405 So auch FG Münster vom 18.10.2001, EFG 2002 S. 338 zu § 13a Abs. 4 Nr. 3 ErbStG.
406 Siehe auch Hübner, DStR 2003 S. 4.
407 BFH vom 27.05.2009, BStBl 2009 II S. 852.

dem Begünstigungszweck der Vorschrift sowie den Behaltensregeln (§ 13a Abs. 5 ErbStG); für die Seite des Erblassers bzw. Schenkers folgt dies aus dem Gleichheitssatz des Art. 3 GG. Der Erwerb des Betriebsvermögens des V durch K von Todes wegen erfüllt die Begünstigungsvoraussetzungen. Das Betriebsvermögen des V ist nicht aufgrund dessen Tod Privatvermögen geworden. Ertragsteuerlich wird beim Tod eines selbständig tätigen Künstlers dessen Betrieb nicht „zwangsweise" aufgegeben, sondern geht trotz der höchstpersönlichen Natur der künstlerischen Tätigkeit als freiberuflicher Betrieb auf die Erben über. Das Betriebsvermögen wird daher nicht zwangsläufig notwendiges Privatvermögen Die mit dem Tod des freiberuflichen Künstlers verbundene Betriebseinstellung ist noch keine Betriebsaufgabe.[408]

Nach Ansicht des BFH ist aber sodann zu prüfen, ob der Freibetrag gem. § 13a Abs. 5 ErbStG a. F. ganz oder teilweise mit Wirkung für die Vergangenheit weggefallen ist. Sollte K innerhalb der Behaltensfrist des § 13a Abs. 5 ErbStG a. F. Bilder des V verkauft haben, liegt eine Veräußerung wesentlicher Betriebsgrundlagen i. S. des § 13a Abs. 5 Nr. 1 Satz 2 ErbStG a. F. vor. Nach der insoweit maßgeblichen ertragsteuerlichen Betrachtung gehören zu den wesentlichen Grundlagen eines Betriebs im Allgemeinen die Betriebsräume, der (bisherige) betriebliche Wirkungskreis (Betätigungsfeld und Kundschaft) und auch der Warenbestand, soweit er nicht in seiner konkreten Zusammensetzung jederzeit wieder kurzfristig beschaffbar ist. Diese Voraussetzungen sind für die von einem freiberuflichen Kunstmaler geschaffenen und zu seinem Nachlass gehörenden Kunstwerke zu bejahen. Hat K innerhalb der Behaltensfristen im Nachlass des V befindliche Kunstwerke veräußert, ist der Freibetrag nur in Höhe der Werte rückwirkend weggefallen, mit denen die Werke in die Bemessungsgrundlage der Erbschaftsteuer eingegangen sind. Eine innerhalb des Zeitraums von fünf Jahren nicht verwirklichte Veräußerungsabsicht spielt keine Rolle.

Da sich für die im Urteil des BFH behandelten Fragen durch die Neuregelungen keine Änderungen ergeben, wäre der Streitfall in diesen Punkten auch nach neuem Recht nicht anders zu entscheiden gewesen.

5.5.2.4 Begünstigung für Anteile an Kapitalgesellschaften

a) Umfang des begünstigten Vermögens

Begünstigt sind gem. § 13b Abs. 1 Nr. 3 ErbStG Anteile an Kapitalgesellschaften, wenn die Kapitalgesellschaft zur Zeit der Entstehung der Steuer Sitz oder Geschäftsleitung im Inland oder in einem Mitgliedstaat der Europäischen Union oder des Europäischen Wirtschaftsraums (EU plus Norwegen, Island, Liechtenstein) hat und der Übertragende zu **mehr als 25 %** am Stamm- oder Grundkapital der Kapitalgesellschaft **unmittelbar** beteiligt ist (siehe auch Abschn. 21 Abs. 1 AEErbSt).

Nicht erforderlich ist, dass die übertragene Beteiligung die Schwelle von 25 % überschreitet, um in die Verschonung zu gelangen. Sie muss lediglich aus einer Beteiligung von mehr als 25 % stammen.

---

408 BFH vom 29.04.1993, BStBl 1993 II S. 716, und vom 15.11.2006 XI R 6/06, BFH/NV 2007 S. 436; Brandt in Herrmann/Heuer/Raupach, § 18 EStG Rdnr. 332 (388).

5.5 Ansatz von Betriebsvermögen

Beispiel 1:
A ist mit 50 % unmittelbar an der X-GmbH beteiligt. Weitere 50 % hält B. A überträgt 25 % seiner Anteile im Jahr 01 auf Sohn S und 25 % seiner Anteile im Jahr 02 auf Tochter T.
Die Übertragung 01 an S ist nach § 13b Abs. 1 Satz 2 Nr. 3 ErbStG begünstigt, nicht hingegen die Übertragung 02 an T, da A zu diesem Zeitpunkt nicht mit mehr als 25 % beteiligt ist.

Beispiel 2:
A ist mit 50 % unmittelbar an der X-GmbH beteiligt. Weitere 50 % hält B. A überträgt 20 % seiner Anteile im Jahr 01 auf Sohn S und im Jahr 02 zeitgleich weitere 5 % seiner Anteile auf Sohn S und 25 % auf Tochter T.
Die Übertragung 01 an S ist nach § 13b Abs. 1 Satz 2 Nr. 3 ErbStG begünstigt, da A zum Zeitpunkt der Übertragung mit mehr als 25 % beteiligt ist. Ebenso ist die Übertragung 02 an S und T nach § 13b Abs. 1 Satz 2 Nr. 3 ErbStG begünstigt, da A auch zum Zeitpunkt dieser Übertragungen noch mit mehr als 25 % beteiligt war.

Beispiel 3:
A ist mit 10 % an der X-GmbH beteiligt und hält die Beteiligung im Betriebsvermögen seines Gewerbebetriebs. A überträgt den Gewerbebetrieb einschließlich der Beteiligung im Jahr 01 auf Sohn S.
Die Übertragung 01 an S ist nach § 13b Abs. 1 Satz 2 Nr. 2 ErbStG begünstigt. Auf eine Beteiligungsquote kommt es in § 13b Abs. 1 Satz 2 Nr. 2 ErbStG nicht an.

Mittelbar gehaltene Beteiligungen bleiben bei der Prüfung der Beteiligungshöhe grundsätzlich unberücksichtigt, da es nach dem eindeutigen Wortlaut des § 13b Abs. 1 Nr. 3 ErbStG auf die unmittelbare (Mindest-)Beteiligung ankommt. Demgemäß dürften beispielsweise die in einer vermögensverwaltenden GbR gehaltenen Anteile nicht begünstigt sein.[409]

Einbringungsgeborene Anteile sind nur begünstigungsfähig, wenn sie allein oder zusammen mit anderen unmittelbar vom Erblasser oder Schenker gehaltenen Anteilen die Mindestbeteiligungshöhe erfüllen. Wird nur ein aufgrund einer Kapitalerhöhung entstandenes Bezugsrecht übertragen, handelt es sich nicht um einen begünstigungsfähigen Anteil an einer Kapitalgesellschaft.

§ 13b Abs. 1 Nr. 3 ErbStG gilt nur für im Privatvermögen gehaltene Anteile. Werden die Anteile im Betriebsvermögen gehalten, gilt § 13b Abs. 1 Nr. 2 ErbStG. Übersteigt die im Betriebsvermögen gehaltene Beteiligung 25 % nicht, so gehört sie grundsätzlich zum (schädlichen) Verwaltungsvermögen (§ 13b Abs. 2 Satz 2 Nr. 2 ErbStG).

b) Eigene Anteile

Soweit eine **Gesellschaft eigene Anteile hält,** hat die Finanzverwaltung ihre bisherige Auffassung (R 53 Abs. 2 ErbStR 2003) gelockert und geht davon aus, dass eigene Anteile das Nennkapital der Gesellschaft mindern und die Beteiligungsquote des Gesellschafters entsprechend erhöhen (R E 13b.6 Abs. 2 ErbStR 2011).

---

409 Vgl. Langenfeld, ZEV 2009 S. 596.

5 Wertermittlung

Nennkapital ist bei der GmbH der Nennbetrag des Stammkapitals und bei der AG der Nennbetrag des Grundkapitals. Unterbeteiligungen oder über eine andere Kapitalgesellschaft oder eine Personengesellschaft gehaltene mittelbare Beteiligungen des Erblassers oder Schenkers sind selbst nicht begünstigt und bleiben bei der Prüfung seiner Beteiligungshöhe vorbehaltlich R E 13b.6 Abs. 3 bis 6 ErbStR 2011 unberücksichtigt.

Beispiel:
A ist mit 20 % unmittelbar an der X-GmbH beteiligt. Weitere 50 % hält B. Die restlichen 30 % hält die X-GmbH selbst. Ist die Übertragung der GmbH gem. § 13a Abs. 1 i. V. m. § 13b Abs. 4 ErbStG begünstigt?

Da die von der X-GmbH selbst gehaltenen Anteile nicht mitzählen, ist A unmittelbar mit 20/70 = 28,57 % an der GmbH beteiligt und erfüllt damit die Voraussetzungen des § 13b Abs. 1 Nr. 2 Satz 1 ErbStG. Die Prüfung eines Poolvertrages für die Begünstigung nach § 13b Abs. 2 Nr. 2 Satz 2 ErbStG ist entbehrlich.

c) Poolvereinbarung

Erreicht ein Gesellschafter nicht die erforderliche Mindestbeteiligungsquote von (unmittelbar) mehr als 25 %, sind seine Anteile dennoch in die Verschonungsregelung einzubeziehen, wenn die Voraussetzungen einer Poolvereinbarung i. S. des § 13b Abs. 1 Nr. 3 Satz 2 ErbStG erfüllt sind. In diesen Fällen ist die Summe der dem Erblasser oder Schenker unmittelbar zuzurechnenden Anteile und der Anteile weiterer Gesellschafter (Poolmitglieder) bei der Berechnung der Mindestbeteiligungsquote maßgebend.

Bei im Privatvermögen gehaltenen Beteiligungen i. S. des § 13b Abs. 1 Nr. 3 ErbStG ist nach dem Wortlaut des Gesetzes die Mindestbeteiligungsquote auch erfüllt, wenn „die Summe der dem Erblasser oder Schenker unmittelbar zuzurechnenden Anteile und der Anteile weiterer Gesellschafter mehr als 25 % beträgt und der Erblasser oder Schenker und die weiteren Gesellschafter untereinander verpflichtet sind,

- über die Anteile nur einheitlich zu verfügen oder ausschließlich auf andere derselben Verpflichtung unterliegende Anteilseigner zu übertragen und außerdem

- das Stimmrecht gegenüber nicht gebundenen Gesellschaftern einheitlich auszuüben ist".

Zivilrechtlich bilden die Partner einer solchen Poolvereinbarung eine Gesellschaft bürgerlichen Rechts als Innengesellschaft ohne Gesamthandsvermögen.[410] Die Poolvereinbarung hat in der Literatur ein breites Echo gefunden, die die Vorteile, aber auch die Auslegungsschwierigkeiten und Unsicherheiten hinsichtlich der Anforderungen an einen solchen Poolvertrag und den damit im Zusammenhang ste-

---

410 Vgl. Langenfeld, ZEV 2009 S. 596; Balmes/Felten, FR 2009 S. 1077.

5.5 Ansatz von Betriebsvermögen

henden Nachversteuerungstatbestand des § 13a Abs. 5 Nr. 5 ErbStG (siehe unten) verdeutlicht.[411]

Nicht eindeutig ist, was unter einer „**einheitlichen Verfügung**" zu verstehen ist.[412] Die Literatur versteht diesen Begriff nicht zeitlich im Sinne von gleichzeitig und auch nicht quantitativ im Sinne von quotenentsprechender Übertragung. Wegen des Regelungszwecks, Familiengesellschaften zu fördern, bedeutet „einheitliche Verfügung" demnach eine Verfügung nach einheitlichen Grundsätzen, z. B. durch Beschränkung des potentiellen Erwerberkreises auf Familienangehörige.[413]

Verfügung in diesem Sinne soll auch die **letztwillige Verfügung** sein. Eine Verpflichtung aufgrund einer Dauertestamentsvollstreckung über den an mehrere Miterben vererbten und sodann in Erbengemeinschaft gehaltenen Geschäftsanteil soll allerdings nicht ausreichend sein, weil jeder Miterbe jederzeit aus der Erbengemeinschaft ausscheiden kann.[414] Auch die Einräumung einer atypischen Unterbeteiligung ist nach Auffassung des Schrifttums eine schädliche Verfügung im Sinne der Vorschrift.[415]

Das Erfordernis der Übertragung auf andere, derselben Verpflichtung unterliegende „Anteilseigner" meint nach Auffassung des Schrifttums nicht nur im Übertragungs- oder Todeszeitpunkt bereits vorhandene Gesellschafter, sondern umfasst auch solche, die mit der Übertragung erst Gesellschafter werden. Nach dem Sinn und Zweck der Vorschrift, die zum einen an den Vermögensübergang anknüpft und diesen begünstigen will[416] und zum anderen den Übergang von Anteilen an die noch nicht an der Gesellschaft beteiligte Folgegeneration in die Begünstigung einschließen will, wäre eine andere Wertung kaum nachvollziehbar.

Ausweislich der Gesetzesbegründung kann die einheitliche Stimmrechtsausübung auch durch die Bestimmung eines Aufsichts- oder Leitungsgremiums erreicht werden. Die geforderte einheitliche Stimmrechtsausübung ist aber auch dann sichergestellt, wenn je Familienstamm nur ein Gesellschafter stimmberechtigt ist. Schließlich können Stimmbindungsvereinbarungen auf schuldrechtlicher Ebene zur Sicherung der einheitlichen Stimmrechtsausübung getroffen werden. Im Stimmbindungsvertrag sollte darauf geachtet werden, dass in der Gesellschaft bestehende

---

411 Vgl. Feick/Nordmeier, DStR 2009 S. 893; Weber/Schwind, ZEV 2009 S. 16 (22); Fechner/Bäuml, FR 2009 Beilage zu Heft 11 S. 22, 24; Hübner, JbFfSt 2008/2009 S. 702; Kreklau, BB 2009 S. 748; Lahme/Zikesch, DB 2009 S. 527; Fraedrich, GmbH-StB 2009 S. 45; Pütz, JbFfSt 2008/2009 S. 136; Scholten/Korezkij, DStR 2009 S. 73, 76; Tiedtke/Wälzholz in Tiedtke, ErbStG, 2009, § 13b Rdnr. 46 ff.; Schulz/Althof/Markl, BB 2008 S. 528; Stahl, KÖSDI 2010 S. 16821.

412 Vgl. Kamps, FR 2009 S. 356.

413 Vgl. Zipfel/Lahme, DStZ 2009 S. 615; Wehage, ErbStB 2009 S. 148; Troll/Gebel/Jülicher, § 13b Rdnr. 207; Langenfeld, ZEV 2009 S. 596.

414 Vgl. Weber/Schwind, ZEV 2009 S. 16.

415 Vgl. Weber/Schwind, ZEV 2009 S. 18; Langenfeld, ZEV 2009 S. 596; a. A. jedoch Wehage, ErbStB 2009 S. 148.

416 Vgl. Zipfel/Lahme, DStZ 2009 S. 615.

gesetzliche oder vertragliche Stimmverbote (§ 47 Abs. 4 GmbHG) auch für die Stimmbindungsvereinbarung gelten.[417]

Die Finanzverwaltung hatte sich in **Abschn. 21 Abs. 3 AEErbSt** zunächst sehr zurückhaltend geäußert, ihre Auffassung in den ErbStR 2011 aber deutlich um Aussagen präzisiert, die inhaltlich bereits zuvor in zwei Verfügungen des LfSt Bayern und in einem gleichlautenden Ländererlass publiziert worden waren.[418]

Verfügung i. S. von § 13b Abs. 1 Nr. 3 ErbStG ist die Übertragung des Eigentums an einem Anteil. Eine **einheitliche Verfügung** setzt voraus, dass in der Poolvereinbarung für die Poolmitglieder die gleichen Verfügungsregeln hinsichtlich der gepoolten Anteile festgelegt sind. Daraus muss sich ergeben, dass die Anteile nur an einen bestimmten Personenkreis, z. B. Familienmitglieder oder einen Familienstamm, übertragen werden dürfen oder dass eine Übertragung der Zustimmung der Mehrheit der Poolmitglieder bedarf. Es ist nicht erforderlich, dass alle Poolmitglieder zum selben Zeitpunkt über ihre Anteile verfügen oder die Anteile auf dieselbe Person übertragen. Eine Übertragung ausschließlich auf andere derselben Verpflichtung unterliegende Anteilseigner ist auch gegeben, wenn der Erwerber zeitgleich mit der Übertragung der Poolvereinbarung beitreten muss.

Eine **einheitliche Stimmrechtsausübung** i. S. von R E 13b.6 Abs. 3 Satz 3 Nr. 2 ErbStR 2011 über die im Pool vorhandenen Stimmrechte bedeutet, dass die Einflussnahme einzelner Anteilseigner zum Zwecke einer einheitlichen Willensbildung zurücktreten muss; daraus folgt, dass stimmrechtslose Anteile nicht in eine Poolvereinbarung einbezogen werden können. Die einheitliche Stimmrechtsausübung kann in unterschiedlicher Weise geregelt werden. Neben der Möglichkeit zur gemeinsamen Bestimmung eines Sprechers oder eines Aufsichts- oder Leitungsgremiums kann die einheitliche Stimmrechtsausübung auch dadurch erreicht werden, dass einzelne Anteilseigner auf ihr Stimmrecht zugunsten der Poolgemeinschaft verzichten. Voraussetzung für die Einbeziehung der Anteile in die Entlastung ist daher nicht die tatsächliche Stimmrechtsausübung. Ferner ist nicht erforderlich, dass die Einflussnahme auf die Geschicke der Gesellschaft ausschließlich durch Anteilseigner (z. B. Familienmitglieder) erfolgt. Grundsätzlich müssen die Gesellschafter die Poolvereinbarung untereinander treffen; dies ist auch der Fall, wenn der Erwerber oder sein Rechtsvorgänger als Rechtsnachfolger in die Pflichten einer früher geschlossenen Vereinbarung eingetreten ist. Verpflichtet die Gesellschaft alle oder einen Teil der Gesellschafter zur Poolbildung i. S. des § 13b Abs. 1 Nr. 3 ErbStG, erfüllt auch dies die Voraussetzung für die Verschonungsregelung. Treffen alle Gesellschafter eine Poolvereinbarung, erhalten alle Gesellschafter die Begünstigung, obwohl kein nichtgebundener Gesellschafter i. S. des § 13b Abs. 1 Nr. 3 ErbStG vorhanden ist.

---

417 Vgl. Wehage, ErbStB 2009 S. 148.
418 LfSt Bayern vom 11.08.2010, DStR 2010 S. 2134, vom 10.01.2011, DStR 2011 S. 413, und vom 11.08.2011, DStR 2011 S. 2254; gleichlautender Ländererlass vom 29.10.2010, BStBl 2010 II S. 1210.

5.5 Ansatz von Betriebsvermögen

Auch in diesen Fällen ist die einheitliche Stimmrechtsausübung der gebundenen Gesellschafter zwingend. Es bestehen bei entsprechender Dokumentation keine Bedenken, die Beschlussfassung der Poolmitglieder zur einheitlichen Stimmrechtsausübung zu der jeweiligen Beschlussfassung in der Sache selbst im Rahmen einer zeitgleichen Gesellschafterversammlung voranzustellen.

Im Anschluss an diese inzwischen ganz verbreitete Meinung empfiehlt die Literatur, in eine Poolvereinbarung auch die Verpflichtung aufzunehmen, dass die Beteiligten auch von Todes wegen nur einheitlich über die fraglichen Anteile verfügen.[419] Darin wird aber eine nach § 2302 BGB zwingend nichtige Formulierung gesehen.[420] In Neuvereinbarungen sollte deshalb auf entsprechende Klauseln tunlichst verzichtet werden. Enthält eine Poolvereinbarung eine entsprechende Klausel, besteht jedenfalls bei Vorhandensein einer salvatorischen Klausel kein zwingender Anpassungsbedarf, da sich der Rest der Vereinbarung als wirksam aufrechterhalten lässt.

Nach R E 13b.6 Abs. 5 Satz 8 ErbStR 2011 ist es unschädlich, wenn alle Gesellschafter eine Poolvereinbarung treffen. Entgegen dem zu engen Wortlaut setzen die Verschonungsregelungen nach ihrem Sinn und Zweck nicht voraus, dass es neben den durch die Poolvereinbarung gebundenen Gesellschaftern auch solche gibt, die nicht hieran gebunden sind. **Der Kreis der Beteiligten, zwischen denen die Stimmbindung besteht, muss mit dem Kreis derjenigen Personen, an die die Anteile übertragen werden können, nicht deckungsgleich sein.**[421]

Beispiel (nach LfStBayern):
Eine GmbH wird von zwei Familienstämmen gehalten. Gruppe X hält 77 % der Anteile, Gruppe Y insgesamt 23 %. Keiner der einzelnen Gesellschafter hat für sich genommen mehr als 25 %. Die Vereinbarung sieht vor, dass

- die Stimmpoolung zwischen allen Gesellschaftern unabhängig von ihrer Zugehörigkeit zur X- oder Y-Gruppe erfolgt, während
- die (entgeltliche oder unentgeltliche) Anteilsübertragung jeweils auf Mitglieder innerhalb der jeweiligen Gruppen (sowie deren Angehörige) zugelassen ist.

Diese Differenzierung ist unschädlich und führt auch insbesondere nicht dazu, zwei nebeneinanderstehende Poolvereinbarungen (einen X-Pool und einen Y-Pool) anzunehmen. Es entspricht der Natur der Sache, dass Anteile in derartigen Konstellationen im Kreis der eigenen Familie weitergegeben werden. Die Stimmrechtsbindung erfolgt trotz der zwei Familienstämme auf die Gesamtheit bezogen. Damit wird Abschn. 21 Abs. 4 Satz 1 AEErbSt (R E 13b.6 Abs. 5 Satz 1 ErbStR 2011) Genüge getan, demzufolge eine einheitliche Stimmrechtsbindung bedeutet, dass die Einflussnahme einzelner Anteilseigner zum Zwecke einer einheitlichen Willensbildung zurücktreten muss. Diesem Wortlaut nach muss eine Bündelung der Stimmen derart stattfinden, dass die verschiedenen gepoolten Anteilseigner zusammen als unterneh-

---

419 So z. B. Langenfeld, ZEV 2009 S. 596, 598; Lorz in Beck'sches Formularbuch GmbH-Recht, 2010, Form. C.III.l, § 5.
420 So Leitzen, ZEV 2010 S. 401 unter Hinweis auf von Oertzen in Festschrift Schaumburg 2009 S. 1045, 1050; Hinweis auf § 2302 BGB auch bei Troll/Gebel/Jülicher, § 13b Rdnr. 209, der aber gleichzeitig Verfügungsbeschränkungen für den todesbedingten Übergang für geboten hält.
421 LfSt Bayern vom 11.08.2010, DStR 2010 S. 2134.

merische Beteiligte auftreten, sodass Einheitlichkeit innerhalb der Gruppe vorliegt. Nach Sinn und Zweck des § 13b Abs. 1 Nr. 3 Satz 2 ErbStG muss also, wie vorliegend der Fall, eine definierbare Gruppe vorhanden sein, die sich poolt und als ein unternehmerischer Anteilseigner erkennbar ist.

Die Poolvereinbarung kann sich entweder aus dem Gesellschaftsvertrag oder aber aus anderen schriftlichen Vereinbarungen ergeben (R E 13b.6 Abs. 6 ErbStR 2011). Wenngleich sich das Schriftformerfordernis nicht unmittelbar aus dem Gesetz ergibt, sollte dem schon aus Gründen der besseren Nachweisbarkeit Rechnung getragen werden. Eine notarielle Beurkundung ist allerdings notwendig, wenn die Vereinbarung Veräußerungs- oder Erwerbsverpflichtungen oder Abtretungserklärungen enthält.[422] Die Verankerung im Gesellschaftsvertrag hat den Vorteil, dass die Mitgliedschaft im Pool mit der Mitgliedschaft in der Gesellschaft gekoppelt werden kann. Auf diese Weise wird zudem der Schutz vor einer vorzeitigen Aufhebung der Poolvereinbarung erhöht.[423] Andererseits bedeutet eine solche Gestaltung eine dauerhafte Einschränkung der Gesellschafterrechte; sie ist zudem öffentlich, weil der Gesellschaftsvertrag im Unternehmensregister einsehbar ist.

Es genügt, wenn die Poolvereinbarung im Besteuerungszeitpunkt bestanden hat. Das Gesetz sieht zur erb- und schenkungsteuerlichen Anerkennung **keine Mindestvorlaufzeit** vor. Sie kann also erst kurz vorher abgeschlossen worden sein. Allerdings muss sie weitere 5 bzw. 7 Jahre zur Vermeidung der Nachversteuerung aufrechterhalten werden (vgl. § 13a Abs. 5 Satz 1 Nr. 5 ErbStG).

d) Poolvereinbarung und Nachversteuerung

Die Aufhebung einer Poolvereinbarung nach dem Besteuerungszeitpunkt stellt nach § 13a Abs. 5 Satz 1 Nr. 5 ErbStG eine schädliche Verfügung für begünstigte Anteile an einer Kapitalgesellschaft (§ 13b Abs. 1 Nr. 3 ErbStG) dar. Wird jedoch eine Poolvereinbarung i. S. des § 13b Abs. 2 Satz 2 Nr. 2 Satz 2 ErbStG nach dem Besteuerungszeitpunkt aufgehoben, bedeutet das nicht, dass die bis dahin gepoolten Anteile rückwirkend zum Verwaltungsvermögen gehören.[424]

Die Verwaltung hat sich mit R E 13a.10 ErbStR 2011 und H E 13a.5 ErbStH 2011 dahingehend festgelegt, dass das Einräumen eines Nutzungsrechts an begünstigtem Vermögen, also die Einräumung eines Zuwendungsnießbrauchs, nicht nach § 13a Abs. 5 Nr. 1, § 19a Abs. 5 Nr. 1 ErbStG zum Wegfall der Entlastung führen kann. Nach h. M. verbleiben bei Einräumung eines Nießbrauchs die Verwaltungsrechte (insbesondere Stimmrechte) beim Gesellschafter. Dieser allein ist und bleibt stimmberechtigt und seine Rechtsstellung unberührt. Der Nießbraucher bleibt ein gesellschaftsfremder Dritter und steht nicht in Rechtsgemeinschaft mit dem Gesellschafter. Dies rechtfertigt sich aus der Notwendigkeit einer klaren Rechtszuständigkeit bei Beschlüssen und Erwägungen, dass die Mitverwaltungsrechte in erster Linie

---

422 Vgl. Lahme/Zikesch, DB 2009 S. 527.
423 Vgl. Langenfeld, ZEV 2009 S. 596.
424 Vgl. LfSt Bayern vom 11.08.2011, DStR 2011 S. 2254.

5.5 Ansatz von Betriebsvermögen

sozialrechtlich, auf Dauer und enge Verbundenheit mit der Gesellschaft abgestellten Charakter haben und daher nicht ohne das Mitgliedschaftsrecht übertragen werden können, mithin also nicht auf den Nießbraucher übergehen.

Aus diesem Grund und mit Blick auf die Systematik von §§ 13a, 13b ErbStG kann nach Auffassung der Finanzverwaltung keine Ausdehnung des Verfügungsbegriffs auf den Nießbrauch erfolgen. Die gesetzgeberische Intention, die rechtlichen Besonderheiten einer Familien-Kapitalgesellschaft zu erfassen und diese von der Publikumsgesellschaft abzugrenzen, den bestimmenden Einfluss der Familie in der Gesellschaft beizubehalten und zu verhindern, dass die Anteile beliebig veräußert werden können, bleibt erhalten. Die Nießbrauchsbestellung an sich ändert nichts daran, dass ein von einer Poolvereinbarung umfasster Geschäftsanteil auch nach der Nießbrauchsbestellung weiterhin den Regelungen der Poolvereinbarung unterliegt.

Gleiches muss in der Folge auch für die Bestellung eines Vorbehaltsnießbrauchs gelten. Zwar geht bei diesem die Bestellung des Nießbrauchs stets mit einer Veräußerung und damit auch mit einer Verfügung i. S. des § 13b Abs. 1 Nr. 3 Satz 2 ErbStG über die Gesellschaftsanteile selbst einher. Hierbei ist aber nur darauf abzustellen, ob die Übertragung des Gesellschaftsanteils gegen § 13b Abs. 1 Nr. 3 Satz 2 ErbStG verstößt, nicht jedoch der von dem Übertragenden vorbehaltene Nießbrauch. Ausgehend von der Prämisse, dass der Begriff der Verfügung i. S. des § 13b Abs. 1 Nr. 3 Satz 2 ErbStG insbesondere die Übertragung von Gesellschaftsanteilen meint, führt weder die bloße Bestellung eines Nießbrauchs noch die Vereinbarung eines Vorbehaltsnießbrauchs zu einer Verfügung in diesem Sinne.[425]

Ob eine Klausel im Gesellschaftsvertrag, wonach ein Anteil frei nur an Familienmitglieder und ansonsten nur mit Zustimmung der Gesellschafterversammlung übertragen werden kann, ausreicht, ist zweifelhaft. Denn die Verfügung selbst und die Auswahl der Empfänger ist in einer solchen Vereinbarung keiner Beschränkung unterworfen. Auch die Gesellschafterversammlung ist bei ihrer Zustimmung keinen Beschränkungen unterworfen.[426]

Eine anzuerkennende Poolvereinbarung muss nicht zwingend eine vertragliche oder gesetzliche Schadensersatzregelung beinhalten für Fälle, in denen das Ausscheiden eines Gesellschafters aus dem Pool zu einem gleichzeitigen Verletzen der 25 %-Grenze und damit einem schädlichen Verfügen auch bei den verbliebenen Poolmitgliedern führt.

Die Verpfändung von Geschäftsanteilen durch einen Gesellschafter ist noch kein Verstoß gegen die Behaltensregelung. Die Gesellschafterstellung des Pfandgebers ändert sich trotz der Verpfändung nicht. Dies bestätigt R E 13a.10 Abs. 1 Nr. 2 ErbStR 2011, wonach die Voraussetzungen der einheitlichen Verfügung über die Anteile nicht schon verloren gehen, wenn ein Gesellschafter seinen Anteil verpfän-

---
425 Siehe auch LfSt Bayern vom 11.08.2010, DStR 2010 S. 2134.
426 Vgl. Wehage, ErbStB 2009 S. 152.

det. Das Mitgliedschafts- und Stimmrecht geht nicht auf den Pfandgläubiger über, sondern verbleibt beim übertragenden Gesellschafter. Schädlich gem. § 13a Abs. 5 Nr. 4 ErbStG ist erst die Verwertung des Pfandgutes durch den Pfandgläubiger (R E 13a.10 Abs. 1 Nr. 2 ErbStR 2011).

Die Einräumung einer atypischen Unterbeteiligung ist nach Ansicht der Finanzverwaltung schädlich für die Begünstigung des § 13b Abs. 1 Nr. 3 Satz 2 ErbStG, da eine solche Unterbeteiligung mittelbar Vermögens- und Verwaltungsrechte und hierdurch wirtschaftliches Eigentum i. S. von § 39 Abs. 2 Nr. 1 AO vermittelt. Hierfür spricht auch, dass nach höchstrichterlicher Rechtsprechung bei der ertragsteuerlichen Beurteilung einer derart ausgestalteten Unterbeteiligung der Unterbeteiligte wirtschaftlicher Inhaber bezüglich eines Teils des vom Hauptbeteiligten gehaltenen Geschäftsanteils wird.[427]

Nach Auffassung der Finanzverwaltung verliert **der übertragende Gesellschafter** die Begünstigung auch dann, wenn er seine Anteile an andere Pool-Mitglieder überträgt (R E 13a.10 Abs. 2 Nr. 1 ErbStR 2011). Dieser Auffassung wird allerdings kritisch entgegengehalten, dass Verfügungen innerhalb des Pools durch die gesetzliche Vorgabe in § 13b Abs. 1 Nr. 3 Satz 2 ErbStG gestattet sind.[428]

Die Finanzverwaltung erkennt andererseits an, dass eine schädliche Verfügung durch einen Gesellschafter für die **verbleibenden Pool-Mitglieder** keine nachteiligen steuerlichen Konsequenzen hat. Die verbleibenden Pool-Mitglieder verlieren weder aufgrund der Verpfändungsverwertung noch der Übertragung durch den übertragenden Gesellschafter die Vergünstigungen nach §§ 13a, 13b ErbStG (R E 13a.10 Abs. 2 Nr. 1 ErbStR 2011). Dementsprechend dürften auch Nießbrauchsgestaltungen zumindest innerhalb des Pools unschädlich sein.[429] Ob bzw. wann eine einseitige Kündigung einer Poolabrede als schädlicher Aufhebungsvorgang i. S. des § 13a Abs. 5 Nr. ErbStG zu betrachten ist,[430] ist im Ländererlass nicht näher erläutert.

Da nach R E 13a.10 Abs. 2 Nr. 1 ErbStR 2011 die Übertragung eines Anteils durch ein Pool-Mitglied nur bei diesem zum Verlust der Vergünstigung führt, spricht dies im Fall eines Ausscheidens eines Gesellschafters dafür, die Begünstigungen aufrechtzuerhalten, wenn nur ein Mitglied aus dem Pool ausscheidet. Unter diesen Gesichtspunkten und unter Beachtung des Wortlauts des § 13b Abs. 1 Nr. 3 Satz 1 ErbStG („mehr als 25 %") löst das Ausscheiden eines Pool-Mitglieds innerhalb der Haltefrist den Tatbestand der Nachversteuerung des § 13a Abs. 5 Nr. 5 ErbStG nur anteilig für das ausscheidende Pool-Mitglied aus, wenn mehr als 25 % der Anteile im Pool gebunden bleiben. Die Vergünstigung muss aber für diejenigen Anteilseigner aufrechterhalten bleiben, die weiterhin der Poolvereinbarung unterworfen sind.

---

427 LfSt Bayern vom 11.08.2010, DStR 2010 S. 2134.
428 Vgl. Wälzholz, DStR 2009 S. 1609.
429 Vgl. Söffing/Thonemann, DB 2009 S. 1840; Feick/Nordmeier, DStR 2009 S. 893.
430 Vgl. Troll/Gebel/Jülicher, § 13a Rdnr. 347 m. w. N.

R E 13a.10 Abs. 2 ErbStR 2011 erfasst jedoch nicht den Fall, dass die verbleibenden Pool-Mitglieder nach Ausscheiden eines Pool-Mitglieds nur noch zu 25 % oder weniger beteiligt sind. Der Gedanke findet sich jedoch in R E 13a.12 Abs. 1 Satz 6 ErbStR 2011 wieder. Demzufolge sind der Verschonungsabschlag und ggf. der Abzugsbetrag für den weiterhin begünstigten Teil des Vermögens zu gewähren, wenn die schädliche Verfügung nur einen Teil des begünstigten Vermögens betrifft. Das Ausscheiden eines Anteilseigners muss damit bei Unterschreiten der Beteiligungsgrenze nicht nur zur Nachsteuer beim Ausscheidenden, sondern auch bei den im Pool verbleibenden Anteilseignern führen. Dies hat dann zur Folge, dass der kündigende Gesellschafter, unter Berücksichtigung entsprechender Regelungen im Poolvertrag, Schadensersatz leisten muss. Hierfür spricht auch der grammatisch verfehlte Wortlaut des § 13a Abs. 5 Satz 1 Nr. 5 ErbStG. Demnach fallen der Verschonungsabschlag und der Abzugsbetrag nach Maßgabe des § 13a Abs. 5 Satz 2 ErbStG mit Wirkung für die Vergangenheit weg, „soweit der Erwerber innerhalb von fünf Jahren (Behaltensfrist) im Fall des § 13b Abs. 1 Nr. 3 Satz 2 die Verfügungsbeschränkung oder die Stimmrechtsbündelung aufgehoben wird". Grammatisch verfehlt ist die Einleitung (§ 13a Abs. 5 Satz 1 ErbStG) personenbezogen („Erwerber"), die Nr. 5 dieses Absatzes hingegen abstrakt-generell („aufgehoben wird") gefasst ist.

Gemeint ist nach Sinn und Zweck der Vorschrift, dass die Begünstigungen entfallen, soweit für die Beteiligten des Pools die Verfügungsbeschränkungen oder die Stimmrechtsbündelung entfallen. Das macht auch Sinn, da so vermieden werden kann, dass sich Gesellschafter allein zu einem Pool zusammenschließen, um die Begünstigung der §§ 13a, 13b ErbStG zu erhalten, und anschließend gleich wieder auseinandergehen. Zudem wird damit die gesetzgeberische Intention, den bestimmenden Einfluss der Familie in der Familien-Kapitalgesellschaft beizubehalten und zu verhindern, dass die Anteile beliebig veräußert werden können, verwirklicht.[431]

Hinsichtlich der Beteiligungsbedingung nach § 13b Abs. 1 Nr. 3 Satz 2 bzw. Abs. 2 Satz 2 Nr. 2 ErbStG ist es ausreichend, wenn der Erwerber zeitgleich mit der Anteilsübertragung dem Pool beitreten muss.

Eine Poolvereinbarung nach § 13b Abs. 2 Satz 2 Nr. 2 Satz 2 ErbStG, die dazu führt, dass die gepoolten Anteile eine Beteiligung von mehr als 25 % vermitteln, ist auch möglich, wenn ein Teil der Anteile unmittelbar durch die Personengesellschaft im Gesamthandsvermögen und ein Teil unmittelbar durch einen bzw. mehrere Gesellschafter im Sonderbetriebsvermögen gehalten wird und zwischen der Personengesellschaft und den betreffenden Gesellschaftern eine anzuerkennende Poolvereinbarung besteht.[432]

---
431 Vgl. Wälzholz, DStR 2009 S. 1609; siehe auch LfSt Bayern vom 11.08.2011, DStR 2011 S. 2254, wonach nicht erforderlich ist, dass der Poolvertrag eine Schadensersatzregelung enthalten muss.
432 LfSt Bayern vom 11.08.2011, DStR 2011 S. 2254.

5 Wertermittlung

Beispiel:
Die AB OHG hält in ihrem Betriebsvermögen Anteile an der A-GmbH mit einer Beteiligung von 24 %, der Kommanditist A hält weitere Anteile mit einer Beteiligung von 11 %, die zu seinem Sonderbetriebsvermögen gehören. Haben die AB OHG und der Gesellschafter A eine den gesetzlichen Voraussetzungen entsprechende Poolvereinbarung abgeschlossen, bilden die gepoolten Anteile an der A-GmbH eine Beteiligung von 35 %. Die Anteile zählen nicht zum Verwaltungsvermögen.

Die Nachversteuerung nach § 13a Abs. 5 Satz 1 Nr. 5 ErbStG wird zudem durch **Aufhebung der Verfügungsbeschränkung** oder der Stimmrechtsbindung ausgelöst. Unklar ist, ob auch eine Kündigung der Poolvereinbarung deren Aufhebung gleichzusetzen ist.[433] Sofern nur ein Gesellschafter die Poolvereinbarung kündigt, sich diese aber unter den verbleibenden Gesellschaftern fortsetzt, wird aber auch in diesem Fall nur der kündigende Gesellschafter von der Nachversteuerung zu erfassen sein, nicht auch die verbleibenden Gesellschafter. Ob dies auch gilt, wenn deren zusammengerechnete Anteile nach der Kündigung die 25 %-Schwelle nicht mehr überschreiten, ist m. E. zweifelhaft (siehe oben).[434]

Auch wenn ein Pool-Gesellschafter seinen Anteil innerhalb der Nachversteuerungsfrist veräußert, trifft nur diesen die Nachversteuerung, nicht auch die restlichen Pool-Gesellschafter (vgl. R E 13a.10 Abs. 2 ErbStR 2011).

Zu bedenken ist schließlich auch, dass Stimmrechtsvereinbarungen, Stimmrechtsbindungen oder Stimmrechtsverzicht zu den „vergleichbaren Sachverhalten" des **§ 8c KStG** gezählt werden.[435] Es wird die Auffassung vertreten, dass steuerliche Verlustvorträge der Kapitalgesellschaft dadurch untergehen können. Entsprechendes gilt für den Zinsvortrag im Rahmen der Zinsschranke.[436]

e) Ausweichgestaltung Betriebsvermögen

Statt einer Poolvereinbarung kann es auch sinnvoll sein, die im Privatvermögen gehaltenen GmbH-Geschäftsanteile ertragsteuerneutral in das Gesamthandsvermögen einer **gewerblich geprägten GmbH & Co. KG** einzulegen und in das Gesamthandsvermögen zu übertragen. Hierdurch wird die Notwendigkeit einer Poolabrede vermieden, wenn die fortan im Gesamthandsvermögen gehaltenen Geschäftsanteile eine unmittelbare Beteiligung am Nennkapital der Kapitalgesellschaft von mehr als 25 % vermitteln.[437] In diesem Fall sind die Anteile an der Kapitalgesellschaft auch kein schädliches Verwaltungsvermögen. Jedoch müssen die ertragsteuerlichen

---

433 Vgl. Kapp/Ebeling, § 13a Rdnr. 106; Wälzholz, DStR 2009 S. 1605; Troll/Gebel/Jülicher, § 13a Rdnr. 347.
434 Vgl. Hannes/Sieger, ErbStB 2009 S. 113; Balmes/Felten, FR 2009 S. 1077; zu Kündigungsklauseln s. Keller, NWB-EV 2009 S. 207.
435 Vgl. BMF vom 04.07.2008, BStBl 2008 I S. 736.
436 Vgl. § 4h Abs. 5 EStG; Troll/Gebel/Jülicher, § 13b Rdnr. 212; Kamps, FR 2009 S. 353; Hannes/von Freeden, UbG 2008 S. 624; a. A. jedoch Elicker/Zillmer, BB 2009 S. 2620.
437 Vgl. Wälzholz, DStR 2009 S. 1609.

5.5 Ansatz von Betriebsvermögen

Nachteile bedacht werden (z. B. Betriebsvermögen, Gewerbesteuer bei Veräußerung).

f) Musterformulierung

Stahl (KÖSDI 2010 S. 16823) schlägt folgende Musterformulierung vor:

Poolvereinbarung zwischen A, B und C

A, B und C sind am Stammkapital der D-GmbH in Höhe von 25.000 Euro mit folgenden Geschäftsanteilen beteiligt:

- *A mit dem Geschäftsanteil Nr. 1 in Höhe von 1.000 Euro,*
- *B mit dem Geschäftsanteil Nr. 2 in Höhe von 2.000 Euro,*
- *C mit dem Geschäftsanteil Nr. 3 in Höhe von 3.260 Euro.*

Diese Geschäftsanteile stehen den Poolvertrag-Mitgliedern weiterhin persönlich zu. Es wird kein Gesamthandsvermögen gebildet. Die Vertragschließenden treffen zur Erfüllung der Erfordernisse des § 13b Abs. 1 Nr. 3 Satz 2 ErbStG in der Fassung des Gesetzes zur Reform des Erbschaftsteuer- und Bewertungsrechts und des Gesetzes zur Beschleunigung des Wirtschaftswachstums die folgende Vereinbarung, wonach sie nach Maßgabe der nachfolgenden Bestimmungen untereinander verpflichtet sind, über die Anteile nur einheitlich zu verfügen oder ausschließlich auf andere derselben Verpflichtung unterliegende Anteilseigner zu übertragen und das Stimmrecht gegenüber nichtgebundenen Gesellschaftern einheitlich auszuüben.

Verfügungsbeschränkungen

Die Vertragschließenden verpflichten sich untereinander, weder unter Lebenden noch von Todes wegen über ihre vorgenannten Geschäftsanteile zugunsten Dritter entgeltlich oder unentgeltlich zu verfügen, insbesondere sie nicht ganz oder teilweise an Dritte zu übertragen oder zugunsten Dritter zu belasten. Ausgenommen sind Verfügungen zugunsten von Mitgliedern dieser Poolvereinbarung sowie zugunsten von Angehörigen im Sinne von § 15 AO des verfügenden Poolvertrag-Mitgliedes, sofern der Erwerber bei der Verfügung seinen Beitritt zu dieser Poolvereinbarung erklärt. Erklärt ein nach den vorstehenden Bestimmungen zugelassener Erwerber seinen Beitritt zur Poolvereinbarung, erklären die übrigen Poolvertrag-Mitglieder bereits jetzt und mit Wirkung für ihre Rechtsnachfolger ihre Zustimmung zum Beitritt.

Stimmrechtsbindung

a) Vor jeder Beschlussfassung der Gesellschafter der D-GmbH findet eine Versammlung der Poolvertrag-Mitglieder statt, die darüber beschließt, wie die Stimmrechte der Poolvertrag-Mitglieder zu den Gegenständen der Beschlussvorlage der Gesellschafterversammlung der D-GmbH ausgeübt werden sollen.

b) Für die Einberufung und die Beschlussfähigkeit der Versammlung der Poolvertrag-Mitglieder gelten die derzeitigen Bestimmungen des Gesellschaftsvertrages der D-GmbH entsprechend. Jedes Mitglied der Poolvereinbarung ist zur Einberufung berechtigt. Wenn alle Mitglieder einverstanden sind, kann die Beschlussfassung der Poolvertrag-Mitglieder auch formlos mündlich, schriftlich, per Telefax, telefonisch oder per E-Mail im Umlaufverfahren erfolgen. Mündlich oder telefonisch gefasste Beschlüsse sollen dokumentiert werden.

c) Beschlüsse der Poolvertrag-Mitglieder werden mit der Mehrheit der abgegebenen Stimmen gefasst. Je ein EURO der dieser Poolvereinbarung unterworfenen Geschäftanteile gewährt eine Stimme. Für die D-GmbH geltende gesellschaftsvertragliche und gesetzliche Stimmverbote, wie z. B. § 47 Abs. 4 GmbHG, gelten ent-

*sprechend. Erfordern der **Gesellschaftsvertrag oder das Gesetz für die Beschlussfassung der Gesellschafterversammlung** der D-GmbH eine qualifizierte Mehrheit, so gilt dies auch für die Beschlussfassung der Poolvertrag-Mitglieder.*

d) Bei der Beschlussfassung der Gesellschafter der D-GmbH sind die Poolvertrag-Mitglieder verpflichtet, ihre Stimmrechte nach Maßgabe der Beschlüsse der Versammlung der Poolvertrag-Mitglieder auszuüben.

Dauer der Poolvereinbarung

a) Diese Poolvereinbarung kann mit einer Frist von sechs Monaten vorbehaltlich Abs. b) zum Ende eines Kalenderjahres gekündigt werden, frühestens zum 31.12.2015. Die Kündigung bedarf der Schriftform. Das kündigende Poolvertrag-Mitglied scheidet mit Wirksamwerden der Kündigung aus der Poolvereinbarung aus, die mit den übrigen Poolvertrag-Mitgliedern fortgesetzt wird.

b) Ist in Bezug auf einen der Poolvereinbarung unterliegenden Geschäftsanteil ein erbschaft- oder schenkungsteuerpflichtiger Tatbestand eingetreten unter Inanspruchnahme der Verschonung gem. §§ 13a, 13b ErbStG, darf die Poolvereinbarung für die Dauer von fünf bzw. sieben Jahren ab dem Besteuerungszeitpunkt nicht aufgehoben werden. Kündigungen – ausgenommen aus wichtigem Grund – werden erst zum Ende des Kalendermonats wirksam, der auf das Ende des Fünf- bzw. Siebenjahreszeitraumes erfolgt. Laufen zu diesem Zeitpunkt noch weitere Fünf- bzw. Siebenjahresfristen, verzögert sich das Wirksamwerden der Kündigung entsprechend.

c) Durch den Tod eines Gesellschafters wird die Poolvereinbarung nicht aufgelöst. Sie wird mit seinen Erben oder Vermächtnisnehmern fortgesetzt.

d) Wird über das Vermögen eines Pool-Mitgliedes das Insolvenzverfahren eröffnet, so scheidet bei Eintritt dieses Ereignisses das Pool-Mitglied, in dessen Person es eintritt, aus der Poolvereinbarung aus, die mit den verbleibenden Mitgliedern fortgesetzt wird.

e) Ein Pool-Mitglied scheidet aus der Poolvereinbarung aus, wenn es nicht mehr Gesellschafter der D-GmbH ist. Die Poolvereinbarung wird mit den verbleibenden Mitgliedern und ggf. dem Nachfolger des ausgeschiedenen Pool-Mitglieds fortgesetzt.

Salvatorische Klausel

Die Ungültigkeit einzelner Bestimmungen des Vertrages berührt nicht seine Wirksamkeit. Anstelle der unwirksamen Bestimmung oder zur Ausfüllung einer Lücke ist eine angemessene Regelung zu vereinbaren, die dem am nächsten kommt, was die Vertragschließenden gewollt haben oder nach dem Sinn und Zweck des Vertrages gewollt hätten, sofern sie den Punkt bedacht hätten. Beruht die Ungültigkeit auf einer Leistungs- oder Zeitbestimmung, tritt an ihre Stelle das gesetzlich zulässige Maß.

5.5.3 Verwaltungsvermögen

Ausgenommen von der Vergünstigung bleiben Betriebe der Land- und Forstwirtschaft und Gewerbebetriebe und Anteile an Kapitalgesellschaften, wenn das Betriebsvermögen dieser Betriebe bzw. „dieser Gesellschaften" jeweils zu mehr als 50 % (§ 13b Abs. 2 Satz 1 ErbStG) bzw. im Fall der „Nulloption" zu mehr als 10 % (§ 13a Abs. 8 Nr. 4 ErbStG) aus Verwaltungsvermögen besteht.[438]

---

[438] Siehe hierzu auch Schulze zur Wiesche, DStR 2009 S. 732 zu Abgrenzungsfragen beim Sonderbetriebsvermögen; Scholten/Korezkij, DStR 2009 S. 147 ff.

5.5 Ansatz von Betriebsvermögen

Aus der Gesetzesbegründung ergibt sich, dass mit diesen Regelungen überwiegend vermögensverwaltende Betriebe von der Verschonung ausgenommen bleiben sollen. Wörtlich heißt es: *„Durch die nach dem Einkommensteuerrecht geschaffene Möglichkeit, Vermögensgegenstände, die ihrer Natur nach der privaten Lebensführung dienen, zu gewillkürtem Betriebsvermögen zu erklären, können praktisch alle Gegenstände, die üblicherweise in Form der privaten Vermögensverwaltung gehalten werden (vermietete und verpachtete Grundstücke und Gebäude, Minderbeteiligungen an Kapitalgesellschaften, Wertpapiere), auch in Form eines Gewerbebetriebes gehalten werden. Die derzeitigen Begünstigungen nach § 13a ErbStG [a. F.] führten vermehrt zu solchen Gestaltungen. Vermögen, dass in erster Linie der weitgehend risikolosen Renditeerzielung dient und i. d. R. weder die Schaffung von Arbeitsplätzen noch zusätzliche volkswirtschaftliche Leistungen bewirkt, wird daher nach der Zielrichtung dieses Gesetzes nicht begünstigt."*

Ob und inwieweit dieses Ziel erreicht worden ist, werden die nachfolgenden Ausführungen verdeutlichen. In einem vom BFH[439] entschiedenen Aussetzungsverfahren sowie einem weiteren Beschluss, mit dem er das BMF zum Verfahrensbeitritt auffordert,[440] wird der Neuregelung jetzt schon entgegengehalten, dass die Ungleichbehandlung von Barvermögen und Betriebsvermögen sachlich nicht gerechtfertigt ist, da die vom Gesetzgeber verfolgten Lenkungsziele in Gestalt eines Schutzes der Liquidität von Betrieben, der Erleichterung von Investitionen und der Schaffung von Arbeitsplätzen durch die Neuregelung des ErbStG mit Wirkung zum 01.01.2009 nicht zielgenau umgesetzt worden seien und darüber hinaus keine derartig weitgreifende Begünstigung von Betriebsvermögen erforderten.

5.5.3.1 Grundstücke als Verwaltungsvermögen (§ 13b Abs. 2 Nr. 1 ErbStG)

Zum Verwaltungsvermögen gehören grundsätzlich Dritten zur Nutzung überlassene Grundstücke, Grundstücksteile, grundstücksgleiche Rechte und Bauten.

Unabhängig von diesen Rückausnahmen liegt eine Grundstücksüberlassung an Dritte allerdings nicht vor, wenn neben der Grundstücksüberlassung weitere gewerbliche Leistungen einheitlich angeboten und in Anspruch genommen werden, sofern die Tätigkeit nach ertragsteuerrechtlichen Gesichtspunkten als originär gewerbliche Tätigkeit einzustufen ist (R E 13b.9 Satz 3 ErbStR 2011).

Als Beispiel werden unter Verweis auf R 15.7 Abs. 2 EStR Beherbergungsbetriebe wie Hotels und Pensionen benannt.[441] Der Hintergrund des Hinweises auf Hotels im Zusammenhang mit der Abgrenzung zum Verwaltungsvermögen sei an einem Beispiel verdeutlicht.

---
439 BFH vom 01.04.2010, BStBl 2010 II S. 558.
440 BFH vom 05.10.2011, BStBl 2012 II S. 29.
441 Vgl. auch Scholten/Korezkij, DStR 2009 S. 147, 149.

5 Wertermittlung

Beispiel:
Bei einem Hotel werden Hotelzimmer an Gäste vermietet. Außerdem werden den Hotelgästen weitere Dienstleistungen erbracht oder zumindest angeboten, wie z. B. der Zimmerservice, die Verpflegung im Restaurant, die Hotelbar, das Schwimmbad oder die Saunalandschaft.

Mit dem Wortlaut des Gesetzes könnte nun argumentiert werden, dass in der Überlassung der Hotelzimmer die Überlassung von Grundstücksteilen zu sehen ist und die Begünstigung nach §§ 13a und 13b ErbStG ausscheidet, wenn der gemeine Wert der Hotelzimmer – ermittelt mit dem anteiligen Grundbesitzwert der Hotelzimmer (vgl. § 13b Abs. 2 Satz 4 ErbStG) – mehr als 50 % des Betriebsvermögens des Gewerbebetriebs Hotel ausmacht.

Da sich der Betrieb eines Hotels oder einer Pension aber als originär gewerbliche Tätigkeit darstellt, liegt – auch nach Auffassung der Finanzverwaltung – von vornherein keine Grundstücksüberlassung an Dritte vor. Folge dieser Wertung ist z. B., dass die Rückausnahme einer Wohnungsüberlassung an Dritte (§ 13b Abs. 2 Nr. 1 Buchst. d ErbStG) nicht zu prüfen ist.

Ebenso müsste bei verpachteter Brauereigaststätte samt Bierlieferung ein Leistungsbündel anzunehmen sein.[442] Im Entwurf der ErbStR 2011 war noch vorgesehen, in der Grundstücksüberlassung von Brauereien an Gaststätten oder Mineralölkonzernen an Tankstellen Verwaltungsvermögen zu sehen, diese Einschränkung ist aber nicht umgesetzt worden. Ob die Überlassung entgeltlich oder unentgeltlich erfolgt, ist gleichgültig. Um der Tätigkeit der Vermögensverwaltung gewerblichen Charakter zu verleihen, müssen nach Auffassung des BFH besondere Umstände hinzutreten.[443] Diese können darin bestehen, dass die Verwaltung des Grundbesitzes infolge des ständigen und schnellen Wechsels der Mieter eine Tätigkeit erfordert, die über das bei langfristigen Vermietungen übliche Maß hinausgeht, oder dass der Vermieter zugleich Sonderleistungen erbringt, die eine bloße Vermietungstätigkeit überschreiten. Das entscheidende Merkmal liegt also darin, dass die bloße Vermögensnutzung hinter der Bereitstellung einer einheitlichen gewerblichen Organisation zurücktritt.[444]

a) Rückausnahmen für Grundstücke (§ 13b Abs. 2 Satz 2 ErbStG)

aa) Rückausnahme Betriebsaufspaltung und Sonderbetriebsvermögen
(§ 13b Abs. 2 Satz 2 Nr. 1 Buchst. a ErbStG)

Eine Nutzungsüberlassung an Dritte ist nicht anzunehmen, wenn der Erblasser oder Schenker sowohl im überlassenden Betrieb als auch im nutzenden Betrieb allein oder zusammen mit anderen Gesellschaftern einen einheitlichen geschäftlichen Betätigungswillen durchsetzen konnte und diese Rechtsstellung auf den Erwerber übergegangen ist, soweit keine Nutzungsüberlassung an einen weiteren Dritten erfolgt.

---
442 Wälzholz, DStR 2009 S. 1610.
443 Siehe die Rechtsprechungshinweise in R 15.7 Abs. 2 EStR z. B. für Ferienwohnungen, Wohnheime.
444 BFH vom 21.08.1990, BStBl 1991 II S. 126.

5.5 Ansatz von Betriebsvermögen

Damit werden die im Rahmen des Übergangs einer Betriebsaufspaltung übergehenden Grundstücke, die an die Betriebsgesellschaft verpachtet und von dieser für die Ausübung der gewerblichen Tätigkeit genutzt werden, nicht als Verwaltungsvermögen angesehen. Die für die Betriebsaufspaltung einkommensteuerrechtlich geltende Personengruppentheorie wird erbschaftsteuerlich übernommen (R E 13b.10 Abs. 1 Satz 4 und 5 ErbStR 2011). Der Ausschluss der Zuordnung zum Verwaltungsvermögen setzt damit lediglich voraus, dass die Betriebsaufspaltung nach dem Übergang des Vermögens fortbesteht.

Beispiel:
A ist mit 100 % am Besitzunternehmen und Betriebsunternehmen (GmbH) beteiligt. Einzige verpachtete und für die GmbH wesentliche Betriebsgrundlage ist ein von der GmbH selbstgenutztes Fabrikgrundstück. A überträgt 50 % seiner Beteiligungen am Besitz- und Betriebsunternehmen auf seinen Sohn.

Rechtsfolge: Begünstigung des Übergangs durch §§ 13a, 13b ErbStG. Das Grundstück gehört nicht zum Verwaltungsvermögen i. S. des § 13b Abs. 2 Satz 2 Nr. 1 Buchst. a ErbStG. Denn der Schenker kann vor der Schenkung sowohl im überlassenden Betrieb als auch im nutzenden Betrieb **allein und nach der Schenkung zusammen mit seinem Sohn** einen einheitlichen geschäftlichen Betätigungswillen durchsetzen.

Weder das Gesetz noch die ErbStR 2011 enthalten eine spezielle Aussage zur mitunternehmerischen Betriebsaufspaltung. Hier dürften die Grundsätze zur Betriebsaufspaltung mit einer GmbH als Betriebsgesellschaft entsprechend gelten. Eine Grundstücksüberlassung im Rahmen einer sog. kapitalistischen Betriebsaufspaltung (Kapitalgesellschaft an Kapitalgesellschaft) ist nicht begünstigt, es sei denn die Kapitalgesellschaften würden zu einem Konzern i. S. des § 4h EStG gehören.[445]

Zu beachten ist, dass § 13b Abs. 2 Nr. 1 Buchst. a ErbStG nur die Grundstücke im Besitzunternehmen betrifft. Soweit die GmbH-Anteile bei einer Personengesellschaft als Besitzunternehmen zum notwendigen Sonderbetriebsvermögen gehören (funktional wesentliche Betriebsgrundlage), dürfte es sich um Verwaltungsvermögen handeln, wenn die Beteiligung des einzelnen Gesellschafters nicht mehr als 25 % beträgt (siehe die Ausführungen zu § 13b Abs. 2 Nr. 2 ErbStG) und kein Poolvertrag besteht oder die Anteile im Gesamthandsvermögen der Besitzgesellschaft gehalten werden. Unschädlich dürfte es in diesem Fall sein, dass die Gesellschafter nur mittelbar an der GmbH beteiligt sind; denn die Begünstigung erfolgt gem. § 13b Abs. 1 Nr. 2 ErbStG und nicht gem. § 13b Abs. 1 Nr. 3 ErbStG.

Eine Nutzungsüberlassung an Dritte ist auch nicht anzunehmen, wenn der Erblasser oder Schenker einen zum Sonderbetriebsvermögen gehörenden Vermögensgegenstand der Gesellschaft zur Nutzung überlassen hatte und diese Rechtsstellung auf den Erwerber übergegangen ist, soweit auch hier keine Nutzungsüberlassung an einen weiteren Dritten erfolgt. Von der Personengesellschaft eigengenutzte Grund-

---
445 Abschn. 25 Abs. 1 Satz 4 AEErbSt, a. A. Wälzholz, DStR 2009 S. 1610.

stücke, Grundstücksteile, grundstücksgleiche Rechte und Bauten des Sonderbetriebsvermögens sind demnach generell kein Verwaltungsvermögen.

Würde das Sonderbetriebsvermögen allerdings in eine gewerblich geprägte GmbH & Co. KG eingebracht, wären Grundstücke – zumindest nach dem Wortlaut des Gesetzes – nicht begünstigtes Verwaltungsvermögen, wenn sie einer anderen Gesellschaft überlassen werden, denn auch Schwestergesellschaften dürften als Dritte im Sinne des Gesetzes anzusehen sein. Verwaltungsvermögen läge in diesem Fall nur dann nicht vor, wenn zwischen den Gesellschaften eine mitunternehmerische Betriebsaufspaltung besteht.

bb) Rückausnahme Verpachtung (§ 13b Abs. 2 Satz 2 Nr. 1 Buchst. b ErbStG)

Besteht das Betriebsvermögen eines Gewerbebetriebs oder einer Freiberuflerpraxis zu mehr als 50 % seines Wertes aus verpachteten Grundstücksflächen und Gebäuden, scheidet eine Begünstigung gem. §§ 13a, 13b ErbStG dem Grunde nach aus, da das Verwaltungsvermögen überwiegt. Dies wird bei im Ganzen verpachteten Gewerbebetrieben (seltener bei Freiberuflerpraxen) häufig der Fall sein, da viele verpachtete Gewerbebetriebe im Wesentlichen aus verpachteten Grundstücken und Gebäuden bestehen, in zahlreichen Verpachtungsfällen die verpachteten Grundstücke und Gebäude sogar die einzigen wesentlichen Betriebsgrundlagen sein werden.

Der Ausschluss solcher verpachteten Betriebe aus den Begünstigungen der §§ 13a, 13b ErbStG erscheint allerdings sachlich nicht gerechtfertigt, wenn der verpachtete Gewerbebetrieb zu einem späteren Zeitpunkt auf den Unternehmensnachfolger übergeht. Der Gesetzgeber hat daher auch Rückausnahmen zugelassen. Soweit im Rahmen einer Betriebsverpachtung im Ganzen ertragsteuerlich eine Versteuerung von Gewinneinkünften aus Gewerbebetrieb gem. § 2 Abs. 1 Nr. 2 EStG oder aus selbständiger Tätigkeit gem. § 2 Abs. 1 Nr. 3 EStG erfolgt, gehören Grundstücke daher nicht zum Verwaltungsvermögen, wenn sie unter einer der im Gesetz genannten Rückausnahmen des § 13b Abs. 2 Satz 2 Nr. 1 Buchst. b ErbStG fallen (siehe auch R E 13b.11 Abs. 1 ErbStR 2011). Folgende Rückausnahmen sind denkbar:

Rückausnahme 1: Der Erbe, auf den der verpachtete Betrieb durch Erbfall übergeht, ist bereits Pächter des Betriebs und der Verpächter des Betriebs hat im Zusammenhang mit einer unbefristeten Verpachtung den Pächter durch eine letztwillige Verfügung oder eine rechtsgeschäftliche Verfügung als Erben eingesetzt.

Beispiel 1:
Vater V betreibt ein Einzelunternehmen. Einzige wesentliche Betriebsgrundlage des Einzelunternehmens ist das Geschäftsgrundstück, dessen Eigentümer V ist. Zum 01.07.04 überträgt der Vater den Betrieb unentgeltlich auf seine Tochter T mit allen Aktiva und Passiva. Lediglich das Geschäftsgrundstück behält er zurück und verpachtet es unbefristet ab dem 01.07.04 an seine Tochter. Am 24.03.09 verstirbt der Vater. Aufgrund eines im Jahr 06 geschlossenen Erbvertrags wird seine Tochter T Alleinerbin und führt den Betrieb auf dem geerbten Grundstück fort.

5.5 Ansatz von Betriebsvermögen

Da der Vater das Geschäftsgrundstück im Weg einer Betriebsverpachtung im Ganzen unbefristet an seine Tochter verpachtet hatte und diese durch eine rechtsgeschäftliche Verfügung, nämlich aufgrund des Erbvertrags, Erbin geworden ist, handelt es sich bei dem verpachteten Geschäftsgrundstück nicht um Verwaltungsvermögen. Die Tochter erhält die Verschonungen der §§ 13a, 13b ErbStG. Die Lohnsummenklausel und die Behaltensregelung sind natürlich zu beachten. Es dürfte allerdings davon auszugehen sein, dass der verpachtete Gewerbebetrieb keine beziehungsweise nicht mehr als 20 Beschäftigte(n) hat und die Lohnsummenklausel damit nicht zur Anwendung kommt.

Aufgrund des Wortlauts des Gesetzes sind folgende Punkte für die Annahme der Rückausnahme besonders zu beachten:

- Nach dem Wortlaut des Gesetzes ist nur der Erbe, nicht hingegen der (Voraus-) Vermächtnisnehmer begünstigt. Da schon im bisherigen Recht der Erwerb durch Erbanfall und der Erwerb von Todes wegen streng voneinander abgegrenzt wurden, sollte dem Wortlaut Rechnung getragen werden. Es erscheint allerdings wenig verständlich, warum nur der Erbe, nicht aber der (Voraus-)Vermächtnisnehmer begünstigt sein soll.

- Nach dem Wortlaut des Gesetzes ist nur der durch letztwillige Verfügung (Testament) oder rechtsgeschäftliche Verfügung (Erbvertrag) benannte Erbe begünstigt, nicht hingegen der Erbe kraft gesetzlicher Erbfolge. Auch insoweit erscheint es allerdings wenig verständlich, warum der gesetzliche Erbe nicht begünstigt sein soll. R E 13b.11 Abs. 1 Nr. 1 ErbStR 2011 verzichtet daher zu Recht auf diese Einschränkung.

- Werden durch letztwillige oder rechtsgeschäftliche Verfügung mehrere Erben benannt und erhält einer der Miterben im Rahmen der Erbauseinandersetzung im Weg einer Realteilung den im Ganzen verpachteten Gewerbebetrieb, dürfte dies der Begünstigung nicht entgegenstehen.

- Die Rückausnahme greift nur, wenn im Besteuerungszeitpunkt die Voraussetzungen der Betriebsverpachtung im Ganzen erfüllt sind. Die erbschaftsteuerrechtliche Behandlung der Betriebsverpachtung im Ganzen orientiert sich dabei eng an der ertragsteuerrechtlichen Regelung (R 16 Abs. 5 EStR).

- Zudem ist zu beachten, dass die Verpachtung des Gewerbebetriebs an den Unternehmensnachfolger unbefristet erfolgen muss.

Rückausnahme 2: Der Beschenkte, auf den der verpachtete Betrieb durch Schenkung übergeht, ist bereits Pächter des Betriebs und der Verpächter des Betriebs hat im Zusammenhang mit einer unbefristeten Verpachtung den Pächter durch eine letztwillige Verfügung oder eine rechtsgeschäftliche Verfügung als Erben eingesetzt.

Beispiel 2:
Verpachtung wie im Beispiel 1. Am 24.03.09 überträgt der Vater den Betrieb unentgeltlich auf seine Tochter. Aufgrund eines im Jahr 06 geschlossenen Erbvertrags ist die Tochter T als Alleinerbin vorgesehen. Die Tochter führt den Betrieb auf dem unentgeltlich übertragenen Grundstück fort.

5 Wertermittlung

Lösung:
Da der Vater das Geschäftsgrundstück im Weg einer Betriebsverpachtung im Ganzen unbefristet an seine Tochter verpachtet hatte und diese durch eine rechtsgeschäftliche Verfügung, nämlich aufgrund des Erbvertrages, als Erbin vorgesehen war, handelt es sich bei dem verpachteten Geschäftsgrundstück auch in dieser Variante nicht um Verwaltungsvermögen. Die Tochter erhält die Verschonungen der §§ 13a, 13b ErbStG.
Für die Lohnsummenklausel und die Behaltensregelung gelten die Ausführungen zu Beispiel 1.

Auch für den Fall der Schenkung sind für die Annahme der Rückausnahme die zu Beispiel 1) genannten Punkte sinngemäß zu beachten. Insbesondere muss der Unternehmensnachfolger im Fall einer Schenkung durch letztwillige Verfügung (Testament) oder rechtsgeschäftliche Verfügung (Erbvertrag) als Erbe benannt sein.

Rückausnahme 3: Im Fall einer Schenkung des im Ganzen verpachteten Gewerbebetriebs soll die Rückausnahme auch greifen, wenn der Beschenkte zunächst den Betrieb noch nicht selbst führen kann, weil ihm z. B. die dazu erforderliche Qualifikation noch fehlt und der Schenker im Hinblick darauf den verschenkten Betrieb für eine befristete Übergangszeit von maximal 10 Jahren an einen Dritten verpachtet hat. Hat der Beschenkte das 18. Lebensjahr noch nicht vollendet, beginnt die Frist erst mit der Vollendung des 18. Lebensjahres. Die Verpachtung darf also nicht über den Zeitpunkt hinausgehen, in dem der Beschenkte das 28. Lebensjahr vollendet, wenn die Schenkung an ein minderjähriges Kind erfolgt ist.

Beispiel 3:
Vater V betreibt ein Einzelunternehmen. Einzige wesentliche Betriebsgrundlage des Einzelunternehmens ist das Geschäftsgrundstück, dessen Eigentümer V ist. Zum 01.07.04 verpachtet der Vater den Betrieb für 8 Jahre an den Pächter P mit allen Aktiva und Passiva einschl. des Geschäftsgrundstücks. Am 01.07.09 verschenkt der Vater den verpachteten Gewerbebetrieb an seinen 25-jährigen Sohn S. Dieser befindet sich zu diesem Zeitpunkt in der Berufsausbildung, die er aber in seinem 27. Lebensjahr abschließen will und die ihn befähigen wird, den Betrieb zu übernehmen.

Lösung:
Die Voraussetzungen der Rückausnahme sind erfüllt. Der Vater hat das Geschäftsgrundstück im Wege einer Betriebsverpachtung im Ganzen zwar an einen Dritten verpachtet, der Pachtvertrag ist jedoch zeitlich auf 8 Jahre und damit nicht mehr als 10 Jahre zeitlich befristet und der Sohn wird den Betrieb, den er noch nicht selbst führen kann, weil ihm die dazu erforderliche Qualifikation noch fehlt, vor der Vollendung des 28. Lebensjahres übernehmen.

Aufgrund des Wortlauts des Gesetzes sind für die Annahme dieser Rückausnahme folgende Punkte besonders zu beachten:

- Nach dem Wortlaut des Gesetzes ist nur der Erwerb durch Schenkung, nicht hingegen der Erwerb durch Erbanfall bzw. der Erwerb von Todes wegen begünstigt. Würde der Vater also kurz vor der Schenkung versterben und der Sohn aufgrund eines Testaments sein Erbe werden, wäre der im Ganzen verpachtete Gewerbebetrieb nicht begünstigt. Dieses Ergebnis dürfte aber wohl kaum dem Sinn und Zweck des Gesetzes entsprechen.

5.5 Ansatz von Betriebsvermögen

- Sollte der Beschenkte bis zur Vollendung des 28. Lebensjahres den Gewerbebetrieb nicht selbst führen, ist die gewährte Steuerbefreiung zu versagen. Ein entsprechender Steuerbescheid wäre m. E. nach § 175 Abs. 1 Nr. 2 AO zu ändern.
- Auch diese Rückausnahme greift nur, wenn im Besteuerungszeitpunkt die Voraussetzungen der Betriebsverpachtung im Ganzen erfüllt sind (siehe oben).
- Zudem ist zu beachten, dass die Verpachtung des Gewerbebetriebes an den Dritten befristet erfolgen muss.

Die Rückausnahmen gelten gem. § 13b Satz 2 Nr. 1 Buchst. b Satz 2 ErbStG nicht für verpachtete Betriebe, die vor ihrer Verpachtung die Voraussetzungen als begünstigtes Vermögen nach § 13b Abs. 1 und Abs. 2 Satz 1 ErbStG nicht erfüllt haben. Diese Einschränkung ist folgerichtig. Denn hierdurch wird vermieden, dass ein in der aktiven Zeit nicht begünstigtes Unternehmen über den Weg der Betriebsverpachtung in begünstigtes Vermögen umqualifiziert werden kann (siehe auch R E 13b.11 Abs. 1 Satz 2 ErbStR 2011).

Für einen Betrieb der Land- und Forstwirtschaft gilt nicht die Rückausnahme des § 13b Abs. 2 Satz 2 Nr. 1 Buchst. a ErbStG, sondern die wesentlich weiter gefasste Rückausnahme des § 13b Abs. 2 Satz 2 Nr. 1 Buchst. e ErbStG (R E 13b.11 Abs. 3 ErbStR 2011).

cc) Rückausnahme Konzern (§ 13b Abs. 2 Nr. 1 Buchst. c ErbStG)

Eine Nutzungsüberlassung von Grundstücken, Grundstücksteilen, grundstücksgleichen Rechten und Bauten innerhalb eines Konzerns im Sinne der sog. Zinsschrankenregelung des § 4h EStG soll nicht zum Ausschluss der Verschonungsregelung führen. Das BMF hat ein ausführliches Schreiben zu Anwendungsfragen des § 4h EStG (und des § 8a KStG) i. d. F. des Unternehmensteuerreformgesetzes 2008 herausgegeben, auf das insoweit verwiesen wird.[446]

dd) Rückausnahme Wohnungsvermietung (§ 13b Abs. 2 Satz 2 Nr. 1 Buchst. d ErbStG)

Eine Nutzungsüberlassung an Dritte ist auch nicht anzunehmen, wenn

- die überlassenen Grundstücke, Grundstücksteile, grundstücksgleichen Rechte und Bauten zum Betriebsvermögen, zum gesamthänderisch gebundenen Betriebsvermögen einer Personengesellschaft oder zum Vermögen einer Kapitalgesellschaft gehören und
- der Hauptzweck des Betriebs in der Vermietung von Wohnungen i. S. des § 181 Abs. 9 BewG besteht,
- dessen Erfüllung einen wirtschaftlichen Geschäftsbetrieb (§ 14 AO) erfordert.

Entgegen der eingangs beschriebenen Intention des Gesetzgebers liegt auch im Fall der **Vermietung von Grundstücken oder Grundstücksteilen zu Wohnzwecken durch**

---

446 Siehe hierzu BMF vom 04.07.2008, BStBl 2008 I S. 718, Rdnr. 59 bis 68.

eine **gewerblich geprägte GmbH & Co. KG** somit kein Verwaltungsvermögen vor, wenn die weiteren Voraussetzungen der Rückausnahme erfüllt sind.

Den **Hauptzweck des Betriebs** definiert die Finanzverwaltung (R E 13b.13 Abs. 2 ErbStR 2011) als überwiegenden Teil der betrieblichen Tätigkeit. Die Vermietung von Grundstücken oder Grundstücksteilen zu anderen als Wohnzwecken, z. B. gewerblichen, freiberuflichen oder öffentlichen Zwecken, wird als unschädlich angesehen, sofern die Summe der Grundbesitzwerte der zu Wohnzwecken vermieteten Grundstücke und Grundstücksteile im Verhältnis zur Summe der Grundbesitzwerte aller vermieteten Grundstücke überwiegt.

Die Finanzverwaltung beschränkt sich damit auf eine rein quantitative Betrachtung nach Maßgabe der Grundbesitzwerte. Die Prüfung dieser Voraussetzung ist sicherlich betriebs- bzw. unternehmensbezogen und nicht für das gesamte auf den Erwerber übergehende Vermögen vorzunehmen. Sie ermöglicht es Wohnungsvermietungsgesellschaften sogar, nicht nur Wohnungen i. S. des § 181 Abs. 9 BewG, sondern auch andere Immobilien in das Betriebsvermögen hineinzunehmen oder dort zu behalten, solange hierdurch der Hauptzweck der Vermietung von Wohnungen nicht gefährdet wird.

Der Wert der vermieteten Wohnungen i. S. des § 181 Abs. 9 BewG ist für diesen Test nach den bewertungsrechtlichen Regeln zur Immobilienbewertung (§§ 176 ff. BewG) zu ermitteln und zum Gesamtwert aller zum Betriebsvermögen gehörenden Immobilien ins Verhältnis zu setzen. Wird den ErbStR 2011 gefolgt, müsste dies auch gelten, wenn der Wert des Betriebsvermögens z. B. im vereinfachten Ertragswertverfahren nach §§ 199 ff. BewG bewertet wird.

Für die Durchführung der Verhältnisrechnung stellt sich bei gemischt genutzten Immobilien zudem die Frage, ob sich das Verhältnis nach anteiligen Wohn- und Nutzflächen oder nach anteiligen Mieterträgen richtet. Dies dürfte letztlich von dem auf die jeweilige Immobilie anzuwendenden Bewertungsverfahren abhängig sein. So dürften beim Ertragswertverfahren die anteiligen Erträge für Wohnungen zu den Gesamterträgen der Immobilie und beim Sachwertverfahren die anteilige Fläche der Wohnungen zur Gesamtfläche der Immobilie maßgeblich sein.

Die Finanzverwaltung enthielt sich zunächst jeglicher Aussage zu den **Anforderungen an einen wirtschaftlichen Geschäftsbetrieb.** Die Erfüllung der Voraussetzungen des § 14 AO wird daher weiterhin eine entscheidende Problematik bei der Anwendung dieser Vorschrift bleiben. Die Berücksichtigung der Intention des Gesetzgebers bei der Abgrenzung von Verwaltungsvermögen (siehe oben) könnte hier zu einer engen und sich streng am Wortlaut der Vorschrift orientierenden Auslegung führen.

Wird dem Wortlaut des Gesetzes gefolgt, ergibt sich die Definition des wirtschaftlichen Geschäftsbetriebs allein aus § 14 AO. Dieser setzt eine selbständige, nachhaltige Tätigkeit voraus, die über den Rahmen einer Vermögensverwaltung hinausgeht.

5.5 Ansatz von Betriebsvermögen

Für diese Auslegung spricht, dass gewerblich geprägte Personengesellschaften, die Grundbesitz verwalten, ebenso dem Bereich des Verwaltungsvermögens zuzuschlagen sind wie vermögensverwaltende Kapitalgesellschaften, dass andererseits aber ein Wohnungsunternehmen mit einem ausreichend umfangreichen Wohnungsbestand und über die Vermietung hinausgehenden Zusatzleistungen auch eine Sozialbindung über Arbeitsverhältnisse erfährt, die der eines gewerblich produzierenden oder eines Dienstleistungsunternehmens in etwa gleichsteht.[447]

Für die Abgrenzung des wirtschaftlichen Geschäftsbetriebes von der Vermögensverwaltung könnte nach dieser sich am Wortlaut orientierenden Auslegung entscheidend sein, dass die Vermietung und Verpachtung von unbeweglichem Vermögen, wie sie Zweck des Wohnungsunternehmens sein muss, eine typische Vermögensverwaltung darstellt, die nur dann zur Gewerblichkeit führt, wenn die Tätigkeiten bei der Vermögensnutzung das übliche Maß überschreiten und demnach wesentliche Zusatzleistungen zu der Vermietung hinzutreten.

Vertreten wird insoweit, dass die Vermietungsleistungen erheblich vom Typ einer auf Dauer angelegten Vermögensnutzung abweichen müssen.[448] Wie schon bei der Abgrenzung im Bereich der gewerblichen von der vermögensverwaltenden Tätigkeit im Sinne des EStG wird als entscheidend angesehen, ob die Fruchtziehung im Vordergrund steht (Vermögensverwaltung) oder die kurzfristige Umschichtung des Vermögens (Gewerbebetrieb und damit häufig wirtschaftlicher Geschäftsbetrieb). Dies würde bedeuten, dass im Rahmen des § 13b Abs. 2 Nr. 1 Buchst. d ErbStG die Vermietung von Wohnungen als Hauptzweck regelmäßig als Vermögensverwaltung einzuordnen ist, die einen wirtschaftlichen Geschäftsbetrieb ausschließt (vgl. § 14 Satz 3 AO). Nur wenn weitere eindeutig über die Vermögensverwaltung hinausgehende grundstücksbezogene Tätigkeiten ausgeübt werden, so z. B. Maklertätigkeiten, umfassende Hausverwaltungen für andere nicht zum Betriebsvermögen gehörende Immobilienbestände, Handel mit Immobilien und Ähnliches, wäre von einem wirtschaftlichen Geschäftsbetrieb auszugehen.[449]

Wird allerdings der Gesetzesbegründung des Finanzausschusses gefolgt, könnte diese einer Auslegung nach dem Wortlaut widersprechen. Der Begründung könnte nämlich zu entnehmen sein, dass Wohnimmobilien dann kein Verwaltungsvermögen sind, wenn deren Überlassung im Rahmen eines „in kaufmännischer Weise eingerichteten Geschäftsbetriebs" i. S. des § 1 Abs. 2 HGB erfolgt.[450] Dies würde zur Folge haben, dass nach handelsrechtlichen Vorgaben eine Firma, die Unterhaltung eines Büros und/oder einer Organisationsstruktur, Buchführung und Bilanzierung sowie Außenwerbung der Annahme von Verwaltungsvermögen widersprechen könnten.

---
447 Vgl. Kapp/Ebeling, § 13b Rdnr. 111 bis 113.
448 Vgl. Pahlke/König, § 14 AO Rdnr. 23.
449 Vgl. auch Tipke/Kruse, § 14 Rdnr. 12.
450 Vgl. z. B. Pauli, DB 2009 S. 641; Hannes/Onderka, ZEV 2010 S. 10 m. w. N.

5 Wertermittlung

Die Finanzverwaltung hatte sich hinsichtlich dieser Frage im AEErbSt zunächst nicht geäußert, dies aber in den ErbStR 2011 nachgeholt. Dort nennt sie – m. E. in Anlehnung an den in kaufmännischer Weise eingerichteten Geschäftsbetrieb i. S. des § 1 Abs. 2 HGB[451] – erstmals Indizien, die für einen wirtschaftlichen Geschäftsbetrieb sprechen (R E 13b.13 Abs. 3 ErbStR 2011):

- Umfang der Geschäfte,
- Unterhalten eines Büros,
- Buchführung zur Gewinnermittlung,
- umfangreiche Organisationsstruktur zur Durchführung der Geschäfte,
- Bewerbung der Tätigkeit,
- Anbieten der Dienstleistung/der Produkte einer breiteren Öffentlichkeit gegenüber.

Wohl eher zur Abwehr der naheliegenden Gestaltung, private Wohnimmobilien z. B. in eine gewerblich geprägte GmbH & Co. KG einzubringen und danach die Anteile an der Gesellschaft mit den Begünstigungen der §§ 13a, 13b ErbStG zu verschenken oder zu vererben, erfolgt die Einschränkung allerdings in unmittelbarem Anschluss an diese Aufzählung. Das Vorliegen eines wirtschaftlichen Geschäftsbetriebs ist aus der Sicht der Finanzverwaltung regelmäßig erst anzunehmen, wenn das Unternehmen **mehr als 300 eigene Wohnungen** hält. Auch aus Zusatzleistungen, die über die reine Vermietungstätigkeit hinaus erbracht werden (z. B. Reinigung, Bewachung, Mäkelei, Hausverwaltung), lässt sich ein in kaufmännischer Weise eingerichteter Geschäftsbetrieb wohl nicht herleiten.[452] Die Festlegung auf eine bestimmte Anzahl von Wohnungen wird in Fällen z. B. mit 100, 150 oder 200 Wohnungen wohl nicht unwidersprochen bleiben. Letztlich wird die Rechtsprechung zu klären haben, welche Anforderungen hier zu gelten haben.[453]

Der notwendige wirtschaftliche Geschäftsbetrieb muss nicht direkt bei dem Betrieb vorliegen, welcher übertragen wird bzw. an dem eine Beteiligung oder Anteile übertragen werden.[454] Erfordert die Vermietung des Wohnungsbestandes des Unternehmens, in dessen Eigentum sich die Immobilien befinden, einen wirtschaftlichen Geschäftsbetrieb, liegt z. B. auch dann ein Wohnungsunternehmen vor, wenn die Vermietung und Verwaltung der eigenen Wohnungen

- im Rahmen einer Betriebsaufspaltung durch das Betriebsunternehmen erfolgt,
- durch ein Unternehmen erfolgt, an dem das Unternehmen, in dessen Eigentum sich die Immobilien befinden, beteiligt ist, oder

---

451 So auch Ivens, DStR 2010 S. 2168.
452 So auch Ivens, DStR 2010 S. 2168.
453 Siehe hierzu auch Brüggemann, Erbfolgebesteuerung 2010 S. 278.
454 Siehe bereits FinMin Bayern vom 12.07.2010, ZEV 2010 S. 432.

5.5 Ansatz von Betriebsvermögen

- einem externen Dienstleistungsunternehmen übertragen wurde.

Wurde die Verwaltung der Immobilien, die nach Art und Umfang im Rahmen der Vermögensverwaltung vorgenommen werden kann, auf ein externes Dienstleistungsunternehmen übertragen, ist ein wirtschaftlicher Geschäftsbetrieb nicht erforderlich. In diesem Fall liegt kein Wohnungsunternehmen vor.

ee) Rückausnahme land- und forstwirtschaftliche Grundstücke (§ 13b Abs. 2 Satz 2 Nr. 1 Buchst. e ErbStG)

Für einen Betrieb der Land- und Forstwirtschaft gilt nicht die Rückausnahme des § 13b Abs. 2 Satz 2 Nr. 1 Buchst. b ErbStG, sondern die wesentlich weiter gefasste Rückausnahme des § 13b Abs. 2 Satz 2 Nr. 1 Buchst. e ErbStG (R E 13b.11 Abs. 3 ErbStR 2011). Werden aus dem begünstigten land- und forstwirtschaftlichen Vermögen Grundstücke, Grundstücksteile oder grundstücksgleiche Rechte an einen Dritten zu land- und forstwirtschaftlichen Zwecken überlassen, führt die Nutzungsüberlassung hier generell nicht zu Verwaltungsvermögen.

Dies gilt aufgrund der bewertungsrechtlichen Abgrenzungen zum einen dann, wenn sämtliche Grundstücke des begünstigten Vermögens im Rahmen einer Betriebsverpachtung im Ganzen zur Nutzung überlassen werden. Regelmäßig handelt es sich hier um land- und forstwirtschaftlich genutzte Flächen, die aus betriebswirtschaftlichen oder betriebstechnischen Gründen im Besteuerungszeitpunkt bis zu 15 Jahren an andere Land- und Forstwirte zur Nutzung überlassen werden.

Verwaltungsvermögen liegt zum anderen auch dann nicht vor, wenn aus dem begünstigten land- und forstwirtschaftlichen Betriebsvermögen Grundstücke, Grundstücksteile oder grundstücksgleiche Rechte an einen Dritten zu land- und forstwirtschaftlichen Zwecken überlassen werden. Regelmäßig handelt es sich hierbei um land- und forstwirtschaftlich genutzte Flächen, die aufgrund der Rechtsform des Betriebs oder infolge der ertragsteuerrechtlichen Abgrenzung als Betriebsvermögen zu bewerten sind. Die Betriebsverpachtung im Ganzen ist in diesen Fällen nach § 13b Abs. 2 Satz 2 Nr. 1 Buchst. b ErbStG zu beurteilen (R E 13b.14 Abs. 2 ErbStR 2011).

Nicht von dieser Rückausnahme erfasst werden m. E. die in § 160 Abs. 7 BewG als langfristig verpachtete Flächen definierten Stückländereien (§ 168 Abs. 2 BewG) sowie – mangels Eigenbewirtschaftung – verpachtete Flächen, die aufgrund der Vorschriften des § 159 BewG als Grundvermögen bewertet werden. Da diese Flächen nicht als begünstigtes Vermögen erfasst werden, kann die Rückausnahme von vornherein nicht zur Anwendung kommen. Ebenso gilt dies für nicht unter die Begünstigung fallende vermietete Betriebswohnungen, Mietwohngrundstücke oder erbbaurechtsbelastete Flächen (vgl. R E 13b.4 Abs. 3 ErbStR 2011).

5 Wertermittlung

5.5.3.2 Zugehörigkeit von Anteilen an Kapitalgesellschaften zum Verwaltungsvermögen (§ 13b Abs. 2 Nr. 2 ErbStG)

Anteile an Kapitalgesellschaften gehören zum Verwaltungsvermögen, wenn die **unmittelbare Beteiligung am Nennkapital dieser Gesellschaften 25 % oder weniger** beträgt und sie nicht dem Hauptzweck des Gewerbebetriebs bestimmter Kreditinstitute, Finanzdienstleistungsinstitute oder Versicherungsunternehmen zuzurechnen sind (**Ausnahme:** Poolvertrag führt zu mehr als 25 %, siehe oben). Die Finanzverwaltung trennt für die Prüfung streng zwischen dem Gesamthandsvermögen und dem Sonderbetriebsvermögen (R E 13b.15 Abs. 2 ErbStR 2011).

Beispiel 1:

Aktiva	Bilanz der AB OHG		Passiva
30 % Anteile an der A-GmbH	300.000 €	Kapital A	500.000 €
Anlage-/Umlaufvermögen	700.000 €	Kapital B	500.000 €
	1.000.000 €		1.000.000 €

Aktiva	Sonderbetriebsvermögen A		Passiva
11 % Anteile an A-GmbH	110.000 €	Kapital A	110.000 €
	110.000 €		110.000 €

Der gemeine Wert des Gesamthandsvermögens einschl. der GmbH-Anteile im Gesamthandsvermögen beträgt 1.200.000 €, der gemeine Wert der A-GmbH beträgt 1.500.000 €. Die A-GmbH hat kein Verwaltungsvermögen.

		A	(B)
Gemeiner Wert Gesamthandsvermögen	1.200.000 €		
Aufteilung Kapital	– 1.000.000 €	500.000 €	500.000 €
Unterschiedsbetrag Verteilung 50 : 50	– 200.000 €	100.000 €	100.000 €
Gemeiner Wert Sonderbetriebsvermögen A		165.000 €	
Anteil am Betriebsvermögen		765.000 €	

Zum Verwaltungsvermögen gehören die Anteile an der A-GmbH, die sich im Sonderbetriebsvermögen des A befinden (gemeiner Wert 1.500.000 € × 11 % = 165.000 €), weil insoweit die Mindestbeteiligungsquote von mehr als 25 % nicht erfüllt ist. Die Anteile an der A-GmbH, die zum Gesamthandsvermögen gehören, rechnen hingegen nicht zum Verwaltungsvermögen. Würden die Anteile zusammengerechnet werden, wäre kein Verwaltungsvermögen vorhanden. Der Anteil des Verwaltungsvermögens wird nach Auffassung der Finanzverwaltung wie folgt berechnet:

165.000 € : 765.000 € = 21,56 %

5.5 Ansatz von Betriebsvermögen

Beispiel 2:

Aktiva	Bilanz der AB OHG		Passiva
24 % Anteile an A-GmbH	240.000 €	Kapital A	500.000 €
Waren	760.000 €	Kapital B	500.000 €
	1.000.000 €		1.000.000 €

Aktiva	Sonderbetriebsvermögen A		Passiva
11 % Anteile an A-GmbH	110.000 €	Kapital A	110.000 €
	110.000 €		110.000 €

Die A-GmbH hat kein Verwaltungsvermögen. Der gemeine Wert des Gesamthandsvermögens einschl. der GmbH-Anteile im Gesamthandsvermögen beträgt weiterhin 1.200.000 €, der gemeine Wert der A-GmbH weiterhin 1.500.000 €.

		A	(B)
Gemeiner Wert Gesamthandsvermögen	1.200.000 €		
Aufteilung Kapital	− 1.000.000 €	500.000 €	500.000 €
Unterschiedsbetrag Verteilung 50 : 50	− 200.000 €	100.000 €	100.000 €
Gemeiner Wert Sonderbetriebsvermögen A		+ 165.000 €	
Anteil am Betriebsvermögen		765.000 €	

Zum Verwaltungsvermögen gehören die Anteile an der A-GmbH, die sich im Sonderbetriebsvermögen des A befinden (gemeiner Wert 1.500.000 € × 11 % = 165.000 €), weil insoweit die Mindestbeteiligungsquote von mehr als 25 % nicht erfüllt ist. Zum Verwaltungsvermögen gehören aber auch die Anteile an der A-GmbH, die sich im Gesamthandsvermögen befinden (gemeiner Wert 1.500.000 € × 24 % = 360.000 €), weil insoweit die Mindestbeteiligungsquote von mehr als 25 % nicht erfüllt ist.

Der Anteil des Verwaltungsvermögens wird nach Auffassung der Finanzverwaltung wie folgt berechnet:
(165.000 € + 360.000 € × 0,5) : 710.000 € = 48,59 % < 50 %

5.5.3.3 Zugehörigkeit von sonstigen Beteiligungen zum Verwaltungsvermögen (§ 13b Abs. 2 Nr. 3 ErbStG)

Zum Verwaltungsvermögen gehören auch Beteiligungen an Gesellschaften i. S. des § 15 Abs. 1 Satz 1 Nr. 2 und Abs. 3 oder § 18 Abs. 4 EStG und an entsprechenden Gesellschaften im Ausland sowie Anteile an Kapitalgesellschaften, die nicht unter § 13b Abs. 2 Nr. 2 ErbStG fallen, wenn bei diesen Gesellschaften das Verwaltungsvermögen mehr als 50 % beträgt. Befindet sich in einem Betriebsvermögen somit ein Anteil an einer Kapitalgesellschaft mit mehr als 25 % Beteiligungsquote, so ist

5 Wertermittlung

diese Beteiligung grundsätzlich kein Verwaltungsvermögen. Für jede dieser Tochtergesellschaften ist jedoch wiederum die 50 %-Grenze des Verwaltungsvermögens zu berücksichtigen.

Beispiel:

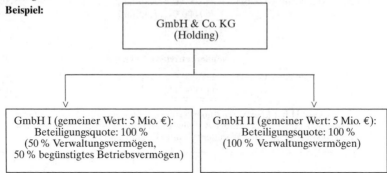

Die GmbH & Co. KG ist gem. § 13a Abs. 1 i. V. m. § 13b Abs. 4 ErbStG mit 85 % begünstigt, da bei der KG nur die Beteiligung an der GmbH II nicht begünstigtes Verwaltungsvermögen ist. Die Beteiligung an der GmbH I hingegen stellt insgesamt kein Verwaltungsvermögen dar, weil in der GmbH I das Verwaltungsvermögen nicht mehr als 50 %, sondern exakt 50 % beträgt.

Anteil Verwaltungsvermögen: 5.000.000 € zu 10.000.000 € = 50 %.

Dem Wortlaut nach gilt in den Fällen der Optionsbesteuerung nach § 13a Abs. 8 ErbStG für Tochtergesellschaften ebenfalls die 50 %-Grenze.[455] In § 13a Abs. 8 Nr. 3 ErbStG ist nämlich nur geregelt, dass in § 13b Abs. 2 Satz 1 ErbStG an die Stelle des 50 %-Satzes für das Verwaltungsvermögen ein 10 %-Satz tritt. Aus dem Verweis ergibt sich aber nicht, dass auch der 50 %-Satz, der gem. § 13b Abs. 2 **Satz 2** Nr. 3 ErbStG für den Verwaltungsvermögenstest bei Beteiligungen an Personengesellschaften und Anteilen an Kapitalgesellschaften (Tochtergesellschaften) gilt, durch den 10 %-Satz ersetzt wird. Auch die Finanzverwaltung geht „vorbehaltlich des § 42 AO" in R E 13a.13 Abs. 5, R E 13b.16 Abs. 2 ErbStR 2011 davon aus, dass für Beteiligungen an Personengesellschaften und Anteilen an Kapitalgesellschaften auch in den Fällen der Optionsverschonung mit 100 % für den Verwaltungsvermögenstest die 50 %-Grenze gilt.

Beispiel 1:

Die A-GmbH hält 100 % der Anteile an der B-GmbH, die 100 % der Anteile an der C-GmbH hält. Die Werte der GmbH werden wie folgt festgestellt:

Wert der A-GmbH   600.000.000 €   (ohne Wert der B/C-GmbH)
Wert der B-GmbH   60.000.000 €   (ohne Wert der C-GmbH)
Wert der C-GmbH   7.000.000 €

Die C-GmbH hält Verwaltungsvermögen von 1.000.000 €. Der Erwerber beantragt den 100 %-Verschonungsabschlag.

---

455 Vgl. Fechner/Bäuml, FR 2009 Beilage zu Heft 11 S. 22 (27).

5.5 Ansatz von Betriebsvermögen

Im Fall einer beantragten Verschonung von 100 % besteht die C-GmbH den 50 %-Verwaltungsvermögenstest, denn 1.000.000 € sind nicht mehr als 50 % von 7.000.000 €. Folge ist, dass die Beteiligung an der C-GmbH insgesamt kein Verwaltungsvermögen ist. Damit gilt die C-GmbH auch bei der B-GmbH nicht als Verwaltungsvermögen. Folglich bestehen auch die B-GmbH und die A-GmbH den Verwaltungsvermögenstest, da sie selbst kein Verwaltungsvermögen haben. Der Wert des Betriebsvermögens von 667.000.000 € fällt insgesamt unter die Steuerverschonung.

Der Gesetzgeber sah bei den Beratungen zum JStG 2010 in der Formulierung des § 13a Abs. 8 Nr. 3 ErbStG zunächst ein Redaktionsversehen. Durch eine Änderung des § 13a Abs. 8 Nr. 3 ErbStG im JStG 2010 sollte daher sichergestellt werden, dass die 10 %-Grenze auch bei Beteiligungen an Personengesellschaften und Anteilen an Kapitalgesellschaften i. S. des § 13b Abs. 2 Satz 2 Nr. 3 ErbStG gilt. Dies hätte bei Beteiligungen aber zu bemerkenswerten Kaskadeneffekten geführt.[456]

Beispiel 2:
Wäre das Gesetz geändert worden, wäre die Optionsverschonung nach § 13a Abs. 8 ErbStG mit 100 % im obigen Beispiel 1 nicht möglich, obwohl nur 1.000.000 € des gesamten Unternehmenswerts von 667.000.000 € Verwaltungsvermögen ist. Die C-GmbH hätte den 10 %-Verwaltungsvermögenstest nicht bestanden, weil 1.000.000 € mehr als 10 % von 7.000.000 € ist. Die B-GmbH hätte den 10 %-Verwaltungsvermögenstest nicht bestanden, weil 7.000.000 € mehr als 10 % von 70.000.000 € ist. Schließlich hätte auch die A-GmbH den 10 %-Verwaltungsvermögenstest nicht bestanden, weil 67.000.000 € mehr als 10 % von 667.000.000 € ist. In der Konsequenz hätte dies bedeutet, dass im geschilderten Beispiel nur das Grundmodell mit 85 % Steuerverschonung möglich wäre, da der Anteil des Verwaltungsvermögens auf keiner Ebene mehr als 50 % beträgt.

Der Gesetzgeber hat – wohl zur Vermeidung solcher Kaskadeneffekte – auf eine Änderung letztlich verzichtet, sodass nunmehr von einem Redaktionsversehen im Gesetz nicht mehr ausgegangen werden kann. Damit bleibt es andererseits bei der Gestaltungsmöglichkeit, Verwaltungsvermögen auf Tochtergesellschaften unter Beachtung der 50 %-Grenze zu verteilen, um die volle Steuerverschonung zu ermöglichen. Allerdings ist zu prüfen, ob schädliches junges Verwaltungsvermögen diese Begünstigung ausschließt.

5.5.3.4 Zugehörigkeit von Wertpapieren und Forderungen zum Verwaltungsvermögen (§ 13b Abs. 2 Nr. 4 ErbStG)

Nach R E 13b.15 Abs. 3 ErbStR 2011 gelten die Bestimmungen für Kapitalgesellschaftsanteile nach § 13b Abs. 2 Satz 2 Nr. 2 oder 3 ErbStG vorrangig vor der Definition des Verwaltungsvermögens von Wertpapieren gem. § 13b Abs. 2 Satz 2 Nr. 4 ErbStG.

Der Wertpapierbegriff wird von der Finanzverwaltung streng definiert als auf dem Markt gehandelte Wertpapiere i. S. des § 2 Abs. 1 WpHG. Vergleichbare Forderun-

---
456 Vgl. auch Scholten/Korezkij, DStR 2010 S. 912; Hannes/Steger/Stalleiken, DStR 2009 S. 2029.

gen im Sinne dieser Vorschrift sind solche, über die keine Urkunden ausgegeben wurden, die nach § 2 Abs. 1 WpHG aber als Wertpapiere gelten.

Keine Wertpapiere in diesem Sinne sind hingegen die kaufmännischen Orderpapiere wie die in §§ 363 bis 365 HGB genannten Wechsel und Schecks sowie auf Order lautende Anweisungen und Rektapapiere usw., auch wenn sie zivilrechtlich dem Wertpapierbegriff zugeordnet werden.

Durch diese Definition wird der Anwendungsbereich der Wertpapiere und vergleichbaren Forderungen beschränkt. Aufschlussreich ist insoweit die Aufstellung in H E 13b.17 ErbStH 2011:

Wertpapiere oder vergleichbare Forderung	weder Wertpapiere noch vergleichbare Forderungen
• Pfandbriefe • Schuldbuchforderungen • Geldmarktfonds • Festgeldfonds	• Geld • Sichteinlagen • Sparanlagen • Festgeldkonten • Forderungen aus Lieferungen und Leistungen • Forderungen an verbundene Unternehmen • Ansprüche aus Rückdeckungsversicherungen

Die Aufteilung, die in Anlehnung an den Wortlaut des Gesetzes („vergleichbare Forderungen") erfolgt, führt zu Abgrenzungsfragen und wird daher nicht unwidersprochen bleiben. Warum beispielsweise Geldmarktfonds – soweit Wertpapiere i. S. des § 2 Abs. 1 WpHG – schädliches Verwaltungsvermögen sein sollen, Festgeldkonten hingegen nicht, erscheint nach dem eigentlichen Sinn und Zweck des Gesetzes – Sicherung und steuerliche Entlastung der Unternehmensnachfolge – nicht nachvollziehbar. Wenn Geldmarktfonds nur Verwaltungsvermögen sein sollen, wenn sie unter das Wertpapierhandelsgesetz fallen, wäre z. B. zu beachten, dass Tagesanleihen grundsätzlich in Form von Einzelschuldbuchforderungen begründet werden. Einzelschuldbuchforderungen aber sind Forderungen gegen den Bund, die in das mit öffentlichem Glauben ausgestattete Bundesschuldbuch eingetragen sind. Anders als eine Sammelschuldbuchforderung des Bundes, die als Wertpapiersammelbestand gilt (§ 6 Abs. 2 Satz 1 BSchuWG), sind Einzelschuldbuchforderungen keine Wertrechte und keine Wertpapiere i. S. des § 2 Abs. 1 WpHG. Siehe zur Berechnung des Anteils des Verwaltungsvermögens auch das Beispiel 2 unter 5.5.4.

Die nach Sinn und Zweck des Gesetzes und damit auch verfassungsrechtlich nicht überzeugende Abgrenzung wird auch im Beschluss des BFH,[457] mit dem er das BMF zum Verfahrensbeitritt aufgefordert hat, verdeutlicht. Eine verfassungsrechtlich problematische Gestaltungsmöglichkeit kann sich laut BFH zunächst daraus ergeben, dass § 13b Abs. 1 Nr. 2 ErbStG ausdrücklich auch den Erwerb eines Anteils an einer Gesellschaft i. S. des § 15 Abs. 3 EStG in die Vergünstigungen nach

---
457 BFH vom 05.10.2011 II R 9/11, BStBl 2012 II S. 29; siehe hierzu auch Wachter, DStR 2011 S. 331.

5.5 Ansatz von Betriebsvermögen

§§ 13a und 13b ErbStG einbezieht und damit die Steuervergünstigungen grundsätzlich auch für den Übergang von Vermögen sog. „gewerblich geprägter Personengesellschaften" (§ 15 Abs. 3 Nr. 2 EStG) zu gewähren sind. Nahezu plakativ verdeutlicht er dies mit den nachfolgenden Beispielen.

Beispiel 1:
Ein Anteil an einer gewerblich geprägten Personengesellschaft, deren Betriebsvermögen aus 100 Mio. € Festgeldguthaben besteht, wird vererbt oder verschenkt. Während Wertpapiere sowie vergleichbare Forderungen grundsätzlich zum Verwaltungsvermögen gehören (§ 13b Abs. 2 Satz 2 Nr. 4 ErbStG), sind sonstige Forderungen, wie etwa Sichteinlagen, Sparanlagen, Festgeldkonten sowie Forderungen aus Lieferungen und Leistungen und Forderungen an verbundene Unternehmen nach Auffassung der Finanzverwaltung (vgl. H E 13b.17 ErbStH 2011) kein Verwaltungsvermögen.

Nach dem Wortlaut der §§ 13a, 13b ErbStG kann der Anteil unter Inanspruchnahme einer Steuerbefreiung von 100 % gem. § 13a Abs. 8 ErbStG erworben werden, ohne dass Erbschaftsteuer oder Schenkungsteuer anfällt und ohne dass dieses Vermögen einer besonderen Gemeinwohlbindung oder Gemeinwohlverpflichtung unterliegt. Insbesondere spielen die in § 13a Abs. 1 Satz 2 bis 5 und Abs. 4 ErbStG geregelten Anforderungen an die Entwicklung der Lohnsumme in einem solchen Fall keine Rolle, da derartige gewerblich geprägte Personengesellschaften regelmäßig nicht mehr als 20 Beschäftigte haben und somit die Anforderungen an die Entwicklung der Lohnsumme nicht zu beachten brauchen (§ 13a Abs. 1 Satz 4 ErbStG). Die Einhaltung der Behaltensregelung (§ 13a Abs. 5 i. V. m. Abs. 8 Nr. 2 ErbStG) bereitet ebenfalls keine Probleme.

Dasselbe Ergebnis kann auch dadurch erreicht werden, dass eine GmbH, an der der Erblasser oder Schenker zu mehr als 25 % unmittelbar beteiligt ist (vgl. § 13b Abs. 1 Nr. 3 ErbStG), als Betriebsvermögen lediglich Geldforderungen hält, die Wertpapieren nicht vergleichbar sind.

Beispiel 2:
Ein Inländer, der Alleingesellschafter von zwei vermögenslosen GmbH ist, bringt sein aus Grundvermögen, Wertpapieren, Beteiligungen an Kapitalgesellschaften bis zu 25 % und Edelmetallen bestehendes Privatvermögen in die X-GmbH ein. Diese verkauft das Vermögen zum Steuerwert unter Stundung des Kaufpreises an die Y-GmbH.

Folge dieser Gestaltung ist, dass der Y-GmbH im Erbfall oder bei einer freigebigen Zuwendung – zumindest bei Anwendung des Substanzwertverfahrens gem. § 11 Abs. 2 Satz 3 BewG – kein Wert zukommt; denn dem auf sie übertragenen Aktivvermögen steht die gleichwertige Kaufpreisverbindlichkeit gegenüber.

Die Kaufpreisforderung der X-GmbH wiederum stellt keine einem Wertpapier vergleichbare Forderung i. S. des § 13b Abs. 2 Satz 2 Nr. 4 ErbStG dar und ist somit kein Verwaltungsvermögen. Für den Erwerb der Beteiligung an der X-GmbH kann der Erbe oder Bedachte daher von der Steuerbefreiung von 100 % gem. § 13a Abs. 8 ErbStG Gebrauch machen mit der Folge, dass auch in diesem Fall keine Erbschaft- oder Schenkungsteuer anfällt. Auf die Entwicklung der Lohnsumme in den auf den Erwerb folgenden Jahren kommt es – wie im Beispiel 1 – nicht an, weil die X-GmbH, die lediglich die Kaufpreisforderung gegen die Y-GmbH verwaltet, nicht mehr als 20 Beschäftigte benötigt. Zu beachten sind lediglich die Behaltensregelungen (§ 13a Abs. 5 i. V. m. Abs. 8 Nr. 2 ErbStG).

Da der BFH das BMF zum Beitritt aufgefordert und um Mitteilung gebeten hat, ob und ggf. welche praktischen Erfahrungen im Besteuerungsverfahren oder bei Anträgen auf verbindliche Auskunft es zu den im Beschluss aufgezeigten Gestaltungsmöglichkeiten bisher gibt, darf die Antwort mit Spannung erwartet werden.

5.5.3.5 Zugehörigkeit von Kunstgegenständen usw. zum Verwaltungsvermögen (§ 13b Abs. 2 Nr. 5 ErbStG)

Zum Verwaltungsvermögen gehören auch Kunstgegenstände, Kunstsammlungen, wissenschaftliche Sammlungen, Bibliotheken und Archive, Münzen, Edelmetalle und Edelsteine, wenn der Handel mit diesen Gegenständen oder deren Verarbeitung nicht der Hauptzweck des Gewerbebetriebs ist.

5.5.3.6 Junges Verwaltungsvermögen

Der Abzugsbetrag und der Entlastungsbetrag gelten nicht für das Verwaltungsvermögen i. S. des § 13b Abs. 2 Satz 3 ErbStG, das nicht seit mindestens 2 Jahren dem Betriebsvermögen zuzurechnen ist.[458]

Hierzu gehört nicht nur innerhalb dieses Zeitraums eingelegtes Verwaltungsvermögen, sondern i. d. R. auch Verwaltungsvermögen, das innerhalb dieses Zeitraums aus betrieblichen Mitteln angeschafft oder hergestellt worden ist (R E 13b.19 Abs. 1 ErbStR 2011).

Dies bedeutet im Ergebnis, dass nicht nur zeitnahe Einlagen, sondern auch zeitnah getätigte Erwerbe und zeitnah als Liquiditätsreserve angelegte Gewinne nicht der Verschonungsregelung unterliegen. Um die Regelung des § 13b Abs. 2 Satz 3 ErbStG zum jungen Verwaltungsvermögen auf „Gestaltungsfälle" auszurichten, hatte der Bundesrat in seiner Stellungnahme zum JStG 2010 vorgeschlagen, eine schädliche Zuführung jungen Verwaltungsvermögens nur in Fällen der Einlage von Verwaltungsvermögen innerhalb der Zweijahresfrist anzunehmen. Mit dieser Änderung wäre gewährleistet gewesen, dass Gewinne als Liquiditätsreserve rentabel im Unternehmen angelegt werden können und damit die Eigenkapitalbasis gestärkt wird. Diesem Vorschlag wurde aber im Gesetzgebungsverfahren nicht gefolgt, sodass davon auszugehen ist, dass durch solche Maßnahmen (junges) Verwaltungsvermögen begründet werden kann. Liegt junges Verwaltungsvermögen vor, ist es wie folgt zu werten (R E 13b.19 Abs. 2 ErbStR 2011).

- Anteil Verwaltungsvermögen einschließlich jungen Verwaltungsvermögens > 50 % bzw. 10 %

  Rechtsfolge: insgesamt kein begünstigtes Vermögen

- Anteil Verwaltungsvermögen einschließlich jungen Verwaltungsvermögens < oder = 50 % bzw. 10 %

---

458 Siehe hierzu Scholten/Korezkij, DStR 2009 S. 73 (78); von Oertzen, Ubg 2008 S. 59, 60; Landsittel, ZErb 2009 S. 11 (14); Fraedrich, GmbH-StB 2009 S. 45 (49); Siegmund/Zipfel, BB 2009 S. 804; a. A. Hübner, Erbschaftsteuerreform 2009, S. 390, 392, 441, 447; Troll/Gebel/Jülicher, § 19a Rdnr. 3 und 5.

5.5 Ansatz von Betriebsvermögen

Rechtsfolge: Nur junges Verwaltungsvermögen ist von der Begünstigung ausgeschlossen. Der gemeine Wert des begünstigten Gesamtbetriebs ist um die Summe der gemeinen Werte der Einzelwirtschaftsgüter des jungen Verwaltungsvermögens – ohne Abzug der damit zusammenhängenden Schulden und Lasten – zu kürzen.

Zur Vermeidung unbilliger Ergebnisse beschränkt die Finanzverwaltung die Auslegung dahingehend, dass Vermögensgegenstände, die seit 2 Jahren und mehr zum Betriebsvermögen gehörten, auch dann kein junges Verwaltungsvermögen sind, wenn die in § 13b Abs. 2 Satz 2 ErbStG genannten Kriterien erst innerhalb der letzten beiden Jahre eingetreten sind (R E 13b.19 Abs. 1 Satz 3 ErbStR 2011).

Beispiel:
Bei einem bisher betrieblich genutzten Grundstück wird dessen betriebliche Nutzung innerhalb der letzten 10 Monate vor dem Todesfall eingestellt und es erfolgt eine Nutzungsüberlassung an Dritte.

Im Zusammenhang mit dem jungen Verwaltungsvermögen ist auch die kaum nachvollziehbare und vielfach kritisierte Regelung des § 13b **Abs. 3** Satz 2 ErbStG i. d. F. des ErbStRG 2009[459] zu erwähnen. Sie ist mit dem JStG 2010 aufgehoben und in § 13b Abs. 2 ErbStG durch die Sätze 6 und 7 ersetzt worden. § 13b Abs. 2 Satz 6 und 7 und Abs. 3 sind auf Erwerbe anzuwenden, für die die Steuer nach dem 13. Dezember 2010 entsteht. Für die Zeit davor wird die Rechtslage wohl „nebulös" bleiben.

Nach § 13b **Abs. 2 Satz 6** ErbStG wird der Anteil des Verwaltungsvermögens am gemeinen Wert des Betriebs einer Kapitalgesellschaft nach dem Verhältnis der Summe der gemeinen Werte der Einzelwirtschaftsgüter des Verwaltungsvermögens zum gemeinen Wert des Betriebs bestimmt; für Grundstücksteile des Verwaltungsvermögens ist der ihnen entsprechende Anteil am gemeinen Wert des Grundstücks anzusetzen. Damit stellt Satz 6 klar, dass der Verwaltungsvermögenstest bei Anteilen an Kapitalgesellschaften genauso durchgeführt wird wie bei Personengesellschaften bzw. der Land- und Forstwirtschaft (siehe § 13b Abs. 2 **Satz 4 und 5** ErbStG sowie die Ausführungen unter 5.3.4). Dies entspricht auch der bisherigen Auslegung des Gesetzes, sodass eine materiell-rechtliche Änderung damit nicht verbunden sein dürfte. Siehe zur Berechnung des Anteils des Verwaltungsvermögens auch das Beispiel 2 unter 5.5.4.

Soweit zum Verwaltungsvermögen der Kapitalgesellschaft Wirtschaftsgüter gehören, die nach § 13b Abs. 2 Satz 3 (= junges Verwaltungsvermögen) nicht in das begünstigte Vermögen einzubeziehen sind, ist nach § 13b **Abs. 2 Satz 7** ErbStG der Teil des Anteilswerts nicht begünstigt, der dem Verhältnis der Summe der Werte dieser Wirtschaftsgüter zum gemeinen Wert des Betriebs der Kapitalgesellschaft entspricht. Ausweislich der Gesetzesbegründung beschränkt sich der Regelungs-

---
459 Vgl. Hannes/Steger/Stalleiken, DStR 2009 S. 2029.

5 Wertermittlung

gehalt des neuen Satzes 7 auf das sog. junge Verwaltungsvermögen (Verweis auf Satz 3) der Kapitalgesellschaft i. S. des § 13b Abs. 2 Satz 3 ErbStG, also auf weniger als 2 Jahre zuzurechnende Wirtschaftsgüter. Ist auf der Ebene der Gesellschaft solches Vermögen vorhanden, soll der darauf entfallende Anteil an dieser Kapitalgesellschaft – unabhängig von Satz 6 – nach dem Verständnis des Gesetzgebers zum Verwaltungsvermögen gehören.

Beispiel:
Zum Betriebsvermögen eines Gewerbebetriebs gehören Anteile an einer Kapitalgesellschaft mit einer unmittelbaren Beteiligung von 100 %. Der gemeine Wert der Anteile (und des Betriebsvermögens der Kapitalgesellschaft, vgl. § 97 Abs. 1b BewG) beträgt 1.000.000 €. Zum Betriebsvermögen gehört Verwaltungsvermögen i. S. des § 13b Abs. 2 Satz 2 ErbStG im Wert von 200.000 € und junges Verwaltungsvermögen i. S. des § 13b Abs. 2 Satz 3 ErbStG von 50.000 €.

Das Grundmodell mit 85 % Steuerverschonung ist möglich. Der Wertanteil des gesamten Verwaltungsvermögens von 250.000 € (200.000 € + 50.000 €) am gemeinen Wert des Betriebsvermögens der Kapitalgesellschaft von 1.000.000 € beträgt 25 %. Damit zählen die Anteile an der Kapitalgesellschaft nach § 13b Abs. 2 Satz 2 Nr. 3 ErbStG zunächst nicht zum Verwaltungsvermögen des Gewerbebetriebs.

Der Wertanteil des jungen Verwaltungsvermögens von 50.000 € am gemeinen Wert des Betriebsvermögens der Kapitalgesellschaft von 1.000.000 € beträgt 5 %. Damit zählen die Anteile gem. § 13b Abs. 2 **Satz 7** ErbStG zu 5 %, das sind 50.000 €, nach dem Verständnis des Gesetzgebers zum Verwaltungsvermögen des Gewerbebetriebs (so m. E. auch R E 13b.19 Abs. 4 ErbStR 2011).

Nach teilweiser Ansicht der Literatur steht die Gesetzesbegründung im Widerspruch zum Wortlaut des Gesetzes und führt zu unzutreffenden Ergebnissen.[460] Die Kritik richtet sich vor allem gegen die Aussage der Gesetzesbegründung, dass der auf das (junge Verwaltungs-)Vermögen entfallende Anteil an dieser Kapitalgesellschaft – unabhängig von § 13b Abs. 2 Satz 6 ErbStG – zum Verwaltungsvermögen gehört und damit unzulässigerweise eine isolierte Betrachtung für das junge Verwaltungsvermögen erfolgt.

Fortführung des Beispiels:
Der gemeine Wert der Anteile an der Kapitalgesellschaft beträgt weiterhin 1.000.000 € mit Verwaltungsvermögen im Wert von 200.000 € und jungem Verwaltungsvermögen im Wert von 50.000 €. Der Wert des Gewerbebetriebs einschl. der Anteile an der Kapitalgesellschaft beträgt 2.000.000 €. Der Anteil des Verwaltungsvermögens im Gewerbebetrieb selbst (also ohne das Verwaltungsvermögen der Kapitalgesellschaft) beträgt 980.000 €.

Die Beteiligung an der Kapitalgesellschaft gehört bei dem Gewerbebetrieb nicht zum Verwaltungsvermögen. Der Gewerbebetrieb würde den Verwaltungsvermögenstest zunächst bestehen, denn 980.000 € sind nicht mehr als 50 % von 2.000.000 €. Nach § 13b Abs. 2 Satz 7 ErbStG in der Interpretation durch die Gesetzesbegründung müsste im Gewerbebetrieb aber weiteres Verwaltungsvermögen i. H. von 50.000 € berücksichtigt werden mit der Folge, dass der Gewerbebetrieb den Verwaltungsver-

---

460 Vgl. Scholten/Korezkij, DStR 2010 S. 1271 (1274); Hannes/Steger/Stalleiken, BB 2010 S. 1439, 1442.

mögenstest nicht mehr besteht, denn 1.030.000 € sind mehr als 50 % von 2.000.000 €. Das Grundmodell mit 85 % Steuerverschonung ist nach der Gesetzesbegründung somit nicht möglich.

Würde es sich bei der Beteiligung um eine KG handeln, würde der Gewerbebetrieb nach einer im Schrifttum vertretenen Auffassung den Verwaltungsvermögenstest bestehen, da § 13b Abs. 2 Satz 7 ErbStG – zumindest dem Wortlaut nach – nur bei Kapitalgesellschaften anwendbar sei und auch in der Gesetzesbegründung nicht auf Personengesellschaften ausgedehnt werde.[461]

Anderer Auffassung ist jedoch die Finanzverwaltung (R E 13b.19 Abs. 4 ErbStR 2011): Gehört zum Betriebsvermögen eine Beteiligung an einer Personengesellschaft oder gehören dazu Anteile an einer Kapitalgesellschaft von mehr als 25 %, ist der dem bei der Tochtergesellschaft vorhandenen jungen Verwaltungsvermögen entsprechende Teil des Werts der Beteiligung oder der Anteile bei dem Betrieb oder der Gesellschaft, die die Beteiligung oder die Anteile unmittelbar hält, nur bei der Prüfung des 50 %-Anteils als Verwaltungsvermögen und nicht zusätzlich als junges Verwaltungsvermögen zu berücksichtigen. Meines Erachtens folgt die Finanzverwaltung damit der Gesetzesbegründung nicht nur für Beteiligungen an Kapitalgesellschaften, sondern ebenso für Beteiligungen an Personengesellschaften.

5.5.4 Ermittlung des Anteils des Verwaltungsvermögens

Für die Verwaltungsvermögensquote sind stets die Verhältnisse im Besteuerungszeitpunkt maßgebend. Es ist hierfür auf die **Verhältnisse beim Erblasser oder Schenker** abzustellen. Spätere Veränderungen des Anteils am Verwaltungsvermögen beim Erwerber sind unbeachtlich (R E 13b.8 Abs. 2 ErbStR 2011).

5.5.4.1 Ermittlung des Anteils bei Einzelunternehmen und Kapitalgesellschaften

Der Anteil des Verwaltungsvermögens am gemeinen Wert des Betriebs bzw. des Betriebs einer Kapitalgesellschaft wird nach dem Verhältnis der Summe der gemeinen Werte der Einzelwirtschaftsgüter des Verwaltungsvermögens zum gemeinen Wert des Betriebs bestimmt, für Grundstücksteile des Verwaltungsvermögens ist der ihnen entsprechende Anteil am gemeinen Wert des Grundstücks anzusetzen (§ 13b Abs. 2 Satz 4 bzw. Satz 6 ErbStG). Bei Betrieben der Land- und Forstwirtschaft ist als Vergleichsmaßstab der Wert des Wirtschaftsteils (§ 168 Abs. 1 Nr. 1 des BewG) anzuwenden (§ 13b Abs. 2 Satz 5 ErbStG).

Ein Abzug von Schulden und Lasten ist – entsprechend dem Wortlaut des Gesetzes – nach Ansicht der Finanzverwaltung ausgeschlossen (R E 13b.20 Abs. 2 Satz 5 ErbStR 2011).

Dies entspricht zwar dem Wortlaut des Gesetzes, erscheint aber gleichwohl nicht überzeugend, da auch die mit dem nicht betriebsnotwendigen Vermögen im wirt-

---

461 Scholten/Korezkij, DStR 2010 S. 1271 (1274 f.).

5 Wertermittlung

schaftlichen Zusammenhang stehenden Schulden neben dem Ertragswert mit ihrem gemeinen Wert angesetzt werden (§ 200 Abs. 2 BewG).

Beispiel 1:
Feststellungsbescheid Betriebsfinanzamt gem. § 151 Abs. 1 Nr. 2 BewG:

Ertragswert des betriebsnotwendigen Vermögens	6,0 Mio. €
+ Nettowert des nicht betriebsnotwendigen Vermögens (**§ 200 Abs. 2 BewG**)	
• vermietetes Betriebsgrundstück (wie Grundvermögen)	
• gemeiner Wert 6 Mio. € abzgl. Verbindlichkeiten 4 Mio. €	2,0 Mio. €
• börsennotierte Streubesitzanteile (Kurswert)	0,8 Mio. €
• nicht notierter GmbH-Anteile im Streubesitz (Ertragswert)	1,3 Mio. €
• Kunstgegenstände (gemeiner Wert)	1,9 Mio. €
Wert nach dem vereinfachten Ertragswertverfahren	**12,0 Mio. €**

Nachrichtlich sind als Verwaltungsvermögen mitgeteilt (Abschn. 7 AEBewAntBV und Abschn. 5 Abs. 5 Satz 1 Nr. 1 AEErbSt) bzw. werden festgestellt (§ 13b Abs. 2a ErbStG):

vermietetes Betriebsgrundstück (wie Grundvermögen)	6,0 Mio. €
börsennotierte Streubesitzanteile (Kurswert)	0,8 Mio. €
nicht notierter GmbH-Anteile im Streubesitz (Ertragswert)	1,3 Mio. €
Kunstgegenstände (gemeiner Wert)	1,9 Mio. €
Verwaltungsvermögen insgesamt	10,0 Mio. €
Anteil Verwaltungsvermögen am gesamten Betriebsvermögen	10/12 = 83,33 %

Aufgrund der nachrichtlichen Mitteilungen wird das Erbschaftsteuerfinanzamt zu dem Ergebnis kommen, dass das Verwaltungsvermögen mit 83,33 % die Grenze von 50 % des Betriebsvermögens überschreitet und das gesamte Betriebsvermögen nicht begünstigt ist. Würden die Verbindlichkeiten wie beim nicht betriebsnotwendigen Vermögen auch beim Verwaltungsvermögen abgezogen, ergäbe sich ein Verwaltungsvermögen von nur 6,0 Mio. € (10,0 Mio. € – 4,0 Mio. €).

Beispiel 2:
Im Betriebsvermögen der von A als 100 %-Gesellschafter vererbten GmbH befindet sich nicht mehr als zwei Jahren ein Grundstück, für das auf den Bewertungsstichtag (§ 11, § 9 Abs. 1 Nr. 1 ErbStG) ein gemeiner Wert von 2.000.000 € festgestellt worden ist (§ 151 Abs. 1 Nr. 1, § 157 Abs. 1 BewG). Das Grundstück wird zu 40 % der Wohn- und Nutzfläche zu Wohnzwecken an Dritte vermietet. Außerdem befindet sich im Betriebsvermögen noch ein Geldmarktfonds für den sich auf den Bewertungsstichtag (§ 11, § 9 Abs. 1 Nr. 1 ErbStG) ein Rückkaufswert von 1.400.000 € (§ 11 Abs. 4 BewG) ergibt und den die GmbH aufgrund einer unerwartet hohen Liquiditätsreserve auf Empfehlung der Hausbank innerhalb der letzten zwei Jahre aus Geldbarbeständen erworben hat. Der Wert der GmbH ist im vereinfachten Ertragswertverfahren gem. § 151 Abs. 1 Nr. 3, § 157 Abs. 4 BewG mit 18.000.000 € festgestellt worden.

Lösung:
Der zu Wohnzwecken an Dritte vermietete Grundstücksteil ist gem. § 13b Abs. 2 Nr. 1 ErbStG anteilig als Verwaltungsvermögen anzusehen (R E 13b.9 Satz 1 ErbStR 2011). Gehört nur ein Grundstücksteil zum Verwaltungsvermögen, ist dessen gemeiner Wert regelmäßig nach der Wohn- und Nutzfläche aufzuteilen (R E 13b.9 Satz 4 ErbStR 2011), sodass der anteilige gemeine Wert von 800.000 € (40 % von 2.000.000 €) dem

5.5 Ansatz von Betriebsvermögen

Verwaltungsvermögen zuzurechnen ist. Meines Erachtens ist dieser Aufteilungsmaßstab aber nicht zwingend. Wird die Immobilie z. B. im Ertragswertverfahren bewertet, wäre auch eine Aufteilung nach anteiligen (üblichen) Mieten denkbar.

Die im Betriebsvermögen gehaltenen Geldmarktfonds gehören gem. H E 13b.17 ErbStH 2011 zu den Wertpapieren oder vergleichbaren Forderungen und sind – zumindest ihrer Bezeichnung nach – ebenfalls Verwaltungsvermögen. Ob die Zuordnung einer in Wertpapieren gehaltenen Liquiditätsreserve allerdings nach Sinn und Zweck des Gesetzes eine Zuordnung zum Verwaltungsvermögen rechtfertigt, muss bezweifelt werden. Für eine Privilegierung der Unternehmensnachfolge kann es keinen Unterschied machen, ob eine Liquiditätsreserve in jederzeit realisierbaren Geldmarktfonds oder in Bargeldanlagen gehalten wird. So oder so sind sie Anlagen objektiv geeignet und vom Betriebsinhaber erkennbar dazu bestimmt, den Betrieb zu fördern (siehe auch H 4.2 (1) „Kreditgrundlage/Liquiditätsreserve" EStH). Der Förderung des Betriebs würde es sogar widersprechen, wenn die Liquiditätsreserve nicht zur Erzielung von möglichen höheren Erträgen eingesetzt wird.

Wird trotz dieser Bedenken auch in dem Geldmarktfonds Verwaltungsvermögen gesehen, beträgt der gemeine Wert des Verwaltungsvermögens insgesamt 2.200.000 €. Bei einem gemeinen Wert der Kapitalgesellschaft von 18.000.000 € entspricht das Verwaltungsvermögen damit einem Anteil von etwa 12 %.

Der Verschonungsabschlag von 85 % (§ 13b Abs. 4 ErbStG) ist möglich, allerdings nicht für das junge Verwaltungsvermögen (§ 13b **Abs. 2** Satz 3 ErbStG) im Wert von 1.400.000 €, sodass sich ergibt:

Vermögen	18.000.000 €
junges Verwaltungsvermögen	– 1.400.000 €
begünstigtes Vermögen	16.600.000 €
Verschonung 85 %	– 14.110.000 €
verbleiben 15 %	2.490.000 €
zzgl. junges Verwaltungsvermögen	+ 1.400.000 €
verbleiben	3.890.000 €

Wird der Verschonungsabschlag von 100 % gem. § 13a Abs. 8 Nr. 4 ErbStG beantragt, gilt gem. § 13a Abs. 8 Nr. 3 ErbStG die 10 %-Grenze, sodass der Verschonungsabschlag von 100 % nicht möglich ist.

Wäre in dem Geldmarktfonds kein Verwaltungsvermögen zu sehen, beträgt der Anteil des Verwaltungsvermögens nur 4,44 % (800.000 € zu 18.000.000 €), sodass der Verschonungsabschlag von 100 % zu gewähren ist.

5.5.4.2 Ermittlung des Anteils bei Personengesellschaften

Bei Personengesellschaften stellt sich vor allem das Problem von Verwaltungsvermögen, wenn Sondereinflüsse aus dem Sonderbetriebsvermögen eines Gesellschafters erfolgen.[462] Die Finanzverwaltung wendet insoweit richtigerweise eine gesellschafterbezogene Betrachtungsweise an (siehe Berechnungsbeispiel in H E 13b.15 ErbStH 2011). Dies bedingt, dass die Wertminderung des Mitunternehmeranteils durch Verbindlichkeiten des Sonderbetriebsvermögens zu erheblichen Nachteilen führen kann.

---

462 Vgl. Schulze zur Wiesche, DStR 2009 S. 732

5 Wertermittlung

Beispiel:
Erblasser A ist an der gewerblichen Personengesellschaft X zu 50 % beteiligt (gemeiner Wert des Gesamthandsvermögens: 2.000.000 €). Die X verfügt über Verwaltungsvermögen (gemeiner Wert 800.000 €). Das Sonderbetriebsvermögen des A bei X enthält weiteres Verwaltungsvermögen (gemeiner Wert: 300.000 €). Die Buchwerte stellen sich wie folgt dar:

Aktiva			Passiva
Verwaltungsvermögen	400.000 €	Kapital A	500.000 €
Anlage-/Umlaufvermögen	600.000 €	Kapital B	500.000 €
	1.000.000 €		1.000.000 €

Aktiva	Sonderbetriebsvermögen A		Passiva
Verwaltungsvermögen	200.000 €	Kapital A	200.000 €
	200.000 €		200.000 €

Bei der Ermittlung des Anteils des Verwaltungsvermögens am gemeinen Wert des Betriebsvermögens der Personengesellschaft ist neben dem Gesamthandsvermögen auch auf das Sonderbetriebsvermögen des übertragenden Gesellschafters abzustellen, wobei ausschließlich auf das übertragene Vermögen abzustellen ist.[463]

Aufteilung (§ 97 Abs. 1a BewG):		A	(B)
Unternehmenswert	2.000.000 €		
abzgl. Kapitalkonten	– 1.000.000 €	500.000 €	(500.000 €)
Unterschiedsbetrag	1.000.000 €		
Gewinnverteilungsschlüssel	– 1.000.000 €	500.000 €	(500.000 €)
Anteil des A am Gesamthandsvermögen		1.000.000 €	
zzgl. Sonderbetriebsvermögen		300.000 €	
Anteil am Betriebsvermögen der Gesellschaft		1.300.000 €	
davon Verwaltungsvermögen			
800.000 € × 50 % + 300.000 €		700.000 €	= 54 %

Abwandlung:
Das Sonderbetriebsvermögen des A besteht aus einer Verbindlichkeit, die kein Verwaltungsvermögen ist.

Aktiva			Passiva
Verwaltungsvermögen	400.000 €	Kapital A	500.000 €
Anlage-/Umlaufvermögen	600.000 €	Kapital B	500.000 €
	1.000.000 €		1.000.000 €

Aktiva	Sonderbetriebsvermögen A		Passiva
Kapital A	300.000 €	Verbindlichkeit	300.000 €
	300.000 €		300.000 €

---

[463] So auch Viskorf/Christoph, ZEV 2009 S. 230; wohl a. A. Schulze zur Wiesche, DStR 2009 S. 732.

5.5 Ansatz von Betriebsvermögen

Aufteilung (§ 97 Abs. 1a BewG):		A	(B)
Unternehmenswert	2.000.000 €		
abzgl. Kapitalkonten	− 1.000.000 €	500.000 €	(500.000 €)
Unterschiedsbetrag	1.000.000 €		
Gewinnverteilungsschlüssel	− 1.000.000 €	500.000 €	(500.000 €)
Anteil des A am Gesamthandsvermögen		1.000.000 €	
zzgl. Sonderbetriebsvermögen		− 300.000 €	
Anteil am Betriebsvermögen der Gesellschaft		700.000 €	
davon Verwaltungsvermögen			
800.000 € × 50 %		400.000 €	= 57 %

5.5.4.3 Übergang mehrerer wirtschaftlicher Einheiten

Gehen mehrere wirtschaftliche Einheiten über, ist der Wert aller wirtschaftlichen Einheiten zunächst zusammenzurechnen. Erst vom insgesamt ermittelten positiven Steuerwert aller begünstigten Einheiten des Betriebsvermögens kann der Verschonungsabschlag und Abzugsbetrag nach § 13a Abs. 2 ErbStG gewährt werden. Liegt nur eine wirtschaftliche Einheit mit einem negativen gemeinen Wert vor, kommt keine Verschonung in Betracht (R E 10.1 und R E 13b.7 Abs. 1 ErbStR 2011).

Im Fall der Optionsverschonung (§ 13a Abs. 8 ErbStG) kann der Erwerber den Antrag auf 100 % Steuerbefreiung im Erbfall insgesamt nur **einheitlich** für alle Arten des erworbenen begünstigten Vermögens (land- und forstwirtschaftliches Vermögen, Betriebsvermögen und Anteile an Kapitalgesellschaften) stellen. Bei Schenkungen mit einheitlichem Schenkungswillen (z. B. mehrere Betriebsübertragungen in mehreren Schenkungsverträgen und einheitlichem Schenkungswillen) gilt dies entsprechend (R E 13a.13 Abs. 1 ErbStR 2011).

Fraglich ist auch insoweit, wie der Anteil des Verwaltungsvermögens zu prüfen ist, wenn aufgrund eines einheitlichen Schenkungs- oder Erbfalls **mehrere wirtschaftliche Einheiten** übergehen, also insbesondere mehrere Anteile an Kapitalgesellschaften, Betriebe, Teilbetriebe, teilweise gewerbliche, teilweise freiberufliche, teilweise land- und forstwirtschaftliche Betriebe oder Mitunternehmeranteile.

Nach Auffassung der Finanzverwaltung ist bei mehreren wirtschaftlichen Einheiten der Umfang des Verwaltungsvermögens für jede wirtschaftliche Einheit gesondert zu prüfen (R E 13a.13 Abs. 3, R E 13b.8 Abs. 1 Satz 3, R E 13b.20 Abs. 3 ErbStR 2011).

Für wirtschaftliche Einheiten, die über Verwaltungsvermögen von mehr als 10 % verfügen, soll im Fall eines Antrags auf 100 % Steuerbefreiung weder eine Verschonung nach § 13a Abs. 8 ErbStG noch nach § 13a Abs. 1 und 2 ErbStG in Betracht kommen (R E 13a.13 Abs. 3 Satz 2 ErbStR 2011).[464]

---

464 Siehe auch Wälzholz, DStR 2009 S. 1604 (1605).

5 Wertermittlung

Beispiel:

	Wert	Anteil des Verwaltungsvermögens
Einzelunternehmen	1.000.000 €	15 %
Anteil an der Personengesellschaft	3.000.000 €	40 %
Anteil an der Kapitalgesellschaft	5.000.000 €	8 %

Es treten folgende Rechtsfolgen ein:
- Der Abzugsbetrag (§ 13a Abs. 2 ErbStG) kann nicht gewährt werden, da der Wert des Betriebsvermögens insgesamt 9.000.000 € beträgt (siehe bereits oben).
- Alle wirtschaftlichen Einheiten erhalten den Verschonungsabschlag von 85 %, falls kein Antrag auf vollständige Steuerfreistellung nach § 13a Abs. 8 ErbStG gestellt wird.
- Wird jedoch der Antrag auf vollständige Steuerfreistellung gestellt, so gilt die 10 %-Grenze des Verwaltungsvermögens für alle wirtschaftlichen Einheiten, da der Antrag nach Auffassung der Finanzverwaltung nur einheitlich gestellt werden kann. Es wäre danach im Beispiel nur die GmbH-Beteiligung steuerfrei, während die beiden anderen Einheiten vollständig ohne jegliche Begünstigungen zu besteuern wären, **also auch ohne den 85 %igen Wertabschlag.**

Die Gestaltungskonsequenzen dieser Betrachtung liegen auf der Hand: Wird der Ansicht der Finanzverwaltung gefolgt, wäre es sowohl für die Anwendung des Abzugsbetrags nach § 13a Abs. 2 ErbStG als auch für die 100 %-Steuerfreistellung erheblich vorteilhafter, mehrere wirtschaftliche Einheiten in getrennten Schenkungsvorgängen zuzuwenden.

Fortsetzung des Beispiels:
Zunächst wird das Einzelunternehmen mit einem Wert von 1 Mio. € verschenkt. Dieses bleibt unter Berücksichtigung des Verschonungsabschlags von 85 % und des Abzugsbetrages von 150.000 € vollständig steuerfrei. Anschließend wird die GmbH verschenkt werden und dafür Steuerbefreiung von 100 % gem. § 13a Abs. 8 ErbStG beantragt, weil hier die Grenze von maximal 10 % Verwaltungsvermögen eingehalten wird. Schließlich wird der Mitunternehmeranteil unter Berücksichtigung des Verschonungsabschlages von 85 % verschenkt.

Die Finanzverwaltung sieht darin – aus ihrer Sicht konsequent – eine Ausweichgestaltung und lässt sie nur zu, wenn die Trennung der Schenkungen nicht nur formal erfolgt, sondern auf jeweils neuen, selbständigen Schenkungsentschlüssen beruht (R E 13a.13 Abs. 1 Satz 2 ErbStR 2011). Es wird also in Anlehnung an das Ertragsteuerrecht auch hier das Vorliegen eines (schädlichen) Gesamtplans geprüft.

Die Beurteilung der Finanzverwaltung erscheint nicht selbstverständlich und ist m. E. angreifbar. Das Gesetz lässt nicht klar erkennen, ob nicht doch der Antrag für die jeweilige wirtschaftliche Einheit gestellt werden kann. In der rechtlichen Wertung dürfte sich kein Unterschied zwischen (nicht nur formal) getrennten Schenkun-

5.5 Ansatz von Betriebsvermögen

gen und Erwerben von Todes wegen ergeben, bei denen sich nun einmal ein einheitlicher Erwerbstatbestand nicht verhindern lässt.

Wenn allerdings das Verwaltungsvermögen aller **übertragenen wirtschaftlichen Einheiten mehr als 10 %** beträgt und der Antrag daher ins Leere geht, ist nach Ansicht der Finanzverwaltung die Regelverschonung nach § 13a Abs. 1 und 2 ErbStG insoweit zu gewähren, als die Voraussetzungen hinsichtlich der Verwaltungsvermögensgrenze von nicht mehr als 50 % für einzelne wirtschaftliche Einheiten erfüllt sind (R E 13a.13 Abs. 3 Satz 4 ErbStR 2011.

Beispiel:

Im Rahmen einer **Betriebsprüfung** wird festgestellt, dass die Verwaltungsvermögensgrenze für die Optionsverschonung in allen wirtschaftlichen Einheiten nicht erfüllt ist. Trotz seines Antrags auf 100 % Steuerbefreiung erhält der Erwerber für das begünstigte Vermögen insgesamt die Regelverschonung nach § 13a Abs. 1 und Abs. 2, § 13b Abs. 4 ErbStG, wenn er die Voraussetzungen hinsichtlich der Verwaltungsvermögensgrenze von nicht mehr als 50 % erfüllt.

Verstößt der Erwerber dagegen innerhalb der maßgebenden 10-jährigen Behaltensfrist gegen eine der Verschonungsvoraussetzungen, entfällt die gewährte Verschonung ganz oder teilweise. In diesen Fällen richtet sich der Umfang der Nachversteuerung nach den Regelungen der Optionsverschonung, d. h., die 5-jährige Behaltensfrist und die geringere Mindestlohnsumme der Regelverschonungen sind nicht zu berücksichtigen.

Zur Behandlung mehrerer wirtschaftlicher Einheiten im Hinblick auf die Lohnsummenklausel und die Behaltensregelungen wird auf die Ausführungen unter 5.5.5 und 5.5.6 verwiesen.

5.5.4.4 Förmliche Feststellungen zum Verwaltungsvermögen

Bislang teilt das Betriebsfinanzamt die Summe der gemeinen Werte des Verwaltungsvermögens und die Summe der gemeinen Werte des jungen Verwaltungsvermögens nachrichtlich dem anfordernden Finanzamt mit (vgl. Abschn. 7 AEBewFestV) und stellt sie nicht förmlich fest. Gemäß § 13b Abs. 2a ErbStG i. d. F. des Steuervereinfachungsgesetzes 2010 sind das Verwaltungsvermögen und das junge Verwaltungsvermögen nach den allgemeinen Vorschriften der AO (§§ 179 ff. AO) und unter Beachtung der bestehenden Verfahrensvorschriften des BewG (§§ 151 bis 156 BewG) gesondert festzustellen, wenn der gemeine Wert des Betriebs der Land- und Forstwirtschaft, des Betriebsvermögens oder des Anteils am Betriebsvermögen oder von Anteilen an Kapitalgesellschaften nach § 151 Abs. 1 Satz 1 Nr. 1 bis 3 BewG gesondert festgestellt wird. Damit kann bereits anhand der Feststellungsbescheide das Verhältnis des Werts des Verwaltungsvermögens zum Unternehmenswert geprüft werden.

5.5.5 Lohnsummenklausel

Der Verschonungsabschlag setzt gem. § 13a Abs. 1 Satz 2 ErbStG voraus, dass die Summe der maßgebenden jährlichen Lohnsummen (§ 13a Abs. 4 ErbStG) des Betriebs, bei Beteiligungen an einer Personengesellschaft oder Anteilen an einer Kapitalgesellschaft des Betriebs der jeweiligen Gesellschaft, innerhalb von 5 Jahren nach dem Erwerb (Lohnsummenfrist) **insgesamt** 400 % der Ausgangslohnsumme unterschreitet.[465] Die ursprünglich geltenden 7 Jahre und 650 % sind durch das Wachstumsbeschleunigungsgesetz rückwirkend ab Inkrafttreten des ErbStRG zum 01.01.2009 auf 5 Jahre und 400 % reduziert worden.

Eine Inanspruchnahme des Schenkers für die Schenkungsteuer nach § 20 Abs. 1 Satz 1 ErbStG bei einem Verstoß eines Erwerbers gegen die Lohnsummenregelung für begünstigtes Vermögen erfolgt nicht, es sei denn, er hat die Steuer nach § 10 Abs. 2 ErbStG auch für diesen Fall selbst übernommen (R E 13a.1 Abs. 3 ErbStR 2011).

5.5.5.1 Folgen eines Verstoßes

Ausgangslohnsumme ist die durchschnittliche Lohnsumme der letzten fünf vor dem Zeitpunkt der Entstehung der Steuer endenden Wirtschaftsjahre (§ 13a Abs. 1 Satz 3 ErbStG). Unterschreitet die Summe der maßgebenden jährlichen Lohnsummen die Mindestlohnsumme, vermindert sich der nach § 13a Abs. 1 Satz 1 ErbStG zu gewährende Verschonungsabschlag mit Wirkung für die Vergangenheit in demselben prozentualen Umfang, wie die Mindestlohnsumme unterschritten wird (§ 13a Abs. 1 Satz 5 ErbStG).

Beispiel:
Die Summe der jährlichen Lohnsummen in den 5 Jahren erreicht 360 % der Ausgangslohnsumme und liegt damit 40 % unter der Mindestlohnsumme von 400 %, das entspricht einem Zehntel. Der Verschonungsabschlag verringert sich um ein Zehntel von 85 % auf 76,5 %.
Beträgt der gemeine Wert eines Betriebs im Besteuerungszeitpunkt 10 Mio. €, bleiben zunächst 8,5 Mio. € steuerfrei und 1,5 Mio. € sind zu versteuern. Wegen des Verstoßes gegen die Lohnsummenregelung bleiben dann nur noch 7,65 Mio. € steuerfrei und 2,35 Mio. € sind zu versteuern. Die zunächst gezahlte Steuer wird verrechnet. Eine Änderung des Steuerbescheids erfolgt gem. § 175 Abs. 1 Satz 1 Nr. 2 AO (Nachversteuerung).

Im Fall der „Null-Option" beträgt die Lohnsummenfrist 7 Jahre und die maßgebende Lohnsumme 700 % (§ 13a Abs. 8 Nr. 4 ErbStG). Die ursprünglich geltenden 10 Jahre und 1.000 % sind durch das Wachstumsbeschleunigungsgesetz ebenfalls rückwirkend ab Inkrafttreten des ErbStRG zum 01.01.2009 auf 7 Jahre und 700 % reduziert worden.

Der Steuerpflichtige soll im Steuerbescheid darauf hingewiesen werden, dass Verstöße gegen die Lohnsummenregelung nach § 13a Abs. 6 ErbStG innerhalb einer

---
465 Siehe hierzu auch Scholten/Korezkij, DStR 2009 S. 253 ff.

Frist von 6 Monaten nach Ablauf der Lohnsummenfrist schriftlich anzeigepflichtig sind (§ 153 Abs. 2 AO) und eine Anzeige auch dann zu erfolgen hat, wenn der Vorgang zu keiner Besteuerung führt (§ 13a Abs. 6 ErbStG).

In Fällen von geringer Bedeutung, z. B. bei einem gemeinen Wert des erworbenen begünstigten Vermögens bis zu 150.000 Euro, ist auf die Überwachung der Lohnsummenregelung zu verzichten. Ein Verstoß gegen die Lohnsummenregelung wirkt sich nicht auf den Abzugsbetrag nach § 13a Abs. 2 ErbStG aus R E 13a.4 Abs. 1 Satz 7 ErbStR 2011.[466]

5.5.5.2 Ausschluss der Lohnsummenregelung

Die Lohnsummenregelung ist bei Betrieben mit nicht mehr als 20 Beschäftigten nicht anzuwenden (§ 13a Abs. 1 Satz 4 ErbStG). Die ursprünglich geltende Zahl von 10 Beschäftigten ist durch das Wachstumsbeschleunigungsgesetz rückwirkend ab Inkrafttreten des ErbStRG zum 01.01.2009 auf 20 erhöht worden.

Bei der Bestimmung der Mindestanzahl der Beschäftigten ist auf die Anzahl der beschäftigten Arbeitnehmer, ohne Saison- und Leiharbeiter, abzustellen, die im Besteuerungszeitpunkt im zugewendeten Betrieb beschäftigt sind oder in der Gesellschaft beschäftigt sind, an der die zugewendete Beteiligung oder der zugewendete Anteil besteht (R E 13a.4 Abs. 1 Satz 2 ErbStR 2011).

Soweit im Hinblick auf die Übertragung kurzfristig vor der Übertragung eine Minderung der Anzahl der Beschäftigten erfolgt, will die Finanzverwaltung Gestaltungsmissbrauch (§ 42 AO) prüfen (R E 13a.4 Abs. 1 Satz 3 ErbStR 2011).

Eine Umrechnung nach § 23 Abs. 1 Satz 4 Kündigungsschutzgesetz (KSchG) auf der Grundlage der regelmäßigen wöchentlichen Arbeitszeit erfolgt nicht.[467] Umfasst das auf einen Erwerber übertragene begünstigte Vermögen mehrere selbständig zu bewertende wirtschaftliche Einheiten einer Vermögensart (z. B. mehrere Gewerbebetriebe) oder mehrere Arten begünstigten Vermögens (land- und forstwirtschaftliches Vermögen, Betriebsvermögen, Anteile an Kapitalgesellschaften), sind die beschäftigten Arbeitnehmer für jede wirtschaftliche Einheit getrennt zu ermitteln.

Bei Anteilen an Kapitalgesellschaften und Beteiligungen an Personengesellschaften ist auf die beschäftigten Arbeitnehmer der Gesellschaft abzustellen. Soweit die Anzahl der beschäftigten Arbeitnehmer in einer der wirtschaftlichen Einheiten nicht mehr als 20 beträgt, bleibt deren Ausgangs- und Mindestlohnsumme außer Betracht.

Bei der Prüfung, ob die Mindestarbeitnehmerzahl erreicht wird, sind nach Ansicht der Finanzverwaltung aber auch die Arbeitnehmer nachgeordneter Gesellschaften einzubeziehen (R E 13a.4 Abs. 2 Satz 9 ErbStR 2011). Damit tritt die Finanzverwal-

---

[466] Ebenso Troll/Gebel/Jülicher, § 13a Rdnr. 29; Sigmund/Zipfel, BB 2009 S. 641 (642).
[467] A. A. Geck in Kapp/Ebeling, § 13a Rdnr. 40.

tung – gegen den Wortlaut des Gesetzes, das einen solchen Verweis in § 13a Abs. 1 Satz 4 ErbStG nicht vorsieht – der Auffassung entgegen, dass sich die Lohnsummenklausel vermeiden lasse, wenn eine Konzernstruktur geschaffen wird, in der die gesamten operativen Betriebe unter einer Holding in Tochtergesellschaften eingebracht werden und in der Holding nicht mehr als 20 Arbeitnehmer tätig sind.[468]

5.5.5.3 Ermittlung der Lohnsumme

Die Lohnsumme ist nach § 13a Abs. 4 ErbStG zu ermitteln (vgl. R E 13a.4 Abs. 4 bis 9 ErbStR 2011). Die nachfolgenden Ausführungen verdeutlichen, dass sie sich in ihren Anforderungen als ein bürokratisches Monstrum erweist und den Steuerpflichtigen in der praktischen Umsetzung vor erhebliche Probleme stellt.[469]

Umfasst das auf einen Erwerber übertragene begünstigte Vermögen mehrere selbständig zu bewertende wirtschaftliche Einheiten einer Vermögensart (z. B. mehrere Gewerbebetriebe) oder mehrere Arten begünstigten Vermögens (land- und forstwirtschaftliches Vermögen, Betriebsvermögen, Anteile an Kapitalgesellschaften), erfolgt die Berechnung zunächst bezogen auf jede wirtschaftliche Einheit. Bei der Ermittlung der maßgebenden Lohnsumme ist jedoch auf die Summe aller wirtschaftlichen Einheiten abzustellen. Bei Beteiligungen an einer Personengesellschaft oder Anteilen an einer Kapitalgesellschaft ist dabei anteilig auf die Lohnsumme der Gesellschaft selbst abzustellen.

Beispiel:
A erwirbt sämtliche Anteile an der A-GmbH und ein Einzelunternehmen. Die A-GmbH beschäftigt 23 und das Einzelunternehmen 46 Arbeitnehmer. Im Besteuerungszeitpunkt beträgt die Ausgangslohnsumme der A-GmbH 1 Mio. € und im Einzelunternehmen 2 Mio. €.
Nach 5 Jahren beträgt die Lohnsumme der A-GmbH 3.200.000 €, das entspricht 320 % der Ausgangslohnsumme, und im Einzelunternehmen 9.800.000 €, das entspricht 490 % der Ausgangslohnsumme; im Ergebnis sind das 433,33 % der Ausgangslohnsumme von 3.000.000 €. Auch für die Anteile an der A-GmbH erfolgt damit keine Nachversteuerung. Wird die Lohnsumme also bei einer Beteiligung reduziert, bei einem anderen Unternehmen aber ausgeweitet, kann dies einen Verstoß gegen die Lohnsummenregelung ausschließen.

Die gesetzliche Beschreibung der Lohnsumme in § 13a Abs. 4 ErbStG orientiert sich an der Definition in Anhang 1 der Verordnung (EG) Nr. 1503/2006 der Kommission vom 28.09.2006 (ABl L 281/15). Die Finanzverwaltung erkennt grundsätzlich an, dass bei inländischen Gewerbebetrieben von dem in der Gewinn-und-Verlust-Rechnung ausgewiesenen Aufwand für Löhne und Gehälter (§ 275 Abs. 2 Nr. 6 HGB) ausgegangen wird; der Arbeitgeberanteil zu den Sozialabgaben ist hierbei nicht einzubeziehen (R E 13a.4 Abs. 4 ErbStR 2011).

---

468 Vgl. Crezelius, ZEV 2009 S. 1 (4); Gluth, ErbStB 2009 S. 89 (95); Geck, a. a. O.; kritisch Wälzholz, DStR 2009 S. 1604 (1607).
469 Vgl. auch die Berechnungen bei Geck, a. a. O., § 13a Rdnr. 36.

5.5 Ansatz von Betriebsvermögen

Das Kurzarbeitergeld, das vom Arbeitgeber vereinnahmt und mit dem Lohn an die Arbeitnehmer weitergereicht wird, muss bei der Berechnung der maßgebenden Lohnsumme nach § 13a Abs. 1 Satz 2 ErbStG nicht zum Abzug gebracht werden. Die Lohnsumme entspricht im Allgemeinen dem in der Gewinn-und-Verlust-Rechnung ausgewiesenen Aufwand für Löhne und Gehälter ohne den Arbeitgeberanteil an den Sozialabgaben (§ 275 Abs. 2 Nr. 6 Buchst. b HGB). Das dem Arbeitgeber von der Bundesagentur für Arbeit ausbezahlte Kurzarbeitergeld ist von diesem Aufwand nicht abzuziehen, da hierfür das Saldierungsverbot des § 246 Abs. 2 HGB greift. Dieser Grundsatz gilt auch für die Ermittlung der Ausgangslohnsumme nach § 13a Abs. 1 Satz 3 ErbStG.[470]

Bei der Ermittlung der Ausgangslohnsumme sind die letzten 5 vor dem Zeitpunkt der Entstehung der Steuer endenden Wirtschaftsjahre maßgebend. Werden Beteiligungen von mehr als 25 % in die Ausgangslohnsumme einbezogen, ist ebenfalls auf die letzten 5 vor dem Zeitpunkt der Entstehung der Steuer endenden Wirtschaftsjahre dieser Gesellschaften abzustellen. Die durchschnittliche Ausgangslohnsumme ist insgesamt zu ermitteln und der Umfang der Beteiligung auszuweisen.

Beispiel (H E 13a.4 Abs. 5 ErbStH 2011):
A erwirbt Anteile an der A-GmbH (Wirtschaftsjahr = Kalenderjahr) am 01.02.2009. Zur A-GmbH gehört eine 100 %-Beteiligung an der B-GmbH, deren Wirtschaftsjahr jeweils am 30.06. endet. Zur B-GmbH gehört eine 50 %-Beteiligung an der C-GmbH, deren Wirtschaftsjahr jeweils am 30.11. endet.
Zur Ermittlung der Ausgangslohnsumme ist auf folgende Zeiträume abzustellen:
A-GmbH: 01.01.2004 bis 31.12.2008
B-GmbH: 01.07.2003 bis 30.06.2008
C-GmbH: 01.12.2003 bis 30.11.2008

Erfolgt vor dem Besteuerungszeitpunkt eine Umstellung auf ein abweichendes Wirtschaftsjahr, bestehen grundsätzlich keine Bedenken, die Lohnsumme des Rumpf-Wirtschaftsjahres in die Lohnsumme eines vollen Wirtschaftsjahres (mit 12 Monaten) umzurechnen. In Fällen einer Neugründung bestehen grundsätzlich keine Bedenken, die durchschnittliche Ausgangslohnsumme aus dem kürzeren Zeitraum zu berechnen und in einen entsprechenden Jahresbetrag umzurechnen. Änderungen der Rechtsform oder Umsetzungen des Personals innerhalb des Ermittlungszeitraums in einem Unternehmensverbund, deren Gliederungen zum Nachlassvermögen gehören, sind zur Ermittlung der Ausgangslohnsumme in die Einheiten einzubeziehen, die an die Stelle der früheren Einheiten getreten sind.

Bei der Ermittlung der Ausgangslohnsumme sind auch die Lohnsummen aus mittelbaren und unmittelbaren Beteiligungen von mehr als 25 % anteilig einzubeziehen (§ 13a Abs. 4 Satz 5 ErbStG). Das gilt beispielsweise auch in den Fällen von börsennotierten Kapitalgesellschaften, deren Anteilswerte wegen der Börsennotierung (§ 11 Abs. 1 BewG) nach § 151 BewG nicht gesondert festzustellen sind, und bei

---
[470] FinMin Baden-Württemberg vom 24.09.2009 – 3 – S 3812a/24f.; jetzt auch R E 13a.4 Abs. 4 Satz 4 ErbStR 2011.

5 Wertermittlung

Beteiligungen in Mitgliedstaaten der EU oder des EWR. Veränderungen im Bestand der Beteiligungen oder der Beteiligungsquoten innerhalb des Verschonungszeitraums sind dabei zu berücksichtigen. Das gilt auch, wenn die Beteiligungsquote auf 25 % oder weniger sinkt (§ 13a Abs. 4 Satz 5 ErbStG).

Soweit in der Lohnsumme Löhne aus begünstigten Vermögen aus einer Betriebsstätte in einem Mitgliedstaat der Europäischen Union oder in einem Staat des Europäischen Wirtschaftsraums enthalten sind, bestehen i. d. R. keine Bedenken auf den für inländische Besteuerungszwecke in der Gewinn- und Verlustrechnung ausgewiesenen Lohnaufwand abzustellen. Bei der Ermittlung der Lohnsumme ist der Wechselkurs im Besteuerungszeitpunkt zugrunde zu legen. Maßgebend für den Wechselkurs im Besteuerungszeitpunkt ist der für Zwecke der Umsatzsteuer festgestellte Wechselkurs.

Der bei der Bewertung des Betriebsvermögens ggf. zu berücksichtigende angemessene **Unternehmerlohn** i. S. des § 202 Abs. 1 Satz 2 Nr. 2 Buchst. d BewG ist weder bei der Ausgangslohnsumme noch bei der Ermittlung der tatsächlichen Mindestlohnsumme einzubeziehen, weil insoweit keine Vergütung gezahlt worden ist.

> **Beispiel:**
> Einzelunternehmer A hat ein Unternehmen mit 22 Beschäftigten, zu denen auch sein Sohn gehört. Nach dem Tod des Vaters führt der Sohn das Unternehmen fort und wird fortan nicht mehr als Angestellter geführt.
> Wird der Sohn nicht durch eine gleich bezahlte Arbeitskraft ersetzt, kann allein der Wegfall des Gehalts für den Sohn zu einem Verstoß gegen die Lohnsummenregelung führen.

Die Ausgangslohnsumme ist für die Berücksichtigung im Rahmen der Erbschaftsteuerfestsetzung durch das Betriebsfinanzamt zu ermitteln und in dem Feststellungsbescheid nachrichtlich aufzunehmen. Auch die Summe der Lohnsummen innerhalb der maßgebenden Lohnsummenfrist ist vom Betriebsfinanzamt zu ermitteln und nachrichtlich mitzuteilen.

5.5.5.4 Förmliche Feststellungen zur Lohnsumme

Gemäß § 13a Abs. 1a ErbStG i. d. F. des Steuervereinfachungsgesetzes 2010 soll das für die Bewertung der wirtschaftlichen Einheit örtlich zuständige Finanzamt (§ 152 Nr. 1 bis 3 BewG) die Ausgangslohnsumme, die Anzahl der Beschäftigten und die Summe der maßgebenden jährlichen Lohnsummen gesondert feststellen, wenn diese Angaben für die Erbschaftsteuer oder eine andere Feststellung im Sinne dieser Vorschrift von Bedeutung sind. Die Entscheidung über die Bedeutung trifft das Finanzamt, das für die Festsetzung der Erbschaftsteuer oder die Feststellung nach § 151 Abs. 1 Satz 1 Nr. 1 bis 3 BewG zuständig ist.

5.5.6 Behaltensregelung

Mit den Begünstigungsregeln der §§ 13a, 13b ErbStG will der Gesetzgeber erreichen, dass die betroffenen Betriebe und Beteiligungen beim Vermögensübergang

5.5 Ansatz von Betriebsvermögen

auf den Erwerber nicht durch eine übermäßige Besteuerung in ihrem Fortbestand gefährdet werden. **Veräußert** ein Erwerber das begünstigte Vermögen jedoch bereits kurze Zeit nach dem Erwerb, ist der sachliche Grund der Begünstigung entfallen. Dasselbe gilt, wenn der Erwerber das begünstigte Betriebsvermögen durch zu hohe Entnahmen in seiner Substanz vermindert. Daher bestimmt § 13a Abs. 5 ErbStG, dass die Begünstigung mit Wirkung für die Vergangenheit entfällt, soweit innerhalb von fünf Jahren nach dem Erwerb einer der im Gesetz bezeichneten schädlichen Tatbestände eintritt (siehe hierzu auch R E 13a.5 bis 13a.11 ErbStR 2011).

Eine Inanspruchnahme des Schenkers für die Schenkungsteuer nach § 20 Abs. 1 Satz 1 ErbStG bei einem Verstoß eines Erwerbers gegen die Behaltensregelungen für begünstigtes Vermögen erfolgt nicht, es sei denn, er hat die Steuer nach § 10 Abs. 2 ErbStG auch für diesen Fall selbst übernommen (R E 13a.1 Abs. 3 ErbStR 2011).

5.5.6.1 Feststellung eines Verstoßes gegen Behaltensregelung

Der Verschonungsabschlag und der Abzugsbetrag fallen mit Wirkung für die Vergangenheit weg, soweit innerhalb von sieben Jahren nach dem Zeitpunkt der Steuerentstehung (Behaltensfrist) gegen eine der Behaltensregelungen des § 13a Abs. 5 ErbStG verstoßen wird. Die Gründe für den Verstoß gegen die Behaltensregelungen sind unbeachtlich.

Nach Auffassung des BFH tritt der Wegfall der Steuerbefreiung nach § 13 Abs. 2a Satz 3 ErbStG a. F. (nun § 13a Abs. 5 ErbStG) unabhängig davon ein, aus welchen Gründen das begünstigt erworbene Betriebsvermögen veräußert oder der Betrieb aufgegeben wurde; eine teleologische Reduktion des Nachversteuerungstatbestands komme insoweit nicht in Betracht.[471] Hervorzuheben sind insoweit die Ausführungen des BFH zur Verfehlung des Förderungsziels bei Betriebsveräußerung oder -aufgabe im Fall einer Zwangslage oder der Insolvenz. Hier argumentiert er auch schon zur Rechtslage vor 2009, dass der Gesetzgeber die Begünstigung des Betriebsvermögens gegenüber anderen Vermögensarten auch mit der Erleichterung der Betriebsfortführung u. a. zur Erhaltung von Arbeitsplätzen begründet. Dieses Förderungsziel werde aber objektiv verfehlt, wenn der Betrieb innerhalb der vom Gesetzgeber festgelegten 5-Jahres-Frist veräußert oder aufgegeben wird. Der Gesetzgeber habe die Grenzen seines Typisierungsspielraums nicht überschritten, wenn er die individuellen Motive für die objektive Zielverfehlung unberücksichtigt lässt.

Die Behaltensfrist ist für jeden Erwerber gesondert zu prüfen. Der Steuerbescheid ist im Fall eines Verstoßes nach § 175 Abs. 1 Satz 1 Nr. 2 AO zu ändern (Nachversteuerung). Wie bei der Lohnsummenregelung ist der Steuerpflichtige auch in Bezug auf die Behaltensregelung im Steuerbescheid darauf hinzuweisen, dass Ver-

---
471 BFH vom 16.02.2005, BStBl 2005 II S. 571, und vom 04.02.2010, BStBl 2010 II S. 663.

stöße gegen die Behaltensregelungen nach § 13a Abs. 6 ErbStG innerhalb einer Frist von einem Monat, nachdem der jeweilige Tatbestand verwirklicht wurde, schriftlich anzeigepflichtig sind (§ 153 Abs. 2 AO) und eine Anzeige auch dann zu erfolgen hat, wenn der Vorgang zu keiner Besteuerung führt (§ 13a Abs. 6 ErbStG). Die Finanzämter haben die Einhaltung der Behaltensregelungen in geeigneter Form zu überwachen.

In Fällen von geringer Bedeutung, z. B. bei einem gemeinen Wert des erworbenen begünstigten Vermögens bis zu 150.000 Euro, ist die Überwachung auf eine Veräußerung/Aufgabe des begünstigt erworbenen Vermögens zu beschränken (R E 13a.5 Abs. 1 Satz 7 ErbStR 2011).

Ein **Verstoß gegen die Behaltensregelungen** liegt **nicht** vor (R E 13a.5 Abs. 2 ErbStR 2011), wenn begünstigtes Vermögen

- im Weg des Übergangs von Todes wegen übergeht oder

- durch Schenkung unter Lebenden weiter übertragen wird.

Anders ist es laut ErbStR bei Schenkungen jedoch, wenn die Zuwendung teilentgeltlich erfolgt, diese ist nur hinsichtlich des unentgeltlichen Teils der Zuwendung (gemischte Schenkung oder Leistungsauflagenschenkung) unschädlich. Der entgeltliche Teil der Zuwendung stellt ungeachtet der ertragsteuerlichen Behandlung einen Verstoß gegen die Behaltensregelungen dar. Die Auffassung der Finanzverwaltung zur gemischten Schenkung bzw. Leistungsauflagenschenkung entspricht der Rechtsprechung des BFH. Danach erfüllt die Übertragung eines steuerbegünstigt erworbenen Anteils an einer KG im Wege der vorweggenommenen Erbfolge gegen Versorgungsleistungen innerhalb von fünf Jahren nach dem Erwerb den Nachversteuerungstatbestand des § 13 Abs. 2a Satz 3 ErbStG a. F. (jetzt: § 13a Abs. 5 Nr. 1 ErbStG). Sie führt zu einer Minderung der Begünstigung in Höhe des Anteils, der auf den entgeltlichen Teil des Übertragungsvorgangs entfällt.[472] Diese Wertung nimmt der BFH vor, obwohl ertragsteuerlich ein unentgeltliches Rechtsgeschäft in Form einer Vermögensübertragung gegen Versorgungsleistungen (seit 2008 gem. § 10 Abs. 1 Nr. 1a EStG) vorliegt.

Ein **Verstoß gegen die Behaltensregelungen** liegt ebenfalls vor (R E 13a.5 Abs. 3 ErbStR 2011), wenn begünstigtes Vermögen

- als Abfindung nach § 3 Abs. 2 Nr. 4 ErbStG übertragen wird (anders noch R 55 Abs. 4 und R 62 Abs. 2 ErbStR 2003) oder

- zur Erfüllung anderer schuldrechtlicher Ansprüche, z. B. aufgrund eines Geldvermächtnisses, Pflichtteils- oder Zugewinnausgleichsanspruchs, hingegeben wird.

---

472 BFH vom 02.03.2005, BStBl 2005 II S. 532 = ZEV 2005 S. 353 mit kritischer Anmerkung von Hübner.

5.5 Ansatz von Betriebsvermögen

Diese Wertung hat ihren Ursprung im Ertragsteuerrecht.[473] Werden nämlich Zugewinnausgleichsansprüche[474] oder geltend gemachte Pflichtteilsansprüche[475] durch Hingabe von Wirtschaftsgütern (Grundstücke, Beteiligungen) erfüllt, handelt es sich ertragsteuerrechtlich um ein entgeltliches Rechtsgeschäft. Hinzuweisen ist in diesem Zusammenhang auch auf eine Entscheidung des FG Nürnberg, wonach Freibetrag und Bewertungsabschlag nach § 13a ErbStG a. F. bei Abtretung eines GmbH-Anteils zur Erfüllung eines geltend gemachten Pflichtteilsanspruchs nicht anzuwenden sind, wenn als Abfindung für den Verzicht auf den entstandenen Pflichtteilsanspruch begünstigtes Vermögen übertragen wird. Zwar erwirbt der Verzichtende auch in diesem Fall die Abfindung als Erwerb von Todes wegen gem. § 3 Abs. 2 Nr. 4 ErbStG. Jedoch hat nicht der Erblasser selbst dem Verzichtenden das begünstigte Vermögen zugewiesen, sondern erst die Vereinbarung mit dem Erben den Vermögensübergang begründet.[476] Aus den Entscheidungsgründen des FG Nürnberg ergibt sich ebenfalls, dass bei der Übertragung von einem entgeltlichen Rechtsgeschäft auszugehen ist.

Das Einräumen eines Nutzungsrechts an begünstigtem Vermögen, z. B. die Einräumung eines Nießbrauchsrechts am Gewinn, kann nicht nach § 13a Abs. 5 Nr. 1, § 19a Abs. 5 Nr. 1 ErbStG (Behaltensregelung) zum Wegfall der Entlastungen führen, weil kein begünstigtes Vermögen in seiner Substanz übertragen wird (R H 13a.5 ErbStH 2011).

5.5.6.2 Behaltensregelungen für Betriebsvermögen

Die **Veräußerung** eines Gewerbebetriebs, eines Teilbetriebs oder eines Anteils an einer Gesellschaft i. S. des § 15 Abs. 1 Satz 1 Nr. 2 und Abs. 3 oder § 18 Abs. 4 EStG, eines Anteils eines persönlich haftenden Gesellschafters einer KGaA oder eines Anteils daran innerhalb der Behaltensfrist ist ein Verstoß gegen die Behaltensregelungen. Als Veräußerung gilt auch die Aufgabe eines Gewerbebetriebs, Teilbetriebs oder Mitunternehmeranteils sowie die Eröffnung des Insolvenzverfahrens (siehe oben unter 5.5.6.1).

Wegen der bewertungsrechtlichen und erbschaftsteuerrechtlichen Gleichbehandlung des Vermögens, das der Ausübung eines freien Berufs dient, mit einem Gewerbebetrieb (§ 96 BewG) unterliegt auch begünstigtes Betriebsvermögen in Form von freiberuflichen Praxen und Sozietätsanteilen den Behaltensregelungen.

War der Erwerber begünstigter Anteile an einer Gesellschaft i. S. des § 15 Abs. 1 Satz 1 Nr. 2 und Abs. 3 oder § 18 Abs. 4 EStG vor dem maßgebenden Besteuerungszeitpunkt an dieser Gesellschaft beteiligt, ist bei einer teilweisen Veräußerung sei-

---
473 Siehe hierzu auch Wälzholz, ZEV 2009 S. 113 (115).
474 BFH vom 21.03.2002, BStBl 2002 II S. 519.
475 BFH vom 16.12.2004, BStBl 2005 II S. 554.
476 FG Nürnberg, DStRE 2007 S. 1029.

nes Anteils davon auszugehen, dass er zunächst die ihm bereits früher gehörenden Anteile veräußert.

Ein Verstoß gegen die Behaltensregelungen liegt auch vor, wenn eine, mehrere oder alle **wesentlichen Betriebsgrundlagen** eines Gewerbebetriebs veräußert oder in das Privatvermögen überführt oder anderen betriebsfremden Zwecken zugeführt werden.

Dies gilt allerdings nicht, soweit sie zum jungen Verwaltungsvermögen i. S. des § 13b Abs. 2 Satz 3 ErbStG gehörten, da das junge Verwaltungsvermögen von vornherein an den Begünstigungen der §§ 13a, 13b ErbStG keinen Anteil hat.[477]

Der Begriff wesentliche Betriebsgrundlage ist nach den Grundsätzen des Ertragsteuerrechts (funktionale Betriebsnotwendigkeit) zu beurteilen. Der Umfang der schädlichen Verfügung bemisst sich nach dem gemeinen Wert des Einzelwirtschaftsguts (z. B. Betriebsgrundstück) im – ursprünglichen – Besteuerungszeitpunkt.

Die **Einbringung** eines Betriebs, Teilbetriebs oder Mitunternehmeranteils in eine Kapital- oder eine Personengesellschaft (§§ 20, 24 UmwStG) gegen Gewährung von Gesellschaftsanteilen ist selbst kein Verstoß gegen die Behaltensregelungen. Dies gilt auch für die formwechselnde Umwandlung, Verschmelzung oder Realteilung von Personengesellschaften, soweit der Realteiler nicht nur einzelne Wirtschaftsgüter erhält.

Soweit der BFH entschieden hat, dass die für den Erwerb von Anteilen an einer Kapitalgesellschaft in Anspruch genommenen Steuervergünstigungen nach § 13a Abs. 1 und 2 ErbStG a. F. mit Wirkung für die Vergangenheit wegfallen, wenn die Kapitalgesellschaft innerhalb von 5 Jahren nach dem Erwerb **auf eine Personengesellschaft** verschmolzen wird,[478] ist diese Rechtsprechung m. E. überholt, da § 13a Abs. 5 Nr. 1 Satz 2 ErbStG jetzt ausdrücklich regelt, dass erst die Veräußerung von Anteilen an einer Personengesellschaft schädlich ist, wenn diese zuvor durch eine Einbringung von Betriebsvermögen i. S. des § 13b ErbStG in eine Personengesellschaft (§ 24 UmwStG) erworben worden waren.

Eine nachfolgende Veräußerung der dabei erworbenen Anteile an der Kapitalgesellschaft oder Personengesellschaft innerhalb der Behaltenszeit stellt einen Verstoß gegen die Behaltensregelung dar.

5.5.6.3 Behaltensregelungen für land- und forstwirtschaftliches Vermögen

Die **Veräußerung** von land- und forstwirtschaftlichem Vermögen i. S. des § 168 Abs. 1 Nr. 1 BewG (Wirtschaftsteil i. S. des § 160 Abs. 2 BewG) und selbst bewirtschafteter Grundstücke i. S. des § 159 BewG innerhalb der Behaltensfrist ist ein Verstoß gegen die Behaltensregelungen (§ 13a Abs. 5 Satz 1 Nr. 2 ErbStG). Als Veräußerung gilt auch die Aufgabe eines Betriebs, Teilbetriebs oder Mitunterneh-

---

477 So auch Scholten/Korezkij, DStR 2009 S. 304 (306).
478 BFH vom 10.05.2006, BStBl 2006 II S. 602.

meranteils. Dies soll nach R E 13a.7 Abs. 1 ErbStR 2011 allerdings nur gelten, wenn der Betrieb aus diesem Grund als Stückländerei zu qualifizieren ist oder das Vermögen nicht mehr auf Dauer dem Betrieb zu dienen bestimmt ist. Zur Eröffnung des Insolvenzverfahrens siehe bereits unter 5.5.6.1.

Das Ausscheiden **wesentlicher Wirtschaftsgüter** eines Betriebs der Land- und Forstwirtschaft i. S. des § 162 Abs. 4 BewG stellt ebenfalls eine schädliche Verwendung dar. Dies gilt beispielsweise auch, wenn der Erlös aus der Veräußerung solcher Wirtschaftsgüter dazu verwendet wird, Abfindungen an weichende Erben zu zahlen, oder wenn der Hoferbe einzelne Flächen an seine Miterben überträgt, um deren Abfindungsansprüche zu befriedigen.

Als schädliche Verwendung gilt schließlich auch der Wegfall der Selbstbewirtschaftung von Flächen i. S. des § 159 BewG, z. B. aufgrund einer Einstellung der Selbstbewirtschaftung landwirtschaftlich genutzter Flächen, die als Bauland, Industrieland oder Land für Verkehrszwecke dienen werden.

Als schädliche Verwendung gilt auch, wenn Pachtverträge über einzelne Flächen über eine Dauer von mehr als 15 Jahren abschlossen werden.[479]

Inwieweit die Einbringung eines land- und forstwirtschaftlichen Betriebs in eine Mitunternehmerschaft oder Kapitalgesellschaft schädlich ist, ist offen. Das Gesetz spricht diese Frage nicht an, insoweit ist ein Redaktionsversehen nicht auszuschließen und wäre eine Schließung der Gesetzeslücke empfehlenswert.[480]

5.5.6.4 Entnahmebegrenzung

Die Ausführungen der Finanzverwaltung in R E 13a.8 ErbStR 2011 knüpfen inhaltlich nahezu wörtlich an die Ausführungen in R 65 ErbStR 2003 an. Wenn der Erwerber als Inhaber begünstigt erworbenen Betriebsvermögens oder land- und forstschaftlichen Vermögens ab dem Zeitpunkt der Steuerentstehung bis zum Ende des letzten in die 5-Jahres-Frist fallenden Wirtschaftsjahres Entnahmen tätigt, die die Summe seiner Einlagen und der ihm zuzurechnenden Gewinne oder Gewinnanteile seit dem Erwerb um mehr als 150.000 Euro übersteigen **(Überentnahmen),** stellt dies einen Verstoß gegen die Behaltensregelungen dar (§ 13a Abs. 5 Satz 1 Nr. 3 ErbStG). Dies gilt auch, wenn die Entnahmen zur Bezahlung der Erbschaftsteuer getätigt werden. Verluste bleiben unberücksichtigt. Die Begriffe Entnahme, Einlage, Gewinn und Verlust beurteilt die Finanzverwaltung nach den Grundsätzen des Ertragsteuerrechts.

Die Sachentnahme eines Vermögensgegenstands, der im Besteuerungszeitpunkt zum begünstigten Vermögen gehört, ist mit dem ertragsteuerlichen Entnahmewert im Entnahmezeitpunkt anzusetzen. Ausgenommen hiervon sind die wesentlichen Betriebsgrundlagen, die schon unter die Regelung des § 13a Abs. 5 Nr. 1 ErbStG

---
479 Kritisch Wälzholz, DStR 2009 S. 1605 (1608).
480 Vgl. Troll/Gebel/Jülicher, § 13a Rdnr. 262.

fallen. Entnahmen wesentlicher Betriebsgrundlagen, die als Verstoß gegen die Behaltensregelungen nach § 13a Abs. 5 Nr. 1 Satz 2 oder Nr. 2 Satz 2 ErbStG zu beurteilen sind, bleiben bei der Prüfung der Entnahmebegrenzung unberücksichtigt. Dies gilt auch, soweit sie zum jungen Verwaltungsvermögen i. S. des § 13b Abs. 2 Satz 3 ErbStG gehörten.

Die Entnahmebegrenzung ist für jeden Betrieb gesondert zu prüfen; bei Gewerbebetrieben mit Beteiligungen ist die Entnahmebegrenzung bei den Beteiligungen nicht gesondert zu prüfen, weil sich die Entnahmen insoweit beim Gewerbebetrieb niederschlagen und dort ggf. zu einem Verstoß gegen die Entnahmebegrenzung führen.

Die **Entnahmebegrenzung** bezieht sich bei land- und forstwirtschaftlichem Vermögen nur auf solches Vermögen, das ertragsteuerrechtlich zu einem **Betrieb der Land- und Forstwirtschaft** gehört. Ist dies der Fall, kommt die Entnahmebegrenzung nur für den Teil des Vermögens in Betracht, das zum nach § 13b Abs. 1 Nr. 1 ErbStG begünstigten Vermögen gehört. Somit ist die Entnahme von Betriebswohnungen, von Mietwohngrundstücken oder erbbaurechtsbelasteten Flächen und des denkmalgeschützten Wohnteils i. S. des § 13 Abs. 2 Nr. 2 EStG nicht schädlich. Entnahmen bis zur Summe des ertragsteuerlichen Werts der nach § 158 Abs. 4 BewG nicht zum land- und forstwirtschaftlichen Vermögen gehörenden Wirtschaftsgüter im Besteuerungszeitpunkt (Sockelbetrag) sind bei der Prüfung der Entnahmebegrenzung außer Acht zu lassen.

War der Erwerber eines **Anteils an einer Personengesellschaft** bereits vor dem begünstigten Erwerb an dieser Gesellschaft beteiligt, bezieht sich die Entnahmebegrenzung nur auf den zusätzlich erworbenen Anteil. Entnahmen, die über das im Besteuerungszeitpunkt vorhandene Kapitalkonto des Erwerbers hinausgehen, sowie Einlagen und Gewinne während der Behaltenszeit sind anteilig der Beteiligung vor dem Erwerb und der neu erworbenen Beteiligung zuzurechnen. Dies gilt entsprechend auch bei einer Personengesellschaft, die nach Ausscheiden der übrigen Gesellschafter als Einzelunternehmen fortgeführt wird.

Der Begriff Kapitalkonto ist nach ertragsteuerlichen Grundsätzen zu beurteilen. Zum Kapitalkonto rechnen danach neben dem Festkapital des Gesellschafters auch der Anteil an einer gesamthänderischen Rücklage, die variablen Kapitalkonten, soweit es sich dabei um Eigenkapital der Gesellschaft handelt, sowie die Kapitalkonten in den Sonderbilanzen und Ergänzungsbilanzen des Gesellschafters. Dieses Kapitalkonto ist auch für die Berechnung des Verhältnisses maßgebend, nach dem Gewinne, Entnahmen und Einlagen der neu erworbenen Beteiligung und der bereits vorhandenen Beteiligung zuzurechnen sind. Da es sich bei der Bildung einer Gewinnrücklage oder den weiteren Zuführungen um eine Gewinnverwendung handelt, ist der dem Gesellschafter zuzurechnende Gewinn nicht um diese Positionen zu mindern.

5.5 Ansatz von Betriebsvermögen

Tätigt ein Erwerber **gegen Ende der Behaltensfrist i. S. des § 13a Abs. 1 ErbStG eine Einlage,** um den Betrag von 150.000 Euro übersteigende Entnahmen auszugleichen, liegt darin grundsätzlich kein Gestaltungsmissbrauch. Wird die Einlage jedoch nicht aus vorhandenem privatem Vermögen, sondern unter Aufnahme eines Kredits geleistet, ist zu prüfen, ob der Kredit als betriebliche Schuld oder ggf. als negatives Sonderbetriebsvermögen des Erwerbers zu behandeln ist. Sofern die Prüfung ergibt, dass der Kredit als Betriebsvermögen des Erwerbers zu behandeln ist, liegt keine Einlage vor.

Bei Betrieben der Land- und Forstwirtschaft, die ihren Gewinn nach § 13a EStG ermitteln, ist die **Entnahmebegrenzung nicht zu prüfen.**

Seit 2009 ist gem. § 13a Abs. 5 Nr. 3 Satz 3 ErbStG bei Ausschüttungen an Gesellschafter einer Kapitalgesellschaft § 13a Abs. 5 Nr. 3 Satz 1 ErbStG sinngemäß anzuwenden (Ausschüttungsbeschränkung). Somit können ohne Verstoß gegen die Entnahmebeschränkung in der Behaltenszeit erzielte Gewinne, ggf. erhöht um verdeckte Gewinnausschüttungen, und getätigte offene und verdeckte Einlagen ausgeschüttet werden. Darüber hinaus können nur 150.000 Euro im 5-Jahres-Zeitraum verdeckt oder offen ausgeschüttet werden. Ob die Ausschüttung mittelbar oder unmittelbar erfolgt, ist dabei unerheblich.

Ist eine Kapitalgesellschaft in eine Personengesellschaft oder ein Einzelunternehmen umgewandelt worden (§ 13a Abs. 5 Nr. 4 Satz 2 letzter Halbsatz ErbStG), sind für den jeweiligen Anwendungszeitraum die Ausschüttungsbeschränkung und die Entnahmebegrenzung zu berücksichtigen und für die Prüfung der maßgeblichen Grenze von 150.000 Euro zusammenzufassen. Wird eine Personengesellschaft in eine Kapitalgesellschaft umgewandelt, gilt dies entsprechend. Wird ein Einzelunternehmen in eine Personengesellschaft eingebracht oder umgekehrt oder wird eine Kapitalgesellschaft in eine andere Kapitalgesellschaft umgewandelt, gilt die Entnahmebegrenzung oder Ausschüttungsbegrenzung durchgängig.

Überentnahmen führen nicht zum kompletten, sondern nur zum anteiligen Wegfall der Steuerbefreiung:

Beispiel (siehe auch H E 13a.8 ErbStH 2011):

Unternehmer U überträgt begünstigtes Betriebsvermögen mit einem gemeinen Wert von 5.000.000 € an seinen Sohn S. Innerhalb der Behaltensfrist tätigt S Überentnahmen von 600.000 €.

Für S ergibt sich zunächst folgende Steuer:

Betriebsvermögen (begünstigt)		5.000.000 €
Verschonungsabschlag (85 %)		– 4.250.000 €
verbleiben		750.000 €
Abzugsbetrag	–	0 €
steuerpflichtiges Betriebsvermögen		600.000 €

5 Wertermittlung

Abzugsbetrag		150.000 €
verbleibender Wert (15 %)	750.000 €	
Abzugsbetrag	− 150.000 €	
Unterschiedsbetrag	600.000 €	
davon 50 %		− 300.000 €
verbleibender Abzugsbetrag		0 €
persönlicher Freibetrag (§ 16 Abs. 1 Nr. 2 ErbStG)		− 400.000 €
steuerpflichtiger Erwerb		200.000 €
Steuer nach Steuerklasse I (11 %)		22.000 €

Für S ergibt die Nachversteuerung folgende Steuer:

Betriebsvermögen	5.000.000 €	
Überentnahmen	− 600.000 €	600.000 €
Betriebsvermögen (begünstigt)	4.400.000 €	
Verschonungsabschlag (85 %)	− 3.740.000 €	
verbleiben	660.000 €	
Abzugsbetrag	− 0 €	
steuerpflichtiges Betriebsvermögen		+ 660.000 €
Abzugsbetrag	150.000 €	
verbleibender Wert (15 %)	660.000 €	
Abzugsbetrag	− 150.000 €	
Unterschiedsbetrag	510.000 €	
davon 50 %		− 255.000 €
verbleibender Abzugsbetrag		0 €
persönlicher Freibetrag		− 400.000 €
steuerpflichtiger Erwerb		860.000 €
Steuer nach Steuerklasse I (19 %, kein Härteausgleich)		163.400 €
bisher festgesetzt		− 22.000 €
Nachsteuer		141.400 €

5.5.6.5 Behaltensregelungen für Anteile an Kapitalgesellschaften

Die **Veräußerung** von Anteilen an einer Kapitalgesellschaft, die zu einem begünstigt erworbenen Vermögen gehören, ist nach § 13a Abs. 5 Nr. 4 ErbStG zu beurteilen. War der Erwerber begünstigter Anteile an einer Kapitalgesellschaft bereits vor dem maßgeblichen Besteuerungszeitpunkt an dieser Gesellschaft beteiligt, ist bei einer teilweisen Veräußerung seiner Anteile an der Kapitalgesellschaft zu seinen Gunsten davon auszugehen, dass er zunächst die ihm bereits früher gehörenden Anteile veräußert.

Beispiel:
A ist zu 50 % an einer GmbH beteiligt. Durch Erbanfall erwirbt er eine weitere Beteiligung von 30 % an der Gesellschaft. 3 Jahre nach dem Erwerb veräußert er eine Beteiligung von 70 %.
Bei dem Verkauf der Beteiligung ist aus Vereinfachungsgründen davon auszugehen, dass es sich dabei im Umfang von 50 % um die Anteile handelt, mit denen A schon

5.5 Ansatz von Betriebsvermögen

vor dem Erbfall beteiligt war (kein Verstoß gegen Behaltensregelung), und im Umfang von 20 % um Anteile, die A durch Erbanfall erworben hatte (Verstoß gegen Behaltensregelung).

Im Fall der **Herabsetzung des Nennkapitals** der Kapitalgesellschaft ist von einer Nachversteuerung abzusehen, wenn es sich um eine nur nominelle Kapitalherabsetzung zum Zweck der Sanierung der Gesellschaft handelt und kein Kapital an die Gesellschafter zurückgezahlt wird.

Wird das Vermögen der Kapitalgesellschaft auf eine Personengesellschaft, eine natürliche Person oder eine andere Körperschaft (§§ 3 bis 16 UmwStG) übertragen, ist erst eine nachfolgende Veräußerung der dabei erworbenen Beteiligung, des erworbenen Betriebs oder der erworbenen Anteile an der Kapitalgesellschaft innerhalb der Behaltenszeit ein Verstoß gegen die Behaltensregelung.

Die für den Erwerb von Anteilen an einer Kapitalgesellschaft in Anspruch genommenen Steuervergünstigungen nach § 13a Abs. 1 und 2 ErbStG fallen mit Wirkung für die Vergangenheit weg, wenn die Kapitalgesellschaft innerhalb von 5 Jahren nach dem Erwerb **auf eine Personengesellschaft** verschmolzen wird.[481]

5.5.6.6 Wegfall der Verfügungsbeschränkung oder Stimmrechtsbindung

Noch nicht im AEErbSt, aber in R E 13a.10 ErbStR 2011 hat die Finanzverwaltung ihre Auffassung zum Verstoß gegen die Behaltensregelung beim Übergang von Anteilen mit Poolvertrag präzisiert.

Der Wegfall der Verfügungsbeschränkung oder Stimmrechtsbindung führt danach zum Verstoß gegen die Behaltensregel. Die vorauszusetzende einheitliche Verfügung über die Anteile geht aber nicht schon dann verloren, wenn innerhalb der Behaltensfrist

- ein Gesellschafter an seinem Anteil einen Nießbrauch bestellt oder
- seinen Anteil verpfändet.

Das Mitgliedschafts- und Stimmrecht geht in einem solchen Fall nicht auf den Pfandgläubiger über. Schädlich ist erst die Verwertung des Pfandguts durch den Pfandgläubiger (§ 13a Abs. 5 Satz 1 Nr. 4 ErbStG). Die verbleibenden Pool-Mitglieder verlieren ihre bisher gewährte Begünstigung nicht. Der Wegfall der Begünstigung tritt weiter ein, wenn innerhalb der Behaltensfrist

- ein Pool-Gesellschafter seine Anteile an andere Pool-Gesellschafter oder dem Poolvertrag entsprechend an Dritte entgeltlich überträgt (§ 13a Abs. 5 Satz 1 Nr. 4 ErbStG). Die Übertragung eines Anteils durch einen Pool-Gesellschafter führt nur bei diesem zum Verlust der Begünstigung, solange die verbleibenden Pool-Mitglieder über mehr als 25 % der Anteile verfügen;
- die Poolvereinbarung nach dem Besteuerungszeitpunkt aufgehoben wird;

---
481 BFH vom 10.05.2006 II R 71/04, BStBl 2006 II S. 602.

5 Wertermittlung

- die Beteiligung der Poolgesellschafter auf 25 % oder weniger sinkt, z. B. weil ein oder mehrere Poolgesellschafter ausscheiden oder infolge einer Kapitalerhöhung.

Zu Einzelheiten siehe die Ausführungen unter 5.5.2.4 Buchstabe d) im Zusammenhang mit den Anforderungen an den Poolvertrag.

5.5.6.7 Reinvestitionsklausel

Im Fall der Veräußerung von wesentlichen Betriebsgrundlagen ist von einer Nachversteuerung abzusehen, wenn der Veräußerungserlös innerhalb der nach § 13b Abs. 1 ErbStG begünstigten **Vermögensart** verbleibt (§ 13a Abs. 5 Satz 3 ErbStG); bei dem Vermögen darf es sich nicht um Verwaltungsvermögen i. S. des § 13b Abs. 2 ErbStG handeln. Dies gilt auch, wenn ein **Teilbetrieb** oder ein **gesamter Betrieb** veräußert wird (§ 13a Abs. 5 Satz 3 ErbStG i. V. m. § 13a Abs. 5 Satz 1 Nr. 1, 2 und 4 ErbStG).

Hierunter fällt somit neben der Anschaffung von Anlagegütern, Betriebsteilen oder von neuen Betrieben, die das veräußerte Vermögen im Hinblick auf den ursprünglichen oder einen neuen Betriebszweck ersetzen, auch beispielsweise die Tilgung betrieblicher Schulden.

Die Reinvestition muss nach Auffassung der Finanzverwaltung innerhalb einer äußerst kurz bemessenen Frist von sechs Monaten nach der Veräußerung erfolgen, obwohl dies so streng dem Gesetz in § 13a Abs. 5 Satz 4 ErbStG nicht entnommen werden kann (R E 13a.11 ErbStR 2011).[482] Ungeachtet der Frist von 6 Monaten liegt eine unschädliche Reinvestition auch vor, wenn damit Liquiditätsreserven, die allerdings nicht zum Verwaltungsvermögen gehören dürfen, erhöht werden. Soweit der Veräußerungserlös entnommen wird, bleibt die Veräußerung in jedem Fall begünstigungsschädlich. Auch nach einer Veräußerung mit anschließender Reinvestition gelten die Behaltensregelungen nach § 13a Abs. 5 ErbStG für das Ersatzvermögen fort.

5.5.6.8 Durchführung der Nachversteuerung

Soweit ein Erwerber innerhalb der Behaltensfrist nach § 13a Abs. 5 ErbStG in schädlicher Weise über das begünstigte Vermögen verfügt, entfallen der Verschonungsabschlag (§ 13a Abs. 1 ErbStG) und der Abzugsbetrag (§ 13a Abs. 2 ErbStG). Die Durchführung der Nachversteuerung kann zu komplizierten Berechnungen führen. R E 13a.12 ErbStR 2011 und H E 13a.12 ErbStH 2011 enthalten wertvolle Hinweise und Berechnungsbeispiele. Bei der Nachversteuerung ist der erbschaftsteuerrechtliche Wert im Zeitpunkt der Steuerentstehung anzusetzen. Dies gilt auch, wenn bei einer Veräußerung einer wesentlichen Betriebsgrundlage der hierfür erzielte Verkaufserlös entnommen wird. Im Fall von Überentnahmen ist auf den ertragsteuerrechtlichen Wert im Entnahmezeitpunkt abzustellen. Veräußert der Erwerber das gesamte begünstigte Vermögen innerhalb der Behaltensfrist und

---

[482] Kritisch Wälzholz, DStR 2009 S. 1604 (1609).

5.5 Ansatz von Betriebsvermögen

erfolgt keine Reinvestition nach § 13a Abs. 5 Satz 3 ErbStG, entfällt der Abzugsbetrag insgesamt, während der Verschonungsabschlag für die Jahre erhalten bleibt, in denen keine schädliche Verfügung erfolgt ist (§ 13a Abs. 5 Satz 2 ErbStG).

Betrifft die schädliche Verfügung nur einen Teil des begünstigten Vermögens, sind der Verschonungsabschlag und ggf. der Abzugsbetrag für den weiterhin begünstigten Teil des Vermögens zu gewähren. Kam ein Abzugsbetrag wegen der Kürzung nach § 13a Abs. 2 Satz 2 ErbStG bei der erstmaligen Steuerfestsetzung nicht in Betracht, kann er bei einer Änderung der Steuerfestsetzung zur Anwendung kommen, wenn die Voraussetzungen dafür erfüllt sind. Der Verschonungsabschlag bezüglich des Teils des Vermögens, über das der Erwerber schädlich verfügt hat, bleibt ebenfalls für die Jahre erhalten, in denen keine schädliche Teilverfügung erfolgt ist.

Bei einem Unterschreiten der Lohnsummenregelung des § 13a Abs. 1 ErbStG – zu errechnen nach Ablauf der Lohnsummenfrist von 5 Jahren – entfällt der Verschonungsabschlag in dem Verhältnis, in dem die tatsächliche Lohnsumme die Mindestlohnsumme unterschreitet. Der Abzugsbetrag nach § 13a Abs. 2 ErbStG unterliegt bei einem Unterschreiten der Mindestlohnsumme keiner Anpassung.

Die dauerhafte Erhaltung der Vergünstigung ist regelmäßig vom Verhalten desjenigen abhängig, der das begünstigte Vermögen im Sinne des Entlastungszwecks erhält und sichert. Sind die Verschonungsregelungen mehreren Erwerbern (Miterben/-beschenkte, Vermächtnisnehmer usw.) zugutegekommen und verstößt nur einer von ihnen gegen die Verschonungsvoraussetzungen, geht dies nur zu Lasten der von ihm in Anspruch genommenen Verschonung.

Wird das begünstigte Vermögen innerhalb der noch laufenden Frist von 5 Jahren im Weg der Schenkung weiter übertragen, wird insoweit nicht gegen die Behaltensregelung verstoßen. Verstößt in diesem Fall aber der nachfolgende Erwerber gegen die Behaltensregelungen, verliert auch der vorangegangene Erwerber die Verschonung, soweit bei ihm die Behaltenszeit noch nicht abgelaufen ist. Hinsichtlich der Lohnsummenregelung sind für die verbleibenden Jahre der Lohnsummenfrist die Verhältnisse des begünstigten Vermögens des Erwerbers einzubeziehen. Die Behaltensfrist endet im Fall des Todes des Erwerbers ohne Auswirkung auf die Verschonungsvoraussetzungen des § 13a Abs. 1 und Abs. 5 ErbStG. Ein nachträglicher vollständiger Wegfall des Abzugsbetrags führt dazu, dass damit der Lauf der Sperrfrist rückwirkend entfällt und der Abzugsbetrag bei einer erneuten Zuwendung begünstigten Vermögens sofort neu in Anspruch genommen werden kann.

Beispiel 1:
Auf A als Alleinerbin ist ein Gewerbebetrieb (Steuerwert 900.000 €) und ein KG-Anteil (Steuerwert 600.000 €) übergegangen. Die Betriebe verfügen über Verwaltungsvermögen von weniger als 50 % des gemeinen Werts. Ein Antrag nach § 13a Abs. 8 ErbStG wurde nicht gestellt. Beide Betriebe haben jeweils nicht mehr als 20 Beschäftigte. Im dritten Jahr veräußert A den KG-Anteil für 650.000 €.

5 Wertermittlung

Vor Nachversteuerung ergibt sich der Wert des steuerpflichtigen Betriebsvermögens wie folgt:

Betriebsvermögen (begünstigt)		1.500.000 €
Verschonungsabschlag (85 %)		− 1.275.000 €
verbleiben		225.000 €
Abzugsbetrag		− 112.500 €
steuerpflichtiges Betriebsvermögen		112.500 €
Abzugsbetrag		150.000 €
verbleibender Wert (15 %)	225.000 €	
Abzugsbetrag	− 150.000 €	
Unterschiedsbetrag	75.000 €	
davon 50 %		− 37.500 €
verbleibender Abzugsbetrag		112.500 €

Für die Nachversteuerung ergibt sich der Wert des steuerpflichtigen Betriebsvermögens wie folgt:

Betriebsvermögen (begünstigt)	900.000 €	
Verschonungsabschlag (85 %)	− 765.000 €	
verbleiben	135.000 €	135.000 €
Betriebsvermögen (nicht begünstigt)	600.000 €	
Verschonungsabschlag (85 %) = 510.000 €		
zeitanteilig zu gewähren 2/5 von 510.000 € =	− 204.000 €	
verbleiben	396.000 €	+ 396.000 €
Summe		531.000 €
Abzugsbetrag		− 135.000 €
steuerpflichtiges Betriebsvermögen		396.000 €

Bei der Berechnung des Abzugsbetrags ist von 135.000 € auszugehen, weil nur insoweit nach Abzug des Verschonungsabschlags begünstigtes Betriebsvermögen verbleibt. Der veräußerte KG-Anteil gehört mit Rückwirkung in vollem Umfang nicht mehr zum begünstigten Vermögen (§ 13a Abs. 5 Satz 2 ErbStG).

Abzugsbetrag 150.000 €, höchstens Wert des begünstigt verbleibenden Vermögens		135.000 €
verbleibender Wert (15 %)	135.000 €	
Abzugsbetrag	− 135.000 €	
Unterschiedsbetrag	0 €	
davon 50 %	− 0 €	
verbleibender Abzugsbetrag		135.000 €
steuerpflichtiges Betriebsvermögen nach schädlicher Verfügung		396.000 €
steuerpflichtiges Betriebsvermögen bisher		− 112.500 €
Erhöhung der Bemessungsgrundlage um		283.500 €

5.5 Ansatz von Betriebsvermögen

Beispiel 2:
Auf B als Alleinerben ist ein Gewerbebetrieb (Steuerwert 4.000.000 €) übergegangen. Der Betrieb verfügt über Verwaltungsvermögen von weniger als 50 % des gemeinen Werts des Betriebs. Ein Antrag nach § 13a Abs. 8 ErbStG wurde nicht gestellt. Der Betrieb hat nicht mehr als 20 Beschäftigte. Zum Betrieb gehört als wesentliche Betriebsgrundlage ein Betriebsgrundstück (Grundstückswert 1.500.000 €). Im 4. Jahr veräußert B das Betriebsgrundstück und entnimmt den Veräußerungserlös von 1.800.000 €.

Vor Nachversteuerung ergibt sich der Wert des steuerpflichtigen Betriebsvermögens wie folgt:

Betriebsvermögen (begünstigt)		4.000.000 €
Verschonungsabschlag (85 %)		− 3.400.000 €
verbleiben		600.000 €
Abzugsbetrag		− 0 €
steuerpflichtiges Betriebsvermögen		600.000 €
Abzugsbetrag		150.000 €
verbleibender Wert (15 %)	600.000 €	
Abzugsbetrag	− 150.000 €	
Unterschiedsbetrag	450.000 €	
davon 50 %		− 225.000 €
verbleibender Abzugsbetrag		0 €

Für die Nachversteuerung ergibt sich der Wert des steuerpflichtigen Betriebsvermögens wie folgt:

Betriebsvermögen (begünstigt)		2.500.000 €	
Verschonungsabschlag (85 %)		− 2.125.000 €	
verbleiben			375.000 €
Betriebsvermögen (nicht begünstigt)		1.500.000 €	
Verschonungsabschlag (85 %)	1.275.000 €		
zeitanteilig zu gewähren 3/5		− 765.000 €	
verbleiben		735.000 €	+ 735.000 €
Summe			1.110.000 €
Abzugsbetrag			− 37.500 €
steuerpflichtiges Betriebsvermögen			1.072.500 €

Bei der Berechnung des Abzugsvertrags ist von 375.000 € auszugehen, weil nur insoweit nach Abzug des Verschonungsabschlags begünstigtes Vermögen verbleibt. Das veräußerte Grundstück gehört mit Rückwirkung in vollem Umfang nicht mehr zum begünstigten Betriebsvermögen (§ 13a Abs. 5 Satz 2 ErbStG).

Abzugsbetrag		150.000 €
verbleibender Wert (15 %)	375.000 €	
Abzugsbetrag	− 150.000 €	
Unterschiedsbetrag	225.000 €	
davon 50 %		− 112.500 €
verbleibender Abzugsbetrag		37.500 €

steuerpflichtiges Betriebsvermögen nach schädlicher Verfügung	1.072.500 €
steuerpflichtiges Betriebsvermögen bisher	− 600.000 €
Erhöhung der Bemessungsgrundlage um	472.500 €

Beachte: Bei der Nachversteuerung ist vom Grundbesitzwert im Zeitpunkt der Steuerentstehung auszugehen. Auf den Veräußerungserlös oder den (fiktiven) Grundbesitzwert im Zeitpunkt der schädlichen Verfügung ist nicht abzustellen.

5.5.6.9 Doppelverstoß gegen § 13a Abs. 5 ErbStG und Lohnsummenbestimmung

Hinsichtlich der streitbaren Frage der Berechnung der Nachversteuerung im Fall des Doppelverstoßes sowohl durch den Verkauf des gesamten begünstigten Vermögens als auch durch einen Verstoß gegen das Lohnsummenkriterium[483] nimmt die Finanzverwaltung eine eher moderate, aber in der Berechnung hochkomplizierte Beurteilung vor (Abschn. 16 Abs. 3 AEErbSt). Erfolgt innerhalb der 5-jährigen Haltefrist ein Verkauf des gesamten begünstigten Vermögens oder dessen Aufgabe ohne entsprechende Reinvestition und wird gleichzeitig die Mindestlohnsumme unterschritten, so sind die entfallenden Verschonungsabschläge wegen der Verfügung über das begünstigte Vermögen (§ 13a Abs. 5 ErbStG) und wegen Unterschreitens der Mindestlohnsumme (§ 13a Abs. 1 Satz 5 ErbStG) gesondert zu berechnen; der höhere der sich hierbei ergebenden Beträge wird bei der Kürzung angesetzt. Dabei ist die Mindestlohnsumme entsprechend § 13a Abs. 5 Satz 2 ErbStG auf den Teil zu kürzen, der sich aus dem Verhältnis der im Zeitpunkt der schädlichen Verfügung verbleibenden Behaltensfrist einschließlich des Jahres, in dem die schädliche Verfügung erfolgt, zur gesamten Behaltensfrist ergibt. Damit wird also die Einhaltung der Mindestlohnsumme nur für die Zeit bis zum Verkauf von der Finanzverwaltung verlangt.

Beispiel:

Auf B als Alleinerben ist ein Gewerbebetrieb (Steuerwert 4.000.000 €) übergegangen.

Betriebsvermögen (begünstigt)		4.000.000 €
Verschonungsabschlag (85 %)		− 3.400.000 €
verbleiben		600.000 €
Abzugsbetrag		− 0 €
steuerpflichtiges Betriebsvermögen		600.000 €
Abzugsbetrag		150.000 €
verbleibender Wert (15 %)	600.000 €	
Abzugsbetrag	− 150.000 €	
Unterschiedsbetrag	450.000 €	
davon 50 %		− 225.000 €
verbleibender Abzugsbetrag		0 €

---

[483] Vgl. Klümpen-Neusel, ErbStG 2009 S. 54.

5.5 Ansatz von Betriebsvermögen

Im vierten Jahr veräußert B den Gewerbebetrieb. Eine Reinvestition erfolgt nicht. Die tatsächliche Lohnsumme im Zeitpunkt der Veräußerung beläuft sich auf 220 % der Ausgangslohnsumme.

Betriebsvermögen (nicht begünstigt)	4.000.000 €
1. Kürzung des Verschonungsabschlags wegen Veräußerung	
Verschonungsabschlag (85 %) =	3.400.000 €
zeitanteilig zu gewähren 3/5 =	**2.040.000 €**
2. Kürzung des Verschonungsabschlags wegen Nichterreichens der Lohnsumme	
Verschonungsabschlag	3.400.000 €
Mindestlohnsumme 400 %	
tatsächliche Lohnsumme 220 % unterschreitet	
Mindestlohnsumme um 180 %, das sind 45 %	
Kürzung des Verschonungsabschlags	
45 % von 3.400.000 € =	– 1.530.000 €
verbleibender Verschonungsabschlag	**1.870.000 €**
abzugsfähig niedrigerer Betrag (aus 2.)	– 1.870.000 €
verbleiben	2.130.000 €
Abzugsbetrag (entfällt weiterhin)	– 0 €
steuerpflichtiges Betriebsvermögen	2.130.000 €
steuerpflichtiges Betriebsvermögen nach schädlicher Verfügung	2.130.000 €
steuerpflichtiges Betriebsvermögen bisher	– 600.000 €
Erhöhung der Bemessungsgrundlage um	1.530.000 €

5.5.7 Folgen einer Weitergabeverpflichtung bei Einzelunternehmen

Ein Erwerber kann die Befreiung **nicht** in Anspruch nehmen, soweit das begünstigte Vermögen aufgrund einer letztwilligen oder rechtsgeschäftlichen Verfügung des Erblassers mit einer **Weitergabeverpflichtung** zugunsten eines Dritten belastet ist (§ 13a Abs. 3 Satz 1 ErbStG). Anwendungsfälle sind insbesondere (R E 13a.3 ErbStR 2011):

1. Sachvermächtnisse, die auf begünstigtes Vermögen gerichtet sind,

2. Vorausvermächtnisse, die auf begünstigtes Vermögen gerichtet sind,

3. ein Schenkungsversprechen auf den Todesfall,

4. Auflagen des Erblassers, die auf die Weitergabe begünstigten Vermögens gerichtet sind.

Sind Miterben aufgrund einer Teilungsanordnung des Erblassers verpflichtet oder verständigen sie sich darauf, im Rahmen der Nachlassteilung das begünstigte Vermögen auf einen Miterben zu übertragen, und vollziehen sie dies auch tatsächlich, können die übertragenden Miterben die Verschonung nicht in Anspruch nehmen (§ 13a Abs. 3 Satz 2 ErbStG). Die Finanzverwaltung verlangt im Fall einer freien Erbauseinandersetzung eine „zeitnah" zum Erbfall erfolgende Auseinandersetzung (R E 13a.3 Abs. 2 Satz 6 ErbStR 2011). Den übernehmenden Erwerber oder Mit-

5 Wertermittlung

erben, der die Begünstigung in Anspruch nehmen kann, trifft die Pflicht zur Einhaltung der Lohnsummen- und Behaltensregelung auch hinsichtlich des übertragenen Anteils; er hat die steuerlichen Folgen eines Verstoßes hiergegen zu tragen.

Gibt der nachfolgende Erwerber für den Erwerb des begünstigten Vermögens nicht begünstigtes Vermögen hin, das er vom Erblasser erworben hat, wird er so gestellt, als habe er von Anfang an begünstigtes Vermögen erworben (§ 13b Abs. 3 Satz 1 ErbStG). Als hingegebenes Vermögen gilt nicht die die Entlastung der übrigen Erwerber von solchen Nachlassverbindlichkeiten im Innenverhältnis, die mit dem begünstigten Vermögen oder Teilen davon in wirtschaftlichem Zusammenhang stehen (R E 13a.3 Abs. 2 Satz 2 ErbStR 2011).

Der gemeine Wert des begünstigten Vermögens darf jedoch nicht überschritten werden. Durch diese Regelung wird lediglich die Bemessungsgrundlage für die Steuerbefreiung verändert; sie führt nicht zu einer Veränderung der Zurechnung der Erwerbsgegenstände. Der Grundsatz, dass die Erbauseinandersetzung unbeachtlich ist (R E 3.1 ErbStR 2011) gilt unverändert fort.

Beispiel 1:

Das Kind A wird Alleinerbe. Es erbt ein Mietwohngrundstück im Steuerwert/Verkehrswert von 1.000.000 € sowie ein Einzelunternehmen im Steuerwert/Verkehrswert 1.000.000 €. Laut im Testament angeordnetem Vermächtnis soll A das Einzelunternehmen an das Kind B als Vermächtnisnehmer weitergeben.

Erbschaftsteuerlich handelt es sich um einen Erwerb nach § 3 Abs. 1 Nr. 1 ErbStG durch Erbanfall und durch Vermächtnis. A erhält den Verschonungsabschlag gem. § 13a Abs. 1, § 13b Abs. 4 i. V. m. § 13b Abs. 1 Nr. 2 ErbStG nicht, da er das Einzelunternehmen an den Vermächtnisnehmer B weitergibt (§ 13a Abs. 3 Satz 1 ErbStG). B erhält den Verschonungsabschlag gem. § 13a Abs. 1, § 13b Abs. 4 i. V. m. § 13b Abs. 1 Nr. 2 ErbStG, da er das Einzelunternehmen durch Vermächtnis erwirbt. A erhält aber den Verschonungsabschlag gem. § 13c Abs. 1 und 3 ErbStG, da er das Mietwohngrundstück nicht weitergeben muss. Es ergibt sich folgende Steuerberechnung:

	A
Einzelunternehmen (§ 3 Abs. 1 Nr. 1)	1.000.000 €
nicht begünstigt, da Weitergabeverpflichtung	
(§ 13a Abs. 3 Satz 1 ErbStG)	
Mietwohngrundstück (§ 3 Abs. 1 Nr. 1)	1.000.000 €
abzgl. Steuerbefreiung § 13c Abs. 1 und 3 ErbStG	− 100.000 €
Vermögensanfall	1.900.000 €
abzgl. Nachlassverbindlichkeit Einzelunternehmen	
(§ 10 Abs. 5 Nr. 2 ErbStG)	− 1.000.000 €
abzgl. Bestattungskosten (§ 10 Abs. 5 Nr. 3 ErbStG)	− 10.300 €
Bereicherung	889.700 €
abzgl. Freibetrag (§ 16 Abs. 1 Nr. 2 ErbStG)	− 400.000 €
steuerpflichtiger Erwerb	489.700 €
Steuer gem. § 19 Abs. 1 ErbStG (15 %) – kein Härteausgleich	73.455 €

5.5 Ansatz von Betriebsvermögen

	B
Einzelunternehmen (§ 3 Abs. 1 Nr. 1)	1.000.000 €
abzgl. Verschonungsabschlag 85 %	
(§ 13a Abs. 1, § 13b Abs. 4 i. V. m. § 13b Abs. 1 Nr. 2 ErbStG)	− 850.000 €
abzgl. Abzugsbetrag ungekürzt (§ 13a Abs. 1 Satz 1 ErbStG)	− 150.000 €
verbleiben	0 €

Beispiel 2:
Die Kinder A und B werden Erben zu je 1/2. Sie erben ein Mietwohngrundstück (Verkehrswert 1.000.000 €) im Steuerwert von 1.000.000 € sowie ein Einzelunternehmen (Verkehrswert 1.000.000 €) im Steuerwert von 1.000.000 €. Laut Teilungsanordnung im Testament soll A das Mietwohngrundstück und B das Einzelunternehmen jeweils unter Anrechnung auf die Erbquote erhalten. Die Teilungsanordnung wird ausgeführt.

Erbschaftsteuerlich handelt es sich um einen Erwerb nach § 3 Abs. 1 Nr. 1 ErbStG durch Erbanfall.

Wert des Reinnachlasses	**A**	**B**
Einzelunternehmen (§ 3 Abs. 1 Nr. 1)	500.000 €	500.000 €
Mietwohngrundstück (§ 3 Abs. 1 Nr. 1)	500.000 €	500.000 €

Berechnung der Steuer

A erhält den Verschonungsabschlag gem. § 13a Abs. 1, § 13b Abs. 4 i. V. m. § 13b Abs. 1 Nr. 2 ErbStG nicht, da er das Einzelunternehmen im Weg der Teilungsanordnung an B weitergibt (§ 13a Abs. 3 Satz 2 ErbStG).

B erhält den Verschonungsabschlag gem. § 13a Abs. 1, § 13b Abs. 4 i. V. m. § 13b Abs. 1 Nr. 2 ErbStG, da A das Einzelunternehmen als begünstigtes Vermögen im Rahmen des Nachlasses auf B überträgt und B dem A mit dem Mietwohngrundstück nicht nach §§ 13a, 13b ErbStG begünstigtes Vermögen, das er vom Erblasser erworben hat, hingibt. Hierdurch erhöht sich der Wert des begünstigten Vermögens des B um den Wert des hingegebenen Mietwohngrundstücks, da der Wert des übertragenen Einzelunternehmens diesen Wert nicht übersteigt (§ 13b Abs. 3 Satz 1 ErbStG).

B erhält den Verschonungsabschlag gem. § 13c Abs. 1 und 3 ErbStG nicht, da er das Mietwohngrundstück im Weg der Teilungsanordnung an A weitergibt (§ 13c Abs. 2 Satz 2 ErbStG).

A erhält aber den Verschonungsabschlag gem. § 13c Abs. 1 und 3 ErbStG, da B das Mietwohngrundstück als begünstigtes Vermögen im Rahmen der Teilung des Nachlasses auf A übertragen hat und A dem B mit dem Einzelunternehmen nicht nach §13c ErbStG begünstigtes Vermögen, das er vom Erblasser erworben hat, hingibt. Hierdurch erhöht sich der Wert des begünstigten Vermögens des A um den Wert des hingegebenen Einzelunternehmens, da der Wert des übertragenen Mietwohngrundstücks diesen Wert nicht übersteigt (§ 13c Abs. 2 Satz 3 ErbStG).

	A	**B**
Mietwohngrundstück	1.000.000 €	0 €
abzgl. Steuerbefreiung § 13c Abs. 1 und 3 ErbStG	− 100.000 €	
verbleiben	900.000 €	
Einzelunternehmen		1.000.000 €
abzgl. Verschonungsabschlag 85 % (§ 13a Abs. 1, § 13b Abs. 4 i. V. m. § 13b Abs. 1 Nr. 2 ErbStG)		− 850.000 €
abzgl. Abzugsbetrag (§ 13a Abs. 2 ErbStG)		− 150.000 €
verbleiben		0 €

abzgl. Bestattungskosten (§ 10 Abs. 5 Nr. 3 ErbStG)	− 10.300 €
	889.700 €
abzgl. Freibetrag (§ 16 Abs. 1 Nr. 2 ErbStG)	− 400.000 €
steuerpflichtiger Erwerb	489.700 €
Steuer gem. § 19 Abs. 1 ErbStG (15 %)	73.455 €

Beispiel 3:
A und B haben ihren Vater V zu je 1/2 beerbt. Der Nachlass besteht aus einem Gewerbebetrieb im Steuerwert/Verkehrswert von 3.000.000 € und Kapitalvermögen im Wert von 2.000.000 €. Durch Testament ist bestimmt, dass B den Betrieb ohne Anrechnung auf seinen Erbteil erhalten soll (Vorausvermächtnis). Das Vorausvermächtnis wird erfüllt. Pflichtteilsansprüche stehen A nicht mehr zu.

Erbschaftsteuerlich handelt es sich um einen Erwerb nach § 3 Abs. 1 Nr. 1 ErbStG durch Erbanfall und durch Vorausvermächtnis. A und B erhalten den Verschonungsabschlag gem. § 13a Abs. 1, § 13b Abs. 4 i. V. m. § 13b Abs. 1 Nr. 2 ErbStG nicht, da sie den Gewerbebetrieb im Weg des Vorausvermächtnisses an B weitergeben (§ 13a Abs. 3 Satz 1 ErbStG). B erhält den Verschonungsabschlag gem. § 13a Abs. 1, § 13b Abs. 4 i. V. m. § 13b Abs. 1 Nr. 2 ErbStG, da B den Gewerbebetrieb als begünstigtes Vermögen durch Vorausvermächtnis erwirbt. Es ergibt sich folgende Steuerberechnung:

	A	B
Betrieb durch Erbanfall (§ 3 Abs. 1 Nr. 1 ErbStG) nicht begünstigt (§ 13a Abs. 3 Satz 1 ErbStG)	1.500.000 €	1.500.000 €
Betrieb durch Vorausvermächtnis (§ 3 Abs. 1 Nr. 1 ErbStG)	+ 0 €	+ 3.000.000 €
abzgl. Verschonungsabschlag 85 % (§ 13a Abs. 1, § 13b Abs. 4 i. V. m. § 13b Abs. 1 Nr. 2 ErbStG)		− 2.550.000 €
kein Abzugsbetrag (§ 13a Abs. 2 ErbStG)	−	0 €
Kapitalvermögen (§ 3 Abs. 1 Nr. 1 ErbStG)	+ 1.000.000 €	+ 1.000.000 €
abzgl. Vorausvermächtnislast Betrieb (§ 10 Abs. 5 Nr. 2 ErbStG)	− 1.500.000 €	− 1.500.000 €
abzgl. Bestattungskosten (§ 10 Abs. 5 Nr. 3 ErbStG)	− 5.150 €	− 5.150 €
Bereicherung	994.850 €	1.444.850 €

Beispiel 4:
Der Erblasser E setzt seine Kinder A und B **zu gleichen Teilen** als Erben ein. Der Nachlass besteht aus einem Betrieb mit einem Steuerwert/Verkehrswert i. H. von 3.000.000 € und aus Geldvermögen im Wert von 2.000.000 €. E bestimmt, dass B den Betrieb **ohne Wertausgleichszahlung** an A und A das Geldvermögen erhalten soll.

Erbschaftsteuerlich handelt es sich um einen Erwerb nach § 3 Abs. 1 Nr. 1 ErbStG durch Erbanfall und durch Vorausvermächtnis.

Es liegt ein Vorausvermächtnis nur **hinsichtlich des Mehrwerts** des Betriebs (1.000.000 €) vor. Im Übrigen liegt eine Teilungsanordnung vor (siehe auch H E 3.1 Abs. 4 ErbStH 2011).

Wert des Reinnachlasses	A	B
Betrieb durch Erbanfall (§ 3 Abs. 1 Nr. 1 ErbStG)	1.500.000 €	1.500.000 €
Mehrwert Betrieb durch Vorausvermächtnis (§ 3 Abs. 1 Nr. 1 ErbStG)	+ 0 €	+ 1.000.000 €

5.5 Ansatz von Betriebsvermögen

Geld durch Erbanfall (§ 3 Abs. 1 Nr. 1 ErbStG)	+ 1.000.000 €	+ 1.000.000 €
abzgl. Vorausvermächtnislast Mehrwert Betrieb (§ 10 Abs. 5 Nr. 2 ErbStG)	− 500.000 €	− 500.000 €
Beteiligung am Reinnachlass	2.000.000 €	3.000.000 €

A und B erhalten den Verschonungsabschlag gem. § 13a Abs. 1, § 13b Abs. 4 i. V. m. § 13b Abs. 1 Nr. 2 ErbStG **als Erben** nicht, **soweit** sie den Mehrwert des Gewerbebetriebs im Weg des Vorausvermächtnisses an B weitergeben (§ 13a Abs. 3 Satz 1 ErbStG).

B erhält für diesen Mehrwert den Verschonungsabschlag gem. § 13a Abs. 1, § 13b Abs. 4 i. V. m. § 13b Abs. 1 Nr. 2 ErbStG, da B den Mehrwert des Gewerbebetriebs als begünstigtes Vermögen durch Vorausvermächtnis erwirbt.

Soweit A sodann im Rahmen der Teilung des Nachlasses den Gewerbebetrieb auf B übertragen hat und B dem A nicht nach §§ 13a, 13b ErbStG begünstigtes Geldvermögen, das er vom Erblasser erworben hat, hingegeben hat, erhöht sich der Wert des begünstigten Vermögens des B um den Wert des hingegebenen Geldvermögens, da der Wert des übertragenen Gewerbebetriebs diesen Wert nicht übersteigt (§ 13b Abs. 3 Satz 1 ErbStG).

Es ergibt sich folgende Steuerberechnung:

	A	B
Betrieb durch Erbanfall	500.000 €	2.500.000 €
wegen Vorausvermächtnis nicht begünstigt (§ 13a Abs. 3 Satz 1 ErbStG)	(500.000 €)	(500.000 €)
Betrieb durch Vorausvermächtnis (§ 3 Abs. 1 Nr. 1 ErbStG)	0 €	1.000.000 €
begünstigtes Vermögen B (3.000.000 €) abzgl. Verschonungsabschlag 85 % (§ 13a Abs. 1, § 13b Abs. 4 i. V. m. § 13b Abs. 1 Nr. 2 ErbStG)		− 2.550.000 €
kein Abzugsbetrag (§ 13a Abs. 2 ErbStG)		− 0 €
verbleiben		950.000 €
Kapitalvermögen (§ 3 Abs. 1 Nr. 1 ErbStG)	2.000.000 €	0 €
abzgl. Vorausvermächtnislast Betrieb (§ 10 Abs. 5 Nr. 2 ErbStG)	− 500.000 €	− 500.000 €
abzgl. Bestattungskosten (§ 10 Abs. 5 Nr. 3 ErbStG)	− 5.150 €	− 5.150 €
Bereicherung	1.994.850 €	444.850 €

Mit den Mitteln der Testamentsgestaltung sind somit erbschaftsteuerlich steueroptimierende Gestaltungsmöglichkeiten gegeben. Die Gewährung der Unternehmensvergünstigungen gem. § 13a Abs. 1 und 2 ErbStG kann allerdings zu erheblichen Belastungsunterschieden zwischen dem Erwerber des Einzelunternehmens und dem Erwerber anderer Vermögensgegenstände führen. Der Unternehmensnachfolger erhält u. U. nicht nur den wertmäßig größeren Teil des Nachlasses, sondern wird zusätzlich durch § 13a Abs. 1 und 2 ErbStG begünstigt. Ihn ausschließlich trifft allerdings auch die Pflicht zur Einhaltung der Lohnsummen- und Behaltensregelung.

5.5.8 Folgen einer Weitergabeverpflichtung bei durch Erbanfall erworbenen GmbH-Anteilen

GmbH-Anteile sind grundsätzlich vererblich (§ 15 GmbHG) und gehen im Weg der Gesamtrechtsnachfolge auf den oder die Erben über. Die Nachfolge kann im Testament geregelt werden. Sind mehrere Erben vorhanden, geht der GmbH-Anteil auf mehrere Erben in **gesamthänderischer Gebundenheit der Erbengemeinschaft** über **(keine Sondernachfolge)**. Es wird also nicht jeder einzelne Erbe für sich Mitglied der Gesellschaft.

Für die erbschaftsteuerliche Beurteilung ist von Bedeutung, ob und welche Regelungen der Gesellschaftsvertrag der Kapitalgesellschaft enthält. Enthält der Gesellschaftsvertrag keine Einziehungs- oder Abtretungsklausel (siehe dazu die Ausführungen zu § 3 Abs. 1 Nr. 2 ErbStG), beurteilt sich der erbschaftsteuerliche Erwerb nach § 3 Abs. 1 Nr. 1 ErbStG. Die Vergünstigungen des § 13a Abs. 1 und 2 ErbStG stehen dann den Erben zu (einen Sonderfall regelt § 10 Abs. 10 ErbStG).

Wird begünstigtes Vermögen **im Rahmen der Erbauseinandersetzung auf einen oder mehrere Miterben** übertragen, sind – ebenso wie bei den Einzelunternehmen – § 13a Abs. 3 Satz 1 und Satz 2 und § 13b Abs. 3 ErbStG zu beachten.

Beispiel 1:
V setzt B zum Alleinerben seines 75 %-Anteils an einer GmbH mit einem Steuerwert von 3.000.000 € und seines Kapitalvermögens im Steuerwert von 2.000.000 € ein und ordnet zugunsten des A ein Vermächtnis i. H. von 1.000.000 € an (Alleinerben-Vermächtnis-Modell).

Erbschaftsteuerlich handelt es sich um einen Erwerb nach § 3 Abs. 1 Nr. 1 ErbStG durch Erbanfall und durch Vermächtnis. B erhält den Verschonungsabschlag gem. § 13a Abs. 1, § 13b Abs. 4 i. V. m. § 13b Abs. 1 Nr. 3 ErbStG, da er nicht die GmbH, sondern Kapitalvermögen an den Vermächtnisnehmer A weitergibt. A erhält den Verschonungsabschlag gem. § 13a Abs. 1, § 13b Abs. 4 i. V. m. § 13b Abs. 1 Nr. 3 ErbStG als Vermächtnisnehmer des Kapitalvermögens nicht. Es ergibt sich folgende Steuerberechnung:

	B
GmbH-Anteil (§ 3 Abs. 1 Nr. 1 ErbStG)	3.000.000 €
abzgl. Verschonungsabschlag 85 %	
(§ 13a Abs. 1, § 13b Abs. 4 i. V. m. § 13b Abs. 1 Nr. 3 ErbStG)	− 2.550.000 €
kein Abzugsbetrag (§ 13a Abs. 2 ErbStG)	− 0 €
verbleiben	450.000 €
Kapitalvermögen (§ 3 Abs. 1 Nr. 1 ErbStG)	2.000.000 €
Vermögensanfall	2.450.000 €
abzgl. Nachlassverbindlichkeit (§ 10 Abs. 5 Nr. 2 ErbStG)	− 1.000.000 €
abzgl. Bestattungskosten (§ 10 Abs. 5 Nr. 3 ErbStG)	− 10.300 €
Bereicherung	1.439.700 €
abzgl. Freibetrag (§ 16 Abs. 1 Nr. 2 ErbStG)	− 400.000 €
steuerpflichtiger Erwerb	1.039.700 €
Steuer gem. § 19 Abs. 1 ErbStG (19 %) – kein Härteausgleich	197.543 €

5.5 Ansatz von Betriebsvermögen

	A
Kapitalvermögen (§ 3 Abs. 1 Nr. 1 ErbStG)	1.000.000 €
abzgl. Freibetrag (§ 16 Abs. 1 Nr. 2 ErbStG)	− 400.000 €
steuerpflichtiger Erwerb	600.000 €
Steuer gem. § 19 Abs. 1 ErbStG (15 %) – kein Härteausgleich	90.000 €

Beispiel 2:
Die Kinder A und B sind Erben (Erbquote je 1/2). Im Nachlass befindet sich ein GmbH-Anteil des Erblassers (Beteiligungsquote des Erblassers 50 %; Anschaffungskosten des Erblassers 600.000 €) mit einem Steuerwert/Verkehrswert von 4.000.000 € sowie Kapitalvermögen mit einem Steuerwert/Verkehrswert von 2.500.000 €. Kurz nach dem Erbfall kommen die Erben A und B überein, dass B den Gesellschaftsanteil und A das Kapitalvermögen sowie eine von B zu leistende Ausgleichszahlung von 750.000 € erhalten soll.

Erbschaftsteuerlich handelt es sich um einen Erwerb nach § 3 Abs. 1 Nr. 1 ErbStG durch Erbanfall.

Berechnung des Reinnachlasses

	A	**B**
GmbH	2.000.000 €	2.000.000 €
Kapitalvermögen	1.250.000 €	1.250.000 €
	3.250.000 €	3.250.000 €

Berechnung der Steuer

A erhält den Verschonungsabschlag gem. § 13a Abs. 1, § 13b Abs. 4 i. V. m. § 13b Abs. 1 Nr. 2 ErbStG nicht, da er die GmbH-Anteile im Wert von 1.250.000 € im Tausch gegen das Kapitalvermögen an B weitergibt (§ 13a Abs. 3 Satz 2 ErbStG) und im Wert von 750.000 € an B veräußert und damit gegen die Behaltensregel verstößt (§ 13a Abs. 5 Nr. 4 ErbStG).
B erhält den Verschonungsabschlag gem. § 13a Abs. 1, § 13b Abs. 4 i. V. m. § 13b Abs. 1 Nr. 2 ErbStG, soweit A die GmbH-Anteile als begünstigtes Vermögen im Rahmen der Teilung des Nachlasses auf B übertragen hat und B dem A mit dem Kapitalvermögen nicht nach §§ 13a, 13b ErbStG begünstigtes Vermögen, das er vom Erblasser erworben hat, hingegeben hat. Hierdurch erhöht sich der Wert des begünstigten Vermögens B nur um den Wert des hingegebenen Kapitalvermögens, nicht aber soweit der Wert der übertragenen GmbH-Anteile den Wert des hingegebenen Kapitalvermögens übersteigt (§ 13b Abs. 3 Satz 1 ErbStG).

	A	**B**
GmbH	750.000 €	3.250.000 €
abzgl. Verschonungsabschlag (§ 13a Abs. 1 ErbStG)	0 €	− 2.762.500 €
Anteil Kapitalvermögen	2.500.000 €	
Bereicherung	3.250.000 €	487.500 €

In der Konsequenz bedeutet dies, dass der GmbH-Anteil im Wert von 750.000 € bei B nicht durch die Verschonungsregelung des § 13a Abs. 1 und 2 ErbStG begünstigt wird. Auch A erhält die Begünstigung hierfür nicht, da er den Anteil insoweit an B gegen Wertausgleich veräußert und somit gegen die Behaltensregel verstoßen hat. Auf die einkommensteuerliche Problematik eines Veräußerungsgewinns nach § 17 EStG sei nur hingewiesen.[484]

---

[484] Siehe Erbauseinandersetzungserlass vom 14.03.2006, BStBl 2006 I S. 253.

Wie beim Einzelunternehmen könnten die steuerlichen Nachteile (keine optimale Ausnutzung des Verschonungsabschlags; steuerpflichtiger Veräußerungsgewinn gem. § 17 EStG) mit den Mitteln der Testamentsgestaltung vermieden werden (siehe die Ausführungen beim Einzelunternehmen zum Vorausvermächtnis, zur unechten Teilungsanordnung und zum Alleinerben-Vermächtnis-Modell).

5.5.9 Nachfolgeklauseln bei Personengesellschaften

Erbrechtliche Nachfolgeklauseln, und zwar **sowohl die einfache als auch die qualifizierte Nachfolgeklausel,** in Personengesellschaftsverträgen sind weiterhin als ein Sonderfall dinglich wirkender Teilungsanordnungen anzusehen (vgl. R E 3.1 Abs. 3 ErbStR 2011). Auch in diesen Fällen sind – entgegen der bisherigen Rechtslage – die Vergünstigungen des § 13a Abs. 1 und 2 ErbStG ausschließlich dem qualifizierten Nachfolger zu gewähren. GmbH-Anteile, die zum (Sonder-)Betriebsvermögen der Personengesellschaft(er) gehören, sind ebenfalls nach § 13b Abs. 1 **Nr. 2** ErbStG begünstigt, sodass es auf die Beteiligungsquote von mehr als 25 % beim Erblasser nicht ankommt. **Allerdings ist zu prüfen, ob die GmbH-Anteile Verwaltungsvermögen i. S. des § 13b Abs. 1 Nr. 2 oder 3 ErbStG sind.**

Beispiel:
Der 55-jährige Unternehmer U ist mit einem Anteil von 1/3 an der Zeppelin-GmbH & Co. KG beteiligt. Der Gesellschaftsvertrag der GmbH & Co. KG enthält eine „qualifizierten Nachfolgeklausel" zugunsten des Kindes B. Die GmbH-Anteile werden im Gesamthandsvermögen der KG gehalten. U verstirbt ohne Testament. Die Kinder A und B beerben ihren Vater zu je 1/2. Der Nachlass setzt sich aus dem Mitunternehmeranteil im Steuerwert von 3.000.000 € und Kapitalvermögen im Wert von 2.000.000 € zusammen. B zahlt an A im Rahmen der Erbauseinandersetzung einen Wertausgleich von 500.000 €.

Da die qualifizierte Nachfolgeklausel als **Unterfall einer Teilungsanordnung** behandelt wird, hat dies zur Folge, dass sie für die Besteuerung des Erbfalls des einzelnen Erben ohne Bedeutung ist. A und B haben daher den Gesellschaftsanteil von Todes wegen grundsätzlich anteilig zu je 1/2 nach § 3 Abs. 1 Nr. 1 ErbStG erworben. Die Bereicherung von A und B wird somit wie folgt berechnet:

Berechnung des Reinnachlasses	A	B
Gesellschaftsanteil (§ 13b Abs. 1 Nr. 2 ErbStG)	1.500.000 €	1.500.000 €
Kapitalvermögen	1.000.000 €	1.000.000 €
Vermögensanfall nach Steuerwerten	2.500.000 €	2.500.000 €

Durch Tausch erhält nun A von B 1.000.000 € Kapitalvermögen und erhält B von A den KG-Anteil mit einem Wertanteil von ebenfalls 1.000.000 €. Dieser Betrag bildet jedoch gleichzeitig die Obergrenze für die Vergünstigungen des § 13a ErbStG. Soweit B **aus eigenem Vermögen** eine Abfindung von 500.000 € erbringt, führt dies zu keiner weiteren Aufstockung der Unternehmensbegünstigungen, da die Zurechnung der Erwerbsgegenstände ihre Grenze in der Erbquote finden und die Erbauseinandersetzung insoweit unbeachtlich ist (R E 3.1 ErbStR 2011). Somit ergibt sich:

5.5 Ansatz von Betriebsvermögen

Berechnung des Erwerbs	A	B
Gesellschaftsanteil	500.000 €	2.500.000 €
abzgl. Verschonungsabschlag (§ 13a Abs. 1 ErbStG)		− 2.125.000 €
verbleiben		375.000 €
Abzugsbetrag (§ 13a Abs. 2 ErbStG)		− 37.500 €
verbleiben	500.000 €	337.500 €
Kapitalvermögen	2.000.000 €	0 €
Vermögensanfall nach Steuerwerten	2.500.000 €	337.500 €

In der Konsequenz bedeutet dies, dass ein Wertanteil des KG-Anteils von 500.000 € bei B nicht durch die Verschonungsregelung des § 13a Abs. 1 und 2 ErbStG begünstigt wird. Auch A erhält m. E. die Begünstigung nicht, da er aufgrund der qualifizierten Nachfolgeklausel zugunsten des B nicht in die Gesellschaft nachfolgt.

Hinweis: Einkommensteuerlich entstehen durch die Abfindung an den nicht qualifizierten Erben weder Veräußerungsgewinne noch Anschaffungskosten.[485]

Auch wenn die einfache und die qualifizierte Nachfolgeklausel grundsätzlich als **Unterfall bloßer Teilungsanordnungen** behandelt werden, dürfte dies nicht gelten, wenn ein den Gesellschaftsvertrag begleitendes Vorausvermächtnis gewollt ist (R E 3.1 Abs. 4 ErbStR 2011). Da der Übergang des Anteils im Weg der Sondernachfolge von einem **Vorausvermächtnis** „begleitet" wird, ist das Vorausvermächtnis entsprechend den Erbquoten bei den Erben als Nachlassverbindlichkeit gem. § 10 Abs. 5 Nr. 2 ErbStG abzuziehen und beim Vorausvermächtnisnehmer als Erwerb von Todes wegen gem. § 3 Abs. 1 Nr. 1 i. V. m. § 1 Abs. 1 Nr. 1 ErbStG zu erfassen (siehe die Ausführungen beim Einzelunternehmen). Denkbar ist allerdings auch, dass die Auslegung des Testaments ergibt, dass die Teilungsanordnung zugleich als Erbeinsetzung gilt und sich die Erbquoten aus den gegenständlichen Zuordnungen des Vermögens ergeben (R E 3.1 Abs. 2 ErbStR 2011).

Zu Problemen kann es auch bei Vorhandensein von Sonderbetriebsvermögen (Aufdeckung stiller Reserven durch Erbanfall) kommen. Wie beim Einzelunternehmen lassen sich – wie bisher – steuerliche Nachteile mit dem **Alleinerben-Vermächtnis-Modell** am einfachsten vermeiden.

Geht ein Anteil an einer Personengesellschaft auf einen Erben über, der von einer Eintrittsklausel Gebrauch macht, ist für § 13a ErbStG ebenfalls von einem Erwerb durch Erbanfall auszugehen (R E 13b.1 Abs. 2 Satz 2 ErbStR 2011). Aufgrund der Vereinbarungen zur Eintrittsklausel kann aber auch ein Erwerb von Todes wegen nach § 3 Abs. 1 Nr. 4 ErbStG in Betracht kommen (R E 13b.1 Abs. 2 Satz 3 ErbStR 2011).

5.5.10 Schenkung auf den Todesfall bei Gesellschaftsanteilen

Als Schenkung auf den Todesfall gilt gem. § 3 Abs. 1 Nr. 2 Satz 2 ErbStG auch der auf dem Ausscheiden eines Gesellschafters beruhende **Übergang des Anteils oder**

---

[485] Erbauseinandersetzungserlass vom 14.03.2006, BStBl 2006 I S. 253, Tz. 72.

5 Wertermittlung

des Teils eines Anteils eines Gesellschafters einer Personengesellschaft oder Kapitalgesellschaft bei dessen Tod auf die anderen Gesellschafter oder die Gesellschaft, soweit der Wert, der sich für seinen Anteil zur Zeit seines Todes nach § 12 ErbStG ergibt, Abfindungsansprüche Dritter übersteigt. Eine Parallelregelung enthält § 7 Abs. 7 Satz 1 ErbStG für den Fall der Schenkung.

a) Ausscheiden von Gesellschaftern nach neuem Erbschaftsteuerrecht

Anteile an Kapitalgesellschaften und das Betriebsvermögen werden nach § 12 Abs. 2 oder 5 ErbStG i. V. m. §§ 11, 95 bis 109 BewG mit dem gemeinen Wert erfasst. Aus diesem Grund sind Einziehungsfälle unter Lebenden, Zwangsabtretungsfälle entsprechend den typischen Satzungsbestimmungen zu Einziehungsklauseln sowie Fortsetzungsklauseln bei Personengesellschaften nach neuem Recht stets dann mit einem Erwerb gem. § 3 Abs. 1 Nr. 2, § 7 Abs. 7 ErbStG verbunden, wenn der steuerliche gemeine Wert nach § 12 Abs. 2 oder 5 ErbStG i. V. m. §§ 11, 109 BewG höher ist als der Abfindungswert.[486]

b) Fortsetzung der Personengesellschaft durch die verbleibenden Gesellschafter

Die verbleibenden Gesellschafter haben aus dem Betrag Erbschaftsteuer zu zahlen, zu dem die gezahlte Abfindung unter dem nach § 12 ErbStG errechneten Steuerwert des Anteils liegt (§ 3 Abs. 1 Nr. 2 Satz 2, § 7 Abs. 7 **Satz 1** ErbStG und R E 3.4 ErbStR 2011). Für sie gilt insoweit § 13a ErbStG.

Beispiel:
Gesellschafter der gewerblich tätigen X-GmbH & Co. KG sind die natürlichen Personen A, B und C zu je einem Drittel. Im Fall des Todes eines Gesellschafters sieht der Gesellschaftsvertrag die Fortsetzung der Gesellschaft durch die verbleibenden Gesellschafter und die Abfindung der Erben **zulässigerweise** zum Buchwert vor. Beim Tod des A hatte sein Gesellschaftsanteil einen steuerlichen Wert von 5.500.000 € und einen Buchwert von 1.500.000 €.

Lösung:
Der Anwachsungserwerb von B und C unterliegt als **Schenkung auf den Todesfall** der Erbschaftsteuer mit folgendem Wert:

Steuerwert des Gesellschaftsanteils A	5.500.000 €
abzgl. Abfindung an die Erben zum Buchwert	− 1.500.000 €
übersteigender Wert	4.000.000 €
davon entfallen auf B bzw. C (je 1/2) =	2.000.000 €

Der Erwerb von B und C ist i. H. von je 2.000.000 € steuerbegünstigt nach §§ 13a, 13b und 19a ErbStG.

R E 3.4 Abs. 2 ErbStR 2011 stellt hierzu klar, dass neben dem Anwachsungserwerb auch **der Übergang des Gesamthandseigentums** in das Alleineigentum des übernehmenden Gesellschafters im Fall einer zweigliedrigen Personengesellschaft unter § 3 Abs. 1 Nr. 2 Satz 2 ErbStG fällt. Die Erben selbst haben den Abfindungsanspruch

---

[486] Vgl. Wälzholz, DStZ 2009 S. 599, und den besonders kritischen Beitrag von Hübner/Maurer, ZEV 2009 S. 361 ff. und 428 ff. m. w. N.

gem. § 3 Abs. 1 Nr. 4 ErbStG zu versteuern. Für sie gelten §§ 13a, 13b, 19a ErbStG nicht (R E 13b.1 Abs. 2 Satz 4 ErbStR 2011).

c) Fortsetzung der Kapitalgesellschaft im Fall der Abtretungskausel
Beim Erwerb begünstigter **Anteile an einer Kapitalgesellschaft** aufgrund gesellschaftsvertraglicher Übertragungsverpflichtung in der Form einer Abtretungsklausel liegt ein als Schenkung auf den Todesfall fingierter Erwerb der Gesellschafter oder der Gesellschaft gem. § 3 Abs. 1 Nr. 2 **Satz 2** (bzw. eine Schenkung gem. § 7 Abs. 7 **Satz 1**) ErbStG vor (vgl. R E 3.4 Abs. 3 ErbStR 2011).

Dies bedeutet – **wie bei der Fortsetzungsklausel** –, dass die Abtretung gegen Abfindung nicht als schädliche Veräußerung i. S. des § 13a Abs. 5 ErbStG anzusehen ist, sondern die Vergünstigungen des § 13a ErbStG von vornherein nicht den Erben, sondern der Gesellschaft bzw. den Gesellschaftern der KapG zustehen sollen (R E 13b.1 Abs. 1 Nr. 3 ErbStR 2011).

d) Fortsetzung der Kapitalgesellschaft im Fall der Einziehungsklausel
Wird aufgrund einer Regelung im Gesellschaftsvertrag einer GmbH der Geschäftsanteil eines Gesellschafters **eingezogen** und übersteigt der sich nach § 12 ErbStG ergebende Wert seines Anteils zur Zeit seines Todes Abfindungsansprüche Dritter, gilt die insoweit bewirkte Werterhöhung der Geschäftsanteile der verbleibenden Gesellschafter als Schenkung auf den Todesfall (§ 3 Abs. 1 Nr. 2 **Satz 3,** § 7 Abs. 7 **Satz 2** ErbStG).

- **Hinweis:**
  Damit will der Gesetzgeber ungerechtfertigten Steuervorteilen vorbeugen, die entstehen, wenn der Geschäftsanteil eines verstorbenen Gesellschafters gegen Zahlung eines sog. Minderentgelts an die Erben nach § 34 GmbHG einzuziehen ist. Die Einziehung eines GmbH-Anteils (oder einer Aktie) führt nicht zum Übergang auf die Gesellschaft oder die Gesellschafter, sondern hat zwingend den Untergang des Anteils zur Folge.

Für die Einziehung eines Gesellschaftsanteils eines Gesellschafters einer GmbH bei dessen Tod (§ 34 GmbHG) stellt **R E 3.4 Abs. 3 Satz 7 ErbStR 2011** aber ausdrücklich fest, dass der (auf die Erben) übergegangene Anteil untergeht. Erhalten die Erben eine Abfindung, die geringer ist als der sich nach § 12 Abs. 1 und 2 ErbStG ergebende steuerliche Wert des Anteils, unterliegt die dadurch eintretende Werterhöhung der Anteile der verbleibenden Gesellschafter als Schenkung auf den Todesfall des Erblassers an diese Gesellschafter der Besteuerung.

Da die Gesellschafter selbst keine Anteile erwerben, ist dieser Erwerb der Gesellschafter aber **nicht nach §§ 13a, 13b, 19a ErbStG** begünstigt (R E 3.4 Abs. 3 Satz 8 und 9 ErbStR 2011). Die Einziehungsklausel ist somit gegenüber der Abtretungsklausel im Nachteil, wenn die verbleibenden Gesellschafter durch die Einziehung bereichert sind. Bei der Gestaltung von GmbH-Satzungen wird daher anstelle einer

Einziehungsklausel auch die Zwangsabtretung vorgesehen, um von dieser im Todesfall Gebrauch zu machen.[487]

5.6 Steuerbefreiung für Wohngrundstücke

Gemäß § 13c ErbStG ist der gemeine Wert von vermieteten bebauten Grundstücken oder Grundstücksteilen (begünstigtes Vermögen) um einen Befreiungsabschlag von 10 % zu kürzen (§ 13c Abs. 1 ErbStG), wenn sie (§ 13c Abs. 3 ErbStG)

1. zu Wohnzwecken vermietet werden,
2. im Inland, einem Mitgliedstaat der EU oder in einem EWR-Staat belegen sind und
3. nicht zum begünstigten Betriebsvermögen oder begünstigten Vermögen eines Betriebs der Land- und Forstwirtschaft i. S. des § 13a ErbStG gehören.

Gemäß dem Stichtagsprinzip (§§ 9, 11 BewG) sind die Verhältnisse zum Besteuerungszeitpunkt maßgebend. Eine Behaltensverpflichtung oder eine Verpflichtung zur weiteren Vermietung zu Wohnzwecken besteht – anders als bei den Steuerbefreiungen gem. § 13 Abs. 1 Nr. 4b und 4c und §§ 13a, 13b ErbStG – nicht.

Wird ein Familienheim i. S. des § 13 Abs. 1 Nr. 4b und 4c ErbStG vom Erwerber nach Beendigung der Selbstnutzung innerhalb des 10-jährigen Behaltenszeitraums zu Wohnzwecken vermietet, mit der Folge, dass die zunächst gewährte Steuerbefreiung rückwirkend entfällt, kann nach Auffassung der Finanzverwaltung für dieses Grundstück oder diesen Grundstücksteil nicht nachträglich der Befreiungsabschlag nach § 13c ErbStG in Anspruch genommen werden. Entsprechendes gilt, wenn für ein zum begünstigten Betriebsvermögen i. S. der §§ 13a, 13b ErbStG gehörendes, zu Wohnzwecken vermietetes Grundstück die Verschonung nach § 13a Abs. 5 ErbStG rückwirkend wegfällt (R E 13c Abs. 2 Satz 3 und 4 ErbStR 2011).

Wenn zu Wohnzwecken vermietete Wohnungen i. S. des § 13c Abs. 1 ErbStG zwar zum Betriebsvermögen (Einzelunternehmen, Beteiligungen an Personengesellschaften) gehören, die Anwendung des § 13a ErbStG aber ausgeschlossen ist, weil z. B. die Verwaltungsvermögensgrenze des § 13b Abs. 2 ErbStG überschritten wird, kann bei Vorliegen der übrigen Voraussetzungen die Befreiung nach § 13c ErbStG in Anspruch genommen werden.

Betriebswohnungen i. S. des § 160 Abs. 1 Nr. 2 und Abs. 8 BewG sowie andere vermietete Grundstücke, die nach § 158 Abs. 4 Nr. 1 BewG nicht zum land- und forstwirtschaftlichen Vermögen, sondern zum Grundvermögen gehören, können ebenfalls nach § 13c ErbStG begünstigt sein.

---

[487] Vgl. Meister/Klöcker in Münchner Vertragshandbuch, 6. Aufl. 2005, Muster IV. 20, § 24.

5.6 Steuerbefreiung für Wohngrundstücke

Gehören zum Vermögen einer Kapitalgesellschaft, deren Anteile erworben werden, zu Wohnzwecken vermietete Grundstücke oder Grundstücksteile, ist die Anwendung des § 13c ErbStG stets ausgeschlossen, weil Gegenstand des Erwerbs der Anteil an der Kapitalgesellschaft ist und nicht die von der Kapitalgesellschaft zu Wohnzwecken vermieteten Grundstücke oder Grundstücksteile (R E 13c Abs. 2 Satz 8 ErbStR 2011).

Zu den bebauten Grundstücken oder Grundstücksteilen, die zu Wohnzwecken vermietet werden, gehören z. B. Ein- und Zweifamilienhäuser, Mietwohngrundstücke, Wohnungseigentum oder entsprechende Grundstücksteile anderer Grundstücksarten (vgl. § 181 BewG). Vermietet ist ein Grundstück, wenn für die Nutzungsüberlassung ein Entgelt, unabhängig von dessen Höhe, geschuldet wird. Die unentgeltliche Überlassung hingegen ist nicht begünstigt.

Ist ein zur Vermietung zu Wohnzwecken bestimmtes Grundstück oder ein dazu bestimmter Teil eines Grundstücks im Besteuerungszeitpunkt nicht vermietet, z. B. wegen Leerstands bei Mieterwechsel oder wegen Modernisierung, kann für das Grundstück oder den Grundstücksteil der Befreiungsabschlag gleichwohl in Anspruch genommen werden.

Befinden sich in einem Gebäude neben zu Wohnzwecken vermieteten Grundstücksteilen andere Teile, die z. B. zu eigenen Wohnzwecken oder zu gewerblichen, freiberuflichen oder zu öffentlichen Zwecken genutzt werden, sind diese nicht nach § 13c ErbStG begünstigt.

Der Befreiungsabschlag ist nach den tatsächlichen Nutzungsverhältnissen zum Besteuerungszeitpunkt nur auf den Teil des Grundbesitzwerts zu gewähren, der auf den zu Wohnzwecken vermieteten Teil des Gebäudes entfällt, wobei die Aufteilung nach der zu Wohnzwecken vermieteten Wohnfläche des Gebäudes zur gesamten Wohn-/Nutzfläche erfolgt. Zur Berechnung verweist die Finanzverwaltung auf die Wohnflächenverordnung vom 25.11.2003 (BGBl I S. 2346). Das Lagefinanzamt soll hierfür die gesamte Wohn-/Nutzfläche des Grundstücks und die zu Wohnzwecken vermietete Fläche (siehe oben) ermitteln und bei der Feststellung des Grundbesitzwerts nachrichtlich mitteilen. Meines Erachtens sind in die Wohnflächenberechnung auch die Nutzflächen von Nebenräumen wie z. B. Keller oder Trockenraum einzubeziehen, um zu sachgerechten Ergebnissen zu kommen.

Beispiel:
Im Nachlass des H befindet sich ein Mietwohngrundstück. Drei Wohnungen sind zu Wohnzwecken vermietet. Außerdem befindet sich in dem Gebäude eine Arztpraxis. Der festgestellte Grundbesitzwert beträgt 1.800.000 €. Die Summe der Wohnflächen und Nutzflächen der drei Wohnungen beträgt 300 m^2. Die Arztpraxis hat eine Nutzfläche von 100 m^2.
Auf die vermieteten Wohnungen entfällt ein Anteil von 300 m^2 : 400 m^2 = 75 %. Der Grundbesitzwert von 1.200.000 € ist i. H. von 75 % = 900.000 € begünstigt.
Der Befreiungsabschlag beträgt 10 % von 900.000 € = 90.000 €.

5 Wertermittlung

Die Nutzung einer vermieteten Wohnung zu anderen als Wohnzwecken ist unschädlich, wenn sie von untergeordneter Bedeutung ist, z. B. durch Nutzung eines Arbeitszimmers. Auch eine gewerbliche oder freiberufliche Mitbenutzung einer Wohnung ist nach Ansicht der Finanzverwaltung unschädlich, wenn die Wohnnutzung überwiegt (siehe die Ausführungen zum Familienheim).

Wird im Zusammenhang mit dem Erwerb begünstigten Vermögens ein Nutzungsrecht, z. B. ein Nießbrauch, an diesem Vermögen einem Dritten zugewendet, soll der Erwerber des Vermögens den Befreiungsabschlag in Anspruch nehmen können. Der Befreiungsabschlag soll auch in einem solchen Fall nach den tatsächlichen Nutzungsverhältnissen im Besteuerungszeitpunkt nur auf den Teil des Grundbesitzwerts zu gewähren sein, der auf den zu Wohnzwecken vermieteten Teil des Gebäudes entfällt (R E 13c Abs. 6 Satz 6 ErbStR 2011). Der Erwerb des Nutzungsrechts ist nicht begünstigt, weil kein begünstigtes Vermögen in seiner Substanz übertragen wird. Nach m. E. zweifelhafter Auffassung der Finanzverwaltung soll allerdings die mit dem Nutzungsrecht belastete Wohnung auch dann nicht steuerbefreit sein, wenn sie bis zum Besteuerungszeitpunkt zu Wohnzwecken vermietet war (H E 13c „Nutzungsrecht" ErbStH 2011).

Beispiel:
Im Nachlass des H befindet sich ein ausschließlich zu Wohnzwecken vermietetes Grundstück. Erbe E muss vermächtnisweise der Tante T ein unentgeltliches Nutzungsrecht an einer darin belegenen Wohnung einräumen.
Der Erwerb des Grundstücks durch E ist nach Auffassung der Finanzverwaltung nur insoweit begünstigt, als kein Nutzungsrecht bestellt ist. Die Einräumung eines unentgeltlichen Nutzungsrechts ist nicht der Vermietung zu Wohnzwecken gleichzustellen.
Meines Erachtens ist die mit dem erst im Besteuerungszeitpunkt mit dem Nutzungsrecht belastete Wohnung in die Steuerbefreiung einzubeziehen. Tante T erhält für das eingeräumte Wohnrecht ebenfalls keine Steuerbefreiung gem. § 13c ErbStG.

Soweit das begünstigte Vermögen steuerfrei erworben wird, sind die damit in wirtschaftlichem Zusammenhang stehenden **Schulden** und Lasten nicht abzugsfähig (§ 10 Abs. 6 Satz 5 ErbStG).

Beispiel:
Tochter T erbt von ihrem Vater V ein ausschließlich zu Wohnzwecken vermietetes Grundstück mit einem Grundbesitzwert von 1.000.000 €. Im Zusammenhang mit der Anschaffung steht eine Darlehensschuld, die noch mit 200.000 € valutiert.

zu Wohnzwecken vermietetes Grundstück (begünstigt)		1.000.000 €
Befreiungsabschlag 10 % von 1.000.000 € =		– 100.000 €
Nachlassverbindlichkeit	200.000 €	
nicht abzugsfähig 10 % von 200.000 € =	– 20.000 €	
abzugsfähig	180.000 €	– 180.000 €
Bereicherung		720.000 €

Der **Erwerber** kann – ebenso wie in den Fällen der § 13 Abs. 1 Nr. 4b und 4c sowie des § 13a ErbStG – gem. § 13c Abs. 2 ErbStG die **Befreiung nicht in Anspruch nehmen,** soweit er das begünstigte Vermögen aufgrund einer letztwilligen Verfügung

5.6 Steuerbefreiung für Wohngrundstücke

des Erblassers oder einer rechtsgeschäftlichen Verfügung des Erblassers oder Schenkers auf einen Dritten übertragen muss **(Weitergabeverpflichtung)**. Letztwillige Verfügung ist das Testament, rechtsgeschäftliche Verfügung ist z. B. der Erbvertrag des Erblassers oder der Schenkungsvertrag. Die Finanzverwaltung geht hier von den gleichen Anwendungsfällen wie bei § 13a Abs. 3 ErbStG aus. Anwendungsfälle sind danach insbesondere (R E 13c Abs. 5 ErbStR 2011):

1. Sachvermächtnisse, die auf begünstigtes Vermögen gerichtet sind,
2. Vorausvermächtnisse, die auf begünstigtes Vermögen gerichtet sind,
3. ein Schenkungsversprechen auf den Todesfall,
4. Auflagen des Erblassers oder Schenkers, die auf die Weitergabe begünstigten Vermögens gerichtet sind.

Sind Miterben aufgrund einer Teilungsanordnung des Erblassers verpflichtet oder verständigen sie sich darauf, im Rahmen der Nachlassteilung das begünstigte Vermögen auf einen Miterben zu übertragen, und vollziehen sie dies auch tatsächlich, können die übertragenden Miterben den Befreiungsabschlag nicht in Anspruch nehmen.

Wie zu verfahren ist, wenn die Erbengemeinschaft sich zunächst nicht auseinandersetzt, sondern das begünstigte Vermögen zunächst als Erbengemeinschaft vermieten, erläutern die ErbStR 2011 nicht. Meines Erachtens ist die Steuerbefreiung in diesem Fall zunächst den Erben zu gewähren. Wird die Erbengemeinschaft später auseinandergesetzt, sind die Steuerbescheide m. E. entsprechend dem Ergebnis der Erbauseinandersetzung gem. § 175 Abs. 1 Nr. 2 AO zu korrigieren. Nach R E 13c Abs. 5 Satz 10 ErbStR 2011 soll dies aber wohl nur bei einer „zeitnahen" Erbauseinandersetzung möglich sein.

Gibt der nachfolgende Erwerber für den Erwerb des begünstigten Vermögens nicht begünstigtes Vermögen hin, das er vom Erblasser erworben hat, wird er so gestellt, als habe er von Anfang an begünstigtes Vermögen erworben. Als hingegebenes Vermögen gilt auch hier nicht die Übernahme von Nachlassverbindlichkeiten, die mit dem begünstigten Vermögen in wirtschaftlichem Zusammenhang stehen.

Der gemeine Wert des begünstigten Vermögens darf jedoch nicht überschritten werden. Durch diese Regelung wird lediglich die Bemessungsgrundlage für die Steuerbefreiung verändert; sie führt nicht zu einer Veränderung der Zurechnung der Erwerbsgegenstände. Der Grundsatz, dass die Erbauseinandersetzung unbeachtlich ist (R E 3.1 ErbStR 2011), gilt unverändert fort.

Beispiel 1:
Erblasser E hat seine Frau F zur Alleinerbin eingesetzt. Sein Neffe N soll das ausschließlich zu Wohnzwecken vermietete Grundstück mit einem gemeinen Wert von 3.000.000 € durch Vermächtnis erhalten. Neben dem Grundstück gehört zum Nachlass Kapitalvermögen von 2.000.000 €.

5 Wertermittlung

Besteuerung der Alleinerbin F:
Nach § 13c Abs. 1 ErbStG würde F zunächst der Verschonungsabschlag von 10 % zustehen. Wegen der Weitergabeverpflichtung aufgrund des Vermächtnisses kann sie diesen jedoch nicht in Anspruch nehmen. Die sich aus ihrem Erwerb ergebende Bereicherung ist wie folgt zu ermitteln:

zu Wohnzwecken vermietetes Grundstück (nicht begünstigt)	3.000.000 €
übriges Vermögen	+ 2.000.000 €
Vermächtnislast	– 3.000.000 €
Bereicherung	2.000.000 €

Besteuerung des Vermächtnisnehmers N:
Nach § 13c Abs. 1 ErbStG steht ihm der Verschonungsabschlag von 10 % zu. Seine Bereicherung berechnet sich wie folgt:

zu Wohnzwecken vermietetes Grundstück (begünstigt)	3.000.000 €
Befreiungsabschlag 10 % von 3.000.000 € =	– 300.000 €
Bereicherung	2.700.000 €

Beispiel 2:
Die Kinder S und T sind Erben zu je 1/2. Der Nachlass besteht aus einem ausschließlich zu Wohnzwecken vermieteten Grundstück mit einem Grundbesitzwert von 2.000.000 € sowie Kapitalvermögen im Wert von 3.000.000 €. Im Rahmen der Erbauseinandersetzung übernimmt Kind S auch die andere Hälfte des Grundstücks gegen eine Ausgleichszahlung aus dem Nachlass von 1.000.000 €.

Zunächst ist die Beteiligung der Erben am Reinnachlass zu ermitteln, da die Erbauseinandersetzung insoweit unbeachtlich ist. Die Finanzverwaltung errechnet den Erwerb wie folgt (H E 13c „Weitergabeverpflichtung" ErbStH 2011):

Wert des Reinnachlasses	S	T
Steuerwert des Grundstücks	1.000.000 €	1.000.000 €
Bankguthaben	1.500.000 €	1.500.000 €
Vermögensanfall	2.500.000 €	2.500.000 €
Berechnung des Erwerbs	S	T
Bankguthaben (1.000.000 € von S)	500.000 €	2.500.000 €
Grundstück (1.000.000 € von T)	2.000.000 €	0 €
Steuerbefreiung nach § 13c ErbStG	– 200.000 €	
verbleiben	2.300.000 €	2.500.000 €

6 Berechnung der Steuer

Die Berechnung der Erbschaftsteuer erfolgt nach einem bestimmten Prozentsatz von dem Wert des steuerpflichtigen Erwerbs. Der Prozentsatz bestimmt sich dabei nach der Höhe des Werts des steuerpflichtigen Erwerbs und der Steuerklasse (§ 19 ErbStG). Dieses an sich unkomplizierte System der Steuerberechnung kann aber im Einzelfall durch einige notwendige Sondervorschriften recht unübersichtlich werden. Zu diesen Sondervorschriften gehört insbesondere § 14 ErbStG.[1]

6.1 Zusammenrechnung von Erwerben – § 14 ErbStG

6.1.1 Die Vorschrift im Überblick

Nach § 14 Abs. 1 Satz 1 ErbStG werden mehrere innerhalb von 10 Jahren von derselben Person anfallende Vermögensvorteile in der Weise zusammengerechnet, dass dem letzten Erwerb die früheren Erwerbe nach ihrem früheren Wert zugerechnet werden. Von der Steuer für den Gesamtbetrag wird nach § 14 Abs. 1 Satz 2 ErbStG die Steuer abgezogen, die für die früheren Erwerbe nach den persönlichen Verhältnissen des Erwerbers und auf der Grundlage der geltenden Vorschriften zur Zeit des letzten Erwerbs zu erheben gewesen wäre (fiktive Steuer) – diese mehreren Erwerbe sind also im Ergebnis wie ein Erwerb zu behandeln. Im Folgenden wird für Fälle der Zusammenrechnung auf die durch das ErbStRG 2009 geschaffene Rechtslage abgestellt. Zur Rechtslage vor 2009 wird auf die Vorauflage verwiesen.

Beispiel:
Vater V schenkt seinem Sohn S im Jahr 2009 einen Betrag von 500.000 € und im Jahr 2010 weitere 400.000 €. Die Berechnung der Steuer für die Schenkung im Jahr 2010 ist wie folgt vorzunehmen:

Steuerwert des aktuellen Vermögensanfalls	400.000 €
zzgl. früherer Erwerb zum damaligen Steuerwert	500.000 €
Zwischensumme	900.000 €
abzgl. Freibetrag (§ 15 Abs. 1 I, § 16 Abs. 1 Nr. 2 ErbStG)	– 400.000 €
steuerpflichtiger Erwerb im 10-Jahres-Zeitraum	500.000 €
Steuer vor Anrechnung (§ 15 Abs. 1 I, § 19 Abs. 1 ErbStG) bei Steuersatz von 15 %	75.000 €

Davon ist gem. § 14 Abs. 1 Satz 2 ErbStG die Steuer abzuziehen, welche für den Erwerb 2009 im Jahr 2010 zu erheben gewesen wäre (fiktive Steuer).

Früherer Erwerb zum damaligen Steuerwert	500.000 €
abzgl. Freibetrag (§ 15 Abs. 1 I, § 16 Abs. 1 Nr. 2 ErbStG)	– 400.000 €
steuerpflichtiger Vorerwerb	100.000 €
fiktive Steuer für Vorerwerb (§ 15 Abs. 1 I, § 19 Abs. 1 ErbStG) bei Steuersatz 11 %	11.000 €

---

[1] Zur Entwicklung und zu Interpretationsfragen der Vorschrift siehe Meincke, DStR 2007 S. 273; Moench/Stempel, DStR 2008 S. 170.

6 Berechnung der Steuer

Ist die tatsächlich für die in die Zusammenrechnung einbezogenen früheren Erwerbe zu entrichtende Steuer höher als die fiktive Steuer nach § 14 Abs. 1 Satz 2 ErbStG, ist nach § 14 Abs. 1 Satz 3 ErbStG diese tatsächliche Steuer abzuziehen.

Fortsetzung des Beispiels:
Da die Berechnung der tatsächlich zu entrichtenden Steuer der Berechnung der fiktiven Steuer entspricht, beträgt die tatsächliche Steuer ebenfalls 11.000 €, sodass es zum Abzug der fiktiven Steuer kommt.

Steuer vor Anrechnung (§ 15 Abs. 1 I, § 19 Abs. 1 ErbStG)	75.000 €
abzgl. fiktiver Steuer (§ 14 Abs. 1 Satz 2 ErbStG)	– 11.000 €
verbleiben	64.000 €

Zu beachten ist seit 2009 außerdem, das gem. § 14 Abs. 1 Satz 4 ErbStG die Steuer, die sich für den letzten Erwerb ohne die Zusammenrechnung mit früheren Erwerben ergibt, durch den Abzug der Steuer nach § 14 Abs. 1 Satz 2 und Satz 3 ErbStG nicht unterschritten werden darf.

Fortsetzung des Beispiels:
Auch dies ist im vorgenannten Beispiel nicht der Fall. Denn nach Abzug des Freibetrags von 400.000 € vom Vermögensanfall 2010 von 400.000 € verbleibt ein Erwerb von 0 €.

6.1.2 Sinn und Zweck der Zusammenrechnung

Der Sinn und Zweck der Zusammenrechnung nach § 14 ErbStG ist ein zweifacher: Zum einen soll es aufgrund der Zusammenrechnung von Erwerben keinen Unterschied machen, ob der Erwerber ein bestimmtes Vermögen im Zeitraum von 10 Jahren durch einen einzigen Erwerb oder durch mehrere Teilerwerbe erhält. Das obige Berechnungsbeispiel zeigt, dass dieses Ziel problemlos erreicht wird, wenn bei jedem Erwerb das gleiche Recht anzuwenden ist und die Steuerklasse des Erwerbers sich nicht verändert. In diesem Fall entspricht der „fiktive Steuerabzugsbetrag", der für die früheren Erwerbe zur Zeit des Letzterwerbs zu erheben gewesen wäre, der tatsächlich für die Vorerwerbe festgesetzten Steuer.

Zum anderen soll sich für die mehreren Erwerbe gegenüber einer einheitlichen Zuwendung in gleicher Höhe kein Progressionsvorteil ergeben. Dieser Gedanke ähnelt den Überlegungen, die dem Progressionsvorbehalt, z. B. bei Doppelbesteuerungsabkommen (§ 32b EStG; § 19 Abs. 2 ErbStG), zugrunde liegen. § 14 ErbStG soll vermeiden, dass zur Ersparung einer höheren Erbschaftsteuer eine Zuwendung in mehrere aufeinander folgende Zuwendungen zerlegt wird. Um diesem Ziel näher zu kommen, ist § 14 Abs. 1 Satz 4 ErbStG (siehe unten) durch das ErbStRG 2009 ergänzend in das Gesetz aufgenommen worden[2]

---
2 Siehe auch BFH vom 03.11.2010, BStBl 2011 II S. 123; Moench/Stempel, DStR 2008 S. 170 (171).

6.1.3 Voraussetzungen und Rechtsfolgen

6.1.3.1 10-Jahres-Frist

Die Zeitpunkte der Entstehung der Steuer für den ersten und den letzten Erwerb dürfen nicht mehr als 10 Jahre auseinanderliegen. Für die Berechnung der 10-Jahres-Frist sollte vorsorglich davon ausgegangen werden, dass nach § 108 Abs. 1 AO die §§ 187 ff. BGB entsprechend zur Anwendung kommen,[3] obwohl diese Sichtweise im Ergebnis letztlich nicht überzeugt. Wie die Frist zu berechnen ist, dürfte allerdings weitestgehend akademischer Natur sein.

Beispiel:
Der Erblasser ist am 14.01.15 gestorben. Vorerwerb am 14.01.05.
Lösung:
Der 10-Jahres-Zeitraum würde gem. §§ 187 ff. BGB am 15.01.05 beginnen, sodass der Erwerb am 14.01.15 noch in die 10-Jahres-Frist fällt. Kommen §§ 187 ff. BGB hingegen nicht zur Anwendung, würde der Vorerwerb vom 14.01.05 nicht erfasst werden, sondern erst Vorerwerbe ab dem 15.01.05. Für diese Lösung würde sprechen, dass bei einer jährlichen Schenkung von jeweils 40.000 € an ein Kind jeweils am 24.12. eines Jahres der Freibetrag von 400.000 € zu keinem Zeitpunkt überschritten wird, während dies bei der strengeren Fristberechnung nach §§ 187 ff. BGB bei der 11. Schenkung der Fall wäre.[4]

6.1.3.2 Identität der Personen

Die Erwerbe bei dem jeweiligen Steuerpflichtigen müssen jeweils von derselben Person anfallen – also mindestens zwei Erwerbe, mit Personenidendität zwischen Zuwendendem und Erwerber.

Beispiel:
Eheleute M und F sind Eigentümer eines Grundstücks zu je 1/2. Dieses Grundstück schenken sie ihrem Kind K. Der Grundbesitzwert beträgt 900.000 €. Nach drei Jahren stirbt M. Alleinerbe ist K.
§ 14 ErbStG kommt zur Anwendung, allerdings beschränkt auf die Schenkung des M an K i. H. von 450.000 €.

Bei der Vor- und Nacherbschaft ist allerdings zu beachten, dass der Nacherbe seinen Erwerb als vom Vorerben stammend zu versteuern hat (§ 6 Abs. 2 Satz 1 ErbStG). Daraus folgt, dass im Rahmen des § 14 ErbStG insoweit die Nacherbschaft nur mit solchen früheren Erwerben zusammengerechnet werden kann, die der Vorerbe – und nicht der Erblasser – dem Nacherben zugewendet hat.

Nicht so eindeutig ist die Rechtslage, wenn der Nacherbe den Antrag nach § 6 Abs. 2 Satz 2 bzw. § 7 Abs. 2 ErbStG stellt. In diesem Fall ist strittig, ob sich der Antrag auch auf die Zusammenrechnung mit früheren Erwerben (§ 14 ErbStG) auswirkt. Sowohl für § 6 Abs. 2 Satz 2 ErbStG als auch für § 7 Abs. 2 ErbStG ist inso-

---
3 Ebenso FG Hamburg, EFG 1976 S. 509.
4 Vgl. Meincke, § 14 Rdnr. 8 unter Hinweis auf Troll/Jülicher, § 14 Rdnr. 7.

weit unklar, wie weit die gesetzliche Formulierung „ist der Versteuerung das Verhältnis des Nacherben zum Erblasser zugrunde zu legen" zu verstehen ist.

Wird darunter allein eine Bezugnahme auf die Steuerklasse gesehen,[5] hat der Antrag nur Auswirkung auf die Steuerklasse. Für eine solche enge Auslegung spricht zum einen, dass der Erwerb des Nacherben als Erwerb vom Vorerben gilt, zum anderen aber insbesondere der Wortlaut des § 6 Abs. 2 Satz 3 bis 5 ErbStG. Wird die Steuerklasse nach dem Verhältnis zum Erblasser zugrunde gelegt, so dürften hieraus die Folgerungen allerdings nicht nur für die Steuerklasse selbst, sondern auch für die Vorschriften zu ziehen sein, in denen die Steuerklasse von Bedeutung ist,[6] also z. B. die persönlichen Freibeträge (§ 16 und auch wohl § 17 ErbStG), aber auch für die sachlichen Steuerbefreiungen (§ 13 ErbStG), die Steuerermäßigung bei mehrfachem Erwerb desselben Vermögens (§ 27 ErbStG) sowie für den Steuersatz (§§ 19 und 19a ErbStG). Auf andere steuerklassenunabhängige Vorschriften – wie z. B. über die Steuerpflicht (§ 2 ErbStG), die Zusammenrechnung mit früheren Erwerben (§ 14 ErbStG) und die Anrechnung ausländischer Erbschaftsteuer (§ 21 ErbStG) – sowie auf die Anwendung von Doppelbesteuerungsabkommen hat der Antrag nach § 6 Abs. 2 Satz 2 ErbStG danach keine Auswirkung.[7]

Die Rechtsprechung des BFH[8] legt den Schluss nahe, dass der Antrag nach § 6 Abs. 2 Satz 2 bzw. § 7 Abs. 2 Satz 1 ErbStG nur die Steuerklasse betrifft. Aus § 6 Abs. 2 Satz 3 ErbStG ergibt sich für den BFH nämlich nur, dass beide Vermögensanfälle hinsichtlich der Steuerklasse getrennt zu behandeln sind. Im Übrigen gehe das Gesetz aber – m. E. zu Recht – davon aus, dass ein einheitlicher Erwerb (vom Vorerben) vorliegt. Dies werde durch die Regelung des § 6 Abs. 2 Satz 5 ErbStG bestätigt, wonach die Steuer für jeden (Teil-)Erwerb nach dem Steuersatz zu erheben ist, der für den gesamten Erwerb gelten würde.[9]

Diese Sichtweise hat der BFH nunmehr für den Fall einer vorzeitigen Übertragung des Vorerbschaftsvermögens auf den Nacherben und eines späteren Erwerbs von Todes wegen durch den Nacherben ausdrücklich bestätigt. Überträgt danach ein Vorerbe mit Rücksicht auf die angeordnete Nacherbschaft Vermögen auf den Nacherben, handelt es sich nach Auffassung des BFH auch dann um einen gem. § 14 Abs. 1 ErbStG mit einem späteren Erwerb des Nacherben vom Vorerben zusammenzurechnenden Erwerb vom Vorerben, wenn der Nacherbe nach § 7 Abs. 2 Satz 1 ErbStG beantragt, der Versteuerung der Vermögensübertragung sein Verhältnis zum Erblasser zugrunde zu legen. Bei der Versteuerung des späteren Erwerbs

---

5 Vgl. Meincke, § 6 Rdnr. 13.
6 Vgl. Meincke, a. a. O.
7 So auch Meincke, § 6 Rdnr. 13 und § 14 Rdnr. 7; Moench/Weinmann, § 6 Rdnr. 17 und § 14 Rdnr. 36; a. A. Gebel in Troll/Gebel/Jülicher, § 6 Rdnr. 35; Jülicher in Troll/Gebel/Jülicher, § 14 Rdnr. 35; Hübner in V/G/H/K/S, § 6 Rdnr. 21 f.
8 BFH vom 02.12.1998, BStBl 1999 II S. 235.
9 BFH vom 02.12.1998, BStBl 1999 II S. 235.

6.1 Zusammenrechnung von Erwerben – § 14 ErbStG

des Nacherben vom Vorerben ist in diesem Fall § 7 Abs. 2 Satz 2 i. V. m. § 6 Abs. 2 Satz 3 bis 5 ErbStG entsprechend anzuwenden.[10] Siehe hierzu im Einzelnen die Ausführungen unter 4.6.2 zur Vor- und Nacherbschaft.

In den Fällen des § 6 Abs. 3 ErbStG kommen für eine Zusammenrechnung mit der Nacherbschaft nur die früheren Erwerbe vom Erblasser – und nicht vom Vorerben – in Betracht. Ebenso dürfte mit Rücksicht auf die Regelung in § 15 Abs. 3 ErbStG auch die Rechtslage in den Fällen eines gemeinschaftlichen Testaments sein.

6.1.3.3 Zusammenrechnung der Erwerbe

Für die Zusammenrechnung[11] gelten die folgenden Grundsätze:

- Dem letzten Erwerb werden die früheren Erwerbe mit ihrem früheren steuerlichen Wert zugerechnet.[12]
- Vorerwerbe mit einem **negativen Steuerwert** (z. B. überschuldeter Betrieb) sind gem. § 14 Abs. 1 Satz 5 ErbStG von der Zusammenrechnung ausgenommen.[13]
- Ebenso werden Vermögensgegenstände nicht erfasst, die qualitativ – also von der Sache her – steuerbefreit waren, z. B. gem. § 13 Abs. 1 Nr. 2, 3 bis 5, 7 bis 9, 11 bis 14 ErbStG.
- Bei der Ermittlung der Erbschaftsteuer für den Gesamterwerb sind die Steuerklassen, die persönlichen Freibeträge und der Steuertarif nach der aktuellen Rechtslage im Zeitpunkt des letzten Erwerbs zugrunde zu legen.

6.1.3.4 Anrechnung der fiktiven Steuer als Grundsatz

Es erfolgt sodann eine Anrechnung der Steuer für den Vorerwerb, indem grundsätzlich gem. § 14 Abs. 1 Satz 2 ErbStG von der Erbschaftsteuer für den Gesamterwerb die fiktive Steuer abgezogen wird. Das ist die Steuer, die „für die früheren Erwerbe nach den persönlichen Verhältnissen **und** auf der Grundlage der geltenden Vorschriften zur Zeit des letzten Erwerbs" zu ermitteln ist. Diese fiktive Steuer ist auch dann abzuziehen, wenn der Vorerwerb bisher steuerlich tatsächlich nicht besteuert worden ist bzw. verfahrensrechtlich nicht mehr besteuert werden kann. Gegebenenfalls ist die Besteuerung, sofern dies aus Gründen der Festsetzungsfrist noch möglich ist, nachzuholen (siehe § 170 Abs. 5 AO).

Während in § 14 Abs. 1 Satz 1 ErbStG formuliert ist „die früheren Erwerbe nach ihrem früheren Wert", ist in § 14 Abs. 1 Satz 2 ErbStG nur formuliert „die früheren Erwerbe" – der Zusatz „nach ihrem früheren Wert" fehlt. Das spricht zunächst dafür, für die Vorschenkung den aktuellen Wert zur Zeit des letzten Erwerbs anzusetzen, zumal die fiktive Steuer „auf der Grundlage der geltenden Vorschriften zur

---

10 BFH vom 03.11.2010, BStBl 2011 II S. 123; hierzu Brüggemann, ErbBstg 2011 S. 44.
11 Vgl. Meincke, DStR 2007 S. 273 (274); Moench/Stempel, DStR 2008 S. 171.
12 Zu Ausnahmen siehe Meincke, DStR 2007 S. 273 (274).
13 BFH vom 17.10.2001, BStBl 2002 II S. 52.

Zeit des letzten Erwerbs" zu ermitteln ist. § 14 Abs. 1 Satz 2 ErbStG ist m. E. jedoch so zu verstehen, dass sich das „und" nicht auf die früheren Erwerbe, sondern nur auf die „persönlichen Verhältnisse" bezieht. Im Ergebnis bedeutet dies, dass für die Vorschenkung der frühere Steuerwert maßgeblich bleibt, die fiktive Steuer aber nach den persönlichen Verhältnissen des Erwerbers und auf der Grundlage der geltenden Vorschriften zur Zeit des letzten Erwerbs zu ermitteln ist (so auch R E 14.1 Abs. 1 ErbStR 2011).

Es sind also nur die aktuellen §§ 15 ff. ErbStG zu berücksichtigen, nicht z. B. die aktuellen §§ 12 bis 13b und 19a ErbStG. Insoweit bleibt es also bei der Rechtslage zur Zeit des Vorerwerbs (so auch R E 14.1 Abs. 1 und 2 ErbStR 2011.[14] Ein anderes Verständnis des § 14 Abs. 1 Salz 2 ErbStG würde dazu führen, dass z. B. für Grundstückserwerbe vor 2009 im Rahmen der Ermittlung der fiktiven Steuer „fiktive" Bedarfswerte ermittelt werden müssten mit „fiktiven" Wertverhältnissen zum jeweiligen Besteuerungszeitpunkt. Auch die Wertansätze für Anteile an Kapitalgesellschaften, land- und forstwirtschaftliche Betriebe und Betriebsvermögen sowie der zugehörigen Betriebsgrundstücke müssten fiktiv nach den seit 2009 geltenden Bewertungsverfahren ermittelt werden. Dieses Ergebnis kann der Gesetzgeber m. E. aber erkennbar nicht gewollt haben.

Des Weiteren ist zu beachten, dass nach Auffassung des BFH bei der Berechnung der anrechenbaren fiktiven Erbschaftsteuer für den Vorerwerb der persönliche Freibetrag nach § 16 ErbStG nur in der Höhe abzuziehen ist, wie er bei der Steuerfestsetzung für den Vorerwerb tatsächlich verbraucht wurde.[15]

6.1.3.5 Anrechnung der tatsächlichen Steuer als Ausnahme

Gemäß § 14 Abs. 1 Satz 3 ErbStG ist die tatsächlich zu entrichtende Steuer abzuziehen, wenn diese höher ist als die fiktive Steuer nach § 14 Abs. 1 Satz 2 ErbStG. Die Vorschrift hat insbesondere Bedeutung, wenn sich zwischen den Erwerben das Recht oder die Steuerklasse des Erwerbers – etwa durch Heirat, Scheidung oder Adoption – geändert hat, denn dann entspricht die fiktive Steuer nicht mehr der tatsächlichen Steuer.[16] In ihrer Wirkung entspricht die Regelung dem Grundsatz einer „Meistbegünstigung".[17]

Die „tatsächlich für die in die Zusammenrechnung einbezogenen früheren Erwerbe zu entrichtende Steuer" i. S. des § 14 Abs. 1 Satz 3 ErbStG ist die Steuer, die bei

---

14 A. A. Weinmann, Das neue Erbschaftsteuerrecht 1997, Anm. 278.
15 BFH vom 02.03.2005, BStBl 2005 II S. 728; siehe hierzu auch die gleichlautenden Ländererlasse vom 01.12.2005, BStBl 2005 I S. 1032.
16 Siehe zum Hintergrund dieser mit dem ErbStG 1996 eingeführten Regelung Moench/Stempel, DStR 2007 S. 170 (171).
17 Felix, KÖSDI 1997 S. 10961; Korezkij, ZEV 1998 S. 291.

6.1 Zusammenrechnung von Erwerben – § 14 ErbStG

zutreffender Beurteilung der Sach- und Rechtslage für diese Erwerbe festzusetzen gewesen wäre, und nicht die dafür wirklich festgesetzte Steuer.[18]

Beispiel:
T erhält von ihrer Mutter einen landwirtschaftlichen Betrieb geschenkt (Vorerwerb). Die bestandskräftige Festsetzung der Schenkungsteuer enthält nicht die Steuervergünstigungen des § 13a ErbStG a. F. Fünf Jahre später wird T Miterbin nach ihrer Mutter (Letzterwerb).

Nach Auffassung des BFH ist nicht die zu hohe bestandskräftig festgesetzte Steuer auf den Vorerwerb abzuziehen, sondern die Steuer, die bei zutreffender Beurteilung der Sach- und Rechtslage für den Vorerwerb festzusetzen gewesen wäre. Zwar deutet der Wortlaut von § 14 Abs. 1 Satz 3 ErbStG („tatsächlich ... zu entrichtende Steuer") darauf hin, dass es auf die durch die Steuerbescheide für die Vorerwerbe begründeten Zahlungspflichten ankomme. Die Vorschrift eröffnet aber nach Auffassung des BFH keine Korrekturmöglichkeit für Fehler, die bei der Steuerfestsetzung für die Vorerwerbe unterlaufen sind. Der Vorerwerb ist daher vom BFH unter Berücksichtigung des antragsunabhängigen Bewertungsabschlags (§ 13a Abs. 2 ErbStG a. F.) angesetzt worden. Nicht berücksichtigt hat er den Freibetrag nach § 13a Abs. 1 Satz 1 Nr. 2 ErbStG a. F., denn dieser konnte nur bis zur Bestandskraft des Schenkungsteuerbescheids beantragt werden.

Zur Frage, ob bei der Steuerfestsetzung für mehrere Erwerbe nach § 14 ErbStG die materiell-rechtlich zutreffende oder die bestandskräftig zu hoch festgesetzte Schenkungsteuer auf den Vorerwerb abzuziehen ist, ist derzeit ein weiteres Verfahren beim BFH[19] anhängig. Die Vorinstanz[20] vertrat ebenfalls die Ansicht, die materiell-rechtlich zutreffende Steuer sei maßgeblich.

6.1.3.6 Grenzen der Anrechnung

§ 14 ErbStG soll vermeiden, dass zur Ersparung einer höheren Erbschaftsteuer eine Zuwendung in mehrere aufeinander folgende Zuwendungen zerlegt wird. Darin erschöpft sich aber auch sein Zweck. Die Vorschrift steht im Abschnitt „Berechnung der Steuer" und zielt letztlich auf die Anwendung eines höheren Steuersatzes für den jeweils letzten Erwerb. Sie soll also nicht erreichen, dass durch eine zweite Schenkung (Nachschenkung) eine sich rechnerisch ergebende Erstattung realisiert wird. Die einzelnen Erwerbe behalten insoweit also ihre Selbständigkeit. Ein Erwerb für sich kann daher nicht zu einer Erstattung führen.[21] Diese Auffassung vertritt im Ergebnis zutreffend auch die Finanzverwaltung (s. R E 14.1 Abs. 3 Satz 8 ErbStR 2011).[22] Ist die auf die Vorerwerbe entfallende Steuer höher als die für den Gesamterwerb errechnete Steuer, kann es somit nicht zu einer Erstattung dieser

---

18 BFH vom 09.07.2009, BStBl 2009 II S. 969; siehe auch Loy, ErbStB 2007 S. 176; Meincke, DStR 2007 S. 273, R E 14.1 Abs. 3 Satz 7 ErbStR 2011.
19 Aktenzeichen: II R 24/08.
20 FG Münster vom 13.03.2008 – 3 K 1919/05.
21 BFH vom 16.04.2002, BStBl 2002 II S. 52.
22 A. A. Felix, KÖSDI 1997 S. 10961, und wohl auch Harder, ZEV 1996 S. 301.

6 Berechnung der Steuer

Mehrsteuer kommen. Die Steuer für den Letzterwerb ist in diesem Fall vielmehr auf 0 Euro festzusetzen.

§ 14 Abs. 1 Satz 3 ErbStG ging trotz dieser Einschränkung allerdings – zum Vorteil der Steuerpflichtigen – immer noch über das hinaus, was die Rechtsprechung des BFH zur Vermeidung von Nachteilen entwickelt hatte. Die für Vorerwerbe tatsächlich zu entrichtende Steuer konnte immer noch so hoch sein, dass für den Letzterwerb kein Zahlbetrag übrig blieb, obwohl der Letzterwerb für sich gesehen eine Steuer ausgelöst hätte.[23]

Beispiel:
Der kinderlose V schenkt seinem Neffen N im Frühjahr 2010 Kapitalvermögen i. H. von 850.000 €. Da er ihm noch weiteres Vermögen zukommen lassen will, adoptiert er den Neffen nach der Schenkung und stirbt bereits ein halbes Jahr später. Er hinterlässt dem jetzt Adoptierten N Grundbesitz im Steuerwert von wiederum 850.000 €.
Der erste Erwerb hatte bei einem Freibetrag von 20.000 € und einem Steuersatz von 30 % eine Schenkungsteuer von 249.000 € zur Folge. Bei der Zusammenrechnung der beiden Erwerbe wird von dem Gesamtwert i. H. von 1.700.000 € nur einmal der Freibetrag abgezogen. Aufgrund der Adoption würde sich für den Gesamterwerb von 1.700.000 € nach Steuerklasse I eine Steuer von 247.000 € ergeben (Freibetrag von 400.000 €; Steuersatz von 19 %) und der Abzug der für den Vorerwerb tatsächlich zu entrichtenden Steuer von 249.000 € würde den weiteren Erwerb von 850.000 € vollständig von der Steuer freistellen.

Der Effekt der Regelung, dass sich aus der Steuer für die früheren Erwerbe ein Anrechnungsguthaben für nachfolgende Erwerbe herleiten lässt, entsprach nicht der Rechtsprechung des BFH, wonach jeder einzelne Erwerb seine steuerliche Eigenständigkeit behalten soll und § 14 ErbStG lediglich eine besondere Steuerberechnungsvorschrift für den Letzterwerb darstellt.[24]

Gleichwohl hat der Gesetzgeber die systemwidrige Vorschrift des § 14 Abs. 1 Satz 3 ErbStG nicht gestrichen, sondern mit dem ErbStRG 2009 durch § 14 Abs. 1 Satz 4 ErbStG ergänzt. Danach darf die Steuer, die sich für den letzten Erwerb ohne Zusammenrechnung mit früheren Erwerben ergibt, durch den Abzug der Steuer nach § 14 Abs. 1 Satz 2 oder 3 ErbStG nicht unterschritten werden. Die Ergänzung soll nach der Gesetzesbegründung nicht gerechtfertigte Steuervorteile (siehe das Beispiel oben) verhindern, die sich im Zusammenhang mit der Berücksichtigung früherer Erwerbe bei der Steuerfestsetzung für einen späteren Erwerb ergeben. Die Steuer, die sich nach den geltenden Vorschriften für den Letzterwerb ohne Zusammenrechnung ergibt, bildet daher die Untergrenze der für diesen Erwerb festzusetzenden Steuer. Damit soll der eigentliche Zweck der Vorschrift erreicht werden, dass durch die Zusammenrechnung der persönliche Freibetrag nur einmal im 10-Jahres-Zeitraum berücksichtigt wird und **Progressionsvorteile** durch Aufteilen einer Zuwendung in mehrere kleinere vermieden werden sollen (siehe auch die nachfolgenden Berechnungsbeispiele).

---

23 Vgl. Moench/Stempel, DStR 2008 S. 170 (172).
24 Z. B. BFH vom 07.10.1998, BStBl 1999 II S. 25; Meincke, DStR 2007 S. 273.

6.1 Zusammenrechnung von Erwerben – § 14 ErbStG

Fortsetzung des Beispiels:
Im Beispiel ist der Abzug der für den Vorerwerb tatsächlich zu entrichtenden Steuer von 249.000 € so zu kürzen, dass es beim „Einzelsteuerbetrag" des Letzterwerbs als Mindeststeuer bleibt. Die Mindeststeuer beträgt bei einem steuerpflichtigen Erwerb von 450.000 € (850.000 € abzgl. Freibetrag 400.000 €) und einem Steuersatz von 15 % somit 67.500 €. Der Steuerabzugsbetrag wird also aufgrund der Einfügung des § 14 Abs. 1 Satz 4 ErbStG von 249.000 € auf 179.500 € (247.000 € – 67.500 €) begrenzt.

Zu beachten ist außerdem die kaum praxisrelevante Einschränkung, dass die nach Abzug verbleibende Steuer 50 % des letzten Erwerbs nicht übersteigen darf (§ 14 Abs. 3 ErbStG).

6.1.3.7 Berechnungsbeispiele und ergänzende Erläuterungen

Steuervorteile können sich auch nach der Einfügung des § 14 Abs. 1 Satz 4 ErbStG allerdings immer noch ergeben, sei es, dass der Progressionsvorbehalt nicht greift, sei es, dass wegen einer mehrfachen Berücksichtigung des persönlichen Freibetrags ein zu hoher Betrag von der Besteuerung ausgenommen wird. Der verbliebene Systemmangel[25] dürfte aber zumindest von der Seite der Steuerpflichtigen nicht angegriffen werden.

Beispiel 1:
Der Vater hat seinem Kind 2008 eine Immobilie im Steuerwert von 280.000 € (Verkehrswert 400.000 €) geschenkt. Die Steuer wird folgt ermittelt:

früherer Erwerb zum damaligen Steuerwert	280.000 €
abzgl. Freibetrag (§ 15 Abs. 1 I, § 16 Abs. 1 Nr. 2 ErbStG)	– 205.000 €
steuerpflichtiger Erwerb	75.000 €
Steuer für Vorerwerb (§ 15 Abs. 1 I, § 19 Abs. 1 ErbStG) bei Steuersatz 11 %	8.250 €

2010 schenkt der Vater seinem Kind 201.000 Euro.

Bei den Schenkungen handelt es sich um freigebige Zuwendungen i. S. des § 7 Abs. 1 Nr. 1 ErbStG. Die Erwerbe liegen innerhalb eines **10-Jahres-Zeitraums.** Auch die Personenidentität ist im vorliegenden Fall gegeben. Die Berechnung der Steuer für alle Erwerbe des 10-Jahres-Zeitraums sowie die Berechnung des maßgeblichen Anrechnungsbetrages ist gem. § 14 ErbStG wie folgt durchzuführen:

Berechnung der Steuer vor Anrechnung:

Steuerwert des aktuellen Vermögensanfalls	201.000 €
zzgl. früherer Erwerb zum damaligen Steuerwert	280.000 €
Zwischensumme	481.000 €
abzgl. Freibetrag (§ 15 Abs. 1 I, § 16 Abs. 1 Nr. 2 ErbStG)	– 400.000 €
steuerpflichtiger Erwerb im 10-Jahres-Zeitraum	81.000 €
Steuer (nach Härteausgleich) 75.000 € × 7 % + 6.000 € × 50 % = 5.250 € + 3.000 €	
Steuer vor Anrechnung (§ 15 Abs. 1 I, § 19 Abs. 1 und 3 ErbStG)	8.250 €

---
25 Vgl. Moench/Stempel, DStR 2008 S. 170 (172).

6 Berechnung der Steuer

Fiktive Steuer für den Vorerwerb:	
früherer Erwerb zum damaligen Steuerwert	280.000 €
abzgl. Freibetrag (§ 15 Abs. 1 I, § 16 Abs. 1 Nr. 2 ErbStG)	
(Freibetrag 400.000 €, aber max. verbrauchter Freibetrag)	− 205.000 €
steuerpflichtiger Vorerwerb	75.000 €
fiktive Steuer für Vorerwerb	
(§ 15 Abs. 1 I, § 19 Abs. 1 ErbStG) bei Steuersatz 7 %	5.250 €
Tatsächliche Steuer für Vorerwerb (siehe oben)	8.250 €
Festzusetzende Steuer nach Anrechnung:	
Steuer vor Anrechnung (§ 15 Abs. 1 I, § 19 Abs. 1 und 3 ErbStG)	8.250 €
abzgl. tatsächlicher Steuer	− 8.250 €
verbleiben	0 €
Die Mindeststeuer (§ 14 Abs. 1 Satz 4 ErbStG) kommt nicht zur Anwendung.	
Schenkung 2010	201.000 €
abzgl. Freibetrag	− 400.000 €
verbleiben	0 €

Ist bei zusammenzurechnenden Schenkungen das gleiche Gesetz zugrunde zu legen und haben sich bei den persönlichen Verhältnissen keine Änderungen zwischen der ersten und zweiten Schenkung ergeben, deckt sich die fiktive Steuer für den Ersterwerb mit der tatsächlich zu entrichtenden.[26]

Beispiel 2:

Vater V schenkte seinem Kind K im Jahr 2009 ein Grundstück mit einem Steuerwert von 1.500.000 €. Besteuerung wie folgt:

Steuerwert	1.500.000 €
abzgl. Freibetrag (§ 15 Abs. 1 I, § 16 Abs. 1 Nr. 2 ErbStG)	− 400.000 €
steuerpflichtiger Vorerwerb	1.100.000 €
Steuer (§ 15 Abs. 1 I, § 19 Abs. 1 ErbStG) bei Steuersatz 19 %	209.000 €

Im Jahr 2010 schenkte V Kind K weiteres Vermögen im Steuerwert von 500.000 €.

Berechnung der Steuer vor Anrechnung:

Steuerwert des aktuellen Vermögensanfalls	500.000 €
zzgl. früherer Erwerb zum damaligen Steuerwert	1.500.000 €
Zwischensumme	2.000.000 €
abzgl. Freibetrag (§ 15 Abs. 1 I, § 16 Abs. 1 Nr. 2 ErbStG)	− 400.000 €
steuerpflichtiger Erwerb im 10-Jahres-Zeitraum	1.600.000 €
Steuer vor Anrechnung (§ 15 Abs. 1 I, § 19 Abs. 1 ErbStG)	
bei Steuersatz 19 %	304.000 €
Fiktive Steuer für den Vorerwerb:	
früherer Erwerb zum damaligen Steuerwert	1.500.000 €
abzgl. Freibetrag (§ 15 Abs. 1 I, § 16 Abs. 1 Nr. 2 ErbStG)	
(Freibetrag 400.000 €, aber max. verbrauchter Freibetrag)	− 400.000 €
steuerpflichtiger Vorerwerb	1.100.000 €

---

26 Siehe auch Moench/Stempel, DStR 2008 S. 170 (171).

6.1 Zusammenrechnung von Erwerben – § 14 ErbStG

fiktive Steuer für Vorerwerb (§ 15 Abs. 1 I, § 19 Abs. 1 ErbStG) bei Steuersatz 19 %	209.000 €
Tatsächliche Steuer für Vorerwerb (siehe oben)	209.000 €

Festzusetzende Steuer nach Anrechnung:

Steuer vor Anrechnung	304.000 €
abzgl. fiktiver Steuer	− 209.000 €
verbleiben	95.000 €

Die Mindeststeuer (§ 14 Abs. 1 Satz 4 ErbStG) kommt nicht zur Anwendung:

Schenkung 2010	500.000 €
abzgl. Freibetrag	− 400.000 €
verbleiben	100.000 €
Steuer (§ 15 Abs. 1 I, § 19 Abs. 1 ErbStG) bei Steuersatz 11 %	11.000 €

Nach § 14 Abs. 1 Satz 2 ErbStG wird die Steuer abgezogen, die für die früheren Erwerbe nach den persönlichen Verhältnissen des Erwerbers zu erheben gewesen wäre. Dies gewährleistet ein dem Gesetzeszweck entsprechendes Resultat, nämlich den Erhalt der Progression für die Erwerbe des 10-Jahres-Zeitraums. Würde hier nur die tatsächlich für den früheren Erwerb zu entrichtende Steuer abgezogen, käme es faktisch zu einer nachträglichen Besteuerung des ersten Erwerbs, und zwar über die Wirkung eines Progressionsvorbehalts hinaus.

Beispiel 3:

F hatte 2009 ihrem Ehemann 600.000 € geschenkt. Die Steuer war wie folgt zu berechnen:

Steuerwert	600.000 €
abzgl. Freibetrag (§ 15 Abs. 1 I, § 16 Abs. 1 Nr. 1 ErbStG)	− 500.000 €
steuerpflichtiger Vorerwerb	100.000 €
Steuer (§ 15 Abs. 1 I, § 19 Abs. 1 ErbStG) bei Steuersatz 11 %	11.000 €

Die Ehe wurde 2010 geschieden. Im Jahr 2011 schenkt F dem Ehemann weitere 800.000 €.

Berechnung der Steuer vor Anrechnung:

Steuerwert des aktuellen Vermögensanfalls	800.000 €
zzgl. früherer Erwerb zum damaligen Steuerwert	+ 600.000 €
Zwischensumme	1.400.000 €
abzgl. Freibetrag (§ 15 Abs. 1 II, § 16 Abs. 1 Nr. 4 ErbStG)	− 20.000 €
steuerpflichtiger Erwerb im 10-Jahres-Zeitraum	1.380.000 €
Steuer vor Anrechnung (§ 15 Abs. 1 II, § 19 Abs. 1 ErbStG) bei Steuersatz 30 %	414.000 €

Fiktive Steuer für den Vorerwerb:

früherer Erwerb zum damaligen Steuerwert	600.000 €
abzgl. Freibetrag (§ 15 Abs. 1 II, § 16 Abs. 1 Nr. 4 ErbStG)	− 20.000 €
steuerpflichtiger Vorerwerb	580.000 €
fiktive Steuer für Vorerwerb (§ 15 Abs. 1 II, § 19 Abs. 1 ErbStG) bei Steuersatz 25 %	145.000 €
Tatsächliche Steuer für Vorerwerb (siehe oben)	11.000 €

6 Berechnung der Steuer

Festzusetzende Steuer nach Anrechnung:

Steuer vor Anrechnung	414.000 €
abzgl. fiktiver Steuer	− 145.000 €
verbleiben	269.000 €

Die Mindeststeuer (§ 14 Abs. 1 Satz 4 ErbStG) kommt nicht zur Anwendung:

Schenkung 2010	800.000 €
abzgl. Freibetrag	− 400.000 €
verbleiben	400.000 €
Steuer (§ 15 Abs. 1 I, § 19 Abs. 1 ErbStG) bei Steuersatz 15 %	60.000 €

Die Berechnung der anzurechnenden Steuer erfolgt in jedem Fall nach der Steuerklasse, die zum Zeitpunkt des Erwerbs Gültigkeit hat, unabhängig davon, ob sie nunmehr günstiger oder ungünstiger ist.

Beispiel 4:
S hatte 2005 seiner damaligen Lebenspartnerin 100.000 € geschenkt.

Früherer Erwerb zum damaligen Steuerwert	100.000 €
abzgl. Freibetrag (§ 15 Abs. 1 I, § 16 Abs. 1 Nr. 5 ErbStG)	− 5.200 €
steuerpflichtiger Erwerb	94.800 €
Steuer für Vorerwerb (§ 15 Abs. 1 III, § 19 Abs. 1 ErbStG) bei Steuersatz 23 %	21.804 €

Nach der Heirat 2010 schenkt er ihr weitere 550.000 €. Nach § 14 Abs. 1 Satz 1 bis 3 ErbStG ergibt sich (vgl. H 37 „Mindeststeuer" AEErbSt):

Berechnung der Steuer vor Anrechnung:

Steuerwert des aktuellen Vermögensanfalls	550.000 €
zzgl. früherer Erwerb zum damaligen Steuerwert	+ 100.000 €
Zwischensumme	650.000 €
abzgl. Freibetrag (§ 15 Abs. 1 I, § 16 Abs. 1 Nr. 1 ErbStG)	− 500.000 €
steuerpflichtiger Erwerb im 10-Jahres-Zeitraum	150.000 €
Steuer vor Anrechnung (§ 15 Abs. 1 I, § 19 Abs. 1 ErbStG) bei Steuersatz 11 %	16.500 €

Fiktive Steuer für den Vorerwerb:

früherer Erwerb zum damaligen Steuerwert	100.000 €
abzgl. Freibetrag (§ 15 Abs. 1 I, § 16 Abs. 1 Nr. 1 ErbStG) (Freibetrag 500.000 €, aber max. verbrauchter Freibetrag)	− 5.200 €
steuerpflichtiger Vorerwerb	94.800 €
fiktive Steuer für Vorerwerb (§ 15 Abs. 1 I, § 19 Abs. 1 ErbStG) bei Steuersatz 11 %	10.428 €
Tatsächliche Steuer für Vorerwerb (siehe oben)	21.804 €

Festzusetzende Steuer nach Anrechnung:

Steuer vor Anrechnung	16.500 €
abzgl. tatsächlicher Steuer	− 21.804 €
verbleiben	0 €

6.1 Zusammenrechnung von Erwerben – § 14 ErbStG

Die Mindeststeuer (§ 14 Abs. 1 Satz 4 ErbStG) kommt hier zur Anwendung.

Schenkung 2010	550.000 €
abzgl. Freibetrag	– 500.000 €
verbleiben	50.000 €
Steuer (§ 15 Abs. 1 I, § 19 Abs. 1 ErbStG) bei Steuersatz 11 %	5.500 €

6.1.4 Besonderheiten bei Nutzungsvorbehalten

Folgt (unter den Voraussetzungen des § 14 ErbStG) einer Nutzungsschenkung die Substanzschenkung, stellt sich die Frage, ob bei der Zusammenrechnung der Erwerbe diese mit den ihnen jeweils zukommenden Werten auch dann anzusetzen sind, wenn die Summe der Werte höher ist als der Wert des Gegenstandes (der Substanz), oder ob nicht der Besteuerung der Substanzschenkung bei der Zusammenrechnung der Erwerbe insgesamt nur der Wert zugrunde zu legen ist, der sich ergäbe, wenn sofort die Substanz geschenkt worden wäre.

Beispiel 1:
Vater V räumt im Jahr 2009 seinem Kind K den auf 10 Jahre begrenzten Nießbrauch i. H. von 80.000 € jährlich an einem Grundstück (Grundbesitzwert 1.200.000 €) ein. Im Jahr 2010 schenkt V dem K das Grundstück.

Erwerb im Jahr 2009:

Zu beachten ist die Begrenzung des Jahreswerts nach § 16 BewG auf den 18,6ten Teil des genutzten Wirtschaftsguts.

1.200.000 € : 18,6 = 64.516 € ; 64.516 € × 7,745 =	499.676 €
abzgl. Freibetrag (§ 15 Abs. 1 I, § 16 Abs. 1 Nr. 2 ErbStG)	– 400.000 €
steuerpflichtiger Erwerb	99.676 €
abgerundet (§ 10 Abs. 1 Satz 6 ErbStG)	99.600 €
Steuer (§ 15 Abs. 1 I, § 19 Abs. 1 ErbStG) bei Steuersatz 11 %	10.956 €

Erwerb im Jahr 2010:

Grundstück	1.200.000 €
abzgl. Wohnrecht für 9 Jahre: 64.516 € × 7,143	– 460.837 €
Steuerwert des aktuellen Vermögensanfalls	739.163 €
zzgl. früherer Erwerb	+ 499.676 €
Zwischensumme	1.238.839 €
abzgl. Freibetrag (§ 15 Abs. 1 I, § 16 Abs. 1 Nr. 2 ErbStG)	– 400.000 €
Wert des steuerpflichtigen Erwerbs	838.839 €
abgerundet (§ 10 Abs. 1 Satz 6 ErbStG)	838.800 €
Steuer vor Anrechnung (§ 15 Abs. 1 I, § 19 Abs. 1 ErbStG) bei Steuersatz 19%	159.372 €
abzgl. Steuer aus Vorerwerb	– 10.956 €
verbleibende Steuerlast	148.416 €

6 Berechnung der Steuer

Die Mindeststeuer (§ 14 Abs. 1 Satz 4 ErbStG) kommt nicht zur Anwendung:

Schenkung 2010	739.163 €
abzgl. Freibetrag	− 400.000 €
steuerpflichtiger Erwerb (abgerundet)	339.100 €
Steuer (Steuersatz 15 %)	50.865 €

Wäre die Substanzschenkung die Obergrenze, würde sich ergeben:

Grundstück	1.200.000 €
Freibetrag	− 400.000 €
steuerpflichtiger Erwerb	800.000 €
Steuer (Steuersatz 19 %)	152.000 €
Steuer aus Vorerwerb	− 10.956 €
verbleibende Steuerlast	141.044 €

Beispiel 2:
Onkel O gewährt seiner Nichte N im Jahr 2010 ein unverzinsliches Darlehen von 300.000 € für 9 Jahre. Nach 9 Jahren erlässt O der N die Rückzahlungsschuld.

Erwerb im Jahr 2010:

Kapitalwert der Nutzungsmöglichkeit der 300.000 €.	
Jahreswert (§ 15 Abs. 1 BewG) 16.500 € (5,5 % von 300.000 €)	
16.500 € × 7,143	117.859 €
abzgl. Freibetrag (§ 15 Abs. 1 I, § 16 Abs. 1 Nr. 4 ErbStG)	− 20.000 €
steuerpflichtiger Erwerb	97.859 €
abgerundet (§ 10 Abs. 1 Satz 6 ErbStG)	97.800 €
Steuer (§ 15 Abs. 1 I, § 19 Abs. 1 ErbStG)	
bei Steuersatz 20 %	19.560 €

Erwerb im Jahr 2019:

Kapitalforderung	300.000 €
Vorerwerb	117.859 €
	417.859 €
abzgl. Freibetrag (§ 15 Abs. 1 I, § 16 Abs. 1 Nr. 4 ErbStG)	− 20.000 €
Wert des steuerpflichtigen Erwerbs	397.859 €
abgerundet (§ 10 Abs. 1 Satz 6 ErbStG)	397.800 €
Steuer vor Anrechnung (§ 15 Abs. 1 I, § 19 Abs. 1 ErbStG)	
bei Steuersatz 25 %	99.450 €
abzgl. Steuer aus Vorerwerb	− 19.560 €
verbleibende Steuerlast	79.890 €

Die Frage ist nach Sinn und Zweck des § 14 ErbStG zu beantworten. Sieht man ihn darin, beim Erwerb eines Gegenstandes, dessen unentgeltliche Nutzung dem Zuwendungsempfänger bereits vorher zugewendet wurde, die Besteuerungsgrundlage für die Berechnung des zeitlich nachfolgenden Erwerbs des Gegenstandes in der Weise zu kappen, dass die Zusammenrechnung beider Erwerbe zu keinem höheren Betrag führt als demjenigen, der für die Zuwendung des Gegenstandes selbst („Substanz") der Steuerberechnung zugrunde zu legen wäre,[27] würde der

---
[27] So noch BFH vom 12.07.1979, BStBl 1979 II S. 740.

6.1 Zusammenrechnung von Erwerben – § 14 ErbStG

Wert der Substanzschenkung die Obergrenze der Besteuerung bilden. Mehrere Erwerbsvorgänge (innerhalb von 10 Jahren) wären in gleicher Weise wie ein einzelner Erwerb zu besteuern.

Wenn hingegen durch die Regelung des § 14 ErbStG lediglich verhindert werden soll, dass mehrere Teilerwerbe gegenüber einem einheitlichen Erwerb steuerlich begünstigt werden,[28] dann sind bei der Zusammenrechnung der Erwerbe diese mit den ihnen jeweils zukommenden Werten auch dann anzusetzen, wenn die Summe der Werte höher ist als der Wert des Gegenstandes (der Substanz). Die einzelnen Erwerbe verlieren nicht ihre Selbständigkeit. Dieser letztgenannten Lösung soll schon deshalb zugestimmt werden, weil sie den Gesetzeswortlaut – der keine Kappung vorsieht – auf ihrer Seite hat. Schenkungsteuerlich sinnvoll ist diese Gestaltung – Nutzungsschenkung mit nachfolgender Substanzschenkung – dann also nicht.

In der jüngeren Rechtsprechung betont der BFH, dass durch § 14 ErbStG gewährleistet werden soll, dass die Freibeträge innerhalb des 10-jährigen Zusammenrechnungszeitraums nur einmal angewendet werden und sich für mehrere Erwerbe gegenüber einer einheitlichen Zuwendung mit deren Gesamtwert kein Progressionsvorteil ergibt. Weder werden die früheren Steuerfestsetzungen mit der Steuerfestsetzung für den letzten Erwerb zusammengefasst noch werden die einzelnen Erwerbe innerhalb eines 10-Jahres-Zeitraums zu einem einheitlichen Erwerb verbunden. Die Vorschrift trifft lediglich eine besondere Anordnung für die Berechnung der Steuer, die für den jeweils letzten Erwerb innerhalb des 10-Jahres-Zeitraums festzusetzen ist.[29]

Daraus ergibt sich nicht nur, dass Nutzungs- und anschließende Substanzschenkung jeweils selbständig bleiben, der Wert der Substanzschenkung also nicht die Obergrenze der Besteuerung bildet (siehe oben), sondern die konsequente Anwendung dieses Grundsatzes führt zu weiteren Folgerungen unter anderem bei der Zusammenrechnung von Erwerben unter Nutzungsvorbehalten. Dabei ist zu beachten, dass mit dem ErbStRG § 25 ErbStG a. F. weggefallen ist, sodass seit 2009 auch Nutzungsrechte, die sich der Schenker für sich oder seinen Ehegatten vorbehält, vom Erwerb abgezogen werden können. Dies erleichtert die Zusammenrechnung von Erwerben mit Nutzungsrechten innerhalb der 10-Jahres-Frist erheblich (zur Zusammenrechnung im alten Recht wird auf die Vorauflage verwiesen).

Beispiel 1:
Tante T schenkte Nichte N 2010 Vermögen (Steuerwert 200.000 €) belastet mit einem Nutzungsvorbehalt zugunsten T (Kapitalwert 100.000 €) und 2011 Vermögen (Steuerwert 600.000 €) belastet mit einem Nutzungsvorbehalt zugunsten T (Kapitalwert 100.000 €).

---

28 So geänderte Auffassung in BFH vom 07.10.1998, BStBl 1999 II S. 25; siehe auch BFH vom 02.03.2005, BStBl 2005 II S. 728, und vom 03.11.2010, BStBl 2011 II S. 123.
29 BFH vom 02.03.2005, BStBl 2005 II S. 728, und vom 03.11.2010, BStBl 2011 II S. 123.

6 Berechnung der Steuer

Schenkungsteuer 2010:	
Schenkung 2010	200.000 €
abzgl. Nutzungsrecht	− 100.000 €
verbleiben	100.000 €
abzgl. Freibetrag (§ 15 Abs. 1 II, §16 Abs. 1 Nr. 4 ErbStG)	− 20.000 €
steuerpflichtiger Erwerb	80.000 €
Steuer (§ 15 Abs. 1 II, § 19 Abs. 1 ErbStG) nach Härteausgleich (§ 19 Abs. 3 ErbStG): 75.000 € × 15 % zzgl. 2.500 €	13.750 €
Schenkungsteuer 2011:	
Schenkung 2011	600.000 €
abzgl. Nutzungsrecht	− 100.000 €
verbleiben	500.000 €
zzgl. früherer Erwerb zum damaligen Steuerwert	+ 100.000 €
Zwischensumme	600.000 €
abzgl. Freibetrag (§ 15 Abs. 1 II, § 16 Abs. 1 Nr. 4 ErbStG)	− 20.000 €
steuerpflichtiger Erwerb im 10-Jahres-Zeitraum	580.000 €
Steuersatz (§ 15 Abs. 1 II, § 19 Abs. 1 ErbStG) 25 % Steuer vor Anrechnung (§ 15 Abs. 1 II, § 19 Abs. 1 ErbStG) bei Steuersatz 20 %	145.000 €
Fiktive Steuer für den Vorerwerb:	
früherer Erwerb zum damaligen Steuerwert	100.000 €
abzgl. Freibetrag (§ 15 Abs. 1 II, § 16 Abs. 1 Nr. 4 ErbStG) (Freibetrag 20.000 €, aber max. verbrauchter Freibetrag)	− 20.000 €
steuerpflichtiger Vorerwerb	80.000 €
fiktive Steuer (§ 15 Abs. 1 II, § 19 Abs. 1 und 3 ErbStG) nach Härteausgleich (§ 19 Abs. 3 ErbStG): 75.000 € × 15% zzgl. 2.500 €	13.750 €
Tatsächliche Steuer für den Vorerwerb:	13.750 €
Da die tatsächliche Steuer für den Vorerwerb nicht höher ist, ist die fiktive Steuer anzurechnen.	
Steuer vor Anrechnung	145.000 €
fiktive Steuer für Vorerwerb	− 13.750 €
Steuer nach Anrechnung	131.250 €
Die Mindeststeuer (§ 14 Abs. 1 Satz 4 ErbStG) kommt nicht zur Anwendung.	
Schenkung 2011	500.000 €
abzgl. Freibetrag	− 20.000 €
Wert des steuerpflichtigen Erwerbs (abgerundet)	480.000 €
Steuer (§ 15 Abs. 1 II, § 19 Abs. 1 ErbStG) bei Steuersatz 25 %	120.000 €

§ 25 ErbStG a. F. behält allerdings noch Bedeutung für die Fälle, in denen die Steuer auf das Nießbrauchsrecht bei Erwerben vor 2009 gestundet worden ist und nunmehr eine Zusammenrechnung mit weiteren Erwerben erfolgt. Dies ist insbesondere der Fall, wenn innerhalb von 10 Jahren auf das vorbehaltene Nießbrauchsrecht verzichtet wird. Eine Zusammenrechnung erfolgt nämlich auch, wenn bei einer Schenkung

6.1 Zusammenrechnung von Erwerben – § 14 ErbStG

unter Nießbrauchsvorbehalt nach der vor 2009 geltenden Rechtslage (§ 25 ErbStG a. F.) nunmehr ein unentgeltlicher Nießbrauchsverzicht erfolgt. Diese Konstellation ist nicht selten, z. B. weil – entgegen den ursprünglichen Vorstellungen – der nießbrauchsbelastete Gegenstand später veräußert werden soll und an dem Nießbrauchsvorbehalt in der bisher vereinbarten Form dann nicht mehr festgehalten werden kann.

Nach Auffassung der Verwaltung sollte in solchen Fällen zunächst Folgendes gelten (H 85 Abs. 4 ErbStH 2003):[30] *„Um zu vermeiden, dass in den Fällen, in denen der Berechtigte auf eine Rente oder den Nießbrauch usw. verzichtet, der Verpflichtete neben der Steuer auf den Bruttoerwerb, die sich wegen des Abzugsverbots nach § 25 ErbStG (a. F.) ergibt, auch noch die Steuer für die Bereicherung aus dem Verzicht selbst voll zu zahlen hat, ist gemäß § 163 AO wie folgt zu verfahren: War die Steuer nach § 25 Abs. 1 ErbStG gestundet worden, wird zwar die Steuer für den Verzicht veranlagt, sie wird jedoch nur erhoben, soweit sie den Betrag der gestundeten Steuer übersteigt. War die gestundete Steuer bereits abgelöst worden, wird die Steuer nur erhoben, soweit sie den Betrag übersteigt, der bei einer Ablösung der gestundeten Steuer im Zeitpunkt des Verzichts zu zahlen wäre."*

Nach Ansicht des BFH erfüllt der Rechtsverzicht den Tatbestand des § 7 Abs. 1 Nr. 1 ErbStG, soweit dabei eine Bereicherung des Erwerbers eintritt, die bisher noch nicht der Steuer unterlag. Eine steuerliche Doppelbelastung des Nutzungsrechts als Folge der Nichtberücksichtigung als Abzugsposten nach § 25 Abs. 1 Satz 1 ErbStG einerseits und seiner Erfassung beim späteren Verzicht des Berechtigten andererseits ist nach Ansicht des BFH bei der Besteuerung des Verzichts durch den Abzug des bei der Besteuerung des nutzungsrechtsbelasteten Gegenstandes tatsächlich unberücksichtigt gebliebenen Steuerwerts des Nutzungsrechts vom Steuerwert des Nutzungsrechts im Zeitpunkt des Rechtsverzichts zu beseitigen. Ist der erstgenannte Wert höher als der letztgenannte Wert, ist von einer Bereicherung aus dem Verzicht von 0 Euro auszugehen, weil der Erwerber hinsichtlich des übersteigenden Werts des Nutzungsrechts nicht doppelt belastet wird.[31]

Aufgrund dieser Rechtsprechung hat die Finanzverwaltung ihre Berechnungsmethode geändert. In den gleichlautenden Ländererlassen vom 23.09.2004 (BStBl 2004 I S. 839) auch in H E 25 „Verzicht auf Nutzungsrecht in den Fällen" ErbStH 2011 heißt es: *„Eine steuerliche Doppelbelastung des Nutzungsrechts als Folge der Nichtberücksichtigung als Abzugsposten nach § 25 Abs. 1 Satz 1 ErbStG einerseits und seiner Erfassung beim späteren Verzicht des Berechtigten andererseits ist bei der Besteuerung des Verzichts durch den Abzug des bei der Besteuerung des nutzungsrechtsbelasteten Gegenstandes tatsächlich unberücksichtigt gebliebenen Steuerwerts des Nutzungsrechts vom Steuerwert des Nutzungsrechts im Zeitpunkt des Rechtsver-*

---
30 Siehe auch Moench, ZEV 2001 S. 143.
31 BFH vom 17.03.2004, BStBl 2004 II S. 429.

zicht zu beseitigen (BFH vom 17.03.2004, BStBl 2004 II S. 429). Ist der erstgenannte Wert höher als der letztgenannte Wert, ist von einer Bereicherung aus dem Verzicht von 0 Euro auszugehen, weil der Erwerber hinsichtlich des übersteigenden Werts des Nutzungsrechts nicht doppelt belastet wird."

Diese Wertung des Nießbrauchsverzichts hat auch Bedeutung für die Zusammenrechnung von Erwerben gem. § 14 ErbStG. Soweit nämlich die Schenkung unter Nießbrauchsvorbehalt und der als eigenständige Schenkung zu beurteilende Verzicht auf das Nießbrauchsrecht innerhalb von 10 Jahren erfolgen, sind die Erwerbe gem. § 14 ErbStG zusammenzurechnen. Nach Ansicht des BFH ist auch bei der Berechnung der nach § 14 Abs. 1 Satz 2 ErbStG abziehbaren fiktiven Steuer der ursprüngliche Erwerb des Vermögensgegenstandes mit dem Bruttowert anzusetzen.[32] Die Auffassung, es sei lediglich die für den Vorerwerb nach § 25 Abs. 1 Satz 1 und 2 ErbStG sofort zu entrichtende Steuer zuzüglich des Ablösebetrags nach § 25 Abs. 1 Satz 3 ErbStG zu berücksichtigen (so noch H 85 Abs. 3 „Zusammenrechnung von Erwerben unter Nutzungsvorbehalten" ErbStH 2003 i. d. F. der gleichlautenden Ländererlasse vom 01.12.2005, BStBl 2005 I S. 1032, und vom 23.09.2004, BStBl 2004 I S. 93), lehnt er ab.[33] Sie führt seiner Ansicht nach dazu, dass dem Erwerber der Vorteil aus einer Steuerstundung für den Vorerwerb nach § 25 Abs. 1 Satz 2 ErbStG oder aus einer Ablösung der zu stundenden Steuer mit dem Barwert nach § 25 Abs. 1 Satz 3 ErbStG bei einer Zusammenrechnung dieses Erwerbs mit einem späteren Erwerb wieder entzogen wird, ohne dass es dafür einen sachlichen Grund gibt.

Die Milderung der Folgen des Abzugsverbots für die Besteuerung des früheren Erwerbs darf dem Erwerber auch nicht im Rahmen der Besteuerung eines späteren Erwerbs nach § 14 Abs. 1 ErbStG wieder entzogen werden. Aufgrund dieser Entscheidung geht auch die Finanzverwaltung nunmehr davon aus, dass sich auch die tatsächliche Steuer nach § 14 Abs. 1 Satz 3 ErbStG bei Vorerwerben mit Anwendung von § 25 ErbStG aus der Summe der sofort fälligen Steuer und der zu stundenden Steuer (voller festgesetzter Betrag) berechnet (gleichlautende Ländererlasse vom 21.04.2010, DStR 2010 S. 1238; siehe auch H E 25 „Verzicht auf Nutzungsrechte in den Fällen ..." und H E 14.1 Abs. 3 „Einbeziehung von Vorerwerben" ErbStH 2011).

Beispiel:
Sohn S erhält am 25.01.2007 von seinem damals 56 Jahre alten Vater mit „Schenkungs- und Abtretungsvertrag" ein Mietwohngrundstück mit einem vom Lagefinanzamt festgestellten Grundbesitzwert von 566.000 €. Der Vater behält sich den Nießbrauch an dem Grundstück vor. Der Jahreswert des Nießbrauchs betrug 39.620 €. Bei der Ermittlung des Grundbesitzwertes durch das Lagefinanzamt war der Nießbrauch nicht in Abzug gebracht worden.

---

32 BFH vom 19.11.2008 II R 24/07, BFH/NV 2009 S. 587, vom 08.03.2006, BStBl 2006 II S. 785, und vom 19.12.2007, BStBl 2008 I S. 260.
33 Siehe zur Problematik auch Jülicher, ZErb 2004 S. 198 (200); Korezkij, ZEV 2005 S. 242; Gebel, ZEV 2004 S. 98.

6.1 Zusammenrechnung von Erwerben – § 14 ErbStG

2009 kann der Sohn das Grundstück für einen außergewöhnlich guten Kaufpreis veräußern. Nach Rücksprache mit dem Vater (nun 58 Jahre alt) verzichtet dieser auf sein Nießbrauchsrecht, sodass der Sohn das unbelastete Mietwohngrundstück nun für 820.000 € veräußern kann. Die durch die Veräußerung angefallenen Kosten trägt der Erwerber. Der Grundbesitzwert der Immobilie betrug zu diesem Zeitpunkt 782.000 €. Der Jahreswert des Nießbrauchs beträgt weiterhin 39.620 €.

Lösung:
Schenkung des Grundstücks unter Nießbrauchsvorbehalt (§ 25 ErbStG a. F.): Gegenstand der Zuwendung i. S. von § 7 Abs. 1 Nr. 1 ErbStG ist das am 25.01.2007 an den Sohn geschenkte Grundstück. Für Erwerbe bis einschl. 31.12.2008[34] wird gem. § 25 Abs. 1 Satz 1 ErbStG der Erwerb von Vermögen, dessen Nutzungen dem Schenker oder seinem Ehegatten zustehen, ohne Berücksichtigung dieser Belastung besteuert.[35] Das Abzugsverbot wird jedoch dadurch abgemildert, dass die Steuer, die auf den Kapitalwert der nichtabziehbaren Belastung entfällt, bis zu ihrem Erlöschen zinslos zu stunden ist (§ 25 Abs. 1 Satz 2 ErbStG). Eine Stundung nach § 25 Abs. 1 Satz 2 ErbStG ist nur dann nicht mehr möglich, wenn der Bedachte das erworbene Vermögen bereits vor der Steuerfestsetzung veräußert hat.[36] Das ist hier jedoch nicht der Fall. Auch hat der Erwerber nicht den Antrag gestellt, die gestundete Steuer mit ihrem Barwert nach § 12 Abs. 3 BewG abzulösen (§ 25 Abs. 1 Satz 3 ErbStG). Somit ergibt sich auf den 25.12.2007 zunächst folgende Steuerberechnung:

Bruttowert des Erwerbs	566.000 €
Freibetrag (§ 15 Abs. 1 I, § 16 Abs. 1 Nr. 2 ErbStG)	– 205.000 €
steuerpflichtiger Erwerb	361.000 €
Steuersatz 2007 = 15 %	
Steuer 2007	54.150 €

Für die Ermittlung der zu stundenden Steuer ist zu berücksichtigen, dass der Jahreswert auf den 18,6ten Teil des Grundbesitzwerts begrenzt ist und sich der Vervielfältiger auf den Jahreswert noch nach der Anlage 9 zu § 14 BewG a. F. richtet.

Bruttowert des Erwerbs	566.000 €
Jahreswert Nießbrauch 2007: 39.620 €	
max. gem. § 16 BewG: 566.000 € : 18,6 = 30.430 €	
Vervielfältiger Mann 56 Jahre: 11,506	
Kapitalwert Nutzung: 30.430 € × 11,506	– 350.127 €
Nettoerwerb	215.873 €
Freibetrag (§ 15 Abs. 1 I, § 16 Abs. 1 Nr. 2 ErbStG)	– 205.000 €
steuerpflichtiger Erwerb (abgerundet)	10.800 €
Steuersatz 2007: 7%	756 €
Steuer 2007	54.150 €
sofort fällige Steuer	– 756 €
zu stundender Betrag	53.394 €

Folgen des unentgeltlichen Verzichts: In dem vorzeitigen unentgeltlichen Verzicht des Vaters auf das vorbehaltene Nießbrauchsrecht ist eine erneute Schenkung des Restkapitalwerts des Nießbrauchsrechts an den Sohn zu sehen.

---
34 Vgl. Art. 1 Nr. 20 und Art. 6 Abs. 1 ErbStRG vom 24.12.2008, BGBl 2008 I S. 3018.
35 BFH vom 17.03.2004, BStBl 2004 II S. 429, und vom 06.07.2005, BStBl 2005 II S. 797.
36 BFH vom 06.03.1990 I R 165/87, BFH/NV 1990 S. 809, und vom 23.03.1998 II B 97/97, BFH/NV 1998 S. 1224.

6 Berechnung der Steuer

Da die Schenkung unter Nießbrauchsvorbehalt und der als eigenständige Schenkung zu beurteilende Verzicht auf das Nießbrauchsrecht innerhalb von 10 Jahren erfolgten, sind die Erwerbe zudem zusammenzurechnen. Nach Ansicht des BFH und der Finanzverwaltung ist der ursprüngliche Erwerb des Vermögensgegenstandes mit dem Bruttowert anzusetzen (siehe oben). Für die Berechnung ist außerdem zu beachten, dass im Zeitpunkt des Verzichts für die Berechnung des Kapitalwertes der im Jahr 2009 maßgebliche Grundbesitzwert und die für 2009 geltende Sterbetafel (BStBl 2009 I S. 270) maßgeblich sind und der erhöhte persönliche Freibetrag bei der Zusammenrechnung zum Zuge kommt. Es ergibt sich somit folgende Rechnung:

Jahreswert Nießbrauch 2009: 39.620 €,
max. gem. § 16 BewG: 782.000 € : 18,6 = 42.043
tatsächlicher Wert somit niedriger
Vervielfältiger Mann, 58 Jahre: 13,033

Erwerb aus Nießbrauchsverzicht: 39.620 € × 13,033	516.367 €
abzgl. Kapitalwert Nießbrauch 2007 (siehe oben)	− 350.127 €
Bereicherung 2009	166.240 €
Bruttowert des Erwerbs 2007 (siehe oben)	+ 566.000 €
Gesamterwerb	732.240 €
Freibetrag (§ 15 Abs. 1 I, § 16 Abs. 1 Nr. 2 ErbStG)	− 400.000 €
steuerpflichtiger Gesamterwerb (abgerundet)	332.200 €
Steuer (§ 15 Abs. 1 I, § 19 Abs. 1 ErbStG)	
nach Härteausgleich (§ 19 Abs. 3 ErbStG):	
300.000 € × 11 % + 50 % × 32.200 €	49.100 €

Da der BFH[37] zudem entschieden hat, dass der Bruttowert auch der Berechnung der nach § 14 Abs. 1 Satz 2 ErbStG abziehbaren fiktiven Steuer zugrunde zu legen ist, ist die Anrechnung im Einklang zwischen Rechtsprechung und Finanzverwaltung wie folgt vorzunehmen:

Fiktive Steuer für den Vorerwerb:

Bruttowert Erwerb 2007	566.000 €
abzgl. Freibetrag (§ 15 Abs. 1 I, § 16 Abs. 1 Nr. 2 ErbStG)	
(Freibetrag 400.000 €, max. verbrauchter Freibetrag)	− 205.000 €
steuerpflichtiger Vorerwerb	361.000 €
fiktive Steuer (§ 15 Abs. 1 I, § 19 Abs. 1 und 3 ErbStG)	
bei Steuersatz 15%	54.150 €

Tatsächliche Steuer für den Vorerwerb:

Summe aus sofort fälliger Steuer (756 €)	
und gestundeter Steuer (53.394 €)	54.150 €

Da die tatsächliche Steuer für den Vorerwerb nicht höher ist, ist die fiktive Steuer anzurechnen.

Festzusetzende Steuer nach Anrechnung:

Steuer vor Anrechnung	49.100 €
abzgl. fiktiver Steuer	− 54.150 €
verbleiben	0 €

---

[37] BFH vom 19.11.2008 II R 22/07, BFH/NV 2009 S. 587.

6.1 Zusammenrechnung von Erwerben – § 14 ErbStG

Die Mindeststeuer (§ 14 Abs. 1 Satz 4 ErbStG) kommt nicht zur Anwendung.

Schenkung 2009	166.240 €
abzgl. Freibetrag	– 400.000 €
verbleiben	0 €

Die Steuer aufgrund des Nießbrauchsverzichts ist somit auf 0 € festzusetzen.

Auswirkungen der Veräußerung des Grundstücks (siehe oben): Die Stundung endet vorzeitig gem. § 25 Abs. 2 ErbStG, wenn der Erwerber das belastete Vermögen vor dem Erlöschen der Belastung veräußert. Da dies bereits 2010 der Fall ist, werden zu diesem Zeitpunkt auch die gestundeten 53.394 € fällig, sodass insgesamt 54.150 € zu zahlen sind. Eine Neuberechnung ist insoweit m. E. nicht erforderlich.

Siehe zur Problematik des § 25 ErbStG a. F. auch die Ausführungen unter 7.6.3.3.

6.1.5 Zusammenrechnung mit steuerfreien Erwerben

Für die Entscheidung der Frage, ob steuerfreie mit steuerpflichtigen Erwerben zusammenzurechnen sind, kommt es auf die Natur der Befreiungsvorschrift an. Handelt es sich um Zuwendungen, die nur wegen ihrer Höhe erbschaftsteuerfrei sind (sog. quantitative Befreiungsvorschrift, z. B. insbesondere § 16 ErbStG), ist die Zuwendung in die Zusammenrechnung einzubeziehen.

Beispiel 1:
Mutter schenkt Tochter im Jahr 2009 einen Betrag von 400.000 €. Der Erwerb bleibt im Hinblick auf den Freibetrag gem. § 16 ErbStG steuerfrei. Im Jahr 2010 stirbt M. Der Steuerwert des Nachlasses beträgt 500.000 €. T ist Alleinerbin.

Da § 16 ErbStG eine quantitative Befreiungsvorschrift ist, ist die Zuwendung in die Zusammenrechnung einzubeziehen.

Berechnung der Steuer vor Anrechnung:

Steuerwert des aktuellen Vermögensanfalls	500.000 €
zzgl. früherer Erwerb zum damaligen Steuerwert	+ 400.000 €
Zwischensumme	900.000 €
abzgl. Freibetrag (§ 15 Abs. 1 I, § 16 Abs. 1 Nr. 1 ErbStG)	– 400.000 €
steuerpflichtiger Erwerb im 10-Jahres-Zeitraum	500.000 €
Steuer vor Anrechnung (§ 15 Abs. 1 I, § 19 Abs. 1 ErbStG) bei Steuersatz 15 %	75.000 €

Fiktive Steuer für den Vorerwerb:

früherer Erwerb zum damaligen Steuerwert	400.000 €
abzgl. Freibetrag (§ 15 Abs. 1 I, § 16 Abs. 1 Nr. 1 ErbStG) (Freibetrag 500.000 €, aber max. verbrauchter Freibetrag)	– 400.000 €
steuerpflichtiger Vorerwerb	0 €
fiktive Steuer für Vorerwerb (§ 15 Abs. 1 I, § 19 Abs. 1 ErbStG) bei Steuersatz 11 %	0 €
Tatsächliche Steuer für Vorerwerb (siehe oben)	0 €

Festzusetzende Steuer nach Anrechnung:

Steuer vor Anrechnung	75.000 €
abzgl. fiktiver Steuer	– 0 €
verbleiben	75.000 €

Die Mindeststeuer nach § 14 Abs. 1 Satz 4 ErbStG kommt nicht zur Anwendung.

6 Berechnung der Steuer

Bei Zuwendungen, die ohne Rücksicht auf ihren Wert lediglich wegen ihres besonderen Charakters steuerfrei sind (sog. qualitative Befreiungsvorschrift, z. B. § 13 Abs. 1 Nr. 4a, 5, 12 und 14 ErbStG), erfolgt keine Einbeziehung in die Zusammenrechnung.[38]

Die Unterscheidung zwischen quantitativer und qualitativer Befreiung kann im Einzelfall durchaus schwierig sein. So soll § 13 Abs. 1 Nr. 1 ErbStG nach h. M.[39] eine quantitative Befreiung sein. Jülicher[40] weist m. E. zu Recht darauf hin, dass sich hier quantitative (Freibetrag) und qualitative (Hausrat und andere bewegliche körperliche Gegenstände) Elemente mischen. Insbesondere beim Hausrat überwiegen die qualitativen Elemente. Das wird auch dadurch deutlich, dass schon in mehreren Gesetzgebungsverfahren an eine völlige Freistellung gedacht war. Beim Hausrat ließe sich also eine Einordnung als qualitative Befreiung rechtfertigen.

Die Gruppe der anderen beweglichen körperlichen Gegenstände ist demgegenüber zu diffus, als dass sie als qualitativ befreit eingeordnet werden kann. Da der Gesetzgeber in § 13 Abs. 1 Nr. 1 ErbStG sich jedoch insgesamt lediglich für eine Freibetragsregelung (also keine völlige Freistellung) entschieden hat und in § 13 Abs. 1 Nr. 1 Buchst. c ErbStG sogar beide Gruppen (Hausrat und andere bewegliche körperliche Gegenstände) zusammengefasst hat, kann der h. M. trotz der vorstehend geschilderten Bedenken im Ergebnis gefolgt werden.

Beispiel 2:
Mutter schenkt Tochter im Jahr 2009 einen Betrag von 400.000 € und Schmuck im Wert von 18.000 €. Der Erwerb bleibt im Hinblick auf die Steuerbefreiung für bewegliche Gegenstände gem. § 13 Abs. 1 Nr. 1 Buchst. b ErbStG und den Freibetrag gem. § 16 ErbStG steuerfrei. Im Jahr 2010 stirbt M. Der Steuerwert des Nachlasses beträgt 500.000 €. T ist Alleinerbin.

Da § 13 ErbStG ebenfalls eine quantitative Befreiungsvorschrift ist, ist die Zuwendung in die Zusammenrechnung einzubeziehen.

Berechnung der Steuer vor Anrechnung:

Steuerwert des aktuellen Vermögensanfalls	500.000 €
zzgl. früherer Erwerb zum damaligen Steuerwert	+ 420.000 €
Zwischensumme	920.000 €
abzgl. Freibetrag (§ 15 Abs. 1 I, § 16 Abs. 1 Nr. 2 ErbStG)	– 400.000 €
steuerpflichtiger Erwerb im 10-Jahres-Zeitraum	520.000 €
Steuer vor Anrechnung (§ 15 Abs. 1 I, § 19 Abs. 1 ErbStG)	
bei Steuersatz 15 %	78.000 €

Fiktive Steuer für den Vorerwerb:

früherer Erwerb zum damaligen Steuerwert	420.000 €
abzgl. Steuerbefreiung Schmuck (§ 13 Abs. 1 Nr. 1 Buchst. b ErbStG)	20.000 €
abzgl. Freibetrag (§ 15 Abs. 1 I, § 16 Abs. 1 Nr. 2 ErbStG)	

---

38 BFH vom 22.11.1951, BStBl 1952 III S. 14, und vom 19.12.1952, BStBl 1953 III S. 145.
39 Moench/Kien-Hümbert/Weinmann, § 14 Rdnr. 12; Meincke, § 14 Rdnr. 5.
40 ZEV 1994 S. 285.

6.1 Zusammenrechnung von Erwerben – § 14 ErbStG

(Freibetrag 400.000 €, max. verbrauchter Freibetrag)	– 400.000 €
steuerpflichtiger Vorerwerb	0 €
fiktive Steuer für Vorerwerb	
(§ 15 Abs. 1 I, § 19 Abs. 1) bei Steuersatz 11 %	0 €
Tatsächliche Steuer für Vorerwerb (siehe oben)	0 €
Festzusetzende Steuer nach Anrechnung:	
Steuer vor Anrechnung	78.000 €
abzgl. fiktiver Steuer	– 0 €
verbleiben	78.000 €

Die Mindeststeuer nach § 14 Abs. 1 Satz 4 ErbStG kommt nicht zur Anwendung.

Auch die Begünstigung nach § 13a ErbStG a. F. bzw. §§ 13a, 13b ErbStG enthält qualitative (Vermögen i. S. des § 13b ErbStG) und quantitative (Verschonungsabschlag) Elemente. In einem solchen Fall ist m. E. danach zu entscheiden, welche Elemente überwiegen,[41] wobei insbesondere Sinn und Zweck der Befreiung zu beachten sind. § 13b ErbStG soll in erster Linie gesetzlich definiertes Vermögen begünstigen (qualitativ), die Verschonungsregelungen (quantitativ) ergänzen lediglich diesen Hauptzweck. Der unter Gewährung der Begünstigung nach §§ 13a, 13b ErbStG besteuerte Vorerwerb ist also nur in Höhe eines verbleibenden Betrags in die Zusammenrechnung nach § 14 ErbStG einzubeziehen R E 14.2 Abs. 2 ErbStR 2011, H E 14.2 (2) ErbStH 2011.[42]

Beispiel 3:

V schenkt seinem Sohn S im Jahr 2003 einen Betrieb mit einem Steuerwert von 850.000 €. Das FA setzte hierfür in 2003 die Schenkungsteuer nach der Rechtslage 2003 zutreffend wie folgt fest:

Steuerwert	850.000 €	
abzgl. Freibetrag (§ 13a Abs. 1 ErbStG i. d. F. 2003)	– 256.000 €	
	594.000 €	
× 60% (§ 13a Abs. 2 ErbStG i. d. F. 2003)	356.400 €	
abzgl. Freibetrag (§ 15 Abs. 1 I, § 16 Abs. 1 Nr. 2 ErbStG)	– 205.000 €	
verbleiben	151.400 €	151.400 €
Steuersatz Steuerklasse I (11 % von 151.400 €)		16.654 €

V schenkt dem S weiteres nach § 13b ErbStG n. F. begünstigte Betriebsvermögen im Jahr 2009 mit Steuerwert von 1,4 Mio. €. Hierfür wird der Verschonungsabschlag nach § 13b Abs. 4 ErbStG i. H. von 85 % beansprucht.

Lösung:

Bezüglich § 13a ErbStG ist bei dem im Jahr 2003 geschenkten Betriebsvermögen weiterhin auf das Recht zur Zeit der Vorschenkung (hier 2003) abzustellen, nicht auf das neue Recht in 2009 (siehe oben, unter Berücksichtigung des Verschonungsabschlags und des Abzugsbetrags würde sich ein Wert von 0 € ergeben).

---

41 So auch Jülicher, ZEV 1994 S. 285 zur Rechtslage vor 2009.
42 Zur Rechtslage vor 2009 siehe Stempel, UVR 2002 S. 11; insbesondere auch den überarbeiteten H 71 ErbStH 2003, gleichlautende Ländererlasse vom 01.12.2005, BStBl 2005 I S. 1032.

6 Berechnung der Steuer

Berechnung der Steuer vor Anrechnung:

Steuerwert des aktuellen Vermögensanfalls		
Produktivvermögen 2009	1.400.000 €	
Verschonungsabschlag 85 %		
(§ 13a Abs. 1, § 13b Abs. 4 ErbStG)	1.190.000 €	
verbleiben	210.000 €	
Abzugsbetrag (§ 13a Abs. 2 ErbStG):		
150.000 € – 30.000 € (50 % von 60.000 €)	– 120.000 €	
verbleiben		90.000 €
Vorerwerb 2003 (s. o.)		356.400 €
Gesamterwerb		446.400 €
abzgl. Freibetrag (§ 15 Abs. 1 I, § 16 Abs. 1 Nr. 2 ErbStG)		– 400.000 €
steuerpflichtiger Erwerb		46.400 €
Steuer (§ 15 Abs. 1 I, § 19 Abs. 1 ErbStG)		
bei Steuersatz 7 %		3.248 €

Hervorzuheben ist, dass der Freibetrag nach § 13a Abs. 1 ErbStG a. F. dem Abzugsbetrag nach § 13a Abs. 2 ErbStG nicht entgegensteht (R E 13a.2 Abs. 2 Satz 4 ErbStR 2011).

Fiktive Steuer für den Vorerwerb:

früherer Erwerb zum damaligen Steuerwert	356.400 €
abzgl. Freibetrag (§ 15 Abs. 1 I, § 16 Abs. 1 Nr. 2 ErbStG)	
(Freibetrag 400.000 €, aber max. verbrauchter Freibetrag)	– 205.000 €
steuerpflichtiger Vorerwerb im 10-Jahres-Zeitraum	151.400 €
fiktive Steuer für Vorerwerb	
(§ 15 Abs. 1 I, § 19 Abs. 1 ErbStG) bei Steuersatz 11 %	16.654 €
Tatsächliche Steuer für Vorerwerb (siehe oben)	16.654 €

Da die tatsächliche Steuer für den Vorerwerb nicht höher ist, ist die fiktive Steuer anzurechnen.

Festzusetzende Steuer nach Anrechnung:

Steuer vor Anrechnung	3.248 €
abzgl. fiktive Steuer	– 3.248 €
verbleiben	0 €

Die Kontrollrechnung nach § 14 Abs. 1 Satz 4 ErbStG führt zum gleichen Ergebnis, da sich bei einem steuerpflichtigen Erwerb von 90.000 € nach Abzug des persönlichen Freibetrags ebenfalls eine Steuer von 0 € ergibt.

Auch die Tarifbegrenzung nach § 19a ErbStG wirkt sich nur aus, soweit zum **Letzterwerb** tarifbegünstigtes Vermögen gehört R E 14.2 Abs. 2 ErbStR 2011, H E 14.2 (3) ErbStH 2011).[43]

Beispiel 4:

Unternehmerin U hatte 2004 einen Neffen schenkweise an ihrem Unternehmen beteiligt. Die Beteiligung hatte einen Steuerwert von 850.000 €.

---

[43] Zur Rechtslage vor 2009 siehe Stempel, UVR 2002 S. 11; insbesondere auch den überarbeiteten H 71 ErbStH 2003; gleichlautende Ländererlasse vom 01.12.2005, BStBl 2005 I S. 1032.

6.1 Zusammenrechnung von Erwerben – § 14 ErbStG

Das Finanzamt setzte hierfür in 2004 die Schenkungsteuer nach der Rechtslage 2004 zutreffend wie folgt fest:

Steuerwert	850.000 €	
abzgl. Freibetrag § 13a Abs. 1 ErbStG i. d. F. 2004	– 225.000 €	
	625.000 €	
× 65 % (§ 13a Abs. 2 ErbStG i. d. F. 2004)	406.250 €	406.250 €
abzgl. Freibetrag (§ 15 Abs. 1 II, § 16 Abs. 1 Nr. 5 ErbStG)		– 10.300 €
verbleiben (abgerundet)		395.900 €
Tarifentlastung (§ 19a ErbStG i. d. F. 2004)		
Steuerklasse II: 395.900 € × 22 % =	87.098 €	87.098 €
Steuerklasse I: 395.900 € × 15 % =	– 59.385 €	
Differenz	27.713 €	
Entlastungsbetrag: 88 % der Differenz	24.388 €	– 24.388 €
Schenkungsteuer		62.710 €

2010 schenkt sie ihm Kapitalvermögen mit einem Steuerwert von 500.000 €.

Lösung:
Bezüglich § 13a, § 19a ErbStG ist bei dem im Jahr 2004 geschenkten Betriebsvermögen weiterhin auf das Recht zur Zeit der Vorschenkung (hier 2004) abzustellen, nicht auf das neue Recht in 2010 (siehe Beispiel).

Berechnung der Steuer vor Anrechnung:

Steuerwert des aktuellen Vermögensanfalls:	500.000 €
Vorerwerb 2004 (s. o.)	406.250 €
Gesamterwerb	906.250 €
abzgl. Freibetrag (§ 15 Abs. 1 II, § 16 Abs. 1 Nr. 5 ErbStG)	– 20.000 €
steuerpflichtiger Erwerb	886.250 €
abgerundet (§ 10 Abs. 1 Satz 6 ErbStG)	886.200 €
Steuer (§ 15 Abs. 1 II, § 19 Abs. 1 ErbStG)	
bei Steuersatz 30 %	265.860 €

Fiktive Steuer für den Vorerwerb:

früherer Erwerb zum damaligen Steuerwert	356.400 €
abzgl. Freibetrag (§ 15 Abs. 1 II, § 16 Abs. 1 Nr. 5 ErbStG)	
(Freibetrag 20.000 €, aber max. verbrauchter Freibetrag)	– 10.300 €
steuerpflichtiger Vorerwerb im 10-Jahres-Zeitraum	346.100 €
fiktive Steuer für Vorerwerb	
(§ 15 Abs. 1 II, § 19 Abs. 1 ErbStG) bei Steuersatz 25 %	
(ohne Tarifbegrenzung nach § 19a ErbStG)	86.525 €
Tatsächliche Steuer für Vorerwerb (siehe oben)	62.710 €

Da die tatsächliche Steuer für den Vorerwerb nicht höher ist, ist die fiktive Steuer ohne Tarifbegrenzung nach § 19a ErbStG anzurechnen.

Festzusetzende Steuer nach Anrechnung:

Steuer vor Anrechnung	265.860 €
abzgl. fiktiver Steuer	– 62.710 €
verbleiben	203.150 €

6 Berechnung der Steuer

Die Mindeststeuer (§ 14 Abs. 1 Satz 4 ErbStG) kommt nicht zur Anwendung.

Schenkung 2010:	500.000 €
abzgl. Freibetrag (§ 15 Abs. 1 I, § 16 Abs. 1 Nr. 5 ErbStG)	− 20.000 €
verbleiben	480.000 €
Steuer (§ 15 Abs. 1 II, § 19 Abs. 1 ErbStG) bei Steuersatz 25 %	120.000 €

Beispiel 5:
Unternehmerin U hatte 2005 einem Neffen Kapitalvermögen geschenkt mit einem Steuerwert von 500.000 €.

Steuerwert	500.000 €
abzgl. Freibetrag (§ 15 Abs. 1 II, § 16 Abs. 1 Nr. 5 ErbStG)	− 10.300 €
steuerpflichtiger Erwerb	489.700 €
Steuer (§ 15 Abs. 1 II, § 19 Abs. 1 ErbStG) bei Steuersatz 22 %	107.734 €

Im Jahr 2010 schenkt sie ihm eine Beteiligung an ihrem Unternehmen mit einem Steuerwert von 1.500.000 €.

Berechnung der Steuer vor Anrechnung:

Steuerwert des aktuellen Vermögensanfalls Produktivvermögen 2010:	1.500.000 €	
Verschonungsabschlag 85 % (§ 13a Abs. 1, § 13b Abs. 4 ErbStG)	− 1.275.000 €	
verbleiben	225.000 €	
Abzugsbetrag (§ 13a Abs. 2 ErbStG): 150.000 € − 37.500 € (50 % von 75.000 €)	− 112.500 €	
verbleiben		112.500 €
Vorerwerb 2003 (s. o.)		500.000 €
Gesamterwerb		612.500 €
abzgl. Freibetrag (§ 15 Abs. 1 II, § 16 Abs. 1 Nr. 5 ErbStG)		− 20.000 €
steuerpflichtiger Erwerb		592.500 €
Steuer (§ 15 Abs. 1 II, § 19 Abs. 1 ErbStG) bei Steuersatz 25 %		148.125 €

Fiktive Steuer für den Vorerwerb:

früherer Erwerb zum damaligen Steuerwert	500.000 €
abzgl. Freibetrag (§ 15 Abs. 1 II, § 16 Abs. 1 Nr. 5 ErbStG) (Freibetrag 20.000 €, aber max. verbrauchter Freibetrag)	− 10.300 €
steuerpflichtiger Vorerwerb im 10-Jahres-Zeitraum	489.700 €
fiktive Steuer für Vorerwerb (§ 15 Abs. 1 II, § 19 Abs. 1 ErbStG) bei Steuersatz 25 %	122.425 €
Tatsächliche Steuer für Vorerwerb	107.734 €

Da die tatsächliche Steuer für den Vorerwerb nicht höher ist, ist die fiktive Steuer anzurechnen.

Festzusetzende Steuer nach Anrechnung:

Steuer vor Anrechnung	148.125 €
fiktive Steuer für Vorerwerb	− 122.425 €
Steuer nach Anrechnung	25.700 €

6.1 Zusammenrechnung von Erwerben – § 14 ErbStG

Die Mindeststeuer (§ 14 Abs. 1 Satz 4 ErbStG) kommt nicht zur Anwendung.

Schenkung 2010:	112.500 €
abzgl. Freibetrag (§ 15 Abs. 1 II, § 16 Abs. 1 Nr. 5 ErbStG)	− 20.000 €
steuerpflichtiger Erwerb	92.500 €
Steuer (§ 15 Abs. 1 II, § 19 Abs. 1 ErbStG) bei Steuersatz 20 %	16.650 €

Zu den sog. quantitativen Befreiungsvorschriften gehört auch der Versorgungsfreibetrag nach § 17 ErbStG (nur bei Erwerben von Todes wegen). Nach den vorstehend aufgestellten Regeln ist also die Zuwendung in die Zusammenrechnung einzubeziehen. Nach dem Wortlaut des § 14 Abs. 1 Satz 2 ErbStG ist nunmehr die Steuer anzurechnen, die für den früheren Erwerb zur Zeit des letzten zu erheben gewesen wäre, also auch unter Berücksichtigung des Versorgungsfreibetrags. Dieses Ergebnis würde aber im Widerspruch zum Sinn und Zweck sowohl des § 17 ErbStG als auch des § 14 ErbStG stehen, da der Freibetrag nach § 17 ErbStG sich dann nicht auswirken würde. Aus diesem Grund ist der Vorerwerb nicht um den Versorgungsfreibetrag, sondern nur um den normalen Freibetrag zu kürzen. Dasselbe Ergebnis ergibt sich auch schon aus dem Wortlaut der Vorschrift, wenn § 14 ErbStG in diesem Punkt anders gelesen wird: Für die Vorschenkung ist als fiktive Steuer der Betrag von der Steuer für den Gesamtbetrag abzuziehen, der sich für die Schenkung (dort gilt § 17 ErbStG aber nicht) zur Zeit des Erwerbs von Todes wegen ergibt. In der Regel führt § 14 Abs. 1 Satz 3 ErbStG (Anrechnung der tatsächlich zu entrichtenden Steuer) hier ohnehin zum zutreffenden Ergebnis.

Beispiel 6:
M schenkt seiner Ehefrau im Jahr 2009 den Betrag von 700.000 €. Im Jahr 2010 stirbt M und hinterlässt seiner Ehefrau weitere 500.000 €. F steht der Freibetrag nach § 17 ErbStG in vollem Umfang zu.

§ 17 gilt nicht für die Schenkung im Jahr 2009. Dies wirkt sich aber erst bei der Berechnung der fiktiven Steuer aus, nicht schon bei der Ermittlung der Steuer vor Anrechnung.

Berechnung der Steuer vor Anrechnung:

Steuerwert des aktuellen Vermögensanfalls	500.000 €
zzgl. früherer Erwerb zum damaligen Steuerwert	+ 700.000 €
Zwischensumme	1.200.000 €
abzgl. Freibetrag (§ 15 Abs. 1 I, § 16 Abs. 1 Nr. 1 ErbStG)	− 500.000 €
abzgl. Versorgungsfreibetrag (§ 17 Abs. 1 Nr. 1 ErbStG)	
m. E. ungekürzt, obwohl nur 500.000 € durch Erbfall erworben	− 256.000 €
steuerpflichtiger Erwerb im 10-Jahres-Zeitraum	444.000 €
Steuer vor Anrechnung (§ 15 Abs. 1 I, § 19 Abs. 1 ErbStG) bei Steuersatz 15 %	66.600 €

Fiktive Steuer für den Vorerwerb:

früherer Erwerb zum damaligen Steuerwert	700.000 €
abzgl. Freibetrag (§ 15 Abs. 1 I, § 16 Abs. 1 Nr. 1 ErbStG) (Freibetrag 500.000 €, aber max. verbrauchter Freibetrag)	− 500.000 €
kein Freibetrag gem. § 17 ErbStG	

6 Berechnung der Steuer

steuerpflichtiger Vorerwerb	200.000 €
fiktive Steuer für Vorerwerb	
(§ 15 Abs. 1 I, § 19 Abs. 1 ErbStG) bei Steuersatz 11 %	22.000 €
Tatsächliche Steuer für Vorerwerb (siehe oben)	22.000 €
Festzusetzende Steuer nach Anrechnung:	
Steuer vor Anrechnung (§ 15 Abs. 1 I, § 19 Abs. 1 ErbStG)	66.600 €
abzgl. tatsächlicher Steuer	− 22.000 €
verbleiben	44.600 €

Die Mindeststeuer (§ 14 Abs. 1 Satz 4 ErbStG) kommt nicht zur Anwendung.

6.1.6 Schenkungskette über einen Zeitraum von mehr als 10 Jahren

Bei der Zusammenrechnung von mehr als zwei Erwerben treten dann keine Schwierigkeiten auf, wenn alle Erwerbe innerhalb des 10-Jahres-Zeitraums liegen (siehe auch H E 14.1 (4) ErbStH 2011).

Beispiel 1:
Großvater G schenkt seinem Enkel E, dessen Eltern noch leben, in den Jahren 01 bis 04 jedes Jahr 150.000 €. Die Steuer wird unter Berücksichtigung des § 14 ErbStG wie folgt ermittelt:

	01	02	03	04
Schenkung	150.000 €	300.000 €	450.000 €	600.000 €
abzgl. Freibetrag	− 200.000 €	− 200.000 €	− 200.000 €	− 200.000 €
verbleiben	0 €	100.000 €	250.000 €	400.000 €
Steuersatz	0 %	11 %	11 %	15 %
Steuer		11.000 €	27.500 €	60.000 €
anzurechnende Steuer	− 0 €	− 0 €	− 11.000 €	− 27.500 €
Steuer insgesamt also:		11.000 €	16.500 €	32.500 €

das entspricht einem Erwerb i. H. von	600.000 €
abzgl. Freibetrag	− 200.000 €
verbleiben	400.000 €
Steuersatz 15 %	60.000 €

Erstreckt sich aber eine Kette von Schenkungen über einen **10-Jahres-Zeitraum hinaus** (wobei die äußeren Glieder der Kette mit mittleren in einem 10-Jahres-Zeitraum verbunden sind), wird die Sache komplizierter.[44] Durch § 14 Abs. 1 Satz 3 ErbStG hat sich diese Problematik zwar ab 1996 entschärft,[45] ist aber nicht gänzlich entfallen. Reicht eine Schenkungskette über einen Zeitraum von mehr als 10 Jahren, sollte sich nach früherer Auffassung der Finanzverwaltung die Bemessungsgrundlage der Abzugsteuer stets um den vollen Freibetrag für die Vorerwerbe vermindern mit der Folge, dass der zu Beginn des jeweils letzten 10-Jahres-Zeitraums zu berücksichtigende persönliche Freibetrag neutralisiert wurde. Um den per-

---
44 Siehe bereits BFH vom 17.11.1977, BStBl 1978 II S. 220, und vom 30.01.2002, BStBl 2002 II S. 316.
45 Götz, ZEV 2001 S. 9.

6.1 Zusammenrechnung von Erwerben – § 14 ErbStG

sönlichen Freibetrag, der dem Erwerber für jeden 10-Jahres-Zeitraum zusteht, zur Wirkung kommen zu lassen, sollte für die Ermittlung der Abzugsteuer bei Beginn eines neuen 10-Jahres-Zeitraums der im vorhergehenden 10-Jahres-Zeitraum verbrauchte persönliche Freibetrag als **„wiederauflebender Freibetrag"** hinzuzurechnen sein.[46] Diese in R 70 Abs. 4 ErbStR 2003, H 70 Abs. 4 ErbStH 2003 vorgesehenen Berechnung hat die Finanzverwaltung aufgrund der Rechtsprechung des BFH allerdings modifizieren müssen. Denn nach dessen Auffassung ist bei der Berücksichtigung früherer Erwerbe nach § 14 ErbStG die Erbschaft- oder Schenkungsteuer für den letzten Erwerb so zu berechnen, dass sich der dem Steuerpflichtigen zur Zeit dieses Erwerbs zustehende persönliche Freibetrag tatsächlich auswirkt, soweit er nicht innerhalb von 10 Jahren vor diesem Erwerb verbraucht worden ist. Soweit eine Schenkungskette über einen Zeitraum von mehr als 10 Jahren reicht, ist daher – entgegen R 70 Abs. 4 Satz 2 ErbStR 2003 – ein „wiederauflebender Freibetrag" nicht mehr hinzuzurechnen (R E 14.1 Abs. 4 Satz 2 ErbStR 2011).[47] Werden die Rechtsprechung des BFH und die geänderten Verwaltungsanweisungen auf die mit dem ErbStRG geschaffene Rechtslage übertragen, ergibt sich in Anlehnung an das Schrifttum für einen „Autor mit Freude am Rechnen" die folgende Berechnung.

Beispiel 2:
Mutter M schenkt ihrer Tochter in den Jahren 1997 und 2002 jeweils Barvermögen im Wert von (umgerechnet) 600.000 € und 2010 Barvermögen im Wert von 500.000 €. Für die Schenkung 1997 waren 15 % von (abgerundet) 395.400 € (600.000 € abzgl. 204.516 € persönlicher Freibetrag [400.000 DM umgerechnet in Euro = 204.516 €]) = 59.310 € als Steuer festgesetzt worden.

Erwerb 2002:

Steuerwert des Vermögensanfalls 2002	600.000 €
zzgl. früherer Erwerb 1997	600.000 €
Gesamterwerb 2002	1.200.000 €
abzgl. Freibetrag 2002	− 205.000 €
steuerpflichtiger Erwerb im 10-Jahres-Zeitraum	995.000 €
Steuer bei Steuersatz (2002) von 19 %	189.050 €
abzgl. Steuer auf Vorerwerb 1997	− 59.310 €
Steuer 2002	129.740 €

Erwerb 2010:

Steuerwert des Vermögensanfalls 2010	500.000 €
zzgl. früherer Erwerb 2002 (nicht mehr 1997)	600.000 €
Gesamterwerb	1.100.000 €

---

46 So R 70 Abs. 4 ErbStR 2003 mit entsprechendem Beispiel in H 70 Abs. 4 ErbStH 2003.
47 BFH vom 02.03.2005, BStBl 2005 II S. 728, und hierzu H 70 Abs. 4 ErbStH 2003 i. d. F. der gleichlautenden Ländererlasse vom 01.12.2005, BStBl 2005 I S. 1032; siehe auch Stempel, UVR 2005 S. 372; Moench/Stempel, DStR 2008 S. 170 (172) mit einem Beispiel für „Leser mit Freude am Rechnen".

6 Berechnung der Steuer

abzgl. Freibetrag 2010		− 400.000 €
steuerpflichtiger Erwerb im 10-Jahres-Zeitraum		700.000 €
Steuer bei Steuersatz (2010) von 19 %		133.000 €
Fiktive Steuer 2010 für Vorerwerb 2002:		
Erwerb 2002		600.000 €
abzgl. Freibetrag (§ 15 Abs. 1 I, § 16 Abs. 1 Nr. 2 ErbStG)		
max. 400.000 €, aber höchstens beim Erwerb 2002		
verbrauchter Freibetrag:		
Freibetrag 2002	205.000 €	
abzgl. verbrauchter Freibetrag 1997	− 204.516 €	
abzugsfähiger Freibetrag		− 484 €
steuerpflichtiger Erwerb		599.516 €
abgerundet		599.500 €
fiktive Steuer 2010 bei Steuersatz 15 %		89.925 €
Tatsächliche Steuer für Vorerwerb 2002		**129.740 €**
Festzusetzende Steuer nach Anrechnung:		
Steuer vor Anrechnung		133.000 €
abzgl. tatsächlicher Steuer (höher als fiktive Steuer)		− 129.740 €
Steuer nach Anrechnung		3.260 €
Die Mindeststeuer (§ 14 Abs. 1 Satz 4 ErbStG) kommt hier zur Anwendung.		
Schenkung 2010		500.000 €
abzgl. Freibetrag (§ 15 Abs. 1 I, § 16 Abs. 1 Nr. 2 ErbStG)		− 400.000 €
steuerpflichtiger Erwerb		100.000 €
Steuer (§ 15 Abs. 1 I, § 19 Abs. 1 ErbStG)		
bei Steuersatz 11 %		11.000 €

Beispiel 3:
Mutter M schenkt ihrer Tochter in den Jahren 1997 und 2005 jeweils Barvermögen im Wert von (umgerechnet) 200.000 € und 2010 Barvermögen im Wert von 600.000 €. Für die Schenkung 1997 waren 11 % von (abgerundet) 95.480 € (300.000 € − 204.516 € persönlicher Freibetrag [400.000 DM umgerechnet in Euro = 204.516 €]) = 10.502 € als Steuer festgesetzt worden.

Erwerb 2005:

Steuerwert des Vermögensanfalls 2005	200.000 €
zzgl. früherer Erwerb 1997	200.000 €
Gesamterwerb	400.000 €
abzgl. Freibetrag 2005	− 205.000 €
steuerpflichtiger Erwerb	195.000 €
Steuer bei Steuersatz (2005) von 11 %	21.450 €
Steuer auf Vorerwerb 1997	− 10.502 €
Steuer 2005	10.948 €

Erwerb 2010:

Steuerwert des Vermögensanfalls 2010	600.000 €
zzgl. früherer Erwerb 2005	200.000 €
Gesamterwerb	800.000 €

6.1 Zusammenrechnung von Erwerben – § 14 ErbStG

Freibetrag 2010		– 400.000 €
steuerpflichtiger Gesamterwerb		400.000 €
Steuer bei Steuersatz (2010) von 15 %		60.000 €
Fiktive Steuer 2010 für Vorerwerb 2005:		
Barvermögen 2005		200.000 €
Freibetrag 2010		
max. 400.000 €, aber höchstens beim Erwerb 2005		
verbrauchter Freibetrag:		
Freibetrag 2005	205.000 €	
abzgl. verbrauchter Freibetrag 1997	– 204.516 €	
abzugsfähiger Freibetrag		– 484 €
steuerpflichtiger Erwerb		199.516 €
abgerundet		199.500 €
fiktive Steuer 2010 bei Steuersatz 11 %		21.945 €
Tatsächliche Steuer für Vorerwerb 2005		10.948 €
Festzusetzende Steuer nach Anrechnung:		
Steuer vor Anrechnung		60.000 €
abzgl. fiktiver Steuer (tatsächliche nicht höher)		– 21.945 €
Steuer nach Anrechnung		38.055 €
Die Mindeststeuer (§ 14 Abs. 1 Satz 4 ErbStG) kommt nicht zur Anwendung.		
Schenkung 2010		600.000 €
abzgl. Freibetrag (§ 15 Abs. 1 I, § 16 Abs. 1 Nr. 2 ErbStG)		– 400.000 €
steuerpflichtiger Erwerb		200.000 €
Steuer (§ 15 Abs. 1 I, § 19 Abs. 1 ErbStG)		
bei Steuersatz 11 %		22.000 €

Für die Beispiele in H 82 „Anrechnung ausländischer Nachlasssteuer bei der Zusammenrechnung" und H 84 „Jahressteuer bei Zusammenrechnung eines Rentenerwerbs mit Vorerwerben" ErbStH 2003 siehe auch die Änderungen der Berechnung durch die gleichlautenden Ländererlasse vom 01.12.2005 (BStBl 2005 I S. 1032).

Nach Auffassung des BFH[48] wirft § 14 Abs. 1 Satz 3 ErbStG (als nunmehr abschließende Regelung) allerdings die Frage auf, ob diese zum alten Recht erforderliche Korrektur der Überprogression weiterhin zulässig ist. Er ließ die Frage ausdrücklich offen.

6.1.7 Zusammenrechnung bei Übernahme der Schenkungsteuer

Hat der Schenker die Entrichtung der vom Beschenkten geschuldeten Steuer übernommen oder ist sie vom Erblasser einem anderen auferlegt, so ist jeweils der Erwerb mit dem Betrag anzusetzen, der sich ergibt, wenn die Steuer, die zunächst für den Nettowert ermittelt worden ist, diesem hinzugerechnet wird (§ 10 Abs. 2 ErbStG). Nach dieser – sachlich und rechnerisch – vereinfachten Methode wird die

---

48 BFH vom 30.01.2002, BStBl 2002 II S. 316.

6 Berechnung der Steuer

Steuerübernahme – soweit sie nicht erst nachträglich erfolgt – also nicht als ein zusätzlicher Steuerfall, sondern als eine Werterhöhung des Erwerbs behandelt, obwohl die tatsächliche Bereicherung des Erwerbers höher ist, nämlich Nettowert der Zuwendung plus tatsächlich vom Schenker oder Dritten zu zahlender Steuer (s. o. 5.1.6). Diese Entscheidung des Gesetzgebers muss auch im Rahmen des § 14 ErbStG beachtet werden, d. h., als früherer Wert der Zuwendung ist der Wert anzusetzen, der sich bei einer Zusammenrechnung des Nettowerts der Zuwendung und der hierfür errechneten Steuer ergibt, da andernfalls die vom Gesetzgeber zu § 10 Abs. 2 ErbStG getroffene Entscheidung über § 14 ErbStG wieder aufgehoben würde.[49]

Beispiel:
Vater V schenkt seinem Kind K 450.000 € im Jahr 01 und weitere 450.000 € im Jahr 05. V hat für beide Schenkungen die Entrichtung der Steuer übernommen.

Steuer für die erste Schenkung im Jahr 01:

Erwerb		450.000 €
daraus errechnete Steuer	450.000 €	
	– 400.000 €	
	50.000 €	
Steuer (§ 15 Abs. 1 I, § 19 Abs. 1 ErbStG)		
bei Steuersatz 7 %		+ 3.500 €
Gesamterwerb 01 (= früherer Wert i. S. des § 14 ErbStG)		453.500 €
Freibetrag § 16 ErbStG		– 400.000 €
steuerpflichtiger Erwerb (abgerundet)		53.500 €
Steuersatz 7 %		3.745 €
tatsächliche Bereicherung also		453.745 €

Steuer für die zweite Schenkung im Jahr 05:

Steuer ohne Steuerübernahme durch V		450.000 €
Steuerwert des Vermögensanfalls 05		453.500 €
Erwerb 01		903.500 €
Freibetrag § 16 ErbStG		– 400.000 €
		503.500 €
Steuersatz 15 %		75.525 €
abzgl. fiktiver Steuer für die erste Schenkung im Jahr 01		– 3.745 €
		71.780 €
Erwerb 05 also		521.780 €
Erwerb 01		453.500 €
		975.280 €
Freibetrag § 16 ErbStG		– 400.000 €
Gesamterwerb einschl. Steuer (abgerundet)		575.200 €
Steuersatz 15 %		86.280 €
fiktive Steuer für die erste Schenkung im Jahr 01		– 3.745 €
		82.535 €

---

[49] BFH vom 17.11.1977, BStBl 1978 II S. 220.

6.1.8 Zusammenrechnung mit steuerlich negativen Zuwendungen

Erwerbe, für die sich nach den steuerlichen Bewertungsgrundsätzen kein positiver Wert ergeben hat, bleiben nach § 14 Abs. 1 Satz 5 ErbStG unberücksichtigt. Diese Regelung gilt nur für zeitlich getrennt ausgeführte Schenkungen. Mit einheitlichem Schenkungsvertrag ausgeführte Schenkungen mit positivem und negativem Wert sind daher auszugleichen[50] – eine Erkenntnis, die jedem, der steuerberatend tätig ist, geläufig sein sollte. Negative Steuerwerte sollen möglichst nicht „verschenkt" werden. Sie werden nach der Reform des BewG durch das ErbStRG 2009 allerdings nur noch selten vorkommen, da die geänderten Bewertungsregeln zu einem Steuerwert führen sollen, der dem Verkehrswert entspricht.

Beispiel 1:
Vater V schenkt seinem Sohn S im Jahr 01 einen überschuldeten Gewerbebetrieb. Der negative Verkehrswert/Steuerwert beträgt – 75.000 €. Im Jahr 05 schenkt V dem S weiteres Vermögen mit einem Steuerwert von 500.000 €. Die Schenkungsteuer für den Erwerb 05 wird wie folgt ermittelt:

Schenkung 05	500.000 €
abzgl. Freibetrag	– 400.000 €
verbleiben	100.000 €
Steuersatz 11 %	
Steuer	11.000 €

Der Erwerb im Jahr 01 bleibt nach § 14 Abs. 1 Satz 5 ErbStG unberücksichtigt.

Beispiel 2:
Vater V schenkt seinem Sohn S im Jahr 05 einen Gewerbebetrieb mit einem negativen Verkehrswert/Steuerwert von – 75.000 € und weiteres Vermögen mit einem Steuerwert von 500.000 €. Die Schenkungsteuer für den Erwerb 05 wird wie folgt ermittelt:

Schenkung Gewerbebetrieb	– 75.000 €
Schenkung weiteres Vermögen	500.000 €
abzgl. Freibetrag	– 400.000 €
verbleiben	25.000 €
Steuersatz 7 %	
Steuer	1.750 €

6.1.9 Verfahrensrechtliche Fragen

Die einzelnen Erwerbe unterliegen zunächst als selbständige steuerpflichtige Vorgänge jeweils für sich der Steuer.[51] Demzufolge bleibt eine zwar fehlerhafte, aber unanfechtbar gewordene Steuerfestsetzung für einen früheren Erwerb rechtswirksam. Schon nach dem Wortlaut des § 14 ErbStG sind die Steuerbescheide über die Vorerwerbe aber keine Grundlagenbescheide i. S. der §§ 179 ff. AO (insbesondere §§ 182 und 175 Abs. 1 Nr. 1 AO) für den Steuerbescheid über den letzten Erwerb.[52]

---

50 BFH vom 18.03.1981, BStBl 1981 II S. 532.
51 BFH vom 16.12.1992 II R 114/89, BFH/NV 1993 S. 298, und vom 07.10.1998, BStBl 1999 II S. 25.
52 BFH, ZEV 2001 S. 411.

6 Berechnung der Steuer

Bei der Zusammenrechnung nach § 14 Abs. 1 Satz 1 ErbStG sind die früheren Erwerbe mit den ihnen (damals) zukommenden richtigen Werten anzusetzen und nicht mit den (falschen) Werten, die den vorangegangenen Steuerfestsetzungen für diese Erwerbe zugrunde gelegt worden waren.[53] Beim Steuerabzug nach § 14 Abs. 1 Satz 2 ErbStG wird folglich „die Steuer abgezogen, die zu erheben gewesen wäre" und nach § 14 Abs. 1 Satz 3 ErbStG „die tatsächlich zu entrichtende Steuer". Die „tatsächlich für die in die Zusammenrechnung einbezogenen früheren Erwerbe zu entrichtende Steuer" i. S. des § 14 Abs. 1 Satz 3 ErbStG ist nach Auffassung des BFH nämlich die Steuer, die bei zutreffender Beurteilung der Sach- und Rechtslage für diese Erwerbe festzusetzen gewesen wäre, und nicht die dafür wirklich festgesetzte Steuer.[54]

Beispiel:

Die Tochter erhält von ihrer Mutter einen landwirtschaftlichen Betrieb geschenkt (Vorerwerb). Die bestandskräftige Festsetzung der Schenkungsteuer enthält nicht die Steuervergünstigungen des § 13a ErbStG a. F. 5 Jahre später wird die Tochter Miterbin nach ihrer Mutter (Letzterwerb).

Im Rahmen der Zusammenrechnung beider Erwerbe wird gem. § 14 Abs. 1 Satz 3 ErbStG die Steuer auf den Vorerwerb nur insoweit angerechnet, wie diese sich ergeben würde, wenn der Bewertungsabschlag nach § 13a ErbStG beim Vorerwerb berücksichtigt worden wäre. Damit wird weniger angerechnet, als tatsächlich gezahlt worden ist. Nach Auffassung des BFH ist nämlich nicht die zu hohe bestandskräftig festgesetzte Steuer auf den Vorerwerb abzuziehen, sondern die Steuer, die bei zutreffender Beurteilung der Sach- und Rechtslage für den Vorerwerb festzusetzen gewesen wäre. Zur Frage, ob bei der Steuerfestsetzung für mehrere Erwerbe nach § 14 ErbStG die materiell-rechtlich zutreffende oder die bestandskräftig zu hoch festgesetzte Schenkungsteuer auf den Vorerwerb abzuziehen ist, ist derzeit ein weiteres Verfahren beim BFH[55] anhängig.

Der mit dem ErbStRG 2009 eingeführte § 14 Abs. 2 ErbStG regelt den Ablauf der Festsetzungsfrist für die Steuerfestsetzung für einen Erwerb, wenn diesem Erwerb im Rahmen des § 14 Abs. 1 ErbStG ein früherer Erwerb hinzuzurechnen ist oder war und der Wert des früheren Erwerbs durch Eintritt eines Ereignisses sich mit steuerlicher Rückwirkung später ändert. Der Bescheid über den (Gesamt-)Erwerb ist nach § 175 Abs. 1 Satz 1 Nr. 2 AO zu ändern. Die Festsetzungsfrist für die Änderung dieses Bescheides endet nicht vor Ablauf der Festsetzungsfrist für den früheren Erwerb (siehe auch H E 14.3 „Festsetzungsfrist" ErbStH 2011).

---

[53] BFH vom 17.04.1991, BStBl 1991 II S. 522.
[54] BFH vom 09.07.2009, BStBl 2009 II S. 969.
[55] Aktenzeichen: II R 24/08.

6.1 Zusammenrechnung von Erwerben – § 14 ErbStG

Beispiel:
Ein Unternehmer verschenkt in 2009 einen nach §§ 13a, 13b ErbStG begünstigten Betrieb. In 2010 überträgt er weiteres nicht begünstigtes Vermögen an denselben Erwerber. Der Erwerber veräußert 2015 (innerhalb der Behaltensfrist) den in 2009 erworbenen Betrieb und verstößt damit gegen die Behaltensregelung des § 13a Abs. 5 ErbStG.
Die Steuerfestsetzung für den Erwerb 2009 ist zu ändern. Auch die Steuerfestsetzung für den Erwerb 2010 ist zu ändern, soweit sich die Verminderung der Verschonung für den Erwerb 2009 auf den Wert des Vorerwerbs auswirkt. Die Festsetzungsfrist für eine Änderung der Steuerfestsetzung zum Erwerb 2010 endet nicht vor Ablauf der Festsetzungsfrist für eine Änderung der Steuerfestsetzung zum Vorerwerb 2009.

Die Bestandskraft der vorangegangenen Steuerbescheide steht dieser Auslegung nach Auffassung des BFH nicht entgegen, da diesen Bescheiden keine Bindungswirkung (etwa im Sinne von Grundlagenbescheiden) für die Steuerfestsetzung nach § 14 Abs. 1 Nr. 1 ErbStG für den letzten Erwerb zukommt. Die einzelnen Erwerbe unterliegen nach Auffassung des BFH weiterhin als selbständige steuerpflichtige Vorgänge jeweils für sich der Steuer. Auch § 14 Abs. 1 Satz 1 ErbStG ändert hieran nichts; durch diese Vorschrift werden weder die früheren Steuerfestsetzungen mit der Steuerfestsetzung für den letzten Erwerb zusammengefasst, noch werden die einzelnen Erwerbe innerhalb eines 10-Jahres-Zeitraums zu einem einheitlichen Erwerb verbunden. Die Vorschrift trifft nach Ansicht des BFH lediglich eine besondere Anordnung für die Berechnung der Steuer, die für den (jeweils) letzten Erwerb innerhalb des 10-Jahres-Zeitraums festzusetzen ist.

Demzufolge bleibt eine zwar fehlerhafte, aber unanfechtbar gewordene Steuerfestsetzung für einen früheren Erwerb rechtswirksam. Eine damals falsch (zu hoch oder zu niedrig) festgesetzte Steuer ist jedoch im Rahmen der Zusammenrechnung nach § 14 Abs. 1 Satz 1 ErbStG 1974 nicht zu berücksichtigen. Vielmehr ist bei der Ermittlung der Steuer für den letzten Erwerb die richtig berechnete Steuer abzuziehen.[56]

Der Eintritt der Festsetzungsverjährung für die Vorschenkung hindert die Zusammenrechnung ebenfalls nicht. Nach Auffassung des FG Baden-Württemberg ist eine Verwirkung der Berücksichtigung der Vorschenkung auch nach 7 Jahren noch nicht zu bejahen.[57]

Zusammenrechnung nach § 14 ErbStG von strafbefreiend erklärtem Vorerwerb mit späterem Erwerb: Bei der Besteuerung eines Erwerbs, für den die Steuer nach dem 31.12.2002 entstanden ist, ist als früherer Erwerb i. S. des § 14 Abs. 1 ErbStG auch ein solcher zu berücksichtigen, für den der Erwerber aufgrund einer strafbefreienden Erklärung und Zahlung des Abgeltungsbetrags Strafbefreiung gem. § 1 Abs. 1 und 5 StraBEG wegen verkürzter Erbschaft- oder Schenkungsteuer erlangt hat.[58]

---
56 BFH vom 17.04.1991, BStBl 1991 II S. 522.
57 FG Baden-Württemberg, EFG 1988 S. 240.
58 BFH vom 12.10.2006 II R 40/05, BFH/NV 2007 S. 917.

6.1.10 Höchstbetrag der Steuer

Nach § 14 Abs. 3 ErbStG darf die durch jeden weiteren Erwerb veranlasste Steuer nicht mehr betragen als 50 % (= höchster Steuersatz) dieses Erwerbs. Diese für den letzten Erwerb veranlasste Steuer ist die unter Beachtung des § 14 Abs. 1 ErbStG ermittelte Steuer. Der Anwendungsbereich dieser Vorschrift ist allerdings in der Praxis nicht sehr groß (s. auch § 19 Abs. 3 ErbStG) und durch die Änderung der Steuersätze in der Steuerklasse III, die bis zu einem Betrag von 6.000.000 Euro einheitlich 30 % betragen, noch geringer geworden.

Beispiel:
A schenkt seinem Kind (Steuerklasse I) 6.600.000 € im Jahr 01 und vererbt im Jahr 05 weitere 700.000 €.

Erbfall im Jahr 05	700.000 €
Schenkung im Jahr 01	6.600.000 €
	7.300.000 €
Freibetrag	− 400.000 €
	6.900.000 €
Steuersatz 23 %	1.587.000 €
fiktive Steuer für den Erwerb im Jahr 01:	6.600.000 €
Freibetrag	− 400.000 €
	6.200.000 €
Steuer nach Härteausgleich:	
6.000.000 € × 19 % = 1.140.000 €; zzgl. 50 % von 200.000 €	1.240.000 €
durch den Erwerb im Jahr 05 veranlasste Steuer:	1.587.000 €
	1.240.000 €
	347.000 €
Höchstbetrag nach § 14 Abs. 2 ErbStG: 50 % von 700.000 € = 350.000 €	

Treffen in einem Steuerfall § 14 Abs. 2, § 21 und § 27 ErbStG zusammen, ist die sich für den steuerpflichtigen Erwerb ergebende Steuer zunächst nach § 27 ErbStG zu ermäßigen, auf die ermäßigte Steuer die ausländische Steuer nach Maßgabe des § 21 ErbStG anzurechnen und auf die danach festzusetzende Steuer die Begrenzung des § 14 Abs. 2 ErbStG anzuwenden (R E 14.1 Abs. 5 ErbStR 2011).

6.2 Steuerklassen – § 15 ErbStG

Der Gesetzgeber des Erbschaftsteuer- und Schenkungsteuergesetzes hat sich dafür entschieden, die Höhe der Steuer nicht nur von der Höhe der Bereicherung abhängig zu machen, sondern auch von dem Verwandtschaftsverhältnis der Beteiligten. Bei der Berechnung der Erbschaftsteuer kommt dem persönlichen Verhältnis des Erwerbers zum Erblasser oder Schenker – und der daran anknüpfenden Einteilung in Steuerklassen – eine mehrfache Bedeutung zu. Diese Steuerklassen haben Bedeutung z. B. für: die Höhe der persönlichen und zum Teil auch der sachlichen Freibeträge (§§ 13 und 16 ErbStG), die Höhe des Steuersatzes (§§ 19, 19a ErbStG)

6.2 Steuerklassen – § 15 ErbStG

und die Vergünstigung bei mehrfachem Erwerb desselben Vermögens (§ 27 ErbStG). Mit „persönlichem Verhältnis" i. S. des § 15 Abs. 1 ErbStG ist das Verwandtschaftsverhältnis gemeint; das wiederum bestimmt sich i. d. R. nach dem nach bürgerlichem Recht bestehenden Abstammungs- und Verwandtschaftsverhältnis. Maßgebend sind insoweit die Verhältnisse zur Zeit der Entstehung der Steuer. Bei (unerklärlich) falscher Steuerklassenzuordnung durch das Finanzamt kommt eine Berichtigung nach § 129 AO nicht in Betracht.[59]

Die Steuerklassen nach § 15 ErbStG im Überblick

Personenkreis	Steuerklasse
– Ehegatte und Lebenspartner nach LPartG – Kinder und Stiefkinder – Abkömmlinge der Kinder und Stiefkinder (Enkelkinder) – Eltern und Voreltern bei Erwerben von Todes wegen	I
– Eltern und Voreltern, wenn kein Erwerb von Todes wegen – Geschwister – Abkömmlinge ersten Grades von Geschwistern (Nichten und Neffen) – Stiefeltern – Schwiegerkinder – Schwiegereltern – der geschiedene Ehegatte und Lebenspartner	II
– alle übrigen Erwerber und – die Zweckzuwendungen	III

6.2.1 Steuerklasse I

Zur Steuerklasse I gehört der **Ehegatte** (s. §§ 1310 ff. BGB). Nach Scheidung der Ehe kommt die Steuerklasse II zum Zuge, ebenfalls bei Nichtigkeit. Dabei bleibt es auch dann, wenn die früheren Eheleute sich nach der Scheidung wieder versöhnt haben und zusammenleben. Auch aus Billigkeitsgründen (§ 227 Abs. 1 AO) kommt hier eine Besteuerung nach Steuerklasse I nicht in Betracht.[60] Verlobte fallen nicht unter Steuerklasse I. Eine analoge Anwendung des § 15 Abs. 1 (Steuerklasse I Nr. 1) ErbStG auf Verlobte oder nicht eheliche Lebensgemeinschaften ist nicht möglich, da bürgerlich-rechtliche Ehe und nicht eheliche Lebensgemeinschaft sich wesentlich voneinander unterscheiden. Der BFH hat auch verfassungsrechtliche Bedenken gegen dieses Ergebnis – sicherlich zu Recht – zurückgewiesen.[61] Diese Auffassung ist dann auch vom BVerfG bestätigt worden.[62]

---

59 BFH, ZEV 1999 S. 286.
60 FG Münster, EFG 1991 S. 199, S. 200.
61 BFH vom 27.10.1982, BStBl 1983 II S. 114, und vom 02.07.1997 II B 21/97, BFH/NV 1998 S. 74; so auch FG Düsseldorf, EFG 1992 S. 346.
62 BVerfG vom 01.06.1983, BStBl 1984 II S. 172, vom 15.11.1989, BStBl 1990 II S. 103, und vom 15.05.1990, BStBl 1990 II S. 764.

Eingetragene **Lebenspartner** im Sinne des LPartG sind aufgrund des JStG 2010 hinsichtlich der Steuerklasse den Ehegatten gleichgestellt und in die Steuerklasse I (bisher III) eingeordnet worden (§ 15 Abs. 1 I Nr. 1 ErbStG). Die vor dem Inkrafttreten des JStG 2010 gesetzliche Einordnung in die Steuerklasse III ist vom BVerfG[63] für verfassungswidrig befunden worden. Folge der Einordnung der Lebenspartner im Sinne des LPartG in die Steuerklasse I ist auch, dass der geschiedene Lebenspartner im Sinne des LPartG in die Steuerklasse II (§ 15 Abs. 1 II Nr. 7 ErbStG) einzuordnen ist.

Zur Steuerklasse I gehören nach § 15 Abs. 1 I Nr. 2 ErbStG weiterhin die **Kinder und Stiefkinder.** Kinder, die im maßgebenden Zeitpunkt noch nicht lebten, aber bereits gezeugt waren, gelten auch im Rahmen des § 15 ErbStG als vor dem maßgebenden Zeitpunkt geboren.

Das Kindschaftsverhältnis zur Mutter bestimmt sich nach § 1591 BGB: Mutter eines Kindes ist die Frau, die es geboren hat. Das Kindschaftsverhältnis zum Vater bestimmt sich nach § 1592 BGB; Vater eines Kindes ist der Mann,

1. der zum Zeitpunkt der Geburt mit der Mutter des Kindes verheiratet ist,
2. der die Vaterschaft anerkannt hat oder
3. dessen Vaterschaft nach § 1600d BGB gerichtlich festgestellt worden ist.

Auch **Adoptivkinder** (s. §§ 1741 ff. BGB) sind Kinder der sie adoptierenden Eltern, und zwar unabhängig davon, ob die Adoption nach altem oder neuem Adoptionsrecht erfolgt ist, und unabhängig davon, ob es sich um die Adoption eines Minderjährigen oder eines Volljährigen handelt. Das Adoptivkind bleibt erbschaftsteuerlich aber auch gegenüber seinen leiblichen Eltern Kind (§ 15 Abs. 1a ErbStG). Eine lediglich geplante Adoption ist erbschaftsteuerlich ohne Bedeutung.[64] Die Steuerklassen I und II Nr. 1 bis 3 gelten aber nicht, wenn die Verwandtschaft eines Stiefkindes zum Erblasser bereits vor dem Erbfall durch Aufhebung des Annahmeverhältnisses erloschen ist.[65]

Die Steuerklasse I erstreckt sich schließlich auch auf die **Stiefkinder**. Der Begriff „Stiefkind" wird im BGB nicht verwendet. Soweit er in den Steuergesetzen auftaucht, fehlt es an einer Definition. Was ein Stiefkind i. S. des § 15 ErbStG ist, ist daher durch Auslegung zu ermitteln. Nach der Rechtsprechung des BFH[66] sind Stiefkinder i. S. des § 15 ErbStG ohne Einschränkung die Kinder des anderen Ehegatten, also nicht gemeinschaftliche Kinder.

Pflegekinder (siehe § 15 Abs. 1 Nr. 8 AO, § 32 Abs. 1 Nr. 2 EStG) sind erbschaftsteuerrechtlich keine Kinder. **Sie sind** den in § 15 Abs. 1 ErbStG genannten Kin-

---

63 BVerfG vom 21.07.2010, DStR 2010 S. 1721.
64 FG Düsseldorf, UVR 2000 S. 395.
65 BFH vom 17.03.2010, BStBl 2010 II S. 554.
66 BFH vom 31.01.1973, BStBl 1973 II S. 453 und 454.

6.2 Steuerklassen – § 15 ErbStG

dern und Stiefkindern nach Auffassung des BFH auch dann **nicht gleichzustellen,** wenn ein Dauerpflegeverhältnis zum Erblasser bestand.[67]
Zur Steuerklasse I gehören nach § 15 Abs. 1 I Nr. 3 ErbStG auch **die Abkömmlinge der Kinder und Stiefkinder** – also „Enkelkinder". Abkömmlinge i. S. des § 15 ErbStG sind nicht nur die Kinder und Kindeskinder, sondern auch die Stiefkinder und Adoptivkinder.[68]

Zur Steuerklasse I gehören schließlich nach § 15 Abs. 1 I Nr. 4 ErbStG auch **die Eltern und Voreltern bei Erwerben von Todes wegen.** Eltern sind hier die leiblichen Eltern und Adoptiveltern, nicht die Stiefeltern und Schwiegereltern (siehe Steuerklasse II Nr. 4 und 6). Mit der Beschränkung der günstigeren Steuerklasse I auf Erwerbe von Todes wegen soll ausgeschlossen werden, dass bei Schenkungen unter Geschwistern auf dem Umweg über Schenkungen an die Eltern und von diesen an die Kinder Erbschaftsteuer gespart wird.

Beispiel:
Bruder B will Schwester S 40.000 € schenken.
Alternative a): B schenkt S 40.000 €.
Alternative b): B schenkt seinem Vater V die 40.000 €, dieser schenkt sie der S.

Der steuerpflichtige Erwerb beträgt:
Alternative a)

Schenkung an S	40.000 €
abzgl. Freibetrag (§ 15 Abs. 1 II, § 16 Abs. 1 Nr. 5)	– 20.000 €
verbleiben	20.000 €
Steuer (§ 15 Abs. 1 II, § 19 Abs. 1) bei Steuersatz 15 %	3.000 €

Alternative b)

Schenkung B an V	40.000 €
abzgl. Freibetrag (§ 15 Abs. 1 II, § 16 Abs. 1 Nr. 5)	– 20.000 €
verbleiben	20.000 €
Steuer (§ 15 Abs. 1 II, § 19 Abs. 1) bei Steuersatz 15 %	3.000 €
Schenkung V an S	40.000 €
abzgl. Freibetrag (§ 15 Abs. 1 I, § 16 Abs. 1 Nr. 2)	– 40.000 €
verbleiben	0 €
Steuer (§ 15 Abs. 1 I, § 19 Abs. 1) bei Steuersatz 7 %	0 €
Steuer für beide Schenkungen zusammen	3.000 €

Würde auch die Schenkung an den Vater unter Steuerklasse I fallen, würde bei der Alternative b) keine Steuer anfallen.

---

[67] BFH vom 24.11.2005 II B 27/05, BFH/NV 2006 S. 743.
[68] BFH vom 06.09.1989, BStBl 1989 II S. 898; H 72 ErbStH 2003.

6.2.2 Steuerklasse II

Zur Steuerklasse II gehören nach § 15 Abs. 1 II Nr. 2 ErbStG **die Eltern** (einschließlich Adoptiveltern) und Voreltern, soweit sie nicht (bei Erwerben von Todes wegen) zur Steuerklasse I gehören.

Weiterhin gehören zur Steuerklasse II nach § 15 Abs. 1 II Nr. 2 und 3 ErbStG **die Geschwister und die Abkömmlinge ersten Grades von Geschwistern.** Geschwister sind nicht nur vollbürtige (solche, die dasselbe Elternpaar haben), sondern auch halbbürtige (solche, die einen Elternteil gemeinsam haben). Abkömmlinge ersten Grades von Geschwistern sind die Geschwisterkinder, da der Grad der Verwandtschaft sich nach der Zahl der sie vermittelnden Geburten bestimmt (§ 1589 Satz 3 BGB) – also z. B. Onkel – Neffe, nicht aber Vettern untereinander.

Abkömmling von Geschwistern des Erblassers (Steuerklasse II Nr. 3) ist ein Adoptivkind auch dann, wenn sich die Wirkungen der Adoption nicht auf Verwandte des Annehmenden erstrecken und das Adoptivkind mit dem Erblasser selbst daher nicht verwandt ist.[69] Auch die **Stiefkinder von Geschwistern** sollen noch als „Abkömmlinge" i. S. der Steuerklasse II Nr. 3 angesehen werden (H E 15.1 ErbStH 2011).

Zur Steuerklasse II gehören nach § 15 Abs. 1 II Nr. 4 ErbStG **die Stiefeltern.** Stiefeltern sind solche Eltern, die Stiefkinder haben, bei denen also ansonsten das Kindschaftsverhältnis nur zu einem Ehegatten besteht.

Zur Steuerklasse II gehören ferner (§ 15 Abs. 1 II Nr. 5 und 6 ErbStG) die **Schwiegerkinder und die Schwiegereltern.** Schwiegerkind ist der eine Ehegatte im Verhältnis zu den Eltern des anderen Ehegatten; Schwiegereltern sind dementsprechend die Eltern des einen Ehegatten im Verhältnis zum anderen Ehegatten. Die Steuerklasse II ist hier auch dann noch anzuwenden, wenn die Ehe, durch welche die Schwägerschaft begründet ist, durch Scheidung aufgelöst wurde, da nach § 1590 Abs. 2 BGB die Schwägerschaft fortdauert, auch wenn die Ehe, durch die sie begründet wurde, aufgelöst ist. Auch Stiefschwiegerkinder sind Schwiegerkinder i. S. des § 15 Abs. 1 Steuerklasse II Nr. 5 ErbStG.[70]

Schließlich gehört zur Steuerklasse II (§ 15 Abs. 1 II Nr. 7 ErbStG) auch noch der **geschiedene Ehegatte** (ab Rechtskraft des Scheidungsurteils, §§ 1564 ff. BGB). Dabei bleibt es auch dann, wenn die früheren Eheleute sich nach der Scheidung wieder versöhnen und zusammenleben.[71] Verfassungsrechtliche Bedenken gegen diese Regelung weist der BFH[72] zurück. Die Partner einer für nichtig erklärten Ehe

---

69 BFH vom 14.05.1986, BStBl 1986 II S. 613.
70 BFH vom 06.02.1989, BStBl 1989 II S. 898.
71 FG Münster, EFG 1991 S. 199.
72 BFH vom 30.10.1984, BStBl 1985 II S. 59.

fallen in entsprechender Anwendung des § 15 Abs. 1 (Steuerklasse II Nr. 7) ErbStG in die Steuerklasse II.[73]

Nach der – m. E. bedenklichen – Auffassung des FG Baden-Württemberg[74] soll unter besonderen Umständen (z. B. Verlöbnis mit Aufgebot) auch bei Verlobten aus sachlichen Billigkeitsgründen Steuerklasse II in Betracht kommen.[75] Der Gesetzgeber hat, in Kenntnis des Problems, keine Sonderregelung getroffen – das spricht nicht gerade für eine Billigkeitslösung. Die konkrete Fragestellung (Verlöbnis mit Aufgebot) spielt allerdings keine Rolle mehr[76] – die Notwendigkeit des Aufgebots ist entfallen.

Nach § 15 Abs. 1a ErbStG gelten die Steuerklassen I und II Nr. 1 bis 3 auch dann, wenn die Verwandtschaft durch Annahme als Kind bürgerlich-rechtlich erloschen ist (s. auch § 15 Abs. 2 Nr. 2 AO). Das bedeutet z. B., dass ein Adoptivkind erbschaftsteuerrechtlich sowohl im Verhältnis zu den leiblichen Eltern als auch zu den Adoptiveltern unter Steuerklasse I fällt.

6.2.3 Steuerklasse III

Unter die Steuerklasse III fallen alle diejenigen Erwerber, die nicht unter die Steuerklassen I und II fallen, einschließlich der Zweckzuwendungen. Das sind unter dem Gesichtspunkt der Verwandtschaft alle entfernteren Verwandten und Verschwägerten und die nicht Verwandten. Das sind außerdem alle die Erwerber, bei denen ein Verwandtschaftsverhältnis nicht gegeben sein kann, insbesondere die juristischen Personen.

6.2.4 (Familien-)Stiftung

In § 15 Abs. 2 ErbStG wird zunächst die Besteuerung bei Errichtung einer Familienstiftung (Satz 1), danach die Besteuerung bei ihrer Aufhebung (Satz 2) und schließlich die Periodenbesteuerung (Satz 3) behandelt. Im Einzelnen gelten bei Familienstiftungen insoweit folgende Besonderheiten: Zuwendungen an eine Stiftung (juristische Person) unterliegen i. d. R. nach § 15 Abs. 1 letzter Satz ErbStG der Steuerklasse III. Bei Familienstiftungen greift allerdings § 15 Abs. 2 Satz 1 ErbStG ein. Danach ist in den Fällen des § 3 Abs. 2 Nr. 1 und des § 7 Abs. 1 Nr. 8 ErbStG der Besteuerung das Verwandtschaftsverhältnis des nach der Stiftungsurkunde entferntest Berechtigten zu dem Erblasser oder Schenker zugrunde zu legen. Bei der Bestimmung der Steuerklasse ist nach Verwaltungsauffassung (R E 15.2 Abs. 1 ErbStR 2011) auf den nach der Satzung möglichen entferntest Berechtigten

---

73 BFH vom 22.10.1986, BStBl 1987 II S. 174.
74 EFG 1985 S. 249.
75 A. A. zu Recht BFH vom 23.03.1998, BStBl 1998 II S. 396, und vom 23.03.1998 II R 24/96, BFH/NV 1998 S. 1098; Meincke, § 15 Rdnr. 5; Moench/Kien-Hümbert/Weinmann, § 15 Rdnr. 12; FG Hamburg, EFG 1988 S. 184.
76 Siehe Eheschließungsrechtsgesetz vom 04.05.1998, BGBl 1998 I S. 833.

abzustellen, auch wenn dieser im Zeitpunkt der Errichtung der Familienstiftung noch nicht unmittelbar bezugsberechtigt ist, sondern es erst in der Generationenfolge wird.

Bei der Errichtung einer Familienstiftung ist deshalb als „entferntest Berechtigter" nach dieser Auffassung derjenige anzusehen, der – ohne einen klagbaren Anspruch haben zu müssen – nach der Satzung Vermögensvorteile aus der Stiftung erlangen kann.[77] Sind nur Kinder und Kindeskinder (= Abkömmlinge) Berechtigte, gilt also Steuerklasse I (§ 15 Steuerklasse I Nr. 2 und 3 ErbStG; s. auch H E 15.2 ErbStH 2011).

Nicht ganz eindeutig zu beantworten ist die Frage, welcher Freibetrag in den Fällen des § 15 Abs. 2 Satz 1 ErbStG zu gewähren ist. Nach dem unklaren Gesetzeswortlaut sind zwei Lösungen denkbar:

- Auch der günstigere Freibetrag (bei Abkömmlingen also z. B. Steuerklasse I Nr. 2 oder 3 – unabhängig von der Anzahl der Bezugsberechtigten aber nur ein Mal) kommt zur Anwendung.

- Der Freibetrag bestimmt sich allein nach § 16 (i. d. R. Abs. 1 Nr. 5) ErbStG. In der Literatur[78] wird die Auffassung vertreten, dass sich nach der Steuerklasse des § 15 Abs. 2 Satz 1 ErbStG dann auch der Freibetrag, der Steuersatz sowie alle anderen Vergünstigungen, die auch sonst von der jeweiligen Steuerklasse abhängen, richten. Zumindest was den Freibetrag nach § 16 ErbStG anbetrifft, folgt dem die Verwaltung (R E 15.2 Abs. 2 ErbStR 2011) und wohl auch der BFH.[79]

Überträgt der Stifter nach Errichtung einer Familienstiftung später weiteres Vermögen auf die Stiftung (§ 7 Abs. 1 Nr. 1, § 3 Abs. 1 ErbStG), wird eine solche Zustiftung nach Steuerklasse III besteuert (R E 15.2 Abs. 3 ErbStR 2011).

Was bei Aufhebung einer Stiftung erworben wird, gilt nach § 7 Abs. 1 Nr. 9 ErbStG als Schenkung unter Lebenden. Bei einer Auflösung nach dem 01.01.1984 (s. Art. 7 ErbStRefG 1996) erfolgt die Besteuerung allein nach § 15 Abs. 2 Satz 2 ErbStG. Danach gilt als Schenker der Stifter.

§ 15 Abs. 2 Satz 2 ErbStG ist eine Vorschrift, die nur die Steuerberechnung regeln soll. Ihre Bedeutung erschöpft sich also darin, dass abweichend von § 15 Abs. 1 ErbStG für die Bestimmung der Steuerklasse und damit für die Berechnung der Schenkungsteuer nicht das Verhältnis des Erwerbers (des Anfallberechtigten) zum Zuwendenden (zur Stiftung), sondern dasjenige zum Stifter gilt. § 15 Abs. 2 Satz 2 ErbStG regelt, trotz seines anderweitigen Wortlauts, dagegen nicht die Frage, wer Schenker ist. Schenker ist vielmehr stets die Person, aus deren Vermögen die

---

77 So auch RFH, RStBl 1927 S. 101; kritisch hierzu Binz/Sorg, DStR 1994 S. 229.
78 Troll/Gebel/Jülicher, § 15 Rdnr. 101, und Meincke, § 15 Rdnr. 20.
79 BFH vom 14.04.1993, BStBl 1993 II S. 738.

6.2 Steuerklassen – § 15 ErbStG

Zuwendung erfolgt, also hier nicht der Stifter, sondern die Stiftung.[80] Fällt das Stiftungsvermögen an den Stifter zurück, so neigt der BFH der Auffassung zu – ohne die Frage ausdrücklich zu entscheiden –, dass dieser Vorgang nach § 7 Abs. 1 Nr. 9 i. V. m. § 15 Abs. 1 ErbStG nach Steuerklasse III der Steuer zu unterwerfen ist.[81]

Für die Erwerbe nach § 7 Abs. 1 Nr. 9 Satz 2 ErbStG bei Auflösung eines Trusts und der Zwischenberechtigten gilt § 15 Abs. 2 Satz 2 ErbStG mit der Folge, dass sich die Steuerklasse nach dem persönlichen Verhältnis zu der Person richtet, die die Vermögensmasse gebildet oder ausgestattet hat. Bei der Errichtung des Trusts (§ 3 Abs. 2 Nr. 1, § 7 Abs. 1 Nr. 8 ErbStG) gilt § 15 Abs. 2 Satz 2 ErbStG nicht, es ist also Steuerklasse III anzuwenden.[82]

In den Fällen des § 1 Abs. 1 Nr. 4 ErbStG (Periodenbesteuerung der Familienstiftungen und -vereine – Ersatzerbschaftsteuer) wird der doppelte Freibetrag nach § 16 Abs. 1 Nr. 2 ErbStG (800.000 Euro) gewährt; es wird zwar nicht die halbe Steuer erhoben, die Steuer ist aber nach dem Prozentsatz der Steuerklasse I zu berechnen, der für die Hälfte des steuerpflichtigen Vermögens gelten würde (s. o. 4.1.2 mit Beispiel).

Übersicht Stiftung (soweit nicht steuerbefreit): Steuerklasse, Steuersatz, Freibeträge	
Errichtung einer Stiftung, die keine Familienstiftung ist:	Es gilt Steuerklasse III gem. § 15 Abs. 1 III ErbStG; Freibetrag: 20.000 €.
Errichtung einer Familienstiftung:	Es gilt Steuerklasse I, II oder III gem. § 15 Abs. 2 Satz 1 ErbStG: Beurteilung nach dem „entferntest Berechtigten"; dies gilt nach h. M. auch für den Freibetrag.
Spätere Zuwendung an eine Stiftung, die keine Familienstiftung ist:	Es gilt Steuerklasse III gem. § 15 Abs. 1 III ErbStG; Freibetrag 20.000 €.
Spätere Zuwendung an eine Familienstiftung:	Es gilt Steuerklasse III gem. § 15 Abs. 1 III ErbStG; Freibetrag 5.200 €.
Periodenbesteuerung der Familienstiftung (Ersatzerbschaftsteuer):	Es gilt Steuerklasse I mit dem Steuersatz, der für die Hälfte des steuerpflichtigen Vermögens gelten würde; doppelter Freibetrag nach § 16 Abs. 1 Nr. 2 ErbStG = 800.000 €.

---

80 BFH vom 25.11.1992, BStBl 1993 II S. 238, und vom 25.11.1992 II R 78/90, BFH/NV 1993 S. 438.
81 A. A. Binz/Sorg, DStR 1994 S. 229.
82 Moench/Kien-Hümbert/Weinmann, § 15 Rdnr. 47 a.

Aufhebung einer Stiftung:	Obwohl Zuwendender die Stiftung ist, bestimmt sich die maßgebliche Steuerklasse für die Ermittlung des Steuersatzes nach dem Verhältnis des Erwerbers zum Stifter (§ 15 Abs. 2 Satz 2 ErbStG). Erwirbt der Stifter selbst, gilt nach Auffassung des BFH wohl die Steuerklasse III. **Die teilweise Aufhebung** einer Stiftung wird nach Auffassung der Finanzverwaltung als normale Schenkung mit der Steuerklasse III besteuert.

6.2.5 Berliner Testament

Liegt eine gemeinschaftliche und gegenseitige letztwillige Verfügung von Ehegatten oder Lebenspartnern im Sinne des LPartG vor, wonach der Überlebende zum Alleinerben eingesetzt ist und nach dem Tod des Längstlebenden der beiderseitige Nachlass an einen oder mehrere Dritte (meist die Kinder) fallen soll, so wird dies im BGB als gegenseitige Erbeinsetzung (Berliner Testament) bezeichnet (§ 2269 BGB). Hierbei gilt bürgerlich-rechtlich im Zweifel Folgendes: Jeder Ehegatte setzt den anderen zum alleinigen Vollerben ein und für den Fall, dass dieser vor ihm sterben sollte, den Dritten zum Ersatzerben. Der Dritte ist nicht Erbe des Erstverstorbenen, sondern nur Erbe (Schlusserbe) des Letztverstorbenen.[83] Soweit der überlebende Ehegatte in diesen Fällen an die Verfügung gebunden ist – wann das der Fall ist, ergibt sich aus den §§ 2270 und 2271 BGB (s. o. 2.1.2.1) –, trifft § 15 Abs. 3 ErbStG für das Erbschaftsteuerrecht in Abweichung vom bürgerlichen Recht eine Sonderregelung. Der vom Gesetzgeber verwendete Ausdruck „an die Verfügung gebunden" kann vom Sprachverständnis her einmal bedeuten, dass die Bindung absolut sein soll, dass also der überlebende Ehegatte rechtlich nicht in der Lage sein darf, sich von dieser Bindung zu lösen (§ 15 Abs. 3 ErbStG ist hier unstreitig anwendbar). Er kann aber auch bedeuten, dass eine relative Bindung dergestalt ausreicht, dass der überlebende Ehegatte an die gemeinschaftliche Verfügung so lange gebunden ist, als er sich von ihr nicht gelöst hat, die Bindung trotz etwa bestehender, aber nicht ausgeübter Widerrufsrechte demgemäß weiterhin bejaht wird. Bei einer Auslegung der Vorschrift nach ihrem Sinn und Zweck hat der BFH[84] diese relative Bindung für die Anwendung des § 15 Abs. 3 ErbStG als ausreichend

---

83 Eine umfassende Darstellung der möglichen erbschaftsteuerlichen Varianten gibt Bühler, BB 1997 S. 551; s. auch Mayer, ZEV 1998 S. 50; Kaeser, ZEV 1998 S. 210; Wien, DStZ 2001 S. 29; Muscheler, ZEV 2001 S. 377.
84 BFH vom 16.09.1982, BStBl 1983 II S. 44.

angesehen. Der Gesetzeszweck sei erfüllt, da der Schlusserbe das gemeinschaftliche Vermögen der Ehegatten nach deren beider Willen geerbt habe. Das gemeinschaftliche Testament muss aber die Rechtsgrundlage für den Erwerb sein. Das ist dann nicht mehr der Fall, wenn der zuletzt verstorbene Ehegatte testamentarisch berechtigt war, über den Nachlass frei zu verfügen, und durch eine letztwillige Verfügung die Erbfolge (teilweise) neu regelt. § 15 Abs. 3 ErbStG bleibt demgegenüber insoweit anwendbar, als der überlebende Ehegatte durch eine spätere Verfügung von Todes wegen zwar anders verteilt, aber die Erbquote des Schlusserben nicht verändert hat; setzt er aber darüber hinaus ein Vorausvermächtnis aus, kann für diesen Vermächtniserwerb § 15 Abs. 3 ErbStG nicht angewandt werden.[85] Diese Begünstigungsvorschrift gilt wohl nur für Erwerbe von Todes wegen, nicht also für Schenkungen unter Lebenden.[86] „Soweit" der überlebende Ehegatte an die Verfügung gebunden ist, ist wohl in dem Sinne von „in dem Maße wie" und nicht i. S. von „wenn" zu verstehen. – Nach der Sonderregelung des § 15 Abs. 3 ErbStG sind die mit dem zuerst verstorbenen Ehegatten näher verwandten Erben und Vermächtnisnehmer als seine (und nicht – wie im bürgerlichen Recht – des Letztverstorbenen) Erben anzusehen, soweit sein Vermögen beim Tod des überlebenden Ehegatten noch vorhanden ist und – ergänzt durch das ErbStRG mit Wirkung ab 2009 – ein entsprechender Antrag gestellt wird.

Diese vom bürgerlichen Recht abweichende Bestimmung findet ihre Begründung darin, dass es unbillig erscheint, hier die ungünstigere Steuerklasse nach dem Verwandtschaftsverhältnis des Erben zu dem zuletzt verstorbenen Ehegatten zugrunde zu legen, soweit das Vermögen von dem zuerst verstorbenen Ehegatten stammt und in diesem Verwandtschaftsverhältnis eine günstigere Steuerklasse in Betracht kommt.

Wenn das gesamte Vermögen, das der Schlusserbe aufgrund des Berliner Testaments erworben hat, von dem zuerst verstorbenen Ehegatten stammt, ergeben sich bei der Berechnung der Erbschaftsteuer keine Probleme. Anders ist es aber, wenn nur ein Teil dieses Vermögens von dem zuerst verstorbenen Ehegatten stammt. Die Problematik ist hier die gleiche wie in den Fällen der Vor- und Nacherbschaft, wenn dem Nacherben außer dem Nacherbschaftsvermögen auch noch eigenes Vermögen des Vorerben anfällt. § 15 Abs. 3 Satz 2 ErbStG bestimmt daher, dass § 6 Abs. 2 Satz 3 bis 5 ErbStG insoweit entsprechend gilt (s. o. 4.3.4.2).

Beispiel:
Die Eheleute M und F haben sich gegenseitig zu Erben eingesetzt und bestimmt, dass nach dem Tod des zuletzt Versterbenden ihr gesamtes Vermögen auf den Bruder B des M übergehen soll. M stirbt im Jahr 03 und F im Jahr 05. Der gesamte Nachlass

---

[85] BFH vom 16.06.1999, BStBl 1999 II S. 789 unter Aufgabe seiner Rechtsprechung vom 26.09.1990, BStBl 1990 II S. 1067; Jülicher, ZEV 2000 S. 36; zur Steuerberechnung in einem solchen Fall Stempel, UVR 2000 S. 208.
[86] FG Hamburg, EFG 1995 S. 369; Jülicher, ZEV 1996 S. 18.

6 Berechnung der Steuer

der F beträgt 80.000 €. Davon stammen 40.000 € aus dem Vermögen des M. B stellt den Antrag, dass der Versteuerung das Verhältnis zum zuerst Verstorbenen Ehegatten M zugrunde gelegt werden soll.

Nach § 15 Abs. 3 ErbStG ist für die Steuerberechnung für B der Gesamterwerb von 80.000 € nach seiner Herkunft zu trennen: Auf 40.000 € ist Steuerklasse II und auf die anderen 40.000 € ist Steuerklasse III anzuwenden.

Steuerpflichtiger Erwerb nach M (Sterklasse II):	40.000 €
abzgl. Freibetrag (§ 15 Abs. 1 II, § 16 Abs. 1 Nr. 5)	– 20.000 €
	20.000 €
steuerpflichtiger Erwerb nach F (Steuerklasse III):	40.000 €

Nur ein Freibetrag von 20.000 € (§ 16 Abs. 1 Nr. 5 ErbStG) kann B insgesamt gewährt werden; da dieser Freibetrag von 20.000 € bereits in vollem Umfang verbraucht ist, kommt der Abzug eines Freibetrags hier nicht mehr in Betracht.

Der Steuersatz bestimmt sich nach dem jeweiligen Gesamterwerb.

Steuer für den Erwerb (60.000 €) nach M: 15 % von 20.000 € =	3.000 €
Steuer für den Erwerb (60.000 €) nach F: 30 % von 40.000 € =	12.000 €
Steuer für B insgesamt also	15.000 €

Der BFH hat zudem entschieden, dass im Rahmen der Bindungswirkung der getroffenen Verfügungen das noch vorhandene Vermögen des (zuerst) verstorbenen Ehegatten/Lebenspartner (siehe hierzu R E 15.3 Satz 3 ErbStR 2011) vorrangig und ohne weitere Quotelung den mit dem Erstverstorbenen näher verwandten Schlusserben zuzuordnen ist.[87] Die Entscheidung hat Bedeutung bei Vorhandensein mehrerer Schlusserben.

Beispiel:
Die Nichte der erstverstorbenen Ehefrau EF wird Erbin des hälftigen Vermögens nach dem Tod des später verstorbenen Ehemanns EM. Die andere Hälfte fällt an einen Neffen des Ehemanns. Das Vermögen beim Tod des Ehemanns beträgt 1.000.000 € und besteht zur Hälfte aus Vermögen der vorverstorbenen Ehefrau.

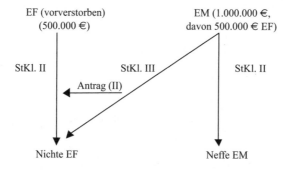

---

[87] BFH vom 27.08.2008 II R 23/06, BStBl 2009 II S. 47.

6.2 Steuerklassen – § 15 ErbStG

Für die Nichte gilt im Verhältnis zum Ehemann Steuerklasse III und zur Ehefrau Steuerklasse II. Für den Neffen gilt im Verhältnis zum Ehemann Steuerklasse II. Da die Nichte mit der zuerst verstorbenen Ehefrau näher verwandt ist, ist sie als deren Erbin anzusehen, soweit ihr Vermögen beim Tod des überlebenden Ehegatten noch vorhanden ist. Das heißt, für diesen Teil des Vermögens erfolgt **auf Antrag** die Besteuerung nach der Steuerklasse II und nicht nach der Steuerklasse III, die im Verhältnis zum Ehemann gilt.

Die Steuerklasse II gilt für die Nichte nach richtiger Auffassung des BFH vorrangig und ohne weitere Quotelung zwischen der Nichte der Ehefrau und den Neffen des Ehemanns für **das gesamte** noch vorhandene Vermögen des zuerst verstorbenen Ehegatten, also für die gesamten 500.000 €. Sie muss also nicht 250.000 € nach Steuerklasse III und nur 250.000 € nach Steuerklasse II versteuern. Im Ergebnis versteuern also beide Erben 500.000 € nach Steuerklasse II.

Liegen die Voraussetzungen des § 15 Abs. 3 ErbStG vor, so kann der letzte Erwerber im Rahmen der Steuerermäßigungsvorschrift des § 27 ErbStG als Erbe des erstverstorbenen Ehegatten angesehen werden, wenn das für ihn steuerlich günstig ist.[88]

6.2.6 Schenkungen durch eine Kapitalgesellschaft

Wird ein Zuwendungsempfänger von einer Kapitalgesellschaft oder Genossenschaft beschenkt, ist aufgrund einer Änderung durch das Beitreibungsrichtlinie-Umsetzungsgesetz (BGBl 2011 I S. 2592 ff.) mit Wirkung für Erwerbe, für die die Steuern nach den 13.12.2011 entsteht (§ 37 Abs. 7 ErbStG) für die Zuordnung der Steuerklasse nach § 15 ErbStG sowie für die Zusammenrechnung früherer Erwerbe (§ 14 ErbStG) auf diejenige natürliche Person oder Stiftung abzustellen, die die Schenkung veranlasst hat (§ 15 Abs. 4 ErbStG).[89]

Beispiel:
Vater V ist Hauptgesellschafter und Geschäftsführer der V-GmbH, bei der seine Tochter T als Arbeitnehmerin tätig ist. V veranlasst die GmbH aus Gründen privater Fürsorge, der T ein überhöhtes Gehalt zu zahlen. Die verdeckte Gewinnausschüttung beläuft sich auf 200.000 €.

Die Leistung ist nach der Rechtsprechung des BFH als Zuwendung der GmbH an die T zu behandeln[90] und unterliegt daher der ungünstigen Steuerklasse III. Steuerlast in der Steuerklasse III betrüge dann 200.000 € abzgl. Freibetrag 20.000 € = 180.0000 €, davon 30 % = 54.000 €.

Gemäß § 15 Abs. 4 ErbStG wird jedoch bei einer Schenkung durch eine Kapitalgesellschaft oder Genossenschaft der Besteuerung das persönliche Verhältnis des Erwerbers zu derjenigen unmittelbar oder mittelbar beteiligten natürlichen Person oder Stiftung zugrunde gelegt, durch die sie veranlasst ist. Statt einer Steuerlast in der Steuerklasse III von 54.000 € ergibt sich eine Steuerlast in der Steuerklasse I von 0 € (200.000 € abzgl. Freibetrag 400.000 € = 0 €)

---

88 RFH, RStBl 1941 S. 45.
89 Siehe BFH vom 07.11.2007 II R 28/06, BStBl 2008 II S. 258, und gleichlautende Ländererlasse vom 14.03.2012, BStBl 2012 I S. 331, Tz. 6.
90 BFH vom 07.11.2007, a. a. O.

Die Schenkung ist auch bei der Zusammenrechnung mehrerer Erwerbe nach § 14 ErbStG als Schenkung dieser Person zu berücksichtigen. Da § 15 Abs. 4 ErbStG lediglich die Rechtsfolgen der Schenkung regeln soll, bleibt die Kapitalgesellschaft Schenker, sodass sich hinsichtlich der Steuerpflicht (§ 2 ErbStG) und der Steuerschuldnerschaft (§ 20 ErbStG) keine Veränderungen ergeben.

Für die Frage der unbeschränkten oder beschränkten Steuerpflicht (§ 2 ErbStG) und der Steuerschuldnerschaft (§ 20 ErbStG) ist dagegen wie bisher die zuwendende Kapitalgesellschaft bzw. Genossenschaft als Schenker zu behandeln.

6.3 Freibeträge – §§ 16, 17 und 18 ErbStG

Die §§ 16 bis 18 ErbStG gewähren insgesamt Freibeträge, keine Freigrenzen; das bedeutet, dass die entsprechenden Beträge in jedem Fall – ohne Rücksicht auf die Höhe des Erwerbs – von diesem abgesetzt werden, also nur der den Freibetrag übersteigende Betrag besteuert werden kann. Diese Freibetragsregelung soll insbesondere eine angemessene Schonung der kleinen und mittleren Erwerbe gewährleisten. Da die Steuersätze in den Anfangsstufen niedriger sind, wird über die degressive Wirkung, die die Freibeträge auf den Tarif haben, die Steuerbelastung des tatsächlichen Erwerbs erheblich herabgedrückt.

Beispiel:
Vater V schenkt Kind K 420.000 €.
Tatsächlicher Erwerb 420.000 €; steuerpflichtiger Erwerb 20.000 € (420.000 € abzgl. Freibetrag von 400.000 € nach § 16 Abs. 1 Nr. 2 ErbStG). Steuersatz für diesen Erwerb in Steuerklasse I 7 %; Steuer also 1.400 €. Das bedeutet eine steuerliche Belastung des tatsächlichen Erwerbs (420.000 €) von etwa 0,34 %.

Die Freibeträge sind jedem Erwerber für jeden Erwerb zu gewähren.

Beispiele:
a) Vater V schenkt seinen Kindern K 1 und K 2 je 450.000 €.
Es liegen zwei Erwerbe vor, nämlich V an K 1 und V an K 2; folglich ist der Freibetrag von 400.000 € jedem Kind zu gewähren.
b) Vater V und Mutter M schenken ihrem Kind K je 450.000 €.
Es liegen zwei Erwerbe vor, nämlich V an K und M an K; folglich ist der Freibetrag von 400.000 € für den Erwerb von V und außerdem für den Erwerb von M zu gewähren.
c) Vater V schenkt seinem Kind K 500.000 € und EK, dem Kind des K, 300.000 €. Es liegen zwei Erwerbe vor, nämlich V an K (Freibetrag 400.000 €) und V an EK (Freibetrag 200.000 €).

Dieses Ergebnis wird häufig zu Überlegungen in der Richtung führen, ob nicht durch Aufspaltung eines Erwerbs und eine daraus resultierende „Ausschöpfung" der Freibeträge Erbschaft- und Schenkungsteuer gespart werden kann. Eine solche Steuerersparnis ist – soweit dem nicht § 42 AO entgegensteht (s. o. 1.4.3.4 und 4.3.5.1) – nach dem Gesetz möglich. Eine rückwirkende Erhöhung der Freibeträge

6.3 Freibeträge – §§ 16, 17 und 18 ErbStG

kann nicht zu einer (fiktiven) Minderung der tatsächlichen Bereicherung führen – weil etwa die Freibeträge nicht voll ausgenutzt wurden.[91] Die Freibeträge sind alle 10 Jahre erneut zu gewähren. Eine Steuerersparnis kann daher auch – trotz der Regelung des § 14 ErbStG – dadurch erreicht werden, dass Schenkungen in Zeitabständen von jeweils mehr als 10 Jahren erfolgen, sodass der Freibetrag für jeden 10-Jahres-Zeitraum voll ausgenutzt wird.

6.3.1 Freibeträge nach § 16 ErbStG

Die Vorschrift des § 16 ErbStG gilt – im Gegensatz zu der des § 17 ErbStG – nicht nur für Erwerbe von Todes wegen, sondern auch für Schenkungen. Sie gewährt die Freibeträge unterschiedlich einmal für Ehegatten, zum anderen nach Steuerklassen/Personengruppen und schließlich nach der persönlichen Steuerpflicht.

Freibeträge nach § 16 ErbStG ab 2009

Steuerklasse und Personenkreis	Freibetrag
Steuerklasse I – Ehegatte und Lebenspartner nach LPartG	500.000 €
Steuerklasse I – (Stief-)Kinder, Kinder **verstorbener** (Stief-)Kinder, Kinder der (Stief-)Kinder	400.000 € 400.000 € 200.000 €
Steuerklasse I – Übrige Personen der Steuerklasse I	100.000 €
Steuerklasse II	20.000 €
Steuerklasse III	20.000 €
Beschränkt Steuerpflichtige	2.000 €

Besteht für den Erblasser und Erben kein Wohnsitz in Deutschland und greift auch nicht die erweiterte unbeschränkte Steuerpflicht (z. B. gem. § 2 Abs. 1 Nr. 1 Buchst. b ErbStG), ist er nur beschränkt steuerpflichtig. Im Fall der beschränkten Steuerpflicht gem. § 2 Abs. 1 Nr. 3 ErbStG wird nur das dort genannte Inlandsvermögen der Besteuerung unterworfen. Dafür sieht § 16 Abs. 2 ErbStG zur Zeit einen Freibetrag von lediglich 2.000 Euro vor. Der EuGH[92] hat hierzu in der Sache Mattner entschieden, dass der nach deutschem ErbStG verminderte Freibetrag für Schenkungen bei beschränkter Steuerpflicht gegen Art. 56 EG i. V. m. Art. 58 EG verstößt und damit unionsrechtswidrig ist.

Nach Ansicht des EuGH liegt in der Ungleichbehandlung von unbeschränkt und beschränkt Steuerpflichtigen eine Beschränkung des Kapitalverkehrs, weil sie den Wert der Schenkung der Immobilie mindert. Die Gleichbehandlung im deutschen ErbStG bezüglich der Steuerpflicht von Schenkungen verlangt auch eine Gleichbe-

---

91 Niedersächsisches FG, EFG 1999 S. 1143.
92 EuGH vom 22.04.2010 Rs. C-510/08, DStR 2010 S. 861.

handlung bezüglich der Freibeträge. Der Umstand, dass steuerliche Vorteile in anderen Mitgliedstaaten bestehen (z. B. Freibeträge in den Niederlanden), rechtfertigt keine Diskriminierung im Inland. Es ist auch nicht von Bedeutung, dass Deutschland wegen der beschränkten Steuerpflicht nur das Inlandsvermögen besteuern kann und das Auslandsvermögen anders als bei unbeschränkt Steuerpflichtigen unerfasst bleibt.

Der Gesetzgeber hat zwischenzeitlich auf die Entscheidung des EuGH durch das Beitreibungsrichtlinie-Umsetzungsgesetz (BGBl 2011 I S. 2592 ff.) reagiert. Gemäß § 2 Abs. 3 Satz 1 ErbStG wird auf Antrag des Erwerbers ein Vermögensanfall, zu dem Inlandsvermögen i. S. des § 121 BewG gehört (§ 2 Abs. 1 Nr. 3 ErbStG), insgesamt als unbeschränkt steuerpflichtig behandelt, wenn der Erblasser zur Zeit seines Todes, der Schenker zur Zeit der Ausführung der Schenkung oder der Erwerber zur Zeit der Entstehung der Steuer (§ 9 ErbStG) seinen Wohnsitz in einem Mitgliedstaat der Europäischen Union oder einem Staat hat, auf den das Abkommen über den Europäischen Wirtschaftsraum anwendbar ist.

Beispiel:
Tochter T, eine deutsche Staatsangehörige, die seit mehr als 35 Jahren in den Niederlanden wohnt, erwirbt 2012 mit notariell beurkundetem Vertrag im Wege der Schenkung von ihrer Mutter M, die ebenfalls deutsche Staatsangehörige ist und seit mehr als 50 Jahren in den Niederlanden wohnt, ein in Düsseldorf (Deutschland) belegenes bebautes Grundstück mit einem Steuerwert von 255.000 €. Das ErbStG sieht gem. § 16 Abs. 2 ErbStG einen Freibetrag von lediglich 2.000 € vor. Durch Option zur unbeschränkten Steuerpflicht erhöht sich der Freibetrag auf 400.000 €.

Der Vorteil der Option für die unbeschränkte Steuerpflicht besteht für die Steuerpflichtigen darin, den vollen Freibetrag nach § 16 ErbStG geltend machen zu können, der Nachteil hingegen darin, dass der gesamte Vermögensanfall und nicht nur das Inlandsvermögen i. S. des § 121 BewG besteuert wird. Die Möglichkeit, die Vorteile der unbeschränkten Steuerpflicht (höhere Freibeträge) mit den Vorteilen der beschränkten Steuerpflicht (nur Erfassung von Vermögen mit Inlandsbezug) zu kombinieren hat der Gesetzgeber ganz bewusst ausgeschlossen (BT-Drucksache 17/6263 S. 64). Optiert der Erwerber für die unbeschränkte Steuerpflicht, so ist auch § 14 ErbStG über die Zusammenrechnung mehrerer Erwerbe anzuwenden. Folgeänderungen hierzu enthalten § 2 Abs. 1 Nr. 1 Satz 1, Abs. 1 Nr. 3 Satz 2, § 19 Abs. 2 und § 21 Abs. 1 Satz 1 ErbStG.

Die Änderungen sind anwendbar auf Erwerbe, für die die Steuer nach den 13.12.2011 entsteht, und auf Antrag auch auf Erwerbe, für die die Steuer vor dem 14.12.2011 entstanden ist, soweit die Steuerbescheide noch nicht bestandskräftig sind (§ 37 Abs. 7 ErbStG).

6.3.2 Besonderer Versorgungsfreibetrag

Die Regelung des § 17 ErbStG gilt nur für **Erwerbe von Todes wegen**. Mit ihr soll die unterschiedliche erbschaftsteuerliche Behandlung der auf Gesetz beruhenden

6.3 Freibeträge – §§ 16, 17 und 18 ErbStG

Versorgungsbezüge einerseits und der privaten Versorgungsbezüge andererseits – soweit ihre Erbschaftsteuerpflicht noch zu bejahen ist (s. o. 4.3.1.4) – im Grundsatz beseitigt und gleichzeitig auch denjenigen Hinterbliebenen ein angemessener Ausgleich gewährt werden, denen aus Anlass des Todes des Erblassers keine oder nur geringe Versorgungsbezüge zustehen. Dieses Ziel hätte auch dadurch erreicht werden können, dass die privaten Hinterbliebenenbezüge ausdrücklich von der Erbschaftsteuer freigestellt worden wären, oder dadurch, dass die gesetzlichen Hinterbliebenenbezüge ausdrücklich für erbschaftsteuerpflichtig erklärt worden wären. Die erste Möglichkeit würde die Benachteiligung derjenigen, denen keine steuerfreien Versorgungsbezüge zustehen, die ihren Lebensunterhalt also aus den Erträgen des angefallenen Vermögens oder sogar durch laufende Eingriffe in die Vermögenssubstanz bestreiten müssen, nicht beseitigen. Der zweiten Möglichkeit stünden verfassungsrechtliche Bedenken entgegen, Versorgungsbezüge, auf die der Empfänger einen eigenen Rechtsanspruch hat, der Erbschaftsteuer zu unterwerfen. Aus diesen Überlegungen heraus ist der Gesetzgeber zur Schaffung des besonderen Versorgungsfreibetrags gekommen.[93]

Beispiele:
a) E hinterlässt seiner Witwe W 800.000 €.
W hat nach Abzug von 500.000 € (§ 16 Abs. 1 Nr. 1 ErbStG) und weiterer 256.000 € (§ 17 Abs. 1 ErbStG) 44.000 € zu versteuern.

b) E hinterlässt seiner Witwe W aufgrund eines privaten Anstellungsvertrags (Arbeitnehmerverhältnis) Hinterbliebenenbezüge im Kapitalwert von 600.000 €.
W hat nichts zu versteuern, da Hinterbliebenenbezüge, die auf ein Arbeitnehmerverhältnis des Erblassers zurückgehen, nicht erbschaftsteuerpflichtig sind.[94]

c) E hinterlässt seiner Witwe W aufgrund eines privaten Gesellschaftsvertrags (keine arbeitnehmerähnliche Stellung) Hinterbliebenenbezüge im Kapitalwert von 800.000 €. Die Witwenbezüge sind steuerpflichtig.[95] W hat nach Abzug von 500.000 € (§ 16 Abs. 1 Nr. 1 ErbStG) und weiterer 256.000 € (§ 17 Abs. 1 ErbStG) 44.000 € zu versteuern.

d) E „hinterlässt" seiner Witwe W auf Gesetz beruhende Versorgungsbezüge im Kapitalwert von 600.000 €. W hat nichts zu versteuern, da die auf Gesetz beruhenden Versorgungsbezüge nicht der Erbschaftsteuer unterliegen.

e) E „hinterlässt" seiner Witwe W neben 525.000 € Bargeld auf Gesetz beruhende Versorgungsbezüge im Kapitalwert von 300.000 €. W hat 25.000 € zu versteuern. Der Kapitalwert der Versorgungsbezüge unterliegt zwar nicht der Erbschaftsteuer, er zehrt aber den Freibetrag von 256.000 € nach § 17 ErbStG auf. Die 525.000 € Bargeld unterliegen nach Abzug des Freibetrags von 500.000 € nach § 16 Abs. 1 Nr. 1 ErbStG mit 25.000 € der Erbschaftsteuer. Der Freibetrag nach § 16 Abs. 1 Nr. 1 ErbStG wird hier keinesfalls gemindert um den Betrag (44.000 €), um den die steuerfreien Versorgungsbezüge den besonderen Versorgungsfreibetrag nach § 17 Abs. 1 ErbStG übersteigen.

---
93 Begründung zum Regierungsentwurf des Erbschaftsteuer- und Schenkungsteuergesetzes vom 17.04.1974; BT-Drucksache VI/3418.
94 BFH vom 20.05.1981, BStBl 1981 II S. 715 und 1982 II S. 27.
95 BFH vom 13.12.1989, BStBl 1990 II S. 322 und 325.

6 Berechnung der Steuer

Versorgungsfreibeträge nach § 17 ErbStG

Versorgungsfreibeträge (§ 17 ErbStG)	
Personenkreis	**Freibetrag**
Ehegatte/Lebenspartner	256.000 €
Kind bis zu 5 Jahren	52.000 €
Kind von mehr als 5 bis zu 10 Jahren	41.000 €
Kind von mehr als 10 bis zu 15 Jahren	30.700 €
Kind von mehr als 15 bis zu 20 Jahren	20.500 €
Kind von mehr als 20 Jahren bis Vollendung des 27. Lebensjahres	10.300 €

6.3.2.1 Versorgungsfreibetrag für Ehegatten/Lebenspartner

Nach § 17 Abs. 1 ErbStG wird dem überlebenden Ehegatten neben dem Freibetrag nach § 16 Abs. 1 Nr. 1 ErbStG (die Voraussetzungen für dessen Gewährung müssen also vorliegen) und dem überlebenden Lebenspartner nach LPartG neben dem Freibetrag nach § 16 Abs. 1 Nr. 6 ErbStG ein besonderer Versorgungsfreibetrag von 256.000 € gewährt. § 17 ErbStG ist nur auf Erwerbe aus Anlass des Todes des Ehegatten/Lebenspartners des Erwerbers (nicht also auf Erwerbe aus Anlass der Aufhebung einer Stiftung) anwendbar.[96] Dieser Freibetrag nach § 17 Abs. 1 ErbStG wird bei Ehegatten/Lebenspartnern, denen aus Anlass des Todes des Erblassers nicht der Erbschaftsteuer unterliegende Versorgungsbezüge zustehen, um den nach § 14 BewG zu ermittelnden Kapitalwert dieser Versorgungsbezüge gekürzt. Zu den nicht der Erbschaftsteuer unterliegenden Bezügen gehören insbesondere (R E 17 Abs. 1 ErbStR 2011):

a) Versorgungsbezüge der Hinterbliebenen von Beamten aufgrund der Beamtengesetze des Bundes und der Länder,

b) Versorgungsbezüge, die den Hinterbliebenen von Angestellten und Arbeitern aus der gesetzlichen Rentenversicherung zustehen; dies gilt auch in den Fällen freiwilliger Weiter- und Höherversicherung,

c) Versorgungsbezüge, die den Hinterbliebenen von Angehörigen der freien Berufe aus einer berufsständischen Pflichtversicherung zustehen,

d) Versorgungsbezüge, die den Hinterbliebenen von Abgeordneten aufgrund der Diätengesetze des Bundes und der Länder zustehen,

e) Hinterbliebenenbezüge, die auf Tarifvertrag, Betriebsordnung, Betriebsvereinbarung, betrieblicher Übung oder dem Gleichbehandlungsgrundsatz beruhen,

---

96 BFH vom 25.11.1992, BStBl 1993 II S. 238.

6.3 Freibeträge – §§ 16, 17 und 18 ErbStG

f) **private Hinterbliebenenbezüge** im Sinne der Rechtsprechung des BFH (s. o. 4.3.1.4).

Bei der Berechnung des Kapitalwerts der Versorgungsbezüge ist von der Höhe der jährlichen Bruttobezüge auszugehen, die dem Hinterbliebenen unmittelbar nach dem Tod des Erblassers gezahlt werden. Handelt es sich dabei um eine Rente aus der gesetzlichen Rentenversicherung, ist grundsätzlich auf den Rentenbetrag abzustellen, der dem Berechtigten nach Ablauf des Sterbevierteljahres zusteht. Dieser kann den Rentenberechnungen der Rentenversicherungsträger entnommen werden. Steuerbelastungen können dabei nicht berücksichtigt werden. Das gilt auch für den Lohnsteuerabzug. Spätere Änderungen in der Höhe dieser Bezüge sind nur zu berücksichtigen, wenn sie schon zur Zeit des Todes des Erblassers mit Sicherheit vorauszusehen waren. Bei der Ermittlung der jährlichen Bruttoerträge sind zusätzliche Leistungen (z. B. 13. Monatsgehalt) zu berücksichtigen. Anzurechnen sind (R E 17 Abs. 3 ErbStR 2011) auch Einmalbeträge (z. B. Sterbegelder), Kapitalabfindungen sowie Leistungen nach § 107 SGB VI (Abfindung bei Wiederverheiratung) und § 210 SGB VI (Beitragserstattung bei nicht erfüllter Wartezeit).

Fraglich ist, ob eine erbschaftsteuerfreie Versicherungssumme (Einmalzahlung) aus einer betrieblichen Direktversicherung des Erblassers den Versorgungsfreibetrag des überlebenden Ehegatten/Lebenspartners mindert. Der Wortlaut des § 17 Abs. 1 Satz 2 ErbStG (Hinweis auf § 14 BewG) könnte dagegensprechen. Zwingend ist diese Argumentation dann nicht, wenn man in § 17 Abs. 1 Satz 2 ErbStG allein eine Bewertungsvorschrift für den dort genannten speziellen Fall sieht (s. auch § 17 Abs. 2 Satz 2 ErbStG). Der Sinn und Zweck des § 17 ErbStG spricht für die Anrechnung auch von Einmalzahlungen.[97]

Beispiel:
E „hinterlässt" nach seinem Tod im Jahr 2010 seiner Witwe W (77 Jahre alt) 600.000 € Bargeld und Versorgungsbezüge aufgrund der Beamtengesetze des Bundes mit einem Jahreswert von 30.000 €. Der Erwerb der 600.000 € unterliegt der Erbschaftsteuer, die Versorgungsbezüge nicht. Der steuerpflichtige Erwerb wird wie folgt ermittelt:

Erwerb		600.000 €
abzgl. Freibetrag (§ 16 Abs. 1 Nr. 1 ErbStG)		– 500.000 €
verbleiben		100.000 €

Der weitere Freibetrag nach § 17 Abs. 1 ErbStG i. H. von 256.000 € ist um den Kapitalwert der nicht erbschaftsteuerbaren Versorgungsbezüge zu kürzen:

		100.000 €
abzgl. Versorgungsfreibetrag (§ 17 Abs. 1 Satz 1 ErbStG)	256.000 €	
Kürzung (§ 17 Abs. 1 Satz 2 ErbStG, § 14 BewG i. V. m. Sterbetafel 2006/2008): 8,287 × 30.000 €	– 248.610 €	
verbleiben	7.390 €	– 7.390 €
steuerpflichtiger Erwerb		92.610 €

---

[97] BFH vom 02.07.1997, BStBl 1997 II S. 623; R E 17 Abs. 2 ErbStR 2011.

Zur Berechnung des Kapitalwerts des Kürzungsbetrags in den Fällen des Gesetzes zur Neuordnung der Hinterbliebenenrenten sowie zur Anerkennung von Kindererziehungszeiten in der gesetzlichen Rentenversicherung s. FinMin Nordrhein-Westfalen vom 30.06.1989 – S 3823 – 1 – V A 2, DStR 1989 S. 646.

Soweit die privaten Versorgungsbezüge nach § 3 Abs. 1 Nr. 4 ErbStG noch der Erbschaftsteuer unterliegen, mindern sie folgerichtig den besonderen Versorgungsfreibetrag nicht. Die Vorschrift des § 17 ErbStG wird allerdings durch die Einbeziehung der privaten Hinterbliebenenbezüge in die Berechnung der fiktiven Zugewinnausgleichsforderung nicht berührt (s. o. 4.3.3.3). Der Versorgungsfreibetrag ist deshalb auch nicht um den Teil der Versorgungsbezüge zu kürzen, der als Zugewinnausgleich im Ergebnis erbschaftsteuerfrei bleibt. Die Vorschrift in § 17 Abs. 1 Satz 2 ErbStG ist insoweit nicht anzuwenden (H E 17 ErbStH 2011).

Stirbt der überlebende Ehegatte innerhalb der in § 14 Abs. 2 BewG festgelegten Frist und fällt die Rente aus diesem Grunde weg, so kommt wohl auf Antrag der Erben eine Berichtigung der Steuerfestsetzung nach § 14 Abs. 2 BewG in Betracht; bei der Berichtigung ist der Versorgungsfreibetrag dann nur noch um den Betrag zu kürzen, der sich aus der tatsächlichen Laufzeit (§ 13 Abs. 1 BewG) der Rente ergibt.

Der überlebende Partner einer nichtehelichen Lebensgemeinschaft ist weder nach Steuerklasse I zu besteuern, noch steht ihm der Freibetrag nach § 16 Abs. 1 Nr. 1 ErbStG zu, noch steht ihm der Versorgungsfreibetrag nach § 17 Abs. 1 ErbStG zu.[98] § 17 Abs. 1 ErbStG ist nach Ansicht des BFH nicht verfassungswidrig.[99] Das FG Nürnberg[100] will § 17 Abs. 1 ErbStG im Wege abändernder Rechtsfortbildung auch auf einen Fall des § 7 Abs. 1 Nr. 5 ErbStG anwenden (s. auch R E 1.1 Satz 3 Nr. 6 ErbStR 2011).

6.3.2.2 Versorgungsfreibetrag für Kinder

Nach § 17 Abs. 2 ErbStG wird Kindern i. S. der Steuerklasse I Nr. 2 (§ 15 Abs. 1 ErbStG; also nicht die Enkelkinder) für Erwerbe von Todes wegen neben dem Freibetrag nach § 16 Abs. 1 Nr. 2 ErbStG (die Voraussetzungen für dessen Gewährung müssen also vorliegen) ein besonderer Versorgungsfreibetrag gewährt. Der Freibetrag steht jedem Kind nach jedem Elternteil zu. Da die Notwendigkeit für einen solchen besonderen Versorgungsfreibetrag mit zunehmendem Alter des Kindes geringer wird, wird eine Abstufung vorgenommen.

---

98 BFH vom 10.11.1982, BStBl 1983 II S. 114; bestätigt durch BVerfG vom 01.06.1983, BStBl 1984 II S. 172, und vom 15.11.1989, BStBl 1990 II S. 103; s. auch FG Münster, EFG 1991 S. 199, S. 200; s. im Übrigen die zusammenfassende Darstellung erbrechtlicher und erbschaftsteuerrechtlicher Probleme des nichtehelichen Zusammenlebens von Grziwotz, ZEV 1994 S. 267, die deutlich macht, dass die nachteiligen Folgen auch durch Gestaltungen nicht wesentlich korrigiert werden können.
99 BFH vom 14.07.1982, BStBl 1983 II S. 19.
100 FG Nürnberg, EFG 1990 S. 65.

6.3 Freibeträge – §§ 16, 17 und 18 ErbStG

Älteren Kindern steht dieser besondere Freibetrag also nicht zu. Die grundsätzlich gerechtere Lösung, hier statt an das Lebensalter des Kindes an dessen mutmaßliche Ausbildungsdauer anzuknüpfen, wäre im Hinblick auf das Stichtagsprinzip der Erbschaftsteuer praktisch wohl kaum durchführbar.

Stehen dem Kind aus Anlass des Todes des Erblassers nicht der Erbschaftsteuer unterliegende Versorgungsbezüge zu, so wird nach § 17 Abs. 2 Satz 2 ErbStG der Freibetrag um den nach § 13 Abs. 1 BewG zu ermittelnden Kapitalwert dieser Versorgungsbezüge gekürzt, damit diese Kinder nicht gegenüber den anderen Kindern bevorzugt sind. Bei der Berechnung des Kapitalwerts ist von der nach den Verhältnissen am Stichtag (§ 11 ErbStG) voraussichtlichen Dauer der Bezüge auszugehen. Der Kapitalwert der Waisenbezüge ist hier – im Gegensatz zur Ermittlung des Kapitalwerts der Versorgungsbezüge nach § 17 Abs. 1 ErbStG – nicht nach § 14 BewG, sondern nach § 13 BewG zu ermitteln, da bei Waisen von vornherein feststeht, dass die Versorgungsbezüge nur für eine bestimmte Zeit gezahlt werden.

Beispiel:
Vater V hinterlässt seinem 14-jährigen Kind K 456.000 € Bargeld. Außerdem stehen K aus Anlass des Todes des V nicht erbschaftsteuerbare Versorgungsbezüge mit einem Jahreswert von 1.200 € zu. Die voraussichtliche Dauer dieser Bezüge beträgt 4 Jahre. Der steuerpflichtige Erwerb des K wird wie folgt ermittelt:

Erwerb		456.000 €
abzgl. Freibetrag (§ 16 Abs. 1 Nr. 2 ErbStG)		– 400.000 €
verbleiben		56.000 €

Der weitere Freibetrag nach § 17 Abs. 2 Satz 2 ErbStG i. H. von 30.700 € ist um den Kapitalwert der nicht erbschaftsteuerbaren Versorgungsbezüge zu kürzen:

verbleiben		56.000 €
abzgl. Versorgungsfreibetrag (§ 17 Abs. 1 Satz 1 ErbStG)	30.700 €	
Kürzung (§ 17 Abs. 1 Satz 2 ErbStG, § 13 i. V. m. Anlage 9a BewG): 3,602 × 1.200 €	– 4.322 €	
verbleiben	26.378 €	– 26.378 €
		29.622 €

Fraglich ist, ob es bei einem vorzeitigen Wegfall der Versorgungsbezüge zu einer Berichtigung der Steuerfestsetzung kommen kann. Eine Berichtigung nach § 5 Abs. 2 BewG – zumindest unmittelbar – wird wohl ausscheiden. Soweit die Versorgungsbezüge auflösend bedingt sind, wird aber wohl eine Berichtigung nach § 175 Abs. 1 Nr. 2 AO in Betracht kommen.

Gegen die Versorgungsfreibetragsregelung des § 17 Abs. 2 ErbStG hat der BFH[101] verfassungsrechtliche Bedenken erhoben. Diese Bedenken hängen zusammen mit der Frage, ob z. B. Waisengelder, die aufgrund privatrechtlicher Vereinbarungen des Erblassers mit seinem Arbeitgeber gezahlt werden, der Erbschaftsteuer (§ 3 Abs. 1 Nr. 4 ErbStG) unterliegen oder nicht (s. o. 4.3.1.4). Soweit die Steuerpflicht dieser Waisengelder noch zu bejahen ist, bestehen an der Verfassungsmäßigkeit des § 17

---
101 BFH vom 31.01.1979, BStBl 1979 II S. 244.

Abs. 2 ErbStG im Hinblick auf Art. 3, 6 und 20 Abs. 1 GG (Sozialstaatsprinzip) nach der Auffassung des BFH erhebliche Zweifel aus folgenden Gründen: Waisengelder, die an die Kinder von sozialversicherten Personen sowie an die Kinder von Beamten, Richtern und Soldaten gezahlt werden, unterliegen ohne Rücksicht auf ihre Höhe nicht der Erbschaftsteuer, wobei der Kapitalwert dieser Waisengelder bereits 1974 die entsprechenden Versorgungsfreibeträge erheblich übersteigen konnte (wie der BFH an Beispielen erläutert). Daraus ergibt sich, dass bereits 1974 eine Ungleichbehandlung der Waisengelder nach den Sozialversicherungsgesetzen und der Waisengelder, die an die Waisen von Beamten, Richtern und Soldaten gezahlt werden, einerseits und der auf privatrechtlicher Grundlage gezahlten Waisenrenten andererseits eintreten konnte, die der Gesetzgeber zumindest im Grundsatz beseitigen wollte (s. o. 6.3.2). Die Entscheidung über die Verfassungsmäßigkeit der Freibetragsregelung des § 17 Abs. 2 ErbStG wird letztlich wohl davon abhängen, ob man zu dem Ergebnis kommt, dass der Gesetzgeber mit dieser getroffenen Regelung willkürlich gleiche Tatbestände unterschiedlich behandelt. Wenn man berücksichtigt, dass dem Gesetzgeber nach der Rechtsprechung des BVerfG[102] eine weitgehende Gestaltungsfreiheit eingeräumt ist, er also nicht die gerechteste Regelung treffen muss, wird die Verfassungsmäßigkeit des § 17 Abs. 2 ErbStG wohl nicht zu verneinen sein.[103]

6.3.3 Mitgliederbeiträge

Bei Vereinen, die lediglich die Förderung ihrer Mitglieder zum Zweck haben, sind die Beiträge, sofern die Mitglieder nur den Leistungen des Vereins entsprechende Beiträge als Gegenleistung zahlen, in unbeschränkter Höhe steuerfrei, da es insoweit an der Freigebigkeit mangelt.[104]

Beiträge an Personenvereinigungen können nach § 13 Abs. 1 Nr. 16 und 18 ErbStG (§ 18 Satz 2 ErbStG) in vollem Umfang steuerfrei sein.

Soweit keine Steuerfreiheit entsprechend den vorstehend dargestellten Grundsätzen oder aus anderen Gründen in Betracht kommt, gewährt § 18 ErbStG für Beiträge an Personenvereinigungen einen Freibetrag von 300 Euro pro Mitglied und pro Kalenderjahr. Auf die juristische Form der Personenvereinigung kommt es nicht an. Begünstigt nach dieser Vorschrift sind z. B. auch Beiträge an einen politischen Verein, der nicht als politische Partei im Sinne des Parteiengesetzes gilt und dessen Beiträge somit nicht bereits nach § 13 Abs. 1 Nr. 18 ErbStG in voller Höhe steuerfrei sind.

---

102 BVerfG, BVerfGE 12 S. 341.
103 Siehe auch BFH vom 28.11.1975, BStBl 1976 II S. 228 zu der ähnlichen Frage im Bereich der Einkommensteuer.
104 RFH, RStBl 1923 S. 400; FG Köln vom 30.05.2000, EFG 2000 S. 1260.

6.4 Steuersätze – § 19 ErbStG

Die Frage nach der Höhe des Steuersatzes im Einzelfall wird zwar i. d. R. kein großes rechtliches Problem sein, für den jeweilig betroffenen Steuerpflichtigen aber von besonders großer praktischer Bedeutung. Insbesondere diese gesetzgeberische Entscheidung über die Höhe der Steuersätze wird nicht nur von rechtsdogmatischen Überlegungen, sondern von politischen Einflüssen der verschiedensten Art geprägt sein. Nach Auffassung des BVerfG belässt der Gleichheitssatz dem Steuergesetzgeber eine weitreichende Gestaltungsbefugnis, die ihn insbesondere berechtigt, sich bei seinen Regelungen auch von finanzpolitischen, volkswirtschaftlichen oder sozialpolitischen Erwägungen leiten zu lassen. Seine Gestaltungsbefugnis endet erst dort, wo ein sachlicher Grund für die Gleichbehandlung oder Ungleichbehandlung fehlt.[105]

6.4.1 Die Prozentsätze

Die nach § 19 Abs. 1 ErbStG vorgeschriebenen Steuersätze beziehen sich jeweils auf den nach § 10 ErbStG ermittelten Wert des steuerpflichtigen Erwerbs. Der Aufbau der Steuersätze kann als progressiver Stufentarif (mit Härteausgleich, § 19 Abs. 3 ErbStG) bezeichnet werden. Die Progression des Steuersatzes richtet sich nicht nur nach der Höhe des Erwerbs, sondern auch nach der Steuerklasse. Stufentarif bedeutet, dass jeder Erwerb insgesamt auf der ermittelten Wertstufe erfasst wird und nicht etwa auch anteilig auf den vorausgehenden. Beträgt der Wert des steuerpflichtigen Erwerbs z. B. 600.000 Euro, so werden diese 600.000 Euro insgesamt in der 3. Stufe erfasst und nicht 75.000 Euro in der 1., 300.000 Euro in der 2. und 225.000 Euro in der 3. Stufe. Mit dieser Tarifausgestaltung liegt die Erbschaftsteuer, was die Kompliziertheit des Tarifs anbetrifft, etwa in der Mitte zwischen der Grunderwerbsteuer auf der einen Seite (proportionaler Steuertarif, § 11 GrEStG) und der Einkommensteuer auf der anderen Seite (Formeltarif mit einer unteren und einer oberen Proportionalzone und einer dazwischenliegenden Progressionszone sowie Aufteilung in Grundtarif und Splittingtarif, § 32a EStG).

Im Einzelnen legt § 19 Abs. 1 ErbStG folgende Prozentsätze fest:

Tarifstufen und Prozentsätze 2009

Wert des steuerpflichtigen Erwerbs (§ 10 ErbStG) bis einschließlich	Steuerklasse I	Steuerklasse II	Steuerklasse III
75.000 €	7 %	30 %	30 %
300.000 €	11 %	30 %	30 %
600.000 €	15 %	30 %	30 %
6.000.000 €	19 %	30 %	30 %

---

105 BVerfG vom 22.06.1995, BStBl 1995 II S. 671, und vom 07.11.2006, BStBl 2007 II S. 192.

6 Berechnung der Steuer

Wert des steuerpflichtigen Erwerbs (§ 10 ErbStG) bis einschließlich	Steuerklasse I	Steuerklasse II	Steuerklasse III
13.000.000 €	23 %	50 %	50 %
26.000.000 €	27 %	50 %	50 %
über 26.000.000 €	30 %	50 %	50 %

Tarifstufen und Prozentsätze ab 2010

Die für verfassungsrechtlich bedenklich anzusehenden Steuersätze in der Steuerklasse II sind durch das Wachstumsbeschleunigungsgesetz mit Wirkung ab 2010 wieder reduziert worden, sodass sich für 2008, 2009 und ab 2010 völlig unterschiedliche Steuerbelastungen in der Steuerklasse II ergeben:

Wert des steuerpflichtigen Erwerbs (§ 10 ErbStG) bis einschließlich	Steuerklasse I	Steuerklasse II	Steuerklasse III
75.000 €	7 %	15 %	30 %
300.000 €	11 %	20 %	30 %
600.000 €	15 %	25 %	30 %
6.000.000 €	19 %	30 %	30 %
13.000.000 €	23 %	35 %	50 %
26.000.000 €	27 %	40 %	50 %
über 26.000.000 €	30 %	43 %	50 %

Ob die Steuersätze in der Steuerklasse II für das Jahr 2009 verfassungsrechtlich Bestand haben werden, bleibt wohl einer Entscheidung des BVerfG vorbehalten. Entsprechende Verfahren sind beim BFH[106] anhängig. Im Verfahren zur Aussetzung der Vollziehung hat der BFH die Ablehnung der Aussetzung der Vollziehung durch das FG München bestätigt.[107] Die Entscheidung über die Verfassungsmäßigkeit – unter anderem der Steuersätze in der Steuerklasse II – bleibt dem Hauptverfahren vorbehalten. Das FG Köln[108] hat gegen die Steuersätze für das Jahr 2009 keine verfassungsrechtlichen Bedenken und ebenfalls AdV abgelehnt. Auch nach Auffassung des FG Düsseldorf[109] verstößt die Gleichstellung der Erwerber der Steuerklasse II mit Erwerbern der Steuerklasse III durch § 19 Abs. 1 ErbStG nicht gegen Art. 6 und Art. 3 Abs. 1 GG.

---

[106] BFH: Az. II R 9/11.
[107] BFH vom 01.04.2010, BStBl 2010 II S. 558.
[108] FG Köln vom 13.10.2010 – 9 V 2566/10.
[109] FG Düsseldorf vom 12.01.2011 – 4 K 2574/10 Erb.

6.4.2 Härteausgleich

Bei Überschreiten der jeweiligen Wertstufen kann es dann zu ungerechten Ergebnissen kommen, wenn die dadurch veranlasste Erhöhung der Steuer größer ist als der die Wertstufe übersteigende Betrag. Die Anwendungsfälle für einen dann erforderlichen Härteausgleich steigen, je größer die Tarifsprünge sind. Zur Vermeidung dieser vom Gesetzgeber nicht gewollten Härte ist in § 19 Abs. 3 ErbStG ein Härteausgleich vorgesehen; danach wird der Unterschied zwischen der Steuer, die sich bei Anwendung des § 19 Abs. 1 ErbStG ergibt, und der Steuer, die sich ergeben würde, wenn der Erwerb die letztvorhergehende Wertgrenze nicht überstiegen hätte, nur insoweit erhoben, als er

- bei einem Steuersatz bis zu 30 % aus der Hälfte,
- bei einem Steuersatz über 30 % bis zu 50 % aus drei Vierteln

des die Wertgrenze übersteigenden Betrags gedeckt werden kann.

Den Prüfungsablauf bei der Anwendung dieses Härteausgleichs verdeutlicht folgendes Schema:

a) Ermittlung des steuerpflichtigen Erwerbs,

b) Ermittlung der Steuer nach § 19 Abs. 1 ErbStG hierauf,

c) Ermittlung der letztvorhergehenden Wertgrenze,

d) Ermittlung der Steuer nach § 19 Abs. 1 ErbStG hierauf,

e) Ermittlung der Differenz zwischen b) und d),

f) Ermittlung des die Wertgrenze übersteigenden Betrags,

g) Ermittlung des Bruchteils des die Wertgrenze übersteigenden Betrags nach § 19 Abs. 3 ErbStG (es kommt hier auf den Steuersatz nach b) an; § 19 Abs. 3 ErbStG ist anwendbar, wenn g) kleiner als e)),

h) d) + g) = Steuer nach § 19 Abs. 3 ErbStG.

Beispiel:
Vater V schenkt 2010 seinem Kind K 480.000 € Bargeld. Die zu zahlende Erbschaftsteuer wird nach dem vorstehenden Prüfungsschema wie folgt ermittelt:

a) 480.000 € abzgl. 400.000 € Freibetrag = 80.000 €

b) 80.000 € × 11 % = 8.800 €

c) 75.000 €

d) 75.000 € × 7 % = 5.250 €

e) 3.550 €

f) 5.000 €

g) 5.000 € × 50 % = 2.500 € – g) (2.500 €) kleiner als e) (3.550 €), § 19 Abs. 3 ErbStG also anwendbar

h) 5.250 € (d) + 2.500 € (g) = 7.750 €

6 Berechnung der Steuer

Die Steuer nach Anwendung des § 19 Abs. 3 ErbStG beträgt also nicht 8.800 €, sondern lediglich 7.750 €. Vereinfacht kann die Ermittlung auch wie folgt vorgenomen werden:

steuerpflichtiger Erwerb	80.000 €	× 11 % =	8.800 €
Prüfung Härteausgleich:			
letztvorhergehende Wertgrenze	75.000 €	× 7 % =	5.250 €
zzgl.	5.000 €	× 50 % =	2.500 €
Steuer nach Härteausgleich (§ 19 Abs. 3 ErbStG)			7.750 €

Die Vorschrift des § 19 Abs. 3 ErbStG ist eine echte Tarifvorschrift.[110] Sie ist daher in allen Fällen anzuwenden, in denen eine Steuerberechnung tatsächlich oder fiktiv erfolgt: z. B. § 6 Abs. 2, § 10 Abs. 2, §§ 14 und 15 Abs. 3, §§ 19a, 23 und 25 ErbStG (s. H E 19 „Härteausgleich" ErbStH 2011).

Der Härteausgleich hat insbesondere in der Steuerklasse I und II seine Bedeutung. Da durch das ErbStRG 2009 die für die Steuerklasse II und III maßgebenden Steuersätze für Erwerbe, bei denen die Steuer nach dem 31.12.2008 entsteht, geändert wurden (§ 19 Abs. 1 ErbStG i. d. F. bis Ende 2008), ergaben sich auch Änderungen bei den maßgebenden Grenzwerten für die Anwendung des Härtefallausgleichs nach § 19 Abs. 3 ErbStG. Da durch das Wachstumsbeschleunigungsgesetz die für die Steuerklasse II maßgebenden Steuersätze für Erwerbe, bei denen die Steuer nach dem 31.12.2009 entsteht, erneut geändert wurden, ergaben sich erneut Änderungen bei den maßgebenden Grenzwerten für die Anwendung des Härtefallausgleichs nach § 19 Abs. 3 ErbStG.

Für Erwerbe, bei denen die Steuer **nach dem 31.12.2008 und vor dem 01.01.2010** entstanden ist, und für die Fälle des Art. 3 ErbStRG gilt die folgende Grenzwerttabelle (vgl. H 38 AEErbSt sowie H E 19 „Tabelle" ErbStH 2011).

---

110 BFH vom 23.09.1955, BStBl 1955 III S. 321.

6.4 Steuersätze – § 19 ErbStG

Wertgrenze gem. § 19 Abs. 3 ErbStG	Härteausgleich gem. § 19 Abs. 3 ErbStG bei Überschreiten der letztvorhergehenden Wertgrenze bis einschließlich ..... Euro in Steuerklasse		
Euro	I	II	III
75.000	–	–	–
300.000	82.600	–	–
600.000	334.200	–	–
6.000.000	677.400	–	–
13.000.000	6.888.800	10.799.900	10.799.900
26.000.000	15.260.800	–	–
über 26.000.000	29.899.900	–	–

Für Erwerbe, bei denen die Steuer **nach dem 31.12.2009** entsteht oder entstanden ist, gilt die folgende Grenzwerttabelle:[111]

Wertgrenze gem. § 19 Abs. 3 ErbStG	Härteausgleich gem. § 19 Abs. 3 ErbStG bei Überschreiten der letztvorhergehenden Wertgrenze bis einschließlich ..... Euro in Steuerklasse		
Euro	I	II	III
75.000	–	–	–
300.000	82.600	87.400	–
600.000	334.200	359.900	–
6.000.000	677.400	749.900	–
13.000.000	6.888.800	6.749.900	10.799.900
26.000.000	15.260.800	14.857.100	–
über 26.000.000	29.899.900	28.437.400	–

6.4.3 Steuersatz bei Anwendung eines Doppelbesteuerungsabkommens

Die von der Bundesrepublik abgeschlossenen Doppelbesteuerungsabkommen beziehen sich zum großen Teil nicht auf die Erbschaftsteuer (s. o. 4.2.2). Soweit sie sich auch auf die Erbschaftsteuer erstrecken, gelten sie wiederum nur für Erwerbe von Todes wegen, nicht aber für Schenkungen unter Lebenden (Ausnahme: DBA USA, Schweden und Dänemark). Ist nun im Fall des § 2 Abs. 1 Nr. 1 ErbStG (unbeschränkte Steuerpflicht) ein Teil des Vermögens der inländischen Besteuerung aufgrund eines Doppelbesteuerungsabkommens entzogen, so ist nach § 19 Abs. 2 ErbStG die Steuer nach dem Steuersatz zu erheben, der für den ganzen Erwerb gel-

---
111 FinMin Baden-Württemberg vom 18.01.2010, DStR 2010 S. 382.

6 Berechnung der Steuer

ten würde (sog. Progressionsvorbehalt; s. auch z. B. § 32b EStG). Dadurch wird sichergestellt, dass es durch die Anwendung eines Doppelbesteuerungsabkommens für den Erwerber nicht zu einem zusätzlichen Progressionsvorteil kommt.

Beispiel:
Vater V (Inländer) hinterlässt seinem 30-jährigen Kind K (Inländer) ein Vermögen von 500.000 €. Aufgrund eines Doppelbesteuerungsabkommens ist ein Teil von 50.000 € der inländischen Besteuerung entzogen. Der deutschen Besteuerung unterliegen 50.000 € (500.000 € abzgl. 50.000 € – infolge Doppelbesteuerungsabkommens – abzgl. 400.000 € Freibetrag). Nach § 19 Abs. 1 ErbStG wäre der Steuersatz hierauf 7 %. Diesen unerwünschten Progressionsvorteil vermeidet § 19 Abs. 2 ErbStG. Danach beträgt der Steuersatz 11 % von 100.000 €, da für den ganzen Erwerb (500.000 € abzgl. 400.000 € Freibetrag = 100.000 €) ein Steuersatz von 11 % gelten würde.

Ein Progressionsvorbehalt i. S. des § 19 Abs. 2 ErbStG muss im Doppelbesteuerungsabkommen selbst vorgesehen sein,[112] das ist z. B. in Art. 10 Abs. 1 DBA Schweiz der Fall. Bei Doppelbesteuerungsabkommen, die das Anrechnungsverfahren vorsehen, ist der Progressionsvorbehalt ohne Bedeutung (s. H E 19 „Doppelbesteuerungsabkommen ErbStH 2011).

Zu der Frage, nach welchem Erwerb sich der Steuersatz bestimmt, wenn der Teil des Erwerbs von Todes wegen, der nach einem Doppelbesteuerungsabkommen der inländischen Besteuerung unterliegt, gem. § 14 ErbStG mit einer Vorschenkung zusammenzurechnen ist, vertritt die Finanzverwaltung[113] folgende Auffassung: Es ist hierbei zwischen den Fällen unbeschränkter und beschränkter Steuerpflicht zu unterscheiden: § 19 Abs. 2 ErbStG setzt unbeschränkte Steuerpflicht voraus. Fälle mit beschränkter Steuerpflicht sind daher ohne Anwendung des § 19 Abs. 2 ErbStG abzuwickeln. In die Zusammenrechnung nach § 14 Abs. 1 ErbStG kann in diesen Fällen also nur das der deutschen Besteuerung unterliegende Inlandsvermögen einbezogen werden. Ist in den Fällen unbeschränkter Steuerpflicht ein Teil des Vermögens der inländischen Besteuerung aufgrund eines Doppelbesteuerungsabkommens entzogen, so ist die Steuer gem. § 19 Abs. 2 ErbStG nach dem Steuersatz zu erheben, der für den ganzen Erwerb gelten würde. Dabei ist im Einzelnen wie folgt zu verfahren:

1. Für die Bestimmung des Steuersatzes ist der Gesamterwerb einschließlich der Vorschenkung maßgebend.
2. Der so ermittelte Steuersatz ist auf den der inländischen Besteuerung unterliegenden Teil des Erwerbs von Todes wegen unter Einbeziehung der Vorschenkung gem. § 14 ErbStG anzuwenden.
3. Von der so errechneten Steuer ist entweder die fiktive Steuer nach § 14 Abs. 1 Satz 2 ErbStG oder die tatsächlich zu entrichtende nach § 14 Abs. 1 Satz 3 ErbStG abzuziehen.

---

112 BFH vom 09.11.1966, BStBl 1967 III S. 88.
113 FinMin Nordrhein-Westfalen vom 22.09.1975 – S 3820 – 1 – V A 2.

4. Dabei ist gem. § 14 Abs. 1 Satz 4 ErbStG die Mindeststeuer anzusetzen.
5. Der danach für den Erwerb von Todes wegen verbleibende Steuerbetrag kann gem. § 14 Abs. 2 ErbStG nur erhoben werden, soweit er 50 % des der inländischen Besteuerung unterliegenden Teils des Erwerbs von Todes wegen nicht übersteigt.

6.5 Tarifbegrenzung nach § 19a ErbStG

6.5.1 Tarifbegünstige Erwerber und tarifbegünstigtes Vermögen

Parallel zur Neuregelung der §§ 13a, 13b ErbStG ist auch § 19a ErbStG durch das ErbStRG neu gefasst und durch das Wachstumsbeschleunigungsgesetz nochmals geändert bzw. redaktionell angepasst worden. Anders als § 19a ErbStG i. d. F. bis Ende 2008 wirkt die Vorschrift jetzt nicht mehr so monströs und überladen (zur berechtigten Kritik an der alten Fassung siehe die Vorauflage), sondern ist – bei gleich bleibendem Regelungsgehalt – deutlich verkürzt worden.

Das BVerfG[114] fordert unter Hinweis auf den Gleichheitssatz (Art. 3 Abs. 1 GG), die von ihm angenommene verminderte Leistungsfähigkeit namentlich von mittelständischen Unternehmen bei den Erben zu berücksichtigen, die einen solchen Betrieb weiterführen, also den Betrieb weder veräußern noch aufgeben. Die Erbschaftsteuerlast müsse hier so bemessen werden, dass die Fortführung des Betriebs steuerlich nicht gefährdet werde. Diese Verpflichtung (des Gesetzgebers), eine verminderte finanzielle Leistungsfähigkeit erbschaftsteuerrechtlich zu berücksichtigen, sei unabhängig von der verwandtschaftlichen Nähe zwischen Erblasser und Erben. Dieser Vorgabe versucht § 19a ErbStG gerecht zu werden.

§ 19a ErbStG gilt sowohl bei Erwerben von Todes wegen (§ 3 ErbStG) als auch bei Schenkungen (§ 7 ErbStG). Die **Tarifbegrenzung** kommt nur beim Erwerb durch eine natürliche Person (also z. B. nicht beim Erwerb durch eine Familienstiftung) der Steuerklasse II oder III in Betracht (§ 19a Abs. 1 ErbStG). Erwerbe durch juristische Personen und Vermögensmassen sind nicht begünstigt (vgl. auch § 97 Abs. 2 BewG). Der Entlastungsbetrag wird nur für den Teil des zu einem Erwerb gehörenden begünstigten Vermögens i. S. des § 13b Abs. 1 ErbStG gewährt, der nicht unter § 13b Abs. 4 ErbStG fällt **(tarifbegünstigtes Vermögen).** Das sind bei der Regelverschonung nach § 13a Abs. 1 ErbStG 15 % und bei der Optionsverschonung nach § 13a Abs. 8 ErbStG 0 % des begünstigten Vermögens i. S. des § 13b Abs. 1 und 2 ErbStG. In den Fällen, in denen die Verwaltungsvermögensgrenze des § 13b Abs. 2 ErbStG überschritten wird, kann der Entlastungsbetrag nicht gewährt werden. Umfasst das auf einen Erwerber übertragene tarifbegünstigte Vermögen mehrere selbständig zu bewertende wirtschaftliche Einheiten einer Vermögensart (z. B. mehrere Gewerbebetriebe) oder mehrere Arten begünstigten Vermögens (Betriebsver-

---
114 BVerfG vom 22.06.1995, BStBl 1995 II S. 671.

mögen, land- und forstwirtschaftliches Vermögen, Anteile an Kapitalgesellschaften), sind deren Werte nach Auffassung der Finanzverwaltung (Abschn. 39 AEErbSt) vor der Anwendung des § 19a Abs. 3 ErbStG zusammenzurechnen. Ist der Steuerwert des gesamten tarifbegünstigten Vermögens nicht insgesamt positiv, kommt die Tarifbegrenzung nicht in Betracht.

Wenn ein Erwerber **tarifbegünstigtes Vermögen** aufgrund einer letztwilligen Verfügung des Erblassers oder einer rechtsgeschäftlichen Verfügung des Erblassers oder Schenkers **auf einen Dritten übertragen** muss, kommt insoweit für ihn der Entlastungsbetrag nicht in Betracht; Abschn. 7 AEErbSt ist entsprechend anzuwenden. Der **zur Weitergabe** des begünstigten Vermögens **verpflichtete Erwerber** ist so zu besteuern, als sei das herauszugebende Vermögen auf ihn als nicht tarifbegünstigtes Vermögen übergegangen. Muss der Erwerber nicht das gesamte auf ihn übergegangene tarifbegünstigte Vermögen, sondern nur einen Teil davon weiter übertragen, ist der Entlastungsbetrag zu gewähren, soweit das ihm verbleibende tarifbegünstigte Vermögen einen insgesamt positiven Wert hat.

6.5.2 Berechnung des Entlastungsbetrags

Der auf das tarifbegünstigte Vermögen entfallende **Teil der tariflichen Steuer** ergibt sich gem. § 19a Abs. 3 ErbStG aus dem Verhältnis des Werts des tarifbegünstigten Vermögens nach Anwendung des § 13a ErbStG und nach Abzug der mit diesem Vermögen in wirtschaftlichem Zusammenhang stehenden abzugsfähigen Schulden und Lasten (§ 10 Abs. 5 und Abs. 6 ErbStG) zum Wert des gesamten Vermögensanfalls.

Auffällig und verwunderlich ist insoweit, dass der Wortlaut des § 19a Abs. 3 ErbStG i. d. F. des ErbStRG 2009 den Abzug der Verbindlichkeiten nur bei dem nach § 13a ErbStG begünstigten Vermögen, nicht hingegen bei dem gesamten Vermögensanfall vorsah. Offensichtlich handelte es sich hierbei um ein redaktionelles Versehen. Denn durch das Wachstumsbeschleunigungsgesetz ist in § 19a Abs. 3 ErbStG – wenn auch erst mit **Wirkung ab 2010** – „klargestellt" worden, dass der auf das Vermögen i. S. des § 19a Abs. 2 ErbStG entfallende Anteil an der tariflichen Erbschaftsteuer sich nach dem Verhältnis des Werts dieses Vermögens nach Anwendung des § 13a ErbStG und nach Abzug der mit diesem Vermögen in wirtschaftlichem Zusammenhang stehenden abzugsfähigen Schulden und Lasten (§ 10 Abs. 5 und 6 ErbStG) zum Wert des gesamten Vermögensanfalls i. S. des § 10 Abs. 1 Satz 1 und 2 ErbStG **ebenfalls nach Abzug der „mit diesem Vermögen in wirtschaftlichem Zusammenhang stehenden abzugsfähigen Schulden und Lasten (§ 10 Absatz 5 und 6)"** bemisst. Laut Gesetzesbegründung soll damit klargestellt werden, dass bei der Ermittlung des Verhältnisses zwischen dem Wert des begünstigten Vermögens und dem Wert des gesamten Vermögensanfalls auch Letzterer um die damit wirtschaftlich zusammenhängenden abzugsfähigen Schulden und Lasten gemindert wird.

Dies entspricht m. E. der schon vorher von der Finanzverwaltung im Abschn. 40 AEErbSt vertretenen Auffassung. Maßgebend ist danach der Vermögensanfall, soweit er der Besteuerung nach diesem Gesetz unterliegt (§ 10 Abs. 1 Satz 2 ErbStG). Entgegen dem Wortlaut des § 19a Abs. 3 ErbStG ist dazu nach Auffassung der Finanzverwaltung der Steuerwert des gesamten übertragenen Vermögens um die Befreiungen nach §§ 13, 13a und 13c ErbStG **und die Nachlassverbindlichkeiten oder die bei Schenkungen abzugsfähigen Schulden und Lasten einschließlich der Erwerbsnebenkosten** zu kürzen, die im wirtschaftlichen Zusammenhang mit einzelnen Vermögensgegenständen stehen. Lediglich Nachlassverbindlichkeiten oder die bei Schenkungen abzugsfähigen Schulden und Lasten einschließlich der Erwerbsnebenkosten, die nicht mit einzelnen Vermögensgegenständen des erworbenen Vermögens im wirtschaftlichen Zusammenhang stehen, sowie die persönlichen Freibeträge sind nicht abzuziehen (R E 19a.2 Abs. 1 ErbStR 2011). Nach Ansicht der Finanzverwaltung bedeutet dies, dass z. B. auch die Beerdigungskosten nicht abgezogen werden können; eine Einschränkung, die m. E. wegen des Verweises auf § 10 Abs. 5 und 6 ErbStG nicht gerechtfertigt ist, zumal auch die Beerdigungskosten durch den Todesfall veranlasst sind. Der zu § 19a ErbStG i. d. F. vor 2009 bestehende Streit, ob vom jeweiligen Vermögensanfall die Verbindlichkeiten abzuziehen sind und ein Nettovergleich zu erfolgen hat,[115] ist damit vom Gesetzgeber und der Finanzverwaltung dem Grunde nach im Sinne eines Abzugs der Verbindlichkeiten und damit eines Nettovergleichs entschieden worden.

Der **Entlastungsbetrag** ergibt sich als Unterschiedsbetrag zwischen der auf das tarifbegünstigte Vermögen entfallenden tariflichen Steuer nach den Steuersätzen der tatsächlichen Steuerklasse des Erwerbers und nach den Steuersätzen der Steuerklasse I. In beiden Fällen ist die Härteausgleichsregelung nach § 19 Abs. 3 ErbStG zu beachten. Für die Höhe des persönlichen Freibetrags bleibt im Rahmen der Ermittlung des steuerpflichtigen Erwerbs die tatsächliche Steuerklasse des Erwerbers maßgebend abzuziehen (R E 19a.2 Abs. 2 ErbStR 2011).

6.5.3 Ermittlungsschema bei einem Erwerb von Todes wegen

Die Berechnung des Entlastungsbetrags erfolgt demnach bei einem Erwerb von Todes wegen nach folgendem Schema (siehe auch R E 10.1 ErbStR 2011 zum ErbStG vor 2009):

---

115 Siehe hierzu die Vorauflage.

6 Berechnung der Steuer

I. Ermittlung des steuerpflichtigen Erwerbs nach Steuerklasse II oder III

1. Wert des begünstigten Vermögens
   abzgl. Verschonungsabschlag 85 %
   (§ 13a Abs. 1 ErbStG, § 13b Abs. 4 ErbStG) _____
2. Zwischenwert _____
3. abzgl. Abzugsbetrag (§ 13a Abs. 2 ErbStG) _____
4. **Wert begünstigtes Vermögens (§§ 13a, 13b ErbStG)** _____ _____
5. sonstige Vermögenswerte _____
6. abzgl. Steuerbefreiungen _____
7. **Wert des gesamten Vermögensanfalls** _____ _____
8. abzgl. Nachlassverbindlichkeiten, die mit dem Wert des begünstigten Vermögens nach §§ 13a, 13b ErbStG in wirtschaftlichem Zusammenhang stehen _____
9. abzgl. Nachlassverbindlichkeiten, die mit dem Wert des Wert des gesamten Vermögensanfalls in wirtschaftlichem Zusammenhang stehen, soweit nicht schon unter 8 _____
10. abzgl. Nachlassverbindlichkeiten, die nicht mit einzelnen Vermögensgegenständen des erworbenen Vermögens in wirtschaftlichem Zusammenhang stehen _____
11. Bereicherung _____ _____
12. abzgl. Steuerbefreiungen/Freibeträge _____
13. steuerpflichtiger Erwerb (gerundet) _____
14. tarifliche Erbschaftsteuer nach Steuerklasse II/III _____

II. Ermittlung des Entlastungsbetrag gem. § 19a ErbStG

1. begünstigtes Nettovermögen (I.4 abzgl. I.8) _____
2. maßgeblicher Vermögensanfall (I.4 abzgl. I.8 und I.9) _____
3. anteilige Steuer begünstigtes Vermögen nach Steuerklasse III
   tarifliche Erbschaftsteuer (I.14) nach Steuerklasse III × $\dfrac{II.1}{II.2}$ _____
4. anteilige Steuer begünstigtes Vermögen nach Steuerklasse I
   tarifliche Erbschaftsteuer (I.14) nach Steuerklasse I × $\dfrac{II.1}{II.2}$ _____
5. **Differenz zwischen II.3 und II.4 = Entlastungsbetrag** _____ – _____
6. **Erbschaftsteuer** _____

6.5 Tarifbegrenzung nach § 19a ErbStG

Wird ausschließlich begünstigtes Vermögen erworben, was häufig bei Schenkungen oder Schenkungen gem. § 7 ErbStG oder Schenkung von Gesellschaftsanteilen auf den Todesfall gem. § 3 Abs. 1 Nr. 2 ErbStG der Fall sein wird, kann das Verfahren natürlich vereinfacht werden, indem auf den Wert des steuerpflichtigen Erwerbs der Steuersatz der Steuerklasse I (§ 19 ErbStG) angewandt wird.

6.5.4 Berechnungsbeispiel

Für die Berechnung der Erbschaftsteuer eines Erwerbs von Todes wegen im Jahr 2010 ist für den Erwerber X der Steuerklasse III von folgenden Werten auszugehen:

1. 50 % Geschäftsanteil A-GmbH 300.000 €
2. 50 % Geschäftsanteil an der B-GmbH 1.200.000 €
3. Einfamilienhaus (nicht steuerbefreit) 700.000 €
4. Wertpapiere 190.000 €
5. Bankguthaben 940.000 €
6. Hausrat 50.000 €
7. PKW 110.000 €
8. Darlehen Deutsche Bank aus Finanzierung B-GmbH, Nennwert: 300.000 €
9. Beerdigungskosten 23.000 €

Der Anteil an der A-GmbH ist im Wege eines Vermächtnisses an den Neffen des Erblassers N weiterzugeben. Außerdem Bargeld im Wert von 600.000 €. Zu berechnen ist die Erbschaftsteuer für X und N.

Erwerber X (siehe auch R 24a ErbStR 2003)

Der Geschäftsanteil an der A-GmbH ist nicht begünstigt, da er im Wege eines Vermächtnisses weiterzugeben ist (§ 13a Abs. 3 Satz 1 ErbStG).

Für den Geschäftsanteil an der B-GmbH gilt die Steuerbefreiung gem. § 13a Abs. 1, § 13b Abs. 4 ErbStG, da es sich um begünstigtes Vermögen gem. § 13b Abs. 1 Nr. 3 ErbStG handelt, welches der Erbe X behält.

Geschäftsanteil an der A-GmbH (§ 12 Abs. 2 ErbStG)		300.000 €
Geschäftsanteil an der B-GmbH (§ 12 Abs. 2 ErbStG)	1.200.000 €	
Verschonungsabschlag 85 % (§ 13a Abs. 1, § 13b Abs. 4 ErbStG)	– 1.020.000 €	
verbleiben	180.000 €	
Abzugsbetrag (§ 13a Abs. 2 ErbStG) 150.000 € – (50 % von 30.000 €)	– 135.000 €	
	45.000 €	45.000 €
Einfamilienhaus (nicht steuerbefreit) (§ 12 Abs. 1 ErbStG)		700.000 €
Wertpapiere (§ 12 Abs. 1 ErbStG)		190.000 €
Bankguthaben (§ 12 Abs. 1 ErbStG)		940.000 €
Hausrat (§ 12 Abs. 1 ErbStG)		50.000 €
PKW (§ 12 Abs. 1 ErbStG)		110.000 €
Steuerbefreiung gem. § 13 Abs. 1 Nr. 1 Buchst. c ErbStG		– 12.000 €
Vermögensanfall (§ 10 Abs. 1 Satz 2 ErbStG)		**2.323.000 €**
Darlehen Deutsche Bank aus Finanzierung B-GmbH, Nennwert: 300.000 €; abziehbar gem. § 10 Abs. 5 Nr. 2, Abs. 6 Satz 4 ErbStG: 45.000 €/1.200.000 € =		– 11.250 €
Vermächtnislast A-GmbH (§ 10 Abs. 5 Nr. 2 ErbStG)		– 300.000 €
Vermächtnislast Bargeld (§ 10 Abs. 5 Nr. 2 ErbStG)		– 600.000 €

6 Berechnung der Steuer

Beerdigungskosten (§ 10 Abs. 5 Nr. 3 ErbStG)		− 23.000 €
Bereicherung (§ 10 Abs. 1 Satz 2 ErbStG)		**1.388.750 €**
persönlicher Freibetrag (§ 16 Abs. 1 Nr. 7 ErbStG)		− 20.000 €
steuerpflichtiger Erwerb (§ 10 Abs. 1 Satz 1 ErbStG)		**1.368.750 €**
(gerundet, § 10 Abs. 1 Satz 6 ErbStG)		**1.368.700 €**
Steuersatz (§ 19 Abs. 1 ErbStG) 30 %		
tarifliche Erbschaftsteuer		410.610 €
Entlastungsbetrag gem. § 19a ErbStG		
• Geschäftsanteil A-GmbH	1.200.000 €	
• Steuerbefreiung gem. §§ 13a, 13b ErbStG	− 1.155.000 €	
• Darlehensschuld Deutsche Bank	− 11.250 €	
„begünstigtes Nettovermögen"	33.750 €	
Wert des gesamten Vermögensanfalls		
• Vermögensanfall	2.323.000 €	
• Schulden nach § 10 Abs. 5 und 6 ErbStG	− 934.250 €	
	1.388.750 €	
Anteil, der auf das begünstigte Vermögen entfällt		
anteilige Steuer nach Steuerklasse III		
410.610 € × (33.750 €/1.388.750 €)		9.978 €
anteilige Steuer nach Steuerklasse I		
19 % von 1.368.700 € = 260.053 €		
260.053 € × (33.750 €/1.388.750 €)		6.319 €
= Entlastungsbetrag	3.659 €	− 3.659 €
Erbschaftsteuer		**406.951 €**

Hinweis: Laut Finanzverwaltung sind die Beerdigungskosten nicht als Verbindlichkeiten anzusehen, die im wirtschaftlichen Zusammenhang mit dem Vermögensanfall stehen (Beispiel unter H E 19a.2 ErbStH 2011).

Erwerber N

Für den Geschäftsanteil an der A-GmbH gilt die Steuerbefreiung gem. § 13a Abs. 1, § 13b Abs. 4 ErbStG, da es sich um begünstigtes Vermögen gem. § 13b Abs. 1 Nr. 3 ErbStG handelt, welches der Vermächtnisnehmer N behält.

Geschäftsanteil an der A-GmbH (§ 12 Abs. 2 ErbStG)	300.000 €
Verschonungsabschlag 85 %	
(§ 13a Abs. 1, § 13b Abs. 4 ErbStG)	− 255.000 €
verbleiben	45.000 €
Abzugsbetrag (§ 13a Abs. 2 ErbStG)	− 45.000 €
verbleiben	0 €
Bargeld	600.000 €
persönlicher Freibetrag (§ 16 Abs. 1 Nr. 5 ErbStG)	− 20.000 €
steuerpflichtiger Erwerb (§ 10 Abs. 1 Satz 1 ErbStG)	**580.000 €**
steuersatz (§ 19 Abs. 1 ErbStG) 20 %	
tarifliche Erbschaftsteuer	116.000 €

6.5.5 Behaltensregelung

Der Entlastungsbetrag fällt mit Wirkung für die Vergangenheit weg, soweit der Erwerber innerhalb von fünf Jahren nach dem Zeitpunkt der Steuerentstehung

6.5 Tarifbegrenzung nach § 19a ErbStG

(**Behaltenszeit**) gegen eine der Behaltensregelungen des § 13a Abs. 5 ErbStG verstößt. Die Lohnsummenregelung des § 13a Abs. 1 Satz 2 bis 5 ErbStG hat für die gewährte Tarifbegrenzung keine Bedeutung. Der Steuerbescheid ist in diesen Fällen nach § 175 Abs. 1 Satz 1 Nr. 2 AO zu ändern (**Nachversteuerung**). Der Steuerpflichtige ist im Steuerbescheid darauf hinzuweisen, dass Verstöße gegen die Behaltensregelungen nach § 153 Abs. 2 AO anzeigepflichtig sind. Die Finanzämter haben die Einhaltung der Behaltenszeit in geeigneter Form zu überwachen.

Der **Entlastungsbetrag** des Erwerbers **entfällt,** soweit innerhalb der Behaltenszeit in schädlicher Weise über das tarifbegünstigte Vermögen verfügt wird. Der Erwerb ist so zu besteuern, als sei dieser Teil des Vermögens mit dem erbschaftsteuerrechtlichen Wert im Besteuerungszeitpunkt von Anfang an auf ihn als nicht tarifbegünstigtes Vermögen übergegangen. Dies gilt auch, wenn bei einer Veräußerung einer wesentlichen Betriebsgrundlage der hierfür erlangte Verkaufserlös entnommen wird (siehe R E 19a.3 ErbStR 2011).

7 Steuerfestsetzung und Erhebung

Steuerfestsetzung und Erhebung sind allgemein in der Abgabenordnung geregelt, das Verfahren der Steuerfestsetzung insbesondere in §§ 155 ff. AO und das der Erhebung in §§ 218 ff. AO. Diese Regelungen gelten grundsätzlich für alle Einzelsteuern, also auch für die Erbschaftsteuer. Die §§ 20 ff. ErbStG treffen demgegenüber einige – auf die Besonderheiten des Erbschaftsteuerrechts zugeschnittene – (ergänzende) Spezialregelungen.

7.1 Steuerschuldner und Steuerhaftung – § 20 ErbStG

Die Begriffe „Steuerschuld" und „Steuerhaftung", insbesondere auch das Verhältnis von Schuld und Haftung zueinander (Akzessorietät), sind im Bereich der Abgabenordnung ohnehin schon recht problematisch. § 20 ErbStG dient insoweit auch nicht gerade der Klarstellung, da seine Überschrift „Steuerschuldner" lautet, sein Inhalt neben der Steuerschuld (§ 20 Abs. 1 und 2 ErbStG) aber auch die Haftung betrifft (§ 20 Abs. 3, 5, 6 und 7 ErbStG). Darüber hinaus tritt als Fremdkörper noch die das bürgerliche Recht betreffende Regelung in § 20 Abs. 4 ErbStG.[1]

Personen, die nebeneinander dieselbe Leistung aus dem Steuerschuldverhältnis schulden oder für sie haften, sind **Gesamtschuldner** (§ 44 Abs. 1 AO). Soweit nichts anderes bestimmt ist, schuldet jeder Gesamtschuldner – im Außenverhältnis – die gesamte Leistung. Daraus folgt, dass der Gläubiger grundsätzlich die geschuldete Leistung von jedem der Gesamtschuldner ganz oder zum Teil fordern kann. Der Ausgleich – im Innenverhältnis – erfolgt nach den Vorschriften des BGB über die Gesamtschuld (§§ 421 ff. BGB). Die Erfüllung durch einen Gesamtschuldner wirkt auch für die übrigen Schuldner. Das Gleiche gilt für die Aufrechnung. Andere Tatsachen (z. B. Stundung, Erlass, Verjährung) wirken nur für und gegen den Gesamtschuldner, in dessen Person sie eintreten (§ 44 Abs. 2 AO).

7.1.1 Steuerschuldner

Nach § 43 AO bestimmen die Einzelsteuergesetze, wer Steuerschuldner ist, d. h., wer verpflichtet ist, die Steuer für eigene Rechnung selbst zu entrichten. Nach § 20 Abs. 1 ErbStG ist bei Erwerben von Todes wegen und bei Schenkungen **Steuerschuldner** der **Erwerber;** das ist derjenige, dem ein Erwerb von Todes wegen (z. B. als Erbe, Miterbe, Vermächtnisnehmer oder Pflichtteilsberechtigter) oder eine Schenkung unter Lebenden anfällt. Steuerschuldner ist dabei immer nur der einzelne Erwerber für seinen Erwerb. Die Erbengemeinschaft als solche kann mangels Steuerrechtsfähigkeit nicht Steuerschuldner sein.[2] Der Steuerschuldner hat persönlich für die geschuldete Steuer – auch bei Erwerben von Todes wegen – mit seinem gesamten Vermögen aufzukommen, also ohne Beschränkung auf den Nachlass.

---

1 Siehe auch Oswald, DVR 1982 S. 18.
2 BGH, ZEV 2002 S. 504.

7.1 Steuerschuldner und Steuerhaftung – § 20 ErbStG

Privatrechtliche Vereinbarungen, nach denen ein anderer als der Erwerber die Steuer tragen soll, haben auf das öffentlich-rechtliche Steuerschuldverhältnis – die Frage, wer Steuerschuldner ist – keinen Einfluss. Sie erhöhen lediglich die Bereicherung des Erwerbers (§ 10 Abs. 2 ErbStG).

Ist eine **Gesamthandsgemeinschaft** (z. B. OHG, KG, Gesellschaft bürgerlichen Rechts) „Erwerber" (durch Erbanfall oder Schenkung), stellt sich die Frage, ob die Gesamthandsgemeinschaft als solche Erwerber und damit Steuerschuldner i. S. des § 20 Abs. 1 ErbStG ist oder die einzelnen Gesamthänder. Der BFH tut sich mit der Antwort schwer. Zunächst hat er die einzelnen Gesamthänder als Erwerber angesehen,[3] dann die Gesamthandsgemeinschaft[4] und dann doch wieder die einzelnen Gesamthänder.[5] Auch in der Literatur werden zur Erwerber- und Schuldnereigenschaft unterschiedliche Auffassungen vertreten.[6]

Obwohl der BFH in der letzten dieser Entscheidungen[7] m. E. zu Recht darauf hinweist, dass die Beurteilung dieser Frage sich nicht allein nach dem Zivilrecht richten kann, sondern nach einer eigenständigen schenkungsteuerrechtlichen Prüfung zu treffen ist, kann auch weiterhin von einer eindeutigen Rechtslage nicht ausgegangen werden. Immerhin setzte sich erst nach dieser Entscheidung[8] zivilrechtlich die Auffassung durch, dass die Gesellschaft bürgerlichen Rechts Träger des Gesamthandsvermögens ist:[9] „Nach neuerer Rechtsprechung des BGH kann die Gesellschaft bürgerlichen Rechts als Gesamthandsgemeinschaft ihrer Gesellschafter im Rechtsverkehr grundsätzlich, das heißt, soweit nicht spezielle Gesichtspunkte entgegenstehen, jede Rechtsposition einnehmen. Soweit sie in diesem Rahmen eigene Rechte und Pflichten begründet, ist sie (ohne juristische Person zu sein) rechtsfähig (vgl. § 14 Abs. 2 BGB)." Im Ergebnis bedeutet dies, dass die Rechtsfähigkeit für einzelne Rechtsgebiete ausnahmsweise nur dann zu verneinen ist, wenn besondere Umstände das erfordern. Solche besonderen Umstände sind für das Gebiet der Erbschaftsteuer/Schenkungsteuer aber nicht erkennbar. Es bleibt also abzuwarten, ob der BFH, angesichts der zivilrechtlichen Entwicklung, seine Auffassung beibehalten wird. Da es in dieser Entscheidung[10] um eine Personenhandelsgesellschaft ging und der BFH auch in § 124 HGB, der von der Teilrechtsfähigkeit der OHG/KG ausgeht, keinen Hinderungsgrund für seine Wertung sah, ist dies letztlich nicht auszuschlie-

---

3 BFH vom 22.06.1960, BStBl 1960 III S. 358.
4 BFH vom 07.12.1988, BStBl 1989 II S. 237.
5 BFH vom 14.09.1994, BStBl 1995 II S. 81.
6 Hollatz, DStR 1995 S. 589; Wohlschlegel, ZEV 1995 S. 94; Gumpp, UVR 1994 S. 199; Gebel, UVR 1995 S. 49.
7 BFH vom 14.09.1994, BStBl 1995 II S. 81.
8 BFH vom 14.09.1994, BStBl 1995 II S. 81.
9 So insbesondere BGH, NJW 2001 S. 1056; DStR 2002 S. 686.
10 BFH vom 14.09.1994, BStBl 1995 II S. 81.

ßen. In der Literatur[11] wird daher die Erwartung geäußert, dass die günstige BFH-Rechtsprechung weder von den Steuerpflichtigen noch von den Finanzämtern angegriffen werden wird. Ein Standpunkt, der bezogen auf die Steuerpflichtigen sicherlich richtig ist, bezogen auf die Finanzämter aber durchaus in Frage gestellt werden kann.

Auf der Grundlage dieser Entscheidung[12] wird im Folgenden gleichwohl davon ausgegangen, dass Erwerber und Steuerschuldner die einzelnen Gesamthänder sind. Daraus folgt, dass sich nach dem Verhältnis Zuwendender und einzelner Gesamthänder auch z. B. die Steuerklasse, die Freibeträge und der Steuersatz richten. Folgerichtig ist bei einem schenkweisen Erwerb von einer Gesamthandsgemeinschaft schenkungsteuerrechtlich der Bedachte auf Kosten der Gesamthänder bereichert. Zuwendende und damit – neben dem Bedachten – Steuerschuldner i. S. von § 20 ErbStG sind in diesen Fällen also die durch die Zuwendung allein vermögensmäßig entreicherten Gesamthänder.[13]

Beispiel 1:
S schenkt der B-GbR (Gesellschafter seine Kinder X, Y und Z zu je 1/3) 1.200.000 €.
Erwerber sind die Gesamthänder X, Y und Z zu je 1/3, also je 400.000 €.[14] Somit fällt nach Abzug eines Freibetrags von jeweils 400.000 € (§ 16 Abs. 1 Nr. 2 ErbStG) keine Schenkungsteuer an.

Würde als Erwerber die rechtsfähige B-GbR angesehen, wäre die Schenkungsteuer wie folgt zu ermitteln:

Bereicherung	1.200.000 €
Freibetrag (§ 16 Abs. 1 Nr. 5 ErbStG)	20.000 €
steuerpflichtiger Erwerb	1.180.000 €
Steuer (§ 15 Abs. 1 III, § 16 Abs. 1 Nr. 5 ErbStG) bei Steuersatz 30 %	354.000 €

Beispiel 2:
Die S-GbR (Gesellschafter X und Y zu je 1/2) schenkt B (Kind von X und Y) 800.000 €.
Schenker sind die Gesamthänder X, Y zu je 1/2, also je 400.000 €.[15] Somit fällt nach Abzug eines Freibetrags von jeweils 400.000 € (§ 16 Abs. 1 Nr. 2 ErbStG) keine Schenkungsteuer an.

Würde als Schenker die rechtsfähige S-GbR angesehen, wäre die Schenkungsteuer wie folgt zu ermitteln:

Bereicherung	800.000 €
Freibetrag (§ 16 Abs. 1 Nr. 5 ErbStG)	20.000 €
steuerpflichtiger Erwerb	780.000 €
Steuer (§ 15 Abs. 1 III, § 16 Abs. 1 Nr. 5 ErbStG) bei Steuersatz 30%	234.000 €

---

11 Moench/Kien-Hümbert/Weinmann, § 7 Rdnr. 10.
12 BFH vom 14.09.1994, BStBl 1995 II S. 81.
13 BFH vom 15.07.1998, BStBl 1998 II S. 630; Daragan, ZEV 1998 S. 367.
14 BFH vom 14.09.1994, BStBl 1995 II S. 81.
15 BFH vom 14.09.1994, BStBl 1995 II S. 81.

7.1 Steuerschuldner und Steuerhaftung – § 20 ErbStG

Bei einer Schenkung ist neben dem Erwerber **auch der Schenker** Steuerschuldner. Erwerber und Schenker sind Gesamtschuldner (§ 44 AO). Bei der Auswahl des heranzuziehenden Steuerschuldners handelt es sich um eine nach § 5 AO zu treffende Ermessensentscheidung.[16] Bei der Rechtsnatur der Erbschaftsteuer als einer Bereicherungssteuer muss sich die Finanzbehörde bei Anforderung der Schenkungsteuer – wenn keine besonderen Umstände vorliegen, wie z. B. Übernahme der Steuer durch den Schenker – in erster Linie an den Beschenkten halten. Es wird also i. d. R. ein Ermessensfehler sein, wenn die Finanzbehörde die Schenkungsteuer von dem erst in zweiter Linie als Steuerschuldner in Betracht kommenden Schenker anfordert.[17] Die Inanspruchnahme des Schenkers kann wiederum z. B. dann ermessensfehlerhaft sein, wenn die Finanzbehörde zunächst den Beschenkten in Anspruch genommen, dabei aber schuldhaft so lange gezögert hat, bis dieser zahlungsunfähig war.[18]

Ein bestandskräftiger Steuerbescheid gegen den Beschenkten steht dem Erlass eines inhaltlich abweichenden Steuerbescheids gegen den Schenker nicht entgegen;[19] das gilt auch dann, wenn der bestandskräftige Steuerbescheid fehlerhaft ist und nach der AO nicht mehr geändert werden kann.[20] Ist der Steuerbescheid gegen den Beschenkten bestandskräftig und erlässt die Finanzbehörde nunmehr einen Steuerbescheid gegen den Schenker, so hat der Schenker die Unanfechtbarkeit grundsätzlich nicht gegen sich gelten zu lassen, d. h., er kann noch im Einspruchsverfahren alle Einwendungen gegen die Höhe der gegen ihn festgesetzten Steuer vorbringen, es sei denn, dass die Voraussetzungen des § 166 AO vorliegen; danach muss der Schenker die Unanfechtbarkeit des gegen den Beschenkten erlassenen Steuerbescheids ausnahmsweise dann gegen sich gelten lassen, wenn er rechtlich in der Lage gewesen wäre, den gegen den Beschenkten erlassenen Steuerbescheid als dessen Vertreter, Bevollmächtigter oder kraft eigenen Rechts anzufechten.

Steuerschuldner ist bei einer Zweckzuwendung – entsprechend der Regelung in § 8 ErbStG – nicht derjenige, dem die Zuwendung endgültig zugute kommt, sondern **der mit der Ausführung der Zuwendung Beschwerte.** Daraus folgt wohl, dass der Beschwerte bürgerlich-rechtlich die Steuer für die Zweckzuwendung aus den Mitteln der Zweckzuwendung entnehmen darf (s. auch § 20 Abs. 4 ErbStG).

In den Fällen des § 1 Abs. 1 Nr. 4 ErbStG **ist die Stiftung oder der Verein Steuerschuldner.**

---

16 So z. B. FG Köln vom 08.05.2001, EFG 2001 S. 1154.
17 BFH vom 29.11.1961, BStBl 1962 III S. 323.
18 BFH vom 16.05.1962, BStBl 1962 III S. 315; s. aber auch BFH vom 04.07.1979, BStBl 1980 II S. 126.
19 BFH vom 26.07.1974, BStBl 1974 II S. 756.
20 BFH vom 13.05.1987, BStBl 1988 II S. 188.

In den Fällen des § 7 Abs. 1 Nr. 8 Satz 2 ErbStG ist Steuerschuldner auch der „Stifter" (settlor, s. o. 4.3.5), in den Fällen des § 3 Abs. 2 Nr. 1 Satz 2, § 7 Abs. 1 Nr. 8 Satz 2 ErbStG die Vermögensmasse.[21]

Nach § 4 Abs. 1 ErbStG wird in den Fällen der fortgesetzten Gütergemeinschaft ein Erwerb des Anteils des verstorbenen Ehegatten nur durch die Abkömmlinge angenommen. Folglich sind nach § 20 Abs. 2 ErbStG auch die **Abkömmlinge** im Verhältnis der auf sie entfallenden Anteile Steuerschuldner. Darüber hinaus ist aber der **überlebende Ehegatte** für den gesamten Steuerbetrag der Abkömmlinge Steuerschuldner, obwohl ihm selbst kein Erwerb anfällt. Diese Regelung, die der Sicherung des Steueranspruchs dient, rechtfertigt sich aus der starken Rechtsstellung, die der überlebende Ehegatte in der fortgesetzten Gütergemeinschaft hat.[22] Aus dieser starken Rechtsstellung des überlebenden Ehegatten rechtfertigt sich z. B. auch die Regelung des § 31 Abs. 3 ErbStG, wonach das Finanzamt die Steuererklärung allein von dem überlebenden Ehegatten verlangen kann. Stirbt ein Abkömmling und unterliegt der Zuwachs der anderen Abkömmlinge der Erbschaftsteuer (§ 4 Abs. 2 ErbStG), so ist nach § 20 Abs. 2 ErbStG der überlebende Ehegatte auch hier Steuerschuldner für den gesamten Steuerbetrag.[23]

Nach § 20 Abs. 4 ErbStG hat der Vorerbe die durch die Vorerbschaft veranlasste Steuer aus den Mitteln der Vorerbschaft zu entrichten. Die rechtliche Bedeutung dieser Regelung ist nicht auf den ersten Blick erkennbar. Der Vorerbe ist als Erwerber insoweit Steuerschuldner nach § 20 Abs. 1 ErbStG. Als Steuerschuldner hat er für die aus der Vorerbschaft geschuldete Steuer persönlich mit seinem gesamten Vermögen aufzukommen. Diese Rechtsfolge bleibt durch die Regelung des § 20 Abs. 4 ErbStG unberührt. Die Regelung des § 20 Abs. 4 ErbStG ist vielmehr, obwohl im Erbschaftsteuer- und Schenkungsteuergesetz enthalten, gar keine steuerrechtliche. Denn es besteht kein steuerrechtlicher Grund anzuordnen, dass der Vorerbe die Steuer aus Mitteln der Vorerbschaft entrichten müsse, ihm also zu verbieten, sie aus eigenen Mitteln zu bezahlen. Sinn hat diese Vorschrift vielmehr nur unter dem bürgerlich-rechtlichen Gesichtspunkt, dass der Vorerbe befugt ist, die Steuerleistung dem Nachlass zu entnehmen (§ 2126 BGB), und dass, wenn der Vorerbe sie aus seinem Vermögen bewirkt, **der Nacherbe bei Eintritt der Nacherbfolge dem Vorerben gem. § 2124 Abs. 2 Satz 2 BGB zum Ersatz verpflichtet ist.**[24] Der Vorerbe kann vom Nacherben gegebenenfalls sogar die Zustimmung zur Verfügung über ein Nachlassgrundstück verlangen (§ 2120 BGB), wenn die Erbschaftsteuer nicht aus den übrigen Mitteln der Vorerbschaft aufgebracht werden kann.[25]

---

21 Kritisch Gebel, ZEV 1999 S. 249; Klein, FR 1999 S. 1110.
22 Begründung zum Regierungsentwurf des Erbschaftsteuer- und Schenkungsteuergesetzes vom 17.04.1974, BT-Drucksache VI/3418.
23 RFH, RStBl 1926 S. 296.
24 BFH vom 12.05.1970, BStBl 1972 II S. 462.
25 Meincke, § 6 Rdnr. 5; BFH vom 16.03.1977, BStBl 1977 II S. 640 steht dem m. E. nicht entgegen.

7.1 Steuerschuldner und Steuerhaftung – § 20 ErbStG

Besteht die Steuerschuld aus der Vorerbschaft beim Tod des Vorerben noch, so geht sie nach allgemeinen Regeln als Nachlassverbindlichkeit auf den Erben des Vorerben über.[26]

7.1.2 Steuerhaftung

Im Steuerrecht regeln die Haftungstatbestände im Allgemeinen das Einstehenmüssen für eine **fremde Schuld**. Haften kann sowohl eine Person (der Höhe nach beschränkt oder unbeschränkt) – persönliche Haftung – als auch eine Sache – dingliche Haftung. Die Haftungsschuld ist in ihrem Entstehen und Bestand von der Steuerschuld weitgehend abhängig (akzessorisch). Das gilt uneingeschränkt für die Zeit vor Geltendmachung der Haftung, nach diesem Zeitpunkt gilt es nur eingeschränkt (s. z. B. § 44 Abs. 2 und § 191 Abs. 5 AO); die Haftungsschuld kann sich verselbständigen. Der Haftungsschuldner ist auch Steuerpflichtiger (§ 33 Abs. 1 AO). Als Beteiligter i. S. des § 93 AO ist der mögliche Haftungsschuldner nach § 20 Abs. 6 ErbStG nach den allgemeinen Regeln auskunftspflichtig.[27] Der Haftungsanspruch ist ein Anspruch, der sich aus dem Steuerschuldverhältnis ergibt (§ 37 AO). Der Haftungsanspruch entsteht folglich, sobald der Tatbestand verwirklicht ist, an den das Gesetz die Leistungspflicht knüpft (§ 38 AO).

Steuerschuldner und Haftungsschuldner sind Gesamtschuldner (§ 44 AO). Der Finanzbehörde steht es im Rahmen des § 5 AO grundsätzlich frei, an welchen Gesamtschuldner sie sich halten will. Bei der Wahl zwischen Steuerschuldner und Haftungsschuldner hat sie sich dabei aber i. d. R. zuerst (mit dem Leistungsgebot) an den Steuerschuldner zu halten. Dies ergibt sich aus dem das Erhebungsverfahren betreffenden § 219 AO. Der Haftungsschuldner wird durch Haftungsbescheid in Anspruch genommen (§ 191 Abs. 1 AO), der im Gegensatz zu § 219 AO das Festsetzungsverfahren betrifft. Die Inanspruchnahme des Haftungsschuldners als solche steht aber – im Gegensatz zum Steuerschuldner – wiederum im Ermessen der Finanzbehörde („kann").

Gegen den Haftungsbescheid ist nach § 347 Abs. 1 Nr. 1 AO der Einspruch gegeben. Dem Haftungsschuldner stehen gegen den Haftungsbescheid folgende Einwendungen zu:

a) Der Haftungstatbestand (z. B. § 20 Abs. 5 ErbStG) ist nicht erfüllt.

b) Die Steuerschuld besteht (dem Grunde oder der Höhe nach) nicht.
    aa) Sie ist nicht (so hoch) entstanden (s. auch § 166 AO).
    bb) Sie ist (zum Teil) erloschen (s. auch § 44 Abs. 2 und § 191 Abs. 5 AO).

c) Die Haftungsschuld ist erloschen (§ 47 AO).

d) Der Haftungsbescheid ist fehlerhaft (z. B. § 129 AO).

---

26 Zweifelnd Meincke, § 6 Rdnr. 6.
27 BFH vom 18.03.1987, BStBl 1987 II S. 419.

e) Der Haftungsbescheid ist ermessensfehlerhaft.

Die in § 20 ErbStG geregelte Haftung ist öffentlich-rechtlich und kann somit nicht durch privatrechtliche Vereinbarungen ausgeschlossen werden.

7.1.2.1 Haftung des Nachlasses

Nach § 20 Abs. 3 ErbStG haftet der Nachlass bis zur Auseinandersetzung (§ 2042 BGB) für die Steuer der am Erbfall Beteiligten. Der Sache nach bedeutet das, dass nicht nur das persönliche Vermögen der Steuerschuldner in Anspruch genommen werden kann, sondern jeweils auch der Nachlass als solcher. Diese Haftung ist auf die Zeit bis zur Auseinandersetzung, also auf den ungeteilten Nachlass, beschränkt. Die Beschränkung ist deshalb vorgenommen worden, weil nach der Auseinandersetzung jeder Miterbe frei über das ihm angefallene Vermögen verfügen kann. Verbraucht er dieses Vermögen, bevor er die Erbschaftsteuer entrichtet hat, so ist nicht einzusehen, weshalb ein Miterbe dann für seine Steuer haften soll.[28] Gehaftet wird für die Steuer der am Erbfall Beteiligten, das sind z. B. der Miterbe, der Vermächtnisnehmer, der Pflichtteilsberechtigte.

Da der Nachlass als solcher mangels Steuerrechtsfähigkeit nicht Haftungsschuldner sein kann, wird die Haftung nach § 20 Abs. 3 ErbStG verfahrensrechtlich wohl in der Form eines Duldungsbescheids (§ 77 Abs. 1 und § 191 Abs. 1 AO) gegen die Miterben (Testamentsvollstrecker) geltend zu machen sein.[29]

7.1.2.2 Haftung des unentgeltlichen Erwerbers

Hat der Steuerschuldner den Erwerb oder Teile desselben vor Entrichtung der Erbschaftsteuer einem anderen unentgeltlich zugewendet, so haftet nach § 20 Abs. 5 ErbStG der andere – also der Zuwendungsempfänger – in Höhe des Werts der Zuwendung persönlich für die Steuer. Es handelt sich insoweit um eine persönliche, wertmäßig (nicht dinglich) begrenzte Haftung.

§ 20 Abs. 5 ErbStG regelt nicht auch die Haftung derjenigen, die Nachlassvermögen zugewendet haben. Deren Haftung ergibt sich ausschließlich aus der Abgabenordnung (§ 69 i. V. m. §§ 34 und 35 AO; s. u. 7.1.2.4).

7.1.2.3 Haftung der Versicherungsunternehmen und der Gewahrsamsinhaber

Die Besteuerung von Nachlasswerten im Ausland ist praktisch erschwert. Deshalb haften zum einen nach § 20 Abs. 6 Satz 1 ErbStG Versicherungsunternehmen, die vor Entrichtung oder Sicherstellung der Steuer die von ihnen zu zahlende Versicherungssumme oder Leibrente in ein Gebiet außerhalb des Geltungsbereichs des Erbschaftsteuer- und Schenkungsteuergesetzes zahlen oder dort wohnhaften

---

[28] Begründung zum Regierungsentwurf des Erbschaftsteuer- und Schenkungsteuergesetzes vom 17.04.1974; BT-Drucksache VI/3418.
[29] A. A. Mösbauer, UVR 1998 S. 340: durch Verwertung des Nachlasses nach § 327 AO.

7.1 Steuerschuldner und Steuerhaftung – § 20 ErbStG

Berechtigten zur Verfügung stellen, in Höhe des ausgezahlten Betrags für die Steuer. Der Begriff „außerhalb des Geltungsbereichs dieses Gesetzes wohnhafter Berechtigter" setzt voraus, dass der Berechtigte im Inland weder seinen Wohnsitz noch seinen gewöhnlichen Aufenthalt hat.[30] Nach dem eindeutigen Wortlaut setzt die Haftung nach § 20 Abs. 6 Satz 1 ErbStG kein Verschulden voraus; sie ist auch nicht davon abhängig, dass dem Versicherungsunternehmen bekannt war, es handele sich um einen ausländischen Berechtigten.[31] Insoweit erscheint es zweckmäßig, dass sich die Versicherungsunternehmen jeweils vor der Zahlung ins Ausland mit dem Finanzamt in Verbindung setzen („Unbedenklichkeitsbescheinigung"). „Zur Verfügung stellen" bedeutet tatsächliche Aushändigung.

Neben den Versicherungsunternehmen haften aus demselben Grund und in demselben Umfang zum anderen nach § 20 Abs. 6 Satz 2 ErbStG solche Personen,[32] in deren Gewahrsam sich Vermögen des Erblassers befindet, soweit sie das Vermögen **vorsätzlich oder fahrlässig** vor Entrichtung oder Sicherstellung der Steuer in ein Gebiet außerhalb des Geltungsbereichs des Erbschaftsteuer- und Schenkungsteuergesetzes bringen oder dort wohnhaften Berechtigten zur Verfügung stellen.

Der Begriff **„Gewahrsam"** i. S. des § 20 Abs. 6 Satz 2 ErbStG ist nach dem Sinn und Zweck der Vorschrift weit auszulegen. Er ist am ganzen Vermögen, nicht nur an Sachen, möglich. Gewahrsam setzt nicht die rechtliche Verwertungsbefugnis voraus, sondern nur den Zustand der unmittelbaren tatsächlichen Einwirkungsmöglichkeit. Auch bei Mitgewahrsam der Banken an Vermögen in ihren Schließfächern kommt die Haftung nach § 20 Abs. 6 Satz 2 ErbStG in Betracht.[33]

„Gewahrsam am Vermögen" können daher z. B. auch die Banken an den Bankguthaben ihrer Kunden, einschließlich der sog. Anderkonten, haben.[34] Bei Gemeinschaftskonten (sog. Oder-Konten) kann die Haftung nur bezüglich des Anteils des Erblassers eingreifen. Das Vermögen und der Gewahrsam müssen nicht bereits im Zeitpunkt der Entstehung der Steuer bestanden haben. Es kommt auf den Gewahrsam am Nachlassvermögen (Vermögen des Erblassers) im Zeitpunkt der Überweisung in das Ausland an, da anderenfalls durch eine bloße Verlagerung von Vermögenswerten auf einen anderen Gewahrsamsinhaber diese Sicherungsvorschrift umgangen werden könnte.[35] Der (möglicherweise) haftungsbegründende Gewahrsam am Vermögen des Erblassers endet mit der Übertragung des Vermö-

---

30 FG München, EFG 1989 S. 465.
31 BFH vom 05.03.1981, BStBl 1981 II S. 471.
32 Insbesondere Banken; s. hierzu Burghardt, ZEV 1996 S. 136; Schmidt, ZEV 2003 S. 129.
33 Wegen der Erteilung einer Unbedenklichkeitsbescheinigung insoweit s. FinMin Bayern vom 20.08.1990 – 34 – S 3830 – 1/37 – 80 550, UVR 1990 S. 349.
34 BFH vom 12.08.1964, BStBl 1964 III S. 647.
35 Siehe auch FG München, EFG 1989 S. 464.

gens auf den Erben (oder seinen Bevollmächtigten). Die die Haftung begründende Garantenstellung des Gewahrsamsinhabers endet nämlich nach dem Gesetzeszweck auch spätestens dann, wenn der Nachlass einmal in die Verfügungsmacht des Erben gelangt ist. Räumt der Erbe jetzt erneut einem Dritten Gewahrsam ein, kann eine (neue) Haftung nicht mehr in Betracht kommen. Der Dritte hat dann Gewahrsam am Vermögen des Erben, nicht aber, wie § 20 Abs. 6 Satz 2 ErbStG verlangt, am Vermögen des Erblassers.[36] Auf Bankkonten übertragen bedeutet das z. B., dass mit der Gutschrift auf dem Konto des Erben, über das dieser auch verfügen kann, eine (neue) Haftung aufgrund späterer Verfügungen nicht mehr entstehen kann. Für die Haftung nach § 20 Abs. 6 Satz 2 ErbStG ist Vorsatz oder Fahrlässigkeit erforderlich, wobei leichte Fahrlässigkeit ausreicht.[37]

Der Begriff „Vermögen des Erblassers" umfasst unstreitig das „originäre" Erblasservermögen, d. h. solches Vermögen, das in seiner konkreten Form schon der Erblasser innehatte. Er umfasst nicht mehr den Erlös aus der Veräußerung des Erbteils. Ob er „Vermögenssurrogate" umfasst (§§ 2041 und 2374 BGB), hat der BFH[38] offengelassen. Meines Erachtens wird man das nach dem Sinn der Haftungsvorschrift – das Vermögen des Erblassers, das der Besteuerung unterliegt, soll nicht gemindert werden – und unter Beachtung des Stichtagsprinzips verneinen müssen. Eine Haftung für Säumniszuschläge oder sonstige steuerliche Nebenleistungen sieht § 20 Abs. 6 Satz 2 ErbStG nicht vor, anders als z. B. § 69 AO.[39]

Zur Frage, ob für Geldinstitute eine Haftung nach § 20 Abs. 6 Satz 2 ErbStG in Betracht kommen kann, wenn diese aufgrund des § 808 BGB oder einer Bevollmächtigung über den Tod hinaus Spareinlagen an einen Berechtigten mit Wohnsitz außerhalb des Bundesgebiets bis zu der gesetzlich zulässigen Höhe je Sparkonto innerhalb von 30 Zinstagen auszahlen, gelten hinsichtlich des Verschuldens keine Besonderheiten. Die Haftung nach § 20 Abs. 6 Satz 2 ErbStG wird durch die genannte Befugnis der Geldinstitute zur Auszahlung von Spareinlagen nicht berührt. Ein die Haftung des Geldinstituts auslösendes schuldhaftes Verhalten i. S. des § 20 Abs. 6 Satz 2 ErbStG liegt dann vor, wenn dem Geldinstitut der Tod des Kontoinhabers bekannt war und es keine oder völlig unzureichende organisatorische Vorkehrungen getroffen hat, um eine Auszahlung der Spareinlagen des Erblassers an Personen mit Wohnsitz außerhalb des Bundesgebiets zu verhindern. Für die Beurteilung dieser Frage sind die Umstände des Einzelfalls maßgebend. Soweit Auszahlungen auf Anweisung eines inländischen Testamentsvollstreckers erfolgen, kommt gemäß der bisher von der Finanzverwaltung vertretenen Auffassung keine Haftung in Betracht.[40]

---

36 BFH vom 11.08.1993, BStBl 1994 II S. 116.
37 BFH vom 12.08.1964, BStBl 1964 III S. 647.
38 BFH vom 11.12.1991, BStBl 1992 II S. 348.
39 FG Münster, EFG 1991 S. 547.
40 Siehe auch OFD Hannover vom 07.03.2003, ZEV 2003 S. 161.

7.1 Steuerschuldner und Steuerhaftung – § 20 ErbStG

Gehen nach Eintritt des Erbfalls auf einem Bankkonto des Erblassers für diesen bestimmte Rentenzahlungen ein, die der Rückforderung nach § 118 Abs. 3 SGB VI unterliegen, und hat das Finanzamt der Bank mitgeteilt, sie könne das Kontoguthaben einem außerhalb des Geltungsbereichs des ErbStG wohnhaften Berechtigten bis auf einen bestimmten Betrag zur Verfügung stellen, muss sie die Rentenzahlungen zusätzlich zu diesem Betrag zurückbehalten, um eine Haftung für die Steuer nach § 20 Abs. 6 Satz 2 ErbStG zu vermeiden.[41]

Die Haftung gem. § 20 Abs. 6 Satz 2 ErbStG erstreckt sich bis zur Höhe des ausgezahlten Betrags auf die Erbschaftsteuer für den gesamten dem Erben angefallenen Erwerb von Todes wegen einschließlich eines Erwerbs aufgrund eines Vertrags zugunsten Dritter auf den Todesfall.[42]

Soweit die Haftung des Kreditinstituts gem. § 20 Abs. 6 Satz 2 ErbStG auch dann eingreift, wenn der nicht im Geltungsbereich des ErbStG wohnhafte Berechtigte nicht Erbe ist, sondern Vermögen ausschließlich aufgrund eines Vertrags zugunsten Dritter auf den Todesfall erworben hat, ist das für die Haftung erforderliche Verschulden allerdings nur anzunehmen, wenn das Kreditinstitut dem Berechtigten das Vermögen nach Veröffentlichung dieses Urteils zur Verfügung stellt. Die Frage, ob auch die Auszahlung eines Guthabens auf einem Konto, das aufgrund eines Vertrags zugunsten Dritter auf den Todesfall nicht in den Nachlass gefallen ist, die Haftung nach § 20 Abs. 6 Satz 2 ErbStG begründen kann, war nämlich bis zu diesem Zeitpunkt nicht geklärt.[43]

Beispiel (nach BFH):
Der verstorbene Erblasser unterhält bei einem inländischen Kreditinstitut ein Spar- und ein Girokonto, die beim Eintritt des Erbfalls Guthaben i. H. von jeweils rd. 50.000 € aufweisen. Während das Girokonto in den Nachlass fällt, erhält die in den USA wohnende Alleinerbin das Sparkonto sowie ein Konto des Erblassers bei einem anderen inländischen Kreditinstitut mit einem Guthaben von rd. 9.000 € aufgrund von Verträgen zugunsten Dritter auf den Todesfall, die der Erblasser mit dem jeweiligen Kreditinstitut geschlossen hatte. Da die Erbin die Erbschaftsteuer nicht bezahlt, erlässt das Finanzamt gegen das Kreditinstitut einen Haftungsbescheid über die gegen die Erbin festgesetzte Erbschaftsteuer.

Nach Auffassung des BFH haftet das Kreditinstitut aufgrund der Auszahlung des Guthabens **auf dem Girokonto** für die Erbschaftsteuer **auf den gesamten Erwerb von Todes wegen** gem. § 20 Abs. 6 Satz 2 ErbStG. Die Vorschrift solle verhindern, dass ein zunächst realisierbarer Steueranspruch vereitelt wird. Zu diesem Zweck mutet das Gesetz dem (inländischen) Gewahrsamsinhaber eine Art Garantenstellung zu, die bei vorsätzlicher oder fahrlässiger Verletzung zur Haftungsfolge führt.

---
41 BFH vom 18.07.2007, BStBl 2007 II S. 788.
42 BFH vom 12.03.2009, BStBl 2009 II S. 783.
43 BFH vom 12.03.2009, BStBl 2009 II S. 783; FinMin Schleswig-Holstein vom 11.08.2009 – VI 353 – S 3830 – 013, DStR 2009 S. 1962. Zu den verfahrensrechtlichen Fragen bei der Haftung nach § 20 Abs. 6 Satz 2 ErbStG s. BFH vom 18.03.1987, BStBl 1987 II S. 419, und zur Ermessensausübung s. FG München, UVR 1995 S. 153.

7 Steuerfestsetzung und Erhebung

Eine Inanspruchnahme des anderen inländischen Kreditinstitut aufgrund der Auszahlung aufgrund des Vertrags zugunsten Dritter auf den Todesfall kommt nicht in Betracht, wenn das Kreditinstitut dem Berechtigten das Vermögen vor Veröffentlichung des Urteils im BStBl zur Verfügung gestellt hat.

Nach § 20 Abs. 7 ErbStG findet § 20 Abs. 6 ErbStG nur bei Beträgen über 600 Euro (**„Haftungsfreigrenze"**) pro Steuerfall Anwendung, um die praktische Arbeit der Versicherungsunternehmen und Banken nicht zu sehr zu belasten. Unter Steuerfall ist nach Sinn und Zweck der Vorschrift nicht der Erbfall insgesamt zu verstehen, sondern jeweils der steuerpflichtige Erwerb i. S. des § 10 Abs. 1 ErbStG.[44] Demnach haften Versicherungsunternehmen (Vermögensverwahrer), die bei einem Erwerber (Steuerschuldner) angefallenes Vermögen ins Ausland zahlen oder ausländischen Berechtigten zur Verfügung stellen, unter anderem dann, wenn der ausgezahlte oder zur Verfügung gestellte Betrag insgesamt 600 Euro übersteigt. Maßgebend ist der tatsächlich gezahlte oder zur Verfügung gestellte Betrag im Zeitpunkt der Überweisung oder Verfügungstellung.

7.1.2.4 Haftung nach der Abgabenordnung

§ 20 ErbStG enthält lediglich ergänzend einige die Besonderheiten des Erbschaftsteuer- und Schenkungsteuergesetzes berücksichtigende Haftungstatbestände. Daneben bleiben die übrigen Haftungsvorschriften, insbesondere aber die der Abgabenordnung, anwendbar. Als **Haftungsvorschriften der Abgabenordnung** kommen insoweit in Betracht die §§ 69 und 71 AO. § 69 AO sieht unter folgenden Voraussetzungen eine Haftung vor:

a) Es muss sich um eine in den §§ 34 und 35 AO bezeichnete Person handeln (z. B. Testamentsvollstrecker).

b) Diese Person muss eine Pflichtverletzung begangen haben. Sie hat die steuerlichen Pflichten des Steuerschuldners zu erfüllen (z. B. Pflicht zur Abgabe einer Steuererklärung, zur Zahlung der Steuer).

c) Ansprüche aus dem Steuerschuldverhältnis werden nicht oder nicht rechtzeitig festgesetzt oder erfüllt.

d) Es besteht Ursächlichkeit zwischen Pflichtverletzung und eingetretenem Nachteil.

e) Die Person hat vorsätzlich oder grob fahrlässig gehandelt.

f) Die Haftung erfasst alle Ansprüche aus dem Steuerschuldverhältnis.

Beispiel:
Testamentsvollstrecker T erstellt grob fahrlässig eine falsche Erbschaftsteuererklärung. Infolgedessen wird die Erbschaftsteuer um 5.000 € zu niedrig festgesetzt.

---

[44] FinMin Niedersachsen vom 24.09.1992, DB 1992 S. 2169.

T haftet für die Erbschaftsteuer i. H. von 5.000 € gem. § 69 AO. T gehört zu den Vermögensverwaltern i. S. des § 34 Abs. 3 AO. Er ist zur Abgabe einer zutreffenden Erbschaftsteuererklärung verpflichtet (§ 31 Abs. 5 ErbStG und § 34 AO). Diese Pflicht hat er grob fahrlässig verletzt. Dadurch ist Erbschaftsteuer i. H. von 5.000 € nicht festgesetzt worden.

§ 71 AO sieht bei Steuerhinterziehung (§ 370 AO) in jeder Form (Täter, Anstifter, Gehilfe) eine Haftung für die verkürzte Steuer einschließlich Zinsen nach § 235 AO vor.

Beispiel:
Testamentsvollstrecker T gibt vorsätzlich eine falsche Erbschaftsteuererklärung ab. Infolgedessen wird die Erbschaftsteuer um 5.000 € zu niedrig festgesetzt.
T haftet für die Erbschaftsteuer i. H. von 5.000 € nach § 71 AO. T hat eine Steuerhinterziehung (§ 370 AO) begangen. Er haftet folglich für die verkürzte Erbschaftsteuer i. H. von 5.000 €.

7.2 Anrechnung ausländischer Erbschaftsteuer – § 21 ErbStG

Bei unbeschränkter Erbschaftsteuerpflicht erstreckt sich die deutsche Erbschaftsteuer auf den gesamten (auch ausländischen) Vermögensanfall. Soweit Auslandsvermögen zum Erwerb gehört, kann es folglich zu einer doppelten Besteuerung desselben Erwerbs kommen. Zur Vermeidung einer solchen Doppebesteuerung können mit anderen Staaten Verträge abgeschlossen werden, in denen die vertragschließenden Staaten ihre Besteuerungsrechte gegenseitig abgrenzen (Doppelbesteuerungsabkommen; s. o. 4.2.2). Aber auch in den Fällen, in denen kein Doppelbesteuerungsabkommen besteht, soll es zu keiner doppelten Besteuerung kommen. Der Gesetzgeber könnte das dadurch erreichen, dass der ausländische Vermögensanfall in vollem Umfang steuerfrei bleibt oder dass die ausländische Erbschaftsteuer auf die deutsche Erbschaftsteuer angerechnet wird.

Das Erbschaftsteuer- und Schenkungsteuergesetz hat sich in § 21 ErbStG für die zweite Methode entschieden (ähnlich wie z. B. § 34c EStG). Diese in § 21 ErbStG im Einzelnen festgelegte Methode ist nach § 21 Abs. 4 ErbStG auch dann anzuwenden, wenn nach einem Doppelbesteuerungsabkommen die in einem ausländischen Staat erhobene Steuer auf die deutsche Erbschaftsteuer anzurechnen ist. Die Vorschrift des § 21 ErbStG gilt sowohl für Erwerbe von Todes wegen als auch für Schenkungen unter Lebenden, also auch die ausländische Schenkungsteuer ist anrechenbar (§ 1 Abs. 2 ErbStG).

7.2.1 Voraussetzungen der Anrechnung

7.2.1.1 Antrag

Die Anrechnung der ausländischen Erbschaftsteuer erfolgt nicht von Amts wegen, sondern nur auf Antrag. Es handelt sich nicht um eine Ermessensentscheidung, sondern es besteht ein Rechtsanspruch auf Anrechnung („ist ... anzurechnen"). Für den Antrag ist eine Frist nicht vorgesehen, er kann also nach den allgemeinen Regeln bis zur Bestandskraft des Erbschaftsteuerbescheids gestellt werden. Werden die Tatsachen, aus denen sich die Anrechnungsmöglichkeit nach § 21 ErbStG ergibt, erst nachträglich bekannt, so kommt eine Berichtigung des bestandskräftigen Erbschaftsteuerbescheids nach § 173 Abs. 1 Nr. 2 AO in Betracht. Nach der Rechtsprechung des BFH[45] steht nämlich die erstmalige Ausübung eines nicht fristgebundenen steuerlichen Wahlrechts nach Bestandskraft der Steuerfestsetzung einer Änderung nach § 173 Abs. 1 Satz 1 Nr. 2 AO nicht entgegen. Dieser Grundsatz gilt entsprechend für alle Fälle, in denen der Steuerpflichtige den für eine Steuervergünstigung erforderlichen, nicht fristgebundenen Antrag erst nach Unanfechtbarkeit des Steuerbescheids stellt.

7.2.1.2 Kein Doppelbesteuerungsabkommen

§ 21 ErbStG findet nur Anwendung, sofern nicht die Vorschriften eines Abkommens zur Vermeidung der Doppelbesteuerung anzuwenden sind. Die bestehenden Doppelbesteuerungsabkommen (s. o. 4.2.2) mit den USA, Schweden, Dänemark und (vorgesehen) Frankreich gelten sowohl für die Schenkungsteuer als auch für die Erbschaftsteuer; die Doppelbesteuerungsabkommen mit der Schweiz und Griechenland gelten grundsätzlich nur für die Erbschaftsteuer, das mit der Schweiz in Ausnahmefällen auch für die Schenkungsteuer.

Daraus folgt, dass die Anrechnung der ausländischen Steuer für Schenkungen stets möglich ist, da nach dem Wortlaut des § 21 ErbStG insoweit nicht schon das Bestehen eines Doppelbesteuerungsabkommens, sondern erst dessen tatsächliches Eingreifen die Anrechnungsmöglichkeit ausschließt. Die Frage, ob § 21 ErbStG auch dann anzuwenden ist, wenn zwar ein Doppelbesteuerungsabkommen besteht, aber dessen Regelung nicht das gesamte Vermögen erfasst, sodass es zu einer teilweisen Doppelbesteuerung kommt, wird nach Sinn und Zweck der Vorschrift wohl zu bejahen sein („sofern" nicht im Sinne von „wenn", sondern von „soweit"). Das bedeutet, dass bezüglich des Vermögens, das nicht von dem Doppelbesteuerungsabkommen erfasst wird, § 21 ErbStG anwendbar ist.

7.2.1.3 Unbeschränkte Steuerpflicht

§ 21 ErbStG findet nur in den Fällen des § 2 Abs. 1 Nr. 1 ErbStG – unbeschränkte Steuerpflicht (s. o. 4.2.1) – Anwendung, und zwar in allen Fällen des § 2 Abs. 1 Nr. 1 ErbStG. § 21 ErbStG findet somit in den Fällen der beschränkten Steuerpflicht, einschließlich der erweiterten beschränkten Steuerpflicht nach § 4 AStG (s. o. 4.2.3 und 4.2.4), keine Anwendung. Das kann bei der erweiterten beschränkten Steuerpflicht dazu führen, dass es bezüglich des über § 121 BewG hinausgehenden erweiterten Inlandsvermögens zu einer Doppelbesteuerung ohne Anrechnungsmöglichkeit kommt. In solchen Fällen wird die Anwendbarkeit der §§ 163 und 227 AO zu prüfen sein.

---

45 BFH vom 28.09.1984, BStBl 1985 II S. 117.

7.2 Anrechnung ausländischer Erbschaftsteuer – § 21 ErbStG

7.2.1.4 Auslandsvermögen

Die Vorschrift des § 21 ErbStG betrifft nur Auslandsvermögen. Was als Auslandsvermögen i. S. des § 21 ErbStG gilt, ergibt sich aus § 21 Abs. 2 ErbStG. Danach ist wie folgt zu differenzieren:

1. Der Erblasser (Schenker) war Inländer: Es gilt ein enger Begriff des Auslandsvermögens.[46] Als Auslandsvermögen gelten alle Vermögensgegenstände der in § 121 BewG genannten Art, die auf einen ausländischen Staat entfallen, sowie alle Nutzungsrechte an diesen Vermögensgegenständen (s. o. 4.2.3) – also z. B. ausländisches land- und forstwirtschaftliches Vermögen, ausländisches Grundvermögen oder ausländisches Betriebsvermögen.

2. Der Erblasser (Schenker) war kein Inländer: Es gilt ein weiter Begriff des Auslandsvermögens. Als Auslandsvermögen gelten alle Vermögensgegenstände mit Ausnahme des Inlandsvermögens i. S. des § 121 BewG sowie alle Nutzungsrechte an diesen Vermögensgegenständen.

In den Fällen des § 21 Abs. 2 Nr. 2 ErbStG wird es infolge des weit gefassten Begriffs des Auslandsvermögens i. d. R. zu keiner Doppelbelastung kommen.

Anders ist es hingegen in den Fällen des § 21 Abs. 2 Nr. 1 ErbStG. Wenn z. B. der ausländische Staat weitere Vermögensgegenstände als solche der in § 121 BewG genannten Art der beschränkten Besteuerung unterwirft, kommt es zu einer Doppelbelastung. Dasselbe gilt, wenn der ausländische Erwerber sowohl im Inland als auch im Ausland unbeschränkt zur Steuer herangezogen wird. In solchen Fällen wird die Anwendbarkeit der §§ 163 und 227 AO zu prüfen sein.

Einen Verstoß der gem. § 21 Abs. 2 Nr. 1 ErbStG beschränkten Anrechnungsmöglichkeit gegen die europarechtlichen Bestimmungen der Art. 56 und 58 EG (Schutz der Kapitalverkehrsfreiheit) liegt nach Ansicht des EuGH nicht vor, wenn bei der Berechnung der Erbschaftsteuer, die von einem Erben mit Wohnsitz in Deutschland auf Kapitalforderungen gegen ein in Spanien ansässiges Finanzinstitut geschuldet wird, die in Spanien entrichtete Erbschaftsteuer nicht angerechnet wird, weil der Erblasser zum Zeitpunkt seines Ablebens seinen Wohnsitz in Deutschland hatte.[47]

> **Beispiel (nach EuGH):**
> B, die in Deutschland wohnt, ist Alleinerbin einer im Jahr 1999 verstorbenen Person, die ihren letzten Wohnsitz ebenfalls in Deutschland hatte. Der Nachlass besteht im Wesentlichen aus Kapitalvermögen, das i. H. von 72.000 € in Deutschland und i. H. von umgerechnet etwa 500.000 € bei Finanzinstituten in Spanien angelegt ist. Für das in Spanien angelegte Vermögen zahlt Frau B dort Erbschaftsteuer i. H. von etwa 100.000 €. In Deutschland wird die Erbschaftsteuer festgesetzt, ohne dabei die in Spanien entrichtete Erbschaftsteuer in Ansatz zu bringen.

---

46 Piltz, ZEV 1997 S. 494; kritisch Jülicher, IStR 1998 S. 599.
47 EuGH vom 12.02.2009 Rs. C-67/08 – „Block", DStR 2009 S. 373.

7 Steuerfestsetzung und Erhebung

Der EuGH sieht keinen Verstoß gegen die Grundfreiheiten, insbesondere gegen die Kapitalverkehrsfreiheit: „Wie die Regierungen, die schriftliche Erklärungen beim Gerichtshof eingereicht haben, und die Kommission der Europäischen Gemeinschaften zutreffend vorgetragen haben, folgt dieser Steuernachteil daraus, dass die beiden betroffenen Mitgliedstaaten ihre Besteuerungsbefugnis parallel zueinander ausgeübt haben, und zwar so, dass der eine, nämlich die Bundesrepublik Deutschland, sich dafür entschieden hat, auf Kapitalforderungen dann die deutsche Erbschaftsteuer zu erheben, wenn der Gläubiger (Erblasser) seinen Wohnsitz in Deutschland hat, während der andere, also das Königreich Spanien, die Entscheidung getroffen hat, auf solche Forderungen die spanische Erbschaftsteuer dann zu erheben, wenn der Schuldner (Bank) in Spanien ansässig ist."

Nach Ansicht des FG Düsseldorf kann die im Ausland gezahlte nicht anrechenbare Erbschaftsteuer (auf Kapitalvermögen in Großbritannien entfallende britische Erbschaftsteuer) auch nicht nach § 10 Abs. 5 Nr. 3 Satz 1 ErbStG als Nachlassverbindlichkeit abgezogen werden, da das Verbot des § 10 Abs. 8 ErbStG sich auch auf die vom Erben zu entrichtende ausländische Erbschaftsteuer bezieht.[48]

Die Formulierung in § 21 Abs. 2 ErbStG („Inländer war") wirft die Frage auf, wie zu entscheiden ist, wenn der Erblasser tatsächlich Ausländer „war", nach § 2 Abs. 1 Nr. 1 ErbStG aber als Inländer „galt". Man wird den Wortlaut wohl insoweit als eindeutig – also nicht auslegungsfähig – ansehen müssen, zumal der Gesetzgeber in § 21 Abs. 1 ErbStG auf § 2 Abs. 1 Nr. 1 ErbStG noch ausdrücklich verwiesen hat, die Unterscheidung ihm also bewusst gewesen sein muss. Folglich kommt es für die Bestimmung des Auslandsvermögens i. S. des § 21 ErbStG wohl lediglich darauf an, ob der Erblasser seinen Wohnsitz oder gewöhnlichen Aufenthalt im Gebiet der Bundesrepublik Deutschland hatte oder nicht.

Den Nachweis über die Höhe des Auslandsvermögens hat der Erwerber nach § 21 Abs. 3 ErbStG durch Vorlage entsprechender Urkunden zu führen, wobei gegebenenfalls eine beglaubigte Übersetzung in die deutsche Sprache verlangt werden kann. Ist ein Sachverhalt zu ermitteln und steuerrechtlich zu beurteilen, der sich auf Vorgänge außerhalb des Geltungsbereichs der Abgabenordnung bezieht, so trifft den Steuerpflichtigen in diesen Fällen allgemein eine erhöhte Aufklärungs- und Mitwirkungspflicht, § 90 Abs. 2 AO.

7.2.1.5 Ausländische Steuer

Der Erwerber muss in dem ausländischen Staat zu einer der deutschen Erbschaftsteuer entsprechenden Steuer herangezogen werden. Der Begriff „entsprechende Steuer" ist nicht eng auszulegen. Anrechenbar i. S. des § 21 Abs. 1 Satz 1 ErbStG ist eine ausländische Steuer, wenn durch sie der Wert des Nachlassvermögens im Sinne einer auf der Nachlassmasse als solcher liegenden Nachlasssteuer oder der

---

48 FG Düsseldorf vom 13.05.2009 – 4 K 155/08 Erb, EFG 2009 S. 1310.

7.2 Anrechnung ausländischer Erbschaftsteuer – § 21 ErbStG

Erbanfall, also die Bereicherung beim einzelnen Erben, erfasst wird.[49] Es ist darunter jede ausländische Steuer zu verstehen, die unmittelbar durch den Tod einer Person entsteht oder für einen freigebigen Vermögensübergang erhoben wird. Es kommt somit z. B. auf die Bezeichnung und Erhebungsform der Steuer nicht an.

Aus der Bezeichnung der anrechenbaren Steuer als einer der deutschen Erbschaftsteuer entsprechenden Steuer kann also nicht geschlossen werden, dass nur Erbanfallsteuern anrechnungsfähig seien. Eine ausländische Steuer entspricht vielmehr immer dann der deutschen Erbschaftsteuer, wenn sie auf den Übergang des Nachlasses gelegt ist, sei es als Erbanfallsteuer, sei es als Nachlasssteuer. Es besteht auch kein Anhaltspunkt dafür, dass eine ausländische Steuer nur dann i. S. des § 21 Abs. 1 Satz 1 ErbStG auf den Erwerber entfällt, wenn er Steuerschuldner ist oder (im Fall der Nachlasssteuer) unmittelbar wirtschaftlich belastet wird. Im Fall einer Nachlasssteuer ist es ausreichend, dass diese den Nachlass und damit alle Teile des Nachlasses belastet.[50] Als auf den Erwerber entfallende ausländische Steuer ist dann diejenige anzusehen, die anteilig auf die von ihm als Nachlassbegünstigtem (Erbbegünstigtem) erworbene Rechtsposition entfällt. Weiterhin kommt es nicht darauf an, ob die ausländische Steuer für das ganze Staatsgebiet gilt oder nur in einzelnen Provinzen.[51] Die anlässlich des Todes des Erblassers anfallende kanadische „capital gains tax" ist nicht gem. § 21 Abs. 1 Satz 1 ErbStG auf die deutsche Erbschaftsteuer anzurechnen, da sie weder als Nachlasssteuer noch als Erbanfallsteuer ausgestaltet ist, sondern als Einkommensteuer beim Erblasser nach dessen persönlichen Verhältnissen erhoben wird.[52]

Bei einer Schenkung greift § 21 ErbStG für diese „capital gains tax" ebenfalls nicht, es kommt aber bei Übernahme durch den Beschenkten eine Berücksichtigung als Gegenleistung (gemischte Schenkung) in Betracht.[53] Die österreichische Kapitalertragsteuer mit Abgeltungscharakter für die Erbschaftsteuer ist im Hinblick auf ihre Erhebungsform eine Steuer auf das Einkommen und keine Erbschaftsteuer (H E 21 „Östereichische Kapitalertragsteuer" ErbStH 2011.

In Portugal werden seit der Aufhebung des Erbschaft- und Schenkungsteuergesetz zum 01.01.2004 **Registergebühren** insbesondere auf den Übergang von portugiesischem Grundbesitz und von in Portugal belegenem beweglichen Vermögen (z. B. Schiffe, Forderungen eines ansässigen Gläubigers, insbesondere gegen ein Unternehmen mit Hauptsitz oder Betriebsstätte in Portugal, in Portugal registriertes geis-

---

49 BFH vom 26.04.1995, BStBl 1995 II S. 540; eingehend – zum Teil kritisch – Jülicher, ZEV 1996 S. 295.
50 BFH vom 06.03.1990, BStBl 1990 II S. 786; R 82 Abs. 1 ErbStR 2003.
51 BFH vom 15.05.1964, BStBl 1964 III S. 408.
52 BFH vom 26.04.1995, BStBl 1995 II S. 540; a. A. Jülicher, ZEV 1996 S. 295, der hier eine beschränkte Anrechnung befürwortet.
53 FG Rheinland-Pfalz, ZEV 1999 S. 504; zur Anrechnung der (früheren) italienischen INVIM s. FG München vom 14.11.2001, EFG 2002 S. 482.

tiges Eigentum) erhoben. Es fallen Registergebühren i. H. von 10 % (zzgl. 0,8 % bei Schenkungen von Grundbesitz) an, wobei Vermögensübertragungen an in gerader Linie verwandte Personen sowie an Ehegatten steuerbefreit sind.

Die Anrechnung dieser Registergebühren, die aufgrund ihrer Höhe und der Ausnahme für bestimmte, dem vorherigen Eigentümer nahestehende Personen keine Gebühren, sondern Ersatzerbschaftsteuern darstellen werden, ist zwar noch nicht gesichert,[54] sollte aber im Hinblick auf die materielle Vergleichbarkeit der Abgaben mit der deutschen Erbschaft- und Schenkungsteuer möglich sein.[55]

7.2.1.6 Festgesetzte, auf den Erwerber entfallende, gezahlte und keinem Ermäßigungsanspruch unterliegende Steuer

Für die Anrechnung der ausländischen Steuer genügt es nicht, dass sie bestandskräftig festgesetzt ist, sondern es muss sich darüber hinaus um eine auf den Erwerber entfallende, gezahlte und keinem Ermäßigungsanspruch unterliegende Steuer handeln. Diese Regelung entspricht den Grundsätzen, die für die Anrechnung ausländischer Ertragsteuern (§ 34c EStG) maßgebend sind. Durch die Anknüpfung an die Zahlung der Steuer soll auch einem möglichen Missbrauch vorgebeugt werden. Nach dem Wortlaut des § 21 ErbStG ist die auf den „Erwerber" (nicht also den Erwerb) entfallende Steuer anzurechnen. Fraglich ist danach, ob z. B. die auf ein ausländisches Vermächtnis entfallende ausländische Erbschaftsteuer auch dann anzurechnen ist, wenn sie nicht vom Vermächtnisnehmer, sondern aus dem Nachlass zu entrichten ist. Die Antwort auf diese Frage ist wiederum mit der Frage verknüpft, ob die aus dem Nachlass entrichtete Steuer als Erwerb i. S. des § 10 ErbStG des Vermächtnisnehmers anzusehen ist oder nicht. Nach der weiten Auffassung des BFH[56] ist, wenn die ausländische Steuer als Nachlasssteuer erhoben wird, i. S. des § 21 Abs. 1 Satz 1 ErbStG als auf den Erwerber entfallende ausländische Steuer diejenige anzusehen, die anteilig auf die von ihm als Nachlassbegünstigtem (Erbbegünstigtem) erworbene Rechtsposition entfällt. Eine ausländische Steuer entspreche immer dann der deutschen Erbschaftsteuer, wenn sie auf den Übergang des Nachlasses gelegt sei, sei es als Erbanfallsteuer, sei es als Nachlasssteuer. Es reicht also nach der Auffassung des BFH aus, dass diese Nachlasssteuer den Nachlass als solchen und damit alle Nachlassteile (gleichmäßig) belastet. Eine unmittelbare wirtschaftliche Belastung des Erwerbers ist für eine Anrechnung nicht erforderlich. Die Verwaltung (R E 21 Abs. 1 ErbStR 2011) hat sich dem angeschlossen. Danach gelten diese Grundsätze auch dann, wenn ein Pflichtteil von dem um die ausländische Nachlasssteuer verminderten Nachlasswert berechnet worden ist oder ein Vermächtnis nach dem Testament des Erblassers nicht um die anteilige ausländische Nachlasssteuer gekürzt werden darf. Die anteilige ausländische Nachlasssteuer ist

---

54 Vgl. FinMin Bayern vom 08.01.2004, IStR 2004 S. 174.
55 Vgl. zum Ganzen auch Wächter, ErbStB 2004 S. 88, 90.
56 BFH vom 06.03.1990, BStBl 1990 II S. 786; s. auch Jülicher, ZEV 1996 S. 295.

7.2 Anrechnung ausländischer Erbschaftsteuer – § 21 ErbStG

dann allerdings nach § 10 Abs. 2 ErbStG dem Erwerb des Pflichtteilsberechtigten oder des Vermächtnisnehmers hinzuzurechnen.

Der Erwerber hat den Nachweis über die Festsetzung und Zahlung der ausländischen Steuer durch Vorlage entsprechender Urkunden zu führen (§ 21 Abs. 3 ErbStG).

7.2.1.7 Auslandsvermögen unterliegt auch der deutschen Erbschaftsteuer

Eine Anrechnung ist nur möglich, soweit das Auslandsvermögen sowohl der ausländischen als auch der deutschen Steuer unterliegt; die Steuerbeträge müssen also dasselbe Vermögen betreffen. Dabei genügt es wohl, dass dasselbe Auslandsvermögen dem Grunde nach der ausländischen und der deutschen Besteuerung unterliegt.[57] Denn aus dem Begriff „unterliegt" ergibt sich nicht, dass Identität bezüglich der Besteuerung des Auslandsvermögens bestehen muss, sondern aus ihm ergibt sich nur, dass es sich um auch im Inland steuerbares, d. h. im Sinne des Erbschaftsteuerrechts um nicht steuerbefreites Auslandsvermögen – ohne Rücksicht auf dessen innerdeutsche Behandlung in Bezug auf Freibeträge, Freigrenzen, Schuldenabzug – handeln muss.

7.2.1.8 Entstehung der deutschen Steuer innerhalb von 5 Jahren seit Entstehung der ausländischen Steuer

Nach § 21 Abs. 1 letzter Satz ErbStG ist die ausländische Steuer nur anrechenbar, wenn die deutsche Erbschaftsteuer für das Auslandsvermögen innerhalb von 5 Jahren seit dem Zeitpunkt der Entstehung der ausländischen Erbschaftsteuer entstanden ist. Zu einer zeitlichen Differenz zwischen den beiden Entstehungszeitpunkten kann es insbesondere dann kommen, wenn das ausländische Recht auf den Zeitpunkt der Erbschaftsannahme abstellt.[58] Liegen zwischen diesen unterschiedlichen Zeitpunkten der Entstehung der Steuer mehr als 5 Jahre, so erschien es dem Gesetzgeber nicht mehr gerechtfertigt, die ausländische Erbschaftsteuer als die Steuer der inländischen Erwerber anzusehen.[59]

7.2.2 Durchführung der Anrechnung

§ 21 ErbStG regelt nicht die Frage, zu welchem Kurs die ausländische Steuer in Euro umzurechnen ist. In Betracht kommen der Tageskurs im Zeitpunkt der Entstehung der Steuer oder im Zeitpunkt der Zahlung der Steuer.

---

57 BFH vom 26.06.1963, BStBl 1963 III S. 402.
58 Siehe insbesondere Jülicher, ZEV 1996 S. 295.
59 Begründung zum Regierungsentwurf des Erbschaftsteuer- und Schenkungsteuergesetzes vom 17.04.1974; BT-Drucksache VI/3418; s. auch Jülicher, ZEV 1996 S. 295; m. E. zu Recht kritisch Meincke, § 21 Rdnr. 26.

7 Steuerfestsetzung und Erhebung

Nach Auffassung des BFH[60] ist die auf die deutsche Erbschaftsteuer anzurechnende ausländische Erbschaftsteuer nach dem amtlichen, im Bundesanzeiger veröffentlichten Briefkurs für den Tag in Euro umzurechnen, an dem die deutsche Erbschaftsteuer für den Erwerb entstanden ist. Der BFH stützt sich auf den Sinn des § 21 Abs. 1 Satz 1 ErbStG: Durch die Anrechnung solle nur die Doppelbelastung bei der inländischen Steuer beseitigt, nicht aber die inländische Besteuerung als solche berührt werden. Diese Begründung ist möglich, aber nicht zwingend, zumal § 21 ErbStG letztlich an die tatsächliche Zahlung der ausländischen Steuer anknüpft.[61] Da die Verwaltung aber der Rechtsprechung des BFH folgt (R E 21 Abs. 2 ErbStR 2011 – Umrechnung nach dem auf den Zeitpunkt der Entstehung der deutschen Steuer ermittelten Devisenkurs – maßgeblich ist, sofern ermittelt, jeweils der Briefkurs), kann die Frage für die Praxis als ausgestanden betrachtet werden.

Bei der Durchführung der Anrechnung der ausländischen Erbschaftsteuer ist zu unterscheiden, ob der Erwerb nur aus Auslandsvermögen besteht, ob er nur zum Teil aus Auslandsvermögen besteht und ob das Auslandsvermögen dann nur in einem oder in verschiedenen ausländischen Staaten belegen ist.

7.2.2.1 Nur Auslandsvermögen
Wenn der Erwerb nur aus Auslandsvermögen besteht, das uneingeschränkt sowohl der ausländischen als auch der deutschen Besteuerung unterliegt, ist die ausländische Steuer in vollem Umfang auf die deutsche Steuer anzurechnen. Falls die ausländische Steuer höher ist als die deutsche Steuer, kommt eine Erstattung des überschießenden Betrags aber nicht in Betracht.

Beispiel:
Erblasser E hinterlässt seinem Sohn S nur Auslandsvermögen (Wert des Erwerbs 600.000 €). S ist im Ausland zur Erbschaftsteuer herangezogen worden, und zwar i. H. von 30.000 €.

Für den Erwerb des S ergibt sich eine deutsche Erbschaftsteuer i. H. von 22.000 € (600.000 € – 400.000 € Freibetrag = 200.000 €; Steuersatz 11 %). Die ausländische Steuer ist voll anzurechnen, höchstens jedoch bis zum Betrag der deutschen Steuer. Es fällt also für S keine deutsche Steuer mehr an. Eine Erstattung kommt nicht in Betracht.

Auch in den Fällen, in denen ein Erwerb aus einem ausländischen Nachlass im Inland wegen Abzugs von Nachlassverbindlichkeiten mit einem niedrigeren Wert als im Ausland zur Erbschaftsteuer herangezogen wird, ist die anrechenbare ausländische Erbschaftsteuer nicht in dem Verhältnis zu kürzen, in dem das Auslandsvermögen durch die bei der ausländischen Erbschaftbesteuerung unberücksichtigt gebliebenen Nachlassverbindlichkeiten gemindert worden ist, sondern in voller Höhe auf die deutsche Erbschaftsteuer anzurechnen.[62] Dasselbe wird wohl auch

---
60 BFH vom 19.03.1991, BStBl 1991 II S. 521, und vom 26.04.1995, BStBl 1995 II S. 540; a. A. Blanke, DB 1994 S. 116.
61 Siehe auch Jülicher, ZEV 1996 S. 295.
62 BFH vom 26.06.1963, BStBl 1963 III S. 402; s. o. 7.2.1.7.

7.2 Anrechnung ausländischer Erbschaftsteuer – § 21 ErbStG

dann gelten, wenn im Inland ein höherer Freibetrag zur Anwendung gelangt als im Ausland oder wenn der Wertansatz des Auslandsvermögens bei der deutschen Erbschaftsteuerveranlagung niedriger ist als bei der ausländischen.[63] Wird für dasselbe Auslandsvermögen von mehreren ausländischen Staaten eine der deutschen Erbschaftsteuer entsprechende Steuer erhoben, so kann jede dieser Steuern angerechnet werden. Eine Anrechnung nach § 21 ErbStG scheidet jedoch für solches Auslandsvermögen aus, das aufgrund z. B. des § 13 ErbStG nicht (dem Grunde nach) der deutschen Erbschaftsteuer unterliegt.

Unterliegt hingegen der ausschließlich aus Auslandsvermögen bestehende Erwerb im Inland in einem höheren Ausmaß der Besteuerung als im Ausland (z. B. Befreiungsvorschrift gilt nicht für die deutsche Erbschaftsteuer), so ist die ausländische Steuer wohl nur bis zu dem Betrag anzurechnen, der von der deutschen Steuer auf das Auslandsvermögen entfällt, das der ausländischen Besteuerung unterlegen hat. Die Formel für die Ermittlung der Höhe des Anrechnungsbetrags lautet:

$$\text{deutsche Steuer} \times \frac{\text{Auslandsvermögen, das der ausländischen Steuer unterlegen hat}}{\text{Wert des steuerpflichtigen Erwerbs im Inland}}$$

7.2.2.2 Nur zum Teil Auslandsvermögen – Höchstbetrag der anrechenbaren Steuer

Durch die Anrechnung der ausländischen Erbschaftsteuer soll aber nicht die deutsche Erbschaftsteuer gemindert werden, die auf die inländischen Vermögenswerte entfällt. Aus diesem Grund muss die anrechenbare ausländische Steuer ggf. der Höhe nach begrenzt werden: Anrechenbar kann nur der Betrag der deutschen Erbschaftsteuer sein, der auf das Auslandsvermögen entfällt. Besteht der Erwerb nur zum Teil aus Auslandsvermögen, so ist nach § 21 Abs. 1 Satz 2 ErbStG deshalb zum Zweck der Berechnung des Höchstbetrags der anrechenbaren Steuer der darauf entfallende Teilbetrag der deutschen Erbschaftsteuer in der Weise zu ermitteln, dass die für das steuerpflichtige Gesamtvermögen (gemeint ist wohl Gesamterwerb) einschließlich des steuerpflichtigen Auslandsvermögens sich ergebende Erbschaftsteuer im Verhältnis des steuerpflichtigen Auslandsvermögens zum steuerpflichtigen Gesamtvermögen aufgeteilt wird. Die Formel für die Ermittlung der Höhe des Anrechnungsbetrages lautet dann:

$$\text{deutsche Steuer} \times \frac{\text{steuerpflichtiges Auslandsvermögen}}{\text{steuerpflichtiger Gesamterwerb}}$$

Die Begrenzung auf diesen Anrechnungshöchstbetrag bedeutet, dass eine hohe ausländische Steuer nicht auf die Besteuerung des im Inland belegenen Vermögens „durchschlägt", während andererseits eine niedrige ausländische Steuer dem deutschen Fiskus einen höheren Steuerbetrag zufließen lässt.[64]

---

63 BFH vom 10.07.1963, HFR 1964 S. 12.
64 Moench/Kien-Hümbert/Weinmann, § 21 Rdnr. 15.

7 Steuerfestsetzung und Erhebung

Bei der Ermittlung des steuerpflichtigen Gesamterwerbs bleiben die Freibeträge nach §§ 16 und 17 ErbStG wohl unberücksichtigt. Bei der Ermittlung des Höchstbetrags bleiben im Übrigen zum einen alle steuerfreien Vermögensgegenstände außer Betracht, und zum anderen sind vorher alle Schulden und Nachlassverbindlichkeiten abzuziehen. Beim Auslandsvermögen sind aber nur die Schulden und Nachlassverbindlichkeiten abzuziehen, die mit ihm in unmittelbarem wirtschaftlichem Zusammenhang stehen. Auf die Bewertung nach ausländischem Recht kommt es nicht an, sodass auch das Auslandsvermögen mit dem Wert anzusetzen ist, mit dem es nach den deutschen Bewertungsvorschriften zur Erbschaftsteuer herangezogen wird.

Die Bestimmung des § 21 Abs. 1 Satz 2 ErbStG, ausländische Erbschaftsteuer im Falle eines nur zum Teil aus Auslandsvermögen bestehenden Erwerbs lediglich beschränkt anzurechnen, verstößt nach Auffassung des BFH[65] nicht gegen Verfassungs- oder Gemeinschaftsrecht. Im Einklang mit dem Europarecht hat die Anrechnung gemäß dem nachfolgenden Beispiel zu erfolgen:

Beispiel (nach BFH):

Der in einem Nicht-DBA-Staat lebende A ist der alleinige Erbe seiner in Deutschland wohnenden Mutter. Zum Nachlass gehören u. a. zwei in einem Nicht-DBA-Staat belegene Grundstücke. Für den Erwerb dieser Grundstücke muss A Erbschaftsteuer i. H. von 181.539,97 € zahlen. Bei der Berechnung dieser Steuer wird der Wert des im Nicht-DBA-Staat belegenen Vermögens mit 827.347 € angesetzt. Durch Erbschaftsteuerbescheid setzt das Finanzamt wegen des Erwerbs von Todes wegen Erbschaftsteuer von 8.899 € fest. Dabei wird das im Nicht-DBA-Staat belegene Vermögen mit 827.347 €, der Wert des Reinnachlasses mit 888.191 € und der Wert des steuerpflichtigen Erwerbs nach Abzug des persönlichen Freibetrages von 400.000 € mit 488.191 € angesetzt. Auf die sich danach ergebende Erbschaftsteuer von 73.215 € wird die in Frankreich gezahlte Erbschaftsteuer von 181.539,97 € mit einem Betrag von nur 68.199 € angerechnet:

$$73.215 \text{ €} \times \frac{827.347 \text{ € (steuerpflichtiges Auslandsvermögen)}}{888.191 \text{ € (steuerpflichtiger Gesamterwerb)}} = 68.199 \text{ €}$$

Der Kläger begehrte die Anrechnung der ausländischen Steuer in voller Höhe. Dem widerspricht der BFH. Der BFH hatte den Fall allerdings an das Finanzgericht zurückverwiesen, um für die Ermittlung der Höhe des Anrechnungsbetrags prüfen zu lassen, ob das ausländische Vermögen als land- und forstwirtschaftliches Vermögen unter die Steuerbefreiung des § 13a ErbStG i. d. F. vor 2009 fällt. Das Finanzgericht hatte daraufhin festgestellt, dass es sich um land- und forstwirtschaftliches Vermögen handelt, wollte aber § 13a ErbStG i. d. F. vor 2009 gleichwohl nicht anwenden, da es sich nicht um inländisches, sondern um ausländisches Vermögen handelte. Im zweiten Rechtszug hatte der BFH daher über die Frage zu befinden, ob die Beschränkung der Steuerbegünstigung des § 13a ErbStG i. d. F. vor 2009 auf inländisches Betriebsvermögen gegen Gemeinschaftsrecht verstößt. Diese Frage hat er dem EuGH vorge-

---

[65] BFH vom 05.05.2004 II R 33/02, BFH/NV 2004 S. 1279, mit kritischer Anmerkung von Jochum, DStRE 2004 S. 1030.

7.2 Anrechnung ausländischer Erbschaftsteuer – § 21 ErbStG

legt,[66] der die Europarechtswidrigkeit des § 13a ErbStG i. d. F. vor 2009 festgestellt hat.[67] Nach § 13a ErbStG n. F. würde sich unter Berücksichtigung des Verschonungsabschlages von 85 % und des Abzugsbetrags gem. § 13a Abs. 2 ErbStG ein steuerpflichtiges Auslandsvermögen von 0 € und somit kein Anrechnungsbetrag mehr ergeben, denn:

$$73.215 \text{ €} \times \frac{0 \text{ € (steuerpflichtiges Auslandsvermögen)}}{60.848 \text{ € (steuerpflichtiger Gesamterwerb)}} = 0 \text{ €}$$

7.2.2.3 Auslandsvermögen in verschiedenen ausländischen Staaten belegen – Höchstbetrag der anrechenbaren Steuer

Eine jeweilige steuerliche Belastung von Auslandsvermögen mit ausländischer Steuer, die über die auf das Auslandsvermögen entfallende deutsche Steuer hinausgeht, soll im Rahmen der Anrechnung stets in vollem Umfang bestehen bleiben. § 21 Abs. 1 Satz 3 ErbStG bestimmt deshalb, dass dann, wenn das Auslandsvermögen in verschiedenen ausländischen Staaten belegen ist, der anrechenbare Höchstbetrag für jeden einzelnen ausländischen Staat gesondert zu berechnen ist, also weder der Gesamtbetrag der gezahlten ausländischen Steuer noch die Summe aller anrechenbaren Höchstbeträge maßgebend ist. Damit soll die Übertragung von nicht mehr anrechenbarer Steuer eines Staats mit hohen Steuersätzen auf den noch nicht ausgenutzten Höchstbetrag eines anderen Staats mit niedrigeren Steuersätzen verhindert werden.

Beispiel:
Erblasser E hinterlässt seinem Sohn S sowohl Inlandsvermögen (Wert des steuerpflichtigen Erwerbs 900.000 €) als auch Auslandsvermögen, und zwar im Ausland X belegen (Wert des steuerpflichtigen Erwerbs 250.000 €) und im Ausland Y belegen (Wert des steuerpflichtigen Erwerbs 100.000 €). S ist in X und in Y für das dortige Auslandsvermögen jeweils zur Erbschaftsteuer herangezogen worden, und zwar i. H. von 60.000 € in X und i. H. von 8.000 € in Y.

Für den Erwerb des S ergibt sich eine deutsche Erbschaftsteuer i. H. von 161.500 € (1.250.000 € abzgl. 400.000 € Freibetrag = 850.000 €; Steuersatz 19 %). Davon entfallen auf das Auslandsvermögen in X

$$161.500 \text{ €} \times \frac{250.000 \text{ €}}{1.250.000 \text{ €}} = 32.300 \text{ €} \ (= 20 \text{ %})$$

$$161.500 \text{ €} \times \frac{100.000 \text{ €}}{1.250.000 \text{ €}} = 12.920 \text{ €} \ (= \ 8 \text{ %})$$

$$161.500 \text{ €} \times \frac{350.000 \text{ €}}{1.250.000 \text{ €}} = 45.220 \text{ €} \ (= 28 \text{ %})$$

Nach § 21 Abs. 1 Satz 3 ErbStG ist es jedoch nicht zulässig, bei der Anrechnung von diesen 45.200 € insgesamt auszugehen, vielmehr ist die Anrechnung wie folgt einzeln durchzuführen:

---

66 BFH vom 11.04.2006, BStBl 2006 II S. 627; vgl. hierzu insbesondere Wachter, FR 2004 S. 1256, und Wilms/Maier, UVR 2004, 327.
67 EuGH vom 17.01.2008 Rs. C-256/06, HFR 2008 S. 405.

7 Steuerfestsetzung und Erhebung

Erbschaftsteuer in X mit dem Höchstbetrag von 32.300 €, Erbschaftsteuer in Y in voller (tatsächlich gezahlter) Höhe von 8.000 €, insgesamt also 40.300 €. Somit sind nicht 45.220 €, sondern nur 40.300 € als Höchstbetrag anzurechnen.

7.2.3 Berücksichtigung von Vorschenkungen bei der Anrechnung

Eine Regelung über die Berücksichtigung von Vorschenkungen im Rahmen des § 21 ErbStG enthält weder diese Vorschrift selbst noch der § 14 ErbStG. Die bestehenden Gesetzeslücken sind daher jeweils nach Sinn und Zweck der Anrechnung auszufüllen.

Die Vorschenkungen sind zum einen nur bei der Berechnung der deutschen Steuer zu berücksichtigen: Bei der Ermittlung des Anrechnungshöchstbetrags bleibt die Vorschenkung wohl unberücksichtigt, und zwar sowohl beim Ansatz des steuerpflichtigen Gesamterwerbs als auch beim Ansatz der deutschen Erbschaftsteuer.

Die Vorschenkungen sind zum anderen zwar bei beiden Steuerfestsetzungen berücksichtigt worden, haben aber vorher nicht der ausländischen Besteuerung unterlegen. Dieser Sachverhalt kommt dann vor, wenn im Ausland (z. B. USA, England, Italien) zwar Schenkungen unter Lebenden zunächst nicht besteuert werden, Vorschenkungen aber bei der Ermittlung des Nachlassvermögens miterfasst werden: Die auf die früheren Zuwendungen entfallende ausländische Steuer kann wohl auf die deutsche Steuer dem Grunde nach angerechnet werden, ist der Höhe nach jedoch auf die durch die Vorschenkung (§ 14 ErbStG) verursachte Erhöhung der deutschen Steuer beschränkt.

Die Vorschenkungen sind schließlich zunächst bei beiden Steuerfestsetzungen berücksichtigt worden, lösen dann aber, mit einem späteren Erwerb zusammengerechnet, sowohl eine höhere deutsche als auch eine höhere ausländische Steuer aus: Auch hier kann die Steuer, die sich im Ausland nachträglich für die frühere Zuwendung von Auslandsvermögen ergibt, wohl dem Grunde nach auf die deutsche Steuer angerechnet werden, der Höhe nach jedoch auch hier auf die durch die frühere Zuwendung sich nachträglich bei der deutschen Steuer ergebende Erhöhung beschränkt.

Besteht der Erwerb nur in Auslandsvermögen (§ 21 Abs. 1 Satz 1 ErbStG), kann die ausländische Erbschaftsteuer bei der Zusammenrechnung (§ 14 ErbStG) auch voll angerechnet werden (H E 21 „Anrechnung ausländischer Steuer bei Zusammenrechnung" ErbStH 2011).

Beispiel:
Tante T schenkte ihrer Nichte N in 01 den Betrag von 500.000 €. 02 stirbt T und vermacht N ein Grundstück (gemeiner Wert 300.000 €) im Ausland (kein DBA). N zahlt 77.000 € ausländische Erbschaftsteuer und beantragt deren Anrechnung.

Erwerb 01:

Schenkung	500.000 €
abzgl. Freibetrag § 16 Abs. 1 Nr. 4 ErbStG	− 20.000 €
verbleiben	480.000 €
Steuer (§ 15 Abs. 1 II, § 19 Abs. 1) bei Steuersatz 25 %	120.000 €

Erwerb 02:

ausländisches Grundstück	300.000 €
Schenkung 01	500.000 €
	800.000 €
abzgl. Freibetrag § 16 Abs. 1 Nr. 4 ErbStG	− 20.000 €
verbleiben	780.000 €
30 %	234.000 €
Steuer 01 (fiktive = tatsächliche Steuer)	− 120.000 €
Steuer 02	114.000 €
Die Mindeststeuer gem. § 14 Abs. 1 Satz 4 ErbStG kommt nicht zur Anwendung.	
abzugsfähige ausländische Steuer (§ 21 Abs. 1 ErbStG)	− 77.000 €
festzusetzende Steuer 02	37.000 €

7.3 Kleinbetragsgrenze (§ 22 ErbStG)

Ähnlich wie § 156 AO als allgemeine Regelung (Grenze 10 Euro) schreibt § 22 ErbStG aus Gründen der Verwaltungsvereinfachung als spezielle Regelung für die Erbschaftsteuer vor, dass von der Festsetzung abzusehen ist, wenn die Steuer, die für den einzelnen Steuerfall festzusetzen ist, den Betrag von 50 Euro nicht übersteigt. Übersteigt die festzusetzende Steuer 50 Euro, so ist der gesamte Betrag festzusetzen − also handelt es sich um eine Freigrenze und nicht um einen Freibetrag.[68] Es ist keine Ermessensentscheidung zu treffen, sondern der Steuerpflichtige hat einen Rechtsanspruch. Als Steuerfall i. S. des § 22 ErbStG ist bei Erwerben von Todes wegen nicht der „Erbfall" und damit bei mehreren Beteiligten nicht die Gesamtzahl der Erwerbe anzusehen, sondern − wie bei Zuwendungen unter Lebenden − der einzelne Vermögensanfall. Folglich gilt die 50 Euro-Grenze für jeden einzelnen Vermögensanfall.[69]

In diesem Zusammenhang sei noch auf die aufgrund des § 156 Abs. 1 AO ergangene **Kleinbetragsverordnung**[70] hingewiesen. Nach § 1 Abs. 1 Nr. 3 dieser Verordnung werden (bereits erfolgte) Festsetzungen der Erbschaftsteuer (Schenkungsteuer) **nur geändert oder berichtigt,** wenn die **Abweichung** von der bisherigen Festsetzung mindestens 10 Euro beträgt. Der Vollständigkeit halber sei schließlich noch darauf hin-

---

68 Zur betragsmäßigen Auswirkung s. Vogt, DStR 2001 S. 1148.
69 FinMin Bayern vom 07.04.1977 − 33 − S 3843 − 6/7 − 30052/76.
70 BStBl 2001 I S. 18.

gewiesen, dass für das **Erhebungsverfahren** von der Finanzverwaltung noch eine **Kleinbetragsregelung** getroffen worden ist.[71]

7.4 Besteuerung von Renten, Nutzungen und Leistungen – § 23 ErbStG

Die nachfolgende Darstellung beschränkt sich beispielhaft auf die Behandlung bei Renten; das Gesagte gilt entsprechend jeweils auch für andere wiederkehrende Nutzungen oder Leistungen. § 23 ErbStG ist nach Ansicht des BFH allerdings nicht auf die nach 1995 ausgeführten freigebigen Zuwendungen erbbaurechtsbelasteter Grundstücke anwendbar.[72]

Das Erbschaftsteuer- und Schenkungsteuergesetz hat die Fälle, in denen jemand Vermögen erwirbt, dessen Nutzungen einem anderen als dem Erwerber zustehen oder das mit einer Rentenverpflichtung oder mit der Verpflichtung zu einer sonstigen Leistung belastet ist, bisher in zwei verschiedenen Vorschriften geregelt: Der mit dem ErbStRG 2009 aufgehobene § 25 ErbStG a. F. regelte die Besteuerung des Erwerbers des Vermögens (also des Rentenverpflichteten), während § 23 ErbStG, und zwar generell und nicht nur in den Fällen des belasteten Vermögenserwerbs, demgegenüber und weiterhin die Besteuerung des Rentenberechtigten regelt.

Der Erwerb von Renten oder anderen wiederkehrenden Nutzungen oder Leistungen (s. o. 5.3.1.6) ist nach § 12 Abs. 1 ErbStG i. V. m. den §§ 13 bis 16 BewG mit dem Kapitalwert (Jahreswert × Vervielfältiger) zu bewerten. In vielen Fällen wird auch die sofortige Steuerentrichtung nach dem Kapitalwert dem Wunsch des Erwerbers entsprechen. Würde dieser Kapitalwert aber stets der Besteuerung beim Rentenberechtigten zugrunde gelegt, könnte das in den Fällen zu Härten führen, in denen der Berechtigte – der zum Eingriff in die Vermögenssubstanz nicht berechtigt ist – keine anderweitigen flüssigen Mittel hat, die Steuer aber so hoch ist, dass er sie aus dem Jahreswert nicht entrichten kann. Einem solchen Erwerber kann dadurch geholfen werden, dass er die Steuer nach und nach entsprechend nur dem Jahreswert des Rentenbezugs oder der Nutzziehung entrichten kann. § 23 Abs. 1 ErbStG räumt daher dem Erwerber ein **Wahlrecht** ein, die Steuer entweder vom Kapitalwert oder jährlich im Voraus von dem Jahreswert zu entrichten. Das Wahlrecht steht dem jeweiligen Erwerber zu. Es ist unbefristet und unbedingt für die eine oder andere Art der Besteuerung auszuüben. Wegen der Möglichkeit der späteren Korrektur der ursprünglichen Entscheidung durch jederzeitige Ablösung der Jahressteuer nach § 23 Abs. 2 ErbStG ist die Entscheidung für die Versteuerung nach dem Jahreswert letztlich aber doch zeitlich nicht unbegrenzt, sodass der Erwerber insoweit kein Risiko eingeht. Eine **Frist** zur Ausübung des Wahlrechts ist nicht vorgesehen. Es

---

71 BMF vom 22.03.2001, BStBl 2001 I S. 242.
72 BFH vom 29.08.2003, BStBl 2003 II S. 944.

7.4 Besteuerung von Renten, Nutzungen und Leistungen

kann daher nach den allgemeinen Grundsätzen bis zur Bestandskraft der Steuerfestsetzung ausgeübt werden.[73]

§ 23 ErbStG findet nur Anwendung, wenn die Steuer vom Kapitalwert von Renten zu entrichten ist. Daraus folgt, dass in den Fällen, in denen Gegenstand einer Schenkung nicht ein Rentenstammrecht, sondern einzelne Rentenleistungen sind (s. o. 4.3.5.1), § 23 ErbStG nicht anwendbar ist, da die Steuer hier nicht vom Kapitalwert zu entrichten ist.

§ 23 ErbStG findet auch auf das Recht auf einen Erbbauzins keine Anwendung, da dieses Recht gar nicht als gesondertes Recht anzusetzen ist, § 148 Abs. 1 Satz 3 BewG.[74]

Mit Rücksicht auf den eindeutigen Wortlaut ist § 23 ErbStG auch wohl nicht anwendbar, wenn eine in Raten zu zahlende Kapitalforderung erworben wird.[75] Bei Härten im Einzelfall kann hier über § 222 AO geholfen werden.

7.4.1 Besteuerung nach dem Kapitalwert

Die Durchführung der Besteuerung nach dem Kapitalwert erfolgt nach den allgemeinen Grundsätzen, sodass es insoweit keiner besonderen Regelung in § 23 ErbStG bedarf.

Beispiel:
Erblasser E vermacht seinem 56-jährigen Bruder B im Jahr 2010 einen Rentenanspruch bis zu seinem Tod i. H. von jährlich 12.000 €.
Der Kapitalwert dieser Leibrente beträgt nach § 14 BewG 162.720 € (12.000 € × 13,560 nach der Sterbetafel 2006/2008 für 2010, BStBl 2009 I S. 1168); der Wert des steuerpflichtigen Erwerbs beträgt somit nach Abrundung 142.700 € (162.720 € abzgl. 20.000 € Freibetrag); die zu zahlende Erbschaftsteuer beträgt bei einem Steuersatz von 20 % 28.540 €

7.4.2 Besteuerung nach dem Jahreswert

Die Vorschrift des § 23 ErbStG lässt die Regelung über den Zeitpunkt der Entstehung der Steuer (§ 9 ErbStG) unberührt, also bleibt es auch bei der Wahl des Erwerbers für die Entrichtung der Steuer von dem Jahreswert der Rente insoweit bei demselben Entstehungszeitpunkt wie bei der Versteuerung nach dem Kapitalwert.[76] Daraus folgt, dass auch für die Ermittlung des Jahreswerts dieser Zeitpunkt der Entstehung der Steuer maßgebend ist, also derselbe Zeitpunkt wie bei Versteuerung nach dem Kapitalwert, sodass der Jahreswert in beiden Fällen derselbe sein muss. Bei seiner Ermittlung kommt es also, was Bestand und Bewertung anbetrifft, nur auf die Verhältnisse am Stichtag (§§ 11 und 9 ErbStG) an, spätere Veränderungen

---
73 FG Nürnberg vom 06.02.2003, EFG 2003 S. 873.
74 FG München vom 18.07.2000, EFG 2000 S. 1265.
75 A. A. möglicherweise BFH vom 23.02.1994, BStBl 1994 II S. 690.
76 BFH vom 06.06.1951, BStBl 1951 III S. 142.

7 Steuerfestsetzung und Erhebung

haben insoweit keinen Einfluss. So führt auch ein späterer Verzicht des Berechtigten auf das Recht zu keiner Berichtigung des Steuerbescheids;[77] auch eine Änderung der Rechtsprechung kann diese Bestandskraft weder durchbrechen noch kommt insoweit Erlass (§ 227 AO) in Betracht.[78] Das Finanzamt setzt deshalb bereits im Voraus in dem Steuerbescheid auch den in Zukunft zu zahlenden Steuerbetrag- und die Anzahl der Jahresbeträge endgültig fest. Der Jahreswert von Nutzungen und Leistungen ist unter Beachtung der §§ 15 und 16 BewG zu ermitteln (s. o. 5.3.1.6), wobei in den Fällen, in denen die Nutzungen oder Leistungen ungewiss sind oder schwanken, nach § 15 Abs. 3 BewG zu verfahren ist, wobei es allein auf den Durchschnittsbetrag am Stichtag ankommt.[79]

Verfahrensrechtlich ergeht auch bei der Besteuerung nach dem Jahreswert nur ein Steuerbescheid, dessen Leistungsgebot (§ 254 AO) allerdings auf jährlich im Voraus zu entrichtende Steuerbeträge gerichtet ist. Jährlich im Voraus i. S. des § 23 ErbStG bedeutet nicht Kalenderjahr, sondern dass vom jeweiligen Stichtag ab zu rechnen ist.

Für die Ermittlung der jährlich im Voraus fälligen Jahressteuer gilt Folgendes:[80] Nach § 23 Abs. 1 Satz 2 ErbStG wird die Steuer – um ungerechtfertigte Progressionsvorteile zu verhindern – nach dem Steuersatz erhoben, der sich nach § 19 ErbStG für den gesamten Erwerb – ggf. unter Berücksichtigung von Vorerwerben i. S. des § 14 ErbStG[81] – einschließlich des Kapitalwerts der Rente oder anderen wiederkehrenden Nutzungen oder Leistungen ergibt.

Das bedeutet, dass der Wert der gesamten Bereicherung zunächst so festzustellen ist wie im Normalfall. Die Abrundungsvorschrift des § 10 Abs. 1 Satz 6 ErbStG bezieht sich hier aber nur auf die Summe der Jahreswerte, da insoweit ein einheitlicher Steuerfall vorliegt, und nicht auf den einzelnen Jahreswert der Nutzung oder Leistung; abzurunden ist also nur der Kapitalwert.[82]

Da aber nur der Jahreswert der Rente jeweils erfasst wird, kann es dazu kommen, dass dieser Jahreswert (evtl. einschließlich des übrigen Erwerbs) zunächst die Freibeträge nicht überschreitet. In diesen Fällen darf die Jahressteuer aber erst erhoben werden, nachdem die dem Erwerber zustehenden Freibeträge aufgebraucht sind. Der Härteausgleich nach § 19 Abs. 3 ErbStG ist als echte Tarifregelung auch im Fall der Jahresversteuerung anzuwenden.[83]

---

77 BFH vom 28.06.1989, BStBl 1989 II S. 896.
78 FG München, UVR 2000 S. 67.
79 BFH vom 08.06.1977, BStBl 1979 II S. 562.
80 Siehe auch Moench, DStR 1985 S. 259.
81 BFH vom 08.06.1977, BStBl 1979 II S. 562; s. im Einzelnen H 84 2. Beispiel ErbStH 2003; Stempel, UVR 2000 S. 390 zu Vorerwerben nach § 19a ErbStG.
82 FinMin Bayern vom 07.04.1977 – 33 – S 3843 – 7/4 – 30053/76; OFD Hannover vom 07.01.2003 – S 3843 – 9 – StO 241.
83 BFH vom 23.09.1955, BStBl 1955 III S. 321.

7.4 Besteuerung von Renten, Nutzungen und Leistungen

Beispiel 1:
Erblasser E vermacht im Jahr 2010 seiner Nichte N (50 Jahre alt) einen lebenslänglichen Rentenanspruch i. H. von jährlich 25.000 €. N wählt die Besteuerung nach dem Jahreswert. Die Jahressteuer nach § 23 ErbStG ermittelt sich wie folgt:

Wert des gesamten steuerpflichtigen Erwerbs:

Kapitalwert der Rente: 25.000 € × 15,609	390.225 €
Freibetrag nach § 16 Abs. 1 Nr. 5 ErbStG	− 20.000 €
verbleiben (abgerundet)	370.200 €
Steuersatz	25 %

Aufzehrungsmethode:

für das erste Jahr	25.000 €
abzgl. Freibetrag	− 20.000 €
	5.000 €
Jahressteuer für das erste Jahr bei Steuersatz 25 %	1.250 €
Jahressteuer für die Folgejahre dann 25 % von 25.000 €	6.250 €

Kürzungsmethode:

$$\text{Kürzungsquote } \frac{20.000 \text{ € } \times 100 \text{ %}}{390.225 \text{ €}} = 5{,}12 \text{ %}$$

also zu versteuern	100,00 %	
	− 5,12 %	
	94,88 %	
zu versteuernder Jahreswert: 94,88 % von 25.000 € =		23.720 €
Jahressteuer 25 %		5.930 €

Beispiel 2:
Erblasser E hinterlässt seinem 56-jährigen Sohn S eine lebenslängliche Rente i. H. von jährlich 72.000 €. S wählt die Besteuerung nach dem Jahreswert.

Wert des gesamten steuerpflichtigen Erwerbs:

Kapitalwert der Rente: 72.000 € × 13,560	976.320 €
Freibetrag nach § 16 Abs. 1 Nr. 1 ErbStG	− 400.000 €
verbleiben (abgerundet)	576.300 €
Steuersatz	15 %

Aufzehrungsmethode:

Die Steuer für die ersten 5 Jahre beträgt	0 €
verbrauchter Freibetrag 72.000 € × 5 Jahre = 360.000 €	
für das 6. Jahr	74.000 €
abzgl. restlicher Freibetrag	− 40.000 €
	34.000 €
Jahressteuer für das 6. Jahr bei Steuersatz 15 %	5.100 €
Jahressteuer für die Folgejahre dann 15 % von 72.000 €	10.800 €

Kürzungsmethode:

$$\text{Kürzungsquote } \frac{400.000 \text{ € } \times 100 \text{ %}}{976.320 \text{ €}} = 40{,}97 \text{ %}$$

7 Steuerfestsetzung und Erhebung

also zu versteuern	100,00 %
	− 40,97 %
	59,03 %
zu versteuernder Jahreswert: 59,03 % von 72.000 € =	42.501 €
Jahressteuer 15 %	6.375 €

Die vorstehend aufgezeigte sog. Aufzehrungsmethode wird nicht einheitlich bejaht. Das FG Hamburg[84] will die sog. Kürzungsmethode anwenden: Der Jahreswert der Rente wird danach in dem Maße gekürzt, in dem der Kapitalwert durch den Freibetrag gemindert wird. Meines Erachtens verstößt diese an sich auch sinnvolle Methode gegen die gesetzliche Freibetragsregelung.[85]

Wählt der Erwerber die Besteuerung nach dem Jahreswert und steht ihm eine – der Steuer nicht unterliegende – fiktive Zugewinnausgleichsforderung zu, so darf die Jahressteuer hier wiederum erst erhoben werden, wenn der Betrag der fiktiven Zugewinnausgleichsforderung und die darüber hinaus zu gewährenden Freibeträge aufgebraucht sind (H 84 ErbStH 2003; in den ErbStH 2011 nicht mehr erörtert).

Beispiel:
Eine 70-jährige Witwe ohne eigenes Vermögen erhält als Alleinerbin neben anderem Vermögen i. H. von 150.000 € eine jährliche Rente von 200.000 €, die nach dem Jahreswert besteuert werden soll. Das Anfangsvermögen des verstorbenen Ehemannes hat 109.600 € betragen.

Berechnung der Zugewinnausgleichsforderung:

Kapitalwert der Rente 200.000 € × 10,855	2.171.000 €
sonstiges Vermögen	150.000 €
Endvermögen des Erblassers	2.321.000 €
Anfangsvermögen des verstorbenen Ehemannes	− 109.600 €
	2.211.400 €
Ausgleichsanspruch = 1/2	1.105.700 €

Aufzehrungsmethode:

Kapitalwert der Rente 200.000 € × 10,855	2.171.000 €
sonstiges Vermögen	150.000 €
	2.321.000 €
abzgl. Ausgleichsanspruch (§ 5 ErbStG)	− 1.105.700 €
abzgl. Freibetrag nach § 16 Abs. 1 Nr. 1 ErbStG	− 500.000 €
abzgl. Freibetrag nach § 17 Abs. 1 ErbStG	− 256.000 €
verbleiben	459.300 €
Steuersatz (§ 15 Abs. 1 II, § 19 Abs. 1 ErbStG)	15 %

nach Verrechnung der Steuerbefreiungen nach §§ 5, 16 und 17 ErbStG mit dem sonstigen Vermögen verbleiben

---

84 FG Hamburg, EFG 1987 S. 130.
85 A. A. BFH, ZEV 1998 S. 195, und H 84 ErbStH 2003, der sie auf Antrag zulässt.

7.4 Besteuerung von Renten, Nutzungen und Leistungen

sonstiges Vermögen	150.000 €
abzgl. Ausgleichsanspruch (§ 5 ErbStG)	− 1.105.700 €
abzgl. Freibetrag nach § 16 Abs. 1 Nr. 1 ErbStG	− 500.000 €
abzgl. Freibetrag nach § 17 Abs. 1 ErbStG	− 256.000 €
verbleiben	− 1.711.700 €
mit Rücksicht auf die noch verbleibende Steuerbefreiung von 1.711.700 € beträgt die Steuer für die ersten 8 Jahre verbrauchter Freibetrag 200.000 € × 8 Jahre = 1.600.000 €	0 €
für das 9. Jahr	200.000 €
abzgl. restlicher Freibetrag	− 111.700 €
	88.300 €
Jahressteuer für das 9. Jahr bei Steuersatz 15 %	13.245 €
Jahressteuer für die Folgejahre dann 15 % von 200.000 €	30.000 €

Kürzungsmethode:

Kürzungsquote $\dfrac{1.711.700\ € \times 100\ \%}{2.171.000\ €}$ = 78,84 %

also zu versteuern		100,00 %
		− 78,84 %
		21,16 %
zu versteuernder Jahreswert: 21,16 % von 200.000 € =		42.320 €
Jahressteuer 15 %		6.348 €

Siehe auch die Berechnungsbeispiele in H E 23 ErbStH 2011.

7.4.3 Übernahme der Schenkungsteuer durch den Schenker

Zu der Frage, wie die Schenkungsteuer zu berechnen ist, wenn sich der Schenker zur Übernahme der Steuer verpflichtet hat (Fall des § 10 Abs. 2 ErbStG), vertritt die Finanzverwaltung[86] die Auffassung, dass sowohl dem Beschenkten als auch dem Schenker, der die Zahlung der Steuer auf den Erwerb einer Rente oder anderen wiederkehrenden Nutzung und Leistung übernommen hat, das Wahlrecht i. S. des § 23 Abs. 1 ErbStG zusteht. Die vom Schenker übernommene Steuer i. S. des § 10 Abs. 2 ErbStG erfüllt jedoch nicht die Voraussetzungen des § 23 Abs. 1 ErbStG, auch soweit sie auf den Kapitalwert der Rente oder einer anderen wiederkehrenden Nutzung und Leistung entfällt. Denn die übernommene Steuer gilt als eigenständiger Erwerb, bei dem es sich nicht um einen Anspruch auf eine Rente oder andere wiederkehrende Nutzung und Leistung handelt. Insoweit kommt es folglich stets und in vollem Umfang zur Sofortversteuerung.

7.4.4 Ablösung der Jahressteuer

Die Jahressteuer kann zivilrechtlichen Vereinbarungen zwischen dem Rentenberechtigten und -verpflichteten über die Ablösung des Rechts hinderlich sein. Zur Beseitigung dieses Hindernisses räumt § 23 Abs. 2 ErbStG dem Erwerber das Recht

---
[86] Vgl. Baden-Württemberg vom 09.09.2008, DStR 2008 S. 1927 mit einem Berechnungsbeispiel.

7 Steuerfestsetzung und Erhebung

ein, die Jahressteuer zum jeweils nächsten Fälligkeitstermin mit ihrem Kapitalwert abzulösen. Der Antrag auf Ablösung der Jahressteuer ist bis zum Beginn des Monats zu stellen, der dem Monat vorausgeht, in dem die nächste Jahressteuer fällig wird. Für die Ermittlung des Kapitalwerts (der Jahressteuer) im Ablösungszeitpunkt sind die Vorschriften der §§ 13 und 14 BewG anzuwenden.

Beispiel:
E stirbt am 01.05.2010. Er hinterlässt seinem 56-jährigen Sohn S einen lebenslänglichen Rentenanspruch i. H. von jährlich 40.000 €. S wählt die Besteuerung nach dem Jahreswert. Am 15.03.2025 stellt S den Antrag auf Ablösung der Jahressteuer zum nächsten Fälligkeitstermin (01.05.2025). Zu diesem Zeitpunkt ist er 71 Jahre alt.
Der Antrag ist fristgerecht gestellt (spätestens 01.04.2025).

Wert des gesamten steuerpflichtigen Erwerbs:

Kapitalwert der Rente: 40.000 € × 13,560 =	542.400 €
Freibetrag nach § 16 Abs. 1 Nr. 1 ErbStG	– 400.000 €
verbleiben	142.400 €
Steuersatz	11 %

Aufzehrungsmethode:

Jahressteuer für das 15. Jahr 11 % von 40.000 € =	4.400 €
Am 01.05.2025 ist S 71 Jahre alt. Der Ablösungsbetrag beträgt – bei sicherlich fälschlicher Unterstellung der für 2010 maßgeblichen Vervielfältiger – also 4.400 € × 9,298 =	40.911 €

7.4.5 Vor- und Nachteile der jährlichen Versteuerung

Im Bereich der Erbschaftsteuer hängt die Antwort auf die Frage, ob die Besteuerung nach dem Kapitalwert oder nach dem Jahreswert günstiger ist, von den Umständen des einzelnen Falls ab.

Bei Renten auf bestimmte Zeit ergeben sich keine wesentlichen Unterschiede, da die Summe der einzelnen Jahresbeträge wirtschaftlich dem einmaligen Steuerbetrag für den Kapitalwert der Rente gleichsteht. Die jährliche Versteuerung bedeutet hier lediglich einen Zahlungsvorteil.

Schwieriger wird die Beantwortung dieser Frage in den Fällen der lebenslänglichen Rente, da sie von dem zeitlich ungewissen Todeszeitpunkt des Erwerbers abhängt. Wird nach dem Kapitalwert besteuert, ist für die Höhe der Steuer die mittlere Lebenserwartung zur Zeit des Erwerbs maßgebend. Wird nach dem Jahreswert besteuert, wird die Steuer nach der tatsächlichen Lebensdauer erhoben. Je nachdem, ob der Erwerber länger oder kürzer lebt, als es der mittleren Lebenserwartung entspricht, ist die eine oder andere Art der Besteuerung günstiger.

Bei vorzeitigem Tod des Berechtigten ist die Berichtigungsvorschrift des § 14 Abs. 2 BewG wohl nur in den Fällen der Sofortversteuerung nach dem Kapitalwert anwendbar, da nur hier insgesamt § 14 BewG zugrunde gelegt wurde. Stirbt also der Berechtigte innerhalb der Berichtigungsfrist des § 14 Abs. 2 BewG, ist auf Antrag der Erben eine Berichtigung der Steuerfestsetzung nach der tatsächlichen Bereiche-

7.4 Besteuerung von Renten, Nutzungen und Leistungen

rung des Erwerbers durchzuführen. Zwar ist in diesen Fällen auch die Jahressteuer nur entsprechend der tatsächlichen Lebensdauer zu zahlen, der in der Ermittlung des Steuersatzes liegende Progressionsnachteil bleibt aber bestehen. Moench[87] vertritt demgegenüber die Auffassung, dass auch bei der Besteuerung nach dem Jahreswert § 14 Abs. 2 BewG anwendbar ist. Dafür spricht sicherlich, dass dadurch auch hier – wie bei einer Berichtigung im Fall der Besteuerung nach dem Kapitalwert – der Progressionsnachteil beseitigt wird und folglich eine weitgehende Gleichbehandlung beider Besteuerungsvarianten erreicht wird; ob das allerdings das gesetzgeberische Ziel ist, erscheint zweifelhaft, da bei stets gleichem Ergebnis ein Wahlrecht sinnlos wäre. Dagegen spricht aber, dass § 14 Abs. 2 BewG nur für nicht laufend veranlagte Steuern gilt. Die laufend veranlagten Steuern sind deshalb ausgenommen, weil bei ihnen über das Stichtagsprinzip der vorzeitige Wegfall ohnehin berücksichtigt wird. Dieser Gedanke trifft aber auch auf die Besteuerung nach dem Jahreswert zu, die insoweit nach dem Sinn und Zweck des § 14 Abs. 2 BewG einer laufend veranlagten Steuer gleichzustellen ist. Im Übrigen erscheint es zweifelhaft, ob bei der Besteuerung nach dem Jahreswert überhaupt § 14 Abs. 1 BewG (Kapitalwert) angewendet worden ist, dessen Anwendung aber Voraussetzung für § 14 Abs. 2 BewG ist. Auch der BFH[88] wendet § 14 Abs. 2 BewG nicht ausdehnend an. Ein späterer Verzicht des Berechtigten auf das Recht führt nach Ansicht des BFH zu keiner Berichtigung im Rahmen der Besteuerung nach dem Jahreswert.

Ein Vorteil kann sich bei der Jahresbesteuerung daraus ergeben, dass die Zahlungspflicht dort erst einsetzt, nachdem die dem Erwerber zustehenden Freibeträge verbraucht sind.

Stirbt der Berechtigte vor Verbrauch des Freibetrags, so fällt keine Steuer an. Bei der Wahl zwischen Aufzehrungs- und Kürzungsmethode ist zu beachten, dass die Kürzungsmethode bei Ablösung der Jahressteuer günstiger ist.[89]

Ein freiwilliger Verzicht auf die Rente kann auf die einmal entstandene Steuerschuld – mangels abweichender gesetzlicher Bestimmungen – keinen Einfluss haben, also wohl auch nicht auf die Weitererhebung der Jahressteuer. Eine andere Auffassung würde zu einer ungerechtfertigten Besserstellung desjenigen führen, der die Besteuerung nach dem Jahreswert wählt.[90]

Hat der Erblasser im Erbvertrag vereinbart, dass eine Witwenrente sich bei späteren höheren Mietzahlungen des beschwerten Erben mindert, so rechtfertigt dies Jahre nach dem Tod des Erblassers nach Ansicht des FG München keine Herabsetzung der Jahressteuerrate nach § 23 ErbStG.[91]

---

87 UVR 1991 S. 196.
88 BFH vom 28.06.1989, BStBl 1989 II S. 896.
89 Moench, ZEV 2001 S. 303; Korezkij, ZEV 2001 S. 305.
90 BFH vom 28.06.1989, BStBl 1989 II S. 896.
91 FG München vom 11.05.2005 – 4 K 4590/03, EFG 2005 S. 1363.

Der – in vielen Fällen wohl entscheidende – Vorteil der Besteuerung nach dem Jahreswert lag zumindest bisher im Bereich der Einkommensteuer. Die jährlichen Steuerbeträge waren dort nämlich als Sonderausgaben (dauernde Lasten, § 10 Abs. 1 Nr. 1a EStG a. F.) abzugsfähig, soweit Einkünfte als Erwerb von Todes wegen mit Erbschaftsteuer belastet sind,[92] also Erbschafts- und Einkommensbesteuerung tatsächlich zu einer Doppelbelastung geführt haben.[93] Dieser Vorteil ist m. E. aber aufgrund der Änderung des EStG durch das JStG 2008 dahin. Seit 2008 sieht nämlich § 10 Abs. 1 Nr. 1a EStG den Abzug von dauernden Lasten als Sonderausgaben nicht mehr vor. Zu denken wäre allenfalls an eine Anrechnung der Erbschaftsteuer auf die Einkommensteuer gem. § 35b Satz 1 und 2 EStG. Soweit § 35b Satz 3 EStG bestimmt, dass eine Anrechnung nicht erfolgen kann, soweit Erbschaftsteuer nach § 10 Abs. 1 Nr. 1a EStG abgezogen wird, läuft die Regelung m. E. leer. Der Gesetzgeber hat wohl übersehen, dass ein Abzug von dauernden Lasten aufgrund der Änderung des EStG durch das JStG 2008 schon seit 2008 entfallen bzw. auf Versorgungsleistungen beschränkt ist.[94] § 35b Satz 3 EStG entspricht allerdings der bis 1998 geltenden Fassung des § 35 Satz 3 EStG, der ebenfalls ausnahmsweise einen Abzug der Erbschaftsteuer als Sonderausgabe nach § 10 Abs. 1 Nr. 1a EStG a. F. vorsah. Nicht auszuschließen ist daher, dass der Gesetzgeber bei der Neufassung des § 35 EStG a. F. nunmehr in § 35b EStG den alten Gesetzestext in Unkenntnis des Umstandes übernommen hat, dass er § 10 Abs. 1 Nr. 1a EStG zwischenzeitlich geändert hatte.[95] Ob ein Abzug als dauernde Last aufgrund der bisherigen Rechtsprechung des BFH über den Wortlaut hinaus möglich ist,[96] erscheint zweifelhaft. Wäre ein Abzug als dauernde Last weiterhin gewollt, hätte dies durch eine (erneute) Änderung des § 10 Abs. 1 Nr. 1a ErbStG herbeigeführt werden müssen. Eine über den Wortlaut hinausgehende Auslegung der Vorschrift in Richtung einer Anerkennung der dauernden Last erscheint aufgrund der jetzigen Fassung des Gesetzes kaum denkbar.

7.5 Verrentung der Steuerschuld in den Fällen des § 1 Abs. 1 Nr. 4 ErbStG – § 24 ErbStG

§ 24 ErbStG gibt den Familienstiftungen und den ihnen entsprechenden Vereinen die Möglichkeit, die turnusmäßig anfallende Erbschaftsteuer bei einem Zinsfuß von 5,5 % verrenten zu lassen. Die Höhe der jährlich zu zahlenden Teilleistungen wird nach folgender Formel berechnet: Steuerschuld geteilt durch 14,933 (Anlage 9a

---

92 BFH vom 23.02.1994, BStBl 1994 II S. 690; Moench, ZEV 2001 S. 303.
93 Siehe auch List, DB 1994 S. 599; Jestädt, ZEV 1995 S. 19.
94 Zur Stellung des § 35b EStG zum Sonderausgabenabzug siehe auch Herzig/Josten/Vossel, DB 2009 S. 584 (589).
95 Siehe auch Schmidt/Heinicke, EStG § 10 Rdnr. 65 a).
96 So wohl Schmidt/Drenseck, EStG § 35b Rdnr. 9.

BewG) = Jahresrate; also beträgt die jährliche Teilleistung 6,7 % der Steuerschuld (s. o. 4.1.2). Das Körperschaftsteuergesetz lässt einen Abzug der verrenteten Steuerschuld im Rahmen der Ermittlung der Körperschaftsteuer nicht zu. Die Erbschaftsteuer ist eine sonstige Personensteuer i. S. des § 10 Nr. 2 KStG. Das gilt auch für die nach § 24 ErbStG in Jahresbeträgen erhobene Erbersatzsteuer. § 10 Nr. 2 KStG ist nicht nur für die eigentliche Steuer anzuwenden, sondern auch insoweit, als die Jahresbeträge einen Zinsanteil enthalten.[97]

7.6 Besteuerung bei Nutzungs- und Rentenlast – § 25 ErbStG i. d. F. vor 2009

Durch die Übertragung von Vermögen, das mit einem Nutzungs- oder Rentenrecht belastet wird, lassen sich, ohne eine abweichende Sonderregelung, unter Zugrundelegung der allgemeinen Regeln des Erbschaftsteuerrechts nicht unerhebliche Erbschaftsteuervorteile erreichen, nicht selten sogar völlige Steuerfreiheit. Dieser Vorteil ergibt sich daraus, dass der Erwerber nur mit dem um den Kapitalwert des Nutzungs- oder Rentenrechts gekürzten Steuerwert seines Erwerbs der Erbschaftsteuer unterliegt.

Beispiel 1:
Vater V überträgt seinem Kind K ein Grundstück gegen lebenslänglichen Nießbrauch. Der steuerpflichtige Erwerb des K wäre unter Abzug des Kapitalwerts des Nießbrauchs zu ermitteln; infolgedessen könnte der Wert des steuerpflichtigen Erwerbs des K mit 0 € anzusetzen sein.

Beispiel 2:
Erblasser E hat seinen Sohn S zum Erben eingesetzt und seiner Ehefrau F den lebenslänglichen Nießbrauch an dem gesamten Nachlass vermacht. Der steuerpflichtige Erwerb des S ist unter Abzug des Kapitalwerts der Nießbrauchsbelastung zu ermitteln. Bei der Ermittlung des steuerpflichtigen Erwerbs der F (Kapitalwert des Nießbrauchsanspruchs) wären die §§ 5, 16 und 17 ErbStG zu beachten, sodass deren Erwerb häufig nicht zur Erhebung einer Erbschaftsteuer führen würde.

Der Gesetzgeber des Erbschaftsteuer- und Schenkungsteuergesetzes 1974 sah diese erbschaftsteuerlichen Vorteile, die sich durch Nießbrauchs-, sonstige Nutzungsrechte oder Rentenregelungen erreichen ließen, als ungerechtfertigt an und hat sie – wohl in der Meinung, dass die Anwendung der §§ 41 und 42 AO allein hier nicht zu gerechten Ergebnissen führt – durch die Sonderregelung des § 25 ErbStG i. d. F. vor 2009 (im Folgenden a. F.) ausgeschlossen **(Nichtabzugsfähigkeit der Belastung).** In diesem Bestreben, durch die Regelung des § 25 ErbStG a. F. Möglichkeiten der Steuerersparnis auszuschließen, war der Gesetzgeber aber zunächst erheblich zu weit gegangen. Selbst wenn die Regelung im Grundsatz als gerechtfertigt anzusehen war, so war sie in ihrem Anwendungsbereich zu undifferenziert, da sie auch solche

---
[97] Wegen weiterer Einzelfragen zur Verrentung (Umfang, Ablösung, Zeitraum) s. FinMin Niedersachsen vom 14.03.1984, BB 1984 S. 662.

7 Steuerfestsetzung und Erhebung

Sachverhalte erfasste, bei denen Steuerumgehungen gar nicht in Betracht kamen. Die allgemein prognostizierte Modifizierung der Vorschrift durch den Gesetzgeber ist dann auch erfolgt,[98] und zwar mit Wirkung ab 31.08.1980 (§ 37 ErbStG).

Während § 23 ErbStG, und zwar generell und nicht nur in den Fällen des belasteten Vermögenserwerbs, die Besteuerung des Rentenberechtigten bzw. Nutzungsberechtigten regelt, erfasste § 25 ErbStG a. F., allerdings beschränkt auf einige Sonderfälle, die Besteuerung des Erwerbers des belasteten Vermögens.

Obwohl § 25 ErbStG a. F., dessen Zweck die Verhinderung unangemessener Steuervorteile sein sollte, durch das ErbStRG ersatzlos aufgehoben worden ist, hat die Vorschrift weiterhin Bedeutung für Übertragungen vor 2009, bei denen die Steuer zum Zeitpunkt des Inkrafttretens der Steuerreform noch gestundet war. Zum Verständnis der Auswirkungen dieser Regelung auf das zur Zeit geltende Recht ist eine Darstellung der Rechtslage vor 2009 daher unerlässlich.

7.6.1 Rechtslage bis zum 30.08.1980

Nach § 37 Abs. 2 Satz 1 ErbStG 2009 ist § 25 ErbStG i. d. F. des Gesetzes vom 17.04.1974 in Erbfällen, die vor dem 31.08.1980 eingetreten sind, und für Schenkungen, die vor diesem Zeitpunkt ausgeführt worden sind, weiterhin in der alten Fassung anzuwenden, auch wenn die Steuer infolge Aussetzung der Versteuerung nach § 25 Abs. 1 Buchst. a ErbStG a. F. erst nach dem 30.08.1980 entstanden ist oder entsteht (s. auch § 9 Abs. 2 ErbStG und hierzu unter 4.4). Da im Fall einer Aussetzung der Versteuerung die Steuer auch nach 2008 entstehen kann, soll – allerdings so knapp wie möglich – auf die Rechtslage bis zum 30.08.1980 eingegangen werden. Hinsichtlich einer detaillierten Darstellung der Besteuerung wird auf die 1. Auflage verwiesen.

§ 25 ErbStG a. F. schloss bei dem Erwerb von Vermögen, dessen Nutzungen einem anderen als dem Erwerber zustanden oder das mit einer Rentenverpflichtung oder mit der Verpflichtung zu einer sonstigen Leistung belastet war, den Abzug dieser Belastung bei der Berechnung der Steuer aus, und zwar in allen Fällen, also unabhängig davon, zu wessen Gunsten der Erwerb belastet wurde. Der Erwerber hatte weiterhin ein Wahlrecht zwischen (teilweiser) Aussetzung der Versteuerung und Sofortversteuerung unter Stundung der auf den Kapitalwert der Belastung entfallenden Steuer.

Beispiel 1:
A wendete B (Steuerklasse III) am 01.01.01 (vor dem 31.08.1980) ein Mietwohngrundstück zu; Verkehrswert 400.000 DM, Steuerwert 140.000 DM, Jahresertrag des Mietwohngrundstücks 7.000 DM. Die Übertragung war verbunden mit der Auflage, dass B dem A lebenslänglich jährlich 6.000 DM aus dem Ertrag des Mietwohngrund-

---

[98] Gesetz zur Änderung und Vereinfachung des EStG und anderer Gesetze vom 18.08.1980, BGBl 1980 I S. 1537, BStBl 1980 I S. 581.

7.6 Besteuerung bei Nutzungs- und Rentenlast – § 25 ErbStG a. F.

stücks zahlt. A war 54 Jahre alt. Im Jahr 09 (nach dem 30.08.1980) starb A. Der Steuerwert des Grundstücks hatte sich nicht geändert. B hatte die Versteuerung nach § 25 Abs. 1 Buchst. a ErbStG a. F. gewählt.

Es liegen zwei selbständige Steuerfälle vor, einer im Jahr 01 und ein weiterer im Jahr 09.

a) Sofortversteuerung von 10.000 DM: 1/7 von 140.000 DM = 20.000 DM, abzgl. 10.000 DM Freibetrag = 10.000 DM; Steuersatz 17 %; Steuer also 1.700 €. Die Steuer entsteht insoweit nach § 9 Abs. 1 Nr. 2 ErbStG am 01.01.01. Die auf den übrigen Teil des Vermögens entfallende Versteuerung wird bis zum Erlöschen der Belastung (Tod des A) ausgesetzt.

b) Im Jahr 09 erlischt die Belastung; soweit die Versteuerung zunächst ausgesetzt worden ist, ist sie nunmehr mit dem Wert im Zeitpunkt des Erlöschens durchzuführen: 6/7 von 140.000 DM = 120.000 DM (§ 14 ErbStG ist zu beachten). Es handelt sich insoweit um einen selbständigen Steuerfall, für den die Steuer nach § 9 Abs. 2 ErbStG mit dem Zeitpunkt des Erlöschens der Belastung im Jahr 09 entsteht. 120.000 DM + 20.000 DM = 140.000 DM, abzgl. 10.000 DM Freibetrag = 130.000 DM; Steuersatz 23 %; Steuer also 29.900 DM. Davon ist die Steuer abzuziehen, welche für den Erwerb im Jahr 01 im Jahr 09 zu erheben gewesen wäre, hier 1.700 DM; 29.900 DM abzgl. 1.700 DM = 28.200 DM.

Beispiel 2:

Sachverhalt wie Beispiel 1, nur wählte B die zinslose Stundung der Steuer nach § 25 Abs. 1 Buchst. b ErbStG a. F.

Es kam zu einer Sofortversteuerung (das Risiko einer Wertsteigerung trug B also nicht) ohne Abzug der Belastung. Die Steuer war aber bis zum Erlöschen der Belastung insoweit zinslos zu stunden, als sie auf den Kapitalwert der Belastung entfiel. Steuer für den Bruttoerwerb: 140.000 DM abzgl. 10.000 DM Freibetrag = 130.000 DM; Steuersatz 23 %; Steuer also 29.900 DM. Steuer für den Nettoerwerb: 140.000 DM abzgl. 72.048 DM (Kapitalwert der Belastung 6.000 DM × 12,008) abzgl. 10.000 DM (Freibetrag) = 57.900 DM (abgerundet); Steuersatz 17 %; Steuer also 9.843 DM.

Sofort im Jahr 01 waren zu entrichten also 9.843 DM; zinslos zu stunden (bis zum Tod des A im Jahr 09) 20.057 DM.

§ 25 Abs. 1 ErbStG a. F. war auch dann anwendbar, wenn der Erbe einem Dritten als Abfindung für dessen Erbausschlagung ein Nießbrauchsrecht an Nachlassgegenständen bestellte.[99]

Ging das belastete Vermögen vor dem Erlöschen der Belastung auf einen Dritten über, möglicherweise noch mehrfach (und war § 25 Abs. 1 Buchst. a ErbStG a. F. gewählt worden), so konnten aus der ohnehin schon komplizierten Regelung – insbesondere im Hinblick auf die Überwachung und auf eine mögliche Doppelbesteuerung – weitere Schwierigkeiten erwachsen.

Der Gesetzgeber hatte in § 25 Abs. 2 und 3 ErbStG a. F. den Versuch unternommen, hier Erleichterungen zu schaffen, allerdings auf Kosten einer Vielzahl weiterer Unklarheiten. Die im Schrifttum an der Regelung des § 25 ErbStG a. F. geübte massive Kritik hat der BFH[100] zurückgewiesen. § 25 ErbStG a. F. verstoße nicht deshalb

---

99 BFH vom 30.04.1986, BStBl 1986 II S. 676.
100 BFH vom 25.02.1981, BStBl 1981 II S. 411, und vom 27.10.1982, BStBl 1983 II S. 45.

gegen das erbschaft- und schenkungsteuerrechtliche Bereicherungsprinzip, weil er den Abzug der Verpflichtung aus einer der Schenkung beigefügten Auflage ausschließt, nach der die Nutzungen des Zuwendungsgegenstands einem anderen als dem Beschenkten zustehen oder der Beschenkte zu einer Sachleistung aus dem Gegenstand der Zuwendung verpflichtet ist. Auch ein Verfassungsverstoß sei insoweit nicht ersichtlich. Das BVerfG ist dem im Ergebnis gefolgt.[101]

Die Anwendung des § 25 ErbStG a. F. setzte im Übrigen voraus, dass überhaupt ein unter das Erbschaftsteuer- und Schenkungsteuergesetz fallender Sachverhalt gegeben war. Dies traf bei Erwerben von Todes wegen stets zu, bei Rechtsgeschäften unter Lebenden dagegen nur dann, wenn es sich dabei um eine Schenkung (unter Nutzungs- oder Duldungsauflage) i. S. des § 7 ErbStG handelte. Dies setzte voraus, dass eine Vermögensübertragung vorlag, bei der die vom Bedachten zu übernehmenden Belastungen nicht gleichwertig sind, also auch unter Berücksichtigung aller Belastungen immer noch eine Bereicherung des Erwerbers im zivilrechtlichen Sinne verblieb. War danach ein Rechtsgeschäft in vollem Umfang als entgeltlich anzusehen, so war auch kein unter § 25 ErbStG a. F. fallender Sachverhalt gegeben.[102] Die Nichtanwendbarkeit des § 25 ErbStG a. F. auf in vollem Umfang entgeltliche Geschäfte ergab sich allerdings ohnehin aus §§ 1 und 7 ErbStG.

In diesem Zusammenhang hat der BFH[103] noch zu § 25 ErbStG a. F. folgerichtig entschieden, dass die schenkungsteuerrechtlich gebotene Begrenzung einer gemischten freigebigen Zuwendung auf den unentgeltlich zugewendeten Teil dazu führt, dass für die Anwendung von § 25 ErbStG a. F. kein Raum bleibt.

7.6.2 Rechtslage ab dem 31.08.1980 bis zum 31.12.2008

Nach § 37 Abs. 2 Satz 2 ErbStG 2009 ist § 25 Abs. 1 Satz 3 und Abs. 2 ErbStG i. d. F. der Bekanntmachung vom 27.02.1997 in Erbfällen, die vor dem 01.01.2009 eingetreten sind, und für Schenkungen, die vor diesem Zeitpunkt ausgeführt worden sind, weiterhin anzuwenden. Da wegen einer nach § 25 ErbStG a. F. möglichen Stundung der Steuer auf das Nutzungsrecht die Vorschrift auch heute noch Bedeutung haben kann (siehe bereits unter 6.1.5), soll – allerdings auch hier so knapp wie möglich – auch auf die in der Zeit vom 31.08.1980 bis zum 31.12.2008 geltende Rechtslage eingegangen werden.

Die Anwendung des § 25 ErbStG a. F. setzte den Erwerb eines mit einem Nutzungs- oder Rentenrecht belasteten Vermögens voraus. Diese Voraussetzung war allerdings nicht erfüllt, soweit es sich bei der Übertragung um gemischte Schenkungen oder Schenkungen unter Leistungsauflagen handelte. Denn in den darunter fallenden Fällen galt als Erwerb des Bedachten nicht der gesamte Vermögensanfall

---
101 BVerfG vom 15.05.1984, BStBl 1984 II S. 608.
102 Koordinierte Ländererlasse, BStBl 1976 I S. 145.
103 BFH vom 21.10.1981, BStBl 1982 II S. 83.

7.6 Besteuerung bei Nutzungs- und Rentenlast – § 25 ErbStG a. F.

(einschließlich) der Belastung; der Besteuerungstatbestand war vielmehr von vornherein auf die Bereicherung des Bedachten beschränkt (vgl. hierzu die Ausführungen unter 4.7). Soweit Schenkungen daher als gemischte Schenkungen oder Schenkungen unter Leistungsauflage angesehen wurden, war für die Anwendung des § 25 ErbStG a. F. von vornherein kein Raum. Dies war zum Beispiel bei der Übertragung verbunden mit einer Rentenverpflichtung (= Leistungsauflage) der Fall.[104]

Die Vorschrift des **§ 25 ErbStG a. F. kam bei** Schenkungen unter Lebenden **hingegen zur Anwendung, soweit es sich um Schenkungen unter Nutzungs- oder Duldungsauflage** handelte.[105] Mit dieser einvernehmlichen Abgrenzung durch die Rechtsprechung des BFH und durch die Finanzverwaltung war der Anwendungsbereich des § 25 ErbStG a. F. bei Schenkungen zumindest für die Praxis geklärt.[106] **Bei Erwerben von Todes wegen war § 25 ErbStG a. F. uneingeschränkt, also sowohl auf Renten als auch auf Nutzungsrechte, anwendbar** (R E 25 ErbStR 2011).

7.6.2.1 Anwendungsbereich des § 25 ErbStG a. F.

Der Anwendungsbereich der Vorschrift war durch die Gesetzesänderung 1980 wie folgt eingeschränkt worden: Zum einen reichte nicht mehr jede Belastung zugunsten irgendeines anderen aus – es bestand insoweit i. d. R. nicht die Gefahr der Steuerumgehung –, sondern **nur zugunsten des Schenkers selbst oder des Ehegatten** des Erblassers oder Schenkers, zum anderen wurde im Gesetz klargestellt, dass nicht eine Verpflichtung zu jeder sonstigen Leistung ausreicht, sondern nur zu einer **sonstigen wiederkehrenden Leistung** (diese Auffassung wurde – allerdings entgegen dem Wortlaut des Gesetzes – allgemein auch schon zu der alten Regelung vertreten).

Beispiele:
a) A wendet seinem Freund B Vermögen zu mit der Auflage, S, einer Schwester des A, den lebenslänglichen Nießbrauch einzuräumen.
§ 25 ErbStG a. F. war nicht anwendbar. Steuerpflichtiger Erwerb des B nach § 10 ErbStG war also das Vermögen, abzgl. Nießbrauchslast.
b) Vater V wendet Kind K ein Grundstück gegen lebenslänglichen Nießbrauch zu.
§ 25 ErbStG a. F. war anwendbar. Bei der Ermittlung des steuerpflichtigen Erwerbs des K war die Nießbrauchslast nicht abzugsfähig.
c) Erblasser E hat sein Kind K zum Erben eingesetzt und seiner Ehefrau F den Nießbrauch an seinem Nachlass vermacht.
§ 25 ErbStG a. F. war anwendbar. Bei der Ermittlung des steuerpflichtigen Erwerbs des K war die Nießbrauchsbelastung nicht abzugsfähig.
d) V räumt seiner Ehefrau M den Nießbrauch an seinem Grundstück ein. Anschließend wendet er das so belastete Grundstück seinem Sohn S zu.

---

104 BFH vom 21.10.1981, BStBl 1982 II S. 83; siehe auch Abschn. 1 Satz 1 und 2 AEErbSt und die Ausführungen unter 4.7.
105 Vgl. BFH vom 12.04.1989, BStBl 1989 II S. 524, und vom 07.06.1989, BStBl 1989 II S. 814; Niedersächsisches FG, EFG 1993 S. 89; R 85 Abs. 1 Nr. 2 ErbStR 2003.
106 Siehe auch Schuhmann, UVR 1991 S. 172.

7 Steuerfestsetzung und Erhebung

§ 25 ErbStG a. F. war m. E. nicht anwendbar. Die Verwaltung wollte hier (wohl über § 42 AO) jedoch zur Anwendung des § 25 ErbStG kommen (R 85 Abs. 1 Nr. 3 ErbStR). Das ist in dieser Allgemeinheit unzutreffend.

e) V wendet Kind K die Grundstücke G 1 und G 2 zu. Für das Grundstück G 1 behält V sich den lebenslänglichen Nießbrauch vor, für beide Grundstücke soll M, Ehegatte des V, ab dem Tod des V der lebenslängliche Nießbrauch zustehen. Bezüglich des Grundstücks G 1 war § 25 ErbStG a. F. anwendbar. Die Nießbrauchsbestellung für M war aufschiebend bedingt. § 25 ErbStG war insoweit nicht anwendbar.[107]

§ 25 ErbStG fand schon seinem Wortlaut nach keine Anwendung, wenn dem Nießbrauchsberechtigten später das belastete Vermögen übertragen wird, weil in einem solchen Fall das Vermögen nicht mit Nutzungen belastet ist, die einem anderen als dem Erwerber zustehen. Die erbschaftsteuerliche Behandlung richtete sich also nach den allgemeinen Regeln – zunächst Besteuerung des Erwerbs des Nießbrauchs und später Besteuerung des Vermögens unter Abzug der Belastung mit ihrem Wert zu diesem Zeitpunkt.[108]

Beispiel:

Vater V räumt im Jahr 01 seinem Kind K den auf 10 Jahre begrenzten Nießbrauch i. H. von 40.000 € jährlich an einem Grundstück (Grundbesitzwert 600.000 €) ein. Im Jahr 02 schenkt V dem K das Grundstück.

Erwerb im Jahr 01: 32.258 € (Begrenzung des Jahreswerts nach § 16 BewG auf den 18,6ten Teil des Werts des genutzten Wirtschaftsguts 600.000 €/18,6 = 32.258 €) × 7,745 = 249.838 €.

Erwerb im Jahr 02: 600.000 € abzgl. 230.418 € (32.258 € × 7,143) = 369.582 €, zzgl. Vorerwerb 249.838 € = 619.420 €.

619.420 € abzgl. Freibetrag 400.000 € = (abgerundet) 219.400 € Wert des steuerpflichtigen Erwerbs, bei Steuersatz 11 % beträgt die Steuer 24.134 €. Eine Steuer aus dem Vorerwerb 01 wäre anzurechnen.

Anwendbar war § 25 ErbStG a. F. nach wohl zutreffender Verwaltungsauffassung[109] bei der Einräumung eines Nießbrauchs zugunsten des Ehegatten des Erblassers als Abfindung für eine Erbausschlagung. In einem solchen Fall ist die Nießbrauchsvereinbarung nämlich Voraussetzung für den Erwerb dessen, der anstelle des Ausschlagenden Erbe wird. Es handelt sich um einen einheitlichen, als Erwerb von Todes wegen (§ 3 Abs. 2 Nr. 4 ErbStG) unter das Erbschaftsteuer- und Schenkungsteuergesetz fallenden Sachverhalt. Beim Erben lag somit ein Erwerb von Vermögen vor, dessen Nutzungen einem anderen als ihm zustanden. Er konnte den Kapitalwert des als Abfindung eingeräumten Nießbrauchs deshalb nicht als Nachlassverbindlichkeit von seinem Erwerb abziehen.

---

107 BFH vom 20.09.2000 II B 109/99, BFH/NV 2001 S. 455.
108 BFH vom 07.10.1998, BStBl 1999 II S. 25.
109 FinMin Nordrhein-Westfalen vom 23.01.1979 – S 3837 – 1 – VA 2.

7.6 Besteuerung bei Nutzungs- und Rentenlast – § 25 ErbStG a. F.

Ob die Vereinbarung einer Nutzung (Nießbrauch) oder einer Rentenverpflichtung erbschaftsteuerlich günstiger war (speziell bei Grundstücksübertragungen), ließ sich auch vor der Erbschaftsteuerreform nicht allgemein beantworten.[110] „Zustehen" i. S. des § 25 ErbStG a. F. bedeutete nicht, dass die Nutzungen bereits im Zeitpunkt des Erwerbs zustehen müssen. Die Anordnung des Nutzungsrechts musste also nicht durch den Erblasser selbst erfolgen. Denn § 25 ErbStG a. F. sollte nach seinem Sinn und Zweck gerade auch solche Fälle erfassen, in denen erst der Erwerber (nach dem Erwerb) das Nutzungsrecht bestellt, weil er z. B. vom Erblasser durch Vermächtnis dazu verpflichtet worden war.[111]

Einer wegen § 25 ErbStG a. F. möglichen Doppelbelastung mit Grunderwerbsteuer und Schenkungsteuer ist das BVerfG[112] wegen einer Verletzung des Art. 3 Abs. 1 GG entgegengetreten. Das BVerfG hat die Steuerbefreiungsvorschrift des § 3 Nr. 2 Satz 2 GrEStG verfassungskonform dahingehend ausgelegt, dass bei belastet erworbenem Vermögen im Ausmaß der Belastung neben der Schenkungsteuer keine Grunderwerbsteuer zu erheben ist.

7.6.2.2 Sofortbesteuerung und Stundung

Gemäß § 25 Abs. 1 Satz 2 ErbStG a. F. war die Steuer, die auf den Kapitalwert der Belastung entfiel, bis zu deren Erlöschen zinslos zu stunden. Es erfolgte also zunächst die Veranlagung wie im Regelfall, jedoch ohne Abzug der Last. Die festgesetzte Erbschaftsteuer war dann in einen sofort zu entrichtenden und in einen zinslos zu stundenden Betrag aufzuteilen. Dabei war der Ausspruch über die Stundung der Steuer und das Ausmaß der Stundung untrennbarer Bestandteil der Steuerfestsetzung,[113] also auch ohne Antrag vorzunehmen.

Zur Berechnung der Steuer, die auf die Belastung entfällt, war von der veranlagten Steuer die Steuer abzuziehen, die sich ergab, wenn bei der Veranlagung der Erwerb um die nach § 25 ErbStG a. F. nichtabzugsfähigen Belastungen gekürzt wurde. Dabei konnte der unter Beachtung des § 16 BewG ermittelte Kapitalwert einer Nutzungs- oder Duldungsauflage in Mischfällen (wenn also gemischte Schenkung und Schenkung unter Nutzungsauflage im Rahmen einer einheitlichen Vermögensübertragung zusammentrafen und darüber hinaus die Regelung des § 25 ErbStG Anwendung fand) nicht in vollem Umfang, sondern nur in Höhe des auf den freigebigen Teil der Zuwendung entfallenden Anteils als Last vom Erwerb abgezogen werden.[114] Zinslos zu stunden war dann der Unterschied zwischen den beiden Steuer-

---

110 Siehe Korezkij, DStR 2002 S. 2205.
111 BFH vom 30.04.1986, BStBl 1986 II S. 676; die Entscheidung betraf zwar die Zeit vor dem 31.08.1980, hatte aber auch für die Rechtslage danach Bedeutung.
112 BVerfG vom 15.05.1984, BStBl 1984 II S. 608.
113 BFH vom 06.12.1992 II R 114/89, BFH/NV 1993 S. 298.
114 BFH vom 14.12.1995, BStBl 1996 II S. 243, unter Aufgabe von BFH vom 06.12.1992 II R 114/89, BFH/NV 1993 S. 298; s. o. 4.3.5.1.

betragen (R 85 Abs. 3 ErbStR 2003; s. auch H 85 Abs. 3 und H 17 Abs. 7 ErbStH 2003).

Beispiel 1:
Der Erwerb des Kindes K im Jahr 2007 von 550.000 € ist mit einem Nießbrauch (steht dem Ehegatten des Erblassers zu) belastet, dessen Kapitalwert 100.000 € beträgt.

Bruttowert des Erwerbs	550.000 €
Freibetrag (§ 15 Abs. 1 I, § 16 Abs. 1 Nr. 2 ErbStG a. F.)	– 205.000 €
steuerpflichtiger Erwerb	345.000 €
Steuersatz 15 %	
Steuer 2007	51.750 €
Nettoerwerb	450.000 €
Freibetrag (§ 15 Abs. 1 I, § 16 Abs. 1 Nr. 2 ErbStG a. F.)	– 205.000 €
steuerpflichtiger Erwerb (abgerundet)	245.000 €
Steuersatz 2007 11 %	
Steuer	26.950 €
Steuer 2007	51.750 €
sofort fällige Steuer	– 26.950 €
zu stundender Betrag	24.800 €

Beispiel 2:
B überträgt Schwester S 2007 ein Grundstück (Grundbesitzwert 140.000 €; Verkehrswert = 500.000 €), das mit einer von S zu übernehmenden Hypothekenschuld von 100.000 € oder mit einer Leistungsauflage in gleicher Höhe belastet ist. Zusätzlich besteht eine Duldungsauflage (lebenslanges Wohnrecht zugunsten des B) mit einem Steuerwert von 60.000 €. Die von S zu zahlende Schenkungsteuer wird wie folgt ermittelt:

Ermittlung der Zuwendung im Rahmen der gemischten Schenkung:

$$\frac{140.000\ €\ \times\ (500.000\ €\ -\ 100.000\ €)}{500.000\ €} = 112.000\ €\ (4/5\ \text{oder}\ 80\ \%)$$

Bruttowert des Erwerbs	112.000 €
Freibetrag (§ 15 Abs. 1 II, § 16 Abs. 1 Nr. 4 ErbStG)	– 10.300 €
steuerpflichtiger Erwerb	101.700 €
Steuersatz 17 %	
Steuer 2007	17.289 €
Nettoerwerb	112.000 €
anteiliger Kapitalwert der Nutzungsauflage	
= 60.000 € × 4/5	48.000 €
Freibetrag (§ 15 Abs. 1 II, § 16 Abs. 1 Nr. 4 ErbStG)	– 10.300 €
steuerpflichtiger Erwerb (abgerundet)	53.700 €
Steuer bei Steuersatz 17 %, aber Härteausgleich (§ 19 Abs. 3 ErbStG)	7.090 €
Steuer 2007	17.289 €
sofort fällige Steuer	– 7.090 €
zu stundender Betrag	10.199 €

7.6 Besteuerung bei Nutzungs- und Rentenlast – § 25 ErbStG a. F.

Bei einem Zusammentreffen von § 23 (Jahresversteuerung) ErbStG und § 25 ErbStG a. F. erstreckt sich die Stundung nach § 25 ErbStG a. F. nur auf die Steuer für den sofort zu besteuernden Teil des Erwerbs. Die Jahressteuerbeträge sind hiervon also nicht betroffen.[115]

Erwarb ein Beschenkter Vermögen und räumte er ein lebenslängliches Nutzungsrecht zugunsten des Schenkers und eines Dritten als Gesamtgläubiger ein, war im Rahmen des § 25 ErbStG a. F. zu differenzieren:[116]

- War der Dritte der Ehegatte des Schenkers, unterlag die Belastung insgesamt dem Abzugsverbot des § 25 ErbStG a. F. Beim Tod eines der Gesamtgläubiger fiel die Stundung insoweit weg, als sie auf den dieser Person zuzurechnenden Teil des Kapitalwerts der gesamten Belastung entfiel.

- War der Dritte nicht Ehegatte des Schenkers, war die Nutzungslast in den abzugsfähigen Anteil des Dritten und den dem Abzugsverbot des § 25 ErbStG unterliegenden Anteil des Schenkers aufzuteilen. Erlischt der Anspruch des Schenkers z. B. durch Tod, wird die gestundete Steuer fällig. Der Teil des Anspruchs geht unter. Auf den Dritten geht also nichts über.[117]

Die Stundung ist kein selbständiger Verwaltungsakt. Wird die Steuerfestsetzung geändert, ist folglich auch der gestundete Betrag entsprechend anzupassen, ohne dass es der §§ 130 und 131 AO als Änderungsvorschriften bedarf (R 85 Abs. 3 ErbStR 2003). Die Stundung läuft bis zum Erlöschen der Belastung. Die Belastung entfällt somit (R 85 Abs. 4 ErbStR 2003)

a) bei einer Leibrente und bei anderen wiederkehrenden Nutzungen und Lasten, die vom Leben einer Person abhängen, mit dem Tod der Person, von der diese abhängt; daraus folgt, dass eine Stundung im Rahmen der Besteuerung nach § 25 ErbStG von vornherein ausscheidet, wenn im Zeitpunkt der Steuerfestsetzung die Belastung (z. B. wegen des Todes des Nutzungsberechtigten) nicht mehr besteht,[118]

b) bei einer Zeitrente und bei anderen befristeten wiederkehrenden Nutzungen und Lasten mit dem Ende der Laufzeit,

c) bei einer vorzeitigen Ablösung durch den Verpflichteten,

d) bei einem vorzeitigen Verzicht durch den Berechtigten,

e) bei einer entgeltlichen Übertragung des belasteten Vermögens (s. u. 7.6.3.2).

Der Steuerpflichtige hat den Wegfall der Belastung dem Finanzamt anzuzeigen (§ 153 Abs. 2 AO). Das Unterlassen der Anzeige kann eine schuldhafte Steuerver-

---

115 So m. E. zutreffend Stempel, UVR 2003 S. 229.
116 Vgl. OFD Hamburg vom 02.06.2003, ZEV 2003 S. 324 mit Beispiel; s. auch Stempel, UVR 2001 S. 320.
117 BFH vom 07.02.2001, BStBl 2001 II S. 245.
118 BFH vom 23.03.1998 II B 97/97, BFH/NV 1998 S. 1224.

7 Steuerfestsetzung und Erhebung

kürzung darstellen.[119] Die Steuer ist innerhalb von einem Monat nach Beendigung der Stundung fällig. Wird die Steuer nicht rechtzeitig gezahlt, sind nach § 240 AO Säumniszuschläge zu entrichten.[120] Eine weitere Stundung nach § 28 Abs. 1 ErbStG ist nur noch möglich, wenn die 10-Jahres-Frist noch nicht verbraucht ist (R 85 Abs. 5 ErbStR 2003).

7.6.3 Bedeutung der Rechtslage vor 2009 für die Rechtslage nach 2008

Da nach § 37 Abs. 2 Satz 2 ErbStG § 25 Abs. 1 Satz 3 und Abs. 2 ErbStG i. d. F. der Bekanntmachung vom 27.02.1997 in Erbfällen, die vor dem 01.01.2009 eingetreten sind, und für Schenkungen, die vor diesem Zeitpunkt ausgeführt worden sind, weiterhin anzuwenden sind, kann die alte Rechtslage auch noch für die Rechtslage ab 2009 von Bedeutung sein. Dies ist der Fall, soweit die gestundete Steuer erst nach 2008 abgelöst wird, das belastete Vermögen veräußert wird oder auf das Nutzungsrecht nach 2008 verzichtet wird (siehe auch R E 25 Abs. 1 ErbStR 2011 und H E 25 ErbStH 2011.

7.6.3.1 Ablösung der gestundeten Steuer

Das Finanzamt muss Stundungsfälle häufig jahrelang überwachen. Die früher bereits von der Verwaltung eingeräumte Möglichkeit der Ablösung (= vorzeitige Zahlung) der gestundeten Steuer mit ihrem Barwert nach § 12 Abs. 3 BewG auf Antrag des Steuerpflichtigen war deshalb in das Gesetz übernommen worden (§ 25 Abs. 1 Satz 3 ErbStG a. F.). Beantragt der Steuerpflichtige die Ablösung des Steuerbetrags zugleich mit der fristgerecht abgegebenen Steuererklärung, so kommt es für die Ermittlung des Ablösungsbetrags auf die Verhältnisse vom Zeitpunkt der Entstehung der Steuerschuld an. Wird der Antrag später gestellt, so sind die Verhältnisse vom Zeitpunkt der Antragstellung maßgebend (R 85 Abs. 6 ErbStR 2003). Der Antrag auf Ablösung kann grundsätzlich nur bis zum Erlöschen der Belastung gestellt werden. Wenn der aus der Belastung Berechtigte nach Abgabe der Steuererklärung (oder vorher) durch den Erwerber des belasteten Vermögens, aber vor Festsetzung der Steuer bereits verstorben ist, ist der zinslos zu stundende Betrag nach § 25 ErbStG bereits fällig geworden, bevor er festgesetzt werden konnte. Allenfalls wird noch im Billigkeitswege eine Ablösung zuzulassen sein.[121]

Die gestundete Steuer ist eine unverzinsliche Fälligkeitsschuld. Demgemäß sind bei einer Zeitrente oder bei anderen zeitlich festgelegten Nutzungen und Leistungen für die **Berechnung des Ablösungsbetrags** die Faktoren der Tabelle 1 zu § 12 Abs. 3 BewG[122] auf den Nennbetrag der Steuerschuld anzuwenden. Bei einer Leibrente

---

119 Siehe aber FG München vom 25.09.2002, EFG 2003 S. 250.
120 Wegen der hier insoweit auftauchenden Sonderproblematik s. Sosnitza, UVR 1992 S. 77.
121 Michel, Inf 1980 S. 481.
122 Vgl. gleichlautende Ländererlasse von 07.12.2001, BStBl 2001 I S. 1041 (mit Berichtigung, BStBl 2002 I S. 112).

7.6 Besteuerung bei Nutzungs- und Rentenlast – § 25 ErbStG a. F.

oder bei anderen auf das Leben einer Person abgestellten Bezügen ist der Ablösungsbetrag in der Weise zu ermitteln, dass auf den Nennbetrag der Steuerschuld der Faktor angewendet wird, der sich nach der jeweiligen mittleren Lebenserwartung der gem. § 14 Abs. 1 BewG anzuwendenden Sterbetafel ergibt (für 2011 Sterbetafel 2007/2009, BStBl 2011 I S. 81). Die Möglichkeit einer vorzeitigen Fälligkeit der Steuerschuld bleibt bei der Ermittlung des Ablösungsbetrags unberücksichtigt. Sie führt auch nachträglich nicht mehr zu einer Korrektur des Ablösungsbescheids. Daher ist eine Ablösung dann günstig, wenn ein vorzeitiger Wegfall der Last voraussehbar ist. Bei einer Leibrente usw. gilt dies auch dann, wenn die Fälligkeit infolge des vorzeitigen Todes des Berechtigten eintritt und aus diesem Grund die Voraussetzungen für eine Berichtigung nach § 14 Abs. 2 BewG gegeben sein würden (R 85 Abs. 6 ErbStR 2003).

Beispiel:
Vater V wendet Kind K vor 2009 ein Grundstück zu (Steuerwert 750.000 €), belastet mit einem lebenslänglichen Nießbrauch zu seinen Gunsten (Kapitalwert 200.000 €). Nach einigen Jahren will K die gestundete Steuer im Jahr 2010 ablösen. V ist zu diesem Zeitpunkt 77 Jahre alt.

Grundstück	750.000 €
abzgl. Freibetrag (§ 15 Abs. 1 I, § 16 Abs. 1 Nr. 2 ErbStG a. F.)	− 205.000 €
steuerpflichtiger Erwerb	545.000 €
Steuer bei Steuersatz 19 % nach Härteausgleich	93.300 €

Steuer für den Nettoerwerb:	750.000 €	
abzgl. Kapitalwert Nießbrauch	− 200.000 €	
abzgl. Freibetrag (§ 15 Abs. 1 I, § 16 Abs. 1 Nr. 2 ErbStG)	− 205.000 €	
	345.000 €	
Steuer bei Steuersatz 15 %, sofort zu entrichten also		− 51.750 €
zinslos zu stunden also		41.550 €

Der Ablösungsbetrag für die 41.550 € wird gem. § 14 Abs. 1 BewG zum maßgebenden Zeitpunkt wie folgt (Sterbetafel für 2010, BStBl 2010 I S. 158) ermittelt:

41.550 € × 0,611 (Vervielfältiger Männer 77 Jahre) 25.387 €

Hat der Schenker die Steuer übernommen, gilt nach § 10 Abs. 2 ErbStG als steuerpflichtiger Erwerb der Betrag, der sich bei der Zusammenrechnung des Steuerwerts der Zuwendung mit der aus ihr errechneten Steuer ergibt. In den Fällen der nach § 25 ErbStG a. F. zinslos gestundeten Steuer ist bei Anwendung des § 10 Abs. 2 ErbStG der Steuerwert der Zuwendung nicht um die Steuer, die ohne die Ablösung insgesamt festzusetzen wäre (also Steuer einschließlich des zinslos zu stundenden Betrags), sondern lediglich um die sofort zu zahlende Steuer zuzüglich des Ablösungsbetrags der zinslos gestundeten Steuer zu erhöhen.[123]

---

123 BFH vom 16.01.2002, BStBl 2002 II S. 314; H 27, H 85 Abs. 3 2. Beispiel ErbStH 2003; s. o. 5.1.6.

7 Steuerfestsetzung und Erhebung

Beispiel:
Vater V (77 Jahre alt) wendet Kind K ein Grundstück zu (Steuerwert 750.000 €), belastet mit einem lebenslänglichen Nießbrauch zu seinen Gunsten (Kapitalwert 200.000 €). V übernimmt die sofort fällige und auch die ggf. zu stundende Schenkungsteuer. Ermittlung der von V gem. §10 Abs. 2 ErbStG übernommenen Steuer (s. vorstehendes Beispiel):

sofort zu zahlende Steuer	51.750 €	
Ablösungsbetrag (nicht also die zu stundende Steuer i. H. von 41.550 €)	25.387 €	
Steuer nach § 10 Abs. 2 ErbStG	77.137 €	
von V insgesamt zu zahlende Steuer:		
Grundstück	750.000 €	
Steuer nach § 10 Abs. 2 ErbStG	77.137 €	
Erwerb einschließlich Steuer	827.137 €	
abzgl. Freibetrag (§ 15 Abs. 1 I, § 16 Abs. 1 Nr. 2 ErbStG)	– 205.000 €	
steuerpflichtiger Erwerb	822.137 €	
abgerundet (§ 10 Abs. 1 Satz 6 ErbStG)	822.100 €	
Steuer bei Steuersatz 19 %		156.199 €
Erwerb einschließlich Steuer	827.137 €	
Kapitalwert Nießbrauch	– 200.000 €	
abzgl. Freibetrag (§ 15 Abs. 1 I, § 16 Abs. 1 Nr. 2 ErbStG)	– 205.000 €	
steuerpflichtiger Erwerb	422.137 €	
abgerundet (§ 10 Abs. 1 Satz 6 ErbStG)	422.100 €	
sofort fällig 15 %		– 63.315 €
zu stunden		92.884 €
Ablösebetrag: 92.884 € × 0,611	56.752 €	
bei Ablösung zu zahlende Steuer		63.315 €
		+ 56.752 €
		120.067 €

In den Fällen der Gesamtberechtigung an einer nach § 25 ErbStG nichtabzugsfähigen Nutzungsauflage kann man die Ermittlung des Ablösungsbetrags wohl nach dem Verhältnis der zu stundenden Steuerbeträge, die sich bei einer fiktiven Berechnung unter Berücksichtigung der maßgeblichen steuerlichen Teilbeträge ergeben, vornehmen.[124]

Über die Ablösung der Steuer ist ein förmlicher Bescheid (Verwaltungsakt i. S. des § 118 AO; kein Steuerbescheid) zu erteilen.[125]

7.6.3.2 Veräußerung des belasteten Vermögens

Die zinslose Stundung endet spätestens mit dem Erlöschen der Belastung. Veräußert der Erwerber das belastete Vermögen vor dem Erlöschen der Belastung ganz oder teilweise, so endet insoweit die Stundung mit dem Zeitpunkt der Veräußerung

---
124 Siehe Stempel, UVR 2001 S. 323 mit Beispiel.
125 Siehe im Einzelnen R 85 Abs. 7 ErbStR 2003.

7.6 Besteuerung bei Nutzungs- und Rentenlast – § 25 ErbStG a. F.

(§ 25 Abs. 2 ErbStG a. F.), d. h., die Steuer wird insoweit fällig. Da der ursprüngliche Erwerber nunmehr zur Zahlung der Steuer mit Hilfe des Veräußerungserlöses in der Lage ist, besteht kein Grund mehr, die vom Gesetzgeber als Vergünstigung gedachte Regelung des § 25 Abs. 1 ErbStG a. F. insoweit fortbestehen zu lassen. Unter Veräußerung ist hier wohl nur die entgeltliche Übertragung des Vermögens oder eines Vermögensteils zu verstehen. Bei einem Gewerbebetrieb und bei einem Betrieb der Land- und Forstwirtschaft gilt als Vermögensteil z. B. der Teilbetrieb i. S. des § 16 Abs. 1 EStG (siehe auch R 16 Abs. 3 EStR). Die unentgeltliche Übertragung des belasteten Vermögens ist in § 25 Abs. 2 ErbStG a. F. nicht geregelt. Demgemäß führt weder ein Übergang im Erbfall noch eine Schenkung unter Lebenden zur Fälligkeit der gestundeten Steuer (R 85 Abs. 4 ErbStR 2003). Derjenige, auf den das belastete Vermögen durch Erbfall oder Schenkung übergeht, kann die auf ihn übergehende Steuer wiederum mit ihrem Barwert ablösen. Da bei einer Veräußerung die volle zinslos gestundete Steuer fällig wird, ist es steuerlich günstiger, zunächst die gestundete Steuer zum Barwert abzulösen und erst dann zu veräußern.

7.6.3.3 Verzicht auf das Nutzungsrecht

Da nach Auffassung des BFH der einer Schenkung unter Nießbrauchsvorbehalt nachfolgende vorzeitige Verzicht des Schenkers auf den vorbehaltenen Nießbrauch eine Schenkung durch Rechtsverzicht nach § 7 Abs. 1 Nr. 1 ErbStG ist, dem § 25 Abs. 1 ErbStG a. F. nicht entgegensteht,[126] siehe auch H E 25 „Verzicht auf Nutzungsrechte in den Fällen ..." ErbStH 2011 sowie zuvor gleichlautende Ländererlasse vom 01.12.2005 (BStBl 2005 I S. 1032) und vom 23.09.2004 (BStBl 2004 I S. 839), ist auch ein Verzicht nach 2008 von steuerlicher Relevanz.

Die vor der Entscheidung des BFH[127] sehr umstrittene Frage der Besteuerung des unentgeltlichen Verzichts[128] dürfte nunmehr als geklärt anzusehen sein. Dass der Erwerber des Vermögensgegenstands neben der Steuer, die sich infolge des Wegfalls der Belastung aus § 25 Abs. 1 ErbStG a. F. ergab, auch die Steuer für die Bereicherung aus dem Verzicht selbst zu zahlen hatte, erschien dem Grunde nach selbstverständlich. Sachlich nicht gerechtfertigt erschien hingegen, dass sich hieraus eine doppelte Besteuerung ergeben konnte.

Nach Auffassung der Verwaltung sollte in solchen Fällen zunächst Folgendes gelten:[129] „*Um zu vermeiden, dass in den Fällen, in denen der Berechtigte auf eine Rente*

---

126 BFH vom 17.03.2004, BStBl 2004 II S. 429.
127 BFH vom 17.03.2004, BStBl 2004 II S. 429.
128 Siehe FG Rheinland-Pfalz, ZEV 1998 S. 405 mit ablehnender Rdnr. von Meincke; FG München vom 03.11.2000, EFG 2001 S. 147; FG Nürnberg vom 09.11.2000, EFG 2001 S. 148; FG Hamburg vom 10.10.2001, EFG 2002 S. 285; Moench, ZEV 2001 S. 143; Billig, UVR 2003 S. 204; Moench, DStR 1998 S. 632 und 1124.
129 H 85 Abs. 4 ErbStH 2003; siehe auch Moench, ZEV 2001 S. 143.

oder den Nießbrauch usw. verzichtet, der Verpflichtete neben der Steuer auf den Bruttoerwerb, die sich wegen des Abzugsverbots nach § 25 ErbStG [a. F.] ergibt, auch noch die Steuer für die Bereicherung aus dem Verzicht selbst voll zu zahlen hat, ist gemäß § 163 AO wie folgt zu verfahren: War die Steuer nach § 25 Abs. 1 ErbStG [a. F.] gestundet worden, wird zwar die Steuer für den Verzicht veranlagt, sie wird jedoch nur erhoben, soweit sie den Betrag der gestundeten Steuer übersteigt. War die gestundete Steuer bereits abgelöst worden, wird die Steuer nur erhoben, soweit sie den Betrag übersteigt, der bei einer Ablösung der gestundeten Steuer im Zeitpunkt des Verzichts zu zahlen wäre."

Nach Ansicht des BFH erfüllt der Rechtsverzicht den Tatbestand des § 7 Abs. 1 Nr. 1 ErbStG, soweit dabei eine Bereicherung des Erwerbers eintritt, die bisher noch nicht der Steuer unterlag. Eine steuerliche Doppelbelastung des Nutzungsrechts als Folge der Nichtberücksichtigung als Abzugsposten nach § 25 Abs. 1 Satz 1 ErbStG einerseits und seiner Erfassung beim späteren Verzicht des Berechtigten andererseits ist nach Ansicht des BFH bei der Besteuerung des Verzichts durch den Abzug des bei der Besteuerung des nutzungsrechtsbelasteten Gegenstands tatsächlich unberücksichtigt gebliebenen Steuerwerts des Nutzungsrechts vom Steuerwert des Nutzungsrechts im Zeitpunkt des Rechtsverzichts zu beseitigen. Ist der erstgenannte Wert höher als der letztgenannte Wert, ist von einer Bereicherung aus dem Verzicht von 0 Euro auszugehen, weil der Erwerber hinsichtlich des übersteigenden Werts des Nutzungsrechts nicht doppelt belastet wird.[130]

Aufgrund dieser Rechtsprechung hat die Finanzverwaltung ihre Berechnungsmethode geändert. In H E 25 „Verzicht auf Nutzungsrechte in den Fällen ..." ErbStH 2011 heißt es: *„Eine steuerliche Doppelbelastung des Nutzungsrechts als Folge der Nichtberücksichtigung als Abzugsposten nach § 25 Abs. 1 Satz 1 ErbStG einerseits und seiner Erfassung beim späteren Verzicht des Berechtigten andererseits sollte bei der Besteuerung des Verzichts durch den Abzug des bei der Besteuerung des nutzungsrechtsbelasteten Gegenstands tatsächlich unberücksichtigt gebliebenen Steuerwerts des Nutzungsrechts vom Steuerwert des Nutzungsrechts im Zeitpunkt des Rechtsverzicht zu beseitigen (BFH vom 17.03.2004, BStBl 2004 II S. 429). Ist der erstgenannte Wert höher als der letztgenannte Wert, ist von einer Bereicherung aus dem Verzicht von 0 Euro auszugehen, weil der Erwerber hinsichtlich des übersteigenden Werts des Nutzungsrechts nicht doppelt belastet wird."*

Soweit die Schenkung unter Nießbrauchsvorbehalt und der als eigenständige Schenkung zu beurteilende Verzicht auf das Nießbrauchsrecht innerhalb von 10 Jahren erfolgen, sind die Erwerbe zudem gem. § 14 ErbStG zusammenzurechnen. Nach Ansicht des BFH ist auch bei der Berechnung der nach § 14 Abs. 1 Satz 2 ErbStG abziehbaren fiktiven Steuer der ursprüngliche Erwerb des Vermögensgegenstandes

---

130 BFH vom 17.03.2004, BStBl 2004 II S. 429.

7.6 Besteuerung bei Nutzungs- und Rentenlast – § 25 ErbStG a. F.

mit dem Bruttowert anzusetzen.[131] Die Auffassung, es sei lediglich die für den Vorerwerb nach § 25 Abs. 1 Satz 1 und 2 ErbStG sofort zu entrichtende Steuer zuzüglich des Ablösebetrags nach § 25 Abs. 1 Satz 3 ErbStG zu berücksichtigen,[132] führt seiner Ansicht nach dazu, dass dem Erwerber der Vorteil aus einer Steuerstundung für den Vorerwerb nach § 25 Abs. 1 Satz 2 ErbStG oder aus einer Ablösung der zu stundenden Steuer mit dem Barwert nach § 25 Abs. 1 Satz 3 ErbStG bei einer Zusammenrechnung dieses Erwerbs mit einem späteren Erwerb wieder entzogen wird, ohne dass es dafür einen sachlichen Grund gibt. Die Milderung der Folgen des Abzugsverbots für die Besteuerung des früheren Erwerbs darf dem Erwerber auch nicht im Rahmen der Besteuerung eines späteren Erwerbs nach § 14 Abs. 1 ErbStG wieder entzogen werden. Aufgrund dieser Entscheidung geht auch die Finanzverwaltung nunmehr davon aus, dass auch die tatsächliche Steuer nach § 14 Abs. 1 Satz 3 ErbStG bei Vorerwerben mit Anwendung von § 25 ErbStG aus der Summe der sofort fälligen Steuer und der zu stundenden Steuer (voller festgesetzter Betrag) zu berechnen ist.[133]

Für die Berechnung ist schließlich auch noch zu beachten, dass im Zeitpunkt des Verzichts für die Berechnung des Kapitalwerts der im Verzichtsjahr maßgebliche Grundbesitzwert und die zu diesem Zeitpunkt geltende Sterbetafel maßgeblich sind und der erhöhte persönliche Freibetrag bei der Zusammenrechnung zum Zuge kommt.

Beispiel:
Sohn S erhält am 25.01.1995 von seinem damals 56 Jahre alten Vater mit „Schenkungs- und Abtretungsvertrag ein Mietwohngrundstück mit einem vom Lagefinanzamt festgestellten Grundbesitzwert von 566.000 €. Der Jahreswert des Nießbrauchs betrug 39.620 €. Der Vater behält sich den Nießbrauch an dem Grundstück vor. Bei der Ermittlung des Grundbesitzwerts durch das Lagefinanzamt war der Nießbrauch nicht in Abzug gebracht worden.

2009 kann der Sohn das Grundstück für einen außergewöhnlich guten Kaufpreis veräußern. Nach Rücksprache mit dem Vater (nun 71 Jahre alt) verzichtet dieser auf sein Nießbrauchsrecht, sodass der Sohn das unbelastete Mietwohngrundstück nun für 820.000 € veräußern kann. Die durch die Veräußerung angefallenen Kosten trägt der Erwerber. Der Grundbesitzwert der Immobilie beträgt zu diesem Zeitpunkt 782.000 €. Der Jahreswert des Nießbrauchs beträgt nunmehr 48.120 €.

Lösung:
Schenkung des Grundstücks unter Nießbrauchsvorbehalt (§ 25 ErbStG a. F.): Gegenstand der Zuwendung i. S. von § 7 Abs. 1 Nr. 1 ErbStG ist das am 25.12.2007 an den

---

131 BFH vom 19.11.2008, BFH/NV 2009 S. 587, vom 08.03.2006, BStBl 2006 II S. 785, und vom 19.12.2007, BStBl 2008 II S. 260.
132 So noch H 85 Abs. 3 „Zusammenrechnung von Erwerben unter Nutzungsvorbehalten" ErbStH 2003 i. d. F. der gleichlautenden Erlasse vom 01.12.2005, BStBl 2005 I S. 1032, und vom 23.09.2004, BStBl 2004 I S. 93 lehnt der BFH ab (siehe zur Problematik auch Jülicher, ZErb 2004 S. 198 [200]; Korezkij, ZEV 2005 S. 242; Gebel, ZEV 2004 S. 98).
133 Gleichlautende Ländererlasse vom 21.04.2010, DStR 2010 S. 1238.

7 Steuerfestsetzung und Erhebung

Sohn geschenkte Grundstück. Für Erwerbe bis einschl. 31.12.2008[134] wird gem. § 25 Abs. 1 Satz 1 ErbStG der Erwerb von Vermögen, dessen Nutzungen dem Schenker oder seinem Ehegatten zustehen, ohne Berücksichtigung dieser Belastung besteuert.[135] Das Abzugsverbot wird jedoch dadurch abgemildert, dass die Steuer, die auf den Kapitalwert der nichtabziehbaren Belastung entfällt, bis zu ihrem Erlöschen zinslos zu stunden ist (§ 25 Abs. 1 Satz 2 ErbStG). Eine Stundung nach § 25 Abs. 1 Satz 2 ErbStG ist nur dann nicht mehr möglich, wenn der Bedachte das erworbene Vermögen bereits vor der Steuerfestsetzung veräußert hat.[136] Das ist hier jedoch nicht der Fall. Auch hat der Erwerber nicht den Antrag gestellt, die gestundete Steuer mit ihrem Barwert nach § 12 Abs. 3 BewG abzulösen (Satz 3). Somit ergibt sich auf den 25.12.2007 zunächst folgende Steuerberechnung:

Bruttowert des Erwerbs	566.000 €
Freibetrag (§ 15 Abs. 1 I, § 16 Abs. 1 Nr. 2 ErbStG a. F.)	– 205.000 €
steuerpflichtiger Erwerb	361.000 €
Steuersatz 2007 15 %	
Steuer 2007	54.150 €

Für die Ermittlung der zu stundenden Steuer ist zu berücksichtigen, dass der Jahreswert auf den 18,6ten Teil des Grundbesitzwerts begrenzt ist und sich der Vervielfältiger auf den Jahreswert noch nach der Anlage 9 zu § 14 BewG a. F. richtet.

Bruttowert des Erwerbs	566.000 €
Jahreswert Nießbrauch 2007: 39.620 €	
maximal gem. § 16 BewG 566.000 € : 18,6 = 30.430 €	
Vervielfältiger Mann, 56 Jahre: 11,506	
Kapitalwert Nutzung 30.430 € × 11,506	– 350.127 €
Nettoerwerb	215.873 €
Freibetrag (§ 15 Abs. 1 I, § 16 Abs. 1 Nr. 2 ErbStG a. F.)	– 205.000 €
steuerpflichtiger Erwerb (abgerundet)	10.800 €
Steuersatz 2007 7 %	756 €
Steuer 2007	54.150 €
sofort fällige Steuer	– 756 €
zu stundender Betrag	53.394 €

Folgen des unentgeltlichen Verzichts: In dem vorzeitigen unentgeltlichen Verzicht des Vaters auf das vorbehaltene Nießbrauchsrecht ist eine erneute Schenkung des Restkapitalwerts des Nießbrauchsrechts an den Sohn zu sehen.

Da die Schenkung unter Nießbrauchsvorbehalt und der als eigenständige Schenkung zu beurteilende Verzicht auf das Nießbrauchsrecht innerhalb von 10 Jahren erfolgten, sind die Erwerbe zudem zusammenzurechnen. Nach Ansicht des BFH und der Finanzverwaltung ist der ursprüngliche Erwerb des Vermögensgegenstands mit dem Bruttowert anzusetzen (siehe oben). Für die Berechnung ist außerdem zu beachten, dass im Zeitpunkt des Verzichts für die Berechnung des Kapitalwerts der im Jahr

---

134 Vgl. Art. 1 Nr. 20 und Art. 6 Abs. 1 ErbStRG vom 24.12.2008, BGBl 2008 I S. 3018.
135 BFH vom 17.03.2004, BStBl 2004 II S. 429, und vom 06.07.2005, BStBl 2005 II S. 797.
136 BFH vom 24.04.1990 VII B 209/89, BFH/NV 1990 S. 809, und vom 23.03.1998 II B 97/97, BFH/NV 1998 S. 1224.

7.6 Besteuerung bei Nutzungs- und Rentenlast – § 25 ErbStG a. F.

2009 maßgeblicher Grundbesitzwert und die für 2009 geltende Sterbetafel[137] maßgeblich sind und der erhöhte persönliche Freibetrag bei der Zusammenrechnung zum Zuge kommt. Es ergibt sich somit folgende Rechnung:
Jahreswert Nießbrauch 2009: 39.620 €,
maximal gem. § 16 BewG 782.000 € : 18,6 = 42.043
tatsächlicher Wert somit niedriger
Vervielfältiger Mann, 58 Jahre: 13,033

Erwerb aus Nießbrauchsverzicht 39.620 € × 13,033	516.367 €
abzgl. Kapitalwert Nießbrauch 2007 (siehe oben)	– 350.127 €
Bereicherung 2009	166.240 €
Bruttowert des Erwerbs 2007 (siehe oben)	+ 566.000 €
Gesamterwerb	732.240 €
Freibetrag (§ 15 Abs. 1 I, § 16 Abs. 1 Nr. 2 ErbStG)	– 400.000 €
steuerpflichtiger Gesamterwerb (abgerundet)	332.200 €
Steuer (§ 15 Abs. 1 I, § 19 Abs. 1 ErbStG)	
nach Härteausgleich (§ 19 Abs. 3 ErbStG):	
300.000 € × 11 % + 50 % × 32.200 €	49.100 €

Da der BFH[138] zudem entschieden hat, dass der Bruttowert auch der Berechnung der nach § 14 Abs. 1 Satz 2 ErbStG abziehbaren fiktiven Steuer zugrunde zu legen ist, ist die Anrechnung im Einklang zwischen Rechtsprechung und Finanzverwaltung wie folgt vorzunehmen:

Fiktive Steuer für den Vorerwerb:

Bruttowert Erwerb 2007	566.000 €
abzgl. Freibetrag (§ 15 Abs. 1 I, § 16 Abs. 1 Nr. 2 ErbStG)	
(Freibetrag 400.000 €, max. verbrauchter Freibetrag)	– 205.000 €
steuerpflichtiger Vorerwerb	361.000 €
fiktive Steuer (§ 15 Abs. 1 I, § 19 Abs. 1 und 3 ErbStG)	
bei Steuersatz 15 %	54.150 €

Tatsächliche Steuer für den Vorerwerb:

Summe aus sofort fälliger Steuer (756 €)	
und gestundeter Steuer (53.394 €)	54.150 €

Da die tatsächliche Steuer für den Vorerwerb nicht höher ist, ist die fiktive Steuer anzurechnen.

Festzusetzende Steuer nach Anrechnung:

Steuer vor Anrechnung	49.100 €
abzgl. tatsächlicher Steuer	– 54.150 €
verbleiben	0 €

Die Mindeststeuer (§ 14 Abs. 1 Satz 4 ErbStG) kommt nicht zur Anwendung.

Schenkung 2009	166.240 €
abzgl. Freibetrag	– 400.000 €
verbleiben	0 €

Die Steuer aufgrund des Nießbrauchsverzichts ist somit auf 0 € festzusetzen.

---

137 BStBl 2009 I S. 270.
138 BFH vom 19.11.2008 II R 22/07, BFH/NV 2009 S. 587.

7 Steuerfestsetzung und Erhebung

Auswirkungen der Veräußerung des Grundstücks (siehe oben): Die Stundung endet vorzeitig gem. § 25 Abs. 2 ErbStG a. F., wenn der Erwerber das belastete Vermögen vor dem Erlöschen der Belastung veräußert. Da dies bereits 2010 der Fall ist, werden zu diesem Zeitpunkt auch die gestundeten 53.394 € fällig, sodass insgesamt 54.150 € zu zahlen sind. Eine Neuberechnung ist insoweit m. E. nicht erforderlich.

Hinweis: Hätte der Sohn die Ablösung des gestundeten Steuerbetrags zugleich mit der fristgerecht abgegebenen Steuererklärung beantragt, käme es für die Ermittlung des Ablösungsbetrags auf die Verhältnisse im Zeitpunkt der Steuerentstehung an. Die Möglichkeit einer vorzeitigen Fälligkeit der Steuerschuld wäre bei der Ermittlung des Ablösungsbetrags unberücksichtigt geblieben. Sie hätte auch nachträglich nicht mehr zu einer Korrektur des Ablösungsbescheids geführt (R 85 Abs. 6 Satz 7 und 8 ErbStR 2003). Im Fall einer Stundung nach § 25 ErbStG a. F. kann der Antrag auf Ablösung auch noch nach Wegfall des § 25 ErbStG a. F. durch das ErbStRG 2009 gestellt werden. Bei einem Ablösungszinssatz von 5,5% (§ 12 Abs. 3 BewG) ist dies zumindest überlegenswert, zumal die Ablösung den Stundungsvorteil endgültig sichert.[139] Dies kann ein erheblicher Vorteil sein (siehe auch unter 7.6.3.1).

Behält sich der Schenker bei einer freigebigen Zuwendung eines Grundstücks den Nießbrauch vor und löst der Bedachte später den Nießbrauch gegen Entgelt ab, hat dies – abgesehen vom Wegfall der Stundung nach § 25 Abs. 1 Satz 2 ErbStG – keinen Einfluss auf die Schenkungsteuer, die für die Grundstücksübertragung festzusetzen war.[140]

Wird ein unter Nutzungsvorbehalt geschenktes Wirtschaftsgut veräußert, stellt sich die Frage, ob sich der Nutzungsvorbehalt am Erlös fortsetzen kann. Nach Ansicht des BFH[141] ist die Steuer für die Zuwendung eines Grundstücks (entgegen R 85 Abs. 4 Satz 4 der ErbStR 2003) allerdings auch nach der Veräußerung weiterhin nach § 25 Abs. 1 Satz 2 ErbStG zu stunden, weil sich die Belastung am Erlös fortsetzt. Nach Ansicht des BFH ergibt sich dies unter Hinweis auf die Rechtsprechung des BVerfG[142] aus dem Gedanken, dass die Durchbrechung des Bereicherungsprinzips durch das Abzugsverbot des § 25 Abs. 1 Satz 1 ErbStG nur deshalb nicht gegen den allgemeinen Gleichheitssatz (Art. 3 Abs. 1 GG) verstößt, weil die Steuer bis zum Erlöschen der Belastung gestundet wird. Diese Rechtfertigung fordere eine verfassungskonforme Auslegung des § 25 Abs. 1 Satz 2 ErbStG dahingehend, dass die Stundung andauert, wenn der Bedachte den Zuwendungsgegenstand veräußert, aber an dem, was er dafür erhält, dem Schenker wiederum der Nießbrauch zu bestellen ist. Der Bedachte bleibt dabei mit dem Nießbrauch beschwert, wobei lediglich der belastete Gegenstand ausgewechselt wird. Eine Beendigung der Stundung mit der Veräußerung des Grundstücks widerspricht nach Ansicht des BFH zudem der Wertung des § 25 Abs. 2 ErbStG. Die Fälligkeit der Steuer beruhe auf der Annahme, dass der Bedachte mit der Veräußerung des belasteten Gegenstands

---

139 Vgl. Troll/Gebel/Jülicher, § 25 ErbStG Rdnr. 53.
140 BFH vom 19.12.2007, BStBl 2008 II S. 260.
141 BFH vom 11.11.2009, BStBl 2010 II S. 504.
142 BVerfG vom 15.05.1984, BStBl 1984 II S. 608, unter C.I.

7.7 Ermäßigung der Steuer bei Aufhebung einer Familienstiftung

regelmäßig in die Lage versetzt wird, die Steuer aus dem Erlös zu bezahlen. Diese vom Gesetz vorausgesetzte Verfügungsmacht sei aber dann nicht vorhanden, wenn sich der bereits in der Schenkungsabrede vorbehaltene Nießbrauch am Veräußerungserlös nahtlos an den Nießbrauch am Grundstück anschließt.

Ob dies allerdings auch noch gilt, wenn die Vereinbarung nicht schon im Nießbrauchsbestellungsvertrag, sondern erst im Zusammenhang mit der Veräußerung des Grundstücks getroffen wird, hatte der BFH bisher nicht zu entscheiden. Meines Erachtens lässt die Begründung des BFH den Schluss zu, dass auch in einer solchen Vereinbarung kein Zuwendungsnießbrauch, sondern eine Fortsetzung der Nießbrauchsbelastung in anderer Form zu sehen ist.

Enthält der Übertragungsvertrag die Verwendungsabrede, dass der Beschenkte den Erlös seinem eigenen Darlehenskonto bei einer Personengesellschaft, an der er beteiligt ist, gutschreiben soll, handelt es sich um eine Auflage (§ 525 BGB). Der BFH weist darauf hin, dass die Verbindung der Zuwendung mit einer Auflage der Steuerbarkeit der Zuwendung nicht entgegensteht (§ 7 Abs. 4 ErbStG). Auch mindert die Auflage bei der Ermittlung der Bereicherung den Wert des geschenkten Wirtschaftsguts nicht, denn einem Abzug der Auflage steht das Verbot des § 10 Abs. 9 ErbStG entgegen. Nach Auffassung des BFH und der Literatur müssen sich Auflagen nicht auf den Zuwendungsgegenstand selbst beziehen. Es reicht vielmehr aus, dass die Auflage aus dem „Wert der Zuwendung" erbracht wird.[143]

7.7 Ermäßigung der Steuer bei Aufhebung einer Familienstiftung oder Auflösung eines Vereins – § 26 ErbStG

Aufgrund besonderer gesetzlicher Vorschrift (§ 7 Abs. 1 Nr. 9 ErbStG) gilt als Schenkung unter Lebenden, was bei Aufhebung einer Stiftung oder bei Auflösung eines Vereins, dessen Zweck auf die Bindung von Vermögen gerichtet ist, erworben wird. Bei der Ermittlung der hierfür zu erhebenden Steuer ist § 15 Abs. 2 Satz 2 ErbStG zu beachten, wonach als Schenker der Stifter gilt oder derjenige, der das Vermögen auf den Verein übertragen hat. Daraus folgt, dass sich die Steuerklasse insoweit nach dem Verhältnis dieser Person zum Beschenkten richtet. § 1 Abs. 1 Nr. 4 ErbStG schreibt daneben für das Vermögen von Familienstiftungen (-vereinen) eine Periodenbesteuerung vor, die in Zeitabständen von je 30 Jahren erfolgen soll. Die Steuer hierfür ist nach dem Prozentsatz der Steuerklasse I zu berechnen, der für die Hälfte des steuerpflichtigen Vermögens gelten würde, und es wird ein Freibetrag von 2 × 400.000 Euro gewährt (§ 15 Abs. 2 Satz 3 ErbStG).

Erfolgt nun die Auflösung der Familienstiftung (§ 7 Abs. 1 Nr. 9 ErbStG) innerhalb eines Zeitraums von vier Jahren seit dem Zeitpunkt der zuletzt turnusmäßig erhobenen Steuer (§ 1 Abs. 1 Nr. 4 ErbStG), so findet – **um eine übermäßige Kumulation**

---
[143] BFH vom 11.11.2009, BStBl 2010 II S. 504.

zu vermeiden – nach § 26 ErbStG eine teilweise Anrechnung der zuletzt festgesetzten Steuer auf die infolge der Auflösung zu ermittelnde Steuer statt, und zwar wird sie auf die bei der Aufhebung entstehende Steuer mit 50 % angerechnet, wenn nicht mehr als zwei Jahre verstrichen sind, und mit 25 %, wenn zwischen zwei und vier Jahre verstrichen sind (s. o. 4.1.2).

7.8 Mehrfacher Erwerb desselben Vermögens – § 27 ErbStG

Geht dasselbe Vermögen innerhalb kurzer Zeit mehrfach auf Personen des engsten Familienkreises über, so kann es zu einer ungerechtfertigten und unerwünscht hohen erbschaftsteuerlichen Belastung kommen. § 27 ErbStG will diese Belastung dadurch mindern, dass bei dem jeweils zweiten Vermögensübergang die hierauf entfallende Steuer ermäßigt wird. Die Höhe der Ermäßigung ist danach gestaffelt, wie viel Zeit zwischen dem Letzterwerb und dem Vorerwerb liegt (§ 27 Abs. 1 ErbStG). Je kürzer der Zeitabstand, umso höher die Ermäßigung.

Beispiel:
Vater V schenkte seinem Kind K am 01.09.02 ein Grundstück (Grundbesitzwert 560.000 €). K stirbt am 01.04.05. Das Grundstück geht auf sein Kind E über. Der Grundbesitzwert ist unverändert.

K hatte für die Schenkung am 01.09.02 Schenkungsteuer i. H. von 17.600 € zu zahlen (560.000 € ⁄ 400.000 € = 160.000 €, davon 11 %).

Für den Erwerb des E von Todes wegen am 01.04.05 beträgt die Erbschaftsteuer – ohne § 27 ErbStG – ebenfalls 17.600 €. Die von E zu zahlende Steuer ist aber nach § 27 Abs. 1 ErbStG um 40 % (= 7.040 €) zu mindern, sodass er nur noch 10.560 € zu entrichten hat.

7.8.1 Voraussetzungen

7.8.1.1 Erwerb von Todes wegen – Zehnjahreszeitraum

§ 27 Abs. 1 ErbStG beschränkt die Anwendbarkeit der Steuerermäßigung auf die Fälle, in denen das Vermögen von Todes wegen anfällt. Damit ist wohl „etwas anderes bestimmt" i. S. des § 1 Abs. 2 ErbStG, sodass in den Fällen, in denen der Letzterwerb eine Schenkung ist, § 27 ErbStG nicht anwendbar ist.[144] Jedoch kann § 27 ErbStG anwendbar sein, wenn das Nacherbenanwartschaftsrecht entgeltlich auf den Vorerben übertragen wird, da das Entgelt gemäß der Fiktion des § 3 Abs. 2 Nr. 6 ErbStG als Erwerb von Todes wegen gilt.[145] Die Vorerwerbe können sowohl Erwerbe von Todes wegen als auch Schenkungen unter Lebenden sein.[146]

Der Vorerwerb, der die Vergünstigung rechtfertigen soll, darf nicht länger als zehn Jahre vor dem Letzterwerb (dessen Behandlung § 27 ErbStG regelt) liegen. Maßge-

---

144 Siehe oben 4.1.3; BFH vom 31.05.1989, BStBl 1989 II S. 733, und vom 16.07.1997, BStBl 1997 II S. 625).
145 BFH vom 30.10.1979, BStBl 1980 II S. 46.
146 Steiger, DVR 1984 S. 147.

7.8 Mehrfacher Erwerb desselben Vermögens – § 27 ErbStG

bend für die Ermittlung dieses Zehnjahreszeitraums sind die jeweiligen Zeitpunkte der Entstehung der Steuer (§ 27 Abs. 1 ErbStG).

7.8.1.2 Personenkreis

Sowohl der Vorerwerb für sich gesehen muss zwischen Personen der Steuerklasse I erfolgt sein als auch der Letzterwerb; nicht also ist erforderlich, dass der Letzterwerber im Verhältnis zum Schenker des ersten Steuerfalls unter die Steuerklasse I fällt. Für die Entscheidung der Frage nach den Steuerklassen des Vorerwerbs ist nicht die Rechtslage zum Zeitpunkt des Vorerwerbs, sondern die im Zeitpunkt des Letzterwerbs maßgebend.[147] Liegen die Voraussetzungen des § 15 Abs. 3 ErbStG vor (Berliner Testament mit Bindung des überlebenden Ehegatten; s. o. 6.2.5), so kann der letzte Erwerber auch im Rahmen des § 27 ErbStG als Erbe des erstverstorbenen Ehegatten angesehen werden, wenn das für ihn steuerlich günstig ist.[148] Entsprechendes gilt wohl auch in den Fällen des § 6 Abs. 2 Satz 2 ErbStG für den Nacherben. In den Fällen des § 6 Abs. 3 ErbStG ist der Erwerb des Vorerben, der in der Steuerklasse I besteuert wurde, nicht als belasteter Erwerb i. S. des § 27 ErbStG zu berücksichtigen (R E 27 Abs. 3 ErbStR 2011).

7.8.1.3 Übergang desselben Vermögens

Die Vergünstigung des § 27 ErbStG wird nur gewährt, wenn dasselbe Vermögen (Nämlichkeitsnachweis erforderlich) – nicht dieselben Vermögensgegenstände wie bei § 13 Abs. 1 Nr. 10 ErbStG – erneut übergegangen ist (wirtschaftliche Identität).[149] Das Vermögen muss beim Zweiterwerb nicht dieselbe Form aufweisen wie beim Ersterwerb. Es gelten hier vielmehr die Grundsätze der Surrogation, sodass z. B. an die Stelle eines vom Erwerber verkauften Gegenstands der Verkaufserlös tritt.[150]

Das begünstigte Vermögen ist also unter dem Gesichtspunkt der Vermeidung einer Doppelbelastung (ggf. im Schätzungsweg) in der Weise zu ermitteln, dass die auf nachträglich erworbene Wirtschaftsgüter – die keine Surrogate sind – und auf anderes unbelastetes Vermögen entfallende Erbschaftsteuer nicht ermäßigt wird.[151] Nach diesen Kriterien der wirtschaftlichen Betrachtungsweise ist auch zu entscheiden, inwieweit Identität bei mehrmals übergegangenen Anteilen an einem Betriebsvermögen zu bejahen ist.[152]

Beispiel:
Vater V und Kind K betrieben gemeinsam eine Personengesellschaft, an deren Kapital von 8.000.000 € V mit 7.000.000 € und K mit 1.000.000 € beteiligt waren. Beim

---
147 FG Berlin, EFG 1992 S. 470 mit überzeugender Begründung.
148 RFH, RStBl 1941 S. 45.
149 BFH vom 30.10.1979, BStBl 1980 II S. 46.
150 Meincke, § 27 Rdnr. 5.
151 FG Berlin, EFG 1992 S. 470.
152 FinMin Nordrhein-Westfalen vom 27.08.1973 – S 3804 – 10 V A 2.

7 Steuerfestsetzung und Erhebung

Tod des V fiel K als Alleinerbe der Anteil des V i. H. von 7.000.000 € zu (nunmehr also Einzelunternehmen). Beim Tod des K innerhalb von zehn Jahren fällt E, einem Kind des K, von Todes wegen ein Anteil an diesem Unternehmen i. H. von 800.000 € an. Der Wert des Unternehmens beträgt weiterhin 8.000.000 €.

Bei streng bürgerlich-rechtlicher Betrachtung verändern sich die Anteile an einer geschäftlich tätigen Personengesellschaft nach kurzer Zeit derart, dass nicht mehr von „denselben" Anteilen gesprochen werden kann.[153] Das ist aber im Rahmen des § 27 ErbStG unschädlich, da die Identität nicht nach bürgerlich-rechtlichen, sondern nach wirtschaftlichen Maßstäben zu beurteilen ist. Unter Zugrundelegung dieser Maßstäbe kann § 27 ErbStG selbst bei zwischenzeitlicher Änderung der Rechtsform des Unternehmens auch auf den Übergang einer Beteiligung an einem Betriebsvermögen angewendet werden. Der Wert des übergegangenen Anteils ist daher nach dem beim ersten Erwerb vorhandenen Beteiligungsverhältnis in begünstigtes und nicht begünstigtes Vermögen aufzuteilen: Danach ist der Erwerb des E von K von Todes wegen i. H. von 7/8 nach § 27 ErbStG begünstigt.

Für die Anwendung des § 27 ErbStG ist es ohne Bedeutung, ob dem letzten Erwerber die ganze Vermögenssubstanz, nur ein Teil davon oder nur ein Nutzungsrecht daran anfällt.[154] Auch ein Nießbrauchsrecht ist, wirtschaftlich gesehen, nur ein Teil des damit belasteten Vermögens.

7.8.1.4 Versteuerung des früheren Erwerbs

§ 27 ErbStG kommt nach seinem Sinn und Zweck nur dann zur Anwendung, wenn der frühere Erwerb auch tatsächlich der Besteuerung nach diesem Gesetz unterlegen hat,[155] wenn also eine Steuer festgesetzt worden ist. „Nach diesem Gesetz" bedeutet nicht geltendes Gesetz, sondern nach dem Erbschaftsteuer- und Schenkungsteuergesetz in der jeweils geltenden Fassung.[156]

Beispiel:
Mutter M schenkt Tochter T im Dezember 2008 ein Grundstück mit einem damaligen Steuerwert von 600.000 €. T stirbt im Januar 11. Alleinerbe ist Kind K. Der Nachlass besteht nur aus dem Grundstück, dessen Grundbesitzwert nunmehr 1.000.000 € beträgt.

Schenkungsteuer für den Erwerb 08

Steuerwert des Grundstücks	600.000 €
Freibetrag § 16 ErbStG (vor 2009)	− 205.000 €
steuerpflichtiger Erwerb	395.000 €
Steuersatz vor 2009 (15 %)	59.250 €

Erbschaftsteuer für den Erwerb 2011

Steuerwert des Grundstücks	1.000.000 €
Pauschbetrag § 10 Abs. 5 Nr. 3 ErbStG	− 10.300 €
Freibetrag § 16 ErbStG	− 400.000 €
steuerpflichtiger Erwerb	589.700 €

---

153 BFH vom 23.02.1966, BStBl 1966 III S. 356.
154 RFH, RStBl 1931 S. 621.
155 BFH vom 08.02.1961, BStBl 1961 III S. 135.
156 Gleichlautende Ländererlasse, BStBl 1976 I S. 145.

7.8 Mehrfacher Erwerb desselben Vermögens – § 27 ErbStG

Steuersatz 15 %	
Steuer vor Anwendung des § 27 ErbStG	88.455 €
Ermäßigung nach § 27 Abs. 1 ErbStG 40 %: 35.382 €	
Höchstbetrag nach § 27 Abs. 3 ErbStG: 40 % von 59.250 € =	− 23.700 €
Erbschaftsteuer	64.755 €

7.8.2 Berechnung der Steuerermäßigung

Bei der Ermittlung der Steuerermäßigung sind drei große Fallgruppen zu unterscheiden:

1. Der Letzterwerb besteht ausschließlich aus begünstigtem (demselben) Vermögen.
2. Der Letzterwerb besteht nur zum Teil aus begünstigtem (demselben) Vermögen.
3. Das begünstigte Vermögen hat beim Vorerwerber in einem geringeren Ausmaß der Besteuerung unterlegen.

Nach seinem Sinn und Zweck und auch nach seinem Wortlaut ist der § 27 ErbStG auf diese drei Fallgruppen wohl wie folgt anzuwenden:

Bei der 1. Fallgruppe ist der Ermäßigungsbetrag nach Ermittlung der Steuer für den Letzterwerb unmittelbar aus § 27 Abs. 1 ErbStG abzulesen. Eine Verhältnisrechnung nach § 27 Abs. 2 ErbStG ist nicht durchzuführen. Der Höchstbetrag nach § 27 Abs. 3 ErbStG verhindert eine ungerechtfertigt hohe Ermäßigung.

Bei der 2. Fallgruppe ist zunächst eine Verhältnisrechnung nach § 27 Abs. 2 ErbStG zur Ermittlung des Ausgangsbetrags durchzuführen, auf den ist dann der Ermäßigungssatz nach § 27 Abs. 1 ErbStG anzuwenden. Der Höchstbetrag nach § 27 Abs. 3 ErbStG ist auch hier zu beachten.

Die 3. Fallgruppe (§ 27 Abs. 3 ErbStG) kann also sowohl bei der 1. als auch bei der 2. Fallgruppe zu einer Limitierung der Ermäßigung führen.

Stehen Schulden und Lasten im wirtschaftlichen Zusammenhang mit mehrfach erworbenen Vermögen i. S. des § 27 ErbStG und mit anderem Vermögen, ist die Steuer für den Gesamterwerb gem. § 27 Abs. 2 ErbStG unter Berücksichtigung der nach dem wirtschaftlichen Zusammenhang zuzuordnenden Schulden aufzuteilen (siehe R E 27 Abs. 2 ErbStR 2011).

Die Ermäßigung nach § 27 ErbStG kann im Übrigen auch bei einer Zusammenrechnung nach § 14 ErbStG zu berücksichtigen sein. Es bleibt dann auch im Rahmen des § 14 ErbStG dabei, dass für jeden einzelnen Erwerb das Ausmaß der Steuerermäßigung gem. § 27 ErbStG zu bestimmen ist, da trotz § 14 ErbStG die einzelnen Erwerbe selbständige Erwerbe bleiben.[157] Der insgesamt auf die Mehrfacherwerbe entfallende Steuerbetrag ist dabei für die Bestimmung der Teilbeträge, von denen jeweils der Prozentsatz nach § 27 Abs. 1 ErbStG unerhoben bleibt, nach dem Ver-

---

157 BFH vom 20.02.1980, BStBl 1980 II S. 414.

7 Steuerfestsetzung und Erhebung

hältnis der unterschiedlich begünstigten Mehrfacherwerbe (vor Abzug des Freibetrags) aufzuteilen.

Treffen in einem Steuerfall § 14 Abs. 2, § 21 und § 27 ErbStG zusammen, ist die sich für den steuerpflichtigen Erwerb ergebende Steuer zunächst nach § 27 ErbStG zu ermäßigen, auf die ermäßigte Steuer die ausländische Steuer nach Maßgabe des § 21 ErbStG anzurechnen und auf die danach festzusetzende Steuer die Begrenzung des § 14 Abs. 2 ErbStG anzuwenden (R E 14.1 Abs. 5 ErbStR 2011).

7.8.2.1 Begrenzung der Ermäßigung

§ 27 Abs. 3 ErbStG begrenzt die Ermäßigung der Steuer für das begünstigte Vermögen auf den Betrag, der sich bei Anwendung der in § 27 Abs. 1 ErbStG genannten Prozentsätze auf die Steuer ergibt, die der Vorerwerber für das begünstigte Vermögen tatsächlich entrichtet hat. Damit ist die Steuer des Vorerwerbers die Berechnungsgrundlage für den Ermäßigungshöchstbetrag.

Aufgrund dieser Regelung nehmen z. B. Wertsteigerungen desselben Vermögens oder Werterhöhungen aufgrund gesetzlicher Änderung der Bewertungsvorschriften (z. B. beim Grundbesitz) oder besondere Vergünstigungen (z. B. § 5 ErbStG) nicht an der Vergünstigung des § 27 ErbStG teil.

Wenn für den Ersterwerb ein niedrigerer Steuersatz maßgebend war als für den nachfolgenden Erwerb, sodass der Ersterwerber für das begünstigte Vermögen eine niedrigere Steuer zu entrichten hatte als den Betrag, der von der Steuer des nachfolgenden Erwerbers auf das begünstigte Vermögen entfällt, erscheint es im Übrigen auch recht und billig, die Ermäßigung auf den entsprechenden Prozentsatz der vom Vorerwerber tatsächlich entrichteten Steuer zu beschränken.[158]

Beispiele:
a) Vater V schenkte seinem Kind K am 01.10.01 Vermögen mit einem damaligen Wert von 700.000 €. Am 01.05.02 stirbt K und dasselbe Vermögen geht auf E, das Kind des K, über. Nunmehriger Wert 1.000.000 €.
Steuer für den Erwerb am 01.10.01:
700.000 € ./. 400.000 € = 300.000 €; Steuersatz 11 %; Steuer also 33.000 €.
Steuer für den Erwerb am 01.05.02:
1.000.000 € ./. 400.000 € = 600.000 €; Steuersatz 15 %; Steuer 90.000 €.
Ermäßigungsbetrag nach § 27 Abs. 1 und 3 ErbStG nicht 50 % von 90.000 €, sondern nur von 33.000 € = 16.500 €.
Von E also noch zu entrichtende Steuer: 90.000 € ./. 16.500 € = 73.500 €.
b) Ehemann M schenkte seiner Ehefrau F am 01.10.01 Vermögen mit einem damaligen Wert von 900.000 €. Am 01.05.02 stirbt F und dasselbe Vermögen mit dem Wert von weiterhin 900.000 € geht auf das Kind K über.
Steuer für den Erwerb am 01.10.01:
900.000 € ./. 500.000 € = 400.000 €; Steuersatz 15 %; Steuer 60.000 €.

---

158 Begründung zum Regierungsentwurf des Erbschaftsteuer- und Schenkungsteuergesetzes vom 17.04.1974; BT-Drucksache VI/3418.

7.8 Mehrfacher Erwerb desselben Vermögens – § 27 ErbStG

Steuer für den Erwerb am 01.05.02:
900.000 € ⁄ 400.000 € = 500.000 €; Steuersatz 15 %; Steuer 75.000 €.
Ermäßigungsbetrag nach § 27 Abs. 1 und 3 ErbStG nicht 50 % von 75.000 €, sondern nur von 60.000 € = 30.000 €.
Von K also noch zu entrichtende Steuer: 75.000 € ⁄ 30.000 € = 45.000 €.

Fällt das begünstigte Vermögen beim nachfolgenden Erwerb mehreren Erwerbern an, ist der Höchstbetrag der Ermäßigung auf die einzelnen Erwerber entsprechend ihrem jeweiligen Anteil am mehrfach erworbenen Vermögen zu verteilen.[159]

7.8.2.2 Vermögensübergang ohne zusätzliches Vermögen

Diese Fälle sind in der Praxis nicht die Regel. Ihre Behandlung im Rahmen des § 27 ErbStG ist unproblematisch. Die sich für den Letzterwerb ergebende Steuer ist gleichzeitig die Ermäßigungsgrundlage, es sei denn, das Vermögen hat beim Vorerwerber in einem geringeren Ausmaß der Besteuerung unterlegen (§ 27 Abs. 3 ErbStG).

Beispiele:
a) Vater V schenkte seinem Kind K am 01.10.01 Vermögen (Wert 700.000 €). Am 01.05.02 stirbt K und (nur) dasselbe Vermögen (Wert weiterhin 700.000 €) geht auf E, das Kind des K, über.
Steuer für den Erwerb am 01.10.01:
700.000 € ⁄ 400.000 € = 300.000 €; Steuersatz 15 %; Steuer 45.000 €.
Steuer für den Erwerb am 01.05.02:
700.000 € ⁄ 400.000 € = 300.000 €; Steuersatz 15 %; Steuer 45.000 €.
Ermäßigungsbetrag nach § 27 Abs. 1 ErbStG 50 % von 45.000 € = 22.500 €.
Von E also noch zu entrichtende Steuer: 45.000 € ⁄ 22.500 € = 22.500 €.

b) Vater V schenkte seinem Kind K am 01.10.01 Vermögen (Wert 1.400.000 €). Am 01.05.02 stirbt K und (nur) dasselbe Vermögen (Wert weiterhin 1.400.000 €) geht auf F, die Ehefrau des K, über.
Steuer für den Erwerb am 01.10.01:
1.400.000 € ⁄ 400.000 € = 1.000.000 €; Steuersatz 19 %; Steuer 190.000 €.
Steuer für den Erwerb am 01.05.02:
1.400.000 € ⁄ 500.000 € = 900.000 €; Steuersatz 19 %; Steuer 171.000 €.
Ermäßigungsbetrag nach § 27 Abs. 1 ErbStG 50 % von 171.000 € = 85.500 €.
Von F also noch zu entrichtende Steuer: 171.000 € ⁄ 85.500 € = 85.500 €.

7.8.2.3 Vermögensübergang mit zusätzlichem Vermögen

Geht neben dem erworbenen Vermögen des Ersterwerbers noch zusätzliches Vermögen auf den Zweiterwerber über, so ist insoweit eine Aufteilung vorzunehmen, um auch die Ermäßigung nur anteilig zu gewähren, da es ansonsten zu einer ungerechtfertigten Steuerermäßigung käme. Ermäßigungsgrundlage ist in diesen Fällen, die in der Praxis die Regel sind, nach § 27 Abs. 2 ErbStG der Betrag, der von der Steuer desjenigen, dem die Ermäßigung zusteht, auf das begünstigte Vermögen ent-

---
[159] FinMin Saarland vom 20.05.2003, ZEV 2003 S. 325 mit Beispiel.

7 Steuerfestsetzung und Erhebung

fällt. Zur Ermittlung dieses Betrags ist die Steuer für den Gesamterwerb in dem Verhältnis aufzuteilen, in dem der Wert des begünstigten Vermögens zu dem Wert des steuerpflichtigen Gesamterwerbs ohne Abzug des dem Erwerber zustehenden Freibetrags steht (§ 27 Abs. 2 Satz 1 ErbStG). Die Ermäßigung nach § 27 Abs. 2 ErbStG ist also nach folgender Formel zu ermitteln:

$$\text{Steuer für den Gesamterwerb} \times \frac{\text{Wert des begünstigten Vermögens}}{\text{Wert des steuerpflichtigen Gesamterwerbs}} \times \text{\%-Satz}$$

Beispiele:

a) Vater V schenkte seinem Kind K am 01.10.01 Vermögen (Wert 700.000 €). Am 01.05.02 stirbt K und neben denselben 700.000 € gehen weitere 400.000 € auf E, das Kind des K, über.

Steuer für den Erwerb am 01.10.01:
700.000 € ∕. 400.000 € = 300.000 €; Steuersatz 15 %; Steuer 45.000 €.

Steuer für den Erwerb am 01.05.02:
1.100.000 € ∕. 400.000 € = 700.000 €; Steuersatz 19 %; Steuer 133.000 €.

Ermäßigungsbetrag nach § 27 Abs. 2 ErbStG:

$$133.000 \text{ €} \times \frac{700.000 \text{ €}}{1.100.000 \text{ €}} \times 50\% = 42.318 \text{ €},$$

aber Begrenzung nach § 27 Abs. 3 ErbStG auf 50 % von 45.000 € = 22.500 €. Von E also noch zu entrichtende Steuer: 133.000 € ∕. 22.500 € = 110.500 €.

b) Ehemann M schenkte seiner Ehefrau F am 01.10.01 Vermögen (Wert 900.000 €). Am 01.05.02 stirbt F und neben denselben 900.000 € gehen weitere 500.000 € auf das Kind K über.

Steuer für den Erwerb am 01.10.01:
900.000 € ∕. 500.000 € = 400.000 €; Steuersatz 15 %; Steuer 60.000 €.

Steuer für den Erwerb am 01.05.02:
1.400.000 € ∕. 400.000 € = 1.000.000 €; Steuersatz 19 %; Steuer 190.000 €.

Ermäßigungsbetrag nach § 27 Abs. 2 ErbStG:

$$190.000 \text{ €} \times \frac{900.000 \text{ €}}{1.400.000 \text{ €}} \times 50\% = 61.071 \text{ €},$$

aber Begrenzung nach § 27 Abs. 3 ErbStG auf 50 % von 60.000 € = 30.000 €. Von E also noch zu entrichtende Steuer: 190.000 € ∕. 30.000 € = 160.000 €.

c) Vater V schenkte seinem Kind K am 01.10.01 Vermögen (Wert 800.000 €). Am 01.05.02 stirbt K und neben denselben 800.000 € gehen weitere 200.000 € auf F, die Ehefrau des K, über. Neben dem persönlichen Freibetrag steht ihr der Versorgungsfreibetrag gem. § 17 Abs. 1 ErbStG vollumfänglich zu.

Steuer für den Erwerb am 01.10.01:
800.000 € ∕. 400.000 € = 400.000 €; Steuersatz 15 %; Steuer 60.000 €.

Steuer für den Erwerb am 01.05.02:
1.000.000 € ∕. 756.000 € = 244.000 €; Steuersatz 11 %; Steuer 26.840 €.

7.8 Mehrfacher Erwerb desselben Vermögens – § 27 ErbStG

Ermäßigungsbetrag nach § 27 Abs. 2 ErbStG:

$$26.840 \text{ €} \times \frac{800.000 \text{ €}}{1.000.000 \text{ €}} \times 50\,\% = 10.736 \text{ €}.$$

Die Begrenzung nach § 27 Abs. 3 ErbStG auf 50 % von 60.000 € = 30.000 € greift nicht ein, da 10.736 € den Betrag von 30.000 € nicht überschreiten.

Von F also noch zu entrichtende Steuer: 26.840 € ∕ 10.736 € = 16.104 €.

Nach dem Sinn und Zweck des § 27 ErbStG – Mehrfachbesteuerung desselben Vermögens in den dort genannten Fällen zu verhindern – wird das begünstigte Vermögen bei der Berechnung des darauf entfallenden Steuerbetrags höchstens mit dem Wert angesetzt, mit dem es beim Vorerwerber tatsächlich schon einmal der Besteuerung unterlag. Bei Wertveränderungen zwischen den beiden Erwerben kann daher eine Wertsteigerung nicht in die Ermäßigung einbezogen werden. Bei einer Wertminderung darf nur der geminderte Wert im Zeitpunkt des Nacherwerbs in die Ermäßigung einbezogen werden (R E 27 Abs. 1 ErbStR 2011).

Beispiele:
a) Vater V schenkte seinem Kind K am 01.10.01 Vermögen (Wert 700.000 €). Am 01.05.02 stirbt K und neben demselben Vermögen (Wert jetzt 900.000 €) gehen weitere 100.000 € auf F, die Ehefrau des K, über. Neben dem persönlichen Freibetrag steht ihr der Versorgungsfreibetrag gem. § 17 Abs. 1 ErbStG vollumfänglich zu.

Steuer für den Erwerb am 01.10. 01:
700.000 € ∕ 400.000 € = 300.000 €; Steuersatz 11 %; Steuer also 33.000 €.

Steuer für den Erwerb am 01.05.02:
1.000.000 € ∕ 756.000 € = 244.000 €; Steuersatz 11 %; Steuer 26.840 €.

Ermäßigungsbetrag nach § 27 Abs. 2 ErbStG:

$$26.840 \text{ €} \times \frac{700.000 \text{ €}}{1.000.000 \text{ €}} \times 50\,\% = 9.394 \text{ €}.$$

Die Begrenzung nach § 27 Abs. 3 ErbStG auf 50 % von 33.000 € = 16.500 € greift nicht ein, da 9.394 € den Betrag von 16.500 € nicht überschreiten.

Von F also noch zu entrichtende Steuer: 26.840 € ∕ 9.394 € = 17.446 €.

b) Vater V schenkte seinem Kind K am 01.10.01 Vermögen (Wert 700.000 €). Am 01.05.02 stirbt K und neben demselben Vermögen (Wert jetzt 600.000 €) gehen weitere 200.000 € auf F, die Ehefrau des K, über.

Steuer für den Erwerb am 01.10. 01:
700.000 € ∕ 400.000 € = 300.000 €; Steuersatz 11 %; Steuer also 33.000 €.

Steuer für den Erwerb am 01.05.02:
800.000 € ∕ 756.000 € = 44.000 €; Steuersatz 7 %; Steuer 3.080 €.

Ermäßigungsbetrag nach § 27 Abs. 2 ErbStG:

$$3.080 \text{ €} \times \frac{700.000 \text{ €}}{800.000 \text{ €}} \times 50\,\% = 1.347 \text{ €}.$$

Die Begrenzung nach § 27 Abs. 3 ErbStG auf 50 % von 33.000 € = 16.500 € greift nicht ein, da 1.347 € den Betrag von 16.500 € nicht überschreiten.

Von F also noch zu entrichtende Steuer: 3.080 € ∕ 1.347 € = 1.733 €.

7.9 Stundung

7.9.1 Stundung gem. § 222 AO

Die Stundung schiebt die Fälligkeit des Anspruchs hinaus. Nach § 222 AO können (Ermessensentscheidung gem. § 5 AO) die Finanzbehörden Ansprüche aus dem Steuerschuldverhältnis (z. B. Erbschaftsteuerschuld) ganz oder teilweise stunden, wenn die Einziehung bei Fälligkeit eine **erhebliche Härte** für den Schuldner bedeuten würde und der **Anspruch** durch die Stundung **nicht gefährdet** erscheint. Diese Stundungsmöglichkeit nach der AO bleibt durch die spezielle Regelung des § 28 ErbStG unberührt. Eine erhebliche Härte i. S. des § 222 AO kann in der Sache (sachliche Stundungsgründe) oder in der Person des Steuerschuldners (persönliche Stundungsgründe) liegen. Der Anspruch wird dann durch die Stundung gefährdet, wenn er zu dem späteren Fälligkeitszeitpunkt voraussichtlich nicht realisiert werden kann. Die Stundung nach § 222 AO soll i. d. R. nur auf Antrag und gegen Sicherheitsleistung gewährt werden. Der Antrag kann vor oder nach Fälligkeit gestellt werden. Die Stundung kann rückwirkende Kraft haben.

Zuständig für die Stundung ist das Finanzamt. Im Innenverhältnis bedarf das Finanzamt in – nach der Höhe und der Zeitdauer – bedeutenden Fällen der Zustimmung der vorgesetzten Behörde.[160] Eine Korrektur der Stundungsverfügung ist möglich durch Widerruf bei entsprechendem Vorbehalt, gem. § 130 Abs. 2 und 3 AO durch Zurücknahme und gem. § 131 Abs. 2 Nr. 2 und 3 AO. Gegen die Ablehnung der Stundung ist der Einspruch gegeben (§ 347 Abs. 1 Nr. 1 AO). Stundung und Aussetzung der Vollziehung bei Einlegung eines Rechtsbehelfs gegen den Steuerbescheid (§ 361 AO) schließen sich nicht aus.

7.9.2 Stundung gem. § 28 Abs. 1 und 2 ErbStG

§ 28 ErbStG enthält neben den Stundungsregeln der AO spezielle Stundungsvorschriften für die Erbschaftsteuer. Die Entscheidung darüber, ob nach den allgemeinen Grundsätzen zu § 222 AO eine Stundung der Erbschaftsteuer gewährt werden kann (Vorhandensein flüssiger Mittel; Zumutbarkeit der Veräußerung des übrigen Vermögens; Zumutbarkeit der Kreditaufnahme), ist häufig in den Fällen nicht leicht zu treffen, in denen zum Erwerb **Betriebsvermögen oder land- und forstwirtschaftliches Vermögen** gehört. Dies ist insbesondere dann der Fall, wenn zur Zahlung der Erbschaftsteuer die Entnahme flüssiger Mittel erforderlich ist.

§ 28 Abs. 1 und 2 ErbStG soll diesen Besonderheiten gerecht werden. Nach seinem Sinn und Zweck dient § 28 ErbStG der Vermeidung der Gefährdung des Betriebserhalts, die durch Abzug der erforderlichen Mittel für die Begleichung der auf das erworbene Betriebsvermögen entfallenden Steuer eintreten könnte. Daraus folgt, dass für den Stundungsanspruch nach § 28 ErbStG dann kein Raum ist, wenn der

---
160 Vgl. gleichlautende Ländererlasse vom 28.07.2003, BStBl 2003 I S. 401.

7.9 Stundung

Erwerber die Erbschaftsteuer für den Erwerb von Betriebsvermögen entweder aus erworbenem weiteren Vermögen oder aus seinem eigenen Vermögen aufbringen kann.[161]

Da §§ 234 und 238 AO auch bei der Stundung nach § 28 ErbStG anzuwenden sind, sind auch im Rahmen des § 28 ErbStG grundsätzlich die gesetzlichen **Stundungszinsen** i. H. von 0,5 % für jeden Monat zu erheben. Stundungen auf der Grundlage eines niedrigeren Zinssatzes oder zinslose Stundungen können nur unter den Voraussetzungen des § 234 Abs. 2 AO in Betracht kommen, wenn und soweit besondere Umstände des Einzelfalls dies rechtfertigen.

Die besondere Bedeutung der Vorschrift liegt darin, dass mit ihr die Möglichkeit der mittelfristigen Stundung (bis zu 10 Jahre) als **Rechtsanspruch** („... ist ... zu stunden") gesetzlich festgelegt ist und dass bei Erwerben von Todes wegen (also nicht bei Schenkungen) diese Stundung **zinslos** erfolgt.

Nach § 28 ErbStG ist dem Erwerber, wenn zum Erwerb Betriebsvermögen oder land- und forstwirtschaftliches Vermögen gehört, die darauf entfallende Erbschaftsteuer auf Antrag bis zu zehn Jahre insoweit zu stunden, als dies zur Erhaltung des Betriebs notwendig ist (unbestimmter Rechtsbegriff). **Betriebsvermögen** in diesem Sinne sind auch Anteile an einer Personengesellschaft, nicht jedoch Aktien und Anteile an einer Kapitalgesellschaft (R E 28 Abs. 1 ErbStR 20011). Diese Auslegung des Begriffs Betriebsvermögen ist nach dem Wortlaut wohl zutreffend, wenngleich die Ausdehnung auf mittelbaren Erwerb von Betriebsvermögen, insbesondere auf Beteiligungen an Gesellschaften mit beschränkter Haftung, nach Sinn und Zweck der Vorschrift im Einzelfall wünschenswert erscheint.[162] In diesen Fällen wird man aber wohl über § 222 AO helfen können (so R E 28 Abs. 2 Satz 8 ErbStR 2011). Gehört zum Erwerb auch anderes Vermögen, so kommt eine Stundung nach § 28 ErbStG nur für die anteilige Steuer in Betracht. Dabei ist unter Umständen eine Aufteilung nach dem Verhältnis der Vermögensteile erforderlich. Verbindlichkeiten, die mit bestimmten Vermögensteilen in Zusammenhang stehen, sind dort abzuziehen; im Übrigen sind sie im Verhältnis des Aktivvermögens aufzuteilen.[163]

Bei der Prüfung der Frage, ob durch die sofortige Entrichtung der Erbschaftsteuer der **Betrieb gefährdet wird,** bleiben Nachlassverbindlichkeiten des Erwerbers, die nicht zu den Betriebsschulden gehören (z. B. Pflichtteile, Vermächtnisse), außer Betracht. Wird die Erhaltung des Betriebs dadurch gefährdet, dass neben der Erbschaftsteuer in erheblichem Umfang solche Nachlassverbindlichkeiten zu übernehmen sind, so kann also nur über § 222 AO geholfen werden (R 86 Abs. 2 ErbStR). Zwar besteht ein Rechtsanspruch auf Stundung, der Stundungszeitraum steht aber

---

[161] BFH vom 11.05.1988, BStBl 1988 II S. 730.
[162] Siehe auch § 13a Abs. 2 Nr. 3 ErbStG; s. hierzu auch Krüger/Siegemund/Köhler, DStR 1997 S. 637.
[163] FinMin Bayern vom 07.04.1977 – 33 – S 3846 – 1/15 – 9 235/76.

im Ermessen des Finanzamts, wobei allerdings eine Höchstgrenze von zehn Jahren vorgegeben ist.

Im Gegensatz zu § 222 AO schreibt § 28 ErbStG selbst nichts über eine **Sicherheitsleistung** vor. Die Zulässigkeit der Anordnung einer Sicherheitsleistung kann also nur über § 222 AO auf § 28 ErbStG übertragen werden. In der Regel wird aber nach Verwaltungsauffassung bei einer Stundung nach § 28 ErbStG von einer Sicherheitsleistung abzusehen sein (R 86 Abs. 3 ErbStR). Das FG München[164] ist demgegenüber der Auffassung, dass die Stundung nach § 28 ErbStG ohne Sicherheitsleistung zu gewähren sei, die bloße Verweisung auf § 222 AO reiche nicht aus; es hätte vielmehr einer ausdrücklichen Erwähnung der Sicherheitsleistung in § 28 ErbStG bedurft.[165]

Nach § 28 Abs. 2 ErbStG ist die Stundung nach § 28 Abs. 1 ErbStG auch in den Fällen des § 1 Abs. 1 Nr. 4 ErbStG (Periodenbesteuerung – Ersatzerbschaftsteuer) – neben der Möglichkeit der Verrentung nach § 24 ErbStG – möglich. Da die Verrentung nach § 24 ErbStG aber nicht auf Betriebsvermögen beschränkt ist, bei ihr die Notwendigkeit der Erhaltung des „Betriebs" nicht geprüft werden muss, sie einen niedrigeren Zinssatz hat (5,5 %) und eine längere Frist möglich ist (30 Jahre), wird § 28 Abs. 2 ErbStG daneben wohl keine große praktische Bedeutung haben.

7.9.3 Stundung gem. § 28 Abs. 3 ErbStG

§ 28 ErbStG ist durch das ErbStRG 2009 um einen Absatz 3 ergänzt worden. Gehört zum Erwerb begünstigtes Vermögen i. S. des § 13c Abs. 3 ErbStG, ist dem Erwerber die darauf entfallende Erbschaftsteuer auf Antrag bis zu 10 Jahre zu stunden, soweit er die Steuer nur durch Veräußerung dieses Vermögens aufbringen kann (§ 28 Abs. 3 Satz 1 ErbStG).

Der Rechtsanspruch auf Stundung besteht auch in diesem Fall nicht, wenn der Erwerber die auf das begünstigte Vermögen entfallende Erbschaftsteuer entweder aus weiterem erworbenem Vermögen oder aus seinem vorhandenen eigenen Vermögen aufbringen kann. Kann der Schenker zur Zahlung der Schenkungsteuer herangezogen werden, sei es, weil er die Steuer übernommen hat (vgl. § 10 Abs. 2 ErbStG), sei es, weil er als Gesamtschuldner in Anspruch genommen werden kann, bleibt eine Stundung ebenfalls ausgeschlossen.

Die Regelung gilt entsprechend, wenn zum Erwerb ein Ein- oder Zweifamilienhaus oder Wohneigentum gehört, das der Erwerber nach dem Erwerb zu eigenen Wohnzwecken nutzt, längstens für die Dauer der Selbstnutzung (§ 28 Abs. 3 Satz 2 ErbStG).

Hierzu heißt es in der Gesetzesbegründung, dass auch in den Fällen, in denen z. B. Geschwister bereits in dem erworbenen Ein- oder Zweifamilienhaus oder Wohnei-

---

164 FG München, UVR 1991 S. 340.
165 So auch Meincke, § 28 Rdnr. 2.

gentum wohnen oder ein entsprechendes Grundstück nach dem Erwerb selbst nutzen, ein gesetzlicher Stundungsanspruch bestehen soll, wenn die Entrichtung der Erbschaftsteuer nur durch Veräußerung möglich ist. Die Stundungsregelung gilt nur für ein Grundstück. Bei Aufgabe der Selbstnutzung wegen Veräußerung steht Kapital zur Begleichung der Erbschaftsteuerschuld zur Verfügung.

Nach Aufgabe der Selbstnutzung ist die Stundung unter den Voraussetzungen des § 28 Abs. 3 Satz 1 ErbStG weiter zu gewähren (§ 28 Abs. 3 Satz 3 ErbStG). Bei Vermietung nach Beendigung der Selbstnutzung soll durch die weitere Stundung erreicht werden, dass die gestundete Erbschaftsteuer aus den Erträgen entrichtet werden kann.

Die Stundung endet in den Fällen des § 28 Abs. 3 Satz 1 bis 3 ErbStG, soweit das erworbene Vermögen Gegenstand einer Schenkung i. S. des § 7 ErbStG ist. § 28 Abs. 1 Satz 2 und 3 ErbStG gilt entsprechend (§ 28 Abs. 3 Satz 4 und 5 ErbStG).

7.10 Erlöschen der Steuer in besonderen Fällen – § 29 ErbStG

Nach § 47 AO erlöschen Ansprüche aus dem Steuerschuldverhältnis insbesondere (also nur beispielhafte Aufzählung) durch Zahlung (§§ 224 und 225 AO), Aufrechnung (§ 226 AO), Erlass (§§ 163 und 227 AO), Verjährung (§§ 169 bis 171, §§ 228 bis 232 AO). Weitere – speziell erbschaftsteuerliche – Erlöschensgründe nennt der § 29 ErbStG. Die Steuerpflicht für eine einmal ausgeführte Schenkung wird durch eine spätere Rückschenkung (freiwillige Rückgabe) nicht berührt, da die wirtschaftliche Bereicherung durch die erste Schenkung endgültig eingetreten war, vielmehr liegt in der Rückschenkung ein erneuter erbschaftsteuerpflichtiger Vorgang. In den Fällen des § 29 ErbStG aber, in denen eine Schenkung wieder herausgegeben werden muss (nicht freiwillig), die ursprüngliche Bereicherung also wegfällt, muss auch die gezahlte Erbschaftsteuer insoweit erstattet werden.

7.10.1 Rückforderungsrecht bei Schenkungen

Nach § 29 Abs. 1 Nr. 1 ErbStG erlischt die Steuer mit Wirkung für die Vergangenheit, soweit ein Geschenk wegen eines Rückforderungsrechts herausgegeben werden musste. Ein solches Rückforderungsrecht kann sich sowohl aus dem Gesetz (BGB) ergeben als auch aus einer im Schenkungsvertrag getroffenen (vertraglichen) Vereinbarung (z. B. Widerruf bei Schenkung mit Widerrufsvorbehalt).[166]

Denkbar wäre hier auch eine Konstruktion über § 5 BewG: auflösend bedingter Erwerb mit der Möglichkeit der Berichtigung nach § 5 Abs. 2 BewG.[167]

---

166 Siehe BFH vom 13.09.1989, BStBl 1989 II S. 1034.
167 Ausführlich Troll/Gebel/Jülicher, § 29 Rdnr. 10 ff.

7 Steuerfestsetzung und Erhebung

Als gesetzliche Rückforderungsrechte kommen insbesondere in Betracht:
1. § 527 Abs. 1 BGB: Rückforderung wegen Nichtvollziehung einer Auflage;
2. § 528 Abs. 1 BGB: Rückforderung wegen Verarmung des Schenkers;[168]
3. § 530 BGB: Rückforderung wegen groben Undanks;[169]
4. § 818 BGB: Rückforderung wegen Nichtigkeit nach Anfechtung (§ 142 BGB);
5. § 1301 BGB: Rückforderung bei unterbliebener Eheschließung;
6. § 1390 BGB: Rückforderung des Ausgleichsberechtigten gegen Dritte;
7. § 1478 Abs. 1 BGB: Rückforderung bei Auseinandersetzung des Gesamtguts nach Scheidung;
8. § 2113 Abs. 2 BGB: Rückforderung des Nacherben;[170]
9. §§ 2287 und 2288 Abs. 2 BGB: Rückforderung des Vertragserben und des Vermächtnisnehmers (bei Erbverträgen);
10. § 2329 BGB: Rückforderung des Pflichtteilsberechtigten;[171]
11. ggf. – falls Vertragsanpassung nicht ausreicht – Rückforderung wegen Wegfalls der Geschäftsgrundlage (§§ 157 und 242 BGB)[172] bzw. Störung der Geschäftsgrundlage (§ 313 BGB).[173] Irrt sich der Schenker über die Höhe der Schenkungsteuer, lässt das FG Rheinland-Pfalz[174] eine steuerneutrale Rückabwicklung über § 29 Abs. 1 Nr. 1 ErbStG zu (Rückforderungsrecht wegen Wegfall der Geschäftsgrundlage). Die Entscheidung kann m. E. nur als Einzelfallentscheidung angesehen werden. In jedem Fall ist es sicherer, in solchen Fällen ein Rückübertragungsrecht in den Vertrag aufzunehmen.

Die Aufzählung des § 29 Abs. 1 ErbStG ist abschließend.[175]

7.10.2 Abwendung der Herausgabe des Geschenks

Wird die Herausgabe des Geschenks durch Geldhingabe abgewendet, steht das wirtschaftlich der (unfreiwilligen) Herausgabe des Geschenks gleich. Nach § 528 Abs. 1 Satz 1 BGB kann der Schenker bei Verarmung – kein angemessener Unterhalt – die Herausgabe des Geschenks fordern. Der Beschenkte kann in diesem Fall nach § 528 Abs. 1 Satz 2 BGB die Herausgabe durch Zahlung des für den Unterhalt

---

168 Zur vertraglichen Modifizierbarkeit s. Hörlbacher, ZEV 1995 S. 202; zu den bürgerlich-rechtlichen Fragen bei Überleitung nach dem Bundessozialhilfegesetz s. z. B. BGH, ZEV 1995 S. 378, ZEV 1998 S. 73, und Keim, ZEV 1998 S. 375; zur Abtretbarkeit s. BGH, ZEV 1995 S. 35.
169 BGH, ZEV 1999 S. 188 und 192, ZEV 2002 S. 114; Sina, GmbH-Praxis, 2002 S. 58.
170 Siehe hierzu BFH, ZEV 2001 S. 77 mit Anmerkung Wächter.
171 Siehe dazu Jülicher, ZEV 2001 S. 428.
172 BFH vom 19.10.1977, BStBl 1978 II S. 217; Kapp, FR 1988 S. 352; FG München, EFG 1987 S. 571; Schuhmann, UVR 1993 S. 17; BGH, ZEV 1995 S. 304; Langenfeld, ZEV 1995 S. 289.
173 Wächter, ZEV 2002 S. 176; Ebeling, DB 2002 S. 553.
174 FG Rheinland-Pfalz; DStRE 2001 S. 765; s. dazu Kamps, FR 2001 S. 717.
175 Siehe auch FG Nürnberg, EFG 2001 S. 149; s. auch FG München, ZEV 2001 S. 455; Jülicher, ZEV 2001 S. 428.

erforderlichen Betrags abwenden. Tut er das, so erlischt nach § 29 Abs. 1 Nr. 2 ErbStG auch in diesem Fall die Steuer so weit mit Wirkung für die Vergangenheit.

7.10.3 Anrechnung von Vorschenkungen auf den Zugewinnausgleichsanspruch

Schenkungen unter Ehegatten sind – wie alle anderen Schenkungen und auch bei Vorliegen sog. unbenannter Zuwendungen[176] – schenkungsteuerpflichtig (s. o. 4.3.5.1 und 5.4.4). Das gilt auch für Schenkungen, die gem. § 1380 BGB auf die Ausgleichsforderung anzurechnen sind, da im Zeitpunkt der Ausführung der Schenkung noch nicht feststeht, ob sich bei Beendigung des Güterstands eine Ausgleichsforderung für den beschenkten Ehegatten tatsächlich ergeben wird.[177]

Die Anrechnung kann aufgrund ausdrücklicher Anrechnungsbestimmung erfolgen, im Zweifel sind unentgeltliche Zuwendungen, die ein Ehegatte dem anderen gemacht hat, als Vorausempfänge auf die Zugewinnausgleichsforderung aber auch ohne ausdrückliche Bestimmung anzurechnen, wenn sie den Wert von Gelegenheitsgeschenken übersteigen.

Da die Ausgleichsforderung in den Fällen des § 5 Abs. 2 ErbStG nicht zum steuerpflichtigen Erwerb gehört, ist nach § 29 Abs. 1 Nr. 3 ErbStG die Festsetzung der Steuer für frühere Schenkungen an den überlebenden Ehegatten zu ändern, soweit diese Schenkungen bei der güterrechtlichen Abwicklung der Zugewinngemeinschaft auf die Ausgleichsforderung nach **§ 5 Abs. 2 ErbStG** anzurechnen sind.

Aufgrund der Änderung des Wortlautes des § 29 Abs. 1 Nr. 3 ErbStG durch das ErbStRG 2009 ist nunmehr entsprechend zu verfahren, wenn Schenkungen dieser Art bei der Berechnung der fiktiven Ausgleichsforderung nach **§ 5 Abs. 1 ErbStG** berücksichtigt werden. Zur Rechtslage vor 2009 war diese Wertung strittig.[178] Wird der Güterstand also durch Tod eines Ehegatten beendet und die im Weg des vorweggenommenen Zugewinnausgleichs erhaltene Zuwendung gem. § 1380 Abs. 1 BGB auf die Ausgleichsforderung angerechnet, **erlischt insoweit gem. § 29 Abs. 1 Nr. 3 ErbStG die Steuer mit Wirkung für die Vergangenheit** (s. auch R E 5.1 Abs. 6 ErbStR 2011).

Beispiel:
Vom Finanzamt wird festgestellt, dass der in Zugewinngemeinschaft lebende M im Jahr 03 seiner Ehefrau F Wertpapiere im Wert von 1.800.000 € zugewendet hat. Eine ausdrückliche Anrechnung der vom Finanzamt als Schenkung beurteilten Zuwendung auf einen etwaigen Zugewinnausgleichsanspruch ist nicht erfolgt. Aufgrund der festgestellten Schenkung ist vom Finanzamt nach Abzug des Freibetrags von 500.000 € und bei einem Steuersatz von 19 % eine Schenkungsteuer von 247.000 €

---

176 BFH vom 02.03.1994 II R 59/92, BStBl 1994 II S. 366.
177 BFH vom 28.06.2007, BStBl 2007 II S. 785.
178 R 11 Abs. 6 Satz 1 und 2 ErbStR 2003; Moench, § 29 Rdnr. 14; Meincke, § 29 Rdnr. 10; FG Hamburg, EFG 1987 S. 191 (193).

festgesetzt worden. Beim Tod von M im Jahr 11 erwirbt F weiteres Vermögen im Wert von 900.000 €. Die (fiktive) Ausgleichsforderung (§ 1371 Abs. 2 BGB) soll 2.200.000 € betragen.

F hat gem. § 5 Abs. 1 Satz 1 ErbStG einen steuerfreien Anspruch auf Ausgleich des Zugewinns (§ 1371 Abs. 2 BGB) i. H. von 2.200.000 €. Da es sich bei der Zuwendung der Wertpapiere nicht um ein nach den Lebensverhältnissen der Ehegatten übliches Gelegenheitsgeschenk handelt, ist für die Berechnung des Ausgleichsanspruchs die Vermutungsregel des § 1380 Abs. 1 Satz 2 BGB angewendet und sind die Wertpapiere dem Endvermögen des Ehemannes hinzugerechnet und – soweit vorhanden – aus dem Endvermögen der Ehefrau herausgerechnet werden (siehe H E 5.1 Abs. 5 ErbStH 2011).

Die Anwendung des § 1380 Abs. 1 Satz 2 BGB führt dazu, dass sich die Zuwendung der Wertpapiere als Teil des steuerfreien Zugewinnausgleichs darstellt. Die für den Vorerwerb gezahlte Schenkungsteuer ist gem. § 29 Abs. 1 Nr. 3 ErbStG mit Wirkung für die Vergangenheit zu erstatten. Eine Zusammenrechnung der Zuwendungen 03 und 11 gem. § 14 ErbStG erfolgt nicht, da die Zuwendung 03 ihren Charakter als Schenkung wegen der Anrechnung auf den Zugewinnausgleichsanspruch verloren hat. Für den Erwerb von Todes wegen kann von den ermittelten 900.000 € der Freibetrag von 500.000 € sowie der restliche Zugewinnausgleichsanspruch von 400.000 € abgezogen werden, sodass auch für den Erwerb von Todes wegen keine Steuer anfällt. Eventuell gezogene Nutzungen des Vermögens müssen nicht nach den Regeln des Nießbrauchs versteuert werden, da nach Auffassung der Finanzverwaltung § 29 Abs. 2 ErbStG nicht anzuwenden ist (R E 5.1 Abs. 6 Satz 3 ErbStR 2011).

7.10.4 Zuwendungen an bestimmte Einrichtungen

Nach § 29 Abs. 1 Nr. 4 ErbStG tritt eine rückwirkende Befreiung von der Erbschaftsteuer/Schenkungsteuer ein, wenn der Erwerber das Erworbene innerhalb von zwei Jahren an eine gemeinnützige Stiftung, die steuerbegünstigten Zwecken i. S. der §§ 52 bis 54 AO mit Ausnahme der Zwecke, die nach § 52 Abs. 2 Nr. 4 AO gemeinnützig sind, dient, oder an den Bund, das Land oder eine inländische Gemeinde weitergibt.[179]

Troll[180] weist auf die zahlreichen Zweifelsfragen dieser Vorschrift hin und schlägt deshalb vor, den Weg über eine Auflage zu wählen. In diesem Fall bleibt der Erwerb steuerfrei nach § 13 Abs. 1 Nr. 15 oder 16 Buchst. b ErbStG, ist aber abziehbar nach § 10 Abs. 1 sowie Abs. 5 Nr. 3 ErbStG. Die Vorschrift ist auf rechtsfähige und nichtrechtsfähige Stiftungen anwendbar.[181]

§ 29 Abs. 1 Nr. 4 Satz 2 ErbStG enthält zwei Ausschlusstatbestände:

1. Von der Stiftung dürfen keine Leistungen i. S. des § 58 Nr. 5 AO an den Erwerber oder seine nächsten Angehörigen zu erbringen sein.

---
179 Siehe hierzu auch FinMin Nordrhein-Westfalen vom 28.01.1991 – S 3730 – 18 – V A 2, DB 1991 S. 418.
180 Troll, DB 1991 S. 672.
181 Siehe OFD München, ZEV 2003 S. 239.

7.10 Erlöschen der Steuer in besonderen Fällen – § 29 ErbStG

2. Soweit für die Zuwendung die Vergünstigung (Spendenabzug) nach § 10b EStG, § 9 Abs. 1 Nr. 2 KStG oder § 9 Nr. 5 GewStG in Anspruch genommen wird, erfolgt keine Befreiung.[182]

Der Spendenabzug bringt oft eine größere Steuerersparnis. Steuerlich noch günstiger ist der Weg über § 224a AO.

7.10.5 Zwischenzeitliche Nutzungen

Die Regelung des § 29 ErbStG ist Ausfluss des Bereicherungsgrundsatzes (§ 7 Abs. 1 Nr. 1 ErbStG). Folglich kann die Steuer nur so weit erlöschen, wie die ursprüngliche Bereicherung wirtschaftlich tatsächlich wegfällt. Dementsprechend bestimmt § 29 Abs. 2 ErbStG, dass der Erwerber für den Zeitraum, für den ihm die Nutzungen des zugewendeten Vermögens zugestanden haben und er somit bereichert bleibt, wie ein Nießbraucher zu behandeln ist.

Derselbe Gedanke liegt auch der Regelung in § 5 Abs. 2 BewG zugrunde, wonach bei Eintritt der auflösenden Bedingung – das erworbene Wirtschaftsgut fällt wieder weg – die Erbschaftsteuer nach dem tatsächlichen Wert des Erwerbs zu berichtigen ist. Standen dem Erwerber in der Zwischenzeit keine Nutzungen zu (z. B. Nießbrauchsvorbehalt des Schenkers), so kommt § 29 Abs. 2 ErbStG nicht zum Zuge. In den Fällen des § 29 Abs. 1 Nr. 3 ErbStG ist § 29 Abs. 2 ErbStG insgesamt nicht anwendbar; Eigentum und Nutzung fallen gar nicht auseinander.[183] Die Bewertung des Nutzungserwerbs i. S. des § 29 Abs. 2 ErbStG erfolgt nach den allgemeinen Grundsätzen. Danach ist der Kapitalwert der Nutzungen – unter Beachtung des § 16 BewG – auf den Zeitpunkt der Ausführung der Schenkung zu ermitteln.[184]

Beispiel:
Vater V schenkt Kind K am 01.01.01 ein Grundstück (Grundbesitzwert 500.000 €; Jahresertrag 40.000 €). Die Herausgabe wegen Geltendmachung des Rückforderungsrechts durch V erfolgt am 01.01.07.
Der Wert des „Nießbrauchs" des K i. S. des § 29 Abs. 2 ErbStG wird wie folgt ermittelt: Jahreswert nicht 40.000 €, sondern unter Beachtung des § 16 BewG 26.881 € (1/18,6 von 500.000 €) × 5,133 (Anlage 9a BewG) = 137.980 €.

Erstreckt sich die Verpflichtung zur Herausgabe auch auf die gezogenen Nutzungen (§ 818 Abs. 1 und 3 BGB), so ist die entsprechende Verpflichtung wohl vom Kapitalwert abzuziehen; § 29 Abs. 2 ErbStG ist dann unter Umständen nicht mehr anwendbar (Troll, DB 1990 S. 498).

7.10.6 Verfahrensrechtliche Abwicklung

Die verfahrensrechtliche Abwicklung in den Fällen des § 29 ErbStG ergibt sich nicht unmittelbar aus dem Erbschaftsteuer- und Schenkungsteuergesetz, sondern

---
182 Siehe FG Rheinland-Pfalz, DStRE 2001 S. 872.
183 Troll, DB 1990 S. 498.
184 Troll, DB 1990 S. 498.

aus den allgemeinen Regeln der Abgabenordnung. Danach wird wohl wie folgt zu differenzieren sein:

1) § 29 Abs. 2 ErbStG kommt nicht zum Zuge

Da die Steuer mit Wirkung für die Vergangenheit erloschen ist, ist die ursprüngliche Erbschaftsteuer ohne rechtlichen Grund i. S. des § 37 Abs. 2 AO gezahlt worden. – Es handelt sich hier um eine Zahlung auf eine erloschene Steuerschuld, also um eine Doppelzahlung. Der Steuerbescheid als Rechtsgrundlage ist „verbraucht" und spielt keine Rolle mehr. – Der Betrag ist formlos zu erstatten. Ein solcher Rückzahlungsanspruch ist im Erhebungsverfahren geltend zu machen (vgl. § 218 Abs. 2 AO), er fällt nicht unter § 155 AO (AEAO zu § 155 Nr. 3). Er unterliegt den Regelungen über die Zahlungsverjährung (§§ 228 bis 232 AO).

2) § 29 Abs. 1 und 2 ErbStG kommen nebeneinander zum Zuge (Regelfall)

Würde man hier verfahrensrechtlich nacheinander in zwei Stufen vorgehen, müsste man nach § 29 Abs. 1 ErbStG insgesamt einen Erstattungsanspruch annehmen und nach § 29 Abs. 2 ErbStG eine erstmalige Steuerfestsetzung durchführen. Das ist aber nach dem Sinn und Zweck der Vorschrift – die tatsächliche Bereicherung zu erfassen – wohl unzutreffend, vielmehr sind § 29 Abs. 1 und 2 ErbStG auch verfahrensrechtlich nebeneinander als Einheit anzusehen. Daraus folgt: Die ursprüngliche Steuerfestsetzung ist nach § 175 Abs. 1 Nr. 2 AO entsprechend der tatsächlichen Bereicherung zu berichtigen, in Höhe des Differenzbetrags fällt also mit der Berichtigung der rechtliche Grund für die Zahlung weg i. S. des § 37 Abs. 2 Satz 2 AO, und der Differenzbetrag ist infolgedessen zu erstatten.

Beispiel:
Vater V schenkt Kind K am 01.01.01 ein Grundstück (Grundbesitzwert 500.000 €; Jahresertrag 40.000 €). Die Herausgabe wegen Geltendmachung des Rückforderungsrechts durch V (nur) bzgl. des Grundstücks erfolgt am 01.01.07. Ursprüngliche Steuerfestsetzung für den Erwerb am 01.01.01: 500.000 € ./. 400.000 € = 100.000 €; Steuersatz 11 %; Steuer also 11.000 €. Änderung der ursprünglichen Steuerfestsetzung nach § 175 Abs. 1 Nr. 2 AO i. V. m. § 29 Abs. 1 und 2 ErbStG infolge der Herausgabe wegen des Rückforderungsrechts am 01.01.07: Kapitalwert des „Nießbrauchs" 137.980 € (s. o. 7.10.5). Im Hinblick auf den Freibetrag von 400.000 € ist eine Steuer nicht festzusetzen. Der ursprüngliche Steuerbescheid ist also insgesamt aufzuheben und die gezahlte Steuer von 11.000 € ist zu erstatten.

Die Änderung nach § 175 Abs. 1 Nr. 2 AO ist nur bis zum Eintritt der Festsetzungsverjährung zulässig. Die Festsetzungsfrist beginnt mit Ablauf des Kalenderjahres, in dem das Ereignis (hier Herausgabe aufgrund des Rückforderungsrechts) eingetreten ist (§ 175 Abs. 1 Satz 2 AO).

7.11 Anzeige des Erwerbs durch den Erwerber

Nach § 90 Abs. 1 AO sind die Beteiligten (§ 78 AO) zur Mitwirkung bei der Ermittlung des Sachverhalts verpflichtet. Sie kommen der Mitwirkungspflicht insbeson-

7.11 Anzeige des Erwerbs durch den Erwerber

dere dadurch nach, dass sie die für die Besteuerung erheblichen Tatsachen vollständig und wahrheitsgemäß offenlegen und die ihnen bekannten Beweismittel angeben. Nach § 149 AO bestimmen die Steuergesetze, wer zur Abgabe einer Steuererklärung verpflichtet ist. Diese allgemeinen Grundsätze der Abgabenordnung finden ihre – auf die Besonderheiten des Erbschaftsteuerrechts zugeschnittene – spezielle Ausgestaltung in den §§ 30, 31, 33 und 34 ErbStG.

Im Gegensatz zu den Veranlagungssteuern, wo die Steuerzahlungspflicht dem Grunde nach in der Mehrzahl der Fälle unproblematisch ist und es insoweit also nur um die Höhe der Steuer geht, folglich das Ermittlungsverfahren i. d. R. unmittelbar mit der Abgabe der Steuererklärung eingeleitet wird, bedarf es bei der Erbschaft- und Schenkungsteuer einer groben Vorprüfung, ob der jeweilige Sachverhalt überhaupt steuerbar ist und voraussichtlich zu einer Steuerzahlungspflicht führen wird. Der Klärung dieser Frage dienen die Anzeigepflichten nach den §§ 30, 33 und 34 ErbStG. Erst wenn diese Frage bejaht wird, sind zum Zweck der endgültigen Entscheidung und genauen Steuerermittlung i. d. R. Steuererklärungen abzugeben (§ 31 ErbStG).[185]

Die Anzeigepflicht nach § 30 Abs. 1 ErbStG trifft den Erwerber, bei einer Zweckzuwendung den Beschwerten. Nach den allgemeinen Grundsätzen der Abgabenordnung (§§ 34 und 35 AO) trifft sie auch die gesetzlichen Vertreter und Verfügungsberechtigten. Bei Verletzung der Verpflichtung durch diese Personen kommt eine Haftung nach § 69 AO in Betracht. Gibt der Erbe seine Steuererklärung ab, befreit das z. B. den Pflichtteilsberechtigten nicht von seiner Anzeigepflicht nach § 30 Abs. 1 ErbStG. Allerdings können in einem solchen Fall die Angaben in der Steuererklärung des Erben über den Erwerb des Pflichtteilsberechtigten genügen, um die Anlaufhemmung des § 170 Abs. 2 Nr. 1 AO zu beenden.[186]

Die Anzeigepflicht entfällt, wenn die Steuerfreiheit außer Zweifel steht;[187] so auch § 90 Abs. 1 Satz 3 AO, wonach der Umfang der Mitwirkungspflichten sich nach den Umständen des Einzelfalls richtet (Grundsatz der Verhältnismäßigkeit). Sind mehrere Personen anzeigepflichtig – z. B. nach § 30 Abs. 2 ErbStG neben dem Erwerber auch der Zuwendende –, so hat jeder für sich seine Verpflichtung zu erfüllen, soweit sie nicht durch den jeweils anderen bereits erfüllt ist. Die Anmeldefrist beträgt drei Monate. Der Ablauf der Frist befreit nicht von der Anmeldepflicht. Bei Nichteinhaltung der Frist kommt die Festsetzung eines Verspätungszuschlags nach § 152 AO wohl nicht in Betracht,[188] da die Anzeige nach § 30 ErbStG – im Gegensatz zur Erklärung nach § 31 ErbStG – keine Steuererklärung ist. Die Verletzung der (rechtzeitigen) Anzeigepflicht nach § 30 Abs. 1 ErbStG kann eine Ordnungswidrigkeit

---

185 BFH vom 16.10.1996, BStBl 1997 II S. 73.
186 BFH vom 30.10.1996, BStBl 1997 II S. 11.
187 Siehe dazu Bernhardt/Protzen, ZEV 2001 S. 426.
188 FG Baden-Württemberg, EFG 1985 S. 52.

nach § 378 Abs. 1 AO (Leichtfertigkeit) darstellen oder eine Steuerstraftat nach § 370 Abs. 1 Nr. 2 AO (Vorsatz).

Erkennt der Steuerpflichtige nachträglich vor Ablauf der Festsetzungsfrist, dass eine von ihm oder für ihn abgegebene Anzeige unrichtig oder unvollständig ist und dass es dadurch zu einer Verkürzung von Steuern kommen kann oder bereits gekommen ist, so ist er verpflichtet, dies unverzüglich anzuzeigen und die erforderliche Richtigstellung vorzunehmen (§ 153 AO). § 153 AO bezieht sich nämlich auf alle Erklärungen, nicht nur auf Steuererklärungen. Die Nichterfüllung der Verpflichtung nach § 153 AO führt i. d. R. zu einer Steuerhinterziehung (§ 370 AO).

Ob im Fall des § 1 Abs. 1 Nr. 4 ErbStG die Anzeigepflicht (der Stiftungsorgane) nach § 30 Abs. 1 ErbStG besteht, ist zweifelhaft.[189]

Unter den Voraussetzungen des § 30 Abs. 3 ErbStG entfällt wegen § 34 ErbStG die Anzeigepflicht des Erwerbers. Dies gilt allerdings gem. § 30 Abs. 3 Satz 1 Halbsatz 2 ErbStG nicht, wenn zum Erwerb Grundbesitz, Betriebsvermögen, Anteile an Kapitalgesellschaften, die nicht der Anzeigepflicht nach § 33 ErbStG unterliegen, oder Auslandsvermögen gehört.

Die Voraussetzungen des § 30 Abs. 3 ErbStG sind z. B. auch dann erfüllt, wenn das Verhältnis des Erwerbers zum Erblasser sich nicht aus der von einem deutschen Gericht eröffneten Verfügung von Todes wegen selbst ergibt, sondern aus anderen Umständen, z. B. aus einer dem Finanzamt gegenüber gemachten Anzeige nach § 9 ErbStDV;[190] weiterhin, wenn sich aus der amtlich eröffneten Verfügung von Todes wegen unzweifelhaft „das Verhältnis des Erwerbers zum Erblasser" ergibt. Damit sind nicht die „persönlichen Verhältnisse" des Erwerbers zum Erblasser (Schenker), insbesondere nicht der Verwandtschaftsgrad, gemeint, sondern die (Rechts-)Verhältnisse zwischen dem Erwerber und dem Erblasser bzw. Schenker, die den Erbschaft- bzw. Schenkungsteuertatbestand ausgelöst haben.

Kann das Finanzamt also der amtlich eröffneten Verfügung von Todes wegen unzweifelhaft die namentliche Bezeichnung des Erblassers bzw. Schenkers und des Erwerbers sowie den Rechtsgrund für den Erwerb entnehmen, entfällt nach § 30 Abs. 3 die Anzeigepflicht nach § 30 Abs. 1 ErbStG,[191] soweit nicht die Einschränkungen des § 30 Abs. 3 Satz 1 Halbsatz 2 ErbStG greifen. Das kann zu unbefriedigenden Ergebnissen führen.

Beispiel:
Gibt der Erbe dem Nachlassgericht gegenüber einen zu niedrigen Wert des Nachlasses an, oder gibt er einen Teil des Nachlasses gar nicht an, stellt das keine Steuerhinterziehung nach § 370 Abs. 1 Nr. 1 AO dar, weil das Nachlassgericht nicht „andere Behörde" im Sinne dieser Vorschrift ist.

---

189 Ebeling, DStR 1999 S. 665.
190 FG Hamburg, EFG 1991 S. 131.
191 BFH vom 16.01.1996, BStBl 1997 II S. 73; BFH, ZEV 1999 S. 409; FG Baden-Württemberg, EFG 2000 S. 1021.

Besteht weder eine Anzeigepflicht (§ 30 Abs. 1 und 3 ErbStG) noch eine Steuererklärungspflicht (§ 31 ErbStG), kommt auch eine Anzeige- oder Richtigstellungspflicht nach § 153 Abs. 1 Satz 1 Nr. 1 AO nicht in Betracht.[192] Den Sollinhalt der Anzeige bestimmt § 30 Abs. 4 ErbStG. Ein besonderes Formblatt dafür ist nicht vorgesehen.

7.12 Weitere Anzeigepflichten – §§ 33 und 34 ErbStG

Nach den allgemeinen Grundsätzen der Abgabenordnung (§§ 92 und 93 AO) haben dem Finanzamt neben den Beteiligten auf ein Auskunftsersuchen hin auch andere Personen die zur Feststellung eines für die Besteuerung erheblichen Sachverhalts erforderlichen Auskünfte zu erteilen. Das Erbschaftsteuer- und Schenkungsteuergesetz, das aufgrund seiner Besonderheiten auf diese Auskünfte in besonderem Maße angewiesen ist, hat hierfür in den §§ 33 und 34 ErbStG Sonderregelungen getroffen, um eine möglichst vollständige Erfassung aller erbschaftsteuerpflichtigen Fälle zu erreichen. Bei **Erwerben von Todes wegen** dienen der Ermittlung der Steuerfälle – neben der Anzeige des Erwerbers nach § 30 ErbStG – insbesondere

a) die Anzeigen der Vermögensverwahrer, Vermögensverwalter und Versicherungsunternehmen nach § 33 ErbStG i. V. m. §§ 1 bis 3 ErbStDV,

b) die Anzeigen der Standesämter (Totenlisten, Durchschriften der Eintragungen in das Sterbebuch, Durchschriften der Sterbeurkunden; § 34 ErbStG und § 4 ErbStDV),

c) die Anzeigen der Auslandssterbefälle durch die diplomatischen Vertreter und Konsularbeamten der Bundesrepublik Deutschland (§ 34 ErbStG und § 9 ErbStDV),

d) die Beschlüsse über Todeserklärungen und Todeszeitfeststellungen der Amtsgerichte (§ 34 ErbStG und § 6 ErbStDV),

e) die übrigen Anzeigen der Gerichte, Behörden, Beamten und Notare nach § 34 ErbStG i. V. m. §§ 7 und 10 ErbStDV;

f) bei **Schenkungen und Zweckzuwendungen unter Lebenden** die Anzeigen der Gerichte, Notare, sonstigen Urkundspersonen und der Genehmigungsbehörden nach § 34 ErbStG i. V. m. §§ 8 und 10 ErbStDV.

§ 33 ErbStG sieht Anzeigepflichten für Vermögensverwahrer und -verwalter (Abs. 1) – insbesondere Geldinstitute (soweit sie fremdes Vermögen verwalten) –, Versicherungsunternehmen (Abs. 3) und Ausgeber von Namensaktien und Namensschuldverschreibungen (Abs. 2) vor. Die Anzeige ist i. d. R. innerhalb eines Monats, seitdem der Todesfall dem Verwahrer oder Verwalter bekannt geworden ist, zu

---

192 BFH vom 30.01.2002 II R 52/99, BFH/NV 2002 S. 917.

erstatten. Eine Anzeige ist nicht mehr erforderlich, wenn der Todesfall mehr als 15 Jahre zurückliegt.[193]

Das Gesetz selbst sieht nicht vor, dass die Anzeige nach § 33 ErbStG dann unterbleiben kann, wenn das betreffende Vermögen unter einer bestimmten Grenze liegt. Nach der Erbschaftsteuerdurchführungsverordnung (§ 1 Abs. 4 Nr. 2 ErbStDV zu § 33 Abs. 1 ErbStG und § 3 Abs. 3 ErbStDV zu § 33 Abs. 3 ErbStG) darf die Anzeige nach § 33 Abs. 1 ErbStG jedoch unterbleiben, wenn der Wert der anzuzeigenden Wirtschaftsgüter 1.200 Euro nicht übersteigt, und die Anzeige nach § 33 Abs. 3 ErbStG bei Kapitalversicherungen (nicht Rentenfällen) ebenfalls, wenn der auszuzahlende Betrag 1.200 Euro nicht übersteigt. Im Hinblick auf die hohen Freibeträge für Witwen und Waisen wird von der Verwaltung darüber hinaus zugelassen, dass die Pensions- und Unterstützungskassen von einer Anzeige solcher Rentenzahlungen an Witwen und Waisen absehen können, deren monatlicher Betrag 300 Euro nicht übersteigt. Überbetriebliche Unterstützungskassen und Pensionsfonds sind nicht nach § 33 Abs. 3 ErbStG i. V. m. § 3 Abs. 1 ErbStDV anzeigepflichtig.[194]

Die Anzeigepflicht nach § 33 Abs. 1 ErbStG erstreckt sich auch auf Treuhand- oder Anderkonten und Schließfächer.[195] Ebenso gilt sie für jede Art von Gemeinschaftsvermögen (z. B. Guthaben einer Personengesellschaft). Nach § 1 Abs. 1 Satz 2 ErbStDV bezieht sich die Anzeigepflicht auch auf die für das Jahr des Todes bis zum Todeszeitpunkt errechneten Zinsen für Guthaben, Forderungen und Wertpapiere (Stückzinsen).

Überlässt die Bank ihren Mitarbeitern kostenlos ein Wertfach zur privaten Nutzung, trifft sie die Anzeigepflicht nach § 1 Abs. 3 ErbStDV.[196] Dies gilt auch dann, wenn der Konto- oder Depotinhaber durch einen Vertrag zugunsten Dritter (§§ 328, 331 BGB) mit seinem Geldinstitut vereinbart hat, dass im Zeitpunkt seines Todes die für ihn verwahrten Vermögensgegenstände auf einen Dritten übergehen.[197]

Schließt der Erblasser (Treugeber) mit einem Bestattungsinstitut (Treuhänder) einen sog. Bestattungsvorsorgevertrag ab und zahlt er die voraussichtlichen Bestattungskosten auf ein Treuhandkonto bei einer Bank ein, so ist ein nach Bezahlung der Bestattungskosten verbleibendes Guthaben an die Erben auszuzahlen, denn es gehört zum Vermögen des Treugebers (§ 39 Abs. 2 Nr. 1 Satz 2 AO). Neben der Bank kann auch das Bestattungsinstitut nach § 33 Abs. 1 ErbStG anzeigepflichtig sein (H E 33 ErbStH 2011).

---
193 FinMin Brandenburg vom 23.09.1993, DB 1993 S. 2059.
194 FinMin Baden-Württemberg, ZEV 2003 S. 461.
195 Werkmüller, ZEV 2001 S. 340.
196 194 OFD Magdeburg, ZEV 1997 S. 415.
197 OFD Hannover, ZEV 2003 S. 461; zur Anzeigepflicht der Kreditinstitute bei Auslandsberührung s. FinMin Nordrhein-Westfalen vom 20.12.1999, DStR 2000 S. 878; bei Wertpapierdepots in Fällen des § 3 Abs. 1 Nr. 4 ErbStG s. BMF vom 18.08.1999, ZEV 1999 S. 434.

7.12 Weitere Anzeigepflichten – §§ 33 und 34 ErbStG

Bausparkassen trifft nach Verwaltungsmeinung auch bei Verträgen mit unwiderruflicher Begünstigungsklausel die Anzeigepflicht nach § 33 ErbStG.[198]

Wohnstifte gehören insoweit, als sie die Vermietung ihrer Appartements von einer Darlehensgewährung abhängig machen, nicht zu den geschäftsmäßigen Vermögensverwahrern oder Vermögensverwaltern i. S. des § 33 ErbStG.[199] Speziell zur Anzeigepflicht der Städte nach § 33 ErbStG bei Amtspflegschaften/Amtsvormundschaften für Erwachsene s. FinMin Baden-Württemberg vom 19.08.1991[200] und zur Anzeigepflicht der Treuhänder (betreffend Kommanditisten von Grundstücksgesellschaften) s. FinMin Baden-Württemberg vom 27.11.1998.[201] Den Inhalt der nach § 33 Abs. 2 ErbStG vorgeschriebenen Anzeige regelt im Einzelnen § 2 ErbStDV.

Die Anzeigepflicht nach § 33 Abs. 3 ErbStG trifft nur Versicherungsunternehmen. Die Versicherungseigenschaft eines Unternehmens lässt sich nicht immer anhand der gewählten Bezeichnung ableiten. Neben den Pensions- und Sterbekassen können im Einzelfall auch Unterstützungskassen Versicherungsunternehmen sein.[202] Auf Unterstützungskassen, die an die Hinterbliebenen ehemaliger Werksangehöriger Unterstützungen ohne Rechtsanspruch gewähren, oder auf Selbsthilfeeinrichtungen der Ärzte und Zahnärzte[203] trifft das nicht zu. Die Anzeige ist entsprechend dem Sinn und Zweck der Vorschrift im Übrigen nur erforderlich, wenn die Auszahlung der Versicherungssumme oder Leibrente an einen anderen als den Versicherungsnehmer erfolgt, da bei Zahlungen an den Versicherungsnehmer ein erbschaftsteuerpflichtiger Erwerb nicht vorliegt. Danach ist z. B. die Zahlung der Versicherungssumme an den Arbeitgeber (Versicherungsnehmer) nicht anzeigepflichtig, wenn er eine Gruppenunfallversicherung für seine Arbeitnehmer abgeschlossen hat. Das gilt auch dann, wenn der Arbeitgeber einen Versicherungsmakler mit der Zahlungsabwicklung beauftragt, dieser die Versicherungssumme aufgrund der Inkassovollmacht des Arbeitgebers mit für den Versicherer schuldbefreiender Wirkung in Empfang nimmt und im Auftrag und auf Anweisungen des Arbeitgebers an die Anspruchsberechtigten weiterleitet.[204] Bei Leistungen der Ärztekammern z. B. ist danach zwischen gesetzlichen Zahlungen aufgrund der Zwangsmitgliedschaft (nicht anzeigepflichtig) und solchen aufgrund Vertrags – freiwilliges Mitglied – (anzeigepflichtig) zu unterscheiden (H E 33 ErbStH 2011).

---

198 BMF vom 09.10.1987 – IV C 3 – S 3844 – 777/87, DStR 1988 S. 152; s. auch Herter/Gottschaldt, DVR 1987 S. 162.
199 FG Rheinland-Pfalz, DVR 1986 S. 87.
200 UVR 1991 S. 317.
201 DB 1998 S. 2501.
202 BMF vom 13.07.1977 – IV C 3 – S 3841 – 11/77.
203 SfF Berlin vom 24.01.1995, UVR 1995 S. 126.
204 BFH vom 23.07.1975, BStBl 1975 II S. 841.

Die Finanzverwaltung (H E 33 ErbStH 2011) geht bei einer verbundenen Lebensversicherung von Eheleuten und anderen Vertragspartnern von einer weitreichenden Anzeigepflicht der Versicherungsunternehmen nach § 33 Abs. 3 ErbStG aus. Eine Anzeigepflicht nach § 33 Abs. 3 ErbStG soll auch bestehen (H E 33 ErbStH 2011), wenn beim Tod des Versicherungsnehmers, der nicht versicherte Person ist, der Versicherungsvertrag von einer anderen Person (z. B. einem Erben) fortgeführt wird. Bei Versicherungsverträgen mit mehreren Versicherungsnehmern ist eine Anzeige nach § 33 Abs. 3 ErbStG zu erstatten, wenn das Versicherungsunternehmen die Auszahlung der Versicherungssumme aus einer Lebensversicherung nicht an alle Versicherungsnehmer zugleich vornimmt. Die Frage, inwieweit die Versicherungsleistung beim einzelnen Empfänger der Erbschaftsteuer oder Schenkungsteuer unterliegt, kann nur im Besteuerungsverfahren selbst entschieden werden (so R E 3.6 Abs. 4 ErbStR 2011; s. o. 4.3.1.4).[205]

Nach § 33 Abs. 4 ErbStG werden Zuwiderhandlungen gegen die Anzeigepflicht – soweit darin nicht im Einzelfall eine Steuerhinterziehung (§ 370 Abs. 1 Nr. 2 AO) liegt – als Steuerordnungswidrigkeiten (§§ 377 ff. AO) mit Geldbuße geahndet.[206]

§ 34 ErbStG sieht Anzeigepflichten für Gerichte, Behörden, Beamte und Notare vor, soweit ihre Erkenntnisse für die Festsetzung einer Erbschaftsteuer von Bedeutung sein können. § 34 Abs. 2 ErbStG (§§ 4 bis 10 ErbStDV) führt beispielhaft an, welche Vorgänge diese Anzeigepflicht begründen können. Auch diese Vorschrift dient dem Zweck, die erbschaftsteuerbaren Vorgänge möglichst lückenlos zu erfassen. Auch die Anzeige nach § 34 Abs. 2 ErbStG soll zur Anlaufhemmung nach § 170 Abs. 2 Nr. 1 AO führen.[207] Im Hinblick auf die Regelungen insbesondere in § 7 Abs. 5 bis 7 ErbStG haben diese Anzeigepflichten einen erheblichen Umfang.

Nach § 7 Abs. 4 Nr. 1 und § 8 Abs. 3 ErbStDV kann die Anzeige unterbleiben, wenn die Annahme berechtigt ist, dass außer Hausrat (einschließlich Wäsche und Kleidungsstücken) im Wert von höchstens 12.000 Euro nur noch anderes Vermögen im reinen Wert von höchstens 20.000 Euro vorhanden ist.

Die Erstattung der Anzeige nach § 34 ErbStG kann, ebenso wie die Erstattung der Anzeige nach § 33 ErbStG, nach den §§ 328 ff. AO erzwungen werden, wenn der Anzeigepflichtige einer entsprechenden Aufforderung des Finanzamts nicht nachkommt.

Die Erbschaftsteuer-Finanzämter übersenden Kontrollmitteilungen für die Steuerakten des Erblassers und des Erwerbers.[208] Im Bereich der Erbschaft- und Schenkungsteuer ist nämlich durch die Landesrechnungshöfe wiederholt festgestellt

---

205 Zur Anzeigepflicht bei Direktversicherungen s. FinMin Nordrhein-Westfalen vom 03.11.1998 – S 3844 – 2 – VA 2.
206 Kritisch zur Gesetzesformulierung App, StVj 1990 S. 101.
207 FG Münster, DStRE 2003 S. 1109.
208 Gleichlautende Ländererlasse vom 18.06.2003, BStBl 2003 I S. 392.

worden, dass der Informationsaustausch zwischen den Erbschaft- und Schenkungsteuerstellen einerseits und den für die Erhebung der Einkommensteuer zuständigen Stellen andererseits nicht immer in dem erforderlichen Maße erfolgt ist. Die Verwaltung verfährt nach den vorstehend zitierten Erlassen im Einzelnen wie folgt:

a) Kontrollmitteilungen für die Steuerakten des Erblassers

Das für die Erbschaftsteuer zuständige Finanzamt hat dem für die Besteuerung des Erblassers nach dem Einkommen zuständigen Finanzamt den ermittelten Nachlass mitzuteilen, wenn der **Reinwert** mehr als 250.000 Euro oder das zum Nachlass gehörende **Kapitalvermögen** mehr als 50.000 Euro beträgt. Der Kontrollmitteilung sollen Zweitschriften der Anzeigen der Geldinstitute nach § 33 ErbStG beigefügt werden.

b) Kontrollmitteilungen für die Steuerakten des Erwerbers

Das für die Erbschaftsteuer zuständige Finanzamt hat dem für die Besteuerung des Erwerbers nach dem Einkommen zuständigen Finanzamt den Erwerb mitzuteilen, wenn dessen erbschaftsteuerlicher **Bruttowert** mehr als 250.000 Euro oder das zum Erwerb gehörende **Kapitalvermögen** mehr als 50.000 Euro beträgt. Für Schenkungen von Kapitalvermögen gilt die Wertgrenze von 50.000 Euro entsprechend.

Die Kontrollmitteilungen sind unabhängig davon zu erteilen, ob es zu einer Steuerfestsetzung gekommen ist.

Es bleibt den Erbschaftsteuer-Finanzämtern unbenommen, bei gegebenem Anlass, z. B. wenn eine Schenkung erst im Rahmen einer Außenprüfung oder Fahndung aufgedeckt wurde oder auch wenn die vorgenannten Beträge unterschritten werden, Kontrollmitteilungen zu übersenden.

Die Rechtmäßigkeit der Praxis der Finanzverwaltung ist in der Literatur umstritten.[209] Der BFH [210] hält diese Praxis unter Hinweis auf § 30 Abs. 4 Nr. 1 i. V. m. § 30 Abs. 2 Nr. 1 Buchst. a AO zu Recht für zulässig.

Die Veranlagungsbezirke wiederum haben die Erbschaftsteuerstellen nach verwaltungsinternen Verfügungen umfassend zu informieren.[211]

7.13 Steuererklärung – § 31 ErbStG

Im Bereich der Erbschaftsteuer ergibt sich die Verpflichtung zur Abgabe einer Steuererklärung nicht unmittelbar aufgrund gesetzlicher Vorschrift. Sie hängt vielmehr davon ab, dass das Finanzamt den Steuerpflichtigen nach § 31 Abs. 1 Satz 1 ErbStG zur Abgabe einer Erklärung auffordert.[212] Es handelt sich insoweit um eine Ermessensentscheidung. Eine Ermessensverletzung kann hier nur in den seltenen

---

209 Verneinend: Felix, BB 1988 S. 2011 unter Hinweis auf § 30a AO; Bilsdorfer, BB 1989 S. 1102; App, DStZ 1993 S. 201; bejahend: Dietz, DStR 1989 S. 70; Schuhmann, UVR 1989 S. 328.
210 BFH vom 02.04.1992, BStBl 1992 II S. 616.
211 Siehe z. B. OFD Koblenz vom 11.05.1993, DStR 1993 S. 1370.
212 BFH vom 18.10.2000, BStBl 2001 II S. 14.

Fällen angenommen werden, wenn zweifelsfrei und eindeutig feststeht, dass keine Steuerschuld bestehen kann. Die Steuererklärung ist die Grundlage der Steuerfestsetzung. Durch die Abgabe der Steuererklärung kommt der Steuerpflichtige auf der einen Seite seiner Mitwirkungspflicht (§ 90 AO) nach, auf der anderen Seite wird ihm dadurch die Gelegenheit gegeben, sich zu den für die Entscheidung erheblichen Tatsachen zu äußern (§ 91 AO). Form und Inhalt der Steuererklärung allgemein ergeben sich aus §§ 150 und 151 AO.[213]

Ergibt die grobe Überprüfung anhand der Anzeigen nach §§ 30, 33 und 34 ErbStG eine Steuerpflicht, so übersenden die Finanzämter zum Zweck der Steuerermittlung dem Erwerber oder der nach § 31 ErbStG sonst in Betracht kommenden Person Erbschaftsteuererklärungsvordrucke. Das Gleiche gilt in den Fällen, in denen anhand der Anzeigen allein noch keine endgültige Entscheidung über die Steuerpflicht oder Steuerfreiheit des Falls getroffen werden kann. Das Finanzamt kann im Rahmen seines Ermessens die Steuererklärung auch schon vor Eingang der Anzeige nach § 30 ErbStG verlangen. Die Übersendung amtlicher Steuererklärungsvordrucke kann unterbleiben, wenn die Aufklärung der für die Steuerpflicht erheblichen Verhältnisse bereits durch die Beantwortung bestimmter einzelner Fragen zu erwarten ist. In diesen Fällen genügt die Übersendung eines entsprechenden Fragebogens. Dem Steuerpflichtigen ist dabei die Versicherung abzuverlangen, dass die Angaben nach bestem Wissen und Gewissen gemacht worden sind.

Auch die auf § 31 Abs. 1 Satz 1 ErbStG beruhende Steuererklärungspflicht führt zur Anwendung des § 170 Abs. 2 Nr. 1 AO.[214]

Nach § 31 Abs. 1 ErbStG kann das Finanzamt von **jedem** an einem erbschaftsteuerbaren Vorgang **Beteiligten** die Abgabe einer Erklärung verlangen ohne Rücksicht darauf, ob er selbst steuerpflichtig ist. Wie sich aus der Entstehungsgeschichte und aus § 31 Abs. 3 ErbStG ergibt, kann in Erbfällen kein Erbe verpflichtet werden, eine auf den gesamten Erbfall bezogene Steuererklärung abzugeben. Jeder Erwerber ist also grundsätzlich nur für seinen Erwerb zur Abgabe einer Steuererklärung verpflichtet. Die Erbschaftsteuererklärung haben die Beteiligten aber nur abzugeben (s. o.), wenn sie hierzu vom Finanzamt aufgefordert werden – **ohne Aufforderung keine Verpflichtung zur Abgabe der Erbschaftsteuererklärung** nach § 31 Abs. 1 ErbStG.[215]

Die Steuererklärung muss innerhalb einer vom Finanzamt zu bestimmenden Frist abgegeben werden. Die Fristbestimmung richtet sich nach den Umständen des Einzelfalls. So wird z. B. in den Fällen des § 31 Abs. 4 ErbStG regelmäßig eine längere Frist angebracht sein. Die Frist muss mindestens einen Monat betragen. Sie kann verlängert werden (§ 109 AO).

---

213 Siehe hierzu Schick, StuW 1988 S. 301.
214 BFH vom 18.10.2000, BStBl 2001 II S. 14.
215 BFH, ZEV 1999 S. 409.

7.13 Steuererklärung – § 31 ErbStG

Die Abgabe der Erbschaftsteuererklärung kann nach den allgemeinen Grundsätzen erzwungen werden (§§ 328 ff. AO). Daneben kann nach § 152 AO ein Verspätungszuschlag festgesetzt werden.

Die Steuererklärungen sind nach amtlich vorgeschriebenem Vordruck abzugeben. Die Angaben in den Steuererklärungen sind wahrheitsgemäß nach bestem Wissen und Gewissen zu machen. Dies ist, wenn der Vordruck dies vorsieht, schriftlich zu versichern. Den Steuererklärungen müssen die Unterlagen beigefügt werden, die nach den Steuergesetzen vorzulegen sind. Dritte Personen sind verpflichtet, hierfür erforderliche Bescheinigungen auszustellen (§ 150 Abs. 1, 2 und 4 AO). Der Vorschrift des § 31 Abs. 2 ErbStG, die den Inhalt der Erbschaftsteuererklärung bestimmt, kommt daneben nur klarstellende Bedeutung zu.

In den Fällen der fortgesetzten Gütergemeinschaft (§§ 1483 ff. BGB – § 4 ErbStG) kann das Finanzamt nach § 31 Abs. 3 ErbStG die auf den gesamten Erbfall bezogene Steuererklärung – ausnahmsweise – allein von dem überlebenden Ehegatten verlangen. Das rechtfertigt sich daraus, dass der überlebende Ehegatte in diesen Fällen nach § 20 Abs. 2 ErbStG für die gesamte Steuer der Abkömmlinge als Steuerschuldner in Anspruch genommen werden kann.

§ 31 Abs. 4 ErbStG trifft eine Regelung, die einem möglichen Interesse der Miterben an einer Arbeitsvereinfachung und Kostenersparnis Rechnung trägt. Danach ist den Erben die Abgabe einer gemeinsamen – von allen Beteiligten unterschriebenen – Steuererklärung gestattet, in die auch andere an dem Erbfall beteiligte Personen (Vermächtnisnehmer, Pflichtteilsberechtigte) einbezogen werden dürfen. Eine solche gemeinsame Steuererklärung kann sowohl von der Gesamtheit der Miterben als auch von einem Teil der Miterben abgegeben werden. Im letzten Fall gilt sie allerdings auch nur für die zu dieser Gruppe gehörenden Miterben. Unter diesen Umständen können auch mehrere Gruppen von Miterben jeweils für sich eine gemeinsame Steuererklärung abgeben. Andere am Erbfall beteiligte Personen können dabei mit berücksichtigt werden.

Für die Abgabe der gemeinsamen Steuererklärung nach § 31 Abs. 4 ErbStG ist keine besondere Fristenregelung vorgesehen. Daraus folgt wohl, dass die Fristen nach § 31 Abs. 1 ErbStG auch in diesen Fällen gelten. Im Ergebnis muss also die gemeinsame Steuererklärung innerhalb der für die Abgabe der Einzelsteuererklärung gesetzten Frist abgegeben werden; anderenfalls kann sie die Abgabe von Einzelsteuererklärungen nicht ersetzen.[216]

Ist ein Testamentsvollstrecker oder Nachlassverwalter vorhanden, so ist nach § 31 Abs. 5 ErbStG die Steuererklärung von diesem abzugeben. Das Finanzamt kann dann verlangen, dass die Steuererklärung auch von einem oder mehreren Erben unterschrieben wird. Die Verpflichtung des Testamentsvollstreckers nach § 31 Abs. 5 ErbStG ist i. d. R. auf den Erben (gilt z. B. also nicht für einen Vermächt-

---

[216] FinSen Berlin vom 22.03.1976 – III D 2 – S 3840 – 1/75.

nisnehmer) beschränkt.[217] Sie setzt nicht voraus, dass der Erbe vom Finanzamt gem. § 31 Abs. 1 ErbStG aufgefordert worden ist, eine Erklärung abzugeben.[218] Ist ein Nachlasspfleger bestellt, so ist dieser zur Abgabe der Steuererklärung verpflichtet (§ 31 Abs. 6 ErbStG).

Nach § 150 Abs. 1 Satz 2 AO hat der Steuerpflichtige in der Steuererklärung die Steuer selbst zu berechnen, soweit dies gesetzlich vorgeschrieben ist (Steueranmeldung, §§ 167 und 168 AO). Dieses Verfahren dient der Beschleunigung der Steuererhebung und kehrt zu diesem Zweck den Grundsatz „erst ermitteln, dann festsetzen" in sein Gegenteil um.

§ 31 Abs. 7 ErbStG schafft die Möglichkeit, für die Steuerpflichtigen eine Steuerselbstberechnung auf der Grundlage entsprechender amtlicher Vordrucke auch für die Erbschaftsteuer einzuführen. Der Steuerschuldner hat dann die selbst berechnete Steuer innerhalb eines Monats nach Abgabe der Steuererklärung zu entrichten. Ob dieses Verfahren sich bei der Erbschaftsteuer in starkem Maße einbürgern wird, erscheint zweifelhaft, zumal mit Hilfe des § 164 AO – Steuerfestsetzung unter Vorbehalt der Nachprüfung – allein und unmittelbar bereits ein ähnlicher Effekt erreicht werden kann.

7.14 Bekanntgabe des Steuerbescheids an Vertreter – § 32 ErbStG

Die Festsetzung der Erbschaftsteuer und die Bekanntgabe des Erbschaftsteuerbescheids erfolgen i. d. R. nach den allgemeinen Vorschriften (§§ 155 ff. AO). Danach werden die Steuern grundsätzlich von der Finanzbehörde durch Steuerbescheid festgesetzt. Über die Festsetzung der Steuer ist für jeden Steuerschuldner grundsätzlich ein gesonderter Steuerbescheid zu erteilen, bei Miterben also, da sie nicht Gesamtschuldner sind (§ 155 Abs. 3 AO), für jeden einzelnen Miterben. Das folgt schon aus § 30 AO (Schutz des Steuergeheimnisses). Ein zusammengefasster Steuerbescheid i. S. des § 155 Abs. 3 AO liegt nicht vor und ist deshalb zulässig, wenn mehrere Erwerbe in einem Steuerbescheid erfasst werden.[219] Die Steuern können, solange der Steuerfall nicht abschließend geprüft ist, allgemein oder im Einzelfall unter dem Vorbehalt der Nachprüfung festgesetzt werden, ohne dass dies einer Begründung bedarf (§ 164 AO).

Solange der Vorbehalt wirksam ist, kann die Steuerfestsetzung aufgehoben oder geändert werden.

---

217 BFH vom 09.06.1999, BStBl 1999 II S. 529; FG München vom 23.08.2000, EFG 2001 S. 301.
218 BFH vom 07.12.1999, BStBl 2000 II S. 233.
219 BFH vom 20.02.1980, BStBl 1980 II S. 414.

7.14 Bekanntgabe des Steuerbescheids an Vertreter – § 32 ErbStG

Es ist zulässig, den Vorbehalt der Nachprüfung auch in einer Einspruchsentscheidung aufrechtzuerhalten.[220] Darüber hinaus kann die Steuer nach § 165 AO auch insoweit vorläufig festgesetzt werden, als ungewiss ist, ob und inwieweit die Voraussetzungen für ihre Entstehung eingetreten sind.

Steuerbescheid ist der nach § 22 Abs. 1 AO bekannt gegebene Verwaltungsakt (§ 155 Abs. 1 Satz 2 AO). Ein Verwaltungsakt ist nach § 122 AO demjenigen bekannt zu geben, für den er bestimmt ist oder der von ihm betroffen wird. Der Verwaltungsakt kann auch gegenüber einem Bevollmächtigten bekannt gegeben werden. Der Verwaltungsakt wird mit der Bekanntgabe wirksam, und zwar mit dem Inhalt, mit dem er bekannt gegeben wird (§ 124 AO). Eine wirksame Bekanntgabe setzt somit voraus:

1. Zugang beim Adressaten,
2. mit Wissen und Wollen des Finanzamts,
3. durch behördlichen Akt,
4. erforderliche Form.

Liegt eine dieser Voraussetzungen nicht vor, ist die Bekanntgabe und damit der Verwaltungsakt (noch) nicht wirksam.

Sind an einem Erbfall mehrere Personen beteiligt, so hat die Bekanntgabe der gesonderten Steuerbescheide an jeden Steuerschuldner gesondert zu erfolgen.[221] Wenn in einem solchen Fall unzutreffend ein einheitlicher Steuerbescheid erteilt wird, der einem Erben bekannt gegeben worden ist, in dem aber die auf den Erwerb eines jeden Erbbeteiligten entfallenden Steuerbeträge auch getrennt angegeben sind, ist er als Einzelbescheid auch materiell insoweit wirksam, als er diesem Erben hinsichtlich seiner eigenen Steuerschuld wirksam zugegangen ist.[222]

Von diesen allgemeinen Grundsätzen trifft § 32 ErbStG abweichende Sonderregelungen. Die Bekanntgabe jeweils an den Steuerschuldner erscheint nämlich in den Fällen umständlich, in denen ein Testamentsvollstrecker oder ein Nachlassverwalter (§ 32 Abs. 1 ErbStG) bestellt ist, da diese Personen bis zur Beendigung ihrer Tätigkeit die eigentlichen Verfügungsberechtigten über den Nachlass sind; sie wäre im Übrigen in den Fällen der Nachlasspflegschaft (§ 32 Abs. 2 ErbStG) erst möglich, nachdem der Nachlasspfleger die Erben ermittelt hat. Die Bezeichnung „Vertreter" in der Überschrift zu § 32 ErbStG ist allerdings unzutreffend. Unter Berücksichtigung dieser Umstände erschien es dem Gesetzgeber sinnvoll, in diesen drei Fällen (Testamentsvollstreckung, Nachlassverwaltung, Nachlasspflegschaft) den Steuerbescheid abweichend von § 122 AO dem Testamentsvollstrecker, Nachlassverwalter und Nachlasspfleger mit Wirkung gegen alle steuerpflichtigen Erwerber bekannt zu

---
220 BFH vom 12.06.1980, BStBl 1980 II S. 527.
221 BFH vom 27.03.1968, BStBl 1968 II S. 376.
222 BFH vom 12.05.1970, BStBl 1972 II S. 217, und vom 13.11.1974, BStBl 1975 II S. 360.

geben und diese Personen zu verpflichten, für die Bezahlung der Erbschaftsteuer zu sorgen.[223]

Hinsichtlich der Frage, ob und inwieweit Erbschaftsteuerbescheide dem Testamentsvollstrecker wirksam bekannt gegeben werden können (§ 32 Abs. 1 Satz 1 ErbStG), vertritt der BFH[224] die im Wege einschränkender Auslegung gewonnene folgende Auffassung:

Soweit der Erbschaftsteuerbescheid einen **Erben** betrifft, wird er mit der Bekanntgabe an den Testamentsvollstrecker dem Erben gegenüber wirksam. Eine Bekanntgabe an den Erben selbst ist dann also nicht erforderlich; so ist umgekehrt neben einer Bekanntgabe an den Erben eine solche an den Testamentsvollstrecker nicht erforderlich. Die Wirksamkeit der Bekanntgabe an den Testamentsvollstrecker umfasst dann in diesen Fällen (Erbschaftsteuer betreffend den Erben) den Steueranspruch nicht nur insoweit, als er sich auf die Erbschaft im Sinne des bürgerlichen Rechts gründet, sondern auch zusätzlich, soweit er die dem Erwerber im Übrigen aufgrund des Erbfalls anfallenden Erwerbe i. S. des § 3 ErbStG betrifft.

Soweit der Erbschaftsteuerbescheid lediglich einen **Nichterben** betrifft (z. B. Vermächtnisnehmer, Erwerb nach § 3 Abs. 1 Nr. 4 ErbStG), kann er dem Testamentsvollstrecker hingegen nicht mit Wirkung für und gegen den Steuerschuldner bekannt gegeben werden, auch dann nicht, wenn der Testamentsvollstrecker die Erbschaftsteuererklärung abgegeben hat.[225]

Die wirksame Bekanntgabe des Erbschaftsteuerbescheids an den Testamentsvollstrecker (mit Wirkung für und gegen den Erben) setzt dann folgerichtig auch die Rechtsbehelfsfrist für die Anfechtung durch den Erben in Lauf.

Dem Erben ist lediglich bei verspäteter Unterrichtung innerhalb der Jahresfrist des § 110 Abs. 3 AO Wiedereinsetzung zu gewähren, wobei das Verhalten des Testamentsvollstreckers ihm nicht zuzurechnen ist. Ganz unproblematisch erscheint diese Auffassung aber im Hinblick auf den Rechtsschutz des Erben gleichwohl nicht.[226]

Wird nach § 32 Abs. 1 Satz 1 ErbStG der Erbschaftsteuerbescheid dem Testamentsvollstrecker bekannt gegeben, ist er gleichwohl nicht rechtsbehelfsbefugt (sondern der Erbe); auch die Einspruchsentscheidung ist dem Erben bekannt zu geben (H E 32 ErbStH 2011).

Will das Finanzamt einen Erbschaftsteuerbescheid einem Testamentsvollstrecker gem. § 32 Abs. 1 Satz 1 ErbStG mit Wirkung für und gegen den Steuerschuldner

---

223 Begründung zum Regierungsentwurf des Erbschaftsteuer- und Schenkungsteuergesetzes vom 17.04.1974; BT-Drucksache VI/3418.
224 BFH vom 14.11.1990, BStBl 1991 II S. 49 und S. 52; s. hierzu auch Pietsch, UVR 1991 S. 237; AEAO zu § 122 Nr. 2.13.4.
225 Siehe aber FG München vom 23.08.2000, EFG 2001 S. 301.
226 Kritisch insgesamt auch Martin, StVj 1991 S. 115.

bekannt geben, so muss der Bescheid so formuliert werden, dass sich eine Auslegung ausschließen lässt, der Testamentsvollstrecker werde in Anspruch genommen, weil er gem. § 32 Abs. 1 Satz 2 ErbStG für die Zahlung der Steuer zu sorgen habe.[227] Es reicht aus, wenn durch Auslegung deutlich wird, dass der Steuerbescheid an den Testamentsvollstrecker in dieser Eigenschaft und nicht als Steuerschuldner gerichtet ist.[228] Ein an den Testamentsvollstrecker adressierter, für Schenkungsteuerschulden des Erblassers erlassener Schenkungsteuerbescheid mit dem Zusatz „als Testamentsvollstrecker und Zustellungsvertreter der Erben nach ..." ist inhaltlich unbestimmt, weil er nicht erkennen lässt, ob durch den Steuerbescheid zulässigerweise (§ 45 AO und § 2213 BGB) genüber dem Testamentsvollstrecker eine Steuerschuld des Erblassers geltend gemacht und gleichzeitig dem Testamentsvollstrecker der an die Erben gerichtete Bescheid bekannt gegeben werden sollte oder ob ihm der Bescheid lediglich als Zustellungsbevollmächtigter der Erben bekannt gegeben werden sollte.[229]

Ist eine Testamentsvollstreckung nur für ein Vermächtnis angeordnet, erfolgt die Bekanntgabe des Erbschaftsteuerbescheids insoweit auch nach § 32 Abs. 1 Satz 1 ErbStG an den Testamentsvollstrecker[230] und hat eine Steuererstattung an ihn zu erfolgen. Wegen der Stellung des Testamentsvollstreckers im Besteuerungsverfahren insgesamt s. o. 2.4.3.

7.15 Örtliche Zuständigkeit – § 35 ErbStG

Die örtliche Zuständigkeit regelt die Aufgabenverteilung unter mehreren sachlich zuständigen Behörden (§ 16 AO i. V. m. dem Gesetz über die Finanzverwaltung) unter regionalen Gesichtspunkten; maßgebend für die jeweilige Regelung sind also weitgehend Zweckmäßigkeitserwägungen. Die Abgabenordnung greift insoweit nur ein, soweit nichts anderes bestimmt ist (§ 17 AO). Etwas anderes ist bestimmt für die Erbschaftsteuer in § 35 ErbStG. Allerdings besteht hier eine enge Verknüpfung zur Regelung der Abgabenordnung. Bei Fehlern bezüglich der örtlichen Zuständigkeit kann die Aufhebung des Steuerbescheids nicht allein deshalb beansprucht werden, wenn keine andere Entscheidung in der Sache hätte getroffen werden können (§ 127 AO).

Nach § 35 Abs. 1 ErbStG bestimmt sich die örtliche Zuständigkeit zunächst nach dem Wohnsitz oder gewöhnlichen Aufenthalt bzw. dem Ort der Geschäftsleitung (§§ 19 und 20 AO) des Erblassers oder Schenkers, wenn dieser Inländer war. In den

---
227 BFH vom 18.03.1986, BStBl 1986 II S. 524.
228 BFH vom 28.01.1998 II R 40/95, BFH/NV 1998 S. 855.
229 BFH vom 30.09.1987, BStBl 1988 II S. 120.
230 FG München vom 23.08.2000, EFG 2001 S. 301.

Fällen des § 2 Abs. 1 Nr. 1 Buchst. b ErbStG ist der letzte inländische Wohnsitz oder gewöhnliche Aufenthalt maßgebend.

Nach § 35 Abs. 2 ErbStG richtet sich die örtliche Zuständigkeit nach den Verhältnissen des Erwerbers, wenn bei Schenkungen unter Lebenden der Erwerber eine Körperschaft, Personenvereinigung oder Vermögensmasse ist oder der Erblasser kein Inländer war.

Nach § 35 Abs. 3 ErbStG soll aus Zweckmäßigkeitserwägungen bei Zuwendungen einer Erbengemeinschaft das für den Erbfall zuständige Finanzamt auch für diese Zuwendungen zuständig sein.[231]

Nach § 35 Abs. 4 ErbStG schließlich ist in den Fällen des § 2 Abs. 1 Nr. 3 ErbStG (beschränkte Steuerpflicht) das Finanzamt örtlich zuständig, in dessen Bereich sich das Inlandsvermögen befindet (§ 19 Abs. 2 AO).

Es bestehen allerdings nicht bei allen Finanzämtern Erbschaftsteuerstellen, vielmehr sind sie an jeweils einem Finanzamt für mehrere Finanzämter zentralisiert.[232]

---

231 Siehe hierzu auch FinMin Nordrhein-Westfalen vom 23.11.1998 – S 3850 – 1 – VA 2.
232 Aufstellung z. B. bei Meincke, Anh. 4.

Abkürzungen

a. A.	anderer Ansicht	BStBl	Bundessteuerblatt
a. a. O.	am angeführten Ort	BT	Bundestag
Abs.	Absatz	Buchst.	Buchstabe
Abschn.	Abschnitt	BVerfG	Bundesverfassungsgericht
AdoptG	Adoptionsgesetz	BVerfGE	Sammlung der Bundesverfassungsgerichts-Entscheidungen
AdV	Aussetzung der Vollziehung		
AEAO	Anwendungserlass zur AO 1977	BVerfGG	Bundesverfassungsgerichtsgesetz
AEBewAntBV	gleichlautender Ländererlass zur Anwendung der §§ 11, 95 bis 109 und 199 ff. BewG	bzgl.	bezüglich
		bzw.	beziehungsweise
		DB	Der Betrieb
AEBewFestV	gleichlautender Ländererlass zur Feststellung von Grundbesitzwerten, von Anteilswerten und von Betriebsvermögenswerten	DBA	Doppelbesteuerungsabkommen
		d. h.	das heißt
		DNotZ	Deutsche Notar Zeitschrift
AEBewGrV	gleichlautender Ländererlass zur Bewertung des Grundvermögens nach den §§ 176 ff. BewG	DStR	Deutsches Steuerrecht
		DStRE	Deutsches Steuerrecht (Entscheidungsdienst)
AEBewLuF	gleichlautender Ländererlass zur Bewertung des land- und forstwirtschaftlichen Vermögens nach §§ 158 ff. BewG	DStZ	Deutsche Steuerzeitung
		DVR	Deutsche Verkehrssteuerrundschau
		EFG	Entscheidungen der Finanzgerichte
AEErbSt	gleichlautender Ländererlass zu den geänderten Vorschriften des ErbStG	EGBGB	Einführungsgesetz zum BGB
		EheG	Ehegesetz
		1. EheRG	1. Gesetz zur Reform des Ehe- und Familienrechts
a. F.	alte Fassung		
AGB	Allgemeine Geschäftsbedingungen	Einf.	Einfügung
AktG	Aktiengesetz	ErbBStG	Erbfolgebesteuerung
Anh.	Anhang	ErbStB	Der Erbschaft-Steuer-Berater
Anm.	Anmerkung	ErbStDV	Erbschaftsteuer-Durchführungsverordnung
AO	Abgabenordnung		
AO-StB	Der AO-Steuer-Berater	ErbStG	Erbschaftsteuer- und Schenkungsteuergesetz
Art.	Artikel		
AStG	Außensteuergesetz	ErbStG a. F. (1959)	Erbschaftsteuergesetz alte Fassung vom 01.04.1959
AVG	Angestelltenversicherungsgesetz		
BayObLG	Bayerisches Oberstes Landesgericht	ErbStH	Hinweise zu den Erbschaftsteuer-Richtlinien
BB	Der Betriebs-Berater	ErbStR	Erbschaftsteuer-Richtlinien
BdF (BMF)	Bundesminister der Finanzen	ErbStRG	Gesetz zur Reform des Erbschaftsteuer- und Schenkungsteuerrechts
BeurkG	Beurkundungsgesetz		
BewG	Bewertungsgesetz	ErbStVA	Allgemeine Verwaltungsvorschrift für die Erbschaftsteuer
BFH	Bundesfinanzhof		
BFH/NV	Sammlung amtlich nicht veröffentlichter Entscheidungen des BFH	EStG	Einkommensteuergesetz
		EStH	Amtliches Einkommensteuer-Handbuch
BGB	Bürgerliches Gesetzbuch		
BGBl	Bundesgesetzblatt	EStR	Einkommensteuer-Richtlinien
BGH	Bundesgerichtshof	evtl.	eventuell
BGHZ	Entscheidungen des Bundesgerichtshofs in Zivilsachen	FamRZ	Zeitschrift für das gesamte Familienrecht
BR	Bundesrat		

Abkürzungen

FAZ	Frankfurter Allgemeine Zeitung	LStDV	Lohnsteuer-Durchführungsverordnung
ff.	folgende		
FG	Finanzgericht	m. E.	meines Erachtens
FGO	Finanzgerichtsordnung	Meincke	Meincke, Kommentar zum Erbschaftsteuer- und Schenkungsteuergesetz
FinMin	Finanzminister		
FinSen	Finanzsenator	Mio.	Million(en)
FR	Finanz-Rundschau	M/K-H/W	Moench/Kien-Hümbert/Weinmann, Kommentar zum Erbschaftsteuer- und Schenkungsteuergesetz
GBO	Grundbuchordnung		
GbR	Gesellschaft bürgerlichen Rechts		
gem.	gemäß	m. R.	mit Recht
GG	Grundgesetz	Mrd.	Milliarde(n)
ggf.	gegebenenfalls	Mrozek	Mrozek, Steuerrechtsprechung in Karteiform
GmbH	Gesellschaft mit beschränkter Haftung	m. w. N.	mit weiteren Nachweisen
GmbHG	Gesetz betreffend die Gesellschaften mit beschränkter Haftung	NEhelG	Gesetz über die rechtliche Stellung der nichtehelichen Kinder
GmbHR	GmbH-Rundschau	NJW	Neue Juristische Wochenschrift
GrEStG	Grunderwerbsteuergesetz	NJW-RR	NJW Rechtsprechungs-Report
GrStG	Grundsteuergesetz	NWB	Neue Wirtschaftsbriefe
GrStR	Grundsteuer-Richtlinien	NZG	Neue Zeitschrift für Gesellschaftsrecht
GV	Gesetz- und Verordnungsblatt	OFD	Oberfinanzdirektion
HFR	Höchstrichterliche Finanzrechtsprechung	OHG	offene Handelsgesellschaft
		OLG	Oberlandesgericht
HGB	Handelsgesetzbuch	OWiG	Gesetz über Ordnungswidrigkeiten
h. M.	herrschende Meinung	PartGG	Partnerschaftsgesellschaftsgesetz
HöfO	Höfeordnung	PKW	Personenkraftwagen
i. d. F.	in der Fassung	RdF	Reichsminister der Finanzen
i. d. R.	in der Regel	RdNr.	Randnummer
IFSt	Institut „Finanzen und Steuern"	Rdvfg.	Rundverfügung
i. H.	in Höhe	RFH	Reichsfinanzhof
Inf/INF	Die Information über Steuer und Wirtschaft	RGBl	Reichsgesetzblatt
		RIW	Recht der internationalen Wirtschaft
InsO	Insolvenzordnung	RStBl	Reichssteuerblatt
IPR	Internationales Privatrecht	RVO	Reichsversicherungsordnung
i. S.	im Sinne	s.	siehe
IStR	Internationales Steuerrecht	S.	Seite
i. V. m.	in Verbindung mit	SGB	Sozialgesetzbuch
JStG	Jahressteuergesetz	s. o.	siehe oben
JZ	Juristenzeitung	sog.	so genannt
KG	Kommanditgesellschaft	StB	Der Steuerberater
KÖSDI	Kölner Steuerdialog	Stbg	Die Steuerberatung
KStDV	Körperschaftsteuer- Durchführungsverordnung	StbJb	Steuerberater-Jahrbuch
		StbKongrRep	Steuerberaterkongress-Report
KStG	Körperschaftsteuergesetz	StE/StEd	Steuer-Eildienst
KStR	Körperschaftsteuer-Richtlinien	StEK	Steuererlasse in Karteiform
KVStG	Kapitalverkehrsteuergesetz	StLex	Steuer-Lexikon
LfSt	Landesamt für Steuern	StMGB	Steuerbereinigungs- und Mißbrauchsbekämpfungsgesetz
LPartG	Lebenspartnerschaftsgesetz		

Abkürzungen

StuW	Steuer und Wirtschaft	Vfg.	Verfügung
StVj	Steuerliche Vierteljahresschrift	vgl.	vergleiche
StWK	Steuer- und Wirtschafts-Kurzpost	VVG	Versicherungsvertragsgesetz
s. u.	siehe unten	WEG	Wohnungseigentumsgesetz
Tab.	Tabelle	WertV	Wertermittlungsverordnung
T/G/J	Troll/Gebel/Jülicher, Kommentar zum Erbschaftsteuer- und Schenkungsteuergesetz	WPg	Die Wirtschaftsprüfung
		WpHG	Gesetz über den Wertpapierhandel
		z. B.	zum Beispiel
UmwStG	Umwandlungssteuergesetz	ZErb	Zeitschrift für die Steuer- und Erbrechtspraxis
UrhG	Urheberrechtsgesetz		
UStG	Umsatzsteuergesetz	ZEV	Zeitschrift für Erbrecht und Vermögensnachfolge
u. U.	unter Umständen		
UVR	Umsatzsteuer- und Verkehrsteuer-Recht	ZPO	Zivilprozessordnung
		ZRP	Zeitschrift für Rechtspolitik
VermG	Vermögensgesetz	z. Z.	zur Zeit
VerschG	Verschollenheitsgesetz		

Paragraphenschlüssel

§	Seite
Abgabenordnung	
2	222, 231
8	218
9	218
10	220
11	220
34	197
37	527
38	510
39	71, 433, 524, 545
40	77
41	77, 354, 470
42	81, 241, 354, 429, 441
45	89
47	527
49	84, 511
51 ff.	733
88	160
90	231
110	89
153	89
157	584
162	535
163	527, 579
169	527
170	527
171	527
173	551
175	161, 554, 707
179	584
222	210
224	527
224a	527
226	527
227	527, 579
228 ff.	527, 533
254	89
Außensteuergesetz	
2	230
4	230
5	232

§	Seite
15	208
Bewertungsgesetz	
1–6	583
2	585
4	349, 514, 587
5	349, 474
8	589
9	590
10	595
12	597
13	555, 600
14	600
15	604
16	604
97	467, 473
121	225
Bürgerliches Gesetzbuch	
80 ff.	206, 454
119 ff.	119, 142
125	117
133	113
134	115
138	115
139	117
158	514, 587
489	598
516 ff.	353, 412
742	238
1363 ff.	310, 315
1371	316, 332
1377	318
1380	322, 331
1415	310
1483 ff.	310
1514	281
1587	318
1922	85, 235
1923	85
1924 ff.	95

Paragraphenschlüssel

§	Seite	§	Seite
1931	99, 316	3 Abs. 2 Nr. 2	300
1932	281	3 Abs. 2 Nr. 3	301
1937	95, 109	3 Abs. 2 Nr. 5	306
1938	136	3 Abs. 2 Nr. 6	307
1940	170	3 Abs. 2 Nr. 7	309
1941	109	4	310, 313
1942 ff.	140	5	315
1958	146	6	340
1960	142	7	352
1969	281, 708	7 Abs. 1 Nr. 1	355
1975	145	7 Abs. 1 Nr. 2	443
2032 ff.	150	7 Abs. 1 Nr. 3	445
2058 ff.	157	7 Abs. 1 Nr. 4	446
2066 ff.	114	7 Abs. 1 Nr. 5	449
2078 ff.	119	7 Abs. 1 Nr. 8	454
2084	115	7 Abs. 1 Nr. 9	458
2085	117, 136	7 Abs. 1 Nr. 10	461
2087 ff.	115	7 Abs. 3	360
2100 ff.	130, 340	7 Abs. 4	354
2147 ff.	164	7 Abs. 5	468, 469, 471, 472, 474
2174	163	7 Abs. 6	477, 478, 480, 482
2191	168, 351	7 Abs. 7	485
2265 ff.	120	8	298, 504, 506
2274 ff.	127	9	509, 519, 522, 525, 526
2287	308	9 Abs. 1 Nr. 1	513, 519, 522
2301	186, 270	9 Abs. 1 Nr. 2	523
2303 ff.	172	9 Abs. 1 Nr. 3	525
2339	137	9 Abs. 1 Nr. 4	525
2346 ff.	138, 449	9 Abs. 2	526
2353 ff.	158	10	535, 541

Einkommensteuergesetz

§	Seite	§	Seite
2	50	10 Abs. 1	535, 536, 541, 545
35	49	10 Abs. 2	576, 577, 578
		10 Abs. 3	543, 548
		10 Abs. 4	545, 549

Erbschaft- und Schenkungsteuergesetz

§	Seite	§	Seite
1 Abs. 1 Nr. 4	206	10 Abs. 5 Nr. 1	549, 550
2	217, 220	10 Abs. 5 Nr. 2	554
3	234, 237, 239, 253	10 Abs. 5 Nr. 3	555, 556, 557
3 Abs. 1 Nr. 1	235, 253, 275, 298, 308	10 Abs. 6	564, 568
3 Abs. 1 Nr. 2	270	10 Abs. 7	574
3 Abs. 1 Nr. 3	281	10 Abs. 8	575
3 Abs. 1 Nr. 4	281, 322	10 Abs. 9	575
3 Abs. 2 Nr. 1	298, 302	11	579, 580
		12	581, 582

Paragraphenschlüssel

§	Seite
13	413, 564, 703, 704, 705, 706, 708, 722, 723, 724, 726, 727, 729, 730, 731, 732, 733, 734, 735
14	837, 838
17	322
25	526
26	957
29	331
30	528
31	531
32	197

Grunderwerbsteuergesetz

§	Seite
3	51

§	Seite
Grundgesetz	
6	413
14	109
105	34
106	34
Handelsgesetzbuch	
105	93
114 ff.	463
145	87
235	472
Körperschaftsteuergesetz	
5	731
7	50
8	50

Stichwortverzeichnis

A

Abfindung 306, 522
- für aufschiebend bedingte, betagte oder befristete Erwerbe 461
- für einen Erbverzicht 449

Abgabenordnung 71, 74
Abgrenzung land- und forstwirtschaftliches Vermögen 623
Abkömmling 95
Abschichtung 154
Abzugsfähigkeit von Schulden 566
Abzugsverbot 568
Administrator 518
Aktien 967
Alterswertminderung 649
Anerkennung 206
Anfechtung 119
Angemessenheit
- Entgelt für Pflege oder Unterhalt 725
- Gewinn 478
- Unterhalt 722

Annahme der Erbschaft 142, 146
Anordnung der Genehmigungsbehörde 445
Anrechnung von Vorschenkungen 971
Anrechnungsmethode 222
Anteile 667
- an Kapitalgesellschaften 596, 967
- an Personengesellschaften 536

Anwachsung 277
Anwartschaft 307, 523, 544
Anzeige 529
Arbeitnehmerverhältnis 550
Arbeitslohn 550
Artfeststellung 609
Aufhebung einer Stiftung 458, 957
Auflage 170, 300, 354, 420, 443, 506, 554, 575
Auflösung eines Vereins 957
Ausbildung 723, 730
Auseinandersetzung 154, 545
- der Erbengemeinschaft 560

Ausführung 433, 523
Ausgleichsanspruch 541
Auslegung 113, 115, 215
Ausscheiden 483
Ausschlagung 140, 240, 302
Ausschluss von der Erbfolge 136
Außenanlagen 649
Außensteuergesetz 208, 230
Autoinsassen-Unfallversicherung 239

B

Bebaute Grundstücke 619
Bedachter 438
Bedarfsbewertung 634
Bedingung 300, 443, 474, 514, 586
Befristung 514, 586, 602
Behaltenspflicht 713
Behaltensregelung 571
Beihilfe 236
Belohnungswille 354
Bereicherung 355, 358, 446, 463, 535
Bereicherungsgrundsatz 203, 543, 556
Bereicherungswille 463
Berichtigung 587, 602
Berliner Testament 351
Besatzkapital 629
Beschränkte Steuerpflicht 224
Bestattungskosten 555
Betagte Ansprüche 589
Betagung 514, 589
Betriebskosten 642
Betriebsvermögen 667, 668, 748, 749, 966
Betriebswohnungen 626, 631
Bewegliche Sachen 704
Bewertung 581
- von Anteilen an Kapitalgesellschaften 668

Bewertungsmethoden 582, 637, 673

Stichwortverzeichnis

Bewirtschaftungskosten 644
Bodenrichtwerte 635
Bodenschätze 667
Brutto-Grundfläche 649
Buchwertklausel 275, 462
Bundesentschädigungsgesetz 725
Bundesschatzbrief 599
Bürgerliches Recht 68

D

Darlehen
– hoch verzinsliche – 598
– niedrig verzinsliche – 597
Deklaratorisches Vermächtnis 253
Dienstverhältnis 550
Doppelbelastung 43
Doppelbesteuerungsabkommen 222, 231, 568
Dreißigster 281, 708

E

Eheähnliche Lebensgemeinschaft 416
Ehegatte 99, 411
Eigenhändiges Testament 112
Ein- und Zweifamilienhäuser 636, 637
Einheitswert 616
Einkommensteuer 43
Eintrittsklausel 93
Einzelunternehmen 239
Enterbung 136
Entstehung der Steuer 509
Erbanfall 235
Erbauseinandersetzung 242
Erbbaugrundstück 621, 660
Erbbaurecht 621, 654
Erbe 85, 144
Erbenhaftung 144
Erbersatzanspruch 554
Erbfähigkeit 85, 87
Erbfall 85
Erbfallschulden 549

Erbfolge
– gesetzliche – 95
– gewillkürte – 109
Erblasserschulden 549
Erbrechtliche Lösung 103, 315, 319
Erbschaft 85
Erbschaftsteuer 575
Erbschein 158, 559
Erbunwürdigkeit 137
Erbvertrag 127
Erbverzicht 138, 449
Erfindungen 590
Erfüllung einer Bedingung 443
Erfüllungs statt 253
Erlass 579
Erlöschen der Steuer 527, 969
Ertragshoheit 34
Ertragswertverfahren 640
Erweiterte beschränkte Steuerpflicht 230
Erweitertes Inlandsvermögen 231
Erwerb von Todes wegen 234, 514
Erwerbsunfähige Eltern 723
Exekutor 518

F

Familienheim 708, 709, 714
Familienstiftung 205, 220, 525, 574, 957
Familienverein 205, 525
Familienwohnheim 413
Festsetzungsverjährung 527
Feststellungsverfahren 584, 605
Forderungen
– hoch verzinsliche – 598
– niedrig verzinsliche – 597
– uneinbringliche – 597
– unverzinsliche – 598
– zweifelhafte – 597
Fortführungswert 627, 630
Fortgesetzte Gütergemeinschaft 310
Fortsetzungsklausel 91
Freigebige Zuwendung 355
Freistellungsmethode 222

G

Gebäude auf fremdem Grund und
 Boden 622, 663
Gebäude im Zustand der Bebauung 665
Gebäudeklasse 649
Gebietskörperschaft 733
Gegenseitigkeit 735
Gegenstand der Zuwendung 70, 417
Geldschenkung 420
Geldvermächtnis 253
Gelegenheitsgeschenk 732
Gemeiner Wert 582, 590
Gemeinnütziger Zweck 733
Gemeinschaftliches Testament 120
Gemeinschaftskonten 238
Gemischt genutzte Grundstücke 614, 636
Gemischte Schenkung 362
Genehmigung 301, 445
Gesamtgläubiger 603
Gesamtgut 311, 416
Gesamthandseigentum 150
Gesamthandsgemeinschaft 536
Gesamtrechtsnachfolge 87, 235
Geschäftsbesorgung 557
Geschäftsgrundstücke 636
Gesetzgebungshoheit 34
Gesetzliche Erbfolge 95
Gewillkürte Erbfolge 109, 143
Gewinnanspruch 541
Gewinnbeteiligung 477
Gewinnschenkung 477
GmbH 239, 547
Grabdenkmal 555
Grabpflege 555
Großer Pflichtteil 316
Grundbesitz 419, 605, 708
 – im Betriebsvermögen 613
Grundbesitzbewertung 615, 618
Grundbesitzwert 591, 618
Grundbuch 434
Grunderwerbsteuer 51

Grundlagenbescheide 609
Grundstücke als Verwaltungsvermögen 775
Grundstücksschenkung 419, 434
Gutachten 665
Gutachterausschuss 619, 665
Gütergemeinschaft 310, 416, 445
 – fortgesetzte – 310
Güterrechtliche Lösung 103, 316, 329

H

Haftung 145, 157
Hausrat 704
Höfeordnung 247
Honorarforderung 45

I

Inland 218
Inländer 218
Inlandsvermögen 225
Internationales Privatrecht 215

J

Jahresmiete 619
Jahreswert 604
Jastrowsche Klausel 351
Jubiläumsgaben 732

K

Kapitalforderungen 597
Kapitalgesellschaften 472, 613, 667, 748
Kapitalschulden 597
Kapitalwert 478, 600
Kaufrechtvermächtnis 169
Kettenschenkung 440
Kinder 95
Kirchen 733
Kleiner Pflichtteil 316
Körperschaftsteuer 49
Kosten der Abwicklung, Regelung und
 Verteilung des Nachlasses 559
Kunstgegenstände 590, 704, 707

Stichwortverzeichnis

L

Land- und Forstwirtschaft 622
Land- und forstwirtschaftliches Vermögen 543, 748, 966
Lastenausgleichsgesetz 724
Lästiger Vertrag 354
Latente Ertragsteuerbelastung 552
Laufzeit
– bestimmte – 600
– immerwährende – 600
– lebenslängliche – 601
– unbestimmte – 600
Lebenshaltungskostenindex 321
Lebenslängliche Nutzungen und Leistungen 601
Lebenspartnerschaften 339
Lebensversicherung 186, 239, 599
Leistungen 600
– an Erfüllungs statt 253
Liegenschaftszinssatz 645
Linien 97
Liquidationswert 627, 631
Lohnsummenklausel 571

M

Maßgeblichkeitsgrundsatz 73, 310
Marktwert 583, 633, 665
Mäzene 734
Mietwohngrundstücke 636
Mildtätige Zwecke 733
Mindestbewertung 619
Mindestwert 627, 628
Missbrauch 81
Miterbengemeinschaft 150, 545
Mittelbare Grundstücksschenkung 612
Mittelbare Schenkung 235

N

Nacherbe 130, 307, 340, 341, 523, 542, 544
Nachfolgeklausel 91
Nachlassverbindlichkeit 548
Nachlassverwaltung 145
Nachvermächtnis 168, 351

Nennwert 597
Nicht betriebsnotwendiges Vermögen 690
Nichteheliche Lebensgemeinschaft 416
Nichtige Rechtsgeschäfte 77
Nichtiges Testament 115
Nichtrechtsfähige Vermögensmasse 506
Nießbrauch 380, 406, 431, 438, 572
Nießbrauchsvermächtnis 131, 170, 261, 572
Nießbrauchsvorbehalt 572
Notlage 723
Nutzungen 600
Nutzungsauflage 364
Nutzungsrechte 572

O

Oder-Konto 238
Öffentliches Interesse 707
Öffentliches Testament 113
Öffnungsklausel 630, 633, 665
Optionsmodell 744
Ordnungen 95

P

Parteien 736
Parteispenden 736
Pauschbetrag 562
Pensionskassen 731
Periodenbesteuerung 957
Personengesellschaft 462, 536
Pflege 725
Pflegegeld 727
Pflegeleistungen 561
Pflichtteil 171, 267, 519, 554
– kleiner – 307
Pflichtteilsansprüche 555
Pflichtteilsverbindlichkeiten 555

Q

Qualifizierte Nachfolgeklausel 92, 246

R

Rechtsgeschäfte unter Lebenden auf den Todesfall 185

Stichwortverzeichnis

Regelherstellungskosten 648
Rehabilitierungsgesetz 724
Religionsgesellschaft 733
Rentenschenkung 432
Rentenvermächtnis 170
Restnutzungsdauer 646
Rohertrag 642
Rückausnahme
– Betriebsaufspaltung 776
– für Grundstücke 776
– Verpachtung 778
Rückdatierung 580
Rückkaufswert 599
Rückschenkung 525

S

Sachleistungsansprüche 591
Sachleistungsverpflichtungen 591
Sachvermächtnis 167
Sachverständigenkosten 559
Sachverständiger 665
Sachwertverfahren 646
Saldomethode 363
Schenkungen 352, 471
– auf den Todesfall 270
– mittelbare – 417
– unmittelbare – 417
– unter Auflage 362
– unter Duldungsauflage 366
– unter Lebenden 352
– unter Nutzungsauflage 366
Schenkungsversprechen von Todes
 wegen 186
Schlusserbe 351
Schuldbefreiung 722
Schuldbuchforderungen 595
Schulden
– Bewertung 597
Sittenwidrigkeit 77, 115
Sondergut 311
Sonstige bebaute Grundstücke 636
Sparkonto 438, 541

Sponsoren 734
Stämme 97
Sterbegeld 563
Steuerbefreiungen 703
Steuerberatungsgebühren 560
Steuererstattungsansprüche 542
Steuerhinterziehung 197
Steuerpflicht 217, 568
Steuerpflichtiger Erwerb 535
– bei Erwerben von Todes wegen 539
– bei Schenkungen 535
– bei Stiftungen 539
– bei Zweckzuwendungen 539
Steuerschulden 551, 672
Stichtag 579
Stiftung 206, 298, 454, 521, 957
– Aufhebung 458
Stille Beteiligung 599
Stille Gesellschaft 599
Stille Reserven 468
Stückländereien 626, 629
Stückvermächtnis 167
Stundung 966
Substanzwert 678

T

Teileigentum 636, 637
Teilungsanordnung 154, 242
Teilwert 595
Testament 109
Testamentsvollstrecker 189
Testamentsvollstreckung 561
Testierfreiheit 109
Treuhand 434
Trust 299, 518

U

Überdotierung 731
Überlast 364, 550, 565, 707
Übernahme der Erbschaftsteuer 576
Übliche Gelegenheitsgeschenke 732
Unbebaute Grundstücke 619, 635
Unbenannte Zuwendung 412, 708

1001

Stichwortverzeichnis

Unbeschränkte Steuerpflicht 217
Und-Konto 238
Unterbeteiligung 599
Unterhalt 723, 725, 730
Unternehmernachfolge 240
Unterstützungskasse 731
Untervermächtnis 164
Unverzinsliche Forderung 598
Unwirksame Rechtsgeschäfte 77
Urheberrechte 590
Urlaubsgeld 732

V

Verbindlichkeiten
– abzugsfähige – 548
– nicht abzugsfähige – 564
Verein 957
– Auflösung 458
Vereinfachtes Ertragswertverfahren 685
Vereinigung von Recht und Verbindlichkeit 543
Verfassungsmäßigkeit 109
Verfügung über den Nachlass 151
Verfügungsrecht 151
Vergleichsfaktoren 637, 640
Vergleichspreisverfahren 637
Verhältnis zu anderen Steuern 42
Verjährung 527
Verkehrswert 581, 582, 633, 665
Vermächtnis 68, 161, 281, 554, 706
Vermögensanfall 541
Vermögensmasse 299
Vermögensrückfall 728
Vermögensverwaltende Gesellschaften 612
Vermögensverwaltende Personengesellschaft 537
Verschaffungsvermächtnis 167, 260
Verschollenheit 84
Verschonungsabschlag 742
Versorgungsausgleich 318
Versorgungsbezüge 322
Versorgungsfreibetrag 322

Vertrag zugunsten Dritter 281
Vertragserbe 308
Vervielfältiger 645
Verwaltung des Nachlasses 152, 564
Verwaltungsvermögen 774
Verwandtschaft 95
Verwirkung 534
Verzicht 302, 565
– auf Pflichtteil oder Erbersatzanspruch 302, 729
– auf Steuerbefreiung 564
Vollziehung
– Auflage 443, 521
Vor- und Nacherbschaft 70, 130, 340
Voraus 281
Vorausvermächtnis 166, 242, 546
Vorbehaltsgut 311, 416
Vorerbe 130, 341
Vorweggenommene Erbfolge 186

W

Wahlvermächtnis 168
Weihnachtsgeld 732
Werkvertrag 543
Wertermittlung 535, 582
Wertfeststellung 606
Wertpapiere 595
Widerruf 117
Widerrufsvorbehalt 438
Wiederkehrende Nutzungen oder Leistungen 600
Wirtschaftliche Einheit 585, 634
Wirtschaftliches Eigentum 433, 524
Wirtschaftsteil 625
Wirtschaftswert 627
Wohnrecht 572, 605
Wohnsitz 218
Wohnteil 626, 631
Wohnungseigentum 636, 637
Wunsch des Erblassers 300

Z

Zahlungsverjährung 533
Zehnjahreszeitraum 716
Zeitpunkt der Zuwendung 433
Zero-Bond 596
Zugewinnausgleich 316, 330
Zugewinngemeinschaft 102, 315, 317, 321
– Anrechnung auf die Ausgleichsforderung 322
– Ausgleichsforderung 325
– Beendigung des Güterstandes 331
– Endvermögen 326
– fliegender Zugewinnausgleich 330
– güterrechtliche Lösung 332
– Güterstandsschaukel 331
– Lebenspartnerschaften 339
– modifizierte – 320, 336
– rückwirkend vereinbarte – 334, 335
– Zugewinnausgleichsanspruch 317
– Zuwendungen 322
Zurechnung 71
Zurechnungsfeststellung 609
Zusammenrechnung 838
Zuwendender 438
Zweckzuwendung 300, 504, 525

50% Rabatt
exklusiv für Käufer
dieses Buches

GUTSCHEIN

für das Software-Programm
ERBSCHAFTSTEUER PROFESSIONAL

Das Steuerberater-Programm
für die Erklärungen zur Erbschaft-/Schenkungsteuer
von voks – mit 50% Rabatt* im gesamten Einstiegsjahr!

Erbschaftsteuer professional – alle Berechnungen zur Erbschaft- und Schenkungsteuer, dazu die Bewertungen von Betriebsvermögen, Anteilen und Grundstücken.

→ Einfaches Ausfüllen der Erklärungen zur Erbschaft- bzw. Schenkungsteuer
→ Aufstellungen und Excel-Anlagen mit Wertübergabe möglich
→ Zahlreiche Automatik-Funktionen erleichtern und verkürzen die Eingabe
→ Automatische Archivierung aller Auswertungen
→ Ausführliche Berechnungen zur Erbschaft- und Schenkungsteuer
→ Ermittlung der Gegenstandswerte
→ Vorabberechnungen
→ Alle wichtigen Formulare/Anlagen

Ich möchte vom efv/voks-Gutschein profitieren
und bestelle mit 50% Rabatt* „ErbSt professional"

_____   _____
Vorname, Name   Kanzleistempel

**Bitte einfach kopieren und mit Kanzleistempel per Post senden an:
voks, Lilienthaler Heerstr. 65, 28357 Bremen – oder per Fax an 0421/20 44 599.**
Weitere Informationen zum Programm ErbSt professional sowie zu den übrigen Produkten von voks finden Sie unter www.voks.de

*ErbSt professional – die Erklärung zu Erbschaft-/Schenkungsteuer inkl. Berechnung und laufende Updates: Normalpreis mtl. € 8,– (Berechnung im lfd. Jahr nur für die tatsächliche Nutzungsdauer)